DICCIONARIO
ILUSTRADO
de la BIBLIA

DICCIONARIO ILUSTRADO de la BIBLIA

WILTON M. NELSON, Editor

Editores asociados:

Mervin J. Breneman, *Antiguo Testamento*
Tomás Hanks, *Antiguo Testamento*
Ricardo Foulkes B., *Nuevo Testamento*
W. Dayton Roberts, *Teología y Generales*
Juan Huffman, *Ilustraciones*

Redactores:

Otto Minera   Ronaldo Ross
Juan Rojas   Pedro Vega

EDITORIAL CARIBE

©1974 Editorial Caribe
Administración y ventas:
3934 S.W. 8 St., Suite 303
Miami, Florida 33134
U.S.A.
Departamento editorial y de producción:
Apartado 1307
San José, Costa Rica

Décima edición: 1982

ISBN: 0-89922-033-9 tela
ISBN: 0-89922-099-1 rústica

Printed in U.S.A.
Impreso en EE. UU.

PREFACIO

Este nuevo y magnífico DICCIONARIO ILUSTRADO DE LA BIBLIA llega a nuestras manos en una hora perfectamente propicia. Este es el siglo de la Biblia en las Américas y en España. Numerosos millares de creyentes necesitamos de este volumen saturado de información bíblica e histórica para conocer a fondo lo que Dios enseña en la Biblia, que es su revelación especial ("la Escritura... fue traída... por los santos hombres de Dios que hablaron siendo inspirados por el Espíritu Santo". 2 P. 1:20, 21).

Sin la Biblia, el cristianismo se torna anémico y está a un paso de la extinción. El honrar a Jesucristo —el Verbo viviente de Dios— y el honrar las Sagradas Escrituras —el Verbo escrito de Dios— marchan paralelamente. Quien en verdad ama a Cristo, ama también con devoción su Palabra inspirada. El Señor Jesús afirmó: "El que tiene mis mandamientos, y los guarda, ése es el que me ama" (Jn. 14:21).

Pero tenemos que conocer toda la Escritura, y no exclusivamente algunos trozos favoritos de la misma. Lo que propiamente debe llamarse "la Palabra de Dios", es la *totalidad* de la revelación bíblica. En los Salmos leemos: "la exposición de tus palabras alumbra; hace entender a los simples... *La suma* de tus palabras es verdad" (Sal. 119; 130, 160). Sin embargo, hay múltiples pasajes bíblicos que no siempre son fáciles de comprender sin un marco de conocimientos lingüísticos, históricos, geográficos y culturales.

Este nuevo DICCIONARIO ILUSTRADO DE LA BIBLIA llena ese vacío. Suple en gran parte las necesarias respuestas a miles de preguntas que surgen al analizar las páginas escriturales y al procurar estudiarlas exegéticamente.

Por cuanto yo creo que los cristianos de las Américas y de España necesitamos, hoy más que nunca, conocer y vivir la Palabra de Dios, es que recomiendo a todo el mundo que tenga a la mano un ejemplar del DICCIONARIO ILUSTRADO DE LA BIBLIA. ¡Vale la pena (cualquier sacrificio personal) para adquirirlo!

Es mi mayor deseo que nos transformemos todos en "hombres y mujeres de la Biblia". Solamente así veremos un despertamiento moral y espiritual de consecuencias transformadoras en los países de habla española.

Luis Palau

México, D. F.
Enero, 1974

EXPLICACIÓN Y ABREVIATURAS

Por cuanto este DICCIONARIO es de origen evangélico, casi todas las citas bíblicas son de la versión Reina-Valera (revisión de 1960); cuando no, generalmente se ha hecho indicación de ello. También, hemos seguido la ortografía de los nombres de personas y lugares bíblicos usados en dicha versión.

El nombre sacratísimo del Dios de Israel (el tetragrama cuya verdadera pronunciación es dudosa), lo hemos limitado a dos ortografías: "Jehová", como en la versión Reina-Valera, y "Yahvéh", como en la versión "Biblia de Jerusalén".

Para ahorrar espacio se ha hecho mucho uso de abreviaturas. La más frecuente es la letra inicial del título de los artículos. V. g. cada vez que aparece la palabra *sacrificio* en el artículo del mismo nombre, se usa la abreviatura s.

Al final de cada artículo aparecen las inciales de su autor. Sus nombres aparecen en la lista de los colaboradores, en el orden alfabético de las iniciales y no de los apellidos.

Abreviaturas bíblicas

AT	Antiguo Testamento	ms	manuscrito
NT	Nuevo Testamento	mss	manuscritos
cap.	capítulo	TM	texto masorético
caps.	capítulos	v.	versículo
gr.	griego	vv.	versículos
heb.	hebreo		

Para los libros de la Biblia se emplean las abreviaturas usadas en la revisión 1960 de la versión Reina-Valera publicada por las Sociedades Bíblicas, con la excepción de Heb. por Hebreos.

Abreviaturas de versiones de la Biblia

BC	Bover Cantera	Sc.	Felipe Scío de San Miguel
BJ	Biblia de Jerusalén	Str.	Straubinger
HA	Hispanoamericana (NT)	TA	Torres Amat
LA	Latinoamericana (NT)	Taizé	Versión Ecuménica
LXX	Septuaginta (Setenta)	VM	Versión Moderna (Pratt)
NC	Nácar-Colunga	VP	Versión Popular ("Dios llega al hombre")
RV	Reina-Valera (revisión de 1960)	Vul.	Vulgata
RV (1909)	Reina-Valera (revisión de 1909)		

Abreviaturas de diccionarios, enciclopedias bíblicas y otras obras frecuentemente mencionadas

BC	*Biblia Comentada* (7 tomos), de Salamanca	INT	*Introducción al Nuevo Testamento* (Wikenhauser)
CBSJ	*Comentario Bíblico San Jerónimo* (5 tomos)	*IntB*	*Introducción a la Biblia* (De Tuya y Salguero, 2 tomos)
DBH	*Diccionario de la Biblia* (Haag, Born y Ausejo), publicado por Herder	ISBE	*Internacional Standard Bible Dictionary* (5 tomos)
DTB	*Diccionario de teología bíblica* (Bauer)	LSE	*La Sagrada Escritura* (3 tomos)
EBDM	*Enciclopedia de la Biblia* (Díez Macho, 6 tomos)	NBD	*New Bible Dictionary* (Inter-Varsity)
IB	*Introducción a la Biblia* (Robert y Feuillet, 2 tomos)	SE	*La Sagrada Escritura* (Comentario jesuita, 8 tomos)
IDB	*Interpreters' Dictionary of the Bible* (4 tomos)	VD	*Verbum Dei* (Comentario, 4 tomos)
		VTD	*Vocabulario de teología bíblica* (León Dufour)

Abreviaturas de puntos cardinales

N	norte	NE	nordeste
S	sur	NO	noroeste
E	este	SE	sudeste
O	oeste	SO	sudoeste

Abreviaturas de carácter general

a.C.	antes de Cristo	n.	nacido (en tal año)
ca.	cerca (de tal año)	*op. cit.*	obra citada
cp.	compárese	p.	página
cm	centímetro, centímetros	pp.	páginas
d.C.	después de Cristo	p.e.	por ejemplo
et al.	y otras (personas)	qq.	quintales
etc.	y otras (cosas)	s.	siguiente
e.d.	es decir	s.f.	sin fecha
ibid.	en el mismo (lugar)	ss.	siguientes
idem	el mismo (autor)	t.	tomo
kg	kilogramo, kilogramos	v.g.	verbigracia
km	kilómetro, kilómetros	=	equivale, igual a
m	metro, metros	→	ver, véase (artículo en el mismo
mte.	monte		Diccionario)
m.	muerto (en tal año)	//	pasajes paralelos

CLAVE DE ILUSTRACIONES

ABS	© *American Bible Society,* New York, N. Y., USA
AM	Alan Marshall © *Moody Press,* Chicago, Ill., USA
AMA	© *Ashmolean Museum of Antiquities,* Oxford, England
AOD	© Anne Ophelia Dowden, artista; Frame House Gallery, Inc., Louisville, Ky.; *Plants of the Bible* por Louis Untermeyer, *American Museum of Natural History,* New York, N. Y., USA, 1961; © 1970 *Western Publishing Company, Inc.,* Milwaukee, Wi., USA
ASOR	© *American School of Oriental Research,* New Haven, Co., USA
AU	© *Andrews University,* Berrien Springs, Mi., USA
BM	© *British Museum,* London, England
EBM	Edwin B. Morris © *Editorial Caribe,* Miami, Fl., USA
FN	© *Filmbureau Niestadt,* Hilversum, Nederland
IGTO	© *Israel Government Tourist Office,* New York, N. Y., USA
IVP	© *Inter-Varsity Press,* London, England
JMBr	J. Mervin Breneman © *Editorial Caribe,* Miami, Fl., USA
MP	© *Moody Press,* Chicago, Ill., USA
MPS	© *Matson Photo Service,* Alhambra, Ca., USA
NASA	*National Aeronautical Space Administration,* Washington, D. C., USA
OIUC	© *Oriental Institute,* University of Chicago, Chicago, Ill., USA
RD	*Selecciones* © Reader's Digest Association, Inc., Pleasantville, N. Y., USA
RTHPL	© *Radio Times Hulton Picture Library,* London, England
RBW	Robert B. Wright © *Westminster Press,* Philadelphia, Pa., USA
SAL	© Archivo fotográfico internacional SALMER, Barcelona, España
SM	© *Staatliche Museen zu Berlin,* Berlin, DDR
SP	© *Standard Publishing,* Cincinnati, Oh., USA
UMUP	© *University Museum,* University of Pennsylvania, Philadelphia, Pa., USA
WDR	W. Dayton Roberts © *Editorial Caribe,* Miami, Fl., USA
WP	© *Westminster Press,* Philadelphia, Pa., USA
ZPH	© *Zondervan Publishing House,* Grand Rapids, Mi., USA

LISTA DE COLABORADORES
(En orden alfabético, de acuerdo con sus siglas)

A.B.B. A. Benjamín Bedford, B. D., Th. D.
Profesor de Trabajo práctico y Administración Pastoral, Seminario Internacional Teológico Bautista, Buenos Aires

A.C.S. A. Clark Scanlon, B. D., Th. D.
Director y profesor de Teología, Ética y Evangelismo, Instituto Teológico Superior Bautista, Guatemala

A.J.G. Andrés J. Glaze, B. D., Th. D.
Rector y Profesor de Antiguo Testamento, Seminario Internacional Teológico Bautista, Buenos Aires

A.Ll.B. Alfonso Lloreda B., Th. M., D. D., candidato al Ph. D.
Rector de la Facultad Latinoamericana de Teología Reformada, México D.F.

A.P.G. Ananías P. González, Lic. Teol.
Profesor de Educación Cristiana, Seminario Internacional Teológico Bautista, Buenos Aires

A.P.N. Alan P. Neely, B. D., Th. D.
Profesor de Filosofía de Religión y Misiones, Seminario Internacional Teológico Bautista, Cali

A.P.P. Aristómeno Porras P.
Secretario de Información y Promoción de las Sociedades Bíblicas en América Latina y Director de *La Biblia en América Latina*, México D.F.

A.R.D. Adolfo Robleto D., Th. B.
Secretario del Departamento de Materiales Generales para Iglesias, Casa Bautista de Publicaciones, El Paso, Texas

A.Q.G. Alejo Quijada G., Bach. Teol.
Candidato a la Licenciatura en Teología, Seminario Bíblico Latinoamericano, San José

A.R.T. Antonio Rengifo T., Bach. Teol., M. A.
Miembro del Personal de la Comunidad Internacional de Estudiantes Evangélicos, Lima

A.T.P. Alberto T. Platt, Th. M., Th. D.
Director General y Profesor de Teología y Biblia, Seminario Centroamericano, Guatemala

C.H.Z. C. Hugo Zorrilla, Bach. Teol., M. A.
Profesor de Nuevo Testamento, Seminario Bíblico Latinoamericano, San José

C.R.-G. Constantino Ruiz-Garrido, Lic. Fil.
Traductor, editor y profesor de griego, Escuela Bíblica de Madrid

C.T.G. Carlos T. Gattinoni, Lic. Teol.
Obispo de la Iglesia Evangélica Metodista de Argentina, Buenos Aires

C.W.D. Carlos W. Derr, Th. M.
Profesor de Nuevo Testamento y Evangelismo, Centro Bíblico del Caribe, Sincelejo

D.J.-M. David James-Morse
Profesor de Antiguo Testamento, Seminario Evangélico de Lima

D.M.H. David M. Howard, M. A.
Director Misionero de Inter-Varsity Christian Fellowship, Madison, Wis.

D.S.H. Dalton Said Henríquez Lic. Teol.
Profesor de Lenguas Bíblicas y del Antiguo Testamento, Seminario Teológico Evangélico de Brasil, Belo Horizonte

E.A.N. Emilio A. Núñez, Th. M., Th. D.
Rector y profesor de Teología, Seminario Teológico Centroamericano, Guatemala

E.A.T. Eduardo Aparicio T., Bach. Teol., candidato a la Lic. Teol.
Profesor de Nuevo Testamento, Seminario Teológico Nazareno Centroamericano, San José

E.E.C. Emilio E. Castro, Lic. Teol.
Director Ejecutivo de la División de Misión Mundial y Evangelismo del Consejo Mundial de Iglesias, Ginebra

E.G.T. Enrique Guang T., Lic. Teol.
Rector y Profesor de Historia Eclesiástica, Seminario Bíblico Alianza, Guayaquil

E.H.T. Ernesto H. Trenchard, B. A.
Director de "Curso de Estudio Bíblico" y de la Editorial Literatura Bíblica, Madrid

E.P.C. Euclides Padilla, C., Bach. Teol.
Pastor del Templo Bíblico, San José

E.S.C. Edesio Sánchez C., Bach. Teol.
Candidato a la Lic. en Teol., Seminario Bíblico Latinoamericano, San José

F.L. Federico Lange, Bach. Teol.
Profesor de Antiguo Testamento y Liturgia, Seminario Concordia, Buenos Aires

F.J.P. Federico J. Pagura, Lic. Teol.
Obispo de la Iglesia Metodista en Costa Rica y Panamá, San José

F.R.K. F. Ross Kinsler, B. D., Ph. D.
Profesor del Seminario Teológico Presbiteriano, Guatemala

F.U. Floreal Ureta, Lic. Teol.
Profesor de Filosofía y Biblia, Seminario Internacional Teológico Bautista, Buenos Aires

G.D.   Gerardo de Avila
Pastor y Evangelista, Nueva York

G.D.T.   Guillermo D. Taylor, Th. M., candidato al Ph. D.
Profesor de Educación Cristiana, Seminario Teológico Centroamericano, Guatemala

G.M.   Guidoberto Mahecha, Lic. Teol.
Pastor de la Iglesia Presbiteriana, Girardot

H.P.C.   Hector Pina C., Bach. Teol., Dr. en Ed.
Rector del Seminario Evangélico de Lima

H.E.T.   Hector Espinoza Treviño, M. A.
Director del Instituto Evangelístico de México, D.F.

I.E.A.   Ismael E. Amaya, B. D., candidato al Th. D.
Profesor de Filosofía y Religión, Pasadena College, California

I.W.F.   Irene Westling de Foulkes, M. A.
Profesora de Griego, Seminario Bíblico Latinoamericano, San José

J.A.G.   Jorge A. González, S.T.B., Ph. D.
Profesor de Antiguo Testamento, Berry College, Mt. Berry, Georgia

J.A.K.   Juan A. Kirk, M. A., B. D.
Profesor de Nuevo Testamento, Instituto Superior Evangélico de Estudios Teológicos, Buenos Aires

J.A.M.   José A. Morales
Secretario Ejecutivo, Sociedades Bíblicas de Costa Rica y Panamá, San José

J.B.B.   Jorge B. Biddulph, M. R. E.
Rector y Profesor de Literatura Bíblica y Teología, Seminario Bíblico Unido de Colombia

J.C.A.   Justo C. Anderson, M. A., Th. D.
Profesor de Historia Eclesiástica y Homilética, Seminario Internacional Teológico Bautista, Buenos Aires

J.C.H.   Juan C. Huffman, B. D., Th. M.
Profesor de Nuevo Testamento, Seminario Bíblico Latinoamericano, San José

J.-D.K.   Jean-Daniel Kaestli, Lic. Teol.
Director del Centro Universitario Protestante, Ginebra

J.E.D.   Jorge E. Díaz, Lic. Teol.
Profesor de Teología e Historia Eclesiástica, Instituto Superior Teológico Bautista, Guatemala

J.E.G.   James E. Giles, B. D., Th. D.
Profesor de Teología Práctica, Seminario Internacional Teológico Bautista, Cali

J.E.H.   Juan E. Huegel, Th. M.
Profesor de Teología Práctica y Hermenéutica, Seminario Unido Evangélico, México, D.F.

J.E.S.   Juan E. Stam, M. A., B. D., Th. D.
Profesor de Teología, Seminario Bíblico Latinoamericano, San José

J.G.B.   José Grau Balcells
Director de Ediciones Evangélicas Europeas, Barcelona

J.G.C.   Jorge Gay C., Th. M., Ph. D.
Profesor de Nuevo Testamento, Seminario Bíblico Latinoamericano, San José

J.H.O.   Juan H. Orme, Th. M., candidato al Th. D.
Profesor de Nuevo Testamento, Seminario Teológico Centroamericano, Guatemala

J.H.W.   John H. Will, B. D.
Pastor, Faith United Church, Woodsboro, Tex.

J.J.T.   Jorge J. Taylor, M. A., Ph. D.
Decano y Profesor de Psicología y Consejo, Seminario Bíblico Latinoamericano, San José

J.L.G.   Justo L. González, M. A., S. T. M., Ph. D.
Profesor de Teología Histórica, Candler School of Theology, Emory University, Atlanta

J.M.A.   José M. Abreu, Lic. Lit., Lic. Teol.
Profesor de Nuevo Testamento, Seminario Bíblico Latinoamericano, San José

J.M.B.   José Míguez Bonino, Th. D.
Director de Estudios Post-graduados, Instituto Superior Evangélico de Estudios Teológicos, Buenos Aires

J.M.Bl.   José M. Blanch, Th. M., Ph. D.
Profesor de Sociología, Universidad de Costa Rica y Seminario Bíblico Latinoamericano, San José

J.M.Bo.   Juan M. Boice, M. A., B. D.
Profesor de Nuevo Testamento, Seminario Evangélico de Lima

J.M.Br.   J. Mervin Breneman, M. A., Ph. D.
Profesor de Antiguo Testamento, Seminario Bíblico Latinoamericano, San José

J.M.H.   Joyce Main de Hanks, M. A., candidata al Ph. D.
Profesora de Francés, Universidad de Costa Rica, San José

J.M.R.   Jorge Maldonado Rivera, Bach. Teol., S. T. M.
Director del Departamento de Educación Teológica Iglesia del Pacto

J.O.D.   Jetty Otárola de De la Vega, Bach. Teol.
Colaboradora del Ministerio al Mundo Estudiantil, CLAME, San José

J.P.   Jerry Parkerson, Th. M.
Asociado del Evangelismo en Acción, Misión Centroamericana, Bilbao

K.B.M.   Kenneth B. Mulholland, S. T. M., D. Th. P.
Ex rector, Instituto Teológico de la Iglesia Evangélica y Reformada, San Pedro Sula

K.L.M.   Kenneth L. Mahler, M. Div.
Presidente, Consejo de Iglesias Luteranas en Centroamérica y Panamá

L.A.R.   Laverne A. Rutschman, Th. D.
Profesor de Teología y Antiguo Testamento, Seminario Teológico Menonita, Montevideo

XI

INTRODUCCIÓN

Desde que los valientes colportores de las Sociedades Bíblicas abrieron brecha en Iberoamérica para el movimiento evangélico, éste se ha caracterizado por su decidido énfasis en las Sagradas Escrituras. Por otra parte, muchos católicos romanos están dando ahora una importancia semejante a la Biblia, debido a un avivamiento bíblico impulsado por el Concilio Vaticano II. De ahí la necesidad de ayudas idóneas para el número creciente de estudiantes de las Escrituras.

Hasta fechas recientes contábamos con pocas ayudas literarias en español para los estudiantes de la Biblia. Para los evangélicos, las dos más importantes han sido el DICCIONARIO DE LA SANTA BIBLIA (1890) y la CONCORDANCIA ESPAÑOLA (1901, que fue reemplazada por la CONCORDANCIA DE LAS SAGRADAS ESCRITURAS, basada sobre la revisión de 1960 de la versión RV). Estas dos obras fueron publicadas en español por la Sociedad Americana de Tratados hasta 1948 y desde esa fecha por la Editorial Caribe. Han tenido una circulación enorme y han prestado un servicio de incalculable valor a pastores, maestros de Escuela Dominical y estudiantes de las Escrituras en general.

El DICCIONARIO era la traducción del *Dictionary of the Bible* (1886) editado por el Rdo. William W. Rand, pastor de la Iglesia Reformada en los EE. UU. de A. Huelga decir, que hace años que el DICCIONARIO está por caducar. Indicio notorio de esto es el hecho de que, según su artículo sobre "Jerusalén", ¡la santa ciudad está en manos de los turcos! Desde 1886 ha transcurrido mucha historia, con grandes adelantos en las ciencias que contribuyen a la mejor comprensión de las Escrituras, especialmente en la filología y la arqueología (v.g. el descubrimiento de los papiros de Oxyrhynchus y Chester Beatty, las tablillas de Tell-el-Amarna, Mati, Ras Samra y Nuzi, y últimamente los famosos "Rollos del Mar Muerto").

Por el año 1960 empezaba a sentirse la imperiosa necesidad de poner al día el viejo DICCIONARIO. Se inició una revisión de los artículos existentes, pero este plan fue rechazado por inadecuado. Se resolvió entonces editar un nuevo diccionario y darle carácter hispanoamericano. La tarea fue encomendada a algunos profesores del Seminario Bíblico Latinoamericano. Luego los encargados pedimos la colaboración de distintas personas, especialmente a profesores de seminarios e institutos bíblicos de Iberoamérica y algunos de España y América del Norte.

Así es que han participado en la preparación del DICCIONARIO ILUSTRADO DE LA BIBLIA más de 100 colaboradores, residentes en tierras que cubren desde España hasta Texas y desde México hasta Argentina. Representan una gran variedad de confesiones cristianas; pero todos aman la Palabra de Dios y desean ayudar a otros a comprenderla mejor.

Los que auspiciamos la publicación del presente Diccionario creemos que las Escrituras son inspiradas por el Espíritu Santo (2 Ti. 3:15-17; 2 P. 1:20, 21) y constituyen la revelación especial de Dios que nos conduce a la persona de Jesucristo. Esta postura ha sido norma orientadora para los editores sin coartar la debida libertad académica. En asuntos secundarios los colaboradores no siempre han estado de acuerdo entre sí, y los editores no hemos pretendido armonizar todos los criterios.

Al confeccionar este DICCIONARIO, hemos pensado no sólo en los teólogos eruditos sino también en los predicadores, obreros laicos, maestros de Escuela Dominical y todos los estudiantes de las Escrituras, para entregarles una herramienta que les ayude en sus esfuerzos de "exponer bien la palabra de verdad" (2 Ti. 2:15 HA.). Para los que desean profundizar más en el estudio de la Biblia, ofrecemos al final de este volumen un compendio anotado de "Ayudas bibliográficas para el estudio de la Biblia".

El editor general quiere manifestar por este medio, su sincera y sentida gratitud hacia todos los que prestaron su valiosa cooperación, especialmente hacia los colegas editores asociados, los doctores Ricardo Foulkes, Dayton Roberts, Mervin Breneman, Tomás Hanks y Juan Huffman, a quienes les tocó la labor importante y a veces tediosa, de revisar el contenido de aproximadamente 2100 artículos que componen el DICCIONARIO.

Además, desea hacer mención especial de ciertos contribuyentes que hicieron aportes extraordinarios. El que hizo la contribución mayor (81 artículos, 30.000 palabras) fue el doctor Foulkes. Después sigue el doctor Justo L. González (hijo) que escribió 61 artículos (23.500 palabras). Los siguientes colaboradores contribuyeron con más de 15.000 palabras cada uno: doctor José Míguez Bonino, doctor Alfonso Lloreda, doctor Tomás Hanks, licenciado José María Abreu, el doctor Werner G. Marx y el reverendo Aristómeno Porras.

Durante los años de la preparación del DICCIONARIO, murió uno de los colaboradores, el Profesor Ernesto H. Trenchard. Don Ernesto había dedicado casi 50 años a la causa evangélica en España. Fue director de "Cursos de Estudio Bíblico" y autor de varios libros de exposión bíblica. Escribió 46 artículos para el DICCIONARIO ILUSTRADO DE LA BIBLIA.

Una vez pasados por el proceso editorial, los artículos se sometieron a varias redacciones. Agradecemos a los redactores, señores Otto Minera, Ronaldo Ross, Juan Rojas y Pedro Vega, su importantísimo trabajo; también a la mecanógrafa señorita Marta González, que sacó en limpio los artículos editados y redactados. Agradecemos también la hermosa obra del dibujante cartógrafo, Edwin Morris.

Finalmente, el editor general da gracias a la compañera de su vida, Thelma Agnew de Nelson, quien estuvo a su lado los siete años de la confección del DICCIONARIO, fortaleciéndole y ayudándole en diversas maneras.

Sobre todo da gracias al Dios que inspiró a los profetas y apóstoles para que pusieran en forma escrita su revelación a los hombres. Quiera El usar este DICCIONARIO para hacer que la Escritura sea más "útil para enseñar y reprender, para corregir y educar en una vida de rectitud, para que el hombre de Dios esté capacitado y bien preparado para hacer toda clase de bien" (2 Ti. 3:16, 17 VP).

Wilton M. Nelson
Editor General

San José, Costa Rica
Enero, 1974

DICCIONARIO ILUSTRADO de la BIBLIA

La moderna ciudad de Tel-Aviv se extiende por la ribera del Mediterráneo.
IGTO

A

AARÓN. Hijo de Amram y Jocabed, de la tribu de Leví (Éx. 6:20), hermano mayor de Moisés (Éx. 7:7) y de María (Nm. 26:59; 1 Cr. 6:3). Su esposa fue Elisabet y sus cuatro hijos fueron Nadab, Abiú, Eleazar e Itamar.

A. se presenta en la historia como "boca" de Moisés (Éx. 4:16) ante Faraón. Parece que A. tenía fama de orador, mientras Moisés se sentía "torpe de lengua" (Éx. 4:10,14). Por tanto, fue escogido por Dios para ayudar a Moisés a redimir de Egipto al pueblo de Israel (Éx. 4:27). Al principio siempre acompaña a Moisés (Éx. 5:1,4,20; 6:13; 7:6,10,20; 8:5,12,16,25; 9:8,27; 10:13,16; 11:10; 12:1,31; 17:10-12). Pero después del cruce del Mar Rojo parece dejar esta responsabilidad y Moisés habla directamente al pueblo (Éx. 14:13).

A. figuró entre los dirigentes de Israel (Éx. 19:24; 24:9; 34:31) y estuvo con ellos cuando vieron a Dios. Sin embargo, no tuvo cualidades de dirigente. Cuando reemplazó a su hermano al subir éste al monte Sinaí, no supo mantener el orden (Éx. 32:25) ni pudo resistir las exigencias del pueblo de Israel. Para complacerlos hizo un becerro de oro. Es posible que tuviera en mente al sagrado buey Apis de Egipto o el toro de los cananeos.

El momento cumbre de la vida de A. fue cuando se le nombró sumo sacerdote (Éx. 28:1; Lv. 8:2). Se confeccionaron vestidos especiales para este servicio (Éx. 28:2ss.; 39:1ss.), como señal de su autoridad religiosa y de su representación de Israel ante Dios. El relato de su consagración es minucioso (Éx. 29:1-37; Lv. 8). El punto central de su ministerio fue el día de expiación, al entrar en el lugar santísimo como único representante del pueblo de Israel (Lv. 16:13,14). Dios sostuvo la autoridad de su sacerdocio frente a una rebelión (Nm. 16) y la confirmó con el milagro de la vara que floreció (Nm. 17).

A pesar de su oficio sagrado, A. demostró grave carnalidad al envidiar la posición de preeminencia que tenía su hermano Moisés. Quiso justificar sus celos alegando que Moisés había tomado una mujer cusita (Nm. 12:1,2). Sin embargo, Jehová intervino para reafirmar que Moisés había sido escogido para ser "boca" de Dios.

Por su falta de fe, no se le permitió entrar en la tierra prometida (Nm. 20:12). Entregó el sumo sacerdocio a su hijo Eleazar en el monte Hor (Nm. 20:26; Dt. 10:6), donde murió a la edad de 123 años (Nm. 33:38,39). (→ SUMO-SACERDOTE).

P. S.

ABADÓN (heb. ='perdición'). Nombre poético para el mundo de abajo. En Job, Sal. y Pr. denota simplemente la morada de los muertos (→ SEOL). Pero en la literatura rabínica designa específicamente el lugar de condenación y castigo, o sea un departamento de las regiones infernales reservado para los inicuos. Este matiz se refleja en su empleo como nombre del ángel del abismo en Ap. 9:11; Juan lo traduce por *Apolión* ('destructor').

R. F. B.

ABANA Y FARFAR. Ríos de Siria mencionados por Naamán en 2 R. 5:12. Son ríos claros y Naamán sostenía que eran mejores que "todas las aguas de Israel", y en nada comparables con el → Jordán. Y en verdad lo eran. Probablemente el A. es el actual río Barada, que nace en el Antilíbano unos 30 km al NO de Damasco. Pasa por la ciudad fluyendo hacia el SE y desemboca en un lago pantanoso 30 km más al E. Riega los llanos y provee de agua a la ciudad de Damasco. Por eso Naamán habló de su grandeza.

El río F. probablemente es el moderno Awaj, que nace en el mte. Hermón y corre unos 14 km al S de Damasco; fluye de O a E. Es perenne y riega la región entera.

J. E. G.

ABARIM ('más allá' o 'del otro lado'). Mte. situado al E del mar Muerto y del bajo Jordán, frente a Jericó, en el territorio de Moab y en la tribu de Benjamín (Nm. 33:48; Dt. 32:49). El uso del plural (Nm. 33:47,48), sugiere una cadena de montañas. Los mtes. Nebo, Pisga y Peor formaban parte del A. (Nm. 27:12; 33:47,48; Dt. 32:49; 34:1). Los israelitas acam-

El río Abana, visto aquí, recorre toda la ciudad de Damasco, tornándola en un vergel frondoso y fértil en medio del desierto que la rodea.   MPS

paron dos veces en Ije-abarim (Nm. 21:11; 33:44).

ABBA. Forma enfática del arameo *ab* ('padre'), usada corrientemente para expresar una relación filial íntima. Raras veces se usa para referirse a Dios, y menos aún en oración, como lo hace Jesús en Mr. 14:36 (donde se añade la traducción griega). Probablemente se dirigió así a Dios, no sólo en la ocasión citada, sino también en otras en que los evangelistas han traducido a. como "padre", "padre mío", o "mi padre". A. expresa la relación única de plena comunión y confianza del Hijo con el Padre, y, según parece, la iglesia primitiva adoptó el término, especialmente para la oración (Ro. 8:15; Gá. 4:6), pues "el Espíritu de adopción" incorpora al cristiano en esa nueva relación.   J. M. B.

ABDÍAS ('siervo de Jehová'). Nombre hebreo de 6 hombres del AT. Se traduce al español por "Abdías" o por "Obadías".

1. El mayordomo de Acab (1 R. 18) que salvó de la furia de Jezabel a 100 profetas de Jehová.

2. El cuarto de los profetas menores (Abd. 1).

3. Los otros cuatro se mencionan en 1 Cr. 3:21; 27:19; 2 Cr. 17:7; 34:12.   E. A. N.

ABDÍAS, LIBRO DE.

Este libro fue escrito por el profeta Abdías, de quien no tenemos ningún dato biográfico.

No se sabe con certeza la fecha de esta profecía. Se ha sugerido que fue escrita durante el reinado de Joram (*ca.* 848-841 a.C.), cuando los filisteos y árabes invadieron y saquearon a Jerusalén (2 Cr. 21:16,17; Jl. 3:3-6; Am. 1:6).

En aquel tiempo los idumeos eran también enemigos acérrimos de Judá (2 R. 8:20-22; 2 Cr. 21:8-10; cp. Éx. 15:15; Nm. 20:14ss.; Sal. 83:6; Is. 63:1-6; Jl. 3:19), y bien pudo entonces suceder lo que se narra en los vv. 10-14 tocante a la ofensa de Esaú a Jacob. También se ha mencionado que es posible que Jeremías y Amós se hayan referido a este libro (Jer. 49:7-22; Am. 1:11,12).

Sin embargo, muchos eruditos ven en Ab. 10-14 una descripción de lo acontecido en la ocasión de la caída de Jerusalén a manos de los babilonios, en 586 a.C., y creen que Abdías pudo haber escrito su profecía un año después de aquel suceso.

Es el libro más pequeño del AT y su tema principal es el juicio divino que vendría sobre Edom, o sea los descendientes de Esaú, por su malévola actitud hacia los hijos de Judá. La primera parte del libro (vv. 1-14) describe la soberbia de Edom, su falsa confianza en la posición estratégica que disfrutaba su capital (→ SELA), y su falta de misericordia para con los habitantes de Judá cuando éstos fueron humillados por el enemigo. Por estas causas, los edomitas sufrirían el juicio de Dios (vv. 4,8,9).

En la segunda sección (vv. 15-21) se anuncia la venida del día de Jehová, que significará venganza sobre todas las naciones y exaltación para el pueblo de Israel. El v. 21 es mesiánico (cp. Ap. 11:15).   E. A. N.

ABED-NEGO. Nombre babilónico de Azarías, uno de los tres compañeros de Daniel en Babilonia (Dn. 1:7). Junto con Sadrac y Mesac, fue nombrado para el servicio real de Nabucodonosor (Dn. 2:49). Cuando los tres rehusaron adorar a la estatua de oro que éste había levantado, se les condenó a morir en un horno de fuego (Dn. 3:13-22). Dios intervino para salvarlos (Dn. 3:24-26), y sus puestos oficiales les fueron restituidos (Dn. 3:30). Su fe ha sido ejemplo tanto para judíos (1 Mac. 2:59) como para cristianos (Heb. 11:33,34).   J. C. H.

ABEJA. Insecto himenóptero, muy común en la Tierra Santa por la abundancia de flores. Había tantas que era natural que Palestina se llamara "tierra que fluye leche y miel" (Éx. 3:8; Dt. 6:3), y que se usaran frases como: "Me rodearon como a." (Sal. 118:12), o se aludiera a las a. en enigmas, como en el caso de Sansón (Jue. 14:8).

El nombre → Débora significa a., (Gn. 35:8; Jue. 4:5).   S. C.

ABEL ('hálito' o 'lo transitorio').

1. Segundo hijo de Adán y Eva (Gn. 4:2) y primer pastor del mundo, Cristo lo consideró como hombre recto (Mt. 23:35).

Con Caín, su hermano mayor, hizo sacrificio a Jehová. Su ofrenda fue bien recibida, mientras que la de Caín fue rechazada (Gn. 4:3-10). El sacrificio de A. fue aceptable, pero no por tratarse de un cordero, pues a Dios le agradaban tanto los sacrificios líquidos (Nm. 15:4,7,10) y vegetales (Nm. 15:4,9) como los animales. Según Heb. 11:4, lo que le valió a A. fue su fe al reconocerse culpable ante Dios e identificar la vida de la víctima con la suya (Lv. 17:11).

Algunos creen que la aceptación de A. se manifestó cuando el fuego divino cayó sobre su altar. Pero en 1 Jn. 3:12 se puede inferir más bien que Caín notó en A. la serenidad y el gozo de un hombre perdonado y no lo pudo soportar. El relato del primer homicidio atestigua las horrorosas e imperecederas consecuencias de derramar sangre humana (Gn. 4:8-14; Lc. 11:51; Heb. 12:24).

2. Prefijo de algunos nombres toponímicos. En tales casos A. significa "prado" o "valle". V.g.: Abel-sitim (Nm. 33:49), Abel-mehola (Jue. 7:22), Abel-bet-maaca (1 R. 15:20), Abel-main (2 Cr. 16:4), Abel-mizraim (Gn. 50:11). Se usa como voz independiente en 2 S. 20:18.   W. G. M.

ABEL-BET-MAACA ('prado de la casa de opresión'). Ciudad en el N de Palestina en la latitud de Tiro, que en 2 Cr. 16:4 se llama "Abel-maim". Tiene importancia histórica por ser el lugar adonde huyó Seba al rebelarse contra David (2 S. 20:13-22). Ochenta años después la tomó Ben-adad, rey de Siria (1 R. 15:20). Tiglat-pileser, rey de Asiria, la incorporó a su imperio 200 años después (2 R. 15:29). En la antigüedad se conoció por su fidelidad a las costumbres israelitas (2 S. 20:18). Actualmente se identifica con Tel-abil, cerca del pantano Hulé.   J. E. G.

ABEL-MEHOLA. Ciudad natal de Eliseo (1 R. 19:26), situada cerca del lugar donde Gedeón derrotó a los madianitas (Jue. 7:22). Es común identificarla con el actual Tel Abu Sifri, al lado O del Jordán, a media distancia entre el mar Muerto y el mar de Galilea.   J. E. G.

ABEL-MIZRAIM ('prado' o 'lamento de los egipcios'). Nombre dado a la era de Atad, donde José y sus acompañantes lloraron a Jacob por siete días en camino a Mamre, donde tuvieron que sepultarlo. Hoy es un lugar desconocido. Gn. 50:10s. lo sitúa "al otro lado del Jordán", pero algunos exegetas opinan que una mejor traducción sería "en la región del Jordán".   J. G. C.

ABEL-SITIM. (Nm. 33:49) → SITIM.

ABI. → ABÍAS N.° 8.

ABIAM. → ABÍAS N.° 6.

ABÍAS ('el Señor es mi padre'). 1. Séptimo hijo de Bequer, hijo a su vez de Benjamín (1 Cr. 7:8).

2. Esposa de Hezrón, nieto de Judá (1 Cr. 2:24).

3. Segundo hijo de Samuel, nombrado juez con su hermano Joel. Su corrupción dio pretexto para que el pueblo pidiera rey (1 S. 8:1-5; 1 Cr. 6:28).

4. Padre de una familia sacerdotal que formó la octava clase cuando David dividió a los sacerdotes en 24 clases para desempeñar el servicio del templo (1 Cr. 24:10). Zacarías, padre de Juan el Bautista, fue de esta clase (Lc. 1:5).

5. Hijo de Jeroboam, primer rey de Israel. Murió joven y muy llorado conforme a la profecía dada a su madre por el profeta Ahías (1 R. 14:1-18).

6. Hijo y sucesor de Roboam, primer rey de Judá. Reinó durante tres años. Ganó una victoria notable sobre Jeroboam, rey de Israel (2 Cr. 13). Se llama "Abiam" en 1 R. 14:31; 15:1,7,8.

7. Sacerdote de la época de Nehemías; firmó el pacto (Neh. 10:7; 12:4,17).

8. Madre de Ezequías, rey de Judá (2 Cr. 29:1). Llamada "Abi" en 2 R. 18:2.   D. M. H.

ABIATAR. Hijo de Ahimelec, sacerdote de Nob. Escapó cuando Saúl asesinó a su padre y se unió a David (1 S. 22:20-22). Trajo consigo el efod, que le ayudó a conocer la voluntad de Dios (1 S. 23:6-12). Después de la entronización de David, sirvió como uno de sus oficiales (1 Cr. 27:34). Ayudó a llevar el arca a Jerusalén (1 Cr. 15:11,12). Él y su hijo Jonatán sirvieron de espías para David en Jerusalén durante la sublevación de Absalón (2 S. 15:35ss.). Ayudados por Husai, comunicaron a David los planes de Absalón (2 S. 17:15-17). Al fin del reinado de David, A. cooperó en el intento fallido de entronizar a Adonías (1 R. 1), por lo cual Salomón lo destituyó (1 R. 2:26,27). Con este acto se cumplió la promesa de Dios respecto de la casa de Elí (1 S. 2:27-36).

Durante el reinado de David hubo dos sumos sacerdotes, Sadoc y A. (1 Cr. 15:11), aunque parece que A. estuvo sobre Sadoc (1 R. 2:35). Después de la destitución de A., quedó solamente el linaje de Sadoc.   P. S.

ABIB ('espigas maduras'). Primer mes del año litúrgico hebreo y séptimo del año civil. Su nombre deriva del palestino local y se llama así porque en ese tiempo se maduraba el grano. Especialmente la cebada se espigaba en este mes. El festival de los primeros frutos se ofrecía el 16 del mes. El día 10 de A. se iniciaba la preparación de la Pascua. Se mataba la víctima el día 14, hacia la puesta del sol, y era comida esa misma noche al comenzar el día 15. Los días 15 al 21 eran el tiempo de la fiesta del pan sin levadura, que terminaba con una convocación solemne (Éx. 12:1,2; 13:4,6; 23:15; 34:18; Dt. 16:1). Su nombre postexílico es Nisán. Hoy corresponde a marzo-abril. (→ MES.)   G. D. T.

ABIEZER ('padre es ayuda'). 1. Hijo de Galaad, nieto de Maquir y bisnieto de Manasés (1 Cr. 7:14-18), llamado también Jezer (Nm. 26:30). Sus descendientes, los abiezeritas, fueron los que primero se reunieron con Gedeón, cuando éste llamó a hombres para luchar en Jezreel contra los madianitas y amalecitas (Jue. 6: 33,34).

2. Uno de los oficiales valientes de David (1 Cr. 11:28), benjamita (1 Cr. 27:12), natural de Anatot (2 S. 23:27).   H. P. C.

ABIGAIL ('mi padre es gozo').

1. Hermosa y prudente esposa de Nabal, el de Carmel, la cual intervino con su sabio razonamiento y regalos cuando David iba a vengarse de Nabal por su torpe mezquindad. David acató el consejo de A. y a los diez días Nabal murió sin que David derramara sangre. Después A. pasó a ser esposa de David, y fue madre de Quileab o Daniel (1 S. 25; 2 S. 3:3; 1 Cr. 3:1).

2. Hermana de David y madre de Amasa (2 S. 17:25; 1 Cr. 2:16,17).   J. M. H.

ABILINIA. Tetrarquía gobernada por → Lisanias en el año 15 de Tiberio (Lc. 3:1), y situada en el Antilíbano. Las ruinas de su capital, Abila, se hallan a 30 km al NO de Damasco, sobre la línea del ferrocarril de Beirut, en un lugar llamado Es-suk. Se la llama Abilinia de Lisanias para distinguirla de otras.   S. C. C.

ABIMELEC ('mi padre es rey'). 1. Rey de los filisteos en Gerar; llevó a Sara a su harén, luego que Abraham había dicho que era su hermana. Reprendido por Dios en sueños, se la devolvió a Abraham después de reconvenirlo por el engaño que había cometido (Gn. 20:1-18). Posteriormente A. y Abraham hicieron un pacto (Gn. 21:22-34).

2. Otro rey de Gerar, posiblemente hijo del anterior, a quien Isaac le dijo la misma mentira con respecto a su esposa, Rebeca. Aunque los filisteos no la tomaron, cuando A. descubrió el embuste, reprendió a Isaac (Gn. 26: 1-13). Sin embargo, siguieron en buenas relaciones (Gn. 26:26-33).

3. Hijo de Gedeón y su concubina (Jue. 8:31). Se hizo rey de Siquem después de la muerte de su padre y mató a 70 hijos de éste. Sólo se salvó Jotam, el hijo menor, que se escapó.

A. murió ignominiosamente cuando una mujer le dejó caer una piedra de molino sobre la cabeza (Jue. 9:50ss.).

4. El título del Salmo 34 menciona a un A. Evidentemente se refiere a Aquis, rey de Gat (1 S. 21:10-15). Es probable que A. se use aquí como título real y no como nombre propio.

D. M. H.

ABINADAB ('padre generoso'). 1. Hombre (probablemente levita) de Quiriat-jearim en cuya casa permaneció el arca de Jehová desde que fue devuelta por los filisteos hasta el reinado de David (1 S. 7:1; 2 S. 6:3ss.; 1 Cr. 13:7).

2. Segundo hijo de Isaí y uno de los tres que fueron con Saúl a la guerra contra los filisteos (1 S. 16:8; 17:13; 1 Cr. 2:13).

3. Uno de los cuatro hijos de Saúl. Murió con dos hermanos y su padre en la batalla de Gilboa (1 S. 31:2; 1 Cr. 8:33; 9:39; 10:2).

4. Padre de un yerno de Salomón, gobernador de la región de Dor (1 R. 4:11).

J. M. Br.

ABIRAM ('el excelso es mi padre'). 1. Bisnieto de Rubén que se levantó con Datán, Coré y otros, contra Moisés y Aarón. Perecieron juntamente con sus familiares cuando por el juicio de Dios la tierra los tragó (Nm. 16:1-32; 26:9; Dt. 11:6; Sal. 106:17).

2. Primogénito de Hiel. Murió en cumplimiento parcial de la maldición de Josué (Jos. 6:26) cuando Hiel reedificó Jericó, ca. 870 a.C. (1 R. 16:34).   J. M. Br.

ABISAG ('mi padre es errante'). Hermosa virgen de Sunem, escogida para cuidar a David en su vejez (1 R. 1:1-4). Cuando → Adonías la solicitó como esposa, el nuevo rey Salomón mandó matarlo por haber pretendido el trono, pues las concubinas del muerto habían de pasar a su heredero (1 R. 2:13-25).   I. W. F.

ABISAI ('mi padre es Isaí'). Primer hijo de Sarvia, hermana de David; hermano de Joab y de Asael (1 Cr. 2:16), y uno de los más valientes soldados de David (2 S. 23:18,19). Sólo él entró con David en el campamento de Saúl en Zif (1 S. 26:5-12). Con Joab siguió a Abner, general del ejército de Isboset (2 S. 2:18,24). Derrotó a los edomitas (1 Cr. 18:12); dirigió parte del ejército de Joab contra los amonitas (2 S. 10:10,14); libertó a David y mató al gigante filisteo Isbi-benob (2 S. 21:16,17). Era guerrero cruel (2 S. 16:9; 19:21), pero se destacaba siempre por su valor, su intrepidez y su lealtad a David, aun durante las rebeliones de Absalón y Seba (2 S. 16:9-11; 20:6,7).

J. M. Br.

ABISMO (del gr. *abyssos*, 'sin fondo'). Término usado en la LXX para traducir la palabra hebrea que significa "hondura".

En el AT "a." expresa el concepto antiguo de océano, una vasta masa de agua sobre la cual flotaba el mundo (Gn. 1:2; 7:11), y alude a un elemento del caos primitivo (Job 28:14).

En el NT el a. se presenta como la morada o el calabozo de los demonios (Lc. 8:31; Ap. 9:1ss.; 11:7; 17:8; 20:1-3) y el lugar de los muertos (Ro. 10:7 → SEOL). J. M. R.

ABIÚ. Segundo hijo de Aarón y Elisabet (Éx. 6:23). Por ser miembro de esta familia fue consagrado al sacerdocio (Éx. 28:1). Acompañó a su padre, los ancianos de Israel y Moisés cuando subieron al mte. Sinaí y vieron la gloria de Dios (Éx. 24:1,9,10). Se le recuerda como ejemplo de la desobediencia, porque ofreció "fuego extraño delante de Jehová" y fue drásticamente castigado (Lv. 10). P. S.

ABNER. Hijo de Ner, primo de Saúl y general de los ejércitos de éste y de Is-boset (1 S. 14:50; 26:5; 2 S. 2:8).

Estuvo al lado de Saúl cuando David salió al encuentro de Goliat (1 S. 17:55,56) y fue quien posteriormente lo presentó a Saúl (1 S. 17:57). Estaba sentado a la mesa cerca de Saúl cuando éste, en un arranque de furia, intentó matar a Jonatán (1 S. 20:25,33). Acompañó a Saúl mientras éste perseguía a David (1 S. 26:5ss.). Sin embargo, David lo reprendió severamente por su negligencia en cuidar al rey (1 S. 26:15). Muerto Saúl, A. se encargó del cuidado del hijo que aquél dejó, Is-boset, y lo proclamó rey (2 S. 2:8,9). Reprendido por Is-boset debido a su conducta con Rizpa, concubina de Saúl, hizo un pacto con David para que éste reinase sobre todo Israel (2 S. 3:6-21). Fue asesinado traidoramente por Joab, en venganza de la muerte de su hermano Asael; David lamentó su muerte y compuso una elegía a su memoria (2 S. 3:33,34). H. P. O.

ABOGADO. Profesional que en una corte defiende la causa de otro. En la época de Cristo, dentro del sistema político-religioso judío, no se ejercía la profesión en el sentido clásico, salvo en casos como el de → Tértulo, quien acusó a Pablo delante de Félix (Hch. 24:1). Pero sí había "doctores" e "intérpretes de la ley" que compartían con los → escribas las funciones de a. (cp. Lc. 7:30; 11:45s.,52). No se sabe si → Zenas (Tit. 3:13) era experto en la ley judía o en la romana.

Con la palabra a. se traduce el vocablo griego *Parákletos* que quiere decir "uno llamado al lado de otro para ayudar y consolar". En tal sentido se aplica al Espíritu Santo en el Evangelio de Juan (14:16,26; 15:26; 16:17) y a Cristo en las epístolas (1 Jn. 2:1; cp. Ro. 8:34;

Heb. 7:25). Nuestro Señor abogó por Pedro (Lc. 22:32), y por el ciego de nacimiento (Jn. 9:35-41). (→ PARÁCLETO, → INTERCESIÓN.)

A. R. D.

ABOMINACIÓN. Término que traduce cuatro vocablos hebreos en el AT, y en resumen señala la repugnancia que produce un objeto, persona o práctica que violenta los postulados religiosos del sistema dominante.

I. VARIOS USOS

A. La violación de un tabú. V.g., la frase: "porque los egipcios no pueden comer pan con los hebreos, lo cual es a. a los egipcios" (Gn. 43:32; cp. 46:34; Éx. 8:26).

B. Los ídolos de los gentiles eran a. por excelencia frente a Jehová, Dios único y verdadero, y su pueblo Israel: Astoret era la a. de los sidonios, Quemos, a. de Moab, etc. (2 R. 23:13).

C. Las prácticas idolátricas eran a., por sus implicaciones tanto religiosas como éticas, pues combinaban la deslealtad a Jehová con la degradación moral (2 R. 21:2-7). Incluían la adivinación, magia, etc. (Dt. 18:9-14).

D. Pecados y actitudes ajenos al pacto de Dios con Israel. Véanse las muchas referencias a la a. en Proverbios, v.gr. "labios mentirosos" (12:22).

E. Meros actos rituales, y sacrificios ofrecidos sin humildad y espíritu de adoración eran a. (Is. 1:11-14). Los mismos conceptos pasan al NT bajo el término griego *bdelygma*. Jesús declaró que aun "lo que los hombres tienen por sublime, delante de Dios es a." (Lc. 16:15).

II. LA ABOMINACIÓN DE DESOLACIÓN

Jesucristo hace referencia a una funesta señal futura, ya predicha por Daniel profeta, y la llama *to bdelygma tes eremóseos* (Mt. 24:15; Mr. 13:14) o sea, "la a. que causa devastación" y que había de ser colocada en el "lugar santo". En Daniel la frase (con variantes) se halla en 9:27; 11:31 y 12:11. Dn. 11:31 alude, sin mucho lugar a duda, a la profanación del altar de holocaustos en Jerusalén por orden de Antíoco Epífanes (168 a.C., período de los macabeos).

Las referencias que el Señor recoge pueden tener un cumplimiento doble, siendo el primero anticipo y sombra del segundo. El lugar santo fue profanado por los zelotes judíos durante el sitio de Jerusalén (66-70 d.C.), mientras los cristianos de Judea, guiados por la advertencia del Señor, huían a Pella (Mr. 13:14-16). La siguiente profanación del templo por los romanos bajo Tito fue puramente destructiva.

Antes del fin, del cual profetizó Cristo, el anticristo se sentará "en el templo de Dios, como Dios" (2 Ts. 2:3ss.; 1 Jn. 2:18; cp. Ap. 11:1,2 y cap. 13), como señal de las grandes tribulaciones que precederán a la manifestación del Señor en gloria. E. H. T.

ABORRECIMIENTO. Actitud emotiva caracterizada por una gran aversión o disgusto profundo. Es un sentimiento complejo que puede incluir →ira, →temor, disgusto, enemistad, →odio o mala voluntad, junto con el deseo de perjudicar algún objeto o persona. El a. al hermano o al prójimo es condenado (Gn. 27:41; 37:4s.; Lv. 19:17; 2 S. 13:22). La Biblia, por lo mismo, distingue entre el asesinato accidental y el malicioso o intencional (Dt. 4:42; 19:4,6,11; Jos. 20:5).

El que aborrecía a su mujer, alegando causas falsas, debía ser castigado y no podía abandonarla (Dt. 22:13-19). Pero si existía razón justa, la mujer aborrecida no podía ser tomada de nuevo por su marido (Dt. 24:3,4). El amor basado exclusivamente en la atracción sexual puede convertirse en a. (2 S. 13:15).

A menudo en las Escrituras el "a." expresa lo contrario del amor, o un grado menor de amor (Gn. 29:30,31; Dt. 21:15; Pr. 13:24; Lc. 14:26). En estos pasajes "a." no significa odio, sino amar menos, dando preferencia a otro objeto o persona. Es en su aspecto negativo, como a. hacia el semejante quien lleva la imagen de Dios, cuando se vuelve pecaminoso. Sin embargo, no siempre el a. u odio es pecado. Dios aborrece los pensamientos y caminos pecaminosos y el carácter de los pecadores (Sal. 5:5,6; Jer. 44:4). Tal como su Salvador, el creyente debe aborrecer el pecado (Heb. 1:9), pero amar al pecador (Ro. 5:8).   J. J. T.

ABRAM ('el padre es exaltado'). Después se le llamó Abraham ('padre de multitudes', Gn. 17:5). Descendiente de Sem e hijo de Taré; fundador de la nación judía, de los ismaelitas y de otras tribus árabes. La historia de su vida se relata en Gn. 11:26−25:10; hay una recopilación de ella en Hch. 7:2-8. Tres grupos religiosos lo reconocen como patriarca: judíos, cristianos y mahometanos.

Nació en Ur, ciudad caldea, donde vivió con su padre y sus hermanos, Nacor y Harán, y donde se casó con Sarai. Llamado por Dios, abandonó a su parentela idólatra (Jos. 24:2) y se trasladó a Harán, en Mesopotamia, donde murió su padre (Gn. 11:26-32). A la edad de 75 años se fue a Canaán con su esposa y Lot, pasando por Siquem y Bet-el (Gn. 12:1-9). Obligado por el hambre, fue a Egipto donde hizo pasar a Sarai por hermana suya. Volvió enriquecido a Canaán y con espíritu generoso dio a Lot el fértil valle del bajo Jordán. Luego se estableció en Mamre (Gn. 13:1-18). Entonces Dios renovó su promesa a A. (Gn. 13:15-18). Al volver de rescatar a Lot de manos del rey elamita (Gn. 14:1-16), Melquisedec, sacerdote-rey, le salió al encuentro y le dio su bendición (Gn. 14:17-24).

A pesar de haberle sido prometido un hijo (Gn. 15:4), cuando tenía 86 años, A. tomó a la esclava Agar y de ella nació Ismael (Gn. 16). Trece años después Dios reconfirmó su pacto con él; estableció la circuncisión como señal y a Abram le puso por nombre "Abraham" (Gn. 17). A. intercedió por Sodoma (Gn. 19), viajó por el Neguev, y se estableció en Cades y Gerar (Gn. 20). Allí nació Isaac, cuando A. tenía 100 años de edad. Luego Agar e Ismael fueron echados de casa. Por ese mismo tiempo A. hizo pacto con Abimelec, asegurando los derechos de éste en Beer-seba (Gn. 21).

Después de veinticinco años, Dios probó la fe de A. ordenándole que sacrificara a Isaac, su hijo y heredero de la promesa (Gn. 22). Doce años después Sara murió y fue enterrada en

La ciudad de Ur de los caldeos, de la cual había llamado Dios a Abram, era centro próspero de una civilización brillante. Entre sus ruinas aparece la de este templo-torre (*zigurrat*), que muestra la forma en que posiblemente fuera construida la torre de Babel.   MPS

Hebrón. Rebeca, nieta de Nacor, el hermano de A., fue escogida como esposa, de Isaac. A. tomó también otra esposa, Cetura, quien tuvo 6 hijos. Regaló "todo lo que tenía" a Isaac, dio dones a los hijos de sus concubinas, y a los 175 años murió.

A. depositó su fe en un solo Dios (en contraste con el politeísmo de sus antecesores, Jos. 24:2), creador de los cielos y la tierra (Gn. 14:22), juez justo y soberano de las naciones y toda la tierra (Gn. 15:14; 18:25), eterno (Gn. 21:33) y exaltado (Gn. 14:22). Atribuía a Jehová justicia y misericordia (Gn. 19:19). Aceptó el juicio de Jehová (Gn. 18:17; 20:11) y sin embargo intercedió por Ismael (Gn. 17:20) y Lot (Gn. 18:27-33). Se mantuvo en íntima comunión con Dios (Gn. 18:33; 24:40) y se distinguió por ser "amigo de Dios" (Stg. 2:23). Su fe se demuestra por la obediencia al mandato divino de: (1) salir de Ur (Gn. 11:31; 15:7; Hch. 7:2-4); (2) trasladarse de Harán a la tierra de promisión (Gn. 12:1-4); (3) sacrificar a su único hijo, confiando que Dios podía incluso levantarlo de los muertos (Gn. 22:12,18; Heb. 11:19). Su amor a los demás se ve en su generosidad (Gn. 13:9; 14:23), su fidelidad y su hospitalidad (Gn. 18:2-8; 21:8). Mostró valor ante sus enemigos (Gn. 14:15), pero cobardía al anteponer la seguridad de su propia vida al honor de su esposa (Gn. 12:11-13; 20:2-11).

El puesto que A. ocupa en la historia bíblica es único. Jehová se reveló a Moisés como "El Dios de A." y esta expresión se usa en las Escrituras desde Isaac en adelante. En el NT es antecesor reverenciado de Israel (Hch. 13:26), del sacerdocio levítico (Hch. 7:5) y del mismo Mesías (Mt. 1:1). Todo lo que A. recibió por la elección divina, lo hereda su simiente: la promesa (Ro. 4:13), la bendición (Gá. 3:14), la misericordia (Lc. 1:54), el juramento (Lc. 1:73) y el pacto (Hch. 3:25). La unidad de los hebreos como hijos de A. se presenta como analogía de la unidad de los creyentes en Cristo (Gá. 3:16,29), pero Juan el Bautista (Mt. 3:9) y Pablo (Ro. 9:7) refutan la idea de que la descendencia racial supone bendición espiritual.

Debido a los descubrimientos arqueológicos, la mayoría de los expertos aceptan la historicidad de lo que narra el libro de Génesis referente a la vida y época de A. Los acontecimientos concuerdan con los tiempos del segundo milenio a.C. y Albright y de Vaux opinan que A. vivió entre 1900 y 1700 a.C., y Rowley 1800-1600 a.C. (→PACTO →FE →JUSTIFICACIÓN → SENO DE ABRAHAM.)   J. B. B.

ABROJOS. →CARDOS.

ABSALÓN ('padre de la paz'). Tercer hijo de David y el único que tuvo con la extranjera Maaca, hija de Talmai (2 S. 3:3). Fue notable por su hermosura y por su cabello (14:25,26). Amnón, otro hijo de David, violó a Tamar, hermana de A., y éste, para vengarse, lo mató

(13:1-29). Luego huyó a Gesur donde su abuelo era rey (13:37-39).

Después de tres años de exilio, A. regresó a Jerusalén por la intervención de Joab, pero no vio a su padre David sino hasta dos años después (14:28). Habiéndose reconciliado con su padre, A., heredero evidente del trono, comenzó un complot para hacerse rey (15:1-6). Fue proclamado como tal en Hebrón (15:7-13), donde David había comenzado su reinado. David huyó a Jerusalén y A. tomó posesión de la ciudad.

Con la ayuda de Husai y Joab, David reorganizó sus fuerzas y se preparó para reconquistar a Jerusalén. Derrotó a A. en el bosque de Efraín (al E del Jordán). Cuando A. huía en un mulo, se le enredó el cabello en una encina, y fue alcanzado y muerto por Joab y sus escuderos (18:8-18). David, aunque la victoria le había restituido el reino, lamentó amargamente la muerte de este hijo amado (18:32–19:8).

A. tuvo tres hijos y una hija llamada Tamar (14:27), la cual fue madre de Maaca, esposa de Roboam (2 Cr. 11:20,21).   D. M. H.

ABUBILLA. Ave migratoria, del tamaño de un tordo grande, que llega en primavera a Palestina. Tiene plumas largas en la cabeza que forman una cresta semicircular eréctil típica. Anida en huecos de árboles y paredes. Por la suciedad de su nido y por alimentarse de gusanos, insectos y larvas, fue considerada inmunda (Lv. 11:19; Dt. 14:18). Entre los egipcios era emblema de la piedad filial y figura en relatos populares del Talmud.   F. U.

ACAB. 1. Séptimo rey de Israel, hijo y sucesor de Omri. Reinó en Samaria durante veintidós años (ca. 870-850 a.C.). Fue contemporáneo de Asa y Josafat, reyes de Judá, e hizo lo malo "más que todos los que reinaron antes de él" (1 R. 16:29-33).

A. se alió con los fenicios al tomar por esposa a la hija de Et-baal (rey de los sidonios), la impía →Jezabel, quien le indujo a la idolatría (1 R. 21:25,26). Incluso edificó en Samaria un templo a Baal.

Jezabel procuró la destrucción de todos los profetas de Jehová, pero Dios levantó al profeta Elías para denunciar el pecado de la nación y llamarla al arrepentimiento (1 R. 18:1-13). El juicio divino se manifestó primero en una prolongada sequía (1 R. 17:1; 18:1,41-46; Stg. 5:17,18). Luego, Elías desafió y dio muerte a los profetas de Baal (1 R. 18:20-40).

Las Escrituras mencionan también la alianza de A. con Ben-adad rey de Siria (1 R. 20:1-21), la cual tampoco fue agradable a Jehová (1 R. 20:22-34). La inscripción monolítica de Salmanasar III, rey de Asiria, revela que A. se unió a Ben-adad contra los asirios en la batalla de Karkar, al N de Hamat, en 853 a.C.

A. hizo además una alianza familiar y militar con Josafat. Joram, hijo de Josafat, tomó por esposa a Atalia, hija de Acab (2 R. 8:18,26; 2

7

Cr. 18:1; 21:6; 22:2). A pesar de que Micaías había profetizado la derrota de Israel y Judá (1 R. 22:13-28), A. y Josafat persistieron en su plan de pelear contra los sirios para recuperar a Ramot de Galaad. A. se disfrazó antes de entrar en la batalla, pero una flecha lo hirió mortalmente (1 R. 22:29-40).

Como gobernante, A. tuvo buen éxito económico y político. Por medio de sus alianzas logró que Israel fuese en aquel tiempo una nación próspera y respetable. Pero su idolatría tuvo funestas consecuencias aun para las generaciones futuras en Israel (Os. 1:4; Mi. 6:16).

2. Profeta falso en el tiempo de Jeremías (Jr. 29:21).   E. A. N.

ACACIA. Árbol de la familia de las mimosáceas, de cuya madera se construyeron el tabernáculo y su mobiliario (Éx. 25–27; 30; 35–38; Dt. 10:3). Hay varias especies de a. Probablemente Moisés usó la *a. addiana,* variedad muy común en la península sinaítica. Ésta alcanza unos 5 m. de altura, es de tronco grueso y follaje copioso. Sus hojas, pinadas pequeñas, presentan estípulas en forma de espinas largas y agudas. Las florecillas amarillas se agrupan en racimos. El fruto es una vaina torcida en espiral, de muchas semillas. De su nombre hebreo, *sitim,* se derivan los nombres de varias localidades mencionadas en el AT. De algunas variedades de a. se extrae la goma arábiga.   J. A. G.

ACAD. Ciudad fundada por Nimrod (Gn. 10:10), cuya ubicación exacta se ignora. Era la capital de Babilonia durante el reinado de Sargón I, conquistador semítico que fundó la dinastía acádica en el siglo XXIV a.C. en la baja Mesopotamia.

Situada cerca de Ur, su civilización se unía con la de Sumer, que ocupaba la ribera opuesta del río Éufrates. Su alto nivel cultural destaca el medio social que heredó Abram y que después decidió abandonar.

El idioma acádico persistió como lengua franca varios siglos después del fin político de A. Escritos acádicos se han encontrado en Meguido y Jericó.   W. G. M.

ACAICO ('de Acaya'). Miembro de la iglesia en Corinto que acompañó a → Estéfanas y → Fortunato en una comisión que alegró al apóstol Pablo en Éfeso (1 Co. 16:17). Probablemente llevaron la carta mencionada en 1 Co. 7:1, y volvieron a Corinto llevando Primera Corintios.

El nombre A. sugiere que era oriundo de Acaya, exesclavo o esclavo quizás al servicio de la familia que fundó esta provincia.   P. W.

ACÁN ('perturbador'). Hijo de Carmi, de la tribu de Judá. Violó el mandamiento divino al tomar para sí de los despojos de Jericó (Jos. 6:18,19; 7:1-26). Este pecado tuvo consecuencias inmediatas para maldición de todo el pueblo. Dios ordenó que el culpable fuese severamente castigado. A. y toda su familia fueron apedreados

y sus cadáveres quemados (Jos. 22:20; 1 Cr. 2:7).   E. A. N.

ACAYA. Región que abarca la porción de Grecia al S de Macedonia. Fue conquistada por los romanos en el 146 a.C., y gobernada por ellos, desde Macedonia, hasta su establecimiento como provincia aparte bajo Augusto en el 27 a.C. Después fue gobernada por un procónsul, desde la capital → Corinto, con la cual se asocia íntimamente en el NT (2 Co. 1:1; cp. 1 Co. 16:15).

Cuando Pablo llegó a Corinto, el procónsul romano era Galión (Hch. 18:12), pero en el 67 Nerón retiró al procónsul y otorgó autonomía a A. Las primeras iglesias acaicas se encontraban en Atenas (Hch. 17:34) y Cencrea (Ro. 16:1).   P. W.

ACAZ. Duodécimo rey de Judá, hijo y sucesor de Jotam. Reinó de *ca.* 735 a 715 a.C. (→CRONOLOGÍA DEL AT). Se le recuerda por su idolatría y por haber hecho pasar por fuego a sus hijos (2 Cr. 28:1-4; 2 R. 16:1-4). Como castigo de su rebelión contra Dios fue atacado por Rezín, rey de Siria, y Peka, rey de Israel, quienes mataron a muchos judíos, y llevaron cautivos a otros. Por la intervención del profeta Obed los cautivos fueron liberados (2 Cr. 28:5-15). Sufrió otros reveses a manos de los edomitas y los filisteos (2 Cr. 28:16-20).

El profeta Isaías lo exhortó a volver a Jehová (Is. 7:1-12), pero A. no le hizo caso; más bien solicitó auxilio de Tiglat-pileser, rey de Asiria. Con esto se convirtió en tributario suyo y fue reducido a gran estrechez. Se sumergió más en la idolatría, y construyó un gran altar al estilo asirio. Profanó el altar de Salomón y cerró el templo (2 R. 16:10-16; 2 Cr. 28:22-25). Su nombre aparece en una inscripción de Tiglat-pileser como uno de sus vasallos.   D. M. H.

ACCIÓN DE GRACIAS. Gratitud del pueblo de Dios, expresada en el culto comunal (1 Cr. 23:30; Neh. 12:46; Sal. 100:4) o particular (Dn. 6:10). En Israel se ofrecían → sacrificios en a. de g. (Lv. 7:12ss.; 22:29).

En el NT la gratitud es parte de la fe (Lc. 17:15-19; Ro. 1:21), y de la alabanza (Ap. 4:9; 7:12). Es motivada por los actos de Dios por medio de Jesucristo (1 Co. 15:55-57; 2 Co. 2:14); principalmente por la salvación (Ro. 6:17; Col. 1:12; etc.), pero también por la contestación a la oración (Jn. 11:41), la evidencia de la gracia en otros creyentes (Ro. 1:8), el amor de los hermanos (Hch. 28:15; 2 Co. 8:16), la comida (Mt. 15:36), el ministerio (1 Ti. 1:12), los → dones del Espíritu (1 Co. 14:18), y la dirección de Dios (1 Co. 1:14). Debe practicarse en la oración (Fil. 4:6). El cristiano debe dar gracias en todo (Ef. 5:4,20) porque glorifica a Dios (2 Co. 4:15; 9:11-13) y porque es la voluntad divina (1 Ts. 5:18).   J. M. H.

ACEITE. Grasa líquida, comúnmente vegetal.

El a. más común en tiempos bíblicos era el de olivas. El más puro se obtenía del fruto aún verde en nov., que se echaba en receptáculos y se machacaba ligeramente (Éx. 27:20). El fruto maduro, de dic. a feb., producía a. más abundante pero menos estimable. Las olivas se exprimían en cilindros de piedra, o se sometían a presión en un molino. Getsemaní (de las palabras hebreas *gat-semen* que quieren decir 'prensa de aceite') debe su nombre al hecho de que había algunas prensas de a. en sus cercanías.

En los ritos de Israel se usaba el a. de varias maneras: en la consagración de los sacerdotes (Éx. 29:1-7; Lv. 8:12), en ciertas ofrendas y sacrificios (Lv. 2:1ss.; Nm. 7:19), en la consagración del tabernáculo (Éx. 30:22-29; 40:9, 10), en la purificación de leprosos (Lv. 14: 10-18), en las lámparas del tabernáculo (Éx. 25:6; Lv. 24:2) y en la consagración del rey (1 S. 10:1; 1 R. 1:39). En la época del NT se ungía a los enfermos con el a. (Stg. 5:14).

El a. dulce y fresco se prefería a la manteca animal como sazón para el alimento. Servía como combustible para las lámparas (Mt. 25: 1-13; Lc. 12:35). Se utilizaba como medicina tanto externa como interna (Is. 1:6; Mr. 6:13; Lc. 10:34). Como cosmético se empleaba .después del baño (Rt. 3:3; 2 S. 12:20; Est. 2:12; Lc. 7:46).

Se usaba también como medio de cambio y se vendía como mercancía (1 R. 5:11; Ez. 27:17; Os. 12:1; Lc. 16:6; Ap. 18:13).

El a. simboliza alegría (Sal. 45:7; Is. 61:3; Heb. 1:9) y prosperidad y abundancia (Dt. 32:13; 33:24; 2 R. 18:32; Job 29:6; Jl. 2:19,24). La falta de a. denotaba pobreza (Jl. 1:10; Hag. 1:11). La unción con a., de los sacerdotes y reyes (ver arriba), simbolizaba la unción del Espíritu Santo para poder desempeñar el oficio con el poder de Dios.

D. M. H.

ACEITUNA. →Oliva.

ACÉLDAMA ('campo de sangre'). Terreno pequeño, que antes se llamaba "campo del alfarero" (Jer. 19). Fue comprado por los sacerdotes con las treinta piezas de plata que Judas recibió como precio de la sangre de Jesucristo, y designado para la sepultura de extranjeros (Mt. 27:7,8). Hch. 1:18,19 atribuye la compra a Judas porque el terreno fue adquirido con su dinero. La tradición lo sitúa en un lugar plano al lado sur del valle de Hinom. Tuvo importancia en la Edad Media porque fue usado como cementerio para los peregrinos y porque de allí llevaron tierra para los campos santos de Roma y Pisa. Se han encontrado allí tumbas, trincheras, y una casa de entierros con una acumulación de varios metros de huesos.

J. M. Br.

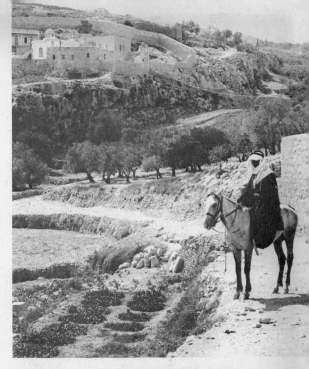

Acéldama, llamado "Campo de Sangre" por ser el lugar en donde Judas adquirió un terreno con el "precio de su iniquidad" y en el cual se suicidó. MPS

ACEPCIÓN DE PERSONAS. Dios es un juez imparcial que aplica un solo y verdadero criterio sin distinción de raza, religión (Hch. 10:34; Ro. 2:6-11) o posición social (Pr. 28:21; Stg. 2:1-9; Jud. 16). Para dar testimonio de la justicia divina el pueblo de Dios debe vivir de acuerdo con ella, no concediendo privilegios a los pudientes ni aprovechándose de los indefensos.

En la ley mosaica y entre los profetas de Israel se previene contra el soborno de jueces por gente influyente (Lv. 19:15; Dt. 16:19; Am. 2:6; Pr. 24:23). Jesús mantiene esta norma en su juicio sobre los hombres (Mt. 6:2-4; Mr. 10:42-44; Jn. 2:24s.).

R. O.

ACMETA (nombre arameo equivalente a "Ecbátana', en la BJ, de uso griego y romano). Capital de Media desde *ca.* 700 a.C. En 550 a.C. cayó ante los persas bajo Ciro II, para luego servir de residencia de verano a los nuevos monarcas. Es la moderna Hamadán al SO de Teherán, Irán. Se menciona únicamente en Esd. 6:2, pero aparece varias veces en los libros apócrifos.

R. S. R.

ACO. →Tolemaida.

ACOR ('aflicción en extremo'). Valle seco donde los israelitas apedrearon a Acán y a su familia (Jos. 7:24-26). Estaba al SE de Jericó, entre Debir y Bet-arabá, y al N de Wadi Qumrán (Jos. 15:6,7). Es el primer nombre en el Rollo de Cobre de → Qumrán.

En sentido figurado (Is. 65:10 y Os. 2:15) A. simboliza el "portón de esperanza", la abundante gracia de Dios que puede hasta reverdecer un valle como A.   W. G. M.

ACRABIM ('escorpiones'). Pendiente en el Neguev en la misma latitud que el extremo S del mar Muerto, por donde el camino del Arabá subía a los montes de Judá (Nm. 34:4; Jos. 15:3; Jue. 1:36). En tiempo de los macabeos se llamaba *Akrabattine* y fue escenario de una furiosa batalla (1 Mac. 5:3).   W. G. M.

ACSAF. Ciudad real de los cananeos, conquistada por los israelitas. Fue repartida entre la tribu de → Aser (Jos. 11:1; 12:20; 19:25). Quedaba cerca de → Aczib y Aco, quizá donde hoy se encuentra Tell Kesan.   J. E. G.

ACZIB ('mentira' o 'engaño'). **1.** Pueblo en la costa del territorio repartido entre la tribu de → Aser, del cual los cananeos no fueron echados en los días de la conquista (Jos. 19:29; Jue. 1:31). Quedaba 17 km al N de Aco (Acre); hoy es Ez-zib.

2. Pueblo de Judá (Jos. 15:44; Mi. 1:14), probablemente el Quezib de Gn. 38:5. Estaba en la Sefela cerca de Laquis y Gat. Es probable que se pueda identificar con Cozeba de 1 Cr. 4:22. Hoy es Tell el-Beda.   J. E. G.

ADAM. Ciudad al E del Jordán, cerca de → Saretán, donde las aguas del Jordán se detuvieron, para dar paso a los israelitas que iban rumbo a la tierra prometida (Jos. 3:16; cp. BJ).

Actualmente se la identifica con Tel-ed-Damiyeh, situada cerca de la desembocadura del río → Jacob en el Jordán.   W. M. N.

ADÁN. La palabra hebrea *adam* aparece más de 560 veces en el AT y casi siempre significa "hombre" o "ser humano" (Gn. 7:23; 9:5,6). Muchas veces, p.e. en los primeros caps. de Gn., 1 Cr. 1:1, quizá Job 15:7 y Os. 6:7, y algunos otros textos en el resto del AT, "A." es el nombre propio del primer hombre, creado por Dios. No obstante, en varios textos, tanto por las cuestiones textuales como por problemas propiamente gramaticales, es difícil determinar si la traducción de la voz hebrea debe ser "Adán" o "el hombre". P.e. en Gn. 2:19,21 hasta Gn. 4:25 la BJ la traduce por "el hombre", mientras que la RV la traduce por "Adán".

Según el relato de la creación, A. fue formado a → imagen de Dios (Gn. 1:26s.), del polvo de la tierra (Gn. 2:7), y hecho un ser viviente por el soplo de Dios. Se le dio señorío sobre la creación en el huerto del → Edén (Gn. 1:28; 2:8,16-20), y su compañerismo con Dios era perfecto (Gn. 3:8s.). Cuando no se halló una "ayuda idónea para él" (Gn. 2:20), Dios hizo caer sobre A. un profundo sopor, y creó una mujer de una de sus costillas.

Más tarde, cuando Dios probó a A. y a Eva por medio del "árbol de la ciencia del bien y del mal" (Gn. 2:9; 3:1ss.), ambos desobedecieron el mandato divino. Como consecuencia, a la mujer se le multiplicaron los dolores de parto (Gn. 3:16), y la maldición de Dios cayó sobre la tierra que habría de labrar el hombre: "espinos y cardos te producirá . . . con el sudor de tu rostro comerás del pan hasta que vuelvas a la tierra" (Gn. 3:18,19). Ambos fueron echados del huerto de Edén (Gn. 3:24), pero a la vez, Dios les dio una promesa de esperanza para el futuro (Gn. 3:15). Era padre de Caín, Abel, y Set (Gn. 4:1,2,25-27), y vivió unos 930 años.

Después del exilio, en medio de la opresión de sus enemigos, los judíos empezaron a teologizar sobre lo que significaba la caída de A. Se echaba a él y a su pecado la culpa de la muerte, y de la existencia de los males en toda la creación terrestre (2 Baruc 17:3; Jubileo 3:28,29). Incluso algunos rabinos le culparon más tarde de varios desórdenes cósmicos.

El NT nos da el verdadero significado teológico de A. Frente a las varias posturas modernas que ponen en tela de duda su historicidad, aquí es considerado como un ser histórico. Lc. 3:38 lo menciona como ascendiente de Jesús. Pablo afirma que A. era el primer hombre (1 Co. 15:45-47; 1 Ti. 2:13,14) y por todas partes el paralelismo entre A. y Cristo implica que aquél era en verdad un ser real (Ro. 5:12-21).

Pablo nos enseña que el → pecado y la → muerte entraron por medio de A. y que en él todos morimos, ya que hay tal tipo de solidaridad entre A. y la humanidad que nos involucra a cada uno en su pecado y castigo. En varias de sus cartas, Pablo presenta a Cristo como "el postrer A." o "el segundo hombre" (1 Co. 15:45-47) en quien todos los hombres pueden disfrutar de abundante gracia, justificación y vida eterna, de la misma manera que, aparte de Cristo, comparten el juicio, la condenación y la muerte en el primer A. (Ro. 5:12-21).

La referencia a "Enoc séptimo desde A.", que se encuentra en Jud. 14, puede ser una referencia histórica a Gn. 5, pero probablemente es una forma técnica para referirse al libro de 1 Enoc del cual viene la cita de Jud. 14,15. (→PACTO.)   J. C. H.

ADAR. 1. Último mes del año litúrgico hebreo, y sexto del año civil. Corresponde a febrero-marzo de nuestro año. La cosecha de frutas cítricas comenzaba en a. Se celebraba la fiesta de Purim los días 14 y 15 del mes (Est. 3:7,13; 8:12; 9:1,15,17,19,21). (→MES, AÑO.)

2. Hijo de Bela y nieto de Benjamín (1 Cr. 8:3).

3. Pueblo de Judá, en la frontera (Jos. 15:3).   G. D. T.

ADIVINACIÓN. Práctica supersticiosa, común en todas las sociedades, de buscar y discernir señales y revelaciones, especialmente acerca del futuro, por medio de ídolos o hechiceros dotados de supuestos poderes sobrenaturales.

Varios medios de a. se mencionan en la Biblia: la copa o el agua (Gn. 44:5); los sueños (Dt. 13:2,3; Jue. 7:13; Jer. 23:32); la consulta de ídolos, varas, y oráculos (1 S. 15:23; Zac. 10:2; Os. 4:12; Is. 41:21-24; 44:7); las flechas (Ez. 21:21); el fuego (Dt. 18:10); y la inspección del hígado (Ez. 21:21).

La a. se condena como reliquia engañosa del paganismo y la prohíben estrictamente la ley y los profetas como una abominación (Éx. 22:18; Lv. 19:26,31; 20:27; Is. 47:12,15). Los profetas condenan a los adivinos, hechiceros, encantadores y a la gente que los busca (Is. 8:19-22; Jer. 27:9,10; Ez. 13:17-23; Mi. 5:12). La razón se ve claramente en Dt. 18:9-22. La revelación no es augurio ni es prognosis la profecía. El adivino practica su profesión por lucro y siempre ajusta su mensaje a fines personales o políticos (2 Cr. 18:4-26; Ez. 13:15; Jer. 6:13ss.; Hch. 8:9; 16:16). En cambio el profeta de Jehová profetiza bajo el impulso divino, nunca por remuneración, sino más bien a veces a riesgo de su vida (1 R. 22:1-35; Is. 7ss.; Jer. 2:36ss.). No se puede engañar ni forzar a Jehová por medios ocultos. Cuando él se revela, lo hace en términos claros, directos y comprensibles.

Esto no significa que no hubiera en Israel ningún vestigio de superstición o práctica de a. Dios parece haberse ajustado a la mentalidad popular y haber aprovechado en varias ocasiones estos medios para lograr su propósito, p.e. la a. por suerte (Lv. 16:8; Hch. 1:26), por vellón de lana (Jue. 6:36-40), o por Urim y Tumim (Esd. 2:63; Neh. 7:65). Pero el conocimiento de Jehová y su revelación destruyen la base de la superstición esotérica y mágica. Es la fe, y no la superstición, lo que exige Dios.   A. P. N.

ADMA. Ciudad del valle de Sidim, cubierta ahora por la parte meridional del mar Muerto. Según Dt. 29:23 (cp. Gn. 10:19; 19:24-29; Os. 11:8), fue destruida por fuego del cielo junto con las ciudades de Zeboim, Sodoma y Gomorra.
                                                    M. V. F.

ADOBE. → TEJA.

ADONÍAS ('mi señor es Yahveh'). El cuarto hijo de David y Haguit (2 S. 3:4; 1 Cr. 3:2). Muerto Absalón, A. se consideraba heredero del trono (I R. 1:5ss.). En esto le apoyaban el general Joab, el sacerdote Abiatar y muchos del pueblo. Mientras A. y sus partidarios hacían una fiesta, Natán, el profeta, y Betsabé, madre de Salomón, recibieron noticias de la rebelión. Avisaron al anciano rey David y le recordaron que había prometido el reino a Salomón (1 R. 1:17,30). David inmediatamente mandó coronar a éste. Al enterarse, los partidarios de A. se dispersaron. A. se refugió asiéndose de los cuernos del altar en el templo. Salomón lo perdonó a condición de su lealtad. Después de la muerte de David A. pidió por esposa a Abisag, la concubina de David. Esta petición, de acuerdo con las costumbres orientales, equivalía a un acto de traición.

Por tanto A. fue condenado a muerte (1 R. 2:13-25).

Otros dos hombres llevaron el nombre de A. (2 Cr. 17:8; Neh. 10:16).   J. M. Br.

ADONIRAM. Alto oficial bajo David, Salomón y Roboam (2 S. 20:24; 1 R. 4:6). Era cobrador de tributos y el encargado de la leva de 30.000 hombres enviados a cortar maderas en el Líbano (1 R. 5:14). Cuando Roboam lo envió a las diez tribus rebeldes, lo lapidaron y se inició la rebelión de Jeroboam ca. 931 a.C. (1 R. 12:18). Se le llama Adoram en 2 S. 20:24; 1 R. 12:18; 2 Cr. 10:18.   J. M. Br.

ADORAM. → ADONIRAM.

ADOPCIÓN. Acto por el cual una persona recibe como hijo propio a uno que no lo es, confiriéndole todos los derechos y obligaciones de esa posición.

Aunque la a. se conocía en tiempos antiguos (p.e. en los archivos de → Nuzi), los judíos no la practicaban directamente. Los casos en el AT que se asemejan a la a. formal generalmente sucedieron en países extranjeros, y los adoptados por un israelita solían ser parientes cercanos (Gn. 48:5; Éx. 2:10; 1 R. 11:20; Est. 2:7).

En el NT sólo Pablo usa la palabra, dándole en cada una de las cinco referencias un sentido teológico. El término es huiothesía, que significa literalmente "poner como hijo", y se usaba para la a. formal entre los griegos. En el derecho romano, el término adoptio era usado cuando un hombre tomaba como suyo al hijo de otro, en un acto que incluía una venta simbólica delante de testigos. Pablo posiblemente alude a esta costumbre en Gá. 4:5,6.

La doctrina neotestamentaria de la a. se presenta especialmente en Ro. 8:15; Gá. 4:5 y Ef. 1:5. La posición de hijo se pone en contraste con la del esclavo (Ro. 8:15; Gá. 4:7) o la de un menor bajo tutela (Gá. 3:25,26). La a. es un acto soberano y gratuito de Dios (Ef. 1:5), por el cual, sin mérito humano, y con base en la redención consumada en la cruz (Gá. 4:5), él da al creyente en Cristo la posición de hijo suyo (Gá. 3:26).

Usando "a." en un sentido algo distinto, Ro. 9:4 habla de la relación especial que Dios estableció con la nación de Israel. (cp. Éx. 4:22). Ro. 8:23 se refiere a la futura realización completa o "promulgación pública" (Sanday) de nuestra posición como hijos (cp. 1 Jn. 3:1-3).

Como adoptado, el creyente posee confianza en Dios en vez de temor (Ro. 8:15). La obra del Espíritu Santo es hacerle consciente de su posición y encaminarle en ella (Ro. 8:14,16) hacia una herencia juntamente con Cristo (Ro. 8:17). Aunque la palabra "a." no aparece en otros pasajes, el concepto se encuentra a través del NT, especialmente en los escritos de Juan (v.g., Jn. 1:12). (→ HIJO, HIJO DE DIOS.)
                                                    P. E. S.

ADORACIÓN. Culto o reverencia que se rinde a Dios por sus obras (Sal. 92:1-5) y por ser quien es (Sal. 100:1-4). Se expresa mediante → oración (Gn. 12:8; Neh. 9), → sacrificio (Gn. 8:20), → ofrenda (Gn. 4:3,4; 1 S. 1:3; Dt. 26:10; 1 Cr. 16:29); → alabanza (2 Cr. 7:3; Sal. 29:1,2; 86:9; 138:1,2), → canto (Sal. 66:4), ritos (Éx. 12:26,27), meditación (Sal. 63:5,6), → temor (Sal. 96:9), → ayuno (Neh. 9:1-3; Lc. 2:37), → fiesta y → acción de gracias (2 Cr. 30:21,22), y especialmente por la inclinación (Sal. 95:6; 1 Cr. 29:20) y el servicio (Dt. 11:13; Jos. 22:27). Estos dos últimos conceptos se expresan en hebreo y en griego por palabras que también significan "adoración" (Dt. 6:13; 10:12,13; 2 R. 5:18; cp. Mt. 4:10; Ro. 12:1), de modo que no se distingue entre "servir" y "adorar" o entre "inclinarse" y "adorar".

La a. externa y cultual debe nacer de una actitud interior (Is. 29:13), que a su vez se expresa en obediencia y una vida dedicada por entero al servicio de Dios (1 S. 15:22,23; Mi. 6:6-8; cp. Stg. 1:27). El adorador debe ser bueno y justo (Sal. 15; Am. 5:21-26) para que su a. sea aceptada (Sal. 50:7-23; Is. 1:11-20; cp. Mt. 5:23,24 y Jn. 4:20-24). Dios quiere que su pueblo le adore (Jn. 4:23), pero sinceramente (Sal. 51:16-19).

Como a. los patriarcas invocaban el nombre de Yahveh (Gn. 4:16; 13:4), celebraban el pacto (Gn. 15:7-21) y la sustitución (Gn. 22; cp. Lv. 17:11), y practicaban los lavamientos y las purificaciones (Gn. 35:2; cp. Éx. 19:10) todo lo cual precede al culto más formal y complejo que se verá después en el → tabernáculo (Éx. 35:40) y el → templo (1 R. 6-8; 2 Cr.

Huyendo de Saúl, David se refugió con su familia y unos cuatrocientos hombres en la cueva de Adulam. Aspecto típico de las montañas de la región.   MPS

20-31). A pesar de esta evolución posterior, no se pierde el aspecto personal de la a. (2 S. 17:18-29; Sal. 23; Is. 55:6-9).

En el NT, el culto de la → sinagoga (Lc. 4:16-21) se adapta a las necesidades de la → iglesia. Incluye alabanzas, salmos, cánticos (Ef. 5:19,20), lectura bíblica, enseñanza, exhortación (Col. 3:16; 4:16; 1 Ti. 4:13), oración, ayuno, la santa cena (Hch. 2:46; 13:1-3; 1 Co. 11:18-34), profecía (1 Co. 14), doctrina, mensajes en lenguas e interpretación (1 Co. 14:26).

En ambos Testamentos el pueblo de Dios lo adora públicamente (Hch. 20:7), en privado (Gn. 24:26,27; Dn. 6:10; Mt. 6:5,6), y por familias (Gn. 35:1-3; Hch. 16:30-34).

Se prohíbe terminantemente la a. a los hombres (Hch. 10:25,26; 14:11-15; cp. Est. 3:2,5), los ángeles (Col. 2:18; Ap. 19:10; 22:8,9) u otra criatura alguna (Mt. 4:10; cp. Dt. 6:13; Ap. 14:9-11). La a. a dioses falsos es una ofensa que trae las más terribles consecuencias en todo el AT (Éx. 20:3-6; 32:1-11,30-35; Dt. 4:15-18; 8:19; etc.; cp. Ro. 1:25). En el NT la a. se dirige a Jesucristo (Mt. 14:33; Jn. 5:22,23; Heb. 1:6; Ap. 5:8-14), y se destaca que el culto ofrecido a Yahveh en el AT explícitamente pertenece a Jesús (Fil. 2:10,11 // Is. 45:23). La a. de Dios y al Cordero es la esencia misma de la vida celestial (Ap. 4:6-11; 15:3,4; 19:1-8).

J. M. H.

ADRAMELEC. 1. Deidad venerada por los habitantes de Sefarvaim, quienes, traídos por los asirios, poblaron Samaria después del año 722 a.C. Nos informa 2 R. 17:31 que quemaban a sus hijos en ofrenda a esta y otra deidad llamada Anamelec.

2. Hijo de → Senaquerib, rey de Asiria. Según 2 R. 19:37 e Is. 37:38, junto con su hermano → Sarezer, asesinó a su padre, mientras éste adoraba en el templo a Nisroc. Esto sucedió cuando Senaquerib regresó a Nínive, después de su fallida campaña contra Ezequías, rey de Judá.   A. Ll. B.

ADRAMITENA. Perteneciente a Adramitio, antiguo puerto de Misia en la provincia romana de Asia, situado frente a la isla Lesbos. (Hch. 27:2).
A. T. P.

ADRIÁTICO. Mar entre Italia al O y Dalmacia y Acaya al E. En la época del NT este nombre abarcaba también el mar Jónico, y las aguas entre Creta y Malta. Era un paso peligroso para la navegación durante los meses de nov. a mar.; Pablo naufragó en él y pasó catorce días en la tormenta (Hch. 27:27).   A. C. S.

ADULAM ('refugio'). Nombre de una ciudad y de un conjunto de cuevas.

1. Probablemente Tel-es-seikh-Madhkur, a medio camino entre Laquis y Jerusalén. Fue conquistada por Josué y cedida a Judá (Jos. 12:15; 15:20,35). Roboam la fortificó (2 Cr. 11:7), y Nehemías la reedificó (11:30).

2. En las cuevas de A. se escondieron los 400 guerrilleros de David y toda su parentela (1 S. 22:1; 2 S. 23:13s.). Es-seikh-Madhkur no se presta a esto pero sí las muchas cuevas de Khirbet 'Id el-Ma. W. G. M.

ADULTERIO. Relación sexual entre una persona casada y otra que no sea su cónyuge legal. En una cultura donde la poligamia es aceptada, sin embargo, la unión sexual entre un hombre casado y sus concubinas no se considera como a.

Bajo la Ley de Moisés, este pecado era castigado con la muerte, ya fuese por apedreamiento o fuego (Lv. 20:10; 21:9; Dt. 22:22-24; Jn. 8:5,6). Ya que la pena de muerte sólo podía aplicarse en el caso de que la persona fuera sorprendida en el acto mismo (Jn. 8:4), el cónyuge acusado tenía que someterse a ciertos procedimientos acordados para establecer su culpabilidad o inocencia (Nm. 5:11-31). No obstante la Ley mosaica, cuando el rey David se arrepintió de su pecado de a., Dios lo perdonó (2 S. 11:2-5; Sal. 51:1,2).

Cristo también perdonó a la mujer sorprendida en a., pero sin disimular la gravedad del cargo (Jn. 8:11). En el NT él señala que el a. no se comete únicamente por el acto en sí, sino también por mirar a una mujer "para codiciarla", dando a entender que la sede de éste, como de todo pecado, está en el → corazón (Mt. 5:27,28).

Nuestro Señor señala el a. como la única razón para el → divorcio (Mt. 5:32; 19:3-12). El término → "fornicación" debe entenderse en estos pasajes como sinónimo de a. Pablo parece dar otra causa en 1 Co. 7:10-15.

El a. es un pecado contra la santidad del hogar, al que todo hombre está expuesto; por esta razón siempre se debe tener muy presente la advertencia de Cristo (Mt. 5:27,28), y hacer diariamente la oración de David (Sal. 51:2,10-12). (→ SEXUALIDAD.) J. J. T.

ADUMÍN ('rojura'). Pasillo en el camino que sube de Jericó a Jerusalén, donde hoy está la "Posada del buen samaritano". Quedaba en la frontera entre Benjamín y Judá (Jos. 15:7; 18:17). Seguramente Jesús pensaba en este lugar cuando contó la parábola del buen samaritano. W. G. M.

ADVENEDIZO. → EXTRANJERO.

AFEC. 1. Lugar entre el territorio de los cananeos y el de los amorreos, que los israelitas no pudieron subyugar (Jos. 13:4). Es probable que sea el moderno Afca en la falda NO del mte. Líbano.

2. Ciudad real de los cananeos conquistada por Josué (Jos. 12:18) y campamento militar de los filisteos (1 S. 4:1; 29:1). Es el moderno Tell el Muhmar junto a Ras el Ain al NE de Tel-Aviv.

3. Ciudad de Aser (Jos. 19:30), no subyugada por Israel (Jue. 1:31). Es el moderno Tell Kurdane en la llanura de Aco al NE de Haifa.

4. Lugar de Basán donde Israel bajo Acab derrotó a los sirios bajo Ben-adad II (1 R. 20:26,30), y donde Israel bajo Joás iba a herir a los sirios según la profecía de Eliseo (2 R. 13:17). Es el moderno Fik al E del mar de Galilea.

5. Lugar de Judá (Jos. 15:53 BJ [RV "Afeca"]) que se cree localizado al SO de Hebrón. R. S. R.

AGABO. Profeta cristiano de Jerusalén, activo también en Antioquía y Cesarea. Predijo el encarcelamiento de Pablo y también una gran hambre que hizo necesario enviar socorro a Judea (Hch. 11:27-30). Para profetizar la prisión del Apóstol se valió de un gesto simbólico (Hch. 21:10,11). Existen pruebas de una tremenda escasez de alimentos (años 46-47 d.C.) en Grecia, Roma y especialmente Judea durante el reinado de Claudio. L. S. O.

AGAG. 1. Según parece, era título real entre los → amalecitas como lo era "Faraón" entre los egipcios y "César" entre los romanos (Nm. 24:7).

2. Rey en el Neguev en el tiempo de Samuel y Saúl. Era antiguo enemigo de Israel caracterizado por su crueldad (1 S. 15:2,32; Éx. 17:8-14; Dt. 25:17-19). Por medio de Samuel, Dios ordenó a Saúl aniquilarlo junto con su pueblo y ganado (1 S. 15:3,18). Saúl desobedeció: le perdonó la vida al rey A. y dejó vivo lo mejor del ganado (1 S. 15:7-9). Llegó Samuel y juzgó a Saúl por su duplicidad y despedazó a A. (1 S. 15:13-23,32,33). W. G. M.

ÁGAPE. Una de las tres palabras griegas traducidas por → "amor". Designaba el amor que los creyentes sentían los unos por los otros, y de ahí que también se denominara así una cena fraternal que los primeros cristianos celebraban juntos. Es posible que Pablo mismo la haya instituido en Corinto (1 Co. 11:17-34).

Desafortunadamente, con el tiempo surgieron abusos graves en estas fiestas: glotonería, embriaguez e inmoralidad. 1 Co. 11:20-22,27-34 y Jud. 12 aluden a estos problemas y el texto más probable de 2 P. 2:13 VM reza "engaños" en vez de "ágapes", pero el contexto habla siempre de comilonas. Precisamente debido a estos abusos fue desapareciendo la fiesta, al menos como celebración al lado de la santa cena. No obstante, continúa hasta el día de hoy entre algunas agrupaciones cristianas. A. C. S.

AGAR. Esclava egipcia de Sara. Ésta, siendo estéril, se la dio a Abraham como concubina. Según las costumbres de la época, los hijos así engendrados serían descendencia legal de Sara. Cuando A. se enorgulleció de estar encinta, Sara, afrentada, apeló a Abraham, puesto que la esclava ya era responsabilidad de él. Abraham terminó el concubinato, y entregó A. nuevamente a Sara, quien la afligió de tal manera que la esclava huyó. Un ángel se le apareció a A. en el desierto y le ordenó someterse a Sara y le

La cosecha del grano era tarea ardua que también correspondía a las mujeres. Escena cerca del monte de los Olivos.
MPS

AGRICULTURA. A través de la historia bíblica la ocupación principal del pueblo de Israel fue la a. Isaías dice que el Señor la estableció (28:23-29). Cuando Abraham y su familia llegaron a Palestina, imitaron los métodos del agricultor cananeo. Los campesinos vivían en aldeas cerca de sus campos y caminaban todos los días al trabajo. Respetaban las piedras limítrofes entre los terrenos.

Los territorios más fértiles en Israel eran la llanura marítima, la llanura de Esdraelón y la llanura del Jordán. Samaria era conocida por sus plantaciones de olivos y las áreas más elevadas del Valle del Jordán por su trigo.

La a. influyó grandemente en la religión de Canaán y también en la formación de las leyes de Israel. La industria y el comercio nunca dieron grandes ingresos a los habitantes de Israel. Más bien la a. era la fuente principal de sus ganancias. Por eso figura mucho en la literatura.

La a. nunca fue fácil en Palestina. La tierra era rocosa y montañosa. Había pocos valles fértiles, apenas los suficientes para producir alimentos para los habitantes. Pero los que había eran muy fértiles. Amós dice que podían producir dos cosechas de trigo al año (7:1).

El clima era otro serio problema para el agricultor hebreo. Había cinco meses de verano, desde mayo a octubre, en que no llovía. A veces, aun durante la época de lluvia no caía suficiente para producir la cosecha. Entonces había hambre en la tierra. El pueblo tomaba medidas para evitar esto. Se han descubierto muchas cisternas

Los granos mas comunes en tiempos bíblicos eran el trigo, la cebada y el centeno, que se sembraban al voleo, tal como lo describió Jesús en la parábola del sembrador.
SPF

anunció que el hijo que iba a nacer, Ismael, sería hombre fuerte y padre de una multitud (Gn. 16). Después del nacimiento de Isaac la rivalidad prosiguió. Abraham, obedeciendo la voz de Dios, accedió a la petición de Sara, y expulsó a A. e Ismael. Con la ayuda de Dios, sobrevivieron en el desierto e Ismael se crió allí (Gn. 21).

Pablo se vale de esta historia para una alegoría: la esclavitud del antiguo pacto representada por A. e Ismael contrasta con la libertad del pacto nuevo, ilustrada en Isaac, hijo de mujer libre (Gá. 4:21-31). I. W. F.

AGARENOS. Descendientes de Agar, y según algunos escritores judíos, parte de la tribu de los ismaelitas (Sal. 83:6). Según 1 Cr. 5:10,18-22, fueron derrotados definitivamente por las tribus de Rubén, Gad y Manasés. Un a. fue administrador de David (1 Cr. 27:31). M. F. V.

ÁGATA (traducción del vocablo heb. *shebo*). Piedra preciosa que se hallaba en la mitad de la tercera línea sobre el pectoral del sumo sacerdote (Éx. 28:19; 39:12). Presenta bandas diversas y vivamente coloreadas, a veces concéntricas.

De acuerdo con la RV, el tercer cimiento de la muralla de la nueva Jerusalén es a. (Ap. 21:19), pero la voz gr. aquí es *calquedón*, palabra que puede referirse a varios tipos de cuarzo. J. E. D.

AGORERO. →HECHICERO.

en Palestina (2 Cr. 26:10; Neh. 9:25) y algunas evidencias del riego artificial. (→ESTANQUE.)

Además del clima, el agricultor hebreo tenía que enfrentar plagas de insectos y enfermedades de plantas. La amenaza más grave era la invasión de langostas que en pocos días consumían campos enteros de grano (Dt. 28:42; 1 R. 8:37; Jl. 1:4). El pasto también sufría de una especie de tizoncillo que atacaba las hojas de las plantas.

desiertas de los países que la limitan al E y al S, determina su cantidad de a. disponible (→LLUVIA). Las rocas calíferas no retienen el a. con facilidad, y los → arroyos, caudalosos en el invierno, se convierten en cauces secos en verano (→ WADI).

El Jordán es el único río de suministro permanente, y por ello a menudo era necesario abrir → pozos o conservar el a. en → cisternas.

En áreas rurales del Medio Oriente todavía se emplea el primitivo arado de madera para labrar la tierra.   MPS

Había tres cultivos principales, la viña, el olivo y el grano. De las muchas clases de uvas la mayor era el *shorek*, una uva roja, grande y deliciosa. La mayor parte de la cosecha se convertía en vino.

La oliva se usaba para hacer aceite, elemento importante en la comida hebrea. El grano principal era el trigo, aunque también se cultivaba la cebada.

Toda la familia colaboraba en la a. y durante el día las villas se vaciaban cuando todos se dirigían a sus terrenos respectivos.

La a. estaba íntimamente relacionada con la fe hebrea. Desde el comienzo Dios la estableció como un oficio digno (Gn. 2:5); la tierra era el regalo de Dios (Dt. 11:9ss.). Por eso las fiestas principales del AT se relacionaban con las cosechas. El futuro glorioso de Israel se expresaba como un tiempo de viñas y huertos florecientes. El AT contiene muchas figuras tomadas de la a. (Sal. 65:9-13; 80:8-13; 128; Pr. 10:5; 20:26; 24:30-34; Is. 5:1-7). Jesús las empleaba muchas veces en sus parábolas (Mt. 20:1-16; Mr. 4:1-20; Lc. 6:43,44), por ser lenguaje que los judíos entendían.   R. B. W.

AGRIPA. →HERODES.

AGUA.

La posición geográfica de Palestina, entre las regiones climatológicas mediterráneas y las semi-

La calidad del a. variaba de salobre a dulce (Éx. 15:23-27; 2 R. 2:19-22).

En tierras donde hay escasez de a., con razón se le llama "don de Dios" (Jn. 4:10); su falta es algo grave (1 R. 17:1ss; Jl. 1:20), como también su contaminación (Éx. 7:17ss.; cp. 15:23). En tiempos de guerra era común cortar las fuentes que abastecían una ciudad (2 R. 3:19,25; 2 Cr. 32:30), para obligarla a racionar el a. (Lm. 5:4; Ez. 4:11,16).

Tanto ayer como hoy la vida de hombres, animales y plantas depende en gran parte del a. Ella supone vida, refrigerio, crecimiento y fruto (Sal. 1:3; 23:2; 65:9). Su escasez aniquila con ardiente sed (Éx. 17:3; Jue. 15:18; Is. 5:13; Jn. 19:28). Por esto, se usa también en sentido figurado para representar las bendiciones que Dios derrama y que el creyente anhela. Dios, revelado en el AT y manifestado en Cristo, es fuente del a. espiritual (Sal. 63:1; Is. 32:2; Jer. 2:13; Jn. 4:13s; 7:37-39), que ha de beber el alma sedienta (Ap. 22:17), y que será derramada en abundancia sobre su pueblo en el futuro (Is. 35:6,7).

Aun en el presente, el Espíritu Santo derramado cuando Cristo fue glorificado (Jn. 7:39), nos bautiza en un cuerpo (1 Co. 12:13; cp. Jn. 3:5). A veces el simbolismo del a. incluye la Palabra de Dios (Is. 55:10s.; Am. 8:11s.) o de Cristo (Jn. 15:3).

Todo el sistema ceremonial da importancia a los lavamientos. No sólo sacerdotes y levitas (Éx. 29:4; Nm. 8:7), sino los hombres en general practicaban diferentes abluciones (Lv. 11:40; 15:5ss.). Con este trasfondo apareció Juan el Bautista predicando un → bautismo de arrepentimiento. En el NT, este aspecto del perdón de pecados ocupa un lugar prominente en varias referencias al a. (v.g. Ef. 5:26; Heb. 10:22).

Las a. del caos primitivo (Gn. 1:2), aunque puestas en su lugar por Dios (encima del firmamento, Gn. 1:7; Sal. 148:4; o en el océano subterráneo, Éx. 20:4; Sal. 136:6), siguen como posible instrumento de muerte en sus manos (Gn. 7:10s.; Éx. 14:26s.). Los judíos que rechazaron "las aguas de Siloé, que corren mansamente" (las bendiciones de la Palabra de Dios en Jerusalén) tendrán que ser asolados por "aguas de ríos, impetuosas y muchas", figura de la invasión asiria (Is. 8:6s.). Pero aun en medio de esta tribulación o juicio divino, el rescate del creyente no está lejos, por la misericordia de Dios (Is. 43:2; 59:19; Mt. 7:26s.; 1 P. 3:20s.). La inestabilidad de carácter se simboliza a veces como las a. turbulentas y volubles (Gn. 49:4; Stg. 1:6).   E. H. T. y R. F. B.

AGUAS DE CELO. Aguas tomadas quizá de la fuente de bronce y usadas en el rito cuando el marido sospechaba de su mujer sin poder comprobar la infidelidad (Nm. 5:11-31). El sacerdote escribía en un rollo la maldición de Dios sobre el adulterio, y luego borraba las letras con a. en que había echado polvo del suelo del tabernáculo. El polvo representaba la santidad de Jehová que moraba en el tabernáculo; y la tinta, su ira contra el adulterio. Se mecía la ofrenda de un efa de harina de cebada, y se quemaba un puñado de ella sobre el altar. Luego, las a. preparadas, que simbolizaban la afrenta de la mujer, le eran dadas a beber ante el Santo de Israel, quien la juzgaría.   D. J.-M.

AGUIJÓN. Término para indicar todo objeto punzante (1 Co. 15:55ss.); p.e., el punzón de los escorpiones (Ap. 9:10). En Jue. 3:31 y 1 S. 13:21 es una punta de hierro que servía para castigar a los bueyes, de donde, en lenguaje figurado, se originó el proverbio "dar coces contra el a.", que indica resistencia inútil a una fuerza superior. Pablo escuchó este proverbio de labios del Señor (Hch. 26:14).

ÁGUILA. Ave rapaz de 80 a 90 cm de altura, que en algunas especies sobrepasa los 2 m de envergadura. Posee pico recto en la base y curvo en la punta, fuerte musculatura y vuelo rapidísimo. En la Tierra Santa viven unas ocho variedades de á. y cuatro de buitres. A estos últimos parece referirse la Biblia cuando menciona la calvicie del á. (Mi. 1:16) y su alimentación a base de carroñas (Pr. 30:17; Mt. 24:28; Lc. 17:37). Por esto último figura entre los animales prohibidos (Lv. 11:13; Dt. 14:12).

Las costumbres del á. sirven en la Biblia para variadas comparaciones. El hábito de hacer su nido en las alturas (Job 39:27) simboliza la soberbia de Edom (Jer. 49:16; Abd. 4). La celeridad de su vuelo (Job 9:26; 2 S. 1:23; Lm. 4:19) representa la ligereza de un ejército para invadir pueblos extraños como Moab (Jer. 48:40) y Edom (Jer. 49:22), o al propio pueblo de Israel (Dt. 28:49; Jer. 4:13; Os. 8:1; Hab. 1:8). Ilustra también la rapidez con que se disipan las riquezas (Pr. 23:5).

Para proteger sus crías y enseñarles a volar, el á. las obliga a salir del nido y vuela por debajo y al lado de ellas vigilando el primer vuelo. Esta figura ilustra en Éx. 19:4,5 y Dt. 32:11 el cuidado amoroso de Dios para su pueblo. Es probable que sirva de base también a Ap. 12:14.

En la visión de Ezequiel de la gloria divina hay una semejanza de á., de significado discutido (Ez. 1:10; 10:14), que vuelve a mencionarse en Ap. 4:7. En la parábola de Ez. 17, Babilonia y Egipto están simbolizadas por un á.   F. U.

AGUJA. →CAMELLO.

AGUR. Hizo la colección de las máximas en Pr. 30. No se sabe quién era, pero algunos creen que era natural del N de Arabia, porque *massa*, traducida "profecía" en Pr. 30:1 y 31:1, podría referirse al sitio denominado Massa (cp. Gn. 25:14; 1 Cr. 1:30).   J. M. Br.

AHAVA. Población de Babilonia, en la que Esdras reunió a quienes le acompañarían en su viaje a Jerusalén (Esd. 8:15). Había también un río del mismo nombre (Esd. 8:21,31).   J. L. G.

AHÍAS. 1. Sacerdote (quizá sumo sacerdote), bisnieto de Elí (1 S. 14:3,18). Posiblemente debe identificársele con Abimelec (21:1; 22:9).

2. Profeta que protestó contra la idolatría de Salomón y profetizó, simbólicamente, la división consecuente del reino de Israel. Rasgó su capa en doce pedazos y entregó diez a Jeroboam (1 R. 11:30-39), quien, para evadir la ira de Salomón, se refugió con Sisac, rey de Egipto (11:40). Cuando Jeroboam también se volvió idólatra, A. profetizó la extinción de la casa de éste y el cautiverio de Israel (1 R. 14:6-16).

3. Otros siete personajes llevaron este nombre: 1 R. 4:3; 15:27; 1 Cr. 2:25; 8:7; 11:36; 26:20; Neh. 10:26.   W. M. N.

AHICAM ('mi hermano se ha levantado'). Funcionario de Josías (2 R. 22:12,14; 2 Cr. 34:20). Protegió a Jeremías cuando los sacerdotes y profetas demandaban su muerte (Jer. 26:24). Fue padre de Gedalías, a quien Nabucodonosor nombró gobernador de Judá (2 R. 25:22).   J. M. Br.

AHIMAAS. 1. Padre de Ahinoam, la esposa de Saúl (1 S. 14:50).

2. Hijo de Sadoc. Corredor veloz (2 S. 18:27) que, junto con su padre, sirvió a David

como espía en Jerusalén durante la sublevación de Absalón (2 S. 15:27,36). A. y Jonatán, hijo de Abiatar, llevaron a David la noticia de la victoria sobre Absalón. No le informaron, sin embargo, de la muerte de éste (2 S. 18:19-23).

3. Oficial de Salomón, 1 R. 4:15.   P. S.

AHIMELEC. 1. Sumo sacerdote, hijo de Ahitob, y biznieto de Elí. Fue el sacerdote de Nob que dio a David el pan de la proposición y la espada de Goliat, cuando David huía de Saúl. (Cristo aprovechó este incidente para confundir el legalismo de los fariseos [Mr. 2:26].) Por haber ayudado al enemigo del rey, éste hizo matar a A. y a ochenta y cinco sacerdotes de Nob (1 S. 21; 22).

2. Hijo de Abiatar, posiblemente nieto del A. hijo de Ahitob. En algunos pasajes de Crónicas se le llama "Abimelec" (1 Cr. 18:16). Fue sumo sacerdote durante el reinado de David (2 S. 8:17).

3. Heteo, compañero de David durante el tiempo en que Saúl lo perseguía (1 S. 26:6).
                                                            P. S.

AHINOAM. 1. Esposa de Saúl e hija de Ahimaas (1 S. 14:50).

2. Mujer de Jezreel, esposa de David y madre de Amnón, primogénito de David (1 S. 25:43; 2 S. 3:2).   J. M. H.

AHITOB ('hermano del bien'). 1. Hijo de Finees, nieto de Elí y padre de Ahías (1 S. 14:3). Ejerció el sacerdocio en tiempo de Saúl.

2. Padre de Ahimelec. Tal vez se identifique con el anterior (1 S. 22:9).

3. Padre de Sadoc (2 S. 8:17; 1 Cr. 6:7,8). Hijo de Amarías, del linaje de Leví (1 Cr. 18:16; Esd. 7:2).   P. S.

AHITOFEL ('hermano de la locura'). Natural de Gilo en Judá (2 S. 15:12). Al principio fue uno de los más íntimos consejeros de David (2 S. 16:23). No obstante, cuando se rebeló Absalón, abrazó la causa de éste y se convirtió en enemigo del rey. Aconsejó a Absalón que atacara a David inmediatamente, pero su plan fue desbaratado por Husai, amigo de David. Previendo A. la derrota inminente que iba a sufrir Absalón, volvió a su casa y se ahorcó (2 S. 15–17). Es posible que fuese abuelo de Betsabé (2 S. 23:24; cp. 11:3).   D. M. H.

AHOGADO. Lv. 17:13 prohibía comer la carne de un animal sin que primero se derramara su →sangre, ya que ésta era el vehículo y símbolo de la vida del animal (v. 14) y por lo tanto desempeñaba un papel muy importante en el ritual de los judíos. Solamente Dios, dador de la vida, podía disponer de la sangre.

Para quienes observaban la ley, entonces, beber o comer sangre era repugnante, y los animales sacrificados en un matadero que sólo ahogaba las víctimas, en vez de degollarlas y vaciarlas de su sangre, se consideraban inmundos. Era natural, por tanto, que el partido ju-

daizante dentro de la iglesia primitiva sugiriera en el →Concilio de Jerusalén que los recién convertidos del paganismo se abstuvieran de lo a. (Hch. 15:20,29; 21:25, pasajes no muy seguros textualmente). Tal concesión a los escrúpulos judíos facilitaría el compañerismo de mesa entre los cristianos.   P. S. y R. F. B.

AHOLA, AHOLIBA. Nombres de las dos mujeres simbólicas de Ez. 23. Ahola ('la que posee un tabernáculo') representa a Samaria, el Reino del Norte, y Aholiba ('mi tabernáculo en ella'), a Jerusalén, el Reino del Sur. Aunque Samaria tenía un lugar de adoración, el verdadero santuario de Jehová ("mi tabernáculo") estaba en Jerusalén.   E. A. N.

AHOLIBAMA ('tienda del lugar alto').

1. Hevea, una de las esposas de Esaú, y madre de tres jefes de tribu en Edom (Gn. 36:2,18).

2. Uno de los jefes de la tribu edomita (Gn. 36:41; 1 Cr. 1:52).   I. W. F.

AHORCADURA. Acción de ahorcar o ahorcarse. Probablemente, los israelitas no aplicaban la horca como pena de muerte, pero los cadáveres de los condenados, a veces, eran colgados de un árbol o poste (Dt. 21:22; 2 S. 4:12), para mostrar que habían sido ejecutados. Al privarles de sepultura, y dejarles a merced de los animales de rapiña, se agravaba el castigo de los culpables. Más tarde, la ley deuteronómica prohibió que el delincuente colgara del madero después de la puesta del sol (Dt. 21:23; Jos. 10:27; Gá. 3:13).   C. R.-G.

AÍN ('ojo', 'fuente'). 1. Ciudad asignada primeramente a Judá (Jos. 15:32) y después a Simeón (Jos. 19:7; 1 Cr. 4:32). Era ciudad de los sacerdotes (Jos. 21:16). Se llama Asán en 1 Cr. 6:59. Quedaba 15 km al NE de Beer-seba.

2. Lugar en el límite N de Canaán, al O de Ribla (Nm. 34:11).   J. E. G.

AINON. →Enon.

AIRE. Término usado en la Biblia de varias maneras:

1. Para designar lo que nosotros llamamos atmósfera el hebreo no tenía otra expresión que "bajo el cielo". Esto abarcaba el vacío que media entre tierra y firmamento. Es la región de las aves (Dt. 4:17; Dn. 4:12,21), muy susceptible a plagas que afectan el ambiente humano (Ap. 9:1-3; 16:17,18). La expresión "lanzar al a." (Hch. 22:23) equivale a "lanzar hacia arriba".

2. El a. es habitación de los espíritus malos, según la creencia popular griega, que había influido en el judaísmo tardío. El príncipe de tal potestad (Ef. 2:2) es Satanás, quien opera en los hombres desobedientes. Es en esta misma esfera donde aparecerá Jesucristo en su gloriosa venida (1 Ts. 4:17).

3. En el sentido de viento, el a. puede ser la brisa fresca de la tarde (Gn. 3:8) o el bochorno destructor (Is. 27:8).

4. En el sentido de "nada", "golpear el a." (1 Co. 9:26) significa "lidiar en vano"; "hablar al a." (1 Co. 14:9) es hablar en lenguas no comprendidas por los oyentes.   R. F. B.

AJALÓN. 1. Aldea situada a unos 20 km al NO de Jerusalén (Jos. 10:12; 2 Cr. 28:18) que fue repartida entre la tribu de Dan (Jue. 1:34,35). Luego fue designada ciudad levítica para los coatitas (Jos. 21:20,24; 1 Cr. 6:69). Después de la separación entre Israel y Judá, quedó como parte de Benjamín. Fue fortificada por Roboam para proteger a Jerusalén, pero los filisteos la ocuparon en días de Acaz (2 Cr. 11:10; 28:18). Hoy es Yalo.

2. Lugar en Zabulón donde fue enterrado el juez → Elón (Jue. 12:12).   J. E. G.

AJELET-SAHAR (heb. = 'cierva del amanecer'). Nombre de una melodía de caza con la que era cantado el Sal. 22. Probablemente aludía a la victoria después de la noche de aflicción.   V. F. V.

AJO. Vegetal bulboso de olor y sabor intensos, muy estimado en el Oriente. En la Biblia aparece solamente en Nm. 11:5.   J. A. G.

ALABANZA. Aspecto de la → adoración, en el cual se le rinde honor a Dios (2 Cr. 7:3). Producto de la alegría santa (Sal. 9:1,2; 63:5; 100), la a. se expresa a veces con cánticos, música y danzas (2 Cr. 7:6; Sal. 28:7; 40:3; 95:1,2; 149:1-3; 150).

Dios exige la a. (Sal. 50:14; Ap. 19:5) y es digno de ella (2 S. 22:4; Sal. 48:1; 145:3), porque es único (2 Cr. 6:14,15; Sal. 113), bueno (Sal. 106:1; Jer. 33:11), grande (1 Cr. 16:25,26; Sal. 150:2), poderoso (1 Cr. 29: 11-13; Sal. 21:13), misericordioso (2 Cr. 20:21; Sal. 57:9,10; 107:1; 138:2), y justo (Dn. 4:37; Sal. 7:17). La merece por sus obras (1 Cr. 16:8,9; Sal. 78:4; 106:2; Is. 25:1; Lc. 19:37) y por su palabra (Sal. 56:4,10). La a. surge espontáneamente frente a los milagros de Dios (Lc. 18:43; Hch. 3:8), sus dones (Dn. 2:23; Hch. 11:17,18) y su ayuda (Sal. 30:11,12; 109:30, 31; 118:21).

Los que alaban a Dios son generalmente sus siervos (Sal. 113:1): celestiales (Lc. 2:13,14; (Sal. 148:2) y terrestres (Sal. 148:14; 149:1,2; Hch. 2:47; Ro. 15:8-11), de toda condición (Ap. 19:5) y edad (Sal. 148:12; Mt. 21:16). Pero también le glorifican los pueblos y las naciones (Sal. 67:3-5; 117:1), los reyes (Sal. 138:4; 148:11), la creación (Sal. 69:34; 145:10; 148:3-10), y todo lo que respira (Sal. 150:6). La a. ocupará eternamente al pueblo de Dios (Sal. 30:12; 79:13; 84:4).   J. M. H.

ALABASTRO. Piedra blanda de color crema claro con venas visibles. Aunque en el Antilíbano se ha hallado un yacimiento de a., el material

no se menciona en el AT. Todos los objetos de a. hallados en Palestina o eran importados de Egipto (la mayoría) o eran de artesanía local según modelos egipcios. En otras partes el a. se empleaba para columnas y diversos adornos en los templos.

El alabastro era una especie de mármol fino y traslúciente que se empleaba para fabricar vasijas ornamentales y recipientes para ungüentos preciosos.

En Mr. 14:3 //, "a." se refiere, según se entendía en griego, a un vaso de ungüento sin asas y de cualquier material. Eran comunes en este período pequeños frascos de vidrio, cuyo largo cuello tenía que romperse para que el dueño tuviera acceso al contenido.   R. F. B.

ÁLAMO (heb. *libne* = 'blanco'). Es el estoraque, arbusto de 3 m de alto, de hojas blanquecinas por el envés y flores blancas (Gn. 30:37; Os. 4:13). Muy común en el Mediterráneo oriental. (→ ESTACTE.)   J. A. G.

ALAMOT (heb. = 'vírgenes'). Término musical de significado incierto, que probablemente aludía a música para voces femeninas, instrumentos de tonos agudos o instrumentos ejecutados por vírgenes (1 Cr. 15:20; Sal. 46, título). V. F. V.

ALDEA. Palabra que denota un conjunto de viviendas no cercado de murallas. A veces a. se refiere a los barrios que se encontraban fuera de las murallas de una ciudad principal (Nm. 21:25,32; 32:42; 2 Cr. 28:18; Neh. 11:25-31).   D. J.-M.

ALEGORÍA. Metáfora extendida o continuada, cuya extensión puede prolongarse desde dos ideas hasta todo un volumen completo, como en el caso de *El progreso del peregrino* de Juan Bunyan. A. de este carácter abundan en la Biblia, tanto en el AT como en el NT. V.g.: Sal. 80:8-19; Ec. 12:3-7; Jn. 10:1-16; Ef. 6: 11-17. Tanto la tradición judía como las iglesias católicas y protestantes han considerado como una a. el libro de Cantares. La expresión paulina, "lo cual es una a." (Gá. 4:24), significa que los sucesos de la vida de estos personajes del AT han sido aplicados alegóricamente.   V. M. R.

ALEGRÍA. →Gozo.

ALEJANDRÍA. Ciudad fundada en el año 331 a.C. por → Alejandro el Grande, en una estrecha franja de terreno al O de la desembocadura del Nilo, entre el lago Mareotis y el mar Mediterráneo. Al desmembrarse el Imperio de Alejandro, A. pasó a ser la capital de Egipto bajo los → ptolomeos. En el año 30 a.C., todo Egipto y A. con él, quedó anexado al Imperio Romano.

Puesto que A. surgió después del período veterotestamentario, y que los viajes de Pablo nunca le llevaron a Egipto, las referencias bíblicas a la ciudad son escasas. En el NT se hace referencia a los judíos alejandrinos que poseían una sinagoga propia en Jerusalén (Hch. 6:9); según parece habían emigrado a Palestina por causa de las persecuciones a los judíos en A. Por sus disputas con → Esteban, concluimos que eran muy apegados a la ley y al templo. Hay referencias también al origen alejandrino de → Apolos (Hch. 18:24), y a las dos ocasiones en que Pablo tomó barcos de la flotilla alejandrina (Hch. 27:6; 28:11).

A. fue una ciudad de gran importancia durante el período intertestamentario y los primeros siglos del cristianismo. Económicamente, su envidiable situación geográfica hacía de ella el eje del comercio entre el Oriente y el Occidente. En lo cultural y religioso, esa misma posición geográfica daba lugar a que en A. se diesen cita diversas corrientes de pensamiento, así como diversas religiones, y a que todo esto se mezclase y confundiese en sistemas filosóficos eclécticos y doctrinas religiosas de carácter sincretista.

Allí estaba el famoso Museo, o Templo de las musas, centro de estudios superiores en el que se reunían las más preclaras mentes de la época para dedicarse a estudios, no sólo de filosofía, sino también de matemáticas, astronomía, zoología y otras ciencias. El aspecto más importante de este museo era su enorme biblioteca que junto con la otra que se encontraba en el Templo de Serapis, constituía la mayor colección de libros de la antigüedad. Así, A. fue el principal centro del pensamiento filosófico y teológico original, tanto entre paganos como entre judíos y cristianos.

Desde muy temprano, hubo aquí una colonia judía que poseía su barrio propio; alcanzó el número de un millón, según Filón. Muchos de estos judíos olvidaron la lengua hebrea, y por ello fue necesario producir la traducción del AT al griego llamada →*Septuaginta* (LXX). Entre estos judíos destacó Filón de A., quien hizo todo lo posible por armonizar la religión hebrea con el pensamiento filosófico griego, valiéndose de la interpretación alegórica de las Escrituras.

No sabemos cómo llegó el cristianismo a A., aunque Eusebio, en su *Historia eclesiástica* (ii,16) afirma que fue llevado allí por San Marcos. En todo caso, la influencia del ambiente alejandrino se hizo sentir desde muy temprano

en ciertos círculos cristianos, como ejemplifican la Epístola a los →hebreos y la seudónima Epístola de Bernabé (compuesta en A. por algún cristiano del siglo II).   J. L. G.

ALEJANDRO ('defensor de hombres'). Nombre helénico común, adoptado por muchos judíos.

1. Hijo de Simón de Cirene el que llevó la cruz de Cristo (Mr. 15:21). Probablemente él y su hermano Rufo eran cristianos prominentes cuando escribió Marcos (Ro. 16:13).

2. Miembro saduceo del consejo que condenó a Pedro y a Juan (Hch. 4:6).

3. Judío que trató en vano de apaciguar el alboroto en Éfeso (Hch. 19:33s.). La conmoción se inició como una protesta contra Pablo, pero se volvió una manifestación antisemita.

4. Maestro pernicioso quien con →Himeneo trastornó la fe de algunos (1 Ti. 1:20; cp. 2 Ti. 2:17s.). Pablo lo "entregó a Satanás" como castigo por sus blasfemias.

5. Un calderero de Éfeso que se oponía a Pablo (2 Ti. 4:14s.). Es posible que este A. y el N.° 4 sean idénticos. Algunos también identifican al N.° 3 con éste.   J. M. Br.

ALEJANDRO, EL GRANDE. Nombre por el que se conoce a Alejandro III de Macedonia (356-323 a.C.), hijo de Felipe II. Durante su juventud fue discípulo de Aristóteles, por quien siempre sintió gran estima. En el 336 a.C. heredó el trono de Macedonia, y dos años después se lanzó a la gran empresa de conquistar el Oriente. Tras derrotar a los ejércitos de Darío, en las batallas de Gránico e Iso, atravesó el Asia Menor, Siria y Palestina, y en el año 331 conquistó a Egipto. La batalla de Gaugamela vio la derrota final de Darío, y con ella A. quedó como dueño del Imperio Persa. Su avance hacia el Oriente le llevó allende las fronteras de la India, pero cuando iba de vuelta hacia su patria murió de una fiebre en Babilonia. En seguida, sus generales se disputaron y dividieron el enorme imperio que había sido forjado en el transcurso de once años.

Los historiadores concuerdan en que A. trató bien a los judíos. Era parte de su política de conquista ganarse las simpatías de los pueblos conquistados, a fin de defender su retaguardia y la integridad de su imperio. Aparte de las referencias de 1 Mac. 1:1-8 y 6:2, todas las referencias del AT a su persona se hacen de manera velada. Entre éstas se cuentan: Dn. 2:32,39 (piernas de hierro de la estatua); 7:6,17 (la tercera bestia); 8:5,8,21s. (el macho cabrío); 11:3s. (el rey valiente). También es posible que Zac. 9:1-8 se refiera a la conquista de Palestina por parte de A.

Sus conquistas, que unificaron buena parte del mundo conocido y extendieron el uso de la lengua griega, abrieron el camino al helenismo y, más tarde, a la expansión del cristianismo.

J. L. G.

ALELUYA (heb. = 'load a Yah.', forma abreviada de → Yahveh). Antigua exclamación litúrgica de regocijo y alabanza, con la que comienzan y/o terminan 24 salmos (v.g. 106; 111–113; 115–117; 146–150). Originalmente era pronunciada por el cantor, el sacerdote y los levitas, y luego repetida por el pueblo. Se cree que había llegado a ser un llamado habitual a la adoración en el culto del templo.

En el NT sólo aparece en Ap. 19:1-6, como grito de júbilo. Los salmos aleluyáticos ocuparon un importante lugar en la sinagoga, y entre ellos especialmente el Gran Hallel (Sal. 113–118) que se piensa fue entonado por Jesús y los apóstoles, después de la última cena (Mr. 14:26 //).

F. J. P.

Activando la rueda con sus pies, el alfarero fabricaba una enorme variedad de vasos y vasijas, cumpliendo un ritual artístico que remonta a tiempos neolíticos.

MPS

ALFA Y OMEGA. Término que presenta a Dios como la causa y el fin de todas las cosas. Deriva de las letras primera y última del alfabeto griego y, en última instancia, de especulación mística sobre el nombre de Dios. Destaca la acción divina no sólo en la creación y consumación, sino en un presente continuo (los tres elementos: " que es y que era y que ha de venir", Ap. 1:8; cp. Éx. 3:14; Is. 44:6). En el Ap. esta frase se aplica no sólo al Padre (1:8), sino también al Hijo (21:6; 22:13; los mejores mss la omiten en 1:11); cp. Ap. 2:8; Ro. 11:36; Ef. 1:10.

R. F. B.

ALFABETO. Nombre que se da al conjunto de letras empleadas en la escritura. El término mismo se deriva del nombre de las dos primeras letras del a. griego, *alfa* y *beta*, de igual modo que en español se dice también "abecedario" porque las tres primeras letras se llaman "a", "be", y "ce".

No todas las formas de escritura emplean un a. pues hay sistemas de escritura silábica e ideográfica (→ ESCRITURA). Lo que caracteriza a la escritura alfabética es que cada sonido se representa con un símbolo distinto, llamado "letra", y que combinando tales símbolos se forman sílabas, palabras y oraciones.

Los primeros indicios de un a. se encuentran entre 1800 y 1500 a.C. en Siro-Palestina. Hay semejanzas entre este a. semítico y ciertos jeroglíficos egipcios, pero el a. representa un gran adelanto sobre los complicados sistemas de escritura usados desde *ca.* 3000 a.C. en Egipto y Mesopotamia. Ninguno de los pueblos de los alrededores concibió la idea de dividir las palabras en sus sonidos básicos, y representar cada sonido con un símbolo. Luego, los semitas han aportado al desarrollo de la humanidad no sólo su religión, sino también el a., pues todos los a. modernos se derivan del semítico, bien por adaptación o bien por imitación.

Posiblemente el orden de las letras fue desde el principio muy parecido al que conocemos hoy, pues se han encontrado textos escritos *ca.* 1500 a.C. en los que ese orden es básicamente el mismo. Los fenicios y los hebreos ordenaban las letras de un mismo modo, como puede verse, por ejemplo, en el Sal. 119. De hecho, los nombres griegos de las letras *alfa* y *beta* se derivan de los nombres semíticos de esas mismas letras *alef* ('buey') y *beth* ('casa'), que eran también las dos primeras del a. semítico.

De los fenicios el a. pasó a los griegos, quienes lo mejoraron al cambiar el sentido de algunos símbolos para representar las vocales. Los semitas sólo tenían letras consonantes.

Con ciertos cambios en la forma de las letras, la inclusión de algunas y la eliminación de otras, nuestro a. es el mismo de los griegos.

J. L. G.

ALFARERO. Artesano que con el barro humedecido elabora toda suerte de vasijas. El oficio se conoció desde los más remotos tiempos. An-

EL DESARROLLO DEL ALFABETO

Clave:

1 Jeroglífico egipcio
2 Escritura sinaítica ca. 1500 a.C.
3 Descripción del signo
4 Escritura cananea siglo X a.C.
5 Hebreo antiguo Siloé ca. 710 a.C.
6 Nombre hebreo
7 Hebreo
8 Antigua escritura griega del siglo VIII a.C.
9 Nombre griego
10 Latino

1	2	3	4	5	6	7	8	9	10
		Buey			ʾÁLEF			ALFA	A
		Casa			BÉT			BETA	B
					GÍMEL			GAMMA	C
		Puerta			DÁLET			DELTA	D
		Hombre orando			HÉʾ			ÉPSILON	E
					WÁW				F
		Arma?			ZAYIN			TSETA	Z
		Doble nudo			ḤÉT			ETA	H
					ṬÉT			THETA	
		Mano			YÓD			IOTA	I, J
					KÁF			KAPPA	K
		Aquisada			LÁMED			LAMBDA	L
		Agua			MÉM			MU	M
		Serpiente			NÚN			NU	N
		Pez			SÁMEK			XI	
		Ojo			ʿAYIN			ÓMICRON	O
		Boca			PÉʾ			PI	P
					ṢÁDÉ				
		Mono?			QÓF				Q
		Cabeza			RÉŠ			RO	R
		Masa (de papiros)			ŠIN			SIGMA	S
		Cruz			TÁW			TAU	T

Cuadro de varios alfabetos antiguos.

tiguas pinturas egipcias representan al a. amasando, torneando y dando forma al barro (Is. 41:25).

Entre los israelitas la alfarería se popularizó rápidamente (1R.17:12; Sal. 60:8). Algunas vasijas se usaron para actos rituales (Lv. 14:50).

El arte del a. dio al lenguaje bíblico muchas de sus imágenes, símiles y metáforas; p. e. la fragilidad del barro para recordar las debilidades humanas (Sal. 2:9; Is. 30:14; 41:25), el dominio del a. sobre el barro como símil de la soberanía de Dios (Is. 29:16; Jer. 18:1-6; 64:8; Ro. 9:20), etc.							M. V. F.

ALFEO (del arameo *Jalfai*, de significado dudoso).

1. Padre de →Leví, el cobrador de tributos en Capernaum (Mr. 2:14).

2. Padre del apóstol Jacobo "el menor" (Mt. 10:3; Mr. 3:18; Lc. 6:15; Hch. 1:13). La mención de "hijo de A.", distingue a este segundo Jacobo de su compañero en el apostolado, Jacobo hijo de Zebedeo. Una antigua tradición pretende identificar a A. con el →Cleofas, esposo de María, de Jn. 19:25, ya que en Mt. 27:56, al referirse al grupo de mujeres cerca de la cruz, se menciona una "María madre de Jacobo y José". Tal tradición supone un nombre doble, Alfeo (arameo) y Cleofas (griego). Pero María era un nombre tan común, que no puede asegurarse que se tratara de la esposa de Cleofas (gr. *Klope*) y a la vez la madre de Jacobo, aun suponiendo que este Jacobo sea "el menor" del colegio apostólico. (Para el Kleopas [Kleópatros] de Lc. 24:18, →CLEOFAS.) Su identificación con A. es igualmente precaria.							E. H. T.

ALFOLÍ. →GRANERO.

ALGA. Planta acuática de diversidad de especies. En la Biblia, el nombre es una de las varias traducciones del heb. *suf*, pero solamente se usa en Jon. 2:5.

En la experiencia del profeta se destaca que se trata de una especie particularmente submarina.							J. A. G.

ALGARROBAS. Fruto del algarrobo *(Ceratonia siliquia)*, árbol leguminoso, siempre verde, de 8 a 10 m de altura, abundante en los países mediterráneos, y de hojas lustrosas y flores purpúreas agrupadas en racimos. Las a. son en forma de vainas, de unos 15 a 30 cm de largo y 2 ó 3 de ancho. A la vaina, por su forma curva, se le llamaba *keration* (gr. 'pequeño cuerno'). Contiene varias semillas aplastadas, envueltas en una pulpa dulce, y se usa como forraje para el ganado porcino (Lc. 15:16) y vacuno. A base de su pulpa se prepara un jarabe que algunos investigadores identifican con la "miel" bíblica.

							J. A. G.

ALGUACIL. Término usado en dos sentidos en RV:

1. En el sentido de "policía" (gr. *rabdújos;* lat. *lictor*). La mayoría de las versiones castellanas usan en este caso el tecnicismo "lictor" (BJ, NC, BC). En Hch. 16:35-38 se narra que los magistrados romanos de Filipos enviaron sus dos "lictores" (oficiales subalternos) para liberar a Pablo y a Silas de la cárcel.

2. En el sentido de "criado" o "guardia" (gr. *hyperétes, práktor*, Mt. 5:25; Mr. 14:65; Lc. 12:58; Jn. 7:32). Se trata de gente asalariada que estaba al servicio de personas que ejercían alguna clase de autoridad.							C. R. G.

ALHEÑA. Arbusto aromático que aún hoy crece en En-gadi (Cnt. 4:14). Sus flores, blancas y amarillas, de olor fragante, crecen en racimos. Las hojas de la a. se trituran y se mezclan con agua para producir un tinte rojo usado como cosmético por los árabes de hoy y los antiguos egipcios. Probablemente Cnt. 7:5 se refiere a la práctica de teñir los cabellos con a.							J. A. G.

ALIANZA. En la RV se traduce dieciséis veces la voz: heb. *berit* por "a." en vez de →"pacto". Esto ocurre generalmente cuando se habla de un pacto puramente humano, pero nunca tratándose de un pacto con Dios. En 1 S. 11:2; 22:8; Dn. 2:43; 11:6, "a." es traducción de otras expresiones hebreas y arameas.							T. D. H.

ALIMENTOS. Desde los tiempos más remotos el hombre recibió leyes exactas en relación con los a. que habría de consumir. En las referencias bíblicas más antiguas se prescribe una alimentación a base de verduras y frutas (Gn. 1:29s); luego se incluyen carnes (Gn. 9:3). Pero siempre Dios como creador se reservó el derecho de establecer tabúes; prohibió ora una fruta particular (Gn. 2:16s.), ora la →sangre (Gn. 9:4, →AHOGADO). La lista de prohibiciones (de carnes contaminadas, de frutas de árboles jóvenes, de víctimas ofrecidas a Dios, etc.) fue aumentando a tal punto que casi se necesitaba un curso especial para conocer los a. que debían o no consumirse.

En el AT todos los a. se dividen en puros e →inmundos. La ley contiene fuertes sanciones para quien consuma a. prohibidos (Lv. 17: 10,14). Los judíos que se mantuvieron celosamente fieles a estas leyes evitaron la mezcolanza con pueblos paganos que hubiera amenazado su monoteísmo bíblico.

En los tiempos de Cristo y los apóstoles las leyes sobre los a. estaban en pleno vigor. Cristo rechazó la fidelidad casi fanática a estos principios (Mt. 15:20; Mr. 7:19). Como los primeros cristianos procedían de una comunidad dominada por la ley antigua, se levantó una seria dificultad en el seno de la naciente iglesia. Algunos opinaban que los cristianos debían seguir al pie de la letra las leyes de Moisés, aun en lo relacionado con la alimentación (Hch. 15:1). Así, se celebró un →concilio en Jerusalén en el que declararon que el nuevo pueblo era libre de tales costumbres (Hch. 15:24-29). San Pablo se constituyó en abanderado de la nueva doctrina, basada en la conciencia educada por el amor.

Entre los a. puros más utilizados por los judíos en los tiempos bíblicos se destacan los vegetales: frijoles, lentejas, cebollas, uvas, higos y dátiles (Gn. 25:29-34; 2 R. 4:38-44). También se utilizaban los pepinos, melones, puerros y pescado (Nm. 11:5). Desde los días de los patriarcas los judíos preparaban banquetes para sus amigos utilizando especialmente la carne de cabritos y carneros (Gn. 18:7; 1 S. 16:20; 1 R. 4:22s.; Lc. 15:23,27).

Junto con las leyes sobre a. físicos los judíos recibieron instrucciones sobre el valor de los manjares del espíritu. El estudio de las Sagradas Escrituras (Dt. 8:3; Sal. 119; Mt. 4:4) y su puesta en práctica es un nuevo → maná que nutre al creyente (Pr. 9:4,5; Jn. 4:34; 1 Co. 3:2; 1 Ti. 4:6). Esta búsqueda de los bienes espirituales deja en manos de Dios la provisión de los bienes materiales (Mt. 6:25-34; Lc. 11:3, // → PAN). El → hambre nos recuerda nuestra dependencia absoluta del Creador y Sustentador.   A. P. P.

ALJABA. Receptáculo donde los arqueros, soldados o cazadores llevaban sus → flechas. Los que andaban a pie la llevaban pendiente de una correa colgada al hombro. La palabra se usa en sentido literal (Gn. 27:3; Is. 22:6) y metafórico: como el círculo de la familia (Sal. 127:5), lugar de protección (Is. 49:2), y sepulcro (Jer. 5:16).   W. M. N.

ALMA. Término que en el AT es traducción común del sustantivo heb. *nefesh,* que a su vez deriva del verbo *nafash* ('respirar', 'rehacerse'). Ocurre unas 755 veces en el AT con significados muy variados.

Probablemente el sentido original de *nefesh* haya sido "garganta" (canal de la respiración) o "cuello", como el acadio *napishtu,* pues este sentido se conserva en el AT en textos como Sal. 69:1 y Jon. 2:7. De allí viene el sentido de "soplo" de vida (→ ESPÍRITU), como en Job 41:21 ("aliento" RV). Así, en heb. el morir se expresa muchas veces por "exhalar la *nefesh*" (Jer. 15:9 BJ). Puesto que la respiración es señal de vida, el a. ('soplo') se considera como el principio de la vida (Gn. 35:18). Además, "hacer revivir la *nefesh*" quiere decir hacer revivir (1 R. 17:21s.); salvar la *nefesh* de una persona es salvar su vida (Sal. 72:13s.).

La *nefesh* ('vida') de la carne está en la → sangre (Lv. 17:11). En un sentido más amplio, *nefesh* puede definir a un ser vivo en la totalidad de su existencia, sea animal (Gn. 1:20s.,24; "seres") u hombre (Éx. 1:5; "personas"). En este sentido *nefesh* se utiliza también para denotar la acción de amarse a sí mismo: amar como a su *nefesh* quiere decir "como a sí mismo" (1 S. 18:1). A veces *nefesh* también designa a un cadáver, tal vez por eufemismo (Lv. 21:1; "muerto").

En contraste con el pensamiento filosófico griego (v.g. Platón), es notable que el AT jamás habla de la inmortalidad del a. Al contrario, se dice que la *nefesh* muere (Nm. 23:10; Jue. 16:30, donde *nefesh* se traduce "yo"). La *nefesh* no es algo distinto del cuerpo que baja al → Seol, sino el hombre total (Sal. 16:10; 30:3). A los habitantes del Seol no se les llama "almas" ni espíritus, sino "muertos" (*refaim* en Sal. 88:10; *metim* en Is. 26:14,19). Hoy día es común reconocer muchas pruebas en el AT para una doctrina de la supervivencia del hombre después de la muerte, pero estas pruebas llevan más bien a una enseñanza acerca del hombre total y no del a. en el sentido platónico.

Es notable que además de la vida física, se atribuyen a la *nefesh* todas las funciones psíquicas. Por ejemplo, los pensamientos se atribuyen a la *nefesh* (Est. 4:13 VM), como también al → corazón y al → espíritu. En 2 R. 9:15 se traduce por "voluntad". La *nefesh* es la sede del amor (Gn. 34:3) y el odio (Sal. 11:5), de la tristeza (Sal. 42:6) y la alegría (Sal. 86:4). Siente hambre (Sal. 107:9) y sed (Pr. 25:25), pero también busca a Dios y suspira por él (Sal. 42:1,2; 103:1s.).

Así, en la psicología del AT la *nefesh* tiene una función muy semejante a la del → espíritu. Sin embargo, *nefesh* significa sobre todo, la vida, mientras que "espíritu" indica fuerza o poder.

En el NT "a." es la traducción común del griego *psyjé* que a su vez deriva del verbo *psyjo* ('soplar'), y ocurre más o menos cien veces.

Psyjé (como *nefesh*) significa a veces "ser viviente", y puede referirse a un animal (Ap. 16:3, "ser vivo") o a un hombre (Ro. 13:1, "persona"; cp. la forma plural en Hch. 7:14; 27:37). Con el pronombre posesivo, *psyjé* puede significar también "yo mismo" (Mt. 12:18; Jn. 12:27, "mi alma").

Psyjé muchas veces denota la vida física (Mt. 6:25), y es virtualmente sinónimo de "cuerpo vivo" (v.g. en Mr. 8:35-37 donde "a." tiene el sentido de "vida"). Probablemente sea la connotación "físico-animal" del sustantivo *psyjé* lo que determina en ocasiones el uso del adjetivo *psyjikós* (1 Co. 15:44, "animal"; cp. v. 46 con 2:14, "natural").

También *psyjé* puede indicar el principio de la vida, el cual, vinculado con el cuerpo, es un aspecto del hombre total (Mt. 10:28; Hch. 20:10 BJ: "su a. está en él"). Como principio de vida, la *psyjé* es el asiento de los pensamientos (Hch. 4:32; Fil. 1:27), las emociones (Mr. 14:34; Jn. 12:27), y los actos de la voluntad (Ef. 6:6; BC y Taizé; cp. Col. 3:23).

Finalmente, como principio de vida, *psyjé* indica en algunos textos el asiento de una vida que trasciende la vida terrestre. Este uso, muy parecido al de algunos filósofos griegos (v.g., Platón), tiene cierta base en algunos dichos de Jesús (Mt. 10:28,39; Mr. 8:35-37), pero se desarrolla en los escritos posteriores (Heb. 6:19; 10:39; 13:17; 1 P. 1:9,22; 2:11,25). "A." llega incluso a significar algo inmortal, distinto del cuerpo (Ap. 6:9; 20:4). Sin embargo, no se niega la necesidad de la → resurrección corporal (Ap. 20:4s.).

Sería muy aventurado interpretar 1 Ts. 5:23 como una enseñanza de la tricotomía griega (cp. Heb. 4:12); es más bien una manera de subrayar la totalidad del hombre ("*todo* vuestro ser") como objeto de la santificación (cp. Dt. 6:4; Mr. 12:30).   T. D. H.

Bibliografía

Imschoot, P. Van, *Teología del Antiguo Testamento*, Madrid: Ediciones Fax, 1969, pp. 351-378,386ss.

ALMENDRO. Tradúcese así *shaqedh* (heb. = 'velar', 'amanecer', Jer. 1:11), nombre simbólico del a., posiblemente porque florece en enero, antes que otros árboles. Antes de que aparezcan las hojas, el a. se cubre de flores blanco-rosadas que le dan un hermoso aspecto que Ec. 12:5 compara con la cabeza cana. También debía traducirse así *luz* (Gn. 30:37 RV "avellano"), que en lenguas afines significa a. Posiblemente el antiguo nombre de Bet-el, "Luz" (Gn. 28:19), se deba a la presencia de a. en el lugar.

El a. *(amygdalus communis)* es un árbol de unos 7 m de alto, con hojas oblongas que caen en invierno. Tienen drupa cuya semilla, la almendra, era fruto dilecto en el Oriente (Gn. 43:11).

Recientemente se ha descubierto a. silvestre en el Neguev. Todo hace suponer su existencia en la región sinaítica en la antigüedad y que ahí tenga su origen el uso del a. como ornamento en el tabernáculo y en el candelero (Éx. 25:33,34; 37:19,20).   J. A. G.

ALMUD. Medida cuyo nombre en la RV es traducción de la voz gr. *modios* (BJ, NC, y BC la traducen "celemín"), que se usa en Mt. 5:15 //. El *modius* romano era una medida de capacidad, usada especialmente para granos, en la que cabían *ca.* 8.7 litros. (→MEDIDA.)   W. M. N.

ÁLOE. 1. *Aquilaria agallocha.* Árbol oriundo del SE de Asia. Incienso y perfumes hechos de su madera aromática se importaban a Palestina, así como la madera misma (Sal. 45:8; Pr. 7:17; Cnt. 4:14). La traducción de Nm. 24:6 es dudosa, pues es improbable que el á. creciera en Palestina.

2. *Aloe succotina.* Planta perenne de la familia de las liliáceas. De su hoja carnosa se extrae un jugo espeso y amargo que se usa en medicina. Según Herodoto los egipcios usaban el á. mezclado con mirra para embalsamar cadáveres (Jn. 19:39).   J. A. G.

ALTAR. Lugar de sacrificio construido de roca, tierra o bronce. La superficie natural de una roca (Jue. 13:19,20), o un montón de piedras (Gn. 8:20), podían servir de a. en la antigüedad. Algunas excavaciones han revelado que los a. tenían hoyos para recoger la sangre y encender el fuego. Según Éx. 20:24-26, debían construirse de tierra amontonada o en forma de

ladrillo, o de piedras no labradas. Los a. del campo no debían tener gradas para que el sacerdote no descubriera su desnudez al subirlas (Éx. 20:26). Parece que estas instrucciones fueron dadas a los israelitas como individuos para que realizaran sacrificios en ciertas ocasiones, v.g. Josué, Jos. 8:30,31; Gedeón, Jue. 6:24-26; David, 2 S. 24:18-25, Elías 1 R. 18:30-35.

El altar del holocausto, puesto a la entrada del tabernáculo, tenía que ser portátil, por lo que era construido de madera sobretapado de cobre o bronce.

Mientras que en el mundo pagano el a. era principalmente la "mesa" donde se ponía el banquete para el dios, por lo general este sentido está ausente en el AT (Is. 65:11). El a. era, primero, señal de la presencia de Dios donde él se había manifestado en forma especial (Gn. 12:7; 26:24,25). También era un lugar de misericordia. Un prófugo, al asirse de los cuernos del a., encontraba asilo (1 R. 2:28). Sin embargo, el propósito principal del a. era establecer y mantener la relación del pacto entre el pueblo de Israel y Dios (Éx. 20:24; Lv. 1:5,16). Fue un instrumento de mediación.

El a. del holocausto estaba en el vestíbulo del tabernáculo. Era cuadrangular, de madera de acacia, cubierto de bronce, con cuatro cuernos en los ángulos (Éx. 27:1-8). Tenía cuatro anillos por los que pasaban las varas con que se portaba en el desierto. Parece que el a. del holocausto en el Templo de Salomón no los tenía. En el centro tenía una rejilla sobre la cual se colocaba el sacrificio. Para el servicio del sacrificio, el a. tenía calderos de bronce para recoger la ceniza, tazones para recoger la sangre y otros instrumentos para arreglar el sacrificio, como paletas, garfios, y sus braseros, todo de bronce. Sobre el a. se ofrecía el holocausto y otros sacrificios por la mañana y por la tarde; nunca se apagaba el fuego (Lv. 6:13).

El a. del incienso era pequeño (Éx. 30:1-5; 37:25-28), de madera de acacia cubierta de oro, con cuatro cuernos y cuatro anillos para transportarlo. Se hallaba delante del velo que se-

Restos de un gran altar pagano de tiempos preabrahámicos, pertenecientes a la cultura de los cananitas, descubierto en Meguido.

OIUC

paraba el lugar santo del santísimo; sobre este a. se ofrecía diariamente el incienso aromático, por la mañana y por la noche, con la excepción del día de expiación (Lv. 16:18,19). Sobre los cuernos del a. se rociaba la sangre de un animal (Éx. 30:10).

El a., en sentido figurado, es el lugar de consagración (Ro. 12:1) donde el creyente demuestra en forma pública su absoluta dedicación a Dios. (Cp. Fil. 4:18; Heb. 13:15,16; 1 P. 2:5). P. S.

AMALEC, AMALECITAS. A. fue hijo de Elifaz y nieto de Esaú (Gn. 36:12,16). Sus descendientes habitaban, aparentemente como un pueblo nómada, la región del Neguev y Sinaí. Gn. 14:7 puede significar que el país allí mencionado llegó a pertenecer después a los a.

En Refidim, Israel ganó su primera victoria militar al derrotar a A. (Éx. 17:8-16). Dios le reveló a Moisés que en el futuro los a. sufrirían el exterminio por causa de su pecado (Éx. 17:14-16; Dt. 25:17-19; cp. 1 S. 15:2,3). En → Horma, los israelitas fueron derrotados por A. (Nm. 14:39-45; Dt. 1:41-46). Balaam pronunció palabras de juicio contra A. (Nm. 24:20). 24:20).

En tiempo de los jueces, los a. se unieron primero a los moabitas (Jue. 3:13), y luego a

Madián y "los hijos del oriente" para atacar a Israel. Gedeón los derrotó (Jue. 6:3-5,33; 7:12; 10:12). Jue. 12:15, sugiere que hubo un tiempo cuando los a. lograron establecerse en el territorio de Efraín.

Saúl derrotó a los a. pero desobedeció el mandamiento de Samuel al no dar muerte a su rey Agar (1 S. 15). Parece que David debilitó en gran manera a los a. (1 S. 27:6-9; 30:1-20). 1 Cr. 4:42,43 menciona un remanente de ellos que fue destruido por los hijos de Simeón en los días de → Ezequías rey de Judá. E. A. N.

AMÁN ('magnífico', 'ilustre'). Primer ministro de Asuero, rey del imperio de los medos y persas. Uno de los personajes centrales del libro de Ester en donde (3:1) se le presenta como *agagueo*: procedente de un país desconocido pero identificado por Josefo como Amalec, tradicional enemigo de los judíos. En las adiciones deuterocanónicas al libro de Ester, que aparecen en ediciones católicas de la Biblia (Est. 16:10), se dice que A. era macedonio. Todo hace creer que se trata de un extranjero afortunado, muy estimado por Asuero.

A. se caracterizaba por su terrible odio a los judíos (Est. 3:8,9). Logró que el rey firmara un decreto de exterminio contra ellos (Est. 3:5-15). Tan seguro estaba A. del éxito de sus planes que hizo levantar una horca en la cual haría morir a Mardoqueo, líder del pueblo de Dios. Ester, esposa del rey, consiguió que éste ordenara la pena de muerte para A., la cual se realizó un poco después. A. murió en la misma horca que había levantado para su enemigo (Est. 7:9,10).   A. P. P.

AMARNA. → EL AMARNA.

AMASÍAS. 1. Noveno rey de Judá, hijo de Joás (2 R. 14:1-20; 2 Cr. 25). Reinó veinticinco años. Se condujo bien ante los ojos del Señor, pero no con corazón perfecto. Una vez afirmado en el reino mató a los asesinos de su padre. Movilizó un ejército de 300.000 hombres de Judá y contrató a 100.000 de Israel para reconquistar a Edom. A los de Israel los despidió en respuesta a una advertencia profética. Derrotó decisivamente a Edom y llevó los ídolos a Judá. Poco después le hizo guerra temerariamente a Joás, rey de Israel, el cual lo humilló y lo llevó cautivo luego de saquear a Jerusalén y el templo. Unos quince años después fue muerto en Laquis por unos conspiradores y sepultado en Jerusalén.

2. Sacerdote de Jeroboam II en Bet-el; trató de silenciar al profeta Amós (Am. 7:10-17).

3. Descendiente del patriarca Simeón, 1 Cr. 4:34.

4. Levita, descendiente de Merari, 1 Cr. 6:45.

5. General del ejército del rey Josafat, 2 Cr. 17:16.   D. M. H.

AMATISTA. Piedra preciosa, una de las variedades del cuarzo cristalizado, transparente y teñida de color violeta azulado, probablemente por el óxido de mangáneso. Se hallaba en la .ercera hilera del pectoral del sumo sacerdote (Éx. 28:19). De a. es el duodécimo cimiento del muro de la nueva Jerusalén (Ap. 21:20).
                                        J. E. D.

ÁMBAR. Material brillante mencionado en Ez. 1:4,27; 8:2 (RV 1909). Es traducción de la palabra hebrea *jasmal*, cuyo sentido no puede precisarse, aunque algunas versiones optan por "bronce". Su traducción en la LXX y la Vul., *electrum*, sugiere o una mezcla de oro y plata, o bien el mismo á. El á. propiamente dicho es una resina fósil cuyo color varía entre amarillento y café, y cuando está pulido brilla mucho.
                                        J. E. D.

AMÉN. Palabra heb. que pasó sin modificación al gr. y al latín, y que significa "así sea" (Jer. 11:5) o "efectivamente" (Jer. 28:6). En el AT se emplea como fórmula responsoria, afirmando la validez de un juramento o maldición cuyas consecuencias se aceptan (Nm. 5:22; Dt. 27:15); como aceptación de un anuncio o profecía favorable (1 R. 1:36); y al término de una doxología o bendición, como respuesta congregacional a las alabanzas rendidas a Dios (1 Cr. 16:36; Sal. 41:13). En Isaías a Dios se le llama

"Dios a.": el que garantiza lo que promete, con la verdad de sus palabras (Is. 65:10).

En el NT los evangelistas atribuyen a Jesús la expresión "a. os digo". La repetición del "a." refuerza la afirmación expresada (Jn. 1:51) y se aproxima a un juramento. El uso que Jesús hace del "a." es desconocido en la literatura rabínica, y parece implicar su autoridad mesiánica. Recalca la veracidad de sus palabras. En él se cumplen las promesas de Dios (2 Co. 1:20) y se le llama "el A." (Ap. 3:14).   F.J.P.

AMIGO. La amistad es una relación de afecto que se establece entre dos personas y que muchas veces sobrepasa la fuerza de una relación familiar (Pr. 18:24). La Biblia contiene bellísimos ejemplos de amistad humana: David y Jonatán (1 S. 18:1; 2 S. 1:25-27), Rut y Noemí (Rt. 1:16-18), Husai y David (2 S. 15:37; 16:16), Pablo y Timoteo (2 Ti. 1:2), *et al.*

Pero hay una dimensión más maravillosa en la relación de a.: Abraham es llamado "a. de Dios" (Is. 41:8) por la intimidad de sus relaciones con él; el Señor Jesús llama a sus discípulos "a." en virtud de esa misma relación íntima (Jn. 15:14,15).

La expresión "a." usada por el Señor para dirigirse a Judas (Mt. 26:50) es simplemente un término de cortesía, como se ve por el uso en otros pasajes (Lc. 14:10; Mt. 22:12; 20:13; etc.).   V. M. R.

AMINADAB ('el compañero de la tribu [e.d. Dios] se ha mostrado generoso'). Personaje que aparece, en el AT, en las genealogías de Judá (1 Cr. 2:10) y de David (Rt. 4:20), y en el NT en la de Jesús (Lc. 3:33).

Otro personaje de igual nombre (Éx. 6:23) fue el padre de Elisabet ("Isabel": BJ y TA; *elisheba* en hebreo), mujer de Aarón.   C. R.-G.

AMNÓN. → TAMAR, ABSALÓN.

AMÓN. 1. Decimoquinto rey de Judá, hijo de Manasés y padre de Josías (2 R. 21:19-26; 2 Cr. 33:20-25). Comenzó a reinar a la edad de 22 años y reinó dos años en Jerusalén. Hizo lo malo ante Jehová y sirvió a los ídolos de su padre. Fue asesinado por razones desconocidas y los conspiradores fueron muertos por el pueblo.

2. Gobernador de Samaria a quien el rey Acab encomendó el encarcelamiento del profeta Micaías (1 R. 22:26; 2 Cr. 18:25-27).

3. Descendiente de los siervos de Salomón (Neh. 7:59), llamado Ami en Esd. 2:57.

4. Dios de Tebas, Jer. 46:25.   D. M. H.

AMONITAS. Tribu de pastores descendientes de Lot (Gn. 19:36-38), que se estableció entre los ríos Jaboc y Arnón, y que finalmente ocupó sólo el territorio encerrado en la gran curva del Jaboc.

Debido a la estrecha relación de los a. con Israel, Dios no permitió a Moisés atacarlos (Dt.

2:19), pero ellos no recibieron con bien a sus hermanos israelitas, y por tanto fueron excluidos del Templo de Jerusalén (Dt. 23:3s.).

La historia subsiguiente demuestra una enemistad crónica entre Amón e Israel. Los profetas denuncian la crueldad y falta de compasión de los a. (Am. 1:13-15; Sof. 2:10). Ezequiel profetiza la destrucción completa de Amón (21:28-32; 25:1-7).

Al establecerse alrededor de →Raba-amón, que llegó a ser su capital, los a. tuvieron que desplazar a los zomzomeos, una raza de gigantes (Dt. 2:19-21). Ocuparon entonces hasta el río Jordán, pero una invasión de los amorreos que venían del N los obligó a retirarse más al E, en el desierto. Israel aniquiló más tarde a los amorreos, bajo los reyes Og y Sehón (Jue. 11:18-23), pero, mientras aún se consolidaba, sucumbió ante la fuerza unida de las a. y moabitas. Jefté da un resumen contemporáneo de las relaciones a través de 300 años entre Amón e Israel (Jue. 11:12-28). Jefté triunfó sobre los a., pero éstos no sufrieron la derrota más completa sino cuando Joab y David conquistaron a Rabá (2 S. 10-12). Desgraciadamente Salomón hizo un templo para Milcom (→MOLOC), el dios amonita, en Jerusalén (1 R. 11:1,5,7,33). Naama, la madre de Roboam, el nuevo rey, era una princesa amonita (1 R. 14:21,31).

Siempre luchando por independizarse, los a. causaron dificultades a Israel y Judá en los tiempos de Josafat (2 Cr. 20:1-30), Joás (2 Cr. 24:26), Uzías (2 Cr. 26:7s.) y Jotam (2 Cr. 27:5). El rey amonita, Baalis, provocó el asesinato de Gedalías (Jr. 40:14) y Tobías, el amonita, estorbó mucho la reconstrucción de Jerusalén (Neh. 2:10,19; 4:3,7; 13:7,8,23-27). Finalmente, los a. fueron vencidos por Judas Macabeo (1 Mac. 5:1-8).

Ammán, la capital moderna de Jordania, la vieja Rabá, a pesar de su nombre, ya no cuenta con ciudadanos amonitas (Ez. 25:10). W. G. M.

AMOR. El verbo 'ahab designa el a. sexual (Os. 3:1), paternal (Gn. 25:28), de amistad (1 S. 16:21) y del prójimo (Lv. 19:18), que incluye al compatriota y al extranjero que habita en Israel (Lv. 19:34). Se exhorta a ayudar y perdonar al enemigo personal (Éx. 23:4s.; Pr. 25:21), pero no se habla de amarle. Los profetas utilizan el término khesed (RV "misericordia", a. compasivo) para describir la relación que Dios demanda entre su pueblo, particularmente con los pobres y desamparados (Os. 6:6; cp. Is. 1:17; Ez. 18:12s.; Am. 2:6).

El AT declara que el hombre debe amar a Dios en respuesta al a. de éste: debe ser un a. total y pleno (Dt. 6:5), rendido sólo a él y expresado en servicio, obediencia y reverencia (Dt. 10:12s.; 11:13; Is. 56:6). La profesión de ese a. a menudo inicia la alabanza en los Salmos (18:1; 73:25; 116:1; cp. Lm. 3:24).

El a. de Dios por el hombre raramente se expresa en el AT con los términos amar ('ahab)

o a. ('ahaba); más bien se habla de la khesed ('misericordia', 'fidelidad activa'), khen ('favor', 'gracia') o rikham ('misericordia', 'compasión'). Este a. se expresa fundamentalmente en los actos históricos por los cuales Dios ha elegido, creado, libertado y guiado a su pueblo. Nace de la pura misericordia divina (Dt. 4:37; 7:7; 10:15; Jer. 12:7-9; Is. 54:5-8; 2 Cr. 20:7). Es misericordioso: salva, socorre, corrige (Dt. 23:5; Is. 43:25; Sal. 86:5; Is. 63:9). Oseas, Jeremías y Ezequiel utilizan los símiles del esposo y del padre para destacar la fidelidad de Dios y la infidelidad y desobediencia del pueblo.

Rara vez menciona el AT el a. de Dios por los israelitas, y cuando lo hace es en el contexto de las promesas futuras (Is. 2:2-4; Mi. 4:1-4; Jer. 12:15; Jon. 4:11). Igualmente escasas son las referencias al a. por todas las criaturas (ver sin embargo Sal. 145:9). Aunque el a. de Dios está dirigido primordialmente al pueblo, no falta en la relación de Dios con el individuo, como se ve en varias oraciones personales de los salmos (40; 42; 51; 130), con respecto a personas en particular (2 S. 12:24s.; 1 R. 10:9; Sal. 127:2) o a categorías de personas (Pr. 15:19; Dt. 10:18; Pr. 22:11 LXX).

Todas las relaciones mencionadas en el AT son profundizadas y llevadas a su cumplimiento en el NT.

Jesús resume la ley en el mandamiento del a. a Dios y al prójimo (Mt. 7:12; 22:34-40), pues ambos están estrechamente vinculados (1 Jn. 3:14-22; Mt. 5:45). El a. a Dios y al prójimo debe ser activo y concreto (Mt. 5:38-47; 7:21; 25:34-36). La noción del prójimo se ensancha para incluir a todo el que tiene necesidad (Lc. 10:29-37) y específicamente al enemigo (Mt. 5:44; 18:22-25). La línea de los profetas señala que este a. al prójimo tiene prioridad sobre los deberes religiosos y la observancia del sábado (Mt. 5:23s.; 9:13; Mr. 3:1-6). De ese a. total, desinteresado y abnegado, Jesús ha dado el ejemplo perfecto (Jn. 10:11; 15:13; 1 Jn. 3:16).

El a. de Dios también forma parte de la enseñanza de Jesús (Mt. 6:24; 22:37). Ha de ser total y sin reservas (Mt. 6:24ss.; Lc. 17:7ss.; 14:26ss.). Pablo destaca que es la respuesta al a. de Dios hacia el hombre y la consecuencia de éste (Gá. 2:20; 1 Jn. 3:1; 4:10,11,17,19).

Este a. de Dios ha hallado su perfecta manifestación y realización en Jesucristo. En su enseñanza señala la universalidad (Mt. 5:45; 6:25-32) e infinitud (Mt. 18:12s.) del a. de Dios. Pero es sobre todo en la muerte y resurrección de Cristo donde Dios ha puesto en acción su a. para nuestra redención (Ro. 5:8; 8:32; Tit. 3:4). La muerte voluntaria de Jesús es obra del a. del Padre y del Hijo (Ro. 5:6; Fil. 2:8). Por eso Pablo no distingue el a. de Dios del de Cristo (Ro. 5:15; 2 Co. 8:9; Gá. 1:6). El a. de Dios escoge a los hombres (Ro. 1:17; Col. 3:12) y los llama. Derrama su Espíritu en los corazones de los creyentes (Ro. 5:5), realiza en los amados la purificación, la santificación, la justificación (1 Co. 6:11; 2 Ts. 2:13), la renovación interior (Tit. 3:5; Ro. 6:4), y hace posible el a. hacia los demás (Ro. 6:4; 8:2; 13:8; Gá. 5:13). El a. es el don supremo del Espíritu (1 Co. 13) y el resumen de toda la ley (Ro. 13:8; Gá. 5:13).

Cuando interpretamos la expresión cumbre de Juan: "Dios es a." debemos recordar que las características del a. manifestadas en la Escritura son: personal, voluntario, selectivo (es el fundamento de la elección), espontáneo, fiel a su pacto, justo (y exige justicia), exclusivo (demanda una respuesta total) y redentor.   J. M. B.

AMORREOS. Descendientes de Canaán, hijo de Cam (Gn. 10:15,16). La arqueología revela que eran nómadas antes de la época de Abraham. Habitaban la región al NO de Mesopotamia, por lo que se les dio el nombre de *amurru* ('occidentales'). Desde aquí invadieron a las ciudades de Mesopotamia, y constituyeron parte importante de la presión internacional que rompió por fin el dominio de la tercera dinastía de Ur (*ca.* 2060-1950 a.C.) sobre estas ciudades. En

Ruinas de Tecoa, hogar del profeta Amós, en donde trabajó como pastor y agricultor, vida a que hace frecuente referencia en sus escritos.   MPS

medio de esta turbulencia salió Abraham de su tierra natal. El poder de los a. crecía en Mesopotamia y, como consecuencia, Babilonia inició su carrera internacional bajo el rey amorreo Hamurabi (*ca.* 1728-1686 a.C.), quien conquistó Asur (→ ASIRIA) y Mari.

Otros grupos de a. habían emigrado hacia el S y ocupaban una gran parte de la Tierra Prometida, a ambos lados del Jordán. En Gn. 14:7, se les encuentra en Hazezon-tamar (Engadi), al O del mar Muerto; y Gn. 14:13 menciona a los a. de Mamre, con quienes Abraham se había aliado.

Los a. se nombran entre las diez naciones cuya tierra Dios dio a la descendencia de Abraham (Gn. 15:21), pero su cultura dominaba tanto la de las otras nueve que se la menciona en Gn. 15:16 como representante de la vida cananea: "aún no ha llegado a su colmo la maldad del amorreo hasta aquí". Este dominio general parece haber menguado en el tiempo de Moisés, probablemente por la influencia de los → heteos; se ve a los a. representados por varios reinos claramente delineados. Sin embargo, eran todavía (de acuerdo con Gn. 15:16) el símbolo de la oposición a Israel, a juzgar por la importancia dada a la victoria sobre Sehón y Og, reyes a. al E del Jordán (Nm. 36), y a la derrota en Hai (Jos. 7:7). Dios mostró su poder al detener el sol durante la batalla contra la alianza amorrea de los reyes de Jerusalén, Hebrón, Jarmut, Laquis y Eglón (Jos. 10).

Los rasgos más abominables de la idolatría israelita se debían a los a. (1 R. 21:26; 2 R. 21:11) que no fueron eliminados, sino que quedaron como remanente en un estado servil (1 R. 9:20,21). por fin, "la maldad del amorreo" fue lo que llevó a Israel al cautiverio.

D. J.-M.

AMÓS ('carga' o 'cargador').

El primero de los grandes profetas de Israel cuyo mensaje se conserva en un libro que lleva su nombre. Era de → Tecoa, una fortaleza con guarnición en Judá, 16 km al S de Jerusalén. Era pastor (1:1) y recogía la fruta de los sicómoros silvestres que crecían en las partes bajas de esa región desértica (7:14). Según Fohrer *et al.*, los términos hebreos en 1:1 y 7:14 probablemente indican que A. era pequeño propietario y pastor de su propio ganado, e.d., pertenecía a la clase media, y no a la clase pobre.

No era miembro del gremio de profetas profesionales (7:14) pero, al ver la ceguera de éstos ante las deprimentes condiciones internas de Israel, sintió el llamamiento de Dios y se trasladó al N donde inició su ministerio. En aquel tiempo Uzías (779-740 a.C.) era rey de Judá, y Jeroboam II (783-743 a.C.) de Israel.

Si A. principió su ministerio *ca.* 760 a.C., entonces ya habrían pasado cuarenta años desde el triunfo asirio sobre Damasco, capital de Siria. Libre ya de la intervención política y económica. Jeroboam II pudo dedicarse a extender las fronteras de Israel (2 R. 14:25). Aprovechando las rutas de caravanas estimuló el comercio, y como resultado se fue creando una clase rica que menospreciaba y aun explotaba a los pobres (2:6,7; 3:10; 4:1; 5:11). Los comerciantes especulaban con el trigo y el pan y sumían en la miseria a los necesitados (8:4-6). La justicia se compraba (2-6); las autoridades aceptaban sobornos (5:12). Los que disfrutaban la abundancia económica padecían de miseria moral. La religión de Jehová estaba en decadencia.

A. predicó en las ciudades de Samaria y Bet-el y después de algún tiempo el sacerdote Amasías lo desterró, alarmado por la severidad de su mensaje contra el rey y la nación. Regresó a Judá (7:10ss.) y nada se sabe de su fin.   J. E. H.

AMÓS, LIBRO DE

El orden claro del libro de A. permite hacer el siguiente bosquejo de su contenido:

1:1,2. *Introducción.* Se informa quién fue A., cuándo predicó, y cuál fue el origen de su autoridad.

1:3–2:16. *Juicio contra ocho naciones.* A. inicia su mensaje señalando los pecados de las naciones de Damasco (1:3-5); Gaza (1:6-8). Tiro (1:9,10), Edom (1:11,12), Amón (1:13-15), Moab (2:1-3), y Judá (2:4,5) hasta llegar a Israel (2:6-16), quien, por haber sido receptor de los favores de Dios, merece mayor castigo.

3:1–6:14. *Cinco mensajes.* Los tres primeros son introducidos por la frase: "Oíd esta palabra." En el primero (3:1-15), A. declara a todo Israel que su mensaje proviene de haber escuchado la palabra de Jehová, y proclama la destrucción de Samaria (3:9-15). En el segundo (4:1-13), advierte a los ricos que serán castigados por oprimir a los pobres. Aunque este castigo ya se había iniciado en pequeña escala, ellos no habían vuelto a Jehová. El tercero (5:1-17) es un llamamiento a buscar al Señor antes que él pase en medio de ellos. En el cuarto (5:18-27), A. pronuncia un "¡ay!" sobre los religiosos cuyas ceremonias han llegado a ser abominación al Señor. En el quinto (6:1-14) pronuncia otro "¡ay!", esta vez sobre los ricos que en su afluencia olvidan la aflicción de los oprimidos.

7:1–9:10. *Cinco visiones.* En las dos primeras, la plaga de langostas (7:1-3) y el fuego consumidor (7:4-6), A. ve dos calamidades que sirven de juicio, pero que, debido a su intercesión, son detenidas. En la tercera (7:7-9) ve una plomada de albañil que indica que la condición de Israel es irreparable. Lo ilustra por el incidente biográfico que sigue (7:10-17). En la cuarta (8:1-3) ve un canastillo de fruta de verano, señal de que ya ha madurado el pecado de Israel y se aproxima el juicio. La explotación de los pobres (8:4-6) ilustra esta madurez que es también causa del castigo de Dios (8:7-14). En la quinta (9:1-10) A. ve al Señor sobre un altar

diciéndole que destruya el santuario, señal de que el juicio es inminente e ineludible.

9:11-15. *Conclusión.* A. concluye prometiendo la futura restauración de Israel en que el reino de David será reestablecido, las ciudades reedificadas y habrá abundancia.

A. inicia una nueva época en la historia de Israel. Se desliga de los profetas oportunistas para anunciar un mensaje de juicio a una nación corrompida. Para A. Dios no sólo es el creador y sustentador del mundo (4:13), sino el Señor de la historia que tiene el destino de todas las naciones en su mano (1:3–2:3). Por tanto castiga el pecado de las naciones y en forma especial el de Israel. Su pueblo escogido ha tenido privilegios particulares (3:2), pero no ha cumplido con sus responsabilidades. En medio de la prosperidad se ha olvidado de Dios y su ley. Reinan la inmoralidad y la injusticia. A. afirma que Dios repudia la sustitución de la rectitud por la religiosidad vacía. Invita a la nación a buscar a Dios (5:4-14) antes que venga el fin. De no ser así, el Señor zarandeará su pueblo con juicio (9:8,9). Pero para A. el juicio no es el final. Promete un día mejor en que todo será restaurado (9:11-15). A. es un poeta consumado que comunica su mensaje con fuerza.   J. E. H.

Bibliografía
Yates, K. M., *Estudios sobre el libro de Amós*, El Paso: Casa Bautista, 1966.

AMPLIAS (diminutivo gr. del lat. *Ampliatus* = 'agrandado'). Nombre común dado a los esclavos en los días del Imperio Romano. En Ro. 16:8 Pablo saluda a un A. como "amado mío en el Señor".   R. A. P.

AMRAFEL. Rey de Sinar, contemporáneo de Abraham, que junto con otros reyes participó en la batalla de Sidim contra Sodoma, Gomorra y otras ciudades (Gn. 14-1ss.). Algunos eruditos han pretendido identificarlo con Hamurabi, pero no hay pruebas suficientes para sostener esa hipótesis.   J. L. G.

ANA. 1. Esposa de Elcana y madre del juez y profeta Samuel. Pidió a Jehová un hijo. Jehová se lo concedió, y cuando el niño tenía muy pocos años, ella lo dedicó al servicio del Señor, en Silo (1 S. 1:1–2:21). El cántico de A. (1 S. 2:1-10) se compara con el Magnificat de María (Lc. 1:46-55). En este cántico aparece por primera vez en el AT el nombre *Mesías* ('el Ungido').

2. Anciana profetisa, viuda, de la tribu de Aser, que servía en el templo de Jerusalén en la época en que nació Jesús. Después de ver a Jesús en el templo, habló del niño a todos los que esperaban al Mesías en la ciudad (Lc. 2:36-38).   J. M. H.

ANÁ. 1. Padre de una de las esposas de Esaú e hijo de Zibeón de la tribu de los → heveos (Gn. 36:2,14,18,24). Existe cierta confusión respecto de este personaje: En Gn. 36:2 el TM reza

"Aná hija de Zibeón", mientras la LXX y la Samaritana dicen "hijo". Muchos traductores modernos (incluso la RV), por razones del contexto, optan por seguir la traducción de estas versiones antiguas y no el TM.

2. Hijo de Seir, duque de los → horeos (Gn. 36:20,29; 1 Cr. 1:38). W. M. N.

ANAC ('de cuello largo'). Descendiente de → Arba (Jos. 15:13) y progenitor de los anaceos (Nm. 13:22,28,33). W. G. M.

ANACEOS. Los agentes de inteligencia enviados a explorar Palestina, antes de la invasión israelita, se aterrorizaron al ver un pueblo de gran estatura que vivía en las montañas del S alrededor de Hebrón. El a. Arba, que fundó Hebrón, era descendiente de los *nefilim* (que se traduce por → "gigantes" en Nm. 13:33).

Los egipcios, para provocar la derrota de sus enemigos, inscribían los nombres de ellos sobre urnas y luego las quebraban. En el museo de Berlín se exhiben pedazos de cerámica egipcia con execraciones a "Erum, soberano de Iy-anac y a todo su séquito", los cuales muestran que ya por el año 2000 a.C. los a. les inspiraban miedo a sus vecinos.

Josué en su conquista del S, o los destruyó o expulsó, pero algunos permanecieron en Hebrón, Gat, Gaza y Asdod (Jos. 11:21,22). Los de Hebrón fueron vencidos por Caleb (Jos. 14:6-14; 15:13-19; 21:11s.). Según Jer. 47:5 LXX aún quedaban algunos al fin de la monarquía. W. G. M.

ANANÍAS. 1. Compañero de Daniel en el cautiverio, quien después se llamó Sadrac (Dn. 1:1-19; 2:17).

2. Población en la tierra de Benjamín (Neh. 11:32).

3. Ascendiente de un Azarías (Neh. 3:23).

4. Padre de un Sedequías (Jer. 36:12).
(→ HANANÍAS.) W. M. N.

ANANÍAS (forma griega del hebreo *Jananyá*, 'Jehová le ha favorecido').

1. Marido de Safira y cristiano primitivo de Jerusalén, cuya contribución al fondo común fue fraudulenta (Hch. 5:1-11). Probablemente quería aparentar que seguía el ejemplo de Bernabé (Hch. 4:36s.) y recibir igual elogio. El pecado fue la mentira e hipocresía y no la retención de una parte del precio de la venta, porque la contribución era voluntaria en estos casos (Hch. 5:4). La severidad del castigo se debería a que Dios quiso hacer de esta pareja, al principio de la nueva era, un ejemplo público para mostrar la seriedad de tratar con un Dios santo.

2. Cristiano de Damasco, "piadoso según la ley", que devolvió la vista a Pablo, lo bautizó y le comunicó su comisión de parte del Señor (Hch. 9:10-19; 22:12-16).

3. Sumo sacerdote, 47-58 d.C., conocido como codicioso, orgulloso y sin escrúpulos. Presidía el concilio en el proceso de Pablo (Hch.

23:1-5) y acusó a éste ante Félix (24:1-9). En el 66 d.C. los zelotes lo mataron por ser amigo de los romanos. L. S. O.

ANÁS (forma abreviada de Ananías). Personaje nombrado sumo sacerdote por → Cirenio, en el 6 d.C., y depuesto por los romanos en el 15 d.C. Su deposición no tuvo valor para los judíos, pues entre ellos el cargo de sumo sacerdote era vitalicio. Por su gran influencia, A. consiguió que tras él obtuvieran el sumo sacerdocio sus cinco hijos y su yerno Caifás. Por esta razón, aunque Caifás era el sumo sacerdote oficial al principio del ministerio de Juan el Bautista (Lc. 3:2), A. era reconocido juntamente con él.

A. intervino en el proceso de Jesucristo, realizando un interrogatorio previo en su casa (Jn. 18:13-24), y aquí de nuevo es considerado como sumo sacerdote (v.19) a pesar de la identificación de Caifás (vv. 13,24) como tal. Aparece por tercera vez interrogando a Pedro y a Juan (Hch. 4:6ss.). P. S. y R. F. B.

ANATEMA. 1. Transcripción de un vocablo gr. que significaba "algo erigido" (en un templo), e.d., una ofrenda votiva, como en Lc. 21:5.

2. Vocablo parecido al del N.° 1, que en la LXX traduce el heb. *jerem* (= 'lo consagrado', 'devoto a Dios'), e.d., lo sustraído de todo empleo humano y, por tanto, maldito. En particular, el botín de guerra, como propiedad de Yahveh, debía ser destruido (Dt. 13:17; Jos. 6:17s.), y toda infracción de esta ley era abominable (Jos. 7:1ss.; 1 S. 15:21).

En el NT, "a." encierra la noción de entregar algo a la ira divina, de echarle una maldición. No había peor blasfemia que pronunciar "a. sea Jesús", supuestamente bajo inspiración (1 Co. 12:3), ya que tal influjo no viene del Espíritu Santo. En cambio, Pablo está dispuesto a colocarse bajo maldición si esto contribuyera a la salvación de otros judíos (Ro. 9:3). Él mismo echa un a. sobre los predicadores de un "evangelio" legalista (Gá. 1:8s.) y sobre todo el que no ama al Señor (1 Co. 16:22).

Verbos afines aparecen en Mr. 14:71; Hch. 23:12,14,21. R. F. B.

ANATOT. Ciudad ubicada a unos 5 km al N de Jerusalén. Tal vez el antiguo santuario de la deidad cananea "Anat". Se la menciona en el AT con referencia a varios personajes (Jos. 21:18; 2 S. 23:27; 1 Cr. 11:28; 12:3; 1 R. 2:26) y la invasión asiria (Is. 10:30). Fue el lugar del nacimiento y las primeras profecías de Jeremías (Jer. 1:1; 11:21-23; 32:7-9), devastado por los babilonios y luego reconstruido (Esd. 2:23; Neh. 7:27). J. M. B.

ANCIANO. En la mayoría de las civilizaciones antiguas se ha creído que las personas de edad son las más capaces para gobernar el pueblo. De ahí que a menudo los gobernantes o líderes se llamen "ancianos". En la Biblia, "a." es traducción de la palabra hebrea *zaquén* y de la griega *presbyteros.*

Había a. en los pueblos de Egipto (Gn. 50:7), de Moab y de Madián (Nm. 22:7).

Aun durante su esclavitud en Egipto los israelitas tenían a. (Éx. 3:16). Durante la peregrinación en el desierto se formalizó la institución debido al consejo de Jetro (Éx. 18:21). En el período siguiente, cada ciudad tenía su cuerpo de a., que actuaban como jueces (Dt. 19:12; 21:2; 22:15; 25:7; Jos. 20:4). El número de 70 quedó como norma (Éx. 24:1; Nm. 11:16-25; cp. Jue. 8:14).

El cuerpo nacional, "los a. de Israel", ejercía bastante influencia durante la monarquía (1 S. 8:4s.; 2 S. 5:3; 1 R. 8:1,3; 20:7, etc.), durante la cautividad (Ez. 8:1; 14:1; 20:1) y en la época de Esdras. Al principio los a. ejercían solamente poder civil, pero al llegar la época del NT ejercieron autoridad juntamente con los principales sacerdotes y formaban parte del → Sanedrín.

Como en las → sinagogas había un consejo de a. gobernantes, era normal que las iglesias cristianas imitaran esta estructura. Cada congregación tenía su → presbiterio, pero el oficio de a. cambió. Mientras entre los judíos los a. se encargaban principalmente de los asuntos administrativos y civiles, y no eran los encargados de los cultos en las sinagogas, los a. cristianos visitaban a los enfermos en una labor pastoral (Stg. 5:14) y predicaban la Palabra (1 Ti. 5:17).

Había a. en la primera iglesia de Jerusalén (Hch. 11:30), aunque no se nos explica cómo fueron nombrados, y éstos participaban en el → concilio con los apóstoles (Hch. 15:4,6,23; 16:4). Pablo y Bernabé "constituyeron a. en cada iglesia" de Asia Menor, con oración y ayuno (Hch. 14:23), y se instó a Tito a que hiciera lo mismo en Creta (Tit. 1:5). Pablo pronunció un discurso a los a. de la iglesia de Éfeso (Hch. 20:17), y posteriormente recomienda que "los ancianos que gobiernan bien sean tenidos por dignos de doble honor" (1 Ti. 5:17). Pedro se identifica como a. (1 P. 5:1), y también Juan (2 Jn. 1; 3 Jn. 1).

Puesto que el verbo "supervisar" se usa en 1 P. 5:2 para describir la función de los a., y Pablo llama "obispos" a los a. de Éfeso (Hch. 20:28; cp. Ti. 1:5-7), parece que los términos a. y → obispo eran intercambiables. P. W.

ANDAR. Las características del a. literal se aplican figuradamente a la conducta perfecta, pues el movimiento ha de ser progresivo, hacia una meta. En el AT el buen a. comúnmente se refiere a la sumisión a la voluntad de Dios, lo cual contrasta con el a. de los idólatras (cp. 1 R. 8:61 con 16:31). En el NT algunos hermanos "andan conforme a la carne" ó "como hombres" (1 Co. 3:3; Ro. 8:4), porque su conducta no se diferencia tajantemente de la de los "gentiles" (Ef. 4:17). Pierden así su testimonio y la capacidad de trabajar para el Señor.

Los hijos de Dios han de a. "por fe" (2 Co. 5:7), "en el Espíritu" (Gá. 5:16), "en buenas obras", como es "digno de su vocación", "en amor", "como hijos de luz", "aprovechando el tiempo" (Ef. 2:10; 4:1; 5:2,8,15,16). Juan contrasta el "a. en tinieblas", con el "a. en luz" (1 Jn. 1:6,7; 2:11). El modelo es Cristo; "El que dice que permanece en él, debe a. como él anduvo" (1 Jn. 2:6). E. H. T.

ANDRÉS ('varonil'). Uno de los doce apóstoles. Casi todo lo que se sabe de él se encuentra en el cuarto Evangelio. Era natural de Betsaida (Jn. 1:44), hermano de Simón Pedro al que condujo ante Jesús, e hijo de Juan (cp. Jn. 21:16 HA; "Jonás" RV). Antes de su apostolado era discípulo de Juan el Bautista (Jn. 1:35-40). Después de su vocación pasó a vivir con Pedro en Capernaum, donde eran socios en la pesca (Mt. 4:18; Mr. 1:29).

A. no formaba parte del trío íntimo de Jesús (Pedro, Jacobo y Juan), pero a la larga se le encuentra compartiendo las inquietudes de estos tres apóstoles (Mr. 13:3). Con Felipe, que con él eran los únicos apóstoles de nombre griego, fue intermediario entre unos griegos y Jesús (Jn. 12:22). Movido por su fe práctica, planteó la imposibilidad para sustentar a los cinco mil (Jn. 6:8s.). Estuvo presente en el aposento alto después de la Ascensión (Hch. 1:13), y entonces desaparece de la historia bíblica. Según una tradición verosímil, fue crucificado en Acaya, tras una actividad misionera muy fructífera allí. A. R. T.

ANDRÓNICO ('conquistador de los hombres'). Designado "pariente" de Pablo (Ro. 16:7), puede haber sido pariente carnal o meramente de raza (cp. Ro. 9:3). Fue cristiano antes que Pablo y su "compañero de prisiones", aunque no se sabe cuándo (cp. 2 Co. 11:23). (→APÓSTOL, JUNIAS.) R. A. P.

ANFÍPOLIS. Antigua capital de Macedonia, situada cerca de la desembocadura del río Estrimón, sobre la famosa "Vía Ignatia" y a unos 53 km de Filipos. Pablo y Silas no se detuvieron en ella (Hch. 17:1), posiblemente porque allí no había sinagoga, la acostumbrada base de operaciones para ellos. A. T. P.

ÁNGEL. El término, que tanto en hebreo *(mal'ak)* como en griego *(ángelos)* significa "mensajero", se aplica a seres humanos (Job 1:14; 1 R. 19:2; Hag. 1:13; Lc. 7:24; 9:52; etc.), pero de manera muy especial a un orden de seres sobrenaturales y celestiales cuyo ministerio es actuar como mensajeros y agentes de Dios en la realización de la voluntad divina.

Los á. se mencionan muchas veces en ambos testamentos y Cristo mismo afirmó que hay un orden de seres angélicos en el universo (Mt. 18:10; 24:31,36; Lc. 15:10).

Los á. fueron creados (Col. 1:16), antes de la creación del mundo (Job 38:6,7), en estado de santidad (Jud. 6). Son seres espirituales (Heb. 1:14) que pueden asumir forma corpórea, aunque no tienen cualidades físicas como los humanos. Su apariencia es masculina (Gn. 18:2,16; Mr. 16:5, etc.). No pueden reproducirse ni morir (Mt. 22:30; Lc. 20:36). Existen en gran número (Heb. 12:22; Ap. 19:1). Poseen inteligencia (1 P. 1:12), sensibilidad (Lc. 15:10) y voluntad (Jud. 6). Se les llama "santos" (Mt. 25:31), "escogidos" (1 Ti. 5:21) e "hijos de Dios" (Job 1:6), y se dice que están "en el cielo" (Mt. 18:10).

Las Escrituras hablan de á. que pecaron (Jud. 6; 2 P. 2:4). (→DEMONIOS, SATANÁS.) Aquí se trata solamente de los que no han caído de su estado original. Pablo menciona "principados y potestades en los lugares celestiales" (Ef. 3:10). Dos á. aparecen por nombre: Gabriel (Lc. 1:26) y Miguel (el arcángel, "uno de los principales príncipes", Dn. 10:13; Jud. 9). Se habla también de serafines (Is. 6:1-3) y querubines (Gn. 3:22-24).

Los á. alaban a Dios (Ap. 4; 5), cuyo rostro contemplan siempre en el →cielo (Mt. 18:10), y ejecutan su palabra (Sal. 103:20). En cuanto a Cristo, se dice que fue "visto de los á." (1 Ti. 3:16). Predicen (Lc. 1:26-33) y anuncian su nacimiento (Lc. 2:13), le protegen en su infancia (Mt. 2:13), le asisten en la tentación (Mt. 4:11), están listos para defenderle (Mt. 26:53); le confortan en Getsemaní (Lc. 22:43), remueven la piedra del sepulcro (Mt. 28:2) anuncian la Resurrección (Mt. 28:6) y la segunda venida (Hch. 1:10,11). Hay varios ministerios que los á. cumplen en relación con la experiencia del creyente (Lc. 15:10; 16:22; Hch. 8:26; 12:7; 27:23,24; 1 Ts. 4:16; 1 Ti. 5:21; Heb. 1:14). Intervienen también en la vida de las naciones (Dn. 10:21; 12:1; Ap. 8; 9; 16) y de los individuos no salvos (Gn. 19:13; Mt. 13:39; Hch. 12:23; Ap. 14:6,7).

El hombre ha sido hecho "poco menor que los á." (Sal. 8:5), pero al unirse con Cristo por medio de la fe es exaltado sobre ellos (Heb. 1–2). Los á. le sirven (Heb. 1:14), pero él les excede en conocimiento espiritual respecto a la manifestación de la gracia de Dios en Cristo (1 P. 1:10-12), y un día los juzgará (1 Co. 6:3). La Biblia prohibe que se rinda adoración a los á. (Col. 2:18; Ap. 19:10; 22:8,9).   E. A. N.

ÁNGEL DEL SEÑOR. Muchos teólogos creen que el á. del S., mencionado varias veces en el AT, es una teofanía, o sea una manifestación de Dios en forma visible y corpórea antes de la encarnación de Cristo. El á. del S. se identifica con Dios mismo en ciertos pasajes (Gn. 16:7-13; 22:11-18; Jue. 13:2ss.), pero en otros se le distingue de Jehová (Gn. 24:7; Zac. 1:12,13). Esta aparente discrepancia desaparece cuando se afirma que el á. del S. es una de las personas de la Trinidad. Si no es la primera persona, tiene que ser o el Espíritu Santo, o el Hijo. Como el Espíritu no asume forma corpórea, puede con-

cluirse que el á. del S. es el Hijo de Dios, quien revela corporalmente a la divinidad (Jn. 1:18).   E. A. N.

ANILLO. Joya muy popular en los tiempos bíblicos (Éx. 35:22; Stg. 2:2), considerada como el toque final del atuendo de una persona; recibirlo era signo de aceptación (Lc. 15:22). Cuando Dios restauró la prosperidad de Job, sus familiares le obsequiaron con un a. (Job 42:11). Generalmente era símbolo de cierta comodidad (Stg. 2:2).

El a. era grabado con el sello particular de su dueño, de modo que se pudiese estampar ese sello en tablillas de barro húmedo, bien para tratos comerciales, o para asuntos de Estado (Est. 8:8). Los reyes o miembros de la corte usaban a. como sello real distintivo. El Faraón de Egipto dio a José su propio a. real (Gn. 41:42); lo mismo hizo el rey Asuero con Amán y Mardoqueo (Est. 3:10). Judá entregó su a. (sello) a Tamar (Gn. 38:18).

En la vestidura de los sacerdotes el pectoral debía llevar dos a. de oro para sujetar a éste con el efod (Éx. 28:28).   M. V. F.

ANTICRISTO. Adversario demoníaco o humano-demoníaco de Jesucristo, que aparecerá antes de la segunda venida como el último perseguidor de los cristianos. Será vencido por Cristo en su retorno a la tierra. A veces adquiere el aspecto de un seudo-Cristo que engañará a muchos con sus pretensiones, sus milagros y sus falsas enseñanzas. El A., una especie de encarnación de Satanás, figura en la literatura apocalíptica cristiana bajo varios nombres, todos con antecedentes en el judaísmo (→GOG y MAGOG, →BELIAL, →ANTÍOCO, →NERÓN; cp. "el hombre de iniquidad" [HA] de 2 Ts. 2:3ss.).

Ap. sintetiza en forma misteriosa muchos de estos conceptos. El A. se bifurca en dos bestias (Ap. 13; 16:12-16; 17; 19:19ss.; cp. 11:7ss.), que con Satanás forman una trinidad malvada. La primera ("la bestia" por excelencia) es una encarnación de Satanás que demanda que se le adore; y la segunda, subordinada a la primera, es un falso profeta.

Las epístolas juaninas, sin negar que habrá un A. final y único, afirman que existe ya una actitud o tendencia característica de éste, y hablan aun de "muchos anticristos" (1 Jn. 2:18,22; 4:3; 2 Jn. 7). Para Juan, la negación de que Jesucristo haya venido en carne (y por tanto que el Padre haya actuado para nuestra salvación) constituye la revelación del A.   R. F. B.

ANTÍOCO (gr. 'el firme'). Nombre muy común entre los reyes seléucidas de Siria. Hubo trece reyes que llevaron este nombre. Los más importantes son los siguientes:

1. Antíoco I (280-262 a.C.). Hijo de Seleuco, uno de los generales de Alejandro. Sostuvo contra Ptolomeo Filadelfo de Egipto la llamada Primera Guerra de Siria, en la que estaba en

juego, entre otras cosas, la posesión de Palestina.

2. Antíoco II (262-246 a.C.). Hijo de Antíoco I. Sostuvo contra Ptolomeo Filadelfo la Segunda Guerra Siria. Derrotado, hizo la paz con Ptolomeo contrayendo matrimonio con la hija de éste y repudiando a su esposa anterior, Laodicea. Sin embargo, el hijo de Laodicea sucedió a A. II. A esto se refiere Dn. 11:6.

3. Antíoco III, el Grande (233-187 a.C.). Uno de los más hábiles administradores y generales de los reyes seleúcidas. Aunque la mayoría de sus campañas militares le llevaron hacia el Oriente, y hasta la India, A. el Grande sostuvo varias campañas contra Egipto. La primera fue suspendida cuando se vio obligado a dirigirse con su ejército hacia Media a fin de sofocar una rebelión. La segunda terminó cuando Ptolomeo Filópator le derrotó en la batalla de Rafia (1 Mac. 8:1-7). Durante la tercera campaña, A., aliado ahora con Felipe V de Macedonia, logró conquistar la Palestina y la península de Sinaí con la ayuda de los judíos, que sentían simpatía por él. A partir de entonces, los destinos de Palestina estarían más estrechamente unidos a los del reino de Siria que a los de Egipto.

4. Antíoco IV, conocido como **Epífanes** (176-164 a.C.). Hijo segundo de A. el Grande. Su política helenizante, que pretendía unir a todos sus súbditos bajo un solo idioma, una sola ley y una sola religión, le costó la enemistad con los judíos. En todos los escritos judíos en que se habla de él se le trata con desprecio y se le tacha de inmoral. Su campaña helenizante le hizo intervenir en Jerusalén, donde los dos hermanos Jasón y Onías se disputaban el sumo sacerdocio. Puesto que Jasón se inclinaba más hacia las costumbres de los gentiles, A. le prefirió por encima de Onías. El rey llegó al punto de decretar la pena de muerte para quien se negase a seguir las costumbres griegas (1 Mac. 1:52).

Además, A. invadió a Judá, tomó a Jerusalén, profanó el templo e hizo una gran matanza de judíos (→ ABOMINACIÓN). Ante esta situación, Matatías se rebeló y se retiró a los montes con gran número de seguidores. El hijo de Matatías, el famoso Judas Macabeo, derrotó repetidamente a las fuerzas de A. (1 Mac. 3 → DEDICACIÓN, FIESTA DE). Todas estas victorias por parte de los judíos fueron posibles porque bajo A. IV el reino sirio se encontraba en franca decadencia. A. murió en Babilonia en medio de una campaña militar (1 Mac. 6:8-16). A él se refiere Dn. 11:21-39.

5. Antíoco V (164-162 a.C.). Hijo de A. Epífanes a quien sucedió. Peleó con Judas Macabeo con éxito (1 Mac. 6; Josefo *Antigüedades* xii 9:4).

6. Antíoco VII (138-129 a.C.). Derrotó a Juan Hircano, hijo de Judas Macabeo, en 135 a.C.

7. Antíoco VIII y IX (125-95 a.C.). Hermanos que se disputaron el trono de Siria y con ello prestaron ocasión a Juan Hircano para fortalecer la independencia de Judea.   J. L. G.

ANTIOQUÍA. 1. Ciudad cosmopolita de Siria, situada sobre el río Orontes a 26 km del Mediterráneo y unos 480 km al N de Jerusalén. La fundó Seleucus Nicator en 301 a.C. (en honor a su padre Antíoco) en una situación geográfica ideal. Por hallarse entre montañas y casi rodeada de agua, gozaba de un clima muy favorable en contraste con la mayor parte de Siria. Llegó a ser una ciudad próspera y populosa (500.000 hab.). Su vitalidad comercial se debía en parte al río y en parte a su posición en la encrucijada de importantes rutas de caravanas. Fue sometida a Roma en 64 a.C. y llegó a ser la tercera ciudad de todo el imperio; Roma era la primera y Alejandría la segunda. Casas lujosas adornaban su calle principal (6 km) y los emperadores acostumbraban contribuir a su belleza general. A. era conocida, además, por su devoción sensual a Dafne y su culto orgiástico.

En Antioquía, situada en las riberas del río Orontes, los discípulos fueron llamados ''cristianos'' por vez primera. Antioquía fue también la primera iglesia misionera.   MPS

(A veces para distinguir entre A. y las muchas otras ciudades del mismo nombre se especificaba "A. cerca de Dafne".)

Pero si A. tuvo fama de ciudad pagana, ocupa también un lugar prominente en la historia del cristianismo. Habitada por numerosos judíos inmigrados (a menudo ricos, y celosos en su proselitismo, cp. Hch. 6:5), A. recibió el impacto del mensaje evangélico poco después de la persecución de Esteban (Hch. 11:19s.) y fue allí donde por primera vez se predicó el evangelio a los paganos, y los creyentes fueron llamados → "cristianos" (Hch. 11:20-26). Aunque algunos opinan que "cristianos" era un apodo que los satíricos antioqueños inventaron, es más aceptable la teoría de que los propios miembros de la joven y entusiasta iglesia, en su afán de identificarse con Cristo, se hayan autodenominado así.

A. también fue la base de las operaciones misioneras de San Pablo (Hch. 13:1-3; 14:26ss.;

naba las rutas comerciales entre Éfeso y el Oriente. Como sede del procónsul romano, gozaba de muchos privilegios y era una ciudad de mucha importancia en la época de las visitas de Pablo y Bernabé (Hch. 13:14; 14:19,21). El éxito inicial de la predicación de Pablo en la sinagoga (Hch. 13:15-41) suscitó mucha oposición (13:50s.), de manera que la iglesia se componía sobre todo de gentiles (14:21).   A. T. P.

ANTIPAS. "Testigo fiel" de la iglesia en → Pérgamo, que sufrió el martirio según Ap. 2:13. La tradición afirma que era obispo de aquella iglesia y que durante la persecución de Domiciano fue asado vivo en una olla de bronce.   W. M. N.

ANTÍPATRIS. Ciudad de Palestina situada a unos 60 km al S de Cesarea, en el camino romano a Jerusalén, y a unos 13 km del mar Mediterráneo.

Pablo pasó por allí cuando era llevado por militares romanos a Cesarea (Hch. 23:31). A.,

EL ARCO "ECCE HOMO"
y
Gabbatha (El Pavimento),
RESTAURADOS.
Dibujo de
Ernest F. Beaumont
Jerusalén

A la derecha del dibujo pueden verse esculpidos en el pavimento, los pasatiempos romanos. Las franjas punteadas señalan las paredes y el nivel de edificios actuales que cortan el arco.

15:35s.; 18:22s.). La iglesia de A., formada de judíos y gentiles, fue generosa con los hermanos en Judea (Hch. 11:27ss., → AGABO) pero a la vez fue objeto de controversia a los ojos de éstos (cp. Gá. 2:11ss. → CONCILIO DE JERUSALÉN). En tiempos posapostólicos, Crisóstomo y una escuela de interpretación bíblica dieron más fama a la ciudad, la cual fue denominada "la reina del Oriente". Excavaciones arqueológicas han dado testimonio de la existencia en ella de más de veinte iglesias en distintas épocas.

2. Ciudad de Pisidia (en el corazón de Asia Menor, a unos 240 km al E de Filadelfia), también fundada por Seleucus Nicator. Domi-

anteriormente llamada Cafarsaba, fue reconstruida por Herodes el Grande en honor de su padre Antípatro. Ocupó el sitio de la antigua ciudad cananea, Afec (Jos. 12:18).   A. T. P.

ANTONIA. → Fortaleza alta en la esquina NO del área del templo en Jerusalén, mencionada en Neh. 2:8; 7:2. Hircano la reconstruyó y más tarde Herodes el Grande la fortificó y le dio el nombre actual. Era cuadrada, tenía cuatro torres y servía de palacio y castillo.

Gabata, donde Jesús compareció ante Pilato, puede haber sido el patio central de la A. (Jn. 19:13, → PRETORIO). De ella salieron los soldados romanos para rescatar a Pablo, y desde sus gradas éste habló a la multitud (Hch. 21:31-40; cp. 22:24; 23:10,16). Fue destruida en 70 d.C. **J. M. Bl.**

ANTORCHA. Manojo de maderas fuertemente atadas entre sí e impregnadas de aceite y sustancias resinosas, que encendido sirve como medio de iluminación (Gn. 15:17; Jn. 18:3). Se utilizaba también como elemento de guerra (Zac. 12:6).

A veces la Biblia emplea la palabra "tea" como sinónimo (Jue. 6:16,20; 15:4). La a. simboliza la rectitud del carácter (Jn. 5:35), la luz que brota de las Sagradas Escrituras (2 P. 1:19) y la esperanza (Is. 62:1). **A. P. P.**

ANZUELO. Herramienta del pescador, utilizada desde épocas remotas (Job 41:1; Is. 19:8; Hab. 1:15). Los asirios, según vemos en algunas esculturas, conducían a sus prisioneros enganchados por la nariz con un a. (Am. 4:2). Pedro utilizó el a. para pescar el pez que le dio el dinero para pagar un tributo (Mt. 17:27). **A. P. P.**

AÑO. Los hebreos se regían por dos a. El a. sagrado empezaba en el mes de Abib o Nisán (marzo o abril). Lo instituyó Moisés durante el éxodo y lo usaban los profetas y sacerdotes (Éx. 12:2; 13:4; Esd. 7:9; Neh. 2:1; Est. 3:7). El a. civil parece haber empezado en el mes de Tishri o Etanim (septiembre u octubre), y lo empleaban los comerciantes y agricultores (1 R. 8:2).

Al principio, el a. hebreo era solar, de doce meses, con 30 días cada uno, excepto el duodécimo mes que tenía 35 días. Pero también contaban el tiempo con el a. lunar de doce meses (1 R. 4:7; Jer. 52:31; Dn. 7:25; 12:7). Antes del exilio los a. eran lunares, distribuidos en doce meses de 30 y 29 días alternativamente, cuya duración se indicaba por el curso de la luna. Posteriormente (Misná) se dispuso que en el a. no hubiera menos de cuatro ni más de ocho meses de 30 días, llamados meses completos. Los egipcios y los babilonios idearon la intercalación de un mes para conciliar el a. lunar con el solar (que comprende 365 días, 5 horas, 48 minutos y 48.7 segundos que dura el movimiento de la tierra alrededor del sol). Esto fue común entre los judíos después del cautiverio.

Antiguamente, los hebreos referían sus fechas a los acontecimientos más memorables de su historia: el éxodo de Egipto (Éx. 19:1; Nm. 33:38; 1 R. 6:1), la erección del Templo de Salomón (1 R. 8:1,2; 9:10), el advenimiento de los reyes (Reyes, Crónicas y Jeremías) y la cautividad babilónica (Ez. 33:21; 40:1). A. en el NT indica la época de acuerdo con el lugar donde ocurren los acontecimientos (Lc. 3:1; Gá. 1:18; 2:1; 3:17), marca un espacio determinado de tiempo (Mt. 9:20; Lc. 12:19; 13:11; Jn. 2:20; Hch. 7:6; Heb. 3:17; Ap. 20:2,7); la fecha de nacimiento (Mr. 5:42; Lc. 2:42; 3:23; Jn. 8:57; Hch. 4:22; 1 Ti. 5:9); repetición de

los sucesos (Lc. 2:41; 13:7), y un tiempo ilimitado (Heb. 1:12). (→p. 36). **L.H.T.**

AÑO SABÁTICO. Institución íntimamente ligada con la del sábado. Se ordenaba que, al cabo de seis años de trabajo, se diera libertad a los esclavos israelitas. Además, cada siete años había que dejar la tierra en →barbecho y abandonar los frutos en el olivar o el viñedo (Éx. 23:10,11). Dt. señala que ese año debía ser también de liberación financiera. Pero no podemos precisar en qué sentido debía serlo: si los acreedores habían de abandonar totalmente su derecho a cobrar las deudas, o si se trataba únicamente de renunciar al interés producido por éstas (15:1). Es posible que esta remisión haya sido consecuencia de la ordenanza anterior: si el agricultor abandonaba aquel año los productos de la tierra, le era imposible pagar el interés por sus deudas.

Sin embargo, sólo después de la adopción del código sacerdotal se celebró efectivamente el a. s. (Lv. 26:34,43). La tierra, en todas partes, debía poder celebrar en un año un sábado en honor del Señor (Lv. 25:1-7). Durante esos doce meses, no había que cultivar nada. La ley prometía magníficas cosechas el año sexto para que pudiesen vivir al año siguiente (Lv. 25:20,21). En tiempo de Nehemías, los israelitas se comprometieron a guardar el a. s. (Neh. 10:31). Este compromiso se respetó en más de una ocasión (1 Mac. 6:49,53). Los historiadores Josefo y Tácito hacen alusión a ello; el primero, para informarnos que el emperador eximió a los judíos, cierto a. s., de pagar impuesto, y el segundo, para ofrecer un ejemplo de lo que él consideraba la pereza de los judíos. Sin embargo, no es seguro que esta ley se observara habitualmente. El Talmud atestigua su cumplimiento, porque da numerosas prescripciones para resolver las dificultades suscitadas por su aplicación. **C. R.-G.**

AOD. Benjamita, juez zurdo (Jue. 3:15). Liberó a Israel de la opresión de Moab, matando a su rey →Eglón (3:16-26). Reunió posteriormente a los israelitas, y éstos acabaron con el ejército moabita (3:27-29). Como resultado, la tierra reposó 80 años (3:30). **H. P. C.**

APARICIÓN DE JESÚS. → SEGUNDA VENIDA.

APEDREAMIENTO. La verdadera pena de muerte entre los israelitas. Había que ejecutarla fuera de la ciudad, ante el juez y en presencia del pueblo (Lv. 24:14; Nm. 15:36; 1 R. 21:10,13). El testigo de cargo (tenía que haber por lo menos dos) debía arrojar la primera piedra (Dt. 13:9s.; 17:7; cp. Jn. 8:7), la más pesada posible. Si ésta no bastaba para dar muerte a la víctima, los espectadores terminaban de ejecutar la sentencia, arrojando piedras más pequeñas. En ciertos casos al a. se agregaba la práctica de quemar el cadáver (Jos. 7:15,25s.), empalarlo o colgarlo (Dt. 21:22) como signo de afrenta.

CALENDARIO DEL AÑO HEBREO*

NOMBRE PREEXÍLICO	NOMBRE POSTEXÍLICO	ORDEN DEL AÑO SAGRADO	ORDEN DEL AÑO CIVIL	EQUIVALENTE MODERNO	ESTACIÓN	FESTIVALES	CITA BÍBLICA
Abib	Nisán	1	7	mar.-abr.	lluvias posteriores, primavera, cosecha de lino, cebada	14: Pascua 15-21: Pan sin Levadura 16: Primicias	Éx. 7:2; 12-13; Neh. 2:1; Est. 3:7
Zif	Siván	2	8	abr.-may.	verano	14: Pascua Posterior	1 R. 6:1,37
	Siván	3	9	may.-jun.	cosecha de higos	6: Pentecostés	Est. 8:9
	Tammuz	4	10	jun.-jul.	cosecha de uvas		Ez. 8:14
	Ab	5	11	jul.-ago.	cosecha de olivos		
	Elul	6	12	ago.-sep.	cosecha de dátiles e higos		Neh. 6:15
Etanim	Tisri	7	1	sep.-oct.	primeras lluvias	1: Trompetas 10: Expiación 15-21: Tabernáculos 22: Asamb. Solemne	Lv. 16-27 1 R. 8:2
Bul	Marchesvan	8	2	oct.-nov.	tiempo para arar, cosecha de higos invierno		1 R. 6:38
	Quisleu	9	3	nov.-dic.		25: Dedicación	Zac. 7:1, 1 Mac. 4:52ss.
	Tebet	10	4	dic.-ene.	lluvias		Est. 2:16
	Sebat	11	5	ene.-feb.	flor almendra		Zac. 1:7
	Adar	12	6	feb.-mar.	cosecha de fruta cítrica	14-15: Purim	Est. 3:7 Esd. 6:15

* El calendario hebreo se basa en un año lunar de 354 días. Para compensar la diferencia entre éste y el año solar de 365 1/4 días, se añadía periódicamente otro mes inmediatamente antes de *tisri* o al final del año civil. En un ciclo de 19 años, usaban el mes extra, *adar sheri*, después de los años 3, 6, 8, 11, 14 y 19.

El a. se imponía especialmente en casos de delitos religiosos: contra adivinos (Lv. 20:27), blasfemos (Lv. 24:16), idólatras (Dt. 17:2-5), y violadores del sábado (Nm. 15:35); pero también en otros casos (Dt. 21:21; 1 R. 21:13).

C. R. G.

APELES. Cristiano a quien Pablo saludó en Ro. 16:10, añadiendo que era "aprobado en Cristo".

R. A. P.

APIA. Miembro de la iglesia en la casa de Filemón (v. 2) en Colosas, tal vez esposa de éste y madre de Arquipo.

R. O.

APIO. → FORO DE APIO.

APOCALIPSIS. Voz gr. ('revelación') que sirve de título al último libro del NT.

I. LITERATURA APOCALÍPTICA

Aunque Ap. es el único libro del → canon totalmente apocalíptico, lo son también Dn. 7–12; porciones de Is., Ez., Jl. y Zac.; Mr. 13 //; 2 Ts. 2, y otros pasajes, todos utilizados en Ap. Muchos judíos del primer siglo conocían bien ciertos apocalipsis extrabíblicos como *Enoc, Jubileos, La Asunción de Moisés, El Apocalipsis de Baruc, IV Esdras y Los testamentos de los doce patriarcas,* de manera que el simbolismo de nuestro Ap. no les resultaba tan difícil como a nosotros.

Todo libro apocalíptico pone de relieve la soberanía de Dios, quien a la larga intervendrá catastróficamente para cumplir su perfecta voluntad. A sus enemigos, potentes y muy variados, se les representa con colores y formas vívidas y simbólicas (bestias, cuernos, etc.). Hay visiones místicas, ángeles que hablan, y choques entre las poderosas huestes del bien y del mal. Al fin, los santos perseguidos son reivindicados. El Ap. bíblico, a diferencia de los otros, da el nombre verdadero de su autor. No oculta su fecha ni su procedencia, y es profundamente cristiano. El Paráclito cumplió la promesa de Jn. 16:13.

II. PATERNIDAD Y FECHA

El autor se identifica como Juan (1:1,4,9; 22:8) y se describe como "siervo de Dios" (1:1), uno de los profetas (22:9), y "hermano" y "copartícipe en la tribulación" de los destinatarios (1:9). Desterrado de sus amadas iglesias en la provincia de → Asia, se halla preso en la isla de → Patmos. Desde la época de Justino Mártir (*ca.* 140 d.C.) este Juan ha sido identificado en Occidente como el apóstol y además como autor del cuarto Evangelio y las tres Epístolas juaninas. A esto se puede objetar, como lo hacían ciertas iglesias orientales, que el estilo de Ap., es notablemente diferente del de otros escritos juaninos; los solecismos en que incurre aquí (por lo visto, intencionales) muestran poco respeto por la gramática. Además, el punto de vista respecto a la escatología parece muy distinto (más "realizada" en el Evangelio y las Epístolas, pero futurista en Ap.). Por tanto, Ap.

faltó en el canon de ciertas iglesias entre 250 y 950 d.C.

Aunque la mayoría de los exegetas modernos niegan la posibilidad de paternidad apostólica para Ap., las ideas denuncian un fuerte parentesco con el cuarto Evangelio y las cartas juaninas, de manera que la teoría tradicional puede ser correcta. Los indicios internos señalan que Ap. se escribió en Asia Menor a fines del reinado de Domiciano, o sea 90-95 d.C., aunque hay quienes opinan que se escribió durante el reinado de Nerón (hacia 68). Con un fin eminentemente pastoral, Juan traza una teología de la historia, colocando la apremiante necesidad de una iglesia a punto de ser exterminada, en el contexto de 1) la necesidad del mundo y 2) el propósito redentor de Dios.

III. CONTENIDO

Escrito tanto en forma de epístola (1:4ss.; 22:21) como de drama (1:7–22:20), el libro da la impresión general de ser un plan sistemático de visiones acerca de la soberanía de Dios. Sin embargo, hay mucho desacuerdo entre los comentaristas respecto a las divisiones. A continuación el bosquejo de E. B. Allo (*L'Apocalypse,* 1933):

A. *Prólogo general (1:1-8)*
B. *Primera parte*
1. Visión introductoria (1:9-20)
2. Las cartas a siete iglesias en Asia Menor (2:1–3:22)
C. *Segunda parte*
1. Visión introductoria (4:1–5:14)
2. Primera sección de profecías (6:1–11:18)
  a. La apertura del libro de siete sellos (6:1–8:1)
  b. La visión de las siete trompetas (8:2–11:18)
3. Segunda sección de profecías (11:19–21:8)
  a. La mujer y el dragón (11:19–12:17)
  b. Visión introductoria (13:1–14:5)
  c. Visiones preparatorias para la lucha (14:6-20)
  d. Ejecución de la venganza divina sobre las bestias y Babilonia (15:1–19:21)
    1) La visión de las siete copas (15:1–16:21)
    2) La ruina de Babilonia (17:1–19:10)
    3) La ruina de las bestias (19:11-21)
  e. Ejecución de la venganza divina sobre el dragón (20:1-10)
    1) El dragón encarcelado por mil años (20:1-3)
    2) Entretanto, el reino de Cristo y los santos (20:4-6)
    3) La batalla de Gog y Magog: Satanás lanzado al fuego (20:7-10)
  f. El juicio final (20:11–21:4)
4. Conclusión a la segunda parte (21:5-8)
D. *Tercera parte*
1. Circunstancias de la visión (21:9,10)
2. Descripción de la Nueva Jerusalén (21:11-23)

3. Lo que esta Jerusalén significa para los hombres (21:24–22:5)

E. *Conclusión y epílogo (22:6-21)*

IV. INTERPRETACIÓN

Algunos exegetas, preteristas (1) entienden Ap. como una descripción de acontecimientos pasados, del mal inherente al Imperio Romano del siglo I. Los historicistas (2) ven en Ap. un enorme panorama de la historia desde el siglo I hasta la Segunda Venida. Entre ellos mismos, sin embargo, no hay unanimidad respecto a la identificación de los episodios históricos. Los futuristas (3) sostienen que desde el cap. 4, Ap. describe eventos relacionados con la Segunda Venida, que tiene lugar en 19:11ss.; en cambio, los idealistas (4) consideran primordial el propósito de inspirar a los cristianos perseguidos a permanecer fieles hasta el fin, y entienden el lenguaje simbólico no cronológicamente, sino como una serie de descripciones imaginativas del triunfo de Dios. Estas cuatro escuelas no se excluyen mutuamente. De hecho es probable que una combinación de 3, 1, 4 responda a la intención juanina.   R. F. B.

Bibliografía
Wikenhauser, A., *Introducción al NT* (Barcelona: Herder), 1960, pp. 383-401; Barsotti, D., *El Apocalipsis,* Salamanca: Sígueme, 1967.

APÓCRIFOS DEL ANTIGUO TESTAMENTO, LIBROS. El término "a." significa "escondidos", y con él se designaron los libros no destinados al uso general, porque se consideraba que contenían verdades demasiado profundas para la mayoría, o porque se pensaba que contenían errores o herejías. El empleo evangélico (protestante) de este término, sin embargo, sólo denota que estos libros no son canónicos, significado que se remonta a Jerónimo.

I. ORIGEN

De acuerdo con la tradición atestiguada por Jerónimo, existen 14 ó 15 libros a. Todos tuvieron su origen en el período intertestamentario, que va del siglo II a.C. al siglo I d.C. Todos fueron escritos originalmente en heb. o en arameo, excepto el de Sabiduría, la Oración de Manasés y 2 Macabeos, y gozaron de gran popularidad entre la numerosa colonia judía de Alejandría. Casi todos se incluyeron en la traducción griega del AT llamada → Septuaginta (LXX), que se hizo en esa ciudad. Ello implica que estos judíos, en cierta forma, los consideraron revestidos de la misma autoridad que los demás libros del AT.

II. CANONICIDAD

Sin embargo, los rabinos que se reunieron en el llamado Concilio de Jamnia en 90 d.C. asumieron la tarea de fijar el → canon de los libros sagrados hebreos. Los criterios empleados por los rabinos fueron los siguientes: (1) composición del libro en heb. o arameo, (2) antigüedad (por creerse que la profecía había cesado con Esdras); (3) ortodoxia y (4) calidad literaria.

De acuerdo con estos criterios y otros factores, respecto a los cuales sólo podemos conjeturar, los libros a. quedaron excluidos del canon hebreo.

Pero la decisión de Jamnia no afectó a los cristianos de los primeros siglos de nuestra era, puesto que su Biblia era el AT griego (LXX). Es cierto que ningún libro a. se cita directamente en el NT; no obstante, los a. parecen haber influido directa o indirectamente en algunos escritos neotestamentarios: cp. Mt. 11:28-30 con Eclesiástico 24:25-31; Mt. 9:17 con Eclesiástico 9:15; Lc. 12:6-20 con Eclesiástico 11:14-20; Ro. 1:19,20 con Sabiduría 13:1-9; Ro. 9:21 con Sabiduría 15:7; Heb. 1:3 con Sabiduría 7:26; Heb. 11:35 con 2 Macabeos 6:18–9:28.

Muchos padres de la iglesia antigua citaron estos libros sin reconocerlos como parte de la Biblia cristiana. Cirilo de Jerusalén (m. 381) y Jerónimo (m. 420) fueron más explícitos en distinguir los a. de los libros canónicos del AT. En su prólogo a los libros de Salomón, Jerónimo apunta que los a. del AT podían leerse para la edificación, pero "no para confirmar la autoridad de los dogmas de la iglesia". Los incluyó en el AT de su versión latina de la Biblia (la Vul.), pero señaló en los prólogos aquellos libros que no se hallaban en el canon hebreo.

III. EVALUACIÓN PROTESTANTE

En el siglo XVI, Lutero y otros reformadores emplearon el AT hebreo, que no contenía los a. Conocían los puntos de vista de Jerónimo, y se alejaron de ciertas doctrinas que la Iglesia de Roma había basado en los a. En su versión alemana del AT (1534), Lutero juntó los a., dispersos a través de la Vulgata, en una sola sección. Los colocó después del AT y los encabezó con las siguientes palabras: "Apócrifos. Libros que no son tenidos por iguales a la Sagrada Escritura, pero cuya lectura es útil y buena". Otras traducciones protestantes de la Biblia a las lenguas vernáculas siguieron el ejemplo de Lutero, incluyendo la Biblia del Oso, de Casiodoro de Reina (1569).

Frente a esta actitud, la iglesia de Roma decretó, en el Concilio de Trento (1546), que quienes no reconocieran como sagrados y canónicos todos los libros contenidos en la Vul. estaban "anatematizados". 1 y 2 Esdras y la Oración de Manasés, no incluidos en la lista de doce escritos declarados como canónicos en Trento, se publicaron más tarde en letra pequeña, a modo de apéndice, en la edición clementina de la Vul. (1592). Debe observarse que los católicos romanos se refieren a los a. como libros "deuterocanónicos", sin que ello implique menoscabo de su inspiración y autoridad.

En el artículo sexto de los "Treintinueve artículos de la religión", la Iglesia Anglicana recomienda la lectura de los a. "por motivo del ejemplo de vida y la instrucción en las costumbres, pero no los emplea para establecer doctrina alguna". La Confesión de Westminster (1647), que ha sido autoritativa para las iglesias presbiterianas (calvinistas) de habla inglesa, rechaza categóricamente los a. y los despoja de cualquier viso de autoridad. En 1827, la Sociedad Bíblica Británica, seguida por la Sociedad Bíblica Norteamericana, decidió excluir los a. en los ejemplares de la Biblia publicados por ella.

Ningún evangélico, por cierto, equipara los a. con los libros canónicos. Sin embargo, los a. constituyen un eslabón entre los dos testamentos, sin el cual se dificulta notablemente la comprensión del NT, y puesto que formaban parte de la Biblia cristiana más antigua, los a. deben estudiarse.

IV. DESCRIPCIÓN

A continuación damos un resumen del carácter, contenido y fecha de composición de los a. (de los cuales los números 1,2 y 13 no se imprimen en las Biblias católicorromanas).

1. *Primer libro de Esdras* (3 Esdras en la Vul.). Es una traducción y compilación de 2 Cr. 35:1–36:21, del libro canónico de Esd. y de Neh. 7:72–8:13, aumentada por la adición de un pasaje largo (3:1–5:3). Relata cómo Zorobabel obtuvo de Darío la autoridad y los fondos para reanudar la reconstrucción de los muros de Jerusalén y del templo. Se supone que fue escrito después de 150 a.C.

2. *Segundo libro de Esdras* (4 Esdras en la Vul.). Es un libro apocalíptico que contiene en los caps. 3–14 siete visiones supuestamente otorgadas a Esdras en Babilonia durante el siglo VI a.C. El autor está obsesionado por la razón del mal y del sufrimiento humano y procura justificar ante los hombres los caminos de Dios. El autor de estos caps. fue un judío desconocido que escribió probablemente en arameo hacia fines del siglo I d.C. Los caps. 1,2 y 15,16 son adiciones posteriores de dos autores cristianos.

3. *Tobías.* Es un relato popular y edificante. El ángel Rafael soluciona los problemas de Tobit y de Sara, dos judíos piadosos, por mediación de Tobías, hijo de Tobit. El libro destaca los deberes para con los muertos y el consejo de dar limosna. Apareció en el siglo II a.C.

4. *Judit.* Relata cómo una bella viuda judía, Judit, le cortó la cabeza a Holofernes, comandante asirio que sitiaba la ciudad de Betulia, y así salvó a los israelitas. La historia está repleta de errores y dislates históricos y geográficos que pueden haber sido introducidos adrede por el autor para centrar la atención en el drama religioso que constituye el fondo del relato. El libro fue escrito, posiblemente en heb., alrededor de 100 a.C.

5. *Adiciones a Ester.* En el siglo I o II a.C. un tal Lisímaco (11:1) tradujo el texto heb. de Ester al gr. En seis lugares distintos de la narración griega, él, u otro autor, introdujo pasajes que no se hallan en el texto heb. y que suman 107 vv. Todas estas adiciones, menos una, hacen mención del nombre de Dios (recuérdese que el TM no se refiere ni una sola vez a Dios). En la Vul. estas adiciones se agregan al final del texto canónico, pero en la BJ están intercaladas en letra cursiva en los lugares correspondientes al texto canónico.

6. *El libro de la Sabiduría.* Aunque insinúa que su autor fue Salomón, en realidad fue escrito en gr. por un judío helenizado, probablemente de Alejandría, entre 100 y 50 a.C. El autor parece tomar en cuenta diferentes clases de lectores: judíos tibios y apóstatas (caps. 1–5) y judíos fieles pero desanimados por las persecuciones (caps. 10–12 y 16–19). A posibles lectores gentiles les ofrece una apología a favor de la verdad del judaísmo y señala la insensatez de la idolatría (caps. 6–9 y 13–15). Recalca la creencia en la inmortalidad del alma (rasgo típicamente helenista) y ensalza el papel de la sabiduría, que se identifica con Dios en el gobierno del mundo (7:22–8:1).

7. *Eclesiástico.* Fue escrito en heb. en 190 ó 180 a.C. por un judío de Palestina llamado Jesús (heb.: "Josué"), hijo de Sirac (50:29). Unos cincuenta años después el nieto del autor llevó un ejemplar a Egipto, donde lo tradujo al gr. (ver el Prólogo). Este libro recalca que la sabiduría es la ley proclamada por Moisés (24:33,34). 1:1–42:4 es una recopilación muy variada de máximas, en las cuales se ensalzan sobre todo la prudencia y la autodisciplina. Es muy conocido el "elogio de los hombres ilustres" (44:1–50:21), que empieza con Enoc y termina con el sacerdote Simón II (220-195 a.C.).

8. *Baruc.* Se atribuye al escribano de Jeremías. El libro contiene una oración de confesión y de esperanza (1:15–3:8), un poema que alaba la sabiduría (3:9–4:4) y una pieza profética (4:5–5:9), donde el autor anima a los exiliados con la esperanza de su retorno del exilio. Es posible que en realidad el libro haya tenido dos o más autores; el más reciente de los cuales puede que haya vivido poco antes o después de la era cristiana.

9. *La carta de Jeremías.* Aparece en la Vul. y demás traducciones católicorromanas como el cap. 6 de Baruc. Pero la LXX conserva aparte esta carta. Se trata de una diatriba que ridiculiza la idolatría crasa de Babilonia. Se desconocen la identidad y la fecha del autor.

10. *El cántico de Azarías y el cántico de los tres jóvenes.* Es una adición hallada en la versión griega y latina de Daniel, colocada entre 3:23 y 3:24 del texto canónico (donde se halla también en las traducciones católicorromanas). Posiblemente fue escrito en heb. entre los siglos II y I a.C. El cántico de los tres jóvenes sigue usándose en varias liturgias modernas (p.e., en la anglicana y en la luterana) con el título de "Benedicite".

11. *Susana.* Es una historia de tipo "detectivesco" en que Daniel pone al descubierto las acusaciones falsas que dos ancianos lascivos lanzaron contra Susana, mujer judía muy virtuosa y bella. En la Vul. se agrega al último capítulo

de Daniel (en las demás traducciones católicorromanas figura como el cap. 13 de Daniel). El autor es desconocido, y el relato fue compuesto durante los dos siglos anteriores a la era cristiana.

12. *Bel y el Dragón.* Es otra historia de tipo "detectivesco", dirigida contra la idolatría. Daniel descubre los ardides de los sacerdotes del ídolo Bel y después mata a la serpiente adorada por los babilonios. Por segunda vez es echado al foso de los leones y salvado. El autor, la fecha y el lugar de composición son desconocidos. La Vul. también anexa esta adición al libro canónico de Daniel, y en las otras traducciones católicorromanas figura como el cap. 14 de Daniel.

13. *La oración de Manasés.* Es una plegaria en la cual Manasés confiesa humildemente sus muchas transgresiones y pide perdón a Dios. Probablemente se compuso para ser insertada en 2 Cr. 33:12,13,18. Se escribió en gr., tal vez ya comenzada la era cristiana. Aunque no forma parte del censo de los libros canónicos adoptados en Trento, se incluye usualmente en un apéndice de la Vul. Que se sepa, no existe traducción española.

14. *Primer libro de los macabeos.* Es de alto valor histórico. Destaca la resistencia a los esfuerzos de Antíoco Epífanes IV de Siria por erradicar la religión judía y por helenizar a los judíos, y relata las hazañas de los hermanos Judas Macabeo, Jonatán y Simón, durante las invasiones de los sirios, y las peripecias históricas ocurridas entre 175 y 134 a.C. El autor fue un judío de Palestina que escribió en heb. alrededor de 100 a.C., pero el texto heb. se ha perdido.

15. *Segundo libro de los macabeos.* Es un resumen de una obra de 5 tomos escrita por Jasón de Cirene (2:19-32). El libro trata de la historia de los judíos entre 175 y 160 a.C. El estilo es exhortatorio y el fin es agradar y edificar (2:25; 15:39). El autor escribió para los judíos de Alejandría, con el fin de despertar en ellos un interés por el Templo de Jerusalén. El libro da por supuesta la fe en la resurrección de los justos y recomienda la oración y el sacrificio de expiación por los difuntos (12:41-46). Tiene mucho menos valor histórico que 1 Macabeos. Se escribió en gr. entre 124 a.C. y 70 d.C.

R. T. H.

Bibliografía
A. Robert – A. Feuillet, *IB*, Tomo I, págs. 666-710. Alfonso Lloreda, "Sobre los libros apócrifos", Primera, segunda y tercera partes, *La Biblia en América Latina*, N.° 93,94,95 (México, D.F., 1970).

APÓCRIFOS DEL NUEVO TESTAMENTO, LIBROS. Obras que, aunque pretenden dar información acerca de Cristo y los apóstoles, o incluso estar escritas por éstos, se excluyen del → canon del NT. Se consideran distintas de la literatura patrística (también extracanónica), de la cual algunos escritos gozaron de gran popularidad en ciertas iglesias durante los primeros dos siglos; v.g., el *Pastor* de Hermas, la *Didajé,* y *Las epístolas* de "Bernabé", Clemente de Roma, Ignacio, y Policarpo. Más bien, los libros a. nacieron principalmente de la curiosidad y piedad populares, y su orientación teológica delata su procedencia gnóstica (→GNOSTICISMO). En su mayoría, se escribieron en griego. Sólo de algunos se conserva el texto completo; para otros dependemos de citas en escritos posteriores.

I. EVANGELIOS APÓCRIFOS

Preocupados por las lagunas en las narraciones canónicas, algunos autores de los siglos II a IV, a veces evidentemente heréticos, las rellenaron con episodios pintorescos. Estos escritos casi nunca merecen el nombre de → Evangelios, porque su género literario es muy diferente. *El Evangelio de los hebreos* procede de Siria, de judeocristianos que conocían nuestro Mt. canónico. Más heterodoxo todavía es el *Evangelio de los egipcios,* que incluye un diálogo entre Cristo y Salomé sobre el repudio de toda relación sexual.

Entre los papiros se han hallado varios fragmentos, como el *Evangelio de Tomás* (véase abajo) y el *Evangelio desconocido* (Papiro Egerton 2), que data del año 100. Se han descubierto documentos que subrayan la pasión *(Evangelio de Pedro,* y *el de Nicodemo)* y exageran lo milagroso. Otros describen la infancia de Jesús *(Protoevangelio de Santiago, Evangelio* [árabe] *de la infancia del Salvador,* etc.) y multiplican puerilmente los prodigios hechos por Jesús. Además, hay Evangelios menos importantes que se llaman *de los doce apóstoles, de Matías, de Judas, de Bartolomé,* etc.

En Jenoboskion (Egipto) se descubrió en 1945 una biblioteca de literatura gnóstica (Nag Hammadi) escrita en copto, la cual proveyó tres documentos de gran valor: el *Evangelio de la verdad,* escrito en Roma *ca.* 140 d.C., que medita enigmáticamente sobre la redención; el *Evangelio de Tomás,* procedente de Siria, que da 114 dichos de Jesús gnostizados; y el *Evangelio de Felipe,* en el que se rechaza enfáticamente todo lo sexual. El cotejo de estos libros con los canónicos es un estudio útil que llevará muchos años todavía.

II. HECHOS APÓCRIFOS

Para satisfacer la curiosidad popular respecto a la suerte de los apóstoles —sus milagros, viajes, y martirio— algunos cristianos de siglos posteriores rellenaron las lagunas del libro de Hch. El resultado incluye ciertos datos de innegable valor, pero los hay también netamente fantásticos, de tendencia apologética y herética. Dignos de mención son: *Hechos de Pedro, de Pablo, de Andrés, de Juan, de Tomás,* etc., *Predicación de Pedro,* y *Romance (Pseudo-)Clementino.*

III. EPÍSTOLAS APÓCRIFAS

Aun durante la vida de Pablo hubo falsificadores de su firma (cp. 2 Ts. 3:17), pero en los siglos II y III esta literatura pseudoepigráfica llegó a su apogeo, particularmente en Siria y Egipto. A veces sus autores buscan acreditar supuestos privilegios de determinadas iglesias; otras veces pretenden suplir epístolas apostólicas, ahora perdidas. Títulos de interés son: *Correspondencia entre Cristo y Agbar rey de Edesa, Epístola de los apóstoles, Tercera corintios, Epístola a los laodiceos,* y *Correspondencia entre Pablo y Séneca.*

IV. APOCALIPSIS APÓCRIFOS

Todo el aparato apocalíptico (→ APOCALIPSIS) de visiones, arrebatos y apariciones angélicas está presente en estas obras, pero parece ser, en gran parte, de iniciativa humana. En ciertos sectores el *Apocalipsis de Pedro* gozó de reputación canónica en el siglo II; de menos valor son los *Apocalipsis de Pablo, de Juan* (no canónico), *de Tomás y Esteban,* y *de María.*

El análisis de estos libros es una tarea delicada; el cristiano que busca en ellos datos genuinos de la → tradición, tropieza con mucho material ficticio y espurio. R. F. B.

Bibliografía
A. de Santos O., *Los evangelios apócrifos,* Madrid: B.A.C., 1956. Johannes Baptist Baver, *Los apócrifos neotestamentarios,* Madrid: Ediciones Fax, 1968.

APOLIÓN. → ABADÓN.

APOLONIA. Ciudad de Macedonia situada a 44 km al O de → Anfípolis en la vía Egnatia, camino romano a Tesalónica. Recibió su nombre en honor de Apolo, dios grecorromano del sol. Pablo pasó por A. en su segundo viaje misionero (Hch. 17:1). A. T. P.

APOLOS. Judío alejandrino que abrazó el cristianismo. Llegó a Éfeso después de la corta visita que Pablo hizo a esta ciudad en su segundo viaje misionero (Hch. 18:24-28). Era "varón elocuente, poderoso en las Escrituras . . . de espíritu fervoroso", pero su experiencia en el cristianismo era parcial, ya que "solamente conocía el bautismo de Juan". Los hermanos Priscila y Aquila, quienes habían acompañado a Pablo desde Corinto (Hch. 18:18), instruyeron a A. y posiblemente lo bautizaron. Los hermanos efesios le animaron a visitar a Corinto, donde sobresalió como elocuente apologista en las controversias con los judíos (Hch. 18:27s.), granjeándose así involuntariamente un partido propio. Tanto Pablo como A. deploraban estas divisiones en la congregación (1 Co. 3:4-8).

A juzgar por 1 Co. 16:12, A. buscó a Pablo en Éfeso (cp. Tit. 3:13), estaba con él cuando éste escribió Primera Corintios, y se negó a regresar a Corinto.

Lutero y otros han sugerido que A. fuese autor de la Epístola a los → hebreos. P. W.

APOSENTO ALTO. Pieza construida en el piso alto de una casa y destinada al descanso (Jue. 3:20-24), a la oración (Mt. 6:6) y al hospedaje de personas distinguidas (2 R. 4:10,11).

En un a.a. se instituyó la santa cena (Mr. 14:14s.), se reunió la primera iglesia cristiana (Hch. 1:13), se realizaron, según una interpretación de Hch. 2:1s., los hechos del día de Pentecostés, y Pablo predicó el evangelio (Hch. 20:8). A. P. P.

APOSTASÍA. Transcripción exacta de la palabra gr. *apostasía* ('defección', 'revuelta'), que era un término técnico de la política; p.e., una revuelta militar. Este significado secular se conserva en la LXX (Gn. 14:4; 2 Cr. 13:6).

El sentido religioso de a. es de origen bíblico. En la LXX ya aparece con este significado (Jos. 22:22; 2 Cr. 29:19; 33:19; Jer. 2:19) y señala en sentido amplio rebelión contra Dios; e.d., la no obediencia a él, ya sea por desviación de la ley o deserción del culto del templo o de la sinagoga.

En el NT sólo aparece en dos pasajes. En Hch. 21:21 Pablo es acusado de enseñar "a los judíos . . . a apostatar de Moisés"; e.d., a abandonar la ley, la circuncisión y las costumbres tradicionales judías. En 2 Ts. 2:3 se usa nuevamente en un contexto escatológico de difícil interpretación por su lenguaje intencionalmente misterioso. Dos cosas precederán a la → *parusía:* la a. (abandono de la fe) y la manifestación del "hombre de pecado", un verdadero antidiós (v. 4) pero también un verdadero → anticristo (vv. 8-10) causante de la a.

Esta mención, por su carácter escatológico, no parece referirse a la infidelidad política y religiosa de Israel, sino más bien a la catastrófica rebelión final contra la autoridad de Dios, la cual es un signo en los escritos apocalípticos del fin del mundo. V. A. G.

APÓSTOL. Transcripción de la voz gr. *apóstolos,* derivada del verbo *apostello* ('enviar' o 'despachar'). Este verbo se distingue de *pempo* (otro verbo que significa 'enviar') en que involucra la idea de ser enviado con un propósito especial o con autorización oficial. El sustantivo se emplea en el NT de tres distintas maneras:

1. Designa un "enviado", "delegado" ó "mensajero". En Jn. 13:16 la palabra no se transcribe sino se traduce "enviado". En este sentido Cristo es un a. de Dios (Heb. 3:1; cp. Lc. 11:49). Epafrodito es un a. de los filipenses (Fil. 2:25, donde *apóstolos* se traduce "mensajero", igual que en 2 Co. 8:23).

2. Designa a un miembro del grupo de los doce que Jesucristo seleccionó para ser de manera especial sus compañeros constantes y los pregoneros iniciales del mensaje del reino de Dios (Mt. 10:1-8; Mr. 3:14s.; 6:13-19,30; Lc. 6:12-16; Hch. 1:26; Ap. 21:14).

Parece que prevalecía en la mente del colegio apostólico la idea de que el número de doce debía guardarse intacto. Prueba de esto es el hecho de que, después de la muerte de Judas Iscariote, nombraron a otro para tomar su lugar (Hch. 1:15-26). En esta ocasión Pedro especificó los requisitos que había que cumplir para ser apóstol: haber sido (1) compañero de Jesús durante su ministerio terrenal y (2) testigo de su resurrección (Hch. 1:21,22).

Pablo cumplía el segundo requisito, pero no el primero. Sin embargo, reclamaba ser a. (1 Co. 9:1s.; 15:8s.; 2 Co. 12:12; Gá. 1:1; 1 Ti. 2:7; 2 Ti. 1:11).

Es interesante notar que la palabra *apóstolos* aparece 79 veces en el NT y que de ellas 68 se hallan en los escritos de Pablo y Lucas, mientras que en los de Juan no se encuentra ni una. Sin embargo, es en el Evangelio de Juan donde se especifica más claramente el papel particular de los a. después de la muerte de Cristo (17:18; 20:21). Según Juan, el Espíritu Santo les recordará las palabras de Jesús, les "enseñará todas las cosas", les "guiará a toda verdad", y les "hará saber las cosas que habrán de venir" (14:26; 16:13).

Por tanto, las enseñanzas de los a. son la norma para la doctrina y la vida de la iglesia (Hch. 2:42, → TRADICIÓN). Pablo da el primer lugar a los a. entre los dirigentes instituidos en la iglesia (Ef. 4:11) y dice que ella está edificada "sobre el fundamento de los a. y los profetas" (Ef. 2:20; cp. Gá. 2:9). Jesús anunció que los a. serán jueces en el juicio mesiánico (Mt. 19:28) y Ap. declara que sus nombres estarán grabados en los cimientos del muro de la nueva Jerusalén (21:14).

3. Designa en sentido general a maestros y misioneros destacados. V.g.: →Jacobo el hermano del Señor (Gá. 1:19), →Bernabé (Hch. 14:14), →Timoteo y Silvano (1 Ts. 1:1; 2:6), →Andrónico y Junias (Ro. 16:7). En 1 Co. 15:5,7 Pablo evidentemente distingue entre "los doce" (categoría 2, arriba) y "todos los a." (categoría 3).

Juan y Pablo nos advierten que hay quienes pretenden ser a. pero realmente son "disfrazados" (Ap. 2:2; 2 Co. 11:5,13).   W. M. N.

AQUILA Y PRISCILA. A., natural del Ponto, fabricante de tiendas (Hch. 18:3), y P. su señora, eran colaboradores con Pablo en Corinto y Éfeso. En ocasiones el nombre de P. precede al de su marido, lo cual hace sospechar que ella ocupó un lugar más prominente que el de su esposo en la dirección de la iglesia. "Priscila" es la forma diminutiva de "Prisca" (1 Co. 16:19 BJ; 2 Ti. 4:19).

La primera mención de A. y P. ocurre cuando Pablo llega a Corinto en su primer viaje misionero y se aloja en la casa de ellos (Hch. 18:1-3). Probablemente fue en esta época cuando ellos arriesgaron la vida por él (Ro. 16:4), por lo que merecieron el agradecimiento de las iglesias gentiles. Con otros judíos, habían sido expulsados de Roma bajo edicto del Emperador Claudio en 49 d.C. No se sabe si eran cristianos antes de la visita de Pablo, pero pronto llegaron a ser dirigentes en la nueva iglesia de Corinto.

A. y P. acompañaron a Pablo cuando salió de Corinto para Éfeso (Hch. 18:18). La iglesia de Éfeso se reunía en la casa de ellos (1 Co. 16:19), y probablemente fueron los encargados durante la ausencia de Pablo. Cuando →Apolos llegó a Éfeso, le instruyeron más en las cosas del Señor (Hch. 18:24-26), quizá le bautizaron, y le ayudaron en su viaje a Corinto, dándole una carta de recomendación (Hch. 18:27).

Aparecen después en Roma (Ro. 16:3), y luego 2 Ti. 4:19 indica que nuevamente se encuentran en Éfeso.   P. W.

AQUIS. Rey filisteo de la ciudad de Gat, que brindó asilo a David cuando éste huía de la persecución de Saúl. Por temor a A. y a los siervos de éste, David se fingió loco y escapó para ir a refugiarse a la cueva de Adulam (1 S. 21:10–22:1).

Más adelante, A. volvió a permitir a David asilarse en Gat y le dio la ciudad de Siclag (1 S. 27:5,6). En el título del Sal. 34, Abimelec es otro nombre para A.   A. R. D.

AR. Una de las ciudades principales de →Moab (Is. 15:1). Se hallaba en el límite septentrional de Moab, al S del río →Arnón (Nm. 21:15,28). Se prohibió a los israelitas tomar esta ciudad porque Jehová la había dado por heredad a Moab, uno de "los hijos de Lot" (Dt. 2:9, 18,29).   W. M. N.

ARABÁ ('tierra seca' o 'estepa desértica'). Nombre de la depresión que se extiende desde el mar de Galilea hasta el golfo de Acaba en el sur. Designaba diferentes partes de la depresión, tales como el valle del →Jordán (Dt. 4:49; Jos. 11:16; 2 S. 4:7), el →mar Muerto (Dt. 4:49; Jos. 3:16; 12:3) o la parte sur del mar Muerto (Dt. 2:8).

Hoy día se denomina A. a la parte entre el mar Muerto y el golfo de Acaba, área importante por su control de rutas comerciales de las caravanas. La misma palabra en forma plural ('arbot') indica estepas desérticas dentro del A., como "los llanos de Jericó" (Jos. 5:10) o "los campos de Moab" (Nm. 22:1; 26:3). Las palabras "Arabia" y "árabe" son derivados de esta misma raíz.

ARABIA, ÁRABES

Es la península más grande del mundo, tiene forma de rectángulo, su extensión abarca casi 3.000.000 de km² y está situada al SE de Palestina. Limita al O con el mar Rojo, al S con el golfo de Edén, el océano Índico y el mar de Omán, y al E con el golfo Pérsico. No tiene frontera definida en el N porque se une con el desierto de Siria.

Dos inmensas depresiones cubiertas de dunas de macizo volcánico atraviesan A. y en ellas se cultivan trigo y dátiles gracias a la poca lluvia. La región del S es montañosa y alcanza hasta 3.000 m de altitud en algunas partes. Las costas son angostas llanuras desérticas.

A. se considera la cuna de los pueblos semitas. Desde el cuarto milenio a.C. los semitas de A. (especialmente de A. del N) han mantenido relación con las civilizaciones sedentarias que pueblan desde Mesopotamia hasta Palestina y Transjordania. Generalmente los á. se infiltraron en estas civilizaciones paulatinamente, pero a veces hubo grandes migraciones. Las más significantes fueron: (1) ca. 3500 a.C., cuando algunos semitas formaron la cultura acádica en Mesopotamia y posiblemente algunos se amalgamaron con los habitantes del valle del Nilo; (2) ca. 2500 a.C., cuando los amorreos entraron en Mesopotamia y los cananeos y fenicios emigraron a Siria y Palestina; (3) entre 1500 y 1200 a.C., cuando los hebreos entraron en Palestina y los arameos en Siria; (4) ca. 400 a.C., cuando los nabateos dominaron a Edom, al S de Siria y Palestina; y (5) en el siglo VII d.C., cuando ocurrieron las migraciones del Islam.

A. casi siempre se presenta en la Biblia como lugar solitario y apto para recibir allí la revelación de Dios. Por eso la parte más famosa es la pequeña península de Sinaí/Horeb al NO de la península principal. En este lugar sagrado para los hebreos, Dios se reveló a Moisés y le dio las tablas de la → ley. Años más tarde Elías oyó aquí la voz de Dios (1 R. 19:8ss.).

Los á. siempre han sido identificados con la vida nómada, las caravanas de camellos y el comercio (cp. Gn. 37:25; 1 R. 10:10). Sin embargo, en varias épocas levantaron renombrados reinos y civilizaciones. Dos ejemplos son el poderoso reino de Sabá en el S de A. (ca. 1000 a.C.), del cual los arqueólogos han encontrado grandes construcciones, y el reino de los nabateos en el N de A. (400 a.C.-100 d.C.) con su capital en →Petra. En los siglos IX a VII a.C. los á. se mencionan a menudo en escritos asirios. Tanto los asirios como los caldeos dominaron a las tribus que habitaban la parte N de A.

En Gn. 10 algunos de los hijos de Cus (v. 7) y de Joctán (vv. 26-29) pueden identificarse con tribus del S de A. Los hijos de Aram (Gn. 10:23) son á. Más tarde, los descendientes de Abraham por Cetura: Medán, Madián, Súa, y Dedán (Gn. 25:1-4), habitaron el N de A. Muchos descendientes de Ismael (Gn. 25:13-16) se relacionan con el NO de A. Asimismo algunos hijos de Esaú (Gn. 36) se identifican como á. En la historia de José, los ismaelitas y madianitas son mercaderes (Gn. 37:27,28). Moisés pasó largo tiempo en A., en tierra de →Madián.

Los israelitas se relacionaron con varias tribus á., especialmente beduinos nómadas del N de A.: los amalecitas (Éx. 17:8-16; 1 S. 15; 30) los madianitas y los hijos del oriente (Jue. 7:12), y algunas bandas armadas (2 Cr. 21:16; 22:1). Estas tribus fueron enemigas, pero las hubo también amigables. El encargado de los camellos de David era ismaelita (1 Cr. 27:30). Salomón se enriqueció por comerciar con los á. (1 R. 10:15), y recibió la visita de la reina de Sabá (1 R. 10:1ss.). El rey Josafat recibió tributo de los á. (2 Cr. 17:11). Los profetas mencionan con frecuencia a los á. (Is. 13:20; 21:13; 60:6; Jer.

6:20; Ez. 27:20-22). En el tiempo de Nehemías un á., Gesem, intentó impedir la reconstrucción de los muros de Jerusalén (Neh. 2:19; 4:7; 6:1-6).

En el día de Pentecostés algunos á. oyeron el evangelio (Hch. 2:11). Aretas el gobernador de Damasco, quien trató de prender a Pablo, era á. (Hch. 9:23-25; 2 Co. 11:32s.). Cuando Pablo se retiró a A., probablemente se fue al territorio de los nabateos al E o SE de Palestina.

R. B. W. y J. M. Br.

ARADO. Instrumento usado desde los tiempos más antiguos para labrar la tierra y prepararla para la siembra. Seguramente Caín araba la tierra (Gn. 4:2). Los primeros a. eran hechos de madera y no de metal. Posteriormente la reja fue guarnecida por una punta de hierro (Is. 2:4; Jl. 3:10 VM). En el tiempo de David había abundancia de hierro para fabricar rejas para los a.

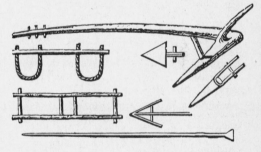

En tiempos antiguos se empleaban instrumentos de labranza muy rudimentarios, algunos de los cuales aún se utilizan.

La mancera se formaba de una sola pieza y esto permitía manejar el a. con una sola mano. Con la otra mano se dirigía a los bueyes o animales con una garrocha, que también servía para limpiar la reja cuando el suelo quedaba pegado en ella (Jue; 3:31; 1 S. 13:21 VM). Era importante que el a. no fuera pesado, ya que era necesario levantarlo y pasarlo por encima de las piedras en ciertos campos.

J. E. G.

ARAM, ARAMEOS. A. fue quinto hijo de Sem, uno de los hijos de Noé (Gn. 10:22s.), y el territorio habitado por sus descendientes. De ellos derivaron los distintos pueblos semíticos y, por tanto, el nombre "a." designa tanto un pueblo, como un idioma. Se menciona a otro A., nieto de Nacor, el hermano de Abraham (Gn. 22:21), lo cual pareciera indicar una relación estrecha entre los á. y los patriarcas hebreos. Con el término "a." la Biblia suele designar un pueblo semítico que vivía esparcido por las regiones de Mesopotamia y Siria en distintas tribus y localidades.

El territorio de los a. nunca estuvo bien definido. Generalmente A. se refería a la tierra que estaba al NE de Palestina hasta donde nacen los ríos Tigris y Éufrates. En tiempos de Abraham y sus hijos A. significaba Mesopotamia, pero durante el período de la monarquía hebrea designaba a Damasco y la región de → Siria. Por lo general, la LXX traduce el hebreo *Aram* por *Syria*.

Abraham reconocía su parentesco con los a., pues buscó entre ellos una esposa para Isaac (Gn. 24). Después, Jacob consiguió sus dos esposas de entre sus parientes arameos. Un viejo credo de los hebreos afirma que éstos descendieron de los a. (Dt. 26:5). Según 2 S. 8:3-10, David logró dominar Hamat y Damasco, los dos centros arameos importantes. Pero al mismo tiempo los amonitas contrataron a los a. para pelear contra David (2 S. 10:8).

Como mercenarios los a. constituían un peligro para Israel hasta que al fin fueron conquistados completamente por Asiria en la misma época en que cayó Samaria (722 a.C.). La importancia histórica de los a. reside en su facilidad para adoptar la cultura de sus vecinos y diseminarla por el Oriente Cercano. Al adoptar el alfabeto fenicio, su idioma sencillo y práctico llegó a desplazar la complicada escritura cuneiforme de los asirios, babilonios y persas (→ ARAMEO, IDIOMA).   R. B. W.

ARAMEO, IDIOMA. Dialecto semítico, muy semejante al hebreo y hablado por los → arameos. Probablemente los patriarcas lo conocían aun antes de llegar a Palestina. El alfabeto arameo fue tomado de los fenicios. Existen textos en a. desde los siglos X y IX a.C.

Durante el período del Imperio → Asirio muchos pueblos agregados a éste usaban el a. como idioma común. Se adoptó la práctica de añadir una traducción aramea a muchas inscripciones cuneiformes asirias. Era la lengua comercial del Imperio, y los documentos de compra y venta y de valor legal eran copiados en a. por escribas. Abundan las inscripciones arameas en los sellos y en la cerámica de aquella época, e incluso habló en a. el general asirio que demandó la rendición de Jerusalén en 701 a.C. (2 R. 18:13-37).

El a. continuó usándose durante el período babilónico y llegó a su "edad de oro" en la época del Imperio Persa (538-330 a.C.). Desde Egipto hasta Grecia, y hasta Afganistán en el Oriente, abundan las inscripciones arameas en las piedras y la cerámica del período. Todavía existen papiros con cartas escritas en a. Es posible que el libro de → Daniel se escribiera originalmente en a. y que ciertas porciones se tradujeran al heb. después, puesto que el original de Dn. 2:4–7:28 todavía se conserva en a. También Esd. 4:8–6:18; 7:12-26 está en a. y algunas palabras y expresiones en Gn., Job, Sal., Est. y Cnt. Después del cautiverio la mayoría de los judíos de Palestina hablaban a. como lengua común. Un traductor realizaba la lectura pública de las Escrituras y lo hacía en a. (Neh. 8:8).

Según la tradición rabínica esta práctica se hizo común (→ TARGUM).

Para varios críticos del AT la presencia de arameísmos indica que ciertos pasajes se escribieron posteriormente. Sin embargo, ahora se sabe que algunos de los llamados "arameísmos" son simplemente diferencias dialectales del N de Israel. Además desde el tiempo de David hubo estrecha relación entre hebreos y arameos (sirios). Asimismo, el estilo del a. de Esdras y Daniel no justifica el atribuirles una fecha posterior como se suponía, ya que el a. imperial fue igual en el oriente y el occidente durante varios siglos. El a. de Esd. y Dn. bien puede ser del siglo VI a.C.

Durante la época del dominio griego, los judíos acentuaron el uso del a. para resistir la penetración de la cultura griega. El famoso historiador Josefo escribió la primera versión de su obra en a. Alrededor del período de Jesús se escribieron los → Targumes, traducciones arameas de las Escrituras con alguna interpretación y aclaración hecha por los fariseos.

Recientemente se descubrió que el ms Neofiti I de la Vaticana es un targum palestino completo del Pentateuco. También en los mss de Qumrán se encontró un targum del siglo I. Estos documentos nos permiten conocer el a. que hablaban Jesús y sus discípulos.

El uso del trasfondo arameo para explicar los Evangelios es de mucho valor si no se exagera. Es difícil sostener la tesis de que todos los Evangelios hayan sido traducciones del a., como han dicho algunos, pero es cierto que muchos dichos de Jesús revelan el ritmo y el genio del a. que él hablaba. En el tiempo de Jesús el idioma común era el a. Sin embargo, muchos también hablaban griego y algunos hebreo mísnico. El Talmud se escribió mayormente en a.   R. B. W. y J. M. Br.

Bibliografía
EBDM I, 665-672; IV, 518-526; V. 811-818.

ARAÑA. Animal de la clase de los *arácnidos*. A pesar de que en Palestina hay más de setecientas especies de a., se la nombra pocas veces en la Biblia, v.g.: Job 8:14; Is. 59:5. En estos casos se compara la fragilidad de la telaraña con la naturaleza de los vanidosos y la prosperidad de los malos.   S. C.

ARARAT. Región (y no solamente la montaña) donde se posó el → arca de Noé, según Gn. 8:4. Está entre los lagos Van y Urmía, por donde fluye el río Araxes hacia el mar Caspio. Hoy es Armenia, pero en tiempos veterotestamentarios se llamaba Urartu. Tenía una extensión de *ca.* 200 km. Al A. huyeron los asesinos de Senaquerib (2 R. 19:37; cp. Is. 37:38). Jeremías incitó a los habitantes de esta región a sublevarse contra Babilonia (Jer. 51:27).

La montaña que hoy se llama A. tiene dos picos volcánicos situados en el ángulo donde se unen Rusia, Irán y Turquía, lo cual ha impedido la exploración moderna. La cima más alta tiene unos 5.230 m de altura, y permanece cubierta de una capa de hielo y nieve.

Allí se ha descubierto una viga labrada de grande antigüedad, posible reliquia del arca, según algunos. Muchas expediciones se han organizado para buscar más vestigios.

Los habitantes de la región han creído desde hace siglos que el arca reposó más bien en otra montaña, llamada Jebel Judi, al S del lago Van. El "Noé" de la historia babilónica del diluvio salió ileso sobre el monte Nisir, que se encuentra en la misma región.   W. G. M.

ARAUNA ("Ornán" según 1 Cr. 21). Jebuseo que poseía una era en la mte. Moríah, en la cual el ángel de Jehová detuvo su mano cuando extendía la peste sobre Israel. David le compró a A. esta era para construir allí un altar (2 S. 24:16-25; 1 Cr. 21:15-27). Dios escogió este terreno para la construcción del Templo de Salomón (1 Cr. 22:1; 2 Cr. 3:1).   D. M. H.

ÁRBOL. Los á. frutales viejos se talan para que retoñen nuevos vástagos (→ RENUEVO, → VID) de sus raíces (Job 14:7; Is. 11:1) o se les injerta una rama nueva (Ro. 11:17 → OLIVO). La ley protegía los á. frutales (Dt. 20:19). (→ FRUTA, → HIGUERA.)

El uso de "á." en sentido figurado tiene raíces en la mitología del Cercano Oriente. Con frecuencia esta mitología hace referencia a un á. cósmico, símbolo del universo. De ahí parece derivarse el uso del á. como símbolo de los imperios universales: Egipto (Ez. 31) y Babilonia (Dn. 4:10-17). En parte, de ahí viene también la imagen del á. como símbolo del reino de Dios (Mt. 13:31ss.), aunque también el AT habla de á. plantados por Yahveh (Nm. 24:6; Sal. 104:16).

Dada esta asociación mística, los á. se consideraban a veces sagrados. Bajo su sombra se celebraban reuniones del pueblo y juicios (Jue. 4:5; 1 S. 14:2; 22:6 → ENCINO, → TAMARISCO) y en su cercanía se sepultaba a personas destacadas (Gn. 35:8). La veneración de á. sagrados en el culto pagano amenazaba con desviar a los israelitas del culto de Yahveh (→ ASERA, → LUGARES ALTOS).

También en la mitología mesopotámica se utiliza el símbolo del "á. de la vida" (ver Guilgamés, XI, 266-289), completamente inaccesible al hombre como en Gn. 3:24 (pero cp. Ap. 22:2). Pero en estas mitologías tal á. ofrece rejuvenecimiento, mientras que el de la Biblia comunica inmortalidad (Gn. 2:9; 3:22).

El "á. de la ciencia del bien y del mal" está íntimamente relacionado con el "á. de la vida" (Gn. 2:9). Se discute si "ciencia del bien y del mal" es un concepto ético; e.d., "comprensión de lo que es bueno y lo que es malo", o más bien un semitismo que significa "saberlo todo".   J. A. G.

ARCA DE NOÉ. "Arca", en el relato de Gn. 6:13–8:19, traduce la voz heb. *teba*, palabra que se repite sólo en la historia del nacimiento de Moisés (Éx. 2:1-10). No fue exactamente un barco, sino una "casa (o caja) flotante", construida para conservar la vida de algunas personas y muchos animales durante el diluvio. Muchas de las preguntas que se hacen respecto del a. no tienen respuesta, pero la Biblia revela lo siguiente:

1. Se construyó por mandato de Dios para que, cuando llegara el inminente juicio del diluvio se salvara la vida de Noé y su familia y se perpetuase por medio de ellos la raza (Gn. 6:12ss.).

2. El tiempo de su construcción, 120 años, fue también período de advertencia para el mundo antediluviano (Gn. 6:3; 1 P. 3:20; 2 P. 2:5).

3. Sus dimensiones eran ideales para una "casa flotante" que no tenía que navegar: 300 codos de largo, 50 de ancho y 30 de alto (aproximadamente 132 m por 22 m por 13 m), suficiente espacio para los aposentos (lit. "nidos") de Gn. 6:14. Sería muy natural que tuviera "tres pisos" (Gn. 6:16), aunque caben otras traducciones.

4. Estaba hecha de madera de gofer, madera poco conocida. Es probable que se trate del ciprés. Estaba calafateada con brea como las embarcaciones del sur de Mesopotamia.

5. Sin dogmatizar, las parejas de animales deben de representar la fauna de las tierras bíblicas, ya que éstas constituyen el escenario para el desarrollo del plan de la redención. A menudo el adjetivo "todo" o "todos" ha de entenderse en relación con el contexto. Los animales limpios (Gn. 7:2) eran los usados para el sacrificio o la comida, de modo que las disposiciones de Lv. 11 reflejan costumbres anteriores. Hubo tiempo suficiente para recoger los animales.

6. La ventana (Gn. 6:16) puede haber sido una abertura que rodeara toda el a. debajo del techo para luz y ventilación. Había una sola puerta (Gn. 6:16) y Jehová la cerró al terminarse el tiempo de espera. Se la ha considerado como símbolo de la única puerta de salvación que un día también se cerrará (Mt. 25:10).

El simbolismo del a. se desarrolla en 1 P. 3:20,21: fue medio de salvación para ocho personas que pasaron por agua de una tierra de muerte a otra limpia, de "resurrección". De ahí su correspondencia con el bautismo, que no limpia la carne, pero simboliza la salvación y viene a ser la respuesta de una buena conciencia hacia Dios. Para quienes admiten la acción de Dios en el mundo, no hay nada increíble en la historia del a., la cual tiene relación con las leyendas de un diluvio de enormes proporciones en la tradición de muchos pueblos. (→ DILUVIO.)   E. H. T.

ARCA DEL PACTO ('Arca del Señor', 'arca de Dios' o 'arca del testimonio'). Caja rectangular, de madera de acacia, que medía 112.5 cm de largo por 67.5 de ancho y alto. Estaba cubierta de oro por dentro y por fuera, y tenía cuatro anillos colocados en los ángulos, por los cuales pasaban dos varas de madera de acacia (también cubiertas de oro) con que se transportaba. Sobre el a. había una tapa de oro que se llamaba el "propiciatorio", encima del cual dos querubines de oro se miraban frente a frente, de pie, con sus alas extendidas cubriendo el propiciatorio (Éx. 25:10-22).

Dentro del a. se hallaban las dos tablas de la ley (Éx. 40:20; Dt. 10:1-5), la vara de Aarón y una porción de maná (Heb. 9:4,5). El a. fue colocada dentro del lugar santísimo tanto del tabernáculo como del Templo de Salomón, tras el velo; era el único mueble allí.

Para el pueblo de Israel, el a. del p. tenía un doble significado. En primer lugar se la conceptuaba como trono de Dios (1 S. 4:4; Is. 6:1). De una manera especial Dios moraba entre los querubines y desde allí en varias ocasiones se reveló a Moisés (Éx. 25:21,22; 30:36) y a Aarón (Lv. 16:2; Jos. 7:6). Sirvió como símbolo de la presencia divina entre el pueblo de Israel (Lv. 16:2). Por eso en la peregrinación el a. iba delante guiando a los israelitas; p.e., cuando cruzaron el Jordán (Jos. 3:11-17). Cuando rodearon los muros de Jericó se llevó en medio del pueblo (Jos. 6:4-13).

El segundo significado residía en la relación entre la ley que estaba dentro del a. y la sangre rociada sobre el propiciatorio que la cubría en el día de la expiación (Lv. 16). El punto culminante en el día de la expiación era la entrada del sumo sacerdote en el lugar santísimo con la sangre del macho cabrío para rociar el propiciatorio. Era entonces cuando, en forma representativa, el pueblo entraba en la presencia de un Dios misericordioso y dispuesto a perdonar los pecados. El pueblo quedaba purificado para otro año (Lv. 16:30), y el pacto seguía en vigencia.

Después de una larga trayectoria en el desierto, el a. descansó en Bet-el (Jue. 20:27), durante la época de los jueces. Aparece en Silo en el tiempo del sumo sacerdote Elí (1 S. 1:3; 3:3). Los israelitas creían que el a. tenía poderes mágicos. Por eso durante la guerra con los filisteos, la llevaron a la batalla, pensando que así se aseguraban la victoria (1 S. 4:3-9). Sin embargo, perdieron la batalla y los filisteos llevaron el a. a Asdod. Como consecuencia de haberla puesto en sus templos, los filisteos padecieron siete meses de plagas (1 S. 5), por lo cual colocaron el a. en un carro y la llevaron a Quiriat-jearim (1 S. 6:1-7:2). Durante el reinado de David, éste la guardó en una carpa en Jerusalén (2 S. 6). Su hijo Salomón la puso en el nuevo templo (1 R. 8). Después de la reforma de Josías, ya no se sabe más del a. (2 Cr. 35:3). Probablemente fue destruida o perdida cuando la devastación de Jerusalén en 587 a.C.

P. S.

ARCÁNGEL ('ángel principal'). Término que aparece dos veces en la Biblia: 1 Ts. 4:16; Jud. 9. Según Dn. 10:13,20, hay ángeles que velan sobre ciertas naciones, a los cuales se les llama "príncipes" y se asigna misiones especiales. Miguel, el a. protector de Israel (Dn. 12:1; Ap. 12:7-9), es "uno de los principales príncipes" (Dn. 10:13).

E. A. N.

ARCO Y SAETA. Armas muy usadas en tiempos antiguos tanto para la caza como para la guerra (Gn. 27:3; 2 R. 6:22). El a. se hacía de madera flexible, reforzada a veces con cuero o metal (2 S. 22:35). Los a. usados en guerra eran largos, hasta 1 1/2 m. La cuerda se hacía de cuero o del intestino de un animal, por lo general de buey.

La s. o flecha constaba de un asta de caña o de madera fuerte y liviana y de una punta afilada de bronce o (más tarde) de hierro. A veces la punta llevaba veneno, lengüeta (Job 6:4), o fuego (Ef. 6:16). Las flechas se llevaban en una → aljaba.

El término s. se usaba simbólicamente para representar a los niños (Sal. 127:4,5), calamidades o peligros (Sal. 38:2; 91:5; Ez. 5:16), palabras engañosas y amargas (Sal. 64:3); violencia (Sal. 11:2), y juicio divino (Sal. 7:13; →ARMADURA).

A. C. S.

ARCO IRIS. El mismo término que se emplea para →arco de guerra. El arco de Jehová es símbolo de su ira, pero lo guarda inutilizado en el cielo, como muestra de su benevolencia y señal del pacto con Noé de no volver a destruir la tierra por inundación (Gn. 9:12-27).

Ezequiel vio en el a. i. una comparación adecuada a la magnificencia de la gloria de Jehová (Ez. 1:28). Juan, en una visión similar, vio el a. i. de gracia y fidelidad alrededor del trono de Dios (Ap. 4:3) y de la cabeza de un ángel (Ap. 10:1).

J. M. R.

AREÓPAGO ('colina de Ares', deidad griega de la guerra, que corresponde al Marte romano). Nombre de un lugar alto (115 m) y rocoso, situado en Atenas, al N de la Acrópolis y separado de ella por un pequeño arroyo.

A. era además el nombre de la corte suprema que en tiempos antiguos se reunía allí. Esa corte se componía de los patriarcas de la ciudad ("areopagitas") quienes en tiempos antiguos ejercían autoridad suprema en asuntos políticos y religiosos. (Hubo época en que también tenía jurisdicción en asuntos criminales.) En tiempos novotestamentarios el A. todavía tenía mucha influencia en asuntos de educación y religión. Era natural, pues, que semejante cuerpo tuviera interés en San Pablo y su nueva enseñanza (Hch. 17:18s.). (500 años antes el A. fue el escenario del juicio y la condenación del famoso filósofo, Sócrates.) Debido al discurso del apóstol, sobre el verdadero conocimiento de Dios, un miembro de la corte se convirtió, aunque a la mayoría de los areopagitas el mensaje de Pablo les pareció de escaso interés (Hch. 17:34 → DIONISIO, ATENAS).   A. T. P.

ARETAS. Forma gr. del nombre que llevaron varios soberanos de los nabateos entre 200 a.C. y 40 d.C. Este pueblo ocupaba la parte NO de Arabia, o sea el territorio a lo largo del E y S de Palestina; su capital era Petra. A. IV reinó de 9 a.C. a 40 d.C. y parece haber dominado a lo menos por un tiempo a Damasco, capital de Siria. Este A. dio su hija en matrimonio a Herodes Antipas. Más tarde Antipas se divorció de ella y se casó con Herodías (Mr. 6:17), pero A. se vengó derrotándolo en una disputa de fronteras. En la Biblia se le menciona una vez, cuando Pablo relata que en Damasco fue perseguido por "el gobernador de la provincia del rey A." (2 Co. 11:32; cp. Hch. 9:24).   F. R. K.

ARFAD. Ciudad de Siria que por lo general se menciona junto con Hamat y Damasco (2 R. 18:34; 19:13; Is. 36:19; Jer. 49:23). Debido a su importancia fue atacada varias veces por los asirios y tomada por Tiglat-pileser (742-740 a.C.). Su caída fue indicio de lo poderosa que había llegado a ser Asiria (Is. 10:9). Se hallaba a unos 30 km al NO de Alepo; hoy Tell Rifa'ad.   J. E. G.

ARFAXAD. Descendiente de Noé y antecesor directo de los hebreos (Gn. 10:22-24; 11:10-13; cp. 1 Cr. 1:17,24). Aparece también en la genealogía de Cristo en Lc. 3:36. Aquí Lucas interpone el nombre de Cainán entre A. y Sala, siguiendo en esto a algunos mss de la LXX.   W. G. M.

ARGOB. 1. Región al E del Jordán que formaba parte del reino de Og, rey de Basán. Incluía 60 ciudades amuralladas y bien fortificadas (Dt. 3:4-14; 1 R. 4:13). Actualmente es incierta la ubicación precisa de esta región.

2. Cómplice de Peka en el asesinato de Pekaía, rey de Israel. Algunos opinan que A. y Arie, juntamente con Pekaía, fueron víctimas de Peka más bien que cómplices suyos (2 R. 15:25). El texto es dudoso: cp. BJ.   D. M. H.

ARIEL. 1. Palabra hebrea usada simbólicamente para referirse a la "ciudad donde habitó David" (Is. 29:1,2,7); e.d., Jerusalén.

2. Nombre de uno de los enviados por Esdras en busca de sacerdotes para la restauración del culto después del cautiverio (Esd. 8:16-18).

Hay diferentes traducciones sugeridas para esta palabra: "altar de Dios", "león de Dios" y "hogar de Dios". A veces es difícil saber si se debe traducirla o dejarla como nombre propio (p.e., las traducciones de 2 S. 23:20 y Ez. 43:15,16 en las diferentes versiones).   A. P. P.

ARIETE. Máquina de guerra usada al sitiar una ciudad para abrir una brecha en sus muros (2 S. 20:15; Ez. 4:2; 21:22; 26:9). La parte principal de la máquina era una viga larga, grande y fuerte con cabeza de metal (a veces en forma de cabeza de carnero), con que se arremetía contra el muro.   A. C. S.

ARIMATEA. "Ciudad de Judea", o, más exactamente, "ciudad de los judíos" (Lc. 23:50). Aparte de su asociación con José, el noble consejero, discípulo secreto de Jesús, quien pidió el cuerpo del Señor a Pilato para darle honrosa sepultura en su propia tumba (Mt. 27:57; Mr. 15:43; Lc. 23:50; Jn. 19:38), la Biblia no menciona a A. y su identificación es difícil. Su mención por todos los evangelistas puede indicar que José era ciudadano destacado del lugar.   E. H. T.

ARISTARCO ('gobernante destacado'). Macedonio de Tesalónica y fiel compañero de Pablo. Fue maltratado en el alboroto de Éfeso (Hch. 19:29). Regresó a Jerusalén con Pablo (Hch. 20: 4), y más tarde embarcó con él en Cesarea para viajar a Roma (Hch. 27:2). Allí le fue "colaborador" (Flm. 24) y "compañero de prisiones" (Col. 4:10).   J. M. B.

ARISTÓBULO ('destacado en el consejo'). Nombre de varios descendientes de los macabeos durante el primer siglo a.C. (Josefo, *Antigüedades* XIII, XIV, XVI, → HERODES, EL GRANDE).

Nombre de un personaje mencionado en Ro. 16:10. Pablo envía saludos a los de la "casa" de éste, quienes probablemente eran sus esclavos convertidos al cristianismo.   R. A. P.

ARMADURA. Traducción de la palabra gr. *panoplia* (Ef. 6:11,13), que quiere decir todo el equipo de guerra que usaba el soldado corriente de la infantería en los tiempos bíblicos.

Aunque difieran en tamaño y peso, casi todos los guerreros antiguos empleaban los mismos tipos de armadura, de las cuales éstas son típicas.

Las armas defensivas eran: el →escudo (1 Cr. 12:24; Ef. 6:16), el →yelmo o casco (1 S. 17:5,38; Ef. 6:17), la →coraza o cota de malla (1 S. 17:5,38; Ef. 6:14; Ap. 9:9), grebas y calzado (1 S. 17:6), y →cinturón o faja (Ef. 6:14).

Las armas ofensivas eran: la →espada (Neh. 4:17; Ef. 7:17; Heb. 4:12), el →arco y flecha (1 Cr. 12:2), la →honda (1 S. 17:40; 1 Cr. 12:2); la →lanza (1 S. 17:7; 26:7; Hch. 23:23).

Pablo compara al cristiano con un soldado y le insta a estar completamente armado para la lucha, que tiene carácter tanto ofensivo como defensivo (Ef. 6:10-17; 1 Ts. 5:8; cp. Is. 59:17). Pero aclara que nuestra lucha no es "contra sangre y carne" sino de carácter espiritual (Ef. 6:12). El reino por el cual luchamos "no es de este mundo" (Jn. 18:36). Por lo tanto "las armas de nuestra milicia no son carnales" (2 Co. 10:4).   A. C. S.

ARMAGEDÓN (NC y BC: "Harmagedón"; BJ: "Harmaguedón"). Lugar donde Dios reunirá a los reyes de todo el mundo "a la batalla de aquel gran día del Dios Todopoderoso" (Ap. 16:1,14). (→MEGUIDO.)

Las ruinas de Meguido, donde Salomón guardaba sus caballos y carros de guerra, ubicadas a la vera de la llanura de Jezreel o Esdraelón.   MPS

En la Biblia no hay más referencia al lugar, pero la batalla se describe en Ap. 19:11-21. Para los intérpretes que dan un valor meramente simbólico a esta batalla no hay necesidad de ubicarla; para quienes creen que la batalla es literal y futura, es de interés saber que A. puede señalar "la montaña de Meguido", o sea, la región montañosa que separa la llanura de Jezreel de la costa de Palestina, no lejos del Carmelo. Esta llanura es de gran importancia estratégica, y fue escenario de muchas batallas (Jue. 4:2-16; 1 R. 14:25; 22:29; y otras antes y después de los tiempos bíblicos).

Otros comentaristas conjeturan que A. representa a *Har-mo'ed* ('monte de la asamblea'), donde según Is. 14:13 los dioses se congregan y el blasfemo rey de Babilonia intenta escalar. Sería A., pues, la contraparte demoníaca de tal monte (cp. Ap. 16:13,14, donde espíritus malignos convidan a los reyes).   E. H. T.

ARNÓN. Río de aguas perennes, claras y turbulentas que descienden de los montes del E del mar Muerto, hacia el cual corre por una profunda hondonada. Durante el verano se le encuentra casi seco, pero en tiempo de lluvias se vuelve impetuoso (Nm. 21:13). Era frontera entre Moab al S y la tribu de Rubén al N (Dt. 3:8,12,16). En los tiempos de la peregrinación israelita ambas riberas del A. estaban fuertemente fortificadas.   M. V. F.

AROER ('enebro' o 'desnudo'). 1. Pueblo fronterizo situado sobre la margen N del Arnón, a 23 km al E del mar Muerto. Moisés se lo quitó a los amorreos (Jos. 12:2) y se lo entregó a Rubén (Jos. 13:16). Más tarde, fue reedificado por Gad (Nm. 32:34). Fue el punto de partida del censo que mandó hacer David (2 S. 24:5). Luego, bajo el reinado de Acab, Moab se rebeló y lo conquistó por un tiempo (según la piedra moabita). Durante el reinado de Jehú, Hazael de Siria conquistó Israel hasta A. (2 R. 10:33).

2. Pueblo "enfrente de Rabá" (Jos. 13:25; cp. Jue. 11:33), sitio que aún no ha sido localizado. Algunos creen que se hallaba al sur de Rabá, pero posiblemente sea el mismo A. del N.° 1.

3. Lugar en el Neguev adonde David envió el botín en vísperas de tomar posesión en Hebrón (1 S. 30:28).   W. G. M.

AROMAS. 1. Traducción de *nekhoth* que se identifica posiblemente con el tragacanto, la goma extraída del *Astragalus tragacantha*. Esta goma era muy estimada como incienso, así como por sus propiedades medicinales. Los mercaderes ismaelitas que llevaron a José a Egipto, traficaban con ella (Gn. 37:25). Jacob la consideró como "de lo mejor de la tierra" y la envió a José (Gn. 43:11).

2. En dos ocasiones RV traduce también así *bosem* (Cnt. 4:16; 8:14). (→ESPECIAS.)   J. A. G.

ARPA. Primer instrumento musical mencionado en la Biblia (Gn. 4:21) y el único de cuerdas nombrado en el Pentateuco. Fue uno de los instrumentos con que Labán hubiera deseado despedir a Jacob (Gn. 31:27). A pesar de la referencia en 1 S. 16:23, no es claro si era ejecutado con un plectro o pequeña varilla de hierro, o pulsado directamente con los dedos.

Quizás el más bello, y seguramente el de mayor uso, de los instrumentos músicos de la antigüedad era el arpa, que tomó distintas formas en los diferentes países.

Según el historiador Josefo, el a. era de madera y tenía diez cuerdas. Probablemente la de David era de madera de haya (2 S. 6:5), y de madera de →sándalo las que Salomón hizo para el templo (1 R. 10:12). Las a. eran de variadas formas y tamaños, algunas lo bastante pequeñas como para poder ser tocadas mientras se caminaba (1 S. 10:5).

De timbre dulce y melodioso, el a. era símbolo de felicidad, muy popular en las demostraciones de júbilo. Los exiliados en Babilonia, sin ánimo para cantar, colgaron sus a. sobre los sauces (Sal. 137:1-4). V. F. V.

ARPAD.

ARQUELAO. →HERODES III.

ARQUEOLOGÍA. Ciencia que estudia los restos del pasado humano, aunque limitada en cuanto a que los "restos" sólo ofrecen una vista parcial de la antigüedad. Descubre evidencias materiales que han sobrevivido al paso del tiempo, pero no así las ideas, la organización social y la vida de los antiguos. Estas las infiere, sin ofrecer seguridad absoluta. No obstante, la a. ha brindado un valioso aporte al estudio de las Escrituras.

I. EL MÉTODO ARQUEOLÓGICO

La a. científica data de la excavación de Tell-el-Hesi por Sir Flinders Petrie en 1890. Los años transcurridos han servido para perfeccionar el método arqueológico.

Anteriormente se excavaba en busca de piezas de museo y hallazgos espectaculares. Petrie por primera vez prestó atención al método, al detalle y a la conservación de la evidencia obtenida. Hoy se excava con precisión y meticuloso cuidado porque el hallazgo arqueológico tiene valor solamente estudiado en su contexto. Como la excavación destruye ese contexto, es imprescindible mantener registros exactos, junto con planos y fotografías que permitan reconstruir la situación original de cada hallazgo.

Las condiciones naturales hacen que ciertos lugares sean más apropiados para la ocupación humana. En estos sitios la ocupación repetida ha formado a lo largo de los siglos una colina en forma de cono truncado, que en ocasiones alcanza 25 o más m de altura sobre el nivel original del terreno. Al excavar esta colina o →tell se presta especial atención a cada estrato o nivel de ocupación. La identificación del estrato a que corresponde cada piso, cada objeto, cada muro o pared es de vital importancia. Sólo así se puede determinar la relación que existe entre los distintos hallazgos de un tell.

A cada estrato corresponden ciertos tipos de cerámica. La evolución en el estilo, decorado y método de fabricación permite distinguir distintos *tipos*. Debido a la fragilidad, ubicuidad y durabilidad de la cerámica, el estudio de sus tipos constituye hoy uno de los aspectos más importantes en la a. Aunque son importantes la evolución tipológica del arte, la arquitectura, etc., nada es tan valioso como los cascos de cerámica que se encuentran por todas partes. Para los períodos precerámicos de la Edad de Piedra se estudia la industria pedernal. Las hachas, cuchillos y otros implementos de piedra presentan características de forma y estilo que permiten estudiar su evolución y la identificación de sus *tipos*.

Más que afortunado es el arqueólogo que encuentra alguna inscripción. Ya sea una ostraca —así se llama el casco de alfarería en que se ha escrito algo—, una inscripción monumental, algunos trazos labrados en piedra, o un pedazo de papiro o pergamino tal como los Rollos del mar Muerto. Epigrafía es la ciencia que descifra la inscripción y estudia la evolución de la escritura.

II. RESULTADOS DE LA ARQUEOLOGÍA
A. *Cronología*

La primera edición del *Diccionario de la Santa Biblia* (1890) decía: "En esta obra se ha adoptado la cronología de Ussher, generalmente aceptada. Si bien es cierto que hay incertidumbre no pequeña en cuanto a algunas épocas antiguas, también lo es que las especulaciones científicas que pretenden aumentar en muchos miles de años las edades primitivas de la humanidad sobre la tierra, no han sido de ningún modo confirmadas por las investigaciones ulteriores." La situación ha cambiado radicalmente desde entonces.

El análisis tipológico de los hallazgos arqueológicos, especialmente de la alfarería y de la industria pedernal, ha permitido la elaboración de una "cronología secuencial". Es decir, se ha podido establecer la posición relativa que corresponde a cada *tipo*. Esta → cronología secuencial se convierte en "cronología absoluta" cuando, gracias a un descubrimiento epigráfico, por ejemplo, se logran identificar los tipos con períodos determinados.

Para la cronología absoluta de la Palestina en tiempos históricos se depende de los sincronismos entre la Palestina, Egipto y Mesopotamia, ya que las cronologías de estos lugares se han fijado con bastante exactitud sobre las bases de cálculos astronómicos. Para los tiempos prehistóricos se depende de otros métodos, por ejemplo, el análisis del contenido de carbono 14 en la materia orgánica.

Como resultado de estas investigaciones, hoy sabemos de la presencia humana en la Tierra Santa desde fines del período Paleolítico. El

su marco histórico. Ha sido en este campo donde la a. ha hecho su mayor contribución, iluminando el trasfondo histórico y cultural de la Biblia. Basten algunos ejemplos. Las tabletas de → Ras Samra, halladas en el sitio de la antigua ciudad de Ugarit, al N de Canaán, dan a conocer de primera mano la religión y cultura de los cananeos de la época preisraelita. Las tablas de → Nuzi, al N de Mesopotamia, nos ayudan a entender las costumbres características del período Bronce Medio, la era de los patriarcas, tales como el interés de → Raquel en los ídolos de Labán —éstos transmitían el derecho de heredad— y la preocupación de Abram por el esclavo → Eliezer: Lo había adoptado para que le cuidase en el ocaso de su vida. Las cartas de → Tell-el-Amarna reflejan las condiciones políticas de la Palestina, con las rivalidades entre los monarcas vasallos del faraón que derrum-

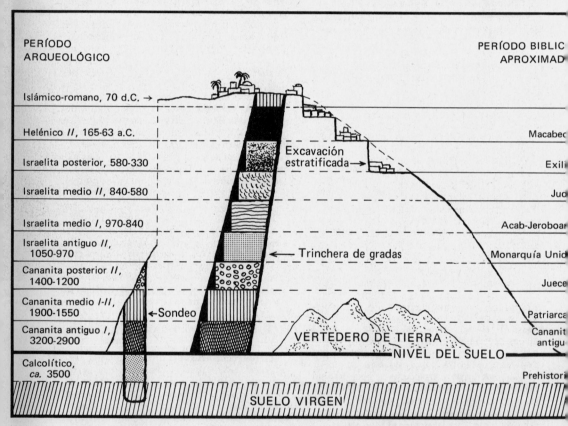

Homo galilaeensis de Capernaum y Nazaret vivió durante la tercera época interglacial (Riss-Würm), *ca.* 180.000-120.000 a.C. Desde entonces la Palestina ha sido escenario de la actividad humana.

B. *Trasfondo cultural de la Biblia*

Hubo tiempo en que la Biblia era nuestra principal fuente de conocimiento sobre la historia antigua, y por tanto no se relacionaba con

baron el Imperio Egipcio y permitieron la conquista de Canaán por los israelitas.

C. *La verdad de la Biblia y la arqueología*

A pesar de que la a. ilumina el trasfondo bíblico de manera maravillosa, no puede decirse, como con frecuencia se hace, que "la a. prueba la verdad de la Biblia". Tal afirmación pasa por alto no sólo la naturaleza de la a., sino el carácter de la Biblia misma.

Usar la a. para "probar" la verdad de la Biblia es negarle a la a. su valor de ciencia independiente. La investigación arqueológica no puede hacerse con ideas preconcebidas, sino objetivamente, de modo que su contribución al estudio de las Escrituras sea válida. Por otra parte, si fuese posible, por ejemplo, probar arqueológicamente la migración de Abraham desde Ur hasta Canaán, todavía no se habría probado que "la Biblia tenía razón". La Biblia no se interesa por explicar la migración de Abraham como parte de los movimientos de pueblos que tuvieron lugar durante el Bronce Medio, sino que nos dice que Abraham dejó Mesopotamia y se fue a Canaán *porque Dios lo había llamado*. Tal afirmación no se puede probar ni refutar sobre bases arqueológicas; pero es precisamente esta declaración de fe, y no solamente el hecho de que Abraham mudó su domicilio, lo que constituye la verdad bíblica.

Dicho todo lo anterior, hay que añadir que en multitud de casos las investigaciones arqueológicas, precisamente porque son hechas de manera objetiva, han comprobado la exactitud de muchas referencias geográficas, históricas y de otro tipo que los detractores de la Biblia habían tildado de erróneas.

D. *La arqueología y las lenguas bíblicas*

La a. ha hecho accesible un número extraordinario de documentos e inscripciones en las lenguas del Antiguo Oriente. Aparte del valor de estos escritos para esclarecer el marco histórico y cultural de la Biblia, el estudio de estas lenguas nos ha permitido comprender los idiomas bíblicos mucho mejor. Palabras y hasta frases cuyo significado había que adivinar más bien que traducir, hoy son inteligibles gracias al estudio comparativo de estas lenguas. De ahí que las nuevas versiones bíblicas se aproximen más al sentido real de los originales hebreo y griego.

III. ARQUEOLOGÍA Y BIBLIA

A. *Período preisraelita*

Hacia fines del período Paleolítico apareció en la zona del Carmelo el *Homo carmelitanus*, identificado como tipo intermedio entre el hombre de Neanderthal y el *Homo sapiens*. Desde entonces, debido a su situación geográfica, la Palestina se hizo puente de transición. El hombre natufiano del Mesolítico (8000-6000 a.C.), tipo fundamental de la raza semítica, manifestó los comienzos de la agricultura y de la cultura sedentaria. En el Neolítico (6000-4000 a.C.) apareció la primera ciudad, Jericó, y se introdujo la alfarería (*ca.* 5000 a.C.). El Calcolítico (4000-3000 a.C.) se caracterizó por el uso corriente del cobre. De este período viene la Estrella de Gassul, figura geométrica de fino gusto artístico y expresión de una cultura avanzada.

La edad de Bronce se divide en Bronce Antiguo (3000-2100 a.C.), Bronce Medio (2100-1550 a.C.) y Bronce Reciente (1550-1200 a.C.). Durante el Bronce Antiguo la población de la Palestina aumentó considerablemente. Se establecieron numerosas ciudades amuralladas

Para el año 6000 a.C. Jericó ya era una ciudad fuertemente amurallada. En lo profundo de una excavación que ha penetrado las capas de restos de culturas posteriores, una torre masiva de aquella época.   MPS

con calles bien trazadas y alcantarilladas. Se inventó el torno y el horno cerámico que mejoraron muchísimo la alfarería. En el Bronce Medio, la época de los patriarcas, la invasión de los amorreos destruyó la civilización del Bronce Antiguo. Los estratos dan muestra de repetidas destrucciones, evidencia de la inseguridad reinante. Egipto ejerció cierta influencia cultural y política de manera esporádica, hasta que con el advenimiento de las dinastías XVIII y XIX, durante el Bronce Reciente, estableció una vez más su autoridad en el área.

B. *Período israelita*

Una nueva destrucción marca el comienzo de la Edad de Hierro. Los invasores llegaron en dos grupos. Desde el desierto los israelitas que se apoderaron de la región montañosa, y dejaron huellas de su destrucción en Bet-el, Laquis, Debir, Hazor y otras plazas fuertes. Desde el Mediterráneo los "Pueblos del Mar", entre ellos los filisteos, que traían consigo el secreto de la siderurgia, aprendido de los heteos de la Anatolia.

Los períodos Hierro I (1200-900 a.C.) y Hierro II (900-600 a.C.) cubren la conquista, la época de los jueces y la monarquía. Al principio los filisteos retuvieron el monopolio del hierro, obstaculizando así el desarrollo de Israel, pero en tiempos de David los israelitas aprendieron a trabajar ese metal.

De la época monárquica tenemos relativamente poca evidencia. Las excavaciones en Meguido y Samaria nos suministraron muestras del arte arquitectónico fenicio. La reciente expedición a Arad descubrió un templo israelita. Materiales de este tipo nos permiten inferir cómo debe haber sido la Jerusalén de Salomón.

El Hierro III (600-300 a.C.) se conoce también como Período Persa. De ahí en adelante los períodos reciben designación histórica: Helenista (300-63 a.C.), Romano (63 a.C.-323 d.C.), Bizantino (323-636 d.C.), e Islámico (636 d.C. hasta hoy).

Cada nueva excavación y cada nuevo descubrimiento arroja valiosísima luz sobre la Tierra Santa y las naciones vecinas, y nos permite así una mejor comprensión del mensaje eterno de Dios en el contexto histórico.   J. A. G.

Bibliografía
"Arqueología", "Excavaciones en Palestina", EBDM; Albright, W. F., *Arqueología de la Palestina*, Barcelona, 1962; Albright, W. F., *De la edad de piedra al cristianismo*, Santander, 1959; Kenyon, K. M., *Arqueología en Tierra Santa*, Barcelona, 1963.

ARQUIPO. Cristiano de Colosas, que en ausencia de Epafras pastoreaba las iglesias en Colosas y Laodicea (Col. 4:16s.). Es uno de los tres destinatarios de la carta a Filemón (v. 2), tal vez hijo de Filemón y Apia. Es un joven como Timoteo, misionero activo, "compañero de milicia", y a veces poco cumplidor.   R. O.

ARRAS. Lo que se daba como prenda o en señal de algún contrato, o el primer abono dado como seguridad del pago de toda la deuda. Difería de una "prenda", propiamente dicha, en que era de la misma especie que la cosa prometida, mientras una "prenda" podía ser algo de naturaleza muy distinta. Aparece tres veces en el NT (2 Co. 1:22; 5:5; Ef. 1:14), siempre refiriéndose al Espíritu Santo dado por Dios al creyente como una garantía y anticipación de las bendiciones superiores del futuro.   D. M. H.

ARRAYÁN. Traducción del hebreo *hadas* (Neh. 8:15; Is. 41:19; 55:13). Pero en Zac. 1:8,10,11 se traduce por "mirto". Son dos nombres para una misma planta. El a. es el *Myrtus communis*,

un arbusto de 1 m de alto, de hojas perennes y de muchas ramas. Las hojas son de un verde lustroso, las flores blancas y el fruto una baya de color negro azulado. Para los hebreos, el a. era símbolo de paz y acción de gracias, y como tal es parte del simbolismo escatológico de Is. 41:19; 55:13. El a. era una de las cuatro plantas con cuyas ramas se preparaban los albergues de la fiesta de los tabernáculos (Neh. 8:15).
                                          J. A. G.

ARREBATAMIENTO. → Segunda Venida.

ARREPENTIMIENTO. Traducción de una familia de palabras que indican un retorno, un cambio de parecer, o un repudio del pecado para regresar a Dios.

I. EN EL ANTIGUO TESTAMENTO

Puesto que Israel debe a Dios obediencia absoluta y cae bajo juicio cuando se desvía, sólo por el a. puede restablecer su relación favorable con él. La nación puede apartar para este reconocimiento un día entero (Neh. 9; cp. las liturgias del a. conservadas en Is. 63:7−64:12; Dn. 9:4-19; Os. 9 y 14). Como símbolo de su renuncia al pecado, el arrepentido desgarra sus vestidos, ayuna, se viste de cilicio, o se sienta en cenizas. Los profetas recalcan el aspecto personal del a. (p.e. Acab, 1 R. 21), al exigir una reorientación de todo el individuo que conduzca a la obediencia, confianza en Dios y rechazamiento de todo ídolo y toda dependencia de lo humano. El a. demanda una renovación del espíritu y corazón (Ez. 18:31); esto es posible sólo como consecuencia de la redención divina (Is. 44:22; Jer. 31:33; Ez. 11:19; 36:26).

En lenguaje antropomórfico, se afirma que Dios también se arrepiente, con lo cual se señala simplemente un cambio en su relación con el hombre (p.e., Gn. 6:6s.).

II. EN EL NUEVO TESTAMENTO

Juan Bautista continúa la demanda de a. (Mt. 3:8,10) y asimismo Jesús (Mr. 1:15; Lc. 13:1ss.), pero con mayor énfasis en la interioridad de la limpieza y la totalidad de la demanda divina (Lc. 14:33; Mt. 18:3; Lc. 5:32). En un sentido nuevo Jesús hace posible el a., porque éste es completado por la fe, con el discipulado cristiano.

En la predicación de la iglesia apostólica el a. es básico (Hch. 3:19; 2 Co. 7:9; Heb. 6:1; Ap. 2:21; etc.; cp. *Concordancia;* se relaciona con el bautismo (Hch. 2:38), la fe (Hch. 20:21) y el perdón (Lc. 24:47). Este retorno a Dios (1 P. 2:25) se basa en la obra de Cristo (Hch. 17:30); es a la vez una responsabilidad humana (Hch. 8:22) y un don de Dios (Ro. 2:4; 2 Ti. 2:25) por medio del Espíritu (Hch. 10:45).

En el NT a., por lo general, es traducción de la voz gr. *metánoia* que significa "cambio de actitud o de propósito en la vida" y no sólo "penitencia" como solía traducirse en las versiones catolicorromanas antiguas (TA, Sc.).
                                          R. F. B.

ARROYO. Pequeña corriente de agua y su cauce. Este cauce se llama en árabe un → *wadi*. El a. es permanente cuando se alimenta de una fuente viva. Se seca al faltar las lluvias, pero cuando éstas son abundantes suele convertirse en furioso torrente. La palabra hebrea *najal* puede traducirse por "arroyo", "río", "torrente", o simplemente "valle", según el agua que lleve: Dt. 8:7; Lv. 11:9,10; Jer. 47:2; Dt. 21:4.

A. Ll. B.

ARTAJERJES. Nombre de varios reyes → persas, entre los cuales destaca A. I (Longimano), hijo de → Jerjes. Reinó durante 464-424 a.C. Probablemente sea este el rey persa que gobernaba cuando → Esdras (4:7ss.; 6:14; 7:1ss.; 8:1) y → Nehemías (2:1; 5:14; 13:6) llegaron a Jerusalén.

En la historia general, A. se conoce sobre todo por su carácter magnánimo pero débil. Sometido a la influencia perjudicial de su madre (Amestris) y de su esposa (Amistis) dejó en manos de sus generales las campañas principales contra Egipto y Grecia. La LXX pone a A. en lugar de Asuero en el libro de → Ester, lo cual ha hecho pensar a algunos que se trata del rey A. II (Mnemón, 404-358 → PERSIA).

V. A. G.

ARVAD. Ciudad fenicia construida sobre una pequeña isla rocallosa, 200 km al N de Tiro, y fundada en el año 761 a.C. por personas procedentes de Sidón. Como toda ciudad fenicia, A. se distinguió por sus marinos, que a menudo sirvieron en las fuerzas de otras ciudades (Ez. 27:8,11). Se menciona a los arvadeos en la genealogía de Gn. 10:18 y 1 Cr. 1:16.

J. L. G.

ASA. Tercer rey de Judá e hijo de Abiam. Reinó 41 años (1 R. 15:9-24; 2 Cr. 14—16). Los primeros diez años fueron de paz y prosperidad. Quitó a los sodomitas y también a los ídolos que habían puesto sus padres. Privó a Maaca de ser reina madre por haber erigido un ídolo a → Asera. Zera el etíope salió contra él con un gran ejército, pero Dios lo deshizo.

En el año 36 del reinado de A., subió Baasa, rey de Israel, y fortificó Ramá. A. solicitó la ayuda de Ben-adad, rey de Siria, el cual atacó a Baasa y lo obligó a retirarse. El profeta Hanani reprochó a A. el no haber confiado en Jehová, por lo cual A. lo encarceló. Después A. enfermó gravemente de los pies, pero no buscó a Jehová, sino a los médicos. Esta enfermedad causó su muerte.

D. M. H.

ASAEL. Hijo de Sarvia (hermana de David) y hermano de Joab y Abisai (1 Cr. 2:16). Fue soldado valiente en el ejército de David y tenía fama de corredor velocísimo (1 Cr. 27:7; 2 S. 2:18; 23:24). Abner lo mató porque A. no quería dejar de perseguirlo, por lo cual se produjo una contienda entre Abner y los hermanos de A. (2 S. 2:23).

Otras tres personas en el AT llevan este nombre (2 Cr. 17:8; 31:13; Esd. 10:15).   H. P. C.

ASAF. 1. Descendiente de Gerson, hijo de Leví (1 Cr. 6:39,43). Padre de una familia escogida para el ministerio de la música, y uno de los directores durante el reinado de David. Los levitas le designaron cantante y ejecutante de címbalos cuando el arca fue llevada a Jerusalén (1 Cr. 15:16-19). El mismo rey lo confirmó poniéndolo al frente de la alabanza coral e instrumental (1 Cr. 16:5-7). No es seguro que estuviera presente en la consagración del Templo de Salomón, pues 2 Cr. 5:12 podría referirse a sus familiares. Sus descendientes pertenecieron al grupo que regresó del destierro con Zorobabel (Esd. 2:41). Fue reconocido como vidente y autor de los salmos cantados cuando Ezequías restauró el culto del templo (2 Cr. 29:30). Su nombre aparece en los títulos añadidos posteriormente a los Sal. 50; 73–83.

2. Padre del canciller del rey Ezequías (2 R. 18:18,37; Is. 36:3,22).

3. Guardabosques del rey Artajerjes (Neh. 2:8).

V. F. V.

ASALARIADO. → JORNALERO. ·

ASCALÓN. Una de las principales ciudades filisteas, situada a unos 20 km al NE de Gaza, en la costa mediterránea. Primitivamente estaba bajo el poder de Egipto, pero hacia 1200 a.C. fue ocupada por los → filisteos. Fue un centro de los más diversos cultos paganos, especialmente egipcios y babilónicos.

Durante la época de la conquista israelita se vio envuelta en una serie de batallas fronterizas, y, según Jue. 1:18, fue tomada por Judá (aunque el texto de LXX dice que no fue tomada). Durante el tiempo de los jueces, de Saúl y de David, A. era una ciudad totalmente filistea (Jue. 14:19; 1 S. 6:17; 2 S. 1:20). Después de la época persa, fue conquistada culturalmente por el helenismo. Jeremías (47:5-7), Amós (1:8) y Sofonías (2:4) profetizaron su ruina.

J. M. A.

ASCENSIÓN. El ascenso visible de Cristo al cielo, que puso fin a su ministerio terrenal. Varias frases en el NT se refieren a este suceso: "fue alzado" (Hch. 1:9), "ha sido tomado" (1:11), "subió a los cielos" (2:34). El relato más detallado de la a. se encuentra en Hch. 1:9-11. Jesús guió a sus discípulos al mte. de los Olivos y los bendijo, y luego subió en una nube que lo ocultó de la vista. Desde los cielos comenzó a reinar, sentado a la diestra del Padre (Ef. 1:20; Heb. 1:3). El significado teológico de esto es que el cuerpo de Cristo había sido resucitado y glorificado, para pasar a una existencia espiritual como la que describe Pablo en 1 Co. 15:44. La a. y exaltación son el fin natural de la presencia de Jesús en la tierra como el Mesías, que sufrió, murió y resucitó. La a. visible es, además, la primicia de la segunda venida (Hch. 1:11).

La importancia de la a. se manifiesta en Jn. 14—16; Ef. y Heb. Llegó a su fin la presencia visible de Cristo entre los discípulos, lo cual fue el preludio de una relación nueva con ellos y de una actividad diferente en cuanto a todo el mundo. Así también se inicia un nuevo aspecto del ministerio del Espíritu Santo (Jn. 16:7). El Cristo ascendido es rey: todas las cosas están bajo su autoridad (Ef. 1:20,21; Fil. 2:9-11). Es también sumo sacerdote: intercede por todos nosotros como uno que entiende, por experiencia propia, lo que es la tentación, el sufrimiento y la muerte (Heb. 4:14-16; 7:23-25).   R. A. P.

ASDOD. Ciudad filistea, situada a unos 32 km al NO de Gaza y a unos 5 de la costa mediterránea. Fue habitada por los →anaceos (Jos. 11:22), antes de ser ocupada por tribus filisteas en el siglo XII a.C. Los filisteos la consagraron al dios →Dagón, a cuyo templo fue conducida el arca del pacto (1 S. 5:1-8; 6:17).

Durante la conquista de Palestina, fue adjudicada a la tribu de Judá (Jos. 15:46,47), pero continuó siempre en manos de los filisteos (Jos. 13:3). En tiempo del rey Uzías (ca. 783-742 a.C.), fue conquistada por los judíos (2 Cr. 26:6). Logró independizarse al producirse una rebelión contra Sargón II en 711 a.C. (Is. 20:1), pero poco después fue destruida casi por completo por el faraón Semético I.

Durante el cautiverio de los judíos en Babilonia, la habitaron los amonitas y moabitas (Neh. 13:24). Quedó parcialmente destruida (1 Mac. 4:15; 5:68; 10:77-85; 11:4; 16:10) como consecuencia de la revolución de los macabeos (167-37 a.C.).

Los romanos la reconstruyeron ca. 55 a.C. después de lo cual se llamó "Azoto". Durante la predicación de Felipe, el diácono (Hch. 8:40), A. recibió el evangelio y se convirtió poco a poco en un centro cristiano hasta el siglo V d.C. Hoy es puerto marítimo de la república de Israel.   J. M. A.

ASENAT. Voz egipcia que significa "perteneciente a Neit" (una diosa). Hija de Potifera, sacerdote de On, que Faraón dio por esposa a José (Gn. 41:45). Madre de Manasés y Efraín (Gn. 46:20).   J. M. Br.

ASER. 1. Hijo de Jacob y Zilpa la sierva de Lea (Gn. 30:12,13). Entró en Egipto con sus cinco hijos y la familia de Jacob (Gn. 46:17), y allí este último le predijo prosperidad a él y su descendencia (Gn. 49:20).

2. Tribu formada por la descendencia de A. (Gn. 49:28), con cinco familias principales (Nm. 26:44-47). Compartió con las demás tribus los sucesos del desierto (Nm. 1:13; 2:27,28; 7:72; 13:13, etc.), y recibió la bendición de Moisés (Dt. 33:24). No eliminó a los cananeos de su tierra (Jue. 1:31,32). Aunque no formó parte del ejército de →Débora (Jue. 5:17), sí ayudó a →Gedeón contra los madianitas (Jue. 6:35; 7:23).

Algunos hombres de esta tribu fueron a la Pascua celebrada por Ezequías (2 Cr. 30:11). La profetisa Ana, quien reconoció al niño Jesús en el templo, era de la tribu de A. (Lc. 2:36).

3. Territorio fértil, junto al mar Mediterráneo, que Josué concedió a la tribu de A. (Jos. 19:24-31). Comprendía desde el monte Carmelo hasta Sidón en el N.   J. M. H.

ASERA. Diosa o imagen cananea. En algunas versiones antiguas este vocablo se traduce incorrectamente por "bosque". Estudios recientes indican que A. era la diosa de la fertilidad entre los fenicios y cananeos y que su culto fue introducido en Israel en los inicios de la historia israelita. Según Jue. 3:7; 6:25,28, había relación entre el culto de A. y el de Baal. La imagen de A. se hacía de madera: tronco, palo o vara.

El culto a A. estaba prohibido a los israelitas (Éx. 34:13; Dt. 16:21; Is. 17:8). No obstante, incurrían en este pecado durante épocas de decadencia espiritual (1 R. 18:19; 2 R. 23:4). En tiempos de avivamiento o reforma las imágenes de A. eran derribadas y destruidas (1 R. 15:13; 2 R. 23:6). (→ASTORET.)   A. P. N.

ASFALTO. Sustancia bituminosa que se hallaba en pozos en Mesopotamia y en el bajo valle del Jordán (Gn. 14:10). Servía para calafatear barcos (Éx. 2:3) y para unir ladrillos en las construcciones (Gn. 11:3). Químicamente se relaciona con la brea, que se obtiene por la destilación del alquitrán, que, a su vez, procede del carbón o de ciertos tipos de madera.   E. H. T.

ASIA. Término geográfico de origen incierto. En la literatura apócrifa designa el imperio seléucida (1 Mac. 8:6; 11:13; 12:39; 13:32; 2 Mac. 3:3) y en el NT, casi exclusivamente, la provincia proconsular romana de A. (Hch. *passim*; 1 Co. 16:19; 2 Co. 1:8; 2 Ti. 1:15; 1 P. 1:1; Ap. 1:4,11).

Los romanos conquistaron esta porción de Asia Menor arrebatándosela a Antíoco el Grande (189 a.C.) y la dieron a sus aliados los atálidas. Al morir Atalo III (133 a.C.) legó su reino a Roma. La nueva provincia abarcaba la parte O de Asia Menor, incluyendo a Misia, Lidia, Caria, partes de Frigia, las regiones costaneras y muchas de las islas del mar Egeo. Fue una de las primeras en pedir permiso para adorar al emperador romano reinante. El autor de Ap. dirige sus siete cartas a congregaciones ubicadas en A. El libro refleja la persecución que asediaba a los cristianos a fines del siglo I d.C. al negarse éstos a adorar al emperador.   L. F. M.

ASIENTO. →SILLA.

ASIRIA. Imperio relacionado íntimamente con la historia del pueblo de Israel. Su nombre es la traducción de la voz heb. *Assur*, palabra con la cual se señala tanto la divinidad pagana, la ciudad y el país, como el imperio, especialmente en los profetas. Sin embargo, se suele usar "Asiria" para el país y el imperio y dejar "Asur" para la ciudad y la divinidad.

En sus comienzos, Asur era apenas la capital de un pequeño distrito codiciado por sus vecinos. Situada en la parte superior de Mesopota-

tros días. Hoy contamos con un gran cúmulo de literatura de todo género: crónicas militares, correspondencia diplomática y administrativa, listas cronológicas y diversos datos curiosos. Esto ha hecho posible reconstruir minuciosa-

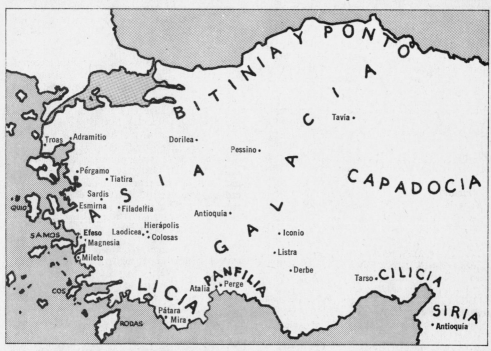

La expansión más notable del cristianismo de la época apostólica ocurrió en Asia Menor, mediante la predicación de San Pablo en sus viajes misioneros. Allí se establecieron las siete iglesias del Apocalipsis.   EBM

mia, sus linderos fueron variando con su importancia. En términos generales, iba desde el N de Bagdad hasta los lagos Van y Urmia, y de E a O se extendía desde los mtes. Zagros hasta el valle de Habur. Debido a esta situación geográfica, A. estuvo siempre expuesta a infiltraciones tanto de los nómadas como de los montañeses. Asur data del tercer milenio y se encontraba en la margen derecha del Tigris. Cuando ésta perdió importancia, la capital se trasladó a Nínive, situada en la orilla izquierda del Tigris, frente a Mosul.

Los esfuerzos arqueológicos para poner al descubierto este famoso imperio datan de hace más de un siglo. Botta descubrió el palacio de Sargón en Korsabad en 1843. Luego Layard trabajó en Nimrud (1845-47) y en Nínive (1849-51). No menos de seis enormes palacios y gran cantidad de esculturas, inscripciones y tablillas con escritura cuneiforme se encontraron en estas tres ciudades. Gracias a Rawlinson, las escrituras cuneiformes quedaron descifradas durante la primera mitad de este siglo. Desde entonces las excavaciones y hallazgos han continuado en forma casi ininterrumpida hasta nuestros días.

mente la historia y conocer detalladamente las costumbres, el arte, la religión y especialmente las hazañas guerreras de este pueblo formidable.

I. EL ANTIGUO IMPERIO

Este período va desde la caída de Ur III (ca. 1950 a.C.) hasta el fin de su dominación por los hurritas (ca. 1400). Aunque las listas mencionan a Irisum I como primer rey, ya el padre de éste, Ilusuma, había conquistado Asur. Los asirios, aunque étnicamente eran el producto de diferentes razas, lingüísticamente eran semitas.

Durante el siglo XIX, A. se distingue mayormente por su importancia comercial. Archivos encontrados en Capadocia demuestran que en ese siglo A. superaba a Babilonia en el aspecto socioeconómico. Sigue un período de decadencia que termina con el ascenso al trono de Samsi-Ada I, amorreo, quien conquista Asur y forma un poderoso imperio. Todo esto se conoce ampliamente gracias a los archivos de Mari. Este rey coloca a sus dos hijos en partes clave del imperio y mantiene así el equilibrio y grandeza del mismo. A su muerte le sucede Isme-Dagan, uno de sus hijos que, aunque sofoca varias rebeliones, al fin cae en manos del poderoso→Hamurabi juntamente con su imperio. De esta manera, A. desaparece temporalmente de la historia, y permanece bajo los hurritas hasta su resurgimiento en 1400 a.C.

solida su situación imperial con Adad-Nirari II (909-889). En adelante, cada nuevo rey no hará sino aumentar las conquistas y bañar de gloria el imperio. Los ejércitos asirios son

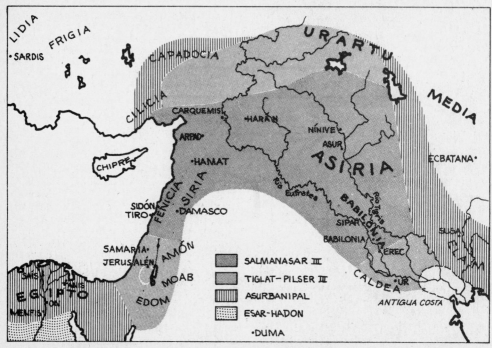

Partiendo desde Assur y Nínive, y comenzando en los tiempos de David y Salomón, los asirios paulatinamente extendieron su imperio hasta Egipto y parte de Asia Menor. Sin embargo, nunca lograron conquistar Jerusalén.   EBM

II. IMPERIO INTERMEDIO (1400-970 a.C.)

La caída del imperio hurrita (ca. 1450) propicia el resurgimiento de A. Assur-Uballit toma una buena parte de Mitani y es aclamado como "Rey de la Totalidad". No obstante, Supiluliuma, rey heteo, que se ha anexado la totalidad del imperio hurrita, impide la expansión de los asirios hacia el N, obligándolos a virar hacia Babilonia. Adad-Nirari I (ca. 1297-1266) emprende con buen éxito una campaña contra los mitani y se adueña de toda la Mesopotamia superior hasta Carquemis. Pero fue Tukulti-Ninurta I (ca. 1235-1198) quien llenó de gloria a A. conquistando Babilonia. Llega luego al trono, en 1116, el gran Tiglat-pileser I, guerrero incansable que se abre paso hasta el Mediterráneo, en donde las ciudades de Sidón, Biblos y Arvad le rinden tributo (cp. Ez. 27:8,9). Este período, que es de gran apogeo arquitectónico, legislativo y cultural, se viene abajo ca. 970, cuando termina el reinado de Assur-Rabi II.

III. NUEVO IMPERIO ASIRIO (ca. 932-612)

Después de estos años difíciles, A. resurge gloriosa con Assur-Dan II (932-910), y con ahora dueños y señores de todo el Cercano Oriente.

Con Salmanasar III (858-824) comienza lo que se podría llamar el intenso período bíblico de A. Con este rey empiezan los dolores de cabeza para los reinos de Israel y Judá. En 853, Acab, rey de Israel, organiza una coalición contra A., la cual tiene buen éxito y termina con la derrota de Salmanasar III en Karkar (1 R. 20). Pero las siguientes intervenciones asirias iban a ser funestas para ambos reinos hebreos. No obstante, debido a que A. tenía que atender problemas internos, los reinados de Uzías en Judá y de Jeroboam II en Israel pudieron ser largos, pacíficos y prósperos (2 R. 14:21ss.).

Ya con Tiglat-pileser III (745-72), las cosas vuelven a cambiar en perjuicio de Israel y de Judá (2 R. 15:14—23:37; Is. 7:6). Salmanasar V y Sargón II sitian y destruyen a Samaria y producen la ruina total de Israel en 722 a.C. Unos 27.000 habitantes de Samaria son llevados cautivos a las regiones montañosas del N. Después de este triunfo, Sargón arremete contra Acaz y hace de Judá su tributario (2 R. 17:3-6; 18:9).

Bello ejemplo de la escultura asiria es esta figura que guardaba la puerta del palacio de Asurnasirpal, rey de Asiria de 885 a 860 a.C.   BM

De ahí en adelante, hasta la caída definitiva de Nínive en 612 a.C., en todo el Cercano Oriente se impone lo que podría llamarse la "Paz Asiria". Abundante material bíblico encontramos sobre todo esto en 2 R. 18 y 19; 2 Cr. 32 y 33; Is. 36–39 y la profecía de Nahum.   A. Ll. B.

ASKENAZ. Descendiente cercano de Noé (Gn. 10:3; 1 Cr. 1:6) y poblador del territorio al S del mar Negro. Es conocido en la literatura cuneiforme por sus ataques contra Asiria, en alianza con los de Ararat y Mini (Jer. 51:27).

A los descendientes de A. se les ha identificado con los temidos escitas de los tiempos grecorromanos (Col. 3:11).   W. G. M.

ASMONEOS. → MACABEOS.

ASNAPAR. Asurbanipal de la historia secular. Esd. 4:10 lo relaciona con un "grande y glorioso" gobernante que transportó pueblos del N y del NE a las tierras de Samaria. Algunos creen que se trata de Salmanasar y no de Asurbanipal, ya que Josefo (*Antigüedades*, XI.ii.1) menciona a aquél en este contexto y también la recensión griega luciana reza aquí Salmanasar en vez de A. Sin embargo, dado que varios reyes asirios hicieron tales transportaciones, este texto probablemente se refiere a Asurbanipal.   A. Ll. B.

ASNO. Mamífero ungulado équido muy usado entre los semitas seminómadas. En la Biblia se menciona por primera vez cuando Abraham estuvo en Egipto (Gn. 12:16). Era el más común de los animales de montura (Éx. 4:20; Nm. 22:22; Jue. 10:4; 12:14). En a. se podía viajar unos 30 km por día y era insustituible en terreno montañoso. La riqueza de un hombre podía medirse mediante el número de a. que tuviera (Gn. 12:16; 24:35; Job 1:3), por lo que constituían un regalo preciado (Gn. 32:13-15).

Era, además, animal de carga (Gn. 42:26; 1 S. 16:20; 2 S. 16:1). Se usaba en las faenas agrícolas, pero se prohibía uncirlo con el buey (Dt. 22:10). La carne de a. era impura para alimentación (Lv. 11:1-8), de modo que la referencia al precio de una cabeza de a., en Samaria durante una época de hambre, revela la gravedad de la situación (2 R. 6:25).

El a. blanco se consideraba como animal digno de personas importantes (Jue. 5:10). Un escrito del siglo XVII a.C. indica que no era propio de gente real andar a caballo en vez de en a. El caballo se introdujo más tarde, princi-

Asno silvestre de las tierras bíblicas. Cuando Dios impuso al hombre un día de reposo ordenó también que se les diera descanso cada día séptimo a los bueyes y los asnos.

palmente como animal de guerra. El hecho de que Jesús haya usado un a. para la entrada triunfal es, a la vez, símbolo de su realeza mesiánica y de su misión pacífica (Zac. 9:9; Mt. 21:5).   S. D. C.

ASÓN. Puerto de Misia en la ribera norte del golfo de Adramicio, a unos 48 km de Troas por mar. Habiendo llegado a Troas a pie (la mitad de la distancia por mar), San Pablo se embarcó en A. para Mitilene (Hch. 20:13s.).

ÁSPID. Término que se refiere a varias clases de culebras muy venenosas. Aparece seis veces en el AT como traducción de la palabra heb. *peten,* y una vez en el NT como traducción de la palabra gr. *aspis.* Se menciona en relación con encantadores (Sal. 58:4) y se dice que vive en cuevas (Is. 11:8). Muchos suponen que se refiere a la serpiente egipcia *naja haje* (de color verde amarillento con manchas pardas y cuello dilatable) que es similar a la cobra de la India, aunque más pequeña. Se usa figuradamente para representar la crueldad (Dt. 32:33), la comida, que se convierte en "hiel de áspides" (Job 20:14b), y la lengua venenosa de los malvados (Ro. 3:13). En la visión apocalíptica, los niños juegan sin peligro sobre la cueva del á. (Is. 11:8).   A. J. G.

ASTORET (plural = Astarot). Diosa de la fertilidad y del amor sexual, deidad principal de los cananeos. A menudo se la presenta como el complemento femenino de Baal (Jue. 2:13; 10:6; 1 S. 7:3,4; 12:10). Se la conoce también con el nombre de Asera (Jue. 6:25; 1 R. 18:19). Parte esencial de su culto era la prostitución. Por eso se cree que el nombre A. es una forma hebrea del nombre Astarte, pronunciado por los judíos con las vocales de la palabra *bosheth,* e.d., "vergüenza".

La diosa de la fertilidad Astoret se presentaba bajo diversos nombres y formas. En esta moneda aparece con cabeza de ternera.

El culto a A., muy común entre los vecinos de Israel, pronto llegó a popularizarse también, según parece, entre los israelitas (Jue. 2:13; 3:7; 1 S. 7:3,4; 1 R. 11:5). Se luchó continuamente

contra esta forma de idolatría. Se le quitó el reino a Salomón por haber transigido con este culto (1 R. 11:33). En la reforma de Josías, todo lo relacionado con A. fue arrancado y quemado como primer paso hacia la purificación del templo (2 R. 23:4-7). (→BAAL, ASERA, CANAÁN.)   A. P. N.

ASTRÓLOGO. Entre los paganos muy pronto en la historia surgió la idea de que los movimientos de los astros afectaban el destino del hombre. Los a. eran, pues, hombres que pretendían predecir los acontecimientos futuros mediante la observación de las estrellas. Los profesionales ocupaban altos puestos y ejercían mucha influencia entre los → caldeos, asirios, egipcios, fenicios, árabes, y especialmente los babilonios (Dn. 2:2,27; 4:7).

Parece extraño que la astrología no se halle entre las cosas condenadas en Dt. 18:10s. ni en las otras listas de prácticas esotéricas que se prohíben en el Pentateuco. Quizás en el tiempo de Moisés no era muy conocida. Pero hacia el final de la historia del reino de Judá se ve que era una práctica que se condenaba con frecuencia (2 R. 23:5,12; Is. 47:13; Jer. 10:2; 19:13; Ez. 8:16; Sof. 1:5).

Se debe distinguir entre la astronomía, una ciencia legítima, y la astrología, un sistema de superstición y aun de charlatanería. (→HECHICERÍA, MAGO.)   A. P. N.

ASUERO. 1. Rey → persa mencionado en Esd. 4:6 que en la historia profana se llama Jerjes (del gr.). En el TM un rey persa del mismo nombre es una figura principal en → Ester. Aunque la LXX lo traduce Artajerjes, los exegetas generalmente están de acuerdo en identificarlo con el A. de Esdras que reinó 485-465 a.C. Algunos, no obstante, idenfitican al A. de Esdras con Cambises, hijo de Ciro que sucedió a su padre y reinó 529-527 a.C. A. (Jerjes I) es conocido en la historia general por su expedición contra Egipto (485), la destrucción de Babilonia y su malograda campaña contra los griegos (480). (→ESDRAS.)

2. Padre de →Darío de Media (Dn. 9:1).
                                                V. A. G.

ATALÍA ('Yahveh es exaltado'). Hija de Acab, rey de Israel, y esposa de Joram rey de Judá. La intrusión del reino del norte en el del sur marcó el apogeo del culto a Baal en esta última región. Ejerció su perniciosa influencia durante el breve reinado de su hijo Ocozías. Cuando éste murió, A. destruyó a todos los herederos (a excepción del pequeño Joás, a quien había escondido su tía Josabet) y reinó por espacio de seis años (*ca.* 842-837 a.C.). El sumo sacerdote Joiada, cuya esposa fue esta misma Josabet, organizó una sublevación armada contra A. y coronó a Joás. Mientras A. trataba de recuperar el poder, fue muerta cerca del templo (2 R. 8:16-27; 11:1-20; 2 Cr. 21:23).   I. W. F.

ATALIA. Puerto de Panfilia, situado en la desembocadura del río Catarractes, por la costa SO de Asia Menor. Fue fundado por el rey Atalo Filadelfo de Pérgamo (159-138 a.C.), y Pablo lo visitó en su primer viaje (Hch. 14:24-26). Hoy día las ruinas de los tiempos romanos atestiguan ampliamente su antigua grandeza.   **A. T. P.**

ATAR Y DESATAR. Pedro (Mt. 16:19) y la asamblea de los discípulos (Mt. 18:18) recibieron de Jesús el poder de "sujetar" y "libertar" en la tierra, porque Dios ata y desata en los cielos. Es difícil, sin embargo, interpretar con exactitud el sentido de lo anterior. En Israel, la expresión figurada se refería a la autoridad de los maestros en cuestiones de doctrina y disciplina de la ley (Mt. 23:13; Lc. 11:52), pero Jesús cambió el significado de la comparación.

Posiblemente la actual Tell-en-Nasbeh, 11 km al N de Jerusalén.

4. Atrot-bet-joab (1 Cr. 2:54). Puede traducirse por "coronas de la casa de Joab" y así referirse a Belén y a los "netofatitas".   **J. M. Br.**

ATENAS. Ciudad capital de Ática, en Grecia, situada en el golfo Sarónico, a 74 km de Corinto, y a unos 8 km de la costa. Estaba unida con su puerto principal, El Pireo, por una calle ancha y amurallada. Fue construida en una pequeña llanura alrededor de la Acrópolis, colina de unos 156 m de alto, donde en tiempos antiguos se edificaban los templos a los dioses paganos. Había en la Acrópolis una estatua de bronce, de 21.3 m de alto, de Atenea (Minerva), y allí estaba el Partenón, considerado el más noble triunfo de la arquitectura griega.

Orgullo tanto de la antigua como de la moderna ciudad de Atenas es el Partenón que corona su acrópolis. Los griegos adoraban a muchas deidades, pero la estrategia evangelística de Pablo fue la presentación del "Dios no conocido".   **WDR**

En Jn. 20:23 autoriza a los discípulos para remitir y retener los pecados por el poder del Espíritu Santo.

La proclamación del evangelio de la salvación, que liberta a los oprimidos, ata los poderes demoníacos y desata el poder del reino de Dios (Mt. 12:28,29). Desata de la enfermedad a una hija de Abraham después de dieciocho años de estar atada por Satanás (Lc. 13:16). Ahora la expresión se refiere a la acción libertadora de Jesús y el testimonio de su iglesia.   **R. O.**

ATAROT. 1. Una de las ciudades pedidas por las tribus de Rubén y Gad, situada al E del mar Muerto (Nm. 32:3,34); hoy es Khirbet-Attarus. No se sabe si Atarot-sofán de Nm. 32:35 es la misma.

2. Aldea en el límite E de Efraín (Jos. 16:7) que Glueck identifica con Tell-el-Mazar.

3. Atarot-adar (Jos. 16:2,6; 18:13). Ciudad situada en el límite entre Efraín y Benjamín.

A. era famosa por su devoción a los dioses (Hch. 17:16,22) y allí había abundancia de templos, estatuas y altares. Todavía no hay confirmación arqueológica de una estatua "al dios desconocido" (Hch. 17:23); sin embargo, un devoto no muy seguro de cuál de los muchos dioses le había ayudado, bien pudo haber edificado semejante altar.

En tiempos de San Pablo, era conocido el deseo que tenían los atenienses de oír novedades (Hch. 17:21), pero los pensadores se dividían en dos escuelas de filosofía muy importantes: → estoicos y → epicúreos. Epicuro fue materialista y casi ateo. Su dios estaba muy retirado de los asuntos humanos y no era el gobernador moral del universo. Para los epicúreos el placer era el sumo bien de la vida. Zenón, fundador de la filosofía estoica (denominada así por haberse originado en los pórticos [gr. = *stoa*] de A.), enseñaba que la virtud y no el placer debía ser el sumo bien. Por su énfasis en la razón como la ley suprema de la vida y su enseñanza del panteísmo, el estoicismo no tenía mucho en común con la doctrina de Pablo.

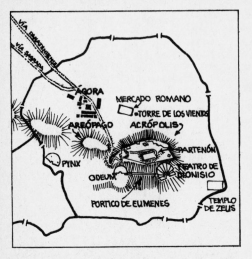

Centro de la cultura helénica y universal, Atenas fue el escenario de un intenso esfuerzo misionero de San Pablo.   EBM

Cuando Pablo, entonces, presentó su mensaje en medio del → Areópago, tuvo muy escaso éxito (Hch. 17:18-34; cp. 1 Ts. 3:1), a pesar de haber preparado el camino con polémicas en la sinagoga y en la plaza. Tanto habló de la resurrección que los burladores le acusaron de haberles traído una nueva pareja de dioses: Jesús y Anástasis (= 'resurrección').   A. T. P. y R. F. B.

ATRIO. Patio que rodeaba el tabernáculo (Éx. 27:9-19) y el templo (1 R. 6:36; 7:12), dentro del cual se hallaban el altar del holocausto (Éx. 29:42), el lavatorio (Éx. 30:18) o "mar" de bronce (1 R. 7:23-29; 2 Cr. 4:6), y el altar del incienso (Éx. 30:1-10). En el Templo de Salomón había dos a.: el interior (1 R. 6:36), donde estaba el altar y el "mar", y el gran a. (1 R, 7:12), en el cual se encontraban el templo y el palacio de Salomón.

En el a. se hacían los sacrificios cotidianos y allí se daba asilo a los prófugos (1 R. 1:50-53; 2:28-30).

El Templo de Herodes tenía varios a.: el de los sacerdotes, el de los hombres israelitas, el de las mujeres israelitas y el de los gentiles. P. S.

AUGUSTO ('digno de reverencia'). Título latino que el Senado Romano otorgó a Gayo Octavio César, el primer emperador romano (27 a.C. a 14 d.C.), y que llevaron varios de sus sucesores así como sus esposas, hermanas, madres, e hijos (→ CÉSAR).

Puesto que algunos emperadores ostentaron el título con la pretensión de merecer honores divinos, Ap. 13:1; 17:3 habla del "nombre blasfemo" de la bestia. En Hch. 25:21,25 "A." se refiere a Nerón.

Octavio (n. 63 a.C.), para quien este título se usa también como sobrenombre, era sobrino y más adelante hijo adoptivo de Julio César. Se destacó como militar, consolidando el imperio, y como administrador, estableciendo el sistema de gobierno que el imperio siguió por 300 años. Era emperador cuando nació Jesús (Lc. 2:1).

F. R. K.

AUTORIDAD. "Toda a. viene de Dios" (Ro. 13:1), y su ejercicio en la tierra debe someterse a las exigencias de la voluntad divina (Sal. 62:11; Jn. 19:10s.). Tanto la a. del hombre sobre la naturaleza (Gn. 1:28) como la del marido sobre la mujer (Gn. 3:16), o la de los padres sobre los hijos (Lv. 19:3) proceden del Juez que demanda → justicia de todos. Confiere poderes gubernamentales a paganos (1 R. 19:15; Jer. 27:6) y a Su pueblo (→MOISÉS, PROFETA, SACERDOTE, REY), no sin limitarlos por las obligaciones morales.

En el NT Jesucristo es depositario de la a. (gr. *exusía*). La manifiesta en su predicación (Mr. 1:22 //), su poder para perdonar los pecados (Mr. 2:10 //) y al disponer del sábado (Mr. 2:28 //). Jesús no responde directamente a la pregunta que le plantean los oficiales judíos sobre su a. (Mt. 21:23 //), pero sus hechos son una elocuente respuesta: tiene a. sobre la enfermedad (Mt. 8:8s. //), sobre los elementos naturales (Mr. 4:41 //) y sobre los demonios (Mt. 12:28 //). La potestad que rehusó aceptar de Satanás (Lc. 4:6) la recibirá de su Padre. Debido a su abnegación en el servicio (Mr. 10:42ss.), Jesús murió en la cruz y luego, resucitado, le fue otorgada "toda potestad *(exusía)* en el cielo y en la tierra" (Mt. 28:18); en su → segunda venida será evidente la a. de Cristo.

Los apóstoles continúan el ejercicio del poder de su Señor (Mr. 3:14s.; Lc. 10:16s.; Hch. 3:6; 2 Co. 10:8), a veces en forma disciplinaria (1 Co. 5:4s.), pero siempre en aras del servicio a Cristo y a los hombres (1 Ts. 2:6-10).

En el plural, *exusíai* puede referirse a poderes sobrenaturales (Ef. 3:10; Col. 1:15s.) que a veces se representan como seductores, o como ayudadores, de los hombres (→RUDIMENTOS).   R. F. B.

AVARICIA. Traducción de un término gr. cuya raíz significa "desear más". La malicia de la a. radica en el hecho de que el deseo de más bienes conduce a la violación de los derechos ajenos (Jer. 22:17; Ez. 22:27). El avariento busca ganancias ilícitas, y para ello se aprovecha de los otros (Pr. 1:19; Jer. 6:13; 8:10; Ez. 7:11; 22:12).

En la comunidad cristiana primitiva, la lucha contra los pecados de posesión fue importante (cp. Hch. 5:1-11). Junto con el deseo sensual, el ansia de adquisición constituye una amenaza especial para la vida nueva del cristiano (Ro. 1:29; 1 Co. 5:10s.; Ef. 5:3,5; Col. 3:5).

J. M. Bl.

AVE (pájaro). En la Biblia se usa el término a. para designar a las de rapiña en Gn. 15:11; Job 28:7; Is. 18:6; a las de corral en Neh. 5:18; 1 R. 4:23; y a los pájaros en general en Gn. 1:20; Lc. 12:24.

Moisés dividió las a. en limpias e inmundas, usando como criterio el tipo de alimentación de cada una: a las a. rapaces que se alimentan de carroña o de presas vivas las declaró inmundas; no se podían comer ni presentar en los sacrificios. Por eso figuran en la visión de Pedro en Jope (Hch. 10:11-14). La lista de a. inmundas se encuentra en Lv. 11:13-19 y Dt. 14:11-20.

Las tórtolas, los palominos y quizás alguna otra especie fueron prescritos en la ley de Moisés como aptos para el holocausto (Lv. 5:7-10; 14:4-7; Lc. 2:24), provisión que permitía a los pobres cumplir con el ritual.

Algunas características propias de las a. se mencionan en la Biblia: sus migraciones (Pr. 27:8; Jer. 8:7), su aguda visión (Job 28:7,21), su canto (Ec. 12:4; Cnt. 2:12), etc. La caza de las a. se presta para ilustrar verdades abstractas (Sal. 124:7; Pr. 6:5; 7:23; Ec. 9:12).

Con las costumbres de las a. se ilustran las más variadas circunstancias de la vida humana y de la fe: la felicidad de estar en la casa de Dios, Sal. 84:3; la seguridad del creyente, Sal. 11:1; la providencia de Dios, Mt. 6:26; Lc. 12:6,7; la obra de Satanás, Mt. 13:4,19; //.

F. U.

AVÉN ('vacío', 'nada'). 1. Nombre que Ezequiel dio a la ciudad egipcia de → On (30:17).

2. Nombre con que Oseas se refirió a → Betel, para dar a entender que ya no era "casa de Dios", sino casa de idolatría (Os. 10:8).

3. Pueblo en un valle entre el Líbano y el Antelíbano en la región de Damasco (Am. 1:5).

J. E. G.

AVENA. → CENTENO.

AVENTADOR. Especie de bieldo largo y de madera, en forma de pala dentada, que se usaba para arrojar el grano al viento después de trillarlo, para separar el tamo (Is. 30:24; Jer. 15:7).

Al levantarse la brisa en el mes de junio, los campesinos llevaban su grano a la era y lo aventaban. Por extensión el verbo "aventar" adquirió un sentido escatológico y figurado para indicar el juicio de Dios (Ez. 5:10-12). Juan el Bautista usó esta figura para ilustrar la obra de Cristo quien vendría para separar a los buenos de los malos (Mt. 3:12; Lc. 3:17). (→ TRILLAR.)

J. E. G.

AVEOS. Descendientes de Canaán, en el SE de Palestina. Fueron expulsados por los filisteos (Dt. 2:23); pero estaban allí en tiempos de Josué (Jos. 13:3).

E. A. N.

AVESTRUZ. La mayor de las aves corredoras conocidas en la actualidad: llega a 2.50 m de altura. El plumaje de la hembra es gris; el del macho es negro. Ambos sexos carecen casi por completo de plumas en el cuello y la cabeza. Sus alas no son aptas para el vuelo, pero sí útiles como auxiliares en la veloz carrera típica del animal (Job 39:18).

El avestruz, más rápido que un caballo corre pero su poca inteligencia permite que sea capturado con relativa facilidad. Es deseado principalmente por sus hermosas plumas.

Las referencias al a. en Job 39:14,15 y Lm. 4:3 aluden a la manera en que incuba sus huevos. El a. es polígamo. Tres o cuatro hembras ponen sus huevos en un nido común apenas excavado en la arena. Durante el día estos huevos son incubados por el calor del sol. Al llegar la noche el a. los incuba con su calor. Deja sin incubar algunos huevos al borde del nido, para que sirvan de alimento a los recién nacidos.

A su grito plañidero se refieren Mi. 1:8 y Job 30:29. Los árabes tienen una expresión: "Estúpido como un avestruz" con la que concuerda Job 39:17. Para los hebreos era un animal inmundo (Lv. 11:16; Dt. 14:15).   F. U.

AVISPA. Insecto himenóptero que vive en grandes enjambres. Es peligroso por su aguijón, con el que inyecta una sustancia irritante. Eran tan abundantes en Palestina que llegaron a ser una plaga. "Zora" significa lugar de a. (Jos. 15:33). Su miel se usa como la de las abejas. Hay en Palestina cuatro especies: dos que hacen nidos entre las piedras, y dos, bajo tierra. Atacan tanto al hombre como al ganado y a los caballos. En Éx. 23:28 y Dt. 7:20, se ve que Dios las usó para castigar a los pueblos cananeos, a no ser que estas citas se entiendan en sentido metafórico.

En Dt. 1:44 la voz hebrea que se traduce por a. debe traducirse por "abeja", y la que en Jos. 24:12 se traduce por "tábano" debe traducirse por a.   S. C.

AY. Exclamación muy común que expresa lástima, pena, o conmiseración. A juzgar por Lc. 6:20-26, "a. de . . ." es lo opuesto a una → bienaventuranza; colocarlos juntos es una aleccionadora paradoja.

Aunque Jesús parece amenazar con sus a., no se trata de un juicio final tanto como de una descripción de un infortunio (Mt. 11:21). El vidente de Patmos llama a. a las tres últimas de las siete trompetas (Ap. 8:13; 9:12; 11:14).
                                          R. F. B.

AYO. Traducción de la voz gr. *paidagogós* que significa "el que guía a los niños", pero que no alude a la figura del maestro *(didáskalos)*.

En el mundo grecorromano, los primeros años del niño transcurrían en el "gineceo", bajo la vigilancia de la madre y de la "nutricia". Pero a los 7 años el niño abandonaba el control femenino para pasar a manos del a., cuya función era acompañar a su joven amo en las salidas diarias, cuando iba a la escuela, o a la palestra, o a cualquier ceremonia pública. Le llevaba su equipo escolar y por la calle cuidaba de que el niño observara una conducta decente, caminara con los ojos bajos y cediera el paso a las personas mayores.

En los dos pasajes en que Pablo utiliza esta palabra (1 Co. 4:15; Gá. 3:24), le da un sentido peyorativo. En el primero, establece un contraste entre su propio papel como padre espiritual y el de los muchos "ayos". En el segundo no quiere decirnos que la ley educa a los hombres para Cristo (esto sería labor del *didáskalos*), sino que la ley ocasiona las transgresiones, y conduce a los hombres a la situación en la que la gracia de Dios quiere salirles al encuentro. Una vez confiados a tal gracia, sería ilógico volver atrás a la etapa inmadura del a.
                                          C. R.-G.

AYUNO. Ejercicio espiritual que consiste en abstenerse de comidas. La Ley de Moisés conoce un solo día de a.: el día de expiación (Lv. 16:29; 23:27-32). Después del exilio hubo cada año cuatro a. nacionales (Zac. 8:19) que conmemoraban la caída de Judá. Personas aisladas también observaban voluntariamente ciertos a. (cp. Nm. 30:14-16). Notables ejemplos son los a. de Moisés (Éx. 34:28), de Elías (1 R. 19:8), y de David (2 S. 12:15-23). Después del destierro babilónico se difundió la costumbre; algunos fariseos ayunaban cada lunes y jueves (Lc. 18:12), y Ana lo hacía con frecuencia (Lc. 2:37).

Aunque el a. duraba generalmente un día (hasta el anochecer), la Biblia cita a. de tres días, siete días, tres semanas, y cuarenta días. Se hacían con motivo de la muerte de un ser querido o para conmemorar catástrofes nacio-

nales; y para implorar la ayuda de Dios, discernimiento o perdón. Jesucristo, en relación con su tentación en el desierto, ayunó también cuarenta días (Mt. 4:2). En su enseñanza daba por sentado que sus oyentes ayunaban (Mt. 6:16-18) y no repudió el a. cuando se criticó a sus discípulos por no practicarlo como los discípulos de Juan Bautista o a la manera de los fariseos (Mt. 9:14-17; Mr. 2:18-22; Lc. 5:33-39). Pero sí subrayó, con su figura de la alegría matrimonial, el nuevo contexto escatológico del a. Al respecto, vale notar que las palabras "y ayuno" no aparecen en los mejores mss. de Mt. 17:21 y Mr. 9:29; fueron añadidas por un copista en una época postapostólica, cuando el a. estaba más difundido. Semejantes son los casos de Hch. 10:30 y 1 Co. 7:5.

Pablo practicaba el a. en forma individual (Hch. 9:9; 2 Co. 6:5; 11:27) y la iglesia ayunaba en forma colectiva cuando había que tratar un asunto espiritual de importancia (Hch. 13:3; 14:23). Por más recomendable que sea el a., hay advertencias contra el formalismo y el orgullo espiritual que dicha práctica puede engendrar (Zac. 7:5; Mt. 6:16).   P. W.

AZADA, AZADÓN.

AZAFRÁN. Planta mencionada en Cnt. 4:14. Probablemente el *Crocus sativus*, planta pequeña de la familia de las iridáceas. Los estilos y estigmas de sus flores se secan y se usan como condimento y también en medicina y perfumería.   J. A. G.

AZARÍAS ('el Señor ha ayudado'). Nombre de 24 personajes en la Biblia, entre los que se cuentan sacerdotes, capitanes, siervos y un profeta. (Cp. *Concordancia.*)

Llevaba este nombre el décimo rey de Judá, que también se llamaba Uzías (2 R. 15:1-7; 2 Cr. 26). Escogido por el pueblo a la edad de 16 años para suceder a su padre asesinado, reinó cincuenta y dos años e hizo lo recto ante Jehová. Durante su reinado hubo un gran terremoto (Am. 1:1; Zac. 14:5). Dirigió victoriosas campañas militares contra los filisteos, los árabes y los amonitas, y reedificó la ciudad edomita de Elat. Fortificó la ciudad de Jerusalén, y edificó torres en los muros. También promovió la agricultura. Durante los días de Zacarías, un profeta piadoso, A. persistió en los caminos de Dios.

Sin embargo, "cuando ya era fuerte, su corazón se enalteció para su ruina". Entró en el templo para ofrecer incienso en el altar, lo cual era exclusividad sacerdotal. Pero el sumo sacerdote y ochenta sacerdotes se le opusieron. El rey, pese a la oposición, intentó realizar su propósito, por lo que Dios le hirió con lepra, y el rey tuvo que retirarse apresuradamente. Quedó leproso hasta su muerte, y su hijo Jotam se encargó del gobierno (2 Cr. 26:16-22).
                                          D. M. H.

AZAZEL. El ritual levítico establecía que el sumo sacerdote debía presentar delante de Jehová, en el día de la expiación, dos machos cabríos, sobre los cuales echaría suertes: una suerte por Jehová, y otra por A. Después que el sacerdote ponía las manos en la cabeza del macho cabrío por A. y confesaba sobre éste todos los pecados del pueblo, el animal era llevado al desierto. La única mención que la Biblia hace de A. está en Lv. 16:8,10,26. (En la época de Cristo, se dejaba caer a este macho cabrío, desde una roca alta, a un precipicio distante 19 km de Jerusalén.)

No ha sido posible identificar exactamente a A. Según la etimología del nombre, el significado principal es "quitar", "conducir hacia un lugar desierto", o el mismo sitio desierto (Lv. 16:21,22). Hay algunos, sin embargo, para quienes A. significa el macho cabrío y otros que lo interpretan como un demonio o Satanás mismo. En todo caso, la enseñanza de purificar al pueblo, alejando simbólicamente sus rebeliones para facilitar de ese modo la reconciliación con Dios (Lv. 16:10), se cumple satisfactoriamente en Cristo, de quien Juan el Bautista dijo: "He aquí el Cordero de Dios, que quita el pecado del mundo" (Jn. 1:29). (→DÍA DE EXPIACIÓN.)   A. R. D.

AZECA. Ciudad cananea de la Sefela, a 24 Km al NO de Hebrón, hasta donde Josué persiguió a los cananeos (Jos. 10:10,11). En la partición correspondió a Judá (Jos. 15:35). Como fortificación se menciona en relación con Saúl (1 S. 17:1) y Roboam (2 Cr. 11:9). Fue asediada y destruida por Nabucodonosor (Jer. 34:7). Nehemías la rehabilitó (11:30).   A. Ll. B.

AZOTE. Pena prevista por Dt. 25:1-3, pero limitada "a cuarenta azotes, no más" para que "tu hermano no quede envilecido delante de tus ojos".

Este castigo no parecía muy deshonroso en sí mismo, pero llegaba a serlo cuando ponía al castigado en estado lamentable. La legislación posterior, para estar segura de no sobrepasar el número de cuarenta, más bien por sentimientos de piedad, ordenó que se dieran treinta y nueve a. Se administraba esta pena con un flagelo de tres correas. Y, así, cada golpe equivalía a tres. Se daba, por tanto, trece golpes (3 X 13 = 39). La ley asiria administraba este castigo con mayor prodigalidad.

Por el Talmud y por el NT se sabe que este castigo se ejecutaba a menudo en la sinagoga (Mt. 10:17; 23:34; Mr. 13:9; Hch. 5:40; 22:19). La flagelación judía debió de irse sustituyendo paulatinamente por la flagelación romana. Así se deduce probablemente de 2 Co. 11:24,25, donde Pablo distingue entre los treinta y nueve golpes recibidos cinco veces de los judíos y las tres veces que fue azotado.

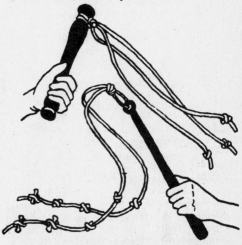

Azotes corrientes de la antigüedad de tres y dos cuerdas, respectivamente, con que se administraba el castigo. La Biblia limitaba estrictamente esta pena para que el azotado no fuera "envilecido".

La *Lex Porcia* prohibía que un ciudadano romano fuese azotado (cp. Hch. 16:37). A Jesús se le aplicó seguramente la flagelación romana, mucho más cruel que la judía, y probablemente dentro del pretorio (Mr. 15:15 y //).

             C. R.–G.

AZOTO. →ASDOD.

AZUFRE. Metaloide amarillo, inflamable. Se encuentra puro y en combinación con otros metales con los cuales forma sulfuros. Como al inflamarse se derrite, los antiguos se aterrorizaban ante estos ríos de fuego. Abunda en la región del mar Muerto, y la destrucción de Sodoma y Gomorra se atribuye a una lluvia de a. (Gn. 19:24,25). Por las características del a. se usa en sentido metafórico, para referirse a los juicios de Dios sobre los rebeldes. A menudo se relata la desolación consiguiente (Dt. 29:23; Sal. 11:6; Ez. 38:22; Ap. 9:17).   E. H. T.

B

BAAL ('poseedor' o 'señor'). Nombre usado en el AT principalmente para referirse al dios de la fertilidad de los →cananeos, cuyo culto se introdujo entre los hebreos (Nm. 22:41; Jue. 2:13; 6:28-32). Durante el reinado de Acab y Jezabel, 450 profetas de B. y 400 sacerdotes de Astoret vivieron en palacio; se puso gran empeño en erradicar el culto a Jehová (1 R. 18). La matanza de todos los profetas falsos por Elías no extirpó totalmente este culto (2 R. 10:18-28). Siguió la lucha contra la tendencia de los israelitas hacia el culto a B. y la promoción de la idolatría (2 Cr. 21:5,6,11; 22:3). Joiada se opuso valerosamente al culto a B. Destruyó los ídolos y altares, y dio muerte a los sacerdotes (2 R. 11:17,18). Sin embargo, vez tras vez las imágenes y la adoración de B. reaparecieron en Israel, principalmente bajo el patrocinio de los reyes malos (2 Cr. 28:2; 2 R. 21:3). En la reforma del buen rey Josías todos los vestigios de la idolatría fueron extirpados (2 R. 23:4,5).

Los templos y altares de B. se construían por lo general sobre lugares altos (Nm. 22:41; Jer. 19:5), rodeados a veces de numerosas imágenes de este dios. El culto consistía en actos repugnantes tales como el sacrificio de niños (Jer. 19:4,5), la fornicación, ritos lascivos (1 R. 14:24), y el besar a la imagen (1 R. 19:18). La adoración de B. frecuentemente acompañaba al culto de Astoret (Jue. 2:12,13), y había cerca una "Asera" (Jue. 6:28-30; 1 R. 16:32,33). →ASTORET, ASERA, LUGARES ALTOS y MOLOC.

Cada pueblo podía tener su propio B. Se les designaba con el nombre común de B. combinado con el del lugar (p.e. Baal-Gad, Baal-Hazor, etc.).

B. también era nombre de un dios particular, p.e. Bel-Merodac (Jer. 50:2), ídolo de los babilonios y de los asirios; Baal-Peor ('Señor de Peor') un ídolo inmundo de los moabitas (Nm. 25:3,5; Os. 9:10) y Baal-zebub ('Señor de las moscas'), dios de los filisteos (2 R. 1:2).

B. era nombre de varias personas en días primitivos de Israel (1 Cr. 8:30,33,34; 9:39).

Más tarde, cuando todo lo asociado con B. llegó a ser blanco del ataque de los profetas, se prohibió usar el nombre como referencia a Dios, y podemos suponer, también a seres humanos (Os. 2:16). En el NT el nombre Beelzebú ('el príncipe de los demonios', Mt. 10:25; etc.), obviamente se deriva de Baal-zebub. (→BAAL-ZEBUB.) A. P. N.

BAAL-BERIT ('Señor del pacto'). Dios cananeo por el cual "se prostituyeron" los israelitas después de la muerte de Gedeón. Su santuario se hallaba en Siquem (Jue. 8:33; 9:4,46). "Berit" quizá se refiera al pacto hecho entre los devotos y su dios. A. P. N.

BAAL-MEÓN. Ciudad edificada por los rubenitas al E del Jordán (Nm. 32:38), y el pueblo natal de Eliseo de acuerdo con la tradición. Probablemente se llamó primero Beón (Nm. 32:3), y después Bet-baal-meón (Jos. 13:17) y Bet-meón (Jer. 48:23). Jeremías (49:23) y Ezequiel (25:9) lo conocían como ciudad moabita, pero se ignora cuándo pasó a Moab. D. J.-M.

BAAL-PEOR. Dios del mte. Peor en Moab. Israel cedió ante la tentación de participar en los inmorales ritos de la fertilidad que caracterizaban el culto a este dios. Su participación provocó a Jehová y ocasionó la muerte de 24.000 israelitas (Nm. 25; Dt. 4:3; Sal. 106:28; Os. 9:10; 1 Co. 10:8). D. J.-M.

BAAL-ZEBUB ('Señor de las moscas'). Dios filisteo cuyo santuario se hallaba en Ecrón. Ocozías, rey israelita, quiso consultarlo pero Eliseo se lo impidió (2 R. 1:1-6,16).

B. puede aludir al dios que producía o prevenía la peste de las moscas. O es posible que su verdadero nombre haya sido Baal-Zebul ('señor elevado' o 'señor príncipe'), un dios bien conocido en los textos de →Ugarit, y que los judíos para hacer burla de él lo llamaran "señor de las moscas". A. P. N.

BAAL-ZEFÓN ('Señor del norte'). Lugar cerca del cual acamparon los israelitas (Pi-hahirot) antes de cruzar el mar Rojo (Éx. 14:2; Nm. 33:7). El nombre es idéntico al de un dios cananeo adorado en Egipto, y señala, sin duda, el centro de su culto, establecido para reforzar la defensa de la región.   D. J.-M.

BAANA ('hijo de aflicción'). 1. Benjamita de Beerot, hijo de Rimón. B. y su hermano Recab asesinaron secretamente a su amo, Is-boset hijo de Saúl, y llevaron su cabeza a David (2 S. 4:1-12).

2. Padre de Heleb, uno de los treinta valientes de David (2 S. 23:29; 1 Cr. 11:30).

3. Hijo de Ahilud, uno de los doce gobernantes bajo Salomón (1 R. 4:12).

Otros tres o cuatro de este nombre se encuentran en 1 R. 4:16; Esd. 2:2; Neh. 3:4; 7:7; 10:27.   J. M. Br.

BAASA. Hijo de Jeroboam I. Tercer rey de Israel (*ca.* 909-886 a.C.). Anteriormente había sido general del ejército de Nadab. Mató a Nadab durante el sitio al pueblo filisteo de Gibetón y luego exterminó toda la casa de Jeroboam de acuerdo con la profecía de Ahías (1 R. 14:7-11). Guerreó continuamente contra Asa, rey de Judá, y ocupó Ramá, 7 km al N de Jerusalén, pero Asa, en alianza con Benadad de Damasco, recobró su territorio. Jehú profetizó contra B. por su pecado (1 R. 16:1-7). Le sucedió su hijo → Ela.   W. C. W.

BABEL ('puerta de Dios'). 1. Una de las ciudades fundadas por Nimrod (Gn. 10:8-10) en la tierra de Sinar (Sumer); → BABILONIA.

2. Torre construida en una llanura de la tierra de Sinar (Gn. 11:1-9). Se ha identificado con las ruinas de una torre escalonada (*ziggurat*) de *es-sahn*, excavadas en 1913. Es la torre de un templo de siete pisos, con una altura de 90 m y una sólida base subterránea de unos 90 m por lado. En el piso más alto se hallaba un templo, o casa de bodas, de la divinidad, Marduc.

La forma del *ziggurat* se desarrolló en Babilonia *ca.* 3000 a.C., pero Gn. 11 tal vez hable de un prototipo de fecha anterior.

Algunos comentaristas creen que la confusión de lenguas (v. 7) es universal y literal, explicando así el origen de la diversidad de idiomas; otros creen que el texto habla de un juicio local (→ DILUVIO). La confusión se puede interpretar tàmbién como un milagro del oído, como algunos lo hacen en el caso de Pentecostés. No hay indicios de un idioma escrito antes del Sumer, *ca.* 3000 a.C. (el cual no tiene relación evidente con otros idiomas conocidos). Por eso es imposible ser dogmático en cuanto al origen y desarrollo de la variedad de idiomas. Pero, sí hay pruebas de la dispersión de los hombres (Gn. 11:8s.) mucho antes de la cultura sumeria.

Sin embargo, la enseñanza básica del pasaje no es del origen de los idiomas, sino del desarrollo del pecado humano. El desorden en el mundo internacional no figuraba en el plan original de Dios, sino resultó como castigo por la rebelión del hombre. Los esfuerzos unificadores de éste (sus obras) son siempre incompletos e insuficientes, y contrastan con la obra salvadora de Cristo y con la ciudad de Dios que desciende del cielo (Ap. 21:2). La variedad de idiomas y culturas ahora obstaculiza la comunicación y representa un juicio de Dios, pero seguirá en la eternidad (Ap. 22:2) como bendición y oportunidad para expresión creativa de la gracia de Dios.   T. D. H.

Bibliografía
Pacios A., "Babel, La Torre de" EBDM I, 995-999; Parrot, A. *La Torre de Babel*, Barcelona: Ediciones Garriga, S. A. 1962; Prado J., "La Ciudad y la Torre de Babel" (Gn. 11:1-9), *Estudios Bíblicos* II, 1950, 273-294.

BABILONIA (ciudad). Antiquísima ciudad a orillas del Éufrates cuyo nombre hebreo es → "Babel", y a la que se refiere la narración de Gn. 11:1-9. Se han hecho varias expediciones arqueológicas a B., pero todas han tenido que

Reconstrucción de la gran Babilonia, cuyo nombre se deriva, según opinan algunos, de la Torre de Babel. Véase el *ziggurat* (templo-torre) a la izquierda.   OIUC

Otro aspecto de Babilonia que muestra los restos de los famosos jardines colgantes. OIUC

dro conquistó el imperio persa, B. cayó en sus manos, y allí fue adonde el gran conquistador macedonio regresaría posteriormente para morir. Su sucesor Seleuco I fundó sobre el Tigris, a poca distancia de B., la ciudad de Seleucia, que sería capital de su reino. A partir de entonces, la importancia de B. comenzó a declinar. En tiempos neotestamentarios era sólo una pequeña población. Poco después desapareció completamente, y no quedaron de ella más que sus ruinas, que aún dan testimonio de la grandeza que tuvo una vez.

Naturalmente, la configuración de B., que existió por casi 3000 años, varió mucho con el correr de los siglos. Su importancia, desde el punto de vista del estudio bíblico, es mayor durante los tiempos de Nabucodonosor. El esplendor de la ciudad en esa época era extraordinario, y por ello los escritores bíblicos la llaman "la admiración de toda la tierra" (Jer. 51:41), "la belleza de la excelencia de los caldeos" (Is. 13:19), "la señora de los reinos" (Is. 47:5) y "la grande" (Dn. 4:30). Por las excavaciones arqueológicas, así como por el testimonio bíblico (Jer. 51:58), sabemos que B. era una ciudad fuertemente amurallada. Estaba construida en forma de rectángulo dividido de N a S en partes desiguales por el Éufrates. La porción que se encontraba al E del río era conocida como la "antigua" ciudad, y la parte occidental era llamada la "nueva", lo cual hace suponer que B. originalmente se encontraba sólo al E del Éufrates. Todo este rectángulo estaba rodeado por dos murallas paralelas, y un foso exterior, también paralelo a las murallas. En época de Nabucodonosor II, se construyó otra muralla al E de la ciudad antigua, para proveer mayor protección contra los ataques del enemigo. Las principales puertas de entrada, a través de las

limitarse a excavar los niveles más superficiales, y por tanto más recientes de la ciudad. En todo caso, se sabe que B. existía ya en el tercer milenio a.C., por las referencias a ella en varias inscripciones cuneiformes.

Ca. 2000 a.C., B. era una ciudad de cierta importancia, pues servía de capital a una de las provincias del reino de → Ur. Poco después se independizó y sirvió de capital a un reino cuyo soberano más famoso fue → Hamurabi. *Ca.* 1595 a.C., fue atacada y tomada por los → heteos, pero esto no destruyó su hegemonía en el S de Mesopotamia. A principios del primer milenio a.C., al surgir el gran imperio → asirio, B. fue conquistada y unida a éste. Su resistencia, sin embargo, fue tal que, en el año 689, los asirios la destruyeron completamente. A pesar de ello, B. volvió a surgir de sus escombros, y continuó oponiéndose al poderío asirio.

En el año 608, desaparecido el poder de los asirios, B. llegó a ser la capital del reino → caldeo. Fue esta la época más gloriosa de su historia. Terminó cuando, en el año 539 a.C., → Ciro dirigió a los persas en la conquista del reino caldeo, y B. se rindió. Cuando → Alejan-

Todo lo que queda de la gloria babilónica hoy se halla en ruinas dispersas en un área aproximada de ocho kilómetros cuadrados en las riberas del Éufrates. MPS

dos murallas paralelas, estaban ricamente adornadas con relieves hechos de centenares de lozas
cuadradas. Los temas principales de estos relieves eran leones, toros y dragones.

Dentro de la ciudad el edificio más imponente era el Templo de Marduc, al que posiblemente se refiere el Gn. en la historia de la torre
de → Babel. Este templo se encontraba casi en el
centro de la ciudad, en la ribera oriental del
Éufrates. El antiguo historiador Herodoto ha
conservado para la posteridad una valiosa descripción del lugar.

sino también su corrupción e idolatría. En ese
sentido se utiliza en 1 P. 5:13, que parece referirse no a la B. histórica sino a → Roma. También a Roma se refiere Ap. 17–18, aunque se
trata, no sólo de la gran ciudad y su imperio,
sino de ella como encarnación de los poderes
malignos que se oponen al Señor hasta el día
postrero. Como en el AT, una vez más se oponen B. y Jerusalén, aunque ahora se trata de su
confrontación final.   J. L. G.

BABILONIA (región e imperio). El nombre de B.
se le da también a la región de límites impre

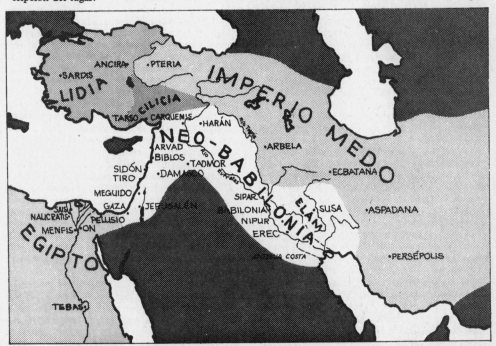

La antigua Babilonia floreció bajo el reinado de Hamurabi, pero luego cayó sucesivamente en
manos de los kasitas, heteos y asirios. La gloriosa Babilonia de Nabucodonosor y de los tiempos de Daniel representa el resurgimiento del antiguo imperio bajo la dinastía de los caldeos.
Por lo tanto suele llamarse Neobabilonia o Caldea.   EBM

Como toda gran ciudad, B. se distinguió, no
sólo por su prosperidad, sino también por su
pompa y la laxitud de sus costumbres. Su idolatría resultaba repugnante a los escritores bíblicos. Además, B. fue la capital del gran imperio
que durante largo tiempo rivalizó con Egipto
por la supremacía sobre Palestina y las regiones
circundantes. Como esto culminó con la caída
de Jerusalén y el exilio, y puesto que B. era una
ciudad dada a la idolatría, en el AT son frecuentes las profecías contra ella (v.g. Is. 13:
1-22; 14:22; 47; Jer. 25; 50; 51; etc.).

A consecuencia de esto, en los primeros años
de nuestra era, B. era tenida por judíos y cristianos como la encarnación de toda suerte de
abominaciones. También se le utilizaba para referirse a Roma, queriendo significar con ello no
sólo el inmenso poderío de la ciudad italiana,

cisos situada en el curso inferior de los ríos
Tigris y Éufrates. Su centro es una llanura a la
que algunos textos dan el nombre de Sinar (Gn.
10:10; 11:2; 14:1; Zac. 5:11). Al E de B. se
encuentra la región montañosa de Elam. Sin
embargo, puesto que la transición de la llanura
a las montañas tiene lugar muy paulatinamente,
los límites entre B. y Elam siempre dependieron
del poderío militar de una u otra región. Al O
B. se extiende hasta el desierto de Arabia. Debido a que los babilonios rara vez se inclinaron
a atravesar ese desierto, y a que había innumerables grupos nómadas que se dirigían a B. a
través de él, la influencia de estos pueblos nómadas sobre B. fue grande a través de toda su
historia. Los límites de B. hacia el S y el N no
eran tan precisos. Durante la hegemonía de B.
se le daba ese nombre a todo el S de Mesopo

tamia, que se extendía hacia el N hasta las fronteras mismas de Asiria. Sin embargo, en otros tiempos, se distinguían de B. propiamente dicha las regiones de Sumeria y Caldea al S y las de Asiria y Mesopotamia al N. (En la antigüedad, el término "Mesopotamia" generalmente no se aplicaba a toda la región entre el Tigris y el Éufrates, sino a una zona mucho más pequeña que se encontraba entre el Tigris y el Zab.)

Las condiciones geográficas de B. determinaron en gran medida el modo de vida de sus habitantes. Los ríos Tigris y Éufrates, con sus inundaciones periódicas —aunque no tan precisas y abundantes como las del Nilo— permitían la irrigación de una vasta región mediante toda una red de canales y compuertas. De este modo B. llegó a ser una de las regiones más fértiles del mundo. Como la piedra era escasa, los babilonios construían sus edificios con ladrillos que a menudo sólo amontonaban unos sobre otros, aunque otras veces los unían con fango o alguna materia semejante. Por esta razón la mayoría de sus enormes construcciones, que una vez asombraron al mundo, han quedado reducidas a montones de ruinas. La topografía de la región también la dejaba abierta a múltiples situaciones, de modo que en B. vivieron, a través de los siglos, diversos pueblos y se hablaron varios idiomas, como el sumerio, el arameo y otros.

Las ciudades más importantes de la región babilónica, en tiempos de su mayor extensión, eran además de B.: → Ur, de donde partió Abraham en su peregrinación (Gn. 11:27-31); → Erec (Gn. 10:10); Nipur, que data de la época de la hegemonía sumeria, y en la que se han hecho importantísimas excavaciones, y → Cuta, de donde se dice que procedían algunas de las personas que Sargón II utilizó para repoblar Samaria después de tomarla (2 R. 17:24).

Cuando aparecen los primeros registros históricos, B. se encontraba dividida en una serie de ciudades, cada cual su rey, que a menudo chocaban y se disputaban la hegemonía. Esta situación desapareció cuando Sargón de Agade logró unificar por primera vez toda la Mesopotamia del S bajo un solo rey —al menos, a él atribuyen las antiguas leyendas este gran logro—. En todo caso, el poderío de Agade no duró mucho, pues los pueblos de las montañas, al invadir la llanura, lo destruyeron. Poco después Ur logró establecer su poderío sobre toda la región, aunque sólo para perderlo a causa de una invasión por parte de los elamitas. Surgieron entonces tres dinastías simultáneas en Isín, Larsa y B., hasta que → Hamurabi, rey de B., logró imponer su poderío y organizar la región en un vasto imperio en el que las demás ciudades quedaron relegadas al rango de capitales provinciales. Sus sucesores no pudieron retener el imperio formado por él, sino que vieron limitado su poder cada vez más hasta que la propia B. fue tomada por los → heteos.

La segunda y tercera dinastías de B. ocupan un período de aproximadamente 600 años, durante los cuales B. no logró reafirmar su poderío, y de los cuales es poco lo que sabemos. La tercera dinastía fue destruida por una invasión elamita. Fue durante la cuarta dinastía, bajo → Nabucodonosor I, cuando B. comenzó a restablecerse de su decadencia, aunque muy lentamente. Este proceso fue interrumpido en el siglo VIII a.C., cuando → Asiria logró establecer su poderío sobre toda Mesopotamia. El imperio asirio duró poco más de un siglo. Su capital, Nínive, fue capturada por los medos en el año 606 a.C. Aprovechando esta coyuntura, B. se hizo independiente bajo una dinastía que procedía del S de la región, de → Caldea. Por esta razón, frecuentemente se da el nombre de "Caldea" al reino neobabilónico que sucedió a Asiria en el dominio de Mesopotamia. El más importante de los reyes caldeos fue → Nabucodonosor II. El último de ellos fue Nabónido, cuyo hijo → Belsasar gobernaba representativamente la ciudad de B. cuando ésta fue tomada por → Darío.

Con la caída de Nabónido, termina la historia independiente de B. Desde entonces pasó a formar parte del imperio de los medos y persas. Cuando Alejandro derrotó a los persas, quedó unida a su imperio, y luego pasó a manos de su sucesor Seleuco I. Al resurgir el imperio persa, B. quedó supeditada a él, para luego ser conquistada por los musulmanes. El período de la civilización babilónica que más interesa al estudioso de la Biblia será discutido aparte bajo el título de "Caldea".

La religión de los babilonios era politeísta, hasta el punto de que son más de 2.500 los nombres de sus dioses. A los dioses se les representaba mediante imágenes, generalmente de forma humana, en las que se creía que residía el dios representado. Los hombres se creían dirigidos por un destino prefijado, y no había esperanza de una vida después de la muerte. (→ Ur.)   J. L. G.

BAHURIM. Pueblecito o suburbio de Jerusalén al NE del mte. de los Olivos. Simei, enemigo de David, vivía en B. (2 S. 16:5-13; 19:16-23; 1 R. 2:8). Pero también había amigos de David en B. (2 S. 17:16-21; cp. 3:12-16).   W. G. M.

BAILE. Movimientos cadenciosos del cuerpo, casi siempre acompañados con música. Entre los griegos el b. o danza formaba parte de la educación nacional. En algunas tumbas egipcias se conservan escenas de banquetes con intervención de bailarinas. Entre los hebreos se utilizaba el b. para celebrar efemérides nacionales (Éx. 15:20,21), para recibir a los héroes (Jue. 11:34; 1 S. 18:6) y para manifestar regocijo por alguna bendición especial (2 S. 6:14; Jer. 31:4,13; Lc. 15:25). También figuraba en los servicios religiosos y actividades que tenían que ver con expresiones de la fe (Sal. 149:3; 150:4).

El b. entre los hebreos era ejecutado principalmente por damas; rara vez danzaban los hombres (Jue. 21:21; Jer. 31:13). Según prueba la Biblia, nunca existían en estas danzas los incentivos sensuales que son característicos del b. moderno. Por lo general, la gente danzaba

ante Dios y lo hacían también los niños (Lc. 7:32 //) y las doncellas (Jue. 11:34; Jer. 31:13). Además, estos b. se ejecutaban en grupos (Jue. 21:21; Sal. 68:25; Judit 16:13). Las únicas referencias a un b. que podríamos llamar impropio, son el caso de Salomé (Mt. 14:6) y la orgía de Éx. 32:19.   A. P. P.

BALAAM ('devorador' o 'glotón'). Vidente famoso, hijo de Beor, que vivía en Petor de Mesopotamia. Según Jud. 11, es ejemplo de un hombre religioso que sucumbe ante la tentación de la avaricia (Nm. 22:1-20).

Cuando Balac, rey de Moab, le pidió maldecir a los israelitas, B. consultó inmediatamente a Jehová, quien le prohibió hacerlo (Nm. 22:8-13). Al llegar otros emisarios de Balac con la misma petición, B. les reiteró la negación de Dios (Nm. 22:18). No obstante, volvió a consultar a Jehová. Esta vez Dios le dijo: "Vete con ellos; pero harás lo que yo te diga."

Camino de Moab un ángel intentó obstruirle el paso. B. no lo vio, pero su asna sí, y Dios la hizo hablar para reprender al profeta. Su avaricia lo llevaba por un camino peligroso. B. confesó que había pecado, pero siguió adelante según le indicó el ángel (Nm. 22:34ss.).

B. es también ejemplo de cómo un pecador puede ser instrumento de Dios para declarar un mensaje contra su propia voluntad. B. y Balac subieron a cuatro colinas (Nm. 22:39,41; 23:14,28) desde las cuales se dominaba el campamento israelita, procurando, en sentido figurado, franquear los muros de salvación (Is. 60:18) que Jehová había puesto alrededor de su pueblo. En cada una de las colinas B. ofreció sacrificios, y, bajo la inspiración de Dios, profetizó con respecto a Moab, Israel y el propio Mesías (Nm. 24:17; Ap. 22:16).

B. volvió a su casa (Nm. 24:25), y privado ya de la presencia de Dios, dio malos consejos a Balac (Ap. 2:14), con lo cual ocasionó la muerte de 24.000 israelitas (Nm. 25:9). Hubo después una guerra de represalia entre Israel y Madián en la cual murió B. (Nm. 31:8; Jos. 13:22).   W. G. M.

BALAC ('devastador'). Rey de →Moab en el tiempo del éxodo. Iba a atacar a Israel (Jos. 24:9), pero luego optó por otra estratagema. Para salvaguardarse contra una invasión aplastante contrató al vidente →Balaam para que maldijera a Israel (Nm. 22-24; Jos. 24:10).

Cuando no logró su propósito por medio de encantos, siguió el mal consejo de Balaam y, mediante el culto inmoral de su religión, pudo debilitar a Israel (Nm. 25; Mi. 6:5; Ap. 2:14).   W. G. M.

BALANZA. Aparato para pesar dinero, granos y otros valores (Gn. 23:16; 43:21; Job 31:6). Había varios tipos de b. Las más primitivas consistían en una barra horizontal y cuerdas en los extremos con platillos para sostener el objeto que había de pesarse.

Al principio las →pesas eran piedras de distintos tamaños. Posteriormente se hacían de cobre o hierro. Era posible pesar con bastante precisión, pero también era fácil engañar. El uso de b. falsas era un mal condenado por los profetas, lo cual indica que era problema común (Lv. 19:36; Pr. 11:1; 16:11; 20:23; Am. 8:5; Mi. 6:11; Os. 12:7). El uso de b. justas era prueba de rectitud según los legisladores, profetas y maestros morales. La b. aparece en lenguaje figurado en Sal. 62:9; Job 6:2; 31:6; Is. 40:12,15; Dn. 5:27.   J. E. G.

BALSAMERA. RV traduce así *bakha* en 2 S. 5:23,24; 1 Cr. 14:14,15. En Sal. 84:6 lo traduce "lágrimas". La identificación de *bakha* con b. es imposible pues éstas crecen solamente en el S de Arabia. Sobre la base del contexto otros la identifican con el *álamo temblón*, cuyas hojas se mueven con facilidad al impulso del viento.   J. A. G.

BÁLSAMO. En cinco ocasiones RV traduce el hebreo *tsoriy* por b. En Ez. 27:17 lo traduce *resina*. No se ha podido identificar con certidumbre, pero se supone que sea algún tipo de resina aromática. Era un producto de comercio internacional (Gn. 37:25; 43:11; Ez. 27:17). Galaad era centro de este comercio (Jer. 8:22). Sin embargo, en Galaad no hay planta que produzca resina que tenga las propiedades medicinales atribuidas al b. (Jer. 46:11; 51:8). Posiblemente el b. era producido en otra parte y llevado a Galaad por las caravanas de especias o quizá se trataba de otra planta. En una ocasión (Sal. 141:5) RV traduce el hebreo *shemen* por b. (→ ACEITE.)   J. A. G.

BAMA, BAMOT (→ 'lugar alto', *Bamot* es el plural de *Bama*). Nombre de centros de culto idólatra.

1. Lugar no identificado, mencionado en Ez. 20:29.

2. Lugar cerca de Moab, por donde pasaron en su peregrinación los israelitas (Nm. 21:19, 20). Quizá sea el mismo Bamot-baal adonde Balaam subió para maldecir a Israel (Nm. 22:41; cp. Jos. 13:17).   D. J. M.

BANCO. El concepto de b. no se halla en el AT en el sentido de institución para custodiar el →dinero de individuos o dar crédito comercial. El palacio y el templo eran los depositarios de la riqueza nacional (1 R. 14:26). Aunque existía el sistema bancario en Babilonia desde 2000 a.C., los judíos no lo adoptaron sino hasta el período del destierro (Ez. 18:8,17; 22:12). Su aversión seguramente se debía a la estricta prohibición de la usura en el AT.

La palabra traducida por "b." en Lc. 19:23 literalmente quiere decir "mesa". Tal nombre se debe seguramente al hecho de que sobre tal mueble acostumbraban trabajar los banqueros (cp. Mt. 25:27). Algunos banqueros trabajaban como →cambistas.

El "banco de los tributos públicos" (Mt. 9:9) era la oficina aduanera del →publicano, en este caso de →Mateo.   R. F. B.

BANDERA. Emblema militar o nacional. Se usaba en tiempos antiguos para funciones militares y litúrgicas como en la actualidad. Después que los israelitas salieron de Egipto, las tribus se identificaban por su b. respectiva y se agrupaban alrededor de ella (Nm. 1:52; 2:2,3,10,17, etcétera). Jer. 4:21 usa la b. como símbolo de la guerra que desea ver terminada.

La palabra b. se usa en sentido figurado. La amada puede morar bajo la b. del amor de su amado (Cnt. 2:4). Los fieles alzarán b. en el nombre de Dios (Sal. 20:5). la b. es punto de reunión, y llama a los hijos de Dios para ampararse bajo ella y salir a luchar bajo su insignia (Éx. 17:15; Is. 11:12; Sal. 60:4). En Is. 11:10 el Mesías es llamado "pendón".   A. C. S.

BARAC ('relámpago'). Hijo de Abinoham de Cedes de la tribu de Neftalí (Jue. 4:6,12). Dios le ordenó por medio de la protefisa →Débora que liberase a Israel del yugo de →Jabín, rey de Canaán. Asegurándose primero la ayuda de Débora, reunió diez mil hombres y acampó en el mte. →Tabor. Quebrantó a →Sísara y al ejército de éste (Jue. 4:15). Esta victoria está detallada en el célebre cántico de Débora y B. (Jue. 5:1-31). B. es contado entre los hombres de fe (Heb. 11:32).   H. P. C.

BARBA. Para los israelitas y sus vecinos la b. era un adorno. Destacaba la virilidad y la dignidad masculinas (Sal. 133:2), por lo que se esmeraban en cuidarla. La dejaban crecer larga y poblada. Los hombres se saludaban tomando con la mano derecha la b. del amigo íntimo y besándola (2 S. 20:9). Afeitarse la b. o cubrirla era señal de humillación, pesar o luto (Is. 15:2; Jer.

La barba de los varones israelitas, en contraste con la de otros pueblos, era larga y tupida, pues la ley les prohibía recortar la punta.

41:5; 48:37). Raparle la b. a otro era deshonrarle (2 S. 10:4-14; Is. 7:20). Para prevenir a los israelitas contra las prácticas idólatras, Dios les ordenó que no se cortasen la punta de la b. (Lv. 19:27b). Los leprosos debían cubrirse la b. (Lv. 13:45 BJ). A diferencia de los hebreos, según

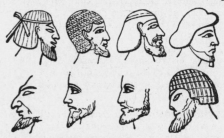

Los egipcios y otros pueblos orientales usaban la barba en cortes más estilizados.

Heródoto, los egipcios mantenían la b. únicamente como señal de duelo, razón por la que José, al ser liberado de la cárcel tuvo que ársela antes de comparecer ante Faraón (Gn. 41:14). (→PELO.)   A. R. T.

BÁRBARO ('balbuceante', 'tartamudo'). Transcripción gr. de una voz sánscrita usada para referirse a una persona que emitía sonidos sin sentido, o que hablaba ininteligiblemente. Al principio los griegos se referían a los que no hablaban griego como b., sin darle sentido despectivo (Ro. 1:14; Hch. 28:2ss. gr.). Más tarde "b." se aplicó a todo lo no helénico (Col. 3:11) o al que se expresaba incomprensiblemente (1 Co. 14:11).   R. A. P.

BARBECHO. Tierra revuelta con arado y rastrillo pero dejada sin sembrar para que recupere su fertilidad. La ley (Éx. 23:11) mandaba que el hebreo dejara su tierra en b. un año de cada siete, enseñando así que la tierra realmente pertenecía a Dios (Os. 10:12). Sin embargo, no hay pruebas de que esta práctica fuera común en Israel (véase Lv. 26:33s.). (→AÑO SABÁTICO.)

R. B. W.

BARCA. →NAVE.

BARJESUS. →ELIMAS.

BARRABÁS (arameo = 'hijo del padre' [o maestro]). Delincuente contemporáneo de Jesucristo, al que algunos mss. de Mt. 27:16 identifican, con cierta probabilidad, como "Jesús B.". Todos los evangelios lo mencionan al narrar el proceso de Jesús ante Pilato, pero con terminología algo diferente (Mt. 27:20s.; Mr. 15:15; Lc. 23:18; cp. Hch. 3:14; Jn. 18:40). Para Jn. es un bandido o terrorista, pero Mr. y Lc. asocian su crimen de homicidio con cierta insurrección realizada en la ciudad. Mt. destaca la notoriedad del preso.

Para comprender la liberación de B., como el indultado escogido a causa de la Pascua, es preciso recordar que Pilato, conocedor de la anterior popularidad de Jesús entre el pueblo, quiso salir de su dilema apelando a la turba con el fin de anular la sentencia del sanedrín. No comprendió que Jesús había perdido su prestigio ante la multitud. Los consejeros judíos ya podían apoyarse en la turba y de ahí el grito popular: "¡Fuera con éste, y suéltanos a B.!" (Lc. 23:18).

Si la "insurrección" tenía visos de resistencia contra los romanos, la trágica elección de la turba cobra cierto tono patriótico. B. llega a ser ejemplo de la liberación por expiación vicaria.

E. H. T.

BARRO. Lodo o mezcla usada en la construcción de edificios y casas de habitación, en alfarería y trabajos de arte. Se hacía con elementos de varias clases: tierra, arena, ceniza y cal. Para amasarlo bien se pisaba con los pies (Is. 41:25). Con un molde rectangular, se hacían ladrillos de b. o arcilla reforzada con paja (Éx. 5:6-19) y eran puestos a secar al sol (Gn. 11:3; Éx. 1:14; Nah. 3:14). Con éstos construían casas (Job 4:19; 33:6).

Para la elaboración de diversos trastes, luego de hecha la mezcla, se amoldaba sobre una rueda y después se cocía en un horno (Jer. 18:3; 43:9). En vez de lacre, se usaba el b. para sellar (Job 38:14).

En sentido figurado la Biblia lo aplica al hombre por comparación con Dios, y a las cosas de poco valor o despreciables. En Is. 64:8 y Ro. 9:21 se alude al arte del →alfarero para significar la dependencia que el hombre tiene de Dios. Todo lo que es se lo debe al Creador, por eso debe acatar sumiso las disposiciones divinas.

J. E. D.

BARSABÁS (arameo = 'hijo de Sabás'). Apellido de dos personas del NT:

1. José B., uno de los primeros discípulos, probablemente de los setenta (Lc. 10:1), y uno

de los dos candidatos propuestos para llenar la vacante que dejó Judas (Hch. 1:23-26).

2. Judas B., profeta y cristiano distinguido, comisionado con Silas, Pablo y Bernabé para llevar a Antioquía la decisión del →Concilio en Jerusalén (Hch. 15:22-33). Probablemente José y Judas eran hermanos.

L. S. O.

BARTIMEO (arameo = 'hijo de Timeo'). Pordiosero ciego a quien Jesús le devolvió la vista (Mt. 10:46-52). A pesar de ciertas variantes en los detalles del milagro, Mt. 20:29-34; Mr. 10:46-52 y Lc. 18:35-43 tratan del mismo incidente. Según Lc., Jesús pernoctó en la casa de Zaqueo (quizás en las afueras de Jericó), lo que significa más que solamente atravesar la ciudad, y podría explicar que el milagro se haya realizado "al entrar" según Mr. y Lc. y "al salir" según Mt. Otros han pensado que las referencias al trayecto de Jesús han de entenderse o en relación con la antigua ciudad o con la nueva.

A diferencia de Lc. que sólo menciona "un ciego . . . junto al camino", y de Mt. que alude a dos ciegos, Mr. conserva el nombre de B. Sin duda este último evangelista lo nombró porque B. era conocido entre los círculos para los cuales escribió, y por las circunstancias especiales que rodearon el milagro.

E. H. T.

BARTOLOMÉ (arameo = 'hijo de Talmai'). Uno de los doce apóstoles según Mt. 10:3//. Juan al referirse al colegio apostólico nombra a →Natanael y no a B. (1:45-51; 21:2). Esto hace suponer que se trata de una misma persona. Se le menciona en el aposento alto entre los otros discípulos (Hch. 1:13).

R. R. L.

BARUC ('bendito'). 1. Amanuense y discípulo de Jeremías que consignó por escrito parte de las profecías de éste (Jer. 36), y mereció su confianza, gratitud y bendición (Jer. 32:12-16; 45:5). Emparentado con funcionarios de prominencia en la corte de Sedequías (Jer. 51:59), tal vez influyó a favor del profeta. Acusado de favorecer a los caldeos fue forzado a emigrar a Egipto con Jeremías. Algunas tradiciones (Jerónimo) hablan de un posterior traslado a Babilonia. El judaísmo tardío le adjudicó varios libros deuterocanónicos y pseudoepigráficos: El libro de Baruc. El apocalipsis siríaco de Baruc y El apocalipsis griego de Baruc, provenientes sin embargo de los siglos I y II d.C.

2. Hijo de Colhoze, uno de los que reconstruyeron Jerusalén y firmaron el pacto de guardar la ley (Neh. 10:6; 11:2,5).

3. Hijo de Zabai, otro de los que reconstruyeron la ciudad luego del exilio (Neh. 3:20).

J. M. B.

BARZILAI. 1. Padre de Adriel, yerno de Saúl (1 S. 18:19; 2 S. 21:8).

2. Galaadita que envió provisiones a David cuando éste huía de Absalón (2 S. 17:27ss.). Cuando David regresó, B. le acompañó hasta el Jordán; por su avanzada edad no continuó hasta Jerusalén. En sus últimas palabras a Salomón,

Un bautismo en masa, verificado para la celebración de la Epifanía, en el río Jordán.　　MPS

David le mandó que tratase bondadosamente a la familia de B. (1 R. 2:7).

3. Sacerdote que se casó con una descendiente del anterior (Esd. 2:61; Neh. 7:63).

D. M. H.

BASÁN. Región de la Jordania septentrional, al E del río Jordán. Surcada por el río Yarmuk y sus numerosos afluentes, es una de las regiones más ricas de las tierras bíblicas. Era célebre por la hermosura de sus campos (Sal. 68:15), sus magníficas encinas (Is. 2:13), sus saludables ganaderías y ricos cultivos (Dt. 32:14; Ez. 39:19; Am. 4:1).

En los días de la conquista de Canaán, B. se encontraba gobernada por el rey Og (Nm. 21:33; Dt. 1:4; 3:3,4,10,11; etc.). La tierra de B. pasó a ser posesión de los rubenitas, gaditas y la media tribu de Manasés (Jos. 12:4-6). En total la región de B. se componía de 60 ciudades (Jos. 13:30). La región sufrió posteriores dominaciones (1 R. 4:13; 2 R. 10:32,33; 13: 25). En la actualidad forma parte del reino del Jordán.

A. P. P.

BASEMAT. 1. Hija de Ismael y esposa de Esaú, Gn. 36:3. Es probablemente la misma B., "hija de Elón heteo", de Gn. 26:34, aunque según Gn. 36:2 Elón era padre de Ada, otra esposa de

Esaú. En Gn. 28:9 la hija de Ismael con quien se casó Esaú se identifica como Mahalat.

2. Hija de Salomón, 1 R. 4:15.　　I. W. F.

BATO. La más grande de las →medidas hebreas para líquidos. En tamaño equivalía a la efa (medida para áridos, 1 R. 7:26; Ez. 45:11). Las autoridades difieren mucho en cuanto a su equivalencia en medidas modernas: desde 46.5 a 21 litros (NBD). Josefo la estimó en 9 galones. La palabra española viene del vocablo griego *batos* que se traduce por "barriles" en Lc. 16:6.

A. T. P.

BAUTISMO. La acción del b. se expresa en el NT con el verbo griego *baptídzo* (intensivo de *bápto*), y sus derivados, que significa introducir en el agua, sumergir o lavar con agua.

I. ORIGEN

Los baños y →lavamientos sagrados eran comunes en las religiones paganas a.C., pero el b. del NT tiene sus antecedentes inmediatos en el AT y el judaísmo intertestamentario. La ley prescribía varios lavamientos con agua (Éx. 29:4; 30:20; 40:12; Lv. 15; 16:26,28; 17:15; 22:4,6; Nm. 19:8, etc.), y también los profetas hablaron de lavamientos presentes (Is. 1:16; cp. Sal. 51:2,7), y futuros (Is. 52:15 RV 1909; Ez. 36:25,26; Jl. 2:23,28; Zac. 13:1, etc.; cp. 1 Co. 10:2). El b. fue prescrito a los prosélitos (probablemente a.C.) para incorporar a los gentiles en la comunidad judaica. También lo practicaron los →esenios.

II. SIGNIFICADO

El b. en el NT es la puerta de entrada a la comunidad del nuevo →pacto, que permite a los que pasan por ella experimentar los beneficios de dicho pacto.

Juan el Bautista insistió en que se bautizaran los judíos, y Cristo se sometió al b., con el cual inició su identificación con los pecadores, identificación que culminó en la cruz (Mt. 3; Mr. 1:9-11; Lc. 3:1-22; Jn. 1:19-34; cp. Mr. 10:38,39).

Como señal inicial para el miembro agregado al →pueblo del nuevo pacto, el b. reemplazó a la →circuncisión (Col. 2:11,12) y llegó a implicar tanto los requisitos como los beneficios del pacto.

Juan el Bautista insistía en el →arrepentimiento (que incluía una confesión pública de pecado) y les prometía a los bautizados el →perdón de sus pecados. El b. cristiano vino a señalar un segundo beneficio básico: el don del →Espíritu Santo y su poder regenerador (Mr. 1:8; Hch. 1:5; 2:38; 10:47; cp. Jn. 3:5; Tit. 3:5). Al igual que la circuncisión (Ro. 4:11), el b. era precedido (por lo menos en el caso de los adultos) por la fe (Hch. 8:12,13; 16:31-34; 18:8, etc.). Cristo lo hizo obligatorio para todos sus discípulos (Mt. 28:19).

Pablo utilizó los requisitos y beneficios del b. para combatir varios problemas de las nuevas iglesias. En Gá. combatió el legalismo afirmando que el entendimiento del b. era señal de la →justificación por la fe (3:24-27). En Ro., al condenar el →libertinaje, insistió en que una recta comprensión del b. excluía el abuso de la abundante gracia de Dios y exigía la más dura lucha contra los deseos pecaminosos (6:1-14; cp. Mr. 1:12,13). En Ro. 6 también se destaca que mediante el b. se identifica el creyente con Cristo, tanto en su muerte como también en su resurrección.

, A las divisiones carnales de los corintios el apóstol opone el b. como señal de la unidad cristiana (1 Co. 1:13-17; 12:13; cp. Ef. 4:5 y Gá. 3:27,28). Cuando los colosenses fueron atraídos por un tipo de →gnosticismo que les prometía salvación por un conocimiento secreto, Pablo les recordó el b. que les había unido a Cristo, fuente de la plenitud de la sabiduría de Dios. También se refirió al b. en su consejo matrimonial (Ef. 5:26) y para promover el celo en hacer buenas obras (Tit. 3:5).

Pedro hace mención del b. con respecto al problema de las conciencias intranquilas a causa de la persecución (1 P. 3:21) y el autor de Heb. para estimular a la oración (10:22).

III. PROBLEMAS

La mayoría de los estudiantes están de acuerdo en que el b. común en la iglesia primitiva era por sumersión, aunque reconocen también que la palabra empleada en el mandamiento tiene a veces un sentido más amplio y general (p.e. Lc. 11:38).

El problema práctico más agudo relacionado con este tema es el del b. de los párvulos hijos de creyentes. Algunos enseñan que se deben esperar hasta que los hijos hagan su propia confesión de fe, porque no consta en el NT que se haya bautizado a los niños. Otros opinan que la unidad del pacto y la analogía de la circuncisión justifican el b. de los niños de creyentes, como expresión de la fe de los padres, sujeta, desde luego, a la posterior confirmación de los hijos mismos.

Relacionado con el anterior, está el problema del significado preciso del b. V.g. ¿Es el b. un acto humano de confesión, puramente simbólico? ¿Es un acto divino, sacramental, por el cual Dios comunica su gracia y presencia personal por medio de la fe como en el caso de un sermón? ¿Puede ser un instrumento por el cual Dios crea la fe y salva al individuo? Los textos bíblicos citados en esta discusión se han interpretado de varias maneras (Mr. 1:8; Jn. 3:5; Hch. 2:38; 10:47; 1 Co. 1:17; Ef. 5:26; Tit. 3:5,6; 1 P. 3:21).

Aunque el interés natural del lector moderno casi inevitablemente gira en torno a los problemas de interpretación en los diversos sectores del cristianismo, es importante notar que el NT, como se ha señalado, subraya otros aspectos del b.   T. D. H.

BECERRO. Torito o hijuelo de vaca. Animal limpio cuya carne se usaba para ocasiones especia-

les (Gn. 18:7,8; Lc. 15:23,27,30; cp. el "ternero" en 1 S. 28:24 y "novillo" en Am. 6:4). Se empleaba mucho en los →sacrificios (Lv. 9:2,3,8; Mi. 6:6; Heb. 9:12,19). Los pies de los seres vivientes que vio Ezequiel eran como los del b. (1:7). En Ap. 4:7 el segundo ser viviente es semejante a un b.

En dos ocasiones los israelitas rindieron culto a b. La primera vez fue al pie del mte. Sinaí mientras Moisés recibía la ley de Jehová. La fiesta que acompañó el culto fue orgiástica y provocó la ira santa de Moisés (Éx. 32; cp. Dt. 9:16,21; Neh. 9:18; Sal. 106:19,20; Hch. 7:41). Entre los pueblos paganos de todo el oriente, el toro era símbolo de divinidad debido a su fuerza y fecundidad. Uno de los dioses principales de Egipto era Apis, el toro sagrado. Es probable, pues, que los israelitas hayan aprendido este culto mientras vivían en Egipto.

La segunda vez que esta idolatría se practicó fue en el siglo X a.C. (después de la división del reino de Israel), en el Reino del Norte. → Jeroboam I, primer rey de Israel, estableció en Betel y en Dan dos b. de oro como centros de culto para evitar que el pueblo fuera a Jerusalén a adorar (1 R. 12:28-32; 2 R. 17:16; 2 Cr. 11:14,15; 13:8). Los dioses →Baal y →Hadad se representaban parados sobre toros. Algunos opinan que Jeroboam quería que los b. sirviesen como pedestales sobre los cuales el invisible Jehová estaría entronado. El uso de estas imágenes en la adoración fue condenado por Oseas (8:5,6; 13:2).   S. D. C.

BEDELIO (del heb. *bedola*). La mayoría de los estudiosos convienen en que se trata de una resina aromática, amarillenta, transparente, cerosa y plástica. Otros sostienen que es una piedra preciosa o una perla (así lo interpreta la LXX).

Se menciona dos veces en el AT: Gn. 2:12, en la descripción del Edén, y Nm. 11:7 en la descripción del color del maná.   J. E. D.

BEEL-ZEBU. →BAAL-ZEBUB.

BEER ('pozo' o 'cisterna'). 1. Lugar desierto al N del río Arnón, donde Dios proveyó de agua a los israelitas en un pozo cavado por los príncipes del pueblo, acontecimiento que fue celebrado poéticamente (Nm. 21:16-18). El sitio exacto es desconocido. Puede ser Beer-elim de Is. 15:8.

2. Lugar a donde huyó Jotam "por miedo de Abimelec su hermano" (Jue. 9:21). Sitio desconocido.   D. J. M.

BEEROT ('pozos'). 1. Estación en la peregrinación de los israelitas, a unos 40 km al N de Cades-barnea (Dt. 10:6; Nm. 33:31).

2. Una de cuatro ciudades que hicieron la paz con Josué mediante una estratagema engañosa (Jos. 9:3-17). Posteriormente, los habitantes de B. emigraron a Gitaim por motivos que se ignoran (2 S. 4:3), después de lo cual B. fue habitada, según parece, por los benjaminitas. Era el pueblo de Recab (2 S. 4:1-12), y de

Naharai, escudero de Joab (2 S. 23:37; 1 Cr. 11:39; cp. Esd. 2:25; Neh. 7:29). B. se hallaba casi a 6 km al SO de Bet-el.   W. G. M.

BEERSEBA. Nombre dado a un pozo importante y a un poblado y distrito (Gn. 21:14; 26:33; Jos. 19:2). La ciudad actual de B. se encuentra a unos 78 km al S de Jerusalén y a medio camino entre el Mediterráneo y el mar Muerto, a unos 3 km al O del sitio original. Allí se hallan varios pozos, el mayor de los cuales tiene 4 m de diámetro y 13 de profundidad. Para cavarlo hubo que cortar más de 5 m de sólida roca. El significado del nombre se da en Gn. 21:31: "pozo de siete" o "pozo del juramento".

Los patriarcas estuvieron muy asociados con este lugar: allí vivió Abraham por algún tiempo (Gn. 22:19); de allí salió para ir a sacrificar a Isaac. Este último vivía allí cuando Jacob salió para ir a Mesopotamia (Gn. 28:10). Jacob se detuvo allí en su viaje a Egipto cuando iba en busca de José. En la partición B. correspondió a Simeón, y pasó después a ser posesión de Judá (Jos. 19:2). En Am. 5:5 y 8:14 se indica que el lugar se convirtió en centro de indeseables actividades religiosas. En tiempos de Neh. fue rehabilitado (11:27).   A. Ll. B.

BEHEMOT. Forma plural de una palabra hebrea. Aparece nueve veces en el AT, transcrita en Job 40:15 y traducida las otras veces de diferentes maneras (Dt. 32:24; Job 12:7; Sal. 49:12,20; 50:10; 73:22; Jer. 12:4). Generalmente significa "bestias", "animales" o "ganado".

Sin embargo, en Job 40 b. parece referirse al hipopótamo del Nilo, animal enorme que alcanza hasta 4 m de longitud, de piel desnuda muy gruesa, y de cabeza gigantesca. En el discurso de Jehová en Job 40, es símbolo del poder creador de Dios.   S. D. C.

BEL. Dios supremo de Babilonia, llamado "Merodac" por los hebreos. Era el dios del sol y su hijo era Nebo (Is. 46:1). Para los profetas la caída de Babilonia aseguraba también el fin de B. (Jer. 50:2; 51:44). En la obra apócrifa, *Bel y el dragón,* el profeta Daniel expone la falsedad de los dos dioses principales de los babilonios. (→ MERODAC, APÓCRIFO.)   A. P. N.

BELÉN. (heb. = 'casa de pan'). 1. Ciudad de Judá, situada a unos 8 km al SO de Jerusalén, cerca a la vía que une esta ciudad con Hebrón. En un principio B. fue conocida como Efrata, cerca del lugar donde Raquel fue sepultada (Gn. 35:19; 48:7). Los levitas de los incidentes relatados en Jue. 17 y 19 fueron de B. La mayoría de los hechos en el libro de Rut tienen a B. como escenario (Rt. 1:1,2,19-22; 2:4; 4:11).

La antigua aldea de Belén, cuna del rey David y del Señor Jesucristo, es hoy un pueblo moderno. La torre, a la derecha, pertenece a la Iglesia de la Natividad construida sobre la cueva donde tradicionalmente se cree que nació Jesús.   ·IGTO

B. fue más conocida en el AT como la ciudad de David. Allí estuvo el hogar de David (1 S. 17:12,15; 20:6,28), y allí éste fue ungido por Samuel (1 S. 16:1,4ss.). También llegó a ser el lugar de sepultura de Asael (2 S. 2:32) y luego sede de una guarnición filistea sorprendida por tres valientes de David (2 S. 23:14-16; 1 Cr. 11:16-18). Fue el pueblo natal de Elhanán hijo de Dodo (2 S. 23:24; 1 Cr. 11:26). Roboam fortificó varias ciudades de Judá, entre ellas B. (2 Cr. 11:6).

Después del reinado de David la importancia de B. menguó. No obstante, fue seleccionada como cuna del Mesías y esto haría imperecedera su fama (Mi. 5:2). Ya para el regreso del remanente de la cautividad 123 hijos de B. repoblaron el lugar (Esd. 2:21; Neh. 7:26).

En tiempos del NT es mencionada como el lugar de nacimiento del Señor, y el de la matanza de los inocentes (Mt. 2:1,5,6,8,16; Lc. 2:4,15; Jn. 7:42).

2. Ciudad en el territorio de Zabulón (Jos. 19:15), posiblemente el hogar y lugar de sepultura de Ibzán, uno de los jueces de Israel (Jue. 12:8,10). Este pueblo se halla situado a unos 11 km al NO de Nazaret.   C. H. Z.

BELIAL ('tragadero'). Término que en el AT se usa generalmente en sentido abstracto y no como nombre propio. Se refiere a lo malo y perverso (Jue. 19:22; 2 S. 16:7 RV 1909). En los rollos del mar Muerto se refiere a los enemigos satánicos de la comunidad. En 2 Co. 6:15 es sinónimo de Satanás.   J. C. H.

BELSASAR. Príncipe de los caldeos, que gobernaba en → Babilonia junto con su padre Nabónido. Este es el único caso en Caldea en que se sabe que un príncipe gobernaba juntamente con su padre antes de morir éste. Por eso, Dn. 5:29 dice que B. hizo a Daniel "el tercer señor del reino".

Según Dn. 5, B. estaba celebrando un banquete en Babilonia, con los vasos que → Nabucodonosor II, su abuelo, había traído del templo de Jerusalén, cuando apareció una mano que escribía en la pared. Tras apelar a toda suerte de magos y adivinos, B. hizo traer a Daniel, quien le interpretó la escritura en la pared (Dn. 5:25-28). Según esa escritura, el reino de B. tocaba a su fin, y esa misma noche B. murió al tiempo (539 a.C.) que → Darío tomaba a Babilonia (Dn. 5:30,31). Aparte del episodio de la escritura misteriosa, los antiguos textos de Mesopotamia confirman la historia bíblica, y nos hacen saber que mientras B. se enfrentaba a las tropas persas en Babilonia, su padre Nabónido se encontraba sitiado en Borsipa, cerca de Babilonia   J. L. G.

BELTSASAR. (Probablemente '[Bel] proteja su vida'.) Nombre babilónico dado a Daniel (1:7; 2:26), tomado del nombre del dios principal de Nabucodonosor (4:8). La experiencia de Daniel (caps. 1, 6) refutó su nombre pagano. (→ DANIEL, BEL.)   T. D. H.

BEN-ADAD. Nombre de varios reyes de Damasco o Siria.

1. Ben-adad I (*ca.* 900 a.C.) se alió con Baasa rey de Israel contra Asa rey de Judá. Pero Asa le ofreció los tesoros del templo con tal que rompiera el pacto e invadiera a Israel. B. aceptó y conquistó todo el N del territorio israelita (1 R. 15:16-22; 2 Cr. 16:4).

Posteriormente, cuando el rey Salmanasar III de Asiria amenazaba a Damasco, B. puso sitio a Samaria a fin de obligar al rey Acab a aliarse con él contra el avance asirio (1 R. 20:1-22). Acab derrotó a Damasco dos veces y capturó a B. Le perdonó la vida a cambio de privilegios comerciales en Damasco y la devolución de ciudades israelitas tomadas por Siria en agresiones anteriores. El tratado resultante dio a Israel tres años de paz (1 R. 20:26-34; 22:1).

En 853 a.C. B. se alió con varios estados pequeños, entre los cuales se hallaba Israel, para resistir a Asiria. Se produjo luego la batalla de Qarqar tras la cual Asiria se adjudicó la victoria. Pero el hecho es que pasaron cinco años sin que estuviera en condiciones de realizar otra invasión. En el mismo año Acab quebrantó el pacto y atacó a Ramot de Galaåd, ciudad que pertenecía a Damasco, empresa para cuya realización necesitó de la ayuda de Josafat, rey de Judá. B. los derrotó y Acab murió en la batalla (1 R. 22:1-40).

Es posible que B. sea el mismo rey sirio a cuyo general, Naaman, Eliseo sanó de la lepra (2 R. 5:1). Después, hallándose enfermo el rey mismo, envió su siervo Hazael a consultar a Eliseo respecto de su propia enfermedad. Cuando anunció el profeta que el mismo Hazael sería el próximo rey de Siria, éste volvió a Damasco, asesinó alevosamente a su señor, y ocupó el trono en su lugar (2 R. 8:7-10; 14:15).

2. Ben-adad II (III según otros estudiosos que creen que hubo un B. II en la época de Omri de Israel) era hijo de Hazael. Empezó a reinar durante el reinado de Joás de Israel. Su país estaba tan debilitado por las constantes incursiones asirias que no pudo conservar el territorio que le dejó su padre. En tres batallas con Joás perdió las ciudades israelitas tomadas por su padre (2 R. 13:14-19,25). Jeroboam II de Israel ganó aún más victorias sobre Siria y extendió su territorio hasta los límites del antiguo reino de David (2 R. 14:25-28). Nada se sabe de su fin, pero se cree que murió cuando Salmanasar IV puso sitio a Damasco en 773 a.C. Le sucedió Tabeel (Is. 7:6).   R. B. W.

BENAÍA ('Jehová ha edificado'). 1. Hijo de Joiada, levita del pueblo de Cabseel (2 S. 23:20), y capitán de la guardia extranjera durante el reinado de David (2 S. 8:18; cp. 1 Cr. 27:5). Fue contado entre los treinta soldados más valientes de David (1 Cr. 27:6; 2 S. 23:20-23). Sirvió no solamente a David, sino también a Salomón, a quien ayudó a establecer su reino (1 R. 1; 2:25,29ss.).

2. Soldado de Piratón de Efraín, nombrado entre los treinta hombres valerosos (2 S. 23:30). Fue jefe de una división del ejército de David (1 Cr. 27:14).

Otros del mismo nombre se mencionan en 1 Cr. 15:18,20,24; 16:6; 2 Cr. 20:14; 31:13; Esd. 10:25,30,35,43; Ez. 11:1,13.   P. S.

BENDICIÓN. Invocación del apoyo activo de Dios para el bienestar y la prosperidad, o el recibimiento mismo de estos bienes (Dt. 28:8).

En general, el pueblo que vive existencialmente en la presencia de Dios, amándole y obedeciéndole, goza de la b. o provisión divina (Dt. 28:3-6; Sal. 72:13ss.). En tiempos bíblicos el patriarca invocaba proféticamente la b. divina y la transmitía a sus hijos (Gn. 27:4ss.; 48:9ss.). Empero cuando el hombre bendecía a Dios, era una expresión de gratitud y de adoración (Sal. 67; 100; 103).

Con el tiempo, la b. llegó a constituir parte del → culto. Se usaba como saludo (2 S. 6:18; Sal. 118:26), en la → santa cena (Mt. 26:26; Mr. 14:22; 1 Co. 10:16) y en la despedida (Gn. 49:28; Dt. 33; Lc. 24:50s.). Se transmitía por la imposición de manos (Gn. 48:14) y por el beso (Gn. 27:26s.). En el culto cristiano la b. ha tomado formas rituales (Nm. 6:24-26; Ro. 15:13; 2 Co. 13:14; Heb. 13:20s.; Jud. 24s.).

En la teología bíblica, "b." es la palabra que une los dos testamentos. El pacto de b. hecho con Abraham (Gn. 12:1-3) se cumple en Cristo en el NT (Hch. 3:25; Gá. 3:14; Ef. 1:3; 1 P. 3:9). La vida toda del nuevo pueblo de Dios es una herencia de b. y un esfuerzo continuo por bendecir (Mt. 5:44; Ro. 12:14; 1 P. 3:9).

W. G. M.

BENJAMÍN. Nombre de varios personajes de la Biblia, una tribu israelita y un territorio.

El más conocido es el hijo de Jacob y Raquel nacido, durante un viaje, cerca de Belén (Gn. 30:1,22-24; 35:16). Al nacer el niño, murió la madre. Jacob le dio el nombre de "Benjamín" ('hijo de la mano derecha') en vez de "Benoni" ('hijo de mi tristeza') que le había puesto Raquel. Mucho se ha discutido sobre el significado de la frase "hijo de la mano derecha": quizá fuera, lo mismo que hoy, una expresión utilizada por los padres al referirse a un hijo servicial, hogareño y predilecto.

Después de la muerte de Raquel y de la separación de José, Jacob sintió especial cariño por B. Casi no se le pudo persuadir de que lo dejara viajar con sus hermanos a Egipto (Gn. 43:1-14). Al parecer, durante su juventud fue humilde, obediente a su padre y resignado ante las circunstancias difíciles (Gn. 44:1-34).

La tribu de B. se distinguió en hechos notables dentro de la nación hebrea. El primer rey de Israel (Saúl) vino de dicha tribu (1 S. 10:21). El apóstol Pablo fue también uno de los más ilustres descendientes de la tribu de B. (Fil. 3:5). Esta tribu ocupó el territorio limítrofe

con Judá, tribu a la cual vivió unida durante la división del reino (Jos. 18:11-28).

Otros tres que llevan el nombre de B. se mencionan en 1 Cr. 7:10,11; Esd. 10:32 y Neh. 3:23.   A. P. P.

BERACA ('bendición'). **1.** Hermoso valle cerca del desierto de → Tecoa donde → Josafat, rey de Judá, y su pueblo levantaron altares a Jehová para bendecirlo por el triunfo logrado sobre las tribus de Moab y Amón (2 Cr. 20:26).

2. Uno de los guerreros que se juntó con David cuando éste huía de Saúl (1 Cr. 12:3).

M. V. F.

BEREA. Ciudad en la parte SO de Macedonia (a unos 80 km de Tesalónica), en el distrito de Ematia y al pie del monte Bermio. Las ruinas alrededor de la ciudad moderna (Veroia) indican algo de su importancia (aproximadamente 20.000 habitantes en tiempos del NT). San Pablo predicó allí durante su primera visita a Europa, y un considerable número de judíos residentes recibió su encomio por estudiar cuidadosamente las Escrituras. De B. era Sópater, un compañero de San Pablo (Hch. 17:10-15; 20:4).   A. T. P.

BERENICE (gr. = 'la que trae la victoria'). Hija de → Herodes Agripa I, nacida en el 28 d.C. Se casó primero con su tío Herodes de Calcis. Al morir éste (48 d.C.), B. vivió con su hermano Agripa, según parece en unión incestuosa. Después de un matrimonio pasajero con Polemón, rey de Cilicia, volvió al lado de su hermano. Visitaron juntos al nuevo procurador → Festo en Cesarea y asistieron al interrogatorio de Pablo (Hch. 25:13–26:32). Posteriormente, fue amante de Vespasiano y luego de Tito, quien la hizo venir a Roma pero no se atrevió a casarse con ella por la hostilidad del pueblo. Se desconoce el fin de esta "Cleopatra en pequeño".

J.-D. K.

BERILO. Piedra preciosa comúnmente verde o azul verdoso, pero también amarilla, rosada, con variedades en aguamarina y esmeralda, generalmente opaca o simplemente translúcida. En el AT es mencionada en Ex. 28:20; Ez. 28:13; Dn. 10:6. En el NT sólo en Ap. 21:20.

J. E. D.

BERNABÉ (arameo = 'hijo de la exhortación'). Nombre dado por los apóstoles a José, levita de Chipre. Su generosidad era notoria en la iglesia primitiva de Jerusalén (Hch. 4:36s.) en contraste con el egoísmo de → Ananías y Safira (Hch. 5:1ss.). Primo hermano de Juan Marcos (Col. 4:10 HA) y, según Clemente de Alejandría, uno de los setenta discípulos de Jesucristo. Era "varón bueno y lleno del Espíritu Santo y de fe" (Hch. 11:24). Fue llamado → "apóstol" por Lucas y Pablo (Hch. 14:4,14; 1 Co. 9:6), y en varias ocasiones demostró poseer un espíritu de comprensión y discernimiento.

Fue B. quien convenció a los apóstoles de la conversión y sinceridad de Pablo (Hch. 9:27).

Más tarde fue enviado a investigar la nueva obra entre los gentiles de Antioquía, donde otros chipriotas eran prominentes (11:19ss.). Al reconocer que ésta era obra de Dios y que allí había mucha oportunidad para el ministerio de Pablo, fue a Tarso y lo trajo consigo a Antioquía, donde predicaron juntos (11:25s.). Con Pablo, B. llevó la ayuda para los hermanos necesitados de Judea (11:29,30).

De nuevo en Antioquía, B. y Pablo, contados entre los profetas y maestros de la congregación, fueron separados para la misión gentil (Hch. 13:1ss.; cp. Gá. 2:9). Su primer viaje misionero, que comenzó con una visita a Chipre, produjo una cadena de iglesias que se extendió hasta Asia Menor (Hch. 13; 14). El orden de los nombres, que probablemente indica prioridad en el liderazgo, había sido "B. y Saulo", pero desde la salida de Chipre Lucas habla de "Pablo y B."

Al regresar del viaje, B. tuvo otra comisión importante, cuando fue nombrado junto con Pablo para presentar la cuestión de la circuncisión ante el →Concilio de Jerusalén (Hch. 15). Su ministerio fue reafirmado y parece que B. se destacó más que su compañero en el Concilio (vv. 12,25), posiblemente por ser el representante original de Antioquía. Sin embargo, para no oponerse a Pedro, en una ocasión B. contemporizó con las convicciones de éste sobre la aceptación de los gentiles, dejando de comer con ellos en Antioquía (Gá. 2:13).

Según Hch. 15:36-40, B. y Pablo se separaron y aquél navegó acompañado de Juan Marcos, rumbo a Chipre. Pero el testimonio posterior de Pablo referente a Marcos (2 Ti. 4:11) parece indicar que éste aprovechó mucho el trabajar con su primo.

Algunos atribuyen a B. la epístola a los →hebreos. La llamada *Epístola de B.*, de tinte alejandrino, es seudónimo y data de *ca.* 125 d.C.

L. S. O.

BESER. 1. Ciudad de refugio situada en los llanos al E del Jordán, asignada a la tribu de Rubén (Dt. 4:43; Jos. 20:8). Fue designada lugar de residencia para los hijos de Merari de la tribu de Leví (Jos. 21:36; 1 Cr. 6:63-78).

2. Hijo de Zofa de la casa de Aser (1 Cr. 7:37). J. E. G.

BESO. Antigua costumbre que se usaba como saludo y muestra de afecto, amistad o reverencia. Los judíos lo practicaban como prueba de afecto entre prometidos (Gn. 29:11ss.), cónyuges (Cnt. 8:1), parientes (Gn. 33:4; Rt. 1:14; 1 R. 19:20; Lc. 15:20) y amigos (1 S. 20:41) y como rito ceremonial (1 S. 10:1; cp. Est. 5:2 TA). Este último, en reconocimiento del "ungido de Dios" (cp. Sal. 2:12 RV 1909), puede ser una práctica cultual parecida a las que se hallan entre los paganos. El besar la mano (Job 31:27) o una imagen (1 R. 19:18; Os. 13:2) es un acto de adoración. Además, el b. puede ser una mera provocación sexual (Pr. 7:13).

El b. más famoso de la Biblia fue el que Judas dio a Jesús, no como expresión de amor, sino de traición (Mt. 26:48s.; Mr. 14:44s.; Lc. 22:47s.).

Entre los cristianos el b. expresa afecto comunitario (Hch. 20:37) y se menciona en el saludo epistolar como "ósculo santo" (Ro. 16:16; cp. 1 Co. 16:20), "ósculo de caridad" (1 P. 5:14). Luego la práctica entró en la liturgia de la iglesia. L. A. S.

BESOR. Arroyo que nace cerca de Aroer, sigue al O pasando por Beerseba y desemboca en el Mediterráneo, a 8 km al SO de Gaza. Se relaciona con la derrota que David infligió a los amalecitas (1 S. 30:9,10,21). M. V. F.

BESTIA. Término usado en la RV para referirse a diferentes →animales.

1. Animales vertebrados y mamíferos en contraste con las aves y los reptiles (Gn. 1:30), excluyendo desde luego al hombre.

2. Cualquiera de los animales inferiores, incluyendo a los reptiles y las aves (Sal. 147:9; Ec. 3:19).

3. Animales salvajes (Gn. 37:20; Éx. 23:11; cp. Tit. 1:12).

4. Animales domésticos en general (Gn. 1:24; Jue. 20:48; Pr. 12:10; Ap. 18:13), aunque son frecuentes las alusiones a los asnos (Gn. 45:17), bueyes (Gn. 34:23; cp. Nm. 35:3) y caballos (2 R. 3:9). Estos últimos eran las b. de carga en las campañas militares.

La palabra "b." se usa en sentido figurado en la literatura apocalíptica. Las cuatro b. de la visión de Daniel (Dn. 7:3ss.) representan el poder destructivo personificado por cuatro imperios, comenzando con el Imperio Babilónico. En el Ap. se habla de dos b. Una sube del abismo (Ap. 11:7; 17:8) o del mar (Ap. 13:1); es escarlata (Ap. 17:3) y tiene siete cabezas y diez cuernos (Ap. 17:7). Simboliza al Imperio Romano que persiguió a los cristianos, y a veces al emperador que se presenta como la reencarnación de Nerón. En sentido más amplio simboliza a todo poder político que se opone a Dios. La segunda b. sube de la tierra, habla como dragón (Ap. 13:11) y se identifica con el falso profeta (Ap. 16:13; 19:20; 20:10). Representa el culto que se tributaba al emperador como dios y a los que promovían este culto (→ANTICRISTO).

S. D. C.

BET ('casa', 'templo' o simplemente 'ubicación'). Es la segunda letra del alfabeto hebreo (Sal. 119:9ss.). Usualmente figura como prefijo en palabras como: Bet-esda ('casa de misericordia'); Bet-aven ('casa de vanidad'); Bet-el ('casa de Dios'); Bet-lehem (Belén) ('casa de pan'), etc.

M. V. F.

BETÁBARA ('la casa del vado'). Pueblo que, según Jn. 1:28, se hallaba "al otro lado del Jordán, donde Juan estaba bautizando". En los mejores mss. antiguos este pasaje reza → "Betania, más allá del Jordán", pero el nombre B. preva-

leció en ciertas ediciones (→CRÍTICA TEX-
TUAL) por el apoyo decidido de Orígenes.

Por el contexto de Jn. 1:28, parece que el
lugar era accesible a los sacerdotes, levitas y
fariseos de Jerusalén. Sin embargo, y aunque
tradicionalmente se le ubica frente a Jericó, en
la ribera oriental del Jordán, la situación exacta
es un problema que todavía se discute.

E. H. T.

BETANIA. 1. Pueblecito al SE del mte. de los
Olivos, a 3 km de Jerusalén, en el camino a
Jericó (Mr. 11:1), importante en los Evangelios
por los acontecimientos del ministerio de Jesús
que tuvieron lugar en él.

En este mismo pueblo Jesús fue ungido mientras se celebraba un banquete "en casa de Simón el leproso" (Mt. 26:6-13; Mr. 14:3-9; cp.
Jn. 12:1-8), y aquí también tuvo lugar la Ascensión (Lc. 24:50ss.).

Actualmente B. existe con el nombre árabe
El-Azariye (derivado de Lázaro).

2. Lugar "más allá del Jordán" (Jn. 1:28
NC, HA y casi todas las versiones recientes,
→BETÁBARA), cuya ubicación ha permanecido
incierta desde tiempos de Orígenes (*ca.* 250
d.C.).

E. H. T.

BET-ARÁN. Ciudad fortificada por la tribu de
Gad para albergar a las mujeres y niños mientras

Vista general de unas ruinas del pueblo de Betania. Se supone que las dos torres de la derecha
pertenecen a la que fuera casa de Simón el Leproso.   MPS

En B. residía →Lázaro, el amigo a quien
Jesús resucitó (Jn. 11), con sus hermanas Marta
y María. En casa de esta familia Jesús encontraba un ambiente familiar (Lc. 10:38-42), y
allí permaneció durante la semana de la pasión.

los hombres participaban en la conquista al otro
lado del Jordán (Nm. 32:36; Jos. 13:27). Estaba ubicada en un lugar alto en el valle del
Jordán, a 10 km al E del río y a 13 de la
desembocadura.

Herodes Antipas la reconstruyó y es muy probable que allí se celebrara la fiesta de cumpleaños cuyas consecuencias fueron la decapitación de Juan el Bautista (Mt. 14:6-12).

W. G. M.

BET-AVEN ('casa de iniquidad'). 1. Pueblo de Hai al E de Bet-el (Jos. 7:2; 18:12). De acuerdo con 1 S. 13:5; 14:23, estaba al O de Micmas. Fue escenario de una batalla entre Saúl y los filisteos.

2. Oseas 10:5 (cp. 4:15; 5:8) emplea el nombre B. en tono despreciativo para describir la condición de → Bet-el ('casa de Dios') después de haberse colocado allí el becerro de oro.

R. B. W.

BET-EL ('casa de Dios'). La ciudad que con más frecuencia se menciona en el AT después de Jerusalén. Estaba situada a 35 km al N de Jerusalén y a 29 al S de Silo. No tenía defensas naturales, pero la abundancia de agua estimuló su crecimiento. Parece que los cananeos tenían allí un santuario al dios El, pero el nombre hebreo de la ciudad procede de la visión que Jacob tuvo en este lugar (Gn. 28:10-22).

En la Biblia aparece primero como sitio donde Abraham levantó un altar (Gn. 12:8; 13:3,4). Por la experiencia de Jacob el nombre adquirió el sentido especial de lugar de revelación (Gn. 28:19; 35:1-7). Dios se refiere a sí mismo como "Dios de B." (Gn. 31:13) y le manda a Jacob volver allí. La segunda vez que Jacob fue a B., le dijo Jehová que de ahí en adelante no se llamaría Jacob, sino Israel, y se renovó el pacto con Abraham (Gn. 35:10-15).

Como los arqueólogos han comprobado que la ciudad se quemó durante la época de Josué, muchos suponen que fue conquistada al mismo tiempo que → Hai, que estaba un poco al E de B. (Jos. 7:2; 8).

Durante la época de los jueces el arca estaba en B. (Jue. 20:18-28) aunque después la llevaron a Silo. El territorio gobernado por Débora se hallaba entre B. y Ramá (Jue. 4:5). Después de la caída de Silo, Samuel visitaba B. todos los años para resolver los problemas espirituales de sus habitantes (1 S. 7:16).

B. adquirió mala fama cuando Jeroboam I, al establecer el reino del Norte, la convirtió en santuario del culto a un becerro de oro para evitar que los israelitas volvieran al templo de Jerusalén. Es probable que el becerro de oro no haya sido una representación de Jehová, sino el guardián del trono de Dios (1 R. 12:26-33; 2 Cr. 13:8,9). Sin embargo, la ira de Dios cayó sobre el rey por su desobediencia. Durante los días de Elías y Eliseo había una escuela de profetas en la ciudad (2 R. 2). En el siglo VIII Amós denunció las iniquidades de B., por lo que el sacerdote del santuario le mandó salir de la ciudad (Am. 7:12.13).

Cuando Asiria conquistó a Samaria (722 a.C.), B. no fue devastada. Como parte de sus reformas, Josías de Judá destruyó el santuario pagano y procuró eliminar su sacerdocio, pero dejó intacta la ciudad (2 R. 23:15-20). Los babilonios o los persas sí la destruyeron en la época del cautiverio. La ciudad volvió a levantarse puesto que Esdras y Nehemías mencionan una pequeña población de este nombre (Esd. 2:28; Neh. 7:32).

En el NT no se nombra a B. aunque llegó a ser más grande que antes. Josefo dice que el emperador Vespasiano estableció allí una guarnición romana (*Guerras* IV,ix,9). El pueblo llegó a su apogeo en la época bizantina y desapareció al comenzar el período árabe en la Tierra Santa.

R. B. W.

BETESDA (transcripción gr. de la voz aramea *bet-jasdá* = 'casa de misericordia'; las variantes textuales rezan Betzatá o Betsaida). Estanque de cinco pórticos en Jerusalén, donde los enfermos aguardaban la sanidad mediante las aguas. Aquí sanó Jesús a un hombre enfermo desde hacía 38 años (Jn. 5:2-9).

No sólo el nombre B. está en duda, por problemas textuales (el v. 4 falta en los mss. más antiguos), sino su ubicación. En el v. 2 el original reza "cerca del . . . de las ovejas"; algunas versiones suplen "puerta" (de acuerdo con Neh. 3:1, donde se menciona una entrada en el muro septentrional de Jerusalén); otras, "abrevadero".

Si las primeras tienen razón, como es probable, el sitio tradicional es el correcto: contiguo a la actual iglesia de Santa Ana, un poco al N del

Ruinas de Betel en un campo pedregoso. En este lugar Jacob hizo un altar de la piedra que le había servido de cabecera, para marcar el sitio de su encuentro con Dios.

MPS

El estanque de Betesda. Excavaciones recientes han dejado al descubierto las ruinas de los cinco pórticos mencionados por San Juan en la historia de la curación del paralítico.   MPS

área del templo. Se halla en el barrio Betzatá (o Bezeta), y aquí los arqueólogos han excavado un estanque trapezoide con sus cinco columnatas. A la par, en la pared de una antigua iglesia en ruinas, se nota un fresco de un ángel que agita las aguas.   J. H. O.

BETFAGÉ (arameo = 'casa de higos'). Aldea cerca de Jerusalén, ubicada en la vertiente E del mte. de los Olivos. Se menciona sólo en relación con la entrada triunfal de Jesús a Jerusalén (Mt. 21:1; Mr. 11:1; Lc. 19:29). En los relatos B. se menciona antes de → Betania, lo que hace supo-

ner que se hallaba al E de ella. Muchos identifican B. con la actual ciudad musulmana de Sbu Dís.   W. M. N.

BET-HORÓN ('casa de Horón', un dios de Canaán). Nombre de las ciudades gemelas: "B. la de arriba" y "B. la de abajo". Aquélla queda 16 km al NO de Jerusalén y ésta 2 km más al NO y 270 m más baja que la primera (Jos. 16:3-5). Las dos fueron construidas por Seera de Efraín (1 Cr. 7:24). Salomón las reconstruyó y las convirtió en fortalezas (2 Cr. 8:5). Una de ellas se incluía entre las ciudades levíticas (Jos. 21:22). Según los libros apócrifos (Judit 4:4,5; 1 Mac. 9:50), después del cautiverio fueron nuevamente fortificadas. Muchos ejércitos pasaron por las dos B.: el de los amorreos (Jos. 10:10), el de los filisteos (1 S. 13:18) y el de los sirios (1 Mac. 3:16,24). Sanbalat, gobernador de Samaria, era de B. (Neh. 2:10).   C. W. D.

BET-JESIMOT. Pueblo situado cerca de la desembocadura del río Jordán en el valle de Moab (Nm. 33:49). Moisés se lo dio a Rubén (Jos. 12:3; 13:20), pero Moab lo reconquistó, tras lo cual creció en importancia (Ez. 25:9). W. G. M.

BET-NIMRA ('casa de agua pura' o 'casa de leopardo'). Pueblo amurallado en las llanuras de Moab. Moisés lo conquistó y lo cedió a Gad (Nm. 32:36; Jos. 13:27). Se le identifica con Nimra (Nm. 32:3) y Nimrim (Is. 15:6; Jer. 48:34). Hoy existe un lugar llamado Tel Nimrim 24 km al E de Jericó.   W. G. M.

BET-PEOR ('casa de Peor'). Valle al E del Jordán, frente a Jericó, donde Israel acampó y Moisés les enseñó por última vez (Dt. 3:29; 4:1ss.; 4:46; 5:1ss.). Moisés fue sepultado allí sobre el cercano mte. Pisga (Dt. 34:6). Según Jos. 13:20 B. fue cedido a Rubén.   W. G. M.

BETSABÉ. Esposa de → Urías, soldado heteo del ejército del rey David. Éste, atraído por su hermosura, la sedujo; luego hizo que Urías muriera en batalla y la tomó por esposa. El profeta → Natán reprendió al rey y, como castigo de Yahveh, el primer hijo de esta unión murió (2 S. 11; 12; cp. Sal. 51). En la vejez de David, B. se alió con Natán para conseguir la elevación de su hijo → Salomón al trono y así llegar a ser la reina madre (1 R. 1:5-40). Presentó a Salomón la petición de → Adonías para que se le diera Abisag, concubina de David, petición que fue interpretada como traición y redundó en la muerte de Adonías (1 R. 2:13-25).   I. W. F.

BETSAIDA (arameo = 'lugar de pesca'). Ciudad ubicada a la orilla N del lago de Galilea, cerca de la desembocadura del Jordán.

Según Jn. 1:44 y 12:21, B. era la ciudad nativa de Felipe, Andrés y Pedro. Sin duda Jesús la visitaba a menudo (Mr. 6:45; 8:22), pero los Evangelios sólo mencionan un milagro hecho allí, la curación gradual de un ciego (Mr.

Betsaida era una aldea pesquera en las riberas del mar de Galilea, cerca de Capernaum, pueblo natal de Pedro y Andrés. Todavía atrae a los pescadores que anclan sus barcos cerca de las ruinas del pueblo.

MPS

8:22-26). En un lugar desierto de sus cercanías tuvo lugar la alimentación de los 5.000 (Mr. 6:31-45 //; Jn. 6:1-15).

A pesar del ministerio de Jesús, B. no se arrepintió y por lo tanto fue objeto de una advertencia severa (Mt. 11:21; Lc. 10:13).

→ Felipe, el tetrarca, reconstruyó B., elevándola al rango de ciudad (Jn. 1:44), y le puso el nombre de Julia en honor de la hija del emperador Augusto.

B. ha sido identificada con dos sitios actuales al E del Jordán, cercanos el uno al otro: et-Tell y Musadiya. Mr. 6:45 (cp. Jn. 6:17) parece indicar que había otra B. al O del Jordán. Se ha conjeturado que en la ribera O del río había un barrio de B., Julia.   J. H. O.

BET-SÁN. Lugar cuyo nombre aparece en la historia con variantes desde el siglo XV a.C. en adelante. En Jue. 1:27 es una de las ciudades entregadas a Manasés. Según Jos. 17:16, se hallaba en el valle de Jezreel. Según 1 S. 31:10 era una ciudad filistea cerca del mte. de Gilboa. Lo anterior hace pensar que se hallaba al SE del valle de Jezreel.

La historia de B. comienza cuando Tutmosis III la tomó después de la batalla de Meguido, *ca.* 1467 a.C. Siguieron tres siglos de dominio egipcio, durante los cuales se usó la ciudad como defensa contra los enemigos del N.

Al conquistar a Canaán los israelitas no expulsaron completamente a los habitantes de B. (Jue. 1:27), quizá por los carros de hierro que aquéllos poseían (Jos. 17:11,16). El cadáver de Saúl fue colgado por los filisteos en los muros de B. (1 S. 31:10,12; 2 S. 21:12). En el siglo X a.C. la ciudad formaba parte del reino de Salomón (1 R. 4:12). Sisac I la saqueó *ca.* 926 a.C. (1 R. 14:25).

Durante el período griego se llamaba Escitópolis, situada en el camino de Jerusalén a Damasco. En 107 a.C. Juan Hircano capturó la ciudad. Luego Pompeyo la tomó y la incorporó al Imperio Romano. En tiempos de Cristo figuraba entre las ciudades de la →Decápolis.

J. E. G.

BET-SEMES ('casa' o 'templo del sol'). Ciudad en la frontera septentrional de Judá, 25 km al N de Laquis y 35 al O de Jerusalén, sobre la carretera entre ésta y las ciudades filisteas de Asdod y Ascalón. Aunque por mucho tiempo fue importante para la defensa de Israel contra los filisteos, se menciona poco en el AT. Cuando los filisteos devolvieron el arca, la mandaron a B. (1 S. 6:9ss.), donde murieron algunos hombres de la ciudad por haber mirado dentro de aquélla.

Los arqueólogos han descubierto seis estratos, de la edad media del bronce en adelante. El más antiguo es de 2200-1700 a.C. El siguiente data de la época de los hicsos (1700-1500), quienes al dominarla construyeron en el sitio de B. una ciudad fortificada. Entre 1500-1200 floreció allí una ciudad cananea. Las casas estaban bien construidas, y parece haber sido una ciudad próspera. Fue destruida (quizá por los israelitas) y durante el tiempo de los jueces (1200-1000) surgió otra ciudad de construcción inferior. Ésta también fue asolada, quizá durante una batalla entre israelitas y filisteos.

David la incorporó a su reino, y todavía se puede ver la casa del gobernador. La vida de B. terminó repentinamente a fines del siglo X a.C., probablemente como resultado de la invasión del faraón Sisac (1 R. 14:25). Aunque posteriormente otra ciudad ocupó el lugar, era sólo una pobre imitación de las anteriores. Cerca de esta ciudad peleó Joás rey de Israel contra Amasías rey de Judá (2 R. 14:11ss.), y fue ésta la que los filisteos quitaron a Acaz (2 Cr. 28:18).

J. H. W.

BET-SUR ('casa de roca'). Ciudad edificada sobre las rocas típicas de Judea. Se encontraba entre Hebrón y Belén. Roboam la fortificó junto con otras ciudades para la defensa de Judá (2 Cr. 11:7; cp. Neh. 3:16). Fue estratégica en las guerras de los Macabeos (1 y 2 Mac.) quienes levantaron allí una de sus mejores fortalezas. Judas Macabeo derrotó allí a los griegos que comandaba Lisias en el año 165 a.C.   M. V. F.

BETUEL. Hijo de Nacor y de Milca (Gn. 24:24), parientes ambos de Abraham (Gn. 11:27-29; 24:15), y padre de Labán y de Rebeca (Gn. 24:29). Poco se sabe de B. Se le menciona junto con Labán, cuando se hace el compromiso de Rebeca con Isaac (Gn. 24:50).   H. P. C.

BEZALEEL. 1. Hijo de Uri, de la tribu de Judá, dotado por Dios de sabiduría y de una extraordinaria habilidad para labrar oro y otros metales preciosos y madera (Éx. 31:2-5; 36:2). Sus realizaciones como principal constructor del tabernáculo están descritas en Éx. 37:1-38:23.

2. Hijo de Pahat-moab a quien Esdras convenció para que dejara su mujer extranjera (Esd. 10:30).   H. P. C.

BEZEC. 1. Ciudad cananea en el territorio de Judá, conquistada por Judá y Simeón (Jue. 1:1-7). No se ha determinado con certeza dónde se hallaba. Se cree que estaba cerca de Gezer.

2. El lugar donde Saúl organizó su ejército antes de ir al rescate del pueblo en Jabes de Galaad (1 S. 11:8). Probablemente estaba a unos 21 km al NE de Siquem.   E. A. N.

BIBLIA (gr. plural de *biblión* = 'libro breve', o sea 'colección de libros breves'). Nombre dado a la colección de escritos que la iglesia cristiana considera divinamente inspirados. Comenzó a utilizarse a fines del siglo IV d.C. En griego *ta biblía* era un neutro plural, pero al pasar al latín se le atribuyó el género femenino, debido a su terminación en "a." De allí nuestra costumbre en español de referirnos a "la B.".

El número de libros incluidos en la B. varía según el canon que cada denominación acepta (→CANON DEL AT; CANON DEL NT; TEXTOS DEL AT; TEXTOS DEL NT; VERSIONES). En general, todas las iglesias concuerdan en los veintisiete libros del NT, pero el número de libros del AT varía según una iglesia siga el canon griego (como la iglesia católica romana y la greco-ortodoxa), o el canon hebreo (como los protestantes).

La B. se divide en dos partes: el AT, escrito antes de Jesucristo, y el NT, que se refiere a la vida de nuestro Señor y al trabajo de la iglesia en las primeras décadas después de la Resurrección. Casi todo el AT fue escrito originalmente en →hebreo, aunque algunas porciones están en →arameo, el idioma que se hizo común entre los judíos unos pocos siglos a.C. También hay algunos libros del AT católicorromano que parecen haber sido escritos originalmente en griego, y que forman parte de los libros →apócrifos. En general, estos libros forman parte de la B. griega y latina, pero no de la hebrea. Todo el NT fue escrito originalmente en →griego, que era la lengua común del comercio y la comunicación de la época de Jesucristo. Hace algún tiempo, se creía que parte del NT (como el Evangelio de →Mateo) había sido escrito originalmente en arameo. Pero hoy casi todos los eruditos rechazan esta teoría.

Fragmento de las Escrituras del *Codex Sinaiticus* encontrado en el monasterio de Santa Catalina en el Monte Sinaí. Estos códices son escritos en mayúsculas, forma corriente de escritura del siglo IV d.C. BM

De todos los libros que la humanidad ha conocido, ninguno ha ejercido tanta influencia como la B. Sobre ella se han escrito millares de estudios; autores famosos han tomado de ella temas para sus obras; pensadores y científicos se han inspirado en ella; y aun movimientos antagónicos al cristianismo, como el islam y el marxismo, han tomado de ella buena parte de sus doctrinas. Completa o en parte ha sido traducida a más de mil idiomas, y provee la base doctrinal a centenares de iglesias en culturas y situaciones muy diversas.

Los primeros cristianos creían firmemente que el AT había sido inspirado por Dios (→ INSPIRACIÓN), y cuando usaban el término → "Escrituras" se referían sólo a esta parte, pues el NT todavía no se había escrito y compilado. Empero esto creaba varios problemas. Para los cristianos, la interpretación tradicional del AT estaba equivocada, pues los judíos no admitían a Jesucristo como culminación de las promesas dadas a Israel. En Jn. 5:39 Jesús mismo advierte a los judíos que es en él, y no sencillamente en las

El modo más sencillo de mostrar esto era apelar a las → profecías del AT, y mostrar su cumplimiento en Jesucristo. De ahí que en los Evangelios, al narrar los acontecimientos de la vida de Jesús, aparezca frecuentemente la frase "para que se cumpliese lo que fue dicho" (Mt. 1:22; 4:14; 8:17; Jn. 17:12; 19:24; etc.), o la frase "conforme a las Escrituras" (1 Co. 15:3s.) (→ CITAS). Este método de interpretación bíblica no fue creado por los cristianos, sino que ya existía desde mucho antes (→QUMRÁN;

Entre las grandes figuras que hacen su aparición en el escenario histórico del siglo XV d.C. se destaca el alemán Gutenberg, inventor de la imprenta. Este hecho fue determinante en lograr la diseminación de las Sagradas Escrituras por todo el mundo. El primer libro que se imprimió fue la Biblia de Gutenberg, de la cual reproducimos arriba una página iluminada.   ABS

Escrituras, donde hay vida eterna. Luego, los cristianos tenían que demostrar que Jesucristo era la culminación de las Escrituras y ellos eran el nuevo Israel.

INTERPRETACIÓN). De hecho, en la misma época de Jesús hubo varias personas que pretendieron ser ellas mismas el cumplimiento de las profecías (→MESÍAS). El argumento poderoso que utilizaban los cristianos, para entender los episodios de la vida de Jesús, era la relación con las profecías antiguas. En consecuencia, el método más común para interpretar el AT fue el de hallar en él profecías de los hechos mencionados en el NT.

Pero esto no bastaba para interpretar todo el AT, ya que buena parte de él no consistía en profecías que se pudiesen relacionar directamente con el NT. Por esta razón, algunos cristianos recurrieron a un método de interpretar el AT que también ya era conocido entre los judíos y griegos: el método alegórico. Según esta interpretación hay pasajes en el AT que no deben entenderse literalmente, sino como una → alegoría en la que se expresa una verdad en lenguaje simbólico. El apóstol Pablo utiliza este método en 1 Co. 9:8ss., donde interpreta la antigua ley judía "no pondrás bozal al buey que trilla", no en el sentido literal, "como si Dios se ocupase de los bueyes", sino en un sentido simbólico.

El método alegórico, sin embargo, no es común en el NT, pues, llevado al extremo, encierra dos peligros serios: en primer lugar, tiende a dejar a un lado el carácter histórico de las narraciones del AT, y por tanto puede olvidar que el Dios allí descrito se revela en la historia, en medio de las acciones de los hombres. En segundo lugar, el método alegórico puede llevar fácilmente a las más absurdas interpretaciones del texto.

Para evitar los riesgos antedichos, la mayoría de los autores del NT interpretan el AT mediante una clase de alegoría modificada llamada → tipología. Según esta interpretación, los hechos relatados en el AT son reales, y en ellos Dios se ha revelado. Pero también en ellos Dios dio una señal de los acontecimientos que tendrían lugar en el NT. Para entender esto mejor, tómese p.e. Gá. 4:21-31; donde Pablo se refiere "al hijo de la sierva y al de la libre" como una alegoría. Aquí, sin embargo, Pablo no niega el hecho histórico que está discutiendo. Al contrario, Pablo da por sentado que lo que se narra en el texto del Génesis sucedió de verdad; pero entonces le añade al acontecimiento histórico un sentido simbólico: nosotros no somos hijos de la esclava, sino de la libre. Otro ejemplo de este método puede verse en 1 Co. 10:1-11, donde Pablo interpreta la situación histórica de Israel en el Éxodo como un hecho real que prefiguraba la vida de la Iglesia.

En resumen, los escritores del NT —y la mayoría de los más antiguos autores cristianos— veían en la B. de su tiempo, es decir en el AT, la → palabra de Dios, pero la interpretaban desde un punto de vista cristocéntrico. Los pasajes proféticos referentes a Jesucristo, debían entenderse como tales. La alegoría era lícita, y hasta necesaria. Pero tanto la profecía como la alegoría tenían que entenderse a la luz del Señor de la Iglesia, quien era para los primeros cristianos el centro de la B.

J. L. G.

Bibliografía
IB II, pp. 177-189; X. León-Dufour, *Los evangelios y la historia de Jesús,* Barcelona: Estela 1966, pp. 228-235, 365-369; L. Alonso Schökel, *La palabra inspirada,* Barcelona: Herder, 1966; González, Justo L., *Jesucristo es el Señor,* San José: Editorial Caribe, 1972, pp. 15-25.

BIENAVENTURANZA. → SERMÓN DEL MONTE.

BILDAD. Uno de los tres amigos de → Job que vinieron a consolarlo (2:11) y que entablaron con él un largo diálogo en busca de las razones de su desgracia. B. interviene en 8:1; 18:1 y 25:1. Su identificación como "suhita" lo relaciona con una tribu aramea que merodeaba al SE de la Tierra Santa.   A. Ll. B.

BILHA. 1. Sirvienta de Raquel, quien, por causa de su propia esterilidad, se la dio por concubina a Jacob. Fue madre de → Dan y de → Neftalí (Gn. 30:1-8; cp. Gn. 35:22; 49:4).
2. Ciudad de los descendientes de Simeón (1 Cr. 4:29).   J. M. H.

BITINIA. Territorio en la parte NO de Asia Menor. Colinda al O con el mar de Mármara y Misia, al N con el mar Negro, al S con Galacia y Frigia, y al E con la antigua región de Paflagonia. Su nombre primitivo fue Bebricia, pero el actual parece derivarse de los tinios, tribu tracia que dominó la región.

Formó parte del reino de Lidia y del Imperio Persa, y llegó a ser independiente con la victoria de Alejandro Magno. Cayó más tarde en poder de los romanos, y Pompeyo la constituyó, junto con el Ponto, en provincia proconsular (65-63 a.C.).

Pablo intentó ir a B. entrando por Misia, pero el Espíritu no se lo permitió (Hch. 16:7). La mención de B. en 1 P. 1:1 y en las cartas de Plinio el Menor, comisionado especial en B. y el Ponto (111-113 d.C.), indica la existencia de congregaciones cristianas allí.   L. F. M.

BLANCA (gr. *lepton* = 'pequeño'). Única moneda judía mencionada en el NT. Era de cobre, y equivalía a la mitad del → cuadrante romano (Mr. 12:42 //). Representaba la moneda de menor valor (Lc. 12:59). La viuda echó dos b. al → arca porque la tradición rabínica establecía éstas como la ofrenda mínima.   R. F. B.

BLANCO. → COLORES.

BLASFEMIA. El AT designa como b. toda expresión o acción injuriosa e irreverente contra Dios o sus representantes. En ocasiones podía no ser más que un pensamiento no expresado (Job. 1:5).

Tanto se temía incurrir inconscientemente en la b. prohibida por el tercer mandamiento (Éx. 20:7; Dt. 5:11), que los judíos, prefiriendo una forma alterada, dejaron de pronunciar el nombre de Dios, por lo que hoy se ignora la verdadera pronunciación de "Jehová" (Is. 52:6; Ez. 36:20). En el libro de Ester hasta se suprimió el nombre divino, para que los paganos no lo blasfemaran al leerlo. Los pecados de Israel y los castigos que había sufrido podían también motivar la b. de los enemigos (2 S. 12:14; Sal. 74:10,18; Is. 37 *passim;* 52:5). La b. se castigaba con la muerte (Lv. 24:10-16; 1 R. 21: 10,13; cp. la pedrea de → Esteban en Hch. 6:13). Profanar el sábado también se consideraba b. (Nm. 15:32ss.).

En el NT se concibe la b. con la misma seriedad que en el AT. Lo más grave de que se acusó a Jesús fue la b. (Mt. 9:3; Mr. 2:7; 14:64; Lc. 5:21), aunque al denunciarle ante las autoridades romanas, tenían que acusarle de ofensas civiles (Lc. 23:2). En cambio, para los primeros creyentes, era b. el desprecio de Cristo (Mt. 27:39; Mr. 15:29; Lc. 22:65 ["injuriaban" = blasfemaban, en el gr.]; Hch. 13:45; 18:6).

El mayor pecado que la Biblia registra es la b. contra el Espíritu Santo (Mt. 12:31s.; Mr. 3:28s.). Para la recta interpretación de este tipo de b., debe compararse Heb. 6:4-6; 1 Jn. 5:16s. Estos versículos constituyen una solemne advertencia contra el deliberado y persistente rechazamiento de la salvación en Cristo que ofrece a los pecadores el Espíritu Santo. Tal actitud es b. contra el Espíritu que al final "no ‘es será perdonada". El vivir de tal manera que la fe sea tenida en menos también es b. muy grave (1 Ti. 1:20; 2 P. 2:2).

En la cultura helénica la b. no traía consecuencias tan funestas. Significaba más bien varios grados de difamación como la burla o la calumnia (Col. 3:8; 1 Ti. 6:4; Ap. 2:9).

W. G. M.

BOANERGES (heb. o aram. = 'hijos del trueno'). Apodo que Jesús dio a los hijos de Zebedeo según Mr. 3:17. Marcos no explica por qué, pero la conducta de los dos relatada en Lc. 9:49,51-56 es indicativa. Se ha conjeturado que el carácter "tronador" de Jacobo motivó su martirio (Hch. 12:2). Pero es notable que Juan haya llegado a ser el "apóstol del amor".

W. M. N.

BOAZ. → JAQUÍN.

BOCA. Órgano para emitir la voz con la colaboración de los dientes y la → lengua. La primera parte del aparato digestivo.

En los dos Testamentos se habla de la b. del hombre, de los animales y, como un antropomorfismo, de la b. de Dios. Metafóricamente, también las cosas inanimadas tienen b.: el pozo (Sal. 69:15), el costal (Gn. 42:27), la tierra (Gn. 4:11; Ap. 12:16). El que habla por otro se constituye en b. de aquél (Éx. 4:16), de ahí que la b. se relacione también con la palabra del otro (Dt. 17:6).

Según las enseñanzas de Cristo, la b. revela las intenciones del corazón (Lc. 6:45). A. R. T.

BOCINA. Instrumento musical de viento, cuyo nombre, la mayoría de las veces en el AT,

constituye una traducción de los términos heb. *sofar* o *qeren,* que significan → cuerno. Era más un instrumento de señal o alarma que de música, y aparece en las campañas militares de Josué (Jos. 6:20) y de Gedeón (Jue. 7:16-22 RV 1909); tal vez la → trompeta que Pablo menciona (v.g. 1 Co. 14:8) sea una b.

La b. también se menciona entre los instrumentos de la orquesta de Nabucodonosor (Dn. 3:5). Las primeras seguramente fueron hechas de cuernos de animales y para ello servía cualquier tipo de cuerno, excepto los de vaca. Para anunciar el año nuevo se hacía sonar en el templo un cuerno de macho cabrío; era recto y con una boquilla enchapada de oro. El cuerno usado en los días de ayuno era de carnero, curvado y con la boquilla enchapada de plata. Aún se usa en la sinagoga.   V. F. V.

BODAS. → MATRIMONIO.

BOLSA. Pequeño saco hecho de piel o seda tejida, que usualmente se sujetaba al cinturón y servía para guardar monedas (Pr. 1:16; 7:20; Lc. 22:35s.). Los comerciantes la usaban también para guardar las pesas (Dt. 25:13; Is. 46:6; Mi. 6:11). Colgada del cuello, la "bolsita de mirra" (Cnt. 1:13 BJ) perfumaba los pechos de la amada.

En el Oriente el cinturón mismo se usaba como b.; a esta práctica alude Jesús en Mt. 10:9.

La palabra traducida b. en Jn. 12:6 y 13:29 se refiere en realidad a una cajita como la que los músicos de oboe usaban para llevar sus lengüetas; en ella Judas guardaba los fondos comunes de los doce.

La expresión "saco roto" (Hag. 1:6) es alusión simbólica a una economía y un bienestar ficticios. Igualmente metafóricas son la b. de Lc. 12:33, ya que las b. con grandes cantidades se sellaban (Job 14:17). También se habla de la "b. de la vida" (1 S. 25:29 BJ).   M. V. F.

BOOZ. Hombre acomodado de Belén, descendiente de Judá y pariente de → Elimelec, el ma-

Hoy día se recoge la cosecha en los campos de Booz cerca de Belén, como siglos antes lo había hecho Rut en el mismo lugar.   MPS

rido de →Noemí (Rt. 2:1). Hacendado benevolente, fue hombre de buen espíritu y estricta integridad. Dio permiso a → Rut, viuda del hijo de Elimelec, para recoger espigas en sus campos. Luego, por la ley del →levirato, la redimió tomándola por esposa. Fue padre de Obed y abuelo de David. Así vino a formar parte del linaje real de Judá al que pertenecía el Mesías (Rt. 1–4; Mt. 1:5). Posiblemente una de las columnas del Templo de Salomón llevaba su nombre (1 R. 7:21; 2 Cr. 3:17).   D. M. H.

BORDE. →FLECOS.

BORRACHERA. →EMBRIAGUEZ.

BOSRA. 1. Capital de Edom, ciudad de gran antigüedad (Gn. 36:33; 1 Cr. 1:44; Is. 34:6; 63:1; Jer. 49:13, etc.). Se identifica con la moderna ciudad de Buseira, 32 km al SE del mar Muerto y 50 km al N de Petra. Fue ciudad inexpugnable en tiempo de los edomitas y sede de las principales guarniciones de éstos en el N de Edom. Protegía los caminos a las minas de cobre en el Arabá. Para los profetas era símbolo de oposición; destruir esta ciudad, equivalía a destruir todo Edom. Por tanto, profetizaban su destrucción por mano de Dios (Am. 1:11,12).

2. Ciudad de Moab (Jer. 48:24), cuya identificación es incierta. Puede ser la ciudad de Buzrah, 95 km al S de Damasco, pero otros la identifican con →Bezer, ciudad de refugio (Dt. 4:43).   J. E. G.

BOTÍN. → DESPOJO.

BOXEO. →JUEGOS DEPORTIVOS.

BRAZA. Medida marina de profundidad, de origen griego, cuya dimensión es la distancia entre las dos extremidades de los brazos extendidos horizontalmente. Representaba aproximadamente 1.85 m (Hch. 27:28).   A. T. P.

BRAZALETE. Adorno en forma de aro o argolla que usaban hombres y mujeres en uno o en ambos brazos (Gn. 24:22; Ez. 16:11).

En 2 S. 1:10 se menciona una argolla, signo de realeza, en el brazo de Saúl. Los b. eran considerados como valiosa ofrenda de sacrificio (Nm. 31:50).   M. V. F.

BRAZO. Símbolo de fuerza en hebreo y otros idiomas del Oriente Cercano Antiguo. A menudo se emplea la frase el "b. extendido de Jehová" para señalar un acto poderoso de Dios: v.g. la liberación del pueblo de Israel de Egipto (Éx. 6:6; Dt. 4:34; 5:15; 9:29, etc.). La redención lograda por el → Siervo sufriente es una manifestación del "b. de Jehová" (Is. 53:1). El poderoso "b. de Jehová" se contrasta con el "b. de carne" (2 Cr. 32:8). Los "b. eternos" son el refugio seguro del pueblo de Dios (Dt. 33:27).   W. M. N.

BREA. → ASFALTO.

BRONCE. Traducción del término hebreo *nehoset* y el griego *jalkós* que designan tanto al cobre como a su aleación con el estaño u otro metal. La primera referencia bíblica se halla en Gn. 4:22.

El b. se usó en la construcción y ornamentación del tabernáculo, bajo la dirección de Bezaleel y Aholiab (Éx. 31:2ss.). La industria del b. fue muy desarrollada durante el tiempo de Salomón (1 R. 7:13-46). Además, se empleaba para adornos, armas y cerrojos (1 R. 4:13).

En el lenguaje figurado es un símbolo de fuerza, resistencia y poder (Job 6:12; Sal. 107:16; Jer. 1:18); de riqueza (Is. 60:17); de la falta de amor (1 Co. 13:1); de pueblos irreligiosos e inmorales (Jer. 6:28).   J. E. D.

BUENOS PUERTOS. Bahía en el litoral meridional de la isla de Creta, cerca de la ciudad de Lasea, donde permaneció algún tiempo la nave en la que Pablo iba prisionero a Roma (Hch. 27:8-12). El apóstol aconsejó invernar allí, ya que el puerto a unos 8 km al E del cabo Líthinon, la punta más al S de la isla, estaba protegido del temible viento del NO. Su consejo fue desoído y más tarde naufragaron.

Hoy una aldea con sólo treinta casas conserva el antiguo nombre, Kalí Limniones.   R. F. B.

BUEY. Macho del ganado bovino castrado cuando está crecido. En la Biblia la distinción entre b. y toro muchas veces depende del contexto, porque la terminología bíblica no indica claramente la diferencia. Tanto en condiciones nómadas, como sedentarias, entre los judíos la posesión de muchos b. era signo de riqueza (Job 1:3). Eran apreciados como animales de trabajo

Los bueyes no sólo se utilizaban para arar, sino que servían de alimento y como animales para los sacrificios.   SP

para halar carros (2 S. 6:6) y el arado (Dt. 22:10; 1 R. 19:19; Job 1:14; Am. 6:12), para trillar (Dt. 25:4; 1 Co. 9:9), y llevar carga (1 Cr. 12:40). El estiércol del b. servía de combustible para cocinar (Ez. 4:15). El cuidado y la responsabilidad del poseedor de b. eran debidamente reglamentados (Éx. 21:28–22:15).

El b. era animal limpio y se podía comer (Dt. 14:4). Su carne se servía principalmente en ocasiones especiales (1 R. 4:23; Neh. 5:18; cp. "novillos" en Am. 6:4). También se usaba como animal de sacrificio (Lv. 9:4; 22:23; Nm. 7 *pássim*).

El b. y el toro se asociaban con la adoración de los dioses en el Oriente; el b. por su fuerza y el toro por su fecundidad (→ BECERRO). El mar fundido del Templo de Salomón descansaba sobre doce b. (1 R. 7:25) y las diez basas de bronce tenían en sus tableros figuras de leones, b. y querubines (1 R. 7:29). En la visión de Ezequiel, una de las caras de los seres vivientes es de b. (Ez. 1:5-10; cp. Ap. 4:7).   S. D. C.

BÚFALO. Casi con certeza es el *Bos taurus primigenius,* especie extinguida pero ampliamente difundida en todo el mundo antiguo. ("Unicornio" en la RV 1909 que sigue la traducción errónea de LXX, *monóqueros* de la palabra hebrea *reem.*) El b., de acuerdo con la Biblia, era de gran tamaño y fuerza (Nm. 23:22; 24:8), indomable y feroz (Job 39:9,10), muy peligroso para cazarlo por sus cuernos (Dt. 33:17; Sal. 92:10). Simbolizaba el poder del pueblo de Dios (Nm. 23:22; 24:8), un enemigo poderoso (Sal. 22:21), la fuerza que Dios da (Sal. 92:10), y probablemente simbolice en Is. 34:7 a los gobernantes o príncipes de Edom.   F. U.

BUL ('lluvia'). Mes hebreo de origen fenicio-cananeo. El segundo mes del calendario civil y el octavo del litúrgico. Corresponde a oct.-nov. En b. comenzaban las lluvias. Era el tiempo para arar y cosechar los higos de invierno (1 R. 6:38) → MES.   G. D. T.

BUZ. Segundo hijo de Nacor y Milca, hermano de → Betuel (Gn. 22:20,21) y antecesor de los buzitas. El nombre se encuentra en Jer. 25:23 al lado de Dedán (Gn. 10:7) y Tema (Gn. 25:15) y probablemente se refiere a un pueblo vecino de Edom.   H. P. C.

C

CABALLO. Bestia de carga, llamada *sus* en el heb. e *hippos* en el gr., posiblemente originaria de los llanos centrales de Asia y Europa. Por ser más noble y valiente que el → asno, el c. se usaba en tiempos bíblicos en la guerra (Pr. 21:31; Jer. 8:16), para montar y para tirar de los carros de guerra (Éx. 14:9; Jos. 11:4; 2 S. 15:1, etc.). Los c. eran propiedad de los reyes y no de la gente común.

En la Biblia la confianza en los c. suele oponerse a la confianza en Dios (Is. 30:16; Sal. 20:7; 33:17), y por tanto se les prohibía a los reyes "aumentar para sí c." (Dt. 17:16). No obstante Salomón tenía 40.000 (1 R. 4:26), a no ser que esta cifra sea error de algún copista (cp. 2 Cr. 9:25).

"Un carro de fuego con c. de fuego" llevó a Elías al cielo (2 R. 2:11). C. se usa metafóricamente en los Sal. en Zac. y en Ap. para simbolizar lo siguiente: el poder de Dios (Sal. 20:7; 33:17; 76:6,7); y según su color, el hambre (Ap. 6:5; Zac. 6:2,6); la guerra (Ap. 6:4; Zac. 1:8; 6:2); la muerte (Ap. 6:8); la victoria (Ap. 6:2; 19:14; Zac. 1:8; 6:3,6).   A. B. B.

CABELLO. → PELO.

CABEZA. Parte del cuerpo humano que se considera en la Biblia como la fuente de la vida, pero no necesariamente el asiento del intelecto. Perder la c. es perder la vida misma (Gn. 40:19; cp. Jn. 19:30). Además del sentido recto, c. tiene a menudo un sentido metafórico. Levantar la c. es demostración de éxito en cualquier empresa de la vida (Sal. 27:6; Gn. 40:13). Cubrirse la c. con las manos, o con polvo o ceniza, es señal de humillación y lamento (2 S. 13:19; Lm. 2:10).

Los israelitas solían decorar la parte superior de sus muebles y utensilios con c. de animales. Aunque la c. no es precisamente la parte más alta del animal, va por delante y arrastra tras de sí todo el cuerpo (Stg. 3:3). El marido en relación con su mujer es la c. (1 Co. 11:3; Ef. 5:23a). Ser c. implica superioridad de rango y autoridad sobre otros (2 S. 22:24). La piedra angular es considerada c. del edificio (Sal. 118:22) y tiene una connotación mesiánica, repetida cinco veces en el NT (Ef. 2:20; 1 P. 2:6); Cristo es la piedra fundamental sobre la cual todo el edificio se levanta.

Cristo es la c. del → cuerpo que es la → iglesia (Ef. 4:15; 5:23b; Col. 1:18). Cristo es constituido c. de toda la creación y de los poderes cósmicos y fuente de toda energía espiritual (Ef. 1:22; Col. 2:10).   A. R. T.

CABRA, CABRÍO, CABRITO. Animal tan importante en los tiempos bíblicos que tiene seis nombres en hebreo y dos en griego.

El cabro de monte habitaba en abundancia entre las escarpadas rocas de las montañas de Siria y Palestina.

En muchos sacrificios las c. y los cabritos eran tan aceptables como las ovejas y los corderos. El animal que se enviaba al desierto el día de expiación, cargado simbólicamente de los pecados del pueblo, era *sa'ir* ('macho cabrío', Lv. 16:7-22). La misma palabra se traduce "demonios" en Lv. 17:7; 2 Cr. 11:15. En Pr. 30:29-31 el "macho cabrío" (*tayish*) se halla entre las tres cosas de "hermoso andar" y en Gn. 30:35; 32:14 es una de las posesiones de Jacob y Labán.

Las c. formaban parte importante de la riqueza pastoril en el Oriente (Gn. 15:9; 27:9; 30:31ss.; 32:14; 37:31). Las criaban los israelitas en Canaán y en Egipto (Éx. 12:5; 1 S. 25:2) y las tribus nómadas vecinas (2 Cr. 17:11; Ez. 27:21). Su leche y su carne se usaban mucho como alimento (Dt. 14:4; Jue. 6:19; Pr. 27:27; Lc. 15:29). Del cuero se hacían odres y vestiduras rústicas usadas por los pobres, ascetas, llorones y profetas (Gn. 21:14; Jos. 9:4; Mt. 9:17; Heb. 11:37). Su pelo se tejía para hacer vestidos exteriores, tela para tiendas (Éx. 26:7; 35:6; Cnt. 1:8) y telas finas, como la que cubría el tabernáculo (Éx. 25:4; 35:26).

El macho cabrío, guía del rebaño (Pr. 30:31; Jer. 50:8), simboliza a un "guía en la maldad" (Is. 3:12; Zac. 10:3; cp. Ez. 34:17; Mt. 25:32,33). Un macho cabrío con un cuerno era símbolo reconocido del imperio de Macedonia (Dn. 8:5). A. B. B.

CABRAHÍGOS. → SICOMORO.

CAB-SEEL. Pueblo fronterizo entre Edom y Judá (Jos. 15:21). En Neh. 11:25 se lee Jecabseel. Benaía ben Joiada, uno de los más valientes capitanes de David, era oriundo de C. (2 S. 23:20; 1 Cr. 11:22). W. G. M.

CABUL. 1. Ciudad en el territorio de Aser, 15 km al E de Acre (Jos. 19:27).

2. Nombre que Hiram, rey de Tiro, puso a las veinte ciudades que Salomón le dio por su cooperación en la construcción del templo (1 R. 9:13). C. es un nombre irónico que significaba "como nada" y expresaba el desagrado de Hiram por aquel obsequio. J. L. G.

CADEMOT. Ciudad del rey amorreo → Sehón, próxima al desierto conocido por el mismo nombre de la ciudad. Sehón fue derrotado por los israelitas, cuando les negó el paso, y su tierra fue conquistada (Dt. 2:26-36). C. fue asignada a Rubén (Jos. 13:18) y convertida en ciudad levítica (21:37). Quedaba al E del Jordán, probablemente al lado del brazo superior del río Arnón. J. E. G.

CADES-BARNEA. Sitio en la península sinaítica, conocido de antiguo por la importancia de sus aguas en una región desierta. Se ha identificado con la Fuente de Ain Qudeis en el desierto de Sin, en la parte NE de la península, a once jornadas del mte. Sinaí, camino de Edom (Dt. 1:2) o unos 80 km al SO de Beerseba. Pero las aguas de esta fuente hubieran sido insuficientes para la multitud de israelitas bajo Moisés, por lo que algunos eruditos lo identifican con Ain el-Quedeirat, otra fuente, unos 6 km al NO. Sin embargo, lo más probable es que Ain Qudeis sea el sitio original y que los israelitas hayan usado también el agua de Ain el-Qudeirat y Ain Qoseime (otra fuente de la misma región). Estas últimas se necesitaban cuando se congregaba allí una multitud muy numerosa.

En C. los israelitas aceptaron el informe pesimista de la mayoría de los espías enviados a Canaán, y fueron condenados a caminar 38 años en el desierto (Nm. 13s.). Allí fue donde se rebeló Coré (Nm. 16). En C. fue sepultada María (Nm. 20:1), y Moisés, por su incredulidad al golpear la peña, perdió el derecho de entrar en Canaán (Nm. 20:2-13). Por la contención de Israel con Dios las aguas de C. fueron llamadas

Posible sitio donde se encontraba Cades-Barnea. Los israelitas pasaron muchos años en sus inmediaciones durante la jornada por el desierto; de aquí envió Moisés a los doce espías a explorar la Tierra Prometida. MPS

"las aguas de la rencilla" (Nm. 20:13), idea que se perpetuó en el nuevo nombre del lugar, Meribat-Cades o Meriba ('rencilla') de C. (Dt. 32:51; Ez. 47:19; 48:28).   D. J.-M.

CADMONEOS. Pueblo mencionado en Gn. 15:19 cuya tierra poseería la descendencia de Abraham. El nombre c. es idéntico en su forma al adjetivo "oriental" (Ez. 47:18), de modo que podría significar simplemente "los orientales". Probablemente vivían en la tierra prometida, al I. 1 Jordán.   E. A. N.

CAFTOR, CAFTORIM. La isla de → Creta, lugar de procedencia de uno de los pueblos que, junto con los casluhím, originaron a los → filisteos (Gn. 10:14; 1 Cr. 1:12). Dt. 2:23 habla de los caftoreos como procedentes de C., pero según Jer. 47:4 y Am. 9:7 ésta fue la tierra de donde salieron los filisteos.

En Creta la civilización minoica estuvo en su apogeo de 1800-1575 a.C. Aunque se cree que muchos de sus habitantes eran originarios de Asia Menor, hay pruebas de que semitas del delta de Egipto influyeron mucho en su cultura. Creta mantenía estrechos lazos culturales y comerciales con Egipto, Siria y Mesopotamia en esta época.   J. M. A.

CAIFÁS. Sobrenombre de significado desconocido, perteneciente a José, quien fue nombrado sumo sacerdote por el procurador Valerio Grato *ca.* 18 d.C. y depuesto por Vitelio, legado de Siria, en 36 d.C. Su suegro → Anás (Jn. 18:13,24), le consiguió el sumo sacerdocio y fue influyente durante el ejercicio del mismo hasta llegar a tomar el lugar de su yerno (Hch. 4:6).

Juan Bautista inició su ministerio en la época de C. (Lc. 3:2). Después de la resurrección de Lázaro, C. recomendó al sanedrín la muerte de Jesucristo, en beneficio de la nación, sin darse cuenta de lo profético de sus palabras (Jn. 11:49ss.). Fue en el patio de C. (Mt. 26:3) donde los dirigentes judíos acordaron prender a Jesús. Fue allí también, después de la interrogación de Anás (Mt. 26:57-68; Jn. 18:19-24), donde Jesús fue enjuiciado y condenado (Mt. 27:1).

La última vez que se menciona a C. es durante el juicio de Pedro, y Juan, cuando ya no ostentaba el oficio sumosacerdotal (Hch. 4:6).   P. S.

CAÍN. Primogénito de Adán y Eva. Nació fuera del Edén, y se dedicó a la agricultura (Gn. 2:15; 4:1-3). Fue sujeto a la influencia del maligno (1 Jn. 3:10-12). Le faltó amor para su hermano → Abel (Gn. 4:9) y fe (Heb. 11:4). Permitió que creciera en su corazón el pecado que había entrado en el mundo por sus padres (Jud. 11). Ofreció a Dios el fruto de la tierra, pero su ofrenda no agradó a Dios como la de su hermano menor (Gn. 4:3-5). Rechazada su ofrenda, C. se enfureció y cometió el primer asesinato al matar a Abel (Gn. 4:5-9).

Dios le condenó a vivir errante (Gn. 4:11-14), y para que nadie lo matara, le puso una señal (Gn. 4:13,15). Se radicó en la tierra de → Nod, donde se casó y fundó la primera ciudad del mundo, Enoc. Habiendo perdido la comunión con Dios, se consolidó con la humanidad perdida en su arte y en su militarismo (Gn. 4:16-24).   W. G. M.

CAINÁN. 1. Hijo de Enós, nieto de Set y padre de Mahalaleel (Gn. 5:9-14; 1 Cr. 1:2; Lc. 3:37,38).

2. En su genealogía de Jesús, Lucas menciona a otro C., padre de Sala e hijo de Arfaxad (Lc. 3:36). En esto coincide con la LXX (Gn. 10:24; 11:12). Según el TM —que no menciona a C.— Sala fue hijo y no nieto de Arfaxad. De esto se deduce que Lucas usaba el texto de la LXX, y que ciertas genealogías a veces omiten el nombre de alguna familia.   J. M. Br.

CAL. Materia preparada por la quema o cocción de piedra caliza, conchas y otras sustancias calizas (Is. 33:12), muy conocida en los tiempos bíblicos (Lv. 14:42,45) y fácilmente obtenida en la Tierra Santa. Se usaba para hacer mezcla y yeso, y para blanquear paredes (Dt. 27:2; Mt. 23:27; Hch. 23:3). La mezcla de c., arena y agua servía para edificar toda clase de casas (Ez. 13:10).   J. E. D.

CALA. Primera capital de Asiria. Quedaba a 38 km al S de Nínive, en el ángulo NE de la confluencia del Gran Zab con el Tigris. Según Gn. 10:11,12, fue fundada por Nimrod (su nombre hoy es Tel-Nimrud), pero de acuerdo con la historia asiria la fundó Asur, descendiente de Nimrod (Gn. 10:22). Allí se puede ver una enorme cabeza de Nimrod esculpida en una peña.

En C. los arqueólogos han descubierto los palacios de Asurnasirpal, Salmaneser I y III, Tiglat-pileser y Asaradón. También han encontrado el famoso obelisco negro de Salmaneser III, que muestra al rey Jehú pagando tributo al rey de Asiria. En la plaza principal se hallaban las estelas que hablan de Acab y de los despojos que se llevó de Asiria Sargón II (2 R. 17:5s.). Los cautivos de Israel fueron llevados hasta C. (2 R. 17:1-7).   W. G. M.

CALABACERA. Planta que se menciona solamente en Jon. 4:6-10. La identificación de esta planta con la c. la debemos a LXX. Realmente es el *Ricinus communis,* más conocido como *palmacristi* ('palma de Cristo'). El ricino se caracteriza por la rapidez con que crece y se seca; de ahí su importancia en la experiencia de → Jonás. Es una planta perenne, de unos 3 m de alto, hojas grandes, aserradas por el margen, divididas en varios lóbulos, de donde ha venido su nombre popular de palmacristi. El fruto es una cápsula que contiene tres semillas grandes de las cuales se extrae un aceite purgante y lubricante. Oriundo de África, el ricino crece

La calabacera es un arbusto que puede llegar a medir tres metros o más; productor del aceite castor.

silvestre, cerca del agua. Abunda en la Tierra Santa.   J. A. G.

CALABAZA (heb. *paqquot*). Coloquíntida, planta de varios tallos rastreros de unos 3 m de largo. Su fruto tiene la corteza lisa, y se parece, por su forma, color y tamaño, a la naranja. La pulpa del fruto es blanca, amarga y venenosa (2 R. 4:39). Es probable que la "vid de Sodoma" de Dt. 32:32 sea esta misma planta.

La c. de 1 R. 6:18; 7:24 es traducción de otra palabra heb. relacionada con *paqquot*.
                                                J. A. G.

CÁLAMO AROMÁTICO. → CAÑA AROMÁTICA.

CALCEDONIA. → ÁGATA.

CALDEOS, CALDEA. Pueblo de origen cusita que se estableció al S de la llanura de Babilonia. Por largo tiempo no se sometieron a la vida urbana, sino que continuaron su organización tribal. Esto les hizo foco de resistencia a la dominación asiria. Por tanto, al declinar el imperio asirio fueron los c. quienes llenaron el vacío político producido en la región de Babilonia. Primero dueños de la ciudad y región de Babilonia, luego de Mesopotamia, y por último de un vasto imperio que se extendía hasta las fronteras de Egipto, los c. gobernaron a Babilonia durante la época de su máximo esplendor.

Este imperio c., neo-babilónico, sólo duró unos cien años. Su fundador, Nabopolasar, se alió con los medos y de ese modo logró independizarse de Asiria y aun tomar a Nínive. Bajo su hijo, Nabucodonosor II, esta dinastía alcanzó su máxima gloria. Fue en esta época cuando los c. invadieron a la Tierra Santa, con el propósito de ampliar su radio de acción frente a su gran rival, Egipto. Es a él y a sus tropas a los que se refiere la mayor parte de las profecías del AT acerca de Babilonia. En Hab. 1:5-11 se encuentra una magnífica descripción de las fuerzas de los c. Resultado de la campaña de Nabucodonosor fue la toma y destrucción de Jerusalén, y la cautividad de Judá (2 R. 24:10–25:21; 2 Cr. 36:17-21; Jer. 39:1-10; 52:4-30).

A la muerte de Nabucodonosor, le sucedió su hijo Evil-merodac, quien trató a los cautivos judíos con más benignidad que su padre (2 R. 25:27-30). Los días del reino c. estaban, sin embargo, contados. Antes de cien años de fundado, siendo Nabónido rey de Babilonia junto a Belsasar su hijo, el reino sucumbió ante la invasión de los medos y persas.

La religión de los c. era politeísta. Adoraban diversas imágenes en las que creían que los dioses residían. Se pensaba que las vidas humanas seguían un curso que podía descubrirse mediante el estudio de los astros y otras señales, y por tanto los c. se dedicaron a la astrología. Aún mucho después de desaparecido su reino, el término "c." se utilizaba para referirse a un mago o astrólogo. Así lo emplea frecuentemente el libro de Daniel (2:10; 4:7; 5:7,11).   J. L. G.

CALEB. Hijo de Jefone, príncipe de la tribu de Judá (Nm. 13:6; 14:6) y uno de los doce exploradores enviados por Moisés a reconocer la tierra de Canaán. Mientras diez volvieron pesimistas trayendo malos informes, C. y → Josué fueron los únicos que aconsejaron a Moisés y a toda la congregación de los hijos de Israel que invadieran la tierra prometida (Nm. 13:1–14:10).

Fue uno de los designados para dividir el territorio conquistado (Nm. 34:16ss.), y él mismo recibió como recompensa, a los 85 años, el mte. Hebrón (Jos. 14:6-15), según la promesa de Dios (Nm. 14:14,24; Dt. 1:36). Para tomar posesión de Hebrón "echó a los tres hijos de Anac" y ofreció dar su hija Acsa al que tomara Debir. Otoniel, su sobrino, recibió la recompensa (Jos. 15:14-19). El territorio ocupado por C. y sus descendientes parece que fue llamado el Neguev de C. (1 S. 30:14) o simplemente C. de Efrata (1 Cr. 2:24).

Otros hombres que llevan el nombre de C. se mencionan en 1 Cr. 2:18,42,46.   H. P. C

CALENDARIO. → AÑO.

CALNE. Ciudad edificada por Nimrod (Gn. 10:10) que los arqueólogos no han podido identificar. Debe de haber estado en la baja Mesopotamia puesto que se fundó juntamente con Babilonia, Acad y Erec.   W. G. M.

CALUMNIA. Acusación falsa, hecha maliciosamente para causar daño. Tanto el AT (Éx. 20:16) como el NT (1 Ti. 3:11) condenan la c., y Lv. 6:4 especifica una multa para indemnizar al calumniado. Isaías (59:13) censura este pecado y Juan el Bautista advierte a los soldados que vienen para ser bautizados que no deben calumniar a nadie (Lc. 3:14).

Jesús, que es la verdad (Jn. 14:6), exige que sus discípulos sean veraces, y les instruye para orar por quienes los calumnian (Lc. 6:28).

A. C. S.

CALVARIO. →GÓLGOTA.

CALVICIE. →PELO.

CALZADO. →ZAPATO.

CALLE. Vía pública dentro de la ciudad (Mt. 6:5; Lc. 14:21; Hch. 12:10). Algunas eran tan angostas que con dificultad podían pasar dos

Una de las angostas calles de la vieja Jerusalén, bajo cuyos arcos empedrados pasara tantas veces Jesús con sus discípulos.   IGTO

camellos a la vez cuando se daba el caso; otras, bastante anchas para el tránsito de vehículos (Jer. 17:25; Nah. 2:4). No siempre eran rectas, antes bien sinuosas.

Algunas veces las c. tenían nombres (Hch. 9:11). Había c. con tiendas de una misma clase de negocios que las identificaban; p.e., "c. de los panaderos" (Jer. 37:21). Saulo de Tarso recobró su vista y conoció el evangelio en la casa de →Ananías, en la "c. Derecha" de Damasco (Hch. 9:11).

H. P. C.

CAM. 1. Segundo hijo de Noé (Gn. 6:10) y uno de los cuatro hombres salvados del diluvio. Tuvo cuatro hijos: Cus, Mizraim, Fut y Canaán (Gn. 10:6), quienes fueron padres de diferentes razas como los etíopes, los fenicios y los acadios. Las diferencias lingüísticas tan notables entre dichas razas parecen ser consecuencia de las invasiones, conquistas y reconquistas, como en el caso de los judíos modernos.

Algún tiempo después del diluvio, Noé se embriagó (Gn. 9:20-25) y se durmió desnudo en su tienda. Parece que Canaán, su nieto e hijo de C., juntamente con C., de alguna manera abusaron de Noé lascivamente (cp. Lv. 20:17), y por lo tanto Canaán fue objeto de la maldición de su abuelo. Proféticamente Noé previó la degradación de la nación que descendería de su nieto y que habría de ser piedra de tropiezo para Israel (Jos. 23:13).

2. Lugar de Transjordania, y pueblo de los gigantes zuzitas. No se ha precisado el lugar exacto (Gn. 14:5).

3. Sinónimo de Egipto (Sal. 78:51; 105:23; 106:22).   W. G. M.

CAMA. Mueble para dormir o descansar, del cual se mencionan muchos tipos en la Biblia. El profeta Amós nos dice que en su tiempo existían c. de marfil (6:4), mientras que el libro de los Pr. nos dice que las había adornadas con elegantes colchas y perfumadas con mirra, áloes y canela (7:16s. BJ). También las había con finas almohadas (1 S. 19:13,16). Las c. de los pobres consistían en simples esteras y frazadas (Éx. 22:26,27; Dt. 24:13), que se podían llevar con facilidad de un lado a otro (Lc. 5:25; Jn. 5:8).

En Gn. 49:4 y Heb. 13:4 se alude al lecho conyugal, y se condenan las relaciones sexuales fuera del matrimonio.   A. P. P.

CAMALEÓN. Saurio que se incluye entre los animales inmundos (Lv. 11:30). Su cuerpo mide unos 15 cm. Cada pata tiene cinco dedos, dos de los cuales son pulgares al frente de los otros tres. Sus ojos se mueven hacia atrás o hacia adelante, independientes el uno del otro. Se alimenta de insectos que atrapa lanzando sobre ellos como dardo su lengua larga y viscosa. Tiene la facultad de inflarse de aire cuando quiere, y cambia así su color natural, gris, a verde, púrpura, y aun negro cuando se encoleriza.   A. B. B.

CAMARERO. →EUNUCO.

CAMBISTAS. En las tres narraciones que tratan de las dos limpiezas del templo hechas por el Señor (Mt. 21:12; Mr. 11:15; Jn. 2:15), los banqueros o los "hombres de la mesa" de Mt. 25:27 (→BANCO) se llaman *kollybistai* con referencia directa al cambio de dinero. Los c. trabajaban en mesas sencillas y fueron éstas las que el Señor trastornó. Ya que la tarifa del santuario (Éx. 30:11-16) era un tercio de siclo (Neh. 10:32) o el semisiclo, los peregrinos que traían monedas griegas o romanas se veían obligados a cambiarlas.   E. H. T.

Por su expresión es obvio que nadie podrá estafar a este viejo cambista de Jerusalén.   MPS

CAMELLO. Mamífero rumiante camélido muy apreciado como animal de silla y de carga en las regiones desérticas del Oriente. Se le llama "el buque del desierto". Mide casi 2 m de altura. Es extraordinariamente vigoroso y resistente para el trabajo. Tiene las patas provistas de suelas elásticas y correosas, que impiden que se sumerja en la arena y le permiten pisar con firmeza en toda clase de terreno.

Hay dos especies de c.: 1) la de Arabia, a la que más comúnmente se hace referencia en las Escrituras y que no tiene más que una joroba en la espalda; 2) el bactriano, que se halla en el Asia central, tiene dos jorobas y probablemente no fue conocido por los escritores bíblicos. Cuando los c. están bien alimentados, las jorobas crecen por la gordura que en ellas se acumula, pero esta grasa va absorbiéndose gradualmente cuando comen mal y trabajan mucho. Suplen de ese modo la falta de alimento. El dromedario (Is. 60:6; Jer. 2:23) es de una familia más veloz y liviana, lo cual lo distingue del c. común. El c. cargado camina de trece a quince Km por hora, y puede sostener ese paso dieciocho horas al día.

El c. se pone de rodillas para recibir la carga, que puede variar entre 240 y 500 kilos. Su alimento son hojas ásperas, retoños de árboles y cardos silvestres. Es un rumiador como la oveja o la vaca. Su estómago posee tres compartimentos. Los primeros dos compartimentos están provistos de bolsas membranosas para contener una provisión suplementaria de líquido, por lo que puede pasar mucho tiempo sin beber. Ningún otro animal puede soportar los severos y continuos trabajos del c., el mal trato que se le da, y el alimento tan escaso y ordinario. Desde los comienzos de la historia, grandes caravanas de c. han atravesado año tras año los largos desiertos ardientes (Gn. 37:25).

La leche de la c. ha sido siempre un alimento importante para los árabes y actualmente es muy apreciada como bebida fresca y saludable. Ningún animal es más útil a los árabes, no sólo

Los camellos, comunes en todas las épocas bíblicas, hoy día, constituyen una rareza en las calles de Jerusalén, para admiración de los turistas.   WDR

vivo, sino aun después de muerto. Su carne es comestible, aunque no buena. De su pelo se fabrican alfombras, telas para tiendas, sacos para el grano y paño para vestimentas sencillas. Su estiércol, secado al sol, sirve como combustible.

La riqueza material del individuo se medía por el número de c. que poseía. Job tenía 3000. Los de los madianitas eran como la arena del mar (Jue. 7:12; 1 Cr. 5:21; Job 1:3). Rebeca hizo el viaje a la casa de Isaac en c. (Gn. 24:61); la reina de Sabá trajo a Salomón c. cargados de regalos espléndidos (1 R. 10:2), como lo hizo Hazael a Eliseo (2 R. 8:9). Los cusitas etíopes tenían c. en abundancia (2 Cr. 14:15) y los utilizaban aun en la guerra (1 S. 30:17). Los israelitas usaron muy poco los c. después del tiempo de los patriarcas.

Hay tres referencias al c. en el NT: 1) el vestido de Juan el Bautista (Mt. 3:4; Mr. 1:6); 2) las palabras de Jesús: "Es más fácil pasar un c. por el ojo de una aguja, que entrar un rico en el reino de Dios" (Mt. 19:24; Mr. 10:25; Lc. 18:25); 3) el proverbio aplicado a los fariseos: "¡Guías ciegos, que coláis el mosquito, y tragáis el c.!" (Mt. 23:24).   A. B. B.

CAMINO. Tierra hollada o arreglada de tal manera que es posible ir por ella hasta un destino. Debido a esto último, "c." encierra la idea de movimiento progresivo, como se ve en el sentido figurado que frecuentemente se le da en la Biblia.

Dios tiene sus propios c. (Hch. 13:10; Ro. 11:33; Ap. 15:3), todos los c. de la humanidad están en sus manos (Job 31:4; Jer. 10:23; Dn. 5:23), y conoce los c. del hombre (Job 23:10; Pr. 5:21; Jer. 16:17; 17:10). Asimismo, Dios ordena los c. de los hombres según Su voluntad (Éx. 33:13; Sal. 37:5; 107:7; Is. 26:7; Jer. 32:39).

El hombre, por su parte, es propenso a apartarse de los c. señalados por Dios (Job 21:14; Sal. 18:21s.; Pr. 2:13ss.; Mal. 2:9). Dios castiga a los que se apartan (Jer. 5:4s.; Ez. 7:8), y exhorta al hombre a volver a Sus c. (Is. 55:7ss.; Jon. 3:8; Zac. 1:4).

En la Biblia frecuentemente se contrasta el c. bueno con el c. malo, como en Sal. 1:6; Pr. 4:18s.; Mt. 7:13s.; etc. (cp. Dt. 11:26ss.). Jesús dijo de sí mismo: "Yo soy el c., y la verdad y la vida" (Jn. 14:6). Estos tres elementos constituyen el andar cristiano totalmente inspirado y guiado por Cristo (Ro. 6:4; 3 Jn. 3,4; Heb. 10:19-22).

"C." fue el primer nombre que la comunidad cristiana usó para identificar su movimiento (Hch. 9:2; 19:9,23; etc.; cp. Is. 40:3).   W. G. M.

CAMINO DE UN DÍA DE REPOSO. Dios había ordenado a los judíos que en → sábado nadie saliera de su lugar (Éx. 16:29). Sin embargo, la exégesis rabínica estableció que en el día de reposo se podía caminar 2.000 codos, probablemente basándose en Nm. 35:5. Esta frase se menciona únicamente en Hechos 1:12 (cp. Mt.

24:20), y se refiere a una distancia limitada, poco más de un km.   A. R. D.

CAMPAMENTO. Término militar (nótese el uso de "acampar" en 1 S. 13:16; 2 Cr. 32:1). La raíz del vocablo hebreo significa "curvar", porque los c. antiguos solían organizarse en forma circular, para la defensa de animales, mujeres, etc. En Sal. 34:7 se encuentra este concepto en relación con el ángel de Jehová, que "acampa alrededor de los que le temen".

Según Nm. 2, el c. de Israel en el desierto se organizaba alrededor del tabernáculo. Las tribus se ordenaban junto a una de cuatro banderas y las familias de Leví formaban el círculo interior. Aunque esta forma de acampar parezca destinada a defender el tabernáculo, el AT aclara que, en realidad, era la presencia de Jehová en el tabernáculo lo que defendía al c. (Dt. 23:14; Éx. 33:2).

En Heb. 13:13 y Ap. 20:9 el término "c." se emplea en sentido figurado. El primer texto alude a Jerusalén que en la época de Jesucristo era para los judíos lo que el c. había sido en el desierto. Jesús fue crucificado fuera de este c. En Ap. 20:9 define místicamente al conjunto de los santos cristianos, el nuevo Israel.

D. J.-M. y W. M. N.

CAMPANILLAS. Adornos que se hallaban, alternados con granadas, en la orla de la toga del sumo sacerdote (Éx. 28:33,34; 39:25,26). Sonaban cuando éste entraba al santuario del tabernáculo y servían para llamar la atención tanto del sumo sacerdote como del pueblo que debía poner todo su corazón y alma en el culto rendido a Dios. Además, protegían al sacerdote de la muerte (Éx. 28:35). Sólo en Zac. 14:20 se halla otra mención de las c. Aquí se dice que formaban parte de las monturas de los caballos.

J. B. B.

CANÁ. 1. Arroyo que formaba parte de la frontera entre Efraín y Manasés (Jos. 16:8; 17:9). Puede ser el moderno *Wadi-Qana*.

2. Ciudad en la parte NE de Aser (Jos. 19:24,28). Probablemente sea la moderna *Qana* 10 km al SE de Tiro. Existen ruinas antiguas 1 1/2 km al N. No se debe confundir con Caná del NT.   J. M. Br.

CANÁ DE GALILEA (heb. = 'caña', 'cañaveral'). Aldea mencionada sólo en el Evangelio de Juan. Fue el lugar natal de → Natanael (21:2). Allí Jesús realizó su primer milagro, al convertir el agua en vino (2:1-11), y sanó al hijo de un dignatario (4:46-54).

Al N de Nazaret hay dos lugares que reclaman ser el sitio de C.: 1) Khirbet Kana, 14 km al N, que los árabes todavía llaman C. de G., 2) Kafr-Kanna, 6 km al NE de Nazaret, en el camino a Tiberias, que tiene el apoyo de la antigua tradición eclesiástica.   J. H. O.

CANAÁN. CANANEOS. C. fue hijo de Cam (Gn. 9:18). Según Gn. 10:15-19 sus descendientes se dividieron en once grupos o pueblos que juntos se llaman "c.". No obstante, todavía quedan por establecerse con exactitud las afinidades raciales de los pueblos que llevan este nombre.

I. NOMBRE

Originalmente, "c." era el nombre del habitante de Fenicia. Debido a que los fenicios eran famosos comerciantes, se ha supuesto que este nombre era sinónimo de "mercader". En Os. 12:7 y Sof. 1:11 la palabra "mercader" bien pudiera traducirse "c." (cp. Is. 23:11).

Otros eruditos dicen que el nombre C. puede significar "pertenecientes a la tierra de la púrpura". A principios del siglo XIV a.C. ya se usaba este término para indicar el país en el que los c. o comerciantes fenicios cambiaban su producto más importante, la púrpura, por otras mercancías. En las famosas cartas de → Tell el-Amarna (ca. 1400 a.C.) se da el nombre de "la tierra de Canaán" a la costa fenicia, y los egipcios le llamaban así también a toda la Siria occidental.

II. GEOGRAFÍA

Como ya se ha sugerido, los c. ocupaban la tierra costera que después se conocería como Siro-Palestina, especialmente Fenicia. En Gn. 10:15-18 Sidón encabeza la lista de los descendientes de C. La mención del hamateo indica que los c. habitaron también muy al N en el valle del río Orontes. Luego Gn. 10:19 explica que el territorio de los c. se extiende "desde Sidón, en dirección a Gerar, hasta Gaza; y en dirección de Sodoma, Gomorra, Adma y Zeboim, hasta Lasa". La inclusión de los amorreos, gergeseos, jebuseos y heveos, sugiere que los descendientes de C. pueden haberse extendido por toda Siro-Palestina (Nm. 13:17-21; Éx. 3:8,17; Dt. 7:1; 20:17; Jue. 1:27).

III. HISTORIA

Se ha determinado que los c. estaban ya establecidos en Palestina a lo menos por el año 2000 a.C. En aquellos tiempos, C. formaba parte del imperio babilónico bajo la dinastía de Ur. La teología y los dioses procedían de Babilonia.

Dibujo de dos pendientes de oro con la imagen de Astoret, diosa de la fertilidad, venerada por los cananeos. Las prácticas inmorales y depravadas que caracterizaban el culto religioso cananeo era cosa abominable para Dios y prohibida a los hebreos.   MP

Se ha sugerido que C. significa "bajo", "plano", y que se refiere especialmente a la costa mediterránea de Palestina, al N del territorio filisteo.

Como en todo el imperio, el famoso Código → Hamurabi estaba en vigencia en C.

Cuando el dominio, aunque no la influencia de los babilonios, llegó a su fin en Palestina, los heteos dominaron en el N y en el S los egipcios. Los reyes hicsos de →Egipto unieron C. con el Delta. Fue evidentemente un rey hicso el que favoreció a José y a su familia. Luego los egipcios derrotaron a los hicsos, quienes eran extranjeros en la tierra de los faraones, y recuperaron el dominio de C. "Se levantó sobre Egipto un nuevo rey que no conocía a José" (Éx. 1:8).

En el tiempo de la invasión israelita bajo Josué, el poderío egipcio casi se había desvanecido en C. Existían muchos conflictos entre los pequeños reinos y principados de las ciudades estatales, pero los faraones permanecían indiferentes; parecían interesarles solamente los tributos que recibían de C. Los c. se hallaban debilitados por sus disensiones e impureza moral, y por el sistema feudal que Egipto había propiciado.

Los primeros doce capítulos del libro de Josué narran la conquista de C. por Israel, y en los capítulos 13-22 se describe la distribución de la tierra entre las doce tribus. La fecha exacta de estos acontecimientos no se ha establecido. Los cálculos van desde el año 1401 a.C., cuando según el profesor John Garstang pudo haber ocurrido la caída de Jericó (Jos. 6), hasta los años 1250 a 1200 a.C. de acuerdo con el arqueólogo católico Hugues Vincent.

IV. CULTURA

A. *Organización social*

Los c. se organizaban en ciudades estatales que tenían el carácter de pequeñas monarquías. Cuando los israelitas invadieron C., la tierra estaba dividida de esta manera (Jos. 10:1-5; 11:1-3). El rey tenía el privilegio de establecer impuestos, reclutar el ejército, y supervisar el comercio y la religión. En estados grandes como el de Ugarit, ciudad en el N de Siria, la corte se hallaba organizada al detalle. La unidad básica de la sociedad cananea era la familia, como lo indica la literatura de la época. Tenían gremios para agricultores, ganaderos, artesanos, comerciantes y artistas. Los guerreros se dividían en varios rangos. Parece, además, que existía una profunda división de clases, incluyendo los patricios o clase alta, la clase baja y los siervos, quienes disfrutaban de relativa libertad.

B. *Idioma*

La lengua de los c. pertenece a la familia de idiomas semíticos. La expresión "la lengua de C." (Is. 19:18) se refiere especialmente al hebreo, pero incluye las lenguas semíticas occidentales. Entre los eruditos se usa a veces el término "c." para designar el grupo de lenguas semíticas formado por el cananeo antiguo (representado en las tablillas del Tell-el-Amarna), el hebreo, el fenicio, el púnico y el moabítico (EBDM, II, 87,88). "La definición de lo que es o no es 'cananeo' se presta a mucha controversia. Dentro del grupo general de los idiomas semíticos del NE el hebreo bíblico (cp. Is. 19:18) y las glosas y términos semíticos occidentales de las tablillas de el-Amarna, pue-

den catalogarse como 'sur-cananeos' juntamente con el moabítico y el fenicio" (NBD, p. 184).

C. *Literatura*

Es posible que en los tiempos de Hamurabi se introdujese en C. el sistema de escritura cuneiforme, juntamente con el idioma y la literatura de los babilonios. Entre las obras literarias cananeas más antiguas se halla una epopeya de Baal que parece haber sido escrita por lo menos en el año 2000 a.C.; la leyenda de Akhat, que narra las vicisitudes del hijo único del buen rey Dan'el (*ca.* 1800 a.C.); la historia del rey Keret, posiblemente del siglo XVI a.C.; y las tablillas de Tell-el-Amarna (*ca.* 1400 a.C.). De estos textos, los tres primeros vienen de →Ugarit.

D. *Arte*

Hallazgos arqueológicos muestran que los c. habían avanzado mucho en el cultivo de las artes, especialmente como escultores y orfebres. Trabajaban también con esmero la madera y fabricaban telas preciosas.

E. *Comercio*

La situación geográfica de C. ha sido siempre sumamente estratégica. Allí coincidían las rutas más importantes del comercio mundial. La flota mercante de los fenicios se hallaba muy activa en el negocio de la púrpura. Las ciudades del interior tenían como patrimonio no sólo la agricultura y la ganadería sino también el comercio. Concurrían allí las caravanas de Asia Menor, Babilonia y Egipto para el intercambio de una gran variedad de productos industriales y agrícolas. A los israelitas recién salidos del desierto la vida de los c. debe haberles parecido en extremo lujosa.

V. RELIGIÓN

La obra de Filón de Biblos, erudito fenicio que vivió hacia fines del primer siglo de nuestra era, y la literatura épico-religiosa descubierta en Ras Samra (Ugarit) durante los años 1929-1937, arrojan mucha luz sobre la religión de los c., quienes eran decididamente politeístas. Entre sus dioses sobresalen los siguientes:

El ('el Poderoso'), deidad suprema. Era un dios tirano, cruel, sanguinario y lujurioso, que echó del trono a su padre y asesinó a su hijo favorito y a su hija. Tenía tres de sus hermanas como esposas. Para los c. *El* era el "Padre de los hombres" y lo representaban como "el Padre Toro", es decir, el progenitor de los dioses. →*Baal* ('señor'), hijo y sucesor de *El*, dios de la lluvia, la tempestad y la fertilidad. *Anat*, hermana y esposa de *Baal*, forma con →Astoret y →Asera la trilogía de diosas cananeas que ilustran la gran depravación del culto cananeo. Eran las diosas de la guerra y la actividad sexual. *Anat*, a quien se le llamaba "Virgen" y "Santa", era en realidad una prostituta del panteón cananeo. *Astoret*, la diosa de la estrella vespertina, no siempre se distingue de *Anat*. Era tanto una diosa madre como una prostituta. *Asera*, esposa de *El*, según la mitología de Ugarit, era la diosa principal de Tiro en el siglo XV a.C., bajo el nombre de "Santidad". Se le nombra al lado de Baal en el AT, donde el término "Asera" significa principalmente la imagen de esta diosa (1 R. 15:13; 18:19; 2 R. 21:7; 23:4).

El politeísmo cananeo, que era de lo más degradado, corrompió moralmente al pueblo. En el culto de sus dioses, hombres y mujeres se prostituían a su antojo. Se ha dicho que en aquellos tiempos no había en el Medio Oriente una religión tan degenerada como la de C. Según Lv. 18:25 la tierra estaba contaminada por las abominaciones practicadas por los c., quienes tuvieron que ser vomitados por la tierra (Lv. 20:22).

VI. EXTERMINIO

Jehová le ordenó a Israel que exterminase a los c. (Éx. 23:31-33; 34:11-17; Dt. 7:2-4; 9:3). Ha habido quienes califiquen de injusto este mandato y afirmen que no se halla en armonía con el carácter de Dios, quien es "lento para la ira y grande en misericordia". Una buena respuesta a esta objeción se halla en la justicia de Dios y en la naturaleza de la religión cananea. El propósito divino en la destrucción de los c. era en primer lugar punitivo (Gn. 15:16; Lv. 18:25). Dios es también justo y sabe dar su paga a los que hacen mal. Castigó a los antediluvianos (Gn. 6) y a los habitantes de Sodoma y Gomorra (Gn. 19) por medio de fuerzas naturales. ¿Por qué no habría de destruir a los c. por medio del pueblo de Israel? No es tampoco la única vez que él se vale de una nación para castigar a otra. Lo hace también cuando trae a los asirios para maldición del reino del norte en Palestina, y a los babilonios para ejecutar juicio sobre Judá. Además, el propósito de Dios al destruir a los c. era preventivo (Éx. 23:31-33; 34:12-16; Dt. 7:2-4). No quiere que su pueblo se contamine con las maldades de C. Se habían corrompido tanto los c. que aun su existencia era incompatible con la conservación de Israel en pureza y verdad, la cual era necesaria para el cumplimiento de su misión universal de bendición (Gn. 12:1-3).

Los israelitas no cumplieron cabalmente la orden divina y su desobediencia les trajo muchos males. Vez tras vez menciona el libro de Jueces el fracaso de Israel. Judá no pudo arrojar a los que habitaban en los llanos (1:19). "Mas el jebuseo que habitaba en Jerusalén no lo arrojaron los hijos de Benjamín" (1:21). Tampoco Manasés (1:27), Efraín (1:29), Zabulón (1:30), Aser (1:31), Neftalí (1:33) ni Dan (1:34) tuvieron completo éxito en la empresa de desarraigar a sus enemigos. El cananeo "persistía en habitar aquella tierra" (Jue. 1:27) y fue azote y tropezadero para los hijos de Israel (Jue. 2:1-3).
E. A. N.

CANCILLER. Uno de los altos oficiales en la corte de David (1 Cr. 18:15) y Salomón (1 R. 4:3), y posteriormente de los reyes de Judá (2 R. 18:18,37; cp. 2 Cr. 34:8; Is. 36:3,22).

Aunque según parece c. era sinónimo de "cronista" (2 S. 8:16), el c. no era simplemente cronista; era ejecutivo y consejero del rey. Probablemente arreglaba las ceremonias y audiencias del palacio, le presentaba al rey los asuntos del día, y proclamaba las decisiones al pueblo.
J. M. Bo.

CANDACE (transcripción del vocablo Meroíta *Ka(n)take*). Título o nombre dinástico que llevaban las reinas de Meroe, un reino en el S de Nubia (en aquel entonces Etiopía, hoy Sudán). Hch. 8:27 indica que el eunuco bautizado por → Felipe era el principal tesorero de una de estas reinas.
F. R. K.

CANDELA. → LÁMPARA.

CANDELERO. Portalámparas o soporte sobre el cual se colocaba la → lámpara para una mejor iluminación (Mt. 5:15 y //; cp. 2 R. 4:10).

En lenguaje simbólico, la visión de Zac. 4:1-12 describe un c. (RV "candelabro") que incluye un depósito central para aceite. De esta copa salen siete tubos para alimentar siete lamparillas, colocadas al parecer en el labio de la copa.

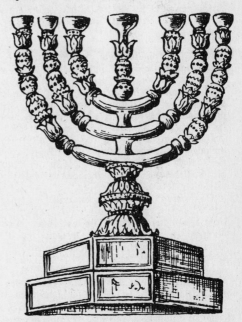

El candelero de oro puro reluciente, con sus siete brazos finamente labrados, estaba colocado en el tabernáculo, y posteriormente en el templo, a la izquierda de la entrada al Lugar Santo.   IVP

Pero el c. clásico ("candelabro" en Heb. 9:2 RV) es el de siete brazos (Heb. *menoráh*) que aparece en el santuario del tabernáculo (Éx. 25:31-40; 27:20s.; 37:17-24; Lv. 24:3s.). Era hecho de oro, tenía base y tallo, y de éste salían simétricos tres brazos a cada lado, que con el del centro formaban los siete. Cada brazo constaba de tres cálices a modo de flor de almendro, con sus globos y lirios. Remataban los siete brazos en siete lámparas que habían de arder día y noche.

Similarmente, había en el santuario del Templo de Salomón diez c. a lo largo de ambas paredes (1 R. 7:49; 2 Cr. 4:7). Fueron robados y llevados a Babilonia en 586 a.C. (Jer. 52:4).

El c. del Templo de Zorobabel también fue robado y mutilado por → Antíoco Epífanes (175-164 a.C.), aunque Judas Macabeo pronto hizo fabricar uno nuevo (1 Mac. 4:49), que en el Templo de Herodes fue sustituido por otro mayor. Es éste el que los romanos llevaron a Roma como parte del botín de Jerusalén (70 d.C.) y fue reproducido en el arco de Tito.

Las siete iglesias y los dos testigos de Apocalipsis son simbolizados por c. (1:12s.,20; 2:1,5; 11:4).

R. F. B.

CANELA. Parte interior de la corteza de un árbol de rico aroma. Originario de Ceilán y Malasia, se utilizaba en la preparación del aceite de la unción (Éx. 30:22-25) y para perfumar los lechos (Pr. 7:17). En Cnt. 4:14 se compara a la esposa con la c. En Ap. 18:13 la c. figura entre las valiosas mercancías, que exportaba Babilonia.

A. P. P.

CANON. La palabra heb. *kaneh* ('carrizo' o 'caña') aparece sesenta y una veces en el AT, y se emplea siempre en sentido literal; p.e. la "caña de medir": en Ez. 40:5ss. De esta raíz semítica viene la palabra gr. *kanon*, que se emplea cuatro veces en el NT, todas en las epístolas de Pablo (2 Co. 10:13,15,16; Gá. 6:16). RV la traduce por "regla" excepto en 2 Co. 10:16, donde se traduce por "obras". Para Pablo significa la regla o norma con la cual se juzgan tanto sus propias enseñanzas y acciones como las de los demás (KTD).

En los escritos patrísticos *kanon* llegó a tener dos sentidos: 1) la doctrina ortodoxa, en oposición a la heterodoxia; 2) las Escrituras como norma de fe y de conducta. De modo que un libro que consideraban había sido inspirado por Dios, se tenía por "canónico".

T. D. H.

CANON DEL ANTIGUO TESTAMENTO. El vocablo "c." aplicado a la Biblia significa una colección cerrada (y limitada) de escrituras aceptadas como autoritarias, debido a su → inspiración divina. El concepto de un cuerpo autoritativo de escrituras sagradas desempeñó un papel importante entre los judíos y los hizo "el pueblo del Libro". Para los judíos el AT canónico consistía en tres divisiones, que reflejaban tres distintas etapas de canonización.

I. EL CANON HEBREO TRIPARTITO

A. *La ley (Pentateuco).*

Aunque no se sabe cuánto del → Pentateuco escribió Moisés, la obra misma le atri-

buye algunas partes (Éx. 17:14; 24:4,7; 34:27; etc.). Un ejemplo es la colección de leyes que se llama "el libro del pacto" (Éx. 20-23), cuya autoridad divina fue reconocida inmediatamente por el pueblo de Israel (Éx. 24:4-7). Dt. nos dice que Moisés escribió "esta ley" (probablemente lo esencial o la forma original de Dt.) y previó su lectura en la → fiesta de los tabernáculos (una renovación del → pacto) cada siete años (31:9-13,24-29). Es posible, incluso, que en Israel la idea de un c. se originara en esta fiesta. Estudios recientes sobre las alianzas políticas del segundo milenio a.C. señalan la necesidad que había de poner por escrito una alianza entre un soberano y sus vasallos. Así, pues, el documento "canónico" era un instrumento común para administrar pactos en el mundo antiguo. El hecho de que el Pentateuco muestre muchos paralelos con otros pactos de 1500-1000 a.C. y que el libro básico de los judíos tomara esta forma legal-literaria hace pensar que desde épocas remotas los israelitas lo consideraron "canónico".

En dos ocasiones Israel se comprometió a obedecer la Ley de Moisés (2 R. 22 y 23; 2 Cr. 34 y 35; Esd. 7:6,14; Neh. 8-10). Por tanto, los profetas suponían que los israelitas conocían la ley y los condenaron por no guardarla. La reforma de → Josías se basó en el libro de la ley (2 R. 22:8); "la ley" en la época de Esdras-Nehemías probablemente se refiera al Pentateuco en su forma final.

B. *Los profetas*

Los Profetas Anteriores (Jos., Jue., 1 y 2 S., 1 y 2 R.) generalmente se consideran como una historia deuteronomista que, aunque refleja la teología y el estilo de Dt. Sin embargo, entre el lenguaje y el énfasis de Dt. y los de los Profetas Anteriores se acusan notables diferencias. Por consiguiente, tanto Dt. como los Profetas Anteriores, representan una interpretación profética inspirada de la historia, pero escritos probablemente por distintos profetas en diferentes épocas. Su aceptación como libros autorizados probablemente se debió a varios factores: 1) el precedente del Pentateuco, 2) estos libros seguían el espíritu de la ley, 3) fueron escritos por profetas, y 4) fue confirmada su interpretación de la historia israelita en el exilio de 587 a.C.

Los Profetas Posteriores creían manifiestamente hablar con autoridad, como indica la frase "así dice Jehová", prefacio común de sus oráculos. En algunos casos los discípulos del profeta fueron los primeros en reconocer este hecho (Is. 8:16). Ciertos escritos posteriores se refieren a la autoridad de los profetas que les precedieron (2 R. 17:13; Jer. 7:25; Os. 6:5; Zac. 1:4; etc.). Dn. 9:2 menciona "los libros", una indicación de que en Israel se elaboró paulatinamente un cuerpo de escritos autoritativos.

C. *Los Escritos*

Algunos libros en esta división del c. contienen indicios internos del largo proceso de colección, conservación y redaccción por el cual pasaron; v.g. Sal 72:20 y Pr. 25:1. Como en el caso de la ley, es posible que algunas colecciones se consideraran autorizadas desde la época de su origen. Esto sería natural, especialmente en el caso de algunos salmos proféticos (v.g. 50; 81; 110).

No se ha podido determinar con exactitud la fecha en que los Escritos como división total fueron considerados como canónicos. La primera mención de la división tripartita se encuentra en Ben Sirá (180 a.C.). *Ca.* 130 a.C. el nieto de Ben Sirá nos habla en el prólogo del *Eclesiástico* (→APÓCRIFOS) de una traducción "de la ley, de los profetas y de los otros libros" que existía en su tiempo. Es un primer esbozo de c., e indica que ya existían las tres divisiones de nuestro c., aunque no necesariamente en forma completa.

Nótese que entre los manuscritos y fragmentos de →Qumrán solamente falta el libro de →Ester, de los libros canónicos del AT. De los libros apócrifos poco se encuentra entre estos descubrimientos.

II. EL AT EN EL NT

Vemos en el NT que la palabra →"Escrituras" significaba ya un cuerpo fijo de escritos inspirados cuya autoridad era plenamente reconocida (Mt. 26:54; Jn. 2:22; 5:39; 10:34s.; Hch. 8:32; 17:2s.). Jesús mismo se refirió a las tres divisiones del c. hebreo al hablar de "lo que está escrito de mí en la Ley de Moisés, en los profetas y en los salmos" (Lc. 24:44). Aquí "los salmos" como libro principal y primero en el orden de los Escritos, evidentemente se refiere a la tercera división del c. Además, en Mt. 23:35 Jesús cita como último martirio bíblico, el asesinato de Zacarías relatado en 2 Cr. 24:20,21, último libro de los Escritos y del c. en hebreo.

El NT contiene citas procedentes de todas las divisiones del c. del AT y de casi todos los libros. Alguna que otra vez cita los libros →apócrifos (p.e. Jud. 14,15), pero no les atribuye ninguna autoridad especial. (Análogamente Pablo cita también autores paganos, sin atribuirles nunca inspiración divina, Hch. 17:28; 1 Co. 15:33).

III. FECHA DE TERMINACIÓN DEL CANON

Por falta de pruebas contundentes es difícil fijar con precisión cuándo el c. del AT se terminó de establecer. Algunas autoridades aún defienden la fecha tradicional de *ca.* 400 a.C. sugerida por el historiador Josefo (*Contra Apionem* 1:8, escrito *ca.* 100 d.C.). Otras autoridades sugieren fechas más admisibles que oscilan entre 300 a.C. y 100 d.C.

Las referencias del NT parecen indicar que el c. del AT ya estaba establecido, antes de la era cristiana. Sin embargo, aun en el tiempo de Jesús, los →samaritanos y posiblemente los →saduceos aceptaban solamente el Pentateuco como canónico. Los →fariseos, cuyo punto

de vista triunfó decisivamente en el judaísmo después de 70 a.C., representaron las ideas más comunes entre el pueblo. Calvino (*Comentarios,* Sal. 44) creyó que el salmo 44 probablemente había sido escrito en la época macabea. Pero aun si había algunas pocas excepciones, es probable que el c. básicamente quedara fijado *ca.* 400 a.C. con la terminación del relato histórico postexílico contenido en →Crónicas, Esdras, Nehemías. En todo caso, la fecha de la terminación del c. no afecta la autoridad de los libros canónicos.

IV. ORDEN Y DIVISIONES

En cuanto al orden de los libros, las Biblias protestantes siguen el de la LXX. En la Biblia hebrea los libros se dividen en tres grupos: 1) la ley *(Tora),* Gn. hasta Dt.; 2) los profetas *(Nebiim),* subdivididos en Profetas Anteriores (Jos., Jue., 1 y 2 S., 1 y 2 R.) y Profetas Posteriores (Is., Jer., Ez., y El libro de los doce, o sea Os. hasta Mal.); y 3) los Escritos *(Ketubim),* que son los libros restantes de nuestro c.

                                    T. D. H. y J. M. Br.

Bibliografía
Manley, G. T., *Nuevo auxiliar bíblico,* San José, Costa Rica: Editorial Caribe, 1958; IB.

CANON DEL NUEVO TESTAMENTO. Para el exégeta bíblico, no sólo es importante establecer cuál es el texto más original de la Escritura y analizar la historia interna de los diversos libros, sino también lo es trazar los límites de la Palabra escrita, reconociendo por qué hay diferencia entre la → inspiración de los libros canónicos y la de los demás (→CANON). Aunque para hacer tal estudio es necesario valerse de inferencias en ciertas épocas, cuando el conocimiento de los datos es escaso, los rasgos generales del establecimiento del c. son claramente discernibles.

I. EL PERÍODO APOSTÓLICO

Jesús y los primeros cristianos no carecían de Escrituras; contaban con el AT (Mr. 12:24) y citaron de las tres divisiones reconocidas por el judaísmo (v.g. Lc. 24:44).

Convencida de la autoridad absoluta de Jesucristo y del Espíritu enviado por él, la iglesia vio las antiguas Escrituras "cristianamente"; pues al lado del AT, apareció una norma superior. Para Pablo (1 Co. 9:9,13s.; 11:23ss.; 1 Ts. 4:15) un dicho del Señor Jesús decidía tan categóricamente como una cita escritural toda cuestión de doctrina o ética. Desde luego, estas palabras del Señor no eran citas de ningún documento, puesto que los Evangelios aún no se habían escrito.

Al mismo tiempo, se desarrolló una nueva manifestación de autoridad. Pablo, al verse obligado a decidir sobre algún asunto, apeló a su calidad de comisionado por Jesucristo, poseedor del Espíritu divino (1 Co. 7:25,40; Gá. 1:1,7ss.), y en esto no difirió de otros doctores apostólicos (Heb. 13:18s.; 3 Jn. 5-10,12; Ap.

1:1-3). Esta autoridad fue viviente, actualizada en la prédica, y no una garantía de *status* canónico para sus escritos. Pablo esperaba que sus cartas se leyeran en voz alta en las iglesias (p.e. 1 Ts. 5:26s.), lo cual no implicaba que estos escritos cristianos (cp. Heb. 11:32; 1 P. 5:14) se colocaran al mismo nivel del AT (aun Ap. 22:18s. no contradice esta regla).

Aunque la interpretación de 2 P. 3:16 es discutida, el texto no parece enseñar que a las epístolas paulinas se les atribuyera igual valor que a las Escrituras veterotestamentarias. En cuanto a la colección del *corpus* paulino, es probable que se llevara a cabo *ca.* 80-85 d.C. en Asia Menor, y que de una vez gozara de gran prestigio. (Misteriosamente este prestigio menguó en el siglo II.) No obstante, a fines del siglo I no existía el concepto de "c. escritural", como si la lista de los libros sagrados estuviera completa. La existencia de 1) una tradición oral y 2) apóstoles, profetas y sus discípulos hacía innecesario tal c.

II. LOS PADRES APOSTÓLICOS

A fines del siglo I los primeros autores post-apostólicos equiparaban la autoridad de "las Escrituras" (= AT) y "los dichos del Señor Jesús", o "las palabras de los santos profetas" y "el mandamiento del Señor transmitido por los apóstoles" (1 *Clemente* 13:1s.; 46:2s.,7s.). De igual manera, Ignacio de Antioquía nombró "los profetas [del AT]" como antídoto contra la herejía, pero sobre todo "el evangelio" (*Esmirna* 7:2). Con todo, no hicieron referencia a ninguna forma escrita de los dichos de Cristo, y aunque en diferentes partes conocían algún Evangelio, no existía ninguna colección completa de → Evangelios.

Hacia 150 d.C., sin embargo, Papías, el autor de 2 *Clemente*, y otros escritores patentizan conocer varios Evangelios, los cuales figuraban, según parece, entre los cuatro incluidos en nuestro c. Hacia 170, Taciano compuso una narración continua de la vida de Jesús *(Diatessaron)* en la que utilizó estos cuatro, sin excluir materia apócrifa. Conscientes de la distancia que los separaba de los tiempos apostólicos, los cristianos se dieron cuenta de la necesidad de definir un segundo c. Al principio (Justino Mártir, *ca.* 155, propuso leer los "recuerdos de los apóstoles" en los cultos) este c. constaba sólo de Evangelios, pero no tardó en formarse un segundo núcleo (escritos apostólicos).

III. LA INFLUENCIA DE MARCIÓN

El semignóstico Marción rompió con la iglesia en Roma (*ca.* 150); él repudiaba el AT con su "Dios vengador de la justicia" y quería sustituirlo por "el Dios de Jesucristo" y un nuevo c. en dos partes: un evangelio (Lc., mutilado) y diez cartas paulinas (se excluyeron las Pastorales). Esta acción de un hereje aceleró la formación del c. eclesiástico, ya en marcha. Hacia 160-180 las iglesias corrigieron la lista, añadiéndole los otros tres evangelios de uso popular, y

Hch. y Ap.; así llegaron a trece las cartas paulinas.

IV. DE IRENEO A EUSEBIO

En su *Contra las herejías* (*ca.* 185) Ireneo citó como canónicos veintidós escritos de nuestro NT, más el *Pastor de Hermas*, pero tenía reservas respecto a Heb., 3 Jn., 2 P., Stg. y Jud. Impugna las supuestas revelaciones esotéricas de sus opositores, subrayando la derivación apostólica de las tradiciones eclesiásticas. En África, Tertuliano confirmó casi la misma lista, y se empeñó en que se consagrara el c. de evangelios aunque no el de las epístolas; otro tanto hizo al respecto Hipólito de Roma, discípulo de Ireneo.

De Roma procedió también el c. del *Fragmento Muratoriano* (*ca.* 195), el cual no se limitaba a una simple enumeración de los libros; traía datos sobre el autor y los destinatarios de los libros incluidos y explicaba por qué otros libros habían sido rechazados (p.e. las *Epístolas* de "Pablo" *a los laodiceos* y *a los alejandrinos*). Incluyó, cosa curiosa, la *Sabiduría de Salomón* y el *Apocalipsis de Pedro;* éste y el *Pastor*, no obstante, se recomendaban más para la lectura particular que para el culto. De nuestro c. actual sólo faltaban Heb., 1 P., 2 P., Stg. y 3 Jn. El NT no era todavía una unidad cerrada: en la época de Eusebio (*ca.* 320) los Padres citaban a veces como Escritura dichos de Jesús no consignados en nuestros Evangelios, Evangelios no canónicos (p.e. *De los hebreos*), la *Epístola de Bernabé, 1 Clemente,* la *Didajé,* los *Hechos de Pablo,* el *Pastor,* y el *Apocalipsis de Pedro.*

V. LA FIJACIÓN DEL CANON

Con la creciente divulgación de los diferentes escritos, y con más tiempo para conocer a fondo su valor relativo, tanto el ala oriental como la occidental de la cristiandad fijaron el c. que conocemos hoy. En el Oriente, el documento decisivo fue la trigésimo novena Carta pascual de Atanasio (367), en la cual fueron delimitados por primera vez nuestros 27 libros como única fuente de instrucción religiosa. En el Occidente, el c. se fijó por decisión conciliar (Cartago, 397), con una lista idéntica. Excepcionalmente, las iglesias de habla siríaca siguieron un proceso más lento para llegar al c. actual.

VI. CONCLUSIÓN

La inclusión en el c. de ciertos documentos sólo representó el reconocimiento eclesiástico de una autoridad ya inherente a ellos. En este sentido, la iglesia no "formó" el c.; lo descubrió. Existieron tres criterios de canonicidad: 1) Atribución a un apóstol. Hubo excepciones; p.e. Mr. y Lc. se aceptaron como autores íntimamente asociados con los apóstoles. 2) Uso eclesiástico, o sea reconocimiento por una iglesia prominente o por una mayoría de iglesias. 3) Conformidad con las normas de la sana doctrina. Sobre esta base había incertidumbre al principio respecto al cuarto Evangelio, pero luego fue aceptado; en cambio, el *Evangelio de Pedro*, a pesar de su atribución apostólica, fue rechazado como docético por Serapión de Antioquía.

En el siglo XVI, tanto la iglesia romana como el protestantismo reafirmaron, tras largo debate, su adherencia a la norma tradicional. Hoy ciertos teólogos liberales de ambas comuniones, proponen que se establezca un "c. dentro del c." y que se vuelva a excluir 2 P., Ap., etc. El evangélico, sin embargo, al mismo tiempo que da mas importancia a los criterios 2) y 3) que al 1), abraza el c. antiguo como la expresión escrita del plan de Dios, autoritativa, suficiente, y plenamente inspirada.   R. F. B.

Bibliografía
INT, pp. 37-63. *IB* I, pp. 69-72; 77ss. *Int. B.* I, pp. 319-381s. W. Joest, *et al, La interpretación de la Biblia,* Barcelona: Herder, 1970, pp. 143-174.

CANTAR DE LOS CANTARES (e.d. "la mejor de las canciones"). En Israel, como en otras culturas, el amor erótico inspiró mucha de la mejor poesía. Cnt. ha sido leído por los judíos en la fiesta de la → Pascua desde la antigüedad.

I. AUTOR Y FECHA

Cnt. es "de" Salomón según el título (1:1), y el nombre de este rey también aparece en 1:5; 3:7,9,11; 8:11,12; cp. 1 R. 4:32. Pero la palabra heb. traducida "de" también puede significar "para", "a", "en cuanto a", "según la tradición de", "dedicado a", etc. Pocas autoridades modernas sostienen que Salomón sea el autor. La mayoría fecha el libro después del exilio, o sea en el siglo V o IV a.C. Recientemente se ha sugerido una redacción ulterior de material salomónico *cca.* 600 a.C. Es difícil reconciliar la unidad de estilo que el mismo libro manifiesta con las diversas fechas que podría sugerir un examen lingüístico. Sin embargo, como ni el tema ni el mensaje se relacionan con ninguna época determinada, la interpretación del libro no exige una ubicación cronológica precisa.

II. INTERPRETACIÓN

Cnt. se ha interpretado de las más diversas maneras.

A. *Alegórica*

Los rabíes y casi todos los Padres de la iglesia veían en Cnt. una alegoría. Para los rabíes, se trataba del amor entre Yahveh e Israel; para los Padres representaba el amor entre Cristo y la iglesia. Y es innegable que las Escrituras emplean la figura del matrimonio para simbolizar la relación entre Jehová y su pueblo. Sin embargo, este libro carece de carácter alegórico. Además, esta interpretación resulta problemática cuando se examinan los detalles de muchos versículos, pues deja a la imaginación del lector el significado de los pormenores. Los comentarios escritos desde este punto de vista valen poco como interpretación, pero a veces son riquísimos en sugerencias para la aplicación de los textos.

Varios evangélicos del siglo pasado y muchos autores católicos sostienen esta interpretación. Las interpretaciones parabólicas y tipológicas de ciertos evangélicos contemporáneos, pueden considerarse como variantes de la interpretación alegórica, puesto que según ellas el mensaje básico del libro es espiritual.

B. Literal

Teodoro de Mopsuestia (m. 428 d.C.) interpretó Cnt. literalmente como una colección de canciones de amor. Rechazada por herética durante siglos, esta interpretación ha llegado a prevalecer entre los estudios contemporáneos del libro. Antes la interpretación literal asustaba a muchos, porque no entendían bien la enseñanza bíblica en cuanto a la santidad y la hermosura del amor físico en el → matrimonio. Esta incomprensión explica que algunos autores católicos se hayan esforzado por encontrar en Cnt. un sentido mariológico.

El lenguaje de Cnt. bien puede aludir a ceremonias litúrgicas y a bodas a la manera antigua. Pero tales alusiones no bastan para interpretar todo el libro en función de una liturgia pagana o de costumbres folklóricas sirias en las cuales se festejaba a los nuevos esposos como reyes durante una semana, como alegan algunos eruditos.

Entre los que interpretan Cnt. literalmente, hay más de una manera de bosquejar el libro. Algunos ven tres personajes importantes: 1) la amada, 2) el amado, un pastor, y 3) Salomón. Según esta interpretación, Salomón lleva a la sulamita a su palacio y trata de ganar su amor (1:9-11; 3:6-4:7; 6:4-10; 7:1-9), pero ella sólo puede pensar en su verdadero amado (1:2-8) y en su regreso (2:8-3:5; 4:8-5:1); durante la separación ella sueña con él (5:2-16). La sulamita se mantiene fiel, es liberada del palacio de Salomón y vuelve al lado de su amado (8:5-14).

La interpretación más aceptada ve solamente dos personajes importantes: Salomón, quien es el amado, y la sulamita, quien es la amada. La amada se encuentra en el jardín de Salomón y expresa el anhelo y satisfacción de su amor (1:2-2:7). En el siguiente pasaje (2:8-3:5) se relata una visita del amado y un sueño de la amada. Sigue una procesión de Salomón llena de esplendor y cantos de amor (3:6-5:1). La amada describe un sueño, según el cual perdía a su amado pero lo encontraba de nuevo (5: 2-6:9). Luego la novia amada es admirada por sus compañeras y su amado (6:10-8:4). Al fin, la amada y el amado conversan sobre su amor (8:5-14).

III. TEOLOGÍA

A través de los siglos Cnt. ha testificado de la gloria del amor conyugal, puro y fiel. Mil años de deificación del sexo en los cultos obscenos paganos del Cercano Oriente antiguo no pudieron ahogar este testimonio. Dos mil años de represión del instinto sexual en el cristianismo helenizado tampoco pudieron apagarlo, "porque fuerte es como la muerte este amor" (8:6,7). Además, por el mero hecho de su inclusión en el → canon, Cnt. nos hace recordar aquel amor que es más abnegado que el nuestro (Ef. 5:25).   T. D. H.

Bibliografía

Robert, A., y Feuillet, A., *Introducción a la Biblia* I, Barcelona: Herder, 1965. Rivera A., "¿Sentido mariológico del Cantar de los Cantares?", *Ephemerides Mariologicae* I, 1951, pp. 437-468. Colunga, A., "Los géneros sapienciales", *Los géneros literarios de la Sagrada Escritura* (Barcelona: Juan Flores, 1957), pp. 212-214. Trogan, P., en *EBDM* II, cols. 107-116.

CÁNTARO. Muchas palabras heb. y gr. que representan gran variedad de vasijas, recipientes o cubos, se traducen por "c.". Destinado a contener líquidos o alimentos, el c. es generalmente una vasija de barro, muy variada en su forma y capacidad. En Gn. 24:14-18,20, es adorno en hombros de Rebeca y útil herramienta de trabajo en sus manos; en 1 R. 18:34 se utiliza en la realización de un milagro. En Mr. 14:13 y Lc. 22:10 es guía hacia el aposento alto, ya que sólo las mujeres acostumbraban cargarlos. En Jue. 7:16,19,20 es instrumento de guerra en manos del ejército de Gedeón. Abandonado junto al pozo de Sicar, es testimonio del espíritu abierto de Jesucristo que, a diferencia de otros judíos, sí usaba "vasijas en común con los samaritanos" (traducción reciente de Jn. 4:9c; cp. v. 28).

A veces se emplea "tinaja" como sinónimo de c. (1 R. 17:12,14,16; Jn. 2:6ss.). Véanse 1 R. 7:50; 18:34; Ec. 12:6 y Hag. 2:16. A. P. P.

CÁNTICO GRADUAL. Expresión que aparece en el título de cada uno de los Sal. 120-134, los cuales constituyen una colección utilizada en el Templo de Jerusalén. Es difícil explicar el término "gradual" (= "de las ascensiones", NC). La tradición consagrada en la Misná (que estos Sal. se entonaban sobre las quince gradas que separaban dos patios del segundo templo) es inverosímil, como lo es también la hipótesis de un paralelismo "gradual" en la estructura de cada uno de estos Sal. Quizá se refiera a la "subida a Jerusalén" de los peregrinos que tres veces al año visitaban el templo en el período postexílico.   R. F. B.

CANTO. Los israelitas cantaban en muchas y diferentes ocasiones: v.g. fiestas de despedida (Gn. 31:27), victorias militares (Éx. 15:1s.; Jue. 5:12), el descubrimiento de un pozo (Nm. 21:17), y en las fiestas de vendimia (Is. 16:10). El c. expresaba también tristeza (2 S. 1:17-27; Lm. *passim*) y tenía incluso poderes curativos (1 S. 18:10s.; junto con la → MÚSICA INSTRUMENTAL). Pero sobre todo, la dinámica del c. se experimenta en la adoración de Dios.

Ya fuera para una instrucción fácil de memorizar (Dt. 32:1-43, el cántico de Moisés), o durante una oración particular (v.g., muchos salmos) la música cantada se consideraba el mejor vehículo para el culto. Aunque el cronista sabe de la gloriosa música instrumental de la era salomónica, insiste más en la música coral (1 Cr. 15:16-16:6; 25:1-8; 2 Cr. 5:12ss.). En efecto, dentro de pocos siglos los judíos habían de considerar la voz humana como el único

De Capernaum dijo Jesús que había sido "levantada hasta el cielo", y así sería abatida "hasta el Hades". De lo que fuera centro floreciente de las actividades de Jesús en Galilea, hoy día sólo queda un convento y unas ruinas entre los desolados parajes.   MPS

instrumento digno de expresar los sentimientos en el culto (cp. Neh. 12:27,46).

Los → Sal. son cánticos cuya ejecución se ha adaptado a estilos musicales muy variados. Aun la lectura pública de las Escrituras (Neh. 8:1-18) pronto asumió en el templo y en la sinagoga la forma de una "cantinela".

La piedad cristiana continuó las prácticas judías (→HIMNO) y muchos creyentes, en Corinto, por ej., traían a su asamblea un salmo (1 Co. 14:26). Las instrucciones paulinas sobre el c. (Ef. 5:19; Col. 3:16) ocurren en un contexto de instrucción bautismal sobre la nueva conducta del cristiano, y asocian el c. con la plenitud del Espíritu y la palabra de Cristo.

R. F. B.

Bibliografía
EBDM V, col. 373-378.

CAÑA. Planta de difícil identificación específica. La flora palestina incluye por lo menos cinco especies de plantas a las que se les puede dar este nombre. Se caracterizan por sus tallos largos y delgados y por encontrarse a la orilla de ríos y lugares pantanosos. La variedad más común es *Phragmites communis.* Se trata de una planta que alcanza hasta 3 m de alto y de 2 a 3 cm de grueso. Se encuentra a la orilla de los ríos de la Tierra Santa. Con frecuencia se da junto con la *Typha angustata.* (→ALGA.) En la mayor parte de los textos, c. se usa como nombre genérico, sin designar una variedad específica. (→JUNCO.)

En Ez. y Ap. un mismo vocablo heb., *qane,* se refiere a una medida lineal de unos 3 m (→MEDIDAS). En Éx. 25:31; 37:17, se trata de la barra o columnilla del candelero (→CANDELERO).

En Is. 9:14 RV dice "c." donde debía decir "junco", pues así traduce el heb. *agmown* en todos los otros casos.

J. A. G.

CAPADOCIA. Extensa provincia del E de Asia Menor. En general, su territorio lindaba al N con Ponto, al O con Galacia y Licaonia, al S con el Tauro de Cilicia y al E con Armenia. C. se convirtió en provincia romana en el año 17 a.C. y era gobernada por un procurador enviado por el emperador.

A mediados del siglo II a.C. ya existía una colonia judía en C. El senado romano dirigió una carta al rey Ariarates intercediendo por ellos (1 Mac. 15:22, *ca.* 139 a.C.). Judíos de C. estuvieron presentes el día de Pentecostés (Hch. 2:9), y décadas después allí residían cristianos, según 1 P. 1:1.

L. F. M.

CAPERNAUM (heb. = 'pueblo de Nahum'). Ciudad importante en el ministerio de Jesús, ubicada en la costa NO del mar de Galilea.

El AT no menciona a C., y cuanto podemos saber de esta ciudad depende de los Evangelios. Tal parece que en tiempo de Jesús C. fue un centro de gran importancia; luego decayó y de-

En Capernaum Jesús sanó al criado de un centurión romano que había construido una sinagoga para los judíos. Estas ruinas de la sinagoga en Capernaum probablemente no sean de aquélla, pues datan del siglo II.   MPS

sapareció de la historia. Jesús, rechazado en Nazaret, hizo de C. la sede de sus actividades (Mt. 4:13; Jn. 2:12). La ciudad fue famosa por su sinagoga (Mr. 1:21; Lc. 7:5), y es el único lugar del cual se afirma que Jesús tenía allí su casa (Mr. 2:1; 9:33), o que era "su ciudad" (Mt. 9:1). Se acepta que el hogar de Pedro y Andrés estaba allí (Mt. 8:14; Mr. 1:29; Lc. 4:38).

C. fue escenario de muchos incidentes en la vida de Jesús. En su sinagoga sanó al hombre que tenía un espíritu inmundo (Mr. 1:21ss.; Lc. 4:31ss.), y en sus cercanías sucedieron los hechos que llevaron a Jesús a pronunciar el sermón sobre el pan de vida (Jn. 6:16-59).

Era lugar de una aduana y recolección de impuestos (Mt. 9:9; 17:24ss.). Muy posiblemente en esta ciudad hubo un destacamento de soldados romanos, cuyo centurión edificó una sinagoga al pueblo (Lc. 7:5). Aquí Jesús sanó a un siervo de éste (Mt. 8:5-13), y más tarde al hijo de un oficial del rey (Jn. 4:46ss.). A pesar de este ministerio en su seno, C. es incluida por Jesús entre las ciudades impenitentes por su dureza, y culpables ante Dios (Mt. 11:23; Lc. 10:15).

Luego del ministerio de Jesús, C. perdió su importancia y hoy día los arqueólogos debaten el problema de su sitio exacto. Las ruinas de dos lugares se disputan principalmente el asiento de C.: Tell-Hum y Khan Minya. Las mejores pruebas favorecen a Tell-Hum, que se halla a unos 4 km al SO de la desembocadura del Jordán en el mar de Galilea. Aunque el nombre significa, según parece, "colina color café", posiblemente "Hum" es reminiscencia de Nahum. Las ruinas de una sinagoga de principios de la era cristiana se encuentran en esta localidad.

C. H. Z.

CAPITÁN (traducción de una docena de vocablos heb. y gr.). Jefe militar o civil cuyo rango surgió ante la necesidad del pueblo seminómada del AT de organizarse militarmente, para defenderse de los c. vecinos y enemigos (Gn. 26:26; cp. 2 S. 8:16ss.; 1 R. 16:16ss.).

a palabra *sar*, de uso frecuente, puede indicar indistintamente un jefe de millares, centenares, o cincuentenares (1 S. 8:12). En Ap. 6:15; 19:18, los c. son típicos de los poderosos humanamente hablando. (→ CENTURIÓN, → TRIBUNO.)

R. F. B.

CARA. → ROSTRO

CARBÓN. Brasa o ascua después de apagada. Ardiente o encendido se asocia con el fuego purificador. Por tanto, aunque el c. tiene su uso culinario (Pr. 26:21 → ASCUAS, BRASAS) y cultural (Is. 6:6), generalmente el concepto se emplea poéticamente en pasajes de teofanía o apocalipsis para inspirar respeto (Job 41:21; Ez. 1:13).

R. F. B.

CARBUNCLO. Traducción empleada en las versiones antiguas, de dos palabras heb.: una, en Éx. 28:17; 39:10 y Ez. 28:13, puede referirse a una piedra verde (LXX "esmeralda"), posiblemente → berilo; y la otra en Is. 54:12 que designa una piedra roja. El c. moderno es una piedra preciosa parecida al granate rojo, grande y brillante. Generalmente se identifica con el llamado → rubí oriental.

J. E. D.

CÁRCEL. El AT alude sólo eventualmente a las c. de los egipcios, filisteos y asirios (Gn. 39:20; 40:3; Jue. 16:21; 2 R. 17:4; 25:27; Jer. 52:11). Pero la legislación hebraica no conocía las penas privativas de libertad. El encarcelamiento se ordenaba únicamente a título preventivo, para tener al culpable a buen recaudo (Lv. 24:12; Nm. 15:34). Sin embargo, algunos textos prueban que los reyes israelitas no dejaban de encarcelar a los recalcitrantes (1 R. 22:27; 2 Cr. 16:10; 18:26; cp. Sal. 107:10).

En la época posterior al cautiverio, el encarcelamiento se convirtió en castigo represivo también en Palestina (Esd. 7:26; Neh. 3:25). El NT lo menciona corrientemente (Mt. 5:25; 14:3; 18:30; 25:36; Mr. 6:17; Lc. 12:58; 22:33; 23:19). Y sabemos que los primeros cristianos y más de un apóstol conocieron los rigores de la c. (Hch. 4:3; 5:18; 8:3; 16:23; etc.).

En caso de que los presos se fugasen, los carceleros eran ejecutados (Hch. 12:19; 16:27).

C. R.-G.

CARDOS Y ESPINAS. En Palestina existen más de cien variedades de plantas que caben bajo esta categoría general. Sin embargo, tenemos solamente 22 términos bíblicos para identificarlas. Por otra parte, se hace difícil encontrar el equivalente castellano. De ahí que RV use los términos "abrojos", "cardos", "espinas", "espinos", "ortiga" y "zarza" sin que haya constancia en la traducción del vocablo hebreo o griego.

De entre las muchas variedades, merecen especial atención la *Centaurea iberica,* y la *Centaurea hyalolepis* ('cardo', Gn. 3:18; Os. 10:8; del heb. *dardar*). Estas plantas anuales y bienales producen hojas grandes que los beduinos comen como ensalada. El cardo que se menciona en 2 R. 14:9 y 2 Cr. 25:18 es el hebreo *khoakh*. En este caso se refiere al *Prunus ursina*, arbusto espinoso de la familia de las rosas, que crece en el Líbano y N de Palestina. En las otras ocasiones en que aparece *khoakh* RV la traduce "espinos" (Job 31:40; Cnt. 2:2), "espinas" (Pr. 26:9), y "espino" (Os. 9:6). En estos casos parece referirse al *Scolymus maculatus*, una hierba de algo más de 1 m de alto que es sumamente nociva a las gramíneas.

RV también dice "espino" para referirse al hebreo *sirim*, el *Poterium spinosum*, arbusto espinoso de algo menos de 1 m de alto y de copiosas y delgadas ramas. Este es el arbusto más común en Palestina y es utilizado por los árabes como vallado y como combustible. Es este el espino mencionado en Ec. 7:6; Is. 34:13; Os. 2:6; Nah. 1:10.

Las espinas de la corona de Cristo (Mt. 27:29; Jn. 19:2) con toda probabilidad fueron de uno de los arbustos corrientes cerca del Gólgota, posiblemente el *Poterium spinosum* ya mencionado.

La zarza de la tradición mosaica (Éx. 3:2-4; Dt. 33:16) no se ha podido identificar.

J. A. G.

CARGA. Término referido a un peso grande o trabajo oneroso (Éx. 1:11; 23:5; 1 R. 5:15; Mt. 20:12), a la responsabilidad de gobernar (Nm. 11:11,17), alguna aflicción o preocupación (Sal. 55:22), la conciencia del pecado (Sal. 38:4), la flaqueza humana (Gá. 6:2), alguna molestia para otros (2 Co. 11:9; 12:13), o las exigencias legalistas (Mt. 23:4; Hch. 15:28; Ap. 2:24; cp. Mt. 11:30).

En Is. 15:1; Nah. 1:1; Hab. 1:1, la RV 1909 traduce por "c." la voz heb. *massa*. En estos pasajes designa una profecía de juicio amenazador. RV traduce por "c." dos distintas voces gr. en Gá. 6 (*baros* en v. 2 y *fortion* en v. 5). La primera designa una c. pesada con la que debemos ayudarnos unos a otros; la segunda se refiere a la c. que cada cual ha de llevar por su cuenta, sin echarla sobre otro.

W. M. N.

CARMELO ('parque' o 'campo fructífero').

1. Célebre cordillera que corre del NO al SE por un costado de la llanura de → Esdraelón, desde el Mediterráneo (la costa S de la bahía de Acre), hasta la llanura de Dotán. La cima prin-

cipal es el mte. C., cuya mayor altura es de 700 m, y se extiende 18 km hacia el interior, formando la frontera de Aser (Jos. 19:24-26). En su falda NE corre el arroyo Cisón.

El mte. C. es el único promontorio grande que se halla en la costa de Palestina. Su exuberancia de vida vegetal y animal durante la estación de las lluvias manifiesta por qué los escritores antiguos hicieron tantas alusiones a su extremada belleza (Is. 35:2), a su manto verde, a la gracia de su configuración (Cnt. 7:5) y a sus ricos pastos (Is. 33:9; Jer. 50:19; Am. 1:2). Las cuevas naturales abundan en el mte. C. (Am. 9:3), y en muchas ocasiones han servido de morada a la gente. Todo el mte. ha sido en varias épocas residencia favorita de los devotos. Fue allí donde →Elías derrotó a los profetas falsos de →Baal y Asera (1 R. 18; cp. 2 R. 1:9-15; 2:25; 4:25). Hay todavía un pozo en un costado del mte., en un sitio que ahora se llama El Maharraka ('el incendio'); y el antiguo Cisón actualmente se conoce con el nombre de Nahrel Mukatta ('río de matanza').

2. Ciudad de Judá, situada en una región pastoril, a 12 km al SE de Hebrón (Jos. 15:55), llamada hoy Khirbet el-Karmil. También se conoce como Carmel y de allí era Nabal, marido de Abigail, quien se negó a ayudar a David (1 S. 25). Saúl, de vuelta de su expedición contra Amalec, erigió allí un monumento (1 S. 15:12), y Hezrai, uno de los guerreros de David, probablemente venía de este lugar (2 S. 23:35; 1 Cr. 11:37). Sus ruinas indican que era un lugar de importancia.   I. E. A.

CARNE, CARNAL.
I. EN EL AT

Traducción de las voces heb. *basar* (269 veces) y *sh'er* (16 veces = 'carne sangrienta'). Literalmente *basar* designa la parte carnosa del cuerpo, sea éste humano (Gn. 40:19) o animal (Lv. 6:27). Cuando se refiere a un animal, encierra la idea de c. como alimento o como sacrificio. Referido a un ser humano, significa todo el cuerpo (Pr. 14:30) o, por extensión, el hombre entero (Sal. 16:9; 63:1). Sugiere también la unión entre dos personas (Gn. 2:24, esposos; Jue. 9:2, parientes). La expresión "toda c." engloba la existencia humana (a veces incluso al reino animal, Sal. 145:21). El concepto de la debilidad y flaqueza de la c. (Sal. 56:4) aparece en contraste con el poder de Dios o los ángeles. Es una debilidad física más bien que moral (cp. Sal. 78:39).

II. EN EL NT

La voz gr. *kreas* significa c. como alimento. *Sarx* reproduce muchos matices de *basar*: la parte carnosa del cuerpo (Ap. 19:18); el cuerpo entero (Gá. 4:13s.); el hombre íntegro (2 Co. 7:5; Ro. 7:18). Como en el AT, los cónyuges son "una sola c." (Mt. 19:5s.), y hay pasajes referentes a "toda c." (Jn. 17:2); cp. las expresiones "c. y sangre" (Mt. 16:17) y "c. y huesos" (Lc. 24:39). La debilidad se relaciona con la inconstancia de los discípulos en Getsemaní (Mr. 14:38).

Pero hay en el NT nuevos usos metafóricos de *sarx* (cp. también los adjetivos *sarkikós* y *sárkinos*). Puede referirse a la descendencia o linaje (Ro. 1:3; 9:3; 1 Co. 10:18), y a la existencia física del hombre en general (cp. "en la c.", Col. 2:1 HA). No hay inculpación por estar en la c.: Cristo y Pablo estuvieron en ella (Ef. 2:15; 1 P. 3:18; 1 Jn. 4:2s.; Gá. 2:20); además, es compatible con "estar en el Señor" (Flm. 16). La c. puede ser mancillada (Jud. 8), o bien, purificada (Heb. 9:13).

Pablo es excepcional (aunque cp. los escritos de →Qumrán) en el uso peyorativo de *sarx*. Siendo la parte terrenal del hombre, la c. tiene sus concupiscencias (Ef. 2:3) que producen una preocupación carnal cuyo fin es la muerte, o sea "enemistad contra Dios" (Ro. 8:5ss.). El vivir "según la c." (Ro. 8:12s.) —c. que se opone al Espíritu y produce obras terribles (Gá. 5:17-21)— es innecesario y fatal. En este sentido, c. denota toda la personalidad del hombre, organizada para el egoísmo. (→CUERPO.)

R. F. B.

CARNERO. Macho de la oveja, de carne comestible (Gn. 31:38). Se usaba tanto para el holocausto (Gn. 22:13; Lv. 1:10; 8:18) como para los sacrificios de paz (Lv. 9:4) o por el pecado (Lv. 5:15; 6:6; 8:2). Fue sacrificado para la consagración de Aarón y sus hijos (Éx. 29; Lv. 8). De su lana se hacían vestidos (Pr. 31:13), de su piel, la cubierta para el tabernáculo (Éx. 26:14), y de sus cuernos, bocinas (Jos. 6:4,5).

Daniel tomó el c. de dos cuernos como símbolo del poder (Dn. 8). El cuerno pequeño representaba a Media y el mayor a Persia.

A. J. G.

CARPINTERO. Fabricante de artefactos de madera, mencionado con frecuencia en la Biblia. Está íntimamente relacionado con las construcciones y artesanías religiosas, tales como el arca, el tabernáculo y aun el tallado de los ídolos (Gn. 6; Éx. 27; Is. 44:13; 1 Co. 3:9-11).

Las herramientas del c. se mencionan en Is. 44:13; muchas fueron hechas de piedra, bronce y hierro. Los judíos no eran tan hábiles en la carpintería debido a la vida nómada que llevaban. David y Salomón importaron c. (2 S. 5:11; 1 R. 5—7). Nuestro Señor fue c. (Mt. 13:55; Mr. 6:3), y esto ha sublimado el oficio.

M. V. F.

CARPO. Amigo cristiano de Pablo en Troas, con quien el Apóstol dejó su capote (Hch. 16:8; 20:5). Al escribir a Timoteo desde la cárcel, Pablo le pide que traiga en su próxima visita el capote, los libros, y los pergaminos (2 Ti. 4:13).

D. M. H.

CARQUEMIS. Ciudad importante del reino heteo, situada en uno de los pasos principales del Éufrates. Desde tiempos antiquísimos, fue un importante centro comercial. Fue atacada por los egipcios en el siglo XVII a.C., y por los asirios unos 400 años después. A principios del primer milenio a.C., C. pagaba tributos a Asiria, y finalmente fue conquistada por Sargón II en 717 a.C. Es posible que a esto se refiera Is. 10:9. Fue en C. donde Josías se opuso al Faraón Necao, y perdió la vida en su aventura (2 Cr. 35:20-24). Tres años después, Necao fue derrotado por Nabucodonosor, también en C. (Jer. 46:1-12). Hoy el sitio se llama Jerablus, 100 km al NE de Alepo.   J. L. G.

CARRERA. →JUEGOS DEPORTIVOS.

CARRIZAL. →ALGA.

CARRO, CARROZA. Vehículos de construcción sólida, diversas formas y dos ruedas, que servían como medio de transporte y movilidad.

Generalmente "carro" significaba vehículo usado para transportar productos agrícolas, utensilios religiosos y militares, etc. (Nm. 7:3,6; 2 S. 6:6; Is. 28:27), mientras que la "carroza" servía como medio de movilidad (Cnt. 3:9). Aquéllos eran de construcción rústica y fuerte; éstas, finas y generalmente lujosas. Ambos eran construidos de madera, incluso las ruedas. Algunos c. tenían ruedas de metal (1 R. 7:33); otros tenían ruedas herradas, a modo de refuerzo (Jue. 4:13).

Había c. para usos del Estado (Gn. 41:43; 2 S. 15:1; 1 R. 1:5), usos privados (Gn. 46:29; 2 R. 5:9; Hch. 8:28) y usos militares (Éx. 14:9; Jos. 11:4; 1 S. 13:5). Algunos eran halados por bueyes (2 S. 6:6), otros por caballos (Jos. 11:4; 2 R. 5:9), y en un caso especial se dice que un c. fue halado por vacas (1 S. 6:7).

Los egipcios conocieron y usaron c. desde la antigüedad (Gn. 41:43; 46:29; 50:9; Éx. 14:17,18,23,25; 15:4,19). Los cananeos en su tiempo, y los israelitas después, los usaron en poca escala en territorio de Palestina, posiblemente por lo accidentado del territorio. Bastante tarde adoptaron los israelitas el uso de c. con propósitos militares (2 S. 8:4; 1 R. 1:5). Los asirios, caldeos, persas y griegos también los conocieron y los usaron (2 R. 19:23; Jer. 47:3).

En el AT se describe un "c. de fuego con caballos de fuego". (2 R. 2:11), que apartó a Elías de Eliseo en un torbellino.

En el NT se mencionan los c. sólo tres veces: en Ap. 9:9; 18:13, y en Hch. 8:28-30 cuando el eunuco etíope regresaba a su tierra y Felipe se le acercó para hablarle de Jesús.   H. P. C.

CARTA. →EPÍSTOLA.

CASA. Término usado más de 2.000 veces en la Biblia para designar una vivienda, desde la choza más sencilla del campesino hasta el palacio del rey. El Templo de Jerusalén se llama "la c. de Dios" o "la c. sobre la cual es invocado mi nombre".

En sentido figurado se usa para referirse a una persona y sus descendientes, p.e. "la c. de Leví" (Zac. 12:13), "Faraón y a su c." (Gn.

12:17); o para referirse a una familia, tribu o pueblo (Nm. 1:2; 12:7; Jos. 24:15; 2 S. 2:7; Neh. 1:6). Se emplea también para aludir al cuerpo humano (Ec. 12:3; 2 Co. 5:1) y a la iglesia (1 Ti. 3:15; Heb. 3:5,6). Pero su sentido más común es el de vivienda.

Una construcción sencilla de piedra, como la de arriba, con ventanillas pequeñas, era quizás el tipo de casa en que se reunía la iglesia primitiva.

En la Palestina las c. más antiguas que se han descubierto fueron hechas de barro en la ciudad de Jericó. Es curioso notar que el ladrillo secado al sol, que se usaba en aquel entonces, era de mejor calidad que el que se usa en la actualidad para la construcción de c. humildes en Jordania y Líbano. Más tarde se empleaban ladrillos cocidos al horno, especialmente en los cimientos de las c.

Durante la época bíblica la mayoría de las c. se hallaban en las ciudades o pueblos. Los agricultores salían cada mañana de la aldea para atender sus campos y regresaban en la tarde. En las ciudades las c. eran más pequeñas que en los pueblos. En algunas ciudades las c. formaban parte de los muros de protección, p.e. →Jericó (Jos. 2:15).

Una c. típica de Jericó era cuadrangular con un vestíbulo al frente, bodegas a cada lado en donde guardar comida y granos, y una pieza principal que servía de sala y dormitorio. Detrás había un patio cerrado donde se guardaba a los animales. A veces, debajo de las c., había una especie de establo donde se podía encerrar a los animales durante el mal tiempo.

El ama de c. cocinaba sobre un brasero o un fuego abierto. No había chimenea y el humo salía por las ventanas o pequeñas aberturas cerca del techo. El techo de la c. era hecho de vigas de madera cubiertas de caña de bambú con una capa de greda para resistir la lluvia. El piso de las c. humildes era de barro o de piedra natural. Muchas veces había una escalera exterior que conducía a la azotea o el terrado. Si la c. tenía una pieza para huéspedes, se encontraba en la azotea (2 R. 4:10). A veces, para fiestas especiales, se construían →cabañas en los terrados. La ley exigía un pretil o baranda alrededor del terrado (Dt. 22:8) en donde se celebraban muchas actividades familiares: oración, conversación, trabajo, descanso, etc. Las noticias se proclamaban desde la azotea (Mt. 10:27; Lc. 12:3).

En las regiones montañosas se construían c. de piedra; en las llanuras generalmente eran de ladrillo. La piedra nativa proveía los materiales para muchas c. de Belén y Jerusalén. Sus muros gruesos resistían tanto el frío como el calor. Las ventanas eran pequeñas y protegidas con barras de madera o hierro. La puerta se hacía de madera gruesa y más tarde de hierro; y se cerraba en la noche con una barra de hierro o madera (Lc. 11:7). La puerta tenía mucho significado espiritual; el →dintel y los postes de la puerta eran ungidos con sangre durante la fiesta de la →Pascua (Éx. 12:22-25). Un pergamino pequeño con las palabras de Dt. 6:4-9; 11:13-21 se colocaba en un poste de la puerta principal.

Los techos de las casas orientales eran planos, permitiendo que se desarrollaran allí diversas actividades familiares; a menudo eran lugar de culto.   SP

El plano en forma de una T probablemente fue seguido en la construcción de c. reales. Posiblemente "la casa del bosque del Líbano" de Salomón (1 R. 7:2-5) era la sala central del palacio en la convergencia de las alas, donde tenía

su corte de honor, puesto que en ella se guardaban los escudos de oro y los vasos de oro del rey (1 R. 10:17-21; 2 Cr. 9:16,20; Is. 22:8).

Para el hombre común, su c. era el refugio y el castillo; era el único lugar donde podía descansar, recibir amigos y celebrar las fiestas familiares. Cristo no tuvo c. después de salir de la de su madre. Por eso, la frase de Juan 7:53-8:1 está tan cargada de emoción: "Cada uno se fue a su c., y Jesús se fue al monte de los Olivos". Muchos, sin embargo, le abrieron sus c., y los primeros sitios de reunión de la iglesia cristiana fueron las c. de los creyentes (Hch. 2:46; 5:42; Ro. 16:5; Col. 4:15; Flm. 2).   R. B. W.

CASIA. Corteza aromática de un árbol no identificado que se importaba del Oriente. RV traduce así dos voces hebreas: *qidda* en Éx. 30:24 ('mirra destilada' en Ez. 27:19) y *qetsiot* en Sal. 45:8.   J. A. G.

CASTIGO. Se trata aquí de los c. humanos (penalidades), no de los c. divinos, aunque no siempre sea fácil deslindarlos, ya que Israel era un pueblo teocrático.

La legislación israelita tiene una base religiosa y, en ella, el c. no tiene como fin la corrección y perfeccionamiento del culpable, porque muy a menudo se le priva de la vida. El c. no trata esencialmente de compensar a quien ha sufrido daños y perjuicios, porque la aplicación de la ley del talión no le proporciona necesariamente ningún beneficio. Más bien el c. trata de despertar en todos el respeto hacia la voluntad de Dios expresada en su ley, y por tanto suscitar en la gente sentimientos de temor al mal y de disgusto hacia el delito.

Los c. de la ley del AT establecen una especie de equilibrio social. Se prescribe una compensación fija en casos de robo o daño, por ejemplo, pero la compensación alcanza hasta cuatro o cinco veces el valor del objeto robado o dañado, con el fin de frenar así el crimen contra la propiedad ajena. ("Propiedad" se entiende en un sentido más amplio que el moderno para incluir, por ejemplo, la esposa, los hijos y los esclavos del ofendido.)

Se castiga el mal, más bien que al culpable. Un hijo de rey que viola una ley ignorada totalmente por él, es castigado, a pesar de todo (1 S. 14:24-46). Al animal se le castiga lo mismo que al hombre. Por eso se repite en más de una ocasión: "Quitarás el mal de en medio del pueblo" (Dt. 17:12; 19:19; 21:21). La santidad del Dios de Israel obliga al pueblo a tener igual santidad (Lv. 18:24-30). Por eso cuando se descubre un delito, sin que se conozca su autor, hay que hacer un sacrificio (Dt. 21:1-9).

El c. capital por asesinato fue instituido en el origen de la raza humana, y →Caín fue librado de él por especial interposición de Dios (Gn. 4:14,15). Otros delitos por los cuales la ley de Moisés prescribía la pena de muerte eran la →blasfemia (Lv. 24:14-16,23); la →idolatría (Lv. 20:2); el deshonor al padre (Éx. 21:15,17);

el →adulterio (Lv. 20:10); el rapto (Éx. 21:16); y el →testimonio falso en casos capitales (Dt. 19:16,19).

El contraste presentado en el NT es impresionante. Las autoridades tienen la espada para castigar y los cristianos tienen el deber de obedecer (Ro. 13:1-7). Pero ahora la santidad de Dios resplandece principalmente en el perdón de las ofensas (Mt. 5:38-48). Tal es la manera evangélica de ser perfectos como perfecto es el Padre celestial.

Sobre c. específicos, →APEDREAR, CEPO, AZOTES, AHORCADURA, etc.   C. R.-G.

CASTOR Y PÓLUX. Emblema del barco en que Pablo era conducido prisionero a Roma (Hch. 28:11). Traducción (RV) del vocablo griego *Dioscourois* ('hijos de Zeus'). Según la mitología griega eran dioses gemelos, protectores particulares de los marineros. Sus imágenes se grababan en la proa de los barcos.   E. A. T.

CÁTEDRA. →SILLA.

CAUTIVERIO. A lo largo de su historia antigua tanto los israelitas individualmente como la nación entera de Israel sufrieron la servidumbre como castigo de Dios. Seis veces fueron subyugados por pueblos extranjeros durante la época de los jueces.

El AT registra que tanto el Reino del Norte (Israel) como el del Sur (Judá) terminaron en c. El primero en manos de los asirios y el segundo bajo los babilonios.

I. EL CAUTIVERIO DE ISRAEL

Mientras Israel estaba en su apogeo político y económico (2 R. 14:23-29), Asiria iniciaba su conquista del Occidente. Más tarde Dios usaría a esta nación pagana para castigar la iniquidad y apostasía del reino de Israel, de acuerdo con las profecías de →Amós y →Oseas.

El c. empezó cuando →Tiglat-pileser invadió a Israel, siendo rey →Peka, y llevó cautivos a muchos habitantes de la parte norte del reino (2 R. 15:29). La nación fue obligada a pagar tributo por varios años, aunque al fin se rebeló (2 R. 17:4) en un esfuerzo por recuperar su independencia. Salmanasar, emperador de Asiria, sitió a Samaria, la capital del Reino del Norte, en 722 a.C. y su sucesor acabó de conquistarla unos meses más tarde. Así terminó el reino de las diez tribus del N (2 R. 17:18). Muchos israelitas (27.290 según inscripciones de Sargón) fueron llevados a Asiria y colocados en varias ciudades (2 R. 17:6; 18:11). Al mismo tiempo, gente de las ciudades del Imperio Asirio fueron traídas para poblar las ciudades de Israel (2 R. 17:24; Esd. 4:10).

Aunque esto puso fin a la historia política del Reino del N, la suerte de sus habitantes variaba. Sin duda muchos de los cautivos fueron asimilados por los pueblos a donde fueron llevados. Algunos de los que quedaron en Israel se mezclaron con las gentes traídas del E, y de ellos surgió la raza conocida más tarde como →samaritanos. Además, hay indicios de que algunos de los israelitas del N inmigraron a Judá (especialmente levitas) o por lo menos participaron en su religión, pues las reformas de Ezequías y Josías alcanzaron a los que quedaron en el N (2 R. 23:15-20; 2 Cr. 30:1-5,11,18; 35:18). También es posible que algunos de los cautivos en Asiria regresaran a Judá con los que volvieron de Babilonia después del edicto de → Ciro.

JUDEA CAPTA.

El último cautiverio del pueblo hebreo aconteció en el año 71 d.C. cuando Tito destruyó la ciudad de Jerusalén en una campaña iniciada por su padre, el emperador Vespasiano. Según el historiador judío Josefo, un tanto propenso a exagerar, perecieron más de un millón de almas en el sitio de Jerusalén. Miles de cautivos fueron diseminados entre las provincias, engrosando la "diáspora" de los judíos. Este grabado representa la medalla de Vespasiano en memoria de la captura de Jerusalén.

II. EL CAUTIVERIO DE JUDÁ

Los profetas Amós y Oseas anunciaron que el c. de Israel se debió a su rebelión contra Dios, y los profetas Isaías, Miqueas, Sofonías, Jeremías, Habacuc y Ezequiel proclamaron que la misma suerte esperaba a Judá. Judá se aprovechó de la caída de Asiria y gozó de un breve avivamiento nacional, pero después de la muerte del rey Josías cayó bajo el dominio de Egipto. En la lucha por la supremacía en el Medio Oriente, los babilonios enviaron sus ejércitos para conquistar a Egipto. En camino hacia el S conquistaron a casi toda Palestina y sitiaron a Jerusalén donde reinaba Joacim, ya vasallo de Egipto. Joacim murió durante el sitio, y tres meses más tarde (597 a.C.) su hijo Joaquín entregó la ciudad a los babilonios. Entonces tuvo lugar la primera de las tres deportaciones israelitas a Babilonia. 2 R. 24:12-17 describe cómo el joven rey, su madre, los tesoros del palacio y del templo y 10.000 cautivos fueron llevados a Babilonia. Entre ellos probablemente se encontraban →Daniel, muchos de la nobleza, y la mayoría de los artesanos de la capital; "no quedó nadie excepto los pobres", dice el relato.

Los babilonios pusieron a Sedequías, otro hijo de Josías, en el trono de Judá y éste reinó once años. Los que habían quedado ocuparon las casas y las posiciones de los primeros cautivos y la vida nacional continuó. En 587, engañado por la promesa de ayuda de Egipto y confiando en su propia capacidad para luchar, el rey se rebeló contra Babilonia. La venganza de Nabucodonosor fue inmediata y terrible; después de un sitio mucho más severo, la capital cayó aniquilada por el hambre. El templo, el palacio y muchas casas fueron quemados, los muros de la ciudad fueron derribados. Los escasos tesoros y la poca gente influyente que quedaron fueron llevados a Babilonia. 2 R. 25:8-21 y Jer. 39:8-10; 40:7; 52:12-34 describen esta segunda deportación.

El general babilónico puso a Gedalías, el administrador del palacio, como gobernador de Judá. Éste gobernó desde el pueblo de Mizpa puesto que Jerusalén estaba en ruinas. Unos meses más tarde fue asesinado por un grupo de nacionalistas y muchos judíos huyeron a Egipto para evitar una suerte semejante; el profeta Jeremías fue obligado a acompañarlos. Los babilonios llevaron un tercer grupo de cautivos como represalia por la muerte del gobernador.

La situación de los cautivos en Babilonia variaba mucho según las circunstancias. Algunos sufrían y añoraban sus casas y su tierra (Sal. 137:1-6; Is. 14:3; 42:22; 47:6; 51:7,21-23). El rey Joaquín fue sacado de la cárcel, pero vivía como un rey cautivo (2 R. 25:27-30). Muchos judíos vivían en colonias cerca de la ciudad de Nipur (Ez. 1:1; 3:15); construyeron sus casas (Jer. 29:5; Ez. 8:1); se casaron (Jer. 29:6; Ez. 24:18) y prosperaban en el comercio (Is. 55:1,2; Zac. 6:9-11). Ciertos documentos de Babilonia indican que por lo menos un banco tenía muchos clientes judíos. Como consecuencia, algunos judíos abandonaron la fe de sus padres para adorar a los dioses benefactores de Babilonia (Is. 46:1-12; 50:11; Jer. 44).

El c. terminó con el edicto de →Ciro de Persia que liberó a los judíos y les permitió regresar a Palestina para reconstruir el templo. Algunos regresaron bajo la dirección del príncipe Zorobabel de la línea de David y Josué el sumo sacerdote. Con la culminación del templo bajo el estímulo de la predicación de Hageo y Zacarías, en 516 a.C., finaliza el período del c.

Por encima de la crisis que el c. representó para Israel, las consecuencias positivas fueron notables. El pueblo examinó su fe y comprendió mejor la providencia divina. Aceptó la prueba como un juicio de Dios en el que no faltaron el amor y la fidelidad del pacto divino (Is. 54:9-13; Jer. 31:2,3). Surgió un nuevo pacto y una nueva responsabilidad del pueblo de Dios: anunciar al mundo el amor y la soberanía de Dios (Is. 43:10-12; Jer. 31:31-34; Ez. 36:26).

Fue una época de mucha actividad literaria. Los libros proféticos fueron copiados y estudiados; la historia de los reinos de Israel recibió su forma final. El pueblo aprendió a adorar a Dios sin los sacrificios del templo, y posiblemente en esta época se inició la costumbre de reunirse en →sinagogas. El c. afectó mucho el concepto bíblico del juicio divino y de la revelación. Fue la prueba de fuego para la fe de Israel. R. B. W.

CAZA. La primera mención que la Biblia hace acerca de la c. se registra en Gn. 9:2-4. Es un acto implícito en la disposición de Dios respecto al predominio del hombre sobre las aves, las bestias del campo y los peces. La c. no se menciona antes del diluvio.

En el AT no se alude a la c. como un pasatiempo. Se respetaba la vida de los animales y sólo se les cazaba para obtener comida o por defender la propia si éstos atacaban (Éx. 23:28,29; 1 R. 13:23,24). Las leyes dadas a los israelitas aun especificaban los animales que se podían cazar y comer (Dt. 12:15,22; 14:3-21). En Gn. 27:3 se mencionan algunas armas de c. y otras en Job 19:6; 41:28; Sal. 91:3 y Ez. 19:8.

El acto de cazar lo emplearon los escritores de la Biblia para simbolizar hechos de guerra (Jer. 16:16; Pr. 6:5; 12:27; Ez. 13:18,20; Sal. 140:11). Fueron vigorosos cazadores →Nimrod (Gn. 10:9) y →Esaú (Gn. 25:27; 27:3).

M. V. F.

CEBADA. Planta gramínea, muy parecida al trigo. Se sembraba generalmente a fines del otoño y se cosechaba desde el tiempo de Pascua en adelante. En Dt. 8:8 dice que la Palestina era "tierra de trigo y de c.". Se utilizaba como alimento para bestias de carga (1 R. 4:28) y para hacer pan (2 R. 4:42; Ez. 4:9,12), aunque inferior al de trigo. Los granos tostados eran de apetecible consumo (2 S. 17:28). También se usaba como ofrenda (Nm. 5:15). Los vendedores ambulantes de comestibles ofrecían panes de c. en sitios concurridos (Jn. 6:9). A. P. P.

CEDAR. Segundo hijo de Ismael (Gn. 25:13; 1 Cr. 1:29) y padre de una tribu grande y poderosa. Los cedaritas habitaban en tiendas hermosas y codiciables (Sal. 120:5; Cnt. 1:5; Is. 21:13-17) y en aldeas sin muros (Is. 42:11). Eran pastores de ganado y camellos (Is. 60:7; Jer. 49:28,29,32) y comerciaban con Tiro (Ez. 27:21). Se localizaron generalmente al E de Transjordania, pero en ciertas épocas se extendían al S de Palestina hasta la frontera de Egipto.

Por ser una tribu fuerte, a veces se usa C. como un término general para los beduinos o árabes. Se menciona frecuentemente en los profetas. En los anales de Asurbanipal (668-631 a.C.) se la menciona (casi sinónimo con árabes) en batallas contra Asiria. Fue derrotada por Asiria y luego por Babilonia (Jer. 49:28).

A. R. D.

CEDES. 1. Ciudad situada en el extremo S de Judá o Simeón (Jos. 15:23; 19:9,37). Posiblemente sea Cades-barnea.

2. Pueblo en el territorio de Isacar (1 Cr. 6:72), entregado a los gersonitas. Posiblemente sea Tel Abu Kades, cerca de Meguido.

3. Ciudad de refugio en la tierra de Neftalí (Jos. 12:22; 19:37; 21:32; 1 Cr. 6:76). De allí era Barac, y allí éste reunió a su ejército para guerrear con Sísara (Jue. 4:6,10). Los asirios, bajo Tiglat-pileser, tomaron la ciudad y llevaron cautivos a los habitantes (2 R. 15:29). C. fue el escenario de la batalla entre Jonatás macabeo y Demetrio (1 Mac. 11:63). Quedaba a unos 7 km al N del lago de Merom.   J. E. G.

CEDRO. Árbol majestuoso y alto (Is. 2:13; Am. 2:9) que abundaba especialmente en el mte. Líbano (1 R. 5:6-10; Sal. 29:5) donde todavía se hallan. Eran de tipo *Abies Cedrus* o *Cedrus Libani.*

Entre todas las bellezas de la creación la Biblia destaca al árbol como ''delicioso a la vista'', y el cedro de Líbano con especial atención (Sal. 104:16). Fue preferido en la construcción del templo de Salomón por su madera dura y fina.

Su madera era muy apreciada en la construcción de palacios y templos (2 S. 5:11; 1 R. 6:9-20), mástiles para barcos (Ez. 27:5), carrozas (Cnt. 3:9), e ídolos (Is. 44:14). El c. simbolizaba fuerza (Sal. 29:5; Is. 9:10), esplendor (Cnt. 1:17; Jer. 22:14) y gloria (Sal. 80:10; Zac. 11:1).

Según parece había en el desierto de Sinaí una madera llamada c. que se usaba en una purificación levítica (Lv. 14:4-6,49-52; Nm. 19:6). Este no puede ser el mismo c. del

Líbano; posiblemente sea el *Juniperus oxycedrus.*   W. M. N.

CEDRÓN (heb. 'torrente turbio o negro'). Arroyo y valle que separa a Jerusalén del monte de los Olivos. Comienza 2 km al NO de Jerusalén, fluye hacia el SE 2 km y luego gira al S formando una cañada al E de la ciudad. La primera parte se llama actualmente Wadi el-juaz y la que está enfrente de Jerusalén, Wadi Sitti-Miriam. Al SE se une con el valle de Hinom, formando el Wadi en-Nar, y sigue serpenteando hasta desembocar en el mar Muerto.

Entre la Puerta de Esteban y el huerto de Getsemaní, donde C. tiene 30 m de profundidad y 120 de ancho, un puente atraviesa el valle. Probablemente David lo cruzó en este punto cuando huía de Absalón (2 S. 15:23,30), y Jesús cuando caminaba hacia Getsemaní y el monte de los Olivos (Jn. 18:1). Más al sur se halla la Fuente de la Virgen o sea el antiguo Gihón, cuyas aguas Ezequías desvió mediante un acueducto (2 Cr. 32:4,30).

Las laderas de C., especialmente al S de Gihón, se han usado para sepulcros desde la antigüedad (2 R. 23:6; cp. Jer. 31:40). Puesto que se consideraba que los sepulcros corrompían a todo aquel que los tocaba, varios reyes piadosos destruyeron allí los ídolos y las abominaciones que contaminaban a Jerusalén, despreciando así la idolatría (1 R. 15:13; 2 R. 23:4,6,12; 2 Cr. 29:16; 30:14; 34:4).

Al S de la ciudad el valle se ensancha, y al unirse con el valle Hinom forma un terreno fértil que antiguamente se llamaba el "huerto del rey" (Neh. 3:15). Al extremo S se halla la fuente de Rogel donde Adonías celebraba la fiesta de entronización, mientras en la fuente de Gihón, 800 m al N, Salomón era ungido rey (1 R. 1:9,38s.).

Desde el siglo IV d.C. C. se ha conocido como el "Valle de Josafat". La tradición judía y mahometana lo señala como el escenario del juicio final, debido a la profecía de Jl. 3:2, 12,14. Pero es probable que Joel se refiera a otro valle al N de Jerusalén.

C. permanecía seco la mayor parte del año, pero después de una lluvia fuerte corrían por su cauce torrentes impetuosos. Ahora su lecho está cubierto con hasta 12 m de suelo. Pero antiguamente las aguas de Gihón y las del templo corrían por aquí. Quizás Ezequiel hacía alusión a esto cuando profetizaba acerca del río de divina gracia que renovará al mundo (47:1-12).
                                        J. M. Br.

CEFAS. →PEDRO.

CEGUERA. Como afección corporal se pueden distinguir dos tipos de c.: por enfermedad y por accidente. La c. es una enfermedad frecuente en Oriente debido a factores climáticos y procesos infecciosos como el tracoma. Por este hecho las citas bíblicas son numerosas y se mencionan al menos dos tipos de esta afección: la c. de nacimiento (Jn. 9:1); y la c. debida a la vejez (producida tal vez por cataratas), como en los casos de Isaac (Gn. 27:1), Jacob (Gn. 48:10) y el profeta Ahíaz (1 R. 14:4).

Dada la frecuencia de la c. en el antiguo Israel, ésta constituyó un problema social; la ley mosáica contenía disposiciones (Lv. 19:14) y penalidades (Dt. 27:18) para los que maltrataran a los ciegos. La c. es tenida por imperfección: los ciegos no podían ejercer funciones sacerdotales (Lv. 21:18), y estaba prohibido ofrecer en sacrificio un animal ciego (Dt. 15:21). Los padecimientos del ciego están objetivamente descritos en Dt. 28:28,29 e Is. 59:10. Jesús en su ministerio terrenal curó numerosos ciegos (Mt. 12:22; 15:30s.; 20:29-34; Mr. 8:22ss.; 10:46ss.; Lc. 4:18ss.; Jn. 9:1-15), lo cual constituye un milagro insigne (Jn. 10:21; 11:37).

Algunos pueblos enemigos de Israel acostumbraban sacarles los ojos a los prisioneros de guerra como castigo: a Sansón lo cegaron los filisteos (Jue. 16:21) y al rey Sedequías los caldeos (2 R. 25:7). En ocasiones, Dios mismo envía la c. (Gn. 19:11; Éx. 4:11; Dt. 28:28s.; Hch. 13:11).

En sentido metafórico la ceguera se usa frecuentemente como ilustración de ignorancia (Sal. 115:5-7; 2 Co. 4:4) o rebeldía (Is. 6:10; Mt. 23:16-26; Jn. 9:39ss.).   L. A. S.

CELO. Actitud emotiva caracterizada por envidia, pasión, y ardor hacia o contra una persona o cosa. Según su motivo, esta actitud puede ser buena (Sal. 69:9; 2 Co. 7:7), o mala (Nm. 5:14; Hch. 5:17). En el AT Jehová dice de sí mismo que es un Dios celoso (Éx. 20:5; 34:14; Dt. 5:9; Nah. 1:2). En su c. por Israel, su pueblo, se compara a sí mismo con un esposo celoso de su mujer. El c. es parte del carácter y la naturaleza divinos.

El NT no menciona a Dios como celoso, sino al Hijo de Dios (Jn. 2:17) y sus hijos espirituales son aquellos que demuestran "c. santo" hacia la santidad de Dios y su reino (2 Co. 7:11; 9:2; 11:2). Más frecuente en el NT, sin embargo, es la mención del c. pecaminoso, que estorba las relaciones entre cristianos y con Dios (1 Co. 3:3; Gá. 5:20; Stg. 3:14,16).   J. J. T.

CENA DEL SEÑOR. Sencilla fiesta ritual ordenada en la iglesia por Cristo ("haced esto en memoria de mí", Lc. 22:19), y denominada hoy a veces eucaristía (gr. = 'acción de gracias') o santa →comunión. Conmemora la muerte expiatoria de Jesucristo y a la vez simboliza la unidad de los cristianos y su reiterada fe en la pronta venida de su Señor.

La última cena que Jesús comió con sus discípulos, durante la fiesta de la →Pascua en la víspera de su crucifixión, sirve de base para la actual c. del S. Evidentemente fue para Él un momento de extraordinaria importancia (Lc. 22:15). Dio instrucciones precisas en cuanto a los preparativos (Mt. 26:17ss. y //), y tomó

precauciones para que Judas, y por ende los dirigentes judíos, no supieran de antemano dónde comerían (→APOSENTO ALTO).

El →lavamiento de los pies que Jesús hizo a sus discípulos (Jn. 13:4-17) dio inicio a la celebración de aquella comida pascual muy cargada en sí de simbolismo religioso. Luego Jesús tomó el pan, y lo partió y distribuyó entre sus discípulos diciendo: "Esto es mi cuerpo que por vosotros es partido; haced esto en memoria de mí" (1 Co. 11:24). Después los invitó a tomar de la copa de vino, y dijo: "Esta copa es el nuevo →pacto en mi sangre; haced esto todas las veces que la bebiereis, en memoria de mí" (v. 25). Esta versión paulina de las palabras de institución, parecida a la de Lc. (22:15-20), ha de compararse con la de Mr. (14:22ss.), la cual Mt. ha seguido de cerca (26:26-30).

Frente a la dificultad de fijar la fecha precisa de la institución de la c. del S. (→JESUCRISTO), algunos eruditos han tratado de separar totalmente esta fiesta cristiana de la tradición pascual. Afirman ellos que Jesús murió precisamente a la hora en que solía sacrificarse el →cordero pascual (Jn. 19:14,31), y que, por tanto, no pudo haber celebrado la comida de la Pascua la noche anterior. Datos descubiertos recientemente en →Qumrán, sin embargo, parecen indicar que hubo discrepancias en los calendarios judíos de aquel entonces que quizá permitieran armonizar los relatos sinópticos con el juanino.

Sea la fecha el 14 o el 15 de →nisán, indudablemente los pensamientos de Jesucristo, al sentarse a la mesa, giraban alrededor de la Pascua. Por sus palabras, y mediante un simbolismo profético, el Señor comunica a los suyos que el significado original de la Pascua adquiere una nueva dimensión y cumple la →tipología del AT. Hace del pan y del vino nuevas parábolas de su sacrificio inminente y emblemas de su muerte que se verificaría por la →expiación del pecado humano y la →propiciación de la justicia de Dios. Por analogía, Cristo hace así que los suyos se identifiquen con una nueva liberación del "Egipto" del pecado en cada celebración de la c. del S.

Algunos cristianos, y en particular los católicorromanos, han interpretado literalmente las palabras de institución: "este pan *es* mi cuerpo . . . esta copa *es* mi sangre". Otros aseveran que el verbo "ser" tiene aquí el valor exegético de "significa", como en Gn. 41:26; Dn. 7:17; Lc. 8:11; Gá. 4:24; y Ap. 1:20, además de que en el arameo hablado por Jesús el "es" faltaría del todo. De ahí se cree que el Señor hablaba metafóricamente.

En la iglesia primitiva, se acostumbraba antes de la c. del S. una comida común que conmemoraba las ocasiones gozosas en que Jesucristo partía el pan con sus discípulos (p.e. Lc. 24:30; Jn. 21:9ss.; cp. Jn. 6:11 y el "partimiento del pan" de Hch. 2:42,46; 20:7; etc.). Parece que en Corinto estas fiestas o →ágapes se convirtieron en ocasiones egoístas para embriaguez y glotonería que merecieron una severa reprensión de parte de Pablo (1 Co. 11:20ss.). El apóstol advirtió del juicio que espera a los que participan de los elementos "indignamente... sin discernir el cuerpo" (vv. 27-34).   W. D. R.

CENCREA. Uno de los puertos de →Corinto (11 km de la ciudad), situado en el golfo Sarónico al lado oriental del istmo. Al otro lado se hallaba el puerto de Lecheum. En C. Pablo se cortó el pelo como señal de su voto, y de allí emprendió viaje para Éfeso (Hch. 18:18). Ro. 16:1 indica que existía una iglesia en C., de la cual → Febe era diaconisa.   A. T. P.

CENEOS (heb. = 'herreros' o 'artífices en cobre'). Tribu medianita (Nm. 10:29; Jue. 1:16; 4:11) que habitaba la Tierra Prometida (Gn. 15:19). Su relación con los medianitas y luego con los amalecitas puede indicar que eran nómadas artesanos en hierro y cobre. Moisés llegó a ser yerno de un ceneo (Éx. 2:18; Nm. 10:29; Jue. 1:16; 4:11) e invitó a Hobab (¿su cuñado?) a acompañar a los israelitas. Así los c. acompañaron a Judá en la posesión de su heredad (Jue. 1:16; 1 S. 27:10), pero permanecieron en el sur del país (posiblemente para seguir explotando los metales del Neguev y el Arabá). Saúl los perdonó cuando guerreaba con los amalecitas (1 S. 15:6). David cultivó amistad con ellos (1 S. 30:26-29). Se ha sugerido que los israelitas aprendieron su "yahveísmo" de los c. Pero la teoría no tiene apoyo bíblico. Más bien Moisés instruyó a Jetro en la religión de Jehová (Éx. 18:10-12). 1 Cr. 2:55 puede indicar que los →recabitas eran de ascendencia cenea.
E. A. N. y J. M. Br.

CENEZEOS. Antiguo pueblo de Canaán, cuya tierra Dios prometió a Abraham (Gn. 15:19), y cuya ascendencia es posible trazar hasta Esaú (Gn. 36:9-11,15,42; 1 Cr. 1:36,53). Hay autores que identifican a Cenez, descendiente de Esaú, con el Cenaz mencionado en 1 Cr. 4:13-15, aun cuando tal identificación no sea del todo necesaria, y afirman que algunos c. se unieron a Judá. En este caso Caleb, el c. (Nm. 32:12; Jos. 14:6,14), sería descendiente de esta familia edomita.   E. A. N.

CENIZAS. Término simbólico que representa la vanidad (Is. 44:20), la asquerosidad (Job 30:19), la desgracia (Sal. 102:9), la vergüenza (2 S. 13:19), la humillación ante Dios (Gn. 18:27; Job 42:6) y el arrepentimiento (Dn. 9:3; Mt. 11:21).

Las c. se usaban en la purificación ritual de los inmundos (Nm. 19:9,10,17; Heb. 9:13). En cuanto a los sacrificios, había instrucciones específicas sobre la disposición de las c. restantes y la limpieza del altar después del holocausto (Lv. 6:9-11). Jeremías llamó al valle donde se quemaban los cadáveres, el "valle de la ceniza" (Jer. 31:40).   P. S.

CENSO. Enumeración y registro de los ciudadanos de un pueblo. En la antigüedad los romanos lo practicaban tanto como las civilizaciones del Antiguo Oriente. El AT menciona cinco cómputos formales hechos de la población hebrea. El primero (Éx. 30:11-16; 38:26), para la ofrenda del tabernáculo, y el segundo (Nm. 1–3), para el servicio militar (probablemente basado en el primero), tuvieron lugar en el mte. Sinaí, y dieron como resultado un número de 603.550 varones mayores de 20 años.

El tercer c. (Nm. 26), realizado cuando iban a entrar en Canaán, sirvió tanto de base para la división de la tierra como para propósitos militares, y dio como resultado 601.630. Así, el pueblo entero que atravesó el desierto llegaría a unos 2.500.000, número sorprendentemente alto. El cuarto c. lo hizo David, según parece por orgullo militar (2 S. 24). Ya que el país no pertenecía al rey sino a Yahveh, sólo Él tenía derecho de conocer el número de sus súbditos. Por tanto la conciencia popular condenó el c., y Dios, aunque provocó la ocasión de levantarlo (castigando el pecado de rebelión contra David), respondió con ira a esta arrogancia. La suma de 1.300.000 hombres de guerra (2 S. 24:9; cp. 1 Cr. 21:5) implicaría una población total de 5.000.000, que sería densa aun para el día de hoy.

El quinto c. se hizo con los que volvieron de Babilonia (Esd. 2; cp. Neh. 7:6-69) para fijar las herencias en la Tierra Santa, y dio como resultado 42.360. El NT menciona dos c. romanos: Lc. 2:1ss. y Hch. 5:37. (→ CIRENIO.)
J. M. Bo.

CENTINELA. Uno que guardaba, de día o de noche, una ciudad, un ejército o una viña contra ladrones y el ataque de enemigos. A veces se situaba en una torre o en una colina para poder observar toda la ciudad.

Por las frecuentes guerras en Israel, la figura del c. era bien conocida. Gedeón atacó a los madianitas cuando éstos acababan de relevar a los c. (Jue. 7:19). Jerusalén tenía c. que vigilaban la ciudad de día y de noche (Sal. 127:1).

Isaías compara al profeta con el c. que está sobre la atalaya para dar aviso (Is. 21:6,8). Ezequías, en el pasaje clásico (Ez. 33:1-9), describe el trabajo y la responsabilidad del atalaya.
A. C. S.

CENTURIÓN. Oficial romano que mandaba 100 soldados. Casi todos los c. eran romanos y soldados profesionales. Constituían el espinazo del ejército romano. En el NT se mencionan frecuentemente y con honra; p.e. el comandante de los soldados que crucificaron a Jesús fue el primero en atribuir a éste el título de "Hijo de Dios" (Mr. 15:39,44), y →Cornelio, prosélito judío, fue la primicia del cristianismo entre los gentiles (Hch. 10).

Un c. se compadeció de su siervo enfermo a tal grado que buscó a Jesús para que lo curara

(Lc. 7:1-10). El c. Julio cumplió con su deber y salvó la vida de Pablo (Hch. 27:1).		A. C. S.

CEPO. Instrumento de castigo, al que sólo se alude en pasajes tardíos del AT. Constaba de dos grandes piezas de madera, entre las cuales quedaban apresados los pies y, algunas veces, las manos y el cuello del prisionero. Los profetas Jeremías (Jer. 20:2,3) y Hanani (2 Cr. 16:10) sufrieron el c. Y Job alude a él metafóricamente para expresar su aflicción (Job 13:27; 33:11).

En Hch. 16:24 se emplea la palabra gr. *xylon* ('objeto hecho de madera') en relación con el incidente de Filipos, cuando Pablo y Silas fueron encarcelados y puestos en el c.		C. R.-G.

CERDO. → PUERCO.

CERETEOS. Pueblo que probablemente tuvo su origen en Creta y vivía al lado de los filisteos, en el SO de Canaán (1 S. 30:14; Ez. 25:16; Sof. 2:5). Con los peleteos formaban el cuerpo de guardia de David bajo la dirección de Benaía, uno de "los valientes" (2 S. 8:18; 20:23; 1 Cr. 18:17). Permanecieron fieles a David durante las rebeliones de Absalón (2 S. 15:18) y de Seba (2 S. 20:7), y estuvieron presentes en la unción de Salomón (1 R. 1:38,44).		D. M. H.

CERVIZ. Parte posterior del cuello. En sentido figurado, representa el acto de huir del enemigo, volviéndole la espalda (Éx. 23:27). La c. endurecida simboliza obstinación o rebeldía delante de Dios (Éx. 33:3; etc.) y la actitud del pecador (Dt. 31:27; 2 R. 17:14; Pr. 29:1; Hch. 7:51).

En la antigüedad, los conquistadores solían poner el pie sobre el cuello de los príncipes postrados, en prueba de su subyugación (Jos. 10:24), figura que se aplicaba también en otras circunstancias (p.e.: Gn. 27:40; Hch. 15:10).		A. R. T.

CÉSAR. Sobrenombre original de la familia juliana en Roma. Después de haber sido dignificado en Julio César, se hizo nombre usual de los miembros de su familia que subían al trono. El último de estos fue Nerón, pero dicha denominación fue conservada por sus sucesores, como una especie de título perteneciente al emperador.

A pesar de la tradición republicana de Roma, el C. era en realidad un monarca (Jn. 19:12,15), como se ve en el juramento universal de obediencia. El culto al C. que surgió más tarde llegó a ser para los cristianos el problema terrible que forma el trasfondo histórico del → Apocalipsis. Los Evangelios se refieren a → Augusto C. (30 a.C. – 14 d.C.) en Lc. 2:1, y a → Tiberio (14-37 d.C.) en Mr. 12:14 //; Lc. 3:1; 23:2; Jn. 19:12,15. Calígula (37-41 d.C.) no aparece en el NT. Hechos menciona a → Claudio (41-54 d.C.) en 11:28; 17:7 y 18:2. El C. a que se refieren Hch. 25–28 y Fil. 4:22 es → Nerón (54-68 d.C.). A veces C. es símbolo de cualquier princi-pe terrenal, o del estado en general (Mr. 12: 17 //).		J. M. Bo.

CESAREA. Ciudad situada a unos 104 km al NO de Jerusalén, en la costa del Mediterráneo. Fue construida (29-20 a.C.) por Herodes el Grande en el sitio de la Torre de Estratón, en honor de Augusto César. Llegó a ser el asiento del gobierno oficial de Roma en la Tierra Santa, bajo los procuradores y los reyes herodianos.

Ruinas de Cesarea en el Mediterráneo, donde Pedro le predicó a Cornelio. Nótese como, siglos después, los cruzados usaron las columnas romanas para fortalecer las murallas de la nueva ciudad.		IGTO

En el NT, C. aparece primeramente como la ciudad donde predicó y residió Felipe (Hch. 8:40; 21:8); después como refugio de Pablo mientras huía camino a Tarso (Hch. 9:30), y donde Pedro convirtió al centurión Cornelio (Hch. 10). Agripa I gobernó y murió aquí (Hch. 12:19-23). Después de sus viajes misioneros, camino de Jerusalén, Pablo pasó por C. (Hch. 18:22; 21:8,16), y aquí, luego de su arresto en Jerusalén, fue llevado a la prisión. Compareció ante Félix y Festo (Hch. 23:23,33; 24:27; 25:1ss.) y de C. zarpó para Roma (Hch. 25:13ss.).

Después de la época novotestamentaria C. llegó a ser un centro importante para la iglesia antigua. Fue sede episcopal y de una escuela teológica donde fueron maestros Orígenes (185-254) y Eusebio (275-340).		C. H. Z.

CESAREA DE FILIPO. Ciudad conocida por ser el escenario de la confesión cristológica de Pedro (Mt. 16:13ss), situada al extremo S del mte Hermón, donde nace la fuente principal del río Jordán.

En la antigüedad fue lugar de culto al dios Pan; de allí el nombre de Paneas para la ciudad y toda la región vecina. Paneas llegó a formar parte de la tetrarquía de Felipe luego de la muerte de su padre Herodes el Grande (4 d.C.). Aquel remodeló y embelleció la ciudad, y la llamó C. de F., en honor de Tiberio César y de sí mismo.

En tiempos del NT, C. de F. era un importante centro de civilización grecorromana. Su influencia fue amplia según se desprende de las frases "la región de C. de F." (Mt. 16:13) y "las aldeas de C. de F." (Mr. 8:27).

Hoy es conocida con el nombre árabe de Banias, corrupción del nombre griego. C. H. Z.

CETRO. Vara que simboliza la autoridad de un legislador, usada especialmente por los reyes (cp. "báculos", Nm. 21:18). Los c. del mundo antiguo eran de dos clases:

1. Largos: Surgen de la evolución del significado del bastón del anciano, y llegan a tenerse como símbolo de la sabiduría y soberanía del rey ("los gobernadores" en Am. 1:5,8 son, literalmente, "los que tienen el c."). Según Gn. 49:10 el c. era suficientemente largo para poder reposar entre los pies del rey.

2. Cortos: Surgen de la evolución de un arma primitiva; eran símbolo del poder conquistador del rey (cp. Nm. 24:17).

El c. del Mesías simboliza su soberanía y poder (Sal. 45:6; 110:2). Los judíos pretendieron ridiculizarlo poniendo una caña en la mano de Jesús (Mt. 27:29). D. J.-M.

CETURA ('perfumada'). Esposa (o concubina) de Abraham después de la muerte de Sara. Sus hijos, que no habían de participar de la herencia con Isaac, fueron enviados hacia el Oriente. Llegaron a ser progenitores de varias tribus árabes, de las cuales sobresale Madián (Gn. 25:1-6; 1 Cr. 1:32). I. W. F.

CIELO. Puede referirse a las regiones atmosféricas y sidéreas, o a la mansión de Dios para los espíritus buenos. Con ambos sentidos suele usarse indiferentemente en plural y singular tanto en el castellano como en los idiomas originales.

I. "LOS CIELOS Y LA TIERRA"

Expresión que aparece en el primer versículo de la Biblia (Gn. 1:1) y en otros muchos pasajes para designar todo el universo. Los escritores bíblicos aluden metafóricamente a las puertas o ventanas del c., las cuales se abren o se cierran para dar paso al agua o detenerla (Dt. 11:17; Sal. 78:23). Se habla del sol, la luna y los astros como si estuvieran colocados en el c. (Gn. 1:14-17). Sería un error interpretar al pie de la letra tales metáforas escritas en una época precientífica.

II. LOS TRES CIELOS

En 2 Co. 12:2 se menciona "el tercer c." de donde se deduce la existencia del primero y segundo c. Sin embargo, en la Biblia no se habla de ellos. Puede ser que el primero sea la atmósfera que rodea nuestro planeta; el segundo, el espacio físico más allá de la atmósfera; y el tercero, la morada de Dios que no se percibe en dimensiones físicas y, por tanto, no puede localizarse ni con los instrumentos científicos más modernos. Pablo fue arrebatado hasta el tercer c., pero le fue prohibido divulgar lo que allí vio y oyó (2 Co. 12:1-9). Según parece, Juan tuvo una experiencia similar (Ap. 4:1) en la cual basó la mayor parte de Apocalipsis.

III. LA MORADA DE DIOS

En varios pasajes aparece el c. como morada de Dios y los seres que con él habitan, v.g.: "Padre nuestro que estás en los c." (Lc. 11:2). Con Dios viven "los ejércitos de los c." (Neh. 9:6), y los ángeles (Mr. 13:32). Después de su resurrección, Cristo ascendió al c. (Hch. 1:11), y de allí volverá nuevamente (1 Ts. 4:16).

A veces c. es sinónimo de Dios. El hijo pródigo dice: "He pecado contra el c. y contra ti" (Lc. 15:18). Ejemplo conocido es la frase de Mateo: "reino de los c.", evidente sinónimo de "reino de Dios".

La Biblia le promete al hombre regenerado una morada en el c. (Jn. 14:1-3). Heb. 2:10 lo llama "la gloria". Hay una herencia incorruptible reservada en el c. para los creyentes (1 P. 1:4). El c. es un lugar de bendición, mientras que el infierno promete tormento y miseria.

La referencia en Ap. 21:1 a "un c. nuevo y una tierra nueva" sugiere que el universo físico actual será completamente renovado. P. W.

CIENCIA. → CONOCIMIENTO.

CIERVO, VA. Mamífero rumiante cérvico de tamaño mediano, entre el venado y el corzo. Extinto en la Tierra Santa, en las otras regiones bíblicas se hallan dos tipos: el c. berberisco y el c. persa, que sin duda eran conocidos por los judíos.

Es elogiado por su agilidad (2 S. 22:34; Sal. 18:33; Cnt. 2:9,17; Is. 35:6); se cuenta entre los animales limpios (Dt. 14:5); tiene carne sabrosa (Dt. 12:15,22; 15:22), que se servía en la mesa de Salomón (1 R. 4:23). Es tímido y cariñoso (Pr. 5:18,19; Jer. 14:5).

A. J. G.

CIGÜEÑA. Ave zancuda cuyo nombre en heb. significa "piadosa", quizá por referencia al cuidado de su cría. En la Tierra Santa se conocen dos especies. La que es blanca (con excepción de la punta de las alas) pasa el invierno en el África, de donde emigra en verano en grandes bandadas (Jer. 8:7).

La otra especie, de lomo y cuello negros, es muy común en el valle del mar Muerto. Los hebreos consideraban a la c. como inmunda,

El salmista hace nota especial de las cigüeñas por ser, como lo son todos los animales, objeto permanente de los cuidados de Dios.

posiblemente por su régimen alimentario (Lv. 11:19; Dt. 14:18). A su costumbre de anidar en árboles altos se refiere Sal. 104:17.   F. U.

CILICIA. Provincia del SE del Asia Menor, llamada antes Traqueya en su parte occidental y C. Pedias en su parte oriental. Antes del 72 d.C., cuando Vespasiano dio más autoridad al gobierno provincial, C. Pedias tenía una administración siria (cp. "Siria y C." en Hch. 15:23,41; Gá. 1:21). Sus ciudades principales eran Adana, Seleucia y la capital → Tarso, lugar donde nació → Pablo. Una vital ruta comercial pasaba por las célebres "Puertas de C.", desfiladero de los mtes Tauro, al NO de Tarso.

Entre la población hitita originaria se habían radicado muchos judíos que frecuentemente viajaban a Jerusalén manteniendo relaciones con los otros judíos, y reuniéndose en una sinagoga particular (→ LIBERTOS). Ésta, a la que Saulo de Tarso pudo haber asistido, tomó parte en el debate con → Esteban (Hch. 6:9).

Luego de su conversión, Pablo estuvo activo en C., donde estableció iglesias a las cuales, entre otras, se dirigió la carta escrita por el Concilio celebrado en Jerusalén (Hch. 15:23,41). El cristianismo floreció en C. hasta que ésta fue dominada por los árabes en el siglo VIII.
                                                          S. C. C.

CILICIO. Ropa toscamente tejida y de tela oscura, generalmente de pelo de cabra o → camello (Ap. 6:12). Era una vestidura áspera que llevaban los que estaban de duelo o en actitud de penitencia por causa del pecado (Gn. 37:34; 2 S. 3:31; 1 R. 21:27; Mt. 11:21).

Usado a veces a flor de piel, el c. servía de signo de protesta como en el caso de Mardo-

queo (Est. 4:1) y los profetas (Is. 20:2; Zac. 13:4).

Ceñírselo era símbolo de los lamentos de Judá por los castigos que el Señor enviaba al pueblo (Jer. 4:8; 48:37). Sentarse sobre cenizas era un acto casi siempre asociado con el uso del c. Todo eso servía para expresar arrepentimiento.   M. V. F.

CÍMBALO. Instrumento musical de percusión usado en las ceremonias religiosas de Israel (1 Cr. 15:16,19,28; 2 Cr. 5:13; 29:25; Esd. 3:10; Neh. 12:27; cp. 1 Co. 13:1).

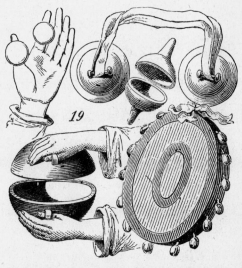

El címbalo es uno de los instrumentos mencionados en la Biblia, utilizados en el culto del templo y en días de regocijo. Había variedad de tipos, que se tocaban con las manos o con los dedos.

Consistía en dos platillos metálicos que sonaban al golpearlos uno contra el otro, y los había de dos tamaños. Los más grandes se sostenían con ambas manos, y los pequeños se colocaban uno en el dedo pulgar y el otro en el dedo cordial de una mano. Se cree que Sal. 150:5 menciona ambas clases.   V. F. V.

CINERET ('arpa', 'lira'). **1.** Ciudad fortificada en la tierra de Neftalí, ubicada en la costa NO del lago de Galilea (Jos. 19:35).

2. Pequeña llanura que rodeaba la ciudad de este nombre (1 R. 15:20), designada como "tierra de → Genesaret" en Mr. 6:53.

3. En el AT nombre del mar que en el NT se llama → mar de Galilea o Lago de Genesaret (Nm. 34:11. Dt. 3:17; Jos. 11:2; 12:3; 13:27). Algunos creen que el lago se llamó así por tener forma de arpa.   W. M. N.

CINTURÓN. El c. o cinto fue, en el tiempo y tierras bíblicos, parte esencial del vestido tanto del hombre como de la mujer. En su forma y contextura variaba desde simple cordel hasta una elaborada pretina, como la que usaban los sacerdotes y el sumo sacerdote. Los c. eran usualmente hechos de cuero (Mt. 3:4) o de simple tela a manera de faja. Los c. de lino eran muy delicados (Jer. 13:1).

Algunos c. de cuero se confeccionaban de tal manera que sirviesen de bolsa para llevar mone-

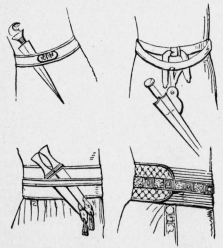

Diferentes estilos de cinturones, prenda indispensable para sujetar las vestiduras sueltas que usaban los orientales, caso de trabajar o correr.

das, navajas, tinteros y hasta alimentos. Tanto en horas de trabajo manual como de viaje, las personas levantaban las puntas de sus túnicas y las encajaban en el c. para así poder moverse con mayor libertad. De aquí la expresión "ceñidos vuestros lomos" (Éx. 12:11; Lc. 12:35), que da a entender que el hombre está dispuesto a la actividad y al servicio.

En la minuciosa lista que Dios da a Moisés (Éx. 28:4), se menciona el c. como objeto importante en las vestiduras de los primeros sacerdotes.   M. V. F.

CIPRÉS. RV traduce el heb. *berosh* indistintamente "haya" (Ez. 27:5; 2 S. 6:5) o "c." (1 R. 6:15,34; 9:11; Cnt. 1:17). Probablemente es el *Juniperus excelsa*, variedad de junípero que se da en el Líbano. Es un árbol fragante, parecido al → cedro, cuya madera es estimada para la construcción de buques, instrumentos de música y casas.

CIRCUNCISIÓN. Rito religioso en el cual se corta el prepucio que cubre el glande del miembro viril.

La c. se conocía entre los egipcios antes del tiempo de Abraham (DBH, p. 331). La practicaban también los edomitas, amonitas y moabitas (Jer. 9:25s). Entre estas naciones paganas la c. era un rito de pubertad o consagración al matrimonio, que se efectuaba al llegar a la edad

necesaria (Gn. 17:25). Los filisteos, asirios, elamitas, sidonios y los habitantes preisraelitas de Canaán, no la conocían (1 S. 14:6; Ez. 32:17-30).

I. EN EL ANTIGUO TESTAMENTO

Dios escogió la c. como señal de su → pacto con → Abraham y su descendencia (Gn. 17: 10,11). La c. señalaba los beneficios y responsabilidades principales del pacto, v.g.: la justificación, la regeneración, la reproducción de una descendencia santa, la obediencia de padres e hijos como pueblo de Dios.

A. El primer beneficio del pacto con Abraham fue la justificación por la fe sola (Gn. 15:6,18). Por eso Pablo habló de la c. sobre todo como señal y sello de la justicia por la fe (Ro. 4:11).

B. La justificación implica la regeneración o el nuevo nacimiento, e.d. una nueva vida (Gn. 17:7; Mr. 12:26,27; Ro. 4:19), por la cual Moisés y Jeremías hablaron de la c. del corazón (Lv. 26:41; Dt. 10:16; 30:6; Jer. 4:4; 9:25,26).

C. La c. en su contexto bíblico original se relaciona con el proceso de propagación (Gn. 17; cp. 15:2-5). En el AT el acto sexual no se considera como pecaminoso (Gn. 1:28; 2:24), pero su producto, e.d. la naturaleza humana, sí (Sal. 51:5). Mediante la gracia representada por la c. se renueva la capacidad de engendrar una descendencia santa (Gn. 1:28; 17:2,4-6; 1 Co. 7:14).

La c. en el AT no era, pues, un rito de pubertad, como en las naciones paganas. Se circuncidaba a los infantes de ocho días (Gn. 17:12), por su necesidad de los beneficios del pacto y su participación en ellos (Lv. 12:3; Sal. 51:5; Ro. 5:12,18; 1 Jn. 2:12).

D. La c. implicaba obediencia a Dios (Ro. 2:25-29; 1 Co. 7:17-19), no solamente para los creyentes adultos (Gn. 17:1) sino también para los hijos (Gn. 17:9; 18:19; Sal. 103:17,18; Ef. 6:4; Col. 3:20; Tit. 1:16). Era señal de una relación especial, íntima y santa con Dios (Gn. 17:1) y de plena comunión con el pueblo (Gn. 17:14). Confería derechos y obligaciones de la misma manera que lo hacía la identificación de cada familia con su patriarca (Gn. 17: 7,8,12,13,23; cp. Ro. 5:12-20 y el bautismo en Hch. 2:39; 16:15,31,33; 18:8). Como señal del pacto era el requisito para participar dignamente de la Pascua (Éx. 12:48) y de los sacrificios (Ez. 44:7).

Muy contraria a la alta enseñanza divina, sobre la c., era la práctica común de Israel. Casi desde el principio (Gn. 34; cp. 21:4) Israel convirtió lo espiritual en algo carnal e hipócrita. En vez de tener la c. por señal de bendición universal, la cambió en una distinción nacionalista que redundó en maldición (Gn. 12:2; 17:6,12; cp. cap. 34).

A través del AT, Dios hace hincapié en la gran importancia de recordar la señal de su pacto (Gn. 17:14) y en el peligro de despreciarla y postergarla (Éx. 4:24-26; Jos. 5:2-9). Sin embargo, advierte que la señal exterior sin la realidad de la fe y la regeneración interior es vacía y nos condena (Jer. 9:25,26; Ro. 2:25-29; 4:9-12).

II. EN EL NUEVO TESTAMENTO

La c. fue practicada, según la intención divina, en los casos de Juan el Bautista y Jesús (Lc. 1:59; 2:21). En esta época la imposición del nombre acompañaba a la c.

Sin embargo, tanta era la perversión del rito durante la época del NT que provocó severas críticas. Pablo polemizó fuertemente con los que querían circuncidar a los gentiles convertidos a Cristo (Gá. 5:2-12; 6:12-16; Fil. 3:2,3). Su opinión fue adoptada por el concilio apostólico (Hch. 15:1-21). La c. nunca llegó a ser ordenanza de la iglesia (1 Co. 7:18,19; Hch. 16:3; Ro. 4:9-12; cp. Gá. 2:3).

La señal del pacto llegó a ser el →bautismo. Éste cumplió el verdadero significado de la c., el despojamiento de la vieja naturaleza y la experiencia de la regeneración (Col. 2:11,12). Así los cristianos forman la c. verdadera (Fil. 3:3).

III. EN SENTIDO FIGURADO

La Biblia se refiere con frecuencia a la "c. d.1 corazón" (Dt. 10:16; Jer. 4:4; Ro. 2:29). El AT menciona árboles frutales incircuncisos (Lv. 19:23), y labios (Éx. 6:12,30) y oídos (Jer. 6:10) incircuncisos. Pablo habla de la "incircuncisión de vuestra carne" (Col. 2:13).

T. D. H.

CIRENE. Ciudad de Libia en el N de África, situada al O de Egipto. Formaba parte de la Pentápolis ('cinco ciudades', las otras eran Apolonia, Arsinoe, Berenice y Tolemaida). Había sido colonizada por los griegos en 631 a.C. Después de la muerte de Alejandro Magno, cayó en manos de los egipcios (ptolomeos). Fue cedida (75 a.C.) a los romanos, que la hicieron una provincia.

Los judíos cireneos llegaron a ser una de las principales comunidades de la → diáspora (1 Mac. 15:23; Hch. 2:10). Un cireneo, →Simón, fue obligado a cargar la cruz de Jesucristo (Mr. 15:21 //). Había cireneos entre los que evangelizaron en Antioquía por primera vez a los gentiles (Hch. 11:20), y más tarde →Lucio enseñaba en la iglesia allí (Hch. 13:1). Los judíos de C. tenían o compartían en Jerusalén una sinagoga (Hch. 6:9). A. C. S.

CIRENIO. Gobernador de Siria cuando nació Jesús, según Lc. 2:2. Empezó su carrera política como cónsul en Roma en 12 a.C. Desempeñó varios puestos y murió en 21 d.C. (→JESUCRISTO.)

Lo dicho en Lc. 2:2 presenta uno de los problemas más interesantes y más difíciles de la Biblia, en cuanto a la fecha del nacimiento de Jesús. Dice: "Este primer censo se hizo siendo C. gobernador de Siria." Datos históricos prueban que C. fue gobernador de Siria entre los años 6 y 9 d.C. y que Judea pertenecía a esta provincia. Josefo (*Antigüedades* XVIII,i,1) registra un censo en esta época, y Hch. 5:37 menciona este censo en relación con la rebelión de Judas el Galileo. Pero Lc. 2:2 se refiere a otro censo previo (Herodes murió en 4 a.C.) e implica que C. fue gobernador de Siria dos veces. Una inscripción antigua parece confirmar esto, aunque no aparece el nombre de C. Posiblemente C. haya sido legado especial en Siria entre 10 y 4 a.C. encargado de las relaciones exteriores, especialmente de la guerra contra los homanadenses (revoltosos de Asia Menor Central), mientras otro llevaba el gobierno civil de la provincia. De ser así, es posible también que se hiciera un censo en esta época, ya que Herodes era súbdito del emperador Augusto y se hicieron censos en otras partes del imperio en este período. F. R. K.

CIRO. Fundador del Imperio Persa (559-529 a.C.) que en el 559 a.C., después de encabezar una revuelta militar, se coronó rey de los medos y los persas. Con sus guerras de conquista extendió su dominio sobre toda el Asia Menor. Sus ejércitos llegaron hasta Egipto y la India. En el 539 se apoderó de la ciudad de Babilonia, donde los judíos se encontraban desterrados.

En la historia general se destaca como gobernante magnánimo y por haber introducido un trato diferente para los pueblos conquistados: respeto a la vida, consideración a los reyes vencidos, y respeto a los dioses de cada uno de los pueblos.

Los israelitas sin duda se beneficiaron de esta política tolerante. En Is. 44:28—45:1-6 C. aparece como el ungido de Yahveh, distinción reservada primitivamente para el rey de Israel y convertida luego en título mesiánico (→UNCIÓN). Por ello los judíos pusieron sobre él sus esperanzas de liberación. Y efectivamente C. fue el "agente político" de Dios; un instrumento de los designios divinos. Así, en el primer año de su gobierno en Babilonia (538 a.C.) devolvió la libertad a los judíos mediante el famoso edicto de restauración, con el cual también autorizó la restauración del culto judío y la construcción del templo (Esd. 1:1-4; 6:3-5).

V. A. G.

CISÓN. 1. Importante arroyo en el N de Palestina. Tiene sus fuentes al pie de los mtes. Tabor y Gilboa y corre paralelo al NE de las montañas del →Carmelo pasando por el valle de Jezreel hasta desembocar en el Mediterráneo, al S de la bahía de Acre. Durante una buena parte del año está seco; en tiempo de lluvias se vuelve impetuoso torrente a causa de la conjunción de aguas que bajan del Carmelo. Desde el punto en que recibe las aguas del Carmelo hasta su desembocadura, el río C. ofrece una corriente perenne; ese tramo es de aproximadamente 4 km de longitud.

Fue escenario de la derrota de →Sísara (Jue. 4:7,13; 5:21), y fue allí también donde perecieron los profetas de Baal tras la contienda habida con →Elías (1 R. 18:40). En sus riberas se encuentra la famosa montaña de →Meguido (→Armagedón), sitio de terribles matanzas.

2. Ciudad de los levitas (Jos. 21:28).

M. V. F.

CISTERNA. Debido a cierto intercambio de términos en el heb., es preciso distinguir la c. propiamente dicha, de pozos, fuentes y estanques. Todos tenían gran importancia en la Tierra Santa. Como allí deja de llover durante el verano, tenían que usar todos los métodos a su alcance para abastecerse de →agua y conservarla. En contraste con el pozo, que acumula el agua de una fuente subterránea (o agua infiltrada), la c. es un depósito hecho en el suelo, en forma de pera, para recoger y conservar aguas llovidas. La boca de la c. solía taparse con una piedra.

Se han encontrado restos de miles de c., pues toda casa considerable tenía una, y se hacían c. de gran tamaño para el uso público. Debajo del templo se construyó un depósito inmenso para las necesidades del culto.

Naturalmente, el agua disminuía durante el verano, y había muchas c. secas, las cuales se usaban a veces como mazmorras improvisadas; v.g.: el caso de José (Gn. 37:22) y Jeremías (Jer. 38:6). En sentido figurado, Jer. 2:13 contrasta a Dios, fuente eterna de agua viva, con los recursos del hombre (o de dioses falsos) que son "c. rotas que no retienen agua". (→POZO, FUENTE, ESTANQUE.)

E. H. T.

CITAS. Frecuentemente un escritor bíblico repite lo escrito por otro sin mencionar que se trata de una cita. V.g.: Nm. 26:5ss. citado de Gn. 46:8ss.; Dt. 5:6ss. de Éx. 20:2ss.; 1 Cr. 17 de 2 S. 7; Neh. 7 de Esd. 2; Sal. 18 de 2 S. 22; Mi. 4:1-3 de Is. 2:1-4; Is. 36–39 de 2 R. 18–20; Jer. 52 de 2 R. 24–25; Abd. 1:8 de Jer. 4:9; Jon. 2:3 de Sal. 42:7; Hab. 2:14 de Is. 11:9.

I. DEL ANTIGUO TESTAMENTO

El AT se cita expresamente unas doscientas cincuenta veces con indicaciones como "escrito está" (Mt. 4:4), "lo dicho por el Señor" (Mt. 1:22), "leído en el libro de Moisés" (Mr. 12:26), "escrito en el profeta" (Mr. 1:2), etc.

Mateo, p.e., cita su propia traducción del texto heb. (Mt. 21:5 de Zac. 9:9), y de la →LXX (Mt. 15:9 de Is. 29:1,3) y su propia versión de la recensión de →Qumrán (Mt. 1:23 de Is. 7:14). No se sabe por qué un mismo evangelista usa tres textos diferentes.

Para Hab. 2:4, Pablo (Ro. 1:17) prefiere la LXX, mientras el autor de Heb. (10:38) el texto heb.

A veces no se cita textualmente, sino que se cambian algunos vocablos del pasaje reproducido (Mt. 19:18s.). Otras veces, al citar en el NT un pasaje del AT, no se toma en cuenta el contexto inmediato original, sino que la c. se adapta a las circunstancias de un nuevo contexto que sólo en general corresponde a la antigua situación (→TIPOLOGÍA). P.e., en Os. 11:1, "Israel" designa al pueblo, pero en Mt. 2:15 se refiere a Jesús. En Hab. 2:4 se trata de tener fe en una profecía que está sin cumplirse; Ro. 1:17 alude a la fe en el sacrificio cumplido ya por Jesús. En cada caso, la c. procura interpretar la nueva acción de Dios más que hacer la exégesis literal del antiguo pasaje. Es importante, pues, interpretar estas c. siempre a la luz de los dos contextos en que se encuentran. Demuestran que, años antes del acontecimiento, la voluntad revelada de Dios había insinuado que así sería, porque su plan salvífico no cambia esencialmente de una época a la otra. Esto lo vemos en Mt. 1:23; 2:15,17,23; 3:3; 4:14; etc.; una serie de testimonios de que "todo esto aconteció para que se cumpliese [completase] lo dicho por el Señor por medio del profeta". Es posible que la iglesia hiciera colecciones de tales textos que hallaron su cumplimiento en Jesucristo (→MATEO, EVANGELIO DE). Asimismo, Lc. 4:21 señala que "hoy se ha cumplido esta Escritura [Is. 61:1s.] delante de vosotros".

Si tomáramos en cuenta las c. parciales y alusiones a textos antiguotestamentarios, el total pasaría de 1.000.

II. DE LIBROS APÓCRIFOS

Judas 14 cita a *Enoc* 1, indicando la fuente. Pero generalmente este tipo de c. se hace sin tal indicación (Ro. 13:1 de *Sabiduría de Salomón* 6:4; 1 P. 3:20 de *Enoc* 6 y 10; Jud. 9 de *Asunción de Moisés*).

III. DE TEXTOS PROFANOS GRIEGOS

Hch. 17:28 cita de Aratos y 1 Co. 15:33 de Menandro, poetas; Tit. 1:12 de Epiménides y Gá. 5:23 de Aristóteles, filósofos. Las formas rítmicas en Hch. 14:17 y Stg. 1:17 hacen pensar en alusiones a poesías.

IV. DE HIMNOS

En Ef. 5:14; 1 Ti. 3:16; Ap. 4:11; 5:9-13; y 15:3s., se hallan fragmentos de "salmos, himnos y cánticos espirituales" (Col. 3:16), como si los autores aludieran a cantos comunes en las congregaciones. Mt. 26:30 se refiere al himno pascual que comprende los salmos 113–118.

R. O.

CIUDAD. Conjunto de casas rodeado por una muralla y defendido por un alcázar. Contrastaba con la →aldea en que ésta era un simple conjunto de casas indefensas. En caso de guerra, los aldeanos se refugiaban en la c., a cambio de pagar un tributo por asilo. La c. se consideraba como la "madre" (2 S. 20:19), y las aldeas como "hijas", según reza literalmente el heb. en textos como Nm 21:25,32; Jos. 15:44; Jue. 11:26.

Debe entenderse que las c. bíblicas, de acuerdo con las excavaciones arqueológicas, tenían poca extensión. La antigua Debir, p. ej., una c. importante, en los tiempos de su mayor prosperidad albergaba apenas de 2.000 a 3.000 habitantes.

Vista de una ciudad típica de la Tierra Santa, la moderna ciudad de Siquem y el monte de Gerizim al fondo. Este fue el primer lugar a que llegó Abraham en la Tierra Prometida. Se cree que era la Sicar en donde Jesús conversó con la mujer samaritana. MPS

El nombre de algunas localidades hace alusión a su origen, su situación o su reputación → Betsaida ('casa de la pesca') era una c. situada a orillas del lago de Genesaret, → Belén ('casa del pan'), una c. rodeada de campos de trigo, y → Bet-el ('casa de Dios') se llamaba así por la fama de su templo. El nombre de → Jerusalén, de discutida etimología, evoca para los israelitas la idea de "ciudad santa" (Is. 52:1; Ap. 21:2,27).

En las c. las casas eran pequeñas y estaban amontonadas; las calles eran estrechas y tortuosas, y muchas veces eran callejones sin salida. Generalmente no tenían pavimentación y eran muy sucias; la basura se amontonaba y abundaban los perros callejeros (1 R. 22:38; Lc. 16:21). Los profetas aluden a lo embarrado y sucio de las calles (Is. 5:25; 10:6; Mi. 7:10). En las viejas c. los comerciantes de un mismo ramo habitaban en un solo sitio. Cada gremio tenía su calle, v.g. "la calle de los Panaderos" en Jerusalén (Jer. 37:21). No había plazas, pero las → puertas de la c. servían como tales. En ellas se hacían las transacciones comerciales (2 R. 7:1; 2 Cr. 32:6). Allí se proclamaban también los anuncios de las autoridades (Dt. 21:19; Jer. 17:19), y allí se hacían los procesos (Am. 5:12 RV 1909).

Al atardecer se cerraban las puertas de las c. (Jos. 2:5) y los centinelas vigilaban durante toda la noche (Sal. 127:1). Las c. israelitas, como todas las demás, tristemente fueron focos de vicios; contra tal situación se pronunciaron los profetas (Ez. 9:9; 24:6; etc.) C. R.-G.

Bibliografía
De Vaux, R. Instituciones del Antiguo Testamento, Barcelona: Herder, 1964, pp. 106-108.

CIUDAD DE DAVID. La fortaleza de Sión, parte SE de Jerusalén, llamada también Ofel. David la tomó de los jebuseos y construyó en ella su palacio (2 R. 5:6-9; 1 Cr. 11:5-7). Llevó allá el arca y la colocó en una tienda, donde permaneció hasta que Salomón construyó el templo más al N (2 S. 6:12,16; 1 R. 8:1). Allí fueron sepultados David, Salomón y otros reyes (1 R. 2:10; 11:43). (→ SIÓN, JERUSALÉN, OFEL.) Lc. 2:11 se refiere a Belén, ciudad natal de David, que no debe confundirse con la que es propiamente la c. de D. J. M. Br.

CIUDADES DE REFUGIO. En Israel, todo homicidio, incluso el involuntario, provocaba la acción del "vengador de sangre" (goel): el pariente más cercano de la víctima, que estaba obligado a dar muerte al homicida. Sin embargo, la ley protegía al homicida accidental, en el sentido de que éste podía hallar seguridad en cualquier santuario y, más concretamente, en torno a cualquier altar, si se apresuraba a asir los cuernos de este lugar santo (1 R. 1:50; 2:28). Después que el culto quedó centralizado en Jerusalén, seis ciudades santas (Cades de Neftalí, Siquem, Hebrón, Golán, Ramot de Galaad y Beser (Jos. 20:7,8), fácilmente accesibles (Dt. 19:3), fueron designadas como lugares de refugio contra el "vengador de sangre".

De los diversos textos (de distintas épocas) acerca del "derecho de asilo" (Éx. 21:12s.; Nm. 35:9-34; Dt. 4:41-43; 19:1-13; Jos. 20:4-9), se desprende que sólo el homicida involuntario podía acogerse a la protección de esta ley.

En caso de duda, o quizás habitualmente, el refugiado era puesto a disposición de los ancianos de su ciudad, los cuales se pronunciaban: si se le reconocía como culpable de homicidio, se le entregaba al "vengador de sangre". Si el homicidio se había efectuado realmente por descuido o por accidente, el homicida era devuelto a la ciudad de refugio, a la que ya nunca debería abandonar, bajo pena de volver a caer en manos del goel. Ningún rescate podía liberarlo. No obstante, después del cautiverio, se pronunciaba amnistía general, a la muerte del sumo

119

sacerdote, para todos los homicidas involuntarios, los cuales podían regresar a sus hogares sin temor. C. R.-G.

CIUDADANÍA. Derecho de los romanos nativos, y de otros que la adquirían por servicio militar o de otro género, por compra (Hch. 22:28), por manumisión, etc. Aseguraba al que la poseía y a sus hijos ventajas sociales y todos los derechos legales que se otorgaban bajo el Imperio Romano: entre otros, el de no ser azotados o apresados sin previo juicio (Hch. 16:37ss.; 22:24-29), y el de apelar al emperador y ser juzgado en Roma (Hch. 25:10-12). La c. simboliza la participación en los privilegios espirituales del pueblo de Dios (Ef. 2:12; Fil. 3:20). J. M. Bo.

CIZAÑA *(lolium temulentum).* Planta anual de más de 1 m de alto, con hojas similares a las del trigo pero de espigas comprimidas. El grano es de tamaño y aspecto similar al trigo y de ahí que con frecuencia se siembren juntos accidentalmente (Mt. 13:24-30). Debido a un hongo que crece dentro de la semilla de la c. la harina de trigo que contiene c. es amarga y venenosa. La c. es uno de los hierbajos más perjudiciales. J. A. G.

CLAUDA. Pequeña isla a unos 37 km al O del Cabo Matala de la isla de Creta, o sea 26 km al S del puerto Fenice. Debido a su tamaño nunca tuvo una población muy grande ni llegó a tener gran importancia. Cuando Pablo viajaba a Roma un viento fuerte del NE sopló sobre la embarcación que venía de Creta, y, habiendo corrido a sotavento de C., se pudieron tomar las precauciones mencionadas en Hch. 27:16s. A. T. P.

CLAUDIA. Mujer cristiana de Roma, cuyos saludos Pablo comunica a Timoteo (2 Ti. 4:21). Una antigua tradición la identifica como madre (o esposa) de Lino, y otra la llama mujer de Pudente. I. W. F.

CLAUDIO CÉSAR. Cuarto emperador de Roma (41-54 d.C.), sobrino de Tiberio, el segundo emperador, y tío de Calígula, el tercero (→CÉSAR). Asumió el poder después del asesinato de Calígula, y a su vez murió asesinado por su esposa (y sobrina) Agripina, quien pretendía asegurarle el trono a su hijo Nerón y evitar la coronación eventual de Británico, hijo de C.C. con otra mujer.

Hch. 11:28 se refiere a una carestía que afligió el imperio de C.C. y se hizo sentir cruelmente en Palestina en los años 44-48. Es el mismo César que se menciona en Hch. 17:7 y según Hch. 18:2 el que expulsó a los judíos de Roma. F. R. K.

CLAUDIO LISIAS. Militar que rescató a Pablo del furor de los judíos en Jerusalén (Hch. 21:31ss.; 22:24ss.) y lo condujo a Cesarea (23:10-35). Se menciona por nombre en 23:26; 24:7,22 y muchas veces por el título de →tribuno (*quilarcos* = jefe de 1.000 soldados). De

ahí se entiende que C.L. comandaba la guarnición romana en Jerusalén, resguardo en la fortaleza Antonia junto al templo. Según 22:28, C.L. había comprado la →ciudadanía romana. F. R. K.

CLEMENTE ('benévolo'). Nombre (común entre los romanos) de un dirigente cristiano de Filipos (Fil. 4:3). Se destacó valientemente en los primeros días de la evangelización, junto con Evodia, Síntique y otros colaboradores de Pablo. Clemente de Roma es otra persona. R. O.

CLEOFAS. 1. (Gr. *Kleopás* = abreviatura de Cleópatros). Discípulo muy allegado al círculo de los doce, que, con un compañero, se dirigía a Emaús el día de la resurrección. El Señor resucitado sostuvo con los dos viajeros una conversación reveladora (Lc. 24:13-33). No hay base para identificarlo con el 2. abajo.

2. (Gr. *Kleopás,* probablemente semítico). Marido de una de las Marías que estuvieron al pie de la cruz (Jn. 19:25). E. H. T.

CLOÉ (gr. = 'la que reverdece'). Mujer por cuya "casa" Pablo se enteró, estando en Éfeso, de las disensiones habidas en la iglesia de Corinto. No se sabe si "casa" aquí alude a empleados, esclavos o parientes, ni si C. era creyente o no, ni si vivía en Corinto o en Éfeso. P. W.

COAT. Segundo hijo de Leví (Gn. 46:11) y padre de una de las tres familias de levitas (Éx. 6:16,18), la cual se subdividió en las descendencias de Amram, Izhar, Hebrón y Uziel. Fue abuelo de Aarón y Moisés (Éx. 6:20).

De acuerdo con el primer censo de Israel, había 8.600 varones coatitas que acampaban al sur del tabernáculo (Nm. 3:27-29). Tenían a su cargo la transportación de los utensilios y los muebles sagrados una vez cubiertos por los sacerdotes (Nm. 3:31). En la conquista de Canaán, los coatitas hijos de Aarón recibieron trece ciudades, mientras los demás coatitas recibieron diez (Jos. 21:4,5). En el reino de David desempeñaron varios oficios: cantores en la casa de Jehová (1 Cr. 6:31-38), encargados de preparar los panes de la proposición (9:31,32), jefes de los tesoros de David (26-23-28), jueces y gobernantes (26:29). P. S.

CÓDICE. →MANUSCRITO.

CODICIA. El decálogo (Éx. 20:17) prohíbe el robo, el deseo de los bienes ajenos, y el codiciar a la mujer ajena. El no saber renunciar, por obediencia a Dios, a los que en sí mismos podrían ser deseos naturales y legítimos (Nm. 11:4ss.), y el deseo de satisfacción sexual fuera del matrimonio (Gn. 39:7ss.) es pecado. El justo debe dominarse en la esfera sexual (2 S. 11:2; Job. 31:1). En el AT la c., como un anhelo de todo el ser, es una ofensa contra Dios, quien pide al hombre obediencia y amor con todo el corazón. Con todo, a veces denota anhelos buenos, como la esperanza escatológica (Is. 58:2; Am. 5:18).

En el NT "c." (deseo) aparece más en las Epístolas que en los Evangelios. Se emplea para designar el deseo natural que el hambre provoca (Lc. 15:16; 16:21), el anhelo (Lc. 22:15; 1 Ts. 2:17; Ap. 9:6), el deseo por los misterios divinos (Mt. 13:17; Lc. 17:22; Ro. 10:2; 1 P. 1:12), o de todo lo bueno (Fil. 1:23; 1 Ti. 3:1; Heb. 6:11). Sin embargo, la mayoría de las veces denota un deseo malo, sea por el objeto que tiene (Mt. 5:28; Mr. 4:19; 1 Co. 10:6), por la dirección del mismo (Gá. 5:17), por el vehículo del que se sirve (Jn. 8:44; Ro. 6:12; 1 Jn. 2:17), o por la forma que reviste (1 P. 2:11; Col. 3:5). 1 Co. 10:6 emplea "c." en el sentido de deseo pecaminoso (cp. Ro. 13:9; Gá. 5:24).

La c. es una manifestación del pecado que hay en el hombre y que lo domina. Para Pablo este deseo es consecuencia de la prohibición del pecado (Ro. 7:7s.). El NT predica arrepentimiento, el cual conduce a la resolución de negarse a sí mismo (Mt. 16:24; Ro. 6:11ss.). Incluso después de haber recibido el Espíritu, la c. sigue siendo un peligro y hay que combatirla (Gá. 5:17).   J. M. Bl.

CODO. Medida de longitud muy usada por los hebreos (Éx. 25:10; 1 R. 7:24; Ez. 40:5) y otras naciones antiguas. Es aproximadamente el largo del brazo, desde el codo hasta la punta del dedo corazón. Tanto los egipcios como los babilonios, y después los hebreos, tuvieron un c. real u oficial y otro común. El oficial tenía 20.8 pulgadas (53 cm) y el común 17.7 pulgadas (45 cm). Antes del cautiverio de los judíos, parece que se usaba el c. común. Después del cautiverio, cuando había necesidad de especificar una medida exacta aclaraban a cuál c. se referían (Ez. 40:5; 43:13).   A. T. P.

CODORNIZ. Ave del orden de las gallináceas, menor que la → perdiz y de parecida coloración. La especie más conocida es emigratoria. Abandona Europa en grandes bandadas durante el otoño, atraviesa la Tierra Santa y la península del Sinaí, y se establece en África, de donde vuelve en el mes de marzo.

Las codornices son aves pequeñas que vuelan bajo. Fueron llevadas providencialmente a los israelitas para servirles de alimento en el desierto.

En dos ocasiones abastecieron de carne a los israelitas (Éx. 16:13; Nm. 11:31,32), hecho que constituyó un milagro. Si bien es cierto que las c., en su vuelo emigratorio, suelen caer al suelo, por el cansancio o por el cambio de dirección del viento que las viene empujando, las circunstancias y la oportunidad del suceso muestran claramente la intervención de Dios. Así se registra en los pasajes citados y así se recuerda en Sal. 78:25-29; 105:40.   F. U.

COLONIA. Establecimiento de ciudadanos romanos, autorizado por el senado, en territorio conquistado por Roma, con los privilegios, la libertad y los derechos de romanos peninsulares. Muchas veces el propósito de la c. era la rehabilitación de los veteranos de guerra, o los desocupados. Se consideraba como una extensión de Roma, y el modo de hablar, vestirse y gobernar de los colonos era romano. En Hch. 16:12,20, 21, se puede ver cómo estimaban los colonos sus privilegios y derechos.   A. C. S.

COLORES. Generalmente los nombres de los c. se derivan del de la sustancia de su origen o de sus usos. En la Biblia son c. fundamentales el blanco, el rojo, el verde y la púrpura.

Hasta el día de hoy, los habitantes del Oriente Medio no definen los c. con precisión, aunque gustan de decorados en amarillo, azul y verde brillantes, en contraste vivo. En el caso de los hebreos, se añadían a los motivos psicológicos y lingüísticos otros de orden religioso. La "imagen" prohibida por el segundo mandamiento solía estar pintada de c. vivos en las religiones de Egipto, Palestina y Mesopotamia; no se distinguía claramente entre la "escultura" y la "pintura" en este contexto (Éx. 23:12-16).

Púrpura. Había dos matices principales. Se obtenía en pequeñas cantidades de cierto molusco, y su fabricación fue, durante siglos, monopolio de los fenicios. Interesa no tanto el color en sí, sino su uso en las vestiduras reales como símbolo de nobleza y riqueza (Jue. 8:26; Est. 1:6). Tiene interés especial por haberse usado en el → tabernáculo (Éx. 25−39) y en el manto real, con el cual los soldados se mofaron del Salvador (Jn. 19:2).

Gris. Traducción del vocablo heb. *sebha* = 'vejez'. Se aplica a las canas del anciano o a la impresión que produce la escarcha (1 R. 2:9; Job 38:29; Pr. 16:31).

Rojo o *carmesí.* Se emplea en gran variedad de contextos. Es el color de ciertos tejidos, la tez humana, un guiso y hasta del pecado (Gn. 25:30; Éx. 25:4; 1 S. 16:12; Is. 1:18).

En la esfera del simbolismo, es natural que se empleen más los c. de significado evidente, como el blanco, la escarlata y el negro, pero aun en el Apocalipsis se recurre mucho más a los materiales que a los c.   E. H. T.

COLOSAS. Ciudad de Frigia situada sobre un cerro, cerca de la confluencia de los ríos Lico y Meandro, a 16 km río arriba de Laodicea y

Hierápolis (Col. 2:1; 4:13,15). Las tres ciudades formaban una federación. Florecían aquí la vinicultura y una famosa industria lanera, y se fabricaba un color púrpura llamado "colosense". C. era la ciudad menos importante de las tres, y en tiempos de Pablo era sólo un villorio. Epafras, alumno de Pablo y fundador de la iglesia (Col. 1:2), y → Arquipo diácono (Col. 4:17; Flm. 2), residían allí. Onésimo (Col. 4:9; Flm. 10) y Filemón (Flm. 1) tenían relaciones con C. Un terremoto la destruyó *ca.* 65 d.C. Las ruinas están a 4 km de la actual aldea de Jonas.   R. O.

COLOSENSES, EPÍSTOLA A LOS. Carta escrita por Pablo a la iglesia que estaba en Colosas, la cual él nunca pudo visitar (2:1).

La iglesia había sido fundada por discípulos paulinos y puesta al cuidado de → Epafras (1:7; 4:12), quien consultó al apóstol sobre problemas que amenazaban a la congregación colosense (1:6-8). Pablo estaba preso y no pudo ir, pero por escrito apoyó a Epafras.

I. CONTENIDO

Tras una introducción (1:1-11), la carta tiene tres secciones: 1) doctrina (1:12–2:5), 2) polémica (2:6-23), 3) consejos y saludos personales (3:1–4:6,7-18). El tema principal es el lugar de Jesucristo entre los poderes del universo en la naturaleza y en la historia, y se desarrolla así:

1) Un himno bautismal (cp. "himnos . . . espirituales" 3:16), que confiesa a Cristo como poder principal en la creación del mundo y en la resurrección de los muertos (1:15-20), orienta la acción de la iglesia. Al mismo tiempo, el recuerdo de la tarea misionera de Pablo enfrenta las especulaciones que por influjo de las religiones de → misterio se habían infiltrado entre los fieles.

2) Se ataca a los conceptos de poderes cósmicos que, según los herejes, el cristiano debía venerar. Pablo destaca la plenitud de la presencia de Dios en Cristo y define la libertad cristiana. Otro himno bautismal (2:10-15) afirma la participación del cristiano en la muerte, resurrección y soberanía de Jesucristo, participación que nos libera de toda práctica ritual y ascética que pretenda lograr nuestra salvación.

3) Se enfoca el poder universal de Cristo, para deducir que su soberanía debe ser una realidad en la vida social diaria. Las instrucciones para la iglesia entera se moldean sobre enseñanzas dadas a recién bautizados e invitan a cambios radicales a fin de restablecer el sentido divino de la creación. Luego sigue una lista de deberes sociales que lleva el testimonio cristiano a los detalles concretos de la vida. Es allí donde se manifiesta la renovación de la humanidad y de la iglesia.

En las últimas líneas el apóstol recomienda a sus delegados, y destaca la confianza que merecen al mencionarlos por nombre. Al contrario, el "filósofo" colosense queda anónimo (2:4,8,16,18) y sus adeptos son tildados de hinchados y viles imitadores (2:18). Estos herejes

mezclan el evangelio con otros elementos de redención. Son más sincretistas que → gnósticos. Pablo usa el vocabulario de ellos, por lo que no sólo en el vocabulario, sino también en el estilo y el temario doctrinal esta carta se distingue notablemente de las cartas paulinas anteriores (excepto → Efesios). Son tantas las peculiaridades de Col. que algunos críticos le han negado la paternidad paulina.

II. FECHA Y LUGAR

La carta tiene temas y portadores comunes con Ef., y se envía junto con la de Flm. (Col. 4:9,17) y otra carta para Laodicea (4:16). Pablo no indica desde cuál prisión escribe. Sus compañeros Marcos (4:10) y Lucas (4:14) estarían con él en Roma entre 61 y 63 d.C. De ahí que la mayoría de los exegetas creen que se encontraba preso en Roma.   R. O.

COLUMNA. Pilar generalmente cilíndrico que sostiene un edificio (Jue. 16:25-30; 1 R. 7:2; Ez. 42:6); apoyo o sostén en sentido figurado (Job 9:6; 26:11), o un monumento conmemorativo (Gn. 35:20; 2 S. 18:18).

En la Biblia se considera como c. del plan de Dios a los profetas (Jer. 1:18), los apóstoles (Gá. 2:9), los creyentes en general (Ap. 3:12), y la iglesia misma (1 Ti. 3:15).

Además, de c. de madera (1 R. 7:2), de mármol (Est. 1:6) y de hierro (Jer. 1:18), la Biblia también menciona c. extraordinarias de fuego (Ap. 10:1) y de nube (Éx. 13:21,22).   A. P. P.

COMER. Desde los tiempos primitivos los hebreos comían sentados (Gn. 43:33; 1 S. 9:22), pero no en mesa alta, como se acostumbra en nuestros días. Sin embargo, el hecho de que algunos personajes distinguidos solían c. sentados en sillas (1 S. 20:24,25), indica que la mesa alta no era del todo desconocida. En muchas ocasiones comían fuera de las tiendas, bajo la sombra de un árbol (Gn. 18:1-8).

Posteriormente siguieron la costumbre de persas, caldeos y romanos y comían en torno a una mesa común, sentados en canapés, pieles y posiblemente otros utensilios menos lujosos como las esteras y petates (Am. 6:4; Jn. 13:23). Posiblemente esta costumbre se introdujo debido a los frecuentes contactos que los hebreos tuvieron con los pueblos antes mencionados (Est. 1:6-8). Los comensales se reclinaban con la cabeza en dirección a la mesa, y se apoyaban en el codo izquierdo; usaban la mano derecha para tomar la comida. Los pies de las personas así reclinadas quedaban fácilmente al alcance de alguno que pasara (Lc. 7:36-50; Jn. 12:3). No le fue difícil, por tanto, a nuestro Salvador lavarles los pies a sus discípulos en la última → cena, y enjugárselos con la toalla que para tal efecto llevaba ceñida (Jn. 13:5-12). Esto explica también la postura de → Juan en la misma cena; porque reclinándose al lado y enfrente de Jesús, tenía que estar por así decirlo en su seno (Jn. 13:23-25) y podía fácilmente recostar la cabeza en el pecho del Señor. Era una postura expresiva para indicar intimidad, amistad y amor (Lc. 16:22; Jn. 1:18).

Por lo general se comía dos veces al día (Éx. 16:8; 1 R. 17:6; Lc. 14:12). Los textos anteriores hablan de c. en la mañana y al atardecer, pero también hay referencia a comidas abundantes al mediodía (Gn. 43:25; 1 R. 20:16). Debido a que en aquellos días no se utilizaban tenedores, cuchillos ni cucharas, se fue desarrollando un riguroso hábito de lavarse muy bien las manos antes de c. Tan al extremo llegó la costumbre que los fariseos la consideraban una prueba de piedad (Mr. 7:2,3; Lc. 11:38). Por lo general tomaban los alimentos con las manos (Pr. 19:24; Jn. 13:26). Al tratarse de una persona distinguida o muv apreciada, se le daba una

En cada hogar israelita la preparación de las comidas era complicada y a las mujeres les significaba muchas horas de trabajo.   SP

mayor porción de los alimentos (Gn. 43:34; 1 S. 1:5; 9:22-24). El hecho de que Cristo diese a Judas el pan mojado (Jn. 13:26), así como la selección de manjares y puestos de honor para determinadas personas (Gn. 43:34; Rt. 2:4), indica que los hebreos daban un significado especial, profundo y emotivo a determinadas acciones que se realizaban durante la comida.

Por lo general las comidas de los hebreos consistían en carnes, mantequilla, leche, panes, frutas, etc. En muchas ocasiones, antes de c. se

proporcionaba agua para lavarse los pies (Gn. 18:4; Jn. 13:5). La generosidad de los hebreos los obligaba a realizar actos de suprema cortesía y alta demostración de aprecio durante la comida (Jn. 12:1-8).

La costumbre de dar gracias a Dios por los alimentos, tuvo su origen en el seno del pueblo hebreo (Is. 9:13). Seguramente el Señor Jesús practicó la bendición de los alimentos cada vez que tomó el pan en sus manos (Mt. 15:36; 26:26; Lc. 9:16; Jn. 6:11). En la cena de Emaús, Cristo, después de una larga explicación de la historia bíblica, "estando sentado con ellos a la mesa, tomó el pan en sus manos (Mt. 15:36; 26:26; Lc. 9:16; Jn. 6:11). En la cena de Emaús, Cristo, después de una larga explicación de la historia bíblica, "estando sentado con ellos a la mesa, tomó el pan y lo bendijo, lo partió y les dio" (Lc. 24:30). El apóstol Pablo observa esta costumbre y afirma que los fieles, al participar de los alimentos diarios, deben tener momentos de acción de gracias (1 Ti. 4:3).   A. P. P.

COMIDA. → ALIMENTOS.

COMINO. Hierba anual de medio m de alto, parecida al hinojo. Sus semillas, de olor aromático y sabor acre, se usan en medicina y como condimento (Is. 28:25ss.; Mt. 23:23).   J. A. G.

COMPAÑÍA. Asamblea de personas que se reúnen con fines militares (Jn. 18:3; Hch. 10:1; 27:1), civiles (1 R. 10:28), o religiosos (1 S. 10:5). Según el contexto, c. puede ser un grupo informal de compañeros (Lc. 2:44) o miríadas de ángeles en festiva convocación (Heb. 12:22).
                                          R. F. B.

COMPASIÓN. Sentimiento íntimamente ligado con la demostración del amor, que en la Biblia se expresa con el término heb. *rakhamin,* y el gr. *splagjna.* El primero designa en el AT el sentimiento paternal de Dios (Dt. 13:17; Sal. 103:13; Is. 49:15; Os. 11:8), y el segundo denota la disposición y actitud de Jesús frente a los hombres (Mt. 9:36; 14:14; 15:32; Mr. 6:34; Lc. 7:13). Ambos sin embargo, hablan del más profundo sentimiento. Literalmente, "sentir con las entrañas".

Dios siente c. por la necesidad extrema del hombre (2 S. 12:22; Is. 54:7,8). Cristo encarna esa c. divina y la enseña con actos y palabras (Mt. 18:27ss.; Lc. 10:30ss.; 15:20). Es la c. de Cristo la que se espera del cristiano (1 P. 3:8). (→ MISERICORDIA.)   J. M. B.

COMÚN. Traducción de varios términos heb. y del gr. *koinós,* que se usa tanto en sentido malo como bueno. Por un lado quiere decir "profano" (1 S. 21:5) o "inmundo". De acuerdo con la ley mosaica había actos inmundos que estaban prohibidos (Lv. 18:21; 19:8,12; 20:3); personas inmundas a quienes no se debía tocar (Lv. 12—15) y animales inmundos cuya carne era ilícito comer (Lv. 11; Dt. 14:3-21; cp. Hch. 10:14; Ro. 14:14).

Por otro lado, c. se usa para referirse a algo que es de posesión general: la fe (Tit. 1:4), la salvación (Jud. 3) y cosas (Hch. 2:44). También se habla neutralmente de la gente c. (2 R. 25:11).

P. S.

COMUNIÓN. Término que aparece dos veces en el AT RV (Sal. 25:14; Pr. 3:32), traducción del vocablo heb. *sod* ('amistad' o 'conocimiento íntimo'). En el primer texto se refiere a la relación con Dios y en el segundo con "los justos". En el NT RV aparece doce veces, y es siempre traducción de la voz gr. *koinonía* ('tener en común', 'participación', 'compañerismo').

El cristiano tiene c. con el Padre (1 Jn. 1:3), con el Hijo (1 Co. 1:9) y con el Espíritu Santo (2 Co. 13:14); con el cuerpo y la sangre de Cristo mediante la santa cena (1 Co. 10:16), y con sus hermanos en la fe (Hch. 2:42; 1 Jn. 1:7). Por tanto, es llamado a participar en los sufrimientos de Cristo (Fil. 3:10) y en los de sus hermanos perseguidos (Heb. 10:33), y en la necesidad de los creyentes pobres (Ro. 12:13; Heb. 13:16). Pero le es prohibido tener c. con las "tinieblas" (2 Co. 6:14; 1 Jn. 1:6). W. M. N.

CONCIENCIA. Facultad común a todos los hombres (Ro. 2:13-15), que nos permite discernir entre el bien y el mal, y nos impulsa a escoger entre los dos. Tanto la naturaleza como la Biblia enseñan que la c. opera en todo nuestro ser en relación con los problemas de carácter moral. La c. es uno de los aspectos de nuestra semejanza a Dios y prueba que somos responsables ante el tribunal del Creador. En cierto sentido la voz de la c. pura refleja la voluntad de Dios y deber nuestro es obedecerla.

No obstante, el pecado influye adversamente en la c., y ésta, al corromperse, va perdiendo su sensibilidad moral. Como todos sufrimos las consecuencias del pecado original, ya no se puede identificar la voz de la c. con la de Dios. Al hombre depravado, los malos deseos le tergiversan y pervierten el juicio. La c. de Saulo, p.e. le impulsaba a perseguir a los cristianos (Hch. 26:9). Su pecado consistía en no aprovechar los medios a su alcance para corregir e iluminar su c.

Una c. "buena y limpia" (1 Ti. 1:5; 3:9), rociada con la sangre de Cristo e iluminada por el Espíritu Santo (Ro. 9:1), discierne claramente la voluntad de Dios. El hombre, así, debe procurar "tener siempre una c. sin ofensa ante Dios y ante los hombres" (Hch. 24:16). Una c. "contaminada o débil" (1 Co. 8:7), "corrompida" (Tit. 1:15), "mala" (Heb. 10:22), o "cauterizada" (1 Ti. 4:2), mientras no sea purificada por la gracia de Dios, será una c. vengadora e instrumento de espantoso y eterno remordimiento, como lo demuestra el caso de Judas.

P. W.

CONCILIO (SANEDRÍN). Término que aparece veinticuatro veces en la RV, casi siempre como traducción del vocablo gr. *synedrion* ('un conjunto sentado'), del cual viene la palabra "sanedrín".

I. DEFINICIÓN

Sanedrín fue el nombre dado al c. o consejo judío establecido en los últimos dos siglos a.C., y activo hasta el año 70 d.C. Era un cuerpo de la aristocracia sacerdotal y de la nobleza, compuesto de 71 miembros con sede en Jerusalén. Trabajaba bajo la dirección del sumo sacerdote y tenía funciones legislativas, ejecutivas y judiciales. Su autoridad variaba según el régimen político, además de que había otros c. o consejos (Mt. 10:17; Mr. 13:9).

II. HISTORIA

Los rabinos atribuían la formación del c. a Moisés (Nm. 11:16), y afirmaban que había ejercido funciones judiciales desde Moisés hasta los tiempos talmúdicos. Sin embargo, 2 Cr. 19:8 afirma que Josafat estableció una corte suprema en Jerusalén. Esta corte era exclusivamente judicial, mientras que el c. posterior también ejercía poderes legislativos y ejecutivos. Los ancianos del libro de Esdras (5:5,9; 6:7,14; 10:8) y los nobles y oficiales del libro de Nehemías (2:16; 4:14,19; 5:7; 7:5) podrían considerarse antecesores del c., pero no puede probarse una relación directa.

La existencia del c. se atestigua desde comienzos del siglo II a.C. Antíoco el Grande (223-187 a.C.) dirige una carta a la *gerousía*, el senado de Jerusalén, *ca.* 200 a.C. (Josefo, *Antigüedades* XII.iii.3). La palabra *gerousía* tiene la connotación de aristocracia gobernante y es común en los apócrifos y otros libros como sinónimo de "c." (Judit 4:8; 1 Mac. 12:6; 2 Mac. 1:10; etc.; Filón, *Embajada a Gayo* 229; Josefo, *Antigüedades* IV.viii.14); aunque puede referirse también a c. fuera de Jerusalén (Filón, *Contra Flaco* 74, 76). En el NT *gerousía* aparece una sola vez (Hch. 5:21), al parecer como una explicación del vocablo "sanedrín" que le antecede.

En la LXX *synedrion* aparece algunas veces y equivale a "asamblea deliberativa" o "tribunal de justicia" (Pr. 22:10). Josefo usa el término por primera vez al señalar que el legado romano en Siria, Gabino (57-55 a.C.), dividió a Palestina en cinco distritos *(synedria)*, cada uno bajo un sanedrín (*Antigüedades* XIV.v.4) o sínodo (*Guerra judía* I.viii.5). El arreglo duró poco y el sanedrín de Jerusalén volvió a tener preeminencia. Josefo es el primero que utiliza el término sanedrín para referirse al c. supremo de Jerusalén, al relatar que el joven Herodes tuvo que presentarse ante el sanedrín de la capital judía para informar de sus actividades en Galilea (*Antigüedades* XIV.ix.3-5). Luego del término aparece veintidós veces en el NT: ocho en los Evangelios y catorce en los Hechos. A veces se refiere a cualquier judicatura, especialmente en el plural (Mt. 5:22; 10:17; Mr. 13:9), pero suele designar al c. supremo ante el cual Jesús (Mr. 14:55), Pedro y Juan (Hch. 4:15), Esteban (Hch. 6:12) y Pablo (Hch. 22:30) tuvieron que comparecer. El término *presbyterion* también es sinónimo de "sanedrín" (Hch. 22:5), traducido "los ancianos" en RV.

A cada miembro del sanedrín se le llama *bouleutes* ('consejero'): v.g. José de Arimatea (Mr. 15:43; Lc. 23:50). El sanedrín, como cuerpo autoritativo, desapareció después de la destrucción de Jerusalén (70 d.C.). Lo sucedió el *Beth Din* ('corte de justicia') de los rabinos que era un organismo compuesto de eruditos sin poder político.

III. COMPOSICIÓN

El sumo sacerdote era el presidente del c. Sus miembros provenían de la aristocracia sacerdotal o eran laicos nobles; más tarde también participaron → escribas, pertenecientes en su mayoría a los → fariseos, pero hubo algunos de los → saduceos. Bajo los primeros → asmoneos, los saduceos constituían la mayoría y aprobaron leyes y ordenanzas favorables a sus interpretaciones. La reina Alejandra (78-69 a.C.) se identificó con los fariseos abrogando aquellas leyes y estableciendo otras que estos últimos respaldaban. Más tarde Herodes (37-4 a.C.), al comenzar su reinado y para aminorar el poder de la antigua aristocracia, mató a 45 miembros del c., y le dio más participación a los fariseos que representaban menos amenaza para él. Durante el período de los procuradores (6-70 d.C.) el c. se componía de la aristocracia sacerdotal, la nobleza que contaba con la simpatía de los saduceos, y los eruditos de los fariseos.

IV. COMPETENCIA

Durante la época romana (63 a.C. – 70 d.C.), especialmente bajo los procuradores, este cuerpo era la última autoridad en Judea. Tenía ingerencia no sólo en cuestiones religiosas sino también en asuntos legales y gubernamentales, siempre y cuando no se violara la autoridad del procurador romano. Este último tenía que confirmar las sentencias de muerte aprobadas por el c. (Jn. 18:31). La muerte de Esteban, por tanto, parece ser un caso de violencia de parte de la multitud, instigada por el c. (Hch. 7:54-60).

V. LUGAR DE REUNIÓN

Según las fuentes rabínicas, el c. se reunía por lo general en el lugar del templo llamado "pórtico de los sillares de Piedras". La reunión en el palacio del sumo sacerdote (Mt. 26:57ss.; Mr. 14:53ss.) fue una excepción a la regla, debida quizás a que el templo estaba cerrado de noche. Los miembros se sentaban en un semicírculo; frente a ellos estaban los secretarios de la corte, y detrás de éstos, tres filas de los discípulos de "los hombres sabios". El acusado se presentaba vestido de luto. Una decisión favorable –por simple mayoría– podía anunciarse el mismo día; una desfavorable –que necesitaba

dos terceras partes– al día siguiente o más tarde.   L. F. M.

CONCILIO DE JERUSALÉN. Nombre dado a la reunión de los líderes de las iglesias en Jerusalén y Antioquía, la cual se relata en Hch. 15:2-29. Ocurrió *ca.* 49-50 d.C., como consecuencia de acaloradas discusiones acerca del carácter que el cristianismo debía mantener entre los gentiles. La iglesia, que se consideraba como el verdadero Israel, esperaba que el cristianismo continuara según las normas del AT. Sin embargo, la conversión de multitudes de gentiles hizo surgir al menos dos inquietudes. Por un lado, quedaban por aclarar las implicaciones que tenía para la iglesia el pacto que Dios había hecho con Abraham, un pacto que había de permanecer para siempre e incluía la → circuncisión (Gn. 17:9-14). Por el otro, había una serie de factores anexados a las relaciones permisibles entre gentiles y judíos.

Las inquietudes mencionadas cristalizaron en dos preguntas básicas: (1) ¿Era legítimo el directo acercamiento de Pablo y Bernabé a los paganos, si éstos no cumplían los requisitos del judaísmo? (2) ¿Cuál debía ser la política en el futuro? ¿Debía procederse con base en una política de lo conveniente, o con base en la ley de Dios?

La práctica de comer juntos judíos y gentiles en las iglesias de Antioquía y Galacia escandalizaba a los hermanos en Jerusalén, y hacía cada vez más difícil la evangelización de los judíos de esta ciudad. Sin embargo, basándose en la aprobación evidente de Dios con respecto a los gentiles, el c. (Hch. 15:10) determinó no requerir que éstos pasaran por el judaísmo como medio para obtener la salvación de Dios. Este nuevo acceso de gentiles a la comunidad mesiánica se vio como el cumplimiento de una profecía (Am. 9:11ss.).

En vista de las inquietudes de los judíos y de las demandas de la ley, se pidió solamente la abstención de las prácticas generalmente consideradas por los judíos como herencia de la corrupción gentil (Hch. 15:20,29).

Son impresionantes en el relato del c. la madurez de los creyentes de Jerusalén y su amor hacia los de afuera. Dieron libertad a los gentiles de acercarse sin condiciones, sabiendo que con cada nuevo creyente gentil se complicaba más su propia tarea en Jerusalén.

Muchos identifican el relato de Gá. 2:1-10 con el de Hch. 15, y afirman que hay una serie de discrepancias entre los dos. Pero es más probable que Gá. 2:1-10 se refiera a la visita descrita en Hch. 11:27-30, y que el silencio de Gá. 2 con respecto al decreto del c. se deba a que Gá. se escribió antes del c.

Es interesante notar que unos siete años después Pablo mismo hizo caso omiso del decreto del c. respecto a la carne (Ro. 14:1ss.). Esto quizás indica que por aquel tiempo la proporción de gentiles y judíos había cambiado tanto que los decretos ya no tenían vigencia.   J. C. H.

Bibliografía

A. Wikenhauser, *Los hechos de los apóstoles*, Barcelona: Herder, 1967, pp. 232-237, 250-265.

CONCUBINA. Mujer considerada como esposa de segunda categoría bajo el sistema de la poligamia. Comúnmente era tomada de entre las esclavas o cautivas; v.g. Agar, la c. de Abraham (Gn. 16:2,3) y Bilha, la de Jacob (Gn. 30:3,4). Se las podía repudiar más fácilmente que a una → esposa (Gn. 21:10-14). Sin embargo, sus derechos fueron reconocidos y defendidos por la Ley de Moisés (Éx. 21:7-11; Dt. 21:10-14).

En el caso de Abraham, el AT señala una sola causa para el concubinato: esterilidad de la esposa y deseo urgente de tener hijos. Los hijos así nacidos eran prohijados por la esposa (Gn. 16:1-3; 30:1-3). El evangelio restablece la ley primitiva del → matrimonio (Gn. 2:24; Mt. 19:5; 1 Co. 7:2) y condena el concubinato como pecado de → adulterio y fornicación.   V. M. R.

CONCUPISCENCIA. → CODICIA.

CONDENACIÓN. → JUICIO.

CONDUCTA. Término que aparece once veces en RV, usado para explicar un estilo de vida, y el modo de comportarse o de tratar a los semejantes. De hecho la misma palabra griega se traduce también por "manera de vivir" (Ef. 4:22; 1 P. 1:15,18; 2:12; 2 P. 3:11. Nótese que la palabra "conversación" en RV 1909 ha sido substituida en RV 1960 por c. o "manera de vivir" excepto en 1 Co. 15:33).

En el NT c. se deriva de un verbo que denota propiamente "ir y volver". De aquí que figurativamente se refiera a la manera de actuar o conducirse, en el sentido de practicar ciertos principios. Esto encierra una identificación esencial entre principios y c. Sólo aprehendemos la verdad cristiana en la medida en que permitimos que ella rija nuestra vida y nuestras relaciones con los demás.   R. L.

CONEJO. Traducción ocasional de dos palabras hebraicas: *arnebet* y *shapan*. 1. *Arnebet* (*Lepus Syriacus*). Liebre que se clasifica como animal inmundo en Lv. 11:6 y Dt. 14:7.

2. *Shapan* (*Hyrax Syriacus*). Se traduce por "c." en Lv. 11:5 y Dt. 14:7 (en este último, *arnebet* se traduce "liebre"); cp. Sal. 104:18 y Pr. 30:26. Es un tipo de liebre que no puede hacer hoyos y más bien habita en las grietas de las rocas (Sal. 104:18; Pr. 30:26). Son quietos y asustadizos, y se juntan en manadas. Dt. 14:7 los incluye entre los animales inmundos porque aunque rumian, no tienen pezuñas hendidas.

En realidad ni el c. ni la liebre rumian, aunque parecen hacerlo por el movimiento del hocico. Por eso Dt. 14:7 se aducía como prueba contra la veracidad o inerrancia de la Biblia. Sin embargo, hay que recordar que el lenguaje bíblico aquí es popular (y no científico o técnico)

y describe las cosas según las apariencias (como en el caso de "puesta de sol"). (→ INTERPRETACIÓN.)   A. J. G.. y T. D. H.

CONFESIÓN. Término usado en la Biblia principalmente en dos sentidos: (1) reconocimiento de Dios como el Ser Supremo, digno de gratitud y alabanza, y contra quien al faltar el hombre peca; y (2) reconocimiento delante de Dios de la culpa por una infracción cometida, con miras a obtener el perdón.

A los israelitas se les insta a la c. de su iniquidad y la de sus padres (Lv. 26:40), a fin de que Dios se acuerde de su pacto con los antepasados de ellos (v. 42). El individuo que cometía un pecado debía confesarlo (Nm. 5:7). El rey David, al arrepentirse, confesó su falta a Dios (Sal. 32:5; 38:18; 51:1-5). En tiempos de Esdras los israelitas "confesaron sus pecados, y las iniquidades de sus padres" (Neh. 9:2).

En Pr. 28:13, al que confiesa sus pecados y se aparta de ellos, se le promete que "alcanzará misericordia". El reconocimiento de Jehová Dios en tiempos de calamidad y peligro, era una c. que contribuía a preparar el camino para el → perdón (1 R. 8:33,34; 2 Cr. 6:24-27).

En el NT la c. guarda una relación muy estrecha con la actitud pública hacia Cristo, y viene a ser el → testimonio espontáneo, gozoso y valiente respecto a la fe del cristiano. Es un acto de lealtad y amor al nombre y causa de Cristo. Él espera de sus seguidores esta c. pública, la cual será recompensada (Mt. 10:32). Confesar es declarar con la boca el señorío de Cristo y su resurrección (Ro. 10:9). Uno de los triunfos de la muerte del Salvador es que toda lengua le confesará como el Señor (Fil. 2:11).

La c. de los pecados está ligada al → arrepentimiento y → bautismo (Mt. 3:2,6). Confesar nuestros pecados, como cristianos, es una práctica necesaria y obligatoria (Stg. 5:16; 1 Jn. 1:9), que debe hacerse únicamente a la persona o las personas ofendidas.   A. R. D.

CONFIRMACIÓN. Término que en el NT quiere decir "esforzar", e.d., "animar" e "infundir vigor" (Lc. 22:32; Hch. 14:22; 15:32,41; 16:5), "establecer" o "hacer firme y cierto" (Ro. 15:8; 1 Co. 1:6; Col. 2:7).

Es dudable que se pueda relacionar la imposición de manos con la c. En Hch. 14:22 y 15:32,41, se nos dice que Pablo alentaba a los creyentes, pero nada indica que dicha confirmación tuviera carácter ritual o sacramental.

En Hch. 8:17; 19:6 la imposición de manos se asocia con la recepción del Espíritu Santo. Heb. 6:2 indica que la iglesia primitiva la consideraba como acto o símbolo importante en la vida cristiana. Pero en el NT no constituye parte del bautismo cristiano, ni de la admisión en la iglesia.   A. P. N.

CONGREGACIÓN. "Asamblea", "reunión" y "c." son traducciones de seis palabras heb. que tienen varios sentidos.

1. Sinónimo de "cita", hora designada para reunirse en un lugar (v.g. Éx. 27:21).-

2. Grupo de personas reunidas para la guerra (2 S. 20:14ss.), la sublevación (Nm. 16:3) o un servicio religioso (Nm. 10:7).

3. Término genérico, usado para referirse a Israel (Neh. 5:13; Is. 1:13). Sin embargo, tenía también un sentido específico referido a las asambleas rituales (Neh. 8:18). Había instrucciones para convocar a tales reuniones, y el llamado se hacía con trompetas (Nm. 10:2-8). Si todo el pueblo pecaba, había una asamblea especial para realizar la expiación (Lv. 4:13-21).

La LXX a menudo traduce con *ecclesía* la voz heb. *cajal* (v.g., 1 R. 8:14; 1 Cr. 28:8) que a su vez se traduce por "c." en la RV. (→ SINAGOGA.)   P. S.

CONOCIMIENTO. En la filosofía griega, el c. se consideraba como el sumo bien del hombre. Para Sócrates, equivalía a la virtud, de ahí su máxima clásica: "Conócete a ti mismo". Pero en el AT todo c. se contrasta con el c. de Dios. El c. de Dios es infinito (Sal. 147:5) e íntimo. Jehová conoce los nombres (Éx. 33:12; Sal. 91:14), los pensamientos (Job 21:27; Sal. 44:21; 94:11), los caminos (Job 23:10), y las actividades del hombre (Sal. 139:2; Is. 66:18). Mientras el hombre persigue el c. (Pr. 2:3-5; 3:13; 4:5; 23:23), debe reconocer que todo su c. es incompleto (Ec. 8:7; 9:12; 11:5; Is. 59:8; Mi. 4:12), y puede ser vano (Is. 44:25).

En el AT incluso la relación sexual se describe como "conocer", dando a entender que tal acto no sólo tiene carácter fisiológico, sino también psicológico (Gn. 4:1,17,25; 24:16; 1 S. 1:19 RV 1909).

Sobre todo c., el hombre debe anhelar el c. de Dios (Sal. 46:10; Jer. 9:24) y su poder (Is. 33:13). Esto no es saber algo acerca de Dios, sino conocer profundamente quién es él. El tiempo vendrá, declararon los profetas, cuando todo el mundo conocerá a Jehová (Is. 19:21; 49:26; Jer. 31:34).

En el NT se halla el mismo concepto del c. Todo hombre posee un c. parcial e insuficiente de Dios (Hch. 14:17; Ro. 1:19,20); el c. completo se halla solamente en Cristo (Mt. 11:25-27; Col. 2:2), en quien "habita corporalmente toda la plenitud de la Deidad" (Col. 2:9). Entonces, el c. de Dios, recibido por medio de Cristo, pone al hombre en una relación nueva con Dios (Jn. 7:17; 17:3). Este c. es la única fuente de libertad (Jn. 8:32), es para todo el mundo (Col. 1:28), y es meta del cristiano ·(Fil. 3:10).

Es notable que tanto en el AT como en el NT el c. espiritual no lo alcanza el hombre por sí solo, sino que es el don de Dios (Jer. 24:7; 1 Co. 1:30; 12:8). (→ GNOSTICISMO.)

                                      A. P. N.

CONSAGRACIÓN. Traducción de tres palabras heb. La primera significa "separar" o → "santi-

ficar". Viene de la raíz de "santo" y se traduce preferentemente por "santificar" por tratarse de aquello que está apartado exclusivamente para Dios (Éx. 13:2; 28:3; Is. 13:3; Jer. 1:5). El equivalente en el NT también se traduce por "santificar" (Jn. 10:36; 17:19; 1 Co. 7:14).

La segunda viene de la raíz de → "nazareo" (Nm. 6) y significa también "apartar", "dedicar" (Lv. 21:12; Nm. 6:9,18,19).

La tercera significa "llenar la mano". Es esta la frase más usada en el AT para expresar c., casi siempre en relación con el sacerdocio. Se traduce literalmente en Éx. 29:33. Las manos del → sacerdote se llenaban con la ofrenda que había de ofrecer a Jehová.   D. J.-M.

CONSOLADOR. → PARACLETO, ESPÍRITU SANTO.

CONTAMINACIÓN. → INMUNDO.

CONVERSIÓN. La c. para Israel significa retornar a Jehová, el Dios del pacto, con toda sinceridad, después de un tiempo de andar fuera de sus caminos.

En el AT hay pocas referencias a conversiones individuales. Una sola vez se menciona una ciudad pagana, → Nínive, que se convirtió (Jon. 3:10). La mayoría de las veces se habla de conversiones nacionales de Israel. Casi toda calamidad nacional se atribuía a una falta conocida o desconocida de un individuo o de todo el pueblo contra Dios. Por tanto, generalmente, los actos de c. se realizaban con la participación del pueblo entero dirigido por un jefe. La c., así como la calamidad, tenía que ser pública y general (Jos. 24:14ss.; 2 R. 11:17; 2 Cr. 15:9ss.). Muchas veces la c. es instada como necesaria para que Jehová se arrepienta del mal que quiere enviarles (Jer. 4:1-4; 26:3).

Los profetas dirigían vivas críticas contra las c. rituales, por no ser éstas más que simples señales exteriores de dolor y → arrepentimiento. Una verdadera c. incluiría: oír la palabra de Jehová por medio de sus profetas, confiar enteramente en Jehová, humillarse de todo corazón, apartarse de todo lo malo y contrario al Señor, y sobre todo, un mejor y más claro conocimiento de la persona de Dios y sus propósitos (Jer. 3:22ss.; Os. 6:6).´

En el NT se menciona sólo un caso de c. de uno ya creyente: Pedro (Lc. 22:32, NC). Pero, en el resto del NT, se exhorta al cristiano que ha caído en pecado y se ha alejado del Señor, no a la c., sino al arrepentimiento (Ap. 2:5,15ss.).

Las voces traducidas por "c." se refieren específicamente a aquella vuelta de la idolatría, la oscuridad, el pecado y el dominio de Satanás a la adoración y servicio del Dios verdadero y de su Hijo Jesucristo (Hch. 14:15; 26:18; 1 Ts. 1:9; 1 P. 2:25, TA); a la obtención del perdón de los pecados (Hch. 3:19) y la entrada al reino de Dios (Hch. 26:18) de una vez por todas, como un acto irrepetible (así lo demuestra la forma en que son usados los verbos en el original).

La c. es una vuelta de algo hacia algo. En su lado negativo es el arrepentimiento (Hch. 26: 20) y en su fase positiva es la fe (Hch. 11:21). La verdadera c. se levanta sobre el arrepentimiento y la fe, que llevan al creyente no solamente a observar una nueva forma de vida, sino a una transformación espiritual completa (2 Co. 3:18).

El NT enseña que la c. no es pasiva (algo que se tiene o se siente) sino dinámica (algo que se hace). Es la respuesta que una persona da al evangelio en forma incondicional y que le afecta en su totalidad. Significa comprometerse con Cristo y vivir para Dios en novedad de vida, por medio del poder que da el Espíritu Santo (Ro. 6:1-4; Col. 2:10-16; 3:1ss.).

Pero, por otro lado, en el NT se enseña que el hombre responde al evangelio sólo porque Dios ha actuado primeramente en él por medio del Espíritu Santo (Jn. 6:44; 16:8; 1 Co. 2:4ss.; 1 Ts. 1:5). (→REGENERACIÓN, ARREPENTIMIENTO.)   J. M. R.

COPA. Taza de distintas formas (generalmente redondas) y materiales, desde el humilde barro hasta la plata y el oro (1 R. 10:21). Las c. usadas en las libaciones religiosas tenían que ser de materiales preciosos (Éx. 25:29; 37:16,17). Era práctica común en el Oriente el uso de c. especiales para la adivinación (Gn. 44:2,5).

En el lenguaje figurado fue el símbolo de una clase de experiencia con Dios. Para los creyentes era la c. de bendiciones (Sal. 23:5; 116:13); para los malvados era la c. de la ira (Sal. 11:6; Is. 51:17,22; Hab. 2:15,16). Babilonia era la c. de cuyo vino beberían todas las naciones (Jer. 51:7). Jerusalén es figurada como c. de vértigo para sus enemigos (Zac. 12:2).

La c. de Jesús fue de sufrimiento (Mt. 20:22,23). La c. de la →cena del Señor puede referirse a la "c. de la salvación" (Sal. 116:13) o al rito de la libación de la c. de vino en el

Las copas eran de varias formas y diseños, labradas de una diversidad de materiales, como el oro, plata, cobre, bronce, arcilla, etc.

templo, que simboliza la ayuda salvadora de Dios.   J. M. A.

COPERO. Empleado especial en el Oriente Antiguo, que atendía las mesas de la corte. No sólo servía el vino; también lo preparaba y lo probaba (Gn. 40:11,13) para cerciorarse de la calidad y de que no se mezclara con veneno alguno. Cada rey tenía su c. particular. Este fue el cargo de Nehemías (Neh. 1:11; 2:1), un judío que servía al rey Artajerjes. Faraón, en Egipto, tenía su c. personal (Gn. 40:21). Este empleado era en muchos casos el confidente u hombre favorito del rey, de ahí su importancia.   M. V. F.

La coraza, pieza antigua de armadura defensiva, hecha de cuero áspero o de escamas de metal.

CORAZA. Parte de la armadura que llevaban los soldados sobre el pecho para protegerse desde el cuello hasta la cintura. Se hacía de cuero endurecido o de metal, y a veces de metal sobre cuero. Algunas tenían tal contextura que su peso era enorme, como en el caso de la c. de Saúl (1 S. 17:38).

En el Israel primitivo, llevar c. era signo de nobleza (1 R. 22:34), pero más tarde todo guerrero la usaba (2 Cr. 26:14; Neh. 4:16). En tiempos de Cristo algunos soldados romanos usaban una doble c., una delante para proteger los órganos vitales y otra atrás para proteger las espaldas.

En sentido figurado, "c." alude a cómo Yahveh se ciñe de justicia (Is. 59:17). Pablo, recordando este versículo, habla de "la c. de fe y amor" (1 Ts. 5:8) y de "la c. de justicia" (Ef. 6:14), como de una armadura espiritual que protege al cristiano.   A. C. S.

CORAZÍN. Ciudad cerca del mar de Galilea en donde Jesús predicó e hizo muchos milagros. Fue reprendida duramente junto con las ciudades vecinas de →Betsaida y →Capernaum (todas ubicadas al N del mar) porque no se arrepintió (Mt. 11:20-24; Lc. 10:13s.).

C. ha sido identificada con las ruinas de Khirbet Kerase 3 km al N de Capernaum. En estas ruinas se hallan los vestigios de una sinagoga hecha de basalto negro, con un asiento especial; seguramente ésta era la "cátedra de Moisés" (Mt. 23:2) que formaba parte del mobiliario de las sinagogas.   W. M. N.

CORAZÓN. Término que se usa figuradamente en las Escrituras para designar el centro, la totalidad, o la esencia de todas las cosas o actividades. En particular se refiere al centro de la personalidad del hombre.

El pensamiento hebreo tendía hacia lo subjetivo más que a la observación científica, y por tanto a menudo se ve una falta de precisión en la terminología antiguotestamentaria. "Carácter", "personalidad", "voluntad" y "mente" son términos modernos, que ahora representan lo que "c." significaba para los hebreos.

Especialmente en el AT, "c." quiere decir a veces "el centro", "lo oculto", o "la fuente" (v.g. Sal. 46:2b, donde se habla del "c. del mar", es decir, el centro o el medio del mar). De ahí que, en el aspecto psicológico, el término signifique el centro o el foco de la vida. El c. es la fuente de los motivos, de las pasiones y de los procesos mentales, por eso Jeremías afirma que "engañoso es el c." (17:9). Es asimismo fuente de sabiduría y de emociones, según Pr. 2:10, y fuente de la voluntad, de acuerdo con Dt. 6:5 ("Amarás a Jehová tu Dios con todo tu c.").

En el NT, la palabra "c." tiene un uso psicológico y espiritual más amplio que en el AT. Cristo y San Pablo, usan el término para referirse a la fuente o asiento de los sentimientos, deseos, esperanzas, motivos, voluntad y percepciones intelectuales. El hombre se comporta según su c.; Dios conoce este centro vital y no se deja engañar por las apariencias externas (1 S. 16:7). Dios puede limpiarlo (Sal. 51:10) y recrearlo (Ez. 18:31). Tratándose de la fuente de todos los deseos, el c. debe ser guardado con todo cuidado (Pr. 4:23), y encaminado en los senderos de justicia (23:26).

Cristo subraya la importancia del estado del c. cuando dice: "los de limpio c.... verán a Dios" (Mt. 5:8). Y para San Pablo el hombre puede comprender y experimentar el amor de Dios, sólo cuando Cristo habita en el c. por la fe (Ef. 3:17). Es la paz de Dios lo que guardará el c. del hombre, principio importante de salud mental.   J. J. T.

CORBÁN (heb. = 'lo que es acercado'). Término que designaba cualquier ofrenda presentada en el santuario.

En tiempos de Jesús, la declaración de un objeto como c. u ofrenda para el templo, significaba renunciar a dicho objeto. No era posible aprovecharlo ni siquiera en beneficio de un familiar cercano que lo necesitara. La →tradición farisaica contradijo así el quinto mandamiento y proveyó excusa de la irresponsabilidad para con los padres (Mr. 7:11; cp. Éx. 20:12; 21:17; Dt. 5:16; Lv. 20:9, etc.).

Debido a este quebrantamiento de la ley, y a que los →votos no podían revocarse, si un hijo en un momento de enemistad con sus padres declaraba como voto: "Todo servicio o ayuda que vosotros pudierais requerir de mí será para vosotros c.", ellos quedaban en la miseria. Ya que los votos no podían revocarse, este →voto de "renuncia" tampoco obligaba al hijo a entregar de por vida bienes o ganancias al templo; en más de una ocasión era todo un simulacro (Is. 29:13; cp. Mr. 7:6s.).   C. R.-G.

CORDERO. →CARNERO, OVEJA

CORDERO DE DIOS. Título que se aplica exclusivamente a nuestro Señor. Aparece en el NT dos veces; Jn. 1:29,36. Fue la proclamación que Juan el Bautista hizo de Cristo al identificarlo

El cordero en las Escrituras es tipo perpetuo del alma perdida que es recogida en los tiernos brazos del Pastor divino.   IGTO.

como el Redentor enviado de Dios. En los tiempos del AT el cordero era el animal siempre sin mancha que los israelitas solían usar para el → sacrificio, debido a su inocencia y a su carácter humilde y sumiso. Se le sacrificaba todos los días en las ofrendas de la mañana y la tarde, y en ocasiones especiales, p.e. la Pascua (Éx. 12: 3-13; 29:38-46; Lv. 4:32; Nm. 6:14).

El cordero simboliza a Cristo, quien en el Calvario se ofreció a sí mismo, en sacrificio vivo, para llevar nuestros pecados sobre su cuerpo (1 P. 2:24). Las palabras de Juan el Bautista (Jn. 1:29,36) son así una interpretación de Is. 53:7, en donde el Siervo Sufriente aparece representado como un cordero que es llevado al matadero. También Felipe, el evangelista, explica este pasaje profético como cumplido en Cristo (Hch. 8:30-35). Pablo se refiere a Cristo como nuestro cordero pascual (1 Co. 5:7b). La misma idea, la del cordero sacrificado por nosotros, aparece en los escritos de Pedro (1 P. 1:18,19).

En el libro de Apocalipsis la escena de Cristo como el cordero es prominente. Con tal epíteto se le menciona veintiocho veces. Juan lo ve como "un cordero como inmolado, que tenía siete cuernos, y siete ojos, los cuales son los siete espíritus de Dios enviados por toda la tierra" (Ap. 5:6b). Este cordero, que posee los atributos de Dios, es vencedor y redentor por su muerte, y es digno, por tanto, de recibir todo poder, honra y gloria (Ap. 5:8,12,13); los redimidos por su sangre están delante de él limpios y llenos de gozo y victoria (Ap. 7:9); y de su trono emana el río del agua de la vida (Ap. 22:1).   A. R. D.

CORDÓN, CUERDAS, CORDELES. Términos usados para referirse a una medida (2 S. 8:2; 1 R. 7:15,23; Sal. 78:55; Is. 34:17; etc.). Es muy probable que los hebreos aprendieran el arte de medir durante su estancia en Egipto (→ NILO), donde dicho arte se practicaba desde tiempos muy antiguos.

En particular, "cuerdas" se usaba también figuradamente, como en Sal. 16:6, para referirse a una porción determinada; "cordón" era la cinta o lazo que ataba el pectoral del sumo sacerdote al efod (Éx. 28:28,37; 39:21,31); a una "cuerda de estopa" se comparan los mimbres que ataban a Sansón (Jue. 19:6), y como un "cordel de lino" se describe la medida que tenía en su mano el varón con aspecto de bronce que vio Ezequiel (Ez. 40:3).   O. R. M.

CORÉ. 1. Hijo de Esaú y Aholibama, una mujer cananita. Nació en Canaán antes que Esaú se separara de su hermano Jacob, y llegó a ser uno de los jefes de la nación de Edom (Gn. 36:5,14,18; 1 Cr. 1:35).
2. Quinto hijo de Elifaz y de Ada y nieto de Esaú (Gn. 36:15s.). Hay quienes opinan que se trata de una adición, ya que en otras listas de los hijos de Elifaz (Gn. 36:11,12; 1 Cr. 1:36) el nombre de C. no aparece.

3. Hijo de Hebrón, posiblemente bisnieto de Caleb (1 Cr. 2:42,43).
4. Hijo de Izhar y nieto de Coat de la tribu de Leví (Éx. 6:18,21). Estaba al servicio del tabernáculo como levita. Con la ayuda de Datán, Abiram, On y 250 hombres, más un buen número de príncipes de Israel, encabezó una sublevación contra Moisés y Aarón. Dios desaprobó la rebelión y todos los rebeldes fueron destruidos (Nm. 16:1-35; 26:9; Dt. 11:6; Sal. 106:17), lo cual sirvió de lección a Israel (Nm. 16:40).

Sin embargo, los hijos de C. no murieron (Nm. 26:11,58). Durante el reino de David, se incluían entre los músicos (1 Cr. 6:22). Figuran como cantores en el título de varios Salmos: 42,44,45,46,47,48,49,84,85,87,88. (→ MÚSICA.)

CORINTIOS, EPÍSTOLAS A LOS.

Tanto la primera como la segunda de estas epístolas (libros séptimo y octavo del NT) revelan claramente a quiénes fueron dirigidas: una iglesia que el autor mismo había fundado (Hch. 18:1-18; 1 Co. 1:1,2; 2 Co. 1:1,23; 6:11).

Pablo llegó a → Corinto por primera vez durante su segundo viaje misional (ca. 49-52 d.C.). Llegó con "temor y temblor" (1 Co. 2:3) pues la ciudad era materialista, amante de la sabiduría y groseramente inmoral. Su primera visita duró año y medio (Hch. 18:11).

Recién llegado, el apóstol halló una pareja judía, Aquila y Priscila. Como eran del mismo oficio, se juntó con ellos para trabajar aparentemente por necesidad. Como de costumbre, inició su tarea evangelizadora en la sinagoga de la comunidad hebrea. Allí "discutía" y "persuadía" tanto a griegos como a judíos (18:4). Al llegar de Macedonia Silas y Timoteo, posiblemente le llevaron ayuda económica, y esto hizo posible que Pablo pudiera "dedicarse enteramente" (18:5 BJ) a la predicación del evangelio.

Según Hch. 18:17 y 1 Co. 1:1, Pablo no parece haber tenido mucho éxito entre los judíos, aparte de la conversión de Crispo, el jefe de la sinagoga, y su casa (18:6), y más tarde de otro jefe, Sóstenes. Debido a la oposición al mensaje en la sinagoga, Pablo cambió su centro de predicación a la casa del → prosélito Justo, contigua a la sinagoga. Allí fue tal el éxito que "muchos ... oyendo, creían y eran bautizados" (Hch. 18:8; cp. v. 10).

Los creyentes eran principalmente de las clases inferiores (1 Co. 1:26) y algunos habían vivido en una condición realmente depravada (1 Co. 6:9-11). Surgió, pues, una iglesia grande en medio de una sociedad notoriamente degenerada.

Algunos creyentes corintios no comprendían la relación que hay entre la moral y la religión según la fe evangélica (1 Co. 6:9-20). Posiblemente esto se debiera a que la religión que antes practicaban no enseñaba tal relación y a que desconocían la religión hebrea, la cual sí subrayaba este aspecto. Por tanto, esta iglesia, la más problemática que Pablo fundó, mereció un cuidado especial. Motivó la escritura de por lo menos cuatro cartas, de las cuales sólo dos (algunos eruditos dicen tres) han llegado hasta nosotros: las epístolas canónicas 1 y 2 Co.

Ambas cartas afirman que el que escribe es Pablo (1 Co. 1:1; 16:21 [cp. 1:12-17 y 3:4-6,22]; 2 Co. 1:1; 10:1). Ningún crítico serio ha puesto en tela de juicio la paternidad paulina.

I. FECHA Y LUGAR DE COMPOSICIÓN DE 1 CORINTIOS

De acuerdo con 1 Co. 16:8,19 fue escrita en Éfeso. Pero Hch. menciona dos visitas a Éfeso: la primera durante el segundo viaje (18:19ss.), poco después de terminar su primera visita a Corinto. En esta ocasión Pablo iba con mucha prisa rumbo a Jerusalén. Además, la visita fue antes de que Aquila y Priscila reorientaran a → Apolos. Estas circunstancias hacen imposible que la carta fuese escrita durante esta visita, puesto que en 1 Co. 16:9 Pablo dice que demorará en Éfeso y en 16:12 presenta a Apolos, no sólo como convertido, sino como predicador del evangelio.

Por otro lado la segunda visita, hecha durante el tercer viaje, duró tres años (Hch. 19:8,10; 20:31) y tuvo lugar después de la conversión de Apolos (18:24-28). En 1 Co. 16:5s. Pablo dice que la próxima escala en su itinerario será Macedonia y la siguiente Corinto. Esto cuadra con el itinerario indicado en Hch. 20:1s., después de su visita a Éfeso durante el tercer viaje. De ahí se concluye que la carta fue escrita hacia el fin de esta larga visita (ca. 54-57 d.C.).

II. OCASIÓN DE 1 CORINTIOS

Pablo había mandado una carta a los corintios (1 Co. 5:9), la cual no se ha conservado. Los corintios a su vez escribieron a Pablo haciéndole preguntas acerca de: (1) el matrimonio, 7:1; (2) las viandas ofrecidas a los ídolos, 8:1; (3) las relaciones sociales con los paganos, 10:23-33; (4) la colecta para los pobres en Jerusalén, 16:1,2.

Además, posiblemente algunas personas le habían informado de desórdenes en la iglesia: (1) disensiones partidarias, 1:11,12; (2) inmoralidades, caps. 5 y 6; (3) litigios entre hermanos ante tribunales paganos, 6:1; (4) conducta impropia de las mujeres en los cultos, 11:2-16; (5) abusos en la celebración de la Santa Cena, 11:17-34; (6) malentendido de los dones espirituales, caps. 12-14; (7) duda acerca de la doctrina de la resurrección, cap. 15.

III. MOTIVO DE 2 CORINTIOS

Después de que Pablo escribió la primera carta y mientras todavía estaba en Éfeso, le llegaron malas noticias (traídas quizá por Timoteo, 1 Co. 16:10) en cuanto a la marcha de las cosas en Corinto. Algunos miembros de la iglesia y especialmente una persona (quizá judaizantes) se oponían a Pablo y ponían en tela de duda su apostolado. La situación se agravó tan- to que Pablo resolvió hacer una visita repentina a Corinto. Esta fue la visita penosa a que se refirió Pablo en 2 Co. 12:14; 13:1s.; pero no se menciona en Hch. Fue una experiencia amarga para el apóstol.

Pablo regresó a Éfeso y escribió una carta severa, defendiéndose y defendiendo su apostolado. La escribió conmovido hasta las lágrimas (2:3s.) y la envió por medio de Tito. Fue tan drástica la carta que después se arrepintió de haberla escrito (7:8). Esta fue la tercera carta escrita a los corintios y tampoco la tenemos, a menos que los caps. 10-13 de 2 Co. compongan esta carta, como alegan algunos eruditos. La teoría es atractiva pero la mayoría de los comentaristas la rechazan.

Poco después de escribir la carta, Pablo se dirigió a Troas (2 Co. 2:12) para esperar a Tito y enterarse de la reacción de los corintios al recibir una carta tan severa. Tito no llegó y, posesionado de tremenda intranquilidad, el apóstol se dirigió a Macedonia (2:13); allá encontró a Tito, y éste le contó de los efectos saludables de la carta y del arrepentimiento de su detractor (7:6-12).

En vista de esto Pablo escribió una cuarta carta, la que es 2 Co. en nuestro NT, y la envió por medio de Tito y varios otros hermanos (2 Co. 8:16-24), entre ellos quizás el mismo Lucas.

IV. FECHA Y LUGAR DE COMPOSICIÓN DE 2 CORINTIOS

Fue escrita seguramente en Macedonia (2:13; 7:5; 8:1; 9:2), quizás en Filipos, hacia el fin del tercer viaje (Hch. 20:1-6), ca. 57.

V. CONTENIDO DE LAS CARTAS

1 Corintios
Salutación y acción de gracias, 1:1-9
A. Represión del espíritu sectario, 1:10–4:21
B. Problemas respecto a la moral sexual y el matrimonio, 5:1–7:40
C. Orientación respecto a las viandas ofrecidas a ídolos, 8:1–11:1
D. Desórdenes en el culto y el ministerio cristiano, 11:2–14:40
E. La doctrina de la resurrección, 15:1-58
F. Asuntos prácticos e inmediatos, 16:1-18
Despedida y bendición final, 16:19-24

2 Corintios
Saludo, 1:1,2
A. Asuntos personales del apóstol, 1:3–2:13
B. La gloria del evangelio y su ministerio, 2:14–6:10
C. Llamamiento a la separación del mal y a la reconciliación, 6:11–7:4
D. El relato de la reconciliación, 7:5-16
E. La colecta para los cristianos pobres en Jerusalén, 8:1–9:15
F. Vindicación del apostolado de Pablo, 10:1–13:10
Conclusión, 13:11-14

W. M. N.

Bibliografía
IB II, pp. 389-418; *INT*, pp. 280-291; *EDBM* II, cols. 531-541; *SBSJ* IV, 51:1-52:48; *BC* VI, pp. 369-502; *VD* IV, pp. 171-253; A. B. Rudd, *Las epístolas a los corintios*, El Paso: Casa Bautista, 1932; K. H. Schelkle, *Segunda carta a los corintios*, Barcelona: Herder, 1969.

CORINTO. Ciudad capital de la provincia romana de Acaya en el territorio de Grecia. Se encontraba en la parte oriental del istmo que separa el mar Jónico del Egeo. Tenía dos puertos, Lejaión a 2.5 km al O y Cencrea a 14 km al E, muy traficados debido al temor que tenían los marineros de las fuertes tempestades que continuamente azotaban la costa del Peloponeso al S. El procónsul romano residía en C., ya que ésta era la ciudad más opulenta e importante de Grecia.

Antiguamente esta localidad se llamaba Epira. Pero cuando los romanos conquistaron a Grecia en 146 a.C., destruyeron por completo la antigua ciudad, mataron a los hombres, y vendieron a las mujeres y a los niños como esclavos. Después de un siglo de abandono, Julio César la reconstruyó como colonia (44 a.C.) y le dio el nombre de C. Cuando Pablo llevó el evangelio allá en el año 51 d.C. encontró una ciudad relativamente joven y sin muchas de las arraigadas tradiciones socioculturales que poseían otras ciudades. Por tanto, los corintios estaban más dispuestos a recibir nuevas ideas.

Siendo ciudad porteña, visitada continuamente por innumerables marineros que se encontraban lejos de sus hogares, C. llegó a ser un centro de inmoralidad a tal grado que la palabra "corintizar" era sinónimo de "fornicar". La inmoralidad predominaba hasta en la religión; en el templo de Afrodita, la diosa del amor, se mantenía a mil sacerdotisas que practicaban la prostitución "sagrada".

Los colonos originales que llegaron a C. vinieron del S de Italia, pero pronto muchos griegos y orientales, incluso judíos, se mezclaron con ellos. La comunidad judía construyó una sinagoga que más tarde habría de ser el puente que Dios usaría para la entrada del evangelio (Hch. 18:4). El monoteísmo y la moral de los judíos contrastaban tanto con la disolución corintia, que muchos no judíos fueron atraídos a la sinagoga. Lucas llama "temerosos de Dios" a estos gentiles (Hch. 18:7). Algunos llegaron a aceptar la circuncisión y los otros aspectos de la ley judaica, y alcanzaron la categoría de "prosélitos" (cp. Hch. 2:10; 13:43). Esta sinagoga, compuesta de judíos, prosélitos y temerosos de Dios (simpatizantes) constituía un campo blanco, preparado para la cosecha. Pablo predicó el evangelio allí (Hch. 18:4) y el resultado fue una de las principales iglesias del primer siglo. 1 y 2 Corintios atestiguan las relaciones posteriores de Pablo con esta congregación.   P. W.

CORNELIO. →Centurión romano de Cesarea, "temeroso de Dios", cuya importante conversión al evangelio (Hch. 10) se destaca con repetidas menciones (11:1-8; 15:7,14). Las visiones simultáneas de C. y Pedro que precedieron a esta conversión, y los fenómenos pentecostales que la acompañaron (11:15-17), hicieron manifiesto que Dios había quitado la pared divisoria entre judíos y gentiles (Ef. 2:14-16). Estos últimos entraron en la iglesia con igual derecho que los judíos (Hch. 2) y los samaritanos (Hch. 8).

La conversión de C. asentó el precedente para resolver la cuestión de la relación entre judíos y gentiles. Se aclaró que la iglesia era una entidad aparte del judaísmo y que los gentiles no tenían que pasar por la puerta judaica. Aunque lo dicho de C. en Hch. 10:2 no asegura que era →prosélito del judaísmo, su carácter noble y piadoso amortiguó el choque de esta innovación que parecía peligrosa a los creyentes judíos.
                                        L. S. O.

CORO. Medida igual al →homer (Ez. 45:14), usada para harina (1 R. 4:22), cereales (2 Cr. 2:10; Lc. 17:6; cp. texto gr.) y aceite (Ez. 45:14).

Vista de las ruinas de Corinto. En el fondo el acrópolis, fortaleza característica de cada ciudad griega, que simbolizaba su cultura y poderío. Aquí San Pablo trabajó al lado de Aquila y Priscila y testificó a todos de la gracia salvadora de Jesucristo.   WDR

Equivalía aproximadamente a 220 litros. (→ ME-DIDAS.)   W. M. N.

CORONA. Símbolo distintivo de nobleza, realeza o autoridad, que se lleva sobre la cabeza. Desde los tiempos bíblicos su forma ha variado desde un sencillo círculo de oro hasta un tocado complicado de distintos diseños e incrustado de joyas (2 S. 12:30). En ocasiones, como en el caso de la coronación de Joás (rey de la dinastía davídica), la imposición de la c. se asociaba con la entrega del "testimonio" (una copia de la ley) y la unción (2 R. 11:12). Muchos salmos (v.g. Sal. 2) celebran este tipo de coronación).

En la Biblia la palabra que se traduce "corona" puede significar el atavío de cabeza que es insignia honorífica o símbolo de dignidad. En el grabado se representan guirnaldas, diademas y coronas.

En la época del AT la c. tenía sentido simbólico. La de David y sus descendientes representaba el reino asegurado por un pacto con Jehová, reino que podía perderse por la apostasía (Sal. 89:38,39; cp. 21:3). Como pura figura, representaba la consumación y → gloria del hombre, el valor de la mujer virtuosa para su marido, las canas para el anciano, los nietos para el abuelo, etc. (Pr. 12:4; 16:31 BJ; 17:6).

En el NT no se emplea el término "c." con respecto a reyes terrenales. No obstante, Mateo, Marcos y Juan describen la coronación escarnecedora de Jesucristo por los soldados romanos. Éstos, al entretejer una c. de espinas, inconscientemente hicieron un símbolo de la realeza del Señor y de la maldición del pecado que asumió por nosotros.

Heb. 2:7, citando Sal. 8:5, recuerda que Dios coronó al hombre de honra y gloria. Luego señala a Jesús como el único digno de llevar tal

c. ahora, y eso "a causa del padecimiento de la muerte" (Heb. 2:9).

En el NT "c." traduce dos palabras gr.: → *diadema* que aparece tres veces (Ap. 12:3; 13:1; 19:12) y *stéfanos*, dieciocho veces. *Stéfanos* era el premio que ganaban los atletas vencedores en los juegos olímpicos. Era una guirnalda sencilla hecha de hojas de laurel, perejil, olivo o pino, que aunque hermosa pronto se marchitaba. Pablo, escribiendo a los corintios, compara esta c. con la c. "incorruptible" que espera al creyente que termina fielmente su carrera (1 Co. 9:24-27; 2 Ti. 2:5; cp. Heb. 12:1,2). También se habla de la c. de "justicia", de "vida", o de "gloria" (2 Ti. 4:8; Stg. 1:12; 1 P. 5:4) y se nos amonesta acerca del peligro de perderla (Ap. 3:11). Pablo tenía por c. a sus hijos en la fe (Fil. 4:1; 1 Ts. 2:19).

Las c. no son para gloria propia. Los ancianos de Ap. 4:4,10 las echan delante del trono del Señor como tributo por haberlos capacitado para ganarlas.   E. H. T.

CORREO. El despacho regular de c. por medio de jinetes y postas, sólo se organizó en tiempo de los persas (Est. 3:13,15; 8:10). Pero tanto en Israel como en Babilonia se utilizaban ocasionalmente veloces jinetes para llevar mensajes (2 Cr. 30:6,10; Jer. 51:31). Era proverbial la rapidez de tales mensajeros (Job. 9:25).

Ordinariamente, los reyes y los particulares utilizaban sus propios amigos y siervos para enviar misivas (2 S. 11:14; Neh. 6:5; Hech. 23:23, etc.). Los autores de las cartas del NT, para hacerlas llegar a las iglesias, no tenían más recurso que confiárselas a sus discípulos (Hch. 15:23).   C. R.-G.

CORZO (traducción del vocablo heb. *tsébi*, que a menudo también se traduce por "gacela"). Cuadrúpedo rumiante que se identifica con la gacela y el antílope, dorcas o gacela arábiga, que abunda en Siria, Arabia, Persia y Egipto. Es muy elogiado en la poesía oriental por su gracia y hermosura. Mide unos 56 cm de alto y es de un color rojizo obscuro con manchas pardas obscuras o negras y blancas; tiene cuernos negros, que vistos de frente presentan la forma de una lira, y grandes ojos brillantes; anda en manadas y es fácilmente domesticado, aunque es muy tímido. Su carne es sumamente apetecible (1 R. 4:23). "Tábita" y "Dorcas" (Hch. 9:36), palabras aramea y griega, respectivamente, corresponden al heb. *tsébi* del AT.

El c. es animal limpio (Dt. 12:22; 14:5), objeto de caza (Pr. 6:5; Is. 13:14), ligero (2 S. 2:18; 1 Cr. 12:8), y bello (Cnt. 2:7,9,17; 3:5; 8:14). (→ CIERVO.)   A. J. G.

COS. 1. Descendiente de Judá (1 Cr. 4:8).

2. Jefe de la séptima división de sacerdotes (1 Cr. 24:10; Esd. 2:61; Neh. 7:63).

3. Ascendiente de Meremot (Neh. 3:4,21).

4. Isla y ciudad en el mar Egeo, frente a la costa SO de Asia Menor (Hch. 21:1; 1 Mac.

La mayor parte de la población hebrea trabajaba en la agricultura. Una vez recogidas las cosechas, el grano se trillaba, según instrucción divina (Is. 28:26), de dos maneras: golpeando las gavillas con una vara o mayal o haciéndolas pisar por bueyes.   MPS

15:23), donde Pablo hizo escala rumbo a Jerusalén.   R. F. B.

COSECHA. Término de uso frecuente en las Sagradas Escrituras que significa recolección de los frutos de la tierra (Éx. 22:29; 23:10,16; 34:22; Dt. 16:13; Is. 16:9; 17:11; 32:10; Mt. 3:12; Jn. 4:36-38; 1 Co. 9:11; 2 Co. 9:6; Gá. 6:7; Ap. 14:15; etc.). (→ AGRICULTURA.)

Según la ordenanza divina, la c. debía efectuarse anualmente durante períodos de seis años y en el séptimo debía darse descanso a la tierra (Éx. 23:10,11). Las primicias de las c. debían ser pagadas lo más rápidamente posible (Éx. 22:29).

La gran fiesta de los tabernáculos (Dt. 16:13), se celebraba en ocasión de la recolección de los frutos, por eso también se llamaba de las c. o cabañas (Éx. 23:16; 34:22; Dt. 16:13-15). En los días de Nehemías esta fiesta se celebró con gran pompa y supremo regocijo (Neh. 8:14-18).

La Biblia establece que el hombre cosecha los resultados de sus acciones (Job. 4:8; Pr. 22:8; Gá. 6:7). Cristo hizo referencia en varias ocasiones a la c. para enseñar verdades espirituales (Mt. 3:12; Mr. 4:29; etc.).   A. P. P.

CREACIÓN. Acto del libre albedrío de Dios por el cual hizo todo el universo para su propia gloria, sin valerse de materiales ya existentes. El relato de la c. en Gn. 1-2, no debe considerarse como texto científico de geología, sino más bien como una exposición teológica de la soberana intervención de Dios, que dio origen a "todas las cosas, las que hay en el cielo y las que hay en la tierra, visibles e invisibles" (Col. 1:16). Por cuanto todo lo que sabemos mediante la revelación tiene elementos de "sabiduría de Dios en misterio" (1 Co. 2:7), la verdad bíblica de la c. es evidente solamente por medio de la fe. Como se afirma en Heb. 11:3, "por la fe entendemos haber sido constituido el universo por la palabra de Dios, de modo que lo que se ve fue hecho de lo que no se veía".

La Biblia descarta tanto el dualismo de la filosofía clásica de los griegos como el materialismo absoluto. El primero enseña que las fuerzas del bien y del mal son eternas y que el espíritu refleja el bien mientras la materia refleja el mal. El materialismo absoluto, en cambio, enseña que la materia es eterna y que la historia es determinada por las leyes del desarrollo material. El primer versículo de la Biblia contradice ambas filosofías al decir: "En el principio creó Dios los cielos y la tierra" (Gn. 1:1). De igual manera, la doctrina bíblica de la c. descarta el panteísmo. El universo no es una manifestación externa de Dios mismo, sino la obra de sus manos, y como tal, completamente distinta de la esencia divina.

La c. es del Dios trino. Se atribuye al Padre (Gn. 1:1; Sal. 33:6), al Hijo (Jn. 1:3,10; Col. 1:16), y al Espíritu Santo (Gn. 1:2; Job 26:13), sin hacer distinción entre lo creado por cada persona de la Trinidad.

I. CREACIÓN DEL UNIVERSO

La Biblia enseña que Dios hizo el universo de la nada. Antes del "principio" no existía ninguna cosa material, ni existía el tiempo mismo.

134

Solamente existía Dios. Gn. 1:1 se refiere a la creación *ex nihilo* de toda la materia y energía de que se compone el universo. Desde entonces, han variado de forma, pero no ha sido necesaria otra c. Dios no creó el universo impulsado por ninguna necesidad, porque Dios no necesita de nada (Hch. 17:25). Lo hizo espontáneamente, movido por su voluntad y para su propia gloria.

El lenguaje de Gn. 1-2 no es científico; fue escrito en una época precientífica por un hombre precientífico. El Espíritu Santo no se propuso revelar en aquel entonces los descubrimientos posteriores de Copérnico, Galileo, Newton y Einstein, hallazgos que le correspondían al hombre bajo el mandamiento divino de sojuzgar la tierra y señorear en la c. (Gn. 1:28). Por tanto, el lenguaje bíblico es fenomenológico; describe solamente lo perceptible. Sin telescopio ni microscopio, sin haber descubierto siquiera que el mundo no fuese plano, el hombre tenía por delante mucho que estudiar e investigar. Desde ese punto de vista, es evidente que no hay ninguna contradicción entre la historia bíblica de la c. y la ciencia moderna, ni la habrá cuando la ciencia de un siglo futuro haga anticuada nuestra ciencia de hoy.

Con el desarrollo de la geología, por ejemplo, ya se sabe que los "días" de Gn. 1 no pueden ser días literales de veinticuatro horas. Más bien, son etapas de duración indefinida, expuestas en lenguaje fenomenológico. Es innecesario postular un cataclismo en Gn. 1:2 donde dice, "y la tierra estaba desordenada y vacía", para reconciliar la geología con la Biblia. Asimismo es artificial e innecesaria la teoría de que Dios pudiera haber creado todas las rocas y fósiles en una semana en la forma en que existen actualmente, dándoles solamente una apariencia de antigüedad. En otras partes, la Biblia tampoco usa la palabra → "día" en el sentido de períodos de veinticuatro horas (Is. 13:6; 2 Co. 6:2; 2 P. 3:8).

II. Creación de la vida

La c. de la vida levanta ciertos interrogantes en cuanto a la teoría de la evolución, pero nuevamente si se entiende la Biblia en el sentido correcto, no hay conflicto. Evidentemente Dios creó la vida en por lo menos siete etapas, con un "género" en cada etapa, durante los "días" tres, cinco y seis. En el sexto fue creado el hombre.

No se sabe con exactitud a qué corresponde un "género" en la taxonomía moderna. Un factor importante es que la c. de todos los géneros no fue *ex nihilo*, sino por medio de algún material ya creado y existente: "Produzca la tierra hierba verde" (Gn. 1:11); "Produzcan las aguas seres vivientes" (Gn. 1:20); "Produzca la tierra seres vivientes" (Gn. 1:24), etc. Posiblemente Dios creó el progenitor de cada género, y luego permitió que las leyes naturales (que también fueron establecidas por Dios) operasen para el desarrollo de miles de especies distintas en forma paulatina. En ese sentido pudiera haber ocurrido un cierto proceso de evolución, y las pruebas científicas parecen ser abundantes para sostenerlo como hecho evidente de la naturaleza. Tal proceso no contradice la enseñanza bíblica que sostiene que la mano del Dios soberano desempeñó un papel sublime en el origen de toda la vida.

III. Creación del hombre

El hombre fue la culminación de toda la c. Nuevamente Dios usó elementos materiales ya existentes ("del polvo de la tierra" Gn. 2:7), pero la diferencia de toda otra c. radica en la declaración "creó Dios al hombre a su imagen" (Gn. 1:27). Ningún animal asumió la → imagen de Dios, y por eso no había entre ellos una "ayuda idónea" (Gn. 2:20). El concepto de la imagen de Dios decididamente no se presta a la teoría de que el hombre es producto de la evolución, sea en el sentido de evolución materialista o en el sentido de evolución teísta. El soplo de "aliento de vida" (Gn. 2:7) alude a un acto instantáneo y no a un proceso largo. La "imagen de Dios" como tal no pudo evolucionar. El concepto de una imagen de Dios parcialmente desarrollada es un tanto absurdo.

La imagen de Dios, por supuesto, no tiene significado material, puesto que Dios es espíritu (Jn. 4:24). La semejanza del hombre con Dios no está en su cuerpo, sino en su espíritu. Por consiguiente, algunos teólogos opinan que el asunto del cuerpo físico del hombre se puede tratar en renglón aparte. Fisiológicamente, es evidente que el hombre tiene mucho en común con los animales superiores, y de ahí que, según algunos, Dios intencionalmente creó un nuevo cuerpo muy parecido físicamente a los antropoides ya existentes. Algunos teólogos modernos creen, sin embargo, que Dios tomó un antropoide ya desarrollado y que sopló en él "aliento de vida", dándole así un espíritu según la imagen de Dios. En este caso, el primer ser que "recibió" la imagen de Dios vendría a ser → Adán. Además de otras dificultades que podría tener, esta última teoría no toma suficientemente en cuenta la íntima relación que existe entre el cuerpo y el espíritu humanos. Olvida algunos detalles específicos del relato de la c., como p.e. el hecho de que Dios formó al hombre del polvo.

La Biblia enseña la unidad de la raza humana como un punto teológico muy importante. De la primera pareja, Adán y Eva, descendió todo ser humano (Hch. 17:26). La caída de Adán, que implicó la caída de todo el género humano (1 Co. 15:22), hace resaltar esta unidad.   P. W.

CREER. → FE.

CRESCENTE (latín = 'creciente'). Compañero de Pablo posiblemente en Roma, que, según 2 Ti. 4:10 y algunos mss, después se dirigió a Galacia o a Galia. Quizá C. inició el avance occidental del evangelio aún antes de la muerte de Pablo.   W. M. N.

Vista panorámica de las montañas del sur de Creta, cuna de la antigua civilización minoa y escenario también de labores misioneras de San Pablo. En primer plano las ruinas del palacio de *Phaestos* o Festo, ciudad cuyo lugar de emplazamiento fue ocupado desde comienzos del período neolítico.   SAL (BEVILACQUA)

CRETA (heb. *kaftor,* gr. *krete).* Isla grande (240 km de largo por entre 10 a 56 km de ancho) situada en el mar Mediterráneo, al SE de la península de Grecia y a media distancia entre Siria y Malta. Es escabrosa y montañosa, pero tiene muchas llanuras y valles fértiles. Sus habitantes, posibles ascendientes de los filisteos, eran excelentes marineros que visitaban todas las costas, y también hábiles en el manejo del arco y la flecha. Toda la civilización minoica era una de las más elevadas entre 3000 y 1100 a.C., y descollaba especialmente en las artes plásticas. C. era una de las "Kaes" contra cuya infidelidad amonestaba el proverbio griego, a saber: *Kappadokia, Kilikia* y *Krete.* Esto concuerda con las características que el apóstol atribuye a los cretenses, al llamarlos "siempre mentirosos", brutos y glotones, citando al poeta cretense Epiménides (Tit. 1:12s.).

Algunos cretenses se hallaban entre la muchedumbre pentecostal (Hch. 2:11), pero C. es más conocida por el viaje de Pablo a Roma (Hch. 27). La nave se dirigió primero a Salmón, promontorio oriental de la isla, y permaneció en → Buenos Puertos. Después zarparon y fueron llevados por el viento hacia Malta. Se supone que Pablo visitó a C. anteriormente y estableció iglesias allí confirmando a Tito como su superintendente (Tit. 1:5).

A. T. P.

CRISÓLITO (heb. *tarsis,* gr. *jrysólithos*). Piedra preciosa de color oro claro, que quizá pueda identificarse con el topacio de los tiempos romanos. Figura en el pectoral del sumo sacerdote (Éx. 28:20 NC), en la descripción del rey de Tiro (Ez. 28:13), en visiones proféticas (Ez. 1:16 RV; Dn. 10:6 NC), y en la descripción de la Jerusalén celestial (Ap. 21:20).   R. F. B.

CRISOPRASO. Piedra preciosa que aparece en Ap. 21:20, en el décimo cimiento de la Jerusalén celestial. Su clasificación es incierta, pero si aquí es la misma que conocemos hoy, será calcedonia verde o crisopacio, que es una variedad del cuarzo compuesta de sílice y níquel.

J. E. D.

CRISPO. Principal dirigente de la sinagoga de Corinto, convertido al evangelio con toda su familia durante la visita de Pablo (Hch. 18:8). Se cuenta entre los pocos que fueron bautizados personalmente por Pablo (1 Co. 1:14).   P. W.

CRISTAL. Sustancia transparente e incolora, mencionada en imágenes poéticas (→ VIDRIO). Según el contexto, los términos heb. *gabis* y *qerah* pueden traducirse "c." (Job 28:18 BJ; Ez. 1:22 RV), "nieve" (Job 6:16 RV), o "helada" (Gn. 31:40 RV). Los términos gr. *krystallos* y *krystallizo* igualmente equivalen al cuarzo o al hielo (Ap. 4:6; 21:11; 22:1).   J. E. D.

CRISTIANO. Término híbrido que combina el título gr. *jristos* con la terminación latina *ianus,* y significa "partidario" o "seguidor de Cristo". (cp. "herodiano" = partidario de Herodes.)

Aparece tres veces en el NT (Hch. 11:26; 26:28; 1 P. 4:16). Fue un distintivo inventado por personas extrañas al evangelio, y no por los discípulos mismos. Los adherentes a la fe de Cristo preferían llamarse "hermanos", "discípulos", "santos", "creyentes", o "elegidos", mientras que, para los judíos, eran "galileos" o → "nazarenos". Los judíos no admitirían que los nazarenos fuesen c., o sea "los hombres de → Cristo (Mesías)", ya que para ellos Jesús no era el Mesías.

Una fidedigna tradición que afirma que Lucas era natural de Antioquía, apoya la idea de que allí fue donde se inventó el apodo de "c." (Hch. 11:26). Además, el contexto revela que el empleo del nuevo nombre corresponde a la fecha de la formación de la primera iglesia local, predominantemente gentil. Ya no se trataba de una secta más o menos adherida a una sinagoga, sino de una compañía de ciudadanos locales que hablaban insistentemente de Cristo. Lo más probable es que los antioqueños –célebres por sus bromas e ironías– inventasen el apodo para señalar despectivamente a los miembros de la iglesia " ¡secuaces del partido de Cristo! ". Más tarde cuando Pedro anima a los creyentes frente a la inminente persecución neroniana, parece que los c. ya eran una secta proscrita: "Si alguno padece como c., no se avergüence . . ." (1 P. 4:16). Tácito, historiador romano, confirma que Nerón inventó cargos contra la secta "que la gente común llamaba c." (→ JESUCRISTO). E. H. T.

CRISTO. → MESÍAS, JESUCRISTO.

CRÍTICA BÍBLICA. Aplicación a los escritos bíblicos de ciertas técnicas usadas en relación con otros tipos de literatura para establecer, hasta donde es posible, el texto original, las circunstancias y fecha de su composición, sus fuentes, su paternidad literaria, etc.

I. CRÍTICA TEXTUAL

Esta disciplina busca averiguar las palabras exactas que el autor empleó, si éstas se han alterado en el transcurso de los siglos después de haberse copiado. No es de extrañarse que los escribas –que no contaban con los métodos modernos de composición e imprenta– se hayan equivocado a veces en la reproducción manuscrita de los textos. En escritos tan extensos y que por espacio de 1500-2500 años se reprodujeron así innumerables veces, era inevitable que el texto sufriera numerosas variaciones. Cambios no intencionales (contaminación de textos paralelos, errores cometidos al copiarse un texto, etc.) y cambios deliberados (aclaraciones, la eliminación de durezas gramaticales, "correcciones" doctrinales, etc.) oscurecieron muchas veces el texto del autógrafo.

Puesto que no nos ha quedado ningún autógrafo bíblico, y los mss. antiguos varían entre sí, la crítica textual desempeña un papel vital en el estudio de las Escrituras. Providencialmente, sus resultados han sido tan positivos que se ha logrado reconstruir, en el 99,9 % de los casos, el texto original. Esto se ha conseguido no sólo con el estudio minucioso de mss. copiados en el idioma original (→ TEXTO), sino también con el cotejo de traducciones antiguas en otros idiomas (→ VERSIONES) y con el examen de las citas bíblicas tomadas de autores casi contemporáneos. Las siguientes versiones españolas se basan en textos científicamente establecidos: BC, BJ, HA, LA, NC, VM.

II. CRÍTICA LITERARIA

Para distinguir esta crítica de la textual, solía llamársele la "alta crítica", porque constituye el aspecto posterior (o "superior") del proceso crítico, que depende del previo trabajo textual.

Aunque los rabinos y los padres eclesiásticos la practicaban hasta cierto punto (→ CANON), la crítica literaria como ciencia data de la *Introducción al AT,* de J. C. Eichhorn (1787). Éste examinó la estructura interna de cada libro, las fuentes que se habían utilizado y el modo de combinar o elaborarlas. La "crítica de las fuentes" se realiza con mayor acierto cuando se cuenta con una fuente documentaria utilizada por el propio autor bíblico. Por ejemplo, los libros de Samuel y Reyes, a los que recurrió con frecuencia el autor de los dos libros de Crónicas, nos permiten sacar conclusiones bien definidas respecto al estilo literario del cronista.

En cuanto al NT, se cree comúnmente que Mr. sea una de las fuentes principales de los otros dos → Evangelios Sinópticos; esto permite analizar la forma en que Lc. y Mt. se valieron de su fuente. Dado el caso de la desaparición de la fuente, este tipo de crítica es más conjetural y arriesgado. Así, en la crítica del → Pentateuco, hoy se puede apreciar mejor que en 1900, lo difícil que es determinar con exactitud el número de fuentes utilizadas, su fecha y su relación mutua.

Para fijar la fecha de un escrito hay criterios internos y externos. Si una obra es citada por una autoridad de fecha conocida, se sigue que aquélla es más antigua. Si se refiere a acontecimientos cuya fecha se ha determinado por medio de otros documentos (como p.e. ciertos pasajes del AT referentes a incidentes de la historia egipcia o mesopotámica) entonces es posterior a ellos y nos da indicios de la fecha (p.e. libros proféticos que indican cierto año del reinado de tal o cual rey).

Mientras más avanza la reconstrucción de la historia del Cercano Oriente, más factible es situar un escrito antiguo en el marco histórico que le corresponde. Sin embargo, hay que dejar lugar para el elemento predictivo de la profecía; el interpretar todas las predicciones cumplidas como vaticinios después del suceso es poco científico. Cuando se trata de determinar la fecha de una profecía realmente predictiva, se la considera anterior a lós acontecimientos predichos, pero posterior a los referidos como fondo histórico. Así se infiere que el libro de Nah. es anterior a la caída de Nínive (612 a.C.) por cuanto la predice, pero posterior a la caída de Tebas (663 a.C.) a la que se refiere (Nah. 3:8s.) como dato histórico. Su fecha exacta dentro de ese medio siglo, tiene que determinarse mediante un examen de la fraseología y un cálculo de las probabilidades.

Durante los primeros siglos de post-Reforma hubo, tanto entre católicos como entre protestantes, un endurecimiento de las líneas dogmáticas. El examen del aspecto humano de la composición bíblica cedió ante la constante reafirmación de la infalibilidad escritural (cuando en realidad ésta hubiera cobrado más realce con la ayuda de aquél). A fines del siglo XVIII se aplicaron a la Biblia varios métodos de investigación literaria, y en el siglo XIX se produjo mucha literatura en relación con ello. Especialmente en el campo neotestamentario, los racionalistas y antisupernaturalistas estuvieron en la vanguardia del movimiento, y la filosofía idealista de Hegel o el cientificismo optimista de Darwin (cp. la teoría Wellhausen, →PENTATEUCO) influyeron en ellos sobremanera. Como contrapeso, los eruditos conservadores (p.e. Delitzsch y Hengstenberg en AT y Westcott y Lightfoot en NT) adelantaron mucho nuestro conocimiento de las circunstancias humanas de los escritores, sin perder de vista la →inspiración única de la Biblia. La exploración arqueológica, los descubrimientos filológicos, y los estudios del rabinismo prepararon el terreno para un nuevo viraje en el siglo XX hacia una investigación histórica más atinada que la de los liberales del siglo XIX.

III. CRÍTICA DE LAS FORMAS

En las primeras décadas de nuestro siglo ciertos especialistas alemanes hicieron hincapié en tres métodos críticos: 1) el estudio de la tradición oral tras los documentos, 2) la comparación de los temas en las religiones egipcias y mesopotámicas con otros similares en la religión hebrea, para ver cómo Israel se sentía atraído por las culturas circunvecinas y simultáneamente reaccionaban contra ellas, y 3) la crítica de las formas literarias que revisten los relatos, las leyes y los poemas del AT.

En su comentario sobre Sal. (1933) H. Gunkel aplicó con éxito estos principios, valiéndose de la "situación vital" de cada salmo para entender mejor los géneros literarios, y viceversa. Con resultados menos convincentes, M. Dibelius y R. Bultmann aplicaron el mismo método al NT. Estos formistas nos han legado una excelente metodología, pero muchos de ellos, motivados por sus presuposiciones filosóficas, la usan para llegar a conclusiones muy escépticas respecto a la historicidad de los relatos de la Biblia (v.g.: la desmitización de Bultmann, quien niega la posibilidad del milagro), y la relación del Jesús histórico con el Cristo de la proclamación

eclesiástica. Para el evangélico, el método formista revela cuán exactas eran las tradiciones orales, que fueron la base de nuestros libros canónicos, y la creatividad inspirada de los autores bíblicos.

En las últimas décadas ha resurgido una teología bíblica que adopta la terminología y la estructura conceptual de la Biblia misma. Hoy hay menos interés en sistematizar, helenizar o modernizar la verdad bíblica que en formular preguntas que las Escrituras estén dispuestas a contestar, y luego describir la respuesta. Esto facilita la "traducción" de estos conceptos en la vida actual de la comunidad creyente. El descubrimiento de los rollos de →Qumrán, los escritos →gnósticos de Naghammadi, los papiros en el griego koiné (→GRIEGO [idioma]), y →targumes en →arameo, han hecho posibles muchos comentarios técnicos y obras como los 8 tomos de G. Kittel (Diccionario Teológico del NT, 1933 en adelante, en alemán e inglés). Sigue la reacción erudita contra el liberalismo de hace 50 años, y, aunque hay siempre nuevos ataques contra la veracidad de las Escrituras, se nota en la vasta literatura al respecto que más estudiosos que nunca reconocen en ellas un origen divino.

Bibliografía
IB, I, pp. 93-176. INT, pp. 67-126. Deissler, A., El AT y la moderna exégesis católica, Barcelona: Herder, 1966. Neill, S., La interpretación del NT 1861-1961, Barcelona: Ediciones 62, 1967.   R. F. B. ·

CRÓNICAS, LIBROS DE.

En el canon hebreo las Cr. eran un solo libro llamado Dibré Jayyamín ('hechos de los días'). En la LXX fue dividido en dos que se llamaron Paraleipomena ('cosas omitidas') porque se creía que contenían historia "omitida" por los otros libros históricos, lo cual explica que en algunas versiones católicorromanas estos libros se llamen Paralipómenos.

I. CONTENIDO

En la primera parte se resume la historia sagrada desde Adán hasta Saúl. De ahí en adelante la narración va paralela con la de 2 S. y 1 y 2 R., añadiendo algunos datos pero omitiendo otros muchos especialmente los relacionados con el Reino del Norte. Las Cr. se pueden dividir de la manera siguiente: (1) las genealogías desde Adán hasta Saúl, 1 Cr. 1–9; (2) los hechos de David, 1 Cr. 10–29; (3) el reino de Salomón, 2 Cr. 1–9; (4) Los reyes de Judá desde la división del reino hasta el cautiverio, 2 Cr. 10–36.

II. PROPÓSITO Y POSICIÓN EN EL CANON

El autor pone de relieve la dinastía davídica, el →pacto eterno que Yahveh había hecho con David, el templo con su culto establecido por David, el papel de los →levitas y la ley. Los libros de Samuel y Reyes se escribieron desde el punto de vista profético, pero las Cr. desde el sacerdotal o levítico. Por tanto, éstas tratan de asuntos eclesiásticos relativos a la construcción y la dedicación del templo, y a las ordenanzas del culto público. Hacen resaltar las épocas cuando la fe había sido la fuerza dominante entre el pueblo y sus dirigentes (v.g. los reinos de Asa, Josafat, Ezequías y Josías) y había traído la prosperidad, y subrayan que el abandono de la fe verdadera redundaba en ruina y maldición. La insistencia en lo anterior era necesaria para la comunidad postexílica a la cual escribía el autor.

Son los últimos libros en el canon hebreo (2 Cr. 24; cp. Mt. 23:35). Dada la afinidad de estilo, vocabulario, procedimiento y teología entre Cr. y →Esdras-Nehemías, algunos han creído que anteriormente formaban parte de una misma obra. Aunque no fuera así, es probable que los haya escrito un mismo autor o por lo menos cronistas de un mismo círculo. Interpretada así, la obra del cronista (y su círculo) presenta una visión panorámica de la historia de Israel (desde Adán hasta Nehemías) con su centro en la época normativa de David. La obra expresaba el anhelo de la comunidad postexílica del restablecimiento de la dinastía davídica en el reino del →Mesías. (→CANON.)

III. AUTOR Y FECHA

La obra es anónima pero la tradición judía la atribuye a Esdras. Actualmente hay diversidad de opiniones respecto a la identidad del autor. La tradición judía, el ambiente de la época, la posición de Esdras como escriba, la biblioteca que según Josefo poseía Nehemías y la ausencia de pruebas de que se haya escrito en fecha posterior ha hecho creer a algunos que el autor fue Esdras (458-398 a.C.). También se ha afirmado que no fue Esdras, sino otro que después se habrá valido de los escritos de él. Y hay quienes se inclinan por una fecha *ca.* 300 a.C., basándose en la oposición del cronista a la comunidad samaritana que empezó *ca.* 350 a.C.

Resumiendo, las Cr. son un libro postexílico cuyo autor puede haber sido Esdras o, menos probable, un levita que en una época posterior se aprovechó de los escritos de Esdras.

El autor dice haber usado documentos como base de su obra. Mucho del material es paralelo al de Samuel y Reyes, pero no se sabe si el cronista cita estos libros o si ha usado las mismas fuentes. Menciona seis fuentes históricas (1 Cr. 9:1; 27:24; 2 Cr. 16:11; 24:7; 27:7; 33:18) que bien podrían ser diferentes nombres de una misma obra. También usa ocho fuentes proféticas (1 Cr. 29:29; 2 Cr. 9:29; 12:15; 13:22; 20:34; 26:22; 32:32; 33:19; 35:25).

IV. HISTORICIDAD

Muchos críticos han dudado de la historicidad de las Cr., arguyendo que contienen datos idealizados, exagerados e incluso inventados con fines apologéticos. Pero estudios recientes y nuevos descubrimientos arqueológicos tienden a confirmar los relatos de las Cr. Quedan problemas difíciles de resolver, como ciertas discrepan-

cias (especialmente numéricas) entre las narraciones de las Cr. y las de Samuel y Reyes, pero otros que parecían irresolubles hoy pueden explicarse como errores de transmisión o con la costumbre de usar ciertos números hiperbólicamente (v.g. 2 Cr. 14:9). (→ESDRAS, →NEHEMÍAS.)   J. M. Br.

CRONOLOGÍA DEL AT

I. DESDE LA CREACIÓN HASTA LOS PATRIARCAS

En su famosa cronología, el obispo Usher estimó como fecha de la creación del mundo el año 4000 a.C., basándose para ello en los patriarcas (Gn. 5:3-32; 7:11; 9:28,29; 11:10-26) según el TM. Pero si se usa el texto samaritano o el de la LXX, se llega a resultados distintos. Sin embargo, no debe descartarse la teoría de las lagunas; es decir, si se afirma en el texto que A engendró a B esto no significa exclusivamente que B sea el hijo inmediato de A. Puede tratarse del nieto o del bisnieto o de descendientes aún más remotos.

Una tercera teoría interpreta la lista de los patriarcas no como individuos sino como representantes de dinastías. Al comparar las listas de los patriarcas resulta preferible el uso del TM porque el texto samaritano y la LXX aplican su propio criterio y redondean las cifras. Con todo, sin embargo, debe llegarse a la conclusión de que es imposible calcular la edad del mundo a base de datos exclusivamente bíblicos. Cabe mencionar que la cronología judía actual toma el año 3761 a.C. como año de la creación, resultado que obtiene de distintos datos de la Biblia y del Talmud.

Además, debe tenerse en cuenta que, a veces, para determinar ciertos acontecimientos se hace referencia a otros sucesos; p.e., la visión de Amós en el segundo año después del terremoto, y hoy día no es posible aprovechar con sentido absoluto tales datos históricos. Y para expresar tiempos más amplios, como la duración de una generación, de un reinado o de otro oficio, redondeaban la cifra y decían "40 años" (Jur. 3:11; 5:31; 8:28; 13:1; 15:20).

II. DE ABRAHAM HASTA LA MONARQUÍA

Sería de gran provecho para poder fechar con exactitud la prehistoria de Israel, o sea el tiempo entre Abraham y el éxodo de Egipto, si pudiéramos señalar como punto de partida acontecimientos paralelos en la historia profana. Muchos han creído que en Gn. 14 se ofrece tal punto de comparación. El capítulo describe la lucha de Abraham contra cuatro reyes que invadieron a Israel. Se ha intentado identificar a estos reyes con algunos conocidos de la historia antigua: → Amrafel con Hamurabi, rey y legislador de Babilonia (1728-1686); Arioc con Arriwuku el de las cartas de Mari (*ca.* 1750); y Tidal con Tudhalia, nombre de varios reyes hititas. Pero en ningún caso es segura la identificación.

El trasfondo cultural que se refleja en la historia de los patriarcas sugiere la primera mi-

LAS CIVILIZACIONES DEL MUNDO ANTIGUO
Compilado por J. Mervin Brenemen

EGIPTO	SIRO-PALESTINA [Y ANATOLIA]	MESOPOTAMIA
Prehistoria anterior a 3000 a.C.	Ocupación sedentaria en Jericó desde 6000 a.C.	
Período histórico Egipto unido bajo las dinastías I y II	*La edad de Bronce Antiguo, 3100-2300*	Cultura sumeria, 2800-2400 Primera literatura en Asia Tumbas de los reyes Extensión del poderío hasta el Mediterráneo
Imperio Antiguo, 2565-2180 Dinastías IV-VI Grandes pirámides Textos religiosos		Supremacía de los acadios, 2360-2180 Sargón I el gran Rey (de Acad)
Decadencia y recuperación, 2180-2000 Dinastías VII-X Dinastía XI Poder centralizado en Tebas	*Período intermedio: Bronce Antiguo Bronce Medio, 2200-1950*	Invasión de los guti, 2180-2080
Imperio Medio, 2000-1786 Dinastía XII Poderoso gobierno central Capital en Menfis Prosperidad Literatura clásica (Dinastías X-XII) (Memorias de Sinuhé)	*La edad del Bronce Medio, 1950-1550* Patriarcas en Canaán (Comerciantes asirios en Asia Menor, 1900-1750)	Tercera dinastía de Ur, 2060-1950 (sumerios) Presión de los semitas en el Norte Primera dinastía de Babilonia, 1830-1531 Epopeya de Gilgames escrita
Segundo período intermedio, siglos XVIII-XVI Dinastía XIII-XIV, Incertidumbre Ocupación de los hicsos, 1720-1560 Dinastías XV y XVI Dinastías XVII, 1600-1570 Reyes de Tebas expulsan a los hicsos	Israelitas en Egipto (Antiguo Imperio Hitita, 1740-1500)	(Amorreos, Zimri-Lin rey de Mari Samsi-Adad I de Nínive, siglo XVIII). (Los archivos de Mari) Hamurabi, 1728-1686 Conquista Mari Código de leyes Dinastía casita, 1600-1150 En Babilonia desde 1531
Imperio Nuevo Dinastía XVIII, 1570-1304 Amosis, 1570-1545 Amenofis I, 1545-1525 Tutmosis I, 1525-1508 Tutmosis III, 1490-1436 Amenofis II, 1436-1410 Tutmosis IV, 1410-1402 Amenofis III, 1402-1364, Cartas de El Amarna	*La edad del Bronce Reciente, 1550-1200* Egipto controla Palestina	Imperio Mitani, 1500-1370 Tablillas de Nuzi, 1500-1400

EGIPTO	SIRO-PALESTINA [Y ANATOLIA]		MESOPOTAMIA
Amenofis IV, 1364-1347 Horembeb, 1333-1304 Dinastía XIX, 1304-1200 Seti I, 1303-1290 Ramsés II, 1290-1224	(Nuevo Imperio Hitita, 1375-1200) Textos de Ugarit, siglos XIV-XIII Batalla de Cades, 1286 (hititas y egipcios) Pacto de no agresión egipcio-hitita (1280) Estelas de Seti I y Ramsés II en Beisán Éxodo (1280?)		Asiria gana poder, 1350-1200

HISTORIA DE ISRAEL

EGIPTO	PALESTINA	OTRAS NACIONES
Meneftá, 1224-1211	Conquista de Palestina por los israelitas, 1250-1200 Victoria de Meneftá sobre los israelitas, 1220 (según su estela) Imperio cananita-Hazor, 1221	Cultura de los micenios (Grecia), ca. 1500-1200 Caída de Troya, ca. 1200 Griegos colonizan la costa egea de Asia Menor, 1200
Dinastía XX, 1200-1065	*La Edad de Hierro* I, 1200-970 Período de los jueces hasta 1026 Invasión de los filisteos Confusión política	Decadencia de Asiria Invasión de los arameos en Siria
Ramsés III, 1175-1144 Derrota a los pueblos del Mar Decadencia	Débora y Barac derrotan a los cananeos, ca. 1125 Gedeón Muerte de Elí, ca. 1050 Samuel, ca. 1045 Saúl, ca. 1030-1010 David, 1010-970 Hiram I en Tiro	Wen-Amón (Egipto), ca. 1100 Breve resurgimiento de Asiria Tiglat-Pileser I, 1116-1078 Asiria débil de nuevo Reinos arameos (Damasco, Soba, Jamat) (Influencia fenicia en Israel, en tiempo de David y Salomón)
Sisac I, 945-924	*La Edad de Hierro* II, 970-580 Salomón, 970-931 Calendario de Gezer, siglo X	Asur-Dan II, 935-913 (Asiria)

ISRAEL	PROFETAS	JUDÁ	OTRAS NACIONES	
			Siria	*Asiria*
Dinastía de Jeroboam I Jeroboam I, 931/30-910/09* Nadab, 910/09-909/08	Ahías 1 R. 11:30 Semaías 1 R. 12:22	*Dinastía de David* Roboam, 931/30-913 Abiam, 913-911/10 Asa, 911/10-870/69	Ben-Adad I (?) 890-860	Decadencia Campaña de Sisac en Palestina, 925 Adad-Nirari II, 912-892
Dinastía de Baasa Baasa, 909/08-886/85 Ela, 886/85-885/84 Zimri, 885/84	Jehú 1 R. 16:1 Azarías 2 Cr. 15:1 Hanani 2 Cr. 16:7	(Guerra contra Baasa, 895)		Asur-nasir-Pal II, 884-859 Asiria despierta de nuevo
Dinastía de Omri Omri, 885/84-874/73 (con Tibni, 885/84-880) Funda Samaria; Controla Moab Acab, 874/73-853 Ocozías, 853-852 Joram, 852-841 Campaña contra Noab	Elías Micaías Eliseo Eliezer 2 Cr. 20:38	Josafat, 870/69-848 (corregente desde 873/72) (Reforma, 867) (Controla Edom) Joram, 848-841 (corregente desde 853) Edom se libera Ocozías, 841	Ben-Adad II (?) 860-842 Guerra contra Acab Hazael, 842-805 (Piedra Moabita ca. 830)	Salmanasar III, 859-824 (Batalla de Qarqar, 853) Jehú paga tributo, 841
Dinastía de Jehú Jehú, 841-814/13		Atalía, 841-835 Joás, 835-796 (Reforma)		Samsi-Adad V, 824-811 Adad-Nirari III, 811-783
Joacaz, 814/13-798 Joás, 798/782/81 Jeroboam II, 782/81-753 (corregente, 793-782/81) (Ostraca de Samaria) Zacarías, 753/752	Joel 825? (ó ca. 400) Jonás Amós, 760 Oseas, 750-720	Amasías, 796-767 Reconquista a Edom Azarías, 767-740 (corregente desde 791) Reconquista del Sur hasta Elat	Ben-Adad III (?) 796-770 Israel domina a Siria ca. 770-750 Rezín, 760-732	Decadencia Asiria Fenicios fundan Cartago, 814 Tiglat-Pileser III, 745-727 (Recibe tributo de Manahem 741). Empieza la política de trasladar los pueblos conquistados
Últimos reyes Salum, 752 Manahem, 752-742/41 Pekaía, 742/41-740/39 Peka, 740/39-732/31 (corregente, 752-740/39) Oseas, 732/31-723/22 (alianza con Egipto) Toma de Samaria, 722	Isaías 742-700 Miqueas 742-687	Jotam, 740/39-732/31 (corregente 750-740/39) Acaz, 732/31-716/15 (corregente, 735-732/31 o desde 744/43)	Alianza Siro-Israelita invade Judá, 735 Siria cae a Asiria, 732	Salmanasar V, 727-722 Sargón II, 722-706

* La forma doble de las fechas (p.e.: 931/30-910/09), se usa porque el año hebreo no corresponde con nuestro año de enero a diciembre.

142

JUDÁ

Reyes

Ezequías, 716/15-687/86 (corregente desde 729)
(Inscripción de Siloé)
Manasés, 687-642 (corregente, 697-687)
Amón, 642-640
Josías, 640-609
Reforma (se extiende a Samaria)
Josías muerto al oponerse a Necao, 609
Joacaz, 609
Joacim, 609-598 (Puesto en el trono por Necao; desde 605, vasallo de Babilonia)
Joaquín, 598-597
Sedequías, 597-587 (cartas de Laquis)
Jerusalén cae, 587
Edicto de Ciro, 538
Zorobabel en Jerusalén, 538
Se inicia la construcción del templo, 537
Resumen construcción, 520
Templo terminado, 515
Esdras a Jerusalén, 458 (o 428? o 398?)
Nehemías en Jerusalén, 445
Bagoas, gobernador

Profetas

Nahum, ca. 628
Jeremías, 627
Hulda
Sofonías, 625
Habacuc, 609
Ezequiel (593-573)
Daniel
Hageo, 520
Zacarías, 520?
Malaquías, 460?
Abdías (?)
Joel, ca. 400? (o ca. 825)?

BABILONIA

El imperio Neo-Babilonio, 626-539
Nabopolasar, 626-605
Nabucodonosor, 605-562
Batalla de Carquemis, 605
(Nabucodonosor derrota a Necao)
Daniel y amigos al exilio, 605
Muchos judíos, Ezequiel al exilio, 597
Amel-Marduk, 562-559
Amel-Marduk indulta a Joaquín, 561
Nabonido, 559-539
(Belsasar actúa en Babilonia)
Babilonia capturada por Ciro, 539

IMPERIO PERSA (ARQUEMENIDA)

Ciro, 550-530
Cambises, 530-522
Darío I, 552-486
Gran Palacio en Persépolis
Jerjes I, 486-465
Artajerjes I, 464-423
Darío II Notas, 423-404
Los judíos en Babilonia prosperan (archivos de la familia Marusu)
Artajerjes II, Mnemón, 404-359
Artajerjes III, Ojus, 359-338
Arsas, 338-336
Darío III, Codomano, 336-331
Persia cae ante Alejandro Magno, 331

ASIRIA

Senaquerib, 705-681
Esar-Hadón, 681-669
(Derrota a Tirhaca de Egipto, 671)
Asurbanipal, 669-633
Gran Biblioteca en Nínive
Nínive destruida por los medos y babilonios, 612

OTRAS NACIONES

Necao II (Egipto), 609-593
Ciajares (Media), 625-585
(Leyes de Solón — Atenas, 594)
Astiages (Media), 585-550
Ciro (Persia) derrota a Astiages, 550
Toma a Sardis, 546
Cambises conquista Egipto, 525
(Establecimiento de la República de Roma, 509)
Batalla de Maratón, 490 (persas y griegos)
Papiros de la colonia judía en Elefantina (Egipto), 498-399
Persas toman Atenas pero son derrotados en Salamina, 480
Edad de Oro — Pericles (Atenas), 461-429
Platón, 429-347
Guerra del Peloponeso (Grecia), 431-404
Egipto se libera de Persia, 401
Rebelión de Ciro el Joven (expedición que se describe en la Anábasis de Jenofonte), 401
Aristóteles, 384-322
Persas reconquistan a Egipto, 342

CRONOLOGÍA DEL PERÍODO INTERTESTAMENTARIO

JUDEA	EGIPTO	SIRIA	NOTAS
Tolomeo I * entra a Jerusalén, 320	Alejandro Magno, 332-323	Seleuco I, Nicator, 312-281	
	Tolomeo I, Soter, 323-285	Antíoco I, Soter, 281-261	
	Tolomeo II, Filadelfo, 285-246	Antíoco II, Theos, 261-246	
	Tolomeo III, Evergetes, 246-222	Seleuco II, Calinicios, 246-226	
		Seleuco III, Soter, 226-223	
Antíoco III conquista a Palestina, 198	Tolomeo IV, Filopator, 222-205	Antíoco III, El Grande, 223-187	
	Tolomeo V, Epífanes, 205-180	Seleuco IV, Filopator, 189-175	
Helenización de Jerusalén bajo el sumo sacerdote Jasón, 175	Tolomeo VI, Filometor, 180-145	Antíoco IV, Epífanes, 175-163	Cumplimiento de Dn. 11?
Menelao, sumo sacerdote, 172			
Antíoco IV saquea el templo, 169			
Profanación del templo, 167			¿Establecimiento de Qumrán?
Rebelión de Matatías, 167-6			Fiesta de *Hanukáh*
Judas Macabeo toma el mando, 166-60			Templo judío en Leontópolis
Reedificación del templo, 164		Antíoco V, Eupator, 163-162	¿Los rollos del mar Muerto?
Jonatán, 160-143		Demetrio I, Soter, 162-150	
Jonatán llega a ser sumo sacerdote, 152		Alejandro Balas, 150-145	
Simón, 142-134	Tolomeo VII, 145	Demetrio II, 145-138	
Declaración de Independencia, 142	Tolomeo VIII, 145-116	con Antíoco VI, 145-142	
Juan Hircano I, 134-104		Antíoco VII, Sideletes, 138-129	Destrucción del templo samaritano, 129
		Demetrio II, Nicator, 128-125	
		Alejandro Zabinas, 125-123	
		Antíoco VIII, 122-113	
		Seleuco V, 122	
Aristóbulo I, 104	Tolomeo IX, 116-109	Antíoco IX, Cicico, 113-95	
Alejandro Janeo, 103-76	Tolomeo X, 108-89	Guerras de sucesión, 95-84	
Alejandro Salomé, 76-67	Tolomeo XI, 88-80	Tigranes el Armenio, 83-69	
Aristóbulo II, 67-63		Antíoco VIII (de nuevo), 68-64	
Juan Hircano II, sumo sacerdote, 63-40	Tolomeo XIII y Cleopatra, 51-48	Pompeyo conquista a Siria, 63	Conquista de Jerusalén por los romanos, 63
	Cleopatra y Tolomeo XIV y XV, 47-42		
Herodes, rey de Judea, 37-4	Antonio y Cleopatra, 42-31		
	Conquista de Egipto por Roma (Octavio), 31		

* Tolomeo o Ptolomeo.

TABLA CRONOLÓGICA DEL NT

IMPERIO ROMANO	PALESTINA	MINISTERIO DE JESÚS Y ACTIVIDAD APOSTÓLICA	PRODUCCIÓN LITERARIA
27 a.C. – 14 d.C., César Augusto	37-4 a.C., Herodes el Grande, rey de Judea 4 a.C.-6 d.C., Arquelao, etnarca de Judea 4 a.C.-39 d.C., Herodes Antipas, tetrarca de Galilea 4 a.C.-34 d.C., Herodes Felipe, tetrarca de Iturea 26-36 d.C., Poncio Pilato, procurador romano	7-4 a.C., Nacimiento de Jesús	
14-37 d.C., Tiberio		Fin 27 d.C., Bautismo de Jesús 30 (Pascua), crucifixión y resurrección	
37-41, Calígula	41-44,* Herodes Agripa I, rey de Judá	33-34, Conversión de Pablo 36, Primera visita de Pablo a Jerusalén 41,* Martirio de Jacobo 46,* Pablo viaja a Jerusalén	
41-54, Claudio 49,* Edicto de expulsión de los judíos		47-48, Primer viaje misional 49, Concilio apostólico 49-52, Segundo viaje misional 50, Llegada de Pablo a Corinto 51,* Llegada de Galión a Corinto 53, Estada de Pablo en Éfeso	48/49, ¿Gá.? 51, 1 y 2 Ts. 55, 1 Co. 56, 2 Co., Fil.
	50- ca. 100, Herodes Agripa II (tetrarca del territorio septentrional)		
54-68, Nerón	52-59, Félix, procurador romano 59-61, Festo, procurador romano	57, Regreso de Pablo a Jerusalén 57-59, Prisión en Cesarea 59,* Llegada de Festo a Cesarea, Salida de Pablo hacia Roma 60, Llegada de Pablo a Roma 61-62, Martirio de Jacobo, hermano del Señor 64, Martirio de Pedro 67, Martirio de Pablo	57, Ro. 60, Stg, Col., Flm. 61, Ef.
68-69, Galba 69, Otto, Vitelio 69-70, Vespasiano 79-81, Tito 81-96, Domiciano 96-98, Nerva 98-117, Trajano	66-70, Guerra judía 70, Destrucción de Jerusalén, por Tito	81-96, Persecuciones bajo Domiciano 100, Muerte de Juan	66, 1 Ti, Tit. 67, 2 Ti., 2 P. 68/69, Mr. 69, Heb. 72/74, Mt., Lc., Hch. 90-100, Jn., 1,2, y 3 Jn. Ap.

* 5 fechas guías, relativamente seguras, de las cuales se parte para elaborar la cronología.

tad del segundo milenio a.C. Asimismo la historia de José cuadra bien con el período en que los →hicsos dominaron a Egipto (ca. 1710-1570).

Sobre la permanencia de los israelitas en Egipto existen varias opiniones. Por un lado, los 430 años de Éx. 12:40 parecen ser demasiado tiempo si desde Jacob a Moisés hay solamente cuatro generaciones (Éx. 6:16-20). Además, según la LXX, los 430 años abarcan también la estadía de los patriarcas en Canaán. Sin embargo la genealogía de Éx. 6:16-20 probablemente es esquemática, ya que Bezaleel, contemporáneo de Moisés, es la séptima generación de Jacob (1 Cr. 2:18-20), y de Jacob a Josué hay doce generaciones (1 Cr. 7:23-27). A la luz de estos datos y los cuatro siglos de Gn. 15:13, es preferible aceptar los 430 años como la duración real de la permanencia en Egipto.

Algunos fechan el →éxodo en el siglo XV a.C., basándose en la cifra de 1 R. 6:1 que lo coloca 480 años antes de la construcción del Templo de Salomón. Además, Garstang, quien excavó parte de Jericó, afirmó que esta ciudad fue destruida poco antes de 1400 a.C.

Por otro lado algunos ven la cifra de 480 como número esquemático que implica doce generaciones, o posiblemente un error de copista, pues una serie de pruebas indican que el éxodo cabe mejor en el siglo XIII. Los esclavos israelitas edificaron las ciudades del delta, Pitón y Ramesés, pertenecientes a los reinados de Seto I (1302-1290), y Ramsés II (1290-1224). (No hay base para la teoría de que Ramsés II sólo renombró construcciones anteriores.) Las pruebas disponibles indican que la existencia de poblaciones sedentarias en Edom y Moab (contra las cuales lucharon los israelitas) cabe mejor en el siglo XIII que en el siglo XV. La arqueóloga K. M. Kenyon afirma que la destrucción de Jericó, que Garstang fechó ca. 1400, fue más bien una etapa de la civilización ocurrida mucho antes. La arqueología muestra, además, que varias ciudades de Canaán (Laquis, Bet-el, Hazor, etc.) fueron destruidas hacia el fin del siglo XIII, lo cual pareciera tratarse de la conquista bajo Josué.

La estela de Merenptah (rey egipcio), fechada 1220 a.C., indica que Israel ya estaba establecido en Canaán por aquel entonces. Este rey afirma que derrotó a Israel y destruyó sus cosechas, de modo que el éxodo debe fecharse por lo menos 40 años antes. Considerando todos los datos, la mejor fecha para el éxodo sería ca. 1280 a.C. Aunque las cifras de Jue. parecen contradecir esto, debemos recordar las costumbres y modos de calcular el tiempo en el mundo antiguo. A cada juez correspondía el gobierno de una sola tribu, pero en ocasiones varios de ellos deben haber gobernado simultáneamente una misma tribu.

III. LA MONARQUÍA

Para la cronología de este tiempo se cuenta con muchas más fuentes y documentos que para la del período anterior: los datos paralelos de la antigua historia oriental y especialmente los datos cuneiformes de los asirios y babilonios son de gran valor, pues estos pueblos conocían ya el calendario del sol. Esto facilitó a los astrónomos modernos a determinar que la mención de un eclipse de sol en el año de Ber-segale corresponde al 15 de junio de 763 y permitió confirmar la lista de los reyes asirios. Por otra parte, como los reyes asirios y babilónicos tuvieron contacto con los reyes de Israel y Judá, de las historias de aquéllos pueden obtenerse datos absolutos para la determinación de la historia de Israel y Judá.

Pueden considerarse como seguras las siguientes fechas: Batalla de Qarqar, durante el reinado de Acab en Israel, 853; conquista de Samaria por Sargón en el año de su ascensión al trono, 722; sitio de Jerusalén por Senaquerib (705-681) en su cuarto año, 701; batalla de Carquemis en el año 21 de Nabopolasar, 605; conquista de Jerusalén por Nabucodonosor II (605-592), 597; destrucción de Jerusalén por Nabucodonosor, 587/86.

Para fechar el período de la monarquía, los dos sistemas más aceptables son los de Albright y de Thiele, que difieren poco entre sí. En el sistema de Albright se supone que existen algunos errores (quizá de copista) en los datos bíblicos, los cuales hacen necesarios ciertos ajustes. Thiele se ocupa en armonizar los datos por medio de un análisis de los cómputos usados por los autores.

En primer lugar hay que suponer varias corregencias simultáneas en un mismo reinado, cuando el sucesor iniciaba su gobierno mientras el titular aún vivía (cp. 2 R. 15:5).

Además, existe el problema de determinar cuándo comienza el nuevo año. En Judá, éste se contaba desde el 1.º de Tisri (set-oct.), pero en Israel festejaban el comienzo del año en el mes de nisán; había años de nisán para Israel y años de tisri para Judá. También hubo dos sistemas para fechar el inicio de un reinado: tomando en cuenta el año de la entronización del rey (en tal caso un mismo año fue contado como el último del antiguo rey y el primero del nuevo rey), o anotando el año que seguía a la entronización. Se cree que Israel y Judá usaron diferentes sistemas, por lo menos en algunas épocas.

Aunque todavía algunas fechas son discutibles, el cuadro siguiente (del reino dividido), con pocos ajustes, utiliza las conclusiones de Thiele, ya que éste armoniza mejor los datos bíblicos y toma en cuenta los datos y la metodología del Cercano Oriente Antiguo.

IV. DESPUÉS DEL EXILIO

Las fechas de los reyes babilonios y persas mencionadas en esta época se pueden fijar con certeza, aunque el AT da pocos datos cronológicos después del exilio. Se ha discutido la fecha de Esdras en relación con la de Nehemías. Existe cierta prueba (pero no conclusiva) de que Esdras no precedió a Nehemías en Jerusalén.

Por tanto, algunos creen que Esdras llegó en el séptimo año de Artajerjes II (397) o en el año 37 de Artajerjes I (428) en vez de la fecha tradicional de 458 que es el séptimo año de Artajerjes I (Esdras 7:7).　　　F. L. y J. M. Br.

Bibliografía
Bright, *Historia de Israel; BJ; NBD.*

CRONOLOGÍA DEL PERÍODO INTERTESTAMENTARIO. Desde el punto de vista de la historia bíblica, son pocos los acontecimientos importantes después de las conquistas de Alejandro. Los escritores judíos no conservaron documentos referentes a esta época comparables con las narraciones del AT, sino hasta principios del siglo II a.C., cuando comienza la gesta de los macabeos. Los libros → apócrifos, que pertenecen a este período, son de fecha incierta. Por esta razón nuestra cronología será más detallada a partir del año 167 a.C., cuando comienza el período de los macabeos. Sin embargo, es imposible dar fechas exactas para muchos acontecimientos, y quizás otras cronologías muestren una variación de uno o dos años.

En cuanto al cómputo del tiempo, los judíos —y todos los territorios circundantes— lo contaban a partir de la era seléucida, que corresponde al año 312 a.C. Durante el período de los macabeos, contaban los años a partir del comienzo de cada gobernante nacional.

Puesto que durante este período, como en siglos anteriores, la historia de Palestina se desenvolvió entre Egipto y un gran poder asiático, en la correspondiente cronología colocamos los acontecimientos de Palestina entre los de Egipto y Siria, hasta que Roma aparece en el ámbito de las tierras veterotestamentarias.　　　J.L.G.

CRONOLOGÍA DEL NT. Tarea difícil es la de fechar los acontecimientos narrados en el NT, debido a la escasez de datos y a la complejidad del calendario del siglo I. Los historiadores seculares prestaron poca atención al movimiento cristiano, y puesto que los escritores cristianos tuvieron otros fines además de los historiográficos, sólo podemos inferir una cronología aproximada, lo cual da por resultado toda una gama de opiniones. En la tabla adjunta se sobreentiende para casi todos los casos una fecha aproximada. (Para la cronología de la vida de Jesús → JESUCRISTO, II; HERODES, CIRENIO, CENA DEL SEÑOR.)

Para la época apostólica, los pocos datos cronológicos provenientes de las epístolas ubican ciertos hechos únicamente en relación con otros igualmente difíciles de fechar. Para una cronología absoluta, hay que recurrir a Hch. De los acontecimientos allí mencionados, sólo a cinco se les puede asignar fechas más o menos fijas, gracias a la fuentes judías o romanas (indicados en la tabla con un *): la muerte de Herodes → Apripa I, el hambre en Judea durante la procuraduría de Tiberio Alejandro y el gobierno de Claudio (Hch. 11:28), el edicto de → Claudio

que ordenaba salir de Roma a los judíos, el proconsulado de → Galión, y la procuraduría de → Festo.

Las demás fechas tenemos que inferirlas de éstas. Para el período 30-50, los puntos de referencia de la c. son las visitas de Pablo a Jerusalén, de las cuales Hch. menciona cinco (9:26-30; 11:30 con 12:25; cap. 15 → CONCILIO DE JERUSALÉN; 18:22; 21:17ss.) y → Gá. menciona dos (1:18-24; 2:1-10). De la correlación que se haga de estas dos listas dependerá nuestra teoría. La tabla adjunta identifica la visita de Hch. 11:30 y 12:25 con la de Gá. 2:1-10. Para el período 50-70, nos servimos de las fechas de Galión y Festo, y acomodamos los datos de Hch. convencionalmente. Curiosamente, así sabemos el mes exacto cuando tuvieron lugar ciertos acontecimientos sin poder precisar el año (→ PABLO).

Consúltense los artículos sobre cada libro del NT, para ver los problemas que presenta la determinación de las fechas.　　　R. F. B.

Bibliografía
DBH, 967s., 1384-1397; *VD* III, 320-327.

CRUZ, CRUCIFIXIÓN. Instrumento de muerte en que murió Jesucristo, inspirado quizás en la antigua costumbre de empalamiento, ya que la palabra griega *stauros* ('cruz'), significa palo o estaca vertical. Inventada posiblemente por los persas o fenicios, la usaron los griegos y cartagineses, y sobre todo los romanos.

Además de la *crux simplex* o palo vertical, se empleaban otras formas. La *crux commissa* (o de San Antonio) que tenía la forma de una T mayúscula, y la *crux immissa,* en que el palo vertical sobresalía sobre el horizontal †. . Según la tradición, esta última fue la c. en que murió Jesús. La referencia en los Evangelios al título sobre la cabeza de Jesús (v.g. Mt. 27:37) respalda esta idea. El uso de la *crux decussata* (de San Andrés), en forma de X, no se ha podido comprobar definitivamente.

La c. consistía en un palo vertical de unos 2 1/2 m de largo (que muchas veces se dejaba permanentemente en el lugar de ejecución), el palo transversal o *patibulum,* y una saliente de madera o *sedile,* que servía de asiento para sostener el cuerpo del crucificado y prolongar así su martirio.

Para los escritores romanos, la crucifixión era "el suplicio más cruel y horroroso de todos". Se aplicaba generalmente a esclavos y a libres no romanos, por crímenes de robo, homicidio, traición o sedición. Después de haber sido condenado, el reo sufría los → azotes prescritos, lo que a veces producía la muerte. Luego se le imponía el *patibulum* y se le llevaba por las calles principales hacia un lugar fuera de la ciudad. Iba custodiado por cuatro soldados, y llevaba un "título" o tablilla blanca con su nombre y delito escrito.

Cuando los evangelistas escuetamente dicen de Cristo que "le crucificaron", se refieren a un proceso bien conocido. En el lugar de ejecución el reo era desnudado por los soldados y sus vestidos se tomaban como botín. Luego de haberle atado o clavado las manos al *patibulum*, levantaban éste con la víctima, y lo colocaban en su lugar, de manera que los pies quedaban a poca distancia de la tierra. Los pies, como las manos, podían ser atados o, como en el caso de Cristo, clavados a la cruz (Lc. 24:39). Los restos recién descubiertos de un crucificado en Palestina, indican que un solo clavo había atravesado lateralmente ambos tobillos. Por último se aseguraba el título, dejando a la víctima en agonía.

Había varias formas de cruces. La *crux immisa* es la que se presenta en el arte como aquella en que murió el Redentor.

Lo horrible de la muerte por crucifixión se debía en parte al intenso dolor causado por la flagelación, los clavos, y la posición incómoda del cuerpo que dificultaba la respiración. Además, la deshidratación por la pérdida de sangre y la calentura producían una sed intolerable. A esto hay que agregar la vergüenza que sufría el condenado al verse desnudo ante los curiosos que pasaban insultándole. Los judíos acostumbraban ofrecer al crucificado una bebida narcótica para aliviar el sufrimiento, bebida que Jesucristo rehusó (Mt. 27:34).

El crucificado moría lentamente, casi siempre el segundo día, pero a veces hasta el octavo. El exceso de sangre en el corazón, debido a la obstrucción de la circulación, combinado con la fiebre traumática, el tétano, y el agotamiento, mataba a la víctima. Para acelerar la muerte de un crucificado, se le quebraban las piernas con un martillo (costumbre llamada *crurifragium*, cp. Jn. 19:32s.), antes de traspasarle con espada o lanza, o bien se le ahogaba con humo.

Cuando los escritores del NT hablan de la c. no se refieren al sufrimiento que causaba sino a su significado. La c. en varios pasajes representa todo el mensaje de salvación por la muerte de Cristo (v.g. 1 Co. 1:18).

A los griegos les parecía locura que el Mesías hubiera muerto en la forma más ignominiosa (1 Co. 1:23), y para los judíos esta afirmación

era un tropiezo (Gá. 5:11). Para éstos, un crucificado caía bajo la maldición aplicada a cadáveres colgados en un lugar público (Dt. 21:22,23; cp. 2 S. 4:12). Rechazaban hasta violentamente la idea de salvación por medio de una c. (Gá. 6:12; Fil. 3:18).

Los cristianos, sin embargo, veían en la c. su salvación (1 Co. 2:2). Cristo, al llevar nuestros pecados en la c. (1 P. 2:24), sufrió la maldición que a nosotros nos tocaba (Gá. 3:13). Su muerte en la c. efectuó la reconciliación con Dios (Col. 1:20), como también la reconciliación entre judíos y gentiles (Ef. 2:16).

La c. también simboliza separación de la vieja vida. Por su unión con Cristo, el creyente participó en Su muerte sobre la c. (Ro. 6:6). Como resultado, está libre del dominio del pecado (Ro. 6:11), del yo egoísta (Gá. 2:20; 5:24), y del mundo (Gá. 6:14).

A veces la c. es emblema de oprobio y humillación. Al decir que el discípulo debe "tomar su cruz" (Mr. 8:34; Lc. 9:23; 14:27), Jesús recordaba la escena de un condenado llevando su *patibulum* por las calles. De igual manera, el seguidor de Jesús tiene que aceptar el desprecio y renunciar a sus derechos propios.   P. E. S.

CUADRANTE. Moneda de cobre más barata del sistema romano, aunque equivalió a 2 *lepta* o "blancas" en el sistema judío del primer siglo (Mr. 12:42). Su poco valor (*ca.* 1/4 centavo de dólar) se presta para ilustrar la cancelación completa de una deuda "hasta el último c." (Mt. 5:26 //).   A. T. P.

CUARTO (nombre latino transcrito al gr.). Amigo y posible colaborador de Pablo en la Iglesia de Corinto, que envía saludos a los cristianos de Roma (Ro. 16:23).

Según la tradición, después de ser uno de los 70 discípulos de Jesús (Lc. 10:1,17), fue nombrado obispo en Berea.   E. A. T.

CUARTO. Moneda de cobre llamada "as" en el sistema romano. Equivalía a la cuarta parte del sestercio de cobre, o sea la decimasexta parte de un → denario (aunque en un principio el denario valía 10 c.). Mt. 10:29 la identifica como el precio de dos pajarillos (cp. Lc. 12:6), aproximadamente un centavo de dólar.   R. F. B.

CUCHILLO. Instrumento cortante fabricado de piedra, acero, hierro o bronce (Éx. 4:25; Jos. 5:2,3). Este instrumento casero, según lo revelan excavaciones modernas, era relativamente escaso en comparación con otros utensilios antiguos. No obstante, las Sagradas Escrituras revelan que el c. fue utilizado en ocasiones dramáticas, como la circuncisión de los hijos de Moisés (Éx. 4:25) y el sacrificio frustrado de Isaac (Gn. 22:10).

En forma figurada la palabra "c." se emplea para aconsejar moderación (Pr. 23:2).   A. P. P.

CUELLO. → CERVIZ.

CUERNO. En sentido simple y literal, rara vez se mencionan los c. en la Biblia (Gn. 22:13; Sal. 22:21; 69:31), pero a menudo se alude a ellos figuradamente o en leyes relacionadas con animales que poseen c. La legislación hebrea fijaba la responsabilidad que tenía el dueño de un buey acorneador (Éx. 21:28-36). Pulidos y decorados, los c. se usaban como recipientes para líquidos valiosos (1 S. 16:1,13; 1 R. 1:39) como lo prueba, además, el nombre de una de las hijas de Job, Keren-hapuc ('cuerno de tinte para los ojos') (Job 42:14).

Los c. del → altar (Éx. 27:2; 30:2) eran prominencias en sus cuatro ángulos; se ungían con la sangre de los sacrificios (Éx. 29:12; Lv. 4:7,18,30,34) y a ellos se podían aferrar los reos en demanda de clemencia (1 R. 2:28).

En la versión RV se ha conservado la mención de c. para referirse a reyes y reinas (Dn. 7:20-24; 8:3-9; Zac. 1:18-21; Ap. 17:7-12). La idea de poder y triunfo simbolizada por los c. se ve en la acción simbólica de Sedequías (1 R. 22:11).   F. U.

CUERPO. En el AT no hay una palabra específica para c., aunque la idea está incluida en la palabra hebrea *basar* que equivale más bien a → "carne". El concepto bíblico del → hombre es monista —se le considera como una unidad— y no dualista como el griego, en el cual el hombre tiene dos elementos: c. y alma.

La ausencia de un término preciso para c. como algo separado del alma, hace necesario considerar brevemente la palabra hebrea *nefes*, frecuentemente traducida como → alma. Sin embargo, en numerosos pasajes *nefes* se refiere concretamente al c. y a sus sensaciones físicas: hambre, sed, sueño (Nm. 11:6; Is. 29:8; 55:2; Jer. 50:19). Es evidente que se refiere a la persona, sin precisar diferentes elementos en ella, e involucra al ser visible e invisible, que es a un tiempo c., intelecto, voluntad, afecto, etc.

La esperanza del hebreo no reside entonces en la inmortalidad de un alma incorpórea, sino en la → resurrección del hombre (Dn. 12:2).

En el NT también encontramos este mismo concepto unitario del ser humano, pero aparece la palabra griega *soma* que significa precisamente c., y para carne se reserva *sarx*. En Mt. 10:28 se habla del c. y del alma en una clara referencia a lo corruptible y a lo eterno del hombre (cp. 1 Ts. 5:23), sin que necesariamente tenga relación con el concepto griego de que el c. es el recinto malo que alberga el alma pura.

Por el contrario, en la teología paulina hay una notable valoración del c., que aunque corruptible, es bueno porque Dios lo hizo (1 Co. 12:12-24). Y para Pablo c. y personalidad llegan a ser sinónimos, pues dice: "vosotros sois templos de Dios" (1 Co. 3:17) o "vuestro c. es templo del Espíritu Santo" (1 Co. 6:19). Y en Ro. 12:1 exhorta a presentar nuestros c. a Dios como ofrenda agradable.

Pablo no establece una tensión entre el c. malo y el espíritu bueno. Quien es malo es el ser humano, la persona, en la que c. y alma son indivisibles. El hombre redimido (Pablo lo llama nuevo hombre) está habilitado para hacer lo bueno porque tiene el Espíritu y la vida de Dios; el apóstol reserva la palabra "carne" para designar la inclinación pecadora del hombre natural. Pero Dios espera que el creyente le sirva plenamente en c. y alma por el Espíritu Santo (Ro. 6:12s.,19; 2 Co. 5:10).

En toda la Biblia el c. está incluido en la redención (v.g. Ro. 8:18-23), simplemente porque el c. es el hombre a la vez que el alma es el hombre. Y la esperanza del creyente es la resurrección del c. (1 Co. 15; Fil. 3:20s.) que es sinónimo de la resurrección del hombre (1 Ts. 4:13-17).   M. A. Z.

CUERPO DE CRISTO. En la Biblia se usa esta expresión en tres sentidos:

I. EL CUERPO FÍSICO

El "tabernáculo" de su encarnación, como reza en Heb. 10:5: "Por lo cual entrando en el mundo dice: ...me preparaste c.". Este c. era humano: sentía sed, hambre y cansancio. Así que Cristo no tuvo solamente forma o apariencia de la humanidad, sino que era y es completa y perfectamente hombre (Fil. 2:6-8; Col. 2:9), pero sin pecado (Heb. 4:15). En este c. Cristo padeció, fue crucificado y sepultado (Mt. 27:58). (→ JESUCRISTO, ENCARNACIÓN.)

Resucitado el mismo c. (Lc. 24:3), sufrió, según parece, cierta modificación. No dejó de ser físico, humano, pues Cristo comió y bebió para comprobarlo, y mostró sus heridas (Lc. 24:39,43). Sin embargo, parece que ya no necesitaba de la comida física para sostenerse ni se hallaba sujeto a las leyes naturales del espacio: se apareció en cuartos cerrados (Jn. 20:19), a la orilla del mar de Galilea (21:1ss.), etc.

Este c. resucitado y glorificado parece haber sido la forma que tomó Cristo en su transfiguración (Mt. 17:2). Por cuanto Pablo se refiere a la resurrección de Cristo como "las primicias" de la de los fieles (1 Co. 15:20), se supone que el c. de Cristo resucitado revela la naturaleza del "cuerpo celestial" (1 Co. 15:40; Fil. 3:21) que ha de tener el cristiano. (→ RESURRECCIÓN.)

II. EL CUERPO SIMBÓLICO

Al instituir la santa cena, Cristo ofreció pan a sus discípulos, diciendo: "Esto es mi c. que por vosotros es dado" (Lc. 22:19). Desde entonces el pan de la eucaristía o comunión ha simbolizado el c. y la vida que Cristo ofreció en el Calvario, para hacer posible la justificación de los que por la fe se identifican con su sacrificio. (→ CENA DEL SEÑOR.)

III. EL CUERPO MÍSTICO

Se refiere a la iglesia, o sea el conjunto de cristianos que representan la "encarnación" actual de Cristo en el mundo. Él prometió estar con ellos mediante su Espíritu Santo, "todos los días hasta el fin" (Mt. 28:20). Pablo emplea esta figura a menudo para ilustrar la naturaleza vital y dinámica de la iglesia (Ef. 1:23), su expansión y crecimiento (3:6), y especialmente su unidad en medio de una profusión y diversidad de dones (Ro. 12:5; 1 Co. 12; Ef. 4:3-16). Apela a la figura del cuerpo para que cada cristiano comprenda la relación de facto y funcional que goza con los demás cristianos, sujetos todos a la cabeza directriz que es el Señor Jesucristo. (→ IGLESIA.)   W. D. R.

CUERVO. Pájaro omnívoro, más grande que la paloma, de plumaje negro (Cnt. 5:11) y pico cónico. En Palestina se enumeran hasta seis especies. En los monumentos asirios se lo representa en bandadas, en los campos de batalla, devorando cadáveres. Esto lo hacen comenzando por los ojos (Pr. 30:17). Por el hábito de comer carroña, son considerados como inmundos en Lv. 11:15 y Dt. 14:14.

El c. habita en lugares desiertos, en ruinas (Is. 34:11) y en cañadas (Pr. 30:17). Se suponía que abandonaba tempranamente su cría, cuya alimentación debía ser objeto de la providencia divina (Job 38:41; Sal. 147:9; Lc. 12:24). Noé envió un c. desde el arca (Gn. 8:7) y en 1 R. 17:4-6 se lo menciona como instrumento de la providencia divina para alimentar al profeta → Elías (→ JUDEA, ilus.).   F. U.

CUEVA. Cavidad subterránea formada natural o artificialmente. Se hallan en gran cantidad en el área central montañosa de Palestina, debido a la abundancia de rocas calíferas que con facilidad se disuelven en las corrientes de aguas subterráneas. Algunas de estas c. son de gran extensión.

Los aborígenes de la actual Tierra Santa fueron trogloditas, y Lot y sus hijas se establecieron en una c. después de la destrucción de Sodoma (Gn. 19:30). Sobre todo, servían de refugio en tiempos de guerra o de opresión (Jue. 6:2). David hizo de la c. de → Adulam su primer cuartel general al huir de Saúl, y luego también utilizó otras. Se utilizaban también como tumbas, y es notable la de → Macpela (Gn. 23). (→ QUMRÁN, SEPULCRO.)   E. H. T.

CULANTRO. Es el Coriandrum sativum, hierba anual de las umbelíferas, de medio m de alto y de olor penetrante y desagradable. Se usa como condimento y como medicina estomacal. Los árabes la siembran, pero en Siria y Palestina se considera un hierbajo. Éx. 16:31 y Nm. 11:7 comparan el maná con la pequeña semilla, gris y elipsoidal, del c.   J. A. G.

CURTIDOR. Artesano que convierte las pieles de animales como ovejas, puercos, camellos, toros, etc., en resistentes cueros para diferentes usos. Los c. eran comunes en las tierras bíblicas. Confeccionaban bolsas y odres para transportar agua, leche, aceite. En el NT se habla de un Simón, el c. (Hch. 9:43; 10:6,32).   M. V. F.

CUS ('negro'). Transcripción de cush, nombre hebreo y asirio, derivado del egipcio, que en la RV suele traducirse por "Etiopía".

1. Hijo mayor de Cam y padre de Seba, Havila, Sabta, Raama, Sabteca y del poderoso Nimrod (Gn. 10:6-8; 1 Cr. 1:8-10).

2. Región circundada por el río Gihón, el segundo de los cuatro brazos del río del Edén (Gn. 2:13), probablemente situada al O de Asia que comprendía mayormente a Persia.

3. Hijo de Benjamín, a quien David dedica un sigaión suplicando vindicación (Sal. 7, título).

4. Región situada al S de Egipto, quizá Nubia o el N del Sudán. Tradicionalmente se la identifica con Etiopía, pero para algunos es la moderna Abisinia.

Al principio sólo designaba un reducido territorio vinculado con las cataratas del Nilo, cerca de Syene (actualmente Aswan). Rápidamente, entre los propios egipcios y después entre los hebreos y asirios, la denominación se hizo más extensiva. Comprendía, por el E hasta el mar Rojo. De allí, precisamente, se dice que salió Nimrod para establecerse en la Mesopotamia, habiendo iniciado su reino con Babel (Gn. 10:8). Puede reforzarse esta opinión con el relato bíblico que coloca a los árabes "junto" a los etíopes, cuando el Señor los levantó contra Joram (2 Cr. 21:16).

En las profecías contra Egipto, se pone como límite para la desolación a → Sevene (Syene) en la frontera con Etiopía (Ez. 29:10; 30:6).   R. R. L.

CUTA. Antigua ciudad babilónica y centro del culto al dios → Nergal. Habiendo llevado al cautiverio a los israelitas, Sargón II, rey de Asiria, trasladó a Samaria habitantes de C. (2 R. 17:24,30). Los cutitas se mezclaron con los israelitas que habían quedado en la tierra, con lo que se produjo la raza mestiza de los → samaritanos. Los cutitas siguieron adorando a Nergal, por lo que también se formó una religión híbrida (2 R. 17:29-33,41).   J. E. G.

CHACAL. Mamífero carnívoro de la familia de los cánidos de tamaño intermedio entre el lobo y el zorro, común en Palestina. Por sus lastimeros aullidos nocturnos (Mi. 1:8) y sus madrigueras en las ruinas, es símbolo de desolación (Is. 13:22; 34:13; Jer. 9:11; 49:33; etc.). Se alimenta de carroña (Sal. 63:10) que olfatea a la distancia (Jer. 14:6), pero, con todo, es ejemplo para el hombre en el cuidado de su cría (Lm. 4:3). Se reúne en manadas, por lo que se cree que las → zorras de Jue. 15:4 sean en realidad ch.   F. U.

CHIPRE. Isla grande (de unos 236 km de largo y de una anchura variable entre 8 y 80 km) en el mar Mediterráneo, cerca de la costa de Siria (al E) y de Asia Menor (al N). Su terreno es montañoso (alcanza alturas de 2.300 m), con depósitos de minerales y considerable variedad de

Una vista de la isla de Chipre, cerca de las costas de Siria, conocida en el AT como Quitina, de donde se exportaba el pino. Fue la patria de Bernabé. Este, junto con Pablo y Marcos, atravesaron toda la isla en su misión evangelizadora.   MPS

piedras preciosas. A esto se debe en parte el interés que tenían en la isla los fenicios en tiempos antiguos.

En tiempos del NT era una provincia imperial de Roma. Hch. 4:36 (la primera referencia novotestamentaria) afirma que →Bernabé era "natural de Ch.". De hecho, Ch. estuvo ínti-mamente asociada con el desarrollo del cristianismo primitivo (Hch. 11:19,20). Fue allí donde Pablo inició su ministerio como misionero (Hch. 13:4-12).

A. T. P.

CHISMOSO. →CALUMNIA.

D

DABERAT ('prado'). Pueblo antiguo en la frontera de Zabulón (Jos. 19:12) y de Isacar, asignado a los levitas (Jos. 21:28; 1 Cr. 6:72). Hoy probablemente es Daburiya, pueblo al NO del mte. Tabor. Era lugar estratégico, y quizá fuera aquí donde Barac derrotó a Sísara (Jue. 4:14-22). **J. E. G.**

DAGÓN. Deidad principal de los → filisteos, venerada en Palestina, según parece, aun antes de la invasión de ellos. En los textos → Ras Samra, al dios Baal se le llama "hijo de D.".

Dibujo de la deidad pagana filistea Dagón, que cayó dos veces ante el arco del pacto de Israel y cuyo templo en Gaza fue destruido por Sansón, muriendo con él mucho pueblo.

Cuando los filisteos capturaron el arca, la metieron en el templo de D., junto al ídolo, el cual cayó dos veces "delante del arca de Jehová" (1 S. 5:1-4). Había dos templos grandes dedicados a D.: uno en Gaza y otro en Asdod (Jue. 16:23; 1 S. 5:2). El de Gaza fue destruido por Sansón (Jue. 16:23-30) y el otro asolado

durante el período intertestamentario (1 Mac. 10:83,84). Una tradición, sin base histórica, dice que D. tenía cuerpo de pescado. Nada se sabe con certeza de la naturaleza del culto ni de la apariencia del ídolo. **A. P. N.**

DALMACIA. Región situada en la costa oriental del mar Adriático, a donde Tito se dirigió, según 2 Ti. 4:10, posiblemente para evangelizar a los feroces habitantes. Más tarde el territorio fue subyugado por Augusto César y Tiberio y fue convertido en provincia romana a la que se llamó Ilírico (Ro. 15:19). Hoy forma parte de la república de Yugoslavia. **W. M. N.**

DALMANUTA. Región al lado occidental del mar de Galilea a donde se dirigieron Jesús y sus discípulos después de la alimentación de los 4.000, según los mejores mss. de Mr. 8:10. En el pasaje paralelo de Mt. 15:39 se la llama Magadán (BJ y HA, → Magdala en RV), quizás otro nombre para el mismo lugar. Se desconoce su situación exacta. **W. M. N.**

DAMASCO ('lugar bien regado'). Ciudad antiquísima, hoy capital de Siria. Se halla en medio de una fértil llanura rodeada por los montes del Antilíbano por todos lados menos por el E hacia donde se abre el vasto desierto de Arabia. La ciudad se alza a orillas del río Abana y algo más al S fluye el Farfar (2 R. 5:12). Ambos ríos corren hacia las zonas áridas del E donde desaparecen. D. siempre ha sido centro comercial y religioso por su posición estratégica en el cruce de tres rutas de caravanas.

D. aparece por primera vez en una inscripción egipcia de Tutmés III (siglo XVI a.C.). A partir de entonces se menciona con frecuencia en textos asirios y egipcios. Durante la era de Amarna fue la capital de un reino → amorreo que participó activamente en los esfuerzos de los asiáticos por sacudir el yugo egipcio. En 1200 a.C., los → arameos conquistaron la ciudad y establecieron allí la capital de un reino que pugnó con los israelitas por la hegemonía de la región.

David conquistó este reino damasceno y lo hizo tributario de Israel (2 S. 8:5,6; 1 Cr. 18:5ss.) hasta que, en tiempos de Salomón, Rezón de Soba estableció la independencia (1 R. 11:23ss.). Durante cerca de dos siglos D. hizo la paz ocasionalmente con Israel y Judá, pero lo más frecuente era verla luchando contra los israelitas.

Al tiempo que luchaba contra Israel, D. pugnaba por contener a Asiria. En 854 a.C., encabezó una coalición de pequeños reinos que se enfrentó a Asiria, en la batalla de Qarqar, y logró relativo éxito. Más de un siglo después (734 a.C.) Rezín de D. y Peka de Israel pretendieron repetir la hazaña. Acaz de Judá no quiso participar en la alianza, y esto precipitó la invasión de Judá por los ejércitos de la coalición siro-israelita (2 R. 16).

Como consecuencia, según lo anunció Isaías, Tiglat-pileser, rey de Asiria, conquistó a D. y mató a Rezín. Así llegó el fin de la gloria de D. En lo sucesivo no fue más que capital de provincia bajo asirios, babilonios, persas y seleúcidas. Los romanos la pusieron bajo la autoridad de un gobernador → nabateo que al tiempo de la visita de Pablo a D. era Aretas IV, rey de Arabia Petrea (2 Co. 11:32).

J. A. G.

DAN. 1. Patriarca de Israel, hijo de Jacob y Bilha (Gn. 30:1-6).

2. Una de las doce tribus de Israel, cuyas cualidades agresivas se celebran en Gn. 49:16ss.; Dt. 33:22. En el reparto de la Tierra Prometida, a los descendientes de D. correspondió una pequeña faja de terreno fértil que limitaba al S con Judá, y al O con el mar Mediterráneo, y tenía en Jope su puerto principal (Jos. 19: 40-46). Esta región era continuamente atacada por los filisteos (Jue. 13–16) y defendida heroicamente por los danitas como → Sansón.

Seguramente debido a la estrechez del territorio y a los frecuentes ataques de los filisteos la mayoría de los danitas se dieron a la búsqueda de mejores tierras donde hallar tranquilidad. Sin embargo, parece que un remanente de la tribu se quedó en el área original (Jue. 5:17).

3. Ciudad. Viajando hacia el N los danitas llegaron a las vertientes del Jordán, donde hallaron a Lesem, ciudad pacífica, habitada por gentes ociosas, sumamente confiadas y poco dadas al comercio exterior. Los danitas conquistaron esta ciudad y le dieron el nombre de D. (Jos. 19:47; Jue. 18:29). No obstante, la idolatría que se practicaba en Lesem dominó a sus conquistadores. D. se convirtió en un centro idolátrico con una historia posterior muy triste (1 R. 12:28,29; Am. 8:14). Por fin, los danitas fueron llevados al → cautiverio en 722 a.C.

En el NT, por alguna razón desconocida, no se mencionan los danitas en la lista de las tribus en Ap. 7:5-8.

A. P. P.

El portal da entrada a la calle llamada "Derecha", en Damasco. Fue en una casa de esta calle en donde se hospedó Saulo después de su conversión. **MPS**

DANIEL ('Dios es mi juez'). Nombre de cuatro personas en el AT. **1.** El "Daniel" mencionado en Ez. 14:14,20; 28:3, que es probablemente el Dan'el de los textos de → Ugarit, en los cuales la leyenda de Aqht habla de Dan'el, un rey justo. Que el Dan'el de Ez. es distinto del profeta se indica por: 1) la grafía distinta que, en hebreo, tiene este nombre en Ez. (falta la *yod* = i); 2) al Dan'el de Ez. se le menciona en relación con Noé y Job, figuras de la remota antigüedad, mientras que el profeta D. era un joven contemporáneo de Ez; 3) Ez. habla de una tierra no israelita, y escoge a tres hombres no israelitas como ejemplos de justicia proverbial. Esto explica por qué D. es el nombre del suegro de Enoc en *Jubileos* 4:20.

2. Hijo de David (1 Cr. 3:1).

3. Sacerdote en tiempos de Neh. (Esd. 8:2; Neh. 10:6).

4. El cuarto de los profetas mayores. Pertenecía a una familia noble de Judá (Dn. 1:6), tal vez incluso de sangre real (Josefo, *Antigüedades*, X.x.1). En 605 a.C. fue llevado a → Babilonia en la primera deportación. Fue educado en la corte de Nabucodonosor, instruido en la escritura y el idioma de los babilonios y se le dio el nombre de → Beltsasar. Después de unos tres años de

153

educación y tentación, D. y sus compañeros aventajaban a todos los demás, por lo que recibieron buenos puestos al servicio del rey (cp. → José).

Se hizo famoso como intérprete de visiones (Dn. 2–5). Su fama creció cuando, por medio de sus propias visiones, profetizó el triunfo del reino mesiánico (Dn. 7–12). Se distinguió por su valor y su tenaz observancia a la ley. Gozó de la protección especial de Yahveh, tanto en la corte (Dn. 1) como en la fosa de leones (Dn. 6). Con gran sabiduría sirvió en el gobierno bajo → Nabucodonosor, → Belsasar, y → Darío el medo. Tuvo su última visión en el tercer año de → Ciro (536 a.C.) cuando ya tenía más de 80 años. Según una tradición rabínica, D. volvió a Jerusalén con los exiliados liberados por el decreto de Ciro.

Fuera del → libro de D., la única mención bíblica de D. como profeta la hace Cristo (Mr. 13:14 // Mt. 24:15).   T. D. H.

DANIEL, LIBRO DE. Único libro del AT de carácter totalmente apocalíptico. La mayoría de sus páginas están escritas en prosa. Su contenido representa un esfuerzo por entender el proceso histórico, considera la soberanía de Dios y usa ampliamente el simbolismo, elemento que después llegó a caracterizar a la literatura apocalíptica, v.g. → *Enoc, 2 Baruc, la Asunción de Moisés*, etc.

El libro se divide en dos secciones: caps. 1–6, que consisten en seis narraciones sobre Daniel y sus tres amigos; y caps. 7–12, los cuales contienen cuatro visiones de los reinos del mundo y el reino de Dios.

I. PATERNIDAD LITERARIA

Las dudas respecto del autor y la fecha de la composición de Dn. figuran entre las cuestiones más candentes en el campo de la introducción bíblica de hoy en día.

Basándose en la forma autobiográfica de la primera parte del libro (Dn. 7:2,4ss.; 8:1s.,15ss.; 9:2ss.), y puesto que Jesús parece atribuirlo al Daniel del siglo VI (Mt. 24:15; Mr. 13:14), la iglesia postapostólica concordó con la principal tradición judaica, y afirmó que lo había escrito el Daniel histórico, que fue llevado a Babilonia en 605 a.C. Es interesante notar que otra tradición judaica afirma que Dn. fue escrito por los miembros de "la gran sinagoga" unos dos siglos después.

El filósofo judío Porfirio de Tiro, en su obra *Contra los cristianos*, se anticipó a la crítica de los siglos XVIII-XX en cuanto al autor. Con base en la manera en que el cap. 11 se cumplió en Antíoco IV de los seleucos, afirmó que el libro debió haberse escrito en la misma época macabea. Porfirio aseguraba, además, según sus categorías neoplatónicas, que la profecía no existe.

Hoy en día la gran mayoría de los estudiosos convienen en que Dn., tal como lo tenemos, constituye una unidad literaria escrita por un solo autor, a pesar de que en el siglo pasado hubo quienes sostuvieron que lo habían escrito hasta nueve redactores. A partir de la unidad del libro, los datos que se analizan más frecuentemente y los que tienden a ser determinantes en cuanto al autor y la fecha son dos: (1) ¿Qué ambiente histórico refleja el libro? y (2) ¿por qué el cap. 11 (y en parte el cap. 8) considera ligeramente las épocas babilónica y persa (11: 2-20), mientras trata muy detalladamente la historia respecto del Antíoco Epífanes (v. 21ss.), de la época griega?

La gran mayoría de los comentaristas modernos aseguran que Dn. refleja las condiciones que provocaron la rebelión macabea, y que alguien del siglo II a.C. lo escribió bajo el seudónimo de Daniel. Para algunos esto constituye una falsificación o engaño, y concluyen que el libro no debe pertenecer al canon. Para otros, entre los cuales se encuentran varios eruditos evangélicos, el seudónimo aquí no representa más que un recurso literario, que no implica intención alguna de engañar a nadie ni afecta en nada la confianza en la inspiración y autoridad del libro. Tanto los de una como los de la otra posición datan Dn. *ca.* 165 a.C., basándose en que el ambiente histórico parece reflejar la época macabea y en que el autor del libro predice el fin del poder de Antíoco IV (Dn. 11:40-45), lo cual no coincide con los datos conocidos de su carrera después de la profanación del templo y el inicio de su persecución. Más bien en el año 165 marchó hacia el E y murió en Tabes, Persia, de una enfermedad mental en 163 a.C. Así, nuestro autor seudónimo tuvo mejor suerte como historiador que como profeta.

La posición tradicional sostiene que el Daniel histórico escribió el libro. En cuanto al ambiente, nada obliga a fechar el libro en el siglo II. Tampoco se ha probado que el libro contenga errores históricos; incluso, la identificación de → Darío el medo (9:1), repetidamente llamada el problema histórico crucial, se resuelve al entender que Darío era otro nombre del gobernador Cubaru, o al entender que el texto de Dn. 6:28 identifica a Ciro y a Darío como una misma persona.

A la luz de nuestros conocimientos actuales, el lenguaje de Dn. (el arameo y algunas palabras griegas), bien puede reflejar el ambiente del siglo VI. Sin embargo, la ubicación de Dn. como parte de la tercera división del canon hebreo y no entre los profetas, tampoco significa que Dn. se escribiera muy tarde. Probablemente indica sólo que Daniel era un político con el don de profecía y que nunca ocupó el oficio de profeta como Isaías, Jeremías, *et al*.

Seguramente, Dios reveló lo pertinente a Antíoco IV para animar a los fieles del período más crucial, quizá, de la historia de su pueblo Israel. La época macabea (167-142 a.C.) era esencial en la formación del Israel del tiempo propicio para la venida de Cristo (Gá. 4:4). El que Dn. 11:40-45 sea tan específico como vv 20-39, pero no se cumpliera totalmente con

Antíoco IV, es muy análogo con las profecías en cuanto a la venida del Mesías, las cuales no indican que realmente habría dos venidas, con unos 2.000 años entre ambas. E.d., todavía esperamos el verdadero cumplimiento de Dn. 11:40-45, en donde Antíoco IV es apenas una de las muchas representaciones del → anticristo.

II. TEOLOGIA

La narración de Dn. llega a su clímax en la visión de 10:1-12:4. Ahí se ve claramente que Dn. trata de uno de los problemas más agudos de la experiencia humana: la conducta a seguir bajo un gobierno tiránico que persigue por razones religiosas. Y el camino que Dn. parece recomendar está bien resumido en las palabras: "el pueblo que conoce a su Dios se esforzará y actuará" (11:32).

La base de todo en el libro es el conocimiento de Dios (su carácter y su voluntad), verdadero, profundo y creciente. Se puede ver esto en toda la experiencia personal de Daniel. La idea determinante es que Dios es soberano sobre toda la historia. Las visiones de los reinos del mundo (caps. 2; 7; 8; 10—12) revelan que Dios sí tiene un plan y que su voluntad se cumplirá. El creyente puede confiar en Dios, a pesar de las circunstancias.

Dn. muestra una actitud consecuente en cuanto al compromiso con Dios. No importa cuán excepcional sea el poder humano que impere, el verdadero creyente no falla en su obediencia a Dios por acatar disposiciones humanas (1:8-21; 3:1-30; 6:1-28).

En Dn. se encuentra la figura del → "Hijo del Hombre" (7:13,18), término que llegó a ser el título propio de Jesús. También en Dn. se nos presenta la explicación más detallada de la esperanza de resurrección en el AT (12:2).

Uno de los asuntos más llamativos del libro es la respuesta de Dios a las oraciones del siervo fiel. En ocasiones Dios manifiesta su poder mediante la aparición de seres celestiales (9:20-23).

El libro de Dn. proporciona el marco estructural para el libro de Apocalipsis, y es en el Apocalipsis donde el contenido de la última semana profética (9:27) se desarrolla.

J. C. H.

DANZA. → BAILE.

DARDO. Arma arrojadiza, semejante a una lanza corta. En el AT "d." es traducción de varios vocablos heb. (2 S. 18:14; Job 41:26; Ez. 39:9; Hab. 3:14; Zac. 9:14). En ocasiones los soldados ataban estopa encendida a la punta de sus d., para incendiar el campamento enemigo (cp. Ef. 6:16).

W. M. N.

DARIO. Nombre de varios reyes persas.

1. Darío I (521-486 a.C.). Se destaca en la historia general por su interés en organizar el Imperio Persa siguiendo la labor iniciada por → Ciro y Cambises. Dividió el imperio en veinte satrapías (→ SATRAPAS), trazó una gran red de comunicaciones y continuó, respecto de los pue-

blos conquistados, la política tolerante de Ciro. Se destacó por su política expansionista. En el E consiguió extender su dominio hasta la India, aunque no tuvo tanto éxito en el O; fracasó en su campaña contra Grecia. Su ejército fue derrotado en 490 a.C. en la célebre batalla de Maratón. En la historia bíblica se destaca por haber permitido a los judíos proseguir la construcción del templo en Jerusalén (Esd. 4:24-6:12; Hag. 1:1,15; 2:10; Zac. 1:1-7).

2. Darío II (423-408 a.C.). Neh. 12:22 se refiere a "D. el persa" el cual es Notos o el emperador de Persia, D. II.

3. Darío el medo. Según el libro de → Daniel, había un D., hijo de → Asuero (Jerjes), de la estirpe de los medos (9:1; 11:1) y tenía 62 años cuando empezó a gobernar. Esto fue después de la muerte de → Belsasar y la caída del imperio de → Babilonia en 539 a.C. (5:30,31). Para muchos, la presencia de D. el medo en el libro de Dn. constituye un disparate histórico puesto que la historia secular no lo menciona. Sin embargo, estudios recientes nos ofrecen dos buenas posibilidades para la identificación de este D. Según Wiseman, la traducción de Dn. 6:28 debe ser: "*Aún* durante el reinado de Ciro el persa", identificando así a D. el medo con → Ciro II.

Además, según estudios recientes de las inscripciones babilónicas, se podría identificar a D. el medo con Gubaru, gobernador de Babilonia bajo Ciro. Así no queda base para negar la historicidad de este D. y la veracidad histórica del libro de Dn.

V. A. G. y T. D. H.

DATAN. → CORE.

DAVID. Segundo rey de Israel (1000-962 a.C.). Se le menciona unas 800 veces en el AT y 60 en el NT. No se sabe con certeza el significado de su nombre. Fue el menor de ocho hermanos (1 S. 17:12ss.), y su padre, Isaí, era nieto de Rut y Booz. Desde muy joven demostró tener valor y ternura como pastor de ovejas.

Se alude a D. por primera vez después de la desobediencia de Saúl, durante la campaña con-

La imponente torre de David se levanta sobre la ciudad de Jerusalén desde un punto dominante cerca de la Puerta de Jafa.

IGTO

tra los amalecitas, cuando Samuel informó a éste que Dios le había quitado el reino (1 S. 15:28). Es notable que, habiendo fracasado el primer reino, no se haya pensado en la posibilidad de volver al sistema de jueces. Antes bien, Samuel es enviado a Belén con el mandato divino de escoger al sucesor de Saúl.

La elección de D. en vez de uno de sus hermanos mayores llama la atención a una curiosa serie de casos en que se ha dado preferencia al hermano menor (v.g.: Isaac, Jacob y José), casos éstos que constituyen una violación del derecho de →primogenitura y que ilustran, por tanto, la soberanía de Dios en el desarrollo de los sucesos que culminan en nuestra redención.

Más adelante D. es ungido y a Saúl se le priva del poder carismático.

A D., un músico excelente, se le pidió presentarse en la corte para tocar el arpa y así calmar la turbada mente de Saúl. Posteriormente se enfrentó a →Goliat y lo venció, hazaña que señala el comienzo de la amistad con Jonatán (hijo de Saúl) y de su desarrollo como guerrillero y héroe del pueblo. Saúl, celoso de la creciente popularidad de D., procuró atraerle la enemistad de los filisteos ofreciéndole sus hijas Merab y Mical (1 S. 18:17-29). Al fin D. aceptó casarse con ésta.

Dos veces intentó Saúl matar a D., pero éste logró escapar. Jonatán procuró restaurar la amistad entre su padre y D., pero su intervención fue infructuosa y D. adoptó una vida de fugitivo y guerrillero. Se refugió entre los filisteos quienes le brindaron asilo. Tras una breve y tal vez peligrosa permanencia en la tierra del rey filisteo Aquis, huyó a la cueva de → Adulam donde "se juntaron con él todos los afligidos, y todo el que estaba endeudado, y todos los que se hallaban en amargura de espíritu" (1 S. 22:2). Reunió a 400 personas y las adiestró como guerrilleros profesionales.

Después que D. rechazó a los filisteos en Keila (ciudad judaica), Saúl supo dónde encontrarlo. Por tanto, D. se vio obligado a trasladarse al desierto de Zif y posteriormente a Maón. En → Engadi le perdonó la vida a su perseguidor (1 S. 24:1s.).

Poco después D. contaba ya con 600 soldados. Saúl persistió en perseguirlo y una vez más cayó entre sus manos (1 S. 26:7ss.). Como le era ya imposible estar a salvo en su propia tierra, D. decidió buscar nuevamente la protección de los filisteos. Éstos le permitieron establecerse en Siclag, ciudad que llegaría a ser tierra de los reyes de Judá (1 S. 27:6). Derrotado Israel por los filisteos, el mismo soldado que había acabado de matar a Saúl fue a comunicárselo a D. (2 S. 1:10). Muerto Saúl, se inició una nueva etapa en la vida de D.

D. se dirigió luego hacia el N y en Hebrón fue proclamado rey de Judá. Allí reinó siete años y medio (5:5). Mientras tanto, Abner, el general de Saúl, había entronizado a → Is-boset.

Era inevitable un conflicto entre las fuerzas leales a Saúl y las de D. Tras una serie de encuentros entre D. y Abner, éste fue asesinado, lo cual dejó libre el camino para que D. asumiera el gobierno de todo Israel.

A poco de haberse hecho rey de Israel, D. conquistó la fortaleza de Jerusalén, que aún se hallaba en manos de los jebuseos, y trasladó su corte allí. Los filisteos reaccionaron lentamente ante la expansión de la hegemonía de D., aunque sí guerrearon con él dos veces. Sistemáticamente D. fue subyugando a los demás enemigos que lo rodeaban hasta extender su reino desde la frontera egipcia y el golfo de Acaba en el S, hasta el Éufrates en el N.

Realizó estas conquistas durante la primera parte de su reinado. Sus múltiples triunfos no se debieron tan sólo a la escasez general de grandes dirigentes militares en esa época, sino también a su propio genio militar. Después de sus conquistas, se produjo el consiguiente enriquecimiento de Israel.

Como una mancha en su vida fue la relación que D. tuvo con Betsabé, esposa de Urías (2 S. 11). Este pecado, junto con los problemas implícitos en la poligamia marcó el principio de su descenso.

Los conflictos familiares comenzaron cuando Amnón, uno de los hijos de David, deshonró a Tamar, su hermana. Absalón, otro hijo de D., lo hizo matar para vengarla, después de lo cual tuvo que exiliarse (2 S. 13). Pasados tres años, Absalón se reconcilió con D., aunque después, aprovechando el descontento de cierto sector del pueblo, se sublevó contra su padre y se proclamó rey en Hebrón. Se produjo el inevitable choque militar entre D. y su amado hijo, durante el cual éste fue muerto a pesar de las órdenes de su padre de que no se le matara.

Aplastada la sublevación de Absalón, sobrevino la de Seba, que también se frustró. Pero estas rebeliones hicieron que D. se organizara mejor. Por ejemplo, decidió hacer un censo (2 S. 24; 1 Cr. 21). No obstante, en sus últimos días fue acosado por intrigas de sucesión. Adonías intentó usurpar el trono, habiéndoselo destinado D. a Salomón. Después de haberle asegurado el reino a éste, "murió en buena vejez, lleno de días, de riqueza y de gloria" (1 Cr. 29:28).

Rara vez se encuentran en un solo hombre la habilidad, la virtud y la fuerza de voluntad que vemos en D., aunque haya pasado por momentos de debilidad. Cierto que hubo ocasiones en que su corazón fue endurecido por la pasión o el orgullo, pero jamás quiso vengarse de la crueldad de Saúl, y la genuina sinceridad de su lamento por la muerte de éste, de Jonatán y de Absalón, patentiza nuevamente la gran ternura que le era característica. Repetidas veces se manifiesta su grandeza como poeta, músico y compositor. Fue el hombre de hombres, y por eso el Señor Jesucristo se llamó "Hijo de David".

P. N. A.

Bibliografía

Bosch, Juan. *David: Biografía de un rey*, Santo Domingo: Librería Dominicana, 1963.

DEBIR. Ciudad conocida primero por →Quiriatsefer (Jue. 1:11).

En los días en que Josué entabló sus luchas de conquista, D. era la fortaleza de uno de los cinco reyes de los vastos dominios de los amorreos. Se encontraba casi a igual distancia entre Hebrón y Laquis, a la orilla de la ruta principal hacia Egipto. Josué la conquistó (Jos. 10:38), pero, más tarde, fue reconquistada por sus antiguos moradores, los cananeos. Otoniel volvió a subyugarla (Jos. 15:15,16) y posteriormente, esta ciudad fue entregada a los hijos del sacerdote Aarón. D. ha sido identificada como Tel Beit Mirsim, unos 20 km al SO de Hebrón.

Otros dos sitios llevan el nombre D. (Jos. 13:26; 15:7), y también un rey amorreo (Jos. 10:3).

M. V. F.

DÉBORA ('abeja'). 1. Ama y compañera de Rebeca (Gn. 24:59; 35:8).

2. Profetisa que aparece en la serie de jueces que gobernaron en Israel antes de la monarquía (*ca.* 1125 a.C.). Era esposa de Lapidot (Jue. 4:4). A su sede en el centro del país le llegaban a consultar sobre casos demasiado difíciles para los jueces locales, y disputas entre las tribus.

Así D. fomentó entre las tribus dispersas un sentido de unidad y lealtad a Yahveh que les hacía falta para la lucha contra los cananeos.

Aunque no era un dirigente militar, D. organizó el ataque contra →Sísara, capitán del ejército del opresor cananeo Jabín, valiéndose de →Barac para dirigir las fuerzas israelitas. A instancias de éste, D. los acompañó a la batalla, la cual terminó en victoria para Israel (Jue. 4). El cántico de victoria de D. y Balac (Jue. 5), en que se ha conservado el lenguaje del siglo XII a.C., figura entre los más antiguos del AT. Constituye una de las principales fuentes de información para el estudioso de la poesía hebrea, y de la historia de este período cuando las tribus vivían aisladas en las montañas y apenas comenzaban a disputar a los cananeos el dominio de los valles y los caminos.

I. W. F.

DECÁLOGO. →DIEZ MANDAMIENTOS.

DECÁPOLIS (gr. = 'diez ciudades'). Región de límites indeterminados, situada principalmente al E y al S del mar de Galilea, y al lado oriental del Jordán, en la cual Jesús llevó a cabo una parte de su ministerio (Mt. 4:25; Mr. 5:1-20; 7:31-37). Su nombre se debe a que se hallaba dominada por una liga de ciudades griegas (cuyo número variaba), de las cuales siete se encontraban dentro del área propiamente denominada D.: Escitópolis (→BET-SAN), →Gadara, Hipo, Pela, Abilá, Gerasa y Filadelfia. Al NE de esta región se

Estas ruinas de un anfiteatro en Gerasa, una de las ciudades que integraban la liga de diez ciudades llamada "Decápolis", dan testimonio del alto nivel cultural a que habían llegado los habitantes de la región en la época helénica.

MPS

hallaban cuatro más: Dión, Canatá, Rafaná (Rafón), y → Damasco.

La liga había surgido después de la conquista de Alejandro Magno, cuando numerosos griegos invadieron a Palestina y levantaron ciudades que más tarde constituyeron centros de cultura helénica, cultura que competía con la judía (lo cual explica la presencia allí de un hato de cerdos, Mr. 5:11). Cuando la conquista romana, fueron declaradas ciudades libres, aunque sujetas al gobernador romano de Siria. Se organizaron en una liga por razones de comercio y defensa.

W. M. N.

DECRETO. Traducción en el AT (entre otras, p.e., "edicto" "estatuto", "ley", "mandamiento", "ordenanza", "sentencia") de varios términos hebreos y arameos que significan "orden real" o "proclamación oficial", p.e., los d. de Nabucodonosor, Darío y Asuero (Dn. 3:29; Esd. 6:12; Est. 1:20; etc.).

El AT describe a Dios como el gran rey de la tierra que promulga sus d. (Sal. 2:7), y tanto la creación (la lluvia, Job 28:26; los cielos, Sal. 148:6; el mar, Pr. 8:29; Jer. 5:22), como la historia (Sof. 2:2, "el día de ira") son dominados por estos "estatutos" o "leyes". En el NT la palabra griega traducida por "d.", "edicto" y "ordenanza" se refiere a los d. de César (Lc. 2:1; Hch. 17:7) o del faraón de antaño (Heb. 11:23), a la resolución del concilio de Jerusalén (Hch. 16:4), y en Col. 2:14 (cp. 2:20, "preceptos") y Ef. 2:15 ("ordenanza") a las demandas detalladas de la ley mosaica.   J. M. Bo.

DEDÁN. 1. Camita, hijo de Raama y nieto de Cus (Gn. 10:7). No se ha identificado el pueblo del cual él fuera progenitor.

2. Nieto de Abraham y Cetura (Gn. 25:3). La tribu dedánica se estableció al S de Edom. Los israelitas los consideraban como parientes suyos (Jer. 49:8). Eran comerciantes y sus grandes caravanas viajaban por Palestina (Is. 21: 13-17). D. se menciona en la literatura cuneiforme de Asiria y Babilonia, y hoy todavía es un notable centro comercial llamado Alula, a 112 km al SO de Tema (Ez. 25:13; 27:15,20; 38:13).   W. G. M.

DEDICACIÓN, FIESTA DE. Fiesta mencionada sólo una vez en la Biblia (Jn. 10:22). Fue instituida para conmemorar la gesta de Judas Macabeo, quien en 164 a.C. purificó ceremonialmente y rededicó el templo y el altar de los holocaustos, que habían sido profanados por Antíoco Epífanes (1 Mac. 4:52-59; 2 Mac. 2:20; 10:6ss.). Se iluminaba profusamente el templo y también las casas.

Los judíos modernos celebran esta "Fiesta de las luces" *(Janukká)* y en varios aspectos es semejante a la Navidad de los cristianos. Incluso la fecha de esta celebración a veces coincide con el 25 de diciembre.   A. R. D.

DEMAS (gr. = 'hombre del pueblo'). Cristiano de Roma y compañero de Pablo en su primer encarcelamiento allí (Col. 4:14; Flm. 24). Desafortunadamente durante el segundo encarcelamiento de Pablo, D. le abandonó, "por amor de este mundo", y se fue a Tesalónica (2 Ti. 4:10).

D. M. H.

DEMETRIO. Nombre común entre los griegos.
1. Jefe del gremio de plateros de Éfeso, fabricantes de diminutos nichos que contenían imágenes de la diosa Artemisa (→ DIANA). D., alarmado por la amenaza económica que representaba la evangelización, instó a sus colegas a organizar una protesta masiva contra Pablo y sus compañeros. Su discurso (Hch. 19:24-28) incluyó también el motivo religioso. El secretario de Éfeso logró evitar el motín y reprendió a D. (v. 38).

2. Cristiano de Asia Menor cuya conducta loable era conocida de muchos: Juan lo recomendó con entusiasmo (3 Jn. 11s.) a Gayo y su iglesia.   R. F. B.

DEMONIOS (del gr. *daímon* o *daimónion*). Seres espirituales hostiles a Dios y a los hombres. En el pensamiento griego popular se designaba así a los espíritus malos, y en particular a los de los muertos que ejercían su maleficio como fantasmas.

La mención de los espíritus de los muertos, llamados *elohim* en 1 S. 28:13 e Is. 8:19, a los cuales se consultaba por los médiums (→ HECHICERÍA), revela que muchas de las nociones que encontramos en Grecia acerca de los d., aparecieron esporádicamente en Israel. La prohibición del espiritismo (Nm. 23:23; Dt. 18:10; 1 S. 15:23) explica que la demonología haya ocupado un lugar tan marginal en el AT. Más bien muchas actividades destructoras, que las naciones vecinas imputaban a los d., son atribuidas a Yahveh (1 S. 16:14b; 2 S. 24:16).

En el AT la nomenclatura para los d. es variada y extraña: se llaman *shedim* ('señores') en Dt. 32:17, y es probable que *sh'rim* en Is. 13:21, *lilit* en Is. 34:14 (ambas palabras se traducen → "cabras" en RV) y → Azazel (Lv. 16:10-22) se refieren a d.

En el judaísmo tardío y en el rabinismo aparecen los d. más explícitamente como seductores de los hombres y enemigos de Dios. Se trata de → ángeles caídos (cp. Jud. 6), a veces relacionados con los "hijos de Dios" de Gn. 6:1-4. Los d. están sujetos a → Satanás o Belial. En la Misná se consignaban instrucciones para los exorcistas (cp. Lc. 11:19). Los d. habitaban lugares impuros y secos (cp. Lc. 11:24; Ap. 18:2), como los cementerios (Mr. 5:2), y por ello se les llama "espíritus inmundos".

La mención de la actividad demoníaca en el NT se concentra en los Evangelios, como si la irrupción especial del ministerio terrenal de Jesús provocara mayor oposición satánica. Frente a la evidencia de los milagros del Señor, sus enemigos lo acusaron de "tener un d." (Jn. 7:20; 10:20), pero, al contrario, Jesús actuaba con autoridad propia "desatando" a los dominados por Satanás (Lc. 13:10-17). Su poder sobre los d. confirmó que él es el "más fuerte", que entró en la casa del "fuerte [Satanás]", le ató, y ahora "saquea sus bienes [los d.]" (Mr. 3:27). El poder de Jesús sobre los d. señalaba la llegada del reino de Dios (Lc. 11:20). Jesús compartió esta victoria con sus discípulos (Lc. 9:1; 10:17) e incluso con los que no se contaban entre sus seguidores íntimos (Mr. 9:38s.).

Muchos eran los efectos de la posesión demoníaca: la mudez (Mt. 9:32s.), la epilepsia (Mr. 9:17s.), hábitos antisociales (Mr. 5:1-5) e intentos suicidas (Mt. 17:15). Sin embargo, no toda enfermedad se atribuía a la posesión. Mt. 4:24 distingue bien entre las causas naturales y sobrenaturales al afirmar que Jesús sanó a "los que tenían dolencias, los afligidos por diversas enfermedades y tormentos, los endemoniados, lunáticos y paralíticos".

Como habitantes del mundo espiritual, los d. sabían quién era Jesús aunque él callaba este tipo de testimonio (Mr. 3:11s.). Reconocían también que su fin en el →abismo será para destrucción eterna (Mt. 8:29; Lc. 8:31; cp. Stg. 2:19).

Después de los Evangelios canónicos, disminuye la preocupación por los d. Hch. 19:13-16 (→ESCEVA) es una anécdota singular acerca del judaísmo contemporáneo. Escribiendo a mediados del siglo II, el autor desconocido de la conclusión del Evangelio de Marcos (16:9-20) se refiere al exorcismo y, puesto que este trozo se basa en una tradición confiable, es probable que Jesús haya hecho una promesa tal. Según 1 Ti. 4:1 los d. atentan contra la sana doctrina. En 1 Co. 10:20s. Pablo equipara el culto a los ídolos con el tributo a los mismos d. en su esencia (cp. Ap. 9:20).   R. F. B.

Bibliografía
García, Cordero M., *Teología de la Biblia,* I (Madrid: B.A.C., 1970), pp. 451-468. VTB, pp. 185-187.

DENARIO (del gr. *deni* = 'diez a la vez'). Moneda romana, de plata, usada en la época novotestamentaria (Mt. 18:28; Mr. 6:37; 12:15; Jn. 6:7; 12:5; Ap. 6:6). Su nombre se deriva de los

El denario era la moneda romana más común en los días de Jesús y los apóstoles; representaba el jornal de un día de trabajo.

diez ases (pequeña moneda romana, →CUARTO) que valía al principio, cantidad que fue

aumentada después a dieciséis. Desde el siglo II a.C. el d. era la principal moneda del Imperio y llevaba, como todas las de plata u oro, la imagen del emperador (Mt. 22:19s.). De la parábola de los jornaleros en la viña se desprende que un d. era lo que se solía ganar por un día de trabajo (Mt. 20:1-16). El buen samaritano dio dos denarios al mesonero (Lc. 10:35).   A. T. P.

DEPORTES. →JUEGOS DEPORTIVOS.

DERBE. Pequeña población de Licaonia, en el Asia Menor, a donde Pablo y Bernabé se dirigieron después de visitar a Listra (Hch. 14:20s.). Quedaba unos 90 km al E de Listra y a corta distancia del muy conocido paso llamado "Las puertas cilicianas". Los misioneros hicieron "muchos discípulos" aquí, y entre éstos →Gayo que trabajó después con Pablo (Hch. 14:21; 20:4). Pablo volvió a visitar a D. durante el segundo viaje y quizás en el tercero (16:1-4; 18:23; 19:1).   A. T. P.

DESCENSO AL INFIERNO. Doctrina según la cual Jesucristo, después de su muerte y antes de su resurrección, descendió a la morada de los muertos: →*Hades* (gr.) o →*Seol* (heb.). Esta doctrina, si bien no se enseña explícitamente en el NT, ya en el siglo II se hallaba en los escritos patrísticos y en el siglo IV se encuentra en todos los credos de la iglesia.

Esta doctrina parece hallarse en forma implícita en Hch. 2:27; Ro. 10:7, y quizás en Ef. 4:9ss.; pero sobre todo en 1 P. 3:18–4:6. Según este último pasaje, Cristo "fue y predicó" a los espíritus de los muertos ("espíritus encarcelados") en el *Hades.*

Algunos, para obviar la enseñanza del "descenso", interpretan el pasaje como una referencia a la predicación de Cristo por medio de Noé en los días de éste, tesis que resulta difícil de sostener por el contexto sintáctico en que se encuentra "espíritu" en 1 P. 3:18, del original gr.

Si se rechaza esta interpretación, siempre queda el problema de quiénes eran los espíritus encarcelados. ¿Ángeles caídos (Gn. 6) u hombres? ¿Y qué clase de mensaje habrá predicado? ¿De condenación o esperanza? El problema tiene que resolverse de acuerdo con el concepto que uno tenga de la enseñanza general de las Escrituras sobre este tema. O bien se lo puede dejar, por ahora, sin resolver.   J. C. H.

DESIERTO. Traducción de varias voces hebreas. *Midbar,* la más común, se relacionaba con el nomadismo y designaba un lugar de pastos libres, no muy colonizado, a donde se podía llevar el ganado. En estos d. había aldeas (Jos. 15:61,62; Is. 42:11) dedicadas, por lo general, al abastecimiento de las caravanas. Eran puntos de descanso.

En ciertos sectores del →Neguev se desarrollaron cultivos, pero para los israelitas, que vivían en regiones más fértiles, el d. representaba

Este oasis cerca de Jericó presenta un contraste marcado con las montañas rocosas del árido paraje visto al fondo.   IGTO

lugares solos (Dt. 32:10), secos (Os. 13:5), oscuros (Jer. 2:6,31) e inseguros (Lm. 5:9).

El término heb. *horba* ('desolación'), que también se traduce d., se refiere a lugares habitados que por su indefensión fueron luego arrasados (Lv. 26:31,32; cp. Is. 48:21; Ez. 13:4). El término → *arabá* ('seco', 'estéril') denomina el valle del Jordán y su extensión hasta el golfo de Acaba. Pero se refiere también, en sentido más general, al d. (p.e., Job 24:5; Is. 33:9).

En el NT, el d. simboliza una separación de la vida social; Juan el Bautista vive en el d. de Judá (Mr. 1:4) y Jesús va al d. para luchar con Satanás (Mr. 1:12s.) y para orar (Mr. 1:35).

D. J.-M.

DESPOJOS. Botín de guerra, sea bienes materiales o cautivos humanos, tomado después de una batalla victoriosa. Desde tiempos de Abram se dedicaba la décima parte de este botín a Jehová (Gn. 14:20; cp. Heb. 7:2ss.), la cual se destinaba al uso de los sacerdotes.

David dividió los d. por igual entre los que pelearon y los que guardaron el equipaje (1 S. 30:26-31).

"Despojar" a veces quiere decir saquear (Gn. 34:27,29; 1 S. 14:36).

"Despojar" se usa también en sentido figurado (p.e. Col. 2:15).

La idea de "despojarse" (deshacerse voluntariamente de una cosa) se presenta en dos ocasiones en el NT (Ef. 4:22; Fil. 2:7).

A. C. S.

DESPOSAR. Contraer un compromiso nupcial que, en la sociedad hebrea, establecía una relación permanente y exigía fidelidad absoluta, aunque la unión no se consumaba antes del matrimonio (Gn. 29:21). Violar esta relación se consideraba como adulterio (Dt. 22:23s.), lo cual explica que José haya resuelto divorciarse de María (Mt. 1:18s.). (→ MATRIMONIO.)

Generalmente, los padres del joven iniciaban las gestiones para el desposorio (Gn. 24:4; 38:6), aunque a veces el joven mismo escogía primero la novia (Gn. 34:4,8; Jue. 14:2). En algunas ocasiones se pedía el asentimiento de la novia, como en el caso de Rebeca (Gn. 24:58). El pacto con la familia de la novia se sellaba con el pago de la → dote.

Dios habla de desposarse con su pueblo, empleando una preciosa metáfora para ilustrar su amor y fidelidad hacia el hombre (Os. 2:19s.; Jer. 2:2; cp. 2 Co. 11:2).   I. W. F.

DEUDOR. Aunque la ley israelita admitía que un d. se vendiera a sí mismo como esclavo para satisfacer una deuda (Lv. 25:39,47) y que el → ladrón (→ ROBO) incapaz de restituir fuera vendido como esclavo (Éx. 22:3), sin embargo no autorizaba al acreedor para poner sus manos sobre el d. (Dt. 24:7). Por otra parte, parece que la ley israelita apoyaba la costumbre antigua de que un padre vendiera los suyos para pagar una deuda (Éx. 21:7). En todo caso en 2 R. se habla de una viuda que recurrió a Eliseo para no verse obligada a vender sus dos hijos (4:1-7). Neh. habla de padres que se ven en el trance de vender sus hijos e hijas para hacer frente a sus deudas (5:5; cp. Gn. 47:18,19; Is. 50:1). Amós censura a los acreedores que vendían sus hermanos israelitas porque éstos no les pagaban un par de sandalias (2:6).

En el NT se cuenta una parábola según la cual un señor mandó que fuese vendido un siervo que le debía una fuerte suma: él, su mujer y sus hijos (Mt. 18:25). Este mismo relato nos hace ver, además, que la prisión por deudas era conocida en tiempo de Cristo.

Las relaciones entre acreedores y d. solían ser muy tensas en Israel. Jeremías alude al odio que las animaba (15:10). Más de un d. prefería salir del paso, dándose a la fuga. No obstante, la legislación procuró siempre proteger al d., refrenando los abusos de los acreedores con medidas en favor de quienes, por su insolvencia, habían tenido que venderse como esclavos (→ AÑO SABÁTICO).

Jesús no permaneció insensible ante las preocupaciones del pueblo en este aspecto. Además de la parábola que acabamos de mencionar, refirió la parábola del mayordomo infiel (Lc. 16:5ss.) y la de los dos d. desiguales (Lc. 7:41ss.). En el modelo de oración, que el Señor propuso a los suyos, dice literalmente: "Perdónanos nuestras deudas como también nosotros perdonamos a nuestros deudores" (Mt. 6:12). Son conocidas, además, aquellas palabras de

AVES Y ANIMALES DEL DESIERTO

Hay secciones grandes de la Tierra Santa que reciben solamente 5 a 8 centímetros de lluvia al año. La malva (9) florece después de las escasas lluvias de la primavera. Otras plantas como el enebro, o escoba blanca (4) extraen agua por raíces que se internan hondamente en la tierra. Las codornices (2) vuelan sobre el desierto en sus migraciones. El (1) gallinazo (aura o buitre) espera alimentarse de los accidentados. La gacela (3) vive al margen de la zona desierta y necesita poca agua. El gecko (5), las dos víboras del desierto (6 y 8) y el camaleón (7) se activan mayormente en las horas de la noche, permaneciendo de día en sus cuevas. IVP

Pablo: "Con nadie tengáis otra deuda que la del mutuo amor (Ro. 13:8 BJ).   C. R.-G.

DEUTERONOMIO. Quinto libro del → Pentateuco.

Dt. es una transcripción del título del libro en la → LXX y significa "segunda ley" o "repetición de la ley". Se originó de una traducción errónea en esta versión de Dt. 17:18. El texto hebreo no dice "repetición", sino "copia de la ley", como se traduce en RV. En el texto hebreo el título se compone de las primeras palabras del libro: *Ele Jadvarim* ('estas son las palabras').

I. CONTENIDO Y ESTRUCTURA

Dt. contiene una serie de discursos de despedida de Moisés en los campos de → Moab, en los cuales éste busca la renovación del → pacto, entre Yahveh e Israel, hecho originalmente en → Sinaí.

La estructura del libro se asemeja a la forma de los pactos internacionales en la época de Moisés.

A. *Introducción*
1. Preámbulo. 1:1-5 identifica al soberano (Yahveh), al vasallo (todo Israel), al mediador del pacto (Moisés), y describe la situación histórica.
2. Prólogo histórico 1:6—3:29 resume las relaciones históricas entre Yahveh e Israel desde el establecimiento del pacto en Sinaí, unos cuarenta años antes.
3. Vista anticipada del pacto. 4:1-43 resume los elementos principales del pacto; subraya el peligro de la idolatría.
B. *Leyes*
1. Estipulaciones básicas. 4:11—11:32 repite los → Diez Mandamientos y exhorta al temor, al amor y a la obediencia a Yahveh, motivados por la gracia, el poder y la elección divinos manifestados a Israel.
2. Estipulaciones detalladas, 12:1—26:19.
C. *Conclusión*
1. Ceremonia solemne de ratificación del pacto, 27:1-26.
2. Bendiciones y maldiciones del pacto, 28:1-68.
3. Resumen del pacto e invitación a cumplir el voto de consagración, 29:1—30:20.
4. Últimas disposiciones de Moisés, 31:1-30 (sucesor dinástico, lectura pública, afirmación y testigos del pacto).
5. Cántico, bendiciones y muerte de Moisés, 32:1—34:12.

II. ORIGEN

Según el libro mismo, Dt. tuvo su origen en la enseñanza de → Moisés. Hace hincapié en la predicación oral de él (1:1,3,5; 4:45; 5:1,27; 27:9-14; 29:1,2; 31:1,30; 32:44-47; 33:1,2), pero mucho menos en su actividad literaria (28:58; 31:9-13; 31:19-22; 31:24). Dt. no define con precisión científica el contenido exacto de "esta ley" que escribió Moisés.

Casi nadie cree que Moisés haya escrito la narración de su propia muerte (34:1-12). Pero no hay razón para dudar que tanto la estructura como las enseñanzas básicas del libro tuvieron su origen en la predicación y actividad literaria de Moisés.

III. CONSERVACIÓN E INFLUENCIA

El pueblo tuvo la responsabilidad de escribir las leyes después de muerto Moisés (27:1-8). Los ancianos (27:1) y los levitas (27:9,11,14) aún compartían con Moisés la producción oral de la materia.

Moisés encargó a sus hermanos levitas la fiel conservación del libro (4:2; 17:18; 31:9,24-26). Estudios recientes demuestran que Dt. fue cuidadosamente conservado y utilizado particularmente en las tribus del norte (cp. p.e. 33:13-17 con 33:7), por los profetas (13:1-5; 18:15-22; 34:10), y los levitas (33:8-11; cp. 10:8,9; 12:12,18,19; 14:27s.; 16:11,14; 18:1-8, etc.).

Dt. se leía cada siete años (31:10,11; cp. 15:1-6) en la fiesta de los tabernáculos (16:13-15) para celebrar la renovación del pacto entre el siervo Israel y su rey Yahveh (33:2-5). Puede ser que, durante muchos años, esta fiesta se celebrara especialmente en → Siquem (Jos. 24:1,25s.).

Después de la caída de Samaria (722 a.C.) los profetas y levitas del norte llevarían el libro a Jerusalén, donde inspiró la reforma en el tiempo de Josías (2 R. 22; 23 //).

Durante los muchos años que se conservó y utilizó el libro, se le habrán hecho enmiendas y alguna edición menor. Se le adaptó a las diversas situaciones locales, pero siempre bajo la inspiración del mismo Espíritu que había dirigido a Moisés. Cp. p.e. las leyes de Éx. 21—23 con las de Dt. y cp. Jos. 24:25s.

IV. TEOLOGÍA

Como un libro "litúrgico" que promueve la renovación del pacto, Dt. representa un esfuerzo para salvar la brecha entre las generaciones (4:9; 5:2,3, etc.) y relaciona la fe mosaica con la nueva vida en Canaán (4:14; 6:1, etc.). Se dirige al hombre entero, explicando la ley al intelecto (p.e. 4:12,15,16), suplicando al corazón (4:29, 39; 6:4-6, etc.), y estimulando la voluntad (30:19,20).

Como libro "ecuménico" Dt. recalca la unidad del pueblo de Dios ("todo Israel"; 1:1; 5:1, etc.) y la centralización del culto en "el lugar escogido por Yahveh" (12:5,11,14,18,21, 26, etc.).

Como libro "protestante" Dt. subraya la suprema autoridad de la Palabra de Dios, una revelación clara (30:11-14) y sencilla (29:29) que los padres de familia pueden enseñar a sus niños (6:6-9; 20:25, etc.).

Como libro "evangelístico" Dt. insiste en la necesidad de la regeneración (10:16; 30:6) y la conversión individual (4:29; 30:19,20). Se moviliza al pueblo de Dios para una guerra santa, enérgica y victoriosa (20:1-4,10). Pero también

Dt. recalca la importancia de leyes justas (4:8) para gobernar a la sociedad (16:18–19:21, etc.).

Dt. define por primera vez en el AT la doctrina de la elección de Israel (4:20,34; 7:6ss.; 8:17s.; 9:4s.; 10:15, etc.), basada en la gracia de Yahveh.

Como libro "existencialista" Dt. insiste en la importancia del presente y la necesidad de una decisión "hoy" (30:2,8,11,16, etc.).

Por primera vez en el AT encontramos en Dt. un monoteísmo explícito (4:35,39; 32:39, etc.). En esto se basa lo que Jesús llamó "el primer mandamiento" (6:4,5; cp. Mr. 12:29,30).

Sabiendo bien que las provisiones del viejo pacto no bastaban (31:1,22,26-29), Moisés habló de un profeta venidero (18:15-19) cuya enseñanza produciría obediencia. En su propia muerte Moisés simbolizó la del nuevo Siervo que sufriría en lugar del pueblo la ira penal de Yahveh (1:37; 3:26; 4:21; 34:4; cp. Is. 53; Gá. 3:10-14).

V. DEUTERONOMIO EN EL NT

Dt. se cita unas ciento noventa y cinco veces en el NT. De aquí Cristo tomó toda su defensa contra el tentador y la primera parte de su resumen de la ley y los profetas.

Según Pablo, Dt., bien entendido, implica la justificación por la fe (Ro. 10:6-8; cp. Dt. 30:12-14; 1:32). Mas no se trata de una fe meramente intelectual, sino de un entregarse absolutamente a Yahveh, de una confianza cabal en él, para toda bendición presente y futura, que redunde en una obediencia completa (cp. 1:32 y 1:26).   T. D. H.

DÍA

Unidad de tiempo equivalente a 24 horas, que a través de la historia se ha medido de diferentes maneras: de mañana a mañana por los caldeos, de puesta a puesta de sol por los hebreos y los griegos, o asignándole cierta cantidad de partes. Actualmente es común medirlo de medianoche a medianoche.

En ocasiones, sin embargo, solamente se denomina "d." al tiempo de luz (Gn. 1:5,16,18). Jesús lo mencionó en este sentido (Jn. 11:9). Así establece, además, el contraste con la noche (Is. 27:3; Mr. 5:5; Lc. 18:7; 1 Ti. 5:5).

La ley judía establecía seis d. laborales y el séptimo como d. de reposo. Esta disposición recordaba que Dios terminó su obra el séptimo d. y lo bendijo (Gn. 2:2,3; cp. Éx. 12:14,16; 20:8-11).

Son múltiples los usos figurados de "d.". Denota un acontecimiento único o implica las características de determinado tiempo. Se usa tanto en singular como en plural, v.g. "el d. de Jesucristo" (Fil. 1:6,10; 2:16), "el d. de Jehová" (Mal. 4:5), "el d. de salvación" (Is. 49:8), "los d. de Noé" (Mt. 24:37), "los d. del Hijo del Hombre" (Lc. 17:26), "todos los d.", como expresión de siempre (Mt. 28:20), etc.

Los creyentes en Cristo son llamados "hijos del d.", porque su naturaleza es opuesta a la de los hijos de las tinieblas (1 Ts. 5:5-8). Jesús llamó d. al tiempo en que podría trabajar (Jn. 9:4). Según Pablo, la →noche actual mientras vivimos en espera del d. cuando Cristo se manifestará (Ro. 13:11-13). Nuestro deber como cristianos, exhorta el apóstol, es andar como de d. (Ro. 13:13).

En el AT el d. es asociado con acontecimientos que constituyen una visitación especial de Dios. El →d. de Jehová (o del Señor) es de juicio nacional o individual, sobre su pueblo o sobre los pueblos paganos (Is. 2:12; 13:9; Sof. 1:14-18). Es el d. de la ira de Dios (Jl. 2:31; Mal. 4:5; cp. Is. 13:13; 66:15; Sof. 2:2).

En el NT, el d. final especialmente alude a la segunda venida de Cristo (Mt. 10:15; Jn. 6:3,9; 1 Ts. 5:4). Este d. será, como en el AT, de juicio, salvación y exaltación divinos.

La expresión "en los últimos d." parece abarcar todo el tiempo desde el sacrificio de la cruz hasta la segunda venida de Cristo. Pedro reconoce el Pentecostés como manifestación de estos d. (Hch. 2:17), y el autor de Hebreos afirma que en ellos Dios se ha revelado por medio del Hijo (Heb. 1:2). Sin embargo, "en los postreros d. vendrán tiempos peligrosos" y el juicio estará cercano (2 Ti. 3:1; 2 P. 3:3). Cristo se refirió a estos d. como el tiempo de →gran tribulación que se relaciona con su segundo advenimiento (Mt. 24:19-22; cp. Mr. 13:5-23), cuya fecha es el gran secreto del Padre (Mt. 24:36; Mr. 13:32).   O. R. M.

DÍA DE EXPIACIÓN.

El día santo más solemne de los judíos, que se celebraba el décimo día del séptimo mes. La Biblia especifica claramente lo que debía hacerse en este día (Lv. 16; 23), como también su significación cristiana (Heb. 9;10).

Esta era la única ocasión en el año en que al →sumo sacerdote le estaba permitido entrar al →Lugar Santísimo. Se quitaba sus vestimentas oficiales y se vestía humildemente de blanco; luego entraba llevando un incensario de oro y una vasija con incienso. Al poner incienso en los carbones encendidos, tomados previamente del altar, una nube de humo cubría el →propiciatorio del →arca del pacto. De la sangre del becerro que había sido sacrificado para expiación, el sacerdote tomaba con su dedo y rociaba siete veces el propiciatorio, para purificación del santuario y expiación de los pecados del sacerdocio.

Luego, se echaban suertes sobre dos machos cabríos: uno era sacrificado, y con parte de la sangre el sumo sacerdote entraba nuevamente en el Lugar Santísimo; repetía la ceremonia del rociamiento y purificaba esta vez al pueblo. Después ponía sus manos sobre la cabeza del otro macho cabrío, el de →Azazel, y el animal era llevado lejos, a un lugar desierto, donde se le perdía. Con esto se simbolizaba la expulsión de los pecados del pueblo.

Todo el ceremonial de este día era un tipo de Cristo, y de su obra vicaria, según la interpretación de la Epístola a los hebreos. Cristo, nuestro sumo sacerdote, ofreció el sacrificio de sí mismo, no por pecados suyos, sino por los nuestros; entró no en el Lugar Santísimo del templo sino en el cielo mismo, y su ofrenda propiciatoria no necesita repetirse cada año, sino que fue perfecta, única y completa.

A. R. D.

DÍA DE REPOSO. → SÁBADO.

DÍA DEL SEÑOR.
Expresión equivalente a "día de Yahveh", cuya idea común en el AT denota la consumación del → reino de Dios y la destrucción de sus enemigos (Is. 2:12; 13:6,9; Ez. 13:5ss.; 30:3; cp. Dn. 2:44). Es el día de la visitación y de la ira de Jehová (Is. 10:13; Sof. 1:14).

Con el sentido de un día de juicio o de manifestación de la cólera divina, aparece por primera vez en Amós. El profeta ve este día como de tinieblas y no de luz (Am. 5:18,20); como el día de la separación definitiva entre los buenos y los malos, y de juicio y castigo sobre el pecado también de Israel. Así lo consideran también Sofonías, Nahum, Habacuc y Joel.

Posiblemente para los israelitas, la significación de este día estaba asociada inicialmente con un festival anual en el cual celebraban el reinado de Dios sobre la creación. Festejaban los dones divinos de la fertilidad y las cosechas, la majestad de Jehová en la liberación de Israel y su dominio sobre todas las naciones (cp. Sal. 93; 95-100). Toda esa majestad y soberanía serían plenas en el d. del S. (Sal. 9:8; 96:13; 98:9). Israel conoció a Jehová, pero cuando venga ese día "toda la tierra será llena del conocimiento de Jehová" (Is. 11:9; cp. Hab. 2:14; Zac. 14:9).

En la literatura apocalíptica, es el día de la aniquilación de los pueblos paganos, enemigos de Israel. Sin embargo, hay textos preexílicos en los que se declara alguna posibilidad de salvación para aquéllos.

En el NT, la realización del d. del S. se traslada al fin del mundo. Su sentido escatológico es más específico en cuanto a la → segunda venida del Hijo del Hombre, pero esto no significa olvidar las implicaciones en el presente (cp. Jn. 8:56). 2 P. 3:10 alude a la conmoción cósmica que precede al juicio de Dios. Se incluyen elementos de gozo, esperanza y victoria. Es el día de Cristo (2 Co. 1:14; Fil. 1:6; cp. Mt. 24:27,30). Sin embargo, permanecen la ira, el juicio y el castigo para los incrédulos que serán juzgados en este día (Mt. 10:15; Ro. 2:5,6; 1 Co. 3:13; 2 P. 3:7). Pero para quienes creen en Cristo, que también serán juzgados (1 Co. 1:8), es día de resurrección y recompensa (Mt. 16:27; Jn. 6:39).

San Pablo afirma que este día vendrá como "ladrón" (1 Ts. 5:2). Determinará la culmina-ción de la historia y el establecimiento definitivo del reino eterno del → Mesías.   O. R. M.

DÍA DEL SEÑOR (DOMINGO).
Frase que en su forma gr. *(Kyriaké gemera)* aparece únicamente en Ap. 1:10, donde no se refiere a un período apocalíptico sino a un día de 24 horas. "D. del S." con sentido escatológico es traducción en el NT de la frase *gemera kyríou* (1 Ts. 5:2; 2 Ts. 2:2; 2 P. 3:10). La primera expresión, en que la primera palabra no es sustantivo sino adjetivo, se podría traducir literalmente "día señorial" o "día dominical" (entendiendo que "dominical" viene del latín *dominus* que quiere decir "Señor").

La Vul. traduce la frase correctamente *dominica die*. La VM la traduce "día de domingo", que conserva el sentido ya que "domingo" es derivado de *dominus*. La traducción de RV no es incorrecta pero no distingue entre el día de Ap. 1:10 y el día escatológico.

Para aclarar a qué día se refiere Juan, es necesario ver los escritos de los Padres apostólicos. La *Didajé* (*ca.* 100 d.C.) 14:1 exhorta: "reunidos todo d. del S. [*kyriakén*] romped pan . . . ". Muy semejante es Hch. 20:7, donde leemos que los discípulos se reunieron "el primer día de la semana . . . para partir el pan". En la *Epístola de Ignacio a los magnesios*, 9:1 (*ca.* 110 d.C.), se dice: "no guardando ya el sábado sino viviendo según el domingo [*kyriakén*], día en que amaneció nuestra vida" (Ruiz Bueno, *Padres apostólicos*, pp. 91,464).

Así, pues, antes del fin de la época apostólica, se daba importancia al primer día de la semana (cp. también 1 Co. 16:2), día cuando, según el testimonio unánime de los cuatro Evangelios, resucitó nuestro Señor e hizo sus primeras apariciones a los creyentes. (→ SÁBADO.)

W. M. N.

DIABLO.
Transcripción del vocablo gr. *diábolos* ('calumniador', 'acusador'), usado en la LXX para traducir la palabra heb. *satán* (→ SATANÁS). El NT usa el nombre d. como sinónimo absoluto de Satanás, pero ésta última denominación es más típica de Palestina (→ BELIAL, → BEEL-ZEBÚ, → DEMONIOS). En las Epístolas pastorales (1 Ti. 3:11; 2 Ti. 3:3; Tit. 2:3) el plural de este vocablo se traduce "calumniadores".

D. M. H.

DIACONISA.
Una sola mujer lleva el título gr. de *diákonos* (→ DIÁCONO) en la Biblia: la "hermana Febe" de la iglesia de Cencrea (Ro. 16:1). De esta referencia se deduce la existencia del oficio, y la presencia de mujeres en el diaconado de la iglesia primitiva. Probablemente la frase "las mujeres" en 1 Ti. 3:11 se refiere a d., aunque algunos exegetas sostienen que éstas son las esposas de los diáconos. En el primer caso Pablo indicaría los requisitos para el diaconado total en los vv. 8-13, subrayando que las d. deben ser "honestas, no calumniadoras, sino sobrias, fieles en todo". Las mujeres que servían a

Jesús (Lc. 8:2,3) podrían conceptuarse como precursoras de éstas. P. W.

DIÁCONO (gr. = 'siervo' o 'ministro'). *Diákonos* y sus derivados aparecen más de cien veces en el texto gr. del NT, pero la palabra "d." sólo tres en la RV. Este término semitécnico designa al que desempeña determinado oficio en la iglesia local. En Fil. 1:1 Pablo menciona a los d. en íntima relación con los → obispos; igualmente según 1 Ti. 3:8,12 los requisitos para el diaconado (cp. los vv. 8-13) no difieren mucho de los correspondientes al obispado. Las responsabilidades de los d. son principalmente administrativas y caritativas, y sus virtudes —sobriedad, honradez, y transparencia (de carácter)— las más apropiadas para oficiales encargados de las finanzas y el servicio social. Aunque toda la iglesia ha de ejercer la *diakonía*, es también un don especial (Ro. 12:7; 1 P. 4:11; cp. "los que ayudan" en 1 Co. 12:28), el cual puede ser recibido tanto por hombres como por mujeres (→ DIACONISA). Los d. se destacaban especialmente en la → santa cena, o en el ágape de ésta, en el cual la iglesia expresaba su preocupación social.

El relato en Hch. 6 de la selección de siete hombres aprobados para supervisar el fondo para las → viudas, se ha interpretado como la institución formal del diaconado (→ IMPOSICIÓN DE LAS MANOS); pero su importancia estriba primeramente en la autorización apostólica de obras de beneficiencia y en la delegación de tales obras a los que Dios ha señalado por medio de dones particulares. Nótese, sin embargo, que la *diakonía* material no descalifica para la *diakonía* de la Palabra y los prodigios (Hch. 6:8–8:40).

Durante el período postapostólico, el concepto neotestamentario del diaconado sufrió una constricción e institucionalización y llegó a ser una orden en la jerarquía ministerial.

En los otros usos de esta familia de palabras (→ SIERVO, → MINISTRO) nunca se pierde de vista la acepción original: el d. es quien sirve en un banquete (Mr. 1:31; Lc. 10:40; Jn. 2:5,9; cp. Mr. 10:45; Lc. 22:26s.), aunque se habla también de servir o ministrar en un sentido más general. R. F. B.

DIADEMA. Tocado de metal precioso; p.e. una chapa de oro que llevaban sobre la frente los de categoría social o religiosa, en ciertos actos importantes. Por d. se traducen 4 vocablos hebreos y uno griego que tienen diferentes matices. Era insignia del rey o del sumo sacerdote. Tenía forma de banda, adornada con piedras preciosas o con una inscripción (Ap. 19:12) y se sujetaba por una cinta (Éx. 29:6; 2 S. 1:10; etc.). Era una → corona de honor que usaban los recién casados, los comensales, los reyes, los sumos sacerdotes y los funcionarios del gobierno persa (Cnt. 3:11; Is. 28:5; 62:3); y era una lámina de oro puro que llevaba el sumo sacerdote en el turbante durante las ceremonias (Lv. 8:9; etc.). R. F. B.

DIAMANTE. Piedra preciosa de sin igual dureza y lustre; es transparente, pero puede presentarse opaca. Es un carbón mineral cristalizado que se usa para diversos adornos. En la Biblia "d." es la traducción de dos palabras hebreas: *shamir*, piedra dura usada para grabar (Jer. 17:1); y *yahalom*, término que usaron los profetas para ilustrar la dureza de la frente (Ez. 3:9) y del corazón (Zac. 7:12).

Por su rareza y costo, se supone que el d. fue poco conocido por los judíos, aunque había una piedra semejante en el pectoral del sumo sacerdote (Éx. 28:18). J. E. D.

DIANA. Nombre latino de la diosa más célebre de Asia Menor, llamada Artemisa por los griegos. En la mitología clásica griega Artemisa era una hermosa cazadora virgen, una deidad lunar a la que se consideraba protectora de las jóvenes casaderas y ayudadora de las mujeres en tiempo de parto. En sus orígenes asiáticos había sido diosa de la naturaleza silvestre y de la fecundidad, con rasgos a veces feroces. Gracias al sincretismo de la época, la D. de los romanos era una fusión de varias diosas primitivas.

D. de Éfeso (Hch. 19:23-41) se parecía a → Astarot o a → Astoret; era la diosa madre,

Diana, diosa romana de la luna, identificada por los griegos como Artemis, célebre diosa de los efesios.

emblema de fertilidad y dadora de los alimentos. Probablemente los efesios la veneraban con ritos impuros y prácticas misteriosas y mágicas. Se creía que la imagen original había caído del cielo (Hch. 19:35), lo que posiblemente indica que el ídolo había sido formado con material de un meteorito. Generalmente D. era representada de la cintura hasta los pies por un trozo cónico de madera, con busto de mujer cubierto con muchos pechos, la cabeza coronada con torrecillas y cada una de sus manos apoyada en un báculo.

El templo de D. tenía 133 m de largo, y 74 de ancho. Estaba sostenido con 127 columnas jónicas hechas de mármol blanco, cada una con 18.5 m de altura. Fue reconstruido en tiempo de Alejandro Magno con la ayuda de todas las ciudades griegas del Asia. Era una de las siete maravillas del mundo, y orgullo de los efesios (Hch. 19:27-34). Si Pablo estaba en Éfeso cuando escribió 1 Co., posiblemente pensó en este templo cuando escribió las palabras de 3:9-17 (cp. Ef. 2:19-22).

Los templecillos de D. hechos por → Demetrio y otros plateros se vendían como fetiches o recuerdos, y representaban un negocio de grandes ganancias (Hch. 19:24). Algunas copias hechas de terracota o mármol se conservan hasta hoy. En el mes de Artemisión (abr.-mayo) peregrinos de toda Asía Menor acudían a las fiestas de D.   A. P. N.

DIBÓN. Ciudad moabita ubicada a 6 km al N del río Arnón.

Cuando Moisés llegó al Arnón, los amorreos les habían quitado el territorio al N de este río a los moabitas. Moisés atacó a Sehón, rey amorreo, y acampó en D. (Nm. 21:21-31; 33:46) que después fue asignada a Gad (Nm. 32:34; cp. Jos. 13:7-9).

Moab volvió a ocupar D. hasta que David la reconquistó (2 S. 8:2). Cuando la guerra civil y la división de Israel, Moab la volvió a tomar. Omri se la quitó a Moab pero → Mesa, rey moabita, se levantó contra Acab, hijo de Omri, y logró recuperarla.   W. G. M.

DIENTES. Término usado a menudo en sentido figurado: p.e.: "crujir de d.", para expresar la rabia y angustia de los condenados en el infierno (Mt. 8:12; 24:51; Lc. 13:28); "a diente limpio", para indicar la falta de alimentos (Am. 4:6); "diente por diente", para explicar una acción recíproca contra un ofensor (Lv. 24:20).

A veces se emplea el refrán "Los padres comieron las uvas agrias, y los d. de los hijos tienen la dentera" para ilustrar la herencia de pecados paternales (Ez. 18:2-4,20).   A. R. T.

DIEZ MANDAMIENTOS. Resumen de los preceptos básicos del → pacto mosaico (Éx. 20: 1-17; Dt. 5:6-21). Moisés tres veces los llama los "d. m." o literalmente, "diez palabras" (Éx. 34:28; Dt. 4:13; 10:4). Tanto el hecho de estar enmarcados en un contexto del pacto como los

términos de su prólogo (Éx. 20:2; Dt. 5:6) hacen resaltar que nunca habían de ser un camino de salvación. Más bien constituyeron una instrucción básica para el pueblo de Dios ya redimido (→ ÉXODO).

La validez permanente de estas diez palabras como principios básicos que siguen guiando al → pueblo de Dios, aun bajo el nuevo pacto, se hace evidente por: (1) la unidad del pacto, que prometió un cambio de *lugar* ("en el corazón"), y no la unidad de la ley misma (Jer. 31:33; Heb. 10:16); (2) la majestuosa promulgación original (Éx. 19; Dt. 5:1-5); (3) su forma física tan perdurable (Éx. 31:18); (4) su colocación bajo el trono de Dios en el → arca del pacto, como expresión eterna de su carácter santo (Éx. 25:16; 40:20; cp. Ap. 11:19); (5) la naturaleza divina y comprensiva de su contenido, que abarca todo el campo de la vida religiosa y moral; y (6) la actitud del NT hacia ellas (p.e. Mt. 19:17-19; y cartas paulinas Gá. y Ro.).

La división de las diez palabras que mantienen los protestantes es la que Josefo dice que prevalecía entre los judíos de su tiempo. La Iglesia Católica Romana hace una división diferente: une la primera y la segunda (Éx. 20:4-6), para formar una primera, y divide en dos la décima (20:17a y 20:17b), para formar la novena y la décima de su orden. La división tradicional de las diez palabras en "dos tablas" (preceptos religiosos [Éx. 20:3-11] y preceptos morales [Éx. 20:12-17] no es legítima. La arqueología ha sugerido que las "dos tablas" (Éx. 31:18; 32:15s.; etc.) eran iguales y contenían unas mismas estipulaciones en vez de ser dos partes de una lista. Esto hace resaltar la unidad esencial de las dos dimensiones de la responsabilidad del hombre (hacia Dios y hacia el prójimo) que Cristo recalcó en su propio resumen de los preceptos del pacto (Mt. 22:34ss.; cp. Ro. 13:8-10; 1 Jn. 4:20).

Los elementos discrepantes entre la versión de Éx. 20 y la de Dt. 5 y entre el AT y el NT (→ SÁBADO) son de esperarse, a la luz de las prácticas establecidas en la antigüedad para las renovaciones de los pactos. Esto no afecta la permanencia esencial de los principios básicos del pacto (cp. Gn. 17:7; Heb. 13:20).

A la luz de su contexto (el pacto), podemos apreciar la forma negativa de ocho de los d.m., que pone de relieve la gloriosa libertad de los hijos de Dios. Pues el primero libera del temor de muchos poderes divinos: sólo hay un dios, el que les salvó. El segundo evita que el hombre adore una proyección o creación de sí mismo. El tercero mantiene reverencia ante el nombre (y persona) de Dios. El cuarto proclama un día de reposo, comunión con Dios, y la dignidad del trabajo. El quinto santifica la institución de la familia y añade una promesa. El sexto proclama la santidad de la vida y la libertad del vivir. El séptimo mantiene la unidad del esposo y la esposa. El octavo indica derechos personales. El noveno destaca el valor de la verdad.

Y el décimo prohíbe la codicia, que puede trastornar la vida en la comunidad del pacto. Así, los d. m. son una especie de carta de libertad, que Yahveh presentó a su pueblo salvado de Egipto. Y aun en la presente dispensación, el tenerlos en el corazón nos libera del mundo, del pecado y del diablo (Ro. 6:17).

T. D. H. y J. M. Br.

Bibliografía

Calvino, Juan, *Institución de la religión cristiana*, 1, 261-307; Países Bajos: Fundación Editorial de Literatura Reformada, 1967. Ford, W. H., *Sencillos sermones sobre los diez mandamientos*, El Paso: Casa Bautista, 1963. Kevan, Ernest F., *La ley y el evangelio*, Barcelona: Ediciones Evangélicas Europeas, 1967. Trueblood, D. Elton, *Bases para la reconstrucción*, Buenos Aires: La Aurora, 1947.

DIEZMOS. La décima parte de las entradas o ganancias netas, dedicada a Dios para fines religiosos y como expresión de adoración a él. La práctica de dar los d. es muy antigua, y se la conoció aun entre los pueblos no hebreos. En la historia bíblica la primera mención que se hace de los d. es cuando → Abraham, después de haber logrado una victoria militar sobre cuatro reyes, dio los d. del botín a → Melquisedec, sacerdote del Dios altísimo (Gn. 14:17-20). No se nos dice quien instruyó a Abraham a hacerlo así, pero fácilmente podemos inferir que por el ejemplo de sus antepasados (cp. la ofrenda de → Abel, Gn. 4:4) él entendió que ésta era una manera apropiada de reconocer la soberanía de Dios sobre todas las cosas. El sacerdote, en este caso, representaba a Dios y a la religión.

Este mismo principio, que sirve de base a la costumbre religiosa de dar los d., aparece también en el NT, no necesariamente en cuanto a la proporción de la décima parte, pero sí en cuanto a la motivación de adoración, gratitud y responsabilidad cristianas (2 Co. 9:7; Heb. 7:1-10; cp. Lc. 21:1-4).

Es en el sistema mosaico, sin embargo, donde claramente Dios demanda de su pueblo los d. de todo. Aunque no se anuncian castigos por no darlos, hay promesas de bendiciones por darlos (Dt. 28:1-13; Mal. 3:10). Los d. son de Jehová y abarcaban la tierra, el producto de ella y los animales del campo. Cuando alguien quería, por una razón especial, rescatar algo del d. debía agregar la quinta parte del precio (Lv. 27:30-32). Los escribas y los fariseos fueron sumamente escrupulosos en diezmar aun hierbas diminutas como la menta, el eneldo y el comino, y merecieron la represión de nuestro Señor por el legalismo extremo, vacío de la correcta motivación espiritual (Mt. 23:23).

Los israelitas debían dar los d. a los → levitas, quienes eran la tribu sacerdotal del pueblo. Esto era la compensación a ellos por su ministerio. Pero los levitas, a su vez, debían dedicar en ofrenda a Dios el d. de los d., presentándolo delante de → Aarón (Nm. 18:21-28). El principio detrás de esta práctica rige para el sostén económico de la obra del evangelio, pues Pablo dice que "ordenó el Señor a los que anuncian el evangelio, que vivan del evangelio" (1 Co. 9:11-14).

A. R. D.

DILUVIO

I. HISTORIA BÍBLICA

Una vez que el pecado entró en la humanidad, la maldad se multiplicó a medida que los hombres se multiplicaron. Con dolor, Dios decidió aniquilar al hombre, pero no sin antes señalar un plan de salvación. Noé, quien fue la excepción en medio de la generación corrupta, llegó a ser el personaje redentor en este juicio divino (Gn. 6:1-8; Lc. 17:27).

Dios dio a Noé instrucciones para construir una enorme embarcación (137 m de largo, 23 de ancho y 14 de alto aproximadamente (→ CODO), y para acabarla éste necesitó cien años. A la vez que trabajaba como constructor, Noé predicaba un mensaje urgente de arrepentimiento (1 P. 3:20), que desafortunadamente nadie creyó en aquella ocasión.

Concluido su trabajo, y según la orden divina, Noé metió en el arca ejemplares de todo animal de la tierra: siete parejas de cada uno de los animales limpios y una de los inmundos. Entraron también Noé, su esposa, sus tres hijos y las esposas de éstos, y luego "fueron rotas todas las fuentes del grande abismo, y las cataratas de los cielos fueron abiertas" (Gn. 7:11).

Al cabo de ciento cincuenta días la lluvia cesó (Gn. 8:2) y Dios se acordó de Noé. El patriarca había sido salvado por gracia, y en muestra de gratitud ofreció a Dios un sacrificio sobre un altar (Gn. 8:20). Dios prometió, entonces, que nunca más destruiría la tierra con agua, y como señal de esta promesa puso su arco en el cielo (Gn. 8:20-22; 9:12-17, → ARCO IRIS).

Aunque la historia bíblica no es un relato propiamente científico según nuestro moderno entendimiento, de sus detalles algunos creen entender que el d. fue algo más que una magna inundación. Las edades de los hombres cambiaron una vez pasado el d., posiblemente por un cambio en la órbita del mundo; Gn. 7:11 parece implicar un fenómeno cósmico, y la afirmación de que "las aguas crecieron" y luego permanecieron sobre tierra (Gn. 7:24; 8:11) parece recordar el mundo primitivo completamente líquido (Gn. 1:2,9).

II. LA ARQUEOLOGÍA Y EL DILUVIO

Wooley descubrió en Ur un depósito de arena de 3 m de profundidad en el nivel que corresponde al 4000 a.C., y se han encontrado depósitos semejantes en Kis, Fara y Nínive, pero debido a que las edades de estos hallazgos no concuerdan entre sí no pueden considerarse como pruebas del d. de Noé.

En Mesopotamia se han encontrado versiones del d. tales como las epopeyas del Gilgamés,

Atrahasis y Ziusudra, pero las diferencias entre éstas y la historia bíblica son mayores que las semejanzas. El d. mismo, por ejemplo, es resultado del capricho de los dioses, los cuales son numerosos "como las moscas". De esta manera, en vez de pensar que el autor bíblico copió de la tradición mesopotámica, sería mejor postular un origen común que se refleja más correctamente en la Biblia.

III. LA ANTROPOLOGÍA Y EL DILUVIO

Además de las historias antiguas de los sumerios y los babilonios, existen en muchas partes del mundo leyendas acerca de un d.: trece en Asia, cuatro en Europa, nueve en Australia y Polinesia, y treinta y siete en las Américas. Las cuentan entre los esquimales, en Tierra del Fuego, en el Perú, Brasil y América Central; en Grecia, India, Tibet y China. Se cree que debido a las proporciones de esta catástrofe no se ha podido borrar de la memoria de la humanidad y que a medida que la humanidad ha aumentado, esta historia se ha difundido.

IV. DIFICULTADES EN EL RELATO DEL DILUVIO

No es de extrañar que haya dificultades textuales. Cuando se compara la historia bíblica con la babilónica, o con las otras, no se puede menos que admirar el alto tono moral y espiritual de aquélla y la claridad de los detalles del relato acerca de Noé.

Muchos conjeturan un texto compuesto de dos tradiciones (J y P), pues hay muchas repeticiones y algunas discrepancias. Sin embargo, esta explicación confronta muchas dificultades (→PENTATEUCO). La aparente discrepancia en los datos cronológicos del d. desaparecen si entendemos que el final del cap. 7 de Gn. resume los resultados de los 40 días de lluvia mencionando los 150 días, y el cap. 8 empieza inmediatamente después de los 40 días, mencionando de nuevo los 150 días. Así, el año (meses de 30 días) y 10 días se divide como sigue:

	Días
Llueve por 40 días (7:21)	40
Aguas crecen y prevalecen (24)	110
Bajan hasta encallarse el arca (8:5)	74
Noé espera 40 días, suelta el cuervo (6)	40
Espera una semana, suelta la paloma (10)	7
Suelta la paloma por segunda vez (10)	7
Esta vez la paloma no vuelve (12)	7
Noé quita cubierta del arca (13)	29
Desembarcan (14)	57
Total de días en el arca	371

Diferentes opiniones se contraponen en cuanto al alcance del d. y muchos factores científicos hacen difícil pensar en un d. universal. La superficie de la tierra no aguantaría tanta agua, hay falta de evidencia geológica, muchos fósiles humanos antiguos se han hallado muy espar-

Un prisma sumerio, encontrado en Kish, fechado alrededor de 2000 a.C. Nos da un resumen de historia mundial, nombrando a diez reyes que gobernaron antes del diluvio. AMA

cidos, y algunas especies de animales sólo se han encontrado en áreas remotas como Australia. Además, el lenguaje bíblico bien puede interpretarse en sentido relativo indicando un d. local o limitado.

Por otro lado, algunos creen que la existencia de mastodontes congelados en los hielos de Siberia y Alaska comprueba que hubo una inundación repentina con un trastorno catastrófico del clima. Ven la posibilidad de un d. universal en la edad postglacial cuaternaria o aun en las edades glaciales. Además, las universales tradiciones del d. tienen en común la destrucción total de la humanidad y el reinicio de la cultura. Esta idea se puede asociar con un d. local si la humanidad no se había extendido, o si la edad del hielo reconcentró a la población en una área. Sin embargo, no existen suficientes datos para asumir una actitud dogmática sobre el alcance geográfico del d.

V. CONCLUSIÓN

Las lecciones espirituales no dependen de pruebas científicas. La historia del d. sirve como prototipo del juicio final del mundo y la aparición de un nuevo mundo (2 P. 3:5-7). Lo includible y repentino del juicio, lo duradero de la fe, la solidaridad familiar, la obediencia, la paciencia de Dios y la acción de gracias se ven gráficamente ilustrados en la historia del d.

La única mención del término d. en el AT, aparte de Gn. 6–11, se encuentra en Sal. 29:10 (cp. Is. 54:9). Sin embargo, las referencias al d. son numerosas en el NT: Mt. 24:37s.; Lc. 17:26s.; Heb. 11:7; 1 P. 3:20; 2 P. 2:5.

W. G. M. y J. M. Br.

DINA. Única hija de Jacob y de Lea mencionada en el AT. Fue violada por → Siquem, hijo del príncipe de Siquem en Canaán, quien despúes la pidió en matrimonio. Los hijos de Jacob pusieron como condición la circuncisión de todos los varones de la ciudad, y después se vengaron del ultraje, matando a todos los varones mientras sanaban de la circuncisión. Jacob desaprobó la conducta de sus hijos (Gn. 34; 49:5-7).

J. M. H.

DINERO. En el AT se refiere a los metales preciosos (oro, plata, cobre, etc.) usados libremente como medio de cambio. Es por tanto distinto de la → moneda cuyo peso y aleación legítimos estaban garantizados por la autoridad pública mediante la acuñación. En la antigüedad el d. se pesaba en forma de barras, anillos o lingotes (Jos. 7:21).

ga (Gn. 23:15,16; Is. 46:6; Jer. 32:9). Al pago se le llamaba *kesita* (Gn. 33:19; Jos. 24:32; Job 42:11), pero más tarde se designa simplemente como "pieza" o "moneda".

Pablo cita un proverbio corriente de la literatura profana de su tiempo que habla del amor al d. como "raíz de todos loa males" (1 Ti. 6:10), pero en realidad su crítica no va dirigida tanto al d. en sí, como al afán por él mismo (→ RIQUEZAS).

V. A. G.

DINTEL. Pieza superior que corona y une las dos partes laterales del marco de la puerta. Era de piedra o madera (Éx. 12:7,22,23; 1 R. 6:31). Los israelitas pusieron en los d. la sangre del cordero sacrificado la noche de la → Pascua (Éx. 12:7-22).

J. E. G.

DIONISIO. Miembro del tribunal aristocrático del → Areópago en Atenas, convertido por la predicación de Pablo (Hch. 17:34). El NT no dice más de él, pero la tradición afirma que llegó a ser un eminente instructor, que fue nombrado primer obispo de la iglesia en Atenas, y que sufrió el martirio bajo Domiciano. Las obras místicas que se le atribuyen son espurias, pues son producciones de algún escritor desconocido del siglo V o VI.

L. S. O.

DIOS.

La Biblia no intenta probar la existencia de D. ni especular sobre su naturaleza. Da por

De arriba abajo: (1) moneda de Sardis; (2) el medio siclo; (3) el siclo, dado por el "rescate de Sion"; (4) moneda de oro antigua; (5) el "leptón" de Herodes, de bronce; (6) moneda de Tiro; (7) un cuadrante, moneda que fue echada en el templo por la viuda de la historia bíblica; (8) moneda de Corinto; (9) medalla romana, acuñada para celebrar la caída de Jerusalén; (10) blanca, o "leptón" de Arquelao; (11) moneda de Efeso; (12) moneda de Augusto César, dinero de atributo; (13) dracma de Arquelao.

En la historia económica de la Palestina anterior al cautiverio no existió ninguna moneda acuñada. Esta no se conoce sino hasta la época persa, y en el Asia Menor probablemente en el siglo VII a.C. Por eso, en el AT el verbo "pagar" significa en realidad "pesar" para su entre-

sentado que "Jehová es el D. verdadero; él es D. vivo y Rey eterno" (Jer. 10:10). El insensato que niega a D. (Sal. 14:1; 53:2) no es un ateo; su negación es de orden ético: vive como si D. no existiese y juzgase a los hombres. Los milagros y actos poderosos de D. no se aducen para demostrar su existencia, sino para afirmar la confianza o estimular la alabanza (Sal. 8; 19:1-7; 104; Is. 40:25-31). D. se da a conocer en la creación y en la historia: es por ello el D. vivo (Jos. 3:10; Sal. 19:1ss.; Os. 1:10; Ro. 1:19ss.; 1 Ti. 3:15; Heb. 9:14; 10:31). Consiguientemente, el hombre se allega a D. prestando oído a su Palabra y obedeciendo su voluntad, y no mediante la especulación (Jer. 22:15s.; Jn. 7:17).

I. LOS NOMBRES DE DIOS
A. *En el Antiguo Testamento*

Diferentes nombres subrayan el carácter personal de D. Ello no significa, sin embargo, que se considere al D. verdadero simplemente como un hombre poderoso, como los dioses paganos (1 S. 15:29; Is. 40:28). Se subraya la diferencia entre D. y el hombre (Nm. 23:19; Ez. 28:2; Os. 11:9), aunque la Biblia no rehuye hablar de D. con términos antropomórficos, D. ha creado al hombre a su imagen y es lógico que los términos tomados de la experiencia humana sean los más adaptados para hablar de él, reconociendo sin embargo la distancia que los separa.

El nombre *El, Elohim* (traducido en nuestras versiones a veces por "Dios" y a veces por "Señor") viene de una raíz que significa "poder" y se refiere a todo lo divino. A veces se combina con otras palabras (Gn. 28:19; 33:20). Se usa el plural *(Elohim)* para referirse al D. de Israel, no por resabios politeístas, como pretenden algunos, ni en directa referencia a la →Trinidad, como dicen otros, sino para intensificar o reforzar la idea expresada: la plenitud de D.

Jehová *(Yahveh)* representa el nombre propio de D. tal como se ha revelado a Israel en los actos poderosos de liberación (→JEHOVÁ). *Adonai* (traducido en nuestras versiones habitualmente por →"Señor") es también un plural, que da la idea de soberanía, poder pleno, y se combina a veces en expresiones como "Señor de señores" o "Señor de toda la tierra". Otros términos ("Jehová de los ejércitos" usado 279 veces en el AT.; "Jehová Dios eterno", Gn. 21:33; "el Altísimo" y "el Omnipotente", Nm. 24:16; o combinaciones con Jehová: Gn. 22:8,14; Jue. 6:24; Jer. 23:6) representan combinaciones de las designaciones mencionadas, que conmemoran manifestaciones o señales particulares del D. de Israel.

B. *En el Nuevo Testamento*

Al eliminarse en el judaísmo el uso ordinario de Jehová, aparecen muchas designaciones abstractas o indirectas: "el Nombre", "el Eterno", "el Inmortal", "el Todopoderoso", "el Altísimo". El NT toma las traducciones griegas de estos nombres, que frecuentemente son referidos también al Señor Jesucristo. D. y Señor *(Kyrios)* son, sin embargo, los más utilizados y hemos de ver en ellos la traducción de "Jehová Dios" y de "el Señor Dios" del AT. La paternidad de D. se enseña en el AT con respecto al pueblo de Israel y a algunos de sus líderes. En el NT se caracteriza a D. como Padre de nuestro Señor Jesucristo y a los creyentes, que han recibido el Espíritu de adopción, como hijos de D.

II. LAS CARACTERÍSTICAS DE DIOS

D. es poderoso y ejerce su dominio como Señor *(Adonai)* y dueño o amo *(Baal)* de su pueblo y del universo entero (Éx. 15:3; Sal. 24:8; Jer. 32:18), a diferencia de los dioses falsos (Jer. 10:11s.). Su poder se ha manifestado eminentemente en la resurrección de Jesucristo (1 Co. 6:14; Ef. 1:20). D. es santo (Is. 6:3; 40:25; Hab. 3:3; 1 P. 1:16; Ap. 4:8), lo que significa que está separado y por encima de todo lo que es ordinario, creado y débil, tanto física como moralmente (Gn. 18:27; Job 42:6; Sal. 8:5); su santidad se muestra en su justicia (Is. 5:6; Ez. 28:22), pero también en la fidelidad de su amor (Os. 11:9) y en la liberación de su pueblo (Is. 41:14; 43:3).

El →amor de D. está presente en el AT referido principalmente a Israel (Is. 43:4; 54:5-8; Jer. 31:3; Os. 3:1; 11:1), pero en el NT es elevado a una afirmación universal (Jn. 3:16) y centrado en la obra de Jesucristo (Ro. 5:8; 8:32; 1 Jn. 4:9). A tal punto se revela el amor de D. por todos los hombres (Tit. 3:4), que es posible describir a D. mismo en función del amor (1 Jn. 4:8); un amor, sin embargo, que debe entenderse a la luz de la revelación divina y no como la divinidad de cualquier forma de amor.

No han faltado quienes hayan creído ver en la Biblia una variedad de concepciones de D.: desde un politeísmo primitivo hasta una concepción espiritual y ética. Aunque la comprensión de D. gana en claridad de una sección a otra, hay una notable unidad a través de toda la Escritura en la afirmación de un D. único, espiritual, todopoderoso, santo, personal y ético en sus relaciones con el hombre; un D. juez y redentor. La doctrina de la →Trinidad no se afirma explícitamente en la Biblia, pero desde el comienzo ésta afirma la plenitud y riqueza del ser de D., y el NT amplía las declaraciones sobre la eternidad del →Verbo, la preexistencia del →Hijo y la divinidad y eternidad del →Espíritu.

J. M. B.

DIÓTREFES (gr. = 'alimentado por Zeus'). Arrogante y ambicioso dirigente (quizás obispo o pastor) de la iglesia (seguramente cerca de Éfeso) de la cual era miembro →Gayo. Era opositor del "anciano" que escribió 3 Juan (vv. 9,10) y probablemente partidario del →gnosticismo naciente.

W. M. N.

DISCÍPULO ('alumno' o 'aprendiz'). Término usado para designar a los seguidores de Juan el Bautista (Mt. 22:16), y sobre todo a los de Jesucristo (v.g. Mt. 10:24). El d. es más que un alumno que se sienta para escuchar; es un aprendiz que sigue a su →maestro y aprende a su lado.

A veces "d." se refiere especialmente a los →apóstoles (Mt. 10:1; 11:1), pero en otras ocasiones a los creyentes en general (Mt. 10:42; Hch. 6:1,2,7).   A. C. S.

DISPERSIÓN. La d. o diáspora (del gr.) es el nombre que se da al grupo de judíos que por diversas razones, y especialmente a partir del cautiverio, vivían fuera de Palestina. Algunos de estos judíos habían sido llevados como prisioneros a tierras lejanas, como Babilonia. Pero muchos otros se habían dispersado por razones del comercio, de modo que no puede decirse que la d. fuese un fenómeno completamente involuntario. En todo caso, al comenzar la era cristiana, había más judíos fuera de Palestina que en ella. Naturalmente, al ser destruida la ciudad de Jerusalén en el año 70 d.C., esta situación se hizo aún más marcada.

Uno de los principales centros de la d. era la región de Babilonia. Allí había aproximadamente un millón de judíos. Entre ellos se produjeron varias traducciones del AT al arameo, que reciben el nombre de →Targumin. Además, allí se creó el →Talmud babilónico, uno de los documentos más importantes en la historia del judaísmo.

El otro lugar en que se concentraban los judíos de la d. era Egipto, especialmente la ciudad de →Alejandría. Se dice que allí también el número de judíos alcanzaba al millón. La presencia de judíos en Egipto es antiquísima, pues el profeta Jeremías se refiere a ellos (Jer. 44:1). Tras la fundación de Alejandría, ciudad en que el comercio era muy activo y próspero, el número de judíos en Egipto aumentó grandemente. Los judíos de la d. alejandrina contribuyeron a la historia del judaísmo —y aun a la del cristianismo— mediante su versión del AT al griego, comúnmente conocida como →*septuaginta* (LXX). También en Alejandría floreció el filósofo judío Filón, quien trató de armonizar el pensamiento de Platón con la doctrina del AT, especialmente mediante la interpretación alegórica de éste. Además, entre los judíos de Alejandría se produjeron varios libros que por largo tiempo estuvieron rondando el canon del AT.

Además de Babilonia y Egipto, los judíos se encontraban dispersos por todo el imperio romano, con un fuerte contingente en Siria y Asia Menor y otros núcleos importantes, aunque menores, en el N de África y Roma. La importancia de los judíos dispersos en Siria, Asia Menor y Roma fue inmensa para la historia del cristianismo. El libro de Hechos muestra claramente cómo los judíos de la →sinagoga eran el primer punto de contacto que Pablo tenía al llegar a cada nueva ciudad. Mediante la lectura y el estudio del AT, estos judíos estaban preparados para recibir el evangelio. Aun cuando Pablo era el apóstol a los gentiles, siempre encontró, en medio de la tierra de los gentiles, un grupo de personas que al menos compartían con él una tradición religiosa común.

La d. fue importante para el desarrollo del judaísmo, porque a ella se debió en gran medida el auge de las sinagogas. Distantes del templo, y no pudiendo participar por tanto en la adoración que en él se celebraba, los judíos, de la d. se reunían en sinagogas para orar y estudiar las Escrituras. Esto no quiere decir en modo alguno que perdieran el contacto con el templo y el judaísmo palestinense. Al contrario, la mayoría de los judíos enviaba una suma anual para sostener el templo. En ocasión de las grandes fiestas religiosas, muchos judíos de la d. visitaban a Jerusalén, tal como puede verse en Hch. 2:9-11.

Tanto Stg. 1:1 como 1 P. 1:1 aplican el concepto de la d. a los cristianos, ya que éstos también son advenedizos en donde residen, gozan de una solidaridad desconocida entre los paganos, y deben lealtad a la Jerusalén celestial.

J. L. G.

DIVORCIO. La disolución legal del →matrimonio.

En el AT, Moisés permitió el d. por "la dureza de vuestro corazón" según dijo Jesucristo a los judíos (Mt. 19:7,8). No quiere decir que Moisés haya inventado el d., sino que hizo leyes para reglamentar una práctica que ya existía desenfrenadamente. Fue un paso que protegió el matrimonio más que antes, aunque hoy nos parece demasiado liberal en las leyes mosaicas. El pasaje clásico es Dt. 24:1-4 que dice que si al hombre no le gusta su esposa "por haber hallado en ella alguna cosa indecente" puede darle carta de d. y despedirla. Se da por sentado que el d. termina el matrimonio, y que los divorciados pueden casarse de nuevo como si fuesen solteros. El nuevo matrimonio no constituye adulterio por cuanto el antiguo ya ha dejado de existir. La mujer repudiada "podrá ir y casarse con otro hombre" (Dt. 24:2).

Jesús dijo, "lo que Dios juntó, no lo separe el hombre" (Mr. 10:9), dando a entender que es pecado disolver el matrimonio, aunque la Biblia no enseña que sea del todo imposible disolverlo. La enseñanza de Cristo es mucho más estricta en cuanto a los motivos, pues solamente reconoce el d. por causa de la infidelidad sexual (Mt. 19:9). (Aquí la palabra →"fornicación" debe entenderse como pecado sexual en general, y no en su significado más limitado de relaciones entre solteros). En cambio, cuando el d. es por cualquier otro motivo, el divorciado no debe casarse de nuevo, porque ante los ojos de Dios sigue siendo casado. Solamente por causa de →adulterio, el divorciado tiene libertad de volverse a casar (Mt. 19:9).

Sin embargo, el d. nunca es obligatorio. Si ha habido arrepentimiento, se debe perdonar al transgresor. Se destaca por su capacidad de perdonar el profeta →Oseas, cuya paciencia en el matrimonio simbolizaba el amor perdonador y redentor de Dios.

Hay variedad de criterios sobre el llamado "privilegio paulino" como base del d. 1 Co. 7:10-16 trata del problema de un creyente casado con una incrédula y viceversa. Si el incrédulo abandona la casa, el creyente "no está sujeto a servidumbre" (1 Co. 7:15). Varios comentaristas piensan que este abandono es motivo justo para un d., y que la persona abandonada está libre para divorciarse y casarse nuevamente.

Cualesquiera que sean las circunstancias, el d. es un asunto grave. Pero la Biblia no indica que sea pecado imperdonable.   P. W.

DOCTOR. → MAESTRO.

DOCTRINA. En el AT, "d." significa "lo que es recibido" (Dt. 32:2; Job 11:4; Pr. 4:2). Dios, como fuente de conocimiento, es llamado "maestro" (Sal. 94:10) y su enseñanza se manifiesta en juicios (Dt. 4:1), palabras (Dt. 4:10) y en su voluntad, fundamentalmente contenida en la ley. "Enseñar" significa conducir al hombre a la experiencia más íntima con la voluntad divina, puesto que la d. afecta tanto al intelecto como a la voluntad humana.

En el NT se emplean varios términos relacionados con el acto y el contenido de la enseñanza tanto de Jesús (Mt. 7:28) como de los apóstoles (Hch. 2:42; Ro. 6:17). Jesús es el objeto inmediato de la d. y la conducta del creyente el resultado (Fil. 2:1ss.). De aquí las relaciones de la enseñanza con otras actividades tales como "amonestar", "advertir", "exhortar".

La d. es calificada en el NT con las expresiones: "según la piedad" (1 Ti. 6:3; Tit. 1:1), "buena" (1 Ti. 4:6) y "sana" (Tit. 2:8), en contraste con los efectos perniciosos de las falsas d. En las Epístolas pastorales la d. aparece más rígidamente formada, restringida al ejercicio de ciertas personas y como señal de ortodoxia frente a las → herejías.   J. M. A.

DODANIM. Pueblo descendiente de Javán, hijo de Jafet (Gn. 10:4; 1 Cr. 1:7). La LXX traduce el nombre hebreo por *Rodioi*, dando a entender que se refiere a los habitantes de la isla de Rodas.   W. G. M.

DOEG. Hombre edomita que administraba los rebaños del rey Saúl. Presenció el auxilio que Ahimelec, sacerdote de Nob, le prestó a David cuando éste huía de Saúl (1 S. 21). Tergiversando los hechos, lo denunció a Saúl, quien se encolerizó a tal extremo que ordenó la muerte de Ahimelec y demás sacerdotes de Nob (Sal. 52:1). Como sus siervos no osasen cometer semejante atrocidad, D. estuvo presto a ejecutar las órdenes del rey. Mató a ochenta y cinco sacerdotes, e hirió, a filo de espada, a todos los moradores de la ciudad de Nob, sin respetar sexo ni edad (1 S. 22:18,19).   A. R. D.

DOMINGO. → DÍA DEL SEÑOR.

DOMINIO PROPIO. Varios conceptos están estrechamente implicados en el d. p., término genérico para designar la moderación con que el hombre debe utilizar los bienes materiales (1 Co. 9:25) y de manera especial la comida, la bebida (Ef. 5:18; 1 Ti. 3:2s.) y los apetitos sexuales (Hch. 24:25; 1 Co. 7:9). La templanza es el término que más se aproxima a esta significación. La palabra gr. *sofrosyne* señalaba la discreción y moderación que debía tener un rey en la administración de su imperio. Para los griegos, el d. p. figuraba entre las virtudes principales y era especialmente el ideal de la mujer (cp. Tit. 2:2,5). Se contrastaba con la conducta destructora y desordenada (cp. Ro. 13:13s.; 1 Ts. 5:6-8; 1 P. 1:13).

La palabra *enkráteia* es usada en la LXX para referirse al control de José sobre sus afectos e impulsos hacia sus hermanos (Gn. 43:31). Dios ha dado al creyente un espíritu de d. p. para que éste regule su comportamiento moral (Ti. 1:7; 2 P. 1:6). En el NT, el d. p. es esencialmente un fruto del Espíritu (Gá. 5:22s.).

J. M. A.

DONES ESPIRITUALES (gr. *jarísmata*, derivado de *járis* = 'gracia'; así 'dones de gracia'; cp. el término técnico 'carismas'). Dones profetizados en el AT (Dt. 28:1-14; Is. 28:11s.; Jl. 2:28), confirmados por las promesas de Cristo (Mr. 16:17s.; Jn. 14:12; Hch. 1:8), e impartidos por el Espíritu Santo después de Pentecostés (1 Co. 12:11). Los propósitos de los dones son dos: la edificación espiritual de la iglesia (1 Co. 12:7; 14:12; Ef. 4:7-12), y la conversión de los incrédulos (1 Co. 14:21-25). Todo creyente recibe a lo menos un don del Espíritu (1 Co. 12:7; 1 P. 4:10).

En tres pasajes clave se mencionan hasta veinte dones; he aquí un cuadro sinóptico:

DON	Ro. 12:3-8	1 Co. 12:4-11	1 Co. 28-30	Ef. 4:7-12
Palabra de sabiduría		*		
Palabra de ciencia		*		
Fe		*		
Sanidades (cp. Hch. 4:30)		*		
Milagros		*		
Profecía (cp. 1 Co. 14:3,24)	*	*		*
Discernimiento de espíritus (1 Co. 14:29)		*		
Géneros de lenguas (1 Co. 14:6ss.)		*		
Interpretación de lenguas (1 Co. 14:5,16,19)		*		
Apostolado			*	
Enseñanza	*		*	*
Ayuda			*	
Administración			*	*

DON	Ro. 12:3-8	1 Co. 12:4-11, 28-30	Ef 4:7-12
Servicio	*		
Exhortación	*		
Repartimiento	*		
Presidencia	*		
Misericordia	*		
Evangelización			*
Pastorado			*

Para definiciones específicas, consúltense los distintos términos de la lista. Es muy probable que algunos de estos dones sean repeticiones (p.e. "administración" y "presidencia"; "servicio" y "misericordia").

Los d. e. se pueden clasificar en dos categorías como sigue:

1. Dones para el ministerio de la Palabra: sabiduría, ciencia, fe, profecía, discernimiento de espíritus, lenguas, interpretación de lenguas, apostolado, enseñanza, exhortador, evangelista, y pastor.

2. Dones para el servicio práctico: sanidades, milagros, ayuda, administración, servicio, repartimiento, presidencia, misericordia.

Es muy discutida la cuestión de la permanencia de los d. e. Quienes sostienen que la utilidad de los d. e. fue sólo transitoria no han podido ponerse de acuerdo sobre la época (¿fin del siglo IV?, ¿fin de la época apostólica?, ¿fin del libro de Hch.?) ni sobre la causa de su cesación. Es más probable que los d. e. se hayan otorgado permanentemente a la iglesia, y que su mengua en el s. II y otras épocas corresponda a una decadencia de fe y espiritualidad. Su redescubrimiento en cualquier siglo revela un avivamiento.   D. M. H.

DOR. Ciudad cananea en la costa de Palestina al S del mte. Carmel, unos 8 km al N de Cesarea. El rey de D. se unió con el de Jabín para pelear contra Josué (Jos. 11:2; 12:23). Aunque lo derrotaron, los israelitas no pudieron ocupar la ciudad (Jos. 17:11; Jue. 1:27). Era una ciudad importante y por tanto muy disputada. Salomón pudo tomarla, y uno de los oficiales de la ciudad, Abinadab, se casó con Tafat, hija de aquél (1 R. 4:11).   J. E. G.

DORMIR. → SUEÑO.

DORCAS ('gacela', en arameo, *Tabita*). Cristiana caritativa de → Jope resucitada por Pedro (Hch. 9:36-43). Siguiendo el ejemplo de Jesús en la casa de Jairo (Mt. 9; Mr. 5; Lc. 8), Pedro sacó a los que lloraban (unas viudas que probablemente se vestían gracias a la caridad de D.) y pronunció una frase casi idéntica a la de Jesús.

Muchas conversiones resultaron de este primer milagro apostólico de resurrección. D. es la única mujer llamada "discípula" en el NT.   I. W. F.

DOTÁN ('dos pozos' o 'doble fiesta'). Ciudad situada al N de Siquem, en el camino entre Galaad y Egipto. Aquí los ismaelitas compraron a → José de sus hermanos, y lo llevaron a Egipto. Actualmente se llama Tell Dota y cerca de allí hay cisternas semejantes a aquella en donde pusieron a José (Gn. 37:17ss.).

D. es también el lugar donde "Jehová abrió los ojos del criado" de Eliseo, para que viera la protección con que Dios guardaba a su amo de los sirios que sitiaban la ciudad (2 R. 6:13ss.).   C. W. D.

DOTE. Regalo que el padre hacía a su hija, cuando ésta se casaba. Consistía en bienes (Jos. 15:17-19; 1 R. 9:16), o sirvientas (Gn. 29:24). Puesto que la mujer casada era dueña de alguna propiedad, es evidente que el esposo no la com-

El monte de Dotán. Aquí el siervo del profeta Eliseo recibe una gran lección. Este se ha espantado ante la vista del gran ejército sirio desplegado en toda la planicie alrededor del monte, pero el profeta le conforta: "No tengas miedo, pues más son los que están con nosotros que los que están con ellos". Dios le abre los ojos y en efecto, ve la multitud de huestes celestiales que rodean al pueblo y lo defienden.   MPS

praba como a una esclava. El regalo que el novio le daba al suegro también se llama d. en algunas versiones (v.g. BJ: Gn. 34:12; 1 S. 18:25). En estos casos la d. compensaba a la familia de la novia y sellaba el pacto entre las dos familias.   I. W. F.

DRACMA. Unidad básica de las monedas griegas, representada por una moneda de plata (Lc. 15:8s.), aproximadamente equivalente al → denario (16 centavos de dólar) aunque su poder adquisitivo era mucho mayor: era precio de una oveja, y un buey valía 5 d. Circulaban, además, las didracmas (monedas de 2 d.; Mt. 17:24) con que los judíos pagaban el impuesto anual de medio → siclo, y, más comúnmente, las tetradracmas (monedas de 4 d., Mt. 17:27), que se llamaban también estateros.   R. F. B.

DRAGÓN. Término más empleado en la RV 1909 que en la RV. Ésta se limita en el AT a traducir así la voz heb. *tannin,* que significa un ser marítimo muy grande y temible (Is. 27:1; 51:9; Jer. 51:34). El d. de Ez. 29:3; 32:3; 32:2 (que representa a Egipto) se asemeja al cocodrilo. La misma palabra se traduce por "monstruo marino" en Gn. 1:21; Job 7:12; Sal. 74:13; 148:7, y "culebra" o "serpiente" en Éx. 7:9,10,12; Dt. 32:33. En Sal. 91:13 debe ser "serpiente" en vez de "d.".

En la literatura judía intertestamentaria el d. ya es una realidad apocalíptica y el de Ap. 12; 13; 16; 20 es un animal simbólico que parece tener forma de un gran cocodrilo con alas. Simboliza a Satanás y a su representante el anticristo, como la encarnación de la enemistad contra Dios, y hace recordar la lucha entre Tiamat y Marduk de la mitología babilónica.

La voz heb. *tan* que en la RV 1909 y en algunas versiones católicas se traducía por "d." se traduce más correctamente por "chacal" en la RV 1960 (Is. 13:22; 34:13; 35:7; Mal. 1:3).
                                                        W. G. M.

DRUSILA. Hija menor de Herodes Agripa I y hermana de Agripa II y de Berenice (→ HERODES). Era poseedora de una gran belleza y debido a esto sufrió la tiranía de Berenice, quien era menos atractiva. Su hermano la dio en matrimonio a Azizos, rey de Emesa, pero el procurador romano Félix, ayudado por el mago judío Atomos de Chipre (relacionado tal vez con el Elimas de Hch. 13:8), la convenció de que abandonara a Azizos y se casara con él. Esto era una transgresión de la ley judía y posiblemente Pablo los exhortó al res-

pecto cuando compareció ante Félix (Hch. 24: 24ss.).

D. y Félix tuvieron un hijo, Agripa, que pereció en la erupción del Vesubio, el año 79 d.C.   J.-D. K.

DUELO. Los israelitas, al estilo oriental, manifestaban llamativamente su dolor. En medio de llantos y lamentaciones, el que estaba de d., principalmente por la muerte de un ser querido, desgarraba sus vestidos (Gn. 37:29; 2 S. 1:11; 13:31; etc.).

Después el afligido se vestía de luto (Gn. 37:34; 2 S. 14:2; Sal. 35:14), o se ceñía los lomos con saco, es decir, con tela basta, oscura, hecha de pelos de cabra o de camello. Iba con la cabeza cubierta y los pies descalzos (2 S. 15:30; Is. 20:2; Ez. 24:17), se cortaba el pelo total o parcialmente (Job 1:20; Is. 22:12; Jer. 16:6; 48:37; Am. 8:10), se afeitaba la barba o, en todo caso, se cubría el mentón (Is. 15:2; Jer. 41:5). Descuidaba intencionalmente su aseo personal (Éx. 33:4; 2 S. 14:2), manchaba con ceniza o con polvo su cabeza y su rostro, y lanzaba al cielo sus lamentaciones (endechas, elegías), revolcándose a veces por tierra (2 S. 13:19; Job 2:12; Is. 61:3; Jer. 6:26; Ez. 27:30). La más hermosa de estas lamentaciones es quizá la que cantó David por la muerte de Saúl y Jonatán (2 S. 1:19-27), pero a veces el lamento consistía sencillamente en un grito agudo y repetido ("¡Ay, hermano mío!", 1 R. 13:30).

En algunos casos, la gente se hacía incisiones sangrientas, que la ley prohibía, o se golpeaban el pecho o los muslos (Is. 32:12; Jer. 31:19). El → ayuno acompañaba a toda expresión de tristeza (1 S. 31:13; 2 S. 1:12; 3:35; etc.).

Jesús era contrario a toda manifestación ostentosa de d. (Mt. 6:16,18).   C. R.-G.

DUMA. 1. Descendiente de Ismael (Gn. 25:14; 1 Cr. 1:30). Varios lugares de Arabia llevan este nombre.

2. Ciudad en las montañas de Judá (Jos. 15:52), la moderna ed-Dome que queda a 17 km al SO de Hebrón.

3. Lugar mencionado en Is. 21:11. Podría ser una referencia simbólica a Edom, puesto que la profecía tiene que ver con Seir.   J. E. G.

DURA. Llanura en Babilonia, donde Nabucodonosor levantó su imagen de oro (Dn. 3:1). Ha sido imposible determinar el lugar exacto, pero algunos se inclinan a identificarlo con una llanura al SE de Babilonia, en la que se ha descubierto el pedestal de una gran estatua. J. L. G.

E

EBAL. → Gerizim.

EBED-MELEC ('siervo del rey'). Categoría de oficiales (mercenarios) de palacio, que llegó a ser nombre propio. Probablemente fue instituida en Israel por David.

Una persona de ese nombre, eunuco etíope, al servicio del rey Sedequías, rescató a → Jeremías del calabozo al que había sido arrojado (Jer. 38:7-13), y por ello le fue prometida protección para el momento cuando Jerusalén cayera (Jer. 39:15-18).   J. M. B.

EBEN-EZER. Nombre del sitio donde fue librada una gran batalla entre Israel y los filisteos, fatal para Israel, pues no sólo fue derrotado, sino también despojado del arca de Dios (1 S. 4:1; 5:1). Más tarde, reconquistada el arca, se libró una batalla contra los filisteos, y éstos fueron vencidos. Samuel tomó una piedra y le dio, en memoria de aquella victoria, el nombre de E., que significa "piedra de auxilio" (1 S. 7:12).

Aunque el lugar preciso de E. no se ha podido señalar, generalmente se afirma que se encontraba frente a → Afec, en un borde montañoso. Afec estaba situada en el extremo N de los territorios dominados por los filisteos.

M. V. F.

ECLESIASTÉS (nombre de origen gr.; el nombre heb. es *Cohelet;* ambos significan "predicador"). Libro del AT que en el canon hebreo era el cuarto de los cinco rollos. Se usaba en la liturgia de la fiesta de los tabernáculos, y forma parte de la literatura hebrea de "Sabiduría".

Aunque la descripción del "predicador" parece indicar que fue Salomón (1:1; cp. 1 R. 3:12 y Ec. 1:16), el nombre de este rey no aparece en la obra. Se ha encontrado en E. cierta influencia fenicia, lo que podría indicar que se escribió en tiempos de Salomón. No obstante, ciertos rasgos lingüísticos hacen creer que fue escrito por un autor postexílico que basó su tesis en la experiencia de Salomón.

Influidos por cierta diversidad de estilo y de vocabulario, algunos opinan que el libro es producto de varios autores, pero es más probable que sea de uno solo. El tema no es muy evidente. El autor busca el significado de su existencia y examina la vida "debajo del sol", desde todo punto de vista, para ver dónde se encuentra la felicidad.

Pese al estado imperfecto de la revelación en aquel tiempo y la consiguiente incapacidad del autor para comprender a plenitud el concepto de la vida de ultratumba, él reconoce que el significado de su existencia va más allá de la vida terrenal. No es del todo negativo (2:24; 3:12,13; 9:7). La clave que busca se halla en 12:13,14: "Teme a Dios y guarda sus mandamientos . . .". Hay tanta vanidad porque "Dios hizo al hombre recto, pero ellos buscaron muchas perversiones" (7:29).

E. puede considerarse como una apología dirigida a los hombres cuya visión no llega más allá de lo que está "debajo del sol". El autor les demuestra la vanidad de la filosofía que abrazan, y subraya la futilidad del materialismo y de una vida sin Dios. Visto así, E. resulta ser una viva crítica del secularismo, y pretende combatir la tendencia a relegar la religión a la categoría de simple instrumento del secularismo. Si el hombre concibe el mundo como un fin en sí, la vida se vuelve vanidad; pero si lo considera como un medio por el cual Dios se nos revela y nos muestra su sabiduría y justicia, entonces la vida tiene significado (2:24; 5:18-20). J. M. Br.

ECRÓN. Ciudad filistea (Jos. 13:3), situada a unos 15 km al E de la costa mediterránea de Palestina del Sur. Fue asignada a la tribu de Judá (Jos. 15:11,45,46) o a la de Dan (Jos. 19:43). Cuando el arca del pacto fue capturado por los filisteos, lo llevaron luego a E. donde causó grande consternación (1 S. 5:8-10).

Entre otros, el reinado de Roboam (*ca.* 910 a.C.) fue un período de extensa práctica en Judá de la religión de Baal, dios de E. (1 R. 14:25).   J. M. A.

EDÉN. Región o territorio dentro del cual Yahveh plantó un "huerto" de árboles (Gn. 2:8) para morada de → Adán y → Eva.

No se sabe el significado de la palabra hebrea, pero su pronunciación sugiere otra parecida, que significa "delicia", "abundancia", "gozo". Esto explica la traducción → "paraíso" en Gn. 2:8ss. de la LXX (donde el hebreo *gan* significa "huerto"), y en Is. 51:3 de la RV (donde el original reza "E."). Sin embargo, hoy muchos comentaristas niegan que E. sea nombre propio; lo derivan más bien del sumerio "estepa" y afirman que el huerto estaba ubicado en medio de un llano. La historia posterior del vocablo, no obstante, indica una identificación geográfica precisa. Por su situación en E., al huerto real que Dios plantó se le dio el nombre de "huerto del E." (Gn. 2:15; 3:23s.; Ez. 36:35; Jl. 2:3). También se le ha llamado "huerto de Dios" (Ez. 28:13; 31:8s.) y "huerto de Yahveh" (Is. 51:3).

Aunque parece que Gn. 2:10-14 procede de una tradición diferente de la de su contexto, la descripción de cuatro ríos mundiales que se originan en una sola fuente que brota del E. no discrepa de los demás detalles del cap. Resulta

Vista panorámica de las montañas de Petra en la tierra de Edom.   MPS

difícil identificar con precisión dos de los enormes ríos (→ PISÓN, → GIHÓN), aunque es evidente que el autor considera el huerto de E. como un lugar real, determinado (además de un estado o condición de vida), que se encuentra sobre esta tierra. No hay duda de que el tercer río, → Hidekel, designa al Tigris; el cuarto, → Éufrates, es bien conocido. Los territorios (→ HAVILA, → CUS, → ASIRIA) que eran regados por los ríos, sugieren que E. estaba ubicado o en el sur de Mesopotamia (Calvino, Delitzsch) o en la región de Armenia. Otras teorías presuponen que el autor tenía nociones vagas e incorrectas de la geografía. Pero, en realidad, es muy difícil interpretar con exactitud lo que dice el autor. Por ejemplo, ¿qué quiere decir "al oriente" (Gn. 2:8)? Algunos entienden que el huerto fue plantado en la parte oriental de E.; otros le atribuyen a la expresión un sentido temporal (v.g. Jerónimo: "al principio"); pero la mayoría sostiene que E. se hallaba al oriente con respecto al escritor. Sin embargo, Gn. 3:24 parece indicar que E. estaba al occidente (Dios pone la guardia al lado oriental). En fin, lo esencial no es el sitio preciso; el huerto fue una región que abundaba en luz y agua, la mejor parte del mundo y su centro ideal, eternamente atractivo al hombre.

En el huerto, lleno de árboles hermosos y fructíferos (Gn. 2:9), el hombre debía trabajar (2:15, contrástese 3:17ss.). También había ganado, aves y animales domésticos (2:19s.; 3:1). Había en medio del huerto dos árboles misteriosos: el de "vida" y el de "ciencia del bien y del mal". El segundo le estaba prohibido al hombre. Cuando éste desacató la prohibición, perdió también el derecho al primero, así como al resto del huerto (3:22ss.). E. simboliza el compañerismo entre Dios y el hombre, interrumpido por la desobediencia cuyo castigo es la mortalidad.   R. F. B.

EDOM ('tierra roja'). Tierra habitada por los descendientes de → Esaú.

Se extendía, en forma rectangular, desde el mar Muerto y el arroyo de → Zered, en el N hasta Elat y Ezión-geber por el golfo de Acaba, en el S, incluye _o ambos lados del → Arabá (Dt. 2:8-12). Era tierra montañosa y quebrada. Parte del Arabá está bajo el nivel del mar y a sus lados hay montañas que tienen una altura de 1.500 m sobre el nivel del mar. Las ciudades de E. que más se mencionan en la Biblia son → Bosra, → Sela (Petra) y → Temán.

I. EL PUEBLO

Los edomitas eran parientes de los israelitas (Gn. 25:19-26). Eran descendientes de Esaú, a quien, según el relato bíblico, se le llamó E. cuando decidió cambiar su primogenitura por un guiso rojo. Habitaban la tierra del mismo nombre de su predecesor.

Antes de llegar los edomitas, esta tierra estaba habitada por los → horeos. Según parece, las dos razas se confundieron porque en Gn.

36:2 se dice que Esaú se casó con → Aholibama, mujer horea.

Los edomitas eran agricultores y comerciantes. Atravesaban su tierra numerosas caravanas, a las que cobraban por peaje y alojamiento. También les vendían el cobre y hierro que extraían de sus minas. Probablemente hablaban hebreo. Practicaban el politeísmo. Su gobierno era monárquico, aunque parece que sus reyes eran elegidos por el pueblo (Gn. 36:31-39).

II. SU HISTORIA

Los faraones egipcios, Mer-ne-Pta (1225-1215 a.C.) y Ramsés (1198-1167 a.C.), afirmaban que E. y Seir estaban sujetos a ellos. Más tarde, algunos israelitas se casaron con edomitas y surgió una pequeña raza mestiza.

Después del éxodo, E. prohibió a los israelitas pasar por su tierra para entrar en la tierra prometida (Nm. 20:14-21; 21:4; Dt. 23:7,8; Jue. 11:17,18).

Durante el reinado de Saúl hubo guerra entre Israel y E. (1 S. 14:47). David mató a 18.000 edomitas en el Valle de Sal (2 S. 8:13; cp. 1 R. 11:15). En días de Salomón surgió de nuevo el conflicto con los edomitas e Israel los subyugó. No obstante, a veces se rebelaban y recobraban temporalmente su independencia. Asiria los conquistó en 732 y los dominó durante varios años.

Cuando Jerusalén fue sitiada por Nabucodonosor, los edomitas colaboraron con él y se regocijaron en la destrucción de la ciudad, lo cual indignó grandemente a los judíos (Sal. 137:7; Lm. 4:21; Ez. 25:12; 35:3ss.; Abd. 10ss.).

III. IDUMEA

Después del cautiverio los edomitas invadieron la parte sur de Judá y se establecieron allí, por lo que la parte sur de Judea llegó a llamarse "Idumea" en la época postexílica.

En el siglo III a.C. los → nabateos invadieron la tierra de E. y levantaron un reino con → Sela como capital.

En 165 a.C. Judas Macabeo capturó a Hebrón (1 Mac. 4:29,61; 5:65) y en 126 Juan Hircano, el sumo sacerdote macabeo, obligó a los edomitas a convertirse en judíos, imponiéndoles la circuncisión.

Cuando llegaron los romanos a dominar a Palestina, Idumea y los edomitas desaparecieron de la historia.   J. E. G.

EDREI. 1. Ciudad de Og, rey amorreo de Basán (Dt. 1:4), situada en el límite sur de Basán. Moisés y los israelitas invadieron Basán y derrotaron a Og en E. (Nm. 21:33-35; Dt. 3:1-3; Jos. 12:4). Más tarde la ciudad fue asignada a la tribu de Manasés.

2. Ciudad de Neftalí (Jos. 19:37) cerca de Cedes.   J. E. G.

EFA. Medida de capacidad de origen egipcio pero de uso común entre los hebreos. Según Josefo (*Antigüedades,* VIII, ii, 9), contenía casi nueve galones y equivalía al bato, medida de capaci-dad líquida. En Éx. 16:36 se nota que el e. contenía diez homeres o gomeres. Así que un homer representa la décima parte de un e. El e. fue una norma para la medida de granos y cosas semejantes, puesto que se clasifica con balanza y pesas en Dt. 25:14,15. De acuerdo con Zac. 5:6-10 en un e. cabía una persona.   A. T. P.

EFESIOS, EPÍSTOLA A LOS. Más que una epístola simplemente, este escrito es un tratado epistolar, quizá dirigido a los creyentes de toda el Asia Menor, especialmente gentiles (2:11,19; 5:7s.). Fue escrita si no juntamente, al menos muy cerca de la epístola a los colosenses, y muy probablemente llevada por un mismo correo, Tíquico (6:21,22; cp. Col. 4:7-9). A diferencia de las demás cartas paulinas, no contiene exhortaciones de carácter personal o soluciones para problemas concretos, indicio de su carácter encíclico.

I. AUTOR

Desde los primeros años del siglo II, la tradición eclesiástica concuerda en que esta carta fue escrita por Pablo. Sin embargo, durante los últimos años la alta → crítica ha puesto en tela de duda tal tradición.

Los argumentos en contra de la paternidad paulina tienen carácter subjetivo y se relacionan con el estilo, el vocabulario, la doctrina y los paralelos íntimos con otras cartas de Pablo. En ningún momento han sido argumentos decisivos. Las diferencias internas, comparadas con las otras cartas, se deben casi exclusivamente a que fueron distintas las circunstancias que dieron motivo a la epístola.

II. DESTINATARIOS Y PROPÓSITOS

Tradicionalmente la iglesia ha aceptado que la carta fue escrita originalmente para la iglesia de Éfeso. De los escritores de los primeros siglos solamente Marciano, Orígenes y Basileo daban cabida a otra tradición; a saber, que la carta era la mencionada en Col. 4:16, "la de Laodicea", o bien que no tenía destinatarios fijos. Y es cierto que las palabras "en Éfeso" no se hallan en los tres mss. griegos más importantes (aunque en su lugar se deja un espacio en blanco), y que en el contexto de Ef. 1:1 causan problemas gramaticales. Además, la evidencia interna, p.e. la falta total de saludos personales, pareciera negar que fuese escrita a una iglesia con la que Pablo había convivido casi tres años (Ef. 1:15; 3:2; 4:21; cp. Hch. 19; 20:31).

La mayoría de los eruditos concluyen que debiera encontrarse otra explicación. Se han sugerido las siguientes:

1. La epístola fue enviada a Laodicea, una iglesia que Pablo no conocía personalmente.

2. Fue enviada como carta circular a varias iglesias por medio de Tíquico (Ef. 6:21; Col. 4:7s.). Esta teoría presupone que el nombre de las iglesias destinatarias no aparecía en el ms. original, sino que fue añadido en cada caso cuando la epístola llegó a ellas.

Restos de la gran avenida de mármol de la Arcadiane en Efeso que partía desde el teatro al puerto de Mileto.   MPS

3. Tenía como propósito ser el mensaje póstumo del anciano apóstol a la iglesia universal. Así se explican las indistintas referencias a personas y la amplitud de la visión cósmica (1:10,14,20-23; 2:14-16; 3:14-21; etc.).

4. Fue enviada para impedir que se extendiese la herejía combatida en la Epístola a los colosenses.

De esta manera, no se puede precisar con seguridad ni los destinatarios ni el propósito original de la carta, pero es posible sugerir que fuera escrita inmediatamente después de Col. Constituye una meditación sobre la grandeza del misterio de Cristo (1:9; 3:4s.) y la responsabilidad de la iglesia en Él (2:10; 4:17ss.), temas ya tocados en Col., y fue enviada a varias iglesias, quizás al mismo tiempo que Col. (61-62 d.C., durante la cautividad del apóstol en Roma).

III. CONTENIDO

La Epístola desarrolla muchas de las doctrinas contenidas en Col. y las recapitula. De ella se puede decir que la forma es más bien homilética que epistolar, y, como la carta más profunda de Pablo, matiza con tonos especiales las más fundamentales doctrinas cristianas:

A. La predestinación divina de los santos antes de la fundación del mundo (1:3-6,11s.).

B. La redención en Cristo (1:7; 2:1-10; 5:2).

C. La recapitulación de todas las cosas en Cristo (1:10).

D. El Espíritu Santo (1:13s.; 2:18,22; 3:16; 4:30; 5:18; 6:17).

E. El poder de Dios operante en la resurrección de Cristo (1:19s.; 3:20s.).

F. Cristo la cabeza de la iglesia (1:22s.; 5:23).

   1. Unida en un solo cuerpo (2:11-22; 3:1-9; 4:3-6).

   2. Fundamentada sobre los apóstoles y profetas (2:20).

3. Edificada como templo del Señor (2:21s.).

4. Dotada con todos los recursos necesarios para su crecimiento y perfeccionamiento (4:7-16).

5. La esposa de Cristo (5:25-33).

G. El modelo de la nueva vida en Cristo (4:17–6:9).

H. Los requisitos para estar firmes en el Señor (6:10-20).   J. A. K.

Bibliografía

González, Ruiz, J. M. *San Pablo, Cartas de la cautividad,* Madrid, 1956; Leal, J. *La Sagrada Escritura,* Madrid: B.A.C. 1965; Moule, H. C. G. *Estudios efesios,* Buenos Aires, 1927; Turrado, L. en *Biblia comentada,* VI, Madrid: B.A.C. 1965.

ÉFESO. Ciudad del occidente de Asia Menor, y centro importante en la historia de la iglesia primitiva.

É. estaba situada entre Mileto y Esmirna, en el valle del río Caistro, a 5 km del mar Egeo y entre las montañas de Koresos. Su excelente acceso al mar la convirtió en el principal puerto de Asia durante el imperio romano. Compartió con Alejandría y Antioquía la supremacía en el Mediterráneo oriental, y llegó a ser la más importante gracias a su posición geográfica y actividad industrial.

I. HISTORIAL GENERAL

Como ciudad, probablemente É. fue fundada en el siglo XII a.C. cuando los colonizadores griegos se mezclaron con los indígenas de la región, descendientes de habitantes de la Anatolia en el centro de Asia Menor.

En 560 É. fue conquistada por Creso, rey de Lidia, quien restauró el famoso Templo de Artemisa y benefició en gran forma a la ciudad. Tres años después fue capturada por los persas. Lisímaco, uno de los sucesores de Alejandro Magno, la reconstruyó más tarde (322) y además de embellecerla la inundó con la influencia helenista.

En 133 a.C. la ciudad fue entregada a Roma por Atalo III, rey de Pérgamo, y así se mantuvo hasta el 262 d.C., cuando tanto el templo como la ciudad fueron destruidos por los godos. En la era apostólica É. era el centro administrativo y religioso de la provincia romana de Asia; algunos de sus oficiales se llamaban asiarcas (Hch. 19:31).

El templo de → Diana, considerado una de las siete maravillas del mundo, estaba situado al NE de la ciudad. Fue acabado al principio del tercer siglo a.C. Daba renombre a É. y ésta se jactaba de ser "guardiana del templo de la gran diosa Diana" (Hch. 19:35). Fueron impresionantes la superstición y el ocultismo que florecieron a la sombra del culto a esta diosa, cuyas características eran semejantes a las de la diosa oriental de la fertilidad.

II. HISTORIA SAGRADA

Según Hch., Pablo visitó a É. dos veces: hacia el fin de su segundo viaje misionero, cuando iba con prisa hacia Jerusalén (18:19-21), y durante el tercero (19:1-41).

Había en É. una numerosa colonia judía, y Pablo y sus compañeros, → Priscila y Aquila, fueron bien acogidos al llegar por primera vez. El apóstol deseaba estar en Jerusalén para cierta fiesta y esto acortó su visita, pero sus compañeros permanecieron allí. Seguramente ellos fundaron la iglesia ayudados por → Apolos (Hch. 18:24-26).

La segunda visita de Pablo duró tres años (19:8,10; 20:31), pero esta vez la situación fue diferente. Al principio fue bien recibido por los judíos, pero después de predicar tres meses en la sinagoga surgió la oposición (quizá por desacuerdo en cuanto a lo que es el "reino de Dios", 19:8,9). Por tanto, trasladó su centro de actividades a la "escuela de uno llamado → Tiranno".

Con este punto como cuartel, Pablo llevó a cabo una obra extensa, ayudado por sus compañeros y por convertidos como → Tíquico, → Epafras y → Filemón (Hch. 19:10). Seguramente durante esta época nacieron "las siete iglesias . . . en Asia" (Ap. 1:11) y otras como → Colosas y → Hierápolis (Col. 4:13). Su ministerio fue acompañado de "milagros extraordinarios" (Hch. 19:11). Tantos se convirtieron que los fabricantes de ídolos vieron en peligro su negocio, y provocaron el tremendo alboroto relatado en Hch. 19:23-41.

É. llegó a ser un centro importante para la iglesia primitiva. Timoteo fue dejado allí para cuidar de la iglesia después de la ida de Pablo (1 Ti. 1:3). La tradición (escritos postapostólicos) afirma que el apóstol Juan se trasladó a É. hacia el fin del siglo I para supervisar y ayudar a

las iglesias de Asia. Esto explica por qué dirigió a ellas los mensajes escritos en Ap. 2 y 3 durante su exilio en la isla de → Patmos.

Desde la época postapostólica hasta la invasión musulmana, É. fue un centro eclesiástico importante. En ella se celebró, en 431, el tercer concilio ecuménico en el que se condenó la cristología nestoriana.   J. A. K. y W. M. N.

EFOD. Parte decorativa de la vestidura sagrada, usada tanto por los sacerdotes hebreos como por los paganos de la época. En su forma más antigua probablemente se trataba de una simple faja de lino. Los sacerdotes de Nob se conocían como "varones que vestían e. de lino" (1 S. 22:18).

El efod del sumo sacerdote llevaba el racional o pectoral en que estaban encrustadas 12 piedras preciosas, representativas de las 12 tribus de Israel.   MP

Samuel (1 S. 2:18) y David (2 S. 6:14) usaban un sencillo e. de lino. Pero conviene distinguir este e. sencillo del que formaba parte del vestido del sumo sacerdote y que estaba ricamente bordado con hilos de "oro, azul, púrpura y carmesí". Éste tenía broches de oro y anillos para sujetar el racional que tenía las piedras preciosas en las que estaban grabados los nombres de los hijos de Israel. Consistía en dos piezas sin mangas, una delantera y otra posterior que llegaban hasta la mitad del muslo. Se aseguraba con un cinturón entretejido y tirantes (Éx. 28:6,12; 29:5). Se menciona también un e. que se colgaba en el templo y se usaba para los oráculos (1 S. 21:9).

Los judíos veían con singular reverencia el e. y lo empleaban en cultos idolátricos. El e. de

Gedeón, hecho de 1.700 siclos de oro (aprox. 20 kg), "fue tropezadero" para él (Jue. 8:27). Micaía hizo uno para que su ídolo fuese debidamente reverenciado (Jue. 17:5).   J. B. B.

EFRAÍN ('doblemente fructífero'). Hijo de José y Asenat, hermano de Manasés, y patriarca de una de las tribus de Israel.

Nació en Egipto cuando su padre ocupaba el cargo de primer ministro de la nación (Gn. 41:50). Por la línea materna los hijos de José pertenecían a una familia distinguida. Asenat era hija de Potifera, sacerdote de On. El matrimonio de José y Asenat se realizó con el aplauso del rey (Gn. 41:45), lo cual dio a José fama y gloria en tierra extranjera.

José dio a su hijo el nombre de E. "porque Dios me ha hecho fructificar en la tierra de mi aflicción" (Gn. 41:52). En efecto, José conoció la esclavitud y el encarcelamiento en Egipto. De ahí subió para ser el segundo en el país. Esto, junto con su feliz matrimonio, fueron triunfos que José supo apreciar. Por eso dijo que Dios lo había hecho "fructífero" en tierra de dolor, experiencia que perpetuó en el nombre de uno de sus hijos.

Jacob, ya en su vejez, se gozó al ver a sus nietos, los hijos de José, a quienes adoptó como hijos suyos (Gn. 48:5,11). En esta ocasión memorable Jacob bendijo a E. dándole cierta preferencia sobre Manasés su hermano (Gn. 48:17-19). José vivió hasta ver la tercera generación de E. (Gn. 50:23). En 1 Cr. 7:22 se dice que algunos hijos de E. murieron en combate, por lo cual E. lloró amargamente. Nada más se sabe de la vida de este distinguido patriarca.

Los descendientes de E. llegaron a formar una de las tribus del pueblo de Israel. En la división de la Tierra Prometida, después de la conquista, correspondió a la tribu de E. una rica y extensa región al centro del país. Tenía a Dan y a Benjamín al S, Gad al E y Manasés al N (Jos. 16:1-10). Entre los hombres famosos, descendientes de E., se cuentan → Josué (Nm. 13:8,16) y Jeroboam, rey de Israel (1 R. 12:20,25). En el territorio de E. estuvo la ciudad de Ramataim, cuna del profeta Samuel (1 S. 1:1).

Al parecer fue una tribu dominante, y en su regionalismo, llegó hasta poseer su propio dialecto (Jue. 12:5,6). Fue tanto el predominio de esta tribu que en muchos pasajes bíblicos se cita el Reino del Norte como reino de E. (Os. 4:17). El profeta Oseas habla de la caída de E. (Os. 11:1-12), dejando ver la ingratitud de estas gentes ante el permanente y cuidadoso amor de Dios.

El nombre de E. también designaba la región habitada por los descendientes de éste, y una puerta en el muro de Jerusalén (2 Cr. 25:23). En tiempos novotestamentarios Jesús visitó una ciudad del mismo nombre (Jn. 11:54).   A. P. P.

EFRATA ('fructífera'). Nombre empleado indistintamente con Belén para referirse a un mismo lugar (Gn. 35:16,19; 48:7). Algunos suponen que fue la segunda esposa de Caleb (la madre de Ur) quien dio su propio nombre a ese lugar (1 Cr. 2:50,51; 4:4). El rey David y su padre Isaí eran efratitas (1 S. 17:12).

El profeta Miqueas exalta a la "pequeña" E. o Belén por el histórico destino que le fue dado como lugar del nacimiento del Salvador (Mi. 5:2-4).   M. V. F.

EGIPTO. Región en el NE de África. Por la variación de sus límites en diferentes épocas, en ocasiones se ha denominado E. solamente a la cuenca del Nilo, y a veces a las regiones áridas que se encuentran al E y al O de dicha cuenca.

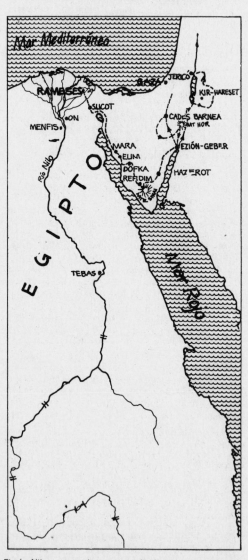

El río Nilo, cual columna vertebral, corre por todo el largo de la tierra de Egipto, proporcionando vida a la nación.   EBM

hacia el E hasta el mar Rojo, y hacia el O a una distancia indeterminada cuyas fronteras con la región de Libia son imprecisas. Naturalmente, el límite norte de E. es el Mediterráneo. Al S, el límite se ha fijado en distintos lugares, pero por lo general en una de las varias cataratas que forma el Nilo en su descenso hacia el mar.

El nombre castellano "Egipto" se deriva del griego, pero se ignora su significado original. Los egipcios llamaban al país "Kimet", lo cual probablemente quería decir "negro", refiriéndose al contraste entre la arena roja de la región circundante y la fértil tierra negra del valle del Nilo. También lo llamaban "las dos tierras", aludiendo a la unión del Alto y el Bajo E. En el AT, al S del país se le llama →*Mizraim* y →*Patros*. En el NT se le da el nombre griego de *Aigyptos*.

I. GEOGRAFÍA

Desde tiempos antiguos un autor llamó a E. "don del →Nilo". En efecto, toda la geografía, la economía y la historia del país han sido dominadas siempre por el Nilo. Este río, que nace en las regiones tropicales de África, corre hacia el N y cae en una serie de seis cataratas, hasta llegar al mar Mediterráneo, a varios miles de km de su nacimiento. Los egipcios no conocían las regiones ecuatoriales del Nilo ni sabían que sus inundaciones periódicas se debían al carácter periódico y torrencial de las lluvias en aquella región. Sólo sabían que una vez al año, a principios del verano, el río se desbordaba, y que unos tres meses después sus aguas descendían al nivel acostumbrado. Puesto que tales inundaciones eran la causa de la fertilidad del valle, buena parte de la religión del país giraba en torno al Nilo, según veremos más adelante.

En sentido estricto, E. se extendía desde la desembocadura del río hasta la primera catarata (tradicionalmente, las cataratas se han contado de N a S, en sentido inverso a la corriente del río). Desde allí hasta la tercera catarata se hallaba la región de →Nubia, en la cual los egipcios tenían intereses económicos y por tanto la invadieron repetidamente. Más arriba, en las regiones de la cuarta y quinta cataratas, se encontraba →Etiopía. Más allá, desde el punto de vista egipcio, el Nilo se perdía en las penumbras de la leyenda.

Debido a las inundaciones del río, E. era una franja fértil en medio de una región desértica. El ancho de esta franja variaba de región en región, según el alcance normal de las inundaciones del río. Allí donde las colinas a ambos lados del Nilo se acercaban a éste, la zona fértil era estrecha. Donde se alejaban, había varios km de tierra cultivable. Cerca de la desembocadura, en la región del delta, la tierra depositada por el río alcanzaba unos 200 km de ancho.

A todo lo largo del país, la agricultura fue siempre la principal ocupación de los egipcios, que se dedicaban especialmente al cultivo de cereales. En algunos oasis que se encontraban

La esfinge era el símbolo del poderoso imperio de Egipto, país en que permaneció durante varios siglos el pueblo de Israel, primeramente como refugiados y luego como esclavos, hasta la aparición de su libertador en la persona de Moisés. MPS

más apartados del río se cultivaban uvas. En las regiones pantanosas se cosechaba el papiro, de enorme importancia para escribir sobre él. (→ AGRICULTURA).

El Nilo y sus inundaciones determinaban también el modo y lugar de vida de los egipcios. A fin de no desperdiciar la tierra cultivable, la población se congregaba en pequeñas aldeas densamente pobladas, y de allí salían a trabajar en los campos. Por la misma razón las tumbas se construían fuera de la tierra cultivable, en las regiones del desierto, y ésta es una de las causas por las que han perdurado hasta el día de hoy.

Puesto que las inundaciones periódicas obligaban a remarcar los linderos, se desarrolló la ciencia de la geometría. Además, a fin de retener las aguas de la inundación por mayor tiempo, y de nuevo poderlas emplear según fuese necesario, se construyó toda una serie de canales lo cual obligó a los egipcios a ejercitarse en la ingeniería.

La flora del país no era muy rica, especialmente en los tiempos históricos. Aparte del cultivo de cereales, viñedos y papiro, el resto de la flora tenía muy poca importancia económica. El país era particularmente pobre en árboles, de modo que tenían que importar maderas de otras regiones, especialmente de Fenicia y de Nubia. También se importaba el aceite de oliva.

La fauna del país era abundante. En el río había cocodrilos, hipopótamos y peces, y estos últimos contribuían a la alimentación de la población. Entre las bestias salvajes se conocía el león, la hiena, los lobos y los antílopes, además de varias clases de aves, muchas de las cuales eran domesticables. El principal animal doméstico era el ganado vacuno; el lanar parece haber sido escaso y despreciado (Gn. 46:34). El asno se empleaba como bestia de carga desde los tiempos más remotos, y bastante más tarde se

La gigantesca pirámide Cheops es uno de los monumentos más extraordinarios del genio y poder de los egipcios. Las pirámides fueron erigidas más de dos mil años antes de Cristo. MPS

introdujo el camello. Los caballos eran desconocidos en los primeros años del desarrollo histórico de la nación, y fue después de la invasión de los hicsos cuando su uso se propagó, aunque no para montarlo, sino para tirar de los carros de guerra.

II. HISTORIA

Puesto que la historia de E. abarca unos 5.000 años, sólo podemos dar aquí una breve idea de su desarrollo, destacando aquellos períodos que son importantes para la historia bíblica.

Tradicionalmente, la historia de E. se ha dividido en treinta dinastías. La primera de éstas, fundada por el legendario Menes, data de alrededor del año 3000 a.C., y marca la unificación del país. El período que va de la tercera a la sexta dinastía recibe comúnmente el nombre de "Viejo Imperio". Dentro de éste, fue la cuarta dinastía el período de mayor gloria. Durante ella se construyeron las famosas tres grandes pirámides.

Ya durante la quinta y sexta dinastías comenzó a descentralizarse el poder, y los nobles fueron adquiriendo cada vez más independencia. Esto trajo un "período intermedio" o de confusión y fragmentación, que duró hasta la duodécima dinastía. Ésta se centraba en la ciudad de Tebas, que anteriormente había tenido poca importancia en el país. A este período se le llama "Imperio Medio". Sin embargo, este nuevo resurgimiento no pudo sostenerse, pues pronto el caos reinó de nuevo en el país y se produjo la invasión de los hicsos.

Lo que se sabe a ciencia cierta sobre los hicsos es poco. Baste decir que eran de origen semita, que se establecieron principalmente al N de E., y que no trataron de conquistar a Tebas, sino que se contentaron con imponerle tributo. Fueron ellos quienes introdujeron los caballos y los carros de guerra en E., además de otros implementos y tácticas militares. Se ha sugerido que fue durante este período cuando José y los israelitas se trasladaron a E., pues es posible que los gobernantes semitas estuvieran más dispuestos a dar a José el alto cargo que llegó a ocupar. Sin embargo, esta hipótesis no está totalmente exenta de dificultades.

Tras el período de los hicsos, la decimaoctava dinastía trajo un despertar que se conoce como "Nuevo Imperio". Fue entonces, quizás en reacción a la conquista por parte de fuerzas exteriores, cuando E. comenzó a desarrollar una política imperialista. Esta nueva época de expansión terminó cuando diversas facciones en E., especialmente los sacerdotes por una parte y el faraón por otra, entraron en conflictos de poder. El conflicto llegó a una ruptura total entre el faraón y los sacerdotes de Tebas, cuya consecuencia fue la desaparición de la dinastía y del Imperio Asiático por ella creado. Ese imperio quedó en parte supeditado al Nuevo Imperio de los →hebeos, que florecía al N.

Los documentos egipcios no mencionan el éxodo, y por ello es difícil precisar su fecha con relación a los gobernantes del país. Pero una inscripción del sucesor de Ramsés II menciona a Israel e insinúa que se trata de un pueblo nómada al E de E. Durante la vigésima dinastía, E. volvió a perder sus posesiones en Palestina.

Fue entonces cuando E. cayó en el período de decadencia que le permitió a los israelitas las glorias que la Biblia narra entre la época de Samuel y la caída de Samaria. Durante ese período el faraón más importante, desde nuestro punto de vista, es → Sisac, fundador de la vigesimo segunda dinastía. Después, una dinastía etíope logró establecerse en el país, y a ella pertenece el faraón → Tirhaca. Fue durante el gobierno de esta dinastía, la vigésimo quinta, que Asiria tomó a Israel e hizo sentir su poderío sobre Judá, para después invadir el propio E. y llegar hasta tomar la ciudad de Menfis.

culturales de la cuenca del Mediterráneo, y siguió siéndolo aún después de incorporarse al Imperio Romano en el año 30 a.C. Allí vivió Filón, y floreció posteriormente una gran escuela de enseñanza cristiana, cuyos principales maestros fueron Clemente y Orígenes. En el siglo VII d.C., E. fue conquistado por los musulmanes, quienes destruyeron lo que quedaba de la pasada gloria de Alejandría.

III. RELIGIÓN

Para el egipcio, todo cuanto sucedía era intervención de poderes divinos. Había, por tanto, dioses de ciudades o lugares específicos, de astros y fenómenos astronómicos, tales como el sol y la esfera celeste, de animales y plantas, y también de diversos aspectos de la vida, tales como el amor y la guerra. Estos dioses no estaban siempre claramente definidos, y a menudo se fundían los unos con los otros. Pero lo

Las enormes columnas y vastas paredes de los templos y las tumbas del alto Egipto están cubiertas de esculturas y jeroglíficos. En esta lámina tenemos una descripción de la agricultura que data de las primeras dinastías entre el año 3000 y 2500 a.C. Desde esa fecha y hasta la mecanización de la agricultura de tiempos modernos se han utilizado los mismos sistemas y herramientas similares.

Aprovechando un momento de debilidad por parte de los asirios, Samético, que pertenecía a una familia poderosa de origen saíta, estableció la vigésimo sexta dinastía. Se produjo entonces un renacimiento durante el cual E. volvió a extender su poderío hasta la segunda catarata, y trató de restaurar su hegemonía sobre la región de Siria y Palestina. También a esa dinastía pertenecieron → Necao y Hofra, faraones que trataron de restablecer su poderío en Palestina. El resultado neto de las gestiones de Hofra, tratando de erigirse en campeón del reino de Judá frente a Babilonia, fue la destrucción de ese reino, la caída de Jerusalén y el exilio en Babilonia.

El propio E., empero, era ya una nación débil, y a fines del siglo VI a.C. cayó en poder de los persas, que gobernaron, aunque con breves interrupciones cuando algunos gobernantes nacionales lograban independizarse, hasta que → Alejandro el Grande conquistó el país en el año 332. Éste fundó la primera ciudad egipcia junto a la costa del Mediterráneo: → Alejandría. Tras su muerte E. quedó en manos de → Ptolomeo, quien fundó una nueva dinastía que logró mantenerse en el poder, con altas y bajas, hasta que su última reina, Cleopatra, sucumbió ante el avance del Imperio Romano.

Bajo los ptolomeos, Alejandría llegó a ser uno de los principales centros económicos y

importante para los egipcios, especialmente en los primeros períodos de su historia, era el hecho de que toda la realidad estaba gobernada por los dioses. El faraón reinante era el dios Horus, alrededor del cual giraba toda la vida del país. Después de su muerte, se convertía en el dios Osiris y gozaba de vida eterna. En algunos períodos, se acostumbraba enterrar junto al faraón a los sirvientes de éste para que le acompañaran y sirvieran en la vida futura. Con el correr de los años, la religión egipcia fue evolucionando de tal modo que la inmortalidad estaba al alcance, no sólo del faraón, sino de los poderosos de la tierra.

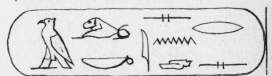

Los antiguos egipcios desarrollaron su propio sistema de escritura con jeroglíficos alrededor del año 3000 a.C. Las figuras estilizadas representan objetos o ideas, los cuales en secuencia pueden relatar una historia o comunicar algún mensaje.

El desarrollo de la clase sacerdotal pronto comenzó a limitar el poder absoluto del faraón. En el siglo XIV a.C., el faraón Amenhotep IV trató de remediar esta situación haciéndoles frente a los sacerdotes, al tiempo que promulgaba la religión monoteísta del dios Aton, el disco solar. Amenhotep se cambió el nombre y tomó el de Ak-en-aton, y además abandonó la capital de Tebas, donde existía una poderosa casta sacerdotal. Pero su reforma fracasó y su yerno Tutankamen se rindió ante el poder de los sacerdotes. A partir de entonces, el poder de esta clase fue cada vez mayor.

Los últimos siglos de la independencia de E. trajeron períodos desastrosos, en los que el pueblo perdió mucha de su fe en el dios faraón al mismo tiempo que los antiguos dioses le resultaban demasiado lejanos para creer en ellos y adorarlos. Fue así cómo la religión tomó un giro cada vez más personal y profundo, que subrayaba la necesidad de una vida justa a fin de lograr la inmortalidad futura.

El triunfo del cristianismo en E. fue sorprendente. No sabemos cómo llegó allí la nueva religión, pero el hecho es que ya a mediados del siglo II había en Alejandría una iglesia suficientemente fuerte como para tener una famosa escuela catequística. Poco después, los cristianos se contaban en gran número, y en el siglo V eran casi la totalidad de la población. Tras las conquistas musulmanas, sin embargo, el número de cristianos disminuyó, hasta quedar reducido a una pequeña minoría.

Los egipcios deificaban a muchos animales. Lámina del toro sagrado, que puede haber originado la idea de Aarón de hacer un becerro de oro ante el cual los israelitas profanaron el nombre de Dios en Sinaí.

Plancha esculpida en un templo del Alto Egipto, descriptivo de una guerra. Las figuras se presentan en características poses estilizadas.

IV. EGIPTO EN EL ANTIGUO TESTAMENTO

Debido a la enorme importancia que tuvo E. en todo el desarrollo histórico del Cercano Oriente, era de esperarse que se mencionara repetidamente en la Biblia. En la "tabla de las naciones" de Gn. 10 se menciona a Mizraim como hijo de Cam (Gn. 10:6). En época de escasez, Abraham recurrió a E. en busca de alimentos (Gn. 12:10). Agar, la esclava de Sara, era egipcia (Gn. 21:9), y también lo era la mujer de Ismael (Gn. 21:21). Una narración paralela sobre Isaac afirma que él también acudió a E. en tiempos de escasez (Gn. 26:2). La historia de José narra cómo él, su padre Jacob y toda su familia llegaron a vivir en E., y también le atribuye a la administración de José la estructura social de E., según la cual todas las tierras y las personas eran propiedad del faraón (Gn. 47:13-26).

El gran acto redentor de Dios en pro de su pueblo en el AT es el →éxodo o salida de E. A partir de entonces, E. aparece frecuentemente en el AT como símbolo de opresión, y se alaba frecuentemente al Dios de Israel como "el que te sacó de la tierra de E".

Salomón se casó con una princesa egipcia (1 R. 3:1). Empero ya en tiempos de su hijo Roboam, el faraón Sisac invadió a Judá, y el reino quedó sometido a E. (2 Cr. 12:1-9). Desde esa fecha E. fue una potencia preponderante en Palestina, y los hebreos estuvieron unas veces subyugados o aliados y otras combatieron contra él. Esta situación perduró hasta que el auge del Imperio Asirio puso fin a la hegemonía de E. sobre Palestina, que desde entonces estaría casi continuamente sujeta a influencias procedentes de Mesopotamia y Persia.

V. EGIPTO EN EL NUEVO TESTAMENTO

Tanto en el NT, como en el AT, E. es símbolo de esclavitud, y la salida de él es señal de la acción redentora de Dios. Así hacen referencia a él en sus discursos Esteban (Hch. 7) y Pablo (Hch. 13:17). Lo mismo se hace en Jud. 5. En Ap. 11:8 se coloca a E. junto a Sodoma como señal de perdición.

Puesto que la salida de E. es el gran acto redentor de Dios en el AT, no es extraño que en el NT nuestro Señor Jesucristo se presente en cierto modo como la culminación del gran tema de la liberación de E. (1 Co. 10:1-4; Heb. 8). Esta es posiblemente la importancia teológica de la huida a E. que se narra en Mt. 2, pues así el Señor que antaño sacó a Israel de E., viene ahora del propio E. para obrar la redención final del nuevo Israel (Mt. 2:14,15).

J. L. G.

EGLÓN. 1. Rey moabita, en el período de los jueces, que conquistó la ciudad de Jericó y oprimió a los hebreos. Fue asesinado en su propio palacio por Aod, hijo de Gera (Jue. 3:12-30).

2. Ciudad cananea en el desierto de Judá. Su rey, Debir, formó una alianza con otros gobernantes cananeos para pelear contra Josué (Jos. 10:1-35). En Jos. 15:39 es mencionada como perteneciente a Judá, junto a Laquis y Boscat en la llanura (cp. 15:1-12).   J. M. A.

EJÉRCITO. Término que aparece frecuentísimamente en las Escrituras y se usa en por lo menos cuatro sentidos diferentes.

Designa a la multitud de los israelitas organizados en tribus para marchar a través del desierto (Éx. 7:4; Nm. 1:52).

Algunas veces se usa para referirse a la hueste de los cuerpos celestes (Gn. 2:1; Sal. 33:6). El culto al "e. de los cielos" era común entre los paganos y fue practicado por los israelitas en tiempos de decadencia espiritual (Dt. 17:3; 2 R. 17:16; 21:3; Jer. 19:13).

El conjunto de los seres celestiales, los ángeles, se llama "e."; Dios se llama "el Señor de los e.", frase que aparece casi 300 veces en el AT (Sal. 24:10; 46:7). El Señor es jefe de las huestes angelicales, y éstas son ministros a su disposición para pelear sus batallas y servir a su pueblo en la tierra (1 S. 17:45; Is. 31:4; Heb. 1:13).

El uso más común de la palabra, sin embargo, es militar. Hasta los días de Saúl no hubo un e. profesional entre los israelitas (1 S. 13:2; 14:52). Antes de la monarquía los e. se levantaban improvisadamente (Jue. 6:32-35). David aumentó el e. y lo organizó en doce divisiones de infantería (1 Cr. 27). Salomón desarrolló aún más la milicia. Su e. tenía → caballería y → carrozas (1 R. 9:19; 10:26).

En la época del NT se hallaban contingentes del e. romano en todas las partes del Imperio. Por eso hay tanta mención de soldados y se emplean tan frecuentemente figuras de la milicia desde Mateo hasta Apocalipsis (Mt. 8:5-10; Mr. 5:9; 2 Co. 10:4; Ef. 6:11-17; 1 Ti. 1:18; 2 Ti. 2:4; Ap. 12:7).

Las divisiones principales del e. romano eran: legión, cohorte y centuria. Una → legión (Mt. 26:53; Mr. 5:9) solía constar de 6.000 soldados, aunque el número variaba. Se dividía en diez cohortes ("compañías" en la RV, Hch. 10:1;

21:31; 27:1). Una se hallaba acantonada en Jerusalén para mantener el orden. La cohorte se dividía en grupos de cien, que por tanto se llamaban "centurias".

El jefe de una legión se llamaba *legatus*, el de una cohorte, *quiliarcos*, que en gr. quiere decir "jefe de mil" pero en la RV se traduce → "tribuno" (Hch. 21:31; 24:7), y el de una centuria → "centurión" (Mt. 8:5; Hch. 10:1; 27:1).

W. M. N.

ELA ('roble'). Nombre veterotestamentario =

1. Príncipe de Edom (Gn. 36:41; 1 Cr. 1:52).

2. Hijo de Baasa y rey de Israel durante dos años (*ca.* 886-885). Estando embriagado en casa de su mayordomo Arsa, fue muerto por Zimri, uno de sus oficiales (1 R. 16:6-10).

3. Padre de Oseas, último rey de Israel (2 R. 15:30; 17:1; 18:1,9).

4. Hijo de Caleb, quien, con Josué, sobrevivió al peregrinaje en el desierto (1 Cr. 4:15).

5. Benjamita que vivió en Jerusalén después del exilio (1 Cr. 9:8).

6. Valle que los filisteos utilizaban para penetrar hasta la parte central de Palestina. Fue aquí donde David dio muerte a Goliat (1 S. 17:2ss.; 21:9). Probablemente fue el mismo lugar donde hoy día se encuentra Wadi es-Sant, unos 24 km al SO de Belén.

W. C. W. y J. B. B.

ELAM. 1. Nombre de uno de los hijos de Set (Gn. 10:22), y de varios otros personajes y familias del AT (1 Cr. 8:24; 26:3; Esd. 2:7,31; 8:7; 10:2,26; Neh. 7:12,34; 10:14).

2. Región montañosa al E de Mesopotamia, habitada por un pueblo cuyo idioma parece no

Vista del valle de Ela, lugar inmortalizado en la historia bíblica por ser aquél donde David dio muerte al gigante Goliat.   MPS

tener relación con otras lenguas. Su principal ciudad era Susa (Dn. 8:2).

Puesto que E. era una zona montañosa cerca de las fértiles llanuras del S de Mesopotamia, los elamitas cruzaron el Tigris repetidamente a través de su historia y libraron campañas contra los diversos reinos de Mesopotamia. Por tanto, la historia de E. se relaciona estrechamente con la de Mesopotamia.

En el siglo XII a.C. Babilonia, que en esa época pasaba por un período de crisis, fue conquistada por los elamitas. Por otra parte, en el siglo VII a.C., en época de la hegemonía asiria, los asirios invadieron a E., tomaron a Susa, y la destruyeron completamente. Sin embargo, pocos años después el profeta Jeremías se refirió a "los reyes de E." (25:25), y más adelante profetizó contra la región (49:35-39).

Hch. 2:9 da a entender que todavía en el siglo I de nuestra era existía un grupo de personas a quienes se daba el nombre distintivo de "elamitas". Otros escritores posteriores se refieren a la existencia en la región de E. de un pueblo que hablaba una lengua distinta de las demás, y cuya existencia parece haber continuado a lo menos hasta el siglo X d.C.

J. L. G.

EL AMARNA. Antiguas ruinas de Ahetatón, capital egipcia construida por Amenofis IV (*ca.* 1365 a.C.), situadas en la orilla oriental del Nilo, unos 300 km al S del Cairo.

La dinastía XVIII de Egipto (1570-1308) conquistó gran parte del Asia Occidental, incluyendo toda Siro-Palestina. En los últimos días de Amenofis III, sin embargo, el rey hitita Suppiluliumas (1375-1340) cambió el equilibrio de poder anexando partes de Siria, con lo cual el poderío egipcio disminuyó. Amenofis IV heredó esta situación cuando a los 11 años de edad llegó al trono de Egipto. Él no tenía interés en las posesiones exteriores. Le importaba más la teología. Repudió el culto a Amón y demandó que todos adoraran a Atón. Para honrar a este dios, limbo del sol, cambió su propio nombre por el de Ahenatón y construyó su nueva capital Ahetatón. Esta política religiosa chocó con el poderoso sistema sacerdotal de Amón. Después de la muerte de Amenofis (1340) se suscitó una reacción contra la religión de Atón y sus monumentos fueron desfigurados.

La importancia de E. A. para el estudio de la Biblia reside en las tablillas de arcilla encontradas allí. Son textos de la oficina de relaciones exteriores escritos en acádico, la *lingua franca* de la época. Ocho son textos escolares con que los escribas aprendían a leer y a escribir el cuneiforme. Otras son cartas diplomáticas de países lejanos: Babilonia (13), Asiria (2), Mitanni (13), Chipre (8), los hititas (1). La mayoría (de las casi 400 cartas) fueron enviadas por reyezuelos en Canaán.

Los textos de E. A. indican las condiciones en Canaán durante el siglo XIV a.C. Había mucha rivalidad entre los reyes de las ciudades-estado, situación que observó Josué más tarde. La cultura estaba bastante avanzada y había excelente comunicación con todo el Cercano Oriente.

Las cartas de E. A. señalan la importancia de la escritura en aquella época. Reyezuelos de muchos pueblos escribían a Egipto en el idioma diplomático originario de Mesopotamia. Los escribas egipcios practicaban el acádico con escritos de cuentos mesopotámicos. Saber leer y escribir en aquellos tiempos era mucho más importante que lo que corrientemente se ha pensado, como demuestra también Jue. 8:14, donde un joven escribe para Gedeón los nombres de 77 ancianos de Sucot.

Los datos de E. A. arrojan luz sobre el trasfondo bíblico. El nombre del rey de Jerusalén sugiere el culto a una diosa adorada por los hititas, indicación de que había hititas en el S de Palestina en épocas remotas (cp. Gn. 23). En Egipto, con el nombre de Yarhamu se designaba al encargado de la distribución de granos, un puesto semejante al de José (Gn. 42:1-7) y con nombre semítico.

J. M. Br.

ELAT. → EZIÓN-GEBER.

ELCANA. 1. Hijo de Coré, familia levita (Éx. 6:24). El nombre es frecuente en las listas de levitas (1 Cr. 6; 9; 15).

2. Padre de → Samuel, esposo de → Ana y Penina, hombre consagrado a Dios y comprensivo en el hogar (1 S. 1). Aunque la genealogía de 1 Cr. 6:27,34 le atribuye ascendencia levita, la fuente primaria, 1 S. 1, lo identifica como efrateo.

3. Guerrero del ejército de Saúl que se pasó al bando de David (1 Cr. 12:6).

4. Oficial del rey Acaz (2 Cr. 28:7).

I. W. F.

ELEALE. Ciudad de los amorreos y de los moabitas, que fue conquistada por la tribu de Rubén. Siempre se menciona junto a Hesbón, que se hallaba en el N de Moab, directamente al E de Jerusalén (Nm. 32:3,37). La amenazaron los profetas como ciudad de Moab (Is. 15:4; 16:9; Jer. 48:34).

D. M. H.

ELEAZAR ('Dios es auxilio'). **1.** Hijo de Aarón y Elisabet (Éx. 6:23; Nm. 3:2). Casado con una hija de Futiel y padre de Finees (Éx. 6:25). Consagrado al sacerdocio con tres hermanos y su padre (Éx. 28:1; Lv. 9), más tarde sucedió a este último como sumo sacerdote (Nm. 20:25-28; Dt. 10:6). Encargado de los levitas, del cuidado del santuario y de otros deberes sacerdotales (Nm. 3:32; 4:16; 16:37,39; 19:3ss.). Tomó parte en el censo de Moab (Nm. 26:1,3,63). Tuvo lugar prominente en la historia y distribución del territorio de Canaán (Nm.

32:2ss.; 34:17; Jos. 14:1; 17:4; 19:51; 21:1). Participó en la ceremonia en la que Josué fue nombrado sucesor de Moisés y sirvió como su consejero (Nm. 27:15-23). Estuvo presente en la repartición del botín después de la guerra contra los madianitas (Nm. 31:21ss.). Fue enterrado en territorio de su hijo (Jos. 24:33).

2. Hijo de Abinadab encargado del arca del pacto mientras ésta permaneció en su casa (1 S. 7:1).

3. Uno de los valientes de David. Venció a los filisteos (2 S. 23:9; 1 Cr. 11:10-19).

4. Levita que no tuvo hijos, sino hijas casadas entre primos (1 Cr. 23:21,22; 24:28).

5. Sacerdote que sirvió en el templo después del cautiverio. Acompañó a Esdras desde Babilonia (Esd. 8:33).

6. Descendiente de Paros, casado con extranjera en tiempo de Esdras (Esd. 10:25).

7. Sacerdote, cantor en tiempo de Nehemías; participó en la dedicación del muro de Jerusalén (Neh. 12:42).

8. Ascendiente de José, el esposo de María (Mt. 1:15).   R. M. S.

ELECCIÓN. Acto eterno de Dios por el cual, según su gracia y su soberana voluntad, y no a base de ningún mérito en el escogido, él escoge a su →pueblo para tener una relación especial con él y un ministerio específico dentro de su →pacto. Dicha e. puede ser de carácter nacional (Dt. 7:6-8; cp. Ro. 11:28s.), personal en función de la vocación y el ministerio de determinados individuos (1 S. 10:24; Hch. 1:24), o personal con referencia al destino final del individuo (Ro. 8:28s.; Ef. 1:4-14).

El concepto afín "predestinación" expresa la soberanía de Dios en la historia y en la vida de cada hombre. Dios reina soberanamente sobre los acontecimientos (Lc. 22:22; Hch. 2:23; 4:27), los tiempos y lugares (Hch. 17:26,31; Heb. 4:7), las cosas (Mt. 17:25; 21:2,3; 26:18), y las personas, tanto creyentes como incrédulos (Is. 41:25; 42:1-13; 44:28—45:7; Hch. 4:27; Ro. 9:10-13) para cumplir sus designios en la naturaleza y la humanidad (Sal. 115:3; Dn. 4:34s.), lograr la →redención y la liberación de los hombres (Is. 42:1-7; 61:1-4), y dar gloria y honra a su santo nombre (42:8-13).

Del estudio de las diversas palabras que tanto en heb. como en gr. significan "elegir" o "predestinar" se desprenden varias implicaciones significativas:

1. El concepto y los términos de la e. tienen mucha más importancia en la Biblia que los de la predestinación, especialmente en el AT.

2. Mientras la predestinación se refiere sólo muy contadas veces a la salvación personal como tal, la e. se refiere típicamente a la redención del pueblo de Dios y (en el NT) de los individuos.

3. Ambos conceptos son mucho más amplios de lo que tradicionalmente, partiendo de San Agustín y Calvino, se ha creído; su horizonte de referencia es siempre el plan redentor de Dios en toda su envergadura; su contexto vital es siempre el pueblo de Dios (dentro del cual se ubica al individuo); y su centro y corazón es Jesucristo, electo y predestinado para ser el Salvador conforme al pacto eterno de Dios.

4. En ambos casos, el énfasis cae casi exclusivamente sobre la acción de Dios mismo al predisponer el plan redentor y al escoger a su pueblo; prueba de esto es el muy frecuente empleo de las formas verbales en diversos tiempos y el poco uso (nada en el AT) de participios pasivos o de sustantivos derivados (p.e. "los electos", "la predestinación", etc.).

5. En sentido teológico la doctrina de la e. es una expresión concreta de la →gracia soberana e inmerecida de Dios, y la predestinación representa una de las expresiones de su soberanía en toda la historia conforme a los designios de su misericordia.

I. ELECCIÓN EN EL AT

Es significativo que la terminología de la e. (*bakhir*) aparezca por primera vez en el libro de Dt., en una interpretación teológica de un decisivo acontecimiento histórico: el →éxodo. El autor no pudo entender la liberación de su pueblo débil y esclavizado, superando obstáculos imposibles y conquistando la tierra de Canaán, excepto en términos de la gracia electiva de Yahveh y de su pacto con su pueblo. Es constante la relación entre el éxodo y la e. en el pensamiento deuteronómico (Dt. 4:37; 7:6-8; 10:15-22).

Además de la e. del pueblo (5 veces), Dt. habla mucho más frecuentemente de "el lugar elegido por vuestro Dios" (12:5; total 21 veces, aunque Dt. nunca menciona el nombre de Jerusalén), y de la e. del rey (17:15) y de los levitas (18:5; 21:5). Todos estos son elementos de la teología particular del deuteronomista, en torno al acontecimiento central del éxodo.

A. *En el Pentateuco*

Sin usar el término "elegir", los escritos anteriores a Dt., y especialmente los relatos patriarcales de Gn., señalan el hecho mismo de la e. con otros términos: llamar, apartar, conocer, prometer, etc. De hecho, parece interpretar la historia premosaica a la luz del éxodo y del concepto más claro de la e. que provocó éste.

La vocación de Abraham, Isaac y Jacob, y las promesas que Dios les extendió, incluyen en cada paso una separación (Abraham de Ur y su parentela, Isaac de Ismael, Jacob de Esaú), pero afirman a la vez que Dios los usará para bendición a todas las naciones, en una forma única y especial que implica una e. divina (Gn. 12:1-3; 15:1-21; 17:1-22; 18:17-19; 22:15-18; 26:2-5,24; 28:13-15). Si todos los pueblos podrán usar el nombre de ellos para bendecirse, entonces la e. de Abraham reviste un significado redentor para todos.

Los relatos patriarcales revelan que Dios juró un pacto con Abraham, el cual constituyó en esencia una e. y la base de toda exposición subsecuente de la e. (Gn. 15:18; 17:2-21). De hecho, tanto el relato de éxodo (Éx. 2:24; 6:4) como muchos pasajes deuteronómicos sobre la e. (Dt. 4:31-37; 7:6-9, etc.) hacen una referencia retrospectiva a este pacto. Como Dios del pacto, Yahveh es "celoso" (Éx. 20:5; 34:14; cp. Dt. 4:24; 5:9; 6:5) del pueblo que le pertenece como "posesión particular" (Éx. 19:5; 23:22 LXX; cp. Dt. 4:20; 7:6; 14:2; 26:18). Su amor es exigente y exclusivo, tanto como selectivo.

Aunque Gn. sólo habla de "un pueblo" que Dios le concedería a Abraham, ya en Éx. se introduce el término "mi pueblo", el pueblo de Dios (Éx. 3:7,10; 5:1; 6:6-8, etc.). El muy antiguo canto triunfal de Moisés celebra el "pueblo... que rescataste" y "redimiste" (15: 13,16). Este pueblo se describe en Éx. 19:5s. como "nación santa", "mi propiedad personal entre todos los pueblos", y "reino de sacerdotes" (BJ).

Dios "conoció" a Abraham (Gn. 18:19 BJ: "me he fijado en él", "lo he escogido" [RSV]) y a Moisés (Éx. 33:12,17), y les puso nombre (Gn. 17:5; cp. 32:28; Éx. 33:12,17; cp. 31:2, "yo he llamado por nombre a → Bezaleel"; 35:30). Esto es de hecho lenguaje de e. (cp. Am. 3:2; Ro. 8:29) y significa que Yahveh los había escogido para su tarea especial dentro de sus planes salvíficos.

Teológicamente, dos notas caracterizan desde el principio al concepto de la e. en el Pentateuco: la gracia y el propósito universal de Dios al elegir a su pueblo. Desde el principio, la e. se atribuyó exclusivamente a la pura gracia de Dios. En contraste con documentos de pueblos paganos contemporáneos, que atribuyen su "e." a su superioridad nacional, el deuteronomista se halla perplejo frente al misterio, ¿por qué Yahveh escogió a Israel para redimirlo de Egipto y entregarle la tierra de Canaán? No fue porque eran más numerosos, poderosos ni importantes (Dt. 7:7; cp. 7:1), ni más justos y piadosos (Dt. 9:4-7), sino a pesar de ser "pueblo duro de cerviz" (9:6-8,13; cp. 4:21). Fue por el puro amor y el favor inexplicable de Yahveh (Dt. 4:37s.; 7:6-8; cp. Éx. 33:19), confirmado por su juramento y pacto (Dt. 7:8; 9:4s.). En cambio, el exterminio de los cananeos fue castigo y consecuencia de su impiedad (7:1-5; 9:4-6). Así que la e. de gracia es incondicional e inmerecida, pero el repudio es castigo merecido y justa retribución condicional (cp. problema de "doble predestinación" en el NT, abajo).

Vista así, la e. de Israel conlleva la exigencia de compasión hacia el extranjero y el oprimido (Dt. 10:15,22; 15:13-15) y una misión a los demás pueblos.

B. En los libros históricos

Los libros de Josué hasta Nehemías no suelen hablar de la e. del pueblo (pero cp. 1 R. 3:8; 1 Cr. 16:13) ni de los patriarcas (sólo Abraham es mencionado en Neh. 9:7). En cambio, menciona muy frecuentemente la e. divina del rey (1 S. 10:24; 16:8-12; un total de nueve

veces), y aún más la de la ciudad de Jerusalén (Jos. 9:27; 1 R. 8:44,48, un total de 16 veces). Esta última, según Dt. y Jos. en "el lugar que Jehová había de elegir" (Jos. 9:27) pero no estuvo establecida hasta los días de → David (1 R. 8:16); se define realmente con la dinastía davídica (1 R. 8:44,48). Crónicas menciona también la e. de los levitas (1 Cr. 15:2; cp. 1 S. 2:28).

C. En los profetas

Estrictamente, nunca se habla de la e. de los profetas a la manera como se hace con los reyes y sacerdotes; pero muchos otros términos expresan en efecto el mismo concepto ("siervo", "llamado desde el vientre", "Dios le puso nombre", etc.; v.g., Is. 49:1-6).

La e. se fundamenta en la acción de Yahveh. Mientras los profetas preexílicos la refieren al éxodo, sin mencionar a los patriarcas (Os. 11:1; cp. 9:10; 13:4; Am. 3:1,2; cp. 2:10; 9:7-10, etc.), los profetas exílicos y postexílicos remontan la teología de la e. hasta el período patriarcal (Is. 41:8s.; 51:2; Mi. 7:20; cp. Sal. 105:6,9,26, 42,43).

Los profetas también hacen hincapié en que la e. y el pacto nacen del amor y de la gracia de Dios (Jer. 31:1-3; Ez. 16:2ss.; Os. 1:2; 3:1; 11:5). Sin embargo, la decadencia de la monarquía y la sombra del cautiverio dificultaron para el pueblo el comprender la fidelidad de Dios y la e. Frente a esa crisis, los falsos profetas se apoyaban en el concepto tradicional del "pueblo escogido" y la doctrina ortodoxa de la e. para tranquilizar la conciencia del pueblo ante el inminente juicio divino (Is. 48:1s.; Jer. 7:4-15; 14:13s.; Am. 5:14; Mi. 3:11). Los profetas fieles en cambio, contra toda opinión oficial y popular pero guiados por el Espíritu de Dios, entendieron desde el principio que la e. del pueblo era tanto responsabilidad como privilegio, juicio como amor (Am. 3:2), y también vocación. La e. traía responsabilidades que, de no cumplirse, acarreaban el juicio y la ira de Dios (Jer. 9:2; 11:22s.; Ez. 9:4-10; 16:27-43; 20:36-38; Os. 2:13; 8:1-14; 9:7-10).

Además, los profetas exílicos y postexílicos elaboraron una profunda teología de la historia como horizonte del concepto de la e. (vea especialmente Is. 40–66). Yahveh conoce desde la eternidad todos los acontecimientos y los anuncia de antemano (Is. 41:21-26; 44:7,26; cp. Dt. 18:21s.; Jer. 28:8s.); es el Señor del pasado (Is. 43:9; 45:21) y del futuro (Is. 48:3-8; Am. 3:7). En su soberanía, él escoge y llama a pueblos paganos (→ ASIRIA, BABILONIA, PERSIA) y a personas impías (→ SENAQUERIB, NABUCODONOSOR, CIRO) para juzgar a su pueblo y realizar sus propósitos en la historia.

Si Dios usa a naciones paganas para juzgar a su propio pueblo, entonces a fortiori Dios juzgará también a aquellos pueblos. Dios es, histórica y políticamente, el señor y juez redentor de todas las naciones. En la catástrofe nacional los profetas descubren "una universalización totalmente decisiva del obrar de Dios... Al morir políticamente, Israel toma de la mano a esos pueblos y los introduce en el futuro de Dios" (Moltmann, *Esperanza*, p. 167s.). El único individuo llamado "electo" entre Salomón y Jesús es → Zorobabel, en cuanto es presunto restaurador de la dinastía davídica (Hag. 2:23); sin embargo, a ciertos dirigentes y pueblos paganos se aplica, igual que a los profetas, casi toda la terminología eleccionista. Por ejemplo, Yahveh envía a los babilonios y pone las tierras en manos de "Nabucodonosor, mi siervo" (Jer. 25:9; 27:6; 43:10; cp. Is. 7:18ss.; 10:5ss.); despierta a Ciro, "mi pastor, mi ungido" (Is. 41:1-5; 44:28–45:7) y los ejércitos liberadores de Ciro son "mis consagrados, mis valientes " y "los instrumentos de mi ira" (Is. 13:1-5). En el pensamiento profético, la acción "interina" de Dios entre el exilio y la venida del Mesías se concentra en los profetas (dentro de Israel) y los paganos (fuera de Israel).

En algunos pasajes, esto llega al punto de cuestionar la distinción absoluta y cualitativa entre Israel y las naciones. Amós, el mismo profeta que declara "a vosotros solamente he conocido de todas las familias de la tierra" (3:2), termina diciendo: "¿No me sois vosotros como hijos de etíopes? ", y sugiere que Yahveh dio un "éxodo" también a los filisteos y a los arameos (9:7-10). Jeremías anuncia la ira de Dios sobre todos los circuncidados (israelitas, egipcios, árabes, todos juntos), y sobre todo incircunciso, "porque todas las naciones son incircuncisas, y toda la casa de Israel es incircuncisa de corazón" (Jer. 9:25; cp. 7:12-15; 13:23). Sin embargo, también esta "acción secular" de Dios es "por amor de mi siervo Jacob, y de Israel mi escogido" (Is. 45:4), para el juicio y la salvación de Israel, y de las naciones todas (Sal. 47:9s.).

Esta profundización del concepto de la e. recalcó el carácter intensamente misionero de ésta (cp. Is. 2:2-4; Mi. 4:1-4; etc.). Especialmente en Is. 40–66, la e. ("mi escogido") aparece en constante paralelismo con vocación ("mi llamado") y misión ("mi siervo"), aplicada a todas las etapas del pacto: Abraham, Isaac y Jacob, el pueblo, el → remanente y el Siervo sufriente, escogido de Dios. Los falsos profetas, y después mucho del judaísmo tardío, tergiversó la e. en odio a los gentiles, en privilegio egoísta y elitista: "el mundo existe a favor del pueblo de Dios" (*Asunción de Moisés* 1:12; 1 Esdras 6:55). Según los profetas, el pueblo de Dios existe a favor del mundo (Is. 49:6; 60:3,21; 61:3). (Cp. Newbigen, *Familia de Dios*, pp. 100ss.)

Ya que la infidelidad y la egocentricidad de Israel le han privado de los privilegios de su e., los profetas introducen otra novedad radical: el verbo "elegir" aparece en tiempo futuro, y se promete que Yahveh volverá a escoger a su pueblo (Is. 14:1; Zac. 1:17; 2:12; 3:2; cp. Jer. 31:1). En el contexto de la esperanza profética

y escatológica, esto condujo también a pensar por primera vez en una e. para salvación eterna y personal (Sal. 139:15s.; Dn. 12:3; cp. "el libro de la vida", Éx. 32:32; Dn. 12:1; Lc. 10:20; Ap. 3:5).

II. ELECCIÓN EN EL NT

La doctrina de la e. en el NT se basa enfáticamente en la del AT, pero se transforma a base del cumplimiento escatológico en Cristo y la consecuente apertura misionera en la época apostólica. Los electos, como el verdadero Israel y el prometido "remanente", son la comunidad de fe unida con el Mesías (1 P. 2:4-9). Y mientras el AT identifica la e. con el acontecimiento histórico del éxodo, el NT la proyecta hasta "antes de la fundación del mundo" (Ef. 1:4), a su fundamentación eterna en la soberana voluntad de Dios. El NT habla de la e. de Cristo, de los apóstoles, de Israel, de la iglesia o de una congregación específica (2 Jn. 1,13), y de los ángeles (1 Ti. 5:21).

A. *En los Evangelios Sinópticos*

El término "electos" aparece principalmente en el discurso profético de Jesús y con un sentido netamente escatológico: son los miembros de la comunidad mesiánica del fin de los tiempos (Mt. 24:22, 24,31; cp. 22:14; Mr. 13:20,22,27; Lc. 18:7). Dios dirige todo su programa histórico en torno a la salvación de ellos (Mr. 13:20,27; cp. Ap.) y los defiende contra la tentación (cp. Mt. 6:13; 26:41), la tribulación (Mr. 13:20) y el engaño de falsos mesías (Mr. 13:22). Al completarse su número llegará el fin (cp. Lc. 21:24) y su reunión de los cuatro vientos (como nuevo "retorno" del remanente; cp. Sal. 107:3, etc.) será el acontecimiento cumbre de la historia (Mr. 13:27).

Los electos son los "benditos de mi Padre" que entrarán en "el reino preparado para vosotros desde la fundación del mundo" (Mt. 25:34; cp. 20:23 con 25:41). Así que, aun en los sinópticos, el lenguaje de la e. se vincula con el de la predestinación (cp. "la voluntad de mi Padre", "este vaso", "nombres escritos", y la perspectiva abarca majestuosamente todo el panorama histórico, desde el misterio inicial de la creación hasta el misterio final de la consumación (cp. Ef. 1:3-14).

Sin embargo, esa predestinación no es un fatalismo ni un exclusivismo cerrado. Los electos son los llamados y los fieles, discípulos del Mesías mediante una fe obediente. Los supuestos "hijos del reino" se quedarán afuera, si no siguen a Cristo (Mt. 8:10-12; cp. 7:14; 21:28-43; Lc. 13:24). "Pocos son los escogidos", porque no basta sólo sentirse atraído hacia el evangelio (Mt. 22:14). La e. se realiza en el discipulado que "hace la voluntad del Padre" (21:31) y "produce frutos" (21:43).

San Lucas desarrolla aún más el concepto de la e. y lo aplica a Jesús y a los doce apóstoles. Según Lc. 9:35, la voz celestial de la Transfiguración proclama: "Este es mi Hijo, mi electo" (cp. Is. 42:1; Mt. 17:5); al pie de la cruz los gobernantes se burlan de "el Cristo, el electo de Dios" (Lc. 23:35). De igual manera, es Lucas quien aplica el verbo "escoger" a la e. de los apóstoles; Mt. y Mr. la describen con los verbos "llamar", "autorizar", y "establecer". Cristo los escoge, en su libre gracia y no por méritos ni cualidades en ellos. Los escoge para una misión: echar fuera demonios, sanar enfermos, proclamar buenas nuevas. En la teología de Lc., pues, el Electo con sus electos prefiguran la comunidad del Siervo sufriente y del reino escatológico que se proyecta a través de los años hasta el juicio final.

B. En el Evangelio de Juan

El cuarto Evangelio usa el verbo "elegir" y lo aplica sólo a la e. de los doce (6:70; 13:18; 15:16,19). Igual que los Sinópticos, Jn. insiste en que Cristo eligió voluntariamente a →Judas, pero aclara además que Jesús sabía desde el principio que le había de traicionar (6:64,70s.; 13:11,18; cp. 18:4). La presencia de Judas dentro del núcleo prototipo de los "electos" reviste un significado profundo. La e. subraya que nuestra salvación es enteramente de gracia, por la soberana voluntad del Señor (13:11,18s.,21, 27; cp. Mt. 18:7; 26:24; Lc. 22:22; 24:26,44; Hch. 2:24; 4:32). Pero dicha e. es en sí misma una exigencia, un llamado a la fe y a la obediencia. Dista muchísimo de un fatalismo determinista o de una predestinación automática y garantizada. La e. no elimina la respuesta humana, sino precisamente la exige.

C. En el libro de los Hechos

En Hch. 13 Pablo inicia un largo repaso de la historia salvífica (13:16-41) con la e. de los patriarcas. Todas las demás referencias al tema tienen que ver con el apostolado: la e. de los doce (1:2; 10:41), de Matías, como sucesor de Judas (1:24, postulado por los hermanos y escogido por suertes), de Pedro, para predicar a Cornelio (15:7) y de Pablo para la misión gentil (9:15; 22:14). Es Dios (13:17; 15:7; 22:14) o Cristo (1:2,24; 9:15) quien elige, siempre en una experiencia personal de conocer a Cristo, dar testimonio de él y de su resurrección, y sufrir como "testigo" por él (9:15s.; cp. 2:23; 5:41; Fil. 1:21).

También en Hch. la e. va asociada con la predestinación divina. El mismo Dios, quien en su soberanía geopolítica ordena toda la historia humana (17:26), predestinó la conspiración de Herodes y Pilato (4:27s.) y la entrega y muerte de Cristo (2:23; 3:18). De igual manera, ha ordenado que el Señor crucificado y resucitado juzgue a todos en el día señalado (10:42; 17:31), y traiga "tiempos de refrigerio" (3:19) y venga a "restaurar todas las cosas" (3:21). Con otro verbo (tasso), Hch. habla de los que están "ordenados" o "dispuestos" (¿por Dios?) a la vida eterna (13:48), que son los que oyen la palabra y creen.

D. En las Epístolas de Pablo

San Pablo es el autor novotestamentario que más atención dedica a la e. y la predestinación.

En su pensamiento, el tema gira en torno a dos puntos fundamentales: la →justificación por la gracia, y la misión a los gentiles con el correspondiente problema del aparente rechazo de Israel. El apóstol aplica la terminología de la e. casi exclusivamente a la salvación de los creyentes (excepciones: Jacob, Ro. 9:13; Israel, Ro. 11:27ss.; el remanente, Ro. 11:5,7 y los ángeles escogidos, 1 Ti. 5:21). De igual manera, refiere la predestinación a la salvación del creyente (Ro. 8:29s.; Ef. 1:5), pero también a todo el plan redentor (1 Co, 2:7).

San Pablo se distingue por fundamentar la e. explícitamente en el eterno decreto de Dios, antes de la creación (Ef. 1:4; 2 Ti. 1:9; cp. Mt. 25:34; 1 Co. 2:7; 2 Ts. 2:13), como también por referirla más frecuente y explícitamente a la salvación personal (dentro del grupo, o aparte). La e. de gracia crea el nuevo pueblo de Dios (1 Co. 1:26-29, cp. Dt. 7:7; 9:6) de lo que no era pueblo sino "nada" (Ro. 9:25ss.; 1 Co. 1:28; cp. Os. 1:9s.; 2:1,23; Ef. 2:11-22; 1 P. 2:10). Este pueblo, bajo Cristo su señor y cabeza, ocupa el pleno centro de lo que Dios va realizando en la historia entera, desde antes de la creación y hasta la consumación final (Ro. 8:18-25; 1 Co. 2:7; 15:25).

La e. es para salvación (1 Co. 1:18ss.; 2 Ts. 2:13; 2 Ti. 1:9; 2:10), justificación (Ro. 8:29,33), y gloria eterna (Ro. 8:29; 2 Ts. 2:13s., 2 Ti. 2:10).

En Ef. 1:3-14 Pablo resume su concepto de la e. en forma de teología de la historia. El primer anhelo de Dios para sus hijos era unirlos a todos en Cristo, su Hijo (1:4s.; cp. Ro. 8:29), y su última meta en la historia es que "todas las cosas han de reunirse bajo una sola cabeza, Cristo" (Ef. 1:10 LA). Dios nos escogió en Cristo para ser santos y sin mancha (1:4); nos predestinó para ser adoptados hijos suyos en el Amado (1:5,6; cp. Ro. 8:29) y para recibir herencia en él (1:11; cp. Ro. 8:17).

Es evidente que para Pablo la e. es un elemento integral de su teología de la gracia (Ef. 1:6,7; 2:5,7,8; 3:2,7,8). De igual manera, Ro. 9−11 debe verse como una exposición de la fidelidad de Dios a su e. de gracia (11:5). Antes del pasaje (Ro. 8:28-39), y en el centro del pasaje (9:30−10:21), el apóstol expone la justificación para la fe mediante la gracia. Según 1 Co. 1:25-29, Dios escoge lo necio del mundo, lo débil, lo vil y despreciado, para formar de ello su pueblo (Dt.7:7; 9:6; Os. 1:10; 2:23; Ro. 9:25,29; 1 P. 2:10; Tit. 2:14; cp. Éx. 19:5; 23:32). Precisamente por eso, la e. es un constante motivo de alabanza y acción de gracias (Ef. 1:3; 1 Ts. 1:2; 2 Ts. 2:12; 2 Ti. 1:9).

Como toda la Biblia, Pablo contempla la e. en función de un propósito y finalidad: somos electos "para algo". Pablo lo describe característicamente en términos de la gloria divina (cp. Is.): "para alabanza de la gloria de su gracia" (Ef. 1:6), "para alabanza de su gloria 1:12,14; 3:10), para que nadie se gloríe sino en Dios

(1 Co. 1:29,31). Esto está en marcado contraste, probablemente consciente, con el temor de orgullo y exclusivismo de la doctrina rabínica y farisaica de la e., la cual es, a saber, que Israel fue escogido debido a los excelsos méritos de los patriarcas.

Toda la historia se interpreta en Ro. 8 como el proceso de alcanzar "la gloriosa libertad de los hijos de Dios" (Ro. 8:21), lograda por la obra justificadora de Cristo (8:1-4,31-35; cp. Col. 1:19-22), anhelada por toda la creación (8:19-23) y anticipada en esperanza y gemidos por la primicia del Espíritu (8:9-16,23,26s.). Los predestinados se describen como "los que aman a Dios" (respuesta humana, 8:28), que son "los que conforme a su propósito son llamados" (iniciativa divina). Estos "escogidos de Dios" (8:33) son los que son justificados por la fe (8:1-4,31-35). A estos, Dios "antes conoció"; o sea, los eligió. Esta "presciencia" no consiste en la omnisciencia de Dios, por la que sabe todas las cosas antes que ocurran, sino en el conocimiento personal de su e. (Ro. 11:2; 1 Co. 8:3; Gá. 4:8s.; 2 Ti. 2:19; 1 P. 1:2; cp. Am. 3:2; Os. 13:4s.; Mt. 7:23). Según 8:29, el fin de la predestinación es que mediante el Espíritu de la adopción seamos hijos de Dios en la plena libertad de la salvación (8:2,14-23), andando conforme al Espíritu (8:4).

Después de la exaltada doxología en Ro. 8:35-39, Pablo procede a tratar el problema de la e. de Israel. Muestra que el rechazo de Israel no contradice la fidelidad de Dios (9:6-13) ni su justicia (9:14-29), sino que confirma precisamente la verdad de la justificación por la fe (9:30−10:10) y la unidad de judíos y gentiles en el Cuerpo de Cristo (11:11-24). Termina afirmando que al fin Israel será salvo (11:25-32), y alaba al Señor con una ferviente doxología (11:33-36). En los tres caps. el apóstol habla de la nación de Israel y su papel histórico en la economía de la salvación.

En el cap. 9 Pablo emplea cuatro analogías para aclarar su argumento: Israel e Ismael (9:6-10), Jacob y →Esaú (9:11-13), Faraón (9:14-18), y el →alfarero y los vasos (9:19-24). Además, afirma que "A Jacob amé, mas a Esaú aborrecí" (9:13), "de quien quiere, tiene misericordia, y al que quiere endurecer, endurece" (9:18s.; cp. 9:15s.). En su contexto original, tanto las palabras de 9:12 (Gn. 25:23) como las de 9:13 (Mal. 1:2s.) no se refieren a los individuos Israel y Esaú sino explícitamente a los dos pueblos, Israel y Edom. El "odio" de 9:13 consiste en la destrucción de Edom por juicio divino. De igual manera, el endurecimiento de Faraón (9:17) concierne a su papel histórico en el relato del éxodo, "para que mi nombre sea anunciado en toda la tierra" (9:17; cp. Is. 45:1; Jer. 25:9; 27:6). Su endurecimiento, como el de Israel (11:7-10; cp. Dt. 29:4; Is. 6:10; 29:10), fue deliberado y voluntario por su parte, tolerado por Dios en su voluntad permisiva (Éx.

7:22; 8:15; etc.; 2 Co. 4:3s.; Ro. 10:21; cp. Is. 65:2), o acelerado por su juicio sobre tal rebeldía y perversión (Ro. 1:24-32).

Es igualmente precario pretender derivar de la analogía de los vasos (9:19-24) conceptos de "doble predestinación" (para la muerte tanto como para la vida) o "predestinación física irresistible", etc. El alfarero hace sus vasijas con diversos propósitos, unos elegantes, otros innobles (9:21), pero los hace todos porque quiere hacerlos. Además, "vasos de ira" (9:22), citado de Jer. 50:25 (cp. Is. 54:16), en su contexto se refiere a Babilonia como el "instrumento del furor" que Yahveh emplea para su juicio en la historia (ver arriba).

Ro. 9:22,23, al contrario de su primera impresión de una doble predestinación, de hecho marca tres diferencias muy significativas entre los "vasos de ira" y "los vasos de misericordia":

(a) El participio "preparados" en 9:22 (de *katartizo*) no se traduce "preparar" en ningún pasaje, sino significa más bien "vasos de ira aptos (idóneos, listos) para destrucción".

(b) Mientras 9:22 no dice quién acondicionó éstos para ira, 9:23 sí afirma claramente que fue Dios quien antes preparó (*etoimazein*) los vasos de misericordia para gloria (cp. Mt. 25:34,41).

(c) Según 9:22, Dios más bien soportó con mucha paciencia los vasos de ira (cp. Jer. 31:3). El paralelo es obvio con los pueblos antiguos (Asiria, Babilonia, Persia), a los cuales, Dios usó como "instrumentos de su ira", y luego también los castigó por su maldad. Ellos, sin saberlo ni quererlo, participaron en el plan de redención que Dios llevaba a cabo. Así pues, el argumento de Ro. 9−11, y específicamente de 9:11-24, gira en torno a la gracia de Dios (también hacia los gentiles) y su eterna fidelidad (también hacia Israel).

E. *En Hebreos y las Epístolas Generales*

Aunque Heb. no habla directamente de la e., su pensamiento concuerda con muchos de los temas afines: el pacto, el pueblo de Dios, el éxodo, el peregrinaje y "descanso", y es notable el paralelo de Moisés y Jesús. Santiago, por su parte, dirige su epístola a "las doce tribus que están en la dispersión" (1:1), refiriéndose quizás a los cristianos de origen judío. En un pasaje similar a 1 Co. 1:26-28, da una aplicación social a la doctrina de la e. por gracia. En una polémica contra la discriminación socioeconómica (2:1-13), arguye que el escogimiento divino de "los pobres de este mundo, para que sean ricos en fe y herederos del reino" hace imposible todo prejuicio o desprecio contra el pobre. La e. constituye un tema central de 1 Pedro, que se dirige a "los expatriados de la dispersión... elegidos según la presciencia de Dios" (1:1s.). Dicha e. fructífica en obediencia y santificación (1:12).

Finalmente 2 P. 1:10 recomienda poner toda confianza en las firmes promesas de Dios y su fidelidad, con toda alabanza por las riquezas de su gracia, y "poner el mayor empeño en afianzar vuestra vocación y vuestra e. Obrando así, nunca caeréis".   J. E. S.

Bibliografía

P. Van Imschoot. *Teología del Antiguo Testamento* (1969), pp. 319-330. M. García-Cordero. *Teología de la Biblia* (1970), pp. 117-176. *EBDM*, II, pp. 1191-1196, "Elección"; V, 1175-1181, "Predestinación". *DTB*, pp. 838-847, "Predestinación". M. Meinertz. *Teología del Nuevo Testamento* (1963), pp. 52-54, 186, 333-336. J. M. Bover. *Teología de San Pablo* (1961), pp. 197-222. J. M. González Ruiz. "Justicia y Misericordia en la elección y reprobación de los hombres", *Estudios Bíblicos* (1949), VIII, pp. 365-377.

ELHANÁN ('Dios ha mostrado gracia'). **1.** Uno de los héroes de David que mató al hermano de →Goliat (1 Cr. 20:5). A pesar de su discrepancia con el pasaje anterior, 2 S. 21:19 se refiere al mismo suceso. Parece que uno de los textos sufrió un cambio en la transmisión.

2. Uno de los treinta valientes de David, hijo de Dodo de Belén (2 S. 23:24; 1 Cr. 11:26).
                                                J. M. Br.

ELÍ. Padre de Ofni y Finees (1 S. 1:3; 2:34) y patrón del joven →Samuel (2:11). Se supone que fue del linaje de Aarón, de la familia de Itamar (1 R. 2:27; 1 Cr. 28:3). Ejerció el cargo de sumo sacerdote y juez en la ciudad de Silo en la "casa de Jehová" (1 S. 1:3,7,9).

Esta "casa" sería el tabernáculo (Jos. 18:1; Jue. 18:31), donde se guardaba el arca (1 S. 4:3).

Sus dos hijos eran sacerdotes perversos que no tenían conocimiento de Dios (1 S. 2:12). Tomaban en poco los sacrificios (vv. 13-17, 28,29) y fornicaban con las feligreses (v. 22). Como resultado de esta conducta, Dios reveló a Samuel que interrumpiría el linaje sacerdotal de E. (2:27-36) y levantaría otro que lo reemplazara (3:11-14). Esta profecía se cumplió con la muerte de Ofni y Finees (4:11), la muerte de E. (4:18), la matanza de los sacerdotes de Nob (1 S. 22), y la despedida de Abiatar por Salomón (1 R. 2:27).   P. S.

ELIAB ('Dios es padre'). **1.** Hijo de Helón y príncipe de la tribu de Zabulón en el desierto (Nm. 1:9; 2:7; 7:24,29; 10:16).

2. Rubenita, padre de Datán y Abiram (Nm. 16:1,12; 26:9).

3. Levita, antepasado de Samuel (1 Cr. 6:27, 28), llamado "Eliel" en 1 Cr. 6:34; y "Eliú" en 1 S. 1:1.

4. Hermano mayor de David (1 S. 16:6,7; 17:13). Menospreció a David cuando éste llegó a la batalla contra los filisteos, 1 S. 17:28,29 ("Eliú" en 1 Cr. 27:18).

5. Guerrero gadita que se juntó con David en Siclag (1 Cr. 12:9).

6. Músico levita en el tiempo de David (1 Cr. 15:20).   J. M. Br.

ELIAQUIM ('Dios levanta'). **1.** Hijo de Hilcías, nombrado mayordomo, en reemplazo de Sebna, bajo Ezequías (2 R. 18:18; Is. 22:15-25). Este puesto había existido desde el tiempo de Salomón (cp. 1 R. 4:6) y llegó a ser el más alto después del rey. E. fue enviado a tratar con el Rabsaces asirio que sitiaba Jerusalén (2 R. 18:18,26) y después a buscar un mensaje de Dios por medio de Isaías (2 R. 19:2; Is. 37:2). El lenguaje que emplea Isaías al referirse al papel que habría de desempeñar E. ha hecho que algunos vean en éste un tipo mesiánico (Is. 22:20-22; cp. Mt. 16:19; Ap. 3:7).

2. El hijo de Josías que Faraón Necao puso por rey en Jerusalén (2 R. 23:34).

3. Uno de los sacerdotes que oficiaron en la dedicación del muro (Neh. 12:41 VM).

4 y 5. Dos hombres de la genealogía de Jesús (Mt. 1:13; Lc. 3:30).   J. M. Br.

ELÍAS ('Jehová es Dios'). Profeta famoso del siglo IX a.C. en Israel.

Por su sobrenombre, →tisbita, se cree que nació en Tisbe, en las montañas de Galaad, sitio identificado tradicionalmente con un lugar situado al N del río Jacob, hoy llamado Zerka. Se desconoce su origen y antecedentes. Su ministerio profético se narra en 1 R. 17–19; 21; 2 R. 1 y 2.

Su actividad pública comienza cuando enfrenta a →Acab, rey de Israel, para anunciarle tres años de sequía. Por indicación divina, debió esconderse junto al arroyo de Querit, al E del Jordán, y luego en la casa de una viuda en Sarepta, Fenicia. En ambos lugares fue alimentado milagrosamente: en el primero por cuervos, y en el segundo mediante una milagrosa provisión de harina y aceite durante la sequía. Dios se sirvió de él para resucitar al hijo de la viuda (1 R. 17:2-24).

En su segundo encuentro con Acab, concertado por medio de Abdías su mayordomo, E. propuso la gran concentración de los 450 profetas de →Baal y 450 de →Asera, para demostrar delante de todo el pueblo quién era el verdadero Dios. Los falsos profetas fracasaron al invocar a sus dioses, pero Dios honró a su profeta, y contestó su oración enviando fuego del cielo que consumió el holocausto y el altar de Jehová que E. había reconstruido. Jehová es aclamado y E. degüella a los profetas de Baal junto al arroyo de Cisón (1 R. 18:1-46) y anuncia a Acab la llegada de la lluvia.

No obstante las manifestaciones divinas, ni el pueblo ni sus gobernantes se arrepienten. La reina Jezabel trama la muerte de E., quien huye al desierto donde, desalentado, desea la muerte. Un ángel alimenta al profeta, y le fortalece para caminar durante cuarenta días hasta Horeb, el monte de Dios. Allí contempla la majestad de Dios en un silbo apacible, y recibe una triple orden divina: la unción de →Hazael y →Jehú por reyes de Siria e Israel, respectivamente, y la de →Eliseo por sucesor suyo (1 R. 19:1-17).

Pasadas las guerras con Siria, e indignado por la traición conjurada por → Jezabel contra → Nabot, para adueñarse de su viña, E. vuelve a enfrentarse con Acab, y le anuncia la sentencia decretada por Dios (1 R. 21:17-24). Esta se cumple para Jezabel en 2 R. 9:30-37, pero es detenida por Acab, por haberse arrepentido, hasta el reinado de → Ocozías su hijo (1 R. 21:27-29; 2 R. 10:10-17). Ocozías, que recibe el anuncio de su muerte enviado por E., intenta arrestar al profeta por medio de tres sucesivos grupos de hombres armados. Los dos primeros son aniquilados por fuego que desciende del cielo, y el capitán del tercer grupo pide clemencia. Él perdona al tercer grupo y es conducido ante Ocozías, delante de quien confirma su mensaje de juicio (2 R. 1).

Eliseo, ya ungido como sucesor de E., no se aparta de éste. A la vista de 50 de los hijos de los profetas, E. divide las aguas del Jordán con su manto y ambos cruzan el río. Eliseo le pide "una doble porción" de su espíritu. Mientras hablan, un carro de fuego los separa; E. sube al cielo en un torbellino y su manto es recogido por Eliseo (2 R. 2:1-12).

Años después, → Joram, rey de Judá y yerno de Acab, recibe una carta de E., escrita antes de su arrebatamiento, prediciéndole su próxima enfermedad y muerte (2 Cr. 21:12-15).

El profeta → Malaquías (4:4,6) afirmó que E. volvería a aparecer "antes que venga el día de Jehová, grande y terrible". La expectativa por este retorno en el NT en relación con → Juan el Bautista (Mt. 11:14; 17:10-13; Lc. 1:17; Jn. 1:21-25), y con Jesús (Mt. 16:13,14; Mr. 6:15).

E. aparece, en el monte de la → Transfiguración, con Moisés, junto a Jesús (Lc. 9:30-33). Jacob y Juan lo mencionan en Lc. 9:54. Algunos testigos de la crucifixión pensaron que el Señor llamaba a E. desde la cruz (Mt. 27:47-49). Pablo recuerda la escena del monte Carmelo en Ro. 11:2-4, y Santiago (5:17,18) destaca a E. como hombre poderoso en oración.

En el AT se mencionan otros tres E. Uno era descendiente de Benjamín (1 Cr. 8:27) y los otros dos pertenecían al grupo de los hijos de los sacerdotes que se habían unido con mujeres extranjeras (Esd. 10:21,26).　V. F. V.

La tradición consagra a este sitio en el monte Carmelo como el lugar donde cayó fuego del cielo para consumir el holocausto del profeta Elías, vindicando así el juicio de Dios sobre mil profetas falsos de Baal que habían desafiado a Jehová.　MPS

ELIASIB ('a quien Dios restituye'). 1. Descendiente de David (1 Cr. 3:24).

2. Sacerdote durante el reinado de David (1 Cr. 24:12).

3. Tres israelitas que se casaron con mujeres extranjeras (Esd. 10:24,27,36).

4. El sumo sacerdote en tiempo de Nehemías (Neh. 3:1,20,21). Según Josefo (*Antigüedades* XI.v.5), el padre de E. fue sumo sacerdote en tiempos de Esdras, y el hijo de éste en tiempos de Nehemías. E. ayudó en la construcción de las murallas, pero después se emparentó con Tobías, y profanó el templo haciendo para aquél una cámara en los atrios (Neh. 13:4-7).
　　　　　　　　　　　　　　　　P. S.

ELIEZER ('mi Dios es ayuda'). Nombre de once personas en el AT:

1. Mayordomo y siervo de la casa de Abraham, a quien el patriarca pensaba que tendría que nombrar heredero antes del nacimiento de Ismael e Isaac (Gn. 15:1-3; cp. 24:2). Más tarde fue comisionado para ir a Mesopotamia a buscarle esposa a Isaac (Gn. 24).

2. Segundo hijo de Moisés, nacido durante el exilio en → Madián, cuyo nombre fue recuerdo de la emancipación de Faraón (Éx. 18:1-4). E. tuvo un hijo, Rehabías, y una numerosa posteridad (1 Cr. 23:17; 26:25).

3. Hijo de Béquer, nieto de Benjamín y jefe de una familia de hombres valientes (1 Cr. 7:8s.).

4. Uno de los sacerdotes que tocaban la trompeta al llevar el arca de la casa de → Obed-edom a Jerusalén, durante el reinado de David (1 Cr. 15:24).

5. Jefe de la tribu de Rubén durante el reinado de David (1 Cr. 27:16).

6. Profeta que profetizó contra → Josafat por la alianza de éste con Ocozías (2 Cr. 20:37).

7. Jefe judío a quien → Esdras mandó a Iddo para persuadir a los otros judíos y netineos a regresar a Jerusalén (Esd. 8:16ss.).

8. 9. 10. Sacerdote, levita y judío, respectivamente, que se divorciaron de sus esposas gentiles después del exilio (Esd. 10:18,23,31).

11. Hijo de Josim, antepasado de Jesucristo, según la genealogía de Lucas (3:29).   J. P.

ELIFAZ. 1. Primogénito de Esaú y de Ada, su primera esposa. Los descendientes de E., incluyendo a Temán, se mencionan en 1 Cr. 1:35.

2. "El temanita", amigo de → Job que vino con otros dos a consolarlo. Procedía de Edom, fue el más sabio e inició el diálogo. Probablemente fue descendiente del No. 1 (Job. 2:11; 4:1; 15:1; 22:1).   A. Ll. B.

ELIM ('árboles grandes'). Nombre del segundo campamento de los israelitas después de haber atravesado el mar Rojo (Éx. 15:27; Nm. 33:9), y el primer lugar donde encontraron agua dulce. De las doce fuentes de este oasis, a la sombra de setenta palmeras, los israelitas tomaron agua con gratitud; pero murmuraron contra Moisés (Éx. 16:2) cuando éste los volvió a llevar al desierto. El sitio se identifica comúnmente con el Wadi Ghurundel, al lado occidental de la península de Sinaí, unos 65 km al SE de Suez.   D. J.-M.

ELIMAS. Falso profeta y mago judío, que también se llamaba "Barjesús", miembro de la comitiva del procónsul Sergio Paulo en Salamina, Chipre (Hch. 13:6-12). E. trató de evitar que Sergio Paulo oyera el evangelio, quizá previendo perder su influencia, y como castigo Pablo le reprendió y E. quedó ciego "por algún tiempo".   F. R. K.

ELISABET (heb. = 'Dios es plenitud, perfección'). Esposa del sacerdote Zacarías (Lc. 1:5), madre de Juan Bautista (1:57-66) y parienta de María, madre de Jesús (1:36). E. y su marido eran descendientes de Aarón. E. llevaba el mismo nombre de la esposa de su ilustre antepasado (Éx. 6:23). Sus palabras inspiradas (Lc. 1:42-45) alentaron a María, madre de Jesús.   W. M. N.

ELISEO ('Dios es mi salvación'). Profeta del siglo IX a.C. en Israel, ungido por → Elías. Hijo de Safat y natural de Abel-mehola, en el valle del Jordán; posiblemente pertenecía a una familia pudiente (1 R. 19:19). Sirvió a Elías como criado durante unos ocho años.

Su ministerio, si se considera desde su llamado, abarca el final del reinado de → Acab y los reinados de → Joram, Jehú, Joacaz y Joas, reyes de Israel. Su ministerio profético comienza después del arrebatamiento de Elías, a quien previamente pidió "una doble porción" de su espíritu (2 R. 2:9), frase que recuerda el lenguaje y pensamiento de Dt. 21:17.

La vida de E. está relata en 1 R. 19:19-21; 2 R. 2:1-8:15; 9:1-13; 13:14-21, aunque no es posible establecer con exactitud el orden cronológico de los sucesos. Su influencia es notoria en la vida política de Israel, pues prevé la victoria milagrosa sobre Moab (2 R. 3:4-25), descubre el lugar secreto del campamento de Siria (2 R. 6:8-12), predice el final del sitio y hambre de Samaria (2 R. 7:1), los siete años de hambre en la tierra de Canaán (2 R. 8:1), la muerte de → Ben-adad rey de Siria y el reinado, en su lugar, de → Hazael (2 R. 8:7-15). Encarga la unción de → Jehú como rey de Israel a uno de los hijos de los profetas, sobre quienes parece ejercer cierta autoridad (2 R. 9:1-6), y predice también la victoria de Israel sobre Siria (2 R. 13:14-19).

Sus → milagros superan en número a los realizados por Elías: separa las aguas del Jordán (2 R. 2:14), purifica las aguas de Jericó (2 R. 2:19-22), hace llenar de aceite las vasijas vacías en la casa de una viuda (2 R. 4:1-7), resucita al hijo de la sunamita (2 R. 4:18-37), neutraliza el veneno de un potaje (2 R. 4:38-41), multiplica el pan para alimentar a cien hombres (2 R. 4:42-44), cura la lepra de Naamán, general del ejército sirio (2 R. 5:1-19); castiga con lepra la avaricia de Giezi su criado (2 R. 5:20-27), hace flotar un hacha perdida en las aguas del Jordán (2 R. 6:1-7), ora y consigue que su siervo vea los ejércitos celestiales dispuestos a su favor (2 R. 6:15-17), hiere con ceguera temporal al ejército de Siria (2 R. 6:18-20) y, por último, un muerto es colocado en la misma tumba de E. y resucita al solo contacto con los huesos del profeta (2 R. 13:21).

E. completa la obra de Elías destruyendo en esa época el culto a Baal. Muere durante el reinado de Joás, lamentado por el pueblo y el rey (2 R. 13:14-20). En el NT sólo se menciona una vez (Lc. 4:27).   V. F. V.

ELIÚ. Nombre de varios personajes bíblicos: un antepasado de Samuel (1 S. 1:1); un jefe manaseíta (1 Cr. 12:20); un portero coraíta (1 Cr. 26:7); un hermano de David (1 Cr. 27:18) y el famoso amigo de → Job que intervino en el diálogo cuando los otros se callaron (Job 32—37).

El hecho de que este último fuera buzita (Gn. 22:21; Jer. 25:23), de la familia de Ram (Rt. 4:19; 1 Cr. 2:9,10), lo coloca en la misma región de Job y sus tres amigos. E. combatió a Job sobre bases más teológicas, aludiendo a los designios divinos, pero sin añadir nada nuevo a lo que los otros ya habían dicho.   A. Ll. B.

ELUL. Mes hebreo, el duodécimo del año civil, y el sexto del año litúrgico. En este mes se terminó la reconstrucción del muro de Jerusalén durante el tiempo de Nehemías (Neh. 6:15). Corresponde a los meses de agosto y septiembre. Durante esta época del año se cosechaban los dátiles y los higos de verano. (→MES, AÑO).
G. D. T.

EMANUEL ('Dios con nosotros'). Nombre propio de simbolismo mesiánico, aplicado a Jesús en su nacimiento (Mt. 1:23).

Según Isaías 7, Acaz, rey de Judá (*ca.* 735 a.C.), se hallaba en serios aprietos con motivo de la amenaza de guerra con Rezín, rey de Siria, y Remalías, rey de Israel, quienes se habían aliado para tomar a Jerusalén, Acaz se mostraba sumamente temeroso, por lo que Dios envió a Isaías para confortarlo. El profeta dijo al rey que pidiera una señal, pero éste no lo hizo. Fue entonces cuando el profeta le anunció que Dios mismo le daría señal: "He aquí que la virgen concebirá, y dará a luz un hijo, y llamará su nombre E." (Is. 7:14; cp. 8:8,10). Dios prometió liberar a Acaz dentro de un tiempo breve, el que necesitaría ese niño para alcanzar la edad de discernimiento entre lo malo y lo bueno. El rey, sin embargo, debía confiar en la palabra de Jehová.

El término hebreo *alma*, de Isaías 7:14, traducido al español por → "virgen", ha sido interpretado de diversas maneras. Significa, propiamente, "mujer no casada". La señal consistía, pues, en que ese niño sería concebido milagrosamente, nacería de una virgen, y su nacimiento significaría la presencia de Dios para dar libertad. Es evidente que la promesa envuelta en la señal no tuvo cumplimiento inmediato y literal, pues, por haber el rey Acaz buscado la ayuda del rey de Asiria, Judá cayó (2 Cr. 28: 16,19-21). La promesa quedó para el remanente de E., en quien hallarían su esperanza y salvación. Ningún otro sino nuestro Señor Jesucristo habría de ser E.   A. R. D.

EMAÚS ('fuentes tibias'). Aldea en donde Jesús se reveló a dos de sus discípulos la tarde del día de su resurrección. Lucas afirma que estaba situada a 60 → estadios (algunos mss rezan 160) de Jerusalén (Lc. 24:13), pero no especifica en qué dirección. El sitio exacto es desconocido, pero el más probable es el-Qubeiba unos 11-12 km al NO de Jerusalén, aunque ya no existen las fuentes tibias sugeridas por el nombre E.
J. H. O.

EMBAJADOR. Persona enviada a una nación extranjera como emisario especial de su tierra para solicitar favores (Nm. 20:14-17; 21:21s.; 2 R. 16:7), hacer alianzas (Jos. 9:3-6), felicitar (2 S. 5:11; 1 R. 5:1), protestar (Jue. 11:12), o amenazar (2 R. 19:9ss.). Aunque no era representante permanente, era generalmente un hombre

Un sendero como éste que lleva al pueblo de Emaús pudo ser aquel en el cual los discípulos se encontraron con el Cristo resucitado.   MPS

distinguido y muy respetado. Ultrajarlo era provocar una guerra (2 S. 10:1-7). Pablo aplica este título a los ministros de Cristo, representantes del Rey de reyes encargados de anunciar el evangelio (2 Co. 5:20; Ef. 6:20).   J. M. Bo.

EMBALSAMAMIENTO. Uso de especias aromáticas para conservar los cadáveres y postergar su descomposición.

Entre los egipcios la técnica del e. era la momificación, muy costosa y por tanto reservada para dirigentes y personas de importancia. Se extraían los sesos y las partes blandas de la cavidad abdominal, y se desecaba el resto del cuerpo mediante empaques de sal. Después se vendaba el cuerpo con lienzos impregnados de natrón, y finalmente con lienzos secos. Incluyendo el período de duelo, el proceso duraba comúnmente 70 días; el día 71 tenía lugar el entierro. Los 40 días mencionados en el caso de

La momia de una mujer de Katebet en Tebas es un ejemplo perfecto de la práctica común egipcia de embalsamar el cuerpo. Así quedaba preservado para uso del alma en una vida futura.   BM

Jacob (Gn. 50:3) describen, pues, el e. propiamente dicho. La mención en el caso de José de un ataúd (Gn. 50:25s.) recuerda los sarcófagos que la arqueología moderna ha descubierto. La costumbre de momificar atestigua una vaga fe en la resurrección al estilo de Osiris (legendario dios-rey de Egipto), pero para los autores bíblicos la fe en el Dios vivo se expresa mejor en el entierro de Jacob y José en la tierra de promisión (Gn. 50:4-26; Éx. 13:19; Jos. 24:32).

En los días de Jesús el e. era mucho más sencillo, sobre todo para los pobres. Se lavaba el cadáver (Hch. 9:37), se lo ungía (Mr. 16:1), y se lo vestía de lino, intercalando las especias →MIRRA y →ÁLOES) en los pliegues (Jn. 19:40). Finalmente, se vendaban los miembros del cuerpo y se cubría el rostro con un sudario (Jn. 11:44; 20:5-7). De Hch. 5:6 se ha inferido que en la primera iglesia hubo un gremio de jóvenes que se dedicaban a embalsamar.

V. R.

EMBRIAGUEZ. Turbación de las facultades mentales como resultado de ingerir alcohol en exceso.

Mientras el vino en sí es apreciado en el AT (Dt. 14:26; Jue. 9:13; Sal. 104:15), el abuso en el tomarlo se condena como pecado grave (Jer. 13:12-14; Hab. 2:15). Las historias de Noé (Gn. 9:20-27), Lot (Gn. 19:31-36) y David (2 S. 11:13) ilustran los resultados abominables de la e. En los Proverbios se nos exhorta a rehuir la e. (20:1; 21:17; 23:20,21). Isaías la reprueba severamente (5:11,12), lo mismo que otros autores inspirados.

El NT tampoco prohíbe tomar vino, pero condena la e. como obra de la carne (Ro. 13:13; Gá. 5:21) y característica de la vida de los incrédulos (1 P. 4:3). Especialmente los oficiales de la iglesia deben evitar la e. (1 Ti. 3:3,8,11; Tit. 1:7; 2:3). la e. merece la disciplina eclesiástica, o la excomunión (1 Co. 5:11), y no debe tolerarse en ninguna iglesia cristiana. Los borrachos no pueden heredar el reino de Dios (1 Co. 6:10).   P. W.

EMITAS. Nombre moabita para los refaítas, primitivos habitantes de Moab (Dt. 2:9-11; cp. Gn. 14:5). Son desconocidos fuera de la Biblia, en donde son descritos como pueblo de →gigantes y comparados con los hijos de Anac.   J. M. A.

EMPADRONAMIENTO. →CENSO, CIRENIO.

ENCANTADOR. Término que traduce varias palabras heb. y a veces se refiere a los que domesticaban →serpientes (Sal. 58:4,5; Ecl. 10:11), como en el caso de los sabios de Egipto (Éx. 7:11,12 →JANES y JAMBRES), o a aquel que practica la nigromancia, e.d. la comunicación con los espíritus de los muertos. (→ADIVINACIÓN.)

Las escrituras prohíben expresamente toda práctica de magia (Lv. 19:31; Dt. 18:11). Isaías exhorta a los judíos a no consultar a los muertos por los vivos. Es abominación a Dios preguntar a los e. en lugar de venir delante de él, quien dio los profetas para este propósito (Is. 8:18,19; cp. Dt. 18:10-14). (→MAGOS.)

J. C. H.

ENCARNACIÓN (del latín *in carne*). Acto de humillación por el cual Jesucristo siendo Dios se hizo hombre de →carne y hueso (Jn. 1:14).

La mitología pagana está repleta de apariciones explicadas como la e. de una u otra deidad. Sin embargo, el cristianismo es único en cuanto a su proclama de la manera en que Dios se revistió de carne humana (mediante la concepción virginal, el nacimiento y desarrollo del niño Jesús). Cristo se identifica plenamente con la raza humana (Ro. 8:3; Heb. 4:15) y conserva su perfecta divinidad durante su permanencia en el mundo (Col. 2:9; cp. 1:19).

La palabra e. no aparece en la Biblia, pero el equivalente gr. *en sarki* ('en carne') se encuentra en algunos pasajes importantes relativos a la persona y obra de Jesucristo (1 Ti. 3:16; 1 Jn. 4:2; 2 Jn. 7; cp. Ro. 8:3; Ef. 2:15; Col. 1:22; 1 P. 3:18; 4:1). En el pensamiento hebreo "carne" tiene un significado básicamente fisiológico, pero se identifica igualmente con la *psyjé* ('alma') humana (Sal. 63:1) y denota el carácter derivado y dependiente de la vida humana. Tal es "la condición de hombre" (Fil. 2:8) que asumió Jesús en su e. La Biblia generalmente se refiere a los días de su e. en tiempo pasado, pero el Señor resucitado y ascendido sigue siendo eternamente el Dios-Hombre (Heb. 7:24; cp. 2:14,17).

Los escritores apostólicos recalcan la realidad de la e. Especialmente el evangelista Juan combate los inicios de una herejía docética (Jesucristo sólo aparentaba ser humano) destacando las experiencias humanas del Redentor encarnado: su cansancio (Jn. 4:6), sed (4:7; 19:28), y lágrimas (11:33ss.). Cp. también las referencias de Juan a la sangre y por ende a la muerte física de Cristo (1 Jn. 5:6; cp. 4:1-3).

Es evidente que Jesucristo nunca dejó de ser Dios. Desde su bautismo, cuando el padre declaró: "Tú eres mi Hijo amado" (Mr. 1:11), en ningún momento el Señor perdió la conciencia de su dignidad como el Enviado del Padre. Lo afirmaba a amigos (Jn. 14:6-11) y a enemigos (Mr. 14:62). Sin embargo, la maravilla de la e. es que Dios, el Hijo, también fue plenamente hombre. Su e. fue total. Se despojó de su gloria y de la forma de Dios (Fil. 2:6-8). El Omnipresente se limitó al cuerpo del carpintero de Nazaret. El Omnisciente tuvo que aprender la ley en la escuela de la sinagoga e ignoraba lo que el Padre no le había revelado (Mr. 13:32). El Omnipotente sufrió fatiga, hambre y sed, y finalmente la flagelación y crucifixión. El Santo de Israel "fue tentado en todo según nuestra semejanza, pero sin pecado" (Heb. 4:15).

La *kénosis* ('despojamiento' o 'humillación') de Cristo Jesús fue posible porque estuvo acompañada de una *plérosis* ('plenitud', 'llenamiento') del →Espíritu Santo. Todo lo que a él le faltó durante su e. lo suplió la presencia constante y fortalecedora de la tercera persona de la Deidad. Lucas relata que después de su →bautismo y →tentación "Jesús volvió en el poder del Espíritu a Galilea, y se difundió su fama por toda la tierra alrededor" (4:14). En la sinagoga de Nazaret Jesús se aplicó las palabras de Isaías: "El Espíritu del Señor está sobre mí, por cuanto me ha ungido para dar buenas nuevas . . . sanar . . . pregonar libertad . . ." (Lc. 4:17-21). Por el poder del Espíritu Santo, Cristo realizó los milagros y buenas obras (Hch. 10:38; cp. 2:22) de su ministerio.

Cuatro puntos resumen la importancia de la e. de Jesucristo:

1. La e. es el medio supremo de revelación divina. Cristo es el →Verbo, la Palabra viva del Padre (Jn. 1:1-14). Quien le ha visto a él ha visto al Padre (Jn. 14:9). La manifestación de Dios por medio de la flaqueza humana encierra el mismo procedimiento que entrevemos en la →inspiración de los autores de las Sagradas Escrituras, y en la evangelización del mundo por medio de la →iglesia, el →cuerpo de Cristo.

2. La e. es esencial al cumplimiento del →pacto de Dios con los hombres. Jesucristo encarnado asumió el papel del "segundo →Adán" representante de la raza humana (Ro. 5:15-19; 1 Co. 15:21s.,47ss.). Sólo en calidad de Dios-Hombre pudo mediar entre Dios y los hombres (1 Ti. 2:5), y únicamente mediante su e. podía morir por los pecados del mundo.

3. Por su e. el Salvador experimentó y comprendió nuestra humanidad, y así estuvo apto para ser nuestro abogado y sumo sacerdote a la diestra de Dios (Heb. 4:14-16).

4. Solamente por la e. experimentó el Señor la muerte física como el castigo que merecían nuestros pecados, y también resucitó de entre los muertos por el poder del Espíritu Santo (Ro. 8:11). El apóstol Pablo presenta la →resurrección corporal de Cristo como la primicia de nuestra resurrección, dándonos una esperanza segura (1 Co. 15:12ss., especialmente v. 20; cp. Job 19:26). El cristiano en quien mora el Espíritu Santo, participa del poder moral y de la autoridad que caracterizaban a Cristo en su e. (Jn. 14:12). (→JESUCRISTO, HIJO DE DIOS.)

W. D. R.

ENCINA. Palabra usada para traducir varios términos hebreos que generalmente se refieren a árboles grandes y frondosos, sin determinación de especie. Dos de estos términos, sin embargo, con frecuencia se pueden identificar con árboles determinados: *Allon* (Gn. 35:8; Is. 2:13; 6:13; 44:14; Éx. 27:6; Os. 4:13; Am. 2:9; Zac. 11:2) es la e. propiamente dicha: el *Quercus calliprinos*, siempre verde, de más de 15 m de altura, corriente en la zona mediterránea de Palestina.

El otro término, *ela* (Gn. 35:4; Jue. 6:11,19; 2 S. 18:9,10,14; 1 R. 13:14; 1 Cr. 10:12; Is.

1:30; Ez. 6:13; Os. 4:13) se refiere al terebinto: la *Pistacia palaestina* o *Pistacia atlántica*, árbol de más de 10 m de alto que crece en zonas semidesérticas. En Is. 6:13 RV traduce el heb. *ela* como "roble" y en Os. 4:13 como "olmo", pues en estos versículos ya ha vertido e. para el heb. *allon*.

La traducción "desgaja las encinas" en Sal. 29:9 (RV) es resultado de una enmienda textual. Según el TM (→ TEXTO DEL ANTIGUO TESTAMENTO) debiera rezar "hace parir las ciervas" y así es en la RV 1909. Desafortunadamente la RV en Jue. 4:11 traduce *ela* como "valle" y en Jue. 9:6, como "llanura", aunque dice "encina" en otros pasajes similares (Gn. 13:18; 14:13; Jue. 9:37; 1 S. 10:3).   J. A. G.

ENDECHA. → DUELO.

ENDOR ('manantial de la casa'). Ciudad asignada a Manasés, pero nunca conquistada por los israelitas (Jos. 17:11,12). Quedaba a 7 km al S del mte. Tabor, cerca de Naín. Aquí el rey Saúl, antes de su última batalla, consultó a la pitonisa (1 S. 28:7). Ella probablemente era mujer cananita, porque entre los hebreos se había tratado de eliminar tales costumbres. En el mismo lugar

El oasis de En-Gadi, con su fuente de aguas termales, ofreció un refugio placentero y seguro para David cuando huía de Saúl.   MPS

existe hoy un pueblo llamado Ein Dor, construido sobre muchas ruinas. (→ ADIVINACIÓN.)
     G. D. T.

ENEBRO. Arbusto de muchas ramas (la *Retama raetam* o *Genista monosperma* (de uno o dos m de alto, muy parecida a la retama de escobas). Abunda en el desierto del S de Palestina y Sinaí (1 R. 19:4,5; Job 30:4; Sal. 120:4). Sus raíces y follaje se usan como combustible.   J. A. G.

ENFERMEDADES. Las citas sobre e., desde el punto de vista estrictamente médico, no son muy numerosas en la Biblia. Para encontrar datos sobre las mismas tenemos que buscarlos, además de los casos concretos, en las prescripciones religiosas de su codificación sanitaria y algunas veces descubrirlas en la poesía y en la metáfora.

Entre los antiguos israelitas, la e. se consideraba como un problema teológico y religioso más que como un proceso natural. Las e. se debían, casi en su totalidad, a transgresiones legales y al castigo divino por la desobediencia y el pecado. Podían ser causadas por Dios directamente (Lv. 20:16; Dt. 28:22-35), por su ángel (2 S. 24:15,16; 2 R. 19:35) o por Satanás (Job. 2:7; Lc. 13:10-16). Son también un medio utilizado por Jehová para probar a las personas, como en el caso de Job.

Si las e. dependían de Dios, igualmente la curación dependía de su voluntad y poder, tal se desprende de la admonición de Moisés contenida en su canto antes de morir, contemplando la tierra prometida: "Ved ahora que yo, yo soy, y no hay dioses conmigo; yo hago morir, y yo hago vivir; yo hiero, y yo sano; y no hay quien pueda librar de mi mano" (Dt. 32:39).

Entre otras, se citan e. obstétricas (Gn. 35:16-18), ginecológicas (Lv. 15:19-33), infecciosas (1 S. 6:2-5), parasitarias (Job. 2:7,8), neurológicas (Mt. 8:6), mentales (1 S. 16:14; Dn. 4:33), etc. En el NT, Jesucristo, durante su ministerio, le asignó un papel preponderante a la curación de e.: ciegos, sordos, mudos, paralíticos y endemoniados fueron curados por su mano.

La prevención de e. por medio de la legislación sanitaria revistió gran importancia para el pueblo judío. Se destacan las indicaciones sobre la lepra (Lv. 13:2-59), el contagio sexual (Lv. 15:1-16,19-24), y la ingestión de determinados alimentos, tales como la sangre (Lv. 17:10-14) o grasas (Lv. 7:22-24), cuya prohibición, si bien tiene un origen religioso, es posible fundamentar con observaciones médico-dietéticas. El descanso sabático, como problema de higiene laboral, tiene idéntico significado (Éx. 20:9,10; 23:12; 34:21). (→ Artículos sobre enfermedades específicas.)
     L. A. S.

EN-GADI ('fuente del cabrito'). Manantial y oasis ubicado en el desierto de Judá (Jos. 15:62), por la ribera occidental del mar Muerto, 55 km al SE de Jerusalén. Como su clima es caluroso, allí florece una vegetación tropical.

En tiempos bíblicos E. se conocía por sus excelentes dátiles, uvas y bálsamo (Cnt. 1:14). Los montes que se elevan detrás del oasis son muy áridos y están llenos de cuevas. El manantial está situado a 125 m sobre el nivel del oasis en un rincón hermoso. Fue en el terreno escabroso cerca de E. donde David buscó refugio cuando huía de Saúl (1 S. 23:29). E. prosperó durante el tiempo de Nehemías y nuevamente durante el tiempo de los romanos.   J. H. W.

ENOC. 1. Primera ciudad del mundo, fundada por Caín (Gn. 4:17).

2. Primer nieto del mundo, hijo de Caín, y padre de Irad (Gn. 4:17s.).

3. Padre de →Matusalén e hijo de Jared, sexto en la genealogía de Lucas desde Adán (Gn. 5:18,21; Lc. 3:37). Tenía 65 años cuando nació Matusalén y después habitó en la tierra 300 años más, andando con Dios y viviendo santamente. "Tuvo testimonio de haber agradado a Dios", por lo que Dios lo llevó a su presencia sin que gustase la muerte (Heb. 11:5). La vida de E. revela que por fe se puede vivir una vida agradable a Dios, que esto no requiere el estado de celibato (Gn. 5:22), y que el AT enseña la inmortalidad.

Por ser E. ejemplo tan claro de una vida santa, los judíos identificaron su nombre con uno de los mejores libros de la literatura intertestamentaria: el →Libro de Enoc. (→APÓCRIFOS.)   W. G. M.

ENOC, LIBROS DE. Escritos apócrifos de carácter apocalíptico. En 1 Enoc (libro etíope de E.) hay cinco divisiones principales: la primera trata de los ángeles caídos; la segunda (Parábolas de Enoc) es importante para el estudio del tema → Hijo del hombre; la tercera es un tratado de astronomía; la cuarta relata dos visiones, y la quinta es una miscelánea de exhortaciones que incluye el Apocalipsis de las semanas.

Probablemente la obra básica se escribió en heb. o arameo (siglo II a.C.). Fragmentos del texto heb. se han encontrado en las cuevas de →Qumrán. Se conoce principalmente en las traducciones etiópica y griega. Jud. 14s. cita dos pasajes del libro.

En 2 Enoc (libro eslavo de E. o de los secretos de E.) se narran las visiones que E. tuvo en su viaje a los siete cielos. En conjunto el contenido es igual al de 1 Enoc, pero habrá sufrido retoques cristianos.

3 Enoc (libro hebreo de E.) narra el viaje celestial de un rabino que reconoce en E. a un intermediario ante Dios. Data del siglo II d.C. y es independiente de los libros anteriores.
                                                   R. F. B.

ENOJO. →IRA.

ENÓN (heb. = 'manantiales'). Sitio donde Juan el Bautista acostumbraba bautizar "porque había allí muchas aguas" (Jn. 3:23,26). Su ubicación es difícil de establecer, pero Juan afirma que se hallaba "junto a →Salim". Este último lugar también es difícil de ubicar, pero probablemente se hallaba entre Galilea y Samaria.   R. F. B.

EN-SEMES ('fuente de sol'). Nombre del manantial que se encontraba en la línea fronteriza entre los territorios de Judá y Benjamín, y apenas al E de Betania (Jos. 15:7; 18:17).
                                                   M. V. F.

ENSEÑANZA. →DOCTRINA.

ENTRAÑAS. En sentido literal, vísceras u órganos internos. Así se halla en algunas citas en el AT (2 S. 7:12; 20:10; Job. 20:14) y una vez en el NT (Hch. 1:18).

En sentido figurado, en el pensamiento hebreo tanto del AT como del NT, las e. representan el centro de la afectividad y los sentimientos. En un sentido semejante se utiliza a veces "riñones". Expresiones como "amor entrañable" y "entrañable misericordia" han pasado a nuestro idioma actual (Lc. 1:78; Col. 3:12).

En RV se reemplaza frecuentemente la palabra que en el original es e. por "corazón", que en nuestro lenguaje moderno representa el centro de la afectividad (Flm. 7,20; 1 Jn. 3:17). Pero el →corazón en la Biblia no es simplemente el centro de afectividad, sino de toda la personalidad: intelecto, voluntad, conciencia psicológica.   M. A. Z.

EPAFRAS (abreviatura de →EPAFRODITO). Discípulo de Pablo, evangelista en Colosas, Laodicea y Hierápolis (Col. 1:7; 4:12s.). Dirigía las iglesias establecidas y compartió los viajes y la prisión de Pablo (Flm. 23s.). Era un hombre de oración (Col. 4:12). Mediante una carta Pablo robusteció la autoridad de E. en su lucha contra los filósofos de Colosas.   R. O.

EPAFRODITO (gr. = 'apetecible'; derivado de la diosa Afrodita). Cristiano macedonio, enviado especial de la iglesia en Filipos para ayudar a Pablo en su proceso en Roma (Fil. 2:25) y para llevarle las donaciones filipenses (4:18). Enfermó durante esta misión (2:26s.) y regresó con recomendaciones de Pablo y la carta de agradecimiento a los filipenses (2:25-30).

Aunque →Epafras es la forma familiar de E., no debe confundirse a estos personajes bíblicos, puesto que se trata de un nombre común. R. O.

EPICÚREOS. Nombre de los adeptos del filósofo Epicuro (341-271 a.C.), quien fundó una de las escuelas más importantes de la filosofía griega. El principal interés de los e. era la ética. Defendían la tesis hedonista, e.d. la búsqueda del placer como fin supremo de la vida del hombre. Su ideal era la paz del alma *(ataraxia)* en la cual radicaba la felicidad, mediante la sabia ponderación del goce y el prudente dominio de sí mismo. Esta doctrina les condujo a un radical individualismo, pues el sabio debía mantenerse lejos de las luchas políticas y sociales, preferentemente sin formar familia. También les preocupaba liberar al hombre de todo temor, especialmente del temor a los dioses y a la muerte.

Los e. eran materialistas y negaban la supervivencia del alma más allá de la muerte. El alma humana (material), afirmaban, está constituida por átomos que se separan al cesar la vida, y así el alma se desintegra. Por otra parte, sin ser ateos, rechazaban toda relación de Dios con el mundo (providencia). En los lugares celestes ciertamente existen los dioses, pero éstos no se interesan por el hombre, ni participan en el gobierno del mundo. Por eso no hay que temerles.

La escuela epicúrea contó con numerosos discípulos sobre todo en el mundo helenístico, pero fue menos popular en Roma, donde el → estoicismo tuvo más amplia acogida. En la época del NT los e. eran bastante conocidos (Hch. 17:18-34). Por supuesto, sus doctrinas metafísicas y sus ideales éticos estaban muy lejos del espíritu del evangelio, y les chocaba la prédica de Pablo, que destacaba la resurrección y el juicio.　　　　　　　　　　　　V. A. G.

EPÍSTOLA. Al principio "e." y "carta" eran sinónimos, pero con la publicación (siglo IV a.C.) de colecciones de las cartas de Isócrates y Platón, comenzaron a surgir un estilo y una forma epistolares. La e. llegó a ser el escrito extenso destinado a muchas personas, con valor didáctico y duradero.

Como no se conocía el papel, en tiempos antiguos solían usarse tablas de arcilla y otros materiales (→ ESCRITURA).

Casi todas las cartas mencionadas en el AT son portadoras de malas noticias como la de David a Joab (2 S, 11:14s.), la de Jezabel acerca de Nabot (1 R. 21:8-10) y la de Senaquerib a Ezequías (Is. 37:10-14). La única carta semejante a una e. es la del profeta Elías (2 Cr. 21:12ss.). La mayoría de las cartas se encuentran en Esdras, Nehemías y Ester.

Desde el descubrimiento de las cartas de la biblioteca de Mari, esta clase de literatura extrabíblica ha apoyado e iluminado los datos bíblicos. Las 320 tabletas de → El Amarna en Egipto reflejan las condiciones de Palestina en tiempos de la conquista. Las óstraca de → Laquis revelan el asombro y la angustia que causaron las invasiones asirias. Y desde Elefantina (400 a.C.) los papiros han permitido comprender mejor los tiempos pérsicos, griegos y romanos.

En el NT la e. llega a su apogeo como vehículo de revelación, y aun viene a ser un nuevo género literario. Veintiuno de los libros del NT son e.; trece se conocen como e. paulinas y ocho como e. generales o católicas, atribuidas a distintos apóstoles.

Las e. ocupan un lugar en el canon porque han comprobado su poder inspirador en las iglesias. Cada una responde a necesidades concretas. Fueron leídas en los cultos y casi desde su composición fueron aceptadas como Palabra de Dios (1 Ts. 2:13; 1 P. 1:12; 2 P. 3:15ss.).

Como otros personajes de la época, Pablo solía a menudo dictar sus epístolas a un escriba.　　SP

Muchas e. fueron escritas con la colaboración de secretarios o amanuenses, cuya intervención en la elaboración era a menudo considerable. En la providencia de Dios, algunas e. se han perdido, v.g. dos de las cuatro que Pablo escribió a los → corintios (1 Co. 5:9; 2 Co. 7:8), y la enviada a los laodiceos (Col. 4:16).　　W. G. M.

EPÍSTOLAS PASTORALES. Último grupo de los escritos de Pablo, formado por 1 y 2 Ti. y Tit. Su nombre obedece a que gran parte de su contenido trata del trabajo pastoral en la iglesia y de los deberes del ministerio cristiano.

I. AUTOR Y FECHAS

Durante los últimos cien años, la paternidad paulina de las E.P. ha sido gran motivo de discusión. Algunos críticos las han atribuido a un autor desconocido del siglo II, pero esta opinión ha sido ya abandonada. Los críticos más prominentes en el NT, aunque reconocen dificultades, afirman la paternidad paulina.

Al tiempo de escribir 1 Ti. y Tit., → Pablo no estaba preso; pero al escribir 2 Ti., no sólo lo estaba, sino que presentía el final de su vida. De 1 Ti. 1:3 se deduce que Pablo había estado cerca de Éfeso. Tit. 1:5 indica que había visitado a Creta, 2 Ti. 1:16s. parece indicar una defensa preliminar y por 4:13 se sabe que había estado en Troas (4:20). Todos estos hechos no caben en la narración dada en Hch., y, por tanto, no hay otra alternativa que presumir que Pablo fue libertado de su prisión en Roma y que desarrolló un corto período de actividad en el Oriente. Entre 63-67 d.C. sí es posible colocar los acontecimientos narrados en las E.P. La crítica basada en las epístolas mismas recomienda una fecha de composición entre estos cinco años.

Los argumentos más importantes a favor de la autenticidad de las E.P. son: 1. Hay citas de las E.P. en Clemente de Roma, Ignacio, Policarpo, Pastor de Hermas, todos del siglo II. 2. El libro de Hch., la tradición que fecha la muerte de Pablo en el 67 y la alusión de Clemente a un viaje de Pablo a España dan pie para suponer que Pablo sobrevivió a su primera prisión. 3. 1 Ti. 3:1-7 (cp. 5:17) y Tit. 1:5-9 demuestran decididamente que las E.P. fueron escritas cuando los obispos, ancianos y diáconos no formaban una jerarquía. La separación de estos cargos ocurrió en el siglo II, según Ignacio (ca. 110 d.C.). 4. La diferencia de tono entre el cristianismo de las E.P. y el del resto de las epístolas paulinas se explica porque aquéllas se dirigen contra movimientos heréticos intracristianos y por su énfasis eminentemente práctico.

II. CARACTERÍSTICAS

La homogeneidad del grupo es mucho más marcada que en las otras epístolas paulinas; los críticos concuerdan en considerarlas como un todo. Su interés es precisar la organización de las iglesias y no tanto el mensaje cristiano.

A. *Orientaciones teológicas*. La verdadera doctrina se reconoce por su origen apostólico y por la piedad que la acompaña; no hay mucho interés en las manifestaciones pentecostales. Se mantiene la expectación escatológica, pero la tensión por la segunda venida de Cristo no es tan aguda. Surgen en el ambiente doctrinas heréticas (aunque éstas no forman un movimiento como en Gá.) cuyo carácter es difícil determinar. Subsisten las tesis fundamentales de la teología paulina, pero no hay exposiciones propiamente teológicas.

B. *Estilo y vocabulario*. El lenguaje es menos original; las fórmulas propiamente cristianas son reemplazadas por términos literarios. Faltan la deducción y la demostración; las afirmaciones sustituyen a la argumentación dialéctica.

III. ANÁLISIS Y CONTENIDO

A. *De 1 Timoteo*

Pablo escribió a Timoteo para animarle en la fe (1:18,19) y para que supiera cómo debía comportarse en la iglesia (3:15). Le da instrucciones sobre la oración pública, la elección de los dirigentes, el cuidado de las viudas, etc.; recalca la necesidad de una doctrina sana unida a una vida santa y lo pone alerta contra los falsos maestros.

1. Encabezamiento y saludo: 1:1,2
2. Lucha contra los falsos maestros: 1:3-20
3. Gobierno de la iglesia: 2:1–3:16
4. Polémica contra los herejes: 4:1-11; 6:3-10
5. Timoteo y el ministerio: 4:12–5:25
6. Conclusión: 6:20,21

B. *De Tito*

Por lo que podemos deducir, la visita de Pablo a Creta fue corta y por eso dejó a Tito para consolidar y extender la obra (1:5). El propósito de esta carta, escrita poco tiempo después de la partida de Pablo, fue autorizar e instruir a Tito para la reorganización de la iglesia en Creta. Aunque la mayor parte de la carta se dedica a los asuntos prácticos del ministerio, hay tres pasajes doctrinales importantes: 1:1-3; 2:11-14; 3:3-7.

1. Encabezamiento 1:1-4
2. Circunstancias de la carta 1:5-16
3. Exhortaciones y consejos 2:1–3:14
4. Saludos 3:15

C. *De 2 Timoteo*

Pablo se hallaba otra vez preso en Roma, esperando el final, cuando escribió esta epístola (4:6-8). Ruega a Timoteo que venga a verle trayéndole ciertos libros y su capa, pues se aproximaba el invierno (4:9-13). Toda la epístola es un llamado ferviente a la fidelidad a Cristo y a su evangelio, con nuevas advertencias sobre el peligro de índole moral y doctrinal. Por el tono emocional que embarga toda la carta, puede ser considerada como el testamento de Pablo.

1. Encabezamiento y saludo: 1:1,2
2. Acción de gracias y entrada en materia: 1:3-5
3. Exhortaciones a Timoteo: 1:6–2:13
4. Polémica contra los herejes: 2:14–3:17
5. Despedida de Pablo: 4:1-8
6. Conclusión: 4:9-22   J. M. A.

Bibliografía

Collantes, J., en *La Sagrada Escritura* (Madrid: B.A.C., 1965) NT II, 954-1096; Manley, G. T. (ed.), *Nuevo auxiliar bíblico*, San José: Editorial Caribe, 1958; *IB* II, 471-484; *BC* VI, 676-715; *INT*.

ERASTO (gr. = 'amado'). Compañero de Pablo a quien éste, estando en Éfeso, envió con Timoteo a Macedonia (Hch. 19:22). Probablemente sea el mismo E. de quien se dice que "se quedó en Corinto" (2 Ti. 4:20).

En Ro. 16:23 Pablo envía saludos a un E. que es "tesorero de la ciudad" (seguramente Corinto). Quizá sea el mismo que el antedicho, pero no hay pruebas finales. E. era un nombre muy común.   W. M. N.

EREC. Ciudad fundada por Nimrod, 65 km al NE de Ur, al N del Éufrates (Gn. 10:10). Es uno de los lugares de donde llegaron los colonos que llenaron el vacío en Samaria cuando los principales israelitas fueron deportados en 722 (Esd. 4:9).

La primera civilización erecita, la ubaidana, se remonta al año 4000 a.C. De E. provienen una escritura más antigua que la cuneiforme y los primeros sellos cilíndricos que conocemos. Fue capital de varias dinastías sumerias y hogar del famoso rey Gilgamis.   W. G. M.

ERIZO. Mamífero roedor que habita en lugares desolados. Se le menciona en relación con la destrucción de Babilonia (Is. 14:23), Edom (Is. 34:11) y Nínive (Sof. 2:14). El nombre es traducción del heb. *qippod* y parece ser lo más indicado en Is. 34:11, pero en Is. 14:23 y Sof. 2:14 algunos lo traducen por "alcaraván", porque el contexto sugiere una especie de ave. En Lv. 11:30 al heb. *anaqa* no es e. sino un mamífero pequeño como el hurón o la salamanquesa.

J. M. Br.

ESAR-HADÓN. Rey de Asiria y Babilonia (681-669 a.C.); hijo de Senaquerib y padre de Asurbanipal.

Cuando sus dos hermanos, Adramelec y Sarezer, asesinaron a su padre mientras rendía culto en el templo de Nisroc (Is. 37:38), y en abierta pugna se disputaban el reino, E. salió de su escondite para poner fin a la contienda y tomar el trono. En vida, su padre lo había designado príncipe heredero y lo había hecho reconocer como tal por sus hermanos y por los altos funcionarios del reino. E. no tuvo mayores dificultades en tomar Arbela, Asur y Nínive, con lo cual terminó la guerra civil, ya que Babilonia lo acató sin reparos.

Una vez en el trono, emprendió sus campañas hacia el O con el fin de pacificar Sidón, Kundi y a los árabes. En el prisma de barro cocido en que se describen sus hazañas, hay una lista de sus vasallos en que se encuentra el nombre de Manasés, rey de Judá.

A. Ll. B.

ESAÚ ('velludo', porque "era todo velludo como una pelliza" Gn. 25:25). Hijo mayor de → Isaac y → Rebeca, gemelo de → Jacob. También se llamaba Edom, que significa "rojo", por haber comprado el guiso rojo de Jacob (25:30). Era hombre del campo, adiestrado en la caza, y el hijo predilecto de su padre (25:27,28). Pero la supremacía de su hermano menor fue predicha por Dios antes de su nacimiento (25:23).

En la historia sagrada se le conoce especialmente por dos actos que revelan la debilidad de su carácter: (1) por haber vendido su primogenitura y (2) por haber perdido la bendición de su padre.

Cuando E. volvió cansado del campo, vendió su primogenitura a Jacob por un potaje. De esta manera sacrificó los privilegios y derechos que le correspondían como hijo mayor (Gn. 25:27-34). Luego, Jacob, engañando sutilmente a su anciano padre, le arrebató a E. la bendición paternal. Airado, E. resolvió matar a Jacob, quien se vio obligado a huir (27:1-46). Veinte años después, E. se reconcilió con su hermano cuando éste regresó de Padan-Aram con su familia.

E. simboliza a los que Dios no ha elegido ("Amé a Jacob, y a E. aborrecí", Mal. 1:2,3; Ro. 9:13) y a los que han abandonado su esperanza de gloria eterna por causa de lo terrenal (Heb. 12:16,17).

D. M. H.

ESCARLATA. Sustancia colorante animal. Los vocablos hebreos traducidos por "e." también se traducen a veces por "carmesí" y "grana". Antes de conocerse los tintes artificiales, para los colores se dependía de fuentes naturales. La e. se obtenía mediante la pulverización de la cochinilla, insecto rojo que los orientales denominaban "gusano e.".

El color es notable por su atractivo y brillantez, y se usaba en tiempos bíblicos para engrandecer a los nobles y reyes (Dn. 5:29; Mt. 27:28); insinuar los misterios del culto levítico (Éx. 25:4); poner de relieve el encanto de los labios de la amada (Cnt. 4:3); destacar el horror del pecado (Is. 1:18); señalar el desafío violento de la bestia apocalíptica (Ap. 17:3) o las escandalosas ofensas de "la mujer e." (Ap. 17:4). (→COLORES.)

E. H. T.

ESCEVA. Judío, "jefe de los sacerdotes" y padre de los siete →exorcistas ambulantes mencionados en Hch. 19:13-19. Posiblemente pertenecía a una familia de la que solían escogerse sumos sacerdotes, o quizá su título era una autodenominación para promover el negocio fraudulento de la familia. Los milagros de Pablo (vv. 11,12) impresionaron a los hijos de E., y la derrota de dos de ellos llenó de temor a la gente (vv. 17-19). Los mss. gr. presentan numerosas variantes en su relación de este episodio.

F. R. K.

ESCITAS. Pueblo que habitaba las regiones al N del Cáucaso, y que en el siglo VIII a.C. invadió las tierras bíblicas, aliándose con los asirios frente a los medos y caldeos. Al menos una vez, en el siglo VII a.C., invadieron a Siria y Palestina, y llegaron a Egipto, donde el faraón detuvo su avance mediante el pago de un tributo.

Al consolidarse el Imperio Persa en el siglo VI a.C., los e. fueron derrotados por aquéllos, y regresaron al N del Cáucaso. Durante los primeros años de nuestra era, se daba el nombre de "Escitia" a una vasta región al SE de Europa y Asia central. Los e. eran considerados como el prototipo de la barbarie, y así emplea Pablo el término en Col. 3:11. En el AT se les alude bajo el nombre de → "Askenaz" (Gn. 10:3; 1 Cr. 1:6; Jer. 51:27).

J. L. G.

ESCOL ('racimo [de uvas]').

1. Hermano de Mamre y Aner. Eran los tres aliados amorreos de Abraham durante la batalla en la que se liberó a Lot (Gn. 14:13,24).

2. Valle de Canaán, a donde los espías israelitas llegaron de Hebrón (Nm. 13:23,24; Dt. 1:24). Lo llamaron E. por el racimo de uvas que trajeron de allí, tan grande que tuvieron que colgarlo de un palo y transportarlo entre dos, prueba de la abundancia que esperaba a Israel, en la tierra prometida. Las viñas de la región de Hebrón todavía son famosas. El arroyo de E. (Nm. 13:23) se volvía torrente (Nm. 32:9) en tiempos de lluvia.

D. J.-M.

ESCORPIÓN. Animalito de la clase de los arácnidos, muy numerosa en Palestina. Es parecido al langostín acuático por su larga cola, la cual dobla bruscamente y termina en un garfio como estilete con el cual inyecta una sustancia muy venenosa (Ap. 9:3-5). Vive en las grietas, entre las rocas, en la tierra reseca y debajo de las hojas. Hay ocho especies distintas, de diferentes colores. (→DESIERTO, Ilus.)

En las Escrituras el e. se menciona muchas veces y en diferentes sentidos. Ilustra literalmente los peligros del desierto (Dt. 8:15), pero también es figura de la actitud de los enemigos (Ez. 2:6; Lc. 10:19).   S. C.

En tiempo del éxodo abundaban los escorpiones o alacranes en el desierto del Sinaí. La cola termina con un aguijón venenoso.

ESCRIBA. Persona cuya profesión era estudiar detalladamente las →Escrituras. Originalmente el e. era sencillamente una persona que llevaba registros escritos, como nuestro "escribano". Algunas veces el AT emplea el término con este sentido (v.g., Jer. 36:26; Ez. 9:2). Pero durante el cautiverio cambió radicalmente el carácter de la religión de Israel, y los e. llegaron a tener mayor importancia. Antes del cautiverio el centro de la religión de Israel era el templo, con su ritual y sus sacrificios. Durante el cautiverio, puesto que no era posible acudir al templo —que en todo caso había sido destruido— el pueblo tendió a estudiar asiduamente el texto de la →ley, y los antiguos relatos del éxodo y la conquista.

Los escribas eran hombres estudiosos que se dedicaban exclusivamente al examen sistemático de la ley judaica, la cual interpretaban y aplicaban a la vida diaria de los judíos.

Estos escritos, a falta del templo, le dieron coherencia al pueblo exiliado, pero necesitaron estudio, interpretación y diseminación, tarea que los e. cumplieron cabalmente. Recopilaron los materiales dispersos que a la larga vinieron a formar el AT; los copiaron repetidas veces para asegurarse de que los textos sagrados llegaran a las nuevas generaciones con la mayor pureza posible (→TEXTO DEL AT). Tal fue la importancia de los e. durante el cautiverio, que cuando Israel regresó a Palestina, la figura preponderante de la nueva época era el e. → Esdras.

Si bien los e. originariamente eran descendientes de sacerdotes, pronto llegaron a formar una clase aparte, y comenzaron a chocar con aquéllos. Este conflicto se agudizó durante la época de los →macabeos, cuando los e. se oponían a la tendencia de los sacerdotes de colaborar con las presiones helenizantes del exterior. Por tanto, los e. eran vistos como paladines de la obediencia a la ley, y de la integridad de la cultura hebrea. Ellos elaboraron el culto de la →sinagoga, y algunos servían en el sanedrín (→CONCILIO).

Por otra parte, en sus intentos por hacer la ley claramente aplicable a problemas cotidianos —de allí su nombre "legistas" o "doctores de la ley"— los e. cayeron a menudo en un legalismo extremo. Entonces se dedicaban a discutir si era lícito comerse un huevo puesto por una gallina en día sábado, y otras cuestiones del mismo tenor. En esta tendencia coincidían con los →fariseos, a cuyo partido parece haber pertenecido la mayoría de los e. Hay, sin embargo, algunos indicios de que no todos ellos eran fariseos (v.g. Mr. 2:16); se discute si había e. saduceos también.

En el NT los e. aparecen a veces como villanos cuyo interés es probar a Jesús planteándole preguntas comprometedoras. Pero algunos e. eran dignos de admiración, y al menos uno quiso seguir a Jesús (Mt. 8:19).   J. L. G.

ESCRITURA. Método de comunicación entre personas que no pueden hablarse directamente, por estar separadas por el espacio o el tiempo. Consiste en una serie de símbolos concertados de antemano, mediante los cuales se representan ideas o palabras.

En su forma primitiva, la e. era ideográfica: requería un símbolo para cada idea. Dichos símbolos debían tener una conexión clara con la idea que representaban, v.g., un sol para expresar "luz". Después la e. se hizo fonética, y representaba sonidos más bien que ideas. Y por fin la escritura se perfeccionó con la creación del →alfabeto.

Desde 3000 a.C. la e. caracteriza a las civilizaciones del Cercano Oriente. La e. cuneiforme de Mesopotamia fue la más divulgada, y la usaron idiomas como el sumerio, el acádico, el hurrita, el hitita, el persa, y el ugarítico. La e. jeroglífica egipcia tiene casi tan larga historia como la e. cuneiforme aunque su divulgación fue más restringida. Nuestra e. y →alfabeto descienden directamente de los fenicios.

Los materiales que se han usado para escribir han variado con el correr de los siglos. Y en cierta medida la naturaleza de estos materiales ha determinado muchos aspectos de la e. Quizás el material más antiguo sea la piedra, que desde tiempos remotos, y en lugares tales como el antiguo Egipto, se utilizó para hacer inscripciones en tumbas, templos y otros monumentos. En la Biblia se menciona la e. en piedra, por ejemplo, en Éx. 24:12.

Esta lámina demuestra cómo se escribía en la antigüedad sobre una tablilla de arcilla suave con la punta de una caña o un estilete de metal.   ASOR

En Mesopotamia, donde la piedra era escasa, se escribía sobre barro. Este barro se preparaba en tablillas, y sobre ellas se iban haciendo signos hundiendo la esquina de una varilla, de modo que se dibujaba una complicada serie de triángulos o cuñas. Por esta razón, esta e. se denomina "cuneiforme".

El material que a la larga resultó más útil, y sobre el cual se desarrolló el método de e. que perdura hasta hoy, fue el papiro, palabra de la que se deriva "papel". La planta del papiro era común en Egipto, y con ella se elaboraba un material parecido a nuestro papel, sobre el cual era posible escribir con tinta, y podía enrollarse en grandes →libros. Otro material sobre el que se escribía también con tinta era el cuero. A veces, en lugar de curtirlo, se raspaba hasta que quedaba liso y seco. El cuero preparado de este modo también se llamaba "pergamino".

Además de estos materiales, en el mundo bíblico se usaron pedazos de cerámica, metales, madera, etc. De todos éstos, el más común fue la cerámica, por su bajo costo.

En el Cercano Oriente antiguo la gente escribía lo que consideraba importante recordar y conservar. En la Biblia la e. ha sido el medio adecuado para conservar la revelación divina desde el Pentateuco hasta el Apocalipsis. J. L. G.

ESCRITURAS. Término empleado en distintas religiones para referirse a sus propios libros sagrados. Así, por ejemplo, las E. del Islam son el Corán. En el NT este término designa los libros sagrados del judaísmo, es decir, el AT, aunque ya en 2 P. 3:16 las E. incluyen las epístolas paulinas. En el siglo II d.C. los cristianos empleaban el término para referirse tanto al AT como a varios de los libros que después formaron el NT (→CANON DEL NT). A veces se emplea también para referirse a una de las tres divisiones principales del AT, que serían entonces: ley, profetas y E. (→CANON DEL AT).

Lucas, al destacar la unanimidad del testimonio de las E. respecto a Jesucristo (18:31; 21:22; 24:44; etc.) emplea la expresión "todo lo escrito". Pablo prefiere "la escritura", frase a la que incluso llega a personificar (Gá. 3:8,22; cp. Ro. 11:2). Muy pocas veces "la escritura" se refiere a un texto particular del AT (v.g. Mr. 12:10; Jn. 19:37); de esto se infiere que la iglesia se interesaba menos en demostrar la correspondencia que podía haber entre un detalle del libro sagrado y otro de la vida de Jesús, que en subrayar la correspondencia fundamental entre la →Palabra de Dios de antaño y la nueva palabra pronunciada en el Hijo (→ BIBLIA).

J. L. G.

ESCUDO. Arma defensiva del →soldado antiguo, de forma ovalada, redonda o rectangular, y hecha de metal, madera o cuero. Se sujetaba al brazo por medio de correas.

El e. protegía al soldado de las flechas, dardos y piedras del enemigo (Is. 37:33). Los infantes de la vanguardia llevaban e. grandes para cubrirse casi todo el cuerpo, pero los flecheros en la retaguardia sólo tenían e. pequeños. En el tiempo del rey Roboam ya se hacían e. de metal (1 R. 14:27), y a veces de metal precioso para adorno (2 Cr. 9:16).

San Pablo, representando la vida como una pelea armada, exhorta a los cristianos a defenderse con el "escudo de la fe" en su lucha contra los ataques del maligno.

En sentido figurado Dios se llama el e. o protector de su pueblo (Gn. 15:1; Sal. 84:9). Pablo usa el e. del soldado romano como símbolo de la fe del cristiano que es capaz de apagar los dardos del diablo (Ef. 6:16). (→ AR-MADURA.)   A. C. S.

ESCUELA. Poco sabemos sobre la instrucción que se daba a los niños en la época antigua de Israel, pero seguramente se les enseñaba a leer y a escribir. Los padres hacían parte de esta tarea (Gn. 18:19; Dt. 6:7) y quizás había en los santuarios una especie de e. cuyos maestros eran los sacerdotes o profetas (Jer. 18:18). Sin duda había analfabetos en Palestina (Is. 29:12), pero muchas personas sabían leer y escribir (Jue. 8:14; Is. 8:1; 10:19; Hab. 2:2).

Después del destierro, la sinagoga realizó las funciones de verdadera e. Por lo menos durante el sábado el *hazzan* (sacristán) se encargaba de enseñar a los niños (varones) a escribir. Sin embargo no fue sino hasta el siglo I d.C. cuando se fundaron e. para niños. El Talmud se refiere a ellas y dice, por ejemplo: "A partir de los siete años hay que recibir al niño como alumno, y alimentarlo con la ley como se alimenta al ganado". Y en otro lugar: "Los padres se limitan a dar al hijo la vida de este mundo, mientras que el maestro lo guía hacia la vida del mundo futuro". En estas clases, la instrucción no dejó de ser rudimentaria. Consistía en ejercicios de lectura, escritura y memorización de los principales pasajes de la ley.

Los escribas dirigían e. superiores, en las que con mucho celo interpretaban la Escritura y la → tradición. Sus exposiciones de casuística suscitaban a veces discusiones apasionadas, que degeneraban en disputas. Los → maestros más célebres reunían en torno suyo a discípulos venidos de todo el país (Hch. 23:2 → RABÍ). Su enseñanza solía ser gratuita, porque se ganaban la vida ejerciendo un oficio secular. Daban mucha importancia a la memoria, a la repetición exacta de sus aplicaciones, y comparaban a sus alumnos más destacados con "cisternas bien revestidas de cemento, que no pierden ni una sola gota de agua". (→ TIRANNO.)   C. R.-G.

ESCUPIR. Desde tiempos antiguos, en Oriente el acto de e. en la cara era signo de profunda enemistad (Nm. 12:14). Jesucristo se sometió a esta clase de indignidad como el Siervo sufriente (Mt. 26:67; cp. Is. 50:6).

Jesús escupió en los ojos de un ciego para recuperarle la vista (Mr. 8:23), y en otra ocasión escupió en la tierra e hizo lodo con el que curó a otro ciego (Jn. 9:6).   A. R. T.

ESDRAELÓN. → JEZREEL.

ESDRAS, PERSONA ('[Yahveh] ayuda'). Junto con → Ezequiel, a E. se le considera el "padre" del judaísmo postexílico. De todos los calificativos que se le han dado —escriba (Esd. 7:12), sacerdote (7:1-5), erudito y estadista— quizás el

que mejor lo define sea el de "reformador religioso". Pasó la mayor parte de su vida en → Babilonia, donde seguramente sirvió en el gobierno persa como ministro encargado de los asuntos judíos. Así alcanzó el título de "erudito en la ley del Dios del cielo" (Esd. 7:12).

En 458 a.C., el séptimo año del entonces rey de Persia, → Artajerjes I, E. consiguió permiso, dinero y otras ayudas del rey, y se encaminó a Jerusalén al frente de un grupo de repatriados, sacerdotes y levitas en su mayoría (Esd. 7:7), a fin de continuar la reconstrucción del país, que → Zorobabel había iniciado en 537-515 a.C. Al llegar a Jerusalén ofreció sacrificios al Señor (Esd. 8:35) y presentó en seguida, a las autoridades persas, las cartas credenciales que lo autorizaban para iniciar labores en bien de su país (Esd. 8:36). Cumplidas estas formalidades, espirituales y de orden político, E. investigó la situación de los judíos que vivían en la Tierra Santa. Al descubrir la baja condición moral del pueblo, elevó a Dios una ferviente oración de gratitud por el "remanente" y pidió perdón por los pecados cometidos (Esd. 9:5-15). Fue tan intensa esta oración que el pueblo en masa se conmovió y ofreció colaborar con el caudillo en todas las reformas que él introdujera, siendo la mayor de ellas el → divorcio de las mujeres no judías (Esd. 10:1-44).

Según parece en una segunda misión a la Tierra Santa, en 444 a.C., E. sintió la urgente necesidad de proclamar el mensaje de las Sagradas Escrituras en medio del pueblo. Un día "juntó a todo el pueblo como un solo hombre" en una de las plazas de la ciudad y leyó ante hombres, mujeres y niños el "libro de la ley", "desde el alba hasta el mediodía", y "los oídos del pueblo estaban atentos al libro de la ley". Como dentro del inmenso auditorio había gente que no entendía el → hebreo en que la ley fue escrita, se consiguió a un selecto grupo de intérpretes para decir al pueblo, en lengua conocida (→ ARAMEO), todo cuanto el sacerdote leía (Neh. 8:1-18). Movido por el mensaje de las Escrituras, todo el pueblo confesó sus pecados (Neh. 9:1-37). Una vez hecha su reforma E. desaparece de la historia.

Uno de los libros de las Sagradas Escrituras lleva el nombre de E. Se le atribuye otra lista de libros que no forman parte del canon bíblico, incluyendo 1 Esdras de los libros intertestamentarios apócrifos (→ NEHEMÍAS).

A. P. P. y T. D. H.

ESDRAS-NEHEMÍAS, LIBRO DE

I. ESTRUCTURA

A. *Del libro de Esdras*

1. Regreso de los primeros cautivos dirigidos por Zorobabel y la reconstrucción del templo (537-515 a.C.), caps. 1—6.

(Laguna histórica: época de → Ester.)

2. La llegada de Esdras y los repatriados (458 a.C.), y la abolición de matrimonios mixtos, caps. 7—12.

B. *Del libro de Nehemías*

1. La llegada de Nehemías y la reconstrucción de los muros (444 a.C.), caps. 1-7.

2. La segunda misión de Esdras y las reformas de Esdras y Nehemías caps. 8-13.

Según esta interpretación del orden histórico, Esd. 4:6-23 no tiene que ver solamente con el templo, sino también con el muro y da ejemplos de la oposición por parte de enemigos. Aunque ocurrieron después, los incidentes de oposición son introducidos aquí, alternando el orden cronológico, porque complementan el tema de la oposición a la obra de Dios.

II. AUTOR Y FECHA

En el texto hebreo Esd. y Neh. son un solo libro. Se dividieron en dos en algunos mss de la → LXX, ca. 250 d.C.

Una tradición judía atribuye a → Esdras toda la obra de Cr. y Esd.-Neh., y W. F. Albright y algunos otros eruditos modernos sostienen esta tesis. Pero las listas de Cr. extienden su historia hasta ca. 400 a.C., de modo que, si Esdras fuera autor de toda la obra, habría que suponer un error en Ez. 7:7, en cuanto a la fecha de su llegada a Jerusalén (458 a.C.) y proponer una fecha posterior (como hacen Albright y muchos otros; véase abajo). Es mejor reconocer que la obra de Cr. y Esd.-Neh. es anónima, aunque contiene materias escritas por Esdras y Nehemías. De todos modos, es evidente que el autor de Cr. y Esd.-Neh. es un hijo espiritual de Esdras, si bien no fue el gran escriba mismo. La fecha más aceptable es ca. 400 a.C. Por supuesto, si Esdras no llegó a Jerusalén hasta 398 a.C. (véase abajo) la fecha sería posterior.

III. ORDEN HISTÓRICO

El problema más agudo en el estudio crítico de Esd.-Neh. es el de la relación histórica de los dos líderes. El texto bíblico, según parece, da el orden indicado en el párrafo sobre "estructura" (véase arriba). Y esta interpretación es apoyada por muchos eruditos modernos, como R. de Vaux; A. Fernández; C. H. Gordon; J. Stafford Wright, y R. K. Harrison.

Otros suponen que Esd. 7:7 debe referirse al año 27 (así F. F. Bruce) o 37 (así W. F. Albright y J. Bright) de Artajerjes I, o aun el año 7 de Artajerjes II, es decir 398 a.C. (así H. H. Rowley; G. Ricciotti; O. Eissfeld; G. Fohrer).

Los datos históricos y los argumentos son complicados y ninguna interpretación ofrecida hasta ahora está exenta de dificultades. No se puede negar la posibilidad de que se cometiera algún error en la transcripción de los mss y que en muchos casos nuestro entendimiento e interpretación de los métodos historiográficos antiguos es deficiente. Sin embargo, por ahora es mejor aceptar el orden cronológico que el mismo libro da, ya que cualquier otra teoría presenta mayores dificultades. Además, varios datos arqueológicos tienden a apoyar la autenticidad del contenido del libro.

El énfasis de Esd.-Neh. puso la pauta para el judaísmo posterior. Esdras reconoció que las influencias paganas sobre la vida y religión del pueblo conducían al fracaso. Además de proveer una historia del período postexílico, este libro y el ministerio de Esdras desempeñaron un papel determinante en la sobrevivencia de la comunidad judía, tan importante en el plan redentor de Dios. (→ NEHEMÍAS, PERSONA.)

T. D. H.

Bibliografía

Fernández, A. *Comentario a los libros de Esdras y Nehemías*, Madrid, 1950. Mazzacasa, F. "Esdras, Nehemías y el año sabático", *Revista bíblica*, 23 (1961), 1-8. Ibáñez Arana, A. "Sobre la colocación de Neh. 10", *Estudios bíblicos*, 10 (1951), 379-402.

ESENIOS. Grupos de judíos sectarios que se apartaron de la corriente principal de la vida judía; florecieron ca. 150 a.C. hasta 70 d.C. Josefo los nombra, con los fariseos y los saduceos, como la tercera "filosofía" en el judaísmo del primer siglo. Con él, Filón y Plinio el Mayor son los únicos historiadores contemporáneos que nos han dejado descripciones de las prácticas y creencias de las comunidades de los e., bastante diversas entre sí. Pero el descubrimiento de rollos depositados en las cuevas de → Qumrán por una secta, que casi todos identifican como esenia, ha permitido verificar los datos aportados por los historiadores.

Después de la guerra de los → macabeos, triunfó el separatismo (observancia estricta de la ley mosaica) entre los tres partidos: saduceos, fariseos y e. Estos últimos, antes del 76 a.C., rompieron con los demás y criticaron su laxitud; luego, protegidos por Herodes el Grande, realizaron campañas de misión y fundaron comunidades en casi todos los poblados de Judea. Sus adherentes ascendieron a unos 4000, pero los grupos individuales, que vivían generalmente en *ghettos* o en las afueras de los pueblos, no pasaban de 200 miembros. La guerra con Roma (66-70 d.C.) acabó con estas comunidades; los sobrevivientes se habrán integrado en las distintas agrupaciones judeo-cristianas y judías.

Los e. se consideraban como el pueblo escatológico de Dios, el de un nuevo pacto. Extremadamente escrupulosos, creían que su cumplimiento de la ley traería la intervención divina, en forma de guerra, que pondría fin al mundo. Por tanto, para la admisión a la secta, se requería un noviciado de dos o tres años, la renuncia a la propiedad privada y (en muchos casos) al matrimonio, y un juramento de obediencia incondicional a los superiores. Una vez aceptado el nuevo miembro trabajaba en agricultura, artes manuales, etc., pero sobre todo se dedicaba al estudio de las Escrituras y participaba en las discusiones comunitarias. Abluciones diarias y exámenes de conciencia garantizaban su pureza levítica.

R. F. B.

ESMERALDA. Piedra preciosa, la más dura después del diamante, de color verde transparente. Antiguamente abundaba en Edom (Ez. 27:16;

VM; 28:13). Había una de ellas en el pectoral del sumo sacerdote (Éx. 28:18; 39:11). Ap. 4:3 y 21:19 se refieren a la e. verde.   J. E. D.

ESMIRNA. Ciudad grande en la costa occidental de Asia Menor (hoy Izmir). Destruida *ca.* 600 a.C., quedó casi desierta hasta *ca.* 280 a.C. (cp. Ap. 2:8 "estuvo muerto y vivió"); su alianza con Roma era conocida por siglos, de manera que fue hecha la sede del culto al emperador (cp. Ap. 2:10, la breve persecución por venir). Bella y famosa, ostentaba un semicírculo de edificios públicos llamado "la corona de E." (cp. Ap. 2:10). Prosperó notablemente en su comercio (contrástese la pobreza material de la iglesia allí, Ap. 2:9). Contó con una colonia grande y agresiva de judíos, cuya hostilidad contra los cristianos les ganó el apodo "sinagoga de Satanás".

El evangelio llegó pronto a E., presuntamente de Éfeso (Hch. 19:10). "El ángel" de su iglesia recibió la segunda de las siete cartas de Ap. 2 y 3; una de las dos que elogian sin reservas a sus destinatarios. Efectivamente, la fidelidad (Ap. 2:10) y el valor abundaron en esta iglesia. Cuando Ignacio de Antioquía iba preso a Roma para el martirio *ca.* 115 d.C., escribió en E. cuatro de sus siete cartas; dos se dirigieron a esta congregación y a su obispo Policarpo. *Ca.* 156, a los 86 años de edad, Policarpo fue quemado vivo porque rehusó blasfemar a Cristo. R. F. B.

ESPADA. Hoja de metal, generalmente de hierro (cp. Is. 2:4), pero a veces de bronce, con una empuñadura (Jue. 3:22). Era la principal arma ofensiva del soldado antiguo, con la cual cortaba o atravesaba al enemigo (Ez. 16:40). Se llevaba en una vaina colgada del cinto (1 S. 17:51; 2 S. 20:8). Era recta o curva, con uno o dos filos, y de tamaño variado (Sal. 149:6).

Simbólicamente, la e. representa el juicio de Dios (Dt. 32:41; Sal. 17:13; Ro. 13:4; Ap. 2:12). También se usa como figura de la Palabra de Dios (Ef. 6:17; Heb. 4:12).   W. M. N.

ESPAÑA. Territorio de Europa meridional, citado expresamente en la Biblia sólo en Ro. 15:24,28, al cual Pablo tuvo gran deseo de visitar. Se le menciona en el libro apócrifo de 1 Macabeos (8:3,4) como tierra de minas de plata y oro, y se destaca la resistencia de sus habitantes frente a la dominación romana.

Teóricamente E. cayó bajo la hegemonía romana en 197 a.C., pero no cedió enteramente sino hasta el 19 a.C. Luego se desarrolló económica y culturalmente con más rapidez que ninguna otra parte del imperio. De modo que el plan de Pablo de visitarla, ayudado por los cristianos de Roma, era sabio y representaba una nueva fase de su misión. No se sabe si el apóstol realizó el viaje o no. De E. nada dicen las → Epístolas pastorales, pero Clemente de Roma, escribiendo en 95 d.C., afirma que Pablo llegó "al límite del oeste", expresión que es más aplicable a Gibraltar que a Roma.

Los judíos medievales identificaban a E. con Sefarad, nombre que aparece en la Biblia (Abd. 20). Sin embargo, todo parece indicar que esta última era más bien una región (probablemente en las cercanías del mar Negro) a donde fueron a parar algunos judíos deportados. Las evidencias, en cambio, favorecen a la antigua → Tarsis de la que se habla en el AT. A ésta se la identifica con Tarteso, ciudad que se hallaba junto a la desembocadura del río Guadalquivir, famosa por su actividad comercial. La expresión "naves de Tarsis" significaba grandes navíos equipados para largas travesías (1 R. 10:22), lo cual bien pudo ser actividad de E.
C. R.-G. y R. F. B.

ESPECIAS. Nombre genérico de las sustancias fragantes de origen vegetal, muy preciadas en la antigüedad por su uso en cosméticos, → aceite sagrado, → incienso, → perfumes y → ungüento sepulcral (→ EMBALSAMAMIENTO). Las principales eran → mirra, → áloe, → canela, → caña aromática y → casia, importadas muchas veces de Mesopotamia, India y Arabia del Sur. Las e. comunes (canela, menta, → eneldo y comino) usadas como condimento en la elaboración de vinos (cp. Cnt. 8:2) se producían en Palestina.

En varias ocasiones RV traduce → "aromas" (Cnt. 4:16; 5:1; 8:14) o "perfumes" (2 Cr. 9:24; 32:27; Est. 2:12; Is. 3:24) donde el heb. dice "e".   J. A. G.

ESPECTÁCULO. → TEATRO.

ESPEJO. Utensilio de uso común que en la antigüedad se contaba entre los artículos de lujo (Is. 3:23). Consiste en una superficie lisa y pulida, capaz de reflejar los objetos.

Aun en el desierto las mujeres israelitas llevaban sus espejos. Hechos de bronce, fueron empleados por Moisés para hacer la gran fuente de bronce del tabernáculo.   BM

Antiguamente los e. se fabricaban de diversos metales; por ej., de bronce (Éx. 38:8; cp. Job 37:18), pero desde la época romana se emplearon lunas de cristal azogado. Posiblemente el "mar de vidrio semejante al cristal" delante del trono divino fuera un e. enorme (Ap. 4:6).

En 1 Co. 13:12 y otros textos se alude a la imperfección de los e. antiguos, o quizás a los de metal.

Stg. 1:23 compara la Palabra de Dios con un e. y destaca la revelación que del hombre mismo encontramos en ella. El Apóstol Pablo afirma en 2 Co. 3:18 que nosotros contemplamos la gloria del Señor como en un e. El texto puede implicar también que reflejamos la gloria del Señor a manera de e. (cp. 2 Co. 3:18 BJ).

A. P. P.

ESPERANZA. Virtud teologal que en la Biblia a veces expresa la simple expectación de un bien o de un mal futuro, pero más característicamente se identifica con la → fe y la obediencia enmarcadas en una escatología netamente cristiana.

Para los escritores del AT, Dios es la e. de Israel (Jer. 14:8). Confían en él (Jer. 17:7), descansan pasivamente en él (Sal. 42:5) o anticipan activamente la bendición divina (Sal. 62:5ss.). La religión del AT es la religión de la e., cuya garantía es el → pacto de Yahveh (Neh. 1:5), confirmado por sus gloriosos actos a favor de su pueblo. La e. anima la posesión de Canaán (Gn. 15:7; Éx. 3:8,17), y una vez lograda ésta se espera siempre la protección de Yahveh (Esd. 9:9). Hasta en medio de la transgresión del pueblo o del juicio divino, hay e. para el → remanente fiel.

En el pensamiento del AT, la e. no aparece sólo en la necesidad; está siempre presente por su afirmación en el pacto. Abarca las situaciones más desesperantes y los proyectos nacionales más audaces (Is. 2:2,4; Miq. 4:1-4). Es símbolo de vida; por tanto, sólo los vivos tienen e., pues ellos contemplan a Dios y le reconocen; no así los muertos (Job 6:11; 7:6; Ecl. 9:4; Lm. 3:4-9). El justo tiene plena e., y ésta se le tornará en alegría (Pr. 10:28).

En el NT, Cristo es la esperanza del cristiano (1 Ti. 1:1). Aunque en los Sinópticos no aparece una doctrina expresa de la e., hay una constante exhortación a ella. El mensaje de Jesús es un mensaje de e. (Mt. 4:17; Mr. 1:15; Lc. 4:43). En Ro. (8:24s., v.g.), Pablo presenta la e. como una expectación confiada y paciente de lo que no se ve (cp. Heb. 11:1). La e. del cristiano tiene por objeto poseer los bienes del reino de Dios que, al igual que éste, son presentes y futuros (Ro. 8:17,24; 2 Co. 4:17; Ef. 2:12; 1 Ts. 4:13). Juan también afirma que la vida eterna es una posesión presente, pero se perfecciona en el futuro (Jn. 5:28).

Si por una parte es pecado desear ser como Dios, por otra parte también lo es la falta de e. y la resignación. La Carta a los hebreos exhorta contra la apostasía de la e. en medio de la tribulación. Los enunciados de la e. de los últimos días se basan en las posibilidades de Dios. La e. cristiana, por tanto, provoca un pensamiento crítico sobre el pasado y el presente; conoce la crisis y se aferra a la promesa divina.

En el NT, la e. de los hijos de Dios también es la e. de la creación entera (Ro. 8:19ss.).

O. R. M.

ESPIGAR. El acto de recoger las espigas que dejan los segadores de granos. Los pobres, huérfanos, viudas y extranjeros salían a e. durante las cosechas (Lv. 19:9,10; 23:22; Dt. 24:19). El ejemplo clásico de esta costumbre es → Rut que espigaba en el campo de Booz (Rt. 2:3,23).

Lo mismo se hacía también en las cosechas de uvas y olivas, pero en estos casos la palabra hebrea se traduce al español por "rebuscar" (Lv. 19:10; Dt. 24:20,21; Jue. 8:2; Jer. 6:9; 49:9,10).

J. E. G.

ESPINOS. → CARDOS.

ESPÍRITU. Traducción de la voz heb. *ruakh* y la gr. *pneuma* que significan "aire en movimiento", "viento" o "aliento".

La *ruakh* es la señal y el hálito de vida. Se considera el principio vital tanto del hombre como del animal (Gn. 6:17; 7:15, 22; Ez. 37:10-14), y es sensible de debilitamiento por causas como la sed y el cansancio (Jos. 15:19). Los ídolos no tienen *ruakh* (Jer. 10:14; 51:17).

Tres palabras definen el e. como aliento vital, *nefes, ruakh* y *neshamah,* y según todas ellas este aliento es puesto por Dios para el inicio de la vida. Al primer hombre, Dios le "sopló en su nariz aliento de vida, y fue el hombre un ser viviente" (Gn. 2:7). Jehová es el Señor del aliento que el hombre posee (Job. 27:3; 33:4). Como tal, cuando Jehová retira el aliento del hombre, regresa a él que lo dio, y el cuerpo vuelve al polvo de la tierra (Job. 34:14; Sal. 104:29s.; 143:7; Ec. 12:7).

Primitivamente los israelitas no especulaban sobre la naturaleza del e. Sólo les interesaba su acción (Ez. 37:9). Aun el judaísmo posterior no concebía el e. filosóficamente; la única mención del e. como inmaterial, inteligente, eterno y que todo lo penetra se encuentra en el libro griego de *Sabiduría* (7:22s.). La influencia helenista determinó que el judaísmo llegara a distinguir entre principios materiales e inmateriales, hasta el grado de definir una psiquis, alma o e. capaz de subsistir fuera del cuerpo. Más tarde aun llegó a considerarse el cuerpo como una cárcel del e. pensador.

El término "e." *(pneuma)* en el NT aún conserva el sentido original de la palabra *ruakh* ('aliento' o 'viento'). Sin embargo, ya se concibe más filosóficamente (2 Ts. 2:8; cp. Is. 11:4; Jn. 3:8; 20:22; heb. 1:14). Se da como un hecho que el e. subsiste después de separarse del cuerpo, ya sea en el cielo o en el → infierno (Mt. 27:50; Lc. 8:55; 23:46; Stg. 2:26; Ap. 11:11). Con frecuencia el término "e." se refiere a todo el hombre (Gá. 6:18; 2 Ti. 4:22).

Sólo hay dos citas (1 Ts. 5:23 y Heb. 4:12) en que además del cuerpo se mencionan los términos "alma" *(psyjé)* y "e.". Basándose en ella algunos afirman que el hombre es un ser tripartito, compuesto de tres elementos: cuerpo, alma y e. Sin embargo, la Biblia subraya la unidad del hombre.

En las Escrituras encontramos que el e. es el centro de la personalidad. Como asiento de las emociones, se impresiona, entristece, apacigua o aíra (Lc. 1:47; Jn. 11:33; 1 Co. 4:21; Gá. 6:1; Ef. 4:23; 1 P. 3:4). Es el centro del pensamiento, la imaginación, la astucia, y la reflexión (Lc. 1:80; Hch. 18:25; Ro. 7:6; 1 Co. 2:11; 2 Co. 2:13). También se refiere a las determinaciones de la voluntad, las disposiciones, las intenciones, los actos, la comunión (Mt. 26:41; Hch. 20:22; Lc. 1:17; Mt. 5:3; Jn. 4:23; Ro. 12:11; 2 Co. 4:13). No podemos dividir rígidamente las manifestaciones del e., pues por lo general se dan simultáneamente. Las sensaciones espirituales afectan otras capacidades del hombre (Jos. 2:11; 1 S. 30:12; Sal. 51:12; Is. 19:3).

El apóstol Juan habla del e. de error y de verdad (1 Jn. 4:6), y el apóstol Pablo afirma que hay lucha entre la → carne y el e. (Ro. 7). Para Pablo el e. del hombre se relaciona con el de Dios (Ro. 8:15,16; 1 Co. 6:17), es decir, Dios da al hombre "e. de adopción". Por eso el hombre puede clamar a Dios en términos familiares. (→ ESPÍRITU SANTO.)   A. Q. G.

ESPÍRITU INMUNDO. → DEMONIO.

ESPÍRITU SANTO. Nombre más común de la tercera persona de la Trinidad; el poder divino no creado sino creador, trascendente al hombre pero capaz de morar en el corazón y el espíritu humanos. No es una mera influencia benigna, pues participa plenamente de la vida y autoridad de Dios, y por medio de él Dios se manifiesta más frecuentemente dentro del cosmos y la experiencia humana. También se conoce como Espíritu de Dios, Espíritu de Cristo, Espíritu de Jehová y por los símbolos de aliento, viento, paloma, fuego y dedo de Dios.

I. LA PERSONALIDAD DEL ESPÍRITU SANTO

El E. S. se manifiesta como persona: posee intelecto (Is. 11:2; 1 Co. 2:10,11), emociones (Is. 63:10; Ef. 4:30) y voluntad (1 Co. 12:11). Su personalidad se revela asimismo a través de sus obras, pues enseña (Jn. 16:13), guía (Ro. 8:14), consuela (Jn. 14:26), intercede (Ro. 8:26), redarguye (Jn. 16:8) y manda (Hch. 8:29; 13:2; 16:6,7). El uso de los pronombres personales, tales como "él", "me", y "mí", presupone una personalidad (Jn. 15:26; 16:13,14; Hch. 13:2).

II. LA DEIDAD DEL ESPÍRITU SANTO

Es abundante el testimonio en las Escrituras con respecto a la deidad del E. S. y a su igualdad con el Padre y el Hijo. Lo afirman sus títulos: "Espíritu de Dios" (Gn. 1:2), "Espíritu de Jehová" (Jue. 3:10), "Espíritu del Señor" (Lc. 4:18), "Espíritu de Cristo" (Ro. 8:9). La fórmula bautismal lo relaciona directamente con Dios el Padre y con Cristo (Mt. 28:19; cp. 2 Co. 13:14). Sus atributos también afirman su

deidad: es eterno (Heb. 9:14), santo (Ro. 1:4), sabio (Is. 11:2), omnipotente (Sal. 139:7-12) y omnisciente (1 Co. 2:10,11). De igual manera, sus obras comprueban su deidad (véase abajo).

III. LA OBRA DEL ESPÍRITU SANTO

El E. S. participó en la creación del mundo (Gn. 1:2; Job 26:13; 33:4; Sal. 104:30). La revelación bíblica es obra del E. S. en dos sentidos: (1) él inspiró a los autores humanos de la Biblia para que escribiesen correctamente el mensaje de Dios (2 S. 23:2; Is. 59:21; Jn. 14:26; Hch. 28:25; 2 P. 1:20,21); (2) él ilumina a quien lee las Escrituras, completando así la comunicación de Dios al hombre (Jn. 14:26; 16:13; 1 Co. 2:10-12). A veces el E. S. capacita de manera especial a un individuo para realizar una obra particular, p.e. → Bezaleel (Éx. 31: 1-5), → Josué (Nm. 27:18), → Gedeón (Jue. 6:34), → Sansón (Jue. 13:25; 14:6,19; 15:14), y → David (1 S. 16:13).

A. *Relacionada con Cristo*

El E. S. desempeñó un papel muy importante en la vida de Cristo. Lo engendró en el vientre de la virgen → María (Mt. 1:20; Lc. 1:35); lo sostuvo en la tentación (Mt. 4:1; cp. Lc. 4:1); le proporcionó poder y autoridad para su ministerio (Mt. 12:28; Lc. 4:14,18); lo capacitó para su muerte expiatoria (Heb. 9:14), lo levantó de entre los muertos (Ro. 1:4; 8:11) y le da testimonio y gloria (Jn. 15:26; 16:13s.). El E. S. proveyó al Hijo encarnado de todo poder y autoridad que le eran necesarios durante su permanencia entre los hombres (Hch. 10:38; → ENCARNACIÓN).

B. *Relacionada con los apóstoles*

El E. S. también manifestó su poder a través de los apóstoles. Éstos con los demás discípulos fueron llenos del E. S. el día de → Pentecostés (Hch. 2:1-4) y con la autoridad del mismo testificaron ante gobernantes y el público (4:8,31), expulsaron demonios y sanaron enfermos (8:7; 19:12; etc., cp. Jn. 14:12ss.). El E. S. fue el prometido "Consolador" que ocupó el lugar de Cristo después de la Ascensión (Jn. 14:16ss.; 15:26; 16:7ss.).

C. *Relacionada con los incrédulos*

El E. S. impide el pecado (Gn. 6:3) y redarguye al individuo (Jn. 16:7-11). Mentir al E. S. es una falta grave y peligrosa, como demuestra el castigo de → Ananías y Safira su mujer (Hch. 5:1-11), y muchos creen que la persistente resistencia al llamado del E. S. es el muy discutido → pecado de "muerte" (1 Jn. 5:15), y constituye una blasfemia imperdonable (Mt. 12:31s.; Mr. 3:28s.; Lc. 12:10).

D. *Relacionada con los creyentes*

El E. S. actúa en la vida de los creyentes de las siguientes maneras: los regenera (Jn. 3:3-7; Tit. 3:5), los bautiza en el cuerpo de Cristo (1 Co. 12:13; Ro. 6:3,4; Ef. 4:4,5), los sella (2 Co. 1:22; Ef. 1:13; 4:30), mora en ellos (Ro. 8:9,11; 1 Co. 6:19; 1 Jn. 4:13), intercede por ellos y les ayuda en la oración (Ro. 8:26; Ef.

2:18; 6:18; Jud. 20,21), les hace fructificar (Gá. 5:22,23), les reparte dones (1 Co. 12–14; Ef. 4:7-13) y los llena (Ef. 5:18).

Se debe notar que la plenitud del E. S. se distingue del bautismo del E. S. El bautismo del E. S. es un acto cumplido en el momento de la regeneración, por medio del cual el creyente es incorporado en el cuerpo de Cristo (1 Co. 12:13). En cambio, la plenitud del E. S. es una experiencia que todo creyente debe buscar constantemente y que puede repetirse con frecuencia, como se puede ver por lo relatado en el libro de los Hechos (2:4; 4:8,31; 6:3,5; 7:55; 9:17; 11:24; 13:9,52). Aunque no hay mandamiento bíblico de que seamos bautizados en el E. S., sí lo hay de que seamos llenos del E. S. (Ef. 5:18). (→ABOGADO, DONES ESPIRITUALES, INSPIRACIÓN, SANTIFICAR.)

D. M. H.

ESPOSO-ESPOSA. La relación entre e. y e. constituye la unidad básica de la familia y de la sociedad. Su origen lo presenta la Biblia como un acto expreso de Dios, por el cual primero forma a la mujer y luego declara: "por tanto, dejará el hombre a su padre y a su madre, y se unirá a su mujer, y serán una sola carne" (Gn. 2:24). Temprano en el tiempo del AT el término "señor" designaba al e. (*Ba'al*, dueño de la mujer). Más tarde Oseas usa la expresión *Ishi*, "marido mío" (2:16).

y su pueblo o entre Cristo y su iglesia. Los profetas usan la comparación directa, y aun dramática, como →Oseas (Jer. 2:2; Ez. 16:8; Os. 2:16).

Algunas veces en el NT se hace referencia a los desposados como si fueran esposos. La imagen del novio es transferida de Jehová a Cristo (Mt. 9:15; 25:1-3; Jn. 3:29) y la de la novia a la iglesia (2 Co. 11:2; Ap. 19:7; 21:2; 22:17). San Pablo convierte la comparación así establecida en una ilustración de la posición y deberes mutuos del e. y la e. (Ef. 5:22,23). En la escena final de Apocalipsis (22:17) el Espíritu y la e. dicen al e., "Ven".   V. M. R.

ESTACTE. Uno de los cuatro ingredientes aromáticos del incienso sagrado que se quemaba "delante del testimonio en el tabernáculo de reunión" (Éx. 30:34-38). Es la goma resinosa y fragante que se obtiene del estoraque. (→ ÁLAMO.)   J. A. G.

ESTADIO. 1. Medida lineal de origen griego, utilizada en Palestina en el primer siglo. Equivale a 600 pies, pero ya que el patrón del pie variaba, el e. podía medir 178 m (ático), 165 m (pítico), etc. En Palestina es probable que midiera 185 m (alejandrino).

2. Pista alargada donde los griegos celebraban sus carreras. El nombre se deriva del famoso E. de Olimpia que tenía un e. de longitud. (cp. 1 Co. 9:24).   A. P. P.

Se sabe que los llamados Estanques de Salomón existían en la época del rey Herodes, y posiblemente fueron en verdad construidos por el mismo Salomón. Su esfuerzo por resolver el problema crónico de la escasez de agua en Jerusalén puede haberle motivado a llevar el agua desde este sitio, bastante distante de la ciudad, en la carretera a Hebrón.   IGTO

Además de proveer orientación divina para los mutuos deberes conyugales, la Biblia enaltece la relación entre e. y e. al usarla simbólicamente para referirse a la relación espiritual entre Dios y su pueblo. "Empezó a fornicar" (Nm. 25:1-3; cp. Ez. 6:9), se usa como descripción del quebrantamiento de esa relación por un acto carnal de idolatría.

Si tomamos el libro de Cantares como un poema alegórico, éste nos presenta las relaciones ideales entre el e. y la e., vale decir, entre Dios

ESTANQUE. Depósito de agua distinto de una → cisterna por estar al descubierto. Durante el estío las lluvias cesaban en Palestina, y los e. naturales se secaban, por lo que era imprescindible recoger agua en depósitos artificiales y permanentes (Ec. 2:6).

La arqueología moderna ha puesto de relieve la necesidad de depósitos de agua en ciudades expuestas a ataques por el enemigo. Así, Ezequías cavó un túnel de más de 500 m de largo para traer el agua de la fuente de Gihón al e. de

Siloé, dentro de las murallas de Jerusalén (2 R. 20:20; cp. Neh. 3:15; Jn. 9:7,11). (→BETESDA, SILOÉ.)

No es fácil ubicar ahora con precisión arqueológica los famosos e. de Jerusalén. El lugar de → Siloé es conocido y se cree que → Betesda (Jn. 5:2) se hallaba en el sector NE de la ciudad. Importantes eran los e. "de abajo" y "el viejo" entre los muros (Is. 22:9-11).   E. H. T.

ESTAÑO. Metal utilizado antes del éxodo (Nm. 31:22). No se encontraba en Egipto ni en Palestina, así que era necesario importarlo. Parece haber sido traído por los tirios, de Tarsis (Ez. 27:12), Madián, Persia, España o aun de Inglaterra en buques fenicios.

En Ez. 22:18-20 el e. se considera como escoria de la fundición de la plata. Se usaba para fabricar joyas y como componente de la materia prima del vidrio.   J. E. D.

ESTAOL. Población situada en el extremo NO de Judá. Fue primeramente concedida a la tribu de Judá, como parte de su heredad (Jos. 15:33) en las llanuras de esa zona. Posteriormente, junto con Ir-semes y Zorá, fue entregada a la tribu de Dan (Jos. 19:41). Fue en E. y Zorá donde Sansón demostró por primera vez su extraordinaria fuerza (Jue. 13:25) y allí mismo fue sepultado (Jue. 16:31).   M. V. F.

ESTEBAN (gr. = 'corona'). Uno de los siete designados por la iglesia de Jerusalén para ayudar a los apóstoles, en el servicio a los pobres (Hch. 6:1-7). Desde el principio, el cristianismo atraía tanto a judíos de habla griega de fuera de Palestina, como a los de habla aramea, nacidos en el país. Algunos opinaban que en la distribución de la ayuda se favorecía al segundo grupo mencionado y, por tanto, fue necesario escoger → diáconos ('ministros' o 'servidores') que supervisaran este ministerio, sin sobrecargar a los apóstoles. E. se distinguía entre aquéllos por estar "lleno de fe y del Espíritu Santo". Los nombres griegos indican que, con la excepción de Nicolás, "prosélito de Antioquía", los diáconos eran judíos →helenistas.

Hch. 6:8,10 indica que E. se destacaba por la gracia, poder y sabiduría que manifestaba en su ministerio, el cual fue mucho más amplio que el de diácono. Su ministerio excitó la hostilidad de los judíos y su incontestable argumentación los irritó aún más (6:11-15). La acusación contra E. fue casi la misma que se había lanzado contra el Señor (Mr. 14:58) y que posteriormente sería blandida contra Pablo (Hch. 21:28). Su autodefensa, no calculada para obtener su libertad, fue un ataque contra las tradiciones judaicas.

E. afirmó que quienes hacía poco habían dado muerte a Cristo y ahora resistían su evangelio eran los legítimos hijos de los que siempre se habían opuesto a los profetas. Luego, cuando E. declaró que veía a Cristo a la diestra de Dios, la multitud furibunda lo sacó de la ciudad y lo apedreó. En la muerte E. manifestó un espíritu semejante al de Cristo, al pedir que se perdonara a sus enemigos. Fue el primero de los mártires (gr. = 'testigos'). Fuera legal o no la ejecución, parece que Pilato, que generalmente vivía en Cesarea, no mostró interés en el asunto.

El discurso de E. es el más largo del libro de Hch. (7:2-53) lo cual indica la importancia que tuvo para el autor, Lucas. El sumario de la historia judía contradice los cargos de los testigos falsos (6:11,13), puesto que revela la reverencia de E. hacia Dios y su respeto por Moisés, el gran legislador de Israel. El propósito del discurso era probar que la presencia y la gracia de Dios no se limitaba a un país o santuario en particular. Demuestra que desde el principio de su historia los judíos habían manifestado el mismo espíritu ingrato y egoísta que les caracterizaba en esta ocasión.

La persecución consecuente redundó en la extensión del evangelio fuera de Jerusalén (Hch. 8:1,4; 11:19). Posiblemente el martirio de E. influyó en la conversión de Pablo, quien colaboró en la ejecución (7:58; 8:1,2; 22:20). Es claro que E. comprendió cabalmente el rompimiento completo y necesario del cristianismo con las ceremonias judaicas. En esto preparó el camino para la exposición de Pablo y del autor de Heb. sobre este asunto.   L. S. O.

ESTÉFANAS (gr. = 'coronado'). Dirigente de la iglesia de Corinto, cuya servicial familia fue la primera de Corinto (o Atenas) convertida por medio de Pablo (1 Co. 16:15s.). Se contaba entre los pocos bautizados personalmente por el apóstol (1 Co. 1:16). Con → Acaico y → Fortunato visitó a Pablo en Éfeso (1 Co. 16:17).   P. W.

ESTER. Esta hermosa mujer judía, del linaje de Benjamín (Est. 2:7), es colocada como heroína de su pueblo en una hora de crisis (4:14ss.). Era huérfana de padre y madre, pero fue adoptada como hija por su primo →Mardoqueo (2:7), hombre inteligente (2:20), caritativo (2:7), precavido (2:11), fiel al rey (2:22) y firme en sus convicciones religiosas (3:2). Su nombre hebreo era *Hadasa* (2:7).

Ester fue elegida por esposa del rey → Asuero, y en este cargo le fue necesario ocultar su origen judío (2:10,20). Sin embargo, esto le permitió gobernar en favor de los suyos. Su primer gran enemigo dentro de la corte fue el extranjero → Amán, el primer ministro nombrado por Asuero y cruel enemigo de los judíos (3:1). Amán hizo que el rey firmara un decreto de destrucción contra los israelitas (3:9-15), pero Mardoqueo supo del peligro que se cernía sobre su pueblo y acudió a la reina Ester para ordenarle inmediata intervención (4:12-14). Ester ayunó (4:16), lo cual indica su sincera piedad, y uniendo su diplomacia de reina con la inteligencia de su primo Mardoqueo, quien le obedeció en todo (4:17), obtuvo que el decreto del exterminio fuese derogado y que el rey dictase otro decreto en favor de los perseguidos (7:1–8:12). Amán fue condenado a morir en la horca que él mismo ·había ordenado levantar para Mardoqueo (7:10). Desde entonces los judíos conmemoran esta victoria con la fiesta nacional llamada → "Purim" (9:17-32). Después de la muerte de Amán, Mardoqueo ocupó el puesto de primèr ministro del gran Imperio Persa (10:3) que, al decir de la Biblia, "se extendía desde·la India hasta Etiopía, sobre ciento veintisiete provincias" (1:1).

Ester se distingue no sólo por su hermosura física y buen parecer (2:7), sino por su obediencia (2:20) y humildad; su admirable discreción (2:10.20) y simpatía (2:7,15); su carácter de esposa compasiva (2:22; 4:4) y preocupada por el bienestar de sus semejantes (4:5); su valor (4:11,16; 5:1) y diplomacia (5:4,12); su dureza con los perversos (7:6) y su fe (4:16).

Est. ha sido fuente de inspiración para numerosas obras inmortales. Entre ellas figuran la tragedia *Ester* de Jean Racine, y la tragicomedia *La hermosa Ester*, según Menéndez y Pelayo, "la mejor comedia bíblica de Lope de Vega".

A. P. P.

ESTER, LIBRO DE

Libro anónimo de fecha incierta, escrito después de la muerte de Asuero (m. 465 a.C., cp. 10:2). Probablemente data de entre 450 y 300, aunque algunos han abogado a favor de una fecha en relación con los macabeos (*ca.* 150 a.C.). Llegó a ser un libro predilecto de los judíos y aún se lee cada año en la fiesta de los Purim. (Para su contenido →ESTER.)

I. Género Literario

Tradicionalmente el libro se ha aceptado como histórico, pero algunos eruditos modernos lo han considerado como ficticio o aun mitológico. Sin embargo, ahora suele reconocerse que por lo menos el libro posee cierto núcleo histórico, puesto que el autor demuestra conocimientos fidedignos de la época → persa. Aunque existen problemas en la interpretación histórica –particularmente el silencio de las fuentes seculares del reino de Jerjes en cuanto a → Vasti y Ester– esto no significa que el libro no sea histórico. Mardoqueo tampoco se conocía en la historia secular hasta la publicación en 1940/41 de textos que mencionan este nombre y lo identifican como un alto funcionario en el gobierno de Jerjes. Por otra parte, no es imposible que un libro de otro género literario fuera admitido en el → canon como inspirado. El que un libro tenga carácter netamente histórico o de novela histórica, no destruye la teología, las lecciones y el valor para el lector moderno.

II. Teología

El tema principal de Est. es la milagrosa conservación de los judíos. Varios teólogos y eruditos (v.g., Lutero, Eissfeldt, Fohrer) han menospreciado el mensaje del libro, debido, en parte, al presupuesto teológico amilenial según el cual la iglesia ha reemplazado a Israel y los judíos, como nación, ya no tienen lugar en el plan de Dios (cp. Gá. 3:28; Ef. 2:14; Col. 3:11).

Este presupuesto, sin embargo, es refutado no solamente por otras escrituras (Mr. 13:28-30; Ro. 11), sino también por la historia moderna de → Israel (cp. Lc. 21:24). Dios se ha comprometido a conservar tanto a la iglesia (Mt. 16:18) como a los judíos, con el propósito de unirlos todos en Cristo (Ro. 11:24; Ef. 1:9,10).

Tanto el antisemitismo sin precedente en el siglo XX, como el milagro de la conservación y el restablecimiento de los judíos en la Tierra Santa (1948), atestiguan la importancia del mensaje de Est. para el hombre contemporáneo (Gn. 17:7,8; Mr. 13:31).

En segundo lugar, por su militante sabor patriótico, Est. constituye la más fuerte afirmación divina en toda la Biblia del nacionalismo legítimo; es decir, un nacionalismo sano que no llega a extremos idolátricos (cp. Ap. 22:2). Para la época actual de nacionalismo sin precedentes, la importancia del libro es obvia. Por supuesto, queda el problema del espíritu vengativo de Est. (cap. 9; esp. v. 13), pero este problema no se limita a este libro (→ VENGANZA, SALMOS).

En tercer lugar, Est. enseña una notable teología de la providencia de Dios, relacionada con la política y el gobierno humano (→JOSÉ). Aunque nunca menciona el nombre de Dios explícitamente, Est. testifica elocuentemente del cuidado de la mano divina, que dirige la historia humana (4:14; Ef. 1:11) y cumple las promesas del → pacto (Gn. 12:3; Lv. 26:7,8).

Finalmente, Est. es notable por su inolvidable heroína. En una época caracterizada por la "cosificación" de la mujer (cap. 1 y 2) es impresionante que Dios haya escogido a una mujer sagaz y valiente, no como objeto, sino como sujeto e instrumento de la liberación (→DÉBORA).

III. Texto en el Canon

El texto de la LXX incluye varias adiciones largas y piadosas (→APÓCRIFOS DEL AT). Hasta el presente, Est. es el único libro del AT no incluido entre los manuscritos de → Qumrán, ni citado en el NT.
T. D. H.

ESTERILIDAD. En las sociedades orientales se tenía por maldición divina el que una esposa fuese incapaz de concebir (Gn. 30:2; 1 S. 1:5), un reproche que podía conducir al divorcio u otra alteración en el hogar (Gn. 16:2). La bendición de Dios se manifestaba al desaparecer la e., ya fuera de todo el pueblo (Dt. 7:14), o de un individuo (Gn. 25:21). Lo horroroso del juicio que se cernía sobre Jerusalén resalta en el dicho "benditas las estériles" (Lc. 23:29).
I. W. F.

ESTIÉRCOL. Excremento animal usado para abono (Sal. 83:10; Lc. 13:8) y combustible (2 R. 6:25; Is. 25:10; Ez. 4:12-15).

En regiones desiertas, donde escaseaban los árboles, se acostumbraba, y se acostumbra aún, mezclar el e. de camellos, asnos y bueyes con paja o hierba seca para formar ladrillos que, una vez secos, se usaban en vez de leña.

El "muladar" era donde echaban el e. Una de las puertas de la ciudad de Jerusalén se llamaba "puerta del Muladar" (Neh. 3:14).

"E." se usaba en sentido figurado. Estar "postrado sobre el muladar" era señal de pobreza y humillación (1 S. 2:8; Lm. 4:5; cp. Mal. 2:3). Para castigar a un hombre a veces convertían su casa en "muladar" (Dn. 2:5; 3:29). Comparar una cosa con el e. implicaba desdén, v.g. el cadáver de Jezabel (2 R. 9:37; cp. Job 20:7; Sof. 1:17) y las glorias de este mundo (Fil. 3:8).   J. E. G.

ESTOICOS. Nombre que recibían los seguidores del filósofo Zenón de Citio (335-263 a.C.), fundador del → estoicismo, quien se reunía con sus discípulos en el "pórtico (gr., *stoa*) pintado" de Atenas. La historia del grupo se extiende desde el 300 a.C. hasta el 200 d.C.

En el tiempo de San Pablo los e. junto con la escuela opuesta de los → epicúreos, eran considerados como la principal corriente filosófica de entonces (Hch. 17:16-34). En el siglo III d.C. la escuela desapareció, pero su influencia se mantuvo; p.e. entre muchos Padres de la iglesia.

Los e. reunían doctrinas de los antiguos filósofos griegos (Heráclito, Platón, Aristóteles) pero su enseñanza se centraba en la ética. No constituían propiamente una escuela sistemática, sino una disciplina hondamente arraigada en la vida, la cual como substituto de la religión, pretendía proporcionar al hombre educación y un asidero para el alma. En general, enseñaban un panteísmo materialista (Dios y el mundo son una misma realidad). Dios era visto como una especie de alma del mundo, que lleva en sí los gérmenes o fuerzas seminales (gr., *lógoi spermatikoí*) de toda la evolución cósmica. La totalidad del acontecer estaba sometida a un plan divino (doctrina del destino-providencia) que da al cosmos su unidad, sentido y belleza. No obstante, la libertad desaparece en el fatalismo.

El ideal mayor de los e. era "el hombre sabio", el que vive conforme a la naturaleza (e.d. racionalmente), domina las pasiones y soporta sereno el sufrimiento. El fin último (sumo bien) de su ética era la felicidad, que consiste en vivir conforme a la virtud que es el bien. Muy características de los e. fueron también las doctrinas de la igualdad de todos los hombres y el cosmopolitismo.

El estoicismo, aunque austero, podía adaptarse a muchas de las verdades cristianas; mucho del lenguaje que Pablo usa en el → Areópago está tomado del estoicismo. Con todo, los e. de su época no le prestaron mucha atención.
V. A. G.

ESTRADO. Apoyo para los pies del rey, colocado frente al trono que generalmente era bastante alto para destacar la majestad del soberano (2 Cr. 9:18).

La palabra se usa en sentido figurado. El templo, centro de la teocracia en Israel, es llamado e. de Jehová el Rey (Sal. 99:5; 132:7; Ez. 43:7). Su soberanía sobre toda la tierra (Is. 66:1) ha de manifestarse cuando todos sus enemigos sean puestos bajo su e., e.d., sujetos a Cristo, el Mesías (Sal. 110:1, versículo citado cinco veces en el NT).   D. J.-M.

ESTRELLA. Traducción del término con que los hebreos denominaban a todos los luminares celestes como planetas, meteoros y cometas, con excepción del sol y la luna.

Las e. son creadas por Jehová. Él ha fijado sus órbitas (Jue. 5:20) y su número, y las llama por nombre; por eso pregonan la gloria de Dios (Gn. 1:16; Sal. 8:3; 19:1-6; 147:4; Is. 40:26).

La innumerable multitud de e. es símbolo de la generosidad de Dios (Gn. 15:5; 22:17; 26:4; Dt. 1:10; 10:22; 28:62; Neh. 9:23; Nah. 3:16; Heb. 11:12). Incidentalmente se mencionan constelaciones en el AT, pero raras veces es posible interpretar con seguridad las palabras hebreas. Se han sugerido las siguientes identificaciones: Arcturus, u Osa Mayor (Job 9:9; 38:32); los (doce) signos del zodíaco (2 R. 23:5; Job 38:32); Orión "el cazador" y las Pléyades (Job 9:9; 38:31; Am. 5:8).

En el Oriente desde la antigüedad se ha creído que las e. ejercen influencia sobre el destino de los hombres, y por esto se les atribuye inteligencia y poder que pueden beneficiar al hombre (Jue. 5:20; cp. Hch. 27:20). Así, muchas religiones consistían en el culto que en mayor o menor grado se tributaba a las e.

Los egipcios, fenicios y caldeos aventajaban a los hebreos en conocimientos astronómicos, pero la ciencia de esas naciones estaba mezclada con supersticiones e idolatría (Is. 14:12-15). Israel fue amonestado contra semejante infidelidad, pero a menudo desobedeció esta prohibición (Dt. 4:19; 17:3; 2 R. 17:16; 21:3,5; 23:4,5; Jer. 8:2; 10:2; 19:13; Am. 5:26; Sof. 1:5; Hch. 7:42,43; cp. Ro. 1:18-21,25).

Con los términos "e." y → "luceros" se designa a ciertos gobernantes y hombres ilustres de la tierra (Is. 14:4,12s.; Dn. 8:10), o habitantes de los cielos (→ ÁNGELES). David y su antitipo el Mesías son vistos así (Nm. 24:17). Como signos celestiales las e. indican tiempos de calamidad pública que envuelven a los gobiernos de las naciones (Ez. 32:7; Jl. 2:10; Mr. 13:25 //; Ap. 6:13). Cristo es llamado la "e. resplandeciente" y el "lucero de la mañana" (2 P. 1:19; Ap. 22:16). Los ángeles de las iglesias de Asia Menor reciben el nombre de e. (Ap. 1:16,20; 2:1; 3:1). Los ángeles caídos y los creyentes apóstatas se presentan como e. caídas (Ap. 8:10; 9:1; 12:4).   L. H. T.

ESTRELLA DE BELÉN. Estrella que anunció el nacimiento de Jesús, muy posiblemente aludida en Nm. 24:17 (Mt. 2:1-12; cp. Is. 60:3). Fue un fenómeno celestial que atrajo el interés de los → magos que vivían al E de Palestina, en Arabia, Babilonia o Persia. Según el relato bíblico, guió a algunos de estos magos a Jerusalén, y luego de la visita a Herodes, los condujo a Belén y se detuvo en el lugar donde yacía el niño.

En un intento por identificar este fenómeno se han formulado las siguientes teorías: 1. Kepler observó una conjunción de Júpiter, Saturno y Marte en 1604, que desapareció en 1605 d.C. Se calcula que hubo una conjunción semejante de estos tres planetas en el signo zodiacal de Piscis (¿signo de los judíos?) el 29 de mayo, 1 de oct. y 5 de dic. del año 7 a.C., pero de poca duración cada vez. 2. Pudo tratarse de la presencia de Júpiter ("regente" de Judea) en el signo de Aries (constelación de Siria-Palestina), especialmente el 14 de abr. del año 6 a.C. conjuntamente con otros planetas. 3. El cometa Halley apareció en 11 a.C. y otro cometa en 4 a.C., pero su duración fue breve. 4. Pudo haber sido una supernova (estrella que adquiere temporalmente un brillo superior al normal) de ocurrencia muy rara (no ha habido desde que se inventó el telescopio) pero duradera. Sin embargo, no se conoce ninguna mención extrabíblica de tal fenómeno. 5. Marte, el planeta de Siria-Palestina, puede haberse combinado con otros fenómenos astronómicos, de marzo del año 7 a.C. a marzo del año 5 a.C.

Todas estas conjeturas sobre la naturaleza de la E. de B. tropiezan con problemas cronológicos (→ JESUCRISTO) o históricos. Algunos intérpretes sugieren una aparición sobrenatural, un signo creado especialmente para los magos. Pero es más consonante con los milagros de la Biblia suponer un signo celestial, tal vez de breve duración (la frase en los vv. 2,9 se debe traducir "vimos su estrella en su salida"), que los astrólogos reconocieron, gracias a la ubicación en la bóveda celestial, como referente a Judea. Entonces, al salir ellos de Jerusalén, el mismo signo volvería a aparecer (cp. la teoría #1 arriba), confirmando que su comprensión del signo había sido correcta, y les conduciría a su destino.

Esta explicación, sin negar lo milagroso del caso, reconoce lo humano, la curiosidad insaciable del hombre de ciencia, y la creencia general de la época en el pronto nacimiento de un rey en Judea, que reclamaría el homenaje universal.

L. H. T. y R. F. B.

ETAM. 1. Campamento de los israelitas donde se detuvieron después de salir de Sucot, guiados por la columna de nube y de fuego (Éx. 13:20; Nm. 33:6). Estaba "a la entrada [al confín] del desierto", y esta parte del desierto de Sur se llamaba "el desierto de Etam" (Nm. 33:8). El sitio se desconoce.

2. Peña adonde Sansón huyó de los filisteos (Jue. 15:8). Aquí lo prendieron 3.000 hombres de Judá y lo entregaron a sus enemigos (v. 11ss.).

3. Aldea de Simeón (1 Cr. 4:32). Sitio desconocido, que quizá se encuentre a 13 km al NE de Rimón.

4. Ciudad de Judá, edificada por Roboam (2 Cr. 11:6), a 3 km al SO de Belén.   D. J.-M.

ETÁN. 1. Hijo de Zera de la tribu de Judá (1 Cr. 2:6; cp. 1 R. 4:31). Si "ezraíta" se deriva de Zera, este E., sabio de la época de Salomón, es el autor del Sal. 89.

2. Levita, antepasado de Asaf (1 Cr. 6:42).

3. Uno de los tres maestros de música en el templo (1 Cr. 6:44; 15:17,19), probablemente el mismo Jedutún de 1 Cr. 16:41; 25:1; 2 Cr. 35:15.   J. M. Br.

ETANIM ('lluvias incesantes'). Mes hebreo. Nombre, antes del cautiverio, del séptimo mes del año religioso y el principio del año civil. Corresponde a septiembre y octubre. En e. comenzaban las lluvias y se celebraban las fiestas de trompetas, expiación, tabernáculos y la asamblea solemne (1 R. 8:2). (→ MES, AÑO.)

G. D. T.

ET-BAAL. Rey de Sidón cuyo nombre significa "el protegido de Baal". Según el historiador Josefo, E. era un sacerdote de Astarté que llegó al trono de Sidón mediante el crimen. Su hija Jezabel se casó con el rey Acab y lo llevó a la idolatría (1 R. 16:31).   J. L. G.

ETERNIDAD. → TIEMPO.

ETIOPÍA ('rostros quemados'). Uno de los grandes reinos de África en la época del AT, situado al S de Egipto, sobre el Nilo, en las cataratas de Syené. Lo limitaban por el E, el mar Rojo y probablemente el Océano Índico, al S las regiones del Nilo Azul y Blanco y al O Libia y los desiertos.

En la Biblia se le llama también → Cus. Durante el período pérsico la capital se estableció en Moroë, la ciudad principal, ubicada entre el Nilo y el Astaboras (hoy Tacazzé). La parte septentrional, llamada anteriormente Seba, también recibió el nombre de E.

El país era montañoso en parte, pero su mayor extensión era arenosa, bien regada y fértil. Entre sus productos comerciales contaba con el ébano, el marfil, el oro y las piedras preciosas. Junto a Egipto es nombrado con frecuencia en las Escrituras, las cuales reconocen sus recursos naturales, su pujanza política y sus perversidades (Is. 20:3-6; 43:3; 45:14; Ez. 30; Dn. 11:43). Su relación con Israel reviste carácter político y religioso. Algunos suponen que en 2 Cr. 14:9-15 al señalar a Zera, el Etíope, invasor de Judá durante el reinado de Asa, 944 a.C., se trataba de un rey egipcio, una dinastía etíope o un rey de la E. afroárabe.

El etíope, tesorero de la reina de Candace, mencionado en Hch. 8:27-39 (cp. Sal. 68:31), nos hace suponer que en aquel país había judíos de nacimiento o por religión, quienes lo habían persuadido a aceptar su fe. El evangelio tomó auge allí desde el siglo IV, al traducirse toda la Biblia del griego al antiguo idioma de E.

R. R. L.

ÉUFRATES ('copioso'). Río importante del Asia Occidental, cuyas dos fuentes se hallan una cerca al Ararat y la otra cerca de Erzerum. Su recorrido hasta el golfo Pérsico, donde desemboca unido al Tigris con el nombre de Shatt-el-Arab, lo hace a través de Armenia, Siria e Iraq, país último que lo aprovecha para fines económicos, entre otros, para la navegación desde el golfo hasta la importante ciudad de Basora.

Su largo total es de unos 2.700 km. Atraviesa regiones montañosas, pero mayormente llanuras; esto influye para que su corriente y su anchura sean muy variables.

En la historia se le menciona junto al Tigris, pues ambos limitaban la fértil Mesopotamia. El É. bañaba toda la región occidental de esta zona.

Cuando la Escritura describe la hidrografía del Edén, señala al É. como uno de los "cuatro brazos" en los cuales se repartía el río que regaba el Huerto (Gn. 2:10,14). Más adelante, cuando el Señor habla a Moisés respecto a la tierra prometida, el É. es designado como el límite oriental (Éx. 23:31). Aun cuando nos parezca raro que la extensión ofrecida llegara hasta tan lejos por el lado oriental, debemos recordar que Abram fue llamado desde esta región, la cual desde el principio fue asiento de reinos pujantes.

Se supone que los egipcios, bajo el faraón Necao, llegaron a conquistar hasta las márgenes occidentales del É. (2 Cr. 35:20). Poco después los persas someterían esta dinastía. Actualmente en sus márgenes se conservan algunas poblaciones importantes y sus aguas son surcadas por modernas embarcaciones, las cuales contrastan con las extrañas balsas construidas con pieles de chivos en épocas remotas.   R. R. L.

El río Eufrates, el más largo del Asia occidental, marcaba el límite de la tierra que Dios le había prometido a Abraham para su descendencia.   MPS

EUNICE. Judía, madre de → Timoteo, que supo instruir a éste en las Sagradas Escrituras, aunque su esposo era gentil. Posiblemente E. se convirtió cuando Pablo visitó por primera vez a Derbe y Listra, porque ya era creyente cuando Pablo llegó allí en su segundo viaje (Hch. 16:1). La fe de E. y de Loida, madre y abuela, respectivamente, había de servir de estímulo al joven Timoteo (2 Ti. 1:5).   I. W. F.

EUNUCO (gr. = 'cuidador de lechos'). Encargado de los departamentos interiores de los palacios orientales. Cuando se trataba del cuidado del harén, convenía que este oficial fuera impotente (v.g. Est. 2:3), pero el vocablo heb. *saris* lleva también las acepciones "militar comisionado" (2 R. 25:19) y "allegado del rey" (v.g., Potifar, Gn. 39:1). En muchos contextos (v.g., Est. 1:10 y Dn. 1:3) es difícil precisar si el término implica la castración o no. Puesto que la castración se prohibía en Israel, los e. en el sentido corporal eran de origen pagano (cp. Gá. 5:12) y por tanto excluidos de la congregación (Dt. 23:1). Sin embargo, Isaías menciona a los e. para ilustrar el amor ilimitado de Yahveh (Is.

56:3-5). El oficial de Candace (Hch. 8:27-39), al abrazar el evangelio, se apropia esta promesa, aunque se ignora su condición física.

En Mt. 19:12 el Señor habla de tres categorías de e.: los que lo son de nacimiento, los que son hechos e. por los hombres (e.d., castrados) y los que son e. por razones o causas espirituales, o sea, que están dispuestos a sacrificar sus deseos y pasiones naturales por el reino de Dios (cp. 1 Co. 7:7,32-35).

J. J. T.

EUROCLIDÓN. Viento huracanado acompañado de lluvias borrascosas, muy común hasta hoy en el centro-sur del mar Mediterráneo en la estación fresca. Sopló repentinamente sobre el barco en que navegaba Pablo rumbo a Roma, alejándolo de las costas cretenses y haciéndolo naufragar frente a la isla de Malta (Hch. 27:13ss.).

El término griego es *Euroaquilón*[1] que significa la unión de los vientos "Euros" (vientos del SE o del E) y "Aquilo" (viento del NE), y describe su curso como E-N-E.   J. M. R.

EUTICO ('afortunado'). Joven de Troas que, vencido por el sueño durante un discurso de Pablo, cayó de un tercer piso y murió, pero fue milagrosamente resucitado por Pablo (Hch. 20:7-12).

Hay quienes alegan, basándose en el v. 10, que E. no había muerto. Pero el testimonio de Lucas, médico y testigo ocular (v. 6), es que "fue levantado muerto" (v. 9).   L. S. O.

EVA. Primera mujer, esposa de → Adán, quien la llamó "madre de todos los vivientes" (Gn. 3:20). La etimología exacta de "E." es difícil de establecer. En el relato de la creación, Dios, al ver que Adán estaba solo y sin ayuda, hizo a la mujer de la misma sustancia del hombre (Gn. 2:21). Cuando Adán recibió a esta criatura idónea y particular, la llamó "varona" para expresar el común origen de los sexos. Así, Gn. 2 explica que la poderosa atracción entre el hombre y la mujer se debe a que en la creación fueron literalmente "una carne".

Tentada por la serpiente, E. reparó en el atractivo sensual, estético e intelectual de la fruta prohibida. Comió e indujo a Adán a la desobediencia también. El triple castigo que Dios impuso a la mujer creó una tensión irresoluble: dolores en las preñeces, deseo de su marido, dominación por él (Gn. 3). A pesar de la amenaza de la muerte, E. pudo regocijarse del milagro de la continuación de la vida humana en la voluntad de Yahveh (Gn. 4:1).

Pablo se apoya precisamente en la susceptibilidad de E. ante la tentación, para recomendar la sujeción de la mujer en la iglesia (1 Ti. 2:11-15; cp. 2 Co. 11:3).   I. W. F.

EVANGELIO (transcripción del sustantivo gr. *euangelion* = 'buenas nuevas'). Gozosa proclamación de la actividad redentora de Dios en Cristo Jesús, para salvar al hombre de la esclavitud del pecado. En el NT (gr.) se expresa no sólo en forma de sustantivo sino también en forma verbal *euanggelizo* ('proclamar' o 'anunciar' el e.).

En la LXX sólo aparece el verbo y su sentido es secular: "traer buenas noticias" (2 S. 4:10; 1 R. 1:42; Jer. 20:15). Más tarde su significado incluyó el sentido religioso de proclamar la victoria de Dios sobre sus enemigos (Sal. 40:10; 68:11), y el reino eterno de Dios (Is. 40:9; 41:27; 51:16; 52:7). Las buenas nuevas anuncian al pueblo la presencia de Dios (cp. Is. 40:9) para juicio y restauración. Son tanto para judíos como para gentiles (Is. 40:5; 45:23-25; 49:6; 51:4). Los mensajeros del e. son hombres (Is. 52:7; 61:1) pero Dios actúa en la proclamación (Is. 55:11).

En su aparecimiento, Juan el Bautista proclama las buenas nuevas (Lc. 3:18; verbo) y, más tarde, Jesús predica el e. (Mr. 1:14; sustantivo). En ambos, el e. es la señal por excelencia de la llegada del Mesías (Mt. 11:5 y Lc. 4:18 que citan a Is. 61:1). El reino de Dios se hace presente en la tierra y Cristo predica y anuncia el e. (Lc. 8:1).

La iglesia primitiva hizo de la predicación del e. a toda persona su deber principal (Hch. 5:42; 8:12; 11:20; 14:7; 1 Co. 1:17; Gá. 1:16).

En el AT, juntamente con la proclamación del e. deben darse la justicia o justificación (Sal. 40:9), la salvación y la paz (Is. 52:7). En el NT Cristo Jesús es el e. mismo, y su obra hace real la salvación, la justificación y la paz para el mundo (Hch. 10:36; Ro. 1:16ss.; Ef. 2:17; 1 P. 1:23ss.). El contenido del e. permanece inalterable y absoluto, pero se sella con la muerte propiciatoria de Cristo (1 Co. 15:1-4). Es el mensaje de reconciliación con Dios y nosotros somos colaboradores en su proclamación (2 Co. 5:20s.). En el juicio final, los hombres serán juzgados según su respuesta al e. (2 Ts. 1:8; 1 P. 4:17).

En la tradición posterior de la iglesia, la palabra escrita acerca de Jesucristo también llegó a constituir el e. (→EVANGELIOS).

J. A. K.

EVANGELIOS. Primeros libros del NT, en su orden canónico, que llevan los nombres de Mateo, Marcos, Lucas y Juan, y contienen las "buenas nuevas" de Jesucristo (→EVANGELIO).

Hablar de "los cuatro E." no ha sido siempre común, como lo es hoy. Antes del siglo IV se denominaban en conjunto "el evangelio" —el único e inimitable evangelio de Cristo— y las partes se distinguían por la adición de las palabras "según Mt.", "según Mr.", etc. Sin embargo, Ireneo, al escribir *ca.* 180 d.C., insistió en la cifra cuatro, y la consideró un axioma universal; no puede haber más E., ni menos. Este dogmatismo, respaldado por documentos contemporáneos, el *Canon de Muratori* y el *Diatessaron* (→CANON DEL NT), revela un acuerdo general entre las iglesias de la época, forjado durante varias décadas. Es probable que la colección tretramorfa remonte hasta poco después del 150 d.C.

I. EL EVANGELIO ORAL

Para reconstruir la historia en el primer siglo de estos cuatro escritos, hay que volver a los sucesos clave del año 30: la pasión, resurrección y ascensión de → Jesucristo, y el día de → Pentecostés. De hecho, Jesús y sus seguidores ya habían pregonado "las buenas nuevas del reino de Dios", pero el impacto pleno de tales nuevas no se hizo sentir sino después de los mencionados acontecimientos, actos de Dios aún más insignes que el éxodo de Egipto y la conquista de Canaán. Los testigos de lo que Dios había hecho por medio de Jesucristo se impusieron la tarea de proclamar esta "buena nueva" de la magna redención. En dos partes del NT podemos captar la esencia de esa proclamación (gr. *kérygma*): en las cartas, paulinas y otras, y en las prédicas primitivas narradas en Hch.

A. *Las cartas paulinas*

Dirigidas a personas conocedoras del *kérygma*, las Epístolas no tienen el propósito de referirse ampliamente al mismo. Casi sin querer Pablo alude a las → tradiciones que recibió al convertirse a Cristo: el *kérygma* básico (1 Co. 15:3ss., carta fechada *ca.* 54), y a la institución de la santa cena (1 Co. 11:23ss.). Es evidente que la proclamación no sólo incluyó la narración de hechos (v.g. "Cristo murió") sino también interpretación teológica (v.g. "... murió por nosotros"). Enseñanza de Jesús (v.g. 1 Co. 7:10) y datos de su vida humana (v.g. Gá. 4:4; 1 Ti. 6:13) aparecen junto con aspectos futuros de la esperanza cristiana (v.g. 1 Co. 15:52s.; 2 Co. 5:10; 1 Ts. 1:9s.; 4:16).

Pablo afirma (1 Co. 15:1,11) que "su evangelio" es el mismo que predicaban los otros apóstoles. Consecuentemente, hallamos en 1 Pedro y Hebreos, para mencionar solamente dos autores más, alusiones similares, y la misma presuposición de que los datos básicos eran conocidos entre todos los cristianos.

B. *La predicación primitiva en Hechos*

Un mismo mensaje es el que encontramos en las cartas paulinas, en los discursos que en Hechos se atribuyen a Pedro, Pablo y otros (especialmente 2:14-36; 10:34-43; 13:16-41) y en pasajes como Hch. 3:13-26; 4:10-12; 5:30-32; 8:32-35; nótese además un dicho de Jesús en 20:35 no referido en los E.

Según esta prédica, la "buena nueva es el cumplimiento de una profecía del AT y tiene que ver con Jesús de Nazaret. Este Jesús, nacido de la línea de David, precedido por → Juan el Bautista, llevó a cabo una misión de misericordia que Dios aprobó con señales y prodigios, misión de la que fueron testigos oculares los predicadores apostólicos. Fue traicionado por sus enemigos y entregado por los dirigentes judíos en manos de los romanos. Aunque → Pilato quería libertarlo, el → sanedrín se empeñó en que se le ejecutara, y prefirió que se libertase a un asesino. Así pues, crucificaron a Jesús; luego lo bajaron de la cruz y lo sepultaron. Pero al tercer día Dios lo resucitó de entre los muertos, hecho atestiguado también por los apóstoles. En esta forma, afirmaron ellos, Dios lo declaró Señor y Mesías. Después, Jesús ascendió al cielo y se sentó a la diestra de Dios, de donde derramó sobre sus seguidores su Espíritu. Y de allí retornará como juez de los vivos y los muertos. Entretanto a quienes oyen el evangelio se les llama a creer y a arrepentirse, actos cuyos signos son el don del Espíritu Santo y el bautismo. Tal es el *kérygma* primitivo.

C. *La trasmisión de los datos*

En el Evangelio según San Mr. se observa un bosquejo similar al del *kérygma* arriba esbozado. Los contornos son semejantes; en ambos se dedica un espacio desproporcionadamente grande (desde el ángulo biográfico) a la semana final de Jesús. En ambos se muestra más interés en lo que Jesús hizo que en sus dichos. En la predicación misma, quizás el bosquejo necesitó ser expandido por medio de materia ilustrativa, sobre todo cuando se proclamaba el evangelio (v.g. fuera de Palestina) a quienes no sabían nada de Jesús. Meros resúmenes como Hch. 2:22 y 10:38 cobrarían vida en la práctica al ampliarlos con relatos de sanidades, etc.

Las secciones autosuficientes, llamadas perícopas, que componen el grueso de Mr., arrojan luz sobre el tipo de ilustración que los predicadores apostólicos usaban. Estas pequeñas unidades, o párrafos, son las respuestas dadas a las exigencias prácticas de las iglesias en su triple tarea: la evangelización, el culto, y la catequesis. Por ejemplo, a la pregunta ¿cuál fue la actitud de Jesús frente a la ley? (cuestión candente en los años de evangelización entre gentiles), un testigo ocular mencionaría una narración como Mr. 10:1-12 (sobre el divorcio) o Mr. 11:15-19 (sobre la purificación del templo).

En décadas recientes, la crítica de las formas (→ CRÍTICA BÍBLICA) ha intentado reconstruir el ambiente vital en que cada perícopa mantuvo su existencia oral más o menos independiente. Sin aceptar las conclusiones escépticas de algunos formistas como Dibelius y Bultmann, podemos admitir la utilidad del método en la dilucidación de la etapa pre-literaria de la tradición. Dentro de las dos categorías generales "enseñanza de Jesús" y "narración histórica" podemos distinguir: dichos proféticos (v.g. Mt. 8:11s.//), dichos sapienciales (Mr. 6:4//), dichos legislativos (Mr. 10:10ss.), comparaciones (Lc. 10:30-37), paradigmas (Mr. 2:23-28), diálogos-disputa (Mr. 11:27-33), historias de milagros (Mr. 10:46ss.), y narraciones históricas de alguna fuente no cristiana (Mr. 6:17-29). Para facilitar la narración, es evidente que los predicadores apostólicos agruparon ciertas perícopas (v.g. la historia de la pasión, historias de milagros como Mt. 8:1-17 o de controversias como Mr. 2:1–3:6) durante las primeras etapas orales de la transmisión.

El afán de la iglesia era presentar al Cristo viviente que los miembros conocían. Por tanto, sus narraciones actualizaban los hechos ocurridos en el ministerio de Jesús, sin tergiversar lo histórico o perder de vista la identidad entre Jesús de Nazaret y el Señor exaltado. Esta actualización llevada a cabo en la predicación, conservaba la intención del Señor Jesucristo (cp. Jn. 14:26). A la vez, los testigos oculares que aún vivían (1 Co. 15:6) velaban por la veracidad del mensaje, y hermanos bilingües (presentes en Jerusalén de la época primitiva. Hch. 6:1, → HELENISTAS) garantizaban la fidelidad de la traducción al griego.

II. LOS EVANGELIOS ESCRITOS

A. *Los sinópticos*

En los años 60-70 d.C. una serie de crisis, especialmente el martirio de varios apóstoles, alertó a la iglesia. Con la desaparición de muchos testigos, se hizo necesario escribir las tradiciones, a pesar de que los judíos preferían la transmisión oral. Evidentemente con autorización de la iglesia en Jerusalén, Juan Marcos escribió en Roma las tradiciones sagradas, y así nació un nuevo género literario: el Evangelio. No es posible considerarlo como biografía pura ni como tratado ético (aunque incluye ambos elementos), pero su propósito es convencer al lector de que Jesús es el Mesías e Hijo de Dios, digno de nuestra fe.

Al divulgarse el primer E., aproximadamente en el 69 (→MARCOS, EVANGELIO DE), otras comunidades, poseedoras de tradiciones complementarias, quisieron escribir sus propios evangelios. En los años siguientes, *ca.* 71-75, surgieron los E. de →Mateo y de →Lucas, los cuales incorporaron tanto el bosquejo como mucho material tomado de Marcos. Además, éstos complementaron, con múltiples ejemplos de la enseñanza de Jesús, la intensa actividad escasamente descrita en Mr. Hay más de 200 vv. comunes a Mt. y Lc. que faltan en Mr. Este fenómeno ha dado origen a la hipótesis de que estos dos evangelistas tuvieron a su disposición un documento "Q" (inicial del vocablo alemán *Quelle* = 'fuente'). Los primeros tres E. pronto recibieron el epíteto de "sinópticos", porque su semejanza facilita colocarlos en tres columnas paralelas (sinopsis) para estudiarlos comparativamente.

Si bien el *kérygma* contenido en Mr. y la enseñanza representada en el supuesto "Q" son las fuentes principales de la tradición sinóptica, ciertamente hay otras. La fuente peculiar de Mt., de corte judío, se ha denominado "M" y varios bloques narrativos (v.g. La Natividad) que Mt. ha consagrado y que son desconocidos en otros evangelios posiblemente provienen de ella. Lc. también se valió de fuentes de gran valor. A éstas en conjunto se les ha llamado "L". De manera que, según muchos estudiosos, es posible reconstruir las relaciones entre los evangelios sinópticos de la manera siguiente:

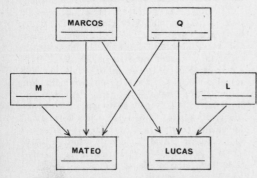

Pero este esquema no expresa toda la complejidad del proceso, que ha preocupado a muchos eruditos por más de un siglo. Por ejemplo, no toma en cuenta la tradición oral, que influyó en la composición de todos los E. En esta línea, algunos estudiosos llegan al extremo de negar

toda dependencia literaria, y atribuyen cualquier semejanza entre un E. y otro, a la espléndida memoria de los predicadores testigos. Así, atribuyen las diferencias a variaciones en la traducción del arameo que hablaron los testigos originales. Otros eruditos insisten en la prioridad de Mt. o de un Mt. primitivo en arameo; muchos de ellos desaprueban el hipotético Q.

La debilidad más importante del esquema, sin embargo, es que da la impresión de una actividad literaria meramente mecánica. Y lo cierto es que cada evangelista es un teólogo y escritor con derechos propios; cada E. tiene su genio particular, con énfasis cristológicos que aportan algo indispensable al cuadro total de Jesucristo. Cabe corregir ciertos énfasis unilaterales de los formistas, que a veces parecían describir a evangelistas de tijeras y goma, que "componían" obras por plagio.

B. *El Evangelio de Juan*

Hasta una lectura superficial del cuarto E. revela sus profundas diferencias en relación con los sinópticos. Desde el prólogo (1:1-18) es evidente que los moldes conceptuales de →Juan, que fue escrito entre 90 y 100 d.C., no son los de sus predecesores, como tampoco lo son su estilo, su esquema geográfico, ni el grueso de su materia prima. Posiblemente el cuarto evangelista, sin haberse valido de ninguno de los sinópticos, haya conocido el tipo de tradición kerygmática que se esconde detrás de ellos (cp. el estilo "juanino" de Mt. 11:27), además de otros patrones de tradición, como sería de esperar de un testigo ocuiar. Entonces, tras 60 años de predicar estas verdades y darles su estampa juanina, las puso por escrito.

El propósito de este E. (Jn. 20:30s.) es aplicable igualmente a los otros tres. Cabe subrayar la selección (v. 30) que realizó cada evangelista, la cual era parte esencial de la inspiración prometida a los discípulos (Jn. 16:13). Por tanto, pese a que los E. nos presentan sólo en forma fragmentaria la biografía de Jesús, recibimos la impresión de conocer íntimamente en ellos al Salvador.

¿Surgieron otros evangelios al lado de éstos? Ya que Lc. 1:1 sólo habla de esfuerzos preliminares, es probable que no. Muy posteriormente se compusieron los →Evangelios apócrifos, pero no añaden nada de peso a nuestro conocimiento de Jesucristo; la iglesia apostólica nos legó solamente cuatro E.   R. F. B.

Bibliografía

P. Lengsfeld. *Tradición, Escritura, e Iglesia en el diálogo ecuménico.* Madrid: Fax, 1967; X. Leon Dufour. *Los evangelios y la historia de Jesús,* Barcelona: Estela, 1966; *IB* II, pp. 150-315, 556-612; J. Schmid, *El evangelio según San Mateo* (Barcelona: Herder, 1967), pp. 11-33; E. Trenchard. *Introducción al estudio de los cuatro evangelios,* Seaton: Literatura Bíblica, 1961; *INT* pp. 129-238; H. Zimmermann, *Los métodos histórico-críticos en el NT.* (Madrid: BAC, 1969), pp. 80-87; 131-169; 233-253.

EVANGELISTA. El que pregona las buenas nuevas de salvación (→ EVANGELIO), guía a los incrédulos al conocimiento del Señor, y establece nuevas congregaciones. Todos los cristianos deben ser testigos de su fe (Hch. 8:4), pero Cristo otorga el don de e. particularmente a algunos miembros de su Cuerpo. Ser e. es un don claramente distinto de los dones de apóstol, profeta, pastor, y maestro, que puede ejercerse ante una multitud o individualmente (Ef. 4:11). Pablo exhorta a Timoteo a "hacer obra de e." (2 Ti. 4:5).

A →Felipe se le llama "el e." (Hch. 21:8) y se dan muestras de su trabajo en Hch. 8:5; 12,26-40. Después del siglo I, el término e. se aplicaba a los autores de los cuatro →Evangelios.   P. W.

EVIL-MERODAC. Rey de Babilonia (562-560 a.C.), hijo de Nabucodonosor. Neriglisar, su cuñado, lo sucedió en el trono como resultado de una revuelta que tiene todas las características de una lucha palaciega. La Biblia, sin embargo, nos dice que fue este rey quien puso en libertad a →Joaquín, rey de Judá (2 R. 25:27-30; Jer. 52:31).   A. Ll. B.

EVODIA. →SINTIQUE.

EXCOMUNIÓN. La separación de un hermano de la congregación, por una ofensa moral o doctrinal. Si bien el término no es bíblico, el concepto sí lo es. Los judíos expulsaban a sus miembros de la sinagoga (Jn. 9:22; 12:42) por creer en Cristo. Desde tiempos antiguos, los que desobedecían a Dios eran "cortados de Israel" (Éx. 12:15).

En la iglesia cristiana la e. debe aplicársele al hermano que incurra en el pecado y, habiendo sido debidamente amonestado, no quiera arrepentirse (Mt. 18:15-17). Refiriéndose a la e., los autores bíblicos usan expresiones como "tenerlo por gentil y publicano" (Mt. 18:17), "entregarlo a Satanás" (1 Co. 5:5), "con el tal ni aun comer" (1 Co. 5:11), y "desecharlo" (Tit. 3:10). En 1 Co. 5 la e. es ocasionada por la inmoralidad (un hombre vivía con su madrastra), en Tit. 3 es cuestión de doctrina ("el que cause divisiones" evidentemente se refiere al hereje), y en Ro. 16:17 el motivo es el divisionismo.

La e. debe continuar mientras el transgresor no se arrepienta; luego se le debe reincorporar a la iglesia (2 Co. 2:5-11). Los dos objetivos de la e. son la corrección del hermano (1 Co. 5:5; Gá. 6:1) y la protección del testimonio de la iglesia (1 Co. 5:6-8).   P. W.

EXILIO. →CAUTIVERIO.

ÉXODO, HISTORIA DEL.

Según 1 R. 6:1, entre el é. y el cuarto año (*ca.* 966 a.C.) del reinado de Salomón mediaron

MAPA DEL EXODO

Aparecen en el gráfico las diversas rutas comerciales entre Egipto y Palestina usadas por las caravanas de antaño, como así también la ruta que tomaron los israelitas durante su peregrinaje. Es difícil precisar la ruta exacta del éxodo.   EBM

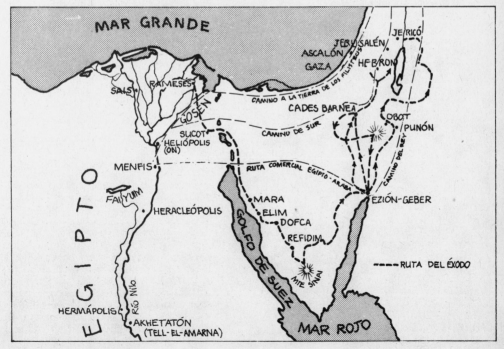

480 años. Interpretado literalmente, da *ca.* 1445 como la fecha del é. Lo anterior pareciera confirmarse en Jue. 11:26 y Hch. 13:19,20, y sugiere que Moisés fue adoptado por Hatsepsut, hija de Tutmosis I. Implica que, muerta Hatsepsut, y siendo perseguidos sus amigos por Tutmosis III, Moisés huyó a Madián. Tutmosis III sería el faraón que persiguió a los israelitas, y su hijo Amenhotep II, faraón durante el é.

No obstante, la mayoría de los eruditos modernos creen haber descubierto una razón muy fidedigna para no aceptar el significado literal de la cifra de 480 años de 1 R. 6:1, y ahora la interpretan como representación de 12 generaciones de 40 años cada una. Favorecen 1290 como la fecha del é., por las siguientes razones entre otras: 1) La arqueología enseña que Laquis, Bet-el y Hazor fueron destruidas a mediados del siglo XIII a.C. 2) El cuadro de Edom y Moab, entre el é. y la conquista, no parece concordar con lo que la arqueología ha descubierto respecto a la historia anterior a 1300 a.C. 3) La mención de la ciudad de Ramesés en Éx. 1:11, construida por Ramesés II (1300-1233).

En síntesis, ninguna de las dos fechas carece de fundamento, pero las dos presentan problemas. Sin embargo, mientras no se descubran datos adicionales, parece más razonable interpretar literalmente lo afirmado por la Biblia, por más insostenible que les parezca a algunos.

La ruta del é. de los israelitas, aceptada tradicionalmente, sigue la costa oriental del golfo de Suez, hasta entrar al desierto de Sin, y de allí al mte. → Sinaí que se identifica con Musa o Serbal en el S de la península. Hay quienes opinan que los israelitas no habrían llegado hasta el S de la península, por temor de los egipcios que guardaban las minas de Serabit, y se ha sugerido el mte. Hellal como el mte. de la ley. No se han podido identificar con certeza los sitios mencionados en la historia del é., pero la ruta tradicional parece más aceptable a la luz de la historia bíblica.

D. J.-M.

ÉXODO, LIBRO DE. Libro llamado por los judíos, según las primeras palabras, *we elle shemot* ('y estos son los nombres'), y por la LXX, *Exodos* ('salida'), de acuerdo con el tema principal. Relata la historia del pueblo de Israel, desde su salida de Egipto hasta la construcción del tabernáculo, al comienzo del segundo año. Con la palabra inicial "y" (en el original) se presenta como continuación de Génesis. El libro se divide simétricamente en dos partes principales: la salida de Egipto (1—19) y los acontecimientos en el → Sinaí (20—40).

I. CONTENIDO Y DIVISIÓN

A. *La opresión bajo el faraón Amenofis II (1:1-2:22).*

B. *Llamado y misión de Moisés (2:23-4:31).*

C. *Renovación del encargo dado a Moisés (5:1-7:7).*

En 6:3 se previene a Moisés de que Israel será testigo de hazañas de Dios que demostrarán

Las montañas rocosas cerca de Eilat en el desierto de Sinaí presentan un panorama austero. Por estos desfiladeros, formados por los cauces secos de los ríos, pasaron los israelitas en su jornada a través del desierto en camino a la Tierra Prometida que "fluía leche y miel". IGTO

lo que significan las palabras "yo soy Yahveh", de una manera y con un alcance como no se había revelado a los padres.

D. *La intervención divina por medio de las diez plagas (7:8—13:16).*

Estas plagas (el primer gran período de milagros bíblicos) obligan al faraón a permitir la salida del pueblo de Israel.

E. *La peregrinación hasta el mte. Sinaí (13: 17—19:25).*

El paso del → mar Rojo y la salvación ocurrida allá, uno de los grandes temas del AT, se describe no como un fenómeno natural, sino como un acto especial del Señor en favor de su pueblo.

F. *Formulación del pacto de Sinaí (20:1— 24:18).*

Este párrafo central contiene el Decálogo (20:1-17) y el Libro del Pacto (21—23). Este "libro" se atribuye expresamente a Moisés, con lo cual se presupone como ya existente todo lo que está en cierta relación con esta conclusión del pacto, la división de las semanas y la observancia del sábado, la primogenitura, la fiesta de los panes ázimos (sin levadura), etc.

G. *Prescripciones respecto al tabernáculo (24: 18b—31:18).*

Se instituye el sacerdocio que es conferido a Aarón y su familia.

H. *Renovación del pacto después de la apostasía (32:1—35:3).*

I. *Construcción del tabernáculo (35:4—40: 34).*

II. PROPÓSITO

El propósito del libro no es solamente conservar el recuerdo de la partida de los israelitas de Egipto, sino presentar a la consideración humana las aflicciones y triunfos del pueblo de Dios; hacer notar el cuidado providencial que Dios ha tenido y los juicios infligidos sobre los enemigos. Claramente pone de manifiesto el cumplimiento de las divinas promesas y profecías dadas a Abraham afirmándole que su posteridad sería numerosa y que serían afligidos en una tierra extraña, de la cual saldrían en la cuarta generación con grandes riquezas. El éxodo es un buen símil del principio, progreso y fin de la salvación del creyente y de la historia de la iglesia de Cristo en el desierto de este mundo hasta su llegada a la Canaán celestial.

III. EL ENDURECIMIENTO DE FARAÓN

Faraón se negó obstinadamente a obedecer la voz de Yahveh. Esta maldad, no causada por Dios, debía servir para demostrar el poder de Dios en faraón y para glorificar su nombre. El endurecimiento es el último paso que lleva directamente a la condenación. No debemos olvidar que faraón mismo endurece su corazón (8:15,32) antes de que el texto afirme que "Dios endureció a Faraón" (9:12; cp. 4:21; 7:13). Dios quería que faraón permitiese la salida de Israel; por eso demostró por medio de milagros la realidad de su palabra. Envió las plagas para impresionar al rey e inducirlo a que diese el honor a Dios, y cesó estas plagas para conmover el corazón del rey. En todo esto se pone de manifiesto la verdad de que Dios no se complace en la muerte del impío (Ez. 18:32). El faraón se opuso, resistiendo continuamente la bondad divina y desbaratando intencionalmente toda influencia bienhechora producida por las plagas. Dios endurece a los que se endurecen. Deja de ocuparse de ellos, con lo cual quedan a merced de Satanás.

IV. SUPUESTOS "POSTMOSAICOS"

De "postmosaicos" se tildan a menudo los pasajes del texto que aparentemente fueron escritos en tiempos posteriores a Moisés. Como tal se cita la nota (11:3) de que "Moisés era tenido por gran varón en la tierra de Egipto". Esta frase, que se justifica por el contexto, no debe entenderse como jactancia. Que Moisés no escribe el libro para gloriarse, se ve por muchos otros pasajes, p.e. 4:10-15,24; 6:12; cp. Dt. 1:37; 3:26.

Otro pasaje que, según se afirma, da prueba de su origen postmosaico es Éx. 16:35: "Así comieron los hijos de Israel maná cuarenta años, hasta que llegaron a tierra habitada; maná comieron hasta que llegaron a los límites de la tierra de Canaán". Pero de estas palabras no hay que deducir que debieron haber sido compuestas por otro autor. Ellas indican, más bien, que el libro tuvo su redacción final poco antes de la muerte de Moisés.

Está además el pasaje 20:24: "...en todo lugar donde yo hiciere que esté la memoria de mi nombre, vendré a ti y te bendiciré", que se interpreta preferentemente en sentido de que podía haber, simultáneamente y con aprobación divina, varios lugares de culto, lo que sería una clara contradicción a la exigencia de Dt. 12:14 de que los sacrificios fueran presentados sólo en el lugar que "escogiera Jehová". Se trataría de una contradicción incomprensible, si realmente en Éx. 20:24 se permitieran sacrificios en todo lugar, mientras en Dt. 12:14 solamente en el santuario principal, siendo ambos pasajes de un mismo autor. Pero tal dificultad se disuelve si se toma en cuenta el cambio de situación determinado por la inminente entrada a la tierra prometida, que se prevé en la legislación del Deuteronomio. En el tiempo de la peregrinación, a que se refiere mayormente el Libro del Pacto, como también la mayor parte del Levítico, el santuario central cambiaba constantemente de posición. Puede agregarse también la explicación de que Éx. 20:24 significa "en la región de todo el santuario", con lo que tendríamos aquí una referencia directa al único santuario posterior, el de Jerusalén.

Las dificultades con respecto a las diferencias de posición del tabernáculo (según Éx. 33:7, siempre fuera del campamento; según Nm. 2:2ss., siempre en medio del campamento) se resuelven al comprender que el tabernáculo de Éx. 33:7 no es el mismo que el de Nm. 2:2ss., sino una tienda provisional que sirvió de tabernáculo hasta que pudo ser construido el definido, según las prescripciones señaladas en Éx. 25–27. (→ PENTATEUCO.)   F. L.

EXORCISTA. El que por medio de ciertos conjuros o ritos mágicos pretende expulsar demonios. Ni Cristo ni los apóstoles echaron fuera a los demonios con fórmulas mágicas o ritos misteriosos, sino por la autoridad de Dios (Mt. 8:16; 10:1; Mr. 5:13; Lc. 4:35). La única vez que se usa la palabra "e." en el NT es para condenar la práctica y a los e. profesionales, los cuales eran muy comunes en aquel tiempo (Hch. 19:13; cp. Mt. 12:27; Mr. 9:38; Lc. 9:49,50). El fracaso de los e. en Hch. 19, no se debió a la ineficacia de su conjuro, sino a que no conocían a Cristo, cuya autoridad reconocían los demonios (19:15).   A. P. N.

EXPANSIÓN. Traducción de la voz hebrea *raquiya* ('martillado' o 'estirado') en Gn. 1:6, 7,8,14,15,17,20, etc. A los orientales antiguos les parecía que el cielo que les cubría era una inmensa bóveda azul hecha de metal martillado. Por tanto lo llamaron *raquiya*. Jerónimo (en la Vul.) la tradujo *firmamentum*, de donde viene la palabra "firmamento" empleada en muchas versiones modernas.

La RV la traduce por "expansión", lo que hace pensar más en el espacio que en una bóveda. Esto concuerda mejor tanto con el uso de la palabra en Gn. 1 como con la ciencia moderna. Dios hizo la e. el segundo día (1:6-8). En ella fueron colocadas las lumbreras que creó (1:15) y en ella volaban las aves (1:20).

El salmista, como todo ser observador, se maravilla al contemplar la e. Su "magnificencia" provoca alabanza a Dios (Sal. 150:1) y "anuncia la obra de sus manos" (Sal. 19:1). En los salmos (RV) *raquiya* se traduce por "firmamento".   W. M. N.

EXPIACIÓN. Acto por el cual se quita el pecado o la contaminación mediante un sacrificio o pago establecido por Dios. En la RV, la palabra aparece casi 200 veces. En 70 casos es traducción del verbo hebreo *kipper*, que indica e. propiamente. En casi todas las demás ocasiones se refiere a sacrificios expiatorios. En el NT o bien significa sacrificio expiatorio (Heb. 10:6,8; gr. *peri hamartías*), o es la traducción del verbo *hiláskomai* (Heb. 2:17, → PROPICIACIÓN).

La etimología de *kipper* es incierta; algunos sugieren la palabra aramea que equivale a "borrar", pero es más probable que venga de una raíz que significa "cubrir". El concepto básico parece ser el de eliminar el obstáculo que impide la bendición de Dios.

Las impurezas ceremoniales o morales hacen necesaria la e. en el AT. Los motivos de e. ceremonial incluyen el flujo de sangre (Lv. 12:6,7), contaminación por un muerto (Nm. 19:9-17), y la lepra (Lv. 14:18,53). También objetos materiales, como el altar y el taber-

náculo (Lv. 16:33), podían contaminarse, y era necesario hacer e. por ellos. Pero básicamente la e. se hace por el → pecado, que contamina tanto al hombre como a las cosas, y del cual la impureza ceremonial es sólo una ilustración.

El medio de e. variaba. Podía muy bien ser una ofrenda en efectivo (Nm. 31:50) o incienso, como cuando Aarón expió la murmuración del pueblo (Nm. 16:47). Pero principalmente la e. se hacía mediante la muerte de una víctima, y por la sangre como símbolo de su vida derramada (Lv. 17:11). A veces el culpable mismo debía morir (Nm. 35:33), pero en la mayoría de los casos se ofrecía un animal como sustituto.

La e. presenta el pecado como algo que contamina al hombre y que interrumpe su relación con Dios. Indica que es Dios mismo quien provee el medio para restablecer la relación rota por el pecado ya que el hombre no puede hacerlo. Demuestra la justicia de Dios, porque él demanda un castigo por el pecado, y también su amor, porque él provee un sustituto para el pecador. Finalmente, demuestra los beneficios para aquel que acepta la provisión expiatoria de Dios. Hay limpieza de la contaminación, perdón de la culpa, y liberación del castigo merecido.

Las ofrendas expiatorias del AT no podían en sí quitar el pecado (Heb. 10:4), sino que prefiguraban a Jesucristo, el sacrificio perfecto provisto por Dios mismo (Jn. 1:29). Por su muerte expiatoria (*asham*, Is. 53:10), él quitó los pecados del mundo y proveyó la base para → perdón y → justificación del pecador. (→ DÍA DE EXPIACIÓN, SACRIFICIO, SALVACIÓN.)   P. E. S.

EXPIACIÓN, DÍA DE. → DÍA DE EXPIACIÓN.

ÉXTASIS (gr. = 'salida de sí'). Estado psíquico excepcional que, en sentido religioso, se atribuye a causas sobrenaturales. Sin embargo, en Israel (1 S. 10:5ss.; 19:18ss.; 2 R. 3:15) y entre los helenistas era común producir el é. mediante la música, la danza, la embriaguez o el autocastigo (→ PROFETA).

En el NT (gr.) se usa siete veces y denota espanto y asombro (Mr. 5:42; 16:8; Lc. 5:26; Hch. 3:10) o el é. propiamente dicho (Hch. 10:10; 11:5; 22:17).

Los principales ejemplos de arrobamiento de los sentidos son las visiones de los profetas del AT (Is. 6; Jer. 4:23-26; Ez. 2:2; 3:14; cp. "estar en el Espíritu", Ap. 1:10) y de Pedro (Hch. 10:10) y de Pablo (Hch. 22:17). D. M. H.

EXTRANJERO. Término con que la RV traduce varias palabras heb. y gr. que, a su vez, denotan conceptos diferentes de lo que era un e. Advenedizo y forastero son sinónimos del término y se intercambian en el paralelismo heb. (→ GENTILES, → PROSÉLITO).

El *guer* o *tosab* (heb.) y *pároikos* o *parepídemos* (gr.) era el gentil deseoso de relacionarse con el pueblo de Dios. Estaba dispuesto a acatar las leyes judías. Merecía misericordia y justicia, porque también el padre Abraham había sido e. en Canaán (Gn. 12:1-9) y los israelitas, como pueblo, habían vivido como e. en Egipto (Éx. 22:21; Dt. 23:7).

Una vez establecidos en Palestina, los israelitas estaban rodeados de otras razas y adeptos de otras religiones. Para estos *guerim* Moisés dictó leyes especiales que les protegían y trataban con equidad (Éx. 12:19; 20:10; Lv. 25:47ss.). Sin embargo, declararon enemistad para siempre con siete pueblos de Canaán (Dt. 7:1-4; véase *nokri* abajo) y debían mantenerse separados de los moabitas y amonitas hasta la décima generación (Dt. 23:3). Pero los nietos de los egipcios y los edomitas, como los demás *guerim,* podían ser recibidos en la comunidad israelita (Dt. 23:7s.).

Algunos profetas –notablemente Jonás e Isaías (Is. 2:2-4; 19:23; 49:6; etc.)– vislumbraron compartir su fe algún día con las grandes naciones. Pero imperó la tendencia a aislarse por completo de las corrientes paganas. Aún así muchísimos judíos asimilaron esas corrientes.

Los términos *nokri* o *zar* (heb.) y *xénos, allótrios,* o *alloguenes* (gr.) designaban a los e. viajantes o comerciantes. Disfrutaban del derecho de ser bien recibidos, pero no podían entrar en el templo (Ez. 44:7-9), ni ofrecer sacrificios (Lv. 22:25). No participaban en la comida pascual (Éx. 12:43). Políticamente seguían fieles a otros soberanos, y en lo religioso celebraban cultos diferentes. Estos eran los incircuncisos, los gentiles, los bárbaros. También se designaba con estos nombres al judío pérfido (Sal. 54:3).

En sentido figurado el israelita seguía siendo e. sobre la tierra (Lv. 25:23; 1 Cr. 29:15; Sal. 39:12; 119:19).

En el NT el creyente es ciudadano de un reino espiritual y vive como peregrino en la tierra (Heb. 11:13; 1 P. 1:1,17; 2:11). Pero las puertas del reino están abiertas para todos y el cristiano se preocupa por los otros e. (Mt. 25:35 → HOSPITALIDAD).   W. G. M.

EZEQUÍAS ('Jehová es fortaleza'). Duodécimo rey de Judá (*ca.* 715-687 a.C.), hijo de Acaz (2 R. 18–20; 2 Cr. 29–32; Is. 36–39).

Lo primero que hizo E. como rey fue limpiar el templo y restaurar la verdadera adoración a Jehová. Quitó los lugares altos, rompió las imágenes y abrió las puertas del templo. Destruyó la serpiente de bronce de Moisés, porque la gente la adoraba. Celebró la Pascua en gran escala.

E. atacó a los filisteos y reconquistó las ciudades perdidas por su padre. Enfrentó invasiones de los asirios. En 722 a.C. los asirios se apoderaron de Samaria, capital de Israel, y llevaron cautivas a las diez tribus. En 701 a.C., Senaquerib, rey de Asiria, tomó las ciudades fortificadas de Judá y sitió a Jerusalén, a la cual ordenó que se rindiera. E. entró en el templo y extendió las cartas de los asirios ante Jehová y oró. Dios contestó, y esa misma noche el ángel de Jehová destruyó al ejército asirio, y Senaquerib regresó derrotado a Nínive.

Para la defensa y el mejoramiento del país, E. realizó importantes construcciones. Hizo depósitos, establos y apriscos. Fortificó varias ciudades con muros y torres, e hizo escudos y espadas. Para proveer de agua fresca a Jerusalén, cubrió los manantiales de Gihón y construyó la cañería y el estanque de → Siloé, una obra de gran ingenio.

En el apogeo de su poder, E. recibió mensajeros de Merodac-baladán, rey de Babilonia, a quienes mostró todas las riquezas de su dominio. Como consecuencia de su orgullo, Isaías le profetizó que todo sería llevado como botín a Babilonia. E. también supervisó la compilación de los proverbios de Salomón (Pr. 25:1).

E. enfermó de gravedad y, hallándose al borde de la muerte, se arrepintió y pidió misericordia. Dios le concedió quince años más de vida, después de los cuales murió en paz.

D. M. H.

EZEQUIEL (heb. *yehezquel* = 'Dios fortalece'). Uno de los profetas mayores. Por ser hijo de un sacerdote, Buzi (1:3), probablemente fue criado en los alrededores del templo, con miras a continuar el oficio de su padre. Sin embargo, debido a la toma militar de su nación en 597 a.C., fue llevado cautivo a Babilonia, junto con el rey → Joaquín y otros nobles (2 R. 24:14-17). Probablemente permaneció exiliado toda su vida. Se estableció primero con los demás cautivos en → Tel-abib (Ez. 3:15) junto al río → Quebar. Pero, como cualquier exiliado, sus pensamientos siempre volvían a su ciudad nativa, y se interesó profundamente en todo lo que en ella pasaba.

En 593 a.C., cuando ya tenía 30 años (Ez. 1:1), la edad cuando normalmente se iniciaba el ministerio sacerdotal, E. tuvo visiones por las cuales recibió su vocación profética (Ez. 1–3).

La esposa de E. murió repentinamente el mismo día que Nabucodonosor tomó a Jerusalén (586 a.C.), pero Dios le prohibió el luto al profeta (24:1,2,15-18). No se sabe si el profeta tuvo hijos.

El libro de E. refleja el conflicto emocional entre el hombre que se había preparado para ser sacerdote (exactitud litúrgica) y aquel a quien Dios llamó a ser su mensajero (pasión profética). El joven que siempre quiso oficiar en el culto del templo de Jerusalén tuvo que aprender a adorar a Dios sin templo y sin sacrificios, en tierra extranjera, y enseñó a su pueblo a hacer lo mismo (cp. Jn. 4:23). Sin embargo, siempre mantuvo una vívida esperanza en la restauración completa del pueblo, la ciudad, y el templo (Ez. 33–48).

El ministerio de E. duró unos veintidós años hasta 571 a.C. (Ez. 29:17), y probablemente aún más. Junto con → Esdras se considera como el padre del → judaísmo postexílico.   T. D. H.

EZEQUIEL, LIBRO DE

El estudio de los manuscritos de →Qumrán (→ISAÍAS) ha sugerido una división del libro en dos tomos, lo cual confirma la afirmación de Josefo de que Ezequiel escribió dos libros. Entendidos así, el primer tomo termina con una profecía de la destrucción de Jerusalén (cap. 24), y el segundo termina con la profecía de la restauración de Jerusalén y del templo (caps. 40–48). Ambos tomos contienen una descripción de la vocación del profeta (3:16-21; 33:1-9).

A. *El juicio contra Judá y Jerusalén (1–24).*

B. *La liberación y restauración de Israel (25–48).*

1. Juicios contra las naciones opresoras (26–32)
2. La regeneración política y espiritual de Israel (33–39)
3. El nuevo templo y la nueva Jerusalén (40–48)

Algunos mantienen que Ezequiel mismo ordenó el libro, pero actualmente es más común pensar que algunos discípulos del profeta pusieron los oráculos en el orden conocido, tal vez añadiendo algunos oráculos propios. No obstante, es evidente que en gran parte el libro es obra del profeta mismo.

Las tensiones psicológicas y emocionales que experimenta Ezequiel se reflejan en la profunda bipolaridad de su teología. Siempre se muestra sensible y fiel en cuanto a ambos lados de la verdad y expresa ésta en las grandes paradojas de la revelación divina.

En su visión inaugural (cap. 1) Ezequiel hace hincapié en la trascendencia, movilidad y omnipresencia de Dios. Pero termina el libro con la afirmación de que la nueva Jerusalén se llamará "Jehová allí", recalcando otra vez la presencia local de Dios en el templo reconstruido (48:35).

En la visión inaugural Ezequiel insiste en que Dios es infinito, misterioso e incomprensible (1:28). Pero, como ningún otro autor bíblico, proclama que el hombre sí puede conocer verdaderamente a Dios. Ochenta y seis veces aparecen en el libro frases como "sabréis que yo soy Jehová" (v.g. 6:7,10,13,14; cp. Jn. 17:3).

Todo el libro muestra que Dios es el omnipotente soberano, que actúa en toda la historia humana (caps. 5; 7; etc.). Pero, más que los demás autores bíblicos, Ezequiel pone de relieve la realidad del pecado que domina aun al pueblo escogido en muchos momentos de su historia (caps. 16; 20; 23). A la vez que reconoce la soberanía divina, recalca que el hombre es un ser responsable por su pecado, y que está llamado al arrepentimiento (18:31,32). Los tonos oscuros y repulsivos con que Ezequiel pinta el pecado destacan su concepto de la gracia divina (v.g. 36:25-27).

Como ningún otro profeta, Ezequiel acentúa la realidad del juicio y la ira de Dios (caps. 5; 7; 20; etc.). Pero también habla con pasión del tierno amor de Jehová, quien busca a sus ovejas perdidas (caps. 34), no quiere "la muerte del que muere" y ruega: "convertíos, pues, y viréis" (18:32).

Ezequiel fue el primero que instó a la responsabilidad individual (cp. Dt. 24:16), pero en el famoso cap. 18 tenemos un desarrollo sin paralelo de esta doctrina. Sin embargo, el libro termina con la visión de una sociedad (caps. 40–48) que no deja campo para el individualismo egoísta, tan común en épocas posteriores.

Con aún más precisión que Jeremías (cap. 31:31-34), Ezequiel presentó la solución de la problemática del hombre en la regeneración interior, la obra del Espíritu de Dios y el sello del →pacto renovado (11:19; 18:31; 36:25-27). Pero como sacerdote (1:3), siempre buscaba la renovación —jamás el rechazo— del templo, culto, sacrificios y otras expresiones exteriores de la religión (caps. 40–48).

Como ningún otro profeta, Ezequiel se puso del lado de Dios y aun expresó deleite en los juicios divinos (2:8–3:3). Pero, con su profunda conciencia del valor del individuo, asignó al cuidado pastoral un papel profético. Su hondo sentido de responsabilidad como "atalaya" (3:16-21; 33:1-9), que debía velar por la salvación de sus prójimos, no tuvo paralelo humano en la historia bíblica hasta San Pablo (cp. Ro. 9:1-3; 10:1).

El Dios de Ezequiel es ejecutor de juicio y muerte pero también autor de resurrección y nueva vida (cap. 37; 47:1-12). Aunque Ezequiel no alcanza a discernir el sufrimiento con la claridad de Is. 53, es notable que las aguas de vida brotan desde debajo del altar —el lugar del →sacrificio— en su nuevo templo (47:1).

Aunque muchos de los elementos individuales de su teología tienen abundantes antecedentes, Ezequiel mostró una capacidad única en el AT para mantener verdades doctrinales en tensión paradójica. Por eso muchos lo consideran el teólogo más grande del AT. El efecto de su poder literario se ve en el NT, especialmente en los escritos de Juan (agua viva, Jn. 7:38,39; vid, 15:1-6; visiones, Ap. 1; 4; Gog y Magog, y una nueva Jerusalén, Ap. 21 y 22). Pablo desarrolla sus paradojas teológicas (→ ROMANOS, EPÍSTOLA A LOS).   T. D. H.

EZIÓN-GEBER. Lugar donde los israelitas acamparon antes de entrar en el desierto de Zin (Nm. 33:35,36; Dt. 2:8). Después, era el puerto donde atracaban las naves que traían oro de Ofir a la corte de Salomón (1 R. 9:26-28).

Aquí existían, desde el tiempo de Salomón hasta el siglo V a.C., enormes fundiciones donde se fundía el cobre y el hierro de las minas del Arabá. Las ruinas de edificios y hornos, la hez de los metales, etc., han dejado testimonio de su importancia industrial.

Se cambió el nombre en →Elat entre los reinados de Josafat y Amasías. Hoy es el importante puerto de Israel llamado Eilat.   D. J.-M.

F

FÁBULA. Historia ficticia en la que figuran como elementos principales animales o cosas inanimadas personificados, cuyo fin es comunicar alguna moraleja. En la Biblia tenemos dos ejemplos: 1) aquella de los árboles que escogen rey, propuesta por →Jotam a los hombres de →Siquem (Jue. 9:8-15); 2) la del cedro del →Líbano y el cardo, que →Joás envió como respuesta al desafío de →Amasías (2 R. 14:9).

Las f. aludidas por los autores del NT (1 Ti. 1:4; 4:7; Tit. 1:14; 2 P. 1:16), que falsos maestros querían introducir como verdades cristianas, no parecen tener el carácter de f. propiamente dicho, sino de conceptos doctrinales inventados o ficticios. V. M. R.

FAMILIA. →CASA.

FARAÓN. Título de los monarcas de →Egipto. Aunque este título comenzó a usarse sólo a partir del Nuevo Imperio, es común aplicárselo a todos los reyes egipcios a partir de la primera dinastía. Su significado original, "la gran casa", se aplicaba primero al palacio real, pero paulatinamente llegó a aplicarse a sus ocupantes.

Para los egipcios, el f. era un dios. De hecho, el culto al f. era uno de los principales factores de la cohesión dentro del país en el que subsistían grandes diferencias regionales, tanto culturales como religiosas. En los tiempos más antiguos, la inmortalidad se reservaba sólo para el f., pero con el correr de los años se fue extendiendo al resto de la población.

Puesto que el f. era un dios, a su muerte era necesario proveerle de una tumba adecuada. Por esta razón, las tumbas de los f. rivalizaban con los templos en magnitud y esplendor. Aunque casi todas ellas fueron saqueadas en tiempos remotos, todavía quedan los grandes monumentos de piedra que dan testimonio de su antigua gloria. Entre ellas las más famosas son las tres grandes pirámides. Como parte del rito fúnebre, se momificaba el cuerpo del f. (→EMBALSAMAMIENTO), y se incluían en la tumba embarcaciones y provisiones para el viaje al más allá.

Los f. se agrupan tradicionalmente en 30 dinastías, después de las cuales sigue la trigésimo primera de los →Ptolomeos. Cuando Egipto quedó supeditado al Imperio Romano, terminó el régimen de los f.

El lujoso ornamento propio de su rango real adorna la cabeza de esta princesa egipcia. Como ella puede haber lucido la que recogió al niño Moisés.

En la Biblia se menciona a varios f. Puesto que frecuentemente se hace referencia a ellos, dándoles el título de f. más bien que su propio nombre, es difícil, y aun imposible, establecer una relación segura entre los personajes que se mencionan en la Biblia y los que conocemos por la historia de Egipto. Así, por ejemplo, los f. del tiempo de Abraham (Gn. 12:15-20) y el tiempo de José (Gn. 39—50), no pueden identificarse con certeza. Es muy posible que el episodio de José deba enmarcarse dentro del período

de los hicsos, cuando las condiciones sociales y
políticas correspondían aproximadamente a las
que se relatan en el Génesis. Tampoco es posible determinar con certeza quiénes fueron los
f. de la opresión y del →éxodo, aunque hay
indicios de que se trata de Ramsés II y alguno
de sus sucesores (→RAMSÉS y RAMESÉS).
Otros f. que es imposible identificar con certeza
son los que se mencionan en 1 R. 3:1; 9:16:
11:14-22; 2 R. 18:21; 1 Cr. 4:18.

Además, hay varios f. de importancia para la
historia bíblica cuyos nombres son conocidos,
como →Necao, Sisac y Tirhaca.   J. L. G.

FARES ('rotura'). Hijo de Judá y su nuera Tamar. Gemelo de Zara (Gn. 38:29; 46:12). Progenitor de los faresitas (Nm. 26:20; Neh.
11:4,6). Su descendiente, Jasobeam, fue caudillo de los valientes de David (1 Cr. 11:11;
27:2,3). Figura en la genealogía del Mesías (Rt.
4:12,18; Mt. 1:3; Lc. 3:33).   D. M. H.

FARFAR. → ABANA.

FARISEOS. Secta de los judíos.

El nombre *farisaíoi* aparece por primera vez
en el contexto de los reyes →macabeos (*ca.* 150
a.C., Josefo, *Antigüedades* XIII.x. 5-9). El equivalente heb. *perusim* generalmente se entiende
en el sentido de "separados" (v.g. Esd. 6:21;
Neh. 10:28s.). Probablemente era un apodo
impuesto por sus enemigos ya que los f. vivían
apartados de lo impuro, e.d., del "pueblo de la
tierra" (Jn. 7:49). Ellos mismos preferían llamarse *jeberim* ('compañeros'), que revela algo
de su organización.

Como grupo particular, los f. lograron destacarse durante el reinado de Juan Hircano
(135-104 a.C.), al oponerse al deseo de éste de
extender su poder político y militar. En el reinado de Alejandro Janneo (103-76 a.C.) la oposición alcanzó tal magnitud que éste la suprimió
brutalmente, crucificando a 800 de los líderes f. (*Antigüedades*, XIII.xiv.2). Cobraron nueva
importancia bajo Alejandra Salomé (76-67 a.C.),
pero pronto perdieron su influencia directa en
la vida política del país. → Herodes el Grande
intentó ganar su apoyo, ya que solamente se
dedicaban a la vida religiosa, pero desistió ante
las sospechas que aún mantenía, basadas en las
rebeliones anteriores.

Durante la vida de Jesucristo la mayoría de
los f. practicaban la devoción religiosa y no
participaban en la oposición creciente de los
→ zelotes contra la ocupación romana. Por
tanto, después de la destrucción de Jerusalén
(70 d.C.), Vespasiano permitió que el rabino,
Yohanán ben Zakkai, fundara una escuela en
Jamnia; y, aún más, después del levantamiento
de Bar Kokeba (135 d.C.), los f. llegaron a
representar el judaísmo oficial. De esta fecha en
adelante brotó la literatura rabínica (→TAL-
MUD; MISNÁ;→TARGUM y MIDRÁS).

I. RELACIÓN CON OTRAS SECTAS

Se acepta generalmente que los f. descendieron de los jasideos ('devotos') quienes lucharon al lado de los→macabeos por la libertad
religiosa (166-42 a.C.). Quizá derivaron del grupo de escribas empleados por los jasideos
(1 Mac. 7:12ss.). Probablemente *ca.* 100 a.C.
los → esenios se separaron de los f. por considerar que se acomodaban demasiado al ambiente político. Por su parte, los f. rechazaron la
postura apocalíptica que habían adoptado algunos de los esenios en aquel entonces (→QUM-
RÁN).

Los f. se distinguían de los → saduceos por su
interpretación de la →ley, y por su actitud frente al AT. En cuanto a lo primero, los f., cuyos
representantes más importantes eran Hillel y
Sammai (*ca.* 25 a.C. – 10 d.C.), se oponían
como laicos a la aristocracia de sacerdotes profesionales. Lograron una posición poderosa en
el →sanedrín durante el siglo II a.C. Los f. interpretaban las tres divisiones del AT (Ley, Profetas y Escritos), adaptándolas, por medio de
una serie de → tradiciones orales, a las necesidades cotidianas del pueblo. Los saduceos, por
su parte, se concentraban en la interpretación
de las leyes rituales, aplicándolas solamente al
culto del templo. Con la destrucción de éste,
desapareció su razón de ser y los f. surgieron
con un poder único. La inmensa mayoría de
los → escribas eran f., y los términos son casi
sinónimos. Es probable que la frase juanina "los
judíos" se refiera principalmente a los f.

II. ENSEÑANZA

Los f. organizados en pequeñas comunidades,
se dedicaban a la docencia y promovían el desarrollo de la religión de la →sinagoga. Además,
emprendieron una labor proselitista entre los
gentiles (Mt. 23:15). Diferían de los saduceos
principalmente en su aceptación del concepto
de la inmortalidad. Creían en la inmortalidad
del alma, lo cual implicaba la resurrección del
cuerpo (Hch. 26:8), y en la existencia de ángeles y espíritus. Recalcaban el uso de la razón en
la comprensión del deber religioso. Esto los llevaba a una concepción de la soberanía de Dios
que incluía la fatalidad.

Los f. se proponían alcanzar una perfecta
obediencia a la Ley de Moisés tal como la
interpretaba la tradición oral (Mr. 7:13). Su
enseñanza era primordialmente ética y práctica,
no teológica (→ DIEZMO,→SÁBADO).

III. RELACIÓN CON JESÚS Y LOS APÓS-
TOLES

A diferencia de los esenios y los zelotes, los
f. aparecen a menudo en los libros históricos del
NT. Generalmente los encontramos opuestos a
Jesús (Mr. 2:6; 3:6; 7:1ss.; Jn. 5:10; 6:41;
7:45ss.; 9:13ss., etc.) quien, igual que Juan el
Bautista, denunció su insinceridad (Mt. 3:7ss.;
5:20; 6:5; 9:13; 12:7; 16:6; 23:1-36,→HI-
PÓCRITA). Jesús rechazó la autoridad excesiva
que ellos otorgaban a la ley oral.

Sin aceptar incondicionalmente el juicio favorable de Josefo sobre la secta, sería falso concluir de los Evangelios y Hechos que todos los f. se oponían al mensaje y ministerio de Jesús. Es probable que fueran f. los que esperaban la consolación de Israel (Lc. 2:25,38; 23:51; 24:21). Varias veces Jesús tuvo contactos amigables con ellos (Mr. 12:28ss.; Lc. 7:36; 13:31; 14:1; 18:18ss.). Varios f. creyeron en él y fueron bautizados (Jn. 3:1ss.; 7:50s.; 8:31; Hch. 6:7; 26:5), entre los cuales el más famoso fue Saulo de Tarso (Hch. 9:1-18; Fil. 3:5). El maestro de Saulo →Gamaliel, que defendió a los apóstoles (Hch. 5:34-39) fue nieto del rabino Hillel.   J. A. K. y R. F. B.

Bibliografía

EBDM III, 451-455. *DBH*, col. 684s. *IB* II, pp. 85-89. *VTB*, pp. 284ss.

FE. Aprobación que se da a alguna verdad, o confianza que una persona deposita en otra. F. salvífica, v.g., es la total confianza del hombre en Cristo. En la teología bíblica no hay palabra más importante. Es tema predilecto de los autores del NT, especialmente Pablo y Juan, pero encuentra sus antecedentes también en el AT. Las tres palabras —"fe", "fiel" y "creer"— se hallan en el AT aproximadamente 75 veces, y en el NT más de 600 veces.

En el AT la palabra "f." suele usarse con referencia a Dios: su fidelidad (Dt. 7:9; Is. 49:7), especialmente en guardar el pacto. La f. de los hombres tiene el sentido de una llana y entera confianza en Dios, como lo demostró Job (16:19s.; 19:25-27; cp. Sal. 37:3ss.).

El ejemplo predilecto de la fe es → Abraham (Gn. 15:6). Salió de → Ur sin saber adónde Dios lo llevaba (Heb. 11:8); creyó que iba a tener un hijo pese a su avanzada edad (Gn. 15:4-6); y cuando Dios le pidió sacrificar a ese hijo, no se opuso (Ro. 4:16-18; Heb. 11:17-19).

Los fieles del AT, enumerados en Heb. 11, anhelaban lo prometido, pero murieron sin conocerlo de cerca (vv. 13,14,39s.). Esta esperanza y confianza se aclara y concreta en el NT, cuando se declara que la única f. verdadera está siempre, aunque en distintas maneras, vinculada con Cristo (Hch. 4:13s.; 1 Co. 3:11).

El supuesto conflicto entre Santiago y Pablo con referencia a la f. *versus* las buenas obras es un concepto popular errado. Pablo no rechaza las buenas obras, ni Santiago la "f. paulina". Ambos hablan de la f. de Abraham (Gá. 3:6-12; Stg. 2:21-24). Compárese Stg. 2:14ss. con Tit. 1:16; 3:7s.; 2 Co. 9:8; Ef. 2:8-10; etc.

La f. encierra toda la vida nueva de los verdaderos creyentes (Ro. 3:27; 11:20; Col. 1:23; Tit. 2:2; 1 P. 1:7). Significa también la virtud específica de mantener contacto con Cristo (1 Co. 13:13; 2 Ti. 1:13). Es la f. (acerca) de Cristo (Ro. 3:22; Ef. 3:12). Es la f. en Cristo (Gá. 3:26; Col. 1:4). Se usa con la preposición gr. *eis* con sentido de compenetración (Jn. 14:12; Ef. 1:15). La f. se basa sobre Jesús (Lc.

24:25; Hch. 9:42) y se relaciona directamente con la persona de Cristo (Jn. 14:3; 2 Ti. 1:12).

En los →sinópticos la f. se dirige generalmente hacia la persona de Jesucristo, allí presente en la carne, y particularmente se refiere a la f. para salud (Mt. 9:22). Al pasar la iglesia a la edad postapostólica, cada vez más la f. significa el cuerpo oficial de doctrina (Jud. 3,20). Entre estos extremos hallamos la enseñanza apostólica que puede apreciarse en los siguientes temas:

1. La f. se basa en un hecho histórico (Hch. 17:3).

2. Es más que el acto de creer. (Los demonios también creen, y tiemblan, según Stg. 2:19.) Es el establecimiento de una relación personal con Cristo (2 Ti. 1:12).

3. Es la puerta por donde todos tienen que pasar si han de alcanzar la salvación. Es una entrega personal a Cristo en respuesta al sacrificio que él efectuó en el Calvario (Hch. 16:30ss.; Jn. 3:16; Mr. 9:42).

4. Pero más que una decisión momentánea, la f. es un clima espiritual, un modo nuevo de vivir (2 Co. 7:7; Ro. 11:20).

5. La f. es indispensable para la →justificación. Cristo inmolado en la cruz efectuó la salvación de la humanidad, pero seguimos condenados a menos que creamos que Cristo murió por nosotros y lo recibamos como salvador (Jn. 1:12). Por nuestra f. somos justificados (Ro. 1:17; 5:1ss.; Gá. 2:16).

6. La f. se vincula siempre con la →gracia. El mensaje de la cruz —la capacidad de responder a él— no tiene requisitos de santidad, conocimiento, obras buenas, etc. No son los poderosos ni los sabios los que se salvan (Mt. 11:25; 1 Co. 1:18-31; 2:14). Puesto que el espíritu del hombre incrédulo está muerto, no puede responder si no es por la gracia (Ro. 4:16; Ef. 2:8s.).

7. Cristo es el autor y consumador de la f. (Heb. 12:2) y obra f. en nosotros por su Espíritu Santo. El Espíritu vivifica a la persona que es justificada por la f. Ya no anda conforme a la carne sino conforme al Espíritu, en novedad de vida (Jn. 6:63; Ro. 7:6). Recibimos la f. sólo después que el Espíritu ha venido a nuestra vida (Jn. 16:13).   W. G. M.

FEBE. Diaconisa de la iglesia de Cencrea, uno de los dos puertos de Corinto, notable por su espíritu de servicio a los demás. Pablo mismo hace resaltar la ayuda que F. le brindó. Evidentemente fue la portadora de la Epístola a los romanos, pues Pablo la recomienda a la hospitalidad de los hermanos en Roma (Ro. 16:1,2).
                                                I. W. F.

FELIPE

1. Felipe el apóstol. Uno de los primeros discípulos a quienes Jesús llamó personalmente (Jn. 1:43). Era oriundo de → Betsaida (Jn. 1:44; 12:21), ciudad nativa también de Pedro y Andrés, llamados el día anterior. Se supone que F.

participó en el ministerio del Señor en Judea (Jn. 3:22–4:3) y en la ordenación posterior narrada en Mr. 3:13-19 //.

F. figura como el quinto en las listas de los apóstoles (Mt. 10:3; Mr. 3:14; Lc. 6:14; Hch. 1:13). Aparte de estas listas, F. es mencionado sólo en Jn., donde aparece asociado con su conciudadano Andrés. Su convicción inmediata de que Jesús fuese el prometido de las Escrituras, según su testimonio a Natanael (Jn. 1:45; cp. Mt. 16:16), lo reveló como sensible estudioso de las profecías. A las objeciones de Natanael F. contestó como sabio testigo: "Ven y ve" (Jn. 1:46). Antes del milagro de los panes, Jesús quiso probar la comprensión y fe de F. (Jn. 6:5-9), e hizo que éste calculara cuánto pan hacía falta.

Parece que F. inspiraba confianza, ya que los →griegos que habían subido a adorar en la

Esta estatua romana fue encontrada en el mercado de la vieja ciudad de Cesarea, lugar en que residía el gobernador romano Félix y donde mantuvo preso a San Pablo.   IGTO

Pascua se dirigieron a él (nótese su nombre gr.) cuando querían ver a Jesús. F. buscó el apoyo de su amigo →Andrés (el único otro apóstol de nombre gr.) y los dos llevaron los griegos al Señor (Jn. 12:20ss.).

2. Felipe el evangelista. Se menciona por primera vez al nombrarse siete administradores para la iglesia en Jerusalén (Hch. 6:1-9 → DIÁCONO). Los candidatos debían ser de buen testimonio, sabios, y llenos del Espíritu Santo, para realizar la labor caritativa. Pero F. no se limitó a "servir a las mesas" (Hch. 6:2). Al ser esparcida la iglesia madre a raíz del martirio de Esteban y la persecución encabezada por Saulo de Tarso, F. fue a →Samaria. Allí predicó el evangelio con gran éxito y realizó milagros que acreditaron el mensaje, aun siendo judío en un ambiente hostil (Hch. 8:1-13 → SIMÓN MAGO, → PEDRO).

Guiado primeramente por un ángel, y luego por la voz del Espíritu Santo, F. dejó la floreciente obra de Samaria para encontrarse con el tesorero (→EUNUCO) de →Etiopía, quien regresaba a su tierra después de visitar a Jerusalén. F. le anunció al potentado el evangelio de Jesús, basando su mensaje en el rollo de Isaías que el etíope estudiaba. Éste se convirtió al Señor, y F. lo bautizó en un estanque junto al camino. Después, el evangelista fue arrebatado por el Espíritu para que continuara su labor en las ciudades del litoral del SO (Hch. 8:26-40) hasta establecer una sede en Cesarea donde Lucas lo halló años después (Hch. 21:8s.). Nótese que Lucas identifica a F. como →evangelista y no como diácono.

La tradición posterior amplifica la mención de las cuatro hijas de F. que profetizaban, y sugiere Hierápolis como el lugar de la tumba de dos de ellas y de F. Sin embargo, esto no se ha podido comprobar.   E. H. T.

Bibliografía

E. Trenchard, *Los hechos de los apóstoles*, Madrid: Literatura Bíblica, 1964.

FÉLIX (lat. = 'el feliz'). Procurador romano de Palestina desde el 52 d.C., cuyo nombre completo era Marco Antonio F. Esclavo libertado de la casa de →Claudio y hermano de Pallas, favorito del emperador. Se casó tres veces y se emparentó con los →Herodes por su unión ilícita con la hermosa →Drusila, hermana de Agripa II. El historiador Tácito lo enjuicia con gran severidad: "Con toda clase de crueldad y de disolución, ejerció el poder de un rey con alma de esclavo". El relato de Hch. 24 confirma ese retrato y destaca su codicia (v. 26) y su desprecio por la justicia (vv. 22,27; cp. 23:26ss.).

El gobierno autoritario de F. fomentó el odio de los judíos contra Roma. Emprendió una lucha encarnizada contra el partido antirromano de los →zelotes, que sembraban el terror en todo el país. En una oportunidad, exterminó a los seguidores de un pretendiente mesiánico de origen egipcio, congregados en el desierto (cp.

Hch. 21:38). La fecha de su destitución y de la llegada de su sucesor Festo es importante para establecer la cronología de la vida de Pablo (Hch. 24:27). Algunos autores la fijan temprano, en el 55 d.C., pero parece más acertada una fecha *ca.* 60 d.C. De todas maneras, la cautividad de Pablo en Cesarea se sitúa en los últimos años de la administración de F.

J.-D. K.

FENICE (gr. = 'la fenicia'). Ciudad y puerto en la costa sur de la isla de Creta. El nombre es el mismo que se da a la palmera de dátiles, árbol indígena de esa isla. Era puerto abrigado adonde en vano procuró llegar el buque en que viajaba Pablo después de su partida de Buenos Puertos (Hch. 27:8-15). El puerto de Lutro con el cual se ha identificado F. está 56 km al NO del cabo Matala. Es profundo y está resguardado de los vientos del invierno.   A. T. P.

FENICIA. Larga y estrecha región situada en el extremo E del Mediterráneo, y que se extiende desde ese mar al O., hasta las estribaciones de los mtes. del Líbano al E. Sus límites N y S son, respectivamente, el río Orontes y el mte. Carmelo.

Regada por varios ríos, entre ellos el Eleuteros, el Adonis y el Licos, F. era una región fértil que producía cereales y frutas en gran abundancia. Su principal riqueza, sin embargo, eran las maderas que se encontraban en las estribaciones del Líbano, y especialmente los → cedros. Tres mil años a.C., los fenicios ya exportaban grandes cantidades de maderas a Egipto. Siglos más tarde, → Hiram, rey de Tiro, suministró a David y a Salomón las maderas necesarias para sus grandes construcciones; v.g. el famoso Templo de Salomón. También cuando el templo fue reconstruido en tiempos de Esdras, se emplearon para ello maderas del Líbano, traídas por los habitantes de F. (Esd. 3:7).

La riqueza en maderas, y el hecho de que su territorio estuviera limitado por montañas y por vecinos poderosos, llevaron a los fenicios a dedicarse a la navegación y el comercio. Desde sus inicios establecieron colonias comerciales en las islas de Chipre, Creta, Malta, Sicilia, Cerdeña y Córcega. Fundaron en el N de África la ciudad de Cartago y en el S de España la de Gades (hoy Cádiz). Sus empresas comerciales los llevaron hasta el N del Atlántico, a lo que hoy es Inglaterra. De todas sus colonias, la más importante fue Cartago, que creció y llegó a dominar el Mediterráneo Occidental, y a rivalizar con Roma hasta que ésta la destruyó totalmente.

F. nunca fue un reino unido. Era más bien una serie de ciudades fuertes, cada cual con su propio rey. Estas ciudades rivalizaban entre sí, a veces se hacían la guerra, y en ocasiones alguna de ellas lograba la hegemonía sobre las demás. La región nunca fue un poder político unido y organizado como tal. Sus principales ciudades eran, de N a S, Arvad, Biblos (Gebal), Biruta

(hoy Beirut), Sidón y Tiro. Más tarde, cuando tres de estas ciudades se unieron en una confederación, surgió como capital de ella la ciudad de Trípolis.

Puesto que F. se encontraba en un lugar estratégico para las comunicaciones entre Egipto y el Asia Occidental, repetidamente fue objeto de la codicia de grandes imperios, y por ello permanecía sujeta al poderío, o al menos la influencia, de la potencia más importante en cada período de su historia.

Los fenicios se encontraban entre los opresores de Israel en el período de los jueces (Jue. 3:3; 10:12). Sin embargo, en tiempos de Salomón las relaciones entre éste y los habitantes de F. parecen haber sido excelentes, pues Palestina les vendía productos agrícolas y ellos en cambio servían de agentes comerciales para los israelitas (2 S. 5:11; 1 R. 5; Ez. 27). También se unieron a Salomón para establecer un puerto en el mar Rojo, y para tripular y navegar los buques mercantes (1 R. 9:26-28; 10:11,12). Después de la división del reino, hicieron alianza con Israel, y se apartaron de Judá, a cuyos habitantes llegaron a vender como esclavos a los idumeos (Is. 23; Ez. 28; Jl. 3:4-8; Am. 1:9,10).

En cuanto al culto a → Baal, que en F. florecía, se trataba de un culto de fertilidad. El dios tomaba diversos nombres en distintas localidades y junto a él había varias otras deidades, de las cuales las más importantes para la historia del AT son → Astoret (2 R. 23:13) y → Dagón (1 S. 5:1-7). El culto a Astoret resultaba especialmente repugnante por razón de la prostitución que era parte de él. Además, en diversos cultos de F. se practicaba el sacrificio humano. También se erigían altares en los montes y demás lugares elevados.

Aunque al principio de nuestra era F. no tenía gran importancia política, hay varias referencias a ella en el NT. En Mr. 7:24-30 se habla de una mujer sirofenicia, y en Mt. 15:21-28 se dice que era cananea (el título que se le daba antiguamente a los habitantes de F.). En Hch. 11:19 se nos dice que el cristianismo llegó rápidamente a F., y según Hch. 15:3 y 21:2 Pablo la visitó varias veces.

Aparte de la historia bíblica, F. es importante para la historia general de la cultura, porque se dice que fue allí donde se inventó el alfabeto. El → alfabeto fenicio contaba con veintidós letras, todas consonantes, y parece que de ellos los griegos y otros pueblos tomaron el alfabeto.   J. L. G.

FEREZEOS. Uno de los pueblos que habitaban Canaán en los albores de la historia (Gn. 15:20; Dt. 7:1; 20:17; Jos. 3:10; 9:1; Jue. 3:5). F. puede significar "aldeanos". Parece que preferían vivir en las regiones montañosas (Jos. 11:3; Jue. 1:4). Aparecen al lado de los → refaítas, quienes moraban en la región selvática del E del Jordán.

Según algunos autores es probable que fuesen de origen heteo (DBH, col. 1516). No se les incluye en la lista de los descendientes de Canaán en Gn. 10:15-19. Los israelitas no lograron desalojarlos del todo (Jue. 3:5,6). Estaban en la tierra prometida en los días de Salomón (1 R. 9:20), y aún después del cautiverio babilónico (Esd. 9:1). E. A. N.

FESTO (lat. = 'festivo'). Porcio F., procurador de Palestina, sucesor de → Félix (Hch. 24:27). Su nombre se menciona sólo en Josefo y en Hch. Probablemente pertenecía a la "*gens* Porcia". La fecha más acertada para la toma de su cargo, a juzgar por los datos de Eusebio y la evidencia de las monedas acuñadas en Palestina, es el año 59/60 d.C. Su administración fue muy breve, ya que murió en el 62 (en Judea). Según Josefo (*Antigüedades* XX.vii.9s.) fue un funcionario justo y sabio, totalmente diferente de su predecesor Félix y de su sucesor Albino, pero se vio enfrentado a una circunstancia política sin remedio. Sin embargo, en Hch. 24:27–26:32, aparece en una situación menos loable. Interrogó varias veces a Pablo, dejado preso por Félix en Cesarea, y trató de congraciarse con los judíos que lo acusaban. Habiendo apelado Pablo a César, F. no pudo dictar sentencia, sólo ordenó el traslado del prisionero a Roma.

J.-D. K.

FIADOR. Uno que garantiza la devolución del dinero prestado por otro a un amigo o a un extraño. La sabiduría práctica de Proverbios recomienda evitar tales compromisos, aun tratándose de amigos (Pr. 6:1ss.; 11:15; 17:18). En un plano más elevado, el f. puede garantizar la seguridad de alguien o responsabilizarse por la conducta de otro. V.g. el caso en que Judá prometió a Jacob el retorno de Benjamín (Gn. 43:8-11; 44:18-34).

Un pacto o contrato entre dos personas o entidades podía garantizarse por medio de un f. Bíblicamente, los pactos de gracia suelen confirmarse con la víctima del pacto, concepto que se emplea por lo general en relación con el nuevo → pacto permanente, sellado con la "sangre del Cordero". Sin embargo, según Heb. 7:22 "Jesús es hecho f. de un mejor pacto": concepto que se enlaza con la "víctima del pacto" de Heb. 9:14-22, y con la presencia garantizadora del sumo sacerdote en el cielo ante Dios (Heb. 9:24). E. H. T.

FIDELIDAD. Atributo de Dios que se presenta unido al amor que salva, socorre y perdona. A lo largo de la historia de la salvación esta f. se revela inmutable (Dt. 32:4). Fiel es Dios que guarda su lealtad a sí mismo, a su palabra dada y al → pacto establecido con su pueblo. Esta f. se ha revelado en Jesucristo en quien Dios ha cumplido su palabra (→ AMÉN, FE).

En el NT el sustantivo fiel (gr. *pistós*) adquiere ya un significado más técnico, como sinónimo de cristiano (Hch. 10:45; 2 Co. 6:15;

Ef. 1:1). Cristo exige de sus discípulos f. (Mt. 25:23), siendo él mismo "el testigo fiel" (Ap. 1:5; 3:14; 19:11). Esta f. tiene un principio motor, que a la vez es su única capital exigencia: el amor (Jn. 15:9ss.; 2 Jn. 6). A esta f. está reservada recompensa (Mt. 25:21-23), pero exige lucha y requiere vigilancia y oración (Mt. 6:13; 1 P. 5:8), sobre todo en los últimos tiempos (Ap. 13:10; 14:12). V. A. G.

FIEBRE. Término que en la Biblia siempre designa una enfermedad y no simplemente un síntoma. En el AT se menciona en tres oportunidades (Lv. 26:16, "calentura"; Dt. 28:22; 32:24), siempre como un castigo con el que Dios amenaza a su pueblo. En el NT se habla de la curación de varios enfermos de f.: la suegra de Pedro (Mr. 1:29ss.; Lc. 4:38, "una gran f."), el hijo de un noble de Galilea (Jn. 4:52) y el padre de Publio (Hch. 28:8), donde Lucas usa el plural. L. A. S.

FIESTAS. Dios estableció para Israel, su pueblo escogido, tiempos especiales de f., en los que los israelitas debían regocijarse. Tanto por su origen como por su propósito y la manera en que debían celebrarse, eran llamadas "santas convocaciones" y eran también "las fiestas de Jehová". Todos, inclusive los extranjeros que habitaban con el pueblo, se alegraban y reconocían con gratitud las provisiones beneficiosas de Jehová Dios sobre ellos. En la etimología del término hebreo que se traduce por "f." se encierra el pensamiento de "cumplir con una cita". Dios hizo citas con su pueblo del pacto para encontrarse con ellos en ciertos tiempos. Les dio instrucciones precisas de cuándo comparecer delante de él, y de cómo observar las f. (Lv. 23; Dt. 16:1-17).

La relación de estas f. con el número siete es evidente y significativa. El día de reposo o séptimo día servía como una medida para todas las otras celebraciones festivas (Lv. 23:1-3; Nm. 28:9,10; Is. 58:13). Una f. marcaba a cada séptimo día, cada séptimo mes, cada séptimo año, y al año que seguía al lapso de cada 49 años, o sea siete veces siete.

Originalmente, las f. anuales instituidas en Israel por Moisés fueron cinco, aparte del séptimo día que era el día de reposo semanal. Son éstas: 1) la → Pascua (Éx. 12:1-14; Lv. 23:4,5); 2) los panes sin → levadura (Éx. 12:17-20; Lv. 23:6-8); 3) → Pentecostés o de las semanas (Éx. 34:22; Lv. 23:15; Nm. 28:26; Dt. 16:10); 4) el → día de expiación (Éx. 30:10-30; Lv. 16; Nm. 29:7-11); 5) → tabernáculos o cabañas (Lv. 23:34-42; Nm. 29:12; Neh. 8:18; Jn. 7:2,37).

Después del exilio en Babilonia, los judíos establecieron otras dos f. anuales, las cuales se celebran aún. Una es → Purim, establecida en tiempos de la reina Ester (Est. 9:24-32), para conmemorar la liberación de los judíos, que estaban condenados a morir según los planes del perverso Amán; la otra es → Dedicación, que se estableció en la época de los macabeos, para celebrar la restauración del templo y del altar, que habían sido profanados por Antíoco Epífanes (1 Mac. 4:52ss.).

Estas f. aludían a acontecimientos importantes en la vida del pueblo, e inculcaban nobles sentimientos patrióticos, sociales y religiosos. La Pascua, p.e., les recordaba la liberación de la esclavitud en Egipto. Todos los varones, de 12 años arriba, estaban en la obligación de asistir al Templo de Jerusalén durante la celebración de las tres grandes f.: la Pascua, Pentecostés y Tabernáculos (Éx. 23:14-17; Dt. 16:16,17). Nuestro Señor tuvo por costumbre asistir a estas f.

Además de estas f. anuales había otras como la f. de las trompetas (Nm. 29:1), la de los novilunios (Nm. 10:10; 28:11), el año sabático (Éx. 23:10,11; Lv. 25:2-7), y el año del jubileo (Lv. 25:8-16; 27:16-25).

Los cristianos han de guardar las f. de la antigua dispensación sólo en sentido figurado (1 Co. 5:7,8; Heb. 13:10-12). Aparte de la → cena del Señor, que conmemora su muerte, Jesucristo no estableció para su iglesia ninguna otra f. No obstante, los cristianos hemos aceptado el domingo, que es el → día del Señor (Ap. 1:10), como nuestro día de descanso semanal y de culto a Dios, conmemorando con ello la resurrección de nuestro Salvador.   A. R. D.

FILACTERIAS. Cajitas cuadradas, hechas de piel de animales limpios, dentro de las cuales se guardaban cuatro pasajes de la ley (Éx. 13:1-16; Dt. 6:4-9; 11:13-21) escritos en pergaminos.

Comenzando alrededor del segundo siglo a.C., a todo varón judío se le obligaba a llevar una filacteria atada a la frente y otra al brazo izquierdo durante la oración matutina.   SP

Los judíos religiosos se las ataban al brazo y a la cabeza con tiras de cuero. Se las ponían en la sinagoga o en la casa, antes de la oración matinal, con excepción de los sábados y ciertos días de fiesta especiales. Las f. y las tiras para sujetarlas eran de color negro y aquéllas variaban de tamaño entre 2 1/2 y 10 cm por cada lado.

La filacteria era una cajita de pergamino atada con tiras de cuero, que contenía cuatro pasajes del Antiguo Testamento.

La palabra f. (Mt. 23:5) deriva de la palabra griega *filakterion* ('medio de protección'), aunque dicha idea no se halla en la palabra hebrea *(tefilla)* que, traducida literalmente, quiere decir "oración". La costumbre de llevar f. tuvo su origen en una interpretación literal de Éx. 13:9,16; Dt. 6:8; 11:18, y llegó a convertirse en superstición para algunos judíos.

Tal parece que el uso de las f. empezó con los hasideos, en la época intertestamentaria, con el fin de contrarrestar la fuerte influencia helenista de sus tiempos.   J. B. B.

FILADELFIA. Ciudad de Asia Menor fundada (siglo II a.C.) por Eumenes, rey de Pérgamo, quien le dio el nombre de F. ('amor fraternal'), sobrenombre de su hermano Átalo. Estaba situada en un extremo del ancho valle del río Cogamis (tributario del Hermo), que desemboca en el mar cerca de Esmirna, en el umbral de una meseta muy fértil, fuente de mucha prosperidad.

Los emperadores romanos querían que los filadelfos civilizaran a los autóctonos del interior de Lidia (cp. Ap. 3:8; "puerta abierta"). La región era sacudida por frecuentes terremotos; el más violento (17 d.C.) destruyó a F. y, como las convulsiones sísmicas no cesaban, los habitantes se trasladaron a las afueras de F. a vivir en tiendas de campaña (cp. Ap. 3:12, "nunca más saldrá"). Después de recibir una contribución imperial para la reconstrucción, la ciudad recibió el nombre de Neo-cesarea; y luego, bajo el emperador Vespasiano, tomó el de Flavia (cp. Ap. 3:8,12; "el nombre"). Varios ciudadanos se enriquecieron (agricultura, textiles, talabartería). Tan numerosos eran sus festivales paganos que la ciudad se apodó "Atenitas". No faltaba una comunidad de judíos anticristianos (cp. Ap. 3:9, "sinagoga de Satanás").

Para el origen de la iglesia en F., véase Hch. 19:10. F. recibió la sexta de las siete cartas de Ap. 2 y 3, una de las dos que elogian sin reservas a sus destinatarios. Mantuvo heroicamente su testimonio en medio de varios asedios musulmanes, pero al fin cayó en 1391.   R. F. B.

FILEMÓN (gr. = 'afectuoso'). Discípulo de Pablo residente en Colosas (Flm. 10; cp. Col. 4:9) o en Laodicea (Col. 4:16s.; Flm. 2). Era industrial textil y tenía obreros esclavos. Convertido por Pablo (Flm. 19), F. era un cristiano activo que celebraba reuniones en su casa; un obrero bien conocido por cinco colaboradores de Pablo.

Junto con Apia y → Arquipo, F. recibió una breve carta personal de Pablo y Timoteo, en la que el apóstol expresa gratitud por su comunión en amor y fe con ellos (vv. 1-7). Pablo intercede por → Onésimo, un esclavo escapado de F., y pide a éste que vuelva a recibirlo ahora como hermano en Cristo (vv. 8-16); ruega que se cargue a su cuenta cualquier daño causado por el esclavo (vv. 17-20), avisa de una próxima visita (v. 21s.) y envía saludos (vv. 23-25). La carta aplica conceptos expuestos a los colosenses (Col. 3:11; cp. Flm. 16; Col. 4:6; cp. Flm. 7). Tíquico y Onésimo llevaron la carta a Laodicea (Col. 4:16) y a Colosas para que F. la pasara a Arquipo a quien también Pablo aconsejó (Col. 4:17). Si Pablo (Flm. 9) estaba preso en Roma, la fecha de la carta a F. sería 61/62.

El mensaje central de la carta a F. se halla en vv. 16,20 (cp. Col. 1:28; 2:10; 3:11): el hombre puede integrarse en Cristo, sea esclavo o amo. El problema de la esclavitud pesaba sobre la naciente iglesia, porque las leyes romanas autorizaban y hasta fomentaban la explotación de los hombres por los hombres (→SIERVO). Pablo promueve una renovación de las condiciones económicas y sociales en un nivel espiritual, por la fraternidad en Cristo y el mutuo servicio cristiano. Ciertamente hubo romanos como Plinio que perdonaron a sus esclavos por motivos humanos, pero Pablo pide perdón por amor a Cristo. Elogia los servicios que el esclavo Onésimo le prestó para la evangelización desde la prisión (v. 13) y lo devuelve para reparar el daño causado a su amo. Con toda discreción ayuda a F. a descubrir espontáneamente (v. 14s.) que su experiencia con el esclavo ha sido obra del Señor, que los esclavos son hermanos en Cristo, y que la fuente de todo bien es el gozo en el Señor.   R. O.

Bibliografía
INT, pp. 304ss., EBDM II, pp. 358-543. LSE, NT II, pp. 1098-1127. BC, IV, pp. 716-721. J. M. González Ruiz, San Pablo: cartas de la cautividad, Madrid: 1956. H.C.G. Moule, Estudios Colosenses, Buenos Aires: La Reforma, 1928.

FILETO. →HIMENEO.

FILIPENSES, EPÍSTOLA A LOS

Carta que el apóstol Pablo escribió a la iglesia en Filipos, desde una prisión (1:7,13s.,30), mientras esperaba la decisión de su juicio. De cuál prisión se tratara depende de la fecha que se asigne a la carta. Los lugares más probables son: Roma (61-63) y Éfeso (55-56), pero cada hipótesis tropieza con dificultades.

I. OCASIÓN DE LA CARTA

Los filipenses habían demostrado un interés permanente en la obra y persona de Pablo. Lo sostenían en sus viajes con donaciones y le habían provisto de un ayudante, →Epafrodito. Pablo, por su parte, deseaba informarles de sus experiencias. Para ello, aprovechó un viaje de Timoteo y Epafrodito.

Epafrodito había enfermado (2:27) y la iglesia sentía gran pesar por él. Para calmar esta inquietud, Pablo lo envió con esta epístola, en la cual también prometió una próxima visita personal (2:24). Además, tal ocasión le sirvió al apóstol para describir el "progreso del evangelio" (1:12), exhortar a la iglesia (1:27) y narrar la situación de su vida espiritual (3:12,14). Pablo siente "gozo en el Señor" (1:14,18; 2:2; 3:1; 4:4; etc.) porque "el que comenzó entre [los filipenses] la buena obra [de la comunión en la evangelización], la perfeccionará hasta el día de Jesucristo" (1:6). Exhorta a acabar con las "murmuraciones y contiendas" en la iglesia (2:3,14) y exalta la unidad gozosa en Cristo (1:7,8,27, etc.), ya sea que él esté presente o ausente (1:27).

II. CONTENIDO

La carta se dirige a "todos los santos en Cristo Jesús" (1:1; 4:21), pero menciona expresamente a los obispos y diáconos (inspectores y ayudantes), y se compone de tres partes casi separadas: informaciones, exhortaciones y saludos (1:1−2:30; 4:4-7,21-23), un grito de alarma con lágrimas (3:1b-21), y un acuse de recibo de las donaciones (4:10-20).

Pablo comienza hablando de su intercesión por todos, agradece la participación activa de los filipenses en la evangelización y pide que el amor siga inspirando los pensamientos y la acción (1:3-11). Informa sobre su proceso y su esperanza de ser liberado, como respuesta a la oración de los filipenses. Pero está dispuesto también a morir por Cristo en beneficio de la obra misionera (1:12-26). Exhorta a una conducta digna del evangelio predicado, aun en medio de sufrimientos (1:27-30) y a la unidad en humildad, de acuerdo con el ejemplo de Cristo, quien fue exaltado por su humillación hasta la muerte de cruz (2:1-11). Es su anhelo que los filipenses sean "luminares en el mundo" (2:12-18).

Acto seguido, el apóstol informa sobre sus ayudantes: Epafrodito y Timoteo. Habla de ambos con ardiente afecto y fina delicadeza (2: 19-30).

En 4:2s. Pablo pide a varias personas que sean de un mismo sentir en el Señor. La unidad y la paz entre los filipenses (1:27; 4:7,9) peligraban por el deseo que algunos tenían de ser perfectos para "conocer así el poder de la resurrección". La reacción del apóstol es tan fuerte como en el caso de los gálatas (3:1-11). Advierte del riesgo de poner la confianza en esfuerzos religiosos, a la manera del fariseísmo, y presenta el ejemplo de su propia conversión, la cual produjo el deseo de "ser hallado en Cristo". Esto se logra, no por llevar una vida legalista, sino al ser aceptado por Dios mediante la fe en Cristo. Señala el alcance futuro del cristiano (3:12-21), y concluye pidiendo unidad entre todos los que son maduros en la fe. Advierte que la fe en la resurrección no debe excluir la cruz, y señala que los privilegios actuales de los creyentes garantizan el porvenir (4:1-9). La pretensión de la perfección divide la iglesia en imperfectos y perfectos, orgullosos y tímidos; Pablo en cambio, piensa siempre en "todos" (3:15; 1:1).

Refiriéndose finalmente a las donaciones de los filipenses, Pablo disimula su extrañeza por no haber recibido ayuda durante algún tiempo. Alude a su propia disciplina en Cristo, agradece la ayuda y es su oración que los filipenses sean recompensados por Dios (4:10-20).

En 2:5-11 se halla un pasaje especialmente notable: un cántico al Siervo que es a la vez el Señor. Este salmo, que exalta al crucificado, quizá fuera cantado por los filipenses. R. O.

Bibliografía
INT, pp. 313-317. *IB* II, pp. 438-447. *LSE, NT* II, pp. 734-797. *BC*, IV, pp. 594-617. J. M. González Ruiz, *San Pablo, cartas de la cautividad*, Madrid: 1956. R. O.

FILIPOS. Ciudad principal de Macedonia Oriental, situada cerca de la frontera con Tracia, en una llanura fértil del río Gangites (Hch. 16:12). Desde su acrópolis se dominaban dos imponentes cordilleras de montañas, llenas de minas de oro y plata, aunque algunas ya estaban exhaustas en la época apostólica. Se hallaba a 14 km del puerto de Neápolis y junto a la Vía Egnatia, lo cual contribuyó a su importancia económica.

El nombre primitivo de la ciudad era Krenides ('fuentes'), pero después se llamó F. en honor de Filipo, padre de Alejandro Magno, quien vivió en ella desde 358 a.C. F. perteneció al primero de los cuatro distritos en que se había dividido Macedonia al ser declarada provincia romana en 146 (Hch. 16:12 BJ).

En la llanura de F. se libró la batalla en que Octavio y Antonio derrocaron a los republicanos (42 a.C.). Cuando Octavio llegó a ser emperador (con el nombre de Augusto), elevó a F. a la categoría de colonia romana (Hch. 16:12) y le concedió el derecho de gobernarse por sus propios magistrados. Los habitantes de F. poseían los derechos de la ciudadanía romana. Además, muchos veteranos de las legiones romanas residían allí. Casi la mitad de la población era de origen latino (cp. Hch. 16:21). Había pobladores levantinos como → Lidia (Hch. 16:14) y una comunidad judía, aunque tan pequeña que no tenía sinagoga (Hch. 16:13).

El establecimiento de la iglesia en F. se describe en Hch. 16:9-40 y 1 Ts. 2:2. Gracias a una visión, Pablo y Silas iniciaron aquí (51 d.C.) la evangelización de Europa. Predicaron junto al río donde se convirtió Lidia. Liberaron de la servidumbre a una adivina cuyos antiguos amos consiguieron después que se les echase en la cárcel. Por medio de un terremoto fueron libertados milagrosamente a consecuencia de lo cual se convirtió el carcelero, quien después se bautizó junto con su familia. Pronto continuaron el viaje misionero, pero Pablo sin duda volvió a F. en el otoño del 57 y la primavera del 58 (Hch. 20:1,6).

Los cristianos de F., casi todos paganos conversos, enviaron varias veces donaciones para el sostenimiento de Pablo (Fil. 2:25; 4:15ss.; 2 Co. 8:1ss.) y éste les escribió (→FILIPENSES, CARTA A LOS) de una visita futura (Fil. 2:23s.). Esta congregación afectuosa y fiel era la predilecta de Pablo (2 Co. 8:5). R. O.

FILISTEA, FILISTEOS. F. es la tierra por la costa de Palestina, entre Jope y el riachuelo de Gase, a unos 10 km al S de Gaza (Sal. 60:8; 87:4; Is. 14:29,31; Jer. 25:20; Jl. 3:4). Esta llanura litoral se conoce también con el nombre de → Sefela.

Los f., pueblo no semítico, de origen indoeuropeo, ocuparon la parte sur de la costa de Palestina. Formaban parte de los llamados "Pueblos del Mar" que habitaban las islas y las costas del mar Egeo, pero que fueron expulsados de sus territorios al producirse los grandes movimientos migratorios ocurridos en el E del Mediterráneo y el SE de Europa, durante la última parte del segundo milenio a.C.

Durante varios siglos asimilaron la gran cultura egeomicénica y al ser expulsados de sus territorios invadieron, junto con otros pueblos, a Egipto. De aquí fueron expulsados por Ramsés III, *ca.* 1180 a.C. y arribaron a las costas de Palestina en donde se establecieron definitivamente.

Según la tradición bíblica, los f. llegaron de → Caftor, una isla comúnmente identificada con Creta, aunque recientemente se ha sugerido la identificación con Chipre (Jer. 47:4; Am. 9:7). Las referencias a F. y a la "tierra de los f." o al "mar de los f." en Gn. 21:32,34 y Éx. 13:17; 15:14; 23:31 parecen estar fuera de lugar, aunque podrían referirse a una colonia de egeos o cretenses que Egipto mantenía en Palestina, hecho que no sería nada fuera de lo común.

Muy poco se sabe de la cultura de los f., aparte de que eran incircuncisos y por ello despreciados por los israelitas (Jue. 14:3; 15:18; 1 S. 17:26; 18:25). No se conservan documentos en la primitiva lengua de los f., aunque sí sabemos que su idioma influyó en la lengua hebrea. Parece que los f. fueron perdiendo paulatinamente su lengua y asimilaron un dialecto cananeo que gradualmente formó el llamado "idioma de Asdod" (Neh. 13:24), que bien puede ser el arameo.

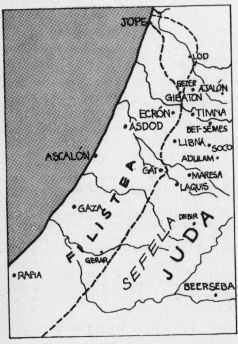

FILISTEA

La angosta tierra de Filistea, con su media docena de ciudades fuertes, nunca fue subyugada por Josué y los jueces de Israel. Durante los reinados de David y Salomón se logró incorporarla en forma leve al reinado de Israel. La Tierra llamada Sefela, que queda entre Filistea y Judea, cambió de dueños con frecuencia.

E.B.M.

De su religión sólo conocemos el nombre semítico de algunos de sus dioses. En Gaza y Asdod había templos a →Dagón (Jue. 16:23; 1 S. 5:1-7), en Ascalón había uno a Astarte y en Ecrón uno a →Baal-zebub (2 R. 1:1-16). Los f. eran conocidos por su fama de agoreros (Is. 2:6).

Socialmente se agruparon en cinco ciudades-estado: Gaza, Asdod, Ascalón, Gat y Ecrón. Los nombres de estas ciudades aparecen en antiguos documentos cananeos, lo que indica que los f. las arrebataron a sus primitivos moradores cananeos. Estas ciudades-estado fueron gobernadas por "príncipes" o "señores" (1 S. 29:1-7).

La civilización filistea ha sido conocida un poco por las escavaciones realizadas en la llanura de Sefela. Estas excavaciones han arrojado considerable cantidad de cerámica de gran parecido a la cerámica procedente de la cultura egeomicénica. Esto ha permitido confirmar la tesis de que los f. se derivan de pueblos prehelénicos del mar Egeo.

La historia de los f. puede dividirse en tres períodos: a) desde su llegada a Palestina hasta ser derrotados por David (*ca.* 1188-965). b) Desde Salomón hasta el reinado de Acaz (*ca.* 960-735). c) Desde la dominación asirio-babilónica hasta la incorporación por los helenos (*ca.* 735-586).

Los f. ocuparon la costa de Palestina hacia el siglo XII e inmediatamente iniciaron su expansión territorial. De este primer período es muy poco lo que se sabe. Las fuentes arqueológicas y literarias conservan, sin embargo, abundantes detalles de la etapa a partir del contacto con los israelitas, en los inicios de la conquista de Canaán.

Los f. tenían un ejército bien organizado y armado (1 S. 13:5; 29:2; 31:3), con elementos mercenarios y fuerzas de choque (1 S. 13:17,18; 2 S. 21:18-22). Debido a esta superioridad militar, fueron el principal enemigo de Israel durante el período de los jueces (1 S. 4:1-10).

Samuel y Saúl (*ca.* 1050 y 1020 a.C.) lograron detener el avance filisteo, pero después de la muerte de Saúl volvieron a dominar gran parte del territorio. Sólo fueron expulsados del S de Palestina durante el reinado de David (990 a.C.). Desde ese momento, los f. pasaron a desempeñar un papel muy secundario e iniciaron su decadencia, lo cual permitió que los fenicios principiaran su gran expansión marítima (cp. 1 S. 17; 27; 2 S. 5:17-25). Años después, al debilitarse la dominación israelita, los f. incursionaron frecuentemente sobre el territorio y se alternaban en el dominio de las ciudades.

Durante el reinado de Acaz, los f. ocuparon algunas ciudades de la Sefela y el Neguev (2 Cr. 28:18; Is. 9:12; 14:28-32). Esta ocupación duró poco tiempo porque Tiglat-pileser III invadió Palestina y capturó Ascalón y Gaza en el año 734 a.C.

Durante los reinados de Esar-hadón y Asurbanipal de Asiria, los f. pagaban tributo a los gobernantes asirios y, sobre todo, proporcionaban soldados para el ejército asirio. A la caída del poderío de los asirios, reemplazados por el nuevo poder de Babilonia, los f. se aliaron con Egipto. Nabucodonosor atacó esta coalición y deportó a Babilonia a los habitantes de las principales ciudades filisteas (Jer. 25:20; 47:2-7; Sof. 2:4-7; Zac. 9:5,6).

La historia posterior de los f. muestra cómo poco a poco fueron asimilados por los fenicios y por los pueblos helénicos. Estos pueblos ocuparon paulatinamente los territorios y los f. desaparecieron como entidad racial. Sin embargo, la huella dejada por los f. fue profunda en la mente de los israelitas, especialmente los profetas, que vieron en los f. la imagen misma del enemigo por excelencia del pueblo de Dios. En la geografía, los f. dieron nombre a toda la región, la cual fue llamada Palestina hasta el establecimiento de la república de Israel.

J. M. A.

En los monumentos egipcios se pinta a los filisteos como altos y bien proporcionados, y con la cara enteramente afeitada.

FILÓLOGO (gr. = 'amigo de la palabra'). Cristiano gentil de Roma, saludado por Pablo (Ro. 16:15). Probablemente era esposo de Julia y padre de Nereo y de la hermana de éste.

Los escritos de Pseudo-Hipólito afirman que F. fue uno de los setenta discípulos de Jesús (cp. Lc. 10:1,17) y que después llegó a ser obispo del Ponto.

E. A. T.

FILOSOFÍA ('amor a la sabiduría'). Saber sistemático caracterizado por su sentido racional, que no supone la fe. Históricamente el primer pueblo que filosofa es el griego. Ante la realidad, buscó por primera vez una explicación no extralógica o sobrenatural, sino racional. Es así como, a partir de los griegos, se extiende por todo el mundo antiguo este espíritu racionalista (→ GRECIA).

Por ello, al tiempo de la encarnación de Cristo, el mundo estaba dominado culturalmente por los ideales intelectuales del genio griego. No obstante, en el ambiente judío en general, y en el palestinense en particular (marco donde nace el cristianismo), el helenismo siempre fue rechazado, y nunca penetró a fondo los elementos judíos. La comunidad cristiana, al contrario, por la vocación universal su mensaje, pronto estuvo en contacto con el espíritu griego y su dimensión filosófica, especialmente cuando la iglesia rebasó las fronteras de la Tierra Santa y cuando entre sus conversos hubo elementos provenientes del helenismo.

Sin embargo, en el NT los contactos con la f. de la época son circunstanciales. Jesús no hizo comentario alguno sobre los filósofos griegos. El episodio más específico lo encontramos en Hch. 17, cuando Pablo en Atenas discutía con algunos → epicúreos y → estoicos, representantes de las dos principales escuelas de f. de entonces. Por otra parte, en toda la Escritura sólo aparece una vez la palabra f., y en un contexto peyora-

tivo: Col. 2:8. Se establece un contraste Cristof., en el contexto de "una" f. independiente, autónoma y autosuficiente. Frente a Cristo toda f. es vana. Frente a la → revelación, el razonamiento humano es falaz (1 Co. 1:17-31). Hay pues un desafío a la razón: Dios ha logrado por la cruz de Cristo la → salvación que el hombre no puede alcanzar intelectualmente (1 Co. 2:14), y ante esta cruz toda la sabiduría humana es necedad.

Esto no implica que Dios destruya la razón. La salvación abarca al hombre total, sin excluir su razón. Significa que la fe no está ligada a las dotes intelectuales, como sí lo está a la f., de ahí lo poco que sirve el intelecto para llegar a Dios. Es Dios quien pone la fe en lo más profundo del hombre (Ef. 2:9).

Conviene asimismo destacar la notable diferencia entre el pensamiento filosófico griego y el pensamiento bíblico (hebreo). Este último se abstiene de toda especulación y no se liga a un sistema. No se presenta con el carácter de una f., sino como una revelación. No hay nada que se parezca a una f., e Israel ni siquiera tuvo idea de ello.

La palabra de Cristo, revelación por excelencia del Padre (Jn. 1:18), es la "Palabra de verdad" que trasciende toda f. humana. En ninguna parte el hombre encuentra tanta verdad como en Jesucristo (Jn. 14:6; Col. 3:3). El centro de nuestra fe no es pues una ley, ni una doctrina o una f., sino Cristo. El evangelio no es algo que el hombre imaginó, sino algo que Dios ha hecho para el hombre. Por ello el llamado fundamental del NT es a la fe y al servicio en amor.

V. A. G.

FINEES. Nombre de origen egipcio, de tres personas en el AT:

1. Sumo sacerdote, hijo de Eleazar y nieto de Aarón (Éx. 6:25; 1 Cr. 6:4; Esd. 7:5). Mató a un israelita y una mujer moabita cuando escarmiento para todos los israelitas cuando fornicaron con las hijas de Moab (Nm. 21:1-15; Sal. 106:30). Participó en la venganza de los israelitas contra los madianitas (Nm. 31:6). Bajo Josué, ayudó a resolver la disputa que, por el altar construido junto al Jordán, había surgido entre los rubenitas, gaditas y Manasés (Jos. 22:10ss.). Al morir su padre (Jos. 24:33), tomó su lugar y sirvió como sumo sacerdote durante el gobierno de los primeros jueces (Jue. 20:28).

2. Hijo menor del sumo sacerdote → Elí y hombre de mala fama (1 S. 1:3; 2:12-17,34). Murió en la batalla contra los filisteos cuando éstos se llevaron el arca (1 S. 4:11). Su nieto fue sacerdote en el tiempo del rey Saúl (1 S. 14:3).

3. Padre de Eleazar, sacerdote en el tiempo de Esdras (Esd. 8:33).

P. S.

FIRMAMENTO. → EXPANSIÓN.

FLAUTA. Instrumento de viento empleado especialmente por los hebreos. Consistía en un tubo

235

hecho de caña, cobre o bronce, perforado por varios agujeros. Se usaba en todas las ocasiones: cultos religiosos, procesiones, fiestas y funerales (1 S. 10:5; 1 R. 1:40; Is. 5:12; 30:29; Jer. 48:36; Mt. 9:23; Lc. 7:32). Había dos clases de f.: la simple de un tubo, y la doble de tubos paralelos que se podían soplar individual o juntamente. ·   V. F. V.

FLECOS. Cordoncillos (o borlas) colgados en los bordes de los vestidos de los israelitas de acuerdo con la ley (Nm. 15:38,39; Dt. 22:12), que servían para recordarles "todos los mandamientos de Jehová", y la necesidad de obedecerlos. En el tiempo de Cristo todavía se usaban los vestidos con f. Los fariseos alargaban los f. de sus mantos para ostentar su celo especial por honrar la ley (Mt. 23:5).   J. B. B.

FLECHA. →ARCO.

FLOR DE LIS. →LIRIO.

FLUJO DE SANGRE. En sentido normal, equivale a la menstruación, a la cual se la llama "la costumbre de las mujeres" (Gn. 18:11; 31:35) o "purificación" (Lv. 12:4-6). En muchos pueblos de la antigüedad, se consideraba inmunda a la mujer durante los días que duraba su menstruación y hasta siete días después (Lv. 15:19).

En sentido patológico, se distinguen dos enfermedades distintas: 1) la metrorragia o hemorragia de la matriz fuera del período menstrual (Lv. 15:25a); 2) y la menorragia o hemorragia excesiva durante el período menstrual (Lv. 15:25b). El Señor Jesús curó a una mujer que sufría de la primera enfermedad (Mr. 5:25-34).   L. A. S.

Toda ciudad en tiempos antiguos estaba defendida por gruesas murallas con su debida fortaleza, como se ve en estas ruinas de Laquís.   MPS

FORASTERO. →EXTRANJERO

FORNICACIÓN. Relación sexual voluntaria entre personas no casadas. Difiere del →adulterio en que este último se comete cuando al menos una de las personas es casada, pero a veces el término no se usa indistintamente, p.e. cuando Cristo señala la f. como una de las causas para el divorcio (Mt. 5:32; 19:9).

Porque el cuerpo es templo del Espíritu Santo, Pablo exhorta a los creyentes a que huyan de la f. (1 Co. 6:18; cp. v. 13). Aquí el término se refiere a toda inmoralidad del cuerpo, y Cristo dijo al respecto que toda inmoralidad sexual tiene su origen en el corazón del hombre (Mt. 5:28; Mr. 7:21); por tanto debemos cuidar del corazón (Pr. 4:23; Jer. 17:9).

En sentido figurado, la f. se refiere a toda forma de apostasía y a la relación inmoral de un creyente con otros dioses (→PROSTITUCIÓN, →RAMERA).   J. J. T.

FORO DE APIO. Mercado y estación de viaje, situado a 64 km al SE de Roma, y fundado por Appius Claudius en el año 312 a.C. Con el tiempo llegó a ser un gran centro comercial.

·Los cristianos de Roma ya sabían del apóstol Pablo por medio de la carta que hacía tres años les había escrito. Al enterarse de que llegaba a Puteoli y que era llevado prisionero a Roma, algunos cristianos de esta urbe salieron a saludarlo hasta Tres Tabernas, y otros lo esperaron en el F. de A. (Hch. 28:15).   E. A. T.

FORTALEZA. Edificio construido para la defensa del pueblo: →torre, castillo o ciudad amurallada. Puesto que las ciudades siempre eran sólidamente fortificadas, "ciudad" y "f." llegaron a ser palabras casi sinónimas. Nehemías consideraba que reconstruir las murallas significaba reconstrucción de la ciudad de Jerusalén.

Estas murallas eran de unos 3 m de grueso, y hasta 10 m de alto. Las murallas de Babilonia, según algunos historiadores, alcanzaron una altura de 100 m. Por lo general, se usaban piedras para construir la parte inferior de la muralla y adobe para la parte superior.

"F." se usa a menudo en sentido figurado, especialmente para representar el poder y la protección de Dios. En su cántico Moisés y María llaman a Jehová "mi f. y mi cántico . . ." (Éx. 15:2). El salmista frecuentemente dice que Dios es su f. (Sal. 18:1; 22:19; 27:1). De esta figura se desprenden dos ideas para el salmista: Dios es el que protege a los suyos como una f. bien situada en una roca, duradera y con abundante depósito de agua. Dios también los abriga como una ciudad de murallas bien fuertes. Dios, así, les da la fuerza necesaria para hacer frente a la vida. El profeta invita a todos a confiar en Dios porque en él "está la f. de los siglos" (Is. 26:4), o sea el poder eterno.   A. C. S.

FORTUNATO (lat. = 'afortunado'). Miembro de la iglesia de Corinto, posiblemente un ex esclavo a juzgar por la acepción latina de su nombre.

Juntamente con → Estéfanas y → Acaico viajó desde Corinto a Éfeso para visitar a Pablo, fundador de su iglesia, y pedirle consejo (1 Co. 16:17s.). Como consecuencia el apóstol escribió 1 Co.   P. W.

FRENTE. Parte superior de la cara que en el AT se menciona como el lugar en donde el sumo sacerdote llevaba una diadema de oro con la inscripción "santidad a Jehová". Por otra parte, figura dureza, obstinación, pertinacia, desfachatez (Jer. 3:3; Ez. 3:7-9). La primera cita puede referirse a las rameras que llevaban la f. descubierta, sin velo.

En el NT solamente se cita la f. en Apocalipsis, en donde se la menciona en ocho pasajes. Es el lugar en donde los creyentes llevan el nombre del Señor (7:3; 9:4; 14:1; 20:4; 22:4) y los incrédulos la marca de la bestia (13:16; 14:9). La gran ramera llevará escrito su nombre en la f. (17:5).   M. A. Z.

FRIGIA. Región meridional de Asia Menor, denominada así por razón de los frigios, indoeuropeos que entraron en la península con la migración egea (ca. 1100 a.C.). Por varios siglos los frigios ocuparon la mayor parte del territorio de Asia Menor al O del Halis; más tarde, solamente la parte central O. Los romanos incluyeron partes de F. en la provincia de Asia (133 a.C.) y otras en la de → Galacia (25 a.C.). La parte de F. que está en Galacia incluye a → Antioquía (que da a Pisidia) y a → Iconio; se le conoce como F. galática.

Judíos de F. estuvieron presentes el día de Pentecostés (Hch. 2:10). Pablo visitó a F. galática en su primer viaje misional (Hch. 13:14-14:5), y la volvió a recorrer en el segundo y tercero (Hch. 16:6; 18:23). La relación de los viajes de Pablo con esta F. determina los destinatarios de la carta a los → gálatas.

Los frigios se distinguían por su culto orgiástico; adoraban a Sabazios, el Zeus o Dionisio frigio. De la población indígena parecen haber recibido el culto a Cibeles.   L. F. M.

FRUTO. En términos generales, esta palabra indica todo producto que se obtiene de la tierra, pero especialmente designa a las plantas y al f. de éstas. En la Biblia se mencionan varias clases de árboles frutales como la higuera (Nm. 20:5), el granado (Dt. 8:8), la vid (Jn. 15:1), la palmera (Cnt. 7:8), el almendro (Jer. 1:11). etc. Los espías enviados por Moisés trajeron "el f. de la tierra", para mostrar la fertilidad de Canaán (Nm. 13:27).

Frecuentemente se usa la palabra en sentido figurado. Cristo espera que sus seguidores lleven f. (Jn. 15:2). San Pablo nos habla del f. del Espíritu que es: amor, paz, gozo, paciencia, benignidad, bondad, fe, mansedumbre y templanza (Gá. 5:22,23; cp. 5:19-21). Otros ejemplos del uso metafórico de f. se hallan en Pr. 1:31; 11:30; Is. 10:12; 57:19 (cp. Sal. 132:11 RV 1909).   A. P. P.

FUEGO. Desde tiempos antiguos fue usado para cocinar (Éx. 12:8; 2 Cr. 35:13; Jn. 21:9); dar calefacción (Jer. 36:22; Mr. 14:54); fundir, forjar y refinar metales (Éx. 32:24; Is. 44:12; 1 P. 1:7); quemar ídolos (Éx. 32:20; Dt. 7:5; 2 R. 19:18), ropas infectadas (Lv. 13:52,57) y escritos (Jer. 36:25); castigar ciertas ofensas (Lv. 20:14; Jos. 7:15); y, en la guerra, para destruir ciudades (Jue. 18:27), carros (Jos. 11:6-9), etc.

El sacrificio por f. fue la manera primitiva de adorar a Dios (Gn. 8:20; 22:6). Bajo la Ley Mosaica cobró gran importancia en los servicios litúrgicos. Para ellos, se conservaba el f. siempre ardiendo sobre el altar de los holocaustos (Lv. 6:12s.) y simbolizaba la continua presencia de Dios, su juicio sobre el pecado y la purificación del pecador. Según Lv. 9:24 y 2 Cr. 7:1-3 el f. tuvo origen milagroso en la dedicación del tabernáculo y del templo. Las ofrendas hechas con "f. extraño" no eran aceptadas (Lv. 10:1ss.). En varias ocasiones, para manifestar su aceptación, Dios contestó con f. al ofrecimiento de ciertos sacrificios.

Los pueblos vecinos de Israel usaban el f. para sus sacrificios, especialmente de niños (Dt. 12:31; 2 R. 17:31), lo que posiblemente equivale a la expresión "pasarlos por f." (2 R. 16:3). Algunos reyes de Israel y Judá adoptaron ocasionalmente esta práctica (2 R. 21:6; 23:10) y fue condenada duramente por los profetas (Dt. 18:10; Jer. 7:31; Ez. 23:37).

El f. es un elemento importante en la descripción de las teofanías; es decir, aparece en numerosas ocasiones acompañando la presencia de Dios con el fin de hacerla resaltar. Lo vemos en el pacto con Abraham (Gn. 15:17), en el llamamiento de Moisés (Éx. 3:2), en la peregrinación israelita (Éx. 13:21) y en el mte. Sinaí (Éx. 19:18). El NT presenta fenómenos parecidos: la venida del Espíritu Santo es acompañada por lenguas de f. (Hch. 2:3); Jesucristo aparece en el Apocalipsis con ojos de f. (1:14; 2:18; cp. Dn. 7:8-10).

La mayoría de las veces que se usa "f." en sentido figurado es para describir ciertos aspectos de Dios y de su acción sobre la tierra. Así, representa su gloria (Ez. 1:4,13; Dn. 7:9s.), su presencia protectora (2 R. 6:17; Zac. 2:5), su santidad y poder (Dt. 4:24; 5:24; Heb. 12:29), su justicia (Is. 26:11; Mal. 3:2), su ira contra el pecado (Is. 66:15s.; Jer. 4:4; Ez. 21:31), su palabra penetrante (Jer. 5:14; 20:8s.; 23:29), etc. Otras veces, y en forma aislada, se lo usa para referirse a los sentimientos religiosos (Sal. 39:3), al pecado (Is. 9:18) y particularmente a la sensualidad (Os. 7:4-6), al mal uso de la lengua (Pr. 16:27; Stg. 3:6) y a la aflicción (Sal. 66:12).

Como metáfora de la santidad de Dios, el f. puede purificar o destruir. Purificó a Israel por medio de ciertas experiencias duras como el cautiverio babilónico (Zac. 13:9; Is. 48:10). Este motivo encuentra también su fuerte expresión en el NT (1 Co. 3:13-15; 1 P. 1:7). Las

Las cisternas y fuentes eran de vital importancia para pueblos donde caía poca lluvia. Asimismo se convertían en centros de la vida social y frecuentemente figuraban como lugares donde Dios llegaba al encuentro de un alma necesitada. Una de las fuentes más famosas es la de la Virgen, en Nazaret, vista aquí.
MPS

referencias al bautismo por f. parecen contener esta misma verdad (Mt. 13:11; Lc. 12:49s.).

El f. tiene un lugar importante en el juicio escatológico. La segunda venida de Cristo es descrita como "en llama de f." (2 Ts. 1:8). También es elemento de juicio y castigo finales (Mt. 3:10; 13:40,42; 25:41; Mr. 9:43,48; Lc. 17:28-30; Ap. 20:10,14,15). J. M. R.

FUENTE. 1. Utensilio (vasija grande y redonda) de bronce (llamado "mar" en 1 R. 7:23ss.; 2 Cr. 4:2), colocado en el tabernáculo y en el templo para las abluciones sagradas (Éx. 30:17-21).

La f. del tabernáculo fue fundida de los espejos de bronce de las mujeres israelitas (Éx. 38:8) y estaba situada entre la puerta del lugar santo y el altar de los holocaustos. En el templo, Salomón mandó colocar diez f. para lavar los holocaustos y un "mar de fundición" para los sacerdotes (2 Cr. 4:2,6).

2. Vertiente natural de agua que brota de la tierra. En Palestina son famosas por su número y muchas por su volumen (Dt. 8:7). La estructura de piedra caliza del suelo de la Tierra Santa permite que las aguas llovidas durante el invierno sean absorbidas y mantenidas en el subsuelo como reservas. A menudo una f. determinaba el asentamiento de un poblado, cuyo nombre, en algunas ocasiones, conservaba el prefijo "En" que quiere decir "fuente". Por ejemplo: Endor, En-gadi, En-ganim, etc.

En sentido figurado, "f." se usa para hacer referencia a Dios mismo (Sal. 36:9; Jer. 23; 17:13). Él es f. de agua viva y manantial de vida. La salvación que da Jesucristo se compara en los escritos de Juan con una f. de agua que salta para vida eterna (Jn. 4:14; cp. Ap. 21:6). J. M. R.

FUNDACIÓN. La frase "la f. del mundo" ocurre varias veces en el NT, y se refiere generalmente a la creación. Pero una vez que la expresión llegó a ser idiomática, empezó a significar sencillamente "desde el principio" (Mt. 13:35; 25:34; Ap. 13:8; 17:8). No parece indicar ningún tema especial aunque en tres casos se trata del sacrificio de Jesús en la cruz; por ende, ese hecho trascendental estaba dentro del plan general de Dios desde la eternidad. (→FUNDAMENTO.)

G. A. G.

FUNDAMENTO. Vocablo que en sentido literal se refiere a los cimientos del Templo de Salomón (1 R. 5:17) o el de Zorobabel (Esd. 3:6ss.), y que matafóricamente designa los cimientos de los cielos (2 S. 22:8) y especialmente de la tierra (Sal. 104:5; Is. 51:16; →FUNDACIÓN). Cuando Dios se indigna frente a sus enemigos (2 S. 22:8,16), o en el juicio (Is. 24:18), hasta los cimientos de los cielos y la tierra se estremecen.

En sentido figurado el f. del trono de Dios (= su reino) es la justicia y el juicio (Sal. 89:14; 97:2); por eso el hombre justo que tiene una vida fundamentada en Dios permanece para siempre, mientras que el malo pasará (Pr. 10:25; cp. Job 22:16). Isaías declara que Dios ya ha puesto "en Sion por f. una piedra, piedra probada, angular, preciosa, de cimiento estable" (Is. 28:16), palabras que el NT refiere a Jesús (Ro. 9:33; 1 P. 2:6).

En el NT "f." se usa poco en sentido literal (Lc. 6:48s.; 14:29; Ap. 21:14,19); el uso notable es más bien el figurado. Se refiere a: (1) el comienzo rudimentario de un trabajo de evangelización (Ro. 15:20), o el establecimiento de una congregación (1 Co. 3:10); (2) la enseñanza básica de las doctrinas principales (Heb. 6:1ss.); (3) el verdadero tesoro que los ricos deben anhelar y que no consiste en los bienes materiales (1 Ti. 6:19); y (4) a Jesús como f. de la iglesia y base verdadera de la salvación (1 Co. 3:11; cp. Ef. 2:20). Este último punto está respaldado por la perícopa de los dos cimientos (Mt. 7:24-27; Lc. 6:47-49), donde las palabras de Jesús, oídas y obedecidas, forman el f. firme de la vida cristiana. Las palabras de 2 Ti. 2:19 resumen la esencia del significado de "f.".

G. A. G.

FUT. Tercer hijo de Cam (Gn. 10:6; 1 Cr. 1:8), y el nombre dado a sus descendientes y al territorio que habitaban. En Jer. 46:9; Ez. 30:5; y Nah. 3:9, los habitantes de F. figuran como aliados de Egipto. Otras referencias indican que eran aliados de Tiro (Ez. 27:10) y de Gog (Ez. 38:5) en otras ocasiones.

Hermosa cascada que derrama sus aguas en la vertiente que forma uno de los afluentes del río Jordán.

IGTO

Anteriormente se identificaba F. con Punt, la moderna Nubia, región entre Egipto y Etiopía. Los eruditos modernos se inclinan más a identificarla con Libia o una parte de ella. J. E. G.

G

GABAA ('cerro'). 1. Ciudad situada en la tierra de Benjamín, 5 km al N de Jerusalén, al lado del camino principal que conducía a Samaria y a una elevación de 847.4 m sobre el nivel del mar. Solía llamarse "G. de Saúl", pues se tenía por cuna de este primer rey de Israel (1 S. 11:4). En ella se fincó el primer centro político de Israel, y fue el escenario de las guerras de venganza ocasionadas por el ultraje hecho a la esposa de un joven levita (Jue. 19 y 20).

Por varios siglos G. fue un inexpugnable bastión militar. Fue la base de operaciones de Saúl al enfrentar a los filisteos (1 S. 13:14-16). Saúl reinó en ella (siglo XI a.C.) mientras los jebuseos dominaban a Jerusalén. Cuando David tomó a Jerusalén, G. continuó siendo un baluarte para el rey. Allí fueron ahorcados siete hijos de Saúl (2 S. 21:6).

Posiblemente una de las cuatro fortalezas de G. fue el "castillo" particular de Saúl, edificado entre árboles de granada (cp. 1 S. 14:2). Sus fuertes murallas indican que la edificación fue hecha antes del año 1000 a.C. y sólo se deterioraron cuando la capital fue trasladada a Jerusalén. Allí se cree que se encontraba el auditorio donde David pulsaba su arpa para calmar el ánimo alterado de Saúl (1 S. 16:23). Posteriormente G. fue ocupada por Senaquerib y sus ejércitos asirios cuando éstos marcharon sobre Jerusalén (Is. 10:29).

2. Ciudad de Judá (Jos. 15:57; 18:28).

M. V. F.

GABAÓN ('colina'). Ciudad importante de los → heveos, famosa por el gran estanque que había en ella. Se hallaba 8 km al NO de Jerusalén y en el camino hacia Jope. Sus primeros moradores se reconocen como "el remanente de los amorreos" (2 S. 21:2), y fueron notables por la astucia con que subsistieron en los días en que Josué peleaba contra las tribus que ocupaban el E del Jordán. Valiéndose de una estratagema, los gabaonitas pactaron con Josué y los ancianos de Israel que no serían exterminados sino empleados como leñadores y aguadores (Jos. 9).

En G. Josué derrotó a los ejércitos de cinco reyes aliados contra Israel. En esa ocasión "el sol se detuvo" (Jos. 10:10-13) como respuesta de Dios a la súplica de Josué en los momentos más difíciles de la batalla.

G. se distinguió en la historia por otros muchos acontecimientos que tuvieron lugar en ella, tales como: la batalla entre Isboset y David (2 S. 2:8-17,24; 3:30); la venganza de los gabaonitas al ahorcar a siete de los hijos de Saúl (2 S. 21:1-9 →GABAA), la victoria de David sobre los filisteos (1 Cr. 14:16). En G. se levantó el tabernáculo "en el lugar alto" (1 Cr. 16:39), el mismo tabernáculo que Moisés había colocado en el desierto (1 Cr. 21:29; 2 Cr. 1:3). En tiempos de Salomón, G. se tuvo por el lugar alto favorito para efectuar los grandes y significativos sacrificios (1 R. 3:3,4). Allí fue también donde Salomón, tras un acto de adoración, tuvo una → teofanía con respecto a su reinado (1 R. 3:5-15).

M. V. F.

GABATA. Transcripción al gr. de un término desconocido en arameo (tal vez *gabbetá* = 'espada', 'elevación') que Jn. 19:13 consigna como equivalente de *lithóstroton* (= 'área pavimentada', 'el Enlosado'). Plaza abierta frente al palacio de Herodes en Jerusalén, la residencia habitual de los procuradores (→PRETORIO), donde el gobernante oía los procesos. Juan da el nombre en dos idiomas para subrayar la importancia del lugar donde se dictaban las sentencias, aunque mediante un juego de palabras (traducción variante: "Pilato llevó fuera a Jesús y lo sentó en su tribunal") el evangelista deja ambigua la identidad del juez.

El sitio más probable para G. es contiguo a la Torre de → Antonia, donde hoy, en el sótano de un convento, se ve un patio de 200 m². Algunas de sus gruesas losas de piedra caliza muestran las marcas de los juegos de los soldados, y otras los surcos para el drenaje. En la época de Jesús este pavimento se hallaba fuera de la muralla septentrional de Jerusalén.

R. F. B.

GABRIEL (heb. = 'hombre de Dios', o 'Dios se ha mostrado fuerte'). Ángel que aparece en el AT sólo en el libro de Daniel. En 8:16-26 interpretó para Daniel la visión del carnero y el macho cabrío. En 9:21-27 le enseñó la visión de las 70 semanas.

En el NT se le aparece a Zacarías (Lc. 1:11-20) y le anuncia el nacimiento de Juan. Más tarde comunica a María el nacimiento de Jesús (Lc. 1:26-38).

Aunque es prominente en Enoc (→LIBROS APÓCRIFOS), los Targumes y en el Corán, sólo la literatura apócrifa lo llama "arcángel".

J. H. O.

GAD. 1. Hijo de Jacob y nombre de la tribu que formó su posteridad. Su madre fue Zilpa, la joven siriaca que Labán dio a su hija → Lea en calidad de sierva (Gn. 29:24). Lea misma, al ver que ella ya no producía hijos, tomó a Zilpa y la dio a → Jacob por esposa, la cual concibió y dio a luz a G. El día del nacimiento de este niño, Lea lo adoptó como hijo suyo, y le dio el nombre G. que quiere decir "fortuna" (Gn. 30:11; cp. Is. 65:11). Es de notarse que Lea y Zilpa escogieron como nombres para los hijos de esta última G. y → Aser, nombres de divinidades paganas de su tiempo.

Los descendientes de G. contaban, a su salida de Egipto, con 45.650 hombres aptos para la guerra (Nm. 1:24,25), gente belicosa en extremo, definida por Jacob como vencedora de ejércitos (Gn. 49:19) y por Moisés como un león que reposa; pero que al atacar arrebata al enemigo brazo y cabeza (Dt. 33:20). Una vez que los israelitas penetraron en Tierra Santa, los hijos de G., acompañados por los de Rubén, pidieron a Moisés que se les permitiese vivir en las regiones al O del Jordán, lo cual les fue concedido, con el compromiso solemne de ayudar en la guerra hasta que toda la tierra fuese conquistada (Nm. 32:1-28).

Años después los gaditas fueron atacados por los amonitas, pero consiguieron la libertad bajo la dirección de → Jefté (Jue. 11:4-11). En los días de David algunos valientes gaditas formaron parte del ejército de este nuevo caudillo, y se escaparon de los dominios de Saúl (1 S. 13:7; 1 Cr. 12:9,14). El territorio asignado a G. en la división de la tierra estaba al centro de Galaad, entre Rubén y Manasés. En la actualidad este territorio pertenece al reino del Jordán.

2. Profeta en tiempo de David (1 S. 22:5; 2 S. 24:11-19). A. P. P.

GADARA (GADARENOS). Principal ciudad fortificada de la → Decápolis, llamada ahora Umm Keis. Era de considerable importancia en la época de Cristo, y tenía muchos habitantes griegos. Estaba situada al S del afluente Yarmuk, 10 km al SE del mar de Galilea, sobre la cumbre plana de un escarpado cerro de piedras calizas. En las faldas del cerro se encuentran algunas ruinas y muchas tumbas excavadas, ocupadas en parte como viviendas. En la base hay fuentes termales.

El "país de los gadarenos" (texto probable de Mt. 8:28) se extendía hasta el Jordán y el lago de Galilea, y precisamente en la parte que colindaba con el lago se verificó el milagro de los endemoniados y los cerdos. La presencia de un gran hato de estos animales, tenidos por inmundos en el judaísmo, es una muestra de la helenización de esta región.

Algunos mss de Mt. 8:28 (y Lc. 8:26) y los mejores de Mr. 5:1 rezan: "El país de los gerasenos". Gérasa era otra ciudad de la Decápolis, situada 10 km al N del afluente Jaboc y 30 al E del Jordán. Hay una tercera variante del nombre en los mss de los sinópticos: "El país de los → gergesenos", preferida en Lc. 8:26, pero la identificación de la ciudad de Gérgesa es problemática. Es probable que la región donde se produjo el milagro no tuviera un nombre fijo.

J. H. O.

GACELA. →CORZO.

GALAAD. 1. Región montañosa al E del Jordán. En tiempos antiguos se extendía desde el río Jordán al E, hasta el desierto árabe; y desde Basán, al N, hasta Moab, al S. Era famosa por sus bosques (Jer. 22:6,7), sus muchas maderas

La región de los Gadarenos, vista desde el lago de Galilea. Más al sur de este punto estaría el despeñadero por el cual se precipitaron los cerdos poseídos por los espíritus inmundos, que Cristo hizo salir del hombre endemoniado.   MPS

finas, perfumes y plantas medicinales (Gn. 37:25; Jer. 8:22; 46:11) y sus abundantes pastos (Nm. 32:1; Mi. 7:14; Cnt. 4:1; 6:5). Estuvo habitada desde tiempos muy antiguos (Gn. 31:21).

Cuando G. fue conquistada por los israelitas, su territorio fue dividido entre las tribus de Gad, Rubén y Manasés (Nm. 32), quienes seguramente disfrutaron allí de completa paz pues rehusaron tomar parte en la guerra de Débora contra Sísara (Jue. 5:16,17). Al ser amenazados por los madianitas y por los amalecitas fueron defendidos por Gedeón (Jue. 6). Jair, Jefté y Saúl los defendieron de otras invasiones (Jue. 10:3–12:7; 1 S. 11:1-11). Quizás en gratitud por esos servicios las gentes de G. recogieron el cadáver de Saúl (1 S. 31:8-13). También ofrecieron protección a David cuando era perseguido por Absalón (2 S. 17:22-29).

En los tiempos de Cristo los territorios de G. se denominaban Perea y Decápolis. En nuestros días, forman parte del reino de Jordania.

2. Monumento edificado por Jacob en testimonio de su amistad con Labán (Gn. 31:46-48).

3. Descendiente de Manasés, registrado como varón apto para la guerra en el censo que se tomó en Moab (Nm. 26:29).

4. Padre de Jefté (Jue. 11:1).

5. Descendiente de Gad que habitó en Basán y G. (1 Cr. 5:14).   A. P. P.

GALACIA. Territorio de Asia Menor denominado así por razón de los gálatas, tribus celtas que Nicomedes I de Bitinia invitó a cruzar el Bósforo (278 a.C.) para combatir a su hermano Zabeas. Vencido éste, se asignó a los gálatas una parte del territorio limitado por el río Sangario, al S del reino del propio Nicomedes. El seléucida Antíoco I los derrotó (275 a.C.) y les asignó el territorio entre los ríos Sangario y Halys, propiamente la región de G.

En la batalla de Magnesia (190 a.C.), Antíoco III y diez mil gálatas pelearon contra los romanos y los aliados de éstos, Pérgamo y Rodas. Como represalia, el cónsul romano Manilio Vulso saqueó a G. y derrotó rotundamente a los gálatas (189 a.C.). No obstante, en 166 Roma les concedió la independencia. Los gálatas tuvieron mejores relaciones con los reyes del Ponto, pero cuando el rey Mitrídates VI (111-63 a.C.) mató a varios de los caudillos gálatas, los restantes, especialmente Deyótaro, se unieron a los romanos. Derrotado Mitrídates, Deyótaro fue nombrado rey de G. y gobernó más territorio que sus antecesores. Bajo su sucesor Amintas, G. se extendió hacia Pisidia, partes de Panfilia y Licaonia, la parte oriental de Frigia e Isauria y una parte de Cilicia. Al morir, Amintas legó su reino a los romanos (25 a.C.), los cuales con todo el territorio organizaron la provincia de G. bajo un pretor con capital y residencia en Ancira.

En su primer viaje misional Pablo visitó la parte sur de la provincia de G. y estableció

iglesias en Antioquía (entre el límite de Frigia Galática y Pisidia (Hch. 13:14-50), Iconio (última ciudad de Frigia, Hch. 13:51–14:5), y Listra y Derbe, ciudades de Licaonia (Hch. 14:6-23). Visitó estas iglesias en su segundo y tercer viajes (Hch. 16:1-6; 18:22s.).

No es posible determinar con certeza si las iglesias mencionadas en 1 Co. 16:1 y Gá. 1:2 estaban en la región de G. propiamente dicha o en la provincia agrandada de G. (→GÁLATAS, EPÍSTOLA). Dos teorías existen al respecto. 1) La hipótesis de G. del S (o de G. como provincia). Arguye con base en la terminología usual de Pablo (quien favorecía los nombres provinciales romanos), la falta de judíos en el territorio de G., el silencio en Hch. 16 sobre el establecimiento de iglesias en el N, y la falta de carreteras en el N por las que los judaizantes de Jerusalén pudieran comunicarse con los gálatas. 2) Hipótesis de G. del N (o de G. como territorio). Arguye que si las iglesias destinatarias fueron fundadas en el primer viaje misional, Gá. 1:21 rezaría algo como "Fui a Siria, Cilicia, y vosotros", y que la expresión "¡Oh gálatas . . . " (Gá. 3:1) sería insultante para los habitantes de Listra y Derbe en Licaonia y para los de Antioquía e Iconio en Frigia, que no eran étnicamente gálatas. En tal caso, Pablo estableció las iglesias en el N de G. (en ciudades cuyos nombres se desconocen) durante su segundo viaje misional, después de visitar las iglesias en la parte sur de la provincia. Así pues, "la región de G." (Hch. 16:6; cp. 18:23) probablemente se refiere a G. propiamente (BJ) y no a la provincia (RV).   L. F. M. y R. F. B.

GALARDÓN. →RECOMPENSA.

GÁLATAS, EPÍSTOLA A LOS

Nadie duda hoy que Pablo sea el autor, pero aún se debate quiénes sean los destinatarios. (Para las dos hipótesis al respecto →GALACIA.) También se discute con cuáles viajes de Pablo a Jerusalén mencionados en Hch. se identifican las visitas aludidas en Gá. (→CRONOLOGÍA DEL NT).

La mayoría de los partidarios de la hipótesis N.° 1 (en el artículo GALACIA), basándose en el supuesto silencio respecto al →Concilio de Jerusalén, fechan Gá. antes de 49 d.C., haciéndola el primer escrito del NT. Antioquía de Siria sería el lugar de origen en este caso. Los partidarios de la hipótesis N.° 2, en cambio, suponen que Pablo estableció en la región de Galacia las iglesias en cuestión (Gá. 1:2) al comienzo de su segundo viaje misional (Hch. 16:6) y que volvió a visitarlas al iniciar su tercer viaje (Hch. 18:23). Según esta tesis, más tarde, quizá desde Éfeso (Hch. 19) o Macedonia (Hch. 20:1s.), en alguna ocasión entre 53 y 55 d.C., al enterarse de que estaban a punto de abandonar el evangelio, escribió esta carta con gran pasión y afecto. Las congregaciones estaban compuestas de gentiles (4:8s.).

I. Situación histórica

Habían aparecido algunas personas de afuera que querían "pervertir el evangelio" (1:7) y perturbar a las congregaciones (1:7; 5:7,10,12). Pablo arremete contra estos intrusos: los maldice por predicar otro evangelio, aunque no puede haber uno diferente (1:6ss.); los acusa de tener motivaciones ilegítimas (4:17; 6:13) y de no guardar ellos mismos la ley (6:13); sarcásticamente les invita que vayan más allá de la circuncisión –que se castren– (5:12). Se trata de judeocristianos –judaizantes– que predicaban la circuncisión y el cumplimiento de la ley y las instituciones mosaicas (4:10 → CALENDARIO, → RUDIMENTOS) como requisitos para la salvación.

II. Contenido

A. *Saludo y preámbulo (1:1-10)*

En seguida Pablo aclara que era "apóstol no de los hombres ni por hombre, sino por Jesucristo y Dios el Padre". Después del saludo (1:1-5), aborda la situación de las iglesias y censura a los lectores por estar a punto de abandonar el evangelio; enjuicia severamente a los perturbadores recién llegados que han confundido a los gálatas. Dos veces invoca el anatema (1:8s.). En el resto de la epístola rebate punto por punto a sus adversarios.

B. *Declaración de la naturaleza del apostolado de Pablo (1:11–2:21)*

El apóstol declara que ha recibido su ministerio directamente de Dios (1:1). Juntamente con el evangelio le fue dado por revelación y, por tanto, independientemente de las autoridades humanas, especialmente de las de Jerusalén (1:11-24). Pero, no obstante, también recalca sus buenas relaciones con la iglesia madre (2:1-10). Con plena autoridad, había declarado ante Pedro y otros en Antioquía que el principio fundamental de la justificación era la fe en Jesucristo y no las obras de la ley; y esto regía tanto para judíos como para gentiles (2:11-21).

C. *La libertad del evangelio y la esclavitud de la ley (3:1–5:12)*

Pablo explica la libertad del evangelio empleando cuatro argumentos principales. 1) Demuestra con el ejemplo de Abraham que la salvación es por la fe y no por las obras de la ley. Según la Escritura, el verdadero descendiente de Abraham y portador de la promesa es Cristo (3:6-18). 2) La ley tiene un lugar definido en el plan de salvación: fue nuestro ayo hasta que viniera Cristo (3:9–4:7). Venido Cristo, todos los que creen en él, sean judíos o gentiles, son hijos de Abraham. 3) Introduce en su argumentación varios elementos personales (4:8-20). 4) Con la alegoría de Sara y Agar establece otra vez el principio de la promesa y de la libertad (4:21–5:12).

D. *Exhortaciones éticas (5:13–6:10)*

Pablo contrasta la vida bajo la dirección del Espíritu con la vida bajo el dominio de la carne. Así se defiende de la acusación de sus adversarios de que la libertad de la ley conduce al libertinaje. A la luz de la justificación de Dios en Jesucristo, certificada ahora por la presencia del Espíritu, el creyente se mueve por la senda de la obediencia radical y mira hacia el futuro de Dios de donde espera la salvación final (5:5; 6:8).

E. *Conclusión (6:11-18)*

Pablo concluye mencionando de nuevo el tema central: los adversarios quieren gloriarse en la circuncisión de la carne, pero él se gloría sólo en la cruz de Cristo.

Esta epístola constituye la carta magna de la libertad cristiana. En ella Pablo defiende el origen gratuito de la acción de Dios en Jesucristo y la aplicación universal de tal acción. De haber seguido el camino de los judaizantes, el cristianismo habría sido otra secta más dentro del judaísmo. L. F. M.

Bibliografía

Allan, J. A. *La epístola a los gálatas*, Buenos Aires: Methopress, 1963; *BC*, VI, pp. 503-559; *IB*, II, pp. 378-388; *INT*, pp. 274-279; *LSE*, NT II, pp. 590-659; Tenney, M. *Gálatas, la carta de la libertad cristiana*, Barcelona: Tell.

GÁLBANO. Uno de los cuatro ingredientes aromáticos del incienso sagrado (Éx. 30:34-38). Es la gomorresina de color y aspecto de-ámbar que se obtiene del tallo y raíces de la planta del mismo nombre. El g. es oriundo de Persia pero crece silvestre en Siria. J. A. G.

GALILEA. Nombre dado a la parte más septentrional de la cordillera al O del Jordán, probablemente derivado del hebreo *galil* (= 'círculo', 'región'). Aparece ocasionalmente en el AT (Jos. 20:7; 1 R. 9:11 y posiblemente Is. 9:1). La última cita menciona que primitivamente formaba parte de las tierras adjudicadas a las doce tribus. Pero, debido a la presión ejercida por los pueblos del N, la población judía se sometió a un rey pagano norteño. Durante el período de los macabeos habitaban allí pocos judíos y la influencia gentil llegó a ser tan fuerte que más tarde G. fue separada del resto de Palestina durante medio siglo. Posiblemente perteneció en esta época a la zona gobernada por Fenicia. Más tarde fue nuevamente colonizada por judíos, y esto, junto con la diversidad de población, contribuyó al menosprecio que los judíos del S tenían por los galileos (Jn. 7:52).

Muchos cultos populares originados en las culturas alrededor del Mediterráneo se propagaron en esta región gentilizada de Israel. Ciertos restos arqueológicos demuestran la presencia de estos cultos en Samaria, Fenicia, Siria y las grandes ciudades de G., especialmente en Tiberias.

En tiempos de Cristo, G. era un territorio rectangular de unos 100 km de N a S y de unos 50 km de E a O. Era bordeado al E por el Jordán y el lago de G. y estaba separado del Mediterráneo por la llanura sirofenisa. Tras la

AVES Y ANIMALES DE GALILEA

La región septentrional de Galilea es fértil y frondosa, y abunda en vida animal. El camaleón (2) vive en arbustos como el (1) rosal (*Nerium oleander*) que permanece verde todo el año. El cerdo silvestre (6) habita entre los juncos (5) a las orillas de ríos y lagunas. La menta (8) prospera en terrenos bien húmedos y el lirio acuático (7) en las mismas aguas. El ciervo del bosque (9) y el zorro (4) habitan en amplias zonas. La cigüeña blanca (3), ave migratoria, se ve en manadas en la primavera y el otoño de cada año.   IVP

conquista de Palestina por Pompeyo (63 a.C.) G. se convirtió en un distrito del reino →maca-beo de Hircano II, cuya capital era Séforis. Lue-go llegó a formar parte del reino de → Herodes el Grande (37-4 a.C.) y después de la tetrarquía de Herodes Antipas (4 a.C.–37 d.C.). Más tarde aún, fue agregada al reino de Herodes Agripa II (39-44 d.C.) y finalmente incorporada a la pro-vincia romana de Judea.

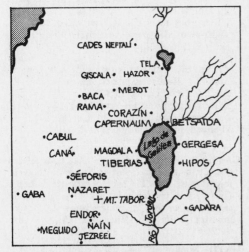

No obstante los prejuicios de los judíos del sur, Galilea sigue siendo la parte más bella y productiva de la Tierra Santa. Aquí Jesús se crió y aquí ganaba a las multitudes con su mensaje de justicia y amor.   EBM

Cortada del resto del país, G. nunca fue parte integral de la "tierra prometida". Sin em-bargo, éste fue el pueblo que proporcionó un hogar para Jesús y sus primeros discípulos y constituyó su primer campo misionero. Antes de la pasión la mayoría de las narraciones evan-gélicas se sitúan en los alrededores del mar de G.
J. M. A.

Bibliografía
EBDM III, cols. 692-702. H. J. Schults (ed.), *Jesús y su tiempo* (Salamanca: Sígueme, 1968), pp. 59–71.

GALILEA, MAR DE. →MAR DE GALILEA.

GALIÓN. Procónsul de Acaya, residente en Co-rinto desde jul. del 51 hasta jun. del 52 (o de mayo del 52 hasta abril del 53), cuyo nombre completo era Lucio Junio G. Nació en España en 3 a.C. y era hijo adoptivo del rico Lucio Junio Galión, quien a su vez era tío del poeta Luciano, y hermano de Lucio Séneca (filósofo y preceptor de Nerón). Séneca lo describe como un hombre de carácter noble y recto.

G. rechazó la queja de los judíos de Corinto contra Pablo, alegando que no le competían los asuntos de la religión judía (Hch. 18:12-17). Su actitud se explica tal vez por un sentimiento antisemita, como parece indicarlo su indiferen-cia subsecuente frente a las agresiones cometidas contra →Sóstenes, jefe de la sinagoga. Después de la muerte de su hermano Séneca, G. fue obligado por Nerón a suicidarse también (65 ó 66 d.C.). Una inscripción de Delfos menciona su nombre y permite determinar la fecha de su proconsulado (→CRONOLOGÍA DEL NT).
J.-D. K.

GALLINA, GALLO. Aves domésticas, oriundas de la India, quizás introducidas a Palestina en tiem-pos de Salomón (cp. 1 R. 10:22) o a través de Persia y Babilonia. La arqueología ha demostra-do la existencia del g. en la época del AT, y el término traducido "ceñido de lomos" (Pr. 30:31) puede referirse al g. (cp. BJ).

El g. aparece claramente en el NT como el que anuncia el tiempo, y la tercera de las cuatro vigilias nocturnas se llamaba "el canto del g." (Mt. 26:34; Mr. 13:35; 14:30,68,72, etc.). La g. es figura de la solicitud y el amor maternal (Mt. 23:37; Lc. 13:34).   J. C. A.

GALLINAZO (sinónimo de 'buitre'). Ave grande de rapiña, perteneciente al género de los halco-nes, que incluye muchas especies. El AT lo considera entre las aves inmundas debido a que se alimenta de carroña (Lv. 11:14; Dt. 14:13; Is. 34:15).

La identificación zoológica de las aves in-mundas mencionadas en la Biblia es muy difícil. Las diferentes versiones no distinguen claramen-te entre las aves rapaces tales como el milano, el halcón, etc., y aun las confunden con el águila (Mi. 1:16; Mt. 24:28). El g. tiene la cabeza y el cuello desnudos (cp. Mi. 1:16), el pico largo y encorvado en la punta, y las alas largas. Su aspecto es repugnante y su olor desagradable. Tiene una vista extraordinaria. Siempre está a la expectativa de cualquier cadáver y es capaz de detectarlo a gran distancia (Job 28:7; Mt. 24:28).   J. C. A.

GAMALIEL (heb. = 'recompensa de Dios'). 1. Hijo de Pedasur, de la tribu de Mana-sés, escogido para ayudar a Moisés a levantar el censo de Israel (Nm. 1:10; 2:20; 7:54,59; 10:23).

2. Hijo de Simón y nieto de Hillel. Célebre fariseo, doctor de la ley y miembro del sane-drín. Representante de los liberales en el fari-seísmo (la escuela de Hillel era opuesta a la de Shammai), G. intervino con un razonable conse-jo en el concilio convocado contra los apóstoles y salvó a éstos de la muerte (Hch. 5:33-42). Por su sabiduría y tolerancia notables, fue conside-rado uno de los →fariseos más nobles. Fue el primero en llevar el título "Rabbán" (= 'nues-tro maestro') en vez de "Rabbí" (= 'mi maes-tro'). El apóstol Pablo consideró un gran honor el haber sido uno de sus discípulos (Hch. 22:3). El Talmud dice que con la muerte de G. "cesó la gloria de la ley y la pureza y la abstinencia

murieron juntamente con él". Una tradición cristiana consigna la conversión de G., pero ésta es irreconciliable con la estima y el respeto que los rabinos profesaron a este maestro aun en tiempos posteriores.   L. S. O.

GANADO. Hato de animales domésticos. En la Biblia, como en nuestro medio, se distingue entre "g. mayor" —vacas, bueyes, mulas, etc.— y "g. menor" —ovejas, cabras, etc.— (Gn. 18:7; 2 S. 12:4; 1 R. 4:23; Sal. 8:7, etc.).

El pastoreo era uno de los oficios principales de los personajes bíblicos (Gn. 13:2; 26:14; 46:6; Am. 1:1; etc.). No así entre los egipcios (Gn. 46:34). No obstante, los hebreos ejercieron este oficio durante la esclavitud (Gn. 47:1). Además de servir como alimento diario, los g. proveían las víctimas para el sacrificio (Sal. 69:31; etc.). La Biblia pide bondad y misericordia para con los g. (Éx. 22:30; 23:5; Dt. 5:14; 22:10; 25:4).   A. P. P.

GAT. Ciudad filistea más próxima al territorio de Judá, situada al S de →Ecrón. En ella habitaron los anaceos (Jos. 11:22), lo cual era indicio de su antigüedad, y ahora ésta ha sido confirmada arqueológicamente.

La ciudad de Gaza, en la costa sur de Palestina, en un tiempo fue una de las cinco ciudades más importantes de los filisteos.   MPS

Al parecer, Josué no pudo tomar a G., y ésta quedó en manos de los filisteos (Jos. 11:22; 13:3; 1 S. 5:6-10; 6:17). Sin embargo, más tarde Israel la recobró (1 S. 7:14). G. fue famosa por ser tierra de gigantes; Goliat era oriundo de ella (1 S. 17:4; 2 S. 21:19-22).

Cuando David huía de Saúl intentó refugiarse en G., pero no fue bien recibido (1 S. 21:10-15; cp. Sal. 56:1); sin embargo, después permaneció allí (1 S. 27:1—28:2). Durante el reinado de Salomón parece que había relaciones amistosas y políticas con G.

Am. 6:2 menciona la destrucción de G. por Tiglat-pileser III, como una advertencia a Jerusalén y a Samaria.   J. M. A.

GAT-HEFER. Ciudad perteneciente a la tribu de Zabulón, situada en la frontera oriental de Zabulón y Neftalí (Jos. 19:13). Fue el lugar donde nació el profeta →Jonás (2 R. 14:25). La tradición la ha identificado con la ciudad de El-Mesed, unos 5 km al NO de Nazaret.

V. A. G.

GAVILÁN. Ave rapaz de la familia de las falcónidas, de la cual en Palestina hay varias especies migratorias. Para los hebreos era ave inmunda (Lv. 11:16), pero para los griegos y egipcios era sagrada. Para Job las emigraciones del g. eran muestra de la providencia del Creador (Job. 39:26).   J. C. A.

GAYO. Nombre latino, muy común y llevado por cuatro personajes del NT.

1. Macedonio que acompañó a Pablo en sus viajes y cuya vida estuvo en peligro en Éfeso (Hch. 19:29).

2. Cristiano de Derbe, uno de los que acompañaron a Pablo desde Corinto en su último viaje a Jerusalén (Hch. 20:4).

3. Corintio bautizado por Pablo y conocido por su hospitalidad. Los cristianos acostumbraban reunirse en su casa (1 Co. 1:14; Ro. 16:23).

4. Destinatario de la tercera Epístola de Juan, reconocido por su rectitud y hospitalidad (3 Jn. 5s.). Probablemente fue un convertido de Juan, laico pudiente y de buena reputación que vivía en alguna ciudad cerca de Éfeso después de 90 d.C.   L. S. O.

GAZA. Antiquísima ciudad cananea de larga y agitada historia por ocupar una importantísima posición en la ruta comercial entre Egipto y Mesopotamia. Estaba situada en la costa meridional de Palestina, a unos 4 km de la costa mediterránea y 110 km al SO de Jerusalén. Sus primeros habitantes fueron los anaceos (Jos. 11:21,22), y desde el segundo milenio a.C. es mencionada como posesión de Egipto, en tiempos de Tutmosis III.

En el siglo XII a.C. los filisteos convirtieron a G. en una de sus más importantes capitales (Jos. 13:3). Durante la conquista israelita fue asignada a la tribu de Judá quien la tomó después de varios intentos (Jos. 13:3; cp. Jue.

1:18). Fue uno de los principales escenarios de las hazañas de Sansón (Jue. 16). Durante este período posiblemente volvió a manos de los filisteos (1 S. 6:17,18).

Durante el reinado de Salomón, Israel logró dominar a G. permanentemente (1 R. 4:24), pero en 734 fue conquistada por Tiglat-pileser III, aunque se independizó poco después.

En 333 fue tomada y casi destruida por Alejandro Magno, pero luego fue reconstruida y llegó a ser un centro helenista. Durante la revolución de los macabeos fue destruida tal como lo habían indicado los profetas (Am. 1:6,7; Sof. 2:4; Zac. 9:5).

En tiempos del Imperio Romano, G. fue convertida en un floreciente centro cultural. Los romanos habían reconstruido la ciudad en 61 a.C. En tiempos de Jesús estaba en poder de Herodes el Grande, aunque luego fue incorporada a la provincia de Siria. El NT sólo la menciona en Hch. 8:26.   J. M. A.

GEBA. Ciudad levítica de Benjamín (Jos. 18:24; 1 Cr. 8:6) ubicada aproximadamente 10 km al N de Jerusalén, y separada de Micmas por un ancho valle. Era ciudad gemela con Ramá, y ambas se mencionan juntas (Neh. 7:30; 1 R. 15:22; Is. 10:29).

Entre G. y Gezer se libró una batalla en la que David derrotó a los filisteos (2 S. 5:25). Se consideraba como el extremo N de Judá (2 R. 23:8; Zac. 14:10). (→ GABAA.)   M. V. F.

GEBAL. 1. Antigua ciudad de Fenicia, hoy villa de Jebeil, situada en la costa del Mediterráneo, 40 km al N de Beirut. Los griegos la llamaron "Biblos" (= 'papiro' o 'libro') por la cantidad de rollos hechos de papiro de Egipto que allí admiraban. A sus habitantes se les llamó "giblitas". Junto con el Líbano, G. estaba en la lista de tierras que aún faltaba conquistar después de Josué (Jos. 13:5).

Los giblitas tenían fama de buenos carpinteros y picapedreros, y fueron llamados a cooperar en la construcción del Templo de Jerusalén (1 R. 5:18). Según testimonio de los arqueólogos, esa destreza la demuestran los trabajos de albañilería que aún perduran. También fueron notables en la construcción de barcos (Ez. 27:9).

2. Nombre dado a las montañas de un distrito al NE de la Idumea (Sal. 83:7).   M. V. F.

GEDALÍAS. Nombre de cinco personajes distintos del AT, acerca de cuatro de los cuales no se sabe más que lo poco que narra el AT (1 Cr. 25:3,9; Esd. 10:18; Jer. 38:1-6; Sof. 1:1). El quinto G. fue gobernador de Judá en tiempos de Nabucodonosor (2 R. 25:22-26; Jer. 40:6–41:18). Su padre, Ahicam, había defendido a Jeremías (Jer. 26:24). Su sello oficial ha sido encontrado recientemente por los arqueólogos. Murió en una fiesta, asesinado por algunos judíos que se oponían a que colaborara con Nabucodonosor (Jer. 41:1-3).   J. L. G.

GEDEÓN. Quinto juez de Israel, miembro de la tribu de Manasés e hijo de → Joás (Jue. 6:11,15). Cuando Israel gemía bajo el yugo de → Madián, el ángel de Jehová se le apareció a G. y lo llamó a liberar a su pueblo (Jue. 6:11-24). Le dio una señal de fuego que consumió la comida que G. había preparado. G. edificó un altar y lo llamó Jehová-salom ('Jehová es paz'). Luego derribó el altar de → Baal y la imagen de → Asera que su padre había hecho y levantó en su lugar un altar a Dios. Ante la consecuente ira de los habitantes del pueblo, el padre de G. defendió a éste diciendo: "¿Contenderéis vosotros por Baal? ... Si es un dios, contienda por sí mismo con el que derribó su altar". Así G. recibió el nombre "Jerobaal" (6:31,32).

Dios volvió a confirmar el llamamiento de G. por la señal del vellón de lana (Jue. 6:36-40). G. reunió a un ejército de 32.000 hombres pero Dios le instó a reducirlo a 300. Les dio trompetas, cántaros y antorchas. G. se sintió fortalecido al oír decir a un madianita que había soñado con la derrota de Madián. El ataque de los 300 sorprendió a los madianitas, y G. obtuvo una victoria aplastante.

Israel quiso luego ascender a G. al puesto de soberano. G. rehusó el honor e insistió en que se mantuviese la teocracia (Jue. 8:23). Sin embargo, cometió un grave error al pedir una parte del botín para hacer un → efod de oro tras del cual se prostituyó Israel (8:26,27). G. tuvo muchas mujeres y 71 hijos, incluyendo a → Abimelec, quien causó grandes males después. Murió en "buena vejez" (8:32), y por sus cualidades de liderazgo y humildad mereció mención entre los héroes de la fe (Heb. 11:32).   D. M. H.

GENEALOGÍA. Lista que destaca el linaje de algunos individuos o las relaciones de parentesco entre grupos tales como familias, clanes, tribus o naciones. Se traza a través de los varones, y las mujeres se mencionan sólo excepcionalmente (v.g. Gn. 11:29; Nm. 27:1-11).

Los exegetas distinguen dos géneros de g.: las histórico-etnográficas (Gn. 4:17ss.; 5:1s.; 6:9ss.; 10:1ss.; etc.), y las tribales o patriarcales (Nm. 1:5ss. y *passim*; 1 Cr. 2:12ss.; 5:24ss. y *passim*). La Biblia misma, sin embargo, no hace tal distinción entre el modo de crecimiento de un pueblo y el de una casa patriarcal, sino que afirma que todo el género humano tiene un padre común: → ADÁN. La → elección de Israel no es más que la escogencia de una familia (los descendientes de Jacob) de entre todos los hombres.

Entre los móviles que inspiraron la conservación de tradiciones genealógicas figuran: 1) identificar a un individuo para propósitos legales tales como la herencia; 2) establecer derechos para ocupar ciertos puestos, tales como el reinado y el sacerdocio (cp. Esd. 2:59ss.); 3) probar la pureza racial (cp. Esd. 10:9ss.; Jer. 22:30; Ez. 13:9); 4) demostrar con orgullo el parentesco con alguna eminencia del pasado;

5) fortalecer la autoridad de un oficio, trazando su origen al antepasado ilustre que lo recibió.

La g. es un género literario de difícil interpretación. En su composición intervienen móviles teológicos y artísticos que complican la recta comprensión. Por ejemplo:

1) El número de generaciones sigue a menudo una pauta esquemática; hay diez generaciones de patriarcas desde Adán hasta Noé y diez desde Sem hasta Abraham (Gn. 5; 11:10ss.); y en la → genealogía de Jesús según Mt. aparecen tres series de catorce nombres cada una. En la mayoría de las g., se calculaba convencionalmente que cada generación duraba cuarenta años (cp. Sal. 95:10).

2) Para lograr tales esquemas, o para mencionar sólo los personajes clave, hubo que dejar ciertas lagunas en las g., se eliminó el nombre del padre de un individuo para relacionar a éste más bien con su abuelo u otro antepasado (cp. Zac. 1:1 con Esd. 5:1). Por tanto, la expresión "hijo de . . ." ha de entenderse a veces como "descendiente de . . .". Además, las g. no ayudan mucho en la elaboración de cronologías exactas.

3) Los términos de parentesco pueden connotar otras relaciones además de las de sangre. "Hijo" puede significar "aprendiz" o "socio", y "hermanos" puede denotar a los firmantes de un pacto (Am. 1:9).

4) La repetición de nombres en una lista puede reflejar la realidad histórica, porque en ciertas épocas los nombres personales se conferían como patrimonio familiar (v.g., Lc. 1:59, padre e hijo llevarían el nombre Zacarías). Además, un mismo individuo puede llevar varios nombres (v.g., Eliú/Eliab/Eliel; 1 S. 1:1; 1 Cr. 6:27,34).

A la luz de estas dificultades se hace evidente por qué las cartas pastorales advierten contra las contenciones que surgen en torno a la interpretación de g., ya que algunos cristianos prestaban demasiada atención a las "fábulas y g." (1 Ti. 1:4; Tit. 3:9).

Ciertos intérpretes del AT entendían muy literalmente aun los silencios de las Escrituras. Porque Gn. 14:18ss. no menciona la familia de → Melquisedec, el autor a los Hebreos saca la conclusión teológica de que este rey no tenía padre, ni madre, ni g., (Heb. 7:3,6).

R. F. B.

Bibliografía
EBDM III, col. 749-753.

GENEALOGÍA DE JESÚS. Dos veces en el NT se nos presenta en detalle la g. de J. (Mt. 1:1-17; Lc. 3:23-38). Puesto que las dos listas proceden de tradiciones independientes que sendos evangelistas han utilizado para propósitos particulares, conviene esbozarlas en cuatro secciones (A, B, C, D). Las particularidades de cada lista son tan instructivas como las semejanzas.

MATEO

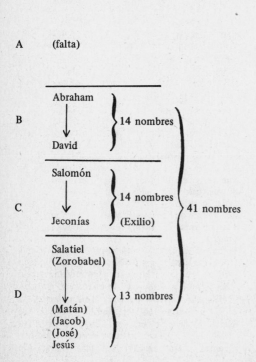

LUCAS

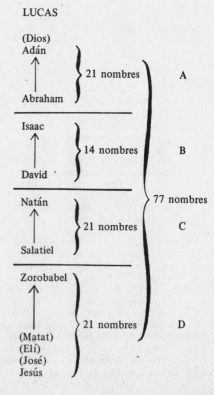

I. SEGÚN MATEO

Los nombres sobresalientes son Abraham (cp. Gá. 3:16) y David (cp. Salmos de Salomón 17:23; Mr. 10:47s.; Ro. 1:3; Heb. 7:14). Se lleva, pues, la sucesión al trono davídico. Las letras hebreas tienen también valor numérico y es posible que el valor numérico del nombre "David" (las tres letras hebreas suman 14) haya influido en el número de generaciones contadas en las tres secciones (B, C, D), pues es evidente que Mt. ha omitido algunos nombres que aparecen en sus propias fuentes antiguotestamentarias (para B, cp. Rt. 4:18-22 LXX, y 1 Cr. 2:5-15; para C, cp. 1 Cr. 3:10-15; en D, 10 nombres, muchos desconocidos, abarcan un período de casi 500 años). Entonces, como sucede a menudo en hebreo o arameo, "engendró" se ha de entender como "fue antepasado de". La mención de cuatro mujeres, dos de las cuales eran gentiles y tres de moral dudosa, demuestra que Jesús fue de descendencia realmente humana.

II. SEGÚN LUCAS

Comenzando con Jesucristo, Lc. ofrece la genealogía en línea descendente, pero en vez de terminar con Abraham, añade la sección A que remonta hasta Adán, quien a su vez fue "[hijo] de Dios". Con una excepción, A concuerda con Gn. 5; 11:10-27 y 1 Cr. 1:1-4,24-26. B, aunque añade dos nombres, es igual a la B de Mt. En las secciones C y D, 37 de los nombres nos son desconocidos, porque mientras Mt. lleva el linaje a través de Salomón, Lc. lo lleva a través de Natán, otro hijo de Betsabé (¿linaje sacerdotal?, ¿descendencia física?). Sin embargo, tal vez la discrepancia sea sólo aparente: si Matán, abuelo de José (Mt. 1:15), es el Matat de Lc. 3:24, sólo hay que suponer que Jacob (padre de José según Mt.) muriera sin hijos, para que su sobrino, el hijo de su hermano Elí (padre de José según Lc.), llegara a ser heredero suyo (→MATRIMONIO); así desembocarían ambas genealogías en José.

Aunque algunos comentaristas sostienen que la genealogía ofrecida por Lc. es la de María, la mayoría reconoce que ambos evangelistas quieren llevarla a través de →José. No obstante, los dos recalcan que José es el padre legal de Jesús y no su padre biológico (Mt. 1:16,18-25; Lc. 1:34s.; 3:23;→María); pero de acuerdo con las nociones de la época, el hijo nacido en el hogar de José, aun sin su intervención, le nace "a él". Ambas listas aseguran que Jesús era el hijo de David, y demuestran su solidaridad con los demás hombres y con el Antiguo Pacto (cp. la delimitación de las generaciones en múltiplos de siete).   R. F. B.

Bibliografía

X. Leon-Dufour, *Estudios de evangelio* (Barcelona: Estela, 1969), pp. 43-57.

GENERACIÓN. 1. A menudo en el AT, un "círculo" o "ciclo" de vida; e.d., el período desde el nacimiento de una persona hasta el nacimiento de los hijos de ésta. En sentido colectivo, incluye a todos los que viven durante tal período (= 'asamblea', v.g., Sal. 14:5; 49:11; Jer. 2:31). En el NT, *gueneá* corresponde en general a esta acepción (Hch. 13:36; Ef. 3:5). Cp. el punto 5 abajo.

2. En el pl., una lista de nacimientos sucesivos en la historia de una familia (Gn. 5:1; 10:1; etc.). La palabra también se traduce "orígenes", "linajes", "descendencia", → "genealogía". En Lc. 1:48,50 "g." significa "todos los hombres por venir".

3. Descendencia, incluso en el sentido espiritual, como en la interpretación más aceptable de Hch. 8:33.

4. Cría de seres no humanos ("raza de víboras" Mt. 3:7 HA, BJ, etc.).

5. La expresión "esta g.", a veces precisada con "perversa" o "maligna" adquiere matices éticos. Se discute si la g. que no pasará hasta que se cumplan las predicciones de Jesús (Mr. 13:30 y //) es (a) la raza humana, (b) el pueblo judío, (c) los coetáneos de Jesús, o (d) (más probable) los de la última etapa en la historia de redención.   R. F. B.

GENESARET (nombre quizás emparentado con el heb. *gan* = 'jardín'). Llanura situada a la orilla NO del mar de Galilea, lugar en donde Jesús

Puesta de sol en el Mar de Galilea. Por su posición al lado de la extensa planicie de Genesaret a veces se le denomina "Lago de Genesaret".   IGTO hizo muchos milagros (Mt. 14:34; Mr. 6:53). En el AT se llama →Cineret (1 R. 15:20). La llanura tiene 2 km de ancho y corre paralela al mar unos 5 km. Era muy fértil, y poseía abundante agua. Josefo la elogia por su belleza (*Guerras*, III.x.8).

2. Uno de los nombres del →mar de Galilea (Lc. 5:1).   W. M. N.

GÉNESIS. Primer libro de la Biblia, llamado por los judíos *be-re-shith* ('en el principio') palabra hebrea con que se inicia el libro. Se llamó *Génesis* en la LXX, título adoptado después por la Vulgata y que alude al contenido del libro.

El autor del libro quiere demostrar cómo Israel fue elegido entre las naciones del mundo y cómo llegó a ser el pueblo de Dios. Esta elección, sin embargo, no se basó en los méritos de los antepasados de Israel, sino en la gracia inmerecida de Dios. Enfocados desde ese ángulo se relatan la creación del mundo y del hombre, el pacto de Dios con el hombre, la caída en el pecado, la vida de los patriarcas y el pacto de gracia con ellos.

I. Contenido y estructura

El libro se divide en dos partes principales: la historia de la humanidad (caps. 1–11) y la historia de los patriarcas, e.d. el origen del pueblo del pacto (caps. 12-50). Después del relato monumental de la creación, que subraya que Dios es el creador único, el libro mismo sugiere la siguiente división mediante la palabra *tole-doth* (usada once veces en Gn. y traducida casi siempre por "generaciones" en la RV) en el sentido de "historia del desarrollo":

A. *Historia del cielo y de la tierra (2:4–4:26)*, no como segundo informe de la creación sino como fondo o escenario de la historia de la caída del hombre.

B. *Historia de Adán (5:1–6:8)*. Se avecina el diluvio por causa de la creciente depravación del hombre.

C. *Historia de Noé (6:9-29)*, que se contrasta con la de la humanidad pecadora. Él se salva de la destrucción general producida por el diluvio.

D. *Historia de los hijos de Noé (10:1–11:9)*, un informe breve de la dispersión de la humanidad sobre la tierra.

E. *Historia de Sem (11:10-26)*, continuación de la genealogía del cap. 5.

F. *Historia de Taré (11:27–25:11)*, especialmente de su hijo Abraham. Se destaca la íntima comunión entre Dios y Abraham. El elocuente testimonio del NT a favor de la historicidad de estos pasajes es abrumador.

G. *Historia de Ismael (25:12-18)* que explica por qué éste fue excluido de la historia de la salvación.

H. *Historia de Isaac y de su hijo Jacob (25: 19–35:29)*, que señala la idea fundamental de la elección divina.

I. *Historia de Esaú (36:1–37:1)*, su exclusión definitiva de la unión del pacto.

J. *Historia de Jacob*, principalmente de su hijo José (37:2–50:26).

II. Autor del libro

El cuadro de la historia de José es totalmente auténtico. Todo el ambiente tiene notable color egipcio: la corte del Faraón, las costumbres descritas, la frivolidad de la mujer de Potifar, la interpretación de los sueños, la recepción de la familia de Jacob en Egipto y el propio lenguaje. Todo coincide tan perfectamente con las condiciones reinantes en el Egipto antiguo, que se comprende que la tradición judía haya atribuido el libro a Moisés, un perfecto conocedor de su tiempo.

Lo mismo se observa en el relato de la época patriarcal, de Abraham y sus descendientes. Los descubrimientos arqueológicos han comprobado la exactitud histórica de toda la descripción. En aquel tiempo había una muy activa relación comercial y cultural entre Palestina y Egipto, como lo demuestran las cartas de →Tel el Amarna. La historia de Moisés presupone una prehistoria, y sólo así se comprende que no se haya considerado a Moisés como fundador de la religión de Israel, sino a los patriarcas; sólo así se explica que Israel haya aceptado como divino el mensaje proclamado por Moisés.

III. Fuentes

Si Moisés efectivamente escribió el relato de los orígenes del mundo que, como el resto del libro de G., se relaciona estrechamente con los libros siguientes, no se ha podido averiguar con certeza cuál haya sido la fuente de su información. Quizá fuera por revelación directa, o sirviéndose de documentos más antiguos. La tradición oral o escrita, apoyada por la longevidad y buena memoria de los patriarcas, también puede haber influido. Desde luego, es imposible reconstruir tales fuentes, pero el valerse de ellas en modo alguno contradice la doctrina de la completa inspiración de las Sagradas Escrituras ni debe confundirse con la "teoría documentaria", la cual, aunque popular, no se ha comprobado. Esta teoría, que no es más que una hipótesis, sugiere que el →Pentateuco es una compilación, efectuada progresivamente durante mil años, de cuatro documentos: el yavista, el elohista, el código sacerdotal y el deuteronomista.

IV. Importancia

La importancia teológica del G. es enorme. En este libro se aclaran cuestiones como el origen del mundo, el pecado original del hombre, la imagen de Dios, la progresiva depravación del género humano y la promesa de la victoria final de la simiente de la mujer. Describe no solamente la necesidad de la salvación de la humanidad, sino también su realización en los comienzos. Funde la historia general de la humanidad con la de los patriarcas: "Benditas en ti todas las familias . . ." (12:3). San Pablo más tarde habría de explicar que estas promesas fueron dadas antes que la ley (Gá. 3). La historia

de Abraham subraya especialmente la fe en la promesa; la historia de Jacob y Esaú, la elección divina; la historia de José, la providencia divina. (→CREACIÓN, PECADO, PACTO, ELECCIÓN.)
F. L.

GENTILES. Término con que se designa a los pueblos no judíos (p.e. Ro. 3:9). Siendo los judíos el pueblo escogido de Dios, fueron separados de los demás en Abraham y sus descendientes, y Dios les impuso leyes rigurosas para que su religión no fuese corrompida por el paganismo de los g. Estos últimos quedaban al parecer al margen de las promesas, y desempeñaban, por tanto, un papel secundario en el programa histórico redentor de Dios. Interpretando mal los propósitos de Dios, los judíos llegaron a despreciar a los g., en vez de serles fuente de bendición tal como Dios había deseado (Gn. 12:3; Is. 49:6). Asimismo, le fue difícil a la primitiva iglesia comprender que las buenas nuevas de Cristo habrían de ser patrimonio también de los no judíos (Hch. 10:28; cp. vv. 34-36 y 11:3).

Principalmente por medio de San Pablo, a quien por su fructífero ministerio en Asia y Europa se le llamaba "el apóstol a los g.", la iglesia llegó a comprender que, lejos de estar excluidos de las promesas, los g. también eran beneficiarios de ellas. Fue para salvar y bendecir a éstos para lo que Dios escogió y formó al pueblo de Israel (Ef. 3:3-9). A través de la historia, Dios se ha valido de las naciones g. para castigar y corregir a Israel a la vez que por medio de Israel se ha revelado a los g.

El NT da carácter universal al evangelio, "derribando la pared intermedia de separación" (Ef. 2:14) entre judíos y g., y ya no hay "circuncisión ni incircuncisión, bárbaro ni escita, siervo ni libre, sino que Cristo es el todo, y en todos" (Col. 3:11).
W. D. R.

GERA ('grano'). La más pequeña medida de peso y ficha en el sistema hebraico. Era la 1/20 parte de un → siclo (Éx. 30:13; Lv. 27:25; Nm. 3:47).
A. T. P.

GERAR. Ciudad "en tierra de los filisteos" que en los tiempos de Abraham se hallaba situada al S de Gaza y en la frontera con Egipto (Gn. 26:1-12). Allí Abraham e Isaac tuvieron experiencias semejantes respecto a sus esposas y el rey Abimelec (Gn. 20 y 26), y el rey Asa destruyó a los ejércitos etíopes (1 Cr. 14:13,14).
M. V. F.

GERGESEOS. Descendientes de Canaán (Gn. 10:15,16) y uno de los pueblos que poblaban la tierra prometida a Abraham y a su descendencia (Gn. 15:21; Neh. 9:8). Fueron derrotados por Israel (Dt. 7:1; Jos. 3:10; 24:11), pero no se sabe con exactitud en cuál parte de Palestina habitaban. No deben confundirse con los gergesenos (→GADARENOS), habitantes de Gérgesa ("Gadara", Lc. 8:26), ni con los gezritas (1 S.

27:8). Hay tradiciones judías que los relacionan con las colonias fenicias norteafricanas.

A los g. se les menciona en textos ugaríticos (siglos XIV-XIII a.C.), pero es probable que los g. de los textos bíblicos y ugaríticos sean diferentes de un grupo del Asia Menor llamado Karkisa en los anales hititas y egipcios (NBD, p. 471), aunque algunos los identifican. Según algunos eruditos, probablemente los g. fuesen hititas (DBH, p. 794).
E. A. N.

GERIZIM, EBAL. G. es una montaña de 870 m de altura, situada 3 km al S de Siquem, y desde la cual se pronunció la bendición sobre Israel (Dt. 11:29; 27:12). Hoy día los árabes la denominan yebel et-tor. Es el monte santo de los samaritanos, aunque el templo que erigieron allí fue destruido por Juan Hircano en el año 129 a.C. Ellos siguieron considerándolo el lugar de adoración, en competencia con el Templo de Jerusalén, erigido en el monte Sión (Jn. 4:20). La actual comunidad samaritana de Nablus (la antigua Siquem) sigue celebrando allí la fiesta de la Pascua según el antiguo rito (con inmolación de corderos).

La grafía del nombre de este monte, en nuestras versiones castellanas, no es uniforme: Gerizim (RV), Garicim (TA), Garizim (NC y BJ), Guerizim (BC).

El E. es una montaña situada al N de Siquem, frente al monte G., y tiene 938 m de altura. Los árabes la llaman hoy día yebel eslamiye. En ella se erigieron piedras conmemorativas en las que estaban esculpidas las palabras de la ley (Dt. 11:29; 27:4; Jos. 8:30ss.). Al E. se le menciona en una serie de maldiciones (Dt. 27:11-26).

El relato de Jos. 8:30-35 cuenta que cuando Josué iba a bendecir al pueblo de Israel, la mitad se situó en el monte E. y la otra mitad en el G.
C. R.-G.

GERSÓN ('un extranjero allí'). 1. Hijo mayor de Leví (Nm. 3:17; 1 Cr. 6:1; 23:6), que nació en Canaán antes de la migración de Jacob a Egipto (Gn. 46:11). Tuvo dos hijos, Libni y Simei (Éx. 6:17; Nm. 3:18; 1 Cr. 6:17,20).

En el desierto, los hijos de G. sumaban 7.500 (Nm. 3:21,22) y acamparon "a espaldas del tabernáculo" (3:23). Su deber como levitas era cargar el tabernáculo (3:25,26).

Bajo Josué recibieron trece ciudades en el NO de Palestina (Jos. 21:6). Durante el reinado de David estuvieron a cargo del coro y de la tesorería (1 Cr. 23:1-11; 26:21,22). Se hace mención especial de ellos por su cooperación en la reforma llevada a cabo durante el reinado de Ezequías (2 Cr. 29:12) y en la de Josías (2 Cr. 35:15). Tuvieron una parte especial en la colocación de los cimientos del templo en tiempo de Zorobabel (Esd. 3:10) y en la dirección del culto público (Neh. 11:17).

2. Hijo mayor de Moisés, nacido en Madián (Éx. 2:22; 18:3), llamado así por Moisés para conmemorar su tiempo de forastero en Madián.

Los hijos de G. fueron contados como levitas (1 Cr. 23:14,15).

3. Descendiente del sacerdote Finees (Esd. 8:2).   P. S.

GESEM. Personaje árabe célebre en la época en que Nehemías reconstruía los muros de Jerusalén, *ca.* 445 a.C. Posiblemente G. gobernaba alguna región cercana a Jerusalén y pretendía extender su dominio sobre esta ciudad, porque, junto con Tobías y Sanbalat, se opuso abiertamente a Nehemías (Neh. 2:19,20; 6:1-6). Se conoce también con el nombre de Gasmu (Neh. 6:6).   A. P. P.

GESUR. Ciudad-estado de Siria, situada al lado E del Jordán y al NE de Basán. Estaba dentro de los límites del territorio hebreo, pero no fue conquistada totalmente. A los habitantes se les permitió tener sus propios reyes, aunque siempre se les exigió tributo (Dt. 3:14; Jos. 12:5; 13:13).

Después de asesinar a su hermano Amnón (2 S. 13:37), Absalón huyó a esta ciudad, pues Maaca, su madre, era hija de Talmai, rey de G. (2 S. 3:3). Permaneció allí tres años, hasta que David mandó a Joab que lo llevara a Jerusalén. Regresó, sólo para maquinar la rebelión contra su padre (2 S. 14:32; 15:8).   G. D. T.

GETSEMANÍ (arameo = 'lagar de aceite'). Huerto o bosque de olivos ubicado al pie del monte de los Olivos, frente a Jerusalén y al E del torrente de Cedrón. Aquí se reunieron Jesús y sus discípulos después de la última cena (Mt. 26:36-46; Mr. 14:32-42; cp. Lc. 22:39-46). Según Lc. 21:37 y Jn. 18:2 Jesús frecuentaba el lugar muchas veces con sus discípulos. Probablemente era propiedad privada y se ha conjeturado que pertenecía a María, madre de Juan Marcos.

Durante su última visita a G., Jesús dejó a ocho de sus discípulos en algún lugar del huerto, y se separó para orar llevando consigo a Pedro, Jacobo y Juan. Jesús anhelaba la compañía consoladora de sus amigos pero éstos se durmieron en G. Este fue el escenario de la lucha final de Cristo con Satanás, lucha que habría de concluir en la cruz.

El G. recuerda la lucha del primer Adán con Satanás, que también se llevó a cabo en un huerto, pero la diferencia es grande: Adán salió derrotado, Jesús salió triunfante. El sufrimiento de Cristo, previo a la hora de morir por los pecados del mundo, se describe gráficamente en los Evangelios sinópticos. A G. llegó la turba dirigida por → Judas, y allí mismo Jesús fue hecho prisionero.

Según la tradición G. se hallaba a unos 50 m al E del puente sobre el Cedrón.   J. M. Br.

GEZER. Originalmente era ciudad real de los cananeos, cuyo rey Horam fue derrotado por Josué (Jos. 10:33; 12:12). Fue asignada a Efraín pero los israelitas no la ocuparon (Jos. 16:10; Jue. 1:29); más bien parece que los egipcios la tomaron más tarde. No llegó a formar parte de Israel sino hasta cuando Faraón la dio a su hija,

Getsemaní, tal como aparece hoy día, en las laderas del Monte de los Olivos. Varias sectas cristianas han construido allí sus templos para conmemorar la agonía del Salvador.   IGTO

Olivo milenario. Se encuentra en lo que se supone era el huerto de Getsemaní. WDR

al casarse ésta con Salomón, quien pronto reconstruyó la ciudad (1 R. 9:16,17). Fue un sitio importante en las guerras macabeas (1 Mac. 4:15; 7:45). Se hallaba en el camino entre Jope y Jerusalén.

Hoy se llama Tell Gezer, y en ella se han llevado a cabo importantes excavaciones.

W. M. N.

GIBETÓN. Ciudad dada a los hijos de Dan (Jos. 19:40-44) y después a los levitas (Jos. 21:23). Por algún tiempo estuvo en manos de los filisteos (1 R. 16:15). Allí → Baasa mató a Nadab y se proclamó rey de Israel (1 R. 15:27). Veintiséis años más tarde en G. Omri fue proclamado rey (1 R. 16:17). Se hallaba a poca distancia y al NE de Ecrón y al O de Gezer. M. V. F.

GIEZI. Sirviente del profeta Eliseo, que comunicó a éste la necesidad de la mujer → sunamita. Cuando Eliseo quiso recompensar la hospitalidad de la mujer, G. sugirió pedir a Dios un hijo para ella. Más tarde, el niño murió repentinamente pero el mismo Eliseo lo resucitó (2 R. 4).

Después que Eliseo hubo sanado a → Naamán el Leproso, G. obtuvo fraudulentamente una porción del presente que su amo había rechazado. Como resultado, sufrió de una lepra permanente (2 R. 5). Algún tiempo después, G. compareció ante el rey Joram para contarle las maravillas hechas por Eliseo, y la sunamita

confirmó, ante el rey, el relato de aquél (2 R. 8:1-6). D. M. H.

GIGANTES. Hombres de gran fuerza y estatura. Por su papel en la historia bíblica son importantes: Og, rey de Basán (Dt. 3:11,13; Jos. 12:4; 13:12); Goliat, a quien David mató (1 S. 17); Isbi-benob, quien estuvo a punto de matar a David (2 S. 21:15-17); y Saf, Goliat (otro), Sipai y Lahmi, quienes murieron en varias batallas de los valientes de David contra los filisteos (2 S. 21:18ss.; 1 Cr. 20:4ss.).

Hubo tres regiones destacadas como tierras de g.: Transjordania (Dt. 2 y 3), Hebrón (Jos. 11:21s.) y Filistia (1 Cr. 20:8). Muestra del tamaño extraordinario de estos hombres son las medidas de la cama de Og, 4 por 1.8 m (Dt. 3:11) y la longitud y grueso de la lanza de Isbi-benob, "como un rodillo de telar" (2 S. 21:16). Aunque Goliat I no es llamado g. en la Biblia, las medidas de su uniforme detalladas en 1 S. 17:4ss. son enormes. Tal era lo descomunal de estos habitantes, que el otro g. de la ciudad de Gat tenía un total de veinticuatro dedos (2 S. 21:20). W. G. M.

GIHÓN. 1. Uno de los cuatro ríos del Edén. Ha sido indistintamente identificado con varios ríos, entre ellos el Nilo. Si "la tierra de Cus" es Etiopía (Gn. 2:13), G. es el Nilo; pero es más probable que Cus se refiera a una región al E de Mesopotamia, en la que después habitaron los kasitas.

2. Fuente de Jerusalén, en el valle de Cedrón, donde Salomón fue proclamado y coronado rey de Israel (1 R. 1:33,38,45). Era muy apreciada por ser la única fuente que en Jerusalén tenía agua todo el año. A esto se debían todos los esfuerzos de los reyes de Judá por asegurarse un acceso directo a la fuente. En 2 Cr. 32:30 (cp. Is. 7:3) y 2 R. 18:17 se narra

La Puerta Dorada del muro de Jerusalén, vista desde el huerto de Getsemaní. Sellada por siglos, la tradición judía sostiene que será reabierta para la entrada triunfal del Mesías en su venida. WDR

la construcción de un túnel que hizo Ezequías, el cual todavía lleva agua al estanque de → Siloé.

J. M. A.

GILBOA ('manantial hirviente'). Cadena de montañas en el territorio de Isacar, al SE de la llanura de → Esdraelón, a cuyos lados se extienden los valles que unen esa gran llanura con el valle del Jordán. El valle al NE de G., que se halla entre ésta y el collado de More (Jue. 7:1), es Jezreel; el del SE separa a G. de los cerros de Samaria. En la parte E de G. estaba la ciudad a la cual también se le llamó G.; actualmente se llama Jelbón. Fue el escenario del encuentro final entre Saúl y los filisteos, en el cual fue derrotado y perdió la vida juntamente con su hijo Jonatán (1 S. 28:4,5; 31). Más tarde llegó a ser una montaña árida y desnuda (2 S. 1:6,21).

I. E. A.

GILGAL ('rueda' o 'círculo'). Célebre lugar entre el Jordán y Jericó, cuya posesión dio inicio a la nueva historia de Israel en la Tierra Prometida, pues allí acampó el pueblo después de cruzar el río Jordán. En G. se celebró la primera Pascua en tierra de Canaán (Jos. 4:19; 5:2-12; Mi. 6:5), acontecimiento que fue sellado con la colocación de las doce piedras simbólicas de las doce tribus de Israel (Jos. 4:1-9,20). Josué asentó allí su primer campamento en la región O de Palestina (Jos. 4:19; 5:10).

Numerosos incidentes y hechos militares tuvieron lugar en G. Los espías enviados a Jericó partieron de allí. Algunos creen que el profeta Samuel había establecido un circuito con las poblaciones de Mizpa, Bet-el y G., para efectuar anualmente una visita de carácter administrativo y religioso (1 S. 7:16,17). Fue en G. donde el pueblo israelita invistió a Saúl como rey (1 S. 11:14,15), después de que Samuel lo ungiera como tal (1 S. 10:1). Allí fue muerto Agag (1 S. 15:33) y a David se le dio la bienvenida después de la muerte de Absalón (2 S. 19:15-40). En el siglo VIII a.C. se edificó en G. un santuario de prácticas y ritos degradantes (Os. 4:15; Am. 4:4).

Otros lugares mencionados en el Antiguo Testamento con el nombre de G. son difíciles de identificar. V.g., Dt. 11:30; Jos. 15:7; Neh. 12:29; 2 R. 2:1; 4:38. Algunos de estos lugares, sin embargo, se identifican con el G. bien conocido.

M. V. F.

GLORIA. Expresión de la excelencia del carácter y la perfección de los atributos de Dios, hechos manifiestos en toda la creación (Sal. 19:1; Hab. 3:3). Esta g. se revela principalmente en Cristo (Heb. 1:3), quien la muestra a los hombres (Jn. 1:14): es apreciada en su nacimiento (Lc. 2:9,14), su transfiguración (Mt. 17:1-8), su muerte (Jn. 7:39; 12:23-28; cp. Heb. 2:9), su resurrección (Lc. 24:26) y ascensión (Hch. 3:13; 7:55; 1 P. 1:20).

En sentido absoluto sólo Dios es glorioso; sólo en él existe la hermosura de la santidad.

Sin embargo, se habla, con sentido relativo, de la g. de los hombres (Job 19:9; 1 Co. 11:7), que es equivalente a su honor. Por haber sido hecho a imagen y semejanza de Dios, el hombre tiene g. pero ésta es efímera (1 P. 1:24).

G. es también la → alabanza que se le rinde a Dios, en reconocimiento de su grandeza, bondad y poder. En muchísimas partes de la Biblia se exhorta al pueblo de Dios a dar g. a Su nombre (Sal. 29:2; 115:1; Fil. 4:20; Ap. 7:12). Nuestra vida misma, como cristianos, debe ser para la g. de Dios (1 Co. 10:31; 6:20). El estado final de los redimidos se describe como participación en la g. de Dios, como algo infinitamente superior a lo que experimentamos ahora (Ro. 8:18; 1 P. 4:13).

La g. de Dios se vio en el AT principalmente en el tabernáculo (Éx. 40:34,35), en forma de una nube resplandeciente; y en el templo (1 R. 8:11; 2 Cr. 7:1-3). En el NT la fe es una condición indispensable para ver la g. de Dios (Jn. 11:40), la cual debe reflejarse incluso en los miembros y vida humanos (1 Co. 6:20).

A. R. D.

GNIDO. Ciudad en el extremo de la península que lleva el mismo nombre. Está ubicada en el SO de Asia Menor y se adentra 150 km en el mar entre las islas Rodas y Cos. En el viaje a Roma el barco de Pablo pasó "frente a G." (Hch. 27:7).

A. T. P.

GOBERNADOR. Traducción en el AT de una docena de voces hebreas y arameas que se refieren a varias clases de príncipes, oficiales y tenientes. Entre ellas hay términos técnicos, especialmente títulos oficiales persas en Esd. y Neh. Se denomina g. a José, puesto por Faraón sobre Egipto (Gn. 45:8), así como a Nehemías, que gobernaba Judá bajo el rey persa (Neh. 12:26).

En el NT g. casi siempre es traducción de algún derivado del verbo que significa "dirigir", y por lo general se refiere a los administradores romanos: procuradores (→ PILATO, FÉLIX, FESTO) de Judea, que se consideraba una provincia menor no pacificada, cuyo g. era nombrado por el emperador; legados (→ CIRENIO) de Siria, y procónsules (→ SERGIO PAULO de Chipre, → GALIÓN de Acaya y los de Asia, Hch. 19:38). Para una apreciación general de los g., véase Mr. 10:42.

J. M. Bo.

GNOSTICISMO. Doctrina filosófica y religiosa que floreció en el siglo II d.C. Era marcadamente sincretista, e.d., tomaba de cualquier otra doctrina que le interesara, sin importarle el origen. Por esa razón, cuando entró en contacto con el cristianismo naciente trató de adoptar en sus diversos sistemas muchas enseñanzas cristianas. Los cristianos se vieron obligados a demostrar que el uso que los gnósticos hacían de algunas enseñanzas cristianas en realidad desvirtuaba el evangelio.

Se ha discutido mucho acerca de los orígenes del g. Lo más probable parece ser que, debido precisamente a su carácter sincretista, surgió de una combinación de apocaliptismo judío, astrología babilónica, dualismo persa, filosofía platónica y misterios orientales.

El g. era ante todo una doctrina de la salvación. Según él, la salvación era la liberación del espíritu, que está esclavizado debido a su unión con las cosas materiales. El espíritu es una substancia divina que por alguna razón ha caído y quedado aprisionada en este mundo material. A fin de liberarlo de sus ataduras presentes, y permitirle regresar al lugar que le corresponde, el espíritu debe poseer un conocimiento especial o *gnosis,* palabra griega que quiere decir "conocimiento" y de la cual el g. deriva su nombre. Puesto que el mundo material, incluso el cuerpo humano, es por naturaleza contrario a lo espiritual, no puede pensarse que el mundo sea creación del Dios supremo. Por esta razón los gnósticos desarrollaron diversos sistemas mitológicos con los que pretendían explicar el origen del mundo y la caída de los espíritus.

El primer maestro gnóstico, según los escritores cristianos, parece haber sido →Simón Mago (Hch. 8:9-24). Otros gnósticos dignos de mención son Menandro, Cerinto, Saturnino, Basílides, Valentín y Marción. Floreció el g. en → Alejandría.

Cuando el g. pretendió ser la correcta interpretación del cristianismo, esto amenazó con desvirtuar la fe cristiana sobre todo en tres puntos básicos: la doctrina de la →creación y gobierno del mundo por parte de Dios, la doctrina de la →salvación, y la cristología (→CRISTO).

En cuanto a lo primero, la oposición radical que el g. establecía entre lo material y lo espiritual le llevaba a atribuir el origen de este mundo, no al Dios supremo, sino a algún ser inferior. Luego, el mundo resultaba fruto del error o ignorancia de un ser espiritual, más bien que de la voluntad creadora de Dios. Frente a esto, la fe bíblica afirma que este mundo es obra de Dios, quien "vio que era bueno" (Gn. 1:4; etc.), y quien gobierna, no sólo la vida de los espíritus, sino también todo el curso de la historia humana.

En segundo término, la doctrina gnóstica de la salvación se oponía a la doctrina cristiana. Según el g. la salvación era la liberación del espíritu divino e inmortal que se halla aprisionado en el cuerpo humano. Este último no desempeña más que un papel negativo en el plan de salvación. Frente a esto, el NT afirma que la salvación incluye el cuerpo humano y que la consumación del plan de Dios para la salvación de los hombres será la →resurrección del cuerpo.

Por último, el dualismo gnóstico tiene consecuencias devastadoras en lo que a la cristología se refiere. Si la materia, y muy especialmente el cuerpo humano, no surge de la voluntad de Dios, sino de algún principio que se opone a esa voluntad, se sigue que este cuerpo no puede ser vehículo de la revelación del Dios supremo. Por tanto, Cristo, quien vino para darnos a conocer a ese Dios, no puede haber venido en un verdadero cuerpo físico, sino sólo en una apariencia corporal. Sus sufrimientos y su muerte no pueden haber sido reales, pues es imposible que el Dios supremo se no dé a conocer entregándose de ese modo al poder maléfico y destructor de la materia. Esta doctrina cristológica recibe el nombre de docetismo, del griego *dokéo* (= 'parecer'). Frente a esta teoría el NT afirma que en Jesús de Nazaret —en su vida en un cuerpo físico y material— tenemos la revelación salvadora de Dios.

Por todas estas razones, la mayoría de los cristianos veían en el g. no una versión distinta de su fe, sino una tergiversación que en realidad negaba esa fe.

Hay varios pasajes en el NT que parecen haber sido escritos contra el g. al menos en la forma incipiente que asumió en la era apostólica. Así, por ejemplo, 1 Jn. 4:1-3 señala que la distinción entre los espíritus procedentes de Dios y los falsos profetas está en que los primeros confiesan que Jesucristo ha venido en carne. En 1 Jn. 2:22, cuando se dice que el mentiroso es el que niega que Jesús es el Cristo, es posible que esto se refiera al gnóstico Cerinto, quien establecía una distinción entre Jesús y Cristo (→JUAN, EPÍSTOLAS DE). También puede verse una oposición al g. en →Colosenses y el Evangelio de →Juan.   J. L. G.

Bibliografía

González, Justo L., *Historia del pensamiento cristiano* (Buenos Aires: Methopress, 1965), pp. 148-165. *DBH,* col. 762-767. *EBDM* III, Col. 914-923.

GOFER. Madera de la que se construyó el arca de Noé (Gn. 6:14). No se sabe qué planta sea y toda identificación sugerida es pura conjetura.
                                                    J. A. G.

GOG. 1. Descendiente de Rubén (1 Cr. 5:4).

2. Rey de Magog, "príncipe soberano de Mesec y Tubal . . ." lugares situados al N de Palestina. Según Ez. 38 y 39 G. celebrará en el futuro una alianza militar para invadir a Palestina. Gracias a la intervención de Jehová, G. y sus muchos aliados serán totalmente destruidos por fuego en la tierra de Israel. La identificación de G. y Magog, sin embargo, se complica por dos factores: la dificultad de traducir Ez. 38:2 y el lenguaje apocalíptico de Ez. El heb. reza "G., país de Magog" (¿identificándolos?) y la siguiente frase podría traducirse "príncipe de Ros, de Mesec y Tubal". Algunos intérpretes, tomando en cuenta que Mesec y Tubal se sitúan entre los mares Negro y Caspio (cp. Ez. 27:13), identifican a Ros con la tribu Rus, de Rusia del S, y a Magog (lugar desconocido, aparentemente identificado como persona en Gn. 10:2), con la región NE de Asia Menor. Por otra parte, Ez. puede haber combinado rasgos de diferentes personajes contemporáneos (v.g. Giges, rey de Lidia) para hacer de G. el tipo de conquistador bárbaro (cp. Ez. 38:5s.) que en el futuro habría de atribular a Israel. En tal caso, Magog sería el pueblo que le acompañará y no un país.

El tiempo del cumplimiento de la profecía acerca de G. y Magog es la segunda parte del problema. La hermenéutica más consecuente señala a un acontecimiento real en el futuro. Algunas interpretaciones: antes del "arrebatamiento" (→SEGUNDA VENIDA), en la primera mitad de la →tribulación, en la segunda mitad de la tribulación, al principio del →milenio, o al final del milenio.

3. Como en la literatura rabínica, en Ap. 20:7-9 aparece otra vez el binomio G. y Magog. Según este pasaje, al fin del milenio Satanás será suelto y saldrá para engañar a las naciones paganas, o sea a G. y Magog. Se librará una batalla, mucho más amplia que la de Ez. 38 y 39, y las fuerzas divinas consumirán a los enemigos con fuego del cielo. La relación que veamos entre Ez. y Ap. dependerá de nuestra comprensión de la profecía de Ez.   G. D. T. y R. F. B.

Bibliografía
DBH, cols. 928 ss. *LSE*, NT II, pp. 820-822.

GOLÁN. Ciudad de la tribu de Manasés asignada a los hijos de Gersón levita (Jos. 21:27), ubicada en Basán al E del mar de Galilea, aunque el sitio exacto es ahora incierto. Era una de las tres ciudades de refugio al E del Jordán (Dt. 4:43). La región que posiblemente la circundaba se ha identificado con un altiplano fértil abundante en pasto para rebaños.   J. H. W.

GÓLGOTA (CALVARIO) (arameo y heb. = 'cráneo'). Término que aparece dos veces en el AT con sentido literal, referido al cráneo de Abimelec (Jue. 9:53) y a la calavera de Jezabel (2 R. 9:35). En el NT aparece solamente en el relato de la crucifixión (Mt. 27:33; Mr. 15:22; Jn. 19:17). En todos estos pasajes el término gr. es *kraníon* (del cual *calvarium* es traducción latina) que Lc. 23:33 da sin referencia a la forma semítica "G.".

No se sabe el porqué del nombre. La simple conjetura es que el cráneo simbolizaba la muerte en este lugar de ejecuciones. Jerónimo (Comentario sobre Mt. 27:33) sugiere que allí había cráneos de personas no sepultadas, pero esto riñe con la costumbre judía. Además, hay una primitiva leyenda cristiana según la cual el cráneo de Adán fue enterrado allí (Comentario de Orígenes a Mt. 27:33). Todo esto es clara prueba de un esfuerzo teológico por explicar el término.

El sitio del G. también es incierto. Todo lo que se sabe es que estaba fuera de la ciudad, más allá de la segunda muralla (Jn. 19:20; cp. Heb. 13:12). Debió ser una colina, pues podía verse desde cierta distancia (Mr. 15:40) y estaba

cerca de un camino (Mr. 15:29). Jn. añade que una tumba nueva estaba cerca, en un huerto (19:41). Eusebio coloca el G. al N del monte Sion. Antes del siglo IV los cristianos no mostraron mucho interés en identificar el lugar. *Ca.* 325, según Eusebio, Constantino comisionó al obispo de Jerusalén, Macario, para determinar con certeza el lugar. Después de remover del supuesto lugar un templo de Afrodita, Constantino erigió el Templo del santo sepulcro. Pero en vista de las operaciones militares de Tito en

El llamado "Gólgota de Gordon". La configuración rocosa de este promontorio en las afueras de Jerusalén da la apariencia de una calavera. Descubierto el lugar por el General Gordon, algunos consideran que puede ser el sitio del Calvario donde fue crucificado nuestro Señor   ZPH

el siglo I y de Adriano en el II, la identificación del G. es en realidad bastante precaria.

Aunque el llamado "Jardín de la tumba" o "Calvario de Gordon", formación rocosa muy parecida a un cráneo, concuerda con la descripción bíblica, no cuenta con el respaldo de la tradición.   J. M. A.

GOLIAT. Probablemente un mercenario que servía a los filisteos. Era de extraordinaria estatura a pesar de que su talla era bastante común en la tierra de los filisteos. Las osamentas humanas provenientes del mismo período y halladas en la zona filistea revelan poblaciones de gigantes semejantes a G. (→GIGANTE).

El relato de 1 S. 17:5-58 y 21:9 está impregnado de un profundo sentimiento religioso reflejado en la ofrenda que David hace de la espada de G. La mención de G. en 2 S,. 21:19 más bien debe rezar "hermano de G." de acuerdo con 1 Cr. 20:5 (→ELHANÁN).   J. M. A.

GOLONDRINA. Pájaro pequeño de alas largas y rápido vuelo. La mención en la Biblia incluye varias especies de →pájaros que también vuelan velozmente. Especialmente se destacan su afán por hacer nido para sus polluelos (Sal. 84:3), su chillido agudo (Is. 38:14) y el instinto asombroso que posee para distinguir las estaciones (Pr. 26:2; Jer. 8:7).   J. C. A.

Vista de la tierra de Gosén, en el sector noreste del delta del Nilo, y al fondo las pirámides egipcias. En estas planicies fértiles de Egipto se asentaron los descendientes de Jacob bajo la protección del Faraón. En primer plano un canal de irrigación. MPS

GOMER. 1. Hijo mayor de Jafet (Gn. 10:2,3) y padre de los temidos cimeranios, pueblo que por muchos siglos amenazó la frontera septentrional de Asiria, Babilonia y Lidia (cp. Ez. 38:6).

2. Hija de Diblaim y esposa del profeta →Oseas (caps. 1, 2, 3), cuya infedilidad matrimonial sirve de base para el mensaje del profeta. W. G. M.

GOMER (probablemente = 'olla pequeña'). Medida para áridos en el AT. Representaba la décima parte de un efa (aproximadamente 2.2 litros), y se menciona solamente en el relato de la colección del maná (Éx. 16:16-36). A. T. P.

"Aun... la golondrina (halla) nido para sí, donde ponga sus polluelos cerca de tus altares, oh Jehová de los ejércitos" (Sal. 84:3).

GOMORRA. →SODOMA.

GORRIÓN. Traducción común del término heb. *tsippor*, el cual remeda en su sonido el chirrido de muchos pajarillos. Designa a más de una especie de pájaros, y ocurre más de cuarenta veces en el AT (Job 41:5; Sal. 102:7; etc.). Una mejor traducción sería "pajarillo", porque la principal aplicación de *tsippor* era a las avecillas insectívoras y frugívoras reputadas como limpias, permitidas como alimento (Dt. 14:11), y exigidas en la ceremonia de la purificación de los leprosos (Lv. 14:4). Además, de los g. se incluían igualmente otras avecillas como los tordos, las calandrias y muchos otros.

Las aves abundaban en Palestina y se usaban como alimento ordinario (Neh. 5:18); eran baratas. Jesús las usó como ejemplo del cuidado que Dios tiene de su pueblo (Mt. 10:29ss.); aquí se trata de la voz gr. *strouthíon* ('pajarillo' RV). J. C. A.

GOSÉN. 1. Distrito en el delta oriental del Nilo en Egipto, donde los hijos de Israel se establecieron en el tiempo de José. Se hallaba al NE de On, cerca de Heliópolis, Ramesés y la capital de Egipto (Menfis o Avaris) donde José servía al faraón (probablemente un rey hicso, Gn. 45:10; 47:11; Éx. 8–10). Sal. 78:12,43 parece identificarlo con el campo de Zoan. Con sus ricos pastos, G. era una región ideal para el ganado y la agricultura (Gn. 46:34; 47:1,4,6,27).

Los israelitas se multiplicaron y prosperaron en gran manera en G. (Gn. 47:27; Éx. 1:17), pero allí también sufrieron serias penalidades antes del éxodo. Dios libró la tierra de G. del azote de las →plagas por causa de Su pueblo (Éx. 8:22; 9:26).

Durante su estadía en G. y por el contacto
con los egipcios, los israelitas aprendieron algunas artes de la civilización egipcia (Éx. 11:2,3;
12:35,36; 31:1-11; 35:10,31-35; Hch. 7:22).
2. Distrito en el S de Palestina (Jos. 10:41).
3. Aldea en el S de Palestina (Jos. 15:51).
                                            J. M. Br.

GOZÁN. Ciudad asiria situada en la región superior de Mesopotamia, a orillas del río del mismo
nombre (o Habur, según *NBD*). Las excavaciones han demostrado la existencia allí de una
antiquísima y próspera civilización durante el
quinto milenio a.C. Los textos bíblicos refieren
que en el año noveno de Oseas, rey de Israel,
los habitantes del Reino del Norte fueron deportados a esa región. Esto ha sido confirmado
por las tablillas descubiertas allí (2 R. 17:6;
18:11; 19:12; 1 Cr. 5:26; Is. 37:12).   A. Ll. B.

GOZO. Alegría permanente que tanto el individuo que cree en Cristo, como toda la iglesia
están llamados a experimentar. No es simplemente una emoción, sino una calidad de vida
basada en la eterna y segura relación del hijo de
Dios con su Padre Celestial.

El culto del AT rebosaba de g. y éste se
expresaba en fiestas y tumultuosas celebraciones
(Dt. 16:8ss.; 1 S. 18:6; 1 R. 1:39s.). El salterio
hebreo es una clara muestra del g. centrado con
frecuencia en el templo (cp. Sal. 16:8s.; 42:4;
43:4; 81:1). En el NT el evangelio es proclamado con g. Ocasiones como el nacimiento de
Jesús, su entrada triunfal a Jerusalén, y su resurrección, son destacadas en un marco de g. (Lc.
2:10; Mr. 11:9s.; Lc. 19:37; Mt. 28:8).

El g. cristiano es tan inclusivo y permanente
que puede sentirse al descubrir la voluntad de
Dios (Mt. 2:10), al sacrificarse por causa de
Cristo (Mt. 13:44), al testificar por Cristo (Lc.
10:17), o al tener con él un encuentro personal
(Lc. 24:52). En realidad, Jesucristo mismo es la
fuente de este g. por encima de las circunstancias de la vida (1 P. 1:6-8). Azotados, Pablo y
Silas cantaban en la prisión en Filipos (Hch.
16:25; cp. Jn. 16:20). Jesús mismo en su último discurso a sus discípulos reiteró su promesa
del cumplimiento de su g. en ellos (Jn. 16:24).
                                       A. C. S. y W. D. R.

GRACIA. Aunque en la Biblia la g. es fundamentalmente un atributo de Dios (1 P. 5:10) y la
mención más usual es la "g. de Dios" (Hch.
14:26; 20:24; 2 Co. 8:1; Col. 1:6; 2 Ts. 1:12;
Tit. 2:11), en algunos pasajes es también una
virtud humana (Pr. 1:9; 3:22; 22:11; 31:30;
Nah. 3:4). En ocasiones, g. tiene la significación
particular de una ofrenda (2 Co. 8:19 RV
1909), y en plural expresa una acción de gratitud (1 Ti. 4:4; Heb. 12:28 VP).

Como el atributo inseparable de Dios, la g.
no existe independiente, como si fuese una entidad por sí sola. Debe eliminarse toda imagen
que se la figure como una especie de substancia,
pues es la actitud de Dios hacia el hombre. Es

la generosidad o la magnanimidad de Dios hacia
nosotros, seres rebeldes y pecadores. En el AT
es la traducción de una palabra que también se
entiende como "favor" (Os. 14:4), pero, aun sin
emplear el término, el concepto impregna toda
la Biblia, y entrelaza ambos Testamentos en
completa unidad más que ninguna otra idea (Dt.
7:7; 8:14-18; 9:4-6; Sal. 103:4,10; Jon. 4:2).

En el NT la g. está centrada en la persona de
Jesucristo (Jn. 1:14-17; Ro. 5:15; 1 Co. 1:4;
2 Co. 8:9; Ef. 4:7; 1 Ti. 1:14; Heb. 2:9; 1 P.
1:13). Él es la g. de Dios, manifestada por
acción de la voluntad divina, y las Escrituras
son vigorosas en afirmar que el hombre no puede hacer nada para merecerla (Ro. 11:6; Gá.
2:21; 3:11; Ef. 2:4-10), sin que esto, por supuesto, signifique abolición de la ley. Los pasajes que resueltamente afirman esta verdad también insisten en la importancia de las buenas
obras (Ef. 2:4-10; Tit. 2:11-14; 3:4-8). Éstas
son causa sino consecuencia inevitable de la g.
de Dios, a pesar de lo ilógico que resulte esta
doctrina para el orgullo del hombre natural.

La g. posibilita la fe que es la respuesta
agradecida a la iniciativa de Dios. La fe es la
aceptación de la g. de Dios, pero ésta no es
provocada por aquélla, pues es don de Dios para
salvación (Hch. 15:11; Ro. 4:13-16; Ef. 1:7;
2:8; 1 P. 1:10). Toda la idea neotestamentaria
de la redención y salvación gira en torno a la g.
de Dios manifestada en la vida, obra, muerte y
resurrección de Cristo. Ella es la base de nuestra
justificación (Ro. 3:24; Tit. 3:7), la verdadera
buena nueva y la esencia misma del evangelio
(Hch. 20:24). Por esa g. Dios nos reconcilia
consigo mismo en la cruz (2 Co. 5:14-21).

La vida cristiana en su totalidad está contenida en la g. de Dios; aparte de ella simplemente no existe. La santificación, crecimiento y
maduración del creyente no se efectúa a partir
de la g. sino dentro de ella (Hch. 13:43; 2 Ti.
2:1; 2 P. 3:18). La vida cristiana está orientada
por la g. (2 Co. 1:12), así como ha sido emanci-
pada por ella de la sujeción penosa de la ley
(Ro. 6:14). Esta g. es para el hombre de fe la
fuente de consuelo en sus tribulaciones (2 Ts.
2:16s.) y de esperanza y aliento en toda su
acción; conforma con características especiales
toda la vida (Mt. 10:8b.; 2 Co. 8:1,2) y en las
horas de crisis es socorro oportuno (Heb. 4:16).
Tanto la vocación a la vida cristiana como al
servicio dentro de ella, es obra de la g. (Gá.
1:6,15; 2 Ti. 1:9).

Caracteriza a la g. su abundancia suficiente
para toda emergencia y para toda necesidad y
situación (Hch. 4:33; 6:8; 11:23; Ro. 5:17,20;
2 Co. 4:15; 9:8,14; Ef. 1:6; 2:7). Proviene del
amor sin límites del Padre celestial.

Ser objeto de la g. es un privilegio, y por
consiguiente una responsabilidad. No podemos
apoderarnos de la g. como si fuera nuestro derecho, pero es posible oponer resistencia y perder así los beneficios que nos ofrece (2 Co. 6:1;
Gá. 5:4; Heb. 10:29; 12:15; Jud. 4). Tenemos

la obligación de administrar la g. (Ef. 3:2; 1 P. 4:10).

Nuestra vocación cristiana en general, y la vocación a un ministerio particular son obra de la g. (Hch. 14:26b.; Ro. 1:5; 1 Co. 3:10; Ef. 3:8). Para cumplir ese ministerio la g. nos brinda los dones (gracias o carismas) particulares que necesitamos (Ro. 12:6; Ef. 4:7). Fue por toda la importancia de la g. por lo que siempre se incluyó en los saludos y bendiciones cristianas (Ro. 1:7; 16:24; 1 Co. 1:3; 2 Co. 1:2; 13,14; Gá. 1:3; Ef. 6:24; 2 Ts. 1:2, etc.).

C. T. G.

GRAMA. →HIERBA.

GRANA. Color rojo subido (Gn. 38:28; Lv. 14:4; Jos. 2:18). Es el vocablo que se usa corrientemente en RV (excepto en el Ap.) en lugar de los sinónimos escarlata o carmesí (cp. Is. 1:18). La Biblia llama g. a las telas teñidas con este color (Jer. 4:30; Nah. 2:3). (→COLORES, ESCARLATA.)

E. H. T.

GRANADA. Fruta abundante en Canaán y muy apreciada por los israelitas (Nm. 13:23; Dt. 8:8; Jl. 1:12). Es redonda y su interior está lleno de granitos rojos y dulces. La figura de la g. sirvió como adorno en las vestiduras sacerdotales (Éx. 28:33,34; 39:24,25) y en las columnas del Templo de Salomón (1 R. 7:18; 2 Cr. 4:13).

A. P. P.

La granada, fruta común de la Tierra Santa. La orla del manto del sacerdote israelita llevaba en todo su alrededor granadas bordadas en azul, púrpura y carmesí, que se alternaban con una campanilla de oro.

GRANERO. Lugar empleado para guardar los cereales en grandes cantidades. Para este fin también se usaban cántaros grandes (1 R. 17:12) y cuartos en los altos de las casas. Había casas dedicadas solamente al almacenaje de granos (Dt. 28:8; Jl. 1:17; Hag. 2:19; Mt. 3:12; Lc. 12:18).

Los "tesoros del rey" eran enormes g. (1 Cr. 27:25) que abastecían a sus muchos empleados (2 Cr. 16:4); constituían "ciudades de aprovisio-

namiento" como en el caso de Salomón (2 Cr. 8:4). En Meguido se han descubierto cisternas de 25 pies de diámetro con 12 pies de profundidad que servían como g. Tenían gradas a ambos lados para facilitar a los cargueros subir y bajar consecutivamente. En tiempos turbulentos se usaban "depósitos" y pozos para esconder los comestibles (2 S. 17:18; 2 Cr. 32:28).

W. G. M.

GRANIZO. Elemento natural que en el contexto bíblico siempre aparece como un instrumento de juicio y castigo divinos. Las tormentas de g. siempre van acompañadas de otros fenómenos naturales tales como relámpagos y truenos (Éx. 9:23; Ap. 11:19), tempestades (Ez. 13:11; Is. 28:17), nieve (Job. 38:22) y fuego (Éx. 9:23; Sal. 105:32) que son también manifestaciones del poder y la ira de Dios (Is. 30:30; Hag. 2:17).

El g. fue escogido como la séptima plaga de Egipto (Éx. 9:13ss.) y para derrotar a un ejército amorreo (Jos. 10:11). Además, se usa la figura del g. para profetizar juicios terribles (Is. 28:2; Ap. 8:7; 16:21).

J. M. R.

GRECIA. Península de Europa oriental, limitada por los mares Jónico al O, Mediterráneo al S, y Egeo al E.

I. EN EL AT

Las pocas referencias a G. en el AT son indirectas y revelan la brecha existente entre la civilización semítica y la indoeuropea. La mayor parte de los comentaristas consideran a →Javán, hijo de Jafet (Gn. 10:2), como progenitor de los pueblos que poblaron la península helénica. Las referencias a Javán en Is. 66:19 y Ez. 27:13,19 pueden entenderse así (cp. nuestra designación "los jonios"), y parecen incluir no solamente a G. sino también al Asia Menor Occidental y a las islas intermedias. Otros han visto referencias a G. en →Gog y Magog, los →filisteos, las islas, y el Reino del Norte.

Daniel predijo la dominación del imperio grecomacedonio (Dn. 7:6; 8:5,21; 10:20; 11:2), Zacarías (9:13) predijo el triunfo de los macabeos sobre sus opresores grecosirios, e Isaías (66:19) habló de los futuros misioneros judíos que irían a G. (Javán). Los griegos aparecen en Jl. 3:6 como compradores de esclavos, y viven muy lejos de Judá.

II. EN EL NT

Cuando Lucas y Pablo contraponen "griegos" a "judíos", el contexto anterior se refiere a gentiles en general (Hch. 18:17; Ro. 1:16; 1 Co. 1:22ss.), pero cuando el contraste es con "bárbaros", "griegos" designa a los que hablan griego y gozan de la cultura helénica (Ro. 1:14; Col. 3:9ss.). En ambos casos, "griegos" son ante todo los nacidos en G. y después los civilizados a la griega. No obstante, cuando Marcos habla de una mujer "griega y sirofenicia" (7:26) usa el término "griega" en un sentido cultural, no etnográfico, y designa simplemente a una que

Ruinas del gran templo de Apolo en Corinto. El hecho de que la carne vendida en los mercados frecuentemente era la misma que había sido ofrecida a los ídolos en los templos paganos constituía un serio problema de conciencia tanto para los cristianos de Corinto como para los de otros centros del paganismo.   MPS

hablaba el idioma (cp. Mt. 15:22; donde se le llama "mujer cananea").

En Jn. 7:35 "los griegos" son gentiles paganos del Imperio Romano que tienen una cultura helénica. Un grupo particular de éstos, que se han hecho → prosélitos, aparece en Jn. 12:20 (cp. Hch. 17:4 y otros pasajes de Hch.). En cambio, comúnmente "griegos" se refiere también al judío helenizado, o sea al que aunque era racialmente judío, había adoptado la cultura griega o helénica en vez de la hebrea.

Geográficamente el NT distingue entre G. y Macedonia (Hch. 20:1-3). El territorio de G. abarca la provincia romana de → Acaya, que estaba al S de Macedonia e incluía las conocidas ciudades de Atenas y Corinto. Aquélla era el centro filosófico-religioso, mientras ésta sobresalía como centro comercial y era la sede del procónsul romano (Hch. 18:12).

III. HISTORIA DE G.

A partir de ca. 3000 a.C. la península estuvo habitada por los egeos, pero desde 2000 en adelante fue poblada por cuatro tribus llamadas "griegas" (los acayos, los dorios, los jonios y los etolos). Cada tribu luchaba por su propio territorio y nunca llegaron a la unidad política, lo cual estableció una desafortunada tradición griega de desunión y rivalidad que siglos después impidió la formación de un imperio griego similar a los de Egipto, Persia y Roma. La única unidad fue impuesta sobre G. por el conquistador Felipe el macedonio, en 338 a.C., y mantenida por su hijo, → Alejandro Magno. Sin embargo, después de la muerte de este último (323 a.C.), el gran imperio conquistado por Alejandro se dividió entre sus cuatro generales. Macedonia fue conquistada por los romanos en el 198 a.C. y G. en 146 a.C. Luego fueron establecidas las dos grandes provincias romanas, Macedonia y Acaya, territorios que aún existían en la época neotestamentaria.

Pero la conquista política no constituyó para G. una conquista cultural. La cultura griega, comúnmente conocida como "helenismo", más bien conquistó a los conquistadores. El idioma, la literatura, la filosofía y la terminología religiosa de los griegos penetraron en todo el Oriente, especialmente en Egipto, Siria y Asia Menor. Como resultado, el mundo fue preparado para la venida de Cristo y la predicación del evangelio. El griego, como idioma casi absoluto en la cuenca mediterránea, llegó a ser el idioma usado en la escritura del NT.

Pablo y sus colaboradores llevaron el evangelio a G., según Hch. 17 y 18. En Macedonia plantaron iglesias en → Filipos, Tesalónica y Berea, y luego en Acaya en las ciudades de → Atenas, Corinto y Cencreas.   P. W.

Bibliografía
EBDM IV, cols. 963-969,971ss.

GRIEGO. Idioma en que se escribió el NT. → Alejandro Magno, rey de Macedonia, abrió un área enorme a la influencia de la cultura griega cuando, entre 334 y 320 a.C., marchó hasta la frontera de la India e introdujo como medio de comunicación el idioma de Aristóteles y Plutarco en muchos pueblos que sólo conocían sus lenguas particulares. Militares, comerciantes y obreros se servían de la nueva lengua, modificándola con expresiones vernáculas. Tal vehículo de relaciones humanas recibió el nombre de *koiné*, habla común del hombre común.

Un grupo de judíos helenizados tradujo al gr. *koiné* el AT ca. 250 a.C. en Alejandría, capital de Egipto (→ VERSIONES). Esta versión de los "setenta intérpretes" (la LXX) expresó, entonces, en lengua vulgar, los términos religiosos y éticos de los hebreos, cuya civilización era tan distinta (→GRECIA). Para tal efecto, crearon locuciones con sabor hebreo, v.g., "toda carne" y "fruto de las entrañas", y en vocabulario y sintaxis enriquecieron la *lingua franca.*

El mismo proceso continuó en el NT. Jesús supo hablar arameo y gr. porque Galilea era bilingüe, necesitó del gr. en Tiro, Sidón y Decápolis y frente a Pilato. A su vez, los apóstoles, galileos todos, tradujeron su mensaje al *koiné* cuando salieron de Judea; desde un principio la iglesia de Jerusalén era bilingüe (Hch. 6:1) y esto facilitaba esta traducción. El estilo de los libros del NT es variadísimo, y oscila entre lo

ALFABETO GRIEGO

Mayúsculas	Minúsculas	Nombre
A	α	alfa
B	β	beta
Γ	γ	gamma
Δ	δ	delta
E	ε	epsilón
Z	ζ	dseta
H	η	eta
Θ	ϑ	zeta
I	ι	iota
K	κ	kappa
Λ	λ	lambda
M	μ	my
N	ν	ny
Ξ	ξ	xi
O	ο	omicrón
Π	π	pi
P	ρ	ro
Σ	σ	sigma
T	τ	tau
Y	υ	ypsilón
Φ	φ	fi
X	χ	ji
Ψ	ψ	psi
Ω	ω	omega

La ciudad de Delfos, cerca del monte Parnaso, era un gran centro cultural de la antigua Grecia. Aquí las ruinas del teatro y del templo de Apolo.   MPS

literario pulido de Stg., Lc., Hch., Heb. y 1 P.; lo vernáculo de Pablo, lo sencillo y solemne de Jn., y lo dificultoso de Ap. Es muy posible que de todos los autores sólo los de la primera categoría (o sus amanuenses) usaran el gr. como lengua materna; los demás "piensan en semítico" aun cuando escriben en gr.

El Imperio Romano, aunque heredó militarmente las regiones conquistadas por Alejandro, fue conquistado culturalmente por el helenismo. Por tanto, cuando *ca.* 57 d.C. Pablo quiso enviar una carta a los creyentes de Roma, la capital del mundo, la escribió en gr. y no en latín. El *koiné,* cuya historia se extiende hasta 500 d.C., es el idioma de toda la literatura cristiana, aun en el Occidente, hasta 225. Es un factor más en la preparación del mundo para la venida de Jesucristo (Gá. 4:4), y un instrumento sutil para la expresión adecuada de la Palabra de Dios.   R. O. y R. F. B.

Bibliografía
DBH, cols. 779-783; I. Errandonea, *Epítome de gramática griego-bíblica,* Barcelona, 1950; E. Eseverri, *El griego de San·Lucas,* Pamplona; Pampilonensia, 1963.

GROSURA. Capa de sebo alrededor de los riñones y otras vísceras de animales sacrificados. La ley mosaica prohibía el uso de la g. como alimento, habiéndose de quemar en sacrificio a Dios (Lv. 3:17; 4:31). Figurativamente la g. puede significar algo más que lo esencial; de ahí la abundancia de la provisión divina (p.e.: "Dios, pues, te dé ... g. de la tierra, Gn. 27:28), como también el símbolo de la buena vida egocéntrica (Ez. 39:19).   W. D. R.

GRULLA. Traducción de la voz heb. *agur*, a veces mal traducida "golondrina". Posiblemente Is. 38:14 y Jer. 8:7 se refieren específicamente a la g. númide, ave migratoria de alas largas, hasta de 1 m de envergadura, y de un color gris azulado. Al acercarse el invierno, la g. emprende su vuelo migratorio hacia climas más benignos.
J. C. A.

GUARDA, GUARDIA. Individuo o grupo de individuos que brindaban protección especial al rey o lo defendían cuando era necesario. Comúnmente era un cuerpo de soldados. Potifar era el capitán de la g. de Faraón (Gn. 37:36; 40:3), David de la de Saúl (1 S. 22:14 BJ), Benaía de la de David (2 S. 23:22s.), y Nabuzaradán de la de Nabucodonosor (2 R. 25:8). Estos términos también se refieren a vigilantes de ciudades (Neh. 7:3; Cnt. 3:3), de puertas (Neh. 11:19), de concubinas (Est. 2:14), de casas (Ec. 12:3) y de cárceles (Hch. 12:6,19).

En la época novotestamentaria el orden del templo lo mantenía una policía especial, llamada "la g. del templo" (Lc. 22:4,52; Hch. 4:1; 5:24,26). Marcos llama *speculator* (palabra tomada del lat. = 'vigilante', 'verdugo') al g. que decapitó a Juan Bautista (6:27 gr.).   W. M. N.

GUARNICIÓN. Puesto militar o cuerpo de soldados estacionado generalmente en una frontera, o en un punto estratégico, por razones de defensa. En el siglo X a.C. los filisteos tenían g. en el propio territorio judío: en → "Gabaa de Dios" (1 S. 10:5 VM), → Geba (1 S. 13:3 VM) y Belén (2 S. 23:14). Cuando David se hizo fuerte puso g. en Siria de Damasco (2 S. 8:6) y en Edom (2 S. 8:14).   W. M. N.

GUERRA. A lo largo de toda su historia antigua Israel se vio envuelto constantemente en g., provocadas por su estratégica posición geográfica en el camino entre África, Asia y Europa, por su misión como pueblo de Dios que le apartaba de los demás pueblos, y por su reducido tamaño que le hacía vulnerable a los ataques de los grandes imperios. La g. figura entre los malos frutos de la caída y es una de las manifestaciones más sorprendentes de la maldad del hombre (Gn. 6:1-11; Is. 9:5), pero a veces es inevitable debido a los ataques enemigos.

I. LAS GUERRAS DE ISRAEL
La historia de Israel como pueblo principia con su g. de conquista de la Tierra Prometida. El pueblo recién liberado de Egipto encuentra ciudades fortificadas y un enemigo con armas militares superiores. Esta conquista se relata en Josué.

Una vez establecidos en la tierra de promisión, los israelitas tuvieron que luchar para no ser liquidados por sus vecinos. El libro de los jueces presenta esta época. No había ejército permanente. Según la necesidad, Dios llamaba a un juez o jefe militar para guiar a su pueblo.

Dibujo de una catapulta, instrumento de guerra con que se arrojaban piedras o dardos grandes, capaces de alcanzar largas distancias. Eran utilizadas en los sitios de las ciudades amuralladas.

Fue el rey Saúl quien empezó a tener un pequeño ejército permanente, pero dependía de milicianos que servían únicamente en tiempos de peligro nacional. Más tarde David y Salomón, con un ejército profesional permanente, siguieron una política expansionista; ambos dependían de generales y sus ejércitos. Salomón inició el uso de la caballería, pero, a pesar de esto, la fuerza militar israelita no era preponderante. Durante el reinado davídico Israel cayó en una g. civil que minó su estabilidad, y al terminarse el AT ya había sido derrotado por los babilonios y se hallaba sojuzgado por los persas. Sus ejércitos habían sido deshechos y sus pueblos llevados en cautiverio.

Durante el período intertestamentario surgió el dominio de los griegos y, como consecuencia, se produjo la g. (o guerrilla) de los → macabeos, familia judía que obtuvo temporalmente la independencia para su patria, hasta que los romanos extendieron su imperio a la Tierra Santa. La historia de Israel es una crónica de g.; de hecho una obra clásica del historiador Josefo lleva por título *Las g. de los judíos.*

II. ACTITUD BÍBLICA HACIA LA GUERRA
Al principio la g. en las Escrituras parecía tener significado religioso; se creía que al guerrear, los israelitas obedecían la voluntad de Jehová (Dt. 20:1-4). Dios se conocía como un "varón de g." (Éx. 15:3; Is. 42:13) y se consideraba como "capitán" del ejército (2 Cr. 13:12; 20:17). Se invocaba su nombre en el grito de g. (Jue. 7:18, 20). Ni judíos ni paganos salían a la g. sin alguna señal de aprobación divina. Durante el tiempo

de los profetas, la g. muchas veces constituía un castigo divino, mientras que la paz se interpretaba como manifestación del favor divino (Jer. 16:5).

Si bien el NT no condena la g. explícitamente, sí instituye principios tendientes a eliminarla (Lc. 10:27; Stg. 4:1-3) y exalta la → paz como estado deseable (Mt. 5:9; 1 Ti. 2:2) y fruto del Espíritu de Cristo (Jn. 14:27; Gá. 5:22), el Príncipe de paz (Is. 9:6).

plea figuras de la g. para hablar de nuestra batalla contra las huestes del diablo (1 Co. 16:13; Ef. 6:11-18; 2 Ti. 2:3,4). La verdadera lucha es espiritual (2 Co. 10:4) y su campo de batalla está en los cielos (Ap. 12:7). El cristiano debe ser buen soldado y pelear una buena batalla (1 Ti. 1:18; 2 Ti. 2:3, etc.).   A. C. S.

GUSANO. Científicamente es un invertebrado del orden de los anélidos, pero por la forma de su

Las naciones antiguas preservaban la historia de sus hazañas guerreras en las paredes de sus templos y monumentos. Cuadro tomado del palacio de Nimrod en Nínive que representa el sitio de una ciudad, probablemente de la época del rey Ezequías.

III. TÁCTICAS E INSTRUMENTOS BÉLICOS

Entre los pueblos de la Biblia se realizan ataques fronterizos para castigar, vengarse, robar, o capturar esclavos. Se utilizaban estrategias como la emboscada, las batallas campales, y la guerrilla; los vencedores se repartían los → despojos (1 S. 17:53ss.). Los soldados iban armados de → arcos y flechas, lanzas, espadas, hondas, escudos, cotas, yelmos, protectores de los muslos y otra armadura. Desde el tiempo de Salomón se empleaban carros y caballos.

IV. USO FIGURADO

"Jehová de los ejércitos" es un título que se usa para expresar el poder de Dios. Pablo em-

cuerpo, compuesto por anillos, el nombre se generaliza a las larvas de ciertos insectos, v.g. la → oruga de la langosta, la larva de la mosca, → polilla, etc. En la Biblia predomina este uso popular. Tres palabras heb. se traducen g. y de éstas una se refiere a la larva de una pequeña mariposa (Is. 51:8), y las otras a larvas de insectos (Éx. 16:20-24; Dt. 28:39; Job 7:5; 21:26; 24:20; 25:6; Is. 14:11; cp. Hch. 12:23; Jon. 4:7).

El g. simboliza lo despreciable y ruin (Job 25:6; Sal. 22:6; Is. 41:14). Por su relación con cadáveres es figura del tormento eterno (Is. 66:24; Mr. 9:44,48).   S. C.

H

HABACUC. Profeta menor, autor del libro de Hab., cuyo nombre deriva de una raíz heb. que significa "abrazar" o del nombre asirio de una planta semejante a la menta acuática. Algunas tradiciones carentes de base histórica lo relacionan con el hijo de la mujer sunamita (2 R. 4:16), el centinela de Is. 21:6 o Daniel en el foso de los leones (Dn. 14:33-39, apócrifo).

I. Fecha

Ha habido mucha discusión en torno a la fecha de la profecía de H. Si la palabra "caldeos" en 1:6 es correcta, debemos fechar la profecía hacia fines del siglo VII a.C., tiempo cuando los caldeos derrotaron a Egipto y marcharon contra → Joaquín de Judá. Otros proponen leer allí → "Quitim" (¿Chipre?) y lo relacionan con el imperio de Alejandro y el siglo IV a.C. Pero no parece haber fuertes razones para rechazar la fecha anterior.

II. Bosquejo

A la doble queja del profeta (1:2-4,12-17), siguen las respuestas de Dios (1:5-11; 2:1-5), y luego se vinculan cinco "ayes" contra el impío opresor (2:6-20). Se argumenta que este último ha pisoteado el derecho y la justicia; el cap. 3 es un himno, o una visión en forma de himno, celebrando la manifestación de Dios contra el invasor impío. (Algunos autores consideran este himno como posterior, pero la tendencia ahora es aceptarlo como parte auténtica del libro.)

III. Mensaje

Dios ha levantado a los caldeos para castigar a su pueblo, y esto parece contradecir la verdadera justicia, ya que los caldeos, a su vez, son un pueblo cruel y soberbio (1:5ss.). Frente a esta situación, Dios responde afirmando su rectitud: la arrogancia llevará su castigo y el que permaneciere fiel a Dios en la prueba verá el triunfo final del derecho divino (2:4) y se regocijará en él (3:18,19). En su doctrina de la fe, el apóstol Pablo profundiza esta confianza en la fidelidad de Dios (Ro. 1:17; Gá. 3:11), legítima ampliación del texto de Hab. a la luz de la revelación en Jesucristo.

Entre los manuscritos recientemente descubiertos en las cuevas del mar Muerto se halla uno de Hab. (con un comentario interpretándolo a la manera de la secta judía de → Qumrán), pero no aporta ningún dato de importancia a nuestro conocimiento del texto. J. M. B.

HABA. Leguminosa comestible común que figura entre los alimentos enviados al fugitivo rey David (2 S. 17:28). También forma parte de la lista de elementos necesarios para hacer el pan ordenado por Ezequiel cuando predijo el sitio de Jerusalén (Ez. 4:9). A. P. P.

HABOR. Río de Mesopotamia cuyo nombre actual es Habur. Después de bañar la provincia de Gozán, desemboca en el Éufrates. Se menciona en relación con la deportación de los israelitas por los asirios, ocurrida en el año 722 a.C. (2 R. 17:6; 18:11; 1 Cr. 5:26). A. Ll. B.

HADAD. Deidad de Siria, cuyo nombre significa "atronador". Era el equivalente de Baal, el dios amorreo de las tormentas. Se conoce un templo de H. en Alepo. En el AT, H. es el nombre de tres gobernantes edomitas:

1. Rey de Edom, en Avit, quien derrotó a los medianitas "en el campo de Moab" (Gn. 36:35).

2. Rey oriundo de Pai, que sucedió a Baal-hanán (1 Cr. 1:50).

3. Adversario de Salomón, que siendo príncipe edomita, huyó a Egipto durante el reinado de David (1 R. 11:14-22).

También H. era el nombre del octavo hijo de Ismael y, por tanto, nieto de Abraham (Gn. 25:15 RV 1909; 1 Cr. 1:30). A. R. D.

HADAD-EZER ('Hadad es ayuda'). Rey de Seba de los → sirios, que fue derrotado por David (2 S. 10:16,19; 1 Cr. 18:3-5,7-10; 19:16-19). Era el rey más poderoso de su época y extendió su dominio hasta la región superior del Éufrates.

El AT menciona tres batallas entre David y H. (2 S. 8:3-8; 10:6-14; 10:15-18). David logró ocupar a Damasco e impuso tributos a H. Así obtuvo el control sobre la región de Transjordania y el comercio de allí. Al fin los aliados de H. "hicieron paz con Israel y le sirvieron" (2 S. 10:19).   J. E. G.

HADES. Transcripción de una palabra gr. empleada en la LXX para traducir el vocablo heb. → Seol, morada de los muertos, buenos y malos sin distinción.

Al H. se le conceptúa como debajo de la tierra (Mt. 11:23; Lc. 10:15); se entra a él a través de puertas, que simbolizan el poder de la muerte (Mt. 16:18). Se le menciona en relación con la muerte de Jesucristo (Hch. 2:27,31; cp. Sal. 16:10). Como consecuencia del desarrollo doctrinal en los últimos libros del AT, el concepto del Seol se bifurcó, y el H. llegó a referirse al lugar de oscuridad y sufrimiento reservado para los impíos (→HINOM, INFIERNO, Lc. 16:23), mientras → "seno de Abraham" y → "paraíso" indicaban el destino de los piadosos. Relacionado íntimamente con la → muerte, el H. casi se personifica en Ap. 1:18; 6:8; 20:13s. (cp. 1 Co. 15:55).   P. W. y R. F. B.

HAGEO ('festival' o 'mi fiesta'). El décimo de los Profetas Menores.

I. FONDO HISTÓRICO

Hag. 1:1 identifica al profeta y da el tiempo de su ministerio. El segundo año de Darío fue el 520 a.C., o sea unos dieciséis años después del regreso de los primeros que volvían del cautiverio con → Zorobabel.

El fondo histórico se encuentra en Esd. 1–6. En el primer año de Ciro, rey de Persia, 539 a.C., comienza el regreso de los cautivos a Jerusalén bajo orden y protección del rey. Todo iba bien, incluso la reconstrucción del templo, hasta que los adversarios lograron detener la obra (Esd. 4:4). Durante unos quince años prevaleció el desánimo (Esd. 4:24). H. y → Zacarías (profeta contemporáneo) alentaron a los dirigentes, Zorobabel y Jesúa (Josué), y a todo el pueblo, y en cuestión de cuatro años, el sexto año de Darío (516 a.C.), se terminó de construir la casa de Dios (Esd. 6:15).

II. CONTENIDO DE LA PROFECÍA DE HAGEO

El libro consta básicamente de cuatro mensajes:

Primer mensaje (1:1-11). Represión por haber olvidado y descuidado la reconstrucción de la casa de Dios, mientras cada cual buscaba su propia comodidad (1:12-15 relata la respuesta positiva a este mensaje).

Segundo mensaje (2:1-9): Promesas relacionadas con la grandeza futura de la casa de Jehová.

Tercer mensaje (2:10-19): Llamamiento a la meditación para recordar el día en que se puso el nuevo cimiento.

Cuarto mensaje (2:20-23): Promesa de protección y bendición especial a Zorobabel.

Estos mensajes son tan breves que bien podrían ser los bosquejos de los discursos pronunciados. Cada mensaje tiene fecha exacta, y todos fueron dados durante un período de tres meses y veinticuatro días.

El primer mensaje de → Zacarías cabe entre el segundo y tercero de Hag. (cp. Zac. 1:1 con Hag. 2:1,10). La enseñanza principal puede resumirse en las palabras de Cristo: "Mas buscad primeramente el reino de Dios y su justicia, y todas estas cosas os serán añadidas" (Mt. 6:33). Hasta en lo material hubo bendición cuando se dio a las cosas de Dios el primer lugar, pero hubo maldición cuando prevalecieron otros intereses.

También es notable en este libro la enseñanza en cuanto al poder del mal (2:10-14) y la elección de → Zorobabel.   P. R. P.

HAI ('ruinas'). 1. Ciudad ubicada en la parte central de Palestina, al E de Bet-el (Gn. 12:8), junto a Bet-avén (Jos. 7:2), y al N de Micmas si H. es Ajat de Is. 10:28, como seguramente lo es.

Después de conquistar a Jericó, los israelitas sufrieron una derrota en H. por causa del pecado de Acán (Jos. 7). Cuando Josué castigó el pecado de Acán, Israel consiguió la victoria que Dios había prometido y H. fue convertida en ruinas (Jos. 8). Esta victoria permitió a los israelitas entrar en el corazón de Canaán. H. llegó a ser ciudad efrainita (1 Cr. 7:28). Fue ocupada por los benjamitas después del exilio (Neh. 11:31).

La moderna Et-tell, 3 km al E de Bet-el (Beitin Moderna), ha sido identificada con la H. antigua, aunque la identificación todavía no es segura.

2. Ciudad de Moab (Jer. 49:3).   C. W. D.

HALAH. Lugar en Asiria adonde fueron deportados los israelitas en 722 a.C. En la Biblia se menciona siempre en relación con Gozán y Habor. No se sabe exactamente si se trata de una ciudad o una región. Se cree que el lugar quedaba en las vecindades de Harán (2 R. 17:6; 18:11; 1 Cr. 5:26).   A. Ll. B

HAMAT. Importante ciudad de Siria, situada junto al río Orontes. "Hasta entrar en H." es expresión común en el AT, que indica que ésta era el límite septentrional de Israel (Nm. 13:21; Jos. 13:5; Jue. 3:3).

Durante el reinado de David había amistad entre éste y Toi, rey de H. (2 S. 8:9ss.). Salomón edificó alfolíes en la tierra de H. (2 Cr. 8:4). En días de Acab, H. hizo alianza con Ben-adad y Acab en contra de Salmanasar II. En 854 a.C., después de la batalla de Qarqar, quedó bajo Asiria. Aparece frecuentemente en la historia posterior de Israel y Judá durante el reinado de Joroboam II (2 R. 14:28; 17:24; 18:34; 19:13; Is. 11:11; Am. 6:2).

En la época intertestamentaria, durante el reinado de Antíoco IV, el nombre de H. fue cambiado en Epifania. 1 Mac. 12:24,25 la menciona como un campo de batalla de los macabeos. Durante el dominio mahometano H. era centro de influencia cristiana.

La H. moderna queda unos 180 km al N de Damasco. Está edificada sobre ambas orillas del río Orontes. El área circunvecina es fértil pero el clima es caluroso y húmedo.   J. E. G.

HAMBRE. La escasez general de alimentos en los tiempos bíblicos obedecía a causas muy variadas, todas provenientes de la maldición de la tierra por el pecado del hombre (Gn. 3:17), sequía general o falta de lluvia en la estación señalada (1 R. 18:1,2; Am. 4:6,7), plagas (Éx. 9:13–10:20; Am. 4:9), saqueos (Is. 1:7), sitios (2 R. 6:25), etc. Hubo casos extremos en que se llegó a practicar el canibalismo en las ciudades sitiadas (2 R. 6:28; Lm. 4:10).

Los patriarcas Abraham, Isaac y Jacob sufrieron períodos de h. generalizada (Gn. 12:10; 26:1; 41:54) y tuvieron que recurrir a las naciones vecinas, especialmente a Egipto (→JOSÉ), cuya renombrada fertilidad (Dt. 11:10) se debía más bien a las inundaciones del → Nilo que a las lluvias. La Biblia registra también hambre en el tiempo de → Rut (1:1), de David (2 S. 21:1), de Elías (1 R. 18:2), de Eliseo (2 R. 4:38) y de Claudio (Hch. 11:28).

El h. muchas veces fue un castigo enviado por Dios para mostrar su desagrado y llamar a su pueblo al arrepentimiento (Dt. 11:16,17; Is. 51:19; Am. 4:6,7). La Biblia establece que hay una estrecha relación entre la obediencia y la prosperidad, la desobediencia y la escasez (Dt. 11:15-17; 28; Jer. 14) y que tanto el h. como la abundancia, al igual que todas las cosas, están en las manos de Dios (Am. 4:6,7; Hag. 1:6,9-11; Ap. 6:8).   J. M. R.

HAMOR. Príncipe heveo y habitante de → Siquem, a cuyos hijos Jacob compró un terreno por cien monedas (Gn. 33:19) en el cual más tarde fue sepultado José (Jos. 24:32; Hch. 7:16).

Siquem, el hijo de H., violó a → Dina, la hija de Jacob, y al vengarse los hermanos de ésta, dieron muerte a H. y a todos los varones de la ciudad (Gn. 34).   J. P.

HAMURABI. Sexto rey de la primera dinastía de → Babilonia, que reinó sobre esa ciudad *ca.* 1792-1750 a.C. Fue el verdadero fundador de la grandeza de Babilonia, que hasta entonces había sido sólo una más entre tantas ciudades al sur de Mesopotamia, sometida frecuentemente a la hegemonía de Larsa o de Isin.

En la capital babilónica, H. hizo grandes construcciones que llegaron a admirar a sus contemporáneos. Se rodeó de eruditos, artistas y literatos que dieron comienzo a la edad de oro de la antigua civilización babilónica. Sin embargo, quizás el principal logro de H., y ciertamente el más famoso, fue la magna empresa de organizar todas las leyes vigentes en lo que recibió el nombre de "Código de H.". Este código no era una legislación original, sino más bien la organización de las leyes y costumbres que a través de los años habían ido estableciéndose, y algunas de las cuales eran de origen sumerio. H. y sus jurisconsultos, sin embargo, lograron dar cierta medida de uniformidad a esta abigarrada colección de jurisprudencia. El Código de H. es una de las principales fuentes que tenemos para conocer la vida y costumbres de los babilonios en el primer período de florecimiento de la gran ciudad. Es notable la semejanza de este código con el "Libro del Pacto" (Éx. 20–24) y con el → Pentateuco, pero también son de notar las diferencias muy marcadas.

Antiguamente se identificaba a H. con → Amrafel de Gn. 14:1, pero esta identificación es rechazada ahora por los eruditos.   J. L. G.

HANANEEL. Torre en el muro NE de Jerusalén, entre la puerta del Pescado y la puerta de las Ovejas (Neh. 3:1; 12:39; Jer. 31:38; Zac. 14:10). Por su posición, siempre requería mucha fortificación. Puede ser el mismo sitio de la → Antonia en la época romana.   J. M. Br.

HANANI (abreviatura de → Hananías).
1. Músico levita, hijo de Hemán, del tiempo de David (1 Cr. 25:4,25).
2. Vidente encarcelado por hablar la palabra de Dios a Asa (2 Cr. 16:7-10). Era padre del vidente Jehú (1 R. 16:1,7; 2 Cr. 19:2; 20:34).
3. Sacerdote, hijo de Imer, casado con una extranjera en tiempo de Esdras (Esd. 10:20).
4. Hermano de Nehemías que llevó a éste las noticias de la situación en Jerusalén. Luego fue encargado de cuidar las puertas de Jerusalén (Neh. 1:1-3; 7:2,3).
5. Sacerdote y músico (Neh. 12:36).

                                                    J. M. Br.

HANANÍAS. Nombre común en el AT que quiere decir "Jehová se ha compadecido". La forma griega es *Ananías.*

Fue el nombre del falso profeta de Gabaón que, contradiciendo la profecía de Jeremías y durante el reinado de Sedequías, profetizó que el yugo de Babilonia sería quebrado en dos años. Como resultado, surgió una disputa sobre cuál de los dos profetas era el verdadero portavoz de Dios (Jer. 28:1-17).

Los demás que en el AT llevan este nombre se mencionan en 1 Cr. 3:19; Esd. 10:28; Neh. 7:2; 3:8,30; 10:23; 12:41; Jer. 37:13-15; Dn. 1:6,7.

Cp. los → Ananías del NT.: Hch. 5:1; 9:10-18; 23:2.   J. M. Br.

HANÚN. 1. Rey de los amonitas que provocó una guerra entre Amón e Israel, al insultar a los embajadores de David. Después de deponerlo, David, colocó en su lugar a Sobi, hermano de H. (2 S. 10; 17:27ss.).
2. Habitante de → Zanoa que ayudó en la restauración del muro de Jerusalén, en tiempos de Nehemías (Neh. 3:13,30).   J. M. A.

HAQUILA. Nombre de un collado o colina rocosa en las regiones desérticas de → Zif. Fue allí donde David y sus 600 soldados se ocultaron al ser perseguidos por Saúl. Allí David perdonó la vida a Saúl (1 S. 23:19; 26:1,3-12). M. V. F.

HARÁN. 1. Tercer hijo de Taré y padre de Lot; hermano de Abraham y de Nacor. Nació en Ur (Gn. 11:26-31).

2. Ciudad al N de Mesopotamia, ubicada 32 km al SE de Urfa en la Turquía Oriental de hoy. Allí vivió Abraham con su padre, cuando ambos emigraron de Ur; y de allí salió, después de la muerte de su padre, hacia Canaán (Gn. 11:31,32; cp. Hch. 7:2,4). Esto confirma el origen arameo de los patriarcas (Dt. 26:5). Rebeca, la esposa de Isaac, fue traída de H. Más tarde Jacob huyó hacia allá, y se casó con dos hijas de su tío Labán, Lea y Raquel (Gn. 27:43; 28:10; 29:4). Todos sus hijos, excepto Benjamín, nacieron en H. (Gn. 29:32–30:24). Posiblemente la ciudad fue fundada durante la tercera dinastía de Ur (ca. 2000 a.C.), siendo siempre un centro de adoración a la luna.

Recientes descubrimientos concuerdan con Ez. 27:23, que cataloga a H. como una famosa ciudad comercial. Según Is. 37:12; y 2 R. 19:12; fue devastada antes de Senaquerib. No obstante, las excavaciones demuestran que H. sobrevivió hasta la época cristiana a lo largo de los períodos asirio, babilónico e islamita. A. Ll. B.

HAROSET-GOIM. Pueblo cananeo, residencia de Sísara, asolado por Barac y Débora (Jue. 4:2,13,16). Se desconoce el sitio del pueblo, pero se conjetura que es Tell Amar o Tell el-Harbaj, ambos situados al lado N del río → Cisón. Otros opinan que se debe ubicar en los llanos de Sarón, porque H. quizá sea el Muhrashti de las cartas de Amarna. Se llamaba "Haroset de las gentes" quizá debido a su población mixta. J. E. G.

HASMONEOS. → MACABEOS.

HAVILA. 1. Región por la que corría el río → Pisón (Gn. 2:10-14).

2. Area habitada por los ismaelitas (Gn. 25:17,18) y por los amalecitas (1 S. 15:7), aunque el último caso presenta problemas textuales. La localización exacta de la región es incierta y se discute si estos pasajes se refieren a distintas regiones o a una sola. En todo caso, H. debió estar situada en la península arábiga.

3. Hijo de Cus (Gn. 10:7; 1 Cr. 1:9).

4. Hijo de Joctán (Gn. 10:29; 1 Cr. 1:23). J. M. A.

HAYA. → CIPRÉS.

HAZAEL. Oficial de Ben-adad, rey de Siria (ca. 841-798 a.C.), que mató a su señor y tomó su lugar como rey (2 R. 8:7-15; cp. 1 R. 19:15).

Inmediatamente después de llegar a ser rey, H. comenzó a atacar a Ramot de Galaad y a pelear contra Joram, hijo de Acab (2 R.

8:28,29). Continuó su guerra contra Israel, tomó el territorio al E del Jordán (2 R. 10:32,33; Am. 1:4) y redujo el ejército israelita a un puñado insignificante (2 R. 13:1-3,7,22).

H. conquistó además la ciudad de Gat (2 R. 12:17), y amenazó la ciudad de Jerusalén. Entonces Joás, rey de Judá, tomó todas las ofrendas y el oro de los tesoros, y lo dio todo a H., quien por esto se retiró (2 R. 12:17,18; 2 Cr. 24:23,24). Sólo el rey de Asiria pudo detener al poderoso H. Su hijo, Ben-adad II, le sucedió en ca. 798 a.C. (2 R. 13:24).

Posiblemente H. haya sido el rey más poderoso de Damasco. Edificó y adornó su capital. Según Josefo, en sus días (37-100 d.C.) H. y Ben-adad eran adorados en Siria por su grandeza (Antigüedades IX.iv.6). J. E. G.

HAZEROT. Sitio donde acamparon los israelitas después de → Kibrot-hataava (Nm. 11:35; 12:16; 33:17,18; Dt. 1:1). Quizá fuera el actual oasis de Ain Khadra ubicado al NE de Sinaí, camino hacia el golfo de Acaba. Aquí María y Aarón hablaron contra Moisés, celosos de la posición que ocupaba como portavoz de Jehová. D. J.-M.

HAZOR ('población' o 'colonia'). Seis distintos lugares llevan este nombre:

1. El H. más importante estaba en el N de Israel y de Neftalí, en las alturas, y a 7 km al O de la punta meridional de las aguas de Merón (Jos. 19:36). Garstang lo identificó en 1926 con Tel Waggas. Los arqueólogos —especialmente Yigael Yadin— han descubierto 21 ciudades o niveles en este → Tell, y han demostrado que H. fue destruida completamente ca. 1300 a.C. Luego, los restos arqueológicos correspondientes a los años 1000 a 732 a.C. son distintamente israelitas.

Que H. era un pueblo de mayor importancia se deduce de que su nombre aparece en la literatura extrabíblica: los textos execrativos de Egipto, las tablillas de → Mari, de Babilonia, de → Ugarit y en las cartas de → Amarna.

H. era una ciudad principal de Canaán en el tiempo de Josué. Su rey, Jabín, encabezó una coalición contra la invasión de los hebreos. Ganó Josué y destruyó a H. (Jos. 11:1-13). Más tarde, otro rey con el mismo nombre se levantó contra Israel, pero Barac y Débora lograron vencer al comandante del ejército, Sísara, a pesar de sus 900 carros herrados (Jue. 4:1-24).

Salomón fortificó a H. y la convirtió en baluarte de Israel en el N. Permaneció así por tres siglos, hasta que Tiglat-pileser III la destruyó en 732 a.C. (2 R. 15:29) y nunca más volvió a figurar en la historia hebrea.

2. Ciudad en el Neguev al S de Judá, desconocida hasta hoy (Jos. 15:23).

3. Hazor-hadata ('nueva'). Aldea cerca de H. número 2 (Jos. 15:25).

4. Otro nombre de la ciudad de Hezrón (Jos. 15:25).

Sitio de la antigua Hazor, una de las ciudades más importantes de Canaán en la época en que Palestina era un conglomerado de pequeñas ciudades-estados. En tiempos de Josué, Hazor había sido cabeza de todos esos reinos, pero fue conquistado por las victoriosas huestes de los israelitas.   MPS

5. Pueblo de Benjamín (Neh. 11:33) que posiblemente sea el Baal-hazor de 2 S. 13:23. Hoy es Khirbet Hazzur.

6. Contorno en la parte de Arabia al E de Palestina, donde había pobladores seminómadas (Jer. 49:28,30,33).   W. G. M.

HEBER. Nombre de varios personajes del AT.

1. Hijo de Sala, descendiente de Sem y padre de Peleg, de quien derivan los hebreos (Gn. 11:14; 1 Cr. 1:25; Lc. 3:35), y de Joctán (Gn. 10:24-30). En Nm. 24:24 H. designa probablemente a Mesopotamia, país de origen de los hebreos.

2. Hijo de Bería y nieto del patriarca Aser (Gn. 46:17; 1 Cr. 7:31,32), fundador de la tribu aserita de los heberitas (Nm. 26:45).

3. Ceneo, esposo de → Jael, la mujer que mató a Sísara y pariente de Hobab, suegro de Moisés (Jue. 4:11,17,21).

4. Hombre o familia de la tribu de Judá (1 Cr. 4:18).

5. Hombre o familia de la tribu de Gad (1 Cr. 5:13).

6. Hombre o familia de la tribu de Benjamín (1 Cr. 8:12,17).   J. M. A.

HEBREO, IDIOMA. Idioma empleado para escribir todos los libros del AT, con excepción de breves porciones de Esdras y Daniel y un versículo de Jeremías. Sin embargo, los judíos no llamaban "h." a su idioma sino "idioma de Canaán" (Is. 19:18) o "idioma de Judá" (Neh. 13:24; Is. 36:11). En el NT el término "h." se emplea para designar tanto el arameo como el h. Más tarde los rabinos al referirse al h. prefirieron llamarlo la "lengua sagrada".

El h. es un idioma que pertenece a la rama cananea de los idiomas semíticos y es semejante al ugarítico, fenicio, moabita y edomita. Posiblemente los hebreos adoptaron el dialecto de los cananeos al entrar en Palestina, y lo modificaron con algunas características de su idioma arameo. El idioma resultante se convirtió en el h. del AT.

El h. se distingue por consistir en palabras con sólo tres consonantes. Se escribe de derecha a izquierda y la estructura de sus frases es sencilla. El alfabeto consta de 22 letras consonantes. Antiguamente se escribía sin indicar los sonidos vocales, los cuales se sobreentendían. El sistema para indicar estos sonidos se desarrolló andando el tiempo, y el que se halla en el TM fue confeccionado por los masoretas de la Escuela de Tiberio *ca.* 800 d.C.

Los sustantivos en h. se derivan mayormente de los verbos e indican, como en español, la persona o cosa que actúa o existe descrita por el verbo. El h. es concreto y práctico; es un idioma de acción. Su base es el verbo, muy sencillo en su expresión. Aunque el tiempo se puede expresar como presente, pasado o futuro, la distinción entre ellos es flexible. El verbo aparece en dos estados: el perfecto y el imperfecto. Se puede indicar que la acción del verbo está determinada, o considerada como tal, con el perfecto. Por otra parte se indica que la acción está incompleta, o considerada como tal, por medio del imperfecto. El imperfecto se modifica para indicar el imperativo y el modo voluntativo. Además de los dos estados, la raíz del verbo se puede modificar para indicar siete clases distintas de acción. Se emplean ciertos cambios de vocales y consonantes para mostrar estos cambios. Dos de los cambios se emplean para indicar el activo y pasivo de una acción sencilla. Otros dos cambios se usan para indicar una acción intensiva o de esfuerzo especial. Un cambio indica acción reflexiva sobre el sujeto del verbo. Dos cambios finales se emplean para indicar acción causativa en su forma activa y pasiva, por ejemplo: "él reinó" se cambia a forma causativa para decir, "él hizo rey" (a alguien) o en pasivo "él fue hecho rey".

Naturalmente, el hecho de que los verbos no expresen claramente el tiempo da lugar a diversas interpretaciones, y por eso la traducción del AT es más fluida que la del NT. Muchas veces el h. emplea una serie de infinitivos para hacer gráfico un cuadro verbal. Aunque es un idioma concreto, el h. es pintoresco en sus descripciones; expresiones breves y fuertes dan la idea de energía y fuerza. Al lado del castellano el h. parece brusco y muy directo, pero en él se puede decir mucho con pocas palabras. Sin embargo, utiliza a la vez mucha repetición, como se ve especialmente en el paralelismo de la poesía hebrea.

Un problema con el h. es la ausencia de casos para los sustantivos. Por regla general se emplean las preposiciones y pronombres para indicarlos. El genitivo se indica por una combinación de sustantivos que a veces es ambigua. P.e., la expresión "un Salmo de David" puede indicar un salmo dedicado a David, un salmo escrito por David o un salmo de la colección de David.

El h. más depurado se produjo durante la época de la monarquía y se encuentra en los libros de Reyes, Samuel, Jueces, etc. El h. de Amós, Isaías y Miqueas es también clásico en su pureza. Antes de la época cristiana el h. fue sustituido por el arameo como idioma popular, pero continuó como. idioma de las Escrituras y hoy en día goza de nueva aceptación porque es el idioma oficial del actual estado de Israel.

Ciertas palabras en h. son tan significativas que es casi imposible traducirlas. Ejemplos son las palabras que expresan pecado, amor leal de Dios *(khesed)*, "arrepentimiento", "ofrenda por el pecado", "justicia", "rectitud", "ley", "instrucción" *(tora)*, etc.   R. B. W.

HEBREOS (pueblo). En la Biblia, la historia de la formación, desarrollo y consolidación del pueblo hebreo cubre un período que va desde Abraham hasta Salomón. Comienza en Gn. 12 y sigue por todo el resto del Pentateuco; los libros de Josué, Jueces y Samuel, hasta 1 R. 11:43 o su paralelo en 2 Cr. 9:31. A groso modo se distinguen cuatro períodos en la historia de este pueblo: el de los patriarcas, el de la confederación de tribus o anficitonía, el de la conquista de la tierra de Canaán y el de la monarquía unida.

I. LOS PATRIARCAS

El pueblo siempre relacionó sus orígenes con quince nombres: Abraham, Isaac, Jacob y los doce hijos de éste. El período de los patriarcas cubre los caps. 12–50 de Génesis. Empieza con el relato de 12:1–25:26, que gira alrededor de Abraham, de quien se dice que procedía de Ur, una de las tres ciudades principales del período acádico.

Después que Abraham abandona Ur juntamente con toda su familia, y se traslada al occidente para poseer Canaán, la tierra que Dios le prometió, la historia del pueblo hebreo gira en torno a la posesión, pérdida y reconquista de esta tierra. De → Abraham saldrían varios pueblos además del hebreo. De su hijo Ismael saldrían los árabes; de uno de sus hijos con Cetura, los madianitas; de su sobrino Lot, los amonitas y los moabitas; y de su nieto Esaú los edomitas. Todos estos pueblos jugarían un papel muy importante como vecinos de los h. Los h. propiamente dichos descienden, según el relato bíblico, directamente de → Isaac y de → Jacob, cuyas peregrinaciones y experiencias se relatan en Gn. 26:1–35:29.

Varias teorías y conjeturas, dignas de estudio por separado, se han dado en cuanto al origen etimológico de la palabra "hebreo". No obstante, vale la pena observar la insistencia bíblica en el carácter semita de los h. y el papel importante que jugó Heber, bisnieto de Sem, en todo el Oriente, ya que Sem fue el "padre" de todos los habitantes del Oriente (Gn. 10:21ss.). Algunos creen que el pueblo llamado habiru (o gabiru) que se menciona en textos de Mesopotamia y Siro-Palestina del segundo milenio a.C. son los h. Sin embargo, habiru se refiere más a cierto estrato social que a una raza. Es posible que los h. se incluyeran algunas veces entre los habiru (aunque de esto no hay certeza), pero los dos términos son sinónimos.

Se cree que los h. fueron seminómadas que no llegaron a convertirse en un pueblo sedentario sino hasta mucho después de su entrada a Canaán (posiblemente Abraham fuera un caravanero comerciante). Hasta entonces eran más un clan *(cam)* que un pueblo o nación *(goy)*. El período de los patriarcas se diversifica con la presencia de los doce hijos de Jacob, nacidos de cuatro diferentes mujeres —vestigio quizá de diversos orígenes—: seis de Lía, dos de Zilpa, dos de Raquel y dos de Bilha. Se relatan las experiencias de algunos de estos doce personajes, como, por ejemplo, la guerra que Simeón y Leví declararon a los siquemitas (Gn. 34), el incidente de Judá con Tamar (Gn. 38) y, muy especialmente, todo lo concerniente a José (Gn. 37–50). De especial interés para un estudio de los orígenes del pueblo hebreo es Gn. 49, donde algo se dice en relación con lo que sucedería a cada uno de estos doce patriarcas.

En los orígenes del pueblo hebreo, como en los de todo pueblo, hay huellas de la existencia de diferentes mezclas: "También subió con ellos grande multitud de toda clase de gentes" (Éx. 12:38). Un buen núcleo de madianitas (Nm. 10:29-32) y de "gente extranjera" (Nm. 11:4) parece haberse sumado a los h. Los ceneos y recabitas llegaron a ser hasta más fieles a Jehová que los mismos judaítas (Jer. 35:6-14). Y, naturalmente, cuando de buscar los orígenes hebreos se trata, no debe pasarse por alto Dt. 26:5-9. Todo el período se cierra, finalmente, con el descenso de todo o parte del pueblo hebreo a Egipto; cubre los años de *ca.* 2000 a *ca.* 1700 a.C.

II. LA CONFEDERACIÓN DE TRIBUS

Ca. 1720 a.C., los hicsos, un pueblo de origen semita que ya dominaba toda Palestina, lograron dominar Egipto y permanecieron allí 150 años, constituyendo las dinastías XV, XVI y XVII. No es raro, por tanto, que José, semita, alcanzara una posición de gran distinción bajo un faraón también semita. Tampoco es raro que una vez expulsados los hicsos en 1570 a.C., por la famosa dinastía XVIII, los semitas que quedaron en Egipto fueran sometidos a dura esclavitud hasta *ca.* 1280 a.C., cuando Moisés logró reunir espiritual y materialmente a los elementos descontentos del pueblo de Israel para conseguir que se produjera el éxodo.

En el relato bíblico es notoria la independencia con que cada tribu actuaba al tomar sus decisiones y cómo éstas eran respetadas. Por otro lado, es también notoria la fuerte cohesión que las mantenía unidas alrededor de una sola deidad, Jehová, y de la experiencia del éxodo. Durante la peregrinación por el desierto, que duró toda una generación, se produjeron otras experiencias aglutinantes como la del Sinaí, y, sin duda, otras gentes de común origen se añadieron a la anfictionía. Al llegar en plan de conquista a Palestina, ya había un pueblo definido, aunque todavía por mucho tiempo cada tribu iba a mantener su identidad y, en muchos sentidos, su independencia de acción.

III. CONQUISTA DE LA TIERRA

La obra de Moisés había delineado en gran forma la anfictionía. A Josué tocaba la tarea de conducirlos en la conquista, dirigir el establecimiento ordenado de cada tribu, y guiarlos finalmente a lo que podría llamarse la consolidación de la anfictionía bajo un pacto eterno. Este pacto se relata dramáticamente en Jos. 23:1—24:28.

La conquista no fue fácil ni rápida, pues había ya establecidos en la tierra otros pueblos y anfictionías con los cuales fue necesario pelear. A veces los h. quedaban como señores y amos, y a veces como esclavos. No fue sino hasta el establecimiento de la monarquía absoluta que habría de cambiar la antigua anfictionía. De un sistema cuyo énfasis era la autonomía tribal, cambiaron a otro centrado en la nueva fisonomía monárquica.

IV. ESTABLECIMIENTO DE LA MONARQUÍA

Los "ancianos" o jefes de tribus se dieron cuenta de que únicamente uniéndose bajo una autoridad central podrían someter a sus enemigos y establecer en el país un clima de paz que les permitiera organizarse y trabajar. Después de algunos intentos fallidos escogieron a Saúl —más que todo por su evidente

carisma— como jefe único de todas las tribus. Con él se establece la monarquía. Pero debido a que el momento era de transición, su tarea como "rey" no fue muy ilustre ni feliz. Tocó a David consolidar el reino sobre el trabajo iniciado por Saúl, para lo cual primero sometió a todos sus enemigos. Luego emprendió la conquista de otros pueblos y estableció un verdadero imperio. Los límites del reino davídico circundaban prácticamente toda la Palestina.

Salomón, con quien se afirma la dinastía davídica, sería el encargado de someter por la fuerza todo residuo de resistencia tribal interna y de enriquecer y llenar de gloria al pueblo hebreo durante su reinado. Desafortunadamente, también en el período salomónico se inició la desintegración del gran imperio davídico y la división del pueblo hebreo en dos naciones que jamás volverían a unirse: Judá e Israel. A. Ll. B.

Bibliografía
BA I, pp. 73-234; *VD* I, pp. 207-223.

HEBREOS, EPÍSTOLA A LOS.

I. AUTOR, LUGAR DE ORIGEN Y FECHA

Heb. carece de algunos de los rasgos formales de una carta. Tiene una conclusión epistolar (13:22-25) pero no se menciona su autor y no hay en ella saludos ni acción de gracias. Es más bien un sermón extenso o varios sermones unidos. El autor mismo la califica de "palabra de exhortación" (13:22).

Hoy día, en atención al estilo y pensamiento de Heb., los eruditos protestantes, amén de algunos católicos, rechazan casi unánimemente la idea de que Pablo la escribiera. Se ha demostrado que lingüística y conceptualmente (véase IV abajo) Heb. es contemporánea de Lucas-Hechos en el NT. Por tanto, puede concluirse que el autor era un judeocristiano helenista conocedor del idioma griego —Heb. tiene la mejor estilística griega del NT— que estaba empapado extraordinariamente en la LXX —las citas del AT proceden de esta versión—. Se han propuesto varias conjeturas respecto a la paternidad literaria de esta epístola: Bernabé, Apolos, Priscila y Aquila, etc., pero todas son eminentemente inciertas.

Se han propuesto también varios lugares de origen: Roma, Egipto, Éfeso, Antioquía, pero ninguno se ha adoptado como definitivo. En cuanto a fecha, la relación lingüística con Lucas-Hechos señala al período postpaulino pero antes de 1 Clemente. Esta carta, escrita en el 96, parece conocer a Heb. pero no menciona título ni autor (17:1; 36:2-5). Timoteo, el joven compañero de Pablo, vive todavía (Heb. 13:23). Tanto el autor como sus lectores pertenecen a la segunda generación de cristianos (2:3). La referencia a sufrimientos (10:32-34) podría señalar a la época de Domiciano (81-96), sólo que no ha habido martirios en la comunidad (12:4). Probablemente Heb. se escribió entre 80 y 90, aunque no faltan partidarios de una fecha (67-69) antes de la destrucción de Jerusalén.

II. Destinatarios

Varias son las propuestas: 1) Judeocristianos. Es la tradicional y la que indudablemente produjo el sobreescrito "a los hebreos" a fines del siglo II. 2) Sacerdotes esenios, ex miembros de la comunidad de → Qumrán; y 3) cristianos gentiles o simplemente cristianos. Por ciertos pasajes es evidente que los lectores son cristianos (3:1s., 14; 6:4-6; 10:23,26; 12:22-24). Sin embargo, la carta no va dirigida a Jerusalén. La iglesia allí era pobre y necesitaba el sostén de otras congregaciones, mientras que los lectores de Heb. repetidamente habían sostenido a otros (6:10). No es posible aplicar los vv. 2:3s. y 13:7 a los miembros de la comunidad primitiva, y la persecución a que se hace referencia no coincide con los períodos de sufrimiento de los cristianos en Jerusalén. La referencia a la necesidad de tener fe en Dios hace también improbable el que los lectores fueran judeocristianos fuera de Palestina (6:1; 11:6).

Lo más probable es que los destinatarios fueran predominantemente cristianos gentiles o simplemente cristianos. Y esto no se contradice con los complicados argumentos bíblicos de la epístola, ya que en Gá., por ejemplo, se usan argumentos igualmente complicados con congregaciones gentiles. Además, desde muy temprano el AT le era familiar a la iglesia gentil, pues la evangelización había tenido este cuidado. El autor escribe partiendo de esta certeza (6:1ss.), y no se preocupa por una aclaración más específica.

III. Propósito

La epístola no ataca una herejía específica. La trayectoria cristiana de los destinatarios es digna de elogio (6:10; 10:32ss.), pero atraviesan por un período de lasitud en la fe, temor del sufrimiento y falta de fidelidad hacia la congregación (5:11s.; 10:25,35; 12:3s.,12s.; 13:17). Se trata de cristianos de la segunda generación que han perdido el empuje inicial. Al describir magistralmente para ellos la salvación tan grande que poseen, el autor les advierte del peligro de apostasía en que están si no perseveran y mantienen la esperanza. El pecado mayor en Heb. es precisamente perder la esperanza, presente y futura, en la eficacia y realidad de la salvación dada por Dios en Jesucristo. Debido al carácter escatológico de las promesas de Dios, la fe y la esperanza son casi idénticas en significado (6:18-20; 10:23; 11:1,10,13-16,39,40; 12:1-3,22-29).

IV. Teología

La mejor manera de entender la teología de Heb. es compararla con la de Pablo. Tiene algunos aspectos que recuerdan a Pablo: Cristo el Hijo, el agente preexistente de la creación; la muerte de Cristo por el pecado como punto céntrico en la salvación; el concepto del nuevo orden de Dios (= nuevo → pacto, 8:8ss.; 9:15s.; 12:24; cp. 1 Co. 11:25; 2 Co. 3:6,14; Gá. 4:24). Pero el autor de Heb. tiene su propio

pensamiento y aun cuando usa conceptos que aparecen en Pablo, lo hace a su manera. Pablo habla constantemente de la resurrección de Cristo; Heb. subraya la exaltación al cielo. Pablo resume la obra salvífica de Cristo como reconciliación; Heb. la llama preferentemente purificación, santificación y perfección. El concepto medular de Heb. —el sumo sacerdocio de Jesucristo— no aparece en Pablo. Heb. dice muy poco de la justificación que viene por la fe y no por las obras de la ley, o de la dicotomía carne/espíritu. No emplea la frase paulina "con Cristo" y no dice nada referente al lugar de los judíos y los gentiles en el plan de salvación.

A diferencia de Pablo, quien concibe la ley desde el punto de vista de la demanda moral y como un poder autónomo, Heb. presenta la ley básicamente en su aspecto cultural, como una institución para la expiación, acorde con la revelación de la salvación en el NT. Ella es una preparación imperfecta. Pablo en ningún sitio sostiene la imposibilidad de un segundo arrepentimiento, Heb. sí (6:4ss.; 10:26ss.; 12:17). Este contraste con Pablo revela al autor de esta exhortación como un cristiano de extracción judía, sumamente brillante y original en su perspectiva teológica.

V. Contenido y estructura

La estructura de Heb. tiene dos rasgos peculiares. La exposición comienza en seguida, sin introducción epistolar. La sección exhortativa no aparece al final, como en la mayoría de las cartas paulinas, sino que las exposiciones doctrinales aparecen a todo lo largo de la carta, interrumpidas aquí y allí por exhortaciones breves o largas (2:1-4; 3:7—4:11; 4:14-16; 5:11—6:12; 10:19-39; 12:1—13:17). La exposición tiene como meta la exhortación.

La carta puede dividirse como sigue:

A. *Dios ha hablado por su Hijo Jesucristo, el cual es superior a los ángeles y a Moisés (1: 1—4:13).*

1. El Hijo, aparecido al final de los tiempos, como portador de la palabra de Dios y destructor del pecado, es superior a los profetas y a los ángeles (1:1-4a.).

2. La Escritura prueba la superioridad de Jesús sobre los ángeles: él es el Hijo excelso (1:4b-14).

3. Por tanto, es necesario atender a su palabra (2:1-4).

4. El Hijo fue hecho poco menor que los ángeles al humanarse y sufrir la muerte, pero por la voluntad de Dios ha llegado a ser el perfecto autor de la salvación de sus hermanos (2:5-18).

5. Jesús es superior a Moisés. Éste fue solamente siervo en la casa de Dios; el Hijo es Señor sobre esta casa (3:1-6).

6. Los cristianos deben cuidarse de no perder el reposo prometido, como los contemporáneos de Moisés perdieron el suyo por la incredulidad y la desobediencia (3:7—4:11).

Vista general de Hebrón, ciudad repleta de interés histórico. La mezquita árabe (al centro del grabado) está edificada sobre la Cueva de Macpela, tumba de Abraham y Sara, venerados igualmente por árabes y judíos por ser progenitores de ambas razas. MPS

7. La palabra de Dios compele a la decisión (4:12s.).

B. *Cristo ha sido constituido sumo sacerdote del santuario celestial (4:14–10:31).*

1. Jesús el gran sumo sacerdote se compadece de los que necesitan gracia y misericordia (4:14-16).

2. Él llena los requisitos de un sumo sacerdote: participó de la debilidad humana; fue llamado por Dios; ha perfeccionado su llamamiento por la obediencia en el padecimiento (5: 1-10).

3. Es necesario dejar atrás los rudimentos de la fe para echar mano de la esperanza segura que Dios ha autenticado con juramento, en Jesús, sacerdote del santuario celestial (5:11–6: 20).

4. Jesús es el sumo sacerdote perfecto y eterno según el orden de Melquisedec: santo, sin pecado, garantizador del nuevo orden de Dios, la perfecta salvación (7:1-28).

5. Él es constituido sumo sacerdote celestial por su sacrificio irrepetible, de una vez y para siempre (8:1–10:18).

a. Como tal sacerdote, sirve al nuevo pacto de Dios, que es superior al antiguo (8:1-13).

b. Su sacrificio reemplaza a los sacrificios en el templo terrenal, porque su sangre realiza una salvación eternamente válida (9:1-15).

c. Su sacrificio irrepetible era necesario (9:16-28), ya que quita los pecados que el culto imperfecto del antiguo pacto no podía quitar (10:1-18).

6. Por tanto, es necesario asirse de este sumo sacerdote, garantía de la esperanza cristiana (10:19-31).

C. *Jesús es el autor y perfeccionador de nuestra fe (10:32–13:25).*

1. El sufrimiento anterior debía ser un estímulo y la venida del Señor la esperanza suprema para mantenerse firmes (10:32-39).

2. Hay una gran nube de testigos desde Abel hasta Jesús, que testifica de esa fe que espera las cosas futuras de Dios y está segura de las realidades invisibles (11:1–12:3).

3. El sufrimiento es una disciplina divina y requiere poner la fe absolutamente en Jesús (12:4-17).

4. El rechazo de la salvación acarreará el juicio terrible de Dios (12:18-29).

5. Varias exhortaciones: al amor fraternal, a la vida casta y frugal, a la paciencia, y a la obediencia a los líderes (13:1-17).

6. Bendición y salutaciones (13:18-25).

L. F. M.

Bibliografía

INT, pp. 328-339; *IB,* II, pp. 485-504; J. Calvino, *Epístola a los hebreos,* México: De la Fuente, 1960; *LSE,* NT III, pp. 3-193; *BC* VI, pp. 722-790.

HEBRÓN. Antigua ciudad de Palestina cuyo nombre original fue → Quiriat-arba (Gn. 23:2; Nm. 13:22; Jos. 20:7). Se hallaba unos 32 km al SO de Jerusalén y a casi 1000 m sobre el nivel del mar.

Estaba rodeada de viñedos notables por su verdor y sus uvas blancas, y de frondosos olivares. El agua también abundaba.

H. fue el sitio predilecto de los patriarcas Abraham, Isaac y Jacob. Todos ellos fueron sepultados allí en "la cueva de la heredad de Macpela", una especie de sepulcro perpetuo. También los familiares de los patriarcas fueron sepultados en dicha cueva (Gn. 23:19,20; 49: 30,31; 50:13).

Cuando Moisés envió a un grupo de espías desde el desierto de Parán, para reconocer la tierra de Canaán, éstos llegaron hasta H. la cual estaba poblada por gigantes. Se mencionan Ahimán, Sasai y Falmai, hijos de Anac (Nm. 13:22,33), a los cuales Josué capturó posteriormente al iniciar sus guerras de conquista (Jos. 10:39; 11:21-23).

H. fue asignada a Caleb (Jos. 14:12; Jue. 1:20) y llegó a constituirse más tarde en una ciudad levítica (Jos. 21:11-13) y una de las tres ciudades al occidente del Jordán llamadas "ciudades de refugio". De éstas las otras dos fueron Cedes y Siquem (Jos. 20:1-7).

David fue ungido rey en H. (2 S. 2:11) y allí mismo nacieron seis de sus siete hijos (2 S. 3:2-5). Durante los siete años y seis meses que reinó sobre Judá, hizo de H. el asiento de su trono pero después lo estableció en Jerusalén (2 S. 5:5). Desde H. Absalón organizó y dirigió una sublevación contra su propio padre, David (2 S. 15:10).

Se supone que durante el cautiverio H. quedó prácticamente desierta. Fue entonces ocupada por los edomitas, pero los "hijos de Judá" la repoblaron cuando volvieron de la cautividad (Neh. 11:25).

Posteriormente fue conquistada por los idumeos. Judas Macabeo la recobró, pero los romanos la quemaron en el año 69 a.C. M. V. F.

HECHICERÍA. Práctica que trata de influir en las personas y los hechos por medios "sobrenaturales" u ocultos. El AT la condena por ser una forma velada de →idolatría. En efecto, quien recurre a la h. muestra que no confía en el Dios de Israel, sino en otros poderes misteriosos. El AT, sin embargo, no da a entender que tales poderes no existan, y que por tanto la h. sea un engaño. Más bien, en 1 S. 28:3-20, por ejemplo, Saúl logra hablar con el difunto Samuel, y el texto no dice explícitamente que esto haya sido un engaño de la bruja (→PITÓN). Pero Dios condenó la acción de Saúl, pues toda h. se opone a la ley. Dt. 18:10ss. expresa la prohibición general: "No sea hallado en ti quien haga pasar a su hijo o a su hija por el fuego, ni quien practique →adivinación, ni agorero, ni sortílego, ni hechicero, ni →encantador, ni adivino, ni →mago, ni quien consulte a los muertos".

En el NT la h. también se considera una abominación. Pablo la coloca entre las "obras de la carne" (Gá. 5:20), y los primeros cristianos, tanto como sus contemporáneos judíos, la veían no como un engaño sin fundamento, sino como un acto de sujeción a poderes ajenos al único Dios. Creían que la h. era real, pero sólo gracias al respaldo que los demonios le daban. Por tanto, los hechiceros serán enjuiciados severamente (Ap. 9:21; 18:23; 21:8; 22:15).

Como puede verse en Dt. 18:9-14, la h. toma muchas formas. Sus objetivos son principalmente dos: predecir el futuro e intervenir en él mediante algún poder oculto. Para el primero se practicaba comúnmente la →astrología, especialmente en Mesopotamia, donde la ciencia astronómica había alcanzado cierto desarrollo, a la vez que se confundía con todo un sistema religioso centrado en los movimientos de los astros. Otro medio de predecir el futuro era examinando las entrañas de animales sacrificados (Ez. 21:21), u observando el vuelo de ciertas aves. También se acostumbraba invocar a los espíritus de los muertos (Is. 8:19), con miras a averiguar algo del futuro o recibir consejos al respecto. Mucho menos perniciosa era la seudociencia de la interpretación de →sueños.

Pero la h. no se limitaba a predecir el futuro, sino que también intentaba influir en él mediante sortilegios y otras →magias. Estas prácticas se basaban en una concepción del mundo y de los dioses según la cual éstos (que eran muchos, y peleaban entre sí) no pueden, o no quieren, cumplir ciertas funciones, y resulta entonces necesario que los hombres los estimulen o los fortalezcan. Un gesto, pues, de magia, un sacrificio, o una fórmula pronunciada ayuda u obliga a los dioses a hacer un favor, o bien debilita a

Puesto que uno de los objetivos de la hechicería es el de predecir eventos futuros, se practicaba comúnmente la astrología en tiempos veterotestamentarios, como lo indica esta tableta mesopotámica. UMUPA

sus enemigos. Otras veces, se teme que algún ser maligno pueda hacerle daño a la persona, y entonces el devoto de la h. usa amuletos u otros medios para ahuyentar a tales seres (→EXORCISTA).

Aunque las leyes más antiguas (Éx. 22:18) hablan sólo de hechiceras, los hechiceros hombres se incluyen en las menciones posteriores (Is. 47:12; Dn. 2:2; Miq. 5:12). Las campañas de Saúl (1 S. 28:3) y Josías (2 R. 23:24) no lograron su completo exterminio en Israel (2 R. 17:17; 21:6; Is. 3:2; 8:19; Jer. 27:9; 28:9; Os. 4:12). J. L. G.

HECHOS, LIBRO DE. Quinto libro canónico del NT y segundo tomo de la historia de los orígenes del cristianismo, escrito por Lucas como continuación de su Evangelio (→LUCAS, EVANGELIO).

I. CONTENIDO

Aunque el evangelio se difundió por muchos caminos desde Jerusalén, Hch. se concentra en el camino que conduce a través de Antioquía a Roma. No es un registro de las actividades de todos los apóstoles, sino de algunos hechos de unos pocos, principalmente Pedro y Pablo. Continúa la historia desde el punto donde el Evangelio de Lucas la dejó, con referencia a las apariciones del Señor. Sigue con el advenimiento del Espíritu y el inicio y el progreso de la iglesia en Jerusalén (caps. 1–5). Los caps. 6–12 narran la dispersión de los creyentes y la difusión del evangelio a causa de la muerte de Esteban; se dice cómo se extiende el testimonio hasta Antioquía. Esta sección también relata la conversión de Pablo (cap. 9) y de los primeros gentiles (caps. 10 y 11).

El ministerio de Pablo y sus compañeros domina la historia en los caps. 13–28. Junto con Bernabé, Pablo evangeliza en Chipre y Galacia del Sur (caps. 13 y 14) y participa en el →Concilio de Jerusalén (cap. 15). Con Silas, cruza desde Asia hasta Europa (caps. 16−18). Con otros colegas, el apóstol evangeliza en Asia y Europa Balcánica y hace de Éfeso el centro de difusión (cap. 19). Visita a Palestina, donde queda encarcelado por dos años (caps. 20−26). Es enviado a Roma para defenderse ante el emperador y allí pasa dos años preso pero con libertad de testificar y enseñar a sus visitas (caps. 27 y 28).

En 1:8 se halla un bosquejo del contenido del libro: (1) el testimonio en Jerusalén (caps. 1−7); (2) el testimonio en Judea y Samaria (caps. 8-12); (3) el testimonio hasta lo último de la tierra (caps. 13−28).

II. FECHA

Pablo llegó a Roma en 60/61 d.C. La tradición afirma que murió en Roma en 67/68. Es muy probable que el libro se haya escrito poco después de los dos años mencionados en 28:30s. por las siguientes razones: (1) la atmósfera permisiva que rodea a Pablo en el cap. 28 indica una fecha anterior al comienzo de la persecución neroniana en 64 d.C.; y (2) después de haber seguido de cerca las actividades de Pablo, sería extraño que el libro omitiera los acontecimientos posteriores de su vida y especialmente su muerte si hubiera sido escrito varios años después. La fecha más probable es 63, aunque muchísimos eruditos basándose en evidencias externas e internas (→EVANGELIOS), prefieren una fecha diez años más tarde.

III. AUTOR

El libro es anónimo pero su autor fue compañero de Pablo durante algunos de los viajes misioneros de éste, hecho evidente por el cambio gramatical brusco del uso de la tercera persona singular, al de la primera plural "nosotros" (16:1-17; 20:5-21; 21; 27 y 28). El autor estuvo con el apóstol cuando éste llegó a Roma (28:16). Sólo →Lucas "el médico amado" (Col. 4:14), de los compañeros conocidos (e.d. Timoteo, Silas, Tito, Bernabé) estuvo con el apóstol en todas estas ocasiones. La paternidad literaria de Lucas es corroborada por dos factores estilísticos (cierto conocimiento del lenguaje médico, y habilidad en el uso del griego culto) y uno filosófico (concepto de la gentilidad).

La tradición eclesiástica ha sido unánime en atribuir Hch. a Lucas, el médico. Los testimonios a este efecto se remontan hasta quizá 120 d.C., v.g.: *Fragmento Muratoriano*, Ireneo, Tertuliano y Clemente de Alejandría.

No obstante esta unanimidad, durante los últimos 150 años ha surgido oposición a la atribución tradicional. Basándose en la diferencia de perspectiva entre la teología de Hch. y la de las cartas de Pablo y en supuestos errores históricos en Hch., muchos comentaristas niegan que el autor pueda haber sido un compañero de viaje del apóstol; postulan un autor anónimo y una fecha tardía (85-100). Sin embargo, les

cuesta explicar la presencia de las secciones que se inician con "nosotros"; además hay explicaciones válidas para los fenómenos alegados.

Ya que los cristianos del siglo II no conocieron ninguna otra tradición sobre la paternidad de Lc.-Hch., es mejor aceptar que Lucas fue su autor, valiéndose (cp. Lc. 1:1-4) de fuentes orales y escritas.

IV. IMPORTANCIA TEOLÓGICA Y APOLOGÉTICA

Todo el libro pone de manifiesto el desarrollo del ministerio del →Espíritu Santo a partir de la promesa en 1:4ss. y el advenimiento del mismo Espíritu en cap. 2. La predicación de los apóstoles es saturada de gran poder y confirmada con señales sobrenaturales. El libro se podría titular "Los hechos del Espíritu Santo".

Además, la obra describe un período de transición en el plan de Dios: el enfoque casi exclusivo sobre los judíos se pasa a las nuevas bendiciones derramadas sobre la iglesia, de la ley a la gracia, del judaísmo al cristianismo. Se ilustra la enseñanza respecto al endurecimiento de los judíos bajo el juicio de Dios (Ro. 11). Según Hch., Pablo mismo obtuvo mejores frutos del evangelio entre los gentiles (28:25-28).

Frente a las acusaciones que se hacían al cristianismo en aquellos días, Lucas demuestra que éste en absoluto amenazaba a la ley y el orden del imperio. El desorden más bien surgía siempre de la reacción de los judíos al evangelio. Para apoyar este hecho, Lucas cita las decisiones de las autoridades en varias partes del imperio (Hch. 16:19-40; 17:6-9; 18:12ss.; 19:31,35ss.; 26:32; cp. Lc. 23:4,14,22). Además, también la conversión de Saulo, el perseguidor de la iglesia, produce un gran efecto apologético. Siendo Lucas teólogo, le interesa esbozar las creencias de las primeras generaciones (especialmente en los discursos) y las prácticas de la iglesia (cp. los sumarios, 2:41-47; 4:4,34, etc.).

V. VALOR HISTÓRICO

Hch. no pretende relatar toda la actividad de la iglesia y de los apóstoles; es una "continuación" de los evangelios, que sigue la historia de lo que Cristo "comenzó a hacer y a enseñar" (1:1). Como telón de fondo es imprescindible para el estudio de las Epístolas.

Lucas, más que otros autores del NT, piensa como historiador; se da cuenta, por ejemplo, de las futuras generaciones que intervendrán antes de la →Parusía. Su crónica selectiva de la marcha del evangelio desde Jerusalén a Roma contesta preguntas que serían incontestables sin la existencia de los Hch.: ¿Cómo fue que una religión que nació en el centro del judaísmo llegó a reputarse poco después como una religión gentil? ¿Cómo fue que una religión nacida en el Cercano Oriente se ha asociado más con la civilización occidental?

La fidelidad histórica de Hch. se ha visto confirmada vez tras vez por las investigaciones arqueológicas. El autor coloca su narración en el escenario de la historia contemporánea (cp. Lc. 3:1s.) y sus referencias a magistrados, reyes y gobernadores siempre resultan correctas según el lugar y el tiempo a que se refiera. Las descripciones manifiestan el carácter y el ambiente auténticos de las varias ciudades y localidades, incluso en los discursos de Pedro, Esteban, et al. Lucas es fiel reportero de la teología, los textos bíblicos citados y la manera de presentar el mensaje de estos discípulos. Con todo, esta fidelidad general no excluye cierta libertad en los detalles (p.e., los tres relatos del llamamiento de Pablo, caps. 9, 22 y 26), lo cual indica que el concepto "reportero" del siglo I era más flexible que el concepto moderno.

El texto de Hch. nos llega en dos recensiones; la occidental (el códice Beza y dos versiones) y la oriental (los grandes códices que generalmente preferimos). La primera trae variantes (v.g., la inclusión de 8:37) que reflejan buena tradición (→TEXTO DEL NT); es posible que Lucas haya redactado ambas recensiones.

L. S. O. y R. F. B.

Bibliografía

IB II, pp. 321-351. *EBDM* III, cols. 1149-1161. E. Trenchard, *Los Hechos*, Madrid: Literatura Bíblica. A. Wikenhauser, *Los Hechos de los apóstoles*, Barcelona: Herder, 1967. G. Ricciotti, *Los Hechos de los apóstoles*, Barcelona: Miracles, 1957. *LSE*, NT II, pp. 2-172; *BC* VI, pp. 3-226.

HELBÓN. Pueblo productor de vino que abastecía a Tiro (Ez. 27:18). Posiblemente pueda identificarse hoy con Halbum, una aldea situada 20 km al NO de Damasco, todavía famosa por sus uvas. Puesto que ahora la población es predominantemente mahometana, se usan las uvas para la elaboración de pasas en vez de vino.

J. E. G.

HELCAT. Ciudad en la frontera S de la tribu de Aser (Jos. 19:25; 21:31) asignada a los levitas. Su sitio posiblemente pueda identificarse con la moderna Tel es-Harbaj, situada a unos 10 km al SE de Haifa. Una variación del nombre de H. es Hucoc (1 Cr. 6:75).

J. E. G.

HELENISTA. →GRECIA.

HELIÓPOLIS. →ON.

HEMÁN. 1. Uno de los sabios de Israel, de los "hijos de Mahol" según 1 R. 4:31. Según 1 Cr. 2:6 su padre era Zera, descendiente de Judá.

2. Hijo de Joel y descendiente de Coat (1 Cr. 6:33). Fue uno de los principales cantores y a la vez el director del coro del rey David (1 Cr. 15:17,19; 16:41,42; 25:1,4-6; 2 Cr. 5:12; 35:15). Se le llama "vidente" en cuanto a "las cosas de Dios" (1 Cr. 25:5).

3. Músico citado en el título del Sal. 88, que posiblemente sea el mismo "hijo de Mahol". Albright opina que la expresión "hijos de Mahol" quiere decir miembros del "coro musical".

P. S.

HENA. Ciudad del AT cuyo sitio exacto se desconoce (2 R. 18:34; 19:13; Is. 37:13).

J. L. G.

HENO. →HIERBA.

HERALDO. →JUEGOS DEPORTIVOS, PREDICACIÓN.

HEREJÍA (gr. *haíresis* = 'escogencia', 'partido' → 'secta'). Término que en el contexto particular de la iglesia adquirió un significado técnico, y señalaba cualquier desviación de la ortodoxia. Así, según la significación etimológica "acción de escoger", el hereje es el que "escoge" entre las verdades aquellas que le convienen. De ahí las separaciones y divisiones en el orden doctrinal y eclesiástico. Este sentido de h. empezó a usarse tan pronto como la iglesia se estableció, y, por tanto, se consideraron ambas —la iglesia y la h.— como realidades excluyentes entre sí. En 1 Co. 11:19 ya se usa h. con este sentido negativo.

En Gá. 5:20 la h. se enumera entre las "obras de la carne". En Tit. 3:10 se alude en forma generalizada al hombre hereje, al que hay que evitar después de una o dos amonestaciones. En 2 P. 2:1 la h. perniciosa de los falsos maestros lleva a los creyentes hacia la negación de su Señor. No obstante, no se alude a una h. determinada. Apocalipsis sí condena la desviación de los →nicolaítas, que trató de infiltrarse entre los fieles de Éfeso (2:6) y halló acogida en Pérgamo (2:15), aunque el elemento constitutivo de esta h. no esté del todo claro.

V. A. G.

HERENCIA. Bien o bienes cedidos al familiar o familiares cercanos, después de la muerte del poseedor, gracias al derecho establecido por la ley o costumbre. La noción bíblica de h. se desarrolla principalmente en Nm. y Dt., en anticipación de la distribución de terrenos en la Tierra Prometida, y procura conservar lo necesario para cada familia, a fin de que ésta se mantenga con independencia y dignidad. La tierra pertenece a la familia más bien que al individuo, y puede ser hipotecada pero no enajenada (Nm. 36:6-9 →JUBILEO). Según la ley de la h. el hijo mayor recibe una doble porción (Dt. 21:15-17 →PRIMOGENITURA), pero los derechos de otros hijos, hijas y demás parientes también se toman en cuenta (Nm. 27:1-11).

El sentido espiritual que adquiere la noción de h. en la Biblia se liga a la del →pacto. Este sentido se desarrolla en un triple momento: Israel es la h. de Yahveh, la Tierra Prometida es la h. de Israel (Dt. 9:5; 1 R. 8:36; Sal. 105:9-11), y esta tierra llega a ser h. de Yahveh. Aunque toda la tierra del Señor, ésta en particular se designa como su h. El derecho de posesión y h. parte del hecho de que toda la tierra es propiedad de Yahveh (Lv. 25:23; cp. Is. 14:2) quien la ha regalado a su pueblo (Sal. 44:1-3). La ley mosaica hizo innecesarios los → testamentos, aunque éstos fueron introducidos posteriormente (Gá. 3:15; Heb. 9:17). A veces el padre distribuye sus bienes estando aún en vida, como en la parábola del Hijo Pródigo (Lc. 15:12).

El patrimonio religioso de Israel, en su totalidad y más elaborado, ha pasado a los cristianos, el nuevo →Israel de Cristo. En el NT vale fundamentalmente destacar los siguientes hechos: Jesús ha sido constituido por Dios en heredero de todas las cosas (Heb. 1:2), luego los creyentes, como hijos de Dios, son herederos de Dios, mediante Jesucristo (Ro. 8:14-17). Su h. incluye el reino de Dios (Mt. 25:35; 1 Co. 6:9,10; 15:50; Gá. 5:21; Ef. 5:5; Stg. 2:5), "la tierra" (Mt. 5:5; cp. Sal. 37:29), la salvación (Heb. 1:4), bendición (1 P. 3:9), gloria (Ro. 8:17,18), e incorrupción (1 Co. 15:50).

V. A. G.

HERMANO DÉBIL. →VINO, CARNE OFRECIDA A ÍDOLOS.

HERMANOS. Término que en sentido estricto señala a los hombres nacidos de un mismo padre (Gn. 24:29) y de una misma o distinta madre (Gn. 20:5). En sentido más amplio, se aplica por extensión a los miembros de una misma familia (Gn. 13:8; Lv. 10:4), de una misma tribu (2 S. 19:13) o de un mismo pueblo (Dt. 25:3). También puede designar a un amigo (2 S. 1:26), un colega (Esd. 3:8; 6:20) un compañero de espíritu y destino (Gn. 49:5) o cualquier otro con quien haya lazos filiales en general (Jer. 9:3; Sal. 49:7). "H." era también el tratamiento entre príncipes y un título honorífico para los hombres que merecían premios u honor. Entre los hebreos era un modismo frecuente para expresar una semejanza muy notable.

En el NT "h." se usa unas 160 veces referido a los cristianos, en cuanto participan de una misma fe y esperanza. Los creyentes se dan entre sí ese nombre, como hijos de Dios (Hch. 9:30; 11:29) y como discípulos de Cristo (Mt. 25:40). Jesús llamó h. a los suyos, y él mismo es el primogénito entre todos ellos (Ro. 8:29). (→HERMANOS DE JESÚS.)

V. A. G.

HERMANOS DE JESÚS. Mt. 13:55 y Mr. 6:3 nombran a cuatro h. de J.: Jacobo, José, Judas y Simón, además de unas hermanas. La oposición de estos h. al ministerio de Jesús es evidente en Mt. 12:46-50 y Mr. 3:21-35, explícita en Jn. 7:5, y sugerida en Mt. 13:57 y Mr. 6:4. Ninguno de ellos podría haber figurado entre los apóstoles de Jesús.

Sin embargo, después de la resurrección, los h. de J. aparecen dentro de la comunidad creyente (Hch. 1:14) y →Jacobo se destaca como dirigente de la iglesia en Jerusalén (Hch. 12:17; 15:13; 21:18; Gá. 1:19). A este Jacobo se le apareció el Señor resucitado (1 Co. 15:7).

A partir del siglo III tomó auge la idea de que los h. de J. eran hijos de José de un matrimonio anterior. Esta teoría la mantiene la Iglesia Ortodoxa Griega, igual que otras iglesias orientales, y aducen en su apoyo tres argumentos: (1) el comportamiento de los h. para con Jesús indica que son mayores que él; (2) Jesús no habría encomendado a Juan la protección de su madre (Jn. 19:26ss.) si ella hubiese tenido otros hijos; (3) María permaneció siempre virgen. Sin embargo, existen razones contrarias de mayor peso. No es imposible que h. un poco menores actuasen en esa forma si estaban convencidos de que Jesús estaba equivocado. Tampoco es de sorprenderse que Jesús pasase por alto los lazos carnales (sobre todo en vista de la incredulidad de los h.) para encomendar su madre al discípulo amado. La perpetua virginidad de María que parece ser la razón fundamental para objetar que los h. sean hijos de ella, no tiene ningún fundamento en las Escrituras. (→MARÍA.)

En el siglo IV Jerónimo propuso que los h. eran en realidad primos hermanos de Jesús, hijos de la hermana de María, y que por lo menos Jacobo era discípulo de Jesús aunque probablemente los otros tres también. La Iglesia Católica Romana mantiene esta interpretación, citando las siguientes razones: (1) según Gá. 1:19 Jacobo era apóstol; (2) Jacobo debió haber sido apóstol en vista de su autoridad en la iglesia primitiva; (3) Jacobo, h. de J., es Jacobo el menor (Mr. 15:40) y ese calificativo indica que hubo sólo dos Jacobos y el otro era el hijo de Zebedeo; (4) puesto que Jacobo, Simón y Judas aparecen juntos en las listas de discípulos (Mt. 10:2-4) deben haber sido hermanos y se pueden identificar con los h. de J. de los mismos nombres; (5) el discípulo Jacobo hijo de Alfeo es el mismo Jacobo el menor, que es h. de J.; (6) María la madre de Jacobo el menor (Mr. 15:40) es la misma María mujer de Cleofas, hermana de la virgen (Jn. 19:25), ya que Cleofas es Alfeo, padre de Jacobo el discípulo, pues los dos nombres son transcripciones de un mismo nombre en arameo.

Este ingenioso razonamiento adolece de varias debilidades: (1) aunque se interpretara Gá. 1:19 en el sentido citado (lo que el griego no exige) hay que reconocer que Pablo llama apóstoles a otros que no eran de los doce (Hch. 14:4,14; Ro. 16:7); (2) el nombre de Jacobo "el menor" no se refiere a una comparación de dos sino que significa literalmente "el pequeño"; (3) la identificación de los h. con los apóstoles niega las pruebas de que los h. se oponían a Jesús (Jn. 7:15); (4) los Evangelios presentan a los h. como miembros de la familia de la madre de Jesús, y con esto no cuadra la idea de que eran hijos de Cleofas y otra María; (5) la identificación Cleofas-Alfeo es lingüísticamente muy dudosa; (6) es muy improbable que dos hermanas tuviesen el nombre María; Jn. 19:25 puede referirse a cuatro personas en dos pares, como se hace en las listas de los discípulos.

Todo el argumento descansa en un empleo inusitado del vocablo "hermano", cuando solía

El monte Hermón se levanta majestuoso en los bordes de Israel, Líbano y Siria. Las aguas del Jordán tienen su origen, en parte, en las nieves de Hermón. Posiblemente sea también el monte de la transfiguración de Jesús.

usarse otro término específico para "primo". En el fondo se percibe el afán de Jerónimo, campeón del celibato, por establecer la virginidad tanto de María como de José. I. W. F.

HERMAS. Miembro de un grupo de cristianos a quienes Pablo saluda, algunos por nombre, en su carta a los romanos (16:14). Orígenes sugirió la identificación de este H. con el autor del opúsculo patrístico *El pastor*, identificación que no se ha comprobado. W. M. N.

HERMENÉUTICA. →INTERPRETACIÓN.

HERMES. 1. Nombre del dios griego mencionado en Hch. 14:12 y traducido "Mercurio" (nombre latino) en RV. Como patrón de los caminantes y acompañantes de Zeus, H. adquirió la reputación de ser el hijo de éste, mensajero veloz del cielo y patrón de la elocuencia y la literatura (→HERMENÉUTICA). Los nativos de Listra ven en Pablo a H., por ser el portador de la palabra.

2. Cristiano en Roma a quien Pablo envía saludos (Ro. 16:14). Es distinto de Hermas. W. M. N.

HERMÓGENES. →FIGELO.

HERMÓN. El monte más alto de Siria y la cima más meridional de la cordillera del Antilíbano, ubicada 60 km al NE del mar de Galilea y 45 km al SO de Damasco. Alcanza hasta 2.814 m sobre el nivel del Mediterráneo. Influye decisivamente en el clima y las aguas que riegan toda la región alrededor. Su pico está cubierto de nieve que en el invierno desciende por sus laderas hasta una elevación de 1500 m. Aun durante el verano puede hallarse hielo en las hendiduras de la cima. Por eso, los árabes lo llaman el "mte. canoso". El agua se filtra por las peñas porosas en las elevaciones más altas y sale en forma de fuertes manantiales de agua fría por todos los lados del mte. Algunos de estos manantiales son las fuentes principales del Jordán.

El H. fue el límite septentrional de Israel al E del Jordán (Jos. 12:1). Desde tiempo inmemorial se ha tenido por mte. sagrado. Así se le llama en un pacto firmado entre amorreos y heteos *ca.* 1350 a.C. Su nombre hebreo viene de la palabra que significa "consagrar". H., entonces, quiere decir "lugar consagrado" o "santuario". En Sal. 133:3 se hace referencia a su copioso rocío como símbolo del rocío espiritual de bendición que proviene de Dios. En Dt. 4:48 se le llama "Sión". Algunos han creído que aquí tuvo lugar la →transfiguración de Cristo. J. H. W.

HERODES (gr. = 'descendiente de héroe'). Nombre de varios príncipes de una dinastía que ejerció el poder en Palestina durante la época del NT. Los H. eran oriundos de Idumea y practicaban la religión judía pero siempre permanecieron en estrecha dependencia de los romanos. Mandaban a educar sus hijos en Roma. Construyeron ciudades nuevas al estilo romanohelenista y les pusieron nombres en honor de sus protectores, los emperadores romanos (Cesarea, Sebaste, Tiberias, etc.).

1. *Herodes el Grande.* Fundador de la última dinastía judía y rey de Judea del 37 al 4. a.C.

277

Era descendiente de una rica familia idumea. En 47 a.C., a los 25 años de edad, fue nombrado gobernador de Galilea, por su padre Antípatro quien, con el favor de Julio César, había sido nombrado procurador de Judea. En el año 40 a.C., H. consiguió, por medio de Antonio y Octaviano, que el senado romano lo nombrara rey de Judea, pero tuvo que conquistar su reino peleando tres años contra el último rey de la dinastía asmonea, Antígono (→MACABEOS). Ayudado por el ejército romano, tomó a Jerusalén e hizo ejecutar a su rival vencido (37 a.C.).

otorgó nuevas posesiones. Finalmente, el reino de H. llegó a abarcar casi toda Palestina (Idumea, Judea, Samaria, Galilea, Perea y grandes territorios al NE del Jordán). En el imperio romano, tenía el rango de "monarca aliado". No dependía del gobernador de la provincia de Siria, sino directamente del emperador. Tenía la obligación de defender las fronteras del imperio contra las incursiones de los árabes. En la administración interna era independiente.

Tradicionalmente, H. ha venido a ser el prototipo del tirano sanguinario. La matanza de los

LA FAMILIA HERODIANA

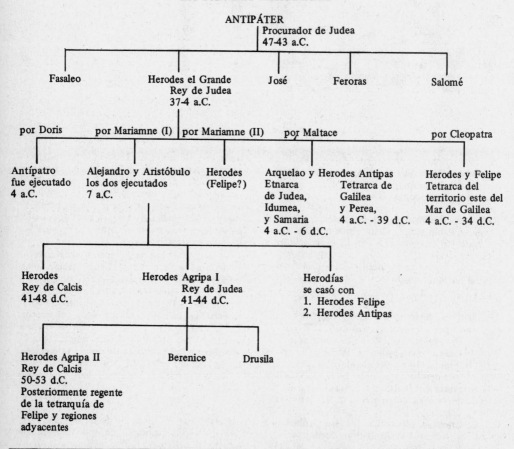

H. se esforzó por afianzar su autoridad en el interior (Lc. 1:5) y por extender su dominio a nuevos territorios por medio de su alianza con Roma. Actuó con astucia y resolución, y supo ganarse y conservar el favor de quien mandaba en Roma. Después de la derrota de su protector Antonio en Accio (30 a.C.), se puso al lado del vencedor, Octavio Augusto. Este no sólo lo confirmó en el reino, sino que paulatinamente le

niños de Belén (Mt. 2:13-18), pero no mencionada en los documentos profanos, contribuyó a forjar esa imagen. Pero hoy en día los historiadores tienden a hacer un juicio más positivo sobre la persona y obra de H. Éste sin duda fue un hombre de una gran capacidad política.

Después de un largo período de luchas intestinas, H. permitió que su pueblo disfrutara, por más de 30 años, de la paz que Augusto difundió por todo el mundo romano. Bajo su gobierno, el Estado judío llegó a ocupar una posición fuerte, reconocida por los romanos y respetada por sus vecinos. Además de incrementar el desarrollo de la agricultura y el comercio, se lanzó a una política extensa de construcciones que cambió el aspecto del país.

En Jerusalén H. edificó la fortaleza → Antonia, un palacio real, un hipódromo, un teatro y un anfiteatro. En el 20 a.C. emprendió la reconstrucción del templo, en el cual trató de conservar la estructura salomónica. Fundó y transformó varias ciudades, siguiendo su inclinación por la civilización helenística-romana. Sebaste (Gr. =*Augustus*, la antigua Samaria) y Cesarea, un nuevo puerto en el Mediterráneo, fueron dos de sus creaciones urbanísticas, en honor de Augusto. Además, edificó y fortificó varias plazas fuertes, particularmente en la región del mar Muerto. A la manera de los poderosos reyes helenos, llenó de regalos y de construcciones ciudades fuera de su reino.

Para realizar tantas obras, H. el Grande tuvo que disponer de una enorme cantidad de dinero y mano de obra en un país pequeño y agotado por las guerras internas. De ahí los pesados tributos y el yugo implacable que impuso a su reino. Exterminó con una crueldad inaudita a todos sus enemigos, reales o supuestos, empezando con los de su propia familia. Hizo dar muerte sucesivamente a los descendientes de la dinastía asmonea que hubieran podido reivindicar el trono, entre ellos Mariamne II, su segunda esposa, Alejandra, su suegra, y Alejandro y Aristóbulo, sus hijos. Poco antes de su propia muerte, su primogénito Antípatro, que parecía destinado a sucederle, cayó en desgracia y H. mandó matarle.

Los judíos, tanto fariseos como saduceos, lo odiaban a pesar de su preocupación ostentosa por el Templo de Jerusalén. Aunque pertenecía formalmente a la religión judía, H. era fundamentalmente un rey pagano, más interesado en la pompa en seguir los preceptos de la ley; al menos no tuvo interés alguno, como Antíoco Epífanes, en helenizar a la fuerza a los judíos.

H. era un hombre dotado de grandes capacidades físicas e intelectuales: intrépido, decidido, orador brillante, inteligente y astuto. A esas cualidades se contraponían una sed insaciable de poder y un carácter extremadamente desconfiado. A pesar de sus esfuerzos por ganarse la simpatía de sus súbditos, siempre fue para ellos un tirano impío, y un usurpador impuesto por los romanos.

Era de esperar que el reino de este H. no durara mucho tiempo después de su muerte (4 a.C.). El emperador Augusto, acatando el testamento, lo dividió entre sus hijos Arquelao, H. Antipas y H. Felipe II. H. fue padre de otros cinco hijos y dos hijas, pero éstos no cobraron importancia en la historia bíblica.

2. *Herodes Felipe I*. Hijo de H. el Grande y de Mariamne II, llamado "Felipe" en Mr. 6:17

(cp. Mt. 14:3) y H. en Josefo. Fue por un tiempo el sucesor designado de su padre, pero luego fue desheredado (a veces es llamado "H. sin tierra"). Se casó con Herodías, hija de su medio hermano Aristóbulo, pero luego ella lo dejó para vivir con H. Antipas. Se retiró a la vida privada y murió en Roma.

3. *Arquelao*. Hijo de H. el Grande y de la samaritana Maltace, fue criado en Roma junto con su hermano y su medio hermano. Después de la muerte de su padre, Augusto lo nombró etnarca (título inferior al de rey, pero superior a → tetrarca). Fue semejante a su padre en sus actos de crueldad (Mt. 2:22) y en su afán de construcción; suscitó el odio de todos. En el año 6 d.C. una delegación de la aristocracia judía y samaritana lo acusó ante el emperador. Arquelao fue citado a Roma, destituido, despojado de sus bienes y desterrado a Viena, en las Galias, donde murió.

Así, gran parte del reino de H. el Grande perdió su autonomía, fue anexado a la provincia romana de Siria y administrado por un procurador nombrado por el emperador (6 d.C.). Una parábola de Jesús parece aludir a las circunstancias en que A. llegó al poder (Lc. 19:12,14,27). Antes de salir para Roma a obtener la ratificación imperial del testamento de su padre, Arquelao tuvo que aplastar una rebelión; dio muerte a 3.000 hombres en el templo, durante la Pascua, y los judíos mandaron una delegación a Roma para pedir al emperador que no le otorgara la corona.

4. *Herodes Antipas*. Era otro hijo de H. el Grande y Maltace, hermano menor de Arquelao, medio idumeo y medio samaritano. Educado en Roma, obtuvo de Augusto el gobierno de Galilea y de Perea con el título de tetrarca (Lc. 3:1,19). Mr. 6:14 lo llama rey, siguiendo una denominación popular, pero en los Evangelios y en sus propias monedas se llama solamente H. Para distinguirlo de su padre, es conocido tradicionalmente como H. Antipas (gr. = 'retrato del padre') o H. el tetrarca. Se casó primero con una hija de Aretas IV, rey de los nabateos, pero después la repudió para convivir con su sobrina Herodías, esposa de su hermanastro H. Felipe I. Esto provocó una guerra con Aretas, en la que H. fue derrotado (36 d.C.).

H. Antipas, lo mismo que su padre, fue un gran constructor. Fortificó Séforis, su primera residencia, y fundó una nueva capital, que llamó Tiberias en honor del emperador Tiberio. En el año 39 d.C. la ambición de Herodías lo hizo ir a Roma a solicitar de Calígula el título de rey. Eso provocó su caída: su sobrino H. Agripa I, a quien el emperador acababa de conferir este mismo título, se valió de su posición de favorito y lo acusó de tramar una alianza secreta con los partos. H. fue destituido y desterrado a Lyón, en las Galias, a donde lo siguió Herodías.

El nombre de H. aparece en varios pasajes de los Evangelios, ya que casi la totalidad de su reinado coincidió con la vida de Jesús. Era un hombre astuto (Lc. 13:32: "aquella zorra"), ambicioso (por influjo de Herodías) y amigo de la pompa. A pesar de su indiferencia religiosa, sabía dar muestras de su ortodoxia judía: peregrinaba a Jerusalén en la Pascua (Lc. 23:7), intercedía a veces ante Pilato en favor de los judíos (de ahí la enemistad inicial, Lc. 23:12), no hacía figurar ninguna imagen en sus monedas. Hizo encarcelar y ejecutar a Juan el Bautista quien le reprochaba su unión ilícita con Herodías. Según los Evangelios, ésta fue la principal instigadora de la muerte de Juan (Mr. 6:14-29 //). Josefo dice que H. lo hizo matar porque temía que el éxito popular de Juan pudiera provocar una insurrección.

Al enterarse H. de la fama de Jesús, su conciencia le hizo temer que Juan hubiera resucitado (Lc. 9:7-9). En Lc. 13:31ss., unos fariseos advierten a Jesús que H. lo quiere matar, pero tal hostilidad no concuerda con el interés de aquél por ver a Jesús (Lc. 9:9; 23:8). Al fin pudo verlo, cuando Pilato, enterado de que Jesús era Galileo y, por tanto, estaba bajo la jurisdicción de H., se lo entregó. Porque no satisfizo toda la curiosidad de éste, éste, juntamente con sus soldados, se burló de Jesús (Lc. 23:6-12).

5. *Herodes Felipe II.* Hijo de H. el Grande y de la quinta mujer de éste, la judía Cleopatra. Desde 4 a.C. hasta 34 d.C. fue tetrarca de los territorios situados al E del curso superior del Jordán y del lago de Genesaret (Gaulanitis, Traconitis, Auranitis, Batanea, Paneas e Iturea; Lc. 3:1). Josefo lo elogia como un monarca justo y moderado. Reconstruyó Paneas, a la cual llamó Cesarea en honor del emperador (→ CESAREA DE FILIPO) y trató de convertir a Betsaida en ciudad con el nombre de Julias (en honor de una hija de Augusto). Al final de su vida se casó con Salomé, hija de Herodías, pero murió sin hijos (34 d.C.). Su tetrarquía quedó incorporada en la provincia de Siria y luego fue entregada por Calígula a H. Agripa I (37 d.C.).

6. *Herodes Agripa I o el Mayor.* En el NT se le llama "H.", pero Josefo lo conoce como "Agripa". Fue hijo de → Aristóbulo, y creció en Roma en estrecha relación con la familia imperial. Su amigo Calígula le confirió las tetrarquías de H. Felipe II y de Lisanias, junto con el título de rey (37 d.C.). Por sus intrigas, obtuvo la deposición de H. Antipas y se quedó con la tetrarquía de Galilea y Perea (39 d.C.). Finalmente, el nuevo emperador Claudio puso también bajo el dominio de este H. los territorios de Judea y Samaria (administrados desde 6 d.C. por procuradores romanos). Así, Agripa reconstituyó en sólo tres años un reino casi igual al de su abuelo H. el Grande.

Aunque era un helenista convencido, Agripa se hizo pasar por un hombre singularmente fiel a la ley judía y logró ganarse la simpatía de los judíos. Hizo importantes donativos para el templo. En el 40 d.C. trató de disuadir a Calígula de que hiciera erigir su estatua en el templo. Su persecución contra los primeros cristianos (Hch. 12:1-19) probablemente fuera una tentativa más de congraciarse con los fariseos y el pueblo. En un esfuerzo por debilitar su dependencia de Roma, empezó la construcción de una nueva muralla al N de Jerusalén, la cual no pudo concluir por prohibición del emperador. Su muerte, repentina y horrorosa, en Cesarea, a los 54 años, es relatada por Lucas (Hch. 12:20ss.) y por Josefo en forma esencialmente idéntica. Ambos escritores la interpretan como un castigo divino por haber aceptado que la gente lo aclamara como un dios (44 d.C.). Dejó cuatro hijos, de los cuales tres aparecen en el NT: Agripa, Berenice y Drusila.

7. *Herodes Agripa II o el Menor.* Hijo de H. Agripa I, nació en Roma *ca.* 27 d.C. y fue educado bajo el cuidado del emperador Claudio. Era aún muy joven, cuando murió su padre y, por tanto, Claudio no permitió que asumiera el mando del reino (el cual volvió a ser una provincia romana). Al morir su tío H. de Calcis en el 48 d.C., recibió la tetrarquía de éste en el Líbano, y la cambió después por las tetrarquías de Felipe y de Lisanias con el título de rey. Claudio lo nombró también inspector del Templo de Jerusalén con derecho de nombrar al sumo sacerdote. Hacia el 61 Nerón le otorgó nuevos territorios en Galilea y en Perea (Tiberias, Tariquea, Julias, etc.).

Acompañado por su hermana Berenice, con quien vivía escandalosamente, Agripa II escuchó la defensa de Pablo, ante Festo, en Cesarea (Hch. 25:13–26:32). Bajo su reinado se terminó el Templo de H. el Grande (62-64). Su simpatía por los romanos, atestiguada en monedas e inscripciones, se manifestó especialmente durante la guerra judía (66-70 d.C.). Primero, se esforzó por disuadir a los judíos de llevar a cabo una resistencia armada. Luego, al desatarse la guerra combatió al lado de los romanos. Fue herido en el sitio de Gamala y esto le valió ser recompensado por Vespasiano. Murió *ca.* 93 o 100 d.C., y su territorio fue incorporado a la provincia romana de Siria. Con él se extinguió la rama judía de la dinastía herodiana.   J.-D. K.

Bibliografía
Ricciotti, G., *Historia de Israel* II, Barcelona: Miracles, 1947; *EBDM* III, cols. 1192-1212.

HERODIANOS. Grupo que en varias ocasiones se alió con los fariseos en oposición a Jesús (Mt. 22:16; Mr. 3:6; 12:13). Acerca de su carácter y doctrinas, nada se sabe con certeza. Se supone que se trataba de un movimiento político judío que simpatizaba especialmente con la casa de → Herodes (en este caso, Antipas) por encima de los procuradores romanos, quizá con la esperanza del restablecimiento del reino davídico. Si esto era así, resulta sorprendente verles confabulados con los fariseos, cuyas opiniones políticas eran totalmente distintas. Esto muestra hasta qué punto tanto fariseos como h. llegaron a ver en Jesús a su enemigo común.   J. L. G.

HERODÍAS. Hija de Aristóbulo, nieta de Herodes el Grande y de Mariamne I, y hermana de Herodes Agripa I. Se casó primero con su tío Herodes Felipe I, de quien tuvo una hija, Salomé, y luego lo abandonó para convivir en unión ilícita con Herodes Antipas. Juan el Bautista fue víctima de su deseo de venganza y ejecutado por instigación suya (Mr. 6:17-29 //). Debido a su ambición indujo a Antipas a que fuera a Roma a solicitar el título de rey (39 d.C.). Cuando Antipas fue condenado al destierro, ella desdeñó la clemencia de Calígula, dispuesto a perdonar a la hermana de su amigo Agripa, y acompañó voluntariamente a su consorte en el exilio (→ HERODES IV).   J.-D. K.

HERRERO. Artesano que labora el → hierro, cuya pericia se conocía desde los más remotos tiempos (Gn. 4:22). Se le llamaba acicalador o platero, y a veces trabajaba la plata, el cobre, y el oro además del hierro.

Los ejércitos dependían casi totalmente de los h., pues las principales armas eran forjadas por ellos (→ ARMADURA). Así, cuando los filisteos raptaron a los h. israelitas, consiguieron superioridad militar (1 S. 13:19-22).

Por el siglo VI a.C. eran artífices muy apreciados. El rey Nabucodonosor los seleccionó con prioridad de entre los muchos cautivos que llevó a Babilonia (2 R. 24:14; Jer. 24:1). Se ocupaban con frecuencia en fabricar estatuas para el culto idolátrico (Jue. 17:4; Is. 40:19; 41:7; 44:12).

Los h. israelitas parecían meros principiantes al lado de los fenicios. Por ello Salomón contrató a → Hiram para hacer los principales trabajos de herrería para el templo (1 R. 7:13-51).   M. V. F.

HESBÓN. Importante ciudad del N de Moab. Sirvió de capital al territorio de Sehón, rey amorreo, quien la arrebató a los moabitas antes de la llegada de los hebreos (Nm. 21:24-26,34; Dt. 1:4). Fue poblada por la tribu de Rubén y más tarde por los gaditas (Nm. 21:32; Jos. 13:17,26). Después constituyó una ciudad de refugio de los levitas (Jos. 21:39). Cuando se dividió el reino, perteneció a Samaria y posiblemente sufrió la deportación hecha por Tiglat-pileser (2 R. 15:29). Posteriormente la recapturó Mesa, de Moab, quien trató cruelmente a los judíos, y contra quien Isaías y Jeremías dirigieron fuertes profecías (Is. 15:4; Jer. 48:2).

J. M. A.

HETEOS. → HITITAS.

HEVEOS. Descendientes de Canaán (Gn. 10:17; 1 Cr. 1:15) que habitaban en Siquem en días de Jacob (Gn. 33:18–34:31), y poseían → Gabaón en la época de Josué (Jos. 9:7). Fueron derrotados por Israel junto a las aguas de Merom (Jos. 11:3-8,17,19), pero no exterminados. Israel se mezcló con ellos ilícitamente, formando alianzas matrimoniales y tomando parte en su idolatría (Jue. 3:5-7). Se les menciona al lado de los araceos, quienes moraban en el Líbano. Se dice que allí vivían los h. (Jue. 3:3), y también "al pie de Hermón" (Jos. 11:3), donde todavía se encontraban en tiempos de David (2 S. 24:7). En este último texto los h. se nombran después de Tiro y Sidón.

Salomón impuso tributo a los h. "que los hijos de Israel no pudieron acabar" (1 R. 9:20,21; 2 Cr. 8:7,8). Algunos identifican a los h. con los horeos. A Zibeón se le llama "heveo" en Gn. 36:2, y "horeo" en los vv. 20-30 del mismo capítulo. En Gn. 34:2 y Jos. 9:7 la LXX traduce "horeo" en lugar de "heveo", y hay quienes leen "hititas" y no "heveos" en Jos. 11:3 y Jue. 3:3. Según Gn. 34:14-31 los h. no

Vista aérea del río Tigris (*Hidekel* en hebreo) en Mesopotamia, que muestra las vastas arboledas de palmeras que lo bordean. En la Biblia se menciona el Tigris como uno de los ríos que regaba el huerto de Edén.   MPS

practicaban la circuncisión; de donde se ha concluido que no eran semíticos.   E. A. N.

HIDEKEL ('rápido'). Nombre hebreo del río Tigris (nombre griego), uno de los "cuatro brazos" que regaban el Edén (Gn. 2:14; cp. Dn. 10:4).

Los dos principales afluentes del H., el Zab-al-Kabir y el Zab-al-Asfal, nacen en las montañas de Armenia y Qurdistán. Aproximadamente después de 1.800 km de recorrido se une al Éufrates, y con el nombre de Schattal-Arab desemboca en el golfo Pérsico. En la actualidad facilita el comercio entre las ciudades de Bagdad, Basora y Mosul.   R. R. L.

HIEL. Traducción de dos vocablos hebreos: *merera* ('amargura'), que con el tiempo se aplicó a la vejiga de la h. y a la bilis (Job 16:13; 20:14,25), y *ros*, la cicuta (Dt. 29:18; Sal. 69:21; Jer. 8:14,→ AJENJO). En Mt. 27:34 h. traduce el griego *jolé*, que algunos suponen que designa a la adormidera, *Papaver somniferum*, flor de la que se extrae el opio. Se cree también que el estupefaciente ofrecido a Jesús era "vino y mirra" (Mr. 15:23), pero es por influencia de Sal. 69:21 que el texto de Mt. reza "vinagre y h.".   J. A. G.

HIERÁPOLIS (gr. = 'ciudad sagrada'). Ciudad situada en Frigia, cerca de Laodicea y Colosas, en la confluencia de los ríos Lico y Meandro. Fue cuna del filósofo estoico Epicteto y se hizo famosa por sus termas, sus templos de Cibeles, diosa madre, y sus fiestas. Fue fundada en 190 a.C., por Eumenes II, rey de → Pérgamo, y pasó al poder romano en 133 a.C.

En tiempo de Pablo existía en H. una iglesia cristiana, atendida por → Epafras (Col. 4:12s.).
                R. O.

HIERBA. Traducción de varios términos hebreos que significan "plantas verdes". Alude especialmente a aquellas plantas que sirven de alimento para personas, y con más frecuencia para animales (Gn. 1:30; 3:18; 9:3), pero ninguno de los términos usados se refiere a una variedad específica de h. El salmista canta de los "delicados pastos" (Sal. 23:2), que son, a saber, la h. tierna.

Tanto en el AT como en el NT, la h. simboliza lo transitorio de la vida humana (Sal. 9:5; Stg. 1:10,11) y la providencia divina (Sal. 104:14; Mt. 6:30). (→ HIERBAS AMARGAS.)
                J. A. G.

HIERBAS AMARGAS. Eran parte de la cena pascual (Éx. 12:8; Nm. 9:11) y símbolo de la amargura de la servidumbre en Egipto. Se ha tratado de identificarlas con la lechuga, menta, berro y achicoria pero sin resultados positivos. Para celebrar la → Pascua hoy los judíos usan el rábano rústico como h.a. (→ HIERBA). J. A. G.

HIERRO. Metal cuyo descubrimiento, técnica y usos se atribuyen a los hititas (1500 a.C.), por-

que tanto en hebreo como en otros idiomas semíticos, la palabra "h." *(barzel)* parece derivar de la voz hitita *barzillu.*

Fue conocido y trabajado desde tiempos muy antiguos (Job 28:2). Tubal-caín lo trabajaba con el bronce (Gn. 4:22), y los israelitas lo conocieron y aprendieron a labrarlo durante el éxodo. Posiblemente también sabían cómo obtenerlo (Lv. 26:19; Nm. 35:16). Moisés en una de sus referencias a Canaán dice que allí abundaba ese metal (Dt. 8:9).

Su uso era múltiple (Dt. 3:11; 27:5; 1 S. 17:7), pero especialmente se empleaba en los carros de guerra (Jos. 17:16).

La expresión "de h.", en sentido metafórico, se emplea para referirse a la dureza del pueblo, a la sequía (Lv. 26:19), a la esclavitud (Dt. 4:20; 28:48), a la fuerza (Job 40:18; Ap. 2:27), a la obstinación (Is. 48:4) y a la fortaleza (Jer. 1:18). Por la forma de laborarlo y fundirlo, el h. simboliza violencia y dolor (Ez. 22:18,20). (→ HERRERO.)   J. E. D.

HÍGADO. En sentido corporal la Biblia sólo menciona el h. de los animales sacrificados (Éx. 29:13,22; Lv. 3:4,10,15). Sin embargo, los israelitas lo consideraban el asiento de la vida, muy semejante al corazón (Lm. 2:11). La cortesana que seduce a un adolescente es comparada con una flecha que le atraviesa –indistintamente, según las versiones– el h. o el corazón (Pr. 7:23).

Era común entre las civilizaciones primitivas reconocer la importancia vital del h. Los babilonios creían poder pronosticar enfermedades y hasta sucesos personales o nacionales mediante la observación del h. de los animales sacrificados (hepatoscopía). El profeta Ezequiel condena esta práctica de adivinación (Ez. 21:21). L. A. S.

HIGAION. Término musical que se menciona en Sal. 9:16 junto con → *selah,* para referirse probablemente al sonido solemne de la música ejecutada por el arpa en ese momento. En Sal. 92:3 se traduce "tono suave".   V. F. V.

HIGO, HIGUERA. Árbol, *Ficus carica,* de hojas poco durables, de 4 a 7 m de alto y ramas irregulares, frecuentemente curvadas. Ha sido apreciado desde la antigüedad por su fruto y su frondosa sombra, y porque, aunque crece lentamente, produce dos cosechas de h. al año. Sin embargo, los h. de invierno y principio de primavera, llamados *pagga* en heb., son pequeños, verdes, duros y no comestibles. Aparecen antes que salgan las hojas nuevas y crecen en las ramas que se desarrollaron el verano anterior (Mt. 24:32 //). Los *bikkura,* en cambio, son grandes, comestibles, y maduran desde mediados hasta fines del verano. Los h. se comen tanto frescos como secos, estos últimos con frecuencia en forma de torta (1 S. 25:18; 1 Cr. 12:40). Se prescriben también como medicina (2 R. 20:7; Is. 38:21).

Junto con la vid, la h. frecuentemente es símbolo de libertad, paz y prosperidad (1 R. 4:25; 2 R. 18:31; Is. 36:16; Jl. 2:22; Mi. 4:4; Hag. 2:19; Zac. 3:10). En ocasiones aparece a manera de ilustración en cuentos y parábolas, v.g. en la fábula de Jotam sobre los árboles del bosque (Jue. 9:8-15), o la parábola de Jeremías

La higuera era un árbol muy estimado tanto por su sombra como por su fruto, y era común encontrarla en los huertos caseros. Jesús hizo mención frecuente de la higuera en sus parábolas y pláticas.

sobre los exiliados (Jer. 24). Con frecuencia la h. o el h. aparecen en las profecías de desastres inminentes para Israel (Jer. 5:17; 8:13; Os. 2:12; Jl. 1:7,12; Am. 4:9). La interpretación de la acción dramática de maldecir la h. (Mt. 21:18-21; Mr. 11:12ss.,20s.; cp. la parábola en Lc. 13:6-9) se hace difícil pues el contexto y mucho del significado de la historia se han perdido.   J. A. G.

HIJA. Término que expresa en sentido estricto una relación de parentesco o dependencia, pero que también se usa en un sentido mucho más amplio. Por la idea de descendencia que conlleva, "h." puede aplicarse a cualquier mujer en sentido genealógico (Gn. 20:12; Sal. 45:10, 13; etc.), o puede referirse a una h. adoptiva (Est. 2:7) o a una alumna (Mal. 2:11). También ocurre en relación con el nombre de ciudades o países, para designar a las mujeres naturales de ellos; v.g. "h. de Sión" (Is. 3:16), "h. de Jerusalén (Lc. 23:28), y para referirse a aldeas dependientes de una ciudad grande (Nm. 21:25). Al igual que → hijo, puede entrar en la composición de algunos nombres propios (p.e. Bat-Seba).   V. A. G.

HIJO. Término que en sentido estricto expresa relaciones de parentesco directo con un padre, pero que también se usa en sentido más amplio. Puede designar a un pariente cercano o lejano (Gn. 29:5; Mt. 1:20), la cría de un animal (Sal. 147:9), el retoño de un árbol (Gn. 49:22), o al muchacho y la muchacha jóvenes (Pr. 7:7; Cnt.

2:7). También expresa con frecuencia pertenencia a un grupo determinado, p.e. "h. de Israel", "h. de Babilonia" (Esd. 2:3-17), "h. de Sión" (Sal. 149:2), "h. de los profetas" (1 R. 20: 35), → "h. de la provincia" (Esd. 2:1; Dn. 8:17).

"H." también destaca la pertenencia a un linaje o especie determinados (Gn. 11:5; Is. 19:11) o bien la posesión de una cualidad determinada: "h. de Belial" (Jue. 19:22 RV 1909), "h. de paz" (Lc. 10:6), "h. de luz" (Lc. 16:8; Jn. 12:36), "h. de desobediencia" (Ef. 2:2), "h. de este siglo" (Lc. 16:8). Por otra parte, los sabios solían llamar h. a sus discípulos (Pr. 2:1; 3:1,21, etc.).

Frecuentemente también el término "h." (heb. *ben*) forma parte de muchos nombres de personas, tribus y lugares, p.e. → Benjamín (Gn. 35:18), Bene-berac: "h. del relámpago" (Jos. 19:45). En sentido religioso, el vocabulario bíblico expresa muchas veces la relación entre Dios y los hombres con la categoría de → relaciones entre padre e h. (Gá. 3:26; 1 Jn. 3:2).
                              V. A. G.

HIJO DE DIOS. Título mesiánico más importante que Jesús usaba en la revelación de sí mismo. Aparece a veces en forma sencilla ("el H.") y a veces con otras palabras descriptivas.

I. ANTECEDENTES

Israel fue llamado hijo primogénito de Dios, objeto especial de su amor y cuidado (Éx. 4:22). Dios mismo prometió establecer el trono de su reino eterno, sobre el cual tanto Salomón como sus descendientes se sentarían (2 S. 7:13s.). La promesa divina a Salomón fue: "Yo seré su Padre, y él será mi hijo", pero en la distancia se podía vislumbrar al → Mesías, de quien se podría decir lo mismo. Dios designa a su Ungido como su hijo (Sal. 2:7). Ninguno de estos versículos usa la frase completa, pero es claro que siempre se habla de los que son hijos de Dios en una forma especial, sea Israel, Salomón, o el Mesías. Los dos últimos pasajes son citados en el NT con referencia a Jesús (cp. Heb. 1:5 donde los dos se encuentran juntos). En Job 1:6 y 2:1 la frase "h. de D." designa los seres celestiales que están en la presencia de Dios.

El título indica la creación inmediata de Dios. Adán era el h. de D., porque Dios lo creó (Lc. 3:38); y el mismo Jesús era resultado directo de la actividad creadora de Dios en la virgen María (Lc. 1:35).

El título tiene también un sentido de creación espiritual: todos los que creen en el H. de D. llegan a ser h. de D. (Jn. 1:12). Este es el significado del nuevo nacimiento de que habla Jesús (Jn. 3:3,5,7); la frase "nacer de nuevo" puede traducirse "nacer de arriba". La enseñanza de que Dios es nuestro Padre y que somos sus hijos tiene apoyo especial en los Evangelios según Mateo y Juan. (Cp. Ro. 8:14,15,19; Gá. 3:26; 4:5,6.)

II. Designación especial de Jesús

Algunos usos de este título indican la deidad de Jesús: el H. de D. es realmente Dios, el Hijo. Se ve esto en el primer capítulo de Juan, en donde se habla del Hijo unigénito de Dios, o sea el único de su clase (Jn. 1:14,18); es la misma persona a quien se le llama el → Verbo en 1:1, que era con Dios y era Dios. Los judíos comprendieron que Jesús se igualaba con Dios al decir que el Padre y él eran uno mismo (Jn. 10:30,33), o cuando dijo ser el H. de D. (Jn. 10:36).

En un pasaje considerado como juanino en el Evangelio según Mateo (11:27), la relación entre el Padre y el Hijo sólo se explica por igualdad de esencia: 1) El Padre ha entregado en las manos del Hijo todas las cosas. 2) Hay un mutuo conocimiento entre el Padre y el Hijo sólo explicable entre iguales. 3) El Hijo tiene la autoridad de revelar el Padre a quien quisiera.

En segundo lugar, el título "H. de D." se usa para explicar la subordinación de Jesús al Padre en la humillación de la → encarnación. El Padre es mayor que él (Jn. 14:28) y por eso Jesús se somete a su autoridad en todo, pero la armonía de ambos en propósito y acción es perfecta (Jn. 5:19-38).

En tercer lugar, "H. de D." señala a Jesús como el Mesías. La voz del Padre en el bautismo (Mt. 3:17) anuncia que Jesús es el Hijo a quien Dios ha escogido para llevar a cabo el ministerio mesiánico del siervo sufriente de Isaías (los textos del AT que corresponden a las palabras del Padre son Sal. 2:7 e Is. 42:1). Aquí se ve la combinación de los primeros puntos arriba mencionados: Jesús es Dios, el Hijo, quien en su encarnación, siendo sumiso a la voluntad del Padre, llega a ser el Mesías y a sufrir los tormentos de la cruz.

Nótese que los títulos "H. de Dios" y "Cristo" (= 'Mesías') se encuentran juntos en pasajes muy importantes: en la gran confesión de Pedro (Mt. 16:16); en el juicio ante el sumo sacerdote (Mt. 26:63); y también en la declaración del propósito del cuarto Evangelio (Jn. 20:31).

J. G. C.

HIJO DEL HOMBRE. Término que ocurre ochenta y dos veces en los Evangelios con referencia a Jesús, y sólo tres veces en el resto del NT (Hch. 7:56; Ap. 1:13; 14:14). En los Evangelios sólo Jesús lo usa, a excepción de Jn. 12:34. Era la manera en que prefería denominarse a sí mismo y a su ministerio mesiánico.

Hay tres posibles fuentes en el AT: 1) es sinónimo de "hombre" en la frase "el hombre... o el h. del h." (Sal. 8:4). 2) Es el nombre especial con que se designaba a Ezequiel (2:1; 3:1; 4:1), y a Daniel (8:17). 3) Es un personaje celestial y apocalíptico que desciende del cielo para tomar el poder de los reinos del mundo al fin de la historia (Dn. 7:13s.). También se encuentra en dos escritos judíos (→ APÓCRIFA) del tiempo intertesta-

mentario, Enoc y IV Esdras. Muchos eruditos aceptan la referencia en Daniel como fuente del uso del término por el Señor, y creen que al usarlo él, decía ser el → Mesías. Pero quienes oían a Jesús se sentían perplejos al escuchar el término, ya que el Mesías tenía que venir de la línea de David (2 S. 7:12ss.).

I. Uso del Nombre

Al principio de su ministerio el Señor usaba la frase para indicar ciertos aspectos de su ministerio mesiánico. Como el H. del H., tenía la autoridad de perdonar pecados (Mt. 9:6) y era Señor del sábado (Mr. 2:27s.); pero no tenía dónde recostar la cabeza (Mt. 8:20), y los hombres hasta podían blasfemar contra él (Mt. 12:32). Sin embargo, serían bienaventurados todos los que fueran perseguidos y aborrecidos por causa del H. del H. (Lc. 6:22).

Después de la confesión de Pedro, estando los discípulos convencidos ya de que Jesús era el Mesías (Mt. 16:16), el Señor empleó el término con dos significados nuevos: 1) como título que implicaba sus sufrimientos, muerte y resurrección (Mr. 9:12,31; 10:33s.,45, etc.). 2) como título que denunciaba su segunda venida en gloria y poder (Mt. 16:27; 25:31-46; Mr. 13:26ss.; 14:62; Lc. 17:24). El segundo correspondía casi exactamente al cuadro de Dn. 7:13s., pero el primero, el de sus sufrimientos y muerte, complicaba más la identidad de Jesús para sus contemporáneos.

En el cuarto Evangelio Juan agrega a este cuadro la enseñanza de que el H. del H. es juez (5:27), y el dador de la vida eterna (6:27), que será glorificado por sufrir la cruz (12:23,34; 13:31).

II. Su significado

Todo esto parece enigmático; los mismos eruditos luchan por encontrar el verdadero significado del término. Es posible, sin embargo, que Jesús usara esta frase poco comprensible para indicar su mesiandad, y a la vez evitar el término "Mesías" que solía interpretarse en sentido militar. Jesús no quería que lo confundieran con un Mesías militar, que libertaría a Israel del dominio de Roma. Por eso, escogió un título que manifestaba su mesiandad sin el peligro de ser entendido mal.

J. G. C.

HILAR. Arte muy practicado por hombres y mujeres aun antes de los tiempos bíblicos. Fue utilizado en la construcción del → tabernáculo, para la fabricación de cortinas y tiendas (Éx. 26:1-14; 35:35). Era una ocupación práctica y digna para las mujeres hebreas (Éx. 35:25,26; Pr. 31:19; cp. Mt. 6:28).

El hilo se elaboraba con lana, cáñamo y pelo de cabra o de camello. Las fibras eran estiradas y trenzadas por medio de una rueca o huso. Los hilanderos hebreos eran tan diestros en este arte que aun lo practicaban andando por los caminos o montados en sus burros.

M. V. F.

HILCÍAS. Nombre de por lo menos ocho personas.

1. Padre de Eliaquim, mayordomo de Ezequías (2 R. 18:18,26,37; Is. 22:20; 36:3,22).

2. Sumo sacerdote en el reinado de Josías (2 R. 22 y 23; 2 Cr. 34; 35:8) quien halló el libro de la ley durante la reparación del templo (2 R. 22:8). Cooperó en la consecuente reforma (2 R. 23:4ss.).

3 y 4. Levitas de la familia de Merari (1 Cr. 6:44,45; 26:10,11).

5. Uno de los que estuvieron con Esdras cuando se leyó la ley de Dios al pueblo (Neh. 8:4).

6. Uno de los sacerdotes que subió con Zorobabel a Judea (Neh. 12:7,21). Podría ser el mismo N.° 5.

7. Padre de Jeremías, profeta y miembro de la familia sacerdotal de Anatot (Jer. 1:1).

8. Padre de Gemarías, embajador de Sedequías ante Nabucodonosor (Jer. 29:3).   P. S.

HIMENEO ('Perteneciente al dios del matrimonio'). Maestro pernicioso de Éfeso que, con Alejandro y Fileto, se desvió de la verdad tanto en la fe como en la práctica. Enseñó que la resurrección ya se había efectuado (2 Ti. 2: 16ss.). Posiblemente H. se había unido a los →gnósticos, que negaban la resurrección corporal, y pervertía la doctrina paulina al respecto (Ro. 6:1-11; Col. 2:12) enseñando que la única resurrección era la espiritual, la cual se realiza en la conversión.

Como consecuencia de este error, Pablo lo entregó a Satanás para que aprendiera a no blasfemar (1 Ti. 1:20; cp. 1 Co. 5:5). Hay diferencias de opinión acerca del significado preciso de este acto, pero parece que fue una especie de excomunión junto con la imposición de alguna enfermedad corporal para el provecho espiritual del individuo (cp. 1 Co. 11:30). Cuando Pablo escribió 2 Ti. la disciplina no había provocado todavía el arrepentimiento de H. (2:17).

D. M. H.

HIMNO (gr. = hýmnos). Término empleado por algunos escritores clásicos para referirse a una oda o cántico que exalta a un héroe o una divinidad. Los traductores de la LXX lo aplican a la exaltación de la gloria de Yahveh, en la naturaleza y en la historia (Sal. 40:3; Is. 42: 10-12; 44:23).

La estructura del h. generalmente incluye (v.g. Sal. 148 y 150): un preludio, invitación a la alabanza; un cuerpo principal, enumeración de los atributos o hazañas de Dios, y a veces la repetición del preludio entre estrofas o al final (Sal 98:4-8; 103:22).

En el NT la palabra aparece en unos pocos pasajes como Mt. 26:30; Ef. 5:19; Col. 3:16. Pero en cambio encontramos numerosos h. de sabor veterotestamentario (Lc. 1 y 2); algunos antiguos litúrgicos en torno a Jesucristo (Ef. 5:14; Fil. 2:6-11; 1 Ti. 3:16) y numerosas doxologías (v.g., Ap. 4:8,11), que probable-

mente tuvieron un uso evangelístico, didáctico y litúrgico (→MÚSICA).   F. J. P.

HIN. Medida de líquidos, posiblemente originaria de Egipto, usada en el AT para medir el aceite y el vino de las ofrendas (Éx. 29:40; 30:24; Nm. 15:4,7,9). Equivalía a la sexta parte del → bato, o sea 3.66 litros. (→MEDIDAS.)

A. T. P.

HINOM. Valle profundo al S de Jerusalén, conocido también como el valle del hijo de Hinom (Jos. 15:8a; etc.), que demarcaba el límite entre las tribus de Benjamín y Judá (Jos. 15:8b.; 18:16). La mayoría de los expertos lo identifican con Wadi al-Rababi que actualmente circunda la ciudad de Jerusalén hacia el S y el O. Cerca a la parte más ancha que da al Cedrón se le llama →Tofet (2 R. 23:10; Jer. 7:31s.; 19: 2-6).

Fue en H. donde Salomón erigió lugares altos a Moloc (1 R. 11:7), y Acaz y Manasés hicieron "pasar a sus hijos por fuego" (2 R. 16:3; 2 Cr. 28:3; 33:6; Jer. 32:35). Para poner fin a estas abominaciones, Josías profanó el sitio con huesos humanos y otras contaminaciones (2 R. 23:10,13s.; 2 Cr. 34:4s.), y lo convirtió en crematorio donde echaban las inmundicias de la ciudad. Así, este lugar llegó a simbolizar para

El profundo y angosto valle de Hinom, que constituía el antiguo límite meridional de la vieja Jerusalén. En tiempo del rey Manasés aquí se hacía sacrificio de niños al dios Moloc, práctica severamente condenada por Jehová. De aquí proviene la denominación neotestamentaria de Hades, o sea lugar de eterno juicio.

MPS

todo Jerusalén el horror y el deshonor, y su fuego permanente que destruía las basuras tipificó la ira divina (cp. Is. 30:33; 66:24). Posteriormente los judíos aplicaron el nombre de este valle, que en la LXX es *Gueena* (con base en el arameo *gue-hinnam*), al lugar de eterno sufrimiento destinado a los ángeles rebeldes y a los hombres condenados. En este sentido se usa en el NT (Mt. 5:22,29s.; 10:28; Mr. 9:43,45,47; Lc. 12:5; Stg. 3:6; →HADES, INFIERNO).

J. B. B.

HIPÓCRITA. El que pretende o finge ser lo que no es. Es una transcripción del vocablo gr. *hypokriteis*, que significaba actor o protagonista en el teatro griego. Los actores solían ponerse diferentes máscaras conforme al papel que desempeñaban. De ahí que "h." llegara a designar a la persona que oculta la realidad tras una "máscara" de apariencias.

Jesús censuraba severamente la hipocresía. En el Evangelio de Mateo, empleó la palabra quince veces (6:2,5,16; 15:7; 16:3; 22:18; 23:13-29; 24:51), aplicándola especialmente a los escribas y fariseos quienes eran notables por su fingimiento religioso.

El cristiano debe guardarse de caer en la hipocresía. Pablo reprendió a Pedro por esta falta (Gá. 2:11-14), y más tarde el propio Pedro exhorta a los cristianos a evitar el mismo error (1 P. 2:1).

W. M. N.

HIRAM. 1. Rey de →Tiro, contemporáneo de David y Salomón. Cuando David conquistó a Jerusalén, H. le envió una embajada amistosa, así como madera de cedro, carpinteros y canteros que contribuyeron a la edificación del palacio de David (2 S. 5:11; 1 Cr. 14:1). Más tarde, también ayudó a Salomón en la construcción del templo (1 R. 5; 2 Cr. 2:1-18). A cambio de esta ayuda, Salomón pagaba a H. una cantidad anual, y más tarde le entregó veinte ciudades que éste recibió con desagrado y a las que dio el nombre de →Cabul. Ambos gobernantes establecieron convenios para sus empresas mercantiles y navieras (1 R. 9:26-28; 10:11,22; 2 Cr. 8:17,18; 9:10,21).

En su propio reino, H. se dedicó a fortalecer y embellecer la ciudad de Tiro. Construyó en ella dos grandes templos, y enriqueció varios otros. Dirigió además una campaña contra Chipre, que se había negado a pagar su tributo anual.

2. Artífice a quien el rey de Tiro, del mismo nombre, envió a Salomón para que hiciese las decoraciones en bronce para el templo (1 R. 7:13-47; 2 Cr. 2:13,14; 4:11-18). Era hijo de un artífice de Tiro y de una mujer israelita, quizá de la tribu de Neftalí (1 R. 7:14) o de la de Dan (2 Cr. 2:14). Su principal obra en el templo fueron las dos grandes columnas que recibieron los nombres de →Jaquín y Boaz.   J. L. G.

HISOPO. Mucho se ha discutido en el pasado la identificación del h. Hoy hay acuerdo en que se trata de la mejorana siria, el *Origanum maru*, planta pequeña y olorosa. Manojos de ramitas de h. se usaron para la aspersión de los dinteles israelitas en Egipto (Éx. 12:22), para la purificación de leprosos y de casas (Lv. 14:4-52), y para el sacrificio de la vaca alazana (Nm. 19:6,18; cp. Sal. 51:7). Los samaritanos todavía lo usan como aspersorio de la sangre del sacrificio pascual.

El h. que se usó para dar vinagre a Jesús (Jn. 19:29) puede ser el *Sorghum vulgare*, que produce un tallo alto, pero cp. el margen en BJ. El h. es símbolo de la humildad (1 R. 4:33).

J. A. G.

HITITAS. Descendientes de Het, segundo hijo de Canaán (Gn. 10:15; 23:3), de los cuales hace unos setenta años se sabía muy poco. Han sido conocidos gracias a la nueva luz de la arqueología. Por el año 1906 fueron descubiertas, a unos 150 km al E de Ankara, las ruinas de la capital del antiguo Imperio Hitita. En 1915 se logró descifrar la escritura cuneiforme hitita y se estableció su origen indoeuropeo.

I. EL IMPERIO HITITA

Fue fundado *ca.* 1800 a.C. por una nación indoeuropea establecida unos dos siglos antes en el Asia Menor, en ciudades-estado. Posiblemente llegó al apogeo de su poder en los siglos XIV y XIII a.C. y se extendió al N de Mesopotamia, por toda la Siria, y muy al S. hasta el Líbano. Según el AT, la tierra de los h. abarcaba todo el territorio de Siria, "desde el desierto y el Líbano hasta el gran río Éufrates, toda la tierra de los heteos hasta el gran mar donde se pone el sol" (Jos. 1:4). Se habla también de los h. como de un grupo étnico que vivía en Canaán desde los tiempos patriarcales hasta después del establecimiento de los israelitas en la Tierra Prometida (Gn. 15:20; Dt. 7:1; Jue. 3:5). Se les llama "los hijos de Het" (Gn. 23:3). Probablemente eran emigrantes de alguna parte del Imperio Heteo, o posiblemente hubo "protohititas", pueblos del mismo nombre que ocuparon Asia Menor antes de la llegada de los indoeuropeos, y de los cuales los h. tomaron su nombre.

Abraham compró a los hijos de Het una heredad (Gn. 25:7-11), y Esaú tomó mujer de las hijas de Het (Gn. 27:46). Según Ez. 16:3,45; el origen de Jerusalén es amorreo e h. Urías el hitita era uno de los valientes de David (2 S. 23:39). Uno de los compañeros de David cuando éste huía de Saúl era Ahimelec hitita (1 S. 26:6). La última referencia a los h. de Canaán se da en los días de Salomón (2 Cr. 8:7).

Los h. estaban muy adelantados en el uso del hierro y lo trabajaron desde el siglo XIV, hecho que les ayudó a conquistar a muchos pueblos vecinos. La expansión hacia el S provocó un conflicto con el Imperio Egipcio (→CRONOLOGÍA DEL AT, batalla de Cades, 1286) pero poco después (1280) los dos imperios hicieron un pacto de no agresión.

No se conocen con certeza las causas que produjeron por el año 1200 a.C. el eclipse del poderío hitita. Probablemente fue el resultado del avance de los Pueblos del Mar (→FILISTEOS). Al caer el Imperio Hitita las ciudades situadas al norte del Tauro en Asia Menor llegaron a ser posesión de Tubal. En Siria, siete ciudades que habían pertenecido al imperio perpetuaron el nombre por varios siglos. "Los reyes de los h." (1 R. 10:29) fueron los gobernantes de varias ciudades-estado, entre las cuales Hamat y Carquemis eran las principales. Hamat se alió con David (2 S. 8:9,10). Salomón tuvo relaciones diplomáticas familiares y comerciales con los h. (1 R. 10:26−11:3). Todavía en el siglo IX sus soldados eran temidos (2 R. 7:6). Hamat (720 a.C.) y Carquemis (717 a.C.) cayeron bajo el poder asirio (2 R. 18:34; 19:13; Is. 10:9).

II. Su cultura

La cultura hitita no era tan avanzada como la de los egipcios y babilonios. Sin embargo, los h. ejercieron gran influencia en el Medio Oriente por casi 700 años. Usaban la escritura cuneiforme acádica y su propia escritura pictográfica. Tanto las artes como la religión de los h. eran bastante primitivas. Tenían muchos dioses, a quienes ofrecían alimentos, bebidas, animales y seres humanos en sacrificio, y eran muy dados a la magia y la adivinación.

Los textos hititas arrojan luz sobre varios pasajes bíblicos. La compra de la cueva de → Macpela fue hecha según las reglas hititas. Ciertos ritos cúlticos de los hebreos se ven también entre los h. Aunque los hebreos escribieron mejores historias antiguas (→ 1 y 2 SAMUEL; 1 y 2 REYES), los h. tenían un mejor sentido histórico. La forma literaria del → pacto entre Dios e Israel en Dt. y en todo el → Pentateuco muestra sorprendentes paralelos con la forma literaria de las alianzas entre los h. y sus vasallos.   E. A. N.

Bibliografía
EBDM III, 1294ss.; *DBH*, p. 863.

HOBA. Lugar al N de Damasco, hasta donde Abraham persiguió al ejército derrotado de Quedorlaomer y sus aliados (Gn. 14:15). El sitio es desconocido. Puede haber sido el nombre de la región alrededor de Damasco o de un pueblo importante antes que ésta se fundara.   J. E. G.

HOBAB ('favorecido', 'amado'). Príncipe madianita hijo de Ragüel o Reuel (Nm. 10:29). Según este v., no es posible establecer sin ambigüedad si el suegro de Moisés era H. o Ragüel. Jue. 4:11 afirma que H. era el suegro de Moisés, pero en Éx. 2:18 Reuel figura como el padre de Séfora, la esposa de Moisés. Entre los musulmanes hay una tradición que identifica a H. con Jetro, pero hay otros que sugieren la identificación entre Reuel y Jetro. En este caso H. sería cuñado de Moisés.   A. R. D.

HOJARASCA. → TAMO.

HOLOCAUSTO ('enteramente quemada'). El → sacrificio más antiguo de la Biblia (Gn. 4; 8:20;

Se presume que el altar del holocausto en el templo de Salomón fue levantado sobre la roca de Moríah, lugar preciso donde Dios había ordenado el sacrificio de Isaac. Hoy en día éste ocupa el centro de la mezquita árabe, conocida como la Cúpula de la Roca.
MPS   MPS

22:2; Éx. 10:25) y uno de los más importantes en la religión israelita (1 R. 3:3,4; Esd. 3:2-4). De acuerdo con las instrucciones de Lv. 1, el h. era la ofrenda total de la víctima sobre el altar. Después de degollar al animal, se rociaba su sangre sobre el altar. Antes de prender el fuego, se lavaban los intestinos de la víctima y se acomodaba las partes sobre el altar. En el caso de las aves, se les quitaban las plumas y el buche y ambas cosas se desechaban, pero lo demás se quemaba por entero.

Se ofrecía h. cada mañana y cada tarde, y en ocasiones especiales como después del parto para la purificación de la mujer (Lv. 12:6-8), o para la limpieza de un leproso (Lv. 14:10-31), de un hombre o mujer con flujo (15:15ss.) o de un nazareno (Nm. 6:10ss.).   P. S.

HOMBRE. No siendo la Biblia un texto de ciencia, vano sería intentar descubrir en sus páginas una antropología, una biología o una psicología. La Biblia no da, pues, una definición del h., sino que lo caracteriza existencialmente a la luz de su relación con Dios.

La relación del h. con Dios se hace evidente desde la creación misma del h. Gn. 1 y 2 afirma que Dios creó al h. del polvo de la tierra; en consecuencia, como criatura, es parte de la → creación. Sin embargo, el h. no es dios, como han pretendido los diversos humanismos. Está limitado en su poder (Mt. 19:26; Jn. 3:27; Ro. 6:19), en su sabiduría (1 Co. 1:25; 2:13; 3:18-20) y en su libertad (Ro. 7:14-24), y es un ser mortal (Gn. 3:19; Ro. 5:12; 1 Co. 15:21). Pertenece a la tierra (1 Co. 15:47a) y está sujeto a las contingencias de los demás elementos de la creación. Es innegable su semejanza física con los animales, e incluso Gn. afirma que el h. fue creado en un mismo día con ellos (1:25-27). Es íntima su dependencia de la tierra, y su mortalidad apunta a un destino común con las especies inferiores.

No obstante su íntima relación con la naturaleza y los seres inferiores, el h. no es una bestia. La Biblia destaca su noble dignidad (Sal. 8:5, "Le has hecho poco menor que los ángeles". El original dice: *Elohim*, e.d.: los dioses o la divinidad). Dios lo creó a su → imagen (Gn. 1:27).

Asimismo, al h. le fue dada autoridad sobre la naturaleza (Gn. 1:28; Sal. 8:5-8), para dominarla según la voluntad del Creador (Stg. 3:7). Ningún hombre, por tanto, es despreciable (Hch. 10:28), pues es "linaje de Dios" (Hch. 17:28), y él ha hecho de una sola sangre todo el linaje de los h. Toda discriminación racial, social, sexual, cultural, atenta contra el propósito creador divino (Gá. 3:28). En beneficio del h., criatura suprema de la creación, Dios ha legislado contra el crimen y el ultraje entre humanos (Éx. 20:13), y ha establecido el amor como el vínculo de relación entre los h. (Mt. 7:12; 22:36-40; Ro. 13:10).

En el nombre del primer h., → Adán, además de una distinción personal, hay una connotación corporativa (Ro. 5:12-21; 1 Co. 15:21,22). Los límites precisos entre el h. y su comunidad no aparecen nítidamente delineados. De acuerdo con Gn. 1:27, Dios creó a la pareja humana a su imagen. La expresión "no es bueno que el h. esté solo" (2:18) indica que la plenitud de la humanidad no se alcanza en el aislamiento individual sino en la relación social. Este carácter corporativo del concepto "h." corrobora la unidad del género humano.

Gn. 3 pone de manifiesto una tragedia. Se ha producido una ruptura inicial con Dios; la criatura se rebela contra su creador y la rebelión

tiene consecuencias ineluctables. La realidad del pecado mancha la totalidad de la vida del h., y nadie escapa de esta lamentable condición (Ro. 3:23). A despecho de su egocentrismo, el h. no puede liberarse del todo de la ley de solidaridad que hay en su naturaleza (cp. Jn. 3:19). Al h. atrapado en semejante situación la Biblia lo llama "h. natural" (1 Co. 2:14), "carnal" (1 Co. 3:3), "hijo de ira" (Ef. 2:3), "hijos de desobediencia" (Col. 3:6), "h. viejo" (Ro. 6:6), etc. Los términos con que denuncia el pecado humano se ajustan estrictamente a la realidad y no vacila en hacerlo aun en forma cruda (→PECADO).

A pesar de todo el pecado del h., es el mundo de los h. el que es objeto del amor de Dios. La quebrada relación con el Creador se restablece en Cristo por medio de la Cruz (Jn. 3:16; Ro. 5:1-21; 2 Co. 5:14-21; Col. 2:9-15, →JUSTIFICACIÓN). Esta renovada relación con Dios constituye al h. en "hijo de Dios" (Jn. 1:12,13), "una nueva criatura" o "creación" (2 Co. 5:17), "h. espiritual" (2 Co. 2:15) y en "h. nuevo" (Ef. 4:24; Col. 3:10). Este nuevo h. también es corporativo y no meramente individual (Ef. 2:14-16; Col. 2:10). (→IGLESIA, REINO DE DIOS.)

La real transformación del h. se efectúa por Jesucristo. Él es la acción soberana de Dios a nuestro favor, el Hijo de Dios, el Verbo hecho h., "la imagen misma de [la] substancia" de Dios (Heb. 1:1-4), que revela la naturaleza profunda del amor divino (Ro. 5:8; Ef. 2:4-10; 1 Jn. 3:16). A la vez, él es el h. perfecto (Jn. 1:14; 19:5; Ef. 4:13) en quien se revela el propósito redentor de Dios a favor del h. (2 Co. 3:18; 1 Jn. 3:2). Dentro de esta perspectiva ha de entenderse la invitación a imitarle (Jn. 13:15; 1 P. 2:21) y a crecer en santidad (Col. 2:8-3:17; 1 Ts. 5:12-24; 4:1-3; 1 P. 1:13-25).

El pecado del h. había introducido el desorden, pero su redención acarrea redención para la creación entera (Ro. 8:21-23 →REDENCIÓN, JESUCRISTO). Cristo es el auténtico h., el segundo Adán (1 Co. 15:45-47), y por medio de él Dios se propone "presentar a todo h. perfecto" (Col. 1:28) y "reconciliar consigo todas las cosas" (Col. 1:15-23).

Tanto en el AT como en el NT se mencionan elementos constitutivos del h.: → alma, → cuerpo, → espíritu, → carne, → sangre; y también órganos: → corazón, → riñones, → entrañas, etc. Sin embargo, es forzar estos términos tratar de entenderlos como conceptos que conforman una teoría antropológica o psicológica determinada, o entenderlos a la luz de nociones de la filosofía griega, p.e. la Biblia no emplea estos términos con rigor científico y un mismo vocablo puede denotar diversos sentidos, o dos vocablos diferentes pueden denotar una misma realidad humana. La Biblia habla siempre del h. como una realidad total.

La Biblia jamás desdeña el cuerpo físico ni sus funciones, como ha solido hacer cierto misticismo. Habla con naturalidad y libertad de la vida sexual, cosa que no hizo ni el puritanismo, católico ni el protestante. El pensamiento bíblico culmina con esta declaración de Pablo: "Vuestro cuerpo es templo del Espíritu Santo" y es pertenencia de Dios (1 Co. 6:19). En consecuencia, el cuerpo no ha de ser degradado (Ro. 1:24) pues será objeto de redención (Ro. 8:23; Fil. 3:21), debe ser dedicado a la glorificación de Dios (1 Co. 6:12-20). La Biblia desconoce la existencia incorpórea. Por eso, más que hablar de la →inmortalidad del alma, habla de la →resurrección del cuerpo; con lo cual afirma la vida en la eternidad como existencia concreta y personal. Pablo declara en 1 Co. 15:44,54 que "resucitará cuerpo espiritual". El vocablo "cuerpo" se emplea para denotar la totalidad de la persona (Ro. 12:1). Especial significación adquiere, de esta manera, el →cuerpo de Cristo y su sacrificio, en virtud del cual los creyentes son hechos Su cuerpo que es la iglesia (Ef. 1:23; 3:6).

Tampoco cabe distinguir en el NT entre alma y espíritu como si se tratase de dos partes distintas de la personalidad. Se trata de una misma realidad vista desde distintos ángulos. Por alma en general se traducen los términos griegos *psyjé* y *nous* y por espíritu, *pneuma;* pero este último término expresa especialmente la noción de la persona en cuya vida actúa el Espíritu de Dios. Lo espiritual, pues, es la obra del Espíritu Santo y el h. "espiritual" puede ser contrapuesto al h. "natural". En todo esto, como también en otros sentidos, el h. es a la vez la imagen de Dios, la víctima de sus propios pecados y el participante de la gracia de Cristo. (→CONCIENCIA.)   C. T. G.

HOMER. Máxima medida de capacidad para áridos que usaban los hebreos, probablemente tomada del concepto de la carga de un burro. Contenía 10 →batos o efas, o sean 220 litros (Lv. 27:16; Is. 5:10; Ez. 45:11). (→MEDIDAS.)
                                             A. T. P.

HOMICIDIO. Muerte causada a una persona por otra. Dios condena severamente este pecado por cuanto el hombre es criatura suya hecha a su imagen y semejanza (Gn. 9:5,6).

El AT establece la distinción entre el asesinato (voluntario y premeditado) y el h. por imprudencia. El asesino era castigado con la pena de muerte, mientras que el homicida involuntario podía acogerse al derecho de asilo (→CIUDAD DE REFUGIO). Pero ni uno ni otro podían evadir las consecuencias mediante un rescate.

En caso del asesinato de un hombre libre, el *goel* o →"vengador de sangre" ejecutaba la pena de muerte. Este vengador era el pariente más cercano de la víctima. Sin embargo, debía haber sentencia previa y la venganza había de alcanzar únicamente al culpable, y no a sus parientes (Dt. 24:16). De lo contrario, esa muerte volvería a ser h.

Parece que muy poco se tenía en cuenta el derecho de legítima defensa (2 S. 2:22; 14:6). No obstante, el código de la alianza declaraba: "Si el ladrón fuere hallado forzando una casa, y fuere herido [de noche] y muriere, el que lo hirió no será culpado de su muerte. Pero si fuere de día, el autor de la muerte será reo de h." (Éx. 22:2,3).

Cuando se desconocía el autor de un h., los ancianos de la ciudad más próxima al lugar donde había sido hallado el cadáver, debían ofrecer un sacrificio especial de expiación (Dt. 21:1ss.).

La ley de la sangre desempeñaba también un papel en los casos que nosotros llamaríamos de responsabilidad civil: accidente provocado por falta de pretil en la terraza de una casa (Dt. 22:8); muerte de una persona corneada por un buey del que se sabía que era "corneador". Pero, en este último caso, el dueño del animal podía rescatar —excepcionalmente— su vida, pagando el rescate (Éx. 21:29-31).

La muerte de un esclavo no tenía las mismas consecuencias que la de un hombre libre. El homicida no era castigado sino en el caso de que el esclavo muriera inmediatamente y, en este caso, la pena no era capital (Éx. 21:20,21).

El rapto de una persona libre para venderla como esclavo, era un delito que se consideraba como h. y se castigaba con la muerte (Éx. 21:16; Dt. 24:7).

El NT interioriza el crimen del h. En contraste con la ley del AT ("No matarás"), Jesucristo enseña que "cualquiera que se enoje contra su hermano será culpable de juicio" (Mt. 5:21s.). Por otra parte, aplica la misericordia: "Oísteis que fue dicho: ojo por ojo y diente por diente. Pero yo os digo... Amad a vuestros enemigos... Porque si amáis a los que os aman, ¿qué recompensa tendréis?" (Mt. 5:38-46; Lc. 6:27-36). "Y Jesús decía: Padre, perdónalos, porque no saben lo que hacen" (Lc. 23:34).
                                             C. R.-G.

HONDA. Tira generalmente de cuero, ensanchada en su parte central, usada para lanzar piedras con violencia. A veces se ataban a sus extremos dos correas, también de cuero, y esto hacía mayor su alcance.

Era arma favorita de los pastores orientales, pero también la usaron en la guerra los israelitas, sirios, persas y egipcios (Jue. 20:16; 2 R. 3:25; 2 Cr. 26:14). El hondero hacía girar la h. por sobre su cabeza y luego soltaba uno de los extremos o correas para liberar la piedra. Esta era capaz de matar a un hombre a 400 pasos.

David, con la habilidad que caracterizaba a los pastores de Palestina, mató con su h. a →Goliat, campeón de los filisteos.

Los benjamitas, quienes eran zurdos y por tanto ambidextros, eran famosos en el uso de la h. (Jue. 20:16).   A. C. S.

HOR ('montaña'). 1. Monte situado "en la extremidad del país de Edom" donde murió Aarón

(Nm. 20:22-29; 33:37-39). Tradicionalmente se ha identificado con Jebel Harum, montaña situada al O de Edom, pero esta identificación no es muy probable. Esta segunda montaña es alta y se encuentra demasiado alejada de la ruta de los israelitas quienes, de acuerdo con Nm. 20:22-29, presenciaron en H. la transferencia de los poderes sumosacerdotales de Aarón a su hijo Eleazar. Es más probable que H. sea Jebel Madeira, ubicado 24 km al NE de →Cades.

2. Montaña mencionada en Nm. 34:7 como el límite septentrional de Canaán. Probablemente sea una montaña prominente en la cordillera del Líbano, quizás el monte Hermón o Jebel Akkar.

J. E. G.

HORA. Aunque para nosotros "h." significa la vigésima cuarta parte del →día entero, para los hebreos representaba más bien un momento en el curso del día, o, más tarde, la duodécima parte del período comprendido entre el amanecer y el atardecer. La noche solía medirse por vigilias (cp. Lc. 12:38) de tres o cuatro h.

Originalmente la h. señalaba un punto de → tiempo aproximado; el pueblo se guiaba por divisiones generales del día —mañana, mediodía y tarde— sin guiarse por h. de duración precisa. La paloma volvió al arca de Noé "a la h., de la tarde" (Gn. 8:11), e Isaac había salido "a la h. de la tarde" (Gn. 24:63). Más tarde la h. adquirió un sentido más preciso, y señalaba algún momento específico, tal como la h. del sacrificio (Esd. 9:5). En la época de Isaías hubo relojes de sol (2 R. 20:9ss.), y debido a sus contactos con los babilonios los israelitas comenzaron a usar el concepto de la h. en su forma moderna. Daniel, p.e., quedó atónito casi una h. (Dn. 4:19), Jesús reprendió a sus discípulos porque no pudieron velar con él ni una h. (Mr. 14:37), y en la visión apocalíptica hubo silencio en el cielo "como por media h." (Ap. 8:1). Así que la h. llegó a ser una unidad de tiempo de duración definida.

Las h. más mencionadas en la Biblia son la tercera, sexta, novena y undécima; p.e., en la parábola de los labradores de la viña (Mt. 20:3,5). La h. undécima ha llegado a ser expresión proverbial que significa una última oportunidad (Mt. 20:6,9). La aparente contradicción de h. en los relatos de la crucifixión de Cristo puede explicarse, según algunos exegetas, al entender que la "ha. sexta" en que Pilato sentenció a Jesús (Jn. 19:14) se contaba desde la medianoche cuando empezaba el día civil romano, mientras la "ha. tercera" de Mr. 15:25 se calculaba desde el amanecer, al estilo judío.

En un sentido más personalizado y estratégico, el Señor Jesucristo con frecuencia se refería al momento histórico de su pasión como "mi h." (Mt. 26:45; Jn. 2:4; 12:23; cp. Jn. 7:30; 8:20). En cambio, calificó de "vuestra h." a aquella en que se les permitió a sus enemigos ejercer autoridad transitoria sobre su persona (Lc. 22:53). La h., pues, también significa un punto crítico en la historia de la salvación.

W. D. R.

HOREB. →Sinaí.

HOREOS. Habitantes del mte. Seir antes de que éste fuera ocupado por los →edomitas (Gn. 14:6; Dt. 2:12,22). El origen de esta raza es incierto. Tradicionalmente se creía que habían sido trogloditas que vivieron en las cuevas del mte. Seir y sus alrededores. Pero recientes descubrimientos arqueológicos acerca de la civilización hurrita, por el río Éufrates, han hecho a muchos peritos relacionar a los h. de la Biblia con esta civilización.

W. M. N.

HORMA ('destrucción'; e.d. 'ofrecido en destrucción a Jehová'). Nombre dado a la región de varias ciudades cananeas en el Neguev, destruidas bajo un voto especial de los israelitas (Nm. 21:1-3). Es posible que éste fuera también el sitio de la ciudad cananea de Sefat, que fue llamada H. después de ser conquistada por Judá y Simeón (Jue. 1:17). Su rey había sido derrotado antes por Josué (Jos. 12:14) y la ciudad cedida primero a Judá (Jos. 15:30) y luego a Simeón (Jos. 19:4; 1 Cr. 4:30).

Con motivo de la murmuración de Israel, incitada por diez de los espías enviados por Moisés a reconocer Canaán, los israelitas rebeldes fueron perseguidos hasta H. por el amalecita y el cananeo (Nm. 14:45) en la región de Seir (Dt. 1:44). Por la amistad de los habitantes de H., durante la persecución de Saúl, David les dio parte del botín recobrado de los amalecitas que habían saqueado a Siclag (1 S. 30:30). El sitio a veces identificado con H. es el paso de Sufa, entre Petra y Arad.

D. J.-M.

HORMIGA. Insecto himenóptero de diferentes especies, que generalmente vive en colonias instaladas en galerías subterráneas. Los machos tienen alas y son de vida más corta; las hembras también tienen alas pero las pierden después del vuelo nupcial. En su admirable organismo social hay, además, obreras. Éstas no tienen alas y están encargadas de buscar alimento, preparar

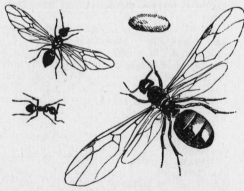

La hormiga, insecto mencionado en la Biblia como ejemplo para el perezoso de organización y eficiencia.

los nidos, hacer la limpieza, y cuidar de las hembras, los machos y las larvas.

En la Biblia, Salomón menciona las h. como ejemplo de laboriosidad y previsora sabiduría. Se gobiernan a la perfección sin tener gobernador, capitán ni señor (Pr. 6:6-8; 30:25). Su organización rivaliza con la de las abejas.   S. C.

HORNO. Utensilio en que se cuece el pan (Lv. 26:26; Is. 44:15). Se construía de arcilla cocida, en forma cilíndrica y de 60 a 90 cm de diámetro. Se calentaba con paja (Mt. 6:30), leña o estiércol (Ez. 4:12). Una vez calentado, se quitaban las cenizas y se colocaban dentro los panes para cocer.

Los alfareros usaban el h. para cocer las vasijas de barro. Los caldeos lo usaban literalmente como castigo (Jer. 29:22; Dn. 3:19-26). El h. era figura de castigo o de crisol de purificación (Dt. 4:20; Sal. 21:9; Is. 48:10; Ez. 22:18; Dn. 3:6; Mal. 4:1).   J. E. G.

HORONAIM. Pueblo moabita situado en la frontera SO entre Palestina y Moab, unos 14 km al E del extremo S del mar Muerto. Es mencionado, junto con Hesbón y otras ciudades moabitas, en profecías contra Moab (Is. 15:4,5; Jer. 48:3), a causa de su idolatría y abusos contra la población judía.   J. M. A.

HOSANNA. Forma griega de un término hebreo que significa " ¡Salva ahora! " o " ¡Salva, te rogamos! ". Era la expresión (Sal. 118:25 heb.) pronunciada en alta voz por las congregaciones en el templo durante las fiestas de la Pascua y los tabernáculos, como respuesta al cántico del "Gran aleluya" (Sal. 113–118) entonado por uno de los sacerdotes.

Las multitudes que dieron la bienvenida a Jesucristo cuando entró en Jerusalén exclamaron " ¡H.! " (Mt. 21:9,15; Mr. 11:9s.; Jn. 12:13). Se presume que aquella actitud fue una reacción entusiasta, sin referencia a ninguna fiesta religiosa, y sin el significado de la frase original en Sal. 118:25. La iglesia cristiana primitiva adoptó esta palabra en sus cultos.   V. F. V.

HOSPITALIDAD. Virtud de albergar al viajero y forastero o de convidar al conocido.

I. En la época del AT

En el AT hay poca exhortación a practicar la h. (v.g., Is. 58:7), ya que se da por sentado que en el desierto era algo imprescindible. Pero abundan los ejemplos de la bienvenida otorgada al advenedizo (v.g., Gn. 18:1s.). Se le trata cortésmente (Gn. 24:29-33; Éx. 2:20) como a huésped de honor: se debe salir a su encuentro, saludarle, lavarle los pies, atender a sus cabalgaduras, y prepararle un banquete. Cuando reemprende el camino hay que acompañarlo un trecho (Gn. 18:16; cp. las costumbres enumeradas en Lc. 7:36-46).

Negar o traicionar la h. era verdadera ignominia (Dt. 23:4; Jue. 19:15; cp. los vv. 20s.), y la protección del huésped un deber más sagrado

que el de padre (Gn. 19:1-8; cp. Jue. 19:23ss.). Desde luego, el convidado debía corresponder con gratitud; el amargo grito de Sal. 41:9 alude a la ingratitud del invitado. El rechazar la h. se tenía igualmente por ofensa (Gn. 19:2s.).

Los siervos de Dios merecen una h. extraordinaria. La provisión que la viuda de Sarepta hizo para Elías (1 R. 17:10ss.) y que la sunamita hizo para Eliseo (2 R. 4:8ss.) fueron un reconocimiento del poder de Yahveh.

Aunque un sabio posterior previene contra la aceptación de huéspedes vagabundos y malhechores (Eclesiástico 11:29-34), el AT recomienda la h. porque Dios mismo es hospitalario (Sal. 15:1; 21:3-6; 39:12) y su pueblo aprendió en Egipto las angustias del →extranjero (Éx. 23:9).

II. En la época del NT

En los escritos rabínicos la h. se limita con frecuencia a los judíos solamente, aunque en el judaísmo posterior se consideraba un deber de alcance general. Paralelamente, el NT recomienda la h. para con todos los menesterosos, pero especialmente si son cristianos (cp. Gá. 6:10). La presencia de esta virtud será factor determinante en el →juicio final (Mt. 25:34-45), y los →hermanos que aquí disfrutan de la h. son todos los necesitados.

Como en el AT, los siervos de Dios merecen especial atención. Jesús es a menudo huésped (Lc. 7:36ss.; 10:38ss.; Jn. 2:2; 12:2). Pablo también lo es (Hch. 16:15; Fil. 22). El envío de los doce apóstoles y de los setenta presupone un recibimiento hospitalario sin precedentes (Mt. 10:9; Lc. 10:4). Fallar en la h. sería rechazar el mensaje traído por el viajero (Mr. 6:11; Lc. 9:53); a la inversa, al obrero hereje se le niega hasta la h. (2 Jn. 10).

Las parábolas de Jesús ilustran ricamente la h. y la encomian (v.g. Lc. 10:34s.; 11:5s.; 14:12). Los apóstoles también la recomiendan (Ro. 12:13; Col. 4:10; 1 Ti. 3:2; Tit. 1:8; Heb. 13:2; 1 P. 4:9ss.; 3 Jn. 5-8). Debido a las persecuciones que esparcían a los cristianos (Hch. 8:1) y a la vasta actividad misionera del primer siglo, la h. motivada por el amor desinteresado, era una necesidad. Sin embargo, había personas que abusaban de la h. y algunos escritores postapostólicos sintieron la necesidad de advertir a sus lectores acerca de tales personas, v.g. *Didajé* XI:9,10; XII:1-5. Pero en la ética cristiana siempre se destaca el ejemplo del Señor Jesús (Mr. 6:41ss.; 8:6ss.; 10:45; Lc. 12:37; 22:27; Jn. 13:1ss.), quien sigue siendo anfitrión (Mr. 14:22ss.; Jn. 6:50-58).   R. F. B.

Bibliografía
R. De Vaux, *Instituciones del AT* (Barcelona: Herder, 1964), pp. 33s., 117ss.

HUERTO. El primer hombre, inmediatamente después de haber sido creado, fue puesto por Dios en un h. "para que lo labrara y lo guardara" (Gn. 2:8,15). Gustó tanto al hombre esta primera morada, de la cual fue arrojado a causa del pecado (Gn. 3:23,24), que en lo sucesivo se dio al cultivo de numerosos h. o jardines. Gustaba especialmente de los plantados junto a los ríos (Nm. 24:6). Salomón fue muy amigo de los h. y los cultivó con ardiente pasión (Ec. 2:5-7), lo mismo que Sedequías (2 R. 25:4; Neh. 3:15; Jer. 39:4).

La costumbre de plantar y cuidar h. era también favorita de las gentes sencillas (Dt. 11:10; Jer. 29:5; Is. 1:29,30; Lc. 13:19, etc.). En el libro de Cantares la palabra "h." se repite con frecuencia. En 4:12 se dice que la esposa es un h. cerrado, seguramente refiriéndose a su fidelidad (cp. 4:15s.; 6:2).

Cristo frecuentó los h. cercanos a Jerusalén (Jn. 18:1) para dedicarse a la oración. En uno de estos h. fue hecho prisionero (Jn. 18:2ss. →GETSEMANÍ), y en otro fue sepultado (Jn. 19:41,42).   A. T. P.

HULDA. Profetisa de Jerusalén a quien consultaron después del hallazgo del libro de la ley en el templo, durante el reinado de Josías. Profetizó el juicio de Dios según el libro, pero advirtió que el rey Josías no lo vería, porque se había arrepentido al oír las palabras de la ley (2 R. 22:14-20; 2 Cr. 34:22-28).   J. M. H.

HUMILDAD. Traducción de varios términos hebreos: *anava* ('aflicción', 'mansedumbre'), *daka* ('ser rebajado', 'herido'), *shaja* ('inclinarse'), *kana* ('ser o llegar a ser humilde') y del griego *tapeinos*.

En el AT el término se refiere originalmente al →pobre, oprimido o afligido (1 S. 2:7; 2 S. 22:28) y luego se extiende a la actitud del hombre que recibe con sumisión y confianza tales pruebas (Éx. 10:3; Dt. 8:2,16; Jer. 9: 23,24). Sofonías casi identifica la h. con la justicia (2:3; 3:12,13) y Miqueas la considera requisito esencial de la misma (6:8). En 2 Cr. la h. es criterio fundamental para juzgar a los reyes. Y el humilde es en los salmos el prototipo del varón piadoso o justo (22:26; 25:9; 123; 131; 147:6).

El NT recoge la noción de h. del AT (Mt. 5:5; 23:12; Lc. 1:52; Hch. 20:19; Fil. 4:12). Jesús es el humilde por excelencia (Mt. 11:29; 21:4,5), a quien el Padre ha exaltado (Fil. 2:8s.). Esta misma h. es requerida del creyente (1 Co. 4:21; 2 Co. 10:1; Ef. 4:2; 2 Ti. 2:25). A veces se la contrasta con la violencia (1 Co. 4:21). Permite desentenderse del propio prestigio (Mt. 18:4; Ro. 12:16; 2 Co. 11:7; cp. Jn. 13:3-17) y dar preferencia a los demás (Fil. 2:3). Pero puede haber una h. simulada (Col. 2:18-23; cp. 3:12). El →orgullo que confía en el poder o el ejército se contrasta con la h. que confía solamente en Dios (Sal. 118:8s.; 146:3s.).   J. M. B.

HUR ("Jur" en NC, BC y BJ). Nombre de significado incierto. Fue un israelita que, juntamente con Aarón, sostuvo los brazos de Moisés, mientras éste oraba durante la batalla contra los →amalecitas (Éx. 17:10,12). Más tarde ayudó a Aarón en la dirección del pueblo en ausencia de Moisés (Éx. 24:14).

Nombre de otras seis personas mencionadas en Éx. 31:2; Nm. 31:8; 1 R. 4:8; 1 Cr. 2:50; 4:1; Neh. 3:9.   C. R.-G.

HURTO. →ROBO.

I

IBIS. Ave de pico largo, de plumaje blanco en el cuerpo y negro en la cabeza y cola, del orden de las zancudas y de parentesco con la familia de la garza. Se alimenta de pececillos y moluscos. Era sagrada para los egipcios quienes la veneraban como la encarnación del dios Thot. Quizá debido a lo anterior, era ave inmunda para los hebreos (Lv. 11:17; Dt. 14:16). J. C. A.

El ibis, ave común del desierto, venerado por los egipcios, por lo que aparece mucho en sus jeroglíficos.

IBLEAM. Ciudad cananea en territorio de Isacar y Aser que fue entregada a los hijos de Manasés, quienes no pudieron echar a sus habitantes (Jos. 17:11,12; Jue. 1:27). En ella Ocazías de Judá fue herido por Jehú de Israel en 842 a.C. (2 R. 9:27).

Probablemente I. corresponde a la ciudad levítica de Bileam (1 Cr. 6:70), la cual ha sido identificada con Khirbet Belameh, cerca de Jenin, ciudad moderna situada unos 27 km al SE de Meguido. J. E. G.

IBZÁN. Natural de Belén de Zabulón que juzgó a Israel siete años, y hombre de numerosa descendencia (Jue. 12:8-10; cp. Jos. 19:15).

H. P. C.

ICONIO. Ciudad grande y opulenta de Asia Menor, situada unos 32 km al N de Listra. Se hallaba al pie de la cordillera del Tauro, rodeada por montañas, excepto por el lado E en donde había una llanura grande y fértil. Estos factores, más la abundancia de agua (inclusive un lago cercano), hicieron de I. una ciudad populosa. Todavía hoy existe en el área una población que atestigua de la grandeza de antaño; se llama Konya y es la capital de la provincia de Konya; tiene una población de más de 120.000 habitantes.

En tiempos apostólicos I. era la capital de Licaonia y una de las ciudades principales de la parte sur de la provincia romana de → Galacia. Se hallaba en el camino real que unía a Éfeso con Tarso y, debido a otros caminos que también se unían allí, I. fue una sede favorable para la difusión del evangelio. Pablo la visitó en el primero y segundo viajes misioneros (Hch. 13:51−14:5; 15:36; 16:4-6) y tal vez en el tercero (Hch. 18:23). En 2 Ti. 3:11 el apóstol se refiere a la persecución que allí sufrió. I. está incluida implícitamente en 1 P. 1:1. A. T. P.

IDDO. Nombre de ocho personas en el AT.

1. Padre de Ahinadab, uno de los doce gobernadores nombrados por Salomón (1 R. 4:14).

2. Levita gersonita (1 Cr. 6:21), también llamado Adaía (1 Cr. 6:41).

3. Jefe de la media tribu de Manasés en Galaad e hijo de Zacarías (1 Cr. 27:21).

4. Vidente o profeta de Judá que profetizó contra Jeroboam. Sus escritos fueron una de las fuentes de información para el autor de las Crónicas durante los reinados de Salomón (2 Cr. 9:29), Roboam (2,,Cr. 12:15) y Abías (2 Cr. 13:22).

5. Jefe de un grupo de levitas radicados en Casifía que probablemente quedaba cerca de Babilonia (Esd. 8:17).

293

6. Personaje, también llamado Jadau, que fue uno de los que se casaron con extranjeras (Esd. 10:43).

7. Familia sacerdotal que regresó de Babilonia con Zorobabel (Neh. 12:4,16).

8. Abuelo ("padre" según Esdras) del profeta Zacarías (Zac. 1:1,7; Esd. 5:1–6:14).

J. B. B.

IDOLATRÍA. Adoración tributada a dioses distintos de Yahveh, o a Yahveh mismo pero por medio de imágenes y prácticas tomadas de cultos extraños y prohibidos. En el NT se aplica

Las seis grandes columnas del Templo del Sol, en Baalbek, el Líbano, consagrado al culto de Baal.   MPS

también a la excesiva valoración de cualquier criatura, de modo que ésta toma el lugar del Creador (Ro. 1:25; Col. 3:5).

La i. no consiste únicamente en postrarse ante una imagen, sino también en adorar con imágenes o sin ellas a dioses que no son el Señor de Israel. El mal no está tanto en que el dios sea material como en el hecho de que es parcial. El Dios de Israel es creador de todo cuanto existe y rey supremo, mientras los ídolos son dioses (si es que merecen el nombre, →DIOS) sólo de algún aspecto o porción de la realidad. Naturalmente, todo dios material que resida en una →imagen es también parcial, y por tanto distinto del Dios de Israel. Pero es posible tener también dioses inmateriales e invisibles, que no dejan por ello de ser tan ídolos como cualquier imagen.

Todos los pueblos con los cuales el antiguo Israel se relacionó practicaban la i. en los sentidos mencionados. En el antiguo Egipto se acostumbraba representar a los dioses en forma de animales —toro, halcón, etc.— o con forma humana y algunas características animales, v.g. hombre con cabeza de chacal o de toro. Se acostumbraba también adorar al faraón, quien supuestamente al morir se reunía con los dioses. Por último, algunos animales, tales como los cocodrilos del Nilo, también recibían culto en Egipto; contra estas i. impotentes se dirigieron las →plagas que Yahveh envió antes del éxodo. En Mesopotamia, los ídolos con forma de animales eran más escasos; preferían imágenes con forma humana, hechas de madera y cubiertas de oro (cp. Dn. 2:31-45). En Persia había una multitud de dioses, cada cual con su propia imagen. Pero con el tiempo la religión persa se fue concentrando en el dios Ahura-mazda, al que se presentaba como un hombre con alas de ave.

Cuando los israelitas conquistaron Canaán, encontraron pueblos idólatras, a los cuales no exterminaron completamente (Jue. 1:19s., 27-33; 2:11-17). Como la religión de Canaán giraba alrededor de →Baal, durante el resto de su historia Israel tuvo que enfrentarse repetidamente al baalismo y otros cultos semejantes (→ASTEROT, BEL, DAGÓN, MOLOC, NISROC, NEBO, QUEMOS, TERAFÍN, etc.) Por tanto, todo el libro de Jue. (v.g., 2:12; 3:7) trata de cómo, cada vez que los israelitas se apartaban de su Dios para seguir tras los baales, Dios los entregaba en manos de sus enemigos. Asimismo otros libros históricos (v.g., Nm. 25:3; 1 R. 14:22ss; 2 R. 21:2ss.) y proféticos (v.g., Jer. 2:23ss.; Os. 2:8-13) destacan esta lucha. Siendo un Dios celoso, Yahveh prohíbe la i. con todo rigor (Éx. 20:3-6; Dt. 5:7-10) como una especie de → adulterio (Jer. 2:33; Os. 2:4ss.). Aun así, algunas prácticas religiosas de los pueblos vecinos lograron introducirse en el culto de Israel (v.g., la → prostitución sagrada, Am. 2:7s), y los profetas se vieron obligados a ridiculizar a los "dioses de →mentira" "cortados en el bosque" (Is. 2:8,20s.; 44:9-20; Jer. 10:3; Ez. 6:3-7; Hab. 2:18, etc.).

Al surgir el cristianismo, sus seguidores tomaron de Israel este fervor contra la i. (Hch. 7:41; 15:20; Ro. 2:22). Los ídolos no son en realidad dioses (Gá. 4:8), sino inventos humanos (Ro. 1:23), de manera que el culto a ellos se dirige en efecto a los →demonios (1 Co. 8:4s.; 10:19ss.). Pero esto, a su vez, planteó otros problemas para los cristianos que vivían en un mundo en el que la i. era parte fundamental de

Un ídolo hindú.

la vida pública y social. Por ejemplo, fue necesario decidir si los cristianos participaban o no de actos sociales que tenían a la vez cierto cariz idolátrico (→ÍDOLOS, CARNE OFRECIDA A). Otro problema fue el culto al emperador, modo que tenían sus súbditos para expresarle lealtad. Cuando alguien quería expresar su rebeldía contra el emperador, dejaba de adorarle y quemaba incienso en honor de algún otro pretendiente al trono. Los cristianos se negaban a llamar "Señor" al emperador, y por tanto eran vistos por los gobernantes como gente sediciosa y digna de muerte (→ROMA, IMPERIO). Este trasfondo de la persecución explica ciertos detalles de las siete cartas a las iglesias de Asia (Ap. 2:1–3:22).

J. L. G. y R. F. B.

Bibliografía
VTB, pp. 355ss.; P. van Imschoot, *Teología del AT*, Madrid: Fax, 1969, pp. 65-76.

ÍDOLOS, CARNE OFRECIDA A (gr. = *eidolothyta*). El evangelio, al trascender los límites del judaísmo, no sólo afrontó la →idolatría como religión, sino también las ramificaciones de ella

en la vida social del pueblo gentil. Sólo una parte de las víctimas sacrificadas a los dioses era ofrecida en el templo. Lo demás se comía en un banquete cúltico en los atrios del templo pagano o en la casa del oferente. Había invitados. A veces la invitación era extensiva o general y los pobres podían obtener comida gratis. En algunos casos lo que sobraba de la carne consagrada se vendía en el mercado público.

Este fenómeno social creó problemas a los cristianos primitivos. Los de Corinto pidieron consejo a Pablo al respecto (1 Co. 8:1). Fue necesario decidir si un cristiano debía aceptar una invitación a una comida en que se servía tal carne pues había distintas opiniones entre los hermanos. Algunos se basaban en la libertad cristiana (1 Co. 6:12; 10:23) y en un llamado conocimiento mayor (que un → ídolo no es sino la ficción de la mente humana, 1 Co. 8:4-6) para alegar que los creyentes podían asistir a estos banquetes sin incurrir en mal alguno. Otros, al participar en semejantes fiestas que participaban en la misma idolatría, que era terminantemente prohibida para los cristianos. A estos escrupulosos Pablo los llama "débiles" (Ro. 14:2; 15:1; 1 Co. 8:9).

Pablo prohibió en forma indirecta, pero siempre tajante, la asistencia a un banquete que se celebrara en el templo de los ídolos (1 Co. 10:14,19s.). Si bien estaba de acuerdo con los que afirmaban tener "conocimiento" de que el ídolo no es nada, insistió en que detrás de la idolatría hay poderes demoníacos con los cuales no es aconsejable jugar (→ DEMONIOS).

Pero en cuanto a carnes ofrecidas a los ídolos y posteriormente vendidas en el mercado común, Pablo afirma que no hay que sentir escrúpulos de conciencia, puesto que en la carnicería tales carnes ya no tienen significado religioso, sino que forman parte de las cosas creadas por Dios para bien nuestro (1 Co. 10:25s.).

Lo mismo rige en cuanto a carne servida en una comida social en casa de amigos, si ésta ha sido ofrecida anteriormente en el templo pagano. Pero hay una excepción a la regla: si el anfitrión abiertamente anuncia que la que se sirve es carne ofrecida a ídolos, el huésped cristiano debe rehusar, pero no por el daño que pueda ocasionarse él mismo, sino para evitar escándalo o falsa impresión al anfitrión (algunos interpretan así el pasaje) o al hermano débil, como lo interpretan otros (1 Co. 10:27-30).

Sobre todo, el cristiano debe pensar más en el bien del prójimo que en el suyo y estar dispuesto a hacer a un lado su libertad si el usarla puede dañar u ofender al hermano débil (8:12s.; 10:24,31ss.).

W. M. N.

IDUMEA. → EDOM.

IGLESIA

I. SIGNIFICADO DE LA PALABRA
La palabra "iglesia" se deriva del sustantivo gr. *ekklesía* (de *ek-kaleo* = 'llamar fuera') que tiene una doble herencia de significado: (1) En

círculos griegos seculares significaba una asamblea pública, generalmente de orden político, de aquellos ciudadanos que respondían al llamado del mensajero oficial o heraldo. Así se emplea en Hch. 19:32,39s. (2) En la LXX se emplea a menudo para traducir la palabra heb. *qajal* que designa la congregación de Israel (v.g. 1 R. 8:14; 1 Cr. 13:2,4; Sal. 22:22; cp. Hch. 7:38, donde *ekklesía* se traduce correctamente por "congregación" y no "i."). Así, *ekklesía* en el NT llega a combinar las dos ideas, y da al concepto de i. el significado de una democracia teocrática de los llamados, o sea el pueblo o congregación de los llamados de Dios.

II. LA IGLESIA EN EL SENTIDO REAL

El singular se refiere a alguna congregación local y específica (Hch. 11:22; 13:1) pero a veces también a varias congregaciones (Gá. 1:13; Hch. 9:31). Sin embargo, este último uso proviene de mss de poco peso. Parece haber poca distinción entre el singular y el plural (cp. 1 Co. 10:32; 11:16; Gá. 1:13,22), y esto porque tampoco hay una marcada distinción entre la i. "real" y la i. "ideal", pues la última está manifestada o hecha visible en la primera. Cierto que la comunidad de creyentes se reúne en asamblea, pero, a diferencia de I arriba, es constituida como *ekklesía* enteramente al margen de tales asambleas. El área incluida puede ser la de un solo hogar (Ro. 16:5; Flm. 2), una sola ciudad (Hch. 8:1; 1 Co. 1:2), o una provincia (1 Co. 16:19; 1 Ts. 2:14).

III. LA IGLESIA EN EL SENTIDO IDEAL

A menudo en las Cartas de San Pablo "i." designa el cuerpo místico de Cristo, la totalidad del discipulado, la comunidad universal de los creyentes. Este es el tema de Efesios, en donde Pablo señala el eterno propósito redentor de Dios realizado en la i. en la que participan tanto gentiles como judíos. Hay en muchos pasajes una nota de finalidad; la i. comprende el pueblo escatológico de Dios convocado para participar en la nueva edad que en Cristo se inauguró. Como instrumento de la gloria divina, la i. hereda todas las promesas, participa en la guerra contra Satanás y es arras de la vida eterna (Col. 1:21-27; Heb. 12:22-24; Ap. 1:20). La naturaleza de esta comunidad es condicionada por los atributos del que la convoca.

IV. CARACTERISTÍCAS DE LA IGLESIA

A. *Unidad (Ef. 4:1-6)*

Ésta se deriva de su vida común en Cristo, la cual es mediada por el mismo Espíritu Santo y expresada en la coordinación de los diversos dones y talentos de la i. con el propósito de "perfeccionar a los santos para la obra del ministerio" y la edificación del → cuerpo de Cristo (Ef. 4:12). Por estar basada en Cristo mismo, esta relación es *de facto* (de hecho) tanto como *de jure* (legal) y ningún miembro por sí solo puede hacerla o disolverla. (Cp. 12:15,16,21.)

B. *Santidad (Ef. 4:17ss.; 5:25-27)*

El apóstol con frecuencia llama → santos a los cristianos (Ef. 1:1; Fil. 1:1, etc.), refirién-

dose a su nuevo estado de redimidos por Cristo, tanto como a la santidad moral de sus vidas que está todavía en vías de realizar su nueva condición hasta que un día llegue a presentarse ante Dios sin "mancha ni arruga ni cosa semejante".

C. *Autoridad (Mt. 16:18,19)*

Aun cuando está sujeta a Cristo y al Espíritu Santo, se autoriza a la i. para proclamar el evangelio (Mt. 28:18-20; Hch. 2:14), exponer la verdad (Hch. 15:28), disciplinar a los errados (Mt. 18:15-18; 1 Co. 6:16), y celebrar los sacramentos u ordenanzas (Hch. 2:41s.; 1 Co. 11:17-34).

D. *Fe*

Fue precisamente en respuesta a la confesión de fe del apóstol Pedro que Cristo prometió establecer Su i. (Mt. 16:18), la cual es, ante todo, la congregación de los creyentes o fieles. "Los que creyeron" o "los creyentes" son expresiones sinónimas que se refieren a la comunidad (Hch. 2:44; 4:32; 5:14; 1 Ti. 4:12). Esta fe se expresa en el bautismo (Hch. 2:41; 8:12,36; Ro. 6:4; 1 Co. 12:13).

E. *Compañerismo*

Si cada creyente está unido vitalmente con Cristo, se sigue que los creyentes se relacionan en forma vital unos con otros (Ro. 12:5; 1 Co. 12:12). En Hechos ese compañerismo al principio involucraba una comunidad de bienes (2:44; 4:32), pero luego llegó a expresarse más bien en el compañerismo del ministerio (2 Co. 8:4). La máxima expresión de la *koinonía* ('compañerismo') era la cena del Señor.

Por lo visto no le plugo ni a Cristo, su fundador, ni al Espíritu Santo, su paracleto, proporcionar a la i. alguna forma explícita de gobierno u organización que fuera aplicable a todo caso. En Hechos se distingue entre el ministerio de la palabra y el ministerio de las mesas (Hch. 6:2,4). Esta distinción fue reconocida y explicada por San Pablo como la posesión de diversos dones y la ejecución de actividades variadas: profecía, evangelización, magisterio, servicio, etc. (Ro. 12:6-8; 1 Co. 12:28). Sin embargo, ni Pablo ni los demás apóstoles dejaron una pauta clara o rígida para la estructura gubernamental de la i. Se prefirió más bien destacar su carácter dinámico y sobrenatural.

La i. está en el mundo, para decirlo así, para hacer las veces de Cristo, extendiendo Su encarnación y Su ministerio a través del presente siglo hasta que él venga a arrebatarla en su segunda venida. La mera presencia de la i., en la cual mora el Espíritu Santo (2 Co. 6:16), refrena el mal en el mundo, a la vez que da testimonio de la justicia y el amor de Dios. Su misión es predicar el evangelio de Cristo en toda su plenitud y con todas sus implicaciones (Mt. 28:18-20; Hch. 1:8) y reflejar la vida de Cristo hasta que él venga.

Más que una doctrina precisa, la noción de la "i." es una galería de casi cien figuras retóricas, cada cual ·con su aporte a la totalidad; v.g.: → pueblo de Dios, reino de Dios, siervos, templo, Jerusalén, sacerdotes, casa, hijos de Dios, hermanos, esposa, éxodo, viña, primicias, rebaño, nueva humanidad, Adán.   W. D. R.

IJÓN. Pueblo situado en el extremo N de Israel. Fue conquistado por Ben-adad de Damasco y Asa de Judá durante el reinado de Baasa de Israel (1 R. 15:20; 2 Cr. 16:4). En tiempo de Peka (733 a.C.), Tiglat-pileser II de Asiria conquistó la ciudad y deportó a los habitantes (2 R. 15:29).   J. E. G.

ILÍRICO. Tierra montañosa, al E del mar Adriático y al N de Macedonia, que actualmente forma parte de Yugoslavia. Antiguamente estaba dividida en Liburnia y → Dalmacia. La parte sur todavía conserva este último nombre. De acuerdo con 2 Ti. 4:10, Tito tenía un ministerio en esa región. En su única mención en el NT (Ro. 15:19) I. aparece como límite occidental de la actividad misionera hasta entonces realizada por Pablo.   A. T. P.

IMAGEN. Término usado en la Biblia en varios sentidos. A veces significa la realidad manifiesta, el carácter esencial y auténtico de algo visible (→ REVELACIÓN). Otras veces significa "la figura y sombra de las realidades" invisibles ("celestiales") (Heb. 8:5; 9:23) que no es la esencia "misma de las cosas" (Heb. 10:1). En algunos pasajes significa también "semejanza" (Gn. 1:26,27) y abarca desde una simple similitud o parecido, hasta una relación íntima y la posesión de características comunes. En el NT estos sentidos corresponden a tres términos gr. diferentes: *eikon, typos, omoiosis.*

Una de las acepciones más obvias y generalizadas de "i." es la de → ídolos (Is. 40:20). La Biblia se opone a ellos inexorablemente, y afirma que no responden a ninguna realidad (Is. 40:25). Rendirles homenaje es traicionar a Dios (Sal. 78:58) y los profetas lo comparan repetidamente con el → adulterio (Jer. 9:2,14; cp. Dt. 4:15-19), muestra del rigor de la aversión del AT en cuanto a representar a Dios materialmente. La prohibición del decálogo (Éx. 20:4) se basa en el hecho de que Dios no es representable: es el Dios invisible, y de ahí que en el AT su presencia se exprese con el arca que no contiene más que los símbolos del poder de Dios (cp. Is. 40:18).

"I." no sólo significa la materialización de la divinidad, sino también toda representación falsa, que no cuadra con la realidad de Dios, como lo indican las expresiones "imaginación de su corazón" o "imaginación de hombres" (Lc. 1:51; Hch. 17:29). Este rechazo bíblico de la idolatría incluye todo intento de divinización del hombre (Ro. 1:23). Está vívidamente presente en la actitud de Pablo y Bernabé cuando la multitud los tomó por dioses venidos en "semejanza de hombres" (Hch. 14:11-15). Está asimismo en la base de la posición cristiana, en su conflicto con la adoración del estado (Ap. 13:14,15; 14:9-11).

El Dios invisible se hizo visible en Jesucristo (Jn. 14:9). Él es la i. misma de Dios (2 Co. 4:4; Col. 1:15; Heb. 1:3). Esta idea está encerrada en → "Hijo" y → "Verbo", términos cargados de sentido teológico.

En Gn. 1:26,27, reflejado en Stg. 3:9, hallamos el concepto de que el hombre fue creado a i. y semejanza de Dios. No se justifica hacer distinción entre ambos vocablos, pues se trata de paralelismo hebraico en el cual una misma idea se repite con leve modificación. Lo que sorprende es que el resto del AT no se haga eco de esta noción, como cuadraría a su importancia. Pero la explicación sin duda es que la caída había desfigurado, si no eliminado, la i. original de Dios en el hombre. → Adán en su estado prístino era i. del que había de venir (Ro. 5:14). En el NT la idea está subyacente en mucho del pensamiento apostólico.

Con el propósito de restaurar en el hombre la dignidad original, Dios se hace presente en la vida humana (Ro. 8:3; →ENCARNACIÓN). El pasaje cristológico capital de Fil. 2:5-11, muestra la culminación del concepto del Siervo sufriente expuesto en Isaías, especialmente cap. 53. Esta humanización de Dios se estima necesaria a la redención del hombre (Heb. 2:17). Con todo, se subraya una diferencia esencial: este Verbo hecho carne no cae en pecado (Heb. 4:15). Por eso puede asumirlo vicariamente (2 Co. 5:21).

La intención divina de restaurar la i. original del hombre y rehacerlo a semejanza de Dios integra el concepto de → redención (Ro. 8:29, 30; Col. 3:10). Se trata de una completa transformación (2 Co. 3:18) cuya meta es que lleguemos a ser semejantes a Cristo (Fil. 3:10; 1 Jn. 3:2). Tal es la promesa cuyo cabal cumplimiento veremos más allá de la muerte (1 Co. 15:49).   C. T. G.

IMPERIO ROMANO. → ROMA.

IMPIEDAD. Falta de → temor a Dios de parte del hombre, la cual conduce a éste a asumir actitudes contrarias a la buena voluntad divina. Así hay personas que se caracterizan como impíos (I S. 24:13; Gn. 18:23; Jer. 5:26, etc.), y tal característica se denomina i. La mentalidad hebrea no mantenía, por lo general, una distinción muy estricta entre el móvil y la obra procedente del mismo, de manera que las actividades motivadas por la i. en el ser humano también se llaman colectivamente i. (Mal. 3:15; Ro. 1:18; Sal. 7:14, etc.). El concepto de la i. guarda relación estrecha con el del → pecado, dando lugar a que "impío" signifique a veces sencillamente "pecador" (Ro, 4:5; 5:6), o bien uno que se opone al justo, como es notable en los Sal.   K. L. M.

IMPOSICIÓN DE MANOS. Símbolo en el AT de la transmisión de una → bendición (Gn. 48:14ss.; Nm. 27:18,23; Dt. 34:9), la carga de la culpa

(Lv. 1:4; 4:3s.), o el nombramiento para un oficio (Nm. 27:18,23).

En el NT Jesús solía imponer las manos al hacer un milagro de sanidad (Mr. 6:5; 8:23; Lc. 4:40; 13:13), y, de acuerdo con la costumbre del día, cuando bendecía a los niños (Mr. 10:13-16).

En la iglesia apostólica la i. de m. se practicaba al efectuar milagros de sanidad (Hch. 9:12,17; 18:8), y en la impartición del Espíritu Santo (Hch. 8:18,19; 19:6; Heb. 6:2). Hay cuatro pasajes donde la i. de m. corresponde al nombramiento de alguien para un oficio o responsabilidad nueva (Hch. 6:6; 13:3; 1 Ti. 4:14; 2 Ti. 1:6).

La costumbre actual de la i. de m. en la ordenación de pastores y diáconos tiene poca base bíblica. El mandamiento "no impongas con ligereza las manos a ninguno" (1 Ti. 5:22), aplicado corrientemente a la →ordenación, pareciera aconsejarnos proceder con cuidado en la restauración a la congregación de uno que haya sido disciplinado. (→CONFIRMACIÓN.)

A. P. N.

INCENSARIO. Vasija en la que se colocaba el fuego y el incienso para el culto hebreo. El que se usaba diariamente era de bronce (Nm. 16:39), y el que se usaba en el gran día de expiación era de oro (1 R. 7:50).

Cada día en el culto el i. se llenaba con carbones tomados del fuego perpetuo. Sobre los carbones se echaba el incienso y así se difundía su fragancia (Éx. 30:1,7-10). En el día de la expiación el i. era llevado al lugar santísimo (Lv. 16:12).

P. S.

El fuego y el incienso empleados en ceremonias religiosas eran portados en diversos tipos de incensarios, labrados finamente por los mejores artífices en metales.

INCIENSO. Substancia aromática que se quemaba en el tabernáculo y en el templo (1 R. 9:25; Lc. 1:9-11), sobre el altar de oro (Éx. 30:1ss.; 1 Cr. 28:18).

El i. preparado según la fórmula de Éx. 30:34-36 y exclusivamente para el uso sagrado

(Éx. 30:37,38), se quemaba cada día y cada noche (Éx. 30:7,8) como ofrenda. También se añadía a las ofrendas de harina y →primicias (Lv. 2:1,2,15), y a los panes de la proposición (Lv. 24:7).

Una vez al año, en el día de expiación, se ofrecía i. en el lugar santísimo (Lv. 16:12,13; cp. Nm. 16:46-48).

Jehová castigaba a los que no ofrecían el i. según las ordenanzas: sólo Aarón y su descendencia podían quemarlo. Coré y sus seguidores murieron y el rey Uzías quedó lleno de lepra al intentar ofrecer i. por su cuenta (1 Cr. 23:13; Nm. 16:1-40; 2 Cr. 26:16-19); →Nadab y →Abiú murieron por ofrecer i. que Jehová no había mandado (Lv. 10:1,2); Judá provocó la ira de Dios por haber dejado de ofrecer i. (2 Cr. 29:6-8). Jehová se enojaba cuando su pueblo ofrecía i. a otros dioses (1 R. 12:32-13: 5; Jer. 11:12-17; 19:13; 44:15-26; Ez. 6:13; Os. 2:13), muchas veces en los →lugares altos (1 R. 11:7-9; 2 R. 17:11; 22:17; 23:5; Is. 65:7); Dios rechazaba el i. si el corazón no era recto delante de él (Is. 1:13-17; 66:2,3; Jer. 6:19,20).

El i. es símbolo de la oración en ambos testamentos (Sal. 141:2; Ap. 5:8; 8:3,4; cp. Lc. 1:10).

El i. puro era una substancia costosa (Is. 60:6; Mt. 2:11), obtenida de árboles (Cnt. 4:14) de Arabia y de África (→SABÁ, Jer. 6:20), que se usaba también como perfume (Cnt. 3:6).

J. M. H.

INDIA. La región a la que se da este nombre en Est. 1:1 y 8:9 no es la I. moderna, sino la provincia que se encontraba en el extremo oriental del Imperio Persa, al NO de lo que hoy es la I.

1 Mac. 6:34-37; 8:6 hace referencia a elefantes procedentes de la I. y utilizados como instrumentos de guerra.

Resulta imposible saber cómo el cristianismo llegó a la I. Según algunas antiguas tradiciones, fue el apóstol Tomás quien lo llevó allí, pero esto carece de comprobación histórica. Se dice también que en el siglo II Panteno de Alejandría visitó la I. pero, puesto que en esa época se daba ese nombre a Arabia, esta tradición también es dudosa. En todo caso, en el siglo IV ya existía en la I. una fuerte comunidad cristiana.

J. L. G.

INFIERNO. Término de origen latino (infernus = 'la parte de abajo') con que se traduce la voz hebrea seol, y las griegas Hades, Gehenna y Tártaros.

Seol aparece en el texto hebreo del AT sesenta y cinco veces. Se traduce en la RV por "sepulcro", "sepultura", "i.", "profundo", "sima", y otras palabras. En la LXX se traduce por →Hades, nombre que los griegos aplicaron primero al rey del mundo invisible, y posteriormente al lugar de los espíritus. El uso de Ha-

des en vez de una transcripción de → *Seol* demuestra que las dos palabras se consideraban como sinónimos, aunque siempre había una diferencia: para los griegos, el *Hades* era gobernado por un dios independiente de los dioses del cielo y de la tierra; los hebreos creían que el *Seol* era parte del reino de Jehová (Sal. 139:8; Pr. 15:11). Los griegos pensaban que no existía salida del *Hades*, pero los piadosos hebreos, si bien contemplaban el *Seol* con cierto temor, esperaban salir de allí, pues creían en la resurrección del cuerpo (Dn. 12:2; Hch. 26:6-8). Sin embargo, las ideas hebreas acerca del estado futuro siempre eran vagas; Pablo afirma que fue Cristo quien "sacó a luz la vida y la inmortalidad" (2 Ti. 1:10).

Hades aparece once veces en el NT. Cristo librará a su iglesia del *Hades* (Mt. 16:18). La doctrina del NT en cuanto a la morada después de la muerte difiere mucho de la del AT. El NT afirma repetidas veces que los espíritus de los muertos redimidos se separan del cuerpo para estar con Cristo (Jn. 14:2.3; 17:24; 2 Co. 5:8; Fil. 1:23).

Para explicar esta diferencia entre los testamentos, algunos han sostenido que Cristo al bajar al *Hades* (Hch. 2:27,31) o a "las partes más bajas de la tierra" (Ef. 4:9), proclamó allí las buenas nuevas de la redención efectuada en la cruz (1 P. 3:18-20 →DESCENSO AL INFIERNO). Habiendo preparado un lugar en la casa de su Padre, "llevó cautiva la cautividad" (Ef. 4:8), es decir, llevó al mismo cielo los santos redimidos que se hallaban en el *Hades*. Éstos no habían ido antes al cielo porque si bien habían sido redimidos mediante el sacrificio de animales según la ley del AT, lo habían sido sólo por promesa, porque "la sangre de los toros y de los machos cabríos no puede quitar los pecados" (Heb. 10:4). No hubo salvación completa sino hasta que Cristo derramó su propia sangre en la cruz. Desde entonces no hay redimidos en el *Hades*, sino solamente injustos en tormento.

Gehenna aparece unas doce veces en el NT. Es la transcripción griega de →*Hinnom*, adoptada por los judíos después de la cautividad, y posteriormente por Jesús, para designar el lugar de tormento donde serán arrojados los hombres reprobados y los espíritus malignos. El Señor habla de *Gehenna* en términos solemnes y terribles (Mt. 5:22,29,30; 10:28; 18:9; 23:15,33; Mr. 9:43-48; Lc. 12:5; Stg. 3:6). El *Gehenna* de los Evangelios y de Santiago se asemeja en mucho al *Seol* del AT (Job 26:6), y parece ser sinónimo del "horno de fuego" de Mt. 13:42; del "lago de fuego" de Ap. 19:20; 20:10,14,15, y de la "perdición" de Ap. 17:8,11.

El *"tártaros"* que se traduce por "i." en 2 P. 2:4, era el lugar de castigo según la mitología griega.

Bajo el gobierno de un Dios infinitamente santo, justo, sabio y amoroso, obligado por su propia naturaleza y por el cuidado que tiene del bienestar de su univérso a expresar su aborrecimiento hacia el pecado, la existencia del i. es una necesidad (Ro. 6:23; 2 Ts. 1:6-11; Ap. 20:11-15). Los que son castigados en el i. son criaturas libres, responsables, pecadoras e impenitentes, que han empleado mal el tiempo de prueba que se les ha concedido, y rechazado la gracia que Dios les ha ofrecido. El gran deseo divino de librar a los hombres del i. se manifiesta en la muerte de Cristo, y en las amonestaciones dirigidas a los pecadores en la Biblia. Ninguna exégesis concienzuda de la Biblia puede hacer caso omiso del i.

Las penas del i. consistirán en la privación de la presencia y del amor de Dios, la ausencia de toda felicidad, la perpetuidad del pecado, el remordimiento de conciencia por las culpas pasadas, la convicción íntima de ser objeto de la justa ira de Dios, y todos los otros sufrimientos del cuerpo y del alma, que son los resultados naturales del pecado, o los castigos estipulados en la ley de Dios (Mt. 7:21,23; 22:13; 25:41; 2 Ts. 1:9). Parece que el grado de los tormentos será medido según el grado de la culpa (Mt. 10:15; 23:14; Lc. 12:47,48). Este castigo será eterno, como lo será también la felicidad en el cielo. La →ira de Dios nunca dejará de existir sobre las almas perdidas (Mt. 25:46). Nada en todo el universo debe temerse tanto como una eternidad en el i.   P. W.

INIQUIDAD. Término empleado en la Biblia como sinónimo de →pecado. En el AT corresponde con frecuencia a una voz hebrea cuyo matiz particular tiende a subrayar la culpabilidad personal (Éx. 34:7; Nm. 14:34; Sal. 32:2; Hab. 2:12, etc.; cp. Mt. 23:28).

Por otra parte, como los hebreos no distinguían estrictamente entre la condición interior del hombre y los actos ocasionados por ella, las obras producidas por la i. también se llaman así. En los Sal. es particularmente común la expresión "hacer i." (cp. Mt. 13:41). La i. siempre es producto de una determinación voluntaria tomada en contra de las normas divinas, por lo cual implica culpabilidad.

En los escritos de Pablo la palabra "i." ocurre exclusivamente en forma singular, y designa el pecado en toda su extensión. Es el poder espiritual activamente opuesto a Dios y al evangelio de su amor.   K. L. M.

INMORTALIDAD (gr. *Athanasía*). Término usado en la literatura y mitología griegas y hecho popular en tiempos de Sócrates (470-399 a.C.) y Platón (427-347 a.C.). Se aplicó a los dioses griegos, a quienes se atribuía la cualidad de ser inmortales. Para los griegos este concepto no solamente tenía una connotación temporal, sino implicaba especialmente la participación del individuo en la gloria de los dioses. Por tal razón todo griego buscaba la divinización como meta de su vida.

Originalmente este término nunca se refirió a lo que ahora se entiende por la i. del →alma.

Fue con el surgimiento de la escuela platónica que este concepto se convirtió en dogma.

En el AT no encontramos un término equivalente a i.; sin embargo, el concepto de la supervivencia después de la →muerte es claro. La idea de i. en el pensamiento hebreo surge a partir del conocimiento de Yahveh, el Dios viviente de los hebreos, y de su relación con los →hombres y por ende con la muerte. El hombre afirma su supervivencia *post mortem* por la garantía de la eternidad de Dios. El AT no cesa de recalcar esta cualidad de Dios frente los otros dioses (Sal. 18:46; 42:2; -84:2; 96:5s.; 106:28ss.; 115:3-8; Jer. 10:11; 23:36; Os. 1:10). El señorío de Dios sobre la muerte se muestra claramente en la vida de Enoc (Gn. 5:24) y Elías (2 R. 2:10,11), quienes fueron arrebatados por Dios sin experimentar la muerte.

Según todo lo anterior, es evidente que el AT manifiesta un desarrollo paulatino, dentro del pensamiento hebreo, del concepto de la i.; al final, en los períodos intertestamentario y novotestamentario, existían tres corrientes:

En la literatura más antigua (Gn. 15:15; 25:8; 37:35; 49:29) aparece la idea de una supervivencia parcial (una proyección o sombra vaga); la personalidad humana no perecía del todo sino que continuaba existiendo en forma pasiva en una región tenebrosa denominada→*Seol.* Carecía del "aliento de vida" (Gn. 2:7) y permanecía en una soledad existencial sin relación con Dios y los demás hombres (Job 3:13; 10:21s.; 17:11-16; 26:5s.; Sal. 88:11s.; 94:17; 115:17). Todavía no había surgido la idea de una retribución en ultratumba; los premios y castigos se reciben en esta vida (Dt. 7:12,13).

En la literatura sapiencial (Job, Sal., Ecl.) surge el clamor de justicia de los justos que sentían cerca la muerte y no habían experimentado la alegría de la bendición divina. Se pone de manifiesto que la vida terrena es insuficiente para premiar al justo y castigar al malo y aparece, entonces, la idea de una interrelación Dios-justo. El justo no se preocupa por lo que le sucederá después de la muerte, sino por su comunión con Dios; está seguro de que la muerte no podrá destruirlo. Más aún, se origina la idea de un retorno a la vida, de una →resurrección (Job 19:26; Sal. 17:15; 36:8ss.; 73:24). El injusto, por otra parte, está condenado a una muerte eterna (Sal. 49 y 73).

Estas ideas se agudizaron más después de la catástrofe política del pueblo judío durante el exilio, cuando el concepto individualista de retribuciones y castigos se hizo más popular y los conceptos de i. y resurrección llegaron a su madurez (Is. 24:21; 25:8; 26:19; 27:13; 53:8,10; Ez. 37; Dn. 12:2; Os. 6:1ss.). Este nuevo énfasis se encuentra más extendido en los libros extracanónicos (cp. 2 Mac. 7:9ss.; *Las parábolas de Enoc; Baruc* y el *Testamento de los doce patriarcas*). En esta línea continuaron

los que permanecieron en el pensamiento tradicional judaico, según el cual no era posible dividir la personalidad humana en cuerpo y alma. → Alma (*néfes*) y →espíritu (*rúakh*) nunca significaron entidades capaces de existir aisladas del cuerpo después de la muerte. El AT resistió la influencia de la religión cananea que celebraba ritualmente la constante vuelta a la vida de un dios que simbolizaba la naturaleza. Con todo, recientes estudios en la literatura de →Ugarit revelan fascinantes similitudes lingüísticas y literarias con nuestros Salmos, sobre todo en torno a los conceptos de i., paraíso, resurrección y ascensión (cp. Sal. 1; 17; 23; 30; 49; 73; 91).

Por otro lado, aparece el pensamiento judaicoalejandrino, cargado de la filosofía grecoplatónica, y el concepto de i. se desarrolla permeado de la idea dualista del hombre (cuerpo y alma). Por ser el alma inmaterial, invisible y eterna (ya que existe antes del cuerpo), no puede experimentar la destrucción. El cuerpo, por ser visible, material y finito, está destinado a la destrucción. Esta línea de pensamiento se manifiesta sobre todo en la literatura apócrifa (*Sabiduría de Salomón* 3:1ss.; 9:15; y 4 Mac.), donde el concepto de la i. del alma aparece como dogma.

La otra línea de pensamiento, sustentada por los →saduceos, fue más radical y terminante: no existe la i. por cuanto el hombre no sobrevive más allá de la muerte (Mr. 12:18 //).

El NT reafirma la i. de Dios (1 Ti. 6:16). En cuanto al hombre, tanto la enseñanza de Jesús (Mt. 7:14; 18:8s.; 19:17; 22:23ss.; Lc. 16:24; Jn. 11:23ss.) como la de Pablo (Ro. 6:22; 2 Co. 5:4) recalcan la →vida de ultratumba, en especial para los que creen en Cristo. Sin embargo, esta vida no se atribuye a la i. del hombre sino a la →resurrección del cuerpo, la cual Dios operará en virtud de la resurrección de Jesucristo (1 Co. 15, *passim*). La palabra *athanasía* aparece dos veces en 1 Co. 15:53s., pero sólo como sinónimo de incorruptibilidad (→MUERTE).   E. S. C.

Bibliografía

M. García Cordero, *Teología de la Biblia* I, Madrid: BAC, 1970, pp. 288s., 479, 510-524, 528; P. van Imschoot, *Teología del AT,* Madrid: Fax, 1969, pp. 386-424.

INMUNDO. Persona, animal, o cosa, contaminada por impurezas físicas, rituales o morales, cuya condición es condenada por leyes específicas. Tanto el concepto de inmundicia como el de limpieza se originan en tradiciones de tribus antiguas, las cuales elaboraron sistemas de leyes rituales administradas por los líderes religiosos. Era i. aquello que desagradaba a las deidades o lo que pertenecía a la esfera de lo demoníaco.

En las leyes del AT, se consideran i.: (1) Las personas que han tenido contacto con un cadáver (Nm. 19:11-22); con algún flujo del cuerpo humano (sangre, semen, flujos de menstruación y parto, Lv. 12:1-5), con personas leprosas o sus pertenencias (Lv. 13 y 14); o que han comido carne o alimentos prohibidos.

(2) Algunos animales (Gn. 9:4; Éx. 22:31; Lv. 11:1-47; 17:15; Dt. 14:3-21; Hch. 15:20,29).

(3) Algunos lugares, por causa de opresión (Ez. 22:24), por prácticas religiosas prohibidas (Jos. 22:17,19), por idolatría (Jer. 13:27), por la sangre de los muertos en las calles (Lm. 4:15), etc.

(4) Algunos objetos expuestos al contacto con personas o animales impuros (Lv. 13; 14; 15).

Los defectos físicos se consideraban una causa de inmundicia (Lv. 21:16-24), porque deformaban la imagen de Dios. La idolatría era práctica i. (Os. 6:10) porque violaba la adoración que sólo a Dios le corresponde.

Los procesos de purificación incluían: Una espera de uno, siete o más días (Lv. 15:28); un ritual que empleaba agua (Lv. 15:5), fuego (Nm. 31:23), sangre (Lv. 14:25), u otro agente purificador; y muy a menudo un sacrificio como ofrenda de expiación según el tipo de pecado.

La tradición sacerdotal hebrea consideraba las leyes de la purificación como parte del pacto mosaico y esenciales para la supervivencia de la nación; la violación de éstas era ofensa a la santidad de Dios.

En los profetas y los salmos se tiende a subrayar la limpieza moral y no sólo la ceremonial. Esta última se recalca de nuevo en el período intertestamentario.

En días de Jesús, los judíos tenían un rígido y complicado sistema ceremonial para la purificación y la determinación de lo i. Era evidente que no todas sus enseñanzas provenían del AT. La ley ritual fue anulada con la institución del evangelio (Hch. 10:9-16; Heb. 9:9-14).

La impureza por causa de la lepra y la posesión demoníaca son temas del NT, pero predomina el énfasis en la pureza moral. Se insiste en abrogar las leyes ceremoniales, para hacer posible que los gentiles lleguen a ser parte de la iglesia.

Jesús en sus enseñanzas hizo hincapié en la limpieza y pureza moral y no ceremonial (Mr. 7:1-23). Su ataque se dirigió a aquellos que elevaron lo ritual y externo sobre lo moral y ético interno. Pablo reclama que nada es inmundo en sí mismo (Ro. 14:14,20; Tit. 1:15); sin embargo, nadie debe violar los escrúpulos de su conciencia o los de su hermano (1 Co. 8:9-13). El amor y no el ceremonialismo es la ley suprema del cristiano (Ro. 14:15) (→PUREZA).   R. M. S.

INSPIRACIÓN (del verbo latino *inspirare* = 'respirar en', 'insuflar'). Influjo especial del →Espíritu Santo que impulsa (2 P. 1:21) y enseña a los autores bíblicos (1 Co. 2:13), de tal forma que lo que escriben es la autorizada →palabra de Dios, con plena cualidad de →revelación divina (2 Ti. 3:16).

I. TRASFONDO LINGÜÍSTICO

El concepto metafórico de "soplo divino" tiene en las Escrituras una amplia aplicación. Dios sopló la vida en las narices de Adán (Gn. 2:7) y por su soplo también creó los cielos (Sal. 33:6). La i. del Omnipotente da entendimiento al hombre (Job 32:8 Vul.; cp. *Sabiduría* 15:11). Una suave brisa o un huracán puede llamarse "el viento de Jehová" (Is. 40:7) o "el soplo del aliento de su nariz" (Éx. 15:8,10; 2 S. 22:16; Sal. 18:15). La regeneración viene por el soplo del Espíritu (Jn. 3:3-8; cp. Ez. 37:5-10), como también el don pentecostal (Hch. 2:2; cp. Jn. 20:22) y toda la vida de la iglesia como cuerpo de Cristo (Ez. 11:19; 36:26s.; 37:14; cp. Jer. 31:33ss.; Jn. 6:45; 2, Co. 3:3). En resumen, el "soplar" de Dios se refiere en las Escrituras a su actividad directa y especial, al dar vida y manifestar su poder divino en la naturaleza, en los hombres y en la historia.

II. EXPRESIONES BÍBLICAS QUE DENUNCIAN EL ORIGEN DE LAS ESCRITURAS

A. *Dios inspiró o insupló las Escrituras*

Toda la Escritura es inspirada por Dios [*theópneustos*] y útil (2 Ti. 3:16). Este v. es el único pasaje bíblico que usa el término *theópneustos* para la i. de las Escrituras. La i. de los profetas y sus escritos nunca se describe en la Biblia como un "soplar" de Dios sobre ellos, ni hay otros pasajes que aclaren directa y explícitamente el sentido del adjetivo "inspirado" que utiliza 2 Ti. 3:16. Sin embargo, muchos pasajes atribuyen el origen de las Escrituras al Espíritu (*Pneúma*) de Dios que significa también "soplo" y es raíz de (*theópneustos*). Este hecho, y el uso de *theópneustos* en 2 Ti. 3:16, han provocado que el término "i." se use casi exclusivamente con referencia a la producción literaria ("inscripturación") de la Biblia. El trasfondo bíblico del concepto parece sugerir que el término implica que (1) las Escrituras han venido por la operación directa y especial del Espíritu Santo, (2) como inspiradas por el "soplo" que imparte vida, son vivas y vivificadoras (Jn. 5:39; Heb. 4:12; 1 P. 1:25), y (3) como inspiradas y vivas, son dinámicas con el poder de la palabra activa y creadora de Dios (Heb. 4:12b; cp. Ro. 1:16; 1 Co. 1:25). Mediante la regeneración, esta palabra vivificadora crea una nueva humanidad, restaurada a la imagen divina que perdió el primer Adán (Ef. 4:24; Col. 3:10; 1 P. 1:23-25).

Aunque algunas versiones traducen la primera frase de 2 Ti. 3:16 restrictivamente ("toda escritura inspirada es útil"), preponderantes argumentos gramaticales favorecen la construcción predicativa ("toda escritura es inspirada y útil"). Así, el pasaje implica la i. plenaria del AT; es decir, toda la Escritura que Timoteo conocía desde su niñez, la cual ha venido por la operación directa y especial de Dios mediante el "soplo" de su Espíritu. No obstante, la expresión de este concepto es breve, casi parentética;

el pasaje insiste más bien en la eficacia salvadora y la utilidad práctica del AT (2 Ti. 3:14-17).

B. *El Espíritu Santo llevó a los autores bíblicos*

Porque nunca 'la profecía fue traída por voluntad humana sino, siendo llevados por el Espíritu Santo, santos hombres hablaban de parte de Dios" (2 P. 1:21, original gr.). El adjetivo "llevados" (traducido inexactamente por "inspirados" en RV) viene del verbo griego *fero* ('llevar', 'traer') que se aplicaba comúnmente a los impulsos o influjos del Espíritu Santo o de otros espíritus (1 Co. 12:2). En Hch. 2:2 este mismo participio griego describe el "recio viento arrastrador" de Pentecostés, haciendo eco de una expresión en que la LXX alude a un torbellino o remolino violento de agua (Éx. 14:21; Job 17:1; Is. 17:13 LXX). Paralelamente, el "viento huracanado" de Hch. 27:14-17 arrebata y arrastraba (*fero*) la nave en que viajaba San Pablo.

En todos estos pasajes, resulta claro el sentido del lenguaje figurado en 2 P. 1:21: el adjetivo "llevados" señala claramente la poderosa iniciativa y dirección del Espíritu Santo en la labor de los profetas.

En el AT sólo el falso profeta hablaba por su propia voluntad (Jer. 28:15; 29:9). El profeta verdadero era siempre impulsado por Dios (→PROFETA). Los rabinos insistían en esta verdad y consideraban como blasfemia atribuir un solo versículo a la voluntad o sabiduría del autor y no a Dios. En este sentido, aun Caifás, el sumo sacerdote, proclamó inspiradamente el sacrificio de Cristo (Jn. 11:51). Dios llamó a los profetas, los preparó desde su nacimiento (Is. 49:1,5; Jer. 1:5-9; Am. 7:14,15; Gá. 1:15) y les mandó proclamar y escribir sus palabras (Éx. 17:14; 34:27; Is. 8:1; 30:8; Jer. 27–32; 36:1-4, etc.). A menudo este impulso profético se llama "la carga del Señor" (Jer. 23:33-38 RV 1909), o "la mano del Señor" puesta sobre el profeta (Ez. 1:3).

Aun cuando 2 P. 1:21 afirma categóricamente que las Escrituras son de origen divino, no pretende explicar cómo el Espíritu llevó a los autores inspirados. Reconoce, sin embargo, una activa participación humana. El versículo comienza negando que la profecía haya venido por voluntad humana, pero termina subrayando la plena e integral humanidad de los autores en el proceso inspirador: "hablaban, llevados por el Espíritu Santo, de parte de Dios, *hombres*" (orden del gr.). Aunque la i. no fue primordialmente por voluntad humana, tampoco era sin la voluntad consciente de los autores, como si fuera un escribir involuntario o dictado mecánico. El éxtasis, el frenesí, o el "entusiasmo mántico", típicos de la inspiración pagana, no caracterizan el proceso de i. bíblica (Calvino, sobre 2 P. 1:21). El espíritu profético mueve y guía a hombres santos, quienes averiguan (Lc. 1:1-4), analizan y escudriñan (1 P. 1:10s.), consultan y comparan fuentes, luchan por comunicarse (Ec.

12:10; 1 Co. 2:4; 7:8), y se expresan cada uno con su propio estilo literario. Este proceso vivo de confluencia dinámica se refleja en 1 P. 1:10-12.

C. *El Espíritu Santo enseñó a los autores bíblicos*

1 P. 1:10-12 describe ministerios pedagógicos del "Espíritu de Cristo" en los profetas veterotestamentarios, mediante la búsqueda y la investigación hecha por autores humanos. El Espíritu enseñaba e indicaba y señalaba hacia Cristo, los profetas inquirían e indagaban, "escudriñando qué persona y qué tiempo indicaba el Espíritu de Cristo que estaba en ellos". Jesús también prometió que el Espíritu Santo enseñaría a los discípulos, haciéndoles recordar las enseñanzas de Cristo y guiándolos a toda verdad (Jn. 14:26; 16:13; cp. Lc. 12:12).

Toda la predicación de la cruz, afirma Pablo, sobrepasa enteramente la sabiduría de este siglo (1 Co. 1:18–2:16), porque es sabiduría de Dios revelada por el Espíritu Santo que escudriña lo profundo de Dios (1 Co. 2:6-11). Pablo emplea las palabras que enseña el Espíritu, "acomodando lo espiritual a lo espiritual" (2:13; cp. vv. 1,4), por eso los espirituales entenderán su mensaje con discernimiento carismático (2:14-16). Todo el proceso comunicativo, desde la i. del mensaje apostólico hasta su expresión verbal y su interpretación personal, es obra del Espíritu Santo, quien por sus intervenciones secretas y misteriosas enseña a los espirituales.

D. *El Espíritu Santo habló por los autores bíblicos*

"El Espíritu de Jehová ha hablado por mí", atestigua David, "y su palabra ha estado en mi lengua" (2 S. 23:2). El AT afirma lo mismo unas 4.000 veces mediante variadas formas de la fórmula, "dice el Señor". La palabra sale de la boca de Jehová (Dt. 8:3; Is. 55:11) y va al profeta (Jer. 1:2s.; 11:1), Dios la pone en la boca de éste (Nm. 22:38; Dt. 18:18s.; Is. 59:21; Jer. 1:9). El profeta "habla de la boca de Jehová" (2 Cr. 36:12) y "en nombre de Jehová" (Dt. 18:19), de modo que sus palabras son lo que "la boca del Señor ha dicho" (Is. 1:20; 40:5). "La boca DE Jehová" se refiere también a la proclamación oral profética como promesa (Is. 40:5; 55:11s.), amonestación (Dt. 8:3; 2 Cr. 35:22; Is. 1:18-20), exposición de la voluntad decretiva de Dios en la historia (Lm. 3:38), o a su revelación general en la naturaleza (2 Cr. 22:9; Sal. 18:8 y quizás Is. 34:15-17).

El NT reitera el concepto de i. Según Hch. 3:18 "Dios ha cumplido así (en la muerte de Cristo) lo que había antes anunciado por boca de todos sus profetas, que su Cristo había de padecer". Pedro afirma que "el Espíritu Santo habló antes por boca de David" (Hch. 1:16), y según Lucas ésta fue también la convicción de la congregación primitiva (Hch. 4:25) y de Pablo (28:25) en cuanto a Isaías. El autor de Hebreos atribuye también al Espíritu Santo las palabras del AT (3:7; cp. 9:8; 10:15). Los profetas "hablaron en el Espíritu Santo" (Mt. 22:43; Mr. 12:36; cp. Lc. 20:42) para proclamar Señor a Cristo. Por tanto, sus escritos son "lo que os fue dicho por Dios" (Mt. 22:29-31; cp. 2:15; Mr. 12:24-27).

En resumen, el concepto bíblico de i. incluye: (1) Dios (Espíritu Santo) es el que habla en las Escrituras; (2) los autores humanos son los agentes de que se vale Dios, y hablan en su auténtica humanidad; (3) como inspirados, los escritos proféticos son verdaderamente la palabra de Dios; y (4) el tema central del mensaje es la persona y la obra redentora de Jesucristo.

J. E. S.

INSENSATO. → NECIO.

INTERÉS. → USURA.

INTERCESIÓN. Acción de presentar súplicas o peticiones a Dios generalmente a favor de otros. Tanto el verbo hebreo *paga* como el griego *entygjano* quieren decir "encontrarse con una persona", y su significado deriva de "buscar su auxilio".

En los ejemplos veterotestamentarios la i. depende de: (1) un sentido de solidaridad entre los hombres, que induce a buscar el bien del otro; (2) la convicción por parte del intercesor de que Dios puede salvar o bendecir a la persona necesitada por quien se intercede. Se destaca la i. insistente de Abraham a favor de Sodoma, pensando en Lot (Gn. 18:23-33); de Moisés a favor de Israel (Éx. 32:11-14,21-24; 33:12ss., etc.). Samuel muestra el mismo espíritu de abnegada súplica a favor del pueblo (1 S. 7:5,8,9). Elías suplica primero en contra del pueblo rebelde y después a favor de él; su súplica quedó como ejemplo de la potencia de la → oración (1 R. 17:1; 18:36-46; Ro. 11:2; Stg. 5:17,18). Isaías y Ezequiel se destacan como intercesores frente a la amenaza asiria (Is. 37:5-38), y la oración de Josafat es un modelo de i. (2 Cr. 20:5-13). Daniel es el gran intercesor durante el destierro (Dn. 9:1-19), como lo son Esdras y Nehemías en la restauración (Esd. 9:6-15; Neh. 1:5-11).

Los milagros operados por el Señor en el NT, gracias a la i. (explícita o implícita) de alguien, ponen de relieve el valor de este ministerio; p.e., los amigos que llevan al paralítico al Señor (Mr. 2:1-12), los ancianos de los judíos que interceden a favor del siervo del centurión (Lc. 7:1-10), los amigos que presentan al sordomudo (Mr. 7:32). En la parábola del amigo que busca pan para su visitante, Jesús subraya la i. como parte integrante de la enseñanza sobre la oración (Lc. 11:5-8). Con razón la oración del Señor en la víspera de su pasión se llama "de i.", pues señala su actitud constante frente a su Padre en relación con los suyos (Jn. 17; cp. Lc. 22:32). Esteban se hace eco de la i. de su Señor a favor de sus enemigos (Hch. 7:60; cp. Lc. 23:34 y Mt. 5:44).

Pablo suele asegurar a los destinatarios de sus cartas (sean iglesias o individuos) que hace mención de ellos en sus oraciones (p.e. Ro. 1:9; 2 Co. 13:7; Ef. 1:15-19; 3:14-21; Fil. 1:3-7, etc.). Al mismo tiempo, pide la i. de sus hijos en la fe y de los hermanos en general (Ro. 15:30-32; Ef. 6:18-20). La i. es obligación fundamental del creyente según 1 Ti. 2:1,2, donde "peticiones" debe entenderse como i. y con referencia especial a toda autoridad civil. El Espíritu Santo ayuda la flaqueza del creyente que no sabe orar como conviene, intercediendo con "gemidos indecibles" (Ro. 8:26,27), y esto se ha de entender como una obra subjetiva, que vivifica los hondos anhelos en el corazón del suplicante.

La oración de Jn. 17 ilustra la obra de i. de Cristo, ya que → "abogado tenemos con el Padre, a Jesucristo el justo" (1 Jn. 2:1). Heb. atribuye a Cristo la obra intermediaria e intercesora del → sumo sacerdote del AT, y basa la i. sobre: (1) la obra de → expiación en la cruz, que quitó de en medio el pecado (9:24-26), y (2) la comprensión de nuestra condición de parte de nuestro intercesor, gracias a su encarnación (2:14-18; 4:14-16; 5:1-10; 7:22-28). Esta i. no busca alterar las decisiones divinas, sino hacer valer la eficacia y la suficiencia de la obra de Cristo, de la cual el creyente se aprovecha.

E. H. T.

INTERPRETACIÓN. Declaración del sentido de una cosa, generalmente de un → misterio, un sueño o un → idioma. La capacidad interpretativa es considerada en la Biblia como un → don de Dios (Gn. 40:8; 1 Co. 12:10), excepto cuando se refiere a actividades comunes tales como la traducción de idiomas (Gn. 42:23) o la explicación de las Escrituras (2 P. 1:20). Probablemente hubo tanta traducción y explicación como i. en el trabajo de los levitas en Neh. 8:8.

El primer caso de i. es el de → José, al declarar el sueño de Faraón, lo cual le valió su libertad de la cárcel y el puesto de primer mandatario de Egipto (Gn. 40 y 41). Pero quizá el intérprete de sueños por excelencia fuera el profeta → Daniel; su don (2:19-23) lo llevó a la fama cuando los → magos de Babilonia no fueron capaces de satisfacer la demanda del rey (2:4-12,27-45).

En el NT el arte de la i. se aplica a las diversas lenguas que hablaban los cristianos bajo la influencia del → Espíritu Santo. Tanto el hablar en lenguas como el interpretar son dones (1 Co. 12:10; 14:26) y Pablo enseña la inconveniencia de ejercer el primero sin la presencia del segundo, cuando se trata de una reunión pública (14:28).

Solamente en un pasaje, y éste de i. difícil, se usa "i." para referirse a la explicación de las Escrituras en el sentido moderno de la palabra. Pablo advierte que "ninguna profecía de la Escritura es de i. privada" (2 P. 1:2o) y que hay que averiguar exactamente lo que el profeta quiso decir, sin tergiversaciones ni i. particulares. De ahí la importancia de la ciencia moderna de la i. bíblica (o hermenéutica), pues con el paso del tiempo el lector se halla cada vez más alejado de los acontecimientos y escritos bíblicos. Sin la aplicación de ciertas reglas de i., puede malentenderse el sentido original de las Escrituras.

Otras fuentes (véase la bibliografía) tratan de la hermenéutica; basta recordar aquí que el estudiante de la Biblia debe evitar la excesiva alegorización cuando procura entender los idiomas, el estilo, el trasfondo histórico, los factores geográficos y culturales, y sobre todo, las circunstancias humanas en que se escribieron los libros sagrados. Hoy día se reconoce el método histórico-gramatical de exégesis como el mejor modo de llegar al sentido original de las Escrituras. Tenemos una norma para la i. en la forma en que el Señor Jesucristo aplicó los escritos del AT, y una importante obra actual del Espíritu Santo es la de iluminar la mente de los creyentes (1 Co. 2:14ss.). El nos abre las Escrituras tal como Cristo las abrió a los dos discípulos en el camino a Emaús (Lc. 24:25ss.).   W. D. R.

Bibliografía
IB II, pp. 3-285. *CBSJ* V, pp. 279-323. E. Coreth, *Cuestiones fundamentales de hermenéutica*, Barcelona: Herder, 1972. L. Berkhof, *Principios de interpretación bíblica*, Tarrasa: CLIE, 1969.

INVIERNO. La Tierra Santa se caracteriza por dos estaciones: la lluviosa o i. que es moderada y dura desde noviembre hasta abril, y la seca o →verano, que es cálida y sin lluvias y dura desde mayo hasta octubre (Gn. 8:22; Sal. 74:17; Zac. 14:8). El i. también se conoce como tiempo de frío (Jer. 36:22; Am. 3:15).

Las lluvias del i. comienzan en los últimos días del mes de octubre y favorecen el cultivo del trigo y la cebada. La lluvia fría y fuerte cae en diciembre y enero, y continúa en menor escala hasta abril. Desde tiempos antiguos Israel ha construido cisternas para recoger y conservar agua para el verano (Jer. 2:13). El frío de i. no es severo. Pocas veces se acumula en las partes altas una capa de nieve de 30 cm o más por un breve tiempo. Frecuentes tempestades de granizo, con una que otra helada, acompañan a los vientos que soplan del N y los que proceden del desierto, los cuales son intensos (Job 1:19; Jer. 18:17; Ez. 17:10). La temperatura mínima se da en enero, con una media de 11° en la costa, 8° en el macizo central y 12° en el valle del Jordán. La temperatura extrema de Jerusalén en i. es de 3.9 grados centígrados.   L. H. T.

INVOCAR. Acción de clamar a Dios reconociendo sus atributos de perfección. La primera vez que aparece este término en la Biblia es en Gn. 4:26, y significa que los hombres buscaron la protección divina porque conocían el nombre, es decir, el carácter de Dios. En el NT se invoca a Jesucristo, reconociéndolo como Salvador y Señor (Ro. 10:13).   A. R. D.

IRA DE DIOS. El AT designa con un vocabulario variado y antropomórfico la i. de D. y destaca el carácter personal de la misma. Es una "emoción" divina, pero Jehová no es en sí un Dios de ira; más bien su enojo es su "extraña obra" (Is. 28:21). Siempre resulta de alguna provocación externa. (Su →amor, al contrario, es inmanente.)

Jehová manifiesta su ira primeramente contra su pueblo Israel, castigándolo por despreciar su amor y quebrantar su ley, notablemente por la idolatría, la violencia y la injusticia (2 Cr. 36:11-17). Asimismo, su ira se enciende contra los gentiles por el maltrato de éstos a Israel, su idolatría, orgullo y crueldad (Is. 13:3-13). La finalidad de la ira es la gloria de Jehová, el castigo del pecado y el arrepentimiento de Israel (Is. 59:15-19). Se manifiesta tanto en catástrofes "naturales" como en la guerra, mediante la cual las naciones vienen a ser instrumentos de la i. de D. (Is. 10:5). El AT espera la manifestación final de la i. de D. en el "día grande y espantoso de Jehová", cuando el juicio abarcará toda la tierra (Jl. 2:31; 3:12-15).

En el NT, de igual manera, la i. de D. incluye tanto de indignación frente al mal como sus actos de juicio. Como Juan el Bautista anteriormente, Jesucristo advierte de "la ira venidera" (Mt. 3:7; 18:34,35), la demuestra en su propio enojo y severidad (Mr. 3:5), y experimenta la maldición de esta ira en la cruz (Mt. 27:46).

Según Pablo la i. de D. es tan del futuro (Ro. 2:5,8) como del presente, y se revela en la misma ignorancia e inmundicia del mundo pagano, cuyo pecado, motivo de la ira, es también su efecto (Ro. 1:18-28). Provocan la ira divina toda impiedad, injusticia e inmoralidad (Ef. 5:6), pero Pablo señala que la causa decisiva es el menosprecio del amor de Dios (Ro. 2:5). Todos los hombres son por naturaleza "hijos de ira" (Ef. 2:3), pero la ira vino sobre los judíos "hasta el extremo" por oponerse al evangelio (1 Ts. 2:16). Por Cristo serán "salvos de la ira" los creyentes, vasos, no de ira sino de misericordia, preparados "de antemano para gloria" (Ro. 5:9; 9:22,23).

En el Ap. la i. de D. es también la del Cordero victorioso (Ap. 6:16), quien para manifestarla se vale de los ángeles y la fuerza de la naturaleza (15:1; 16:1-4). Babilonia, la bestia y los demonios se unen a los ejércitos humanos como instrumentos de la ira; pero todos éstos, como su jefe Satanás, vienen a ser también objetos de ella. Las provocaciones características son la apostasía tras la bestia y la persecución del pueblo de Dios (14:9-11; 16:5,6). La vindicación de los santos y la retribución y la destrucción del mal figuran como propósitos de la ira final (11:17,18). (→ INFIERNO.)

J. M. Bo.

IRA, ENOJO. Reacción que comienza con el desagrado, generalmente provocado por injurias o restricciones reales o imaginarias, que se manifiesta muchas veces con actividades agresivas, condenadas por la Escritura. La i. motivada por la envidia conduce ordinariamente al →homicidio (Gn. 4:5), al agravio (Gn. 27:44s.) o a la venganza (Gn. 49:55ss.; cp. 34:7-26); Jesús la equiparó, por tanto, con un crimen explícito (Mt. 5:22). Los Sapienciales censuran, a su vez, la necedad del enojo (Pr. 29:11); el impaciente no sabe dominar "el soplo de las narices", según la figura original (Pr. 14:29; 15:18). La i. engendra también la injusticia (Pr. 14:17; 29:22; cp. Stg. 1:19s.); por tanto Pablo la juzga incompatible con el amor (1 Co. 13:5) y un mal que debe ser evitado por los que viven cerca de Dios (Ef. 4:31; Col. 3:8; 1 Ti. 2:8; Tit. 1:7).

Como sugiere Ef. 4:26s., sin embargo, hay i. humanas, que no son pecaminosas. Son "i. santas" que expresan concretamente la reacción de Dios contra la rebelión humana (→IRA DE DIOS). Algunos piadosos son alabados por el enojo que sienten motivado por el →celo (Éx. 16:20; Lv. 10:16; Nm. 25:11; 31:14). Frente a los ídolos (Hch. 17:16) y frente al pecado (2 R. 1:10-12), se llenaron "de la i. de Yahveh" (Jer. 6:11), con lo que anunciaban imperfectamente la i. de Jesús (Mr. 3:5; cp. Mt. 23:1-36; Mr. 11:15-19). J. J. T.

ISAAC ('risa' o 'uno que ríe'). Segundo de los patriarcas, hijo de Abraham y Sara y padre de Esaú y Jacob. Su historia se encuentra en Gn. 21:3-8; 35:27-29. Nació en la ancianidad de sus padres y por la aparente imposibilidad de que esto pudiera ocurrir, ambos rieron ante la noticia (Gn. 17:17; 18:12-15; 21:6). Impulsada por su propia esterilidad, Sara dio su esclava → Agar a Abraham (Gn. 16:1,2) y de esta unión nació → Ismael. Después del nacimiento de I., los celos entre Sara y Agar motivaron la despedida de Agar e Ismael de la casa de Abraham. Años después, Dios pidió a Abraham que sacrificara a I., su único hijo, y fue así probada la fe de Abraham mientras la devoción, humildad y sumisión de I. se destacaron. Abraham obedeció, y entonces Dios reiteró su promesa de que su descendencia sería innumerable (Gn. 22:1-18).

A los 40 años, I. se casó con su prima → Rebeca y por medio de esta unión la promesa se cumplió. Rebeca fue estéril durante veinte años, pero Dios intervino en respuesta a las plegarias de I. y nacieron Esaú y Jacob (Gn. 25:21ss.). La preferencia que la madre sentía por Jacob, y la del padre por Esaú, provocó antagonismo, discordia y largas separaciones entre los hermanos. Cuando I. tenía 130 años, Jacob, valiéndose de un engaño, arrebató a Esaú la bendición paterna y los derechos de primogenitura. Antes de su muerte, I. reconoció que las promesas divinas se cumplirían por medio de Jacob (Gn. 28:4). Murió a los 180 años y fue sepultado por sus dos hijos en Hebrón.

Según el NT, I. fue el primer circuncidado al octavo día (Hch. 7:8); la descendencia de los elegidos se cuenta desde él (Ro. 9:7). Por ser

El montículo de Tel Jernmeh cubre los restos de la antigua Gerar, lugar de nacimiento del hijo prometido de Abraham. MPS

hijo unigénito, nacido milagrosamente, heredero de la promesa a Abraham y destinado a ser padre de multitudes (Heb. 11:9,12) es mucho más significativa su restauración después del sacrificio "en sentido figurado" (Heb. 11:17-19). Pablo se vale de Sara e I. como representaciones alegóricas de los cristianos justificados por la fe y libres herederos de todos los beneficios espirituales (Gá. 4:21-31). J. B. B.

ISACAR. 1. Hijo de Jacob y Lea (Gn. 30:18) que entró en Egipto con sus cuatro hijos y la familia de Jacob (Gn. 46:13). Antes de morir, Jacob profetizó la esclavitud de la tribu descendiente de I. (Gn. 49:14,15).

2. Tribu formada por la descendencia de I. (Gn. 49:28), con cuatro familias principales (Nm. 26:23-25; 1 Cr. 7:15). Participó en los sucesos del desierto con las demás tribus (Nm. 1:8; 2:5,6; 7:18; 13:7, etc.), y recibió la bendición de Moisés (Dt. 33:18,19).

Débora y Barac elogiaron a esta tribu por su ayuda en la batalla contra Sísara (Jue. 5:15), que se efectuó en el territorio de I. (Jue.

4:6-16). Más tarde I. también ayudó a David (1 Cr. 12:32,40). De esta tribu eran Tola, uno de los jueces (Jue. 10:1,2) y Baasa y Ela, reyes de Israel (1 R. 15:16–16:14). Algunos de I. comieron la Pascua en días de Ezequías sin purificarse, pero Dios los perdonó (2 Cr. 30: 18-20).

3. Territorio entre Zabulón y Neftalí (al N), y Manasés (al S) que Josué destinó a la tribu de I. (Jos. 19:17-23). Se extendía desde el río Jordán hasta la tierra de Aser en el O, ocupando la parte central del valle de Jezreel, donde se encuentra el monte Tabor (Dt. 33:19). A los hijos de Gersón, levitas, les fueron asignadas cuatro de las ciudades de I. (Jos. 21:28,29; 1 Cr. 6:72,73).   J. M. H.

ISAÍ. Nieto de Booz y Rut la moabita, padre del rey David y nativo de la ciudad de Belén (Rt. 4:17). Tuvo ocho hijos, de los cuales David fue el menor (1 S. 17:12). Las posesiones de I. consistían principalmente en rebaños que cuidaban David y sus demás hijos. Desde el punto de vista humano no fue un hombre de mucho renombre. Saúl lo menosprecio al referirse a David como "el hijo de I." (1 S. 20:31; 22:7; 25:10). Sin embargo, el gran profeta Isaías llama al Mesías "una vara del tronco de I." y "la raíz de I." (Is. 11;1,10). Mientras David huía de Saúl, buscó un refugio para su padre I. en tierra de Moab (1 S. 22:3,4). Esta es la última mención de I. en el AT.   D. M. H.

ISAÍAS, PROFETA ('Yahveh es salvación'). Uno de los grandes profetas de Israel del siglo VIII a.C., que profetizó durante la crisis causada por la expansión del Imperio Asirio. Nació probablemente en Jerusalén *ca.* 770-760 a.C. y estaba emparentado con la familia real, según la tradición judaica talmúdica. Su padre fue Amoz (Is. 1:1) a quien no se debe confundir con el profeta Amós.

Dios llamó a I. a profetizar (cap. 6) mientras estaba en el templo. Ejerció su ministerio en Jerusalén (7:1-3; 37:2) desde el año de la muerte del gran rey Uzías (*ca.* 740), y a lo largo de los reinados de Acaz y Ezequías (1:1; 6:1; cp. 2 R. 15–20; 2 Cr. 26–32). Se casó con una profetisa (Is. 8:3) y tuvo por lo menos dos hijos cuyos nombres simbólicos recalcaron aspectos de su mensaje (7:3; 8:1-4). También tuvo discípulos (8:16), lo cual puede indicar que fundó una escuela de profetas.

El ministerio de I. puede dividirse en cuatro épocas:

1. Primeros años (742-734 a.C.). Profetizó durante la invasión de Judá por Siria y Efraín en 734 a.C. (Is. 7; 2 R. 16:10-18). Aconsejó confiar en Jehová (Is. 7:9) en vez de la alianza con Asiria propuesta por Acaz.

2. Su retiro de la vida pública (734-715 a.C.). Cuando Acaz celebró la alianza con Asiria, I. decidió guardar silencio, y se dedicó a la enseñanza (Is. 8:16,17).

3. Los años intermedios (715-705 a.C.). Con la muerte de Acaz y la sucesión de Ezequías, I. volvió a profetizar libremente (14:28-32). En 711, después de la captura de Asdod por los asirios, Dios le ordenó andar desnudo y descalzo en señal del juicio venidero sobre Egipto y Etiopía (Is. 20:1-6). Anduvo así por tres años, probablemente para disuadir a Ezequías de aliarse con Egipto.

4. Últimos años (705-701). Is. 36–39 cuenta del papel que jugó I. durante la invasión de Senaquerib (701 a.C.), la enfermedad de Ezequías y la visita de los enviados de Babilonia. Los caps. 40–66 (después del llamamiento en 40:1-11) carecen de detalles biográficos. El nombre de I. no aparece en esta parte del libro (→ ISAÍAS, LIBRO).

Según tradiciones judaicas, I. sufrió el martirio de ser aserrado durante el reinado de Manasés (693-639 a.C.). Quizá Heb. 11:37 aluda a este martirio. Por haber pronunciado profecías mesiánicas tan claras, San Jerónimo lo llamó "el evangelista del AT".   T. D. H.

ISAÍAS. Primer libro de los "profetas mayores", llamado por los Padres "el Evangelio según San Isaías", ya que su autor fue considerado "el profeta evangélico". Predice detalladamente el nacimiento de Emmanuel ('Dios con nosotros'), su vida benéfica, su muerte propiciatoria, su resurrección y su reino triunfante y eterno (9:6,7; 11:1-10; 52:13–53:12). Su pureza, la belleza de su estilo y el maravilloso cumplimiento de sus profecías relativas al Mesías, le dan la preeminencia entre los escritos de los profetas y poetas hebreos.

En 1947 un mozo pastorcillo halló un tesoro de incalculable valor escondido en una vasija en las cuevas de Qumrán: se trata de los llamados Rollos del Mar Muerto. Entre ellos se encontraba el rollo completo de Isaías, abierto aquí al capítulo 40.   ASOR

I. ESTRUCTURA

Los descubrimientos de → Qumrán (donde se han encontrado mss de Is. que remontan a *ca.* 100 a.C.) permiten comprender mejor la estructura del libro. En el texto más completo del Is. hallado en Qumrán se encuentra una división principal entre los caps. 33 y 34. Esto sugiere un libro dividido en dos partes principales (al estilo de Lc.-Hch.). Algunos eruditos proponen ahora un análisis de los dos tomos en secciones paralelas, de la siguiente manera:

Ruina y restauración	1–5	34 y 35
Materia biográfica	6–8	36–39
Bendición y juicio	9–12	40–45
Oráculos contra poderes extranjeros	13–23	46–48
Juicio universal y la salvación de Israel	24–27	49–55
Sermones éticos	28–31	56–59
Restauración de la nación	32 y 33	60–66

Según Harrison, este orden no es obra del profeta mismo, sino que representa la labor de ciertos redactores de una antología de materia isaínica.

II. PATERNIDAD LITERARIA Y CIRCUNSTANCIAS HISTÓRICAS

A. *Historia reciente de los estudios sobre Is.*

Hasta 1775 la iglesia cristiana aceptó la tradición judía según la cual el libro había sido escrito totalmente por el profeta → Isaías del siglo VIII a.C. El primero que pensó en la posibilidad de más de un autor parece haber sido un judío español, Moisés Ibn Chiquitilla, cordobés del siglo II d.C. Él sugirió que Is. 40–66 fue escrito por un profeta que vivió al final del exilio en Babilonia (e.d. *ca.* 550 a.C.). Después, empezando con el comentario de Doederlein (1775), y la introducción de Eichhorn (1780-83), un creciente número de eruditos postuló como autor de los caps. 40–66, y de ciertas porciones en los caps. 13–39, a un "segundo Isaías" que viviera en el exilio *ca.* 550 a.C.

A través del siglo XIX la hipótesis del Deuteroisaías se vio impulsada por el desarrollo de las ciencias literarias e históricas, pero generalmente los eruditos conservadores seguían defendiendo la teoría tradicional. Sin embargo, en 1889 Franz Delitzsch, uno de los eruditos conservadores más prestigiosos del siglo, anunció su aceptación de la nueva teoría en la cuarta y última edición de su gran comentario sobre Is. (Tomo I, pp. 36-41; Tomo II, pp. 120-133 en inglés).

Bernard L. Duhm en 1892 propuso un tercero o Tritoisaías como autor de los caps. 56–66. Hoy muchos exegetas, incluso algunos conservadores, opinan que el libro fue escrito no sólo por el gran profeta del siglo VIII, sino también por algunos de sus discípulos (8:16) que vivían durante el exilio (caps. 40–55, etc.) y después de él (caps. 56–66, en gran parte).

B. *Argumentos a favor de un solo autor*

1. Empezando con el libro apócrifo *Eclesiástico* (escrito *ca.* 180 a.C; cp. 48:22-25), la tradición judaica ha sostenido que el Isaías del siglo VIII escribió el libro entero. Sin embargo,

la tradición judaica no puede considerarse como más autoritativa para el cristiano (Mr. 7:8,9) que las pruebas internas del estudio científico del libro mismo. El valor de la tradición disminuye especialmente cuando se remonta a documentos escritos siglos después del libro controvertido.

2. Los escritores del NT (y aun Cristo mismo) introducen sus citas de varias partes de Is. con frases como "Isaías dijo" (Jn. 12:38-41; Ro. 9:27-29; 10:20s., etc.), sin sugerir nunca una diversidad de autores para Is. Sin duda este hecho ha influido más que otros en quienes han querido defender la veracidad de la Biblia. No obstante, debemos notar los siguientes factores:

(a) En las 21 veces que los autores del NT citan a Is., solamente utilizan 11 vv. de Is. 40–66 con frases como "Isaías dijo". Es decir, estos vv. representan un pequeño núcleo de un mismo profeta, y, por tanto, no muestran necesariamente que todo el contenido de los 26 capítulos viniera de él.

(b) La manera de concebir los estudios de carácter histórico-literario en la época moderna. Ya en el siglo XIX Delitzsch reconoció que estos estudios habían alcanzado "la eminencia de una ciencia" (I, 38), y por eso los trató con todo respeto. Sin embargo, no aceptaba muchas de sus conclusiones como irrevocables, ya que se basaban más en presuposiciones no-cristianas que en pruebas sólidas y bien interpretadas.

(c) Otro factor básico es el concepto que se tenga de la inspiración bíblica. La inerrancia de las Escrituras, según las teologías ortodoxas, se refiere a la plena veracidad de la *enseñanza* del texto, e.d., a lo que el autor quiere comunicar y hacer patente. Es obvio que ningún pasaje del NT se dedica al problema de la paternidad literaria de Is. Por eso no podemos esperar resolver este problema (que surgió en 1775 d.C.) ateniéndonos tan sólo a la manera popular y no científica en que el NT se refiere al libro de Is. Muchos estudiosos conservadores reconocen que la Biblia emplea un lenguaje popular, carente de precisión científica, cuando habla de problemas geográficos, astronómicos, etc.

3. La teoría de la diversidad de autores fue impulsada por el pensamiento racionalista del siglo XVIII d.C., el cual no aceptaba (dadas sus presuposiciones filosóficas anticristianas) la posibilidad de milagros y profecías del futuro lejano. Sin embargo, Is. recalca precisamente el poder de Dios de profetizar el futuro lejano (41:21-23, 26ss.; 44:7,8,25ss.; 46:10,11; 48:3-8). Un ejemplo sobresaliente de este tipo de profecía, según los que propugnan la unidad del libro, es la mención de Ciro (44:28; 45:1) unos 150 años antes de su nacimiento. Sin embargo, este ejemplo no es único en la Biblia: un profeta nombró a Josías más de 300 años antes del nacimiento de éste (1 R. 13:2; y cp. Is. 9:6,7).

La Biblia contiene muchas profecías respecto del futuro lejano, pero el nombramiento de Ciro no es el milagro profético que el autor de Is. 40-55 tenía en mente al subrayar el poder profético de Dios. Parece referirse más bien a la profecía del cautiverio (586 a.C.) que Moisés había pronunciado en el siglo XIII a.C. (Is. 48:3-8; cp. Dt. 4:25-31; 28; 31:27-29, etc.). Recuérdese también que mientras el racionalismo niega completamente el elemento milagroso y profético, la tradición religiosa tiende a exagerarlo (→MARÍA). El cristiano debe aceptar todo milagro genuinamente bíblico, pero no cualquier milagro inventado por la tradición religiosa.

4. Los manuscritos de → Qumrán, donde se encontraron textos de Is. que remontan a *ca.* 100 a.C., incluyen todo el libro en un solo rollo (como también era la práctica en el tiempo de Jesús, Lc. 4:17), sin ninguna división entre Is. 39 y 40. No obstante, según la nueva hipótesis mucho de Is. 13-39 también fue escrito por discípulos de Isaías. Específicamente Is. 34 y 35 se atribuyen a un Deuteroisaías, y sí existe una división en los manuscritos de Qumrán entre Is. 33 y 34.

5. Existen otros argumentos que apenas podemos mencionar: (a) que profetas como → Sofonías y → Jeremías (que vivieron antes del cautiverio) utilizaron materias de Is. 40-66; (b) es improbable que los nombres de los autores de las partes posteriores a Is. se perdieran (especialmente el gran genio que escribió Is. 40-55); (c) los argumentos que le niegan al profeta 40-66 también tendrían que negarle 13 y 14 que incluso tienen su nombre; etc.

C. *Argumentos a favor de la división del libro*

1. Hoy día el punto de partida del nuevo entendimiento de Is. es el enfoque histórico de los caps. 40-55; Jerusalén y su templo han sido destruidos (44:26-28; 51:3; 52:9); el pueblo está exiliado en Babilonia (43:14; 44:22); Babilonia, y no Asiria, está amenazada con la destrucción (47:1-7; 48:14). Ciro de Persia ha iniciado ya su campaña victoriosa (41:2,3,25; 45:1-3). Defensores de la teoría tradicional suelen insistir en que el profeta del siglo VIII dirigió esta porción del libro a la generación en exilio, 150 años después. Por supuesto esto es teóricamente posible, pero una recta comprensión de la inerrancia (ver arriba) no exige que insistamos en tal divorcio entre la literatura y la historia.

2. El segundo tipo de pruebas es lingüístico: las porciones de Is. con un enfoque histórico del siglo VI a.C. utilizan un vocabulario y estilo notablemente distintos. Generalmente se reconoce que a través del libro también hay varios elementos de unidad estilística y gramatical, pero esto se espera de autores de una tradición y escuela común. La diversidad se explica mejor por la nueva teoría. Sin embargo, un estudio reciente y profundo hecho por Judith Reinken, mediante una metodología estadística moderna (en una tesis inédita de la Universidad de Chica-

go), concluye que no puede determinarse nada en cuanto a la unidad o diversidad de autores basándose en el vocabulario de Is.

3. El tercer tipo de pruebas es teológico. No hay contradicciones, como afirman algunos que niegan la inerrancia de las Escrituras, aunque sí existen énfasis distintos y enfoques variados, que corresponden a los diversos fondos históricos representados en Is. (ver sección III). Quienes sostienen que Isaías escribió todo el libro afirman que Is. 40-66 corresponde a los últimos años de la vida del profeta, y que en esta sección éste se dedicó a resolver para las generaciones futuras los problemas provocados por sus oráculos anteriores.

Conclusión:

En vista de las consideraciones anteriores, no se puede afirmar con absoluta certeza que este libro sea la obra de un solo vidente, ni tampoco que sea el producto conjunto de Isaías y un grupo de sus discípulos. Todos los eruditos protestantes liberales han aceptado la nueva hipótesis desde hace muchos años, y ahora casi todos los estudiosos católicos también la aceptan. Los eruditos evangélicos que sostienen la inerrancia de las Escrituras generalmente le han rechazado, pero hoy día hay una nueva tendencia a volver sobre las huellas de Delitzsch para ver si en alguna forma es posible aceptar la nueva hipótesis sin rechazar la plena veracidad y autoridad de las Escrituras. Como sea, Is. es obra del Espíritu Santo a través de su inspirado portavoz o portavoces humanos, y como libro se incluye en la generalización del Apóstol Pablo cuando dijo: "Toda la Escritura es inspirada por Dios" (2 Ti. 3:16).

III. TEOLOGÍA

A. *De Is. 1-39 (especialmente 1-12 y 28-33)*

Muchos de los temas predilectos de Is. se encuentran ya en su visión inaugural (6:1-13), sobre todo su énfasis en Yahveh como "Santo de Israel", título que ocurre unas 25 veces en todo el libro, pero solamente 5 veces en los demás libros del AT.

La preocupación por la realidad de un Dios santo condujo a una conciencia del pecado, tanto en el culto (1:10-17) como en la vida social y política de la nación (3; 5; 7).

El profeta desarrolló las tradiciones de la elección de Jerusalén (10:27-34; 14:28-32; 17: 12-14; 29:1-8; 30:27-33; 31:1-8) y de David (9:1-7; 11:1-8; 32:2; 33:17). Profetizó el nacimiento milagroso del Mesías (7:14), quien sería verdaderamente humano (9:6, 11:1), y a la vez "Dios fuerte" (9:6), cuyo reinado universal de perfecta justicia y paz (9:7; 11:2-9) se cumpliría solamente en Cristo.

Isaías insistió repetidamente en la necesidad absoluta de una fe en Dios, tanto en la vida personal como en la vida pública y política de la nación (7:9; 28:16; 30:15). Por eso se le llama "el evangelista del AT".

B. *De Is. 40–55*

Esta sección se caracteriza por una viva esperanza de la salvación inminente, un nuevo éxodo, esta vez del exilio Babilónico (40:3ss; 43:16-21; 48:20s.; 51:10; 52:12, etc.). Domina también en estos capítulos la esperanza de un nuevo →Moisés, el verdadero siervo de Yahveh (42:1-4; 49:1-6; 50:4-11a; 52:13–53:12), cuyo sufrimiento propiciatorio, resurrección y exaltación harían posible la justificación de muchos (52:13–53:12) y se cumplirían plenamente sólo en Cristo (Jn. 12:41).

Pero la salvación inminente no es un fin en sí; en estos caps. se renueva y profundiza, como en ninguna otra parte del AT, el llamado de Israel para cumplir la misión de Dios en el mundo. Una teología de misión domina Is. 40–55 como fin último de la salvación (40:9; 41:8,9,27; 42:1-4,6,7,10,11; 43:10-12,21; 44:8; 45:5,6,14,22,23; 48:6,20; 49:6-8,22,23; 51:2,5; 52:10,15; 55:1-13). Solamente en el contexto de esta teología de misión podemos entender otros temas predilectos de Is. 40-55.

Por ejemplo, encontramos en Is. 40–55 un desarrollo asombroso de la doctrina de la creación como base de su teología de misión (40:12-26; 42:5ss.; 45:11,12,18; 48:12,13), un marcado monoteísmo evangelístico (45:14,20-22, etc.), y una filosofía de la historia jamás superada en el pensamiento humano (41:1-4, 25,26; 43:14; 44:24-28; 45:1-7,8-13; 46:8-11; 48:14,15; 53:10; 54:15-17). El profeta proclama que la historia del mundo tiene significado solamente a la luz de la misión del pueblo y del siervo de Yahveh.

C. *De Is. 56–66*

En esta sección muchos de los poemas se dirigen al pueblo que está otra vez en la Tierra Santa (56:8); el templo ha sido reedificado y se ofrecen sacrificios (56:5-7); los días de ayuno son comunes. Sin embargo, los pecados anteriores han empezado a manifestarse otra vez; el sincretismo y la superficialidad en el culto (58:1-12), la injusticia social (59), y un liderazgo impío (56:9-12). Is. 56–66 se caracteriza por el conflicto entre el Israel genuino (los pobres; 57:15; 61:1-3; 66:2) y el Israel falso (los ricos y poderosos; 56:9-12; 57:1-4; 59: 14,15; 65:13-16).

Se insiste en la observancia del sábado (58:13,14), la humildad (57:15; 61:2ss., etc.), y la misericordia hacia los pobres (58:6,7,9,10). Dios se presenta como santo y justo tanto en la restauración de su pueblo como en el castigo eterno de los impíos (57:15; 60:9,14; 66:24).

La vívida esperanza de una intervención inminente de Dios, para la redención de su pueblo, no domina en estos oráculos, como en 40–55. Se busca explicar el atraso del cumplimiento de las profecías (59:1s.), pero persiste una firme confianza en el triunfo final del Santo de Israel y la glorificación de Sion (57:15ss.; 60:10, etc.). En los caps. 65 y 66, una sección de carácter apocalíptico, encontramos la esperanza de un nuevo cielo y una nueva tierra. Después de la salvación y el juicio, Dios promete renovar el universo que el pecado ha corrompido.

T. D. H.

Bibliografía

Francisco, Clyde, *Introducción al Antiguo Testamento*. El Paso: Casa Bautista, 1969. Manley, C.T., *Nuevo auxiliar bíblico*. San José: Editorial Caribe, 1958. Rhodes, Arnold B., *Los actos portentosos de Dios*. Richmond: C.L.C. Press, 1964. Robert Feuillet, *Introducción a la Biblia*. Barcelona: Editorial Herder, 1965. Young, Edward J., *Introdução ao Antigo Testamento*. São Paulo: Edições Vida Nova Soc., Ltda., 1964. North, Christopher, R. *Isaías 40-55* (Antorcha). Buenos Aires: Editorial La Aurora, 1960.

IS-BOSET ('hombre de vergüenza'). Hijo y sucesor de Saúl por dos años (2 S. 2:10). Su nombre original era Es-baal ('hombre de Baal', 1 Cr. 8:33; 9:39). Abner, general de Saúl, lo nombró rey de Israel en Mahanaim mientras David reinaba en Hebrón sobre Judá. Debilitado por el pacto de Abner y David, I. fue asesinado por dos de sus oficiales, después de lo cual David reinó sobre todo Israel (2 S. 2–4). W. C. W.

ISMAEL. Siguiendo una costumbre antigua, Sara consintió en que →Agar, su sierva egipcia, concibiera un hijo de Abraham, el cual se llamó I., que significa "Dios oye" (Gn. 16:1-4). Sara se quejó más tarde, sin embargo, de que Agar, viéndose embarazada, la miraba con desprecio. Agar, entonces, huyó, evidentemente con la intención de volverse a su patria, Egipto. Pero, habiéndola encontrado el ángel de Jehová en el desierto, le ordenó que se volviera a su señora y le prometió multiplicar su linaje. Le predijo además cómo habría de ser el hijo que iba a tener: "Y él será hombre fiero; su mano será contra todos, y la mano de todos contra él, y delante de todos sus hermanos habitará" (Gn. 16:11,12). Estas características se han conservado en los descendientes de I., los beduinos del desierto y los árabes. Agar volvió a su señora y cuando I. nació, Abraham era de 86 años de edad. Trece años después I. fue circuncidado (17:23,25).

Posiblemente Abraham consideró durante algunos años a I. como el hijo de la promesa, y le mostró un afecto especial. Sin embargo, con ocasión de la fiesta con que Abraham celebró el día en que Isaac fue destetado, Sara vio que I. se burlaba de Isaac, su primogénito, y esto la hizo enojarse mucho. Detrás de todo estaba la competencia por establecer quién sería el heredero de las promesas de Dios. El nacimiento de →Isaac, sin embargo, y las indicaciones de Dios, dejaron bien claro que éste y no I. era el heredero de las promesas de bendición universal (Gn. 18:1-19). Abraham cedió a las instancias de Sara, y despidió a Agar con su hijo I., quienes casi perecieron de sed en el desierto, pero fueron milagrosamente atendidos por el ángel de Jehová (Gn. 21:1-21).

I. creció, e hizo del desierto el lugar de su habitación; su oficio fue la cacería. Se casó con una mujer egipcia (Gn. 21:20,21) y fue padre de doce hijos, todos ellos príncipes (25:12-16). Tuvo además una hija, Mahalat, quien llegó a ser mujer de Esaú (28:9). Acompañó a Isaac en el entierro de su padre Abraham (25:9).

La Biblia también menciona a otros cinco hombres de nombre I. Entre éstos se destaca un judío rebelde, hijo de Netanías, quien asesinó al gobernador → Gedalías y a otros pocos después de la conquista de Jerusalén por Nabucodonosor, rey de Babilonia (Jer. 41:1-18).

A. R. D.

ISRAEL (HOMBRE). → JACOB.

ISRAEL, NACIÓN. Desde muy temprano la anfictionía de las doce tribus se llamó indistintamente "hijos de I.", "pueblo de I." y "tribus de I.". Pero también desde los comienzos existieron tradiciones separadas tanto del S como del N. En el S, desde el mar Muerto hasta el límite con el territorio de los filisteos, quedaban las tribus de Judá y Simeón, que incluían clanes como los calebitas, otonielitas, jeramelitas y los ceneos. El resto de las tribus quedaron al N a uno y otro lado del Jordán. Rubén estaba al E del mar Muerto sobre el límite N de Moab, frente a Judá, pero formaba parte del norte. Al O del Jordán, y como un eslabón entre las tribus del sur y las del norte, quedaron Dan y Benjamín. Los danitas decidieron emigrar al extremo norte y cedieron su territorio a los filisteos. Benjamín fue finalmente asimilado, en parte por el norte y en parte por el sur. El territorio de Rubén fue conquistado a la larga por los moabitas.

Saúl, el primer rey, oriundo de Gabaa, de Benjamín, hizo un supremo esfuerzo por unir a todas las tribus bajo su gobierno central. Benjamín, tribu central, favorecía este propósito; pero circunstancias especiales echaron por tierra sus ambiciones. Sin embargo, David, del sur, lo logró. Durante los primeros siete años, David tuvo que limitarse a reinar únicamente en el sur. Las tribus del norte permanecieron fieles —más por sentimentalismo que por convicción— al heredero de Saúl. Pero muerto éste, los del norte se sintieron peligrosamente huérfanos de autoridad y se sometieron gustosos al dominio davídico. Fue así, entonces, como por primera vez "los hijos de I." estuvieron todos bajo un solo gobierno central, cuya capital era Jerusalén. Desafortunadamente esta unidad política sólo se mantuvo durante los reinados de David y Salomón. De ahí en adelante dos naciones iniciarían su historia independiente aunque paralela: al N, I., con su capital Samaria; al S, Judá, con Jerusalén por capital.

La nación de I. inicia su historia independiente con la rebelión de Jeroboam en el 931 a.C. La idea de ser gobernados indefinidamente por una dinastía sureña y desde una capital también del sur, no era nada atractiva para el núcleo norteño. Pasada la férrea dictadura salomónica, Jeroboam, que había huido de Salomón a refugiarse en Egipto, regresó rápidamente y, apoyado por los egipcios, organizó la rebelión de las tribus del norte contra Roboam, que ya gobernaba en lugar de Salomón, su padre. La falta de tacto de Roboam y la superioridad numérica del norte inclinaron la balanza en favor de los insurgentes. Ya en el trono, Jeroboam I, estableció su capital en Siquem, ciudad central y religiosa pero indefensa. Luego se trasladó a Tirsa y ésta fue la capital hasta la fundación de Samaria. Jeroboam I tomó todas las medidas políticas y religiosas necesarias para mantener la separación, se consagró al fortalecimiento de su reino como entidad permanente e independiente de toda influencia, e intentó la reconquista del sur. Puede decirse que esta fue la primera etapa —muy inestable por cierto— en la vida de la nueva nación. Durante los primeros cincuenta años tres dinastías fueron arrasadas por completo: Nadab, hijo de Jeroboam I, que pretendió sucederle, fue asesinado por Baasa, un oficial, que reinó 42 años. Más tarde cuando Ela, hijo de Baasa, quiso suceder a éste, también fue asesinado con toda su familia por Zimri, uno de sus oficiales. Este último pereció pocos días después de haber ascendido al trono a manos del general Omri.

Una nueva etapa muy próspera y distinguida comienza para la nación israelita con el ascenso de → Omri al trono. En adelante, las referencias a esta nación quedarían consignadas en los anales de los asirios mencionándola no como el "reino de I.", sino como "la casa de Omri". Omri fundó la ciudad de Samaria y estableció allí su capital. Samaria sería luego tan famosa para I. como lo fue Jerusalén para Judá. La dinastía de Omri duró apenas 43 años (884-831 a.C.), pero hubo en ella cuatro reyes, tres de los cuales fueron mundialmente famosos por sus actividades y valentía: Omri, Acab y Joram. Fueron días en que los reinos de Judá e I. mantuvieron una estrecha amistad; celebraron alianzas y pelearon juntos guerras victoriosas. Fueron también los días en que profetas de la talla de Micaías, Elías y Eliseo ejercieron su ministerio.

Durante este período menudearon los triunfos de I. sobre sus vecinos inmediatos, pero al mismo tiempo empezó a cernirse sobre la vida de la nación la fatídica sombra de los → asirios. Éstos habían arreglado sus problemas intestinos, y se sentían capaces de conquistar las naciones del Occidente. → Acab reunió, entonces, una coalición de reyes vecinos, a la cual él mismo contribuyó con mil carros de guerra y diez mil soldados de infantería —muestra indudable de su poderío—, y salió al paso de los asirios. Logró apagar los ímpetus conquistadores de éstos en la famosa batalla de Qarqar (853).

Con la sangrienta revolución de → Jehú, a quien Eliseo había ungido secretamente como rey de I., terminó la dinastía de Omri y comenzó para I. un nuevo período que va del 842 al 745, todo bajo la nueva dinastía iniciada por Jehú. Este período se caracterizó, en su primera parte (842-786): (1) por la aniquilación de toda la descendencia de Omri, la cual había de extenderse hasta el reino de Judá; (2) por la abolición del sistema de alianzas que había logrado conseguir la dinastía de Omri, y con el cual ésta estuvo a punto de aunar nuevamente a las dos naciones; y (3) por la subordinación de Asiria bajo Salmanasar III. Toda esta decadencia sucede bajo Jehú, quien estaba más interesado en la venganza que en la estabilidad y el fortalecimiento del reino.

Los siguientes dos reyes, Joacaz (814-798) y Joás (798-782), poco pudieron hacer dentro de las condiciones que heredaron de Jehú. No obstante, la nación de I. resurgió vigorosamente bajo la próspera, pacífica y larga administración de Jeroboam II (782-753) y bajo el corto reinado de su hijo Zacarías (753-752), con quien terminó la dinastía de Jehú y comenzó el trágico fin de la nación. Las profecías de Amós y Oseas muestran claramente la gran administración de Jeroboam II.

Después de esto, lo que restaba a I. como nación eran escasos 30 años. Una serie de crímenes palaciegos (Salum mató a Zacarías, Manahem a Salum y Peka a Pekaía, el hijo de Manahem) y la deposición de Peka por Tiglatpileser III de Asiria, para colocar en su lugar a su favorito Oseas (732-723), condujo a I. rápidamente a su fin. A la muerte de Tiglat-pileser III, Oseas creyó poder independizarse de Asiria, y esto sólo provocó la ira de Salmanasar V. Éste sitió a Samaria, la cual finalmente cayó en manos de Senaquerib en el 722 a.C. Los israelitas fueron llevados al cautiverio y la nación desapareció definitivamente.

A. Ll. B.

ISRAEL, HISTORIA POSTBÍBLICA

I. BAJO ROMA Y BIZANCIO

Durante la vida de Jesús y los apóstoles, Palestina estuvo anexada a la provincia romana de Siria. Los emperadores romanos (→ Roma, Imperio) pusieron a Palestina en manos de procuradores, pero la injusticia y rapacidad de éstos, unida al fanatismo de los →zelotes-sicarios y al estado de exaltación mesiánica, provocaron una franca rebelión contra Roma. Al estallar la violencia, en los años 67 y 68 d.C., el emperador Nerón encargó al general Vespasiano dominar la situación y erradicar el nacionalismo judío. Vespasiano comenzó las operaciones militares pero, una vez elegido emperador (año 69), encomendó la tarea a su hijo Tito, quien en 70 culminó la conquista del país con la toma y arrasamiento de →Jerusalén, la destrucción de la vida nacional de los judíos y su →dispersión por todo el mundo entonces conocido.

El país reconquistado se convirtió en la provincia romana de Judea, gobernada por un legado senatorial residente en Siria. Las ciudades y los pueblos fueron reconstruidos lentamente y la vida comercial e intelectual recomenzó mientras en Jerusalén la Legión X *Fretensis* mantenía la *Pax Romana*. En Jamnia, localidad vecina a Gaza, desde el año 68 d.C. y con permiso del emperador Vespasiano, funcionaba una academia de doctores y escribas judíos, fundada por Rabi Yojanán Ben Zakai, la cual trabajó ininterrumpidamente hasta el 425, cuando fue suprimida por el emperador Teodosio II. Disuelto el Sanedrín desde el año 70 d.C., la academia de Jamnia constituyó durante tres siglos y medio la máxima autoridad del judaísmo; su labor fundamental fue la definición de cuáles libros se consideraban autoritativos (→CANON, AT), y la recopilación de la tradición que se fijó en la Misna y en el →Talmud, roca espiritual del judaísmo posterior.

A partir de año 116 d.C. se sucedieron numerosos levantamientos contra el poder imperial en las comunidades judías mediterráneas, especialmente en Alejandría, Cirene y Chipre, y éstos encontraron eco en Palestina. Un decreto del paganísimo emperador Adriano prohibió la circuncisión en todo el imperio, y provocó una insurrección palestina capitaneada por el héroe judío Bar-Kojba (= 'hijo de la estrella'; cp. Nm. 24:17), aceptado como mesías por el rabí Aqiba, el gran doctor talmúdico. El nuevo levantamiento judío duró del 132 al 135 y fue cruelmente sofocado por Adriano, quien después de masacrar al pueblo hebreo y de arrasar nuevamente a Jerusalén, la hizo reedificar con el nombre de *Aelia Capitolina* y prohibió a los judíos residir en ella. En el lugar del antiguo →Templo se edificó un templo a Júpiter capitolino y, sobre el sepulcro identificado como el de Jesús, otro templo a Venus. Hasta el nombre de Judea quedó proscrito. El país quedó semidesierto y durante siglos predominaron en Jerusalén y en toda Palestina las poblaciones romanas, griega, árabe, siria, o cualquier otra menos la judía.

Con la conversión al cristianismo del emperador Constantino, Palestina se fortaleció religiosamente. Santa Helena, madre del emperador, visitó en 326 los lugares tradicionalmente asociados con la vida de Jesucristo e hizo construir suntuosas basílicas en muchos de ellos. Por aquella época las peregrinaciones de cristianos a la Tierra Santa se multiplicaron. Tal situación se eclipsó bajo Juliano el Apóstata, anticristiano que incluso ordenó la reconstrucción del Templo de Jerusalén (obra inconclusa desde sus fases iniciales) para desmentir la profecía de Cristo sobre la destrucción del templo (Lc. 9:43s.).

En el reparto del Imperio Romano en 395, a la muerte de Teodosio, Palestina tocó al Imperio de Oriente (Bizancio). Se intensificaron las peregrinaciones y se difundió ampliamente el monarquismo cristiano en su territorio. El emperador Justiniano embelleció y restauró las basílicas cristianas.

II. Período persa

En el año 614 el rey persa Cosroes II, en lucha contra los bizantinos, se apoderó de Palestina ayudado por los judíos locales, adversos al cristianismo. Los persas devastaron el país y destruyeron o dañaron las edificaciones cristianas. Pero su poder fue fugaz: el emperador bizantino Heraclio, en sus campañas de 628 y 629, liberó el Imperio de Oriente de los invasores y reconquistó Palestina. Tal situación fue también efímera, pues un nuevo poder nacía en Oriente.

III. Bajo los árabes

En el año 635 Palestina sucumbió ante la avasalladora política imperialista de los árabes mahometanos, que un siglo más tarde gobernarían desde Córdoba hasta el río Indo. En 637 el califa Omar tomó a Jerusalén con la aquiescencia de los naturales, tanto judíos como cristianos, que hartos del yugo bizantino esperaban un mejor trato de los nuevos amos. La toma de Jerusalén, cuyo asedio duró dos años, sólo pudo realizarse luego de un acuerdo entre Omar y el Patriarca Sofronio, en el que se garantizaban las vidas y bienes de los palestinos así como su libertad de culto.

Jerusalén, ciudad santa para los musulmanes debido al fantástico viaje nocturno de Mahoma (Corán, XVII,1), dependía directamente del califa. En el área del antiguo templo se edificaron dos mezquitas sacratísimas para los creyentes mahometanos, la llamada "de Omar" (el Domo de la Roca) y la del El-Aksa, cuya ubicación impide, aun en nuestros días, la reedificación del templo.

El dominio árabe en Palestina fue pacífico durante unos tres siglos; la libertad religiosa fue respetada tanto para cristianos como para judíos, continuaban las peregrinaciones cristianas y los lugares santos fueron reconstruidos. Con la irrupción de los fatimitas de Egipto (929), el país fue sumido en guerras y persecuciones que se prolongarían tres siglos. Palestina fue ocupada y dominada por los califas de El Cairo (969), quienes alternaban entre períodos de tolerancia y épocas destructivas de persecución.

IV. Los turcos seleúcidas

La situación se agravó con la ocupación del país (1071-1076) por parte de los turcos seleúcidas, fanáticos recién convertidos al islamismo. Sus violencias y crueldades motivaron la reacción de la cristianidad medieval y condujeron a las Cruzadas.

V. Un paréntesis: el reino latino de Jerusalén (1099-1187)

Enormes ejércitos de cristianos se reunieron al llamado de los papas y desorganizadamente se lanzaron a la empresa de reconquistar la Tierra Santa. Tras un intento abortivo en la primera cruzada, Jerusalén fue sitiada y tomada por el ejército cruzado en 1099; durante cuatro días los cristianos realizaron una horrible masacre de árabes y judíos, al punto de dejar la ciudad santa sin uno solo habitante judío por mucho tiempo. Los franceses fundamentalmente, constituyeron una monarquía feudal de corte europeo enclavada en pleno mundo musulmán. Se sucedieron tres monarcas principales, pero el reino cayó en 1187, en la batalla de Hattin, perdida frente al sultán Saladino de El Cairo.

VI. Nuevamente los árabes

Saladino, en efecto, se había proclamado sultán independiente de Egipto desde 1174; predicó la guerra santa contra los infieles cristianos y reconquistó poco a poco el país, hasta tomar Jerusalén (1187). Las guerras entre los caballeros cruzados y los árabes unidos a los turcos culminaron con la victoria de los aliados musulmanes en 1291. Palestina gozó de una cuasi completa paz externa durante los dos siglos y medio que fue gobernada por los musulmanes mamelucos de Egipto, pero esta paz se vio turbada en 1400 con la caída de Damasco en manos de los mongoles y la subsiguiente invasión de Palestina, la más terrible que haya conocido el país. Internamente, los cristianos fueron duramente tratados durante este período; no así los judíos quienes, a raíz de las persecuciones de que eran objeto en Europa, pudieron emigrar de Francia, Inglaterra y España y construir libremente sus sinagogas.

VII. El Imperio Otomano

En 1517 el sultán turco otomano Selim I conquistó a Egipto y al mismo tiempo se adueñó de Palestina, Siria e Irak. La estúpida y cruel *Pax Turca* —uno de los sistemas imperiales más deplorable que ha conocido Occidente— sumió al país en un profundo atraso durante los cuatro siglos (1517-1917) de dominio otomano.

En 1799 Napoleón, quien había conquistado a Egipto, partió de allí con ánimo de conquistar Palestina; se apoderó de Jaifa y se enfrentó al ejército turco en la batalla del monte Tabor, pero se retiró sin lograr su fin. De 1832 a 1840 la *Pax Turca* se interrumpió en Palestina cuando el gobernador de Egipto Mohamed Alí la ocupó, en rebeldía contra su señor el sultán otomano. La aventura terminó con la intervención de las potencias europeas (Inglaterra, Prusia, Austria, Francia y Rusia), quienes para proteger sus intereses constriñeron a Mohamed a devolver lo ocupado a Turquía. El sultán, a raíz del incidente, otorgó ciertas concesiones en suelo palestino a los países europeos y éstos abrieron consulados en diversas ciudades y se declararon preceptores de las comunidades cristianas nativas, católicas, protestantes u ortodoxas.

VIII. El sionismo

La explosión del antisemitismo en Europa, especialmente en Rusia, originó dentro del pueblo judío un fuerte movimiento de regreso a la tierra de Israel. Desde 1885 se había fundado el movimiento "Amor a Sion", y en 1897 el visionario del estado judío, Teodoro Herzl, fundó la Organización Sionista Mundial en el primer congreso sionista celebrado en Basilea. La corriente migratoria judía tomó cuerpo: en 1850 no había en toda Palestina sino unos 12.000 judíos; hacia 1882 ya había 35.000. Las aldeas agrícolas comenzaron a multiplicarse; renació la vieja lengua hebrea y se fundó en Jerusalén la Universidad Hebrea. Al estallar la primera guerra mundial en 1914, la comunidad judía de Palestina sumaba 85.000 almas. Esta guerra modificó la situación del país, pues Turquía (la potencia ocupante), en su calidad de aliada de Prusia, hizo de Palestina su centro de operaciones contra Egipto, ocupado éste por los ingleses. Las guerras árabes animadas por el Coronel Lawrence (Lawrence de Arabia) desalojaron a los otomanos de amplios territorios; entre otros, de la región siro-palestina, que quedó en manos de los ingleses a partir de 1917.

IX. EL MANDATO BRITÁNICO

El 2 de noviembre de 1917 el gobierno británico formuló la Declaración de Balfour, en la que expresaba sus simpatías por las aspiraciones sionistas y se comprometía a apoyar la creación en Palestina de un hogar nacional para el pueblo judío. El mandato sobre Palestina, que la Liga de Naciones confió a los ingleses (1922), incorporó la declaración de Balfour y admitió explícitamente los fundamentos para la reconstrucción de un estado judío en Palestina. Bajo la égida de la Organización Sionista (creación de Herzl) y de la remozada Agencia Judía, el retorno del pueblo y la construcción del nuevo estado adquirieron un ritmo acelerado; el pueblo judío retornó a la agricultura y a la ganadería y se multiplicaron los nuevos centros de población. Pero la administración británica, requerida por sus intereses en los territorios árabes, fue obstruyendo cada vez más estos esfuerzos y dificultó la inmigración judía. El surgimiento del nazismo en Alemania, y la consiguiente masacre de seis millones de judíos europeos, tornaron más apremiante la restauración de la independencia judía.

En Palestina, la población hebrea organizó diversos métodos de resistencia contra el ocupante inglés. El resultado fue una mayor tensión y constantes choques entre la administración mandataria y la comunidad judía (el *Ishuv*). En 1947 Gran Bretaña planteó la cuestión de Palestina ante las Naciones Unidas. Una comisión especial recomendó la partición de Palestina en dos estados independientes, judíos y árabes, ligados por un acuerdo económico con Jerusalén bajo control internacional. El 29 de noviembre de ese año la Asamblea General de la ONU aprobó la recomendación por amplia mayoría y el *Ishuv* se lanzó entonces a la empresa de preparar la independencia de un estado que contaría con sólo 20.000 km² de territorio, y que debería inaugurarse el 15 de mayo de 1948, fecha de finalización del mandato británico.

X. ISRAEL

En la noche del 14 de mayo de 1948, David Ben Gurión, en su calidad de jefe del consejo provisional del estado, leyó en Tel Aviv la declaración de independencia, por medio de la cual se fundaba el estado de Israel. Pocas horas después, los ejércitos de Egipto, Jordania, Siria, Líbano e Irak, acompañados por un contingente de Arabia Saudita, invadieron el país, e Israel se vio abocado a una guerra de independencia que se prolongó siete meses. El armisticio de 1949 fue efímero y la tensión armada que se produjo con los países árabes, que se negaban y aún se niegan a reconocer el derecho de existencia del estado de Israel, ha producido desde entonces innumerables actos de sabotaje, asaltos y muertes, incluyendo dos nuevas guerras, la del Sinaí (1956) y la llamada "de los Seis Días" (junio de 1967), con sendas victorias para Israel. Las fronteras de 1949, establecidas en las líneas de cese de fuego, han sido considerablemente ampliadas y hoy Israel ocupa, entre otros territorios, la península de Sinaí, los montes de Golán y la parte vieja de la ciudad de Jerusalén, estas dos últimas, antiguas posesiones jordanas.

Israel es en la actualidad, pese al virtual estado de guerra, un país próspero y moderno, que ofrece el espectáculo de una nación que aúna milenios de historia y de tradición con los recursos de la más avanzada técnica. Cuenta con una población de más de tres millones de habitantes y con importantes centros de enseñanza y de investigación, incluyendo los laboratorios atómicos de Dimona. Su economía es fuerte y sus leyes garantizan la tolerancia religiosa y un amplio marco de libertades, dentro de un estado de corte socializante. Pero la situación política externa es incierta, como es de esperar de un país que sólo ha podido sobrevivir a fuerza de devolver golpe por golpe.   O. M. H.

ITAI. 1. Natural de Gat que juntamente con otros 600 hombres de esta ciudad acompañó a David cuando éste huyó de Absalón. Aunque era filisteo, no quiso abandonar a David. Por tanto, fue puesto como jefe de la tercera parte del ejército (2 S. 15:19-22; 18:2,5,12).

2. Benjamita, hijo de Ribai, uno de los treinta valientes de la guardia de David (2 S. 23:29; 1 Cr. 11:31).   J. M. Br.

ITALIA. Nombre que se aplica en Hch. 18:2; 27:1,6; y Heb. 13:24 con el mismo sentido que tuvo desde Julio César y Octavio César: Península italiana, de delimitaciones aproximadas a las actuales. Era uno de los lugares predilectos de los emigrantes judíos, los cuales se establecían principalmente en → Roma, en el Trastevere. La compañía a la que pertenecía Cornelio (Hch. 10:1) se llamaba la Italiana, probablemente por estar compuesta de itálicos, ciudadanos romanos.   C. R. -G.

ITAMAR. Cuarto hijo de Aarón (Éx. 6:23; Nm. 26:60), consagrado sacerdote al mismo tiempo que su padre y sus tres hermanos, Nadab, Abiú y Aleazar (Éx. 28:1). Su posteridad tuvo a su cargo la construcción del tabernáculo en el de-

sierto (Éx. 38:21). Después de la muerte de
Nadab y Abiú, castigados por su desobediencia
(Lv. 10:1), I. y Eleazar, su hermano, se encargaron de todas las funciones sacerdotales (Nm.
3:4). Durante el éxodo, I. fue el jefe de los
gersonitas y meraritas, encargados del transporte
de ciertas partes del tabernáculo (Nm. 4:21-33).

Por algún tiempo varios miembros de la familia de I. desempeñaron el sumo sacerdocio
(1 R. 2:27; cp. 1 Cr. 24:1-4).   P. S.

ITUREA Parte de la tetrarquía de Felipe que
siempre se asocia con → Traconite (Lc. 3:1).

Quedaba al extremo noroeste de Palestina, poblada probablemente por árabes nómadas y beli-
cosos. Su nombre recuerda a Jetur, hijo de
Ismael (Gn. 25:15s.; 1 Cr. 1:31; 5:19). Los
itureos eran arqueros hábiles y diestros ladrones;
vivían en una tierra escabrosa, con excepción de
la región sur.

Alrededor del año 20 d.C. I. pasó a poder de
los romanos, quienes a su vez la dieron a Herodes. Con la muerte de éste, una parte se le
otorgó a → Herodes Felipe. Otras regiones de I.
eran Abilene, Soemus y Calquis (→ AGRI-
PA II).   S. C. C.

J

JAAZANÍAS. "Hijo de un maacateo" y uno de los príncipes que llegaron a Mizpa para jurar fidelidad a Gedalías, gobernador de Judá nombrado por Nabucodonosor (2 R. 25:23; "Jezanías" en Jer. 40:8). Después que Ismael mató a Gedalías, probablemente J. ayudó a pelear contra Ismael (Jer. 41:11ss.). El "Azarías" de Jer. 43:2 puede ser el mismo J. o un hermano suyo.

En Jer. 35:3 y Ez. 8:11; 11:1 se mencionan otros personajes de nombre J. **J. M. Br.**

JABES-GALAAD. Ciudad de Galaad, situada 2 km al E del Jordán y unos 32 km al S del mar de Galilea. El heroísmo y la generosidad eran cualidades sobresalientes de sus moradores. No participaron en la destrucción de Benjamín (Jue. 20:1—21:11), por lo cual fueron severamente castigados (Jue. 21:10-14). Cuatrocientas doncellas sobrevivientes de J. fueron dadas por esposas a los sobrevivientes de Benjamín (Jue. 21:14). Más tarde, al ser atacados por los amonitas, fueron defendidos por Saúl (1 S. 11). Por tanto, algunos valientes de J. rescataron los cadáveres de Saúl y sus acompañantes y los sepultaron en su tierra (1 S. 31:1-13; 1 Cr. 10:11-13). David bendijo y ofreció su ayuda a los de J. en gratitud por este acto (2 S. 2:4-7). **A. P. P.**

JABÍN ('discernidor'). Probablemente título real de los reyes de Hazor, ciudad principal en Palestina del N.

1. Rey de → Hazor que formó una alianza con los reyes de las tribus de Palestina del N para pelear contra Josué, quien los sorprendió "junto a las aguas de Merom" y los derrotó. Josué conquistó a Hazor y mató a J. (Jos. 11:1-14).

2. Otro rey de Hazor quizá descendiente del anterior, jefe de una confederación cananea. Era rey poderoso que "había oprimido con crueldad a los hijos de Israel por veinte años" (Jue. 4:2,3); pero su ejército, capitaneado por → Sísara, fue derrotado por Barac y los israelitas. La guerra continuó hasta el derrocamiento de J. (Jue. 4—5; Sal. 83:9). **J. P.**

JABOC. Uno de los afluentes orientales más importantes del río Jordán. Nace en el altiplano oriental de las montañas de Galaad, se dirige al NO y después al SE hasta desembocar en el río Jordán, unos 37 km al N del mar Muerto. El profundo valle del J. era una frontera natural entre el territorio de Sehón, rey de los amorreos, y el de Og, rey de Basán (Nm. 21:24; Jos. 12:2-5; Jue. 11:22), territorios estos que más tarde fueron asignados a Gad y a la media tribu de Manasés. Fue el sitio del encuentro y la

El vado del arroyo de Jaboc, cerca del cual Jacob sostuvo su lucha con el ángel del Señor. Llamó el lugar Peniel: "Vi a Dios cara a cara". MPS

lucha de Jacob con el ángel, y de la reunión de Jacob con Esaú (Gn. 32:22; 33:1-20). Hoy se llama Nahr es-zerga.   M. V. F.

JABÓN. Pasta que se obtiene de la combinación de un álcali con algún aceite o grasa. Antiguamente también lo había de procedencia mineral. Según Jer. 2:22, la capacidad limpiadora del j. es tan grande contra toda suciedad que sólo las manchas del pecado escapan a su acción. Contra estas impurezas es indispensable el poder de Dios (Is. 1:25; Mal. 3:2,3), mediante el sacrificio de Cristo (1 Jn. 1:7). Los antiguos utilizaban también la lejía como elemento limpiador (Jer. 2:22).   A. P. P.

JACINTO. 1. Piedra preciosa de color rojo, aunque puede ser también amarillenta. Aparece en el pectoral del sumo sacerdote (Éx. 28:19) y en los cimientos del muro de la Nueva Jerusalén (Ap. 21:20).

2. Nombre de un color (Ap. 9:17 RV 1909).   J. E. D.

JACOB ('el que toma por el calcañar' o 'el que suplanta'). Padre del pueblo hebreo, cuya vida transcurrió, probablemente, en el siglo XVIII a.C. Fue hijo de Isaac y Rebeca y hermano gemelo de Esaú. Nació como respuesta a la oración de fe de su padre (Gn. 25:21). Su historia se registra en Gn. 25:21–50:14. Antes del nacimiento su madre supo, por revelación divina, que en su seno se originarían dos grandes naciones ya divididas entre sí. Esaú nació primero pero J. le siguió asido de su talón (Gn. 25:22-26). Según la ley antigua, la primogenitura le correspondía a Esaú, pero J., con notable astucia, la consiguió de su hermano a cambio de un guisado (Gn. 25:29-34; Heb. 12:16).

Aconsejado por su madre, J. obtuvo con engaño la bendición paterna (Gn. 27:1-29), y Esaú, indignado, prometió matarlo (Gn. 27: 41). Como consecuencia, Rebeca misma se vio obligada a procurar que Isaac enviara a J. a Harán, con el pretexto de elegir esposa allí (Gn. 27:42–28:5; Os. 12:12). Durante su viaje J. tuvo una visión que le afectó profundamente: veía una escalera que llegaba hasta el cielo y ángeles de Dios que subían y bajaban. En aquel lugar Dios confirmó a J. el pacto con Abraham. J. erigió un altar, llamó a aquel lugar → Bet-el ('casa de Dios') e hizo voto ante Dios (Gn. 28:11-22).

Una vez en Harán J. permaneció con su tío Labán, a quien sirvió siete años para poder recibir a → Raquel como esposa. Sin embargo, debió trabajar siete años más, pues obedeciendo a una costumbre del lugar, Labán le entregó primero a Lea, su hija mayor (Gn. 29:9-28). De Lea, J. tuvo seis hijos varones: Rubén, Simeón, Leví, Judá, Isacar y Zabulón, y una hija, Dina; de la esclava de Lea tuvo a Gad y Aser. De la esclava de Raquel tuvo a Dan y Neftalí. Como respuesta divina a los ruegos de Raquel también tuvo con ella dos hijos, José y Benjamín, quie-

nes llegaron a ser los favoritos de J. Todos ellos, excepto Benjamín que nació en el camino de Efrata (Belén) y costó la vida de su madre (Gn. 35:16-19), nacieron en Padan-aram (Gn. 35: 23-26).

Gracias a su astucia, J. prosperó tanto que provocó la envidia de los hijos de Labán. Como consecuencia, para zanjar las desavenencias y por indicación divina, se volvió a Canaán pero fue perseguido y alcanzado por Labán. Éste le propuso celebrar un pacto (Gn. 31), se separaron amistosamente y J. pudo proseguir su viaje. Al pasar por Mahanaim le salieron al encuentro ángeles de Dios (Gn. 32:1,2). Por temor de su hermano Esaú, planeó hábilmente el encuentro con él. La noche anterior luchó con el ángel de Jehová y, en consecuencia, obtuvo una bendición. Fue entonces cuando recibió el nombre de Israel, "el que lucha con Dios" (Gn. 32: 24:32; Os. 12:3,4), nombre que se perpetuó en "los hijos de Israel" (Gn. 42:5; 45:21), y llegó a abarcar a todo el pueblo elegido de Dios. J. llamó a aquel lugar Peniel ('el rostro de Dios').

Después de su reconciliación con Esaú, J. se instaló en Siquem (Gn. 33:18), pero debido al ultraje de que fue objeto su hija Dina, y a la consecuente venganza de Simeón y Leví contra la ciudad, tuvo que dejar Siquem. Marchó a Bet-el, donde Dios le confirmó sus promesas (Gn. 35:1-15). Después llegó a Hebrón, a tiempo para sepultar a su padre (Gn. 35:27-29).

La predilección de J. por José y los sueños de éste le crearon serios problemas de celos entre sus hijos. Un día los propios hermanos vendieron a José y le hicieron creer a J. que había muerto (Gn. 37). No sería sino años después, cuando fueron a Egipto por causa de una escasez de alimentos, que J. y el resto de sus hijos descubrirían que el gobernador de aquella tierra era José (Gn. 42–45). J. y sus demás hijos se instalaron en la tierra de Gosén, donde vivió diecisiete años más (Gn. 46–47:28). Murió cuando tenía más de 130 años, rodeado de sus hijos y después de otorgar a cada uno su bendición (Gn. 48 y 49). Fue llevado a Canaán para ser sepultado en la cueva de Macpela, como había sido su deseo (Gn. 50:1-14).

El nombre de J. aparece en las genealogías de Jesús (Mt. 1:2; Lc. 3:34). Es muy significativo que sea mencionado con Abraham e Isaac ocupando un lugar predominante en el reino (Mt. 8:11; Lc. 13:28). Los Evangelios Sinópticos registran la mención que Jesús hace de Éx. 3:6 (Mt. 22:32; Mr. 12:26; Lc. 20:37). Esteban menciona a J. en su discurso (Hch. 7:12-15,46), y Pablo en Ro. 9:11-13; 11:26. Finalmente el patriarca aparece en Heb. 11:21 como uno de los héroes de la fe.

Otro J., padre de José, aparece en la genealogía de Jesús según Mt. 1:16.   V. F. V.

JACOBO. Variante del nombre común de Jacob o Santiago. Ciertos exegetas identifican a algunos o a todos los J. de 3 a 5 abajo como una sola persona.

1. Hijo de Matán y padre de José, el esposo de María (Mt. 1:15s. →GENEALOGÍA DE JESÚS).

2. Hijo de Zebedeo y pescador galileo, a quien Jesús llamó, junto con Juan y su hermano (¿menor?), a ser uno de los doce apóstoles (Mt. 4:21). Con Pedro y Juan, J. integra un núcleo singular de discípulos, presente en la resurrección de la hija de Jairo (Mr. 5:37 //), en la Transfiguración (Mr. 9:2 //), y en la oración en Getsemaní (Mr. 14:33). Juntamente con Juan fue apellidado →"Boanerges" (Mr. 3:17), y ambos también recibieron una reprensión de Jesús por su impetuosidad (Lc. 9:54). Los dos pidieron un lugar de preferencia en el reino y Jesús les profetizó que beberían la copa de él (Mr. 10:39), anuncio que después se cumplió con la muerte de J., degollado por Herodes Agripa I, ca. 44 d.C. (Hch. 12:2).

Algunos intérpretes, basándose en una comparación de las listas de Mt. 27:56; Mr. 15:40 y Jn. 19:25, creen que J. era primo de Jesús; pero esta identificación depende de dos hipótesis dudosas (→HERMANOS DE JESÚS). La tradición del siglo II le llamó "J. (o Santiago) el Mayor".

3. Hijo de →Alfeo y también uno de los doce apóstoles (Mr. 3:18 //; Hch. 1:13). Aunque Leví es también llamado "hijo de Alfeo" es probable que su padre sea otro Alfeo y que Leví y J. no sean hermanos.

Este J. es comúnmente identificado como J. "el menor", hijo de →María (Mr. 15:40). Evidentemente lleva el apodo para distinguirlo (por su estatura o su juventud) de J. el hijo de Zebedeo.

4. Padre (según HA, pero "hermano" según RV y VM) de Judas (no Iscariote). Excepto su mención en Lc. 6:16 y Hch. 1:13, no se sabe nada de él.

5. Hermano de Jesús, mencionado con sus hermanos (¿menores?) José, Simón y Judas (Mr. 6:3 //, →HERMANOS DE JESÚS). A juzgar por Mt. 12:46-50; Mr. 3:31-35; Lc. 8:19-21 y Jn. 7:5, J. no aceptaba la autoridad de Jesús durante el ministerio de éste, pero después de que se le apareció resucitado (1 Co. 15:7), llegó a ser un guía importante de la iglesia judeocristiana de Jerusalén (Hch. 12:17; Gá. 1:19; 2:9).

Evidentemente se le considera como apóstol (Gá. 1:19) cuyo campo misionero fueron los judíos (Gá. 2:9), especialmente los de Jerusalén. En esta iglesia madre, J. es la primera de tres "columnas" con quienes Pablo confirió al principio de su ministerio, y de quienes recibió reconocimiento por su mensaje (Gá. 2:7-10). Más tarde ciertos emisarios que reclamaban la autoridad de J., pero que probablemente exageraban su postura, sugirieron que en la iglesia de →Antioquía los gentiles y los judíos comieran en mesas separadas. Pablo rechazó con vehemencia esta idea (Gá. 2:11s.).

Hch. 15:1-29 describe el primer →concilio de la iglesia (cuya relación con las entrevistas de Gá. 1 y 2 es difícil de precisar), el cual se celebró en Jerusalén, presidido por J. En esta ocasión se acordó recomendar a los gentiles recién convertidos ciertas prácticas que facilitaran el compañerismo de mesa con los judeocristianos. Más tarde, J. también sirvió de mediador entre un grupo de judeocristianos que deseaban imponer la ley mosaica a todos los cristianos, y el grupo de gentiles conversos, que desde luego no querían aceptar esta obligación. Las simpatías judías de J. se ponen de relieve en la sugerencia que hace a Pablo cuando éste visita a Jerusalén por última vez (Hch. 21:17-26).

La tradición posterior (Hegesipo, primitivo historiador cristiano de ca. 180 d.C.; y el Evangelio según los hebreos, →EVANGELIOS APÓCRIFOS) exalta el papel de J., llamándolo "el justo" y presentándolo como muy reverenciado por su apego a la ley. Hegesipo y Josefo (Guerras XX.ix.1) relatan su martirio (ca. 62), lapidado a instigación de los saduceos. La tradición asigna a J. la paternidad de la carta de → Santiago (Stg. 1:1; cp. Jud. 1).   R. F. B.

Bibliografía
EBDM IV, col. 473-478.

JAEL. Mujer cenea que mató a Sísara, capitán de las fuerzas cananeas derrotadas por →Barac y Débora (Jue. 4:17-22). Cuando Sísara pidió asilo en la tienda de J., ella le socorrió para después matarlo mientras dormía, cumpliéndose así la profecía de Débora (Jue. 4:9). Aunque la traición a un huésped era un crimen contra la ética de la →hospitalidad, J. fue celebrada en el cántico de Débora por haber dado el golpe de gracia a las fuerzas que oprimían a los israelitas (Jue. 5:24-27).   I. W. F.

JAFET ('ensanchamiento'). Hijo de Noé que entró en el arca y se salvó del diluvio juntamente con su esposa. Según Gn. 10:21 era menor que Sem, pero de acuerdo con otras citas debía ser el menor de los tres hermanos (Gn. 6:10; 7:13; 9:18; 1 Cr. 1:4).

J. fue padre de las naciones europeas (Gn. 10:2-5): los cimeraneos (Gomer), los escitas (Askenaz), los medos (Madai), los moscovitas o eslavos (Mesec), los jonios (Javán), los de Chipre (Quitim), y los de Rodas (Dodanim), entre los mejor identificados. Es notable que el padre de la figura mitológica Prometeo se llamara *Iapetos* y que los filisteos fueran de raza micena.

La profecía de Noé: "Habite J. en las tiendas de Sem" (Gn. 9:27), puede entenderse relacionada con los filisteos que invadieron Palestina y ocuparon terrenos que Dios había dado a Abraham (→ SEM.)   W. G. M.

JAH. Uno de los nombres de Dios, usado 23 veces en el AT (RV). Posiblemente fuera abreviatura de Jehová (Yahveh). Se halla sólo en los Sal. e Is. También forma parte de la jaculatoria que tan a menudo se usa en los Sal.: "Aleluya"; constituye la última sílaba.				W. M. N.

JAHAZA. Ciudad al E del Jordán, posiblemente al N del río Arnón, donde los israelitas derrotaron a Sehón rey amorreo, cuando éste les negó el paso por sus tierras (Nm. 21:23,24; Dt. 2:32; Jue. 11:20). Fue poblada por la tribu de Rubén (Jos. 13:18), pero dada a los levitas de la familia de Merari (21:34,36).

Posteriormente fue tomada por Moab, hasta que Omri la reconquistó, para volverla a perder a manos de Mesa, rey moabita, quien la añadió a sus dominios. En tiempos de Isaías y Jeremías era una ciudad moabita y como tal es mencionada en los oráculos contra Moab (Is. 15:4; Jer. 48:21,34).					J. M. A.

JAIR. 1. Hijo de Segub (1 Cr. 2:22) y descendiente de Manasés (Nm. 32:41; Dt. 3:14; 1 R. 4:13) que tomó parte en la conquista de la Transjordania. Su heredad estuvo a este lado del Jordán, en la región de Galaad y en la provincia de Argob donde tenía muchas ciudades.

2. Uno de los jueces de Israel, galaadita, que "juzgó a Israel veintidós años" (Jue. 10:3). Tuvo treinta hijos y otras tantas ciudades. Murió en Camón (Jue. 10:4,5). No hay información ni valoración de lo que hizo cuando juzgó a Israel.

Otros que llevan este nombre se mencionan en 1 Cr. 20:5 y Est. 2:5.			H. P. C.

JAIRO (heb. =*Jaír*). Padre de la niña de 12 años a quien el Señor resucitó en Capernaum (una de las tres resurrecciones operadas por Jesús). Según Lc. 8:41 J. era "principal de la sinagoga" (cp. Mt. 9:18,23; Mr. 5:22). Entre los ancianos él era el responsable del orden del culto de los sábados. Pertenecía a una clase que generalmente rechazaba el ministerio de Jesús, pero la grave enfermedad de su hija le impulsó a buscar su ayuda. Aunque la niña murió mientras J. buscaba la ayuda de Jesús, éste la volvió a la vida.					E. H. T.

JANES Y JAMBRES. Nombres que se dan en 2 Ti. 3:8 a los magos que se opusieron a Moisés y Aarón en Egipto (Éx. 7:11s.,22) y que no se mencionan en el AT. Aparecen en la literatura judía y samaritana del período intertestamentario y en algunas obras paganas como protagonistas de una leyenda (v.g., en el *Documento de Damasco*). Los nombres asumen la forma de "Yojané y Mamre (o Mambres)" en ciertas versiones.

Algunas tradiciones tienen a J. y J. por hermanos, hijos de Balaam. Para Pablo los nombres de éstos evocan metafóricamente el paganismo hostil al evangelio, ilustrado por los falsos maestros del primer siglo.				R. F. B.

JAQUÍN ('él [Dios] establece'). 1. Cuarto hijo de Simeón (Gn. 46:10; Éx. 6:15). No se sabe por qué en Nm. 26:12 ocupa el tercer lugar entre los hijos del citado patriarca. En 1 Cr. 4:24 sucede lo mismo, e incluso se le llama Jarib en vez de J.; posiblemente sea un error de copista.

2. Sacerdote contemporáneo de David, cuyo nombre se registra en 1 Cr. 9:10; 24:7. Su nombre fue escrito por Semaías, escriba, en presencia del rey y de los príncipes. Era miembro de la vigésima primera división de sacerdotes que servían al templo.

3. Uno de los sacerdotes que regresaron del cautiverio a Jerusalén (Neh. 11:10).	A. P. P.

JAQUÍN Y BOAZ. Dos columnas erigidas por Hiram de Tiro en el pórtico del → Templo de Salomón. La columna derecha era J. y la izquierda B. (1 R. 7:15-22,41,42). En la cabeza de estas dos columnas había un tallado en forma de lirio.					A. P. P.

JARMUT. 1. Ciudad levítica de Isacar (Jos. 21:29), también llamada Ramet y Ramot en Jos. 19:21; 1 Cr. 6:73.

2. Ciudad de los cananeos, cuyo rey se unió a una liga de cinco reyes en contra de Josué (Jos. 10:3-5). Fue derrotado en Gabaón y muerto en Maceda (Jos. 10:23). J. se identifica con la moderna Khirbet Yarmuk, ubicada 25 km al SO de Jerusalén.				J. E. G.

JASER, LIBRO DE. Obra citada dos veces en el AT (Jos. 10:13; 2 S. 1:17,18). Parece haber sido una colección de cantos nacionales, histórico-épicos. Sus personajes principales son los héroes de la teocracia y sus temas las hazañas históricas de éstos. El original del libro desapareció y el que fue publicado en el siglo XVIII con este título es un fraude escandaloso.

A. T. P.

JASOBEAM. 1. Uno de los valientes de David, que en una batalla hirió a 300 enemigos (1 Cr. 11:11). Fue capitán de "la primera división del primer mes", según el orden de las divisiones que servían al rey (1 Cr. 27:2). Aunque el texto presenta dificultades, el Adino de 2 S. 23:8, que hirió a 800, parece ser el mismo J.

2. Uno de los guerreros benjamitas que se unieron con David en Siclag (1 Cr. 12:6).

J. M. Br.

JASÓN (gr. = 'portador de salud'). 1. Judío de Tesalónica, convertido en la primera visita que Pablo hizo a aquel lugar (Hch. 17:1-10). Hospedó a Pablo y a Silas y, como consecuencia, cuando los judíos crearon un alboroto, llevaron a J. y algunos otros cristianos ante los magistrados. Los acusados quedaron en libertad después de pagar una fianza.

2. Judío cristiano que se hallaba con Pablo en Corinto y saludó a los romanos (Ro. 16:21). Probablemente puede identificársele con el N.° 1.

L. S. O.

JASPE. Piedra preciosa (Éx. 28:20; 39:13; Ez. 28:13 [LXX "ónice"]; Ap. 4:3), variedad del cuarzo, de color rojo, café, amarillo, verde o gris, siempre opaca. El j. mencionado en Ap.

21:11,18s. parece ser una modalidad del j. verde o de la calcedonia.   J. E. D.

JAVÁN. Hijo de Jafet y padre de Elisa, Tarsis, Quitim y Dodanim (Gn. 10:2,4). El nombre J. corresponde etimológicamente a Jonia, y se utiliza en el AT para referirse no sólo a esa región, sino a toda Grecia. Por esa razón algunas versiones traducen J. por "Grecia" (v.g. Dn. 8:21; Zac. 9:13).   J. L. G.

JAZER. Ciudad de los amorreos conquistada por Israel (Nm. 21:32) y asignada a la tribu de Gad (Nm. 32:1,3,35). Más tarde fue constituida una ciudad levítica para los hijos de Merari (Jos. 21:39). Se menciona en el censo de David (2 S. 24:5), y de ella vinieron algunos de los "hombres fuertes y vigorosos" de David (1 Cr. 26:31). Los profetas pronunciaron juicio contra ella como ciudad de Moab (Is. 16:8,9; Jer. 48:32).   D. M. H.

JEBÚS. Nombre dado a Jerusalén, la ciudad principal de los jebuseos (Jos. 18:28; Jue. 19:10,11; 1 Cr. 11:4,5), aunque desde tiempos antiguos se la había llamado *Urusalim* como muestran las tablas de → El Amarna, 1400 a.C. ("Salem", Gn, 14:18, → JERUSALÉN). "El jebuseo" (siempre en el singular en hebreo) descendía del tercer hijo de Canaán (Gn. 10:16; 1 Cr. 1:14), el cual habitaba en las montañas alrededor de Jerusalén entre los heteos y amorreos (Nm. 13:29; Jos. 11:3; 15:8; 18:16).

En el tiempo de la conquista, Adonisedec, rey de J., encabezó una confederación contra Gabaón, pero fue vencido por Josué (Jos. 10:1ss.). Aunque J. fue quemada por los de Judá, los jebuseos volvieron a hacerla una fortaleza (en la colina oriental) y permaneció como tal hasta el tiempo de David (2 S. 5:6-9; 1 Cr. 11:4-8); éste compró la era de Arauna, rey jebuseo (2 S. 24:16,18,23,24).

Aunque J. fue conquistada, sus habitantes continuaron viviendo en ella. Más tarde fueron hechos siervos de Salomón (1 R. 9:20,21). Todavía algunos vivían allí después del exilio (Esd. 9:1,2; Zac. 9:7; Neh. 7:57).   J. M. Br.

JEDUTÚN. Levita, descendiente de Merari, y uno de los directores de música en el tabernáculo durante el reinado de David (1 Cr. 25:1). Fue padre de una familia de músicos (1 Cr. 25:3,6) que "profetizaban con arpa, para aclamar y alabar a Jehová" y "con címbalos y salterios . . . para el ministerio del templo". J. o sus hijos tuvieron algo que ver con los salmos 39, 62 y 77, de acuerdo con los títulos de éstos; quizá con la música.

Aparentemente J. también se llamaba → Etán (1 Cr. 15:17; cp. 25:1).   P. S.

JEFE. → CAPITÁN.

JEFTÉ. Noveno juez de Israel (Jue. 12:7), hijo de → Galaad y una concubina (Jue. 11:1). Rechazado por los hijos legítimos de Galaad, J. huyó a la tierra de → Tob donde reunió una banda de hombres ociosos. Habiendo sido atacados por los amonitas, los israelitas fueron a pedirle que los comandara en la lucha. J. aceptó con la condición de que se le mantuviera como caudillo si derrotaba a Amón (11:7-11). Bajo J. los israelitas ganaron la victoria.

Antes de la batalla, J. había hecho el → voto de sacrificar al primero de su casa que saliera a recibirle al regresar (11:30,31). Grande fue su tristeza cuando su hija única salió a recibirle con panderos y danzas (11:34). Hay diferencia de opiniones respecto de si J. realmente cumplió su voto o no, pero el relato bíblico parece indicar que sí lo cumplió. De igual manera, no es unánime la comprensión de la naturaleza del voto. Cuando su hija volvió después de haber "llorado su virginidad" por dos meses con sus compañeras, J. "hizo de ella conforme al voto que había hecho" (11:39). Sin embargo, la Escritura no dice si Dios aprobó o no tal sacrificio.

Los efrainitas, encolerizados por haber sido excluidos del triunfo sobre Amón, amenazaron de muerte a J. Éste los derrotó, y a los que procuraban escapar huyendo por los vados del Jordán, los de Galaad los identificaban obligándolos a pronunciar *Shibolet,* palabra cuya pronunciación correcta les resultaba casi imposible a los efrainitas (12:1-6).

J. juzgó a Israel por seis años y fue sepultado "en una de las ciudades de Galaad" (Jue. 12:7).
                                                  D. M. H.

JEHOVÁ. Forma en que ha llegado hasta nosotros el nombre propio que los israelitas dieron a Dios. Por reverencia y para no pronunciar el sagrado nombre, los israelitas leían *Adonai* (→SEÑOR) o *Elohim* (→DIOS) donde figuraba el nombre de J. Como las vocales del nombre "J." no se escribían, se perdió la pronunciación propia, y poco a poco fueron sustituidas por las vocales de *Adonai* (a/e-o-a). Así fue acuñada la ortografía *JeHoVaH,* que quedó fijada desde el siglo VI d.C. Hay fundamentos para concluir que la pronunciación original haya sido *Yahveh,* como escriben algunas traducciones modernas (BC, NC, Str., BJ).

La palabra J. deriva probablemente de la raíz *hwh* o *hyh* ('ser'). Se ha traducido como "el que es", haciendo referencia a la eternidad y autonomía del Ser de Dios, o "el que da el ser", aludiendo a su calidad de creador. Pero más exactamente debe entenderse como "el que está (presente)", que coincide mejor con la idea bíblica del Dios vivo, que se manifiesta sensiblemente cómo y cuándo lo desea. Esta interpretación coincide, además, con el pasaje de Éx. 3:11-15, en el cual Dios declara su nombre a Moisés como "Yo soy" (o "seré" o, según sugerimos: "Yo estoy [o 'estaré'] presente").

Tal vez Éx. 6:3 no debe interpretarse en el sentido de que el nombre de J. fuese desconocido para Israel hasta entonces (lo cual no cuadraría con Gn. 15:7 y 28:13) sino como que todavía no se había revelado su verdadero significado y poder. Dios no se manifiesta aquí como un Dios nuevo o extraño sino como "J., el Dios de vuestros padres" (Éx. 3:15). También se ha especulado sobre si J. sería una variante ampliada de formas más breves como →*Jah* (Gn. 15:2; Sal. 68:4, etc.), *Hallelu-jah,* de donde deriva nuestro "aleluya" ('alabad a *Jah*') o *Jahu* (aparece en nombres compuestos como *Jesha-Jahu* = "Isaías, J. salva"). Pero también es posible que éstas sean abreviaciones de J.

El término "J. de los ejércitos" (*J. Tsebaoth*) figura 279 veces en el AT, especialmente en los profetas. Se han propuesto tres interpretaciones para la expresión "los ejércitos": (1) los ejércitos de Israel (1 S. 17:45, 2 S. 6:2), (2) los ejércitos de estrellas, las huestes de los cielos (Jue. 5:20) y (3) las legiones de ángeles y espíritus (Gn. 32:1,2). En vista de pasajes como 1 S. 17:45 muchos se inclinan a creer que la primera alternativa es la más antigua y que las otras fueron aplicaciones del significado del término.

Otras combinaciones del nombre J. ayudan a comprender la doctrina bíblica de Dios: *J. -melek* ('J. es rey', Is. 6:5 y numerosos salmos) afirma la soberanía y el poder de Dios y la total dependencia de su protección. *J.-nisi* ('J. mi bandera', Éx. 17:15; cp. Sal. 60:4; Is. 11:10), indica que J. es la señal de victoria, el poder o el refugio (LXX) de su pueblo en los conflictos. *J.-salom* ('J. es paz', Jue. 6:24) y *J.-tsidqenu* ('J. justicia nuestra', Jer. 23:6; 33:16). Todos estos términos señalan a Dios por la actividad redentora y restauradora que lo caracteriza en la relación con su pueblo.

En el griego de la LXX, J. se traduce por *Kyrios* ('Señor'), término que el NT adopta generalmente al citar el AT. Es por eso tanto más significativo que el NT adscriba a Jesucristo este título en pasajes en que el AT se refiere a J.
J. M. B.

JEHÚ. 1. Hijo de Josafat, hijo de Nimsi, y décimo rey de Israel (842-815 a.C.). Durante el reinado de Acab, J. fue instrumento de juicio divino sobre la nación. Era comandante del ejército de Joram (hijo de Acab), cuando Eliseo envió a uno de los hijos de los profetas para ungirlo como rey con el mandato de aniquilar la casa de Acab (2 R. 9:1-13).

Al llegar a Jezreel, J. mató a Joram y a Ocozías, rey de Judá. También mandó echar a Jezabel desde una ventana, y ésta murió como lo había profetizado Elías (2 R. 9:14-37). Exterminó la casa de Acab como Dios le había dicho pero su celo fue excesivo al matar a todos los siervos de Baal (2 R. 10:18-28; Os. 1:4).

El celo de J. fue más por sí mismo que por Jehová. Continuó el culto a los becerros de oro, y como consecuencia Hazael, rey de Siria, invadió a Israel (2 R. 10:31-36). Cierto obelisco negro indica que J. pagó tributo a Salmanasar de Asiria para que lo apoyara contra Hazael. La dinastía fundada por J. duró cuatro generaciones.

2. Descendiente del patriarca Judá (1 Cr. 2:38).

3. Benjamita de Anatot que se unió a David en Siclag (1 Cr. 12:3).

4. Profeta, hijo del vidente Hanani. Pronunció juicio sobre Baasa y treinta años después sobre Josafat (1 R. 16:1-4; 2 Cr. 19:2; 20:34).

5. Distinguido simeonita durante el reinado de Ezequías (1 Cr. 4:35)   W. C. W.

JERA. El tercero de los trece hijos de Joctán (Gn. 10:26; 1 Cr. 1:20). Su nombre se escribe igual que la palabra heb. que significa mes (*yerah*). Posiblemente algunos de los descendientes de J. se establecieron en el sur de Arabia.
A. R. D.

JERAMEEL. 1. Progenitor de una tribu de Neguev en el S de Palestina, relacionada con los calebitas y cerca de los ceneos (1 S. 27:10; 30:29). Algunos conjeturan que los jerameelitas eran una tribu ajena que más tarde se incorporó a la tribu de Judá. Su genealogía (¿adoptiva?) se encuentra en 1 Cr. 2:9,25-27,33,42.

2. Levita, hijo de Cis (1 Cr. 24:29).

3. Oficial bajo Joacim, contemporáneo de Jeremías (Jer. 36:26).   J.M.Br.

JEREMÍAS ('Jehová eleva' o 'Jehová abre [el seno]'). Nombre de siete personajes bíblicos, de los cuales el más importante es el profeta. (Para los demás véase 2 R. 24:18; 1 Cr. 5:24; 12:4,10,13; Neh. 10:2; 12:1,34; Jer. 35:3.)

I. SU FONDO HISTÓRICO

La historia del profeta J. cubre un lapso de cuarenta años, desde su llamado en 626 a.C. (1:1; 25:3, "el año trece de Josías") hasta la caída de Jerusalén en 587 a.C. (cap. 44). Profetizó casi exclusivamente en Jerusalén durante el reinado de cinco reyes, uno de los cuales, →Josías (638-608 a.C.), introdujo en 621 reformas que purificaron el culto y las costumbres de las contaminaciones paganas (2 R. 23). Los caps. 1-6 describen las condiciones previas a la reforma, y 11:1-8 y 22:10a,15s. indican la aprobación de J. a la reforma y al rey.

Muerto Josías en un vano intento por resistir a Egipto, fue sucedido por →Joacaz (llamado también Salum, Jer. 22:11), quien también fue depuesto por el faraón egipcio (2 R. 23:31-33). Éste colocó en el trono a Eliaquim (también llamado →Joacim, 2 R. 23:34; 2 Cr. 36:3,5). J. lamenta la deposición de Joacaz y su exilio a Egipto (22:10-12). Durante el reinado de Joacim (607-597 a.C.), Nabucodonosor, emperador de Caldea, derrotó a Egipto en la batalla de →Carquemis (605 a.C., cp. Jer. 46) y dominó la región (Jer. 25:15ss.). J. exhortó a la sumisión ante Nabucodonosor (Babilonia), pero Joacim vacilaba entre Egipto y Babilonia. Además, su vanidad y tendencias idolátricas (2 R. 23:37) le impedían atender favorablemente a J. (22:13-19; 26:20-23). Nabucodonosor saqueó Ascalón (47:5-7; Sof. 2:4-7) y Joacim intentó finalmente rebelarse, pero sólo logró una más grave sumisión (2 R. 24:1ss.).

J. reprendió al rey y a los profetas y sacerdotes de la corte y con ello se granjeó persecución, prisión y amenazas (11:18-23; 12:6; 15:15-18; 18:18; 20:2; 26:10s.,24). Incluso el rey mismo destruyó las profecías de J., que su amanuense Baruc había escrito (36:1-4,23,24), pero éste volvió a escribirlas (36:27,32). A pesar de todo, J. continuó profetizando e intercediendo por Jerusalén (11:14; 14:11; 17: 16; véase la pasión de 17:14-18; 18:18-23; 20:7-18), denunciando a los falsos profetas (23:9-40) y anunciando la destrucción final de Jerusalén y del templo (7:1-15; 9:1; 13:17; 14:17; 18).

Joacim murió cuando Nabucodonosor estaba a las puertas de Jerusalén listo para castigar su insurrección (Jer. 22:18; cp. 2 R. 24:1ss.). Su hijo → Joaquín ("Conías", 22:24; "Jeconías", 24:1) sólo reinó tres meses (2 R. 24:8) y tuvo que rendirse (2 R. 24:12). Fue llevado cautivo a Babilonia con la mayoría de la aristocracia, el ejército y la artesanía (22:18s.). El templo fue arrasado (2 R. 24:10-16), y, según J. lo había profetizado, llegó a su fin aquella dinastía.

Nabucodonosor colocó en el trono de Judá a → Sedequías, el hijo menor de Josías (2 R. 24:17; Jer. 37:1), quien gobernó rodeado de consejeros incapaces, pues los demás habían sido deportados. J. se opuso a ellos ("higos malos", 24:1ss.) y a sus intrigas para intentar sacudir la dominación babilónica. Contra los falsos profetas declaró que el exilio sería largo e invitó a los exiliados a una actitud positiva (cap. 29), pero el partido pro-egipcio logró finalmente la supremacía en la corte de Sedequías, y éste aceptó participar en una coalición contra Babilonia. Jerusalén fue sitiada (589 a.C.), pues nadie siguió el consejo de J. de rendirse (34:1ss.,8ss.; 37:3ss.,17ss.; 38:14ss.). Acusado de traidor y derrotista, J. fue encarcelado y luego arrojado a una cisterna (37:11-21; 38:1-13). En el peor momento del sitio, cuando la caída de Jerusalén era segura, J. anunció con actos simbólicos (32:1-15) y palabras (32:36-44; 33:1-26) la futura restauración. Esta no significaría la mera restauración política de Judá, sino el establecimiento de un nuevo pacto (31:31-34). Jerusalén cayó en 587 a.C. y J. fue tratado bondadosamente por Nabucodonosor, pero rehusó la oferta de ir a Babilonia. Prefirió quedarse con los que permanecieron en Judá bajo el gobernador Gedalías (40:1-6). Después de asesinado Gedalías, el resto huyó a Egipto y J. también fue con ellos (42:1—43:7). Allí se pierde su historia. Lo último que sabemos de él es que ministraba a los refugiados, anunciaba la próxima caída de Egipto (43:8-13) y reprendía a su pueblo por las nuevas formas de idolatría (44:1ss.).

II. SU MINISTERIO

J. es el profeta de cuya vida e intimidad más se conoce. Nació en Anatot, y era hijo del sacerdote Hilcías (cp. 1 R. 2:26). Su llamado, a temprana edad (1:6), conformó en él una profunda vocación, en la que el anuncio del juicio siempre prevaleció sobre el consuelo (1:9,10).

Con él, la conciencia profética alcanzó su nivel más alto, y se expresó como un constante estar "en la presencia de Dios". En un temperamento profundamente emotivo como el suyo, y en las condiciones trágicas de su pueblo, la comunión con Dios es una lucha. J. es tierno y sensible por naturaleza, pero su vocación profética lo obliga a una constante denuncia de la desobediencia, idolatría y rebeldía de su pueblo. Declara la destrucción de Judá frente a la fallida reforma deuteronómica bajo Josías. La agonía del ministerio del profeta se refleja en pasajes autobiográficos (8:18,21; 9:1; 15:10; 20:14-18).

III. SU LIBRO

El libro de J. por lo que respecta al orden cronológico de sus varias predicciones y mensajes divinos es difícil de ordenar. Ello se debe, seguramente, al proceso de su composición por Baruc, el secretario de J., quien seguramente

Cerca del año 626 a.C., Dios llamó al joven Jeremías de la tierra de Anatot (vista abajo) para que fuera su profeta ante el pueblo rebelde de Judá en los días críticos y peligrosos que precedieron la caída de Jerusalén y el cautiverio babilónico.   MPS

El camino que conduce de Jerusalén a Jericó va por un paraje árido y solitario, entre montañas rocosas en cuyas cuevas bien podían ocultarse salteadores. WDR

reunió profecías diversas, incluso pertenecientes a diversas épocas del largo ministerio del profeta. Así se explican ciertas duplicaciones en el texto (6:12-15 = 8:10-12; 7:1-4 = 26:1-24; etcétera).

Para facilitar el estudio, se ha intentado agrupar las profecías en distintos períodos históricos de la manera siguiente: (1) reinado de Josías: caps. 1–20, con excepción de 12:7-13,27; (2) reinado de Joacaz: tal vez sólo 22:11,12; (3) reinado de Joacim, caps. 12:7–13:27; 22:23; 25:26; 33; 35; 36; 40); (4) reinado de Joaquín: caps. 13:18s.; 22:24-30; 52:31-34; (5) reinado de Sedequías: advertencias, caps. 21; 30–33; 34; 37–39; (6) después de la caída de Jerusalén: caps. 40–44; (7) profecías contra las naciones: caps. 46–51, y un apéndice histórico, cap. 52 *(NBD)*.

Respecto a los géneros literarios puede hablarse en términos generales de cuatro: (1) pasajes autobiográficos: 1:4-14; 3:6-18; 13:1-14; 14:11-16; 24; 25:15-29; 27; 32; a los que hay que añadir "confesiones" en 11:18–12:6; 15:10-21; 17:12-18; 18:18-23; 20:7-18; (2) pasajes biográficos, escritos en tercera persona (tal vez obra de Baruc): 19:1-20; 26; 28s.; 34:1-7; 36; 37:1-45; 51:59-64; (3) discursos presentados al modo deuteronómico, posiblemente en el espíritu de la reforma de Josías: 7:1–8:3; 11:1-14; 16:1-13; 17:19-27; 18:1-12; 21:1-10; 22:1-5; 25:1-14; 34:8-22; 35; (4) oráculos o sentencias proféticas: 1:15–3:5; 3:19–6:30; 8:4–10:25.

IV. Su mensaje

El mensaje de J. está entretejido con su propia vida y la historia de su pueblo. Dios está presente y activo en su vida íntima, en la historia de su país y sobre las naciones de la tierra. Dios se comunica con el profeta y éste profetiza libre de engaño (5:31; 14:14; 23:18-28, etc.); J. espera la palabra divina y ésta se manifiesta con poder (15:10-21; 20:7-9; 23:29; 42:1-7).

Ser conocido por Dios y conocerle no es una simple relación intelectual: es escuchar su Palabra y obedecerla, percibir su voluntad y responder a ella (5:4 "el camino de Jehová", 4:22; 8:7). Y es esta relación entre Dios y su pueblo la que está en crisis por la desobediencia de Judá. Dios es el esposo del pueblo infiel (31:3), al que ama con amor eterno y gratuito (2:1–4:5), y le invita constantemente a retornar a él para ser purificado y rehecho (3:12,13,19-22). Pero este amor no elimina la exigencia y el juicio. Jehová no se satisface con la observancia de ritos y ceremonias externas (3:16; 4:4; 6:10,20; 7:4-10,21s.; 31:31s.), con los cuales el pueblo pretende asegurarse la protección divina. Por el contrario, el Señor demanda fidelidad, justicia y juicio (4:1,2; 9:23,24), pues no es una simple ley moral lo que el pueblo ha quebrantado sino una relación. El pecado se define como alejamiento de Dios (2:5), infidelidad (3:20), abandono del hogar paterno (3:22), prostitución (2:20,25; 3:1), desobediencia (3:13), rebelión (2:29). Sus consecuencias son enfermedad (3:22), desvergüenza (3:3), degeneración (2:21) y una mancha imborrable (2:22; 13:23).

J. percibe que una reforma externa y legal no resolverá el problema. El juicio debe ser ejecutado plenamente. De allí que, pese a sus sentimientos, J. anuncia invariablemente la caída de Jerusalén. Sólo así se quebrará la falsa confianza de Judá. Pero J. jamás abandona la esperanza de "un nuevo pacto" luego de consumado el castigo. Es aquí donde la profecía de J. alcanza su mayor profundidad. El nuevo pacto (31:31-34) se cumple en una relación íntima con Dios, de carácter personal, fundada en el perdón divino. Aquí entronca el mensaje del NT: Dios ha establecido en Cristo este nuevo pacto, abierto por la fe a todos los hombres. Es por eso que el pasaje cumbre de J. se repite en el NT (Heb. 8:8-12; 10:16s.; cp. 1 Co. 11:25).

J. M. B.

JERICÓ (heb., posiblemente, = 'ciudad de la luna'). Ciudad situada en una llanura fértil, 250 m bajo el nivel del mar y 7 km al O del Jordán, quizá la más antigua del mundo. Ha sido destruida varias veces y edificada de nuevo. Aunque los episodios bíblicos en que aparece J. son pocos, son importantes; no se menciona en fuentes extrabíblicas antiguas, de modo que es necesario depender mucho de los arqueólogos para obtener información.

La ciudad ya existía antes del año 5000 a.C., en tiempos prehistóricos, y cuando más tarde fue destruida, sobre sus ruinas se construyó *ca.* 2500 a.C. una nueva ciudad que los arqueólogos han llamado la ciudad A, para distinguir los diferentes estratos. A ésta siguió en los 2000-1800 a.C. (edad de bronce) la ciudad B, que luego (1800-1750) fuera conquistada por los hicsos, quienes la fortificaron y la agrandaron. Esta fue la ciudad C, la cual, no obstante su poder y su civilización floreciente, sucumbió en 1550 a.C. frente a los embates de un enemigo, probablemente un faraón de Egipto.

Cuarenta años más tarde se comenzó la reconstrucción, y se estableció la ciudad D, que ha sido considerada por los arqueólogos como la J. de Jos. 6. Sin embargo, las conclusiones referentes al tiempo de la destrucción por Josué no concuerdan entre sí. La fecha de esta hazaña descrita por la Biblia es en realidad una de las más discutidas. Watzinger y Sellin, cuyas excavaciones datan de 1907-1909, fecharon la conquista de esta ciudad D en el año 1600 a.C. afirmando que en el tiempo de la invasión israelita J. era un montón de ruinas. Según la opinión de Garstang, que en 1930 continuó las excavaciones, la destrucción de J. debe haberse producido entre 1400-1375 a.C. En 1952-1957 las nuevas investigaciones realizadas por Kathleen Kenyon parecen confirmar que J. era muy pequeña en los siglos XIV y XIII a.C.

No obstante la maldición de Josué (Jos. 6:26), J., conocida como "la ciudad de las palmeras", todavía estaba habitada en el tiempo de los jueces y fue conquistada por Eglón, rey de los moabitas (Jue. 3:13). También en el tiempo de David existía allí una pequeña población (2 S. 10:5), aunque ya no era más que un centro de comercio para las caravanas. Durante el reinado de Acab (874-854 a.C.), Hiel de Betel emprendió una nueva fundación de la ciudad y continuó con la obra aunque al echar el cimiento perdió a su primogénito, y al poner las puertas, a su hijo menor (1 R. 16:34; cp. Jos. 6:26).

En tiempos de Elías y de Eliseo, J. era un centro de actividad profética (2 R. 2:5); y en la época macabea fue de nuevo fortificada por Báquides.

Cuando en el siglo I a.C. Herodes el Grande levantó a 2 km más al SE de las colinas → Tell es-Sultán (niveles A-F) la nueva ciudad, y la embelleció con palacios, teatros, hipódromos, parques y acueductos, la llanura de J. ya era famosa por sus palmeras de dátiles, sus productos de miel, aceite y especias aromáticas. Gracias a su clima benigno en invierno, Herodes eligió este valle para su residencia invernal.

De las repetidas visitas que sin duda Jesús hizo a esta ciudad de renombre mundial, los evangelistas registran especialmente el encuentro con el publicano → Zaqueo (Lc. 19:1-10) y la curación del ciego → Bartimeo (Mr. 10:46-52 //).

F. L.

JERJES. → ASUERO.

JEROBAAL. → GEDEÓN.

JEROBOAM ('el pueblo aumenta'). **1.** Primer rey de Israel después de la separación de Judá (931-910 a.C.). Era efrainita, hijo de Nabat y la viuda Zerúa. Se destacó en la construcción de → Milo y llegó a ser superintendente de la obra. Se rebeló contra Salomón por las injusticias y la opresión económica y tuvo que huir a Egipto. Camino de Jerusalén el profeta Ahías le reveló que Dios le quitaría diez tribus a Salomón por su pecado y se las entregaría a él (1 R. 11:29-35). Volvió de Egipto después de muerto Salomón y estuvo entre los que pidieron a Roboam que aliviara las cargas impuestas por su padre. Cuando Roboam rechazó la petición, las

Vista aérea del monte de la antigua ciudad de Jericó, y en el fondo, la moderna. Situado junto a una fuente de agua en el desierto al norte del Mar Muerto, Jericó dominaba los vados del Jordán. Su conquista era por consiguiente de importancia estratégica para Josué.   MPS

diez tribus se rebelaron y proclamaron a J. rey en Siquem (1 R. 12:12-20). Solamente Judá permaneció con "la casa de David" (1 R. 12:20).

J. fue el agente del juicio de Jehová contra Judá pero no evitó ser presa de la ambición personal. Su éxito en la revolución pero su fracaso en el establecimiento de una dinastía señala que dependía más de su personalidad que de principios.

Los dos pueblos que surgieron de la división a menudo estaban en guerra el uno contra el otro. Tal fue el odio que surgió entre ambos que la nación del norte no tenía acceso al templo y su culto. Por tanto, para que el pueblo no regresara a Judá por razones religiosas, J. hizo → becerros de oro y los colocó en Dan y Bet-el. Estos becerros, hechos como símbolos de la presencia y poder de Jehová, llegaron a ser ídolos en la mente del pueblo. Para sostener la religión independiente de Jerusalén, J. nombró, entonces, sacerdotes que no eran de la tribu de Leví. Así J. "hizo pecar a Israel" y aun otros reyes anduvieron en "el pecado de J.". Por haber imitado a los pueblos fronterizos en sus prácticas idolátricas, J. fue amonestado (1 R. 13:1,2; 14:7-12).

2. Jeroboam II. Decimotercer rey de Israel, hijo y sucesor de Joás (ca. 793-753). Aprovechó las victorias de su padre, el estado débil de Siria y la preocupación de Asiria con Armenia, y extendió las fronteras del reino hasta Hamat y Damasco. Así cumplió la profecía de → Jonás (2 R. 14:23-29).

El hecho de que los israelitas cobraran tributo, en vez de pagarlo como antes, trajo gran prosperidad a la nación. Pronto se dieron los extremos de lujo y de pobreza. Los ritos en los santuarios de los becerros de oro tomaron el lugar de la justicia y la misericordia. El pueblo confiaba en su éxito material y se olvidaba de Dios. Por todos estos pecados Amós profetizó contra el pueblo y en particular contra los jefes (Am. 2:6,7; 5:21-24; 6:1-8; 7:10-17).

W. C. W.

JERUSALÉN. Ciudad principal de la Tierra Santa, sagrada para cristianos, judíos y mahometanos. Aunque su importancia en la historia de Israel data desde el tiempo de David (ca. 1000 a.C.), J. existía muchos siglos antes, pues se menciona en los textos egipcios del siglo XIX a.C. En ella Abraham dio los diezmos a Melquisedec (Gn. 14:18-20) y allí pasó la gran prueba de su fe (Gn. 22; 2 Cr. 3:1).

I. NOMBRES

J. ha tenido varios nombres durante su larga historia. El más antiguo que se conoce es "Urushalim", que significa "fundación de Shalem". Shalem era el dios de la paz y la prosperidad para los amorreos. Esta relación con los amorreos se refleja en Ez. 16:3, además de que las consonantes de Shalem componen también la palabra hebrea *shalom* (= 'paz'). J. era "la ciudad de paz" (Heb. 7:2). En el AT J. se llama primeramente Salem (Gn. 14:18), y luego, en la época de los jueces, Jebús (Jue. 19:10s.). Desde que David la conquistó su nombre principal ha sido J., aunque se conoce también por "Sion", "Moría", → "Ciudad de David", "Ariel", "la ciudad del Gran Rey", y "la Ciudad Santa".

II. DESCRIPCIÓN GENERAL

Situada sobre una serie de colinas en la cordillera central de Palestina, J. tiene una altura de 700 m sobre el nivel del mar Mediterráneo (50 km al O) y 1145 m sobre el mar Muerto (32 km al E). Domina los antiguos caminos desde Siquem hasta Hebrón y desde el valle del Jordán hasta el Mediterráneo.

El valle de → Hinom al SO y el valle del → Cedrón al E circundaban y defendían naturalmente a J. Solamente por el N se unía con la región montañosa y por tanto era más vulnerable en este lado. El valle del Tiropeón, que atraviesa la ciudad desde el N (cerca de la puerta de Damasco) hasta el SE donde se une con los otros dos valles, dividía la ciudad en dos colinas. Ambas colinas tenían cortes transversales, pero a lo largo de tantos siglos de ocupación la topografía ha cambiado y estos cortes y el valle del Tiropeón están casi rellenados ahora.

La colina del SE, la más baja, era el sitio de la antigua fortaleza de los jebuseos, llamada Sion. La ciudad se extendía hacia el N y el O. La colina del NE es el monte del templo. Hasta el fin del siglo XIX d.C. se creía que la colina del SO, la más alta de J., era el Sion de David, pero las investigaciones arqueológicas indican que no tuvo murallas sino hasta mucho más tarde, probablemente hasta el tiempo de los macabeos.

Al E del Cedrón está el monte de los Olivos. Frente al monte Moría queda el huerto de Getsemaní, y al SE de la ciudad, donde se unen los valles, se encuentra el lugar llamado "el huerto del rey" (Neh. 3:15). Todavía más abajo se halla la fuente de → Rogel, y en la boca del Tiropeón, entre Sion y la colina del SO, está el estanque de → Siloé. A los lados de los valles del Cedrón y del Hinom hay muchas cuevas y tumbas subterráneas.

III. EXCAVACIONES ARQUEOLÓGICAS

Desde 1867-70, cuando Carlos Warren, inglés, excavó en las orillas del monte del templo, se han realizado varias excavaciones en J., pero numerosas dificultades han impedido que éstas brinden mucha información. La ocupación actual limita los sitios disponibles, y las muchas destrucciones y el reempleo de las piedras de construcción reducen el material obtenible. Recientes excavaciones en las que se han aplicado las mejores técnicas arqueológicas, han producido más datos fidedignos.

IV. JERUSALÉN EN LA EDAD DE BRONCE

Los primeros habitantes vivían en la colina SE de J., debido a la cercanía de la fuente de Gihón. Se ha encontrado cerámica que comprueba que la ciudad estaba habitada durante los milenios tercero y cuarto a.C.

Los acontecimientos de Gn. 14 indican que había una población en J. en el tiempo de Abraham. El valle de Save (Gn. 14:17) puede ser "el huerto del rey" al SE de la ciudad. El sitio del templo se identifica con el lugar en que Abraham iba a sacrificar a Isaac (2 Cr. 3:1), que en aquel entonces quedaría en las afueras de la ciudad. Más tarde, en la Edad de Bronce Reciente (*ca.* 1500 a.C.), los hurritas entraron en Palestina. Las cartas de → Amarna indican que la J. hurrita era vasalla de Egipto.

Según Josué y Jueces, J. era una fortaleza jebusea cuando los israelitas entraron en la Tierra Prometida. En el lado E de la colina del SE los arqueólogos han encontrado restos de murallas que datan de 1800 a.C. La muralla de entonces y la de los jebuseos encerraban solamente la colina del SE (unas 4 hectáreas); sus enormes rellenos y una serie de terrazas hasta la cumbre hacían posible el acceso a la fuente de Gihón (la única además de Rogel que quedaba más abajo) aun en tiempos de sitio. Se ha encontrado una serie de túneles hechos en la roca con este fin (cp. 2 S. 5:6ss.).

Adonisedec, rey de J., dirigió una confederación contra Josué (Jos. 10:1-5) pero fue muerto en su intento. Según Jue. 1:8, Judá y Simeón capturaron a J., pero los jebuseos la ocuparon de nuevo y habitaron con los israelitas (Jos. 15:63: Jue. 1:21). Es probable que los israelitas ocuparan una parte fuera de las murallas.

V. DESDE DAVID HASTA EL EXILIO

Cuando fue coronado rey de todo Israel, David trasladó la capital del reino de Hebrón a J. e hizo de ésta el centro político y religioso de la nación. Fue un astuto acto estratégico porque J. controlaba la ruta central de Palestina, y su ubicación en la frontera entre Benjamín y Judá evitó celos entre los dos y ayudó a unificar el país.

La J. del reinado de David no era grande. Habiendo dedicado tanto tiempo a sus conquistas, David no pudo hacer muchas construcciones; sin embargo hizo más fuerte la ciudad. No se sabe qué fuera el → "Milo" de 2 S. 5:9 pero, puesto que Milo significa "relleno", puede referirse al gran relleno al lado E donde la muralla se acercaba a la fuente de Gihón. David construyó su palacio —probablemente cerca del extremo S de la colina (Neh. 12:37)— con la ayuda de artesanos enviados por Hiram, rey de Tiro (2 S. 5:11). Muchos de los sucesos relatados en 2 S. ocurrieron aquí. Los sepulcros de David probablemente se hallaban al lado SE de la colina (1 R. 2:10; Neh. 3:16).

Aunque David había llevado el arca a J. y la había puesto en una tienda, le tocó a Salomón construir el → templo, el cual fue su obra más importante (1 R. 6). Lo construyó en la colina del NE y al S del templo construyó su palacio (1 R. 7:1). Además, hizo "la casa del bosque del Líbano" y otras construcciones (1 R. 7:2-12).

Vista de pájaro de la ciudad de Jerusalén. En primer plano la Puerta de Jafa. En el centro, el área del Templo, ocupada por la mezquita de Omar conocida como la Cúpula de la Roca, y al fondo, claramente visto, el monte de los Olivos.   IGTO

Con la división del reino, J. quedó más vulnerable, pues estaba casi en la frontera de Judá con Israel. En los años siguientes sufrió continuos ataques de afuera. Los egipcios saquearon el palacio y el templo (1 R. 14:25s.) durante el reinado de Roboam (925 a.C.); bajo Amasías, el Reino del Norte invadió y derrumbó parte de las murallas (2 R. 14:11-14; 2 Cr. 25:21-24), las cuales Uzías reparó más tarde (2 Cr. 26:9). Durante el reinado de Ezequías los asirios conquistaron casi toda Judá menos J. (701 a.C.), que fue salvada por intervención divina (2 R. 18:13-19:37; 2 Cr. 32:1-22; Is. 36s.).

Antes del sitio de los asirios, Ezequías había hecho un túnel para llevar agua desde la fuente de Gihón, a través de la colina, unos 600 m, hasta el estanque de Siloé situado al lado SE de la colina del SE (2 R. 20:20; 2 Cr. 32:30). Fue una gran hazaña de ingeniería antigua. En 1880 se encontró en el túnel una inscripción contando cómo los dos equipos de obreros, trabajando uno de cada lado, se encontraron en el centro.

En 609 a.C., Necao, faraón egipcio, se posesionó de J. y puso a Eliaquim en el trono (2 R. 23:33-35), pero en 605, Nabucodonosor, rey de Babilonia, la conquistó de nuevo (2 Cr. 36:10; Dn. 1:1s.). Al fin, en 586 a.C., los babilonios quemaron el templo, destruyeron la ciudad y llevaron cautiva a toda la población excepto algunos agricultores (2 R. 25; 2 Cr. 36:17-21). Durante el cautiverio babilónico J. quedó muy abandonada. Aun el centro del gobierno provincial fue trasladado a Mizpa (2 R. 25:23; Jer. 40:5,6).

Es difícil determinar la extensión de J. durante la monarquía, pues el texto bíblico no la define. Las murallas en el tiempo de Salomón seguramente encerraban sólo las colinas del SE y del NE. En los tiempos de Ezequías había un nuevo barrio al O del templo encerrado por la llamada "primera muralla" (2 R. 14:13).

VI. EL PERÍODO DEL SEGUNDO TEMPLO

Los escritores judíos llaman período del segundo templo al tiempo desde el regreso del cautiverio (536 a.C.) hasta la destrucción del templo en 70 d.C. Con el edicto de Ciro muchos judíos regresaron a J. y empezaron a reconstruir la ciudad y el templo; Hageo y Zacarías animaron a la gente y el templo se terminó en 520 a.C.

A mediados del siguiente siglo → Nehemías dirigió la reconstrucción de las murallas. Aunque los detalles topográficos que da Nehemías (2:12ss.; 3:1-32) son los más específicos del AT, los eruditos difieren mucho en sus esquemas de las murallas y sus puertas. La ciudad era muy pequeña y la colina del SE fue reducida porque la muralla del E se construyó en la cresta de la colina en vez del lado. Puesto que el túnel de Ezequías llevaba agua al estanque de Siloé, no era necesario acercarse a Gihón. Los arqueólogos han encontrado restos de esta muralla que medía 2.75 m de grueso.

La conquista de → Alejandro Magno en 332 a.C. y el dominio de los tolomeos no cambiaron notablemente la vida de J. El punto decisivo fue el dominio de los seleúcidas de Siria en 193 a.C. Éstos influyeron culturalmente hasta el grado de dar a J. un carácter helenista y causaron divisiones entre los judíos.

→ Antíoco IV, Epífanes, se aprovechó de las facciones entre los judíos para saquear y profanar el templo y convertirlo en un santuario de Zeus. La persecución que siguió provocó la rebelión de los macabeos, quienes de nuevo establecieron el culto de Yahveh (167 a.C.) y echaron a los sirios de su fortaleza (Aora) situada al S o SO del templo.

En la época de los macabeos y asmoneos hubo tiempos de conflicto y gran crueldad, pero también fue un período de expansión para J.; especialmente en el valle del Tiropeón y la colina del SO. Los asmoneos edificaron un palacio, un puente sobre Tiropeón y varios muros. Ya en este tiempo la colina del SO formaba parte de la ciudad.

J. cayó en manos de los romanos en 63 a.C. y → Herodes, nombrado rey en 37 a.C., inició grandes construcciones. Su primer proyecto fue la fortaleza → Antonia al NO del templo. Después reparó los muros y construyó en la colina del SO un palacio fortificado con tres torres, el *xystus* o plaza abierta para eventos atléticos, un gran puente sobre el Tiropeón, un anfiteatro y un teatro. Sobre todo, reedificó el templo y extendió su plataforma al S y al E por medio de grandes rellenos y construcciones sobre un complejo de arcos y pilares. El nivel debajo del pavimento se llama hoy día "los establos de Salomón".

La Puerta de Damasco, en el muro norte de la vieja ciudad de Jerusalén, es la entrada de mayor uso. Millares de personas pasan por este portal anualmente en su peregrinaje a la Ciudad Santa.   IGTO

Cuando el infante Jesús fue dedicado en el templo (Lc. 2:22ss.), fue llevado a la J. construida y gobernada por Herodes, pero cuando la sagrada familia regresó de Egipto, el rey era Arquelao, hijo de Herodes (Mt. 2:22). Desde 6 d.C. Judea quedó directamente bajo procuradores romanos, entre los cuales figuró Pilato. Los Evangelios sinópticos mencionan sólo una visita de Jesús a J. durante su ministerio, y ésta da lugar a los sucesos cruciales de la Semana Santa. Al acercarse a J., Jesús lloró sobre ella y predijo su destrucción (Lc. 19:41-44; cp. el discurso escatológico, Mr. 13:1ss. //). El Evangelio de Jn., por su parte, relata varias visitas de Jesús a la capital en ocasión de fiestas religiosas.

Algunos de los lugares mencionados en los Evangelios, como el templo, el estanque de →Betesda, el estanque de Siloé, y el tribunal de Pilato (en la Antonia), se pueden identificar con certeza, pero para los demás es necesario depender de la tradición eclesiástica. El hecho de que la actual Vía Dolorosa quede hasta 6 m sobre el nivel de las calles del tiempo de Cristo indica la dificultad de ubicar los lugares con exactitud. La validez de la Basílica del Santo Sepulcro como lugar de la crucifixión y sepultura de Cristo se ha discutido porque está dentro de la ciudad actual. Sin embargo, es probable que este lugar quedara fuera del muro en el tiempo de Cristo. Algunos prefieren ver el lugar de la crucifixión y de la sepultura en un sitio más al NE donde están la Tumba del Jardín y el llamado →Calvario de Gordon. No obstante, el sitio tradicional todavía es el más aceptado.

Por un tiempo después de la ascensión de Jesús, los discípulos se reunían y predicaban en los recintos del templo. Varios sucesos del libro de los Hch. tuvieron lugar en J., y durante los años 30-70 hubo bastante agitación política en la ciudad. Algunos procuradores, como →Agripa I, quien construyó la llamada tercera muralla, favorecieron a los judíos, pero otros los provocaron. Bajo el liderazgo de los →zelotes, los judíos declararon la guerra a Roma (66 d.C.) y fueron asediados en J. Finalmente en 70 d.C. las tropas romanas, bajo Tito, destruyeron a J. junto con su templo y mataron millares de judíos.

VII. Jerusalén desde 70 d.C.

Desde entonces J. ha tenido una historia variada y ha sido disputada muchas veces. Después de aplastar la última rebelión judía en 132-135, Adrián convirtió a J. en una colonia romana, le cambió el nombre a *Aelia Capitolina* y redujo su tamaño, especialmente al lado sur. Bajo Constantino, el nombre de J. fue restaurado y llegó a ser importante para los cristianos. La ciudad cayó en manos de los mahometanos en 636 d.C. y para 691 fue construida sobre el sitio del templo la Cúpula de la Roca o Mezquita de Omar que permanece hasta hoy. Los cruzados reconquistaron J. por un tiempo en los siglos XII y XIII, pero la perdieron en 1291.

Multitudes que viven en la vieja Jerusalén llevan a cabo sus actividades cotidianas por los enredados callejones que desde siglos atrás se cruzan entre los vetustos edificios de la ciudad. IGTO

Las murallas actuales fueron construidas por los turcos en 1542.

La J. moderna consiste de la vieja ciudad (dentro de las murallas turcas) y las partes nuevas al N y O. Abundan las iglesias (católicas y ortodoxas) edificadas sobre los lugares santos.

El establecimiento de Israel como nación independiente y la unificación de J. bajo el dominio judío en 1967 cobran gran importancia a la luz del papel que ésta ha de desempeñar, según las profecías, durante los últimos días y el reino mesiánico.

VIII. La nueva Jerusalén

Parece enigmático el hecho de que la ciudad escogida por el Dios de paz sea el lugar más disputado en el mundo. Sin embargo, el cristiano verá la razón en la caída del hombre, la desobediencia, y el conflicto entre las fuerzas del bien y del mal y recordará que allí Dios llevó a cabo los grandes actos de la redención, haciendo posible su participación en la ciudad mesiánica (→MESÍAS), cuyos habitantes serán felices por siempre (cp. la visión única de Ez. caps. 40–48). El NT distingue entre la J. terrestre y la que desciende de Dios, una J. nueva que es figura de la iglesia triunfante (Gá. 4:26; Heb. 12:22s.; Ap. 3:12; 21:1–22:5). Esta nueva J. es figura de la iglesia gloriosa y del reino perfecto de Dios.   J. M. Br.

JESÚA. Forma tardía de → Josué. **1.** Levita contemporáneo del rey Ezequías (2 Cr. 31:15).

2. Miembro del grupo de levitas que regresó del cautiverio y supervisó la construcción del templo (Esd. 2:40; Neh. 7:43). Tomó parte en la explicación de la Tora (Neh. 8:7), en la dirección del culto (Neh. 9:4) y en la confirmación del pacto (Neh. 10:9).

3. Sumo sacerdote ("Josué" de Hag. 1:1) en el tiempo de Esdras y Nehemías (Esd. 2:2; 3:2,8; Neh. 12:1).

4. Hombre de Pahat-moab cuyos descendientes regresaron de Babilonia con Zorobabel (Esd. 2:6; Neh. 7:11).

5. Padre de Jozabad (Esd. 8:33).

6. Padre de Ezer, uno que ayudó en la reparación de los muros de Jerusalén (Neh. 3:19).

7. Nombre del jefe de la novena compañía de sacerdotes en el tiempo de David (1 Cr. 24:11; Esd. 2:36; Neh. 7:39).

También hay referencias a uno o más levitas de este nombre en Neh. 8:7; 9:5; 10:9; 12:8,24.

8. Nombre de una población en el S de Judá, habitada por los hijos de Judá al regresar del exilio (Neh. 11:26). Quizá corresponde a "Sema" de Jos. 15:26.   P. S.

JESUCRISTO. Nombre personal y título (cp. el orden inverso frecuente en los escritos paulinos) dado al Salvador. De sus dos elementos, el nombre "Jesús" (transcripción griega del heb. *Yeshuá* = 'Yahvé es ayuda o salvación' cp. Mt. 1:21) era uno de los más populares entre los israelitas. Entre los personajes bíblicos que lo llevaron también están: → Josué; → Jesúa; Jesús Ben-Sirá (Eclesiástico 50:29); Jesús → Barrabás (Mt. 27:16s. en muchos mss); y Jesús llamado → Justo (Col. 4:11). El título "Cristo" que quiere decir "ungido" (lo mismo que la palabra hebrea "Mesías"), señala que este J. en particular es el ungido de Dios.

I. FUENTE DE INFORMACIÓN

Aunque J. de → Nazaret no dejó escrito alguno, mucho se sabe de su vida y enseñanza. De fuentes no cristianas recogemos muy pocos datos, debido a que los escritores gentiles (griegos y romanos) tenían poco interés por los acontecimientos de Palestina y hacia los judíos sólo sentían desprecio. Por su parte, los judíos del siglo I d.C. parecen haber callado intencionadamente su conocimiento del cristianismo naciente y de su fundador. Sin embargo, los escasos testimonios que nos han llegado bastan para confirmar indudablemente la existencia histórica de J.

Los historiadores romanos Suetonio y Tácito se refieren a los seguidores de Cristo (o "Cresto", como algunos suponían); y Plinio el joven, gobernador de Bitinia, escribió una carta al emperador para consultarle con respecto a cómo tratar a los cristianos (*ca.* 112 d.C.). Entre los testimonios de origen judío, hay ciertas tradiciones aceptables acerca de Jesús y sus seguidores, pero es evidente en muchas de ellas un barniz anticristiano que las desfigura. Los escritos de Flavio Josefo mencionan a Juan el Bautista y al Sumo Sacerdote Anás, nieto del Anás de los Evangelios, quien "hizo comparecer ante el sanedrín a unos cuantos, entre ellos a un hombre llamado Santiago, hermano de aquel Jesús que se llamó Cristo". "A Santiago", continúa, "el sanedrín le condenó a apedreo" (*Antigüedades* XX,ix,1. *ca.* 93 d.C.). Otros pasajes

Esta vista del pueblo de Belén en la región montañosa de Judea da idea de los campos aledaños donde "la gloria del Señor rodeó de resplandor" a los pastores, y les fue anunciado el nacimiento del Salvador.   MPS

en Josefo que mencionan a J. parecen ser espurios (XVIII,iii.3).

Las fuentes cristianas más antiguas son las cartas de Pablo (51-67), quien, sin conocer personalmente a J., se familiarizó con sus actividades y sus dichos, de acuerdo con la → tradición oral. Los datos acerca de J. que nos proporcionan sus cartas son muy escasos y se concentran en la pasión y resurrección, pero revelan la estabilidad de la tradición aun antes de consignarse por escrito.

Las fuentes más completas son los cuatro →Evangelios (publicados entre 68-96), que se fundamentan en el testimonio de los discípulos inmediatos a J. y en la primitiva catequesis cristiana. Aunque el propósito de los evangelistas no fue en primer término biográfico, nos proporcionan relatos históricamente fidedignos (Lc. 1:1-4), no desfigurados por la evidente intención teológica de cada autor.

En otros libros del NT, fuera de los Evangelios canónicos, se han conservado también ciertas palabras auténticas de Jesús (v.g., Hch. 20:35), pero la autenticidad de otros dichos (Ágrafa) consignados en los Evangelios → Apócrifos o en otros escritos postcanónicos, como algunos papiros gnósticos, es cuando menos discutible.

II. CRONOLOGÍA

Puesto que J. nació antes de la muerte de →Herodes el Grande (4 a.C.) y por el tiempo del censo de →Cirenio, de fecha discutida (entre 9-4 a.C.), la fecha asignada al nacimiento oscila entre 7 y 4 a.C. Por consiguiente, la era cristiana, fijada por cálculos hechos en el siglo VI, ha de adelantarse indudablemente algunos años.

El inicio del ministerio de Juan el Bautista, según Lc. 3:1, se fecha en el año 15 del imperio de Tiberio. Esto nos lleva a los años 26-29 d.C. (debiéndose la variación a la forma de hacer el cómputo que Lucas usara). Meses después de la aparición de este precursor, J. comenzó su ministerio. Al informarnos el evangelista que "tenía, al comenzar, unos treinta años" (Lc. 3:23), nos está dando una edad aproximada (esta edad representa la madurez [*Testamento de Leví* 2], sobre todo la del Rey davídico, 2 S. 5:4). Sin embargo, no andaba muy lejos de la edad exacta. Si se toma el fin del año 27 como inicio de la obra pública, encontramos apoyo en el dato de Jn. 2:20, según el cual habían transcurrido, cuando la primera Pascua del ministerio público de J., 46 años desde el comienzo de la edificación del templo herodiano (20/19 a.C.).

Hay diversas opiniones acerca de la duración de la actividad pública del Señor. La teoría de un solo año es insostenible si se basa en Lc. 4:19 ("un año de gracia del Señor"), además de que Marcos, el primero de los Evangelios, no relata sucesos que no cabrían en el marco de 12 meses. En cambio, Lc. 13:1-5 parece describir hechos ocurridos en una Pascua anterior a la de la pasión con lo cual nos da a entender que el

El tradicional Monte de la Tentación *(Quarantinia)* que se supone es el sitio donde Satanás tentó a Jesús.

MPS

ministerio duró por lo menos dos años. Del Evangelio de Juan, que da cuenta de tres pascuas descritas durante la actividad pública de J., se deduce con seguridad que duró al menos dos años y algunos meses. Si la fiesta indeterminada de Jn. 5:1 es también de la Pascua, podríamos añadir un año más a la duración, pero esta hipótesis tropieza con varias dificultades exegéticas. De todos modos, el género literario de los Evangelios no nos permite esperar que los datos cronológicos sean exactos; sólo podemos concluir que es posible que el ministerio haya durado dos años (o bien tres años) y unos meses.

La fecha de la muerte de J. depende, no tanto de los factores anteriores, como de otros de carácter técnico. En resumen, el viernes de la crucifixión (en esto concuerdan los cuatro Evangelios), que sería el 14 de nisán (según el Evangelio de Juan: la preparación de la Pascua) o el 15 de nisán (según los sinópticos: la Pascua misma), podría caer en el 7 de abril del año 30,

La ciudad de Nazaret se eleva a casi 400 metros entre los montes de Galilea. Al centro véase la Iglesia de la Anunciación construida para conmemorar la anunciación a María. A lo lejos, el monte Tabor. IGTO

o bien el 3 de abril del 33. Es mucho más probable la fecha del 30.

III. ÉPOCAS PRINCIPALES EN SU VIDA

Aunque los Evangelios no permiten reconstruir una biografía detallada o estrictamente cronológica de J., sí nos dan el perfil definido de una persona única, las etapas de cuya vida están más o menos bien delineadas.

A. *Nacimiento e infancia*

Lucas relata la concepción milagrosa desde el punto de vista de →María, madre de J., mientras que Mateo usa tradiciones que enfocan más bien a José, el prometido de ésta. Ambos evangelistas proveen genealogías (→GENEALOGÍA DE JESÚS) que trazan el linaje mesiánico por medio del padrastro. Después de un breve viaje a Egipto en su infancia, J. pasó el resto de sus días en la Tierra Santa o muy cerca de ella. Así pues, humanamente hablando, el Señor se educó dentro de un ambiente judío. Es más, con la excepción de su nacimiento en Belén y las visitas a Jerusalén para las fiestas, pasó los días anteriores a su ministerio como simple aldeano de la Galilea tan despreciada por los fariseos.

De Lc. 2:40,52 se deduce que la niñez y juventud de J. fueron normales, pero a la vez perfectas. Se realizó el ideal divino en cada fase de su vida (cp. el encomio divino en el bautismo: "en ti tengo complacencia", Mr. 1:11). Aunque estos son los años de silencio, que sólo Lucas entre los evangelistas apenas traza, entrevemos que J. desde temprana edad estaba consciente de su relación filial con Dios. Quizá por la muerte prematura de José, a Jesús se le conocía entre los nazarenos como "el carpintero" (Mr. 6:3). Ellos no habían visto en él nada sobrenatural antes del comienzo de su obra pública.

B. *Principio de su ministerio*

En medio de una Palestina sacudida por la exhortación al arrepentimiento hecha por →Juan el Bautista, J. percibió alguna señal divina, salió de Nazaret, y fue bautizado en el Jordán. Aquí, descendió sobre él el Espíritu Santo, y oyó la voz del Padre aprobándolo en términos que también advertían del gran sufrimiento que se le avecinaba. Fue fortalecido por el Espíritu Santo, pero a la vez fue impelido al desierto de Judea, donde Satanás le sometió a una serie de tentaciones (→TENTACIÓN DE JESÚS).

Después de escoger a sus primeros →discípulos (Jn. 1:35-51) y hacer varios →milagros en Galilea y en Jerusalén (Jn. 2:1-11,23ss.), fue a trabajar en Jerusalén (Jn. 2 y 3) y aun entre los samaritanos (Jn. 4:1-42).

C. *Su obra en Galilea*

Cuando Juan el Bautista fue encarcelado, el Salvador comenzó en Galilea el período de enseñanza intensiva y actividad mesiánica que le cosecharon fama en seguida. Anunció que el momento señalado había llegado y que el reino de Dios estaba cerca (Mr. 1:14s.). Sin embargo, su mensaje de arrepentimiento no les parecía "buenas nuevas" a todos. En la sinagoga de Nazaret sus vecinos le rechazaron definitivamente (Lc. 4:16ss.) y le obligaron a trasladarse a Capernaum. En esta ciudad y otras partes de Galilea trabajó por más de un año (Mr. 1:14–6:34; Jn. 4:46-54), revelando su poder sobre la naturaleza (v.g., Mr. 4:35-41; 6:34-51), sobre los espíritus malignos (v.g., Lc. 8:26-39; 9:37-45), sobre el cuerpo y las enfermedades (v.g., Mt. 8:1-17; 9:1-8), y aun sobre la muerte (v.g., Mt. 9:18-26; Lc. 7:11-17). En el tipo de enseñanzas referidas en el Sermón del Monte

(Mt. 5-7), afirmó poseer autoridad suprema en la interpretación del AT y aun en ejercer el juicio escatológico.

Al mismo tiempo, reveló su amor y compasión por los acongojados y oprimidos (v.g., Mt. 9:1-8,18-22; Lc. 8:43-48). Una y otra vez declaró que había venido a buscar y a salvar a los perdidos, y ejerció la prerrogativa divina de perdonar pecados (Lc. 5:20-26; 7:48ss.). Del grupo numeroso de sus seguidores, escogió a doce discípulos (Mt. 10:1-4 //) a quienes enseñaba con esmero y preparaba para ser sus apóstoles.

La autoridad con que J. enseñaba, su superioridad en las polémicas con los líderes judíos, y sus milagros de sanidad le ganaron una marcada popularidad entre las masas galileas (v.g., Lc. 4:40ss.; 5:15,26; 6:17ss.). Esta fama llegó a su clímax en la alimentación de los 5.000 (Mr. 6:30-44 //), prueba de su mesiazgo que alentó al populacho a intentar coronarle rey (Jn. 6:15).

D. La preparación de los doce

Cuando J. rehusó ser coronado rey, muchos admiradores y aun discípulos dejaron de seguirle (Jn. 6:26ss.,66s.). Entonces se retiró, siempre rodeado de los doce, al territorio pagano del norte: Tiro, Sidón, y Cesarea de Filipo. Pero aun así no pudo escaparse completamente de las muchedumbres. Cuando lanzó en privado la pregunta: "Y vosotros, ¿quién decís que soy?", Pedro confesó: "Tú eres el Cristo, el Hijo del Dios viviente". Con base en esta revelación, J. dio la primera de tres predicciones de su aparente derrota a cumplirse en Jerusalén y de la victoria siguiente (Mr. 8:31 //). Esta autorrevelación a sus discípulos culminó con la → transfiguración ante el núcleo de los tres más íntimos (Mr. 9:2-10 //) y la voz del cielo reconoció una vez más la obediencia filial del Salvador: "Este es mi Hijo, el Amado: a él oíd".

Una vez que los doce comprendieron mejor quién era su Maestro, éste intensificó la preparación que les daba para ser luego miembros fundadores de la nueva comunidad. Por medio de → parábolas, controversias, enseñanzas directas, y su continuo ejemplo personal, el Maestro les aclaró la naturaleza del reino, el papel del Hijo del Hombre, y las cualidades que Dios busca en los seguidores de éste.

E. Hostilidad creciente

Entretanto, la oposición de los gobernantes y maestros religiosos de los judíos crecía rápidamente (Lc. 14:1). Ellos buscaban atraparle, contrarrestar su influencia sobre las masas, y entregarle a las autoridades romanas para ser ejecutado (Mt. 19:1-3 //). Ni las advertencias que J. dirigía a sus enemigos, ni su doctrina impartida con miras a cambiar la actitud de ellos, ni la resurrección de Lázaro junto con otras obras de benevolencia, lograron convencerles de su error. Más bien, su odio creció más; la mayoría de los escribas, fariseos, y saduceos prefirieron sacrificar la vida de Jesús y no aguantar en su medio esa presencia crítica (Jn. 11:46-53).

F. La semana final en Jerusalén

Después de entrar como Mesías en Jerusalén, vitoreado por las masas (Mr. 11:1-10 //), J. expulsó del templo a los cambistas y traficantes de animales sacrificiales, en señal de su autoridad mesiánica. Enseñando en el templo durante los días siguientes, enfocó el significado de su muerte y resurrección. Se refirió al futuro triste del templo y de la ciudad santa, y mencionó algunas señales de su propio regreso en majestad (Mr. 13 //).

En la víspera de su pasión, J. celebró la cena pascual con sus discípulos. Después de lavarles los pies (Jn. 13:1-17) y anunciar veladamente que Judas sería el traidor (Mr. 14:18-21 //), instituyó la → cena del Señor (Mr. 14:22-25 //), e instruyó a sus discípulos presentes y futuros (Jn. 13-17). Luego, el grupo se trasladó a → Getsemaní y, tras una lucha agónica en oración, el Salvador se entregó sin reservas a la voluntad de su Padre. Entonces se dejó arrestar y voluntariamente sufrió el maltrato, la condena injusta ante las cortes religiosa y política, y la crucifixión. Este sufrimiento vicario culminó en la cruz, cuando al cabo de tres horas de tinieblas J. gritó: "Dios mío, Dios mío, ¿por qué me has desamparado?" (Mr. 15:34). Pero porque su muerte era un "dar su vida en rescate por muchos" (Mr. 10:45) y el sacrificio del Cordero por excelencia (Jn. 1:29; 19:14a,36), J. pudo encomendarse victoriosamente al Padre, sabiendo que su obra terrestre había terminado (Lc. 23:46; Jn. 19:30).

G. Su sepultura, resurrección y ascensión

Amigos bajaron el cuerpo desde la cruz y lo sepultaron rápidamente, para evitar trabajar después del atardecer del viernes. Dejaron el cadáver en una tumba nueva situada en un jardín, pero no quedó allí muchas horas; el Señor vio cumplida su profecía de resucitar de entre los muertos (→ RESURRECCIÓN DE CRISTO). Muy temprano, el domingo, algunas seguidoras descubrieron desierta la tumba (Mr. 16:1-8 //), y en el transcurso del día el Señor viviente se apareció a varios individuos y grupos de creyentes, disipando sus dudas (Mt. 28:9ss.; Lc. 24:13ss.; Jn. 20:11-21:22).

Durante cuarenta días se sucedieron las apariciones del señor resucitado, y las nuevas enseñanzas (la recta comprensión del AT, la venida del Espíritu Santo, y la misión mundial de la iglesia) prepararon a las creyentes para la nueva era iniciada por la → ascensión (Lc. 24:51; Hch. 1:9ss.). A los diez días de ésta, el Señor J., ya glorificado y "sentado a la diestra del Padre" (Heb. 8:1; cp. Hch. 2:33), envió su → Espíritu (→ PENTECOSTÉS), que también procede del Padre, como su vicario en este mundo. Excepcionales fueron las apariciones a Esteban (Hch. 7:55-59) y a Saulo de Tarso (Hch. 9:33ss. //; 1 Co. 15:8) y la visión apocalíptica de Juan, en Patmos (Ap. 1:10ss.). El NT vislumbra como próxima aparición de J. su → segunda venida para juzgar al mundo (Hch. 1:11). Entonces "todo ojo le verá" (Ap. 1:7).

IV. INTERPRETACIÓN APOSTÓLICA

Los datos de esta vida única se utilizaron en la proclamación primitiva con miras a la evangelización y la catequesis. En este proceso, lo meramente histórico fue debidamente interpretado. Por ejemplo, en el evangelio que Pablo aprendió después de su conversión (1 Co. 15:3-7), la frase "Cristo murió" es descripción histórica mientras las frases siguientes, "por nuestros pecados, conforme a las Escrituras", son interpretaciones teológicas del dato histórico. Éstas están fundamentadas por cierto en las enseñanzas del mismo Señor J. pero aclaradas por la resurrección, el don del Espíritu, y la experiencia de la iglesia primitiva. Tanto los Evangelios como las Epístolas son el producto de este proceso, protegido divinamente de toda tergiversación o herejía.

La interpretación apostólica de la persona de J. conserva en una tensión fructífera dos aspectos complementarios de su vida: su humanidad y su deidad.

A. Jesucristo, hombre

Aunque los Evangelios no se interesan en el aspecto exterior de J., sin duda fue impresionante, de personalidad atrayente (cp. el grito de una mujer, Lc. 11:27). Sufrió hambre, sed y cansancio (Mr. 4:38) en medio de una actividad tan intensa que, en ocasiones, no le dejaba tiempo ni para comer (Mr. 3:20; 6:31). Pero este cuerpo, sujeto a las vejaciones de la angustia (Lc. 22:44), respondió siempre a las demandas de una voluntad férrea. Desde el comienzo de su actividad renunció a usar de su poder para fines egoístas, porque "no vino para ser servido, sino para servir" (Mt. 10:45). Ni su familia (Mr. 3:31ss.) ni Pedro (Mr. 8:32s.) pudieron desviar-

lo de la misión de sacrificio y abnegación que su Padre le había encomendado. Puso por obra la misma resolución consciente que exigía de sus discípulos (Lc. 9:62; 14:28ss.)

A pesar de su compasión y espíritu perdonador (Mt. 11:28s.), de ninguna manera fue una personalidad pasiva. Era capaz de pasiones fuertes —de enojo (Mr. 3:5; 10:14), de celo reformador (Mt. 10:34; Jn. 2:15), o de polémica (Mt. 23:4-33; Mr. 8:33; Jn. 8:34-58)— pero éstas estaban al servicio de los demás, particularmente de los desgraciados. Tal fue su preocupación por la suerte de los desvalidos, que declaró que todo bien que a ellos se hiciera sería como hacérselo a él (Mt. 25:40; cp. Mr. 2:15; Lc. 6:20). Sin hacerse ilusiones acerca de los hombres, débiles e ingratos todos (Mt. 7:11; Jn. 2:24s.), predicó, como nadie más, el amor al prójimo y a los enemigos (v.g., Mt. 5:22-26).

Viviendo como hombre entre los hombres, experimentó todas nuestras limitaciones humanas, sin cometer pecado (Heb. 4:15). Conoció la tentación (Heb. 2:18), la angustia en la oración (Heb. 5:7), la disciplina en la obediencia (Heb. 5:8), y la ignorancia de los eventos futuros (Mr. 13:32). Aun cuando el Padre se dignó revelarle, como lo había hecho con los profetas antiguotestamentarios, ciertos datos del porvenir (v.g., Mr. 9:1; 13:5-37; Lc. 22:31-34), no le eximió de vivir por la fe, a fin de que fuera ejemplo para nosotros (1 P. 2:21). Aun sus milagros, signos del amanecer de la era mesiánica, fluyeron de su humanidad perfecta que vivía en absoluta comunión con el Padre (Jn. 5:19; 14:10), llena del poder del Espíritu Santo (Hch. 10:38; cp. 2:22).

A la solidaridad de J. con el resto de la raza humana se refiere el NT en varios pasajes. Cristo nos llama "hermanos" (Heb. 2:11-14) y aun en

Afuera de los muros de la vieja ciudad se encuentra el llamado Calvario de Gordon, por haber señalado éste el admirable parecido a una calavera que se presenta en el promontorio rocoso a la izquierda. Más allá del muro de Jerusalén se divisa el monte de los Olivos.   MPS

su gloria celestial es "Cristo Jesús hombre" (1 Ti. 2:5) y por tanto el único mediador ante Dios. Él es el nuevo → Adán, representante de la raza redimida (Ro. 5:14-21; 1 Co. 15:21ss.). En contraste cón todo salvador de tipo → gnóstico, J. es presentado en los primeros sermones apostólicos como "varón acreditado por Dios ante vosotros" (Hch. 2:22), y "a este J. [e.d., no algún personaje imaginario o irreal que] resucitó Dios" (Hch. 2:32). Es el "nacido de mujer, nacido bajo la ley" (Gá. 4:4), que participó plenamente en nuestra historia, no sólo en el sentido de existir auténticamente, sino en el de recapitular y revelar en su experiencia el significado trágico-glorioso de nuestra historia humana.

Aun la más primitiva de las confesiones, "J. es → Señor" (1 Co. 12:3), hace hincapié en la historicidad de Cristo, quien reina ahora y es el mismo que vivió, sufrió, y murió por la salvación del mundo. El núcleo de la esperanza cristiana es igualmente "este Jesús, que ha sido tomado de vosotros al cielo" (Hch. 1:11).

B. *Jesucristo, Dios encarnado*

Para afirmar que J. era meramente humano los críticos negativos han tenido que mutilar el NT, pues el testimonio unánime de los apóstoles asegura que es mucho más que hombre. Con base en sus obras milagrosas (→SEÑALES) y en la conciencia mesiánica del mismo Señor, quien se consideraba el → Hijo del hombre, el → siervo del Señor por excelencia, el → profeta escatológico, el → juez, y el → Hijo de Dios en sentido único, los escritores bíblicos evaluaron la persona de J., mediante su experiencia de él como resucitado y como fuente del Espíritu Santo. Pasajes como Sal. 110:1 (el v. más citado en el NT) se interpretaron a la luz de la ascensión y exaltación de Cristo. En los cultos y fórmulas bautismales se aplicaron a J. expresiones antiguotestamentarias reservadas para Yahveh, tales como Señor, → Salvador, → Rey, y → Dios (Jn. 1:1,18 HA; Heb. 1:8s.; 1 Jn. 5:20). Le rindieron culto (Jn. 20:29), y se les reveló que, sin dejar de ser monoteístas, podían atribuir a J. la misma majestad y gloria del Padre (v.g., en Ap. 22:1 el trono divino es "de Dios y del Cordero").

Inspirados en ciertos dichos de J. (v.g., Jn. 8:58), los escritores sagrados mencionan también Su preexistencia. El → Verbo, aun antes de encarnarse (Jn. 1:14), y esto sin la intervención de un padre humano, tuvo su existencia eterna junto al Padre (Jn. 1:1s.; 17:5) y fue mediador de la creación (Jn. 1:3s.; 1 Co. 8:6; Col. 1:15ss.; Heb. 1:10ss.).

Este J. entonces, que era y es Dios venido en carne, es el único capaz de salvar del pecado (Mt. 1:21; Hch. 4:12). Vino a su pueblo con las prerrogativas de Mesías e Hijo de David, y trajo la redención, aunque ésta no se ajustaba a la expectación judía. Más que caudillo militar, asumió el papel de → cordero, de propiciador; por ende, gracias a su obediencia, el Padre le ha

constituido → sumo sacerdote de su nuevo pueblo, → cabeza de la iglesia, y Señor del universo.

R. F. B.

Bibliografía
Adam. K., *Cristo nuestro hermano*, Barcelona, 1958. Barbieri, S., *Las enseñanzas de Jesús*, Buenos Aires, 1949. Blinzler, J., *El proceso de Jesús*, Barcelona, 1960. Cerfaux, L., *Jesucristo en San Pablo*, Bilbao, 1955. Cullmann, O., *La cristología del NT*, Buenos Aires, 1965. Graham, A., *VD*, III, pp. 112-153. Lagrange, M.J., *El evangelio de nuestro Señor Jesucristo*, Barcelona, 1942. Léon-Dufour, X., *Los evangelios y la historia de Jesús*, Barcelona, 1966; *Idem.*, *IB* II, pp. 150-315. Nisin, A., *Historia de Jesús*, Madrid, 1966. Ricciotti, G., *Vida de Jesucristo*, Barcelona, 1960. Stalker, J., *Vida de Jesucristo*, 1879, ed. inglés. Von Imschoot, P., *DBH*, pp. 962-981.

JESURÚN ('el justo'). Forma poética del nombre de Israel, empleada por Moisés en su cántico recitado al pueblo poco antes de su muerte (Dt. 32:15; 33:5,26). Jehová Dios llama J. al pueblo de Israel, para recordarle que le ha escogido para ser un pueblo recto y santo (Is. 44:2).

A. R. D.

JETRO. Sacerdote de Madián, conocido también como → Reuel (Éx. 2:16,18). Hospedó y dio trabajo a Moisés cuando éste huía de Faraón, y luego le dio su hija Séfora por esposa. Después de cuarenta años, cuando Moisés le avisó que se volvería a sus hermanos en Egipto, J. le despidió amistosamente (Éx. 4:18). Posteriormente J. y Moisés se encontraron en el desierto, y estuvieron presentes también Séfora y sus dos hijos (18:1-7). Al escuchar J. el relato de las cosas portentosas que Jehová había hecho a favor del pueblo de Israel, no sólo reconoció que "Jehová es más grande que todos los dioses", sino que ofreció a Dios holocausto y sacrificios (18:8-12). J. aconsejó a Moisés establecer ayudantes para administrar justicia al pueblo (Éx. 18:13ss.).

A. R. D.

JEZABEL. Hija de Et-baal, rey de Tiro y Sidón, y esposa de → Acab, rey de Samaria (1 R. 16:31). Tanto en el AT como en el NT (Ap. 2:20) se la tiene por símbolo de la idolatría y la perfidia. Fue ella quien luchó contra Abdías y Elías cuando éstos se oponían al culto a → Baal y → Astoret. El episodio de la viña de → Nabot (1 R. 21:1-16) muestra su maldad y ambición. Además, muestra que el modo en que J. entendía el carácter y la autoridad de un rey era distinto del modo como se concebían entre los hebreos. J. no podía comprender cómo su esposo, a pesar de ser rey, no podía posesionarse de la viña de Nabot.

J. murió cuando unos eunucos a las órdenes de → Jehú la tiraron desde una ventana a la calle, donde su cuerpo fue comido por los perros (2 R. 9:30-37).

J. L. G.

JEZANÍAS. → JAAZANÍAS.

JEZREEL ('Dios siembra'). Nombre de tres lugares y dos personajes del AT.

1. Valle que separa a Galilea de Samaria. Se divide en dos partes. La occidental, ancha, de figura triangular, se extiende entre el Carmelo, Gilboa y los montes de Galilea. Con frecuencia se le llama Esdraelón (corrupción griega del nombre hebreo), nombre que no aparece en la Biblia. Al N de la llanura corre el Cisón que desemboca en el Mediterráneo. La parte oriental, mucho más estrecha, comienza en el paso entre Gilboa y More y llega al valle del Jordán. Por este valle corre el río Harod que desagua en el Jordán. Como J. sirve de paso a través de las montañas septentrionales, lo cruzan los caminos que van del Mediterráneo al Jordán, y de Egipto y Samaria a Galilea, Siria y Fenicia. Debido a esta posición estratégica J. ha sido escenario de muchas batallas decisivas a lo largo de la historia tanto sagrada como profana. V.g.: Débora contra Sísara (Jue. 4 y 5), Gedeón contra los madianitas (Jue. 7), Saúl contra los filisteos (1 S. 31); Josías contra Necao (2 Cr. 35:20-22).

2. Ciudad fronteriza de la tribu de Isacar (Jos. 19:18). Todavía no ha sido excavada pero se la ha identificado con el caserío árabe de Zerín, al pie del monte Gilboa. Fue parte del quinto distrito fiscal de Salomón (1 R. 4:12), Acab la hizo su capital de invierno (1 R. 21:1) y en ella tuvo lugar el funesto incidente de Nabot (1 R. 21). Fue aquí donde Jehú mató a Joram, a Jezabel y a toda la casa de Acab (2 R.

9 y 10). De esta ciudad se deriva el nombre del valle de J.

3. Población del territorio de Judá (Jos. 15:56). Posiblemente se trata de Khirbet Tarrama, unas ruinas a 10 km al SO de Hebrón, pero esta identificación no es definitiva. Una de las esposas de David, Ahinoam, era oriunda de esta J. (1 S. 25:43).

4. Descendiente de Judá (1 Cr. 4:3), o quizás uno de los clanes de la tribu de Judá.

5. Hijo del profeta Oseas (Os. 1:4), cuyo nombre era un constante mensaje de condenación de parte del profeta contra la dinastía de Jehú. Recordaba la matanza de los descendientes de Omri que tuvo lugar en J.   J. A. G.

JOAB. Hijo de Sarvia (2 S. 2:13), la hermana de David, hermano de Abisai y Asael (2 S. 2:18), y general del ejército de David (2 Cr. 27:34). En Gabaón venció a → Abner, general de Is-boset (2 S. 2:16,17) y Abner huyó, pero lo persiguió Asael, hermano de J. No queriendo matarlo, por respeto a su hermano, Abner previno a Asael que dejara de perseguirle. Pero Asael no quiso desistir, y Abner tuvo que matarlo (2 S. 2:19-23). J. y Abisai, "siguieron a Abner", pero posteriormente se volvieron de perseguirlo; así terminó la lucha luego de costosa pérdida de vidas (2 S. 2:28).

Más tarde, cuando Abner y David se pusieron de acuerdo (2 S. 3:6-21), J., hombre malicioso y vengativo, reprochó al rey su actitud y por cuenta propia vengó la muerte de su hermano

Desde las ruinas de Jezreel, escenario del dramático encuentro de Elías con el rey Acab cuando profetizó el terrible juicio de Jezabel, se contempla el amplio valle que en el AT se conoce como valle de Jezreel o llanura de Esdraelón.   MPS

Asael (2 S. 3:26). Inocente David de aquella muerte, responsabilizó a J. pidiendo la justicia divina sobre él y su descendencia (2 S. 3:28, 29,39).

J. se distinguió como general de los ejércitos de David frente a los amonitas, a quienes derrotó (2 S. 10:1-14). Estuvo en el frente de batalla mientras David caía en pecado con Betsabé, y a instancias de aquél, J. envió a Urías, marido de Betsabé, a una muerte segura (2 S. 11:1-27). Fue J. quien propició y obtuvo un acercamiento de Absalón con David (2 S. 14:1-33). Posteriormente desobedeció al rey matando con saña a Absalón, un hijo del rey (2 S. 18:5-16), y luego reprochó furiosamente a éste el condolerse por la muerte de su hijo (2 S. 19:1-7). Finalmente J. fue muerto por → Benaía, junto al altar del tabernáculo (1 R. 2:28-34).   H. P. C.

JOACAZ ('Jehová ha asido'). 1. Hijo y sucesor de Jehú en el trono de Israel (ca. 815-800). Fue castigado juntamente con el pueblo por las invasiones de Hazael y Ben-adad, debido al culto a los becerros de oro y otras formas de idolatría (2 R. 13:3-7). J. se arrepintió y pidió ayuda a Dios, y la salvación se dio durante los reinados de su hijo Joás (2 R. 13:25) y su nieto Jeroboam II (2 R. 14:27).

2. Decimoséptimo rey de Judá (608) e hijo menor de Josías, cuyo nombre originalmente fue Salum (Jer. 22:11). Fue coronado a la muerte de Josías en la batalla de Meguido en lugar de su hermano mayor Joacim quien era menos popular. El faraón Necao lo destronó después de tres meses y lo envió a Egipto, donde murió (2 R. 23:31-34; 2 Cr. 36:2,3).

W. C. W.

JOACIM ('Jehová levanta'). Segundo hijo de Josías, y decimoctavo rey de Judá (ca. 609-598 a.C.). Su nombre era Eliaquim, pero el faraón Necao se lo cambió al proclamarlo rey en lugar de Joacaz, hermano menor de aquél. Permaneció sujeto a Egipto hasta que Nabucodonosor conquistó la tierra. Tres años después, J. se rebeló contra Nabucodonosor, quien lo llevó encadenado a Babilonia (2 R. 23:34–24:6).

El profeta Jeremías, contemporáneo de J., dictó a Baruc las palabras de Dios contra el pueblo y éste las transcribió en un rollo. Luego, cuando Jehudí leyó a J. aquellas palabras, éste sacó su cortaplumas, despedazó el rollo, y lo echó al fuego. (Jer. 36:21-23). Jeremías lo denunció por sus pecados e injusticias y predijo su muerte violenta e ignominiosa (Jer. 22:13-19).

D. M. H.

JOAQUÍN ('Jehová establecerá'). Hijo y sucesor de Joacim. También se llamaba Jeconías (1 Cr. 3:16; Jer. 27:20) y Conías (Jer. 22:24,28; 37:1). Reinó tres meses y diez días en Jerusalén antes de ser llevado cautivo a Babilonia por Nabucodonosor, juntamente con los de su casa y los tesoros del templo y de la casa real. En Jerusalén le sucedió Sedequías, último rey de

Judá. Permaneció preso en Babilonia treinta y seis años, hasta que Evil-merodac, sucesor de Nabucodonosor, lo libertó y le dio un lugar en la mesa del emperador (2 S. 24:6-17; 25:27-30; 2 Cr. 36:9-10). Jeremías predijo su cautiverio y su falta de linaje (Jer. 22:24-30).   D. M. H.

JOÁS ('Jehová ha dado'). Nombre de ocho hombres del AT.

1. Padre de Gedeón, de la familia de Abiezer y la tribu de Manasés (Jue. 6:11ss.). Era rico (v. 27) pero de espíritu bondadoso y sabio (vv. 29-31). Era dueño de la encina sagrada (v. 11) y del altar de Baal en Ofra (v. 25). Gedeón destruyó el altar de Baal y derribó la imagen de Asera que eran propiedad de J. su padre, pero éste lo defendió ante el pueblo (vv. 25,28-30).

2. Descendiente de Sela, hijo de Judá (1 Cr. 4:22).

3. Hijo de Semaa de Gebaa de la tribu de Benjamín. Uno de los valientes, diestros en el manejo de la honda y el arco, que se unieron a David en Siclag (1 Cr. 12:3).

4. Hijo del rey Acab. Juntamente con Amón, gobernador de Samaria, se le encargó de encarcelar al profeta Micaías, cuando éste profetizó la derrota de Acab (1 R. 22:26s.; 2 Cr. 18:25).

5. Jefe de una familia benjamita durante el reinado de David (1 Cr. 7:8).

6. Oficial de David (1 Cr. 27:28).

7. Hijo de Joacaz y decimosegundo rey de Israel (798-782). Visitó al profeta Eliseo cuando éste estaba a punto de morir, y le expresó su gratitud por el servicio prestado al reino (2 R. 13:14). Con el simbólico disparo de flechas fueron profetizadas tres victorias sobre los sirios, la primera de las cuales será en Afec. La acción simultánea de Asiria contra los sirios facilitó las victorias. Junto con Jeroboam II (2 R. 14:27), a J. se le considera como el salvador prometido a Joacaz (2 R. 13:5). Cuando Amasías, rey de Judá, provocó a J., éste lo derrotó y saqueó a Jerusalén (2 R. 14:8-14). En medio de sus victorias, J. permitió la adoración de los becerros de oro y por tanto su conducta fue aprobada (2 R. 13:11). Le sucedió su hijo Jeroboam II.

W. C. W.

8. Rey de Judá (ca. 835-796 a.C.) que ascendió al trono después de una subversión planeada por el sacerdote Joiada.

Durante la dominación de la casa de Omri en Israel, éste influyó notoriamente sobre Judá. Atalía, hermana de Acab, rey de Israel, contrajo matrimonio con Joram, rey de Judá. Ocozías, hijo de esta unión, reinó solamente un año, pues fue asesinado por Jehú. Esto hizo que Atalía, como reina madre, reinara sola en Judá y pusiera en peligro la dinastía davídica. Su primer acto como reina fue mandar matar a todos los posibles herederos al trono de Judá. Pero Josaba, hermana de Ocozías y esposa de Joiada, escondió a J., hijo de Ocozías, quien tenía sólo un año. Cuando el niño cumplió siete años, Joiada lo hizo coronar en el templo. Al enterarse Atalía de la coronación de J., se dirigió al templo donde murió trágicamente. J. dedicó la primera parte de su largo reinado a la abolición de la idolatría; pero una vez que Joiada murió la estableció de nuevo, y él mismo se corrompió al grado de asesinar a Zacarías, hijo y sucesor de Joiada (2 R. 11:1-12:21; 2 Cr. 24:15-22)   A. Ll. B.

JOB.

I. EL PERSONAJE

Todo cuanto sabemos de Job nos llega por el libro que lleva su nombre y por otras dos referencias que de él encontramos en la Biblia: Ez. 14:14, donde se le menciona con Noé y Daniel, y Stg. 5:11, donde se alude a su paciencia. Si el Daniel de la cita coincide con el de la literatura de Ugarit, los tres personajes podrían situarse en una fecha bastante antigua. De Uz, su lugar de procedencia, tampoco podemos decir nada con precisión. Lo que sí es claro acerca de Job es que su nombre es proverbial y legendario entre los pueblos del Oriente y especialmente entre los árabes.

II. EL LIBRO

A. *Autor y fecha*

El libro no da indicaciones ni del autor ni de la fecha de su escritura. Por no mencionar nada de la historia de Israel ni de sus ritos religiosos, algunos lo han fechado en el tiempo de Moisés o los patriarcas. Sin embargo, aunque la base histórica de la narración sea tan antigua, probablemente el libro fue escrito posteriormente. Se han sugerido muchas fechas entre el tiempo de Salomón (950 a.C.) y 250 a.C. Muchos prefieren la última parte de este período, pero ciertos paralelos con la poesía de →Ugarit sugieren una fecha entre 950 y 500 a.C.

B. *Análisis*

Lo primero que llama la atención al intentar analizar el libro, es que los dos primeros caps. y el último, a partir del v. 7, están escritos en prosa y parecen servir únicamente de punto de partida y de conclusión, respectivamente, al cuerpo mismo del libro (3:1—42:6) que está todo escrito en verso. Este fenómeno se trata ampliamente en los comentarios. Muchos lo ven como indicación de diferentes autores. Sin embargo, se debe tomar en cuenta que este estilo, A. B. A., es conocido en otras literaturas antiguas. Un ejemplo es el código de Hamurabi que tiene un prólogo en poesía, las leyes en prosa y un epílogo en poesía.

La sección poética consta de cuatro partes bien definidas. La primera constituye el diálogo con Job que entablan Elifaz, Bildad y Zofar. Este diálogo a su vez tiene tres ciclos de discursos en que hay una intervención de cada amigo y la respuesta de Job. El primer ciclo va del cap. 3 al 14, el segundo del 15 al 21 y el último del 22 al 27.

La segunda parte de la sección poética la constituyen los caps. 28–31, de los cuales el 28

es un bello elogio de la sabiduría, y los caps. 29–31 son un resumen que Job hace de todo el debate anterior.

La tercera está formada por el largo discurso de Eliú en los caps. 32–37. Este personaje no se ha mencionado antes en el libro. Parece ser un joven sabio que ha llegado cuando el debate estaba ya en marcha y que, después que los tres amigos de Job no tienen ya nada que añadir, resuelve también intervenir. Su discurso repite en gran parte lo que ya se ha dicho, pero con la novedad de que su intervención establece un giro distintamente teológico. La última palabra en el asunto la tiene Jehová (38:1–42:6), y ésta constituye la cuarta y última parte de la sección poética. Es la parte culminante de todo el poema.

C. *El problema de Job*

El ambiente y la terminología del poema sugieren un tribunal en el cual Job ocupa el banquillo de los acusados. Nótese que aunque la magnitud de los sufrimientos y de la paciencia en el caso de Job se han vuelto proverbiales, no es esto lo que constituye el meollo del poema. A Job le preocupa intensamente sus relaciones directas y personales con Dios. Su gran querella consiste en saber por qué Dios lo ha abandonado.

Las contestaciones de sus amigos fatigan e impacientan a Job porque representan las respuestas prefabricadas de personas, que a base de un concepto individualista de Dios, juzgan por igual todas las situaciones y a todas las personas. Él los oye con atención pero, aunque entiende la lógica de los argumentos de ellos, sospecha que las bases de su razonamiento no son firmes; que la explicación de su problema no puede ser tan simple, tan automática ni tan final. Poco a poco va impacientándose con sus interlocutores porque ve en su actitud y en sus conceptos un enorme muro que se interpone entre él y su Dios. En varias ocasiones expresa el deseo de ir directamente a Dios y de ser juzgado por él. Expresa la certeza de que su Vindicador vive y de que él sí le responderá en forma adecuada.

Insistentemente Job aboga por un acceso personal y directo a Dios, y en sus interlocutores sólo ve a intermediarios que le impiden este acceso. Ellos le ofrecen conceptos estereotipados imposibles de aceptar. Por eso ninguno, ni siquiera Eliú, que se jacta de su sabiduría y de tener en su haber todas las respuestas, puede responder satisfactoriamente a la querella de Job. No obstante, la paz y la alegría regresan al alma de Job cuando directamente oye la voz de Jehová (38–42).

El poema llega a su clímax en 42:5 con las palabras de Job: "De oídas te había oído; mas ahora mis ojos te ven", y en el repudio que Dios hace de los interlocutores de Job y el respaldo que da a éste en 42:7. Nótese que, cuando Job pronuncia sus palabras de satisfacción en 42:5, su enfermedad había llegado a extremos espantosos; no obstante, esto no preocupa a Job ante el gozo de haber podido, al final, pasar por encima de sus intermediarios y haber llegado al tribunal divino. Por eso el libro de Job va más allá del problema del sufrimiento y de todos los otros problemas que se tocan de paso en el diálogo; llega hondamente al problema de las relaciones personales del hombre con Dios, que, al fin de cuentas, no son un asunto de explicaciones sino de experiencia.

A. Ll. B.

JOCTÁN. Hijo menor de Heber y hermano de Peleg, de la familia de Sem (Gn. 10:25,26; 1 Cr. 1:19,20,23). Su nombre se desconoce fuera de la Biblia, pero con base en sus descendientes se conjetura que representa a numerosos grupos de tribus habitantes de la Arabia del S.

J. M. A.

JOEL ('Jehová es Dios'). Nombre de once o doce personajes del AT (1 Cr. 4:35; 5:4,8,12; 6:36; 1 S. 8:2; cp. 1 Cr. 6:28-33; 7:3; 11:38; 1 Cr. 15:7,11; cp. 1 Cr. 23:8; 27:20; 2 Cr. 29:12; Esd. 10:43). Entre éstos se destaca el autor del libro profético que lleva ese nombre, de quien nada sabemos sino que fue hijo de Petuel (1:1) y que tal vez su ciudad natal fuese Jerusalén.

El libro de J. se divide en dos partes bien definidas. La primera (1:1–2:27) describe una plaga de langostas e interpreta su significado. J. describe con realismo la manga que avanza primero sobre el campo (1:2-12) y luego contra la ciudad (2:1-11), destruyéndolo todo, hasta que no queda ni con qué hacer las ofrendas rituales (1:8-10). J. interpreta esta señal como un llamado al arrepentimiento (1:13,14) en vista del → "día de Jehová" que se aproxima (1:15; 2:12-17) y que será terrible (2:16-20). Si el pueblo se arrepiente, ayuna y ora, Dios no desoirá su clamor, "se arrepentirá" (es decir, no persistirá en destruir) y hará volver la prosperidad (2:18-25).

La segunda parte (2:28–3:21) es una visión del porvenir, que describe: (1) un derramamiento intenso del Espíritu sobre todo el pueblo (2:28-32; cp. 3 en el TM) y (2) la destrucción de los enemigos de Israel que es descrita en colores apocalípticos, y la restauración del pueblo de Dios 3:1-21; cap. 4 en el TM. En vista de que la primera parte parece describir un hecho histórico concreto y la segunda es una profecía del fin, algunos críticos han concluido que se trata de dos porciones, correspondientes a distintos autores y épocas.

El libro es difícil de fechar porque refleja algunas condiciones que corresponden a épocas preexílicas, y otras propias de un período postexílico. La tradición lo consideraba como la más antigua obra profética escrita que se había conservado, y lo ubicaba probablemente durante la infancia de Joás, en el siglo IX a.C. Algunos críticos modernos lo consideran proveniente del siglo IV a.C. y otros del VI a.C. La mayor parte coincide en que la plaga descrita en los primeros capítulos debe considerarse como un hecho histórico concreto, sin perjuicio de ver en ella un símbolo del "día de Jehová".

Los valores de este pequeño libro son notables en distintos sentidos. La precisión de las descripciones y lo vívido de las figuras, la cualidad poética y la habilidad artística del autor al ilustrar con el fenómeno natural de la langosta los hechos sobrenaturales del "día de Jehová", han llamado profundamente la atención de los estudiosos. Pero su importancia principal es la de ser precursor de la literatura apocalíptica. Los hechos históricos son proyectados sobre una pantalla final: las langostas son un tipo de los poderes que oprimen al pueblo de Dios, la restauración de los campos arrasados es tipo de la recuperación de la original armonía de la creación y de su perfección en el reino venidero (3:17,18; cp. Jn. 4:14; Ap. 22:1,2). El futuro traerá la reivindicación del pueblo de Dios y la destrucción de sus enemigos (3:9-17; cp. Ap. 14:4-20). Considerados aisladamente, estos pasajes pueden sugerir un estrecho nacionalismo, pero en la totalidad de la revelación, atestiguan el triunfo final de la justicia divina y la derrota de las fuerzas del mal: esta es la confianza que sostiene a la fe.

Pero es la promesa del derramamiento del Espíritu la porción más apreciada de J. El "día de Jehová" no se caracterizará simplemente por hechos espectaculares, sino por la efusión del Espíritu de Dios sobre todo su pueblo.

El NT se apropia esta promesa: la iglesia primitiva ve con razón en → Pentecostés el cumplimiento de la promesa dada a J. (2:28,29,32; cp. Hch. 2:16-21,32,33). El Espíritu es, a su vez, la señal y confirmación de esa otra promesa que J. vio: el día del Señor, día de juicio y restauración, que la iglesia heredera del AT espera.

J. M. B.

JOHANÁN ('don de Jehová', raíz heb. del nombre "Juan" del NT).

1. Príncipe del ejército judío que junto con otros jefes, estaba en el campo después de la caída de Jerusalén, 587 a.C. Según parece, se trataba de un grupo guerrillero refugiado al E del Jordán. J. se unió con Gedalías en Mizpa, y en vano le advirtió respecto de la trama de Ismael. Después, vengó su asesinato. Contra las advertencias de Jeremías, J. y los otros jefes guiaron la fuga hacia Egipto, "por temor de los caldeos" (2 R. 25:23-26; Jer. 40–44).

2. Levita de los hijos de Coré, uno de los porteros del tabernáculo en tiempo de David (1 Cr. 26:3).

3. Jefe bajo el rey Josafat, al mando de 280.000 hombres (2 Cr. 17:13,15,19).

4. Levita de la familia de Sadoc (1 Cr. 6:9).

5. Hijo mayor de Josías rey de Judá (1 Cr. 3:15).

Otros personajes con este nombre se mencionan en 1 Cr. 3:24; 12:4; 12:12; 2 Cr. 28:12; Esd. 8:12; 10:28; Neh. 12:13,22; 12:42).

J. M. Br.

JOIADA ('Jehová sabe'). Nombre de siete personas en el AT.

1. Padre de Benaía, capitán de los cereteos y peleteos del rey David (2 S. 8:18) y hombre valiente (23:20).

2. Sacerdote en tiempos de → Ocozías, → Atalía y → Joás, reyes de Judá. En 2 R. 12:10 se le llama sumo sacerdote, y es el primero en recibir este título. Su esposa Josabet, hija del rey Joram (2 Cr. 22:11) salvó al niño Joás, hijo de Ocozías, cuando Atalía, la reina madre, intentó asesinar a todos los posibles herederos del trono, J. lo mantuvo escondido en el templo durante seis años, después de los cuales lo proclamó rey. Mientras Joás era menor de edad, J. desempeñó el cargo de regente (2 Cr. 22:10—23:15). Inició un avivamiento religioso, destruyendo los altares de Baal (23:16ss.), y restauró el templo (2 R. 11:21—12:16; cp. 2 Cr. 24:8-14).

3. Príncipe del linaje de Aarón (1 Cr. 12:27), posiblemente el mismo que el N° 1 arriba.

4. Consejero de David después de Ahitofel (1 Cr. 27:34).

5. Uno que ayudó en la reconstrucción del muro de Jerusalén (Neh. 3:6).

6. Sumo sacerdote, hijo de Eliasib (Neh. 12:10,11,22).

7. Sacerdote en tiempo de Jeremías en lugar del cual, y por medio de una carta, Sofonías fue declarado sacerdote por Senaías (Jer. 29:26).
P. S.

JONADAB ('Jehová es generoso'). 1. Hijo de Simea, sobrino de David y falso amigo de Amnón. Hombre astuto y malvado que explicó a Amnón cómo violar a Tamar, su prima hermana (2 S. 13).

2. Hijo de Recab, ceneo y jefe de los → recabitas, tribu nómada que vivía en tiendas y se abstenía del vino (Jer. 35:6-19). Cuando Jehú avanzó sobre Samaria confió a J. su anhelo secreto de destruir a los servidores de Baal (2 R. 10:15-23).   J. P.

JONÁS ('paloma')

I. EL PROFETA

En 2 R. 14:25 se habla por única vez en el AT de un profeta J. hijo de Amitai, oriundo de → Gat-hefer, el cual profetizó bajo Jeroboam II (783-743) "que Jehová restituiría los términos antiguos de Israel". A él tradicionalmente se ha atribuido el libro de J.

II. EL LIBRO

A. *Contenido general*

Dentro del conjunto llamado "Profetas Menores" está el libro de J. el cual, sin embargo, difiere totalmente de los escritos proféticos. No es profético en el sentido en que se suele hablar de los demás libros de este género (colección de oráculos proféticos). Se presenta más bien como una sencilla narración de la comisión de Dios al profeta, el cual para eludir el encargo de ir a predicar a Nínive, capital de Asiria, se embarca en Jope rumbo a Tarsis. Una vez en camino a esta ciudad, convencidos los tripulantes, por las suertes echadas y la confesión del propio J., de que él es la causa de una súbita tempestad, el profeta es arrojado al mar el cual se calma (1:1-15). Un gran pez se lo traga y pasa en el vientre del animal tres días (2:1-10); después es vomitado en tierra firme (2:10).

Después de una segunda comisión divina, J. va a Nínive y predica (único oráculo profético). La conversión de la ciudad es total (3:1-10). Enojado por ello J. llega hasta desear la muerte, pero es exhortado por Dios (4:1-11).

El relato no indica quién sea el autor. J. es mencionado siempre en tercera persona. Hoy día es frecuente considerar inválida la teoría que afirma que el mismo profeta mencionado en 2 R. 14:25 escribió el libro que lleva su nombre. Se dan para ello las siguientes razones: (1) los arameísmos, (2) las señales de hebreo tardío y (3) el mensaje central del libro. Sin embargo, ninguno de los argumentos es conclusivo; se reconoce cada vez más que muchos arameísmos se introdujeron en el heb. del Norte, desde el tiempo de David. Además, hay un énfasis universalista incluso en el siglo VIII a.C. (Is. 2:2ss.).

Muchos de los eruditos se inclinan por una fecha tardía, en la época posterior al exilio (587) probablemente en el transcurso del siglo V a.C. Pero algunos lo fechan antes del exilio.

B. *Interpretación*

El libro ha recibido las más variadas interpretaciones en cuanto a su carácter. Dos corrientes permanecen frente a frente: la literal (histórica) y la parabólica (didáctica). Tradicionalmente el libro se ha interpretado en el primer sentido, e.d. al pie de la letra, como la historia de la misión de J. y sus resultados. Así, J. sería el mismo que profetizó en tiempos de Jeroboam II (siglo VIII a.C.), el cual es mencionado en el encabezamiento del libro (1:1). Esta aproximación al libro se ha basado en (1) la tradición judía y patrística; (2) las alusiones que Jesús hizo de la vida de J. (Mt. 12:40 y Lc. 11:30); (3) el hecho de que el libro se escribe como una historia, incluyendo muchos detalles geográficos, topográficos e históricos; (4) si no es histórico no hay razón para atribuir los sucesos al profeta J.; (5) si es una parábola, es extraño que sea tan larga y que no incluya más indicación o explicación de su moraleja.

Hoy, sin embargo, muchos han abandonado la interpretación histórica, lo cual no significa negar la inspiración del libro, ni el elemento sobrenatural en las Escrituras. Es una cuestión literaria. Entre las razones de esta interpretación no-histórica se dan: (1) el extraño matiz de los milagros (la tempestad repentina, la calma renacida después de caer J. al mar, el gran pez, el retorno a la playa, la súbita conversión de aquella gran ciudad, el ricino que crece en una noche y en otra se seca); (2) aunque se ven ciertos paralelos con la misión de Elías y Eliseo (1 R. 17:9ss.; 2 R. 5:1ss.), el relato no se incluye en los libros históricos; más bien parece una parábola dramatizada, al estilo del rico Epulón y el mendigo Lázaro (Lc. 16:19-31); (3) es cuestionable el gran tamaño de la ciudad que se refleja en 3:3; y (4) la falta de indicios o pruebas de una conversión masiva en Nínive.

Vale hacer unos comentarios sobre estas razones. Hay que reconocer que las alusiones de Jesús, aunque significativas, no comprueban la historicidad de J., pues Jesús no se pronunció al respecto. Por otra parte, tampoco son determinantes los argumentos contra la interpretación histórica. En cuanto a los milagros, se ven muchos en la Biblia, especialmente en el tiempo de Elías y Eliseo, los profetas más cercanos a J. en trasfondo, misión y tiempo. La cuestión del pez se ha discutido mucho. Han circulado varios relatos de sucesos modernos semejantes (con varios grados de confiabilidad). Quizás el más importante se encuentra en *Princeton Theological Review* XXV (1927), p. 636, donde se relata la experiencia de un hombre rescatado tres días después de ser tragado por un mamífero marítimo.

En cuanto a la conversión masiva, algunos la ven relacionada con las reformas religiosas de Adad-Nirari III (rey asirio, 811-783), pero lo cierto es que no hay pruebas suficientes de ningún lado. Respecto al tamaño de la ciudad, los arqueólogos indican que la ciudad (destruida en 612) pudo tener una población hasta de 175.000 personas y que Jon. 3:3 podría referirse a "el gran Nínive" que abarcaba desde Khorsabad hasta Nimrud, una distancia de más que 40 km.

C. *Enseñanza*
Es una de las más elevadas del AT. El tema central es su gran mensaje misionero. Muestra la universalidad de la salvación de Dios, su amor y providencia graciosa, la cual no es patrimonio exclusivo de ningún pueblo, ni siquiera el israelita, sino que puede abarcar a todos los gentiles. En este sentido, se suma a otras voces del AT: Is. 19:23-25 y al libro de Ruth. No obstante, este designio universal de la salvación divina se opone al exclusivismo en que cayó la comunidad judía. De ahí que un profeta sea enviado a una comunidad extranjera. Sin embargo, la resistencia de J. primero y después su tristeza por la conversión de Nínive, que impidió temporalmente el cumplimiento del juicio de Dios, representan claramente la idea del particularismo judío. Por otra parte, el libro nos enseña que aun los más categóricos vaticinios de Dios contra los pueblos paganos, manifiestan la voluntad misericordiosa de Dios. Él sólo espera alguna muestra de arrepentimiento para dar su perdón, porque también a los gentiles les es concedida la posibilidad de la conversión. Con J. estamos a un paso del evangelio.

V. A. G. y J. M. Br.

Bibliografía
EBDM, "Jonás"; J. Alonso Díaz, *Estudios bíblicos*, 18 (1959), 357-74, *SE* VI, 258-67.

JONATÁN ('Jehová ha dado'). Nombre de muchos personajes del AT, entre los cuales se destacan los siguientes:
1. Hijo de Gersón, descendiente de Moisés, que fue contratado por → Micaías para el sacerdocio dedicado a un ídolo en Efraín. Llegó a ser progenitor de una línea de sacerdotes en la tribu de Dan, la cual continuó "hasta el día del cautiverio de la tierra" (Jue. 17; 18:30s.).
2. Hijo mayor de → Saúl y uno de los personajes más renombrados y amorosos del AT. Amó intensamente a → David, rey de Israel después de Saúl (1 S. 14:49,50; 18:1). Su fe y valentía se manifiestan en 1 S. 13:3; 14. David elogió el carácter guerrero y la fidelidad de J. (2 S. 1:22). Sin embargo, esa fidelidad para con David reñía con la lealtad que debía a su padre Saúl (1 S. 18:1-4). Cuando Saúl, movido por los celos, intentó matar a David, J. se presentó como pacificador y expuso su vida para proteger a David (1 S. 19:1-7; 20). El relato del último encuentro de los dos amigos pinta uno de los cuadros más elocuentes de fidelidad y amor en medio de la oposición e intriga (1 S. 23:16-18). J. pereció con su padre combatiendo a los filisteos en la batalla de → Gilboa (1 S. 31:2). Después de la muerte de J. el recién coronado rey de Israel, David, tomó a su cuidado al huérfano → Mefi-boset, hijo de J. (2 S. 9). La amistad entre David y J. prefigura la amistad con Cristo en la experiencia del creyente.
3. Tío de David (1 Cr. 27:32).
4. Hijo del sumo sacerdote → Abiatar, comprometido en el atentado contra David tramado por Absalón y Adonías (2 S. 15:36; 17:15-22; 1 R. 1:41-49).
5. Uno de los "poderosos hombres de David" (2 S. 23:32; 1 Cr. 11:34).
6. Sacerdote, hijo de Joiada (Neh. 12:11).
7. Hijo de Carea asociado con Gedalías durante la dominación de Jerusalén por Nabucodonosor (Jer. 40:8).
8. Escriba en cuya casa estuvo prisionero el profeta Jeremías (Jer. 37:20).   A. R. T.

JOPE (heb., *Yafó*, = 'belleza'). Puerto situado en el territorio que correspondió a Dan (Jos. 19:46), en la costa del Mediterráneo, 45 km al S de Cesarea y 50 km al NO de Jerusalén.
Como durante siglos fue casi el único puerto de Palestina, J. cobró gran importancia a pesar de su poca profundidad y protección del viento. Aparece mencionado en inscripciones que datan del siglo XV a.C. Durante el período del AT, aunque estaba en poder de los filisteos en los cananeos, era utilizado por los israelitas, A J. llegó la madera del Líbano y de Tiro destinada para la construcción del templo (1 R. 5:9; 2 Cr. 2:16; Esd. 3:7), y desde allí Jonás trató de escapar de la presencia del Señor (Jon. 1:3).

El puerto de Jope, hoy Jafa, es uno de los puertos más antiguos del mundo. De aquí partió Jonás para huir de la presencia de Jehová.   IGTO

Al principio del período intertestamentario J. estaba bajo la administración de Sidón. Quedó libre cuando Artajerjes III (358-338 a.C.) destruyó a Sidón, pero permaneció como parte del Imperio Persa. Alejandro el Grande helenizó el nombre de Yafó y surgió "J.".

Después de pasar por manos de los tolomeos y seleúcidas, J. fue conquistado por Simón Macabeo en 143 a.C. y éste le implantó costumbres judías (1 Mac. 13:11; 14:5; Josefo, *Antigüedades* XIII.vi.4).

El control de la ciudad de J. se disputaba hasta llegar Pompeyo en 66 a.C., y éste la hizo parte de la provincia romana de Siria. Julio César la devolvió a los judíos en 47 a.C. Herodes el Grande la conquistó en 37 (Josefo, *Antigüedades* XIV.xv.1), y luego construyó el puerto rival de Cesarea.

Pronto el cristianismo llegó a J. (Hch. 9:36–10:23 →DORCAS, SIMÓN N° 8). Fue hecha una sede episcopal después del reinado de Constantino, y llegó a ser ciudad muy disputada entre los cristianos y los mahometanos durante las cruzadas. En 1950 J. fue incorporada a la moderna ciudad de Tel Aviv que en 1970 tenía una población de 384.700 habitantes, la ciudad más grande de la república de Israel.   J. E. G.

JORAM ('Jehová es exaltado'). 1. Hijo de Toi, rey de Hamat, llamado "Adoram" en 1 Cr. 18:10 (2 S. 8:10).

2. Uno de los levitas del tiempo de David que tenía a su cargo las cosas consagradas por el rey (1 Cr. 26:25-27).

3. Sacerdote en el tiempo de Josafat que, en compañía de otros, recorrió las ciudades de Judá, llevando el libro de la ley y enseñando al pueblo (2 Cr. 17:8,9).

4. Rey de Israel y segundo hijo de Acab y Jezabel. Sucedió a su hermano Ocozías y reinó *ca.* 851-842. Aunque quitó las estatuas de Baal es probable que secretamente lo adorara (2 S. 3:2,13a.). Siguió el pecado de Jeroboam. El matrimonio de su hermana Atalía con Joram, rey de Judá, hijo de Josafat, estrechó las relaciones entre las dos naciones. Durante su reinado se rebeló Moab que anteriormente había sido conquistado por Omri. J. subió con Josafat y el rey de Edom para pelear contra Mesa rey de Moab, pero la victoria fue indecisa (2 R. 3:4-27).

Más tarde, J. también peleó contra Ben-adad y Hazael de Siria y, como consecuencia, Ben-adad puso un cruel sitio a Samaria, el cual sólo terminó con la intervención de Dios. A su muerte, J. fue sucedido por Jehú, general del ejército. Las narraciones acerca de Eliseo están incluidas en las del reinado de J., pero la cronología es incierta (2 R. 1:17–9:28).

♠ 5. Rey de Judá (*ca.* 850-843), hijo y sucesor de Josafat. Gobernó bajo la influencia de su esposa Atalía, hija de Acab. Mató a sus seis hermanos e introdujo el culto de Baal (2 R. 8:17,18; 2 Cr. 21:6). Durante su reinado hizo "que fornicara Judá y los moradores de Jerusalén". Por tanto, Elías pronunció juicio contra él por medio de una carta (2 Cr. 21:12-15). Como consecuencia de su desordenado gobierno, Edom y Libna se libraron de su dominio (2 Cr. 21:8-10). Judá fue invadida por los filisteos y árabes que incluso saquearon la casa del rey y raptaron a todos sus hijos menos Joacaz el menor (2 Cr. 21:16,17). J. murió de una enfermedad asquerosa y sin los honores dados a otros reyes (2 Cr. 21:18-20).   W. C. W.

JORDÁN. El río más largo de Palestina, que atraviesa todo el país. Nace cerca de la frontera del N y desemboca en el Mar Muerto.

I. ETIMOLOGÍA

Algunos opinan que el nombre heb. *Yarden* es semítico derivado del verbo *yarad* ('descender'), e.d. "el río que desciende rápidamente". Otros, observando que el nombre tiene la misma raíz que los nombres de otros ríos de la cuenca mediterránea, han postulado un origen indoario, de *yor* ('año') y *don* ('río'), e.d. "el río perenne".

II. DESCRIPCIÓN

El J. nace al S de la cordillera del Hermón por la confluencia de cuatro riachuelos: el Nahr Banyas al E, que nace en una cueva cerca de la antigua Cesarea de Filipos; el Nahr el-Leddan, que nace al O, junto al Tell el-qadi, cerca de la ciudad israelita de Dan, y corre 6 km antes de juntarse con el Nahr Banyas; el Nahr el-Jasbani, que es el más largo de los cuatro, corre 40 km y se junta con los dos anteriores; y el Nahr Bareighit, el más corto, que nace al O y desemboca en el Nahr el-Hasbani. Luego el J. continúa su curso 12 km hacia el S, a lo largo de una fértil llanura, y atraviesa lo que antiguamente era un lago pantanoso llamado → Merom (Jos. 11:5,7). El nombre actual del lugar es Hule, pero el lago ha sido desecado y convertido en tierra arable que el J. aún riega.

Desde Hule, el J. avanza hacia el S unos 4 km de cauce lento y entonces inicia un violento descenso de 11 km por entre rocas basálticas. Se normaliza en una planicie de 1 km formada por sus propios depósitos arenosos y luego desemboca en el mar de → Galilea o lago de Genesaret. La agricultura prospera en la región alrededor de este lago.

La parte más importante del J y que se menciona más en la Biblia es la que se extiende desde el sur del mar de Galilea hasta el mar Muerto, una recta de 110 km, que debido a sus innumerables meandros el J. alarga hasta casi 320 km. De ahí el río desciende hasta 390 m bajo el nivel del mar y forma así la depresión más baja del mundo. En esta región recoge el agua de unos pocos afluentes perennes del lado O. Del lado E hay nueve ríos perennes, de los cuales los más importantes son el Jarmuk y el → Jaboc. En la antigüedad se establecieron ciudades en los deltas fértiles que formaban estos ríos al desembocar en el J.

Esta parte del valle del J., que en algunos lugares se ensancha hasta 20 km, se divide en tres niveles. El más bajo es llamado el Zor y está cubierto de densos matorrales de tamariscos, zarzas, cardos y espinas, y frondosos álamos y sauces. Se inunda cada año en los meses de la siega (Jos. 3:15). Jeremías llamó a esta zona "la espesura del J.", y en sus tiempos era habitada por leones (Jer. 12:5; 49:19).

En el nivel de en medio de cada lado del Zor hay montes áridos por la erosión. Esta zona, llamada Qattara, no es cultivable.

El nivel más alto, llamado el Gor, asciende gradualmente desde el Qattara hasta las regiones montañosas de uno y otro lado. Esta zona, especialmente a lo largo de 40 km al sur del mar de Galilea, es una pradera fértil. En los últimos km antes de llegar al mar Muerto todo el valle se vuelve desértico.

III. IMPORTANCIA HISTÓRICA

Al lado O del J. se han encontrado esqueletos de elefantes y rinocerontes, y flechas y hachas de hombres primitivos. En el séptimo milenio, a.C. empezó a florecer la agricultura y desde esa época empezaron a sucederse períodos de desarrollo y emigración. Entre los siglos XX y XIV a.C., en un tiempo de emigración de los habitantes locales, vivieron aquí los patriarcas; Lot el sobrino de Abraham escogió vivir en la "llanura del J." (Gn. 13:10s.).

En lugar de ser vía de comunicación, como otros ríos, el J. siempre fue barrera geográfica y cultural. Durante los 40 años en el desierto Moisés esperaba el día en que los israelitas pudieran cruzar el J., el último obstáculo para el cumplimiento de la promesa de Dios de introdu-

El río Jordán corre un curso serpentino en su rumbo hacia el Mar Muerto en el sector meridional del valle del mismo nombre. Este fue el área fértil que escogió Lot cuando se separó de Abraham.   MPS

cirlos en la Tierra Prometida. Al fin, por una intervención divina, se venció este obstáculo y los israelitas cruzaron mientras las aguas se detenían (Jos. 3:16). Sin embargo, el hecho de que las tribus de Rubén y Gad y la media tribu de Manasés colonizaran el lado E del J. significó que vivieran separados del resto de Israel (Jos. 22:9-34). Esto preocupó a Moisés (Nm. 32:1-33) y a Josué (Jos. 22:1-8). En campañas militares la barrera geográfica del J. servía tanto de obstáculo como de protección (2 S. 17:22). La posesión de sus vados aseguraba la victoria (Jue. 3:28; 7:24s.).

Tres importantes épocas en la historia de Israel se iniciaron alrededor del J. (1) Israel inició su vida como pueblo sedentario y gozó de la "tierra que fluía leche y miel" después de cruzar el río al lado O. (2) En el siglo IX Elías, después de cruzar el J., fue arrebatado al cielo y Eliseo tomó su lugar como profeta (2 R. 2:7s.,13s.). Estos dos iniciaron el →profetismo de Israel. Eliseo ordenó a Naamán, general del ejército sirio, que se lavara siete veces en el J. para limpiarse de su lepra (2 R. 5:1-14) y más tarde hizo flotar un hacha sobre las aguas del río (2 R. 6:1-7). (3) → Juan el Bautista proclamó su mensaje de arrepentimiento junto al J., y preparó así el camino para el Mesías (Lc. 3:3). Allí inició Jesús su ministerio público después de ser bautizado (Mt. 3:13-17; Mr. 1:9-11; Lc. 3:21s.).   J. E. H.

JORNALERO. Desde la época bíblica el j. fue un peón u obrero a quien se contrataba por jornadas de uno, dos, tres o más días (Job 14:6). Su paga era el "jornal", que se pagaba en monedas de plata o en géneros (Mt. 20:2-13). Tanto en el AT como en el NT se alude a la formalidad y respeto en los pagos al j. (Lv. 19:13; Dt. 24:14,15; Lc. 10:7; Stg. 5:4).

Los profetas proclamaban la certeza del cumplimiento de las sentencias de Dios con la expresión "tiempo de j.". El evangelista Juan contrasta al j. encargado de cuidar las ovejas con el dueño del rebaño, el pastor (Jn. 10:12,13). El pasaje tiene profundo significado espiritual: el j. tiene interés en su salario en tanto que el interés del pastor está en el rebaño mismo.

El profeta Hageo usa la figura del j. con "saco roto" para convencer al pueblo de lo infructuosos que son sus caminos cuando se aleja de Dios (Hag. 1:5.6). Con frecuencia en la Biblia los términos "criado" y "asalariado" se usan como sinónimos de "j."   M. V. F.

JOSAFAT. Rey de Judá (*ca.* 870-848 a.C.), hijo y sucesor de Asa, con quien se inició una época de amistad entre Israel y Judá que no habían cesado de pelear entre sí desde la muerte de Salomón. J. y Acab celebraron una alianza que culminó con el matrimonio de Atalía, hija de Acab, con Joram, hijo de J. Al principio el arreglo pareció muy promisorio, pero habría de resultar fatal. A pesar de la advertencia de Mi-

caías, J. salió juntamente con Acab contra Ramot de Galaad. Los 400 profetas de J. habían predicho la victoria pero Micaías profetizó la muerte de Acab, la cual en efecto sucedió (1 R. 22:13-40).

Política y religiosamente hablando, J. fue un buen rey. Conquistó Edom, lo cual le proporcionó una fuente de ingresos debido al comercio de los árabes. 2 Cr. dedica cuatro caps. (17—20) a su reinado y destaca que fortificó ciudades, colocó tropas en las ciudades efrainitas que su padre había conquistado y fue temido por todos sus vecinos. Tanto filisteos como árabes le traían tributos y regalos, y logró formar un gran ejército. Gracias a este ejército, derrotó a una coalición moabita, amonita y edomita, después de lo cual convocó a una asamblea popular para buscar el favor de Dios. J. se preocupó porque el pueblo fuera instruido en la ley, y envió levitas y sacerdotes a los campos para impartirla. A él se atribuye también el mejoramiento del sistema de justicia, pues estableció jueces en todas las ciudades fortificadas de Judá y una corte de apelación en Jerusalén (1 R. 22:1-50; 2 R. 3:1-27).   A. Ll. B.

JOSAFAT, VALLE DE. Nombre dado por Joel al lugar del juicio final (Jl. 3:2,12). No hay fundamento para aplicarlo a ninguna localidad conocida, aunque el uso del término geográfico "valle", ha dado lugar a alguna especulación al respecto. En los vv. citados de Joel, "Josafat" ('Jehová ha juzgado') hace referencia a "juicio" y por consiguiente pareciera más probable que tanto "el v. de J." como "el valle de la decisión" (Jl. 3:14), sean nombres que simbolizan el juicio. La tradición tanto cristiana como judía y musulmana ha identificado el lugar del juicio final con el valle del Cedrón, entre el monte de los Olivos y Jerusalén.   J. B. B.

JOSÉ. 1. Nombre étnico que designaba las tribus de → Efraín y →Manasés, llamadas también "casa de J." (Jos. 17:17), "tribu de J." (Nm. 13:11), o "hijos de J." (Nm. 1:10,32). Y ya que Efraín era la más fuerte de las tribus del N, el pueblo mismo de Israel llevaba este nombre (Ez. 37:16,19), o, en alguna ocasión, todo el pueblo escogido (Abd. 18).

2. Tres hombres en la genealogía de Jesús (Lc. 3:24,26,30).

3. El "llamado Barsabás, que tenía por sobrenombre Justo", uno de los dos que los apóstoles nominaron para ocupar el lugar de Judas Iscariote (Hch. 1:21ss.).

4. Hermano de Jesús (Mr. 6:3 //).

5. Compañero de Pablo de sobrenombre →Bernabé (Hch. 4:36).

6. Miembro de la familia macabea (1 Mac. 5:18,55-62).

7. Otros (Nm. 13:7; 1 Cr. 25:2; Esd. 10:42; Neh. 12:14).   W. M. N.

JOSÉ. Patriarca israelita, hijo decimoprimero de Jacob y su primero con Raquel. Nació en Padan-aram, lugar de la antigua Mesopotamia, hoy Irak (Gn. 29:4; 30:22-24). Niño aún, se trasladó con sus padres y hermanos a Palestina donde vivió hasta los 17 años de edad, dedicado a pastorear los rebaños de su padre, de quien era hijo predilecto (Gn. 31:17,18; 37:2). Más tarde, debido a esta predilección que Jacob sentía por J. y al hecho de que éste contaba a su padre los malos caminos de sus hermanos mayores, éstos le aborrecieron en tal forma que un día le vendieron como esclavo a unos mercaderes → madianitas por 20 piezas de plata. Dijeron a su padre que lo había matado algún animal (Gn. 37:3-36). Los mercaderes lo llevaron a Egipto donde lo vendieron a → Potifar, capitán de la guardia del faraón.

nistro en el gobierno de la nación (Gn. 41: 1-44). En esta forma llegó a ser el segundo personaje en la nación. El país prosperó extraordinariamente bajo su dirección (Gn. 41:49).

Mientras ocupaba tan alta posición, J. contrajo matrimonio con → Asenat, joven egipcia de familia distinguida (Gn. 41:45,46). De esta unión nacieron dos hijos: → Manasés, el priñogénito, a quien J. llamó así "porque dijo: Dios me ha hecho olvidar todo mi trabajo, y toda la casa de mi padre"; al segundo lo llamó → Efraín "porque dijo: Dios me ha hecho fructificar en la tierra de mi aflicción" (Gn. 41:51,52).

Efraín y Manasés fueron adoptados por Jacob como hijos suyos (Gn. 48:8-20) y encabezaron sendas tribus de Israel. Una vez

La Historia bíblica de José es confirmada de una manera notable en los monumentos egipcios. La losa del grabado muestra los graneros edificados por José para preservar al pueblo egipcio.

En Egipto, gracias a su inteligencia y honradez, J. fue puesto de mayordomo en la casa de su amo (Gn. 39:1-4), pero debido a una calumnia de la esposa de Potifar, fue encarcelado por largo tiempo (Gn. 39:1-20). Dios lo bendijo, sin embargo, dándole "gracia en los ojos del jefe de la cárcel", el cual le nombró guardián de todos los presos (Gn. 39:21-23).

En la cárcel J. tuvo oportunidad de interpretar los sueños de dos oficiales del faraón, también prisioneros, lo que después le proporcionó igual oportunidad de interpretar un sueño misterioso del faraón. Como recompensa, y en bien de la economía del país, J. fue sacado de la prisión para ocupar el cargo de primer mi-

conquistada la Tierra Prometida, recibieron porciones al igual que sus tíos (Jos. 14:4), privilegio otorgado por herencia de tan ilustre padre.

Es probable que J. fuera nombrado para su importante puesto por uno de los hicsos (→ FARAÓN, EGIPTO), cerca de 1720-1570 a.C. Estos semitas infiltraron a Egipto desde Canaán, y observando escrupulosamente todas las costumbres egipcias, llegaron a dominar el país por muchos años. J. fue simplemente uno de los muchos esclavos semitas en Egipto durante esa época. P.e., en una lista recién descubierta de los 79 sirvientes de una casa egipcia de ese período, por lo menos 45 tenían nombres asiáticos, es decir, eran semitas cual J., probablemente esclavos.

En los días en que J. gobernaba en Egipto hubo escasez de alimentos en las tierras circunvecinas. Jacob envió a sus hijos para comprar alimentos en el referido país, pues allá había abundancia gracias a la buena administración de J. (Gn. 42:1ss.). Tal era la necesidad en los alrededores, que J. adquirió para el faraón casi toda la tierra de Egipto (Gn. 41:46-49,53-57; 47:13-26). Cuando sus hermanos llegaron J. los reconoció, pero para probarlos y saber de sus intenciones "hizo como que no los conoció y les habló ásperamente" (Gn. 42:6,7). Después de una serie de exigencias, entre las cuales manifestó su deseo de ver a → Benjamín, el menor de la familia, que había quedado con el padre, J. se despidió de ellos sin haberse dado a conocer. Los proveyó de trigo y comida para el camino (Gn. 42:25,26), y les dio testimonio de su fe en Dios (Gn. 42:18). Al actuar de esta forma tan severa y fingida, J. sentía arder su corazón en amor hacia sus hermanos; por tanto, se retiró de ellos y desahogó su corazón llorando (Gn. 42:24).

En una nueva visita de sus hermanos a Egipto en busca de pan, J. se reveló a ellos sincera y emocionadamente (Gn. 45:1-14). Después de esta entrevista hizo venir a su padre y a sus hermanos, para residir en Egipto; destinó para ellos la región más rica del país (Gn. 46:1-12).

Cuando Jacob enfermó de muerte, J., junto con sus dos hijos, fue para visitarlo. Y una vez ocurrido el fallecimiento de Jacob, J. dispuso un largo viaje de toda la familia hasta la Tierra Santa, para dar a su padre honrosa sepultura en la tierra de sus antepasados. Así J. obedeció la disposición testamentaria de su progenitor (Gn. 50:1-14).

Después de la muerte de Jacob, los hermanos de J. recelaron de que éste cambiara de actitud hacia ellos, y los tratara con dureza. Conocedor de este sentimiento, J. les dio muestras de su sincero amor hacia ellos (Gn. 50:15-23). J. murió en Egipto a la edad de ciento diez años, una duración de vida que los egipcios consideraban ideal, y por tanto una señal de la bendición divina. Fue embalsamado y puesto en un ataúd que conservaron en Egipto (Gn. 50: 24-26). Años después, cuando los israelitas ganaron su libertad y partieron rumbo a Palestina, llevaron consigo los huesos de J. Éx. 13:19). Tan venerables restos viajaron con los israelitas por el desierto; y una vez conquistada la Tierra Prometida, fueron enterrados en ·la población de → Siquem (Jos. 24:32).

La historia de J. se encuentra en Gn. 30:22-25; 37–50, y es una de las más emocionantes de la Biblia. J. se nos presenta como el hijo más amado de su padre, el hermano más odiado por sus hermanos, y como el mejor hermano de todos los siglos. Tanto amó a sus hermanos que les perdonó el haberlo vendido como esclavo, les salvó la vida y los colmó de bie-

nes, llorando al verlos, después de larguísima ausencia. Debido a su marcada rectitud J. bajó a las simas de la humillación, donde se convirtió en guardián y amigo de todos los prisioneros. Fue distinguido estadista, esposo fiel y padre ejemplar, guiado en todo por el Espíritu de Dios. Mereció mención entre los héroes de la fe en Heb. 11:22 por haber previsto el éxodo de Egipto de su pueblo y por haber dado "mandamiento acerca de sus huesos".   A. P. P.

JOSÉ DE ARIMATEA. Personaje que todos los evangelistas mencionan como el que sepultó el cuerpo de Jesucristo. Era rico, natural de → Arimatea y probablemente miembro del → Sanedrín (Mt. 27:57; Mr. 15:43). Era israelita "justo y bueno", que esperaba el reino de Dios, y discípulo secreto de Jesús (Lc. 23:50s.; Jn. 19:38).

Como consejero, J. de A. no había votado en la condenatoria de Jesús (Lc. 23:51), y la crisis de la crucifixión le dio valor para entrar "osadamente a Pilato" y pedir el cuerpo del Señor (Mr. 15:43). Junto con → Nicodemo, su colega en el consejo, bajó el cuerpo de la cruz, lo envolvió en una sábana, lo ungió con especias y lo colocó en un sepulcro nuevo "abierto en una peña" (Mt. 27:58-60; Lc. 23:53). Juan 19:41s. añade que el sepulcro se hallaba en un huerto en el lugar de la crucifixión.

Las leyendas sobre las actividades posteriores de J. de A. no tienen base histórica, pero fue el instrumento de Dios para cumplir la profecía de Is. 53:9.   E. H. T.

JOSÉ, MARIDO DE MARÍA. Descendiente de David, desposado con → María. Como su → genealogía se hallaba registrada en Belén, tuvo que viajar hasta allá desde su ciudad, Nazaret, con motivo del → empadronamiento ordenado por Augusto César (Mt. 1:16; Lc. 2:4). Según Mt. 1:19, era "justo", lo que señala su piedad y sumisión a la ley, y a juzgar por Lc. 2:24 también era pobre. La amarga experiencia descrita en Mt. 1:18s. sin duda correspondió al momento en que María regresó de su visita a Elisabet (Lc. 1:39-56), J. determinó romper el compromiso con ella, pero por compasión quiso hacerlo secretamente, sin tomar las normales medidas públicas. Sorprendido por una revelación angelical (Mt. 1:20s.), aceptó con fe la concepción milagrosa del niño y se apercibió para cumplir su importantísimo cometido como guardián del Mesías. Se casó legalmente con María (Mt. 1:24, aunque sin unirse todavía con ella, v. 25), de modo que el niño nació como si fuera "hijo de José" (Mt. 13:55; Jn 1:45; 6:42).

Junto con María, y por orden del edicto ·de Augusto César, J. fue a Belén muy cerca del tiempo en que habría de nacer el niño (Lc. 2:1-7), y al nacer le puso por nombre Jesús (Mt. 1:25; Lc. 2:21). Después de los acontecimientos descritos en Lc. 2:22-39 y Mt. 2:1-12, huyó con María y el niño a Egipto (Mt.

2:13ss.). Volvió a Palestina, aparentemente con la intención de radicar en Judea, después de la muerte de Herodes, pero una nueva revelación divina lo llevó hasta Nazaret (Mt. 2:19-23). En este lugar ejerció el oficio de *tekton*, e.d., obrero de la construcción, carpintero, ebanista (cp. Mr. 6:3; donde Jesús también es llamado *tekton*).

Después J. sólo aparece como protector del niño Jesús. Participa de la incomprensión de María frente a la declaración de Jesús respecto a su misión especial (Lc. 2:41-52). La interpretación natural de varios textos implica que era padre de varios hijos e hijas con María (Mt. 1:25; 13:55;. Mr. 3:31-35; Jn. 7:5 →HERMANOS DE JESÚS). No se le nombra más con María y los hermanos de Jesús, y la entrega que Jesús hace de su madre al cuidado de Juan, al pie de la cruz, hace pensar que J. ya había muerto para entonces (Jn. 19:26,27).

E. H. T.

JOSÍAS. Rey de Judá (*ca.* 639-609 a.C.), coronado por el pueblo a la edad de ocho años, después que su padre, Amón, fue asesinado. Los relatos de los libros de R. y Cr. concuerdan en señalar a J. como el más recto de los reyes de Judá. Debido sin duda a los serios problemas que Asiria tenía con sus enemigos en el Oriente, J. pudo conquistar rápidamente las antiguas provincias del reino del Norte y liberarse en gran parte del tutelaje de los asirios. J. extendió las fronteras de su reino hasta alcanzar los límites que el reino unido había tenido en tiempos de David, con quien lo comparan sus cronistas.

Paralelamente con sus conquistas territoriales, J. emprendió una reforma religiosa de grandes alcances e implicaciones políticas notables. Esta reforma tuvo como principal objetivo extirpar del pueblo de Judá las prácticas cananeas y la adoración de las diversas divinidades extranjeras. El hecho de que abarcara también a las provincias del N, muestra que ya J. había conquistado dicho territorio.

No obstante lo anterior, el reinado de J. significó un esplendor efímero para el Reino de Judá. Toda su gloria, el resurgimiento de la adoración a Jehová y las conquistas territoriales fueron apenas destellos finales en la historia del reino del Sur. J. había visto desplomarse en pocos años el gran Imperio Asirio y la destrucción de Nínive en el año 612 a.C. y sabía, además, que aunque los asirios luchaban por sobrevivir, sus días como imperio y como pueblo estaban contados. Esto también lo sabían Sofonías, Jeremías, Nahum y Habacuc. Pero no por ello dejaban de anunciar insistentemente la destrucción de Judá y de Jerusalén.

A cambio de los asirios, empezaba a levantarse el nuevo e inmisericorde imperio de Babilonia, y este hecho aterraba a J. Tantos fueron los temores de éste, que cuando faraón Necao salió con sus tropas para combatir contra los asirios, aunque el mismo Necao trató de disua-

dirlo, J. se le enfrentó en Meguido. Allí J. fue gravemente herido y murió. Su muerte echó por tierra las esperanzas especialmente de aquellos que lo habían comenzado a ver como el esperado restaurador del reino davídico (2 R. 21: 24-23:30; 2 Cr. 33:25-35:27).   A. Ll. B.

JOSUÉ (heb. = 'Jehová salva'). 1. Hijo de Nun, asistente y sucesor de Moisés. Cuando joven (Éx. 33:11) Moisés lo escogió como su ayudante personal y le dio autoridad para escoger a los que le acompañarían en su contienda con → Amalec (Éx. 17). Fue Moisés también quien le llamó J., pues antes se llamaba Oseas (Nm. 13: 16), J. representó a su tribu en el grupo que fue nombrado para reconocer la Tierra Prometida (Nm. 13:8). Luego, junto con →Caleb, animó al pueblo y habló en favor de tomar posesión de la tierra (Nm. 14).

Mientras Moisés estaba en la presencia de Dios en el monte Sinaí, J. permaneció en el tabernáculo; ahí seguramente aprendió el secreto de la paciencia de Moisés, paciencia que más tarde debía hacer suya (Éx. 24:13; 33:11; Nm. 11:28). Dios lo seleccionó como sucesor de Moisés y éste lo reconoció como tal (Nm. 27:18-23; Dt. 31). Además, J. fue encargado de repartir la tierra juntamente con Eleazar (Nm. 34:17).

J. tomó la dirección del pueblo de Dios inmediatamente después de la muerte de Moisés. Como preparativo para su labor, envió espías a → Jericó, quienes le trajeron informes animadores para invadir la tierra. El primer paso fue atravesar el Jordán, encabezados por los sacerdotes que llevaban el arca del pacto; cuando éstos mojaron las plantas de sus pies en la orilla del Jordán, las aguas se detuvieron. Los sacerdotes permanecieron en medio del cauce seco, y todo el pueblo de Israel cruzó antes que el río reanudara su curso normal (Jos. 3).

Después de entrar en la tierra de Canaán, Dios ordenó a J. circuncidar a los hijos de Israel que no habían sido circuncidados después de la salida de Egipto (cap. 5). La ciudad de Jericó cayó en manos de J. y su pueblo (cap. 6). Luego capturaron la ciudad de Hai, donde J. mostró gran astucia militar, al emboscarse y tomar la ciudad (cap. 8). Después de conquistar toda la Tierra Prometida, J. juntamente con Eleazar, efectuaron la repartición (cap. 13-21). Para culminar su labor J. invitó al pueblo a temer y servir a Dios con integridad y verdad.

La vida de este gran dirigente del pueblo de Dios no revela falla alguna en las labores que se le encomendaron. En su juventud aprendió a designar responsabilidades como hombre; como ciudadano, buscó lo mejor para su patria; como militar, fue hombre de valor y visión; como juez, fue honorable e imparcial. A lo largo de sus días, J. mostró obediencia al trabajo que Dios le asignó y lo desempeñó orgullosamente. Las palabras "yo y mi casa serviremos a Jehová" expresan el lema de su vida (Jos. 24:15).

2. **J. de Bet-semes.** Varón a cuyo campo llegó el carro que traía de vuelta a Israel el arca de Jehová (1 S. 6:14-18), procedente de la tierra de los filisteos.

3. **Sumo sacerdote,** que también se llama Jesúa (Esd. 3:2), hijo de Josadac. Con su ayuda fueron restaurados el altar y el culto (Esd. 3:1-7). La visión del sumo sacerdote se encuentra en Zac. 3, y su simbólica coronación en Zac. 6:9-15.

4. **Gobernador de Jerusalén** en los días de la reforma de →Josías (2 R. 23:8).   V. R.

JOSUÉ, LIBRO DE

I. CONTENIDO

Describe vivamente la conquista de la tierra de Canaán por los israelitas, las tácticas usadas y la distribución geográfica de la tierra. Destaca la intervención divina en circunstancias tales como el cruce del río Jordán, la conquista de Jericó y Hai, y la derrota de los amorreos. Narra el período histórico cuando el pueblo de Israel volvió a Jehová, dirigido por Josué, y muestra la fidelidad de Dios en cumplir su promesa hecha a Israel (Gn. 15:18; Jos. 1:2-6; 21:43-45).

II. BOSQUEJO

A. *Conquista de la tierra*	1:1–12:24
1. Josué comisionado	1:1-9
2. Preparativos para cruzar el Jordán	1:10–2:24
3. Paso del Jordán	3:1–4:24
4. Israel circuncidado	5:1-15
5. Toma de Jericó y Hai	6:1–8:29
6. Altar en el mte. Ebal	8:30-35
7. Astucia de los gabaonitas	9:1-27
8. Conquista del sur de Canaán	10:1-43
9. Conquista del norte de Canaán	11:1-15
10. Resumen de la conquista	11:16–12:24
B. *División de la tierra*	13:1–22:34
1. Asignación de las tribus del Oriente	13:1-33
2. Asignación de las tribus del Occidente	14:1–19:51
3. Ciudades de refugio	20:1-9
4. Ciudades de los levitas	21:1-45
5. Instrucciones de Josué a varias tribus	22:1-34

C. *Exhortaciones finales y discurso de despedida* 23:1–24:33

III. AUTOR

El libro es tan específico en su narración que si el autor no fue Josué mismo, él contribuyó en gran manera al contenido total. Esto se puede apreciar en los siguientes detalles: (1) el envío de los espías (cap. 2); (2) el paso del Jordán (cap. 3); (3) detalles precisos de la circuncisión (cap. 5); (4) la toma de Jericó y Hai (caps.

6–8) y (5) la derrota de los amorreos (cap. 10). Evidentemente el autor debió ser testigo ocular de los acontecimientos del libro.

Ciertas secciones del libro se atribuyen directamente a Josué (18:9; 24:26). De igual manera, hay otras secciones que no pudieron haber sido escritas por él, tales como el relato de su muerte (24:29-31).

IV. VALORES ESPIRITUALES

Jos. contiene valores de gran importancia para los cristianos, tales como: la demostración inequívoca de la fidelidad de Dios con su pueblo al darle la Tierra Prometida, los detalles en cuanto al propósito de Dios para Israel, la obediencia y las bendiciones de Dios para aquellos que le escuchan y le obedecen con fidelidad. Finalmente, se puede ver el propósito de Dios al preparar el camino para la venida de Cristo por medio de Israel.

Las varias referencias hechas a Jos. en el NT demuestran su gran importancia para los creyentes de la iglesia naciente y desde luego para los creyentes de hoy día (Hch. 7:45; Heb. 4:8; 11:30; Stg. 2:25).   V. R.

JOTA y TILDE (gr. = *iota*). La letra *yod* era la más pequeña del alfabeto hebreo usado en los tiempos del NT. En castellano, la figura de Mt. 5:18 pierde su sentido puesto que la jota no es la letra más pequeña. En este mismo caso está el ápice o tilde, que es la representación gráfica de cualquiera de los cuernecillos que distinguen una letra hebrea de otra. Jesús aplica en forma figurada estos detalles de la grafía hebrea a la vida espiritual. Aun los mandamientos aparentemente más insignificantes participan de la trascendencia de toda la ley y deben ser plenamente obedecidos y cumplidos.   J. M. A.

Jesús dijo que "ni una jota ni una tilde pasará de la ley hasta que todo sea cumplido" (Mt. 5:18).

JOTAM. 1. El menor de los setenta hijos legítimos de Gedeón (Jerobaal), y el único que escapó de la matanza que su hermano ilegítimo, Abimelec, en su afán de hacerse rey, llevó a cabo entre todos los descendientes de Gedeón. A este J. se atribuye la única narración similar a una fábula moderna que encontramos en el AT (Jue. 9:8-16); en ella la zarza decide reinar sobre los árboles, puesto que el olivo, la higuera y la vid rehusaron hacerlo. El trozo poético termina con una advertencia que finalmente se cumple en el v. 57.

2. Rey de Judá, hijo de Uzías (Azarías) y de Jerusa, hija de Sadoc. Reinó primero como regente de su padre (750-740 a.C.) por estar éste imposibilitado, debido a la impureza ritual que le ocasionaba la lepra que padecía; luego asumió el reinado como sucesor legítimo (740-732).

Con J. continuó la era de prosperidad iniciada por su padre, aunque ya en el N se advertía de nuevo el presagio fatal de la presencia de los sirios. Se atribuye a J. la edificación de algunas obras importantes y el feliz éxito de algunas campañas militares (2 R. 15:32-38; 2 Cr. 27:1-9).   A. Ll. B.

JOYAS. →DIAMANTES, PIEDRAS PRECIOSAS.

JUAN. Apóstol, hijo de →Zebedeo y hermano de Jacobo. Los datos acerca de J. proceden de cuatro fuentes:

I. LOS EVANGELIOS SINÓPTICOS

J., junto con su padre y hermano, era pescador en el mar de Galilea cuando Jesús lo halló (Mr. 1:19s.), apenas iniciado su ministerio. Si, como opinan muchos, la madre de J. se llamaba →Salomé y era hermana de María, madre de Jesús, J. sería primo hermano de éste. Por una referencia a "los jornaleros" en Mr. 1:20 se supone que la familia era acomodada, y 1:21 sugiere que vivía en Capernaum. Cuando se nombra a los hijos de Zebedeo, J. aparece en segundo lugar, por lo que se cree que era menor que Jacobo. Jesús escogió a J. como uno de los doce (Mr. 3:17), y lo admitió al círculo íntimo que estuvo presente cuando resucitó a la hija de Jairo (Mr. 5:37), para la Transfiguración (Mr. 9:2) y la oración agónica en Getsemaní (Mr. 14:33). Varios pasajes sugieren que el carácter severo y agresivo de Jacobo y J. les valió el apodo de →Boanerges que les dio Jesús (Mr. 3:17; 9:38; 10:35-41; Lc. 9:54s.).

II. HECHOS Y GÁLATAS

Las tres veces que en Hch. se menciona a J., éste se halla íntimamente relacionado con Pedro. La lista de los once en el aposento alto comienza así: "Pedro, J.,..." (Hch. 1:13 HA). Según los caps. 3 y 4, los dos fueron al templo, donde, después de un milagro de sanidad y de un sermón, ambos fueron detenidos. Tras una noche de prisión y la advertencia que les hicieron las autoridades judías, se les puso en libertad. Más tarde fueron a Samaria como emisarios de la iglesia de Jerusalén para asesorar el ministerio de →Felipe. Habiendo impartido el don del Espíritu, volvieron a Jerusalén (Hch. 8:14-25). En ambas narraciones Pedro es portavoz y adalid, y J. ocupa un lugar secundario (cp. Lc. 22:8, donde los dos hacen preparativos para la última Pascua). Aunque se le menciona como hermano del Jacobo a quien ejecutó Herodes Agripa I (Hch. 12:2), esta persecución no afectó directamente a J.; más bien, Hch. lo supone presente en el concilio citado en el cap. 15.

Pablo menciona a J. sólo en su enumeración de las tres "columnas" de la iglesia en Jerusalén con quienes él conferenció (Gá. 2:9). Una vez más J. aparece asociado con Pedro, ahora como miembro prominente de la misión cristiana a los judíos más bien que de la enviada a los gentiles. Así terminan las referencias explícitas a J. en el NT.

III. LA LITERATURA JUANINA

La tradición eclesiástica atribuye al apóstol, J. la paternidad literaria del Evangelio de Juan, de 1, 2 y 3 Juan, y del Apocalipsis. Sólo el último da el nombre de su autor (aunque no lo identifica como apóstol), y esta anonimia ha dado lugar en los últimos 140 años a muchas conjeturas respecto a los verdaderos autores o redactores de estos cinco escritos. Sin embargo, las pruebas internas apoyan la teoría tradicional. Sobre todo, si J. confió a diferentes secretarios o discípulos la redacción final, es probable que él haya sido el autor de todos. Si es así, bien merece la designación de "J. el teólogo" que le fue otorgada por la iglesia de los primeros siglos. Puesto que no era versado en la erudición rabínica en el año *ca.* 31 (Hch. 4:13), el merecer semejante reputación a fines del siglo era algo extraordinario.

El único J. mencionado en el cuarto Evangelio es el Bautista, pero es probable que "el discípulo a quien Jesús amaba" sea el apóstol. De ahí, pues, tenemos nuevos datos sobre J., en este caso autobiográficos. (Los "hijos de Zebedeo" figuran en 21:2, pero en este cap. se emplea un vocabulario un poco distinto del usado en el resto del Evangelio de Juan lo cual le resta valor como prueba.)

El discípulo amado sólo aparece a partir de la última cena. "Estaba reclinado en el seno de Jesús" y le preguntó, a petición de Pedro, quién era el traidor (Jn. 13:23-26). Al pie de la cruz, el discípulo amado oyó las palabras con las que Jesús le encargó el cuidado de María su madre. En seguida J. la recibió en su casa (19:26s.).

En la carrera hacia la tumba vacía, J. llegó antes que Pedro, y al ver las pruebas fue el primero en comprenderlas (20:2-10). También fue el primero en reconocer al Señor resucitado al verlo en la playa (21:7). De él hablaba Jesús cuando dijo a Pedro: "Si quiero que él quede hasta que yo venga ¿qué a ti?", dicho que causó perplejidad en la iglesia cuando el discípulo amado murió (o estaba para morir) sin que el Señor hubiese venido (21:20-23). En 21:24 se atribuye a este discípulo tanto el testimonio que fundamenta este Evangelio como su composición literaria.

De 1 Jn. no se desprenden datos precisos respecto a su autor, pero las otras dos epístolas hablan de un "anciano" o "presbítero" (2 Jn. 1; 3 Jn. 1) muy activo en el gobierno y supervisión de iglesias (evidentemente en Asia Menor), pero cuya autoridad era discutida. Apocalipsis también revela un autor interesado en las congregaciones de Asia Menor; un Juan que se identifica como "siervo" (1:1), y "profeta" (1:3; 10:11; 22:7,10,18s.), desterrado a la isla de Patmos por su testimonio cristiano (1:9).

IV. LA TRADICIÓN POSTERIOR

La tradición que predominaba en la iglesia afirmaba que J., después de muchos años de liderazgo en Jerusalén, se trasladó a Éfeso donde permaneció hasta su muerte (por causa natural) a edad avanzada, en la época del emperador romano Trajano (98-117). Otros hilos de tradición no armonizan fácilmente con éstos. Por ejemplo, Eusebio afirma que existían dos J.: el apóstol, y un anciano de Éfeso que otros habían confundido. Aunque es difícil desenredar estas informaciones, la teoría más aceptable es la que coloca al hijo de Zebedeo en Éfeso a fines del primer siglo y lo supone autor original de los cinco escritos llamados juaninos.

R. F. B.

JUAN EL BAUTISTA

I. SU VIDA

Precursor de Jesús que recibió el apodo de "Bautista" o "el que bautiza", debido a su ministerio característico (→BAUTISMO). Nació seis meses antes de Jesús (Lc. 1:26) y bajo circunstancias sobrenaturales (Lc. 1:7,18-25). Era de linaje sacerdotal y sus padres fueron →Zacarías y →Elisabet. Apareció en la historia como profeta del Señor, cumpliendo las profecías tocantes al precursor del Mesías (Is. 40:3-5; Mal. 3:1) y las de Gabriel a Zacarías (Lc. 1:5-25). Jesús lo comparó con →Elías (Mt. 11:14; Mr. 9:10-13) y lo destacó como el más grande profeta (Mt. 11:7-13; Lc. 7:24-36) y como el testigo verdadero del Mesías (Jn. 5:30-36).

Según los Evangelios Sinópticos (Mt. 14:1-12; Mr. 6:14-29; Lc. 3:19,20), J. el B. fue encarcelado debido a sus denuncias contra el mismo →Herodes Antipas, quien se había casado con su cuñada Herodías. A instigación de ésta, su hija Salomé pidió que J. el B. fuera decapitado; Josefo anota que esto sucedió en la fortaleza de Maqueronte, en Perea (*Antigüedades* XVIII.v.2), antes de una fiesta evidentemente la mencionada en Jn. 5:1; cp. 3:24).

II. SU MINISTERIO

Apareció a la usanza de los profetas del AT (Lc. 3:1ss.), predicando el arrepentimiento para perdón de pecados. La severidad de su mensaje y su apariencia recordaron al pueblo a Elías (Mt. 17:11-13; Jn. 1:21) tal como el ángel lo había prometido (Lc. 1:17). Su vida ascética, como una especie de voto →nazareo, hace de J. el B. un hombre del desierto (Mt. 3:4; Mr. 1:6; Lc. 1:15), y la iglesia primitiva interpretó esto también como el cumplimiento de las profecías (Mt. 3:3; Mr. 1:3; Lc. 3:4-8; Jn. 1:23).

Los Evangelios ubican la actividad de J. el B. en una amplia zona despoblada de Samaria y Judea (→BETANIA, →ENÓN, Mt. 3:1; Mr. 1:4; Lc. 1:80, 3:2ss.). Su ministerio repercutió entre el pueblo y los dirigentes religiosos, y su autoridad fue tan evidente (Lc. 3:10ss.) que causó gran preocupación entre los fariseos (Jn. 1:19-28).

Después de los descubrimientos de →Qumrán, ha tomado nueva fuerza la teoría de que J. el B. era esenio, y han surgido nuevas tesis que se apoyan en varias similitudes entre él y la comunidad del mar Muerto. Es posible que él supiera de la existencia de dicha comunidad; no obstante, su ministerio y su bautismo tienen una originalidad y creatividad propias.

III. SU ENSEÑANZA

Con su mensaje matizado con elementos apocalípticos J. el B. impulsaba al pueblo a buscar a Dios. Mateo y Lucas nos narran partes de su exhortación radical dirigida a diferentes capas sociales: dirigentes religiosos, publicanos, soldados y el pueblo en general atienden la voz autoritativa de su ética (Mt. 3:7-12; Lc. 3:7-20). Advirtió de un juicio inminente valiéndose de las figuras de un fuego inextinguible y de árboles a punto de ser cortados por el hacha; contrastó su propio bautismo en agua con el del Mesías en Espíritu y fuego. Respaldado con su propia vida austera, enseñó la necesidad de oraciones y ayunos (Lc. 5:33; 11:1). Tal fue su influencia que después de su muerte, Herodes, al saber del ministerio de Jesús, temió que J. el B. hubiese resucitado (Mt. 14:1-12; Mr. 6:14-29, Lc. 9:7-9); y el mismo Jesús defendió su propia autoridad comparando su ministerio con el de su predecesor (Mt. 21:25ss.; Mr. 11:30ss.; Lc. 20:5ss.).

El lavamiento practicado por J. el B. es confirmado plenamente cuando él, en el acto culminante de su ministerio, bautiza a Jesús (Mt. 3:13-17; Mr. 1:9-11; Lc. 3:21,22). Consciente de su indignidad, accede a la petición del Señor a fin de que ambos "cumplan toda justicia".

Según el cuarto Evangelio, el Bautista habló de Jesús como el "Cordero de Dios que quita el pecado del mundo" (Jn. 1:29,35) y profetizó que él menguaría mientras Jesús había de surgir en su ministerio (Jn. 3:26-30).

IV. SUS DISCÍPULOS

Los seguidores de J. el B., fieles a su maestro, miraron con preocupación la creciente popularidad de Jesús (Jn. 3:25,26); dos de ellos sirvieron de mensajeros cuando Juan sintió dudas acerca de él (Mt. 11:1-5). Fueron los discípulos quienes enterraron los restos de J. el B. (Mr. 6:29). Años después, en el transcurso de su misión, los cristianos primitivos encontraron en Asia Menor algunos seguidores de las enseñanzas de J. el B. (Hch. 18:25; 19:1-7), a quienes fue necesario enseñarles con exactitud el camino de Cristo.

C. H. Z

Bibliografía
DBH, col. 1025-1027. *EBDM* IV, col. 658-666. *SE*, NT I, pp. 534-543, 564-569; 590-594. J. Schmid. *El Evangelio según San Marcos* (Barcelona: Herder, 1967), pp. 33-41. M.-E. Boissnard. *El prólogo de San Juan* (Madrid: Fax,[2] 1970), pp. 183-190. H. Schlier. *Problemas exegéticos fundamentales en el NT* (Madrid: Fax, 1970), pp. 275-283.

JUAN, EPÍSTOLAS DE

I. PROPÓSITO

Las tres cartas juaninas se escribieron para refutar los argumentos de la oposición que había surgido en las iglesias de Asia Menor contra la autoridad y enseñanza del autor. Aunque estas epístolas más que polémicas son pastorales, dejan entrever de qué tipo de oposición se trataba.

En la primera carta, Juan previene contra quienes pretendían eximirse de los requisitos impuestos por la ética cristiana, en virtud de su conocimiento de Dios y su íntima relación con él (1:6,8; 2:4,6; cp. 4:20). Además, éstos negaban la verdadera encarnación de Cristo (2:22; 4:2), basándose, evidentemente, en oráculos procedentes de una falsa "unción" divina (cp. 2:20,27 y la exhortación a "probar los espíritus", 4:1). Los herejes en cuestión habían sido miembros de la iglesia, pero la habían dejado (2:19) para buscar en el mundo pagano una aceptación que el verdadero evangelio no les proveía (4:5).

La segunda carta informa a una iglesia en particular sobre la existencia de un movimiento misionero hereje, que negaba la realidad de la encarnación. Exhorta a no animar a tales misioneros ni siquiera con la hospitalidad.

La oposición aludida en la tercera carta procedía de un tal → Diótrefes, quien rehusaba reconocer la autoridad del apóstol. Se había ganado tanto apoyo entre la congregación de su iglesia, que ésta se negaba ya a recibir a los emisarios del apóstol. Es improbable, sin embargo, que Diótrefes tuviera que ver con el partido cismático mencionado en las otras dos cartas. Dicho partido propugnaba una religión entusiasta carente de preocupación moral, la salvación por conocimientos esotéricos y una espiritualidad que menospreciaba todo lo material. Era, pues, una etapa primitiva del movimiento que posteriormente se llamó → gnosticismo.

Otra herejía naciente que se vislumbra aquí es el docetismo, que negaba la naturaleza humana de Jesús o la consideraba como mero disfraz (1 Jn. 5:1). Es difícil precisar si el gnóstico Cerinto (activo en Asia a fines del primer siglo) y sus discípulos son los opositores específicos que Juan combate aquí.

II. PATERNIDAD LITERARIA Y FECHA

Muchos escritos patrísticos del siglo II atribuyen 1 Jn., una carta anónima, al apóstol Juan. 2 y 3 Jn., siendo más cortas, tardaron más en incluirse en el canon. El autor de ambas no se identifica sino como "el presbítero" (anciano), pero la mayoría de los comentaristas hoy aceptan que las tres cartas son de un mismo autor. Aunque muchos niegan que éste haya sido el apóstol, la teoría tradicional (según la cual el hijo de Zebedeo escribió las tres epístolas y el evangelio que se llaman juaninos) parece más probable.

El autor explota mucho los contrastes extremos ("luz" y "tinieblas", "vida" y "muerte", etc.) sin matices intermedios; lo mismo encontramos también en los → Rollos del mar Muerto. Su manera de tratarlos, no obstante, sugiere no sólo una mentalidad formada en el judaísmo palestinense, sino también una familiaridad con los moldes del pensamiento helenista. Esta perspectiva se explicaría si, como afirma la tradición, el apóstol Juan, un galileo, pasó las últimas décadas de su vida en Éfeso y escribió las cartas allí. De hecho, la procedencia efesia de estas epístolas es clara, y se pueden fechar entre 90 y 100 d.C. Con todo, es concebible que el autor haya sido un "anciano" desconocido; en este caso, un discípulo del apóstol Juan.

III. CONTENIDO

El pensamiento juanino vuelve sobre sí, no en círculos sino en forma de espiral. Su misticismo dificulta la confección de bosquejos para estas epístolas.

1 Juan

A. Introducción: la razón de la epístola (1:1-4)

B. Las condiciones de la comunión con Dios y con la iglesia (1:5—2:29)

C. El amor de Dios y sus hijos (3:1—5:4a.)

D. Últimas recomendaciones y consolaciones (5:4b-21)

(Para el texto original de los vv. 7s., véanse las versiones recientes)

2 Juan

A. Saludos y felicitaciones (vv. 1-4)

B. Exhortación al amor fraternal (vv. 5,6)

C. Advertencias contra las desviaciones doctrinales (vv. 7-11)

D. Cláusula final y salutación (vv. 12s.)

3 Juan

A. Saludos y congratulaciones (vv. 1-4)

B. Felicitaciones a Gayo por su hospitalidad (vv. 5-8)

C. Condenación de Diótrefes; elogios para Demetrio (vv. 9-12)

D. Cláusula final y salutaciones (vv. 13-15)

R. F. B.

JUAN, EVANGELIO DE. El cuarto de los Evangelios canónicos, y el último en escribirse. Como el "evangelio espiritual" (Clemente de Alejandría), fue el libro más influyente en la elaboración del dogma cristiano.

I. PROPÓSITO

Según Jn. 20:30s., este Evangelio intenta evangelizar por medio de la presentación de las obras y palabras de Jesús, permitiendo que el lector perciba la naturaleza de su persona.

A juzgar por el uso del título "Mesías", es probable que Juan dirija su Evangelio a lectores judíos, pero la explicación de ciertas costumbres judías (p.e. 2:6; 19:40) indica que se incluía también a los gentiles, y que todos los lectores se hallaban lejos de la Tierra Santa. Según cierta variante textual en el verbo "creáis" (20:31), es igualmente un escrito para los ya creyentes, pues la fe robustecida en Jesús como Mesías e Hijo de Dios conduce a la vida eterna. Además de este propósito primordial, se vislumbran otros secundarios: (1) refutar conceptos erróneos acerca de Jesús, sostenidos por los contemporáneos del autor; (2) corregir cierta veneración por Juan el Bautista; y (3) enseñar cómo debe llevarse a cabo la vida en la iglesia (especialmente Jn. 13–17).

II. Integridad textual

La explicación del movimiento de las aguas en 5:3b,4 es una glosa, o sea un comentario marginal, que penetró en el texto durante los primeros siglos d.C.; no es parte de la Escritura original. En cambio, el párrafo de la mujer tomada en adulterio (7:53–8:11), aunque no fue escrito por Juan, procede de una antigua tradición cuyo valor histórico es incuestionable. Léase, en todo caso, 8:12 inmediatamente después de 7:52.

El cap. 21 parece haber sido agregado al Evangelio posteriormente. Hay quienes sostienen que este capítulo fue escrito después de la muerte de Juan por uno de sus alumnos, el cual trabajaría con noticias que le dejara el maestro amado. No obstante, es más probable que el propio Juan lo añadiera como un dato posterior al presentir su muerte (cp. 21:23). Abundan teorías de desplazamiento de ciertos vv. o aun caps., para explicar algunas irregularidades innegables con que el texto nos ha llegado (rupturas en el ordenamiento del pensamiento, etc.), pero estas hipótesis introducen nuevas asperezas más reprensibles. El Evangelio es perfectamente comprensible en su forma actual.

III. El fondo del pensamiento juanino

Hubo un largo período en que el E. de J. se interpretaba como un libro helenístico, cuyos paralelos más instructivos se hallaban en el judaísmo helenizado, las religiones de misterio y aun en la filosofía griega. Actualmente, sin embargo, se redescubre el fondo esencialmente judaico del E. No sólo es semítico el estilo (→ARAMEO, →HEBREO), sino también lo es el pensamiento mismo. Aunque cita el AT sólo 17 veces, las alusiones a él son sinnúmero, y las más de las palabras clave (p.e. Verbo, vida, luz, pastor, Espíritu, pan, viña, amor, testigo) proceden de allí. Juan se muestra conocedor de muchos conceptos rabínicos y otras tradiciones palestinenses (→QUMRÁN). Si bien utiliza un vocabulario parecido al del → gnosticismo, no es menos cierto que combate muchas de sus ideas.

IV. Paternidad literaria

El E. de J. existió en Egipto ca. 135 d.C. (cp. el descubrimiento del Papiro Rylands 457) y se aceptó como autoritativo al lado de los sinópticos (cp. Papiro Egerton 2, ca. 140 d.C.; Diatessaron; →CANON DEL NT). Sin embargo, permaneció relativamente desconocido (entre cristianos ortodoxos, pues los gnósticos sí lo

usaban) hasta fines del siglo II. Tradiciones que atribuyeron este Evangelio anónimo a → Juan el Apóstol se repiten en Ireneo (ca. 190), el Canón Muratoriano (ca. 195), y Clemente de Alejandría (ca. 200). Lo sitúan en Éfeso. Pero el silencio de Papías y Policarpo al respecto (un "asociado de Juan" que sí cita las Epístolas Juaninas) es difícil de explicar. Papías parece distinguir entre el apóstol y un tal "Juan el Anciano". A este último muchos exegetas quieren atribuir el Evangelio; otros abogan por Lázaro de Betania.

Es digna de todo crédito la tradición predominante (hasta el siglo XIX) que tiene por autor del E. de J. al hijo de Zebedeo. Como fuente originaria de la tradición, Juan pudo (1) haber dictado el Evangelio a un amanuense para luego retocarlo, quizá repetidas veces, o (2) haber dejado memorias a las que un discípulo suyo diera forma definitiva. Las hipótesis de múltiples redactores, no obstante, no son convincentes. La identificación del autor con "el discípulo amado" parece segura (19:35; 21:24; cp. 18:15s.).

Como lugar de origen Éfeso es el más probable, aunque hay quienes abogan por Alejandría y Antioquía. La fecha más creíble cae entre 90 y 100 d.C.

V. Bosquejo del contenido

Prefacio
1. Prólogo (1:1-18)
2. Testimonio (1:19-51)

El libro de señales
1. Primer episodio: el nuevo principio (2:1–4:42)
2. Segundo episodio: la Palabra que da vida (4:43–5:47)
3. Tercer episodio: el pan de vida (cap. 6)
4. Cuarto episodio: la luz y la vida; manifestación y rechazo (7:1–8:59)
5. Quinto episodio: el juicio ejecutado por la luz (9:1–10:42)
6. Sexto episodio: la victoria de la vida sobre la muerte (cap. 11)
7. Séptimo episodio: la vida a través de la muerte; el significado de la cruz (12:1-36)
8. Epílogo al libro de señales (12:37-50)

El libro de la pasión
1. Los discursos de despedida (13:1–17:26)
2. La narración de la pasión: proceso, crucifixión, sepultura y apariciones (18:1–20:31)
3. Epílogo (o apéndice), cap. 21

VI. Ideas clave

Los recuerdos de la vida de Jesús fueron meditados y predicados durante 60 años antes de que "Juan el Teólogo" (como los padres llamaban al autor) los escribiera. ¿Será, entonces el E. de J. una construcción legendaria (como sostienen algunos críticos) fabricada para sostener las creencias cristológicas de la iglesia? No. Si tomamos en serio el propósito del libro, tenemos que aceptarlo como fundamentado radicalmente en la historia. Pero Juan no se desenreda de la historia de Jesús; p.e., las palabras de Cristo son casi indistinguibles de las del evangelista (v.g. 3:16-21).

El bosquejo histórico (7 señales hechas por Jesús, generalmente asociadas con fiestas judías y seguidas de discursos explicativos) sirve para revelar la gloria de Jesús como la verdad encarnada. Estas obras y palabras, corroboradas por otros testigos, han de conducir a la fe en su persona como Verbo, Mesías, Hijo del hombre, e Hijo de Dios. Por fe se apropian los dones que Jesús ofrece mediante su crucifixión y resurrección: nuevo nacimiento, vida eterna, luz, conocimientos, amor y provisión material. Así dotados, los electos constituyen el pueblo de Dios con una misión única en medio de un mundo hostil.

Más que los sinópticos, el E. de J. describe la venida de Jesús y del Espíritu como el inicio de las bendiciones escatológicas (juicio, vida eterna, resurrección, etc.), pero reserva para el futuro, como los otros escritores del NT, la plenitud de estos beneficios.   R. F. B.

Bibliografía
INT, pp. 211-238. *IB* II, pp. 556-612. *CNSJ* IV, 63:1-185. Leal, J., *El Evangelio de San Juan*. Madrid, 1944.

JUANA. Esposa de un oficial de la corte de Herodes, a quien Jesús sanó. Cooperó con otras mujeres en el sostén económico de la compañía itinerante de Jesús (Lc. 8:1-3). También fue una de las que anunciaron la resurrección a los discípulos (24:1-10).   I. W. F.

JUBILEO, AÑO DEL. Celebración judía que según la legislación sacerdotal (Lv. 25:8ss.) debía efectuarse cada 50 años. Se anunciaba el día 10 del mes séptimo (*Tisri* = set./oct.), que era el "día de las expiaciones" (antiguo año nuevo), por medio de un toque de trompeta o de cuerno. De aquí probablemente se derivó el nombre de este año consagrado como fecha de celebración solemne (*yobel* = 'carnero' o 'cuerno de carnero').

El año del j. se caracterizaba por las siguientes prescripciones:

(1) Prohibición de sembrar y cosechar. Sólo se comía lo que la tierra produjera espontáneamente (Lv. 25:11,12).

(2) Devolución de las tierras a su primer propietario o la entrega de éstas a sus herederos (Lv. 25:13-17,23,24; 27:16-24). Los bienes raíces se consideraban inalienables, y tan sólo su usufructo podía cederse durante algún tiempo: el valor de una tierra estaba determinado por el número de años que mediaran entre la venta y el año del j., porque al llegar este último el propietario recobraba sus bienes, sin indemnización.

(3) Liberación de todos los esclavos israelitas (Lv. 25:39-55), los cuales regresaban, con sus mujeres e hijos, "a su familia, y a la posesión de sus padres".

Según la tradición rabínica, la ley del j. no se observó después del destierro. Tampoco parece haberse cumplido estrictamente antes del destierro, pues de lo contrario no se explicarían las quejas de los profetas contra los acaparadores.

La idea básica de esta devolución, un tipo de "reforma agraria", es un modelo para todos los tiempos: "La tierra no se venderá a perpetuidad, porque la tierra mía es; pues vosotros forasteros y extranjeros sois para conmigo" (Lv. 25:23).   C. R.-G.

JUDÁ ('célebre'). Nombre de por lo menos cinco personajes del AT.

1. Cuarto hijo de Jacob y Lea (Gn. 29:35), patriarca y progenitor de la tribu que lleva su nombre (ver abajo).

2. Levita, antepasado de Cadmiel (Esd. 3:9), que ayudó en la reconstrucción del templo.

3. Levita que subió con Zorobabel (Neh. 12:8). Quizá fuera el mismo que había tomado una esposa extranjera (Esd. 10:23), y el músico que participó en la dedicación del muro en Jerusalén (Neh. 12:36).

4. Benjamita, hijo de Senúa, que fue segundo en Jerusalén en los días de Nehemías (Neh. 11:9).

5. Uno de los principales en J. (tribu) que participó en la dedicación del muro de Jerusalén (Neh. 12:34).

I. EL PATRIARCA
Nació en Padan-aram (Gn. 29:35), pero poco se sabe de su vida. Ocupa un honroso lugar en la historia de su hermano José (Gn. 37:26,27; 43:3-10; 44:16-34; 46:28), pero fue causa de deshonra para Tamar, su nuera (Gn. 38). La bendición que le otorgó el moribundo Jacob fue un anuncio del poder especial y la prosperidad de su familia, como también de su continuación personal como jefe de la raza judía hasta el tiempo de Cristo (Gn. 49:8-12). Habiendo perdido Rubén su primogenitura, J. llegó a ser considerado como el jefe de los hijos de Jacob. Fue progenitor de David y su descendencia real, a la cual perteneció el Salvador.

II. LA TRIBU
De J. surgió la tribu hebrea más poderosa. Sin embargo, esta tribu no desempeñó un papel importante en el éxodo de Egipto, ni tampoco en el desierto, donde acampaba al E del tabernáculo. Se puso a la cabeza de la conquista de Canaán (Jue. 1:1-19), pero algunos opinan que esta iniciativa independiente causó la derrota de Israel ante Hai, por ser dirigida por Acán de la tribu de J.

Fue la tribu más numerosa (Nm. 1:26s.) y la primera en las marchas (Nm. 10:14), en los sacrificios (Nm. 7:12-17), y en la división de la Tierra Prometida (Jos. 14:6-15; 15:1-63). Caleb, uno de los héroes entre los espías y los que ocuparon a Canaán, pertenecía a esta tribu (Nm. 13:6; 34:19). Cuando murió Josué, las tribus de J. y Simeón ya se encontraban en el S de Palestina, y fueron las primeras en ocupar el territorio asignado. Jerusalén quedó bajo su dominio por un tiempo durante este período, aunque correspondía propiamente a Benjamín. Su territorio era de los más grandes entre las doce tribus. Medía unos 60 km E a O y 80 km de N a S. Si se incluye la región del → Neguev, el largo era de 160 km, aunque es difícil determinar hasta qué punto éste fue considerado como parte del territorio de J.

El territorio asignado a J. abarcaba toda la llanura costera del Mediterráneo, pero pronto se posesionaron de él los filisteos, eliminando a los hebreos (Jue. 1:19; 3:3; cp. Jos. 11:22; 13:2,3). J. cedió la mejor parte de su tierra a Simeón, y se supone que lo hizo para que Simeón le sirviera de protección contra los filisteos que habitaban la llanura costera.

Siempre había existido una barrera psicológica entre J. y las tribus del N. Lo montañoso de su terreno, la presencia de seis pueblos paganos entre J. y las tribus del N (Jos. 9:1s.), y el haber perdido su dominio sobre la ciudad de Jerusalén (Jue. 1:8;21), eran factores poderosos que contribuían a esta separación. La tribu de J. con la de Simeón y la parte S de la tribu de Benjamín, siempre miraban hacia Hebrón en lugar de ver hacia el santuario del N como su centro. Por tanto, las tribus del N no esperaron la ayuda de J. cuando pelearon contra Sísara (Jue. 5). Tampoco J. acudió a las otras tribus cuando la atacaron los filisteos.

J. no se menciona en el cántico de Débora. La división entre J. y las tribus del N parece haber sido un hecho aceptado, pues aun en el tiempo de Saúl ya se hacía diferencia entre J. e → Israel (1 S. 11:8; 15:4; 17:52; 18:16). Durante el tiempo de los jueces, Otoniel, quien libró a su pueblo y restauró el orden (Jue. 3:9-11), era el único que procedía de la tribu de J.

III. EL REINO

Saúl, el primer rey una vez establecida la monarquía, era de la tribu de Benjamín (1 S. 8). Pero después de la derrota y muerte de Saúl ante los filisteos, J. se agrupó en torno a David y lo coronó rey en Hebrón (2 S. 2:4), hecho que según el criterio de algunos, perpetuó la división entre J. y las tribus del N. Más tarde, David fue nombrado rey sobre todo Israel (2 S. 5:1-5), pero J. siempre mantuvo su identidad aparte. A pesar de que J. no quiso solidarizarse inicialmente con las otras tribus, David y Salomón, su hijo, lograron unificar a todas las tribus, establecer la dinastía davídica, y hacer de los → hebreos una nación grande.

Cuando murió Salomón la unión se desintegró y la mayor parte de las tribus se separaron de J. y formaron el Reino del N, o sea de Israel. El remanente que quedó bajo la dinastía davídica fue llamado el Reino de J.

En el principio J. se quedó con las riquezas que Salomón había juntado, pero luego Sisac de Egipto se las quitó (925 a.C., 1 R. 14:25,26). En sus luchas contra los amonitas, moabitas y edomitas (2 Cr. 20), J. a veces dominaba a los edomitas y entonces tenía acceso al puerto de Ezion Geber (p.e. Josafat 870-848), pero a veces perdía ese territorio (p.e. Joram, 848-841). También las relaciones con Israel variaban. En el principio hubo guerras; después, por largo tiempo, hubo paz. Hacia el final del siglo VIII Siria amenazaba y más tarde el Imperio Asirio dominó toda el área. Ezequías (716-687) participó en una rebelión contra → Asiria en 701. Jerusalén fue salvada por el resto de J. cayó ante → Senaquerib. Durante el reinado de → Manasés, J. era vasallo de Asiria y el paganismo inundó al pueblo (2 R. 21).

Durante el reinado de → Josías, Asiria ya estaba débil, y esto le permitió extender su reforma religiosa y su influencia política a los israelitas que quedaban en el N (2 R. 23:19). Josías murió tratando de impedir que Egipto ayudara a Asiria contra Babilonia (609).

Por causa de su infidelidad a Jehová, J. fue llevada al cautiverio en Babilonia bajo → Nabucodonosor (2 Cr. 36:15-17). Con el edicto de → Ciro (538) muchos judíos volvieron a J. y quedaron bajo el Imperio Persa hasta el tiempo de Alejandro Magno.   J. B. B.

JUDAIZANTES. Nombre dado a los judíos convertidos al evangelio que querían imponer a los creyentes gentiles la → circuncisión, la fidelidad a la ley y otras prácticas judías como medio de salvación (Hch. 15:5).

El término no aparece en el NT, pero los j. constituyeron un verdadero peligro para la naciente iglesia porque estaban dentro de ella misma. Además, constituían una negación del genuino evangelio, que rompe las barreras raciales y es poder de salvación tanto para el judío como para el gentil (Ro. 1:16). El problema era delicado por cuanto los primeros cristianos provenían del judaísmo (→ PENTECOSTÉS) y no les era fácil un cambio radical de criterios. Para resolverlo se convocó el → Concilio de Jerusalén (Hch. 15).

El gran defensor del evangelio frente a los j. fue Pablo (cp. 1 y 2 Co., Ro., Fil., y sobre todo Gá.), y por tanto constituyeron para él encarnizados enemigos; siempre procurando contrarrestar la obra misionera.   V. A. G.

JUDAS, APÓSTOL. → TADEO.

JUDAS EL GALILEO. Terrorista que, según Hch. 5:37, promovió una rebelión entre los judíos. Según Josefo, nació en Gamala cerca del lago de Tiberias y se alzó en contra de las autoridades romanas durante un censo en 6 d.C. → Cirenio, que en ese tiempo era procónsul de Siria y Judea, aplacó la rebelión y J. perdió la vida.   L. S. O.

JUDAS ISCARIOTE (posiblemente Iscariote se deriva del heb. *ish queriyot* = 'hombre de Queriot').

tierras
bíblicas

La tierra santa vista desde un satélite sobre África. NASA

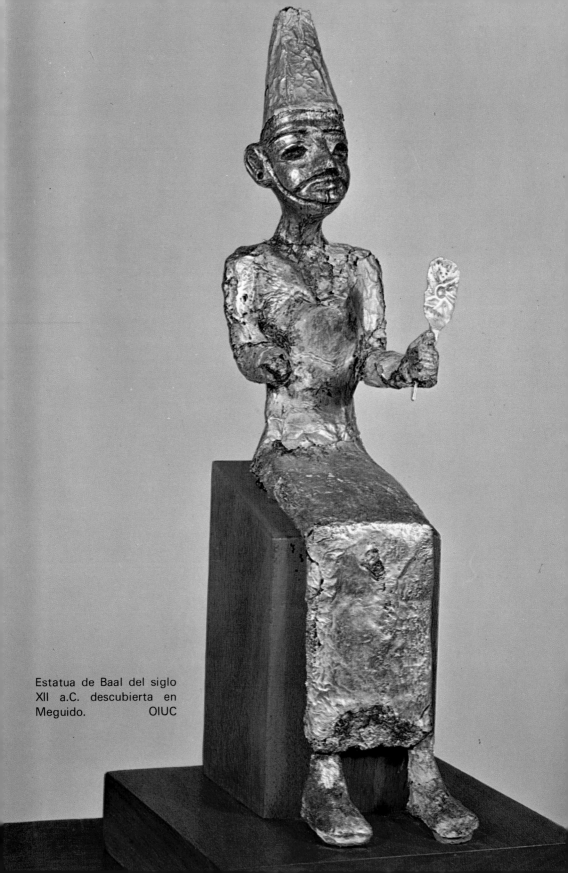

Estatua de Baal del siglo
XII a.C. descubierta en
Meguido.   OIUC

Para la mayoría de las personas hay una fascinación especial en las tierras bíblicas. Cada centímetro del terreno está impregnado de historia y con frecuencia oculta alguna reliquia de culturas antiguas, algún fragmento palpable de su comercio, industria o religión.

Cada una de estas culturas nos ayuda a establecer el trasfondo de la historia bíblica. Desde la antigua Caldea, del valle del Éufrates, Dios llamó a Abraham

Yelmo de oro martillado, Ur, XXV a.C.   UMUP

Majestuoso cedro del Líbano.   MPS

Entrada a la ciudad esculpida de Petra.   MPS

para hacer su morada en la tierra de Canaán y ser padre de una nueva nación teocrática. Así se desligó Abraham de las raíces culturales de Babilonia, Asiria, Media y Persia. En Canaán se relacionó con fenicios, sirios, heteos, egipcios y filisteos, y con las ciudades-reinos de la misma Tierra Santa.

Fue aquí donde quiso ubicar Dios el escenario de la historia de la salvación. Atravesando esta "fértil creciente" de tierra, las culturas del mundo antiguo cual mareas, se levantaban y se desvanecían. Y en su confluencia, a través de la simiente de Abraham, Dios se reveló a la humanidad.

Esfinge y pirámides de Egipto.   MPS

En dos ocasiones la nueva nación fue exiliada en masa. El nieto de Abraham y la creciente tribu de sus descendientes pasaron 400 años en Egipto, primero como huéspedes y al final como esclavos cruelmente oprimidos. Luego, después de la división y decadencia de los reinos de Judá e Israel, el "pueblo escogido" fue llevado cautivo a Babilonia, desde la cual solamente un remanente de fieles judíos regresó para efectuar la restauración de Jerusalén y la Tierra Santa. Ninguna otra cultura tuvo un impacto sobre el pueblo de Dios igual al de Egipto y Babilonia.

La hermosa puerta Ishtar, dedicada a la diosa del mismo nombre, guardaba una entrada a la antigua Babilonia.SM

Monte Sinaí. La vista panorámica que domina, y un oasis cercano. NF

El Monte Sinaí simboliza la liberación de Israel y su milagroso éxodo de Egipto. Centenares de miles de israelitas aprendieron allí a sobrevivir dependiendo de Dios. Allí les fue revelada la ley divina y el camino para la vida. En un sentido muy literal, el pueblo de Israel fue mimado en el desierto, aislado del paganismo y de la moralidad depravada de las tribus circundantes. La justicia de Dios destella inmensurable desde el Monte Sinaí.

Cebolla

Haba

Cebada

Fue semi-nómada la vida al
principio de los tiempos
bíblicos, y el pueblo
recogía olivas,
dátiles, nueces e
higos. Pero cuando
comenzaron a
establecer aldeas,
se cultivaba la
cebada, el trigo,
el morgo, el
lino, las uvas y varias
verduras. Los
patriarcas sem-
braban y
cose-
chaban
sus granos.
La gente
de la
Biblia
vivía
verda-
deramente
"de la
tierra".

AOD

Nuez Nogal

Lenteja

Pepino

Higo

FRUTOS DE LA TIERRA

Granada

Aceituna

Uva

Albaricoque

Dátil

Anne Ophelia Dowden

en calma y en... MPS

Nazaret. FN

tempestad.
MPS

Río Jordán. FN

Mar Muerto e inscrustaciones salinas.

La tierra prometida no siempre fue un desierto semiárido. El mal uso del terreno y siglos de guerras y guerrillas dejaron abundantes cicatrices sobre la tierra. La estrategia de la venganza consistía en aterrar los pozos, talar los árboles, quemar las cosechas y sembrar piedras en los campos arados. Se había abandonado el uso del abono y la práctica prescrita por Dios, del descanso sabático de la tierra.

El carácter nómada de los habitantes impidió también la restauración de la tierra. Sólo los programas de reforestación y la tecnología agrícola del Israel moderno han hecho florecer el desierto y están restaurándolo a su condición pristina de tierra que "fluye leche y miel".

Vista panorámica

(Arriba) Jerusalén. FN,   (Abajo) Getsemaní. MPS, Gólgota ''de Gordon''. MPS, Tem

En su Hijo Jesucristo, Dios vino a vivir en esta porción de la tierra. Jesús desarrolló un amor profundo por las colinas de Galilea, el valle del Jordán, las costas de Tiro y Sidón, el monte nevado de Hermón y las tortuosas calles de la vieja Jerusalén. Como los patriarcas de Israel, Jesús "poseyó" la tierra, pisándola a lo largo y a lo ancho. Este era su hogar, el escenario histórico de su ministerio revolucionario.

Herodes y Salomón. RD,   Tumba ''del Huerto''. MPS,   Fragmento de Isaías. FN

La historia precristiana y la expansión del cristianismo son significativos. Estos constituyen el trasfondo. Pero las tierras bíblicas nos son fascinantes porque en ellas vivió nuestro Señor. Al visualizar el marco físico de su ministerio, y al identificarnos con su vida y sus tiempos, podemos comprender mejor su mensaje y el significado de su encarnación, sacrificio y resurrección, y podemos conocer en mayor grado y más a fondo a Aquel "cuyo conocimiento da vida eterna".

Templo de Júpiter y el
Acrópolis de Atenas.
WDR

Baños públicos, Corinto.
WDR

I. Su vida

J. se distingue del otro discípulo del mismo nombre por la referencia a su origen, Queriot-Hezrón (Jos. 15:25), ciudad situada 19 km al S de Hebrón; era, pues, el único apóstol oriundo de Judea. Fue hijo de Simón Iscariote (Jn. 6:71), y siempre se menciona el último en la lista oficial de los apóstoles (Mr. 3:16-19 //), no sin algún calificativo como "el que entregó (a Jesús)". Es de suponer que participara en la labor y misiones de los discípulos, ya que se dice que era "uno de los doce" (Mr. 14:10-20; Jn. 6:71; 12:4), y además el tesorero del grupo, quizás a causa de su capacidad administrativa (Jn. 12:6).

El evangelista Juan revela que Jesús distinguía a J. de los demás discípulos. Éstos caían en muchas equivocaciones, pero nunca se cuestionó su amor; en cambio, con referencia a J., Jesús comenta: "¿No os he escogido yo a vosotros los doce, y uno de vosotros es diablo?" (Jn. 6:70s.).

Para entender la acción de J. en la víspera de la pasión (véase también II. abajo) es necesario recordar que el sanedrín había determinado la muerte de Jesús, pero que, por temor de un alboroto de la multitud, buscaba la manera de prenderle secretamente (Mr. 14:1s.; Lc. 22:2; Jn. 12:10s.,17ss.). La costumbre de Jesús de retirarse al monte de los Olivos proporcionó a J. la oportunidad de hacer a los principales sacerdotes una oferta que éstos no rechazarían (Mr. 14:10s.). En la escena de la unción de Jesús en Betania se revela el hecho de que J. era ladrón y no podía comprender la devoción de María por Jesús (cp. Jn. 12:1-8 con Mr. 14:1-9).

El tema del traidor que ensombrecía la cena es tratado distintamente por los evangelistas, a excepción de Lc. que lo omite. El Señor predice tres veces el hecho en términos generales, pero la entrega del "pan mojado" que Jesús hace a J. (señal de distinción especial, entendida sólo por Juan y posiblemente Pedro) suele interpretarse como una última apelación a la conciencia del traidor (Mt. 26:21-25; Mr. 14:18-21; Jn. 13:21-30). Cuando falla esto, Jesús aconseja rapidez en la ejecución del plan funesto (Jn. 13:27). Con gran tropel de gente (cohorte romana, guardia del templo, alguaciles y miembros del sanedrín) J. va al huerto de Getsemaní y besa a Jesús (Mr. 14:43ss. //; Jn. 18:2-9).

Entre los evangelistas, sólo Mt. menciona el remordimiento y suicidio de J., pero Lucas intercala en el discurso de Pedro una referencia posterior a la tragedia (Hch. 1:18s.). Según Mt. J. devolvió arrepentido las treinta piezas de plata (cp. Zac. 11:12) a los sacerdotes, pero éstos se lavaron las manos del asunto, aunque determinaron emplear "el precio de sangre" en comprar el campo del alfarero para sepultar allí a los extranjeros. J. salió y se ahorcó (Mt. 27:3-10). La nota parentética de Hch. 1:18s. atribuye la compra del campo a J., y su nombre → Acéldama ('campo de sangre') al hecho de que J. cayó allí y se reventó. Las dos explicaciones son armonizables.

II. Sus móviles

La psicología y trayectoria de J. ofrecen uno de los misterios más profundos de la Biblia. No menos difícil es determinar el porqué de su elección como apóstol, los propósitos divinos y la intervención de Satanás, ya que no puede haber una solución simplista. He aquí algunas observaciones al respecto:

(1) Es de suponer que J. fue atraído por Jesús y le confesó con los demás como Mesías.

(2) Parece difícil creer que se hubiera rendido personalmente al Señor, ya que Cristo lo llama (instrumento del) →diablo (Jn. 6:70; cp. 17:12; véase también Lc. 22:3; Jn. 13:2,27; Hch. 1:25).

(3) La participación en el ministerio de los doce corresponde a un acto soberano de Dios (cp. el caso de →BALAAM). J. es el apóstata que profesa la verdad que traiciona deliberadamente, y Jesús no lo ignora (Jn. 6:64).

(4) El idealismo mesiánico de J. podía ser real, pero, al ver que el Maestro excitaba el antagonismo de los líderes de la nación, su mente sin regenerar no veía solución. Por fin J., satánicamente inspirado, codicia hasta el dinero.

(5) Su "arrepentimiento" fue *metaméleia*, "cambio de parecer", y no *metánoia*, "cambio de mente (o corazón)", y el remordimiento le mostró que lo había perdido todo sin recompensa alguna. La elección de J. como instrumento predeterminado en el plan divino (Hch. 2:23) no le excusa de su delito, ya que, si se hubiera humillado ante Dios, se habría salvado y Dios habría utilizado otros medios.

E. H. T.

JUDAS, HERMANO DEL SEÑOR. →HERMANOS DEL SEÑOR.

JUDAS, EPÍSTOLA DE. Carta dirigida a un grupo de creyentes judíos en Siria que tendían a descuidar la enseñanza de la realidad de los juicios divinos, a causa de un énfasis desmedido sobre la gracia divina.

I. Autor y fecha

A Judas se le menciona entre los →hermanos de Jesús (Mr. 6:3; Lc. 6:16) al igual que a →Jacobo, dirigente durante muchos años de la iglesia de Jerusalén (Hch. 15:13; Gá. 2:9s.). Sin embargo, es significativo que el autor no afirma tener autoridad apostólica a pesar de su parentesco con Jesús y con un dirigente en Jerusalén.

Puesto que, según la tradición, Judas murió antes de 81 d.C., el tiempo de la redacción de su carta puede fijarse por conjeturas hacia 75 d.C. Las coincidencias con →2 Pedro suelen explicarse suponiendo que Jud. se escribió primero. Sin embargo, el v. 17 presupone que los apóstoles (tal vez con la excepción de Juan) habían muerto. Jud. fue aceptada en el canon entre 200 y 397 d.C. a pesar de varias objeciones que en parte tenían que ver con dos citas de libros →apócrifos (el v. 9 alude a *La asunción de Moisés* y el v. 14 a *Enoc*).

II. CONTENIDO

La epístola destaca un violento grito de guerra santa cuyo tema, la gracia de Dios y la soberanía del Señor Jesucristo, se formula en el v. 4. Tras una salutación (vv. 1s.) y una explicación del móvil de la epístola (vv. 3s.), la primera sección principal (vv. 5-16) anuncia el juicio sobre "éstos" que provocan desórdenes típicos de los que, al igual que los israelitas en el desierto, "los ángeles que no guardan su dignidad", sobrestiman la seguridad de su salvación. Éstos no respetan el juicio de Dios, rechazan autoridades y normas, e invocan su experiencia con el espíritu para actuar irresponsablemente en lo sensual.

La segunda sección proclama misericordia para los desorientados. Las predicaciones apostólicas y el amor de Dios, que salva aun a los desordenados, inspiran a luchar en pro de la fe. Jud. distingue entre los vacilantes, los medio perdidos y los totalmente corrompidos (cp. 1 Jn. 5:16s.).

Al denunciar los abusos que se cometen egoístamente dentro del cristianismo, Judas se declara como uno de los autores más antisectarios del NT. La epístola concluye con una de las más hermosas alabanzas cristológicas de la Biblia.   R. O.

Bibliografía
SE, NT III, pp. 559-570, BC VII, pp. 277-292.

JUDEA. Parte meridional de Palestina situada entre Samaria al N y el desierto nabateo-árabe al S. Corresponde en gran parte a la región que se asignó a la tribu de Judá (Jos. 15) y a la del reino de →Judá (922-587 a.C.).

El nombre J. aparece por primera vez en Esd. 5:8 donde se refiere a una provincia persa (en efecto, una pequeña región alrededor de →Jerusalén) poblada por judíos que habían vuelto allí del cautiverio. Bajo los →macabeos J. se independizó (*ca.* 164 a.C.) y terminada la expansión macabea, el reino de J. incluía Samaria, Galilea, Idumea y Perea. Cuando los romanos pusieron a →Herodes como rey sobre estos territorios, lo nombraron rey de J. (Lc. 1:5, → ARQUELAO, → GOBERNADOR). En aquel entonces, las circunstancias políticas determinaban los límites de J., pero, propiamente dicha, ésta era un área de sólo unos 490 km² de la cual Jerusalén era la ciudad principal. En el tiempo de Jesús J. era una de las tres divisiones principales de Palestina: J., Samaria y Galilea (Jn. 4:3s.).

J. es principalmente montañosa. Se divide en tres partes: la occidental, cubierta de colinas bajas, que se llama la →Sefela; la central sembrada de altas montañas que alcanzan hasta 1020 m, y la oriental que es tierra desértica. Las vías internacionales de comercio desde antaño han evitado el área montañosa de J. Sólo

los que tenían negocios en Jerusalén o en las aldeas circunvecinas subían los pocos caminos que llevaban al corazón de la provincia (→PALESTINA).

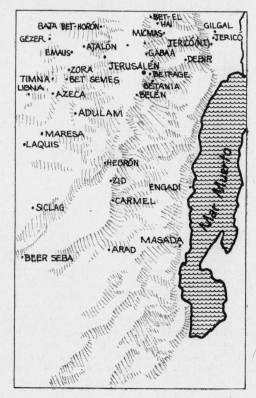

JUDEA

La región ocupada por la tribu de Judá era formada de colinas no muy productivas pero fáciles de defender contra cualquier ataque enemigo. Quedaba entre el Mar Muerto y la desembocadura del Jordán, por un lado, y la Sefela, por el otro.   EBM

Durante toda su historia la vida de J. ha sido pastoril. El suelo pedregoso y poco profundo sólo produce olivas, uvas e higos. Sin embargo, se cultivan algunos granos en los valles de la Sefela.   J. H. W.

JUDÍOS, JUDAÍSMO. Originalmente un j. (heb. *Yehudí*) era un habitante del reino de → Judá (2 R. 16:6) o de la provincia de Judea (Esd. 5:8). Luego, gracias a la prominencia del Reino del S, j. fue el nombre dado (especialmente por los extranjeros) a cualquiera que perteneciera al pueblo de Israel.

El pueblo hebreo como tal (reino de Judá o reino de Israel) deja de existir con el exilio. El Reino del N va al exilio bajo Asiria en el 721 a.C., y el del S en el 587 a.C. bajo Babilonia. No resurgiría como pueblo geográfico y políti-

AVES Y ANIMALES DE JUDEA

De las aves vistas en Judea el cuervo capuchado (2) es el más común. El cuervo negro (1) habita las lomas escarpadas y rocosas. El ratón-topo (5) deja sus montoncitos de tierra dondequiera que pueda escarbar entre las flores *anemone coronaria* (6) y la camomila (8) *antheneis palestina*. Abundan las ovejas (10) cuidadas por sus pastores. Los osos siríacos (9) habitan entre las lomas y bajan a las zonas más cálidas durante el invierno. Cerca de doce clases de escorpiones (7) infestan la Tierra Santa, cada clase en su propia zona. El conejo vive en zonas pedregosas donde puede excavar sus cuevas. Planta típica de la zona es el hisopo (3) *caparis spinosa*.   IVP

camente organizado sino hasta 1947, cuando las Naciones Unidas propiciaron este tipo de organización. Es cierto que nunca perdió su identidad como raza y que siempre se aferró a la tierra y a sus tradiciones como su especial herencia, pero más que un pueblo era una comunidad religiosa, pequeña y tradicionalista en medio de una Palestina grande y progresista (→ DISPERSIÓN).

Perdida cuenta de lo que sucedió con el Reino del N, el cual fue transportado casi totalmente a las regiones montañosas del norte de Mesopotamia y a Media, al tiempo que su propia tierra era ocupada por gentes traídas también desde muy lejos, sólo es posible seguir de cerca a los habitantes del Reino del S que fueron transportados por → Nabucodonosor a Babilonia. De ellos se sabe que fueron reducidos a la esclavitud durante los cincuenta años que aún ostentaron el poder los babilonios o caldeos. Por eso cuando → Ciro el Grande, rey persa, llegó triunfante a Babilonia, fue recibido por los j. como el Mesías esperado y no simplemente como un libertador (Is. 44:28—45:25).

Con la dominación persa, que va del 538 al 330 a.C., se estableció un trato justo y equitativo, que permitía a cada pueblo conquistado conservar sus tradiciones y creencias y practicar su propia religión. Ciro y sus sucesores permitieron la reconstrucción tanto del templo como de Jerusalén y el regreso de todos los j. que desearan repoblar sus tierras. La dominación persa —fuera de la intransigencia y hasta crueldad con que exigía el pago de los tributos por medio de los famosos sátrapas— vino a establecer la equidad y la justicia dentro de un clima de libertad y orden.

Hay que reconocer que fueron más bien pocos los j. que aprovecharon la oportunidad de regresar con Esdras y Nehemías a vivir en su propia tierra. La mayoría estaban ya establecidos en Babilonia —siguiendo el consejo de Jer. 29:4-7— y les era muy difícil regresar. Los pocos que regresaron lo hicieron más que todo por sentimientos religiosos, y de ahí que establecieron una comunidad en extremo estricta en la observancia de sus tradiciones y costumbres.

Dirigidos por Esdras y Nehemías, fundaron la Gran sinagoga, se dieron a la tarea de recopilar y poner en orden toda la Escritura que andaba fragmentada y dispersa —de donde nació la institución de los → escribas, quienes habían de encargarse de la conservación de la pureza del texto de las Escrituras—, se completó todo lo que a juicio de Esdras hacía falta en la historia y en las leyes del pueblo y se confirmó, con extrema severidad y so pena de graves castigos, hasta el más mínimo inciso de la ley. Apareció la sinagoga como escuela de instrucción popular en las Escrituras, y la observancia del sábado —por mucho tiempo descuidada— cobró una importancia extraordinaria. También en este período aparecen y proliferan las sectas que se

encuentran en plena actividad en la época novotestamentaria.

El Imperio Persa, que se extendía por el N desde Tracia en Europa hasta Bactria en el extremo oriental, y por el S desde lo que es hoy Algeria hasta el extremo oriental del golfo pérsico, no soportó el empuje incontenible de → Alejandro el Grande. Éste derrotó a Darío III y penetró hasta los lejanos límites orientales del territorio antes conquistado por los persas.

A la muerte de Alejandro, su imperio se dividió entre sus generales. → Ptolomeo se apoderó de Egipto y Palestina, y fijó su capital en Alejandría, ciudad fundada por el mismo Alejandro. → Seleuco se apoderó de Siria y la Mesopotamia, y fijó dos capitales, una en Antioquía de Siria y la otra en Seleucia en el Tigris. Por más de un siglo (311-198 a.C.) los j. gozaron de la magnanimidad de los ptolomeos; de ahí que las colonias judías de Egipto y Alejandría fueran tan grandes y prósperas.

El bienestar de los j. nunca agradó a los seleúcidas de Siria, quienes intentaron por todos los medios anexar Palestina a su imperio, cosa que por fin consiguió → Antíoco III (223-187 a.C.). Éste estableció el régimen de mayor humillación en toda la historia judía, lo que más tarde provocó la revolución encabezada por Judas → Macabeo y sus hijos. Ya para el año 160 a.C. este movimiento había logrado una completa independencia de la tiranía seleúcida, pero la falta de preparación para una organización política de tipo civil echó por tierra los logros. Las mismas familias sacerdotales que antes se disputaban la hegemonía religiosa, reñían por el gobierno civil. Se estableció una serie de luchas intestinas que frustró este corto período de independencia. En medio de este ambiente, apareció Pompeyo, general romano, en el año 60 a.C. y estableció, en nombre de Roma, una dominación que había de durar siglos.

Si bien el gobierno griego fue fugaz, su influencia y cultura, llamadas helenismo, fueron largas y muy provechosas. La actividad literaria de los j. de la Diáspora fue sorprendente. Las Escrituras se tradujeron al griego y se produjo una gran cantidad de literatura, alguna de la cual entró a formar parte de las Escrituras como libros deuterocanónicos o → apócrifos en el → canon alejandrino. Se produjo la Misná, que es la codificación de la esencia de la ley oral del judaísmo, de donde salieron los → Talmudes palestiniano y babilónico. De este tiempo datan también los → Targumes o traducciones arameas de las Escrituras.

Muchos esfuerzos se han hecho por revivir los nombres de → hebreo e → israelita, pero j. y judaísmo siguen siendo los más apropiados, a pesar de originarse en un epíteto un tanto peyorativo dado por los gentiles para definir la comunidad étnica y religiosa que se encuentra diseminada hoy por todo el mundo.

En el NT el término cobra diferentes matices según el autor. En los sinópticos sólo aparece en

la frase "rey de los j.", en boca de gentiles (Mt.
27:11 //; cp. v. 42). En Jn., a la par de esta
misma acepción (Jn. 18:33; cp. 4:9) aparecen
dos más: las gentes con las que hubo de tratar
Jesús (2:6) y, en sentido peyorativo, los incrédulos de Palestina —y en particular sus dirigentes— hostiles a Jesús. Para Ap. los verdaderos j.
son la iglesia de Jesucristo (Ap. 2:9; 3:9). Hch.
usa, sobre todo en su segunda parte, las tres
acepciones juaninas. Pablo prefiere usar la palabra j. en singular y sin artículo; añade a las
acepciones vistas un concepto religioso: j. es el
que está ligado por la ley de Moisés (1 Co.
9:20; Gá. 2:14).   A. Ll. B. y R. F. B.

JUEZ. Gobernante que en Israel administraba la
justicia y tenía autoridad para condenar y castigar al malvado y liberar y vindicar al oprimido.

Moisés aceptó el consejo de su suegro e instituyó el oficio de j. cuando resultó imposible
que él mismo juzgara todos los casos (Éx.
18:13-27; Dt. 1:9-18; cp. Éx. 2:14). Dt. insiste
en que cada ciudad tenga sus propios j. junto
con sus asistentes (16:18; cp. Nm. 11:16,17).
Además, Dt. hace hincapié en la necesidad de
una →justicia estricta, que rechace todo soborno y trate igual a cada hombre (Dt. 1:16,17;
16:19,20; 24:17,18; 25:13-16). Los sacerdotes,
como guardianes e intérpretes de la ley, asesora-
ron a los j. en su trabajo (Dt. 17:8-13).

Durante la época que siguió a la conquista de
Canaán (→JUECES, LIBRO DE), y debido a la
opresión que Israel sufría en manos de naciones
extranjeras, Dios tuvo que levantar j. (salvadores, libertadores, caudillos militares) para liberar
al pueblo del poder de sus enemigos (Jue. 2:16;
3:9,15, etc.). Algunos de estos j. probablemente
fueron puestos sobre todo el pueblo a la vez
que ejercían su oficio sobre las tribus respectivas (→CRONOLOGÍA).

Durante la época del ministerio de →Samuel,
tuvo lugar la transición que culminó con el
establecimiento de la monarquía en Israel (1 S.
4:18; 7:15-8:1). El rey llegó a ser el j. supremo en esta época (2 S. 15:2,3). No obstante, el
oficio del j. continuó también bajo los reyes
(1 Cr. 26:29; 2 Cr. 19:5-10), y aún después del
exilio (Esd. 7:25).

En el NT Jesús se llama "j." (Jn. 8:16; 2 Ti.
4:1; Stg. 5:9; 1 P. 4:5). Pablo enseñó que los
cristianos colaborarán con Cristo en el →juicio
final (1 Co. 6:2,3), y que desde ahora es su deber
juzgar "las cosas de esta vida" (v. 5; cp. Mt.
18:15-17).   T. D. H.

JUECES, LIBRO DE LOS. Tanto Jos. como Jue.
describen el tiempo de Israel antes del establecimiento de la monarquía, pero con un marcado
contraste. El tiempo de Josué, considerado como un todo, fue mayormente un período alen-
tador, mientras que el tiempo de los jueces se caracterizó por la frecuente apostasía del pueblo
que provocaba la ira de Dios y el castigo. Cuando,
oprimidos por una situación penosa, se arrepen-

tían y clamaban al Señor, él en su misericordia
les levantaba jueces que los libraban de sus
opresores. Fuera de Elí y Samuel (1 S. 4:18;
7:15), se conocen doce jueces o salvadores (con
Débora son trece): Otoniel (3:7-11), Aod (3:
12-30), Samgar (3:31), Barac y Débora (caps.
4 y 5), Gedeón (6-8), Tola (10:1), Jair (10:3),
Jefté (11:1ss.), Ibzán (12:8ss.), Elón (12:11),
Abdón (12:13ss.) y Sansón (13:1ss.). Abimelec
no debe ser considerado como juez.

En su forma actual, el libro puede dividirse
en tres partes:

1. La introducción (1:1-2:5). Presenta un
breve relato de dos expediciones de las tribus
del sur para ocupar el territorio adjudicado a
ellas por sorteo. En estas expediciones, sin embargo, no se logró expulsar por completo a los
cananeos de las ciudades y los valles.

2. La segunda parte (2:6-16:31). Contiene
las historias propias de los jueces, introducidas
por un preámbulo relacionado con la asamblea
de Siquem dirigida por Josué (2:6-3:6). En
este preámbulo se señala particularmente la descomposición religiosa del pueblo, que hizo necesaria la intervención divina, la consecuente miseria como castigo por la apostasía, el arrepentimiento y el levantamiento de jueces como
salvadores. En esta segunda parte se describen
largamente las hazañas de seis jueces (mayores):
Otoniel, Aod, Débora-Barac, Gedeón, Jafté y
Sansón; y más brevemente las de los restantes
seis jueces (menores): Samgar, Tola, Jair, Ibzán,
Elón y Abdón.

3. La parte final (17-21). Consiste en dos
apéndices que describen dos importantes episodios: la instalación de un santuario en Dan (17
y 18) y el hecho abominable de los benjamitas
en Gabaa y su castigo (19-21). En estos dos
apéndices se señala la descomposición política
de aquel tiempo, con la frase típica "en aquellos días no había rey en Israel; cada uno hacía
lo que bien le parecía" (17:6; 18:1; 19:1;
21:25). Esta frase, que a la vez destaca la bendición del reino, es muy significativa para poder
resolver el problema de la fecha en que el libro
pudo haber sido escrito.

La manifiesta estructura literaria del libro no
conduce sino a aceptar la existencia de un solo
autor del libro, quien se sirvió de documentos y
fuentes provenientes de tiempos anteriores, como se vislumbra en el canto de Débora. Es
obvio que este autor no pudo haber sido contemporáneo de los jueces, porque los textos
arriba mencionados señalan la prosperidad propia del tiempo de los reyes. Por otra parte, en
Jue. 13:1 se establece que el tiempo total de la
opresión filistea fueron cuarenta años, lo cual
solamente puede comprenderse después de la
victoria decisiva sobre los filisteos obtenida por
Samuel en Mizpa (1 S. 7:13). Por consiguiente,
el autor del libro debió vivir en los inicios de
la monarquía en Israel, pero no después de
David y Salomón (cp. Jue. 1:21 con 2 S. 5:6-9

y Jue. 1:29 con 1 R. 9:9,16). Por eso la frase de Jue. 18:30 "hasta el día del cautiverio", no alude al cautiverio babilónico del año 586, sino a la pérdida del arca del pacto en Silo. En tiempos de Saúl, el tabernáculo ya no estaba en Silo (18:30), sino en Nob. En Jer. 7:12ss. y 26:6ss. se compara la destrucción de Silo con aquella del monte de Sion, y se destaca ésta como presagio fatal para Jerusalén. El Talmud considera a Samuel como el autor del libro, pero aunque es una teoría sugestiva no está comprobada.

Muchos problemas cronológicos que surgen, p.e., al comparar 1 R. 6:1 con Jue. 11:26 y al sumar todos los datos correspondientes del libro, se resuelven si se sabe que varios jueces ejercían su oficio simultáneamente sobre sus respectivas tribus y sobre el pueblo, y que frecuentemente el número cuarenta se ha redondeado y se usa en forma esquemática.

Tanto el AT como el NT mencionan a menudo la actividad de los jueces que, con razón, son considerados como tipos de Cristo, p. ej. Is. 9:4; Hch. 13:20; Heb. 11:32-34.   F. L.

JUEGOS. Como elemento recreativo el juego es tan antiguo como el hombre, pero la Biblia advierte del peligro de ocuparse en él mientras se descuidan otros deberes (1 Co. 10:7), o cuando se lesiona con el juego mismo la dignidad humana (Jue. 16:25).

Las Escrituras aplauden el juego, especialmente de los niños. Según Zac. 8:5, una de las manifestaciones de la restauración de Jerusalén serían las calles llenas de muchachos y muchachas dedicados a jugar. Jeremías siente tristeza al ver cómo el castigo que vendría sobre la ciudad caería también sobre estos grupos de niños (Jer. 6:11; 9:20s.).

Cristo también hizo referencia al juego que los niños tenían en las plazas públicas (Mt. 11:16s.; Lc. 7:32). Después de la purificación del templo, un grupo de niños que posiblemente dejaron sus diversiones para acompañar al Señor, repitieron las palabras que habían escuchado a la multitud en la entrada triunfal: "¡Hosanna al Hijo de David!". Esto causó la indignación de los sacerdotes, pero el Señor defendió a los pequeños haciendo referencia al Sal. 8:2 (Mt. 21:15s.).   A. P. P.

JUEGOS DEPORTIVOS. Los griegos y los romanos eran amantes de los deportes. Por tanto, dondequiera que se extendieran el dominio cultural de los griegos y el control político de los romanos, se levantaban → estadios y → gimnasios. De ahí que los autores del NT empleen figuras del mundo deportivo en sus ilustraciones, sin aprobar en absoluto los aspectos paganos del gimnasio (cp. 1 Mac. 1:15; 2 Mac. 4:7-17).

El término gr. para el atletismo en general era *agon*, y Pablo lo empleó a menudo para referirse a la vida cristiana o a un aspecto de ella. Para el apóstol el cristiano libra una lucha,

combate o pelea semejante a la del atleta (Fil. 1:30; Col. 2:1; 1 Ts. 2:2). Al menos una vez esta palabra se usa en sentido de "carrera" (Heb. 12:1), pero el término corriente traducido "carrera" es *dromos* (Hch. 20:24; 2 Ti. 4:7). El corredor no corre a la loca (1 Co. 9:24), ni en vano (Fil. 2:16), sino más bien hacia una meta (Fil. 3:14). El cristiano debe hacerlo en igual forma pues su meta es Jesús, en quien debe tener fijos los ojos (Heb. 12:2).

Pablo afirma que nosotros sostenemos una lucha tenaz con las fuerzas del mal, la cual él compara con la lucha grecorromana (*pale*, de donde se origina el vocablo "palestra"), pero nuestro adversario no es sangre ni carne sino los poderes espirituales (Ef. 6:11s.).

Para Pablo también hay un "boxeo espiritual" (1 Co. 9:26). El cristiano no golpea al aire sino su → cuerpo, pero no el cuerpo físico (Pablo no era masoquista ni → gnóstico) sino el "cuerpo del pecado" (Ro. 6:6) que tiene que ser destruido.

El que ganaba la carrera o la lucha recibía un premio (1 Co. 9:24), una → corona (*stefanon*) de hojas de olivo, pino o laurel que, aunque era de alta estima, pronto se marchitaba. En cambio la corona del cristiano es incorruptible (1 Co. 9:25).

Pablo comparó la disciplina necesaria para el cristiano con aquella a la cual debía someterse el buen atleta (1 Co. 9:25). El corredor se despojaba de todo peso que pudiera embarazarle y retardar su paso (Heb. 12:1), y el atleta tenía que jugar de acuerdo con las reglas establecidas (2 Ti. 2:5). Las lecciones espirituales eran obvias.

Los juegos olímpicos se realizaban en un estadio lleno de espectadores, de los cuales algunos eran ilustres. Semejantemente, el corredor cristiano corre delante de muchos héroes de la fe (Heb. 12:1; cp. 11:1-40). En el estadio había heraldos que llamaban a los atletas a que comparecieran en la pista y en la palestra, y los animaban en la carrera o en la lucha. El cristiano es tanto atleta como heraldo y sufre la vergüenza cuando al llegar su turno pierde la carrera después de haber sido animador de otros (1 Co. 9:27).   W. M. N.

JUICIO. Ejercicio del entendimiento en virtud del cual se puede discernir la realidad, inclusive el bien y el mal, y así formar una opinión en cuanto a la naturaleza real de alguna cosa o hecho, o el verdadero carácter moral de alguna persona. Generalmente cuando la Biblia habla de J., se da por sentado que el juez es Dios. El j. de Dios es, desde luego, infalible. Él juzga al mundo en dos dimensiones, la histórica y la escatológica.

Especialmente en el AT hay varias referencias al j. de Dios sobre la humanidad en ciertas situaciones históricas. A veces Dios juzga a individuos como Adán y Eva (Gn. 3), y Ananías y Safira (Hch. 5:1-11). Pero asimismo juzga a las naciones, especialmente a Israel y las naciones circunvecinas (Os. 5:1; Is. 16:6,7). Destruye a los dioses falsos (Sof. 2:11).

La mayor parte de la enseñanza bíblica sobre el j., sin embargo, se refiere al futuro, o sea a la dimensión escatológica. "De la manera que está establecido para los hombres que mueran una sola vez, y después de esto el j." (Heb. 9:27). El j. definitivo es el del gran trono blanco (Ap. 20:11), cuando todos aquellos cuyo nombre no esté escrito en el libro de la vida serán lanzados al lago de fuego (Ap. 20:15). Este j. establece la terrible y eterna diferencia entre el cielo y el infierno. Los que pasarán la eternidad en el infierno serán condenados por su propio pecado (Ro. 6:23; Ap. 20:12). Los que van al cielo no van por sus propias buenas obras (Ef. 2:8,9) sino por su → fe en Cristo, que es la base de la → salvación y el corazón del → evangelio (Ro. 3:21-24; 1 Co. 15:3; 1 Jn. 1:7).

De manera que el j. de Dios se llevó a cabo sobre la cruz de Cristo. En ella él fue "hecho pecado" (2 Co. 5:21). Aunque Cristo nunca pecó, el j. de todos los pecados del mundo cayó sobre él (Mt. 27:46). Así pues, el j. final de quienes se identifican con Cristo y tienen fe en su sangre, ya se ha verificado en el Calvario. Como consecuencia, el creyente es considerado justo (Ro. 5:18), y no tiene ningún temor del j. final (Ro. 8:1).

No obstante, queda todavía un j. escatológico que se llama "el tribunal de Cristo" (2 Co. 5:10). Ya no se trata de la salvación y la condenación eternas, sino de un j. sobre la eficacia de nuestra vida como hijos de Dios en la tierra. Este j. será de "fuego" y las obras buenas que ha hecho el cristiano perdurarán (como "oro, plata, piedras preciosas") pero las malas perecerán (como "madera, heno, hojarasca") (1 Co. 3:12-15). Con todo, "en el amor no hay temor" y tenemos "confianza en el día del juicio" (1 Jn. 4:17,18).

Por haberse interpretado superficialmente el texto "No juzguéis, para que no seáis juzgados" (Mt. 7:1), se ha creído que el hombre no debe juzgar. Sin embargo, la Biblia enseña que aunque el j. del hombre es falible, es también importante y debe emplearse en muchos casos.

Por ejemplo, en el AT Dios llamó a Moisés para juzgar a su pueblo (Éx. 18:13), en ciertos casos el pueblo mismo tenía que juzgar (Nm. 35:24), y Dios levantó jueces con el mismo fin (Jue. 2:16). Asimismo, el NT enseña que el j. del creyente debe comenzar consigo mismo (1 Co. 11:31). "El hombre espiritual juzga todas las cosas" (1 Co. 2:15). Cuando hay pecado en la iglesia los miembros deben juzgarlo (1 Co. 5:1-3), y cuando surgen problemas entre creyentes, los demás miembros de la iglesia deben resolverlos y no los incrédulos (1 Co. 6:1-8). Para el buen orden del mundo secular, Dios ha provisto gobernantes que deben juzgar en las esferas sociales seculares (Ro. 13:1-5).   P. W.

JULIO (nombre latino de una famosa familia romana). Centurión de la cohorte de Augusto, a quien → Festo confió la conducción de Pablo y otros prisioneros de Cesarea a Roma (Hch. 27:3,11,31,43). J. tuvo grandes consideraciones para Pablo: Le permitió desembarcar en Sidón y visitar a sus amigos; y en Malta, a fin de salvarle la vida, se opuso a la decisión de los soldados a matar a todos los prisioneros.   L. S. O.

JUNCO. Traducción en la RV de dos palabras heb.

1. *Gome'*, que es el *Cyperus papyrus*, o papiro. Planta de 2 a 3 m de alto y 10 cm de grueso, lisa, cilíndrica y desnuda, terminada en un penacho de espigas y flores muy pequeñas. Es planta tropical que se encuentra desde la Palestina hasta el Sudán, pero que ha desapare-

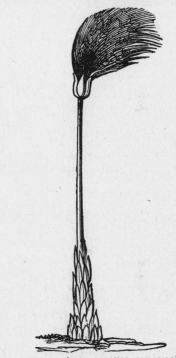

El junco es una planta acuática que crecía en las márgenes del Nilo. Proporciona la fibra del papiro.

cido de las márgenes del Bajo Nilo, donde antiguamente abundaba. Los j. se entretejían y se usaban para hacer esteras, arquillas (Éx. 2:3,5) y embarcaciones (Is. 18:2). De la corteza interior se preparaban los rollos de → papiro.

2. *'agmon*, nombre derivado de *'agam* ('lago'), y que designa a cualquier planta acuática del género *Scirpus* sin precisar la especie. Sus tallos flexibles se usan en cestería y para hacer sogas. En Job. 41:2 RV se lee "soga", y en Jer. 51:32 "baluarte", pero el heb. reza "j." en ambos textos (→ ALGA, CAÑA).   J. A. G.

JUNIAS. → ANDRÓNICO.

JÚPITER. Nombre latino del Dios supremo del panteón grecorromano, llamado Zeus por los griegos. Con ocasión de la helenización del pueblo judío que intentó Antíoco Epífanes, el templo en Jerusalén fue dedicado a J. Olímpico (2 Mac. 6:2). La erección de la imagen de J. allí puede ser la →abominación desoladora de la que habla Dn. 9:27; 11:31; 12:11.

J. se menciona solamente una vez en el NT. Cuando Pablo y Bernabé sanaron al paralítico en Listra, la muchedumbre supersticiosa intentó rendirles culto, creyéndolos J. y Mercurio (Hch. 14:11-13, →HERMES). En la leyenda de Filemón y Baucis, estos dos dioses andan por la tierra disfrazados de caminantes y prodigan favores a los humanos que les brindan hospitalidad. Los paganos de Listra no querían perderse estos favores.

En Éfeso, la gente creía que la imagen de →Diana había venido de J. (o "del cielo" según algunas versiones) (Hch. 19:35).   A. P. N.

JURAMENTO. En general, es una forma de →maldición. La persona que presta j. en el santuario pide a Dios que la aniquile, si no dice la verdad. La fórmula: "Tan cierto como que Dios vive" (1 S. 20:12 heb.) supone una conclusión como ésta: "yo voy a ser castigado, si digo una mentira". No eran palabras vanas. Se sabía que, una vez pronunciado el j., si el que juraba lo hacía en vano se desencadenaba sobre él un misterioso y grande poder cuya acción no podía ser detenida.

La ley deuteronómica recomienda jurar por el nombre de Dios (Dt. 6:13). Se tomaba a Dios como testigo (Gn. 21:23; 2 Co. 1:23; Gá. 1:20; Fil. 1:8), pero a la vez el código sacerdotal condenaba los j. en falso (Lv. 19:12; Mal. 3:5). No eran raros los perjurios, pero los condenaba severamente la ley (Éx. 20:7; Lv. 19:12; Dt. 5:11) y los profetas (Ez. 16:59; 17:13ss.). Los →esenios del tiempo de Jesús condenaban como ilícito el j. Los rabinos se preocuparon por los abusos. Y los fariseos se las ingeniaron para mantener sutilmente la validez del j.

Jesús declara tajantemente: "No juréis en ninguna manera . . . Pero sea vuestro hablar: Sí, sí; no, no" (Mt. 5:34-37). Santiago lo expresa quizá más claramente: "Que vuestro sí sea sí, y vuestro no sea no" (5:12). Puesto que el j. supone mala fe en un hombre o falta de confianza en él, todo lo que se añade a una sencilla afirmación o negación, "viene del Maligno" (Mt. 5:37 BJ), que es padre de la mentira y hace embustero al hombre (Jn. 8:44). Jesús exige a sus discípulos total sinceridad. Por eso, en una sociedad en que se obedece la voluntad de Jesús, el j. es superfluo. No obstante, lo que Jesús exige es un fruto del Espíritu que habita por la fe en los creyentes, y no algo que corresponda a la realidad de la vida según la carne. La exigencia de Jesús es una norma, pero no absoluta. Hay circunstancias en que la ley humana puede exigir un j. Jesús mismo no rehusó prestar j. ante el sanedrín (Mt. 26:63ss.).   C. R.-G.

JUSTICIA. Rectitud de conducta que se ajusta a las condiciones de una relación determinada. Así, la j. de Dios manifiesta su fidelidad consecuente consigo mismo y con su pacto

Según Dt. 34:2, Dios es justo (*tsaddiq*) y recto (*yashar*); todos sus caminos son j. (*mishpat*), y no hay iniquidad en él. Él es la Roca (Dt. 32:4; Sal. 92:12-15), y "la j. (*tsedeq*) y el derecho (*mishpat*) son la base de tu trono" (Sal. 97:2; cp. 36:5s.; 71:16s.; 89:14). Dios es el autor de toda j.; es quien autoriza al rey (Sal. 72:1-4) y al juez (Sal. 82).

Nótese que en el AT la j. de Dios se asocia constantemente con su obra salvadora y con su amparo de los pobres, los huérfanos, las viudas y los forasteros (Sal. 10:12-18; 31:1s.; 36:5-7; 140:12s.; 146:7-10; Is. 1:17; Jer. 22:16; cp. Lc. 1:46-56). Tanto el rey como el juez están llamados a rescatar al oprimido y "asplastar al opresor" (Sal. 72:1-4; 82:1-18). Por eso *tsedeq* (*tsedeqah*) también puede traducirse por "los triunfos de Yahveh" (Jue. 5:11; cp. Sal. 48:10; Is. 45:24), "salvación" (Is. 54:17) o "hechos de salvación" (I S. 12:7-12), y aparece frecuentemente en paralelismo con la palabra "salvación" (Sal. 40:10; 51:14; 65:5; cp. 22:31; 71:24; Is. 46:12s.; 51:5-8; 61:10; 62:1), con "vindicación" (Jer. 11:20), con "bondad y misericordia" (Sal. 145:7; Os. 2:19) y con los "hechos poderosos" y "estupendos" de Dios (Sal. 145:4-7). "Y no hay más Dios que yo; Dios justo y Salvador" (Is. 45:21).

En el AT la j. suele tomar una expresión social, como indican los textos citados. Gran parte de la legislación del Pentateuco se dedica a la j. social, hasta en los detalles más mínimos de la vida económica, política, militar y judicial. Los profetas, especialmente, condenan la flagrante injusticia social de su tiempo, tanto en Israel como en las naciones vecinas (v.g. Am. 1 y 2). Llaman al pueblo al arrepentimiento y a la restauración de la j. para que "corra el juicio como las aguas, y la j. como impetuoso arroyo" (Am. 5:24; Mi. 6:8). Reprueban especialmente la hipocresía que racionaliza la injusticia con una piedad ceremonial.

Jehová es el juez de toda la tierra (Sal. 9:4,8; 50:6; 96:13; 98:4; Jer. 11:20). Cuando los hombres y los pueblos infringen las condiciones del pacto y de su relación con Dios, la j. de Dios los condena y castiga. El "Dios de las venganzas" (Sal. 94:1), aunque "perdona la iniquidad, la rebelión y el pecado", no tiene "por inocente al malvado" (Éx. 34:7), sino juzga a sus siervos, condena al impío y justifica al justo para darle conforme a su j. (1 R. 8:31s.; cp. Jer. 50:15; 51:56; Am. 1 y 2).

El AT afirma que ningún hombre es justo ante Dios (Job 25:4; Sal. 143:2; Is. 57:12; 64:6), pero en algunos pasajes se vislumbra aquella j. imputada por Dios en virtud de la fe,

j. que habría de revelarse plenamente en el NT (→ JUSTIFICACIÓN).

Entre los muchos sentidos que tiene "j." en el AT figuran los siguientes:

1. La perfección de Dios en virtud de la cual él es fiel a sí mismo y a su pacto (Jn. 17:25; Ro. 3:26), especialmente como juez (2 Ti. 4:8; Ap. 16:5) sobre los hombres y las naciones.

2. El término "justo" tiene un sentido mesiánico y escatológico. En algunos pasajes rabínicos y apocalípticos se describe al Mesías como "el Justo" o "el Mesías, nuestra J."; cp. Jer. 23:5s.; 33:15; Zac. 9:9. Cristo es llamado "el justo" en Hch. 3:14; 7:52; 22:14 y el reino escatológico se describe frecuentemente como "j." (ver abajo). De igual manera, a los redimidos del reino escatológico, que constituyen el pueblo del Mesías, también se les llama "los justos" (Mt. 10:41; 13:43,49; Heb. 12:23; 1 P. 4:18).

3. A veces "j." significa misericordia, generosidad (2 Co. 9:9s.) o limosna (Mt. 6:1; 23:23; el uso más común de *tsedaqah* entre los rabinos). En algunos pasajes se emplea el término en su sentido más helenístico de virtud moral ("honorable", "respetable"; cp. Fil. 4:8; 1 Ti. 1:9s.; "inocente" en Mt. 27:19,24) o "meritorio" ante los hombres o ante Dios (Lc. 1:6; Ro. 2:13; "no hay justo", 3:10). En otros pasajes, se alude a la seudojusticia de los fariseos (Mt. 9:13; 23:28; Lc. 20:20).

4. Generalmente en el NT la j. no se concibe como la virtud abstracta del pensamiento griego sino como una relación personal con Dios, como en el AT (el "justo" es aquel a quien el rey acepta) (Ro. 5:1s.; 8:1-4; 9:30–10:5; 1 Jn. 3:6-10). Este parece ser el sentido de la frecuente asociación entre el "reino de Dios" y "su j." (Mt. 5:6,10; 6:33; 13:43; Ro. 14:17; 1 Co. 6:9; cp. "camino de justicia", Mt. 21:32; 2 P. 2:21). En muchos pasajes esta "j." equivale al nuevo modo de vivir que nace de la fe en Cristo (Stg. 3:18; 1 P. 2:24; 1 Jn. 2:29), esta "vida cristiana", es verdadera j.

5. En muchos pasajes, los mismos términos gr. significan justificación vicaria (Gá. 2:21; Fil. 4:8; Ro. 6:6).   J. E. S.

JUSTIFICACIÓN. Acto soberano de Dios por el cual, por pura gracia y a base de su pacto, declara aceptos ante él a quienes creen en su Hijo (Ro. 4:2-5).

I. EN EL AT

La palabra heb. *tsadag* (aparte de algunas pocas veces en que significa →justo" [Gn. 38:26; Job 4:17, etc.]) significa comúnmente "declarar (o pronunciar) justo". A veces el contexto es jurídico o forense (hallarle inocente, declararle justo), y a veces es personal (declararle a uno aprobado y aceptado ante el soberano). Normalmente se refiere al veredicto del →juez, quien decide pleitos (Dt. 25:1; 2 S. 15:4), defiende al pobre (Sal. 82:3; pero cp. Lv. 19:

15), vindica al inocente y condena al culpable (1 R. 8:32; Pr. 17:15).

Generalmente la expresión "declarar justo" se usa en voz pasiva: en el sentido más profundo y teológico, el hombre es justificado por Dios (cp. Is. 45:25; 53:11). El AT desaprueba la soberbia de los que pretenden "justificarse" a sí mismos (Job 9:20; 32:2; cp. Is. 43:9,26). Dios, el juez por excelencia, "no justificará al impío" (Éx. 23:7) ni "de ningún modo absolverá al culpable" (Éx. 34:7; cp. Nm. 14:18s.; Dt. 25:1). "El que justifica al impío [pero cp. Ro. 4:5] y el que condena al justo, ambos son igualmente abominables a Jehová" (Pr. 17:15). Medido con la norma de la perfecta justicia de Dios, según el AT, nadie es justo (Sal. 143:2; Is. 57:12; 64:6).

Sin embargo, en el AT la →justicia de Dios es un concepto característicamente salvífico. Los mismos pasajes, que afirman la inviolable justicia de Dios, proclaman también muchas veces su →misericordia perdonadora (Éx. 34:6-9; Nm. 14:18s.; Dt. 7:9; 32:35s.). En algunos pasajes, el →perdón divino se describe en términos que anticipan el concepto novotestamentario de la j. Abraham creyó la promesa de gracia divina, y Dios se lo contó por justicia (Gn. 15:6; cp. Dt. 24:13). Ante la frecuente pregunta, "¿qué necesita un hombre para ser acepto ante Dios?" (v.g. Ez. 18:5-9), el autor bíblico responde en efecto: la fe. Siglos después, Pablo vería en Gn. 15:6 un testimonio de la j. por la fe, como también en Gn. 12:1ss. (Gá. 3:8, 16) y Gn. 17:5-10 (Ro. 4:9-18; Gá. 3:16), y aun interpretaría la circuncisión como "sello de la justicia de la fe que (Abraham) tuvo estando aún incircunciso" (Ro. 4:11).

También algunos salmos anticipan el concepto novotestamentario de la j. Según Sal 32:1s., perdonar equivale a no imputar el pecado (cp. Ro. 4:7s.), en Sal. 130:3s, y 7s. se reconoce que nadie puede "mantenerse" como justo ante Dios, pero a la vez afirma su "abundante redención" y "perdón de todos los pecados" (cp. Sal. 24:5; 51:1-6).

En los libros proféticos la doctrina de la j. se desarrolla aún más; sobre todo en Is. 40–66. El →Siervo sufriente, como abogado defensor (cp. Is. 50:8; Ro. 8:33s.), "por su conocimiento justificará a muchos, y llevará las iniquidades de ellos" (53:11). La j. de Israel vendría de Dios (Is. 45:21-25; 54:17; cp. 1:18), quien los vestirá de justicia (Is. 61:10). Según Jeremías, Jerusalén volvería a ser morada de justicia (Jer. 31:23) y se llamará "Jehová, justicia nuestra" (Jer. 23:6; 33:16). Se anuncia al Mesías como "el Justo", y a los suyos como "los justos" con la justicia escatológica del reino venidero (*Odas de Salomón* 25:10; 2 *Esdras* 8:36).

Según Hab. 2:4, "el justo, por su fidelidad vivirá" (BJ). Y el contexto parece señalar que el justo Judá escapará al fin de la muerte, mientras los caldeos perecerán (Hab. 1:5-17). La LXX, cuya versión cita el NT, lo modifica:

"Mas mi justo-por-fe vivirá", con lo cual recalca la fe del justo. Más tarde Pablo aplica el texto, entendido a la luz de la LXX y de Qumrán, a la fe personal en Cristo (Ro. 1:17; Gá. 3:11), mientras Heb. 10:38 lo aplica a la paciencia de los santos en medio de la tribulación.

II. EN LOS EVANGELIOS Y HECHOS

El verbo "justificar" (*dikaióo*) aparece en varios contextos: (1) Los judíos "justificaban a Dios" cuando eran bautizados por Juan (Lc. 7:29). Con el mismo sentido de "vindicación", se dice que "la sabiduría es justificada por todos sus hijos" (Mt. 11:19; Lc. 7:35). (2) Los hombres pretenden justificarse a sí mismos por sus méritos propios, pero apelan a pretextos evasivos (Lc. 10:29) o a la hipocresía (Lc. 16:15). (3) En el juicio final, los hombres serán justificados o condenados por sus palabras (Mt. 12:37). Este sentido jurídico-escatológico del término es el trasfondo del pensamiento paulino (aunque Pablo hace hincapié en que este juicio y esta j. se realizan ahora mismo, y por fe, Ro. 3:21-26). Aunque los Evangelios no usan el sustantivo → "justicia" en el sentido paulino forense de la j., sí ven "la justicia" como un don de Dios (Mt. 5:6,10) y la refieren a la vida del reino de Dios, traído por Jesús (Mt. 6:33).

Además, en dos pasajes Lucas emplea el verbo "justificar" en el sentido paulino. El publicano penitente, en contraste con el fariseo que confiaba en su propia justicia, "descendió a su casa justificado" (Lc. 18:14). Este mismo sentido aparece en Hch. 13:38s. en un sermón de Pablo; el perdón de pecados mediante Jesús significa que "en él es justificado aquel que cree".

III. EN PABLO

El concepto de la j. se elabora y profundiza, especialmente en Ro. y Gá. y llega a ser el meollo de la soteriología paulina. La justicia de Dios es "de la fe" (Ro. 4:11,13; cp. Gá. 2:16; 3:8), "la justicia de Dios por medio de la fe en Jesucristo" (Ro. 3:22; Fil. 3:9). Pablo contrasta constantemente esta j. evangélica con "la justicia por las obras de la ley" (Ro. 9:31s.; cp. 10:5) y con "mi propia justicia" (Ro. 10:3; Fil. 3:9).

El principio de la justicia legal es "haced esto, y viviréis" (Ro. 10:5; Gá. 3:10-12); el principio de la j. evangélica es "creed, confesad, y seréis salvos" (Ro. 10:9s.; Gá. 3:6-9).

En su misión a los gentiles y su polémica contra el legalismo judaizante, Pablo proclama que el creyente recibe la j. de Dios gratuitamente y ahora, puesto que es impartida por Dios en Cristo y recibida por la → fe (Ro. 5:1,17). Según Ro. 3:21-31, no depende de las buenas → obras, ni de nuestra obediencia a la → ley (en particular, a la demanda de la → circuncisión); depende más bien de la → gracia divina para evitar toda jactancia humana. Lejos de fluir de algún merecimiento humano (Ro. 4:4s.; Fil. 3:9), la salvación es de pura gracia, y no puede

derivarse de una mezcla de gracia y obras (Ro. 3:28, 11:6; Gá. 2:14-21; 5:4; →CONCILIO DE JERUSALÉN).

Pablo expresa esta verdad quizás en los términos más drásticos en Ro. 4:2-7: "al que no obra, sino cree en aquel que justifica al impío, la fe le es contada por justicia". En un nivel literal, esta atrevida expresión contradice textualmente las muchas expresiones antiguotestamentarias de que Dios no justificará nunca al impío (Éx. (23:7; Dt. 25:1; Is. 5:23). Pero en un nivel mucho más profundo esto corresponde rotundamente a la realidad antiguotestamentaria (Dt. 7:7s.; 9:6; 26:5; Jos. 24:2; cp. Gn. 18:23). Aunque la expresión también chocara con la piedad judía del tiempo de Pablo, sigue con toda fidelidad al ejemplo y el espíritu de Jesús, quien vino a llamar pecadores, comía con publicanos, los declaraba justificados y "murió por los impíos" (Ro. 5:6; cp. 1:18).

La frase, quizá con cierta paradoja intencionalmente chocante, subraya el carácter netamente gratuito de la j. y también su carácter vicario; al impío le es atribuida la "justicia ajena" de Cristo (2 Co. 5:21). Sin embargo, la j. no consiste en que Dios haga piadosos a los impíos y luego los acepte ("j. analítica"), sino en que declara "aceptos" ante él a los impíos e injustos, por la justicia imputada e impartida de Cristo, y así comienza a transformar toda la vida. La justificación nunca debe confundirse con la → santificación ni divorciarse de ella.

IV. LA FE Y LA IMPUTACIÓN

Si la gracia de Dios es la fuente de la j., la fe es el medio por el cual Dios la imparte (Ro. 4:16 BJ; Ef. 2:8-10), en radical antítesis con las obras de la ley o los méritos de la justicia propia. En el evangelio, potencia de Dios para todo aquel que cree, "la justicia de Dios se revela por fe y para fe" (Ro. 1:17). Esta fe se describe como creer en Jesucristo (Ro. 3:22; 26) y confesarlo como Señor (Ro. 10:9s.); es "someterse a la justicia de Dios" (Ro. 10:3). Esta clase de fe viva actúa por el → amor (Gá. 5:6; 1 Ts. 1:3) y, como la de Abraham, fructifica en "la obediencia de la fe" (Ro. 1:5; cp. 6:17). La fe une al creyente con Cristo (Ef. 3:17) mediante el Espíritu Santo (Gá. 3:1-5), y la introduce en una esfera nueva (Ro. 5:21).

Para Pablo, Abraham es el prototipo incontrovertible de la j. por la fe. (Ro. 4:3-11,22s.; Gá. 3:6), pero su fe no tiene el carácter de una obra meritoria en sí misma, como creían muchos rabinos. Contra la interpretación judaica de Gn. 15:6 como "imputación por deuda" (Ro. 4:4, donde esta expresión refleja tal interpretación, en el sentido helenístico de inscribir en el cielo los logros y virtudes de Abraham) Pablo insiste en el sentido original del texto como una imputación por gracia.

Por medio de diversos verbos, Pablo muestra una elaborada teología de la imputación. Aunque "donde no hay ley, no se inculpa (cp. Flm.

18) de pecado" (Ro. 5:13; cp, 4:15); sin embargo, la muerte reinó desde → Adán hasta Moisés (Ro. 5:14) porque "por la transgresión de uno vino la condenación a todos los hombres" (Ro. 5:18) y "por la desobediencia de un hombre los muchos fueron constituidos pecadores" (Ro. 5:19s.). Por tanto Cristo, nuestro representante, ha asumido la maldición del pecado por nosotros (2 Co. 5:21; Gá. 3:13); es decir, Dios identificó jurídicamente a Jesús con el pecado, e hizo que pesara sobre él la maldición inherente al pecado. Dicho con otras palabras, "Dios estaba en Cristo, reconciliando consigo al mundo, no imputándoles (cp. Hch. 7:60; Ro. 3:25) a los hombres sus pecados" (2 Co. 5:19). Cristo "nos es hecho . . . j." (1 Co. 1:30), "para que fuésemos hechos justicia de Dios en él (2 Co. 5:21). Así que a nosotros también "la fe nos es contada por justicia" (Ro. 4:24s.), y recibimos "la justicia que es por la fe de Cristo, la justicia que es de Dios por la fe" (Fil. 3:9).

Cabe aclarar en cuanto a la "imputación" que ésta no es una mera transacción extrínseca, y que precisamente ese concepto de "contabilidad celestial" es el que Pablo rechaza en Ro. 4:3-5. Quizá por eso Pablo no dice que la idéntica justicia de Cristo se pone a nuestra cuenta, sino más bien que Dios nos imparte "la justicia que es por la fe de Cristo", cuando el contraste lógico a "mi propia justicia" hubiera sido "la justicia de Cristo". Identificados vitalmente con Cristo, nos sujetamos a la justicia de Dios, de modo que "Cristo nos ha sido hecho por Dios sabiduría, j., santificación y redención" (1 Co. 1:30; cp. 6:11).

V. EL SACRIFICIO DE JESÚS

Todo el pensamiento de Pablo gira en torno a "Jesucristo, y a éste crucificado" (1 Co. 2:2), y esta perspectiva transforma también su visión de la j. La obra vicaria de Jesús es la base indispensable de la salvación, pues estamos "justificados en su sangre" (Ro. 3:24ss. 5:9). Como Segundo Adán, él ha realizado el acto de obediencia (Ro. 5:19) y justicia (Ro. 5:18) que constituye nuestra j. Hecho maldición por nosotros en la cruz, nos ha justificado y en esa forma la bendición abrahámica de Gn. 12:3 se ha cumplido y extendido a los gentiles (Gá. 3:14).

El lenguaje acerca de la cruz en Ro. 3:24ss. es sacrificial y tiene por trasfondo la liturgia del → día de la expiación según Lv. 16, con su triple confesión de pecado (cp. Ro. 3:23) y el derramamiento de sangre sobre el propiciatorio. Este era a la vez lugar de expiación y de revelación de Dios (Éx. 25:22). De igual manera, ahora la persona de Cristo en su muerte es el lugar donde el juicio de Dios se ejecuta expiatoriamente y donde a la vez se manifiesta la justicia de Dios. La tensión mencionada en Ro. 3:26 entre la justicia de Dios y la j. del pecador, reconciliadas ambas en el sacrificio de Cristo, se describe en dos fases histórico-salvíficas: (1) Dios "pasó por alto en su paciencia los pecados pasados" en la época del AT, pero sólo con miras a (2) "manifestar en este tiempo su justicia", ahora, en el tiempo de cumplimiento.

San Pablo recalca también la relación entre la → resurrección de Cristo y nuestra j. La Resurrección señala contundentemente la eficacia redentora del sacrificio de Cristo aceptado y sellado por el Padre, y confirma también su triunfo cabal sobre el poder del → pecado (1 Co. 15:17). "¿Quién nos puede acusar? ", pregunta Pablo (Ro. 8:33s.), puesto que Dios es nuestro abogado defensor (cp. Is. 50:8) y, puesto que el único juez es el mismo que habiendo muerto por nosotros, resucitó triunfante e intercede por nosotros a la diestra del Padre (cp. Ro. 2:16; Jn. 5:21ss.). Justificados por la fe, resucitamos con Cristo a novedad de vida (Ro. 6:4ss.) en la semejanza de su resurrección, de modo que la justicia de la ley se cumple ahora en nosotros los que andamos conforme al Espíritu del que levantó a Cristo de los muertos (Ro. 8:1-11).

VI. FE Y JUSTIFICACIÓN EN SANTIAGO

La Epístola de → Santiago llama a una vida de "fe en acción" "sin acepción de personas" (2:1) y fructífera en amor (2:8) y obras (2:14-26). Desde esta perspectiva, el autor discute la j. y la fe en términos que a primera vista parecen incompatibles con todo lo que para Pablo era el evangelio. En cuanto a provecho o utilidad, Santiago cuestiona el que la fe pueda salvar (2:14). Concluye que la fe sin obras es muerta (2:17,26) y estéril (2:20); la fe co-actúa en las obras que de ella nacen, y llega a su plenitud en ellas (2:22). Santiago aún afirma tres veces que el hombre es justificado por las obras y no sólo por la fe (2:21,24,25). Apoya su conclusión en tres argumentos: (1) un argumento práctico basado en la futilidad de una caridad puramente verbal, sin expresión tangible (2:14-17); (2) un argumento teológico que insinúa lo demoníaco de una abstracta ortodoxia monoteísta, aunque sea adherencia teórico-verbal al credo más indispensable, el *shemá* (2:18s.; → JUDAÍSMO); (3) un argumento histórico, basado en Abraham y Rahab (2:20-26).

Es evidente que Santiago vive una situación distinta de la de Pablo y que ataca a un error diferente. Santiago no conoce la antítesis paulina de gracia y ley, fe y obras, sino se enfrenta a una religiosidad teórica, e insiste en la unidad integral de fe y acción (1:18,22). Curiosamente, apoya su conclusión respecto a Abraham en el mismo texto que cita Pablo (Gn. 15:6), pero lo transfiere de su contexto original del nacimiento de Isaac al momento posterior cuando la fe de Abraham "se perfeccionó" con el sacrificio del hijo prometido (Gn. 22). Pablo, en cambio, coloca la j. de Abraham por fe en su contexto original, en donde se acentúa precisamente la importancia y la pasividad de Abraham (Ro. 4:16-22), e insiste en que la promesa vino mucho antes del nacimiento y la circuncisión de Isaac (Ro. 4:9-12). Además, aunque ambos autores citan Gn. 15:6, Santiago no parece descubrir en esas palabras ningún concepto de imputación vicaria por representación. En general, Santiago no elabora una soteriología de la j. en este pasaje, sino más bien una ética de la fe puesta en acción. Sin embargo, todo su pensamiento, igual que el de Pablo, está totalmente ajeno al concepto de mérito y "justicia propia" del legalismo judío.

Algunos han pretendido ver en Stg. una polémica contra Pablo, o contra un "paulinismo distorsionado", pero otros, creyendo que Stg. fue escrita antes de Gá. y Ro., han sospechado que en algunos pasajes de estas otras dos epístolas Pablo corrige tácitamente a Santiago. Es más probable que los dos autores hayan escrito independientemente bajo circunstancias muy diversas, contra el transfondo común del judaísmo.

Con toda su diversidad de énfasis, Santiago y Pablo convergen en lo esencial como dos testigos de un mismo mensaje. Gran parte de la discrepancia es más bien semántica. Pablo también nos insta a ser hacedores y no sólo oidores de la ley (Ro. 2:13), señala que hemos sido llamados a buenas obras (Ef. 2:10, y otras 15 veces), y entiende "la fe que obra por el amor" (Gá. 5:6) como muestra de obediencia al evangelio (Ro. 1:5). De ninguna manera sirve la gracia como licencia al pecado (Ro. 6:1,12, 15-22). Tito 1:6 y 3:7-9, en el mismo espíritu de Stg. 2:18s., rechazan la profesión vacía, sin los hechos correspondientes, como abominación. Así pues, la fe por la que según Pablo el hombre es justificado, es también la fe que se realiza en acción, según Stg. 2:22. Y las obras que rechaza Pablo por insuficientes son "las obras de la ley", mientras que las obras, que Santiago afirma son indispensables para que el hombre pueda ser justificado, son de hecho "las obras de la fe", en las que también insiste Pablo.   J. E. S.

Bibliografía
P. Van Inschoot. *Teología del AT* (Madrid: Fax, 1969) pp. 108-117, 701-709, 722-733. G. Von Rad. *Teología del AT* I (Salamanca: Sígueme, 1972), pp. 453-489. Fries (ed.) *Conceptos fundamentales de la teología* II (Madrid: Cristiandad, 66), pp. 463-475. DTB, col. 557-566. M. Meinertz. *Teología del NT* (Madrid: Fax, 1966), pp. 262ss., 393-411. J. M. Bover. *Teología de San Pablo* (Madrid: B. A. C., 1961), pp. 74-133, 642-758. J. Jeremías. *El mensaje central del NT* (Salamanca: Sígueme, 1966), pp. 61-82.

JUSTO. Adjetivo aplicado al que practica la →justicia (Gn. 6:9; 1 S. 24:17; Mr. 6:20; Lc. 23:47,50; Tit. 1:8). A menudo se emplea como sustantivo (Gn. 18:23; Sal. 1:6; Hch. 3:14; Ro. 3:10). Entre los romanos se usaba como nombre propio, y era común tanto entre judíos como prosélitos.

1. Sobrenombre de José Barsabás, uno de los candidatos para llenar la vacante de Judas en el apostolado (Hch. 1:23).

2. Varón "temeroso de Dios" (→PROSÉLITO) de Corinto que facilitó su casa a Pablo para la predicación del evangelio (Hch. 18:7). Según algunos mss, llevaba también el nombre de Ticio, lo que indicaría que era romano; otros mss rezan "Tito J.".

3. Sobrenombre de un tal Jesús, colaborador judío de Pablo, que mandó saludos a los colosenses (Col. 4:11).   W. M. N.

JUTA. Ciudad en Judá, reservada para los levitas (Jos. 15:55; 21:16). Hoy existe 8 km al S de Hebrón un pueblo con el nombre de Yuttá.

En el original griego de Lc. 1:39, la falta del artículo antes de "Judá" ha provocado conjeturar que el versículo debiera decir: "María fue deprisa... a la ciudad de J.". En este caso J. sería la ciudad natal del Bautista.   W. G. M.

K

KEILA. Ciudad amurallada de Judá, ubicada en la → Sefela e identificada hoy con Khirbet Quila, a 14 km al NO de Hebrón. David la defendió contra el ataque de los filisteos y "les causó una gran derrota" (1 S. 23:5).

El rey Saúl se enteró de lo sucedido en K. mientras perseguía a David, y se encaminó hacia allá a fin de aprisionarlo. Dios le reveló a David que la gratitud de la ciudad no bastaría para protegerlo de su perseguidor, y por tanto, éste huyó de ahí al desierto de → Zif (1 S. 23: 13,14).

K. fue habitada después del cautiverio (Neh. 3:17,18). Algunos han alegado que aquí fue sepultado Habacuc.   W. M. N.

KHIRBET. Vocablo árabe que significa "ruina" o "lugar asolado". Se usa a menudo en los nombres toponímicos de ruinas en el Cercano Oriente, v.g. Khirbet-Qumrán = 'la ruina de Qumrán'.
                                    J. M. Br.

KIBROT-HATAAVA ('tumbas de la codicia'). Sitio desconocido, situado a un día del desierto de Sinaí (Nm. 33:16). Aquí los israelitas provocaron la ira de Jehová (Dt. 9:22) y "vino sobre ellos el furor de Dios" (cp. Sal. 78:31). Se acordaron de la alimentación de Egipto y se sintieron hastiados del maná (Nm. 11:5,6). Je-

hová les envió codornices, pero la codicia del pueblo fue tal que comieron desmedidamente. Jehová mandó una plaga que causó tantos muertos que el lugar fue llamado K.-h. (Nm. 11: 31-34).   D. J.-M.

KIR. Nombre de dos localidades en el AT.

1. Ciudad moabita, mencionada junto con Ar en la profecía de Isaías contra Moab (Is. 15:1). K. parece ser la misma ciudad de Kir-hareset (16:11), antigua capital de Moab, a unos 25 km al S del río Arnón y 15 al E del mar Muerto. Probablemente el rey moabita Mesa había levantado en K. un centro de culto al dios Quemos.

2. Ciudad asiria, en Mesopotamia, que servía como un centro para los asirios deportados (2 R. 16:9; Am. 1:5). Aproximadamente por el tiempo en que los israelitas salían de Egipto, también salían de K. algunas tribus arameas según Am. 9:7. Este v. parece ser estrofa de una canción o fragmento de una leyenda acerca del éxodo de K. a Damasco, muy parecido al de Israel de Egipto. Lo menciona el profeta para ilustrar el horror de los hebreos a un nuevo exilio en Egipto.

Otra ciudad de nombre K. se menciona también en Is. 22:6, pero junto con Elam. Se desconoce su ubicación exacta.   J. M. A.

L

LABÁN. **1.** Hijo de Betuel (hijo de Nacor, el hermano de Abraham) y hermano de → Rebeca, la esposa de Isaac. Recibió al siervo de Abraham, le brindó su hogar y accedió a la petición respecto al matrimonio de su hermana Rebeca con Isaac (Gn. 24:29-51).

Más tarde, L. recibió también a → Jacob, hijo de Rebeca (Gn. 29:13,14). Le dio posada y trabajo, y valiéndose de un engaño explicable dentro de las normas tribales de su tiempo también le cedió sus dos hijas (Gn. 29:19-30). Dios prosperaba y enriquecía a Jacob, pero esto provocó la envidia en el corazón de L. y la amistad desapareció entre ambos. Dios, entonces, ordenó a Jacob salir y volver a la tierra de su nacimiento (Gn. 31:13). L. lo persiguió pero, debido a la amonestación de Dios, no le hizo daño alguno (Gn. 31:24,29).

Parece que L. reconocía a Jehová, pero no como Dios suyo (Gn. 31:29), antes bien era idólatra (Gn. 31:30).

2. Lugar en la península de Sinaí (Dt. 1:1).

H. P. C.

LABIOS. Término que en heb. se usa figuradamente para referirse a la orilla o borde del mar o del río (Gn. 22:17; 41:3; Heb. 11:12).

De acuerdo con el modo de pensar hebreo los órganos humanos sienten y actúan por sí mismos. Los l. hablan y se regocijan (Job 27:4; Sal. 71:23). Conservan el conocimiento y ofrecen alabanzas (Sal. 63:3; Pr. 5:2). En Pr. 16:23 los l. se encuentran en íntima relación con el → corazón.

A. R. T.

LADRILLO. Material de construcción muy antiguo. Hasta donde sabemos, se utilizaba en Babilonia, Asiria, Egipto y Palestina. Se fabricaba con barro pisado (Nah. 3:14). En su producción también se empleaba la paja y el rastrojo (Éx. 5:10-19). Se le llama l. cuando está cocido al horno (Gn. 11:3), pero adobe cuando solamente se seca al sol (Ez. 4:1).

En los tiempos bíblicos el l. se utilizó en la construcción de la torre de → Babel (Gn. 11:3), de ciudades (Éx. 5:8,14; 2 S. 12:26-31), altares

(Is. 65:3), pisos (Jer. 43:9) y como material de escritura y dibujo (Ez. 4:1). A pesar de haber sido utilizado por los constructores de Babel como material resistente, con el correr del tiempo fue substituido por otros materiales de mayor duración como la cantería (Is. 9:10).

A. P. P.

La fabricación de ladrillos fue el trabajo con que más se oprimió a los israelitas en Egipto. En los monumentos egipcios están pintadas las diversas operaciones de esta tarea.

LADRÓN. Persona que por la violencia, la astucia, o el engaño se adueña de los bienes de otro. En Palestina, y en general en todo el ambiente bíblico, el l. era considerado un grave pecador (Éx. 20:15; Lv. 19:11; Dt. 5:19 → ROBO). Moralmente, ni el hecho de robar por necesidad le eximía de culpa (Pr. 6:30). Jeremías considera el robo tan vil como el asesinato, el adulterio o la blasfemia (7:9).

El NT confirma las prohibiciones del AT y desprecia igualmente al l. (Mr. 10:19; Lc. 18:20; Ro. 13:9; 1 Co. 6:10; Ef. 4:28; 1 P. 4:15). Sin embargo, la figura del l. adquiere notables matices metafóricos. Se dice que el Hijo del Hombre (Mt. 24:43s.), el día del Señor (1 Ts. 5:2,4) y el Señor (2 P. 3:10; Ap. 3:3; 16:15), vendrán como l. en la noche.

Pilato comparó a Jesús con un l. (Mt. 27:17). Jesús fue crucificado entre dos l., cumpliendo una profecía (Mr. 15:27; cp. Is. 53:12). y de ellos uno se arrepintió (Lc. 23:39-43).

C. R.-G.

Faraón puso sobre los israelitas cuadrilleros y capataces que los azotaban cruelmente (véase la figura extrema derecha superior) cuando no producían el número de ladrillos requerido.

LAGAR. Traducción de *gat*, palabra heb. que técnicamente se refiere a la parte superior de la plataforma donde se pisan las uvas con los pies descalzos (Is. 63:1-3; cp. Jue. 6:11). *Yekeb* (Nm. 18:27) era la parte inferior en donde caía el zumo exprimido, pero también se traduce por "l.". A veces el jugo se colaba o filtraba a través de tres o cuatro l. antes de almacenarlo en cántaros.

Los l. se construían en la falda de algún cerro, o se excavaban en la roca (Is. 5:2). También se construían en la tierra usando una mezcla semejante al cemento. Variaban de tamaño, pero siempre era más grande la parte superior. Eran cuadrados o circulares de 40 a 60 cm de profundidad. Un tubo o canal unía las dos partes, y por él pasaba el zumo. A veces se obtenía la primera fermentación en la parte inferior, y después guardaban el mosto en cántaros (Hag. 2:16).

La vendimia siempre era época de regocijo. Cuando las uvas estaban maduras los hombres dejaban sus casas y vivían en tiendas y chozas entre las viñas para poder trabajar sin interrupción. Solían gritar y cantar mientras pisaban las uvas en los l. (Is. 16:10; Jer. 25:30; 48:33). Se manchaban la ropa y la piel pisando el l. (Is. 63:1-3; cp. Ap. 19:13-15). Probablemente Is. 27:2 y 65:8 sean trozos de canciones típicas de aquella época.

A veces usaban vigas de madera para exprimir las uvas. Más tarde se hizo mediante un sistema mecánico, pero siempre se prefería el vino de uvas pisadas por pies humanos.

Puesto que la recolección de aceitunas no coincidía con la de las uvas, solían usar el mismo lagar para hacer aceite de olivas (Mi. 6:15).

J. E. G.

LAGARTO, LAGARTIJA. Pequeño reptil de sangre fría (Lv. 11:30), muy semejante a la serpiente, aunque tiene cuatro patas y puede identificarse fácilmente por la cabeza y la cola. Su cuerpo es de color verdoso salpicado con marrón. En la Tierra Santa se conocen más de 40 especies, y la más común es la *lacerta viridis* y sus variedades. Viven entre las piedras del desierto o entre las ruinas. Aunque a los israelitas les era prohibido comerlas, parece que los beduinos consumían algunas variedades en tiempo de necesidad.

Por ser animal inmundo, la persona o cosa que tocara un l. muerto sería inmunda hasta la tarde (Lv. 11:31). (→ Ilus. DESIERTO).

A. P. G.

LAMEC. Nombre de etimología incierta, posiblemente derivado de una palabra árabe que significa 'un joven fornido'. L. aparece en la genealogía de Gn. 4:18-24, como hijo de Metusael, de la línea de Caín, y en la de Gn. 5:25-28,30,31, como hijo de Matusalén, de la línea de Set. De este hecho algunos eruditos han deducido que hubo dos tradiciones sobre un mismo L., pero en contra de esto está la profunda diferencia en el carácter de ambos.

En la genealogía de Gn. 4:18-24, los tres hijos de L. figuran como padres de tres tribus nómadas: una de pastores, otra de músicos y otra de trabajadores metalúrgicos. Parece que se ha querido explicar el aparecimiento de tales grupos dentro de la sociedad humana, y el aumento de la maldad a medida que crecía la civilización, cuyo ejemplo es el canto de L. (Gn. 4:23,24).

J. M. A.

LAMENTACIONES, LIBRO DE. Libro leído en las sinagogas el día de luto por la destrucción del templo (el 9 de Ab = jul./ago.). El nombre en las versiones cristianas se deriva del que se halla en la LXX: *threnoi* ('endechas' o 'lamentos'), que fue traducido *Lamentationes* en la Vul. El título hebreo *eka* ('¡cómo! '), clásica exclamación hebrea de lamento (1:1; 2:1; 4:1).

Consta de cinco poemas en forma de endechas o lamentos fúnebres, de los cuales los cuatro primeros forman un acróstico; cada línea empieza con letras sucesivas del alfabeto hebreo (cp. Sal. 119). Esto sirvió no sólo para facilitar la memorización, sino para expresar más plenamente la totalidad del dolor, a lo cual contribuye también el ritmo de las líneas breves y plañideras del cap. 3 y el constante contraste entre la brillante situación anterior y aquella humillante en que la desgracia lamentada ha sumido a la ciudad (1:1; 4:1,2).

La ocasión histórica de los poemas es la toma y destrucción de Jerusalén por los caldeos (586 a.C.). Aunque no se ofrece prueba histórica directa (excepto 4:22) la coincidencia con las descripciones de los últimos días de Judá son inconfundibles (sitio: 2 R. 25:1,2; Lm. 2:22; 3:5,7; hambre: 2 R. 25:3; Jer. 37:21; Lm. 1:11,19; 2:11,12,19,20; 4:4,5,9,10; fuga del rey: 2 R. 25:4-7; Lm. 1:3,6; 2:2; 4:19,20; saqueo del templo: 2 R. 25:13-15; Lm. 1:10; 2:6,7; incendio del templo, palacio, etc.: 2 R. 25:8,9; Lm. 2:3-5; 4:11; 5:18; matanza de los dirigentes: 2 R. 25:18-21; Jer. 39:6; Lm. 1:15; 2:2,20; cautiverio de los habitantes: 2 R. 25:11,12; Lm. 1:1,4,5; 2:9,14; 3:2,19 y muchas otras. Aunque el tercer poema es individual, se trata de una personificación de Judá (cp. 1:13-16). Son, por tanto, lamentos nacionales, probablemente utilizados en el culto durante los días de ayuno y arrepentimiento (cp. Zac. 7:1-5). Lm. en sí mismo es anónimo, pero generalmente ha sido atribuido a Jeremías por la LXX y la Vul., siguiendo una tradición judía, tal vez basada en 2 Cr. 35:25. Este pasaje se refiere a la muerte de Josías y no da base para atribuir Lm., a Jeremías. Los eruditos han debatido la posibilidad aduciendo razones de estilo, ideas dominantes y las circunstancias de la vida de Jeremías, pero han llegado a conclusiones opuestas (cp. NBD. y IDB, *Lamentations*). En todo caso, se trata de un testigo (o varios) de la caída de Jerusalén y no puede ser posterior al retorno en 538 a.C.

El mensaje combina el elemento sacerdotal, el profético y el de la sabiduría (NBD). La angustia del pueblo desolado es presentada a Dios en oración. Pero junto a esta oración intercesora, está el reconocimiento profético: el desastre es un juicio de Dios, Judá ha caído a causa de su pecado. Dios, sin embargo, castiga para llamar al arrepentimiento (3:25-30) y no dejará de confirmar su pacto (3:19-24). Al mismo tiempo, junto con los libros de sabiduría, Lm. escudriña el misterio del sufrimiento y la voluntad de Dios.   J. M. B.

LÁMPARA. Utensilio que en la remota antigüedad no era más que una vasija de barro cocido o metal con una mecha impregnada de aceite. Las había de múltiples formas, sencillas en su mayoría; otras eran joyas de arte por su forma, inscripciones y grabados. Se utilizaban para iluminar la casa (Job 18:6), para buscar alguna cosa en la obscuridad (Sof. 1:12; Lc. 15:8-10), en acciones bélicas (Jue. 7:16,20), para asistir a bodas y otras festividades (Mt. 25:1-13), y para alumbrarse en el camino (Jn. 18:3).

Según algunas versiones, las palabras antorcha, tea, luz, etc. son sinónimos de l. (Jue. 15:4; Mr. 4:21; Jn. 5:35). Posiblemente había diferencia entre l. y antorcha pero el uso de estos utensilios era uno mismo. De aquí que algunas versiones antiguas de la Biblia incluso traduzcan candela o vela en vez de l. (RV 1909: Pr. 20:27; 24:20; 31:18). Esto se ha corregido en las versiones nuevas porque las candelas o velas no se conocían en aquella época. Los siete "candeleros" que representan las siete iglesias del Ap. probablemente deben entenderse como l. (1:12ss.), asimismo los que representan a los dos testigos (11:4; cp. Heb. 9:2).

La l. que ardía era emblema de prosperidad (1 R. 11:36; 15:4 Job 21:17), y debía permanecer encendida toda la noche, como en el tabernáculo (Éx. 27:20; Lv. 24:1-4). La l. apagada indicaba muerte, ruina y maldición (Job. 18:5,6; Pr. 13:9; Jer. 25:10,11). Además, la l. se utilizó como símbolo del culto (Éx. 30:8), de perpetuidad (1 R. 11:36), y de las Sagradas Escrituras (Sal. 119:105; 2 P. 1:19).

A. P. P.

Las lámparas de los antiguos, llamadas luces o candelas en la Biblia, eran tazas y vasijas de muchas formas convenientes y primorosas, y podían ser llevadas en la mano o tenerse fijas en su aparador.

LANA. Pelo fino de la oveja o cabra. Los hebreos la empleaban de preferencia para tejer sus géneros, pero también como pago de deudas o como tributo (2 R. 3:4). En el Oriente era artículo precioso (Job 31:20; Pr. 31:13; Os. 2:5). Se daba a los sacerdotes como ofrenda de primicias (Dt. 18:4).

El profeta Isaías encuentra en la blancura de la l. un símbolo del cambio que Dios opera en los pecadores (Is. 1:18). Era también símbolo de pureza (Ap. 1:14). En Jue. 6:37 se habla de un milagro hecho a → Gedeón con un "vellón de l."   M. V. F.

LANGOSTA. Insecto del que más se ocupa la Biblia por su importancia como elemento destructor. Pertenece al orden de los ortópteros llamados saltadores, y constituye verdaderas plagas invasoras. Se la designa con nueve distintas palabras hebreas, pero no siempre es posible decir si todas señalan distintas especies o los distintos estados de la metamorfosis de una misma. Su presencia en la Biblia se destaca por haber constituido una de las diez → plagas de Egipto (Éx. 10:4-6).

El grabado muestra las lámparas de Palestina, en serie, desde tiempos patriarcales a la era del NT. Nótese la progresión desde un tipo sencillo de plato abierto o concha hasta un vaso cerrado con la abertura arriba.   AU

En Lv. 11:21-23 se señalan dos tipos de l.: uno que estaba permitido comer y otro prohibido. En el tipo comestible (Mt. 3:4) se incluyen: la l. incontable o l. que llega; el langostín, que devora; el *argol* que galopa; y el *argal*, que salta. Estos nombres, dos de los cuales aparecen en el texto castellano sin traducción, más bien corresponden a los distintos estados de desarrollo de la l.: la adulta que pone el huevo; la larva que sale del huevo; la saltona con alas en crecimiento y la adulta lista para volar de nuevo. Joel da también una detallada descripción de estos cuatro estados de desarrollo: "oruga", en lenguaje técnico larva, primera fase del desarrollo; "saltón" que corresponde a el ninfa con las alas más desarrolladas; el "revoltón" con alas más crecidas y la "l.", el insecto adulto (Jl. 1:4; 2:25).

En Jl. 2:1-7 se compara admirablemente una nube de l. con una invasión guerrera. Sus características son la voracidad, devastación, destrucción, hambre y pestilencia. Es como un ejército de caballería que arrasa con todo a su paso.

Las menciones principales de la l. en cuanto a número son: Jue. 6:5; 7:12; Jer. 46:23; 51:14; como motivo de oración: 1 R. 8:37; como castigo: Am. 4:9; en sentido figurado: Nm. 13:33; Job 39:20; Ecl. 12:5; Is. 33:4; 40:22; Jer. 46:23; Nah. 3:15; Ap. 9:3-7; y como ejemplo de sabiduría: Pr. 30:27.

S. C.

LANZA. Arma arrojadiza de guerra y cacería, hecha de una vara larga, con punta de piedra, bronce o hierro. Los líderes militares portaban l. y el levantarlas era señal de ataque. Josué levantó su l. cuando los israelitas atacaron a Hai (Jos. 8:18-26). El gigante →Goliat llevaba l. cuando peleó contra David (1 S. 17:7,45).

Los egipcios usaban l. en tiempos de los profetas (Jer. 46:4), y durante la era intertestamentaria constituía el arma principal de los griegos. Un soldado romano abrió el costado de Jesús con una l. (Jn. 19:34).

El soldado que llevaba lanza se llamaba lancero. Doscientos lanceros romanos acompañaron a Pablo en su viaje a Cesarea (Hch. 23:23). Tito llevó miles de lanceros para subyugar a Jerusalén (70 d.C.).

En el reino mesiánico las l. se convertirán en hoces (Is. 2:4).   A. C. S.

La langosta es el insecto que se menciona con más frecuencia en la Biblia. Se multiplica rápidamente y en enormes cantidades, y al emigrar, consume todo lo que encuentran a su paso, devastando sembrados y animales, como consta en las fotografías de un higuerón al dorso.   MPS

LAODICEA. Ciudad en Asia Menor, situada en Frigia, en el valle del Lico. Fue fundada por el seleúcida Antíoco II (siglo III a.C.) y nombrada en honor de su esposa Laodice. Era una ciudad tan próspera en su comercio, que después de un terremoto desastroso en 60 d.C., se dio el lujo de rehusar el subsidio imperial ofrecido para su reconstrucción (cp. Ap. 3:17). Su situación sobre una transitada carretera hizo de ella un centro bancario (cp. Ap. 3:18a); sus productos distintivos eran ropas de una brillosa lana negra y polvos medicinales (cp. Ap. 3:18b,c). Sin embargo, tenía la desventaja de que su ubicación la obligaba a abastecerse de

Un higuerón en Jerusalén, en plena floración, antes de la invasión de las langostas. A la derecha, el mismo árbol quince minutos después, totalmente desnudado por los insectos. Bien se compara una nube de langostas con una invasión guerrera.   MPS

agua desde las termas de Hierápolis por una red de tubería; el agua llegaba tibia y provocaba vómitos en muchos casos (cp. Ap. 3:15s.).

Es probable que el evangelio llegara temprano a L. (Hch. 19:10) por agencia de Epafras (Col. 4:12s). Pablo menciona a la iglesia de allí (Col. 2:1; 4:13-16), pero no sabemos que la haya visitado. Lo cierto es que ella mantuvo buena relación con las comunidades vecinas en → Hierápolis y → Colosas. Pablo también menciona (Col. 4:16) una carta dirigida a L. que algunos identifican con Ef. o Flm., pero posiblemente fuera una carta paulina que se perdió. La mención originó (siglo IV) una espuria *Epístola a los laodicenses*. La séptima de las cartas de Ap. 2,3 se dirige en tono represivo al "ángel de la iglesia en L.".   R. F. B.

LAPIDACIÓN. → APEDREAMIENTO.

LAQUIS. Ciudad de Judá entre Jerusalén y Gaza, en la ladera occidental de la Sefela. Por su situación al lado del camino principal entre Egipto y las tierras del N, fue un punto estratégico desde los tiempos más antiguos.

Vista de las excavaciones que se realizan en el montículo de Laquís, que dan idea de la gran extensión que tenía la histórica ciudad.   MPS

Los arqueólogos afirman que los alrededores de L. estuvieron poblados desde el milenio VIII a.C. Los primeros pobladores vivieron en cuevas y después de 2800 a.C., en el sitio que se identifica con L. Durante 1550-1200 L. era cabecera de una provincia de Egipto y gozaba de un alto nivel de vida. Aunque la ciudad estaba bajo el dominio egipcio, la religión era la de los cananeos de aquella región, y las ruinas del templo proporcionan valiosa información acerca de la religión cananea.

La ciudad fue destruida por fuego *ca.* 1200 a.C., incendiada probablemente por los israelitas cuando entraron en la región y derrotaron a Jafía rey de L. (Jos. 10:3). Por iniciativa de David o de Salomón se reedificó. Roboam la fortificó (2 Cr. 11:5-12), y durante 900-700 fue una de las ciudades más grandes e importantes de Judá.

En 701 Senaquerib rey de Asiria subió contra las ciudades fortificadas de Judá (2 R. 18:13ss.). Aunque L. resistió valientemente, al fin sucumbió y hay todavía muchas señales de su destrucción. Senaquerib mandó construir para su palacio en Nínive una serie de murales de piedra con escenas de esa batalla.

Durante el avance de Nabucodonosor contra Judá, un militar colocado en una avanzada de L. le mandó al comandante del ejército de Judá informes sobre los movimientos del enemigo, escritos sobre pedazos de alfarería. Hoy día se conocen como "las cartas de L.". Son testimonio elocuente de los últimos años de Judá. Constituyen, además, documentos importantes para el estudio del idioma → hebreo, tal como se escribía durante el tiempo de Jeremías.

Ca. 450 a.C. L. renació de nuevo, y por tres siglos floreció bajo los reyes persas y helenos (cp. Neh. 11:30).   J. H. W.

LASA. Ciudad fronteriza de los cananeos (Gn. 10:19). Se desconoce el sitio exacto, pero ha sido comparada con "Lesem" de Jos. 19:47; "Lais" según Jue. 18:29. Jerónimo la identificaba con Callirhoe, un valle al lado E del mar Muerto.　　　　　　　　　　　　　　J. M. A.

LASEA. Ciudad de Creta situada en la costa sur a 8 km al E de →Buenos Puertos, visitada probablemente por San Pablo durante su viaje a Roma (Hch. 27:8).　　　　　　　　A. T. P.

LATÍN. Dialecto de los latinos, grupo que habitaba el valle del Tíber, hablado principalmente en Roma. Llegó a ser el idioma del mundo alrededor del Mediterráneo gracias a las conquistas políticas del Imperio Romano, y posteriormente fue mejor conocido por la obra literaria de autores tales como Cicerón, Lucrecio, Virgilio y otros. Es miembro de la subfamilia itálica de las lenguas indoeuropeas, y se menciona una vez en el NT (Jn. 19:20; los mejores mss de Lc. 23:38 lo omiten).

Posiblemente Pablo hablara l., dado que en la época apostólica se encuentran muchos indicios de este dialecto. Es difícil percibir la influencia del l. en la sintaxis del NT; pero hay muchas palabras latinas, en particular los nombres propios, y veintisiete términos comerciales, militares y jurídicos que aparecen transcritos al gr. Durante la Edad Media, el l. mantuvo su prestigio literario y fue el vehículo de casi toda la literatura y de la ciencia.　　　J. M. A.

LAUREL. Árbol que aunque abunda en Palestina no se menciona en la Biblia. La palabra que RV traduce por "l." en Sal. 37:35 significa simplemente "nativo". El pasaje compara al impío con un "árbol vigoroso en su suelo nativo" VM. BJ y otras enmiendan el texto siguiendo LXX y rezan "cedro del Líbano".　　　J. A. G.

LAVADOR. Persona dedicada a lavar ropa y a blanquearla. Como en los tiempos bíblicos los vestidos eran costosos, el l. era persona importante y muy buscada. El lavado se hacía machacando o majando la ropa, pero hay indicios de que se usaban substancias vegetales o minerales: un "jabón de l." (Mal. 3:2c). En Jerusalén, fuera de los muros del O de la ciudad y cerca de un acueducto, había un amplio espacio apartado para l. (2 R. 18:17; Is. 7:3; 36:2).

Al referirse Marcos a la transfiguración, habla de la blancura de los vestidos de Jesús como de una pureza tal que "ningún l. en la tierra los puede hacer tan blancos" (Mr. 9:2,3). (→LAVAMIENTO).　　　　　　　　　　　M. V. F.

LAVAMIENTO. Pese a la escasez de agua en las tierras bíblicas, toda persona respetable procuraba la limpieza del cuerpo. Era norma lavarse las manos antes y después de comer. Como los caminos eran polvorientos, los viandantes debían lavarse los pies antes de entrar en una casa. Este era trabajo de esclavos o de siervos inferiores (Jn. 2:6; 13:5). El descuido de esta atención constituía una grave descortesía por parte del anfitrión (Lc. 7:44).

I. USO RITUAL Y SIMBÓLICO EN EL AT

Pasajes como Lv. 15 muestran lo imperioso que era para un israelita el l. de todo el cuerpo, cuando se veía envuelto en algún acto o circunstancia que lo hacía ceremonialmente inmundo. Sin esta limpieza no podía participar en actividades de carácter religioso (Éx. 19:10; cp. Heb. 9:13). El l. tenía especial importancia en la consagración y el servicio de los →sacerdotes (Lv. 8:6). El lavacro (o fuente) de bronce (Éx. 30:17-21) se colocaba entre el altar de holocaustos y la puerta del →tabernáculo, y era indispensable para el l. de los sacerdotes antes y después de sus actos rituales.

Aparte la higiene, en el AT el l. contrastaba lo inmundo de los hombres con lo consagrado al servicio de Dios. El agua borraba las impurezas físicas y, a la vez, representaba la purificación del alma. Así lo entendían David (Sal. 26:6; 51:7) e Isaías (Is. 1:16), sin dejar de comprender que el l. era obra de la gracia de Dios a favor del pecador arrepentido.

II. EL USO FIGURADO EN EL NT

El AT nos prepara para comprender el uso de los verbos gr. *louo* (bañarse) y *nipto* (lavar, p.e. manos y pies) en el NT. El Maestro desechó la actitud de los fariseos, para quienes el l. externo era esencial y la pureza del corazón carecía de importancia (Mt. 7:1-23; Lc. 11:39-41).

Inevitablemente el l. se asocia con los conceptos de limpieza y de santificación (→BAUTISMO). Pablo describe la vida viciosa de los gentiles en Corinto y añade: "Y esto erais algu-

El vasto montículo de Laquís (Tel ed-Duwer), sede de una ciudad real cananea, famosa porque entre sus ruinas se han hallado las famosas cartas de Laquís, las primeras formas de comunicaciones personales. Estas datan del siglo VI a.C. y tienen referencia a la conquista de Palestina por Nabucodonosor.　　　　　　　　　　　　　　　　　　　MPS

nos; mas ya habeis sido lavados, ya habéis sido santificados . . . en el nombre del Señor Jesús y por el Espíritu de nuestro Dios" (1 Co. 6:11). El nombre del Señor Jesús (su persona, autoridad y obra), la potencia del Espíritu Santo, la verdad de Dios en su Palabra (Jn. 17:17), el l. "del agua por la Palabra" (Ef. 5:26), la regeneración y la renovación en el Espíritu Santo (Tit. 3:5) conducen a la verdadera limpieza. Los redimidos de Ap. 7:13,14 emblanquecieron sus ropas "en la sangre del Cordero".

La conversación entre el Señor y Pedro, en la ocasión del lavatorio de los pies (Jn. 13:6-10), muestra que el creyente "bañado" (verbo, gr. *louo*) "no necesita sino lavarse (verbo, *nipto*) los pies", o sea, limpiar frecuentemente las manchas pecaminosas por los medios ya notados. El Señor en esta ocasión no instituía una ordenanza, sino que señalaba el camino del servicio humilde para todos.   E. H. T.

LÁZARO (abreviatura gr. de Eleazar = 'Dios ha ayudado').

I. LÁZARO DE BETANIA

Discípulo de Jesús que residía con sus hermanas → Marta y → María en → Betania. Como no se nos dice que haya tenido esposa, y puesto que Marta se presenta como ama de casa, es probable que fuera soltero o viudo. La amistad especial que unía a Jesús y la familia de L. sugiere que aquel hogar de Betania constituía la base del Maestro durante sus visitas a Jerusalén (Lc. 10:38-42; Jn. 11:1-5; cp. Lc. 21:37; aunque L. se menciona solamente en Juan).

Poco se sabe de la personalidad de L., pero el relieve que da Jn. 11 al amor que Jesús le tenía (vv. 3,5,11,36) destaca su comunión especial con el Maestro. En la casa de Simón está con Jesús a la mesa (Jn. 12:1s.). La presencia de los muchos judíos que acudieron desde Jerusalén a Betania para consolar a las hermanas Marta y María denota que la familia de L. era conocida y apreciada (Jn. 11:31,45).

Por la resurrección de L. muchos judíos creyeron en Jesús (Jn. 11:45; 12:9). Esto bastó para que luego los dirigentes contumaces del judaísmo tramaran la muerte, no sólo de quien había operado el milagro, sino también de aquel que había vuelto a la vida (Jn. 11:47-53; 12:9-11).

L. es el protagonista del milagro más llamativo de los Evangelios. Tras una enfermedad, a causa de la cual las hermanas pidieron ayuda a Jesús, aparentemente en vano (Jn. 11:1-6), L. murió. Jesús, consciente del peligro de acercarse a Jerusalén, llegó sin embargo a Betania y llamó a L. de la tumba (cp. Jn. 5:21-29). Puesto que algunos rabinos creían que el alma de un difunto quedaba vagando en las inmediaciones durante tres días (cp. Lc. 24:21) pero que la resucitación era imposible después, la mención de los cuatro días (Jn. 11:17,39) prueba lo extraordinario del milagro.

Frente a los que niegan la historicidad de este milagro, se debe observar lo siguiente: (a) La sencillez y verosimilitud de la narración de Jn. cap. 11 contrasta fuertemente con los absurdos relatos de supuestos milagros que hallamos en los → Evangelios Apócrifos. (b) Las conversaciones anexas (vv. 6-16,20-27) carecerían de sentido si el relato fuese inventado. (c) ¿A cuál inventor de maravillas se le habría ocurrido escribir: "Jesús lloró"? (d) El relato ocupa su debido lugar en el Evangelio, y éste destaca la creciente tensión entre el Maestro y los jefes de la nación; el autor veía en el milagro un factor que había ayudado a precipitar la crisis final. (e) El milagro no se hizo para asombrar a los curiosos, sino para presentar a Jesús como resurrección y vida, antes de entregarse él mismo a la muerte. Fue elemento muy importante en la iluminación de la mente de los discípulos (v. 15), y para confirmar su fe al acercarse al enigma del Calvario.

II. LÁZARO DE LA PARÁBOLA DE LC. 16: 19-31

Aunque el rico Epulón permanece anónimo (aunque un papiro primitivo lo llama Neve o Níneve), el relato declara el nombre del mendigo que vivía echado a su puerta. La mención de su hambre, de las llagas y de los perros, recalca el desamparo de L., quien comía las migajas del rico sin que éste se condoliera. Los vv. anteriores (16:13-15) nos dan la clave para la interpretación de la parábola: la muerte y el consecuente juicio revelan el significado de la conducta mantenida durante el tiempo de la vida humana. L. no llegó al "seno de → Abraham" (el paraíso) porque fuera pobre, ni el egoísta al lugar de tormento porque fuera rico; sin embargo, su condición de ultratumba trastrueca todos los conceptos generalmente aceptados en la sociedad humana (cp. Mt. 5:3; Lc. 6:20-26).   E. H. T.

Bibliografía

SE, NT I, pp. 959-970. A. Wikenhauser, *San Juan* (Barcelona: Herder, 1967), pp. 321-331. J. M. Bover, "La resurrección de Lázaro", *Est. Eclesiásticos* 28 (1944), pp. 57-72. J. Jeremías, *Las parábolas de Jesús* (Estella: Verbo Divino, 1970). pp. 222-227.

LAZO. Instrumento de cacería, utilizado especialmente contra las aves (Os. 9:8; Am. 3:5). Se extendía en forma muy disimulada sobre el nido de la presa o en los caminos por donde ésta acostumbraba pasar (Job 18:8-10).

En la Biblia también se habla figuradamente de poner l. (trampas) a los hombres (Éx. 10:7; Jos. 23:13; Sal. 69:22; 140:5; Pr. 1:18. Jer. 5:26; etc.). Estos l. siempre representan la ruina del individuo (Pr. 7:23). En el NT es el diablo quien extiende los l. de maldad al hombre (1 Ti. 3:7; 6:9; 2 Ti. 2:26). Para librarse de tales l. sólo es posible acudir al abrigo de Dios y guardar su Palabra (Sal. 91:1-3; 119:110; 124:7).   A. P. P.

LEA. Hija mayor de → Labán y hermana de Raquel. Fue dada por esposa a → Jacob, aun cuando éste había acordado servir a Labán a cambio de Raquel, su hija más bella. Puesto que las costumbres del lugar prohibían casar la hija menor antes que a la mayor, Labán engañó a Jacob entregándole a L. en lugar de Raquel.

Aunque menospreciada por su marido, L. fue honrada en Israel como madre de seis tribus (Gn. 29:31-35). Fue sepultada en la cueva de Macpela (49:31).   I. W. F.

LEBEO. → TADEO.

LECHE. Alimento natural conocido desde tiempos antiguos. Los patriarcas utilizaban la l. de vaca, camella, oveja y cabra (Gn. 18:8; 49:12), costumbre que se perpetuó entre sus descendientes (Dt. 14:21; 32:14; Jos. 5:6; Pr. 27:27). En Dt. 14:21 se prohibe cocer el cabrito en la l. de su madre, por tratarse de una costumbre pagana e idolátrica. A Palestina se le llama "tierra que fluye l. y miel" (Éx. 3:8; 13:5; Nm. 13:27; etc.). En Cantares la l. es símbolo de hermosura y deleite (4:11; 5:12).

Debido al uso de la l. como alimento para niños, Pablo la menciona en sentido figurado (1 Co. 3:2), para representar el alimento espiritual. En igual sentido se emplea en Heb. 5:13 y 1 P. 2:2. Esto parece venir de los tiempos de Isaías profeta (Is. 55:1).   A. P. P.

LECHUZA. Ave nocturna común en Palestina que en el AT se designa con varios vocablos hebreos distintos. Moisés la calificó de inmunda (Lv. 11:16; Dt. 14:15; cp. Is. 34:11,14). El nombre más común en heb. indica voracidad, y muchos creen por tanto que designa más bien al búho blanco de Siria, ave más dañina que la l., sumamente voraz, y que a veces ataca a los niños dormidos. La l. vive entre los olivos y los bosques, o hace su nido en las piedras o en las ruinas.   J. C. A.

LEGIÓN. División mayor de soldados en el → ejército romano. Se componía nominalmente de 6.000 infantes en tiempos del NT, sin contar las tropas auxiliares. Se dividía en diez cohortes (→ COMPAÑÍA) y cada cohorte en seis grupos de cien que se llamaban "centurias". En tiempos de Jesús había veinticinco l. romanas, cada cual con su caballería. Con el tiempo la palabra llegó a significar numeroso grupo indefinido.

Las cuatro veces que se usa la palabra "l." en el NT es en sentido figurado. En Mt. 26:53 Jesús afirma poder llamar a doce l. de ángeles; es decir, una hueste sin número.

Cuando Jesús preguntó el nombre al gadareno endemoniado, (→ GADARA), éste respondió: "L. me llamo". Con esto quiso decir que estaba poseído de una gran multitud de → demonios (Mr. 5:9,15; Lc. 8:30).   A. C. S.

LEGUMBRES. Traducción de dos palabras hebreas: (1) *Zeroim* (Dn. 1:12,16), literalmente "cosa sembrada", término impreciso que incluye muchos otros vegetales aparte de l. (2) *Yereq* (Gn. 9:3), que significa "verde" y que generalmente se traduce por → hierba.   J. A. G.

LEHI. Sitio de Judea donde → Sansón ganó una de sus primeras batallas contra los filisteos. Aquí se enfrentó con ellos y, aunque estaba solo, mató a mil de ellos con una quijada de asno (Jue. 15:9-16). Para conmemorar ese hecho el propio Sansón cambió el nombre de L. por Ramat-lehi ('colina de la quijada'). Aquí también Dios hizo brotar agua para calmar la sed de Sansón (15:17-20).   M. V. F.

LEMUEL ('consagrado a Dios'). Rey de Massa (cp. Gn. 25:14; 1 Cr. 1:30), a quien su madre dirigió los sabios consejos sobre cómo debía conducirse el rey, contenidos en Pr. 31:1-9 (cp. BJ). Generalmente no se acepta la tradición rabínica que afirma que L. y los nombres de Pr. 30:1 son atributos de Salomón quien, dicen, fue también autor de Pr. 30 y 31.   J. M. Br.

LENGUA, LENGUAS. Con el término "l." la Biblia designa al órgano muscular del habla, y por extensión a los idiomas con que los hombres se comunican entre sí. La l., según su uso como órgano del habla, puede ser buena o mala (Sal. 120:2; Pr. 6:17; 10:20), sabia (Is. 50: 4), etc. Se la compara a veces con una espada afilada (Sal. 64:3; Heb. 4:12; Ap. 1:16), y se le atribuye poder debido a la influencia, para bien o para mal, de las palabras habladas (Pr. 18:21; Stg. 3:5,6). "L." aparece como sinónimo de "labio" y "boca".

La variedad de l. que hoy existe en el mundo se debe, de acuerdo con el relato bíblico, al castigo de Dios al hombre, por haber intentado construir una torre que llegase hasta el cielo (Gn. 11:1-9, → BABEL).

El don de l. es la facultad que concede el → Espíritu Santo a un creyente de hablar en idioma desconocido. Cristo prometió este don como una de las señales que seguirían a la predicación del evangelio (Mr. 16:17). Hay tres (posiblemente cuatro) ocasiones históricas en el NT cuando los creyentes hablaron en l.: en el día de → Pentecostés (Hch. 2:1-11); en la casa de → Cornelio (Hch. 10:44-46), y en el caso de los discípulos de Juan el Bautista en Éfeso (Hch. 19:1-6). Es posible que también los creyentes en Samaria tuvieran esta experiencia (Hch. 8:14-18), aunque el texto no lo dice explícitamente.

Para cada uno de estos casos hay razones específicas por las cuales el Espíritu Santo dio el don de l. En el día de Pentecostés era necesario que los apóstoles supieran, sin lugar a dudas, que el Espíritu en verdad había venido. Por eso les dio la señal de las l., y también para que los moradores de Jerusalén, que procedían "de todas las naciones bajo el cielo" (2:5), oyeran en sus propias l. "las maravillas de Dios" (2:11). En el caso de Cornelio, los judíos no creían que el evangelio pudiera pertenecer también a los gentiles. Por eso, cuando los gentiles recibieron a Cristo, hacía falta una señal que confirmara, ante los judíos, la capacidad de los gentiles de recibir al mismo Espíritu (Hch. 11:1-18). Otro tanto sucedió con los efesios, que ni habían oído hablar del Espíritu Santo (Hch. 19:1-6). La señal de l. fue dada para confirmar que habían recibido al Espíritu.

El don de l. concedido en el día de Pentecostés fue algo excepcional y distinto del don del que Pablo habla en 1 Co. 12 y 14. Mientras Pedro y los apóstoles predicaban, todos oían en su propio idioma. Por otro lado, Pablo habla de un don continuado en forma de una expresión extática e ininteligible (1 Co. 14:2,14-17). Evidentemente no es una l. humana (posiblemente "las lenguas angélicas" de 1 Co. 13:1), y requiere un intérprete. El don de l. puede tener varios propósitos. Sirve para adorar a Dios (1 Co. 14:2), para edificar al individuo que habla 14:4), y para edificar a la iglesia cuando las l. son interpretadas (14:27,28). También las l. son una señal a los incrédulos (14:22).

La Biblia menciona varias normas en cuanto al uso del don de l. Primero, es evidente que este don no es para todo creyente (1 Co. 12:10,30). Como los demás dones, el Espíritu reparte a cada uno "como él quiere" (12:11). En modo alguno afirma el NT que todo creyente debe hablar en l. Al contrario, es uno de los dones del cuerpo de Cristo que complementa a los demás y que debe usarse para los propósitos arriba mencionados. Segundo, el que posee este don no debe practicarlo en la iglesia, a menos que haya presente un intérprete (14:27,28). Sin intérprete, debe practicarlo en privado. Tercero, las l. siempre deben hablarse por turno para evitar confusión (14:27) ya que "Dios no es Dios de confusión sino de Paz" (14:33). Todo debe hacerse "decentemente y con orden" (14:40). Cuarto, Satanás es capaz de imitar los dones del Espíritu (Mt. 7:21-23; 24:24). Por eso, es necesario el don de discernimiento de espíritus (1 Co. 12:10), para discernir si una manifestación de l. procede verdaderamente de Dios. Quinto, el individuo puede controlar el don de l., porque "los espíritus de los profetas están sujetos a los profetas" (1 Co. 14:32). Por eso, si las l. no se practican de acuerdo con las normas bíblicas, es dudoso que sean de Dios. Finalmente, no hay ningún mandamiento en el NT de buscar activamente este don, puesto que no es uno de los dones más deseables (1 Co. 12:31). Por otro lado, sí hay mandamiento de no impedir el hablar en lenguas (14:39). Así, se puede decir en resumen que el NT enseña que "no busquéis pero tampoco impidáis el hablar en l." (→DONES ESPIRITUALES).   D. M. H.

LENTEJAS. Planta herbácea (*lens esculenta*) que produce guisantes comestibles. Por un plato de potaje de l. vendió Esaú su primogenitura (Gn. 25:29-34). Cuando David huía de Absalón unos amigos le enviaron alimentos, entre los cuales había sabrosas l. (2 S. 17:27-29). Parece que se cultivaban con esmero en la Tierra Santa (2 S. 23:11). Se utilizaban para hacer pan (Ez. 4:9). Por su acción, Esaú ha llegado a considerarse como símbolo de aquellos que menosprecian las riquezas espirituales (Heb. 12:16).   A. P. P.

Las lentejas, especie de legumbres o pequeñas judías de las cuales se hacía comúnmente en tiempos bíblicos un potaje muy apetecido.

LEÓN. Mamífero carnicero, félido, común en las tierras bíblicas, que se menciona por lo menos 130 veces en la Biblia. Con diferentes motivos, se destacan sus cachorros y las hembras (Nah. 2:11), su rugido (Ap. 10:3), sus dientes (Jl. 1:6) y sus garras (Sal. 10:10). No mata por gusto, como el lobo, sino solamente cuando tiene hambre.

Tanto Sansón como David, y los valientes de éste último, se distinguen por haber matado l. (Jue. 14:6; 1 S. 17:36; 2 S. 23:20). Los l. aparecen también en acontecimientos milagrosos; v.g. el l. que mató al profeta desobediente según 1 R. 13 y aquéllos del foso donde Daniel fue arrojado (Dn. 6:16).

Figuradamente todas las características salvajes del l. sirven para referirse a los malos. El diablo mismo es visto como un l. (1 P. 5:8) como también los enemigos (Sal. 22:21), el rey (Pr. 19:12), y el príncipe. Por otra parte, el justo también se retrata como l. (Pr. 28:1). En la escatología el cuadro más dramático presenta al l. amansado y comiendo paja (Is. 11:6ss.). La figura del l. también forma parte de la literatura apocalíptica (Ez. 10:14) y aun Cristo victorioso es llamado el "L. de la tribu de Judá" (Ap. 5:5; cp. Gn. 49:9).   W. G. M.

LEOPARDO. Felino grande, manchado (Jer. 13: 23), veloz (Hab. 1:8) y más feroz que el león. En el ambiente bíblico habitaba las montañas, como el Hermón (Cnt. 4:8). Cuando amenazaba los lugares poblados era indicación de que reinaban condiciones anárquicas (Jer. 5:6). En contraste y para puntualizar las condiciones pacíficas del futuro tiempo mesiánico, el profeta escribe que el cabrito y el l. se echarán juntos sin miedo (Is. 11:6). Para indicar la severidad de la retribución divina, Oseas la compara con el ataque del l. (Os. 13:7). La única mención del l. que encontramos en el NT proviene de Dn. 7:6 (Ap. 13:2), porque el l. desapareció de las tierras bíblicas antes de la época romana.

W. G. M.

LEPRA. Enfermedad infecciosa producida por el bacilo de Hansen. No obstante haber sido una enfermedad endémica en el Oriente, es muy dudoso que las diversas enfermedades que la Biblia menciona como l. sean la misma y específica enfermedad que hoy conocemos con este nombre. La enfermedad bíblica que causa el emblanquecimiento y deterioro de la piel, por ejemplo, es la que hoy conocemos como psoriasis. Además, desde el punto de vista médico, en la Biblia se torna más confuso el concepto sobre la enfermedad de la l., por cuanto el término hebreo *Tsará' ath*, que se traduce l., significa igualmente "castigo de Dios". Por otra parte, con este mismo término hebreo se designan diversas manchas en los vestidos (Lv. 13·47-49), que pueden referirse a manchas de moho, o manchas en las paredes de las habitaciones (Lv. 14:33-45), seguramente de salitre.

Los pasajes de Lv. 13 y 14 se dedican a la l.: la descripción de sus síntomas y señales, el procedimiento para diagnosticarla, el diagnóstico diferencial, los preceptos y las leyes para los enfermos y, por último, la descripción del complicado ceremonial para la purificación y limpieza. El ceremonial purificador se especifica con todo detalle y se señala que era realizado por el sacerdote, quien combinaba las funciones de médico y legislador.

Muchos son los personajes bíblicos que aparecen como víctimas de la l. La primera referencia es el episodio cuando Dios ordenó a → Moisés que metiera la mano en su seno para mostrarle su poder. Al sacarla, estaba "leprosa como la nieve" (Éx. 4:6). Otras víctimas de la l. fueron → María, hermana de Moisés (Nm. 12:10), y el general sirio → Naamán (2 R. 5:1), pero todos éstos sufrieron transitoriamente. Un caso en el que se hace hincapié, por el contrario, que "fue leproso hasta el día de su muerte", es el del rey → Uzías, cuya l. comenzó como una lesión localizada en la frente (2 Cr. 26:20,21).

En el NT también se describen casos de l. y su posterior curación por Jesús. En algunas oportunidades la curación fue individual (Mr. 1: 40, 41), y en otros colectiva (Lc. 17:12-18). Los Evangelios narran que Jesús cenó en Betania en casa de Simón el leproso (Mt. 26:6; Mr. 14:3).

Si se tiene en cuenta la descripción de la l. como enfermedad que afecta por igual a personas, vestidos y paredes, y por otra parte, el curso de la dolencia, algunas veces transitoria y otras permanente, es evidente que no siempre se trató de una misma enfermedad. De cualquier manera, en el pensamiento bíblico la enfermedad de la l. signifique específicamente esta enfermedad u otra alteración de la piel— está siempre asociada con la idea del pecado y es la figura por excelencia para referirse a sus efectos corruptores y a la prueba objetiva del mal.

L. A. S.

LETRA. → ALFABETO.

LEVADURA. Sustancia agria que se agrega a la masa del pan para leudarla. Su uso es tan antiguo que Abraham ofreció panes sin l. a unos viajeros apresurados (Gn. 19:3). En los días de la liberación de Egipto se prohibió a los israelitas el uso de la l. durante los siete días de la → Pascua (Éx. 12:8-20; 13:7; 23:15). Los judíos guardaron esta instrucción con toda fidelidad (Lv. 2:4,5,11; Dt. 16:4), y su práctica representa la rapidez que exigen ciertas obligaciones (Gn. 19:3; Jue. 6:19-22). Todo indica actividad acelerada, premura para cumplir algún deber; por eso es necesario evitar lo que, como la l., puede causar demoras.

También se prohíbe la l. en las ofrendas (Lv. 2:2,4,5,11), puesto que ésta simbolizaba la corrupción. Basados en esta enseñanza los escritores del NT piden a los cristianos limpiarse de toda l. de maldad (Mt. 16:5-12; Lc. 12:1; 1 Co. 5:6-8; Gá. 5:9). Este uso figurado se extiende aun a las ideas que pueden menoscabar la vitalidad espiritual del creyente. Para muchos estudiosos la parábola de la l. (Mt. 13:33) es el único pasaje bíblico donde la l. tiene un significado honroso; sin embargo, otros opinan que aun aquí significa corrupción.

A. P. P.

LEVÍ, LEVITAS. Tercer hijo de Jacob y Lea y su descendencia. Nació en Padan-aram, lugar del destierro de Jacob cuando éste huyó de su hermano Esaú (Gn. 27:41ss.). Junto con su hermano Simeón, L. llevó a cabo la matanza a traición de los habitantes de Siquem, en venganza por la deshonra de su hermana, Dina. Esta había sido violada por Siquem, hijo de Hamor heveo (Gn. 34). Por eso, en su profecía final Jacob censuró a estos dos hijos suyos y con dolor les negó la unidad tribal (Gn. 49:5,6). En cuanto a L. este castigo se modificó más tarde por el celo de sus descendientes manifestado en la destrucción de tres mil de los idólatras culpables de la orgía alrededor del becerro de oro (Éx. 32:25-29).

Los nombres de los tres hijos de L. nacidos en Egipto corresponden con las divisiones principales de los l.: Gersón, Coat y Merari (Gn. 46:11; Éx. 6:16ss.; Nm. 3:17ss.; 1 Cr. 6:16-48). Moisés y Aarón eran de la familia de Coat por parte de su padre, Amram. Su madre, Jocabed, también era de linaje levita (Éx. 6:18ss.).

Por herencia el sacerdocio pertenecía a la familia de Aarón. Los l. representaban el tercer grado en la jerarquía eclesiástica compuesta también del sumo sacerdote y los sacerdotes.

Tomaron el lugar de los primogénitos de las otras tribus que por derecho pertenecían a Dios (cp. la muerte de los primogénitos egipcios en la lucha con Faraón antes del éxodo). En el censo había 22.273 primogénitos de los hijos de Israel y solamente 22.000 l. que iban a ser dedicados a Jehová en vez de aquéllos. Para redimir a los 273 restantes fue necesario pagar cinco siclos por cada uno (Nm. 3:9,11-13,40,41; 8:16-18).

Como oficiales encargados del culto, los l. cuidaban del santuario, y ayudaban a los sacerdotes (Nm. 1:50; 3:6,8; 18:2; 1 Cr. 23:28; Esd. 3:8,9). En el cuadro del campamento ideal de Israel los l. levantaban sus tiendas alrededor del tabernáculo, eran los guardianes y lo conducían de lugar en lugar; cada una de las tres familias cargaba una parte (Nm. 1:50; 2:1-3:39). Más tarde, al construirse el templo, se encargaban de cuidarlo y velar por las actividades que se llevaban a cabo en él. Ayudaban a los sacerdotes a preparar los sacrificios y a recaudar y distribuir las contribuciones del pueblo (2 Cr. 30:16, 17; 35:1ss.). Se hicieron cargo del canto y los instrumentos de música (1 Cr. 9:23ss.; 2 Cr. 29). Además, desempeñaban una parte importante en la enseñanza del pueblo (2 Cr. 30:22; Neh. 8:7).

Servían en el santuario desde los 25 o 30 años de edad hasta los 50 (Nm. 4:3; 8:24,25), aunque parece que David estableció la edad de 20 años como requisito para ingresar al servicio (1 Cr. 23:24-27). Después de cumplir 50 años el l. podía servir en la guardia pero no para ministrar dentro del santuario (Nm. 8:25).

Los l. moraban en 48 ciudades, con sus ejidos, esparcidos entre las otras tribus (Lv. 25:32ss.; Nm. 35:1-8; Jos. 21:1-4). De estas ciudades, 13 pertenecían a los sacerdotes y 6 eran designadas como ciudades de refugio (Nm. 35:1-8; Jos. 20 y 21). Se mantenían por las ofrendas del templo y los diezmos del grano, fruto y ganado (Nm. 18:18-24). Ellos a su vez entregaban a los sacerdotes la décima parte de sus diezmos (Neh. 10:37,38), pues no siendo dueños de ninguna tierra estos diezmos eran considerados como las primicias que debían ofrecer al Señor.

Como los sacerdotes, los l. ministraban en el santuario por turnos según su orden (1 Cr. 24:31; 28:13,21; 2 Cr. 8:14; Neh: 13:30). Los ritos dedicatorios de purificación propiciaban su santidad simbólica (Nm. 8:5-13). La Biblia no habla de una vestimenta especial para los l. pero según Josefo los cantores levíticos recibieron del rey Agripa II el privilegio de vestir túnicas sacerdotales de lino.

En el NT hay referencias a los l. en Lc. 10:32; Jn. 1:19; y Hch. 4:36.   L. A. R.

LEVIATÁN. Término perteneciente a una familia de palabras hiperbólicas y de significado siniestro, juntamente con behemot, Rahab y dragón. Entre los seres vivos de la Biblia, el l. es el más grande y behemot el que le sigue en tamaño.

Según la mitología, el behemot es macho y el l. es hembra. Sólo aparecen en el AT. Dios hizo el l. (Sal. 104:26) y solamente él lo puede dominar.

Aunque la Biblia no lo especifica, el leviatán, según el criterio de algunos, era un monstruo con coyunturas, concepto que podría corresponder al inmenso cocodrilo, terror del Nilo, que atacaba tanto a hombres como animales. Otros lo identifican no con los ríos sino con el mar profundo, en cuyo caso no podría ser el cocodrilo.

Los l. son seres marítimos y la palabra connota básicamente algo "enrollado" o "tortuoso". Job 41 expresa en forma poética lo horrible y enorme del l. Lo describe muy a menudo así: estima como paja el hierro, hace hervir como olla el mar profundo, y es rey sobre todos los soberbios. Otros pasajes importantes son Sal. 74:13s. e Is. 27:1, que revelan al l. como serpiente tortuosa y veloz, que tiene muchas cabezas. En Ras → Samra también se habla del lotán que tenía siete cabezas. Parece que esta característica del l. se ha fundido con la figura del dragón en Ap. 12:3, etc.

El consuelo del creyente es que, por espantoso que sea el l., Dios lo puede vencer (Sal. 74:14; cp. Ap. 19:20).   W. G. M.

LEVIRATO. →MATRIMONIO.

LEVÍTICO. Tercer libro del AT.

I. NOMBRE

Los hebreos llaman a este libro *wa-yiqra* ('y llamó') por su palabra inicial, o a veces *torat-qohanim* ('ley de los sacerdotes'), por su contenido. Puesto que el sacerdocio se había reservado para Aarón y sus hijos, por ser ellos descendientes de Leví, la LXX le dio el nombre "Levítico" aunque los levitas se mencionan sólo incidentalmente (25:32ss.).

II. PRÓPOSITO

Al llegar al Sinaí se tomaron las previsiones para que Israel fuera "un reino de sacerdotes y gente santa" (Éx. 19:6). Tomando esto en cuenta, Lv. describe en su primera parte (1—16) la condición que separa de Dios, y explica cómo tal condición puede ser subsanada. En su segunda parte (17–27) enumera las condiciones que el pueblo debe cumplir para ser un reino sacerdotal y una nación santa.

III. CONTENIDO Y DIVISIÓN

El libro se puede dividir en cinco partes:

A. *Código del sacrificio, caps. 1–7*

Desde el tabernáculo el Señor declara a Moisés su voluntad en cuanto a lo que es necesario hacer para que toda falta e impureza sea removida y el pueblo pueda acercarse a Dios con fe humilde. Para esto se instituyen cinco diferentes clases de → sacrificios: el holocausto, las ofrendas vegetales, el sacrificio de paz y de comunión, el sacrificio de expiación por el pecado y el sacrificio expiatorio por la culpa, llamado *asham*.

B. *Ordenación de Aarón y de sus hijos para el sacerdocio, caps. 8–10*

Ejecutando las instrucciones de Éx. 29:1-36 y 40:12-15, Moisés procede a ungir a Aarón y sus hijos para el sacerdocio.

C. *Ley de la purificación, caps. 11–16*

Se distingue entre puro e impuro y se especifican las leyes que deben ser aplicadas en casos de parto o de lepra y las que regulan la vida sexual; se prescribe minuciosamente la purificación del pueblo en el → día de la expiación.

D. *Ley de la santidad, caps. 17–25*

Esta sección versa sobre los siguientes puntos: las leyes que el pueblo debe observar en la vida diaria (17–20) y que tienen especial aplicación a los sacerdotes (21 y 22); la regulación de la vida devocional en los días festivos (23), en el culto diario (24) y en el año sabático y de jubileo (25).

El libro concluye con la descripción de las bendiciones y maldiciones (26) y un apéndice referente a los votos (27).

IV. FECHA DE COMPOSICIÓN E INTERPRETACIÓN DE LAS LEYES CULTUALES

El culto puramente exterior no agrada a Dios. Esto lo afirman no solamente los profetas con sus palabras condenatorias del culto exterior (Is. 1:10-15; Jer. 7:12-23; Os. 6:6; Am. 5:21-23; Mi. 6:6-8), sino también el propio libro de Lv. que inequívocamente advierte al pueblo (26:31) que podía ser repudiado no obstante el cumplimiento exterior de su culto. Esto no da cabida para pensar que la legislación del culto descrita en Lv. sea posterior a los profetas y que estas leyes hayan tenido su origen en tiempos posteriores a los grandes profetas. Se ve más bien que los términos referentes a los sacrificios eran conocidos en los tiempos de Amós. Sin embargo, el pueblo se había entregado a la idolatría y había restado valor a los sacrificios; se negaban rotundamente a ofrecerlos o se contentaban con la mera presentación exterior. Lv. declara que Dios no se complace en semejantes sacrificios porque carecen del correspondiente sentimiento del corazón y de la correspondiente obediencia a su palabra en la vida diaria. Así se explica la violenta reacción de los profetas que,

por otro lado, no invalida el hecho de que las leyes del Lv. fueron dadas en el primer mes del año segundo después del éxodo. Con esto concuerdan las circunstancias características de la época de Moisés.

V. IMPORTANCIA

Lv. contiene los principales elementos de la ley que reglamenta el culto israelita con su tendencia pronunciada a restablecer y conservar la comunión entre el Dios y el hombre pecador. En Lv. 19:18 y Dt. 6:5 Jesús mismo encontró la suma de la ley.

El objetivo imperecedero de Lv. es dar a conocer el pecado y de ahí que "ni siquiera una jota ni una tilde pasará de la ley, hasta que todo se haya cumplido" (Mt. 5:18). Con razón Pablo llama a la ley "el ayo que lleva a Cristo" (Gá. 3:24), sin menoscabar el hecho de que sólo la fe producida por el evangelio hace posible el cumplimiento de la ley (→ PENTATEUCO).

F. L.

LEY. Traducción de *torah* (heb. = 'instrucción', 'enseñanza', 'revelación') y de *nomos* (gr. = 'lo válido' y 'lo que está en vigencia').

Aunque en el NT "l." tiene diversos significados, en el AT se refiere simplemente a la *Tora*, compilación de las "instrucciones" o "sabiduría" dada por Dios, por medio de los dirigentes y autoridades religiosas, para gobernar la vida en comunidad de Israel. La *Tora* bíblica es una unidad inseparable, legal, moral y cúltica, en contraposición a los antiguos códigos orientales que se limitaban a lo legal, y dejaban lo moral y lo religioso para otra literatura. Éstos anticipaban la tendencia moderna de divorciar lo espiritual y lo secular, pero no así la *Tora*.

Toda l. válida expresa la voluntad de Yahveh. Por su obediencia y confianza en la promesa de Dios, a Abraham se le acredita el cumplimiento de la l. aun antes de ser ésta codificada (Gn. 26:5). Pero la relación entre Dios y su pueblo es una relación histórica, y por tanto toda l. del AT, dada por los sacerdotes (Hag. 2:11-13; Mal. 2:6,7) y los profetas (Is. 1:10; 8:16,20; 30:9,10), se desprende de la revelación de Dios a Moisés en el → Sinaí y de las revelaciones posteriores (Éx. 25:22; Nm. 7:89).

El → pacto de Yahveh con su pueblo se basa en la l. La obediencia, fe y amor que ésta demanda confirman la fe del individuo redimido, su conducta y el culto en comunidad (Éx. 19; 20:24). Al mismo tiempo la l. revela lo que desagrada a Dios, lo que debe evitarse para no interrumpir las relaciones dentro del pacto. En el → día de expiación el pueblo hebreo renovaba los votos del pacto, cortando un animal en dos partes y pasando toda la congregación entre los dos pedazos separados (Gn. 15:8-10,17; Éx. 24:3-11; Jos. 24; cp. Éx. 23:14-17 y Lv. 16; Jer. 34:18). Simbólicamente, el pueblo propiciaba así (→ PROPICIACIÓN) a Dios y su inalterable l., mediante el arrepentimiento personal y la muerte (→ EXPIACIÓN) de un substituto.

Con el cumplimiento del juicio divino en el destierro, juicio pronosticado por los profetas por causa de la violación de la l. del pacto (Is. 1:27ss.), Israel aprendió a no ·idolatrar más. Y con la desaparición del reinado, el sacerdocio, los sacrificios y el culto en Jerusalén, la observación de la l. tomó otras dimensiones:

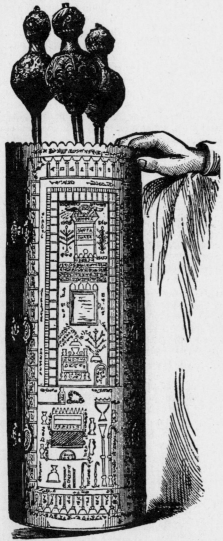

En cada sinagoga de Israel, en una caja regiamente adornada, se preservaba la Tora, el rollo de la ley, sagrada para todo judío.

bajo Esdras, llegó a ser la base de la sociedad judaica, y determinaba los detalles más mínimos de la vida religiosa, cultural y moral de cada judío. Se hacía tanto hincapié en las partes de la l. que distinguían entre judíos y no judíos (p.e., el sábado, la circuncisión, la reglamentación dietética, etc.), que llegó a prevalecer la

idea de que el objeto principal de la l. era la separación de los judíos de los demás pueblos (cp. Dt. 4:20; 7:6-11; 14:2). Después de Esdras, surgió un nuevo grupo de dirigentes espirituales: los → escribas. El centro de la vida religiosa pasó del templo a la → sinagoga. De esta manera la l. perdió su función original de gobernar la vida comunitaria del pueblo redimido para transformarse en supuesto medio de vida, pues quien cumplía cabalmente la l. vivía. Este concepto tergiversado de la l. dio lugar a exageraciones en la interpretación y aplicación de sus detalles. Como resultado surgieron diferentes escuelas de interpretación rabínica (→TALMUD) que gozaban de mucha influencia aún en los días de Jesús.

Jesucristo jamás admitió que la l. pudiera dar vida o establecer alguna relación salvadora entre Dios y el hombre por medio de su cumplimiento, como había formulado el judaísmo. Más bien, Jesús mismo y su palabra ocupan esa posición decisiva. Esto es la esencia del nuevo orden prometido desde Gn. 3:15 (Mr. 2:21ss.; Lc. 16:16). El hombre determina su relación con Dios, por su arrepentimiento y adoración, confesando a Jesús como Señor (Mt. 10:28-42), y no por cumplir la l.

Jesús no niega que toda infracción de la l. es pecado que separa de Dios, pero insiste en la posibilidad de remediar la transgresión y la ilustra con las parábolas de Lc. 15: La oveja y la moneda extraviadas son encontradas; el hijo pródigo es recibido de nuevo en casa, pero, en cambio, el hermano mayor que quedó en casa, confiando en su pura obediencia a la l., no aprovecha sus méritos tan dudosamente acumulados. Del publicano que se humilló arrepentido delante de Dios se afirma que "descendió a su casa justificado" antes que el fariseo que se jactaba de su cumplimiento de la l. (Lc. 18:10-14).

Sin embargo, Jesús no abrogaba la ley al negar que podría dar vida (Mt. 5:17). Él mismo la observó (Lc. 2:22ss.,27,39) y reconoció la validez de su juicio; por eso llamó a los pecadores al arrepentimiento (Mr. 1:15). Incluso cuando censuró el legalismo (Mt. 23:23), Jesús insistió en que la l. de Dios era la única norma para la vida (Lc. 10:26-28); levantó la carga externa de "las obras de la l." e impuso su propio yugo de obediencia por amor sobre sus discípulos. Exigió de ellos →justicia mayor que la de los fariseos (Mt. 11:29).

Siguiendo la actitud de Cristo, la comunidad primitiva de la iglesia observó la l. y vivió sustancialmente de acuerdo con ella. Eran los judaizantes quienes fomentaban el legalismo: sostenían que los gentiles debían circuncidarse y observar la l. para alcanzar la salvación e incorporarse a la comunidad de los cristianos (Hch. 15; Gá. 2). El conflicto sobre la l. surgió cuando la comunidad aceptó incluir a los gentiles prosélitos y al mundo gentil. En Hch. 15:29 y 21:25 se especifican los requisitos mínimos que la iglesia impuso a los gentiles cristianos para que pudiesen participar en el culto y compañerismo hebreo sin ofensa.

El uso paulino de *nomos* no es uniforme, pero el estudio de los contextos específicos en que aparece permite clasificarlo de la siguiente manera, como referido a:

1. El canon del AT, en Ro. 2:12-14,17,18, 23,25-27; 3:19-21; 7:1,2.

2. El decálogo promulgado en Sinaí (e.d., la l. que Dios revela específicamente para los redimidos), en Ro. 3:31; 7:3-9,12,14,16; 8:3,4; 9:4; 10:5; 13:8,10; Gá. 3:10,12,13,17,19,21,24; 4: 21b; 5:3,14.

3. La l. de Dios revelada en forma general, en Ro. 4:15,16; 5:13,20; 7:22,25; 8:7.

4. La l. de Dios escrita en los hombres (→CONSCIENCIA), en Ro. 2:14b,15.

5. Un principio que gobierna positivamente, en Ro. 3:27a ("l. de la fe"); 7:2 ("l. de la esposa"); 7:21 ("l. del mal que está en mí"); 7:23,25b ("l. en mis miembros", "de mi mente", "del pecado"); Gá. 5:23 ("no hay l. en contra"); 6:2 ("l. de Cristo").

6. Un principio que gobierna negativamente, o sea el uso del legalismo o las obras de la l. para justificarse delante de Dios, en Ro. 3:20a, 21,27,28; 4:13,14; 6:14; 9:31,32; 10:4; Gá. 2: 16,19,21; 3:2,5,10a,11,18, 21b,23; 4:4,5,21a; 5:4,18; 6:13.

Lo exigido por la l. y "lo bueno" es lo mismo para Pablo, pero no es el ser hacedor de la ley lo que distingue entre judíos y gentiles; con l. o sin ella, todos somos pecadores (Ro. 2:12). Por tanto el juicio divino contra todos los transgresores es justo, enseña Pablo, y quienes se rebelan contra Dios son dignos de muerte (cp. Ro. 1:28-32 y 3:23). Ninguno puede justificarse por la l. tanto para los sin l. como para los de la l. sólo en Jesucristo está la justificación y la unidad (cp. Gá. 3:28ss. y Ro. 3:29ss.).

La l. afecta a la sociedad humana, y particularmente a la relación entre la sociedad y Dios. Prohibe y restringe el pecado, conservando cierta disciplina externa en la sociedad rebelde (Ro. 7:7ss.), y según Ro. 5:13ss. y Gá. 3:19, revela que el pecado es rebelión contra Dios.

La l. condena y sentencia por el pecado cometido, sirve como ayo al pecador, lo descubre como transgresor y lo confina bajo el juicio de Dios (Ro. 3:20; 7:1ss.). La única esperanza del pecador, pues, es la fe en Cristo; al identificarse con la muerte del Salvador, satisface la pena de la l. y recibe perdón y nueva vida (cp. 2 Co. 5:21 y Gá. 3:13 con Gn. 15:6 donde → Abraham "creyó a Jehová y le fue contado por justicia").

Por lo que respecta a los redimidos, aunque todavía están sujetos a la → carne, la l. los guía en una vida comunitaria que le agrada al Redentor (1 Co. 14:21,34); la l. es maestra y guía que confirma lo conocido por revelación general (Ro. 2:14b,15). Para el cristiano la l. es autoritativa y requiere que se obedezca a Cristo en fe y amor, conforme a la medida de fe que Dios le dé a cada uno (Ro. 12:3). Para el creyente todo lo que no provenga de la fe es pecado (Ro. 14:23; Stg. 4:11,17), y su obediencia es una respuesta de amor y sumisión a la voluntad de quien le ha salvado (cp. 1 Co. 9:21 y Gá. 5:14; 6:2).

W. D. S.

LIBACIÓN. Derramamiento de vino, aceite, agua, etc. Se menciona primero en relación con dos visitas de Jacob a Bet-el (Gn. 28:18; 35:14), y luego es ordenada para acompañar los sacrificios del tabernáculo (Éx. 29:40s.; Lv. 23:37; Nm. 28:7; etc.; cp. 1 Cr. 29:21; 2 Cr. 29:35). Fue uno de los símbolos de la gratitud de Israel por las provisiones materiales de Dios, pero también parece símbolo del gozo de la adoración verdadera (nótese la relación entre la tristeza y la ausencia de la l. en Os. 9:4; Jl. 1:9,13, y el paralelismo con "bendición" en Jl 2:14).

D. J.-M.

LÍBANO ('blanco'). Cadena de montañas situada a lo largo de la costa de Siria (al N de Palestina), cuyo nombre probablemente hace alusión a la nieve que la cubre durante unos seis meses al año (cp. Jer. 18:14). Siguiendo la dirección S-SO a N-NO alcanza una extensión de 170 km, y forma dos cadenas paralelas: el L. propiamente dicho, más próximo al mar, y el Antilíbano en el interior, en el que se destaca el monte Hermón (2.760 m). La depresión entre ambas cadenas se llama en el AT "la llanura del L." (Jos. 11:17; 12:7).

En la antigüedad el L. fue célebre por su enorme riqueza forestal. Sus finos cedros, cuya madera era empleada en múltiples trabajos, fueron explotados sistemáticamente para comerciar con Egipto, Asiria, los seleúcidas y los romanos.

En el marco del AT encontramos numerosas referencias al mte. L. Unas veces se le designa como la frontera NO de Israel (Dt. 1:7). Más frecuentemente se le menciona por sus bosques ricos en cedros (cp. 2 R. 19:23) de los cuales incluso salieron los troncos que se usaron para la construcción del gran Templo de Salomón (1 R. 5:6-10). Una parte del palacio real de Salomón era conocida como "casa del bosque del L." (1 R. 7:1-5), precisamente por los muchos cedros del L. utilizados para su construcción.

También se alude muchas veces al L. en tono de alabanza (Cnt. 4:8). En los Salmos se le menciona varias veces ya sea por su nombre explícito o por sus cedros (29:5,6; 72:16; 80:10; 92:12; 104:16). Con el mismo fin lo mencionan repetidas veces los profetas, en relación con la casa real de Judá (Jer. 22:6). Por otra parte, se dice que el Mesías tendrá la gloria y la hermosura del L. (Is. 35:2) y que Israel se convertirá en plantación con raíces como los cedros del L. (Os. 14:5,6). La belleza natural del L. adquirió dentro de la literatura de Israel un rico y significativo valor simbólico y metafórico.   V. A. G.

LIBERTAD. Concepto que en la Biblia tiene aspectos positivos y negativos. Por un lado, significa la liberación de algo que esclaviza e impide que el hombre goce plenamente de su Creador. El aspecto positivo puntualiza la capacidad del hombre libre para encontrar el gozo de vivir en comunión con Dios y recibir las bendiciones divinas.

En el AT el éxodo es el ejemplo primordial de la l. Dios libertó a los israelitas de la esclavitud de Egipto para que pudieran servirle como nación y recibir sus bendiciones (Éx. 19:3-7). La l. de Israel no fue consecuencia del esfuerzo humano, sino de la obediencia a Dios (Dt. 28:1-14). Por su desobediencia, Israel perdió su l. en más de una ocasión (Dt. 28:15-68; cp. Jue. 2:14ss.; 3:7ss.; 2 R. 17:6-23; Am. 5).

La esclavitud, tanto nacional como personal, se consideraba como condición transitoria, un castigo o una pena temporal, de la que Dios ofrecía la l. A los israelitas que por razones económicas, se habían vendido al servicio doméstico, no debía tratárseles como meros → esclavos o como propiedad exclusiva de su amo (Lv. 25:44ss.). Debían ser manumitidos cada séptimo año, en conmemoración del rescate de Israel de la esclavitud egipcia (Dt. 15:12ss.).

La l. bíblica es paradójica, puesto que se obtiene únicamente estando esclavizado a Dios y a Cristo. "Mas ahora habéis sido libertados del pecado y hechos siervos [gr. = 'esclavos'] de Dios" (Ro. 6:22). La l. en modo alguno implica independencia de Dios, sino aceptación voluntaria de la servidumbre a él. La única opción para el que no quiere servir a Dios es servir a las fuerzas del mal.

El poder de Cristo puede libertar al hombre de "pecado para muerte" (Ro. 6:16), de la → ley (1 Co. 15:56), de la "esclavitud de corrupción" (Ro. 8:21), del "presente siglo malo" (Gá. 1:4), de "toda obra mala" (2 Ti. 4:18), de → tentación (2 P. 2:9), de "la potestad de las tinieblas" (Col. 1:13), y de "hombres perversos" (2 Ts. 3:2).

El cristiano liberado de todas las fuerzas del mal, acepta gustoso ser siervo de Dios (1 P. 2:16), siervo de la justicia (Ro. 6:18), siervo de Jesucristo (2 P. 1:1), y siervo de la humanidad (1 Co. 9:19). Su libertad de la ley (Ro. 6:14), no significa que tenga licencia para convertir su l. en libertinaje (Ro. 6:15). Más bien está "bajo la ley de Cristo" (1 Co. 9:21). Los cristianos deben emplear la l. responsablemente para servir "por amor los unos a los otros" (Gá. 5:13), porque la ley de amor es la ley de Cristo y la respuesta al evangelio de l.

1 Co. 8–10 enseña que el cristiano goza de l. en cuanto a cosas o prácticas que intrínseca o esencialmente no tienen carácter moral o inmoral, pero debe evitar que esta l. venga a ser "tropezadero para los débiles" (1 Co. 8:9). Pablo afirma que todas las cosas le son lícitas, mas no todas convienen (1 Co. 6:12). Para el cristiano maduro, todas las cosas son puras (Tit. 1:15), pero aquel que ha entrado plenamente en esta l. ha de usarla con responsabilidad para el bienestar de todos los miembros del cuerpo de Cristo. Entre éstos hay quienes todavía no pueden usar esta l., porque "su conciencia, siendo débil, se contamina" (1 Co. 8:7). Si un cristiano, por el uso imprudente de su l., hiere la conciencia débil de un hermano, comete un pecado contra Cristo (1 Co. 8:12).

Implícito en el ministerio de Cristo, desde su primera autodeclaración en Nazaret (Lc. 4:16ss.) hasta su victoria sobre la muerte, está el concepto de la total liberación del hombre de todo lo que esclaviza, deshumaniza y limita la realización de su potencial como hombre y cristiano. Es así como el evangelio, en el grado en que logra liberarse de su bagaje tradicional y cultural, siempre abre brecha en las condiciones sociales que esclavizan a la humanidad y proporciona al cristiano redimido una perspectiva auténticamente libre. "Así que, si el Hijo os libertare, seréis verdaderamente libres" (Jn. 8:36).   P. W.

LIBERTOS. Grupo de judíos mencionado en Hch. 6:9, que tenía su propia sinagoga en Jerusalén. Debido a que el sentido de ese texto no es totalmente claro, no es posible saber si se refiere a cinco sinagogas distintas o a un número menor. Los l. parecen haber sido judíos esclavizados, posiblemente en Roma, que habían recibido su libertad. Puesto que muchos de ellos habían nacido lejos de Palestina, no hablaban arameo sino griego, y por ello necesitaban su propia sinagoga.   J. L. G.

LIBIA. Región al O de Egipto, en África del N, que recibió su nombre de los Lehabim (Gn. 10:13). En el siglo XII a.C., los libios, aliados con los pueblos del Mar, intentaron entrar en el delta de Egipto, pero fueron rechazados por Merneptah y Ramsés III. Más tarde se infiltraron en Egipto e incluso un príncipe de descendencia libia (Sisac) se hizo Faraón y fundó la dinastía libia (la XX). Los libios se mencionan como tropas auxiliares de Sisac contra Roboam (2 Cr. 12:3), de los etíopes contra Asa (2 Cr. 14:9; 16:8) y como aliados de Tebas (Nah. 3:9).

L. cayó sucesivamente bajo el poder de Cartago, de los griegos y de los romanos. En tiempo de Cristo, muchos judíos vivían en L. y acudían a Jerusalén para celebrar la Pascua (Hch. 2:10; cp. Jer. 46:9; Ez. 30:5; Dn. 11:43). (→ FUT.)   J. M. Br.

LIBNA ('blancura'). 1. Campamento de los israelitas, entre Sinaí y Cades (Nm. 33:20,21), cuyo sitio exacto se desconoce.

2. Ciudad cananea entre Maceda y Laquis, conquistada por Josué (Jos. 10:29,30) y dada primero a Judá y luego a los hijos de Aarón

(Jos. 21:13; 1 Cr. 6:57). Se rebeló durante el reinado de Joram (2 R. 8:22; 2 Cr. 21:10). En L. murieron 185.000 soldados del ejército de Senaquerib (2 R. 19:8). L. fue el pueblo de Hamutal, esposa de Josías y madre de Joacaz y Sedequías, reyes de Judá (2 R. 23:31; 24:18).

D. J.-M.

LIBRA. Término usado en la RV para traducir tres palabras:

1. *Mane* (1 R. 10:17; Esd. 2:69; Neh. 7:71), pesa oriental que equivalía *ca.* 570 gramos.

2. *Litran* (Jn. 12:3; 19:39), la libra romana que pesaba *ca.* 327 gramos.

3. *Joinix* (Ap. 6:6), no un peso, propiamente hablando, sino una medida de áridos usada para granos. BJ la traduce "litro", pero contenía un poco menos que un litro. Una *joinix* de grano se consideraba como la ración diaria de un soldado.

W. M. N.

LIBRO (heb. *meguilá* = 'rollo'; *sefer* = 'carta', 'documento'; gr. *biblos* o *biblíon*). Nombre con que la Biblia designa a cualquier documento, sin tomar en cuenta la extensión. Se trata por lo general de un manuscrito enrollado, y frecuentemente sellado (cp. Dn. 12:4; Ap. 5:1).

Originalmente, los l. estaban hechos de piel, de cuero o → pergamino, o bien de → papiro (→ESCRITURA). El rollo estaba formado por varias piezas de estos materiales, cosidas una a continuación de la otra. Al fijar sus dos extremos en palos o cilindros, la tira larga (alcanzaba *ca.* de 10 m y 25 cm de ancho) se enrollaba sobre los extremos (cp. Is. 34:4; Zac. 5:1s.). Tal rollo podía contener, p.e., el libro de Isaías o un evangelio. El lector empezaba a leer el texto, escrito en columnas (Jer. 36:23), desenrollando a partir de la derecha (Lc. 4:20,21). Excepcionalmente se escribía en ambas caras del rollo (Ez. 2:9,10; Ap. 5:1).

El plural del término gr. *to biblíon* (= 'documento', 'rollo'), *ta biblía*, llegó a usarse para las colecciones de escrituras sagradas. De aquí surge el término → Biblia.

El término castellano "l." viene del latín *liber*, que es la corteza interior de los árboles. Pero ya en la época de Cristo, debido a la costumbre de utilizar esa corteza para escribir, *liber* llegó a tener nuestra acepción moderna.

El antepasado del formato que ahora llamamos l. se origina en la costumbre antigua de amarrar varias tabletas, normalmente de madera, sobre las cuales se escribía algo. A veces las tabletas estaban cubiertas de cera, y se escribía en ellas con un estilete. El uso de este tipo de tabletas puso en boga la costumbre de coserlas de tal modo que se pudieran cerrar una sobre la otra, pues de este modo se protegía lo escrito. Cuando estos primitivos l. constaban de dos tabletas, se les llamaba "dípticos". En los primeros siglos de la iglesia, se acostumbraba escribir en tales dípticos los nombres de personas por las cuales se oraba al celebrar la comunión.

Los documentos escritos comenzaron a tomar la forma de nuestros l. actuales cuando se comenzó a utilizar el mismo principio de las tablas cosidas, pero empleando hojas de papiro o de pergamino. Naturalmente, esto permitía coser, no ya dos o tres hojas, sino muchas más. El nuevo formato se llamaba "códice" (del lat. *codex* = 'tronco de árbol') término empleado también para referirse a las antiguas tabletas arriba mencionadas.

Como es sabido, la Biblia en el → canon que utilizan los protestantes, consta de 66 l.: 39 en el AT y 27 en el NT. La Biblia católica, debido a la inclusión de los l. llamados → "apócrifos", tiene 46 libros en el AT y los mismos 27 en el NT.

La Biblia alude a ciertos l. perdidos, de los cuales algunos fragmentos se han incorporado en el canon: el l. de las batallas de Jehová (Nm. 21:14), el l. de Jaser (Jos. 10:13; 2 S. 1:18), el l. de los hechos de Salomón (1 R. 11:41), el l. de las historias de los reyes de Israel (1 R. 14:19), y el "midrás del l. de los reyes [de Judá]" (2 Cr. 24:27 BJ). Además, se menciona un l. de memorias (v.g., Éx. 17:14; Esd. 4:15), que pareciera ser el origen de la idea de un → l. de la vida.

J. L. G.

LIBRO DE VIDA. Libro celestial en el cual se escribe el nombre de los justos, e.d., de aquellos a quienes Dios predetermina. La vida a que se alude con el nombre de este libro puede ser: natural (Sal. 139:16; Is. 4:3; cp. Sal. 69:28 y Éx. 32:32s.), y, entonces, ser borrado del libro es morir; o bien espiritual, como ocurre en el judaísmo posterior y en el NT (cp. Dn. 12:1). En este segundo caso el sentido oscila entre las dos. Así, el l. de v. constituye el registro de creyentes destinados a la vida eterna (Fil. 4:3; Ap. 3:5; 22:19).

En el juicio final todos los que no se hallen inscritos en el l. de v. serán consignados al lago de fuego (Ap. 20:12,15), porque este libro es del → Cordero inmolado (Ap. 13:8; 21:27) que ha hecho su elección desde la fundación del mundo (Ap. 17:8; cp. Lc. 10:20).

R. F. B.

LICIA. Región montañosa del SO de Asia Menor, asiento de ciudades importantes: Pátara (Hch. 21:1) y Mira (Hch. 27:5). Conquistada por los romanos (188 a.C.) y entregada a Rodas, L. obtuvo su autonomía en el 168 a.C., pero por luchas internas entre las ciudades Claudio la hizo provincia (43 d.C.). Según 1 Mac. 15:23 en L. había judíos durante la época intertestamentaria.

L. F. M.

LIDA (*Lod* en heb. y *Lydda* en gr.). Ciudad situada en la Sefela a 15 km al SE de Jope, construida por Semed de la tribu de Benjamín (1 Cr. 8:12). Prosperó debido a su ubicación sobre el camino principal entre Jope y Jerusalén y entre Egipto y Babilonia. De los que regresaron del cautiverio babilónico, 725 eran de Lod, Hadid y Ono (Esd. 2:33; Neh. 7:37; 11:35). En el período macabeo fue capital de una toparquía (1 Mac. 11:34).

En L. fue sanado Eneas el paralítico y como resultado surgió una numerosa comunidad cristiana (Hch. 9:32-35,38). Fue incendiada por los romanos en 66 d.C., mientras los habitantes celebraban la fiesta de los tabernáculos. Fue reedificada y llegó a ser obispado y ciudad importante durante las cruzadas. En 1970 contaba con 27.100 habitantes y era base del aeropuerto internacional israelí.   J. E. G.

LIDIA. Mujer convertida por la predicación de Pablo en → Filipos, donde ella se encontraba con otras mujeres en un culto judío. Probablemente era de origen gentil. "Adoraba a Dios" según Hch. 16:14, expresión que suele referirse a un → prosélito. Era comerciante de púrpura, producto renombrado de su ciudad → Tiatira en Lidia (Asia).

Es probable que L. haya sido mujer acomodada; después de su bautismo hospedó gustosamente a Pablo, Silas y Lucas (Hch. 16:11-40). Su hospitalidad caracterizaría después a la iglesia de Filipos, aunque Pablo no menciona a L. en la carta que escribió a esta congregación. Posiblemente L. había muerto para entonces o había vuelto a Tiatira.   I. W. F.

LIEBRE. → CONEJO.

LÍMITES, LINDEROS. La costumbre de deslindar los campos era bien conocida por los pueblos antiguos. Los griegos y los romanos confiaban la protección de los l. a algunas divinidades a las que honraban con culto especial (Hermes = 'término'). En Israel había decretada una maldición divina sobre quien violase la propiedad (Dt. 25:17), y el mismo Señor velaba por los l. de la viuda y de los huérfanos indefensos (Pr. 15:25; 23:10). Estaba prohibido alterar o suprimir los l. establecidos (Dt. 19:14). Y la heredad de los padres debía respetarse en toda su integridad: "No desplaces el l. antiguo que tus padres hicieron" (Pr. 22:28 BJ).   C. R.-G.

LIMOSNA (gr. *eleemosyne* = 'compasión'). Las leyes israelitas recomendaron siempre la piedad para con los → pobres (Dt. 15:7-11). La generosidad era una de las virtudes predilectas de los orientales y en particular entre los judíos (v.g. Pr. 3:3,27s.). Testigo de lo común de esta práctica es la multitud de mendigos, ciegos y enfermos que aparecen en las escenas evangélicas (v.g. Lc. 14:21; Hch. 3:2s., 10). La l. era el complemento necesario de la piedad y el temor a Dios (Pr. 17:5; Hch. 10:2) y caracterizaba al "justo" (Sal. 112:9; 2 Co. 9:9s.). Se creía, asimismo, que la l. era meritoria a los ojos de Dios (Pr. 19:17; Lc. 19:8; cp. Tobías 4:7-12), sobre todo si permanecía ignorada de los hombres: "El que da l. en secreto es mayor que Moisés, nuestro maestro" (Talmud).

Jesús también recomendó la l. como un aspecto del desasimiento de los bienes terrenos que él predicaba (Mt. 19:21; Lc. 11:41). Instruyó al respecto que la l. debía ser discreta (Mt. 6:2-4) e inspirada por el espíritu de sacrificio (Lc. 12:33), como él mismo la practicaba en unión de sus discípulos (Jn. 13:29). El apóstol Pablo afirma que Dios ama a quien da con alegría (2 Co. 9:7) y los primeros cristianos se distinguieron por sus buenas obras incluso la l. (Hch. 9:36) y la asistencia a las viudas (Hch. 6:1). Pablo se empeñó en organizar la → colecta para los pobres de Jerusalén (Ro. 15:26-31; 1 Co. 16:1; 2 Co. 8:9; Gá. 2:10).

C. R.-G.

LIMPIO. → INMUNDO.

LINO. Amigo de Pablo en Roma que permaneció fiel al apóstol durante la encarcelación de éste, mientras otros le abandonaron. Mandó saludos a Timoteo (2 Ti. 4:21). Según Ireneo, Pablo y Pedro nombraron a L. primer obispo de la iglesia en Roma (*Contra herejías* III.iii.3).

D. M. H.

LINO. Material textil que se extrae del tallo de la planta del mismo nombre. Entre los hebreos se le designaba con varios nombres, según se aludiera a la tela fabricada, al hilo o fibra, o al acto de majar el cáñamo del l.

Egipto era famoso por el lino fino que allí se producía.

Egipto es reconocido como el productor del l. más fino, pero la historia señala a la India y a Mesopotamia como los lugares donde por primera vez se procesó la planta del l. También se reconoce a Egipto como el mayor productor entre los más antiguos. El volumen de producción de la planta era extraordinario, y en Egipto las plantaciones eran enormes como resultado natural de las inundaciones anuales del río Nilo. El l. de Egipto era de tan excelente calidad que también se empleaba para fabricar colchas delicadas y cortinas (cp. Pr. 7:16 donde el "cordoncillo" de que se habla es hecho de l. fino). Lo mismo se menciona en Ez. 27:7.

En la fabricación del → efod, prenda ornamental en la vestidura de los sacerdotes hebreos, siempre se prefería el l. Había dos clases de efods: uno sencillo (1 S. 22:18) y otro recamado con broches de oro y anillos para sujetar el racional que tenía las piedras preciosas grabadas con los nombres de los hijos de Israel. Este segundo tipo de efod era fabricado para el sumo sacerdote (Éx. 28:4-8). Muchas de las túnicas tan populares entre los hebreos eran tejidas con el l. más fino, como también las mitras, los cinturones, las tiaras y los calzoncillos (Éx. 39:27-29).

La finura y delicadeza del l. elaborado en Egipto hizo de este material textil el favorito para los ropajes de los aristócratas. A José se le honró sobremanera con la orden que dio el faraón de vestirlo "con ropas de l. finísimo" (Gn. 41:42). Cosa semejante se hizo con Mardoqueo allá en Persia (Est. 8:15). Jesús, al exponer su parábola del rico y Lázaro emplea la frase "l. fino" para destacar la extrema riqueza del primer personaje (Lc. 16:19; cp. Ap. 19:8,14).

M. V. F.

LIRIO. Una sola variedad de l., el *Lillium candidum*, es natural de Palestina. Pero éste ni se da en los valles ni crece entre espinos (Cnt. 2:1s.), sino en lugares sombreados y de espesos bosques que no son apropiados para la agricultura ni la ganadería (Cnt. 6:2s.; 7:2).

Las palabras hebreas traducidas "l." en RV (*shosham, shushan, shoshannah*) pueden referirse a cualquier planta con flores de vistosos colores, v.g., jacintos, anémonas, narcisos o ranúnculos, todos los cuales se dan abundantemente en Palestina. La flor de lis (1 R. 7:26; 2 Cr. 4:5)

"Mirad los lirios del campo... ni aun Salomón con toda su gloria se vistió así como uno de ellos" (Mt. 6:28s.).

y el l. (1 R. 7:19,22) usados como motivos artísticos en el Templo de Salomón, a la manera egipcia y cananea, eran representaciones de algunas variedades de ninfa, posiblemente la *Ninfea alba* o la *Ninfea lotus*. El l. del encabezamiento de los Salmos 45; 60; 69 y 80 se refiere al nombre de la melodía con que estos salmos se cantaban en el Templo de Zorobabel.

En el NT la palabra *krinon* (Mt. 6:28; Lc. 12:27) se refiere a la multitud de florecillas silvestres que se dan en Palestina de ene. a mayo, v.g. anémonas, amapolas y ranúnculos.

J. A. G.

LISANIAS. Tetrarca de →Abilinia "en el año decimoquinto del imperio de Tiberio César" (Lc. 3:1), es decir, 27-28 d.C. Josefo habla de "Ábila que fue la tetrarquía de L." (*Antigüedades* XIX.V.I; XX.vii.1). Su nombre aparece también en dos inscripciones de Ábila que se remontan a la época de Tiberio y que recuerdan una ofrenda hecha por un esclavo libertado de "L. el tetrarca". No debe confundirse con otro L., hijo del rey Ptolomeo de Calcis, quien fue ejecutado por Antonio en el 34 a.C. a solicitud de Cleopatra (Josefo, *Antigüedades* XV.iv.1). La tetrarquía de L. fue otorgada posteriormente a →Herodes Agripa I (37 d.C.) y después a Herodes Agripa II (53 d.C.). J.-D. K.

LISTRA. Pequeña ciudad de la parte central de Asia Menor, ubicada en la altiplanicie de Licaonia, a 29 km al SO de Iconio. Además de nativos licaónicos (Hch. 14:11), en L. había residentes griegos y judíos (16:1). César →Augusto estableció aquí una colonia militar.

Pablo conoció a L. durante su primer viaje misionero (Hch. 14:6-20). Puesto que sanó milagrosamente a un cojo de nacimiento, los nativos paganos querían rendirle culto como a un Dios (→JÚPITER, →HERMES). No obstante, poco después estos mismos lo apedreaban, incitados por los judíos de Antioquía e Iconio (Hch. 14:19; cp. 2 Co. 11:25 y 2 Ti. 3:11). En su segundo viaje Pablo volvió a L., donde halló a →Timoteo y lo eligió como colaborador (Hch. 16:1-3). No se sabe si regresó en el tercer viaje también (Hch. 18:23). W. M. N.

LOBO. Mamífero carnicero, cánido, semejante al perro mastín, hoy casi extinto en las tierras bíblicas. Durante el día suele permanecer escondido entre las rocas. Por la noche sale a buscar presa (Sof. 3:3), solo o en manadas. Es enemigo terrible de los pastores y sus rebaños (Jn. 10:12).

La palabra "l." se usa en la Biblia solamente en sentido figurado. La tribu de Benjamín es como l. (Gn. 49:27), los enemigos, los jueces, y los príncipes son como l. nocturnos (Hab. 1:8; Sof. 3:3; Ez. 22:27). La prueba del reino mesiánico será que el l. y el cordero coman juntos (Is. 11:6; 65:25).

Según el NT, el creyente sale a testificar al mundo como una oveja "en medio de l." (Mt.

10:16). Los engañadores, cual l. rapaces, se cubren con pieles de oveja para engañar a los fieles (Mt. 7:15). El apóstol Pablo advierte a la iglesia para que se cuide de estos l. que entran a destruir (Hch. 20:29).   W. G. M.

Jesús emplea la figura de "lobos rapaces" para describir a los falsos profetas que vendrán a despojar la "manada" (Mt. 7:15).

LOD. → LIDA.

LODEBAR. Pueblo en Galaad donde vivía Maquir, hijo de Amiel. Maquir protegió a Mefiboset, hijo de Saúl, hasta que David lo invitó a vivir en Jerusalén (2 S. 9:4,5; 17:27). Otras posibles variantes del nombre son → Debir (Jos. 13:26) y Lidebir.   J. E. G.

LODO. → BARRO.

LOG. La medida para líquidos más pequeña entre los hebreos (Lv. 14:10). Equivalía a 1/12 parte de un → hin, 1/3 de un litro o a una medida que contuviera seis huevos de gallina, según los rabinos.   A. T. P.

LOGOS. → VERBO.

LOIDA. → EUNICE.

LOMOS. Parte del cuerpo que se relaciona con la capacidad reproductora del hombre (Gn. 35:11; 46:26; 1 R. 8:19; Heb. 7:5). También se conceptuaba como el asiento de la fuerza. "Ceñir los l." significaba prepararse para una tarea difícil (1 R. 18:46; Pr. 31:17; Ef. 6:14; 1 P. 1:13).   A. R. T.

LOT. Hijo de Harán y sobrino de Abraham. Al morir su padre, L. emigró con su tío a Canaán (Gn. 11:31; 12:45), puesto que éste no tenía hijos propios. El apóstol Pedro lo califica como hombre de fe, pese a su incapacidad de alcanzar una fe abrahámica (2 P. 2:7ss.). La historia de L. es una parábola acerca de un hombre secularizado.

Abraham y L. tenía tan numerosos rebaños, que los escasos pastos de los montes de Judá no bastaban para ambos. Les fue preciso separarse,

y L. escogió la llanura al E del Jordán (Gn. 13:6-11). Pero no se quedó en la llanura, sino extendió sus tiendas hasta entrar a vivir en la misma → Sodoma (Gn. 13:12s.). Allí compartió la suerte de sus nuevos vecinos y juntamente con su familia fue llevado cautivo por los cuatro reyes que atacaron a las cinco ciudades de la región. Abraham acudió a rescatarlo (Gn. 14), pero L. continuó viviendo en Sodoma.

Cuando Abraham supo que Dios pensaba destruir las ciudades corruptas, creyó que entre los parientes de L., con sus mozos y amigos, habría por lo menos nueve personas fieles a Dios (Gn. 18:16-33). Pero la fe de L. no era evangelizadora sino muy pasiva (2 P. 2:8) y los visitadores celestiales no pudieron detener el juicio sólo por él. Más bien, fueron testigos de la terrible perversión sexual de los sodomitas y del dilema moral de L. (Gn. 19:1-11).

Como el cataclismo era inminente y la familia de L. demoraba, los ángeles los obligaron a escapar. No obstante, la esposa de L. murió, pues le resultó imposible romper del todo sus lazos con la ciudad (Gn. 19:16,17,26). A L. se le permitió refugiarse en → Zoar (Gn. 19:18-23), en donde luego fue embriagado y seducido por sus propias hijas. A éstas les nacieron dos hijos a los cuales llamaron Moab y Ben-ammi, y fueron progenitores de los → moabitas y → amonitas respectivamente (Gn. 19:30-38).   W. G. M.

LUCAS (diminutivo de → Lucio o de Lucanos, pueblo al S de Italia). Autor del Evangelio que lleva su nombre y de los Hechos de los apóstoles. Se supone que era gentil —y único escritor no judío entre los autores del NT— porque Pablo lo distingue de "los de la circuncisión" en Col. 4:11-14. Fue → médico y compañero íntimo de Pablo (v. 14). La tradición lo identifica como sirio de Antioquía y, en efecto, Hch. está repleto de datos acerca de la congregación antioqueña.

La fecha y lugar de su conversión al evangelio son desconocidos, pero sí es auténtica la variante personal en Hch. 11:28 ("Y mientras nosotros nos hallábamos reunidos, uno de ellos ...") prueba que L. se identificó muy pronto como cristiano. Si no es auténtica, en Hch. 16:10 el narrador usa por primera vez el pronombre "nosotros", lo cual indicaría que L. se juntó con Pablo en Troas (ca. 51 d.C.) y le acompañó hasta Filipos. Pero no sufrió la persecución allí ni salió cuando Pablo continuó su viaje. El "nosotros" del relato desaparece cuando Pablo vuelve a Filipos al fin de su tercer viaje (20:5), de lo que se infiere que L. permaneció en la ciudad o cerca de ella durante los seis años que intervienen, pero más tarde acompañó a Pablo a Jerusalén (20:5–21:18) y Roma (27:1–28:16). Las referencias en Col. y Flm. 24 manifiestan que siguió colaborando con el apóstol durante el primer encarcelamiento de éste. Y en 2 Ti. 4:11, durante el segundo encarcelamiento, poco antes de su martirio, Pablo escribió:

"sólo L. está conmigo". El médico amado fue su compañero fiel hasta el fin.

Su estilo literario y el carácter del contenido de su obra indican que L. fue un griego culto. Sin ser testigo ocular "desde el principio" L. afirma en su prefacio (Lc. 1:1-4) haber indagado cuidadosamente todos los datos disponibles. Su contacto íntimo durante muchos años con Pablo y otros como Felipe, Timoteo, Silas, Marcos, Bernabé y Santiago, y su presencia en Jerusalén y Cesarea le dieron oportunidad de conseguir amplia información de la vida del Señor y de la iglesia primitiva. La mayoría de los eruditos imparciales lo reconocen como uno de los mejores historiadores de la antigüedad.

Además, de su obra se desprende que L. tenía un espíritu amplio y bondadoso, caracterizado por gozo y piedad genuinos, humildad y cortesía. Según la tradición posterior, trabajó en Acaya después de la muerte de Pablo y murió en Bitinia (o Beocia) a los 74 años sin haber contraído matrimonio. Una leyenda del siglo VI lo llama pintor.   L. S. O. y R. F. B.

Bibliografía

J. Schmid. *San Lucas*. (Barcelona: Herder, 1968), pp. 11-14,23-41.

LUCAS, EVANGELIO DE. Primer tomo de la obra escrita por →Lucas en dos volúmenes; el segundo (→HECHOS DE LOS APÓSTOLES) continúa el relato de éste (cp. Lc. 1:1-4 con Hch. 1:1s.).

I. BOSQUEJO

Prólogo 1:1-4

A. *Advenimiento del Hijo del Hombre y su identificación con los hombres 1:5–4:13.*

1. Nacimiento y niñez de Jesús 1:5–2:52.

2. Bautismo, genealogía y tentación de Jesús 3:1–4:13.

B. *Ministerio en Galilea 4:14-9:50.*

C. *Ministerio camino a Jerusalén 9:51–19:27.*

D. *Ministerio y sufrimiento en Jerusalén 19:28–23:56.*

E. *Resurrección y autenticación 24:1-53.*

II. AUTOR Y FECHA

Es evidente que Lc. y Hch. tuvieron un mismo autor porque (1) ambos se dirigen a →Teófilo; (2) el segundo tomo hace referencia al primero (Hch. 1:1), y (3) entre los dos existen notables semejanzas de lenguaje, estilo y teología, y paralelos estructurales. Aunque los escritos mismos son anónimos, el autor se refiere a sí mismo (v.g. Lc. 1:3; Hch. 1:1). Era un personaje conocido tanto para el destinatario como para la iglesia primitiva. Una misma prueba interna demuestra que Lucas fue autor tanto del Evangelio que lleva su nombre como de los Hch.

La prueba externa que atribuye sin vacilación este primer tomo a Lucas se remonta a la segunda mitad del siglo II: tanto el Canon de Muratori (→CANON DEL NT) como Ireneo hacen tal afirmación.

La fecha del Evangelio tampoco puede determinarse sin recurrir a la de Hch. Algunos, siguiendo una conjetura que se halla en Eusebio y Jerónimo y que se deduce del final de Hch., fechan este segundo tomo *ca.* 63 y el primero, por tanto, *ca.* 58-61. Otros, basándose en tradiciones que se remontan a Ireneo y el *Prólogo a Lucas* contra los marcionitas, afirman que Lucas no compuso su obra sino hasta después de la muerte de Pablo (*ca.* 65-67) y proponen una fecha entre 67 y 72. Esta opinión se apoya en el hecho de que Lucas utilizó el texto de Mr. como una de sus fuentes (→EVANGELIOS). Algunos estudiosos opinan que Lc. 19:43s.; 21:20-24 y 23:28-30 indican una fecha posterior a la caída de Jerusalén (70), pero existen otras explicaciones para estos textos.

III. PROPÓSITO

Según 1:4 el propósito inmediato del Evangelio fue confirmar la fe de Teófilo, cristiano representativo de muchos gentiles que vivían fuera de Palestina (cp. el uso de "Judea" = toda Palestina en 1:5; 7:17, etc.). Además, Lucas se propuso escribir un Evangelio ordenado basado en una cuidadosa investigación y dirigido especialmente a la mentalidad griega (1:1-4). No quiso insinuar (v. 3) que los demás Evangelios no fueran ordenados, sino que su propio plan era presentar los datos en un orden generalmente cronológico y dentro de un marco geográfico preciso, en vez de seguir un plan doctrinal o didáctico. El método del historiador se ve en su deseo de relacionar la historia redentora con la historia secular (2:1). Lucas se interesa más en la biografía del Salvador que los demás evangelistas (p.e. los detalles de los caps. 1 y 2 que sólo se encuentran en Lc.), aunque se vale de estos datos, para aclarar la obra redentora más que para satisfacer la curiosidad histórica. Con todo, su insistencia en la investigación esmerada (1:3), con base en testimonios orales y escritos, nos inspira confianza en la historicidad de su obra. Entre las fuentes de Lc. se incluyen el texto de Mr., otra fuente (Q) que Lc. tiene en común con Mt. y mucho material particular (L), de origen escrito o tal vez oral, que Lucas descubrió en sus indagaciones.

IV. TEMA

Lc. presenta a Cristo como el Hijo del Hombre (19:10), es decir, el Mesías de Dios y el Hombre ideal que ha venido a identificarse con la humanidad y a ser Salvador de ella (2:32; 3:6). Se traza la experiencia de Jesús a través de toda una vida normal, desde su genealogía, la cual Lucas remonta hasta Adán (3:23-28), su nacimiento (2:1-20), infancia (2:21-39) y niñez (2:40-52) hasta su madurez. Jesús participa plenamente de la vida humana. Es Salvador de toda clase de personas: judíos, samaritanos (9:52-56; 10:30-37; 17:11-19) y paganos (2:32; 3:6,8; 4:25-27; 7:9); hombres y mujeres; publicanos (3:12; 5:27-32; 7:37-50; 19:2-10), y fariseos (7:36; 11:37; 14:1); ricos (19:2; 23:50), y pobres (1:53; 2:7; 6:20; 7:22). Es a la vez Salvador universal e individual.

V. Características

Además de los rasgos ya notados, Lc. da prominencia a la oración. Relata nueve oraciones de Jesús, de las cuales sólo dos se encuentran en los otros Evangelios. Dos de sus parábolas particulares tratan de la oración (11:1-13; 18:1-8). Sólo Lc. nos informa que Jesús intercedió por Pedro (22:31,32), que exhortó a los discípulos a orar en Getsemaní (22:40), y que oró por sus enemigos (23:34).

El Espíritu Santo es otro tema importante (4:1,14; 10:21; 11:13; 24:49). La humanidad del Señor se revela en su dependencia del Padre en la oración, y del Espíritu Santo. El gozo y la alabanza ocupan un lugar especial (1:14,44,47; 6:21,23; 10:21; 15:23,32; 24:52s.); sólo en Lc. figuran los cuatro himnos; el *Magníficat* (1:46-55), el *Benedictus* (1:68-79), la *Gloria in Excelsis* (2:14) y el *Nunc Dimittis* (2:29-32).

Los escritos de Lucas revelan destreza literaria, tanto en su estructura como en su redacción. Puede componer períodos griegos de sabor clásico (1:1-4), pero generalmente escribe con sencillez y pureza de estilo y pinta fascinantes cuadros de personas y circunstancias. Muestra simpatía, cultura, amor a la poesía y un interés de médico en las aflicciones físicas. Incluye 18 parábolas que no se encuentran en los otros Evangelios.

Destaca la pobreza y la riqueza en relación con la vida espiritual (6:20,24). Muchas de las parábolas tratan de asuntos financieros, y aun Juan Bautista se nos presenta predicando sobre los pecados al respecto (3:13ss.).

Las mujeres figuran con frecuencia en Lc. Se mencionan trece que no aparecen en los otros Evangelios. Son prominentes sobre todo en los relatos del nacimiento y de la resurrección. Lucas, como gentil, conocía la degradación de la mujer en las culturas paganas y quiso hacer hincapié en la actitud del Señor hacia ella.

Este Evangelio se dirige al griego culto como Teófilo. Lucas fue compañero de Pablo, quien fundó la iglesia en el mundo helénico, y seguramente los dos vieron la necesidad de un Evangelio con carácter cosmopolita y cierta pretensión literaria. Por eso contiene menos citas del AT y menos referencias a la profecía; evita el uso de palabras hebreas como *rabino* y *amén*.

Lucas se interesa en los niños. Sólo él se refiere a la niñez de Juan y de Jesús. En 7:12; 8:42; y 9:38 menciona hijos (o hijas) únicos. Finalmente Lc. destaca más el carácter repentino de la Segunda Venida que la cercanía del fin (17:20s.) y la consecuente necesidad de la vigilancia (21:34).   L. S. O. y R. F. B.

Bibliografía
J. Schmid. *San Lucas.* (Barcelona: Herder, 1968), pp. 11-41 y passim; *INT,* pp. 161-176; *SE*, NT I, pp. 491-763; IB II, pp. 225-249

LUCERO ('el brillante' o 'portador de luz'). Nombre usado en Is. 14:12-14 para describir al rey de Babilonia que, engreído por su esplendor y progreso, intentó colocarse entre los dioses. Tipológicamente es posible que este pasaje describa la caída de Satanás, un ángel brillante, de su posición en el cielo, debido a su arrogancia y deseo de reemplazar a Dios (cp. Lc. 10:18; Ap. 9:1; 12:9). El verdadero poseedor de este título es Cristo (Ap. 22:16).   D. M. H.

LUCIO (latín = 'nacido de día'). Nombre cuyo diminutivo es Lucas.

1. Profeta y maestro de Cirene, que trabajaba en la iglesia de Antioquía (Hch. 13:1). Posiblemente fue uno de los primeros misioneros que llegó a esta iglesia.

2. Judío creyente, pariente de Pablo, que vivía en Corinto y envió saludos a los romanos (Ro. 16:21). No se puede identificar a ninguno de estos judíos con Lucas, el médico, ya que éste evidentemente era gentil (Col. 4:11,14).   L. S. O.

LUCHA. → Juegos Deportivos.

LUD, LUDIM. Dos formas de un mismo nombre:

1. Lud es aplicado a un hijo de Sem (Gn. 10:22; 1 Cr. 1:17), mencionado antes de Aram, padre de los arameos. También se denomina así a los arqueros de Egipto y de Tiro, mencionados junto con los valientes de Put, Etiopía, Fut y Libia (Jer. 46:8,9; Ez. 27:10; 30:5).

2. Ludim es dado a un hijo de Mizraim (Egipto), descendiente de Cam (Gn. 10:13; 1 Cr. 1:11), cuya identificación es incierta.   J. M. A.

LUGARES ALTOS. En la mayoría de los pueblos antiguos que circundaban a Israel, se tenía la idea de que las divinidades moraban en el cielo. Por tanto, el lugar más adecuado para adorarlas era una elevación cualquiera. A veces estas elevaciones eran montes o cerros naturales, y otras veces, sobre todo en regiones llanas, se trataba de "torres" o montículos artificiales sobre los cuales se colocaba el altar. La adoración a los dioses en l. a. era tan común que la encontramos hasta en las antiguas civilizaciones americanas (en las pirámides mayas y aztecas, y en los montículos artificiales que construían algunos indios de Norteamérica).

En las tierras bíblicas, esta costumbre también era común. Pero la forma en que la encontramos más frecuentemente en el AT es la que los hebreos encontraron en Canaán al entrar en la Tierra Prometida. Por lo general, se escogían elevaciones para adorar a los → baales y otros dioses paganos. La altura siempre ha sido señal de respeto y de autoridad, como en el caso de los tronos de los reyes, que se colocan por encima de la altura común de las gentes.

Por estas razones, cuando el AT habla de l. a. no se refiere sencillamente a un accidente geográfico. El término se emplea, por el contrario, para designar un lugar de culto. Por lo general, sobre la elevación —natural o artificial— se colocaba un altar. Varios de estos altares se han conservado, y por medio de ellos podemos imaginar cómo era la mayoría de ellos. Algunos tenían techo, pero otros estaban al aire libre. Frecuentemente en el l. a. también había un árbol sagrado. Había además, una plataforma de piedra, sobre la cual estaba el altar. Otra marca característica eran los pilares sagrados, comúnmente de piedra o de madera.

A estos lugares acudía el pueblo de Canaán en peregrinaciones, y en ellos y a su alrededor se celebraban las grandes festividades religiosas de los baales.

Cuando los israelitas conquistaron la tierra, comenzaron a destruir los l. a. de los cananeos. Pero esta destrucción no fue completa, y uno de los temas que aparecen constantemente en el AT es la tentación de acudir a tales lugares. Además, los israelitas comenzaron a adorar a Jehová en l. a., construidos en forma semejante a los de los cananeos. Durante los primeros años del pueblo en la Tierra Prometida, la lucha no fue contra los l. a. en sí, sino contra los baales que se adoraban en muchos de ellos. La costumbre de adorar a Jehová en estos lugares era aceptada.

Pero con el proceso de centralización, que puede verse en el establecimiento del reino y la construcción del templo, los l. a. empezaron a rivalizar con el verdadero culto a Jehová en el templo, y el ataque contra ellos se hizo más general. Ya no se trataba sólo de l. a. consagrados a los baales, sino también de los consagrados a Jehová. Esto llegó a su fin con la reforma de → Josías, después de la cual parecen haber desaparecido todos los l. a. dedicados a Jehová. Sin embargo, los profetas tuvieron que atacar repetidamente la idolatría del pueblo, que en varias ocasiones restableció los l. a. dedicados a los baales.   J. L. G.

LUGAR SANTÍSIMO. → SANTUARIO.

LUNA. Astro creado como "lumbrera menor para que señorease en la noche" (Gn. 1:16; Sal. 136:9) y para que juntamente con el → sol sirviera de señal "para las estaciones, para días y años" (Gn. 1:14). L. es traducción de varias palabras hebreas en el AT, la más común de las cuales es *yareaj* de la misma raíz que *yeraj* ('mes'). Casi todas las naciones vecinas de Israel la consideraban como objeto de culto. Los antiguos dependían de la l. para fijar los meses y los días festivos (Sal. 104:19; *Eclesiástico* 43: 6,7; Josefo, *Antigüedades* III.x.5).

La l. nueva era ocasión de alegría. Se celebraba con sonido de trompeta y sacrificios especiales (Nm. 10:10; 28:11-15; Sal. 81:3). El estudiante de religiones advierte gran semejanza entre esto y las festividades de fertilidad de otros pueblos. Según Dt. 33:14 se creía que la l. influía en la agricultura. También se le atribuía una influencia maligna (Sal. 121:6). Esto

se nota asimismo en la palabra "lunático" (Mt. 4:24; 17:15).

Lejos de acomodarse a las fiestas paganas de la fertilidad, y a otras formas de culto a la l., el AT advierte contra ello. Abraham huyó del culto a la l. en Ur y en Harán (cp. Jos. 24:2). Job lo reconoció como malo (31:26-28) y Moisés lo prohibió (Dt. 4:19; 17:3). A pesar de esto, los reyes Manasés y Amón lo habían introducido en Jerusalén (2 R. 23:5).

La Biblia enseña que Dios, quien hizo la l. (Gn. 1:16), tiene el poder de detenerla (Hab. 3:11). La l. es símbolo de su fidelidad (Sal. 72:5) y cuando aparezcan señales en ella será indicio de que el fin de todo se aproxima (Mt. 24:29; Ap. 6:12).   W. G. M.

LUNÁTICO. Término popular con que Mt. (4:24; 17:15) designa a la persona "afectada por [bajo la influencia de] la →luna", enferma física y mentalmente. Aunque 4:24 distingue entre los l. y los endemoniados (→DEMONIOS), en 17:15 la enfermedad se cura cuando sale el demonio. Si hemos de ver en 4:24 un catálogo popular y no técnico, médicamente hablando, podemos identificar a los l. como posesos, especialmente a la luz de los paralelos de 17:15 (Mr. 9:17; Lc. 9:39) que atribuyen la enfermedad a un "espíritu (mudo)". En efecto, la descripción es análoga a la de una típica crisis de epilepsia: el joven padece muchísimo, cae en el fuego y en el agua, y el espíritu le toma, le sacude de manera que "echa espumarajos, cruje los dientes, y se va secando". Curaciones —exorcismos— de este tipo de enfermedad lograron para el ministerio de Jesús un gran efecto.   L. A. S.

LUTO. → DUELO.

LUZ. Para los hebreos, la l. es el resplandor de la presencia de Dios (Éx. 24:10; Sal. 27:1; 104:2; Is. 9:2; cp. 2 Co. 4:6), y el principio de su actividad creadora (Gn. 1:3-5). Es energía divina que existe para el bien del hombre, y fuente de la vida (Ecl. 11:7) y de la felicidad (Sal. 97:11; Is. 60:19). Trae sabiduría (Sal. 139: 11s.) y salvación (Sal. 43:3). Es vehículo de la revelación (Is. 60:1-3; cp. Jn. 8:12; 9:5; 12:46). La l. se simboliza por el día, y las tinieblas a su vez por la noche (Gn. 1:5).

En el NT la verdadera l. ha venido y va extendiéndose más y más (Jn. 1:5; Ap. 22:5). Cristo es l. (Jn. 8:12), la l. que nos capacita para conocer la salvación (2 Co. 4:4-6) y al aceptarlo somos hechos hijos de l. (Ef. 5:14; 1 Ts. 5:5). La l. se identifica, además, con la santidad de Dios (1 Ti. 6:16) y, por tanto, constituye una norma ética, pues un hijo de l. no puede andar en tinieblas (Ef. 5:8ss.).

La l. es por consiguiente instrumento de juicio (Mi. 7:8s.; Jn. 3:17-21). Y finalmente incluye un concepto escatológico (1 P. 2:9s.; Ap. 21:24); vislumbramos el triunfo final de la l., cuando ya jamás se podrá extinguir (Ap. 22:5).   W. G. M.

LUZ. 1. Nombre primitivo de un sitio al N de Jerusalén. Abraham lo visitó en su primer peregrinaje por esta región y allí edificó un altar (Gn. 12:8; 13:3). Más tarde Jacob llamó Bet-el a este lugar (Gn. 28:19; 35:6). Después que se establecieron los límites del territorio de Benjamín, la línea divisoria pasaba por L., la cual se identificó con Bet-el (Jos. 18:13; Jue. 1:23).

Jos. 16:2 dice: "De Bet-el sale a L.", lo cual indica que eran lugares distintos. Por esto algunos sitúan a L. en el-Tell cerca de Bet-el. Otros opinan que Bet-el era nombre de la ciudad y L. un lugar específico, posiblemente donde Abraham edificó el altar (Gn. 12:8).

2. Ciudad en la tierra de los hititas (Jue. 1:22-26), fundada por un hombre de Bet-el. El hombre entregó Bet-el a los israelitas por lo que le perdonaron la vida a él y su familia. Se desconoce el sitio, pero se ha sugerido un lugar 7 km al NO de → Cesarea de Filipos.   J. E. G.

LL

LLAMAR, LLAMAMIENTO. Término cuyo significado teológico implica una invitación a servir a Dios con algún propósito específico (1 S. 3:4; Is. 49:1). En otro sentido, describe una relación directa entre Dios y el sujeto llamado (Is. 43). Dios llama a Israel y lo separa de entre los otros pueblos, a fin de que le sirva y goce de su especial protección. Dios es quien siempre toma la iniciativa en el ll., aunque casi siempre es una minoría o "remanente" quien responde (Jl. 2:32).

En el NT, es frecuente el uso del término en Lucas, Hechos y las cartas de Pablo. Sorprende su ausencia casi total en la literatura juanina. En algunos pasajes de los Evangelios y en los escritos de Pablo, la base para el significado teológico del ll. es el hecho de que Dios llama al hombre en Cristo, para un propósito que Él mismo determina (Mr. 2:17). En general, este es el punto de vista del NT (Fil. 3:14). La respuesta del hombre llamado puede ser para creer, y en este sentido el ll. es un término técnico para designar el proceso de la → salvación (Hch. 2:39; 1 Co. 7:17; Gá. 5:13; 1 P. 5:10).

Las epístolas paulinas clarifican el concepto teológico del ll. cristiano. Éste viene de Dios, a través del evangelio, para la salvación → santificación y servicio (2 Ts. 2:14); permite entrar al reino de Dios y formar parte de la "familia de Dios" en compañerismo y amor fraternal (1 Co. 1:9; Gá. 1:15; Ef. 2:19). Para Pablo, quienes responden al evangelio son "llamados" en oposición a quienes lo rechazan (1 Co. 1:24). Esta idea está tomada de la misma enseñanza de Jesús (Mt. 22:14).

El ll. de 1 Co. 7:20 parece señalar, más que una ocupación particular, el carácter histórico del acto divino. La respuesta del hombre "llamado" incluye todas sus circunstancias históricas. De aquí que en algunos pasajes del NT el ll. sea un imperativo para vivir conforme a la vocación cristiana (Ef. 4:1; Col. 1:10; 2 Ts. 1:11).

Pero el sentido más pleno del ll. cristiano destaca la posición que el creyente asume en una relación más profunda con Dios. Ser "llamado hijo de Dios" es el propósito eterno de la salvación (1 Jn. 3:1; cp. Jn. 1:12; Ro. 8:28,30; 9:26).

J. M. A.

LLAVE. Trozo de madera bastante grande, pues se llevaba al hombro, con que antiguamente se corría hacia atrás el cerrojo de una puerta. Pocas veces las puertas se aseguraban con cerraduras o cerrojos, pero cuando los hubo eran especialmente de madera, insertados en el marco de la puerta y sostenidos por algunas clavijas o nudos (Neh. 3:3). Para levantar el cerrojo había también una manecilla especial (Cnt. 5:5), llamada en heb. "abridor" y en gr. "cierre". El → portero era un servidor que recibía solemnemente su dignidad. En Is. 22:21s., la potestad del mayordomo-tesorero Sebna pasa a las manos de Eliaquim: "Pondré la ll. de la casa de David sobre su hombro" (cp. Is. 9:6 "el principado sobre su hombro").

En el NT, las ll. del → Reino se le confían a → Pedro (Mt. 16:19; cp. 18:18, donde la autoridad de → atar y desatar se otorga a todos los discípulos). La figura simboliza responsabilidad y autorización para proclamar la apertura del Reino. En Jn. 20:23 una expresión análoga se aplica al anuncio del perdón de los pecados. En Mt. 23:13, Jesús critica a los escribas y fariseos por su falsedad, ya que cierran el Reino y no entran ni dejan entrar. Asimismo en Lc. 11:52 los critica porque han "quitado la ll. [que es] el conocimiento [práctico de la voluntad de Dios]". En Jn. 10:3 el oficio del portero es abrir la puerta solamente al pastor. En Ap. 1:18 es uno semejante al Hijo del Hombre quien tiene el poder de las ll. para abrir la cárcel de los muertos y darles vida. Él dispone de los tesoros de Dios para la iglesia en Filadelfia, le abre la puerta del templo de Dios y le da la corona (cp. Is. 22:15ss.). En Ap. 9:1 y 20:1 un ángel recibe las ll. del pozo del → abismo y el poder para encerrar o bien soltar a Satanás (20:3,7).

R. O.

LLUVIA. Debido a la geografía que se destaca en el ambiente bíblico, la ll. se presenta como un elemento especialmente vital. De ella dependía la existencia de los manantiales, el pastoreo de los animales, la agricultura, etc. (Dt. 11:11; Is. 55:10). Una sequía prolongada producía efectos desastrosos (1 R. 17:7; 18:1,2; Jl. 1:10-12).

La época de ll. en la Tierra Santa dura por lo general de octubre a abril o mayo, y es la estación fría del año (Cnt. 2:11). La Biblia menciona repetidas veces "las ll. tempranas y las tardías" (Dt. 11:14; Jer. 5:24; Stg. 5:7). Las "ll. tempranas" son aquellas que duran unos pocos días o hasta una semana, y caen alrededor de los meses de octubre o noviembre, aunque nunca son regulares y pueden retardarse hasta los primeros días de diciembre y aún más. Son ligeras y preparan el terreno para la siembra. Invariablemente van precedidas por días de fuertes vientos y descenso de la temperatura. En abril o en los primeros días de mayo se precipitan las "ll. tardías" que cierran la estación lluviosa y sirven para completar la maduración de las cosechas. Son, pues, leves y alternan con días de sol. Cuando faltan, sobreviene el desastre agrícola (→HAMBRE).

Las ll. frías y copiosas caen en diciembre y enero. Son absorbidas por el terreno y se mantienen en el subsuelo como reservas para luego fluir en forma de manantiales (→FUENTE).

Parte de esta ll. era guardada en →cisternas y pequeños depósitos. Según la creencia de los antiguos, las fuertes ll. procedían de enormes depósitos de los cielos (Gn. 7:11; Sal. 65:9; 148:4).

La falta de ll. en la estación seca se compensaba, en parte, con el rocío que se cae en las noches y que es suficiente para madurar ciertos granos, las uvas y otros frutos (Dt. 33:28; Zac. 8:12).

Las ll. representan adecuadamente las bendiciones divinas (Dt. 32:2; Is. 44:3; 55:10,11) o a veces las perturbaciones enviadas por Dios (Gn. 7:4,10-12; Sal. 11:6; Ez. 38:22), pues su finalidad es producir efectos benéficos o desastrosos entre los hombres (→GRANIZO, DILUVIO). Por eso, la ll. en los desiertos era un misterio para los antiguos (Job 38:26)

La ll. se consideraba como una bendición y un don de Dios al hombre (Mt. 5:45) y específicamente a su pueblo (Gn. 27:28; Dt. 28:12). Se establece, en contraposición a los dioses paganos, como en el caso de →Elías (1 R. 18:17-40, cp. Stg. 5:17,18), que Jehová es el "dador" de la ll. (Sal. 65:9; Jer. 5:24; 14:22).   J. M. R.

LLORO, LLANTO. → DUELO.

M

MAACA. 1. Región de Aram al SO del mte. Hermón, que fue entregada a Jair, hijo de Manasés (Dt. 3:14; Jos. 12:5; 13:11,13). Los habitantes no fueron aniquilados en la conquista y por lo tanto vivían entre los israelitas. Se aliaron con los amonitas en contra de David (2 S. 10:6-8; 1 Cr. 19:6-9) pero fueron derrotados y quedaron como tributarios durante los reinados de David, Salomón y Jeroboam II.

2. Esposa de David y madre de Absalón. Era hija de Talmai, rey de Gesur en Siria (2 S. 3:3; 1 Cr. 3:2).

3. Esposa de Roboam y madre de Abiam, rey de Judá (1 R. 15:2). En 1 R. 15:10,13 la madre de Asa también se llama M., pero posiblemente se trataba más bien de la abuela de éste. Asa privó a M. "de ser reina" por haber promovido ella la idolatría (2 Cr. 15:16).

Otras personas que llevaban este nombre, tanto hombres como mujeres, se mencionan en 1 Cr. 2:48; 7:16; 8:29; 9:35; 11:43; 27:16.

J. E. G.

MACABEOS (del heb. posiblemente = 'cabeza de martillo'). Sobrenombre dado a la familia de los asmoneos que dirigieron el movimiento independentista judío durante los dos últimos siglos a.C.

I. La revuelta de Matatías

Después de la muerte de →Alejandro el Grande, su imperio fue repartido entre sus generales. Palestina quedó entre el reino de los →seleucos, cuya base estaba en Siria, y el de los →ptolomeos, que reinaban en Egipto. Durante varios siglos, Egipto y Siria se disputaron el territorio de Judea, aunque por lo general fue Siria la que lo gobernó. Cuando uno de los seleucos (→ANTÍOCO) trató de imponer una cultura uniforme sobre todas sus posesiones, los judíos se rebelaron, pues se intentó destruir varios de los fundamentos de su religión. El jefe de esta rebelión fue el sacerdote Matatías, padre de Judas Macabeo. Aquél mató a un oficial del rey y después huyó a las montañas con sus cinco hijos. Allí organizó la resistencia al poder de los seleucos, y pronto reunió numerosos seguidores que periódicamente bajaban a los lugares poblados a matar a quienes apoyaban la política siria, destruir altares, y circuncidar por la fuerza a quienes permanecían incircuncisos por temor a las autoridades.

II. Judas Macabeo

A la muerte de Matatías le sucedió su hijo Judas, hábil general que repetidamente derrotó a enemigos mucho más numerosos que sus propias fuerzas. Gracias a varias dificultades que las autoridades de Siria tenían que enfrentar –la guerra con Persia, la falta de fondos, y después una guerra civil– Judas logró cierta independencia para su país, recuperó y purificó el templo de Jerusalén, e hizo un pacto con el creciente poder de Roma. Pero por fin Siria logró derrotarlo y matarlo en el año 162 a.C. (→CRONOLOGÍA DEL PERÍODO INTERTESTAMENTARIO.)

III. Jonatán Macabeo

Cuando murió Judas, le sucedió su hermano Jonatán. Al principio, parecía que la rebelión había terminado, y que sólo un puñado de fieles seguirían a Jonatán. Pero poco a poco éste mostró su habilidad, no sólo militar, sino política. En una nueva guerra civil que sacudió a Siria, usó sus fuerzas de tal modo que pronto los judíos volvieron a ser un sector respetado. En el año 142 a.C. fue capturado y muerto mediante una artimaña.

IV. Simeón Macabeo

Simeón, sucesor y hermano de Jonatán y de Judas, se mostró tan hábil como ellos. Los judíos por fin tomaron las riendas de su propio destino y dieron a Simeón y a los sucesores de éste el gobierno hereditario de la región. Simeón organizó el país y pactó con Roma y con Esparta, a fin de garantizar su independencia frente a las ambiciones de los reyes de Siria. Con todo, sus territorios fueron invadidos por los sirios, quienes lo derrotaron y le dieron muerte a él y a dos de sus hijos.

V. Los asmoneos posteriores

Juan Hircano, hijo de Simeón, logró escapar, y por fin llegó a ser gobernador de Judea y sumo sacerdote, aunque bajo la tutela del rey de Siria. En ese momento comenzó a cambiar la tónica del movimiento, hasta ahora religioso, que los m. dirigían. Si los judíos se habían rebelado era porque habían visto amenazada su religión y no por ambiciones políticas. Los dirigentes contaban con el apoyo de las clases bajas, cuya más preciada posesión era la fe de sus antepasados, mientras que muchos de los aristócratas estaban dispuestos a amoldarse a las nuevas tendencias helenistas.

origen a dos partidos entre los judíos: los → fariseos y los → saduceos. El primero insitía en la antigua fe, y sospechaba de las ambiciones políticas como una negación de esa fe; el último era más bien aristócrata, y mucho menos estricto en cuanto a las innovaciones que paulatinamente se introducían en el judaísmo.

Pompeyo conquistó a Siria y Palestina (63 a.C.) y depuso al último rey de los m., Aristóbulo II, para llevarle cautivo a Roma. Pero Pompeyo y otras autoridades romanas respetaron en cierta

LA FAMILIA MACABEA

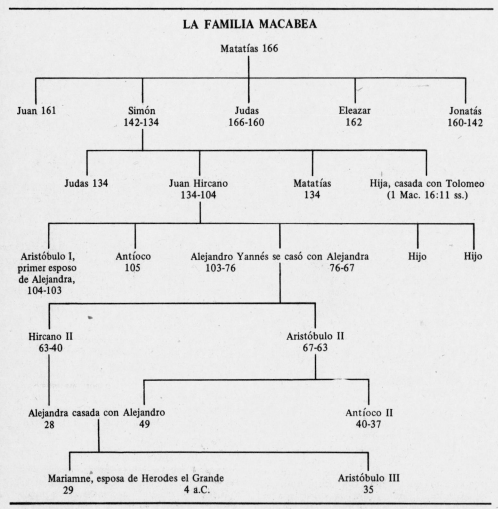

Juan Hircano y sus sucesores se apartaron cada vez más de la tradición judía, y trataron de gobernar el país al estilo de otros reyes de la época; contaron para esto con la aristocracia ambiciosa. Juan Hircano cambió incluso los nombres judíos de sus hijos por nombres griegos, y sus sucesores se amoldaban cada vez más al helenismo. Se desató la persecución contra quienes insistían en retornar a la vieja fe por la que habían muerto los primeros m. Esto dio

medida la religión judía y la autoridad de los m. Por tanto, a los descendientes de los m. se concedieron los títulos de sumo sacerdote y etnarca (gobernador) hasta que en el año 40 a.C. Roma nombró a → Herodes rey de Judea.

Aunque Herodes estaba casado con una descendiente de los m., y por tanto sus dos hijos pertenecían a ese ilustre linaje, él mismo le puso fin al matar primero a su mujer y luego a sus dos hijos.

J. L. G.

Bibliografía

IB I, pp. 256-270; G. Ricciotti. *Historia de Israel* II, Barcelona: Miracle, 1945.

MACEDA. Una de las principales ciudades de los cananeos, situada en la Sefela. Fue tomada por Josué cuando éste emprendió su arrasadora campaña de conquista en Judá, de N a S. Después de derrotar una coalición de cinco reyes, Josué tomó a M. y mató a su rey (Jos. 10:28,29).

M. V. F.

MACEDONIA. Tierra al N de la península helénica (Acaya, Hch. 19:21) que se extendía desde el mar Adriático hasta el Egeo. Sus habitantes primitivos no eran helénicos pero con el tiempo llegaron allí inmigrantes griegos y romanos.

M. no tuvo importancia histórica sino hasta el reinado de Felipe II (359-336 a.C.), quien logró establecer la supremacía macedonia sobre casi toda Grecia. Su hijo → Alejandro Magno (336-323) fundó un imperio que se extendió desde el Nilo en el S hasta M. en el N, y hasta la India en el E. M. no se menciona por nombre en el AT pero se alude al imperio alejandrino en Dn. 8:5-8. En 168 a.C. fue conquistada por los romanos y en 142, convertida en provincia romana. Así era el estado político de la tierra en el tiempo de Pablo.

M. fue la primera tierra europea evangelizada por Pablo. Después de recibir la visión del "varón macedonio" Pablo visitó las ciudades macedonias de Neápolis, → Filipos, Anfípolis, Apolonia, → Tesalónica y → Berea en su segundo viaje misionero (Hch. 16:9-17:13) y volvió a visitar la región en el tercero (Hch. 19:21s.; 20:1-12; cp. 2 Co. 2:13; 7:5; 1 Ti. 1:3).

Entre los compañeros de Pablo había varios macedonios: Gayo, Sópater, Aristarco y Segundo (Hch. 19:29; 20:4). En M. se levantaron florecientes iglesias que después ayudaron liberalmente a los santos pobres en Jerusalén (Ro. 15:26) y contribuyeron al sostenimiento de Pablo (Fil. 4:15-18). El apóstol las ponía por ejemplo a las demás iglesias (2 Co. 8:1-7).

W. M. N.

MACPELA. Nombre del campo que compró Abraham, para dar sepultura a los miembros de su familia. Era famoso por la cueva que poseía. Se encontraba en Hebrón o cerca de allí y originalmente perteneció al hitita Efrón. Éste lo vendió a Abraham por cuatrocientos siclos de plata. La narración de la venta de la cueva de M. refleja varios aspectos de las leyes hititas que dejaron de tener vigencia antes de 1200 a.C., lo cual a su vez indica la antigüedad de la tradición conservada en Gn. 23.

La venta se efectuó cuando Sara, la esposa de Abraham, murió, y por tanto ella fue la primera persona sepultada en la cueva de M. (Gn. 23:19). Más tarde, también fueron sepultados allí Abraham, Rebeca, Isaac, Lea y Jacob (Gn. 25:9; 50:13; cp. Hch. 7:16).

Actualmente el lugar está rodeado de muros que se cree fueron erigidos por Herodes. La cueva ha sido sagrada para los judíos, cristianos y musulmanes.

M. V. F.

MACTES ('mortero'). Sitio de Jerusalén donde, durante el reinado de Josías, los mercaderes hacían sus negocios (Sof. 1:11). Se menciona en relación con el área llamada *Mishne* y la puerta llamada "del Pescado", por lo cual se cree que se hallaba en la parte superior del valle del Tiropeón.

J. M. Br.

MACHO CABRÍO. → AZAZEL.

MADAI. Pueblo descendiente de → Jafet (Gn. 10:2; 1 Cr. 1:5), progenitor a su vez de los habitantes de → Media.

W. M. N.

MADIANITAS. Pueblo establecido en la costa oriental del golfo de Acaba, al NO del desierto de Arabia y al S de las tierras de Moab y Edom. Según Éx. 3:1, los dominios de los m. comprendían también la costa occidental del golfo de Acaba. Fue una raza trabajadora, rica y preponderante en el comercio (Nm. 31; Jue. 8; Is. 60:6). Parecen ser los primeros que domesticaron y usaron → camellos. Su progenitor fue Madián que en la genealogía hebrea es hijo de Abraham y Cetura (Gn. 25:1,2; 1 Cr. 1:32).

Los m. fueron llamados también "ismaelitas" (Jue. 8:22,24; cp. Gn. 37:25). Se referían a ellos como ismaelitas o como m. indistintamente (Gn. 37:28). Sin embargo, algunos opinan que se trataba de dos pueblos distintos pero íntimamente asociados (Jue. 7:12; 8:22,24).

Los m. se hicieron idólatras y ejercieron una maléfica influencia sobre Israel. En ocasiones se aliaban con los moabitas o con los amalecitas con el propósito de destruir a Israel. Hubo batallas cruentas, asaltos a los campos y cultivados de los hebreos e intentos de convertir a éstos a los cultos idolátricos (Nm. 22:4,7; 25:1-6; 31:1-16). Durante siete años los m. oprimieron a Israel, y fue tal la crueldad de aquéllos que obligó a muchos hebreos a refugiarse en cuevas y cavernas (Jue. 6:1,2). Gedeón liberó a Israel en uno de estos períodos de opresión (Jue. 6:7-8:35).

M. V. F.

MADRE. Apelativo que aparece en la Biblia no sólo en su sentido propio y estricto, sino también en sentido amplio y metafórico. En un mismo parentesco se llama m. también a la abuela (1 R. 15:10), probablemente a la suegra (Rt. 1:11,13; 2:2) o a alguna antepasada remota (Gn. 3:20). Para la mujer hebrea la maternidad era tal bendición, felicidad y dignidad social (Gn. 24:60; 30:1; 1 S. 1:6ss.; Sal. 113:9), que la esterilidad era tenida como una desgracia.

En sentido figurado, el apelativo m. también se emplea para designar una ciudad principal en relación con las ciudades menores (2 S. 20:19). Se llama m. a algunas comunidades o pueblos personificados en Sion (Is. 50:1), Samaria (Os. 4:5) y Babilonia (Jer. 50:12). Jerusalén es la

ciudad m. por excelencia (2 S. 20:19). En el
NT Pablo llama a la Jerusalén espiritual "la m.
de los cristianos" (Gá. 4:26). En el Apocalipsis
se denomina a Babilonia como la "m. de las
prostitutas y de las abominaciones" (17:5). Metafóricamente se alude al sepulcro como la m.
de los muertos (Job 1:21; 17:14).

A veces se alude al amor materno y se le asigna
carácter proverbial, como símbolo de la generosidad. El amor que Dios tiene por su pueblo es
comparado con el amor de la m. (Is. 49:15;
66:13), aunque la figura no es frecuente. Dios
consuela a los suyos como una m. (Is. 66:13).

En el NT la unión entre Jesús y los creyentes
llega a ser tan íntima que el creyente es "m. y
hermano y hermana" de Cristo (Mr. 3:31
→MARÍA). Sin embargo, para el creyente las
exigencias de Cristo van mucho más allá del
amor que el hijo siente hacia su m. (Mt. 10:35;
19:29). Para ser digno de él hay que amarle más
que a los propios padres (Lc. 14:26).

V. A. G.

MAESTRO. En el AT el término m. puede referirse a menudo a un artesano, experto en su
especialidad (p.e. Éx. 36:4; 2 Cr. 2:7), pero en
el NT es un título que generalmente indica uno
que enseña, o sea un instructor. En tiempos
postexílicos las →escuelas solían reunirse en las
→sinagogas, y los m. eran frecuentemente →es-
cribas o "doctores de la ley" (cp. Lc. 2:42;
Hch. 5:34). Tanto los discípulos de → Jesucristo
como sus enemigos casi siempre le llamaban
"M." o →"Rabí", que significa lo mismo (p.e.
Mt. 12:38; Mr. 5:35; etc.). De ahí se considera
como m. uno que sirva de guía, inclusive Pablo
llama la →ley el "ayo", o m., que conduce al
conocimiento de Cristo (Gá. 3:24).

W. D. R.

MAGDALA. M. o la región de Magadan (Mt.
15:39) se sitúa al borde del lago de Galilea, al
N de Tiberias y al S de Capernaum. De allí era
María, la mujer liberada de siete demonios, que
luego formó parte del grupo de mujeres agradecidas que sirvieron a Jesús durante su ministerio
itinerante en Galilea (Lc. 8:1-3) y presenció la
crucifixión (Mt. 27:55,56; Mr. 15:40; Jn. 19:
25). Ella fue testigo también de la resurrección (Lc. 24:1-10; Jn. 20:1-18) y la primera
persona a quien se le apareció el Señor resucitado (→MARÍA).

I. W. F.

MAGIA. Término que aparece como tal solamente en Hch. 8:9 y Hch. 19:19. Bíblicamente,
incluye toda ceremonia supersticiosa de →ma-
gos, hechiceros, encantadores, astrólogos, adivinos, intérpretes de sueños, decidores de la
buenaventura, echadores de suertes, etc., todo
lo cual es propio de sistemas politeístas. Por
tanto, toda forma de m. era absolutamente prohibida por la ley y vigorosamente condenada
por los profetas y apóstoles. Los que la practicaban sufrían la pena de muerte (Éx. 22:18; Lv.
19:26,31; 20:2,27).

Israel era amonestado a abstenerse tanto de
la m. como de toda abominación de las naciones paganas (Dt. 18:9-11; cp. 2 R. 17:17; 2 Cr.
33:6). Las consultas a los encantadores eran tan
abominables como el sacrificio de niños, y los
magos eran considerados embusteros (Is. 44:25;
Jer. 27:9,10; Ez. 22:28; Zac. 10:2). Isaías condena a los idólatras de Israel llamándoles "hijos
de la hechicera, generación adúltera y forni-
caria" (57:3). Malaquías los tilda de la misma
manera (3:5).

Los apóstoles condenaban la m. tan fuertemente como los profetas. Pablo coloca la hechicería en la lista de las obras de la carne, junto
con el adulterio, los homicidios, etc. (Gá.
5:17-21; cp. Hch. 13:10). La Biblia asigna a los
hechiceros el mismo destino que a los idólatras
fornicarios y asesinos (Ap. 9:21; 18:23; 21:8;
22:15).

A. P. N.

MAGISTRADO. Jefe superior en el orden civil o
ministro de justicia. En Dn. la palabra se refiere
a oficiales del imperio neobabilónico (3:2s.;
6:7). En Lc. 12:11,58 y Ro. 13:3 m. es
traducción de términos griegos que indican en
forma general a los que ejercen el poder, e.d.
"autoridades gobernantes" capaces incluso de
dictaminar sobre la vida y la muerte. En Hch.
16:20,22,35,36,38 m. designa a los más altos jefes (*strategói*) de la ciudad de Filipos,
llamados *duumviri* o *praetores* en latín, ya que
Filipos era colonia romana. Lucas emplea aquí
un vocablo griego aplicable tanto a los administradores de una ciudad como a generales y gobernadores de provincias.

J. M. Bo.

MAGO. Término con que más frecuentemente se
designa en la RV a quienes practican el ocultismo (Gn. 41:8,24; Dt. 18:11; Dn. 1:20; 2:
2,10,27; 4:7,9; 5:7,11; Mt. 2:1,7,16; Hch. 13:
6,8). Sin embargo, no se usa en forma técnica
y consecuente sino como traducción de diferentes palabras hebreas; p.e. el vocablo traducido
por m. en Gn. 41 también aparece en Éx. 7:11,
22; 8:7,19 y 9:11, pero aquí se traduce por
"sabios" o "hechiceros".

Originalmente los m. eran una tribu de Media
que ejercía en la religión persa la función sacerdotal; puesto que estos sacerdotes se interesaban
en la astronomía y la astrología, los griegos
llamaban m. a los →astrólogos. En tiempos de
Daniel, el nombre de m. se aplicaba a una
tribu sacerdotal o bien a un grupo de sabios de
los cuales Daniel llegó a ser jefe (Dn. 4:9). La
habilidad de Daniel procedía de Dios aunque los
paganos naturalmente le consideraban como
mago.

La Biblia prohíbe toda práctica de →magia
(Éx. 22:18; Lv. 19:26,31; 20:6,27).

En el NT m. se refiere tanto a los que
tienen sabiduría especial (Mt. 2), como a los
hechiceros (Hch. 8:9; 13:6,8). Los m. de Mt. 2
serían naturales de algún país como Persia, Arabia o Babilonia donde habían vivido judíos desde hacía muchos siglos (cp. 2 R. 17:6), y

donde se conocería la profecía de la "estrella de Jacob" (Nm. 24:17), que formaba parte de la esperanza mesiánica del siglo I (→ESTRELLA DE BELÉN).   J. C. H.

MAGOG. →GOG.

MAHALAT (heb. = 'enfermedad'). 1. Palabra que aparece en los títulos de los Sal. 53 y 88. Algunos conjeturan que se refiere al acompañamiento para el canto de estos salmos. Otros suponen que estos salmos se usaban en los rituales de purificación después de una enfermedad. Para otros, m. alude a la enfermedad espiritual que en ellos se lamenta.

2. Esposa de Esaú e hija de Ismael (Gn. 28:9).

3. Esposa y prima de Roboam, nieta de David (2 Cr. 11:18).   V. F. V.

MAHANAIM ('dos campamentos'). Ciudad de →Galaad cuya ubicación es discutida. Probablemente se hallaba al N del arroyo →Jaboc, arroyo que fue la línea limítrofe entre las tierras de Manasés y Gad (Jos. 13:26-30). Aquí tuvo lugar el encuentro de Jacob con unos ángeles, antes de llegar a Peniel (Gn. 32:1,2).

M. fue designada ciudad levítica (Jos. 21:38). Fue la capital israelita durante los dos años del reinado de Isboset (2 S. 2:8,12-29), refugio para David cuando Absalón usurpó el reino (2 S. 12:24,27; 19:32; 1 R. 2:8), y luego cabecera de uno de los distritos del reino de Salomón (1 R. 4:14).   C. W. D.

MALAQUÍAS ('mi mensajero' o 'mensajero de Jehová'). Duodécimo y último de los Profetas Menores, acerca del cual la Biblia no consigna datos personales, ni siquiera en su propia profecía. Ni aun se puede asegurar con certeza que hubiera un profeta de este nombre, ya que "M." bien podría ser el título (3:1) del profeta, como lo indica la LXX.

En cuanto a la fecha de la escritura de la profecía de M., el texto indica que el templo ya ha sido reconstruido y se ofrecen sacrificios (1:7,10; 3:1). Además, hay un gobernador persa (1:8 TM). Así que M. pudo haber escrito durante el tiempo en que Nehemías salió de Jerusalén y estuvo nuevamente con Artajerjes (Neh. 13:6), ca. 435 a.C. Sin embargo, es más común sugerir una fecha anterior a →Esdras y Nehemías, e.d. ca. 460 a.C.

M. condena una baja condición moral y religiosa entre los judíos, parecida a las situaciones que Esdras y Nehemías atacaron. El diálogo entre Dios y su pueblo es único en la Biblia, y está caracterizado por expresiones como "decís", "habéis dicho", "dijisteis", "diréis" (14 veces), y "en qué", "por qué", "qué" (19 veces).

El libro se puede dividir en dos partes:

A. *Pecado de Israel, caps. 1 y 2*

El pecado reprendido incluye la falta de gratitud a Dios por haber escogido a Israel (1:1-5; cp. Ro. 9:13), la deshonra del nombre de Dios con ofrendas inaceptables (1:6-9,13,14) y el conceptuar el culto como carga pesada (1: 10-12). Los más culpables son los dirigentes espirituales (2:1,7). La advertencia del castigo como resultado de estas condiciones es clara (2:2-9). Los matrimonios mixtos con los paganos profanan el pacto con Dios, puesto que Israel es pueblo apartado (2:10-14). Dios aborrece la infidelidad conyugal que había llegado a ser común (2:15-17).

B. *Promesa respecto al Mesías, caps. 3 y 4*

Esta promesa incluye la del mensajero prometido (3:1; cp. Mr. 1:2), y la del día de purificación (3:2-5). El profeta prevé las dos venidas del Mesías: con relación a la primera anuncia la venida del precursor Juan Bautista (3:1), y de la segunda anuncia el juicio venidero (3:2-5). Luego hace un llamado al arrepentimiento y condena el robo que cometen los judíos al no dar los diezmos y ofrendas (3: 6-12). Pero siempre hay un remanente de fieles y Dios los reconoce. Para ellos hay promesas especiales (3:13–4:3).

Al final, M. anuncia que el profeta →Elías aparecerá "antes que venga el día de Jehová" y habrá un verdadero avivamiento (4:4-6). Según Mt. 17:10-13 "Elías ya vino" (Juan Bautista).

Así, pues, el AT concluye con la profecía del Mesías y su mensajero y el NT comienza con el cumplimiento de esta profecía.   P. R. P.

MALCO. Siervo de Caifás, a quien Pedro le cortó la oreja derecha cuando se arrestó a Jesús en el huerto de Getsemaní (Jn. 18:10,26; cp. Mr. 14:47 //). Sólo Juan menciona el nombre del siervo, seguramente porque conocía la casa del sumo sacerdote (18:15). Si M. representaba oficialmente a Caifás, el golpe dirigido a la oreja derecha tuvo por fin la incapacitación simbólica del pontífice (cp. Éx. 29:20; Lv. 8:23s.). Sólo el médico Lucas informa que Jesús sanó al herido (22:51).   W. M. N.

MALDAD. Sinónimo de →pecado cuyo sentido más se asemeja al concepto de un mal radical demoníaco e insensato arraigado en el corazón del hombre. Describe la corrupción general difundida a toda la raza humana, en medio de la cual las excepciones son notables; v.g. Noé y su familia durante la época del diluvio (Gn. 6:5; cp. Is. 1:4; 13:11; Mt. 7:23; Stg. 3:6, etc.).

En particular, "m." designa la perversidad especial de toda una nación, como en Gn. 15:16; Is. 1:4; Os. 13:12; o bien señala una acción individual moralmente repugnante, como la sodomía (Gn. 19:5ss.), el incesto (Lv. 18:17) o la simonía (Hch. 8:22). En la mayoría de los casos señala cualquier →transgresión contra Dios o los hombres, pero siempre implica mala voluntad. En ese sentido se asemeja mucho al concepto de →iniquidad.

De acuerdo con la particularidad del pensar hebreo, el concepto de m. puede referirse o a una disposición interna del ser humano, o a las acciones que resultan de ésta. Por extensión,

significa asimismo el castigo que el pecado amerita (Dt. 5:9; 2 S. 14:9).

El salmista reconoce que, a pesar de su fe en
Dios su redentor, el pecado habita en él todavía como poder efectivo. Por tanto, pide a Dios
que le lave más y más de su m. (51:2), y
recuerda que Dios le ha perdonado en el pasado
(32:5).

Pablo tilda de "huestes espirituales de m."
(Ef. 6:12) a los poderes espirituales que se oponen maliciosa y metódicamente a Dios y al
evangelio de su amor en Cristo. Exhorta a los
corintios a dejar atrás la m. y a celebrar el amor
de Cristo (1 Co. 5:8).   K. L. M.

MALDICIÓN. En sentido oriental, "m." es la
palabra o expresión que desea el mal para alguna persona u objeto. Se espera que la m. suelte
una fuerza negativa y maligna que actúe en
contra de la felicidad y propicie el fracaso del
que es maldecido. Incluso, los malos efectos
pueden pasar a otros (Jos. 6:26; 7:24s.). A veces echar m. casi era el oficio de algunas personas (Nm. 22). Pero Dios puede tornar la m. en
→bendición (Nm. 23; 24). Las m. sirven como
termómetro moral en el AT (Dt. 21:23; 27:
16-26; 28:16-19).

Para anular las m. humanas la víctima podía
volver a imprecar a su enemigo (Sal. 9:18;
59:13ss.; 109:6-20). Para evitar las m. religiosas
el único camino era obedecer "los mandamientos de Jehová" (Dt. 11:26s.).

En el NT encontramos rasgos del espíritu
antiguotestamentario (Mr. 11:12ss.; Hch. 5:1ss.)
pero en general el clima ha cambiado. La m. se
quita con la bendición (Lc. 6:28; Ro. 12:14).
La m. de la ley ha sido deshecha por el sacrificio de Cristo (Gá. 3:10-14). La última palabra
del AT es "m." pero en el NT se cierra con una
bendición.   W. G. M.

MALICIA. Vocablo bíblico empleado para calificar al carácter pecaminoso arraigado e inherente
en los hombres (1 S. 17:28; Job 22:5).

Jesús reconoció la propensión de los →fari-
seos a la m. (Mt. 22:18). Era ciertamente una
especie de →maldad con fines de engañar, y de
hecho la m. y el engaño son afines (1 P. 2:1).
En la literatura apostólica del NT la m. aparece
casi siempre entre los pecados contra los cuales
se exhorta a los creyentes (Col. 3:8).

K. L. M.

MALTA (árabe; gr. *Melite*). Isla situada en el
centro del mar Mediterráneo unos 100 km al S
de Sicilia. Mide 29 km de largo y 13 de ancho.
En la costa de esta isla naufragó el barco en que
Pablo era llevado prisionero (Hch. 28:1), y aquí
invernó antes de continuar rumbo a Roma vía
Regio y Puteoli (28:11-13). La bahía tradicional
donde Pablo naufragó se encuentra en la costa
norte hacia el extremo NO de la isla. Conserva
hasta hoy el nombre de "Bahía de San Pablo".

En el siglo X a.C. ocuparon la isla los →feni-
cios y, como consecuencia, por siglos la lengua

de los isleños fue la púnica. En 218 a.C. M. fue
dominada por los romanos e incorporada al Imperio; en la época paulina el "principal de la
isla" era un tal →Publio. Aunque llegaron a
hablarse extensamente el griego y el latín en la
isla, perduró el dialecto púnico y por tanto los
habitantes merecieron la designación de → "bárbaros" (Hch. 28:2,4 RV 1909, NC).

Después de la caída del Imperio Occidental
(476 d.C.), M. pasó sucesivamente al dominio
de los árabes, normandos, Caballeros de Malta,
Francia e Inglaterra. Desde 1964 ha sido nación
independiente pero miembro de la Comunidad
Británica.   W. M. N.

MAMRE. 1. Príncipe amorreo, hermano de Escol
y Aner (Gn. 14:13,24), posiblemente el propietario de los frondosos árboles bajo los cuales
Abraham fijó su campamento (Gn. 23:10-20).
Se unió con Abraham en la lucha por rescatar a
→Lot, quien había sido secuestrado tras una
cruenta batalla con cuatro reyes (Gn. 14).

2. Valle y ciudad cercanos a →Hebrón, donde Abraham y sus descendientes plantaron sus
tiendas. Allí, en un declive del valle, estaba la
cueva de →Macpela, la cual Abraham compró
para sepulcro "a perpetuidad" para él y los
suyos (Gn. 23:17,19; 25:9; 49:30). Fue en M.
donde el Señor se le apareció a Abraham y le
prometió un hijo de Sara (Gn. 18:1,10).

M. V. F.

MANÁ. Nombre basado en la pregunta hecha por
los israelitas en hebreo, "¿*Man ju*? " ('¿qué es
esto? ', Éx. 16:15), cuando vieron por primera
vez el "pan del cielo" (Éx. 16:4) que Jehová les
proveyó durante toda la peregrinación en el
desierto (v. 35; cp. Jos. 5:12). El salmista lo
llama "trigo de los cielos" (Sal. 78:24) y "pan
de nobles" (v. 25) o, quizá, "pan de ángeles"
(conforme a la LXX), porque la palabra hebrea
aquí se basa en el verbo "volar". En señal de
desprecio, los mismos israelitas llamaron a M.
"pan liviano" (Nm. 21:5). El apóstol Pablo lo
llamó "alimento espiritual" (1 Co. 10:3) por su
origen divino y por su significado como tipo de
Cristo. Jesús se identificó como "el verdadero
pan del cielo . . . el pan de vida" (Jn. 6:25-69).
También prometió que "el que venciere" se
alimentará de este "maná escondido", la misma
vida espiritual del Redentor (cp. Ap. 2:17).

La Biblia da la siguiente descripción del m.:
1. Forma: "una cosa menuda, redonda, menuda como una escarcha sobre la tierra" (Éx.
16:14); "como semilla de culantro" (v. 31).
2. Color: "blanco" (Éx. 16:31); "como color de bedelio" (Nm. 11:7).
3. Sabor: "como de hojuelas con miel" (Éx.
16:31); "como de aceite nuevo" (Nm. 11:8).
4. Características: criaba gusanos y hedía al
guardarse para otro día (Éx. 16:20). El hecho
de que esto no sucedía con lo que se guardaba
para el día de reposo señala un acto milagroso
de Dios

5. Preparación: molido o mojado y luego cocido en caldera o servido en tortas (Nm. 11:8)

Se ha tratado de identificar el m. con varias substancias naturales que se observan hasta hoy en la península de Sinaí. Estas substancias son excretadas por insectos que se alimentan de la savia del tamarisco: los carbohidratos de la savia se transforman en tres tipos de azúcar, que resultan en una materia dulce y pegajosa como miel. Este producto se ha identificado con el m. de la Biblia a lo menos desde el tiempo de los monjes griegos del Sinaí, en los primeros siglos de nuestra época. Sin embargo, tal identificación es dudosa por varias razones:

1. Pasa por alto el hecho de que estas substancias no se conforman suficientemente a la descripción del m. de la Biblia.

2. No explica cómo tales procesos naturales pudieran proveer las cantidades enormes que se necesitaban para toda la multitud de los israelitas durante tantos años.

3. No explica cómo un → gomer de estas substancias podría sostener a un hombre por un día (Éx. 16:16).

4. Aún más importante, no toma en cuenta los factores milagrosos de la historia bíblica.

A toda luz, es preferible aceptar que el m. fue una provisión especial milagrosamente hecha para una necesidad particular. Las posibles semejanzas, sin embargo, no dejan de indicar algo del elemento físico utilizado por Dios en la provisión milagrosa.

En memoria del milagro en el desierto, se guardó un gomer de m. en el arca del pacto (Éx. 16:33; Heb. 9:4), pero luego seguramente se perdió (cp. 1 R. 8:9). Por esto, es dudoso el testimonio del historiador Josefo, según el cual todavía en la era romana seguía descendiendo m. en la península del Sinaí (*Antigüedades*, III,i.6).   D. J.-M.

MANAÉN (heb. = 'consolador'). Uno de los cinco profetas y maestros de la iglesia de Antioquía que participaron en la selección de Bernabé y Pablo para la obra misional (Hch. 13:1s.). Había sido "criado junto" con → Herodes Antipas, estando éste desterrado, pero era persona muy diferente de este su "hermano de leche" (HA).   L. S. O.

MANAHEM ('consolador'). Hijo de Gadí y gobernador militar de Tirsa. Cuando Zacarías fue asesinado por Salum, M. mató a éste y lo sucedió como el decimosexto rey de Israel (*ca.* 752-742). Con el saqueo cruel de la ciudad de Tifsa, M. consolidó su reinado (2 R. 15:13-16), pero para evitar la invasión por los asirios bajo Pul (→ TIGLAT-PILESER) tuvo que pagar tributo. Los hombres ricos del reino pagaban este impuesto que, no obstante, sólo postergaba la anexión de Israel a Asiria.

M. siguió la mala conducta religiosa de Jeroboam. Oseas 7 describe las condiciones de su reino. Murió naturalmente y fue sucedido por su hijo Pekaía (1 R. 15:17-22). Fue el último de los reyes de Israel que fueron sucedidos por un hijo propio.   W. C. W.

MANAHAT. 1. Ciudad hasta hoy desconocida. Se cree que estuvo en las fronteras de Judá y Benjamín. Se habla de ella como el sitio al cual los benjamitas fueron transportados (1 Cr. 8:6).

2. Nombre de uno de los descendientes de Esaú (Gn. 36:23; 1 Cr. 1:40).   M. V. F.

MANASÉS. 1. Hijo mayor de José con su esposa egipcia Asenat. Nació en Egipto cuando su padre ocupaba el puesto de primer ministro de la nación (Gn. 41:45,51). Su nombre significa "hacer olvidar", lo cual probablemente signifique que → José, al dar este nombre a su hijo, se había olvidado de todos los sufrimientos del pasado.

Antes de su muerte, Jacob adoptó como hijos suyos a los hijos de José (Gn. 48:5), por lo cual Efraín y M. llegaron a ser cabezas de tribus, a la par de Judá y Benjamín (Jos. 16:4,5). Sin embargo, en la bendición impartida por Jacob, M. ocupó un puesto inferior a Efraín, su hermano menor (Gn. 48:19). Esto disgustó a José, pero Jacob no quiso rectificar su acción (Gn. 48:13-20).

2. Tribu que después de la conquista de Palestina ocupó dos porciones de tierra. Una de ellas estaba en las ricas regiones de Galaad y Basán. La otra se extendía entre el Jordán y el Mediterráneo, y tenía a Efraín y a Dan al S. Al N limitaba con Aser, Zabulón e Isacar (Jos. 16 y 17). Gedeón y Jair, jueces de Israel, pertenecían a la tribu de M. (Nm. 26:29,30; Jue. 6:11; 10:3). Además, esta tribu dio muy valiosos soldados para los ejércitos de David (1 Cr. 12:20-22,37) y tomó parte activa en algunas reformas religiosas (2 Cr. 15:9; 30:1, 10,11,18). Años después fue conducida al destierro (1 Cr. 5:26).   A. P. P.

3. Rey de Judá, hijo y sucesor de Ezequías; su madre se llamó Hefzibá. Ascendió al trono cuando sólo tenía doce años y reinó 55. El reinado más largo en la historia de la nación de Judá, aunque puede muy bien haber sido que los diez primeros años haya actuado como regente de su padre, ya que la → cronología lo sitúa como rey entre los años 687 y 642 a.C.

Se le señala en el relato bíblico como uno de los reyes más perversos en la historia tanto de Israel como de Judá. Su largo reinado fue uno de idolatría y de abierta rebelión contra Jehová. Sacrificó en el fuego a su primogénito como ofrenda a los dioses y se dedicó a establecer y apoyar en Judá toda suerte de religiones paganas. En su tiempo hubo un verdadero sincretismo de religiones cananeas, asirias y babilónicas; se practicó el espiritismo, la adivinación y la astrolatría, con la religión nacional o jehovismo. Son especialmente notorios los altares paganos que hizo construir en los atrios del templo. Su largo reinado se caracterizó especialmente por la tiranía y la crueldad. Pronto todo el país estuvo lleno de "lugares altos" en los que cada uno adoraba lo que bien le parecía.

Sin embargo, 2 Cr. 33:11-17 nos habla de una invasión asiria a Judá, en la que M. fue llevado prisionero a Babilonia. Allá sufrió tan grande humillación, que fue movido a sincero arrepentimiento y oró a Jehová, quien lo liberó y lo hizo traer nuevamente como rey a su patria. Con todo, parece ser que este arrepentimiento le duró bien poco. Es posible que *La oración de Manasés*, obra apócrifa atribuida a este rey mientras estuvo en prisión, esté basada en la afirmación de este arrepentimiento por el cronista. El nombre de M. se encuentra mencionado en las crónicas de varios reyes asirios. Por las obras de carácter militar a que se dedicó a su regreso de Babilonia, parece ser que planeaba una rebelión contra Asiria (2 R. 21:1-18; 2 Cr. 33:1-20).   A. Ll. B.

MANDRÁGORAS. La *mandrágora officinarum*, es una herbácea perenne, sin tallo, con muchas hojas grandes de color verde oscuro, flores fétidas agrupadas al centro de las hojas, y frutos en

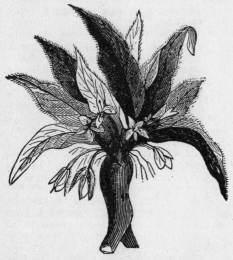

La mandrágora, planta a la cual se atribuía supersticiosamente la virtud de hacer fecundas a las mujeres estériles.

baya a manera de manzanas pequeñas y de olor penetrante. Se da en lugares yermos de la Palestina. Sus raíces, que semejan curiosas formas humanas, dieron origen a la creencia de que poseía cualidades afrodisíacas o que aseguraba la concepción (Gn. 30:14-16; Cnt. 7:13). En realidad la planta es narcótica, purgante y emética.   J. A. G.

MANIFESTACIÓN. → Segunda Venida.

MANUSCRITO. → Texto.

MANO. Parte del cuerpo humano que comprende desde la muñeca hasta la extremidad de los dedos, cuyas funciones son esenciales para el bienestar físico (1 Co. 12:21). Entre los israelitas era común el ambidextrismo, y se consideraba una ventaja para la pelea. Hay referencias bíblicas a los zurdos (Jue. 3:15-21; 20:15,16) y a los mancos (Lc. 14:13,21). Cortar una m. era severo castigo (Dt. 25:12). Lavarse las m. era una costumbre a la que se le daba mucha importancia higiénica (Lv. 15:11; Mt. 15:1ss.; Mr. 7:1-4; Lc. 11:38) y se utilizaba también en sentido simbólico, como muestra de inocencia (Dt. 21:6; Sal. 26:6; Mt. 27:24). La m. también se utilizaba como elemento de medida; el ancho de una m. equivalía aproximadamente a nueve cm (Éx. 25:25; 1 R. 7:26).

En sentido figurado la m. simboliza el poder (Jos. 8:19; Jue. 6:13; Jer. 12:7). Por estar ubicadas a ambos lados del cuerpo, la m. son en ocasiones sinónimo de "lado" (Gn. 13:9). "Echar m." de alguien significa apoderarse de él (Lc. 20:19; Jn. 7:30,44), "estar bajo la m." de alguien es estar sometido (Jue. 2:16,18) y la expresión "obra de las m." equivale a trabajo o esfuerzo agobiador (Gn. 5:29; 31:42).

Con diversos gestos de las m. se indican deseos o expresan sentimientos; v.g., poner la m. sobre la boca indica silencio (Job 21:5; Pr. 30:32); llevarla sobre la cabeza es un signo de dolor (2 S. 13:19; Jer. 2:37); aplaudir es muestra de alegría (Sal. 47:1); estrechar la m. es prueba de amistad (2 R. 10:15; Gá. 2:9). Como expresión espiritual, se elevan las m. para invocar y orar (Éx. 17:11; Dt. 32:40; 1 R. 8:22ss.; Sal. 28:2; 141:2). La imposición de m. significa consagración y concesión de bendiciones (Gn. 48:14; Nm. 8:10; Mr. 10:16; Hch. 6:6; 19:6; 1 Ti. 4:14; Heb. 6:2).

En sentido antropomórfico, la Biblia se refiere frecuentemente a "la m. de Dios". De ella se afirma que es poderosa cuando ayuda y beneficia (Dt. 9:26; Jos. 4:24; 1 P. 5:6), que es pesada cuando castiga (Éx. 7:4; Dt. 2:15; 1 S. 5:6); o que descansa sobre los hombres para comunicarles espíritu profético (2 R. 3:15; Is. 8:11; Ez. 1:3).   L. A. S.

MANOA (descanso). Padre de → Sansón, de la tribu de Dan. El ángel del Señor se le apareció para anunciarle el nacimiento de su hijo y que éste sería → nazareo, consagrado a Dios, para salvar a Israel de mano de los filisteos (Jue. 13). Evidentemente M. era un hombre de oración y temeroso de Dios. Aunque infructuosamente, junto con su esposa se opuso al matrimonio de Sansón con una mujer de Timnat (Jue. 14:1-4). Es probable que muriera antes que Sansón (Jue. 16:31).   D. M. H.

MANSEDUMBRE. En el AT la m. se destaca como virtud de quienes sufren opresión, estrechez, acusación o privación. Llegó a significar la actitud de sumisión a Dios del hombre o del pueblo que está en tales circunstancias (Nm. 12:1-3; Sal. 34:2). El rey mesiánico se presenta en esta perspectiva (Sal. 45:4; Zac. 9:9; cp. Mt.

21:5). Dios vindicará a los mansos (Sal. 25:9; 37:11; 76:9; Is. 11:4).

Jesús personifica la m. (Mt. 11:29; 2 Co. 10:1). En el NT se mantiene la promesa antiguotestamentaria para los mansos (Mt. 5:5; cp. Sal. 37:11), pero se subraya la disposición de aceptar a los demás con amor, y la búsqueda de la m. (1 Co. 4:11; 2 Co. 10:1; Ef. 4:2; 1 Ti. 6:11). Se debe dar testimonio de paz y longanimidad ante los de afuera (Tit. 3:2; Stg. 3:13; 1 P. 3:15). Esta m. es imitación de Jesucristo y don de Dios; es fruto del Espíritu (Gá. 5:23; 6:1), del amor (1 Co. 4:21), de la elección (Col. 3:12) y del llamado (Ef. 4:1,2).

J. M. B.

MANTECA. → MANTEQUILLA.

MANTO. En la Biblia las palabras m. y túnica se usan indistintamente. Era una especie de capa confeccionada con lino o algodón. Los profetas usaban m. hechos de piel de oveja (Zac. 13:4). En ocasiones el m. adquiría carácter simbólico y sagrado; v.g., en las relaciones de Elías y Eliseo (1 R. 19:19; 2 R. 2:13,14).

Cuando Jesús entró en Jerusalén la multitud de los discípulos extendió sus m. por donde él pasaba (Lc. 19:36). A los pocos días, en un gesto de burla, los soldados de Pilato le pusieron un m. de púrpura real (Jn. 19:2,5).

M. V. F.

MANZANA. La m. del AT (heb., *tappuah*) no es el fruto que hoy conocemos por ese nombre, el cual no se da bien en la Palestina. Se han sugerido otros frutos: la cidra, *Citrus medica;* la naranja china, *Citrus sinensis;* y el albaricoque, *Prunus armeniaca,* todos los cuales se han importado de Oriente en tiempos relativamente recientes. Pero la m. se menciona en *La leyenda de Aqht* (121:II:11), lo cual la sitúa en Siria en el siglo XIV a.C., y se usa como nombre de algunas ciudades bíblicas (Jos. 15:34,53; 17:8). De ahí que se identifique preferiblemente con el membrillo, *Cydonia oblonga,* que sí es oriundo de las tierras bíblicas.

Una tradición popular habla de la m. del paraíso, pero el texto sólo dice "árbol" y "fruto" (Gn. 3:1-19). El error se basa en la identificación falsa del árbol del Cnt. 8:5 con el del jardín del Edén.

La RV traduce el vocablo hebreo *kaftor* por m. en Éx. 25:33-36; 37:17-22. Se trata de un detalle decorativo del candelero del tabernáculo. Según parece, estas m. sostenían las flores que adornaban el candelero, pero se desconoce su forma exacta. (Josefo, *Antigüedades* III,vi.7).

J. A. G.

MAÓN. 1. Descendiente de Caleb (1 Cr. 2:45).

2. Ciudad de la heredad de Judá (Jos. 15:55), que se encontraba en la altiplanicie al O del mar Muerto y al S de Hebrón. Fue en el "desierto de M." donde David se ocultó cuando huía de Saúl (1 S. 23:24,25). Nabal, el hombre rico cuya mujer, Abigail, vino a ser esposa de David, vivía en M.   M. V. F.

MAQUIR ('vendido'). **1.** Hijo mayor de Manasés (Gn. 50:23; Jos. 17:1), fundador de la familia de los maquiritas, quienes se establecieron en Galaad, la tierra que arrebataron a los amoritas (Nm. 26:29; 32:39,40; Dt. 3:15; Jos. 13:31; 1 Cr. 2:23).

2. Hijo de Amiel, habitante de Lo-debar y jefe de los galaaditas. Protegió a Mefi-boset, el hijo cojo de Jonatán, hasta que David lo tomó a su cuidado (2 S. 9:4,5). En Mahanaim proveyó a David y su ejército de todo lo necesario para soportar la persecución de Absalón (2 R. 17: 27-29).

J. P.

MAR. Término usado en la historia de la creación para referirse a todas las aguas y diferenciarlas de la tierra seca (Gn. 1:10; 1:22). También se aplica a extensiones específicas de agua, tanto dulce como salada.

El principal m. de la Biblia es el Mediterráneo, llamado el "gran m." (Jos. 1:4), "m. occidental" (Dt. 11:24) y "m. de los filisteos" (Éx. 23:31). Otros m. mencionados son: el m. Muerto, llamado "m. oriental" (Ez. 47:18), el "m. Salado" (Gn. 14:3), el "m. del Arabá" (Dt. 3: 17); el m. Rojo, llamado "m. de las Cañas" (Éx. 15:4 BJ) y "m. de Egipto" (Is. 11:15); el m. de Galilea, llamado también "m. de Cineret" (Nm. 34:11), "lago de Genesaret" (Lc. 5:1) y "m. de Tiberias" (Jn. 21:1).

Los hebreos no eran amantes del m. Temían a sus profundidades (el "abismo"), si bien éstas estaban bajo el control de Dios (Sal. 104:6-9). El m. es inquieto como los impíos (Is. 57:20), el hombre sin fe (Stg. 1:6) y los falsos profetas (Jud. 13). En él se esconde gran peligro (Jon. 1:4; Mt. 18:6). Del m. suben las terribles "cuatro bestias grandes" de Dn. 7:3 y la "bestia" de Ap. 13:1.

Por otro lado, con la abundancia del m. se ilustra el día glorioso en que "la tierra será llena del conocimiento de Jehová" (Is. 11:9).

W. M. N.

MAR DE BRONCE. Enorme recipiente para agua, fundido de bronce por Hiram de Tiro y colocado al SE del Templo de Salomón (1 R. 7:23-46; 2 Cr. 4:1-16). Aquí los sacerdotes se lavaban para purificarse (2 Cr. 4:6). Para su hechura Salomón usó el bronce que David había tomado como botín en la guerra contra el rey arameo Hadad-ezer (1 Cr. 18:8).

Posiblemente tenía forma circular, con 10 codos de diámetro y 5 de "altura" o profundidad (1 R. 7:23). Estaba adornado con flores por fuera y descansaba sobre las ancas de doce bueyes de metal. Según 2 Cr. 4:5 contenía 111.000 litros de agua ("3.000 batos"). Fue mutilado por el rey → Acaz en 739 a.C., quien, para pagar tributo a Tiglat-pileser, ordenó que cambiasen los bueyes de bronce por una base de piedra (2 R. 16:17). Finalmente fue despedazado por los caldeos y el metal fue llevado a Babilonia (2 R. 25:13,16).

P. S.

MAR DE GALILEA. Lago en la tierra de → Galilea. En el AT se llama → Cineret (Nm. 34:11; Jos. 12:3), nombre derivado de la raíz ebrea *kinnor* ('arpa'), porque a los judíos antiguos el lago les parecía tener forma de arpa. En el NT se dice m. de G. (Mt. 4:18; 15:29; Jn. 6:1, etc.), aunque también se llama lago de Genesaret (Lc. 5:1), y mar de Tiberias (Jn. 6:1; 21:1; así también en la literatura rabínica).

El m. de G. tiene 21 km de largo, de N a S, y una anchura que varía de 6 a 12 km. Yace a 208 m bajo el nivel del mar y su profundidad llega a 48 m. Debido a que el río Jordán fluye de N a S a través del lago, el agua de éste es dulce y no salada como la del → mar Muerto.

El m. de G. está circundado por colinas y algunos despeñaderos (Mr. 5:13), excepto donde el Jordán desemboca y donde vuelve a salir. Alrededor también hay llanuras, y debido a toda esta configuración del terreno colindante, se producen vendavales repentinos que descienden sobre el lago (cp. Mt. 8:24; Mr. 4:37ss.).

El agua era dulce y abundaba en peces (→ PEZ) por lo cual en tiempo de Cristo la pesca era ocupación lucrativa (Mr. 1:16-20). En esa época había por las orillas ciudades prósperas (→ CAPERNAUM, BETSAIDA, etc.), en las cuales Jesús llevó a cabo gran parte de su ministerio público. El lago gozaba de una situación estratégica para el comercio del Oriente, puesto que por allí pasaban importantes rutas comerciales. Hoy, debido a los cambios que ha habido en el comercio, la región ha perdido su prominencia, y la única ciudad influyente en sus riberas es → Tiberias.   W. M. N.

MAR GRANDE. Nombre con que se designa al mar Mediterráneo (Nm. 34:6), además de "el mar" (Jos. 16:3), "el gran mar donde se pone el sol", "el mar occidental" (Dt. 11:24; 34:2; Jos. 1:4) y "el mar de los filisteos" (Éx. 23:31). Este mar, que forma el límite occidental de Palestina, ha sido testigo de la mayoría de las civilizaciones antiguas que han influido en el mundo moderno, con excepción de las que se desarrollaron en los valles del Tigris y el Éufrates.

El m. G. es poco afectado por las mareas, pero a menudo se agita por vientos violentos (Jon. 1:4; Hch. 27). Los vientos del SE y del SO predominan en la primavera, y los del NE y NO durante el resto del año. Su agua es más caliente y más salada que la del Atlántico. En su orilla oriental las principales poblaciones mencionadas en las Escrituras eran Sidón, Tiro, Tolemaida, Cesarea y Jope. Sólo una vez en su ministerio Jesús se acercó a este mar: cuando pasó por la región de Tiro y Sidón y efectuó el milagro de liberación en la hija de la mujer sirofenicia (Mr. 7:24ss.).

Durante su ministerio, → Pablo navegó varias veces por el m. G. Fue en este mar donde naufragó mientras era llevado prisionero de Cesarea a Roma, pero salió con vida en la isla de → Malta (Hch. 28:1). Del relato de este viaje aprendemos muchos detalles de la navegación practicada en aquella época, cuando no había brújulas ni mapas detallados.   J. B. B.

MAR MUERTO. Nombre con que el mundo occidental designa al mar en donde desemboca el río Jordán. En el AT se llama "Mar Salado" (Gn. 14:3), "mar del Arabá" (Dt. 4:49) y "mar oriental" (Jl. 2:20; Zac. 14:8). Josefo lo denominó "lago asfáltico" por la cantidad de asfalto que se halla en su extremo S. Los árabes lo tildan *Bahr Lut* ('mar de Lot') por relación directa con este personaje (Gn. 13:10,11; 19: 1-30).

El m. M. se halla en la parte más baja de la profunda depresión geológica que se extiende desde el pie del mte. Hermón hasta el golfo de Acaba. Tiene *ca.* 64 km de largo (de N a S) y su anchura varía entre 10 y 15. Queda a 22 km de Jerusalén y es visible desde el mte. de los Olivos.

Sus afluentes principales son: por el N, el Jordán, por el E. el Zerka Main, el Arnón, el

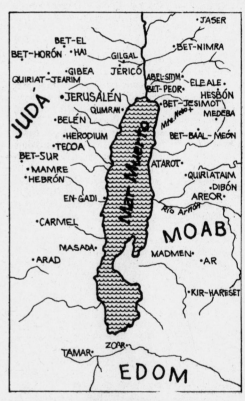

MAR MUERTO

En la historia bíblica el mar Muerto ha jugado un papel importante: en sus cercanías perecieron los conciudadanos de Lot; aquí también Jesús fue tentado por Satanás, y en algún lugar próximo se hallan las famosas cuevas de Qumrán.   EBM

El Mar Muerto está a casi 400 metros bajo el nivel del mar, de manera que no tiene salida. El agua se evapora, dejando una concentración de sales tan intensa que destruye todo ser viviente. En el grabado, la sal, llevada por el viento, se condensa sobre ramas caídas, formando figuras grotescas que enfatizan el aspecto lóbrego y desolado de la región y que hacen recordar el triste fin de la mujer de Lot.

IGTO

Kerak y el Zered; por el S, el Kurahy; y por el O, algunas fuentes como Ain Fashka y Ain Gadi (1 S. 23:29), y torrentes invernales como el Cedrón.

Alrededor del m. M. se hallan restos arqueológicos de sumo interés histórico. P.e., al O, tres km al N de Ain Fashka, se halla →Qumrán; unos 16 km al S de Ain Gadi, se levanta la inmensa roca en forma de mesa, llamada Masada, en la cual →Herodes el Grande construyó una fortaleza que más tarde fue el último punto de resistencia de los judíos en la guerra con los romanos (66-73 d.C.). Josefo describe vívidamente esta resistencia (*Guerras* VII.viii.ix). Al lado E, situada un poco al N del río Arnón, se hallaba la fortaleza de Maqueronte, también construida por Herodes. La entregó a su hijo, →Herodes Antipas, quien mandó encarcelar y ejecutar aquí a Juan Bautista, según Josefo (*Antigüedades* XVIII, v. 2; cp. Mr. 6:14-29).

En cuanto al discutido sitio de →Sodoma y Gomorra, algunos creen que "el valle de Sidim", que "estaba lleno de pozos de asfalto" (Gn. 14:3,10), es terreno cubierto ahora por la parte S del m. M. En este valle se hallaban las "ciudades de la llanura" y entre ellas Sodoma y Gomorra (Gn. 13:10; 19:24-29). Al extremo SO

del mar hay una montaña de sal que ahora se llama Jebel Usdum ('monte de Sodoma'). En una esquina de ella se halla un pilar de sal que los árabes llaman la "esposa de Lot". Josefo, describiendo esta área, dice: "La esposa de Lot . . . fue convertida en un pilar de sal, pues yo mismo lo he visto" (*Antigüedades* I.xi.4).

Hay algunos fenómenos notables en el m. M. Su superficie está a *ca.* 400 m bajo el nivel del Mediterráneo y 1.100 bajo el nivel de Jerusalén. Su agua es clara y transparente pero está densamente cargada de sal. Tiene un peso específico que excede al de cualquier otra agua conocida. Una cuarta parte de su peso consiste en sustancias minerales, y en total es cuatro veces más pesada que el agua del océano. Tan densa es el agua, que una persona no puede hundirse en ella. El clima del área alrededor del mar es semitropical debido a su bajo nivel.

El m. M. era el límite oriental del territorio asignado a Judá (Nm. 34:12; Ez. 47:18). En "los fuertes de En Gadi" se refugió David, huyendo de Saúl (1 S. 23:29). Al S del m. M. se hallaba el "valle de Sal", escenario de los triunfos de David y Amasías sobre los edomitas (1 Cr. 18:12; 2 R. 14:7). Ezequiel profetiza la sanidad de las aguas del m. M. por un afluente de agua pura que nacerá en el templo, correrá por el arroyo de Cedrón y descenderá al mar (Ez. 47:8).   J. B. B. y W. M. N.

MAR ROJO. Traducción del nombre griego (*erythrá thalassán*) del mar que cruzaron los israelitas cuando huyeron de Egipto (Éx. 15:4). Es el nombre usado en la LXX y en el texto gr. del NT (Hch. 7:36; Heb. 11:29). El nombre hebreo es *yam suf* que quiere decir "mar de juncos" o "mar de cañas". El último es el nombre usado en la BJ. El nombre hebreo se debe a la abundancia de juncos en el extremo N del brazo occidental del mar, como también en el delta del Nilo (Éx. 2:3,5). El nombre griego es de origen incierto.

En su salida de Egipto los israelitas cruzaron el extremo N del brazo occidental del m. R., o sea el golfo de Suez. La opinión más generalizada es que el suceso tuvo lugar en las cercanías de lo que ahora se llama "los lagos Amargos". Los argumentos aducidos para sostener esta opinión son: (1) la entrada al desierto de Sur, a donde llegaron los israelitas después de cruzar el mar, se encuentra precisamente por este lugar; (2) en esta región hay vientos recios como los descritos en el relato bíblico (Éx. 14:21); (3) aquí abundan los juncos (*suf*) y éstos son aludidos en el nombre hebreo dado al mar; (4) esta parte del mar limitaba con Gosén, donde habían vivido los israelitas; (5) si hubieran cruzado lo que comúnmente se llama el m. R. no habrían tenido tiempo suficiente para hacer el recorrido que el texto registra. Esta explicación no disminuye el aspecto milagroso del acto divino a favor de Israel, ni tampoco quita la fuerza del juicio de Dios sobre los ejércitos de Faraón.

Hay indicaciones de que el término *yam suf* se refiere tanto al golfo de Acaba como al de Suez. Dios ordenó que los israelitas fueran al desierto por el *yam suf* (Nm. 14:25; Dt. 1:40; 2:1); es decir, por la vía del golfo de Acaba. Más tarde Israel fue por el camino de *yam suf* para "rodear la tierra de Edom" (Nm. 21:4; Jue. 11:16).

También se emplea *yam suf* para referirse al puerto de Ezión-geber en el golfo de Acaba, donde → Salomón construyó y mantuvo su flota marítima con la colaboración de los fenicios (1 R. 9:26; 10:22; 2 Cr. 8:17). Los arqueólogos han descubierto en este lugar minas de cobre pertenecientes al período salomónico, con la refinería más grande hasta ahora descubierta en el Cercano Oriente.   J. B. B.

MARA ('amargo'). 1. Nombre adoptado por Noemí, "porque en grande amargura me ha puesto el todopoderoso" (Rt. 1:20).

2. Nombre dado al primer oasis que hallaron los israelitas, después de cruzar el mar Rojo (Éx. 15:22-26). Las aguas eran amargas, pero se endulzaron cuando Moisés echó en ellas un árbol señalado por Jehová.

El sitio de M. se identifica generalmente con el actual 'Ain Hawara', unos 75 km al N de la moderna ciudad de Suez. Algunos lo han identificado con → Cades, pero no hay adecuada razón para ello.   D. J.-M.

MARANATA. Forma compuesta de dos palabras arameas, que se encuentra solamente en 1 Co. 16:22 y *Didajé* 10:6. Puede traducirse: (1) "¡Señor nuestro, ven!"; (2) "Nuestro Señor ha venido", o (3) "Nuestro Señor está presente". No obstante, los contextos en que se usa la palabra hacen improbable la segunda posibilidad.

Seguramente M. era una oración jaculatoria de esperanza y ánimo con que se pedía la pronta venida del Señor (cp. Ap. 22:20) o una afirmación de su presencia en medio del culto. El uso del arameo indica que la expresión era familiar a la iglesia primitiva en Palestina.   R. S. S.

MARCA. La Biblia prohíbe el tatuaje porque éste se relaciona con prácticas idolátricas en las cuales los individuos se marcaban con la imagen del dios o del animal sagrado (Lv. 19:28).

Algunas m. del AT son de un simbolismo difícil de comprender. P.e., la de → Caín (Gn. 4:15), la de Is. 44:5; 49:16 y la que con forma de cruz el profeta Ezequiel pone sobre la frente de los elegidos (9:4-6 BJ).

En el NT las m. de Jesús son las huellas dejadas en Pablo por los azotes, apedreamientos y lapidaciones (Gá. 6:17); son m. que contrastan con las de la circuncisión. La m. de Ap. 13:16s., puede entenderse a la luz del relato de 3 Macabeos (2:29) según el cual → Ptolomeo Filópator marcó con fuego a los judíos la hoja de hiedra del dios Dionisos, como señal de violencia idolátrica.   J. M. A.

MARCOS. Judío de Jerusalén mencionado en Hechos, en las cartas de Pablo y en 1 Pedro, e identificado tradicionalmente con el autor del segundo Evangelio (→ MARCOS, EVANGELIO DE).

Llevaba dos nombres: "Juan", nombre hebreo, y M. sobrenombre romano (Hch. 12:12,25; 13:5,13; 15:37,39). Era hijo de una viuda rica llamada María, cuya casa era centro de reunión para los primeros cristianos en Jerusalén (Hch. 12:12-17), pero no se sabe cuándo M. abrazó el cristianismo. Llevado a Antioquía por Bernabé y Pablo (12:25), M. los acompañó también en el primer viaje misionero en calidad de ayudante (13:5), encargado probablemente de los arreglos del viaje (comida, hospedaje, etc.). Por razones no conocidas (¿disensiones en algunos puntos de vista?) se separó de Bernabé y Pablo, y volvió solo a Jerusalén (13:13), lo cual dio lugar a una desavenencia entre Pablo y Bernabé cuando estaban a punto de salir para el segundo viaje (15:36-41).

El M. de Hechos y el que se menciona en Col. 4:10; Flm. 24 y 2 Ti 4:11 son una misma persona, como lo demuestra el hecho de que Pablo en Col. 4:10 transmita a los colosenses el saludo de "M., el primo de Bernabé". Este parentesco explica que Bernabé haya intervenido a favor de M. y lo haya acompañado a Chipre (Hch. 15:39). A pesar de las divergencias relatadas en Hch. 15, M. debía haberse reconciliado ya con Pablo cuando éste escribió a los colosenses, puesto que se encontraba a su lado. La petición de 2 Ti. 4:11 confirma la utilidad de M. en el ministerio de Pablo.

En 1 P. 5:13 leemos: "La iglesia que está en Babilonia ... y M., mi hijo, os saludan." Si admitimos que se trata de un mismo M. y que el autor de 1 Pedro es Pedro o un secretario allegado a él, M. debe haber trabajado con este apóstol en Roma, además de colaborar con Pablo. Hch. 12:12 y Papías, quien lo llama "intérprete de Pedro", evidentemente confirman esto. La expresión "mi hijo" es una muestra del cariño que unía al apóstol y su discípulo.

Se ha conjeturado que el joven que "huyó desnudo" (mencionado sólo en Mr. 14:51s.), fue M. Según la tradición, M. fue el fundador y el primer obispo de la iglesia de → Alejandría y, años después, los venecianos se apoderaron de sus restos y los llevaron a Venecia, ciudad que ahora lo tiene como su santo patrono.

J.-D. K.

Bibliografía
EBDM IV, cols. 1285-1287.

MARCOS, EVANGELIO DE.

I. AUTOR Y FECHA

Varios cristianos antiguos se refieren al E. de Mr. y a las circunstancias en que éste fue escrito. El testimonio más antiguo (Papías, *ca.* 110) dice así: "Marcos, quien fue intérprete de Pedro, escribió exactamente, aunque sin orden, todo lo que recordaba, tanto las palabras como las acciones del Señor." De éste y otros documentos se desprenden varios datos que concuerdan con los estudios modernos.

Aunque el Evangelio es anónimo, su autor se llama → Marcos; se le ha identificado desde el siglo IV con el Marcos mencionado en el NT, sin ser éste apóstol como Mateo o Juan. En una época cuando la tradición cristiana tendía a atribuir la redacción de los Evangelios a los apóstoles, es improbable que Marcos haya sido designado como autor sin razones históricas fehacientes.

Si bien Marcos no siguió a Jesús en su vida terrestre, como "intérprete de Pedro" pudo transcribir con fidelidad las enseñanzas del Maestro. Su dependencia de Pedro se recalcó tanto en la tradición eclesiástica, que el segundo evangelio llegó a considerarse una simple transcripción de las memorias de Pedro. La realidad es más compleja, como veremos.

Desde fecha muy temprana, el Evangelio fue criticado por su falta de orden y por incompleto (posiblemente por los círculos en que se escribieron Mt. y Jn.). Sufrió en particular la comparación con Mt., ya que este Evangelio se atribuía a un apóstol, era más extenso y ordenado, y retrataba a Cristo en forma más comprensible y atractiva. De ahí el escaso interés en Mr., por parte de los comentaristas hasta el siglo pasado.

Para determinar cuándo se redactó este Evangelio, existen varios testimonios antiguos; los mejores afirman que Marcos escribió después de la muerte de → Pedro, ocurrida en el 64 d.C. Además, el discurso escatológico de Mr. 13 refleja probablemente una situación anterior a la destrucción de Jerusalén por los romanos en el 70. (Mr. 13:14; cp. Lc. 21:20). Así, podemos fechar la composición de Mr. entre 65 y 70.

II. LUGAR DE COMPOSICIÓN Y DESTINATARIOS

La tradición antigua según la cual Marcos escribió en Italia, v.g. en Roma, se confirma por indicios como la traducción al latín de algunas expresiones griegas (12:42; 15:16) y la alusión al romano → Rufo (15:21). No obstante, los latinismos (5:9; 6:27,37, etc.) no constituyen un argumento decisivo ya que casi todos son palabras técnicas de uso común en todo el imperio. La rápida difusión y aceptación de un Evangelio bastante deslucido comparado con los otros, y sin patrocinio apostólico directo, se entendería mejor de haberse editado en una iglesia de gran prestigio como la de Roma. Además, parece haberse dirigido a un público de cristianos procedentes del paganismo (y no del judaísmo) por la explicación de las palabras arameas (3:17; 5:41; 7:11,34; 14:36; 15:22) y de ciertas costumbres judías (7:3,4; 14:12; 15:42). Así, es muy probable que Roma haya sido el lugar de origen al menos en cuanto a la redacción final. Con todo, no se puede descartar la posibilidad de que una primera versión de este Evangelio (o parte de sus elementos) provenga de otro medio (p.e., Palestina).

III. FUENTES DE MARCOS

Las distintas escuelas de crítica bíblica llegan a una misma conclusión: el E. de Mr. no es una obra enteramente original, nacida toda de la mente del evangelista, sino que éste se valió de tradiciones orales o escritas que no se han conservado.

Toda búsqueda comienza necesariamente con un estudio de las características literarias del Evangelio. El léxico y el estilo de Mr. son típicos del habla popular. Su vocabulario contiene más diminutivos, más palabras arameas o hebreas y más transcripciones de palabras latinas que cualquier otro libro del NT. La sintaxis es sencilla: las oraciones se coordinan sólo mediante la yuxtaposición o la conjunción "y". Además, Mr. utiliza con frecuencia expresiones redundantes y paréntesis que interrumpen la construcción. Estos rasgos indican que el autor no se preocupa por refinar su estilo ni por narrar artísticamente. Se clasifica más bien entre los narradores populares que transmiten de manera fiel y bastante ingenua la tradición en que están inmersos.

¿Tuvo antecesores el E. de Mr.? Una teoría muy antigua afirma que Mr. se inspiró en otro Evangelio anterior. Desde San Agustín, prevalecía la opinión de que Mr. no era sino una imitación y abreviación de Mt. Pero se dejó de subestimarlo en el siglo XIX al reconocerse que en realidad Mr. no sólo era anterior a Mt. y Lc., sino que les había servido de fuente a los dos (→EVANGELIOS). La teoría de la prioridad de Mr. está en boga hoy por lo que ahora se le estudia más asiduamente. Habiendo tropezado con dificultades las hipótesis de un "Proto-Marcos" o una primera redacción, se ha concluido que nuestro Mr. no tuvo predecesores. El evangelista Marcos creó el género literario "evangelio", combinando por primera vez los dos aspectos de la tradición anterior relativa a Jesús: los dichos y las narraciones.

Para descubrir las fuentes de Mr. es indispensable estudiar la tradición evangélica que le precede, e.d. en su estado oral. A continuación se dan algunos ejemplos de la agrupación de las unidades, aisladas en un principio:

Mr. 2:1–3:6 contiene cinco narraciones breves que enmarcan y ponen de relieve ciertas sentencias de Jesús (2:10,17,19,27,28; 3:4). Esas historias carecen de detalles realistas y de indicaciones temporales y geográficas. No fueron agrupadas para contar una serie de acontecimientos, sino para dar a conocer la opinión de Jesús sobre problemas de importancia vital para la comunidad cristiana (el perdón de los pecados, el ayuno, la actitud respecto al sábado, etc.).

Mr. 4:35–5:43 es de un carácter muy distinto. Contiene cuatro narraciones de milagros donde el interés principal es el relato del acontecimiento mismo. En contraste con 2:1–3:6, están vinculadas por anotaciones de lugar y de tiempo, y ofrecen detalles concretos. Las narraciones de milagros, construidas según un mismo esquema, ocupan un lugar importante en Mr. (1/5 de la totalidad del Evangelio), y recalcan el poder de Jesús sobre los demonios y la naturaleza, o bien para manifestar su misericordia para con los desdichados.

Una tercera clase de material utilizado por Mr. son los dichos y parábolas de Jesús. En 8:34–9:1 y en 9:33-50, p.e., tenemos dos colecciones de sentencias, primitivamente aisladas y luego recopiladas por un maestro cristiano en relación con un tema para facilitar su aprendizaje.

Estos ejemplos permitirán apreciar la variedad del material empleado por Mr. Abarca desde unos relatos y dichos muy cercanos a los hechos originales, hasta una tradición ya elaborada, adaptada a las necesidades de la catequesis y que refleja las esperanzas y los temores de la segunda generación cristiana. Este Evangelio no es una empresa privada, sino producto de la vida y de la fe de la iglesia. De ahí que para su interpretación siempre haya que plantearse una doble pregunta: Primero, ¿qué quiere decir un relato o una palabra dada en la situación original, e.d., antes de ser incorporado en Mr.? y segundo, ¿qué significa en el contexto del Evangelio? En otras palabras, Mr. habla tanto de la vida y de la enseñanza de Jesús como de las circunstancias de la iglesia de su tiempo.

IV. PROPÓSITOS Y TEOLOGÍA

El evangelista no sólo reproduce la tradición de su iglesia; es también un escritor con personalidad y pensamientos originales, como lo muestra la manera en que selecciona y ordena sus fuentes. Su Evangelio es una obra literaria original y obedece a un propósito determinado. Este propósito no es en primer término biográfico –aunque sí hubo curiosidad en la iglesia sobre la vida de Jesús– sino teológico. Mr. quiere edificar a la comunidad cristiana ofreciéndole una serie de enseñanzas puestas en el molde de un relato de la vida terrenal de Jesús. No siendo un historiador moderno, le interesa menos la precisión cronológica y geográfica de su relato, que la significación que tiene. Para él, el pasado y el presente se confunden; el Jesús que predicaba y curaba a los enfermos en Palestina se identifica totalmente con el Señor resucitado que habla y actúa en la iglesia contemporánea de Mr.

Por eso es problemático intentar una biografía de Jesús, a partir del marco geográfico y cronológico de Mr. Sin embargo, este Evangelio sigue siendo fuente importante para conocer la enseñanza de Jesús, su persona, su obra y el desarrollo de su ministerio.

Sin entrar en detalles, el libro puede dividirse en dos secciones, deslindadas por la confesión de Pedro en Cesarea de Filipo (8:27ss.). En la primera sección el eje geográfico es Galilea, región que despreciaban los judíos por estar poblada en parte por gentiles. Allí es donde Jesús predica y hace milagros públicamente. Pero sus enseñanzas y actos siguen siendo incomprensibles aun para los discípulos. El período de la predicación en Galilea termina con la confesión de Pedro y la Transfiguración, donde se revelan la identidad de Jesús y el misterio de su destino. En la segunda sección, Jesús va camino de Jerusalén, y cuando llega concentra allí su ministerio por algunos días, En esta capital de la religión judía culmina en la cruz la hostilidad contra Jesús.

Esta división del Evangelio en dos períodos y en dos zonas geográficas no obedece tanto a un desarrollo psicológico en la personalidad de Jesús, o a una sucesión cronológica de acontecimientos, como a la expresión de una verdad teológica: el misterio de la salvación en Jesús no se entiende sino después de la Resurrección.

¿Quién es Jesús Para Mr.? ¿Cómo ve su persona y su obra? Comparada con los otros Evangelios, Mr. es moderado en el uso de los títulos relativos a Jesús. En 81 casos lo llama sencillamente "Jesús". El término "Cristo" aparece sólo siete veces, y nunca dicho por Jesús. En Mr. Jesús suele designarse a sí mismo como "Hijo del hombre", mientras que Marcos prefiere el título de "Hijo de Dios" que aparece en momentos claves del relato: al principio, en el relato del bautismo de Jesús (1:11), en el centro, dicho por la voz divina que se escucha en la Transfiguración (9:7) y al final, en la confesión del centurión gentil al pie de la cruz (15:39). Según algunos mss antiguos, Marcos lo incluyó también en el título de su libro (1:1).

Un rasgo muy original del retrato de Jesús en Mr. es el llamado "secreto mesiánico". Jesús rehúye la publicidad y procura ocultar su identidad de Mesías o de Hijo de Dios (1:24s.; 34,44; 5:43; 7:36, etc.); prefiere enseñar privadamente a sus discípulos (4:10-12; 7:17-30, etc.), quienes sin embargo, no entienden el verdadero sentido de sus dichos y milagros (6:52; 8:17ss.).

Algunos autores ven en el secreto mesiánico una invención de Marcos o de su comunidad, pero este aspecto del Evangelio tiene bases históricas. Jesús impulsó el silencio para evitar un entusiasmo popular de tipo revolucionario, o porque la naturaleza misma de su mesiado se lo exigía. Sin duda ambas explicaciones son posibles. Se puede aceptar perfectamente que el secreto mesiánico sea una formulación teológica de la comunidad primitiva y afirmar a la vez que se apoya en una realidad histórica. Jesús, al vincular la predicación de la inminencia del reino de Dios con su propia persona, dio a su vida un significado implícitamente mesiánico.

Con la sistematización del secreto, Marcos quiso destacar el carácter misterioso de Jesús, y especialmente de la necesidad de su pasión y muerte (cp. 10:45). Para él, ningún título ni ninguna confesión de fe abarcaba totalmente la significación de la vida, cruz y resurrección del Señor. Más importante aún que la creencia recta es la acción recta, el seguimiento de Jesús: "Si alguno quiere venir en pos de mí, niéguee a sí mismo, y tome su cruz, y sígame" (8:34).

Esta tendencia antidogmática y activista de Marcos se expresa también en su concepción de la iglesia y en el entusiasmo misionero que llena su obra. Su Evangelio es la historia del compañerismo de Jesús con los suyos (cp. 3:14) que perdura en la iglesia contemporánea del evangelista. El Resucitado es el único jefe de la iglesia, y nadie puede arrogarse una autoridad universal en la comunidad. De ahí la marcada reserva de Marcos hacia los discípulos, cuya incomprensión, ambición y exclusivismo señala varias veces (8:33; 9:19; 9:38-41, etc.), y sobre todo hacia la familia de Jesús. Se conjetura que los pasajes 3:20s.,31-35 constituyen una censura indirecta de la hegemonía de → Jacobo, hermano de Jesús, sobre la iglesia de Jerusalén.

A partir de estos rasgos polémicos, se puede vislumbrar el tipo de iglesia que Marcos encomia: abierta, sin límites rígidos, popular, sin preocupación intelectual y apologética exage-

rada, y movida totalmente por la exigencia dinámica de la conquista misionera.   J.-D. K.

Bibliografía

EBDM IV, cols. 1287-1297 y *SE*, *NT* I, pp. 319-487 (ambos por J. Alonso Díaz); *IB* II, pp. 198-224. *INT*, pp. 132-143. J. Schmid, *San Marcos*, Barcelona: Herder, 1967. A. M. Hunter, *San Marcos*, Buenos Aires: Aurora, 1960. G. Schiwy, *Iniciación al NT* I (Salamanca: Sígueme, 1969), pp. 243-383. *BC* V, p. 611-730. R. C. H. Lenski, *San Marcos*, México: Escudo, 1962.

MARDOQUEO. 1. Nombre de uno de los que regresaron del cautiverio con Zorobabel (Esd. 2:2; Neh. 7:7).

2. Personaje central del libro de Ester y gran patriota judío. En los días de → Asuero, rey de Persia, vivía en Susa, capital del reino (Est. 2:5). Adoptó como hija a su prima → Ester (2:7), a quien después el rey escogió para ser reina. Los hechos de M. revelan un corazón dividido entre Persia y Judea: como persa salvó la vida del rey (2:19-23), como judío se negó a rendir homenaje a un gobernante (3:1,2). Esto último trajo sobre los suyos una época de persecución (3:8,9).

Ante el peligro, M. acudió a Ester, entonces reina del país, y le ordenó intervenir en defensa de su pueblo (4:1-16). Hombre inteligente y sagaz, imponía su voluntad sobre la reina a la vez que era su siervo (4:17). M. hacía los planes y Ester los ejecutaba. Una vez alcanzado el bienestar de los judíos, M. llegó a ocupar el puesto de primer ministro del reino (10:1-3).

                                                A. P. P.

MARESA. Ciudad situada al pie de las colinas del S de Gaza, a la vera del viejo camino a Hebrón. Fue fortificada por Roboam juntamente con otras ciudades que estratégicamente resguardaban a Jerusalén (2 Cr. 11:5-12). Fue el escenario de la gran batalla entre el rey Asa y el etíope Zera. Los invasores etíopes fueron derrotados (2 Cr. 14).

En M. nació Eliezer, el profeta (2 Cr. 20:37). Miqueas la cita y amonesta a sus habitantes por el pecado de idolatría (Mi. 1:15).

Durante la época intertestamentaria, M. llegó a ser una próspera colonia sidonia y después una fortaleza edomita. Fue saqueada por los macabeos (1 Mac. 5:66; 2 Mac. 12:35).

M. es también el nombre de dos personas: el primogénito de Caleb (1 Cr. 2:42) y un descendiente de Judá (1 Cr. 4:21).   M. V. F.

MARFIL. Traducción de la voz heb. *shen* ('diente [de elefante]'). Se menciona por primera vez en la Biblia en relación con los viajes que las naves de Salomón hacían una vez cada tres años a la India (1 R. 10:22; 2 Cr. 9:21). Con m. Salomón se hizo construir para sí un trono que además estaba cubierto de oro (1 R. 10:18).

El m. se usaba también para decorar las paredes de los palacios, muebles, tronos, mesas, vasijas y estatuas (Am. 3:15; Ap. 18:12). Era signo de riqueza y de lujo. Ez. 27:6,15 habla de la ciudad de Tiro y del comercio que mantenía con ébano y m. En Cnt. 5:14 el cuerpo del amado se compara con "claro m. cubierto de zafiros" y en 7:4 el cuello de la esposa se figura como "torre de m.".   J. E. D.

Representación de la cacería de elefantes, principal fuente de márfil, hallada en unas ruinas egipcias. El gran trono del rey Salomón era hecho de márfil y cubierto de oro purísimo. Según la Biblia, "en ningún otro reino se había hecho trono semejante"

MARI. Ciudad que modernamente corresponde a Tell Hariri, en la parte SE de Siria cerca del río →Éufrates. Las excavaciones de M., iniciadas en 1933 por A. Parrot, la destacan como uno de los mayores centros de civilización en tiempos antiguos. M. existía en el milenio IV a.C. En varias épocas fue destruida y reconstruida. En ella había templos dedicados a varios dioses: Ninhursag, Ishtarat, Samas y Dagán. En un sitio se descubrieron restos de una serie de cuatro templos de Ishtar, uno sobre el otro.

La importancia de M. en el siglo XVIII a.C. gira alrededor de un gigantesco palacio de 300 cámaras descubierto en ella. En este palacio se encontraron unas 23.000 tablillas que iluminan la geografía, historia y cultura de la Mesopotamia de aquella época. Son en su mayoría textos administrativos y correspondencia diplomática. Destacan la rivalidad de las ciudades-estado en Mesopotamia, y de ellas se deduce que se formaron varias coaliciones hasta que Hamurabi dominó toda el área y destruyó a M.

Por los textos de M. comprendemos mejor el trasfondo cultural de los patriarcas. Están escritos en acádico, pero los nombres y el vocabulario indican por lo menos que los dirigentes eran semitas del O. Los pueblos de Nahur, Til-turahi y Sarug, cerca de →Harán, tienen nombres casi iguales a los de los padres de Abraham —Serug, Nacor y Taré— (Gn. 11:23,24). Se mencionan varios ataques de los *habiru*. Algunos nombres personales son semejantes a los de los personajes bíblicos, p.e., Aruiku (cp. Arioc, Gn. 14:1), Abraham, Ja-

cob, etc. Se habla de un grupo o tribu de benjamitas. Aunque no son los mismos personajes de Génesis, es notable que tales nombres hayan sido comunes.

Varias costumbres descritas también sugieren paralelos con Génesis. Era costumbre matar a un asno para confirmar un pacto (cp. Gn. 33:19; 34:1-3). La herencia de tierras no debía venderse fuera de la familia, al igual que entre los patriarcas.

A pesar de los paralelos, existen también notables diferencias. Muchos textos de M. se ocupan de la adivinación basada en la astrología o la inspección del hígado. En cambio la Biblia prohíbe la adivinación y magia. Se han encontrado paralelos entre el profetismo en Israel y en M. Por cierto M. es el único lugar fuera de la Biblia donde hay indicaciones de un profeta "enviado" por un dios a entregar un mensaje. Pero en M. se trata de un mensaje al rey tocante a su falla en ciertos ritos. Las características de los mensajes proféticos bíblicos y el mandato de dar el mensaje a todos, la preocupación ética y la responsabilidad de todo el pueblo por la justicia social no se encuentran en los profetas de M.   J. M. Br.

MARÍA. Nombre que ha sido interpretado de diversas maneras, según la raíz semítica de la cual se trace su derivación. Las varias posibilidades son: "rolliza", "niña deseada", "la que ama o es amada de Yahveh", y "la amada".

1. Profetisa, hermana de →Moisés y →Aarón, hija de Amram y Jocabed (Nm. 26:59). Éx. 2:4,7,8 relata que una hermana del niño Moisés vigilaba la arquilla de juncos en que éste fue echado al río; probablemente se tratara de M. Ella dirigió a las mujeres israelitas en el canto y danza de alabanza después que cruzaron el mar Rojo (Éx. 15:20,21), y junto con Aarón se rebeló contra Moisés cuando éste se casó con una cusita. Como el motivo fueron los celos contra Moisés, Yahveh castigó a M. con la lepra. Moisés intercedió por ella, y fue limpia (Nm. 12). Al morir M. fue sepultada en Cades (Nm. 20:1). En tiempos posteriores se recordaba a M. como líder junto con sus hermanos (Mi. 6:4), y también como ejemplo del castigo divino (Dt. 24:9).

2. Hija de Esdras según la genealogía de 1 Cr. 4:17.

3. Madre de Jesús. Según las narraciones de la infancia de Jesús en Mateo y Lucas, M., una doncella joven de →Nazaret y desposada con →José, recibe el anuncio angelical del nacimiento de Jesús. La anunciación (Lc. 1:26-38) es precisamente la notificación a M. de que Dios le ha conferido gracia y bendición al escogerla como madre del Mesías.

La pregunta con que M. respondió al ángel ("¿Cómo será esto? pues no conozco varón") ha sido interpretada por algunos exegetas católicos como indicio de que ella había hecho un voto de virginidad. Sin embargo, otros exegetas católicos y la interpretación protestante presentan fuertes argumentos en contra de esta idea: el concepto judío del matrimonio no admite la posibilidad de un voto de tal naturaleza (→HERMANOS DE JESÚS). Tampoco su condición de prometida, para la cual M. habría dado su consentimiento según la costumbre, permite pensar que ella no contemplara la consumación del matrimonio. Se concluye que M. puso la objeción de que no conocía varón simplemente porque no entendía cómo la promesa de una maternidad inmediata podría realizarse, dada su condición de virgen desposada solamente. Al enterarse de que sería una concepción virginal, M. expresa su conformidad con la voluntad divina (Lc. 1:38), actitud típica de profetas y siervos de Dios a través de la historia de Israel. En ninguna manera pueden entenderse sus palabras como un *fiat* de colaboración humana en la consecución de la salvación.

El parentesco de M. con →Elizabet (Lc. 1:36; cp. 1:5) podría indicar que M. era de linaje aarónico (levítico). Su canto de alabanza a Dios revela que M. conocía bien las Escrituras del AT (Lc. 1:46-55). Después de otra intervención angelical, José quedó convencido de que se debía casar con M. (Mt. 1:18-25), y fueron juntos a Belén en obediencia al edicto romano del empadronamiento (Lc. 2:1-7). Por falta de alojamiento en la aldea, M. dio a luz a su primogénito en un establo, pero más tarde cuando llegaron los magos a Belén, éstos visitaron al infante en una casa (Mt. 2:11).

M. y José cumplieron los ritos judíos de circuncisión y presentación del niño y la purificación de la madre (Lc. 2:21-24). Según Mt. 2:20-23, los tres huyeron a Egipto para escapar de la ira de →Herodes. A su regreso establecieron su hogar en →Nazaret. El único relato de la niñez de Jesús (Lc. 2:41-52) revela que "sus padres" solían asistir a la fiesta de la Pascua en Jerusalén. Cuando M. reprochó a Jesús por haberse quedado atrás en el templo, Jesús respondió que él debía atender las cosas de su Padre, contestación que dejó perplejos a M. y a José.

Evidentemente M. no acompañó a Jesús en su ministerio público, aunque asistieron juntos a una celebración social en →Caná. En esta ocasión parece que M. creyó que su Hijo podría suplir la falta de vino, pero la ligera reprimenda de Jesús muestra que ella todavía no comprendía bien ni la naturaleza ni las condiciones de su ministerio (Jn. 2:1-11).

Cuando M. y los hermanos de Jesús querían retirarlo de un ministerio agotador, Jesús hizo valer su independencia de la relación familiar (Mr. 3:21-35). Esta prioridad de la relación espiritual sobre la que es meramente física se subraya también en la respuesta que Jesús dio a la mujer que quiso elogiar a su madre (Lc. 11:27,28). A pesar de que los hermanos de Jesús no creían en él (Jn. 7:5), M. se unió al grupo de fieles creyentes en el momento de la crucifixión. Jesús la encomendó al cuidado del discípulo amado (Jn. 19:25-27). Sólo una vez más se menciona a M. en el NT: en Hch. 1:14 donde se indica que tanto ella como los hermanos de Jesús se contaban entre los discípulos después de la Resurrección.

El carácter de M. que se percibe en los Evangelios es el de una mujer judía espiritualmente sensible, fiel y obediente a la voluntad divina. De ella seguramente Jesús recibió su primera instrucción en las Escrituras. Aunque ella luego se desconcertó por la forma en que Jesús desempeñaba su oficio de Mesías, hay que reconocer que éste dejó perplejos también a sus propios discípulos. Solamente a la luz de la Resurrección podían discernir el misterio divino en el ministerio y muerte de Jesús.

4. M. Magdalena. Mujer probablemente oriunda de →Magdala. Se menciona solamente una vez durante el ministerio de Jesús, como persona liberada de siete demonios, que luego figuró entre las mujeres agradecidas que servían al grupo itinerante de discípulos (Lc. 8:1-3; cp. Mr. 15:40,41). Aunque la tradición ha identificado a M. Magdalena con la mujer pecadora de Lc. 7:37-50, es dudoso que sean una misma persona, puesto que Lucas la presenta en el cap. 8 como una figura nueva en la historia. Además, no es muy probable que →Juana, mujer de Chuza, intendente de Herodes, se hubiera asociado con una mujer de mala reputación.

Estas mujeres acompañaron a Jesús hasta Jerusalén y presenciaron la crucifixión (Mt. 27:55,56; Mr. 15:40,41; Jn. 19:25). Con el propósito de ungir el cuerpo de Jesús, M. Magdalena, acompañada de otras, llegó a la tumba (Mt. 28:1; //). Luego relataron el anuncio del ángel a los incrédulos discípulos (Lc. 24:1-11). Jn. 20:1-18 narra, además, que el Señor resucitado se le apareció a M. Magdalena mientras ésta lloraba junto al sepulcro.

5. M. de →Betania, hermana de →Marta y →Lázaro. Era sin duda discípula de Jesús, y cuando éste llegó a su casa, dejó a su hermana las preocupaciones domésticas para sentarse a los pies del Maestro. Jesús elogió la acción de M. cuando Marta reclamó la ayuda de ésta (Lc. 10:38-42). Aparece especialmente en la narración de la enfermedad y muerte de Lázaro su hermano, lo cual ocasionó una visita de Jesús a Betania, y dio a M. la oportunidad de mostrar otra vez su devoción (Jn. 11:1-44) y su fe en Jesús (v. 32). Más tarde también mostró esa devoción ungiendo los pies del Señor (Jn. 12:1-8). Este relato no debe confundirse con el ungimiento por una mujer pecadora (Lc. 7:36-50), acto ocurrido casi en el inicio del ministerio de Jesús en Galilea, en casa de un fariseo. Por otro lado, parece que Mateo (26: 6-13) y Marcos (14:3-9) sí se refieren a M. sin nombrarla y con la diferencia de que el ungimiento es en la cabeza. Jesús interpretó este acto a la luz de su muerte inminente.

6. Madre de →Jacobo el menor y →José, discípulo que servía a Jesús y su compañía (Mr.

15:40,41; cp. Lc. 8:1-3). Acompañó a Jesús a Jerusalén y allí presenció la crucifixión (Mt. 27:55,56; Mr. 15:40,41; Lc. 23:49) y también la sepultura de él (Mt. 27:61; Mr. 15:47; Lc. 23:55). Asimismo participó con otras en procurar algunas especias para ungir el cuerpo (Mr. 16:1; Lc. 23:56). Vio la tumba vacía, y oyó el anuncio angelical de la Resurrección (Mt. 28:1-7; Mr. 16:2-7; Lc. 24:1-7). Al salir a dar la noticia a los discípulos (Mt. 28:8; Lc. 24:9-11) ella y las demás vieron al Señor resucitado (Mt. 28:9,10).

Algunos intérpretes han identificado a esta M. con →M. mujer de Cleofas.

7. Mujer de →Cleofas, una de las mujeres presentes en la crucifixión (Jn. 19:25). Aunque algunos la han identificado con "la hermana de su madre" (de Jesús) que se menciona en el mismo v. no es muy probable que hubiera dos hermanas con un mismo nombre. Así que no son tres sino cuatro las mujeres nombradas.

Una antigua tradición que identifica a Cleofas como hermano de José, el padrastro de Jesús, concluye que esta M. de Cleofas era la cuñada de M. la madre de Jesús. Si los nombres Cleofas y → Alfeo se refieren a un mismo individuo, esta M. también sería madre de Jacobo el discípulo (Mr. 3:18), de Leví (Mr. 2:14) y de José (Mr. 15:40).

8. Madre de Juan →Marcos, residente en Jerusalén, cuya casa servía de lugar de reunión para los primeros cristianos (Hch. 12:12).

9. Mujer a quien Pablo saluda y alude como trabajadora en la congregación de Roma (Ro. 16:6).   I. W. F.

Bibliografía

Gaechter, Pau, *María en el evangelio*, Bilbao: Descleé de Brouwer, 1959. Miegge, Giovanni, *La virgen María*, Buenos Aires: Methopress, 1964 (Publicado originalmente en 1959).

MÁRMOL. Piedra caliza de textura compacta y cristalina, susceptible de buen pulimento. Sus variedades son casi innumerables. Fue usada para construir columnas y el losado en el Palacio de Asuero (Est. 1:6) y en la construcción del Templo de Salomón (1 Cr. 29:2). El m. amarillo y rojo era obtenido del Líbano (1 R. 5:14-18) y parte de Arabia.

Una variedad de m., la malaquita, se encontraba en Jerusalén. Fue explotada por Salomón y más tarde también por Herodes para sus múltiples construcciones. (→ ALABASTRO.)
J. E. D.

MARTA. Hermana de María y de → Lázaro, amigos amados de Jesús. Los tres vivían en → Betania. Durante una visita de Jesús, el excesivo afán por los detalles prácticos de la hospitalidad acongojó tanto a M., que llegó a quejarse ante el Señor por la negligencia de su hermana María. Como respuesta, el trató de que M. comprendiera que el valor de su palabra sobrepasa el de esas preocupaciones (Lc. 10:38-42). Algún tiempo después, M. mostró tal percepción espiri-

tual que Jesús le reveló más claramente que a nadie lo indispensable de la fe en él para participar en la resurrección (Jn. 11:17-27).

M. servía en la cena en que María ungió los pies de Jesús (Jn. 12:1-8). En Mt. 26:6-13 y Mr. 14:3-9 se relata también una cena celebrada en la casa de Simón el leproso, en la cual Jesús es ungido. Si esto se refiere a un mismo acontecimiento, posiblemente M. fuera la hija, la esposa o la viuda de este Simón.   I. W. F.

MARTILLO. Traducción de varias palabras hebreas. *Maccaba* designa tanto el instrumento del herrero (Is. 44:12) como el del picapedrero (1 R. 6:7). De esta palabra viene el nombre → "Macabeo". *Pattish* es un sinónimo (Is. 41:7) y se usa en sentido figurado. La palabra de Jehová se compara al "m. que quebranta la piedra" (Jer. 23:29). Babilonia se tilda como "el m. de toda la tierra" (Jer. 50:23).
W. M. N.

MASA. → MERIBA.

MASQUIL. Término heb. que aparece en los títulos de 13 salmos: 32, 42, 44, 45, 52–55, 74, 78, 88, 89 y 142. Su significado es incierto. Según algunos, significa "instrucción"; en este caso sería un poema contemplativo, meditativo o didáctico, una composición que expone intuiciones divinas.   V. F. V.

MATEO (gr., del heb. *Mattai*, abreviatura de *Mattanya* = 'regalo de Dios'). Uno de los doce apóstoles de Jesús, aunque su nombre no aparece en todas las listas de éstos (Mt. 10:3; Mr. 3:18; Lc. 6:15; Hch. 1:13). Sólo Mt. 10:3 informa que era →publicano. Según Mt. 9:9, M. se encontraba sentado en el puesto del cobrador en Capernaum cuando el Señor lo llamó. En los pasajes paralelos, sin embargo, a este apóstol se le llama →Leví, y Mr. añade la frase "hijo de Alfeo" (Mr. 2:14; Lc. 5:29). Sin duda se ha de ver en M./Leví un nombre doble.

La cena ofrecida después del llamamiento de M. parece haber tenido lugar en la propia casa de éste (Mt. 9:10 indica sencillamente "en la casa"; Mr. 2:15; y Lc. 5:29 rezan: "en su casa", que difícilmente podría referirse a la de Jesús). Cabe notar que como aduanero sabría escribir y que además del arameo, conocía también el gr.

Fuera de los textos mencionados no hay otra referencia personal a M. en el NT. Papías (siglo II d.C.) dice que M. "compiló los oráculos [del Señor] en lengua hebrea [= arameo], y cada uno los traducía [o interpretaba] luego como podía". Por tanto, la iglesia primitiva creía que M. era el autor del Evangelio que lleva su nombre, a pesar de que este Evangelio fue escrito en griego.

Hoy muchos eruditos no creen que M. haya sido el autor del Evangelio, si bien algunos admiten que posiblemente fuera compilador de los dichos de Jesús, o de las numerosas citas del AT, y que por eso lleva su nombre. Otros suponen que M. fue secretario del grupo de discípulos que registró los dichos y hechos de Jesús, y así se constituiría en el autor. Sin embargo, en el Evangelio mismo no se identifica al autor. (→MATEO, EVANGELIO DE.)   J. G. C.

MATEO, EVANGELIO DE. En los primeros siglos d.C. Mt. se distinguía como el más leído e influyente de los cuatro Evangelios. En la mayoría de las listas de los libros del NT Mt. aparece en primer lugar. De esto hay tres posibles explicaciones: (1) fue el primer Evangelio escrito; (2) lo escribió un apóstol y esto fue firmemente creído en aquel entonces y (3) fue muy apreciado en la iglesia debido a su forma literaria y didáctica.

I. PATERNIDAD LITERARIA

Hasta recientemente era unánime la creencia de que →Mateo-Leví había escrito el primer Evangelio, pero modernamente la mayoría de los eruditos ponen en tela de juicio tal paternidad. El problema gira alrededor de dos factores: (1) Mt. contiene casi todo el material abarcado por el →Evangelio de Marcos, escritor no apostólico, de lo cual es posible deducir que aquél dependía de éste. La abreviación de muchos de los relatos, que hace Mateo, manifiesta la dependencia, pues es de suponer que sería todo lo contrario si Mt. fuera primero. Sin embargo, sería inconcebible que un apóstol y testigo ocular del ministerio de Jesús se apoyara en uno que no lo era (→EVANGELIOS). (2) No se sabe a ciencia cierta cuál fuera la lengua original del Evangelio: según Papías (Eusebio, *Hist. Eccl.* III,39,16) "Mt. ordenó los *logia* del Señor en el dialecto de los hebreos [= arameo] y cada uno los interpretaba [o traducía] como podía". Se discute arduamente si *logia* quiere decir "los dichos del Señor" (= su enseñanza) o "los escritos acerca del Señor" (quizás el Evangelio completo). Según algunos eruditos, el texto actual de Mt. parece haberse escrito originalmente en gr. De ser así, dicen, el apóstol Mateo no pudo haberlo escrito. Pero se olvidan de que el apóstol era de Galilea, región bilingüe, por lo que es muy posible que haya dominado ambos idiomas. El testimonio de los Padres de la Iglesia en los primeros siglos corrobora la tesis de la paternidad de Mateo. Sin embargo, todos los Evangelios son anónimos y nada nos obliga a creer como artículo de fe la atribución tradicional (→PSEUDONIMIA).

Dos detalles nos inclinan a creer que Mateo tuvo algo que ver con la composición: (1) en 10:3 se llama a Mateo "el →publicano", cosa que Mateo mismo hubiera podido hacer, pero no otros (cp. Mr. 3:18 y Lc. 6:15 donde falta este epíteto); (2) en Mt. 9:10 se localiza la fiesta de Mateo sencillamente "en la casa" como si fuera su propia casa, mientras los otros sinópticos (Mr. 2:15; Lc. 5:29) usan "en su casa", refiriéndose directamente a la de Mateo (Leví). Con todo, debemos admitir que el problema no ha sido del todo resuelto.

II. FECHA Y OCASIÓN

La composición de Mt. tiene sus raíces en el mismo universalismo del mensaje de Jesús, porque desde el principio fue necesario explicar a los judíos que su fe, tradicionalmente limitada a Israel, ahora sería compartida con los gentiles. Al comienzo los judíos no comprendieron las implicaciones de esto, y aún después de iniciada la misión a los gentiles, pensaron que éstos tendrían que satisfacer todos los requisitos del judaísmo para entrar en el reino. Así que el problema de Mt. es el de explicar cómo el → reino de los cielos, claramente profetizado en el AT, se da, no a los que rechazan al Mesías, sino a todos los que reciben a Jesús como Señor y producen los frutos del reino (21:43).

Además, puesto que Jesús se constituyó en Señor del cielo y de la tierra (28:18), era preciso proclamar su señorío universal a todo el mundo (28:19). Aunque la necesidad de escribir este Evangelio existía desde el tiempo de Jesús, no fue sino hasta poco después de iniciada la misión a los gentiles y aun hasta más tarde en el siglo I, al agudizarse la oposición judía hacia el cristianismo, cuando se halló verdadera ocasión para su composición. Por eso se han sugerido fechas que se extienden desde la quinta década hasta la novena; no hay consenso al respecto.

Algunos aseguran que (22:7) se refiere a la destrucción de Jerusalén ya acaecida, lo cual favorecería una fecha posterior a 70 d.C. Pero como no hay referencia clara a esta destrucción se podría admitir una fecha de la sexta o séptima década (en todo caso, después de la publicación de Mr.).

III. DESTINATARIOS Y PROPÓSITO

La creencia casi universal de que Mt. se escribió para los judíos se basa en los siguientes hechos: (1) La genealogía de Mt. 1:1-17 comprende únicamente la historia de Israel, desde su fundador Abraham, hasta Jesús (cp. la genealogía de Lc. 3:23-38 que se remonta hasta Adán). (2) Las muchas citas del AT tienen por objeto mostrar que en Jesús se cumplen las esperanzas mesiánicas; de especial interés son las once citas precedidas por la frase: "para que se cumpliese lo dicho por el profeta" (1:22s.; 2:17s.,23; 4:14ss.; 8:17; 12:17ss.; 13:35; 21:4s.; 26:56; 27:9s.; cp. 26:54). (3) La ley mosaica y otras ideas del judaísmo se contrastan con la palabra de Jesús, evidentemente superior. (4) Algunos ven en los cinco grandes discursos del Evangelio (cp. los cinco libros de Moisés) un indicio de que Mateo ve a Jesús como el nuevo legislador, el nuevo Moisés que da sus leyes desde otro monte. (5) También hay referencias a los judíos en sus relaciones con los gentiles (8:11s.; 21:33-45, especialmente el v. 43). Estos detalles, y otros más, parecen indicar que el autor escribía para judíos, o judeocristianos de habla griega (sin excluir a los gentiles), y trataba de explicar cómo el reino prometido a los judíos les fue quitado y dado a los gentiles.

El objetivo básico del Evangelio ha sido muy discutido: algunos recalcan su propósito catequístico; otros, su carácter litúrgico, y otros, su finalidad apologética o misionera. La verdad seguramente se halla en una combinación de varias de estas sugerencias. Sin embargo, el tema central y preponderante es sin duda una verdad teológica: el reino de los cielos viene primero en forma espiritual, privada y personal, antes de irrumpir, como esperaban los judíos, en su manifestación pública, política y literal. (Ver "estructura teológica" abajo.)

IV. ESTRUCTURA LITERARIA

Una de las razones para la inmensa popularidad de Mt. es la forma ordenada, concisa y cuidadosa en que fue escrito. El evangelista procede según un plan bien trazado a recopilar su materia según temas, aunque no siempre en forma cronológica. Reúne en cinco grandes discursos didácticos mucha materia que se encuentra dispersa a través de los otros sinópticos (aunque cp. el Sermón del Llano en Lc. 6:17-49).

Los cinco discursos presentan diversas facetas del tema central del Evangelio, que es el reino de los cielos: (1) Mt. 5–7, el → Sermón del Monte; (2) Mt. 10, el discurso misionero; (3) Mt. 13, las parábolas del reino; (4) Mt. 18, el discurso sobre los pequeños y sobre los disgustos entre hermanos; (5) Mt. 24 y 25, el discurso escatológico. Estos discursos forman la espina dorsal del Evangelio. Señala su importancia la fórmula concluyente: "Y cuando terminó Jesús estas palabras" u otra frase semejante (7:28; 11:1; 13:53; 19:1; 26:1). Aunque algunos eruditos consideran como otro discurso la diatriba contra los escribas y fariseos (Mt. 23), ésta omite la fórmula concluyente y no trata de una enseñanza específica sobre el reino como los otros discursos. Entre un discurso y otro, Mateo ha intercalado muchas narraciones del ministerio de Jesús. Esta manera de presentar el mensaje integral de Jesús demuestra la relación íntima que debe haber entre los hechos de la vida de Jesús y la enseñanza del reino con su ética correspondiente.

Otra manera de bosquejar el Evangelio es a partir de la frase, "Desde entonces", que se halla en 4:17 (al principio del ministerio de Jesús cuando va creciendo su popularidad) y en 16:21 (en la declinación de su ministerio que culmina en su muerte).

La estructura literaria de Mt. encierra a la vez una estructura teológica, porque en los cinco discursos enseña lo fundamental acerca del reino de los cielos: (1) en el Sermón del Monte (5-7) nos da las leyes básicas del reino; (2) el discurso misionero (10) presenta la imperiosa necesidad de proclamar el mensaje del reino a los demás; (3) las parábolas del reino (13) declaran el desarrollo del reino y su concepto total desde el punto de vista cronológico; (4) el discurso de Mt. 18 enseña las relaciones personales y la comunión que deben prevalecer dentro del reino; y (5) el discurso escatológico (24

y 25) destaca el desenlace de todo el proceso del reino en la → segunda venida de Cristo.

V. CARACTERÍSTICAS ESPECIALES

Mt. es el único Evangelio que usa la palabra "iglesia" (16:18; 18:17), y por eso se le llama el "Evangelio eclesiástico". Sin embargo, la frase "pueblo de Dios" describe mejor la iglesia para nuestros días, y este concepto se encuentra repetidamente en los Evangelios.

Únicamente Mt. usa la frase → "reino de los cielos", aunque también emplea cuatro veces el sinónimo "reino de Dios".

Se caracteriza por algunas tensiones y paralelismos interesantes: (a) entre el señorío del Padre (11:25) y el de Jesús (28:18); (b) entre el cielo ($\approx$ Dios) y la tierra (= el hombre) (6:1-20; 7:11; 10:32s.; 16:17,19; 18:18s.; 21:24ss.); (c) entre la presencia física de Jesús (1:23) y su presencia espiritual durante su ausencia física (18:20; 28:20); (d) entre el castigo de los judíos por su rechazamiento del Mesías (8:11s.; 21:43; 24:3-13, destrucción de Jerusalén) y el castigo de los gentiles que no fueran fieles a la voluntad de Jesús (25:31-46).   J. G. C.

Bibliografía

J. Schmid, *San Mateo*, Barcelona: Herder, 1967; *BC* V, pp. 5-610; *SE*, NT I, pp. 3-315; J. A. Broadus, *Mateo*, Monterrey: Hale, s.f.; *IB* II, pp. 171-197.

MATÍAS (forma abreviada de Matatías, nombre común entre los → maçabeos; heb. = 'don de Dios'). Cristiano elegido como sucesor de Judas Iscariote después de la ascensión del Señor (Hch. 1:15-26). Fue seleccionado mediante un sorteo (cp. Lv. 16:8), método que ha sido criticado como poco espiritual (pero cp. 1 S. 14:41). Sin lugar a dudas M. fue considerado → apóstol de Jesucristo según Hch. 1:24s.; sólo él y José Barsabás llenaban los requisitos del oficio, pues habían acompañado al Señor desde su bautismo por Juan Bautista hasta su ascensión.   A. R. T.

MATRIMONIO. Relación humana, instituida por Dios y aprobada por la sociedad, en la cual el → hombre y la → mujer cohabitan en amor y ayuda mutua. Cada sociedad define las normas del m., y determina también lo que constituye la → fornicación y el → adulterio, es decir las relaciones sexuales ilícitas, con miras a salvaguardar la → familia (también → SODOMITA, SEXUALIDAD).

I. COSTUMBRES DE LOS TIEMPOS BÍBLICOS

Como otros aspectos esenciales de la vida de Israel, el m. estaba reglamentado por leyes, y los conceptos involucrados en él aparecen con frecuencia en el lenguaje figurado de la Biblia.

Según la voluntad expresa del Creador (Gn. 1:28; 2:18,22), el m. había de ser en Israel una práctica general. Existían → viudas, pero no solteros o solteras mayores de la edad de casarse. El celibato se daba sólo entre los → eunucos, quienes, como consecuencia de un defecto congénito, un accidente o la castración, habían perdido su función sexual. El caso de Jeremías (Jer. 16:2) fue una excepción notable (→VIRGEN), y aun la continencia de los →nazareos era temporal.

El ideal de la fecundidad (cp. Jue. 8:30; 2 R. 10:1) conducía naturalmente a la poligamia, costumbre aceptada dentro de las normas sociales de los tiempos veterotestamentarios (Dt. 21:15; 1 S. 1:2), pero que fue blanco de crítica de parte de algunos autores bíblicos (Gn. 4:19-24; 29:31–30:24). Los reyes contraían gran número de 'uniones, por amor (2 S. 11:2ss.) o por interés político (1 R. 3:1). En estos harenes (1 R. 11:3; 2 Cr. 13:21), el verdadero amor era imposible (Est. 2:12-17). Sin embargo, también existía en los días del AT el afecto exclusivo (Gn. 25:19-28; 41:50; Pr. 5:15-20; Cnt. *passim;* Ez. 24:15-18), el cual prevalecía ya en el judaísmo del siglo apostólico. La frase "marido de una sola mujer" (1 Ti. 3:2) parece referirse a los cristianos que, al separarse por permiso (1 Co. 7:21-17, →DIVORCIO) de una consorte inconversa, no habían contraído segundas nupcias.

En el grupo social específico de Israel se prohibían ciertos m. dentro de una misma parentela (Lv. 18:6-19), o con extranjeros (Dt. 7:1-3; Esd. 9:1-15; Neh. 13:23-28). La desobediencia de Salomón a este principio de la endogamia ocasionó su caída (1 R. 11:1-8). El NT redefine el principio en términos de casarse únicamente con otro cristiano (1 Co. 7:39).

La institución del desposorio fue común entre los judíos y muchas veces duraba hasta un año. Puesto que los judíos solían casarse muy jóvenes, el compromiso matrimonial era frecuentemente arreglado por los padres, y este contrato tenía igual valor jurídico que el m. mismo (Dt. 22:23s.). De ahí la perplejidad de José al descubrir el embarazo de →María (Mt. 1:18s.). Sabiendo que no era padre del niño engendrado en ella, pensó darle carta de divorcio.

El novio pagaba a los padres de la novia una compensación (Gn. 29:15s.; 34:12), y llegaba a ser "señor" de ella, pero nunca se la consideraba como mera mercancía.

La boda, ceremonia civil que carecía de carácter cúltico, comprendía varios elementos: las vestimentas especiales (Is. 61:10), las compañeras de la novia llamadas "vírgenes" (Sal. 45:14), los amigos del novio (Jn. 3:29; cp. 1 Mac. 9:39), la procesión a la casa de la novia y luego a la del esposo, la costumbre de extender la capa del esposo sobre la novia (Rt. 3:9), y finalmente la fiesta de bodas (Gn. 29:22; Jue. 14:10; Mt. 22:1-10) que duraba ordinariamente siete días.

En Israel existía, además, una ley matrimonial singular: el m. por →levirato (término derivado del latín *levir,* que significa 'el hermano del esposo'). Tan importante era dejar un heredero, que si un hombre moría antes de tener hijos, uno de sus hermanos debía casarse con la viuda; al primogénito de este nuevo m. se le consideraba legalmente como hijo del difunto (Dt. 25:5-10). Este fue el problema de →Onán (Gn. 38:1-10), quien, no queriendo compartir la herencia de su padre con un hijo de su cuñada, no consumó la unión con ella.

En el caso de →Rut, que no tenía cuñados (Rt. 1:11s.), el levirato se extendió para abarcar al pariente más cercano (Rt. 2:20; 3:12), quien debió rescatar los bienes de ella.

II. PRINCIPIOS ÉTICOS

A. *El matrimonio en el plan de Dios.*

La sexualidad es parte de la excelencia que Dios vio en toda la creación (Gn. 1:27s.,31; 2:18-25, →ADÁN, →EVA). Antes de la caída en pecado, la misma naturaleza del hombre demandaba el compañerismo de la mujer, deseo que fue visto y satisfecho por el Creador (1 Co. 6:16 confirma que la frase "serán una sola carne" se refiere al acto sexual). Aunque Pablo advierte que es preferible casarse que incurrir en relaciones ilícitas (1 Co. 7:2,8s.), reconoce el don del celibato, por medio del cual ciertos cristianos pueden servir mejor a Dios (1 Co. 7:7,32ss.; →VIRGEN). Sin embargo, carece de fundamento bíblico la imposición del celibato a los obreros religiosos; más bien de 1 Ti. 3:2,12; 5:9 y Tit. 1:6 se deduce que los obispos y diáconos eran casados, y 1 Ti. 4:2,3 describe como apostasía el ascetismo que denigra el m.

B. *La esencia del matrimonio.*

El aspecto personal está en la raíz misma del m. Cuando un hombre y una mujer resuelven unirse en todo sentido para su realización mutua, establecer un hogar, criar una familia eventual y respetar sus votos hasta la muerte (Ro. 7:2), han contraído m. Su amor se expresa en el sentimiento mutuo (Ef. 5:21-33), el marido es la →cabeza de su cónyuge y ella es la gloria de él. Pero existe también un aspecto sociolegal imprescindible. Desde que el m. fue formalizado por medio de un contrato escrito (*berit,* →PACTO) se ha reconocido el derecho de la sociedad de regir el m. Por otra parte, a pesar de todo lo secular que es el m. en el AT, el creyente reconoce que Dios le guía en la elección de esposa (Gn. 24:42-52) y que Dios sanciona en nombre de la alianza los preceptos que regulan el m. (v.g. Éx. 20:14; Lv. 18:1-30). El contraer nupcias "en el Señor" (1 Co. 7:39) entraña el regocijo y apoyo de la comunidad cristiana, de manera que goza de cierto carácter eclesiástico que, sin merecer el nombre de sacramento, glorifica al que nos creó y nos redimió en un solo cuerpo (Mt. 26:28).

El aspecto sexual desempeña un papel fundamental en el m., puesto que éste transfigura la sexualidad humana, y le da realidad concreta, pero no constituye la esencia del m. Al margen de la ética bíblica, puede haber relaciones físicas sin que los participantes contraigan m. (→PROSTITUCIÓN; FORNICACIÓN). Y a la inversa, puede haber m. genuino aun cuando, debido a circuntancias extraordinarias (v.g. accidente o enfermedad), los casados no tengan contacto sexual. Una de estas circunstancias puede ser el acuerdo mutuo de dedicarse a la oración (1 Co. 7:5), pero aun así se recomienda limitar la duración de la abstinencia. En general, la expresión sexual del amor (Mr. 10:8; Heb. 13:4) es un deber mutuo (1 Co. 7:3-5).

Si en la voluntad de Dios y de acuerdo con los planes de los casados se engendran hijos (→HIJO, HIJA), esta etapa familiar del m. también se emprende "en el Señor" (Ef. 5:21; 6:1-4; 1 Ti. 2:15; 3:4s.; 5:8).

C. *Implicaciones para la fe.*

La ley mosaica permitía al hombre repudiar a su esposa, costumbre que fomentaba el egoísmo y el "machismo". Pero sabios (Pr. 5:15-19; Eclesiástico 36:25ss.) y profetas (Os. *passim;* Mal. 2:14ss.), elogian la estabilidad conyugal, porque Yahveh es como un marido que demanda la fidelidad de su "esposa", el pueblo escogido, y sabe perdonarla. Jesús lleva a su clímax esta enseñanza (Mr. 10:1-12 y //) y provee la redención que quita "la dureza de corazón" (v. 5) de los hombres.

Luego Pablo da un nuevo matiz a la metáfora del AT: Cristo es el esposo de la iglesia, de modo que el m. es "un gran →misterio" (Ef. 5:32). La sumisión de la iglesia a Cristo y el amor de Cristo a la iglesia, a la que salvó entregándose por ella, son así la regla viva que deben imitar los esposos, por la gracia (vv. 21-33).

P. W. y R. F. B.

Bibliografía

VTB, pp. 450-453; *DTB,* cols. 616-623; *DBH,* cols. 1198-1203. *IB* II, pp. 305-316. P. van Imschoot, *Teología del AT.* (Madrid: Fax, 1969), pp. 641-660. J. J. von Allmen, *El matrimonio según San Pablo,* Buenos Aires: Junta de publicaciones de las iglesias reformadas, 1970.

MATUSALÉN ('hombre de la jabalina'). Hijo de Enoc, padre de Lamec y abuelo de Noé (Gn. 5:21-29). Tenía 300 años cuando su padre "desapareció". Se le reconoce como el hombre que más años ha vivido sobre la tierra. Le faltaban 31 años para completar un milenio y es posible que muriese a causa del diluvio, pues precisamente en ese año murió. Esto, si se calcula que no hubo lagunas cronológicas en las →genealogías que conocemos. Cp. 1 Cr. 1:3; Lc. 3:37.

W. G. M.

MAYORDOMO. Encargado de la administración de los bienes o empresa de otro, descrito por varias palabras en heb. Según el AT tenían m. Abraham (Gn. 15:2), José (Gn. 43:6), Booz (Rt. 2:5), David (1 Cr. 28:1), Acab (1 R. 18:3) y Ezequías (2 R. 18:18).

En el NT los vocablos gr. *epítropos* y *oikonómos* conllevan una misma idea de administración y superintendencia, control de asuntos domésticos, y servicio en bien del amo. *Epítropos*

en Gá. 4:2 se traduce "tutor", pero en Mt. 20:8 // es un sinónimo exacto de *oikonómos.* La parábola de Lc. 16:1-14 destaca los deberes de los m., el pecado de emplear lo del dueño en los intereses propios, y lo importante de "aprovechar el momento" (cp. Lc. 12:42-48). Pablo recoge la misma figura en relación con su ministerio, el de sus compañeros y el de los obispos, subrayando que la virtud primordial del m. ha de ser la fidelidad ante su propio Señor, en el uso de tiempo, talentos y posesiones (1 Co. 4:1s.; Ef. 3:2; Tit. 1:7; cp. 1 P. 4:10).

E. H. T.

MEDÁN. Tercer hijo de Abraham y de Cetura (Gn. 25:2; 1 Cr. 1:32). Con su hermano →Madián se estableció en Arabia. Se supone que después las dos tribus se unieron en una sola.

J. P.

MEDEBA. Ciudad ubicada unos 24 km al SE de la desembocadura del Jordán en el mar Muerto. Sus habitantes moabitas fueron capturados por el rey amorreo Sehón, antes de la llegada de los israelitas (Nm. 21:30). La ciudad, junto con sus llanuras, fue dada a Rubén (Jos. 13:9,16). En días de David parece haber formado parte del territorio amonita, porque allí acamparon los sirios antes de ser vencidos por Joab (1 Cr. 19:7). Isaías la incluye como ciudad moabita en su profecía contra Moab (15:2). Fue un importante centro cristiano entre los siglos II-VIII.

J. M. A.

MEDIA. Comarca del Asia Antigua cuyos habitantes (los medos) figuran entre los descendientes de Jafet (Gn. 10:2). Pertenecen a la rama indoaria de los indoeuropeos que entraron en el Irán durante varios siglos entre 1500 y 1000 a.C. La primera mención de ellos en escritos históricos se encuentra en el texto de Salmanasar III (859-824) de Asiria.

M. estaba situada al NO de la meseta iránica, entre el Araxes, el Caspio, los límites de Persia y de Susiana (Elam) y los montes Zagros. Los medos, que en el fondo eran un pueblo de pastores, estuvieron divididos primeramente en pequeños principados. Más tarde se unificaron bajo la autoridad del rey Ciáxares (625-584 a.C.) y M. se convirtió en un poderoso imperio. La capital fue Ecbatana.

M. siempre representó una amenaza para Asiria durante el período de los sargónidas, pero no se impuso sino hasta en tiempo de Chasar II, cuando los medos aliados con el Imperio Neobabilónico conquistaron la ciudad de Nínive (612 a.C.). Los medos se apoderaron también de la región nórdica del Imperio Asirio y llevaron su dominación a Armenia y a la región montañosa del Asia hasta Halys. Sin embargo, el Imperio Medo tuvo poca duración. En el 550 a.C. Astiages, último rey de M., fue derrotado por el persa →Ciro y M., quedó incorporada al Reino de Persia, como una primera satrapía.

Luego cayó ante el poder de Alejandro Magno y más tarde bajo los romanos.

La Biblia alude a M. en relación con la deportación que Sargón II hizo, hacia el 722, de los habitantes del reino de Israel, de Samaria hacia M. (en su época asiria) (2 R. 17:6; 18:11). En Is. 13:17; 21:2; Jer. 51:11,28 se alude a la guerra contra Babilonia. Daniel menciona al rey →Darío de Media" (5:31) y "la ley de M. y Persia" (6:8,12,15). En Esdras se menciona a M. como provincia del reino persa (6:2).

V. A. G.

MEDIADOR. Intermediario entre un hombre y otro (2 S. 14:1-23) o entre Dios y el hombre, por quien el uno y el otro se comunican. En la Biblia, donde se acentúa la santidad de Dios y la pecaminosidad del hombre, la idea de mediación involucra →expiación de los pecados, →propiciación de la justicia divina y →reconciliación de las dos partes. Aunque el término m. ocurre con poca frecuencia, todas las Escrituras están saturadas de la noción del Dios que busca a sus criaturas, valiéndose de una mediación adecuada a la madurez de su pueblo.

I. EN EL AT

Aunque el AT concibe a Dios de manera concreta y antropomórfica, y le atribuye una intervención personal en la vida de la naturaleza y de los hombres, reconoce también otros m. entre Dios y la humanidad. (Sólo en un pasaje, Job 9:33, aparece el término.)

Hay m. que pertenecen al mundo celestial. Los →ángeles son mensajeros de Yahveh, sobre todo el →ángel del Señor. Sin embargo, la noción de esta mediación con un sentido salvífico aparece en una época muy tardía (Job 5:1; Dn. 6:22; 10:13; 12:1s.; Zac. 1:12s.) y en forma bien delimitada. En esta época, gracias a un nuevo énfasis sobre la trascendencia divina, adquirieron cualidades divinizadas la →sabiduría, la →palabra y el →Espíritu de Dios.

Algunos hombres ejercían una mediación descendente (e.d. de Dios al pueblo), como los profetas y patriarcas. Así, sobre todo según la concepción posterior, Moisés transmitió las leyes divinas y hablaba con Jehová íntimamente. Como m. él también pedía gracia para el pueblo culpable y calmaba la ira divina. El sistema sacrificial era capital en la mediación, y los →sacerdotes y el →rey, ungidos de Dios, podían actuar como m. El →Siervo de Jehová es m. por excelencia no sólo entre Dios e Israel sino entre Dios y todos los pueblos (Is. 49:6; 52:13-15; 53:11).

II. EN EL NT

En la persona divino-humana de Jesucristo la mediación alcanza su cumplimiento pleno (Hch. 4:12; 1 Ti. 2:5s.). Jesús se presenta en los sinópticos como el →Hijo por excelencia, único revelador del padre (Mt. 11:27), poseído de su propia autoridad, y enviado para dar su vida en rescate (Mr. 10:45 →HIJO DEL HOMBRE).

Predica y realiza el →reino de Dios, y sella con sangre el nuevo →pacto; por eso exige una entrega y seguimiento incondicionales. Según el Evangelio de Juan, Cristo era m. aun desde la eternidad (1:3s.). El →Verbo encarnado media el conocimiento de Dios (1:18; 14:9), la gracia (1:14,16) y la vida eterna (3:16ss.), porque es el único camino hacia el Padre (14:6).

Pablo elabora más sistemáticamente estos conceptos, y es seguido en esto por otros escritores (cp. frases como "por medio de Cristo", "en Cristo", Ro. 2:16; 5:9; 2 Co. 5:18; Col. 1:20). Cristo medió en la creación del universo (1 Co. 8:6; Col. 1:16; Heb. 1:2), pero lo hizo especialmente en el establecimiento del nuevo pacto (Heb. 6:17; 8:6; 9:15; 12:24). En su función de nuevo sumo sacerdote es superior a Moisés (Gá. 3:19s.; Heb. 7), y su sacrificio expiatorio es perfecto (Heb. 9:11-14).

R. F. B.

MEDICINA, MÉDICO. Para el pueblo judío Jehová es el único Dios, fuente de toda vida, de salud y de enfermedad; por lo anterior tiene poca importancia la m. empírica, como tampoco la m. mágica o la →hechicería. En la teocracia judía, la m. estaba en manos de los sacerdotes, y por ello los médicos casi no existían.

Los conocimientos anatómicos eran rudimentarios porque los cadáveres se consideraban religiosamente impuros y por tanto intocables, lo cual impedía la disección (Nm. 19:13-16). Existen, a pesar de todo, unas pocas referencias bíblicas a la m. Se acostumbraba aplicar vino, aceite, cataplasmas y vendas a las heridas y llagas (Is. 1:6; 38:21; Lc. 10:34); hasta se conocía una forma primitiva de curar los huesos fracturados (Ez. 30:21); las →parteras hebreas eran empíricas (Gn. 38:27-30; Éx. 1:15-21; Ez. 16:4,5). No se tienen datos acerca de médicos profesionales.

Por otra parte, el sentido de "pueblo elegido," con una misión que cumplir, supedita por primera vez en la historia lo individual a los intereses de la colectividad, y da origen a una legislación sanitaria para defensa de la comunidad. Esta es la mayor contribución hebrea a la historia de la m.

En el AT, pues, hay poco lugar para los médicos. Dios es el supremo sanador de su pueblo, el que envía el dolor y la enfermedad como castigo de los pecados. Él exhorta: "Si oyeres atentamente la voz de Jehová tu Dios, e hicieres lo recto delante de sus ojos... ninguna enfermedad de las que envié a los egipcios te enviaré a ti; porque yo soy Jehová tu sanador" (Éx. 15:26). Si había médicos entre los judíos, brillan por su ausencia en las páginas del AT (cp. 2 Cr. 16:12).

En el NT no se tiene muy buen concepto de los médicos. Se les consideraba ineficaces (Mr. 5:25,26; Lc. 8:43) lo cual engendraba cierto escepticismo entre la gente (Lc. 4:23). Sin embargo, se reconoce su actividad positiva y benéfica (Mt. 9:12) y →Lucas, el único médico cuyo nombre perpetúa la Biblia, es llamado "el médico amado" por San Pablo (Col. 4:14). (→ENFERMEDADES).   L. A. S.

MEDIDAS. →PESOS.

MEDIO DÍA. →NEGUEV.

MEFI-BOSET ('el que quita la vergüenza'). 1. Hijo del rey Saúl y de Rizpa (2 S. 21:1-14). Juntamente con su hermano Armoni y cinco nietos de Saúl, fue ahorcado para expiar el crimen de su padre al matar a los →gabaonitas (2 S. 21:2).

2. Hijo de Jonatán y nieto de Saúl. Cuando M. tenía cinco años, →Jonatán y Saúl perecieron en la batalla de Gilboa. Al recibir la mala noticia, la nodriza huyó apresuradamente con él. En la fuga, el niño se le cayó y quedó lisiado de los pies y cojo el resto de su vida (2 S. 4:4). M. después se refugió con →Maquir de Galaad, pero pasados algunos años David lo llevó a Jerusalén, para cumplir el juramento que había hecho a Jonatán (1 S. 20:15,42). Se le devolvieron los bienes de Saúl, →Siba fue nombrado su administrador y se le concedió el privilegio de comer a la mesa de David (2 S. 9:7-13).

Durante la rebelión de Absalón, David huyó a Jerusalén y Siba, el siervo de M., salió a encontrarlo con dos asnos cargados de víveres. Mintió a David, diciéndole que M. se había identificado con Absalón, y David le entregó las posesiones de M. (2 S. 16:1-4). Después de la muerte de Absalón, David regresó a Jerusalén y encontró a M., quien le explicó que Siba lo había calumniado. David ordenó que se dividieran las posesiones entre Siba y M. (2 S. 19:24-30).   J. P.

MEGUIDO. Plaza fuerte y ciudad real cananea identificada certeramente con Tell-el-Mutesellim. Se levanta sobre la ladera N del Carmelo y domina la llanura de →Jezreel y el paso que lleva de Sarón a Fenicia. Por su posición estratégica ha sido escenario de batallas decisivas a lo largo de los siglos.

La excavación de M. por el Instituto Oriental de la Universidad de Chicago mostró que el lugar fue ocupado por primera vez hace seis mil años. Durante la Edad de Bronce Antiguo se construyeron sus primeros templos y murallas. Desde entonces M. fue ocupada casi continuamente hasta su abandono ca. 350 a.C.

A pesar de que Josué derrotó al rey de M. (Jos. 12:21) y de que la ciudad se consideraba territorio de Manasés (Jos. 17:11), los israelitas no pudieron tomarla en los primeros años de la conquista (Jue. 1:27). Salomón hizo de M. la capital de uno de sus distritos fiscales (1 R. 4:12) y principal plaza fuerte (1 R. 9:15-19). Con la división del reino M. pasó a ser parte de Israel. M. fue capturada por Egipto durante la campaña del faraón Sisac ca. 918 a.C. La Biblia

sólo menciona el ataque a Judá, pero las inscripciones del templo de Karnak atestiguan su conquista. Poco después Acab de Israel construyó en M. establos para unos 450 caballos y carros y fortificó la ciudad. En ella murió Ocozías, rey de Judá, a causa de las heridas recibidas en la batalla contra Jehú (2 R. 9:27). Y en 609 a.C. aquí también fue derrotado y muerto Josías de Jerusalén, en una batalla contra el faraón Necao (2 R. 23:29,30).

El Armagedón ('mte. de M.') de Ap. 16:16 es este M. que ha sido escenario de tantas batallas decisivas.   J. A. G.

MELÓN. Es el m. de agua o sandía, *Citrullus Vulgaris*, oriundo del África tropical, y se ha cultivado en el Cercano Oriente desde tiempo inmemorial (Nm. 11:5). Es herbácea anual, de tallo rastrero de 3 a 4 m de largo, hojas grandes, flores amarillas y fruto grande de corteza verde y pulpa encarnada, acuosa y dulce.   J. A. G.

Los melones de la Tierra Santa no diferían mucho de los conocidos en nuestro día. Proporcionaban un refrigerio suculento en aquel clima cálido.

MELQUISEDEC (heb. = 'Sedec es [mi] rey' o, como en Heb. 7:2, = 'Rey de justicia'). Personaje misterioso del que poco habla la Biblia y mucho la tradición.

Ha habido diversas opiniones acerca de quién era M. Aparece repentinamente en Gn. 14:18-20 como el rey de Salem (probablemente →JERUSALÉN) y el →sacerdote del Dios Altísimo, que saludó a →Abraham cuando éste regresaba de la batalla con →Quedorlaomer y otros reyes. M. salió para recibir al patriarca con pan y vino, le bendijo y recibió sus diezmos (en este último punto el texto heb. no aclara si M. dio los diezmos a Abraham o si éste los dio a aquél). Años después, un salmista aclama a un rey davídico como un sacerdote perpetuo según el orden de M. (Sal. 110:4), recordando así que David había conquistado a Jerusalén (ca. 1000 a.C.), y por tanto heredado la dinastía de reyes-sacerdotes iniciada por M.

Este rey aclamado es identificado por Jesús como el Mesías (Mr. 12:35-37), y por tanto la carta a los hebreos desarrolla el tema del sacerdocio de Jesucristo (5:6-10; 6:20—7:28) a la luz de estos pasajes. En 7:1-19 la figura de M. es prominente; de su brusca aparición y desaparición en Gn. se concluye que su sacerdocio es "viviente" o eterno. Es un tipo de Jesucristo, por consiguiente su sacerdocio es superior al de Aarón y el levítico, cuyos sacerdotes son mortales.

Algunos rollos del mar Muerto (→ QUMRÁN) elaboraron teorías sobre el simbolismo de M.

P. S. y R. F. B.

Bibliografía
O. Cullman, *Cristología del NT*, pp. 83ss.

MENE, TEKEL, UPARSÍN. Palabras escritas en la pared del palacio real de Belsasar, cuando éste profanó los vasos del Templo de Jerusalén durante su famosa fiesta (Dn. 5:25-28). El misterio en cuanto a ellas se hizo mayor por cuanto podían interpretarse de diferentes maneras. Según la vocalización (que probablemente faltó), las palabras podían entenderse como verbos, o como nombres de medidas. V.g., *Mene* podría significar el talento de Babilonia; *Tekel* el siclo de los hebreos; *Uparsín* una medida de los asirios equivalente a medio talento babilónico. En ambos casos, la "U" de *Uparsín* indica la conjunción "y". Daniel interpretó las palabras con sentido de participio pasivo, y leyó así: "Dios ha contado el reino; el rey ha sido pesado; y el reino ha sido roto".

J. C. H.

MENFIS. Famosa ciudad de Egipto al lado O del Nilo, cerca del Cairo moderno. Fue capital de Egipto durante el Imperio Antiguo (siglos XXVI-XXII a.C.) y más tarde en el tiempo de los hicsos (1720-1560 a.C.). El nombre M., como se llamó originalmente la pirámide de Pepi I, se aplicó a la ciudad durante la dinastía VI.

Según una tradición egipcia, M. fue fundada por Menes, el faraón que unió a los dos Egiptos (Alto y Bajo) y fundó la primera dinastía. Su época de oro fue el período clásico de cultura egipcia (dinastías III-V), pero continuó siendo importante hasta la conquista de Alejandro Magno (331 a.C.). Cerca de M. queda la pirámide escalonada de Zoser (la más antigua) y el famoso trío de grandes pirámides, las de Keops (la más grande), Kefrén y Micerino, todas de la dinastía IV (siglos XXVI y XXV a.C.).

M. era un centro importante de la religión egipcia. Fue conocida como sitio principal del culto al Dios Ptah, por su gran templo dedicado a él, por el toro sagrado de Ptah y por el buey Apis. Más tarde, con la presencia de Asiáticos, se adoró también a Astarte, Baal y Cades.

Los etíopes conquistaron la ciudad en 730 a.C. (bajo Pianji), los asirios en 761 y 666 (bajo Esarhadón y Asurbanipal) y los persas en 525 (bajo Cambises). Después de la destrucción de Jerusalén en 586 a.C. algunos judíos vivieron

en M. juntamente con otros extranjeros (Jer. 44:1). En los escritos proféticos M. se menciona en Is. 19:13; Jer. 2:16; 46:14,19; Ez. 30:13,16 y Os. 9:6

J. M. Br.

MENTA. Hubo tres variedades de m. en la Palestina, pero ninguna de ellas se cultiva hoy. Crecían silvestres, en lugares húmedos, especialmente a la orilla de los riachuelos. Antiguamente se cultivaban por sus hojas y flores aromáticas (Mt. 23:23; Lc. 11:42). Según el Talmud (Pes 2:6) la m. era una de las →hierbas amargas de la cena pascual.

J. A. G.

Algunos creen que la menta silvestre era la "yerba amarga" que se empleaba para aderezar el cordero en la fiesta de la Pascua.

MENTIRA. Manifestación contraria a la →verdad, cuya esencia es el engaño y cuya gravedad se mide según el egoísmo o la maldad que encierre. Está prohibida por el decálogo divino (Éx. 20:16) y uno de los efectos de la conversión al cristianismo es el dejar de mentir (Ef. 4:25).

La m. directa, como la de → Ananías y Safira (Hch. 5:4), no es la única forma de mentir. En ocasiones se trata de una media verdad, como cuando Abraham dijo de su esposa a Abimelec: "Sara es mi hermana" (Gn. 20:2; cp. 20:12). El propósito siempre es engañar. Puede ser también una respuesta evasiva, como la que Caín dio a Dios (Gn. 4:9); un silencio, como el de Judas cuando el Señor lo acusó indirectamente en la última cena (Jn. 13:21-30), o toda una vida engañosa: "si decimos que tenemos comunión con él, y andamos en tinieblas, mentimos y no

practicamos la verdad" (1 Jn. 1:6). Los mentirosos irán al lago de fuego (Ap. 21:8).

→ Satanás es el padre de la m. (Jn. 8:44), ỳ,
según 2 Ts. en los últimos días Dios le permitirá promulgar su m. en forma universal. El
"hombre de pecado, el hijo de perdición" (2:3)
vendrá por "obra de Satanás" (2:9), y Dios
enviará a la gente rebelde e inconversa "un
poder engañoso", que les haga creer la m. del
anticristo (2:11).   P. W.

MERAB. Hija mayor de Saúl que fue prometida
en matrimonio a David pero luego dada a Adriel
el meholatita (1 S. 18:17-19). Los cinco hijos
de Adriel entregados a los →gabaonitas para ser
ahorcados en expiación por el pecado de Saúl
(2 S. 21:8,9) eran hijos de M., según algunos
mss.   J. M. H.

MERARI. Hijo menor de Leví, que llegó a ser
cabeza de una de las tres familias de levitas (Éx.
6:16-19). Acompañó a su abuelo, el patriarca
Jacob, a Egipto (Gn. 46:11). Sus descendientes,
"los meraritas", estaban encargados, durante la
peregrinación por el desierto, de llevar las pertenencias del tabernáculo de un sitio a otro y
armarlo cuando los israelitas hacían escalas
(Nm. 4:29-33).

Cuando la Tierra Prometida fue repartida
entre las doce tribus, a los meraritas fueron asignadas doce ciudades en las tribus de Rubén,
Gad y Zabulón más allá del Jordán (Jos. 21:7).
Durante el reinado de David algunos miembros
de esta familia cantaban en el templo (→JE-
DUTÚN, ETÁN) y otros eran porteros (1 Cr.
6:31-47; 25:3; 26:10-19). Se mencionan durante los reinados de Ezequías y Josías, épocas en
que se efectuaron limpiezas del templo (2 Cr.
29:12-15; 34:12).   P. S.

MERCADER. Uno que comercia en géneros o
artículos vendibles, oficio importante entre los
pueblos antiguos. En la ley hebrea, desde tiempos remotos, existieron normas éticas para el m.
detallista (Lv. 19:35-37; Dt. 25:13-16; Mi.
6:10), aunque el comercio internacional alcanzó
mayor desarrollo entre los fenicios, egipcios,
ismaelitas y, en la época neotestamentaria, entre
los romanos.

Mucho del tráfico comercial entre Asia,
Europa y África, tenía que pasar por territorio
israelita en grandes caravanas. En los días de
David y Salomón los hebreos también participaron eficientemente en el comercio internacional
(1 R. 9 y 10). Después del exilio en Babilonia,
desarrollaron una gran actividad comercial y financiera, habiendo aprendido de los babilonios
los secretos del comercio y la banca. Por ello el
m. llegó a ser una figura muy familiar (Neh.
3:32; 13:20; Pr. 31:24).

Según el relato bíblico, los m. iban de paraje
en paraje, aunque preferían las transacciones
comerciales de país a país, y llevaban la mercancía en cuadrillas o caravanas (2 Cr. 9:14) o
por mar (Is. 23:2; Ez. 27:27,28). Se supone que

al principio se ocupaban del cambio o permuta
de productos alimenticios, telas, objetos ornamentales, enseres de cocina, etc., aunque desde
el Génesis se mencionan casos en que interviene
alguna moneda (Gn. 23:16). Los hermanos de
José lo vendieron por 20 piezas de plata a unos
m. ismaelitas (→MADIANITAS) que traficaban
con aromas, bálsamo y mirra (37:25-28).

En sus parábolas Jesús hizo referencia a los
m. y negocios relacionados (p.e. la perla de gran
precio, Mt. 13:45) y en el Apocalipsis hay varias referencias despectivas a los m., sin duda
por su avaricia y egoísmo (Ap. 18:3;11,15,23).
                                            M. V. F.

MERCURIO (del lat. *merces* = 'comercio'). Dios
de los antiguos romanos, equivalente a → Hermes de los griegos. Hermes, según la mitología
griega, era el mensajero de los dioses y era
adorado como el dios de la elocuencia. Los
romanos llamaron M. al que traía noticias de los
dioses y lo consideraban el patrón del comercio,
la elocuencia y la literatura. Existía una leyenda
conocida entre los griegos y mencionada por
Ovidio acerca de una visita que Júpiter y Hermes hicieron a sus paisanos Baucis y Filemón.
Quizá la gente de Listra tenía esto en mente
cuando oyeron predicar a Pablo y a Bernabé,
pues después de verles sanar a un cojo, identificaron a Pablo como M., mensajero divino, y a
Bernabé como a → Júpiter (Hch. 14:11s.).
                                            A. P. N.

MERIBA ('rencilla', traducida a veces literalmente
en la RV; v.g. en Nm. 20:13,24; 27:14).

1. Nombre dado al lugar (sitio desconocido)
en → Refidim donde los israelitas murmuraron
por falta de agua (Éx. 17:1-7). También se
llamó Masah ('prueba'), porque aquí "tentaron
a Jehová", negando su presencia con ellos
(v. 7). (Sin embargo, en realidad era una prueba
para Israel de parte de Jehová, Sal. 81:7.) Parece que la tribu de Leví desempeñó un papel
prominente en este caso (Dt. 33:8).

2. Nombre dado a →Cades-Barnea (Dt. 32:
51), porque aquí los israelitas murmuraron de
nuevo por falta de agua (Nm. 20:1-13). Esta
vez, Moisés y Aarón se sumaron a la rebeldía
(v. 12).   D. J.-M.

MERODAC. Nombre heb. del dios principal de
Babilonia. Aparece solamente en Jer. 50:2. Sin
embargo, forma parte del nombre de varios reyes de Babilonia, v.g. → Merodac-baladán (2 R.
20:12; Is. 39:1), y → Evil-merodac (2 R. 25:27;
Jer. 52:31). Cp. BEL, BAAL, BEL Y EL DRA-
GÓN.   A. P. N.

MERODAC-BALADÁN. Rey de una tribu caldea
que, durante el período de la hegemonía asiria,
logró ocupar el trono de Babilonia por once
años. Su principal aliado fue Elam, que tenía
interés en destruir el poderío asirio. Echado de
Babilonia por Sargón II, M. logró reconquistar
la ciudad con el apoyo de los elamitas, e intentó debilitar a Asiria haciendo alianza con otros

reyes subyugados por el vasto imperio del N. Entre estos reyes se encontraba Ezequías, rey de Judá, y a él envió M. una embajada que Ezequías recibió cordialmente (2 R. 20:12,13; 2 Cr. 32:31; Is. 39:1,2). Aquella embajada sirvió a Isaías para profetizar contra Babilonia (2 R. 20:14-19; Is. 39:3-8). M. no pudo llevar a cabo su política, pues fue arrojado de su trono por los asirios y tuvo que refugiarse en Elam.

J. L. G.

MEROM, AGUAS DE. "Las a. de M." se mencionan sólo en Jos. 11:5,7. En su vecindad Josué derrotó a los reyes cananitas confederados bajo el rey Jabín de Hazor. La ubicación exacta es motivo de discusión entre los peritos en la geografía bíblica. Tradicionalmente, sin embargo, M. se ha identificado con el lago de Huleh que antes quedaba 15 km al N del mar de Galilea y era alimentado por el río Jordán. Pero por sus características pantanosas ese sitio no llena los requisitos topográficos para una acción militar tal como la que se describe en Jos. 11:5.

El sitio más probable de M. es uno cerca de la moderna aldea de Meiron entre Huleh y el mar de Tiberias a 16 km al O del río Jordán. Aquí hay copiosas fuentes de agua que fluyen por Meiron y siguen su cauce hacia el S por un valle que desemboca en el mar de Galilea. Otros eruditos afirman que el sitio es Marun er-Ros; así las aguas serían las fuentes perpetuas de Wadi-Auba.

J. B. B.

MES. El m. hebreo era un m. lunar. El cálculo se hacía a base de 29 1/2 días, pero se ajustaban 30 días para un m. y 29 para el siguiente. Los primeros m. se llamaban "completos" y los de 29 días "incompletos". Cada uno comenzaba en el momento en que se vislumbraba la primera creciente de la nueva luna al atardecer. Muy antiguamente, se apostaban observadores para vigilar la aparición, y luego la anunciación formaba parte del rito del templo. Al pasar los años se utilizaron métodos de cálculo más seguros. El primer día de cada m. se consideraba día santo. Fue necesario ajustar este calendario al año solar, pero se desconocen los detalles precisos del ajuste. Posiblemente se intercaló un decimotercer m. a la mitad, o al fin del año.

En el éxodo de Egipto, Dios mandó que el año comenzara con →Abib (Nisán), séptimo m. del año civil. Desde ese entonces el año sagrado comenzó con Nisán, pero tanto el sistema antiguo como éste se usaban simultáneamente. La nomenclatura de algunos m. se origina en la cultura fenicio-palestina, y se les llamó generalmente 1.°, 2.°, 3.° m., etc. En los tiempos postexílicos se adoptaron los nombres del calendario babilónico.

G. D. T.

MESA. Mueble plano sostenido por pies, de diferentes estilos y formas. La m. oriental más primitiva consistía simplemente en una piel tendida sobre el suelo.

La Biblia habla de la m. de los →panes de la proposición (Éx. 25:23,27,28,30; 26:35; 1 R. 7:48); m. de reyes (1 S. 20:34; 1 R. 4:27); m. familiar (Jue. 1:7; 2 R. 4:10; Neh. 5:17; Mt. 15:27; Jn. 12:2); m. del Señor (Sal. 23:5; Lc. 22:21,30; 1 Co. 10:21) y la m. de los demonios (1 Co. 10:21). En lenguaje figurado, "m." significa honor, amistad, comunión, etc. (→CENA DEL SEÑOR).

A. P. P.

MESA. 1. Lugar limítrofe (Gn. 10:30), en el N de Arabia, que determinaba la tierra poblada por los trece hijos de Joctán, bisnieto de Sem. Se cree, por sus numerosas menciones en la literatura cuneiforme, que M. (= Mash) era un lugar simbólico del lejano desierto.

2. Rey de Moab en el tiempo de Acab y Joram en Israel y de Josafat en Judá. Tuvo que pagar un tributo de 200.000 ovejas a Acab (2 R. 3:4), pero muerto éste, M. se rebeló. Una coalición formada por Israel, Judá y Edom atacó a →Moab por el S (2 R. 3:5-24) y lo derrotaron, pero los israelitas no se apoderaron del territorio, sino que "volvieron a su tierra" (2 R. 3:27). La Estela Moabita narra esta historia (y otra información adicional interesantísima) desde el punto de vista del enemigo y corrobora la autenticidad de la crónica bíblica. La Estela reza literalmente:

"Yo [soy] Mesa, hijo de Quemos... rey de Moab, de Dibón —mi padre reinó sobre Moab por treinta años, y yo reiné después de mi padre quien hizo este lugar alto para Quemos en Kirhareset... porque él me salvó de todos los reyes y me hizo triunfar sobre todos mis adversarios. En cuanto a Omri, rey de Israel, él humilló a Moab por muchos años, porque Quemos estaba enojado contra su tierra. Y su hijo reinó en su lugar y él dijo también: 'Humillaré a Moab'. Durante mi reinado él habló [así], sin embargo, yo le vencí y a su casa, mientras que Israel ha perecido para siempre. [Pues] Omri había invadido la tierra de Medeba e [Israel] había vivido allí durante su reinado y la mitad del reinado de su hijo [Acab], cuarenta años; pero Quemos vivía allá en mi tiempo.

"Y yo edifiqué Baal-meon, haciendo allí un estanque y yo edifiqué Karyatan. Pues los de Gad siempre habían vivido en la tierra de Atarot, y el rey de Israel había construido Atarot para ellos; pero yo ataqué el pueblo y lo tomé y maté a todos los habitantes del pueblo como satisfacción a Quemos y Moab. Y traje de allí a Oriel su capitán, arrastrándolo delante de Quemos en Keriot, y yo colonicé el lugar con gente de Sarón y gente de Maharit. Y Quemos me dijo: 'Ve, quita Nebo de Israel'. Luego me fui de noche y peleé contra él desde el amanecer hasta el mediodía, tomándolo y matando a todos, 7000 hombres, varoncitos, mujeres, niñas y criadas, porque los había dedicado al [dios] Astar-Quemos para destrucción. Y llevé de allí los... de Yahveh, arrastrándolos delante de Quemos. Y el rey de Israel había edificado

Yahaz, y él permanecía allí durante la guerra conmigo pero Quemos lo expulsó delante de mí. Y yo tomé 200 hombres de Moab, todos buenos [guerreros] y los mandé contra Yahaz y lo tomé para agregarlo al [distrito de] Dibón.

"Fui yo quien edificó Kir-hareset, el muro de la selva y el muro de la guarnición; también construí sus portales; yo construí sus torres y yo edifiqué el palacio real; y yo hice los dos estanques para agua adentro del pueblo. Y no había cisterna adentro del pueblo de Kir-hareset; por tanto dije a toda la gente: 'Haga cada uno una cisterna en su casa'. Y yo corté las vigas para Kir-hareset por medio de cautivos israelitas. Yo construí Aroer e hice la calzada al lado del Arnón; yo construí Bet-bamot porque había sido destruido; yo construí Bezer porque yacía en ruinas, por medio de 50 hombres de Dibón, porque todo Dibón es [mi] territorio leal.

"Y yo reinaba [en paz] sobre los cien pueblos que yo había agregado al país. Y yo edifiqué [30]... en Medeba, y Bet-diblathen y Bet-baal-meon, y allí yo puse el... de la tierra. Y en cuanto a Hauronen, allí vivía... [y] Quemos me dijo: 'Baje y ataque Hauronen'. Y yo bajé [y yo ataqué al pueblo y lo tomé] y Quemos vivía allí en mi tiempo..." (Pritchard, *Ancient Near Eastern Text,* pp. 320, 321).

3. Hijo de un Caleb que era hijo de Hesbón y nieto de Judá (1 Cr. 2:42). Fue el fundador del pueblo de → Zif.

4. Benjamita, hijo de Saharim, nacido en Moab (1 Cr. 8:8s.).   W. G. M.

MESAC. → ABEDNEGO.

MESEC. 1. Sexto hijo de Jafet (Gn. 10:2; 1 Cr. 1:5), llamado Mosoc en la LXX.

2. Pueblo descendiente de M.; según algunos, los *moschoi* de los escritores antiguos. Con la excepción de Sal. 120:5, siempre se menciona este pueblo con el de Tubal. Herodoto señaló la región del Ponto, al S mar Negro, como la tierra sede de M. (*Historia* III, 94; VII, 78). Probablemente era un pueblo de idioma europeo, que entró al Medio Oriente por las llanuras del N y se impuso sobre la población de la Anatolia oriental. M. se menciona en las inscripciones cuneiformes en los escritos de Josefo. La Biblia describe el pueblo como bélico, salvaje y de costumbres bárbaras (Ez. 32:26; 39:1-3). Comerciaba con esclavos y con utensilios de bronce (Ez. 27:13). Mantenía relaciones comerciales con Tiro y era aliado de Gog (Ez. 38:2,3).

3. Descendiente de Sem por la línea de Aram (1 Cr. 1:17), el mismo Mas de Gn. 10:23.   J. P.

MESÍAS. Título dado a Jesús y transliteración del vocablo heb. *mashiakh* (='ungido') que en la LXX se traduce *jristós* (gr. = 'ungido', v.g., Lv. 4:5; 1 S. 24:11; Is. 45:1). En tiempos bíblicos se ungía al rey, al sacerdote y al profeta, y de ahí el término "ungido" se llegó a usar

para mostrar que Dios había designado a una persona para algún trabajo especial (p.e.: Saúl, 1 S. 10:1; David, 1 S. 16:13; Eliseo, 1 R. 19:15s.; y Ciro, Is. 45:1). La designación destacaba el hecho de que Dios actuaba a través del electo para la → unción.

I. EL MESÍAS EN EL AT

Si bien al principio se solía ungir a los sacerdotes, profetas y reyes, pronto la palabra M. fue adquiriendo otras dimensiones que trascendían la misión de dichos personajes. Con base en 2 S. 7:12-16 y habiéndose visto el próspero reinado de David, y luego la decadencia bajo el gobierno de sus hijos, se esperaba la venida de un rey que tuviese su trono "para siempre", el cual volvería a traer paz y prosperidad al pueblo.

Durante la época inmediata después de David (900-700 a.C.), el pueblo hebreo esperaba que cada nuevo rey mostrara las características de un "ungido de Dios". Pero con el fracaso sucesivo de los distintos reyes, se comenzó a proyectar esa esperanza más hacia el futuro. Ante cada calamidad de Israel, se esperaba un pronto auxilio de Dios por medio de su M. La "esperanza mesiánica" consistía en esperar que Dios, con su M. como instrumento, establecería paz y justicia a su pueblo. Se clamaba por un futuro glorioso donde el M. sería figura prominente.

Para los profetas escritores, desde Amós (siglo VIII), el M. esperado era un personaje con un poder sin límite que establecería definitivamente la paz y la justicia sobre el mundo (Is. 9:7; 11:4; Os. 14:2-9; Am. 9:11-15). Con base en la profecía de Natán (2 S. 7:12-16), y alentado por los profetas escritores, el pueblo hebreo esperaba durante cada crisis política a un hombre ("el ungido"); alguien que traería la liberación y ante quien cualquier resistencia, por parte de sus enemigos, sería anulada por ser el M. invencible.

La esperanza de que Dios levantaría a un M. para liberar a Judá de sus enemigos, especialmente de los babilonios, mengua cuando Jerusalén es destruida por las tropas de → Nabucodonosor en 586 a.C., y la esperanza se proyecta cada vez más al futuro. Se piensa en un futuro remoto cuando el M. vendrá al fin de los tiempos. Así, pues, se comienza a dar un matiz escatológico al significado del título M., matiz que va en aumento hasta llegar a la época de Jesús.

La segunda parte de Isaías hace hincapié en una figura que recibe el nombre de → "Siervo de Jehová", que en lugar de dominar es oprimido y angustiado, y en vez de vengarse de sus enemigos humildemente acepta el injusto castigo que éstos le dan (Is. 53:1-9). Por otra parte, para Jeremías el M. tiene más bien una función sacerdotal; es un personaje que representa a Dios dentro del pueblo escogido, que también representa al pueblo ante Dios. Tiene el derecho de perdonar pecados y su misión es ayudar al pueblo (Jer. 23:5,6; 33:8,15-18). Zacarías muestra al M. como "justo, salvador y humilde" (Zac. 9:9).

El M. esperado en el AT es, de una forma u otra, una figura de →salvación para el pueblo, ya sea de sus enemigos políticos o de sus pecados contra Dios.

II. EL MESÍAS EN LA ÉPOCA INTERTESTAMENTARIA

La literatura intertestamentaria (→APÓCRIFA) demuestra una difusa expectación en cuanto al M. Se habla del M. de David, del M. de Leví, del M. de José y del M. de Efraín. Los →Rollos del mar Muerto añaden un poco de confusión al difícil problema cuando hablan del M. de Aarón y del M. de Israel.

Se puede decir que la esperanza sobre el M. en aquel entonces estaba dividida en dos conceptos principales. El primero mostraba un M. político, idea que fue muy difundida por los *Salmos de Salomón* (17:21ss.). Estos hablan de un rey que viene a aniquilar a los tiranos, a destruir los imperios y a castigar a los paganos. Este rey fundará un reino que será el prototipo del reino que Dios establecerá al fin de los tiempos. En los Apocalipsis de Esdras y de Baruc (4 Esdras 7:26ss.; Baruc 29, 30 y 40) el rey destruye a sus enemigos y establece un reino perfecto. El segundo concepto presentaba un M. en parte humano y en parte divino, el cual podría por lo tanto establecer el reino de Dios sobre la tierra (Enoc 48:10 y 52:4).

La tendencia en el tiempo de Jesús fue de esperar un M. político, que vendría a liberar a su pueblo. De tal modo que la persona del M. y su obra habían adquirido para ese entonces en la mentalidad judía, oscurecida por prejuicios racionales y religiosos, un carácter totalmente erróneo.

III. EL MESÍAS EN EL NT

Los diversos conceptos en cuanto al M. estuvieron en continua interacción; cuando Jesús aparece y comienza a ser llamado M., tiene ante sí el resultado de una mezcla de conceptos en la que predomina el del M. político.

Repetidas veces se ha afirmado que Jesús no tenía conciencia de que él fuese el M. y que este título le fue adjudicado por sus discípulos después de su muerte. Esta afirmación se debe a la reserva con que Jesús recibe el título de M. A través de los Evangelios Sinópticos sólo hay tres ocasiones en las cuales conscientemente se le da el título de M. (Mr. 8:29; 14:61; 15:2), y en los tres pasajes se ve que, si bien no lo rechaza, tampoco lo adopta para su uso común. No lo hace, sin embargo, por no tener el derecho de usarlo, sino debido a la connotación política y vengativa que conllevaba dicha distinción. Jesús prefiere llamarse el →Hijo del Hombre, que es también un título mesiánico, ya que él es el →Siervo sufriente (Mr. 8:31; 10:43-45). Tenía plena conciencia de su mesianismo, y por ello toma el nombre de una de las figuras esperadas por los judíos que se adaptaba más al papel que representaría en la pasión.

Lo paradójico fue que Jesús, quien durante su ministerio manifiesta bastante reserva para usar el título de M., legalmente es condenado por ser el M. (Jn. 19:19).

Los apóstoles comenzaron a dar el título de M. a Jesús para mostrar a los judíos que el M. esperado ya había venido. En Hch. 2:36, p.e., no se menciona la resurrección, sino más bien se acepta que el hombre de Nazaret fue declarado M. por sus obras y por la profecía cumplida por él en su ministerio.

Para los cristianos primitivos lo que más destacaba a Jesús como el M. no era su actuación como rey (Mt. 21:1-11) sino su actuación como persona poseída por el Espíritu Santo (Lc. 4:18). Entre el Espíritu Santo y el M. hay una íntima comunión.

Después de la Resurrección, los discípulos entendieron la verdadera dimensión de la obra de Jesús, y sólo entonces fue cuando todas las palabras divinas les resultaron comprensibles (Lc. 24:25-31). La afirmación de que Jesús es el M. llega a ser una fórmula de declaración de fe (1 Jn. 5:1).

Cuando el título M. es sacado del ambiente judío, pierde en parte su significado específico de Ungido de Dios y llega a ser un nombre propio de Jesús de Nazaret. Este nombre trasciende los siglos, y hoy el mundo entero conoce a su iglesia como la iglesia de Cristo.   G. M.

Bibliografía
Cullman, Oscar, *Cristología del Nuevo Testamento,* Buenos Aires, 1965.

MESÓN. Casa donde se da posada a los viajeros. En tiempos antiguos eran lugares donde las caravanas pasaban la noche, y casi siempre estaban cerca de manantiales (Gn. 42:27; Éx. 4:24; Jos. 4:3). Se utilizaban también como sitios de meditación y descanso (Jer. 9:2; cp. Hch. 10:6). Este tipo de posada también existía en las ciudades (Hch. 28:23).

Había m. de buena calidad, con casas y cuartos para los viajeros y establos para los animales. En uno de estos lugares en Belén nació Jesús (Lc. 2:7). El m. de la parábola del Buen Samaritano era aún más confortable (Lc. 10:34).
     A. P. P.

MESOPOTAMIA (gr. 'tierra entre dos ríos'). Expresión tomada de la LXX como equivalente del heb. *Aram-naharayim.* (Cp. la introducción al Sal. 60). En el AT se refiere a la porción de tierra fértil al E del río Orontes, que comprendía la parte superior media del Éufrates y las tierras bañadas por los ríos Habur y Tigris. Hoy corresponde al E de Siria y al N de Irak.

Los hebreos estuvieron vinculados con M. a lo largo de toda su historia. Los patriarcas provinieron de Harán, parte de Padan-aram, al N (Gn. 11:31-12:4; 24:10-28; cp. v. 6ss.). M. fue la tierra de Balaam (Dt. 23:4). En tiempo de los jueces, un rey de M., Cusanrisataim, dominó a Israel (Jue. 3:8-10). Los amonitas alquilaron carros y jinetes de M. en su guerra contra David (1 Cr. 19:6; que corresponde a la introducción del Sal. 60).

Durante la monarquía dividida, Asiria transportó mucha gente de Israel y de Judá a las regiones de M., y Nabucodonosor, rey de Babilonia, hizo otro tanto. Durante el exilio, el centro de las actividades judías fue Babilonia en M. Allí se escribió parte del AT (→EZEQUIEL) y se produjo el Talmud Babilónico y muchas otras obras relacionadas con la interpretación y la lectura del AT.

Durante el período intertestamentario y novotestamentario el territorio denominado M. incluía hasta Ur en Sumeria (Hch. 7:2); así se explica que los visitantes el día de Pentecostés, llamados partos, medos y elamitas (Hch. 2:9), vinieran de M.   A. Ll. B.

METAL. → BRONCE.

METEG-AMA ('brida de la ciudad madre' o 'autoridad de la capital'). Nombre de una ciudad filistea (2 S. 8:1) que posiblemente se refiere a Gat (1 Cr. 18:1). Algunos opinan que en 2 S. 8:1 el nombre es una corrupción del nombre de esta ciudad principal de los filisteos. También podría ser el nombre figurado de Gat, o una aldea cercana.   M. V. F.

MEUNIM. "Padre" de uno de los grupos de hombres que se llaman "sirvientes del templo" (Esd. 2:43,50; Neh. 7:46,52, "hijos de Mehumim"). El término probablemente se deriva de →Maón y se refiere a sus descendientes (1 Cr. 2:45; 1 S. 23:24,25). Algunos eruditos identifican a estos "sirvientes" con una tribu pagana que se menciona en Jue. 10:12 y 2 Cr. 26:7BC y que vivía el SE de →Petra. Si esta identificación es correcta, hay que suponer que un grupo de ellos se convirtió a la fe hebrea y después llegaron a ser "sirvientes del templo".   W. M. N.

MICAÍA ('¿quién es como Jehová?'). Nombre hebreo de varios personajes del AT:
1. Efrainita del tiempo de los jueces. La extraña historia del establecimiento de un culto cuasi pagano en su casa se relata en Jue. 17 y 18, presumiblemente para explicar la ocupación del territorio de la tribu de →Dan.
2. Hijo de Mefi-boset (o Meri-baal) y nieto de Jonatán. Era padre de cuatro hijos (2 S. 9:12; 1 Cr. 8:34,35; 9:40,41).
3. Descendiente de Rubén (1 Cr. 5:5).
4. Levita de la casa de Asaf; padre de Matanías e hijo de Zicri (1 Cr. 9:15). Se le llama Micaías en Neh. 12:35.
5. Levita que vivió durante los últimos días de David; padre de Samir (1 Cr. 23:20; 24:24,25).
6. Padre de Abdón (2 Cr. 34:20). Se le llama Micaías en el pasaje paralelo de 2 R. 22:12.

7. Levita, firmante del pacto de Nehemías (Neh. 10:11).   R. M. S.

MICAÍAS. Nombre de 7 personajes del AT (RV):
1. Profeta que desarrolló su ministerio durante el reinado del malvado →Acab, rey de Israel por los años 940-918 a.C. (1 R. 22:8-29; 2 Cr. 18:7-27). M., hijo de Imla, aparece en el escenario bíblico cuando Acab se alía con →Josafat, rey de Judá, para salir en batalla contra los sirios que en aquellos días tenían en su poder a Ramot de Galaad (1 R. 22:3,4). Se opuso a la falsa profecía de los cuatrocientos profetas convocados por Acab, quienes le aseguraban a éste que triunfaría en la batalla contra los sirios. M. levantó su voz y previno al rey aun cuando sabía muy bien las consecuencias que le traería su franqueza. M. fue abofeteado y encarcelado (1 R. 22:24,27).
2. Padre de Acbor (2 R. 22:12).
3. Madre de Abías rey de Judá (2 Cr. 13:2).
4. Príncipe, enviado del rey Josafat (2 Cr. 17:7).
5. Ascendiente de Zacarías (Neh. 12:35).
6. Sacerdote en tiempo de Nehemías (Neh. 12:41).
7. Contemporáneo del profeta Jeremías (Jer. 36:11).   J. A. M.

MICAL. Hija menor de Saúl, quien la ofreció a David a cambio de cien prepucios de filisteos. El celoso rey pensó que David moriría en la batalla que la empresa requería (1 S. 18:20-27). Después de casada con David, la astuta M. lo salvó de un atentado de parte de Saúl (1 S. 19:11-17). Durante el exilio de David, Saúl la dio en matrimonio a Paltiel (1 S. 25:44)

Después de la muerte de Saúl, David reclamó que M. le fuera devuelta, y así fortaleció su derecho al trono (2 S. 3:14-16). Como consecuencia de su menosprecio a David cuando éste danzó frenéticamente delante del arca, M. no tuvo hijos (2 S. 6:16-23). Los hijos mencionados en 2 S. 21:8 probablemente eran los de su hermana Merab (1 S. 18:19). Así rezan algunos mss hebreos y las versiones modernas.

                                                         I. W. F.

MICMAS. Ciudad situada 11 km al NE de Jerusalén y dentro del territorio de la tribu de Benjamín. Se hallaba a una altura aproximada de 650 m sobre el nivel del mar. Fue célebre en la historia de Israel por hechos como el episodio militar que culminó con la expulsión de los filisteos. La peculiar topografía de M. y sus alrededores con sus cañadas, cerros encrespados, "el paso del M.", sus cuevas, etc., ofreció recursos estratégicos a ambos ejércitos (1 S. 13 y 14). Al fin del cautiverio los que eran de la comunidad judía de M. regresaron a su sitio (Esd. 2:27; Neh. 7:31).

M. fue la residencia de Jonatán macabeo (1 Mac. 9:73).   M. V. F.

En este lugar, (Micmas) escenario de muchas batallas de la época antigua, Jonatán y su escudero sorprendieron a los filisteos, quedando éstos derrotados.　　　MPS

MICTAM. Término que aparece en los títulos de los Salmos 16; 56–60 (cp. Is. 38:9 BJ), el significado de cuya raíz es incierto. La LXX lo traduce *stelografía,* en lugar de lo cual, en la antigua versión latina se encuentra *tituli inscriptio.* Todo ello sugiere, posiblemente, la idea de una grabación en tablas o de una inscripción. Otros sugieren la raíz heb. de "tapar" para dar el sentido de "salmo de cubrir el pecado, o de expiación". En la poesía hebrea moderna, m. corresponde al epigrama. En los salmos mencionados, una frase o un pensamiento significativo e importante ocupa un lugar prominente y en algunos casos repetido como un estribillo (Sal. 56:4,10s.;, 57:5,11; 59:9b y 10a,17b).

V. F. V.

MIEL. Substancia dulce que preparan las abejas con elementos que absorben de las flores. Abundaba tanto en la Tierra Santa que llegó a ser artículo de exportación (Ez. 27:17). Jacob la envió a José como presente (Gn. 43:11); Sansón la halló en el cadáver de un león (Jue. 14:8,9); Jonatán se alimentó con ella (1 S. 14:25-27) e igual hizo Juan el Bautista (Mt. 3:4).

Aunque era artículo prohibido en el culto de ofrenda quemada, la m. podía traerse como ofrenda de primicias (Lv. 2:11,12). Era muy apreciada por su sabor (2 S. 17:29; Sal. 19:10; Pr. 27:7). Se producía en forma silvestre (Éx. 3:17; Mr. 1:6), y también se cuidaba de cultivarla metódicamente (Cnt. 5:1; Jer. 41:8). Palestina fue bautizada como "tierra que fluye leche y m." por su abundancia de este elemento (Éx. 3:8).

En forma figurada la m. es símbolo de la riqueza espiritual de las Sagradas Escrituras (Sal. 19:9; 119:103; cp. Ez. 3:3) y de las palabras de la mujer seductora (Pr. 5:3; cp. Cnt. 4:11).

A. P. P.

MIES. → COSECHA.

MIGDOL (MIGDAL). Término semítico que quiere decir "torre" o "fortaleza". Aparece en el AT con referencia a tres lugares.

1. Migdol. Ciudad egipcia cerca de la cual acamparon los hebreos después del éxodo (Éx. 14:2; Nm. 33:7). Se le utiliza en Ez. 29:10 y 30:6 para señalar el extremo N de Egipto. Jeremías (44:1 y 46:14) afirma que había judíos que vivían en M.

2. Migdal-gad ('torre de Gad'). Ciudad adjudicada a la tribu de Judá (Jos. 15:37).

3. Migdal-el ('torre de Dios'). Una de las ciudades que tocaron en suerte a la tribu de Neftalí (Jos. 19:38).

No se conoce el lugar exacto donde estaba ubicada ninguna de estas ciudades.　　J. E. G.

MIGUEL ('¿quién como Dios?'). Nombre del → arcángel que también se llama "vuestro príncipe" en Dn. 10:21 y "principal príncipe" en Dn. 10:13. Posiblemente sea el mismo "príncipe" de Dn. 8:11. En la literatura extracanónica del AT se le representa como mediador y dador de la ley. En el NT se le menciona dos veces. Judas 9 lo presenta como protector del cuerpo de Moisés y Ap. 12:7-9 como el defensor de Israel contra el dragón, o Satanás, en los últimos días.   J. H. O.

MILAGRO. Cualquier acto del poder divino, superior al orden natural y a las fuerzas humanas. Existen diferentes palabras en el heb., arameo y gr. para expresar el concepto de m.

I. SENTIDO DE "MILAGRO"

Los términos empleados en el AT para designar los m. de Dios son muy variados; expresan el carácter de sus obras extraordinarias, tales como los portentos del → éxodo, o se refieren a los fenómenos naturales que son obra de su mano creadora (Éx. 7:3; Sal. 136:4). La intervención de Dios en la naturaleza y en la historia de Israel revela su gloria y santidad. Los m. sirven en ciertos casos para acreditar al profeta ante sus contemporáneos (Is. 7:11; 38:7ss.). Sin embargo, los magos o encantadores pueden a veces producir m. semejantes a los de los profetas de Dios (Éx. 7:12,22).

En el NT se emplean tres palabras distintivas para referirse a los m.

"Maravilla". Palabra que indica el asombro que el m. produce en los espectadores. Se repite muchas veces por su profundidad de significado en cada hecho milagroso (Mr. 2:12; 4:41; 6:51; 7:37; cp. Hch. 3:10,11). Además, "maravilla" siempre aparece unida con la palabra "señal" (otro vocablo empleado para expresar m., v.g., Mt. 24:24; Hch. 14:3; Ro. 15:19; Heb. 2:4).

"Señal". Esta palabra indica una prueba de la cercanía de Dios y de su obra (Jn. 3:2; 7:31; 10:41). Los m. son "señales" de algo más importante oculto detrás de ellos mismos (Is. 7:11; cp. Mt. 16:3). Testifican del poder dado a la persona que los realiza (Mr. 6:20; Hch. 14:3). Los judíos demandaron señal de Jesús (Jn. 2:18; cp. Mt. 12:38). Pero una "señal" no es necesariamente un m.; v.g. el anuncio de los ángeles a los pastores tocante al nacimiento de Jesús incluyó una señal no milagrosa (Lc. 2:12; cp. Éx. 3:12). Otra característica de esta palabra es su unión frecuente con la palabra "prodigio", tanto en el AT como en NT. (Éx. 7:3; 11:9; Dt. 4:34; Neh. 9:10; Sal. 78:43; Jn. 4:48; Hch. 2:22; 4:30; 2 Co. 12:12).

"Poderes" u "obras portentosas". El "poder" reside originalmente en el mensajero divino que es facultado directamente por Dios (Hch. 6:8; 10:38; Ro. 15:19). En Mt. 7:22 los m. son "obras poderosas" (cp. Mr. 6:14; Lc. 10:13).

II. NATURALEZA DE LOS MILAGROS

Cuando se dice que los m. alteran el orden de los fenómenos naturales, no significa la ruptura de las leyes que rigen la naturaleza. Cada m. tiene un propósito e interrumpe la regularidad superficial de una ley en obediencia a otra más alta y más sutil. No hay razón para afirmar que los m. rompen la ley natural y la unidad orgánica por la cual Dios actúa.

Para entender los m. es necesario distinguir entre la constante providencia soberana de Dios y sus actos extraordinarios. La fe en los m. debe armonizarse con el contexto de un mundo completo, en el cual toda la creación constantemente depende de la actividad sustentadora de Dios y está sujeta a su voluntad soberana (Col. 1:16,17). Las "leyes naturales" derivan del conocimiento del universo en el cual Dios siempre trabaja.

Algunos filósofos y teólogos sostienen que los m. son incompatibles con la naturaleza y los propósitos de Dios. Razonan que Dios es el alfa y la omega, conocedor de todas las cosas desde el principio hasta el fin de las mismas. Él es el inmutable por excelencia, y su inmutabilidad misma chocaría con una intervención eventual en el orden de la naturaleza. Esta objeción, fundada en el carácter de Dios, proviene de la incomprensión de su existencia como un Ser viviente y personal. Su inmutabilidad no es la de una fuerza impersonal sino la fidelidad de una persona. Su voluntad soberana creó criaturas responsables con quienes él se relaciona fielmente.

Los m. están íntimamente relacionados con la fe de los espectadores, los afectados directamente (Éx. 14:31) y la de aquellos que habrán de oírlos o leerlos posteriormente (Jn. 20:30,31).

La frecuencia de las curaciones milagrosas es mucho más notable en la época del NT que en cualquier período del AT. Los m. realizados por Jesús están en íntima relación con su función mesiánica. Los m. que realizaron los apóstoles y líderes de la iglesia primitiva se hicieron en el nombre de Cristo. Eran la continuación de todo lo que Jesús comenzó a hacer y enseñar, en el poder del Espíritu Santo que él envió de su Padre. Los m. son una parte de la proclamación del reino de Dios, pero no un fin en sí mismos.

III. CLASIFICACIÓN DE LOS MILAGROS

Hay muchas clases de m., y si hay que hacer una clasificación se recomienda la siguiente:

El m. central del cristianismo: la encarnación de Cristo.

M. de fertilidad: v.g., la conversión del agua en vino en las bodas de Caná de Galilea. Este m. proclama que el Dios de la naturaleza está presente. Él hace caer la lluvia, produce las uvas y hace el vino todos los años como parte del proceso normal de la fertilidad; pero Cristo, el Dios encarnado, en una sola ocasión acorta el proceso natural y hace el vino en un instante (Jn. 2:1-12).

M. de sanidad: éstos revelan que en Cristo se personifica el poder que estaba siempre detrás de todas las curaciones (véase arriba).

M. de destrucción: de esta clase sólo se registra uno entre los m. de Jesús: la maldición de la higuera.

M. de dominio sobre las fuerzas naturales: p.e., la tempestad calmada (Mt. 8:24-26).

M. de transformación total: revelan el poder de Dios sobre la muerte. La resurrección de Lázaro y especialmente la de Jesús corresponden a este grupo (Jn. 11:44; Mt. 28:6,9; Lc. 24:34). El m. de la → resurrección corporal es medular en la fe y esperanza cristianas (1 Co. 15:12ss.).   A. R. T.

MILANO (heb. *aya* = 'gritador'). Especie de halcón (Dt. 14:13) y ave de rapiña con pico encorvado y puntiagudo, alas largas y cola ordinariamente corta. Se incluye entre las aves inmundas (Lv. 11:14) y habita en la Galilea superior. En invierno, emigra hacia las regiones cálidas.
                                                      J. C. A.

MILCA. 1. Hija de Harán (hermano de Abraham), esposa de Nacor y abuela de Rebeca (Gn. 11:29; 22:20-23).
2. Una de las cinco hijas de Zelofehad que recibieron la heredad de su padre porque no tenían hermanos (Nm. 26:33; 27:1-7; 36:1-12).
                                                      J. M. H.

MILENIO (= 'mil años'). Período del reino de Dios sobre la tierra, que sigue a la segunda venida de Cristo y precede al estado final, en el cual el Señor establecerá un reino de justicia y paz, y regirá junto con los santos con una vara de hierro. Como otras cifras de Ap., "mil" tiene valor simbólico, sin ser equivalente de la eternidad. "Mil años" es una época muy larga que se contrasta con los tres años y medio de hegemonía satánica (11:2; 12:6) y con los diez días de tribulación (2:10). Muchos exégetas no aceptan este período intermedio porque: (1) reviste un carácter muy judaico, e.d., contiene ideas propagadas por la literatura judía llamada "apocalíptica"; (2) se basa en un solo pasaje (Ap. 20:1-10). Pero hay otras indicaciones de tal período en el AT y en el resto del NT.

El concepto de un reino de Dios establecido en la tierra viene del AT, especialmente de la enseñanza profética (Is. 2:11; Jl. 3:18; Am. 9:11-15; Mi. 4:1-5) y de Dn. 2:37-45; 7:2-27. Estos pasajes no señalan un período intermedio diferente del estado final, sino ven el reino como un todo (cp. Is. 65:17-25); definitivamente enseñan que Yahveh reinará políticamente sobre todas las naciones, y que establecerá la verdadera justicia y prosperidad. Dn. clarifica que los santos reinarán con el Hijo del hombre (7:13s.,18,22).

En la literatura apocalíptica judía (hasta 100 d.C.) se ve claramente el desarrollo del concepto de un período intermedio, que oscila, según los escritos, entre 40 y 7000 años; sólo un rabino habla de mil años, y éste es contemporáneo del Ap. Muchos eruditos concluyen que esta literatura es la fuente de Ap. 20, pero no es posible afirmarlo categóricamente puesto que no se ha podido determinar con certeza la fecha de estos escritos; algunos son más recientes que Ap. Otros sostienen que el autor de Ap. creía, como muchos judíos, que el plan divino de la historia tenía una estructura de siete actos; esto formaría una semana en la cual cada día representa 1000 años, y el séptimo sería el "sábado" del mundo (cp. Sal. 90:4, citado en 2 P. 3:8). De todos modos, la idea básica de un reino terrenal de Dios no proviene de esta literatura, sino del AT.

Los Evangelios no mencionan un período intermedio, pero manifiestan que Jesús enseñó que muchos vendrían de lejos para sentarse con los patriarcas en el reino de Dios (Mt. 8:11). Aún más claro es Mt. 19:28 donde Jesús dice que en la regeneración sus discípulos se sentarán sobre doce tronos, para juzgar a las doce tribus de Israel. El escenario parece ser la tierra y una vez más se nota que los seguidores de Jesús participan en la administración del reino (cp. 1 Co. 6:2s.; 2 Ti. 2:12).

Pablo tampoco menciona este período específicamente, pero es notable que 1 Co. 15:23-28 da el orden de la resurrección así: (1) Cristo, las primicias; (2) los de Cristo en su parusía; (3) el fin, cuando Cristo entregue el reino al Padre, no sin antes suprimir toda oposición a su voluntad. Los adverbios de tiempo (traducidos "luego") parecen indicar etapas sucesivas en este proceso: desde la resurrección de Jesús hasta la parusía, y desde la parusía hasta el fin. Durante este último período Cristo sujeta todo el poder del mundo.

Los pasajes bíblicos señalados arriba enseñan: (1) la presencia literal y política del reino de Dios en la tierra; (2) la participación de los santos en la administración de ese reino. Aunque no dan claro apoyo a la idea de un reinado intermedio, dichos pasajes presentan estos dos elementos que a su vez son la base del m. de Ap. 20, donde se repite la frase "mil años" seis veces en los vv. 1-7. Además, la derrota de Satanás (Ap. 20:2) no es una idea nueva (cp. Jn. 12:31; 16:11); tampoco lo es la resurrección, llamada aquí "la primera", reservada a los creyentes (1 Co. 15:23,51s.; 1 Ts. 4:13-17). Cp. también la derrota de → Gog y Magog (Ap. 20:8s.). En Ez. 38 y 39, después de la visión de la resurrección de Israel (Ez. 37). Así, pues, Ap. 20 recoge muchos asuntos tocados en el AT, los Evangelios y Pablo, y, de acuerdo con el principio de la revelación progresiva en las Escrituras les da su explicación final.

La interpretación del m. ha sido un campo de batalla a través de los siglos. Los intérpretes de los siglos II y III entendieron los "mil años" literalmente; Orígenes y Agustín fueron los primeros que lo espiritualizaron, y enseñaron que el m. empezó con la resurrección de Cristo y que se prolonga a toda la época de la iglesia. Siguiendo esta línea, la Iglesia Romana ha rechazado la interpretación literal, tildándola de "quiliasmo" (del gr. *jilías* = 'mil').

En nuestros tiempos ha habido tres posiciones básicas: (1) la postmilenaria que enseña que el m. vendrá antes de la parusía pero no antes de que el reino esté preparado, gracias a los esfuerzos humanos, para recibir a Cristo; (2) la amilenaria, que niega que haya un m. literal pues la parusía y el juicio final vienen más o menos a un mismo tiempo para iniciar el estado final; (3) la premilenaria, que arguye que el m. es un período iniciado por la parusía, en el cual Cristo establece un reino de justicia en la tierra.

Los partidarios de (2) alegan contra (3), que es la postura defendida en este artículo, que el premilenialismo trata demasiado literalmente un pasaje profético (Ap. 20), y hace caso omiso del género literario; también objetan las condiciones mixtas que involucraría un m. literal; v.g., los resurrectos que viven junto a los mortales. Por su parte, los partidarios de (3) señalan que la expresión "volvieron a vivir" no debe entenderse en sentido espiritual en Ap. 20:4 y en sentido literal en 20:5. Además, alegan que sólo un reino literal de Cristo en un mundo donde existe la posibilidad del pecado demostrará que puede haber justicia en la presencia del mal. Les parece también que la expresión "regirá las naciones con vara de hierro" (Ap. 2:27; 12:5; 19:15) no sería consecuente con el estado final, cuando todo será sometido a la voluntad de Dios y todo mal eliminado (Ap. 21:8,27; 22:3,15).   J. G. C.

Bibliografía
DTB, col. 655-658; *EBDM*, col. 160-162; J. Comblin, *Cristo en el apocalipsis* (Barcelona: Herder, 1969), pp. 291-306; R. Schnackenburg, *Reino y reinado de Dios* (Madrid: Fax, 1970), pp. 315-322; A. Wikenhauser, *Apocalipsis* (Barcelona: Herder, 1969), pp. 240-249.

MILETO. Ciudad en la costa SO de Asia Menor donde Pablo se reunió con los ancianos de Éfeso, rumbo a Jerusalén durante su tercer viaje misionero (Hch. 20:15-38). Unos ocho años después, el apóstol volvió a pasar por aquí y dejó enfermo a su compañero Trófimo (2 Ti. 4:20).

Era una destacada ciudad jónica durante los siglos VIII a VI a.C. Tenía puerto marítimo y era floreciente centro comercial y colonizador. Allí residían los primeros filósofos griegos: Tales, Anaximandro y Anaxímenes. Durante las guerras persas, en el siglo V, M. sufrió un descenso, pero revivió durante los imperios alejandrino y romano.

M. se hallaba 60 km al sur de Éfeso. Cuando Pablo hizo escala allí, la ciudad tenía fama por su arquitectura. Todavía pueden verse sus ruinas.   W. M. N.

MILO (heb. = 'relleno'). **1.** Nombre de una parte de las fortificaciones de Sion (la colina del SE de Jerusalén). Ya existía en el tiempo de David (2 S. 5:9; 1 Cr. 11:8) y fue reconstruida por Salomón y Ezequías (1 R. 9:15,24; 11:27; 2 Cr. 32:5; cp. 2 R. 12:20). Hay muchas conjeturas en cuanto al sitio y la forma de M. Puede haber sido una torre o el gran relleno terrazado en el lado NE donde la muralla se acercaba a la fuente Gihón.

2. Sitio cerca de Siquem (Jue. 9:6,20).
                                                     J. M. Br.

MILLA. Medida de distancia común en tiempos de Cristo. Es parte del sistema romano de medidas y su equivalente original fueron "mil pasos" (= 1.478.5 m). Se calculaba a base de un "paso" bastante grande, de 1,478 m aproximadamente (Mt. 5:41).   A. T. P.

MILLO. Cereal mencionado en Ez. 4:9. Es el *Panicum miliaceum*, gramínea de *ca.* 1 m de alto, de hojas planas, alargadas y puntiagudas. Probablemente es oriundo de las Indias Orientales. La semilla, pequeña y redonda, se usa para hacer harina y pan, y la paja para forraje.
                                                     J. A. G.

MIRTO. →ARRAYÁN.

MINA (gr. *mna*.). Moneda mencionada en una de las parábolas sobre reino de Dios (Lc. 19:13-25; cp. Mt. 25:14-30 "talentos"). Posiblemente fuera una referencia a la libra griega, y en tal caso habría 60 m. en cada talento. Puesto que la m. tenía un valor de 100 dracmas, equivalía a más o menos 16 dólares.   A. T. P.

MINISTERIO. Servicio que rinde una persona a otra, que en sentido bíblico generalmente es relación personal no meramente trabajo manual. Josué es el "servidor" o ministro de Moisés (Éx. 24:13). Eliseo "servía" o ministraba a Elías (1 R. 19:21). Los ángeles o "ejércitos" son ministros de Jehová (Sal. 103:21).

En el NT, Cristo mismo es ejemplo de uno que ministra a la humanidad. Él afirmó: "el Hijo del Hombre no vino para ser servido, sino para servir" (Mt. 20:28). La raíz griega del vocablo traducido "servir" o "ministrar" es *diákonos* de la cual viene la palabra → "diácono". Cuando Cristo lava los pies de los discípulos ministra para ellos como el gran diácono.

El m. cristiano individual al prójimo tiene varios aspectos. De acuerdo con Hch. 6:1-7, p.e., existe una responsabilidad social de ministrar para mitigar las necesidades físicas de los necesitados. Si se provee alimentos y ropa para los pobres, se visita a los encarcelados o se participa en cualquier servicio social, Jesús declara que "en cuanto lo hicisteis a uno de estos mis hermanos más pequeños, a mí lo hicisteis" (Mt. 25:40). Pero después de reconocer el m. social del cristiano fuera de la iglesia, la Biblia enfoca el m. principalmente a los de dentro de la misma (1 Co. 16:15; 2 Co. 8:1-6; Heb. 6:10). Pablo exhorta, "hagamos bien a todos, y mayormente a los de la familia de la fe" (Gá. 6:10).

Más que de cumplir el m. social, el cristiano tiene el deber ante el mundo de cumplir "el m. de la → reconciliación" (2 Co. 5:18). La reconciliación del NT es vertical, entre el hombre pecador y un Dios de justicia que "hizo pecado" a Cristo (2 Co. 5:21) para que el hombre pudiera ser reconciliado. Si falta el m. espiritual de reconciliación (2 Co. 5:20), cualquier m. social tiene poco valor. El m. de la evangelización tiene prioridad entre todos los m. al mundo.

El m. dentro de la iglesia se conceptúa en el NT sobre la base de los →dones espirituales (1 Co. 12:4-11). Cada creyente tiene la responsabilidad de ministrar o servir a sus hermanos, conforme al don o dones que el →Espíritu Santo le ha dado (1 P. 4:10). No hay cristiano que no tenga por lo menos un don espiritual (1 Co. 12:7), pero es posible ignorar el don personal (1 Co. 12:1) o descuidarlo (1 Ti. 4:14).

Las listas clave de los diferentes m. o *carísmata* que reparte el Espíritu se encuentran en Ro. 12:6-8; 1 Co. 12:8-10,28-30; Ef. 4:11. Según Pablo, "la obra del m." es para "la edificación del cuerpo de Cristo" (Ef. 4:12; cp. 1 Co. 12:7).   P. W.

MINIT. Una de las ciudades que Josué arrebató a los moabitas (Jue. 11:29-33). Debió estar ubicada en la Palestina del E, al SO de la actual Ammán. En Ez. 27:17 es nombrada por el trigo que vendía a Tiro.   J. M. A.

MIQUEAS ('quién como Jehová')

I. EL PROFETA

Uno de los llamados "Profetas Menores". Era judío, originario de →Moreset, Gat (1:14), al O de Hebrón y unos 45 km al SO de Jerusalén. No debe confundírsele con "Micaías hijo de Imla" que vivió en el reinado de Acab (1 R. 22:8). No sabemos las circunstancias en que recibió su llamamiento. Efectuó su tarea profética en una época particularmente dramática por causa de las invasiones de Asiria. Actuó bajo los reinados de Jotam, Acaz y Ezequías (1:1), o sea durante los períodos (740-686 a.C.) antes y después de la toma de Samaria por los asirios (721).

Fue contemporáneo de Amós, Oseas e Isaías, aunque nada sabemos de sus posibles relaciones. Su vigorosa personalidad (3:8) se asemeja a la de Amós. Como otros profetas, condenó la injusticia social en Samaria y en Jerusalén. Estos abusos indignaban intensamente al profeta por cuanto él mismo descendía de una humilde familia campesina. Sus sermones fueron dirigidos principalmente contra Jerusalén, por lo que probablemente predicó poco tiempo contra Samaria.

II. EL LIBRO

A. *Contenido y estilo*

En cuanto a su contenido, se distinguen cuatro partes bien definidas, en las cuales se entrelazan amenazas de juicio contra Judá e Israel, por un lado, y esperanzas de restauración mesiánica por otro.

1. El proceso de Israel, 1–3.
2. Promesas a Sion, 4 y 5.

3. Reproches y amenazas contra Israel, 6: 1–7:7.
4. Promesas a Sion, 7:8-20.

Este ordenamiento del contenido del libro ha hecho pensar que responde a un esquema literario; o sea que en el libro se da unidad a algunos discursos pronunciados en épocas y circunstancias diversas. En cierto modo el libro consta de dos esquemas idénticos y continuados: el primero se refiere a Judá e Israel y el segundo a Israel y Samaria. Por otra parte, el libro se destaca por su estilo vehemente, sus juegos de palabras, su lenguaje concreto y directo, y su vivacidad dramática.

B. *Enseñanza*

M. es sobre todo un profeta de juicio. Dios aparece como el juez universal. Por lo demás, sólo se acentúan aquellos atributos que constituyen el fundamento de su predicación profética: la grandeza de Dios, su santidad, su ira y su gran misericordia. M., como los otros profetas, abunda en grandes enseñanzas morales. Sólo concede valor a la religión en cuanto ella es capaz de producir la justicia en el individuo y en la sociedad. En 6:8 resume admirablemente todo el contenido de la predicación de sus predecesores o contemporáneos: "practicar la justicia [Amós], amar la misericordia [Oseas] y caminar humildemente con tu Dios [Isaías]".

Sobre todo, el libro ha tenido especial interés por su profecía sobre el origen del Mesías, una de las más concretas del AT, y con la cual el libro culmina sus ideas escatológicas: "Mas tú, Belén Efrata, aunque menor entre las familias de Judá, de ti ha de salir aquel que ha de dominar en Israel" (5:1-5). En el NT los evangelistas reconocen en Belén Efrata la designación del lugar de nacimiento del Mesías. La profecía se cumple en Jesús, nacido en Belén de Judea en tiempo del rey Herodes (Mt. 2:1-6; Jn. 7:42).   V. A. G.

Bibliografía
O. García de la Fuente, "Notas al texto de Miqueas", *Augustinianum* VII (1967), 145-154.

MIRRA. Traducción (RV) de tres vocablos hebreos y dos griegos.

1. *Lot* (heb. solamente en Gn. 37:25; 43: 11). No es m. sino ládano (BJ), la gomorresina fragante de la estepa, *Cistus creticus,* planta que abunda en Palestina y cuyo producto era muy apreciado en el Oriente.

2. *Qiddha* (heb., solamente en Ez. 27:19). No es m. sino → casia.

3. *Mýron* (gr., solamente en Ap. 18:13). Propiamente debiera decir "ungüento" (VM).

4. *Mor* (heb.) y *smyrna* (gr.) que son la m. propiamente dicha. Es la gomorresina fragante de la *Commiphora myrrha,* planta que abunda en el S de Arabia, Etiopía y Somolilandia.

La m. puede ser líquida, cuando se extrae de árboles nuevos (Est. 2:12; Cnt. 5:5,13), o sólida, en cuyo caso es cristalina, roja, semitransparente y frágil. Se usaba en perfumería y medicina y para embalsamar cadáveres (Herodoto, *Historia* II:86). Era ingrediente importante del aceite sagrado de la unción (Éx. 30:23ss.). Se contó entre los dones presentados al niño Jesús (Mt. 2:11). Gracias a sus cualidades soporíferas la m. se mezclaba con las bebidas ofrecidas a los torturados. Jesús rehusó el vino mirrado (Mr. 15:23).   J. A. G.

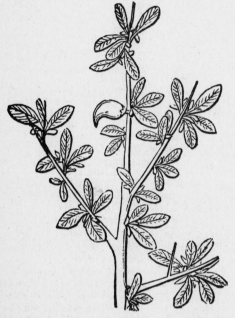

Rama de una planta de la cual se extrae la mirra, goma aromática empleada en la elaboración de perfumes y compuestos medicinales.

MISERICORDIA. Aspecto compasivo del → amor hacia el ser que está en desgracia, o que por su condición espiritual no merece ningún favor. La m. y la → gracia son actitudes y disposiciones muy semejantes en Dios; mientras que la primera trata al hombre como un ser miserable, la segunda lo toma como culpable.

En la Biblia se destaca la m. de Dios como una disposición suya que beneficia al hombre pecador (Gn. 32:10; Éx. 34:6; Esd. 3:11; Sal. 57:10). Somos salvos por la m. de Dios (Ef. 2:4; Tit. 3:5). Por eso a él se le llama "Padre de m. y Dios de toda consolación" (2 Co. 1:3). El tratamiento que Dios da a su pueblo Israel es considerado en la Biblia como una manifestación de su m. (Éx. 15:13; Jue. 2:18).

En su ministerio público Jesucristo mostró m. para con los enfermos, los necesitados y los desprovistos de atención espiritual (Mt. 9:36; 14:14; Mr. 1:41; 8:2). También nosotros los seguidores de Cristo debemos ser misericordiosos, para "alcanzar m." (Mt. 5:7). La m. es más agradable a Dios que los sacrificios (Os. 6:6), aun cuando éstos fuesen necesarios por causa del pecado (1 S. 15:22; Mi 6:6-8).

La Biblia da algunos ejemplos de individuos que practicaron la m. en su trato para con el prójimo (Mt. 18:27; Lc. 10:33), y esta es una gracia que todos debemos imitar (Mt. 23:23; Stg. 3:17). La m. debe ejercerse con alegría (Ro. 12:8). El → perdón es una consecuencia hermosa de la m., tanto de parte de Dios como en las relaciones de los cristianos entre sí (Lc. 6:36).   A. R. D.

MISIA. Provincia de Asia Menor en la parte NO de la península, limitada al N por la Propontide, al O por el mar Egeo, al S por Lidia y al E por Bitinia y Frigia. Pablo pasó por M. en su primer viaje misionero y partió de su puerto principal, → Troas (Hch. 16:7s.,11). Otras ciudades importantes de esta provincia eran: → Asón, Adramicio (Hch. 27:2) y → Pérgamo.   A. T. P.

MISTERIO (heb. *sod raz*, gr. *mystérion*). El sentido etimológico expresa "algo escondido, secreto," y no lleva singnificado religioso. En las Escrituras aparece principalmente en la literatura apocalíptica y en los escritos paulinos, aunque también en los evangelios sinópticos (Mt. 13:11 //), y tiene connotación escatológica.

Dn. usa m. en el sentido de un sueño olvidado (2:17, 28ss., 47) que queda escondido para los hombres, pero que Dios conoce y lo puede revelar. Nabucodonosor atribuye a → Daniel el poder de revelar m. (4:9), pero es Dios que lo hace. Dn. tiene m. que se revelan (5:24-29) y m. que permanecen cerrados hasta el fin (12:9ss.).

En la literatura apócrifa (→ APÓCRIFA DEL AT) del período intertestamentario usan esta palabra *Tobías, Sabiduría, Eclesiástico* y *2 Mac.* en la acepción de "secreto" humano, militar o de estado. Es notable el uso que hace el libro de *Enoc* de la palabra m., pues es muy similar al sentido paulino del término, esto es, el plan de Dios para la salvación de los hombres que ya existe, pero que sólo ahora se va a revelar. Cristo promete a sus discípulos que a ellos les "es dado saber los m. del reino" (Mt. 13:11; cp. Mr. 4:11; Lc. 8:10). Y Pablo hace del m. un concepto básico de su teología. En los escritos paulinos el m. es un aspecto de la verdad "que había estado oculto desde los siglos y edades, pero que ahora ha sido manifestado" (Col. 1:26) a los que son sus hijos de Dios y en los cuales el → Espíritu Santo mora y les ilumina (cp. I Co. 2:10). La → sabiduría de Dios, desconocida y no perceptible al hombre pecador (2:14), la habla Pablo "en misterio" (2:7). Y esta "sabiduría oculta, la cual Dios predestinó antes de los siglos para nuestra gloria" (2:7), por la operación del Espíritu, se torna en → revelación, comprensible y fehaciente para el creyente en Cristo.

Los cristianos somos, pues, recipientes y "administradores" (4:1) de los m. de Dios, entre los cuales están la → resurrección (15:51), la → voluntad divina (Ef. 1:9), la → gracia de Dios en Cristo (3:2ss.), la relación de Cristo con su

→iglesia (5:32; →CUERPO DE CRISTO), la presencia de Cristo en los creyentes (Col. 1:27), la persona de Dios Padre y de Cristo (2:2), la →iniquidad (2 Ts. 2:7), de la →fe (1 Ti. 3:9), y la →piedad (3:16). Todas estas y otras verdades, anticipadas pero no del todo evidentes en la antigua dispensación, en el NT son reveladas a la plena comprensión y aprovechacmiento de los cristianos.

En Ap. m. es principalmente un símbolo que encierra la clave para conocer el mensaje de Dios (1:20; 17:5, 7) y que Dios revela en forma inmediata. Sin embargo, en 10:7 se usa m. en el sentido paulino del plan de Dios, con la variación de que ahora se va a dar a conocer, no por la revelación del Espíritu, sino por su cumplimiento.   P. V. R.

MITILENE. Ciudad famosa y de historia accidentada, ubicada en la costa sudoriental de la isla de Lesbos (hoy llamada M., como la capital), isla del mar Egeo a 11 km de la costa occidental de Asia Menor. Era lugar popular de veraneo y recreo para los oficiales romanos. Tenía un puerto espacioso donde pernoctó el barco en que navegaba Pablo, rumbo a Jerusalén, al final de su tercer viaje misionero (Hch. 20:14).
                                                          W. M. N.

MITRA. Probablemente un turbante sagrado (Éx. 28:4) usado por el sumo sacerdote. Se desconoce su forma exacta, pero sí se sabe que era hecho de una pieza de lino fino de varios metros de largo, y asegurado con una cinta azul. En la m. había una placa de oro puro con la inscripción "Santidad a Jehová" (Éx. 28:4,36-49).   J. B. B.

MITRÍDATES. 1. Tesorero de Ciro, rey Persa. Por orden del rey entregó a los judíos los tesoros sagrados que Nabucodonosor había sacado de Jerusalén (Esd. 1:7,8).

2. Enemigo de Esdras y de la reedificación de Jerusalén. Con otros, firmó una carta enviada a Artajerjes, en la que se quejaban de la reconstrucción de la ciudad (Esd. 4:7).   A. P. P.

MIZAR. Pico del mte. →Hermón, al que David contrasta con el mte. Sion (Sal. 42:6). Se supone que aquél era visible desde éste. De ser así, M. debe haber estado en la región de Galilea, especialmente si se tiene en cuenta la referencia al río Jordán.   I. E. A.

MIZPA (heb. = 'atalaya' o 'torre de vigía'). Nombre de varias ciudades y lugares de Palestina.

1. Sitio en las altiplanicies al E del Jordán frente al río Jaboc, donde Labán y Jacob hicieron un pacto solemne, erigieron un majano y pronunciaron las palabras conocidas hoy como "la bendición de M." (Gn. 31:45-52). Hoy se desconoce la ubicación exacta.

2. Valle situado al pie del mte. Hermón, cerca de Banías. Allí vivía la tribu de los heveos (Jos. 11:3). Josué derrotó en ese valle a los reyes confederados que pelearon contra él (Jos. 11:5-8).

3. Aldea situada en la →Sefela de Judá; posiblemente la moderna Khirbet-Safiyeh (Jos. 15:38).

4. Importante ciudad moabita, a donde David llevó a sus padres después que huyó de Saúl. Quizá sea la llamada Ker-Moab (1 S. 22:3).

5. El sitio más importante y célebre con el nombre "M." y el que se hallaba en el territorio de Benjamín cerca de →Geba y →Ramá. Durante el período de los jueces allí se reunían las tribus. Fue allí donde Samuel enjuició duramente a todo Israel, donde el pueblo se arrepintió y finalmente ganó la batalla iniciada por los filisteos (1 S. 7). Samuel ungió y declaró rey a Saúl en este lugar (1 S. 10:17-25).

Más tarde, M. fue fortificada para protegerla de los ataques de los ejércitos israelitas. Fue escenario de luchas entre Israel y Judá durante los reinados de Baasa y Asa (1 R. 15:16-22; 2 Cr. 16:1-10).

Figuró como centro de los hebreos no deportados a Babilonia. El propio rey Nabucodonosor los dejó allí pero bajo el mando de un gobernador impuesto por él, →Gedalías (2 R. 25:22-26; Jer. 40:1—41:3).   M. V. F.

MIZRAIM. 1. Uno de los hijos de Cam (Gn. 10:6), y padre de varios pueblos africanos (10:13,14).

2. Nombre hebreo que generalmente se emplea en el AT para designar a →Egipto.

3. Nombre con que en algunos pocos casos se hace referencia a alguna otra tierra de Asia Menor (cp. 1 R. 10:28s.; 2 Cr. 9:28 BJ).
                                                          J. L. G.

MNASÓN. "Discípulo antiguo", oriundo de Chipre al igual que →Bernabé. Pablo se alojó con él en su última visita a Jerusalén (Hch. 21:16). Lo de "antiguo" quizá sea una alusión a que su conversión databa cuando menos del Pentecos-

Al lado este del mar Muerto se vislumbran las semiáridas montañas de Moab. Aquí Noemí y su familia se refugiaron del hambre que había en Israel, y de aquí era oriunda Rut, la bisabuela de David.

MPS

tés. Posiblemente Lucas consiguió de M. valiosa información histórica respecto de la iglesia en Jerusalén.   L. S. O.

MOAB, MOABITAS. 1. Hijo mayor de Lot nacido de la unión incestuosa con su hija mayor (Gn. 19:37).

2. País y descendientes de Lot.

I. GEOGRAFÍA

Las fronteras de M. al SE y O eran siempre fijas: el río Zared, el desierto y el mar Muerto. Al N la frontera variaba desde el Arnón hasta la terminación abrupta de la meseta un poco al N de Hesbón. Su extensión al N del Arnón dependía de su suerte política. Por siglos incluyó a Dibón y Medeba, pero luego se redujo a la tierra situada al S del Arnón.

M. era una meseta con una altura promedio de unos 900 m sobre el nivel del mar. Gran parte de su superficie era casi desértica. Sus ciclos de población se alternaban con períodos de despoblación. Durante el tiempo de los profetas era una pequeña nación bastante estable con un alto grado de civilización.

II. HISTORIA

A. *En tiempos prebíblicos*

Por los restos arqueológicos se sabe que la tierra de M. estuvo poblada desde 6000 a.C. Su época más civilizada corresponde a los años 2300-2000 cuando los pobladores eran los emitas, gente de grande estatura (Dt. 2:10s.).

B. *Antes de la invasión israelita*

En tiempo de Abraham, en esta región hubo ciudades con reyes (Gn. 14:5-12), pero hasta 1400-1300 no se nota mucha actividad en la Transjordania. Entonces surge M. como nación. Se extendía del Zared hasta el Jaboc, y había desplazado a los gigantes → emitas. Sin embargo,

más tarde una invasión amorita ocupó la tierra desde el Jaboc hasta el Arnón (Nm. 21:26-30).

C. *Desde Moisés hasta Salomón*

Según Dt. 2:28s. (donde Ar es M.), los m. permitieron a Israel pasar por su territorio y aun les ayudaron con comida; pero, según Nm. 21:11-15 y Jue. 11:17s., no les permitieron transitar por la "carretera del rey" que atravesaba el territorio de S a N. Israel luego atacó y venció a los amorreos, entrando por el N. Cuando Israel descansó en la llanura de M., el rey Balac procuró debilitarlo (Nm. 22-25 →BALAAM, BAAL-PEOR). Por fin la mayor parte de los israelitas cruzaron el Jordán y dejaron en territorio moabita solamente a la tribu de Rubén.

En el tiempo de los jueces, Jefté dice que Israel habitó pacíficamente en la parte N de M. por 300 años (Jue. 11:25s.). El libro de Jueces, no obstante, relata una invasión al O del Jordán por el rey →Eglón. Como resultado, los m. dominaron a Israel por 18 años hasta que Aod los sacó del O, aunque parece haberlos dejado en el territorio de Rubén (Jue. 3:12-30). El libro de Rut declara que hubo tiempos de tranquilidad.

El primer rey de Israel realizó una victoriosa campaña contra M. (1 S. 14:47). Más tarde, tanto David como M. eran enemigos de Saúl y, como David tenía sangre moabita, pidió asilo para su familia en M. (1 S. 22:3-5). Parece que después M. quiso librarse del yugo israelita pero David lo subyugó (2 S. 8:2). Salomón tuvo en su harén por lo menos a una moabita, e hizo un templo para →Quemos cerca de Jerusalén (1 R. 11:7).

D. *Durante la época del reino dividido*

Al dividirse Israel parece que M. quedó bajo el poder de lo que llegó a ser el Reino del

Norte (Israel) (1 R. 12:25). Luego hubo una sublevación que Omri aplastó (→MESA). La coalición de Joram, Josafat y Edom (2 R. 3:4-25) hizo tantos estragos que M. nunca pudo reconstituirse especialmente en el S. Parece haber estado bajo la sombra de sus vecinos más poderosos como Amón y Judá (2 R. 14:7,22,25; 2 Cr. 27:5).

E. El fin de Moab

Al extenderse el poder de Asiria, M. quedó como vasallo de ella. En los últimos días de Israel y Judá, Transjordania sufrió varios ataques árabes. El rey de M., como fiel colaborador de Asurbanipal, capturó al rey árabe, Ammuladi, y lo mandó encadenado a Nínive. Los árabes, en represalia, castigaron a M., y debido a ello jamás recobró su carácter de nación. Las condiciones de estos tiempos se reflejan fielmente en la literatura profética (Is. 15; 16; Jer. 48; Sof. 2:8-11) y en la escasez de pruebas arqueológicas posteriores a 600 a.C.

III. ARQUEOLOGÍA

La Estela Moabita es el hallazgo más importante de Transjordania (→MESA, donde está citada textualmente, →DIBÓN). Se ha descubierto otra estela más antigua cerca de Kirhare-set, pero la inscripción está demasiado desgastada para poder descifrarla. De los largos siglos de escasa población, o de vida nómada, no quedan artefactos arqueológicos. Por tanto, los años 1300 a 600 a.C. encierran el poderío de más interés. Se han identificado todos los pueblos más grandes de M. y se sabe que sus fronteras al S y al E estaban protegidas por una cadena de torres y fortalezas. Debido a su reducida extensión geográfica y a los accidentes de clima y terreno, M. nunca pudo desarrollarse como una nación imponente.   W. G. M.

MODESTIA. → DOMINIO PROPIO.

MOISÉS. Caudillo y legislador que sacó de Egipto a los hebreos, los organizó como nación y los condujo a la Tierra Prometida. La princesa egipcia le puso por nombre *Mosheh* (Éx. 2:10), término cuyo origen quizá sea egipcio. Los egiptólogos lo consideran una derivación de *mesu* ('hijo') vocablo que más tarde se hebraizó (*mashah* = 'sacar').

I. SU NIÑEZ Y PREPARACIÓN

Como padres de M. la Biblia menciona a Amran y Jocabed, ambos de la tribu de Leví (Éx. 6:20), y como sus hermanos mayores a Aarón y María. Su madre, que se opuso a la orden del faraón de arrojar el niño al Nilo, lo escondió primeramente por tres meses en su casa, pero luego se vio obligada a deshacerse de él. Lo puso en el Nilo, y allí lo descubrió la hija del faraón cuando descendió a bañarse. Ella le brindó un hogar en su residencia.

Para el desarrollo de M., fue de mucha importancia lo particular de su salvación, pues la princesa que lo adoptó procuró que fuera enseñado y educado en la corte egipcia (Hch.

Esta escultura de Miguel Angel capta tanto la fuerza moral como el vigor físico que caracterizaba a Moisés, el máximo caudillo y libertador del pueblo de Israel.
RTHPL

7:22). La afirmación de Filón de que M. fue instruido en toda la sabiuría helenística y oriental que se acumuló en Alejandría, no corresponde en este sentido a la realidad de los hechos. El helenismo y Alejandría son de tiempos bastante posteriores. Aún más fantástica resulta la teoría mencionada por Josefo de que M. haya sido un sacerdote de Osiris en Heliópolis y que sólo más tarde adoptó el nombre de M., o la otra de que él haya intervenido militarmente y con éxito en una guerra contra Etiopía. De todo esto la Biblia no dice nada.

Con respecto a la juventud de M., las Escrituras se limitan a informar que no obstante su posición social en la corte, no se avergonzó de su origen (Heb. 11:24) y qué huyó de la ira del faraón a Madián, por causa de un incidente violento (Éx. 2:11ss.) que le fue descubierto y recriminado por un compatriota. Madián se encuentra en la parte SE de la península de Sinaí. Aquí se casó con Séfora, la hija del sacerdote →Jetro (Éx. 2:21), que según 2:18 se llamaba Reuel. En su destierro le nacieron a M. dos hijos, Gersón y Eliezer. Este período le fue de no menor importancia que el tiempo de su educación en la corte del faraón.

Antes del éxodo, Moisés y Aarón lucharon contra el poderío y la influencia de los sacerdotes egipcios delante de Faraón. Dios vindicó la palabra de sus siervos con las plagas y otros milagros. Aquí, un sacerdote con vestimenta típica.

II. SU LLAMAMIENTO

M. fue llamado, mientras pastoreaba las ovejas de su suegro, a ser el salvador de su pueblo. Habían pasado 40 años desde su huida (Éx. 7:10; cp. Hch. 7:30), y ya tenía 80 años cuando se le apareció el Señor en la zarza ardiendo (Éx. 3 y 6). Como paso inicial debía exigir que el faraón dejara salir a Israel al desierto por tres días para celebrar allá una fiesta a su Dios. Todos los argumentos presentados por M. para rebatir su llamado fueron rechazados por Dios, aunque por fin le fue otorgada la ayuda de su hermano Aarón (Éx. 4).

III. EL ÉXODO

La situación de Israel en Egipto no había mejorado entretanto M. se presentaba ante el Faraón. No obstante, no encontró en el pueblo una acogida favorable. Es evidente que la liberación no tuvo su punto de partida en el pueblo sino en los designios de Dios.

Una vez de vuelta en Egipto, la transformación de la vara de Aarón frente al faraón fue el preludio de los milagros que, por mano de M., Dios haría en medio del pueblo opresor. El juicio contra las costumbres egipcias tenía como propósito demostrar que Yahveh era Señor también en Egipto (Éx. 8:10). Las diez plagas confirmaron el inmenso poder del Señor de Israel, aunque una vez pasado el efecto de cada una el faraón volvía a endurecer su corazón (→ELECCIÓN).

Cuando fueron muertos los primogénitos y el lamento inundó todas las casas de los egipcios, Israel salió apresuradamente. En lo sucesivo la fiesta de la →Pascua recordaría esta salvación del ángel de la muerte y la salida apresurada; los primogénitos serían dedicados a Jehová también en recuerdo de la salvación de los primogénitos israelitas en Egipto.

Al éxodo siguió pronto un hecho salvador aún más impresionante: la liberación definitiva del pueblo en el mar Rojo. Este acontecimiento fue de carácter tan trascendental que tanto en la literatura profética como la poética del AT se menciona repetidamente. Basándose en esta intervención, Dios reclama a Israel como propiedad suya (Sal. 77; 78; 105; 135; 136; Is. 11:15s.; 63:11; Mi. 7:15, etc.).

IV. EN EL MONTE SINAÍ

El "monte de Dios" o "monte de la manifestación divina" fue la meta inmediata después del éxodo. En el camino se manifestaron la poca fe, la impaciencia y la desconfianza de la muchedumbre. A cada una de estas manifestaciones, no obstante, correspondieron demostraciones de la omnipotencia y benignidad de Dios, las señales de la columna de fuego y de humo, el don del maná, de las codornices, del agua que brotaba de la peña, de la derrota de los amalecitas por el poder de la oración de M., y la manifestación divina en el Sinaí (→PEREGRINACIÓN).

Por intermedio de M. se realizó en el Sinaí la conclusión del pacto, y fue ésta una ocasión más para demostrar su grandeza como jefe. Cuando el pueblo se entregó a la idolatría, M. se ofreció a sí mismo como ofrenda de inmolación en lugar de los rebeldes (Éx. 32:31s.; cp. Ro. 9:3) y no descansó hasta que el Señor prometió de nuevo ir con el pueblo. Después de haber acampado frente al Sinaí casi un año, partieron de este lugar guiados por el cuñado de M. y se dirigieron al N. Pero las sublevaciones del pueblo se repetían, y cuando su falta de fe llegó a tal extremo que se negaron a ir a Canaán, ni aun M. con su acceso a la presencia de Dios pudo cambiar el fallo del Señor de que la generación presente no vería la Tierra Prometida.

Muchos puntos de la peregrinación de cuarenta años a través del desierto permanecen oscuros, porque no siempre es posible determinar con certeza las diferentes jornadas. Además, no siempre el pueblo estaba en marcha. Se menciona una larga permanencia en Cades. Al final; cuando llegó el momento en que debieran haber entrado en Canaán, y cuando por causa de los moabitas y edomitas debieron hacer un largo rodeo hacia el S y después al E del mte Seir, siguiendo en dirección de Transjordania, de nuevo el pueblo se rebeló y tuvo que ser castigado. Por cuanto en un acto de rebelión aun M. y Aarón perdieron su fe, tampoco ellos podrían entrar en Canaán.

En otra oportunidad, las murmuraciones fueron castigadas con serpientes peligrosas, pero Dios mismo proveyó el remedio mediante la serpiente de bronce. Después de ganar dos batallas en el Arnón contra los amorreos, quedó abierto el camino para ocupar el país al E del Jordán. Los moabitas trataron de corromper a Israel por medio del hechicero Balaam sin medirse en una batalla campal. Cuando se malogró esto, consiguieron despertar en ellos los deseos carnales por medio del culto sensual del Dios Baal, lo cual provocó el juicio divino tanto sobre Israel como sobre Madián.

V. EN EL RÍO JORDÁN

Al terminar los 40 años de peregrinación, también llegó a su fin la vida de M. El territorio ocupado al E del Jordán, fue adjudicado por él a las tribus de Rubén y Gad y a la media tribu de Manasés, pero con la condición de que al tomar el país prestaran ayuda a sus hermanos. En las llanuras de Moab, según nos informa el Deuteronomio, M. repitió la ley con las modificaciones que se hacían necesarias porque los hijos de Israel estaban a punto de radicarse definitivamente en el país y porque estaba por terminarse la peregrinación.

Con un himno profético M. predijo los caminos del pueblo y de Dios, y fue un profeta del agrado divino (Dt. 32). Bendijo a las tribus individualmente como antaño lo hiciera Jacob antes de morir (Dt. 33). Desde el mte Nebo contempló el país prometido que fuera la meta de su esperanza y de su conducción del pueblo. Después murió en la comunión con Dios, tal como había vivido, a la edad de 120 años (Dt. 34:7). Su sepulcro nunca se descubrió. Israel lamentó su muerte durante 30 días.

VI. LA PERSONA DE MOISÉS

A lo largo de toda una vida con Dios, M., que originalmente tenía un temperamento violento, llegó a ser el "hombre de Dios", y aun el "siervo del Señor". No hay ningún otro en el pacto antiguo que se haya subordinado tan completamente a la voluntad de Dios (Nm. 14:11ss.). Había aprendido a dominarse y humillarse, de modo que con razón pudo llamársele "muy manso más que todos los hombres" (Nm. 12:3). Comprendió toda la carga de su voca-

ción, y fue como un "padre" del pueblo, aunque esta carga se le hizo siempre más pesada por cuanto el pueblo era de dura cerviz. Siempre estuvo dispuesto a cargar de nuevo con las faltas del pueblo como sacerdote frente a Dios, a defenderlo con su intercesión y a cubrirlo atrayendo sobre sí mismo la ira justa de Dios.

Con todo esto, M. no fue comprendido por el pueblo ni ayudado por sus parientes más cercanos. Hasta sus hermanos intrigaban contra él. Nada pudo amargarlo permanentemente, sin embargo, porque su humildad no era debilidad. Donde se trataba del honor de Dios, podía ser inexorablemente severo (Éx. 32:27). Cristo le llamó "profeta". De él se afirma con más frecuencia que de otros hombres de Dios, que Dios le haya hablado. Más frecuentemente que otros, es llamado "siervo del Señor", o aun "siervo de Dios". De este modo él era el profeta sin igual (Nm. 12:6s.), que hablaba con Dios "cara a cara" (Dt. 34:10), que podía ver al Señor sin verlo. Por eso su rostro irradiaba la gloria de Dios de modo que debía cubrirlo delante del pueblo. (Éx. 34:29).

Como "mediador del pacto", que imprimió a Israel su sello teocrático, e hizo que fuera llamado el pueblo de Yahveh, M. estableció el arca del pacto en el santo tabernáculo. Instituyó la tribu de Leví como la tribu sacerdotal, y en medio de ésta distinguió particularmente a la casa de Aarón. A ellos entregó el oficio del sumo sacerdocio y estipuló lo esencial para los sacrificios y ofrendas, según las indicaciones divinas.

Con bastante frecuencia se destaca la intervención personal de M. al comunicar las disposiciones divinas (Éx. 24:3; 34:27; Dt. 31:9), ya se tratara de escribir las leyes (Éx. 24:4-7), de datos históricos, como la batalla contra los amalecitas (Éx. 17:14), o de referencias a las jornadas (Nm. 33:2). Con razón se le atribuye en el NT una posición singular como mediador del antiguo pacto. Cristo y los apóstoles lo consideran el autor del →Pentateuco (Mr. 12:26; Lc. 24:44), o el mediador de la ley, pero también se presenta junto con los profetas como dador de la ley, especialmente junto con Elías (Mt. 17:3). A los profetas correspondía inculcar de nuevo la ley recibida en tiempos anteriores. En este sentido el NT concluye que "la ley fue dada por M., pero la gracia y la verdad llegaron por Jesucristo" (Jn. 1:17).   F. L.

MOLADA. Pequeña población en el territorio de Judá, asignada a la tribu de Simeón (Jos. 15:26; 19:2; cp. 1 Cr. 4:28). Se hallaba más o menos 19 km al SE de Beerseba, ya en el límite meridional de la Palestina.

Cuando "los hijos de Judá" regresaron del cautiverio, algunos de ellos ocuparon poblaciones alrededor de Jerusalén y una de ellas fue M. (Neh. 11:26).   M. V. F.

MOLINO. Máquina para moler cereales de los cuales se obtiene harina y se hace pan y otros comestibles. En la antigüedad el m. constaba de dos piedras colocadas en tal forma que una giraba encima de la otra.

Moler era un oficio familiar pero generalmente el m. era utilizado por las mujeres (Job 31:10; Mt. 24:41). Los de gran tamaño eran movidos por los esclavos (Éx. 11:5) o los cautivos de guerra (Jue. 16:21; Lm. 5:13). Quizás por esto trabajar en el m. a veces se veía como oficio degradante (Is. 47:2). Sin embargo, el ruido del m. era demostración de vida, gozo y prosperidad (Jer. 25:10; Ap. 18:22).

En la Biblia el peso de las piedras de m. simboliza la perdición (Mt. 18:6; Mr. 9:42; Lc. 17:2). En Job 41:24 se toma como símbolo de fortaleza. Moisés prohibió tomar las piedras del m. como prenda (Dt. 24:6). En los días de los jueces una mujer máto a → Abimelec con un pedazo de piedra de m. (Jue. 9:53; 2 S. 11:21).

A. P. P.

MOLOC. Deidad nacional de los → amonitas ("Milcom" en 1 R. 11:5; 2 R. 23:13 y Jer. 49:1,3), cuyo culto posiblemente se basaba en el sacrificio de seres humanos, especialmente de niños. Las víctimas eran puestas vivas en los brazos enrojecidos por el fuego de la estatua hueca, de bronce, y con cabeza de becerro que representaba a M. La víctima caía en el hoyo ardiente del ídolo al sonido de flautas y tambores.

En vista de lo anterior, no es extraño que en Lv. 18:21 y 20:2-5, se prohiba terminantemente participar en los ritos de M. 1 R. 11:31-33, da a entender que la división del reino se debió en parte a la introducción de esta forma de paganismo por Salomón. La frase "pasar a su hijo por fuego" alude al horrible culto de M. (2 R. 16:3; 21:6; 23:10). Los profetas condenaron

Los amonitas solían sacrificar víctimas humanas, arrojando niños vivos en los brazos ardientes de Moloc.

severamente esta abominación (Is. 30:33; 57:5; Jer. 32:35; Ez. 16:20; 20:26; 23:37; Mi. 6:6,7).

El centro cultural de M. estaba en el valle de Hinom, al SO de Jerusalén. El sitio también se llamaba "Tofet" y fue allí donde Salomón erigió lugares altos a M. (1 R. 11:7) y donde → Acaz y → Manasés hicieron "pasar a sus hijos por fuego" (2 R. 16:3; 2 Cr. 28:3; 33:6; Jer. 32:35). Josías destruyó el lugar (2 R. 23:10), pero después fue reconstruido y sirvió como centro de adoración pagana hasta la cautividad. Más tarde el valle llegó a ser el albañal de las inmundicias de la ciudad y los judíos lo llamaron "Gehenna", el → infierno o lugar de eterno sufrimiento (cp. Mt. 5:22,29,30; 10:28).

A. P. N.

MONO. Nombre genérico de los mamíferos cuadrumanos. Los m. eran desconocidos en Palestina hasta que Salomón los importó de Tarsis (1 R. 10:22; 2 Cr. 9:21). Es probable que algunos fueran m. *rhesus* de la India, pero el m. sin cola también se conocía en Egipto y Arabia y seguramente se encontraba entre los simios del jardín zoológico de Salomón.

W. G. M.

MONTE. Elevación natural de terreno, y término con que la Biblia denomina tanto a cerros de poca altura, como a elevadas montañas y cordilleras. Los m. constituyen los testigos más perdurables de los grandes acontecimientos humanos. Algunos de ellos son célebres a partir de su mención bíblica y sus nombres evocan dramáticos episodios de la historia universal, p.e. el → Ararat, que recuerda el → diluvio, el pecado del hombre, la justicia y misericordia de Dios. Asimismo el → Sinaí recuerda lo terrible de la presencia de Jehová y las drásticas exigencias de la ley divina. El Carmelo evoca el triunfo del verdadero Dios sobre los ídolos de los paganos (→ ELÍAS), y el m. de la → transfiguración habla de la vida de oración del Señor Jesús, de la aparición de Moisés y Elías acompañando a Cristo y de la voz de Dios desde el cielo.

Aún cuando Palestina es una tierra de terreno accidentado en su mayor parte, sus m. apenas alcanzan la altura de cerros, colinas o montañas de mediana altura. Se usaban como sepulcros (Dt. 34:1,5; 2 R. 23:16), escondrijos (Gn. 14:10; Mt. 24:16), lugares de habitación (Gn. 36:8), puntos limítrofes (Nm. 34:7), fortalezas (Sal. 125:2), lugares de pastoreo para distintos animales (Éx. 3:1; Sal. 50:10; Lc. 8:32), promontorios para la construcción de altares (Jos. 8:30), plataformas para hablar al pueblo (Jue. 9:7; 2 Cr. 13:4), trincheras militares (1 S. 17:3), minas de piedra (2 Cr. 2:18), santuarios de revelación divina (Éx. 3:1,2; 19:16,18; Mr. 9:2), y lugares de oración (Éx. 34:28,29; Lc. 6:12; 9:28; 22:39).

Los judíos consideraban los m. como lugares santos y propicios para la adoración, y éstos constituyeron durante muchos siglos un factor determinante en el adulterio espiritual de Israel para con Jehová. En los "lugares altos" el pueblo ofrecía sacrificios y quemaba Incienso a los ídolos (2 R. 12:3), levantó estatuas paganas (2 R. 17:10; 23:13), construyo templos, para los cuales estableció un sacerdocio prohibido (2 R. 17:32), y quemó a fuego a sus hijos (Jer. 31). Ningún mensaje profético ni exhortación divina pudo convencer a los judíos de que abandonaran estas prácticas paganas, y Jehová tuvo que determinar la severa disciplina de la → cautividad para curar al pueblo de su prostitución espiritual.

En las Escrituras, los m. son símbolo de estabilidad (Sal. 30:7; 65:6), dificultades (Is. 40:4; Zac. 4:7; Mt. 17:20) o abundancia (Am. 9:13) y del reino del Mesías (Is. 2:2; Dn. 2:35). Son testigos de las obras de Dios (Sal. 114:1-4), de su juicio (Sal. 98:8) y de su constante socorro (Sal. 121:1). Una montaña estéril es símbolo de desolación y juicio (Is. 42:15), o habla del juicio divino sobre una nación, v.g., Babilonia (Jer. 51:25). Varios atributos de Dios se comparan o ilustran con los m.: su justicia (Sal. 36:6), su amor (Sal. 125:2), su santidad (Sal. 24:3), su bondad (Sal. 30:7) y su eternidad (Sal. 68:16).   H. E. T.

MORADA. Habitación o lugar de residencia, y término con que en Jn. 14:2 se nos asegura que Dios, el Padre, ha preparado lugar amplio para los que confían en su Hijo. En Jn. 14:23 lo emplea Jesús al afirmar que su Padre y él habitarán en quienes obedecen sus mandamientos.
W. M. N.

MORE. 1. Encinar que fue lugar sagrado de los cananeos, cerca de Siquem y de los montes de Gerizim y Ebal (Dt. 11:29,30), convertido más tarde en "santuario de Jehová". Josué edificó un monumento allí (Jos. 24:26). En M. descansó Abraham, se entrevistó con Dios y edificó un altar (Gn. 12:6s.). Jacob compró allí un terreno, edificó su tienda y levantó un altar (Gn. 33:18-20); allí también escondió unos tesoros (Gn. 35:4). En este lugar había un árbol llamado "encina de los adivinos", quizá por haber sido centro de culto cananeo (Jue. 9:37). Después de la conquista de Canaán, M. quedó en el territorio asignado a Efraín.

2. Colina en tierra de Isacar, donde acamparon las huestes de Gedeón (Jue. 7:1), situada entre los montes Tabor al N y Gilboa al S.
A. P. P.

MORESET-GAT. Pequeño poblado al S del territorio de Judá, donde nació y vivió durante su niñez el profeta Miqueas (Jer. 26:18; Mi. 1:1,13-15). Probablemente pueda identificarse con la moderna Tel Eyyedede, entre Maresa, Laquis y Aczib, unos 30 km al SO de Jerusalén.   M. V. F.

MORÍAH. 1. Lugar en donde Abraham había de ofrecer a su hijo Isaac (Gn. 22:2).

2. Monte sobre el cual Salomón edificó el Templo de Jerusalén (2 Cr. 3:1), y donde David había intercedido por su pueblo junto a la era de Arauna (2 S. 24:16-25; 1 Cr. 21:15-26).

Tradicionalmente se han identificado los dos sitios. Pero algunos eruditos han objetado, en relación con el sacrificio de Isaac, que Jerusalén no estaba lo suficientemente lejos de la región de los filisteos (donde vivía Abraham) como para requerir tres días de camino (Gn. 22:3,4). Sin embargo, la distancia desde el S de Filistia hasta Jerusalén es como de 75 km, lo cual bien puede requerir tres días de viaje. Además, el lugar mencionado en Génesis no es el mte. M., sino la "tierra de M.", en la cual había varios montes. Probablemente el nombre se usaba también para referirse al mte. en particular, y en una forma más amplia, a la región en general.
I. E. A.

MOSCA. Insecto díptero, de unos 6 mm de largo, con las alas transparentes y provisto de una trompa para chupar las sustancias jugosas de que se alimenta. En la Biblia el término puede incluir varias especies, desde la m. doméstica hasta el tábano que pica y succiona la sangre.

En heb. se la designa con el sustantivo colectivo *arob*. Así se la llama en la cuarta → plaga de Egipto: ". . . toda clase de m. molestísimas" (Éx. 8:21,24; cp. Sal. 78:45; 105:31). Para compararla o aludirla con sentido figurado se usa el término *zebub* (Ec. 10:1; Is. 7:18). Es causa de molestias. Provoca la descomposición de la materia y transmite tal cantidad de enfermedades que los fenicios crearon un dios para protegerse de ella; → "Beelzebub". Este nombre se usa en el NT para llamar al príncipe de los demonios (Mt. 12:24).   S. C.

MOSQUITO. Insecto díptero que pone sus huevos en el agua. Posee una larga trompa con la cual perfora la piel y succiona la sangre. Sólo lo hacen las hembras. Los machos no pican porque son vegetarianos.

Se menciona sólo una vez en Mt. 23:24, donde Jesús compara la pequeñez del m. al lado del camello. Sin embargo en "toda clase de → moscas" de Éx. 8:21, durante las plagas de Egipto, muy bien podría estar incluido el m. Este texto emplea la palabra colectiva *arob*.
S. C.

MOSTAZA (*Sinapi nigra* o *Brassica nigra*). Planta anual que se cultivaba en Palestina para obtener aceite de sus semillas. Actualmente es una planta común y crece silvestre. Alcanza hasta 3 m de altura. Es de hojas grandes, flores amarillas y vainas pequeñas que contienen las semillas casi microscópicas. Solamente se menciona en la parábola en que su semilla se compara con el reino de Dios (Mt. 13:31; Mr. 4:31; Lc. 13:19), y en el símil de la fe, donde ésta y sus posibilidades también se comparan con la diminuta semilla (Mt. 17:20; Lc. 17:6).   J. A. G.

MUERTE. Fenómeno universal que marca la terminación de la vida, generalmente muy lamentado. En el orden de la naturaleza, lo experimentan tanto las plantas como los animales. No obstante, los primeros seres humanos, → Adán y Eva, no fueron creados para morir, sino con una capacidad que no tenían las plantas o los animales: ellos debían escoger entre la inmortalidad y la m. Todo dependía de su obediencia a Dios (Gn. 2:17). Tanto Adán como Eva desobedecieron al comer del fruto prohibido y murieron (Gn. 3:6). La m. humana, sin embargo, fue distinta de la de los animales, en que Adán no dejó del todo de existir. Su m. tenía dimensiones físicas, morales y espirituales, y por causa de su desobediencia la misma clase de m. pasó a todos sus descendientes, y a toda la raza humana (Ro. 5:12, →PACTO).

La m. humana no implica dejar de existir; más bien consiste básicamente en una separación. La m. física es la separación entre lo físico y lo inmaterial, o sea entre el → cuerpo y el → alma. La m. espiritual es la separación del ser humano de su Dios.

La m. física fue resultado del pecado original, pero Adán no perdió la vida el día que comió del fruto prohibido, sino vivió 930 años (Gn. 5:5). Su m. consistió en dejar de ser inmortal: comenzó a envejecer desde aquel momento, y la m. le fue inevitable. Se supone que si no hubiera desobedecido a Dios, hubiera sido inmortal, tanto física como espiritualmente.

Normalmente la m. física sigue siendo inevitable para todo ser humano. Sin embargo, ha habido y habrá excepciones. Enoc (Heb. 11:5) y Elías (2 R. 2:1-11) fueron trasladados al cielo sin sufrir la m. física, y en los últimos días, cuando el Señor arrebate a su iglesia, todos los creyentes que aún vivan en aquel día serán trasladados directamente al cielo (1 Ts. 4:13-18 →SEGUNDA VENIDA). Por eso Pablo dice: "No todos dormiremos; pero todos seremos transformados" (1 Co. 15:51). Esto es motivo de gran esperanza y consolación para el pueblo de Dios (1 Ts. 4:18).

La doctrina de la → resurrección del cuerpo nos indica que la separación del cuerpo y el alma no se considera como un estado permanente. A su debido tiempo los cuerpos tanto de los creyentes como de los inconversos serán resucitados y unidos nuevamente con sus almas (Jn. 5:28,29).

Con todo, la m. física es poca cosa comparada con la m. espiritual, o sea la separación del hombre de su Dios y la consecuente incapacidad moral. Adán representó al género humano en la prueba de obediencia en → Edén, y como resultado de su pecado original, todos los hombres vivimos desde entonces en un estado de m. espiritual (Col. 2:13). El evangelio anuncia la manera de pasar de m. a vida (Jn. 5:24) y cómo obtener la vida eterna (Jn. 3:16). La fe salvadora en Cristo vence a la m. espiritual y quita el temor de la m. Pablo considera a la m. física como una victoria nefasta del mal (1 Co. 15:55), pero para el creyente Cristo ha anulado

esta victoria mediante su propia m. (Heb. 2:14). Por medio de su resurrección ha vencido a este postrer enemigo, e.d., la m. (1 Co. 15:25,26). En el último juicio, la m. misma será lanzada al lago de fuego (Ap. 20:14).

Solamente durante su vida sobre la tierra tiene el hombre libertad de poner su fe en Cristo y ser librado de la m. espiritual. La m. física pone fin a esta oportunidad (Heb. 9:27). Si en esta vida el hombre no participa por la fe en la victoria de Cristo sobre la m., solamente le espera la "segunda m.", o aquella horrenda separación eterna de su Creador (Ap. 20:15; 21:8).   P. W.

MUJER. Dios creó a la m. como la compañera que completara al hombre (Gn. 2:18-24). El AT define la posición subordinada de la m. en la sociedad hebrea. La m. pertenecía primero a su → padre, quien podía venderla como esclava (cp. Dt. 21:14) o darla en matrimonio a quien quisiera, aunque a veces se tomaba en cuenta el parecer de ella (1 S. 18:17-21). Aunque estaba sujeta a su marido, en algunos casos la m. manifestaba cierta iniciativa en la vida familiar (Gn. 16:2; 21:10). Asimismo ciertas m. sobresalientes ejercieron cargos de responsabilidad en la vida civil, militar, y religiosa (Jue. 5; 2 R. 11:1-3). Por lo general, sin embargo, las m. participaban en la vida pública y religiosa simplemente como miembros de "toda la congregación de Israel" (Dt. 16:14) o bien como cantantes y danzantes (Éx. 15:20; 2 Cr. 35:25). Las actividades principales de la m. hebrea se relacionaban con la → familia; sus funciones eran de → madre y ama de casa. Podía negociar y poseer propiedades (Pr. 31:16,24), aunque sólo heredaba de su padre si faltaban hermanos varones (Nm. 27:8).

Contrario a las costumbres y las enseñanzas de los rabinos de la época, Jesús se relacionó con m. en su ministerio público (Jn. 4 y 11). Las sanó y las incluyó en sus enseñanzas (Mt. 9:20-22; 14:21; Mr. 1:31; Lc. 21:1-4). Aceptó la ayuda de ellas (Lc. 8:1-3) y defendió el derecho de una m. "pecadora" que deseó ungirlo públicamente (Lc. 7:37-50).

Las m. fueron testigos de la resurrección (Lc. 24:1-10) y formaron parte integral de las primeras comunidades cristianas (Hch. 1:14). Participaron en el servicio del evangelio reservadamente (Hch. 18:26), o bien como diaconisas (Ro. 16:1), y sufrieron también la persecución (Hch. 8:3; 9:2). En el culto público, la m. había de quedar subordinada al hombre (1 Co. 14:34-36; 1 Ti. 2:12) y observar las costumbres de modestia (1 Co. 11:5-16 →VELO).

La doctrina cristiana niega una jerarquía espiritual entre los sexos al insistir en que la m. y el hombre son iguales ante Dios (Gá. 3:28). Tanto en la enseñanza de Jesús como en la de Pablo, se establece también la igualdad de obligación para el hombre y la m. en el → matrimonio (Mr. 10:2-12; 1 Co. 7:3-5).   I. W. F.

MULADAR. →Estiércol.

MULO. Hijo del asno y la yegua, o del caballo y el asna. Según Lv. 19:19, para los hebreos se prohibía la cría de m., pero, al igual que el caballo, más tarde este animal se aclimató en Israel. No consta que se haya usado antes del tiempo de David (2 S. 13:29). Seguramente los primeros eran importados y por su rareza destacaban la nobleza de sus dueños (2 S. 18:9; 1 R. 1:33; 10:25). Posteriormente se utilizaron como acémilas (2 R. 5:17). Cuando regresaron del exilio los judíos trajeron consigo 245 m. (Neh. 7:68).

En lenguaje figurado el hombre testarudo se asemeja al m. (Sal. 32:9).   W. G. M.

MUNDO. Término con que se traducen cuatro palabras heb. y tres gr. que se refieren a una realidad existente en el espacio y en el tiempo.

Según el AT, el m. se distingue claramente de su creador y en esto el concepto riñe con los sistemas míticos de los babilonios, egipcios, etc., en los cuales el m. es una emanación de lo divino. La cosmología hebrea (→CREACIÓN), ajena a todas las preocupaciones científicas y especulaciones filosóficas, sitúa el m. en relación con el hombre: éste es creado por Dios del polvo de la tierra para dominar el m. (Gn. 1:26-28), y en este sentido lo arrastra a su propio destino. Dicha concepción queda comprendida en los siguientes postulados:

1. El m. hecho por Dios continúa manifestando la bondad divina. Dios en su sabiduría lo organizó como una verdadera obra de arte, una y armónica (Job 28:25ss.; Pr. 8:22-31 →TIERRA). El contemplar el universo agota las facultades de admiración del hombre (Sal. 8:19-1-7; 104).

2. Para el hombre pecador, el m. significa también el instrumento de la ira de Dios (Gn. 3:17ss.): el que hizo las cosas para la felicidad del hombre, también las utiliza para castigarlo.

3. De estas dos maneras el m. se asocia activamente con la historia de la salvación, en función de la cual adquiere su verdadero sentido religioso. Aparece un nexo misterioso entre el m. y el hombre, ya que los dos viven una misma historia (Gn. 1:1−2:4).

4. El hombre, a quien incumbe llevar el m. a la perfección con su trabajo, le imprime más bien un sello teñido de su propio pecado. Por eso los profetas prevén un →juicio final que no sólo afectará a la humanidad sino que trastornará el orden de lo creado (Jer. 4:23-26) y traerá de nuevo el caos (Is. 13:10; 24:19ss.; Jl. 2:10; 3:15). Más allá del juicio, sin embargo, se prepara para el m. una renovación profunda (Is. 65:17; 66:22). En el judaísmo posterior se concebía el fin de la historia humana como un paso del m. (o del →siglo) presente al m. (o al siglo) venidero, que tendrá lugar cuando Dios venga a establecer su →reino.

La aparente ambigüedad antiguotestamentaria continúa en el NT: el m. es la creación excelen-te de Dios (Hch. 17:24), hecha por la actividad de su →Verbo para dar testimonio de él (Hch. 14:17; Ro. 1:19ss.). Sin embargo, sería insensato ensalzarlo demasiado, porque el individuo vale más intrínsecamente (Mt. 16:26). Es más, este m. identificado con la raza humana caída y pecaminosa, está realmente en poder de →Satanás, su príncipe (Jn. 12:31; 14:30; 16:11; 1 Jn. 5:19; cp. Lc. 4:6) y "dios" (2 Co. 4:4). Es un m. de tinieblas regido por los espíritus malignos (Ef. 6:12); engañador que esclaviza (Gá. 4:3,9; Col. 2:8,10); su espíritu se opone al de Dios (1 Co. 2:12; 1 Jn. 4:3), y finge dar sabiduría (1 Co. 1:20) y paz (Jn. 14:27), pero sólo logra una tristeza mortífera (2 Co. 7:10). En eso se revela su pecado (Jn. 1:29) e incredulidad que resultan un obstáculo para quien quiere entrar en el reino (Mt. 18:7). Por tanto, el m. está condenado a ser inseguro y pasajero (1 Co. 7:31; 1 Jn. 2:16).

Paradójicamente, Dios ama a este m. (Jn. 3:16), y envió a Jesús para salvarlo (12:47). El Hijo no es del m. (8:23; 17:14; 18:36; cp. 14:30); por eso el m. lo odia (15:18) y lo condena a muerte. Pero en ese momento se invierte la situación: en la crucifixión y resurrección se efectúa el juicio del m. (12:31) y la victoria de Cristo sobre él (16:33). Jesús acepta la voluntad del Padre, abandona el m. (16:28) y retorna al Padre para sentarse en gloria extraterrestre (17:1,5) y dirigir la historia (Ap. 5:9). Esta victoria rescató al m. de su esclavitud; Dios puso todo bajo los pies de Cristo (Ef. 1:20ss.; Col. 1:20). Sin embargo, el m. presente no ha llegado todavía a su fin (1 Co. 15:25-28; Ap. 21:4s.) y sigue en espera de su redención (Ro. 8:19ss.).

Los cristianos se hallan, por ende, en el m. (Jn. 11:11) sin ser de él (15:19; 17:14,16). Su tarea es separarse del m. contaminador, o sea del sistema que se opone a Dios (Ro. 12:2; 1 Co. 7:29ss.; Gá. 6:14; 2 Ti. 4:10; Stg. 1:27; 4:4; 1 Jn. 2:15s.). Pero no pueden retirarse del m.; más bien, han de llevar en el mismo una vida que testifique de su Señor (Mr. 16:15; Jn. 17:18,21,23; Fil. 2:15; 1 Jn. 4:17). Inevitablemente tropezarán con la hostilidad (2 P. 2:19s.; Jn. 15:18ss.; →PERSECUCIÓN) pues hasta el final la fe y la incredulidad convivirán en el m. (Mt. 13:38ss.; Jn. 3:18-21), pero entonces el juicio iniciado llegará a su culminación (Ro. 3:6; 1 Co. 6:2).   R. F. B.

Bibliografía
DTB, col. 695-700; *VTB*, páginas 503-508; H. Schlier, *Problemas exegéticos fundamentales en el NT* (Madrid: Fax, 1970), páginas 319-333.

MURCIÉLAGO. Quiróptero insectívoro, parecido al ratón, del cual se han identificado ocho diferentes especies en Palestina. La Biblia lo clasifica entre las aves inmundas (Lv. 11:13,19; Dt. 14:11,12,18). Isaías considera las cuevas donde se cuelgan los m. como los lugares más inmundos y, por tanto, sitios apropiados para arrojar los ídolos (Is. 2:19s.).   W. G. M.

MURO. Pared o tapia, muy común en tiempos bíblicos, levantado para proteger las viñas y los campos cultivados (Gn. 49:22), o para rodear las →casas (Is. 5:5,9) y las →ciudades (Dt. 3:5; 1 R. 4:13).

Jericó tenía un m. doble de ladrillo con viviendas construidas como "puentes" entre los dos muros (Jos. 2:15). El espacio entre los muros constituía una "segunda línea de defensa" pero la gente lo aprovechaba para actividades comerciales y para viviendas. En la época del AT, los m. de Jerusalén tenían 34 →torres y 8 puertas. En tiempo de guerra los arqueros disparaban desde las torres y desde los m. echaban piedras sobre los atacantes (2 S. 11:20-24). La monarquía hebrea terminó cuan-

Los judíos creen que las enormes piedras inferiores de esta pared formaban parte de los muros originales del templo antiguo, por lo que allí, en el punto más cercano al "lugar santo", lloran y oran por la paz de Jerusalén y por la pronta venida del Mesías.   IGTO

do los babilonios destruyeron los m. de Jerusalén (2 Cr. 36:17-19). La misión más urgente de Nehemías fue reconstruirlos (Neh. 1:3; 2:8-20; 3:4; 6:15), pues los m. representaban protección.

La ciudad celestial descrita en el Apocalipsis tiene m. (Ap. 21:12-14). Y la profecía de Zacarías es aún más maravillosa por cuanto dice que no habrá necesidad de m. en la nueva Jerusalén, puesto que Dios mismo será un "m. de fuego" para proteger a su pueblo (Zac. 2:4,5).

El lugar más sagrado para los judíos en la Jerusalén moderna es "El m. de las lamentaciones". Creen que formaba parte de los cimientos del Templo de Salomón y que encerraba el →lugar santísimo.   R. B. W.

MÚSICA. A través del AT se encuentran numerosas y variadas referencias a la m. y los instrumentos musicales del pueblo hebreo. El arte de la m., cantada o ejecutada, permeaba la vida nacional y personal. Lo vemos particularmente en los servicios religiosos (Lv. 23:24; 25:9; Nm. 10:2,3; 1 Cr. 23:5), en las victorias guerreras (Éx. 15:19-21; 2 Cr. 20:27,28) y en las ocasiones sociales (Gn. 31:27; Is. 5:12; Am. 6:5). Abundan en las Escrituras cánticos de regocijo, de acción de gracias, de alabanza, de duelo y de victoria. El libro de los →Salmos, p.e., constituye una admirable variedad de poesías o piezas inspiradas para ser cantadas o recitadas, acompañadas generalmente con instrumentos.

La primera alusión a la m. antes del diluvio se encuentra en Gn. 4:21, en donde se habla de Jubal, "el cual fue padre de todos los que tocan arpa y flauta". Después de aquel cataclismo se menciona a Labán lamentando no haber podido despedir a su yerno Jacob "con alegría y con cantares, con tamborín y arpa" (Gn. 31:27). En oportunidades de gran regocijo la ejecución de instrumentos musicales solía ir acompañada de →danzas. Moisés, después de haber cruzado el mar Rojo al frente del pueblo hebreo, compuso un cántico y lo cantó con los israelitas, en tanto que las mujeres, dirigidas por su hermana María, celebraban la victoria sobre Faraón y sus jinetes "con panderos y danzas" (Éx. 15:20). Es de suponer que la relación de los judíos con los diferentes pueblos, pero de manera especial la convivencia con los egipcios por cuatro siglos, influyera en el arte musical hebreo y en la evolución o incorporación de otros instrumentos a los suyos propios.

Los historiadores del reinado de →David proporcionan datos más concretos sobre la práctica musical y la organización de los ejecutantes para las ceremonias religiosas. David poseía un gran don musical que le sirvió para calmar el conturbado espíritu de →Saúl, el rey que le precedió (1 S. 16:16,23). A él se atribuye no sólo el crear y cantar los Salmos, sino también la invención de instrumentos musicales (2 Cr. 7:6). Cuando llevó el arca a Jerusalén, lo hizo al frente de todo el pueblo con cánticos, →arpas,

Los antiguos instrumentos de viento incluían trompetas, adufes o "cuernos de carnero", pitos y flautas.

oboes (→FLAUTA) como mínimo y doce como máximo, y un címbalo. El coro estaba compuesto por doce hombres como mínimo y su máximo sin límite. Los miembros, todos varones, debían tener como requisito entre treinta y cincuenta años de edad y cinco años de entrenamiento musical.

En tiempo de Cristo el servicio musical del templo era esencialmente el mismo que se practicaba en la época de Salomón. Había dos servicios diarios: el sacrificio matinal y el vespertino. Cada día de la semana se cantaba un salmo específico. El primer día el Sal. 24, conmemorando el primer día de la creación, el segundo día el 48, el tercero el 82, el cuarto el 94, el quinto el 81, el sexto el 93 y el séptimo el 92.

Instrumentos musicales del Cercano Oriente Antiguo. Relieve de una tumba de Sacara, que data de la Dinastía XVIII, en el que aparecen músicos tocando 1) una naana guitarra, 2) una flauta y 3) un arpa y una flauta. 4) Relieve de los siglos IX-VIII a.C., hallado en Carquemis, que ilustra cómo los músicos tocaban el laúd, el caramillo doble, y llaves de percusión. 5 Grafito pintado en una tumba del siglo XIX, en Bení Hasan, que muestra a un nómada tañendo su lira. 6) Relieve de los siglos IX-VIII· a.C., hallado en Carquemis, que ilustra cómo se tocaban el cuerno y el tambor. 7) Guerrero y trompetista asirio. 8) Relieve hallado en el Templo de Ramsés III, en Medinet Habu, en que aparece un trompetista. 9) Escena labrada en una píxide de marfil hallada en Nimrud y que data del siglo viii a.C. Muestra una procesión de adoradores que tocan salterios, pandereta y caramillos dobles.   IVP

→salterios, tamboriles (→PANDERO), →címbalos y →trompetas (1 Cr. 13:8). Eligió exclusivamente levitas como músicos y cantores para el tabernáculo (1 Cr. 15:16-24) y organizó con esmero el coro y la orquesta. No es posible determinar con certeza el uso de la m. en los servicios religiosos, dado que, aparte de las citas ya mencionadas y alguna otra como 1 Cr. 23:5 que se refiere a "cuatro mil para alabar a Jehová", las referencias al respecto son escasas e indirectas.

David y los jefes del ejército eligieron como directores de la m. del tabernáculo a → Asaf, Hemán y Jedutún, levitas (1 Cr. 25:1,6), quienes después ejercieron esta misma función en el templo construido por Salomón (2 Cr. 5:12s.). Asaf tenía cuatro hijos, Hemán catorce y Jedutún seis. Estos veinticuatro levitas, hijos de los tres grandes directores, estaban a la cabeza de veinticuatro bandas de m. que se colocaban en orden alrededor del altar de los holocaustos y servían en el templo por turno. Se dedicaban únicamente a aprender y a practicar la m., ya fuese vocal o instrumental (2 Cr. 29:25). Cuando el rey Salomón dedicó el templo, los músicos eran prominentes (2 Cr. 5:12s.; 7:6). Los dos mil que componían el coro del templo tenían departamentos reservados y recibían salario.

En las ceremonias del segundo templo fue reducido el personal de la orquesta y el coro. La orquesta constaba de dos salterios como mínimo y de seis como máximo, nueve arpas como mínimo y su máximo sin límites, dos

No existen datos concretos que permitan conocer la naturaleza de la m. hebrea. Tampoco se sabe, a ciencia cierta, si poseían algún sistema de notación. Se han realizado algunos intentos para interpretar los acentos del texto heb. de los masoretas (→TEXTO DEL AT) como un sistema de signos o símbolos musicales, pero sin resultado positivo. Los acentos constituían una guía más bien para la recitación que para el canto litúrgico y, además, se originaron posteriormente. No existen datos concretos sobre la m. instrumental del templo, pero, según la forma en que los salmos fueron compuestos, puede deducirse que algunos debían ser cantados antifonalmente por dos coros (Sal. 13; 20; 38) o por un coro y la congregación (Sal. 136; 118:1-4).

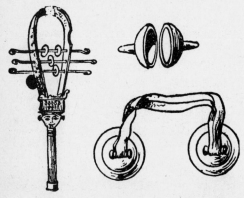

instrumentos antiguos de percusión. Había variedad de címbalos o platillos.   IVP

Pareciera que después del cautiverio los coros estaban constituidos por igual número de voces masculinas y femeninas (Esd. 2:65). Sin embargo, no está comprobado si cada coro era mixto, o si uno de ellos era netamente de voces masculinas y el otro de femeninas. Es muy probable que en vez de cantar se recitara, aunque no se sabe a ciencia cierta en qué forma. Seguramente era muy diferente de la recitación eclesiástica moderna.

En las Escrituras se mencionan muchos instrumentos musicales, aunque no existen datos concretos sobre su forma y construcción. Ha sido imposible clasificarlos acertadamente, pero, dado el intercambio →cultural tan amplio entre los pueblos vecinos de la antigüedad, es probable que los restos arqueológicos y dibujos de los instrumentos griegos, romanos y egipcios nos den cierta aproximación a la realidad hebrea. Hubo tres clases de instrumentos: de cuerda, de viento (→CUERNO, →BOCINA) y de percusión.

En el NT hay quizá menos apreciación por la m. instrumental en sí (cp. 1 Co. 13:1), pero se

nota un gran apego a los →himnos. No sólo el Señor Jesús y los discípulos en el aposento alto (Mr. 14:26 //, una referencia al canto litúrgico de los Sal. 113-118), sino todos los cristianos apostólicos cantaban como expresión natural de su fe, y muchos himnos se hallan intercalados en el texto del NT.   V. F. V.

Bibliografía
"Música", *EBDM* V, col. 364-379.

MUSLO. Parte de la pierna desde la juntura de la cadera hasta la rodilla.

Las referencias bíblicas al m. con sentido anatómico y médico son muy pocas. La más significativa se refiere al caso de →Jacob cuando éste, en su lucha con un varón en Peniel, se descoyuntó el m. de su encaje, por lo cual se prohibió a los israelitas comer del tendón femoral (Gn. 32:25-32).

Poner la mano debajo del m. de otra persona al hacer un →juramento significaba un mayor deber de cumplir con una obligación (Gn. 24:2,9). En sentido figurado el m. es símbolo de poder y fortaleza: tal es la expresión "la espada sobre su m." (Sal. 45:3; Cnt. 3:8); por el contrario, estar herido en "cadera y m." parece referirse a una incapacidad total (Jue. 15:8).

Como eufemismo, "m." también se utiliza para referirse a los órganos genitales, tanto masculinos como femeninos: "y todas las almas que salieron del m. de Jacob, fueron setenta" (Éx. 1:5, RV 1909); "y tuvo Gedeón setenta hijos que salieron de su m." (Jue. 8:30 RV 1909). Además, la expresión "caer el m." (Nm. 5:21,22,27), refiriéndose a la mujer denotaba esterilidad.   L. A. S.

MUTILADOR. Traducción de la voz gr. *katatomé* (Fil. 3:2) que expresa un contraste sarcástico con la palabra *peritomé*. Esta significa "circuncisión"; aquélla, "cortadura" o "mutilación" (NC). Pablo emplea el término para demostrar el enojo y desdén que siente hacia los judaizantes que insistían en que la circuncisión era necesaria para la salvación. Para Pablo este rito ahora, lejos de tener valor religioso, más bien es comparable a la mutilación pagana. En Gá. 5:12 su sarcasmo es aun más agudo. Emplea una palabra que puede entenderse "castrarse" o "cortarse todo el miembro".   W. M. N.

MUT-LABÉN (heb. *al mut labbén*). Expresión de significado incierto que aparece en el título del Sal. 9. Algunos autores pretenden explicarla como referida al contenido del salmo, pero otros consideran que m. alude a las palabras de una canción conocida. Indica la melodía popular con que se cantaba el salmo citado.
                                              V. F. V.

N

NAAMÁN ('placentero'). **1.** Hijo de Bela y probablemente nieto de Benjamín (Gn. 46:21; Nm. 26:40; 1 Cr. 8:3,4).

2. General valeroso y apreciado del ejército de → Ben-adad II, rey de Siria, durante el reinado de Joram en Israel (2 R. 5). En esta época Israel era tributario de Siria. N. era leproso pero no se había separado de la sociedad (cp. Lv. 13:45,46). Durante una invasión a Israel había tomado cautiva a una muchacha israelita, a quien puso por sirvienta de su esposa. La muchacha contó a su ama acerca de un profeta en Israel que podía curar la lepra. Enterado de esto, el rey de Siria hizo que N. fuera a Joram, rey de Israel, con una carta en la que pedía la curación de su general.

Joram se alarmó ante semejante petición, y pensó que Ben-adad buscaba motivo para pelear, pero el profeta → Eliseo le pidió que remitiera a N. ante él. Luego, el profeta envió a su siervo → Giezi para aconsejar a N. que se lavara siete veces en el río Jordán. Ante esta solución N. se enojó y se fue, pero luego se arrepintió, obedeció y fue sanado. Según 2 R. 5:15-17, N. se convirtió a Jehová, pero explicó al profeta que, a pesar de su nueva fe, tendría que acompañar a su jefe en el culto a su dios. Evidentemente Eliseo no se opuso (5:18,19).

Jesús se refirió a la curación de N. al reprochar la incredulidad de Nazaret (Lc. 4:27).

C. W. D.

NAASÓN. Nombre posiblemente derivado de *nahash* ('serpiente' o 'augurio'). Corresponde al hijo de → Aminadab, que figura entre los ascendientes de David (Rt. 4:20) y de Jesús (Mt. 1:4; Lc. 3:32). Fue jefe de la tribu de Judá en el desierto (Nm. 1:7; 2:3; etc.) y cuñado de Aarón (Éx. 6:23).

C. R.-G.

NABAL ('necio'). Hacendado rico y propietario de grandes rebaños, que vivía en Maón, en el S de Judá. Era del linaje de Caleb. De él solicitó David provisiones para su ejército cuando estaba desterrado durante el reinado de Saúl, pero su petición le fue denegada. En vez de ayuda N.

envió insultos, lo cual enojó grandemente a David, pues él proveía la protección de la región y quizás esperaba cierta gratitud.

Cuando David decidió subir con cuatrocientos hombres armados para castigar la insolencia de N. intervino → Abigail, la mujer de este último. Era bella e inteligente y con discreción convenció a David de que la venganza no era propia de él. Así salvó a su esposo. Sin embargo, cuando N. se dio cuenta de lo ocurrido, su corazón desmayó y diez días después falleció (1 S. 25).

D. M. H.

NABOT. Natural de Jezreel que poseía una viña cerca del palacio del rey → Acab, de Samaria (1 R. 21), la cual éste deseaba para poder ampliar su huerto. N. se negó a entregar su viña, pero → Jezabel, la esposa de Acab, levantó contra él falsos testigos que lo acusaron de blasfemia, e hizo finalmente que lo lapidaran y mataran. Acab se apoderó de la viña, pues los herederos de un convicto de blasfemia no tenían derecho alguno. La intervención que el profeta Elías tuvo en este caso fue recordada después como un ejemplo de la justa retribución divina (2 R. 9:21-26).

J. M. A.

NABOTEOS. Descendientes de → Nebaiot, hijo de Ismael (Gn. 25:13), llamados también nabateos. No se les menciona en la Biblia con el patronímico pero les alude implícitamente en el libro de Abdías. Se habla de Nebaiot (o Nabatea) como región o ciudad (Is. 60:7).

Se trata de un verdadero reino arábigo con gente notable en la guerra, en el comercio y las construcciones. Comenzó a extenderse por el siglo VII a.C. y llegó a cubrir casi toda la Arabia Pétrea, la Península Sinaítica y las fronteras del desierto de Arabia. Por el siglo VI los n. llegaron hasta Edom y Moab y las conquistaron. Alcanzaron su apogeo entre los siglos II a.C. y II d.C. Fue en Edom donde los n. fundaron el reino de Arabia Petrea, y varios de sus reyes se reconocieron con el nombre de → Aretas (2 Co. 11:32; cp. Abd. 1). En 106 d.C. Roma hizo provincia suya a Nabatea y la llamó Arabia.

Magnífico ejemplo de la pericia arquitectónica de los nabateos es el templo Ed-Deir, esculpido en la misma mole pétrea. Nótese el tamaño del hombre parado en la entrada.
MPS

En los días de Cristo los n. se extendieron hasta el Mediterráneo, al S de Gaza; por el N subieron por Traconite y dominaron hasta Damasco en Siria.

La madre de Herodes el Grande fue nabatea. Aunque posiblemente Cristo nunca visitó a Nabatea, ejerció su ministerio en las fronteras de Perea y Decápolis cuando los n. estaban allí en pleno apogeo. Quizá fueran n. los árabes que se mencionan como presentes en Jerusalén el día de Pentecostés (Hch. 2:11).

El rey Aretas IV (9 a.C.–40 d.C.) nombró a un gobernador (etnarca) para Damasco. Este fue el que tramó el arresto de Pablo y de quien el apóstol escapó según 2 Co. 11:32s. Una hija de Aretas IV fue mujer de → Herodes Antipas del que pronto se divorció.

Los n. permanecieron nómadas hasta el siglo III a.C., y señoreaban en la Península Sinaítica. Eran famosos como astutos mercaderes, y lograron la supremacía en las transacciones comerciales de las rutas de caravanas que iban y venían de la India, China, Arabia y Siria. También fueron expertos constructores de presas, acueductos, cisternas, receptores cónicos de agua, etc., sobre todo en la ciudad rocosa de → Sela (o sea Petra), su virtualmente impenetrable capital.
M. V. F.

NABUCODONOSOR. Nombre que el AT da al que era rey de Babilonia desde 605 hasta 562 a.C. Es N. II y no debe confundírsele con N. I, quien fue rey de la cuarta dinastía babilónica, y gobernó en esa ciudad en el siglo XII.

El padre de N., Nabopolasar, fue el primer rey del imperio neobabilónico o caldeo (→CALDEA). Aun antes de ascender al trono, N. se distinguió por su actividad militar. Poco antes de morir su padre, N. marchó a la cabeza de un ejército para enfrentarse con las tropas de → Necao, rey de Egipto. Josías, rey de Judá, fiel a su alianza con Babilonia, se opuso a Necao en Meguido, y murió a consecuencia de las heridas recibidas. Le sucedió su hijo Joacaz. Empero, Necao no aceptó esta sucesión y colocó en su lugar a Joacim, otro hijo de Josías y hermano de Joacaz. Este último fue llevado cautivo a Egipto (2 R. 23:28-35; 2 Cr. 35:20–36:4). Mas las victorias de Necao fueron efímeras, pues N. le derrotó en →Carquemis (605 a.C.). Joacim y su reino quedaron sujetos al imperio babilonio.

Las noticias de la muerte de Nabopolasar obligaron a N. a regresar a Babilonia. Sin embargo, después de algunos años Joacim, alentado por el aparente resurgimiento de la potencia de Egipto, se rebeló contra N., y éste envió sus tropas para que atacasen a Judá. Joacim murió en la campaña y le sucedió su hijo Joaquín. Cuando los babilonios tenían sitiada a Jerusalén, el propio N. vino a dirigir la campaña. En el año 597 Jerusalén cayó, y N. se apoderó de los tesoros del templo y del palacio. Además, el rey Joaquín, sus familiares y algunos personajes del reino fueron llevados prisioneros a Babilonia. Junto con ellos, N. llevó varios millares de obreros y soldados que desde entonces habrían de servirle. En lugar de Joaquín, N. colocó sobre el trono de Jerusalén a Sedequías, tío de Joaquín (2 R. 24:1-17; 2 Cr. 36:5-10). Resulta difícil compaginar los detalles de estas dos narraciones, y por ello hemos seguido aquí la primera de ellas). Se han encontrado textos babilónicos en los que se habla del rey Joaquín, que vivía en exilio en esa ciudad.

El nuevo rey, Sedequías, a pesar de ser criatura de N., no tardó en rebelarse contra él. Fue entonces cuando N. "vino con todo su ejército contra Jerusalén, y la sitió, y levantó torres contra ella alrededor" (2 R. 25:1). Tras un período de sitio, el rey y su ejército huyeron de la ciudad, pero los caldeos dieron con ellos, dispersaron al ejército judío y capturaron a Sedequías. Este fue llevado ante N. Allí degollaron a sus hijos en presencia suya, y a él le sacaron los ojos, después de lo cual lo llevaron cautivo a Babilonia.

La ciudad de Jerusalén fue destruida. Todos los principales edificios fueron incendiados, y los caldeos echaron abajo las murallas de la ciudad. Dejando sólo a los labradores para que trabajaran la tierra, → Nabuzaradán, capitán de la guardia de N., llevó cautivos a Babilonia a todo el resto de la población. Junto con este gran número de esclavos, los caldeos llevaron consigo todo cuanto pudieron tomar del templo y los palacios de Jerusalén (2 R. 24:18–25:21; 2 Cr. 36:11-21). Fue durante esta época, y en torno a estos acontecimientos, que profetizó → Jeremías y a causa de ello se le acusó de traición. Debido a estos aciagos acontecimientos de la caída y destrucción de Jeruralén y del exilio del pueblo, el año 587 a.C. es de importancia capital para la historia de Israel.

Aparte de las campañas mencionadas, algunos textos babilónicos describen muchas otras dirigidas por N. Entre sus aliados se contaban los → medos, que en tiempos de → Belsasar contribuirían a poner fin al imperio neobabilónico. Además, durante el reinado de N. se erigieron en Babilonia algunas de sus más grandes obras arquitectónicas, construidas en gran parte con materiales y artesanos procedentes de tierras conquistadas, como los judíos. Entre estas obras se destacaban los "jardines colgantes de Babilonia", de los cuales hoy sólo quedan algunos rastros difícilmente reconocibles.

Según Dn. 4, N. pasó por un período de locura, tras el cual una vez restablecido alabó a Dios como rey y Señor. Los textos babilónicos y el resto de la literatura veterotestamentaria, nada dicen al respecto.

El período de más de medio siglo durante el cual N. reinó en Babilonia fue la época de oro del imperio caldeo. En tiempo de su hijo → Evil-Merodac comenzó la decadencia, que culminaría poco después con la caída de Babilonia mientras → Belsasar celebraba su famoso banquete.

J. L. G.

Antigua inscripción babilónica que data de la época de Nabucodonosor.

NABUZARADÁN. Oficial de la corte del rey Nabucodonosor, al que éste le confió el manejo de los asuntos de Jerusalén cuando ésta cayó en poder de los babilonios (2 R. 25:8-21; Jer. 39:8-10). Cuatro o cinco años después regresó a Jerusalén y llevó 475 cautivos más (Jer. 52: 12-30).

NACIMIENTO DE JESÚS. → JESUCRISTO, MARÍA, VIRGEN.

NACOR. 1. Hijo de Serug (Gn. 11:22) y padre de Taré (Gn. 11:24), quien a su vez fue padre de Abraham. Es mencionado en la genealogía de Jesús (Lc. 3:34).

2. Hijo de Taré (Gn. 11:26,27) y hermano de Abraham (Gn. 22:20,23). Nació en Ur de los caldeos, pero parece que después residió en → Harán, "ciudad de Nacor" (Gn. 24:10). Se casó con Milca, hija de Harán (Gn. 11:29), quien le dio ocho hijos. De su concubina Reúma tuvo cuatro (Gn. 22:20-24). De entre sus hijos sobresale Betuel, padre de Rebeca (Gn. 22:23), esposa de Isaac. Parece haber sido adorador del Dios verdadero (Gn. 31:53).

H. P. C.

NADAB (heb. = 'generoso', 'noble'). Nombre de cuatro personajes del AT.

1. Hijo de Aarón (Éx. 6:23), quien con su hermano ofreció "fuego extraño" delante de Jehová, por lo que ambos sufrieron el castigo de muerte (Lv. 10:1-7; cp. v. 12).

2. Segundo rey de Israel, hijo y sucesor de Jeroboam I. Continuó el culto de los becerros de oro que su padre había iniciado. Reinó apenas dos años (ca. 915, 914 a.C.). Fue asesinado y sucedido por Baasa quien aniquiló toda la casa de Jeroboam (1 R. 14:20; 15:25-31).

3. Descendiente del patriarca Judá (1 Cr. 2:28,30).

4. Hijo de Gabaón y tío del rey Saúl de la tribu de Benjamín (1 Cr. 8:30; 9:36). P. S.

NAFTUHIM. Hijo de Mizraim, descendiente de Cam (Gn. 10:13; 1 Cr. 1:11). Formó un grupo humano, posiblemente situado en el Bajo Egipto porque N. llegó a significar "los del delta". Se ha sugerido que N. significa ptahitas, pues Ptah era el dios de Menfis. J. M. A.

NAHAS (heb. = 'serpiente'). Nombre de dos personajes y una localidad del AT.

1. Rey amonita, contemporáneo de Saúl. Su derrota por Saúl fue un factor en la coronación de este último como rey de Israel (1 S. 11).

2. Padre de Abigail y Sarvia (2 S. 17:25). Aunque hay cierta ambigüedad en el texto heb. de 2 S. 17:25 esta parece ser la mejor interpretación (cp. 1 Cr. 2:16).

3. Ciudad fundada por Tehina, de la tribu de Judá (1 Cr. 4:12). J. M. A.

NAHUM (probablemente forma abreviada de la voz heb. *nahumyah* = 'Yahvéh ha consolado'). El séptimo de los profetas menores. De él sólo sabemos que era oriundo de la localidad de Elcos (1:1), al S de Judá.

No es fácil fechar sus profecías, pero podemos ubicarlas entre la caída de Tebas (663 a.C., Nah. 3:8) y la de Nínive (612 a.C.). En este

lapso el rey Nabopolasar funda en 625 a.C. el
imperio neobabilónico (→BABILONIA), que
domina la escena por tres cuartos de siglo. El
último enemigo que somete es la decadente
→ Asiria, a la que Egipto se había aliado. La
caída de → Nínive sella la derrota final del imperio asirio, que había ejercido su brutal dominación en toda la región, y es por ello celebrada
en todo el Medio Oriente como una liberación.
El libro de N. describe y celebra esa caída,
interpretándola para el pueblo de Judá.

El libro comienza con un poema acróstico
(1:2-10), tal vez un himno (lo que ha hecho a
algunos estudiosos suponer que es una unidad
independiente, que quizás se utilizaba como
himno de alabanza por la caída del opresor), en
que se celebra la venida de Yahvéh con potencia
para castigar a sus enemigos y salvar a su pueblo, 1:11-15 contiene un mensaje de promesa
para Judá, pero desde 1:10,11 se anuncia el
juicio y la amenaza contra Nínive que continúan en 2:4-13. La descripción de la derrota de
Asiria es particularmente vívida (2:3-7). El juicio de Dios se representa por las fuerzas desata-
das de la naturaleza, que cumplen su propósito
(1:3-5; 2:6). Dios ha utilizado a Asiria para
disciplinar a su pueblo, pero ahora el castigo se
ha cumplido y Dios castiga la soberbia de Asiria
(Nínive es su capital) (1:12-14) y quiebra su
yugo de sobre su pueblo (v. 13). Ahora Judá
puede celebrar sus festivales y cumplir sus votos
(1:15b). El anuncio de la liberación se introduce con el hermoso pasaje de 1:15, que halla
un eco en Is. 52:7 (cp. Ro. 10:15; Ef. 6:15).

Jenofonte narra que Nínive fue destruida en
una inundación del Tigris. N. en 2:6,8 lo indica
vívidamente, y en 2:9-13 describe a los vencedores arrojándose sobre los despojos. El que fue
gran imperio es ahora una ruina (3:7). N. reme-
mora la caída del otro poderoso imperio, el de
Egipto (3:8-15). Inútilmente tratarán de recons-
truilo (3:14,15). El juicio es definitivo (3:19).

No inspira a N., como algunos críticos han
pretendido, un simple celo nacionalista, sino la
convicción de que Dios gobierna la historia de
todos los pueblos, y que es un Dios justo, cuya
justicia no pueden desviar ni retardar con su
poder los imperios (1:3). El pueblo creyente
puede reposar confiado en esa justicia (1:7,13).
Su mensaje no se opone al de su contemporáneo Jeremías y otros; éstos anuncian el juicio
de Dios sobre su propio pueblo, N. asegura que
este juicio es universal (3:1). El mismo mensaje
resuena en →Habacuc y en secciones de la profecía de → Amós. En medio de la opresión o la
persecución, la iglesia ha recordado muchas veces este mensaje y ha sido sostenida. El libro de
Apocalipsis es un antiguo testigo de ello.

                                          J. M. B.

NAÍN (heb. = 'placentero'). Aldea de Galilea en
donde Jesús resucitó al hijo unigénito de una
viuda (Lc. 7:11-17). Su ubicación se establece
con bastante seguridad en el pequeño pueblo
moderno de Neín, que se halla 8 km al SE de
Nazaret y 3 al SO de Endor, en una suave
pendiente desde la que se domina el valle de
Jezreel. Puesto que la población nunca fue fortificada con muros, la referencia a "la puerta de
la ciudad" (v. 12) debe entenderse como alusión a la entrada mayor.   J. H. O.

NAIOT. Pequeño poblado o barrio de la ciudad
de → Ramot. Se cree que allí se estableció una
de las antiguas "escuelas de profetas" organizada por Samuel y sus discípulos. Saúl tuvo allí
su extraña experiencia de profetizar (1 S.
19:18-24. David se refugió en N. cuando era
perseguido por Saúl (1 S. 20:1).   M. V. F.

NARCISO. Amigo de Pablo de origen romano, y
jefe de una casa a cuyos miembros, que también
eran cristianos, el apóstol saluda en Ro. 16:11.

No puede ser el N. que planeó la muerte de
Mesalina por infidelidad a su esposo, el emperador Claudio, ya que este N., amigo de confianza del emperador, se suicidó antes que el
apóstol escribiera la carta.   E. A. T.

NARDO. El espicanardo (Nardostachys iataman-
si), hierba de la familia de las valerináceas,

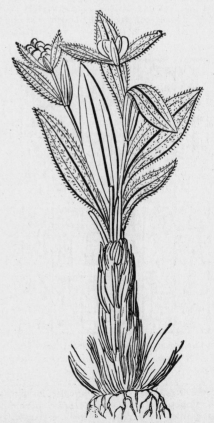

Con ''una libra de perfume de nardo puro'' María ungió
los pies del Señor en Betania.

oriunda de los montes del Himalaya. De la raíz y tallos vellosos de la planta se prepara un ungüento fragante y costoso, muy apreciado como perfume tanto en la India como en otros países asiáticos (Cnt. 1:12; 4:13s.).

De n. era el perfume con que una mujer (según Jn. 12:3, María de Betania) ungió a Jesús en casa de Simón el leproso (Mr. 14:3-9 //). Su aroma era tan intenso que llenó toda la casa (Jn. 12:3), y su precio se calculó en 300 denarios o más. El adjetivo *pistikós* que usan Mr. y Jn. para describir el n. es de significado discutido: "genuino, no adulterado", "del pistacho", o "espica(-nardo)".

J. A. G. y R. F. B.

NARIZ. Órgano de la respiración y el olfato. En la mentalidad hebrea no existía la idea del proceso respiratorio. La presencia del aliento en las fosas nasales estaba relacionada con la → vida (Gn. 2:7; Job 27:3 → ALMA, ESPÍRITU, etc.). Cuando el aliento se exhalaba visiblemente se llamaba "humo" (Sal. 18:8), y se relacionaba con la expresión de las emociones, principalmente de la ira (Gn. 27:45; Job 4:9; Is. 30:28). En el AT "n." se emplea frecuentemente en sentido figurado: un viento tempestuoso se describe como "el soplo de tus n." (Éx. 15:8 RV 1909).

Los asirios solían poner argollas en las n. de sus cautivos para conducirlos a manera de animales (2 R. 19:28; Job 41:2). Entre las mujeres orientales era costumbre colgarse sortijas de metales preciosos del cartílago de las n. (Gn. 24:22,47; Is. 3:21).

A. R. T.

NATÁN ('él ha dado'). Nombre de nueve personas en el AT.

1. Hijo de David y ascendiente de Jesucristo (2 S. 5:14; Lc. 3:31).
2. Padre de Igal (2 S. 23:36).
3. Padre de Azarías (1 R. 4:5).
4. Padre de Zabud (1 R. 4:5).
5. Descendiente de Judá (1 Cr. 2:36).
6. Hermano de Joel (1 Cr. 11:38).
7. Enviado de Esdras (Esd. 8:16).
8. Uno de los que se casaron con extranjeras en tiempo de Esdras (Esd. 10:39).
9. Profeta amigo del rey David, notable por sus decisivas intervenciones durante el reinado davídico (2 S. 7:2-17; 12:1-5). Cuando David comunicó a N. su deseo de edificar una casa o templo para Dios (2 S. 7), el profeta contestó con la revelación de Jehová: No sería David, sino uno de sus descendientes, quien construiría el templo (→ SALOMÓN).

Cuando David pecó (2 S. 11) Dios envió a N. para amonestarlo. El profeta utilizó una parábola como acercamiento logrando que David mismo declarara su propio castigo (2 S. 12: 1-12). Cuando por la muerte de David la casa de éste se dividió y → Adonías quiso usurpar el trono, de nuevo apareció N. en acción. Aconsejó a → Betsabé en cuanto a la manera en

que debía actuar frente a la crisis (1 R. 1:11-14). Es N. quien unge a Salomón como rey sucesor de David (1 R. 1:39-45).

La institución de los levitas y de los músicos en la casa de Jehová emanó tanto de N. como del rey David (2 Cr. 29:25).   J. A. M.

NATANAEL (heb. = 'don de Dios'). Discípulo de Jesús, probablemente uno de los doce. Se menciona sólo en Jn. 1:45-51 y 21:2 y se le ha identificado con Bartolomé, nombre patronímico que aparece en la lista de los apóstoles después de Felipe (Mt. 10:3; Mr. 3:18; Lc. 6:14). Era oriundo de Caná de Galilea y fue conducido a Jesús por Felipe. Los dos compartían la esperanza mesiánica, pero al principio N. se mostró escéptico porque Jesús era de Nazaret. Al darse cuenta, sin embargo, del conocimiento profético que Jesús tenía de él, N. le exaltó con títulos de magnificencia. En respuesta, Jesús le prometió una visión, cual la de Jacob, en la que "el → Hijo de Hombre" sería el mediador entre el cielo y la humanidad. Más tarde N. vio a Jesús resucitado junto al mar de Tiberias (Jn. 21:2).   A. R. T.

NATURALEZA. Término que generalmente traduce el vocablo gr. *fysis*, que en su más amplio sentido designa la peculiaridad propia y nativa de cada ser. Cuando se habla de la n. del hombre se alude a lo que el hombre tiene de por sí, en contraposición a lo que recibe de afuera, por educación o costumbre.

A menudo en el NT el término se usa en este sentido general. En Gá. 2:15 HA se habla de personas que son judíos por n. y en Ro. 11:24 de la planta que es olivo silvestre por n. Stg. 3:7 afirma que toda n. de animales ha sido domada por la "n. humana". Ro. 1:26,27 habla de prácticas sexuales que están en contra de la n. humana (cp. 1 Co. 11:14).

Pero también "n." se usa en sentido peyorativo en relación con el hecho de la maldad en el hombre. El pecado ha entrado al mundo y pervertido mortalmente la n. de los hombres; por tanto, ahora son "por n. hijos de ira" (Ef. 2:3). El NT denomina "hombre natural" al hombre sin Cristo (1 Co. 2:14), frase que transcrita sería "hombre psíquico". Esta es la descripción del hombre en el nivel de los recursos exclusivos de su propia n., que no comprende ni acepta la revelación del evangelio. En contraste con el "hombre natural", deformado por el pecado, el NT habla de un hombre nuevo que es ante todo Cristo en persona (Ef. 2:5). Todo el que cree en Cristo es continuamente invadido por la imagen de él, y es conformado a una nueva n. restaurada (Ro. 8:29; 2 P. 1:4).   V. A. G.

NAVE.

I. LA PRIMITIVA NAVEGACIÓN FLUVIAL

Por haberse desarrollado las antiguas civilizaciones bíblicas en las cuencas del Tigris, el Éufrates y el Nilo, es natural que los primeros intentos de navegación conocidos se hicieran en estos caudalosos ríos, antiguos medios de comunicación. La población aprovechaba los papiros, cañas y juncos que crecían en las riberas; enlazaban los juncos fuertemente entre sí y los calafateaban con betún o asfalto para hacer botes (Éx. 2:3). Los monumentos egipcios y los sellos y monedas de Mesopotamia dan una idea de las antiguas embarcaciones, especialmente barcazas para el transporte de carga, o canoas para transportar personas (Is. 18:2). Al mejorarse las rutas fluviales, las n., pese a los materiales de construcción, llegaron a tener dimensiones considerables, e incluso se usaron como barcos de guerra entre Asiria y Babilonia.

referencias a las "n. de Tarsis" en el AT recuerdan el poderío marítimo de otros lugares, como → Quitim (Chipre) y → Tarsis (o bien de una región al sur de Cilicia, o de la región gaditana de España). Isaías consideraba estas flotas como símbolo del orgulloso poderío de los gentiles (Is. 2:16; cp. Nm. 24:24; Dt. 28:68).

Las n. típicas de Tarsis solían tener la proa redonda y la popa adaptada a la acción de los dos grandes remos del timonel. Llevaban un mástil central, con vela cuadrada, dos bancos para los remeros, una superestructura de defensa contra las olas, y la insignia de la divinidad protectora en la proa. Eran relativamente anchas

(1) Barca de Asiria, 3200 a.C., dibujada en un sello cilíndrico; (2) modelo en plata de una canoa, de Ur de Caldea, 2500 a.C.; (3) barco egipcio, 1480 a.C.; (4) barco guerrero de Fenicia; (5) barcaza de Asiria apoyada sobre cueros de cabra inflados, 700 a.C.; (6) barco de guerra sidonio con proa armada y adorno de cabeza de carnero, según aparecía en monedas del siglo V a.C.; (7) embarcación egipcia de fondo redondeado que se usaba en el mar Mediterráneo hasta la época helénica.   IVP

II. LA ÉPOCA DE LA NAVEGACIÓN FENICIA

A los egipcios no les gustaba el mar abierto, pero se atrevían a navegar por la costa de Palestina hasta llegar a → Fenicia, en busca de madera y otros materiales. Los fenicios, limitados a sus sierras y puertos, se vieron obligados a buscarse la vida en el Mediterráneo. Ezequiel conserva una magnífica descripción de las naves fenicias, que llegaron a ser símbolo de → Tiro tanto en su prosperidad como en su ruina. El profeta destaca la vasta extensión del comercio fenicio (Ez. 27:12-29; cp. 3-9). Las frecuentes

para dar cabida a la carga y los pasajeros (Jon. 1:3-5). Los barcos de guerra tenían proa aguda, con mayor eslora para hacerlos más veloces.

III. LOS HEBREOS Y LA NAVEGACIÓN

La costa de Palestina (hasta llegar al Carmelo en dirección N) carece de puertos naturales pues Jope sólo fue habilitado artificialmente bajo los asmoneos, y Cesarea fue creación de Herodes. Durante siglos esta costa fue ocupada por los fenicios al N y los filisteos al S, ya que los israelitas habitaban las montañas del interior. En tiempos de los jueces, Aser y Dan apenas ya se asomaban a la costa (Jue. 5:17). Para Israel, el mar sólo llegó a tener importancia al consolidarse la monarquía, y entonces sólo gracias a la alianza con Tiro y Sidón. Salomón había buscado riquezas en los mares del S a través de su puerto en el mar Rojo. → Ezión-geber (Elat, Acaba) y, años después, Josafat quiso imitarle, pero fracasó (1 R. 9:26ss.; 10:22; 22:48ss.).

Posiblemente los escritores del AT conocieron el → mar solamente de lejos, generalmente como símbolo de intranquilidad y de dominio extranjero (Is. 33:20-23); cp. la poética descripción de unos marineros en una tempestad del Sal. 107:23-32. "El rastro de la n. en medio del mar" evoca para el sabio proverbista la finitud del conocimiento humano frente a las cosas inexplicables, pero también le era símbolo de previsión y de abundancia (Pr. 30:19; 31:14).

IV. La navegación en el NT

En los Evangelios hallamos frecuentes referencias a las barcas de pesca del → mar de Galilea. Eran suficientemente grandes para acomodar al Maestro y sus doce discípulos a la vez, pero una carga excesiva de peces podía ponerlas en peligro de hundirse (Lc. 5:7). Los pescadores impulsaban a remo sus barcas (Jn. 6:19), pero en ocasiones utilizaban también la vela.

Viajando en los barcos costeros del E del Mediterráneo, el apóstol Pablo sufrió naufragio por lo menos cuatro veces (2 Co. 11:25; Hch. 27:39-44), lo cual subraya los riesgos de las rutas marítimas. El segundo barco de su viaje a Roma, cuando era llevado prisionero, era una "n. alejandrina" (Hch. 27:6), dedicada a transportar trigo desde Egipto a Roma. De la gráfica narración de Lucas se deducen detalles de estas grandes n.; el número de personas, 276 entre tripulantes y pasajeros, indica un tamaño mediano, pues había mayores. Tal n. sería un tipo perfeccionado de la fenicia de hacía siglos, ya descrita, pero dispondría de trinquete y vela de foque para facilitar las maniobras.

V. Uso figurado de "nave"

Por no ser marítimo el pueblo hebreo, sus escritores hacen poco uso de las figuras relacionadas con el mar y las n. Además de las figuras incluidas en la sección III, la inestabilidad del borracho también se compara con la de las personas embarcadas (Pr. 23:31-34). En Heb. 6:18s. la esperanza cristiana es como "ancla del alma" y en Stg. 3:4 la lengua resulta ser más ingobernable que las grandes n., pues éstas obedecen al timón. Ap. 18:12-18 hace eco de Ez. 27, pero en este pasaje los mercaderes y marineros lamentan el fin de Babilonia.

E. H. T.

Bibliografía
"Navegación", EBDM V, col. 456-463.

NAZARENO. Nativo de → Nazaret o perteneciente a esta ciudad. En Mt., Jn., y Hch. Jesús es llamado el *Nadzoraios*, mientras Mr. prefiere *Nadzarenos* y Lc. vacila entre las dos formas, que son entonces equivalentes. El que fuera llamado así se interpreta como un cumplimiento profético (Mt. 2:23), ya que el Mesías sería despreciado de los hombres (en Is. 11:1 se le llama "el vástago *neser* que retoñará de las raíces de Isaí", término heb. que Mt. relaciona con *nazerat* = n.). La aldea de Nazaret era menospreciada aun por sus vecinos (Jn. 1:46) y especialmente por los de Jerusalén.

Jesús fue reconocido como n. no sólo por el pueblo (Mt. 21:11; Mr. 10:47) y los demonios (Mr. 1:24), sino también por el ángel que anunció su resurrección (Mr. 16:6). Inclusive, después de su resurrección, Jesús mismo se presentó a Saulo como "Jesús de Nazaret" (Hch. 22:8). Después de la ascensión los cristianos también fueron conocidos como n. (Hch. 24:5), principalmente en Siria. Algunos creen con Epifanio, padre eclesiástico, que el nombre n. se aplicó a una secta bautista pre-cristiana que rechazaba los sacrificios, la ley y la carne como alimento, pero la existencia de tal secta es hipotética.

A. R. D.

Bibliografía
J. Schmid, *San Mateo* (Barcelona: Herder, 1967), pp. 78-80.

NAZAREO (heb. = 'separado' o 'consagrado'. También se transcribe "Nazireo"). Persona (generalmente laica), que hacía un voto de dedicación especial a Jehová. Según Nm. 6:1-21 el voto era temporal, pero parece que para algunos tenía carácter cuasi permanente. No se especifica el trabajo o los deberes del n., pero se entiende que debía dedicar su vida al servicio de Jehová.

El n. era asceta hasta cierto grado pero no recluso ni célibe; vivía entre la gente y podía ser casado. Debía cumplir con tres requisitos: (1) abstenerse de bebidas embriagantes y del vino o de cualquier producto derivado de la uva (Nm. 6:4). Era carismático, pero debía recibir su inspiración del Espíritu Santo y no del estímulo artificial del vino (cp. Ef. 5:18). (2) Dejarse crecer el pelo, señal principal de su consagración (Nm. 6:5). (3) No tocar ningún cadáver, ni aun el de su ser más querido. No es evidente la razón de esta severa restricción, pero también se exigía al sumo sacerdote (Lv. 21:11).

Se ha dicho que el nazareato existía en tiempos premosaicos, pero no hay pruebas claras (se alega que José era n. señalando Gn. 49:26 y Dt. 33:16 como indicio de ello). El primer ejemplo claro es el de Sansón (Jue. 13:2-5; 16:17). Evidentemente Samuel también era n. (1 S. 1:11; un ms de 1 S. 1:22 descubierto en Qumrán afirma que Samuel era "n. por todos los días de su vida"). Se ha conjeturado que el pelo largo de Absalón indicaba que había tomado el voto, pero la afirmación de que se cortaba periódicamente la cabellera (2 S. 14:26) contradice esta conjetura.

Parece que había muchos n. en tiempos de Amós. El profeta acusa a los israelitas apóstatas de procurar hacerles apartarse de su voto sagrado (2:11s.). Después del cautiverio también había muchos según 1 Mac. 3:49s.; Josefo: *Guerras* II.xv.1 y *Antigüedades* XIX.vi.1.

El más famoso n. de la época novotestamentaria fue Juan Bautista (Lc. 1:15). Se ha conjeturado que el voto que hizo Pablo, relatado en Hch. 18:18, fue el de nazareato. Era costoso el rito para liberarse del voto. Para ganarse el favor de los judíos en Jerusalén Pablo sufragó los gastos de cuatro hombres que querían liberarse de un voto, que seguramente también fue el nazareato (Hch. 21:23s.).   W. M. N.

NAZARET (heb., posiblemente = 'torre de atalaya' o 'retoño'; cp. Mt. 2:23 e Is. 11:1). Pequeña aldea donde Jesús se crió, conocida sólo por los sucesos del NT (Lc. 2:4). Está situada en un bello valle en las estribaciones extremas del S de la sierra del Líbano, donde éstas descienden abruptamente a la llanura de Jezreel, o Esdraelón, a la mitad de la distancia entre el puerto de Haifa (al pie del Carmelo) y la punta S del mar de Galilea.

El hallazgo de tumbas encima del emplazamiento actual de N. hace suponer que el pueblo antiguo estaba ubicado más arriba del pueblo moderno, a una altura de *ca.* 400 m. Hay fuentes en los dos emplazamientos. Las principales rutas que unían los grandes centros de Mesopotamia y Egipto pasaban por la llanura de Esdraelón, y desembocaban por el puerto de Meguido en la costa mediterránea cerca de Cesarea. Otras rutas hacia Fenicia y Damasco pasaban cerca, pero N. no se hallaba en ninguna de ellas. De allí, quizá, surgió la idea de que N. era un lugar atrasado, y sus habitantes eran conocidos por su espíritu independiente (cp. Jn. 1:46). Se hallaban cerca del gran movimiento comercial de la región, pero no participaban en él.

Debido a la abundancia de rocas calíferas, el pueblo de N. se destaca hasta hoy por la blancura de sus casas. Es posible divisarlo desde los peñascos circundantes y dominar toda la llanura, en un panorama que se extiende desde los montes de Basán hasta el Mediterráneo. El monte tradicionalmente llamado "de la precipitación" no corresponde al de Lc. 4:29, y el único rasgo físico identificable hoy es la llamada Fuente de María.

N. fue el pueblo de María (Lc. 1:26-38, la anunciación) y probablemente de José. Después de la huida a Egipto, éste llevó a María y al niño Jesús a N., lejos de los peligros de Judea (Mt. 2:19-23). De la subsiguiente residencia de casi treinta años en N. (Lc. 2:39,51s.; Mt. 2:23) surgió la costumbre de llamar nazareno a Jesús. Desde allí comenzó su vida pública (Mt. 4:13; Mr. 1:9), aunque sus coterráneos sintieron desagrado (Mr. 6:1-6 //) y hasta hostilidad (Lc. 4:16-30) por su ministerio.

La historia siguiente de N., su forma actual y la composición de la población, han sido definidos notablemente por las Cruzadas, la ocupación musulmana y el afán de ocupar "lugares sagrados".   E. H. T.

NEÁPOLIS. Pueblo de Macedonia que servía de puerto a la ciudad de → Filipos, la cual estaba ubicada 16 km al norte. Puesto que N. se hallaba en una península angosta, con una bahía a cada lado, realmente tenía dos puertos. Pablo llegó a N. en su segundo viaje misionero (Hch. 16:11). Es posible que lo visitara de nuevo en su tercer viaje (Hch. 20:1-6).   A. T. P.

NEBAIOT. Primogénito de Ismael (Gn. 25:13; 1 Cr. 1:29), y hermano de Mahalat y Basemat, mujeres de Esaú (Gn. 28:9; 36:3). Unos descendientes suyos se establecieron en Arabia y se dedicaron a la crianza de carneros (Is. 60:7). Posiblemente se les pueda identificar con los → Nabateos de que habla la historia profana posterior.   A. R. D.

NEBO. 1. Dios de los babilonios (Is. 46:1), considerado el dios del conocimiento. Era adorado también por los antiguos árabes, y su culto estaba muy generalizado entre los caldeos y los

La moderna ciudad de Nazaret goza de una ubicación maravillosa; domina la hermosa planicie de Jezreel, o Esdraelón, y disfruta de un clima templado. Como muchacho, Jesús, en su niñez y juventud, debió haber amado entrañablemente estos preciosos paisajes.   MPS

asirios. Prueba de ello es que su nombre forma parte de muchos nombres propios en la Biblia; v.g. Nabucodonosor, Nabuzaradán, Nabusarbán (Jer. 39:9,13; 48:1), Naboned, Nabonasar, Nabopolasar, etc.

2. Montaña de Moab desde donde Moisés vio a lo lejos la tierra prometida y en donde también murió. Está en la cordillera de → Abarim, frente a Jericó (Nm. 27:12; Dt. 32:49; 34:1). Jebel Neba, mte. de poca prominencia 10 o 12 km al E de la desembocadura del Jordán en el mar Muerto, es el punto reconocido por la tradición cristiana como el mte. N. Sin embargo, Jebel Osa, un mte. más alto que está frente a Jericó, se ajusta mejor a los datos bíblicos (Dt. 34:1,2).

3. Ciudad de Judá (Esd. 2:29; 10:43; Neh. 7:33).

4. Ciudad de Rubén (Nm. 32:3,38), tomada por los moabitas, quienes todavía la poseían en tiempo de Jeremías (Is. 15:2; Jer. 48:1,22).

I. E. A.

NECAO. Segundo Faraón de la dinastía XXVI de Egipto, hijo de Sammético, fundador de esa dinastía. N. se distinguió por su interés en el comercio y la navegación. Sus marinos circunnavegaron el África, y sus ingenieros intentaron abrir un canal que fuera desde el mar Rojo hasta → Pibeset en el Nilo. La importancia de N. en la historia bíblica está en la campaña militar con la que trató de socorrer a los asirios contra los babilonios y a la vez restablecer el poderío egipcio sobre Palestina y Siria.

Tras tomar a Gaza (Jer. 47:1) y a Ascalón (Jer. 47:5), N. se dirigió a → Carquemis, pero en el camino se le interpuso el rey → Josías con sus ejércitos. Derrotado y herido en la batalla de → Meguido, Josías fue llevado a Jerusalén, donde murió. El pueblo entonces tomó por rey a Joacaz, pero N. lo depuso y colocó en su lugar a Eliaquim, a quien dio el nombre de → Joacim. Joacim sirvió a N. pagándole los tributos que éste requería (2 R. 23:29-35; 2 Cr. 35:20–36:4). Sin embargo, la aventura de

Se cree que este grabado, hallado en la "tumba de los reyes" en Egipto, representa cuatro rehenes o cautivos judíos importantes que fueron tomados por el faraón Necao cuando conquistó las tierras del norte de Palestina.

Contribuciones de los fieles en muchos países hicieron posible la construcción de la bella Iglesia de la Anunciación sobre el sitio tradicional donde apareció el ángel a María.
WDR

N. en el Asia no duró mucho, pues poco después → Nabucodonosor lo derrotó en Carquemis (Jer. 46:2).
J. L. G.

NECIO. Persona que no ordena su vida en el temor del Señor (Pr. 1:7). Sus características son opuestas a las del sabio (→ SABIDURÍA). Los vocablos heb. y gr. indican, más que un bajo nivel de inteligencia, unas actitudes contrarias a la sabiduría que emana de Dios y que se revela por su Palabra. El n. manifiesta perversidad moral (Sal. 107:17; Pr. 13:19; 14:9), confía en sí mismo (Pr. 14:16; 28:26), desdeña la revelación divina y finge ser "ateo" para dejar a un lado a Dios (Sal. 14:1; Ro. 1:21,22), multiplica palabras sin sentido (Pr. 15:2,14) y acumula riquezas sin calcular la brevedad de la vida (Jer. 17:11; Lc. 12:20).

Frente a los hermanos en Corinto que querían subordinar el evangelio a la sabiduría de este mundo Pablo exhorta: "Si alguno . . . se cree sabio según este mundo, hágase n. para llegar a ser sabio" (1 Co. 3:18 BJ). La solemne advertencia del Señor contra el pecado de llamar "n." al hermano (Mt. 5:22) apunta al desprecio del hombre hecho a imagen de Dios.

E. H. T.

NEFTALÍ. 1. Segundo hijo de Jacob y Bilha (sierva de Raquel; Gn. 30:7,8). Con sus cuatro hijos entró en Egipto con el resto de la familia de Jacob (Gn. 46:24), quien antes de su muerte lo comparó a una "cierva suelta" (Gn. 49:21).

2. Tribu formada por la descendencia de N. (Gn. 49:28), con cuatro familias principales (Nm. 26:48-50; 1 Cr. 7:13). Tuvo su parte entre las otras tribus, participó en los sucesos del desierto (Nm. 1:15; 2:29,30; 7:78; 13:14, etc.), y Moisés la llamó "llena de la bendición de Jehová" (Dt. 33:23). Después de la entrada a Canaán, la tribu de N. no expulsó a los cananeos de su tierra (Jue. 1:33).

Entre sus personajes destacados figuran: Barac (Jue. 4:6), quien participó juntamente con sus paisanos en la batalla contra → Sísara (Jue. 5:18); Ahimaas, gobernador, yerno de Salomón (1 R. 4:15); e Hiram, quien hizo los artículos de bronce para el Templo de Salomón (2 R. 7:13-45; 2 Cr. 4:11-16). Entre los de N. también había partidarios de David y lo apoyaron durante su reinado en Hebrón (1 Cr. 12:23,34; cp. Sal. 68:27).

3. Territorio fértil al O del mar de Galilea y del río Jordán, y al E de las tierras de Zabulón y Aser. Josué lo cedió a la tribu de N. (Jos. 19:32-39).

En la tierra de N. se encontraban una ciudad de refugio (Cedes, ciudad de Barac, Jos. 20:7; Jue. 4:6), y tres ciudades levitas de los hijos de Gersón (Jos. 21:32; 1 Cr. 6:76), además de la gran ciudad de Hazor (Jos. 11:10; Jue. 4:2) y otras muchas menos importantes.

Ca. 885 a.C. el territorio de N. fue conquistado por → Ben-adad I, rey de Siria (1 R. 15:20; 2 Cr. 16:4). Isaías hace referencia (9:1) a la captura de N. y sus habitantes (734 a.C.) por → Tiglat-pileser, rey de los asirios (cp. 2 R. 15:29), y profetiza un futuro glorioso para la región. Jesús habría de iniciar en ella, siglos más tarde, su ministerio público (Mt. 4:12-17).

J. M. H.

NEFTOA. Manantial que corría cerca de la frontera de los territorios de las tribus de Benjamín y Judá (Jos. 15:8,9; 18:14-16). Punto de referencia muy importante para la demarcación de los límites ordenados por Josué al dividir Palestina entre las doce tribus.   M. V. F.

NEGINOT (heb. = 'música de instrumentos de cuerda').

Término que aparece en los títulos de los salmos 4, 6, 54, 55, 61, 66, 67, 76, y en el texto de Hab. 3:19. Al parecer, indicaba un acompañamiento de → arpa.   V. F. V.

NEGUEV (heb. = seco). Región árida al S de Judea. Por encontrarse el N. al S de donde vivían la mayoría de los judíos, esta palabra llegó a ser sinónimo de "sur".

El límite N del N. era más o menos una línea tirada desde Gaza hasta el extremo S del mar Muerto pasando por Beer-seba. Se extiende hacia el S en forma de triángulo con su punta en el extremo N del golfo de Acaba.

El agua escasea en el N., pues la lluvia anual varía de 18 cm en el N hasta 2 cm en el S. Por tanto, solamente algunas zonas son cultivables, y esto sólo a base de complejos sistemas para conservar el agua.

Las investigaciones arqueológicas revelan que en ciertas épocas el N. sostenía una considerable población, en parte sedentaria. Los patriarcas vivieron en una de tales épocas. Se cree que Abraham y sus hombres atravesaban el N. con caravanas de asnos por las rutas comerciales que conducían a Egipto. Probablemente cultivaban cebada temporalmente. Es evidente que Isaac se dedicaba al cultivo de granos (Gn. 26:12-14).

Entre los siglos XIX y XIII a.C. había poca población en el N., y ésta era principalmente nómada. El AT menciona varias tribus nómadas habitantes de la región: amalecitas, ceneos, madianitas, ismaelitas, etc. Cuando los peregrinos israelitas pasaron por el N. rumbo a la tierra prometida se enfrentaron con algunas de ellas.

David se valió de lo accidentado del terreno del N. para planear los asaltos que le dieron cierto prestigio delante de → Aquis en el tiempo en que huía de Saúl (1 S. 27:5-10). En el N. se han encontrado restos de aldeas y fortalezas construidas por → Salomón y otros reyes de Judá para desarrollar y proteger los recursos minerales del área y para mantener las rutas de comercio. Salomón mantenía mucho comercio marítimo por el puerto de → Ezión-Geber (1 R. 9:26-28) y minas de cobre en → el Arabá.

En el siglo VI a.C. parte del N. fue ocupada por los idumeos (→EDOM); así comenzó la historia de *Idumeán*, término griego que significa "Nueva Edom". Y desde el siglo II a.C. el N. fue escenario de la civilización nabatea.

Los ascetas de varias épocas hallaron en el N. los sitios propicios para sus retiros temporales y permanentes. Allí se refugiaron hasta que cayeron sobre el N. las invasiones musulmanas. Desde estas invasiones del siglo VII d.C. el N. ha sido un desierto. En el siglo XX, sin embargo, bajo el Israel moderno, se ha logrado convertir en vergeles muchas de esas tierras.

En excavaciones hechas en el N., se han descubierto importantes documentos, escritos en papiro: fragmentos del AT, leyendas cristianas, contratos comerciales, etc.; se conservaron debido a lo seco del terreno.

M. V. F. y J. M. Br.

NEHEMÍAS, PERSONA. Reconstructor de los muros de Jerusalén y reorganizador de la comunidad judía, en los días que siguieron al cautiverio. Mientras servía como copero del rey de los persas → Artajerjes I, 465-424 a.C. (Neh. 1:11), recibió noticias del estado lamentable en que se hallaba Jerusalén, la ciudad de sus antepasados, y resolvió poner fin a dicha situación. Pidió la dirección de Dios (Neh. 1:4-11) y el permiso del rey (2:1-4) antes de iniciar la empresa. *Ca.* 444 a.C., después de llegar a la ciudad, recorrió las murallas bajo las sombras de la noche, a fin de planear el inicio de la reconstrucción (2:11-16). En seguida presentó el problema a los habitantes de la ciudad, y los invitó a colaborar en la obra (2:17,18).

El pueblo participó gozosamente en tan importante labor. El trabajo del muro se dividió en tal forma que cada familia debía edificar una parte en un tiempo determinado (Neh. 3:1-23). A pesar de ser el dirigente supremo de la obra, N. reconstruyó la parte que le correspondió (Neh. 5:16).

Los enemigos no tardaron en hacer sentir su oposición (Neh. 4:1-3). Entre las precauciones que N. tomó contra los adversarios estuvo la organización de un ejército para la defensa de los trabajadores (4:16). Como la oposición fue tan intensa, se dispuso que los trabajadores llevaran en una mano los materiales de construcción y en la otra la espada para la defensa (4:17). Además, se les instó a permanecer alerta para cualquier ataque sorpresivo, por lo cual dormían vestidos con sus ropas de trabajo (Neh. 4:23).

Con la ayuda de Esdras, se leyó públicamente el libro de la ley (Neh. 8:1-18), se hizo confesión de pecados y se firmó un pacto prometiendo guardar celosamente la ley del Señor (9:1–10:39). La dedicación del muro fue un acontecimiento jubiloso (12:27-43), y después de reedificar también algunas casas (7:4), N. regresó a Babilonia, en 433 a.C. (13:6). Posteriormente (13:6) volvió a Jerusalén, donde introdujo numerosas reformas sociales y religiosas.

N. debe figurar en la lista de los grandes reformadores sociales. Al darse cuenta de las injusticias cometidas por los explotadores de los pobres, se enojó en gran manera (Neh. 5:6) y reprendió severamente a los ricos. Convocó una asamblea (5:7) e hizo devolver a sus legítimos dueños las posesiones mal adquiridas (5:11,12). En todo esto, N. actuó sin violencia y procuró convencer a unos y a otros por medio de explicaciones claras y súplicas sinceras (5:11). Además, fue un hombre sumamente desinteresado; renunció al salario que le correspondía como gobernante y jefe (5:14). Con frecuencia suspendía sus labores para dedicarse a la oración (1:5-11; 2:4; 4:4,9, etc.). (→ESDRAS-NEHEMÍAS, LIBRO.)   A. P. P.

NEHEMÍAS, LIBRO DE (→ESDRAS NEHEMÍAS, LIBRO).

NEHILOT. Término que aparece únicamente en el título del Sal. 5. La LXX, la Vul. y Lutero lo traducen "herencia", relacionándolo con cierta raíz heb. y con el contenido del salmo mencionado. Pero N. parece más bien significar "perforado" y referirse así a flautas o a ciertos instrumentos de viento que acompañaban el canto del salmo (→MÚSICA).   V. F. V.

NEHUSTA. Esposa de Joacim rey de Judá, y madre de Joaquín. Nabucodonosor la llevó cau-

tiva a Babilonia en 597 a.C. Jeremías la llama "la reina" (2 R. 24:8,12,15; Jer. 13:18; 29:2).   J. M. H.

NEHUSTÁN (heb. = 'pedazo de bronce'). Nombre dado a la serpiente de bronce que hizo Moisés (Nm. 21:4-9) y que más tarde fue convertida en ídolo (2 R. 18:4). Si este nombre le fue dado por Ezequías (como se traduce en la LXX y en la RV), entonces fue un término de desprecio. Pero si era llamada N. comúnmente por el pueblo (el TM puede traducirse así), entonces es posible que fuera el nombre de un dios-serpiente de Canaán, con el cual los israelitas idólatras identificaban la serpiente de bronce: en tal caso N. significaría "la gran serpiente". Tal vez →Nehusta, madre del inicuo rey Joaquín (2 R. 24:8), llevaba ese nombre en honor a este dios.   D. J. -M.

NER. Miembro de la tribu de Benjamín, padre de Abner el comandante del ejército de Saúl (1 S. 26:5,14). Algunos lo han considerado tío o abuelo de Saúl, basándose en 1 S. 14:50. Parece haber tenido alguna relación familiar con Saúl.   J. M. A.

NEREO. Cristiano saludado, juntamente con su hermana, en Ro. 16:15. El orden de los nombres en el v. parece indicar que → Filólogo y Julia eran padres de los dos y también de Olimpas. El saludo ("todos los santos con ellos") da a entender que había una iglesia que se reunía en la casa de Filólogo. N. era uno de los muchos cristianos que retenían nombres paganos después de su conversión; cp. → Febe, v. 1, y → Hermes, v. 14.   W. M. N.

NERGAL. Dios sumerio y babilónico cuyo centro de adoración era la ciudad de Cuta. Ésta fue construida, según 2 R. 17:30, por los colonos de Cuta que fueron trasladados a las ciudades de Samaria. N. se asociaba originalmente con el sol en su aspecto quemante, y era el dios de la guerra, la caza y las plagas e importante como dios temible del reino de los muertos.

         J. M. Br.

NERGAL-SAREZER. Príncipe de Nabucodonosor que participó junto con Nabuzaradán en la administración de la Jerusalén conquistada (Jer. 39:3,13). Probablemente el v. 3 indica dos personas con el nombre N. Una inscripción babilónica de altos oficiales en la corte menciona a N. (cuyo puesto es) *Samgar;* Nebo-Sarsequim (cuyo puesto es) *Rabsaris;* y N. (cuyo puesto es) *Rabmag.* El texto de Jer. 39:3 puede leerse así también. El primer N. bien puede ser el mismo a quien la historia conoce como Neriglisar, quien se casó con la hija de Nabucodonosor y, tras asesinar a su cuñado Evil-merodac, llegó a ser rey de Babilonia.   J. L. G.

NERÓN. Quinto emperador de Roma, 54-68 d.C. Nació en 37 d.C. y su madre Agripina, que se había casado con el emperador Claudio (49 d.C.), logró persuadir a éste de que adoptara a N. como hijo. Cuatro años más tarde murió Claudio, seguramente envenenado por Agripina, y N. subió al poder.

Empezó su reinado cuando tenía apenas 17 años, bajo la tutela de su madre, el filósofo Séneca y el pretor Burrus, y gobernó bien durante los primeros años. N. es el emperador a quien Pablo se refiere en Hch. 25:8,12; 28:19; Ro. 13:1-7; Fil. 4:22.

Por el año 59, cansado de su vida protegida, y animado por su amante Popea, N. mandó asesinar a su propia madre e inició una vida de desenfreno, disolución y locuras que lo convirtieron en el monstruo que pinta la historia. Se suicidó en 68 d.C., en medio de una rebelión popular, y así terminó su dinastía.

Adquirió fama por el incendio de Roma en 64 d.C., acto del cual N. mismo fue culpable aunque culpó a los cristianos, por sugerencias de su amante Popea, quien era pro-judía. N. inició una cruenta persecución que el historiador Tácito ha descrito. Algunos cristianos eran envueltos en pieles de animales y arrojados a los perros, y otros a las fieras en el anfiteatro, para diversión de los miles de espectadores. Otros fueron crucificados. Y en el colmo de la crueldad, N. empapó a algunos cristianos con materiales inflamables, los ató en postes y luego los encendió para alumbrar sus jardines, mientras él paseaba en su carro triunfal entre estas antorchas humanas.

Esta fue la primera persecución imperial contra los cristianos. Hay referencias a ella en 1 P. y 2 Ti. La tradición enseña que →Pedro y →Pablo sufrieron el martirio durante esta persecución, cuyo terror ha dejado huellas también en →Apocalipsis. Después de muerto N. surgió la leyenda de que él volvería a vivir (cp. Ap. 13:3,12,14) y Juan en Patmos ve en tal seudoresurrección las marcas del →anticristo. Posiblemente el número de la →bestia (Ap. 13:17s.) sea otra alusión a N.

Hacia el fin del reinado de N. (66 d.C.), los judíos en Palestina se habían rebelado. Él procuró sofocar la rebelión pero no pudo. No obstante, dos años después de su muerte Roma triunfó cuando Jerusalén fue destruida por Tito hijo del emperador Vespasiano (70 d.C.).

F. R. K. y W. M. N.

Bibliografía

J. Comblin, *Cristo en el Apocalipsis* (Barcelona: Herder 1969), pp. 137-155.

NICANOR (gr. = 'vencedor de hombres'). 1. General sirio enviado a pelear contra los judíos en la época macabea (1 Mac. 3:38).

2. Judío helenizado, escogido como uno de los siete →diáconos para ayudar en la asistencia caritativa de la iglesia en Jerusalén (Hch. 6:1-6).

W. M. N.

NICODEMO (nombre gr. = 'conquistador del pueblo'). Judío de la secta de los fariseos que sólo se menciona en Jn. A pesar de ser "jerarca

de los judíos" (miembro del →SANEDRÍN) y "maestro de Israel", N. fue a hablar con Jesús (Jn. 3:1-21) intrigado por las señales que éste hacía. El hecho de llegar de "noche" sugiere su temor de la opinión pública y la oscuridad espiritual de muchos dirigentes judíos. La repetición del "¿Cómo?" en su diálogo con Jesús subraya su incomprensión de las metáforas espirituales de Jesús. La sinceridad de N., sin embargo, como representante de los inquisitivos, no se pone en tela de juicio (cp. Jn. 2:23ss.), y provocó que Jesús pronunciara algunas de las más bellas palabras acerca del evangelio.

Posteriormente N. (Jn. 7:50ss.) aparece como simpatizante cauteloso de Jesús cuando éste fue llevado ante el tribunal. La última referencia a este maestro de la ley aparece en Jn. 19:39s., donde Jn. afirma que en la sepultura de Jesús N. se adelantó con su provisión generosa de más de 30 kg de mirra y áloes. Ayudado por →José de Arimatea, envolvió el cuerpo de Jesús con la cantidad citada de especias y luego con lienzos perfumados.

Muchas leyendas han surgido en torno a N. (→APÓCRIFOS DEL NT). Algunos comentaristas conjeturan que es el Nacdimón ben Gorión mencionado en el →Talmud.   R. F. B.

NICOLAÍTAS. Seguidores de un tal Nicolás, cuyas obras y enseñanzas en las iglesias de Éfeso (Ap. 2:6) y de Pérgamo (Ap. 2:15s.) fueron condenadas. Puesto que la misma inmoralidad e idolatría aparecen en la iglesia de →Tiatira (Ap. 2:20-25), es probable que esta secta herética existiera allí también (→JEZABEL). Sus enseñanzas (componendas con las prácticas paganas, que permitían a los cristianos participar en algunas actividades inmorales) parecen paralelas a las de →Balaam, con cuyo nombre algunos tratan de emparentar a Nicolás (gr. = 'conquistador del pueblo'). Algunas referencias en Ireneo, Tertuliano y Clemente sugieren que los n. continuaron como secta gnóstica hasta el 200 d.C.; los primeros dos identifican al fundador como →Nicolás de Antioquía (Hch. 6:5), pero sin base adecuada.   R. F. B.

NICOLÁS (gr. = 'conquistador del pueblo'). Uno de los siete (→DIÁCONO) elegidos por la iglesia de Jerusalén para supervisar la distribución de alimentos y bienes comunes (Hch. 6:5). Como prosélito de Antioquía, es ejemplo de cómo había prosperado el evangelio entre los de la periferia del judaísmo. Es improbable que N. apostatara y fundara la secta de los →nicolaítas.   R. F. B.

NICÓPOLIS (gr. = 'ciudad de la victoria'). Lugar donde Pablo invernó (Tit. 3:12). Por lo menos tres ciudades llevaban este nombre en aquella época: una en Cilicia, otra en Tracia y otra que era capital de Épiro, región en la costa occidental de la península de Grecia. Pablo seguramente se refiere a la última, ciudad que se hallaba cerca de la boca del golfo de Ambraciano. Esta fue fundada por César Augusto en recuerdo de su victoria decisiva sobre Marco Antonio (31 a.C.) en Accio, ciudad situada cerca de allí. Sus extensas ruinas testifican de su antigua magnificencia. A. T. P.

NIDO. Lecho que forman las aves para criar sus polluelos (Dt. 22:6,7). En la Biblia "n." se emplea para simbolizar seguridad y consuelo. Los altares de Dios son para el hombre un refugio, como el n. para la paloma y la golondrina (Sal. 84:4). De los orgullosos se dice que ponen en alto su n., como las águilas (cp. Is. 34:15). El hombre desterrado es como pájaro sin n. (Pr. 27:8).

Jesús expresó gráficamente su pobreza de predicador ambulante al contrastar su falta de lecho con la provisión de n. que tienen los pájaros (Lc. 9:58). J. C. A.

NIEVE. Es rara en la Tierra Santa. Cae en las regiones montañosas (Sal. 68:14) unas tres veces al año como promedio, y a veces alcanza parte de las tierras más bajas (2 S. 23:20). Es desconocida a lo largo de la costa y en el valle del Jordán. La Biblia sólo registra una nevada (2 S. 23:20), y otra se menciona en los libros apócrifos (1 Mac. 13:22). Por su altura, las cumbres del Líbano y del Hermón están permanentemente cubiertas de n. (Jer. 18:14) y son visibles desde lejos. En Pr. 25:13 posiblemente se alude al uso de bebidas frías para los segadores, hechas con n. traída de las montañas.

Se suponía que la n. tenía efectos limpiadores (Job 9:30) y, por su blancura, es usada como símbolo de pureza (Dn. 7:9; Mt. 28:3; Ap. 1:14) y aceptación del pecador arrepentido (Sal. 51:7; Is. 1:18).

La n., como todos los fenómenos naturales en el pensamiento bíblico, es dada y controlada por Dios (Job 37:6; 38:22; Sal. 147:16).
J. M. R.

NILO. Uno de los ríos más largos del mundo, con 6.966 km de longitud desde sus fuentes en la zona ecuatorial de África hasta su desembocadura en el mar Mediterráneo. Forma una cuenca de 2.800.000 km².

El N., en sentido exacto, empieza con la confluencia en Kartum (la actual capital de la República de Sudán) de dos grandes corrientes: el N. Blanco y el N. Azul. El N. Blanco nace en las fuentes del río Kagera en Burundi. El Kagera desemboca en el lago Victoria, que a su vez da nacimiento al N. Victoria, que entra en el lago Alberto. De allí pasa por los vastos pantanos de Sudd, al S de Sudán, donde recibe varios afluentes. Luego, el río recibe el nombre de N. Blanco hasta unirse en Kartum con el N. Azul, que nace cerca del lago Tana en Etiopía.

Desde aquel punto el N. corre siempre al N, con excepción de una inmensa curva hacia el O. Recibe su último afluente, el río Atbara, unos 320 km al N de Kartum, y corre desde Kartum hasta Asuán (→SEVENE) encerrado en un valle

que atraviesa la región de Nubia, en donde forma 6 cataratas profundas. Continúa hacia el N a todo lo largo de Egipto, trayecto de unos 800 km, hasta El Cairo. Allí se divide en varios brazos para formar el célebre delta antes de desembocar en el mar Mediterráneo. En tiempos antiguos el N. tenía 7 bocas, pero ahora únicamente los canales de Rosetta y Damieta son navegables.

Desde tiempos antiguos el N. ha sido factor determinante para la economía, cultura y política de →Egipto. El angosto valle (de 5 a 25 km de ancho), bordeado por desiertos, mantuvo a los egipcios en cierto aislamiento, lo que les permitió desarrollar su propia cultura. A la vez el N. ha servido como arteria de navegación y suministrador de pesca para el pueblo.

Una vez al año el N. se desborda y deposita sobre la tierra el fértil limo negro que hace posibles las cosechas y forma los pantanos donde crece el papiro. Además, ha influido mucho sobre el calendario y la religión. En realidad, la existencia de Egipto depende del N., pues sin este río y sus inundaciones anuales, no sería más que un desierto.

Las grandes lluvias que caen en marzo y abril en la zona ecuatorial alimentan los manantiales del N. e inician su crecimiento. El N. comienza a crecer en Egipto como a mediados de junio y continúa aumentando por todo el mes de julio. En agosto se desborda, y llega a su más alto nivel a principios de septiembre en Asuán y a principios de octubre en El Cairo. La inundación continúa durante octubre y no es sino hasta el fin del mes cuando el N. vuelve a sus márgenes normales. Al retirarse las aguas, deja una capa de tierra de aluvión muy fértil; de este modo no sólo riegan las tierras de Egipto, sino también las fertilizan con el mejor de los abonos. Cuando bajan las aguas, el labrador sólo tiene que sembrar.

Sin embargo, la agricultura de Egipto no puede depender por completo del fenómeno natural puesto que el crecimiento es variable en diferentes partes de su curso y aun del año. Si el N. sube demasiado destruye los diques y terraplenes. Si se crece poco, una parte de la tierra queda sin inundarse y sobreviene el hambre. Por eso, el N. desde tiempos antiguos ha sido dominado y dirigido por los hombres mediante sistemas de presas, irrigación y conservación. La inmensa presa de Asuán, la mayor del mundo, regula hoy día la inundación y su provecho.

Las inundaciones del N. (Is. 23:3; Jer. 46:7,8; Am. 8:8; 9:5), y su importancia como suministrador de pesca (Nm. 11:5; Is. 19:8) y como arteria de navegación (Is. 18:2) eran bien conocidas por los escritores bíblicos. El N. es célebre por la historia de los 7 años de abundancia y 7 de hambre predichos por José (Gn. 41); por el niño Moisés (Éx. 2:1-10), y por las plagas de sangre (Éx. 7:14-25; cp. Sal. 78:44) y ranas (Éx. 8:1-15). Para los profetas el N. a veces representa a Egipto y varios de ellos predicen una sequía como juicio sobre el país del N. (Is. 11:15; Ez. 30:12; cp. Ez. 29:10; Zac. 10:11). K. B. M.

NIMROD. Hijo de Cus (Gn. 10:8-12), famoso por su reinado sobre Mesopotamia. Aparece estrechamente relacionado con Asiria (vv. 11,12) que es llamada "tierra de N." (Mi. 5:6) y posiblemente con los acadios, quienes conquistaron a Babilonia en el tercer milenio a.C. Fue uno de los primeros "poderosos sobre la tierra" (1 Cr. 1:10).

Nimrod, renombrado cazador, gobernante y constructor fundó la ciudad de Nínive y es una figura legendaria en la historia antigua.

La etimología del nombre N. es incierta, pero parece ser de origen mesopotámico. Quizá fuera un personaje legendario, cuya historia fue ampliamente conocida en todo el Cercano Oriente y adaptada por muchas culturas. Ilustra el uso frecuente, por parte de los escritores sagrados, de materiales de culturas paganas para explicar el origen de la poderosa Babilonia.

Algunos eruditos han insinuado que N. se refiere al dios babilónico Ninurta, llamado "el arquero". Otros han visto la posibilidad de identificarlo con el rey asirio Tukulti-ninurta I (*ca.* 1244 a.C.) o con el faraón Amenofis III (*ca.* 1405-1367 a.C.). J. M. A.

NÍNIVE. Una de las más grandes y antiguas ciudades de Mesopotamia. En su esplendor fue capital de Asiria, pero desde su destrucción en 612 a.C. se convirtió en el trágico símbolo del derrumbamiento total del gran imperio asirio. A pesar de la gran influencia y dominio que ejerció Asiria sobre los reinos de Israel y Judá, relaciones éstas que se extendieron por más de 250 años, es sorprendente que sólo se le mencione dieciocho veces en la Biblia. Sin embargo, dos libros, aunque cortos, tienen como centro de su tema principal a esta ciudad: el libro de Jonás y el de Nahum.

La ciudad estaba situada en la ribera E del Tigris, frente a la moderna ciudad de Mosul. Sus ruinas se encuentran enmarcadas entre dos grandes montículos: el de Cuyunjic y el de Nebi-Yunus, y están circundadas por una muralla cuyo perímetro mide casi 13 km. Debió, pues, haber sido una ciudad muy grande, con mucho más de los 120.000 habitantes que Jonás le atribuyó; muy posiblemente en sus mejores días pudo haber tenido unos 175.000 habitantes. Parte de lo que fue la antigua N., el montículo de Nebi-Yunus, se encuentra hoy completamente habitada, lo que hace imposible todo intento de excavación; mientras el otro montículo, que es el doble en tamaño, ha sido sometido desde 1842 a excavaciones arqueológicas. Los hallazgos arqueológicos de N. han contribuido más que los de cualquier otro sitio de Asiria a descifrar la historia de ese gran imperio. Las cartas y los textos épicos, históricos, científicos y lingüísticos que se han encontrado allí constituyen un verdadero tesoro en el esfuerzo del hombre por descubrir el pasado.

El nombre de *Ninua*, originado de una forma anterior, *Ninuwa*, que se ha encontrado en los textos de Mari, parece ser la base de las citas hebreas del AT. El nombre mismo parece ser de origen hurrita, y se refiere a una manifestación especial de la diosa Istar representada con un pez en el vientre. La relación que esto pueda tener con el caso de Jonás, libro cuyo relato está íntegramente centrado en N., no ha sido extensamente estudiada hasta la fecha, y pudiera ser mera coincidencia. La más antigua ocupación del sitio de N. data de remotos tiempos prehistóricos. Entre los más antiguos documentos se encuentra una inscripción del célebre Naram-Sin, de la dinastía acadiana. N. se menciona también en el prólogo del famoso Código de Hamurabi como sede del templo de Istar. Constantes y extensos relatos de importantes edificaciones en N. se encuentran en las crónicas de los reyes del período medio en la historia de

Basado en el relato de Jonás, se calcula que el Nínive de aquel entonces contaba con 145.000 habitantes. Se aprecia en este gráfico lo extenso de las ruinas que permanecen hase el día de hoy.

QIUC

Asiria. La ciudad alcanzó la cúspide de su gloria en el siglo VIII a.C., cuando Senaquerib la hizo capital del imperio más rico, extenso y famoso de la época. Cuando Asiria penetró arrolladoramente en Egipto en tiempos de Esar-hadón y Asurbanipal, N. no tenía rival en ninguna parte del mundo. Sin embargo, para esta época ya su fin era inminente: en el año 612 a.C., bajo un esfuerzo combinado de medos y babilonios, la ciudad fue reducida a ruinas. Nahum describe este acontecimiento con verdadera sensibilidad poética.

La más antigua mención de N. en la Biblia se encuentra en Gn. 10:11,12, donde se incluye en la lista de ciudades fundadas por → Nimrod. Ya aquí se describe como: "la cual es ciudad grande". En los pasajes paralelos de 2 R. 19:36,37 e Is. 37:37,38, tenemos una referencia histórica mucho más precisa en que se habla del trágico fin que en N. encontró Senaquerib. El súbito fin de esta ciudad se halla incidentalmente mencionado en Sofonías, y en una forma más extensa y lírica en Nahum. Por esta descripción nos damos cuenta de que la destrucción de N. debió haber sido un hecho verdaderamente impresionante en la historia universal de la época. En el NT (Mt. 12:41; Lc. 11:30,32) el Señor menciona a las gentes de N. en los tiempos relatados por Jonás.

A. Ll. B.

NINFAS. Cristiano en cuya casa se reunía una iglesia y a quien Pablo saluda en Col. 4:15. Las formas del nombre y del pronombre posesivo, en el texto griego podrían referirse a un hombre o a una mujer.

I. W. F.

NISÁN. Nombre, de origen acádico, dado al mes heb. → Abid después del exilio babilónico. Es el séptimo mes del → calendario civil hebreo, y el primero del → año eclesiástico (Éx. 12:2; Neh. 2:1; Est. 3:7). Durante N., que corresponde a marzo-abril, se celebran importantes festivales

religiosos: el día 14, la Pascua (Éx. 12:18), los días 15 al 21, los ázimos (Lv. 23:6), y el día 16, la ofrenda de las primicias de la cebada (Lv. 23:10s.). (→ MES.)

G. D. T.

NISROC. Dios de los asirios en cuyo templo Senaquerib fue asesinado por sus propios hijos (2 R. 19:37; Is. 37:38). Puesto que no se ha identificado ningún dios N., se cree que éste era adulteración del nombre de algún otro dios: quizá Nusku, dios del fuego, conocido en Mesopotamia, o Assur, dios mencionado a menudo en las inscripciones de Senaquerib.

A. P. N.

NOB. "Ciudad de los sacerdotes" (1 S. 22:19), edificada sobre una colina, a un lado de Betfagé y en las proximidades de Jerusalén, en terreno de la tribu de Benjamín. Fue prácticamente arrasada por órdenes de Saúl tras la disputa que

Tres veces los poderosos y temibles militares de Asiria invadieron la Tierra Santa, desolando ciudades y llevando cautivos a los hebreos. Este bajo relieve de un guerrero tras sus caballos fue hallado en el montículo de Knorsabad, Nínive.

453

tuvo con David; sus habitantes fueron pasados a cuchillo (1 S. 21:1; 22:9-23).

Se cree que en N. se refugiaron los sacerdotes cuando huyeron con el →efod, después que los filisteos robaron el →arca. N. figura en la lista de las ciudades que volvieron a ser habitadas después de la cautividad, esa vez por "hijos de Benjamín" (Neh. 11:32). Isaías la menciona en sus profecías (10:32).

M. V. F.

NOBA. 1. Jefe de la tribu de Manasés, que ayudó en la ocupación de Galaad y conquistó la ciudad de Kenat a la que puso su propio nombre (Nm. 32:39-42).

2. Pueblo al E de Galaad, donde Gedeón hizo un rodeo para sorprender a los madianitas en Carcor (Jue. 8:10,11).

J. E. G.

NOCHE. Tiempo oscuro del →día que alterna regularmente con el tiempo de luz. Como parte de la creación es invitada a alabar a Dios (Gn. 1:5,16; Sal. 19:2). Para los antiguos hebreos el día comenzaba a la puesta del sol y terminaba a la misma hora del día siguiente; la n., pues precedía al día (Gn. 1:5,8,13; Lv. 23:32). Asignaban 12 horas a la n. y 12 al día aunque no eran iguales, excepto en los equinoccios (Gn. 31:40). Para los israelitas y los babilonios la n. se dividía en tres →vigilias. En el NT predomina la división romana de cuatro vigilias.

La noche simboliza tiempo de peligro, desgracia, adversidad, muerte y pecado; los pecadores son hijos de la n. (Jue. 7:19; Job 24:14; Sal. 91:5; Pr. 7:9; Is. 21:12; Miq. 3:6; Jn. 9:4; Ro. 13:12; 1 Ts. 5:5-7). En el cielo no existirán estos males (Ap. 22:5).

L. H. T.

NOD. Región desconocida, al E del Jordán (Gn. 4:16). *Nod* es la forma infinitiva del verbo heb. "vagar", usado por →Caín en 4:14. Algunos creen, por tanto, que el nombre es simbólico y no designa un lugar conocido sino que sugiere una región en donde se podía llevar una vida nómada, cosa común en el Oriente.

J. M. A.

NODRIZA. Mujer empleada para dar de mamar a un niño; v.g. la madre de Moisés (Éx. 2:7-9) y el ama de Joás (2 R. 11:2), aunque generalmente la madre hebrea daba de mamar a su propio niño. La n. solía permanecer en la familia en calidad de criada, como Débora, la que quedó con Rebeca aun después del matrimonio de ésta (Gn. 24:59; 35:8).

La n. o aya podía ser nada más que la persona que cuidaba a un niño, como →Noemí, abuela (por levirato) de Obed (Rt. 4:16), o la n. de Mefi-boset, cuando éste contaba cinco años (2 S. 4:4). En sentido figurado, Pablo se refiere a sí mismo como la n. de los cristianos tiernos (1 Ts. 2:7).

I. W. F.

NOÉ. Último de los diez descendientes de Set que se nombran en Gn. 5, hijo de →Lamec. Nació en días cuando la corrupción moral del mundo antediluviano había llegado a su colmo. Su nombre, no obstante las dificultades etimológicas, encierra la profecía del "alivio" o "descanso" que Jehová había de conceder por su medio en vista de la maldición de la tierra, cuyos efectos ya se destacaban (Gn. 5:28,29). N. se describe como "varón justo, perfecto en sus generaciones" (e.d. maduro delante de sus contemporáneos), que "caminó con Dios" (Gn. 6:9; cp. Heb. 11:7).

Medalla grabada en Apamea, Frigia, en la época del emperador romano Pertinax. Está inscrita con el nombre de Noé, la figura de un arca, dos hombres y dos mujeres, un cuervo y una paloma que lleva un ramo de olivo.

Dios escogió a N. para comunicarle sus designios, en vista de que los hombres se habían pervertido hasta el punto que sólo el juicio del →diluvio podía ofrecer esperanza de un nuevo principio de vida (Gn. 6:11-13). N. "halló gracia ante los ojos de Jehová" (Gn. 6:8), y su fe y sumisión hicieron posible que fuese escogido como instrumento de salvación. Cuando recibió la comunicación divina, que incluyó los detalles sobre la construcción del arca (→ARCA DE NOÉ), "hizo conforme a todo lo que Dios le mandó" (Gn. 6:22). Era un hombre de fe, y también un siervo obediente y activo.

La declaración divina de Gn. 6:3 señaló un período de gracia para la humanidad, el cual duraría 120 años, y es de suponer que corresponde al tiempo necesario para construir el arca y a la época de la predicación de N. (2 P. 2:5). El llamado al arrepentimiento evidentemente fue desoído por todos, con excepción de la familia inmediata de N., pues sólo ocho personas se salvaron (1 P. 3:20), además de los animales. El mundo fue "condenado" por el ejemplo de N. (Heb. 11:7); y una vez que los que habrían de salvarse estuvieron en el arca, "Jehová le cerró la puerta" (Gn. 7:16). Seiscientos años tenía N. cuando vino el diluvio, y permaneció 371 días en el arca: 40 días de lluvia, 110 del aumento de las aguas, 74 de mengua, y los demás durante las distintas pruebas hasta recibir la orden de salir (Gn. 8:15-19).

Al salir a la tierra, limpia por el juicio de Dios; N. ofreció holocaustos (Gn. 8:20-22), acto que proveyó el marco para el → pacto descrito en Gn. 8:20—9:17. Dios garantizó las condiciones necesarias para la renovada multiplicación de la vida humana en la tierra, la alternación normal de las estaciones, la promesa de que no habría más destrucción de la raza por agua, y un principio de gobierno humano. El → arco iris había de ser la señal de este pacto de gracia (9:15-17). N. renovó el cultivo de la tierra y se embriagó, quizá por ignorar la naturaleza del jugo fermentado de la uva. No obstante, este hecho propició la situación que culminó con la maldición de Canaán.

La maldición y las bendiciones de N., detalladas en Gn. 9:24-27, revisten carácter profético, y se cumplen en distintas épocas históricas al extenderse por el mundo los descendientes de → Sem, → Cam y → Jafet (Gn. 10). N. murió a la edad de 950 años, y fue el último de los patriarcas longevos. El mismo Jesucristo confirmó la historicidad de N. (Mt. 24:37,38) y de sus tiempos.   E. H. T.

NOEMÍ ('placentera'). Esposa de Elimelec y suegra de → Rut. Como consecuencia de una gran hambre que azotó a Judá durante el período de los jueces, se vio obligada a viajar con su esposo a Moab, donde sus dos hijos se casaron con moabitas, Orfa y Rut. Cuando los tres hombres murieron en aquella tierra, N. decidió regresar a su pueblo y Rut se resolvió a acompañarla. Posteriormente N. concertó el → matrimonio por levirato de su nuera viuda y el hijo de esta unión fue contado como suyo. Así conservó la línea de Elimelec (Rt. 1-4).   I. W. F.

NOMBRE. Concepto sumamente común en la Biblia. Entre los hebreos, el n. estaba estrechamente ligado con la existencia. Lo que no tenía n. no existía (Ec. 6:10a.). De allí que la creación estuviera incompleta hasta tanto no recibiera n. (Gn. 2:18-23). Dar un n. era privilegio del padre, la madre o de un ser superior. Por eso, Adán ejerce su señorío al dar n. a los animales, y al colocarlos en cierta relación, posición y función (Gn. 2:19).

En la literatura más antigua del AT el n. es usado en relación con una manifestación temporal de Jehová (Éx. 23:20,21; 33:13). La construcción de altares o monumentos conmemorativos indicaba una especial presencia de Dios, porque en ellos su n. era recordado (Gn. 12:7; 22:9; 26:24,25). En este sentido reconocer el n. de Dios implica un acto de fe en él; el n. de Dios es Dios mismo (Lv. 24:11-16) e indica su naturaleza y carácter trascendente a todo sitio terrenal (Dt. 12:5; 2 Cr. 20:8). El Dios de la Biblia revela su n., los dioses paganos los ocultaban (Gn. 32:29,30; Jue. 13:6). El n. de Dios proporciona refugio y protección (Sal. 124:8;

Jer. 10:6). Pero la invocación del n. de Jehová no tiene en la Biblia sentido mágico, nadie puede forzar a Dios (Job 23:13).

El n. de un hombre era la expresión de su personalidad, por tanto un cambio de n. indicaba un cambio de carácter (Gn. 27:36; 32:28) o de posición (2 R. 23:34). Como expresión de la personalidad, el n. también denotaba atributos como justicia (Sal. 89:15,16), fidelidad (89:24), santidad (99:3), fama, gloria (Gn. 11:4), etc. Tener varios n. indicaba importancia (Job 30:8).

El NT continúa el mismo orden de ideas del AT en cuanto al n., pero la característica distintiva de su uso es la manera en que el n. de Dios es sustituido por el de Jesús en pasajes provenientes del AT (Mt. 7:22; Hch. 4:17,18; 5:40; 9:29; cp. Dt. 18:22; 1 Cr. 21:19; Jer. 20:9; Dn. 9:6). Aquí tampoco hay razón para creer que el n. de Jesús fuera usado como "fórmula mágica". Quienes así piensan ignoran que fue el AT, y no las supersticiones griegas, lo que ejerció la más fuerte influencia sobre los autores del NT.

Algunas de las ideas sobre el n., típicamente hebreas, que se repiten en el NT son: la santificación del n. de Dios (cp. el "Padre Nuestro" Mt. 6:9), el n. de Dios como protección (Jn. 17:11), la relación del n. con la personalidad (Mt. 1:22,23; 16:17,18; Mr. 3:17; Lc. 1:13, 59,63; Hch. 13:6,9), su relación con la fama, reputación o gloria (Mr. 6:14; Lc. 6:22; Fil. 2:9).

Respecto al n. de Cristo, encontramos cuatro ideas centrales: (1) Creer en su n. implica aceptar a Jesús como Mesías, Salvador y Señor (tema central de los escritos de Juan); (2) es posible ser bautizados en su n. (Mt. 28:19; Hch. 2:38; 8:16; 10:48; 19:5); (3) actuar en su n. es participar de la autoridad de Jesús (Mr. 9:38; 16:17; Lc. 10:17); y (4) sufrir por su n. es la porción del cristiano fiel (Hch. 9:16; 21:13; Tit. 3:12). Es el n. de Jesús el que debe ser predicado (Hch. 8:12; Ro. 1:5).   J. M. A.

NORTE. Punto cardinal que en la Biblia se tiene como el *locus* de la divinidad (Ez. 1:4). Cuando Lucifer quiso tomar el lugar de Dios se fue al n. (Is. 14:13). Los sacrificios se degollaban al lado n. del altar (Lv. 1:11; Sal. 48:2). También se conceptúa al n. como fuente de peligro y desastre (Is. 14:31; Jl. 2:20) y es símbolo de la tribulación (Jer. 1:14; 4:6). Los asirios y los babilonios venían del n. (Jer. 6:22; 10:22; 13:20; Sof. 2:13) aunque vivían al E de palestina.   J. M. R.

NUBE. Desde los tiempos bíblicos las n. han sido reconocidas como indicadoras de lluvia (1 R. 18:44,45; Lc. 12:54), aunque también se mencionan "n. sin agua", que aparecen en el verano y cuya imagen es usada como ejemplo de algo engañoso (pr. 25:14; Is. 25:5; Jud. 12). También, y especialmente por las mañanas, hay n. ligeras traídas por las brisas del mar, las cuales, al chocar con el aire caliente, se desvanecen rápidamente sin dejar rastro. A este fenómeno hacen referencia los escritos sagrados para señalar la transitoriedad de la vida y de las cosas (Job 7:9; 30:15), la falsedad de un sentimiento o un acto (Os. 6:4) y, en sentido positivo, la acción del perdón de Dios que deshace el pecado (Is. 44:22).

A través de toda la Biblia, las n. acompañan a las → teofanías. Aparecen en el pacto con Noé (Gn. 9:13-16), en el monte Sinaí (Éx. 19:16; 24:15) y, como muestra visible de la presencia divina, en la peregrinación israelita (Éx. 13:21,22), sobre el tabernáculo (Éx. 40:34,35) y en el templo terminado (1 R. 8:10). En el NT vuelven a aparecer con igual significado en la transfiguración del Señor Jesucristo (Mt. 17:5), su ascensión (Hch. 1:9) y su segunda venida (Ap. 1:7). Además de ser símbolos de la gloria y majestad de Dios (Éx. 16:10; Sal. 97:2; Ap. 14:14-16), las n. representan también el juicio divino (Jl. 2:2).   J. M. R.

NÚMEROS. Los n. en la Biblia han de entenderse literalmente, a no ser que haya buenas razones para pensar en números aproximados o de uso simbólico. Los métodos rudimentarios de representar cantidades en los idiomas bíblicos han dado lugar a variantes y a dudas, especialmente cuando parecen ser demasiado grandes.

El n. *uno* se asocia naturalmente con la idea de unidad, y el *dos* denota dualidad o ayuda mutua (Gn. 1:16; 2:20; Ec. 4:9,11,12). El *tres* ilustra la doctrina de la Trinidad en pasajes como 1 Co. 13:13; 2 Co. 13:14; 1 Jn. 5: 8, etc., y en ocasiones indica el período durante el cual un propósito o misión debe cumplirse (Os. 6:2; Mt. 12:40). *Cuatro* son las rectas de un cuadrilátero, y este n. da la idea de lo completo en la realización de los propósitos de Dios (Gn. 2:10; Éx. 27:16; 37:9; Zac. 1:18-21; 6:1-8; Ap. 9:14, etc.). Hay *cuatro* Evangelios como base de la fe. *Cinco* y *diez* derivan su importancia de los dedos de la mano, los cuales originaron el sistema decimal. De nuevo predomina la idea de lo completo en ciertas esferas: Hay diez patriarcas antes del diluvio, diez plagas en Egipto, diez mandamientos, etc. (Éx. 34:28; Lc. 15:8; 19:11-27; Jn. 6:9-10).

El *seis* denota compás de espera antes de llegar a lo completo de *siete*, como en los días de la creación y del trabajo normal antes del sábado. De igual manera *ocho*, que resulta de siete más uno, indica el resultado de una obra completa: p.e. las ocho personas salvadas del diluvio, el día de la circuncisión, la señal del pacto (1 P. 3:20; Gn. 17:12; cp. Ez. 43:27). *Nueve*, que es tres por tres, es la suma de perfección en el fruto del Espíritu (Gá. 5: 22,23). *Doce* (3 por 4) señala el orden, o la organización, en los propósitos de Dios: 12 meses del año, 12 tribus de Israel, 12 apóstoles.

Cuarenta a veces redondea una "generación", pero se usa mucho en períodos de prueba (Gn. 7:17; Éx. 24:18; Nm. 13:25; 14:33; 1 R. 19:8,

Mr. 1:13). *Setenta* señala la administración de Dios en el mundo, como en las "setenta semanas de Daniel" (Dn. 9:24; cp. Gn. 46:27; Nm. 11:16; Jer. 25:11).

El misterioso n. de la bestia, *666*, se lee en algunos mss como 616 (Ap. 13:18). Algunos se han esforzado por darle sentido mediante la equivalencia de n. con letras, pero las conclusiones no son seguras.   E. H. T.

NÚMEROS, LIBRO DE

Los hebreos llaman a este libro *wa-yedabber* ('y habló'), según la palabra inicial del libro, o *ba-midbar* ('en el desierto'), según la quinta palabra. El título "Números" le fue dado por la LXX *(arithmói)* debido al doble censo del pueblo de Israel que se describe en los caps. 1-3 y 26.

Continúa el relato de la peregrinación, desde el segundo mes del segundo año del éxodo hasta el undécimo mes del año 40. En los 38 años intermedios, el pueblo, habiendo partido desde el Sinaí y habiendo sufrido muchas peripecias en su viaje a causa de su rebelión en Cades, llega a las llanuras de Moab y los confines de Canaán. Este relato histórico es interrumpido a menudo por extensos pasajes referentes a la legislación, y termina con las prescripciones acerca de la ocupación y repartición de Canaán.

I. SECCIONES Y DIVISIONES

Este relato de la segunda etapa del viaje de Egipto a Canaán, e.d. desde el Sinaí hasta la tierra de promisión, puede dividirse en dos grandes secciones: (1) el viaje desde el Sinaí hasta Moab (caps. 1-21) y (2) los acontecimientos de las llanuras de Moab (caps. 22-36). Analizando estas partes principales obtendremos las siguientes divisiones.

1. Los preparativos para la partida desde el Sinaí (1:1-10:10). Comprenden un censo del pueblo, la purificación del campamento, los últimos acontecimientos en el Sinaí y los reglamentos para marchar y acampar, determinados por la nube de la presencia de Dios y los toques de clarín que daban la señal de partida.

2. El viaje desde el Sinaí hasta Moab (10:11-21:35). En el camino entre Sinaí y Moab ocurren cosas trascendentales como el envío de los doce exploradores y la rebelión del pueblo en Cades, castigada con 38 años de peregrinación. Al final de esta última, una nueva generación llega a los límites de Canaán.

3. La fabricación de la serpiente de bronce, el envío de Balaam y su vaticinio favorable a Israel, y la idolatría de los israelitas seducidos por los madianitas (caps. 22-25).

4. Prescripciones para la conquista y repartición de Canaán (caps. 26-36). Antes de tomar Transjordania se realiza un nuevo censo y Josué es instituido sucesor de Moisés. Luego se reparte la Transjordania entre las tribus de Rubén, Gad y la media tribu de Manasés y se establecen los reglamentos que deben ser observados cuando

sea conquistada y repartida la tierra de Canaán, al otro lado del Jordán.

II. ALGUNOS PASAJES DISPUTADOS

El término "allende el Jordán" en el texto original (22:1; 32:19; 34:15) puede significar "de esta parte del Jordán" o "al otro lado del Jordán". Si se acepta como correcta solamente la segunda, la descripción de los llanos de Moab en lo que hoy es Transjordania, situados "al otro lado del Jordán", ubicaría al autor de este término en la ribera occidental del río, y éste no podría ser Moisés que nunca estuvo en esa región. Sería entonces un indicio de que el autor del relato no fue Moisés sino un personaje diferente y probablemente posterior. Pero de la comparación de Nm. 32:19 con 34:15 resulta que el término en cuestión puede significar también "de esta parte del Jordán", y ciertos detalles demuestran claramente que el autor conocía la situación exacta en cada caso.

Nm. 4:3 y 8:24 establecen de un modo aparentemente contradictorio la edad con que los levitas podían entrar al servicio del tabernáculo: el primer pasaje establece 30 años mientras que el segundo permite servir a la edad de 25 años. Según Esd. 3:8 tal condición se redujo después del cautiverio a 20 años. La diferencia, entonces, entre Nm. 4:3 y 8:24 se debe probablemente al cambio de situación; el primer pasaje ha de referirse al tiempo de la peregrinación en el desierto, y el segundo al tiempo posterior cuando el tabernáculo había sido colocado en un lugar permanente. Moisés mismo pudo haber introducido la modificación.

La escasez de agua, repetida varias veces, no debe extrañar en un desierto, como tampoco la respectiva intervención divina que en varias ocasiones puso término a tal situación. Ambos elementos hablan de un solo hecho, y no deben tomarse como variantes. De una manera análoga Jesús repetía a veces un mismo milagro (alimentación milagrosa de los 5.000 hombres y luego 4.000 hombres). Mateo establece en 16:9,10 los dos casos semejantes como hechos concretos.

III. IMPORTANCIA DEL LIBRO

En N. se destacan la soberanía de Dios, su santidad y su demanda de obediencia, pero también su misericordia y su fidelidad a la alianza. También se ve un significado tipológico en varios sucesos, personas y leyes de N. (1 Co. 10:5ss.; Heb. 3:7ss.; 9:13). El NT se refiere en varias ocasiones a diversos pasajes de N. Compárense 21:8ss. con Jn. 3:14ss.; 28:9s. con Mt. 12:5; 16:5 con 2 Ti. 2:19; 22:21ss. con 2 P. 2:15ss. y Ap. 2:14.   F. L.

NUZI (o Nuzu). Montículo, Yorgan Tepe, ubicado 13 km al SE de Kirkuk, Irak, en la Alta Mesopotamia. En 1925-1931 algunos arqueólogos descubrieron allí doce estratos de ocupación que datan desde 4500 hasta 1300 a.C. El hallazgo más importante consistió en más de 4000 tablillas del siglo XV a.C. escritas en cuneiforme. Estas tablillas, que son contratos, registros y decisiones jurídicas, representan archivos privados y públicos de cuatro generaciones de hurritas que dominaban el área, y han provisto abundante información sobre la política, economía y costumbres sociales de aquel entonces.

Son notables los muchos paralelos entre las costumbres sociales de N. y las de los patriarcas narradas en Génesis. Por ejemplo, parece raro que Abraham pensara en Eliezer, un esclavo, como su heredero (Gn. 15:2,3); pero los textos de N. demuestran que esto era la costumbre en parejas sin niños que hubieran adoptado a un hijo. Este hijo adoptivo tenía que servirles mientras vivieran y lamentarles en su muerte. Su parte era ser designado heredero. Pero, si después les nacía un hijo a los padres adoptivos, éste debía ser el heredero principal. Así sucedió con Isaac.

La importancia de tener herederos se ve asimismo en la siguiente explicación escrita en una tablilla: "Si Gilimninu [la esposa] tiene hijo, Senima [el esposo] no tomará otra esposa; pero si Gilimninu no tiene hijo, Gilimninu tomará una mujer de las Lullu [esclavas] como esposa para Senima". Esta costumbre explica lo que hizo Sarai en Gn. 16:2 (cp. Raquel en Gn. 30:1-4 y Lea en 30:9). También en forma muy paralela al caso de Isaac, la misma tablilla citada arriba sigue: "Cualesquiera hijos engendrados de Senima de la matriz de Gilimninu, todas las tierras y propiedades se darán a esos hijos". Pero los textos de N. indican que en tal caso el hijo de la esclava no debía ser expulsado de la casa. Probablemente esta costumbre explica por qué Abraham no quiso echar a → Ismael y Agar (Gn. 21:9-14).

Gran número de las tablillas de N. tratan de heredades. Como en el Pentateuco (Dt. 21:17), el primogénito debía recibir doble porción de la heredad. Como Esaú en tiempo de necesidad vendió su primogenitura a Jacob (Gn. 25:29-34), así también uno en N. vendió su derecho de heredad por tres ovejas. En algunos casos las hijas podían heredar propiedades en N., como en el caso bíblico de las hijas de → Zelofehad (Nm. 27:8). Un texto de N. indica que el testamento oral que hacía el padre en su lecho de muerte tenía validez legal, lo cual nos ayuda a entender la seriedad dada en la Biblia a las bendiciones orales, como en el caso de Isaac a Jacob (Gn. 27:35-37).

Toda joven en N. necesitaba un guardián que se encargara de arreglarle matrimonio y darle protección legal. A menudo el propio hermano era este guardián. Semejante costumbre parecía regir según el relato de Gn. 24, donde Labán juega el papel principal en el matrimonio de Rebeca. En la relación posterior entre Jacob y Labán y Raquel y Lea se nota gran número de paralelos con las costumbres sociales de N. Allí un hombre podía conseguir esposa por ser adoptado por el suegro y trabajar para él. Es muy posible que así fuera el caso de Jacob ya que Gn. 29:19 puede sugerir adopción; quizá los hijos propios de Labán nacieron más tarde, pues no se mencionan sino hasta 31:1. Los dioses que Raquel escondió también tienen su paralelo en N. donde el primogénito debía recibirlos.

Se han encontrado muchos otros paralelos con la Biblia. Éx. 21:7-11 suena casi como una tablilla de N., ya que allí uno podía conseguir (¿comprar?) una mujer para casarse con ella o para darla a un hijo. En N. también se practicaba el matrimonio por → levirato. En los textos de N. se ve que los habiru no eran un grupo étnico sino un estrato social.

¿Cómo se explica la presencia de costumbres tan semejantes? Por un lado, los hurritas habían absorbido en gran manera la cultura sume-ro-acádica que influyó en todo el Cercano Oriente desde Persia hasta Siro-Palestina. Por eso los patriarcas y los hurritas reflejan mucho de una misma cultura.

Por otro lado, las costumbres de los patriarcas se asemejan más a las de N. que a las de otros pueblos conocidos porque los patriarcas habían vivido en el área de Harán (Gn. 11:31). Mantenían contactos con sus parientes que vivían allí donde los hurritas (horitas de la Biblia) dominaban culturalmente.

Además de ayudarnos a entender las costumbres de los patriarcas, los textos de N. subrayan la autenticidad de los relatos bíblicos y reflejan fielmente la sociedad de aquella época.

J. M. Br.

O

OBED ('siervo'). **1.** Hijo de Rut y Booz, padre de Isaí y abuelo de David (Rt. 4:14ss,; 1 Cr. 2:12). Fue uno de los ascendientes de Jesús (Mt. 1:1-5).

2. Judaíta (1 Cr. 2:37,38).

3. Uno de los valientes de David (1 Cr. 11:47).

4. Levita en el tiempo de David (1 Cr. 26:7).

5. Padre del profeta Azarías (2 Cr. 15:1).

6. Padre de Azarías, el jefe militar (2 Cr. 23:1).

7. Profeta (2 Cr. 28:9). J. M. Br.

OBED-EDOM ('siervo de Edom'). Nombre de varias personas en el AT, difíciles de distinguir.

1. Filisteo de Gat en cuya casa David dejó el arca después de la muerte de Uzza. Dios bendijo a O. durante ese tiempo (2 S. 6:10-12; 1 Cr. 13:13,14; 15:25).

2. Jefe o fundador de una familia de porteros que cuidaban las entradas meridionales del templo. Quizás era descendiente de Coré (1 Cr. 26:4-8,15). La frase "Dios había bendecido a O.", puede indicar que este O. sea el mismo n.° 1, quien se hizo levita para servir en el templo.

3. Levita que era portero y músico (1 Cr. 15:18,21,24; 16:5,38). El O., hijo del jefe de los músicos, Jedutún, en v. 38, quizá sea otra persona.

4. Guardián del oro, la plata y los objetos sagrados del Templo de Jerusalén en tiempos de Amasías, rey de Judá (2 Cr. 25:24). Tuvo que entregar el depósito que cuidaba, cuando Joás de Israel derrotó a Amasías y entró en la capital. P. S.

OBEDIENCIA. Los términos traducidos por "o." tanto en el AT *(shama)* como en el NT *(hypakoúo* y *eisakoúo)* denotan la acción de escuchar o prestar atención (otros términos en el NT son *peítho* "ser persuadido": Hch. 5:36,37; Ro. 2:8; Gá. 5:7, etc. y *peitharjéo* "someterse a la autoridad": Hch. 5:29,32; Tit. 3:1). Aunque o.

se utiliza también en sentido secular, el significado central deriva de la relación con Dios. Él da a conocer su voluntad mediante su voz o su palabra escrita, y frente a ella no hay neutralidad posible: prestar atención humilde es obedecer, mientras desestimar la palabra de Dios es rebelarse o desobedecer (Sal. 81:11; Jer. 7:24—28). La o. a Dios es una entrega total a su voluntad, y por consiguiente o. y →fe están íntimamente relacionadas (Gn. 15:6; 22:18; 26:5; Ro. 10:17-21).

La práctica de la desobediencia a Dios (Zac. 7:11ss.; Ro. 5:19; 11:32) llega a hacer del hombre un incapaz aun para oírle (Jer. 6:10). Pero Dios envía a Jesucristo, quien cumple plena y filialmente la o. debida (Jn. 6:38; Fil. 2:8; Heb. 5:8). Su o. es imputada a los hombres (Ro. 5:18s.; 1 Co. 1:30). Por la fe participamos de esa o. (Hch. 6:7; Ro. 1:5; Heb. 5:9), en tanto que la incredulidad es desobediencia (Ro. 10:16; 2 Ts. 1:8; 1 P. 2:8). En esta relación de agradecida o. (Ro. 12:1ss.), que excluye toda idea de mérito propio (Ro. 9:31—10:3), el cristiano imita a Cristo en humildad y amor (Jn. 13:14ss.; Fil. 2:5ss.; Ef. 4:32—5:2) y se somete "en el Señor" a quienes corresponda (Ro. 13:1ss.; Ef. 5:22; 6:1ss.; Fil. 2:12; Heb. 13:17). No obstante, la o. a Dios tiene absoluta prioridad (Hch. 5:29). J. M. B.

OBISPO. Transcripción corrupta del vocablo gr. *epískopos* (= 'vigilante', 'inspector', o 'superintendente'). Se usaba en sentido secular muchos años a.C., y fue adoptado en el vocabulario cristiano. En el transcurso de los años, llegó a significar el puesto de un alto jerarca eclesiástico, aunque muy distinto del sentido del NT.

Según el NT, el o. era un hombre llamado y dotado por Dios para cuidar de la iglesia local (Hch. 20:28). Ser o. se consideraba como "buena obra" (1 Ti. 3:1). Sus cualidades de maestro, pastor y administrador se detallan en 1 Ti. 3:2-7 y Tit. 1:5-9. Si Fil. 1:1 describe un caso típico, en cada iglesia había varios o.; cp. la pluralidad de → ministros en Hch. 13:1.

459

La responsabilidad del o. es "apacentar la iglesia del Señor" (Hch. 20:28). No difiere de la responsabilidad de un pastor (*poimén*) o de un → anciano (*presbíteros*). En Hch. 20 leemos que Pablo convoca a los "ancianos" de Éfeso (v. 17), los llama "o." (v. 28) y les encomienda la obra pastoral con el rebaño (v. 28). Asimismo, escribiendo a Tito, Pablo lo instruye para "establecer ancianos en cada ciudad" (1:5) que sean irreprensibles, porque "es necesario que el o. sea irreprensible . . . " (1:7). Para Pablo, o. y anciano eran sinónimos, con la excepción de que el o. había de ser "apto para enseñar" (1 Ti. 3:2), mientras que no todos los ancianos trabajaban en la palabra y en la enseñanza (1 Ti. 5:17). No obstante, el NT nunca supedita al anciano al o. jerárquicamente. Cada congregación era gobernada por un conjunto de dirigentes llamados indistintamente ancianos u o.

La costumbre del episcopado monárquico, o sea el gobierno de una iglesia por un solo o., incluyendo sus ancianos y diáconos, es muy antigua. En las cartas de Ignacio de Antioquía al comienzo del siglo II, y en las de Hipólito a fines del mismo siglo, se nota que el episcopado monárquico ya se había establecido. Pero aun ellos no procuraban justificar sus ideas por mandamientos del Señor o por autoridad bíblica. Como admite Jerónimo, el episcopado jerárquico es el resultado de la costumbre, no de revelación.   P. W.

OBRAS. Término usado en las Escrituras por lo menos en tres diferentes sentidos: las o. de Dios, las de Jesucristo y las del hombre.

1. En el AT la frase "las o. de Dios" denota (a) las cosas hechas o creadas por él (→CREACIÓN, Gn. 2:2; Sal. 8:3,6; 19:1; 139:14) y (b) los actos maravillosos efectuados por él (Jos. 24:31; Jue. 2:7; Sal. 46:8; 66:3; 77:11). Estas o. revelan la persona de → Dios: su poder, grandeza, maravillas, sabiduría y bondad. Somos llamados, pues, a recordar sus o., a meditar en ellas (Sal. 77:11,12; 143:5) y a estar agradecidos por ellas (Sal. 105:21,22).

2. Por sus o. Jesucristo se reveló y comprobó que era el Mesías y el →Hijo de Dios (Mt. 11:2-5; Jn. 5:36; 10:25). Al vincular sus o. con las del Padre e identificarse así con él, fue acusado de blasfemia (Jn. 5:17-23). Sus o. pueden producir fe en él (Jn. 10:38; 14:10,11; 20:30,31).

3. Las o. del hombre no son capaces de salvarlo, puesto que es Dios quien otorga la salvación, no como recompensa, sino por pura gracia (Ro. 4:1-5; Ef. 2:8,9; Tit. 3:5). Pero las buenas o. son el resultado normal de la redención como lo es el fruto en un árbol. Revelan la actividad divina en el hombre regenerado (Mt. 5:16; 7:16-20; Jn. 14:12; Gá. 5:22,23; Stg. 2:18; 1 P. 2:12). Dios ordena que el creyente se ocupe en las buenas o. (Ef. 2:10; Tit. 3:14; Heb. 10:24).

Por otro lado, el hombre incrédulo revela su condición depravada mediante sus malas o. (Jn. 3:19; Gá. 5:19-21; Ef. 5:11).   W. M. N.

OCOZÍAS. 1. Rey de Israel, sucesor de Acab. Su reinado duró escasamente dos años 853-852 a.C. (1 R. 22:51). Ofreció poner a la disposición de Josafat, rey de Judá, una flota que tenía en Ezión-geber, oferta que Josafat rechazó. Durante el reinado de O. los moabitas se rebelaron, pero fueron apaciguados, posiblemente por Joram, su hermano. Accidentalmente O. cayó por una ventana del palacio, y quedó mortalmente herido. Durante su postración envió a consultar a Baal-zebub, dios de Ecrón, por ser el dios sirio de la vida. Esta acción muestra la directa influencia de su madre Jezabel (1 R. 22:51–2 R. 1:18; 2 Cr. 20:35-37).

2. Rey de Judá en el año 841 a.C., hijo y sucesor de Joram. Según 2 Cr. 21:16,17; 22:1, una coalición de filisteos y árabes atacó a Judá durante el reinado de Joram, y éstos se llevaron un gran botín, incluyendo a los hijos y a las mujeres del rey. Sólo escapó el más pequeño, Joacaz. Éste fue puesto en el trono por el pueblo, a la muerte de su padre, y reinó con el nombre de O. Según 2 R. 8:26 O. tenía 22 años cuando comenzó a reinar. La cifra 42 en 2 Cr. 22:2 puede ser error del copista, pues el mismo libro dice que su padre apenas tenía 40 cuando dejó de reinar (2 Cr. 21:5). Su madre fue la famosa Atalía.

O. tomó parte con Joram, rey de Israel, en una campaña contra Hazael, rey de Siria, en Ramot-Galaad. Fue allí donde Joram resultó seriamente herido y tuvo que retirarse a Jezreel. Mientras tanto, había estallado la revolución en Israel bajo la dirección de Jehú. Éste se dirigió a Jezreel donde Joram estaba en su lecho de enfermo. Allí lo encontró con O., que había ido a visitarlo, y aprovechó para matar a ambos reyes a un mismo tiempo (2 R. 8:25-29; 9:27-29; 2 Cr. 22:1-9).   A. Ll. B.

ODIO. →ABORRECIMIENTO.

ODRE. Recipiente hecho generalmente de cuero de cabra u oveja, y algunas veces con cuero de buey o camello. Se hacía curtiendo y cosiendo la piel y cerrándole las partes que cubrían las patas; sólo se dejaba abierto el extremo del pescuezo, para introducir o vaciar el líquido. Se llevaba al hombro, para facilitar vaciarlo y tomar o vender el contenido del o. (Gn. 21:14; Jos. 9:4,13).

Los o. se dañaban con el calor y el humo, y se estiraban con el peso del líquido (Sal. 119:83). El vino fermentado, especialmente, hacía que el o. se estirara. De ahí las palabras de Jesús en Mt. 9:17 y Lc. 5:38. Job 32:19 indica que los o. tenían respiradores para no reventarse.   J. E. G.

OFEL (heb. = 'eminencia', 'hinchazón'). Término usado para referirse a una loma fortificada (traducida "torres" en Is. 32:14, "fortaleza" en Mi. 4:8 y "colina" en 2 R. 5:24 VM) y también como nombre propio. Así se llamaba un barrio de Jerusalén, probablemente situado sobre una proyección que daba al Cedrón, entre el templo y la colina del SE. Los últimos reyes se preocuparon por su fortificación (2 Cr. 27:3 "fortaleza"; cp. 33:14), y, después del exilio, allí vivían los siervos del templo (Neh. 3:26s.; 11:21). A veces la literatura moderna usa O. para designar toda la colina del SE (→JERUSALÉN).   J. M. Br.

OFENSA. Cualquier acto que quebrante las normas que deben regir en las relaciones humanas, o bien entre Dios y el hombre, y que dañe o perjudique al otro en su honor o bienestar. Al nivel jurídico, en el AT la o. podía ser causa para un litigio (Dt. 19:15; 21:5). Ofender a un príncipe u "hombre fuerte" traía graves consecuencias (1 S. 25:28; Ec. 10:4).

En el NT la o. constituye siempre una falta contra Dios. Es vital perdonar al hermano (Mt. 6:14s.; cp. 18:35 y Mr. 11:25s.), como también confesar las o. propias (Stg. 5:16), para que se restablezca la comunión entre los hombres a base del perdón divino (→PECADO, PERDÓN).
                                                            K. L. M.

OFIR. 1. Tribu descendiente de Sem y, directamente, de Joctán (Gn. 10:26-29; 1 Cr. 1:23). Según Ryckmans, *Nombres propios sudsemitas,* este pueblo se conoce por inscripciones preislámicas y vivía en el área comprendida entre Sabá en Yemen y Hávila. Algunas tradiciones islámicas identifican a Joctán con Qahtán, hijo de Ismael el padre de todos los árabes.

2. Lugar famoso por la alta calidad del oro que producía, su sándalo, su plata y su marfil. David hizo traer de O. 3.000 talentos de oro para la construcción del templo. Salomón construyó en Ezión-geber una flota para traer de O. 420 talentos de oro, además de plata, sándalo, piedras preciosas y dos clases de monos. Más tarde Josafat, rey de Judá, intentó repetir la misma hazaña en una empresa mancomunada con →Ocozías, rey de Israel, pero los barcos se rompieron en Ezión-geber antes de zarpar. O. se

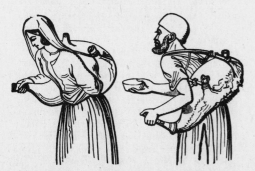

Los odres para agua, hechos de piel de cabra, representaban la manera más práctica de transportar ese precioso líquido a través de regiones áridas.

menciona en una inscripción hecha en arcilla cocida que dice: "Oro de O. para Betorón, 30 siclos". Esta inscripción que se encontró en Afec, es la primera mención extrabíblica de O.

En cuanto a la situación geográfica de O., hay varias teorías: en el SO de Arabia; en el SE de Arabia; en Omán, no lejos de Ezión-geber; en Somalilandia, en la costa NE de África, donde también abundan los tipos de riquezas que caracterizan a O.; y cerca de Bombay, India. Jerónimo y la LXX interpretan O. como la India. En favor de esta última posibilidad están el hecho de que todas las mercancías mencionadas son conocidas desde la antigüedad en la India, y que desde el segundo milenio a.C. existía un activo comercio marítimo entre el golfo Pérsico y la India (1 R. 9:28; 10:11; 22:49; 1 Cr. 29:4; 2 Cr. 9:10; Job 22:24; 28:16; Sal. 45:9; Is. 13;12).   A. Ll. B.

OFNI. 1. Población de Benjamín en el NO del territorio de esta tribu, cerca de la frontera (Jos. 18:24). Se le identifica con la actual Cifra situada 21 km al N de Jerusalén. El Talmud la nombra entre las ciudades sacerdotales.

2. Uno de los dos hijos del sumo sacerdote Elí. Murió juntamente con su hermano Finees acompañando el arca en la batalla contra los filisteos (1 S. 4:4,11-17). Su muerte fue interpretada como castigo divino por su sacrilegio, inmoralidad, codicia y violencia (1 S. 2:12-17, 22-25; 3:14).   P. S.

OFRA. 1. Hijo de Meonotai de la tribu de Judá (1 Cr. 4:14).

2. Ciudad de la tribu de Benjamín (Jos. 18:23) ubicada probablemente al N de Micmas (1 S. 13:17). Es quizá la misma Efraín de 2 S. 13:23; 2 Cr. 13:19; Jn. 11:54. Generalmente O. es identificada con el sitio donde está ahora et-Taiyibe, aproximadamente 6.5 km al NE de Bet-el y 8 km al N de la antigua Micmas.

3. Ciudad de la tribu de Manasés al O del río Jordán, centro de la familia de los abiezeritas. Gedeón que era de O., edificó allí un altar y lo llamó Jehová-salom. Fue allí donde todo Israel se prostituyó tras un efod que el mismo Gedeón fabricó con el botín obtenido en la derrota de los madianitas (Jue. 6:11,15,24; 8:27). La identificación exacta de la O. de los abiezeritas permanece incierta.

                                                            K. B. M.

OG. Rey de Basán, tierra al E del río Jordán, conquistada por los israelitas (Nm. 21:33-35), y dada a la media tribu de Manasés (Dt. 3:13). Esta conquista fue notable, porque por ella Israel ganó un reino de 60 ciudades fortificadas, más "otras muchas ciudades sin muro" (Dt. 3:4,5), y sobre todo porque O. era "del resto de los refaítas" (Jos. 13:12), pueblo de →gigantes que los israelitas temían. Según Dt. 3:11 la cama de O. (posiblemente un sarcófago o sepulcro en forma de dolmen) medía 9 × 4 codos (*ca.* 4 × 1.8 m.).

La derrota de O. se debió al poder de Jehová (Nm. 21:34; Dt. 3:2) y se grabó tanto en la memoria de Israel que fue celebrada perpetuamente (Neh. 9:22; Sal. 135:11; 136:20).

D. J.-M.

OÍDO. Órgano auditivo del hombre y de los animales (1 S. 3:11; Is. 35:5; Hch. 7:57). El intelecto y la obediencia operan en función del o. (Job 12:11; Is. 55:3). El hablar "en los o." de otro significa hablar enérgicamente y en voz alta (Gn. 20:8), pero descubrir algo "al o." es revelar un secreto importante (1 S. 22:8). Es digno de elogio el que tapa su o. ante las palabras o propuestas necias (Is. 33:15).

Oreja y o. son inseparables en el contexto del AT. Como un antropomorfismo, se dice que Dios tiene o. diferente del de los ídolos (Sal. 135:17; Is. 59:1).

Dos costumbres se destacaban en el Oriente en relación con la oreja. Una de ellas consistía en clavar la oreja del esclavo a la puerta de la casa del amo, en señal de servidumbre perpetua y voluntaria. La otra consistía en poner la sangre del sacrificio en el lóbulo de la oreja derecha del sacerdote (Lv. 8:23,24).

El mejor empleo del o. es oír el verdadero significado de las Escrituras (Mt. 11:15).

A. R. T.

Las aceitunas aún constituyen uno de los productos más importantes de la Tierra Santa, como lo eran hace muchos años. Cuando verdes, se recogen a mano. Luego se comen en forma de encurtidos. Cuando están maduras, se sacan golpeando el árbol con palos o varas, para después extraer el aceite. MPS

OJO. Órgano de la visión, cuyo nombre se utiliza con sentido figurado (Ez. 1:18; cp. Mr. 10:25 y Ap. 4:6) y antropomórfico (Sal. 33:18). En sentido figurado, los o. poseen cualidades morales: son "altivos" (Pr. 6:17), experimentan deleite (Ez. 24:16), desean (1 Jn. 2:16) y "escarnecen" (Pr. 30:17). La expresión "o. por o." denota venganza (Lv. 24:20). Hay "o. sincero" y "o. maligno" (Mt. 6:22,23).

En el Oriente Antiguo los vencedores solían sacarle los o. a los enemigos vencidos (Jue. 16:21; 2 R. 25:7). Las mujeres paganas acostumbraban pintarse los o. (2 R. 9:30).

El apóstol Pablo menciona el o. cuando recalca la interdependencia de los órganos del →cuerpo (1 Co. 12:16ss.). El cuidado de Dios para con sus hijos se destaca en la expresión "el o. de Jehová está sobre los que le temen" (Sal. 33:18).

A. R. T.

OLIMPAS (gr. = 'perteneciente al Olimpo'). Cristiano influyente, a quien Pablo manda saludos en Ro. 16:15. Posiblemente era hermano de →Nereo e hijo de →Filólogo.

W. M. N.

OLIVO, OLIVA. Uno de los árboles más valiosos para los hebreos de la antigüedad. Hay cuatro tipos de o. en el Cercano Oriente. El más común en la Tierra Santa era el *Olea Europea*. El o. crece lentamente pero dura por siglos (se cree que algunos de los o. en las faldas del mte. de los Olivos son de la época del NT). Alcanzan una altura de sólo unos 6 u 8 m. El tronco es grueso, corto, nudoso y retorcido, y de él se desprenden numerosas ramas. De las raíces nacen retoños alrededor del tronco; de ahí la comparación con el o. del hombre rodeado de su familia (Sal. 128:3).

La importancia del o. se debe a su fruto, que son las →aceitunas, semejantes a una cereza grande o a una ciruela pequeña, y muy oleaginosa (30 %). Maduran en otoño y se cosechan en noviembre. Antiguamente las hacían caer golpeando las ramas. Se recogían y se llevaban en canastas, a lomo de asnos, al lagar (→GETSEMANÍ significa "lagar de aceite"), donde eran molidas (→MOLINO) para obtener el aceite.

Una de las industrias mayores en Israel era la producción del aceite de o., que tenía muchos usos. Servía para elaborar comestibles, como combustible para lámparas (Lv. 24:2; Mt. 25:3), como medicina (Lc. 10:34; Stg. 5:14) y para el ungimiento (1 S. 16:13; Sal. 23:5). El árbol mismo también era apreciado; de su madera, bastante dura, se construían muebles finos (1 R. 6:23). Su sombra era deseada en las tierras calurosas (cp. Lc. 22:39) y sus ramas se usaban en la construcción de cabañas para la fiesta de los tabernáculos (Neh. 8:15).

En vista del valor del o., en la literatura hebrea se usa mucho en sentido simbólico. Es el rey de los árboles (Jue. 9:8). Su aceite es emblema de soberanía. Representa al hombre justo y recto (Sal. 52:8; Os. 14:6). Para Moisés, es símbolo de la abundancia de la Tierra Prometida (Dt. 6:11; 8:8) y para Jeremías, habla de la gloria futura de Israel (11:16). Sus hojas son señal de paz y amistad aún hasta hoy.

Un fenómeno curioso en el cultivo del o. es el injerto. Hay o. silvestres que son de poco valor, pero la rama de un o. valioso puede injertarse en el tronco de uno silvestre y producir fruto bueno. Pablo emplea irónicamente y como ilustración en Ro. 11 lo inverso de esta costumbre en la horticultura.   W. M. N.

La fruta del olivo es machucada en forma primitiva antes de encurtirla. También se exprime la aceituna madura para extraer el aceite, sumamente útil para las lámparas como para la cocina. Puesto que se utilizaba también para ungir a los sacerdotes y reyes, el aceite de oliva llegó a simbolizar al Espíritu Santo.   MPS

OLIVOS, MONTE DE LOS. Elevación que forma parte de la cadena de montañas que corre de N a S a través del centro y el S de Palestina. Por el O mira hacia Jerusalén y está separado de ella por el torrente del Cedrón. Tiene unos 800 m de alto y consta de tres cimas. La primera, al NE de Jerusalén, es la más alta y está ocupada actualmente por la Universidad Hebrea. La segunda puede identificarse con el monte → Nob (1 S. 21:1) del AT. La tercera es el m. de los O. propiamente dicho, ocupado hoy por la basílica de la Eleona; aunque la mera erección de

un templo no demuestra que tal monte sea el mismo mencionado en los Evangelios.

El nombre de m. de los O. se debe a la existencia de grandes plantaciones de olivos, de los cuales los que hasta hoy se conservan son de gran antigüedad. Se menciona dos veces en el AT, aunque hay además varias referencias indirectas. 2 S. 15:30; 1 R. 11:7; 2 R. 23:13; Neh. 8:15 y Ez. 11:23 sugieren que el monte era un lugar de culto pagano; la existencia de altares a Moloc y a otros dioses introducidos por Salomón hizo que el monte se llamara "monte de la corrupción". El monte guardaba estrecha relación con algunas ceremonias religiosas de los judíos, especialmente con la fiesta de la luna llena. Según una leyenda, la paloma enviada por Noé tomó la rama de olivo de este monte. Una tradición afirma que cuando la gloria de Dios abandonó el templo, permaneció tres años y medio sobre el m. de los O.

El m. de los O. fue escenario de algunas de las actividades de Jesús durante la última semana de su ministerio. Se menciona en una serie de textos relativos a su entrada a Jerusalén. Al parecer, según Lc. 19:41, desde un punto del monte Jesús lloró sobre la ciudad. Su discurso sobre la destrucción de Jerusalén y sobre los últimos días (Mr. 13:3-37 //) fue pronunciado desde allí; es una evidente referencia a las palabras de Zac. 14:1-5. En este monte Jesús también pasó la noche antes del incidente con la mujer tomada en adulterio (Jn. 8:1).

Los Evangelios acentúan el hecho de que, durante la semana que precedió a su arresto, Jesús visitaba el templo durante el día y por la noche retornaba al monte (Lc. 21:37). En el m. de los O. comenzó la historia de la pasión, en el huerto de → Getsemaní, donde Jesús solía reunirse con los discípulos (Lc. 22:39; Jn. 18:2). Sobre este monte, o en sus cercanías, tuvo lugar el episodio de la ascensión de Jesús (Lc. 24:50; Hch. 1:12).

En 325 d.C. Elena, madre del emperador Constantino, mandó construir una basílica sobre una gruta en la que se creía que Jesús enseñaba a sus discípulos antes de la crucifixión y donde se encontró con ellos la mañana de la ascensión. En este punto actualmente se halla un monasterio carmelita (Eleona). Quedan algunas ruinas de la antigua basílica.   J. M. A.

Bibliografía
EBDM V, col. 619-623.

OLMO. Traducción incorrecta en la RV de la palabra *ela* en Os. 4:13. Debe ser "terebinto". Aunque la RV usualmente traduce "encina", las palabras *ela* y *elon*, Os. 4:13 e Is. 6:13, hacen distinción entre ellas.   J. M. Br.

OLLA. Término genérico para referirse a una diversidad de vasijas de barro, hierro, latón y oro, utilizadas para preparar los alimentos y servirlos. Durante su peregrinación por el desierto los israelitas se quejaban de haber perdido las o. de carne que comían en Egipto (Éx. 16:3). Durante la celebración de la Pascua en los días de Josías, la carne no santificada se cocía en o. (2 Cr. 35:13).

Los libros poéticos mencionan la o. que hierve (Job 41:20) y utilizan este utensilio en expresivas figuras (Sal. 58:9). Se refieren al mar como una o. a la cual Dios hace hervir (Job 41:31); al estrépito de los espinos debajo de la o. (Ecl. 7:6), etc. Es dramática la narración del guisado que enfermó a un grupo de discípulos de Eliseo, cuando comieron de la o. que, accidentalmente, uno de ellos envenenó con calabazas silvestres (2 R. 4:38-41).

noticias de que Zimri había matado a Ela y usurpado el trono, "todo Israel" eligió a O. como rey (1 R. 16:16). Éste avanzó contra Tirsa, la capital, pero Zimri incendió el palacio y pereció en las llamas. Después de cuatro años de guerra civil, la oposición, encabezada por Tibni, también fue derrotada. O. reinó doce años (ca. 885-874), incluyendo los cuatro años de lucha civil.

O. mostró su capacidad militar al escoger a Samaria como capital de su reino (1 R. 16:24). El monte sube unos 120 m sobre el llano que domina. La ciudad, por tanto, resistió los sitios de los sirios y asirios hasta que al fin fue to

Período Arqueológico →ARQUEOLOGÍA	Neolítico y Calcolítico ca. 3500 a.C.	Bronce Antiguo I 3100-2900	Bronce Medio 1900-1550	Bronce Reciente 1550-1200
VASOS GRANDES				
VASOS PEQUEÑOS VARIADOS				

OLLAS: Muestras típicas del desarrollo de la alf[...]

En los profetas también hay numerosas referencias a la o. (1 S. 2:14; Is. 65:4; Jer. 1:13; 52:19; Ez. 24:3; Mi. 3:3; Zac. 14:21; etc.). Todo indica que, tanto en la antigüedad como en nuestros días, las o. han sido artículo doméstico muy apreciado.   A. P. P.

OMBLIGO. Cicatriz dejada por el corte del cordón umbilical. Desde el punto de vista médico, en la Biblia encontramos dos referencias al o.: Pr. 3:8 TM y RV 1909 y Ez. 16:4; esta última, como referencia al cuidado que se debe tener con el recién nacido.

En sentido figurado, el o. significa centro: de la tierra (Ez. 38:12 TM y RV 1909); de la fortaleza (Job 40:11). En sentido anatómico al o. femenino se le compara con un recipiente pleno de bebida (Cnt. 7:2).   L. A. S.

OMEGA. → ALFA.

OMNIPOTENTE. → TODOPODEROSO.

OMRI. Nombre de cuatro personajes del AT.

1. General del ejército de Ela, último rey de la dinastía de Jeroboam. Cuando llegaron las

mada por Sargón en el año 722, después de un sitio de tres años (2 R. 17:5,6).

O. fue el primer rey de Israel que pagó tributo a los sirios y se menciona en unas inscripciones de ellos. Para consolidar su posición y estimular el comercio, se alió con los fenicios mediante el matrimonio de su hijo Acab con Jezabel, hija del rey de Tiro (1 R. 16:31). O. subyugó completamente a Moab.

O. fue el primero de una dinastía de cuatro reyes. Permitió la idolatría y fue reprobado por ello (1 R. 16:25,26; Mi. 6:16). Sin embargo dejó un reino de paz y prosperidad para su hijo Acab. Su importancia política fue tal que, aún en el tiempo de Sargón, las inscripciones asirias se refieren a Israel como "la tierra de O.".

2. Benjamita, hijo de Bequer (1 Cr. 7:8).

3. Descendiente de Fares de la tribu de Judá, uno de los primeros moradores de Jerusalén después del cautiverio babilónico (1 Cr. 9:2,4).

4. Hijo de Micael y jefe de la tribu de Isacar durante el reinado de David (1 Cr. 27:18).
                                    W. C. W.

ON. 1. Nombre heb. de la famosa ciudad del Bajo Egipto llamada en gr. Heliópolis ('ciudad del sol') porque era el centro principal del culto al sol. La LXX la identifica expresamente en Éx. 1:11. En la RV, O. se menciona directamente sólo en Gn. 41:45,50 y 46:20, donde se alude al sacerdote de O. como el suegro de José. Se le denomina Bet-semes en Jer. 43:13; Avén en Ez. 30:17; y Herez en Is. 19:18. En O., según una leyenda, descansó la sagrada familia durante su huida a Egipto. Sus ruinas se hallan en la ribera oriental del Nilo, casi 10 km al N de El Cairo, junto al actual El-matariye.

cendencia que heredara sus bienes. Jehová castigó con la muerte esta transgresión de la ley (Gn. 38:8-10). De O. se originó el término "onanismo", usado en el vocabulario técnico para referirse al método anticonceptivo de coito incompleto.   J. M. A.

ONESÍFORO ('el que trae provecho'). Cristiano que había cooperado con Pablo en Éfeso, y después lo visitó en la prisión en Roma, cuando muchos otros de Asia habían abandonado al apóstol. Lejos de avergonzarse de Pablo en cadenas, lo confortó y le sirvió. Pablo pide misericordia divina para la casa de O. y le envía

| Hierro I, C 1050-970 | Período Persa 550-330 | Helenístico II 165-64 a.C. | Romano-Islámico 64 a.C. en adelante |

del período neolítico hasta el romano

Aunque en tiempos prehistóricos O. era la capital política de Egipto, en tiempos históricos su importancia fue más de carácter religioso y cultural. Era centro del culto al dios Amón, que más tarde se relacionó con el culto a otros dioses solares. Allí los sacerdotes desarrollaron uno de los sistemas teológicos de Egipto que predominó durante la V dinastía (*ca.* 2700 a.C.) y muchos siglos después. Como el obelisco era el símbolo específico del sol, varios fueron erigidos en la ciudad. Además, había una escuela para sacerdotes y médicos relacionada con el templo, muy conocida entre los griegos en la época de Herodoto (*ca.* 450 a.C.). Desde *ca.* 100 d.C. los habitantes fueron abandonando poco a poco la ciudad.

2. Hijo de Pelet, de la tribu de Rubén, que tomó parte en la rebelión de Coré contra Moisés (Nm. 16:1ss.).   K. B. M.

ONÁN. Segundo hijo de Judá (Gn. 38:4). Contrajo →matrimonio, según la ley del levirato (Dt. 25:5-10), con →Tamar, viuda de su hermano Er. O. se negó a cumplir con la práctica ya tradicional, y no quiso darle a su hermano des-

saludos por medio de Timoteo (2 Ti. 1:15-18; 4:19).   D. M. H.

ONÉSIMO (gr. = 'útil', 'provechoso'). Esclavo obrero en el establecimiento de →Filemón, en Colosas, que huyó de su amo. Conoció a Pablo en la prisión, se convirtió al Señor y sirvió al apóstol. Para reintegrarlo a su propietario sin que fuera castigado, Pablo y Timoteo escriben a Filemón, devuelven a O. acompañado por Tíquico y lo recomiendan como "amado y fiel hermano" (Col. 4:9) ante Filemón mismo, Apia, Arquipo y la iglesia local (→SIERVO).

R. O.

ÓNICE (gr. = 'uña', traducción de la palabra heb. *shoham*). No se sabe con certeza a qué clase de piedra corresponda esta denominación. Algunos la clasifican entre los ó. sardónices o ágatas, otros la identifican con el berilo o crisopacio (Éx. 25:7; 35:9; Job 28:16). Abundaba en Hávila (Gn. 2:12) y era ornamento preferido por el rey de Tiro (Ez. 28:13). Se engasta en anillos y sellos o se usa para tallar camafeos. Según Ap. 21:20 es el quinto cimiento del muro de la nueva Jerusalén.   J. E. D.

ONO. Pueblo de Benjamín situado en el extremo S de los llanos de Sarón, unos 12 km al SE de Jope. Se le menciona junto con Lod (Lida) en 1 Cr. 8:12. Era la sede de unos 720 exiliados que regresaron del cautiverio babilónico (Esd. 2:33; Neh. 7:37; 11:35). Se describe en la Misná como ciudad amurallada desde los días de Josué.   J. E. G.

ORACIÓN. Diálogo del hombre con Dios. Es un acto de → adoración y comunicación, e incluye la presentación de nuestros deseos a Dios, en el nombre de Jesucristo y con la asistencia del Espíritu Santo (Jn. 14:13,14; Ro. 8:26,27; Fil. 4:6). Algunos consideran Gn. 4:26 como el primer registro de una o. pública. La o., juntamente con el → ayuno, era una de las prácticas del judío piadoso.

En el AT la o. estaba relacionada con el → sacrificio en el templo y, después del año 70 d.C., los rabinos llegaron a sostener que la o. era "mejor que el sacrificio". En la sinagoga, aquélla tomó el lugar de éste. Aunque no existe en la Biblia una orden al respecto, el judío acostumbraba orar por lo menos tres veces al día (Sal. 55:17; Dn. 6:10). Las horas de o. eran: la tercera, o sea las 9:00 (Hch. 2:15), la sexta, 12:00 (Hch. 10:9) y la novena, 15:00 (Hch. 3:1). Al orar, se acostumbraba mirar hacia Jerusalén (2 Cr. 6:34; Dn. 6:10). Cuando la o. se hacía en los atrios del templo el rostro se tornaba hacia el templo mismo. Ambas costumbres, la de las horas fijas de o. y la de mirar hacia Jerusalén, fueron practicadas también por los primeros cristianos.

La o. no sólo se practicaba en el templo sino también en las casas o en los lugares apartados (Dn. 6:10; Lc. 1:10). Cuando se hacía en la casa, generalmente se usaba una habitación en la planta alta, denominada → aposento alto, una especie de azotea (Hch. 10:9). La posición usual para orar era de pie (Mt. 6:5), aunque también se hacía inclinándose o de rodillas (Hch. 21:5).

El NT manda orar en todo tiempo (Lc. 18:1; Ef. 6:18; 1 Ts. 5:17), y en todo lugar (1 Ti. 2:8). De acuerdo con las Sagradas Escrituras, la actitud del espíritu del que ora es más importante que la hora, el lugar, la posición del cuerpo o las fórmulas. Se debe orar con intensidad espiritual (Lc. 22:44; Ef. 6:18; 1 Ts. 3:10).

Con excepción de la o., dedicatoria de diezmos y primicias en el AT (Dt. 26:1-15) y del Padre Nuestro en el NT (Mt. 6:9-13), la Biblia no ordena la repetición de fórmulas fijas de o. Aun en el Padre Nuestro la intención es establecer los elementos principales que deben incluirse en toda o. cristiana, y el orden de importancia en que deben presentarse.

En ocasiones ni las palabras son necesarias para que una o. sea eficaz (Neh. 2:4,5). Puede ser un acto de contemplación, o un diálogo entre el orante y Dios en el lenguaje del espíritu. En el más puro sentido cristiano, una lágrima, un gemido, o el silencio, pueden convertirse

delante de Dios en o. del más alto nivel espiritual (1 S. 1:10,12,13; Ro. 8:26). La Biblia dice que Cristo pasó noches enteras en o. Probablemente no hablaba en voz alta, sino oraba en su fuero interno sin palabras siquiera. Esto es lo que hace practicable el mandamiento de 1 Ts. 5:17. La mucha palabrería y no la falta de palabras fue lo que Cristo censuró (Mt. 6:7).

La o. no debe ser usada tampoco para ostentar religiosidad. En Mt. 6:5 Cristo no condena el hecho de la o. pública, sino la motivación orgullosa con que ésta se hacía.

La historia bíblica revela un proceso evolutivo en la o. En el AT, con algunas bellas excepciones, la o. es un medio para conseguir bienes materiales y protección temporal. No muchos encontraban en ella un medio de comunión verdadera con Dios. En el NT la o. se convierte, en forma más general, en una experiencia del espíritu. Disfrutar de la presencia de Dios y la unión con Cristo son los fines principales.

La o. ha involucrado generalmente → adoración, por la cual expresamos nuestro sentimiento de la bondad y grandeza de Dios (Dn. 4:34,35); → confesión, por la cual reconocemos nuestra iniquidad (1 Jn. 1:9); → súplica, por la cual pedimos perdón, gracia o cualquier otra bendición (Mt. 7:7; Fil. 4:6); → intercesión, con la que rogamos por otros (Stg. 5:16); y → acción de gracias, con la que expresamos nuestra gratitud a Dios (Fil. 5:6).

Las Sagradas Escrituras contienen pasajes en los que pareciera que la o. pone al arbitrio indiscriminado del hombre los poderes ilimitados de Dios. Sin embargo, esos pasajes son complementados por otros que establecen condiciones claras para la eficacia de la o., a saber: relación de hijo (Mt. 6:9,26,32; 7:11; 15:26), fe (Mt. 17:20; Lc. 11:24; Stg. 1:6), limpieza de vida (1 Ti. 2:8; 1 P. 3:7), armonía con la voluntad de Dios (1 Jn. 5:14), corazón perdonador (Mr. 11:22-26), persistencia (Gn. 32:22-31; Lc. 11:5ss.; Hch. 1:14; 12:5; Ro. 12:12; Col. 4:2) y buenos motivos (Stg. 4:3).

Es responsabilidad cristiana orar por los enemigos de uno (Mt. 5:44), por los gobernantes (1 Ti. 2:1-3), los unos por los otros (Stg. 5:16), porque la obra de Dios se lleve a cabo (Mt. 9:36-38) y porque su reino se establezca (Mt. 6:10). En Jud. 20 se ordena orar en el → Espíritu Santo, y, según Jesucristo, lo mejor que Dios puede dar en respuesta a la o. es el Espíritu Santo (Lc. 11:11-13).

Entre las interrogantes con relación a la o., algunos se preguntan: Si Dios sabe lo que sus hijos necesitan antes de que se lo pidan, y si ya él tiene un plan para cada uno, ¿por qué orar? ¿Por qué no se producen estas cosas espontáneamente? La Biblia enseña que se debe orar porque, aun cuando Dios sabe todas las cosas, él ha establecido intervenir en ellas generalmente en respuesta a la o. Es un asunto de fe y obediencia. Además, de esta manera se le impone al hombre cierto grado de responsabilidad y se le permite desarrollarse y establecer un orden de prioridades.

La o. no tiene como finalidad decirle a Dios lo que debe hacer ni cómo debe hacerlo. El Altísimo es árbitro absoluto de sus planes pero, siendo el hombre un ser moral, Dios no le impone su plan sino se lo ofrece. Por medio de la o. el hombre conoce la voluntad divina, la acata y es capacitado para llevarla a cabo en su vida (Ro. 8:26,27).

¿Por qué algunas o. no son contestadas? En realidad todas las oraciones son contestadas por Dios. Lo que sucede es que a veces su respuesta es negativa. En ocasiones Dios explica el porqué de su negación (Dt. 3:23-26; 2 Co. 17:7-9).

Si el que ora tiene absoluta fe en el amor (Jn. 3:16; Ro. 8:32), la justicia (Gn. 18:25), la sabiduría (Jud. 25) y la omnipotencia de Dios (Ap. 1:8) estará capacitado no sólo para aceptar las negativas o el silencio de Dios, sino aun las circunstancias que parezcan negar la eficacia de la o. Saldrá triunfante aun frente a los casos más desconcertantes (Mt. 11:11; 14:1-12).

El que ora enfrenta en ocasiones grandes obstáculos, no todos naturales: su personalidad, preocupaciones, limitación de tiempo, ambiente, ignorancia de lo que conviene (Ro. 8:26), etc. Para que la o. llegue a Dios tiene que enfrentarse a las fuerzas espirituales de maldad (Dn. 10:12-14; Lc. 4:13; Ef. 6:10-20). En esta lucha la única garantía de triunfo en la o. viene del auxilio del Espíritu Santo (Ro. 8:26-28; Ef. 6:18).   G. D.

ORADOR. Persona hábil en el discurso público (→ APOLOS). Entre los hebreos el → profeta era o. dramático, aunque a veces la oratoria se entendía como magia (Is. 3:3). El o. hábil era solicitado como abogado (Hch. 24:1, → TÉRTULO). Pablo previene contra la falsa oratoria (1 Co. 2:4; Col. 2:4).   M. V. F.

ORDENACIÓN. Acto solemne por el cual un hombre es separado para el ministerio cristiano. Tomando en cuenta la generalización de la o. entre los cristianos modernos, es notable la escasez de apoyo bíblico para la misma. Con la excepción de pocos grupos tales como los cuáqueros, los hermanos libres, y los discípulos de Cristo, la o. como rito eclesiástico es comúnmente practicada hoy en todas las ramas del cristianismo. Su significado, no obstante, es diferente para cada grupo. Para las iglesias católicas romana y griega, la o. es el sacramento por el cual el candidato es investido con el carácter sacerdotal para siempre.

Los anglicanos no consideran la o. como sacramento, e.d., como medio de gracia. Pero tanto para ellos como para los católicos romanos y los greco-ortodoxos solamente el obispo puede ordenar. Las iglesias luteranas, reformadas y bautistas practican la o. de sus ministros, pero históricamente ponen como requisito el llamamiento divino del ministerio. La o. se considera como el reconocimiento eclesiástico de este llamamiento y de los dones necesarios para ser pastor. En algunas denominaciones, inclusive los ancianos y diáconos son ordenados.

En la Biblia la palabra o. aparece solamente dos veces (Sal. 119:91; Jer. 5:22), pero no con el sentido de un rito sino como mandar o disponer; tal es el caso del verbo "ordenar" que a menudo encontramos en la Biblia. En el NT no nos da información en cuanto al principio del rito eclesiástico. Sin embargo, hay varias ocasiones donde podría suponerse tal descripción; por ejemplo, en la selección de los doce apóstoles (Mr. 3:14), o de los siete diáconos (Hch. 6:1-7), o en el nombramiento de los ancianos para las iglesias (Hch. 14:23; Tit. 1:5). Ni la palabra o. aparece en este sentido, ni encontramos nada semejante a un rito eclesiástico. La idea de que la iglesia lo pudiera constituir como apóstol nunca se le ocurrió a Pablo (Gá. 1:1).

La → imposición de manos en el caso de Timoteo (1 Ti. 4:14; 2 Ti. 1:6) quizá sea evidencia de una ceremonia de o., pero es dudoso que fuera algo más que una bendición y símbolo de identificación con Cristo, hecho por parte de la asamblea de ancianos según la antigua práctica judía, continuada por los cristianos. Lo dicho en Heb. 6:2 no puede referirse al rito de o., sino a todas las ocasiones en que se impusieron las manos.

Lo anterior no quiere decir que una congregación cristiana no deba reconocer públicamente, por medio de la imposición de manos y la oración pública, a los que son responsables del liderato. Pero la práctica que limita el reconocimiento a unos pocos tales como los pastores y diáconos tiene poca base bíblica, y la creencia de que este rito es indispensable antes de ejercer dones pastorales, evangelizadores o misioneros no tiene ninguna base neotestamentaria.

A. P. N.

OREB Y ZEEB ('cuervo' y 'lobo'). Dos príncipes de los madianitas, capturados por los efrainitas cuando → Gedeón puso en fuga a los madianitas. Los efrainitas mataron a Oreb en la peña de Oreb y a Zeeb en el lagar de Zeeb (Jue. 7:25; 8:3) y llevaron las cabezas a Gedeón. Sal. 83:11 e Is. 10:26 se refieren a la muerte de O. y Z. como parte de una gran matanza.   D. M. H.

ORFA. Moabita, nuera de → Noemí y concuñada de → Rut. Al quedar viudas las tres, emprendieron viaje de regreso desde Moab hasta Judá. O. accedió a los ruegos de Noemí y se volvió a su pueblo mientras Rut se apegó a su suegra, y fue incorporada así a la historia del pueblo escogido (Rut. 1:4-14).   I. W. F.

ORGULLO. Varias raíces hebreas expresan la idea de o., y las versiones castellanas las traducen "arrogancia", "jactancia", "soberbia", "altivez", → "gloria" y ocasionalmente "o." (Job.

38:11; Dn. 5:20). Todas estas raíces significan originalmente "exaltado", "alto", "elevado" y encierran la idea de gloria y majestad. Algunas veces se traducen con sentido positivo (Sal. 47:4, "la hermosura de Jacob"; Éx. 15:7, "la grandeza de tu poder"; cp. Pr. 16:31). En este mismo sentido se entiende "el rostro erguido" (Lv. 26:13; cp. Job 22:26) del pueblo o del hombre a quien Dios reivindica.

La actitud dominante en la Biblia hacia el o. del hombre es, sin embargo, irónica y crítica. Quien se atribuye grandeza a sí mismo es culpable de o. Éste es la esencia del → pecado, pues asume para el hombre (o para un pueblo) la gloria que sólo a Dios corresponde. Por eso los soberbios y orgullosos serán abatidos (Is. 2: 6-22, esp. vv. 11,17; 10:12-9; Jer. 50:29-32; Dn. 5:20; Abd. 2-4). En los Salmos, el hombre orgulloso es el prototipo del malvado (Sal. 12:3; 49:6,7; 75:4; cp. 2 Cr. 26:16; 32:25; Job 35:12; Pr. 8:13). Dios restablece la justicia, depone al soberbio y exalta al humilde (1 S. 2:1-10; Job 5:11; Sal. 138:6; 147:6; 149:4; Pr. 3:34).

El NT extiende y profundiza la enseñanza del AT sobre el o.; utiliza varios términos que se traducen en diferentes maneras pero que significan esencialmente "jactancia" (1 Co. 5:6; Stg. 4:16; 1 Jn. 2:16); "reputación" (Fil. 3:19; 1 Ts. 2:6; 2 Co. 6:8); "gloriarse" o "base para gloriarse" (Ro. 4:2; 1 Co. 1:31; 2 Co. 10:13,17; Gá. 6:4, etc.) y "altanería" o "arrogancia" (Mr. 7:22).

El cántico de María (Lc. 1:46-55) destaca el motivo de la caída de los soberbios y el levantamiento de los humildes (cp. Fil. 2:8-11; Stg. 4:13–5:6). La raíz del mal es el o. espiritual (Lc. 18:9; Ro. 2:23; 11:20; Ef. 2:9) de creerse justo o merecedor de la salvación. En Cristo todo o. ha sido anulado (1 Co. 1:25-30) pues todo lo hemos recibido de gracia. Sólo podemos gloriarnos en Cristo (1 Co. 1:29ss.; Gá. 6:14; Fil. 3:3) y por ende gozarnos en nuestra debilidad (2 Co. 12:9) y en lo que Dios realiza en nosotros (1 Co. 15:10; 2 Co. 6:3-10).

J. M. B.

ORIENTE. El sistema de orientación hebrea era una combinación de elementos geográficos y solares. Los hebreos dividían el mundo en cuatro partes, descritas como "los cuatro confines" (Is. 11:12; Ap. 7:1; 20:8) o "los cuatro vientos" (Ez. 37:9).

Al igual que para muchos pueblos semitas, el punto del aparecimiento de las luminarias daba a los hebreos sus direcciones básicas. El O. es designado por la frase "donde nace el sol" (Nm. 21:11; Jue. 20:43) o más comúnmente "donde sale el sol" (Jos. 13:5).

En el NT la palabra *anatolés* aparece con este mismo uso ("levantamiento", Mt. 2:9; 8:11, etc., gr.). También los semitas designaban al O. con "el frente", palabra que figura en documentos egipcios y ugaríticos. J. M. A.

ORIÓN. Importante constelación de estrellas mencionada juntamente con las Pléyades (Job 9:9; 38:31; Amós 5:8). En Is. 13:10 la forma plural significa "constelaciones". La mención de sus ligaduras en Job parece aludir a la mitología antigua, en la cual O. era un gigante guerrero y cazador que por su rebeldía fue atado en los cielos en forma de constelación. Además, quizá Job alude a la torpeza de oponerse a Dios, puesto que O. en heb. es *kesil* que también significa "insensato" (Sal. 49:10; 92:6). Aun antes de 1500 a.C., O. y las Pléyades aparecen juntas en la poesía babilónica. J. M. Br.

ORNAMENTO. Los pueblos orientales eran muy dados al o. personal. Hombres y mujeres vestían trajes costosos, ricamente bordados de telas finas y vistosas como el → lino (Gn. 41:42). Se adornaban con → anillos, cadenas de oro y plata, argollas en las orejas, en la nariz y en los tobillos, adornos en el → pelo, etc. (Éx. 3:22; 11:2; 33:4; Jue. 8:26; Gn. 24:22,53).

Los sacerdotes se ornamentaban profusamente (Éx. 28). Los pectorales eran engastados con oro, piedras preciosas y lino fino (Éx. 28:13-30; 39:8-12). Este o. lo usaba, de preferencia, el sumo sacerdote al entrar al lugar santísimo, una vez al año (Lv. 21:10). Era común entre los hebreos el uso del anillo, que también se usaba como sello y símbolo de gran dignidad (Gn. 41:42). Las novias se esmeraban en su adorno y atavíos personales (Cnt. 1:10,11; Jer. 2:32). Muchos de los vestidos, tanto de hombres como de mujeres, eran ostentados como lujoso o.; su precio era elevado (Jos. 7:21; Jue. 14:12). Naamán, el general de Siria, ofreció entre otros valores "dos vestidos" al criado de Eliseo (2 R. 5:23). M. V. F.

ORNÁN. → ARAUNA.

ORO. Metal precioso designado por varias palabras heb., probablemente según su grado de pureza: *zahah, harus, kétem, paz*. Muy antiguamente se obtenía de Hávila (Gn. 2:11s.) y Sabá (1 R. 10:2; Sal. 72:15); en tiempos de Salomón, de Ofir (1 R. 22:48), de Sabá y Raama (Ez. 27:22). Job lo menciona en significativas comparaciones (22:24; 28:6,15-19). Abraham era rico en plata y o; en su tiempo ya se usaba este metal para hacer alhajas y adornos (Gn. 13:2; 24:22,35).

Los hebreos lo usaron en la construcción del tabernáculo y el templo. El arca de la alianza estaba cubierta de o. puro; el propiciatorio, los vasos y utensilios eran todos de o. (Éx. 38:24; 1 Cr. 22:14; 29:4,7).

Debido a su escasez en Palestina, no fue acuñado entre los judíos sino hasta el tiempo de Judas Macabeo (→ DINERO), pero se pesaba en lingotes para efectuar transacciones comerciales (Jos. 7:21). Figuradamente, es tomado como símbolo de auténtica dignidad y de gran valor

Entre los judíos yemenitas se han pasado de padre a hijo por muchas generaciones las técnicas y pericia de fabricar ornamentos de extraordinaria delicadeza y hermosura.   MPS

(Lm. 4:2; 1 P. 1:7; Ap. 3:18) y de solidez en la obra del creyente (1 Co. 3:12).

J. E. D.

ORTIGA. →CARDOS.

ORUGA. →GUSANO.

OSEAS ('que Dios socorra'). Profeta cuyo ministerio se sitúa en el período entre el final del reinado de Jeroboam II (752 a.C.) y la caída de Samaria (725 a.C.), tiempo de marcada corrupción religiosa ("baalización") y descomposición política en Israel (sucesión de varios golpes de estado y reyes; 2 R. 15), a la vez que de desarrollo del poderío de →Asiria (Os. 5:13; 7:11s.; 8:9; etc.). Muy poco se sabe del profeta mismo aparte de la historia de su tragedia conyugal, narrada en los caps. 1–3. Sin embargo, es posible deducir que era del Reino del Norte (*ca.* 750 a.C.) y, por su lenguaje y conocimiento histórico, que se trataba de una persona culta.

La historia de su matrimonio con Gomer (caps. 1–3) ha constituido siempre un problema de interpretación. Escandalizados por la crudeza de los relatos, algunos comentaristas judíos y cristianos han explicado el matrimonio como una alegoría, como una visión del profeta o como un símbolo, negándole con ello carácter histórico. Sin embargo, el relato es demasiado vívido para entenderlo así. Es necesario reconocer (con NDB) que se trata de un relato auto-

biográfico, aunque no sea posible reconstruir los detalles, particularmente con respecto a la relación entre el cap. 1 (1:2 ¿es ya Gomer prostituta cuando O. se casa con ella o llega a serlo después?), y el 3 (¿se trata de otro relato del mismo hecho del cap. 1 o de una separación y nuevo casamiento posterior?). El hecho de que el texto de O. nos haya llegado con bastantes variantes y dificultades complica la interpretación, aunque el mensaje es claro e inconfundible.

El estilo literario de O. contrasta con el de Amós. "Sus oráculos son breves y agudos", "expresiones de un alma torturada con una pasión evangélica que a veces se asemeja al Isaías posterior" (IDB). Frecuentemente habla de un supuesto juicio o litigio de Dios con su pueblo (2:2ss.; 4:1,4; 7:10; 12:2), de clamor (8:2) o de sentencia (2:6,9,10-16), recursos literarios que señalan el quebrantamiento del pacto. Pero a menudo el profeta —cuya conciencia de hablar en nombre de Dios es muy clara, como se deduce de su estilo— introduce quejas en las que se expresa la piedad de Dios y del profeta por el pueblo (7:13ss.; 8:8ss.) y en que O. intercede por Israel (9:14).

El libro de O. tiene dos partes. Los caps. 1–3, se centran en la experiencia personal del profeta, y de ellos, 1 y 3 contienen la narración y 2 constituye un sermón que se basa en los hechos, y los aplica a la relación de Yahveh con Israel. Los caps. 4–14 contienen principalmente reproches y anuncios de juicios por la entrega de Israel a los dioses y cultos paganos, y por la traición de los príncipes y sacerdotes. Mencionan algunas referencias históricas no identificadas. Buena parte está dedicada a la condenación del sensualismo del culto cananeo (→CANAÁN) adoptado por Israel, e introducido por la ambición de los reyes (9:10ss.; cp. Nm. 25:1-3; 1 S. 11:14s.; 13:7ss.). Es por esto que O. (y toda una línea profética) miran la severidad del desierto como una disciplina a la que Israel debe retornar (2:14ss.; cp. Jer. 2:1ss.).

El centro del mensaje de O. es la relación de Dios con Israel. O. ve los mismos males morales y religiosos que su contemporáneo Amós, pero halla la raíz de los mismos en la infidelidad de Israel al pacto. La nación ha abandonado a su esposo y se ha entregado a los dioses cananeos (baales), confiando en ellos, o en su propio poder militar y en alianzas extranjeras (5:13; 7:11; 12:1). Como consecuencia, toda su vida privada y pública se ha corrompido (4:11). Israel no tiene conocimiento de Dios, ha quebrado la relación con él y no discierne ni sigue Su voluntad.

La historia del →pacto de Dios y la infidelidad del pueblo, desde la salida de Egipto, es presentada en O. con la figura del matrimonio (2:2ss.; 11:1). Dios no puede pasar por alto la infidelidad, cuyo fruto es desorden y caos (4:4-6; 8:7; 10:13). La caída de Israel será el resultado final de ese proceso, pero en medio de esta situación, O. afirma lo que es el corazón mismo de su mensaje: la gracia *(khesed)* de Dios disciplina pero no abandona a su pueblo (11: 3,4,8). En esa fidelidad inquebrantable descansa la esperanza de la restauración (11:9-11). Sólo el amor de Dios puede inducir al arrepentimiento y a la conversión (2:14-23; 6:1-3). El reconocimiento de la misericordia divina hará posible un nuevo trato entre los israelitas (6:6).

La imagen utilizada con gran profundidad por O. la usan otros profetas (Is. 50:1; 62:4ss.; Jer. 2:2,3; 3:1ss.; 13:21ss.) y es empleada en el NT para hablar de la relación de Cristo con la iglesia (2 Co. 11:2; Ef. 5:25; Ap. 9:7; 22:17).

J. M. B.

OSEAS ('Dios es salvación'). Además del profeta de Israel, llevaban este nombre:

1. Hijo de Ela y decimonoveno rey de Israel (730-722). Subió al trono poco después de que Tiglat-pileser, rey de Asiria, había llevado cautivas algunas tribus, y sólo quedaban Efraín, Isacar y la media tribu de Manasés. O. asesinó y sucedió a Peka (2 R. 15:30). Para esto contó con el apoyo de Tiglat-pileser, quien luego afirmó haberlo puesto sobre Israel. Después de la muerte de Tiglat-pileser, y con la esperanza de recibir ayuda de Egipto, O. dejó de pagar tributo a Asiria. Por tanto fue apresado por Salmanasar y desapareció de la historia. El hermano y sucesor de Salmanasar, Sargón II, tomó la ciudad de → Samaria después de un sitio de tres años y deportó a Israel a Asiria. Se dice que O. fue el menos malvado de los reyes de Israel, probablemente por no haber aprobado la idolatría de sus predecesores (2 R. 17:2).

2. Nombre original de Josué (Nm. 13:8,16).

3. Hijo de Azazías y jefe de la tribu de Efraín en tiempos de David (1 Cr. 27:20).

4. Uno que firmó la renovación de la alianza en tiempo de Esdras (Neh. 10:23). W. C. W.

OSO. Animal que en los tiempos bíblicos debió ser bastante común en Palestina, a juzgar por las alusiones que a él hace el AT. Actualmente sólo el o. pardo *(arctos syriacus)* habita las regiones boscosas del Líbano y del Antilíbano.

La Biblia se refiere al o. como gran enemigo para el ganado (1 S. 17:34), y peligroso y feroz para los hombres, especialmente cuando la hembra está criando (2 S. 17:8; 2 R. 2:24; Pr. 17:12; Is. 11:7; Os. 13:8). Es temible cuando acecha (Lm. 3:10), cuando está hambriento (Pr. 28:15), y cuando gruñe (Is. 59:11). Amós lo compara con la serpiente y el león en cuanto al peligro que representa (Am. 5:19).

En las visiones apocalípticas el o. figura como símbolo de poderes maléficos (Dn. 7:5; Ap. 13:2). A. P. G.

OTONIEL. Hijo de Cenaz, hermano menor de → Caleb (Jue. 1:13). Conquistó Quiriat-sefer, ciudad que después se llamó Debir (Jos. 15:15), y en recompensa por su hazaña recibió por esposa a Acsa, hija de Caleb (Jue. 1:11-13). Liberó a los israelitas de la mano de Cusan-risataim, rey de Mesopotamia, quien los había esclavizado por ocho años. Luego "el Espíritu de Jehová vino sobre él, y juzgó a Israel... y reposó la tierra cuarenta años" (Jue. 3:7-11). H. P. C.

OVEJA. Animal que desde los antiguos tiempos del nomadismo fue una de las principales fuentes de riqueza y sustento para el pueblo hebreo (Gn. 4:2; 12:16; 13:2-5; 24:35; etc.). Prueba de esto es la cantidad de nombres con que se definen el sexo, la edad y partes de las reses ovinas. Incluyendo → "carnero" y "cordero", en la Biblia hay más de 500 alusiones a la o.

Por sus cualidades de ganado sobrio y sufrido se adaptaba fácilmente al pasto raquítico de los páramos de Palestina y era muy útil por su carne, leche, lana y cuero.

Las o. se cuentan entre los animales limpios y comestibles, según la ley mosaica (Lv. 11:2s.; Dt. 12:20s.; 14:4). La o. de raza *ovis laticaudata*, de cuerpo blanco, cabeza negra, cola ancha, larga y sebosa, es la que más frecuentemente se menciona en la Biblia (Lv. 3:6-9). Su carne se comía en las festividades o banquetes especiales (1 S. 25:18; 2 S. 12:4; 17:29; etc.).

El cordero macho era el animal especialmente dedicado para los sacrificios (Lv. 3:7; 12:6; 14:10ss.; Nm. 28:2ss., etc.), y era la víctima pascual acostumbrada (Éx. 12:3ss.). Rara vez se presentaban las hembras como ofrenda (Lv. 4:32ss.; 5:6).

La → leche de o. era tan apreciada como la de vaca (Dt. 32:14; Is. 7:21,22). De su → lana se hacían los mejores vestidos, y por tanto el esquileo era una fiesta especial, de singular alegría (Gn. 38:12; 1 S. 25:2ss.). Indudablemente la o. servía también como objeto de cambio (2 R. 3:4; Ez. 27:18s.).

Debido a su mansedumbre (2 S. 12:3) y a su relativa falta de defensa (las hembras carecen de cuernos), la o. se utilizó como símbolo literario del hombre sufrido y carente de cuidado y dirección (Nm. 27:17; Sal. 23:1-4; Mt. 9:36; 26:31). Su uso en los sacrificios del culto facilitó la comparación del → Siervo de Dios con la o. que calla ante los que la trasquilan y sacrifican (Is. 53:7).

En el AT se destaca contantemente la relación entre el → pastor y la o. Se le compara con la relación de Dios con su pueblo (Sal. 23:1ss.; Ez. 37:24). En el NT la figura del pastor se aplica más profundamente a Cristo (Mt. 9:6; 15:24; Jn. 10:1-16,26-30, etc.). El último acto del drama de la redención es la boda del → Cordero de Dios (Ap. 19:9; 21:9-14). A. P. G.

P

PÁBILO. Mecha de algodón u otro material, que va al centro de →antorchas, →lámparas y velas para que, encendida, alumbre. La expresión "p. que humea" (Is. 42:3; Mt. 12:20) puede indicar esperanza de vida; "p. apagado", en cambio, indica muerte (Is. 43:17).   A. P. P.

PABLO (gr. *Paulos*, cp. latín = 'pequeño'). "Apóstol a los gentiles" (Ro. 11:13) llamado también Saulo (heb. = 'pedido' →SAÚL). Probablemente llevaba ambos nombres desde la niñez, pero comenzó a usar el nombre grecorromano al iniciar su ministerio entre los gentiles. Su conversión al evangelio fue una prueba contundente de la veracidad del mensaje cristiano. Sus enseñanzas han contribuido grandemente a la formación del pensamiento cristiano. Como autor, solamente es superado por Lucas en la extensión de su contribución al NT. Fundó iglesias en Asia Menor, Macedonia y Grecia durante tres viajes misioneros. Trabajó ministrando en Roma y posiblemente viajó hasta España predicando el evangelio.

I. Fuentes

Nuestra información sobre la vida y pensamiento de P. viene de Hch. y de las trece epístolas paulinas. En Hch., Lucas no provee una biografía de P., pero ha dejado mucha más información biográfica de la que se halla en las cartas de P. Además de mencionarlo varias veces en la primera sección de su libro, Lucas dedica los últimos 16 caps. enteramente a P. Aunque trece epístolas del NT se atribuyen al apóstol, quizás haya escrito muchas más (cp. 1 Co. 5:9; 2 Co. 2:4; Col. 4:16).

Aquí damos por aceptado que →Heb. no es de P. La crítica liberal generalmente pone en tela de juicio que las →Epístolas Pastorales sean de P., basándose en: (1) diferencias de estilo y vocabulario, (2) un argumento histórico apoyado en que las Pastorales no encajan la vida de P. tal como ésta se relata en Hch. Pero este argumento supone que Hch. nos lleva hasta el fin de la vida de P., cuando en realidad lo deja en Roma, *ca*. 63, y es muy posible suponer otros años más de ministerio y otra prisión antes de su muerte.

P. siguió el estilo epistolar de los griegos: comienza con el nombre del autor, el nombre del destinatario y un saludo. A menudo agrega a los nombres una descripción de la condición cristiana, tal como "siervo de Jesucristo", "apóstol", "amados de Dios" (Ro. 1:1,7). A veces menciona a otros con él en la salutación, sin insinuar que sean coautores, lo cual es evidente por el carácter personal de las cartas. Los griegos acostumbraban expresar también acciones de gracias, adulaciones y peticiones por la salud de los destinatarios. Tan característica es esta norma de las cartas de Pablo que su omisión en Gá. sugiere inmediatamente la honda preocupación que motiva esta carta.

Posiblemente el apóstol haya dictado sus cartas a un amanuense (Ro. 16:22), pues incluye una referencia especial cuando escribe una frase de su propia mano (Gá. 6:11; Col. 4:18; 2 Ts. 3:17). El vigor de su estilo manifiesta lo improvisado de su manera de escribir, aunque muchos pasajes presentan una redacción más cuidadosa (v.g., 1 Co. 13; Fil. 2:5-11) y sugieren el uso de pasajes compuestos previamente.

Las epístolas de P. pueden clasificarse en cuatro grupos: (1) 1 y 2 Ts., escritas en su segundo viaje misionero, desde Corinto. (2) 1 y 2 Co., Gá. y Ro., escritas en su tercer viaje. (Reconocemos la imposibilidad de fijar con seguridad la fecha en que se escribió →Gá.) (3) Ef., Col., Flm., Fil., llamadas Epístolas de la prisión, escritas durante el primer encarcelamiento en Roma. (4) 1 y 2 Ti. y Tit., llamadas las Pastorales, la primera y la última escritas después de ser liberado de la primera prisión, y 2 Ti. poco antes de su muerte en la segunda prisión romana.

II. Vida

A. *Trasfondo*

P. fue producto de la civilización grecorromana y del judaísmo de sus padres. Nació en la

ciudad romana de →Tarso, capital de Cilicia
(Hch. 22:3), y aún en años posteriores se le
relacionaba con esta ciudad típica de las ciudades romanas que heredaron la civilización helénica, y un notable centro de cultura (Hch.
9:11,30; 11:25). No sabemos por cuánto tiempo ni en qué grado influyó este ambiente en el
joven P. Hch. 22:3 indica que se crió en Jerusalén pero no aclara desde qué año. El hecho de
que sus padres fueran ciudadanos de Tarso indica que había residido allí por algún tiempo e
identifica a la familia con una colonia judía
permanente en aquel lugar. Esto explica en parte la facilidad, dignidad y pasión de poeta que
P. manifiesta en su manejo del idioma gr. También puede explicar su familiaridad, aunque rudimentaria y popular, con el pensamiento y la
filosofía gentil.

El primer viaje misionero llevó a Pablo, junto con
Bernabé, desde Antioquía de Siria a Chipre y Asia
Menor.

Muchos han notado en el apóstol la universalidad y el amor a la verdad y a la investigación, que eran cualidades del griego. No sólo su
procedencia de una ciudad grande y culta, sino
también su ciudadanía romana era motivo de
orgullo para P. (Hch. 16:37; 21:39; 22:25ss.).
Esta última lo libró de la injusticia y facilitó su
entrada a la aristocracia del imperio. En efecto,
P. desempeñó el papel de un caballero romano
por su compostura ante gobernadores y reyes y
por el respeto que éstos le mostraron. Es evidente que las instituciones romanas le impresionaron hondamente (Ef. 2:19; Fil. 3:20), y que
se había instruido en las leyes y el vocabulario
forense.

Más que sus raíces farisaicas y romanas, en P.
influyó el judaísmo. Fil. 3:5,6 atestigua no sólo
la pureza de su linaje, sino también su crianza
en el conocimiento del AT y en un hogar de

habla aramea (cp. Hch. 22:2). Se jacta de las
estrictas normas de su vida farisaica, y de su
fidelidad a la ley. Su amor a su nación y su
orgullo de ser judío, aún después de ser cristiano, se ven en Ro. 9:1-5 y 10:1. (→FARI-
SEOS.)

Según la costumbre judía, debió de ingresar
en la "casa de interpretación" a los 15 años de
edad para que le instruyeran los escribas. Su
maestro fue →Gamaliel, hombre piadoso, pacífico y abierto, con quien estudió a fondo el AT,
el griego (→VERSIONES), el hebreo, y los métodos exegéticos rabínicos (Hch. 22:3; cp.
5:34ss.). Antes de su conversión a Cristo, los
dirigentes judíos en Jerusalén, respetaban a P.
(cp. Gá. 1:14) como infatigable defensor de su
fe y enemigo acérrimo del cristianismo (Hch.
9:1s.). Según la costumbre judía, aprendió también un oficio, la fabricación de tiendas, que
ejerció a lo largo de su ministerio (Hch. 18:3,
1 Co. 4:12; 9:14,15; 1 Ts. 2:9).

B. *Cronología*

Son pocas las fechas relativas a P. que pueden determinarse con exactitud; pero ciertos
datos nos proporcionan una cronología aproximada de su ministerio. La fecha más segura es
la del inicio del proconsulado de →Galión de
Acaya en julio de 51 d.C. (algunos opinan 52).
Así pues, P. tiene que haber salido de Corinto
antes del fin del 52. Otras fechas confirmadas
son la de la muerte de →Herodes Agripa I, en
44 (Hch. 12:20-25) y la de la ascensión de
→Festo (Hch. 24:27), en 59 ó 60. Eusebio
afirma que P. murió durante los últimos años de
Nerón, *ca.* 67 (→CRONOLOGÍA DEL NT).

C. *Conversión*

A pesar de la esmerada preparación cultural
y religiosa de que Dios había provisto a P., le
faltaba todavía la experiencia transformadora
que haría de él un discípulo dedicado y apóstol
fiel de Jesucristo. La importancia que para Lucas tuvo la conversión de este apóstol se ve en
las tres veces que la menciona en Hch. (9:1-19;
22:5-16; 26:12-20). P. mismo comenta su conversión varias veces en las epístolas: iba camino
a →Damasco en persecución de los creyentes,
cuando Jesús se le apareció (Hch. 9:1; 1 Co.
15:8s.). ¿Hubo antecedentes que le prepararan
para tal experiencia? Posiblemente sus parientes
cristianos (Ro. 16:7) le testificaran de Cristo;
y seguramente el valor, mensaje y martirio de
Esteban le causaron honda impresión (Hch.
7:1—8:1). Además, las palabras del Señor: "Dura cosa te es dar coces contra el aguijón" (Hch.
26:14), sugieren que P. sufría de una pugna
interna. Que se rindió a Cristo instantánea y
completamente se ve en su pregunta: "¿Qué
quieres que yo haga?" (Hch. 9:6). De ahí, su
corazón fue iluminado y aunque físicamente
quedó temporalmente ciego, fue guiado a Damasco; dejó en el camino su orgullo y su odio.

D. *Ministerio*

Después de pasar algunos días con los discípulos damascenos, P. se dirigió a →Arabia (Hch.

9:19; Gá. 1:17s.). Al regresar a Damasco, predicó tan eficazmente que los judíos se levantaron contra él, y los creyentes tuvieron que ayudarle a escapar de la ciudad (Hch. 9:20-25; 2 Co. 11:32s.).

A los tres años de su conversión, fue a Jerusalén para entrevistarse con Pedro y Santiago (Gá. 1:18s.). Aquí los creyentes desconfiaron de P., y para que lo aceptaran fue necesario que →Bernabé les confirmara la autenticidad de su conversión (Hch. 9:26ss.). Predicó con poder, pero volvió a surgir la oposición y los discípulos le encaminaron a Cesarea y Tarso, donde quizás estableciera iglesias (9:29ss.; Hch. 15:23,41; Gá. 1:21-24).

Al cabo de varios años, Bernabé, enviado a ministrar en →Antioquía de Siria, fue a Tarso en busca de P. y juntos regresaron para realizar después un fructífero ministerio en Siria (Hch. 11:19-26). Con ocasión de una gran hambre en Judea, viajaron a Jerusalén llevando limosnas de la iglesia de Antioquía (44 d.C.) (Hch. 11:27-30). 11:27-30).

A continuación distinguimos tres viajes misionales de P., además de los encarcelamientos en Cesarea y Roma y un período de libertad y ministerio entre estos encarcelamientos. La iglesia en Antioquía separó a P. y a Bernabé para un nuevo ministerio. Acompañados de Juan →Marcos, salieron en el primer viaje misional (ca. 47-48) del puerto de Seleucia hacia →Chipre, patria de Bernabé, donde ya se habían fundado iglesias (4:36; 13:4). Luego navegaron a →Perge de Panfilia y de allí Marcos regresó a Jerusalén (13:13; 15:36-41). Haciendo una gira por →Galacia del Sur, establecieron iglesias en →Antioquía de Pisidia, →Iconio, →Listra y →Derbe (13:14-14:20). Regresaron por las ciudades de Asia y volvieron a Antioquía de Siria, donde informaron a la iglesia (14:21-28). Su estrategia durante esta misión en Asia fue predicar primero en la sinagoga de cada ciudad. Los judíos que aceptaban el evangelio iniciaban una iglesia. Cuando los judíos inconversos se oponían con violencia, anunciaba el evangelio a los gentiles, y así se añadían a la iglesia muchos miembros más (13:42-52).

Por esta misma época se planteó la cuestión de la actitud que debían adoptar los creyentes gentiles respecto de las leyes y costumbres judías. Algunos creyentes judíos opinaban que los gentiles tenían que circuncidarse y guardar la ley mosaica para ser salvos (→JUDAIZANTES). Viendo que esta doctrina contrariaba el evangelio de gracia, P. se opuso a los judaizantes e incluso le reprochó públicamente a Pedro el haberse separado del compañerismo de mesa con los cristianos incircuncisos (15:1,2; Gá. 2:11-14). (Algunos piensan que fue entonces cuando P. escribió →Gálatas, a las iglesias recién establecidas en la provincia política de →Galacia.)

Para resolver esta cuestión que hacía peligrar la unidad de la iglesia, un grupo de los apóstoles

y ancianos se reunió en Jerusalén (49 d.C.; →CONCILIO DE JERUSALÉN). Según Hch. 15:23-29 en dicho concilio se decidió apoyar la doctrina paulina que eximía a los gentiles de observar la Ley de Moisés.

El segundo y tercer viajes misioneros de Pablo incluyeron ciudades de Europa, tales como Filipos y Corinto, en donde también se arraigó el evangelio.

En el segundo viaje misional (ca. 49-51) P. se hizo acompañar de Silas, y visitó de nuevo las iglesias de Asia; en Listra invitaron a Timoteo a unirse a ellos (15:36-16:5). Después de predicar en →Frigia y Galacia del N llegaron a →Troas, donde P. tuvo la visión del varón macedonio y donde se les juntó Lucas el médico (16:6-10). Atravesaron Macedonia y fundaron iglesias en →Filipos, →Tesalónica, →Berea, →Atenas y →Corinto (16:11-18:17). Desde Corinto P. escribió 1 y 2 Ts. (ca. 51) a la joven iglesia donde había tenido un breve pero eficaz ministerio hacía pocos meses (1 Ts. 1:2-2:20). Después de un año y medio en Corinto, regresó a Antioquía de Siria pasando por Éfeso y Cesarea (18:18-22).

Habiendo permanecido un tiempo en Antioquía, P. comenzó su tercer viaje, volviendo a las regiones de Galacia y Frigia, donde confirmó a los discípulos y les instruyó respecto de la ofrenda (18:23; 1 Co. 16:1). Este tercer viaje misional (ca. 53-58) tiene especial interés por el prolongado ministerio del apóstol en →Éfeso: "Todos los que habitaban en Asia, judíos y griegos, oyeron la palabra del Señor Jesús" (19:1-41; 20:31). Seguramente el alcance del ministerio de P. se extendió a través de los que se convirtieron en este importante centro comercial y cultural de la provincia de Asia. (Aunque en Hch. no se consta que P. haya estado preso en Éfeso, hay quienes opinan que sí lo estuvo [basándose en 1 Co. 15:32; 2 Co. 1:8;

6:5; 11:23 y otros textos] y que allí se escribió
→ Fil. y tal vez otras Epístolas de la prisión
[pero cp. más abajo].) No cabe duda que, durante su ministerio en Éfeso, P. se escribió con
los cristianos en Corinto, comenzando con una
carta que se ha perdido (1 Co. 5:9; →CORIN-
TIOS, EPÍSTOLAS A LOS). Cuando llegó a
Éfeso la noticia de la discordia entre la congregación de Corinto, escribió 1 Co. para tratar
este problema y contestar las preguntas que una
comisión de Corinto le había traído por carta
(1 Co. 7:1). Según 1 Co. 16:5, P. pensaba pasar por Macedonia rumbo a Corinto y dirigirse
después a Jerusalén. Sin embargo, parece haber
cambiado de idea (2 Co. 1:15ss.; cp. Hch.
19:21). Optó por hacer un viaje directo y breve
a Corinto movido por los problemas que aqueja-
ban a la iglesia de dicha ciudad (2 Co. 5:9;
13:1). Esta visita fue infructuosa (2 Co. 2:1;
12:13–13:2), por lo que, al regresar a Éfeso,
envió con Tito una carta fogosa que no se
conserva (2 Co. 2:3s., 9; 7:8-12).

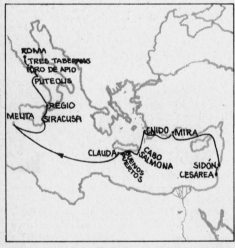

Hacia el final de su fructífera vida y ministerio, Pablo
fue llevado preso de Jerusalén a Cesárea, y después
de dos años de encarcelamiento, a Roma. Este viaje
lleno de peripecias se describe en los últimos capítulos
de los Hechos de los Apóstoles.   EBM

P. esperaba encontrarse con Tito en Troas
para saber de la reacción de los corintios, pero
continuó a Macedonia donde probablemente se
reunió con Tito en Filipos (2 Co. 2:12s.). Habiendo recibido P. el informe de Tito, escribió
2 Co. y la envió con él y otros dos hermanos
(2 Co. 8:16-24). Después se dirigió a Corinto,
donde ministró durante tres meses (Hch. 20:1-3).
Gá. quizá se escribiera en Corinto; por lo menos el énfasis que en esta epístola se pone
en la salvación por gracia hace creer a muchos
que se escribió poco antes de Ro., epístola que

trata de temas similares. →Romanos sí se escribió en Corinto (Ro. 16:1,23; 1 Co. 1:14).
Luego P. volvió a Macedonia donde se reunió
con Lucas, quien evidentemente se había quedado en Filipos en el segundo viaje (Hch. 20:5
"nos"). Pasaron por Troas, →Mileto, Tiro, Tolemaida y Cesarea, antes de llegar a Jerusalén
(20:6–21:8).

E. *Arresto y prisión*

En Jerusalén P. quiso identificarse con los
judíos (Hch. 21:21-27); algunos judíos de Asia
alborotaron a los de Jerusalén, quienes, acto
seguido, procuraron matarlo (21:28-31). Las
tropas romanas intervinieron para salvarlo, y P.
se exculpó ante la multitud y ante el concilio
judío (21:37–23:10). Al descubrirse que se tra-
maba una conspiración contra P., se le trasladó
a Cesarea (*ca.* 58). Allí presentó dos veces su
defensa ante el gobernador →Félix, ante su sucesor, Festo, y ante el rey Agripa (24:2–26:32).
Al fin apeló al emperador romano (25:10-12)
(*ca.* 58-60).

Después de un viaje azaroso en el cual naufragó la nave en que viajaba, llegó a la capital
del imperio y permaneció prisionero durante
dos años en una casa alquilada (*ca.* 61-63)
(27:1–28:31). Durante esta reclusión recibió visitas, pudiendo así continuar su ministerio; en
este lapso es probable que escribiera →Efesios,
→Colosenses, →Filemón y →Filipenses.

El NT revela muy poco sobre el resto de la
vida de P., pero las escasas referencias que se
encuentran en sus cartas armonizan bien con las
noticias extrabíblicas según las que fue puesto
en libertad y emprendió otra gira misionera (*ca.*
63-66). En Fil. 1:25 y 2:24 reitera su deseo de
visitar a Filipos. En Flm. 22 declara su intención de visitar Colosas. En Ro. 15:28 expresa su
propósito de predicar en España. Las →Epísto-
las Pastorales, especialmente 2 Ti., sugieren un
ministerio adicional en el Oriente. Clemente de
Roma, el fragmento de Muratori y otros escritos
patrísticos hablan del viaje de P. a España. 1 Ti.
y Tit. fueron escritas durante este período de
libertad cuando seguramente visitó Creta (Tit.
1:5), Macedonia y Asia (2 Ti. 1:3; 4:13s.). 2 Ti.
da a entender que de nuevo fue apresado, pero
esta vez por autoridades romanas hostiles al
cristianismo (1:15s.; 4:16s.). Durante esta reclusión escribió 2 Ti. en medio de circunstancias
adversas (4:9-13,21). Para entonces presentía ya
la muerte (4:5-8) y no la liberación como durante la primera reclusión. Según una tradición
fidedigna, →Nerón lo hizo decapitar, *ca.* 67.

III. CARACTERÍSTICAS PERSONALES

Las cartas de P. no son discursos impersona-
les, sino llevan la impronta de las muchas y
ricas facetas de su personalidad. Por otro lado,
en cuanto a su apariencia física hay poca información en el NT. De 2 Co. 10:10 quizá se
pueda deducir que su presencia personal no era
muy imponente. *Los actos de Pablo* (obra apócrifa del siglo II) lo describen como pequeño de
estatura, calvo y gordo, con cejas espesas, nariz

aguileña, y constitución física vigorosa, rebosante de "gracia y atractivo". En 2 Co. 12:7ss. P. insinúa que padecía de una enfermedad debilitante (cp. Gá. 4:13ss.), y los sufrimientos físicos que experimentó (2 Co. 11:24-29) nos llevan a conceptuarlo como un hombre de enorme resistencia. No era sólo teólogo teórico, sino también misionero experimentado y probado en peligros y persecución.

Por lo que toca a su personalidad, era un hombre de conflicto que conocía, tanto antes como después de su conversión, una vida de lucha y tensión entre principios opuestos. Ro. 7; Gá. 5 y Ef. 4:17–5:20 demuestran cómo ponía de relieve el contraste entre carne y espíritu, ley y gracia, fe y obras, nuevo y viejo hombre, luz y tinieblas, Dios y mundo, justicia y pecado, espíritu y letra, primer y último hombre. En todas las cartas lo vemos oponerse al legalismo, al libertinaje, a la vana filosofía y a la apostasía. No entra en el conflicto por motivos personales ni por rivalidad, sino porque las tensiones involucradas afectaban la naturaleza misma del →evangelio. Su humildad se ve en su manera de tratar el problema de divisiones entre hermanos (1 Co. 1:12s.; 3:4-6).

No obstante lo anterior, no se puede decir de P. que, por estar en continuo conflicto, fuera un hombre confundido e inseguro. Percibía con claridad las antítesis de la doctrina y de la vida, ya que había encontrado la paz con Dios. Manifestó la tranquilidad de corazón propia de quien está completamente integrado en su personalidad, confiado en su relación "en Cristo" y contento en cualquier circunstancia (Ro. 8:28, 35-39; Fil. 4:4-13). Su descripción desanimadora de la criatura y la creación bajo el pecado (Ro. 1:18–3:20; 8:18-22) no es la última escena del drama que él narra. P. ve al hombre y a toda la creación como reconciliados por Cristo Jesús, sometidos a él y unidos en él (Ef. 1:7-10; Fil. 2:9ss.). El individuo incorporado "en Cristo" forma parte de un plan eterno, y su vida en esta tierra es transformada por el Espíritu Santo que vive en él (Col. 1:26-29).

Otra faceta de su personalidad es su capacidad para crear la amistad y para prodigar su amor y cuidado al pueblo de Dios. Manda, reprocha y exhorta sólo por su afecto hacia el creyente. La lista de 27 nombres en Ro. 16 revela una pequeña parte de su círculo de amigos íntimos. En 1 Ts. 2:1-12 P. abre su corazón para hablar de cómo había tratado con la iglesia con la ternura propia de un padre o una madre (cp. 2 Co. 11:28s.).

Todo lector atento de las cartas de P. se maravilla de la autoridad y convicción de sus palabras, aun cuando muchos de los destinatarios no lo conocen. No obstante, P. no nos parece presuntuoso. Manda en forma tan natural porque ejerce la autoridad que nace sólo del sentido de una vocación indubitable. El incidente en el camino de Damasco yace en el fondo de todos sus escritos. Sabe que ha sido llamado

Al entrar en la ciudad de Damasco, luego de su encuentro con el Cristo resucitado, Saulo (después llamado Pablo) fue conducido a una casa en la calle "Derecha" en donde le visitó Ananías. Se afirma que ésta es la casa en que vivió el mencionado discípulo.

MPS

por Dios (Ro. 1:1-6) y que ha recibido la revelación divina (Gá. 1:12). Siente la necesidad de predicar y enseñar lo que el Señor le ha impuesto (1 Co. 9:16), y esto confiere a sus escritos una certidumbre singular.

Digno de mención es también el estilo literario muy particular de P. A veces retórico como en Ro., a veces poético como en 1 Co. 13 o muy lacónico en las instrucciones éticas; lo domina el afán de satisfacer las necesidades de los lectores. Emplea vocablos y figuras retóricas tomados de la vida militar, cortesana, deportiva y comercial que muestran que ni él ni sus lectores vivían apartados de las realidades de su cultura. No buscaba una dicción pulida y a ello se deben sus frecuentes desvíos de pensamiento y su sintaxis irregular. Le gustaba establecer contacto lo antes posible con sus lectores; los interpela; les hace preguntas; pone objeciones; da respuestas. Sin embargo, no es raro que se exprese con verdadera elocuencia (Ro. 8:28-39).

En el apóstol se halla un hombre especialmente dotado y preparado para extender el evangelio e interpretar el cristianismo en el mundo multicultural del primer siglo. Es evidente que su iniciativa, su constancia, su férrea voluntad, su capacidad de trabajo, su tierno amor y firme esperanza provienen de su experiencia vital con Jesucristo (Gá. 2:20).

IV. TEOLOGÍA

Las revelaciones que P. recibió y las epístolas que escribió moldearon la doctrina cristiana para todos los siglos. Muchos se han esforzado por señalar la doctrina central de la enseñanza paulina. Se han sugerido: (1) la justificación por la fe, que sin duda es una doctrina básica en P., (2) su escatología, que como esperanza y móvil de su ética, también se destaca; (3) la identificación con Cristo ("en Cristo") que enriquece tanto su doctrina de la iglesia. Todos éstos son conceptos claves en sus escritos, pero la misma diferencia de opinión entre los expertos atestigua que su enseñanza es tan amplia y equilibrada que la respuesta debe buscarse en una doctrina más fundamental: la doctrina de Dios. P. arraigó todas sus enseñanzas en la persona de Dios, el Dios viviente, soberano, revelador, iniciador y consumador de los grandes propósitos eternos que P. describe.

A. *Doctrina de Dios*

En P. esta doctrina incluye la sabiduría, la omnisciencia, la omnipresencia, el poder, el amor, la verdad, la justicia y la misericordia divinos. P. hace hincapié en la soberanía divina, y para ello emplea una variedad de vocablos tales como "predestinar", "escoger", "llamar", "propósito", "voluntad", "beneplácito". Esta doctrina no se basa pues, tan sólo en una palabra, un concepto o un versículo. En tres pasajes extensos lo expone. Ro. 8:28ss. enseña que la posición y el futuro del creyente están asegurados porque éste es objeto del propósito eterno de Dios. Ro. 9—11 demuestran que el futuro de →Israel, no depende de su mérito ni de la generación natural, sino del ejercicio de la misericordia soberana. Aparte de este principio, ninguno recibirá bendición ni salvación. Ef. 1:1-11 revela que la elección data desde antes de la fundación del mundo, está basada en el propósito y el beneplácito de Dios y tiene como fin la gloria de Dios. Dios hace sus propósitos en conformidad con sus atributos, y, por tanto, su plan le glorificará más que ningún otro plan.

B. *Hombre y pecado*

Ro. comienza por comprobar la necesidad espiritual del hombre, sea →gentil que no tiene excusa porque ha sabido de Dios por medio de la creación (1:18-23) y la conciencia (2:12-16), o sea →judío que ha sido instruido en la →ley de Dios (2:17-20) sin conformarse a sus normas (2:21-29). Cuando Adán pecó, toda la humanidad se rebeló contra Dios (5:12) y esta condición universal provocó que el hombre esté "muerto" en sus "delitos y →pecados", "siguiendo la corriente de este mundo, conforme al príncipe de la potestad del aire" y "haciendo la voluntad de la →carne y de los pensamientos" (Ef. 2:1ss.). La condenación de Dios incluye el entregar al hombre a la inmundicia, a pasiones vergonzosas y a una mente reprobada para que se manifieste su rebelión y su culpabilidad (Ro. 1:24,26,28).

C. *Justificación*

Como la rebelión es absoluta y universal, y la pérdida es humanamente irreparable, la solución tiene que ser divina e infinita. El evangelio que P. anuncia y que revela la →justicia divina es "poder de Dios para salvación a todo aquel que cree" (Ro. 1:16,17), y su fundamento es la muerte y la resurrección (1 Co. 15:3s.) del Dios-Hombre (Ro. 1:3s.), cuyo sacrificio es una sustitución y nos imputa justicia (2 Co. 5:21). La muerte de Cristo, entonces, es el precio de la redención que satisface y manifiesta la justicia de Dios (Ro. 3:24ss.).

→Justificación es un término legal que significa emitir un veredicto favorable, vindicar, declarar justo; se hace posible, no porque el hombre sea justo, sino por la imputación de la justicia de Cristo. P. no se cansa de oponer la justicia propia del hombre a la justicia divina que hemos de poseer para ser aceptos a Dios (Ro. 10:3; 1 Co. 1:26-31; Gá. 2:16; Ef. 2:8ss.; Fil. 3:3-9; Tit. 3:4-7). Por eso, sólo mediante un acto de fe puede el hombre apropiarse de la obra de salvación que Dios inició y consumará.

D. *Identificación y santificación*

La vital unión del creyente con Jesucristo es un concepto central para P., como vemos en la repetición de la frase "en Cristo" y otras frases equivalentes como "en él" (v.g. Ef. 1:1,3,4,6). Aunque esta unión se relaciona con la justificación (Ro. 8:1; 2 Co. 5:21; Gá. 2:17), P. insiste en que es el motivo y la clave de una transformación creciente y completa en la vida del creyente. La unión se efectúa por el →bautismo del Espíritu Santo, mediante el cual cada creyente es unido con Cristo y con todos los suyos (1 Co. 12:13). Entonces somos identificados con Cristo en su muerte, su resurrección y su exaltación (Ro. 6:1-5; Ef. 2:5ss.). Morimos con respecto al pecado (Ro. 6:2), al mundo (Gá. 6:14) y a la ley (Ro. 7:4). Resucitamos a una nueva vida, aun antes de participar físicamente de la →resurrección (Ro. 6:4s.; 2 Co. 5:17; Ef. 2:10) y a una posición de privilegio y bendición (Col. 3:1-4). La unión es tan real que "ya no vivo yo, mas vive Cristo en mí; y lo que ahora vivo en la carne, lo vivo en la fe del Hijo de Dios" (Gá. 2:20).

El ser identificado con Cristo no permite seguir las mismas corrientes de antes (Ro. 6:2); hemos de despojarnos del "viejo hombre" y vestirnos del "nuevo" (Ef. 4:22,24). El habernos identificado con Cristo y por tanto el haber muerto al pecado nos libera del dominio que antes ejercía el pecado de sobre nuestra vida. La puerta al dominio divino está abierta. Aun así, cabe recomendar a los creyentes ciertas normas específicas de la ética tocante a la mentira, el enojo, la honestidad, el lenguaje y la pureza (v.g., Ef. 4:17–5:21; Col. 3:5-17). El marido y la esposa, el hijo y los padres, el siervo y su amo reciben instrucción clara (Ef. 5:21–6:9; Col. 3:18-25), y Fil. añade a la lista de virtudes la humildad, el gozo, la oración y el contentamiento. Según Ro., la ética abarca también la sumisión al gobierno y el repudio de la venganza (Ro. 12:17-21; 13:1-7).

Evidentemente hay fuerzas que militan contra el cumplimiento de estas exhortaciones. P. habla de dos clases de creyentes, el "carnal" y el "espiritual" (1 Co. 2:15–3:4). Describe en detalle las obras de "la → carne", la cual es la naturaleza pecaminosa del hombre (Gá. 5:19ss.), y contrasta con ellas el fruto del → Espíritu (vv. 22s.). El cumplir con la ética cristiana no es un logro humano; tanto la salvación como la realización de la norma divina vienen por gracia y fe. La santidad no viene de sólo luchar por obedecer una ley externa, sino de llevar el fruto de la justicia que brota de dentro del ser. El Espíritu Santo no sólo nos une con Cristo, sino también mora en nuestra vida para ordenarla. La parte humana consiste en someterse a su gobierno (Ro. 6:13; 12:1s.) y andar en él (Gá. 5:16; Ef. 5:18).

E. Iglesia

El mismo bautismo por el Espíritu Santo que nos identifica con Cristo también nos une con todos los creyentes en un solo cuerpo espiritual (1 Co. 12:13). P. ilustra esta unión con varias figuras: el cuerpo del cual Cristo es la cabeza (Ef. 1:22s.; Col. 2:19), el templo en el cual Cristo es la principal piedra angular (Ef. 2:20ss.), la esposa y Cristo, el esposo (Ef. 5:22-33). Cada miembro del cuerpo tiene su ministerio o don espiritual para la edificación del cuerpo (Ro. 12:3-8; 1 Co. 12:4-31; Ef. 4:11ss.). Esta diversidad de funciones dentro de la unidad corporal y bajo la dirección de la cabeza produce crecimiento, madurez, conformidad a la imagen de Cristo y gloria para Dios (Ef. 4:12-16). P. fue comisionado para anunciar el misterio de la iglesia, que une al judío y al gentil en un solo cuerpo, de modo que aun los ángeles aprenden la sabiduría de Dios (Ef. 3:1-12).

F. Esperanza

Como el Espíritu Santo participa eficazmente en la regeneración, la santificación y la formación de la iglesia, también su presencia es la promesa y garantía de la futura herencia del creyente. Su presencia constituye "las primicias", o sea la muestra actual de la gloria y bendición futuras en la presencia de Dios (Ro. 8:23). Su presencia es el "sello" que autentica y conserva al redimido. Es "las arras" o pago

De un muro como éste, en Damasco, fue bajado San Pablo en una canasta para escapar de la ira vengativa de los judíos.   MPS

inicial que promete la finalización de la obra redentora (2 Co. 1:22; 5:5; Ef. 1:13s.; 4:30).

¿Cuál es la herencia y la esperanza del hijo de Dios? En primer lugar es la inminente venida de su Señor (1 Ts. 4:16s. →SEGUNDA VENIDA). En el tribunal de Cristo se juzgarán las obras del creyente previo a la entrega de galardones (1 Co. 3:11-15; 2 Co. 5:10), pero el aspecto de la esperanza que P. más destaca es la resurrección y transformación del → cuerpo (Ro. 8:23; 1 Co. 15:51s.).

La extensa discusión de esta doctrina en 1 Co. 15 fundamenta la esperanza de nuestra resurrección en la resurrección corporal e histórica de Jesucristo (vv. 1-28). Al hablar de las cosas finales, P. hace hincapié en que durante los últimos días la cristiandad se apartará de la verdad y negará aun estas doctrinas que él ha anunciado a la iglesia (1 Ti. 4:1ss.; 2 Ti. 3:1-5). Pero aun así, los que efectivamente hayan sido redimidos por Cristo tendrán una confianza inquebrantable ante su juez (Ro. 8:31-39).   L. S. O.

Bibliografía: *IB* II, pp. 354-367; *DBH*, col. 1383-1401; *CBSJ* V, 46:1-45; 79:1-166; *BC* VI, pp. 227-250; A.T. Robertson, *Épocas en la vida de Pablo*, El Paso: Bautista, 1937; F.B. Meyer, *Pablo, siervo de Jesucristo*, El Paso: Bautista, 1935; H. Metzger, *Las rutas de San Pablo en el Oriente griego*, Barcelona: 1962; A. Brunot, *El genio literario de San Pablo*, Madrid: Taurus, 1959; C. H. Dodd, *¿Qué significa Pablo hoy?*, Buenos Aires: La Aurora, 1963; L. Cerfaux, *Jesucristo en San Pablo y la iglesia en San Pablo*, Bilbao: Desclée de Brouwer, 1959 y 1960; W. K. Grossouw, *Breve introducción a la teología de San Pablo*, Buenos Aires: Lohlé, 1961; L. Soubigow, *Cosmovisión teológica de San Pablo*, Buenos Aires: Paulinas, 1963; J. Maritain, *Pensamiento vivo de San Pablo*, Buenos Aires: Losada, 1959.

PACIENCIA (heb. *erek*). En el AT es la capacidad de soportar el sufrimiento y el mal (Job; Pr. 25:15; cp. 15:18; 16:32), pero, más profundamente, designa la naturaleza del gobierno divino (Éx. 34:6; Nm. 14:18; Sal. 86:15; 103:8; Jl. 2:13). Dios es paciente incluso con quienes merecen castigo (Os. 11:8; 2 P. 3:9), y les ofrece una nueva oportunidad (Ro. 9:22; Lc. 13:1-9,34) y tiempo para arrepentirse (Ro. 2:14ss.; 2 P. 3:9).

Los cristianos deben reflejar la p. divina (Mt. 18:26,29; 1 Co. 13:4,7; Gá. 5:22; Ef. 4:2). En la relación con los demás (*makrothymía*) deben poseer firmeza para no dejarse provocar o reaccionar con ira. Con respecto a las circunstancias adversas o de prueba, la p. (*hypomoné*) consiste en esperar persistentemente y mantener la fidelidad (Ro. 5:3; 1 Co. 13:7; Stg. 1:3; Ap. 13:10). No es simple resignación sino firmeza varonil (1 Ts. 1:3; Heb. 12:1-3). Cristo es modelo de p., y ésta, finalmente, es un don de Dios (Ro. 15:5; 2 Ts. 3:5) garantizado por la victoria de la cruz.   J. M. B.

PACTO. Convenio que expresa la relación especial de Yahveh con su pueblo y resume la forma y estructura de la religión bíblica en ambos testamentos. La palabra hebrea (*berit*) ocurre 285 veces en el AT y la palabra griega (*diatheke*) 33 veces en el NT; ambas se traducen "p.".

El p. siempre es un acuerdo mutuo entre dos o más socios que los vincula y obliga a una reciprocidad de beneficios y obligaciones. El AT da varios ejemplos de p. humanos: las alianzas bilaterales entre Abimelec y Abraham (Gn. 21:27,32), Abimelec e Isaac (Gn. 26:28,31), Labán y Jacob (Gn. 31:44-54), Jonatán y David (1 S. 18:3s.; 20:8,14s.), etc. Un p. también puede concertarse entre grupos (Jos. 9:15; Abd. 7), e incluso el matrimonio es un p. (Mal. 2:14).

I. Concepto teológico en el Antiguo Testamento

A. *Adán*

Aunque la palabra no se usa en Gn. 1–3 ni aparecen todos los elementos tradicionales, el AT se refiere una vez a la relación establecida entre Dios y → Adán como a un p. (Os. 6:7). Se hizo con Adán no solamente como individuo, sino como representante de todos los hombres (Ro. 5:12ss.). El sábado fue la señal de este p. (Éx. 31:12-17).

Muchos teólogos suelen hablar del pacto adámico como "un p. de obras". Sin embargo, sería más exacto calificar el p. adámico como p. de "obediencia", puesto que Dios, como el "Dios de toda gracia" (1 P. 5:10), manifiesta su gracia en todas sus obras (Sal. 145:13b,17, BJ) pero exige obediencia de Adán (Gn. 1:29-31; 2:9,16). La obediencia que Dios espera del hombre debe ser consecuencia de la confianza (fe) en él y su palabra (Heb. 11:6; cp. Gn. 3:1ss.), y debe expresarse en la obediencia (Gn. 1:28; 2:15-17; 3:11,17). El p. con Adán incluyó también su ubicación en un lugar escogido (→EDÉN, Gn. 1:27; 2:8) y un poder creador

para producir una descendencia santa (Gn. 1:26-28; 2:18-25; 3:15; 5:1-3; cp. 4:1ss.).

B. *Noé*

El primer uso de la palabra p. *(berit)* ocurre en relación con → Noé en Gn. 6:18 y conlleva beneficios para toda su familia. Este p. se desarrolla en Gn. 9:1-17 donde se aplica a toda la descendencia de Noé y a todo ser viviente. En este caso la gracia prometida no depende de una recta comprensión o respuesta positiva por parte de todos los beneficiados. Es un p. eterno cuya señal es el arco iris (Gn. 9:12, 13). Está arraigado en la gracia divina (Gn. 6:8; 9:1-3); requiere una fe que se exprese en obediencia (Gn. 9:4-6; Heb. 11:7) y la responsabilidad de producir una descendencia santa (Gn. 9:1,7); es eterno (Gn. 9:12,16) y conlleva una bendición universal (Gn. 9:1,11,16s.). Se puede considerar como una renovación del p. con Adán y una anticipación del p. salvífico con Abraham (Is. 54:9,10; 1 P. 3:20,21).

C. *Abraham*

En el p. con → Abraham, renovado con → Isaac y → Jacob, tenemos la expresión clásica del p. divino (Gn. 3:16-18), y fue transmitida por dos tradiciones (Gn. 15 y Gn. 17). Las bendiciones prometidas incluyen: (1) una descendencia santa y numerosa, (2) la posesión de la tierra de → Canaán y (3) la reconciliación con Dios.

La tercera promesa se expresa en Gn. 17:7: "Yo seré tu Dios y el de tu descendencia después de ti", y muestra que, como en los casos de Adán y Noé, el p. divino no se limita a la relación entre Dios y el individuo que originalmente recibe las promesas. Sin embargo, la exclusión de Ismael (Gn. 17:18-21) y Esaú (Ro. 9:6-13) muestra que aun en el AT la descendencia física no garantiza el cumplimiento automático de todas las bendiciones prometidas en el p. Las promesas se cumplen para "los hijos de los hijos", pero con la condición de que compartan una actitud de fe hacia Dios y sean calificados como "los que guardan su p., y los que se acuerdan de sus mandamientos para ponerlos por obra" (Gn. 17:9; Sal. 103:17,18; Ro. 4:13).

Gn. 17 acentúa el hecho de que el pacto con Abraham es un pacto eterno (vv. 7-9,13,19; cp. Gá. 3:16-18; Heb. 13:20), y establece la → circuncisión como señal del mismo. Aunque en el p. con Abraham resalta el requisito de la fe, permanece vigente la necesidad de la obediencia como expresión ineludible de una fe sincera (Gn. 12:4; 17:1; 18:19 BJ; Heb. 11:8,17-19). Aunque el p. con Abraham es particular y limitado, el contexto muestra que (cp. Adán y Noé) Dios tenía propuesta una bendición universal (Gn. 12:3; Hch. 3:25).

D. *Israel*

→ Moisés era el mediador del p. que Dios hizo con el pueblo de Israel en Sinaí. Este p. constituía una renovación y desarrollo del p. con Abraham (Gn. 15:13-21; Éx. 2:23,24;

3:15-17; 6:4-8; 32:13; Lv. 26:40-45; Dt. 4:29-31; Sal. 105:8-11,41-45; 106:45). La continuidad esencial de este p. con el anterior se destaca en los siguientes elementos: (1) es un p. arraigado en la gracia divina (Dt. 9:4-6; Ez. 16:1-14; 20:4-8); (2) insiste en una actitud de fe por parte del hombre (Éx. 4:30,31; 14:31; Nm. 14:11; 21:9; Dt. 1:31; 9:23; Heb. 11:23-29); (3) requiere que la fe se exprese en una obediencia radical y de todo corazón (Éx. 19:5,6; 20:2ss.; 24:7; Dt. 6:4,5; 10:16); (4) siempre incluye la reconciliación espiritual con Dios como promesa fundamental del p. (Éx. 6:7; Dt. 29:12,13); (5) espera como cosa normal una descendencia santa (Dt. 6:7; 29:29; 30:6), aunque esto nunca es automático (Dt. 32:5,6,15ss.; etc.); (6) mantiene como meta final la bendición universal (Éx. 19:5,6; cp. 1 P. 2:9; Nm. 14:21).

Los principales elementos nuevos (de "caducidad" o "desarrollo") en el p. con Israel se encuentran en que: (1) por primera vez Dios establece su p. con una nación (descendiente de Abraham, Éx. 1:1-7); (2) se multiplican y desarrollan las estipulaciones del p. en la → ley (Éx. 20 y Dt. 32) hasta convertirse en la constitución de la nueva nación.

E. *David*

El p. que Dios hizo con → David desarrolla la antigua promesa de una descendencia santa (Gn. 3:15; 17:7, etc.). Se anuncia en 2 S. 7:12-17; 1 Cr. 17:10-15 y se recuerda con júbilo en Sal. 89:3,4,26-37; 132:11-18; cp. 2 S. 23:5. En última instancia es mesiánico (Is. 42:1,6; 49:8; 55:3,4; Mal. 3:1; Lc. 1:32s.; Hch. 2:30-36). El → siervo de Jehová se llama "p." en Is. 42:6, puesto que incorpora todas las bendiciones y cumple todas las estipulaciones. El p. davídico marca un desarrollo particular dentro del contexto general del p. mosaico y no se debe considerar totalmente paralelo con aquél.

F. *El "nuevo pacto"*

El nuevo p. prometido en Jer. 31:31-34 es otra renovación del p. con Abraham e Israel. Su continuidad con los p. anteriores se muestra en los siguientes hechos: (1) es un mismo Dios el que establece el p. (vv. 31,32,33); (2) se hace con un mismo pueblo (vv. 31,32,33); (3) las estipulaciones abarcan esencialmente la misma ley antigua (v. 33); (4) la promesa fundamental es una misma: "Yo seré tu Dios y tú serás mi pueblo".

Los nuevos elementos en la renovación del p. recalcan: (1) una interiorización más profunda de la ley (cp. Dt. 6:6,7; Sal. 37:31); (2) una nueva fuerza moral e interior que resulta del nuevo p. (cp. Ez. 36:27; Ro. 8:38s.); (3) un nuevo concepto sobre la universalidad del conocimiento de Dios entre su pueblo (Jer. 31:34, → SACERDOTE).

II. CONCEPTO TEOLÓGICO EN EL NUEVO TESTAMENTO

La promesa de un nuevo p. (e.d., una renovación decisiva y final del p. eterno) se cumplió en → Jesucristo (2 Co. 1:19,20). Como el segundo Adán (1 Co. 15:45ss.) e imagen de Dios (Col. 1:15), Cristo cumple con los requerimientos del p. por parte de todos los humanos y así renueva la imagen divina en el hombre (Ro. 5:12-21; 2 Co. 3:18). Cristo forma su iglesia en la cual hay salvación y contra la cual nada puede prevalecer (Mt. 16:18), y nos somete a un lavamiento con agua vivificadora y no mortal, como en el caso de Noé (1 P. 3:20s.).

En Cristo se cumplen las promesas del p. hecho con Abraham (Lc. 1:54,55,72-75) y con David (Lc. 1:68-71) y las estipulaciones del p. mosaico con Israel (Mt. 5:17,18). El nuevo p. se funda en la sangre de Cristo, su → mediador (Heb. 12:24), quien identificó este p. (Lc. 22:20; 1 Co. 11:25) con el p. eterno (Mt. 26:28; Mr. 14:24 BJ).

Puesto que el nuevo p. representa una confirmación del p. eterno, las promesas y provisiones fundamentales de los p. anteriores permanecen vigentes (Ef. 2:12; 2 Ti. 3:15-17). El → pueblo de Dios todavía se llama "Israel" (Gá. 6:16), y se desarrolla a partir del núcleo de judíos creyentes (Ro. 11:1-6). Pero los judíos incrédulos son desgajados del → olivo, y los gentiles creyentes son injertados (Ro. 11:7-24) y hechos miembros de la familia de Dios (Ef. 2:11-22). Sigue en efecto el deber de levantar una descendencia santa (Tit. 2:14; 1 P. 2:9), y este deber incluye ahora la labor evangelizadora (Mt. 28:19,20; 1 Co. 4:15; etc.; cp. Dt. 6:7-9).

El nuevo p. se destaca sobre todo por el gran desarrollo del ministerio del → Espíritu Santo (Hch. 2; 2 Co. 3:4-18; etc.). Hebreos explica la superioridad del nuevo p. (9:16,17), y tanto allí como en Gá. 3:15-17 la garantía del p. es la muerte de Cristo, "porque el testamento con la muerte se confirma". Su finalidad también se acentúa por el uso del concepto de un → "testamento", que es otro significado del griego *diatheke* (→ CIRCUNCISIÓN, → BAUTISMO).

T. D. H.

Bibliografía

Alonso-Schokel, L., "Motivos sapienciales y de alianza en Gn. 2-3" *Bíblica,* 43 (1962), pp. 305-309. Schildenberger, J., "Alianza", *Diccionario de Teología Bíblica,* Barcelona: Herder, 1967. Jacob, Edmund, *Teología del Antiguo Testamento,* Madrid: Ediciones Marova, 1969, pp. 198-204.

PADAN-ARAM (heb. = 'llanura de Aram'). Nombre dado a la Mesopotamia superior en la región de Harán, al N de la confluencia de los ríos Habur y Éufrates. Abraham habitó en esta región antes de pasar a Canaán. Estando en Canaán ordenó que le buscaran esposa a Isaac en P. Jacob también habitó allí cuando huyó de Esaú (Gn. 25:20; 28:2; 31:18; Dt. 23:4; Jue. 3:8). A. Ll. B.

PADRE. Apelativo que aparece en la Biblia no sólo en su sentido propio y estricto sino también en sentido más amplio, como sinónimo de antepasado, fundador o causa. En el p. se encarna y centra la unidad de la familia, y por tanto muchas veces se alude con él a la "casa paterna" (Gn. 34:19). También se da el nombre de p. al abuelo (Gn. 28:13), a los antepasados o al que inicia una estirpe genealógica (Éx. 12:3; Mt. 3:9; 23:30). En sentido metafórico se habla del p. de la lluvia (Job 38:28) o se le llama "p." a un bienhechor (29:16). También puede referirse a un sabio (Pr. 1:8; cp. Is. 19:11) a un maestro o consejero. Se usa además como título para personas a las que se desea honrar (p.e. 2 R. 6:21; Mt. 23:9). En el NT los miembros más viejos de la comunidad cristiana son llamados p. (1 Jn. 2:13,14).

Tanto en el AT como en el NT Dios se revela como p. de Israel. Dios mismo se proclama p. del pueblo (Éx. 4:22; Os. 11:1-4), por ello Israel se dirige a Dios como a su p. (Is. 63:16; 64:8).

En el NT se destaca la paternidad de Dios respecto de Jesús, quien cumple o realiza lo mejor de la reflexión judía acerca de la paternidad de Dios. Por ello el NT nos habla de Dios como "p. de nuestro Señor Jesucristo" (Ro. 15:6; 2 Co. 1:3; 1 P. 1:3). Mediante Jesucristo el creyente puede dirigirse a Dios como "P. nuestro" (→ ABBA).   V. A. G

PAFOS. Ciudad en el límite occidental de Chipre, cuyo gobernador romano → Sergio Paulo, fue convertido durante la visita que hicieran Pablo, Bernabé y Marcos en su primer viaje misionero (Hch. 13:6-13). La antigua P. (fundada por los fenicios *ca.* 1184 a.C.) estaba a 3 km de la playa. Era el sitio de un famoso templo de Venus, deidad llamada a menudo "la diosa de Pafos" porque, según la tradición, éste era el sitio donde había salido del mar. La nueva P., que fue la que visitó Pablo, se hallaba en la costa, a unos 16 km de la antigua ciudad. Era la sede del procónsul romano.   A. T. P.

PAJA. Caña de trigo, cebada y otros cereales, después de seca y despojada del grano. Los hebreos la utilizaban como pasto para sus ganados (Gn. 24:25,32; Jue. 19:19; 1 R. 4:28; Is. 11:7; 65:25), y los egipcios para hacer adobes, mezclándola con el → barro (Éx. 5:7,10-13,16,18). En la Biblia el término también se usa en forma figurada para significar inconsistencia y poco valor de las cosas (Job 21:18,19; cp. 1 Co. 3:12 BJ, HA). En ese mismo sentido se utilizan los términos → "tamo" (Is. 29:5; Os. 13:3; 17: 13, etc.), "hojarasca" y "estopa" (Abd. 18). A. P. P.

PAJARILLO. → GORRIÓN.

PÁJARO. → AVE.

PALABRA DE DIOS. Frase que aparece en el AT 394 veces (NBD) y se refiere a la comunicación de Dios con el hombre. Por ser la p. el vehículo con que se expresan los pensamientos, es el medio más común con el cual Dios revela y realiza sus propósitos. De ahí que frases como "la p. de Jehová vino a mí" (Jer. 1:11), "vino la p. de Jehová a . . . Ezequiel" (1:3), "p. de Jehová que vino a Oseas" (1:1), etc., sean características de los libros proféticos.

La p. de D. es una extensión de su personalidad. Luego, está investida de autoridad divina y debe ser respetada y obedecida, tanto por los ángeles como por los hombres (Dt. 12:32; Sal. 103:20). La p. de D. es permanente (Is. 40:8) y tiene que cumplirse (Is. 55:11).

En el Sal. 119 la frase se usa como sinónimo de "la ley", por tanto se refiere a la palabra escrita, aunque en casi todos los otros casos la "p. de D." se refiere a una comunicación hablada. Este doble uso se explica en Éx. 24:4 donde se dice que Moisés puso por escrito las palabras que había oído de Jehová. Además, en algunas ocasiones la palabra de Jehová venía mediante visiones. V.g.: "la palabra de Jehová . . . lo que vio sobre Samaria y Jerusalén" (Mi. 1:1; cp. Abd. 1:1; Nah. 1:1).

En el NT la frase "p. de D." sólo en pocas ocasiones denota algo escrito. P.e., en Mr. 7:13 se refiere a la ley que los judíos anulaban por su tradición y en Jn. 10:35 al Sal. 82:6. Pero la frase nunca se usa para referirse al conjunto de los libros del AT, y mucho menos a toda nuestra Biblia. Los libros del AT se identifican más bien con el término "las → Escrituras".

En el NT la frase "p. de D." *(logos tou theóu)* generalmente denota un mensaje predicado, sobre todo el mensaje del evangelio o el mensaje cristiano en general, predicado por Cristo y sus apóstoles (Lc. 5:1; 8:11,21; Hch. 6:2; Ef. 6:17; Heb. 6:5; 13:7; 1 P. 1:23). En este sentido a veces se emplean las frases "la p. del Señor" (1 Ts. 1:8; 2:13; 2 Ts. 3:1) y "la p. de Cristo" (Col. 3:16; Heb. 6:1; cp. "las p. del Señor Jesús" en Hch. 20:35; 1 Ti. 6:3). Ocasionalmente la p. de D. parece comprender toda la voluntad o el propósito de Dios (Lc. 11:28; Ro. 9:6; Col. 1:25; Heb. 4:12).

En los escritos de Juan se halla un uso distinto de "palabra" o más bien del vocablo griego *logos.* Se emplea como título del Hijo de Dios, y se traduce → "Verbo" en la mayoría de las versiones (RV, NC, Str., HA, BC). Si Dios se reveló mediante la palabra hablada, ¿cuánto más no habría de revelarse mediante la Palabra encarnada? Este es el argumento de Heb. 1:1,2 y corrobora lo dicho en Jn. 1:18: "a Dios nadie le vio jamás; el unigénito Hijo . . . él le ha dado a conocer" o, siguiendo literalmente el griego: "él ha hecho una exégesis de él".   W. M. N.

PALACIO. Residencia de un rey u otro personaje importante. Consistía por lo general de un grupo de edificios fortificados alrededor de un patio cerrado. Reyes, gobernadores y sumos sacerdotes vivían en p. que, a la vez, servían como centros de administración.

La casa del rey David en Jerusalén era lujosa y tenía paredes de cedro (2 S. 7:2; 5:11,12), pero fue Salomón quien construyó el primer p. oriental propiamente dicho. Empleó artesanos del rey Hiram de Tiro, e hizo de la "casa del bosque del Líbano" su p. (1 R. 7:2). En alas distintas construyó una vivienda privada para él y otra para la hija de faraón con quien se había casado. Este p. era la residencia oficial de los reyes de Judá y sobrevivió a la destrucción de la ciudad por los babilonios en 581 a.C.

Omri, rey del Reino del Norte, comenzó la construcción de su p. en el monte de Samaria. Su hijo Acab lo agrandó para Jezabel, su reina extranjera, y lo embelleció con adornos de marfil (1 R. 22:39; Am. 3:15; 6:4). Fue destruido por los asirios en 722 a.C., y los arqueólogos han descubierto sus ruinas.

Herodes el Grande, rey vasallo de los romanos en tiempo del nacimiento de Jesús, construyó un magnífico p. en Jerusalén, otro como casa de invierno en Jericó y un refugio en Masada cerca del mar Muerto.   R. B. W.

PALESTINA. Nombre derivado de la palabra "filisteo", que los comerciantes griegos (unos siglos a.C.) dieron a la faja de tierra entre la costa oriental del mar Mediterráneo y el desierto arábigo.

I. Geografía general

Empezando por el O, hay cuatro accidentes geográficos principales que atraviesan P. de N a S: (1) La llanura marítima que interrumpe el monte Carmelo, la cual es estrecha en el N pero amplia en la llanura de Sarón y más aún en Filistea hacia el S. En el S, las colinas de menor elevación que se hallan entre las llanuras marítimas y las montañas se conocen como la Sefela. (2) La cordillera central (hasta 1400 m en la Alta Galilea y 700 m en la Baja Galilea) que se interrumpe con el valle de Esdraelón (Jezreel) el cual va desde la llanura marítima hasta el valle del Jordán. De allí sigue la cordillera con las montañas de Samaria y Judea hasta el Neguev al S. (3) La hendidura del Jordán, que empieza al pie del monte Hermón, pasa por Merom (68 m sobre el nivel del mar), desciende al mar de Galilea (208 m bajo el nivel del mar), y sigue por el valle del Jordán hasta el mar Muerto (392 m bajo el nivel del mar). Esta misma depresión geológica, llamada el Arabá, continúa hacia el S hasta el golfo de Acaba. (4) La Transjordania, que es una meseta alta y llega hasta el desierto sirio-arábigo. Es atravesada por varios valles que corren del E hasta el Jordán.

P. formaba el puente entre la civilización de Egipto y las de Mesopotamia y Asia Menor. Servía como encrucijada internacional, y fue el lugar propicio para Israel con su misión reveladora del mensaje de Dios. Cinco rutas principales cruzaban de N a S esta pequeña tierra: (1) La de los emperadores, que partía de Damasco, pasaba por el lado sur de Merom, tocaba la orilla occidental del mar de Galilea, atravesaba la llanura de Esdraelón para luego seguir la costa hasta Egipto. Fue la ruta más usada por los ejércitos de los grandes imperios. (2) La "carretera del rey" que partía también de Damasco y corría por la meseta de Transjordania hasta llegar al golfo de Acaba. (3) La de las alturas de Judá que unía los pueblos principales de Judá e Israel. (4) La del "Peregrino" que servía a las caravanas arábigas, bordeando el desierto al extremo oriental de Transjordania. (5) La del Arabá, que servía de enlace entre → Elat y Judá subiendo por el → Acrabim.

La cordillera central proveía una protección natural para la parte central y oriental del país. Sólo por el valle de → Jezreel (Esdraelón) había una carretera por donde podía atravesar un ejército enemigo.

II. Clima y vegetación

Aunque es pequeña, P. cuenta con gran variedad de climas. Las partes desérticas se encuentran en Transjordania, el S de Judea y el Neguev. Hay sólo dos estaciones: el verano de mayo a septiembre, cuando cae muy poca lluvia, y el invierno de octubre a abril. En el N (y a veces hasta en Jerusalén) cae nieve en el invierno. Las diferencias de altura causan grandes cambios de temperatura, pero predominan los vientos del O (del mar Mediterráneo) y dan un clima templado y saludable al país. Durante los cambios de estaciones pueden soplar vientos tórridos del SE.

Las diferencias de relieve y temperatura también provocan que la flora de P. sea variada. Debido a la escasez de agua, antiguamente la cebada era un producto más importante que el trigo. En tiempos antiguos la región estaba sembrada de extensos bosques, pero el paso de las muchas poblaciones ha provocado la erosión y la pérdida de fertilidad por la tala de árboles. Los propios israelitas ayudaron a talar los bosques (Jos. 17:18). En las áreas semidesérticas la agricultura exigía una cuidadosa conservación del agua, y, no obstante esto, siempre estaba amenazada por el descuido o las incursiones de pueblos nómadas.

III. Historia

A. *La época preisraelita*

Cerca del monte Carmelo se han encontrado restos humanos antiquísimos y aún es posible descubrir en varias partes de P. huellas de poblaciones de los períodos paleolítico, mesolítico y neolítico. En Jericó hubo un pueblo *ca.* 7000 a.C.

Durante el tercer milenio, a.C., Egipto tuvo cierta influencia sobre P. Desde *ca.* 2300 a.C. se hicieron presentes los amorreos y empezando por el año 1900 entraron los cananeos. Llegaron también otras gentes como los horitas, jebuseos e hititas. Políticamente P. estaba formada por muchas ciudades-estados. De 1730 a 1580 los hicsos (una aristocracia guerrera) controlaron P. y aun Egipto. En los siglos XVI y XV de nuevo dominaron los egipcios, después de echar a los hicsos; sus ejércitos llegaron hasta el Éufra-

3 1

tes, pero desde el siglo XVI su hegemonía sobre P. disminuyó excepto por períodos breves. En los siglos XIII y XII por la costa entraron las gentes del mar (→FILISTEOS) y por el S y el E los israelitas.

B. *La época de Josué a Salomón*

Los muchos estados pequeños que integraban P. le dificultaron la conquista a Josué. Al terminar los israelitas sus campañas, aún quedaban sin conquistar Jebús, Ajalón, Saalbim y Gezer en el S, las ciudades amuralladas a los lados de Esdraelón, como también Dor, Aco y Aczib en la costa septentrional y Bet-semes y Bet-anat en la Alta Galilea (Jue. 1:31-33).

Mientras el ejército se mantenía unido, Israel estaba seguro, pero al irse cada división a su patrimonio (ver mapa) los enemigos que no habían sido aniquilados se levantaban nuevamente. Simeón y Rubén casi desaparecieron. Manasés y Gad continuaron su vida pastoril. Dan emigró al N (Jue. 18) y, por una guerra civil (Jue. 19–21), Benjamín quedó casi exterminado. Poco antes del establecimiento de la monarquía los filisteos se extendían hasta tal grado en P. que Israel apenas mantenía independientes las tribus de la cordillera (1 S. 7:11-14; 13:16-23; 1 Cr. 11:16).

Poco antes de iniciarse la Edad de Oro parecía que Israel iba a desaparecer. Los enemigos asediaban por todos lados. Los filisteos tenían avanzadas en los pueblos israelitas. Saúl, como caudillo libertador, salvó a Jabes de Galaad de los amonitas, triunfó sobre los filisteos en Micmas y encabezó campañas contra los moabitas, los edomitas y contra Soba en el N (1 S. 14:47). Desgraciadamente la guerra civil (con su yerno David) lo debilitó mucho. Los filisteos se reconstituyeron y, subiendo por la costa, entraron por Esdraelón, atacaron y vencieron a Saúl (1 S. 28:1; 31).

David como conquistador y estadista reconoció que había un antagonismo persistente entre Judá y las tribus del N. Escogió a Jebús como capital (la cual no pertenecía a ninguno de los dos grupos) y allí fundó Jerusalén, la ciudad de David (2 S. 5:6-10).

Después de unificar a Judá e Israel, David subyugó a los filisteos y ensanchó el territorio hasta que por fin la nación tuvo la extensión que Dios había prometido a Abraham (Gn. 15:18): desde las orillas del río Éufrates en el N, hasta el golfo de Acaba en el S. Edom, Moab, Amón y Soba fueron conquistados, y Filistea, Gesur y Hamat avasallados por David (2 S. 8).

Salomón mantuvo las fronteras durante la primera parte de su reino. Dividió el país en doce distritos para poder controlar su gobierno y tener suficientes obreros, pero eximió de ciertas obligaciones a su propia tribu, Judá. Naturalmente esto despertó los viejos celos.

C. *La época del reino dividido*

Apenas murió Salomón las tribus del N se separaron de Judá. Luego las dos pequeñas naciones resultantes perdieron los territorios anexos. Su extensión geográfica cambiaba de año en año. Primero, vino Sisac de Egipto y les quitó 156 lugares; luego también Israel peleó contra Judá. Como consecuencia se establecieron dos nuevos "lugares santos", uno en Betel y otro en Dan. Más tarde, Siria, que estaba en su apogeo, casi exterminó a ambas naciones.

En el tiempo de Jeroboam II el poder de Siria decayó e Israel se fortaleció desde Hamat hasta el Golfo de Acaba. Uzías levantó en Judá una cadena de fortalezas. Por primera vez en la historia, la costa filistea quedó firmemente en manos hebreas.

Pero en el N ya se levantaba Asiria, país cruel y poderosísimo. Entre 732 y 722 a.C., Asiria acabó con Siria e Israel, y sólo Judá se salvó haciéndose vasallo de ella. Judá quedó tan reducida que en un mapa general apenas se ve. Jerusalén y los pueblos en derredor parecían granos de trigo entre dos piedras de moler: Egipto y Babilonia. Por fin, en 586, los babilonios acabaron con Jerusalén.

D. *Desde el cautiverio hasta Cristo*

Desde el exilio hasta la época del NT muchos colonos paganos fueron a P. Se mezclaron con los paganos circunvecinos y con los israelitas de menor importancia que no fueron deportados (→SAMARITANOS). Otros judíos fundaron colonias en Egipto. Cuando, durante la dominación persa, Nehemías y Esdras volvieron a reedificar Jerusalén, el territorio que ocuparon era apenas 50 km^2.

Desde este pequeño →remanente, los judíos se extendieron por el S y por el N. Pero en la época de la dominación griega P. se tornó en un campo de batalla entre los ptolomeos de Egipto y los seleucos de Siria. Los →macabeos lograron restablecer la configuración política y religiosa judía, pero desafortunadamente perdieron el mando como consecuencia de luchas intestinas. Llegaron los romanos y ocuparon el territorio.

E. *Época novotestamentaria*

Cuando nació Jesús P. era conocida nuevamente como entidad geográfica. Estaba gobernada por el aborrecido idumeo →Herodes el Grande, quien se había hecho "judío", pero era rey solamente por consentimiento de los emperadores romanos. Al morir éste el territorio fue dividido entre tres de sus hijos. En todo este tiempo una alianza de diez ciudades griegas (→DECÁPOLIS) se mantenía aparte de la política de P. →Arquelao no pudo gobernar en Judá, y esta parte, junto con Samaria, fue puesta en manos de gobernadores romanos. Galilea y Perea correspondieron a →Herodes Antipas. →Herodes Felipe gobernó Traconite e Iturea, al N de Decápolis.

Ya en el tiempo de Pablo, los romanos concedieron a →Herodes Agripa I gobernar como rey sobre todos los territorios desde Iturea hasta Judá. Sería el ocaso de P. hasta que el nuevo Estado de Israel se fundara en el 1948 de nuestra era. Al morir inesperadamente Agripa I, los romanos despojaron a Agripa II, su hijo, de todo el territorio menos Traconite. Los nacionalistas judíos se levantaron entonces contra los romanos y Tito se vio obligado a asolar Jerusalén en 70 d.C. Sin embargo, no cesó la rebeldía. En 135 d.C., después de la rebelión de Bar Kochébas, los romanos arrasaron nuevamente ·a → Jerusalén y sobre las ruinas levantaron una ciudad pagana.   W. G. M. y J. M. Br.

Bibliografía
IB., pp. 225ss.; Bright, *Historia de Israel*, pp. 27-31,35,45s.; Ricciotti, *Historia de Israel; VD.* I, pp. 189-206.

PALMERA. El único tipo de p. que se conoce en el mundo bíblico es la *Phoenix dactilifera*, conocida comúnmente como palma datilera (heb. *tamar*; gr. *foenix*). Es una planta delgada y alta cuyas flores masculinas y femeninas nacen en diferentes árboles. Crece en los oasis del desierto de Sinaí (Éx. 15:27; Nm. 33:9), en la zona costera al sur de Gaza y en el "redondel del Jordán" (depresión jordánica cerca del mar Muerto) en las inmediaciones de Jericó, razón por la cual a este lugar se le llamaba "ciudad de las palmeras" (Dt. 34:3,4; Jue. 1:16; 3:13; 2 Cr. 28:15). Otras ciudades (Gn. 14:7; Jue. 20:33; 1 R. 9:18; Ez. 47:19; 48:28; Hch. 27:12) recibieron este nombre por la abundancia de p. y por el culto que se le daba a esta planta.

La p. es una planta cuyos usos han participado del desarrollo de los pueblos antiguos. Sus frutos y ramas eran utilizados en las fiestas religiosas, sobre todo en la fiesta de los tabernáculos por el énfasis campestre de esta fiesta (Lv 23:40; Neh. 8:15; Jn. 12:13; Ap. 7:9). Con los dátiles se hacían tortas, y las hojas servían para elaborar cierto material sobre el cual escribir.

La p. fue utilizada también en la ornamentación del templo (Ez. 40:22,31,34). Su figura se usó en la decoración arquitectónica (1 R. 6:29,32). Asimismo, apareció en las monedas de la época helenística. Su nombre se utilizó como nombre propio femenino (2 S. 13:1). Es símbolo de victoria y regocijo (Jn. 12:13; Ap. 7:9), de abundancia y longevidad, debido a que vive hasta 200 años (Sal. 92:12-14). Se empleó en la poesía hebrea para cantar la belleza de la esposa (Cnt. 7:7,8) y para adornar los relatos bíblicos (Jue. 4:5).   E. S. C.

PALMO (heb. = *zeret*). Medida equivalente a la distancia entre los extremos del dedo pulgar y el meñique con la mano extendida, o sea *ca.* 22.5 cm o medio codo (Éx. 28:16; 1 S. 17:4). El "p. menor" (heb. *topakh*, Éx. 25:25; 1 R. 7:26) era igual al ancho de la base de los cuatro dedos, *ca.* 7.5 cm.   J. M. Br.

PALOMA. Ave doméstica común en Palestina. Se menciona por primera vez en Gn. 8:8-12. Se usaba en los sacrificios prelevíticos (Gn. 15:9) y fue incluida en la legislación mosaica como víctima aceptable; se prescribía directamente (Lv. 1:14; 12:6; Nm. 6:10) o se aceptaba en reemplazo de otras víctimas (Lv. 5:7; 12:8; 14:21,22; Lc. 2:24). El uso cultual motivó que se criara en grandes palomares, e incluso se comerciara con ella en el templo (Mt. 21:12).

En la poesía se menciona frecuentemente el plumaje de la p. (Sal. 68:13; Cnt. 1:15; 4:1), su extenso vuelo (Sal. 55:6; Os. 11:11) y su arrullo lastimero (Is. 38:14; 59:11; Ez. 7:16; Nah. 2:7). Las p. silvestres se mencionan en Jer. 48:28 y Cnt. 2:14. Proverbialmente "ser como p." significaba sencillez y falta de malicia (Os. 7:11; Mt. 10:16). El relato de Mt. 3:16 ha hecho de la p. un símbolo del Espíritu Santo.
                                                     F. U.

...aloma, fácilmente amansada, es símbolo de la paz ...reconciliación. Figuraba en la salvación de Noé y su ...ilia del diluvio, como también en el bautismo de ...ús, el Salvador reconciliador por excelencia.

PÁMPANO. Sarmiento o rama de la → vid. Término que en la RV traduce el vocablo gr. *klema* de Jn. 15:1-6, donde se emplea como figura del cristiano y su relación con Cristo. El p. deriva de la cepa de la vid la savia que hace posible que produzca uvas; así el cristiano deriva de Cristo, con quien está unido orgánicamente y de quien viene la vida y la fuerza que le capacitan para llevar fruto.   W. M. N.

PAN. La palabra p. se registra por primera vez en las Sagradas Escrituras para indicar la totalidad del alimento necesario para el hombre (Gn.

3:19). En un sentido más específico, el p. preparado a base de flor de harina se menciona en el banquete ofrecido por → Abraham a los tres viajeros que pasaron frente a su tienda (Gn. 18:1-8).

Desde épocas remotas el p. ha sido considerado como artículo indispensable en la vida del hombre. Los hebreos utilizaban especialmente el p. de → cebada (2 R. 4:42), y pareciera que el p. de → trigo era considerado un lujo, puesto que se enviaba como un presente muy especial (Gn. 45:23). También era frecuente la preparación de p. a base de harina de varios cereales (Éx. 4:9). La búsqueda del p. material como alimento básico y general ha servido para elaborar expresivas figuras en cuanto a la búsqueda de los valores espirituales (cp. Gn. 25:34; Éx. 16:3). Llegó a ser proverbial afirmar que "no sólo de p. vivirá el hombre" (Dt. 8:3; Mt. 4:4). Cristo alimentó a una inmensa multitud con los p. que un niño tenía (Jn. 6:9), milagro que parece haberse repetido ante algo más de cuatro mil personas (Mt. 15:32-39; Mr. 8:1-10).

En los días del AT el p. se elaboraba en casa (Gn. 18:6; 1 S. 8:13; Jer. 7:18), pero con el tiempo esta industria se desarrolló tanto que hubo necesidad de panaderos profesionales (Gn. 40:2; Jer. 37:21, Os. 7:4). El obsequio de p. a los viajeros era un símbolo de hospitalidad entre los hebreos (Gn. 18:5). También eran frecuentes los banquetes de amistad, donde no podía faltar el p. (Gn. 31:54). La costumbre de dar p. a los pobres era también muy frecuente en aquellos días (Pr. 22:9; Is. 58:7; etc.).

El → maná que alimentó a los israelitas en el desierto fue llamado "p. del cielo" (Éx. 16:4). Se ofrecían p. como ofrenda (Éx. 23:14-18), y también se empleaban algunos en el santuario como un arreglo especial llamado los → "p. de la proposición" (Nm. 4:7; 1 S. 21:6, etc.). Cristo habló del p., lo presentó como representativo del alimento espiritual (Jn. 6:22-72) y lo dio como símbolo de su cuerpo al instituir la Santa Cena (Mt. 26:17-29). En la oración del Padrenuestro se nos ordena solicitar "el pan de cada día" (Mt. 6:11).   A. P. P.

PAN DE LA PROPOSICIÓN. En el lugar santo del → tabernáculo, y posteriormente del → templo, había una mesa hecha de acacia, cubierta de oro, sobre la cual se hallaban doce panes "de la proposición" ordenados en dos hileras de a seis (Éx. 25:23-30; Lv. 24:5-7). La traducción literal del heb. de esta frase es "panes de la cara" (e.d. "cara" de Dios). Para los hebreos este pan estaba en la presencia de Dios en el tabernáculo. También se le llamaba "pan continuo" (Nm. 4:7) y "pan sagrado" (1 S. 21:6). Preparados de flor de harina con sal e incienso pero sin levadura, debían ser comidos solamente por los sacerdotes que tenían que renovarlos cada sábado (Lv. 24:8; 1 S. 21:6). Su significado simbólico es algo incierto, por la falta de indicaciones precisas. Sin embargo, puede afirmarse que representaban típicamente, como señal del pacto, la comunión del pueblo con Dios.

Jesús en su discusión con los fariseos aprueba la conducta del sacerdote Ahimelec, quien en un caso de necesidad había entregado una parte de estos panes al hambriento David (Mt 12:4ss.).

El rito de los panes de la proposición continuó hasta la destrucción del segundo templo.
                                                        F. L.

PAN SIN LEVADURA. → PASCUA.

PANAG. Palabra que sólo aparece en Ez. 27:17. Para algunos significa bálsamo, perfume, mijos, dulces o algún producto desconocido que los judíos exportaban. Otros la consideran el nombre de una región y traducen la frase "trigos de Minit y de P"   A. P. P.

PANDERO. Muchas naciones antiguas parecen haber poseído diversos instrumentos musicales de percusión de tamaño reducido, fáciles de portar. De estos seguramente derivan los p. y tambores actuales, de forma redonda; los antiguos eran rectangulares y cuadrados, especialmente entre los egipcios, quienes los usaban para acompañar las lamentaciones en los funerales. Los asirios quizá los usaran suspendidos del cuello por medio de una cuerda, y golpeaban solamente la superficie superior. Probablemente algunos p. antiguos tenían pequeñas campanillas, platillos de metal o castañuelas insertadas en el marco. No eran desconocidos para los árabes y griegos.

Entre los hebreos, el p. o tamborín era un pequeño tambor hecho de un aro de madera y probablemente dos pieles. Su antigüedad es evidente por la mención en Gn. 31:27 y en Job 21:12. Generalmente era ejecutado por mujeres, y marcaba el ritmo usado para el canto y las danzas. Siempre aparece asociado con manifestaciones de alegría (Is. 24:8), o los momentos de júbilo por victorias nacionales (Éx. 15:20; Jue. 11:34; 1 S. 18:6); en conmemoraciones o acontecimientos religiosos (2 S. 6:5) y en banquetes (Is. 5:12). No se menciona entre los instrumentos del primero ni del segundo templo, a pesar de aparecer en los Salmos (68:25; 81:2; 149:3; 150:4).   V. F. V.

PANFILIA. Distrito en la costa S de Asia Menor, limitado al N por el mte. Tauro, al O por Licia, al E por Cilicia y al S por el mar Mediterráneo. Su capital era → Perge y su puerto principal → Atalia. Estrictamente, consistía en un valle de 128 km de largo y 32 de ancho, que yacía entre el Tauro y el mar. Después del 74 d.C., P. designaba a una provincia romana que incluía parte de la región montañosa, área perteneciente a Pisidia. Allí residía una colonia judía (1 Mac. 15:23; Hch. 2:10).

En su primer viaje misional, Pablo y Bernabé pasaron por Perge de P., donde los abandonó Juan Marcos (Hch. 13:13). De regreso predicaron en Perge y se embarcaron en Atalia en viaje hacia Antioquía (Hch. 14:24ss.). L. F. M.

PAÑAL. Lienzo cuadrado que, doblado cuidadosamente, se usa para cubrir al niño recién nacido (Lc. 2:7,12). Entre los hebreos, cuando un niño nacía, era costumbre bañarlo, frotarlo con sal y luego acostarlo sobre un p. Se cambiaba varias veces al día para asear al niño y frotarlo con aceite. M. V. F.

PAÑO. → SUDARIO.

PAPEL. → PAPIRO.

PAPIRO. Arbusto acuático, cultivado en pantanos y estanques en todo el Antiguo Egipto, pero especialmente en el delta del Nilo (Is. 35:7). Hoy día se halla a orillas del Nilo Azul y del Blanco, en el valle del → Jordán, y en los pantanos de Hule al N del mar de Galilea. Tiene sus raíces en el lodo (cp. Job 8:11); su caña, gruesa y triangular de 6 cm de lado, se eleva entre 3 y 6 m y produce flores largas, abiertas en umbela. Las raíces eran comida de pobres. De la fibra de la caña se confeccionaban sandalias, vestidos, arquillas (Éx. 2:3) y hasta barcos (Is. 18:2).

Desde *ca.* 3000 a.C. se escribía en Egipto sobre una especie de papel producido del p. por un proceso especial. Desprendida la corteza, se cortaban las fibras interiores en tiras de 32 a 36 cm de largo y éstas se ponían lado a lado, sobre una base de madera dura. Otras tiras se superponían transversalmente y mediante presión, a veces con la ayuda de agua o almidón, se pegaban. Una vez pulidas y ablandadas, estas hojas de p. blanco duraban bastante tiempo. Tratadas con aceite se amarilleaban con el tiempo.

Unas veinte hojas de p. pegadas entre sí formaban una tira larga que podía enrollarse. Su ancho variaba, pero el promedio era de 25 cm. El costo del material era elevado y su venta era monopolio del rey en la época grecorromana. Para escribir sobre el p. había reglas definidas. En Egipto se escribía sobre las fibras horizontales y la escritura en columnas se orientaba de la derecha hacia la izquierda, comenzando por la parte inferior. Los espacios se aprovechaban para agregar otros textos. A veces se lavaba un rollo para usarlo de nuevo; este proceso era llamado *palimpsesto* ('raspado de nuevo'). Un gremio de escribientes profesionales producía copias de los decretos gubernamentales, correspondencia diplomática, textos judiciales, documentos de impuestos y censos, contratos matrimoniales, partidas de nacimiento, defunción y divorcio, negocios, cartas oficiales y privadas, literatura en prosa y poesía, etc. Este gremio se ponía al servicio del público, que en general no sabía leer ni escribir.

Muchos libros bíblicos se escribieron sobre p., pero son pocos los documentos que se conservaron así. Del siglo VIII a.C. existe un palimpsesto en hebreo con una lista de nombres, y del siglo II a.C. un fragmento de Dt. 5 y 6.

De la corteza de la caña del papiro se obtienen las fibras que son colocadas en dos capas y majadas a martillazos para producir el "papel". Gran parte de la Biblia fue escrita originalmente en papiro. MPS

Entre los documentos extrabíblicos en hebreo nos han llegado del siglo II d.C. unas cartas del jefe guerrero Bar Coquebá. Se han conservado también varias cartas en arameo de militares judíos de Elefantina (Egipto, siglo V a.C.). De la LXX han sobrevivido muchos fragmentos, algunos de los cuales se remontan hasta el siglo II a.C. El NT fue escrito en rollos y hojas sueltas hasta el siglo III d.C. (cp. 2 Ti. 4:13). Las cartas breves como Flm., 2 Jn. y 3 Jn. cabían en una sola hoja, mientras otros libros necesitaban rollos de diferente largo: para Romanos, 3.95 m; para Marcos, 5.70; y para Hebreos 9.60. Las copias se escribían con todo esmero, bajo dictado. Aunque han desaparecido los originales, quedan copias fragmentarias a partir del siglo II d.C., y copias completas que datan sólo a partir del Concilio de Nicea (325 d.C.) cuando Eusebio de Cesarea recibió orden de proveer a las iglesias un texto oficial del NT. Parece que el centro de tal trabajo editorial fue Egipto hasta el siglo IV.

De los 241 mss sobre p. del NT, el fragmento más antiguo hallado hasta ahora es el P 52 (llamado John Rylands), nota escrita entre 100 y 120 d.C. en Egipto, con Jn. 18:31-33 en el anverso y 37,38 en el reverso (→ JUAN,

En lugares donde abunda el papiro, este se emplea no tan sólo en la preparación de papel sino de muchos otros artículos, aun en la construcción de barcos. En este gráfico se tejen las fibras para hacer alfombras o quizá tiendas. MPS

muchos de los dichos de Jesús es obvio que se asoma una p. (v.g., Mt. 11:27). La p., pues, es un símil elaborado en el cual el relato, aunque ficticio, es verosímil, en contraste con la fábula.

I. SU USO

La p. es un método llamativo de enseñanza indirecta que provoca el pensamiento; es de fácil asimilación y las aplicaciones hechas por el oyente resultan inolvidables. La discusión entre Jesús y los discípulos en Mt. 13:10ss. revela el propósito del método. El fin de Jesús no es esconder sino revelar (Mr. 4:33s.), pero los misterios sólo pueden percibirse cuando la mente está abierta hacia Dios (Mt. 11:25s.). David comprendió su falta cuando Natán le contó un *mashal* (2 S. 12:1-13). Siempre en la p. hay un elemento sorpresivo y novedoso que llama a la reflexión e inspira la decisión. Muchas p. se proponen entablar la discusión.

II. SU INTERPRETACIÓN

A partir de Crisóstomo, se acepta que cada p. tiene una verdad central y un propósito definido. Nuestra tarea es discernir esa verdad y ese propósito, y no tratar de encontrar un significado especial para cada circunstancia, detalle, o incidente parabólicos. Generalmente la verdad central se hace evidente en la aplicación final de la p. (Lc. 12:35-48), en la motivación (Lc. 13:1-9,20,21, etc.), o en ambas (Mt. 18:10-14, 21-35), aunque reconocemos que muchas p. se han desprendido de su contexto originario y se hallan insertadas en contextos escogidos por los evangelistas (→EVANGELIOS).

Las siguientes observaciones nos ayudarán a lograr una →interpretación correcta: (1) La analogía (comparación) debe ser real, sugerida por el contexto, y no arbitraria. (2) Las p. deben verse como un todo y la interpretación de una no debe entorpecer la enseñanza dada por otras. (3) La enseñanza directa de Cristo presenta la norma a la cual toda interpretación nuestra debe adaptarse. La p. no debe convertirse en la base principal de una doctrina, sino mantener su papel de ilustración o confirmación de doctrinas ya fundamentadas de otras maneras. (4) A pesar de no ser una →alegoría, la p. a veces exhibe cierta alegorización de detalles secundarios (v.g., Mr. 12:1-11).

III. SU MENSAJE

Como parte integral de la proclamación de Jesús, las p. enfocan en general el →reino de Dios, con cierto énfasis en el aspecto escatológico (Mr. 1:15). Hay por lo menos tres aspectos en el desarrollo de este tema:

1. La inminencia del reino provoca una crisis en la vida del pueblo de Dios: el destino eterno de los hombres está por decidirse, y Jesús conocedor de lo ineludible del inminente juicio, previene sobre el momento crucial que vive su nación (Lc. 12:16-20; 12:57-59; 14:16-24; 16:1-8; 16:19-31, etc.).

2. Sin minimizar la suerte de los que rehúsan ser participantes del reino, Jesús subraya el gozo

EVANGELIO DE). Después hay restos que datan de *ca.* 200-220 d.C.: El P. Bodmer II, que contiene Jn. 1–14 en 108 hojas; el P. Chester Beatty con los Evangelios y Hch. en 30 hojas; y el P. Chester Beatty con Ro., Heb., 1 y 2 Co., Gá., Ef., Fil. y Col. en 86 hojas. Posteriormente se conoció otra forma de encuadernación, más barata y cómoda: el códice, con sus hojas fijadas en un lomo. Este formato permitía abrir el libro en vez de desenrollar el rollo, y facilitaba reunir en una unidad los cuatro Evangelios y Hch., en otra las cartas de Pablo, y en otra lo demás.

Desde tiempos muy remotos, pues, existían colecciones bíblicas (→CANON DEL NT) e interés misionero en la producción y difusión de éstas, y se andaba en busca de un texto común para todas las iglesias (→TEXTO DEL NT). El estudio sistemático de los p. bíblicos que han aparecido y su comparación con p. seculares comenzó en 1896 con los trabajos de Grenfell y Hunt en Egipto. La papirología ha arrojado mucha luz sobre el idioma →griego y el sentido de ciertos términos difíciles. R. O.

Bibliografía
DBH, col. 1428-1432; *EBDM* V, col. 854-870; *INT*, pp. 68-72; *CBSJ* V.

PARÁBOLA (gr. = 'comparación'). Traducción en la LXX del término heb. *mashal*, que comprende desde los dichos cortos, sentenciosos y enigmáticos, llamados →proverbios o máximas (1 S. 10:12; 24:13; Mr. 7:14-17; Lc. 4:23) hasta la →alegoría elaborada (Jue. 9:7-15; Mt. 13:3-9; Jn. 15:1-9), el símil (Mt. 23:27; Mr. 4:30-32) y el cuento corto o largo (2 S. 12:1-4; 14:6; 1 R. 20:39; Is. 5:1-6; Mt. 13:33; 21:33-41). En

escatológico que la venida del reino trae para los tristes y oprimidos (v.g. Lc. 15:1-32). Claramente explica que la misericordia de Dios en favor de los hombres no descansa en las buenas acciones de éstos (Lc. 17:7-10), sino en la naturaleza divina (Mt. 20:1-16).

3. La inminencia del reino demanda que los hombres se arrepientan para entrar en él (Lc. 15:17ss.; 18:9-14) y manifiesten fe (Mt. 7: 9-11), amor y obediencia (Mt. 21:28-30; Lc. 19:12-27). La sinceridad de estas actitudes se expresa en actos concretos (Mt. 7:15-20) que muestran una devoción indivisible (Mt. 6:24) y una correcta disposición con el prójimo (Mt. 5:38-42; 18:23-35; Lc. 10:30-37).

Las p. de Jesús no sólo muestran su extraordinaria creatividad en la enseñanza, sino que constituyen un permanente desafío a los deberes éticos y cristianos para los hombres de todos los tiempos.   V. M. R. y R. F. B.

Bibliografía
J. Jeremías. *Interpretación de las parábolas*. Estella (Navarra), España: Editorial Verbo Divino, 1971. L. Cerfaux. *Mensaje de las parábolas*, Madrid: Fax, 1969. J. A. Mackay. *Mas yo os digo*, Mexico: Casa Unida, 1964. T. W. Manson, *O ensino de Jesús* São Paulo: Aste, 1965. R. C. McQuilkin. *Explícanos . . .* , San José: Editorial Caribe, 1964.

PARACLETO (gr. = 'el llamado", "el auxiliador"). Descripción de Jesucristo y del Espíritu Santo en los escritos juaninos. Aunque P. tuvo originalmente un sentido pasivo (cp. lat. *advocatus* = →ABOGADO), Juan lo usa en sentido activo, como "el protector", "el que fortalece" o, si traducimos con menos exactitud, "el consolador".

En 1 Jn. 2:1 "P." describe a Jesucristo y lleva la acepción particular de "intercesor". Como justo (cp. la descripción del → Siervo de Yahveh en Is. 53:11), Cristo establece una nueva relación entre su pueblo y Dios, rogando por él y representándolo ante el trono divino (cp. Heb. 7:25-28).

Aun durante su ministerio terrenal, Jesús defendía a los que creían en él (v.g., al ciego de nacimiento en Jn. 9:35-39). Por consiguiente, Jesús mismo era un P., y al prometer el socorro del →Espíritu Santo le llama "otro P." (Jn. 14:16). Este auxiliador, identificado en Jn. 14:16,26 y 15:26 con "el Espíritu de verdad" o "el Espíritu Santo", es una persona (nótense los pronombres y adjetivos masculinos en el griego de 14:16,26 y 16:13, a pesar de que el vocablo "Espíritu" es neutro en griego). Su presencia en el creyente, hecha posible por la glorificación de Jesucristo (16:7), es reveladora del Salvador. Además, el P. actúa entre los incrédulos; ante el actual tribunal de Dios él realiza un proceso misterioso de acusación y convicción (16:8-11).
                                                  R. F. B.

Bibliografía
DBH, col. 1436-1439.

Justamente a la mitad del desolado camino entre Jerusalén y Jericó se encuentra el albergue abandonado del "Buen Samaritano", que conmemoraba la posada que mencionó Jesucristo en su muy conocida parábola del mismo nombre.   WDR

PARAÍSO. Palabra de origen persa (= 'parque', 'jardín', 'huerto') cuyo equivalente hebreo es *pardes* y griego, *parádeisos*.

A veces *pardes* aparece traducida "bosque" (Neh. 2:8) o "huerto" en RV (Ec. 2:5), pero en Cnt. 4:13 se traduce "p." Por otra parte, en pasajes como Is. 51:3 p. es traducción del heb. *gan* ('jardín'). En Gn. 2:8 de la LXX este término, *gan*, que se refiere al →Edén, es traducido *parádeisos*. En el AT "p." no adquiere todavía el significado escatológico que tiene en la teología judaica posterior y en el NT.

Los judíos asociaban la palabra p. con el huerto del Edén. Luego llegaron a creer que los justos al morir iban a un lugar similar al p. Ya en el rabinismo desarrollado el p. podría significar: (1) el huerto original del Edén, (2) la morada temporal de los justos muertos entretanto llega la resurrección, o (3) el huerto, morada eterna de los justos. Por otro lado, los rabinos creían que la *gehenna* era la morada de los injustos (→SEOL).

La palabra p. aparece solamente tres veces en el NT. En Lc. 23:43, Jesús promete al ladrón arrepentido que irá al p. ese mismo día, indicando así que es el lugar adonde iban provisionalmente los justos al morir. El mismo concepto se halla en la parábola del rico y Lázaro, pero se vale de la figura del →"seno de Abraham" (Lc. 16:23). En 2 Co. 12:2ss., Pablo identifica el tercer →cielo con el p. En Ap. 2:7, Cristo promete al vencedor los privilegios del p. Luego, en los últimos capítulos de Ap. es prominente la idea de un hermoso huerto eterno para los justos, pero no se usa la palabra p.   P. W.

Bibliografía
DBH, col. 1439-1444.

PARALÍTICO. Enfermo de carácter neurológico de diverso origen que adolece de falta de sensibilidad o de movimientos en su cuerpo. En la Biblia se mencionan distintos tipos de parálisis:

1. Parálisis de evolución crónica, v.g. la del p. de Capernaum que es bajado desde el techo por sus amigos (Mr. 2:1-5).

2. Parálisis de evolución aguda, v.g. el caso del mozo del centurión del cual Mateo dice "que yacía en casa p., gravemente atormentado", (8:6) y Lucas refiere que "estaba a punto de morir" (7:2). Se supone que en este caso podía tratarse de una infección tetánica. Un episodio de parálisis pasajera, atribuida a un castigo divino, es el caso del rey → Jeroboam: fue fulminado súbitamente por una parálisis del brazo por haber amenazado a un profeta, pero fue restablecido tan pronto como se arrepintió de su acción (1 R. 13:4-6). Probablemente se tratara de una neurosis orgánica, hoy bien estudiada (cp. Zac. 11:17).   L. A. S.

PARÁN. Desierto adonde llegaron los israelitas al abandonar el Sinaí, guiados por la columna de nube (Nm. 10:12). Allí estaba → Cades-Barnea (Nm. 13:26). Nm. 33:36 parece identificar P. con el desierto de Zin, pero en la LXX este versículo reza: "Salieron del desierto de Zin y acamparon en el desierto de P., que es Cades" Cp. Gn. 14:6,7, que menciona "la llanura de P." (El-parán BJ) en la región de Seir y Cades, "junto al desierto", aunque algunos identifican El-parán con Elat.

A P. llegaron Agar e Ismael, luego que fueron echados de la casa de Abraham (Gn. 21:21). Hadad, huyendo de Salomón, pasó por P. en camino a Egipto (1 R. 11:17,18). En cuanto a 1 S. 25:1, algunos prefieren el texto de la LXX que reza "Maon" en vez de P., lo cual cuadra mejor con lo que sigue en el v. 2. No se ha podido identificar el monte de P. mencionado en Dt. 33:2 y Hab. 3:3, si es que se refieren a un monte particular y no a la región en general.   D. J.-M.

PARENTELA. Conjunto de todo género de parientes. En la Biblia p. se refiere comúnmente a los parentescos por consanguinidad (p.e. Gn. 12:1; Jos. 6:23; Hch. 7:14), reservando → "casa" para las relaciones más amplias (p.e. Ez. 2:5) y figurativas (p.e. He. 3:6).   W. D. R.

PARTERA. Mujer que ayudaba en el parto. La más extensa referencia bíblica a p. señala a dos, Sifra y Fúa (Éx. 1:15-21). Ambas, por temor a Dios, desacataron el mandato del rey de Egipto de que destruyesen a los hijos de las hebreas. Por su actuación, recibieron recompensa de Dios (Gn. 35:17; 38:28).   I. W. F.

PARTIA, PARTOS. Región al S del mar Caspio que formó parte del Imperio Persa, y luego del de Alejandro y sus sucesores, los seleúcidas (→CRONOLOGÍA INTERTESTAMENTARIA). A mediados del siglo III a.C., los p. se rebelaron bajo la dirección de Arsaces I y fundaron un imperio que llegó a tener límites semejantes a los del viejo Imperio Persa. Por esta razón, los romanos, y tras ellos la historiografía occidental en general, le dieron el nombre de "Imperio Persa", aunque sería más exacto llamarlo "Im-

perio Parto". Los descendientes de Arsaces reinaron hasta mediados del siglo III d.C.

El único lugar en que la Biblia menciona a los p. es Hch. 2:9. Se trata probablemente de judíos de la → dispersión que vivían en el Imperio Parto, y que habían regresado a Jerusalén para las fiestas. Desde sus primeros años, el cristianismo se difundió entre los p. Cuando Constantino abrazó el cristianismo, esta expansión se detuvo, pues los p., enemigos acérrimos de los romanos, comenzaron a perseguir a los cristianos e hicieron todo lo posible por detener la expansión de la fe.   J. L. G.

PARUSÍA. → SEGUNDA VENIDA.

PARVAIM. Lugar de donde se importó oro para la ornamentación del Templo de Salomón (2 Cr. 3:6). Su situación geográfica aún es incierta. Algunos sugieren Farva en Yemen.   A. Ll. B.

PASAS. Uvas secas. Se utilizaban mucho en la Tierra Santa, especialmente en los viajes (1 S. 25:18; 30:12; 2 S. 16:1). Con → uvas p. se hacían tortas muy apetecidas (2 S. 6:19; Os. 3:1). Era manjar prohibido para los → nazareos (Nm. 6:3).   A. P. P.

PASCUA. Principal → fiesta de los judíos. Se celebraba juntamente con la fiesta de los panes sin levadura, y se prolongaba siete días. El nombre viene del vocablo heb. *pesakh,* que literalmente significa "pasar por alto" o "encima", y figuradamente "preservar", "mostrar misericordia". Los principales pasajes bíblicos en los que se narran la institución y el mandato de la P. son Éx. 12:1-28; Lv. 23:1,2,4-8, y Dt. 16:1-8.

La P. conmemora para los israelitas su propia → liberación realizada por la intervención divina, y el día en que Jehová Dios los sacó de la esclavitud en Egipto, por mano de Moisés, para introducirlos en Canaán, la tierra de promisión. Pero la P. no recordaba sólo la liberación en sí, sino también al cordero o víctima del sacrificio, cuya sangre, untada en los postes y en el dintel de la puerta de los hogares israelitas, evitó que el ángel de la muerte matara al primogénito de cada familia del pueblo de Dios. Así que la P. es también el acto redentor más grande de Dios, en cuanto a su antiguo pueblo.

Moisés instituyó la P. por orden de Dios, la misma noche en que el pueblo de Israel salió de Egipto, después de ser esclavos por más de 400 años. Debían celebrarla todos los israelitas, incluyendo los extranjeros circuncidados que vivieran entre ellos, por estatuto perpetuo (Éx. 12:24). En la primera P. hubo algunos detalles que no se practicaron después sino sólo simbólicamente, tales como las instrucciones que se dan en Éx. 12:11, y el untamiento de la sangre (Éx. 12:7); en tiempos posteriores ésta se rociaba en el tabernáculo o en el templo, como símbolo de expiación.

La P. se celebraba a la puesta del sol el día 14 del mes de Abib o Nisán (Éx. 13:4; 34:18;

Est. 3:7), el cual corresponde más o menos a abril. Este era el primer mes del calendario sagrado judío y el día 14 coincidía con la noche de luna llena. El día 10 de ese mes cada familia debía apartar un cordero o un cabrito, macho de un año, sin defecto alguno. Si la familia era pequeña se podían juntar varias familias para las que un cordero fuera suficiente. El cordero debía ser inmolado y con su sangre untarse los postes y el dintel de las casas, en recuerdo de que un día así se había evitado la muerte del primogénito de la familia.

El cordero debía asarse, y su carne comerse con hierbas amargas y panes sin levadura. El padre de familia era quien presidía la celebración, y Moisés dio órdenes precisas para que al preguntar los hijos qué era la P. el padre les explicara su significado. Debía recalcarse la intervención amorosa y poderosa de Dios al dar libertad a su pueblo. Lo que sobrara del cordero debía quemarse aquella misma noche, y no se le debían quebrar los huesos (Éx. 12:46; Nm. 9:12; Dt. 6:20-23).

Si alguien por alguna razón justificada no podía celebrar la P. en la fecha establecida, tenía permiso para celebrarla en el segundo mes; pero si el descuido era voluntario, el infractor era castigado con la muerte (Nm. 9:6-14). A las mujeres se les permitía participar en la celebración pero no estaban en la obligación de hacerlo (1 S. 1:3,7; cp. Lc. 2:41).

Aunque la P. debía celebrarse todos los años, en el AT sólo tenemos registradas algunas de estas celebraciones: la que se celebró en Egipto (Éx. 12:28); una en el desierto de Sinaí (Nm. 9:1-5); otra, la primera en Canaán (Jos. 5: 10,11); la del rey Salomón (2 Cr. 8:13); la del rey Ezequías (2 Cr. 30:1-22); la del rey Josías (2 R. 23:21-23); y otra que se celebró después de la cautividad, en tiempos de Esdras (6:19-22).

En el NT se mencionan varias P. a las que Jesús asistió (Lc. 2:42,43; Jn. 2:13), y especialmente la que para él fue la última, en el aposento alto, la noche de la víspera de su muerte (Mt. 26:17-30; Mr. 14:12-16; Lc. 22:7-23; Jn. 13).

En la actualidad los judíos todavía celebran la P., pero solamente con panes sin levadura, hierbas amargas y otras cosas, sin sacrificio de cordero.

Pablo dice: "nuestra P., que es Cristo, ya fue sacrificada por nosotros" (1 Co. 5:7b). Según el NT Cristo reúne las condiciones del cordero pascual: él es el Cordero de Dios (Jn. 1:29), inmolado por nuestra libertad espiritual "desde antes de la fundación del mundo" (1 P. 1: 18-20); en él no hubo mancha alguna (Heb. 9:14; 1 P. 1:19b.); se ofreció voluntariamente (Jn. 10:17,18; Hch. 8:32-35); no le fueron quebrados los huesos (Jn. 19:36). Los panes sin levadura simbolizan la limpieza moral con que los cristianos debemos acercarnos a la mesa del Señor (1 Co. 5:8). Después de participar con sus discípulos en la celebración de su última P., Jesús, usando los elementos del pan y del vino, estableció para los cristianos la → cena del Señor, que es la fiesta correspondiente a la P. judía. Esta cena conmemora hoy la muerte vicaria de Cristo en la cruz, mediante la cual nosotros somos libres y salvos por la fe.

A. R. D.

PASIÓN. Traducción de la palabra gr. *páthos,* que se halla en plural en Ro. 1:26 y Col. 3:5, y que denota las emociones o sentimientos desordenados de la naturaleza humana no redimida que deben ser sometidos al gobierno del Espíritu. Muy parecido es el vocablo *páthema* (Ro. 7:5; Gá. 5:24), que igualmente puede implicar deseos sexuales. En cambio, la expresión "de p. semejantes" (Hch. 14:15; Stg. 5:17) denota la debilidad y limitación del hombre, sin referencia a su corrupción. En 2 Ti. 2:22 RV emplea "p." como el equivalente del gr. *epithymía,* que significa "deseo intenso" que puede ser corrompido cuando es desordenado o excesivo (→CONCUPISCENCIA). También RV usa "p." para traducir *hedoné* ('placer', 'codicia') en Stg. 4:1.

El verbo que se deriva de la misma raíz de *páthos* significa "sufrir" y se aplica juntamente con *páthema* a los sufrimientos de Cristo (Hch. 1:3; 1 P. 3:18) y de los cristianos (2 Co. 1: 6, etc.). De allí se origina la frase "p. de Cristo", la cual, sin embargo, no aparece en las versiones castellanas.

J. M. B.

PASTOR. Encargado de cuidar ovejas, u hombres en sentido figurado.

El p. de → ovejas se menciona por primera vez en Gn. 4:2, y el oficio ha continuado en muchas culturas hasta hoy. Las ovejas necesitan constante vigilancia y protección. Deben dormir en un corral cerrado, llamado → redil (Jn. 10:1), y de día ser llevadas por el p. al campo en busca de pasto y agua (Sal. 23:2s.; Ez. 34:14). Como son poco agresivas (Is. 53:7) e indefensas (Mi. 5:8), el p. tiene que defenderlas de las fieras (1 S. 17:34s., →VARA, →HONDA), protegerlas del mal tiempo, buscar a las descarriadas y sanar a las enfermas (Ez. 34:4; I 15:4ss.). Sin p., las ovejas generalmente perecen (Nm. 27:17).

Aunque los pequeños propietarios de ganado a veces lo cuidaban personalmente o lo confiaban a sus hijos (Gn. 29:9; 31:38ss.; 1 S. 16:11), cuando el rebaño pasaba de cierto número lo confiaban a un empleado (Lc. 15:15; Jn. 10:12). Éste recibía su paga en dinero (Zac. 11:12) o con una parte del rebaño (Gn. 30:28-43; 1 Co. 9:7). Tenía que restituir los animales perdidos (Gn. 31:39), y sus responsabilidades ante el dueño eran detalladas (Éx. 22:9-12).

Obviamente el cuadro del p. con su rebaño se prestaba para el uso figurado, puesto que la Biblia en parte procede de una cultura rural, pastoril y campestre. En este sentido Dios es por excelencia el "P. de Israel" (Sal. 80:1; cp.

Había pastores en la misma región, que velaban y
guardaban las vigilias de la noche sobre su rebaño"
(Lc. 2:8). Nótese la sombra de Belén al fondo.   MPS

23:1; Jer. 31:10); su tarea es cumplida por
Jesús durante su ministerio (Mr. 6:34 //) y particularmente en su muerte vicaria (Jn. 10:11)
que lo distingue de ladrones y salteadores
(10:1,8) y del asalariado despreocupado (10:
12s.). Por tanto, Jesucristo sigue siendo "el
p. de... almas" de los cristianos (1 P. 2:25;
cp. Heb. 13:20).

En el AT, los reyes, gobernadores y líderes
religiosos de Israel eran considerados p. que se
responsabilizaban por el bienestar de su pueblo.
Los profetas en muchas ocasiones censuraron a
los tales por su falta de cumplimiento (Jer. 2:8;
25:32-38; 49:19; 50:6,44; 51:23; Ez. 34:2,10;
Zac. 13:7), pero dos al menos recibieron encomios: Moisés (Gn. 63:11) y el pagano → Ciro
(Is. 44:28).

Es característico de las iglesias protestantes el
llamar "p." a sus ministros y aun algunos católicos lo hacen así. Dios proporciona a su pueblo
hombres con los dones necesarios para apacentar el rebaño de sus hijos, según la promesa de
Jer. 3:15: "os daré pastores según mi corazón,
que os apacienten con ciencia y con inteligencia". En el NT la palabra p. se usa una sola vez
(Ef. 4:11), para señalar al ministro de una congregación, pero la palabra "apacentar" comunica
el mismo concepto, pues es sinónimo de "pastorear" (Jn. 21:15ss.; Hch. 20:28; 1 P. 5:2,4).

De acuerdo con el uso neotestamentario del
término p., éste tiene la misma función en la
iglesia que el → anciano (e.d. presbítero) o el
→ obispo. Las tres palabras se refieren a un
mismo puesto.   P. W. y R. F. B.

Bibliografía
EBDM V, col. 906-911; J. M. Bover. "El símil
del buen pastor", *Estudios Bíblicos* 14 (1955),
197-208.

PASUR. Nombre de cinco personas en el AT.
1. Hijo de Imer y sacerdote y oficial importante en el templo. Persiguió al profeta Jeremías
por profetizar males contra Jerusalén (Jer.
20:1-6).

2. Hijo de Malquías y sacerdote enviado por
el rey Sedequías para consultar con Jeremías
acerca de Nabucodonosor (Neh. 11:12; Jer.
21:1). Tuvo que ver con el encarcelamiento de
Jeremías en la cisterna de cieno (Jer. 38:1-13).

3. Padre de una familia de sacerdotes que
regresaron del cautiverio con Zorobabel (Esd.
2:38; Neh. 7:41).

4. Uno de los sacerdotes que firmaron el
pacto de obediencia a Dios, después de reconocer y confesar el pecado del pueblo (Neh.
10:3).

5. Padre de → Gedalías, otro enemigo de Jeremías (Jer. 38:1).   P. S.

PATARA. Ciudad marítima en la costa SO de
Licia, situada unos 11 km al E de la desembocadura del río Xantos y frente a Rodas. Debido
a los vientos, es probable que P. fuera el puerto
más adecuado para cambiar de nave si se quería
navegar a Fenicia. Así lo hizo Pablo en su viaje
a Jerusalén (Hch. 21:1s.). Era célebre por su
oráculo de Apolos. A Apolos se le tenía por
padre del fundador de P., Patarus. En P. se
estableció una iglesia cristiana.   A. T. P.

PATIO. Espacio descubierto que se deja en la
parte posterior, al frente o a los lados de una
→ casa (2 S. 17:18). El → Templo de Jerusalén
contaba con el p. de los gentiles (Ez. 46:21;
Ap. 11:2). El palacio de Asuero en Susa, tenía
el p. del huerto (Est. 1:5), el p. de la casa de
las mujeres (2:11), el p. interior (4:11; 5:1) y el
p. exterior (6:4,5). Las cárceles también tenían
sus p. (Neh. 3:25; Jer. 32:2). En Is. 34:13 p.
significa lugar desolado.

Muchos hechos históricos tuvieron lugar en
los p. de edificios mencionados en la Biblia. La
negación de Pedro tuvo lugar en un p. (Mt.
26:69). Pedro tocó a la puerta del p. al ser
liberado de la cárcel (Hch. 12:13).   A. P. P.

PATMOS. Isla rocosa y volcánica del mar Egeo,
60 km al SO de Mileto, Asia Menor. Mide
16 km de N a S y 9 km a lo más ancho. Los
romanos la usaban como lugar de destierro político. De acuerdo con la referencia en Ap. 1:9,
→ Juan estaba desterrado en esta isla (tal vez
para trabajos forzados) "por causa de la palabra
de Dios y el testimonio de Jesucristo" (cp. Ap.
6:9; 20:4, donde estas expresiones se refieren a
la persecución) cuando recibió su revelación
apocalíptica. Según la tradición eclesiástica,
Juan fue deportado a P. por Domiciano en el
95 d.C. y fue liberado 18 meses después.

                                        R. F. B.

PATRIARCA. Jefe paterno de una familia o tribu, y nombre comúnmente aplicado a las personas cuyos nombres aparecen en las genealogías
de los períodos anteriores a Moisés (Gn. 5; 11).
En el NT se aplica a Abraham (Heb. 7:4), a los
hijos de Jacob (Hch. 7:8,9), y a David (Hch.

2:29). En Israel prevaleció el sistema patriarcal dentro de la familia. El padre ejercía autoridad durante toda su vida y a su muerte el hijo mayor heredaba las atribuciones paternas. Cuando no había heredero, el padre nombraba en su lugar a un esclavo nacido en su casa (Gn. 15:2s.) o al hijo de una concubina o esclava concedida por su esposa (Gn. 16:1s.), en cuyo caso el niño era considerado hijo de la legítima esposa (Gn. 16:2 →NUZI). La bendición patriarcal se consideraba tan solemne que una vez dada no podía revocarse (Gn. 48).

En cuanto a las prácticas religiosas de los p., se sabe que depositaron su fe en un Dios que sabía cumplir sus promesas (Gn. 12:1-3). Su culto consistía en la oración y el ofrecimiento de sacrificios a Dios. La → circuncisión se practicaba en los hijos del pacto como rito religioso. Sobresalían en los p. su relación personal con Dios, el conocimiento de sus promesas y su conciencia de que la esencia de la fe es obediencia. Las últimas investigaciones históricas y arqueológicas indican que las fechas más probables de la época de los p. (Abraham, Isaac y Jacob) oscilan entre 1900 y 1600 a.C.

J. B. B.

PATROS. Región del Alto Egipto, alrededor de la ciudad de → Tebas, que corresponde aproximadamente a la Tebaida de los griegos y la Saida de los árabes. Es posible que el nombre P. se derive de un término egipcio, y que quiera decir "tierra del sur". Según Gn. 10:13,14 y 1 Cr. 1:11,12, Mizraim engendró a Patrusim, personaje cuyo nombre quizás era derivado de P. P. también se menciona en Is. 11:11; Jer. 44:1,15; Ez. 29:14; 30:14.

J. L. G.

PAVO REAL. Ave gallinácea de hermoso plumaje, oriunda de la India, según parece sugerir el término hebreo. Se menciona en 1 R. 10:22 y 2 Cr. 9:21 entre las exóticas mercancías que la flota de Salomón llevaba al rey cada tres años.

F. U.

PAZ. Tranquilidad y sosiego, lo opuesto de turbación. Puede referirse a relaciones entre hombres (Mt. 10:34), entre naciones (Lc. 14:32), o entre Dios y el hombre (Ro. 5:1). También se usa como sinónimo de amistad (Hch. 15:33), liberación de molestias (Lc. 11:21), orden nacional (Hch. 24:2) u orden eclesiástico (1 Co. 14:33).

En muchos de los libros del AT Dios promete a su pueblo cesación de la guerra, que es causa de tanto sufrimiento, como premio por guardar su pacto y sus enseñanzas (Lv. 26:6). Y a la luz de esto no podemos sino creer que la falta de p. en nuestra época, al igual que en el AT, se debe a la desobediencia a Dios. El hombre no puede estar en conflicto con Dios y en p. con su prójimo. Nm. 6.22ss. afirma en la bendición sacerdotal que la verdadera p. es interior y viene de Dios (cp. Is. 48:18).

En las profecías del Mesías se destaca vivamente la p.: su nombre sería "príncipe de p."

(Is. 9:6) y traería una p. perdurable (Is. 9:7). Cristo es el cumplimiento no sólo de Is. 9:6 sino también de Nah. 1:15, porque anuncia el evangelio de p. El coro angelical anunció p. en la tierra por medio de Jesús (Lc. 2:14).

En plática íntima con sus discípulos, la noche antes de su muerte, el Señor Jesús prometió su propia p. a ellos y a todos los suyos. Esta tranquilidad interior no es pasajera como la p. del mundo, ni depende de las circunstancias externas (Jn. 14:27).

El evangelio anuncia que hay p. con Dios y entre los hombres por medio de Jesús (Hch. 10:36). Dios es el Dios de p. (1 Ts. 5:23) y ofrece una p. que sobrepasa todo entendimiento humano (Fil. 4:7). La p. del alma es fruto del Espíritu Santo (Gá. 5:22).

A. C. S.

El rey Salomón importaba los regios pavos reales desde la lejana Tarsis para ornamento de sus jardines.

PECADO. Junto con el concepto de la →salvación, el concepto de p. se manifiesta a través de toda la Biblia, y constituye la antítesis del amor redentor de Dios, el cual las Escrituras proponen como su tesis principal. P. es aquel poder misterioso primordial que se opone por naturaleza a Dios y a su buena voluntad para con el hombre, así como también todo el conjunto de manifestaciones y consecuencias trágicas del mismo. Por consiguiente, existe un amplio vocabulario relacionado con el p. Además, como la naturaleza pecaminosa se manifiesta claramente en la historia, es elocuente el valor y la actualidad constantes de las porciones narrativas de la Biblia al respecto (cp. Ro. 15:4 y 1 Co. 10:1-11).

I . TÉRMINOS DESCRIPTIVOS

Para hablar sobre el p. los hebreos emplearon palabras tomadas de las relaciones humanas: v.g. falta, iniquidad, rebelión, injusticia, etc. El judaísmo intertestamentario agregó otro del cual el NT había de hacer mucho uso: "deuda". Los principales aspectos destacados de acuerdo con los diferentes vocablos de los idiomas bíblicos son los siguientes:

1. La realidad objetiva del p. sin miras o con miras a sus consecuencias, motivaciones, etc. Inclusive se toma en cuenta la posibilidad de pecar sin saberlo ("por yerro", cp. Lv. 4:2; Nm. 15:27; etc.).

2. La rebelión como acto consciente de la voluntad. La manifestación más extrema de esta voluntad rebelde es el p. cometido "con → soberbia" (RV; el heb. dice "con mano alzada", Nm. 15:30; etc.).

3. Culpabilidad (→INIQUIDAD, →MALDAD).

4. Errar, salir del camino. Aparece con frecuencia como verbo: "errar", "desviarse", "andar perdido" o "ciego" y "divagar".

5. El concepto que en el NT se traduce "deuda" u "ofensa".

Como la mentalidad hebrea no distinguía rígidamente entre la acción y sus consecuencias o motivaciones, el mismo vocablo podía significar el acto de pecar, la culpabilidad consecuente o el castigo merecido. Debido a este fenómeno, p.e., la expresión "visitar la maldad" (Éx. 20: 5, etc.) significa "castigar por su maldad".

II. NATURALEZA DEL PECADO

El p. consiste en cualquier infracción de las normas que salvaguardan la vida normal, o sea la comunión entre Dios y el hombre o entre los hombres. El p. (como →JUSTICIA) se interpreta en términos de relaciones personales: pecar contra alguien, sea Dios u otro ser humano. Y como es Dios quien ha establecido las normas que se infringen, cada p. es, al final de cuentas, rebelión contra él (2 S. 12:13; Sal. 51:4). Esta actitud no sólo es la característica más distintiva del concepto bíblico del p., sino también la medida de su funesta naturaleza. De ahí que para el pueblo hebreo cualquier infracción del sistema jurídico o cultural también representaba p. y traía como consecuencia culpa delante de Dios. Es evidente que cada acto pecaminoso de la voluntad es fruto de la condición del alma pervertida de la humanidad (cp. Pr. 4:23; 23:7; Mr. 7:20-23; Ro. 8:15-25). Esta condición se conoce como depravación. Es la incapacidad de evitar el p. y hacer el bien sin la ayuda de Dios. Esto culminaría, si no fuera por la →redención que ofrece Cristo, en la →muerte (Stg. 1:15, cp. Jn. 3:14).

El relato de Gn. 3, a pesar de que no aparece en él ninguno de los vocablos clásicos para señalar el p., nos muestra gráficamente las características primordiales de éste. Es un acto de desobediencia, motivado por el deseo por parte del ser humano de establecer él mismo las normas, y ser el dueño de su propio destino. Rompe la comunión íntima que antes existía entre Dios y el hombre, y también la que existía entre los seres humanos (→ADÁN, EVA). Trae como consecuencia la →muerte y el sufrimiento, y desata fuerzas contrarias al hombre y su felicidad; produce el estado en el cual la raza humana se encuentra desde entonces. El p. de Adán conllevaba un significado único para toda la raza humana (Ro. 5:12,14-19; 1 Co. 15:22), pues en alguna manera él representaba a sus descendientes en un →pacto con Dios (Os. 6:7), y su p. fue imputado a ellos (Ro. 5:19). Sin embargo, Dios no castiga a la raza humana por el p. de Adán, sino que cada cual incurre en su propia culpabilidad. Ez. 18 y Ro. 3:9-20 son pasajes clásicos, entre otros, en relación con el tema.

III. PECADO Y REDENCIÓN

Tras el primer p. se nos dio la primera palabra de →esperanza (Gn. 3:15), y se señaló el camino que Dios seguiría en el desenvolvimiento de la "historia de la salvación". Tras siglos de trato con su pueblo hebreo a base de una →alianza en la que les ofrecía →perdón y redención, pero a la cual repetidamente respondían con rebelión e infidelidad, Dios mandó a su Hijo en la persona de Jesús de Nazaret para que destruyera a los poderes de maldad definitivamente y en nombre de toda la humanidad Jesús encarnaba el amor de Dios que se opone al p. y a sus consecuencias.

Jesús buscaba la compañía de pecadores, y vio su misión como la de perdonar p. (Mt. 9:6; Jn. 8:34-36, etc.). Sus discípulos predicaron en su nombre el perdón de los p. en todas las naciones (Lc. 24:47; cp. Hch. 2:38; 3:19; 5: 31, etc.).

IV. EL PECADO Y EL CRISTIANO

Las enseñanzas y obras de Jesucristo y los apóstoles dan un nuevo enfoque al concepto del p. En vez de medir las acciones de los hombres de acuerdo con el legalismo de las "interpretaciones oficiales" de una serie de →mandamientos, Jesús partió siempre de la motivación (Mt. 15:19s.; cp. 7:17s.). Vio el →amor como la única fuerza capaz de derrotar al p. (Mr. 12:28ss.; Lc. 7:47). La misma victoria suya sobre el p. es motivada por el amor divino (Jn. 3:16; 13:1), y tal amor de Dios había de motivar y capacitar asimismo a los suyos para vencer el p. (Ro. 12:8-10; 1 Jn. 4:7-11; cp. Ro. 14:23, la fe actúa siempre por el amor).

Es a la luz de esta manera de ver el p. que se puede comprender también otra novedad del NT: la relación entre la culpabilidad y el nivel de desarrollo de la →conciencia de los fieles (Ro. 14; 1 Co. 8:7-13; etc.).

Es notable que Pablo, siguiendo la LXX, habla del p. casi exclusivamente en singular, viéndolo como un todo, como una potencia espiritual enemiga de Dios y del hombre a la cual Cristo ha derrotado. Sin embargo, el NT advierte a los creyentes sobre una serie de p. individuales, y reconoce que la historia de Cristo está para realizarse por la fe en la vida de cada uno de los suyos (1 Jn. 5:4).

La Biblia atribuye al → diablo el haber introducido y perpetuado el p. en el mundo, pero deja sin resolver el enigma del origen del mal.

(→ IMPIEDAD, TRANSGRESIÓN).

K. L. M.

PECTORAL. Prenda que el sumo sacerdote llevaba sobre el pecho cuando entraba en el santuario o tenía que decidir cuestiones de gran importancia. Consistía en una pieza de bordado doble, cuadrada y de 25 cm, de tela muy fina como la del → efod (Éx. 28:16). Estaba engarzado con doce → piedras preciosas; cada una de éstas tenía grabado uno de los nombres de las doce tribus y estaban colocadas en el mismo orden que correspondía a las tribus en su campamento en el desierto (Nm. 10:14-27). Así el sumo sacerdote llevaba simbólicamente los nombres de las doce tribus sobre su corazón cuando estaba delante de Dios.

En cada esquina del p. había un anillo (Éx. 28:23,26) con su correspondiente cadenilla y, una vez puesto el p., las cadenillas se ensartaban por la parte superior de las hebillas del efod. La parte inferior se aseguraba con cintas de jacinto. En el centro, en la parte interior y en un doblez que formaba una especie de bolsa, el sumo sacerdote llevaba el → Urim y Tumim (Éx. 28:30), por medio del cual juzgaba los casos difíciles y de gran monta. Por esta razón el p. se llamaba también el "p. del juicio". Simbolizaba al sacerdote como mediador, juez y anunciador de la voluntad de Dios al hombre (cp. Mal. 2:6,7).

J. B. B.

PEDRO (forma masculina de *petra*, traducción gr. del arameo *kefa* = 'piedra', 'roca').

I. PERSONAJE Y ORIGEN DEL NOMBRE

El NT utiliza 2 veces el antiguo nombre heb. "Simeón" (Hch. 15:14; 2 P. 1:1 BJ), 48 veces el gr. → "Simón", 20 veces (casi todos en Juan el compuesto "Simón Pedro", y 153 veces "Pedro" (equivalente al arameo *Cefas*, que aparece 9 veces).

Era hijo de Jonás (Mt. 16:17; cp. Jn. 1:42), casado (Mt. 8:14; Mr. 1:30; Lc. 4:38; su esposa lo acompañaba aún en la época apostólica, 1 Co. 9:5), hermano de Andrés y, probablemente como éste, afectado por el ministerio de Juan el Bautista (Jn. 1:39s.; Hch. 1:22). Los Evangelios lo consideran oriundo de una ciudad a la orilla del mar de Galilea (→ CAPERNAUM, Mr. 1:21-29 y/o Betsaida, Jn. 1:44), donde ejercía con su hermano y algunos socios el oficio de pescador (Mr. 1:29; Lc. 5:10). Quizás había tenido contactos con la cultura helénica y había aprendido el gr., pero conservaba el acento galileo de su arameo materno (Mr. 14:70). Es considerado un hombre sin instrucción especial

(Hch. 4:13) aunque no hay por qué dudar de que supiera leer y escribir.

II. SU LLAMAMIENTO

Posiblemente P. conoció a Jesús por intermedio de Andrés (Jn. 1:41), antes de su llamado personal, casi al comienzo del ministerio en Galilea (Mr. 1:16s.). Después fue agregado al grupo íntimo de los doce (Mr. 3:16ss.), en cuya lista siempre ocupa el primer lugar (Mt. 10:2; Mr. 3:16; Lc. 6:14). Jesús le llamó Cefas (= Pedro) desde el comienzo, con miras al cambio de su carácter (Jn. 1:42); Marcos lo llama siempre P. a partir de 3:16 y no hay razón para pensar que este nombre se originara en Cesarea (Mt. 16:18).

III. PEDRO ENTRE LOS DISCÍPULOS

Los evangelistas insisten en el lugar destacado de P. entre los discípulos. Forma parte del grupo de los tres más íntimos de Jesús (Mr. 5:37; 9:2; 14:33). A menudo actúa en nombre de los doce (Mt. 15:15; 18:21; Mr. 1:36s.; 8:29; 10:28; 11:21; 14:29ss.; Lc. 5:5; 12:41). Su confesión en Cesarea es representativa (Mr. 8:27,29) pues la pregunta fue dirigida a todos. Fue testigo de la Transfiguración (Mr. 9:1; cp. 1 P. 5:1; 2 P. 1:16ss.). Su jactancia en Mr. 14:29ss. quizá sea también representativa. Su debilidad es tan evidente como sus promesas de lealtad (Mr. 14:66ss.) y los Evangelios no la soslayan.

El mensaje de la resurrección señala especialmente a P. (Mr. 16:7) y es él quien recibe una manifestación especial del resucitado (Lc. 24:34; 1 Co. 15:5). Aunque su papel en el cuarto Evangelio sea más atenuado y el discípulo amado juegue un papel más importante, la intervención de P. siempre aparece decisiva (v.g. Jn. 6:68s.; 21:15-19).

IV. LA CONFESIÓN DE CESAREA

Mt. 16:17ss. ha sido uno de los pasajes más debatidos, particularmente la sentencia del Señor: "Tú eres Pedro, y sobre esta piedra edificaré mi iglesia". No hay razón suficiente para dudar de la autenticidad de este pasaje, como algunos han pretendido, ni para ubicarlo en otro contexto, como han hecho otros (v.g. Cullmann). Dos interpretaciones, ambas muy antiguas, se nos ofrecen como verosímiles: (1) La roca es lo que P. ha dicho: su fe o, más propiamente, la confesión de fe (Orígenes, Agustín, *et al*). La iglesia será construida sobre esta confesión apostólica (cp. Ef. 2:20); (2) La roca es el mismo P. (Tertuliano, *et al*).

La segunda interpretación es más simple y adecuada a la letra del pasaje (Mt. 16:19 aparece en singular y tiene que haber sido dirigida al mismo P.). Debe quedar absolutamente claro, sin embargo, que esta interpretación (y el pasaje en cuestión) no tiene ninguna relación con la idea de una sucesión apostólica (la función que P. recibe es en pro de la fundación de la iglesia y por tanto irrepetible), ni con una autoridad absoluta ("el poder de las → llaves" es atribuido a los doce Mt. 18:18) y reside en el anuncio de

Jesucristo como el Hijo de Dios; no en una autoridad jurisdiccional (cp. Is. 22:22; Mt. 23:13; Ap. 1:18; 3-7; 21:25). Pero no hay duda de un cierto primado de P. entre los apóstoles.

V. PEDRO EN LA IGLESIA APOSTÓLICA

Según Hch., P. toma un papel directivo en la comunidad naciente (1:15-22). Su predicación, centrada en la → Resurrección, es el testimonio de todo el grupo apostólico (2:14-36; 3:12-26). Él es el vocero ante las autoridades (4:8-12) y agente de juicio en algunas ocasiones (5:3-11). En la primera misión de extensión también ejerce el liderazgo (8:14-25). El Espíritu Santo abre por medio de él la misión a los gentiles (10:1-48) aunque esto le acarrea críticas de los propios cristianos (11:2-18). Pese a su falla cuando dejó de comer con los cristianos gentiles de Antioquía, para agradar a los judíos (Gá. 2:11-14), P. es un defensor de la apertura a los gentiles (Hch. 15:7-21).

Después de la muerte de Esteban, la carrera de P. es desconocida. Hay alusiones a su presencia en distintos lugares luego de su prisión en Jerusalén (Hch. 12:17): Antioquía (Gá. 2:11ss.), Corinto (1 Co. 1:12) y el norte de Asia Menor (1 P. 1:1). Jacobo, hermano del Señor, tomó la dirección de la comunidad de Jerusalén.

Aunque sin mucha razón, se ha discutido la antigua tradición de la estadía de P. en Roma. 1 P. fue casi seguramente escrita desde allí (1 P. 5:13, →PEDRO, EPÍSTOLAS). Es fuerte la tradición que afirma que P. proveyó información para el Evangelio de → Marcos, publicado allí, 1 Clemente (ca. 96 d.C.) lo da por muerto bajo la persecución de Nerón y aunque las tradiciones del segundo siglo sobre la forma de su martirio no sean del todo confiables, no hay razón para dudar que sea verdadera la tradición de su estadía y posible martirio en Roma. En tal caso, habría ido allí hacia el final de su carrera (no estaba cuando Pablo escribe a Roma o llega allí) y habría estado poco tiempo. Quizá pronto hallara allí el martirio.   J. M. B.

Bibliografía

O Cullmann. *Pedro – Discípulo, Apóstolo e Mártir*, São Paulo: Aste, 1964. *DBH*, col. 1479-1482. J. M. Bover. "El nombre de Simón Pedro", *Estudios Eclesiásticos* 24 (1950), pp. 479-497. A. T. Robertson. *Épocas en la vida de San Pedro*, El Paso: Bautista, 1937. *INT*, pp. 355-359.

PEDRO, EPÍSTOLAS 1 y 2

1 Pedro

Una de las llamadas "Epístolas Universales", enviada en el nombre del apóstol Pedro (1:1) y dirigida a un amplísimo círculo de cristianos.

I. CONTENIDO

Los elementos doctrinales y éticos están estrechamente entrelazados. 1:1s. contiene los nombres del autor y destinatarios y un saludo trinitario. 1:3-12, una bendición a Dios por los privilegios de la salvación y una referencia a os sufrimientos presentes. 1:13-2:10, el propósito de Dios para con su pueblo, que se ha realizado en la redención por Jesucristo y ha hecho posible un cambio total de vida. Se incluye una exhortación a abandonar la antigua manera de vivir.

2:11-3:7 es un pasaje ético con el tema común de la "sujeción" (2:13,18; 3:1) aplicado a distintas relaciones: autoridades civiles (2:13-17), amo y siervos (2:18-25) y esposo y esposa (3:1-6).

3:8-4:11 se ocupa del deber del cristiano de abstenerse de toda injusticia (cp. Sal. 34:13-17). 3:8-11 contiene una regla general de conducta basada en el amor y la mansedumbre. 3:13-22 considera que, siguiendo el ejemplo de Cristo, los cristianos deben estar dispuestos a sufrir injustamente, para acallar las murmuraciones de los detractores.

4:1-11 es un llamado a la vigilancia y culmina con una bendición. 4:12-19 resume el tema de la prueba inminente y la gloria de sufrir por el nombre de Cristo.

5:1-11 exhorta a los ancianos a ser buenos pastores, e incluye un nuevo llamado a la vigilancia y a resistir al malo. 5:12ss. agrega el nombre del ayudante, saludos y una bendición final.

II. CARÁCTER, SITUACIÓN Y FECHA

Algunos comentaristas han considerado 1 P. como un sermón o tratado bautismal en forma epistolar, pero no hay razón para ello pues el bautismo no ocupa un lugar prominente (3:21) y puede explicarse sin recurrir a esta hipótesis.

Por otra parte, la expresión "de la dispersión" (1:1) no debe llevar necesariamente a la conclusión de que los destinatarios eran de origen judío, pues las referencias a la vida anterior (1:15,18; 2:25; 4:3) corresponden a paganos. Se trata, pues, de una carta dirigida a cristianos dispersos en una extensa región, que pasan por circunstancias especiales a quienes quiere recordárseles el inmenso privilegio de haber sido regenerados en Jesucristo para una vida nueva.

Las referencias a los sufrimientos que padecen (1:6s.; 4:12; 5:9) debido a la detracción (2:12,20; 3:16s.) han sugerido que se trataba de una persecución oficial, pero tal hipótesis es incongruente, pues la Epístola encarga una actitud positiva hacia el estado (2:13-17). Los sufrimientos pertenecen a la esfera privada y son el resultado de la malevolencia, el rechazo y las violencias ejercidas contra una minoría que no se conforma con las costumbres populares, situación que existió constantemente en los siglos I y II.

Es muy probable que la carta haya sido escrita desde Roma (así se suele entender la referencia a "Babilonia" en 5:13; cp. Ap. 14:8; 17:5). Basados en la teoría de una persecución oficial, se han dado como posibles fechas de escritura el año 64 (Nerón), 95 (Domiciano) y 110 (Trajano).

Sin embargo, hemos visto que esa hipótesis es incongruente y por tanto la fecha debe ser considerada en relación con el autor.

III. AUTOR

De los testimonios provenientes de los primeros siglos sabemos que 1 P. era conocida por los principales dirigentes cristianos de Asia Menor hacia 125 d.C., aunque el nombre de su autor no se usa sino hasta 170 d.C. Este anonimato, añadido a la excelencia del griego utilizado, difícilmente atribuible al apóstol Pedro (Hch. 4:13), y la similitud entre las ideas de la Epístola y las de Pablo, han llevado a algunos a dudar de que Pedro sea el autor. Sin embargo, considerando la posible participación de Silvano (5:12, el original dice "por Silvano" y puede referirse no sólo a un mensajero sino a un secretario como da a entender la RV) y el fondo común de ideas, dada la indudable influencia de Pablo en toda la expansión misionera, no hay razón para rechazar la paternidad petrina de la Epístola. Sin considerar otros argumentos, podemos suponer que la Epístola fuera dictada por Pedro en Roma poco después del 61 d.C.

IV. IDEAS CENTRALES

El propósito central de la Epístola es mostrar a los cristianos la magnitud de la gracia que han recibido en su conversión. Ésta ha sido un paso de las tinieblas a la luz (2:9) hecho posible por la elección, misericordia y llamado divinos (1:2; 2:10). Los profetas habían anunciado esa gracia (1:10ss.), y ahora se ha cumplido en Jesucristo. Se han iniciado así "los últimos tiempos" en los que ahora vivimos (4:7; 1:5). El fin se acerca y esto debe infundir valor y perseverancia (1:6; 5:10).

El fundamento de esta enseñanza es la muerte y gloriosa resurrección de Jesucristo; por esta muerte sacrificial tenemos perdón y acceso a Dios (1:18; 2:24; 3:18) y la seguridad de compartir su gloria (4:13). La seguridad de esta salvación (1:9) llena el corazón de gozo (1:3-8). El tiempo actual es de esperanza y fe (1:21) en que el evangelio es predicado (1:12,25). El mensaje es rechazado por algunos para su condenación (2:8; 3:1; 4:17); pero quienes lo aceptan y obedecen no serán avergonzados (1:14; 2:4). Han sido hechos hombres y mujeres nuevos (1:3,23; 2:1) y la nueva vida debe expresarse en una nueva conducta (1:13-16).

Esta nueva conducta ("buena conducta" es un término que aparece frecuentemente en la Epístola) no consiste en observancias legales sino en la disposición hacia el prójimo, incluso el amo (2:18-25). Esta conducta dará un mentís a los detractores (2:15) y tendrá un efecto misionero (3:1). En el día final se manifestará que estas obras fueron hechas para gloria de Dios (2:12). El cristiano es libre, pero su libertad es para santidad y no para licencia (1:15; 2:16); se expresa en el rechazo de los antiguos vicios (2:1) y en el amor a los hermanos (1:22). Esta conducta es, además, una ofrenda espiritual a Dios (2:5) y un testimonio ante los hombres (2:12).

La única nota cristológica de esta carta es la referencia al descenso de Cristo al → Hades, manifestación del carácter total de su soberanía (3:18s.; 4:6).   J. M. B.

2 Pedro

La fecha y autor de esta Epístola son muy discutidos. El autor se presenta como el apóstol P. (1:1; cp. 1:16; con 1:14; cp. Jn. 21:19), pero hay argumentos fuertes para poner esto en duda: el estilo y vocabulario muy distintos de 1 P.; las dudas que existieron desde muy temprano, pues ya Orígenes señala que la paternidad es discutida; la presuposición de que las Epístolas de Pablo forman un cuerpo literario conocido (3:15ss.); la similitud con Judas (cp. cap. 2) que lleva a la conclusión de que 2 P. utiliza y corrige a Jud.; las condiciones que refleja, particularmente en cuanto a las doctrinas heréticas que combate y que corresponden al siglo II d.C.; las diferencias de tono e ideas principales con 1 P. Si estos argumentos son convincentes, nos hallamos ante una ficción literaria (→PSEUDONIMIA), práctica que se consideraba perfectamente legítima en la época. Se trataría, entonces, de un escrito anónimo del siglo II, o en todo caso de las últimas décadas del I.

Unos pocos eruditos, sin embargo, van en contra de la creciente tendencia actual y, al defender la paternidad petrina, señalan las debilidades de los argumentos contrarios. Alegan que una carta que, evidentemente reclama ser apostólica (1:1,16-18), hace alusión explícita a la primera carta (3:1), y se refiere a Pablo como "nuestro querido hermano" (en el sentido de "co-apóstol", 3:15), tiene que ser auténtica. Rechazan la pseudonimia como indigna de un cristiano. En tal caso, 2 P. habría sido escrita para el mismo auditorio que 1 P. y hacia el fin de la vida del apóstol. Aun, si se prefiere la tesis mayoritaria, vale destacar que la carta sigue formando parte del → canon y gozando de la autoridad que esto entraña.

El tema principal de 2 P. es la defensa de la esperanza cristiana frente a quienes negaban la →parusía del Señor en gloria (1:12-21; 3:1-18). El cap. 2 se dirige contra los libertinos (tal vez cierto tipo de → GNÓSTICOS) y reproduce, con algunas nuevas precisiones, trozos de la Epístola de Jud. La propia manifestación de Jesucristo (de la que el autor se declara testigo; 1:16ss; 3:2b) y la palabra profética del AT (1:19ss.; 3:2a) constituyen la garantía de la promesa. 2 P. enseña la destrucción final de este mundo seguida de una nueva creación (3:10-13).

                 J. M. B. y R. F. B.

Bibliografía

INT, pp. 358-366. *IB* II, pp. 524-534. *EBDM* V, col. 966-973. *BC* VII, pp. 88-146. *SE*, NT III, pp. 231-307. *CBSJ* IV, // 58. *INT*, pp. 366-

373. *IB* II, pp. 535-543. *EBDM* V, col. 973-979. *BC* VII, pp. 147-176. *SE* NT III, pp. 308-344. *CBSJ* IV, // 65.

PEINADO. →PELO.

PEKA. Hijo de Remalías y capitán del ejército de Pekaía. Con la ayuda de los galaaditas mató a Pekaía en Samaria y lo sucedió en el trono. Reinó en Israel desde *ca.* 740 hasta 732 (los 20 años de 2 R. 15:27 deben incluir una corregencia con Pekaía o más probablemente una regencia rival en Galaad). Ayudó a formar una liga para detener el avance de los asirios bajo Tiglat-pileser y se unió con Rezín de Siria para forzar a Jotam de Judá a unirse con ellos, pero Isaías aconsejó a Jotam y a su sucesor Acaz que permanecieran neutrales. P. fracasó en su sitio a Jerusalén (2 R. 16:5; Is. 7:1), pero mató a muchos hombres en Judá y llevó gran cantidad de cautivos. Por la intercesión del profeta Obed los prisioneros fueron liberados (2 Cr. 28:6-15). Mientras tanto, Acaz había pedido la ayuda de Tiglat-pileser quien conquistó a Damasco y subyugó dos terceras partes del Reino del Norte (2 R. 15:29).

Oseas, hijo de Ela, conspiró contra P., lo mató, y lo sucedió como rey de Israel. Esta acción fue aprobada, si no incitada, por los asirios. P. hizo lo malo siguiendo el pecado de Jeroboam. Fue el último de los cuatro reyes de Israel asesinados en los tiempos del profeta Oseas (Os. 1:1; 8:4; 10:7,15).   W. C. W.

PEKAÍA. Hijo y sucesor de Manahem, rey de Israel (742 a.C.). Murió en el segundo año de su reino a manos de →Peka, probablemente por haber seguido la política de su padre de pagar tributo a Asiria (2 R. 15:23-26).   W. C. W.

PELEA. →JUEGOS DEPORTIVOS.

PELETEOS. →CERETEOS.

PELEG (heb. = 'división', 'canal'). Hijo de Heber, de la línea de Sem (Gn. 10:25; 11:16-19). La repartición de la tierra en Gn. 10:25 puede ser alusión a las divisiones lingüísticas de las gentes (→BABEL) o a la construcción de canales de riego donde vivió P. De la descendencia de P. proviene Abraham.   J. M. A.

PELÍCANO. Ave acuática palmípeda, de pico largo y ancho, cuya mandíbula inferior posee una membrana dilatable, en forma de bolsa, donde guarda los alimentos que da a su cría. Abundaba en el delta del →Nilo y aparece en pinturas y relieves de las tumbas egipcias. En la Biblia se le considera como ave inmunda (Lv. 11:18; Dt. 14:17). Su vida en las soledades del desierto o quizá su aspecto melancólico con su pico apoyado en el pecho, sugiere la queja del Sal. 102:6. La desolación de Edom (Is. 34:11) y de Nínive (Sof. 2:14) se hace patente en la presencia del p.   F. U.

PELO. La longitud, color y aspecto del p. varía entre las diferentes razas. Su función es proteger, embellecer e identificar a las personas. La gente de los países bíblicos era generalmente de p. negro. Según la costumbre israelita, el hombre y la mujer se dejaban crecer el p. (2 S. 14:26). → Absalón llegó a sentirse vanidoso por su cabellera, la que más tarde fue parte de la causa de su muerte cuando se le enredó en las ramas de un árbol (2 S. 14:26; 18:9). El trabajo de los barberos en Israel era más adornar que cortar el p. (cp. Ez. 5:1). Cuando estaban de duelo, los hombres se cortaban el p.; se lo rasuraban o arrancaban (Esd. 9:3; Am. 8:10), o se lo dejaban sin aliño (Lv. 10:6).

El ligero emblanquecimiento del p. era un síntoma de la →lepra (Lv. 13:3,10,11). En Israel, la calvicie era motivo de vergüenza quizá por su posible relación con esta enfermedad. Pero en Egipto los hombres se rasuraban la cabeza y la →barba. →José tuvo que cumplir con esa costumbre (Gn. 41:14). El p. oscuro era admirado en ambos sexos. El p. gris era signo de respeto (Lv. 19:32) e inclusive Dios era descrito como un anciano de cabellera gris o blanca (Dn. 7:9; Ap. 1:14).

El secreto de la extraordinaria fuerza de →Sansón residía en su cabellera (Jue. 16:17). Los →nazareos no se cortaban el p. en señal de humillación y consagración al servicio de Dios (Nm. 6:5,9; Jue. 13:5). →Ungir el p. era signo de hospitalidad para el invitado (Lc. 7:46), y especialmente se practicaba durante las fiestas (cp. Sal. 45:7). El jurar por el pelo (o cabeza) era una costumbre que Jesús no aprobó (Mt. 5:36).

En la época apostólica el p. largo era vergonzoso para el hombre, por lo menos en el mundo helénico (1 Co. 11:14). Las mujeres, por el contrario, llevaban largas cabelleras con diversos

El pelícano, símbolo melancólico de desolación.

adornos; los apóstoles tuvieron que amonestar en cuanto a esta práctica entre las cristianas (1 Ti. 2:9; 1 P. 3:3).   A. R. T.

PENIEL (heb. = 'rostro de Dios'). Nombre que Jacob puso al lugar donde luchó con "un varón" cuando caminaba hacia el encuentro con Esaú (Gn. 32:25-32). Se sitúa en Gad (Transjordania) cerca de →Mahanaim y al E de →Sucot, por un camino que sigue el valle Jaboc. En la época de los jueces había allí una torre que Gedeón derribó (Jue. 8:8,9,17). Jeroboam reedificó la ciudad (1 R. 12:25, "Penuel"), probablemente para defender Transjordania de los invasores del Oriente.   C. W. D.

B. *La teoría documentaria*

La época moderna de estudios literarios comenzó con el libro del médico J. Astruc (1783), quien estudió sistemáticamente el uso de los nombres de Dios (*Yahveh* y *Elohim*) en Gn. y atribuyó la variación literaria a las fuentes que Moisés había utilizado. Poco después, Eichhorn rechazaba la tradición que consideraba a Moisés como autor del P.

Por más de un siglo los eruditos propusieron una serie de teorías para explicar la variedad de rasgos estilísticos y datos teológicos e históricos del P. Estas teorías culminaron en una hipótesis documentaria que afirmaba que había cuatro fuentes básicas. En 1876 Julio Wellhausen, pro-

El gusto en arreglos de cabello ha variado bastante entre los pueblos y las epocas. De izquierda a derecha se ven una cabeza asiria, dos griegas, y las de un empleado egipcio y su mujer.

PENTATEUCO. Nombre dado a los primeros cinco libros del AT (Génesis, Éxodo, Levítico, Números y Deuteronomio) que constituyen la primera parte del →canon. En hebreo se les llama *Tora,* que quiere decir "enseñanza" o "instrucción". Su nombre y su contenido muestran que *Tora* es un término más amplio que nuestro concepto de "ley", puesto que incluye mucha historia de la salvación (p.e. Gn. 1–Éx. 19) o "evangelio" (Gá. 3:8). La intima relación entre historia de la salvación y ley o mandamiento en la *Tora* se explica por las características del →pacto. La *Tora* en griego se llama *Pentateuco* = 'el libro dividido en cinco estuches', 'rollos' o 'volúmenes'. Se dividió así por razón de sus temas distintos y también por razones prácticas, puesto que un rollo antiguo solamente podía contener la quinta parte de la *Tora.*

I. PATERNIDAD LITERARIA: HISTORIA DEL ESTUDIO

A. *Antes de 1753*

Según la tradición judía, Moises escribió todo el P., y en esta opinión concordaron: Ben Sira (*Eclesiástico* 24:23), Filón (*Vida de Moisés,* 3:39), Josefo (*Antigüedades* IV, viii,48), la Misná (*Pirque Aboth* i.I), y el Talmud (*Baba Bathra* 14b). La única pregunta que se planteaba era si el relato de la muerte de Moisés (Dt. 34:5-12) había sido escrito por Josué como dice el Talmud. La iglesia cristiana aceptaba esta tradición judaica, con pocas excepciones, hasta la aparición de la *Introducción* de J. G. Eichhorn (*Einleitung,* 1780-83).

fesor en varias universidades alemanas, dio a la hipótesis su exposición clásica. Esta hipótesis proponía que el P. estaba compuesto de cuatro documentos principales de fechas posteriores a Moisés: J (yahvista *ca.* 850 a.C.), E (elohista, *ca.* 750 a.C.), D (deuteronomista, *ca.* 621 a.C.), y P (sacerdotista, *ca.* 500-450 a.C.). Esta interpretación histórica negaba la veracidad de grandes partes del P. v provocó una reacción conservadora contra la hipótesis.

C. *Historia de la crítica de las formas*

La crítica de las formas, iniciada por H. Gunkel (a principios del siglo XX), ha influido notablemente sobre el estudio del P. El método de Gunkel busca el género literario de cada pasaje y la situación vital (*Sitz im Leben*) en la cual se originó. Algunos seguidores de Gunkel rechazan la hipótesis documentaria de Wellhausen; otros combinan la crítica de las formas con esa teoría. Gunkel mismo rechazó lo sobrenatural y exageró lo mítico. Habló mucho de las sagas en el P., las cuales fueron transmitidas oralmente durante largo tiempo antes de ser escritas.

Otros han usado este mismo método de una manera más positiva. El análisis de géneros tales como leyes, máximas jurídicas, lamentos, narraciones históricas, dichos de los sabios, diferentes tipos de poesía y formulaciones de pactos dio nuevo impulso al estudio del P. La comparación de estos géneros literarios con géneros semejantes en culturas contemporáneas de los mismos, utilizando los nuevos datos de la arqueología, ha provocado un mejor entendimiento del P.

D. *Situación contemporánea*

Muchos eruditos todavía sostienen la hipótesis documentaria, pero con modificaciones. Estas modificaciones resultan de:

1. La confirmación arqueológica de la antigüedad de muchos elementos del P., que Wellhausen había señalado como posteriores, y la refutación de la interpretación evolucionista de la historia de Israel.

2. La conclusión de muchos críticos en cuanto a que las fuentes del P. no se extienden a otros libros posteriores a Moisés (contra algunos que habían propuesto un hexateuco, incluyendo el libro de Josué).

3. La crítica de las formas que ha mostrado la complejidad de las fuentes (J, E, D, P, etc.) y que cada una contiene elementos muy antiguos.

Por tanto, las fuentes se consideran estratos de materia antigua con largas historias de redacción, en vez de obras literarias con fechas precisas.

Los que mantienen la hipótesis documentaria generalmente encuentran más de cuatro estratos, pues tienen que proponer otros adicionales como L o G. Las razones aducidas para dividir el P. en estratos son: (1) las narraciones repetidas (p.e. Gn. 12; 20; 26); (2) las contradicciones entre pasajes paralelos (p.e. Gn. 1:1–2:4a y Gn. 2:4b-25); (3) los diferentes nombres que se dan a Dios; (4) las diferencias lingüísticas entre los estratos; y (5) las diferencias de punto de vista.

Muchos eruditos se han opuesto a la hipótesis documentaria, y han mostrado que: (1) generalmente las narraciones repetidas se pueden explicar mejor de otra manera (v.g. diferentes sucesos, énfasis especial, la literatura hebrea se caracteriza por la repetición); (2) las supuestas contradicciones entre pasajes paralelos se han exagerado, pues cualquier literatura puede describir un mismo acontecimiento en forma sumaria y luego más detallada, o con diferente enfoque; (3) los nombres divinos no sirven para dividir estratos, pues a menudo se usan con propósito específico; (4) los argumentos basados en diferencias lingüísticas e ideológicas entre los estratos son demasiado subjetivos. Además tienden a ser argumentos cerrados; y (5) hay demasiados datos que no se explican en el esquema (comúnmente se atribuyen a los redactores).

Algunos eruditos destacados, que antes aceptaban la hipótesis documentaria, la han rechazado a la luz de los nuevos datos arqueológicos e históricos. Al estudiar otras literaturas antiguas encontramos que las características que más se usan como base para la división del P. en estratos (J, E, D, P, etc.) son precisamente las mismas que caracterizan a las literaturas → ugarítica, → babilónica y → egipcia (p.e. repeticiones con variantes lingüísticas, intercambio de nombres divinos y nombres divinos compuestos). Quienes rechazan la teoría documentaria afirman que sería absurdo proponer para estas otras literaturas semejantes divisiones.

Por otro lado, es necesario reconocer que la mayoría de los escritores en el campo antiguotestamentario aceptan cierta forma de hipótesis documentaria. Algunos insisten en que se puede aceptar la hipótesis, siempre que no perjudique la inspiración divina del P. y asigne a Moisés un papel básico en su producción.

II. MOISÉS Y LA PATERNIDAD LITERARIA

El P. mismo indica algunas de las fuentes usadas en su composición. Se mencionan "el libro de las batallas de Jehová" (Nm. 21:14) y "el libro de las generaciones de Adán" (Gn. 5:1). Es posible que las secciones de Gn. que terminan (o empiezan) con "Estas son las generaciones de" representen tablas históricas escritas por Abraham y sus descendientes. Además, se encuentran varios paralelos entre las leyes y costumbres del P. y las de Mesopotamia y Egipto.

También en el P. Hay ciertos indicios de material postmosaico. En Gn. 14:14 se menciona Dan, pero esta ciudad sólo recibió tal nombre posteriormente (Jos. 19:47; Jue. 18:29). Dt. 34, por supuesto, fue adición postmosaica. Otros posibles postmosaicismos son Gn. 36:31; Éx. 11:3; 16:35 y Nm. 12:3.

Por otro lado, cada vez hay más pruebas de que el origen del P. cabe mejor en la época mosaica que posteriormente. El libro de → Dt. tiene la estructura de pactos celebrados (o renovados) en aquella época. Se cuenta ahora con textos ugaríticos (siglos XV-XII a.C.) que usan muchas palabras antes fechadas como posteriores. Además en el P. hay muchos detalles que hacen difícil proponer una composición posterior (p.e. en Gn. no aparecen ni el nombre → Baal ni nombres de lugares compuestos con "Baal". La frase "Jehová, Dios de los ejércitos" no se usa en el P., pero es común más tarde. Asimismo, los lugares altos de idolatría, → "bamot", tan prominentes más tarde, sólo se mencionan dos veces en el P., y ninguna vez en Dt. El nombre de Jerusalén no se encuentra en el P.).

El mismo P. no indica el papel literario de Moisés, pero afirma que él escribió por lo menos algunas partes (Éx. 17:8-14; 24:4,7; Nm. 33:2) y que Dt. tuvo su origen en su predicación (Dt. 1:5; 4:45; 31:9,24-26). No sabemos si Moisés reunió los materiales; si los sacerdotes los guardaron y juntaron o si el material se transmitió en partes (o estratos) por un tiempo. Sin embargo, se puede concluir:

1. Que hay algunos postmosaicismos en el P. Éstos se pueden atribuir a aclaraciones editoriales de escribas posteriores, como hacían los escribas en el Cercano Oriente antiguo (p.e. en Egipto). Aun el erudito conservador E. J. Young reconoce que "cuando afirmamos que Moisés escribió el Pentateuco, o que es su autor, no queremos decir que él necesariamente haya escrito cada palabra. No sería razonable insistir en ello... Por otra parte, bajo la inspiración

divina puede haber habido adiciones y aun revisiones posteriores".

2. Que hay muy pocas partes del P. que requieren una fecha posterior a la época mosaica.

3. Que Moisés es el personaje clave tanto en el origen del P. como en la historia de Israel. Si él no fuera su arquitecto principal, sería necesario proponer otro personaje semejante. Con razón el P. se conoce a través de las demás escrituras como "la ley de Moisés".

El P. como un todo muestra una unidad extraordinaria. La mayoría de las teorías acerca de su origen no hacen justicia ni a la unidad de las narraciones individuales ni a la unidad del total.

III. CONTENIDO Y ESTRUCTURA

El P. incluye materiales de gran extensión cronológica y geográfica: empieza con la creación del mundo y termina con la muerte de Moisés; abarca desde →Mesopotamia hasta Egipto. Los primeros 36 capítulos de Gn. revelan una considerable influencia de Mesopotamia y caben bien en el ambiente del segundo milenio a.C. Muchas costumbres descubiertas en el pueblo de →Nuzi son idénticas y nos ayudan a entender las costumbres de →adopción, heredad y matrimonio en las narraciones de los patriarcas.

Por otro lado Gn. 37–50 y Éxodo revelan un profundo conocimiento de →Egipto. Se usan muchas palabras prestadas, nombres, títulos y costumbres egipcias. Los arqueólogos han encontrado antiguos documentos egipcios que mencionan el uso de paja en los ladrillos y la escasez de ella. Además, se ha comprobado la exactitud de los datos geográficos en las narraciones de la peregrinación en Sinaí.

A pesar de esta diversidad de fondo, el P. revela una unidad de propósito y punto de vista. Jehová Dios es el creador de todo. Él es soberano en la naturaleza y en la historia. Es el Dios personal que escogió al pueblo de Israel, lo desarrolló, lo sacó de Egipto, lo llevó hacia la tierra prometida y hacia un futuro más glorioso. Es el Dios que hace su →pacto con Israel. El P. subraya la gracia divina. Insiste en la fidelidad de Dios y muestra la infidelidad del pueblo elegido.

El P. se puede bosquejar de la siguiente manera:

A. *Preparación y promesa* (Génesis)

1. Los principios: la historia universal primitiva (Gn. 1–11)

2. Los patriarcas: la época de promesa y fe (Gn. 12–50).

B. *El éxodo* (Éx. 1–18)

C. *La revelación sinaítica* (Éx. 19–40; Lv. 1–27; Nm. 1:1–10:10)

D. *Las peregrinaciones en el desierto* (Nm. 10:11–36:13)

E. *Los últimos sermones y la muerte de Moisés* (Deuteronomio)

Realmente la historia de Israel empieza con Abraham. La historia anterior es importante, pero se toca muy ligeramente. En las narraciones de los patriarcas se hace hincapié en las promesas que Dios hizo al pueblo.

El →éxodo influyó decisivamente sobre Israel. Dios reveló su poder en los grandes hechos con que sacó a su pueblo de la servidumbre y lo convirtió en una nación unida y separada de las demás. A través de la historia de Israel el éxodo de Egipto es como una columna sólida para su fe; es una demostración de que Dios cumple sus promesas, una prueba tangible de la providencia y gracia de Dios.

La revelación sinaítica constituye el tema central del P. Dios hace su pacto con Israel, pero esto conlleva obligaciones de parte del pueblo. Se establece cierta tensión entre las promesas irrevocables y la amenaza de destrucción por infidelidad. Se dan explicaciones detalladas sobre leyes morales, leyes civiles, sacerdotes, sacrificios, ofrendas, fiestas y el tabernáculo. Toda la vida del pueblo escogido está envuelta en las responsabilidades del pacto.

En sus últimos discursos, Moisés resume el éxodo, la revelación sinaítica y las peregrinaciones. Da un carácter más personal a la ley. Destaca las obligaciones del pacto, pero también el amor de Dios.

El P. tuvo un efecto profundo en la historia subsiguiente. Forma la base de la religión de Israel. Contiene bases para las doctrinas del cristianismo. La revelación de Dios, sus promesas y la historia de la redención que se inician en el P. llegan a su culminación y cumplimiento en Cristo, el redentor divino. Él, hablando de Moisés, dijo: "Porque de mí escribió él" (Jn. 5:46).

J. M. Br.

PENTATEUCO SAMARITANO. →TEXTO Y VERSIONES DEL AT.

PENTECOSTÉS (gr. = 'quincuagésima'). Segunda de las tres grandes →fiestas anuales de los hebreos (las otras eran la →Pascua y la fiesta de los →tabernáculos, Éx. 23:14-16; Lv. 23:15-21; Nm. 28:26-31; Dt. 16:9-12). Se le conoce por tres nombres en el AT: (1) Fiesta de las semanas (Éx. 34:22; Dt. 16:10,16; 2 Cr. 8:13), porque fue celebrada exactamente siete semanas o cincuenta días después de la Pascua (Lv. 23:15,16). De ahí su nombre "p." (2) Fiesta de la →cosecha (Éx. 23:16), porque tenía lugar al final de ésta, a la salida del año. (3) Día de las →primicias (Nm. 28:26), porque en esa fecha se ofrecían los primeros panes del nuevo trigo (Lv. 23:17).

Todo varón israelita tenía que comparecer delante de Jehová en el día de P. para presentar una ofrenda de gratitud por la cosecha y para acordarse de su liberación de Egipto (Dt. 16:16,17). Era una santa convocación en la que ninguno trabajaba (Lv. 23:21). Esta fiesta se celebró durante las épocas veterotestamentaria e intertestamentaria, y aún se celebra en el día de hoy entre los judíos ortodoxos.

En el NT se menciona esta fiesta tres veces:

1. El día de P., en Hch. 2, cuando el →Espíritu Santo descendió sobre los discípulos y los llenó con el poder necesario para proclamar el evangelio por todo el mundo. Esta unción fue acompañada de "un estruendo como de un viento recio" y la aparición de →lenguas "como de fuego", que se asentaron sobre cada uno de ellos. Comenzaron a testificar en "otras lenguas" y los extranjeros presentes les oyeron hablar "cada uno... en su propia lengua". Se considera que esta ocasión fue el verdadero comienzo de la →iglesia cristiana. Es digno de notar que "las primicias" de los tres mil convertidos fueron presentadas al Señor en ese día.

2. En Hch. 20:16 en donde se relata la prisa de Pablo para estar en Jerusalén el día de P. y celebrar esta fiesta en el Templo.

3. En 1 Co. 16:8 donde Pablo declara que permanecería en Éfeso hasta P.   D. M. H.

PEÑA. →ROCA.

PEOR. Montaña que se levanta desde la llanura de Moab, al E del Jordán y al N del mar Muerto. El rey →Balac juntamente con el vidente →Balaam, y acompañado por los personajes principales de Moab, subieron a la cumbre para maldecir a Israel. Desde allí se veía claramente el campamento que cubría la llanura (Nm. 23:27,28). Allí edificaron siete altares y sacrificaron siete becerros y siete carneros (Nm. 23:29s.), pero Balaam no pudo cumplir con las instrucciones de Balac; más bien bendijo a los invasores (Nm. 24).

"La maldad de P." (Jos. 22:17) se refiere al pecado que los israelitas cometieron frente a este monte, seducidos por las moabitas y las madianitas (Nm. 25). (→BAAL-PEOR y BET-PEOR.)   W. G. M.

PEPINO. Hortaliza de la familia de las cucurbitáceas y propia del Africa tropical, en especial de Egipto (Nm. 11:5).

Es difícil precisar a qué tipo de planta se refiere Nm. 11:5. Podría ser el *cucumis chate* conocido como una variedad del melón; o el *cucumis sativus*, nombre técnico del p. común, originario del área mediterránea. El campo desolado (quizá de p.) al que se refiere Isaías simboliza la desolación de la ciudad de Sion (1:8).

E. S. C.

PERDICIÓN (gr. *apóleia* = 'destrucción', 'ruina', →APOLYÓN). Los conceptos de →muerte, →Seol y p. aparecen juntos en el AT; a menudo se les personifica como el peor enemigo del hombre (Job 26:6; 28:22; 30:12; Sal. 55:23). En el NT "p." se refiere principalmente a la suerte fatal de los malos (→INFIERNO). La puerta que conduce a la destrucción eterna es ancha, y el camino espacioso y poblado (Mt. 7:13s.; aquí lo contrario de la p. es la vida). En

Ro. 9:22s. el contraste es entre la p. y la gloria; en Fil. 1:28, entre la p. y la salvación.

Las obras funestas de los que rechazan a Cristo serán castigadas en el día del juicio (Fil. 3:19; 1 Ti. 6:9; 2 Ti. 2:14; Heb. 10:39). El tema es recalcado en 2 P. (2:1,3,12; 3:7,16), donde también se usa el sinónimo *fthorá* (cp. Gá. 6:8, 'corrupción').

La expresión semítica "hijo de p." denota a un individuo marcado para la destrucción, pero que aún no ha sido destruido. Se aplica a Judas Iscariote en Jn. 17:12 y al "hombre de pecado" (→ANTICRISTO) en 2 Ts. 2:3. Ap. 17:8,11 se refiere a esta misma realidad al afirmar que la bestia "va a la p.". Aquí el término no se refiere a una simple extinción de la existencia, sino a un estado permanente de tormento y muerte.   R. F. B.

PERDIZ. Nombre vulgar de diversos géneros de gallináceas. En la Tierra Santa la p. abunda en el desierto de Judá. En los tiempos bíblicos era objeto de una caza despiadada (1 S. 26:20). En Jer. 17:11 se hace referencia a la creencia popular de que la p. roba huevos ajenos para empollarlos; los polluelos una vez crecidos abandonan a la supuesta madre.   F. U.

PERDÓN. Doctrina distintiva del cristianismo y expresión de una experiencia espiritual. Presupone tres cosas: (1) que el hombre ha pecado; e.d. ha infringido la →ley divina (→PECADO); (2) que ha reconocido su falta y está arrepentido (Mr. 1:4 →ARREPENTIMIENTO) y (3) que Dios, en su amor y en su gracia, ha remitido la culpa y ha puesto el medio para que el hombre reciba el p. El p. viene a ser, entonces, la fuerza poderosa que remueve el obstáculo espiritual y hace posible que la criatura humana se reconcilie y restablezca su amistad con Dios.

La idea básica del p., cuando se usa en relación con el pecado, es la de cancelar una deuda; quitar la barrera y efectuar la →reconciliación; erradicar el pecado. Sin el p., que sólo Dios puede conceder, el hombre está irremisiblemente condenado a la perdición eterna. Por eso, el mensaje del p. es una maravillosa esperanza de vida.

En la Biblia el p. aparece asociado con la doctrina de la →expiación; esto es, la necesidad del sacrificio para vindicar la →justicia ofendida de Dios (p.e. Lv. 17:11). En el NT la muerte de Cristo en la cruz es la garantía divina del p.; "En quien tenemos redención por su sangre, el p. de pecados según las riquezas de su gracia" (Ef. 1:7).

La Biblia afirma ampliamente que es Dios quien perdona (Neh. 9:17; Dn. 9:9). El rey David se arrepintió de su pecado, lo confesó a Dios y fue perdonado (Sal. 32 y 51). El "p." de Dios incluye el no acordarse más del pecado (Jer. 31:34), y el sepultarlo "en lo profundo del mar" (Mi. 7:19). El NT declara la autoridad de

Cristo para perdonar: "Pues para que sepáis que el Hijo del hombre tiene potestad en la tierra para perdonar pecados..." (Mr. 2:10; cp. Hch. 13:38).

Los cristianos deben imitar a Dios, perdonándose unos a otros (Ef. 4:32). Por eso también se deben confesar las faltas entre sí (Stg. 5:16). Todos los pecados pueden ser perdonados menos uno: la blasfemia contra el → Espíritu Santo (Mt. 12:31,32 //). Pero no se nos dice cuál sea esta blasfemia. Es de entenderse, sin embargo, que el pecado imperdonable es el de la incredulidad, cuando el hombre obstinadamente rechaza el testimonio que el Espíritu Santo le da de Jesucristo como el Salvador del alma. La incredulidad cierra la puerta del p.

A. R. D.

PEREA (gr. = 'tierra de más allá [del Jordán]'). Término que Josefo usa para referirse a la región llamada en el NT "al otro lado del Jordán" (Mt. 4:15,25; 19:1; Mr. 3:8; 10:1; Jn. 1:28; 3:26; 10:40). Era una franja de tierra de unos 16 km o más de ancho que se extendía desde el río → Arnón, en el S, hasta un punto en el N, un poco al S del Jarmuk. Antes de la época macabea, P. estaba habitada principalmente por gentiles pero los macabeos la judaizaron paulatinamente. Su capital era → Gadara.

P. formó parte del reino de Herodes el Grande y, después de la muerte de éste en 4 a.C., del de Herodes Antipas, su hijo. Juan bautizaba (Jn. 1:28), y a menudo Jesús ministraba y enseñaba en P. (Mr. 3:8; 10:1). De allí partió el Señor en su último viaje a Jerusalén (Jn. 10:40; 11:54).

S. C. C.

PEREGRINACIÓN POR EL DESIERTO

I. LÍMITES DE LA REGIÓN

El territorio por donde peregrinó Israel, desde su salida de Egipto hasta las cercanías del Jordán, está limitado al O por los lagos Amargos y el golfo de Suez; al E por el golfo de Acaba y el valle del Arabá, que se extiende hasta el mar Muerto; y al N por la costa del mar Mediterráneo. Tiene una extensión de *ca.* 52.320 km^2.

II. CARACTERÍSTICAS TOPOGRÁFICAS

En la parte NO, junto a la costa del Mediterráneo, hay una ancha faja arenosa, que es el desierto de Shur o Etam (Éx. 13:20; 15:22). Se extiende desde el → "río de Egipto" al N, hasta el actual canal de Suez. Por esta área corría desde Egipto el "camino de la tierra de los filisteos" (Éx. 13:17); y a una distancia de 30-60 km, al S, corría paralelamente el "camino del desierto de Shur" (Gn. 16:7). Este pasaba por Cades y Beer-Seba y subía por la región montañosa de Palestina central. Sin embargo, por ninguno de los dos caminos mencionados anduvieron los israelitas.

Al S del "camino del desierto de Shur" hay una región de bajas colinas pedregosas, la cual

constituye propiamente "el desierto de la peregrinación". Hay en esa región varios → wadis, que en su mayoría convergen en el wadi el-Arish (río de Egipto). Esta meseta era atravesada por una antigua ruta comercial que ligaba a Egipto con Arabia, y pasaba por el extremo N del golfo de Acaba.

La parte S de la península es montañosa y en ella se yergue el tradicional mte. Sinaí. Esta parte, de forma más o menos triangular, es la más alta de la península, con picos que alcanzan más de 2.000 m de altura. Por cuanto sólo llueve un mes al año, la península es muy árida. No obstante, en algunos lugares se hallan manantiales y en otros se puede obtener agua cavando pozos. La vegetación se encuentra por lo general en los wadis, entre los cuales se destaca el wadi Feiran, ancho valle de abundante vegetación gracias a una corriente perenne.

III. RUTA DEL VIAJE

Existen algunos problemas que impiden determinar la ruta exacta del viaje de los israelitas por el desierto. Muchos de los lugares fueron nominados según los acontecimientos que se dieron en ellos (p.e. en Nm. 11:34), pero nada ha quedado en los sitios que pudiera perpetuar sus nombres. En la nomenclatura descriptiva árabe de la península muy pocos nombres originales sobrevivieron. Por tanto, la identificación de varios lugares carece de certeza.

Mara y Elim se localizan en Ain Hawarah y Wadi Gharandel, respectivamente, a lo largo de la costa occidental de la península. Dofca (Nm. 33:12), cuyo nombre significa "fundición", se localiza más al S y se identifica con Serabit el-Khadim, antiguo centro minero, dedicado a la extracción de cobre y de turquesas. A Refidim se le identifica con Wadi Refayid, aunque otros prefieren Wadi Feiran. Cades-barnea, en el desierto de Parán (Nm. 13:26; Dt. 1:2), está en Ain Qudeis, en los límites de los desiertos de Zin y Parán, y abarca toda una región de manantiales. En Nm. 33:18-34 aparece una lista de lugares que, así como otros en la última etapa de la peregrinación, presentan mucha dificultad para identificarlos. Daremos la lista de las escalas mencionadas en la Biblia (RV). Para mayores detalles véanse los artículos dedicados a cada lugar.

IV. NÚMERO DE ISRAELITAS

En Éx. 1, especialmente los vv. 7,9 y 12, se hace énfasis en la fecundidad de los hebreos en Egipto, cualidad debido a la cual cuando salieron de Egipto eran "como seiscientos mil hombres de a pie, sin contar los niños" (Éx. 12:37). En el censo que hubo en el desierto de Sinaí, había 603.550 varones (Nm. 1:19,46). Junto al Jordán, antes de la conquista, hubo otro censo y se contaron 601.730 hombres aptos para la guerra (Nm. 26:51). Agregando mujeres y niños a ese número, tendríamos una multitud de dos a tres millones de israelitas, según cálculos estadísticos.

LISTA DE ESCALAS DE LA PEREGRINACIÓN

A. *De Ramesés a Sinaí*	Éxodo	Nm. 33
1. Salida de Ramesés	12:37	3
2. Sucot	37	5
3. Etam	13:20	6
4. Pi-hahirot	14:2	7
5. Paso por el mar Rojo	22	8
6. 3 días por el desierto de Shur	15:22	8
7. Mara	23	8
8. Elim	27	9
9. Junto al mar Rojo	–	10
10. Desierto de Sin	16:1	11
11. Dofca	–	12
12. Alús	–	13
13. Refidim	17:1	14
14. Desierto de Sinaí	19:1	15

B. *De Sinaí a Cades*	Números	Nm. 33
15. Salida de Sinaí	10:12	16
16. Tabera	11:3	–
17. Kibrot-hataava	11:34	16
18. Hazerot	35	17
19. Ritma	—	18
20. Cades (desierto de Parán)	12:16; 13:26	–

C. *De Cades a Ezión-geber y regreso*		
21. Rimón-peres	––	19
22. Libna	––	20
23. Rissa	––	21
24. Ceelata	––	22
25. Monte de Sefer	––	23
26. Harada	––	24
27. Macelot	––	25
28. Tahat	––	26
29. Tara	––	27
30. Mitca		28
31. Hasmona	––	29
32. Moserot	––	30
33. Bene-Jaacán	––	31
34. Mte. de Gidgad	––	32
35. Jotbata	––	33
36. Abrona	––	34
37. Ezión-geber	––	35
38. Cades (desierto de Zin)	20:1	36

D. *De Cades al Jordán*	Números	Nm. 33
39. Salida de Cades	20:22	37
40. Mte. de Hor	22	37
41. Zalmona	––	41
42. Punón		42
43. Obot	21:10	43
44. Ije-abarim	11	44
45. Valle del Zered	12	–
46. Desierto, otro lado de Arnón	13	–
47. Beer	16	–
48. Matana	18	–
49. Dibón-gad, extendiéndose para Nahaliel	19	45
50. Almón-diblataim y probablemente para Bamot	19	46
51. Montes de Abarim, delante de Nebo (valle a la cumbre de Pisga)	20	47
52. Campos de Moab, junto al Jordán	––	48
53. Sitim	25:1	49

Varios autores consideran inconcebible esa cifra, y afirman que los →números no deben ser tomados literalmente, pues los israelitas no pasarían de algunos miles. Creen que difícilmente 70 personas podrían multiplicarse tanto en tan poco tiempo. Sin embargo, en vista de lo dicho en Éx. 1:7,9,12 no es del todo imposible. El crítico Bright afirma que un pueblo servido por *dos* parteras (Éx. 1:15-22), que cruza el mar Rojo, en *una* noche y que se acobarda ante un enemigo más numeroso, no podía ser tan grande. Además, una multitud de tres millones ocuparía más de dos veces la extensión entre Egipto y Sinaí. Otros alegan que el desierto no podría acomodar una multitud tan grande.

Reconocemos en verdad que en el desierto, aunque hubiera abastecimiento de agua en muchos lugares y posiblemente el clima fuera mejor antiguamente, antes de los devastamientos de las matas de acacia, habría insuficiencia de agua y alimentos; pero precisamente en eso se muestran los milagros de Dios para mantener a su pueblo. Wright se refiere a un escritor del siglo I a.C. para quien la población de Egipto en esa época era de siete millones, y añade que en la batalla de Cades (1286 a.C.), en Siria, contra los hititas, Ramsés II tenía un ejército de *ca.* 20.000 soldados. Israel, entonces, con 600.000 guerreros, sería muy superior a los egipcios y no les hubiera temido. Por otro lado, debemos considerar que el ejército egipcio era fuerte, adiestrado, equipado con carros y caballos, mientras los israelitas no tenían preparación bélica, y estaban acostumbrados a la sedentaria servidumbre. Harrison sostiene, basado en las excavaciones hechas en las ciudades cananitas del siglo XII a.C. y por las cartas de Tell →el-Amarna, que toda la población de la Tierra Prometida sería muy inferior a los tres millones, mientras los textos de Éx. 23:29 y Dt. 7:7, 17,22 nos permiten entender que los israelitas eran menos numerosos que los habitantes de Canaán.

Varias tentativas se han hecho hacia una comprensión racional de las cifras bíblicas. Sir Flinders Petrie sugirió que la palabra hebrea *Elef* debe corresponder a "familia" (cp. Jue. 6:15) o "tienda" y no a "mil". Así, la tribu de Manasés tendría 32 tiendas de 200 personas, y no 32.200 personas (Nm. 1:35). El número total de israelitas bajaría a 5 ó 6 mil. Clark toma también esta palabra y prefiere hacer una revocalización de *Alluf*, cuyo parónimo en ugarítico significa "capitán", "líder" o "jefe", y afirma que en el proceso de transmisión *Elef* quizá tomó el lugar de *Alluf*. Si es así, Dan tuvo 60 capitanes y 2.700 guerreros, y no 62.700 varones (Nm. 1:39).

Otra posibilidad que presentan los críticos es que las cifras del libro de Números sean tomadas de una época posterior en la historia de Israel, como p.e. del censo hecho en los días de David. Otros creen que los números expresan una realidad comprensible para los antiguos. Harrison sugiere que las cifras de Éx. y Nm. son usadas simbólicamente, para expresar poder relativo, triunfo, importancia o algo semejante.

Por tanto, aunque el valor literal de las cifras sea admisible, por no poder refutarlo completamente, las sugerencias hechas buscando una comprensión más racional de los números merecen consideración y un amplio estudio.

V. PARTICIPANTES EN LA PEREGRINACIÓN

Sabemos que el nacimiento de la nación de Israel no fue resultado de un proceso genealógico solamente, sino más bien de un proceso complicado que integró una considerable variedad étnica. Tanto más si aceptamos una de las interpretaciones que buscan restar las cifras de los censos de Nm.

Cuando los hijos de Israel salieron de Egipto "también subió con ellos grande multitud de toda clase de gentes" (Éx. 12:38), compuesta posiblemente por otros esclavos de distintas razas y aun por egipcios mismos que quizás hubieran aceptado al Dios de Israel. Seguramente muchos israelitas se mezclaron con egipcios y con otros extranjeros, durante los 400 años (Lv. 24:10), pues el mismo José se había casado con la hija de un sacerdote egipcio (Gn. 41:45). El propio Moisés también se casó con una madianita (Éx. 2:15,21) y más tarde con una cusita (Nm. 12:1). La Biblia menciona en Nm. 10:29-33 la unión de un clan madianita con Israel en el desierto (cp. Jue. 1:16). Caleb (Jos. 14:14) y Otoniel (Jos. 15:17) no eran judíos y recibieron herencia entre los hijos de Israel. A la luz de todo eso, Israel peregrinó por el desierto no como una unidad étnica pura, sino como reunión de grupos de diverso origen, que se juntaron tanto antes como después del éxodo (cp. Nm. 11:4).   D. S. H.

Bibliografía

"Éxodo, Itinerario del", *EBDM*. R. K. Harrison, *Introduction to the Old Testament*, Michigan: Grand Rapids, 1969. G. Ernest Wright, *Biblical Archeology*, Philadelphia: Westminster Press, 1957. John Bright, *La historia de Israel*, Buenos Aires: Editorial Methopress, 1966. E. J. Young, *Introdução ão Antigo Testamento*, São Paulo, Brasil: Edições Vida Nova, 1964.

PEREGRINO. Término que se aplica al que anda de paso, y habita sólo temporalmente en un lugar. En el NT se hace referencia a los cristianos como p., a fin de recordarles que su vida actual no es su destino definitivo, sino que su hogar permanente está junto al Padre (1 P. 1:17; Heb. 11:13). Esto no significa, por supuesto, que el NT insinúe que la vida presente y el mundo actual carezcan de sentido o sean malos. Pero sí significa que los valores de la edad presente no son finales. Por tanto, el término "p." aparece en un contexto de fe en Dios como creador de todo cuanto existe.

El uso del término en el NT tiene profundas raíces en el AT, y particularmente en el episodio del éxodo (Heb. 11:13). Por tanto, cuando en el NT se nos dice que somos p., esto quiere decir que somos semejantes al pueblo de Israel en el desierto; nuestro socorro no es fruto de esfuerzos o capacidad nuestros, y la meta final no es este camino que atravesamos. El ser p. no absolvió al Israel del AT de su obligación de ser fiel a Dios en el desierto, y por tanto el ser p. en el NT no quiere decir que el nuevo Israel deba desentenderse del mundo de su peregrinación. Lo que sí quiere decir es que este mundo no es ni puede llegar a ser la tierra prometida. (→PEREGRINACIÓN.)   J. L. G.

PERFECTO. Término bíblico que significa "completo", "cabal", "maduro", o "que ha alcanzado su máximo desarrollo". En algunos casos denota el estado en que ya no falta nada. Aplicado al hombre del AT, tiene el significado de "íntegro". Asa, el rey, fue llamado "p." (1 R. 15:14). Sin embargo, no ha de interpretarse en un sentido absoluto, sino como expresión de integridad.

En el NT encontramos un amplio uso del término, que en gr. es *teleios,* y su significado especial es "completo", "maduro", "que llena su propósito". Se traduce al castellano en varias formas. Pablo habla de los hermanos que son p., pero por el contexto sabemos que no se refiere a una perfección totalmente exenta del pecado, ni a un desarrollo tal que no puedan crecer más, sino a madurez espiritual (cp. Fil. 3:13,14). En Ef. 4:13,14 Pablo mismo contrasta a un "varón p." o maduro espiritualmente, con el "niño fluctuante" falto de estabilidad. Jesús emplea el término en un sentido ético, pero siempre relativo, en Mt. 19:21 al indicar al joven rico lo que le hace falta para alcanzar una bondad completa, cabal.

P. puede aplicarse con sentido absoluto, tal como nosotros solemos hacerlo para señalar la perfección moral absoluta, solamente cuando nos referimos a Dios. Nadie más es bueno en este sentido. Mt. 5:48 reta al creyente a ser p. como Dios es p., y este reto destruye cualquier orgullo o autosatisfacción que hubiera en el hombre. Por esta razón Pablo dice que no se considera como ya p., sino que prosigue "a la meta del premio del supremo llamamiento de Dios en Cristo Jesús" (Fil. 3:12).

Por provenir de Dios, muchos de los atributos, obras y dones se llaman p. Ro. 12:2 habla de la p. voluntad de Dios que el hombre de mente transformada puede conocer. Asimismo se destaca el amor p. que echa fuera el temor (1 Jn. 4:18). Santiago afirma que todo don p. viene de Dios (1:17). El mandato de Dios nos obliga a esforzarnos mediante el poder del Espíritu Santo a seguir adelante hacia la meta de la perfección moral y espiritual, aun cuando sabemos que en esta vida no la alcanzaremos (Fil. 3:12).   A. C. S.

PERFUMES. Desde siglos antes de Cristo, los pueblos orientales mostraron gran interés y preferencia por la elaboración y uso de los p. Se aplicaban en el cuerpo (Gn. 37:25; Est. 2:12; Pr. 27:9; Is. 57:9; Cant. 1:3; 4:10; Jn. 12:3), en los vestidos (Sal. 45:8) y en las camas (Pr. 7:17). Además se destinaban a usos solemnes, rituales y simbólicos: para las literas de los príncipes (Cnt. 3:6,7), para →embalsamar los cadáveres (2 Cr. 16:14; Mr. 16:1; Lc. 23:56; Jn. 19:39,40) y para el servicio del tabernáculo (Éx. 30:23-38).

Fueron los egipcios los que históricamente crearon el uso de p. En sus grandes banquetes acostumbraban derramar gotas de p. en la cabeza de los comensales. Los hebreos siguieron esa costumbre (Sal. 133:2), y en tiempo de Cristo la practicaban con aceite (Sal. 92:10; Lc. 7:46). (→ UNGÜENTOS).   M. V. F.

PERGAMINO (nombre derivado de →Pérgamo, antigua ciudad cuyos reyes fomentaron la fabricación de este material en el cual se escribían textos). Era un material más durable y caro que el →papiro, y es sabido que ya desde 300 a.C. se preferían para su elaboración pieles de ternera, oveja o cabra, aunque se usaban también de vaca o cerdo. Estas últimas producían un p. de inferior calidad. Las pieles eran sometidas a un baño en cal que facilitaba descarnarlas, luego eran lavadas y raspadas, y por último estiradas y cubiertas con capas de albayalde. Su color final era blanco, pero podían teñirse con azafrán o tintura púrpura.

Según 2 Ti. 4:13, Pablo dejó a Troas, por razones desconocidas, algunos p. que formaban parte de la colección que solía llevar consigo. Sin duda se trataba de →rollos escritos sobre pieles de animales, puesto que los grandes códices bíblicos no existían en la época de 2 Ti.
                                          R. O.

PÉRGAMO. Ciudad famosa de Misia en Asia Menor. Ocupaba un promontorio entre dos tributarios del río Caicus, donde ha habido una población desde tiempos prehistóricos. Capital de reinos desde 282 a.C., siguió bajo los romanos como capital administrativa de la provincia de Asia.

Fue un centro de cultura cuya biblioteca (200.000 tomos, →PERGAMINO) y escultura todo el mundo admiró. Pero se destacó especialmente en el campo de la religión: (1) El Templo de Esculapio, cuyo símbolo era la serpiente (cp. Ap. 2:13) y cuyo título era "Esculapio Salvador", hizo de P. el "Lourdes del mundo antiguo", centro de sanidad milagrosa. (2) Otros dioses griegos (Zeus, Atenea y Dionisos) tenían sus altares, muy frecuentados, en un alto promontorio. Estos cultos paganos quizá tengan relación con "la doctrina de → Balaam" (Ap. 2:14), o sea "la doctrina de los →nicolaítas" (Ap. 2:15). (3) El primero, y por años el único, templo dedicado al culto imperial se construyó en P. en 29 a.C., para honrar a César Augusto y a Roma; por tanto, P. era sede para Asia de la religión oficial del estado. Dicha religión era satánica; asociaba el poder real concedido por Dios con el estado civil, y éste practicaba la adoración blasfema de un hombre. Posiblemente → Antipas (Ap. 2:13) fue juzgado y martirizado al negarse a ofrendar a César la pulgarada reglamentaria de incienso.

En la tercera de las siete cartas de Ap. 2:3, la iglesia de P. recibe encomios y advertencias del Señor. Él posee la autoridad de la espada (cp. Ro. 13:3ss.) sin pervertirla, y galardona al que vence con el "maná escondido" y con una "piedrecita blanca".

R. F. B.

PERGE. Ciudad de → Panfilia (región en la costa S de Asia Menor) levantada a orillas del río Cestro, a unos 11 km de su desembocadura para protección contra los piratas. En el siglo II a.C. fue construida la ciudad de → Atalia, que le sirvió de puerto principal; pero ésta absorbió mucho de la prosperidad de P.

P. fue la capital religiosa de Panfilia, como atestigua un templo de Diana situado cerca de la ciudad. En ella desembarcaron Pablo y Bernabé en su primer viaje misional, y en ella también los abandonó Juan Marcos, su común ayudante (Hch. 13:13). Pablo volvió a visitar a P, en su viaje de regreso (Hch. 14:25).

A. T. P.

PERLA. Joya formada por una secreción de nácar dentro de la concha de algunos moluscos. Las ostras elaboradoras de p. se encuentran agrupadas en "bancos de p." y permanecen en mar profundo.

En los tiempos del AT las p. se estimaban como gemas de muy alto precio, aunque las referencias a ellas no son muy precisas. Posiblemente fueran conocidas en los días de Salomón (Job 28:18).

En el NT hay referencias más claras sobre las p. (Mt. 7:6; 13:45). Como adorno femenino se les menciona en 1 Ti. 2:9 y Ap. 17:4. Por su valor y belleza la p. prefigura la salvación que el hombre logra mediante el gran sacrificio de Cristo; nosotros la adquirimos a muy alto costo (Mt. 13:45,46).

Se cree que en Ap. 21:21 se alude a la madreperla, la cual los artesanos de Belén actualmente tallan para confeccionar estrellas, cruces y otras curiosidades muy apreciadas por los lugareños y los visitantes de la Tierra Santa.

M. V. F.

PERSECUCIÓN. Insistencia en hacer daño a los practicantes del judaísmo o del cristianismo.

Los judíos, debido a sus prácticas aparentemente antisociales (su solidaridad como grupo, su falta de cooperación con el gobierno y su notable éxito financiero), cosecharon mucha antipatía entre sus vecinos gentiles. Desde la segunda sección de Isaías (v.g., 50:5s.) el AT asocia el → testimonio fiel con la necesidad del sufrimiento y aun del martirio. Particularmente en la lucha contra los seleúcidas (→ CRONOLOGIA INTERTESTAMENTARIA), los judíos sufrieron mucha p., al resistir la helenización forzada (cp. 4 Mac. 17:7–18:24). Bajo el Imperio Romano hubo brotes de p., especialmente fuera de Palestina (→ DISPERSIÓN), a pesar de la tolerancia oficial del judaísmo.

Los cristianos heredaron esta suerte y la aceptaron, animados por las enseñanzas de Jesús sobre la necesidad de la p. (Mt. 5:11s.; 10:16-25; Jn. 15:18-27) y sobre la paciencia frente a esta señal de los últimos tiempos (Mr. 13:7-13; Lc. 9:53-56; Jn. 18:36). Irónicamente, los primeros en perseguirlos fueron los mismos judíos. La predicación de un Mesías crucificado, de cuya muerte los dirigentes judíos eran culpables, suscitó gran oposición, sobre todo entre los saduceos (Hch. 4:1,6).

Aunque en un principio la iglesia gozó de buen nombre en Jerusalén (Hch. 2:46s.; 5:14; cp. 5:34-40), la prédica de → Esteban cambió esta situación en parte, y la p. se extendió hasta Damasco (Hch. 8:1; 9:1s.). En 44 d.C. Jacobo fue víctima de esta hostilidad (Hch. 12:1ss.), la cual después también perseguía a Pablo en todas sus actividades (→ JUDAIZANTES). Todo esto condujo a la ruptura oficial entre la sinagoga y la iglesia en el sínodo judío de Jamnia, *ca.* 90 d.C.

El Imperio Romano, tras una tolerancia inicial del cristianismo, como si éste fuera nada más que una secta del judaísmo, cambió a una actitud cada vez más hostil. Cuando Nerón buscó en 64 d.C. alguien a quien culpar por el incendio de Roma, decidió acusar a los cristianos, quienes, según el historiador Tácito, eran malqueridos, y declaró *religio illicita* en Roma al cristianismo. En esta cruel p., limitada a la capital, muchos perdieron la vida (cp. 1 P. 2:12; 4:14-17). Pero hasta los días de Domiciano (81-96), cuando en Roma y en Asia Menor se renovó la p. imperial (→ APOCALIPSIS), los procesos contra los cristianos dependían de los gobernadores de provincias y del curso que éstos quisieran dar a las quejas particulares. Esta condición continuó hasta los días de Decio (249-251), quien inició una p. total.

Los cristianos incurrieron en mayores problemas al negar al César el culto que, desde el siglo I, éste demandaba (→ SEÑOR).

R. F. B.

Bibliografía
VTB, pp. 612-615.

PERSIA. Los persas y los → medos constituían el grupo iránico, los más orientales de los indoeuropeos que en el segundo milenio a.C. se establecieron en las mesetas iranias.

La historia antigua de P. es poco conocida. En los anales del rey asirio → Salmanasar III (mediados del siglo IX a.C.) se registra a los *parsua* al oeste y sudoeste del lago Urmia. En su migración hacia el sudoeste, las tribus persas

505

llegan *ca.* 700 a.C. a la zona que denominaron *parsumas.*

Después de una breve dominación por los elamitas y medos, el pequeño reino de Parsumas, fundado por Aquemenes, comienza a expandirse, sobre todo con Teispes (675-640), quien incorpora a su dominio las provincias de Ansan y de Parsa, más al sudeste. Sus hijos se dividen el país: Ariaramnes (*ca.* 640-590) recibe Parsa, y Ciro I (*ca.* 640-600) se queda con Parsumas.

del templo y las murallas. Los persas fueron siempre sumamente condescendientes con los judíos (→DARÍO I, →ARTAJERJES I). Las fuentes históricas de este período del Imperio Persa son las antiguas inscripciones persas, las ruinas de los palacios de Persépolis y Susa, y los historiadores griegos (Herodoto, Plutarco, Estrabón).

En la historia bíblica el nombre de P. aparece por primera vez en Ez. 27:10; 38:5, y se encuentra sobre todo, lógicamente, en la litera-

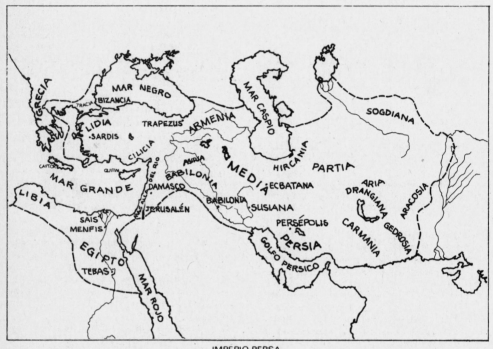

IMPERIO PERSA

Ciro II, o Ciro el Grande, llamado por Isaías en sus profecías el "ungido del Señor" (44:28; 45:1), logró unir a varias provincias con Media y conquistar a Neobabilonia. El mismo emperador también permitió la reconstrucción de Jerusalén bajo Nehemías. Junto con Darío "el Medo", Ciro simbolizaba el poderío benigno del imperio persa.   EBM

En el 556 a.C. →Ciro II se rebela contra el soberano medo Astiages y lo depone. Nace así el Imperio Persa, más unificado y poderoso que el medo, y uno de los más importantes de la antigüedad. Dominó el Cercano Oriente desde el 539 hasta el 333 a.C. y se extendió desde la India hasta el Mediterráneo y desde las estepas de Siberia hasta Egipto. Finalmente sucumbió ante el imperio de Alejandro Magno, después de la batalla de Isos.

El cambio marcado en la historia por la instauración de la dinastía persa de los aqueménidas fue altamente favorable para los judíos, gracias a la política de tolerancia de los persas. Con este período persa está enlazada la restauración de Israel: el retorno de la cautividad, la sistematización de Jerusalén y la reconstrucción

tura postexílica (Ester, Daniel, Esdras y Nehemías).

La cultura persa es una síntesis de elementos tomados de los pueblos conquistados, especialmente de Mesopotamia (Asiria y Babilonia) y Egipto. El aspecto más original e influyente de esta cultura lo fue su particular vivencia religiosa.

La religión persa fue el mazdeísmo (de Mazda, el Sabio) cuya fundación se atribuye a Zaratustra (Zoroastro), *ca.* siglo VII o VI a.C., aunque el tiempo de la actividad de éste es muy discutido. El mazdeísmo se caracteriza por su monoteísmo dualista: se reconoce una sola divinidad, Ahura-mazda ("el sabio Señor"), Dios supremo, creador y conservador del mundo, principio del bien, la verdad y la justicia, al cual se opone Angra-mainyu ("el espíritu destructor") que preside las fuerzas del mal.

El Zend-avesta (libro sagrado del mazdeísmo) presenta a estos dioses eternamente en lucha; de ahí proviene la pugna entre el bien y el mal, que durará hasta el fin del mundo, cuando el bien triunfará. Del hecho de que el hombre puede y debe participar en esta lucha con su vida virtuosa surge la noción de la responsabilidad moral. El hombre es responsable ante la divinidad y por tanto debe cumplir sus mandamientos; con esto fortalece el poder del bien, disminuye el poder del mal y se hace merecedor a una recompensa en esta vida o en la venidera. Los tres mandamientos de Zaratustra son: buenos pensamientos, buenas palabras y buenas obras.

El mazdeísmo evolucionó como una "religión de salvación". En esta fe "militante" el hombre virtuoso aspira a alcanzar una recompensa, especialmente más allá de la muerte; cada uno rendirá cuentas de sus actos mediante un juicio. El otro mundo será establecido después de ese juicio, una vez que los hombres hayan sido lanzados a las tinieblas (castigo eterno), o bien conducidos a la inmortalidad y bienaventuranza en eterna comunión con Ahura-mazda. Por ello el mazdeísmo puede definirse como un racionalismo ético con rasgos marcadamente escatológicos.

Notable fue la influencia de la religión persa. La hegemonía persa desde mediados del primer milenio a.C., la estancia de los judíos en Babilonia y el internacionalismo de la lengua → aramea, explican múltiples rasgos del judaísmo postexílico. Cabe también destacar la repercusión que el mazdeísmo tuvo sobre el dualismo de los maniqueos, que, a su vez, tan negativamente repercutió sobre la iglesia (especialmente la patrística) en la definición y evolución del pensamiento cristiano.　　　　V. A. G.

En los tiempos de Daniel y en el periodo intertestamentario los emperadores persas gobernaban el mundo de entonces desde este regio salón imperial. OIUC

PERRO. Animal doméstico conocido desde tiempos remotos en Egipto y Mesopotamia, donde llegó a ser objeto de culto.

En tiempos bíblicos el p. no era tan apreciado como ahora. Se le consideraba un animal vagabundo que se alimentaba de desperdicios y cadáveres (Éx. 11:7; 22:31; Sal. 59:14,15). No obstante, se le usaba para defender los → rebaños y cuidar de la casa (Job 30:1; Is. 56:10).

El p. se usa como figura casi siempre de connotación peyorativa. Representa la miseria y la ruina (1 R. 14:11; 16:4; 21:19ss.), al hombre despreciable (1 S. 17:43), la humildad excesiva y la insignificancia (2 R. 8:13). La expresión "p. muerto" o "cabeza de p." indicaba un objeto indigno (1 S. 24:14; 2 S. 3:8; 9:8; 16:9). El salmista tilda de p. a sus enemigos (22:16,20), e Isaías a los dirigentes religiosos irresponsables (56:10,11).

Para los judíos, los gentiles eran p. (Mt. 15:26; Mr. 7:27); pero para Pablo son p. los

Las extensas ruinas de Persépolis, en lo que hoy se conoce como Irán, demuestran algo del tamaño y la grandeza de esta capital de los reyes persas en el siglo V a.C. La ciudad fue destruida por Alejandro Magno. OIUC

judaizantes o quizá los judeo-cristianos → gnósticos (Fil. 3:2). Jesús considera p. a los que no saben distinguir entre lo santo y lo impuro (Mt. 7:6). En Ap. 22:15 el p. es símbolo de la prostitución religiosa (cp. Dt. 23:18).

A. P. G.

PESAS Y MEDIDAS. El sistema heb. antiguo de p. y m. tiene su origen en las civilizaciones babilónicas y egipcias. Es notable la influencia de Babilonia sobre la Palestina antigua que se destaca en las famosas tablillas de → Amarna. Dichas tablillas pretenden ser la correspondencia de ciertos reyes palestinos con el faraón de Egipto, y están escritas en el idioma de Babilonia, aunque datan de muchos años después de que dicha nación perdiera su dominio ante Egipto. Babilonia fue, entonces, la fuente de la metrología (ciencia de las p. y m.), pero hubo en el Medio Este y en tiempos antiguos una

PESAS Y MEDIDAS

EN EL ANTIGUO TESTAMENTO

Pesas y monedas

Gera	1/20 siclo	0.57	gramos de plata
Siclo	unidad básica	11.4	gramos de plata
Libra (mina)	50 siclos	570	gramos de plata
Talento	.... *ca.*	34	kilogramos

Medidas lineales

Palmo menor	ancho de la base de los dedos	7.5	centímetros
Palmo	del pulgar al meñique	22.5	centímetros
Codo	del codo al dedo cordial	45	centímetros
Caña	seis codos (Ez. 40:5) .... *ca.*	3	metros

Medidas de capacidad (para áridos)

Gomer	1/10 de un efa (Éx. 16:36)	2.2	litros
Seah	1/3 de un efa	7.3	litros
Efa	unidad básica	22	litros
Homer	10 efas	220	litros

Medidas de capacidad (para líquidos)

Log	1/12 de un hin	0.3	litros
Hin	1/6 de un bato	3.7	litros
Bato	igual al efa	22	litros
Coro	10 batos	220	litros

EN EL NUEVO TESTAMENTO

Pesas y monedas

Blanca (gr., *lepton*)	1/8 *assarion*	(.031 gr.)
Cuadrante	1/4 *assarion*	(.063 gr.)
Cuarto (gr., *assarion*)	1/16 *denario*	(.25 gr.)

Denario	sueldo diario de un jornalero .... *ca.*	4	gramos de plata
Dracma	aproximadamente = un denario	3.6	gramos de plata
Estatero	cuatro dracmas (Mt. 17:27)		
Talento	6.000 dracmas	21.600	gramos de plata
Libra	(Jn. 12:3)	327	gramos de plata

Medidas lineales

Codo		45	centímetros
Braza	4 codos	1.80	metros
Estadio	400 codos	180	metros
Milla		1.480	metros

Medidas de capacidad

Almud (gr. *modio*, Mt. 5:15)		8.7	litros
Medida (gr. *saton*, Mt. 13:33//)	1 1/2 *modio*	13	litros
Barril (gr. *batos*, Lc. 16:6)		37	litros
Medida (gr. *coros*, Lc. 16:7)		370	litros
Cántaro (gr. *metretes*, Jn. 2:6)		40	litros

gran variedad de normas. En el Oriente Cercano en tiempos bíblicos las normas variaban según distritos y ciudades. Inclusive Israel mismo no tenía un sistema completamente reglamentado. David (2 S. 14:26) y Ezequiel (45:10) establecieron ciertas normas.

La tradición rabínica de que hubo normas de p. y m. depositadas en el templo no se ha podido verificar todavía. Sin embargo, la ley hebrea demandaba p. y m. justas (Lv. 19: 35,36). Los profetas condenaron a los comerciantes injustos en este respecto (Pr. 11:1; Mi. 6:11). Se entiende mejor la importancia de las exhortaciones a la luz de las pruebas arqueológicas que muestran cierta diferencia entre las pesas hebreas encontradas.

En tiempos antiguos las pesas fueron piedras labradas, generalmente con una base plana para facilitar su manejo. Tenían formas distintas para poder distinguirlas (tortugas, patos, leones, etc.). Muchas veces llevaban una inscripción del valor y la norma a la cual pertenecían.

I. MEDIDAS LINEALES

Era muy natural que el hombre encontrara en el cuerpo humano una norma para las m. lineales. Originalmente el → "codo" representaba el largo del antebrazo y fue aceptado como una de las m. generales. A eso se agregó el → "palmo", el "dedo", etc. No parece haberse usado "el pie" en el AT. Como puede verse, todo esto representa un sistema simple, pero resultaba adecuado para una etapa de desarrollo relativamente sencillo. Para las complicaciones de las civilizaciones más avanzadas, el sistema resultó inadecuado.

En el NT el sistema de valores también es tomado de otras civilizaciones. Las → "brazas" de Hch. 27:28 (literalmente el largo de los brazos abiertos) son una m. de 6 pies cada una. En Lc. 24:13 se hace referencia a "estadios" (100 brazas), un término tomado de los griegos.

II. MEDIDAS DE CAPACIDAD

Debido a la escasez de pruebas arqueológicas acerca de esta clase de m., son menos conocidas que las m. lineales. Sin embargo, se conoce su valor relativo. En cuanto al origen de ellas, se especula que derivan de las m. lineales (por ejemplo, haciendo un cubo de la m. de un codo, y estableciendo cuánto de granos cabría en semejante cubo).

El → "homer" era una m. común para cereales (más o menos 220 litros). El → "efa" es otra y representa la décima parte del homer.

III. MEDIDAS DE PESO

No cabe duda de que se basan en los granos (trigo, cebada, etc.) y representan un sistema más desarrollado por babilonios y egipcios. Habiendo establecido el volumen de un cubo según las m. lineales, hicieron la comparación entre la cantidad de granos y la cantidad de agua que dicho cubo contendría. Así que determinaron las pesas según cierto número de granos.

IV. MEDIDAS DE ÁREA

En muchos casos las áreas de terreno se medían en términos completamente empíricos. Se establecía el tamaño, por ejemplo, según la cantidad de terreno que una yunta de bueyes podía arar en un día (1 S. 14:14). A veces se tomaba la m. según la cantidad de semilla necesaria para sembrar cierta área (Lv. 27:16).   A. T. P.

Bibliografía
IB II, 533-35; De Vaux, R., *Instituciones de Israel*, 271-288.

PESCADOR. →PEZ.

PESEBRE. Cajón hecho de mampostería y colocado en los establos, para echar el pasto para los animales. El vocablo gr. *fátne* podría indicar también el establo mismo (en Lc. 2:7,12,16). En el primer siglo las casas humildes se dividían en dos partes: la parte junto a la entrada servía de establo en donde dar de comer a los animales y protegerlos del frío y la lluvia, y en la parte interior, un poco más elevada, vivía la familia.

Algunas excavaciones indican que a veces el ganado se guardaba en una cueva aparte de la casa, o debajo de ella. De ahí que en los primeros siglos la tradición afirmara que Jesús había nacido en una cueva.   J. E. G.

PESTILENCIA. Los procesos infecciosos se encuentran en la Biblia englobados en los fenómenos de la peste y la p. Por su rápida propagación y por sus incontenibles efectos destructores, ambas parecen generalmente como el medio más apropiado para el castigo divino. Con ellos extermina Dios al pueblo rebelde y al enemigo (Éx. 5:3; 9:15; 2 S. 24:15; Jer. 14:12). En este aspecto, con un correcto sentido médico, se asocian con otras dos calamidades y constituyen los tres clásicos azotes de la humanidad: →guerra, →hambre y p. (Dt. 32:23,24; Ap. 6:4-8). Peste y p. son términos imprecisos, no obstante, y se refieren a enfermedades transmisibles de hombres, animales y vegetales; muchas veces se presentan asociadas entre sí, para consumar la destrucción (1·R. 8:37).

Las p. mencionadas en la Biblia son difíciles de identificar con las que hoy conocemos. El pasaje que describe la →plaga de los ganados podría referirse al carbunco o al tétano, según las características de la epizootía (Éx. 9:3). La p. registrada en Dt. 28:28 permite deducir encefalitas. La plaga que azotó a los filisteos (1 S. 6:2-5) y la que mató en una noche a 185.000 asirios del ejército del rey →Senaquerib (2 R. 19:35) seguramente fueron casos de peste bubónica.

Una manera de combatir la propagación de las p. parece haber sido la cremación de los cadáveres, de acuerdo con lo que permite deducir el consejo de Amós (6:9,10a.)

L. A. S.

PETOR. Sitio donde vivía el vidente → Balaam (Nm. 22:5; Dt. 23:4), situado en la Alta Mesopotamia. Fue conquistado por los hititas, pero, según las inscripciones egipcias, el faraón Tutmosis se lo arrebató (*ca.* 1450 a.C.). Más tarde fue tomado por Salmanasar III (*ca.* 1015 a.C.).

En la tierra de Amaú, donde el río Sajur se confunde con el Éufrates, y a 640 km de Moab, habitaba antiguamente un pueblo de nombre Pitru, que se cree correspondía al P. bíblico. Sin embargo, la ubicación exacta de P. permanece incierta.   W. G. M.

PETRA. → SELA.

PEZ, PESCADO. Bíblicamente, los p. aparecen en numerosas ocasiones desde el principio de la humanidad. Forman parte de la creación que fue encomendada al hombre para sojuzgarla (Gn. 1:26,28). En el transcurso de la historia, por tanto, sin duda muy pronto los p. llegaron a constituir un alimento común en muchos de los pueblos del mundo bíblico. Los israelitas

Por lo menos siete de los discípulos de Jesucristo eran pescadores, por lo cual las referencias a la pesca abundan en los evangelios. Solían usar redes, y la especie de pez más buscada era probablemente la tilapia.   SP

sentían nostalgia por los p. que comían "de balde" allá en Egipto, país donde abunda este alimento (Nm. 11:5; cp. Éx. 7:18-21). En Jerusalén abundaba tanto la venta de p. que hubo

necesidad de establecer un lugar especial para los vendedores (2 Cr. 33:14; Neh. 3:3). Al parecer, el p. era llevado a Jerusalén desde los mares de → Tiro por comerciantes extranjeros (Neh. 13:16).

Las leyes de Moisés permitían comer toda clase de p. que tuviera escamas y aletas (Lv. 11:9-12; Dt. 14:9,10). Seguramente en Mt. 13:48, al mencionar a los pescadores seleccionando su pesca, se hace referencia a esta ley. Lo "bueno" sería, entonces, los p. con escamas y aletas, y lo "malo" los tenidos por inmundos. A los judíos les estaba prohibido rendir adoración a los p., costumbre muy practicada en otros pueblos idólatras (Dt. 4:18; →DAGÓN). Los profetas hacen frecuentes referencias al oficio de la pesca (Is. 19:8; Jer. 16:16; Ez. 26:5,14; 32:3-5; Am. 4:2; Hab. 1:15; Sof. 1:10).

En los Evangelios también hay continuas referencias a la pesca, al p. y los pescadores (Mt. 7:10; 13:47; Mr. 1:16; Lc. 5:1-11; Jn. 21:6-11). El uso frecuente de estas escenas en los Evangelios se debe a que algunos de los discípulos del Señor eran pescadores antes de ser llamados al ministerio de Cristo. Los primeros seguidores del Señor recibieron el título de "pescadores de hombres" (Mt. 4:18-22), muestra de que el Señor hablaba a las gentes en términos conocidos.   A. P. P.

PIBISET (egipcio = 'casa de Bastet'). Ciudad antiquísima del Bajo Egipto, ubicada a orillas del brazo oriental del Nilo, unos 72 km al NE de El Cairo moderno. Se menciona una sola vez en la Biblia (Ez. 30:17). Los antiguos escritores griegos la llamaban Boubastis, y Herodoto (II, 60) conservó una descripción de ella. Fue importante durante la dinastía XIX (siglo XII a.C.) y la dinastía XXII (la del faraón → Sisac 945 a.C.).

En P. se adoraba a Bastet, diosa que tenía cabeza de león o de gato.   J. L. G.

PIE. Pocas veces la Biblia se refiere al p. en estricto sentido corporal y médico, v.g., quebradura de p. (Lv. 21:19) o hinchazón de p. (Dt. 8:4). Sin embargo, en ocasiones se utiliza la palabra p. a manera de eufemismo; tal es el sentido de la expresión "cubrir los p." que se usa probablemente para referirse al acto de defecar (Jue. 3:24; 1 S. 24:3).

Son numerosas y variadas las referencias al p. en sentido figurado. Poner los p. sobre la tierra significa tomar posesión de ella (Dt. 11:24; Jos. 14:9; 2 R. 21:28); poner el p. sobre la nuca del enemigo es signo de victoria y sometimiento (Jos. 10:24; 2 S. 22:39; Sal. 58:10; Mt. 22:44; Heb. 1:13); caminar descalzo significa humillación (Dt. 25:9; Job 12:17,19; Is. 20:2-4).

Descalzarse el p. tenía un especial significado legal en el antiguo Israel: que el pariente más próximo de una viuda renunciaba a los derechos establecidos por la ley del →levirato (Dt. 25:9; Rt. 4:7). Echarse a los p. de una persona significaba reconocer su supremacía (Rt. 3:8; 1 S. 25:24; Mt. 18:29; Mr. 5:22; Lc. 8:41); sentarse a los p. indicaba relación de alumno a maestro (Lc. 8:35; Hch. 22:3); besar los p. (Is. 49:23; Lc. 7:38-45) o abrazarlos (2 R. 4:27) era muestra de humillación y sumisión; lavar los p. era expresión de humildad y de servicio; enseñanza simbólica y sublime que Jesús personificó cuando lavó los p. de sus discípulos (Jn. 13:5).

L. A. S.

PIEDAD. 1. Término usado varias veces en la RV para traducir las raíces hebreas *rhm* (Sal. 25:6; Is. 14:1; 26:10; 30:18; Zac. 7:9) y *hnn* (Sal. 51:1; Am. 5:15; Jon. 4:11), que en otros casos se traducen → "compasión" o → "misericordia".

2. En el NT el término "p." es equivalente del gr. *eusebeía* y otros relacionados, que significan "religiosidad", entendida ésta como reverencia o temor ante lo divino y respeto por las ordenanzas religiosas. Entre los griegos, no se concebía la p. como una relación personal con Dios sino como un deber hacia lo divino, y una virtud. Ello explica por qué, con excepción de las Epístolas pastorales y 2 P., el NT no utiliza ese término en relación con los cristianos (cp. Hch. 3:12; 8:2; 13:50) y prefiere describir la conducta de éstos con otras expresiones: "obediencia al evangelio" o "a la verdad" (Ro. 10:16; 1 P. 1:22), "santidad" (1 Ts. 4:3; Heb. 12:14; etc.), "hacer las obras de Dios" (Jn. 6:28s.), etc.

En las pastorales y 2 P., frente a enseñanzas erróneas y corruptoras, se utiliza la palabra p., pero se redefine para referirse a la calidad de vida que corresponde a la verdad del → evangelio (2 Ti. 3:15). La p. cristiana brota del don divino de poder y vida (2 P. 1:3) que Dios ha provisto en su revelación salvadora (1 Ti. 3:16) La doctrina de Cristo es "conforme a la p.' (1 Ti. 6:3; Tit. 1:1); es decir, produce p. naturalmente y quienes carecen de ésta manifiestan no haber escuchado el evangelio (2 Ti. 3:2-8; Tit. 1:16; 2 P. 2:19-22). En cuanto al contenido de la p., NBD lo describe bien como "la expresión práctica de la fe en una vida de arrepentimiento, lucha contra la tentación y mortificación del pecado; en hábitos de oración, gratitud y reverente observancia de la Cena del Señor; en el cultivo de la esperanza, el amor, la generosidad, el gozo, la disciplina; en la búsqueda de la honestidad, la justicia y el bien en las relaciones humanas; en el respeto a la autoridad divinamente ordenada de la iglesia, el estado, la familia y el trabajo".

J. M. B.

Bibliografía
VTB, pp. 615ss.

PIEDRA. Fragmento de roca (heb. =*eben*, gr.= *lítos*) (cp. → "roca", heb. =*sur* o *sela*, gr. =*petra*, que supone mayor volumen y firmeza).

La Tierra Santa era pedregosa en extremo y era necesario despedregarla para hacerla cultivable (Is. 5:2). Los israelitas bien podían vengarse

de los de Moab cubriéndoles de p. los campos de siembra (2 R. 3:19,25).

La p. se empleaba en la construcción de viviendas particulares, edificios públicos, fortalezas y muros de las ciudades. El → Templo de Salomón fue construido así (1 R. 5:17). Los altares, según Moisés, tenían que ser hechos de p. sin labrar (Éx. 20:25; Jos. 8:31). La p. también se usaba para pisos (2 R. 16:17; cp. Est. 1:6).

Las p. grandes servían para cerrar la boca de los pozos, cisternas, cuevas y sepulcros; estos últimos generalmente eran cavados en la misma roca (Gn. 29:2; Jos. 10:18; Mt. 27:60; Jn. 11:38). También servían como mojones y majanos para señalar los linderos de heredades, términos y fronteras (Dt. 19:14; Jer. 31:21); y para conmemorar sucesos importantes, para lo cual a veces las consagraban ungiéndolas (Gn. 28:18; 31:45; Jos. 4:9).

Actos como los referidos dieron un significado teológico a la p. Se afirmaba la presencia de Dios y se le adoraba con aceite sobre una p., v.g., en el pacto de Jacob con → Labán (Éx. 31:45ss.), el paso del río Jordán (Dt. 27:2-8), o en la acción de gracias por una victoria (1 S. 7:12). Los Diez Mandamientos fueron dados en dos tablas de p. En otras dos p. que llevaba el sumo sacerdote se hallaban los nombres de las tribus de Israel (Éx. 24:12; 28:9).

Metafóricamente y con sentido peyorativo, la p. denota insensibilidad de corazón (1 S. 25:37; Ez. 11:19). Simboliza opresión y destrucción (Is. 17:11; Lm. 3:53; cp. Mt. 24:1,2), o ilustra, por contraste, una situación extrema (Lc. 19:40).

Encomiásticamente, la p. denota firmeza o fuerza (Is. 50:7). En comparación con un templo, al conjunto de miembros de la iglesia de Dios se le llama "p. vivas", y Cristo es la "p. del ángulo" (Ef. 2:20-22; 1 P. 2:4-8).

J. E. D.

PIEDRA DEL ANGULO. Piedra que en el fundamento de una casa era colocada para unir dos paredes en ángulo. Generalmente era maciza y pesada, y un poco distinta de las demás que se empleaban en los cimientos. En dos pasajes del AT se habla de la p. del á. (Sal. 118:22; Is. 28:16), y en NT el simbolismo mesiánico de ella es aplicado a Jesucristo, primeramente por él mismo (Mt. 21:42; Mr. 12:10; Lc. 20:17) y luego por Pablo (Ef. 2:20; 1 Co. 3:11) y por Pedro (Hch. 4:11; 1 P. 2:7).

Jesucristo es la p. del á. porque él, y la doctrina de su divina intervención salvadora en la historia humana, es el fundamento de nuestra fe (Mt. 16:16,18), y porque él es asimismo piedra de → tropiezo, desechada por los edificadores incrédulos (Mt. 21:42). Dios lo hizo ser p. del á. por su obediencia; y los cristianos somos piedras vivas en virtud de nuestra unión con Cristo mediante la fe (1 P. 1:5).   A. R. D.

PIEDRA DE MOLINO. →MOLINO.

PIEDRA DE TROPIEZO. → TROPIEZO.

PIEDRAS PRECIOSAS. En la Biblia hay dos tipos de p. p.: uno empleado en joyería para sellos, sortijas, pendientes, brazaletes, collares y adornos (→ORNAMENTO); y otro empleado en construcción como material de alta calidad, p.e., el →mármol. Generalmente se designan como p. p. (2 S. 12:30), pero también se les llama "piedras de deseo" o "deseables" y "piedras de gracia" o "bellas".

La mayoría de las p. p. descubiertas en la Tierra Santa estaban en los estratos de la edad de hierro de las colonizaciones meridionales; por eso se cree que fueron importadas. La Biblia menciona que se importaban de → Arabia (Ez. 27:22), → Ofir (1 R. 10:2; 10:11), →Havila (Gn. 2:12), Edom (Ez. 27:16), además de Egipto, África, Siria y la India. En la Tierra Santa no hay indicios de que se produjeran p. p. Sin embargo, entre los israelitas hubo célebres orfebres y joyeros, como → Bezaleel quien diseñó el → tabernáculo (Éx. 35:30-33).

La identificación de las especies de algunas p. p. es obscura por las diversas traducciones de sus nombres; los nombres de las piedras cambiaron durante los períodos bíblicos y los sistemas petrográficos y químicos actuales son distintos.

Hay tres lugares donde se mencionan varios grupos de p. p.: (1) Ez. 28:12,13 donde se describe el tesoro del rey de Tiro y se mencionan nueve clases. (2) En Éx. 28:17-20; 39: 10-13, donde se mencionan las doce p. p. incrustadas en el → pectoral del sumo sacerdote y que simbolizaban las doce tribus de Israel. Estaban dispuestas en cuatro hileras. En la LXX y la Vul. algunas reciben otro nombre. El orden sería así, siguiendo la característica hebrea de escribir de derecha a izquierda:

Sardio	Topacio	Esmeralda
Carbunclo	Zafiro	Berilo
Jacinto	Ágata	Amatista
Crisólito	Ónice	Jaspe

(3) En Ap. 21:18-20, se describen como fundamento simbólico de la nueva Jerusalén las siguientes: jaspe, esmeralda, crisólito, crisopraso, zafiro, ónice, berilo, jacinto, ágata, cornalina, topacio, amatista.

En sentido figurado las p. p. generalmente significan dureza, solidez, firmeza, valor, brillantez.   J. E. D.

PI-HAHIROT. Último campamento de los israelitas antes de cruzar el mar Rojo. Se encontraba "entre Migdol y el mar hacia Baal-zefón" (Éx. 14:2,9; Nm. 33:7,8). No se ha podido identificar el sitio. Sólo se sabe que se hallaba en la frontera de Egipto y cerca del mar Rojo.

       D. J.-M.

PILATO, PONCIO. Procurador romano de Judea, 26-36 d.C.

Nada se sabe de su vida anterior a su nombramiento como procurador. Sucedió a Valerio Grato como 5.° gobernador de Judea en el año 26. Por diez años gobernó con relativo éxito, gracias a las presiones de Vitelio, gobernador de Siria, amigo de los judíos y de los samaritanos, quien vigilaba constantemente a P. y abogaba a favor de un gobierno más suave. La sofocación sangrienta que P. realizó de la rebelión de los galileos y de los samaritanos dio a Vitelio la ocasión de acusarlo de mala administración (36-37 d.C.). P. viajó a Roma para rendir cuentas a Tiberio, pero éste falleció antes de atender al ex gobernador. La vida posterior de P. y su muerte es materia de leyendas. Se ignoran los datos históricos.

En su régimen de diez años P. demostró ser un funcionario bastante capaz. Sus críticos (Filón en *Legatio ad Caium* XXXVIII, y Joseto en *Guerras de los Judíos* II.ix.3 y *Antigüedades* XVIII,iii.4) lo acusan de crueldad, injusticia y maltrato. Pero estas críticas, aplicadas comúnmente a muchos gobernadores romanos, carecen de imparcialidad y están influidas por cierto fanatismo nacionalista. Es cierto que la actuación de P. era enérgica, pero las circunstancias históricas lo forzaban a mantener el orden a toda costa. Aun sus crueldades más despiadadas obedecieron a este propósito; lo que le faltó fue sensibilidad a los escrúpulos de los judíos.

P. es conocido ante todo como cojuez de Jesús. Mr. 14:53-65 señala el juicio del sanedrín que luego debía ser ratificado por P. Mr. 15:1-5 da cuenta de que este segundo proceso ocurrió muy de mañana. Y todos los Evangelios dan a entender que P. consideró inocente a Jesús (Mt. 27: 18; Mr. 15:10; Lc. 23:13-25; Jn. 19:12) y trató de soltarle (→BARRABÁS). P. casi se constituye en un mediador entre los judíos y Jesús, ya que la función legal del gobernador era mantener el orden. Con todo, el tumulto presionaba a P. prometiendo no provocar desorden si Jesús era sentenciado y amenazando al procurador políticamente (Jn. 19:12). Finalmente P. cedió a favor del orden y de su propio puesto. El diálogo entre P. y Jesús acerca de la autoridad es uno de los pasajes más importantes que existen sobre el poder político (Jn. 18:28−19:16).

La causa de la enemistad entre P. y →Herodes Antipas se desconoce. Jesús calló frente a éste (Lc. 23:9), pero habló mucho con P. (Jn. 18:37s.). P. manifiesta escepticismo, tal vez debido a su cultura griega. El conflicto que plantea el juicio de Jesús es entre la convicción (la inocencia de un hombre) y la conveniencia (la conservación del puesto y los privilegios de funcionamiento romano). En un gesto dramático, el procurador se lava las manos públicamente y condena a Jesús a ser crucificado; el credo apostólico recuerda esta entrega mencionando a P. aun cuando olvida otros nombres. Por el título que P. hizo fijar sobre la cruz ("Rey de los judíos") reconocemos su resentimiento contra el sanedrín (Jn. 19:19-22 //).

Al conceder a → José de Arimatea el cuerpo de Jesús, P. quedó asombrado de que Jesús hubiese muerto tan pronto (Mr. 15:43ss.). Al día siguiente permitió que los miembros del sanedrín pusieran guardia ante la tumba (Mt. 27:62-66).

La leyenda del suicidio de P. durante el reinado de Calígula data del tercer siglo. Coptos y etíopes consideran a P. un santo. La iglesia ortodoxa griega considera a su esposa una santa (cp. Mt. 27:19). En el siglo IV decayó la estimación de P. en la iglesia occidental, y desde entonces se ha querido ver en él a un hombre atemorizado que por propia conveniencia incurrió en un crimen judicial culpando a un inocente.   T. O. L.

Bibliografía
EBDM, V., col. 1110-1117; H. Schlier, *Problemas exegéticos fundamentales en el NT* (Madrid: Fax, 1970), pp. 249-258.

PINÁCULO (gr. *pterygion* = 'alero', 'torrecilla'). Parte del templo adonde Satanás llevó a Jesús para tentarlo (Mt. 4:5; Lc. 4:9); en la RV 1909 se traduce "almena". Podría ser la punta de un tejado del templo mismo o de otra parte de sus edificios adyacentes. El vocablo parece tener relación con alguna parte del caballete del techo; el artículo definido hace pensar en una parte sobresaliente. Se cree también que era el pórtico de Herodes, en el ángulo SE de la explanada, que daba al valle de Josafat y estaba a 400 codos sobre el nivel del valle.   J. E. G.

PINO. Árbol de la familia de las abietáceas, siempre verde. Es una de las plantas más bellas, conocida en casi todo el mundo, pero especialmente propia del hemisferio norte.

En la Biblia se conocen dos especies de p.: el *pino brutia* y el *pinus halepensis*, que nace en los montes de Palestina y del Líbano. Se utilizó para la edificación del templo de Salomón (1 R. 5:8,10 donde se le llama "ciprés") y para la cubierta de los barcos (Ez. 27:5,6). Debido a su flexibilidad, la madera de p. también se usaba para la construcción de instrumentos musicales (cp. 2 S. 6:5). Por su constante verdor y vitalidad, Isaías lo utiliza como símbolo de la fertilidad futura del desierto (Is. 41:19; 55:13).   E. S. C.

PINTURA. Todos los pueblos del Oriente cultivaron formas de expresión artística, pero la mezcla de pueblos en Palestina dificulta llegar a conclusiones sobre las características nativas del arte hebreo. En Palestina se ha hallado cerámica pintada y frescos con figuras de dragones estilizados y de pájaros que datan del año 3100 a.C. Estas p. adornan una variedad de monumentos y objetos durante los siglos posteriores. Los artistas se aprovechaban de substancias naturales, como el óxido rojo y la antimonita para producir tonos grises azulados.

En vista del segundo mandamiento, los hebreos tenían recelo en cuanto a la p., ya que los paganos solían pintar sus "abominaciones", pero el establecimiento de la monarquía abrió horizontes más amplios y dio lugar a un arte hebreo, aunque muy influido por el de los fenicios. El →Templo de Salomón fue una obra de arte hecha con colaboración fenicia.

En los libros históricos y proféticos la p. suele relacionarse con el adorno de las mujeres, sean éstas meretrices o mujeres frívolas que imitan a aquéllas en su apariencia (→JEZABEL). El mismo sentido prevalece en los gustos y adornos de las mujeres simbólicas de Ez. 23:11ss.,40ss. que representan a Samaria y a Jerusalén en su apostasía.   E. H. T.

PIOJO. Insecto áptero, sin alas, que vive como parásito de las aves, los mamíferos y el hombre. Se le cita en la Biblia en ocasión de la tercera →plaga de Egipto (Éx. 8:16,17). La gravedad de esta plaga es evidente en la expresión "hubo p. tanto en los hombres como en las bestias". Sus hábitos hacen del p. un irritante y molesto insecto. La cita de Sal. 105:31 es una mención del hecho del éxodo.   S. C.

PIRATÓN. Pueblo de Efraín situado en medio de los amalecitas (Jos. 21:30). El juez Abdón hijo de Hilel fue sepultado allí (Jue. 12:13,15). Dos héroes de David, Abdón y Benaía, eran de P. (2 S. 23:30; 1 Cr. 11:31; 27:14). Aunque algunos la buscan en Benjamín, usualmente P. se identifica con Ferata ubicada 8 km al SO de Siquem.   J. E. G.

PISGA. Montaña de Moab y última cumbre de la cordillera →Abarim que corre de S a N, paralela con la costa del mar Muerto. El mte. Nebo y la cima del P., con un valle entre los dos, forman la figura de una gran montura. La cima del P. es la más baja de las dos montañas, pero se extiende más al O y desde ella es posible contemplar todo el territorio israelita. Tiene casi 823 m de altura y en un día despejado se puede ver desde el mte. Hermón en el N hasta Engadi en el S. Si no fuese por las montañas de Judá se podría divisar el Mediterráneo. A su pie está el Jordán, y, muy visible al otro lado, Jericó.

Balac y →Balaam subieron el P. para maldecir el campamento de Israel. Ofrecieron en la cumbre sacrificios sobre siete altares (Nm. 23:14), pero Balaam bendijo en vez de maldecir (Nm. 23:15-25).

Dios dijo a Moisés que subiera al P. para ver desde allí la tierra de promisión, ya que no le sería permitido entrar a ella (Dt. 3:27; 34:1-4). Luego Moisés murió en este mismo lugar (Dt. 34:5).

Siendo P. un pico tan singular en el valle del Jordán, sirvió para marcar el sur de Galaad (Dt. 3:17), la tierra que antes pertenecía a los amorreos (Dt. 4:49; Jos. 12:3), y el patrimonio cedido a Rubén (Jos. 13:20).   W. G. M.

PISIDIA. Comarca del Asia Menor, que constituía una altiplanicie en la cordillera del Tauro, al N de Panfilia, y que se extendía entre →Frigia y →Licaonia hasta llegar a →Antioquía, su ciudad principal. Los pisidios, como la mayoría de los habitantes del Tauro, eran una raza indómita y sin leyes. Por los profundos desfiladeros de las montañas de P. corrían torrentes impetuosos, y esto hace pensar que posiblemente Pablo haya estado "en peligro de ríos" y "peligros de ladrones" (2 Co. 11:26) en sus dos viajes a través de esta región (Hch. 13:14; 14:24).

Monedas de Antioquía de Pisidia: arriba, a la izquierda, se representa un estandarte romano, y a la derecha una figura que simboliza la paz; abajo, las deidades de Antioquía.   AM

En 2 Ti. 3:11 Pablo se refiere a la persecución que sufrió en Antioquía (Hch. 13:44-50). Varias iglesias cristianas existieron allí por siete u ocho siglos.   A. T. P.

PISÓN. Río que salía del Edén y regaba la tierra de Havila (Gn. 2:11). Muchas y diversas identificaciones se han sugerido para el P., incluyendo el río Fasis (Riono) que nace en el mte. Ararat. Josefo sugirió, según la concepción del mundo de sus días, el río Karun de Persia y el Indo. Sin embargo el P. no se ha identificado con certeza.   J. M. A.

PITÓN (egipcio = 'casa de Atum', nombre del dios del sol).

1. Ciudad de almacenamiento construida por los israelitas esclavizados en Egipto (Éx. 1:11). Se le ha identificado con uno de dos sitios excavados en el Wadi Tumilat, al E del delta del río Nilo. En uno, Tell el-Rataba, se encontró un templo del tiempo de Ramsés II. En el otro, Tell el-Mashuta, las construcciones muestran una variación en la hechura de los ladrillos: los del nivel más bajo están hechos con paja, los de más arriba con caña, y los del nivel más alto sin ningún material de ligamento (cp. la escasez de paja en Éx. 5:10-21). Las provisiones almacenadas aquí servían a los ejércitos egipcios que cruzaban el desierto, y sus muros aún muestran

que P. también era fortaleza que guardaba la frontera oriental de Egipto.

2. Nieto de Mefi-boset (Meri-baal), hijo de Jonatán (1 Cr. 8:35; 9:41).

            D. J.-M.

PLAGAS, LAS. Las diez manifestaciones del poder de Jehová en Egipto (Éx. 7—12) se dirigieron, en primer término, contra "todos los dioses de Egipto" (12:12). Según Jehová mismo, las mandó para que su nombre "sea anunciado en toda la tierra" (9:16). Es decir, aunque estas manifestaciones tenían carácter material y físico, eran evidencias de una lucha espiritual. Como tales, no solamente se llamaban "p." (9:14; 11:1), sino también "señales" (7:3; 8:23) y "maravillas" (7:3; 11:9), hechas por "la mano poderosa y el brazo extendido" de Jehová (Dt. 7:19, etc.).

Estos →milagros, aun cuando eran de orden sobrenatural, correspondían hasta cierto punto a fenómenos naturales de la región, que por la oportunidad de su ocurrencia y por la magnitud que alcanzaron pudieron haber estado bajo el control de Dios para presionar a faraón.

La última p. sucedió en el mes de →Abib (Éx. 13:4), o sea, marzo/abril. Si la primera coincidió con la inundación del río Nilo en julio/agosto del año anterior, la serie entera abarcó unos ocho meses. Las plagas fueron:

1. La conversión de las aguas en sangre. "Todas las aguas que había en el río se convirtieron en sangre . . . hubo sangre por toda la tierra de Egipto" (7:20,21). Si estas palabras no han de entenderse literalmente, tal vez se refieren al color del agua, mezclada con mucha tierra roja por causa de una inundación del Nilo de extraordinarias proporciones. Tal circunstancia podría provocar, además, la presencia en el agua de enormes cantidades de contaminación y de materia o vida microscópica que a su vez causara la muerte de los peces (7:21). Los hechiceros egipcios produjeron un efecto igual con sus prácticas mágicas, pero no en la cantidad representada por el río mismo y todos los pozos de Egipto.

2. Las ranas. Forzadas a abandonar los pantanos cercanos del río por la contaminación de los peces muertos, fueron tan numerosas que entraron aun en los hornos y las artesas (8:3).

3. Los "piojos" (8:16,17). Algunos opinan que fueron mosquitos producidos de huevos puestos en el polvo, o zancudos que podían multiplicarse grandemente después de una inundación especial del Nilo. Esta vez los hechiceros no pudieron inventar ninguna imitación del fenómeno.

4. Las moscas. La mosca era insecto común en Egipto (Is. 7:18), portadora de muchas enfermedades. Sin embargo, el factor más milagroso aquí es que "la tierra de Gosén, en la cual habita mi pueblo" (Éx. 8:22), quedó libre de esta p.

5. "La p. gravísima". Si esta p. se limitó sólo al ganado que estaba en el campo (9:3), quizá los animales de los israelitas se salvaron porque sus dueños no les permitieron salir al campo. Esto implicaría la fe en la palabra de Jehová por medio de Moisés y Aarón, diferencia fundamental entre israelitas y egipcios (cp. 9:19-21). Se ha sugerido que esta p. fuera el ántrax, acentuado por la contaminación de los campos debido a la putrefacción de las ranas muertas y otros factores.

6. Las úlceras. Con la presencia de tantas moscas y los restos putrefactos de ranas y ganados, no era de extrañarse que se multiplicaran las enfermedades eruptivas (cp. Dt. 28:27). El malestar de los hechiceros (9:11) hace que parezca ridícula su lucha anterior contra el poder divino.

7. El granizo. La condición de las cosechas (9:31,32) hace pensar que esta p. se presentó en febrero. Nótese la oportunidad dada a la fe (9:19-21).

8. Las →langostas. Nótese el temor que las p. anteriores había hecho sentir entre los egipcios (10:7). En este caso, los vientos se presentan como instrumentos de Jehová (10:13,19; cp. Mt. 8:27).

9. Las tinieblas que se podían palpar (10:21) pueden haber sido consecuencia del mucho polvo, dejado después de la inundación del Nilo, el cual fue removido por los vientos que aun soplan en Egipto durante el mes de marzo. Este fenómeno seguramente se consideraría afrenta contra el dios del sol, Ra, dios principal de los egipcios.

10. La última p., o sea la muerte del primogénito de cada hogar no protegido por la sangre del →cordero pascual, es el clímax contemplado desde el principio (Éx. 4:23). Subraya el hecho de que Israel es el "primogénito" de Jehová (4:22). Las explicaciones que, indudablemente, los egipcios habían pretendido dar a las p. anteriores, no bastaban para comprender este golpe rotundo. Tuvieron que reconocer la supremacía de Jehová (a lo menos en aquella situación) y dejar salir a los israelitas (Sal. 105:38). Igual temor se reflejó siglos después en los filisteos cuando robaron el arca de Israel (1 S. 4:8).

D. J.-M.

PLATA. Metal brillante y maleable, asociado generalmente con el oro pero considerado inferior. Algunas veces se encuentra casi puro, pero frecuentemente está entre las rocas o en combinación con otros metales (Job 28:1). El único país que se nombra en la Biblia como productor de p. es → Tarsis (Jer. 10:9; Ez. 27:12), aunque los israelitas la importaban de Tiro (1 R. 10:22,27). El proceso de obtención y refinamiento se relata en Sal. 12:6; Zac. 13:9; Mal. 3:3.

La p. se empleaba para hacer copas (Gn. 44:2), en joyería, en ornamentación (Gn. 24:53; Éx. 3:22) y en la fabricación de ídolos

(Éx. 20:23; Dt. 29:17). Se usó en la construcción del tabernáculo, del templo y todos sus utensilios (Nm. 10:2; 1 R. 7:51).

Literariamente la palabra de Dios, la lengua del justo, la sabiduría y el buen consejo se comparan con la p. (Sal. 12:6; Pr. 8:10; 10:20; 16:16). El proceso de su refinamiento en el crisol es figura de la →purificación mediante tribulación. Varios escritores bíblicos mencionan la p. en lenguaje figurado (v.g. Sal. 66:10; Mal. 3:3; 1 Co. 3:12,13).

J. E. D.

PLAZA. Área grande y abierta que, tanto en las ciudades antiguas como en las modernas, ocupa el centro de la vida activa de una población. Antiguamente se solía construir a los lados de las p. templos, mercados, teatros, portales, tribunales de justicia, baños y otros edificios públicos. En conjunto a veces presentaba un magnífico espectáculo.

En las p. se celebraban reuniones populares o bien los filósofos discutían sus doctrinas (Hch. 17:17s.); los hombres de estado deliberaban allí, se publicaban los decretos, se anunciaban las noticias, y acudían hombres en general por negocios o distracción (Mr. 7:4). A las p. acudían los obreros en busca de trabajo (Mt. 20:3-7) y los muchachos a jugar (Lc. 7:32). Juntamente con la →puerta de la ciudad, era el lugar más frecuentado.

A las p. también iban los fariseos y los escribas porque amaban "las salutaciones en las p." (Mt. 23:7; Mr. 12:38). Se las arreglaban para que las horas fijas de oración les "sorprendieran" en tales lugares públicos (Mt. 6:5).

H. P. C.

PLENITUD. Traducción del término gr. *pléroma*, el cual tiene tres significados: 'lo que llena', 'lo que está lleno', y 'lo que cumple o completa'. En el NT aparece 17 veces y se usa tanto en sentido teológico como general.

En sentido general puede referirse a un remiendo puesto para "llenar" el vestido viejo (Mt. 9:16; Mr. 2:21); a unos pedazos que llenaban los cestos (Mr. 6:43; 8:20); o a lo que llena la tierra (1 Co. 10:26,28, cita del Sal. 24:1).

El sentido teológico de p. incluye: (1) La p. (el número completo) de Israel y de los gentiles (Ro. 11:12,25); (2) La p. (cumplimiento) de la →ley, que se halla en el amor (Ro. 13:10); (3) La p. (cumplimiento) de los →tiempos en el plan de Dios, cuando llega el momento de realizar su voluntad (Gá. 4:4; Ef. 1:10); y (4) "Toda la p. de Dios" que puede llenar al creyente, según la oración de Pablo (Ef. 3:19).

La p. de Cristo en sus diferentes aspectos, sin embargo, encierra el máximo valor teológico del término: la p. de su gracia para todo creyente (Jn. 1:16); la p. (abundancia), llevada por Pablo, de la bendición del evangelio de Cristo (Ro. 15:29); la p. de la iglesia que es el cuerpo de Cristo (Ef. 1:23); la madurez a la cual el creyente puede llegar (Ef. 4:13) y la p. de Dios que habita corporalmente en Cristo (Col. 1:19; 2:9).

En la época de Pablo, los estoicos usaban el término *pléroma* para describir el universo lleno de la presencia de Dios. Puede ser que el apóstol combatiera estas ideas, u otra del →gnosticismo primitivo, con su doctrina de "Cristo la p.". Más probable es, sin embargo, que tuviera en mente las afirmaciones bíblicas y apócrifas sobre la →sabiduría de Dios (*Sabiduría* 1:7; *Eclesiástico* 24:8-12,25-31; Pr. 8:12–9:6, →LOGOS) que corre caudalosamente y lo llena todo.

(Sobre la p. del Espíritu, →ESPÍRITU SANTO.)   D. M. H.

Bibliografía
DTB, Col. 821-828; *VTB*, pp. 619ss.

PLENITUD DEL ESPÍRITU. →ESPÍRITU SANTO.

PLÉYADES. Siete estrellas que forman una subconstelación de Tauro. Se mencionan tres veces en la Biblia: Job 9:9; 38:31 y Am. 5:8. Simbolizan unión firme y constante. Y como en la Tierra Santa las p. aparecen durante la primavera, son augurio de esperanza y alegría, especialmente para pastores como Job y Amós.
                                                   W. G. M.

PLOMO. Metal pesado, considerado como escoria de la →plata. Es el último en la lista de Nm. 31:22. Los hebreos conocían el procedimiento para separarlo de la plata (Jer. 6:29; cp. Sal. 12:6). Se obtenía de la península de →Sinaí y se importaba de →Tarsis (Ez. 27:12).

En relación con su uso sólo se habla de su pesadez (Éx. 15:10; Am. 7:7). El significado de Job 19:24 es oscuro. Su depuración prefigura la disciplina de Dios para su pueblo (Jer. 6:29,30).
                                                   J. E. D.

PLUMA. Para escribir sobre materiales blandos, tales como el papiro, algunas pieles, el género y el pergamino, antiguamente se usaba un pincel fino de pelo, el cual se mojaba en →tinta. Posteriormente se usó una caña, preparada con una especie particular de cuchillo (Jer. 36:18, 23; cp. 3 Jn. 13), la cual al principio no tenía una punta dividida. El uso de p. de aves es desconocido en la Biblia.

Para inscripciones en piedras (Éx. 24:12; Job 19:24) o en láminas metálicas se usaba un punzón de hierro endurecido, el cual a veces tenía una punta de alguna piedra muy dura (Jer. 17:1). El otro extremo de este punzón se usaba a manera de borrador cuando se escribía en tablillas cubiertas de cera (Lc. 1:63 →ESCRITURA.)   R. O.

POBREZA. La miseria preocupa tanto a Dios (Sal. 146:7-9) como al hombre sensible (Job 24:1-12; Ec. 4:1-3) y al Mesías (Is. 11:4). La p. no es ni el propósito divino (Gn. 1 y 2) ni el destino del hombre (Ap. 21 y 22). Nuestro creador es un Dios rico (Sal. 24:1; 50:10,11), capaz de suplir las necesidades de sus hijos (Mt. 6:33; Fil. 4:19) y está determinado a lograr →justicia para los pobres (1 S. 2:5-8; Lc. 1: 51-53).

Originalmente, la p. resultó de la caída (Gn. 3:17-19). El pecado y el consecuente juicio divino en sus múltiples formas siguen causando la p., según la teología del →pacto (Lv. 26:14-45; Dt. 28:15-68).

Sobre muchos de los factores mencionados en la Biblia como productores de la p., el individuo tiene poco o ningún control. Se mencionan, p.e., la explosión demográfica (Éx. 1:7); la opresión de las minorías (Éx. 1:8-14); la opresión económica por naciones extranjeras (Jue. 6: 1-5); la explotación por los ricos (Is. 1:15-23; 3: 13-26; 5:8-10; Am. 2:6,7; 5:10-13; Mi. 2:1-11); las guerras y el hambre (2 R. 6:24–7:20); la sequía (1 R. 17:1-16); la enfermedad (Mr. 5:25, 26); el mal gobierno (1 S. 8:10-18; Ez. 22:23-31, 34; Mi. 3:1-4,9-12); la burocracia (Ec. 5:8); la muerte prematura (2 R. 4:1-7); la emigración (Rt. 1:1-6), etc.

Sin embargo, a veces el hombre en particular es culpable de la p. P.e., oprime y extorsiona a los pobres (Is. 58:1-12); se olvida de los diezmos y el cuidado del templo establecido por Dios como garantía de bienestar (Hag. 1:1-11; 2:6-9,18,19; Mal. 3:6-12); profana el sábado (Is. 58:13,14) y es perezoso (Pr. 6:6-11; 10:4). Además, la situación se agrava por la ignorancia (Pr. 13:18; 21:5), los vicios, la extravagancia (Pr. 21:17; 23:19-21), etc.

Dios, que es veraz y justo, se compromete en las promesas de su pacto a restaurar al hombre redimido y a volverlo a la prosperidad (Gn. 12:2; 13:2; 15:2,14; 26:12-14; Lv. 26:3-13; Dt. 8; 28:1-14; 2 Co. 9:8-11; Heb. 11:6; Ap. 3:21). Por eso, aun en medio de la p., Dios es digno de adoración, alabanza, confianza y esperanza (Sal. 103:6; 112; 146; 2 Co. 9:9; cp. Jn. 12:1-8).

Para la resolución del problema de la p. la Biblia enseña:

1. La identificación del cristiano con los pobres tanto en actos (Lc. 2:7; 9:58; 2 Co. 8:9; Fil. 2:5-8) como en actitud (Mt. 5:3; 1 Ti. 6:17; Stg. 1:9-11; Ap. 3:17).

2. La evangelización sin distinciones (Is. 61:1,2; Lc. 4:18; Stg. 2:1-7; cp. Éx. 6:6-9).

3. Cambios sociales, políticos, etc. (Gn. 47:20-26; Éx. 22:25-27; 23:6-13; Lv. 14:21; 19:9,10,13-18; 23:22; 25; Dt. 14:22-29; 15:1-18; 24:6,10-15,19-22; 26:12-15; Is. 58:6; Am. 5:15; Lc. 4:18).

4. La práctica de la caridad individual (Mt. 6:2-4; 25:31-46; Lc. 6:30; 14:12-14; 18:22; 19:8). En esta labor la →riqueza es uno de los dones del Espíritu (Ro. 12:8; 1 Ti. 6:17-19); pero conlleva el peligro del engreimiento (Dt. 32:9-18; Lc. 18:24; 1 Ti. 6:9,10). La responsabilidad cristiana empieza con la familia (Mr. 7:9-13; 1 Ti. 5:8) y con los hermanos en la fe

(Ro. 15:26; 2 Co. 8-9; Gá. 2:10; 6:10; Stg. 2:14-17). La ayuda se administra a través de la →iglesia local (Hch. 2:44-47; 4:32-5:11; 6:1-6; 1 Ti. 5:3-16).

5. La oración (Éx. 2:23-25; 3:7-10; Lc. 11:3).

6. La alfabetización e instrucción bíblica universal (Dt. 6:4-9,20-25; Pr. 3:13-18; 8:1-4,18; Mi. 4:1-4).   T. D. H

PODER DE DIOS. La poesía hebrea celebra con singular sentimiento el p. de D. El verdadero poder o habilidad de ejercer real →autoridad, corresponde solamente a Dios (Sal. 62:11). El p. de D. se manifiesta en la creación y Dios mantiene a ésta con su poder (Sal. 65:5-8; 148:5). Dios concede parte de su autoridad al género humano (Gn. 1:26ss.; Sal. 8:5-8), pero en muchas ocasiones interviene activamente en los asuntos de su pueblo Israel, por ejemplo, y lo redime mediante milagros (Éx. 15:6; Dt. 5:15ss.).

Los antiguos nombres heb. aplicados al Dios de Israel, tales como "el Fuerte de Jacob" (Gn. 49:24), "el Fuerte de Israel" (Is. 1:24), "El Shadai" (Éx. 6:3) y "El" (Gn. 33:20), revelan un alto concepto del p. de D.

En el NT las palabras gr. *dynamis* y *exousía* expresan el p. de D., y las doxologías celebran este poder manifestado en Cristo (v.g., 1 Co. 1:24). *Exousía* significa autoridad derivada o conferida, garantía o derecho de hacer algo (Mt. 21:23-27), y en este sentido Jesús es portador de la autoridad de Dios. *Dynamis* expresa habilidad o energía en el creyente (Ef. 3:16), acción poderosa (Hch. 2:22) o espíritu poderoso (Ro. 8:38; cp. Mt. 28:18). Cristo actúa por el poder que recibió de su Padre para perdonar pecados y para echar fuera demonios o espíritus malignos, y a su vez confiere este poder a sus discípulos (Mt. 9:6; 10:1). A ellos dio potestad de ser hechos hijos de Dios (Jn. 1:12) y cooperar en la tarea evangelizadora (Mr. 3:15).

Jesús inició su ministerio en el poder (*dýnamis*) del Espíritu, operando milagros de sanidad (Lc. 4:14; 5:17). En el NT el p. de D. se manifiesta armoniosamente en las acciones de la Trinidad (Mt. 11:25; Jn. 5:17). En el mensaje del apóstol Pablo la resurrección de Cristo es la prueba más sobresaliente del p. de D. (Ro. 1:4; Ef. 1:19ss.; Fil. 3:10).   A. R. T.

Bibliografía
VTB, pp. 623-628; *DTB*, col. 831-835.

POESÍA HEBREA. La contribución más significativa que el pueblo hebreo haya hecho a la literatura universal es su p. Una tercera parte del AT es p. Los Sal., Pr., Cnt., Lm., Abd., Miq., Nah., Hab., y Sof., son libros enteramente poéticos, lo mismo que gran parte de Job, Is., Os., Jl. y Am. La p. de la Biblia tiene carácter eminentemente religioso pero hay también algunos trozos de p. secular; v.g. la canción del pozo (Nm. 21:17,18), la del matrimonio de Rebeca (Gn. 24:60), la endecha de David (2 S. 1:17-27), la canción de la victoria (Jue. 5), y la de la viña (Is. 5:1-7).

La p. religiosa se divide en cuatro clases generales: (1) la lírica, cuya forma más hermosa son los Sal., pero que también se muestra en los libros históricos; (2) la gnómica o proverbial que se halla en los Pr., parte de Ec. y en muchos aforismos esparcidos por el AT; (3) la dramática que se encuentra especialmente en Job, uno de los más hermosos poemas de la literatura universal, y posiblemente en →Cnt. que ha sido interpretado como un drama poético que ensalza el amor humano; (4) la elegíaca que se ve en Lm. y en otras endechas y cantos fúnebres contenidos en los libros históricos y proféticos.

Más que por su rima, que raras veces aparece en el AT, la p. h. se distingue por otras dos características de forma: el acento rítmico y el paralelismo. Los versos de la p. h. se caracterizan por su énfasis acentual y entre éstos el verso corriente puede tener dos, tres o cuatro acentos. El acento rítmico hebreo se determina según el número de palabras significativas que tenga el verso. Normalmente cada palabra encierra una idea y se cuenta como una unidad acentuada del verso, pero a veces dos palabras cortas se consideran como una sola o una palabra larga se puede contar como dos unidades. Los poetas hebreos diferían de los modernos en que al componer un verso solamente consideraban las sílabas acentuadas, y a veces introducían entre éstas tres o cuatro sílabas no acentuadas. El ritmo más común era de dos versos con tres acentos en cada uno, o con tres en el primer miembro y dos en el segundo. Los versos individuales se unían por lo que se conoce con el nombre de paralelismo. Este es una "rima de sentido" (no de sonido), y se puede apreciar aun en las traducciones. Hay tres clases comunes de paralelismo:

1. *El paralelismo sinónimo*, en el cual el segundo miembro simplemente repite con diferentes palabras el pensamiento del primero. Ejemplos:

"El que mora en los cielos se reirá;
El Señor se burlará de ellos" (Sal. 2:4).

"El no ha hecho con nosotros conforme a nuestras iniquidades,
Ni nos ha pagado conforme a nuestros pecados" (Sal. 103:10).

2. *El paralelismo antitético*, en el cual el segundo miembro establece un contraste con el primero. A veces se repite en forma negativa el pensamiento del primero.

"Los leoncillos necesitan, y tienen hambre;
Pero los que buscan a Jehová no tendrán falta de ningún bien" (Sal. 34:10).

"La gloria de los jóvenes es su fuerza,
Y la hermosura de los ancianos es su vejez" (Pr. 20:29).

La mayoría de los versos pareados en Pr. 10:1 a 22:16 son paralelismos antitéticos.

3. *El paralelismo sintético* o progresivo. El segundo verso completa el pensamiento del primero extendiéndolo o explicándolo más.

"Oh Israel, confía en Jehová;
El es tu ayuda y tu escudo" (Sal. 115:9).
"A ti alcé mis ojos,
A ti que habitas en los cielos" (Sal. 123:1).

Se han clasificado otros tipos de paralelismo pero casi todos son variaciones o combinaciones de las clases básicas. El paralelismo emblemático emplea una metáfora o símil en el segundo miembro para ilustrar el pensamiento del primero (v.g. Sal. 103:11-13; 129:5,6; Pr. 26:20, 21). El paralelismo ascendente emplea en el segundo verso palabras del primero para completar el pensamiento (v.g. Sal. 29:1,2; 96:7).

El hecho de que la p. h. contenga poca rima no significa que le falte fuerza y hermosura. Los autores empleaban muchas veces una aliteración que es imposible comprender a través de una traducción. Muchas veces empleaban juegos de palabras tales como la paronomasía para crear el efecto dramático en sus conclusiones. Isaías (5:7 V.M.) termina su parábola de la viña diciendo que Dios esperaba *mishpat* ('justicia') y halló *mishpah* ('derramamiento de sangre'), esperaba *tsedhacá* ('rectitud') y halló *tseacá* ('un grito de terror'). La p. h. es vigorosa porque describe las ideas en función de los cinco sentidos. El autor exclama: "mi garganta se ha secado", o "han desfallecido mis ojos", o "se envejecieron mis huesos".

Todo esto enseña al lector que hay que interpretar los poemas de la Biblia según las normas de la p. h. y no como prosa literal. Especialmente en el caso del paralelismo sinónimo, es importante que el lector entienda la forma literaria y no imagine que los versos representan ideas distintas. También hay que tomar en cuenta las figuras y las metáforas, no buscando un significado exacto y literal para cada expresión. Cuando se lee en Jue. 5:20:

"Desde los cielos pelearon las estrellas;
Desde sus órbitas pelearon contra Sísara",

se sabe que estas afirmaciones no deben entenderse literalmente sino como figura para indicar que los hechos de Sísara eran tan perversos que repugnaban hasta a la naturaleza. El Sal. 114 describe la liberación de los hebreos de la esclavitud de Egipto y su entrada en Canaán en los siguientes términos:

"El mar lo vio, y huyó,
El Jordán se volvió atrás.
Los montes saltaron como carneros,
Los collados como corderitos."

Los salmos son p. sublime y sería grave error interpretarlos como prosa. Se les llama adecuadamente *El himnario del pueblo hebreo*, y por su poesía sublime han traído consuelo e inspiración a multitudes a través de los siglos.

R. B. W.

POLILLA. Insecto lepidóptero semejante a una pequeña mariposa nocturna que, en estado de larva, corrientemente se llama → gusano. En casi todas las ocasiones se le menciona en la Biblia por sus cualidades destructivas, especialmente de las telas ("como ropa de vestir, serán comidos por la p.", Is. 50:9; 51:8; cp. Job 13:28). Su acción es símbolo de destrucción y aniquilación (Job 4:19; 27:18; Os. 5:12; Mt. 6:19).

S. C.

POLVO. El p. y la → ceniza puestos sobre la cabeza eran señal de duelo; sentarse en el p. lo era de aflicción; morderlo era expresión de derrota o vergüenza (Gn. 3:14; Sal. 72:9; Is. 3:29; Lm. 3:29). El p. prefigura el sepulcro (Gn. 3:19; Job 7:21). Su abundancia es imagen de multitud (Gn. 13:16).

Sacudirse el p. de los pies contra alguien era protesta terminante (Mt. 10:14; etc.).

J. E. D.

POLLINO. → ASNO.

PONTO. Transcripción de *póntos* (gr. = 'mar') palabra usada para referirse particularmente al mar Negro (*Pontus Euxino*). Llegó a designar también la porción oriental de la franja de territorio al N de Asia Menor que colinda con el mar Negro. La dinastía de los Mitrídates reinó en el P. desde 302 hasta 63 a.C., cuando Pompeyo derrotó a Mitrídates VI. Roma dividió el P. y formó, con la parte occidental, la provincia de Bitinia y el P. propiamente dicho; el resto lo distribuyó entre los reyes de Galacia (*Pontus Galaticus*) y otros gobernadores locales.

En 1 P. 1:1, P. significa la provincia romana. El adjetivo *pontikós* referente a → Aquila caracteriza a éste como procedente de la provincia romana del P. (Hch. 18:2). En Hch. 2:9, P. puede designar la provincia o el antiguo reino.

L. F. M.

PORTERO. Persona encargada de cuidar una puerta, v.g. la del tabernáculo, para evitar que entraran personas no autorizadas (1 Cr. 15:23,24; allí se encontraba el arca).

En los días de David había 4.000 p. en la casa de Jehová (1 Cr. 23:5). Además de cuidar o trabajar en la puerta, se les confiaban otras responsabilidades, tales como cuidar las cámaras y los tesoros de la casa de Dios (1 Cr. 9:17-29). Algunos de ellos eran → levitas y cuidaban los utensilios del santuario.

Como permitía o negaba la entrada de visitas, el p. en la casa de los ricos se consideraba una persona importante. En ocasiones este trabajo era desempeñado por mujeres (Jn. 18:16).

V. R.

PÓRTICO. Lugar cubierto delante de una fachada, cuya bóveda se sostiene con columnas generalmente decoradas. En el AT se habla del "p. de Jehová", la parte delantera del Templo de Salomón. Delante de este p. había un altar, el cual el rey Asa reparó después de haber oído al profeta Azarías y como parte de una reforma religiosa (2 Cr. 15:8). Algo parecido sucedió en los días de Ezequías (2 Cr. 29:17).

El NT habla del "p. de Salomón", una parte del Templo de Jerusalén, donde Cristo discutió con algunos judíos (Jn. 10:23). En este p. las gentes se congregaron, algún tiempo después, para ver el milagro de Pedro y Juan al curar a un cojo (Hch. 3:11). Allí también los apóstoles hicieron otras maravillas y prodigios en presencia y a favor del pueblo (Hch. 5:12). Este p. tenía dos hileras de columnas y protegía el lado oriental del santuario del inclemente viento que llegaba del desierto.　　　　A. P. P.

POSTES (traducción en la RV de la voz heb. *mezuzá* ["Jambas" en BC y BJ]). Largueros a los que iban aseguradas las puertas mediante bisagras giratorias. Fueron rociados con la sangre del cordero pascual (Éx. 12:7). En ellos y sobre el dintel de las puertas se escribían textos de la ley, que el israelita piadoso tocaba al salir de casa, para luego besarse los dedos de la mano. Esto daba un sentido religioso a la antigua superstición de escribir textos mágicos sobre los p. y dinteles de las puertas para ahuyentar a los demonios. En el judaísmo postbíblico, la palabra *mezuzá* llegó a designar el pergamino que contenía los vv. de Dt. 6:4-9; 11:13-21, el cual se fijaba en los p. y dinteles de la casa del judío fiel.　　　　C. R. -G.

POTESTAD. → Autoridad.

POTIFAR (nombre egipcio, probablemente abreviatura de →Potifera). Oficial del faraón, capitán de la guardia y amo de José, a quien compró de los madianitas como esclavo y lo hizo mayordomo de su casa. La esposa de P. trató de seducir a José, pero al no lograr su propósito incitó a P. a que lo encarcelara, alegando que había procurado deshonrarla (Gn. 37:36; 39: 1-20).　　　　K. B. M.

POTIFERA (egipcio = 'aquel a quien ha regalado el sol'). Sacerdote de → On cuya hija, Asenat,

Por representar la fuente de tan necesario elemento, el pozo se volvía centro de la vida social del pueblo. Al lado de un pozo Jesús conversó con la samaritana, Jacob encontró su novia, y el mayordomo Eliezer buscó para Isaac una esposa.　　　　IVP

Se aprecian en este grabado las ranuras causadas por la fricción de las cuerdas durante siglos de uso, en lo que tradicionalmente se denomina ''pozo de Abraham'' en Beerseba.　　　　MPS

fue esposa de José (Gn. 41:45,50) y madre de Manasés y Efraín (Gn. 46:20). El nombre P. se halla en varias formas en los antiguos monumentos egipcios.　　　　K. B. M.

POZO. Perforación hecha en el suelo hasta llegar a una vena de agua, o al nivel que permite recoger el agua que se filtra por sus paredes. En tiempos bíblicos, era una manera de obtener agua y no debe confundirse con una → fuente (cp. Jn. 4:14).

Para los pueblos habitantes de las tierras bíblicas, y especialmente para los que vivían de la ganadería o el pastoreo, la existencia de p. era vital (Gn. 26:14-33; Éx. 2:16-19). Abraham, Isaac y los descendientes de éstos que vivieron en el → Neguev, región desértica en el sur de Palestina, dependían del agua de p. para vivir. Por esta razón los enemigos de Isaac cegaron los p. que había perforado Abraham.

Los nombres como "Beerseba" (*Beer* = 'pozo') eran topónimos típicos de las regiones desiertas, en las cuales era necesario hacer perforaciones profundas (Jn. 4:11). El agua se extraía con cántaros atados con cuerdas, y, a veces, con la ayuda de poleas. Ir a buscar agua al p. era trabajo exclusivo de las mujeres (Gn. 29:10; 1 S. 9:11; Jn. 4:5ss.; pero cp. Lc. 22:10). Ellas, especialmente, se reunían a la orilla de los p., pues éstos eran también una especie de plaza pública en la sociedad seminómada (Gn. 24:11).

El término "p." se utiliza también en sentido figurado (Cnt. 4:15; Pr. 5:15; 23:27; Is. 36:16). (→ AGUA, ESTANQUE, CISTERNA.)

E. H. T.

PREDESTINACIÓN. → ELECCIÓN.

PREDICACIÓN. Proclamación pública y abierta de la actividad redentora de Dios en Jesucristo y por medio de Jesucristo. Los verbos que la señalan en el NT destacan el sentido original del término. El más característico, y que ocurre más de 60 veces, es *kérysso*: 'proclamar como heraldo'. Antiguamente el heraldo era una figura de considerable importancia, pues era un hombre de carácter íntegro a quien el rey o el estado empleaba para hacer sus proclamas públicas. Predicar es proclamar como heraldo el mensaje de las buenas noticias de la → salvación.

Euangelízomai ('traer buenas nuevas'), es un verbo usado más de 50 veces en NT; recalca la cualidad del mensaje, en contraste con *kérysso* que subraya la actividad de la p.

Estos conceptos ni se originan en el NT ni se limitan a él. Los → profetas del AT, al proclamar el mensaje de Dios bajo el impulso divino, fueron precursores de los heraldos apostólicos. Jonás fue enviado a "predicar" (*kérysso* en la LXX) y aun Noé fue designado "predicador [*kéryx*] de justicia" (2 P. 2:5).

Los distintivos sobresalientes de la p. del NT son dos. El primero es su sentido de compulsión divina. Mr. 1:38 registra que Jesús no quiso volver a los que le buscaban por su poder sanador, sino que se esforzó en ir a las aldeas vecinas para "predicar" allí, "porque para esto he venido". Pedro y Juan respondieron a las restricciones del → Sanedrín con la declaración: "No podemos dejar de decir las cosas que hemos visto y oído" (Hch. 4:20). "¡Ay de mí si no predicare el evangelio!", clama San Pablo en 1 Co. 9:16. Este sentido de compulsión es la condición esencial de la verdadera p., pues ésta no es la mera recitación de verdades neutrales, por interesantes y morales que sean; es más bien Dios irrumpiendo en los asuntos vitales del hombre y confrontándolo con la demanda de una decisión. Esta clase de p. provoca oposición y Pablo nos ha legado una lista de sus sufrimientos por causa de ella (2 Co. 11:23-28).

El otro distintivo sobresaliente de la p. apostólica es lo diáfano de su mensaje y motivación. Puesto que la p. demanda fe, es de vital importancia que sus elementos no sean oscurecidos por la "elocuencia de humana sabiduría" (1 Co. 1:17; 2:1-4). Pablo rehusó proceder con astucia o engaño, "adulterando la Palabra de Dios"; antes bien procuró recomendarse ante la conciencia de cada hombre mediante la clara presentación de la verdad (2 Co. 4:2). La conmoción interna del corazón y la conciencia del hombre —que es el nuevo nacimiento— no resulta de la influencia persuasiva de la retórica sino de la clara y franca presentación del evangelio con toda su simplicidad y poder.

El contenido de la p. en el AT apunta a la venida del Mesías, rey de Israel. Igualmente, en los Evangelios Jesús se presenta como el que "proclama el → reino de Dios". En Lc. 4:16-21, interpreta su propio ministerio como el cumplimiento de la profecía de Isaías; él es el Mesías-Siervo en quien por fin el reino de Dios se realiza. En el resto del NT Cristo es el contenido del mensaje de las p. y Pablo lo sintetiza en 1 Co. 15:1-4 (cp. el "crucificado", 1 Co. 1:23; el "resucitado", 1 Co. 15:12; el "Hijo de Dios, Jesucristo", 2 Co. 1:19; y "Cristo Jesús... Señor", 2 Co. 4:5). Pablo también se refirió a los efesios como a quienes había predicado "todo el consejo de Dios" (Hch. 20:27).

V. M. R.

PREMIO. → RECOMPENSA.

PRENDA. Objeto que entre los israelitas se daba como garantía por una deuda o un préstamo (Gn. 38:17,18; Pr. 20:16; 27:13). La práctica de tomar p. degeneró en abuso y fue necesario dictar leyes más humanitarias al respecto. Por ejemplo, el acreedor no podía penetrar en la casa del vecino a tomar algo en p., sino que debía esperar afuera que aquél se la entregara (Dt. 24:10,11). No se podían tomar en p. las muelas de un molino, "porque sería tomar en p. la vida del hombre" (Dt. 24:6). No se podía tomar en p. el vestido de la viuda (Dt. 24:17), y si se tomaba en p. el vestido del prójimo, había que devolverlo antes de la puesta del sol (Éx. 22:26,27).

Sin embargo, estas leyes humanitarias no siempre se respetaron. Los profetas tuvieron que defender a los agraviados y clamar contra los abusos (Job 22:6; 24:3; Ez. 18:7,12,16; 33:15). En tiempos de Nehemías, los israelitas se quejaban de que tenían que dar en p. a sus propios hijos e hijas para recibir trigo, y de que tenían que empeñar sus campos, sus viñedos e incluso sus hogares (Neh. 5:2,3).

C. R.-G.

PREPARACIÓN. Nombre dado al día antes del → sábado, en el cual los judíos acostumbraban hacer sus preparativos para el día de reposo (Mr. 15:42). Es el día mencionado en relación con la muerte y la sepultura de nuestro Señor (Mt. 27:62; Lc. 23:54; Jn. 19:42), o sea que él fue crucificado un viernes que Juan identifica como el 14 de Nisán, la "víspera de la Pascua" (Jn. 19:14,31), o "p. de la Pascua" (Jn. 19:42). Así que el → Cordero de Dios dio su vida en la hora precisa en que se sacrificaban en el templo los corderos pascuales. (Para la fecha según los sinópticos, → JESUCRISTO II.)

A. R. D

PRESBITERIO. Transcripción del vocablo gr. *presbytérion*, que se refiere al conjunto de presbíteros (o "ancianos") y que aparece en Lc. 22:66; Hch. 22:5 y 1 Ti. 4:14.

En las primeras dos citas se refiere al cuerpo de los ancianos judíos, y en la última al de los ancianos cristianos. En 1 Ti. 4:14 casi todas las versiones omiten la traducción y sólo transcriben el gr.

El trabajo del p. es gobernar la iglesia (1 P. 5:2s.), visitar a los enfermos (Stg. 5:14), y predicar y enseñar la Palabra de Dios (1 Ti. 5:17). (→ OBISPO, ANCIANO.)   P. W.

PRESCIENCIA. Término que describe la omnisciencia de Dios, y en especial el hecho de que él sabe todas las cosas de antemano (Sal. 139:1-6; Is. 46:9s.). Todo es un eterno "ahora" para Dios, pues el → tiempo es una propiedad de la creación finita y Dios no está sujeto a ella (Sal. 90:4; Is. 57:15; cp. 2 P. 3:8).

La Biblia enseña que Dios es soberano (Dn. 4:35), que actúa según un plan perfecto (Sal. 33:11) y que por su p. predestina lo que va a pasar según su voluntad (Hch. 2:23; Ro. 8:29; 1 P. 1:2). Esto provee la base de la → profecía; pero, a la vez, suscita un difícil problema: ¿cómo armonizar el libre albedrío y la responsabilidad moral del hombre con la p. de Dios? La Biblia no trata de resolver este problema, sólo reconoce la responsabilidad humana (Ro. 1: 18—2:6) y registra las palabras de Dios: "Anuncio lo por venir desde el principio, y desde la antigüedad lo que aún no era hecho" (Is. 46:10 → ELECCIÓN).   J. G. C.

PRESENTE. De manera muy diferente a la costumbre occidental moderna, dar p. era y es en el Oriente una expresión común de respeto y reconocimiento a un personaje de alto rango o posición. No se acostumbraba, ni se acostumbra, intercambiarlos solamente entre iguales o para demostrar superioridad sobre un subordinado. Más bien los superiores del Oriente esperaban p. de sus gobernados o inferiores, y de ninguna manera esta costumbre era considerada señal de corrupción, aunque su propósito, generalmente, era obtener un favor (Gn. 32:13; 43:11) o asegurarse una recepción favorable (1 S. 16:20; 1 R. 14:3).

Los p. podían consistir en dinero (1 S. 9:8; 2 S. 18:11), vestidos preciosos, armas y alhajas (Jue. 14:12,13; 1 R. 10:25), también de animales y comestibles. P.e., el rey Jeroboam I mandó al profeta Ahías diez panes y tortas y una vasija de miel para consultarle con respecto a la enfermedad de su hijo Abías (1 R. 14:2,3). Se daba p. a los soberanos y a las autoridades ("todo Judá dio a Josafat p.", 2 Cr. 17:5), de modo que éstos formaban parte de los ingresos regulares de los reyes; aun los tributos exigidos de los pueblos conquistados o más débiles solían llamarse p. (2 R. 17:11; 26:8).

Por otra parte, se condenó fuertemente la costumbre de ofrecer regalos a los jueces, pues esto se tildaba de cohecho (1 S. 12:3; Sal. 15:5; Is. 33:15) o soborno (Pr. 17:23). No se erradicó completamente el soborno ni la corrup-

ción en este sentido, y más bien hubo épocas en que la práctica de este mal se generalizó; pero los profetas supieron denunciarla y condenarla (Is. 10:1,2; Jer. 22:3; Am. 5:12; Am. 6:12; Mi 7:3).   F. L

PRÉSTAMO. En Israel los p. no tenían una dimensión comercial; eran una manifestación caritativa de ayuda al necesitado (Neh. 5:1-13) No se permitía los p. con fines de lucro (→ USURA). Yahveh, como único propietario de la tierra ocupada por los israelitas, exigía de ellos, como condición de su uso, que concediesen p. sin intereses a sus hermanos pobres. El AT prescribía que sólo a los → extranjeros se les podía exigir intereses (Dt. 23:20). En estos casos el acreedor recibía una → prenda como garantía, pero debía aceptarla bajo ciertas restricciones rigurosas (Éx. 22:25,27; Dt. 15:1-11; 23:19,20; 24:6,10-13,17). Si lo prestado se perdía, el prestatario estaba obligado a resarcir por ello al prestador (Éx. 22:12,13). En general el p. sólo era aprobado cuando se hacía por amor al pobre, con temor a Dios y sin fines de usura (Éx. 22:25; Pr. 19:17).

En el NT se sigue el mismo espíritu: prestar algo sin exigir intereses, lo cual es una expresión de amor al → prójimo (Mt. 5:42; Lc. 6:34,35; 11:5ss.). No hay, pues, lugar para durezas ni usuras del acreedor despiadado donde todo debe ser ambiente de hermandad. No se escapa a la Sagrada Escritura esta realidad económica, sino que la ilumina con su ideal de → justicia social, que no es sino el reflejo de la justicia de Yahveh.   V. A. G.

PRETORIO (lat. = 'lugar del pretor', 'del que preside'). Inicialmente se denominaba así a la tienda del general en jefe de un campamento militar, pero después también se aplicó a la residencia o el palacio del pretor de una provincia, o de otro gobernador. En Hch. 23:35 p. se refiere al palacio de Herodes en Cesarea. Su significado en Fil. 1:13 es discutido; si → Filipenses se escribió desde Roma, el p. es el campamento o cuartel de la guardia pretoriana y los soldados encargados de custodiar el palacio del emperador; pero si Éfeso es el lugar de origen de esta carta, el p. es la guardia senatorial acuartelada en esa capital de la provincia de Asia.

En los Evangelios se llama p. el edificio donde Pilato sentenció a Jesús (Mr. 15:16; Jn. 18:28,33; 19:9). Aunque el p. de Pilato se hallaba en la ciudad de Cesarea (→ GOBERNADOR), el procurador se trasladaba a Jerusalén durante las fiestas judías de mayor concurrencia, e instalaba también allí su p. En este caso, consistía en un entarimado alto, sobre el cual se colocaba la silla curul, especie de sillón con brazos y sin respaldar (cp. Mt. 27:19; Jn. 19:13; → GÁBATA).

Algunos autores creen que el palacio de Herodes Antipas fue el escenario de la condena de

Jesús, pero la mayoría de los arqueólogos creen que el p. se instaló en la Torre de → Antonia.

R. F. B.

Bibliografía

M. Revuelta. "La localización del pretorio", *Estudios Bíblicos* 20 (1962), pp. 261-317.

PRIMICIAS. Clase especial de sacrificios incruentos, que comprendía también los primogénitos del ganado, y cuya presentación ya se conocía en los tiempos más remotos (Gn. 4:3ss.). Al ofrendar a Dios las p. y lo mejor de los frutos, se le reconocía como el Señor, dueño y dador de los frutos del campo; todo se debe a su bendición. Habiendo consagrado las p. a Dios, el hombre podía disfrutar con limpia conciencia del resto de los bienes.

Una pareja trae, gozosa, las primicias de su viña para ofrecerlas a Dios.   SP

El ofrecimiento de las p. fue regulado por la ley mosaica. Ésta hizo de la ofrenda espontánea una obligación religiosa que debía cumplirse frente al santuario y sus ministros, y distinguió entre las p. solemnes, traídas por la nación como un todo, y las que cada individuo debía dedicar al Señor. Había dos formas y oportunidades para la ofrenda solemne. La primera consistía en presentar delante del Señor una gavilla de cebada, medida y acompañada por una ofren-

da de dos décimas de efa de flor de harina amasada con aceite, y una libación de vino. Se ofrecía el 16 de →nisán, el segundo día de la fiesta de los panes sin levadura, para iniciar la siega (Éx. 23:19; Lv. 23:9-14; Nm. 28:16s).

Siete semanas después se celebraba la verdadera y máxima fiesta de las p., el →Pentecostés israelita, llamada también la fiesta de las semanas. Con ella se terminaba la primera cosecha del año y la recolección de los frutos. Juntamente con dos "panes de las p.", "mecidos delante de Jehová", se ofrecían 7 corderos, 1 becerro, 2 carneros y 1 macho cabrío (Lv. 23:15-20).

Además de estas p. oficiales al principio y al fin de la primera cosecha, cada israelita debía llevar individualmente una canasta de todos los frutos (Dt. 26:2s.), aceite, mosto y trigo, todo de lo más escogido (Nm. 18:12-19). Se incluían los primogénitos de los animales, para recordar que el señor los había librado de la esclavitud en Egipto y les había regalado un rico país. Tales p., como también los diezmos, constituían las entradas más considerables de los →sacerdotes y →levitas.

En sentido figurado, Israel debía considerarse las p. de Dios entre los pueblos, calidad que después habrían de heredar los cristianos como el nuevo pueblo de Dios. San Pablo afirma que Cristo ha resucitado como "p. de los que durmieron", porque él es el primero que ha vencido la muerte, y porque es la causa de la resurrección universal al fin de los tiempos (1 Co. 15:20).   F. L.

PRIMOGÉNITO, PRIMOGENITURA. La ley de Israel contenía diversas disposiciones sobre el p. En una sociedad en que se toleraba la poligamia, había que distinguir entre el p. del padre ("principio de su vigor": Gn. 49:3; Dt. 21:17) y el primogénito de la madre, e.d., el hijo varón que abría el seno materno (Éx. 13:2). En todo caso, la p. representaba una posición privilegiada en relación con otros hermanos reales o posibles.

En ausencia del padre, el p. tenía autoridad sobre sus hermanos (v.g., Rubén entre los hijos de Jacob) y hermanas (Gn. 24:55,60). En la familia, ocupaba el lugar más alto después del padre. El derecho de p. era muy apreciado (Gn. 25:29-34; 27). En casos de mal comportamiento, este derecho podía cederse a otros hermanos (Gn. 49:3,4; 1 Cr. 5:1,2). En caso de repartición de bienes, el p. heredaba el doble de lo que heredaba cada uno de los otros hermanos (cp. 2 R. 2:9). Dt. 21:15-17 prohíbe despojar al p. de su derecho para beneficiar al hijo de la mujer favorita, pero si el p. era hijo de una concubina tenía que ceder su derecho si más tarde nacía un hijo de la esposa legítima (Gn. 21:9-13; Jue. 21:1,2). Esta costumbre se nota en las leyes de →Hamurabi y en las tablillas de → Nuzi.

En el caso de los reyes, la p. implicaba el derecho de sucesión (2 Cr. 21:1-3), pero el favoritismo era a menudo un gran riesgo para la elección del sucesor (1 R. 1–2; 2 R. 11:12,13; 1 Cr. 26:10). La Escritura muestra cierta predilección hacia el hijo menor, quizá por ser el menos privilegiado (Jacob, Efraín, David). La palabra p., no obstante, evoca siempre un cariño especial. Por eso se dice que Israel es el p. de Dios (Éx. 4:22; Sal. 89:27; Jer. 31:9).

La noche de la Pascua, el Señor había perdonado a los p. de Israel. Por eso, al p. de la madre se le tenía como santificado (consagrado) para el Señor (Ex. 13:2; Nm. 3:13). Los primogénitos de la generación contemporánea del éxodo fueron redimidos mediante la consagración de los levitas (Nm. 3:40,41). Posteriormente, cada p. era redimido a la edad de un mes, mediante el pago de cinco siclos al sacerdote (Nm. 18:16).

Las excavaciones en la Tierra Santa han demostrado que los cananeos acostumbraban sacrificar sus p. y los israelitas lamentablemente los imitaron algunas veces (Ez. 20:25,26; Mi. 6:7). Los p. machos de los animales puros debían ser sacrificados (Nm. 18:17,18; Dt. 12:6,17), y los de los animales impuros debían ser redimidos (Nm. 18:15); en el caso de un asno, había que redimirlo mediante un cordero o quebrarle el cuello (Éx. 13:13; 34:20).

Jesús fue el p. de su madre (*prótotokos*, Lc. 2:7; cp. Mt. 1:25 →MARÍA) pero nunca se le llama p. del padre celestial (Jn. 3:16). Sí se nos dice que sus padres hicieron "por él conforme al rito de la ley" (Lc. 2:27).

El concepto de la p. tiene honda repercusión teológica en los escritos bíblicos, principalmente del NT. Cristo es el p. entre muchos hermanos (Ro. 8:29), e.d., tiene autoridad sobre todos los hombres, y es el p. de entre los muertos (Col. 1:18): es el primero en quien se ha cumplido la promesa de resurrección. Él es "el p. de toda creación" (Col. 1:15 →PRINCIPIO): tiene autoridad sobre todo lo creado (sin que él mismo haya sido creado). A los creyentes se les llama también p. (Heb. 12:23), porque son los más privilegiados entre los hombres.   C. R.-G.

PRINCIPADOS (gr. *arjái* = 'principios', 'gobernantes', 'autoridades'). Una de las categorías de espíritus reconocidas por el judaísmo del siglo I (→ÁNGEL, →DEMONIOS). Para Pablo hay p. cuya acción guarda armonía cn el plan de Dios (Ef. 3:10; Col. 1:16), y los hay opuestos a este plan eterno, pero éstos un día serán subyugados por Cristo (Ro. 8:38; 1 Co. 15:24; Ef. 1:21; 6:12; Col. 2:10,15).   R. F. B.

PRÍNCIPE, PRINCIPAL. En el AT, se trata de una persona de alto rango o autoridad, colocada en eminencia generalmente por selección divina: rey de una nación (1 R. 14:7), cabeza de una tribu (Nm. 1:16 VM) o dignatario de un reino (Dn. 5:1). En Gn. 23:6, se habla de Abraham como de "un p. de Dios", y la denominación denota tanto a un "gran p." como a un "representante de Dios".

Siete p. de Media y de Persia tenían acceso al rey y ocupaban la más alta posición oficial después del mismo rey (Est. 1:14). Posiblemente éstos fueran sus consejeros (Esd. 7:14).

El profeta Isaías habla del "P. de paz" (9:6) refiriéndose al Mesías que había de venir.

En el NT el p. era una persona de mucha influencia entre los judíos; v.g., el "p. de la →sinagoga" (Mr. 5:35-38; Lc. 8:49; Hch. 18:8), o el que dirigía el culto y designaba el lector o predicador (Lc. 13:14; Hch. 13:5). Aunque no siempre es fácil precisar el papel de un "hombre p." (v.g., Lc. 18:18), a veces se refiere a un miembro del →sanedrín (Jn. 3:1). Los "p. →sacerdotes" del siglo I d.C. ejercían gran poder religioso y político.

→Satanás es llamado a veces "p. de los demonios" (Mr. 3:22, //) o "p. de este mundo" (Jn. 12:31; 14:30; 16:11).   H. P. C.

PRINCIPIO. Traducción más común en el NT de la palabra gr. *arjé*, palabra que generalmente se usaba con sentido temporal (Mt. 24:8; Mr. 1:1; Jn. 1:1; Heb. 1:10), pero no siempre.

Los autores del NT y los de otras obras griegas contemporáneas a veces usaban *arjé* para aludir a una posición más bien que al tiempo. V.g. en Tit. 3:1 ("gobernante") y en Lc. 12:11 ("magistrado"). Es importante notar que aun en español "p." (relativo al tiempo) y →"príncipe" (posición) vienen de una misma raíz latina; cp. también → "principados".

Josefo (*Contra Apión* 2:190) afirma que Dios es el *arjé* de todas las cosas y el *Evangelio de Nicodemo* (cap. 23) declara que el diablo es el *arjé* de la muerte. En estos casos la palabra tampoco se refiere a tiempo sino más bien a origen o causa.

La importancia teológica de todo lo anterior es notable. Ap. 3:14 afirma que Jesucristo es "el p. [*arjé*] de la creación de Dios". Si esta voz gr. sólo tuviera sentido temporal, entonces los arrianos y los "testigos de Jehová" tendrían aquí una prueba incontrovertible a favor de su cristología antitrinitaria. Pero hemos visto que se usa por lo menos con otros dos sentidos. La frase bien podría interpretarse como que Cristo es el "príncipe de la creación" o el "principiador [originador] de la creación". Y cualquiera de estos conceptos concuerda mejor con el cuadro neotestamentario de Cristo, que el de considerarlo la "primera cosa creada" (→MESÍAS, JESUCRISTO).

Es de notarse también que Ap. 21:6 afirma que el Padre eterno también es "p. y fin", descripción que se aplica por igual al Hijo (22:13; cp. 1:8,11).   W. M. N.

PRISCILA. →AQUILA.

PRISIÓN. →CÁRCEL.

PROCÓNSUL. Título del gobernador de una provincia romana subordinada al senado (→PROVINCIA). El cargo duraba un año, pero incluía toda autoridad civil y militar. El NT menciona a dos p.: → Sergio Paulo (Hch. 13:7), p. de Chipre cuando Pablo visitó esa isla, *ca.* 47 d.C.; y → Galión (Hch. 18:12), quien inició su régimen en Acaya, en 51 d.C., mientras Pablo estaba en Corinto. Lucas usa correctamente el título de p. en relación con la provincia de Asia (Hch. 19:38), lo cual es un indicio del conocimiento exacto que tenía de las condiciones políticas fluctuantes de la época.   J. M. Bo.

PROFECÍA, PROFETAS. Entendido como "la interpretación de la historia que halla el significado de la misma sólo en términos del interés, el propósito y la participación divina" (IDB), puede decirse que el profetismo comienza con Moisés y que se refleja en la mayoría de los escritos bíblicos. Aunque hallamos en otros pueblos ciertos fenómenos emparentados, en ninguno se halla la profundidad e influencia del profetismo bíblico. La razón es evidente: todo el AT mira hacia el porvenir. Basado en lo que Dios ha hecho y dicho en el pasado, proclama la espera del cumplimiento pleno de esas promesas. El "día de Yahveh" anima no sólo los libros proféticos sino también los históricos y los poéticos. El mismo Pentateuco, basado en el éxodo y el pacto del Sinaí, entrevé el tiempo en que Israel, libre de toda esclavitud, será la nación santa del Dios santo. El NT, a su vez, ve en Jesucristo y su iglesia el cumplimiento de aquella promesa y por ello valora altamente la profecía del AT; se extiende hacia la plena realización del reino, la *parusía* del Señor, y afirma así una dimensión profética propia.

I. TERMINOLOGÍA

El término heb. *nabi*, traducido "profeta", probablemente se deriva de una raíz que significa "anunciar" o "proclamar". El AT lo aplica a una variedad de personas (Gn. 20:7; Éx. 7:1; 1 R. 17−19; Mal. 4:5). En el NT la palabra gr. *profetes* se aplica especialmente a los p. del AT, pero ocasionalmente a Jesús, a Juan el Bautista y a ciertas personas en la iglesia.

II. ORÍGENES

Es sumamente discutido el origen del profetismo en Israel y su posible relación con otros fenómenos semejantes. Varios pasajes hablan de "videntes" y 1 S. 9:9 sugiere que así se le llamaba originalmente al p. Además, había un profetismo "extático" (en trance o posesión) en las religiones cananeas (cp. 1 R. 18:20-40), y es posible que hubiera alguna relación entre este fenómeno y algunas manifestaciones en Israel (1 S. 19:18-24). Por otra parte, los grandes p. (Isaías, Amós, Jeremías) tenían experiencias extáticas (extraordinarias tanto para su tiempo como para nosotros), en las que hallaban un acceso especial a la "palabra de Yahveh" y éstas llevaban en sí mismas una singular señal de autenticidad divina. Indudablemente no se trataba de un trance de absorción, sino de una concentración próxima a la oración, en la que la "palabra" recibida era meditada y articulada por el p. en un mensaje (Is. 10:6ss.).

También se ha discutido mucho la relación de los p. con el culto. Aunque había "bandas" proféticas en los lugares de culto (como en los santuarios paganos), los p. del AT no parecen pertenecer a ellas y en algunos casos evidentemente repudiaron esta dudosa institución (Jer. 29:26-30). Entre estos p. de santuario, ocupados de los detalles del culto y pequeños problemas políticos, y el p. bíblico, con su visión de la acción de Dios en la historia, había una enorme diferencia. Sin embargo, es erróneo pensar, basándonos en unos pocos pasajes tomados aisladamente (Am. 5:21-24; Is. 1:11,12,14-17), que los grandes p. se oponían al culto del templo y al sacerdocio, o a toda religión institucionalizada. Se trataba, más bien, de la crítica a la corrupción del culto, ya fuera por la idolatría o por la injusticia: "No puedo aguantar iniquidad y día solemne" (Is. 1:13, VM ofrece la traducción más correcta). Los p. conocen el culto y a menudo citan su ritual, himnos y oraciones. Algunos (Jeremías, Ezequiel) vienen de un trasfondo sacerdotal y otros (Habacuc, Nahum, Joel) muy probablemente participaban en el culto.

En los libros proféticos de la Biblia tenemos la obra directa de los propios p. (Is. 30:8; Jer. 29:1s., entre otros pasajes, muestran que los p. escribían y no sólo anunciaban verbalmente sus oráculos). También hay casos de un testimonio indirecto, como el de Baruc, secretario de Jeremías (Jer. 36). Y finalmente, existían escuelas de discípulos de un p. (v.g., Is. 8:16; cp. 50:4) los cuales compilaban sus mensajes.

III. CARACTERÍSTICAS E HISTORIA

Aunque el mensaje de la profecía bíblica se halla principalmente en los libros conocidos como "proféticos", no debemos olvidar el profetismo anterior a Amós, ilustrado por figuras como Natán, Elías, Miqueas (1 R. 22:8-38) y Eliseo, cuya función fue anunciar el juicio y la voluntad de Dios principalmente a los reyes. El nombre "p." se aplica también a Abraham (Gn. 20:7), Aarón (Éx. 7:1), María y Débora (Éx. 15:20; Jue. 4:4) y Moisés (Dt. 18:18; 34:10). El p. bíblico reúne algunas características que el NBD resume bien como "un llamado específico y personal de Dios" (Is. 6; Jer. 1:4-19; Ez. 1−3; Os. 1:2; Am. 7:14,15, etc.); la conciencia de la acción de Dios en la historia; la preocupación por la justicia y la paz; la valiente confrontación de reyes, sacerdotes o pueblos con las demandas y el juicio divinos; el uso de medios simbólicos de expresión y el ejercicio de una función intercesora o sacerdotal ante Dios.

La función primordial del p. es la proclamación de la "palabra de Dios" que ha recibido. El propósito es llamar al pueblo al arrepentimiento y la conversión a Yahveh y a su pacto. Su mensaje se relaciona constantemente con sucesos y circunstancias presentes, de orden político, social o religioso. Pero como estas circunstancias son vistas como parte de la acción de Dios en la historia, el p. no puede dejar de referirse al futuro para anunciar lo que Dios hará, para inducir a la acción y para certificar su mensaje: No hay duda alguna de que la predicación es parte esencial de la función profética, y muchos p. manifiestan dones especiales de clarividencia y percepción del futuro. Pero, por otra parte, también existen falsos p., que apelan a los mismos dones y pretenden tener palabra de Dios. Pasajes como Dt. 13; 18:9-22; Jer. 23:9-40; Ez. 12:21—14:11 sugieren algunos criterios de distinción. El problema es complejo y el NT tampoco lo desconoce.

IV. EL MENSAJE DE LOS PROFETAS

Ubicados en el horizonte de la decadencia de los reinos (a partir del siglo VIII a.C.), en medio de las amenazas políticas de los grandes imperios (Egipto, Asiria, Babilonia, Persia) y mientras acompañan a su pueblo en el exilio, los p. anuncian, de diversas maneras pero con fundamental unidad, el propósito de Dios que se cumple en la convulsionada historia del Medio Oriente. IDB resume el mensaje profético con frases claves de los mismos p.:

1. "Así dice el Señor". El p. está consciente de que está al servicio de la palabra de Yahveh, que no es un mero anuncio sino la expresión de la voluntad del Dios soberano en acción (Is. 55:11; Am. 3:8). El p. no tiene control sobre esta palabra sino que está a su servicio (Jer. 20:8b,9; Am. 3:8). Toda su vida, hasta sus gestos y acciones simbólicas, dependen de ella (Is. 7 y 8; Os. 1).

2. "De Egipto llamé a mi hijo". La misericordiosa y divina elección de Israel para un propósito determinado, y las obligaciones que esa elección impone, están siempre presentes en los p. Se expresan con las figuras de padre/hijo (Is. 1:2; Os. 11); propietario/viña (Is. 5:1-7), pastor/rebaño (Is. 40:11), alfarero/vasija (Is. 29:16; Jer. 18) y principalmente esposo/esposa (Is. 50:1; 54:5; 62:4,5; Jer. 2:1-7; 3:11-22; Ez. 16:23; Os. 1—3). La ética social que admiramos en los p. tiene su raíz en la justicia del pacto.

3. "Se alejaron de mí". La rebelión que denuncian los p. no es sólo de Israel, sino de todas las naciones (Is. 10:5ss.; Jer. 46—51; Ez. 25—32; Am. 1 y 2). Dios tiene cuidado de todos los pueblos (Is. 19:24; Am. 9:7), pero Israel tiene un llamado y por tanto una responsabilidad y una culpa especial (Am. 3:2). Su rebelión ha sido total muestra de infidelidad (Is. 1:4,5; 2:6-17; 59:1-15; Jer. 2:4-13; 5:20-31; Ez. 16), y se manifiesta en la corrupción religiosa, en la injusticia social y sobre todo en el vano orgullo y jactancia que conduce a la ruina.

4. "Regresarán a Egipto". Dios ejecutará su juicio, e.d., corregirá el mal castigando al culpable, vindicando al justo y estableciendo justicia. Los p. de los siglos VIII-VI a.C. ven como juicio divino la catástrofe nacional que se avecina (Is. 22:14; 30:12-14; Jer. 5:3,12,14; Os. 4:1; Am. 3:1; Mi. 6:1ss.). No es un acto arbitrario

de Yahveh, pero Israel es conducido de nuevo al cautiverio (de allí la idea del regreso a Egipto) para restaurar la justa relación con Dios.

5. "¿Cómo te he de abandonar?". Para el p., aun el juicio inexorable es expresión de la compasión divina (Am. 4:6-11). La misericordia (compasión, piedad, →GRACIA) es, más que una calidad del pacto, la naturaleza misma de Dios (Is. 54:7,8,10; Jer. 3:12; 31:3; Os. 11:8ss.).

6. "Haré regresar sus cautivos". El juicio es instrumental y disciplinario (Is. 1:25; Os. 2: 14-23; 5:15; Am. 4:6-11). Más allá de la ejecución, Dios se propone mantener un →remanente fiel que retornará para cumplir el propósito divino (Is. 7:1ss.; Ez. 27; Am. 9:8bss.). La segunda parte de Isaías lo anuncia como una segunda creación, un segundo éxodo (51:9-11). Jeremías discierne un nuevo pacto (Jer. 31: 31-34).

7. "Luz para los gentiles". La restauración no puede limitarse a la historia de Israel. Los p. miran más allá a una consumación, un día del Señor que abarcará en juicio y gracia a todos los pueblos (Zac. 14:5-9). En esta expectación se inserta el anuncio del "Siervo del Señor", quien inaugurará un nuevo día para las naciones (Is. 49:5,6; 53:4,5). Esta es la fe final y el mensaje de los p. (Is. 2:2-4; Mi. 4:1-3).

V. PROFECÍA Y PROFETAS EN EL NT

El mensaje de los p. halla su cumplimiento en la vida, muerte y resurrección de Jesucristo (Hch. 3:24); particularmente en los hechos de la pasión (Lc. 24:25-27; Hch. 3:18; 1 Co. 15:3). La predicación a los judíos partía de esa correlación (Hch. 18:28). El Evangelio de Mateo está construido sobre esa base (v.g., 1:22s.; 2:5s.), pero, más que predicciones en detalle, se trata del propósito redentor de Dios anunciado en los p. y cumplido ahora (Jn. 6:14; 1 P. 2:9s.). La promesa del nuevo pacto y del siervo sufriente son los puntos culminantes de esa continuidad.

En el NT se conoce y tiene en alta estima el don de profecía y la figura del p. (1 Co. 12:10 Ef. 4:11; cp. Hch. 11:27; y Ef. 2:20). Su función parece haber sido anunciar alguna revelación particular dada por Dios (Hch. 19:6; 21:9 1 Co. 11:4s.; etc.), edificar o consolar con ese conocimiento de la voluntad de Dios (1 Co. 14:1,3,5) o predecir un acontecimiento futuro (Mt. 11:13; 15:7; 1 P. 1:10).   J. M. B.

PROFETISA. Título o distinción que en el AT se confiere a cinco mujeres. María la hermana de Moisés (Éx. 15:20) y Débora la juez (Jue. 4:4), quienes cantaron las victorias de Yahveh. Hulda, la p. a quien el rey Josías mandó consultar cuando halló el libro de la ley y quien profetizó el juicio de Yahveh sobre el pueblo (2 R. 22:14-20; 2 Cr. 34:22-28). Noadías la p. que se menciona entre los adversarios de Nehemías (Neh. 6:14). Isaías se refiere a su esposa como p. (Is. 8:3). Además, también se habla de p. falsas (Ez. 13:17).

En el NT el término se aplica a Ana (Lc. 2:36). Las cuatro hijas de Felipe profetizaban (Hch. 21:9). Ap. 2:20 habla de una seudo p., Jezabel.   I. W. F.

PRÓJIMO. Cualquier miembro de la humanidad respecto a uno mismo. Se le aplica más particularmente a un semejante, es decir, a quien posee características iguales. Úsase asimismo para designar a vecinos o personas que ejecutan colateralmente una obra.

Entre las leyes de santidad y justicia dadas por Dios por medio de Moisés figura el amor al p. (Lv. 19:18; Mt. 22:39). La práctica de este sentimiento implicaba no oprimirlo, no robarle, no codiciar ninguno de sus bienes, no juzgarle injustamente ni atentar contra su vida, no vengarse de él, ni guardarle rencor, etc. (Éx. 20:16ss.). Era un mandato estimar al p., considerarlo, protegerlo y satisfacerlo en la misma medida y sentido que se hace consigo mismo (cp. Pr 12:26, Jer. 22:13).

Los → fariseos, en especial, habían circunscrito el significado de "p." a los de su propia nación, a sus amigos y a quienes les favorecieran en alguna forma. Cristo les dio mejor enseñanza. Con la parábola del buen samaritano (Lc. 10:25-37) el Maestro explicó la genuina significación del término. Según ella, el espíritu misericordioso no considera prejuicios ni barreras de ninguna índole para ofrecer ayuda oportuna e incondicional a quien la requiere.

Por excelencia, nuestro proto-p. es Dios mismo. A pesar de nuestra enemistad, nos socorrió, y nos exhorta a imitarle.   R. R. L.

PROMESA. La lengua heb. no conoce ninguna palabra que corresponda al término "p.", o al verbo "prometer". Sin embargo, la noción es común. Ciertos verbos ordinarios, como "deducir" y "hablar", hacen comprender que una palabra pronunciada por Dios tiene el valor de una p. solemne. La palabra de Dios, una vez pronunciada, es verdad. Y Dios mantiene su palabra. Dos ejemplos clásicos son: (1) El → pacto de Dios con Abraham (Gn. 13:14-17): el anuncio de una posteridad numerosa y el don de la tierra de Canaán. (2) La p. hecha a David de conservar el reino para sus descendientes (2 S. 7:12,28,29), y la cual se repite a lo largo de la historia del pueblo de Israel.

El recuerdo de estas promesas permanece vivo en la tradición de Israel: el reinado de Dios será el don perfecto de la p. hecha a Israel (Jer. 32:37,38; Ez. 28:25,26; 37:25-28). Y el rey eterno que gobernará al pueblo será un nuevo David (Jer. 23:5; Ez. 34:24; 37:24,25).

La p. ocupa un lugar central en el NT, pues éste proclama que las p. hechas en otro tiempo por Dios a los patriarcas y al pueblo de Israel son cumplidas en Jesucristo. "Todas las p. de Dios son 'sí' en él" (2 Co. 1:20). Y el evangelio consiste en proclamar que las p. se cumplen en la persona de Jesús (Ro. 1:2,3). En el NT las p. apuntan a la dignidad de hijos de Dios (Ro.

9:8), a la herencia (Gá. 3:18,29), al reino (Stg. 2:5) y a la vida eterna (Tit. 1:2). ¿Quiénes se beneficiarán de la p. divina? Primeramente el pueblo de Israel (Ro. 4:13; 9:4), pero el nuevo pacto no excluye a ningún hombre. La verdadera posteridad de Abraham no son sus descendientes según la carne, sino los que viven de la misma fe que él, cualquiera que sea su origen (Ro. 4:16).

Dudar del poder de Dios para ejecutar lo que ha prometido es atentar contra su gloria (Ro. 4:20-21). Por esto, la herencia está reservada a los que se apropian, por la fe de la palabra del evangelio (Heb. 4:12). El cumplimiento de la p. depende sólo de Dios y no de los esfuerzos del hombre (Ro. 4:16). Todo el que intenta obtener la herencia mediante la observancia de la ley, anula la p., porque se comporta como si la p. no tuviera valor (Ro. 4:13,14; Gá. 3:18).
                                              C. R.-G.

PROPICIACIÓN. Satisfacción de la → justicia de Dios por medio de un → sacrificio. Dios es santo y su reacción vindicadora (Sal. 7:11; → IRA DE DIOS) sólo se aplaca al quitar el pecado que la causó.

En el NT, la muerte expiatoria de Cristo es la p. por excelencia (Ro. 3:25). Hizo posible que Dios fuera propicio hacia los creyentes y el mundo entero (1 Jn. 2:2; cp. Heb. 8:12). La p. destaca la gravedad del pecado, lo grande de la obra redentora de Cristo, y la invitación al pecador de apropiarse esa obra perfecta. (→EXPIACIÓN.)   P. E. S.

PROPICIATORIO. Nombre derivado de *propitiatorium* (traducción en la Vul. del heb. *caporet*) término con el que se designa la plancha de oro que sostenía los → querubines sobre el arca del pacto (Éx. 25:17-22). Los dos querubines, que también eran de oro, estaban frente a frente en los extremos del p., lo cubrían con sus alas y formaban con él una sola pieza. Encima del p. y entre los querubines, Yahveh hablaba con Moisés comunicándole sus órdenes (Éx. 25:22; Nm. 7:89; cp. Lv. 16:2 "en la nube sobre el p.").

El ritual del gran → día de expiación prescribía que Aarón pusiera perfume sobre el fuego delante de Jehová; la nube del perfume cubriría el p. que estaba sobre el testimonio. Esto evitaba que Aarón muriera al probar la presencia de Dios sobre el p. Luego Aarón debía tomar sangre del becerro y rociar siete veces el p., para purificar el santuario de las impurezas de Israel (Lv. 16:14).

El p. era prototipo de Cristo. Por eso Pablo declara enfáticamente que Dios ha puesto a Cristo como → propiciación por medio de la fe en su sangre (Ro. 3:25).   F. L.

PROSÉLITO (gr. = 'agregado', 'el que se acerca'). Término que llegó a denominar al convertido de una religión a otra. En la LXX se usa en el sentido de "forastero" o → "extranjero"; aquel que sin ser judío moraba en Israel y merecía un

trato bondadoso (v.g., Lv. 19:33; Jer. 22:3).
A pesar de sus muchos privilegios, inclusive religiosos, el forastero no podía celebrar la Pascua sin ser previamente circuncidado (Éx. 12:48). Esta legislación representaba los primeros pasos hacia una actitud más abierta con los que no eran israelitas de nacimiento.

Hasta el tiempo del cautiverio y de la → dispersión parece que los judíos toleraban a los extranjeros, pero no hacían ningún esfuerzo por incorporarlos al judaísmo. Pero para fines del siglo IV a.C. la actitud había cambiado, quizá porque en su dispersión los judíos convivieron con pueblos gentiles disconformes con su propia religión. Algunos manifestaban el deseo de saber más de la religión hebrea, la cual les parecía superior. Poco a poco los judíos comenzaron a fraternizar con estos interesados y a indicarles cómo seguir las pautas morales y participar en la adoración de Jehová. El término "p." comenzó, entonces, a aplicarse a una persona de otra religión y raza que había adoptado la moral y la fe de los judíos.

No todos los dirigentes israelitas estaban contentos con la admisión de los gentiles; algunos se burlaban de los p. que judaizaban por motivos sentimentales, económicos, políticos o supersticiosos. Sin embargo, el proselitismo crecía, aun a veces por la fuerza, como en el caso de Juan Hircano, quien forzó a los idumeos a aceptar la religión hebrea (→ MACABEOS).

Antes de la era cristiana había dos clases de p.: (1) Los "de la puerta" (Éx. 20:10), e.d., los simpatizantes que guardaban la moral hebrea y adoraban a Jehová pero sin circuncidarse o adoptar todo el ritual judío. A esta clase pertenecían probablemente los griegos mencionados en Jn. 12:20, Cornelio (Hch. 10) y otras personas llamadas "devotas" y "temerosas de Dios" (Hch. 13:16; 18:7). (2) Los "de la justicia", e.d., los que aceptaban todo el "yugo" de la religión hebrea y se habían sometido a la → circuncisión, la inmersión en agua, y luego la presentación de un sacrificio.

Teóricamente, cuando el p. cumplía con estos requisitos era considerado como judío de nacimiento, pero en la práctica triunfaba muchas veces el exclusivismo de los "circuncidados al octavo día" (cp. Fil. 3:5) que se creían el pueblo escogido por la sola razón de haber nacido israelitas. V.g., los p. podían asistir a los cultos en el templo, pero no debían entrar más allá de los atrios destinados para ellos.

Jesucristo reprochó el tipo de proselitismo practicado por algunos → fariseos (Mt. 23:15), cuyo afán de hacer adeptos produjo "convertidos" más fánaticos e intolerantes que los mismos judíos. Lejos de ser una misión evangelizadora, esta actividad reclutaba a los hombres por medio de la propaganda religiosa. Las palabras de Jesús posiblemente indican que estos p. no eran numerosos.

No obstante, muchos p. menos rigurosos y muchos temerosos de Dios se agregaron al núcleo de la iglesia cristiana gentil, porque los primeros misioneros hallaron en ellos un terreno preparado para el evangelio. (Hch. 13:16,43; 16:14s.; 17:4; 18:7).   A. P. N.

Bibliografía
EBDM V, col. 1295-1297. A. Wikenhauser, *Hechos* (Barcelona: Herder, 1967), pp. 76-80.

PROSTITUCIÓN. Entrega del cuerpo para fines eróticos por una remuneración o dádiva. Se distingue de la → fornicación por su carácter comercializado. La palabra aparece en la RV como sustantivo tres veces y como verbo, trece (p.e. Jue. 8:27; 2 R. 23:7); pero la idea y el concepto se aplican figurativamente también a la profanación de valores absolutos (Sal. 106:39) y a la entrega de uno mismo a otros poderes o dioses, y no a Jehová (Lv. 20:5,6).

En su sentido literal, la p. puede referirse a cualquiera de los sexos (cp. Gn. 19:1-11), aunque la práctica de la → ramera dedicada comercialmente al placer de sus amantes masculinos es la forma más ordinaria de la misma (cp. Jos. 2:1). Algunos consideran que ésta, "la más antigua profesión", comenzó como deber religioso en que la mujer entregaba su cuerpo al sacerdote en sacrificio. Según el historiador Herodoto, toda mujer babilonia debía trasladarse una vez en su vida al Templo de Venus, allí venerada como Hellita, para entregarse a un extraño.

También existía una forma de p. que constituía un gesto máximo de hospitalidad: por una noche se entregaba al huésped la propia esposa, el hijo, la hija o la sirvienta. Probablemente → Lot se basó en dicha costumbre pagana para ofrecer sus hijas a los hombres violentos de su pueblo (Gn. 19:8), pueblo que dio nombre a la → sodomía.

Las tres rameras más famosas de la Biblia son → Rahab, quien defendió la vida de los espías de Israel y se salvó por su fe (Heb. 11:31); Gomer, esposa del profeta → Oseas (Os. 1:1ss.); y, según la creencia común, → María Magdalena, abnegada seguidora de Jesús (Mt. 27:56). De éstas, la segunda es escogida por Dios, por su infidelidad y mala relación con su esposo, para representar simbólicamente la infidelidad y p. espiritual del pueblo de Israel para con su Dios. En este drama se subraya la paciencia y misericordia de Dios para con su pueblo electo.
                                                J. J. T.

PROVERBIOS, LIBRO DE. Libro sapiencial que forma parte de la tercera división (*Hagiógrafas*) en la Biblia hebrea. La palabra heb. (*mashal*) que se traduce "proverbio" puede traducirse también "similitud", "máxima", "refrán", "dicho", o "parábola". Pr. contiene dichos cortos moralizadores; y especialmente muchos dísticos de paralelismo antitético o comparativo que iluminan verdades nacidas de experiencias en la vida. Pr. 1:2-6 da el propósito de estos proverbios, especialmente en la educación de los jóvenes.

Pr. instruye para la vida práctica y señala cómo conducirse sabiamente para tener éxito en la vida diaria. Tal sabiduría la destilan maestros que conocen la ley de Dios y aplican sus principios aun a los pequeños detalles de la vida que a menudo no se mencionan en la ley y en la predicación de los profetas, pero que merecen atención en las Escrituras. Todo aspecto de la experiencia humana está sujeto a la voluntad de Dios. Por eso Pr. indica claramente que "el principio de la sabiduría es el temor de Jehová" (1:7; 9:10).

En los diferentes capítulos del libro se entrelazan varias colecciones de proverbios (1:1; 10:1; 22:17; 24:23; 25:1; 30:1; 31:1), cuyo orden en la LXX es diferente a partir de 24:22 en adelante. Es posible, por tanto, que algunas colecciones circularan oralmente por un tiempo antes de ser escritas.

I. CONTENIDO DE LAS COLECCIONES

A. *Elogio a la sabiduría,* 1:1–9:18

El título en 1:1 no pertenece a esta colección; más bien se considera el título general del libro, puesto que Salomón fue el gran promotor de la sabiduría. Esta sección prepara al lector para las colecciones de proverbios que siguen. El autor señala a su hijo o discípulo las ventajas de buscar la sabiduría y evitar la necedad. Elabora sus ideas en poemas que son extensiones del proverbio. Personifica a la sabiduría en 1:20-23; 8; 9:1-16.

Algunas autoridades afirmaban que esta sección había sido la última en elaborarse (siglo IV, a.C.), pero ciertos hallazgos de literatura fenicia indican que semejantes dichos circulaban siglos antes de Salomón.

B. *Los proverbios de Salomón,* 10:1–22:16

Esta colección contiene dichos que abarcan un versículo, característica también de la otra colección atribuida a Salomón (25–29). No hay razón para dudar de que Salomón escribiera estos proverbios. Él escribió muchos (1 R. 4:32; Ec. 12:9) y promovió este tipo de literatura en Israel.

C. *Dichos de los sabios,* 22:17–24:34

Esta sección incluye dos colecciones de instrucciones prácticas y son notables los paralelos entre 22:17–23:11 y los proverbios de Amenemope de Egipto. Sin embargo, tales paralelos no son de extrañar puesto que tal literatura circulaba en Egipto, Canaán y Mesopotamia desde el segundo milenio a.C. (→SABIDURÍA). Israel pudo haber aprovechado el lenguaje y las expresiones comunes al mundo antiguo, pero la inspiración divina y la fe distintiva del pueblo de Dios moldeaba éstos conforme a un propósito especial.

D. *Otros proverbios de Salomón,* 25–29

Éstos fueron coleccionados en el tiempo de Ezequías (*ca.* 700 a.C.). Son semejantes a los de la segunda colección (B), pero en ésta hay más proverbios comparativos y menos antitéticos.

E. *Las palabras de Agur,* cap. 30

No se sabe quién era Agur ni las otras personas mencionadas (→UCAL). Los proverbios nu-

méricos en los vv. 15-33 pueden constituir otra colección.

F. *Palabras de Lemuel,* 31:1-9

Muchos traducen "Lemuel, rey de Masa" en vez de "Lemuel, la profecía". Contienen consejos para un rey.

G. *La mujer virtuosa,* 31:10-31

Poema acróstico que puede ser continuación de las palabras de Lemuel, pero originalmente era un poema independiente.

II. ORIGEN

La tradición sapiencial se cultivó en la corte de Salomón (1 R. 5:12; 10:1-13,23s.) y floreció en Israel en el período de la monarquía. En las colecciones B y D, muchos textos presuponen la existencia del reino. Después de varios estudios comparativos con la literatura del Medio Oriente, algunas autoridades que antes negaban que Pr. fuera de la época de Salomón ahora que reconocen que por lo menos un núcleo puede ser de él. Aunque Salomón no los escribió todos, es aceptable que muchos de los proverbios vinieran de él.

No se sabe cuándo Pr. tuvo su redacción final, pero sin duda no fue antes del tiempo de Ezequías (25:1), sino quizás un poco después. No obstante, es probable que las últimas colecciones se añadieran más tarde.

III. EL USO EN EL NUEVO TESTAMENTO

El NT acepta a Pr. como libro inspirado y lo alude y cita en varias ocasiones (2:3,4 en Col. 2:3; 3:7 en Ro. 12:16; 3:11,12 en Heb. 12:5s.; 3:12 en Ap. 3:19; 3:34 en Stg. 4:6; 8:22 en Ap. 3:14; 11:31 en 1 P. 4:18; 25:21,22 en Ro. 12:20). Cristo mismo es la revelación y la fuente de la sabiduría en la vida cristiana (Mt. 12:42; 1 Co. 1:24,30; Col. 2:3).   J. M. Br.

PROVINCIA. Término político que en ambos testamentos generalmente se refiere a una gran división territorial perteneciente a un imperio o estado.

En los libros posteriores del AT, p. denota las divisiones políticas del Imperio Caldeo (Dn. 2:48, etc.), y del Imperio Persa (Esd., Neh. y Est.). Este último estaba dividido en veinte grandes p. o →"satrapías", cuyas subdivisiones también eran llamadas p. por los judíos (Est. 1:1). Bajo Asuero había 127 de estas p. menores, cada una con su gobernador, y éste se mantenía en comunicación con el rey por un sistema de correo real (Esd. 4 y 5).

En el NT el término griego para la p. política aparece en Hch. 23:34 (Cilicia) y 25:1 (Judea). El Imperio Romano del primer siglo estaba dividido en más de veinte p., las cuales eran de dos clases: (1) p. senatoriales, generalmente pacificadas sin necesidad de ejército, y subordinadas al senado romano. Eran gobernadas por un →procónsul. (2) Las p. imperiales estaban bajo control del emperador porque requerían la presencia de fuerza militar. Las principales p. imperiales (p.e. Siria) eran gobernadas por "legados del emperador" y las de menor importancia como Judea (una sub-provincia de Siria), por "procuradores" (→GOBERNADOR) quienes eran auxiliados en sus funciones por "consejos" (Hch. 25:12).   J. M. Bo.

PRUDENCIA. → DOMINIO PROPIO.

PRUEBA. → TENTACIÓN.

PSEUDONIMIA. Práctica de escribir una obra literaria bajo el nombre de otro, a la cual se recurría con frecuencia en el judaísmo rabínico. Se le denominaba también pseudoepigrafía. Con ella se pretendía atribuir la obra de uno a la pluma de un personaje célebre de antaño. Así floreció el género → apocalíptico, con visiones y viajes celestiales atribuidos a Enoc, Moisés, Esdras, etc., ya muertos desde hacía siglos; y el género de los "testamentos" (→APÓCRIFOS) de tipo sapiencial. Esta ficción literaria era bien conocida por los lectores y no era un engaño para los contemporáneos; estando prácticamente cerrado el → canon, los autores intentaban conseguir un auditorio para sus obras por medio de este signo de autoridad.

También existía la costumbre de aprovechar la reputación de un maestro o profeta para dar a conocer obras escritas por sus discípulos u otros herederos de su → tradición. En la antigüedad, muchas veces la tradición oral se propagaba anónimamente (→ EVANGELIOS), de manera que su atribución al personaje que la inspiraba, que sería una especie de p., puede considerarse un término medio entre el anonimato y la propiedad literaria. Esta última, por supuesto, es un concepto reciente; el término "autor" no se comprendía siempre en el sentido estricto en que lo entendemos hoy. Antes de considerar pseudónima una obra, conviene preguntar qué grado de participación tuvo en ella la persona bajo cuyo nombre se ha conservado, y si fue directa, como en el caso de las grandes epístolas paulinas; si dejó bastante campo a la iniciativa de un secretario-redactor, como se podría pensar de → 1 Pedro o incluso de las → Cartas Pastorales; o si su participación fue todavía menos notable, como algunos sugieren sea el caso de → Mateo o de → 2 Pedro.

Todos reconocen que la p. es un fenómeno común en los escritos extracanónicos como *La ascensión de Isaías, Testamentos de los patriarcas,* y los numerosos evangelios, hechos, cartas y apocalipsis apócrifos (→APÓCRIFOS, LIBROS DEL NT). Muchos de éstos tienen un fin propagandista, como la divulgación de doctrinas gnósticas, o el fomento de prácticas nuevas (v.g., la práctica de permitir que las mujeres bauticen citada en los *Hechos de Pablo*), y es evidente que sin el patrocinio de una figura famosa nadie les hubiera prestado mucha atención, porque, en todo caso, carecen más o menos obviamente de → inspiración.

La cuestión más controvertida, sin embargo, es si existe o no la p. dentro del canon. ¿Escri-

bió → Isaías todos los oráculos que aparecen en su profecía? ¿Fue →Juan mismo o algún discípulo suyo que se identificó como el discípulo amado quien agregó el cap. 21 a su Evangelio (vv. 20-24)? En realidad, ¿escribió Salomón las obras sapienciales que la tradición le atribuye? (→PROVERBIOS, ECLESIASTÉS, CANTARES) ¿Cuál fue la relación entre el → Daniel histórico, o Santiago de Jerusalén, y el libro que lleva su nombre? ¿Es Efesios una carta pseudopaulina?

La respuesta a estas preguntas y a otras parecidas es muy discutida. Dependerá en parte de nuestra evaluación de la → tradición rabínica o eclesiástica y en parte de nuestra apreciación de los datos internos de los libros en cuestión. También está involucrado el aspecto moral; ¿aceptó a sabiendas la iglesia un "fraude piadoso" como una obra autoritativa? En todas estas cuestiones de definir la paternidad literaria, el género literario, y la situación vital de la producción del libro, conviene no juzgar meramente según los criterios del siglo XX. De una cosa podemos tener seguridad: que Dios no ha usado un engaño intencional en la comunicación de su verdad.   R. F. B.

Bibliografía
IB I, pp. 152,162,668; II, pp. 515s., 539-542, 546-549; *INT*, pp. 323-328 y 372s.

PTOLOMEO. Nombre de los reyes que gobernaron a Egipto después de la muerte de → Alejandro el Grande.

   1. Ptolomeo I, Soter (304-285 a.C.). Uno de los principales generales de Alejandro, que a la muerte del gran conquistador fue hecho sátrapa de Egipto, pero poco después tomó el título de rey. Abdicó en el año 285 a.C. en favor de uno de sus hijos menores, pero continuó viviendo y participando de los asuntos del estado hasta su muerte en el año 283. Una de sus principales contribuciones a la historia de la cultura fue la fundación de la famosa biblioteca de → Alejandría. Es posible que Dn. 11:5 se refiera a él.

   2. Ptolomeo II, Filadelfo (285-246 a.C.). Hijo y sucesor de P. I. El título de "Filadelfo" le fue aplicado primero a su hermana, que se casó con él, y después, por extensión, a él. Según la leyenda, fue durante su reinado que se produjo la traducción del AT al griego conocida como la → Septuaginta. Reclamó para sí y para su hermana y esposa el título de dioses que antiguamente tenían los → faraones egipcios. Posiblemente Dn. 11:6 se refiere al hecho de que P. II casó a su hija Berenice con Antíoco II de Siria, lo cual le aseguró la paz con su antiguo rival. Bajo P. II la dinastía llegó a su máximo esplendor.

   3. Ptolomeo III, Euergetes (246-221 a.C.) Hijo y sucesor de P. II. Al recibir noticias del repudio y el asesinato de su hermana Berenice, invadió a Siria. Aunque fue derrotado, logró retener el territorio de Judea (Dn. 11:7ss.). Fue durante su reinado que el sumo sacerdote

Onías II, que se inclinaba hacia los →seleucos y estaba en contra de los P., se negó a pagarle tributo, y, como resultado, el sacerdocio perdió buena parte de su poder temporal. La integridad de Judea se salvó sólo mediante la intervención de José ben Tobías (Josefo, *Antigüedades*, XII.vi.1).

4. Ptolomeo IV, Filopator (221-205 a.C.). Hijo y sucesor de P. III. Cuando →Antíoco el grande invadió a Egipto, este P. lo derrotó (Dn. 11:10ss.). Según 3 Macabeos, P. IV intentó entrar en el Templo de Jerusalén, pero fuerzas misteriosas se lo impidieron. De regreso a Egipto, desató una persecución contra los judíos, de la cual muchos se salvaron por otra intervención milagrosa.

5. Ptolomeo V, Epífanes (205-180 a.C.). Hijo de P. IV, a quien sucedió cuando tenía sólo 5 años de edad. Aprovechando esta circunstancia, →Antíoco III de Siria invadió los territorios de P., y Judea pasó de nuevo a manos de Siria. La reconciliación entre Siria y Egipto se logró mediante un matrimonio político que a la postre fue infeliz (Dn. 11:13-17). Durante esta época, las rivalidades entre Siria y Egipto provocaron una división entre los judíos: unos abogaban por un bando y otros por el otro.

6. Ptolomeo VI, Filometor (180-145 a.C.). Hijo y sucesor de P. V, fue hecho prisionero por los sirios, y al regresar encontró a su hermano ocupando el trono. Tras compartir el poder por algún tiempo, se dividieron el reino. P. VI se distinguió por sus hábiles maniobras que le permitieron intervenir en la política interior de Siria. Puesto que Roma comenzaba a surgir como una gran potencia, P. VI se alió con ella (Dn. 11:25-30). Durante su reinado se edificó en Leontópolis un templo en el que los judíos de Egipto podían adorar.

7. Ptolomeo VIII, Euergetes II (145-116 a.C.). Era hermano de P. VI, con quien había compartido el trono, y derrocó a su sobrino P. VII. Persiguió a los judíos, a quienes creía partidarios de Siria, (2 Macabeos 1), pero parece que al final de su reinado cambió su política hacia ellos. (→CRONOLOGÍA, PERÍODO INTERTESTAMENTARIO.)   J. L. G.

PUBLICANO. Cobrador de impuestos y derechos aduaneros. Primeramente como república y después como imperio, Roma extendía su dominio sobre los estados conquistados, los cuales pasaban a ser gobernados por procuradores romanos, o por medio de dinastías indígenas, imponiendo obligaciones fiscales que debían ser administradas por oficiales designados para tal efecto. Al principio, por tanto, "p." fue un título honroso, aplicado a estos oficiales que atendían el "interés público" al administrar el cobro de impuestos y derechos aduaneros.

Los jefes de los p. solían nombrarse entre los caballeros de la sociedad romana, y para el nombramiento el estado vendía a subasta el derecho al oficial. Éste quedaba obligado a entregar al gobierno de Roma una cantidad estipulada, pero el sistema se prestaba a abusos; el p. podía obtener más de lo acordado y embolsarse el saldo. Naturalmente, los jefes necesitaban subordinados para poder dividir su región en distritos más pequeños, y a su vez estos subordinados buscaban empleados para la tarea ingrata de sacar el dinero directamente de los súbditos. Autores paganos como Livio y Cicerón señalan que los p. habían adquirido mala fama en sus días, a causa de los referidos abusos.

No obstante la mezquindad y dureza que generalmente caracterizaba a los publicanos de los tiempos de Jesús, uno de sus discípulos había ejercido esa profesión, como también Zaqueo, un convertido.   SP

Los subordinados inferiores en la jerarquía de los recaudadores de impuestos solían ser nativos del lugar donde trabajaban y, por tanto, en Palestina la mala fama general de los p. (gr. *telónai*) que recogían el *télos* o impuesto fue más aguda. Los judíos que se prestaban para este trabajo tenían que alternar mucho con los gentiles y, lo que era peor, con los conquistadores; por eso se les tenía por inmundos ceremonialmente (Mt. 18:17). Estaban excomulgados de las sinagogas y excluidos del trato normal con sus compatriotas; como consecuencia, se veían obligados a buscar la compañía de personas de vida depravada, los "pecadores". Su tendencia a cobrar más de lo debido, y su exclusión de la sociedad religiosa, se destacan en pasajes como Mt. 9:10-13; 21:31; Lc. 3:12s.; 15:1.

→ Zaqueo era "jefe de los p.", seguramente en el distrito de Jericó, y aun siendo rico participaba de la ignominia de su profesión. Por eso resultaba del todo "revolucionaria" la gracia de Jesús al hospedarse en la casa de aquél (Lc. 19:1-10). → Mateo, en cambio, era del rango inferior de p. (Lc. 5:27ss. //) antes de recibir su vocación como apóstol. Quizá fuera uno de los modelos para la parábola del p. arrepentido y el fariseo engreído (Lc. 18:9-14). (→ TRIBUTO.)

E. H. T.

Bibliografía
EBDM, V, col. 1331s.

PUBLIO. "El hombre principal de la isla" de Malta, lo cual puede referirse a un funcionario nativo o al principal funcionario romano en la isla (Hch. 28:7s.). La tradición afirma que se convirtió al evangelio y fue el primer obispo de con que se describe la enfermedad del padre de P., sanado por Pablo, es una de las pruebas de que el autor de Hch. era médico.   L. S. O.

PUERCO. Los antiguos habitantes de Canaán comían carne de p. y los griegos la usaban en sus sacrificios religiosos. Pero para el judío era comida impura (Lv. 11:7; Dt. 14:8). Comerla era censurado como una odiosa abominación idólatra (Is. 65:4; 66:3,17). La manada de p. que fue destruida en → Gadara (Mt. 8:32ss.) seguramente pertenecía a judíos helénicos que los criaban para vender a los gentiles.

La carne de p. o cerdo simbolizaba suciedad y corrupción para los judíos, lo contrario a lo puro y santo (Pr. 11:22; Mt. 7:6). Cuidar p., pues, era una ocupación degradante e indigna (Lc. 15:14-16).

En Sal. 80:13,14 el p. connota destrucción y en 2 P. 2:22 es figura de suciedad, bajeza e impureza; representa la herejía y la profesión religiosa sin regeneración.   A. P. G.

PUDENTE (latín = 'honesto', 'pudoroso'). Romano creyente que se unió con otros para enviar saludos a su amigo Timoteo (2 Ti. 4:21). Inscripciones de la época neotestamentaria revelan que varios hombres llevaron este apellido (*cognomen*), pero no es posible identificar a ciencia cierta a ninguno de ellos con el amigo de Pablo. Según una tradición, fue senador.

D. M. H.

PUEBLO. El concepto bíblico de "p." se basa tanto en la relación histórica de Dios con la nación hebrea, como también en su pacto con ella (→ JUDÍOS) y la aplicación de éste a la comunidad cristiana. Por la selección precisa de sus palabras, los autores del AT, los traductores de la LXX y los escritores del NT han procurado distinguir entre la población o las gentes en general, y el p. que Dios escogió para hacerlo suyo, su instrumento para la bendición de todos los demás habitantes de la tierra (Gn. 12:3 → ELECCIÓN). El vocablo gr. *laós* se emplea en la LXX para traducir los equivalentes heb., y en el NT se usa con el sentido de p. en la mayoría de los casos. Era un término poético antiguo muy poco usado en el gr. contemporáneo; sin embargo, los escritores bíblicos lo prefirieron al vocablo más corriente, *éthnos*, por cuanto éste significaba originalmente "vulgo".

Toda la tierra pertenece a Jehová, pero a él le plugo tomar para sí a los hijos de → Israel (Éx. 19:4ss.; Dt. 4:19, etc.), para hacer de ellos un p. santo (Dt. 7:6, etc.). De ahí que Dios espera que su p. le ame, obedezca y adore (Lv. 19:2; Nm. 15:14; Dt. 7:9; etc.) y lo llama también su esposa (Is. 62:4,5; Os. 2:19). Cuando el p. no corresponde al amor elector de Dios, él lo castiga y hasta lo repudia (Os. 1:9), pero sin olvidarse del → remanente (Ro. 9:6s.) al cual dará nuevo corazón para que vuelva a ser su auténtico p. (Jer. 31:31-34).

Aunque en el AT el p. del Señor lo constituye una nación, en el NT el concepto se traspasa paulatinamente a la comunidad cristiana, o sea la → Iglesia. Ya no es cuestión de ser de tal o cual nacionalidad, sino de tener fe en Cristo Jesús. Juan el Bautista (Lc. 1:17) prevé este nuevo p. que aparece más ampliamente en la conversión de → Cornelio (Hch. 15:14) y cuya doctrina se desarrolla en las cartas de Pablo (Tit. 2:14) y de Pedro (1 P. 2:9s.). El p. cristiano es heredero de las promesas a Israel (Gá. 4:28) como también de sus responsabilidades ante los → "gentiles" o extraños a la fe en Cristo.   W. D. R.

Bibliografía
VTB, pp. 657-664. *DTB*, col. 861-870. *EBDM* V, col. 1333-1335. P. Van Imschoot, *Teología del AT* (Madrid: Fax, 1969), pp. 319-330.

PUERRO. Planta herbácea anual de la familia de las liliáceas, de tallo subterráneo, conocida desde tiempos prehistóricos y originaria del Antiguo Oriente, en especial de Egipto. La parte comestible es el bulbo tierno y carnoso, muy parecido al ajo, que se emplea como condimento en todo el Cercano Oriente. Fue una de las plantas añoradas por los hebreos en el desierto (Nm. 11:5).   E. S. C.

PUERTA. Abertura hecha a propósito para entrar y salir. En las fortificaciones, murallas, casas, etc. las p. eran puntos vitales.

Las ciudades pequeñas sólo tenían una p. (Gn. 19:1; 34:20; Rt. 4:1; etc.). En Jerusalén había muchas, y conocemos los nombres de algunas (Jer. 19:2; 31:38; 38:7; Neh. 2-3). A veces eran flanqueadas por poderosas torres. Las p. ordinarias constaban de dos postes de madera (Pr. 8:34), reforzados por piezas metálicas (Sal. 107:16; Is. 45:2). Se aseguraban con cerrojos de hierro y barras de madera y metal (Dt. 3:5; Jue. 16:3; Neh. 3:3; Sal. 147:13). Ante las p. de la ciudad, fuera del recinto amurallado, se ubicaban los mercados, se proclamaban los edictos y se administraba justicia.

En las viviendas la p. de madera giraba sobre quicios (1 R. 7:50; Pr. 26:14). Se solía escribir pasajes de la ley sobre el dintel (Dt. 6:9) para dar un sentido religioso auténtico a la antigua superstición de escribir textos mágicos (→POSTE). Había cierta clase de →llave para mover el cerrojo.

En sentido metafórico, p. puede designar una casa, una ciudad, etc. (Éx. 20:10; Zac. 8:16), un punto vulnerable (Gn. 24:60), la inminencia de un acontecimiento o un peligro (Gn. 4:7; Stg. 5:9) o el lugar en donde se forman las buenas o las malas reputaciones. Esto último alude a que las p. de las ciudades eran sitios de mercado, de tertulia y de administración de justicia

La p. sugiere en algunos casos la idea de lo terrible e inminente: "las p. de la muerte" (Sal. 107:16,18; Is. 38:10); "las p. del Hades" (= el terrible poder de la muerte: Mt. 16:18), la "p. del cielo" que para Jacob es un lugar "terrible" (Gn. 28:17). La apertura de las p. (de los cielos, del Eterno, del lugar santo) simboliza la generosa difusión de los dones divinos (Sal. 78:23; Mal. 3:10), y también la entrada del rey en su reino (Sal. 24:7-10).

La apertura de las p. de Jerusalén o del templo simboliza el libre acceso a la gracia de Dios (Is. 60:11; 62:10; cp. Ez. 43:1-11). La expresión "p. abierta", empleada frecuentemente en el NT, designa las posibilidades que se ofrecen a la predicación apostólica (Hch. 14:27; 1 Co. 16:9; 2 Co. 2:12; Col. 4:3). Inversamente la "p. cerrada" indica la ejecución del juicio inapelable de Dios: v.g., la p. del arca que Jehová cerró inmediatamente antes del diluvio (Gn. 7:16), o la p. de la sala del banquete de bodas, que se cierra una vez que ha entrado el esposo (Mt. 25:10).

Sobre este trasfondo se comprende el empleo que Jesús hace de la metáfora de la "p. estrecha" (Mt. 7:13) que es la única que da acceso a la justicia. Jesús mismo es la p. del redil (Jn. 10:1-10). El es "el que tiene la llave de David, el que abre y ninguno cierra, y cierra y ninguno abre" (Ap. 3:7). Al mismo tiempo, y en un expresivo contraste, Jesús es el que está a la p. y llama, y espera que se le abra (Ap. 3:20).

C. R.-G.

PUL. Nombre bajo el cual → Tiglat-pileser III, rey de Asiria (745-727 a.C.), gobernó Babilonia (729-727 a.C.) y, según 2 R. 15:19 y 1 Cr. 5:26, invadió a Israel en tiempos de Manahem, quien tuvo que pagarle un tributo considerable. El significado de este nombre asirio no se menciona en los documentos de dicho imperio; sólo aparece en las listas babilónicas dadas por Josefo y en el canon ptolemaico.   A. Ll. B.

PUREZA, PURIFICACIÓN. Término cuyo significado bíblico original fue el de un acto o estado de limpieza ceremonial. Éste se obtenía por → lavamientos, o rociamientos acompañados de ceremonias religiosas prescritas por la ley mosaica. En la enseñanza de los profetas el mero sentido ceremonial se transforma en sentido ético.

El concepto de p. en el AT posee en general un sentido figurado y se aplica al pecado, la → inmundicia, la idolatría, etc. V.g. "limpiar" la idolatría de Judá (2 Cr. 34:3,8), "ofrecer ofrenda por el pecado" (Sal. 51:7,12), "cubrir, perdonar o expiar" la culpa (Sal. 65:3; 79:9; Ez. 43:20,26), "refinar" (Is. 1:25), "lavar" o "enjuagar" (Is. 4:4).

En el NT la idea central es "limpieza". En la enseñanza de Jesús, y con la venida del Espíritu Santo, el significado de la p. se eleva a lo moral y espiritual. P. llega a ser el estado del corazón en completa devoción a Dios, sin otros intereses, mezcla de motivos ni hipocresías (Mt. 5:8; Mr. 7:14-23).

En otro sentido p. llegó a significar libertad de la contaminación sensual, aunque el NT hace claro que la conducta sexual correcta no es contaminadora (Heb. 13:4). El NT enseña la → sanidad del cuerpo como templo del Espíritu Santo (1 Co. 6:19ss.) e inculca el deber del dominio propio. P. es, pues, espíritu de renuncia y de obediencia que sujeta todo pensamiento y acción a Jesucristo.   R. M. S.

PURIM (asirio = 'piedras pequeñas', las cuales se usaban para echar suertes). Festividad anual de los judíos, que conmemoraba la providencial liberación de su pueblo en tiempos de la reina → Ester y Mardoqueo en Persia; durante el reinado de → Asuero, probablemente Jerjes (486-465). P. llegó a significar "suertes", y se llamó así a esta fiesta por razón de que se había echado la suerte (*pur*) para señalar el día propicio para la matanza de todos los judíos, según el plan perverso de Amán (Est. 3:7). Este día cayó en el mes duodécimo, el mes de Adar, lo cual dio tiempo suficiente para que Mardoqueo y Ester, usados por Dios, trastornaran el proyecto de Amán, el favorito del rey. Mardoqueo exhortó a la reina Ester inclusive a que expusiera su vida por causa de su pueblo (4:14).

Mardoqueo, por medio de cartas que envió "a todos los judíos que estaban en todas las provincias del rey Asuero", ordenó que se celebrara esta fiesta los días 14 y 15 de Adar, y que fueran días "de banquete y gozo, y para enviar porciones cada uno a su vecino, y dádivas a los pobres" (9:20-22).

En el NT no se menciona esta fiesta, aunque hay algunos que creen que Juan 5:1 alude a ella. En su celebración moderna, se lee el libro de Ester en la sinagoga, y después la congregación exclama: "Sea maldito Amán, y sea bendito Mardoqueo".   A. R. D.

PÚRPURA. Tinte que antiguamente los → fenicios obtenían del marisco *murex*. Extraían una glán dula que al exprimirla segregaba un líquido lechoso, y éste, expuesto al aire, adquiría los tintes del p. por un proceso de oxidación. Naturalmente, el costo de producción era muy elevado, y esto limitaba el uso de prendas de p. a reyes, magnates y ricos. Tanto era así que "p." llegó a ser sinónimo de realeza o de imperio. "Asumir la p." significaba ocupar el trono del Imperio Romano. Los matices de la p. podían variar, según predominara el color rojo o azul, lo cual resultaba en violáceo o morado.

El uso de la p. por magnates se señala en las Escrituras en Jue. 8:26 y Est. 8:15, y de este uso derivó la burla de los soldados romanos al vestir de p. al "Rey de los judíos" (Mr. 15:17,20; Jn. 19:2,5). Su empleo por los ricos y personas acomodadas se ilustra en Pr. 31:22 y Lc. 16:19.

Como adorno sagrado se hallaba tanto en el tabernáculo como en el templo (Éx. 25:4, 2 Cr. 2:14; 3:14, etc.). Su riqueza sugiere la poética descripción del cabello de la esposa en Cnt. 7:5. Su valor como mercancía se destaca en Ap. 18:12, y aquí es fácil concluir que Lidia, comerciante de P., era una persona acomodada (Hch. 16:14). La simbólica →"Babilonia" fue vestida de p. antes de su destrucción (Ap. 18:16). (→COLORES, GRANA, ESCARLATA, CARMESÍ.)   E. H. T.

PUT. →FUT.

PUTEOLI (latín = 'ciudad de los pozos'). Puerto en la orilla de una pequeña bahía que se extendía hacia el NO de la bahía mayor de Nápoles. Antiguamente daba su nombre a toda la bahía, incluyendo a Nápoles. Era un balneario favorito entre los romanos, porque sus manantiales termales proveían la curación de varias enfermedades. Se conocía especialmente por ser el puerto principal de Roma, aunque distaba de ella unos 240 km al SO. Los buques alejandrinos que transportaban granos descargaban allí, y gozaban del privilegio especial de entrar al puerto con todas sus velas izadas. Allí desembarcó Pablo en su viaje a Roma y halló "hermanos" con quienes pasó una semana (Hch. 28:13s.). Hoy la ciudad se llama Pozzuoli.   A. T. P.

Q

QUEBAR. Río de Babilonia, cerca del cual Nabucodonosor colocó a un grupo de judíos durante la cautividad (Ez. 3:15). Junto al Q. Ezequiel recibió sus visiones proféticas (1:3). Exactamente cuál río sea, no se sabe. Algunos lo identifican con el *nari kabari* ('río grande'), nombre que un texto babilónico de Nippur da al canal Shatt-em-Nil, que corre al E de la ciudad. **G. D. T.**

QUEBRANTAHUESOS. Traducción del vocablo heb. *peres* (= 'el que quebranta'), que designa a un ave de presa de gran tamaño y de la familia de las falcónidas, la cual mata a sus víctimas dejándolas caer desde gran altura sobre las piedras. Quizá se tratara del *Gypaetus barbatus*, ave inmunda según la ley (Lv. 11:13; Dt. 14:12). **F. U.**

QUEDORLAOMER. Rey de Elam que hizo alianza con Amrafel, rey de Sinar, y otros reyes, para guerrear contra Sodoma, Gomorra y otras ciudades. En la batalla de Sidim, Q. y sus soldados resultaron vencedores y Lot fue hecho prisionero. Enterado Abram de lo que sucedía, atacó por sorpresa a Q., y rescató a Lot (Gn. 14:1-16).

Aunque han habido varios intentos por relacionar a Q. y a los otros reyes conocidos de Mesopotamia, ninguna identificación es segura. No obstante, el relato debe considerarse verídico ya que los lugares, las costumbres y los nombres cuadran bien con lo que se conoce de la primera parte del segundo milenio a.C. **J. L. G.**

QUEMOS. Dios de los → moabitas (Nm. 21:29), a quien los israelitas tildaban de "abominable". Hacia el fin de su reinado, Salomón edificó un santuario dedicado a Q. cerca de Jerusalén (1 R. 11:7), el cual fue derrumbado durante la reforma de Josías (2 R. 23:13).

Jeremías en su profecía sobre Moab se burló de la impotencia de Q., y dijo que los moabitas se avergonzarían del ídolo como Israel se había avergonzado del → becerro de oro en Bet-el (Jer.

48:7; 13,46; cp. 1 R. 12:28ss.). En la piedra moabita, encontrada en 1868, el rey → Mesa da crédito a Q. por su victoria sobre Israel (cp. 2 R. 3:4,5). **A. P. N.**

QUERIOT. Nombre de dos ciudades en Palestina:
1. Ciudad situada al S de Judá, aproximadamente 19 km al S de Hebrón (Jos. 15:25).
2. Ciudad fortificada en las tierras de Moab, que fue tomada por Babilonia (Jer. 48:1,24,41; Am. 2:2). Su sitio preciso es incierto pero se le ha identificado con Ar, la vieja capital de Moab. **M. V. F.**

QUERIT. Pequeño arroyo cuyo nacimiento se creía ubicado en el mte. Galaad, en la Transjordania. El escabroso desfiladero por donde corría ofrecía refugio a los fugitivos, pero el arroyo se menciona especialmente porque en sus alrededores se escondió el profeta Elías (1 R. 17:3-5). La cañada es agreste y profunda, sus paredes están llenas de cuevas.

La ubicación de Q. ha sido difícil de fijar. Algunos opinan que se trataba de un vado en alguna parte del río Jabes, al SE de Pela. **M. V. F.**

QUERUBÍN. Forma plural del vocablo heb. *querub* (posiblemente originado del acádico *karabu* ['bendecir' u 'orar']), usada para referirse a ciertos dioses menores a veces representados con un animal alado con cabeza de hombre.

Los q. de la Biblia no son dioses ni reciben adoración; son seres celestiales que sirven a Dios. En Edén guardan "el camino del árbol de la vida" (Gn. 3:24). Simbólicamente, guardaban los objetos sagrados en el tabernáculo, pues sobre la cubierta del arca del pacto se colocaron dos figuras de q. cubiertas con oro. Las alas de estos q. cubrían el propiciatorio, que era el trono al cual Dios descendía en una nube de gloria (Éx. 25:22; Lv. 16:2).

En la poesía israelita los q. rodean o sostienen el trono de Dios (1 S. 4:4; 2 S. 6:2; 2 R. 19:15; Sal. 80:1; 99:1; Is. 37:16). En Ez. 10 el trono de Dios es llevado por q. En otra figura poética, Yahveh cabalga sobre un q. (2 S. 22:11; Sal. 18:10).

El templo de Salomón fue decorado con muchas lujosas representaciones de q. (1 R. 7:29,36). Dos de ellos, hechos de olivo y cubiertos de oro, tenían 5 m de altura.

La forma de los querubines bíblicos es más fácil de visualizar al contemplar las representaciones de otras culturas en que se combinan varias características, como en este ejemplo asirio.   BM

El AT no describe claramente a los q., pero Ezequiel los vio en sus visiones con cuatro caras y cuatro alas cada uno, acompañados por muchas ruedas (Ez. 10:3-22; cp. 1:4-28).

Los arqueólogos han descubierto varios artefactos que pueden tener semejanza con los q., pues en el Cercano Oriente antiguo las representaciones de seres alados eran comunes. En Samaria se encontró un grabado en marfil que tenía cuerpo de un animal cuadrúpedo, cara humana y alas. En Gebal (1200 a.C.) se encontró una escultura en la cual dos figuras aladas sostienen el trono del rey.

Los q., pues, nos presentan otro caso en que la revelación bíblica usa imágenes y figuras comunes, y hasta elementos usados en la mitología, pero los usa con otro sentido y en una manera completamente desmitologizada.

W. G. M.

QUÍO. Isla del mar Egeo, situada ante la costa occidental de Asia Menor y opuesta a Esmirna. Tiene 48 km de largo y 16 de ancho. Ha sido famosa por su belleza y fertilidad y por ser uno de los siete lugares que decían ser el suelo nativo de Sócrates. La nave que llevaba a Pablo de Troas a Mileto pasó la noche cerca de esta isla (Hch. 20:15)   A. T. P.

QUIRIATAIM. 1. Ciudad moabita situada al N del río Arnón, que fue dada a Rubén (Jos. 13:19). Es posible que sea la misma Save-quiriataim de Gn. 14:5. Posteriormente fue recapturada por el rey moabita Mesa, según una inscripción del siglo IX a.C. que concuerda con lo que indican Jer. 48:1,23; Ez. 25:9.

2. Poblado en el territorio de Neftalí dado a los levitas (1 Cr. 6:76). Es posible que sea la misma Cartán de Jos. 21:32. El lugar no se conoce exactamente.   J. M. A.

QUIRIAT-ARBA ('ciudad de cuatro'). Nombre original de la famosa ciudad de Hebrón (Gn. 23:2; Jos. 14:15; 15:13). Fue una de las ciudades ocupadas por los "hijos de Judá", cuando éstos volvieron del cautiverio (Neh. 11:25). Los libros de Jos. y Jue., al aludir a esta ciudad, citan juntos sus dos nombres.   M. V. F.

QUIRIAT-JEARIM. Ciudad principal de los gabaonitas, situada 15 km al O de Jerusalén en el camino hacia Jope, cerca de la aldea moderna de Abu Ghosh. Se llamaba también Baala (Jos. 15:9) y Quiriat Baal (15:60). Era miembro de la confederación gabaonita que engañó a Josué (9:3-17). A Q. fue llevada el arca cuando los filisteos la devolvieron, y allí permaneció por más de una generación (1 S. 6:21–7:2; 2 S. 6:2-5). Era la ciudad del malaventurado profeta Urías (Jer. 26:20ss.), y fue refugio para algunos después del cautiverio (Esd. 2:25).

Durante la época bizantina se construyó sobre las minas de Q. una basílica para conmemorar la permanencia del arca allí. Todavía pueden verse los cimientos de dicha iglesia.

J. H. W.

QUIRIAT-SEFER. → DEBIR.

QUIRINIO. → CIRENIO.

QUISLEU. Mes hebreo, tercer año civil y noveno del eclesiástico (Zac. 7:1). Corresponde a nov.-dic., y era el tiempo de la siembra general. El 25 de q. se celebraba el festival de la → dedicación (1 *Macabeos* 4:52ss.; Jn. 10:22; →MES). G. D. T.

QUITIM. Uno de los hijos de Javán (Gn. 10:4; 1 Cr. 1:7), cuyos descendientes poblaron la isla de Chipre, llamada Q. por los hebreos (Is. 23:1,12). Posiblemente designaba también a la costa oriental del Mediterráneo (Jer. 2:10; Ez. 27:6).

En los rollos del mar Muerto, Q. parece referirse a Roma, lo cual concuerda con Dn. 11:30. En este pasaje la expresión "naves de Q." se refiere sin duda a Roma, puesto que fue ella quien conquistó a Egipto.   J. M. A.

QUIÚN. Dios de Mesopotamia, mencionado por este nombre solamente en Am. 5:26, en donde el profeta afirma que los israelitas adoraban a Q. en el desierto.

Hch. 7:43, se refiere al mismo ídolo pero por el nombre de →Renfán. Q. y Renfán son asociados con la adoración del planeta Saturno, que practicaban las naciones orientales.

A. P. N.

QUMRÁN. Nombre de un →wadi, al NO del mar Muerto, y de unas antiguas ruinas cercanas. En esta región se han descubierto desde 1947 once cuevas con importantes depósitos de documentos precristianos que iluminan varios aspectos de los estudios bíblicos.

I. EL SITIO

Las excavaciones (1951-1956) en →Khirbet Q. indican que este grupo de edificios constituía la sede de la comunidad monástica que produjo los rollos del mar Muerto. El sitio estuvo ocupado durante la monarquía de Judá (siglos VIII-VI a.C., cp. Jos. 15:62; "ciudad de la sal"), cuando se hizo una cisterna circular. Pero las fases más interesantes de la ocupación son las que se asocian con la secta que produjo los rollos:

Fase	Fechas aproximadas	Acontecimientos principales
Ia	130-110 a.C.	Limpieza de la cisterna antigua. Construcción de dos nuevas, varios cuartos, y un horno de alfarero.
Ib	110-31 a.C.	Reconstrucción de la sede, con miras a acomodar más miembros. Terremoto que devastó los edificios.
II	4 a.C. – 68 d.C.	Reparación de los edificios (sala de asamblea, aula de copiar escrituras, cocina, lavadero, instalación de cerámica, molinos de cereales, etc.) y del complicado sistema hidráulico. Gran auge y vitalidad. Destrucción del monasterio por los soldados romanos al mando de Vespasiano; los sectarios habían escondido previamente sus mss en las cuevas cercanas.

En una fase posterior (III) los romanos reconstruyeron ciertos cuartos y mantuvieron allí una guarnición por algún tiempo. Posteriormente dejaron allí sus huellas los insurrectos de Bar Coquebá (pretendiente mesiánico, 132-135 a.C.), así como también monjes bizantinos y pastores árabes. Dos km al S de Khirbet Q., en Ain Fesjáh, yacen ruinas de otras instalaciones accesorias y dependientes del centro principal; su historia parece paralela a la de Q.

II. LOS ROLLOS

La biblioteca de la secta, prudentemente escondida en once cuevas, constaba de rollos bíblicos y extrabíblicos. Se han identificado unos 500 documentos, en su mayoría fragmentarios. Un centenar son libros del AT en hebreo, incluso cuando menos un ejemplar de todos nuestros libros canónicos menos Ester. Estos mss datan de *ca.* 200 a.C.–68 d.C. y son de capital importancia para el estudio del →texto del AT. Se han hallado también fragmentos de la LXX y algunos →tárgumes; es de especial importancia uno de Job en arameo. Además, se han identificado unos pocos libros de la Apócrifa, entre ellos *Tobías* (en arameo y hebreo), *Eclesiástico* (en hebreo), la *Epístola de Jeremías* (en griego), *I Enoc* (en arameo) y *Jubileos* (en hebreo).

Los mss extrabíblicos tienen que ver principalmente con la comunidad; éstos y las ruinas muestran un cuadro bastante exacto de las prácticas y creencias de la secta (cp. III abajo). Los comentarios bíblicos, especialmente el relativo a Habacuc, arrojan mucha luz sobre la historia de la secta, pues interpretan a los profetas como prediciendo los últimos tiempos, en que los sectarios creían vivir. El *Rollo de la guerra* es un curioso documento que da normas de conducta para la futura guerra escatológica entre los hijos de la luz (los sectarios) y los hijos de las tinieblas. El midrash (→TALMUD) del Génesis, que se conserva sólo en parte, da una versión fantástica de este libro. Más importante para conocer la comunidad es un rollo compuesto, el *Manual de disciplina.* Contiene las condiciones de ingreso al noviciado; el ceremonial para la admisión solemne de nuevos miembros y para la revisión anual; un tratado sobre el conflicto en el alma entre la luz y las tinieblas, una sección sobre la vida y disciplina de la comunidad, con una lista de penitencias y un himno de alabanza. No son más amenos los *Himnos,* que revelan muchas creencias teológicas de la secta, y su devoción personal. Finalmente, cabe mencionar el *Documento de Damasco.* Este documento se conocía desde antes, pero a juzgar por los fragmentos descubiertos en Q., también pertenecía a la misma secta. La primera parte es una exhortación; la segunda, un código de normas para una sociedad de casados.

De menos importancia para el estudio bíblico, porque proceden de otras comunidades, son: *El rollo de cobre,* que describe tesoros enterrados en Jerusalén y cerca de ella; *Textos*

Las cuevas de Qumrán en donde fueron hallados los rollos del mar Muerto. En primer plano la cueva número 4, en la que se descubrió la mayor parte de los rollos que formaban la biblioteca de los Esenios.

MPS

de Murabbaat (al S de Q.) referentes a la guerra de Bar Coquebá; y *Textos de Khirbet Mird* (al N del Valle Cedrón) que datan de los síglos V-VIII d.C.

III. LA COMUNIDAD

Estos sectarios eran probablemente una rama de los →esenios. Surgieron de entre los judíos piadosos (*jasidim*) que resistieron la apostasía durante la persecución de Antíoco Epífanes (175-163 a.C.). Después de años de indecisión, se retiraron al desierto de Judá dirigidos por un líder carismático conocido como el Maestro de justicia (o Maestro autorizado) para organizarse como el justo "remanente de Israel". Aunque los primeros miembros debían ser casados, pues el celibato era poco usual en Israel, la secta fue adoptando poco a poco la vida célibe. En un cementerio cerca de las ruinas se han encontrado más de mil esqueletos, casi todos de varones. Estos monjes esperaban que la pronta llegada de la nueva era pondría fin a la presente "era de maldad". Buscaban, mediante el estudio diligente y la práctica de la ley, merecer el favor divino y expiar los errores de los demás israelitas; pensaban que serían los ejecutantes del juicio divino en el momento final.

Como señal de los tiempos postreros, creían que surgirían tres figuras profetizadas en el AT: el profeta semejante a Moisés (Dt. 18:15ss.), el Mesías davídico y un gran sacerdote del linaje de Aarón. Este sacerdote sería jefe de estado, superior aun al Mesías. El Mesías davídico sería un príncipe guerrero que conduciría las huestes fieles de Israel a una victoria aplastante sobre los "hijos de las tinieblas"; entre éstos los principales serían las fuerzas gentiles de los →quittim (¿romanos?). El profeta comunicaría al pueblo de Dios la voluntad divina al fin de la era, como Moisés lo había hecho al comienzo de su historia.

Los sectarios rehusaron reconocer a los sumos sacerdotes de Jerusalén por dos razones: (1) éstos no pertenecían a la legítima casa de Sadoc (depuesta por Antíoco Epífanes), y (2) eran moralmente ineptos para su oficio sagrado. A uno de ellos, un sacerdote real de los asmoneos, se le describe como el "sacerdote malvado" por excelencia, debido la hostilidad que mostró al Maestro de justicia y sus seguidores. La secta conservó entre sus rangos las categorías de sacerdotes sadocitas y de levitas, para el futuro restablecimiento de un culto digno en el templo purificado. Su calendario religioso discrepaba también del usado en Jerusalén.

La comunidad practicaba una disciplina rigurosa e interpretaba la ley aún más severamente que los fariseos. Sus abluciones ceremoniales y comidas comunales, a las cuales la entrada se reglamentaba estrictamente, eran símbolos de su esperanza. Toda interpretación bíblica la recibían del Maestro de justicia, para ellos el último

asceta; en él, Jesucristo es proclamado como profeta, sacerdote y rey davídico en una sola persona. Nuestro Redentor murió (violentamente, a diferencia del Maestro de justicia) y resucitó (los sectarios nunca afirmaron esto de su fundador) de una manera salvífica. Si los rollos arrojan luz sobre los orígenes de Juan Bautista, el dualismo ético de las epístolas, la organización de la iglesia en Jerusalén, o los destinata-

Los trabajos arqueológicos continúan dentro de las cuevas de Qumrán, donde se han descubierto manuscritos preservados por casi 2000 años.   IGTO

de los grandes iluminados, porque él sabía lo que otros profetas ignoraban: el momento final de la historia humana, el de la comunidad. Cuando esta expectación resultó frustrada, los sectarios se dispersaron. Algunos pueden haberse aliado con la Iglesia de Jerusalén, que huía también de las tropas romanas (*ca.* 70 d.C.), pero la secta como tal desapareció.

IV. SU IMPORTANCIA

Los posibles puntos de contacto con el movimiento cristiano se han estudiado con esmero. Las semejanzas respecto a la escatología, la doctrina del remanente, la exégesis del AT, y las prácticas religiosas no deben cegarnos a las diferencias esenciales: el evangelio no es esotérico ni

rios de la Epístola a los hebreos, estaremos agradecidos a sus autores, sin llamarlos protocristianos.   R. F. B.

Bibliografía

CBSJ V, 68:66-110; M. Burrows, *Los Rollos del mar Muerto* (1958) y *Más luz sobre los Rollos* (1964), México: Fondo de Cultura Económica; J. T. Milik. *Diez años de descubrimientos en el desierto de Judá*, Madrid, 1961; A. Gónzalez Lamadrid, *Los descubrimientos del mar Muerto*, Madrid: *BAC*, 1972; R. Schubert, *La comunidad del mar Muerto*, México: Uteha, 1961; Y Yadin, *Los rollos del mar Muerto*, Buenos Aires: Editorial Israel, 1959.

R

RAAMA. Hijo de Cus, el primogénito de Cam (Gn. 10:7; 1 Cr. 1:9). R. fue padre de Dedán y Sabá y los tres se destacaron hasta en los tiempos proféticos como progenitores de tribus árabes que traficaban con oro y piedras preciosas (Ez. 27:22). Se cree que la R. que hoy está cerca de Main en el SO de Arabia sea la misma antigua población de este nombre. W. G. M.

RABÁ. 1. Capital de Amón que ocupaba ambos lados del río Jaboc, 35 km al E del río Jordán (Jer. 49:4). También se llamaba "ciudad de las aguas".

En R. guardaban la enorme cama de hierro del rey Og (Dt. 3:11). David tenía relaciones amistosas con Nahás, rey de R., pero Hanún, su hijo, avergonzó a una embajada israelita y como resultado estalló una larga guerra durante la cual Urías fue muerto (2 S. 10–12) y R. fue conquistada y agregada al reino de Israel. En tiempos de Jeroboam II, R. era nuevamente independiente (Am. 1:13,15); Nabucodonosor hizo una parada allí (Ez. 21:19) y seguramente fue allí donde se tramó el complot contra Gedalías (Jer. 41:1-4). Amós (1:13ss.), Jeremías (49:3-6) y Ezequiel (25:1-7) profetizan contra R.

El rey → Ptolomeo Filadelfo tomó R. y cambió su nombre en → Filadelfia, con el cual llegó a ser una de las ciudades de → Decápolis. Hoy es la capital de Jordania y se llama Ammán.

2. Lugar no identificado actualmente, que quedaba por el NO de Jerusalén, cerca del límite entre Judá y Benjamín (Jos. 15:60). W. G. M.

RABÍ (hab. *rab* o *rabbí* = 'mi maestro'). Título honorífico surgido en el siglo I a.C. derivado del verbo *rabab* = 'ser grande'. Se aplicaba a jefes o maestros, pero luego llegó a ser el término técnico aplicado a los *tana'im* (doctores palestinenses de la ley, *ca.* 20-220 d.C.) y sus sucesores, los *amora'im* (*ca.* 220-415 d.C.), cuya interpretación casuística, llamada rabinismo, se ejemplifica abundantemente en el → Talmud y en los escritos midrásicos

En un nivel más sencillo, los discípulos de Juan el Bautista llamaron r. a su maestro (Jn. 3:26). Y a Jesús también sus discípulos le aplicaron el título; en ocasiones también lo hicieron sus enemigos. Los Evangelios lo reflejan frecuentemente con las palabras *didáskalos* y *kathegetés*, y ambas significan → "maestro". Sin embargo, quizá la mejor traducción sea la de "maestro y señor" (Jn. 13:13; cp. el uso en Lc. de *epistates* [= 'señor'] en 5:5; 8:24s., etc.). Algunas veces los evangelistas simplemente transcriben el título en su forma heb. o bien aramea (Mt. 23:7s., etc.).

Jesús aceptaba ser reconocido como r. (Jn. 13:13), pero desaconsejaba a sus discípulos aceptar el título, "porque uno es vuestro Maestro, el Cristo" (Mt. 23:8). El clérigo judío, actualmente, se denomina "rabino", pero no es sólo pastor espiritual sino también "abogado" y "juez". C. R. -G.

RAB-MAG. Título que se daba a un oficial de la corte de Babilonia. Quizá fuera el jefe de los médicos (Jer. 39:3,13). J. L. G.

RABSACES. Título del oficial asirio a quien, junto con el Tartán y el Rabsaris, Senaquerib, rey de Asiria, envió desde Laquis a Jerusalén para pedir la rendición del rey Ezequías. El R. actuó como el portavoz de la delegación, y tal parece que este oficial seguía en grado al comandante militar cuyo título era Tartán. "Rab" significaba "jefe", y "saces" que antes se creía que significaba "copero", ahora se sabe que viene de *Saqú*, que significa "ser grande". El título equivaldría, entonces, a un jefe supremo, probablemente "jefe de los nobles" (2 R. 18:17,19, 26-28,37; 19:4-8; Is. 36:2,4,11-13,22; 37:4,8). A. Ll. B.

RABSARIS. Término que los hebreos tomaron de los asirios, quienes lo empleaban para designar al jefe de los eunucos. Tanto las atribuciones de este jefe como las labores asignadas a los eunucos se han llegado a conocer en detalle gracias los textos asirios. En el AT tres personas llevan este título:

1. Un miembro de la delegación enviada por Senaquerib a Ezequías (2 R. 18:17; cp. Is. 36:3).

2. Sarsequín, uno de los jueces babilonios establecidos en Jerusalén después de la toma de la ciudad (Jer. 39:3).

3. Nabusazbán, uno de los babilonios que liberaron a Jeremías (Jer. 39:13).   A. Ll. B.

RAHAB (heb. *Rakhab* = 'amplia-ancha'). **1.** Mujer que vivía en Jericó cuando Israel inició la conquista de Canaán. Acampado en Sitim, antes de entrar en Canaán, Josué envió dos espías a Jericó para explorar el territorio enemigo. R. había oído de las victorias israelitas y por tanto resolvió ampararlos. Cuando el rey de Jericó se enteró de la presencia de los espías, mandó a capturarlos, pero R. los escondió bajo manojos de lino en su terraza. Después, facilitó su escape.

En la conquista de Jericó, R. y sus familiares fueron sacados de la ciudad antes de su destrucción (Jos. 2:1-21; 6:17-23). En el NT R. es alabada tanto por su fe (Heb. 11:31) como por sus obras (Stg. 2:25). Mt. 1:5 se refiere a ella, como esposa de Salmón y madre de Booz, en la genealogía de Jesucristo.

Algunos exegetas han procurado librar a R. del estigma de ser prostituta. Han alegado que la palabra heb. (*zonah*), traducida "ramera" (Jos. 2:1) viene del verbo *zun* (= 'alimentar'), y no de *zanah* (= 'fornicar'), y por tanto podría traducirse "hospedadora" o "mesonera". Pero esta traducción es muy improbable, ya que en ningún otro caso se traduce *zonah* de esta manera sino siempre "ramera" (v.g. Gn. 38:15; Lv. 21:14; Jue. 16:1). Sin embargo, R. seguramente cambió su manera de vivir.

2. (Heb., *Rajab* = 'orgullo-insolencia'.) Nombre poético o simbólico de un dragón o monstruo que se aplica a Egipto (Sal. 74:13; 87:4; 89:10; Is. 51:9,10; Ez. 29:3; 32:2).   J. P.

RAMA. Parte del árbol que brota del tronco y que por sus frutos y bello aspecto frondoso simboliza prosperidad (Gn. 49:22; Pr. 11:28; cp. Sal. 1:3). Las r. significaron honor y gloria para Jesús, cuando entró en Jerusalén (Mt. 21:8 //).

Israel se presenta como r. de →vid (Sal. 80:8-11), de → cedro (Ez. 17:23; cp. 31:2-6) y de → olivo (Ro. 11:16ss.).   W. M. N.

RAMÁ ('lugar alto'). **1.** Una de las principales ciudades de Benjamín, situada en la frontera con Israel (Jos. 18:25; 1 R. 15:17), probablemente 8 km al N de Jerusalén, dentro del reino de Judá. Baasa, rey de Israel, la tomó y la fortificó, pero Asa, rey de Judá, aliado con el rey de Siria (1 R. 15:16-22), la reconquistó. Por su posición estratégica, R. servía de atalaya. A ella fueron llevados los judíos cautivos antes de ser enviados a Babilonia después de la caída de Jerusalén (Jer. 40:1). Después de la cauti-

vidad R. fue habitada nuevamente (Neh. 11:33; Esd. 2:26).

2. Ciudad natal del profeta Samuel (1 S. 1:19; 2:11, etc., →RAMATAIM DE ZOFIM).

3. Pueblo en la frontera de Aser, cerca de Tiro (Jos. 19:29).

4. Ciudad amurallada de Neftalí (Jos. 19:36).   M. F. V.

RAMATAIM DE ZOFIM. Nombre completo del lugar de nacimiento, residencia y sepultura del profeta Samuel (1 S. 1:1), sitio que por lo general se llama sencillamente → "Ramá" (1 S. 1:19; 8:4; 19:18; 25:1).

La ubicación de R. de Z. es asunto discutido. De acuerdo con el nombre, tal como se halla en la RV, debiera haberse hallado en la tierra de los "zofim", o sea la del pueblo de Zuf; y según el contexto, estaba en la serranía de Efraín (1 S. 1:1; 9:5,6,18). Es probable que Elcana fuera descendiente de Zuf (1 Cr. 6:33-35), quien a su vez era descendiente de Leví.   W. M. N.

RAMERA. Prostituta, mujer que busca el amor ilícito a cambio de una retribución. En sentido figurado, r. es quien se separa de Jehová para amar y adorar a otros dioses (Jer. 2:20; 3:1; Ez. 16:15,16; 23:5). Ap. 17 se refiere a "Babilonia la grande" como la "madre de las r.", por ser una ciudad que ha querido tomar el lugar de Dios (→ PROSTITUCIÓN).   J. J. T.

RAMESÉS. Ciudad del NE de Egipto, reconstruida por el faraón Ramsés II, y en la cual trabajaron los israelitas durante su esclavitud (Éx. 1:11). Al parecer, la ciudad se encontraba en el territorio de Gosén (cp. Gn. 47:11 con 47:4,6). Fue de R. que los israelitas partieron en el éxodo (Éx. 12:37). Su identificación con Tanis es casi segura. (Se llamaba Avaris bajo los hicsos, y Zoan en Nm. 13:22). En R. los arqueólogos han encontrado un templo con más de 300 m de largo y una gigantesca estatua de Ramsés II que mide 92 pies de altura y pesa 900 toneladas.   J. L. G.

RAMOT. Ciudad levítica en el territorio de Isacar (1 Cr. 6:73) llamada Jarmut en Jos. 21:29 y Remet en Jos. 19:21. La identificación de la ciudad es incierta. Se ha mencionado a Jelame, 5 km al N de Engannim, o Kokab el-Hawa, 10 km al N de Bet-San.   J. E. G.

RAMOT-GALAAD. Ciudad fuerte e importante al E del Jordán en el territorio de Gad, prominente en las guerras de Israel. Fue designada ciudad de refugio (Dt. 4:43; Jos. 20:8; 21:38).

Fue hecha residencia de uno de los comisarios de Salomón (1 R. 4:13); pero, después de la división del reino, la región fue conquistada por Siria en las guerras con Ben-adad I (1 R. 15:20). Acab hizo un esfuerzo por recobrar la ciudad con la ayuda de Josafat de Judá, pero murió en la batalla (1 R. 22:3-37; 2 Cr. 18). Doce años después → Joram, hijo de Acab, hizo otra tentativa de recobrar a R. con la ayuda de Ocozías de Judá (2 R. 8:28-9:28; 2 Cr. 22: 5,6). Conquistó la ciudad pero fue herido. En el siglo VIII la ciudad cayó en manos de los asirios.

La ciudad también se llamaba Ramá. Se ha sugerido que R. debe identificarse con Tell-er-Ramith en el Wadi-Shomer cuyo nombre es derivado de Ramot.   J. E. G.

RANA. Batracio que se menciona en ocasión de la segunda →plaga de Egipto (Éx. 8:1-9; cp. Sal. 78:45; 105:30).

Sin nombrarla, el código de pureza (Lv. 11:10-12,29) la cataloga entre los animales impuros, pues "no tienen aletas ni escamas". En Ap. 16:13 se presenta como símbolo de impureza.   A. P. G.

RAQUEL. Hija menor de →Labán, esposa preferida de →Jacob y madre de José y Benjamín. Jacob encontró a R., su prima, junto a un pozo en la tierra de Harán y, enamorado de la joven, accedió a servir a Labán siete años por ella. Irónicamente, Jacob, el engañador de su padre, fue engañado por Labán, pues éste le entregó primero a su hija mayor Lea. Para casarse también con R. pocos días después, Jacob tuvo que prometer otros siete años de servicio (Gn. 29:1-30).

Por muchos años R. fue estéril, mientras que su rival, Lea, tuvo cuatro hijos. Afligida por esto, R. entregó su sierva Bilha a Jacob para que los hijos de ésta fueran contados como descendencia suya, práctica común de la época. Más tarde Dios se acordó de R. y ella dio a luz a José (Gn. 29:31-30:24).

Cuando Jacob decidió volver a Canaán, tanto R. como Lea lo apoyaron. Sin embargo, R. provocó la ira de su padre al hurtar los ídolos de éste (→TERAFÍN). Labán salió a perseguir a Jacob, pero, cuando lo alcanzó, R. usó una estratagema para esconder los ídolos y así se escapó del anatema que Jacob mismo había pronunciado sobre aquel en cuyo poder fuesen hallados (Gn. 31). Al llegar a Bet-el, en la tierra prometida, Jacob extirpó de su familia la religión pagana (Gn. 35:2-4).

Por ser la favorita de Jacob, R. fue especialmente protegida cuando el grupo se enfrentó a Esaú (Gn. 33:1,2). Al nacer su segundo hijo, Benjamín, R. murió y fue sepultada entre Bet-el y Efrata, lugar identificado en Gn. 33:19 y 48:7 como →Belén. Desde el siglo IV d.C. existe un monumento sobre la supuesta tumba de R. en el camino de Belén a Jerusalén.

Como madre de la tribu de Benjamín y abuela de las medias tribus de Efraín y Manasés, R. fue una de las que "edificaron la casa de Israel" (Rt. 4:11). Mateo (2:17,18) afirma que la matanza de los inocentes por Herodes fue el cumplimiento de la profecía de Jeremías 31:15 acerca del "lloro" de R. por sus hijos perecidos.
                                             I. W. F.

RAS SAMRA. →UGARIT.

RATÓN. Mamífero roedor pequeño que era inmundo para los hebreos (Lv. 11:29; Is. 66:17) pero que servía de alimento a algunos árabes y cuya imagen tenía valor mágico en el Medio Oriente. Seguramente los r. fueron portadores de la epidemia de →"tumores" que sufrieron los filisteos durante la permanencia del arca en su tierra (1 S. 5:6; 6:4ss.). Se ha conjeturado que la plaga que sufrieron fue la peste bubónica.   A. P. G.

REBECA. Hija de Betuel, hermana de →Labán, y esposa de →Isaac. Gn. 24, una joya de la literatura antigua, relata cómo Abraham comisionó a su siervo la búsqueda de esposa para su hijo, no en Canaán, sino en su tierra nativa. Dios prosperó el viaje del siervo y le guió hasta R., sobrina de Abraham. Ella accedió a la propuesta de matrimonio, y sus parientes, reconociendo la mano de Dios, la enviaron al lejano país del Neguev (Gn. 24:62).

Por 20 años R. fue estéril, pero luego, como contestación a las oraciones de Isaac, dio a luz gemelos: →Esaú y →Jacob. Como fue profetizado antes de su nacimiento, los hermanos fueron rivales, y R. se inclinó por Jacob (Gn. 25:20-28). Tal como en una ocasión anterior habían hecho Abraham y Sara, Isaac y R. fingieron ser hermanos por temor a los filisteos en cuyo territorio moraban (Gn. 26:6-11). Tanto R. como Isaac se entristecieron por las esposas paganas de su hijo Esaú (Gn. 26:34ss.).

El favoritismo maternal produjo resultados funestos en el hogar cuando R. ayudó a Jacob a conseguir con engaño la bendición destinada al primogénito. R. instó a Jacob a huir de Esaú y nunca lo volvió a ver (Gn. 27). Fue sepultada en la cueva de →Macpela (Gn. 49:31).
                                             I. W. F.

RECABITAS. Descendientes de Recab, cuyos antecesores posiblemente fuesen ceneos (1 Cr. 2:55). Jonadab, hijo de Recab, se asoció con Jehú en la matanza de los profetas de Baal (2 R. 10:15-31), con lo cual mostró gran celo por la causa de Jehová. Y sin duda impuso este celo en su familia, pues dos siglos después sus descendientes eran todavía fieles a los principios religiosos que él había enseñado. El profeta Jeremías, por instrucción de Jehová, llevó a los r. al templo para ofrecerles vino, pero ellos lo rechazaron por respeto al mandamiento de su antepasado Jonadab (Jer. 35:1-11). Por tanto, Dios mismo los puso como ejemplo de fidelidad al reprocharle a Judá su desobediencia a los preceptos divinos (Jer. 35:12-16).

Además de abstenerse del vino, los r. rehusaron la vida sedentaria y la agricultura (Jer. 35:7). Por eso algunos creen que eran nómadas. Sobre esto y el pasaje de Jer. se ha construido la hipótesis de que los profetas predicaban un ideal nomádico y veían toda vida sedentaria con malos ojos. Sin embargo no es seguro que los r.

fueran nómadas. Su ascendencia cenea puede indicar que eran artesanos. Además, la relación del vocablo *recab* con "carroza" sugiere que Jonadab era un cochero o hacedor de carrozas. Vale notar que cada vez que se menciona a los r., están en ciudades principales o cerca de ellas.

E. A. N.

RECOMPENSA. Lo que se recibe como justo pago por algún acto o servicio positivo (→GALARDÓN). Su sentido es semejante al de →retribución, pero ésta generalmente corresponde sólo a un acto negativo. Sin embargo, la r. puede tener un sentido negativo y otro positivo; v.g., en Sal. 91:8; Mt. 6:5, y en 1 Co. 9:17 y Col. 3:24.

Dios ofrece r. o galardón solamente a los redimidos. A los perdidos ofrece en primer lugar salvación. Ésta es un don gratuito (Ro. 6:23) mientras la r. es algo merecido por obras (Mt. 10:42; 1 Co. 3:14). A veces a la r. se le llama "premio" (1 Co. 9:24) o →"corona" (1 Co. 9:25; 2 Ti. 4:7,8). La salvación es una posesión actual (Jn. 5:24), mientras la r. espera la vida venidera (Mt. 16:27; 2 Ti. 4:8).

Ante el "tribunal de Cristo" (2 Co. 5:10) cada hijo de Dios será juzgado de acuerdo con las obras que haya hecho desde su conversión. No debe confundirse este tribunal con el juicio del pecado (Ro. 5:1). Es más bien una evaluación del servicio que cada creyente haya prestado a la causa de Cristo. El uso de los dones espirituales que Dios ha dado a cada uno será juzgado de acuerdo con los principios establecidos en la parábola de los talentos (Mt. 25:14-30). Por tanto, el anhelo de cada creyente debe ser llegar a escuchar las palabras: "Bien, buen siervo y fiel; sobre poco has sido fiel, sobre mucho te pondré" (Mt. 25:21). Para el servicio pobre, simbolizado por "madera, heno, y hojarasca" no hay r., pero para "oro, plata, y piedras preciosas" hay amplia r. en el tribunal de Cristo (1 Co. 3:12-15).

El que resiste la tentación recibirá corona (Stg. 1:12), como también los pastores fieles (1 P. 5:4), y los que permanecen firmes hasta la muerte (Ap. 2:10). Es posible perder la r. (2 Jn. 8), o por lo menos no recibir tanta r. en el caso de faltar en esta vida el fiel ejercicio de la →mayordomía cristiana.

P. W.

RECONCILIACIÓN. Transcripción de la voz latina *reconciliatio* ('acción de restituir relaciones quebrantadas') que traduce la voz gr. *katallagé* ('cambiar por completo'). Es el cambio operado en las relaciones entre Dios y el hombre, basado en la satisfacción que Cristo presentó por su muerte en favor de la humanidad. Es el restablecimiento de la amistad del hombre con Dios, pues entre ambos reinaba la enemistad; y, más que el establecimiento de buenas relaciones en general, es la eliminación de un profundo desacuerdo. El hombre por su pecado se encontraba

alienado de Dios, pero en la persona de su Hijo Dios mismo ofreció un camino hacia la r.

El sacrificio de Cristo, única vía hacia la r., no cambia el carácter de Dios ni su actitud hacia el pecador; es el precio necesario para satisfacer las demandas de la →justicia de Dios (Ef. 2:14-16). El pecado en el hombre produce la →ira de Dios (Ef. 2:3); pero, bajo la iniciativa del Padre, el Hijo se entrega en →propiciación por nuestras culpas. La fe en esa entrega vicaria es el requisito para ser reconciliados con Dios.

Según la enseñanza paulina, la r. es una muestra del amor de Dios y un estado presente (Ro. 5:10); se recibe a través del Señor Jesucristo (v. 11). La exclusión temporal de los judíos del plan de Dios provocó la r. del mundo gentil (Ro. 11:15; 2 Co. 5:18); Dios, estando en Cristo, reconcilió al mundo consigo mismo (v. 19). La acción espontánea de Dios anula la enemistad que mantiene al hombre separado de su Creador, y la creación de una naturaleza redimida dentro del ser humano capacita a éste para llevar una vida de comunión y amor con Dios (Ro. 5:11).

Pablo resume el plan redentor de Dios en "la palabra de la r." (2 Co. 5:19), la cual ha sido encomendada a los cristianos para su proclamación a todos los hombres. "Dios estaba en Cristo reconciliando consigo al mundo, no tomándoles en cuenta a los hombres sus pecados".

H. E. T.

RECTITUD. →JUSTICIA.

REDENTOR, REDENCIÓN. Los israelitas llamaban "redención" al acto de vengar la sangre de un pariente; al que lo hacía llamaban "redentor" (Nm. 35:12,19,21,27; Dt. 19:6,12,13.) Pagar para que dejaran en libertad a uno que estaba vendido era también redimir o rescatar (Lv. 25:48). R. era asimismo el que compraba las tierras de un pariente difunto, para que no se perdieran (Rt. 4:1-7). Entre los israelitas se podía redimir la vida de un hombre o de un animal, como en el caso de los primogénitos (que a Dios había que entregar). Para ello era necesario pagar un precio, el cual se debía entregar al sacerdote (Éx. 13:13,15; Lv. 27:27; Nm. 18:15,16).

En su obra a favor de los hombres, Dios es r. por excelencia. La liberación de los israelitas de la esclavitud en Egipto es un acto de r. (Éx. 6:6) de parte de Jehová Dios. La idea principal en la r. es soltar o liberar. El →pecado mantiene al hombre en servidumbre y, por tanto, la salvación incluye el librarlo de esa esclavitud. En Cristo Jesús, Dios pagó el precio completo de la r. del género humano (Col. 1:13). R. es liberación del poder de las tinieblas, a fin de vivir bajo la soberanía o el reino del amor de Dios. En el AT, la esperanza de Job está puesta en Dios su r. (19:25). Asimismo David considera a Dios su r. (Sal. 19:14), y el profeta Isaías destaca este concepto; trece veces aparece el término en ese libro profético (v.g., 41:14; 43:14; 44.6).

En el NT la doctrina de la r. es cardinal. Todos los hombres están esclavizados por el pecado, y son "hijos de ira" (Ef. 2:1-3; 2 Ti. 2:26); necesitan, por tanto, ser redimidos. Entre los del pueblo de Dios eran muchos los que esperaban la r. divina. Ana, la viuda profetisa, confió y declaró que el niño Jesús, a quien ella logró conocer en el templo, era quien satisfaría esa esperanza (Lc. 2:36-38).

Jesucristo realiza esta r. (Ro. 3:24; Gá. 3:13) por medio de su → sangre vertida en la cruz (Ef. 1:7; Col. 1:14). Él mismo habló de "dar su vida en rescate por muchos" (Mt. 20:28 //); y Pablo dice que Cristo "se dio a sí mismo en rescate por todos" (1 Ti. 2:6) para una r. que es eterna (Heb. 9:12). Él, pues, tomó nuestro lugar, y recibió el castigo que nosotros merecíamos por nuestros pecados. Por tanto, un efecto justo y lógico de esta obra redentora en nosotros debe ser glorificar a Dios mediante una vida pura y fructífera, tanto en lo material como en lo espiritual. La r. abarca al hombre como un todo y como tal lo transforma (1 Co. 6:20). La r. culminará gloriosamente en la → resurrección (Hch. 26:18; Ro. 8:15-23; 1 Co. 15:55-57).

A. R. D.

RED. Aparejo de cuerdas o hilos utilizado en la caza de aves (Pr. 1:17), peces (Is. 19:8), cuadrúpedos (Is. 51:20) y hombres (Job 18:8; 19:6; Sal. 140:5; Ec. 7:26; Mi. 7:2; Hab. 1:15, etc.). En muchas ocasiones, especialmente tratándose de hombres, la palabra r. se usa con sentido figurado (p.e. Sal. 9:15; Pr. 12:12).

Cristo llamó a sus discípulos mientras éstos echaban sus r. en el mar (Mt. 4:11ss.), y en una ocasión les ordenó utilizarlas cuando parecía imposible obtener pesca alguna (Lc. 5:1-11). Tanto gustaba a Jesús el trabajo de la pesca, que la utilizó como figura de la evangelización y llamó a los primeros discípulos "pescadores de hombres" (Mt. 4:19). Asimismo, el Señor comparó el reino de los cielos con una r. (Mt. 13:47,48). Después de resucitado y durante su tercera manifestación a los discípulos, el Señor les preparó alimentos mientras echaban la r. (Jn. 21:5-11). (→ PEZ).

A. P. P.

REDIL. Término sinónimo de aprisco y majada que designa el lugar donde los pastores guardan sus ganados. Por haber sido el pastoreo una de las principales ocupaciones del pueblo hebreo, en la Biblia hay varias referencias a estos lugares.

Los descendientes de Rubén, Gad y parte de Manasés establecieron sus r. en tierras de Galaad, donde dejaron sus familias para ir a la guerra (Nm. 32:16s.). En una cueva usada como r. David demostró su bondad al perdonar la vida a Saúl (1 S. 24:3). Y recordando su vida de → pastor (1 S. 17:15,20) David escribió uno de sus más hermosos salmos, el 23. Jehová es el pastor, y "la casa del Señor" es el r. de los

creyentes. En Ez. 25:4 se ofrece la tierra de Amón como campo para r.

Siguiendo el símil del Sal. 23, Cristo se declara pastor de sus seguidores, a quienes da el título de ovejas de su r. (Jn. 10:16).

A. P. P.

El pastor identifica a cada oveja que va pasando al redil. "A sus ovejas llama por nombre... y le siguen". SP

REFAIM, REFAÍTAS. 1. Nombre dado a ciertos habitantes de la región al O del Jordán (cp. Gn. 14:5; 15:20). Al producirse la conquista de Palestina, los r. ocupaban una extensa zona y según su distribución recibían distintos nombres locales. En Moab eran llamados → emitas (Dt. 2:10,11) y en Amón → zomzomeos (Dt. 2:20,21).

Fuera del AT, el término r. no se usa en sentido racial, aunque en algunos textos babilónicos se aplica a los héroes, llenos de vitalidad y poder. Los israelitas atribuyeron a los r. una extraordinaria estatura (Dt. 2:10). Esta tradición quizá se basara, en primer lugar, en la terminología babilónica y, en segundo lugar, en las grandes construcciones de piedra, de épocas prehistóricas, que los israelitas hallaron al llegar a Palestina (cp. Dt. 3:11). De aquí la frecuente traducción del término heb. por "gigantes" (Gn. 6:4; Dt. 2:11,20; 3:11,13).

En las leyendas cananeas preisraelitas los r. aparecen relacionados con los cultos religiosos de la fertilidad, sentido que puede estar implicado en la tradición que atribuía a estos gigantes un origen medio humano y medio divino (Gn. 6:1-4), aunque en una forma muy diferente.

2. El "valle de los r." era un lugar citado al referirse a la frontera de las tribus de Judá y Benjamín (Jos. 15:8; 18:16), situada bastante cerca de Jerusalén. Allí David se enfrentó a los filisteos (2 S. 5:18,22; 23:13).

3. Refaim también era el término que describía las sombras, los muertos y los habitantes del Seol (Job 26:5; Sal. 88:10,11; Pr. 2:18; Is. 26:14,19 BJ). La etimología de la palabra es muy oscura y es probable que se derive de algún rito del culto a los muertos con alguna referencia a la mitología vegetativa cananea, en donde el término r. es usado para designar a los muertos o a las sombras. Posteriormente, los israelitas lo aplicaron, por extensión, a todas las sombras (cp. Is. 14:9 BJ).   J. M. A.

REFIDIM ('llanuras'). Sitio donde los israelitas acamparon después de partir del desierto de Sin y antes de llegar al mte. Sinaí (Éx. 17:1), cuya ubicación no se ha podido precisar. Aquí el pueblo murmuró contra Moisés por la falta de agua y Jehová se la proveyó de "la peña en Horeb" (vv. 2-6). Por la rencilla de los israelitas, el lugar fue llamado "Masah y →Meriba" (v. 7).

En R. el ejército israelita dirigido por Josué venció a los amalecitas, en respuesta a la oración representada por las manos alzadas de Moisés (vv. 8-16). En R. también Moisés acató el consejo de su suegro, Jetro, y nombró jueces que le ayudaron en el cargo (Éx. 18).

D. J. -M.

Vista de un frondoso bosque de palmeras en el oasis de Wady Feirem, el Refidim del éxodo, donde acamparon los israelitas antes de llegar a Sinaí.   MPS

REFINADOR. El refinamiento de los metales preciosos ya se practicaba entre mesopotámicos, egipcios, heteos, cananeos, fenicios, filisteos, árabes y hebreos desde la antigüedad. Era una metalurgia sencilla que requería sólo un horno a manera de crisol y un fuelle. La escoria se separaba del metal por medio del calor y la acción de solventes como el álcali (Zac. 13:9). También era común el empleo del plomo, el cual se amalgamaba con la escoria y dejaba libre el metal deseado (Jer. 6:29).

El acto de refinar es figura común en las Escrituras para presentar a Dios como el que prueba y refina al hombre, purificándolo y apartándolo de la escoria del mal (Pr. 17:3; 27:21; Is. 1:25; 48:10; Zac. 13:9; Mal. 3:2,3). Pablo usa la figura para aludir a las pruebas de la fe en el cristiano (1 Co. 3:12-15).   M. V. F.

REFUGIO. →CIUDAD DE REFUGIO.

REGENERACIÓN. Cambio radical que el Espíritu Santo realiza en el hombre cuando éste, habiendo oído y creído la palabra de Dios, recibe a Jesucristo como Salvador. La persona pasa del dominio del pecado al dominio del Espíritu, e inicia el crecimiento y el progreso espirituales cuya meta es la perfección, el llegar a ser semejante a Cristo (Mt. 13:23; Jn. 3:5; Ro. 8:29; 2 Co. 5:17; 1 P. 1:21-23).

El término "r." aparece sólo dos veces en el NT (RV). Una es en Mt. 19:28, donde nuestro Señor lo emplea en un sentido escatológico, refiriéndose a la restauración de todas las cosas, cuando los apóstoles participarán con él en gloria, autoridad y juicio. La otra es en Tit. 3:5, donde el apóstol Pablo compara nuestra salvación con un lavamiento o limpieza que purifica la naturaleza pecaminosa del hombre.

Pero la doctrina de la r. está implícita en muchísimos pasajes. Quizás el principal de todos sea el de Jn. 3:1-12, en el cual se relata la conversación de Jesús y →Nicodemo. Allí nuestro Señor habló del nuevo nacimiento como la condición indispensable no sólo para ver o comprender el →reino de Dios, sino para entrar y pertenecer a él. La figura de un segundo nacimiento da a entender que el cambio debe ser tan radical que en la práctica sea un nuevo nacimiento. La idea de que el hombre está muerto en el pecado, pero que en el Espíritu nace y vive, es prominente en el NT (Jn. 5:24; Ef. 2:1; Col. 2:13).

La iniciativa en la r. pertenece a Dios y se efectúa por el Espíritu Santo (Jn. 1:13; 3:5,8); los efectos de ella son duraderos (Ro. 8:2; 2 Co. 5:17). No es posible entender ni explicar racionalmente este cambio, pero sus resultados son evidentes (Lc. 3:8; Jn. 3:7,8).

En el AT la enseñanza de la r. se aplica más bien al pueblo escogido, y se habla de la restauración de Israel como tal. Sin embargo, la base de esta transformación nacional es el cambio moral del individuo mismo; de ahí que los profetas hicieran hincapié en la necesidad de un nuevo corazón. La salvación prometida por Dios abarca eso: darles un corazón nuevo (Jer. 24:7; 31:31-33; Ez. 11:19). El rey David entendió que la solución del problema espiritual de su naturaleza pecaminosa (Sal. 51:5) era que Dios le hiciera una nueva criatura con un corazón limpio (51:10). Este es el "nuevo hombre" de que Pablo habla varias veces (Ef. 2:51; 4:24).

La r. se diferencia de la →justificación en que ésta es un cambio en nuestra relación con Dios, mientras que aquélla es un cambio en nuestra naturaleza moral. Ambas, sin embargo, son experiencias simultáneas, provenientes de la gracia divina. Asimismo, también la r. es diferente de la →santificación: la primera es el comienzo de la vida nueva; la segunda es el desarrollo de esta vida hacia la perfección. La r. es el nacer, y la santificación el crecer de la nueva vida en Cristo. A. R. D.

REGIO. Ciudad en la costa cerca del extremo SO de Italia frente a la isla Sicilia y separada de ella por el famoso estrecho de Escila y Caribdis, de unos 8 km de ancho. Debido a los peligros del estrecho, los navegantes acostumbraban esperar condiciones ideales (viento del S) antes de salir de R. rumbo al N (Hch. 28:13). Por su posición llegó a ser ciudad de gran importancia comercial, y por su relación con el problema de la navegación era muy conocida. A. T. P.

REGLA (gr. *canon* = 'caña', 'vara' o 'recta que se usa como medida'). En la época del AT los constructores medían las áreas por medio de un cordel corriente (2 S. 8:2; Zac. 2:1), un hilo (1 R. 7:15) o un cordel de lino (Ez. 40:3) marcado en codos (1 R. 7:15,23). Los carpinteros también usaban cierta clase de r. (Is. 44:13), pero en la época helenista la vara recta substituyó a las demás r. (Ap. 11:1; 21:15).

La medición del constructor sugirió la actividad divina en el juicio (Ez. 43:11) y, por ende, la noción de una "norma fija". Las iglesias tenían sus r. transmitidas por la →tradición apostólica (2 Co. 10:13,15; Gá. 6:16; Fil. 3:16), las cuales delimitaban la acción o el deber; eran una r. de conducta o doctrina.

El término adquirió un significado aún más preciso en el período postapostólico. Como la autoridad a la cual apelaban los Padres de la iglesia eran las Escrituras del AT y NT, acabaron por aplicar este término a la colección de dichos escritos, y hablaban de ellos como del →canon o r. Así, pues, canon vino a significar la lista o catálogo de todos los libros que contienen la r. inspirada por la cual ha de medirse toda materia de fe y práctica (→CANON DEL AT; CANON DEL NT). R. L.

REHOB ('anchura', 'plaza'). 1. Extremo N de la Tierra Prometida, adonde llegaron los doce espías enviados por Moisés (Nm. 13:21). No se conoce su sitio exacto, pero la frase "entrando

en Hamat" parece colocarlo en el valle entre las dos cordilleras del Líbano (cp. Jue. 18:28,). Los sirios de R. fueron tomados a sueldo por los amonitas para guerrear contra David (2 S. 10:6,8). Nótese que R. se llama Bet-rehob en el v. 6 y en Jue. 18:28.

2. Ciudad fronteriza del territorio de Aser (Jos. 19:28,30), dada a los levitas (Jos. 21:31; 1 Cr. 6:75). Una de las ciudades de donde Aser no pudo arrojar a los cananeos (Jue. 1:31). El sitio sugerido como el de su ubicación está unos 11 km al E de → Aco.

3. Padre de Hadad-ezer, rey de Soba, derrotado por David (2 S. 8:3).

4. Uno de los firmantes del pacto inspirado por la lectura pública de la ley por parte de Esdras (Neh. 10:11). D. J.-M.

REHOBOT ('lugares anchos'). 1. Ciudad de Asiria, entre Nínive y Cala, construida por Nimrod (Gn. 10:11). Quizá fuera un suburbio de Nínive o su sección periférica. Ha sido relacionada con la Rebit-nina de las inscripciones asirias.

2. Ciudad natal del rey edomita Saúl (Gn. 36:37; 1 Cr. 1:48). La indicación de que estaba situada "junto al Éufrates" parece fuera de lugar ya que se trataba de una ciudad de Edom y no de Mesopotamia. La confusión se ha originado en que "el río", en los textos antiguos, siempre se refiere al Éufrates. Pero en los pasajes citados debe referirse al río El-hesa, que separa a Moab de Edom.

3. Nombre de un pozo que Isaac abrió en el valle de Gerar (Gn. 26:17-22) para no causar querellas con los pastores de las tierras vecinas. J. M. A.

REHUM. 1. Gobernante de "Samaria y las demás provincias del otro lado del río" (Esd. 4:10), e.d., de la satrapía persa en el lado E del río Éufrates, bajo Artajerjes I (464-424 a.C.). Consiguió un edicto real para que se suspendiera la reedificación de Jerusalén (Esd. 4:8-24).

2. Uno que regresó de Babilonia con Zorobabel (Esd. 2:2; Neh. 12:3).

3. Levita que ayudó en la reedificación del muro de Jerusalén en el tiempo de Nehemías (Neh. 3:17).

4. Uno que firmó el pacto de Esdras (Neh. 10:25). R. S. R.

REINA. Los hebreos consideraban fuera de orden que una mujer reinase en lugar de un rey (Is. 3:12), pero había r. notables en otras naciones: p.e., la de Sabá (1 R. 10:1), y Candace, de los etíopes (Hch. 8:27).

Algunas r. ejercieron mucha influencia por medio de sus esposos (p.e. Jezabel de Israel) y una, Atalía, aun usurpó el trono de Judá (2 R. 11). Pero es notable que la influencia de éstas fuera malévola.

En la corte del rey, usualmente la esposa tenía poca influencia aun entre los gentiles (v.g., los casos de Vasti y Ester); pero la madre del rey era dueña de mucho poder, p.e., las relaciones entre Betsabé y David (1 R. 1:16) y entre ella y Salomón (1 R. 2:19). Las relaciones entre David y Mical (2 S. 6:20-23) fueron excepcionales, pero nos enseñan más sobre el carácter de David que sobre las costumbres de ese entonces.   D. J.-M.

REINA DE SABÁ. → SABA.

REINA DEL CIELO. Objeto de culto solamente mencionado por Jeremías (7:18 y 44:17-29), quien condena este acto de idolatría. La "reina" probablemente se refiera a Istar o Astarté, deidad del amor y la fertilidad que era adorada bajo varios nombres y considerada patrona de muchos pueblos babilonios, asirios y fenicios. La diosa era identificada con la luna cuya adoración fue estrictamente condenada por Moisés (Dt. 4:19; 17:3). Los ritos del culto consistían en actos groseramente inmorales. No obstante, es evidente por la denuncia de Jeremías que los israelitas practicaban esta aberración religiosa en Judá antes de la cautividad y aun durante el destierro en Egipto. Las tortas mencionadas en los pasajes posiblemente fueran figurillas o imágenes adornadas y ofrecidas con libaciones en los ritos a la diosa (→ ASTORET).   A. P. N.

REINO DE DIOS, REINO DE LOS CIELOS. Dios es "Rey de los siglos" (1 Ti. 1:17), o sea de toda la historia, pero hay que distinguir entre esta soberanía eterna y la manifestación dinámica del r. de D. que se establecerá con la venida de Jesucristo.

I. EN EL ANTIGUO TESTAMENTO

La frase "r. de D." no ocurre en el AT, pero Dios sí se presenta como Rey: es rey de Israel (Nm. 23:21; Is. 43:15), y también de todo el mundo (Sal. 24; 47:8; 103:19); él reina para siempre (Sal. 29:10). Estas expresiones indican no tanto un reino político o terrenal como el derecho de Dios de reinar sobre su propia creación.

Dios dijo a Abraham que de sus lomos saldrían reyes (Gn. 17:6), pero no fue sino hasta el tiempo de Samuel que los israelitas pidieron un rey (1 S. 8). Sin embargo, después de cuatro siglos la monarquía fracasó completamente (→ ISRAEL, NACIÓN: JUDÁ). Los profetas posteriores que vivieron durante el tiempo de la monarquía, pronosticaron un gran reinado futuro, cuando el → Mesías reinaría sobre todo el mundo (Is. 2:1-4; Mi. 4:1-3). Este reino se establecería en el → día de Yahveh (Jl. 2:28-3:21; Am. 9:11-15), cuando Dios juzgaría a las naciones y salvaría a su pueblo universal. Al final crearía nuevos cielos y nueva tierra (Is. 65:17; 66:22). Todo esto señala la victoria final de Dios en la historia.

II. EN LA LITERATURA INTERTESTAMENTARIA

Entre los dos testamentos surgió un marcado mesianismo que proclamaba la restauración del reinado a Israel. Esta esperanza renovada tomó muchas formas, pero la más común era la del libro seudoepigráfico *Salmos de Salomón* (17: 23-51): el hijo de David, el Mesías, derrotaría a los enemigos gentiles. Como regidor de Israel, capitanearía las fuerzas que dominarían a todas las naciones; éstas subirían a Jerusalén para glorificar a Yahveh. En otras palabras, se presenta un reino político de justicia en el cual el Mesías e Israel encabezan a todo el mundo. Los → zelotes en el tiempo de Jesús tenían esperanzas mesiánicas parecidas, con la diferencia de que ellos mismos establecerían el reino por medio de la sublevación armada.

Otra corriente de este período (200 a.C. a 100 d.C.) era la perspectiva mesiánica de la literatura apocalíptica, cuya idea central era la repentina introducción del r. de D. en forma cataclísmica sobre la tierra, empezando con un juicio inesperado en que los justos serían premiados y los malos castigados. Con estas ideas quizá Jesús estaba de acuerdo, pero rechazó otros conceptos extremistas de esta literatura tales como los cálculos del tiempo del fin, juegos de números, viajes celestiales y revelaciones acerca del cielo y del infierno.

Se discute intensamente la pauta doctrinal que Jesús siguió: ¿Enunció sus ideas respecto al reino conforme al mensaje profético del AT, o las concibió siguiendo el rumbo de la literatura apocalíptica? Un repaso de la enseñanza de Jesús mostraría ampliamente lo primero.

III. EN EL NUEVO TESTAMENTO

A. *En la predicación de Juan el Bautista*

Juan vino predicando el arrepentimiento porque el r. de D. se había acercado (Mt. 3:2). El ser israelita no aseguraba la entrada al reino. Además, las obras apropiadas debían acompañar al arrepentimiento (Lc. 3:8). El juicio estaba cerca, el hacha ya estaba puesta a la raíz de los árboles (Lc. 3:9). A pesar de la aparente semejanza entre este mensaje y el que Jesús presentaría un poco después, todavía Juan imaginaba un reino político y terrenal. Cuando vio que no surgía tal reino Juan envió mensajeros para preguntar a Jesús (Mt. 11:2s. //). Jesús contestó en efecto que la presencia del r. de D. se verificaba en la curación de los enfermos, en la resurrección de los muertos y en la predicación del evangelio a los pobres (Mt. 11:4s. //). El carácter del reino traído por Jesús no era político, literal o terrenal, pero se demostraba en obras que apuntaban hacia una restauración total.

B. *En la enseñanza de Jesús*

En los cuatro Evangelios el título más común es el "r. de D.". Sólo Mt. usa la frase "reino de los cielos" (33 veces), aunque también usa "r. de D." cuatro veces (12:28; 19:24; 21:31,43). Esencialmente estos dos términos expresan una misma realidad, como se ve mediante un cuidadoso examen de los Evangelios (cp. Mt. 5:3 con Lc. 6:20; y Mt. 19:23s. con Mr. 10:24s. y Lc. 18:24s.) y de muchos otros pasajes en los cuales Mt. usa la expresión "reino de los cielos" y los otros sinópticos, "r. de D.". Al escribir a los judíos, Mt. demuestra su reserva judía en el uso del nombre sagrado de → Dios; e.d., utiliza sinónimos para referirse a Yahveh (cp. Lc. 15:18,21 donde "el cielo" significa Dios). Además de estos dos términos, se halla la frase "reino del Padre" (Mt. 13:43), y escuetamente "el reino" (Mt. 6:13). Mt. 13:41 indica que el reino es del Hijo del Hombre.

Al examinar los datos de los Evangelios se ve cuán difícil es definir el r. de D. El concepto aparece en cuatro diferentes contextos: a) Unos pocos pasajes que presentan el reino con el significado abstracto de autoridad real o el poder de reinar. b) Un buen grupo de pasajes que aluden al reino como algo presente, como un poder dinámico que actúa entre los hombres. c) Otro grupo semejante al anterior indica que el reino es una esfera en la cual los hombres entran. d) Además, hay un grupo final que presenta al reino como completamente futuro, escatológico y apocalíptico. A continuación trataremos de coordinar éstos cuatro aspectos en una concepción total.

1. Respecto al concepto básico del término "reino" (gr. *basileía*). Jesús anunció al principio de su ministerio que el reino se había acercado (Mr. 1:15 //), pero en Mt. 12:28 dijo que el reino había llegado cuando él echaba fuera los demonios. Puesto que Jesús practicó la expulsión de → demonios casi desde el principio de su ministerio (Mt. 4:23s.), queda claro por qué al anunciar el reino habló de su misma presencia y autoridad. A esas alturas no importaban los demás elementos de un reino, tales como súbditos, leyes, o territorio, sino sólo el rey y su autoridad real. Como dijo Orígenes: "Jesús es la *autobasileía*," e.d., el reino mismo.

En la parábola de las diez minas (Lc. 19:11-27), el "hombre noble" tenía un territorio en el cual gobernaba, tenía siervos a quienes mandaba y había leyes que regían en ese pequeño país, pero al noble le faltaba la autoridad de proclamarse "rey". El "reino" que él se fue a recibir era el poder o la autoridad real ("investidura real", HA). Esta acepción de "reino" se ve también en Jn. 18:36. La gran mayoría de los eruditos creen hoy que el sentido básico de *basileía* es la autoridad y poder reales de Dios, su derecho de reinar en este mundo.

2. El segundo grupo de versículos hablan del aspecto presente y dinámico del reino. Ya indicamos que la presencia del reino era manifiesta en las obras poderosas que Jesús hacía a favor de los necesitados. Pero el propósito del reino era mucho más que la satisfacción de necesidades físicas; involucraba también una lucha sin cuartel contra Satanás. Jesús explica que el r. de D. tiene como fin el contrarrestar la autoridad y poder del reino de → Satanás. El hecho de que él mismo puede amarrar al fuerte (e.d., Satanás) y saquear sus alhajas, e.d., quitarle sus súbditos, trasladándolos a su propio reino, demuestra la poderosa presencia del reino (Mt. 12:28s. //).

En otras palabras, ahí está la salvación. Este propósito se ve delineado en las palabras del ángel a José: "Llamarás su nombre Jesús, porque él salvará a su pueblo de sus pecados" (Mt. 1:21). Más tarde Jesús mismo dijo que no "vino para ser servido, sino para servir, y para dar su vida en rescate por muchos" (Mr. 10:45 //).

En el establecimiento del reino de la muerte de Jesús era imprescindible para rescatar a los hombres de sus pecados. Por eso, el hombre debe buscar el reino sobre todas las cosas (Mt. 6:33) y recibirlo como un niño (Mr. 10:15), ya que el reino no está lejos, sino entre los hombres (Lc. 17:21).

3. Un tercer grupo de pasajes indica que el reino es una esfera en la cual el hombre entra. Aquí se toma en cuenta el aspecto humano del reino. Uno entra en el reino al aceptar la autoridad de Jesús en su vida personal (cp. Mt. 7:21ss.; donde implica llamar a Jesús Señor y hacer la voluntad del Padre). Jn. lo explica en términos del nuevo nacimiento (3:3,5; cp. Lc. 16:16; Mt. 21:31; 23:13; Lc. 11:52). Ciertos pasajes que hablan de entrar en el reino tienen tinte escatológico, y pertenecen a la categoría de abajo (cp. las Bienaventuranzas que hablan del reino como galardón futuro, Mt. 5:3-12 //; cp. Mr. 9:47; 10:23ss. //).

4. El último grupo tiene que ver con el aspecto escatológico del reino, relacionado con la venida de Cristo (→SEGUNDA VENIDA). Será el momento de la reunión de todos los hijos de Dios del mundo entero (Mt. 8:11); será el tiempo del →juicio (Mt. 16:27) cuando el Hijo del Hombre se sentará en su trono (Mt. 25:31-46); será el tiempo de la regeneración cuando los discípulos participarán en la administración del reino (Mt. 19:28; cp. Lc. 18:29s.). Las "ovejas" entrarán en el reino preparado desde la fundación del mundo (Mt. 25:34). Los Evangelios no especifican la naturaleza de ese reino, pero será el cumplimiento de las esperanzas proféticas porque se establecerá el reino literal, terrenal, político y moral que Dios quiere imponer (→ MILENIO).

Hay cierta tensión entre el aspecto presente y el aspecto futuro del reino. Tanto Juan el Bautista (Lc. 7:19) como los mismos discípulos (Hch. 1:6) estaban perplejos porque el reino no apareció en forma literal en el tiempo de Jesús. Para una explicación de la aparente promesa de una pronta venida del reino (Mt. 10:23; 16:28), → SEGUNDA VENIDA, GENERACIÓN. En efecto el triunfo de Jesús en la cruz es visto por los cristianos como un hecho escatológico, porque su sacrificio, confirmado y aprobado por el acto divino de la →resurrección, nos logró la vida eterna. Jesús, entonces, inauguró el reino, sin llevarlo a su consumación. Como ha dicho Cullmann, "se ganó la batalla decisiva, sólo se espera la terminación de la guerra". Por eso, en el día de Pentecostés Pedro indicó que los postreros días habían llegado (Hch. 2:16-21). Ya se podía gozar de las bendiciones y poderes del siglo venidero (1 Co. 10:11; Heb. 6:5).

En resumen, el r. de D. es el mismo poder dinámico de Dios encarnado en el mundo en la persona de Jesús, con el fin de devolver a su dueño los que estaban bajo la autoridad de Satanás y del pecado. Aunque el poder del reino se ve en las obras maravillosas de Jesús, la máxima manifestación se encuentra en su muerte y resurrección; por tanto, es proclamado Señor de todo el universo. El reino no sólo es un poder dinámico que actúa entre los hombres, sino es una esfera en la cual los hombres entran, al recibir a Jesús como su Señor y al hacer la voluntad del padre (Mt. 7:21ss.). Durante el actual período intermedio, los discípulos proclaman el señorío de Jesús en todo el mundo, y cuando esta tarea se termine, se manifestará gloriosa y públicamente el r. de D., en la parusía del Señor Jesucristo.

Aunque la cabeza de un reino debe ser un rey, los Evangelios, especialmente Mt. y Jn., presentan a Dios como →Padre. Así que el reino tiene el carácter de una gran familia en la cual los hijos (Jn. 1:12) llaman a Dios → Abba (Mt. 6:9; cp. Ro. 8:15; Gá. 4:6). Los hijos, siendo responsables, se preocupan por los asuntos de su Padre: llevan una verdadera vida de discipulado (Mt. 16:24) y son portadores del evangelio del reino, compartiendo en esta responsabilidad la misma autoridad de su Señor (cp. Mt. 10:1,5-15,40ss.).

Frente al hecho de que el r. de D. siempre es reino de →justicia, se discute intensamente si los hijos del reino tienen la responsabilidad en la época presente de implantar la justicia en este mundo de maldad. Aunque el NT no respalda la imposición de sistemas políticos por la fuerza, esto no quiere decir que los hijos del reino justo de Dios no deban luchar por todos los medios legítimos, según los principios básicos del reino, para lograr la máxima justicia posible dentro del contexto contemporáneo. Cada hijo del reino tiene la responsabilidad de ministrar a los necesitados y desvalidos en su alrededor (Mt. 25:31-46). Los que no hayan cumplido con su responsabilidad serán separados del resto del reino por el Hijo del Hombre en el juicio final (Mt. 25:41-46), enseñanza claramente presentada por Jesús en las parábolas del reino (Mt. 13:24-30,36-43,47-50; 24:45-51; 25:1-13.14-30).

C. En el resto del NT

De concepto central en el mensaje de Jesús el r. de D. pasa a ser un tema marginal en el resto del NT. Más bien se recalca la →iglesia. Este cambio se debe, no a la poca importancia del reino, sino a la labor de traducción realizada por los predicadores, una vez que el mensaje evangélico alcanzara a las masas de habla griega. Expresiones como "Hijo del Hombre" y "r. de D.", muy comprensibles en el ambiente palestinense causaban malos entendidos entre los gentiles (→ROMA, IMPERIO) y tuvieron que ser reemplazadas.

En los Hch. la iglesia predica el reino de Dios (8:12; 20:25; 28:23,31) como realidad presente y futura (14:22). Pablo habla del aspecto presente del reino (Ro. 14:7; 1 Co. 4:20; Col. 1:13), pero recalca el aspecto futuro: los malos no heredarán el reino (1 Co. 6:9s.; Gá. 5:21; Ef. 5:5); el reino vendrá con la manifestación de Jesús en su segunda venida (2 Ti. 4:1,18); después de dominar a todos sus enemigos, el Señor Jesús entregará el reino al Padre para que Dios sea todo en todos (1 Co. 15:23-28).

La palabra final del reino se encuentra en el Apocalipsis que relata cómo los reinos de este mundo llegan a ser el reino de nuestro Señor (11:15; 12:10), a quien se le llama Señor de señores y Rey de reyes (17:14; 19:16). Pero él no reina solo, sino junto con los suyos durante mil años (20:1-10). Después del juicio del gran trono blanco sigue el aspecto eterno del reino, cuando aparece un cielo nuevo y una tierra nueva (21:1); una existencia en la cual no cabe el mal de ninguna especie (21:27). Este reino eterno representa la victoria final de la justicia.

V. EL REINO Y LA IGLESIA

Aunque generalmente el magisterio de la iglesia católicorromana define como idénticos estos dos conceptos, algunos eruditos católicos los distinguen. El sentido abstracto del reino, o sea la autoridad soberana de Dios y de Cristo, nunca puede identificarse con la iglesia. Cuando una persona se somete a la autoridad de Dios en el reino, llega a ser hijo del reino y forma parte del pueblo de Dios. Los súbditos del reino forman la iglesia, pero no pueden ser identificados con el reino en su totalidad. El reino crea la iglesia, la cual a su vez predica el evangelio del reino; de tal modo que la iglesia es el instrumento y custodio del reino de la tierra. El reino es la esfera de la salvación; la iglesia la esfera de la comunión, del testimonio y del goce de las bendiciones del reino. Aunque los dos están inseparablemente ligados, no pueden ser identificados:

J. G. C.

Bibliografía

DTB, col. 888-907; VTB, pp. 675-680; R. Schnackenburg, *Reino y reinado de Dios,* Madrid: Fax, 1970; DBH, col. 1668-1675; M. Meinertz, *Teología del NT,* Madrid: Fax, 1963, pp. 25-146; O. Cullmann, *Cristo y el tiempo,* Barcelona: Estela, 1968.

REJA. Parte metálica del arado que se hunde en la tierra para abrir surcos. Los filisteos contaban desde la antigüedad con herrerías donde fabricaban y afilaban r. de arado, cosa que no sucedía en Israel. Los israelitas tenían que acudir a los filisteos para afilar sus r. de → arado, azadones, hachas u hoces (1 S. 13:19,20). Isaías hace referencia a una época de paz en la cual los hombres convertirán sus armas de guerra en r. de arado, símbolo de trabajo y prosperidad (Is. 2:2-5).

R. es también el conjunto de barras que se pone en las ventanas o puertas. Algunas versiones de la Biblia en español traducen r., otras celosías (v.g., Cnt. 2:9). A. P. P.

RELÁMPAGO. Fenómeno luminoso celeste que por su brillantez (Sal. 77:18; Lc. 17:24), su extensión luminosa (Mt. 24:27) y su velocidad (Ez. 1:14; Lc. 10:18), impresionaba vivamente a los antiguos. En muchos pasajes, el "fuego" asociado con truenos, lluvia o granizo evidentemente se refiere a los r. (Éx. 9:23; 1 R. 18:38; Job 1:16; Ap. 8:7). El r. se usa figurativamente para destacar el resplandor de ropas o de rostros (Dn. 10:5; Mt. 28:3; Lc. 17:24).

Los r. se asocian con las teofanías, como la del mte. Sinaí (Éx. 19:16; 20:18), la de la visión de Ezequiel (1:13,14) y muchas otras del Apocalipsis (4:5; 11:19; 16:18). Los r. están en las manos de Dios (Sal. 135:7; Hab. 3:4) y son considerados instrumentos de su juicio (2 S. 22:15; Sal. 144:6; Zac. 9:14). J. M. R.

RELOJ DE SOL. Los principales textos que usan esta frase (2 R. 20:1-11 e Is. 38:8) se refieren a un mismo milagro. Parece que Acaz, después de su viaje a Damasco, había edificado una columna cuya sombra caía sobre unas gradaciones hechas en un ángulo que permitía marcar la marcha de las horas (2 R. 20:11). Dios trastornó el funcionamiento de este invento asirio para garantizar a Ezequías su promesa de victoria sobre los asirios (2 R. 20:6). Algunos comentaristas traducen la expresión r. de s. simplemente con "gradas", creyendo que se trataba de la sombra de un edificio, la cual se proyectaba sobre unas gradas que no habían sido construidas con este fin.

Se han encontrado r. de s. en Egipto, en Gezer y en el mismo Ofel. W. G. M.

REMALIAS. → PEKA.

REMANENTE. Parte de una comunidad que sobrevive después de una gran destrucción, y que, a su vez, forma el núcleo de la posible nueva comunidad. Especialmente en sentido teológico, la palabra está cargada de significado. Se emplea

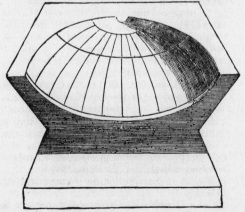

Antiguo cuadrante o reloj solar.

para contrastar la misericordia de Dios con su castigo, porque el r. es señal de la ira y a la vez de la gracia divinas (Is. 7:3; 10:20s.; 28:5). El r., una vez que experimenta la salvación, reconoce que no es por sí mismo que ha sido rescatado, sino para bien de otros.

La historia de la salvación hasta la muerte de Jesucristo corre en un sentido de reducción progresiva: humanidad – pueblo de Israel – r. de Israel – el Uno: Jesucristo. Pero con la resurrección, el r. tiende rápidamente a la multiplicación y a la extensión geográfica. Pablo formula la teología de este doble movimiento (Ro. 9–11; Gá. 3:6–4:7) para mostrar que Cristo es el R. por excelencia. R. S. S.

Bibliografía
EBDM VI, pp. 164-166. *VTB*, pp. 683–685.

REMISIÓN. → PERDÓN.

RENACIMIENTO. → REGENERACIÓN.

RENFÁN. Esteban en su sermón (Hch. 7:43) hace referencia a Amós 5:26, pero en vez del nombre → Quiún usa el nombre "R.". La diferencia obedece a que Esteban no citaba de la Biblia heb. sino de la LXX, donde R., o más precisamente, Raifán, es una transcripción corrupta (o quizás una interpretación) de la palabra heb.

Probablemente R. o Quiún era un ídolo que representaba al dios Saturno; uno de los dioses ajenos que los israelitas rebeldes adoraban en Egipto y en el desierto, según Jos. 24:14 y Ez. 20:7s., 10-18. A. P. N.

RENUEVO. Término que en la RV traduce varios vocablos heb. que se refieren al vástago o retoño que nace en la raíz de un árbol después de ser talado. Se emplea en el sentido figurado de revivir o resurgir.

En las profecías posteriores a la caída del reino de Judá, la dinastía davídica se compara con un árbol cortado del que no queda más que el tronco. Pero de ese tronco, y en medio de "tierra seca", subirá un r. (Is. 11:1; 53:2). Será el rey por excelencia, llevará el nombre de "Jehová justicia nuestra" y proveerá la salvación de Judá (Jer. 23:5,6; cp. 33:15,16). Pero para ello primero tiene que presentarse como un "cordero" expiatorio que lleva el pecado de su pueblo, como el "siervo" que sufre de Is. 53:2ss. (cp. Zac. 3:8,9). Después levantará un reino en el cual reinará la justicia y toda la "tierra será llena del conocimiento de Jehová" (Is. 11:4-10). W. M. N.

REPOSO, DÍA DE. → SÁBADO.

RESEF ('piedra reluciente'). Ciudad que los asirios destruyeron por orden de Senaquerib, quien se solazaba de su decisión (2 R. 19:12; Is. 37:12). Es la actual Rusafa, la Rasapa de las inscripciones cuneiformes, situada unos 25 km al O del Éufrates superior y unos 125 km al NO de Palmira. En 1 Cr. 7:25 se menciona a un efrainita con este nombre. A. Ll. B.

RESÉN. Ciudad asiria muy antigua, de identificación muy incierta, entre Nínive y Cala. Se menciona en la Biblia únicamente en Gn. 10:12 como "ciudad grande". A. Ll. B.

RESTITUCIÓN. Compensación por daños causados. El código de la alianza (Éx. 20:22–23:19) determinaba que el ladrón de ganado debía restituir cinco veces lo robado (Éx. 22:1), pero, en general, lo que se ordenaba restituir era el doble (Éx. 22:7). Se señalaban multas por negligencias (v.g., por no cubrir un pozo o cisterna: Éx. 21:33,34; o por ocasionar golpes y heridas: Éx. 21:18,19,22). Según el Deuteronomio, había que pagar cien siclos por algunas calumnias (Dt. 22:13ss.) y cincuenta por seducir a una joven (Dt. 22:28,29). Otros textos señalan multas para quien mentía para robar (Lv. 6:2ss.; Nm. 5:6s). C. R.-G.

RESURRECCIÓN DE CRISTO. Momento esencial en la historia de la salvación durante el cual Jesús, pocos días después de haber muerto en la cruz y de haber sido puesto en el sepulcro en la tarde del Viernes Santo, fue levantado corporalmente para iniciar un nuevo orden de vida. Este tremendo acto del poder creador de Dios (Ro. 4:24s.; 2 Co. 4:14; Ef. 1:20) no se produjo ante testigos ni es descrito en el NT (cp. el relato fantástico del *Evangelio de Pedro* 6–12, →EVANGELIOS APÓCRIFOS), pero a lo largo de todo el NT se proclama como un hecho indubitable (Hch. 1:3) o se propone como base innegable de muchas bendiciones actuales y futuras.

Aunque la r. de C. garantiza la de quienes creen en él (→RESURRECCIÓN DE LOS MUERTOS), no deja de ser única en su género, ya que es por definición la resurrección del → Mesías e Hijo de Dios (Ro. 1:4). Aun los milagros de Jesús al volver a la vida a la hija de Jairo (Mr. 5:21-43 //), al joven de Naín (Lc. 7:11-17), a Lázaro (Jn. 11:17-44) y a otros (Mt. 11:5 //) no se describen estrictamente como "resurrecciones", porque las personas resucitadas volvieron a morir (cp. Hch. 9:36-42; 20:7-12;→MUERTE). En cambio, Jesucristo inició por su resurrección una nueva etapa, decisiva y final, en la historia humana (Ro. 6:9).

I. ENSEÑANZA DE JESUCRISTO

El Señor habló a menudo de su sufrimiento y pasión venidera, pero no dejó de incluir la nota de triunfo final. Aun el lenguaje figurado tomado del AT y del judaísmo posterior (→ HIJO DEL HOMBRE, SIERVO DE JEHOVÁ, HIJO DE DIOS) implica que Dios a la larga iba a reivindicar públicamente al justo sufriente. Basándose sin duda en pasajes como Is. 52: 13–53:12 y Os. 6:2 ("en el tercer día nos resucitará"), Jesús predijo su propia resurrección (Mr. 8:31s.; 9:31; 10:33s. //; Lc. 13:32s.) y reivindicación en → gloria (Mt. 12:40; Mr. 9:1;

10:35-40; 14:62; Lc. 22:15-18). Pero los discípulos no comprendieron la predicción (Mr. 9:9s.; Jn. 20:9) porque la doctrina popular colocaba la → resurrección de los muertos al final de los tiempos, junto con el → juicio, y no dentro de la historia.

II. PRUEBAS DEL HECHO HISTÓRICO

Con todo, Dios hizo lo inesperado. Después de ser sepultado honorablemente y poco antes del atardecer del viernes, el cuerpo de Jesús permaneció en el sepulcro durante tres días (→ DESCENSO AL INFIERNO). Según la costumbre judía de contar como día entero cualquier fracción del mismo, el primer día sería un par de horas del viernes (el sábado comenzaba *ca.* a las 6 pm. de nuestro viernes), el segundo día correría desde las 6 pm. del viernes hasta las 6 pm. del sábado y el tercer día comprendería las horas restantes hasta el momento, para nosotros desconocido, cuando el Señor salió vivo de la tumba (en todo caso, antes de que llegaran las mujeres a la tumba, en la madrugada del domingo). Esta explicación satisface las demandas aun de la expresión hebraica "después de tres días" (Mt. 8:31).

A. La tumba vacía

Hay muchas pruebas de que realmente Jesús fue sepultado (en la predicación primitiva, Hch. 13:29; Ro. 6:4; 1 Co. 15:4; y en los relatos evangélicos, Mr. 15:42-47; Jn. 19:38-42) en un sitio reconocible poco después (Mr. 15:47) para contrarrestar los rumores de que las mujeres se equivocaron de tumba. Y, por tanto, el hecho de hallar vacía la tumba el domingo (→DÍA DEL SEÑOR) es de gran valor como prueba; sobre este punto los Evangelios dan testimonio unánime (Mr. 16:1-8; Jn. 20:1-10). Sobre los nombres y el número de las mujeres que fueron a la tumba hay menos acuerdo, como también respecto a las figuras angelicales que aparecen cerca del lugar donde yacía el cuerpo. Pero tales diferencias se deben a puntos de vista y propósitos divergentes de los evangelistas.

Las mujeres hallaron rodada a un lado la enorme piedra que tapaba la entrada de la tumba y temieron que alguien hubiera robado el cuerpo (Jn. 20:2,15). Lejos de ser resultado imaginario de los fervientes deseos de los cristianos, la tumba vacía sorprendió a todos. La teoría de que los mismos discípulos robaron el cuerpo, sostenida por los judíos en la época de los evangelistas (Mt. 28:13ss.) es psicológicamente imposible. La mera existencia de tal teoría prueba que los opositores del evangelio no pudieron negar la realidad del sepulcro vacío ni reponer ellos mismos el cadáver. Además, uno de los evangelistas relata que durante el sábado una guardia romana fue apostada en la tumba y ésta fue sellada por parte del sanedrín (Mt. 27:62-28:15), precaución que hace inverosímil toda hipótesis de un robo (cp. también Jn. 20:3-8). El énfasis de los Evangelios, pues, en la tumba vacía indica que los primeros cristianos

La Tumba del Huerto, en Jerusalén, que algunos sostienen albergara el cuerpo del Salvador, es un ejemplo típico de las tumbas del primer siglo. La ranura ancha por delante sostenía la roca que se rodaba para tapar la entrada.   MPS

entendían la resurrección en términos corporales; los judíos no conocían tal cosa como una resurrección "espiritual" que dejara el cadáver en los lazos de la muerte.

B. *Las apariciones del Resucitado*

Todavía más decisivas para la fe de los discípulos fueron las apariciones de Jesucristo, variadas y convincentes. He aquí una lista:

En Judea:

1. A las mujeres (Mt. 28:9s.).
2. A María Magdalena (Jn. 20:11-18).
3. A Pedro (Lc. 24:34; 1 Co. 15:5; cp. Mr. 16:7).
4. A los caminantes de Emaús (Lc. 24:13-31).
5. A diez apóstoles (Lc. 24:36-49; Jn. 20:19-23; tal vez = 1 Co. 15:5).
6. A once apóstoles (Jn. 20:24-29).
7. A "los que se habían reunido" (Hch. 1:6-9; cp. los "apóstoles" de 1:2; quizás = 1 Co. 15:7; Lc. 24:50s.; cp. v. 33).

Probablemente en Galilea:

8. A once apóstoles (Mt. 28:16-20; cp. Mr. 16:7).
9. A más de 500 hermanos (1 Co. 15:6).
10. A Jacobo (1 Co. 15:7).
11. A siete discípulos (Jn. 21:1-14).

Según Lucas, el período de las apariciones duró cuarenta días (Hch. 1:3) y terminó con la → Ascensión. Pero Pablo reclamó ser también parte de la misma serie de testigos (1 Co. 15:8), gracias a la aparición que le fue concedida unos tres años después (Hch. 9:3-8; 22:6-11; 26:12-18). En este caso, él fue el único testigo (con la posible excepción de Jacobo) que no había creído en Jesucristo antes; generalmente las apariciones no tuvieron el propósito de incitar a la fe, sino el de confirmar la de los que ya eran cristianos.

Los evangelistas se esfuerzan por mostrar que el Cristo resucitado es idéntico al Jesús terrenal, a pesar de las diferencias que embargan al principio los ojos de los discípulos para no reconocerle (Lc. 24:16; Jn. 21:4); él come y bebe con ellos (Lc. 24:41ss.; Hch. 10:41) y permite que lo palpen (Jn. 20:27; cp. Mt. 28:9 y Jn. 20:17); en su cuerpo aún conservaba las marcas de su pasión (Lc. 24:39s.; Jn. 20:20). Con todo, el Resucitado tiene nuevas condiciones físicas, que

551

antes solamente habían sido presagiadas en la → transfiguración (Mr. 9:9): Jesús desaparece de la vista de sus discípulos (Lc. 24:31) y pasa a través de puertas cerradas (Jn. 20:19,26). Tales condiciones sólo podían pertenecer a un → cuerpo "espiritual" (1 Co. 15:44) o "glorificado" (cp. 1 Co. 15:43; Fil. 3:21), tipo del cuerpo que el cristiano recibirá en la resurrección de los justos.

C. La experiencia del Cristo viviente

Para fundamentar la fe, era más importante la seguridad de que Jesucristo vivía y reinaba en la → iglesia y en el cosmos, que un acontecimiento en el pasado. La certeza de que Cristo vive en uno (Gá. 2:20) y en su pueblo por el poder de su resurrección (Fil. 3:10) y la convicción de las señales de su señorío (Hch. 2:33; 3:15s.; 4:30, etc. → ESPÍRITU SANTO), eran parte del testimonio apostólico de la r. de C. (Hch. 4:33). Bien es cierto que los → testigos oculares eran indispensables en la predicación del evangelio (Hch. 1:21s.; 10:41; 13:31), pero la bienaventuranza es aun para quienes no vieron con sus propios ojos (Jn. 20:29; cp. 17:20), porque el Espíritu Santo es también "testigo de estas cosas" (Hch. 5:32). La fundación y existencia continua de la iglesia de Cristo es, por tanto, una de las pruebas más fehacientes de la realidad de la resurrección (Mt. 28:18ss.).

III. SIGNIFICADO DE LA RESURRECCIÓN

Gran parte de la doctrina del NT se basa en las implicaciones de la Resurrección. Con base en textos tales como Sal. 110:1 ("Yahveh dijo a mi Señor: 'siéntate a mi diestra' "), los cristianos primitivos contemplaban la Resurrección como un acto de → creación con el cual Dios Padre puso su sello de aprobación sobre el ministerio de Jesús, y en especial sobre su obra expiatoria (Ro. 4:25; 8:34; Heb. 2:9, →EXPIACIÓN, JUSTIFICACIÓN, REDENCIÓN, SALVACIÓN). La conquista del último enemigo, la → muerte (1 Co. 15:26) fue garantizada con la Resurrección (1 Co. 15:54s.); por tanto, Jesucristo es declarado → Señor, → Salvador y → Juez victorioso sobre todas las autoridades malignas (1 P. 3:21s.; cp. Ef. 1:21; Fil. 2:9ss.; Heb. 2:5).

Esta entronización de Jesucristo tiene grandes implicaciones para los creyentes en él, ya que él abrió "el camino nuevo y vivo" de acceso a Dios (Heb. 10:20). Él vive e imparte su vida a los que se unen a él por la fe (Jn. 14:19s.; Ef. 2:5s.), lo cual es una bendición que tendrá repercusiones en el futuro (Ro. 6:8,13; 1 Co. 6:14; →RESURRECCIÓN DE LOS MUERTOS).
R. F. B.

Bibliografía

EBDM VII, col. 166-175; J. Schmid, *San Mateo* (Barcelona: Herder, 1967), pp. 550-559; P. Benoit, *Pasión y resurrección del Señor*, Madrid: Fax, 1971, pp. 254-377; J. Comblin, *La resurrección de Jesucristo*, Buenos Aires: Lohlé, 1962; F. X. Durwell, *La resurrección de Jesús, misterio de salvación*, Barcelona: Herder, 1962; *VTB*, pp. 687-691; *DTB*, col. 915-922.

RESURRECCIÓN DE LOS MUERTOS.

El concepto de la resurrección aparece en diversas maneras en la historia de las religiones. A veces se concibe como el despertar del alma del sueño de la muerte poco después de que ésta ocurre, a veces como la esperanza de que los muertos serán resucitados al final del mundo presente y en ocasiones como una resurrección colectiva de los justos luego del juicio. Hay ideas semejantes a estos conceptos de la Biblia, pero la resurrección tiene en ella un contenido y significado propios de la revelación que le son dados principalmente por la → resurrección de Jesucristo.

La idea de la resurrección no es prominente en el AT. Se le encuentra principalmente en los escritos posteriores, y tanto la medida en que se afirma en el AT como la influencia que otras religiones (babilónicas, zoroastrianismo) puedan haber ejercido, son temas de discusión para los eruditos. Es posible afirmar, sin embargo, que lo primero que aparece en el AT es la esperanza de una resurrección (en sentido figurado, una reconstitución) del pueblo de Israel después del cautiverio (Is. 26:19; Ez. 37:1-14; Os. 6:1s.). Y, aún más, el profeta Isaías prevé una r. de los m. para participar en la restauración del pueblo.

No hay duda de que el AT afirma que el poder del Señor se extiende también a la morada de los muertos (1 S. 2:6; Job 26:6; →SEOL). Por ello, aunque algunos pasajes discutidos pueden referirse a la liberación de un peligro inminente de muerte (Sal. 16:10s.; 49:15; 86:13; Os. 13:14), está ya presente en ellos la esperanza de la resurrección que en Dn. 12:2 se afirma con toda claridad. Aunque el AT no presenta una doctrina sistemática de la resurrección, afirma sin dudas el poder del Señor, cuya justicia y misericordia no pueden ser detenidas por la muerte.

En los libros → apócrifos y pseudoepigráficos la afirmación de la resurrección es casi universal. Se le espera con la restauración de Israel como un fenómeno corporal, aunque las ideas griegas de la → inmortalidad del alma también influyen en algunas sectas judías (→ESENIOS, ROLLOS DEL MAR MUERTO). Sólo los saduceos niegan totalmente la resurrección (Mr. 12:18; Hch. 23:8; cp. 26:8).

Según los Evangelios, el Maestro afirma la resurrección y la fundamenta en el poder y la voluntad de Dios (Mt. 22:31s.); por tanto, rechaza los conceptos burdos y materialistas al respecto (Mr. 12:18-27). Las resurrecciones que Jesús mismo realiza (Mr. 5:35-42; Lc. 7:11-17; Jn. 11:1-44) no son aún la resurrección definitiva, sino una señal de la presencia del reino de Dios (Lc. 7:16) en la persona de Jesucristo; manifiestan su poder sobre todas las fuerzas enemigas, incluso la muerte. En el cuarto Evangelio se destaca que el que cree en Jesucristo ya tiene una vida nueva, "resucitada", que se revelará en la resurrección final (Jn. 6:39s., 44,54; 11:17-27, etc.).

La resurrección del Señor es la manifestación cumbre del triunfo sobre la muerte (1 Co. 15:25ss.). Con ella comienza una nueva era, "los tiempos del fin", y el creyente, que por la fe se incorpora a Cristo, participa del poder de esa nueva vida, el poder de la resurrección y por tanto comparte la vida del Resucitado y su triunfo sobre la → muerte (Jn. 14:19s.; Hch. 26:23; Ef. 2:5s.; Col. 1:18). Esta afirmación no elimina la realidad de la muerte para el creyente (cp. 2 Ti. 2:18), pero sí cambia su sentido: la muerte no puede separarlo de Cristo (Ro. 8:38s.; Fil. 1:23). El cristiano vive en la seguridad de la resurrección (1 Co. 15:20-36; 2 Co. 4:14; Col. 1:18), ya que el Espíritu Santo es agente de la misma (Ro. 8:11).

En el NT es realmente poca la especulación acerca del modo y características de la resurrección. Frecuentemente se ilustra con símbolos y figuras corrientes en el ambiente: vestiduras blancas, o fragancia y luminosidad que representan lo nuevo, puro y glorioso de la nueva vida (1 Co. 15:41s.,53s.; 2 Co. 2:15s.; Ap. 3:5; 6:11, etc.), la semilla que brota o el despertar del sueño (Jn. 12:24; 1 Co. 15:6,20,43s.,51; Ef. 5:14; 1 Ts. 4:13-17). Es notable que el NT acepta las doctrinas del judaísmo sobre un → juicio final y las vincula a la parusía del Señor (Hch. 24:15; 1 Ts. 4:13ss. → SEGUNDA VENIDA). En Ap. encontramos también la idea de dos resurrecciones (20:4s.), pero en otros escritos se habla de una sola y un juicio (Jn. 5:28s.). Lo que se destaca es, en todo caso, la participación de los creyentes en la victoria de Cristo (Ro. 5:17; 8:17; 2 Ts. 1:10; Ap. 20:4).

San Pablo habla de un → "cuerpo de resurrección" y en contraste con una doctrina cruda de continuidad, señala la diferencia entre la vida futura y la vida actual (incorruptibilidad, gloria, etc.). Destaca el carácter personal, concreto y comunitario de la vida resucitada, en oposición a las ideas de una → inmortalidad puramente incorpórea y aislada (individualista) (Ro. 8:11; 1 Co. 15:35ss.; Fil. 3:21; 1 Jn. 3:2). Y como en otros aspectos del tema, Jesucristo es el modelo y señal de la nueva vida: seremos semejantes a él; veremos a Dios cara a cara; permanecerá el amor; esto es lo más importante acerca de la nueva vida. Dios dispone un cuerpo espiritual porque es el que mejor conviene a la expresión del Espíritu.

Con respecto a un "estado intermedio", entre la muerte y la resurrección, Pablo utiliza la imagen del sueño. No se describe la naturaleza de ese estado, pero sí se afirma que el creyente está con Cristo, y por tanto, es una experiencia positiva y gozosa (Fil. 1:22s.). Finalmente, hay que señalar que en el NT la esperanza de la resurrección, lejos de conducir a un descuido de las tareas y responsabilidades de esta vida, les da sentido y estímulo. El creyente anticipa en esta vida, en fe, esperanza y amor, la calidad de vida que aguarda plenamente en la resurrección.

J. M. B.

Bibliografía

VTB, pp. 685-691; *DTB*, col. 909-922; *VB*, pp. 281-283; M. García Cordero, *Teología de la Biblia* I (Madrid: *BAC*, 1970), pp. 524-531; P. van Imschoot, *Teología del AT* (Madrid: Fax, 1969), pp. 410-424; S. Lyonnet. "El valor soteriológico de la resurrección", *Selecciones de Teología* 3 (1964), pp. 3-12; A Feuillet, "Morir y resucitar con Cristo" (*ibíd.*), pp. 19-31; J. Moltmann, *Teología de la Esperanza* (Salamanca: Sígueme, 1969), pp. 181-298; *Esperanza y planificación del futuro* (Salamanca: Sígueme, 1971), pp. 67-79; F. X. Durwell, *La resurrección de Jesús, misterio de salvación* (Barcelona: Herder, 1962), pp. 169-368.

RETAMA. Traducción incierta (RV) de las voces heb. *arar* en Jer. 17:6 y *aroer* en Jer. 48:6. Pueden referirse a cierto tipo de enebro que crece en los desiertos y lugares pedregosos.

W. M. N.

RETRIBUCIÓN. La Biblia considera que la vida presente es una prueba, y que en la futura todos los hombres serán premiados o castigados eternamente conforme a su vida y fe sobre la tierra. No obstante, la bendición eterna de los redimidos no es resultado de sus buenas obras, sino el don de un Dios amante (Ef. 2:8,9) que Cristo concede a los pecadores arrepentidos. Para Dios, la maldición de una eternidad en el → infierno es una r. justa e inevitable como "paga del pecado" (Ro. 6:23). Dios siempre ha sido un Dios de r. (Dt. 32:35), y cada ser humano recibirá exactamente lo que merece porque la r. de Dios es justa y correcta. Algunos erróneamente prolongan el amor de Dios hasta el punto en que diluyen su → justicia y eliminan la posibilidad de que él pueda imponer una sentencia de → castigo eterno a los que no se arrepienten. Varios grupos de pasajes bíblicos subrayan el amor divino, pero en ellos está latente una justicia eterna:

1. Pasajes que "clasifican" a ciertos pecadores que no entrarán al reino de los cielos: Mt. 5:20; 7:13,21-23; 18:3; Mr. 10:23-25; Lc. 13:24-28; Jn. 3:3-5; 1 Co. 6:9,10; Gá. 5:19-21; Ef. 5:5; Heb. 3:19; 4:1-3.

2. Pasajes que describen el estado final de los hombres buenos y el de los malos, poniendo en contraste los unos con los otros: Pr. 10:28; Dn. 12:2; Mt. 3:12; 7:13,14,21; 8:11,12; 13: 30-43,47-50; 24:46-51; 25:23-46; Mr. 16:16; Lc. 6:23,24,47-49; Jn. 5:29; Ro. 6:21-23; Gá. 6:7,8; Fil. 3:17-21; 2 Ts. 1:5-21; Heb. 6:8,9; 1 P. 4:18.

3. Pasajes que califican el estado futuro en términos como "perdurable", "eterno", "para siempre", y "por los siglos de los siglos": Mt. 18:8; Mr. 3:29; 2 Co. 4:18; 2 Ts. 1:9; 2 P. 2:17; Jud. 6,7,13; Ap. 14:10,11; 19:3; 20:10.

4. Pasajes que se refieren al castigo futuro con frases que implican su eterna duración: Mt. 10:28; 12:31,32; Mr. 3:29; 9:43-48; Jn. 3:36; Heb. 6:2, 10:26,27; Stg. 2:13; 1 Jn. 5:16.

5. Pasajes que enseñan que el cambio de corazón y la preparación para el cielo tienen que verificarse en esta vida: Pr. 1:24-28; Is. 55:6,7; Mt. 25:5-13; Lc. 13:24-29; Jn. 12:35,36; 2 Co. 6:1,2; Heb. 3:1-10; 12:15-25; Ap. 22:11.

6. Pasajes que predicen las consecuencias de rechazar el evangelio: Sal. 2:12; Pr. 29:1; Hch. 13:40-46; 20:26; 28:26,27; 1 Co. 1:18; 2 Co. 2:15,16; 4:3; 1 Ts. 5:3; 2 Ts. 1:8; 2:10-12; Heb. 2:1-3; 4:1-11; 10:26-31,38,39; 12:25-29; 1 P. 4:17,18; 2 P. 2:1-21; 3:7. (→PECADO, ARREPENTIMIENTO, PERDÓN, EXPIACIÓN, etc.).   P. W.

REUEL. → JETRO.

REVELACIÓN (gr. *apocalypsis* = 'acción y efecto de correr el velo que encubría lo desconocido'). En la Biblia se usa casi exclusivamente en relación con Dios, de modo que se convierte en un término teológico. Sólo Dios mismo puede revelarnos los → misterios de su ser y de sus obras (Dt. 29:29; Am. 3:7; Jn. 1:18; 1 Ti. 6:16), y toda búsqueda independiente de conocimiento acerca de él está destinada al fracaso (Jer. 23:28; 1 Co. 1:21). Por tanto, es menester que Dios tome la iniciativa en su diálogo con el hombre (Gn. 1:28ss.; 3:8ss.).

I. EN EL ANTIGUO TESTAMENTO

A. *Cómo revela Dios*

Dada la capacidad limitada del hombre, la r. le llega paulatina y progresivamente. Pero en ninguna otra parte se nota tan categóricamente como en la Biblia la realidad de la r., no tanto en la forma de impartimiento de conocimientos sobrenaturales o predicción detallada del futuro (aunque aparecen estos fenómenos), como en la forma de hechos históricos. Este concepto de una r. histórica sitúa a la fe bíblica en un lugar singular entre las religiones. La r. es un hecho perceptible; sus intermediarios (que son muchos y no un prócer único, como es el caso del Corán) son conocidos y sus palabras se han conservado, ora directamente, ora en una → tradición bien fundamentada. Durante cerca de veinte siglos se desarrolló la r. antes de alcanzar su plenitud en la persona de Jesucristo, revelador por excelencia.

Antes de tratar la r. histórica, consideremos dos cuestiones preliminares:

1. ¿Habla Dios mediante la naturaleza? Los filósofos → estoicos creían que sí, opinión que comparten el judío alejandrino Filón y el cap. 13 de *Sabiduría* (→APÓCRIFOS DEL AT). Pero los autores bíblicos, imbuidos del concepto de la → creación, contemplan la naturaleza con admiración sin sentirse objeto de la r. divina, salvo en un sentido limitado. Las señales de Dios que nos rodean (la nube, el fuego, la tormenta, la brisa apacible y suave) pueden también ser leídas equivocadamente por los paganos (*Sabiduría* 13:1ss.). En el contexto de la fe judeo-cristiana, los pasajes que parecen enseñar una "r. natural" (Sal. 19,29,104; Ro. 1:19ss.) sólo afirman su posibilidad objetiva; el hombre ya no tiene condición subjetiva para recibirla claramente (→PECADO), de modo que aun el creyente necesita la "r. especial".

2. ¿Habla Dios mediante técnicas arcaicas de consultas a la deidad? Los pueblos del Oriente Medio usaban → adivinación, astrología (→ASTRÓLOGO), presagios, suertes y otras técnicas para tratar de penetrar los secretos de su existencia. Creían que los → sueños revelaban misteriosamente el futuro. El pueblo escogido también conservó por mucho tiempo algo de estas creencias, aunque purificadas de sus implicaciones politeístas y mágicas (→MAGIA, Lv. 19:26; Dt. 18:10s.; 1 S. 15:23; 28:3). En efecto, Dios condescendió con la inmadurez de su pueblo y por estos canales tradicionales reveló en muchas ocasiones su voluntad (v.g., →URIM Y TUMIN).

Pero esencialmente la r. se realiza en los hechos de Dios en la historia. El dato fundamental de la fe del AT es la liberación de Israel de su esclavitud en Egipto (Éx. 19:4; 20:2; Sal. 81:10; Am. 2:10; Os. 11:1); por este hecho Dios se dio a conocer (Éx. 6:7). Asimismo todas sus obras lo revelan (Dt. 3:24; 11:2-7), y el credo de Israel consiste en un resumen de sus actos portentosos más sobresalientes. De ahí que los libros del AT que nosotros llamamos "históricos" fueran llamados por los rabinos "los profetas anteriores".

Sin embargo, los actos divinos no alcanzaron a menudo su propósito revelador, debido a la ceguera del pueblo escogido (Is. 1:2s.). Por consiguiente, Dios levantó a los → profetas para ser sus portavoces y para interpretar sus obras, tanto antes como después de un suceso específico (2 R. 17:13; Jer. 7:25; Am. 3:7; Os. 6:5; 12:10). La → palabra de Dios hablada por ellos, sin embargo, no es una verdad abstracta; es el aspecto lingüístico de la obra divina, una transacción muy personal. Sea por → visiones o sea por la audición de la palabra divina, la r. que reciben los profetas se expresa en símbolos, a veces bastante enigmáticos.

Las teofanías —grandes manifestaciones de la majestad divina (Éx. 19:16; 33:12-23)— y las angelofanías (→ÁNGEL DEL SEÑOR) no ocupan un lugar muy prominente o independiente. Son acompañantes de la r., que en sí es un diálogo. Es decir, Dios habla al entendimiento humano y procura provocar una respuesta comprensiva (Is. 6:1-13). En su gracia, elige dirigirse a los hombres, no como uno que es radicalmente diferente del hombre sino por medio de uno "de tus hermanos, como yo [Moisés]" (Dt. 18:15; cp. 30:14; Ro. 10:8). A la par de los profetas actúan los sabios (→SABIDURÍA), cuya reflexión humana es al mismo tiempo una

r. (Pr. 2:1-5; 8:12-21,32-36; 9:1-6), y los autores apocalípticos (→APOCALIPSIS), quienes dicen ser herederos de la tradición tanto sapiencial (Dn. 2:23; 5:11,14) como profética (Dn. 4:5s.,15; 5:11,14). La consagración por escrito de estas tradiciones (Pentateuco, profetas anteriores y posteriores, literatura sapiencial y apocalíptica) condujo al →canon del AT. De modo que el que hoy busca la r. divina está obligado a buscarla en la →Biblia.

B. Lo que Dios revela

El propósito de la r. no es satisfacer la curiosidad humana acerca de la cosmología, la metafísica o el futuro, sino comunicar los designios divinos y hasta el carácter de Dios mismo. Los designios incluyen normas de conducta (→LEY), y ciertas instituciones sociales (Nm. 11:16s.), políticas (1 S. 9:17), y religiosas (Éx. 25:40). Además, Dios revela el significado de los acontecimientos vividos por su pueblo, interpretándolos como oportunidades de salvación dentro de un plan establecido. Según este plan, se revela progresivamente el secreto de los "últimos tiempos", el cumplimiento de la promesa divina.

Dios comunica ciertas verdades acerca de su persona. La creación nos rodea de señales de su poder; los hechos históricos también enseñan que Dios es temible pero que a la vez consuela, libera y cura (Éx. 34:6s.). A estas pruebas el hombre ha de responder con fe, temor y amor. Pero, ¿revela Dios en el AT el secreto íntimo de su ser? Su →rostro no se ve nunca (Éx. 33:20) y su →gloria solamente se prefigura con símbolos (1 R. 22:19; Is. 6:1ss.). Aun las apariciones del ángel del Señor y la r. del nombre divino sólo apuntan hacia una futura r. suprema.

II. EN EL NUEVO TESTAMENTO

La consumación de la r. se concentra en → Jesucristo, quien es a la vez su autor y su objeto (Heb. 1:1s.; 12:2).

Las figuras y la tipología del AT hallan su cumplimiento en los acontecimientos de la vida de Jesús, y sobre todo en su muerte y resurrección. Esta manifestación del →Cordero, de una vez por todas (Heb. 9:26; 1 P. 1:20), revela la gracia de Dios (2 Ti. 1:9,10) en un →misterio, porque él es el →Verbo cuya encarnación inicia los "últimos tiempos".

Sin embargo, los hechos de la vida de Jesús, incluso sus →milagros, resultarían incomprensibles si el Maestro no definiera con palabras el sentido exacto que encierran. Su doctrina, tal como la hallamos p. ej. en el Sermón del Monte y en las parábolas, es una r. acerca del →reino de los cielos. También revela mucho acerca de su persona: él es →Hijo de Dios e →Hijo del Hombre, →Mesías y →Siervo de Yahveh. Los discípulos, algunos de los cuales fueron comisionados como apóstoles, presenciaron esta r. para luego servir de testigos.

Los predicadores del evangelio, autenticados por Jesucristo (Lc. 10:16; Jn. 20:21) y forta-

lecidos por el Espíritu Santo, llevan la r. al mundo entero. Así lo hará la iglesia hasta el fin de los tiempos. Al hacerlo, la generación apostólica fue descubriendo el significado total de las →Escrituras y de la vida y palabras de Jesucristo, y finalmente escribió Epístolas y Evangelios para dar forma fija a esta tradición (→CANON DEL NT). Aunque con el cierre del canon, lo esencial de la r. estuvo completo, la dirección del →Paracleto es prometida para siempre (Jn. 14:16) y los dones espirituales siguen en pie (→LENGUAS, →PROFETA), lo cual asegura una r. continua. Al mismo tiempo, toda "nueva r.", que no quiera incurrir en la herejía se conformará necesariamente a las Escrituras y sólo las suplementará en forma secundaria (cp. 1 Jn. 4:1ss.).

Esta época en que nos relacionamos con Dios mediante Cristo por fe es solamente provisional. Apunta hacia una consumación final cuya naturaleza nos es difícil concebir (1 Co. 13:12): la →segunda venida de Cristo (Col. 3:4). Cuando el NT habla de la r. o la "aparición de Jesucristo", es a ese acontecimiento futuro a que se refiere (2 Ts. 1:7; 1 P. 1:7,13). Y el título del último libro de la Biblia, Apocalipsis, sugiere lo dramático de los conflictos que acompañan esa última r. y lo magnífico de la Jerusalén que desciende de Dios.   R. F. B.

Bibliografía

VTB, pp. 695-702. *EBDM*, VI. col. 199-216; P. van Imschoot, *Teología del AT* (Madrid: Fax, 1969), pp. 189-293.

REY. Lo diferente de la posición del r. en Israel y la de los r. de otras naciones del mundo antiguo se debía a la relación entre el r. israelita y Jehová. Algunas naciones (p.e. Egipto) creían que su r. era la encarnación de un dios y otras lo exaltaban como sacerdote por excelencia. En Israel los profetas no permitían al pueblo creer en la deidad del r. (nótese el significado pertinente de las palabras de Natán a David: "Tú eres aquel *hombre* (2 S. 12:7); y los sacerdotes limitaban las funciones religiosas del r. (p.e. el caso de Uzías, 2 Cr. 26:16-21, y el de Saúl, 1 S. 13:9-14), aunque éste era el encargado de proveer los sacrificios, etc. (Ez. 45:17). Así que la prioridad histórica de Moisés y Aarón moldeó la forma de la monarquía en Israel, y limitó su papel a lo político y guerrero.

Sin embargo, el r. no podía considerarse funcionario meramente secular, porque reinaba como intermediario de Jehová, el verdadero r. de Israel (no sólo antes del establecimiento de la monarquía, Jue. 8:23; 1 S. 12:12, sino también después, 1 Cr. 28:5; cp. Sal. 74:12). El r. entraba en una relación especial con Dios por ser ungido, y recibía poder divino para el desempeño de su papel en la historia del pueblo teocrático (Saúl siguió siendo respetado como "el ungido de Jehová" a pesar de sus pecados, 1 S. 24:6; cp. 2 S. 1:16).

Si es cierto que la palabra heb. *melec* (que se traduce "rey" en el AT) literalmente significa "el que aconseja", entonces el empleo de la palabra en Israel refleja que primitivamente se refería a los ancianos sobrios de la tribu, debido a la creencia de que el r. recibía sabiduría sobrenatural por medio de la unción divina, como en el caso de los dirigentes carismáticos llamados → "jueces" (en 2 R. 15:5, "gobernando" equivale a "actuando como juez"). Pero que había distinción entre juez y r. se ve por la historia de Gedeón (Jue. 8:22,23) y → Abimelec ('r. es mi padre', Jue. 9), y la distinción parece concretarse en el derecho de transmitir el trono a los descendientes.

El plan de Dios siempre fue hacer sentir su soberanía sobre Israel por intermedio de r. humanos, en preparación para la venida del Mesías. Con este fin escogió el linaje de David (1 Cr. 28:4; Sal. 89:3,4). Pero el concepto de la monarquía teocrática tuvo que militar contra el concepto conocido de la función del r. (cp. "como tienen todas las naciones", 1 S. 8:5, concepto que, en efecto, rechazaba a Jehová como el verdadero r. de Israel, 1 S. 8:7). Por tanto, antes de establecer el trono de David, Dios se propuso demostrar, por medio del reinado de Saúl, los peligros del concepto común. Previendo que los israelitas pedirían un rey (1 S. 8:20), Dios había declarado de antemano las condiciones para aceptarlo (Dt. 17:14-20): (1) Dios mismo lo escogería. (2) No debería ser extranjero. (3) Poseería riquezas limitadas. (4) Se sometería a la ley de Jehová. La ruina de la nación se debió a que Israel no quiso rechazar el concepto monárquico de los demás pueblos a pesar del fracaso de su primer r.

Los dos propósitos de Dios referentes a la monarquía (el negativo manifestado por medio de Saúl y el positivo por medio de David) explican la confusión que se nota en 1 S. 8 al referirse a las actitudes en pro y en contra de la monarquía. La continua visión de la monarquía teocrática, a pesar de tantos r. que la negaban, la mantenían los profetas al proclamar la época mesiánica.

Todo el peso que la monarquía significó para Israel se refleja en la queja ante Roboam y la respuesta de éste (1 R. 12:4,14). Esta situación provocó la división de la nación. Los r. mantenían comitivas numerosas que exigían impuestos y tributos. Entre otros, la Biblia menciona los siguientes casos: general del ejército, cronista, escriba (2 S. 8:16,17), secretario, canciller, ministro principal, amigo del r. y mayordomo (1 R. 4:2-6). Éstos, y otros nobles, tratando de emular la opulencia real, se sostenían por medio de la injusticia social, creando situaciones tales como la que fue denunciada por → Amós durante el reinado de Jeroboam II. Pero cabe notar que tal explotación no formará parte del reino mesiánico (cp. Heb. 1:8b, etc.).

Aunque el gobierno de todas las naciones no se manifiesta todavía como teocracia, los r. de las naciones ya están, sin saberlo, bajo la soberanía divina (Ro. 13:1); Jesucristo es ya "el soberano de los r. de la tierra" (Ap. 1:5). Por tanto, el creyente debe someterse al dominio de ellos (Ro. 13:2; 1 P. 2:13,17), cuando no exijan la desobediencia a Dios (cp. Hch. 5:29), y debe interceder por ellos (1 Ti. 2:2). Pero también el cristiano vive esperando el día en que "los reinos del mundo han venido a ser de nuestro Señor y de su Cristo; y él reinará por los siglos de los siglos" (Ap. 11:15).

D. J.-M.

REYES, LIBROS 1 y 2. En el canon hebreo estos libros son uno solo y se les llama *Melaquim* ('Reyes'). Fue en la LXX donde se hizo la división en dos libros y éstos fueron llamados "3 y 4 Reyes" (en la LXX 1 y 2 Samuel se llamaban "1 y 2 Reyes").

I. CONTENIDO

La historia de R. abarca unos 400 años, desde los últimos días de David (971 a.C.) hasta el año 37 del cautiverio babilónico (561 a.C.). Puede dividirse en tres partes: (1) la muerte de David y los tiempos de Salomón (1 R. 1—11); (2) Los dos reinos hasta la caída de Israel en 722 a.C. (1 R. 12—2 R. 17) y (3) Judá hasta la caída de Jerusalén en 586 a.C. (2 R. 18—25).

Durante el período de los dos reinos, la historia de cada rey tiene, con algunas variaciones, la siguiente estructura: (1) una sincronización del momento de ascenso de los respectivos reyes en ambos reinos; (2) la duración de cada reinado; (3) un juicio sobre el rey; (4) una alusión a la fuente de información, y (5) una mención de la muerte del rey y del nombre del sucesor. Se pueden ver tres distintos períodos con respecto a las relaciones entre los dos reinos: (1) hostilidad, desde Jeroboam hasta Omri (1 R. 12—16); (2) amistad, desde Asa y Omri hasta Ocozías y Joram (1 R. 16—2 R. 8), y (3) relaciones tirantes, desde Atalía y Jehú hasta la caída de Samaria, 722 a.C.

II. FUENTES

El autor de R. usa varias fuentes: "el libro de los hechos de Salomón" (1 R. 11:41), "las crónicas de los reyes de Israel" (1 4:19), "las crónicas de los reyes de Judá" (1 R. 14:29), y otras más que aparecen implícitas. Algunas eran registros o anales oficiales de los reyes, pero el juicio negativo sobre muchos reyes, el énfasis profético y la posición de R. entre los "Profetas Anteriores" en la Biblia hebrea sugieren que la recolección de datos y la selección de fuentes eran obra de → profetas (→ INSPIRACIÓN; cp. Lc. 1:1-4).

III. AUTOR Y FECHA

No hay indicios de la paternidad literaria de R. Referencias como 1 R. 8:8; 9:21; 12:19; 2 R. 8:22; 16:6 indican una fecha anterior a la destrucción del templo (586 a.C.), pero el relato de la libertad de Joaquín (562 a.C., 2 R. 25:27-30), y los comentarios sobre la destrucción de Jerusalén indican el tiempo del cautiverio. Por eso muchos postulan dos o más ediciones de R.; una por un autor deuteronomista *ca.* 621 a.C., otra *ca.* 562, y otro retoque posterior.

Una tradición judía atribuye R. a Jeremías, basada en las semejanzas que hay entre R. y la profecía de Jeremías: p.e., la frecuencia de la frase "La palabra de Jehová". Y aunque la mayoría de las tradiciones judías afirman que Jeremías murió en Egipto, hay una tradición rabínica que asegura que, cuando Nabucodonosor conquistó a Egipto (568), llevó al profeta a Babilonia. En tal caso, Jeremías habría tenido casi 100 años de edad al escribir R. El autor del libro, tal como lo tenemos hoy, podría haber sido un contemporáneo de Jeremías, quien tenía la misma preocupación por la desobediencia de Israel.

IV. PROPÓSITO

En R. se ve un fenómeno extraordinario: una preocupación por los datos históricos exactos, que hace que esta obra sea quizá la mejor historiografía de aquellos remotos tiempos. Los datos tienen un propósito didáctico: demostrar la acción de Dios en la historia y la relación que Dios tiene con su pueblo. El autor demuestra que el destino de la nación hebrea depende de su fidelidad a Dios y que todos los males que han venido sobre Israel y Judá son efecto de su infidelidad (2 R. 23:27). Con un enfoque semejante al de Dt., enseña que el camino de prosperidad y bendición es la obediencia a la ley de Yahveh. Juzga a cada rey según su fidelidad a la ley mosaica y al culto en Jerusalén.

El libro de R. es una interpretación teológica de la historia de Israel y Judá. El autor no intenta tocar las actividades políticas como tales, sino le interesa la función de la palabra de Dios en la historia. La historia del pueblo escogido consiste de una serie de profecías y su respectivo cumplimiento. La palabra de Dios es palabra de juicio y de salvación. Israel y Judá sufrieron castigo por su infidelidad al pacto de Yahveh con Israel. Pero Dios no permitirá su aniquilación completa. Según el pacto davídico, la línea real seguirá (→MESÍAS). Habrá una salvación gloriosa, aunque en algunos pasajes esta esperanza reside en un remanente. (Esto se ve aun en las narraciones de Elías y Eliseo). Para disfrutar de esta salvación, Israel tiene que volver a Yahveh.

V. CRONOLOGÍA

En R. abundan los datos cronológicos. El autor se preocupa especialmente por sincronizar la historia de los dos reinos. Aparecen muchas discrepancias; p.e., la suma de los años de Atalía al año seis del reinado de Ezequías es 165 años, pero la suma de los años indicados para el mismo período en Israel y Judá es 143 años. Anteriormente muchos críticos las señalaban como indicación del carácter ficticio de R. Otros más cautelosos han sugerido que, si se conocieran los sistemas de cómputo usados, podrían resolverse muchas de las discrepancias. Estudios recientes indican los diferentes sistemas de cálculos y sincronizaciones que se emplearon. Había dos sistemas para calcular el año; uno partía desde el mes *tishri* (set.), y el otro desde *nisán* (mar.). Además, había dos sistemas para contar los años de un reinado: uno llamaba primer año del rey al año de advenimiento, y el otro empezaba a contar los años desde el segundo año nuevo. Si se toma en cuenta que los que llevaban los registros (probablemente círculos proféticos) en Israel y en Judá usaban diferentes sistemas y aun cambiaban sistemas durante su historia, y que hubo varios casos de corregencias, se puede ver cuán difícil es sincronizar los datos. Hoy día se reconoce, más bien, que lo sorprendente no es el desorden de los datos sino la gran exactitud con que se han conservado.

Todavía falta la solución de unos pocos problemas cronológicos, pero cada vez existe más ayuda de parte de la arqueología. Los anales de Asiria, Babilonia y Egipto mencionan muchos de los nombres y sucesos de R. y establecen sincronizaciones exactas con la historia secular (→CRONOLOGÍA, ARQUEOLOGÍA).

J. M. Br.

REZÍN. Último de los reyes sirios que reinaron en Damasco (2 R. 15:37; 16:5-10; Is. 7:1; 8:4-7), contemporáneo de Peka, rey de Israel, y de Jotam y Acaz, reyes de Judá. Aliado con Peka (*ca.* 741 a.C.), R. sitió a Jerusalén pero sin éxito (2 R. 16:5; Is. 7:1). Isaías se refirió a R. y Peka como "estos dos cabos de tizón que humean" (Is. 7:4), destinados a fracasar. En esta ocasión fue profetizada la concepción de la virgen (Is. 7:14).

Después de su campaña en el S en contra de Judá, R. recobró Elat para Edom (2 R. 16:6). Pero Acaz acudió a Tiglat-pileser, rey de Asiria, y éste conquistó a Damasco y mató a R. (2 R. 16:9). Con la muerte de R. el reino de Damasco llegó a su fin.

C. W. D.

REZÓN. Hijo de Eliada y adversario de Salomón, que había huido del servicio de Hadad-ezer, rey de Soba. Reunió un grupo de bandoleros con el fin de debilitar el reino de Salomón. Conquistó a Damasco y estableció un reino independiente al N de Palestina (1 R. 11:23-25). Muchos piensan que debe identificarse con Hezión rey de Siria, abuelo de Ben-adad I, con quien Asa de Judá se alió (1 R. 15:18).

C. W. D.

RIBLA. Ciudad en el límite NE de Israel, situada en el camino entre Palestina y Babilonia, donde en 609 a.C. el faraón Necao depuso y encarceló a Joacaz, rey de Jerusalén (2 R. 23:33).

En 586 a.C. Nabucodonosor tomó la ciudad de Jerusalén y llevó preso al rey Sedequías. Nabucodonosor se estableció en R. y allí mandó degollar a los hijos de Sedequías delante de éste; después le sacó los ojos y lo llevó encadenado a Babilonia (2 R. 25:5-7).

R. desapareció de la historia, pero su sitio existe hoy como Ribleh, unos 50 km al NE de Baalbec. 15 km al S de R. está el río Orontes, que suplía agua en abundancia. Por su posición en medio de una llanura grande y fértil y muy cerca del Líbano, donde abundaban animales silvestres y madera, R. fue usada como sede de los grandes reyes. Desde allí era fácil atacar a Fenicia, Damasco o Palestina.

En Nm. 34:11 hay una referencia a R. pero quizá se trate de otra ciudad, tal vez cerca de Hermón.   J. E. G.

RIMÓN (heb. = 'granada'). Nombre de un dios, de una persona y de cuatro lugares.

1. Dios acadio-sirio de la tempestad que era adorado en Damasco, capital de Siria (2 R. 5:18).

2. Nombre del padre de Baana y Recab, capitanes de las bandas merodeadoras del rey Saúl y asesinos de Is-boset, hijo del mismo rey (2 S. 4:2ss.).

3. Una de las 29 ciudades que heredó la tribu de Judá (Jos. 15:21-32). Se hallaba en el → Neguev y por tanto más tarde fue traspasada a la tribu de Simeón (Jos. 19:7; Zac. 14:10). Quizá debe identificársele con En-rimón de Neh. 11:29 cerca de Beer-seba.

4. Ciudad fronteriza de Zabulón (Jos. 19:13; 1 Cr. 6:77).

5. Peña cerca de Gabaa donde se refugiaron los sobrevivientes del ejército de Benjamín, cuando huían derrotados por las demás tribus de Israel (Jue. 20:45; 21:13).

6. Rimón-peres, cuarto campamento de los israelitas después de dejar el mte. Sinaí (Nm. 33:19). A veces se le identifica con la N.° 3.

                                                              E. G. T.

RIÑONES. Con un sentido puramente anatómico hay muy pocas referencias a los r. y éstas se dan con relación a los animales utilizados para los sacrificios (Éx. 21:11-13; Lv. 3:15,16). Cuando se trata de establecer el asiento de las sensaciones y emociones, se piensa frecuentemente en el → corazón o en el → hígado. Por eso a este último se le señala en muchas ocasiones como el asiento de las funciones vitales o intelectuales, pero por sobre todo se le relaciona con la esfera emocional. Esta creencia era común entre los pueblos de la antigüedad.

A los r. se atribuía una función psicológica preponderante: "Aun en la noche me enseñan mis r." (Sal. 16:7 RV 1909); "Pruébame, oh Jehová, sondéame; examina mis r. y mi corazón" (Sal. 26:2 RV 1909); "Pues el Dios justo prueba los corazones y los r." (Sal. 7:9 RV 1909). Es de notarse que en la RV 1960 no aparece la palabra "r." en las citas arriba mencionadas. Los revisores optaron por parafrasear o interpretar la palabra heb. *quilya* en vez de traducirla.   L. A. S.

RÍO. En el AT varias voces heb. se traducen "r.", pero no todas ellas tienen la connotación que

generalmente aplicamos al término. Por eso en algunas ocasiones se prefieren 'torrentera', 'valle', 'corriente', 'arroyo', 'quebrada', etc. Para lo que con propiedad llamaríamos r., con agua más o menos abundante y permanente, se utilizan en el AT principalmente dos palabras: *nahar* y *ye'or*. La primera es una palabra propiamente heb. y se aplica a los r. que salían del Edén, al Jordán, al Éufrates, al Leontes, etc. La segunda es una palabra tomada del egipcio y se refiere únicamente al Nilo.

Existen también otras palabras hebreas, pero con ellas se designa más bien el lecho, a veces seco, por donde en tiempos de lluvia corren torrentes de agua. En el NT el término gr. usado es siempre *potamós.*

En sentido figurado, el r. puede significar prosperidad (Nm. 24:6; Sal. 65:9; Is. 66:12) y su sequedad puede figurar tragedia (Job 14:11; Is. 19:5). La justicia se compara con un r. permanente (Am. 5:24), y las bendiciones de Dios con el r. de la vida (Ap. 22:1).

                                                              A. Ll. B.

RÍO DE EGIPTO. Designación que se usa en la RV para traducir tres términos distintos en heb.

1. *Ye'or Mizraim* (Is. 7:18; Am. 8:8), que alude siempre al propio Nilo.

2. *Nahar Mizraim* (Gn. 15:18), que probablemente sea el brazo pelusiano del Nilo, o el límite occidental de la tierra prometida a Abraham y a su descendencia.

3. *Nahal Mizraim,* que se usa en los demás pasajes que aluden al r. ('torrente', 'arroyo') de E., y se refiere al → wadi el-Arish, wadi que nace en el desierto de Sinaí, recibe muchos tributarios y desemboca en el mar Mediterráneo. Está unos 80 km al SO de → Gaza y en la estación lluviosa es un río caudaloso, pero en el verano es un arroyo seco. Los antiguos registros asirios lo distinguen del Nilo. Demarca los antiguos límites entre Egipto e Israel (Nm. 34:5; 1 R. 8:65; 2 R. 24:7; 2 Cr. 7:8; Is. 27:12; Ez. 47:19; 48:28) y la frontera SO de la tribu de Judá (Jos. 15:4,47). Sirve como una división natural y práctica por su topografía. En otros pasajes se dice que el límite SO de Israel es → Sihor (Jos. 13:3; 1 Cr. 13:5) nombre que en otros pasajes (Is. 23:3; Jer. 2:18) se aplica directamente al Nilo. Un pueblo del mismo nombre, el-Arish, está ubicado cerca de la boca del wadi.

                                                              K. B. M.

RIQUEZA. En el AT se concibe la posesión de r. como signo de la bendición de Dios. La r. es vista como un don deseable y como recompensa a la virtud y el temor a Dios (Pr. 3:16, etc.). Pero los profetas lucharon valientemente contra los graves abusos cometidos por los ricos (p.e. Is. 3:14; 5:8; Am. 2:6, 4:1; cp. la actitud de Stg. 5:1ss. en el NT). Los problemas de las r. son tratados especialmente en Job, Sal. y Pr.

En el NT hay una concepción muy diferente. Lucas parece ser fuertemente contrario a las r. y simpatiza con los pobres (Lc. 1:53; 12:13-21; 18:18-30, etc. →POBREZA). En los otros sinópticos Jesús se manifiesta en el mismo sentido, pero no condena las r. en sí; sólo señala sus peligros (Mt. 6:19; 13:22) y la imposibilidad de servir a Dios y a las r. (Mt. 6:24). La r. atenta contra el reconocimiento de la soberanía de Dios porque el rico se olvida de que es tan sólo administrador de sus bienes (Lc. 16:12; cp. 12:16-21).

El término *mamón*, usado como sinónimo de r., aparece más en los libros apócrifos del AT y frecuentemente en el Talmud, siempre con sentido despreciativo. En Mt. 6:24 (cp. RV 1909) y Lc. 16:9,11 aparece personificando a un poder demoníaco al cual se somete el hombre codicioso. Lucas califica de "injusto" e "inicuo" el modo egoísta de adquirir y emplear las r., y sobre todo el influjo despótico que ejerce sobre el hombre.

San Pablo habla muy poco acerca de la posesión de r., en contraste con sus muchos discursos sobre los bienes espirituales (Ro. 3:8; Ef. 1:18; 3:8; 1 Ti. 6:9,17ss.). Los apóstoles son pobres pero enriquecen a muchos (2 Co. 6:10) y, frente al supremo conocimiento de Cristo, las r. son insignificantes.   J. M. A.

Bibliografía
VTB, pp. 708-711. *DTB*, col. 930-936.

RIZPA. Hija de Aja y concubina de → Saúl, que a la muerte de éste fue tomada por → Abner (2 S. 3:7-8). Cuando los gabaonitas ahorcaron a sus dos hijos, R. vigiló los cadáveres hasta que David los hizo llevar a tierra de Benjamín, junto con los huesos de Saúl y Jonatán que los de Jabes habían hurtado (2 S. 21:8-13).

J. M. H.

ROBLE. →ENCINA.

ROBO. La legislación israelita, en cuanto al r. y el hurto, distaba mucho de la severidad de los códigos babilónico, asirio y principalmente heteo. Exigía simplemente la devolución de lo robado o hurtado, aunque con una indemnización por daños (→RESTITUCIÓN). Había una especie de multa que llegaba hasta el doble, si se trataba de dinero (Éx. 22:7); y hasta el cuádruple y quíntuple, si se trataba de animales (Éx. 22:1-4). Si el ladrón no podría restituir lo robado, podía ser vendido como esclavo para asegurar la reparación (Éx. 22:3). En Mesopotamia y en otras partes la compensación se elevaba a diez, treinta o incluso hasta sesenta veces el valor de la cosa robada, y en algunos casos se señalaba la pena de muerte.

Junto con la descripción de los distintos r. y sus respectivos castigos, el llamado "código de la alianza", o del pacto, determina en muchos de sus artículos la responsabilidad por diversos daños a la propiedad ajena ocasionados accidental o voluntariamente o por negligencia; v.g., dejar un pozo o cisterna abierta (Éx. 21:33),

daños causados por un buey corneador (Éx. 21:29,35,36), daños y perjuicios en un campo o viñedo (Éx. 22:5), descuido en guardar una bestia (Éx. 22:10,13), incendio (Éx. 22:6), r. de ganado (Éx. 22:14) o de bienes en depósito (Éx. 22:7). El desplazamiento de los límites y los pesos y las medidas adulteradas son condenados formalmente (Lv. 19:35; Dt. 19:14; 25:13-16). La apropiación de bienes confiados en custodia es considerada un r. (Nm. 5:5-10).
C. R.-G.

ROBOAM. Hijo y sucesor de Salomón (931-913 a.C.), durante cuyo reinado se dividió el reino debido a la rebelión dirigida por Jeroboam. Llegó a ser, por tanto, el primer rey del Reino del S o de Judá. Tenía 41 años cuando comenzó a reinar, pero el cronista lo califica de "joven e irresoluto". Su madre fue una amonita llamada Naama.

Grabado del rey Roboam, hijo y sucesor de Salomón, tomado del templo de Karnak en Egipto.

Hay que reconocer que junto con un gran imperio, R. heredó los profundos resentimientos que el gobierno dictatorial y despótico de su padre había producido especialmente entre las tribus del N. La institución de "trabajos forzados" que su padre había impuesto reñía abiertamente con el innato amor a la libertad de los israelitas. Los gravámenes e impuestos se habían tornado insoportables y, en consecuencia, era natural que los conatos de rebelión, que Salomón había logrado sofocar a tiempo debido a la estricta vigilancia y organización de que disponía, surgieran con mayor fuerza una vez muerto él. → Jeroboam mismo, quien durante el ascenso de R. capitaneó a Israel hacia la rebelión, se había levantado antes contra Salomón y se había salvado refugiándose en Egipto. Además, ya para fines del reinado de Salomón el imperio había empezado a desmembrarse: Damasco en el N y Edom en el S habían reconquistado su libertad antes de la muerte de Salomón.

Cuando entonces R. asciende al trono ya imperaba un ambiente de desintegración. Y todo esto hubiera podido enderezarse si R. hubiera querido hacer honor a su nombre que significaba "sea el pueblo ensanchado", pero optó por manifestarse con carácter juvenil e irresoluto como lo describe el cronista. La prueba máxima de ese carácter de R. y de su habilidad para gobernar no se hizo esperar: apenas había sido coronado en Jerusalén como sucesor de Salomón, cuando "todo Israel" (posiblemente las tribus del N) se reunió en Siquem para coronarlo también, pero después de hacerle ciertas demandas. La respuesta de R. mostró su falta de responsabilidad y su actuación posterior su falta de carácter. El cronista describe dramáticamente la obvia decadencia en que había entrado el reino cuando dice que "en lugar de los escudos de oro, hizo R. escudos de bronce". Los estragos que causó la invasión del faraón → Sisac durante este tiempo fueron lamentables (1 R. 12:1–14:31; 2 Cr. 10:1–12:16).

A. Ll. B.

ROCA. Aunque es la traducción de varias palabras heb. con distintos significados (p.e. *sela*, 'gran piedra', 'acantilado', o *tsur*, 'despeñadero', 'risco') y de la voz gr. *petra* (cualquier piedra), la palabra r. en la Biblia generalmente denota una peña o piedra grande, inmovible, no labrada de manos humanas, en contradistinción de la → piedra que es móvil, labrada, preciosa o útil como utensilio.

Las r. se usaban como → sepulcros (Is. 22:16; Mr. 15:46), viviendas (Job 24:8; 30:6; Jue. 15:8; Dt. 2:12), altares (Jue. 6:20; 13:19), monumentos (Is. 7:12), refugio (Jue. 20:47; 1 S. 13:6), defensas (Sal. 31:12; Is. 33:16), y sitio de ejecución de malhechores (2 Cr. 25:12; Lc. 4:28). Las r. más célebres son: → Horeb (Éx. 17:6), Etam (Jue. 15:8), Rimmon (Jue. 20:45; 21:13), Boses y → Sene (1 S. 14:4).

En las r., las abejas construyen sus panales (Sal 81:16; Is. 7:19,10), fructifican los olivos (Job 29:6), hacen sus nidos las águilas (Job 39:27,28), habitan los conejos (Sal. 104:18; Pr. 30:26) y no dejan rastro las culebras (Pr. 30:19). Son imposibles de arar y no pueden cabalgar por ellas los caballos (Amós 6:12).

Dos individuos se encuentran relacionados con la r. en las Escrituras: Abraham, a quien se compara con una r. de la cual salió Israel (Is. 51:1,2), y Pedro, cuyo nombre en gr., *petros*, significa "pequeña piedra" (Mt. 16:18ss.). En este controversial pasaje parece que Cristo estableció una distinción entre esta "piedra pequeña" refiriéndose a Simón → Pedro, y la gloriosa verdad revelada a Pedro por el Padre mismo de que Cristo era "el Hijo del Dios viviente". Esta declaración era la "piedra" (*pe-*

tra) sobre la que Cristo se propuso edificar ↓ → Iglesia.

En las Escrituras, r. es a menudo símbolo de desolación y esterilidad (Ez. 26:4; Mt. 13:5,6), dureza de corazón (Jer. 5:3), seguridad (Sal. 27:5; 40:2; 61:2), firmeza (Is. 50:7), poder de Dios (Sal 105:41; 114:8), → fundamento (Is. 28:16; H ib. 3:13; Sal. 61:2; Mt. 16:18; Lc. 6:48), obstáculo (Is. 8:14; Ro. 9:33; 1 P. 2:8). También se emplea como una figura literaria que se aplica a Dios como Creador (Dt. 32:4,18), → fortaleza (2 S. 22:2,3; Sal. 18:1,2; 31:2,3), refugio (Sal. 62:7; 71:3; 94:22), salvación (Sal. 62:2,6; 89:26; 95:1), ayudador (Sal. 28:1; 31:3; 42:9) y apoyo (Sal. 19:15; 73:26; 144:1).

Es símbolo también de la persona de Jesucristo, quien es el fundamento de la iglesia (Mt. 16:18); la "principal piedra del ángulo" para la edificación de los creyentes (Ef. 2:20); la → "piedra de tropiezo" para los judíos (Ro. 9:32), la piedra de juicio para los incrédulos (Mt. 21:44) y la r. de Horeb de donde fluyeron aguas para que bebiera el pueblo de Israel en el desierto (Éx. 17:6). Cristo fue también azotado para que de él fluyera el agua de la salvación para que todos pudieran beber de ella (Jn. 4:13,14; 7:37-39; 1 Co. 10:1-4). H. E. T.

ROCÍO. Los vientos cargados de humedad del Mediterráneo se condensan en forma de r. al entrar en contacto con la superficie fría de la Tierra Santa. Esto sucede especialmente en las noches frías y despejadas, y produce que la tierra amanezca húmeda. En algunas regiones la humedad es semejante a la que queda después de un aguacero (Jue. 6:37-40; Cnt. 5:2). La máxima caída de r. ocurre en los meses del verano, precisamente cuando ciertas plantas necesitan humedad para madurar sus frutos (Gn. 27:28; Dt. 33:28; Zac. 8:12). Su ausencia es causa de aprieto.

La Biblia hace mucha alusión a este fenómeno y lo considera un símbolo de la bondad y sabiduría de Dios (Pr. 3:20; 19:12; Os. 14:5) y una bendición para su pueblo (Gn. 27:39; Dt. 33:13). Por el contrario, su falta era considerada signo de enojo divino (2 S. 1:21; 1 R. 17:1). En sentido figurado denota juventud, frescura y renovación (Sal. 110:3; Is. 18:4; 26:19); su rápida evaporación evoca la transitoriedad (Os. 6:4; 13:3; cp. Stg. 4:14) y su caída, casi imperceptible, el silencio y la cautela (2 S. 17:12). J. M. R.

RODAS. Isla situada unos 20 km al SO de Asia Menor. Se hallaba en la principal ruta marítima entre Fenicia y los puertos del mar Egeo. Tiene forma triangular con un área aproximada de 640 km². Su suelo es sumamente fértil y su clima agradable. La ciudad del mismo nombre fue fundada por los dorios *ca.* 400 a.C. y llegó a ser notable por su comercio, su literatura y sus artes. Era famosa por su coloso, una de las "siete maravillas del mundo", que era una estatua de Apolo hecha de bronce, de unos 35 m. de altura, y que estaba colocada a la derecha de la entrada del puerto (y no con un pie a la ˙erecha y otro a la izquierda de ella como a ⅃̣̣ienudo se presenta). La estatua fue erigida en ⅃0 a.C. pero un terremoto la derribó sesenta y ⅃is años más tarde.

Pabló llegó a R. cuando regresaba de su tercer viaje misionero en 58 d.C. (Hch. 21:1). El pueblo de la isla disfrutaba entonces de una independencia considerable bajo los romanos, ya que no fue hecha provincia sino hasta el tiempo de Vespasiano (69-79 d.C.).   A. T. P.

RODE ('rosa'). Joven que anunció la llegada de Pedro, recién liberado de la cárcel, a la casa de María la madre de Juan Marcos, donde estaban congregados los creyentes. Probablemente era sirvienta o esclava (Hch. 12:13).   I. W. F.

RODILLA. Unión del muslo con la pierna cuyo nombre se emplea en la Biblia en expresiones de gran simbolismo:

1. "Dar a luz sobre las r." denotaba adopción o reconocimiento como propio a un recién nacido (Gn. 30:3; Job 3:12).

2. "Tener entre las r." denotaba acogimiento. Jacob abrigó entre sus r. a sus nietos cuando José los llevó para que su padre los besara y bendijera (Gn. 48:10-12). José crió a sus nietos entre sus r. (Gn. 50:23). Y Dalila acunó a Sansón entre sus r. para adormecerlo (Jue. 16:19).

3. "R. vacilantes" (Is. 35:3), "r. debilitadas" (Sal. 109:24), "batir las r. una contra la otra" (Dn. 5:6), "temblor de r." (Nah. 2:10) y "r. paralizadas" (Heb. 12:12) denotaban desfallecimiento y miedo.

4. "Doblar las r." era gesto de sujeción y adoración (Gn. 42:6; 1 R. 19:18; 2 Cr. 6:13; Lc. 22:41; Hch. 7:60; Ef. 3:14).   L. A. S.

ROGEL o **EN-ROGEL** ('fuente del batanero'). Fuente situada al SE de Jerusalén, en un sitio hermoso y fértil del valle del Cedrón, algo debajo de la unión de éste con el valle de Hinnom. R. marcaba la frontera entre Benjamín y Judá (Jos. 15:7; 18:16). Se menciona en relación con la rebelión de Absalón (2 S. 17:17) y como sitio donde fue coronado Adonías en su intento de usurpar el trono (1 R. 1:9ss.). Hoy se llama Bir Ayub ('pozo de Job').   J. M. Br.

ROLLOS DEL MAR MUERTO. →QUMRÁN.

ROMA, IMPERIO. Entidad política que dominaba el mundo mediterráneo durante la época inicial del cristianismo. Cuando Jesús nació en Belén, R. dominaba el territorio comprendido entre el Atlántico y el Éufrates y desde Bretaña en el N hasta el Sahara en el S. Tal imperio fue producto de un largo proceso histórico.

I. SU ORIGEN

La historia de R. puede dividirse en tres períodos: (1) la Monarquía, 753-509 a.C.; (2) la República, 509-27 a.C., y (3) el Imperio, 27 a.C. -476 d.C. (1453 en el Oriente).

El año 753 a.C. es la fecha tradicional que se asigna a la fundación de la ciudad de →Roma por Rómulo y Remo, siendo aquél el primer rey. Al principio el reino era un territorio pequeño alrededor de la ciudad, pero en el siglo VI a.C. empezó a extenderse, anexando las tierras vecinas.

En 509 la Monarquía fue derrocada; tomó su lugar la República y la nación empezó a crecer rápidamente. Por el año 275 dominaba toda la península. Mediante las Guerras Púnicas (264-146 a.C.) R. comenzó a extenderse hacia el O, y por las Guerras Macedónicas (214-190 a.C.), hacia el E.

Un poco antes de la formación del primer triunvirato (Julio →César, Craso y Pompeyo) en 60 a.C., Pompeyo dominó a Palestina (63 a.C.), con lo cual completó su conquista del Oriente, e hizo parte del Imperio los territorios comprendidos entre el Helesponto y el Éufrates. En 47 a.C. Julio nombró procurador a →Herodes (el Grande), y siete años después Octavio y Antonio le dieron el título de "rey de los judíos" (Mt. 2:1). En la batalla de Accio (31 a.C.) Octavio derrotó a Antonio y Cleopatra, y convirtió a Egipto en provincia romana, con lo cual el mar Mediterráneo casi se convirtió en un lago romano.

En 48 a.C. Julio César inició una dictadura, presagio del establecimiento del Imperio, pero murió cuatro años después. Surgió otro triunvirato formado por Lépido, Antonio y Octavio, pero Lépido se retiró y se entabló una lucha entre los dos miembros restantes. Sin embargo, como en la antedicha batalla de Accio había derrotado a Antonio, Octavio pronto puso fin a este segundo triunvirato y quedó como caudillo único en R. El pueblo lo proclamó *Imperator*.

En 27 a.C. Octavio estableció un nuevo gobierno. Se declaró "príncipe" y asumió el título de → "Augusto". Con el título de "Pontífice Máximo" encabezó la religión del estado, y en todas las provincias se le rindió culto. Además, controló todas las fuerzas militares del país. Reinó de esta manera desde 27 a.C. hasta 14 d.C., y así nació la tercera y última época de la historia de R., el Imperio que duró hasta 476 d.C. *Ca.* del año 22 de su reinado nació Jesucristo (Lc. 2:1ss.).

II. ASPECTO PREPARATORIO PARA EL CRISTIANISMO

El Imperio contribuyó grandemente a la preparación del mundo para la venida de Cristo y la extensión del evangelio (Gá. 4:4). En primer lugar, produjo un sentimiento cosmopolita. La unión de tantas razas y pueblos bajo un imperio ayudó a derribar las barreras raciales y culturales y a unificar la raza humana; en estas condiciones el mundo habría de escuchar la predicación de la doctrina de que en Cristo "no hay griego ni judío . . . bárbaro ni escita, siervo ni libre" sino que más bien todos los creyentes son "uno en Cristo" (Gá. 3:28; Col. 3:11). Además, como ciudadano de este gran Imperio que abarcaba la tercera parte de la raza humana, Pablo pudo viajar por todas partes sin dificultades diplomáticas.

Aun más, el surgimiento del Imperio contribuyó a extender el → griego como idioma universal, proceso que ya había iniciado → Alejandro el Grande. "El griego", dijo Cicerón, "se lee en casi todas las naciones". Este fenómeno facilitó la extensión del evangelio, ya que los apóstoles lo hablaban y escribían.

escribió refiriéndose al Imperio: "Por su instrumentalidad el mundo está en paz y podemos caminar por las carreteras sin temor, y navegar donde queramos" (*Contra Herejías*, IV. xxx.3).

Sin embargo, Roma proporcionó también una preparación negativa. A pesar de su prosperidad, la sociedad romana estaba corrompida. Por un lado había opulencia exagerada y por otro miseria masiva. Entre el 30 y el 50 % de la población se componía de → esclavos. Había un sinfín de pobres y vagos a quienes el gobierno apaciguaba con "pan y circos". Séneca, el maes-

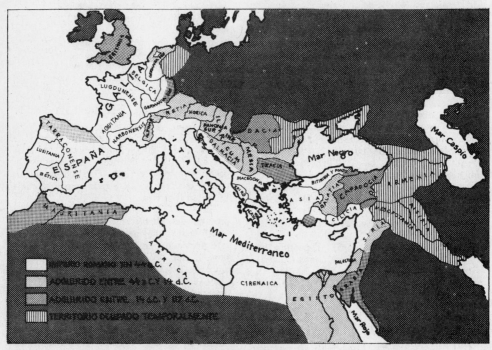

IMPERIO ROMANO

El dominio por los emperadores romanos del mundo conocido hizo posible la pacífica extensión del evangelio en los días apostólicos y posteriores (nótense las etapas de la expansión cristiana). Por otra parte, esta circunstancia dio al cristianismo cierto matiz romano que más tarde impidió su mayor crecimiento.   EM

En segundo lugar, el Imperio trajo orden y paz al mundo (la *Pax romana*). Antes había habido guerras por doquier, caos político, etc., pero la mano de hierro y la jurisprudencia romanas acabaron con mucho de esto. Por ejemplo, Pompeyo eliminó la piratería en el mar Mediterráneo e hizo posible viajar con relativa seguridad, lo cual facilitaría posteriormente la actividad misional de Pablo y otros.

En tercer lugar, los romanos construyeron una extensa red de carreteras, mejor que la de cualquier época hasta el siglo XIX. Aunque principalmente fue hecha para facilitar el movimiento rápido de tropas, los soldados de la cruz también caminaron por ella. Ireneo (siglo II),

tro estoico de Nerón, se lamentaba en su época: "El mundo está lleno de crímenes y vicios . . . más de lo que se puede curar con la fuerza . . . Los crímenes ya no se cometen a escondidas sino ante nuestros ojos. La inocencia no sólo es rara sino más bien no existe". Las diversiones eran groseras y brutales. En los combates de gladiadores y con las fieras cada mes morían miles de hombres.

Religiosamente Roma estaba en bancarrota. Su primitiva religión politeísta —regida por un código moral bastante alto— desapareció cuando por las conquistas del Oriente los romanos entraron en contacto con la filosofía escéptica de Grecia y con las religiones de misterio y sensuales de Asia. Los ricos y los intelectuales abrazaron aquélla y las masas, éstas. Como resultado, Roma llegó a ser una Babel religiosa.

En la época en que nació Jesús, la indiferencia religiosa se había apoderado de la gente. Augusto, deseando avivar el interés en la religión, fomentó el culto del emperador. Por supuesto, este culto fue más arma política que otra cosa. Se cuenta que el emperador Vespasiano (69-79 d.C.) en su lecho de muerte se reía de la idea de que él fuera Dios.

III. EL IMPERIO Y EL CRISTIANISMO

El Imperio tenía una política religiosa muy liberal. Generalmente permitía que los pueblos conquistados continuaran sus prácticas religiosas, en tanto que no estorbaran la paz política ni corrompieran la moral pública. Las religiones que cumplían estos requisitos se llamaban "lícitas" y las que no, "ilícitas".

El judaismo era religión lícita, y, puesto que el cristianismo parecía una secta dentro del judaísmo, al principio gozó de la misma libertad. No fue sino hasta el final del reinado de Nerón (54-68 d.C.) que el Imperio asumió una actitud hostil hacia el cristianismo (→PERSECUCIÓN).

El emperador → Augusto (27 a.C. – 14 d.C.) se menciona una vez en la Biblia (Lc. 2:1), en relación con el censo imperial que motivó el viaje de José y María a su tierra natal. Jesús tenía unos 20 años cuando murió este ilustre emperador.

La destrucción de Jerusalén quedo grabada para siempre en un friso del arco triunfal de Tito en Roma. Véanse los sagrados objetos del Templo de Jerusalén que fueron saqueados y transportados a Roma por los conquistadores.

→ Tiberio (14-37 d.C.) se menciona también una vez, cuando Lucas describe la situación política existente en los días en que Juan el Bautista inició su ministerio (Lc. 3:1s.). Reinaba durante los años del ministerio público de Jesucristo y los primeros años de la historia apostólica. Y era emperador cuando Jesús pronunció la memorable frase: "Dad a César lo que es de César..." (Mr. 12:17); y cuando los judíos gritaron: "No tenemos más rey que César" (Jn. 19:15).

El monstruoso Calígula (37-41 d.C.) no se menciona en el NT, pero → Claudio (41-54) aparece dos veces: en relación con la severa hambre

que sobrevendría en Palestina (Hch. 11:28) y con la expulsión de los judíos de la capital romana. Esto último motivó el traslado de Aquila y Priscila a Corinto, donde Pablo los encontró durante su primera visita a dicha ciudad (Hch. 18:1s.).

→ Nerón (54-68 d.C.) no se menciona por nombre en el NT pero hay varias referencias a él. Fue durante la primera parte del reinado de éste que Pablo exhortó a los cristianos a ser respetuosos y obedientes al estado (Ro. 13:1-7; cp. las instrucciones posteriores en 1 Ti. 2:1s.; Tit. 3:1); también Pedro hizo las mismas recomendaciones durante la última parte del reinado neroniano (1 P. 2:13-17). A este emperador apeló Pablo ante la injusticia del gobernador de Cesarea (Hch. 25:12). Era emperador durante los dos años de la primera prisión de Pablo en Roma (Hch. 28:30; Fil. 4:22). Evidentemente Nerón permitió que el apóstol fuera puesto en libertad esta vez (Fil. 1:25; 2:24), pero no en la segunda (2 Ti. 4:6s.). Cp. el caso de Pedro (2 P. 1:13-15).

En tiempo de Nerón tuvo lugar la primera persecución imperial (64 d.C.), a la cual posiblemente hace alusión Pedro en su primera carta (2:12; 3:17s.; 4:12ss.).

Vespasiano (69-79) tampoco se menciona en el NT, pero durante su reinado Jerusalén fue destruida (70) por un ejército cuyo general fue su hijo Tito, quien le sucedió en el trono imperial (79-81).

En tiempo de Domiciano (81-96) brotó la segunda persecución imperial que motivó el destierro de Juan a la isla de Patmos (Ap. 1:9).

W. M. N.

Bibliografía
IB II, pp. 35-54, 100-117. H. J. Schultz (ed.). *Jesús y su tiempo* (Salamanca: Sígueme, 1968), pp. 11-56.

ROMA, CIUDAD. Capital y eje de la Roma monárquica, republicana, e imperial (→ROMA, IMPERIO). Se hallaba en la costa occidental de Italia, unos 16 km al NO de la desembocadura del río Tíber.

Tuvo un principio humilde como centro del pequeño reino romano, pero se fue engrandeciendo a medida que crecían el poder y la extensión de la nación. Llegó a ser una ciudad magnífica con un conjunto de edificios públicos quizá nunca igualado en la historia: el espléndido Foro, el Teatro de Pompeyo, que daba cabida a 40.000 personas; el Circo Máximo, completado por Nerón, donde cabían 150.000; el Coliseo, construido por Vespasiano, con lugar para 50.000, etc.

Los ricos vivían en casas suntuosas en las colinas de la ciudad o en las áreas suburbanas. Pero la gran mayoría de los habitantes vivían apretados en los *insulae* (grandes edificios multifamiliares) rodeados de calles angostas, sucias y bulliciosas. En la época de Augusto la ciudad contaba con *ca.* un millón de habitantes. De éstos unos 400.000 eran esclavos y 300.000 eran ociosos que el gobierno sustentaba con "pan y circos". Huelga decir que la condición social de R. era anormal y lamentable.

Naturalmente, una ciudad como R. atraía a gentes de todo el mundo, y entre ellas había muchos judíos (Hch. 18:2; 28:17). En tiempo de los macabeos ya se hallaban algunos allí y el número aumentó cuando Pompeyo conquistó a Palestina, pues él trajo a R. muchos cautivos judíos. El número siguió aumentando hasta alcanzar la cifra de ca. 30.000. Vivían en cuatro barrios y tenían trece sinagogas: su religión era "lícita" ante los ojos del gobierno. Algunos eran celosos en propagar su fe y ganaron → prosélitos de entre los romanos. Los judíos gozaban del favor de Julio César y Augusto, pero tuvieron dificultades con Tiberio y Claudio (Hch. 18:1).

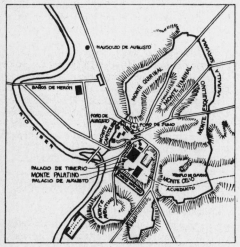

La ciudad de Roma como era en los días de los emperadores cuando Pablo residía allí, preso en una casa alquilada por él. Floreció en Roma una pujante iglesia cristiana como atestigua la Epístola a los Romanos.

EBM

Cuando Pablo llegó a R. en 61 d.C., ya existía allí una comunidad cristiana (Hch. 28: 14s.), a la cual tres años antes él había enviado una carta (→ROMANOS). El NT no informa sobre el origen de esta comunidad. Antiguamente, los catolicorromanos aceptaban la tradición (atribuida a Jerónimo, 340-420) que afirmaba que → Pedro llegó a R. en 42 d.C., fundó la iglesia allí y fue obispo de ella hasta 67. Hoy en día, después del notable avance en los estudios bíblicos y arqueológicos, esta tradición ha sido casi totalmente abandonada.

Se ha conjeturado que, de los judíos romanos que asistieron a la fiesta de Pentecostés según Hch. 2:10, algunos se convirtieron y llevaron el mensaje a R. O bien, la iglesia pudo haber sido fundada por diversos creyentes que

llegaron a la capital desde otras partes del mundo. Los numerosos saludos de Ro. 16, enviados antes de que Pablo conociera la ciudad, indican la movilidad de los creyentes; el v. 5 sugiere que al menos uno de los creyentes de R. había hallado a Cristo en una provincia del imperio.

Por siglos se ha discutido la cuestión de la estadía de →Pedro en R. El NT sólo proporciona datos indirectos al respecto. La frase "la que está en Babilonia", en 1 P. 5:13, ha sido interpretada en ocasiones como indicio de que Pedro escribió esta carta desde R. Pero otros alegan que no había razón para emplear términos místicos o crípticos al referirse a R. en los saludos, y suponen que "Babilonia" debe entenderse literalmente.

Hch. 12:17 afirma que en 44 d.C. Pedro, que había estado desde el 30 en Jerusalén, "se fue a otro lugar" desconocido. Con todo, Hch. 15:6s. lo coloca de nuevo en Jerusalén (ca. 49); sus actividades posteriores nos son desconocidas. En 58, al escribir su carta a R., Pablo no menciona nada respecto a Pedro. En 61 Pablo llega a R. pero en el relato (Hch. 28) no hay referencia a Pedro (cosa muy extraña si éste hubiera sido obispo en la ciudad). Pablo estuvo en R. dos años (Hch. 28:30), durante los cuales escribió cuatro epístolas (Ef., Col., Flm., y Fil.), en las que no figura Pedro en absoluto. De ahí concluimos que es sumamente dudoso que Pedro haya llegado a R. antes de 63 d.C.

Sin embargo, los escritos patrísticos del siglo II son casi unánimes en afirmar que Pedro sí llegó a R. y allí sufrió el martirio. De modo que, si bien tenemos que rechazar la → tradición de Jerónimo, también debemos aceptar esta otra fidedigna, respaldada por convincentes pruebas arqueológicas. Es muy probable que tanto Pedro (¿en 64?) como → Pablo (¿en 67?) fueran martirizados en R.   W. M. N.

Bibliografía
EBDM VI, col. 257-261. DBH, col. 1726-1728. IB II, pp. 418s.

ROMANOS, EPÍSTOLA. Carta escrita por Pablo a los creyentes de Roma. Como en nuestro → canon las Epístolas paulinas dirigidas a iglesias están ordenadas según su tamaño, ésta, la más larga del NT encabeza a las demás. Expone casi formalmente la doctrina paulina de la salvación.

I. AUTENTICIDAD

No hay dudas razonables hoy día en cuanto a la autenticidad de Ro.; aun los críticos más escépticos la incluyen entre las cuatro "epístolas columnares" (con Gá., 1 y 2 Co.) escritas indiscutiblemente por Pablo. Hay pruebas de que otros autores cristianos dentro del mismo siglo I la citaron en sus obras, e Ireneo (siglo II) la cita como paulina. Todas las listas canónicas la incluyen. Además, esta fuerte prueba externa está corroborada por el testimonio interno de la carta misma.

Con los últimos caps. se presentan pequeños problemas. Marción eliminó 15 y 16 en su → canon particular, pero todos los mss existentes los incluyen. Sí es discutible la doxología final (16:25ss.), que en algunos mss se halla al final del cap. 14. Algunos comentaristas llaman a 16:1-24, que consta en su mayor parte de saludos a conocidos (cuando Pablo no había estado aún en Roma), un fragmento de una supuesta carta dirigida a Éfeso. Señalan también como dudosa la inclusión en esta lista (v. 3) de Aquila y Priscila, expulsados de Roma en 49 d.C. por el emperador → Claudio. En defensa de la autenticidad del cap. 16, sin embargo, se puede responder que el evangelio había alcanzado a las clases extraordinariamente móviles (→ ROMA, IMPERIO, II), y no es improbable que Pablo conociera en otra parte más de veinte cristianos que después fueron a radicarse en la capital. Y respecto a → Aquila y Priscila, es probable que volvieran a Roma después de la muerte de Claudio en 54.

II. Destinatarios

Aunque ciertos mss posteriores omiten la frase "en Roma" (1:7,15), los mejores unciales respaldan aquí la tradición externa: Pablo escribió a los cristianos, en su mayoría todavía desconocidos por él, que vivían en la ciudad más importante del mundo (→ ROMA, CIUDAD, III, IV). No se sabe quién llevó el evangelio a Roma y parece inverosímil que fuera → Pedro pero, dado el principio paulino enunciado en 15:20, es probable que ningún apóstol había visitado a Roma en el momento del despacho de la carta. Pablo mismo no la visitaría sino tres años después (61, Hch. 28:14ss.).

Es evidente que la comunidad cristiana adolecía de desunión. La sección ética de la carta (12:1−15:13), que exhorta a guardar la caridad y la paz, y la sección doctrinal (1:8−11:36) señalan los antídotos para este mal. Tal parece que los cristianos gentiles, que constituían la mayoría de la comunidad, se sentían superiores a los de origen judío; por tanto, las secciones sobre la pecaminosidad universal (1:18−5:21) y el significado de la vocación de Israel (9:1−11:36) les servirían de correctivo.

III. Fecha y lugar de origen

Al escribir, → Pablo considera terminado su quehacer en Oriente (15:23-27) y quiere continuarlo entre los gentiles de Occidente; pero antes proyecta un viaje a Jerusalén, para llevar la colecta hecha en Macedonia y Acaya (15:25ss.; cp. 1 Co. 16:1-14; 2 Co. 8:1−9:15; Hch. 19:21). De esto se deduce que Ro. fue escrita durante el tercer viaje misional, y decir que data de a principios del año 58 concuerda bastante con los documentos.

Dos factores favorecen a Corinto como ciudad de origen: 16:1ss. recomienda a Febe, diaconisa al servicio de la iglesia en Cencrea; y 16:23 menciona a Gayo, hospedador de Pablo, probablemente el mismo de 1 Co. 1:14.

El Coliseo de Roma, visto al fondo, se llamó así por la estatua colosal de Nerón que estaba adyacente. Aquí unos 45,000 espectadores pudieron presenciar la muerte de centenares de cristianos que fueron tirados a los leones.   SAL

IV. Ocasión y propósito

Pablo tenía la intención de ir pronto a España pasando por Roma y respaldado económicamente por los romanos (15:24,28s.; cp. 1:9-15). Así que esta carta pretendía disponerlos para acoger su evangelio; o sea, su manera cristocéntrica de presentar las buenas nuevas. La carta anterior a los → Gálatas había sido un ensayo sobre el mismo tema, pero en el tono polémico que le imponían las actividades de los → judaizantes. El tono de Ro. es más tranquilo y noble, aunque siempre enérgico y vivaz.

Esta epístola, que parece ser una presentación casi sistemática, no es un simple tratado de teología. Como las demás epístolas, se origina en las necesidades de sus destinatarios. En este caso Aquila y Priscila pueden haber sido fuente de la información precisa que parece traslucirse en ciertas alusiones.

Pablo, siempre fascinado en los últimos años de su apostolado por la significancia del Imperio Romano, intuyó quizá la importancia eventual de la comunidad cristiana de la ciudad capital y quiso dejar con ella esta comprensible exposición de la predicación primitiva. Su tema es: "la salvación divina, aportada por el esparcimiento del evangelio, primero a los judíos y después a los gentiles", el poder de Dios apropiado por la fe (1:1s.,16s.).

V. BOSQUEJO

A. *Salutación y exhortación* (1:1-17)

B. *El aspecto teológico de la relación entre Dios y el hombre* (1:18–5:11)

1. La condición humana determinada por el pecado (1:18–3:20).

2. Jesucristo, quien por su muerte libera al creyente de tal condición (3:21-26).

3. El nuevo estado del creyente: justificación por la fe sin obras (3:27-31).

4. La fe que introduce la nueva condición (4:1-25).

5. Nuevas perspectivas abiertas por la fe (5:1-11).

C. *Las consecuencias humanas de la relación entre Dios y el hombre* (5:12–8:39)

1. Contraste entre los dos Adanes (5:12-21).

2. La muerte de Cristo comunicada al creyente (6:1-23).

3. El papel y la naturaleza de la ley (7:1-25).

4. La promesa cumplida: la vida en el Espíritu (8:1-17).

5. Nuevas perspectivas abiertas por la fe (8:18-39).

D. *El aspecto histórico del evangelio paulino: la incredulidad humana contra la gracia divina* (9:1–11:36)

1. El problema de la incredulidad de Israel (9:1-5).

2. La elección soberana de Dios (9:6-29).

3. La responsabilidad humana (9:30–10:21).

4. El propósito divino con Israel (11:1-29).

5. El propósito divino con los hombres (11:30-36).

E. *El aspecto ético del evangelio paulino* (12:1–15:33)

1. El sacrificio vivo (12:1s.).

2. La vida corporativa de los cristianos (12:3-8).

3. La responsabilidad humana (9:30–10:21).

4. El cristiano y el estado (13:1-7).

5. Amor y deber (13:8-10).

6. La vida cristiana en días de crisis (13:11-14).

7. Libertad y caridad cristianas (14:1–15:6).

8. Cristo y los gentiles (15:7-13).

9. Narración personal (15:14-33).

F. *Salutaciones* (16:1-27)

(→ ELECCIÓN, PREDESTINACIÓN, SALVACIÓN, REDENCIÓN.)   R. F. B.

Bibliografía

Allen, C. J., *Romanos: el evangelio según Pablo*, El Paso: Casa Bautista, 1958. Hunter, A. M. *La epístola a los romanos*, Buenos Aires: La Aurora, 1955. Nygren, A. *La epístola a los romanos*, Buenos Aires: La Aurora, 1969. Trenchard, E. H. *Una exposición de la epístola a los romanos*, Madrid: 1969. SE, NT II, pp. 174-327. BC VI, pp. 251-368. IB II, pp. 418-437.

ROSA. Traducción en RV y VM de la palabra heb. *jabaselet* en Cnt. 2:1 e Is. 35:1, aunque todos los peritos en heb. dudan que sea una traducción correcta. Ellos mismos no están de acuerdo en cuanto a cuál flor se refiere. Algunos opinan que podría ser la *narcissus tazzeta*, flor que es común en Sarón durante la primavera. Por tanto, BJ y BC la traducen "narciso" en Cnt. 2:1, pero "cólquico" (BC) y "flor" (BJ) en Is. 35:1. Otros la identifican con una especie de tulipán *(tulipa sharonensis)*.

En los libros apócrifos, la LXX se refiere más claramente a las r. (Sabiduría 2:8; Eclesiástico 24:17; 39:17; 50:8). En la época del NT, el nombre r. se usaba como nombre de mujer tanto como hoy. La única aparición de esta palabra en el NT es el nombre de la muchacha que atendió la llamada de Pedro a la puerta de la casa de María (Hch. 12:13 → RODE).

E. A. T. y W. M. N.

ROSTRO. Término usado de diversas maneras, pero especialmente para referirse, por alguna razón extraordinaria, a la cara del hombre y, metafóricamente, a la cara de Dios. En ocasiones es sinónimo de presencia personal y alude a la vida psíquica, o a determinado estado de ánimo (Gn. 4:5; 31:2; Éx. 33:20; 2 S. 19:5; Sal. 42:2b; Is. 6:5). La modestia y la reverencia se demostraban cubriéndose el r. con un → velo, como Rebeca frente a Isaac. Poner el r. contra alguien siempre era gesto de desagrado (Lv. 20:5; 1 P. 3:12). Inclinar el r. a tierra es signo de humillación. Por esta razón el hombre inclina su r. delante del Dios santo.

Al hecho de que el sacerdote oficiara en el templo o visitara el santuario se le llama "aparecer ante el r. de Dios" (Dt. 10:8; 18:7; Éx. 34:23; Sal. 86:9). "Ver el r. de Dios" tiene un sentido puramente espiritual (cp. 1 Co. 13:12). Dios muestra su r. cuando presta ayuda (Sal. 46:7; 31:16). Los que miran el r. de Dios mueren, a menos que obtengan una gracia muy especial y entren en una relación muy íntima con Dios, como Jacob y Moisés (Gn. 32:30; Éx. 33:11,20; cp. Job. 33:26).   A. R. T.

RUBÉN. Hijo de Jacob, su primogénito, nacido de → Lea. Su historia sería digna de elogio si no estuviera manchada por el pecado de cohabitar con la concubina de su padre (Gn. 35:22,23).

Por esta razón perdió la → primogenitura (Gn. 49:3s.), dictamen que siglos después aún se recordaba (1 Cr. 5:1s.). A pesar de esto, parece que R. siempre gozó de cierto honor por ser el hijo mayor de → Jacob (1 Cr. 5:3; Nm. 1:20; 26:5) e hijo obediente (Gn. 30:14).

Cuando sus demás hermanos quisieron matar a José, primogénito de Raquel, R. trató de salvarle la vida (Gn. 37:20ss.; 42:22), y actuó en forma responsable como hermano mayor (Gn. 37:29s.). Por esta razón José no retuvo a R. como rehén en Egipto sino a Simeón. Cuando habló con su padre por sus hermanos, R. ofreció sus dos hijos como garantía del feliz retorno de Benjamín (Gn. 42:37).

Como subdivisión de Israel, R. ocupa su lugar y cumple con sus deberes a la par de las otras once tribus. Pero su historia es manchada por dos incidentes: (1) su participación con Datán y Abiram en la rebelión de Coré (Nm. 16:1,12-14,24ss.; 26:9-11; Dt. 11:6) y (2) su falta de resolución frente al reto de Débora cuando ésta emprendió guerra contra Sísara (Jue. 5:15).

Moisés como profeta vio que R. no jugaría un papel importante en la historia de Israel (Dt. 33:6), pero el profeta Ezequiel toma nota de la futura recuperación de R. (48:31), al igual que el vidente de Apocalipsis (7:5). Sin embargo, siempre R. ocupa el segundo lugar después de → Judá.

El resto de la historia de R. es interesante a pesar de carecer de brillantez. Al salir de Egipto, contaba con 46.500 guerreros (Nm. 1:20) y después de la peregrinación tenía 43.730 (Nm. 26:7). Durante los 40 años R. ocupó el primer lugar en los campamentos, al lado S (Nm. 2:10). Cuando estaban en marcha R. ocupaba el lugar más cercano delante de Leví, la tribu que siempre llevaba el tabernáculo (Nm. 2:16,17).

Al llegar a Transjordania, R. y Gad quedaron encantados de la tierra porque se prestaba muy bien para apacentar sus numerosos ganados (Nm. 32:1), y pidieron la región como su patrimonio (Nm. 32:2ss.). Moisés accedió cuando ellos prometieron ayudar en la conquista del otro lado del Jordán (Nm. 32:6-32; Jos. 4:12). A su regreso edificaron el altar del testimonio (Jos. 22). El territorio que Moisés dio a R. había sido moabita, pero los amorreos se lo habían quitado a Moab y Moisés lo tomó de Sehón, rey amorreo.

En la época de los jueces R. tomaba parte en la vida casi anárquica de su pueblo. Sus límites eran el río Arnón por el S, el mar Muerto por el O, el desierto por el E y una línea no muy estable por el N que hoy se podría fijar en el Wadi Hashban (Jos. 13:15-23). R. tenía su ciudad de refugio (Jos. 20:8) y sus ejidos para los levitas (Jos. 21:7,36; 1 Cr. 6:63,78s.). Los rubenitas dieron soldados para el ejército de David (1 Cr. 5:18; 11:42; 12:37), fueron oprimidos por Hazael de Siria en tiempos de Jehú (2 R. 10:32,33) y finalmente fueron llevados cautivos por Tiglatpileser (1 Cr. 5:6,25s.).   W. G. M.

RUDA. Planta herbácea perenne, de olor fuerte y muy amarga. Generalmente se usaba como condimento, en compuestos medicinales y como adorno en las casas. Porque era uno de los vegetales por los cuales se pagaba diezmo, Jesús hace alusión a ella cuando reprende el formalismo de la religión farisaica (Lc. 11:42; cp. Mt. 23:23, que reza → ENELDO).   E. A. T.

RUDIMENTOS. Término que se aplica a los primeros y más sencillos principios de una ciencia, literatura o doctrina religiosa, v.g., los elementos básicos o r. del lenguaje.

En Gá. 4:3,9 y Col. 2:20 se refiere a los principios rudimentarios de la religión (judía o pagana), los cuales esclavizan a la persona. Col. 2:8 lo aplica a las especulaciones filosóficas de los maestros gentiles y judíos que procuraban engañar a los creyentes por medio de filosofías y huecas sutilezas basadas en tradiciones humanas. Y en Heb. 5:12 y 6:1, se alude al infantilismo espiritual que resulta de permanecer en los r. o principios iniciales de la revelación de Dios y de la doctrina cristiana, contra lo cual se nos exhorta.

La misma palabra gr. se traduce "elementos" en 2 P. 3:10,12 refiriéndose a los componentes básicos del universo físico.   R. L.

RUFO. Nombre del hijo de → Simón de Cirene, el que fue obligado a llevar la cruz de Jesús (dato que sólo aparece en Mr. 15:21), y de una persona a la cual Pablo saluda cariñosamente en su carta a los romanos (16:13). Ya que es muy probable que el Evangelio de → Marcos (al menos en su edición definitiva) fuera escrito en Roma y para la iglesia de Roma, debe tratarse en ambos casos de una misma persona, miembro destacado de esa iglesia y conocido por los lectores del Evangelio.   J.-D. K.

RUMA. Ciudad natal del abuelo de Joacim (2 R. 23:36), a la cual algunos identifican con Aruma, 10 km al SE de Siquem (Jue. 9:41). Otros prefieren identificarla con → Duma de Jos. 15:52, ya que los antepasados de Joacim tenían que ser de Judá.   J. E. G.

RUT. Moabita, heroína del libro que lleva su nombre. En su primer matrimonio fue la esposa de Mahlón, hijo de Elimelec y → Noemí, israelitas que habitaban en → Moab. Cuando murió Elimelec y sus dos hijos, Mahlón y Quelión, Noemí decidió volver a su tierra, pero R. acompañó a su suegra. Sus palabras, "Tu pueblo será mi pueblo, y tu Dios mi Dios", confirmaron su decisión. Así llegó a → Belén.

Durante la siega de la cebada R. salió a espigar en los campos de → Booz, pariente de Elimelec, y aquél la protegió y la favoreció con atenciones especiales. Bajo las instrucciones de Noemí, R. entró a la era donde Booz dormía para apelar al pariente de su esposo difunto. Cuando el pariente más cercano renunció a sus derechos y responsabilidades ante la viuda, Booz la tomó por esposa según la ley de → levirato (cp. Lv. 25:25; Dt. 25:5-10). Su primogénito se llamó Obed, abuelo de David, y de esta manera, aunque era gentil, R. mereció un lugar en la → genealogía del Mesías (Mt. 1:5,6).

D. M. H.

RUT, LIBRO DE. Libro del AT, cuya protagonista es → Rut, mujer moabita.

Una vez establecido en Canaán, Israel, bajo la dirección de los → jueces, tuvo que luchar por consolidar su territorio, a la vez que se esforzaba por mantener la alianza de sus tribus. Junto con esta situación política inestable, las frecuentes sequías azotaban los cultivos y se presentaban calamidades nacionales que obligaban a muchos a emigrar. Rut vivió en esta época.

Tanto la fecha como el autor de este libro son inciertos. Sin embargo, es evidente que fue

Espigando detrás de los segadores en los campos, práctica ordenada por Dios para favorecer a los pobres.   SP

escrito en una época posterior a los jueces porque incluye a David en su genealogía (4:17-22) y porque se refiere a los jueces como un hecho del pasado (1:1). Por otra parte, no puede ser posterior a David, porque en tal caso Salomón habría sido incluido en dicha genealogía. Se concluye, por tanto, que fue escrito en la primera parte del reino unido y que su autor, por la misma causa, pertenecía a esta época.

Rt. forma una unidad histórica con el libro de los Jueces, y así ha sido reconocido desde el origen del canon hebreo. Es una historia objetiva y real, escrita en una forma literaria llena de interés humano, tragedia, humor y amor. Su desenlace feliz es de tal naturaleza que ha motivado a muchos críticos a calificar el libro como una simple ficción folklórica. No obstante, contra esta crítica se pueden presentar varios argumentos a favor de su veracidad histórica: (a) Todos los detalles concuerdan perfectamente con la época y región descritas; (b) si este libro fuera una fábula, los judíos lo habrían rechazado desde el comienzo, ya que afirma que David es descendiente de una gentil; (c) los inspirados autores de los Evangelios no estarían de acuerdo con la genealogía de este libro si no fuera historia real.

El autor de este libro nos narra y describe con precisión los hechos, las personas y los lugares. El drama de fondo se presta para que la pieza literaria sea singular. El propósito del libro es brindarnos una genealogía precisa de David, tendiente a establecer la → genealogía del Mesías que nació de la simiente davídica.

E. G. T.

S

SAALABÍN. Ciudad de los amorreos asignada a la tribu de Dan (Jos. 19:42), la cual ellos no pudieron conquistar. Más tarde fue subyugada por "la casa de José" (Jue. 1:35; "Saalbim"). Durante el reinado de Salomón S. formó parte de su segundo distrito administrativo (1 R. 4:9). Se encontraba probablemente donde hoy se halla Selbit, 5 km al NO de Ajalón y 12 al N de Bet-semes. J. E. G.

SAARAIM. 1. Villa del valle de Judá, cercana a Ecrón y Gat (Jos. 15:36). Por ella pasaron los ejércitos de Goliat, derrotados y perseguidos por los israelitas (1 S. 17:52).

2. Ciudad de la tribu de Simeón que se menciona en 1 Cr. 4:31, y que se llama Saruhén en Jos. 19:6. M. V. F.

SABÁ. Probablemente la tierra de los sabeos en el SO de → Arabia y que corresponde más o menos al actual territorio de Yemen. El origen de este pueblo es incierto, pero hay razones para creer que eran descendientes de Cam, hijo de Noé (→SEBA), y que estaban relacionados con → Etiopía, al otro lado del mar Rojo. Los sabeos saquearon la tierra de Job (1:15) y en la época del AT eran conocidos como comerciantes astutos. Eran de elevada estatura (Is. 45:14; Ez. 23:42; Jl. 3:8). W. D. R.

SABÁ, REINA DE. Reina que visitó la corte de → Salomón. Aunque anónima en la Biblia, se conoció también como reina del Sur (Mt. 12:42). Ella, intrigada por los relatos sobre la sabiduría del rey israelita, fue "a probarle con preguntas difíciles", llevando a la vez toda una caravana de obsequios costosos. Tanto la sabiduría como la riqueza de Salomón le asombró, y volvió a su país colmada de ricos presentes (1 R. 10:1-13).

Los regalos que llevó parecen indicar que la r. de S. vivía en el S de Arabia, centro de un activo intercambio comercial en esa época. Su visita a Salomón debe haber tenido que ver con las relaciones comerciales emprendidas entre Israel y los reinos del S. El camello había sido domesticado más o menos un siglo antes de Salomón, lo cual hizo posible tan largos viajes por el desierto arábigo. Las leyendas etíopes identifican a la r. de S. y a Salomón como los progenitores de su línea real, aunque no existe base histórica para tal aseveración. Las únicas colonias de origen árabe están en el África oriental.

Jesús se refiere a la r. de S. y su búsqueda de la sabiduría de Salomón para condenar la incredulidad de los judíos hacia el que era "más que Salomón" (Mt. 12:42). I. W. F.

SÁBADO. Fiesta religiosa israelita del séptimo día de la semana.

No se ha podido explicar satisfactoriamente ni el origen de la observancia religiosa del s. ni el origen etimológico de la palabra. Estos aspectos están íntimamente relacionados con el problema del origen de la → semana como período concreto de tiempo. En Gn. 8:22; Jos. 5: 12, etc., el verbo heb. cognado, *shabat*, tiene el sentido de "cesar" o "parar" cualquier actividad, sin ninguna conexión religiosa, en tanto que en Éx. 16:23ss.; 23:12; y 31:17 significa descansar del trabajo en consagración a Jehová. Parece posible afirmar que la celebración del s. se remonta entre los israelitas a los tiempos premosaicos; el mandamiento del decálogo de santificar el s. (Éx. 20:8-11) presupone que los israelitas del tiempo de Moisés ya lo conocían.

I. EL SÁBADO EN EL ANTIGUO TESTAMENTO

Todos los documentos legales incorporados a la ley prescriben la observancia del s., por medio del cese de trabajo realizado en los seis días de la semana. Así lo dicen el libro del pacto (Éx. 23:12), el decálogo (Éx. 20:8-11, donde se halla el concepto de que el s. es en memoria de la creación; cp. Dt. 5:12-16), las prescripciones en cuanto al culto (Éx. 34:12ss.), la ley de santidad (Lv. 23:3; 26:2) y el código sacerdotal (Éx. 31:12-17; 35:1ss.; Nm. 28:9s.).

La más antigua de estas leyes, Éx. 31:12ss., basa la prohibición de trabajar en razones humanitarias: el reposo de todo trabajo cada siete días es bueno tanto para el hombre como para el animal. Lo mismo se dice en Dt. 5:12-14. Y el v. 15 agrega que los esclavos de los israelitas debían descansar el s. porque como los israelitas mismos habían sido esclavos en Egipto y Dios los había liberado, en gratitud debían ser considerados con los esclavos.

En cuanto a la clase de trabajo que no era permitido hacer en s. la ley era bàstante general (Éx. 20:8-10; Dt. 5:14; etc.); era más explícita al referirse a las grandes fiestas como la pascua (Lv. 23:7s.; Nm. 28:18), el pentecostés (Lv. 23:21; Nm. 28:26), el año nuevo (Lv. 23:25; Nm. 29:1), el día de expiación (Nm. 29:7) y las fiestas de convocación (Lv. 23:35; Nm. 29:12).

Jesús se opuso radicalmente a la rigidez con que los fariseos y los sacerdotes aplicaban la ley de la observancia del sábado.   SP

Durante el exilio, cuando a los judíos no les era permitida la práctica pública de su fe, la observancia del s. y la circuncisión fueron la "señal" que los distinguió de los gentiles (Éx. 31:13-17; Ez. 20:12,20). Más que la deportación misma del pueblo, durante este período se destaca la supresión del ritual popular por parte de Josías. Sea cual fuere la razón, el carácter del s. se transforma, según se ve en los escritos exílicos y postexílicos. La obligación del des-

canso se convierte, de un acompañamiento necesario para los actos del culto, en un fin en sí mismo. Es como una forma de autonegación agradable a la Deidad como acto de obediencia implícita a su mandato positivo. Toda legislación posterior nace de esta idea. En Ez. y la ley de santidad, el s. es señal arbitraria del pacto entre Dios e Israel, y de la fidelidad individual a dicho pacto. El código sacerdotal exalta el s., y basa su sanción en el ejemplo del Creador (Gn. 2:2ss.; Éx. 31:17); trata de forzar su observancia con la imposición de la pena de muerte (Éx. 31:14; Nm. 15:32-36).

Otra modificación postexílica en la observancia del s. se advierte en la pérdida del carácter alegre y festivo del s. anterior al exilio (Is. 1:13; Os. 2:11). En aquel entonces no se compraba ni vendía (Am. 8:5), el trabajo del campo se suspendía incluso en tiempo de cosecha (Éx. 34:21), se visitaba el santuario (cp. Is. 1:12s.) y se consultaba a los videntes (cp. 1 S. 9:9), mientras que en las profecías postexílicas se alude a la observancia del s. como supremo deber religioso y como condición para la realización de las esperanzas mesiánicas (Is. 56:2ss.; 58:13s.; 66:23; Jer. 17:19ss.).

II. EL SÁBADO EN EL JUDAÍSMO RABÍNICO

Los escritos rabínicos fomentaron una interpretación sumamente estricta del descanso del s., y esto condujo a una complicada casuística que convirtió en carga insoportable el "deleite" de la observancia del s. (Is. 58:13). Las normas rabínicas posteriores fueron causa de frecuentes conflictos entre Jesús y los fariseos, porque Jesús curaba en s. a enfermos cuya gravedad no era de muerte, única excepción que autorizaban los rabinos (Mt. 12:9-13; Mr. 3:1-5; Lc. 6:6-10; 13:10-17; 14:1-6; Jn. 5:1-16; 9:14ss.).

III. EL SÁBADO EN EL NUEVO TESTAMENTO

Jesús se opuso radicalmente a las interpretaciones en exceso rígidas que los escribas y fariseos daban a la ley de la observancia del s. En más de una ocasión discutió con ellos acerca de esto (Jn. 5:8-18). El principio en el que se basó, el cual los rabinos mismos reconocían, fue que el s. había sido hecho por causa del hombre y no viceversa (Mr. 2:27), e.d., que el s. debía servir de ayuda al hombre en la consecución del fin de la vida; nunca debía ser un fin en sí mismo. Jesús aplicó este principio de tal modo que daba a los hombres mayor libertad para hacer el bien a los demás y para ocuparse de sus necesidades personales (Mr. 2:23ss.; 3:4; Lc. 13:15; etc.). Del hecho de que la ley del reposo era para el bien del hombre, Jesús derivó que, como Hijo del Hombre, tenía autoridad para cambiarlo o abrogarlo (Mr. 2:28). La iglesia primitiva se sirvió de esta afirmación de Jesús cuando decidió abandonar la observancia del s. e iniciar la del domingo.

Aunque ningún pasaje del NT lo diga, se puede deducir de Mt. 24:20 que la primera comunidad cristiana de Jerusalén (ya que se componía de judíos) siguió observando el s. al igual que las demás costumbres religiosas judías (Hch. 2:1,46; 3:1; 10:9). Pero no parece que Pablo obligara a las comunidades cristianas de fuera de Palestina a observar el s. Más bien parece que consideró la observancia del s. como uno de los "débiles y pobres →rudimentos" de la esclavitud de la ley, la cual exigía que se guardaran "los días, los meses, los tiempos y los años" (Gá. 4:9s.). Era algo moralmente indiferente. En Hch. 15:29 se ve que en el decreto del Concilio de Jerusalén no se impuso el s. a las iglesias gentiles. Pablo escribe a los colosenses que nadie debía juzgarlos "en cuanto a días de fiesta, luna nueva o días de reposo" (Col. 2:16).

La iglesia cristiana primitiva, aunque siguió observando el sistema tradicional de la semana de siete días, hizo del domingo el primer día de la misma, día especial en que los cristianos celebraban sus servicios religiosos. El Señor resucitó de entre los muertos el primer día de la semana, y los cristianos comenzaron a reunirse ese día para rendir culto al Cristo resucitado. Así llegó a llamarse el →día del Señor.

J. M. Bl.

Bibliografía
IB II, 511-514. *EBDM* VI, col. 288-295. *DBH*, col. 1735-1740.

SABEOS. →SABA, SEBA.

SABIDURÍA. Término que en el AT es traducción usual de la voz heb. *khama*, la cual tiene varios significados pero siempre, como todo el pensamiento hebreo, un sentido intensamente práctico. Significa destreza técnica (Éx. 31: 3,6; Ez. 27:8), aptitud en artes o sagacidad en los negocios (Job 12:2,12), ciencia mágica (Gn. 41:8), habilidad en asuntos seculares (Ez. 27:8,9), discernimiento para aconsejar (2 S. 13:3), prudencia para gobernar (1 R. 3:28; 4:29-34), cordura en la vida diaria y decisiones éticas. Consiste básicamente en la aplicación de lo que uno sabe a lo que uno hace, a fin de lograr un buen vivir. Deriva en ocasiones de la tradición de los padres y se desarrolla por la enseñanza (especialmente de la ley de Dios) o por la experiencia. También puede obtenerse como un don especial de Dios. No sólo los gobernantes como Josué (Dt. 34:9), David (2 S. 14:20) y Salomón (1 R. 3:9,12) necesitan la s., sino todos en general (Pr. 1:1-6).

La s. tiene aspectos morales y religiosos, y se presenta como lo opuesto a la maldad (Pr. 10:23). Empieza por dar a Dios el lugar prominente en la vida (Pr. 1:7; 9:10) y se extiende a toda actividad, pues el AT nunca separa lo religioso de lo secular. A veces la s. se relaciona estrechamente con el Espíritu de Dios, como una ciencia sobrenatural que Dios da al hombre (Gn. 41:8,38; Dt. 34:9; Is. 11:2-6; Dn. 4:6ss.).

En su sentido más amplio la s. pertenece a Dios (Job 12:13; Is. 31:2; Dn. 2:20-23) quien la manifiesta en la creación (Pr. 3:19s.; Jer. 10:12) y en los procesos naturales (Is. 28: 23-29) e históricos (Is. 31:2). Es Dios quien otorga la s. al hombre (Job 28:20-28).

El rey →Salomón promovió la s. en Israel (1 R. 4:32) de manera que durante la monarquía surgió un grupo de sabios. Ciertos pasajes como Is. 29:14; Jer. 8:8s.; 18:18; 2 Cr. 25:16s. dan la impresión de que eran consejeros en la corte real y asociados (o aun identificados) con los →escribas. Los sabios, juntamente con los profetas y sacerdotes, ayudaron a moldear la vida cultural de los hebreos.

La influencia de los sabios se ve en los libros sapienciales del AT (Pr., Job, Ec., y algunos salmos). También los libros →apócrifos de *Sabiduría* y *Eclesiástico* son productos posteriores del mismo movimiento. Esta literatura toma la forma de máximas o dichos cortos que cautivan la atención (Pr.), o de monólogos (Ec.) y diálogos (Job) que enfocan el significado de la existencia o la relación entre Dios y el hombre. Varios pasajes del NT muestran influencia de este género literario sapiencial.

En Pr. 8, algunos ven una hipóstasis de la s. En Pr. 1:20-33 y 9:1-16 se personifica. Esto no era raro en el mundo antiguo, pues hay ejemplos en Egipto y Mesopotamia, que datan desde el tercer milenio a.C., en que se solía personificar cualidades como la verdad, la justicia y la inteligencia. La resistencia de los hebreos a la especulación abstracta produjo a veces que trataran ideales o cosas inanimadas como si tuvieran personalidad. Sin embargo, también es cierto que varias frases de Pr. 8 se prestan para describir a Cristo y se usan así en el NT (cp. 1 Co. 1:24; Heb. 1:2,10).

El movimiento sapiencial no era un fenómeno aislado en el mundo antiguo. Israel conocía la s. de sus vecinos. Partes de la Sabiduría de Amenémope (de Egipto) son muy parecidas a Pr. 22:17—23:11, y la verdad es que no se sabe cuál fuera la original y cuál la derivada o si las dos dependen de una tradición cananaíta más antigua. Aunque los israelitas usaron formas de expresión comunes con otros pueblos, su énfasis en la s. como una guía práctica basada en la revelación de Dios y en la relación personal con él es distintamente hebreo. El énfasis en la justicia, lo opuesto de perversidad, y en el temor de Dios, solamente se explica por la ley revelada y la religión profética.

En el NT la palabra s. usualmente es traducción de la voz gr. *sofía* y tiene el mismo significado que tiene en el AT, con la excepción del uso especializado que de ella hace Pablo. Se usa para describir la prudencia práctica en la vida (Lc. 2:40,52; Stg. 1:5), la ciencia de los egipcios (Hch. 7:22), la habilidad administrativa (Hch. 6:3) o de interpretar sueños (Hch. 7:10), y la habilidad para enseñar (Col. 1:28; 3:16). Una vez más, la s. es un don de Dios (Mt.

12:42; Lc. 21:15; 2 P. 3:15), necesaria para los dirigentes de la iglesia (Hch. 6:3) y para todos los creyentes (Ef. 1:8s.; Col. 1:9; 4:5; Stg. 1:5; 3:13-17).

Pablo contrapone la s. del mundo con la s. de Dios en Cristo. Critica aquella s. por su orgullo, su prejuicio contra Dios y su oposición a la revelación divina (1 Co. 3:18ss.). Los que basan su vida en esta supuesta s. fracasan en la esfera espiritual (Ro. 1:22; 1 Co. 1:19-22) pues la mera especulación no da base firme para la fe. Sólo el Espíritu y el poder de Dios pueden dar tal base (1 Co. 2:1-5).

La s. de Dios, en cambio (1 Co. 1:25), proveyó una salvación gloriosa (Ro. 11:33; 1 Co. 1:21; Ef. 3:10). Esta, que parece a los hombres locura, es realmente la cumbre de la s. de Dios. Así que Cristo es la s. de Dios y llega a ser la fuente de s. verdadera para el creyente (1 Co. 1:24,30), a fin de que éste entienda la voluntad de Dios (Col. 1:9), alcance la madurez espiritual (1 Co. 2:6s.) y consiga la dirección práctica para la vida (Ef. 5:15; cp. 2 Co. 1:21).

J. M. Br.

Bibliografía
DBH, col. 1742-1747. *VTB*, pp. 716-721. *DTB*, col. 937-946. A. Colunga en *Los géneros literarios de la Sagrada Escritura* (Madrid: Flors, 1957), pp. 191-218.

SACERDOTE. Las responsabilidades sacerdotales en todas las sociedades son básicamente dos: la ejecución de los ritos religiosos y la comunicación con la deidad. El s. cuida del santuario y comunica las decisiones divinas. Representa al pueblo delante de Dios y a Dios delante del pueblo.

Los estudiosos del AT reconocen ahora que el sistema ritual de la religión de Israel comparte con los pueblos vecinos varias prácticas que antes se consideraban exclusivamente hebreas. Hay semejanzas notables con otros pueblos en la forma exterior de los ritos, pero esto no solamente no destruye el aspecto singular de la fe hebrea, sino tampoco disminuye la importancia de esta fe como vehículo de la revelación divina. El sacerdocio en sus inicios respondió a las necesidades más profundas del corazón humano y, posteriormente, en la misión de la iglesia, proveyó un punto de contacto con las religiones no bíblicas.

I. EL DESARROLLO DEL SACERDOCIO EN ISRAEL

A. *En el período patriarcal*

Aunque el sacerdocio es el más antiguo de los oficios sagrados de Israel, el conocimiento de su historia es limitado. En cuanto al aspecto ritual, el jefe del clan era el llamado a construir un altar, levantar un pilar o plantar un árbol para señalar el lugar de una manifestación sagrada, como también a efectuar el oficio del → sacrificio (Gn. 8:20; 1 R. 18:31,33). Sin embargo, aun en tiempos patriarcales no se des-

conocía la necesidad de utilizar a una persona especialmente dotada para consultar a Dios. Rebeca debió haber recibido el oráculo en cuanto a sus hijos por métodos sacerdotales (Gn. 25:22ss.).

El cuadro bíblico de la vida religiosa de Israel durante este período no revela un sistema muy desarrollado. Los altares, numerosos pero sencillos, reflejaban las exigencias de la vida nómada.

B. *En el período postpatriarcal*

Desde Moisés el sacerdocio experimentó gran desarrollo. Ya no era sólo el jefe patriarcal quien desempeñaba el papel sacerdotal, sino ciertas personas encargadas expresamente de un oficio hereditario, e.d., la familia levita de Aarón (Éx. 28), y en vez de ofrecer sacrificios sobre varios altares se disponía de un → santuario ambulante que por su santidad exigía un cuidado especial.

Aspecto general de la vestidura sagrada del sumo sacerdote.

La jerarquía levítica abarcaba al → sumo s. (Aarón, Eleazar, etc.), distinguido por un ungimiento especial y vestimenta singular, a los s. encargados del culto y a los → levitas encargados de los deberes del culto comunes. Aunque al principio el sacerdocio no se limitaba a la tribu de Leví, el relato de Micaía (Jue. 17) sugiere que el sacerdocio levítico era preferido. Es posible que otras personas no levíticas se incorporaran al sacerdocio levítico (Dt. 33:8,9).

Las relaciones entre Dios y su pueblo dependían en gran parte del oficio sacerdotal. Era el

s. quien comunicaba la palabra de Dios y aseguraba la precisión ritual en los actos de adoración. Sólo el s. podía manipular el Urim y Tumim (Dt. 33:8; 1 S. 28:6), y dar dirección en momentos de crisis, sobre todo con relación a la guerra santa.

Como guardador de las revelaciones pasadas y las experiencias del pueblo, el s. era capaz de enseñar al pueblo la ley, distinguir entre lo limpio y lo inmundo, pronunciar con precisión las fórmulas de bendición y maldición, y hacer las decisiones finales con respecto a ciertas enfermedades y problemas físicos (Lv. 11−15).

Las responsabilidades sacerdotales aumentaron cuando menguó la participación del laico en las ceremonias (Lv. 1−6). El s. esparcía la sangre, quemaba el sacrificio y participaba en la comida sagrada.

El mantenimiento de los s. dependía de las ofrendas del pueblo, e.d., las primicias del campo y los rebaños (Éx. 13:12,13; Nm. 18:12-19), de cierta parte de los sacrificios, del pan de la proposición, y de una porción de los diezmos (Nm. 18:26-28).

A pesar de la importancia del sacerdocio en Israel, durante el culto el s. tenía ciertos límites desconocidos por otros pueblos. La prohibición de las imágenes no permitía la manipulación humana de la deidad, pues, según el concepto arcaico, una representación compartía la esencia de la realidad cósmica o terrenal que representara. Moisés, en oposición a los cultos de la fertilidad, tampoco permitió la construcción de altares hechos de piedras labradas (Éx. 20: 24,25).

C. En el período monárquico

Al terminar el período de los jueces, en Israel había dos familias sacerdotales de origen levita: la de Dan (Jue. 18:1-4; 1 Cr. 23:14,15) y la de Silo, más tarde de Nob (1 S. 1−4; 21:1-9). Saúl, en un momento de locura, mandó matar a todos los sacerdotes de Nob menos a Abiatar, quien escapó y se refugió con los proscritos de David en el desierto. Al establecerse en Jerusalén la capital del imperio, Abiatar compartió con Sadoc el sumo sacerdocio de Israel.

Con la división del reino, Jeroboam "hizo s. de entre el pueblo, que no eran de los hijos de Leví" (1 R. 12:31). Había, sin embargo, muchos levitas en el Reino del Norte y la mayoría de los s. debían haber sido de ellos. Desde la conquista, los levitas habían habitado ciertas ciudades esparcidas por todo el territorio de las tribus hebreas (Jos. 21).

Algunos de los reyes ejercían (o por lo menos auspiciaban) funciones sacerdotales, aunque Saúl fue rechazado por haberlo hecho (1 S. 13:8-13; cp. 2 S. 6:12-19; 1 R. 8:22 ss.). Acaz ofreció sacrificios sobre el altar pagano que mandó construir en Jerusalén como gesto de sumisión al rey de Asiria (2 R. 16:12). El rey Uzías, no obstante, se volvió leproso por haber tratado de ejecutar funciones sacerdotales (2 Cr. 26:16-20), señal del poder creciente de los sacerdotes.

Bajo el rey →Josías el sacerdocio rural de la familia de Abiatar, desterrada en el tiempo de Salomón (1 R. 2:26), sufrió una crisis debida a la reforma (→DEUTERONOMIO). Ya no les era permitido sacrificar fuera de Jerusalén y, por la limitación impuesta por los s. de la familia de Sadoc, perdieron su fuente de ingresos (2 R. 23:4ss.; cp. 1 R. 2:26). La clausura de los santuarios locales (los lugares altos) en un esfuerzo por erradicar el sincretismo religioso probablemente provocó la secularización de la vida hebrea e impulsó el desarrollo de la →sinagoga.

D. Durante el cautiverio

A pesar de la destrucción del templo en 586 a.C. y el destierro de las personas más hábiles, el culto sacerdotal continuó en el sitio del santuario destruido, aunque no sin el peligro del sincretismo (Jer. 41:4ss.). Con el surgimiento de la sinagoga, y sin rechazar el sacerdocio, el judaísmo desarrolló una expresión religiosa capaz de sobrevivir el destierro y la destrucción del templo.

E. En la restauración

Una vez que Ciro les permitió volver a Palestina, los judíos que regresaron a Jerusalén establecieron el culto tradicional. Como no había rey en Jerusalén los s. asumieron funciones políticas, especialmente después del fracaso relacionado con la coronación de Zorobabel (Hag. 2:23; Zac. 6:9ss.).

Los profetas atribuían la destrucción de Jerusalén y el sufrimiento de Israel a la rebelión contra la ley de Yahveh. En parte por esta interpretación la →ley llegó a ser céntrica para el judaísmo. Los judíos dispersos, que rara vez llegarían al templo ya reedificado, podían estudiar la ley. Surge una nueva clase de maestros, los →escribas o doctores de la ley, que no eran s. El s. se limitaba cada vez más a las tareas ceremoniales y se convertía en un funcionario eclesiástico con poder político.

II. EL SACERDOCIO EN EL NT

Para comprender la teología neotestamentaria del sacerdocio es necesario entender antes la relación del s. hebreo con el →pacto. Como pueblo de Dios, Israel era idealmente un reino de s. (Éx. 19:5,6). Para guardar el pacto, la conservación de la santidad era fundamental. El s. velaba por la santidad de la nación. Representaba vicariamente a la nación delante de Dios, pues ella por sí misma era incapaz de ser santa. Los levitas, p.e., se aceptaban como substitutos por los primogénitos pertenecientes a Yahveh (Nm. 3:12,13). Los hijos de Aarón representaban a la nación delante del altar y el sumo s. llevaba los nombres de las doce tribus cuando entraba en el santuario para hacer expiación en el lugar santísimo (Éx. 28:29).

En el NT Cristo se presenta como el cumplimiento del sistema sacerdotal del AT y el mediador del nuevo pacto (Jer. 31:31; Mt. 26:28). Él efectúa un sacrificio eternamente eficaz (Heb. 9:11-28) que permite al creyente tener acceso directo a Dios (Heb. 10:19-25).

Los cristianos primitivos se opusieron, como los judíos, al sacerdocio pagano. La oposición al sacerdocio judío provocó la persecución de Jesús y sus discípulos por parte de los saduceos, el partido sacerdotal. Jesús, sin embargo, nunca repudió la institución sacerdotal. Envió a los sanados al s. para el cumplimiento de los ritos de la purificación (Mr. 1:44; Lc. 17:14; etc.). Algunos s. hebreos se convirtieron y fueron agregados a la iglesia primitiva (Hch. 6:7).

En la teología cristiana Cristo es el cumplimiento del sistema sacerdotal por haber dado su vida "en rescate por muchos" (Mr. 10:45). Su obra sacerdotal se subraya en todas partes del NT (Mt. 26:26-28; Jn. 1:29; 2 Co. 3:18; Gá. 3:20; 1 Jn. 1:7; Ap. 1:5; etc.).

III. EL SACERDOCIO UNIVERSAL DE LOS CREYENTES

La doctrina del sacerdocio de los creyentes comprende la verdadera meta del sacerdocio bíblico, e.d., la responsabilidad de cada uno por los demás. El creyente se identifica con Cristo y con el pecador, siendo "un Cristo para el prójimo".

Ya no es un solo hombre o una clase de hombres los llamados a mantener la santidad representativa delante de Dios por el pueblo pecador no santificado. El NT exige que cada creyente sea santo y, a la vez, responsable por su hermano creyente o no creyente. La iglesia como el cuerpo de Cristo comparte el sacerdocio con Jesucristo (1 P. 2:5,9; Ap. 1:6; 5:10; 20:8) y es responsable delante de Dios por el mundo. Heb. 13:15,16 y especialmente Ro. 12:1 especifican algunos → "sacrificios espirituales" del s. del NT.

Cabe notar que el NT jamás usa el título de s. para el ministro de la iglesia. Esta costumbre, aunque empezó temprano en la historia de la iglesia (*1 Clemente, La didajé*, etc.), carece de base puesto que todo creyente es s.   L. A. R.

SACRAMENTO. → BAUTISMO, CENA DEL SEÑOR.

SACRIFICIOS. En heb. el término general para designar las distintas clases de s. era *Minja* (Gn. 4:3,4; 1 S. 26:19; Sal. 96:8). Posteriormente, *minja* significó solamente la ofrenda vegetal, y el término *korbán* se impuso para la designación general.

I. TIPOS DE SACRIFICIOS

Al sancionarse por la legislación oficial el ritual de los s., se distinguió entre s. cruentos e incruentos.

A. *Los sacrificios cruentos*

1. El holocausto (*ola*). Según su significado etimológico ('lo que sube al altar' o 'lo que sube al cielo en forma de humo'), *ola* es la especie de s. más citado en el AT. Era presentado como s. entero (1 S. 7:9), es decir, que-

mado totalmente, menos la sangre. Siempre ocupó un lugar preeminente en el culto de Israel, como el s. diario de la mañana y de la tarde (Nm. 28:3; 2 R. 16:15), como s. solemne en grandes fiestas (Nm. 8; 1 R. 9:25), o por otros motivos de gozo (1 S. 6:14), pero también en relación con el ayuno en un acto de lamentación del pueblo (Jue. 20:26; 21:4). Estos últimos textos, sin embargo, evidencian también su función expiatoria, porque lo central de tal ayuno oficial era la confesión de pecados.

Puesto que al holocausto se le atribuía gran importancia por considerársele homenaje al Señor, el animal sacrificado (toro, carnero o cabrito, o en caso de pobreza, una tórtola o paloma) debía ser íntegro, macho, y sin defecto.

Representacion del primer sacrificio. Dios miró con agrado la ofrenda de Abel, pero no aceptó la de Caín.

2. El sacrificio de paz *(seba selamin)*. Era posiblemente la forma más antigua de s. y se celebraba juntamente con una comida de camaradería. El animal del s. era ofrecido con un ritual idéntico al que iniciaba el holocausto. Los que oficiaban el culto ponían sus manos sobre la víctima antes de degollarla, y la sangre era llevada al altar. Luego el oferente tomaba la grosura de la víctima y la llevaba al altar donde era quemada como ofrenda encendida, juntamente con el holocausto que ya debía estar dispuesto. Finalmente, los oferentes celebraban la fiesta de comunión, no sin antes haberse purificado ellos y sus huéspedes para poder comer y regocijarse delante del Señor.

Si se trataba de una ofrenda en acción de gracias, ésta debía consumirse el mismo día; si el motivo era un voto, el tiempo del s. podía extenderse hasta el día siguiente, para que un mayor número de amigos pudiera participar. Su propósito era expresar la paz, en su sentido máximo: comunión con Dios en su servicio, y comunión de unos con los otros. Generalmente el s. de paz no se ajustaba a tiempos fijos y se distinguía por su carácter festivo y alegre.

3. El sacrificio propiciatorio o por el pecado. Sacrificio que desempeñaba la función más importante, en la expiación de todos los pecados de Israel. Se combinaba con el holocausto, p.e. en las fiestas (Nm. 28s.) pero tenía su propio significado. La parte más importante del rito (después de quemada la grosura) era la ceremonia propiciatoria con la sangre, con la cual eran ungidos los cuernos del altar y rociado siete veces el velo del tabernáculo o del templo (Lv. 4).

4. Sacrificio por la culpa o de reparación (*asam*). Estaba tan relacionado con el s. por el pecado que no se distinguen claramente entre sí. Según la distinción más común, el s. por el pecado se presentaba por el mal cometido por ignorancia, mientras que el s. por la culpa correspondía a una falta cometida a sabiendas.

La palabra *asam* con que se denomina a estos s. se usa en varios sentidos. Cuando los filisteos devolvieron a Israel el arca del pacto, la acompañaron con un *asam* que entonces consistió de objetos de oro, y seguidamente ofrecieron en holocausto las vacas que habían tirado del carro (1 S. 6:3-5). Aquí el *asam* fue acompañado por un s. En Is. 53:10 el siervo de Yahveh pone su alma como *asam*, s. de propiciación o de reparación para su pueblo.

La víctima prescrita para el s. por la culpa variaba según la ofensa cometida y la fortuna del ofensor. A veces era un cordero o un carnero, pero éstos podían ser sustituidos por palomas o tórtolas, o, en caso de extrema pobreza, por la décima parte de un → efa de flor de harina (Lv. 5:7-13). Nadie, pues, podía considerarse incapaz de presentar su correspondiente s. por la culpa o reparación.

B. *Los sacrificios incruentos*

1. La ofrenda vegetal (*minja*). La palabra heb. significa "ofrenda", "oferta" o "donación", y se usa no solamente para lo sagrado sino también para ofertas y donaciones o regalos en la vida común, v.g., para los tributos pagados a un rey (Jue. 3:15; 2 S. 8:6). En Gn. 4, la palabra se usa en un sentido más amplio, porque ambos s., el de animales presentado por Abel y el de los frutos del campo, ofrecido por Caín, son llamados *minja*. Si se usa en un sentido estricto, el término se refiere solamente a una ofrenda vegetal, mayormente de granos, como en efecto se impuso en los tiempos posteriores.

El modo de ofrecer la ofrenda vegetal se describe detalladamente en Lv. 2. Generalmente este s. acompañaba al holocausto, pero existía también como s. independiente.

Las primicias de la cosecha constituían una clase especial de este s. Con ellas, Israel reconocía que el Señor es dueño y dador de los frutos del campo, y que todo se debe a la bendición del Altísimo.

2. El incienso (*lebona*). S. que debía ofrecerse en el tabernáculo frente al velo del santísimo (Éx. 30:1-6), donde estaba el altar del incienso, el incensario, hecho de madera de acacia y cubierto de oro. Dos veces al día debían ser encendidas y mantenerse ardiendo continuamente las especias aromáticas de una fórmula exclusiva para este uso (Éx. 30:34-38). Solamente los sacerdotes tenían el privilegio de ofrecer el incienso. Éx. 30:9 prohíbe ofrecer incienso "extraño", prohibición difícil de explicar, pero muy bien puede referirse a lo ritual o éticamente impuro, o que tenga relación con la idolatría.

En el → día de la expiación y antes de esparcir la sangre del becerro hacia el → propiciatorio, el sumo sacerdote ponía el perfume aromático molido detrás del velo, de modo que la nube del perfume cubriera el propiciatorio (Lv. 16:12-14). Según Éx. 30:10, el altar del incienso también estaba relacionado con la expiación. Cuando después de la muerte de Coré el pueblo se rebeló contra Moisés, Dios envió mortandad entre ellos, la cual sólo cesó cuando Moisés puso el incensario con el incienso encendido para "hacer expiación por ellos" (Nm. 16:46ss.).

El incienso frecuentemente está asociado con la oración. El propósito del simbolismo era recordar a Israel que las oraciones del pueblo ascienden a Dios, al igual que el humo del incienso sube a su presencia (Sal. 141:1,2; Ap. 8:4). El hecho de que el incienso sea puesto en paralelo con el cordero sacrificado a la caída de la tarde y llamado "olor grato" (Éx. 29:41) demuestra su gran valor.

II. RITOS DE SACRIFICIO

Los s. cruentos se realizaban según ritos prescritos. Después de que el oferente llevaba el animal destinado para el s. al santuario, debía imponer sus manos sobre la cabeza de la víctima. Con esto la dedicaba en s., ofrecido como una expresión simbólica de su propia entrega y sometimiento a Dios, de su gratitud, arrepentimiento y oración.

Seguía la inmolación del animal, la cual ejecutaba el oferente si se trataba de un s. individual, o el sacerdote ayudado por un levita, si era s. por la congregación. En tal acto de inmolación, el ofrecimiento de la sangre pura en que aún estaba el alma (*nefesh*) de la víctima, expresaba que el oferente renunciaba a su propiedad para entregarla totalmente a Dios. La inmolación era el medio de obtener la sangre que era presentada como ofrenda más preciosa para Dios, como medio de expiación y para cubrir la vida manchada del oferente.

Había diferentes usos de la carne de los s. En el caso de holocaustos toda la carne era quemada por los sacerdotes, pero si se trataba de otros s. sólo se quemaban ciertas porciones de la grosura (la que estaba sobre los intestinos o sobre los ijares, los riñones, la cola, etc.), y el resto de la carne se lo comían los sacerdotes. En otros s. la carne era concedida por Dios para celebrar una comida sacrificial o de comunión, con la cual se expresaba la relación de paz entre

Dios y el oferente. En el día del perdon, la carne se quemaba fuera del santuario. El s. incruento o vegetal servía generalmente como aditamento para s. de animales. En tal caso el sacerdote tomaba una parte de las espigas, la harina, los panes o tortas ofrecidas y la quemaba sobre el incensario juntamente con el incienso.

III. Sentido teológico del sacrificio

A. *El sacrificio como propiciación*

En el AT la explicación directa con respecto al significado del culto sacrificial se encuentra en Nm. 1:53; 16:46; y 18:5, donde se le relaciona con la →ira de Dios. Los sacrificios tenían un significado básicamente propiciatorio.

B. *El sacrificio como oferta*

El oferente busca con su donación la bendición de la divinidad, prosperidad, etc. Pero la ofrenda puede servir también como acción de gracias u homenaje, y ante todo como apaciguamiento y reconciliación.

C. *El sacrificio como comunión*

El s. establece una comunión sacramental entre el oferente y Dios, y también entre los oferentes mismos. Tal es principalmente la función de la comida sacrificial.

D. *El sacrificio como fuente de gracia y nuevas fuerzas*

La acción sacrificial promovía, una vez purificado el oferente, la acción de nuevas fuerzas en la lucha contra el pecado y las malas influencias (Lv. 17:11).

Según Ex. 24ss. el culto sacrificial fue instituido al establecerse el →pacto entre Dios y su pueblo. El culto debe considerarse bajo tal relación con el pacto divino y la →gracia del pacto. Este culto sirve como camino de doble vía: Dios llega por medio de él al hombre y a su vez el hombre se acerca a Dios mediante el culto; en esta relación Dios es quien da la oportunidad de purificarse de los pecados.

El significado de los s. puede resumirse, entonces, de la manera siguiente: (1) La reconciliación es instituida por Dios y como tal es obra suya. (2) El sacerdote realiza esta obra como sacramento. (3) El sacerdote es el mediador para proveer al pecador la propiciación. Por eso hay que interpretar como lenguaje sacramental la afirmación de Lv. 17:11: "la misma sangre hará expiación de la persona". El sacerdote no es más que un funcionario de Dios, y la sangre no es sino el medio dado por Dios. (4) El oferente es activo al presentar el s. que expresa su deseo de purificación y al poner las manos sobre la cabeza de la víctima, pero es pasivo en el acto mismo de la expiación. Este es realizado por el sacerdote como mediador entre Dios y el hombre, de modo que, a través de lo que el sacerdote es en sí, el s. promueve una acción doble mediante la cual Dios y el hombre se encuentran por el camino sacramental. Es Dios quien concede al oferente perdón y propiciación. Toda posibilidad para redimirse a sí mismo queda excluida.

IV. Los profetas y los sacrificios

Los profetas demuestran que en sus días los requisitos del culto se cumplían con el mayor esplendor posible. Sin embargo, creció la creencia en el poder mágico de la acción cultual. Se generalizó la opinión de que la acción cultual prescrita por la ley debía cumplirse al pie de la letra, sin que indispensablemente fuera acompañada por contrición de corazón, gratitud y una vida obediente a los verdaderos postulados de Dios. Esto provocó la reacción violenta de los profetas, quienes señalaron en forma determinante que el culto puramente exterior, aunque tuviera un máximo de s., era desagradable a Dios (Is. 1:11s., Jer. 6:10s., 7:21s., 14:12; Os. 6:6; Am. 4:4s., 5:21s.; Miq. 6:6s.). El pueblo, entregado en su gran mayoría a la idolatría, había demeritado los s. negándose a ofrecerlos o contentándose con la mera presentación exterior como un *opus operatum*. Dios se complace en los s., holocaustos y ofrendas pero cuando éstos son motivados por un "corazón contrito y humillado" (Sal. 51:19).

V. Lo provisorio de los sacrificios

En el hecho del s. la purificación es concedida al hombre, delante del Señor, porque la culpa del hombre le es imputada al animal sacrificado. En otras palabras, sacrificar es realizar una sustitución, una satisfacción vicaria. La sangre sirve para ser la expiación por ser portadora de la vida (Lv. 17:11), pues es la vida de la víctima la que es ofrecida para conservar la vida del alma humana delante de Dios. Sin embargo, la sangre de las víctimas es capaz de expiar no por su naturaleza, sino sólo debido al hecho de que Dios en su misericordia lo establece así. La sangre y la vida del animal no son sustituto perfecto y completo para la vida humana. Tal sustituto, satisfacción, propiciación y purificación se obtienen sólo por la sangre de Cristo (Heb. 9:12; 1 Jn. 1:7; Ap. 1:5).

El NT señala más detalladamente lo provisorio e imperfecto de la institución del AT. Cada año debía presentarse un nuevo s. en el día del perdón (Heb. 9:25), pues la sangre de machos cabríos o de becerros no podía purificar perfectamente. Por estos s. más bien se hacía memoria de los pecados (Heb. 9:12; 10:3). Además, tal institución era imperfecta por cuanto el sumo sacerdote mismo era un hombre pecaminoso que necesitaba presentar s. por sus propios pecados antes de hacerlo por los pecados del pueblo (Heb. 7:27). Mediante el hecho de que el sumo sacerdote solamente podía entrar una vez al año en el lugar santísimo, "el Espíritu Santo daba a entender que aún no se había manifestado el camino al Lugar Santísimo" (Heb. 9:8).

El oficio sacerdotal de Cristo puso fin a todas las imperfecciones sacrificiales antiguas. Con su muerte los s. sangrientos pasaron a ser innecesarios, porque "somos santificados mediante la ofrenda del cuerpo de Jesucristo hecha una vez para siempre" (Heb. 10:10). A este sustituto "Dios puso como propiciación por medio de la fe en su sangre" (Ro. 3:25). (→ IRA DE DIOS, PROPICIACIÓN, MUERTE DE CRISTO, SACRAMENTOS, SANTA CENA.)

F. L.

Bibliografía

P. van Imschoot, *Teología del Antiguo Testamento* (Madrid: Ediciones Fax, 1969), pp. 488-520, 709-721; Roland De Vaux, *Instituciones del Antiguo Testamento* (Barcelona: Editorial Herder, 1964), pp. 528-577; Edmond Jacob, *Teología del Antiguo Testamento*, Madrid: Ediciones Marova, 1969; F. Lange, *Introducción al Antiguo Testamento*, St. Louis: Casa Publicadora Concordia, 1962; Maximiliano García Cordero, *Teología de la Biblia, I, Antiguo Testamento* (Madrid: Biblioteca de Autores Cristianos, 1970), pp. 608-613,621.

SADOC ('justo'). Nombre de por lo menos seis personajes del AT y uno del NT:

1. Sacerdote durante el reinado de David (2 S. 8:17), miembro de la casa de Eleazar (1 Cr. 24:3). Era vidente (2 S. 15:27), hizo alianza con David y después de la muerte de Saúl permaneció fiel a su rey (1 Cr. 27:17). Huyó con David durante la rebelión de Absalón (2 S. 15:23-29) y, una vez derrotada ésta, David lo envió con Abiatar para invitar al pueblo a regresar a su reino (2 S. 19:11).

2. Suegro del rey Uzías y abuelo del rey Jotam (2 R. 15:33; 2 Cr. 27:1).

3. Hijo de Baama y firmante del pacto de Nehemías, en el que Israel renovó la alianza con Dios (Neh. 10:21). Ayudó en la reparación del muro de Jerusalén (Neh. 3:4).

4. Sacerdote, hijo de Imer, que reparó los muros de Jerusalén frente a su casa (Neh. 3:29).

5. Escriba en los tiempos de Nehemías, encargado con otros de la custodia del lugar donde guardaban los diezmos (Neh. 13:13).

6. Ascendiente de Jesucristo (Mt. 1:14).

P. S.

SADRAC. → ANANÍAS (1, AT).

SADUCEOS, LOS. Partido sacerdotal y aristocrático del judaísmo cuyas doctrinas y prácticas eran opuestas a las de los → fariseos.

I. SU ORIGEN E HISTORIA

Josefo se refiere por primera vez a los s. en *Antigüedades*, XIII.x.5-7, donde describe la decisión de Hircano I (rey macabeo de los judíos, 135-105 a.C.) de aliarse con ellos. De allí se ve que la secta existía antes de dicho reinado.

Antes se pensaba que el nombre se había derivado del sacerdote Sadoc, contemporáneo de David y Salomón (2 S. 15:27; 19:11; 1 R. 1:8), cuyos descendientes eran considerados como la línea pura (cp. Ez. 44:15ss.; 48:11) y los conservadores del sacerdocio hasta la rebelión de los macabeos. Sin embargo, varias dificultades filológicas e históricas obligan a buscar

otra explicación. T. W. Manson propone que la derivación del nombre debería encontrarse en la palabra gr., *sýndikoi*, que significaba "autoridades fiscales" en el estado de Atenas desde el siglo IV a.C. En Israel también los s. controlaban los impuestos (→ SANEDRÍN).

Al principio los s. no eran un grupo religioso, pero con el tiempo, para defender sus intereses creados, apoyaron al → sumo sacerdote. Hasta la mitad del siglo I d.C. controlaban el sanedrín. Después, al serles quitado el poder secular, primero por los → zelotes y después por los romanos, desaparecieron del judaísmo.

II. SU ENSEÑANZA

La mayoría de los → sacerdotes de los primeros siglos (a.C. y d.C.) pertenecían a esta secta, aunque no todos los s. eran sacerdotes. Por lo general constituían un núcleo de personas altamente privilegiadas, v.g., comerciantes ricos y oficiales gubernamentales. Su actitud hacia las → tradiciones de los padres se centró en el mantenimiento del culto en el templo. Su interpretación de la ley (aceptaron sólo el Pentateuco como autoritativo) giraba alrededor de la ley ritual. Su actitud negativa hacia ciertas doctrinas del AT se debía, en parte, a la tensión entre ellos y los fariseos, quienes las afirmaban.

Acerca de su doctrina, Josefo (*Antigüedades* XVIII.i,4) afirma que "los s. enseñan que el alma perece con el cuerpo"; "niegan la persistencia del alma después de la muerte". El NT es más preciso: señala que los s. negaban la resurrección del cuerpo (Mr. 12:18,26; Hch. 23:8), y también la existencia de mediadores espirituales entre Dios y el hombre (Hch. 23:8). Además, para los s. Dios era casi un "dios ausente" dado que "no puede ni hacer ni prevenir el mal". En cambio el hombre ejerce su libre albedrío para hacer el bien y el mal (*Guerras*, II.xi.14).

Su ideal político era el estado teocrático encabezado por el sumo sacerdote. Por eso veían con sospecha la esperanza mesiánica que amenazaba con derrotar el orden social y político existente. La mayoría del pueblo común los odiaba porque colaboraban con los romanos y sus reyes títeres, porque introdujeron y permitieron algunas costumbres paganas y porque se comportaban entre el pueblo con arrogancia (*Antigüedades* XX.x.1; *Salmos de Salomón* 4:2ss.).

III. EN EL NUEVO TESTAMENTO

Varias veces los s. se aliaron con los fariseos en oposición a Jesucristo (Mr. 11:18,27; 14:43; 15:1; Lc. 9:22). Sin embargo, el conflicto de él con los s. se agudizó mayormente en la última semana de su ministerio, cuando su popularidad entre el pueblo (Mr. 12:12) parecía amenazar la paz de Jerusalén. En cambio el conflicto entre él y los fariseos, debido a la influencia de éstos entre el pueblo común, se advierte desde el principio de su ministerio.

Los cristianos culparon a los s. y a los fariseos de la muerte de Jesús (Jn. 11:49ss.; 18:3,19ss.). Fueron ellos los que más intentaron aplazar el creciente movimiento de la iglesia primitiva (Hch. 4 y 5; 22:5).   J. A. K.

Bibliografía
EBDM VI, col. ʹ345-350; H. J. Schultz, *Jesús y su tiempo* (Salamanca: Sígueme, 1968), pp. 95-109.

SAETA. → ARCO.

SAFÁN. Nombre de tres personajes del AT:
1. Hijo de Azalía y nieto de Mesulán, escriba del rey Josías (2 R. 22:3-14).
2. Padre de Jaazanías (Ez. 8:11), quizás el mismo del N.° 1.
3. Hombre de la tribu de Gad, que habitó en Basán y fue el segundo jefe de los gaditas (1 Cr. 5:11,12).   J. M. A.

SAFIRA. → ANANÍAS (1, NT).

SAL. Mineral cristalino (cloruro de sodio) de vital importancia para la alimentación humana y para la industria a través de toda la historia. En la Tierra Santa se sacaba la sal de las rocas al SO del → mar Muerto y del mismo mar Muerto, llamado así por la ausencia de vida animal y vegetal causada por su alto grado de salinidad (aproximadamente 62 %). Este mar ha sido fuente de sal desde tiempos remotos.

La s. se usaba como condimento en la comida (Job 6:6); en los sacrificios consumados en el altar de Dios (Lv. 2:13; Esd. 6:9; Mr. 9:49); como ingrediente del incienso sagrado (Éx. 30:35); para hacer estéril el campo de los enemigos (Dt. 19:23; Job 39:6; Sof. 2:9).

La s. también es símbolo de subsistencia y hospitalidad. Por ser preservativo es emblema de incorrupción y perpetuidad. Denota la validez y la duración de un pacto (Nm. 18:19; 2 Cr. 13:5). La sabiduría es la s. del carácter y la sazón en el lenguaje del creyente (Mr. 9:50; Col. 4:6). La expresión de Jesús " . . .sois la sal de la tierra" (Mt. 5:13 //) debe entenderse en el contexto de cada pasaje. La s. hace estéril la tierra y en este sentido es emblema de miseria, y desolación (Dt. 29:23; Jer. 17:6). Una ciudad, al ser tomada y asolada a veces era sembrada con s. Tal fue el caso de → Siquem capturada por Abimelec (Jue. 9:45). La mujer de → Lot, por dar una mirada codiciosa hacia Sodoma y Gomorra, se volvió estatua de s. (Gn. 19:26).
J. E. D.

SAL, CIUDAD DE. Situada en la ribera occidental del → mar Muerto y cerca de → En-gadi (Jos. 15:62). Sin duda su nombre lo debe a los bancos de → sal que eran comunes en el litoral del mar Muerto.   M. V. F.

SAL, VALLE DE LA. Sitio de dos victorias sobre los edomitas: la de David (2 S. 8:13; 1 Cr. 18:12; Sal. 60 tít.), y más tarde la de Amazías (2 R. 14:7; 2 Cr. 25:11). Comúnmente ha sido identificado con la ancha llanura que se extiende de unos 14 km al S de éste, hasta los peñascos

calizos del Acrabim. Limita al NO con la montaña de sal Jebel Usdum, y termina hacia el SE en pantanos salados e intransitables.

Las circunstancias relacionadas con la victoria de Amazías parecen indicar un lugar como el Wadi el-Milh (Sal) al E de Beerseba, donde está la loma rocosa, Tell el-Milh, que domina el sitio.
J. B. B.

SALAMINA. Ciudad mayor de Chipre, situada en la llanura costera oriental de la isla. Era rival de → Pafos, capital romana de la isla, y al fin llegó a tener más importancia que ella. En el siglo I d.C. había en S. suficientes judíos para sostener más de una sinagoga. Quizás habían sido atraídos por el floreciente comercio de la ciudad. Bernabé y Pablo predicaron la Palabra de Dios en las varias sinagogas (Hch. 13:5).
A. T. P.

SALATIEL. Padre de Zorobabel (1 Cr. 3:17; Esd. 3:2; Neh. 12:1; Hag. 1:1). Su nombre figura en la → genealogía de Jesús (Mt. 1:12; Lc. 3:27). Según los textos anotados, S. nació en Babilonia. Bajo su nombre no se registra acción alguna digna de la historia. Su ilustre hijo Zorobabel fue uno de los más esclarecidos hombres de Israel, y su nombre da brillo al de su padre.
A. P. P.

SALCA. Ciudad de Gad situada en el extremo oriental de Basán. Se menciona por primera vez en Dt. 3:10 como parte del reino de Og. Cayó ante los israelitas cuando éstos conquistaron a Basán (Jos. 12:5).

Se conoce hoy como Salkhad, que se halla en un cerro ubicado en el extremo meridional de los montes Hauron.   J. E. G.

SALEM ('paz'). Antigua ciudad real de → Melquisedec (Gn. 14:18; Heb. 7:1ss.) cerca del valle de Save (Gn. 14:17). Según Josefo (*Antigüedades* I.x.2), S. denota el sitio antiguo de Jerusalén. En Sal. 76:2 S. se menciona en paralelismo con Sion como abreviatura poética de Jerusalén. La identificación tradicional concuerda bien con la ruta que Abraham probablemente siguió al regresar a Hebrón desde Damasco, cuando se encontró con Melquisedec. Otras tradiciones han ubicado a S. en las cercanías de Escitópolis o en la región de Siquem, con lo cual la identifican con → Salim de Jn. 3:23 (→ENÓN).
K. B. M.

SALIM. Lugar junto a → Enón cerca del río Jordán, donde bautizaba Juan el Bautista porque "había allí muchas aguas", quizá fuentes (Jn. 3:23). El sitio tradicional de S. (según Eusebio y Jerónimo) se halla 13 km al S de Bet-san. Algunos eruditos modernos abogan a favor de un lugar 6 km al E de Siquem.   J. E. G.

SALISA. Región del mte. de Efraín, visitada por Saúl durante la búsqueda de las asnas de su padre (1 S. 9:4). Algunos eruditos creen que se trata de Baal-salisa, sitio de donde procedía el hombre que llevó panes de cebada a Eliseo, el día en que se realizó un milagro parecido al de la multiplicación de los panes por Jesús (2 R. 4:42-44).   A. P. P.

SALIVA. → ESCUPIR.

SALMÁN. Soberano, hasta ahora no identificado, que saqueó Bet-arbel (Os. 10:14) en tal forma que el profeta usa el incidente como una advertencia para Israel. Algunos han considerado que se trata de una abreviación del nombre real asirio Salmanasar, o que sea Salamanu, rey de Moab, mencionado en los anales de Tiglat-pileser.   A. Ll. B.

SALMANASAR. Nombre de origen acadio (Sulmano-asarid ='el dios de Sulmano es jefe') usado por varios reyes asirios.

1. Salmanasar I (1265-1236 a.C.). Primer rey asirio que dejó un relato de sus campañas. Con él se inició el retorno de Asiria al poder después de varios siglos de silencio.

Salmanasar fue el título dado a cinco reyes de los asirios. En el grabado, una posible representación de la traída de tributo exigido por Salmanasar al rey Oseas de Israel.

2. Salmanasar II (1032-1021 a.C.). Rey de poca importancia histórica.

3. Salmanasar III (859-824 a.C.). Las hazañas de este rey se consideran fundamentales en la constitución del nuevo gran Imperio Asirio. Fue también el primer rey asirio que entró en contacto con Israel. Hasta entonces los asirios habían pasado varias veces al N de Israel en sus fugaces campañas del Éufrates al Mediterráneo adonde, según ellos, iban a "lavar sus armas"; pero, o no habían tenido interés en establecerse en forma permanente en esas regiones occidentales o no estaban todavía listos para ello. Este rey sí pareció determinado a hacerlo.

S. III luchó primero durante tres años contra Damasco (858-856) sin conseguir tomar la ciudad. Tuvo que retirarse debido a que otros menesteres reclamaban su presencia en el E., y fue entonces cuando Ben-adad, rey de Siria, seguro de que S. regresaría, se apresuró a formar una coalición con sus vecinos. Según los registros asirios → Acab, rey de Israel, contribuyó con 10.000 soldados de infantería y 2.000 carros de guerra. S. se enfrentó a esta coalición en la famosa batalla de Qarqar en 853 a.C. Aunque S. alega en sus crónicas haber vencido, lo cierto es que tuvo que retirarse sin el triunfo. La contribución de Acab a la coalición da una idea del poderío de Israel en esa época. Los 125.000 soldados que S. había preparado para esta ocasión no fueron suficientes para doblegar a sus enemigos, entre ellos Israel.

4. Salmanasar IV (783-774 a.C.). Hijo de Adadnirari III. Tuvo que mantenerse mayormente a la defensiva para conservar intacto su imperio.

5. Salmanasar V (727-722). Hijo de → Tiglat-pileser III. Aunque su reinado fue muy corto, los hebreos, y especialmente los israelitas no iban a olvidarlo muy pronto. Determinado a romper definitivamente la resistencia del Reino del Norte, sitió durante tres años a Samaria, la capital (2 R. 17:1-6; 18:9,10). Posiblemente fue asesinado cuando ya Samaria había caído o estaba próxima a caer. Su hermano, → Sargón II, quien lo sucedió en el trono, se atribuyó la rendición de la ciudad.   A. Ll. B.

SALMÓN. Cabo de la costa oriental de Creta que se identifica comúnmente con el cabo Sidero, promontorio en el extremo NE de la isla. Algunos señalan otro promontorio 24 km más al S; éste es llamado Plaka por los nativos pero cabo Salmone por los marineros. Pablo en su viaje a Roma pasó "frente a S." (Hch. 27:7).

A. T. P.

SALMÓN (o SALMÁ). Nombre que en el TM de Rt. 4:20 y 1 Cr. 2:11 aparece con la forma *Salmah*, pero que en Rt. 4:21 y en todos los pasajes, según la versión gr. de la LXX, la Vul. y el texto gr. del NT, aparece con la grafía habitual "Salmón".

S. es descendiente de Judá (Mt. 1:4,5; Lc. 3:32). Fue hijo de Naasón, padre de Booz, el marido de Rut y bisabuelo de David (Rt. 4:20; 1 Cr. 2:11). Según Mt. 1:5 se casó con Rahab, de Jericó.   C. R.-G.

Un elefante es traído como parte del tributo del rey Jehú de Israel a Salmanasar III de Asiria (véase artículo TRIBUTO). Escena grabada en el famoso "obelisco negro" del año 841 a.C.   BM

SALMÓN, MONTE ('umbroso', 'oscuro'). Monte cubierto de vegetación, cerca de Siquem (Jue. 9:48). Probablemente se trate del actual *yebel el-kebir* ('la montaña grande'). En su ladera está la aldea de → Salim, cerca de la cual Juan bautizaba (Jn. 3:23). En el Sal. 68:14 se alude a un monte S. cubierto de nieve. Quizá sea el mismo monte, pero la identificación no es segura. Muchos creen que se hallaba en Basán.

C. R.-G.

SALMOS, LIBRO DE LOS.

I. TÍTULO

El título más común de este libro viene del que se halla en la mayoría de los mss de la LXX, *psalmoi*, que es traducción griega del título hebreo de 57 de los Salmos, *mizmor* ('himno', 'canto'), v.g. 3,4,5,6,15. Otros mss de la LXX usan el apelativo *psalterion* (de donde viene nuestra palabra "salterio").

En la sinagoga los judíos usan el nombre *tehillim* ('himnos') o *tefilot* ('oraciones'). Ambos nombres sirven como título apropiado, aunque no comprenden, según su carácter, a todos los poemas coleccionados en el salterio.

II. NÚMERO

El salterio consta actualmente de 150 Sal., pero debe reconocerse que tal número no refleja precisamente la realidad. Es evidente que el Sal. 14, con muy pequeñas variantes, es idéntico al 53; que el 70 es una repetición literal de 40:13-17, y que el 108 se compone de 57:8-12 y 60:7-14. La ordenación numérica en el texto masorético no concuerda con la de la LXX, porque ésta contrae los Sal. 9 y 10 en uno e igualmente 114 y 115. Por otra parte, la LXX también subdivide 116 y 147, cada uno en dos himnos independientes. Esto explica la diferente numeración de algunas versiones. La Vul. y también versiones modernas de la iglesia católica siguen en este aspecto a la LXX. Hay casos, sin embargo, donde ni la tradición del texto masorético ni la de la LXX parecieran ser correctas; v.g. el hecho de que en ambas los Sal. 42 y 43 aparecen como independientes cuando originalmente deben haber sido uno solo, como lo comprueba el refrán de 42:5 que se repite en 42:11 y 43:5.

III. DIVISIÓN

Los Sal. se dividen actualmente en cinco libros, probablemente por analogía con el Pentateuco, y cada libro termina con una doxología. El primer libro contiene los Sal. 1–41, el segundo 42–72, el tercero 73–89, el cuarto 90–106 y el quinto 107–150. En este último libro todo el Sal. 150 representa la doxología final. Esta agrupación no es cronológica y su importancia es más bien secundaria. Observamos p.e., que en el centro hay un grupo, el de los Sal. 42–83, que por el uso constante del nombre divino *Elohim* puede figurar como el "salterio elohístico". En los primeros libros predominan los Sal. de David, pero los hay dispersos también en los restantes libros, p.e. Sal. 110, citado por Jesús como Sal. de David.

Algunos Sal. forman pares por la semejanza de su contenido: V.g., 3 y 4; 9 y 10. Los Sal. 111 y 112 fueron juntados por ser ambos alfabéticos. Por otra parte, se agruparon los compuestos por un mismo autor, como los Sal. de los hijos de Coré (42–49), y los de Asaf (73–83). Con Sal. 56 comienza un grupo de cinco que se titulan →*Mictam*, término técnico todavía no esclarecido, y como "canciones de subidas" figura el grupo de los Sal. 120–134, que los peregrinos cantaban al dirigirse a Jerusalén para asistir a las grandes fiestas cultuales. Tanto en el cuarto como en el quinto libro predomina el nombre Yahveh; en el primero de éstos aparece ciento tres veces y nunca aparece Elohim. El final del salterio lo forman los cinco Sal. de "Aleluya". De todo esto resulta que la agrupación de los Sal. y su distribución obedece a distintos criterios, pero es indudable que la formación de este himnario se comenzó en los tiempos de David. Según 2 Cr. 23:18, durante el reinado de Josías había una colección de los Sal. de David.

El siguiente paso para comprender mejor el proceso de la agrupación de los Sal. puede ser éste: el primer libro (1–41) se presenta como una colección escrita por David, con excepción de 1 y 2 que son anónimos y forman la introducción. El segundo libro se inicia con ocho Sal. de David, y en él son anónimos el 66, 67 y 71, el 50 se le atribuye a → Asaf, y el 72, según el título, se le atribuye a Salomón. Las palabras finales de este último: "Aquí terminan las oraciones de David, hijo de Isaí", indican que, según la opinión del redactor final, lo procedente es el himnario compuesto y arreglado por David, y los siguientes suplementos confeccionados por otros autores y en otras épocas.

El tercer libro, que es el primero de estos suplementos (73–89), contiene composiciones de poetas levíticos. Éstas son: once Sal. de Asaf, contemporáneo de David (y bajo su nombre podemos incluir también a sus descendientes), cuatro de los hijos de Coré, uno de Etán y uno (86) de David.

Si los primeros dos libros pueden llamarse "el salterio de David", y el tercero, es decir el primer suplemento, "el salterio de Asaf" (aunque varios de sus autores hayan vivido después de Asaf), éstos podrían ser los libros a que se refiere el cronista (2 Cr. 29:30): "Entonces el rey Ezequías y los príncipes dijeron a los levitas que alabasen a Jehová con las palabras de David y Asaf vidente".

Queda un problema difícil de explicar: Por qué David no incluyó en su propio salterio sus dieciocho Sal. repartidos ahora en los últimos dos suplementos. Pero no es posible negar la paternidad davídica de estos Sal. sencillamente porque no figuran en el salterio propio de David. Sólo se sabe que redactores posteriores lo incluyeron en estos suplementos finales. El segundo de los tres suplementos (90–106) consiste (además del Sal. 90) de catorce himnos relativamente cortos, que son los himnos para la mañana y la tarde de una semana, y tres más largos, en su mayoría anónimos, que probablemente datan de la época de Jeremías (*ca.* 600 a.C.).

El último suplemento, que quizá se redactó después del cautiverio (107–150), se agrupa alrededor del Sal. alfabético 119, el cual contiene veintidós estrofas, con ocho versículos cada una, las cuales comienzan con una letra respectiva del alfabeto hebreo, que a su vez tiene veintidós letras. Este Sal. va precedido por seis de alabanzas (113–118) para fiestas litúrgicas, los cuales todavía son rezados por los judíos ortodoxos en la tarde de la Pascua, y seguido por quince canciones de las subidas (120–134) destinadas para las peregrinaciones anuales a Jerusalén. Estos tres grupos están enmarcados por los Sal. alfabéticos (111 y 112) y los levíticos (135-137), pero el marco se completa primero por Sal. de David (108–110; 138–145) y finalmente por el Sal. del regreso (107) y los cinco de Aleluya (146–150). Los Sal. 126 y 137, que son del cautiverio, demuestran que este tercer suplemento (el quinto libro del salterio) fue el último en componerse.

IV. AUTORES

Según los epígrafes del texto hebreo, setenta y tres salmos se atribuyen a David, dos a Salomón (72 y 127), doce a Asaf (ya se mencionó que en este nombre deben incluirse también sus descendientes), once a los hijos de → Coré, y uno a cada uno de los siguientes: Moisés, Etán, → Hemán, y → Jedutún. De los restantes cuarenta y nueve Sal. anónimos, la LXX atribuye doce más a David y otros a Jeremías, Hageo y Zacarías. Según 1 Cr. 16, también los Sal. anónimos 96 y 105 son de David, y lo mismo considera el NT (Hch. 4:25 y Heb. 4:7) respecto de los Sal. anónimos 2 y 95.

La mayoría de los críticos tendía hasta hace poco a restar crédito a los títulos que se han conservado en los Sal. y atribuían la mayoría de los Sal. al tiempo de los macabeos. Wellhausen dudaba de que hubiera un solo Sal. escrito antes del cautiverio. Pero su tesis de que cada himno del salterio es posterior al cautiverio, porque el salterio fue el himnario de la congregación israelita posterior al cautiverio, ya es considerada actualmente como insostenible. Se ha hecho general considerar que la mayoría de los Sal., especialmente los individuales, existían ya antes del cautiverio. Por lo menos, se admite la probabilidad de que *ca.* 300 a.C. el salterio ya existía como libro concluido.

También el argumento de que los Sal. con términos como "santuario", "casa de Jehová", "templo de Jehová", no podrían ser de David, porque el templo se construyó después de David, ha resultado inválido. Se sabe que los términos mencionados no solamente se refieren al templo sino también al tabernáculo, de modo que en estos Sal. puede tratarse de tales referen-

cias. Nada obstaculiza, entonces, la aceptación de los títulos que atribuyen estos Sal. a David. Es innegable que éste era poeta y músico (1 S. 16:18; 2 S. 1:17ss.; 3:33ss.; 6:15; 23:1ss; Am. 6:5) y que según la tradición histórica tuvo una destacada actuación en el arreglo musical del culto (1 Cr. 13:8; 15:16-24; 16:4; 23:5; 25:2; 2 Cr. 23:18; 29:15-30; Esd. 3:10; Neh. 12:24). Una prueba más son los epígrafes mismos de muchos de los Sal. Algunos de ellos apuntan a la circunstancia histórica que motivó la escritura de algunos Sal. y los detalles al respecto son confirmados por los libros de Samuel. En muchos casos la descripción corresponde a una circunstancia concreta en la vida de David, la cual armoniza ampliamente con el contenido de los respectivos Sal.   F. L.

V. GÉNEROS LITERARIOS Y TEOLOGÍA

Partiendo de los tipos de Sal. conocidos en otras religiones, los eruditos modernos, empezando con Hermann Gunkel, han identificado géneros parecidos en el AT. Hoy es común reconocer los siguientes géneros:

A. *Lamentaciones o súplicas*

Éste (y no los himnos de alabanza) es el género que domina el libro de Sal. (a pesar del título del libro). En este género un individuo o la comunidad expone su sufrimiento ante Dios, y se refiere a la enfermedad, opresión de enemigos, guerras, peste, hambre, sequía, destierro, pérdida de la presencia de Dios, y muerte: todo lo que puede indicar la ira de Dios sobre el pecador. Pero también a veces hay apelaciones de inocencia e insitencia en que el sufrimiento no siempre es por causa del pecado humano y la ira divina (Sal. 44; 69; 73). La estructura de los Sal. de este género no es invariable, pero sus partes ordinarias son la queja, la petición y la conclusión. A veces se empieza o se termina con una nota de alabanza o acción de gracias. Las súplicas individuales son: Sal. 5; 6; 7; 9; 10; 13; 17; 22; 25; 26; 28; 31; 35; 36; 38; 39; 42; 43; 51; 54; 55; 56; 57; 59; 61; 63; 64; 69; 70; 71; 86; 88; 102; 109; 130; 140; 141; 142; 143. Las súplicas colectivas son: Sal. 12; 44; 58; 60; 74; 77; 79; 80; 83; 85; 90; 94; 106; 108; 123; 126.

B. *Himnos*

Éste es el género que le dio al libro su nombre, tal vez porque aun en las lamentaciones y súplicas la gloria y alabanza a Dios representan el fin de la oración (nótese cuántas súplicas terminan cón alabanza o incluyen un voto de sacrificio y acción de gracias) o por la estructura misma del libro (con 6 himnos al final, 145–150). Los himnos son fáciles de identificar, pues cantan gozosamente la alabanza a Yahveh. Además, tienen una estructura que usualmente consiste de introducción (una invitación a la alabanza), cuerpo (los motivos de la alabanza) y conclusión (invitación a la alabanza repetida). El gozo del salmista en su Dios es tal que tiene que expresarse, animando a otros a participar con él en la plenitud de vida. La alabanza es, pues, la expresión más alta de vida y amor, mientras que la ausencia de alabanza es característica de la muerte y del Seol (6:5; 30:9; 88:10-12; 115:17).

Los Sal. acerca de la realeza de Yahveh representan un tipo particular de himno (47; 93; 96–99), caracterizado por la expresión "Yahveh reina", que recalca el → reino de Dios sobre el mundo y la historia.

Otro tipo particular de himno son los "cánticos de Sión" (Sal. 46; 48; 76; 84; 87; 122; 137), que hacen hincapié en la elección y la hermosura de → Jerusalén.

Los demás himnos son: Sal. 8; 19; 29; 33; 100; 103; 104; 105; 111; 113; 114; 117; 135; 136; 145; 146; 147; 148; 149; 150.

C. *Acciones de gracias*

Éstas pueden ser individuales (18; 30; 32; 34; 40; 41; 92; 107; 116; 138) o colectivas (65; 66; 67; 68; 118; 124), pero siempre celebran las misericordias recibidas de Yahveh. No siguen una estructura definida, pero incluyen una narración que cuenta las penas sufridas y la acción salvadora de Dios.

D. *Sal. de confianza*

Éstos pueden ser individuales (3; 4; 11; 16; 23; 27; 62; 121; 131) o colectivos (115; 125; 129) e incluyen algunos de los Sal. mas apreciados de todo el libro. Es el único género que no encuentra paralelo en las religiones de los pueblos vecinos de Israel. Este hecho seguramente se debe a la revelación singular de Dios atestada en su → pacto. Así que la → fe, o confianza, viene (como testifica San Pablo) por la palabra revelada (Ro. 10:17). La Reforma Protestante empezó cuando Lutero en su estudio de los Sal. (1513-15 d.C.) aprendió el significado bíblico de la fe y de la → justicia, y comprendió la enseñanza del NT sobre la → justificación por la fe.

E. *Sal. reales*

Éstos son 2; 20; 21; 45; 72; 89; 110; 132; 144. Todos tienen en común el motivo del rey y representan varias circunstancias en la vida de los reyes que gobernaron en Judá (o, en el caso del Sal. 45, en Israel). Hablan de su coronación (2; 72), sus guerras (20; 21; 144), sus derrotas (89), su boda (45) y sus funciones cultuales (110; 132). Junto con el Sal. 22, muchos de estos Sal. reales cultivaron la esperanza mesiánica en Israel, puesto que ningún rey histórico pudo cumplir todas las descripciones y aspiraciones expresadas en estos Sal. (especialmente 2; 45; 72; 110). Es por ello que (con tanta razón) muchos son citados en el NT y en la interpretación tradicional de la iglesia como Sal. mesiánicos (→ MESÍAS). El lenguaje de estos Sal. refleja muchas veces el estilo hiperbólico de las cortes en los grandes imperios paganos. El Espíritu Santo guió a los autores humanos a utilizar este lenguaje en el contexto de la vida israelita, para demostrar que las afirmaciones sobre la deidad del rey (Sal. 45:6) y el logro de un reino universal y eterno (Sal. 2; 72) sólo podrían cumplirse literalmente en la venida del Mesías. Por supuesto, después de la promesa de Dios a David (2 S. 7), los israelitas no sabían cuál hijo de David sería el rey que cumpliría las promesas mesiánicas.

F. *Sal. didácticos o sapienciales*

Este género (Sal. 1; 37; 49; 73; 78; 91; 101; 112; 119; 127; 128; 133; 139) se parece mucho a los libros sapienciales del AT (→ PROVERBIOS, → JOB, → ECLESIASTÉS, tanto en sus temas predilectos (la ley, la felicidad verdadera, la retribución) como en su estilo. Representan más instrucción que oración y nos hacen recordar que la palabra de Dios es la base de la oración eficaz (Jn. 15:7).

G. *Enseñanzas proféticas*

Éstas incluyen Sal. 14 (// 53); 50; 52; 75; 81; 82; 95; y, como los sapienciales, representan más enseñanza que oración. Pero en estos casos los énfasis y los estilos son más parecidos a los oráculos de los → profetas.

H. *Sal. litúrgicos*

Los Sal. 15; 24; 134 tienen un carácter dialogal y se limitan obviamente al → culto.

VI. LAS IMPRECACIONES EN LOS SAL.

Para muchos lectores modernos el problema más agudo en los Sal. lo contituyen los textos donde el autor pide que Dios castigue a sus enemigos, pues pareciera que Cristo supera esta actitud cuando pide perdón para sus enemigos (Lc. 23:34) y enseña que sus discípulos hagan lo mismo (Mt. 5:44; Lc. 6:28; cp. Hch. 7:60). Sin embargo, es importante notar que Cristo y sus apóstoles también insistieron en el carácter santo, justo y veraz de Dios (Jn. 1:5; cp. 4:8,16). El hombre que rechaza el perdón y persiste en el pecado, inevitablemente sufre el juicio de Dios (Ro. 2:5-11; Gá. 6:7), y aun el cristiano que ora "santificado sea tu nombre, venga tu reino..." también está pidiendo (en forma general) que Dios juzgue a los que persisten en el pecado (Mt. 13:40-43,47-49; Ap. 11:15-19). Sólo a la luz del cumplimiento escatológico del juicio divino sobre los enemigos de Dios el cristiano no reclama la retribución en esta vida (2 Ti. 4:14).

Es importante notar también que los Sal. imprecatorios representan un avance muy marcado sobre la práctica de la → venganza personal e injusta (Gn. 4:23,24) o aun sobre el castigo legal y justo (Éx. 21:24). Son oraciones elevadas por verdaderos hombres que, acosados por enemigos implacables (Sal. 56; 57), resisten la tentación de la venganza personal por expresar en la presencia del Dios justo la hostilidad personal (Lc. 18:6-8).

Los Sal. mismos muestran la excelencia del orar por los enemigos (109:4,5), y que la imprecación debe dirigirse particularmente contra el pecado y no contra los hombres (7:9). Usualmente los salmistas solamente pedían que Dios cumpliera lo que había prometido en su → pacto (Gn. 12:3; Sal. 89:22,23) y por medio de sus profetas (Sal. 137:7-9; Is. 13:16). La imprecación más ferviente y asombrosa probablemente sea la maldición que implora el salmista sobre los enemigos (109:6-20), y en el NT se cita como escritura inspirada que se cumplió en la muerte de Judas (69:25; 109:8; Hch. 1:15-20).

El cristiano no puede negar ni la → inspiración divina ni la utilidad práctica de los Sal. imprecatorios (Hch. 1:16; 2 Ti. 3:15-17). Pero esta conclusión no implica necesariamente que estos Sal. deban ser aceptados como la norma más alta de la oración. Los Sal. fueron inspirados para el uso de todo el pueblo de Dios en todo lugar y en toda época, y no solamente para algunos pocos santos que siempre pueden superar los sentimientos de venganza con un amor perfecto (Ro. 12:19-21). Además, aun para el santo, los Sal. imprecatorios pueden servir como estímulo para una vida más apegada a la justicia (2 Ti. 3:16) y la evangelización agresiva (las cuales frecuentemente provocan persecución; Mt. 5:10-12; 2 Ti. 3:10-12).

T. D. H.

Bibliografía

Gónzalez, Angel, *El libro de los salmos*, Barcelona: Editorial Herder, 1966. Ringgren, Helmer, *La fe de los salmistas*, Buenos Aires: Editorial La Aurora, 1960.

SALOME. Forma femenina de "Salomón".

1. Galilea seguidora de Jesús. Evidentemente era esposa de Zebedeo y madre de los apóstoles Juan y Jacobo (Mt. 27:56; cp. Mt. 20:20-23; Mr. 15:40 y 16:1). Sin duda formaba parte del grupo de mujeres que servían a Jesús en Galilea (Lc. 8:1-3) y que presenciaron su muerte en la cruz (Mt. 27:56).

2. Hija de → Herodías por parte de su primer marido Herodes Felipe. Danzó ante → Herodes Antipas (Mt. 14:6; Mr. 6:22). Su nombre no se menciona en el NT pero Josefo la identifica (*Antigüedades*, XVIII.v.4).   A. C. S.

SALOMÓN ('el pacífico'). Tercer rey de Israel (*ca.* 971-931 a.C.), y segundo de los cinco hijos que David tuvo de Betsabé (1 Cr. 3:5; 14:4; 2 S. 5:14; 12:24). No figura en la historia bíblica sino hasta los últimos días de David (1 R. 1:10ss.), a pesar de haber nacido en Jerusalén en el inicio del reinado de David (2 S. 5:14), bajo un pacto eterno de Dios (2 S. 7: 12-15). Antes de su nacimiento Dios lo había designado sucesor de David (1 Cr. 22:9,10).

Aunque David prometió a Betsabé que S. sería su sucesor (1 R. 1:13,17), la sucesión no fue anunciada oficialmente sino hasta después del intento de Adonías de proclamarse rey, por ser el mayor de los hijos sobrevivientes (2 S. 3:4; 1 R. 1:5-10,24-27). En respuesta a las instancias de Natán y Betsabé, David pronto intervino y mandó que S. fuese ungido y puesto en el trono (1 R. 1:32-52). S. fue de nuevo proclamado y ungido rey por David, formal y públicamente, poco antes de la muerte de éste; tenía

entonces apenas veinte años (1 Cr. 28:1; 29:22; 1 R. 2:1-12; 3:7). David le dio instrucciones solemnes en cuanto a su trabajo como sucesor y edificador del → templo.

Aunque S. subió al trono como primer rey de una dinastía sin el "carisma" de sus antecesores (p.e., los jueces, Saúl y David), Dios le dio sabiduría especial por haber pedido "un corazón entendido para juzgar y gobernar a este pueblo tan grande" (1 R. 3:3-28).

Por haber sobrepasado en sabiduría a sus contemporáneos de Egipto, Arabia, Canaán y Edom, S. fue reconocido como el gran impulsor de la literatura de sabiduría israelita. En ningún otro tiempo de la monarquía hubo tanta oportunidad de contactos internacionales, ni tanta abundancia y paz como para inspirar obras literarias. S. tomó la iniciativa en este movimiento, coleccionando y componiendo miles de proverbios y cánticos (1 R. 4:29-34). Además de sabiduría, Dios le dio honores y riquezas; a su corte llegaban representantes de otras naciones, entre los cuales figuró la reina de Sabá (1 R. 10:1-15; 2 Cr. 9:1-12,23).

Con la caída del monopolio egipcio en el comercio con Etiopía y Somalia, S. pudo controlar las caravanas comerciales desde → Tifsa y Tadmor en el N hasta Gaza y Ezión Geber en el S, donde hacían conexiones con sus naves. Contaba con marineros de Hiram de Fenicia e importaba madera de sándalo para los balaustres de la casa de Jehová y las casas reales. Es probable que S. se haya dedicado a este comercio lucrativo en el curso del desarrollo de su propio ejército.

S. comenzó la construcción del templo en el año 4 de su reinado (966 a.C.). Para ello consiguió cedro y hombres hábiles de Hiram de Fenicia y terminó la obra en el año 11 de sus funciones. En esta ocasión Dios se le apareció por segunda vez, y le prometió poner su nombre en el templo para siempre y afirmarlo en el trono de Israel perpetuamente, de acuerdo con el pacto hecho anteriormente con David, si guardaba los mandamientos de Jehová. Si no, Israel sería maldito y esparcido sobre la faz de la tierra y el templo destruido, aunque el pacto con David siempre quedaría en pie y se cumpliría en Jesucristo.

Al construir el templo, S. siguió la política de David, quien había traído el arca a Jerusalén para ligar el estado con el orden anfictiónico, y había unido la comunidad secular con la religiosa bajo la corona. Samuel había rechazado a Saúl y había roto con él; S. rompió con Abiatar.

Después de terminar el templo, S. erigió en trece años un palacio espléndido con otras tres construcciones que formaban parte de éste (1 R. 7:1-8). Para la construcción de estos edificios S. se aprovechó de su alianza con Hiram, rey de Tiro (*ca.* 969-936 a.C.), a quien le daba trigo y aceite de olivo a cambio de piedras, madera y obreros capaces (1 R. 5:1-12; 2 Cr. 2:3-16).

S. aseguró la defensa nacional construyendo ciudades claves fortificadas, las cuales convirtió en bases militares (1 R. 9:15-19; 10:26; 2 Cr. 9:25). En ellas mantuvo en pie un ejército de 12.000 hombres y 1.400 carros para defenderse ante cualquier invasión y para controlar levantamientos internos o vasallos rebeldes.

S. terminó con la independencia de las tribus israelitas y unió a la nación bajo un gobierno central por medio de una reorganización del país en doce distritos administrativos bajo doce gobernadores (1 R. 4:7-19). Esto le permitió conseguir mayores ingresos y poder cubrir los crecientes gastos que no se cubrían con los tributos regulares. Cada distrito debía proporcionar provisiones para la corte durante un mes al año (1 R. 4:27). Y para solucionar la falta de fondos y obreros para sus numerosos proyectos, S. continuó la política de David; sometió a trabajos forzados a los pueblos conquistados (1 R. 9:20-22; 2 Cr. 8:1-18). Los esclavos trabajaban en la fundición de Ezión-geber y en las minas de Arabá bajo condiciones inhumanas. La situación financiera llegó a ser tan desesperada después de los primeros veinte años que S. tuvo que ceder veinte ciudades de Galilea a Hiram, rey de Tiro, por no haber podido pagar los ciento veinte talentos de oro que éste le había prestado (1 R. 9:10-14).

Al tomar para sí mismo caballos, mujeres y oro en abundancia, cosa prohibida por Dios er Dt. 17:16,17 y censurada posteriormente por los profetas del siglo VIII, S. cedió a las tentaciones que resulta de la excesiva prosperidad. No obedeció la segunda amonestación de Dios (1 R. 9:1-9; Cr. 7:11-22), se volvió orgulloso, se entregó a los placeres carnales y se olvidó del Dios a quien tanto amó al principio (1 R. 3:3). Por sus abominables idolatrías y por complacer a sus numerosas esposas extranjeras (1 R. 11:1-8; Neh. 13:26), Dios le anunció que lo castigaría dividiendo el reino entre su hijo Roboam y Jeroboam I (1 R. 11:9-40). Los cuarenta años de reinado de S. (971-931 a.C.) fueron en su mayor parte pacíficos con la excepción de algunos disturbios promovidos por Adad, Rezón y Jeroboam 1 (1 R. 11:14-43). (→PROVERBIOS, CANTAR DE LOS CANTARES, ECLESIASTÉS.)   W. D. S.

SALTEADOR. →LADRÓN.

SALTERIO (gr. *psalterion*). Traducción más frecuente de la palabra heb. *nebel* (Sal. 33:2; 57:8; 144:9) que se aplica a un instrumento de cuerdas cuya descripción exacta resulta aún muy incierta por la falta de material arqueológico (→MÚSICA). Se piensa que era una especie de arpa triangular de madera, o un laúd semejante al *nefer* de los egipcios o al *santir* de los persas y árabes, el cual se ejecutaba con los dedos, sin utilizar púas (cp. 1 S. 16:23). Precisamente el verbo gr. *psallo* significa "pulsar". Aunque el

nombre delata el origen extranjero del instrumento, su empleo en toda el área del Mediterráneo oriental durante el primer milenio a.C. es evidente.

La palabra también suele ser traducción del arameo *Psanterin* (Dn. 3:5,7,10,15), nombre de uno de los instrumentos de la orquesta de Nabucodonosor. En unas 25 referencias aparece asociado con el →arpa (Sal. 108:2; 150:3), lo cual pareciera implicar que eran instrumentos complementarios y que probablemente el s. hacía las veces de bajo. Es evidente que David ejecutaba ambos instrumentos, y que el s. se empleaba tanto en celebraciones religiosas (1 R. 10:12; 1 Cr. 15:16) como seculares (cp. Is. 5:12).   F. J. P.

SALTÓN. →LANGOSTA.

SALUDO, SALUTACIÓN. Saludar es traducción del verbo heb. *barak* (= 'bendecir'), y del gr. *aspadzesthai* (= 'acoger con gozo', 'abrazar'). También lo es del substantivo *shalom* (heb. = 'paz', 'bienestar') y las formas verbales *jaíre*, y *jaírein* (gr. = 'regocijar'). Para los hebreos, el s. tenía efectos bienhechores sobre la persona saludada (por tanto era indispensable en las →*epístolas)*, *pero sólo si esta persona era digna del s.* (cp. Mt. 10:13). Negarle a alguien el s. equivalía a maldecirlo (2 Jn. 10).

Las formas de s. tenían calor y encanto humanos. Los s. que los caminantes se cruzaban, sobre todo entre personas conocidas que hacía mucho tiempo que no se veían, iban acompañados de →bendiciones (Gn. 43:29; Jue. 6:12; 19:20; Rt. 2:4; 1 S. 25:6; 2 R. 10:15), gestos significativos, →besos y largas conversaciones en que mutuamente se informaban de las últimas noticias (Gn. 29:11,13; Éx. 4:27; 18:7; 2 S. 20:9; 2 R. 4:26,29; Lc. 10:4).

A las personas consideradas como de mayor rango o dignidad, se les daba muestras de deferencia: el saludador se apeaba de su montura y hacía una y hasta siete inclinaciones, o se postraba ante el saludado (2 S. 9:6; 2 R. 4:27; Mt. 28:9), llamándole señor y padre, y calificándose a sí mismo de siervo, esclavo o perro (Gn. 18:3, 24:18; 33:5; 42:11; 1 S. 28:18; 2 S. 24:21; 2 R. 2:12 etc.). Con los ancianos se tenían consideraciones especiales (Lv. 19:32).

Las ceremonias de s., en las visitas, consistían en diversas atenciones mutuas: lavar los pies, ungir, perfumar, agasajar. El anfitrión corría al encuentro de los huéspedes (Gn. 18:2; 19:1; 29:13; Éx. 18:7), y luego al despedirlos los acompañaba un buen trecho del camino (2 S. 19:31 →HOSPITALIDAD).

Las fórmulas corrientes de s. eran: "Paz sea contigo" (Jue. 19:20); "Paz sea a esta casa" (Lc. 10:5); "Jehová está contigo" (Jue. 6:12). Pero también se usaban fórmulas más extensas. Aunque Jesús recomienda a sus discípulos que saluden al entrar en una casa (Mt. 10:12; Lc. 10:5), critica la vanidad de los fariseos, que deseaban que se les saludara pomposamente y en público (Mt. 23:7).   C. R.-G.

Bibliografía
EBDM VI, col. 404ss.; *DBH,* col. 1779s.

SALUM. Nombre, en varias formas, de quince personajes del AT de los cuales los principales son:

1. Decimoquinto rey de Israel y sucesor de Zacarías, a quien mató *ca.* 745 (2 R. 15: 10-15). Reinó solamente un mes pues fue muerto y sucedido por Manahem.

2. Otro nombre de → Joacaz, hijo y sucesor de Josías en el trono de Judá *ca.* 609 (1 Cr. 3:15; Jer. 22:11).

3. Levita de la familia de Coré y jefe de los porteros del santuario en tiempos de David (1 Cr. 9:17,19).

4. Sumo sacerdote durante el período medio de la monarquía (1 Cr. 6:12,13), antepasado de Esdras (Esd. 7:2).

5. Esposo de la profetisa Hulda (2 R. 22:14; 2 Cr. 34:22) y tal vez tío de Jeremías.

W. C. W.

SALVACIÓN. La idea básica del término "s." es rescatar y preservar de un peligro inminente; implica dar salud y seguridad. En su sentido más profundo, sin embargo, es un término cuyo significado está limitado cada vez más a la expresión del milagro divino de la emancipación espiritual del hombre del dominio y culpa → del pecado y la → muerte, y al goce de una → vida eterna de comunión renovada con Dios. En las Sagradas Escrituras el tema se desarrolla desde el concepto puramente físico, hasta el plano moral y espiritual.

Según el AT, el hombre, a causa del pecado, es perseguido hasta la muerte por el peligro y la calamidad física (Gn. 4:12ss.). Su situación es la de un huérfano. Dios es el único que lo puede socorrer y salvar y, cuando la s. divina se manifiesta, tanto el individuo como la comunidad son liberados íntegra y vitalmente. El individuo es liberado de peligros físicos, injusticias y necesidades. La comunidad es liberada de guerras, trastornos políticos, hambres, etc.

Dios tiene en sus manos todos los medios para la s. del hombre, y es señor de todos los instrumentos salvadores. Salva en ocasiones por medio de una persona usada momentáneamente y que aparentemente actúa por móviles personales y humanos (1 S. 25:26-33; cp. Jue. 14:1-4). Pero otras veces actúa por medio de instrumentos exclusivamente seleccionados y otras en forma directa. Dios salva (Éx. 14:13) y él es la s. (15:12). El → éxodo es el gran paradigma de la s., y su significado teológico se celebra en las grandes → fiestas de los israelitas (p.e. la → Pascua).

La esperanza y doctrina de la s. se desarrolla progresivamente. En un principio son los impotentes y los pobres los que tienen particular motivo para esperar la s. de Dios. El libro de Salmos es elocuente en este sentido. Y en varias partes del AT hay destellos de una s. más allá de lo finito (p.e. Job 19:26s.). Pero, puesto que personal y nacionalmente el hombre trata de escapar de manos de sus enemigos, la s. generalmente adquiere un concepto político y religioso que llega a su cenit en la presentación del sufrimiento del Siervo en Is. 53. En este aspecto el AT prepara la escena de la s. en el NT.

El NT toma el amplio concepto del AT y lo liga a la persona de Jesucristo, el → Salvador que trae s. a todos los hombres (1 Ti. 1:15; 2:4ss.). Jesús es la respuesta definitiva a las esperanzas de s. del AT, como se ilustra en la profecía de Simeón en Lc. 2:29-32, y en la explicación del significado del nombre de Jesús (Mt. 1:21).

Jesús enfoca la s. desde la perspectiva del deber del hombre (Mt. 10:22; Mr. 8:35; Lc. 7:50) y el significado del ministerio del → Hijo del Hombre. Proclamó que su tarea era servir y dar su vida para la s. de muchos (Mt. 18:11; 20:28; Mr. 10:45; Lc. 4:18).

El concepto de la s. en el cuarto Evangelio tiene aspectos aún más significativos. Aquí se pone énfasis en el nuevo nacimiento como requisito esencial para entrar al reino (Jn. 3: 5), pero a la vez la vida no es posible sin poner la confianza definitivamente en Cristo (Jn. 3:14,16). El hombre que no cree "ya ha sido condenado" (Jn. 3:18; → JUICIO, INFIERNO). La s. se presenta en un plano cristológico y Jesucristo es el agente de la misma. Para ser salvo es necesario volverse a él, por la fe, en esperanza y confesión.

Pablo en sus cartas da al tema su máximo desarrollo, haciendo destacar que la s. es gratuita y no la puede merecer ningún hombre por sus → buenas obras ni por el cumplimiento de la ley (Gá. 2:21; 3:11), sino que éstos más bien son la manifestación externa de una s. interna (Ef. 2:10). Todo es de → gracia (2:5); la → conversión que produce la s. en el individuo es operada por el → Espíritu Santo de Dios (Ro. 8:1ss.); y es un cambio de vida tan radical como de la noche al día (2 Ti. 1:10; 1 P. 2:9; → RENACIMIENTO). El hombre pecador puede valerse de la s. únicamente identificándose por la → fe con Cristo, el → Cordero divino quien expió la culpa del mundo (→ EXPIACIÓN, SACRIFICIO) y quien por su muerte y → resurrección se califica como único salvador y mediador del → pacto entre Dios y la humanidad (1 Ti. 2:5).

Un elemento enteramente específico de la s. neotestamentaria es su carácter escatológico. La s. constituye el objeto de la herencia cristiana, la posesión de la gloria divina (2 Ti. 2:10), sin que esto quiera decir —porque no estamos plenamente salvados más que en esperanza (Mt. 10:22; Mr. 13:13; Ro. 8:24)— que esa vida no sea ya posesión actual nuestra (escatología anticipada, Ef. 2:5-8). (→ ELECCIÓN, JUSTIFICACIÓN, SANTIFICACIÓN).   J. O. D.

SALVADOR. Título asignado a Jesucristo, fuera del cual no hay salvación (Hch. 4:12).

En el AT el título s. posee enorme sentido. La traducción latina *salvator* proviene de la palabra heb. *Yehoshua* = Josué ('Yahveh es salvación'). A su vez, corresponde también al término gr. *soter*. En heb. se recalca la idea de misericordia, en gr. la dignidad de la soberanía.

El término se aplicaba como título a los capitanes y reyes que tenían éxito, y en forma muy general a los libertadores de un pueblo (Jue. 3:9; 2 R. 13:5; Neh. 9:27). Era tan común este uso entre las gentes, que seguramente no les fue extraño que Dios se lo aplicara a sí mismo. Fue Dios quien siempre le levantó un libertador a su pueblo en tiempo de necesidad y en las muchas crisis históricas. Él era el s. de Israel (Sal. 106:21; Is. 43:3-11; 60:16) y comparado a él nadie más podría con justicia llamarse s.

En la LXX la palabra se usa como título divino unas treinta veces. El nombre se repite especialmente en el vocabulario de Isaías (43:3-11; 45; 15,21; 49:26; 60:16; 63:8), pero también aparece en muchos otros pasajes (Sal. 24:5; Jer. 14:8; Os. 13:4; Mi. 7:7).

El término s. se aplica comúnmente a Jesús en la teología de la iglesia cristiana. Sorprende, por tanto, que aparezca relativamente poco en el NT como título cristológico (solamente 16 veces: p.e. Lc. 2:11; Jn. 4:42; Hch. 5:31; 13:23; Ef. 5:23; Fil. 3:20; 2 Ti. 1:10; etc.).

Se ha dicho que este escaso uso del título se debe a que el mismo se usaba extensamente en los medios paganos del mundo helénico, y por tanto los cristianos lo tenían como sospechoso. Prefirieron emplear otros títulos para expresar el mismo sentido (p.e., "Señor" en Ro. 10:9s.). Cabe mencionar que el término se usa principalmente en la literatura del NT escrita con posterioridad al año 60.

Como ha sido anotado, s. aparece en la LXX como un título de Dios y pasó a formar parte de la herencia bíblica de la iglesia. En Lc. 1:47 y 2:11 se sigue el estilo del AT, con expresiones puramente hebraicas. Y en las epístolas pastorales es a Dios a quien se llama con preferencia s. (1 Ti. 1:1; 2:3; 4:10; Tit. 1:3; 2:10; 3:4) lo cual corresponde al uso legítimo del AT. También la doxología de Judas 25 llama s. a Dios Padre.

Cuando a Jesús se le dio el título de s. en forma ocasional no fue para referirse solamente a una de sus funciones, p.e. sanar el cuerpo, sino a toda su obra, vista a la luz de su resurrección y glorificación. En este sentido el título s. se vincula íntimamente con el título *Kyrios* (→ SEÑOR). Inclusive puede considerársele como una variante de éste. *Kyrios* expresa una idea que aparece en escala menor, pues recalca la obra expiatoria de Cristo, la cual es condición esencial para su elevación al rango de s. divino (Fil. 2:9).

Aunque la palabra s. muchas veces no se encuentra explícitamente asociada con el título de "Señor", sí está asociada con el concepto cósmico del señorío; 2 P. 1:11; 2:20; 3:18; Lc. 2:11 ("un s., que es Cristo el Señor"); Fil. 3:20 ("el s., el Señor Jesucristo"); Hch. 5:31 (Dios exaltó a Jesús a su mano derecha como jefe y s. para arrepentimiento a Israel y perdón de pecados); Jn. 4:42; 1 Jn. 4:14 (el "s. del mundo" con sentido netamente cósmico).

El alcance teológico del título s. llegó a su plena expresión al final de la época apostólica, cuando puede asociarse con otros atributos importantes del nombre Jesús. Posiblemente los alcances especulativos y cosmológicos de "Señor" obligaron a los escritores a preferir cada vez más el título s.   J. O. D.

Bibliografía
EBDM VI, col. 407-418; *DBH*, col. 1880-1885; *CBSJ* V, 77:140-163; 79:35-51, 75-79; *VTB*, pp. 733-738; *DTB*, col. 961-964; O. Cullman, *La cristología del NT* (Buenos Aires: Methopress, 1965), pp. 275-282; P. Grelot, *Biblia y Teología* (Barcelona: Herder, 1969), pp. 45-69.

SAMA. 1. Tercer hijo de Reuel y jefe de una familia descendiente de Esaú y por lo tanto edomita (Gn. 36:13,17; 1 Cr. 1:37).

2. Tercer hijo de Isaí y hermano de David. Sirvió en el ejército de Saúl (1 S. 16:9; 17:13). A veces es llamado Simea (2 S. 13:3; 21:21; 1 Cr. 2:13).

3. Uno de los tres más bravos guerreros de David e hijo de Age, el ararita (2 S. 23:11, 12).

4. Nombre de tres de los treinta valientes de David (2 S. 23:25,33; 1 Cr. 11:44).

5. Descendiente de Aser (1 Cr. 7:37).

J. M. A.

SAMARIA. Capital del reino de Israel entre 870-721 a.C. y, después, centro administrativo para las potencias extranjeras que una tras otra dominaron la región. Más tarde el nombre de la ciudad fue dado también a toda la región central de Palestina al O del Jordán entre Judea al S y Galilea al N.

I. LA CIUDAD

S. estaba sobre un monte situado 70 km al N de Jerusalén y 45 al E del Mediterráneo, en el camino principal entre Jerusalén y el valle de Jezreel. Por tres lados del cerro se extendían valles fértiles. Era punto fácil de defender y esto explica por qué Omri lo escogió como sitio donde construir una nueva capital para el reino de Israel.

Ca. 870 a.C. → Omri compró a Semer el monte (1 R. 16:24) y trasladó allí la capital que estaba en → Tirsa. Aunque Omri empezó a edificar la ciudad, la construcción se terminó durante el reinado de su hijo Acab. Los descubrimientos arqueológicos revelan que esta ciudad fue planeada y construida con un estilo digno de un rey fuerte e influyente. La casa del rey fue colocada en el punto más alto, y cerca de ella Acab edificó para su esposa Jezabel un templo dedicado a Baal. Se han desenterrado 500 pedazos de marfil, que probablemente pertenecieron a la casa de marfil que Acab también construyó (1 R. 22:39). S. vivió toda la furia de la guerra contra la idolatría que declararon Elías y Eliseo y la cual fue consumada por Jehú cuando exterminó la casa de Acab (2 R. 10). Bajo Jeroboam II (786-746) S. gozó del período de mayor prosperidad (2 R. 14:23-29).

SAMARIA

Entre Galilea en el norte y Judea en el sur, quedaba Samaria, poblada por descendientes del antiguo reino de Israel, los cuales habían merecido la desaprobación de los judíos por haberse mezclado con los vecinos paganos y haberse apartado del judaísmo tradicional. Cristo incluyó a Samaria, sin embargo, dentro de la responsabilidad evangelística de los apóstoles (Hechos 1:8).   EBM

S. estaba bien fortificada y por lo tanto pudo rechazar todos los ataques del enemigo hasta que Salmanasar rey de Asiria la sitió *ca.* 724 a.C. Antes de rendirse, la ciudad resistió por tres años al ejército más poderoso de aquel entonces. Una parte de la ciudad fue quemada. Los profetas Isaías (10:9-11) y Miqueas (1:1-7) señalaron esta destrucción como advertencia para Judá.

Después de la caída de S., y según los archivos de los asirios, Sargón rey de Asiria llevó cautivos a 27.290 israelitas y repobló la ciudad con gentes de otros países que había conquistado. S. se convirtió entonces en el centro administrativo de una provincia del Imperio Asirio. Después de la caída de éste, se restableció la organización provincial y se colocó a S. como centro. Otras potencias extranjeras se apoderaron de la región: los caldeos, los persas, los macedonios, los ptolomeos y los seleúcidas. El

rey macabeo Juan Hircano, después de haberla sitiado por más de un año, la tomó en 107 a.C. y al entrar la destruyó casi por completo.

Con el avance de los romanos S. cayó bajo el poder de éstos (63 a.C.) y el emperador romano, Augusto, dio la ciudad a Herodes el Grande. Éste empezó inmediatamente un gran programa de construcción y la llamó "Sebaste", equivalente gr. de la palabra latina "Augusto". Herodes mandó construir un templo dedicado al César Augusto, una plaza al estilo romano y un estadio. Ésta era la S. del tiempo de Jesús.

Durante la rebelión judía (66-70 d.C.), los rebeldes tomaron Sebaste y la quemaron. La ciudad quedó abandonada hasta que el emperador Severo la reedificó a fines del siglo II. Durante este período S. gozó de su última época de prosperidad. Reedificaron el templo, el estadio y la plaza, y construyeron un teatro al aire libre. Son estas ruinas las que el turista ve hoy día.

II. LA REGIÓN

Se extiende aproximadamente 60 km de N a S y 50 km del E al O, desde la orilla meridional del valle de Jezreel hasta una línea entre Jericó por el Jordán y Ajalón en el llano marí-

Avenida de columnas que rodea el cerro donde estaba construida la ciudad de Samaria, fundada por el rey Omri de Israel nueve siglos antes de Cristo.   MPS

timo. La parte meridional tiene elevaciones relativamente altas y por eso quedaba algo aislada. El suelo fértil y la lluvia abundante hacen que la tierra sea fructífera.

La parte septentrional consiste en un valle central del cual se elevan varios montes, y de éstos el Ebal y el Gerizim son los más cónspicuos. El valle produce buenas cosechas de grano, y en las laderas de los montes hay olivas y uvas en abundancia (Jer. 31:5). Se puede entrar al valle por varios lados sin dificultad, pero esta accesibilidad, si bien ha facilitado el comercio, también ha facilitado las invasiones que la región ha sufrido frecuentemente a través de los siglos.

Fue sólo después de que Omri edificó la ciudad de S. que la región se conoció por este nombre. Como provincia asiria se llamó Samerena. S. ha sido el centro de la secta religiosa de los → samaritanos que ha perdurado desde el cisma en los días de Esdras y Nehemías hasta hoy.

Al parecer, Jesús y sus discípulos seguían la costumbre judía de no pasar por S. No obstante, según el cuarto Evangelio, por lo menos una vez atravesaron la región (Jn. 4:4ss.). Después de la resurrección de Jesucristo, los discípulos obedecieron el mandamiento que dio de ser testigos en S. La predicación de Felipe, Pedro y Juan dio por resultado la fundación de iglesias en la región (Hch. 8:1-25; 9:31; 15:3).

J. H. W.

SAMARITANOS. Término que en el NT señala a los habitantes de → Samaria, raza mixta que resultó de la fusión del remanente israelita con los gentiles que los asirios llevaron a la región después de la caída de Israel (722 a.C.). Hoy se refiere a la pequeña comunidad religiosa que vive en la misma región.

La historia de los s. no se conoce en su totalidad. Hay pocas referencias históricas a ellos y su propia literatura es de fecha reciente.

Según el punto de vista judío, los s. son descendientes de los gentiles que los asirios llevaron a Israel después de la conquista y la deportación de los israelitas (2 R. 17 y 18). Su religión es sincretista, como lo indica 2 R. 17:32,33: una mezcla del paganismo con la religión hebrea.

Según el punto de vista samaritano, ellos son los verdaderos descendientes de los israelitas. No todos los israelitas fueron llevados cautivos, y aun muchos de los que fueron al cautiverio al fin volvieron a su tierra.

La verdad probablemente está entre estos dos puntos de vista. Según los archivos de los asirios, → Sargón rey de Asiria llevó cautivos sólo a 27.290 israelitas. Muchos evidentemente quedaron en su tierra. Y también hay que recordar que la influencia de religiones extranjeras era mucho más fuerte en Israel que en Judá. Es, pues, posible considerar la relación entre judíos y s. como una continuación de la antigua hos-

tilidad entre la fe pura de Judá y la diluida fe de Israel. Esta hostilidad llegó a su punto culminante cuando los s. edificaron un templo rival en la cumbre del mte. Gerizim, probablemente a finales del siglo IV a.C. Este templo fue destruido por el rey → macabeo Juan Hircano, pero los s. continuaron venerando su monte sagrado y celebrando en él sus cultos.

En el tiempo de Jesús el ser s. era motivo de amargo desprecio (Jn. 8:48), y los judíos trataban de evitar todo contacto con ellos (Jn. 4:9). Jesús, sin embargo, varias veces puso como ejemplo a un s. para mostrar que ante Dios no hay acepción de personas (Lc. 10:33-37; Jn. 4).

Los romanos, aun los emperadores cristianos, persiguieron a los s. hasta el 636 d.C. cuando el pueblo cayó bajo el poder de los musulmanes. Hoy día sólo unos 200 quedan en la ciudad de Nablus (cerca del mte. → GERIZIM).

Los cinco puntos cardinales de la fe samaritana son: la fe en Jehová como el único Dios, la creencia que Moisés es el apóstol supremo de Dios, la convicción que la *Tora* es el único libro sagrado, el reconocimiento del mte. Gerizim como el lugar escogido de Dios y la esperanza de que habrá un día de recompensa y de castigo. Junto con el tema del día final está la idea de un restaurador quien en aquel tiempo aparecerá para anunciar la nueva era. No será Mesías en el sentido judío, sino más bien será el profeta de Dt. 18:18 que los judíos identificaban con Elías. Él convertirá el mundo a la fe verdadera.

Los s. son una comunidad religiosa gobernada por un sumo sacerdote. Observan la Pascua y la fiesta de los panes sin levadura, el Pentecostés y la fiesta de los tabernáculos. En la cumbre del Gerizim matan el cordero pascual en vísperas de la Pascua y lo comen según las leyes de la *Tora*. Cumplen escrupulosamente con las leyes tocantes al sábado. El día más sagrado del año es el día de la expiación en que todo s. tiene que observar un ayuno total.

J. H. W.

SAMGAR. Hijo de Anat (Jue. 3:31; 5:6), tercer juez de Israel, sucesor de Aod y predecesor de Barac y Débora. No se sabe cuánto tiempo juzgó a Israel. Antes de que S. entrara en acción, Israel anduvo en gran incertidumbre y aflicción, siendo subyugado por castigo de Dios (Jue. 5:6).

S. fue uno de los valerosos "salvadores" de Israel, y dio muerte a "seiscientos hombres de los filisteos con una aguijada de bueyes" (Jue. 3:31). Poco o nada se dice sobre su actuación como juez.   H. P. C.

SAMIR. 1. Ciudad de los altiplanos de Judá (Jos. 15:48) mencionada en las Escrituras junto con Jatir y Soco.

2. Ciudad donde Tola, juez de Israel, nació, vivió y fue sepultado (Jue. 10:1,2). Estaba enclavada en el monte Efraín.

3. Descendiente de los levitas, probablemente de la rama de Coat (1 Cr. 24:24).   M. V. F

SAMOS. Isla importante situada en el mar Egeo, cerca de la costa de Lidia en Asia Menor; la separa de ésta un estrecho que en su parte más angosta tiene menos de 2 km de ancho. Cuando Pablo la visitó en su tercer viaje misional, S. era una ciudad libre perteneciente a la provincia de Asia (Hch. 20:15). Se conocía como el lugar natal de Pitágoras y estaba consagrada al culto a Juno.   A. T. P.

SAMOTRACIA. Pequeña isla montañosa situada al N del mar Egeo, unos 32 km al S de la costa de →Tracia. Debido a la altura (1,693 m) de uno de sus picos, S. servía de guía a los marineros. Pero especialmente su renombre se debía a la celebración de los misterios de Ceres y Proserpina y de las deidades llamadas Los Cabiri. Por eso se consideraba sagrada y a ella acudían muchos peregrinos; los fugitivos llegaban a ella en busca de asilo.

La ciudad de S. estaba en el lado N de la isla, y durante la noche proporcionaba abrigo contra el viento SE. Por esta razón Pablo se apresuró a navegar de Troas a Neápolis en su primer viaje misional (Hch. 16:11).   A. T. P.

SAMUEL. Líder de Israel durante el crítico período de transición entre los jueces y la monarquía, y primer reformador religioso después de Moisés. Se le llama el último de los jueces (1 S. 7:15; Hch. 13:20) y el primero de los profetas (Hch. 3:24). Fue hijo de Elcana, levita (1 Cr. 6:23ss.) que vivía en el monte de Efraín (NO de Jerusalén), y de Ana, quien había pedido fervientemente a Dios un hijo. A tierna edad fue llevado al tabernáculo en Silo y presentado al sacerdote Elí, quien lo crió (1 S. 1 y 2).

Aunque S. se relacionó de cerca con los malvados hijos de Elí, éstos no influyeron en él y siguió fielmente a Dios. Seguramente la fe y las visitas anuales de su madre tuvieron un efecto profundo en su vida espiritual. Tal era la diferencia entre la conducta de S. y la de los hijos de Elí, que el pueblo se escandalizaba cuando iba a sacrificar en Silo. Más tarde Dios estableció a S. como su profeta y el pueblo lo reconoció como tal (1 S. 3).

S. vivió durante un período de dura crisis en Israel. Los jueces eran cada vez más incapaces de unir a la nación, y cuando Elí y sus hijos murieron S. todavía era demasiado joven para dirigir al pueblo. Los filisteos capturaron el arca, destruyeron Silo y dominaron la parte sur de Israel. No fue sino veinte años más tarde que Dios levantó a S. para encabezar un gran avivamiento religioso (1 S. 7:2-6). Dios le concedió la victoria sobre los filisteos (1 S. 7:5-14) y desde entonces fue líder del pueblo (1 S. 7:15-17).

S. desempeñó un papel importante en el establecimiento de la monarquía. Él estaba viejo, sus hijos andaban mal y el pueblo clamaba por un gobierno más fuerte. Aunque la petición no agradó al principio a S. (1 S. 8:6ss.), Dios le pidió que ungiera a →Saúl como "príncipe" (1 S. 9:17ss.). Se ha sugerido al respecto que el uso de *nagid* ('príncipe') en vez de *melec* ('rey') indica que S. no miraba en Saúl a un rey al estilo de las demás naciones, sino a un líder militar que habría de unir al pueblo y salvarlo de los filisteos. S. entristeció, por tanto, cuando Dios rechazó a Saúl a causa de su desobediencia. El respeto del pueblo por S. se puso de manifiesto cuando todo Israel lamentó su muerte (1 S. 28:3).

También fue S. el que estableció el movimiento profético. De acuerdo con 1 S. 19:20-22 presidía un grupo de profetas. Fue fundador de las escuelas de →profetas que ejercieron mucha influencia religiosa y educativa durante la monarquía. Su énfasis en la obediencia del corazón en vez de ritos exteriores (1 S. 15:22ss.) presagia el mensaje de los grandes profetas más tarde.

La importancia de S. se reconoce en Sal. 99:6, donde se le compara con Moisés y Aarón; en Jer. 15:1, donde se le reconoce como intercesor y en Heb. 11:32 donde se le elogia por su fe.   J. M. Br.

SAMUEL, LIBROS 1 y 2. Dos libros del AT que en el canon hebreo eran uno solo, el cual formaba parte de los "Profetas Anteriores". Fue dividido en dos libros por la →LXX y éstos fueron llamados 1 y 2 Reyes. En la Biblia hebrea y en nuestras versiones se llaman 1 y 2 S. por la importancia que este profeta tiene en la narración histórica.

I. CONTENIDO

S. contiene la historia de Israel desde el fin de la época de los jueces hasta los últimos años del rey David. Consigna el desarrollo histórico desde la opresión bajo los filisteos hasta el establecimiento del imperio conquistado y organizado por David.

En la historia de S. se destacan tres grandes personajes: Samuel, Saúl y David (véase el resumen de cada uno en 1 S. 7:13-15; 14:47-52; 2 S. 8). Según estos personajes, S. se puede bosquejar de la manera siguiente:

A. *Samuel, 1 S. 1–7*

B. *Samuel y Saúl, 1 S. 8–15*

C. *Saúl y David, 1 S. 16–2 S. 1*

D. *David hecho rey de Judá e Israel, 2 S. 2–8*

E. *Acontecimientos en la familia e intrigas por el trono de David, 2 S. 9–20*

F. *Apéndices, 2 S. 21–24.*

II. COMPOSICIÓN

Aunque S. revela una unidad de propósitos, muchos críticos lo consideran una amalgama de varios documentos que corren como dos hilos paralelos por todo el contenido. Sugieren que en sí se trata de dos o tres documentos que son la continuación de los documentos del Pentateuco. Tal teoría se basa en los relatos repetidos o "dobles", de los cuales los más señalados son: dos anuncios de la caída de la casa de Elí (1 S. 2:21ss.; 3:11ss.), dos relatos del rechazo de Saúl

(1 S. 13:14; 15:23), dos explicaciones del dicho "¿Saúl también entre los profetas?" (1 S. 10:10-12; 19:18-24), dos menciones de la presentación de David a Saúl (1 S. 16:21; 17:58), dos menciones del escape de David de la corte de Saúl (1 S. 19:12; 20:42), y dos versiones opuestas de la institución de la monarquía (desfavorable, 1 S. 8; 10:17-24; 12; favorable, 1 S. 9:1–10:16; 11). Otra teoría muy popular es que no son documentos que corren paralelamente, sino documentos de diferentes fases de la historia. Durante un largo proceso los profetas los fundieron en una sola historia.

Cabe hacer unas observaciones sobre las teorías documentarias: (1) No se puede negar que existen ciertos problemas al considerar a S. como una unidad. (2) Es demasiado superficial, sin embargo, considerar narraciones paralelas como los propuestos documentos J y E (→CRÍTICA BÍBLICA). (3) S. no afirma ser una historia completa, pues hay largos lapsos sin detalles en las historias de Samuel y Saúl (v.g. en 1 S. 9:2, Saúl es joven, y en 1 S. 13 ya tiene un hijo guerrero, Jonatán). Esto se debe a que el autor se apresura en llevar la historia al reinado de David. (4) Muchos supuestos relatos dobles son resultado de una lectura superficial del texto y se pueden explicar fácilmente como dos acontecimientos en vez de relatos dobles y contradictorios en un mismo suceso. Los dos anuncios de la caída de Elí son complementarios. En el caso del repudio de Saúl, la primera vez se puede aplicar a su dinastía, pero la segunda vez el repudio es más duro porque Saúl cometió una nueva desobediencia. De la misma manera los "dobles" que tocan la relación entre Saúl y David se explican mejor como diferentes sucesos.

El caso de las dos versiones de la institución de la monarquía es más complejo. Es posible que hubiera dos corrientes de opinión entre el pueblo. Además, se usan dos diferentes palabras para nombrar al elegido: el pueblo pidió un "rey" (1 S. 8:5), pero Samuel ungió a Saúl como "príncipe" o "jefe" para salvar al pueblo de los filisteos (1 S. 9:16). Fue el plan de Dios que Israel tuviera rey, pero fueron censurables la manera y el propósito con que este rey fue pedido. El relato refleja también la tristeza que esto causó a Samuel.

Otra discrepancia es el relato de Goliat (1 S. 17; 2 S. 21:19). ¿Quién lo mató, David o Elhanán? En este caso, es mejor aceptar el texto paralelo de 1 Cr. 20:5 donde se dice que →Elhanán mató al hermano de Goliat. Parece que en 2 S. el texto sufrió alguna alteración.

El texto hebreo de lo que hoy es 1 y 2 S. no se ha conservado tan bien como el de muchos otros libros del AT, pues algunas versiones como la LXX difieren mucho del original. Recientemente se han encontrado en las cuevas de Qumrán (4Q) fragmentos de los actuales 1 y 2 S. que datan del siglo I a.C. Puesto que éstos

también varían se concluye que originalmente circulaban varios textos de S. Es muy posible que nuestro texto refleja algunos errores de copista.

III. AUTOR Y FECHA

Según la tradición judía, Samuel escribió la parte del libro que termina con su muerte y el resto fue escrito por Natán y Gad. Sin embargo, el libro parece obra de un solo autor. Según 1 S. 9:9, fue escrito mucho después de los sucesos relatados (a menos que 9:9 sea una interpolación). El uso de "Israel" y "Judá" indica que había transcurrido un tiempo después de la división del reino en 931 a.C. (1 S. 27:6).

Ciertamente el autor usó varias fuentes de información. Samuel escribió las leyes del reino (1 S. 10:25). Se menciona el libro de Jaser (2 S. 1:18). Se sabe que David tenía un cronista y un escriba particulares (2 S. 8:16,17). En 1 Cr. 29:29 se mencionan escritos de Samuel, Natán y Gad.

Varios personajes se han sugerido como autores de S. pero no se ha determinado uno con certeza. Probablemente fuera un profeta que vivió poco después de la división del reino y que se valió de los escritos antedichos. Si era uno de los "hijos de los profetas", sin duda tenía acceso a los datos que fueron guardados por los profetas. Puesto que Samuel fundó la escuela de profetas, este autor en realidad estaba continuando la obra que Samuel empezó.

Destacados historiadores modernos han considerado los libros de S. una de las mejores historias antiguas. La mención de libros escritos por profetas (1 Cr. 29:29; 2 Cr. 9:29), el hecho de pertenecer a los "Profetas Anteriores" en la Biblia hebrea, la actividad cultual de los círculos proféticos y la interpretación dada a la historia de Israel, indican en estos libros una estrecha relación entre el profetismo y la historia bíblica. Israel veía la historia como el desarrollo del plan de Dios, quien actúa y se revela en la historia. Moisés era profeta y en él se ve este sentir profético de la historia. Aunque las pruebas indican que S. no fue escrito por el mismo autor de → Reyes (nótese la ausencia de datos cronológicos, la falta de referencias a "la Ley de Moisés", y el uso del título "Jehová de los ejércitos"), el libro de Reyes se debe también mayormente a la recopilación de datos y a la interpretación de ellos en los círculos de los profetas.

El libro de S. desempeña un papel importante en la historia del AT. Explica el tiempo crucial en el principio de la monarquía. Muestra la importancia de un rey fiel y obediente a Dios, que a la vez señala al Rey perfecto que ha de venir. El cap. 7 de 2 S. es un capítulo clave para el resto del AT, puesto que da la promesa a la línea davídica. En S. se ven, por los actos de Dios en su tratamiento con su pueblo escogido, las grandes doctrinas de la elección, la

revelación, · la providencia de Dios, la justicia
divina, el perdón de Dios y el reino de Dios.

J. M. Br.

Bibliografía

F. Lange. *Introducción al Antiguo Testamento*,
St. Louis: Concordia, 1962.

SANBALAT. Personaje poderoso, cruel enemigo
de los judíos durante la reconstrucción de Jerusalén después del → Cautiverio. Seguramente era
jefe de un grupo de personas que residían en
Samaria y se oponían fuertemente a la reconstrucción. En este grupo se hallaban S., Tobías,
Gesem, Noadías la profetisa y otros llamados
profetas que procuraban infundir miedo a → Nehemías. Éste siempre respondía con energía,
oración y trabajo (Neh. 4:4,22-23; 6:2-3). S.
figura como escarnecedor de los judíos (2:10,
19), jefe de un asalto a Jerusalén (4:1-3),
conspirador contra la vida de Nehemías (6:
1-7,12,14).

Nehemías aplicó la ley contra los cónyuges
extranjeros (13:28) a uno de los hijos de Joiada, hijo del sumo sacerdote Eliasib, quien estaba
casado con una hija de S.   A. P. P.

SANDALIA. Tipo de calzado sencillo que sólo
consiste de una suela atada al pie por medio de
correas, alguna de las cuales pasan por entre los
dedos, por la parte posterior del talón y sobre
el empeine. Es la s., según opiniones autorizadas, lo que en la Biblia se denomina "calzado" o "zapato" (Gn. 14:23; Mr. 1:7).

mente el de Crónicas) cometió un error ortográ-
fico (metátesis). Era madera fina traída de →
Ofir y fue usada en la construcción del templo
y aun para la hechura de instrumentos musicales. Se ha conjeturado que el s. *(Pterocarpius
santalinus)* fuera un árbol nativo de la India y
Ceilán.   W. M. N.

SANGRE. Sinónimo de vida y de alma en el AT.
Gn. 9:4 (BJ) dice: "Dejaréis de comer la carne
con su alma [heb. *nefes*], es decir con su s." La
RV reza "vida" en vez de "alma" (cp. Lv.
17:11; Dt. 12:23).

En toda la Biblia la s. es símbolo de la vida
y de allí la prohibición de comer la s. de los
animales, de derramar la s. humana y el uso
cultual de la s.

La prohibición de comer s. es anterior a la
ley (Gn. 9:4-5). El homicidio es considerado un
crimen desde el principio (Gn. 4:11) y la s.
derramada clama venganza (Gn. 4:10). El sacrificio de animales es igualmente primitivo y está
directamente relacionado con la caída del hombre en el pecado (Gn. 4:4).

Es necesario destacar la diferencia fundamental entre el pensamiento griego y el hebreo. En
el primero la s. está asociada a la reproducción
y representa el centro emocional del hombre.
En la religión hebrea, es la s. derramada la que
adquiere significado ritual y como tal es medio
de → expiación, adoración, consagración y aun
llega a simbolizar la concertación de un → pacto
(Ex. 24:6-8).

Variedad de estilos de sandalias usadas por los orientales.

La s. hebrea era confeccionada con paño,
cuero, fieltro o madera. Durante el período
romano lo mismo usaban s. los soldados que las
personas de clase elevada. Las mujeres usaban s.
de piel de tejón (Ez. 16:10).

Los hebreos, para demostrar respeto o reverencia tanto a los hogares como a sitios sagrados,
acostumbraban dejar sus s. en el umbral de
esos sitios y entraban descalzos (Éx. 3:5; Jos.
5:15).

Cuando un hebreo vendía una propiedad se
quitaba una s. y la entregaba al comprador
expresando así simbólicamente el acto de transferencia y de confirmación del trato (Rt. 4:6-9).

M. V. F.

SÁNDALO. Traducción de dos palabras heb. que
se refieren a maderas preciosas: *almuggin* (1 R.
10:11,12) y *algummin* (2 Cr. 2:8; 9:10,11).
Evidentemente las dos palabras se refieren a una
misma madera y un autor o copista (probable-

La expresión "carne y s." (cp. Mt. 16:17)
significa la debilidad, limitación y contingencia
del hombre, además de su condición mortal y
perecedera. Es la idea opuesta a lo que será la
naturaleza incorruptible y de gloria que reci-
birán los creyentes en la resurrección (1 Co.
15:35-54).

Todo el simbolismo cultual de la s. del AT
halla su cumplimiento en la s. de Cristo, expresión que en el NT equivale a la muerte del
Señor Jesucristo. La s. de Cristo, es decir su
muerte en la cruz, es el símbolo del precio de
nuestro rescate (Ef. 1:7); nos reconcilia con
Dios (Ro. 3:25 y 2 Co. 5:19); nos redime de
nuestros pecados (Ap. 1:5); nos purifica (Heb.
9:14); nos santifica (1 P. 1:2); establece una
nueva alianza (Heb. 9:11-22). Por la s. de Cristo
somos justificados ante Dios (Ro. 5:9), tenemos
un vestido limpio (Ap. 7:14), y podemos entrar
con confianza en el santuario de Dios (Heb.
10:19).

La "comunión con la s. de Cristo" ilustrada por la participación de la copa en la → cena del Señor, expresa la identificación del creyente con la muerte de Cristo.   M. A. Z.

SANGUIJUELA. Gusano anélido con una ventosa en cada extremo. Vive en ríos y lagos y se alimenta de la sangre de diversos animales, la cual chupa metiéndoseles en las narices y en la boca cuando están bebiendo (cp. Pr. 30:15).
                                                    A. P. G.

SANEDRÍN. → CONCILIO.

El Sanedrín, integrado por los líderes religiosos de los judíos, llegó a ser el cuerpo de máxima autoridad en asuntos religiosos en tiempos neotestamentarios. Aparece en el grabado un prisionero traído ante el Sanedrín para su enjuiciamiento.   SP

SANSÓN. Juez de Israel famoso por su fuerza física fenomenal. Hijo de Manoa, de la tribu de → Dan, juzgó a Israel por veinte años, siendo el último de los jueces antes de Samuel. Al igual que Isaac, Samuel y Juan el Bautista, el nacimiento de S. fue anunciado milagrosamente. Fue → nazareo desde su nacimiento (Jue. 13:1-25).

En Timnat S. tomó a una mujer de los filisteos por esposa. En la fiesta de bodas, propuso un enigma a los filisteos relacionado con un panal de miel hallado en el cuerpo de un león al que había dado muerte. Como los filisteos no pudieron adivinarlo, la mujer de S. le presionó para que se lo revelara, y luego se lo contó a los filisteos. Enojado, S. bajó a → Ascalón donde

mató a treinta filisteos y tomó sus vestidos para darlos a los que habían declarado el enigma. Luego su mujer fue dada a su compañero (14:1-20). Cuando S. supo esto, soltó en los sembrados de los filisteos trescientas zorras con teas encendidas en sus colas y quemó la cosecha. Entonces los filisteos quemaron a la mujer y el suegro de S., y en venganza S. los hirió "con gran mortandad" (15:1-8).

Los filisteos por su parte trataron de vengarse atacando a los israelitas. Los israelitas ataron a S. con dos cuerdas nuevas y con su consentimiento lo entregaron a los filisteos en Lehi. Pero S. rompió las cuerdas, tomó una quijada de asno, y mató a mil hombres. Luego, para saciar su gran sed Dios abrió una fuente de agua en la peña (15:9-19).

En otra ocasión, cuando S. visitó a una ramera en → Gaza, los filisteos rodearon la ciudad para vigilar las puertas y capturarlo. Sin embargo a la medianoche se levantó S., sacó las puertas con sus dos pilares, y se las llevó "a la cumbre del monte que está delante de Hebrón" (16:1-3).

Después S. se enamoró de una mujer de Sorec llamada → Dalila, la que lo traicionó al hacer que S. revelara el secreto de su poder. Dalila le cortó el cabello y el Espíritu se apartó de él. Entonces los filisteos lo tomaron preso, le sacaron los ojos y lo pusieron a moler encadenado en la cárcel (16:1-22). Posteriormente en una fiesta en el templo de → Dagón llamaron a S. para que les divirtiese. El pelo le había crecido otra vez y, habiéndose arrepentido, clamó a Dios, quien le devolvió la fuerza. Cogiendo las dos columnas principales, tumbó la casa y murieron tres mil filisteos con él (16:23-31).

Por cuanto el Espíritu de Jehová se apoderó de S. (13:25; 14:6; 19; 15:14), aunque esporádicamente, el autor de Heb. lo incluye en la lista de los héroes de la fe (11:32).   D. M. H.

SANTA CENA. → CENA DEL SEÑOR.

SANTIAGO. → JACOBO.

SANTIAGO, EPÍSTOLA DE. Primera de las epístolas generales, así clasificada por estar dirigida a "las doce tribus que están en la dispersión", siendo ésta una probable expresión simbólica para referirse a las congregaciones cristianas dispersas en todo el mundo.

I. PATERNIDAD LITERARIA

Hasta el siglo IV esta carta no recibió la aceptación de las iglesias. La reserva se debía a la incertidumbre acerca de la identidad de su autor, que se describe (Stg. 1:1) meramente como "Santiago, siervo de Dios y del Señor Jesucristo". Reconociendo que → Jacobo, hijo de Zebedeo, murió demasiado prematuramente para ser autor de epístola alguna, la iglesia atribuyó la E. de S. a → Jacobo de Jerusalén, el hermano del Señor.

Aparentemente llevaba el título de → "apóstol" (Gá. 1:19) y así se satisfizo el requisito de paternidad apostólica que era imprescindible para la aceptación de cualquier escrito en el → canon.

Hay varios factores que apoyan a Jacobo de Jerusalén como autor: la sencillez con que el autor se designa a sí mismo (1:1): el tono de autoridad con que escribe, el carácter homilético de la epístola, su sabor judeocristiano y sus ecos de la literatura sapiencial (sobre la palabra clave "sabiduría", cp. 1:5; 3:17) y de los dichos de Jesús consagrados en el → Sermón del Monte (v.g., cp. 2:13 con Mt. 5:7; 3:12 con Mt. 7:16; 3:18 con Mt. 7:20; 5:2 con Mt. 6:19). Además, a pesar de ciertas frases de corte helenista (cp. 1:17,23; 3:6), la epístola muestra rasgos hebraicos y usa preguntas retóricas, símiles vívidos, diálogos imaginarios, y aforismos didácticos que tienden a señalar como autor a Jacobo, judío cristiano bilingüe. Residió continuamente (se supone) en Jerusalén, desde el día de Pentecostés hasta su martirio 32 años después, según lo relata el historiador Josefo. Jacobo tuvo contactos, gracias a su posición de liderazgo, con judíos y cristianos de todas partes del mundo. Otras pruebas son las semejanzas entre esta epístola y el discurso de Jacobo en el → Concilio de Jerusalén (cp. 1:1 con Hch. 15:23; 1:27 con Hch. 15:14; 2:5 con Hch. 15:13; 2:7 con Hch. 15:17).

Por otra parte, hay varios factores que han convencido a algunos eruditos para que le atribuyan una paternidad diferente: p.e., la falta casi completa de doctrinas específicamente cristianas y del nombre de Jesucristo (aparece únicamente en 1:1; 2:1, el lenguaje elegante que indicaría un autor cuyo idioma materno quizá fuese el gr., y la demora en la aceptación de la epístola en el canon. Según esta teoría "Santiago" es un Jacobo desconocido o un escritor que procura dar autoridad a su carta (una homilía judía cristianizada por ciertos retoques) utilizando el nombre del primer obispo de Jerusalén. En tal caso, la fecha de composición no sería 40-60, sino 70-110. A pesar de estos criterios, la paternidad literaria tradicional de Jacobo el hermano de Jesús sigue en pie como la más probable.

II. SU ENSEÑANZA

La carta parece ser una colección de aforismos y homilías, organizados según la costumbre judía de asociar palabras claves. Esto hace inútil tratar de confeccionar un bosquejo lógico, pero a continuación se ofrece una lista de temas tratados:

A. *Salutación epistolar, 1:1*

B. *Sobre ciertas realidades religiosas 1:2-2:26*

1. En la formación del carácter 1:2-18

2. En la instrucción religiosa y el culto público 1:19-2:26.

C. *Sobre la vocación al magisterio 3:1-18*

D. *La mundanalidad en contraste con la conducta cristiana 4:1—5:20*

1. La mundanalidad como rival de Dios 4:1-5:6.

2. Consejos para la conducta cristiana 5:7-20.

Martín Lutero juzgó la epístola como muy inferior ("bastante pajosa") a los demás libros canónicos, debido a la supuesta contradicción entre ella y la doctrina paulina de la →justificación. S. utiliza el término "fue justificado" en 2:21 con referencia al relato de Gn. 22 (donde Abraham se dispuso a sacrificar a Isaac) y afirma que así "demostró públicamente su fe", mientras Pablo, refiriéndose a la relación íntima entre Abraham y Dios (Gn. 15:6), define la →justicia imputada en términos no de → obras, sino exclusivamente de → fe (Ro. 4:1-5; Gá. 3:6-9).

S. hace hincapié en el Dios que no cambia, el Creador (1:17s.), el Padre (1:27; 3:9), el Soberano (4:15) exento de toda influencia maligna (1:13), el Legislador, Juez, Salvador y destructor (4:11s.) que no tolera rivales (4:4s.), el Dador de sabiduría (1:5), gracia (4:6) y galardones (1:12). La justicia que Dios requiere del creyente (1:20) es una piedad no fingida, síntesis de la perseverancia (1:2-18), la obediencia (1:19-27), la imparcialidad (2:1-13), la integridad (2:14-26), la disciplina (3:1—4:10), la humildad (4:11—5:6), la paciencia (5:7-11), la persistencia en oración (5:12-18) y el amor (5:19s.).

R. F. B.

SANTIDAD, SANTO. La s. es básica en casi todas las religiones, destacándose dos cualidades comunes: la de separación o distinción (lo que es reservado o separado para los dioses) y la de poder. Consiguientemente lo santo despierta reverencia y temor a la vez que acatamiento y dependencia.

El AT relaciona el concepto con el Dios verdadero y utiliza la palabra heb. *qadash*, cuya etimología es incierta (según algunos relacionada con "separar", según otros con "brillo"). De los varios términos griegos, la LXX y el NT prefieren uno poco usado en el griego clásico *(hagios)*, aunque a veces se emplean otros *(hosios* y *hierós)*.

Encontramos la idea de s. en todo el AT, pero no hay duda que los profetas la profundizaron, dándole un carácter más personal y ético. En el NT este aspecto predomina, ya que en el Dios santo se manifiesta en la persona de Jesucristo, quien personifica en sí mismo el significado de la s.

En el AT Dios es s. (Sal. 99:9) o s. es su nombre (Sal. 99:3; 111:9). La s. de todas las demás cosas o personas que puedan ser llamadas s. deriva de él y dependen de su voluntad. La s. de Dios significa que él es distinto y trascendente con relación a todo lo creado, incomprensible e inaccesible al hombre (desde los textos más antiguos: Gn. 28:16ss.; 1 S. 6:19ss. y culminando en los profetas: Is. 6; 57:15; Os. 11:9; Ez. 1; 36:22,23). Al mismo tiempo, su s. se expresa manifestándose, dándose a conocer, llamando al hombre a participar en lo que él hace (Dt. 7:6; Lv. 11:44; Nm. 15:40). La s. de

Dios no es simplemente lo misterioso, sino su perfección moral (Hab. 1:13), que se manifiesta plenamente en su misericordia (Os. 11:9). Isaías destaca su soberanía y su oposición al pecado (1:4; 5:19,24; 10:17,20; 12:6). Aunque el NT no se ocupa tanto de la s. de Dios, no hay duda alguna que mantiene la afirmación del AT (Ap. 4:8; Jn. 17:11; Mt. 6:9).

Las cosas no son s. en sí mismas, ni primordialmente por su uso en el culto, sino por estar colocadas al servicio de Dios o en relación con él. Así lo son el lugar donde Dios se da a conocer (Éx. 3:5; Jos. 5:15), el arca del pacto (2 Cr. 35:3), el día de reposo (Éx. 20:8,11; 35:2), las vestimentas y utensilios relacionados con el culto de Dios (Éx. 28:2; 1 R. 8:4), las fiestas consagradas a él (Is. 30:29) y por supuesto el templo. Tanto los profetas como el Señor Jesús enseñan que estas cosas son profanadas cuando se les considera aparte del propósito y la voluntad de Dios.

Dios congrega un → pueblo que, por ser separado para él, es s. (Lv. 21:6-8; Ez. 37:28, etc.). Por serlo, debe santificar a Dios en el culto, la observancia de la ley y el ejercicio de la justicia y la misericordia. La s. requerida del pueblo tiene así un contenido religioso y ético, individual y social. El NT ve en el nuevo pueblo de Dios la continuidad del pueblo s. (Jn. 17:19; 1 Co. 1:2; Ro. 15:16; 1 P. 2:5,9). Los miembros de este pueblo deben consagrar la totalidad de su vida en ofrenda a Dios (Ro. 12:1; Fil. 2:17). La s. no es privilegio de algunos ya que todos los creyentes son llamados s. A su vez, esto significa que son llamados a vivir en s., según el modelo de Cristo (Ef. 1:4; Heb. 2:11; 1 P. 1:16) hasta la plena realización de esa s. en el Reino (2 P. 3:13). (→SANTIFICAR.)

J. M. B.

SANTIFICAR. Término que se deriva del latín *sanctus* (santo) y *facere* (hacer), y traduce en nuestras biblias el hebreo *qadash* y el griego *hagiazo*. El significado se vincula a las dos ideas dominantes del concepto de lo santo: lo que es apartado, separado o consagrado a Dios y la transformación ética y religiosa que corresponde a quienes entran en esa relación con él.

Dios es santo en majestad, trascendencia, misterio, separado del hombre y del pecado. S. a Dios es reconocerlo en su → santidad (Is. 8:13; 29:23). Se le santifica reconociendo y usando adecuadamente las cosas que él ha señalado (p.e. día de reposo, Gn. 2:3; altar, Éx. 29:37; tabernáculo, Éx. 29:44; etc.), y honrando las personas o pueblo que él ha elegido (p.e. → pueblo, Éx. 19:14; →sacerdotes, Éx. 28:41). A menudo la idea dominante aquí es de limpieza, o →purificación ritual. Pero s. a Dios requiere una actitud interior y una conducta que corresponda a la santidad de Dios, (Is. 1:4, 11; 8:13). Dios s. su propio nombre al cumplir ante los pueblos su propósito (Ez. 36:23; Is. 29:23).

En el NT hallamos un uso doble y complementario del concepto de s. y santificación. La idea de consagrar enteramente a Dios sigue empleándose (Mt. 23:17, 19). Pero el sumo sacrificio es Jesucristo (Jn. 17:19) que se s. a sí mismo y a los suyos (Heb. 13:2; Jn. 17:17). En Heb. leemos que Jesucristo a su vez s. a los suyos, separándolos y adquiriéndolos por su muerte para Dios y capacitándolos para un culto nuevo y espiritual por medio de él y para una nueva vida de santidad (Heb. 2:17; 9:13ss.; 13:12-16). La →santificación es a la vez algo adquirido para siempre por Jesucristo para el creyente y un llamado a la santidad (Heb. 10:10,14; 12:14).

El mismo carácter doble advertimos en los escritos de Pablo. Jesucristo ha s. a los creyentes por su obra y son por lo tanto santos (1 Co. 1:2; 1 P. 1:2; 1 Co. 7:14). Por otra parte, la voluntad de Dios es nuestra santificación (1 Ts. 4:3), es decir, que seamos conformados a la imagen de Cristo (2 Co. 3:17,18). Esto demanda un esfuerzo del creyente (2 Co. 7:1; Heb. 12:13; 1 Jn. 3:3) en una lucha permanente (Ro. 7; Gá. 5:16-26), pero debe ser reconocida como obra de Dios (1 Ts. 5:23,24) quien la perfeccionará.

J. M. B.

SANTUARIO. Lugar en la tierra donde mora la presencia de Dios, aunque el verdadero s. según la Biblia es el cielo mismo (2 Cr. 30:27; Heb. 9:24). Fue establecido por Dios en la época del AT, pues tanto el → tabernáculo (Éx. 25:8; cp. 40:34) como el → templo (1 R. 8:10) albergaban la manifestación visible de la presencia de Dios. El lugar santísimo era el s. estrictamente hablando (Lv. 16:16), pero la palabra se aplicaba en sentido general a todo el edificio.

En sentido figurado, se le llama s. al pueblo de Dios (Sal. 114:2), ya que Él mora entre ellos. Pero s. puede significar también refugio (cp. 1 R. 2:28 → CIUDAD DE REFUGIO). En este sentido, Dios es el s. de su pueblo (Is. 8:14; Ez. 11:16).

Las religiones paganas también tenían s. para sus dioses. La participación del pueblo escogido en los ritos de aquéllas (Am. 7:9,13) fue una de las causas de su caída.

Generalmente las versiones bíblicas usan "s." para traducir el gr. *naós*, que también se traduce "templo". Y otro término afín es *háguia* ('lugar santo o santísimo') que se halla en la Epístola a los hebreos. Sin embargo, según el NT el s. terrenal de Dios ya no es un edificio, sino su pueblo. Dios mora en la iglesia universal (Ef. 2:21), en la iglesia local (1 Co. 3:16) y en el creyente (1 Co. 6:19). Así como los judíos debían guardar la santidad del tabernáculo, evitando que se profanara (Lv. 21:23), el creyente es responsable de guardar la integridad y santidad de la iglesia (1 Co. 3:17) y de su propio cuerpo (1 Co. 6:18ss.).

P. E. S.

SARA ('princesa'; forma antigua: 'Saraí'). Esposa de → Abraham y madre de Isaac. Según Gn.

20:12 era también hermanastra de Abraham. Acompañó a éste desde Ur de los caldeos hasta la tierra prometida. Cuando se refugiaron en Egipto a causa del hambre en Canaán, Abraham temió que la belleza de S. pusiera en peligro su propia vida. Así que la hizo pasar por hermana y S. fue llevada al harén real. Dios libró milagrosamente a la que sería la madre del pueblo escogido, tanto en esa ocasión como en otra parecida en Gerar (Gn. 12 y 20).

Como S. era estéril, se desesperazó de poder producir el heredero prometido a Abraham. Decidió conseguir prole por medio de su sierva → Agar. El concubinato trajo tantos sinsabores al hogar que S. ahuyentó a Agar dos veces (Gn. 16 y 21).

S. escuchó la conversación de tres visitas celestiales que reiteraron a Abraham la promesa de un hijo. Al reírse ella de tal posibilidad para una pareja de más de 90 años de edad, Yahveh la reprendió y anunció que daría a luz el año siguiente (Gn. 18). S. murió a los 127 años y fue sepultada en la cueva de → Macpela (Gn. 23).

El NT pone a S. como ejemplo de fe (Ro. 4:19; Heb. 11:11) y de sumisión (1 P. 3:6). En la alegoría de Gá. 4:21-31 S., la mujer libre, representa el nuevo → paco de libertad, en contraste con la antigua esclavitud.   I. W. F.

SARDIO (heb. *odem*, gr. *sárdion*). Piedra preciosa usada en el → pectoral del sumo sacerdote (Éx. 28:17; 39:10), como adorno del rey de Tiro (Ez. 28:13 RV 1909, pero "cornerina" en RV 1960) y como una de las piedras del fundamento de la nueva Jerusalén (Ap. 4:3; 21:20 RV 1909, pero "cornalina" en RV 1960).

Es evidente que *odem* tiene un color rojo sangre, pero es difícil precisar más. Algunos lo traducen como s., piedra de un rojo transparente, encontrada según Plinio cerca de Sardis, ciudad de la que deriva su nombre. Otros, con más probabilidad, la identifican con una especie muy cristalina de cornalina, o con el jaspe rojo de la India o Arabia.   J. E. D.

SARDIS. Ciudad muy antigua del Asia Menor, cuya situación dominaba todo el valle del río Lico. Fue la antigua capital del reino de → Lidia, que alcanzó una riqueza legendaria bajo Creso (siglo VI a.C.). Todavía en la época apostólica prosperaba, gracias al oro tomado del río Pactolo que la atravesaba, y al comercio que le proporcionaban cinco carreteras principales.

La ciudad primitiva era una ciudad fortificada casi inexpugnable gracias a los acantilados que la rodeaban. Pero cuando en 549 a.C. el rey persa → Ciro asediaba a S., un soldado observó la ruta por la cual descendía un defensor de la muralla para rescatar su yelmo caído, y esa noche S. cayó. La misma táctica permitió la captura de S. en 214 a.C., bajo Antíoco el Grande (Cp. Ap. 3:2s., "sé vigilante . . . vendré sobre ti como ladrón").

El terremoto de 17 d.C. devastó la ciudad, pero gracias a la generosidad del emperador Tiberio, el historiador Estrabón (26 d.C.) pudo describirla de nuevo como una "gran ciudad". Las referencias a vestiduras (Ap. 3:4s.) aluden a la industria principal de S.: la confección y tintura de vestidos de lana.

La iglesia de S., destinataria de la quinta de las siete cartas de Ap. 2, 3, parece haberse llenado de altivez. Confiada en su gran reputación, carecía de indicios de vida. Sin enemigos visibles, gozaba de paz, pero la paz de la muerte. Las advertencias del Señor, sin embargo, parecen haber surtido efecto; S. surgió después del primer siglo como centro cristiano. Cuenta entre sus hijos ilustres al obispo Melitón, comentarista y predicador.   R. F. B.

SAREPTA. Antiquísimo puerto fenicio, situado entre Tiro y Sidón, adonde Elías fue a vivir por mandato de Dios. Allí el profeta recibió la hospitalidad de una viuda y Dios la recompensó con creces (1 R. 17:8-24; cp. Lc. 4:26).

Alternadamente, Tiro y Sidón ejercían el dominio de S. Sus principales productos parecen haber sido el vidrio y la púrpura. Aparte de los textos mencionados arriba, S. se menciona en Abd. 20.   J. L. G.

SARETÁN. Ciudad histórica del valle del Jordán, situada al lado oriental del río. No lejos de ella las aguas del río Jordán se dividieron para dar paso a las huestes de Josué, rumbo a Jericó (Jos. 3:16). En un lugar situado entre Sucot y S. estaban las fundiciones a donde Salomón mandó elaborar muchos de los objetos de bronce que formaron el mobiliario y los utensilios del templo (1 R. 7:46). Se desconoce el lugar exacto de S. pero estaba cerca de → Bet-seán y → Taanac; era sede de uno de los doce gobernadores nombrados por Salomón (1 R. 4:12). En 2 Cr. 4:17 se le denomina Seredata.   A. P. P.

SAREZER. 1. Hijo de Senaquerib, quien en compañía de su hermano Adramelec asesinó a su padre (2 R. 19:37; Is. 37:38) cuando éste oraba en el templo de Nínive tras regresar precipitadamente de Jerusalén (681 a.C.). El nombre de este hijo de Senaquerib no se consigna en ninguna fuente extrabíblica. Su significado: "ha protegido al rey", hace suponer que debía ir precedido del nombre de una divinidad. Algunos han propuesto Nergal-Zarezer.

2. Contemporáneo del profeta Zacarías (7: 2), quien preguntó si todavía debía observarse el ayuno puesto que el templo había sido destruido.   A. Ll. B.

SARGÓN. La historia universal se ocupa de dos reyes con este nombre: Sargón I, quien fundó en Mesopotamia el primer imperio que se conoció en el mundo, el Imperio Acadio, en el año 2360 a.C.; y Sargón II, quien reinó del 722 al 706 a.C., hermano y sucesor de Salmanasar V, en el trono de Asiria. Las hazañas de este S. son ampliamente conocidas por las inscripciones de su palacio en Khorsabad, por los textos encontrados en Nínive y Nimrod y por los relatos del AT correspondientes a este período en la historia de Israel y de Judá.

Aunque el nombre de S. II sólo se menciona una vez en el AT (Is. 20:1), sus intervenciones en Siria y Palestina constituyen el trasfondo histórico de las profecías de Isaías. S. alega haber sido él quien consumó la caída de → Samaria, poco antes de la muerte de su hermano Salmanasar V. Después de asegurar su dominio entre los asirios y vecinos más próximos, y de acuerdo con la costumbre de cada nuevo soberano oriental, se dedicó a combatir una coalicion que se había organizado contra él en el O, desde Hamat, y que incluía a Damasco, Samaria y otras tres importantes capitales. S. se enfrentó con la coalición en Qarqar y la dominó fácilmente. Luego se ocupó en cortar toda posible ayuda desde Egipto a Palestina. A su regreso de la frontera de Egipto, deportó una gran parte de la población de Samaria y la reemplazó con una mezcla de sus vencidos para formar allí la provincia asiria de Samaria. A pesar de este fuerte dominio asirio, el príncipe de Asdod tuvo cierto éxito en organizar una coalición siro-palestina contra S., confiando posiblemente en la ayuda que pudiera prestarles Egipto en el momento preciso. Isaías se opuso siempre a esto y aconsejó a Judá que no pusiera su confianza en Egipto. S. destruyó fácilmente la coalición, y a no ser porque Azeca y Laquis, en la frontera de Judá, se rindieron a tiempo, también Judá hubiera sufrido la opresión de S. (Is. 20:1-6; cp. 10:1-11; 39; 2 R. 17:4,24; 18:34; 19:13; 20:12-19).   A. Ll. B.

SARNA. → SARPULLIDO.

SARÓN. 1. Llanura costera de Palestina que se extiende paralela al mar Mediterráneo, entre Jope y el mte. Carmelo. En tiempos anteriores a Josué tenía su propio rey (Jos. 12:18), pero al ser dividida la Tierra Prometida fue entregada a la media tribu de Manasés (Jos. 16:3). Su abundancia de flores era proverbial; la amada de Cnt. 2:1 es comparada con una → rosa de S.

Debido a la fertilidad de sus pastos y a su abundante ganadería, S. fue atendida por un funcionario especial durante el reinado de David (1 Cr. 27:29). Era una segura fuente de riqueza. Isaías anunció que sería destruida (33:9) pero también profetizó su restauración (35:2); sería habitación de ovejas y de un remanente de fieles (Is. 65:10).

En el NT S. es escenario de numerosas conversiones al evangelio y de milagros realizados por Pedro (Hch. 9:32-35). En → Jope, ciudad situada al sur de S., se realizó la resurrección de Dorcas (Hch. 9:36-43); allí Pedro recibió el llamado para predicar en Cesarea (Hch. 10:1-22).

2. Región al E del Jordán, asignada a la tribu de Gad (1 Cr. 5:16).   A. P. P.

SARPULLIDO. Las enfermedades cutáneas representan, sin duda, el grupo más numeroso entre las descritas en la Biblia. Eran muy visibles y muchas veces de aspecto repulsivo y por tanto no se necesitaban conocimientos anatómicos para reconocerlas. Entre ellas se menciona el s., que apareció como la sexta plaga enviada por Dios a Faraón. De Éx. 9:9-11, que es la única mención bíblica específica de esta enfermedad, se deduce que provocaba una intensa picazón. Existieron, empero, otras enfermedades de la piel que aparecen mencionadas en el AT (RV): la erupción, el divieso, el empeine, la tiña (Lv. 13:2,18,37,39) y la sarna (Job 2:7), las cuales sin duda provocaban s. y picazón.   L. A. S.

SARVIA. Madre de Joab, Abisai y Asael (2 S. 2:18), famosos soldados de David. S. era hermana de David según 1 Cr. 2:16, aunque en 2 S. 17:25 Nahas, y no Isaí, aparece como su padre. Seguramente David y S. eran parientes cercanos. De acuerdo con 2 S. 2:32 el esposo de S. fue sepultado en Belén. Parece que era una mujer de poderosa personalidad.

H. P. C.

SATANÁS (del heb. *satan* = 'enemigo', 'adversario'). El acusador del pueblo escogido y enemigo de Dios por excelencia. Genéricamente, puede aplicarse a todo opositor ante un tribunal (Sal. 71:13; 109:6; 1 S. 29:4), pero como nombre propio se refiere al → Diablo.

Según el monoteísmo riguroso de la Biblia, este ser sobrehumano fue creado por Dios y está sujeto a su voluntad soberana. P.e., S. aparece como uno de los "hijos de Dios" que rinden informes ante el trono, y necesita el permiso divino para tocar al piadoso Job (Job 1:6–2:7, cp. Lc. 22:31). En Zac. 3:1ss. no se ha desarrollado todavía el concepto pleno de S. como un ser maligno, pero en 1 Cr. 21:1 (cp. //, 2 S. 24:1), donde el sujeto es "Yahveh"; (→DEMONIOS), es evidente la hostilidad implacable de S. Asimismo Yahveh aparentemente manda un espíritu mentiroso (1 R. 22:19ss.) que, sin embargo, pertenece al "ejército del cielo", como instrumento de su voluntad. La noción del acusador no aparece con frecuencia en el AT; pero, ya sea que aparezca como abogado acusador o como principio demoníaco y destructivo, siempre está dentro del plan redentor.

En el período intertestamentario varios conceptos, originalmente independientes, fueron combinados con la noción de S.: el ángel de la muerte, el principio del mal, la tentación interna del hombre, → Azazel, el capitán de los demonios, etc. Se le identifica con la → serpiente de Gn. 3:1ss. (cp. Ap. 12:9) y por consiguiente como fuente de la muerte (Sabiduría 2:24). Se le llama → Belial, → Baal-zebub y Sammael. Es esencial recordar que en estos desarrollos S. sigue como una figura celestial, ya que una "caída del cielo" haría imposible su obra acusadora. Su identificación como príncipe de los → ángeles caídos aparece muy tarde y no influye en el NT, ya que Lc. 10:18 describe una visión profética del Señor Jesús, y los otros pasajes aducidos (Is. 14:12-17; Ez. 28:11-19; Jud. 6; Ap. *passim*) son también de tinte apocalíptico y describen el triunfo final de Dios.

Los rabinos asimismo daban poca importancia a S. y solían asociarlo con el impulso maligno interno del hombre y lo llamaban el tentador (cp. Mt. 4:3, 1 Ts. 3:5).

Dos ideas sobresalen en el Nuevo Testamento: la antítesis absoluta entre Dios y S. y la victoria del reino de Dios sobre él. S. es el príncipe o dios de este mundo que dispone de sus reinos (Jn. 12:31; 2 Co. 4:4; Lc. 4:6) y mantiene dominio sobre la mayoría de sus habitantes (Mt. 6:13: "Guárdanos del maligno"; Hch. 26:18; Col. 1:13). Él es el fuerte que, armado, vigila sus bienes (Mr. 3:27). El hombre no puede, sin la gracia divina, escapar de su esclavitud. Por tanto, con el consentimiento humano, la hegemonía de S. produce un → mundo cuyas obras son malas (1 Jn. 3:8; 2:15,16), y S. mismo es padre de todo lo funesto (Hch. 13:10; Jn. 6:70; 8:44).

Desde el nacimiento de Cristo, S. hizo todo lo posible por destruirlo y estorbarle su ministerio (Mt. 2:16; cp. Ap. 12:3,4). La tentación en el desierto (Mt. 4, Lc. 4) fue una tentativa satánica de arruinar el ministerio de Cristo. El hecho de que, después de la tentación, S. "se apartó de él por un tiempo" (Lc. 4:13) significa que volvió a tentarle en otras ocasiones (cp. Heb. 2:18; 4:15). Cristo vino precisamente "para deshacer las obras del diablo" (1 Jn. 3:8; Heb. 2:14), y por eso S. se opone a toda su obra. Cuando Pedro protestó por la idea de la muerte de Cristo, éste le dijo: "¡Quítate de delante de mí, S.! Me eres tropiezo" (Mt. 16:23). La traición de Judas fue instigada por S. (Lc. 22:3; Jn. 13:2,27).

La destrucción efectuada por S. abarca procesos nefastos de toda índole (Mr. 3:23ss.; Lc. 13:11,16; 1 Co. 5:5; 2 Co. 12:7; 1 Ti. 1:20) que a menudo son efectuados por sus súbditos, los demonios. En este sentido S. tiene "el imperio de la muerte" (Heb. 2:14 HA). Tras el paganismo están los demonios y, en fin de cuentas, su capitán (Hch. 13:10; 1 Co. 10:20), S., no deja jamás de ser el acusador (Ap. 12:10). Contra este reinado satánico, Cristo alza el estandarte de Dios. Él ha atado al hombre fuerte y saqueado sus bienes; por él el adversario es echado del cielo (Ap. 12:10-13; Jn. 12:31; Lc. 10:18). Aun así a S. "le queda poco tiempo" en la tierra (Ap. 12:12).

También en los primeros días de la iglesia aparece S. como protagonista hostil (Hch. 5:3; Ro. 16:20; 1 Co. 7:5; 2 Co. 2:11, etc.) que arrebata la semilla del evangelio (Mr. 4:15) y siembra otra que es espuria (Mt. 13:25). Aunque los cristianos son salvaguardados de S. (2 Ts. 3:3) y le han vencido (1 Jn. 2:13), se les exhorta a combatirle con toda sus fuerzas (Ef. 6:10ss.).

En los últimos días, S. llama al → Anticristo y al falso profeta para que éstos le sirvan (Ap. 13:2,11; 2 Ts. 2:9s.) y su éxito inicial será evidente. Pero la → segunda venida de Cristo resulta en la derrota del triunvirato satánico, y S. es echado, encadenado, al → abismo. Después del → milenio, es suelto brevemente, pero de nuevo derrotado por Dios, y finalmente arrojado al tormento eterno en el lago de fuego (Ap. 20:1-10).   R. F. B. y D. M. H.

Bibliografía

"Diablo" y "Satán" en *DBH, EBDM, DTB* y *VTB;* P. van Imschoot, *Teología del AT* (Madrid: Fax, 1969), pp. 175-188; R. Schnackenbrug, *Reino y reinado de Dios* (Madrid: Fax, 1970), pp. 110-114,285-291,308-321.

SÁTRAPA ('protector de la tierra'). Título mencionado 13 veces en el AT (Esd., Est. y Dn.) y que se aplicaba a los gobernadores de las provincias del Imperio Persa. Fue creado por → Darío I, quien dividió su imperio en 20 provincias o satrapías. Los s. tenían mucho poder, y algunos de ellos eran en realidad reyes independientes. El sistema continuó aun después de Darío I; Alejandro Magno lo conservó.

V. A. G.

SAUCE. Término que traduce los nombres heb. de dos árboles mencionados en el AT. El primero es *arabim* (siempre en plural), el cual crece junto a las aguas y simboliza la prosperidad (Is. 15:7; 44:4). Sus ramas se usaban para hacer las enramadas de la → fiesta de tabernáculos (Lv. 23:40) y bajo ellas reposaba el behemot junto al arroyo (Job 40:15,22). El salmista cuenta que los judíos exiliados rehusaban tocar sus arpas, y que en su tristeza las colgaban sobre los s. junto "a los ríos de Babilonia" y lloraban. Este árbol podría ser el "s. llorón" *(salix babylónica)*. Sin embargo, muchos eruditos creen que es más bien el álamo y así lo consigna la BJ en Sal. 137:2.

En Ez. 17:5, s. es traducción del vocablo *safsafa*. Una ramita de este árbol representa metafóricamente al rey judío Sedequías.

W. M. N.

SAÚL ('deseado'). Nombre de cuatro personajes del AT y asimismo nombre heb. del apóstol → Pablo (Hch. 13:9):

1. Sexto rey de Edom, natural de Rehobot (Gn. 36:37; 1 Cr. 1:48).

2. Hijo de Simeón y una cananea (Gn. 46:10; Éx. 6:15; Nm. 26:13; 1 Cr. 4:24).

3. Levita de la familia de Coat e hijo de Uzías (1 Cr. 6:24).

4. Primer rey de Israel, hijo de Cis, de la tribu de Benjamín, cuyo reinado (*ca.* 1045-1010) se narra en 1 S. 9—15. Era de origen humilde pero de apariencia impresionante y gran valor. Su temor al ser nombrado rey y su generosidad con sus enemigos revelan el aspecto positivo de su carácter. Fue el hombre escogido

por Dios para iniciar la monarquía y representar el reino de Jehová sobre su pueblo.

Al ser ungido rey, Gabaa, la tierra de S. (1 S. 10:26), se hallaba dominada por los filisteos, enemigos de Israel. Con el monopolio del hierro, el dominio de éstos se hacía cada vez más fuerte. Por tanto, en su angustia los israelitas llegaron a rechazar el gobierno teocrático, ejercido mediante los jueces, y desearon tener un rey que encabezara un gobierno central capaz de liberarlos del dominio filisteo. Samuel, después de advertirles de los males de tal gobierno, ungió a S. secretamente, según las instrucciones de Dios (1 S. 10:1). Después S. fue elegido por los jefes de familias en Mizpa (1 S. 10:17-24) y, ya nombrado, permaneció en su casa hasta ser llamado por los de Jabes de Galaad. Ganó una victoria decisiva sobre los amonitas y fue confirmado como rey mediante una ceremonia religiosa en Gilgal (11:1-15).

El nuevo rey debería crear la unidad política entre las tribus, y en esto S. no tuvo éxito. A su muerte las tribus del S eligieron por rey a David de la tribu de Judá. Triunfó en la guerra contra los amalecitas, pero nunca venció a los filisteos; más bien sufrió la muerte en manos de ellos.

Además de sus problemas políticos, S. tenía debilidades personales: su melancolía y sus celos enfermizos lo impulsaron a perseguir a David y a vengarse cruelmente de los sacerdotes de Nob (1 S. 13:6-12ss.; 22:6-19). La personalidad de → Samuel por una parte y la de → David por otra lo eclipsaban. Samuel apareció tres veces para reprenderlo por su desobeciencia. La primera fue cuando S., impaciente, ofreció sacrificio en Gilgal (1 S. 13:7-10), sacrilegio por el cual Samuel profetizó que su reino le sería quitado y dado a otro. La segunda vez fue cuando le advirtió que "obedecer es mejor que los sacrificios" (15:22). En la tercera ocasión Dios permitió una entrevista sobrenatural. Samuel apareció después de muerto y confirmó un juicio definitivo contra S. (28:3-19).

S. contrasta con David en cuanto a los poderes naturales y espirituales. No hay excusa por su desobediencia porque tenía acceso a la Palabra de Dios por medio de Samuel. Su caída explica lo erróneo de confiar más en las dotes personales que en las indicaciones divinas.

W. C. W.

SEBA. Nombre de varios personajes, lugares y ciudades en el AT:

1. Hijo de Cus (Gn. 10:7; 1 Cr. 1:9).

2. Hijo de Raama y nieto de Cus (Gn. 10:7b.). Sin embargo, parece haber una diferencia entre ambos. En Is. 43:3 y 45:14 al hijo de Cus se le relaciona con Egipto y Etiopía, mientras que en Sal. 72:10 se menciona junto a Sabá y Tarsis, siendo Sabá el nieto de Cus.

3. Hijo de Joctán (Gn. 10:28; 1 Cr. 1:22).

4. Hijo de Jocsán y nieto de Abraham (Gn. 25:3; 1 Cr. 1:32).

5. Pozo cavado por los siervos de Isaac (Gn. 26:33).

6. Ciudad de Simeón (Jos. 19:2; "Sema" en 15:26).

7. Hijo de Bicri, de la tribu de Benjamín, que se rebeló contra David después del fracaso de la rebelión de Absalón (2 S. 20:1-21).

8. Padre de una familia de Gad, descendiente de Abihail, que habitó en Galaad (1 Cr. 5:13).

9. Región, posiblemente del África (Sal. 72:10; Is. 43:3).

S. es el nombre dado (RV) al reino de → Sabá, un estado del Yemen Antiguo o Arabia Feliz, cuyos habitantes se llaman "sabeos" en el AT. Los textos bíblicos hacen referencia a sus riquezas (Job 1:15; 6:19; Is. 60:6). Su reina visitó a Salomón (1 R. 10:1-13), hecho que es completamente posible pues se ha descubierto que los sabeos hablaban un idioma semítico.

J. M. A.

SEBAT. Mes hebreo, el quinto del año civil y el undécimo del año sagrado. Corresponde a nuestro ene.-feb. El almendro florecía en este mes. Las diez visiones del profeta Zacarías comenzaron en s. (Zac. 1:7). (→ MES.)   G. D. T.

SEBNA. Alto oficial de la casa del rey Ezequías, que sirvió de tesorero y mayordomo (Is. 22:15) y luego de escriba (2 R. 18:18; 19:2; Is. 36:3; 37:2). Usó su alta posición para su propio provecho y construyó para sí un sepulcro de lujo, por lo cual Isaías lo reprendió fuertemente (22:15-19).   D. M. H.

SECTA. Término usado 5 veces en la RV para traducir la palabra gr. *haíresis*, que en ocasiones también se traduce → "herejía". Originalmente la voz gr. significaba s., escuela o partido, pero en la época helenística llegó a denotar una escuela o doctrina filosófica de enseñanzas particulares. No tenía todavía el sentido especial de desviación u oposición a la ortodoxia que le da el NT. Significaba más bien una dirección o tendencia dentro de la ortodoxia, y por tanto los "sectarios" no merecían reprobación. Este sentido se mantuvo dentro del judaísmo, el cual estaba dividido en varias s.

Lucas, quien escribió bajo la influencia de la terminología helenística y judía, usa *haíresis* particularmente en el contexto de la iglesia naciente. En Hch. 5:17 se refiere a los → saduceos; en 15:5 y 26:5 a los → fariseos. En forma análoga en 24:5 habla de la "s. de los → nazarenos", al referirse a los cristianos. En un principio los enemigos del cristianismo, tanto judíos como gentiles (y aun algunos cristianos sobre todo al principio en Jerusalén) vieron en éste, simplemente una s. más dentro de la ortodoxia judía, y el término adquirió así los primeros sobretonos peyorativos (cp. Hch. 28:22) que advierten la pronta ruptura entre iglesia y sinagoga.   V. A. G.

SEDAD. → ZEDAD.

SEDEQUÍAS ('justicia de Jehová'). **1.** Falso profeta de la corte de Acab. Hirió y vituperó al profeta Micaías porque éste había profetizado la derrota de Acab (1 R. 22:11-28; 2 Cr. 18: 10-27).

2. Decimonoveno y último rey de Judá, hijo de Josías, hermano de Joacaz y tío de Joaquín su predecesor. Después de la primera deportación a Babilonia, Nabucodonosor puso a S. en el trono de Jerusalén, y le cambió de nombre pues antes era Matanías (2 R. 24:17–25:7; 2 Cr. 36:10-21; Jer. 39:1-10; 52:1-11). Tenía 21 años cuando comenzó a reinar, y reinó once años. Hizo lo malo ante los ojos de Jehová.

En el noveno año de su reinado se rebeló contra Nabucodonosor, quien sitió a Jerusalén hasta el undécimo año de S., cuando al fin cayó la ciudad. S. intentó fugarse de noche, pero fue capturado en las llanuras de Jericó y conducido ante Nabucodonosor en Ribla. Allí el rey de Babilonia mató a sus hijos en presencia suya, le sacó a él los ojos y le mandó encadenado a Babilonia, donde murió. Los profetas Jeremías y Ezequiel, por ser contemporáneos de S., arrojan mucha luz adicional sobre el carácter de éste y las circunstancias de su reinado (Jer. 21–22; 24; 27–29; 32–34; 37; 38; Ez. 8–12; 21; 22).

3. Firmante del pacto de Nehemías (Neh. 10:1).

4. Hijo de Jeconías y nieto de Joacim, rey de Judá (1 Cr. 3:16).

5. Falso profeta entre los exiliados en Babilonia, hijo de Maasías. Jeremías lo denunció por haber entusiasmado al pueblo con vanas esperanzas (Jer. 29:21-23).

6. Príncipe de Judá e hijo de Ananías, que estaba presente en el palacio cuando se recibió el anuncio de que Baruc había entregado las palabras de Jeremías al pueblo (Jer. 36:12)

D. M. H.

SEDIMENTOS. Substancia que se asienta en el fondo de una tinaja de vino recién hecho. La palabra se usa en sentido figurado. Cuando el profeta habla de beber "de Jehová el cáliz de su ira . . . hasta los s." quiere decir sufrir la ira completa y total de Dios (Is. 51:17,22; cp. Sal. 75:8). En otro sentido, "estar reposado sobre su s." (Jer. 48:11; cp. Sof. 1:12) significa estar contento consigo mismo o las circunstancias, o descansar en una seguridad carnal.

W. M. N.

SEFAR. Región mencionada en relación con →Mesa como límite meridional del territorio que habitaron los descendientes de Joctán (Gn. 10:30). Puesto que Mesa estaba en el N de Arabia, S. debía estar ubicada en el S de la península. El problema de su identificación exacta estriba en que S. en el heb. postbíblico, significa "región fronteriza" y no una localidad particular o una ciudad determinada.   J. M. A.

SEFARAD. Ciudad mencionada sólo en Abd. 20, probablemente identificable con la ciudad de Sardis, Asia Menor. La tradición (*Talmud de Jonatán*) de que S. sea España carece de fundamento histórico. Sin embargo, es por razón de esa tradición que se llama a los judíos españoles "sefarditas".   J. L. G.

SEFARVAIM. Ciudad que Salmanasar V había atacado en 727 a.C. y cuyos moradores, que adoraban a las deidades Adramelec y Anamelec, fueron transportados por Sargón II a →Samaria con el fin de poblar las ciudades vacías y formar allí una colonia asiria en honor de sus dioses. El lugar permanece aún sin identificar, aunque Halévy sugiere identificarlo con →Sibraim, cerca de Damasco (Ez. 47:16), lo cual es posible. El contexto hace suponer que S. se encontraba situada en Siria o en las cercanías de ésta. Sin embargo, toda identificación es hasta ahora mera suposición (2 R. 17:24,31; 18:32; 19:13; Is. 36:19; 37:13).   A. Ll. B.

SEFATA. Gran valle cercano a Maresa, al NE de Hebrón, donde se libró la tremenda batalla de los israelitas contra los etíopes (2 Cr. 14:9-15), durante el reinado de Asa, hijo del rey Abías.
M. V. F.

SEFELA. Llanuras y valles de la parte meridional de Palestina, entre el Mediterráneo y las montañas del centro. Allí se encuentran los valles de Ajalón, Sorec, Ela y Sefata. A su extremo S se encuentran las ciudades de Gat, Laquis, Eglón y Debir.

En el AT hebreo el nombre S. se usa con toda claridad, pero en las traducciones se ha preferido "el llano", "la llanura", "el valle", "las campiñas", etc. (Dt. 1:7; Jos. 10:40; Jue. 1:9; 2 Cr. 1:15; Jer. 33:13; Zac. 7:7).

Las S. se extendía desde el valle de Sarón, al S del monte Carmelo, hasta el río de Egipto (SO de Gaza), en un territorio donde, según Jos. 15:33-47, se habían establecido 43 ciudades. También se conoce por "llanura marítima" debido a que en todo su extremo poniente está bañada por el Mediterráneo.

La S. se caracteriza por su fertilidad, sus numerosos pozos y sus arboledas.   M. V. F.

SÉFORA. Una de las siete hijas de Reuel (Éx. 2:16ss., también llamado →Jetro, Éx. 4:18s., 18:2s.), madianita, primera esposa de Moisés y madre de Gersón y Eliezer (Éx. 2:15-22). En camino a Egipto, cuando Yahveh quiso matar a Moisés, S. practicó la →circuncisión de Gersón, llamando a Moisés "esposo de sangre" (Éx. 4:24-26). El padre de S., se hizo cargo de S. y sus hijos, pero más tarde los llevó nuevamente a Moisés.   I. W. F.

SEGUNDA VENIDA. Término usado para referirse a la manifestación gloriosa de Jesucristo, cuando vuelva "al fin de este siglo" para iniciar los últimos actos de redención y juicio. No aparece en la Biblia, pero está implícito en pasajes como Heb. 9:28 ("... aparecerá por segunda vez").

Este segundo advenimiento de Jesús se describe con las siguientes palabras gr.: (1) *Parusía* ('presencia [2 Co. 10:10]' o 'llegada'). Se usaba en el mundo helénico para describir la llegada aparatosa de un emperador o rey, pero en el NT únicamente describe la s. v. (2) *Apocalypsis* ('descubrimiento', → 'REVELACIÓN'), término que alude al momento cuando el señorío que Jesucristo goza ahora a la diestra del Padre se hará patente en el mundo; habrá un *apocalypsis* de su gloria y poder, e.d., el descubrimiento de su exaltación al mundo (1 Co. 1:7; 2 Ts. 1:7; 1 P. 1:7,13; 4:13). (3) *Epifanía* ('aparición', 'manifestación visible'), término que figura en 2 Ts. 2:8; 1 Ti. 6:14; 2 Ti. 4:1,8; Tit. 2:13; y también se usa en 2 Ti. 1:10 para referirse a la primera venida de Jesús.

I. LA SEGUNDA VENIDA EN EL ANTIGUO TESTAMENTO

A través del AT es Dios quien siempre viene al hombre. A partir del Edén y por toda la historia de Israel, Dios se revela a su pueblo en muchas formas: por ángeles o teofanías, por los acontecimientos sobresalientes (p.e. el éxodo) y por la palabra profética. La expresión → "el día de Yahveh" significaba una visitación especial de Dios a su pueblo, y se aplicaba no sólo a juicios transitorios sobre Israel y sus vecinos, sino también el gran día terrible y final en que habría salvación para los que invocaron el nombre del Señor, y juicio para los altivos y soberbios (cp. Is. 2:12; Jl. 2:28-32).

El concepto del → Mesías en el AT abarca títulos como profeta, rey eterno, sacerdote, siervo sufriente (→ SIERVO DE JEHOVÁ) e → Hijo del Hombre. Esta última figura es la más intrigante de todas, especialmente para nuestro propósito aquí. El Hijo del Hombre ha de venir sobre las nubes para imponer sobre la tierra un reino de justicia, el cual compartirá con sus santos (Dn. 7:18,22). La combinación de todos estos conceptos del Mesías resultaba incomprensible para los profetas del AT, como también para los contemporáneos de Jesús. ¿Cómo podría combinarse todas esas características en un solo personaje? Este misterio no se aclara sino hasta en la enseñanza de Jesús en los Evangelios. Lo que se conceptuaba en el AT como una sola venida del Mesías llega a convertirse en dos venidas, según la enseñanza de Jesús.

II. LA SEGUNDA VENIDA EN EL NUEVO TESTAMENTO

En el NT se refiere a la s. v. como "la esperanza bienaventurada" (Tit. 2:13), tema que aparece unas 300 veces repartidas en casi todos los 27 libros.

A. *En la enseñanza de Jesús*

Aunque muchos eruditos estudiosos de la escatología (la doctrina de las cosas últimas) ponen en tela de juicio la s. v. como evento, es claro que Jesús albergaba esa esperanza. Al principio del presente siglo XX J. Weiss y A. Schweitzer abogaron por una interpretación completamente escatológica de la enseñanza de Jesús y afirmaron que él esperaba que el → reino de Dios y el Hijo del Hombre (un tercero) viniera durante su estancia terrenal (cp. Mt. 10:23), postura que impugna la veracidad de Jesús. C. H. Dodd, en cambio, formuló la postura de la "escatología realizada", que afirma que las bienaventuranzas "finales" se experimentan ahora mismo y que no hay una consumación literal del proceso humano. (Dodd modificó luego este último detalle.) Pero la enseñanza neotestamentaria no sostiene ninguno de estos dos extremos, aunque hay algo de verdad en los dos.

La base de la s. v. se encuentra en muchos pasajes de los Evangelios, especialmente en el discurso escatológico de Jesús (Mr. 13 //). Jesús se refiere a sí mismo como el Hijo del Hombre que vendrá en la → gloria de su Padre con los → ángeles (Mr. 8:38; 13:24-27; 14:62 //; Jn. 14:3,28).

Aunque algunos eruditos tergiversan estos pasajes, no es posible eliminar de los → Evangelios todo vestigio de una s. v.; la misma abundancia de referencias al tema hace improbable que los apóstoles crearan esta doctrina. Es obvio que existe una dificultad en los dos dichos de Jesús que indican una venida muy pronta: antes que los discípulos recorrieran las ciudades de Israel (Mt. 10:23) o antes de que algunos de sus oyentes murieran (Mr. 9:1 //; → GENERACIÓN), pero es factible explicar que estas profecías se cumplieron en la muerte y resurrección de Jesús; porque estos hechos fueron una manifestación sobresaliente del reino, por los cuales Jesús triunfó sobre Satanás y sobre la muerte. Además, por esos hechos Jesús fue proclamado el → Señor del cielo y de la tierra (Mt. 28:18). En otras palabras, el acontecimiento fundamental del reino es la muerte y la resurrección de Jesús, no su *parusía*.

Si Jesús enseñaba una s. v., surge la pregunta: ¿esperaba él un período entre su → ascensión y su *parusía*? Algunos eruditos insisten en que no, en vista de que Mt. 10:23; Mr. 9:1; 13:30 // hablan de un retorno inmediato. Su argumento es así: Jesús esperaba regresar casi inmediatamente y cuando no apareció, entonces la iglesia cambió la idea de un regreso inmediato por la de una tarea misionera, con el resultado de que la *parusía* fue postergada. Pero es inaceptable este concepto de la iglesia y la formulación de sus doctrinas en vista de los siguientes hechos:

1. Jesús sí enseñaba que habría un período entre el fin de su ministerio y la *parusía* (Mr. 13:10; cp. Mt. 24:14); tal espera está implícita en las parábolas del reino, especialmente en aquellas que hablan de la ausencia de la figura central del relato (Mt. 24:45-51; 25:1-13,14-30). Sin el regreso del señor, la parábola quedaría trunca, porque la entrega de responsabilidades al

principio demanda el desenlace de los galardones al final. Así también lo que Jesús empezó a hacer quedaría trunco si no volviera a completar el proceso.

2. Jesús fue proclamado Señor del cielo y de la tierra (Mt. 28:18), esto significa que con su exaltación el evangelio rompe los límites nacionales de Israel y asume características universales. Resulta lógico entonces que el señorío de Jesús se proclamase en todo el mundo para que la oferta de perdón y vida eterna fuera conocida de todos. Por ende, precisa programar un período de tiempo para la evangelización del mundo antes de la *parusía*.

3. La enseñanza de Jesús acerca del reino de Dios refleja una tensión grande entre el aspecto presente (visto en la vida y obra de Jesús) y el aspecto futuro. Si interpretamos el reino de Dios, o en términos puramente futuristas sin aspecto presente y período intermedio (Schweitzer), o en términos de una escatología realizada en este tiempo sin futuro alguno (Dodd), no hacemos justicia a la enseñanza de Jesús. Él dejó inaugurado el reino en las obras maravillosas de su ministerio y especialmente en su muerte y resurrección. Por tanto, se puede decir con Cullmann que la batalla decisiva se ha ganado, y sólo se espera la terminación de la guerra y el gran día de victoria. Durante el período intermedio se experimentan muchas de las bendiciones del futuro, e.d. hay escatología realizada (1 Co. 10:11; Heb. 6:5); además los creyentes ya tienen la vida eterna (Jn. 3:16), característica del siglo venidero (Mr. 10:30 //), pero eso no significa que se omita la consumación final. La victoria sin par de la muerte y resurrección de Jesús quedaría inconclusa si no llega a abatir visiblemente el reino del mal aquí en la tierra.

En resumen, la enseñanza de los Evangelios es clara: al final del proceso de evangelización del mundo, en un momento sólo conocido por el Padre (Mr. 13:32 //), Jesús vendrá personalmente sobre las → nubes en la misma forma corporal en que se fue (Hch. 1:11); su *parusía* será acompañada con → trompetas, voces, gloria, y poder; los ángeles estarán presentes para recoger a los escogidos de los cuatro ángulos de la tierra. Entonces el Señor se sentará sobre su trono para juzgar a todos los que tienen alguna relación con el reino, según sus obras (→ JUICIO). De acuerdo con el sermón escatológico, la *parusía* es precedida por un tiempo de horrible persecución (Mr. 13:25s. //) y seguida por el establecimiento del reino de justicia del Hijo del Hombre (Mt. 25:34).

B. *En la enseñanza de Pablo*

La orientación paulina sigue la pauta de Jesús, aunque agrega varios énfasis nuevos. El más notable quizás es la relación estrecha establecida entre la *parusía* y la → resurrección (o transformación) de los creyentes (1 Co. 15:23,51s.; Fil. 3:21; 1 Ts. 4:13-17). Aunque hay intérpretes que distinguen una etapa previa a la s. v., a la cual llaman "el arrebatamiento secreto de la iglesia", parece militar contra tal postura la publicidad mundial de la venida que insinúa 1 Ts. 4:16: "el Señor mismo con voz de mando, con voz de arcángel, y con trompeta de Dios descenderá del cielo". Los muertos en Cristo resucitarán primero, y ocurrirá entonces la transformación de los creyentes vivos. Pero esto no sucederá sino hasta que haya venido la apostasía y aparezca el hombre de pecado (2 Ts. 2:1-8 → ANTICRISTO), a quien el Señor destruirá "con el espíritu de su boca y con el resplandor de su venida". No es solamente un momento de distribuir recompensas a los fieles (2 Ts. 1:7-10) sino la ocasión en que todos los hombres han de rendir cuentas de sus acciones (1 Co. 3:13ss.; 4:5; 2 Co. 5:10).

C. *En el resto del Nuevo Testamento*

Por lo general la enseñanza sobre la s. v. en el resto del NT sigue de cerca la norma establecida por Jesús; sólo en 2 Pedro y en Apocalipsis se describen los resultados cósmicos de la s. v. Aunque a los "burladores" les parece que el Señor retarda su promesa, realmente él está esperando que los hombres "procedan al arrepentimiento" (2 P. 3:9). Pero el día del Señor vendrá como "ladrón en la noche", e.d., inesperadamente; el cielo y la tierra serán quemados. Tanto en Pedro como en Pablo el día del Señor es el día de la *parusía*.

Como libro de consolación escrito durante la persecución, Apocalipsis aporta datos importantes sobre la s. v. de Cristo. Todo ojo lo verá llegar y todas las naciones de la tierra lo lamentarán (1:7; cp. Mt. 24:30). En la final trompeta (11:15-19) el reino de este mundo pasa a ser de Dios y de su Cristo, quien reinará para siempre jamás (11:15). Apocalipsis concuerda con lo escrito por Pablo al describirse la lucha feroz entre las fuerzas del mal y del bien, guerra que causa tremenda → tribulación y termina en el castigo de los dirigentes del reino satánico (19:20; 20:10 → DEMONIOS). Entonces Cristo y los justos empiezan un reino de mil años en la tierra (→ MILENIO, 20:1-10) durante el cual él suprime todo dominio, autoridad, y potencia (1 Co. 15:23-28). Así que la *parusía* comienza una serie de sucesos cósmicos que cumplen todo lo escrito por los profetas, sobre todo en el libro de Daniel (7:13ss.).

III. EL SIGNIFICADO DE LA SEGUNDA VENIDA

La s. v. del Señor Jesucristo ha tenido un valor permanente para el cristianismo, y a través de los siglos ha sido una fuente de inspiración y confianza. Sobre ella se basan todas las exhortaciones a la pureza, fidelidad, santidad, vigilancia y responsabilidad. El juicio de Mt. 25:31-46 enseña que quienes esperan de veras el regreso de su Señor son los que muestran compasión hacia los desvalidos y necesitados.

Toda la creación gime hasta la liberación final, tanto de los hijos de Dios como del universo entero (Ro. 8:18-23). "Amén; sí, ven, Señor Jesús" (Ap. 22:20 → MARANATA).   J. G. C.

Bibliografía
CBSJ V, 78:6-92. *EBDM* V, col. 891-895. *DBH*, col. 1451-1457; *DTB*, pp. 760-765; *VTB*, col. 760-765; *VD* III, pp. 292-313; O. Cullmann, *La cristología del NT* (Buenos Aires: Methopress, 1965), pp. 109-190.

SEGUNDO (nombre latino). Creyente de Tesalónica y miembro del grupo que acompañó a Pablo al regreso de su tercer viaje misional (Hch. 20:4s.). La frase "hasta Asia" no aparece en los mejores mss. Probablemente S. fuera uno de los delegados de las iglesias de Macedonia que contribuían para la ayuda de los creyentes en Jerusalén (cp. 1 Co. 16:1ss.). L. S. O.

SEHÓN. Rey de → Hesbón, ciudad de los → amorreos. Su reino se extendió hacia el S hasta el río → Arnón, gracias a su victoria sobre Moab (Nm. 21:26-30; cp. Dt. 2:24; Jer. 48:45). Era tan poderoso que Moisés le envió embajadores

Medio oculto en los estrechos cañones de Petra se halla el fabuloso templo El-Khazneh, labrado a mano en la roca rosada que caracteriza el lugar.   MPS

solicitando permiso para pasar por su tierra (Nm. 21:22-25). S. se obstinó en no conceder el permiso y fue necesaria una batalla en la que las fuerzas de S. fueron derrotadas y su reino fue destruido hasta el Jaboc. Esta victoria se recordaba siempre en Israel como ejemplo sobresaliente del poder de Jehová ejercido a su favor (Neh. 9:22; Sal. 135:11; 136:19). El territorio de S. llegó a formar parte de la herencia de Gad y Rubén (Nm. 32:33-38; Jos. 13:10).   D. J. -M.

SEIR ('velludo', 'escabroso'). **1.** Región montañosa al S del mar Muerto habitada primero por los → horeos (Gn. 14:6; 36:20), a quienes los edomitas desalojaron para establecerse allí (Gn. 32:3; 33:14,16; 38:6; Dt. 2:12; Jos. 24:4).

2. Monte al N de los límites de Judá (Jos. 15:10). Se ha identificado con Saris cerca de Chesalon, el cual está ubicado 14 km al O de Jerusalén. Es el lugar por el cual los israelitas intentaron entrar a Canaán y fueron derrotados por los amorreos (Dt. 1:44s.). Es posible que este S. sea el monte adonde emigraron los quinientos hombres hijos de Simeón (1 Cr. 4:42,43).   J. E. G.

SELA ('peña'). **1.** Ciudad fortificada unos 5 km al O de Temán, capital de Edom a la cual debía proteger. Fue tomada por Amasías rey de Judá, quien le dio el nombre de Jocteel (2 R. 14:7). La derrota de S. quizá fue la ocasión histórica de las profecías de Jer. 49:16 y Abd. 3, ya que S. se encontraba en las peñas y su nombre mismo significaba "peña".

Muchos identificaban a S. con Petra, la notable ciudad edificada por los nabateos en aquella región en el siglo IV a.C. Petra llegó a ser centro comercial entre el Oriente y Roma, y residencia de una serie de reyes llamados → Aretas. La primera mujer de → Herodes Antipas era hija de uno de estos reyes, el que se menciona en 2 Co. 11:32. Trajano subyugó la ciudad de Petra bajo Roma en 105 d.C. El cristianismo se extendió allí rápidamente y la tradición afirma que Pablo visitó a Petra mientras estaba en Arábia (Gá. 1:17). Fue hecha sede episcopal. Declinó con el Imperio Romano, y los mahometanos la conquistaron en 629-632 d.C.

2. Lugar que indicaba los límites de los amorreos en el tiempo de los jueces (Jue. 1:36). Se desconoce el sitio, pero probablemente estaba en Judá.

3. Lugar en Moab mencionado en Is. 16:1 como objeto de destrucción. No se ha fijado su ubicación, pero algunos identifican a esta S. con la de Edom, alegando que fue conquistada por Moab en el siglo de Isaías.

S. es mencionada junto con las aldeas de Cedar, en una invitación a cantar por la victoria de Jehová (Is. 42:11). Es un cántico de júbilo por la victoria de Dios sobre los enemigos.   J. E. G.

SELAH. Término heb. que aparece en los Salmos (71 veces) y en Habacuc (3 veces) cuyo origen y significado son inciertos. Hay quienes derivan la palabra de cierta raíz aramea que denota el momento en que la congregación debía arrodillarse o postrarse. La versión gr. de Aquila y la Vul. la traducen con el sentido de "siempre", lo que implica una exclamación, como si fuera un amén, un aleluya o una bendición pronunciada por el sacerdote.

Sólo parece haber una raíz heb. con la cual S. puede relacionarse con relativa certeza, y ésta tiene la connotación de "alzar" o "elevar". En consecuencia, algunos creen que era una señal litúrgica para elevar la voz, o alzar las manos en actitud de oración. Otros consideran que se trataba de una notación musical para que los instrumentos tocaran fuerte. Generalmente puede hallarse colocada al final de una estrofa o en la mitad.

La LXX emplea el gr. *diápsalma*, que parece significar "intervalo" o "interludio musical", para traducir S. Habría sido, entonces, una indicación aclaratoria relacionada con la ejecución de la música instrumental del templo. Probablemente comenzara a usarse en la época del exilio. V. F. V.

SELEUCIA. Ciudad fortificada de Siria situada a orillas del Mediterráneo, 8 km al N de la desembocadura del río Orontes y 25 al O de la ciudad de Antioquía a la cual servía como puerto (1 Mac. 11:8). Pablo y Bernabé se embarcaron allí en su primer viaje misionero (Hch. 13:4) y probablemente desembarcaron allí mismo a su regreso (Hch. 14:26); inferimos de Hch. 15:30,39 que S. era el puerto aludido.

El fundador de S. (301 a.C.) fue → Seleuco Nicátor, uno de los sucesores de Alejandro Magno. La ciudad fue tomada por Ptolomeo Euergetes en 246 a.C., pero Antíoco Epífanes la recobró setenta años después. Mantuvo su importancia bajo los romanos y en tiempo de Pablo era ciudad libre. S. tenía un buen puerto con una bahía exterior, y un fondeadero interior bastante grande. Todavía quedan algunos vestigios de los muelles antiguos y del muro de la ciudad. A. T. P.

SELEUCO. Nombre de varios reyes sirios durante la época intertestamentaria:

1. Seleuco I Nicátor. Uno de los generales de Alejandro que tras derrotar a Antígono en la batalla de Gaza en el año 312 a.C., logró posesionarse de buena parte del imperio que Alejandro había conquistado. Fundó la dinastía de los seléucidas, quienes reinaron en Siria hasta que en el año 65 a.C. Roma conquistó la región. S. fue rey durante 312-282 a.C., pero originalmente estuvo supeditado a Egipto; a este hecho se refiere Dn. 11:5 al decir que uno de los príncipes del rey del sur sería más fuerte que él.

2. Seleuco II. Bisnieto de S. I y también rey de Siria, 246-226 a.C. Durante su reinado, los egipcios invadieron el territorio sirio y tomaron a Babilonia y Seleucia. A esto se refiere Dn. 11:7-9.

3. Seleuco III. Hermano de → Antíoco III el Grande. Uno de "los hijos de aquél" de Dn. 11:10. El reinado de S. III fue muy breve, 226-223.

4. Seleuco IV. Hijo de Antíoco III el Grande. Durante su reinado (187-176), escasearon los fondos y, por tanto, decidió posesionarse del tesoro del Templo de Jerusalén (Dn. 11:20; 2 Mac. 3:7; 5:18). Se le menciona repetidamente en los libros de los macabeos.

J. L. G.

SELLO. Grabado cortado en distintos materiales duros tales como piedra corriente, metales o piedras preciosas, empleado para grabar un dibujo o marca específica sobre otra substancia blanda, como barro o cera.

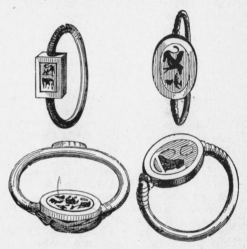

El uso del sello ha sido general en el Oriente a través de los siglos, empleándose convenientemente en lugar de la firma. Con frecuencia lleva la forma de un anillo.

El uso de los s. data de la más remota antigüedad histórica en las tierras bíblicas, pues servían como firma personal cuando pocas personas sabían escribir. En Mesopotamia, donde tanto se utilizaba el barro como material para escribir, los s. solían tener forma de rodillos; los grabados, más o menos complicados, al ser impresos sobre el barro, quedaban en forma rectangular. Más tarde prevalecieron las formas cónicas. Un agujero, practicado en el s., permitía atravesarlo con una cuerda, para llevarlo colgado al cuello, o atado al brazo o a la cintura (Gn. 38:18; Cnt. 8:6). Los egipcios preferían los escarabeos, o piedras cortadas en forma de escarabajos estilizados, y esta moda influyó en el contorno de los s. en Palestina. Se prestaba para fabricar s. en forma de anillo, fáciles de llevar en el dedo.

Los dibujos variaban muchísimo según el siglo y la región, y esto ha proporcionado datos muy valiosos a los arqueólogos modernos. Pero por lo general el s. llevaba el nombre de su dueño, con una señal distintiva que le caracterizaba. La primera mención bíblica del s. se halla en el triste incidente de Judá y Tamar (Gn. 38:18), el cual indica su uso corriente entre personas de alguna distinción ya en la época patriarcal.

Los usos más comunes del s. eran los siguientes: (1) como firma para ratificar un documento, p.e., el documento de compraventa de Hanameel y Jeremías (Jer. 32:10-14,44); (2) como prueba de la autenticidad de una orden real, sobre todo si intermediaba una segunda persona, p.e., la acción de Jezabel en nombre de Acab (1 R. 21:8); o los poderes que dio Asuero a Mardoqueo (Est. 8:8); (3) para conservar un rollo escrito, y garantizar que no se abriría sino hasta que llegara el momento señalado y, entonces, sólo por la persona autorizada (Ap. 5:1); (4) para asegurar una puerta, o entrada similar, contra la intrusión de personas no autorizadas, p.e., el s. sobre la tumba del Señor (Mt. 27:66); cp. el s. sobre el foso de los leones puesto por el rey Darío (Dn. 6:17) y el s. por el cual el ángel asegura la puerta del abismo para evitar la salida de Satanás (Ap. 20:3). Una de las muchas formas de realizar esto consistía en extender una cuerda cubierta con barro y cera de un lado al otro de la abertura, para que una vez impreso el s. nadie pudiera pasar sin romperlo.

El s. se empleaba metafóricamente para indicar posesión, autenticidad, garantía o seguridad. Un libro sellado era un secreto hasta el momento de romper el s. (Dn. 12:4,9; Ap. 10:4). El que recibe el testimonio del Evangelio "atestigua" (gr., *esfráguisen* = 'puso su sello') que Dios es veraz (Jn. 3:33), y el mismo verbo se emplea para indicar que el Hijo del Hombre fue "sellado" por el Padre como su mensajero auténtico (Jn. 6:27). La circuncisión de Abraham fue "el s." de la justicia que había recibido anteriormente por la fe (Ro. 4:11), y los creyentes en Corinto constituían el s. del apostolado de Pablo (1 Co. 9:2); ambos garantizaban autenticidad. Los creyentes efesios fueron "sellados con el Espíritu Santo de la promesa" (Ef. 1:13; cp. 2 Co. 1:21s.; Ef. 4:30). En todos estos casos el contexto señala que el Espíritu Santo aseguraba cuanto habían recibido ya los fieles (en el siglo II, el → bautismo fue considerado como un s.). El Espíritu constituye las → arras de cuanto habían de recibir al ser introducidos en la herencia eterna.

En el Apocalipsis el sello en la frente (v.g., 7:3-8; 9:4) es señal de pertenecer a Dios.

E. H. T.

Bibliografía
DTB, col. 982ss. *VTB*, pp. 748s. *DBH*, col. 1815ss.

SEM, SEMITA ("fama"). El mayor de los hijos de Noé y, según Gn. 10:1; 21—31, progenitor de una familia de naciones. Para la solución de los problemas que presenta este capítulo el estudiante debe consultar los comentarios. Por ejemplo, parece que Seba fue un nieto de Cam, y también está en la lista de S. (10:7,28). Nimrod fue nieto de Cam (v. 8) y está íntimamente relacionado con Asur (según la LXX Asiria en vs. 11 es Assour); también Asur (LXX *Assour*) aparece como hijo de S. (v. 22).

Problemas de esta índole tal vez se deban a la gran antigüedad de la "Tabla de Naciones" de Gn. 10, al parentesco estrecho entre los fundadores de las naciones, a la posibilidad de poner el mismo nombre a dos distintas personas, y al hecho de que las agrupaciones de la antigüedad se trasladaban muchas veces en masa de lugar en lugar. Los arqueólogos, por ejemplo, en algunos lugares de baja Mesopotamia han encontrado primero artefactos arameos (= de los semitas) y, en capa inferior, artefactos acadios (= de los camitas).

Los hebreos descendieron de Heber, nieto de Arfaxad, hijo de S. Gn. 11 traza la línea genealógica hasta Abraham, y Lc. 3:23-36 la lleva hasta Cristo. En la bendición de Jafet se dice: "Ensanche Dios a Jafet y habite él en las tiendas de Sem" (Gn. 9:27). Esto puede interpretarse como que "él" se refiere a Dios, siendo estas palabras entonces una de las primeras profecías mesiánicas (→ JAFET).

S. forma el eslabón entre el mundo antediluviano y el postdiluviano. Durante el primer siglo de su edad S. fue contemporáneo de Matusalén, el que a su vez fue contemporáneo de Adán durante 243 años; y cuando S. murió, Abraham tenía 148 años de edad.

Los s. ejercieron una influencia marcada a través de la historia. El desarrollo del idioma semítico es un estudio que comienza con el acádico; luego el cananeo que incluye el ugarítico, el arameo y el árabe, que, en sus distintos dialectos, hoy es el idioma de millones de personas.

W. G. M.

SEMANA. Ciclo de siete días. En la Biblia comienza después del día de → sábado independentemente del calendario lunar o solar.

La semana de siete días se menciona por primera vez en Gn. 29:27, aunque la creación se presenta como efectuada en siete días, incluyendo el descanso del Todopoderoso. Hay también períodos de siete días en la historia del diluvio (Gn. 7:4,10; 8:10,12).

Hay dos palabras hebreas que se traducen s.: una se deriva del número siete, la otra es igual a "sábado", el día que completa la s. judía. El NT emplea la última palabra y la convierte en sustantivo gr. (Mr. 16:2,9).

En Israel existió desde muy antiguo la observancia de la s. de siete días como unidad fija de tiempo, e independiente de las fases de la luna. Tiene su origen en el sábado, el séptimo día de la s. En el período helénico el día antes del reposo se llamó "día de preparación" (Mt. 27:62). Los otros días iban sólo numerados;

p.e. el día siguiente del sábado se llamaba "primer día de la s." (Mt. 28:1; Mr. 16:2,9; Lc. 24:1; Jn. 20:1,19; Hch. 20:7; 1 Co. 16:2).

En Lv. 23:15; 25:8, el término *sabbatot* (literalmente "sábados") se aplica al período de tiempo desde un sábado al otro, por lo que equivale a "semanas"; de ahí que en el NT la transcripción gr. *sabbaton* se use también con el significado de s. (Mr. 16:9). La fiesta nupcial en el antiguo Israel duraba una s. (Gn. 29:27s.).

Se usa "siete días" en vez de s. en Hch. 20:6; 21:4,27; 28:14 (→CALENDARIO, DÍA DEL SEÑOR).   J. M. Bl.

SEMANAS, FIESTA DE → PENTECOSTÉS.

SEMEJANZA. → IMAGEN.

SEMILLA. Grano que cuando germina reproduce a la planta que lo produjo (Gn. 1:11-13, 29). Su sinónimo simiente se aplica a descendencia humana o animal (Gn. 3:15), con especial referencia a Cristo (Gá. 3:16).

La ley prohibía sembrar en un solo campo diversas especies (Lv. 19:19). Hay s. inmundas y limpias (Lv. 11:37, 38), y épocas en que resultan vanas las s. (Lv. 16:26).

La palabra s. se utiliza en lenguaje figurado. En este sentido se aplica a la simiente espiritual (Gn. 22:17, 18; Gá. 3:16; 1 P. 1:23; 1 Jn. 3:9). El salmista habla de la s. de la proclamación de la verdad (Sal. 126:5,6). Esta última enseñanza se amplía en la parábola del sembrador (Mt. 13:1-23 cp. 1 Co. 3:6).

Pablo utiliza la figura de la s. y la siembra para explicar la doctrina de la → resurrección mediante la similitud que ofrecen la siembra y el cuerpo que se sepulta y resucita (1 Co. 15:35-38), doctrina que refleja la enseñanza de Cristo respecto a la muerte del grano de trigo para que éste produzca abundantemente (Jn. 12:24).   A. P. P.

Jerónimo identificaban la ciudad de S. con Magdala-senna, situada 10 km al N de Jericó.
                                                        J. E. G.

SENAQUERIB. Rey asirio que sucedió en el trono a Sargón II y dirigió con buen éxito los destinos del imperio durante 24 años (705-681 a.C.). Cuando su padre fue asesinado, S., que ya gobernaba en la frontera del norte como príncipe heredero, se movilizó rápidamente hacia el sur, pues Merodac-baladán se había sublevado en Babilonia. Se supone que fue en esa ocasión que →Merodac-baladán envió mensajeros a →Ezequías, rey de Judá (2 R. 20:12-19; Is. 39). Tres años demoró S. en hacer reconocer su autoridad en Fenicia y Palestina, donde los súbditos de su padre se negaban a seguir pagando los tributos. Pero una vez arreglada su situación con babilonios, elamitas y árabes, pudo disponer del tiempo necesario para imponer también su autoridad en el O, donde las condiciones le eran conocidas.

Ezequías, rey de Judá, confiando quizás en la ayuda de Egipto, se apoderó de Padi, príncipe filisteo proasirio que gobernaba en Ecrón, fortaleció sus baluartes, mejoró el abastecimiento de agua en Jerusalén y notificó secretamente sus planes a Egipto. S. se movió con cautela pero con grandes fuerzas militares en el año 701 a enfrentarse con los planes de Ezequías. Primero atacó al norte las ciudades costeras de Fenicia. Allí capturó con relativa facilidad ciudades importantes y secundarias. En una segunda arremetida se rindieron Moab y Edom, pero como Ascalón opusiera resistencia la sometió a un bárbaro saqueo junto con sus ciudades vecinas. En sus crónicas afirma haber derrotado a Egipto, matado a los príncipes de Ecrón y sometido y saqueado 46 ciudades de Judá. También afirma que llevó de Judá 200.150 cautivos, entre los que menciona a

Este relieve en piedra hallado en Nínive muestra a Senaquerib, rey de Asiria, recibiendo los despojos de guerra traídos de Laquís.

SENAA. Cabeza de una familia o pueblo israelita que regresó a Babilonia con Zorobabel 537 a.C. (Esd. 2:35; Neh. 7:38). Los hijos de S. edificaron la puerta del Pescado (Neh. 3:3) y colaboraron en la edificación del muro. Eusebio y

unas jóvenes cantantes judías (de ahí vemos que los judíos eran famosos por sus cantos).

Personalmente se ocupó de la toma de Laquis, desde donde envió mensajeros a Ezequías exigiendo la rendición de Jerusalén. Los anales asirios y hebreos coinciden en que Ezequías tuvo que pagar cara su osadía. Desde entonces Asiria le cobró fuertes tributos. Padi fue restituido y premiado con varias ciudades de Judá.

Como era de esperar, los anales asirios no mencionan la sorpresiva retirada de S. que se relata en 2 R. 19:35,36, cuando inesperadamente abandonó el sitio a que tenía sometida a Jerusalén. Algunos eruditos atribuyen esta repentina retirada al hecho de que las tropas egipcias se acercaban conducidas por → Tirhaca (2 R. 19:9; Is. 37:9). No podemos esperar que los anales lo mencionen todo; generalmente los anales asirios no relatan los fracasos. Además existe el problema de si fue uno o fueron dos los sitios que S. impuso a Jerusalén, y si fue únicamente en uno de ellos o en ambos que S. tuvo que retirarse en forma súbita. En 2 R. 19:37 se nos dice que S. fue asesinado después de regresar de Nínive, pero no dice cuánto tiempo después. Sabemos que fue asesinado en 681.

Aunque todavía no podamos definir todos los sucesos con precisión, no existe razón alguna para dudar del relato del AT. Dios intervino milagrosamente y S., para sorpresa de todos, se retiró en forma inesperada con sus tropas. Un estudio cuidadoso de los pasajes bíblicos en que se tomen muy en cuenta las obligaciones que sobrevinieron a Ezequías y las condiciones a que quedó sometido Judá, nos ayuda a entender los mensajes proféticos de aquella época (→ Isaías; → Oseas; 2 R. 18:13–19:36; 2 Cr. 32:1-23; Is. 36:1,37; 37:37).

S. hizo grandes construcciones en Asiria. Su palacio en → Nínive era una verdadera galería de arte y una maravilla de arquitectura. Las miles de tablillas encontradas en su templo dedicado a Nabu indican también su interés en la literatura.

A. Ll. B.

SENCILLEZ. RV traduce "s." y "sencillo" varios vocablos heb. y gr. que en otros casos y versiones se traducen "simple", "sincero", "limpio", "verdadero", o "ingenuo". La s. denota en la Biblia una actitud abierta, libre de duplicidad o ambigüedad (2 S. 15:11; Hch. 2:46), integridad y rectitud (Gn. 20:5; 1 R. 9:4), pureza y lealtad en la relación con el prójimo y con Dios (2 Co. 11:3; Ef. 6:5-8; Fil. 2:15), generosidad que se da sin reservas (Ro. 12:8; 2 Co. 8:2). En los Sal. la s. caracteriza a los humildes y sin experiencia (19:7) a quienes Dios protege y enseña (116:6; 119:130; cp. Mt. 19:13s.). En Pr. 1:22; 9:6; 14:15-18 y 1 Co. 14:20 "s." se usa con sentido negativo, como sinónimo de ingenuidad o ignorancia.   J. M. B.

SENE ('roca aguda'). El más meridional de los dos peñascos agudos (el otro es Boses) que están a los lados de un desfiladero en el camino entre Gabaa al S y → Micmás al N. Por este desfiladero, Jonatán y su paje de armas entraron a la guarnición de los filisteos (1 S. 14:4,5).

I. E. A.

SENIR ('pico nevado'). Nombre amorreo dado al mte. → Hermón (Dt. 3:9; Ez. 27:5), o quizá sólo a una parte del mismo (1 Cr. 5:23; Cnt. 4:8). Hermón es el pico sur del Antilíbano y S. probablemente se refiera a una parte separada de la cadena. A veces el nombre se usa para hacer referencia a toda la región. En la primera parte del segundo milenio a.C. parece que fue un lugar de culto de los amorreos. Los tirios usaron madera del mte. S. para construir sus barcos (Ez. 27:5).   I. E. A.

SENO. Término que en sentido anatómico se refiere al útero femenino o claustro materno (Lc. 1:31 → VIENTRE). En sentido figurado, debido a que la matriz brinda protección maternal durante el desarrollo del feto, y por motivaciones psicológicas, se ha extendido el uso del vocablo "s.", para expresar intimidad, cobijamiento o amor (Nm. 11:12; 2 S. 12:3; Job 31:33; Is. 40:11; Jn. 1:18; 13:23). (→ S. DE ABRAHAM.)

L. A. S.

SENO DE ABRAHAM. Término figurado que Jesús emplea en la parábola de Lázaro y el rico (Lc. 16:22), para indicar el lugar adonde van los justos al morir. Es un sitio que se contrasta con el → Hades, lugar donde se encontraba el rico injusto (Lc. 16:23). El s. de A. es también sinónimo del → "paraíso" que Jesús prometió al ladrón arrepentido (Lc. 23:43; cp. → SEOL).

En la parábola, Jesús describe un banquete en el paraíso a la usanza judía, donde los invitados se reclinaban ante la mesa y apoyaban el brazo izquierdo en almohadones. De esta manera, el que se hallaba a la derecha de otro, prácticamente estaba reclinado "en el → seno" de éste (cp. Jn. 13:23).   P. W.

SEÑAL. Significa prenda o prueba de algo que se promete cumplir, como en Jos. 2:12 e Is. 7:11. Es también un recordatorio• (Dt. 6:8). Pero es principalmente un hecho portentoso, un evento sobrenatural. Las obras de Dios en Egipto, para la liberación de su pueblo, son llamadas en el AT "s. y milagros" (Dt. 6:22; Neh. 9:10). Asimismo, la peregrinación en el desierto y las luchas y victorias en Canaán, fueron "grandes s." (Jos. 24:17).

Los milagros de Jesús fueron interpretados como s., especialmente en el Evangelio de Juan, es decir, evidencias, manifestaciones de su naturaleza, de su carácter y de su misión (Jn. 2:11, 23; 3:2; 4:54; 7:31; 20:30). La experiencia del profeta → Jonás, de haber estado en el vientre del pez tres días y tres noches, y haber sido después vomitado vivo, fue una s. de la resurrección del Señor (Mt. 12:39; Lc. 11:29).

La segunda venida del Señor en gloria será una s. poderosa de Dios (Mt. 24:30), y se verá precedida y acompañada de s. (Mt. 24:3). También habrá s. de falsos profetas, con el propósito de engañar (Mt. 24:24; Mr. 13:22). Una de las bestias apocalípticas haría en lo futuro "grandes s.", p.e. hacer descender "fuego del cielo a la tierra" (Ap. 13:13).   A. R. D.

SEÑOR. Término que traduce varias voces heb. y gr. que expresan la idea de una persona que merece respeto o ejerce autoridad. Como designación de Dios, S. traduce *'Adon*, título de cortesía para superiores ('amo' o 'rey'; Sal. 97:5), empleado usualmente en la forma *'adonay* ('mi S.'). Cuando dejó de pronunciarse el nombre de → "Jehová", *Adonay* se adoptó también en el culto (→DIOS). Nombres como *Baal*, 'jefe' o 'cuidador' (Nm. 21:28; Is. 16:8) se aplicaron a veces a Dios, pero no prevalecieron por las asociaciones con los cultos paganos (Os. 2:16. La LXX traduce *'Adon* con *kýrios* ('S.'), pero la mayor parte de las veces *kýrios* es traducción de "Yahveh". En el arameo (Dn. 2:47; 4:19,24) se utiliza la expresión *maran* ('elevado', 'exaltado', 's.'), y fue ésta la que los primeros cristianos aplicaron a Jesús en la oración →*Maranatha* ("S., ven"; 1 Co. 16:22; Ap. 22:20). Aplicado a Dios, S. expresa la afirmación fundamental de la Biblia: Dios es soberano en la naturaleza y en la historia.

S. se utiliza en el NT como título común (p.e., Mt. 8:6) para dirigirse cortésmente a alguien. Pero tiene también el significado de una invocación (Jn. 20:28). Lo más notable es la aplicación de este nombre sagrado a Jesucristo ("el S." o "el S. Jesús" en Lc. y Hch.; "el S. Jesucristo" a menudo en Pablo). Constituye la primera confesión de fe cristiana (1 Co. 12:3; Fil. 2:5-11), y por tanto los cristianos rehusaron llamar "S." al César (→ROMA, IMPERIO).

Más que ver un trasfondo griego (no del todo ausente; cp. 1 Co. 8:5ss.) nos inclinamos a ver en la nominación de S. el nombre divino (*Adonay*-Yahveh) y por tanto, la afirmación de la deidad de nuestro Señor.   J. M. B.

Bibliografía
DTB, col. 985-988; *VTB*, pp. 753s. *DBH*, col. 1824-1828. O. Cullmann, *La cristología del NT*, Buenos Aires: Methopress.

SEOL. Palabra hebrea que designa el lugar adonde van los muertos (Dt. 32:22; Is. 14:9,11,15). No es el destino solamente de los perdidos, sino el estado intermedio de todos los muertos. La muerte en el AT lleva consigo el sentido de entrar en un lugar de sombra (Job 38:17), donde el hombre ya no tiene fuerza (Sal. 88:3-4), y donde está olvidado (Sal. 88:5). No obstante, los habitantes del S. tienen conciencia y reciben a los nuevos muertos que entran en el lugar (Is. 14:9). El equivalente griego es *Hades*, palabra con que se traduce S. en la LXX.

En algunos pasajes bíblicos parece que el S. es el lugar adonde van los condenados, en contraste con el cielo. Am. 9:2 dice: "Aunque cavasen hasta el S. . . . y aunque subieren hasta el cielo". Job 11:8 y Sal. 139:8 repiten la misma idea. Sin embargo, estos pasajes no hacen una distinción escatológica de los distintos destinos

de los muertos, sino que indican los puntos geográficos opuestos en la dimensión vertical que imaginaba la mentalidad humana de la época (en aquel entonces se conceptuaba la ubicación del S. como la parte baja de la tierra). Equivale a la oposición horizontal de "oriente y occidente" (Sal. 103:12).

Ciertamente algunos textos indican que los malos van al S. como castigo (Sal. 9:17; 55:15; Pr. 23:14), pero esto tal vez se explica por la doctrina bíblica de que la muerte es resultado del pecado (Rom. 6:23). Parece que el castigo en sí no es ir al S. sino morir y entrar en el S. prematuramente.

Se debe distinguir el uso figurado del S. en muchos pasajes como Sal. 116:3 ("Me encontraron las angustias del S.") y Jonás 2:2 (donde el S. equivale al vientre del pez).

Hay varios sinónimos de S. en el AT: "abismo" (Is. 14:15), "sepulcro" (Sal. 88:4), "Abadón" (Job 26:6), "lugar de corrupción" (Sal. 16:10). Ninguno de estos pasajes requiere la interpretación de que sea lugar de castigo. [Es de notar que el AT no da enseñanza clara sobre las condiciones en el S., tampoco acerca de castigo ni de corona. Sin embargo, Dahoad (*Psalms III, Anchor Bible*, pp. 304-305), sugiere que se encuentra los inicios de la doctrina del infierno en textos como Sal. 140:10; Job 15:30; 20:26.]

En la literatura judaica posterior al AT, vemos el desarrollo de la idea de que el S. está dividido en dos partes, una para los justos y otra para los injustos, dentro del mismo estado preliminar al destino final (*Enoc* 22:1-14). Es posible que Dn. 12:2 refleje este mismo concepto, puesto que los muertos que "duermen en el polvo de la tierra" posteriormente "serán despertados, unos para vida eterna, y otros para vergüenza y confusión perpetua".

Nunca se usa la palabra S. en el AT como la morada de Satanás o de los ángeles caídos.

P. W.

SEPTUAGINTA. → TEXTO Y VERSIONES DEL AT.

SEPULCRO. Construcción levantada para dar en ella sepultura al cadáver de una persona y honrar su memoria. En la época preisraelita hubo monumentos funerarios como los dólmenes y lo que se ha dado en llamar los crematorios neolíticos de Gezer y Jerusalén. Hubo también s. formados de dos partes: una rampa o pozo de acceso y una cámara funeraria, cerrada a veces por un pequeño muro.

Los israelitas recién llegados a Canaán imitaron las costumbres funerarias de sus antecesores. Pero, durante la monarquía, el pozo de acceso lateral se suprimió, siendo reemplazado por un simple agujero perforado sobre una de las extremidades del techo, y por el cual se entraba de un salto en el s.

Para no depositar en tierra a los cadáveres, se preparaba un lecho de piedra, que se fue trans-

Miles de peregrinos acuden anualmente a la tumba de Raquel, venerada por ser la progenitora de muchos pueblos. Está ubicada cerca de Belén.   IGTO

formando en banqueta y más tarde en nicho profundo en el cual podía introducirse un sarcófago. A veces se situaban varias tumbas (consistentes en cuevas naturales o ampliadas) muy cerca las unas de las otras. Todas tenían acceso a un patio común. Cuando la costumbre de depositar los cadáveres en banquetas se generalizó, las adosaban alrededor de todo el recinto funerario. Los muertos se depositaban generalmente echados sobre el costado izquierdo, y con las rodillas encogidas y cerca del mentón.

Con el tiempo, las → sepulturas israelitas se fueron haciendo cada vez más suntuosas. Interiormente, los lechos fúnebres estaban coronados por arcadas talladas en la misma roca. Para entonces, los cadáveres no se depositaban ya echados sobre un costado, sino en forma supina y rostro arriba, con la cabeza apoyada en un almohadón de piedra. Más adelante se buscó economizar espacio, excavando en las paredes nichos estrechos y profundos, perpendiculares a las paredes, y cerrados con una lápida. La entrada al patio que daba acceso a las diversas cámaras mortuorias se cerraba sencillamente con una piedra enorme, en forma de piedra de molino. Esto explica la pregunta que se hacían María Magdalena al llegar al s. de Jesús: "¿Quién nos retirará la piedra de la entrada del s.?" (Mr. 16:3 BJ).

En tiempo de los romanos se construyeron en Jerusalén dos s. famosos: la tumba de los jueces, y la de los reyes. Indudablemente la primera no se trata de los jueces de la Biblia, sino que debió de enterrarse allí a magistrados del tribunal judío. La otra tumba no tiene nada que ver con los reyes de Israel. Se trata probablemente del mausoleo de la reina Elena de Adiabene (Asiria) y de su familia, convertida al judaísmo en el siglo I de nuestra era.

De esta misma época datan las tumbas de Absalón y de Santiago, y el monumento de Zacarías en Jerusalén.

Según los relatos evangélicos, el cadáver de Jesús fue depositado en un s. nuevo que → José de Arimatea había hecho excavar para sí mismo en una roca, y cuya entrada se cerró con una gran piedra (Mt. 27:60; Jn. 19:41) la que fue quitada por un ángel en el amanecer glorioso de la → resurrección del Señor (Mt. 28:2).

C. R.-G.

SEPULTURA. Acción de poner a los muertos en el sepulcro y tributarles los últimos honores. Era un deber sagrado para los israelitas. Ningún cadáver, ni siquiera el del condenado a muerte (Dt. 21:23), debía quedar sin s. (Ez. 39:14). No recibir s. era una terrible desgracia (1 R. 14:11, etc., 2 R. 9:10; Sal. 79:3; Jer. 16:4; Ez. 29:5; Am. 2:1), deseable sólo para el peor enemigo (1 S. 17:44,46; 2 S. 21:9-14).

Inmediatamente después de la muerte, le cerraban los ojos al difunto (Gn. 46:4), lo besaban (Gn. 50:1) y se procedía a preparar el cadáver. Antiguamente, se amortajaba al difunto con sus vestidos habituales: al rey, con su diadema; al guerrero con su espada; y al profeta, con su manto (1 S. 28:14; Ez. 32:27). En la época romana, después de haber lavado (Hch. 9:37) y perfumado el cadáver con aromas (Mr. 16:1; Lc. 24:1; Jn. 12:7; 19:40), se le envolvía en una sábana (Mt. 27:59; Mr. 15:46; Lc. 23:53; Jn. 19:40). Sobre la cabeza le ponían un sudario (Jn. 11:44; 20:7) y los pies y manos se los envolvían en vendas (Jn. 11:44). Esta especie de → embalsamamiento era muy distinto del practicado por los egipcios. Pero había algunas personas que invertían grandes cantidades en la compra de perfumes funerarios (Jn. 19:39).

Para el velatorio, se colocaba al muerto en una especie de litera, situada en medio de la única habitación de la casa o en la sala de arriba (Hch. 9:37). Y allá se reunían los parientes y amigos del difunto para manifestar ruidosamente su dolor. Los visitantes, sin embargo, se limitaban a saludar; tomaban asiento y permanecían mucho tiempo allí en completo silencio. Sólo hablaban si alguien de la casa les dirigía la palabra.

Unas ocho horas después de la defunción (el clima caluroso no permitía una dilación mayor) se daba s. al cadáver. La litera era llevada en hombros por los amigos del difunto. Y formaban cortejo todos los que querían obsequiarle con ruidosos lamentos (2 S. 3:31; 2 R. 13:21; Lc. 7:12; Hch. 5:6). Plañideras de profesión y flautistas acompañaban el cortejo fúnebre. Y su número era mayor o menor según la posición social del difunto. Para honrar a las personas notables, se quemaba gran cantidad de aromas junto a su tumba (2 Cr. 16:14; 21:19; Jer. 34:5).

Se acostaba al cadáver, con las piernas extendidas, o bien encogidas (con las rodillas cerca del mentón) en el → sepulcro familiar. Se consideraba una desgracia el que a uno no lo enterraran junto a sus padres. Únicamente a los pobres, a los extranjeros y a los malhechores se les enterraba en fosas comunes (Is. 53:9; Jer. 26:23; Mt. 27:7). Cerca del muerto se colocaban objetos suyos predilectos. Este rito, en Israel, sólo tenía carácter simbólico (no como en Egipto).

Dibujo de una de las muchas sepulturas talladas en las rocas de Petra.

Los israelitas no practicaban la incineración. Al contrario, quemar los cuerpos se consideraba un ultraje que se infligía solamente a malhechores (Gn. 38:24; Lv. 20:14; 21:9), o a enemigos (Am. 2:1). No obstante, los habitantes de Jabes de Galaad quemaron los cuerpos de Saúl y de sus hijos antes de enterrarlos (1 S. 31:12). Esto se presenta como una variación de la práctica corriente y el hecho fue omitido en el pasaje paralelo de 1 Cr. 10:12.

El entierro no iba acompañado de ninguna ceremonia religiosa. Los parientes íntimos ayunaban hasta la puesta del sol. Y entonces los amigos y vecinos les traían alimentos, ya que todos los alimentos de la casa mortuoria eran considerados impuros (Nm. 19:4; Os. 9:4). Aquel mismo atardecer, las personas enlutadas y los amigos del difunto se reunían ceremonialmente para una comida en común. Así finalizaban las ceremonias de la s.   C. R.-G.

SERAFÍN (heb. *saraf* = 'los ardientes'). Seres celestiales de seis alas mencionados en Is. 6 que se hicieron presentes en la visión de este profeta de Israel. El Señor estaba en el templo y los s. andaban en constante vuelo por encima de su trono. Además del par de alas con que volaban, se cubrían el rostro con otras dos y el cuerpo con dos más. Se les llama los "ardientes", no tan sólo por su ardor consumidor sino por la brillantez que tienen al rodear a Dios.

El trisagio que cantaron fue tan estrepitoso que el armazón del portón del templo se estremeció. Isaías, al encontrarse en presencia de la santidad de Dios, reconoció su pecaminosidad y confesó que era digno de muerte. Dios lo perdonó y uno de los s. tomó una brasa del altar y, tocando la boca de Isaías, lo purificó dejándolo apto para su trabajo profético.

El mismo término hebreo se traduce "serpientes ardientes" en Nm. 21:6; y Dt. 8:15 y "serpiente voladora" en Is. 14:29 y 30:4. Algunos han pretendido identificar los s. con Serapis del culto pagano egipcio y con Sharrapu de los babilonios. Sin embargo es sólo una semejanza de nombres. La palabra s. se traduce con el sentido de "brillar" y "noble" y no connota nada de superstición, ni de fábula o mitología. Se trata simplemente de una realidad divina (2 R. 2:11; 6:17; Ez. 1:13).

Hemos de observar la diferencia entre los s. y →querubines. Los querubines están sobre el propiciatorio y en Ez. están representados con 4 alas. En cambio, los s. están parados alrededor del trono en la visión, como siervos que constantemente alaban a Dios.   W. G. M.

SERAÍAS. Nombre de diez personajes del AT.

1. Secretario de David durante la época de esplendor de su reinado (2 S. 8:17). En otros pasajes se le llama Seva (2 S. 20:25), Sisa (1 R. 4:3) y Savsa (1 Cr. 18:16).

2. Sumo sacerdote en el momento de la toma de Jerusalén por Nabucodonosor (2 R. 25:18; 1 Cr. 6:10-15).

3. Hijo de Tanhumet el netofatita (2 R. 25:22-26).

4. Hijo de Nerías y hermano de Baruc y a quien Jeremías le confió una profecía sobre Babilonia (Jer. 51:59-64). Tal vez sea el mismo del No. 3.

5. Hijo de Cenaz y hermano de Otoniel, de la tribu de Judá (1 Cr. 4:13).

6. Jefe de la tribu de Simeón y padre de Josibías (1 Cr. 4:35).

7. Uno de los que regresaron de Babilonia con Zorobabel, quizás el Azarías de Neh. 7:7 (Esd. 2:2).

8. Hombre que firmó el pacto de renovación de la alianza con Jehová en tiempos de Nehemías (Neh. 10:2).

9. Jefe de sacerdotes que volvió del exilio con Zorobabel y residió en Jerusalén (Neh. 11:11; cp. 12:1,12). Es también llamado Azarías en 1 Cr. 9:11.

10. Hijo de Azriel, funcionario del rey Joacim, de Judá. Fue comisionado por éste para encarcelar al profeta Jeremías y a su secretario Baruc (Jer. 36:26).   J. M. A.

SERES VIVIENTES. Criaturas misteriosas que aparecen en visiones. Ezequiel vio cuatro (Ez.

1:5,13ss., 19s., 22; 3:13; cp. 10:2-22) que tenían forma casi humana pero cada una con cuatro caras: de hombre, león, toro y águila. Formaban una base alada para el trono divino; simbolizaban posiblemente el dominio de Dios sobre el hombre, que a su vez es señor del mundo animal. Estos animales son los más nobles, fuertes, sabios y ágiles de la fauna terrestre; el número cuatro sugiere la totalidad del mundo físico.

En forma simplificada, reaparecen en la visión de Juan como adoradores, junto con los 24 ancianos, alrededor del trono divino. Postrados cantan sin cesar al Creador (cp. Is. 6:2s.) y repiten "Amén, aleluya" al Cordero. En la apertura de los cuatro primeros sellos invitan por turno con un "ven y mira"; y uno de ellos entrega las copas a los siete ángeles que castigan la tierra (Ap. 4:6-9; 5:6-14; 6:1; 7:11; 14:3; 15:7; 19:4).   R. F. B.

SERGIO PAULO. Procónsul romano, gobernante de Chipre, de quien Lucas afirma que era hombre prudente y abierto. Se convirtió al cristianismo bajo el ministerio de Pablo y Bernabé (Hch. 13:6-12), y el hecho de que Lucas incluya en el relato el título gr. de → procónsul es un ejemplo de la exactitud de este evangelista aun en los detalles.

El Imperio Romano tuvo dos clases de provincias: las que estaban sujetas al emperador, gobernadas por procuradores, y las que respondían al senado, gobernadas por procónsules. En el caso de Chipre, ésta pasó en el 22 a.C. del mando del emperador al del senado. En las monedas de Chipre acuñadas en tiempos del emperador Claudio (41-54 d.C.) se da el título de procónsul al gobernador de la isla, y se ha descubierto, también en Chipre, una inscripción que se refiere específicamente al procónsul Paulos.   L. S. O.

SERMÓN DEL MONTE. Título dado tradicionalmente a las enseñanzas de Jesús consignadas en Mt. 5-7. El pasaje paralelo es el "Sermón del Llano" (Lc. 6:20-49), cuya relación literaria con el S. del M. se discute aún.

I. FORMA Y CIRCUNSTANCIAS

Antes se daba por sentado que el S. del M. era un solo discurso pronunciado por Jesús en una ocasión precisa; indudablemente el texto de Mt. da esta impresión (cp. 5:1; 7:28). Pero la → crítica formista ha establecido la probabilidad de que el S. sea una recopilación de dichos del Señor emitidos en diferentes ocasiones; un resumen de muchos sermones. V.g., 34 de los 110 vv. de Mt. se hallan insertados en otros contextos en Lc. (el padrenuestro, Mt. 6:9-15; Lc. 11:2ss.) en los que cuadran bien.

Además, la densidad y falta de unidad lógica del S. indican una reelaboración de parte de Mt., de acuerdo con el propósito especial que le inspira. Así que en ésta, la más larga de cinco secciones didácticas, el evangelista reúne, como de costumbre, sentencias, proverbios, parábolas, etc., que Jesús pronunció en diferentes ocasiones sobre un tema determinado. Sin embargo, no hay necesidad de exagerar la arbitrariedad de la composición. Tanto Mt. como Lc. se basaron en informes sólidos de un sermón histórico de Jesús, expandiéndolo o reduciéndolo cada cual según su propósito (→ EVANGELIOS).

Mt. y Lc. ubican el S. del M. en el primer año del ministerio público de Jesús, aunque Mt. un poco más temprano que Lc. Este lo sitúa inmediatamente después de la elección de los doce e implica que es una especie de sermón de ordenación (6:12-19; cp. Mt. 10:1-4). El S. del M. supone una evolución en el contenido del mensaje desde los primeros días de la predicación en las sinagogas ("Arrepentíos, porque el reino de los cielos se ha acercado", Mt. 4:17); trata de una exposición al aire libre sobre la naturaleza del → reino. Aunque es imposible precisar en cuál monte se pronunció el S., es común optar por una de las colinas que rodean el llano septentrional de Galilea. Según Mt. 8:5, Jesús entró después en → Capernaum; el monte no dista mucho de allí, según parece.

El S. se dirige primordialmente a los discípulos. La ética exaltada y las estrictas demandas del S., suponen un auditorio que ha dejado la religión en boga para aceptar las normas delineadas por Jesús (cp. Mt. 5:13, como también el uso de "vosotros" en Lc. 6:20-23). Sin embargo, al final del S. (Mt. 7:28s.; Lc. 7:1) aprendemos que la asistencia es grande (cp. Mt. 5:1s.) y no consta solamente de discípulos (cp. Lc. 6:24ss.). La muchedumbre oye el mensaje pero sólo puede poner por obra sus enseñanzas si se adhiere al Maestro mismo.

II. CONTENIDO

El tema general del S., notorio desde las Bienaventuranzas, es "la vida en el reino, su naturaleza y su conducta". Jesús pone de relieve su autoridad absoluta como intérprete de la voluntad divina, Señor y juez escatológico; de manera que habla no sólo como súbdito y ejemplo del reino, sino como Rey.

El S. carece de una lógica estricta en su desarrollo, y pasa a veces de un pensamiento a otro por medio de palabras claves o de aliteración (en el arameo original, reconstituido). Pero damos a continuación un análisis descriptivo del contenido:

A. *La bienaventuranza de los súbditos del reino (5:3-16).*

1. Las bienaventuranzas (5:3-10).

2. Expresión de la última bienaventuranza; el papel del discípulo en un mundo incrédulo (5:11-16).

B. *La relación entre el mensaje de Jesús y la antigua dispensación, 5:17-48.*

1. La tesis: el evangelio "cumple" la ley, aclarando sus principios subyacentes, 5:17.

2. Expansión de la tesis, 5:18-20.

3. Ilustraciones de la tesis, 5:21-48.

(a) El mandamiento contra el →homicidio: el elemento culpable es la ira, 5:21-26.

(b) El →adulterio es fruto de un corazón maligno, alimentado por la lascivia, 5:27-30.

(c) El divorcio conduce al adulterio, 5:31s.

(d) La →justicia del reino exige una honestidad tan clara que haga innecesario el →juramento, 5:33-37.

(e) La ley del talión tiene que ceder al espíritu que no se venga, 5:38-42.

(f) El amor se debe extender tanto a enemigos como a amigos, 5:43-48.

C. *Instrucciones prácticas para la conducta digna del reino, 6:1-7:12.*

1. La piedad falsa y la auténtica: la →limosna, la →oración, el →ayuno, 6:1-18.

2. Los tesoros y la solicitud terrena, 6:19-34.

3. Prohibición de juzgar, 7:1-6.

4. Exhortación a la oración confiada, 7:7-12.

D. *Exhortación a vivir para Dios, 7:13-29.*

1. Los dos caminos, 7:13s.

2. Los falsos profetas y los frutos buenos, 7:15-20.

3. La necesidad de oír y practicar, 7:21-27.

III. INTERPRETACIÓN

En el transcurso de los siglos el S. del M. se ha interpretado de muchas maneras. Para Agustín, obispo de Hipona (395-430), era "el reglamento perfecto de la vida cristiana", una nueva ley que contrastaba con la antigua. Las órdenes monásticas lo interpretaban como un "consejo de perfección", elaborado no para las masas de cristianos sino para los religiosos. Los reformadores lo vieron como expresión inexorable de la justicia divina dirigida hacia todos y preludio a la aceptación de la gracia divina. Weiss y Schweitzer (a fines del siglo XIX y a principios del XX) consideraban demasiado radicales las demandas del S. para aplicarse a todos los tiempos; las suponían como una "ética interina" para los cristianos primitivos que esperaban el pronto fin de la época. Otros, haciendo hincapié en el lenguaje figurado, tratan el S. como una forma noble de pensar, como una enseñanza sobre qué debe *ser* el hombre, en vez de qué debe hacer.

Los estudios recientes sobre el arameo que hablaba Jesús y sobre la forma poética de los dichos del S., nos advierten contra un literalismo excesivo en su interpretación. El sacar un ojo o cortar una mano en la lucha contra la lujuria (5:29s.) sería sin sentido. Hay que dejar campo a la expresión proverbial, a veces paradójica e hiperbólica. Pero siempre quedan demandas que el hombre, sin el auxilio divino, no puede cumplir; la ética propuesta es de dimensiones inauditas. Sin embargo, no es de índole legalista, sino consta de principios fundamentales iluminados por ejemplos concretos. No es un ideal para el no-cristiano, ni mucho menos un programa para mejorar el mundo, sino una moral dirigida al hombre regenerado. Su ética pertenece a ese orden trascendental que irrumpió en la historia con la persona de Jesucristo, y que continúa su existencia en la iglesia, pero que espera su realización plena después de la venida gloriosa del Salvador.   R. F. B.

SERPIENTE. Traducción de siete palabras hebreas, de las cuales *najash* es la principal, y de tres griegas: *ofis, aspís,* y *herpetón.* Todas son difíciles de identificar en la terminología zoológica moderna.

La Biblia menciona con frecuencia las características comunes de la s.: su veneno (Nm. 21:6; Dt. 32:24; Sal. 58:4; Pr. 23:32), la posibilidad de encantarla (Ec. 10:11), su vivienda y sus hábitos (Gn. 49:17; Pr. 30:19; Ec. 10:8; Is. 59:5; Am. 5:19; 9:3) y su inmundicia (Lv. 11:10,41s.). Al hombre le atrae y le repugna a la vez. Se le atribuye especial prudencia (cp. Mt. 10:16) y algunos poderes curativos (cp. Nm. 21:4-9, aunque aquí se aclara que el poder provenía de Dios).

La s. y algunas de sus características también se usan como figuras de distintas realidades: las naciones se presentan como s. lamiendo el polvo ante el Dios de Israel (Mi. 7:17) y Egipto como s. ante los leñadores (Jer. 46:22; cp. Sal. 140:3; Ec. 10:8,11; Am. 5:19; Mt. 7:10; Lc. 11:11). La mordedura de s. se presenta como elemento de juicio divino (Nm. 21:4ss.; Jer. 8:17; Am. 9:3). La s. representa a los malvados (Sal. 58:4), a los asirios (Is. 14:29), a los babilonios (Jer. 8:17), a los enemigos de Israel en general (Dt. 32:33), los efectos del vino (Pr. 23:31,32) y el peligro (Sal. 91:13). Jesús comparó con s. a los escribas y fariseos (Mt. 23:33).

En Gn. 3 la s. aparece como el más astuto de los animales (3:1-3) y como el instrumento utilizado por Satanás para tentar al hombre (2 Co. 11:3; Ap. 12:9). Como consecuencia, Dios maldijo a la s. y para siempre fue condenada a arrastrarse sobre su pecho (Gn. 3:14). Junto con el hombre, la s. sufriría las consecuencias de una mutua enemistad (Gn. 3:15). Pero la victoria definitiva sobre la maldad llegaría en Cristo.

En Éx. 4:2-5,28-30; 7:8-12, la s. aparece como señal de Moisés ante Israel y el faraón. Su vara se convierte en una s. y después vuelve a su forma original. En Egipto la s. llamada cobra se consideraba como emblema de la inmortalidad y del dios benéfico Knef, aunque otras s. representaban la maldad. Los modernos encantadores egipcios saben hacer que la *haje* (cobra) permanezca rígida y en posición horizontal, de manera que semeje una vara, apretándole el cuello de un modo especial. Pero de todos modos, Dios actuó de tal manera que su superioridad quedó claramente demostrada (7:12).

En el desierto, Israel fue castigado con "s. ardientes" (*najash saraf*) por su rebeldía (Nm. 21:4-9; Dt. 8:15). A éstas probablemente se les llamó "ardientes" debido a la fiebre que causaba la mordedura o el ardor de la misma. (Se sabe de casos en que personas mordidas de s. de aquella región han muerto en muy pocos minutos.) Dios salvó de la muerte al pueblo (Nm. 21:7-9) por medio de una → "s. de metal", la cual no tenía poder curativo en sí, sino que era un medio de poner a prueba la fe en el poder de Dios (cp. Is. 45:22; y con *Sabiduría* 16:6s.). En Is. 14:29 y 30:6, se repite el vocablo *saraf* y se alude a una "s. voladora", frase que quizás indica la velocidad con que la s. ataca.

Se cree que la "s. tortuosa" o "rolliza" de Job 26:13 alude a la constelación llamada el Dragón, la cual pasa entre la Osa Mayor y la Osa Menor.

Probablemente algunas menciones de s. se refieran a animales mitológicos o a monstruos que infunden terror (v.g., Am. 9:3; cp. Gn. 1:21). En Is. 27:1 se llama "s. veloz" y "tortuosa" al → "leviatán", aquel "dragón que está en el mar". Pero no es claro si el profeta se refiere a la destrucción de tres monstruos, Asiria, Egipto y Babilonia, o si sólo a la de uno de ellos (Asiria probablemente). En la mitología cananea se han encontrado relatos de la lucha victoriosa de Baal contra "lotar" o "leviatán". El uso bíblico de la figura demuestra el dominio de Jehová sobre toda creación; pero también revela algo del concepto ambiguo de la s.

Jesús amonestó a sus discípulos a no provocar persecución innecesaria y a ser "prudentes como s." (Mt. 10:16). En su explicación a Nicodemo, se comparó a sí mismo con la s. que había sido levantada en el desierto (Jn. 3:14).

Mediante la identificación de "la s. antigua" como → Satanás, Apocalipsis (12:9; 20:2) afirma la victoria final de Dios sobre toda maldad (20:10).   A. J. G.

Bibliografía
DBH, col. 1832-1839.

SERPIENTE DE METAL. Mientras rodeaba la tierra de Edom, durante la peregrinación por el desierto, Israel fue castigado con una plaga de "serpientes ardientes" por causa de su rebelión contra Dios y Moisés (Nm. 21:6-9). Fue entonces, cuando por mandato de Dios, Moisés preparó una serpiente de bronce y la alzó sobre un asta en medio del campamento a la vista de todos, para que viviera cualquiera que la mirara con fe (cp. 1 Co. 10:9,11).

Siglos después, el rey Ezequías de Judá, un reformador religioso, "hizo pedazos la serpiente de bronce que había hecho Moisés porque hasta entonces le quemaban incienso . . . y la llamó Nehustán" (2 R. 18:4). Esta última frase es ambigua y puede interpretarse como el nombre popular de la s. de m., o puede traducirse "y la llamó cosa de bronce". De cualquier manera se presenta un juego de palabras entre "serpiente" *najash* y "bronce" (*nejósheth*). Las supersticiones paganas acerca de los poderes benéficos de las serpientes inspiraron esta medida enérgica de Ezequías.

Según Jn. 3:14s., la s. de m. es tipo del "levantamiento" sobre la cruz del Hijo del hom-

bre (cp. Jn. 8:28; 12:32s.). Todo aquel que le mira con fe tendrá la vida eterna (cp. Is. 45:22).   A. J. G.

SERUG. Hijo de Reu y antepasado de Abraham (Gn. 11:20–33). En Lc. 3:35 está transcrito al griego como Seruc. S. ha sido identificado con una ciudad acádica llamada Serugi, al O de Harán y Carquemis.   J. M. A.

SESBASAR. Príncipe de Judá. Recibió de manos de Mitrídates, por orden de Ciro, rey de los persas, los tesoros del templo que Nabucodonosor había llevado a Babilonia (Esd. 1:7,8) y los condujo a Jerusalén (Esd. 1:11). Posteriormente se le nombró gobernador de Jerusalén; como tal, inició la reconstrucción del templo (Esd. 5:14-16). Es, con Esdras y Nehemías, uno de los grandes caudillos judíos de la época posterior al cautiverio. Algunos lo identifican con → Zorababel.   A. P. P.

SET, 1. Hijo de Adán que nació como sustituto de su finado hermano Abel y progenitor de una línea santa en contraste con la de Caín (Gn. 4:25,26; 5:3-18; 1 Cr. 1:1; y Lc. 3:38). Al tener 105 años (LXX:205) le nació su primogénito y lo llamó Enós. S. murió a los 912 años. Como respuesta de Dios al primer duelo del mundo, es símbolo del fiel amor de Dios quien es "Padre de consolaciones" (2 Co. 1:3s).

2. Sinónimo de Moab (Nm. 24:17). Hay una inscripción egipcia también donde Moab es designado con el signo "S-t".   W. G. M.

SETENTA, VERSIÓN → Texto y versiones del AT.

SEVENE (egipcio = 'mercado'). Ciudad fronteriza (ahora llamada Asuán) entre Egipto y Etiopía, ubicada en la ribera oriental del Nilo inmediatamente al N de la primera catarata, sitio actual de la inmensa presa de Asuán. En la cercana isla de Elefantina, una colonia de judíos se refugió después de la caída de Jerusalén en 587 a.C. Tanto en Ez. 29:10; 30:6 como en los papiros de Elefantina se menciona la frase "desde Migdol hasta Sevene", que denota la extensión de Egipto de N a S. A la luz de los → rollos del mar Muerto en Is. 49:12 la frase "la tierra de → Sinim" debe leerse "la tierra de S." De allí Jehová vuelve a llamar a los desterrados.   K. B. M.

SEXUALIDAD. Don de Dios (Gn. 1:27; 2:18-25) que participa de la bondad y perfección de todo cuanto fue creado originalmente por el Señor (Gn. 1:27 *cf.* Gn. 1:31).

El israelita asumía la naturalidad, y la legitimidad, de la s. del hombre con tal franqueza que no tenía reparo en hablar de ella abiertamente, sin eufemismos y mencionando cada cosa por su nombre (*cf.* Gn. 9:22s.; Éx. 20:26; 28:42; Lv. 18:6; Dt. 25:11; Is. 3:17; Hab. 2:15, para las partes genitales y Gn. 18:11; 31:35; Lv. 15:19-24; 18:19; 20:18, para la menstruación: "la costumbre de las mujeres").

La s. era tenida en alta estima en Israel por dos razones: (1) por el empleo que la Escritura hace del →matrimonio como símbolo del trato espiritual entre Dios (Esposo) y su pueblo Israel (esposa) (Is. 54:5s. y sobre todo Os. 1-3); y (2) por la estrecha colaboración con Dios que implica el que haya señalado la s. para la propagación de la vida (Gn. 3:16,20; 4:1; 24:60; Dt. 7:14; 1 S. 1:5s.; S. 113:9; Is. 54:1; Os. 4:10).

La imagen de la Iglesia como "Esposa" y de Cristo como "Esposo" en el NT (Ef. 5:22-32; Ap. 19:7; 21:2,9; 22:17) sigue la línea del AT., confirmándola. Asimismo, el NT reconoce la excelencia de la s. (1 Co. 7:3ss.; 1 Tes. 4:4 y 1 Ti. 5:14), su naturaleza y los deberes que entraña.

La literatura sapiencial alaba el recto uso de la s. en el matrimonio y exalta sus ventajas. El lenguaje inspirado suele ser claramente erótico en estos textos (Pr. 5:18-20; Cnt. 4:5,12,15; 6:4; 7). De igual sentir son los profetas (Ez. 24:16, en donde la mujer del profeta constituía "el deleite de sus ojos"; Mal. 2:15), que en esto siguen el ejemplo patriarcal (Gn. 26:8). La Biblia, pues, no condena lo erótico rectamente entendido sino las perversiones a que puede ser arrastrada la s. como consecuencia del pecado.

Dios mismo se encarga de proteger la s. al limitar el ámbito donde puede hallar su cauce legítimo: el matrimonio. Así el AT condena severamente: (1) el →adulterio (Gn. 38:24; Dt. 22:21-24; Lv. 18:6-18), (2) la →prostitución (Dt. 23:17s.; Pr. 5), (3) la →sodomía (Dt. 23:17; 1 R. 15:12) y (4) la bestialidad (Éx. 22:19; Lv. 18:23; Dt. 27:21). En Pr. 5-7 la s. matrimonial es contrapuesta a los caminos de frustación de la →ramera. El NT interioriza este concepto y condena la →concupiscencia, el deseo desordenado o salido de cauce legítimo (Mt. 5:28; Ro. 1:24-32; 1 Co. 6:13-20; Gá. 5:19; 1 Jn. 2:16-17).

En resumen la Biblia alaba el recto uso de la s., pero condena la pretensión de realizar la s. en condiciones pecaminosas que rebajan, degradan y esclavizan (Prov. 5:9; 6:26; 23:27s.; 29:3) al consumir energías tanto psíquicas y espirituales como físicas que Dios ha confiado al hombre para alcanzar su plenitud humana.

J. G. B.

SHEKINÁ ('habitación'). La palabra en sí no se encuentra en la Biblia. Se usa en cambio en el Targum y en los escritos cristianos primitivos para referirse a la presencia de Dios. En cambio la idea contenida en esta palabra, "Dios habitando, morando entre los hombres", es un concepto básico tanto en el AT como en el NT. Debe leerse junto con la palabra → "gloria", presencia de Jehová. En Nm. 16:42, la nube oculta y revela la presencia de Dios. Dios habita entre los hombres por su sola voluntad, y per-

manece siempre Señor de su presencia (Éx. 19:9,16;18). No se puede disponer de ella. Hay que confiar en ella y obedecerle (Éx. 13:21,22; Éx. 40:34-38). Así desciende sobre el templo (1 R. 8:10) y habita allí entre querubines (Sal. 80:1; Is. 6:1-9).

Sin embargo, la tradición profética no da por sentada la permanencia de esa presencia, independientemente de la conducta del pueblo y la voluntad divina. (Jer. 7:4ss.; Ez. 8:6). En el AT se afirma que en los tiempos mesiánicos volverá la S. (Ez. 43:7,9; Hag. 1:8; Zac. 2:10; Is. 60:2). En el NT el pasaje central sobre la encarnación (Jn. 1:14: "habitó entre nosotros") es una clara referencia a la tradición veterotestamentaria de la S. Manifestaciones alusivas directamente a fenómenos visibles o audibles que acompañaban esa presencia divina pueden encontrarse en Lc. 2:9; Mt. 17:5; 2 P. 1:17.   E. E. C.

SHIBOLET. Palabra que quiere decir "una corriente de agua" (Sal. 69:2,15; Is. 27:12) o "espiga de grano" (Gn. 41:5), cuya pronunciación correcta era difícil para algunas personas. Después que los galaaditas bajo Jefté derrotaron a los efrateos, guardaban los vados del Jordán para que éstos no pasaran. Al llegar alguien al río, los galaaditas le exigían que pronunciara la palabra "shibolet", la cual los efraimitas pronunciaban "sibolet". De esta manera los galaaditas pudieron identificar y matar a muchos efrateos (Jue. 12:1-6).   D. M. H.

SHUR ('muralla'). Zona estéril y desértica entre Palestina y el NE de Egipto. Debe su nombre a la existencia de una muralla fronteriza construida por los egipcios. Las referencias bíblicas indican que el lugar era muy conocido. El ángel de Dios halló a Agar cerca de S. (Gn. 16:7). Abraham vivía entre Cades y S. (20:1). Los ismaelitas vivían entre S. y Havila (25:18). Al cruzar el mar Rojo los israelitas se encontraron en el "desierto de S." (Éx. 15:22). Saúl persiguió a los amalecitas hasta S. (1 S. 15:7). Tanto los viajeros como los fugitivos tenían que atravesar esta zona fronteriza, con sus dificultades de sequía y de vigilancia militar.

E. G. T.

SIBA. Siervo del rey Saúl y luego, por orden de David, mayordomo de →Mefiboset, nieto de Saúl, a quien David quiso demostrar misericordia por amor de su padre →Jonatán. El rey entregó a Mefiboset los bienes de Saúl y encargó a S. la administración de ellos (2 S. 9:2-13).

Durante la rebelión de Absalón, en un encuentro con David fuera de Jerusalén, S. mentirosamente le dijo que Mefiboset se había unido con Absalón. David entonces transfirió a S. las posesiones de Mefiboset. Al morir Absalón, David supo que S. había calumniado a su amo, pero éste, contento por la victoria del rey David, perdonó a S., quien quedó con la mitad de las tierras de Saúl (2 S. 16:1-4; 19:24-30).

J. P.

SIBMA. Ciudad amorrea situada en la Palestina del E, llamada también Sebam. Debe haber sido un lugar muy importante entre Hesbón y Nebo a juzgar por los restos arqueológicos hallados allí y que pertenecen a los milenios III y II a.C. Después de la derrota del rey amorreo Sehón, fue dada a la tribu de Rubén (Nm. 32:3,38; Jos. 13:19). En la época de la división del reino, estaba bajo la jurisdicción moabita y era muy famosa por sus viñedos y buen vino (Is. 16:8,9; Jer. 48:32).   J. M. A.

SIBRAIM. Lugar al norte de Israel, entre Damasco y Hamat. En una visión de la restauración de Israel, Ezequiel coloca a S. como límite septentrional del país (47:13-17).
                                               A. P. P.

SICAR. Pueblo de Samaria ubicado cerca del pozo de Jacob, donde Jesús conversó con la mujer samaritana (Jn. 4:5s.). Juan precisa que S. estaba "cerca de la posesión que dio Jacob a su hijo José" (cp. Gn. 33:19; 48:22). Quedaba en la ruta principal entre Jerusalén y Galilea, la cual atravesaba a Samaria. Antes se identificaba a S. con → Siquem, pero recientes excavaciones arqueológicas revelan que esta última dejó de existir 128 años a.C. Es más probable que el sitio de S. sea Askar, pueblo actual, situado sobre la ladera oriental del mte. Ebal, 1 km al NE del pozo de Jacob.   S. C. C.

SICARIO. Persona que llevaba una *sica* (latín = puñal corto y curvo), Hch. 21:38.
   En las versiones bíblicas españolas por lo general se transcribe el término (cp. la VM donde se traduce "asesinos"). Se usaba especialmente para referirse a los grupos de guerrilleros, judíos nacionalistas del siglo I, que por medio del terrorismo querían liberar su tierra del yugo del Imperio Romano (→ ZELOTES).
                                               W. M. N.

SICLAG. Ciudad del sur de Judá correspondiente a la tribu de Simeón (Jos. 15:31; 19:5). Fue entregada a David por el rey filisteo Aquis. David vivió allí durante un año y cuatro meses (1 S. 27:6,7). Tomada por los amalecitas en una ocasión, fue recapturada por David (1 S. 30:1,2). En S. David recibió la noticia de la muerte de Saúl, (2 S. 1:1; 4:10). Los judíos la habitaron después del cautiverio (Neh. 11:28).
                                               D. M. H.

SICLO. Unidad de peso entre los hebreos, babilonios y otros. Después fue el nombre de una moneda. Los judíos conocieron la moneda acuñada en las tierras de su cautiverio y, después de su regreso, Esdras y Nehemías mencionan la moneda persa de oro "daric" o → dracma (Esd. 2:69; Neh. 7:7-72). Por el año 139 a.C., Simón Macabeo recibió permiso del rey para acuñar moneda con su propio sello que decía "El s. de Israel". Equivalía a unos 60 centavos de dólar o cuatro dracmas griegas. Según el historiador Jo-

sefo los judíos pagaban medio siclo de impuesto anual al templo (cp. Mt. 17:24-27).
                                               A. T. P.

Siclo, moneda o medida hebrea. El comprador comprobaba con sus propios pesos las medidas de los comerciantes.

SICÓMORO *(ficus sycomorus).* Higuera silvestre que crecía con abundancia proverbial (1 R. 10:27; 2 Cr. 1:15) en Egipto, la Sefela de Judá y en el valle del Jordán, pero que ya no abunda en la Tierra Santa. Alcanza una altura de 15 m y sus ramas se extienden hasta 18 m. Era muy apreciado por su frondosidad (Lc. 19:4). Su madera se usaba extensamente pero su pequeña fruta se consideraba comida de los pobres. Los higos sólo eran comestibles después de mondarlos parcialmente mientras todavía estaban en el árbol; el trabajo de Amós era recoger estos higos maduros (Am. 7:14). Tanto el s. blanco (Lc. 17:6) como el s. negro (Lc. 19:4) tenían propiedades medicinales.   W. G. M.

SIDIM, VALLE DE (Del heb. *siddim*, quizá derivado del vocablo hitita *siyantas*, = "sal").
   Se le nombra en el Génesis como escenario de la derrota de los reyes de Sodoma, Gomorra, Adma, Zeboim y Zoar, por Quedorlaomer, rey de Elam y sus aliados del E, los reyes de Goim, Sinar y Elasar (Gn. 14:3-10).
   Se le identifica como el mar Salado (v. 3) y se enfatiza que "estaba lleno de pozos de asfalto" (v. 10). Se supone que este valle era una larga hondonada muy fértil e irrigada, situada al S de la península de Lisán y que después se hundió bajo las aguas de la parte meridional del mar Muerto.   R. R. L.

SIDÓN. Una de las principales ciudades de Fenicia, aproximadamente a la mitad de la distancia entre Berito y Tiro. Se alzaba junto a un promontorio sobre la costa del Mediterráneo, con dos bahías, una al N, y otra al S. Como las demás ciudades de Fenicia, S. vivía del comercio, la navegación, la pesca y la industria de la púrpura. (Esta última fue tan próspera que aún en el día de hoy se encuentran montones de restos de los moluscos que se utilizaban en la elaboración de la púrpura.)
   La historia de S. se remonta hasta mediados del segundo milenio a.C., cuando aparece por primera vez en inscripciones egipcias. Según los sidonios, ellos fundaron a → Tiro, poco más al

Sidón, como también Tiro, fue un puerto comercial fenicio en la costa septentrional de Palestina. Por quedar cercano a Nazaret, fue visitado por Jesús, quien condenó la ciudad por su idolatría e incredulidad.   MPS

S, y a Hipona en la costa N de África. Tiro, S. y el resto de → Fenicia estaban destinados a someterse a los grandes imperios que por siglos se sucederían unos a otros en el Cercano Oriente.

En el año 877 a.C., S. se sometió a Asiria. Dos siglos después de haber quedado sometida al poderío asirio, S. fue destruida por Esarhadón, rey de Asiria, como castigo por su rebelión. Babilonia sucedió a Asiria como señora del Cercano Oriente. Entonces S. y las demás ciudades de Fenicia, bajo la dirección de Tiro, hicieron una alianza para luchar junto a los egipcios contra los babilonios. Aunque Judá fue invitada a formar parte de esa alianza el rey Josías se negó a ello, y algún tiempo después murió tratando de detener al faraón Necao, que invadía los territorios del imperio caldeo (2 Cr. 35:20-24).

En el año 598 a.C., hubo una rebelión general en Fenicia y Judá, y el rey Nabucodonosor la aplastó sangrientamente. Puesto que S. se rindió, no sufrió tanto como Tiro, que decidió resistir hasta el final. En consecuencia, Tiro fue destruida y S. recobró su hegemonía sobre Fenicia, aunque siempre bajo la tutela de Babilonia.

Cuando Babilonia cayó y Persia surgió en su lugar, S. quedó supeditada al nuevo imperio. En el año 351 se rebeló y cuando los persas la incendiaron murieron en ella más de 40.000 habitantes.

A pesar de esta tragedia, en el año 333 a.C., cuando Alejandro invadió la región y derrotó a los persas en Iso, ya S. había sido reconstruida. Quizá por razón de la experiencia de unos pocos años antes, S. no resistió a Alejandro, sino que, por el contrario, le suplió naves para atacar a Tiro, que resistía aún.

Tras la muerte de Alejandro, hubo un largo período durante el cual Egipto y los seleúcidas se disputaron el dominio sobre S. y toda la zona circundante. Por fin los seleúcidas resultaron vencedores, y S. vino a formar parte de su reino. Durante ese período fue fuerte en ella la influencia helenizante, y se fundó allí una escuela de filosofía que logró cierto renombre.

Tomada por Pompeyo en el año 65 a.C., S. pasó a ser parte del imperio romano.

La importancia de S. en la historia bíblica es incalculable. Se le menciona ya en Gn. 10: 15,19. Más tarde, sus habitantes contribuyeron a la construcción del templo (1 R. 5:6; 1 Cr. 22:4), y a su reconstrucción en tiempos de Esdras (Esd. 3:7). Durante los gobiernos de David y Salomón, las relaciones entre S. e Israel eran cordiales (2 S. 24:2,6).

Sin embargo, aparte de estos pocos casos S. es tenida en el AT por ciudad perversa a la que

Dios ha de castigar. Repetidamente, los profetas claman contra ella. Jezabel, oriunda de S., llegó a ser símbolo de perfidia e idolatría. Todo esto se debe a que S. era un centro de la adoración a Baai y que, precisamente debido a las relaciones comerciales que sostuvo con los hebreos, la religión de sus habitantes fue una constante tentación para el pueblo del AT. Además, a S. se le reprochaba por haber profanado los vasos sagrados de Jerusalén llevándolos a sus templos, y por haber vendido a los hijos de Judá como esclavos (Jl. 3:5-6).

Debido a la importancia de S. entre las ciudades fenicias, a menudo se utiliza el término "sidonios" cuando en realidad se quiere decir "fenicio". Luego, el estudiante de la Biblia ha de estar alerta para evitar la posible confusión. En el NT se menciona repetidamente a Sidón (Mt. 11:21-22; 15:21-28; Mr. 3:8; 7:24-31; Lc. 10:13-14). Mr. 7:31 afirma que Jesús pasó por S. y en Hch. 27:3 se nos dice que San Pablo pasó por allí, camino de Roma.   J. L. G.

SIEGA. → COSECHA.

SIERVO. La institución social de la esclavitud autoriza a una persona para disponer incondicionalmente de la vida y los servicios de otra persona. En la esfera religiosa, el concepto de ser s. expresa la obediencia absoluta del hombre a Dios y la aceptación incondicional de la voluntad divina. Ejemplo notable de esto es el apóstol Pablo, hombre libre que se presenta como "esclavo de Cristo" (Ro. 1:1).

En el AT hay s. sin salario y s. asalariados: Abraham posee 318 s. nacidos en su casa (Gn. 14:14) y los 42.360 judíos que regresan del exilio son acompañados por 7.337 s. (Esd. 2:64s.). Hay leyes establecidas (Lv. 19:13; cp. Job. 7:1ss.; Mal. 3:5) que amparan a los jornaleros contra arbitrariedades de sus patronos, porque Israel fue esclavo en la casa de servidumbre en Egipto, pero Dios lo sacó a → libertad (Éx. 20:2; Lv. 25:42; Dt. 15:15). Por esta razón en Israel se legisla con respeto de la condición humana del s. mucho más que en otros pueblos (Job 31:13ss.). Dios es el Redentor (Is. 41:14; 59:20; Jer. 50:34). Pero por ciertos motivos se distingue entre los s. extranjeros y los s. israelitas.

El esclavo extranjero podía ser capturado en una guerra (Dt. 21:10), comprado de mercaderes (Gn. 17:12; 37:36; Lv. 25:44ss.; Éx. 27:13) por el precio usual de 30 siclos de plata (= ca. 19 dólares, Éx. 21:32) o bien podía nacer en la casa de su patrón de una s. de la gleba. El patrón podía hacer con él lo que quisiera, incluso herirlo con palo, "porque es de su propiedad" (Gn. 16:6; Éx. 21:21). Sin embargo, la ley otorgaba al s. algunos privilegios: el patrón que lo maltrataba excesivamente podía ser castigado (Éx. 21:20) o el s. podía ser liberado (Éx. 21:26,27). Debía permitírsele disfrutar del descanso sabático (Éx. 20:10; 23:12),

participar en las fiestas (Dt. 12:12; 16:11,14) y tener parte en el pacto con Israel por la circuncisión (Gn. 17:12,23; Éx. 12:44). Eliezer de Damasco, s. extranjero de Abraham (Gn. 15:2), goza de toda la confianza de su patrón. Saúl habla con su s. como un hermano (1 S. 9:5,10) y Sesán casa a su hija con el s. egipcio Jarha (1 Cr. 2:34s.). Por otra parte, hay muchos s. que huyen de sus amos por circunstancias especiales; v.g., Agar (Gn. 16:6; 1 S. 25:10; 1 R. 2:39), pero, con excepción de 1 R. 2:40 y Flm. 12, también se respetaba la ley que prohibía devolver al patrón el s. que había huido (Dt. 23:15).

El s. israelita lo era siempre por pobreza; en un momento dado se veía obligado a venderse (Lv. 25:39; Am. 1:6; 8:6), quizá por la deuda de un par de zapatos, o para rescatar al padre o esposo entregado a un prestamista como prenda viviente (2 R. 4:1; Neh. 5:5; Is. 50:1; Job 24:9). En ocasiones se trataba de un ladrón que no tenía con qué hacer completa restitución (Éx. 22:3). La ley prescribía que ningún israelita debía ser humillado por ser esclavo (Lv. 25:39-43); y cada siete años los s. israelitas debían ser liberados y recuperar sus bienes (Éx. 21:2; Dt. 15:13ss.). Si alguien quería renunciar voluntariamente a su emancipación, por amor de su esposa o los hijos, podía optar por la servidumbre perpetua (Éx. 21:5). La s. casada con el patrón no podía ser enajenada (Éx. 21:7-11; Dt. 21:14). Contra la esclavitud causada por la desigualdad económica protestó el profeta Amós (1:6; 8:6) y se indignó el gobernador Nehemías (5:5). El rescate del s. por uno de sus hermanos (Lv. 25:48) llegó a ser expresión de la acción redentora del Dios de Israel (Éx. 6:6; 2 S. 7:23; cp. Gá. 4:4s.).

En los tiempos de Jesús todavía subsistía la institución israelita de la esclavitud, independiente del sistema romano. Se menciona s. (gr. *dúloi*, de una raíz que significa 'atados') del sumo sacerdote (Mt. 26:51; Jn. 18:18), del centurión de Capernaum (Mt. 8:9) y de un oficial del rey (Jn. 4:51). Jesús se refiere a menudo a los s., mayormente en sus parábolas: proclama la identificación del s. con su patrón (Mt. 10:24), advierte contra servicios inconsiderados (Mt. 13:28), compara el perdón de los pecados con la condonación de la deuda de un s. (Mt. 18:23,34), elogia la lealtad y prudencia de un s. que administra sabiamente (Mt. 24:45-51), señala la responsabilidad por los bienes recibidos en custodia (Mt. 25:14-30) y destaca el valor de prestar servicios desinteresados (Lc. 17:7-10). Efectivamente Jesús no desprecia ninguna persona por su condición social o económica.

Afirma que quien desee ser el primero deberá estar al servicio de todos (Mr. 10:44), porque aun el Hijo del Hombre da su vida en rescate por muchos, como precio para la redención y la libertad (Mr. 10:45). Decide no llamar s. a sus discípulos, porque el s. no sabe lo que hace su patrón; les llama amigos porque les ha comunicado todo lo que el Padre le ha dicho (Jn. 15:15).

Los apóstoles se consideran "esclavos de Dios y de Jesucristo" (Gá. 1:10; Fil. 1:1; Stg. 1:1; Ap. 1:1), y aúnan en un servicio espontáneo (Gá. 5:13; 1 P. 2:16) la libertad cristiana y la obediencia a Dios. En las primeras iglesias había muchísimos s. creyentes e incluso s. de patronos cristianos (1 Ti. 6:2). Pablo predica sobre la base de la igualdad espiritual de s. y libres (1 Co. 12:13; Col. 3:11), pero notablemente no piensa en un cambio de la estructura social (1 Co. 7:22ss.). Sin embargo, en Flm. 16, el apóstol recomienda ante su patrono a un s. que se había fugado y le ruega que lo trate "no ya tan sólo como s. sino como más que s., como hermano amado". Muchos ven esto como una exhortación indirecta a la manumisión de Oné-simo (→ Filemón). En otros pasajes neotesta-mentarios se exhorta a los s. a servir lealmente a sus amos (Ef. 6:5; 1 Ti. 6:1; Tit. 2:9; 1 P. 2:18), para dar un testimonio de laboriosidad por Cristo; pero también se exhorta a los patro-nos a ser responsables en su tratamiento de los s. (Ef. 6:9). La explotación del hombre por el hombre es superada por el ejemplo servicial de Cristo mismo (Fil. 2:7) y por la igualdad de todos en Cristo (1 Co. 12:13; Gá. 3:28; Col. 3:11; Flm. 16). El hombre no es una cosa ni un instrumento simple de trabajo privado de su humanidad. Y el creyente es un hijo de Dios, en espera de la redención de su cuerpo (Ro. 8:21ss.). No es ya esclavo sino → "diácono" (Jn. 12:26).

El término gr. *diákonos*, que se traduce tam-bién "s." o "ministro", presenta un enfoque muy distinto. El esclavo es una persona de-pendiente, mientras el diácono es una persona que hace un trabajo, sea libre o dependiente, y presta especialmente un servicio social: sirve mesas, atiende al prójimo, da de comer y beber, hospeda, viste, cuida de enfermos, hace algo por los más pequeños (Mt. 23:11; 25:42ss.; Mr. 9:35; Lc. 12:37; Jn. 12:26; Hch. 6:2). La insis-tencia de Jesús en el servicio voluntario y abne-gado inspira a la iglesia primitiva. En Jerusalén se eligen siete griegos para la distribución diaria (Hch. 6:5), y Tabita en Jope y Febe en Cen-creas viven para servir a otros (Hch. 9:36; Ro. 16:1); en Filipos y en Asia Menor los hermanos prestan ayuda (Fil. 1:1; 1 Ti. 3:8-13; 2 Ti. 1:18). La *diakonía* era un ministerio carismá-tico, y no meramente una institución (Ro. 12:7s.; 1 Co. 12:28; 1 Ti. 4:6; 1 P. 4:11). Arquipo había recibido un don para ayudar en Colosas (Col. 4:17), y Tíquico es recomendado a los efesios (6:21) porque como fiel ayudante consuela sus corazones.

Pablo describe su propia vida y acción apos-tólica de reconciliación como un servicio pres-tado a Dios voluntariamente (2 Co. 6:4; Col. 1:23); va a Jerusalén para entregar una colecta de solidaridad a los necesitados (Ro. 15:25). Está tan interesado en el concepto del servicio

que los extiende a los magistrados y considera la aplicación de las leyes una real *diakonía* (Ro. 13:4). El espíritu de esclavitud y temor ha sido desplazado por el espíritu de adopción; se ha manifestado la gloriosa libertad de los hijos de Dios (Ro. 8:15,21; Gá. 4:5ss.) y ellos son eman-cipados del pecado y hechos s. de Dios (Ro. 6:22).   R. O.

Bibliografía
EBDM III, col. 99-110. *IB* II, pp. 347-354. R. de Vaux, *Instituciones del AT* (Barcelona: Herder), pp. 120-135. *VTB*, pp. 754 ss.

SIERVO DE JEHOVÁ. Título dado a la per-sonalidad descrita principalmente en Is. 52: 13−53:12. La expresión misma no se usa en los pasajes clásicos en que se alude a esta perso-nalidad pero Jehová lo llama "mi siervo" (Is. 42:1; 49:3,6; 52:13; 53:11); y a veces Israel, hablando de sí mismo y en relación con Jehová, se llama "su siervo" (v.g. Is. 49:5). Y la palabra heb. que se traduce aquí → "siervo", *ebed* (al igual que el vocablo griego, *dulos*), es la misma que se usa para designar a un esclavo; pero en el caso de las relaciones con la deidad, expresa una sumisión obediente más que una condición social.

Ser s. de J. representa un privilegio; expresa una relación de íntima comunión con el Señor, establecida ésta por los lazos de una alianza mutua (→PACTO); es estar dispuesto a la obe-diencia total, consciente de que tal obediencia conduce al sufrimiento y finalmente a la muer-te, pero el Señor, en virtud de la misma alianza, exalta hasta lo sumo. La relación, por tanto, entre sumisión y exaltación nace de una alianza eterna: Señor y siervo que actúan juntos, impul-sados por el amor, para consumar el plan de redención.

Todo el que adora y sirve a Jehová puede llamarse su siervo, como en efecto sucede en multitud de pasajes del AT. Inclusive al pagano →Nabucodonosor, rey de Babilonia, se le llama de esta manera (Jer. 25:9; 27:6; 43:10), y a →Ciro el persa se le llama "ungido" (Is. 45:1), porque ambos sirvieron, aunque sin saberlo, para los propósitos redentores de Jehová. Pero en el caso específico que nos ocupa aquí, nos referimos al s. de J. mencionado en los llamados "cánticos del s. de J." que se encuentran en Isaías, y a su correspondiente interpretación en el NT. Estos cánticos son cuatro —posiblemente cinco— y se distribuyen así: Is. 42:1-4; 49:1-6; 50:4-9; y 52:13−53:12. No es de extrañar que desde la consignación de estos cánticos en la profecía de Isaías, ca. 550 a.C. (→ISAÍAS, LI-BRO), se iniciara lo que ha venido a constituir una verdadera ciencia exegética encaminada a tratar de interpretar a quién o a quiénes se aplica este título.

Los primeros cánticos parecen definir al s. de J. como colectividad (e.d. la nación de Israel); después de un estrechamiento paulatino notorio a través de los cánticos, el cuarto cántico parece definirlo como un individuo (cp. la reseña en DBH). El consenso actual es que los cánticos son profecías predictivas del Mesías (→CRISTO).

En cuanto a la interpretación que el NT ofrece, no cabe duda de que el s. de J. de los cánticos de Isaías es Jesucristo. Después de desdoblar el rollo de Isaías en la sinagoga de Nazaret y leer en 61:1,2a —pasaje considerado por algunos como el quinto cántico del s. de J.— Jesús arrolla el volumen (BC) y dice: "Hoy se ha cumplido esta Escritura delante de vosotros" (Lc. 4:21). El Señor mencionó con insistencia que sus sufrimientos se habían anunciado con anterioridad (Mt. 26:24,54,56; Mr. 9:12; 10:45; Lc. 18:31; 24:25ss,46), y resultaría temerario no reconocer la temática de Is. 53 en sus muchas expresiones relacionadas con su misión. Para los primeros misioneros convencidos de la resurrección de Jesús esta conexión era elemental y clara: cuando el etíope formula la pregunta "¿de quién dice el profeta esto; de sí mismo o de algún otro?", Felipe no vacila en aplicar el pasaje a Jesucristo (Hch. 8:31-35).

Pablo se hace eco de Is. 53 en su magistral pasaje de Fil. 2:5-11. La Epístola a los Hebreos con su tema de humillación y exaltación de Cristo, sugiere un intento de exégesis de este mismo cap. de Isaías. Y, finalmente, el tema vuelve a ser presentado en el último libro de la Biblia.   A. Ll. B.

Bibliografía
DBH, col. 1848-1858. DTB, col. 988-995. VTB, pp. 758ss. R. Martín-Achand, Israel y las naciones, pp. 13-30.

SIERRA. Herramienta con dientes para cortar madera y piedra, usada desde tiempos muy remotos. David, después de haber conquistado a → Rabá, ciudad principal de los amonitas (Dt. 3:11), castigó a las gentes sacándolas de la ciudad y obligándolas a trabajar con s. y otras herramientas (2 S. 12:31; 1 Cr. 20:3). Los obreros de Salomón cortaban con s., en forma acabada, las piedras que se iban a utilizar en la construcción del templo (1 R. 7:9). El profeta Isaías emplea la s. para ilustrar sus enseñanzas (10:15). El autor de Heb. afirma que algunos de los mártires del AT murieron aserrados (11:37). Una tradición judía afirma que el profeta Isaías sufrió esta clase de martirio.   A. P. P.

SIETE. Número de alto sentido simbólico. El s. había adquirido significación sagrada en Babilonia en la más remota antigüedad. Descuella en la Biblia por ser la suma de 3 y 4, y simboliza "lo completo" por excelencia, en las esferas divinas, humanas y aun satánicas. Se observa el carácter sagrado del s. en el ritual pagano por el número de altares que tuvo que levantar Balac (Nm. 23:1,14, etc.) y en la religión israelita por ser muy repetido en el número de víctimas, el número de veces que la sangre había de ser esparcida, etc., señalando la "expiación perfec-

ta" en el día grande del calendario religioso (Lv. 16:19; cp. 4:16; 14:7; Nm. 28:11, etc.). Naamán tuvo que zambullirse s. veces para ser limpio (2 R. 5:10).

El s. representa períodos significativos de "tiempo completo", como la semana, terminando con el sábado y el año sabático (Éx. 20:10; Lv. 25:2-6). El jubileo caía después de cumplirse s. "semanas" de años (Lv. 25:8)), y el día de las expiaciones se celebraba en el mes séptimo (Lv. 16:29). Los períodos de abundancia y de hambre en Egipto fueron de s. años (Gn. 41:26-31). En otros contextos de vida familiar, de oración, etc., sobresale el concepto de "lo completo" (Rt. 4:15; Jos. 6:4; 1 R. 18:43; Sal. 119:164).

Sobre todo se emplea el s. para representar grupos homogéneos, o sucesiones completas de acontecimientos, en el simbolismo del Apocalipsis (1:4,13,16; 4:5; 5:1; 12:3; 13:1), y fue muy usado en la apocalíptica extracanónica.

La influencia del s. se ve también en construcciones literarias, como las s. abominaciones de Pr. 26:25; las s. parábolas de Mt. 13, los s. "ayes" sobre los fariseos de Mt. 23, y en varias agrupaciones de temas en las epístolas (→NÚMEROS).   E. H. T.

SIGLO (heb. *olam*; gr. *aión*). Término que en la Biblia no significa estrictamente cien años sino un período largo e indefinido. Se utiliza en varios sentidos diferentes, todos relacionados, pero especialmente para indicar un → tiempo infinito en el futuro; así aparece en el plural o en forma repetida, v.g., "los s. de los s." (Sal. 41:13; cp. Gn. 9:12; 1 Cr. 29:10; Dn. 6:26; Mt. 6:13; etc.). Esta acepción se relaciona casi siempre con Dios, cuyo carácter eterno se describe así: "desde el s. y hasta el s., tú eres Dios" (Sal. 90:2).

La expresión "el s. venidero" o "los s. venideros" se refiere a la época futura en la cual Dios ha de revelar su gloria y ha de culminar la historia humana (Ef. 2:7; Heb. 6:5; →SEGUNDA VENIDA, REINO DE LOS CIELOS). Es la época en que la justicia de Dios será reivindicada en la tierra y reinará la santidad.

Por otro lado, "este s." representa la época contemporánea, que corre desde la creación hasta la segunda venida de Cristo. A veces denota temporalidad, sin implicar conceptos éticos o morales (Mt. 13:22; Lc. 16:8; 20:34; 1 Ti. 6:17; Tit. 2:12). Más a menudo, sin embargo, la expresión puntualiza también el espíritu esencial de la sociedad contemporánea con su carácter maligno y pecaminoso (Ro. 12:2; 1 Co. 2:6,8; 3:18; 2 Co. 4:4; Gá. 1:4; Ef. 6:12, →GENERACIÓN). En este sentido, de acuerdo con el concepto paulino, s. es casi sinónimo de → "mundo", empleando éste con sentido peyorativo.

                                        W. D. R.

Bibliografía
VTB, pp. 782-789. EBDM VI, col. 673s.

SIHOR ('lago o charco de Horus'). Cuerpo de agua que no se ha identificado definitivamente. Según algunos, era una laguna en la parte NE de Egipto, que forma parte del brazo pelusiano del Nilo. Otros lo identifican con el →río de Egipto, o sea el wadi el-Arish, límite SO de la tierra prometida.

La palabra S. aparece 4 veces en el TM. En Jos. 13:3 y en 1 Cr. 13:5, aparentemente se refiere al límite SO de la tierra santa. Pero en Is. 23:3 y Jer. 2:18 de la RV ha traducido correctamente "Nilo".   K. B. M.

SIHOR-LIBNAT. Riachuelo que corre al S. del mte. Carmelo. Formaba parte del límite S de la tierra de Aser (Jos. 19:26). Se le ha identificado con el Nahr-ez-Zerka que desemboca en el Mediterráneo 10 km. al sur de Dor.   W. M. N.

SILAS, SILVANO (arameo, *sheilá* = Saúl; lat. *Silvanus*). "Varón principal" de la iglesia en Jerusalén (Hch. 15:22) y compañero de Pablo en su segundo viaje misional (15:40). Era judío y a la vez ciudadano romano, al igual que Pablo (16:37); tenía el don de profecía (15:32). El S. de Hch. es generalmente identificado con el Silvano de las Epístolas (2 Co. 1:19; 1 Ts. 1:1; etc.).

S. fue comisionado con Judas Barsabás para acompañar a Pablo y a Bernabé hasta Antioquía y junto con ellos llevó el decreto del →concilio de Jerusalén para su confirmación. Permaneció un tiempo en Antioquía a fin de consolar y edificar a los creyentes (Hch. 15:22-35). Puesto que el v. 34 falta en los principales mss, probablemente S. regresó con Judas a Jerusalén.

Después del desacuerdo con Bernabé, Pablo escogió a S. como compañero, elección que probablemente se debió a tres cualidades de S.: era ciudadano romano, miembro de la iglesia en Jerusalén y dirigente aprobado en su ministerio en Antioquía. Seguramente manifestó simpatía y tacto en su labor entre los gentiles. Acompañó al apóstol por Siria, Asia Menor y Macedonia hasta Berea (15:40–17:14), donde se quedó con Timoteo. Después Pablo llamó a los dos desde Atenas (17:15) pero el relato implica que él ya se hallaba en Corinto cuando lo alcanzaron (18:5). Evidentemente 2 Co. 11:9 se refiere a la llegada de S. y Timoteo y a la ayuda económica que llevaron a Pablo. 2 Co. 1:19 alude al ministerio de S. en Corinto.

S. es asociado con Pablo y Timoteo en las cartas escritas desde Corinto a Tesalónica (1 Ts. 1:1; 2 Ts. 1:1). Después se le menciona sólo en 1 P. 5:12, donde parece explicarse que S. colaboró también con Pedro en la escritura de las cartas de éste.   L. S. O.

SILO ("lugar de tranquilidad"). Ciudad que se hallaba en el territorio de la tribu de Efraín, unos 15 km al N de la ciudad de Bethel y 2 km al E de la carretera que comunicaba a Jerusalén con Siquem. Corresponde a la actual ciudad de Khirbet Seilum.

Era una ciudad cananita primitiva, cuyo origen se remonta a la tercera edad de bronce, siglo XX a.C. Alcanzó su esplendor a partir de la invasión hebrea. No hay datos de la forma en que Israel se apoderó de S., pero esta ciudad llegó a desempeñar un papel muy importante en la historia de Israel. Fue el centro religioso en tiempos de Josué y de los jueces (Jue. 18:31); en la época de los jueces, fue la capital de las doce tribus aliadas. El arca del pacto moraba en S. bajo la custodia de los sacerdotes y, posteriormente, bajo el cuidado de Elí y sus hijos. En S. estuvo el tabernáculo hasta que se construyó el templo de Salomón (1 S. 1:9). Ana, esposa de Elcana, suplicó a Dios en este lugar que le concediera un hijo. Samuel pasó en S. su juventud. Fue el centro de reuniones de los ancianos y príncipes de Israel para decidir la repartición del territorio, determinar las ciudades de refugio, las ciudades sacerdotales, casos de disciplina, etc. En S. se celebraba una fiesta anual de Yahveh con danzas de muchachas (Jue. 21:19). El profeta Ahías, que vivió en la época de Salomón y Jeroboam, era de S. (1 R. 11:29; 14:2).

A fines del siglo XI a. C., S. decayó por tres razones básicas: (1) los cananeos la destruyeron y no pudo surgir de nuevo; (2) se instaló la monarquía hebrea y otras ciudades tomaron su importancia política; (3) finalmente se construyó el templo de Salomón en Jerusalén, y esta ciudad tomó el lugar de S. como capital religiosa y política de los hebreos.

S. volvió a florecer en las épocas griega y romana, y posteriormente en la bizantina. De esta última época se han encontrado ruinas de templos cristianos. La ciudad fue habitada por los invasores por su ubicación; no perdió importancia comercial debido a la comunicación con otras ciudades importantes. También por su ubicación estratégica, los hebreos y los cananeos pugnaron por poseerla.   E. G. T.

SILOÉ, ESTANQUE DE (heb. *shiloakh* = 'el que envía o da la dirección', 'conducto de agua'; gr. *Siloam*). Piscina a la que Jesús mandó al ciego de nacimiento (Jn. 9:7,11).

Desde tiempos muy antiguos Jerusalén se surtía de agua del manantial intermitente de →Gihón (1 R. 1:33) que está situado al pie de la colina de →Ofel en el valle de Tiropeón, y que hoy en día se conoce como "Fuente de la Virgen".

Como este manantial se encontraba fuera de las murallas antiguas de Jerusalén, sus habitantes tenían serias dificultades para abastecerse de agua. Para facilitar el aprovisionamiento, y aun para disponer de agua en el riego de los jardines del palacio, Salomón (970-930 a.C.) hizo construir un estanque que los arqueólogos posteriormente llamaron "Estanque Viejo" (o "Inferior").

Dos siglos más tarde, el rey Acaz (736-721 a.C.) vio que el estanque de Salomón tenía una gran desventaja: en tiempos de guerra fácil-

El pozo de Siloé, situado en el extremo sur dentro del muro de Jerusalén en tiempos antiguos, recoge las aguas traídas de la fuente de Gijón a través de un túnel construido por el rey Ezequías.   RBW

que describe el encuentro de los equipos en las entrañas de la colina.

El E. de S. mide 24 m de largo por 5.5 m de ancho. Está situado en la parte S del área que se llama → "Ciudad de David" y 65 m al N del Estanque Viejo de Salomón.

El evangelista Juan, en su relato (9:1-7), toma el término "Siloé" y lo traduce "el que ha sido enviado", para asociar con Jesús, el Enviado por excelencia (Jn. 3:17,34; 5:36,38, etc.), la iluminación completa realizada en el milagro. La literatura rabínica revela que se usaban aguas del mismo E. de S. (mencionadas en Is. 8:6) en las ceremonias de la fiesta de los tabernáculos, porque era un lugar de purificación. Jn. 7:37s, sin embargo, insinúa que Jesús mismo sustituyó de allí en adelante todas las fuentes anteriores.

E. A. T. y R. F. B.

Bibliografía
EBDM, I, col. 250s.; IV col. 386-390; VI, col. 687-692; A. Wikenhauser, *San Juan* (Barcelona: Herder, 1967), pp. 282-286.

SILOÉ, TORRE. Edificio que, según la afirmación de Jesucristo en Lc. 13:4, cayó sobre 18 personas y las mató.

Posiblemente se tratara de una torre unida a la muralla de la ciudad de Jerusalén, cerca del estanque de Siloé, la cual se derrumbó por el agrietamiento y la acción del tiempo. Las circunstancias del desastre indudablemente eran familiares para los oyentes de Jesús. De esta tragedia proverbial algunos maestros concluyeron que las 18 víctimas habían sido objeto de un juicio divino por su vida pecaminosa, pero Jesús rechazó esta conclusión.

En 1914 unos arqueólogos descubrieron los cimientos de una torre, que probablemente fueran los de la T. de S.   E. A. T.

SILOH ('descanso', 'tranquilidad', 'paz'). Palabra clave en la bendición profética de Jacob para Judá (Gn. 49:10). Su sentido no es claro. Se sugieren tres interpretaciones: (1) que es un título mesiánico que debe traducirse "pacificador" (Is. 9:6); (2) que la palabra se refiere a la ciudad de este nombre y por lo tanto la frase entera debe entenderse "hasta que Judá venga a Siloh" o (3) que el vocablo es una contracción de dos palabras que quieren decir "de quién es". y que la frase debe entenderse "hasta que venga aquel a quien le pertenece (el cetro)".

La tercera sugerencia exige una pequeña enmendación del texto, pero parece ser apoyada por Ez. 21:27.   R. S. S.

SILVANO. → SILAS.

SILLA. Los israelitas no usaban la s. comúnmente, sino que se sentaban en el suelo. La s. se reservaba como sitio de honor, y cuando el AT quiere sugerir este uso, emplea el término heb. que también se traduce → "trono". En otros casos, el AT usa palabras que significan simplemente "asiento", pero que no se refieren nece-

mente podía caer en manos de los enemigos con la grave consecuencia de dejar a la ciudad sin agua. Por eso hizo construir un acueducto que bordeaba la colina de Ofel y se comunicaba con otro estanque construido dentro de la ciudad probablemente por el mismo Acaz. Actualmente se conoce con el nombre árabe de Birket Silwan ('Estanque de Siloé').

Este acueducto, dada la posibilidad de guerras, tenía las mismas desventajas que el Estanque Viejo de Salomón. Por tanto, el rey Ezequías (716-687 a.C.), con miras a una posible invasión de Asiria o Egipto, construyó un acueducto subterráneo (llamado "Siloé", también) excavándolo a través de la colina de Ofel para unir el manantial de Gihón con el estanque del mismo nombre (2 R. 20:20; 2 Cr. 32:30; Neh. 3:15; cp. *Eclesiástico* 48:17). Este acueducto corre tortuosamente; tiene una extensión de 533 m de largo, alrededor de 0.5 m de ancho, y entre 1.5 y 4.5 m de alto.

Fue excavado por dos equipos de trabajadores, cada uno de los cuales inició su trabajo a extremo opuesto. En 1880 se halló, cerca de la salida del túnel, una inscripción de seis líneas

sariamente a un mueble (1 S. 20:18,25; 1 R. 10:19; Job 29:7; Sal. 1:1; Am. 6:3). Una de estas palabras se traduce "habitación" en la RV en Ez. 8:3 y "trono" en Ez. 28:2. "S." en Job 23:3 es otra palabra para señalar un lugar o sitio.

En el NT, el vocablo gr. que nosotros transcribimos "cátedra", se traduce "s.", en Mt. 21: 12; y Mr. 11:15, pero "cátedra" en Mt. 23:2. "La cátedra de Moisés" representa la autoridad de los intérpretes oficiales de la Ley de Moisés. El término se deriva de la costumbre de las escuelas rabínicas, donde sólo el maestro ocupaba una s., mientras los alumnos permanecían en el suelo.

El NT usa expresiones como los "primeros asientos" y las "primeras s." para referirse a los lugares preferidos por los hipócritas (Mt. 23:6; Mr. 12:39; Lc. 11:43; 20:26). La primera se refiere a los reclinatorios reservados para huéspedes de honor en las fiestas, y la segunda a sitios ofrecidos en las sinagogas a hombres honrados por su erudición.   D. J. -M.

SIMA. Término que sólo se encuentra en la parábola de Lázaro y el rico (Lc. 16:26), y que expresa la distancia infranqueable entre el → "Seno de Abraham", donde se encuentran los justos, y el → "Hades", donde se encuentran los injustos después de la muerte. Indica que el destino eterno del hombre queda definido al concluir la existencia terrena.   P. W.

SIMEA. → SAMA.

SIMEI. Nombre de 19 personas en el AT (Éx. 6:17; 2 S. 16:5; 1 R. 1:8; 4:18; 1 Cr. 3:19; 4:26; 5:4; 6:29; 8:21; 23:9; 25:17; 27:27; 2 Cr. 29:14; 31:12; Esd. 10:23; 10:33; 10:38; Est. 2:5; Zac. 12:13).

El más importante de todos fue S., hijo de Gera, benjamita, de la casa de Saúl. Cuando David huyó de Absalón, S. salió contra el rey, lo insultó, lo maldijo y le tiró piedras. Abisai, siervo de David, pidió permiso para matarlo, pero el rey no se lo permitió (2 S. 16:5-13). Al regresar David a Jerusalén, S. se humilló y le pidió perdón. De nuevo Abisai quiso matarlo, pero David le perdonó la vida (2 S. 19:16-23). En su lecho de muerte David insinuó a Salomón que castigara a S. por sus maldiciones. Éste le advirtió a S. que no saliera de Jerusalén so pena de muerte. S. dio su palabra, pero no la cumplió, saliendo en persecución de sus siervos fugitivos hasta Gat. A su regreso fue condenado a muerte y Benaía lo ejecutó (1 R. 2:8,9,36-46).   D. M. H.

SIMEÓN. 1. Segundo hijo de Jacob y Lea (Gn. 29:33); uno de los doce patriarcas hebreos (Hch. 7:8). Juntamente con Leví castigó severamente a los hombres de Siquem por la violación de Dina su hermana (Gn. 34). José lo retuvo como rehén en Egipto cuando ordenó a sus otros hermanos a ir en busca de Benjamín (Gn.

42 y 43). S. tuvo seis hijos; todos, excepto Ohad, fueron cabeza de una tribu (Gn. 46:10; Nm. 26:12-14). Jacob, al morir y despedirse de sus hijos, expresó un reproche para S. y Leví por el crimen que cometieron con los siquemitas (Gn. 49:5-7).

2. Tribu formada de los descendientes de S. Las tribus se formaban con familias y grupos bajo un jefe. Se estableció en el sur de la tierra prometida. No se le menciona ya en el canto de Débora (Jue. 5). Esa tribu se nombra en el grupo que debía dar las bendiciones desde el mte. Gerizim (Dt. 27:12).

Según el censo tomado en el Sinaí, esta tribu contaba con 59.300 hombres (Nm. 1:1-3,22,23; cp. 22.000 "familias" en Nm. 26:14). La tribu fue probablemente absorbida por la de Judá si se toma en cuenta que la parte que se le dio era sólo una comarca tomada del territorio asignado a Judá (Jos. 19:1-9). De esa manera se cree que al fin la tribu se extinguió. Sin embargo, ese territorio fue una conquista unida de las dos tribus: Judá y Simeón (Jue. 1:3,17).

Según los datos de 2 Cr. 15:9-13 y 34:6-9, los simeonitas hicieron alianza con las tribus separatistas del norte pues sus nombres se asocian entre los "forasteros" independientes de Judá y Benjamín. De acuerdo con estos pasajes, Simeón estuvo comprendido en las reformas de Asa y Josías.

Las ciudades ocupadas por la tribu de S. se mencionan conjuntamente con las que pertenecían a las tribus de Manasés, Neftalí y Efraín. Durante el reinado de Ezequías, años 726 a 797 a.C. los simeonitas libraron guerras de conquista territorial al sur y al este de su comarca primitiva (1 Cr. 4:34-43). Esa tribu, junto con la de Benjamín y la de Isacar, fueron contempladas en la visión del profeta Ezequiel (Ez. 48:24,33). El visionario Juan la menciona también como seleccionada con 12.000 siervos del Señor "sellados en sus frentes" (Ap. 7:7).

3. Hombre piadoso, que recibió al niño Jesús en sus brazos habiendo sido inspirado por el Espíritu Santo (Lc. 2:21-35) y conducido al templo justamente cuando José y María presentaban allí a Jesús. Bendijo a José y a María y predijo las excelencias de la venida del Salvador.

4. Progenitor de Jesús del que se hace breve referencia en Lc. 3:30.

5. Nombre con el que se conoció primero a → Pedro, el apóstol (2 P. 1:1 BJ; Hch. 15:14 BJ) pues "Simón" es una contracción de Simeón; es un nombre probablemente tomado de los griegos. Por lo que parece, era un nombre muy gustado y popular.

6. Cristiano de Antioquía que entre los profetas y maestros se menciona luego de Bernabé (Hch. 13:1). Llevaba por segundo nombre "Níger".   M. V. F.

SIMIENTE. → SEMILLA.

SIMÓN. Forma helenizada del nombre heb. → Simeón (cp. Hch. 15:14 VM, donde Santiago emplea la forma antigua). Es nombre de varios personajes del NT (y de un descendiente de Judá en 1 Cr. 4:20):

1. El principal de los discípulos, hijo de Jonás (Mt. 16:17) o Juan (Jn. 1:42), a quien Jesús llamó →Pedro.

2. S. el →Zelote, otro discípulo (Lc. 6:15). Mr. (3:18) y Mt. (10:4) lo llaman "el cananita" pero esto no quiere decir que fuera de Caná o Canaán sino que es el término arameo que significa "celoso" o "entusiasta". Probablemente pertenecía o simpatizaba con el movimiento judío nacionalista apodado "zelotes". No aparece más en el NT, aunque una tradición posterior lo identifica con S., hijo de Cleofas, a quien menciona Hegesipo.

3. Uno de los hermanos del Señor (Mr. 6:3; Mt. 13:55), a quien algunos identifican con el hijo de Cleofas· mencionado por Hegesipo y Eusebio (*Historia Eclesiástica* III.11.32).

4. Padre de →Judas Iscariote (Jn. 6:71; 13: 2,26), llamado "S. Iscariote".

5. Fariseo en cuya casa Jesús fue ungido por una mujer pecadora (Lc. 7:36-50). El incidente se ubica en Galilea, probablemente en Capernaum y Lucas relata que aunque S. invita a Jesús, no le ofrece una generosa acogida (vv. 44ss.). La protesta de S. por la acción de la mujer ocasiona la represión y enseñanza que el Señor da en forma de una parábola.

6. S. el (ex?) leproso, en cuya casa en Betania Jesús fue ungido por María (Mr. 14:3-9; cp. Jn. 12:1-8). Algunos lo identifican con el No. 5 y consideran estos pasajes como una duplicación, pero las circunstancias parecen muy distintas.

7. S. de Cirene, a quien se obligó a llevar la cruz de Cristo al lugar de la ejecución (Mt. 27:32; Mr. 15:21; Lc. 23:26). Probablemente fuera un judío de la dispersión que asistía a la Pascua. Marcos 15:21 lo identifica como padre de Alejandro y de Rufo, probablemente el mismo mencionado en Ro. 16:13.

8. Curtidor, en cuya casa en Jope, Pedro "se quedó muchos días" (Hch. 9:43; 10:6,17,32). Probablemente se trataba de un cristiano, ya que el oficio era poco aceptado entre los judíos.

9. S. el →mago. Probablemente uno de los muchos engañadores que practicaban la →magia en Samaria, aprovechándose del clima de superstición de la zona (cp. Hch. 13:6-12). Lucas lo presenta como convertido (Hch. 8:9-24) y no hay razón para dudar de la sinceridad de S. La tentación de utilizar la nueva fe para su propia gloria y su antiguo oficio quizá lo dominara (8:18ss.) y esto origina la represión de Pedro. Luego Lucas lo presenta como arrepentido (v. 24). Nada más sabemos de él por el NT, pero la tradición posterior lo presenta como el primer gran heresiarca, fundador del →gnosticismo. Justino e Ireneo lo consideraron originador de una secta libertina que lo tenía por profeta y divinidad. La literatura pseudoepigráfica relata su muerte y desenmascaramiento,

pero nada preciso podemos deducir de esta literatura.

10. S. Niger (latín = 'negro'). Uno de los cinco profetas-maestros de la iglesia de Antioquía (Hch. 13:1).   J. M. B.

SIMPLE, SIMPLEZA. →SENCILLO.

SIMRÓN ('vigilia'). 1. Cuarto hijo de Isacar y progenitor de los simronitas (Gn. 46:13; Nm. 26:24; 1 Cr. 7:1).

2. Antigua ciudad de Canaán, cuyo rey, Jabín, resistió a Josué y fue derrotado (Jos. 11:1-12). Posiblemente sea el mismo lugar que se llama Simron-Merón, cuyo rey fue uno de los 31 aliados a quienes Josué derrotó (Jos. 12:20). Pertenecía al territorio dado a Zabulón (Jos. 19:15). La identificación segura no se puede establecer, pero puede ser el Tel-es-Semuniyeh, ubicado unos 5 km al SE de Nazaret.

G. D. T.

SIN ('fortaleza', o 'arcilla', 'barro'). Ciudad de Egipto cuyo nombre griego era Pelusion ('ciudad de barro'). Por encontrarse en "el camino de la tierra de los filisteos" en la frontera de Egipto, S. era de suma importancia para la defensa de Egipto contra los reinos orientales. La ruina de S., proclamada por Ezequiel, representaba la derrota de Egipto (Ez. 30:15,16).   D. J.-M.

SIN, DESIERTO DE. No se debe confundir con el d. de →Zin. RV, conforme al texto hebreo, distingue entre los dos, pero la Vul., siguiendo la LXX, utiliza "Sin" para ambos. El d. de S. se hallaba entre →Elim y →Sinaí (Éx. 16:1), en la parte SO de la península de Sinaí (es posible que "Sinaí" se derive de la palabra "sin"). Aquí los israelitas llegaron de Elim, y luego pasaron por Dofca y Alús rumbo a →Refidim (Éx. 17:1; Nm. 33:11-14). Probaron por primera vez el maná en S. (Éx. 16), juntamente con la primera provisión de codornices (v. 13).

D. J. -M.

SINAGOGA (Gr. = 'concurrencia', 'asamblea'). Término que se aplica tanto al lugar en que se reunían los judíos para leer y estudiar las Escrituras, como a la asamblea misma de los allí reunidos (cp. la gravedad de ser excluido de la s., Jn. 9:22; 12:42; 16:2) tal como nuestro término "iglesia" se refiere tanto al edificio como a la congregación. También fuera de la Tierra Santa se empleaba otro término, que quería decir "oración", para designar el local. Pero, puesto que en Roma el término s. era el más común, se adoptó en los diversos idiomas europeos.

Acerca de los orígenes de la s., los eruditos no están de acuerdo. Naturalmente, en el judaísmo antiguo se centraba la vida religiosa en el templo, y no había necesidad de la s. Más tarde, especialmente debido a la →dispersión, surgió la s. en forma paralela con el templo. Después de la destrucción del templo (70 d.C.), la s. pasó a ocupar el centro de la vida religiosa judía. Hasta aquí todos están de acuerdo.

Donde difieren las opiniones es en lo que se refiere al momento y el lugar exactos en que apareció la s. En términos generales, hay cuatro teorías acerca del origen de la s: (1) Puede haber surgido durante el exilio en Babilonia, cuando los judíos, desprovistos de la oportunidad de adorar en el templo y de ofrecer los sacrificios, se reunían para estudiar sus tradiciones y las Escrituras. (2) Es posible que la s. haya surgido durante el período persa, cuando las actividades de → escribas tales como → Esdras proveyeron un ambiente propicio para el estudio de las Escrituras, actividad característica de la s. (3) Otra posibilidad es que se haya originado en → Alejandría, donde los judíos llegaron a contarse en número considerable. (4) Otros eruditos han sugerido que la s. haya surgido en la misma Palestina, como supervivencia de los antiguos centros regionales que cumplían funciones religiosas a la vez que cívicas.

Sea cual fuere su origen, es importante notar la diferencia entre el culto de ella y el del templo. En la s. no se ofrecían sacrificios, como en el templo. Su culto consistía en la lectura y el estudio de las Escrituras, y en la oración. Mientras existía el templo, éste se consideraba siempre el centro religioso de los judíos, y las s. como lugares secundarios de estudio. Sin embargo, en la misma Jerusalén había varias s. (Hch. 6:9), y por tanto no ha de pensarse que la s. existía sólo donde les era imposible a los judíos asistir al culto en el templo. Por el contrario, su función específica como lugar de enseñanza y estudio era requerida dondequiera que había una comunidad judía.

Era importante, no sólo para los mayores, sino también para la juventud. Al parecer, los niños más pequeños comenzaban el aprendizaje en casa de los maestros, leyendo pequeñas porciones de las Escrituras. Pero tan pronto como estaban listos para leer los textos más extensos pasaban a estudiar en la s., quizás en una habitación contigua. Allí aprendían a leer las Escrituras en voz alta, para poder participar individualmente como lectores públicos en los cultos, y aprendían además la interpretación esencial de los pasajes.

En cuanto al lugar de las mujeres en el culto de la s. al parecer, aunque esto no está probado, al principio estaban excluidas de él. Sin una asistencia mínima de diez varones, el núcleo de adoradores judíos tenía que reunirse a la orilla de un río (Hch. 16:13). Más tarde se introdujeron divisiones dentro de los edificios, para que las mujeres asistieran sin mezclarse con los hombres En esto se reflejaba quizás el deseo de imitar al templo, fenómeno que fue apareciendo según la institución de la s. cobró fuerza, y el

Precioso mosaico de una antigua sinagoga. Nótense los signos del zodíaco en el centro del rectángulo.

partido de los →fariseos fue imponiéndose por encima del de los →saduceos. Frente a esta tendencia visible tanto en la arquitectura como en la liturgia, los elementos más conservadores de Jerusalén respondieron con una oposición decidida. Esto dio origen a reglas sobre la construcción de las s., que, p.e., prohibían imitar la arquitectura del templo. Pero la posición de los conservadores estaba destinada al fracaso, pues con la destrucción del templo la s. quedó como único centro religioso de un judaísmo cada vez más disperso. En los grandes centros de población (p.e. Jerusalén, Hch. 6:9, y Roma, donde los arqueólogos han hallado 13 s.) varias agrupaciones de judíos montaron independientemente sus s.

La s. era una institución laica; ni los jefes (Hch. 13:15), ni su presidente el →principal (gr. *arjisynagogos*), eran sacerdotes o fariseos necesariamente. Tampoco lo era el →ministro (gr. *hypéretes*), que velaba por el orden del culto (Lc. 4:20). La lectura y la explicación de las porciones asignadas de la Ley y de los profetas (cp. Lc. 4:16-20; Hch. 13:14-48) no eran prerrogativa de ningún partido religioso. Cuando los cristianos primitivos celebraban sus cultos, una de las mayores influencias formativas fue la liturgia de la s.

Como centro de propaganda monoteísta, la s. difundía las ideas del AT y creó un grupo de →prosélitos y semiprosélitos (→TEMOR DE DIOS) que resultó ser un campo fértil para la evangelización. Pablo y otros misioneros solían dirigirse primero a la s. de la ciudad donde querían establecer la iglesia de Cristo (p.e., Hch. 13:5).   J. L. G. y R. F. B.

Bibliografía
DBH, col. 1866-1868; *EBDM* VI, col. 718-722; J. Schmid, *San Lucas* (Barcelona: Herder, 1968), pp. 165-168.

SINAÍ. Palabra que se refiere a tres lugares: en general, a lo que hoy se conoce como la Península de S.; en sentido un poco más limitado, "el desierto de S."; y en forma más concreta, el "monte S."

1. La Península de Sinaí. Hoy se conoce con este nombre al gran triángulo que separa a Egipto de Palestina. Según se le tome, mide 25.000 a 35.000 km², limita con el Mediterráneo y con la Tierra Santa en su lado superior, formado por una recta imaginaria que une los puertos de Said en el Mediterráneo y el de Tamar en la punta sur del mar Muerto. El lado occidental del triángulo lo forma el golfo de Suez y su prolongación hasta el Mediterráneo; y el lado oriental, el golfo de Acaba y su prolongación hasta el mar Muerto. Esta península es famosa porque en ella deambuló el pueblo hebreo cuando salió de Egipto en el éxodo, primero hacia el extremo sur, luego hacia el extremo norte durante los dos primeros años, convirtiéndola finalmente en su morada durante otros 38 años.

Sólo la parte meridional es fértil, montañosa y habitable. El resto de la península es completamente desértica, inhóspita e inhabitable. Desde tiempos inmemoriales ha constituido el paso obligado de peregrinos y viajeros que en caravanas comerciales o religiosas se ven forzados a someterse a su inclemencia y aridez. La parte meridional en cambio, por el intenso·verdor de su vegetación, por el variado matiz de su suelo, por lo fantástico de sus macizos de granito y por la abundancia de agua que producen sus picos nevados, es en extremo bella y fascinante.

2. El desierto de Sinaí. Con este nombre se denomina en la Biblia la llanura en que acampó el pueblo hebreo alrededor del "monte S." (Éx. 19:1,2; Lv. 7:38; Nm. 1:1,19; 3:4,14; 9:1,5; 10:12; 26:64; 33:15,16).

Debe notarse la gran similitud que existe en el hebreo entre los vocablos S. y →Sene. Este último se refiere a la zarza ardiente que Moisés vio en Madián cuando, huyendo de Egipto, fue a refugiarse en casa de Jetro, quien se convirtió más adelante en su suegro. La palabra *sene* se menciona en la Biblia seis veces, cinco de ellas en relación con la visión de Moisés (Éx. 3:2-4). Ahora bien, a Moisés se le dice que, como señal de que se cumplirá lo que Dios le está diciendo, "cuando hayas sacado de Egipto al pueblo, servirás a Dios sobre este monte" (Éx. 3:12). Esto explica que, una vez pasado el mar Rojo, Moisés se dirigiera al lugar donde *sene* se le había aparecido. La sexta ocasión en que se menciona *sene* en la Biblia es en Dt. 33:16, y dice: ". . . y la gracia del que habitó en la zarza (heb. =*sene*) venga sobre la cabeza de José". Al comienzo de ese mismo capítulo, Dt. 33:2 ha dicho que: "Jehová vino de S." Sabemos por el texto bíblico que el nombre de Jehová, dado a la deidad que iba a reunir a las doce tribus, se inició en *Sene*, adonde debían regresar cuando salieran de Egipto. Parece ser que las dos teofanías, la de Éx. 3 y la de Éx. 19, se llevaron a cabo en el mismo sitio, en el llamado "desierto de S."

3. Monte Sinaí. Aunque se denomina así toda la parte granítica y montañosa de la zona meridional, en particular con este nombre y con el de Horeb se denomina a uno de los más importantes macizos de la región. Probablemente debe ser identificado con uno que los árabes llaman *Gebel Musa* ('monte de Moisés'). Precisamente de este monte tomó su nombre no solamente la zona sino toda la península. Su consistencia granítica nos hace pensar en la "roca de Horeb" (Compárense: Éx. 3:12; 16:1; 19:11,18,20,23; 24:16; 31:18; 34:2,4,29,32; Lv. 7:38; 25:1; 26:46; 27:34; Nm. 3:1; 28:6; Neh. 9:13, en que al lugar se le llama Sinaí; Éx. 3:1; 17:6; 33:6; Dt. 1:2,6,19; 4:10,15; 5:2; 9:8; 18:16; 28:69; 1 R. 8:9; Mal. 4:4; Sal. 106:19; 2 Cr. 5:10 en que se llama "Horeb").
                                                    A. Ll. B.

SINAR. Región gobernada por Nimrod (Gn. 10:10) en la que fue edificada la torre de Babel

Un pastor cuida su rebaño al pie de uno de los sombríos peñascos que componen el gran macizo granolítico del Sinaí. Llamado por los árabes Gebel Musa es identificado como el Monte de Sinaí, donde Dios dio las tablas de la ley a Moisés.   MPS

(Gn. 11:2). Su rey, no identificado aún, → Amrafel, es mencionado como enemigo de Abraham (Gn. 14:1,9).

Situada entre Babilonia y Bagdad, la tierra de S. debe de haber comprendido los territorios conocidos como Sumer y Acad, posteriormente llamados Babilonia.

En Is. 11:11 S. se menciona como uno de los lugares del cual Dios hará regresar un remanente del pueblo de Israel. Según Dn. 1:2, Nabucodonosor había transportado a S. los tesoros del templo. En la visión de Zac. 5:5-11 la mujer "Maldad" es transportada en un efa a la tierra de S.   J. M. A.

SINIM. Palabra que aparece sólo una vez en la Biblia (Is. 49:12). Es difícil averiguar si el profeta tenía en mente una ciudad o región específica, o si simplemente hace referencia general a tierras lejanas.

Anteriormente se creía que era una referencia a la China. *Tsin* era el nombre rabínico de China. Para los árabes, "Sin" era China. El geógrafo Ptolomeo (140 d.C.) usó la palabra Sinoe o Thinoe para referirse a la China. Aunque no sea probable que los judíos hayan llegado a la China, es cierto que había comercio con el Lejano Oriente por medio de Arabia y el Golfo de Persia.

Otros eruditos han sugerido lugares más cercanos como Sin (Ez. 30:15) y → Sevene (Ez.

29:10) o el norte de Arabia. Sevene se refiere a Asuán al E del Nilo y en la parte S de Egipto. Como se halla en los límites más remotos de Egipto, podría ser la S. de Isaías. El ms. de Is. en los → Rollos del Mar Muerto sostiene este punto de vista, sugiriendo que Sinim es forma plural de Sevene.   J. E. G.

SINÓPTICOS. → EVANGELIOS.

SÍNTIQUE (gr. = 'afortunada') y **EVODIA** (gr. = 'del buen camino'). Cristianas muy activas en Filipos (Fil. 4:2s.), tal vez diaconisas (cp. 1:1). Entre ellas había divergencias peligrosas sobre su posición en la iglesia, y carecían de humildad. Pablo les ruega que se reconcilien para bien de la evangelización en la cual sobresalían.   R. O.

SION. 1. Fortaleza de los jebuseos que David conquistó (2 S. 5:7), situada sobre la colina del SE de la vieja Jerusalén y llamada también la Ciudad de David. Durante casi toda la era cristiana primitiva el nombre S. fue aplicado a la colina del SO de Jerusalén. Se cree que al principio el nombre se debió a que allí se encontraba la casa donde se reunieron los discípulos el día de Pentecostés. Según la tradición, era el lugar del aposento alto donde se celebró la última cena y el sitio donde María falleció. En el siglo IV, allí se construyó una basílica.

Debido a estas tradiciones, los historiadores creían erróneamente que la fortaleza de los

625

→jebuseos tomada por David estaba situada en la colina del SO. Pero excavaciones arqueológicas del siglo XX comprueban que la S. de David era la colina del SE.

David hizo de S. la capital política y religiosa de Israel y llevó el →arca allí. Pronto se extendió su fama religiosa como el centro de la adoración a Jehová. Después que Salomón construyó el templo y llevó el arca a la colina situada al N de la ciudad de David (→JERUSALÉN) el nombre de S. fue asociado también con el monte del templo.

Puesto que S. conlleva una significación religiosa, la palabra se usa de varias maneras en los escritos proféticos y poéticos. A veces se refiere al monte del templo o a toda Jerusalén como la habitación de Dios (Sal. 74:2; Is. 8:18; Jl. 3:17; Am. 1:2) y otras veces se refiere a la ciudad de Jerusalén en sentido literal y político (Sal. 2:6; 9:11; 48:2; Jl. 2:1). También denota a los habitantes de Jerusalén (Sal. 97:8; Is. 1:27; 33:5; cp. "hijos" e "hijas" de S., Sal. 149:2; Zac. 9:9).

Frecuentemente S. se usa en paralelismos como sinónimo de Jerusalén, la capital religiosa del pueblo de Dios. S. es el nombre de la ciudad santa y del pueblo de Dios, según las profecías del futuro glorioso (Is. 4:3; 60:14; Zac. 8:3). También se identifica en el NT con la nueva Jerusalén y el reino futuro de Dios (Heb. 12:22; Ap. 14:1).

2. Sinónimo del mte. Hermón (Dt. 4:48; cp. 3:9).   J. M. Br.

SIQUEM. 1. Hijo de Hamor (heveo y príncipe de la ciudad de S.), que violó a Dina, la hija de Jacob (Gn. 34:2).

2. Descendiente de Manasés y fundador de una de las familias de esta tribu (Nm. 26:31; Jos. 17:2).

3. Otro miembro de la tribu de Manasés (1 Cr. 7:19).

4. Ciudad importante, con una larga historia, que se hallaba en el centro de Palestina, en la serranía de Efraín (Jos. 20:7) y en la ladera del mte. →Gerizim (Jue. 9:7), o sea en el extremo E del valle entre este monte y Ebal, unos 50 km al N de Jerusalén y 9 km al SE de Samaria. Su nombre no se deriva del hijo de Hamor sino de la configuración de la tierra en donde yace ("Siquem" es la transliteración de la voz heb. *shequem*, que quiere decir "hombro" o "ladera").

S. se menciona por primera vez en Gn. 12:6 como la primera escala de Abraham al llegar a la tierra prometida. Allí se estableció Jacob en su regreso a esa tierra después de una larga permanencia en →Padán-aram. Compró terreno a Hamor (Gn. 33:18-20); luego tuvo lugar el triste episodio ocasionado por la violación de su hija (Gn. 34). Aquí apacentaban ovejas los hijos de Jacob cuando José los visitó y fue vendido a los madianitas (Gn. 37:12-14). Años más tarde en S. fueron enterrados los huesos de José (Jos. 24:32).

Después de la conquista de Canaán, S. se menciona como punto limítrofe entre Efraín y Manasés (Jos. 17:7), pero siempre quedó dentro de aquella tribu, según 1 Cr. 7:28. Fue declarada ciudad de refugio (Jos. 20:7) y levítica, y concedida a los hijos de Coat (21:20,21).

No obstante, el paganismo nunca fue desarraigado de S. En tiempo de los jueces, S. era un centro del culto de →Baal-berit (Jue. 9:1-4). Además fue escenario del vergonzoso pleito entre Abimelec, hijo de la concubina (la cual era de S., Jue. 8:31) de Gedeón, y Jotam, su hermano por parte de padre (Jue. 9).

S. fue la primera capital del reino cismático del norte (1 R. 12:1, 16,17,25). Pero pronto la

El Monte Sión desciende abruptamente de las murallas del Templo al profundo valle de Hinom. Vista del Monte de los Olivos, la antigua "gloriosa ciudad de David", hoy no es más que una colina empedrada.   MPS

sede fue trasladada a otro sitio. Luego declinó su importancia en la historia sagrada.

Después del cautiverio S. llegó a ser el centro de la raza mestiza de los →samaritanos, según Josefo (*Antigüedades* XI.viii,6). Juan Hircano la conquistó para los judíos durante el reinado de los macabeos y destruyó el templo samaritano *ca.* 109 a.C. (XIII.ix,1).

Durante la era del dominio romano S. fue reconstruida y nombrada Flavia Neápolis en honor del emperador Flavius Vespacianus. El nombre actual de la ciudad "Nablus" es una corrupción de "Flavius". Todavía hoy en esta ciudad se halla el pequeño remanente de los samaritanos y su sinagoga.

Es probable que →Sicar de Juan 4:5 deba identificarse con el S. del AT. El contexto permite la identificación.   W. M. N.

SIRA. Se habla de "el pozo de S." en el caso de la muerte de Abner, por acto de venganza de Joab. De ese pozo Joab le hizo volver para matarlo (2 S. 3:22-30). Parece que el pozo estaba a poca distancia de →Hebrón.

M. V. F.

SIRACUSA. Ciudad que Pablo visitó en su viaje a Roma (Hch. 28:12), ubicada en la costa oriental de la isla de Sicilia. Fue fundada en 734 a.C. cuando un grupo de colonos corintios se estableció allí. En el siglo V. a.C. ya era la ciudad más importante de la isla, tanto política como comercialmente. Fue ciudad natal del famoso matemático e inventor, Arquímedes (287-212 a.C.). A pesar de las ingeniosas invenciones mecánicas con que se protegía a la ciudad, los romanos la tomaron en 212. La convirtieron en colonia y capital de la provincia de Sicilia.

Bajo el Imperio S. gozó de mucha prosperidad. Tenía un espacioso puerto en donde atracó el barco alejandrino que transportó a Pablo desde Malta. La embarcación permaneció allí tres días para descargar (quizá trigo egipcio) o para esperar el viento favorable que los llevaría hacia el N de Roma (Hch. 28:12).   W. M. N.

SIRIA. Forma abreviada de Asiria. La usa por primera vez Herodoto, quien llama así a la franja costanera que se extiende entre el Mediterráneo y el desierto de Arabia. En la antigüedad esta unidad geográfica no constituyó una unidad política hasta el arribo de los persas, quienes la hicieron parte de la quinta satrapía. Los griegos extendieron el nombre de S. a toda la satrapía distinguiendo en ella dos partes: *Syria Mesopotamia* (= 'S. entre ríos'), es decir, el territorio comprendido entre el Tigris y el Éufrates, y *Celesyria* (= 'S. cóncava'), la costa oriental del Mediterráneo. Cuando las dos partes de la satrapía se separaron, el nombre de S. se reservó para la franja mediterránea.

Durante el reino de los seléucidas S. fue la principal provincia del reino. A fines del siglo II a.C. el imperio de los seléucidas se vio reducido a S. Pompeyo conquistó S. en 64 a.C. y la constituyó en una provincia imperial de Roma que se extendía hasta el Éufrates, desde los montes Tauro hasta la frontera con Egipto. En el año 70 d.C. Judea, en el extremo S de S., fue separada y hecha provincia bajo el mando de un legado imperial. En el NT S. es la provincia romana al N de Judea y sobre la costa.

El AT de la RV impropiamente traduce S. la voz *Aram*, aunque los dos términos no son intercambiables, puesto que S. no surgió como realidad política sino en el período persa. En el AT *Aram* es el nombre dado al territorio de los →arameos. Estos aparecieron a orillas del Éufrates *ca.* 2,000 a.C. y se extendieron por todo el Creciente Fértil ocupando el N de Mesopotamia, zona a la que llamaron *Aram-Naharim* (Aram de los ríos) y la costa del Mediterráneo. Por toda esta comarca establecieron numerosas ciudades-estado tales como Damasco, Gesur, Maaca, etc. El término S. usado en el AT designa los territorios de estos varios centros arameos, especialmente el de Damasco, que fue en tiempos de la monarquía israelita el más importante de todos ellos (→DAMASCO).   J. A. G.

SIRIÓN ('coraza'). Nombre dado por los sidonios al mte. →Hermón (Dt. 3:9; Sal. 29:6) quizá por la configuración de la montaña.   W. M. N.

SIROFENICIA. Gentilicio que se aplica a la mujer que con insistencia y humildad logró que

Una de las importantes ciudades de la antiguedad fue Palmira, hoy Tadmor, ubicada cerca de Damasco en territorio de Siria. En el grabado, ruinas del Templo del Sol y otros restos.   MPS

Jesús sanara a su hija poseída por un demonio (Mt. 15:22; Mr. 7:26). Mr. la llama "griega" para indicar su religión pagana y no su nacionalidad, la que queda expresada con el gentilicio s.

R. F. B.

SIRTE (gr. = 'banco de arena'). Nombre de dos golfos arenosos y de poca profundidad en la costa N de África: S. Menor (ahora golfo de Cabes al E de Tunisia) y S. Mayor (golfo de Sidra al O de Cirenicia). Ambos eran muy peligrosos para la navegación. Por tanto, los marineros del barco en que navegaba Pablo (Hch. 27:17) querían sortear a S. (seguramente el "Mayor") a toda costa, pues inclusive le llamaban popularmente "el cementerio de los barcos"; esta apreciación ha sido confirmada por los descubrimientos arqueológicos.   A. C. S.

SIS. Cuesta por la que según la profecía de Jahaziel, los moabitas y amonitas habrían de invadir a Israel en tiempos de Josafat, rey de Judá (2 Cr. 20:16-22). Seguramente la cuesta debe identificarse con el cauce del Wadi Hassasa que desciende hacia el mar Muerto, unos 10 km al norte de En-gadi.   J. M. A.

SISAC. Faraón que fundó la vigésimo segunda dinastía de → Egipto, y reinó del año 945 al 924 a.C. Su capital era → Pibiset. Es posible que haya sido suegro de Salomón (1 R. 3:1), pero hay razones para dudar de esta identificación. En todo caso, S. ofreció refugio a Jeroboam cuando éste se rebeló contra Salomón (1 R. 11:40). Años más tarde, después de la muerte de Salomón, S. invadió a Palestina y saqueó a Jerusalén (1 R. 14:25-26; 2 Cr. 12:2-9). Las razones que llevaron a S. a esta campaña no están claras. En esa época, Roboam gobernaba en Judá y Jeroboam en Israel. Luego, si sólo se tratase de una campaña contra Jerusalén, podría pensarse que S. continuaba su antigua alianza

con Jeroboam. Pero una inscripción que se conserva en Karnak nos dice que S. no invadió sólo a Judá, sino también a Israel. Parece entonces que S. había dejado de ser protector de Jeroboam para convertirse en su enemigo.

J. L. G.

SÍSARA. 1. General del ejército de Jabín, rey de Canaán. En una batalla con Israel fue derrotado por → Débora y Barac. Al huir de la batalla S. se escondió en la tienda de Jael, mujer de Heber, quien le mató con una estaca que le metió por las sienes mientras dormía (Jue. 4).

2. Antepasado de unos netineos que volvieron de la cautividad (Esd. 2:53; Neh. 7:55).

D. M. H.

SITIM ('acacia'). Abreviación de → Abel-sitim, último campamento de Israel antes de cruzar el Jordán. Era la pradera que estaba al pie del mte. Peor, a unos 11 km del Jordán. Es el mismo lugar donde los varones israelitas pecaron con las moabitas y las madianitas a instancia de Balaam (Nm. 25; Mi. 6:5), por lo que es el lugar donde murieron 24,000 de ellos. Fue símbolo de la infructuosidad que sólo Jehová puede sanar (Jl. 3:18).

En este llano hay dos colinas, ambas propuestas como la altura desde donde Moisés habló por última vez a Israel. La primera, redonda y más pequeña, queda a 2.5 km del extremo N del llano y hoy se llama Tel el-Kefrein. La segunda es una colina grande que señala el extremo NE de la pradera. Se cree que Moisés usó la altura más pequeña como plataforma porque ocupaba un lugar más accesible y céntrico.

En S. Josué fue escogido líder de Israel en lugar de Moisés (Dt. 31:7s). De S. Josué envió a los dos espías que reconocieron Jericó y regresaron (Jos. 2). Luego los invasores hebreos partieron de S. para cruzar el Jordán, primera marcha hecha sin Moisés y sin la columna de nube; en su lugar iba la ley escrita de Moisés, en el arca (Dt. 31:15s, 26).   W. G. M.

Sisac, rey egipcio, fundador de la vigésima segunda dinastía real de Egipcio (950-929 a.C.).

SIVÁN. Tercer mes en el calendario religioso hebreo, y noveno del año civil. Corresponde a mayo-junio. En s. se maduraban los primeros higos, y se celebraba la fiesta de → Pentecostés (Est. 8:9) (→ MES, AÑO).   G. D. T.

SOBA. Fértil valle ubicado entre el Líbano y el Antilíbano, y entre Hamot y Damasco al N y al S, que perteneció primero a los amorreos y después a los sirios. Con sus reyes peleó Saúl (1 S. 14:47) y David (2 S. 8:3-9).

Cuando David más tarde peleaba con los amonitas, S. ayudó al enemigo, lo que le costó caro porque en una batalla fue muerto su general Sobac y el país fue subyugado (2 S. 10:6-19).

No obstante Israel siguió sufriendo molestias de S. Durante el reino de Salomón un tal Rezón, que había huido de su amo Hadad-ezer, rey de S., levantó un reinecillo y peleó en contra de Salomón (1 R. 11:23-25).

Parece que la región de S. era rica en viñas y árboles frutales, y su conquista añadió mucho a la riqueza y poder de Israel.   J. E. G.

SOBERBIA. → ORGULLO.

SOBI. Jefe amonita, hijo de Nahas, amigo de David. Cuando David huía de Absalón, S. le llevó comestibles y auxilio a Mahanaim (2 S. 17:27-29; cp. 2 S. 10:1,2).   D. M. H.

SOBRIEDAD. → DOMINIO PROPIO.

SOCO. 1. Ciudad de Judá (Jos. 15:35), muy cercana a Azeca y al SO de Jerusalén. Fue allí donde se concentraron los ejércitos filisteos para luchar contra Israel teniendo al frente al famoso gigante → Goliat (1 S. 17).

S. se menciona como parte del territorio gobernado por uno de los doce gobernadores de Salomón (1 R. 4:10). Más tarde Roboam convirtió a S. en fortaleza (2 Cr. 11:5-7) pero los filisteos, en otra guerra contra Israel, durante el reinado de Acaz, la tomaron juntamente con otras ciudades de Judá (2 Cr. 28:18).

2. Otra población asignada a Judá (Jos. 15:48), situada en las montañas de Judá 16 km al SO de Hebrón, casi en la frontera del territorio de Simeón.   M. V. F.

SODOMA Y GOMORRA Las ciudades más importantes de la "llanura" que fueron destruidas por Jehová con "azufre y fuego" (Gn. 19:24). Las otras que la Biblia menciona eran Adma y Zeboim (Gn. 14:2).

La madera del sitim se empleó mucho en la construcción del tabernáculo y sus paramentos. Su fruto parece una vaina de algarrobo.

Se desconoce el significado de "Sodoma", pero es probable que "Gomorra" se relacione con una raíz árabe que significa "ser abundante (de agua), sobrepasar, sobrepujar." En el TM se lee *Sedom* y *'Amorah*. La forma "Sodoma", sin embargo, es más antigua que *sedom*, atestiguada por los LXX, la Vul. y el texto completo de Isaías, hallado en la cueva n.º 1 de Qumrán. Ocurre allí 4 veces, indicando siempre una o larga en la sílaba.

S. y G. eran habitadas por cananeos. Según Gn. 10:19 se ubicaban en el extremo SE de su territorio. Gn. 14 narra los escasos sucesos que tenemos de su historia política. Sus reyes, después de pagar tributos por 12 años a Quedorlaomer, rey de Elam, se rebelaron. Volvió Quedorlaomer con otros tres reyes en el decimocuarto año y los derrotó en el valle de Sidim. → Lot, que entonces vivía en Sodoma, fue llevado cautivo, y después rescatado por → Abraham.

La ubicación de S. y G. ha sido asunto muy discutido. Una teoría aboga por situarlas al N, y la otra al S del mar Muerto. La mayoría de los críticos modernos se deciden por el lado meridional. Mientras la pequeña Zoar se ubicaba entre la actual orilla del mar y las montañas de Moab, las otras ciudades seguramente estaban situadas en el área hoy sumergida en la parte S del → mar Muerto. Las últimas investigaciones submarinas efectuadas en dicha zona parecen haber hallado restos de ciudades. En esa región, que está al S de la península el-Lisan, se extendía indudablemente el fértil valle de Sidim, regado por las cinco corrientes que hoy fluyen del E y SE hacia ese lugar. Esa abundancia de agua bien nos recuerda de lo antes dicho sobre la etimología de Gomorra. Gn. 14:3 hace un paréntesis para mostrar que el antiguo valle de Sidim fue más tarde cubierto por el "mar Salado" (= Muerto). De hecho, la máxima profundidad en ese sitio es de *ca.* 6 m, mientras que al N del mar ya fue encontrada una profundidad superior a 160 m. En la época de los Romanos el S del mar Muerto era todavía menos profundo, siendo posible cruzar a pie de el-Lisan a la orilla opuesta. El texto de Ez. 16:46 confirma también el sitio meridional de S. y G. Sodoma estaba al S de Jerusalén, no pudiendo, por lo tanto, estar al N del mar Muerto. Es al S donde hay mayores probabilidades de hallar vestigios de un gran fuego, como p.e. en la zona S de Hebrón. La montaña *Gebel Usdum*, o sea "Montaña de Sodoma", que posiblemente preserva el nombre de la antigua ciudad destruida, se halla al S. Las columnas similares roídas por la erosión en sus estratos de roca de sal recuerdan el relato de la mujer de Lot (Gn. 19:26). A propósito de Gn. 14:10, investigaciones realizadas en el área alrededor de *Gebel Usdum* revelaron abundantes indicios de petróleo, inclusive gas y exudaciones de betún.

La Biblia registra en Gn. 19 el fin catastrófico de las ciudades del valle de Sidim. Tanto

ella como los escritores antiguos dan a entender que el fuego jugó un papel más importante que el azufre en la destrucción de las ciudades. Ya que la región del mar Muerto ha sido escena de frecuentes movimientos sísmicos, a través de la historia, se acostumbra explicar que la tremenda catástrofe se dio como resultado de fuertes terremotos acompañados de explosiones e incendios de gas, petroleo y asfalto o betún. Abraham, desde lejos, podía contemplar la gran columna de humo que subía al cielo. Aunque se trate de un concurso de fenómenos naturales, no obstante, de acuerdo con la Biblia, fue un juicio de Dios antes anunciado (19:13).

¿Es posible saber la fecha de la destrucción de S. y G.? Se cree que *Bab edh-Dhra*, unos 8 km. al SE de el-Lisan, desde la orilla del mar, había sido frecuentado desde *ca.* 2.300 a *ca.* 1.900 a.C. Esa interrupción puede, quizás, indicar la fecha aproximada. De todos modos, se dio en la época de Abraham que, según la opinión general, vivió en el primer tercio del segundo milenio a.C.

Gn. 18:20 revela la razón del castigo tan severo infligido por Dios a S. y G. Mientras Gn. 19 enfatiza la perversión sexual, particularmente la homosexualidad, Ez. 16:49 menciona la soberbia, la opulencia y la negligencia al afligido y al pobre. Los textos sobre S. y G. a través de la Biblia o describen su completa devastación o subrayan su maldad (p.e. Sof. 2:9 y Ez. 16:46). S. y G. sirven de constante advertencia: Dios es Juez y castiga cuando su justicia lo exige. Sin embargo, en su ira se acuerda de la misericordia, y libra a los suyos del mal (Gn. 19:16,19).   D. S. H.

SODOMITA. Estrictamente, la sodomía es la relación sexual entre varones por medio del ano. Este nombre se debe al relato de Gn. 19. Era práctica común entre los cananeos (Lv. 18: 22-26). En las religiones de estos pueblos, la sodomía, tanto como la fornicación, formaba parte del culto. El prostituto religioso masculino se llamaba *kadesh* (palabra heb. traducida s. en 1 R. 14:24; 15:12; 22:46; Job 36:14). En ocasiones, los israelitas se contaminaron con tales prácticas. La ley mosaica las condenaba severamente (Dt. 23:17; Lv. 20:13) y durante las épocas de reforma fueron eliminadas.

En el NT el término aparece sólo una vez en la RV (1 Ti. 1:10), pero esta aberración sexual se menciona varias veces con otros términos y se le condena con igual severidad (Ro. 1:27; 1 Co. 6:9; Jud. 7). Es probable que la palabra "perro" en Dt. 23:18 (cp. Ap. 22:15) se refiera al s. religioso.   J. J. T.

SOFONIAS ('escondido por Jehová'). Noveno de los profetas menores y bisnieto de un Ezequías (Sof. 1:1), tal vez el que fue rey de Judá (2 R. 18-20; 2 Cr. 29-32).

I. FONDO HISTÓRICO

Profetizó en Judá durante el tiempo del rey → Josías; (2 R. 22-23; 2 Cr. 34-35) *ca.* 630

a.C., habiendo ya caído el Reino del Norte (2 R. 18:11-12). Era contemporáneo de Jeremías quien también profetizó durante el reinado de Josías (Jer. 1:2; 3:6, etc.). Todo lo que se sabe de este Sofonías se halla en su profecía.

El fondo histórico se encuentra en 2 R. 21–23. La nación había sufrido un gran decaimiento espiritual después del reinado de Ezequías y del ministerio del profeta Isaías. El rey →Manasés volvió a levantar los altares de Baal (2 R. 21:3), derramó mucha sangre inocente (21:16) y Amón dio el mismo ejemplo y orientación al pueblo (21:21-22). Este período duró 52 años. Entonces comienza el reinado de Josías, cuando apenas tenía 8 años de edad. Dieciocho años más tarde se encuentra el libro de la ley y comienza la gran reforma. En el relato histórico no aparece el nombre del profeta S., pero en este período él presentó el mensaje de su libro. Se supone que el profeta vio al pueblo volver a su Dios, bendición no mencionada y que no siempre es privilegio del siervo de Dios.

II. Bosquejo del libro
Identificación del mensajero (1:1)
A. *El juicio está cerca (1:2-18)*
B. *Pueblos que sufrirán (2:1–3:8)*
  Filistea (2:4-7)
  Moab y Amón (2:8-11)
  Etiopía (2:12)
  Asiria y su capital Nínive (2:13-15)
  Jerusalén (3:1-8)
C. *Promesa de restauración (3:9-20)*

III. Mensaje del libro
El tema principal del libro es "el →día de Jehová" (1:7,14; 2:3, etc.), tema antes proclamado por Amós (Am. 5:18-20) y después desarrollado en los escritos apocalípticos, incluso en el NT, como "el día del Señor" (1 Ts. 5:2) y "el gran día del Dios Todopoderoso" (Ap. 16:14). El día de Jehová es día de ira, angustia, aprieto, alboroto, tiniebla, oscuridad, nubes, entenebrecimiento, trompeta, algazara (1:15-16), porque "pecaron contra Jehová" (1:17). El pecado de Judá mencionado es la idolatría (1:4), la adoración de los astros (1:5), el apartarse de Jehová (1:6), el robo (1:9), la indiferencia y el creer que Dios también es indiferente (1:12), la rebeldía y la opresión (3:1), la falta de fe (3:2).

Los dirigentes del pueblo, los príncipes, los jueces, los profetas y los sacerdotes (3:3-4) son señalados como los más culpables de la corrupción civil y religiosa. El pecado principal de las naciones paganas es deshonrar al pueblo de Dios (2:8-10). Todas estas naciones paganas fueron destruidas en un lapso de 25 años, incluso Asiria con su gran capital Nínive, que florecía y aterrizaba todo el mundo durante el ministerio de Sofonías.

Las bendiciones prometidas a Jerusalén (3: 9-20) han de cumplirse en el futuro, siendo que en la historia se ve su cumplimiento parcial solamente. La promesa dada es que con su Mesías, "Jehová Rey de Israel en medio de ti: nunca más verás el mal" (3:15).   P. R. P.

SOL. Astro creado por Dios para alumbrar la tierra y para marcar la marcha del tiempo (Gn. 1:16-18; Sal. 50:1). El s. nos habla de las cosas permanentes (Sal. 74:17) y de la constancia de Dios (Sal. 89:36). El s. causa el crecimiento de las plantas (Dt. 33:14; 2 S. 23:4; Job 8:16) pero su calor también las marchita (Jon. 4:8; Mt. 3:16; Stg. 1:11). Fatiga a los hombres (Sal. 121:6; Is. 49:10) y los puede destruir (Ap. 16:8).

El resplandor del s. es símil de la →gloria de Dios (Sal. 84:11). Su trayectoria es figura del dominio de Dios y de su omnipresencia (Sal. 19:4c-6; 113:3; Is. 18:4; Ez. 4:15). Los justos, los que aman a Dios serán como el s. (Jue. 5:31; Mt. 13:43). Pero la gloria de Dios (Is. 24:23) y de Cristo (Ap. 21:23) son mayores que la del s.

La potencia y la regularidad del s. se prestan en sentido negativo para expresar en la escatología los horrores del →día del Señor. El s. se convertirá en tinieblas (Jl. 2:31), detendrá su marcha (Hab. 3:11; cp. Jos. 10:12; Is. 38:8) y se pondrá negro (Ap. 6:12; Hch. 2:20) y al final ya no habrá necesidad de él porque la luz del Cordero lo sustituirá efectivamente (Ap. 22:5).

Entre los paganos la adoración del s. estaba muy difundida. Bet-semes ('casa del s.') es un topónimo que celebra esto. Los dioses Mitra, Aurora, Marduc, Baal, Ra, Osiris y Samas representaban al s. Hubo veces en que los israelitas se entregaron a este culto (Lv. 26:30; Job 31: 26-28; Jer. 8:2).

Manasés hizo oficial el culto al s. (2 R. 21:3; 23:5,11) y Ezequiel vio esto como una causa de la derrota de Judá (6:4,6; 8:16s.; Is. 17:8).
                                                        W. G. M.

SOMBRA. Producida por árboles, nubes, rocas, etc., (Jon. 4:6; Is. 25:4,5; 32:3), la s. era agradable refugio del sol ardiente de la Tierra Santa (Sal. 121:6). De ahí que se use como metáfora de abrigo, amparo o protección proporcionado por un hombre, una ciudad o un reino (Gn. 19:8; Jue. 9:15; Cnt. 2:3; Is. 30:2; Jer. 48:45). Esta figura se aplica especialmente a Dios al hablar de su protección soberana (Sal. 91:1; Lm. 4:20; Os. 14:7) en términos de la s. de su mano (Is. 49:2; 51:16) y de sus alas (Sal. 36:7; 57:1; 63:7).

Por cuanto una s. está continuamente cambiando y no tiene permanencia en sí, es símbolo también de la transitoriedad de la vida humana (1 Cr. 29:15; Job 8:9; Sal. 102:11; Ec. 6:12) en contraste con la inmutabilidad de Dios (Stg. 1:17).

Las ceremonias del AT se llaman s. de las cosas cumplidas en el NT (Col. 2:17; Heb. 8:5; 10:1).   J. M. R.

SOMORMUJO (heb. *shalac* = 'zambullidora'). Ave inmunda (Lv. 11:17; Dt. 14:17). La identificación del *shalac* con "somormujo" (nombre de raíz latina) se basa en que las raíces de ambas palabras quieren decir "zambullir". Otros lo identifican con el mergo o con alguna especie de pelícano.   F. U.

SÓPATER. Creyente de → Berea, hijo de Pirro (según los mejores mss), y miembro del grupo que acompañó a Pablo en el regreso de su tercer viaje misional (Hch. 20:4s.). Muchos comentaristas lo identifican con Sosípater (otra forma del mismo nombre), judío pariente del apóstol, en Ro. 16:21. Estos compañeros fueron delegados de las iglesias que habían contribuido al fondo de socorro para la iglesia "madre" y acompañaron a Pablo hasta Jerusalén.   L. S. O.

SOREC. Valle ancho que se halla entre Jerusalén y el Mediterráneo. En él vivía Dalila, la que sedujo a Sansón (Jueces 16:4). Por este valle pasaba el camino real entre el territorio de los filisteos y Judá. Bien puede haber sido el camino que siguieron las vacas de los filisteos que llevaron el arca de Dios de Ecrón a Bet-semes (1 S. 6).   D. M. H.

SORTILEGIO. → HECHICERÍA.

SOSÍPATER. → SÓPATER.

SÓSTENES. Principal dirigente de la sinagoga de Corinto (Hch. 18:17), probablemente sucesor de → Crispo después de la conversión de éste (Hch. 18:8). Ante el procónsul Galión, perdió el pleito que se había levantado en contra de los cristianos, y fue golpeado por el populacho (18:17). Algún tiempo después parece haberse convertido al evangelio, porque Pablo, al dirigirse a los corintios (1 Co. 1:1), menciona a un S. como "hermano" que está con él en Éfeso (1 Co. 16:8). Bien puede ser el mismo S. de Corinto.   P. W.

SUA. 1. Hijo de Abraham y Cetura (Gn. 25:2; 1 Cr. 1:32), posible fundador de la tribu de los suhitas (Job. 2:11; 8 I).

2. Cananeo, padre de la esposa de Judá que fue madre de Onán, Er y Sela (Gn. 38:1-12; 1 Cr. 2:3).

3. Nombre de otros personajes mencionados en 1 Cr. 4:11; 7:32,36.   W. M. N.

SUAL. 1. Distrito en la tierra de Benjamín ubicada aparentemente entre Micmas y Ofra, hacia donde marchaban merodeadores filisteos en su guerra con los israelitas (1 S. 13:17).

2. División del clan de Zofa de la tribu de Aser (1 Cr. 7:36).   W. M. N.

SUCOT ('cabañas de ramas').

1. Lugar en el valle del Jordán, unos 3 km al N del río Jaboc, donde Jacob construyó casa para sí

y cabañas para su ganado al separarse de Esaú (Gn. 33:17). Josué lo asignó a la tribu de Gad (Jos. 13:27). Cuando Gedeón persiguió a los madianitas, los de S. rehusaron ayudarle con alimentos. Por eso, al regresar, Gedeón castigó a los setenta y siete ancianos de la ciudad con espinos y abrojos del desierto (Jue. 8:4-16). El bronce para el gran templo de Salomón fue fundido en este lugar (1 R. 7:46; 2 Cr. 4:17).

2. Primera escala de los israelitas después de su salida de Egipto (Éx. 12:37; 13:20; Nm. 33:5,6), ubicado unos 50 km al SE de → Ramesés (lugar donde se inició la peregrinación), probablemente donde actualmente se halla Tell-el-Maskuta. El arqueólogo suizo Naville hizo excavaciones allí e identificó el lugar con el → Pitón de Éx. 1:11   D. M. H.

SUDARIO (latín = 'pañuelo para enjugar el sudor del rostro'). Lienzo con el que se envolvía el rostro de una persona muerta. El cuerpo del difunto era cubierto con sábanas o vendas y rociado con especias (→ EMBALSAMAMIENTO). No así la cabeza, que apenas era envuelta en un s. seco (Jn. 11:44). Esto mismo se hizo con Jesús después de que fue bajado de la cruz; sin embargo, cuando Pedro y Juan vinieron al sepulcro vieron el s. enrollado (¿por Jesús mismo?) y puesto en un lugar aparte (Jn. 20:5-8), evidencia de que la tumba no había sido profanada.

"S." se usa en su sentido etimológico en la parábola de los talentos (Lc. 19:20); el siervo perezoso envuelve en él su talento y lo entierra. Los "paños" de Hch. 19:12 eran s. que Pablo ataba alrededor de su frente mientras trabajaba.   M. V. F.

SUDOR. Indicio de una vida de trabajo (Gn. 3:19; cp. Ez. 44:18). El s. "como de sangre" que Cristo vertió en el huerto del → Getsemaní es un fenómeno que suele ocurrir bajo una extremada tensión nerviosa y es una prueba evidente de su terrible sufrimiento (Lc. 22:44).   A. R. T.

SUEÑO. La primera mención del s. en la Biblia es el de Adán (Gn. 2:21). La legislación mosaica, al reconocer que el s. es necesario para reponer las fuerzas, establecía que no se podía privar de su ropa al pobre para que se cobijara durante el mismo (Éx. 22:27; Dt. 24:10-13).

Dormir, en sentido fisiológico, equivale al s. (1 R. 18:5; 19:6; Lc. 22:46), pero en sentido figurado puede significar (1) relaciones sexuales (Gn. 19:32ss.; 30:15-16); (2) la muerte (Dt. 31:16; 1 R. 11:43; Jn. 11:11; 1 Ts. 4:13); y (3) la pereza espiritual Mr. 13:35s.; (Ro. 13:11, Ef. 5:14; 1 Ts. 5:6).   L. A. S.

SUEÑOS. Fantasías experimentadas mientras uno está dormido. A este inexplicable fenómeno se atribuían la comunicación con el mundo de los espíritus y la revelación de cosas ocultas. Los s. han llamado poderosamente la atención de todos los pueblos desde la antigüedad.

Los hebreos los consideraban como medio de manifestación de la voluntad divina con respecto a los hombres y como predicción de hechos futuros, siendo así una vía de comunicación entre Dios y su pueblo. No obstante, dentro del plan de la revelación divina, los s. no se emplean en la Biblia para manifestar verdades de la fe o teológicas fundamentales, sino que más bien tienen el carácter de advertencias personales o de anuncios de sucesos de significación política o económica, pero sin trascendencia estrictamente religiosa.

Algunos s. importantes en la Biblia son los de: (1) Jacob, p. e., el de la escalera que unía al cielo con la tierra (Gn. 28:12) y el de los carneros listados y manchados (Gn. 31:10); el de Labán cuando perseguía a Jacob (Gn. 31:24); (3) los de José en que las gavillas y los astros se inclinaban ante él (Gn. 37:5-9); (4) los del copero y del panadero del Faraón de Egipto (Gn. 40:5-20); (5) los de Faraón acerca de las vacas gordas y flacas, y las espigas llenas y vacías (Gn. 41:1-7); (6) el del amigo de Gedeón en que se predijo la victoria de éste (Jue. 7:13); (7) los de Nabucodonosor de la gran estatua (Dn. 2:31-35) y del árbol frondoso (Dn. 4:10-18).

En el NT se nota el mismo fenómeno. V.g. los sueños de José (Mt. 1:20; 2:13, 19s.). Es de notar, sin embargo, que la → adivinación, la → hechicería y la → magia estaban proscritas del pueblo judío (Lv. 19:31; Dt. 18:9-12; Hch. 13:6-12; 16:16-19).   L. A. S.

Bibliografía:
Tournier, Paul, *Biblia y Medicina*, Pamplona: Editorial Gómez, 1960.

SUERTES. Sorteo al que se fía la solución de un reparto, usada a menudo por gentes de antaño. Se esperaba que cuando apelaban a Dios, él los guiase de esa manera en casos dudosos, para saber el partido que habían de tomar (Jue. 20:9; 1 S. 10:20,21; 1 Cr. 26:14; Sal. 22:18; Pr. 16:33; 18:19). A menudo se echaban s. por mandato divino. Los terrenos de las doce tribus fueron asignados por s. y por esto la parte correspondiente a cada una de ellas se llamaba "la s. de su heredad" (Nm. 26:55,56; Sal. 125:3; Hch. 8:21).

El chivo emisario (→AZAZEL) tenía que ser escogido por s., y del mismo modo se determinaba el orden de servicio de los sacerdotes (Lv. 16:8; 1 Cr. 24:5; 25:8). Por s. fueron descubiertos los pecados de Acán, Jonatán, y Jonás (Jos. 7:14; 1 S. 14:41,42; Jon. 1:7). Por s. fueron repartidas las vestiduras de Cristo (Mt. 27:35); por el mismo medio Matías fue designado apóstol en lugar de Judas (Hch. 1:26).

El modo más común de echar s. era emplear piedrecitas, una de las cuales iba marcada (Pr. 16:33; Jn. 19:24). Como el uso de s. por uno

que cree en la providencia particular de Dios envuelve una solemne apelación al Dispensador de todos los acontecimientos, nunca debían emplearse en ocasiones triviales (→PURIM). Es notable que después de Pentecostés no hallamos el uso de s. para resolver problemas en la Iglesia por cuanto el Espíritu Santo ahora provee la dirección que la Iglesia o el cristiano necesita por medios directos y personales (Ro. 8:14).
                                                    T. D. H.

SULAMITA (Cnt. 6:13). Hay varias teorías respecto al significado de este nombre y de quién era la que lo llevó, figura principal en Cantares. Podría significar "la princesa", porque puede ser forma femenina de "Salomón". O también podría ser que se haya cambiado la "l" por "n" y realmente debiera ser la → "sunamita" ('oriunda de Sunem'), como reza la LXX.

Sabemos que Abisag, la hermosa señorita que cuidaba a David en su vejez, era de Sunem (1 R. 1:1-4,15; 2:17-22). Posiblemente era la misma.

Gran parte del libro canta de ella y, si de alguna manera se refiere a Cristo y la iglesia, la S. puede dar importantes lecciones a los creyentes.   W. G. M.

SUMERIOS. →CALDEA, BABILONIA.

SUMO SACERDOTE, SUMO SACERDOCIO (heb. *kohen nagadol;* gr. *arjiereus*). Cargo hereditario que quedó en manos de los descendientes de → Aarón quien fue el primer s. s. designado por Dios como jefe espiritual de su pueblo y consagrado por Moisés (Lv. 8). El s. s. tenía la misión de velar por la recta administración del culto. El acto cumbre de su oficio era la celebración anual del gran → día de la expiación en que ofrecía primero un holocausto por sí mismo, y luego una ofrenda expiatoria por el pueblo (Lv. 16). Con la sangre expiatoria el s. s. entraba al lugar santísimo (→TABERNÁCULO), asiento de la presencia de Jehová en medio de su pueblo, y rociaba la sangre sobre el →propiciatorio. Era la única persona que tenía ese privilegio, y esto sólo una vez al año y con la sangre de la expiación. Otra función del s. s. era la de juez, en la que contaba con la ayuda del →Urim y Tummim, aparato de uso exclusivo del s. s. que le daba cualidades especiales para decidir cuestiones difíciles (Nm. 27:20,21).

Además de las →vestiduras ordinarias del →sacerdote, el s. s. contaba con algunas de tal gloria y hermosura que lo distinguían en sus funciones oficiales: (1) el →efod (Éx. 28:5-12), prenda que se ponía sobre (2) el → manto del efod (Éx. 28:31-35), (3) el →pectoral (Éx. 28:15-29) y (4) la →mitra o turbante con una placa de oro fino con la inscripción: "Santidad a Jehová" (28:36-38; cp. 29:6).

El Señor dio instrucciones detalladas acerca de la ceremonia de investidura (Éx. 29), las que se ejecutaron solemnemente en la consagración de Aarón (Lv. 8). Las primeras ceremonias oficiadas por Aarón como s. s. tuvo que realizarlas con el profundo dolor causado por la muerte de sus hijos → Nadab y Abiú por no haberse ajustado a las instrucciones divinas. No pudo expresar su dolor ni usar luto porque le fue prohibido expresamente (Lv. 9, 10, 16).

Como el s. s. era hereditario, el sucesor de Aarón fue Eleazar. También lo ejerció Itamar, lo que dio origen a dos líneas de s. s. (1 Cr. 24:2,3). Durante la conquista Eleazar ejerció sus funciones en Silo que fue la capital religiosa de Israel hasta los días de Elí cuando el → arca de Jehová fue capturada por los filisteos (Jos. 14:1; 19:51; I S. 4:11). En la época de los jueces sólo se menciona una vez al s. s. Finees cuando tiene que decidir sobre un asunto grave ocurrido con los benjamitas (Jue. 20:28). El s. s. Elí era de la línea de Itamar. Su sucesor fue su nieto Ahitob, hermano de Icabod, por cuanto los hijos de Elí murieron el mismo día que Elí. Durante el reinado de Saúl "llevaba el efod" Ahías (1 S. 14:3), indicio de que era el s. s. En otros pasajes se le llama "Ahimelec" (22:11,20).

Los s. s. tuvieron una influencia vital en la religión del pueblo. Si el s. s. era fiel y estaba consciente de su papel delante de Dios y del pueblo, había un avivamiento en el rey y en el pueblo. De lo contrario, si el s. s. descuidaba su deber, el rey y el pueblo decaían.

Cuando el arca fue devuelta por los filisteos, David la trasladó a Jerusalén y los s. s. que vivían en Silo se fueron también a Jerusalén. Allí nuevamente se tiene noticias de la reiniciación de las actividades de las dos líneas de s. s. (2 S. 8:17; cp. 1 Cr. 24:3). Debido a la deslealtad de Abiatar en la rebelión de Adonías, Salomón lo destituyó del cargo (1 R. 2:26,27).

La tabla siguiente muestra la sucesión de s. s. en ambas líneas. Esta no puede ser completa porque, como era costumbre entre los israelitas, hay saltos de una o más generaciones (1 Cr. 6:3-15; → CRONOLOGÍA DEL AT).

SUCESIÓN DEL SUMO SACERDOCIO

AARÓN

Época aproximada

Eleazar	Peregrinación, Conquista	Itamar
Finees	Conquista, Jueces	
Abisúa, Buqui, Uzi	Jueces	
Zeraías, Meraiot		
Amarías		Elí
		Finees
	Saúl	Ahitob
Ahitob	David	Ahías o Ahimelec
Sadoc	Salomón	Abiatar
Ahimaas		Ahimelec
Azarías	Joás (s. s. Joiada y Zacarías	
Johanán	de linaje no mencionado)	
Azarías	Uzías, Ezequías	
Amarías		
Ahitob		
Sadoc		
Salum		
Hilcías	Josías	
Azarías		
Seraías		
Josadac	Exilio	
Josué o Jesúa	Regreso del exilio	
Joiacim		
Eliasib		
Joiada		
Jadúa	Último s. s. mencionado	
	en el AT	

Joiada fue s. s. durante la infancia de Joás. No aparece en las genealogías de la línea de Eleazar, como tampoco su hijo Zacarías que murió lapidado por orden del mismo Joás, que tantos beneficios recibiera de →Joiada (2 R. 12:2,7).

Dibujo del sumo sacerdote con sus vestimentas sagradas, confeccionadas de acuerdo a las instrucciones precisas que Dios dio a Moisés.   MP

El cautiverio no cortó la línea de los s. s. y, al regreso, varios de ellos tuvieron una actuación destacada, entre ellos Josué hijo de Josadac (Hag. 1:1,12,14; 2:2,4; Zac. 3) y Eliasib. →Esdras, aunque era hijo (o nieto?) del s. s. Seraías, no fue s. s., pero tuvo una autoridad muy especial como escriba y reorganizador de la religión del Israel postexílico. Poco se sabe de los aaronitas después de Jadúa (Neh. 12:11,22), último s. s. mencionado en el AT. Pertenecieron al Sanedrín (→CONCILIO) y muchas veces lo presidieron.

En el período intertestamentario surgió el linaje de los s. s. →asmoneos implantado por los →macabeos. Estos fueron reyes y s. s. a la vez, factor que revistió el oficio de s. s. más adelante en el NT con bastante autoridad política.

Son:

Jonatán (152-142 a.C.)
Simón (143-134, hermano de Jonatán)
Juan Hircano (134-104, hijo de Simón)
Aristóbulo I (104-103, hijo de J. Hircano)
Alejandro Janeo (103-76, hijo de J. Hircano)
Hircano II (76-67 y 63-40, nieto de A. Janeo)
Aristóbulo II (67-63, hermano de Hircano II)
Antígono (40-37)
Aristóbulo III (36-35)

En el NT se mencionan tres s. s., todos ellos contrarios a Cristo y al cristianismo. →Caifás fue nombrado s. s. el 18 d.C. por Valerio Grato y fue depuesto el año 36 por Vitelio. Caifás participó en las intrigas contra Jesús y fue uno de los primeros en proponer abiertamente su ejecución (Jn. 11:49). La afirmación que era s. s. "aquel año" sugiere que alternaban con → Anás (y posiblemente con otros) la presidencia del sanedrín y las demás funciones del s. s.

Anás comenzó su pontificado el año 26 d.C. poco antes del comienzo del ministerio de Juan el bautista. Su nombramiento lo debió al favor de Publio Sulpicio Quirino. Anás era suegro de Caifás. Cristo fue juzgado en su casa, aunque el sanedrín lo presidía Caifás. En la persecución de los discípulos ambos actúan juntos, pero el presidente es Anás (Hch. 4:6).

El tercer s. s. mencionado en el NT es Ananías, designado por Agripa II el año 48. Es el encargado de juzgar a Pablo (Hch. 23:2-5; 24:1). En su defensa Pablo pone por testigo al s. s. Esto parece indicar que acababa de asumir el cargo y Pablo no lo sabía (Hch. 22:5; cp. 9:1; 23:5). Es muy posible que estos s. s. no fueran de la línea de Aarón. Si esto es así, tendríamos que el linaje de los s. s. aaronitas había llegado a su fin, lo que demostraría la fragilidad de su institución.

Cristo es el s. s. definitivo, del cual Aarón y su linaje eran un tipo, y se caracteriza por ser un s. s. misericordioso hacia su pueblo, fiel hacia Dios y hacia los suyos al punto de expiar en su propio cuerpo los pecados (Heb. 2:17; 3:2). Es de mayor gloria que Moisés (3:3) que fue el que consagró al primer s. s., compasivo (4:15) hacia las debilidades humanas por cuanto él fue tentado también (2:18;4:15). En consecuencia, mantiene una invitación permanente a que el débil acuda a El en demanda de socorro (4:16; cp. 2:18).

El contraste entre Cristo y los sacerdotes humanos es notable. Coinciden en que ambos han sido constituidos por Dios en favor de los hombres, han de ofrecer sacrificios por los pecados, y han de tener paciencia con los débiles. Pero difieren en varios aspectos importantes.

1. Las ofrendas y sacrificios de los s. s. aaronitas eran muchos y continuos, mientras Cristo ofreció un solo sacrificio de una vez para siempre (Heb. 5:1; cp. 7:27).

2. La paciencia del s. s. estaba basada en su debilidad, mientras la de Cristo proviene de la

misericordia como una virtud propia (Heb. 5:2; cp. 4:15; 7:28).

3. El s. s. debía ofrecer sacrificios por sí mismo antes de ofrecer el de los pecadores, mientras Cristo no necesita sacrificio por sí (5:3; 7:27).

4. El s. s. aaronita ofrecía animales y entraba al santuario con sangre ajena, mientras Cristo se ofreció a sí mismo y derramó su propia sangre (Heb. 9:12; cp. 9:13,14).

5. El s. s. entraba a un santuario hecho con manos una vez al año (Heb. 9:7), mientras Cristo entró al santuario celestial y una vez para siempre (Heb. 9:11,24; cp. 9:8).

6. El s. s. debía salir del lugar santísimo, pero Cristo entró más allá del velo y ha permanecido en él (6:19,20; cp. 10:12) dejando abierto el camino para que los suyos entren a la presencia de Dios (Heb. 10:19,20; cp. 9:7,8, y Mt. 27:51).

7. Los aaronitas fueron muchos, por cuanto por la muerte no podían perdurar, pero Cristo es uno solo eternamente (7:23) y su sacerdocio es inmutable.

8. Su sacerdocio no es según el orden de Aarón, sino según el orden de Melquisedec

(Heb. 9:20; esta alusión implica que también Melquisedec era s. s.).

9. La intercesión del s. s. era temporal, pero la de Cristo es eterna (7:25).

10. El s. s. era un ministerio imperfecto, porque correspondía a un pacto que caducó, mientras el de Cristo es un ministerio perfecto por cuanto permanece para siempre (Heb. 8:6-13).

En suma, Cristo no sólo fue s. s. sino también ofrenda; no sólo murió por su pueblo escogido, sino resucitó y vive eternamente para interceder por él. Al s. s. unió otros oficios como el de rey y profeta, con lo que se identifica con →Melquisedec, único s. s. que al parecer reunía los tres oficios. Por su obra Cristo nos ha hecho reyes y sacerdotes que debemos ofrecer sacrificios espirituales y reinar con él (Ap. 1:5s.; cp. 1 P. 2:9). La culminación del s. s. de Cristo ocurrirá cuando aparezca la segunda vez sin relación con el pecado para introducir a los suyos al santuario celestial (Heb. 9:28; cp. 6:19,20).

P. V. R.

SUNAMITA. →Sunem.

SUNEM. Pueblo cerca de Jezreel en el territorio de Isacar (Jos. 19:18). Los filisteos acamparon allí antes de pelear con Saúl en la batalla de

Una vez al año el sumo sacerdote penetraba en el lugar santísimo durante la celebración de la gran fiesta del Día de la Expiación. Hoy día el sitio preciso de los lugares santos se halla ocupado por la mezquita de Omar (vista aquí) en el vasto recinto de lo que otrora fuera el Templo de los judíos.   IGTO

Gilboa (1 S. 28:4). Abisag, la joven que cuidaba a David en su vejez, era de S. (1 R. 1:3,15; 2:17). Eliseo visitaba la casa de una mujer de S. cuyo esposo construyó un aposento para él (2 R. 4:8ss).

Hoy S. se identifica con Solem, aldea ubicada 9 km al S de Tabor y 8 al N de Gilboa. Era lugar ideal para los acontecimientos relatados en 1 S. 28 (→ SULAMITA).   J. E. G.

SUQUIENOS. Aliados de Sisac en la invasión de Palestina (2 Cr. 12:3). De ellos sólo se sabe lo que dice este texto. Se ha insinuado la posibilidad de que se trate de una clase especial de soldados libios y no de una nación.   J. L. G.

SUSA. Capital de Elam y ciudad real de los persas. Data desde el cuarto milenio a.C. Era ya grande al final del cuarto milenio a.C. (el cementerio tenía 2000 sepulturas). Sus habitantes usaban utensilios de bronce y cerámica hecha con rueda. *Ca.* 2000 a.C. el estado de Elam, son su capital en S., se levantó poderosamente. Los elamitas, seguramente después de una de sus victorias sobre los babilonios, *ca.* 1.200 se llevaron la famosa estela de Hamurabi a S., donde los arqueólogos la encontraron en 1901 d.C. En 640 a.C. los asirios, bajo el rey Asurbanipal, conquistaron la ciudad y deportaron los hombres de S. a Samaria (Esd. 4:9,10). En tiempos del imperio babilónico (612-539), S. era controlada por los babilonios. En el tercer año de Belsasar, rey de este imperio, Daniel estuvo en S. en negocios del rey, y tuvo la visión del carnero y del macho cabrío (Dn. 8:1,2,27). A consecuencia de la conquista de Babilonia por Ciro II, S. llegó a formar parte del imperio persa y fue hecha una de las ciudades reales (Neh. 1:1). Darío I, rey persa, fundó en S. el gran palacio a que se hace referencia en Est. 1:2,5; 2:3. Nehemías estaba en S. cuando recibió de Jerusalén las noticias que lo indujeron a solicitar permiso a Artajerjes I para reedificar los muros de la ciudad santa (Neh. 1:1–2:8). En 331 a.C. Alejandro Magno tomó la ciudad. *Ca.* 638 d.C. fue conquistada por los musulmanes. Desde entonces comenzó la decadencia de la ciudad, y hoy día quedan de ella nada mas que ruinas.

S. ha sido identificada con las ruinas de Sus o Shus, al lado del río Karún, Irán. La mucha explotación arqueológica en S. ha revelado los rasgos generales de su historia.   R. S. R.

SUR. → SHUR.

T

TAANAC. Ciudad cananea y después israelita y levítica. Se hallaba al lado sur del valle de Jezreel 8 km al SE de Meguido. Ocupaba un punto estratégico porque yacía en un paso de la cordillera Carmelo que une la llanura de Sarón con el valle de Jezreel y el de Acre.

T. fue conquistada por Josué (12:21), asignada a Manasés (17:11) y declarada ciudad levítica (21:25). Pero Manasés no pudo tomar posesión de ella (Jue. 1:27). Cerca de T. se libró la batalla de Barac y Débora con Sísara (Jue. 5:19). Fue ciudad importante durante el reinado de Salomón (1 R. 4:12). W. M. N.

TABERA ('incendio'). Sitio no determinado en el desierto de Parán. Uno de los lugares donde los israelitas provocaron a ira a Jehová con sus quejas (Dt. 9:22). Vino fuego milagroso que consumió parte del campamento hasta que Moisés intercedió a favor del pueblo (Nm. 11:1-3). D. J.-M.

TABERNÁCULO (heb. *ojel* = 'tienda', y *miscan* = 'morada'). Tienda de campaña, santuario portátil que cobijaba el arca del pacto y era símbolo de la presencia de Dios en medio de su pueblo. Sirvió a Israel desde su construcción en el Sinaí (Éx. 19:1), hasta la construcción del templo de Salomón.

Se le conoce por los siguientes nombres: "T." (heb. = 'morada'), Éx. 40:34,35; "T. del testimonio", tal vez como referencia al arca que guardaba las tablas de la ley en su seno; "T. de reunión" (Éx. 40:34-35), para indicar que era el punto en torno al cual debía congregarse Israel; "Casa de Jehová" (Éx. 34:26); "T. [heb. = 'tienda'] de Jehová" (1 R. 2:28).

Simbolizaba esencialmente la presencia de Jehová en medio del pueblo, aun por vía negativa. Cuando Israel adoró el becerro de oro y despertó así la justa ira de Jehová, Moisés sacó el t. de reunión fuera del campamento (Éx. 33:7), simbolizando así el alejamiento de Dios. Cuando se reanudó la marcha del pueblo nuevamente consagrado a Jehová, el t. se instaló en medio, con seis tribus delante y seis tribus detrás (Nm. 2:17).

El t. es, pues, el símbolo de la morada de Dios en medio de su pueblo (Éx. 25:8), símbolo al que se hace referencia en la encarnación del Verbo que "habitó [gr. = 'puso tabernáculo'] entre nosotros" (Jn. 1:14).

El libro de Éxodo, especialmente en los capítulos 25-31, describe con lujo de detalles los materiales empleados y las dimensiones básicas. El tiempo y los azares de la guerra destrozaron el t. original. Hubo necesidad de un segundo t. en tiempos de David (2 S. 6:17). En el pacto de Dios con David, Dios le recuerda que ha andado en tienda y en t. (2 S. 7:6; 1 Cr. 17:5).

El t. se construyó principalmente con materiales que se encontraban en el desierto, complementados con el producto del despojo de los egipcios al efectuarse el éxodo.

El t. estaba cubierto por tres cortinas (Éx. 26): (1) La primera se componía de 11 piezas tejidas de pelos de cabras. cada una de las cuales medía 13.50 m de largo por 1.80 m de ancho. Con ella se formaban dos grandes paños de 5 y 6 cortinas, respectivamente, que habían sido unidas por lazadas y corchetes. (2) La segunda estaba formada con pieles de carnero teñidas de rojo. (3) La tercera estaba hecha de pieles de tejones (*halicore dulong*), mamífero marino que abunda en el mar Rojo. Estas dos últimas cubiertas medían 18 m por 13.50 m cada una. La primera cortina, pues, era 1.80 más extensa que las dos últimas.

El recinto del t. tenía 13.50 m de N a S. Las paredes de 48 tablas estaban recubiertas por láminas de oro y estaban sostenidas por 40 basas de plata en los costados y 16 en los otros dos lados. Exteriormente estaba cubierta por 10 cortinas de lino torcido, azul, púrpura y carmesí y con adornos de querubines bordados. Estaban unidas entre sí en dos paños de 5 cortinas cada uno.

El recinto estaba dividido en dos partes (Éx. 26:31-33), separadas entre sí por un velo de cuatro colores artísticamente tejidos y adornados con querubines. El velo, por medio de anillos de oro, estaba colgado de cuatro columnas de acacia cubiertas de oro. A un lado del velo estaba el lugar santo. En él estaban el altar del incienso en el cual se ofrecía el incienso cada mañana y tarde (Éx. 30:6-10; 40:26,27; 30: 7,8), la →mesa de los panes de la proposición, y el →candelero de oro. Al lugar santo sólo podían entrar los sacerdotes (Heb. 9:6).

Detrás del velo estaba el lugar santísimo donde sólo el sumo sacerdote podía entrar, y eso sólo una vez al año (Heb. 9:7). Allí estaba el →arca cubierta con el propiciatorio sobre la que había dos →querubines de oro en actitud de adoración.

En este patio estaba el →altar del holocausto, delante de la entrada del tabernáculo (Éx. 40:6). Entre el altar y el tabernáculo estaba la →fuente de las abluciones. El sacerdote ofrecía el sacrificio sobre el altar, se purificaba en la fuente y luego podía entrar en el lugar santo (Éx. 40:7).

Se estableció un orden para que las tribus acamparan en torno al t. Tres tribus acampaban a cada lado. La tribu del centro de cada trío servía para denominar su lado: Judá al E, Efraín al O, Rubén al S y Dan al N. Este orden sugiere una disminución de santidad desde el centro hacia el exterior. En el centro espiritual del t., el lugar santísimo, sobre el arca estaba la silla de la misericordia (propiciatorio); después,

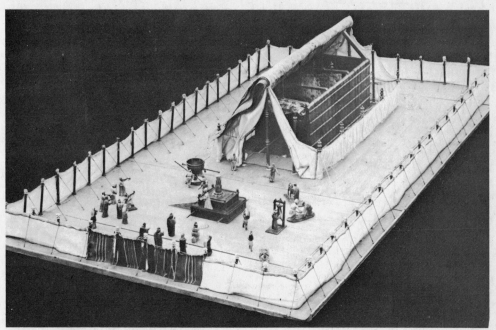

Reconstrucción del Tabernáculo realizado por el rey. L. Schauten que se encuentra en el Museo de la Biblia de Amsterdam.   MPS

El tabernáculo estaba diseñado para desarmarlo y transportarlo cuando las circunstancias lo requirieran. Esto era indispensable en la marcha por el desierto y aun en Canaán.

El t. lo armaban en un patio o →atrio cuadrangular de unos 45 m por 22.50 y se orientaba de E a O (Éx. 27:18). El atrio no tenía techo, estaba limitado por 60 columnas de metal con capiteles de plata fundados sobre basas de cobre (Éx. 38:10,17,20). Estas columnas servían para colgar las cortinas que cercaban el atrio y que eran de lino blanco torcido (Éx. 27:9; 38:9,16) salvo la parte oriental que era de lino torcido de colores azul, púrpura, carmín y blanco (Éx. 27:16; 38:18).

fuera del velo, el lugar santo; después, el patio. Luego, fuera del patio estaban primero los sacerdotes y los levitas, y finalmente el campamento principal.

El mismo simbolismo se ve en el uso de los metales. En el lugar santísimo se usó oro fino para simbolizar la santidad. De allí hacia el exterior, a medida que se aleja del centro de la presencia de Jehová, se disminuye la santidad, lo que está simbolizada por el uso de metales de calidad decreciente: oro fino, oro ordinario, plata y finalmente bronce. También hay cierto simbolismo numérico como: el 3, divinidad; el 4, humanidad, el 7 y el 10, perfección, calidad de completo. Esta perfección y santidad gradual explica por qué el pueblo pudo llegar solamente hasta el patio, los sacerdotes hasta el lugar santo y sólo el sumo sacerdote al lugar santísimo.

La columna de fuego en la noche o de →nube en el día, era lo que dirigía los movimientos del t. Si el t. debía permanecer estacionado, la nube se ubicaba sobre él. Si había que marchar, la nube se elevaba y marcaba el rumbo a seguir hasta cuando su detención señalaba la llegada a una nueva estación. Al tener que levantar el campamento, los sacerdotes desarmaban el t. y lo cubrían cuidadosamente, y los levitas lo transportaban según un orden establecido (Nm. 3:25-37).

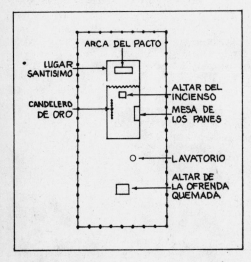

La epístola a los Hebreos da una interpretación inspirada del t. y su simbolismo (Heb. 8–10). Juan alude al simbolismo de la presencia de Dios en medio de su pueblo cuando dice literalmente que el Verbo "puso tabernáculo entre nosotros" (Jn. 1:14).

En la visión final de Apoc. 21:3, aparece nuevamente la idea de Dios morando definitivamente con los hombres. La suprema realidad de su presencia supera la necesidad de descripción de su morada (Ap. 21:22).   E. E. C. y J. M. Br.

TABERNÁCULOS, FIESTA DE LOS. Una de las tres grandes fiestas que se celebraban anualmente en Jerusalén. A ella debían concurrir todos los israelitas varones (Éx. 23:14,17; Dt. 16:13-16). Se le llamaba así porque las familias debían habitar durante siete días en t. o cabañas de ramas y hojas de árboles. Se construían en los techos de las casas, en los patios, en el atrio del templo y aun en las calles. De ese modo recordaban que habían habitado en t. durante los años de peregrinación en el desierto (Lv. 23:43). Todos debían regocijarse delante de Jehová por la protección sobre su pueblo y por la cosecha de los frutos de la tierra.

La f. de los t. se celebraba desde el día 15 al 22 del séptimo →mes, fin del año agrícola,

cuando se recogían las cosechas de los cereales: el trigo y la cebada. El primer día y el octavo fueron declarados días de reposo: nadie debía trabajar en ellos. En los sacrificios públicos se ofrecían dos carneros y catorce corderos, en cada uno de los siete primeros días, juntamente con trece novillos el primero, doce el segundo, once el tercero, diez el cuarto, nueve el quinto, ocho el sexto y siete el séptimo. El octavo día se ofrecía un novillo, un carnero y siete corderos, con los presentes y libaciones correspondientes (Lv. 23:33-43). Se tenía la costumbre de leer la ley cada séptimo año durante el primer día de la fiesta (Dt. 31:10-13).

Después del exilio, se añadió la ceremonia de derramar agua mezclada con vino, en el sacrificio preparado, sobre el altar como símbolo de gratitud por la provisión de agua en el desierto (Is. 12:3). A esta ceremonia parece que aludió nuestro Señor, cuando en el último día de la fiesta dijo: "Si alguno tiene sed, venga a mí y beba" (Jn. 7:2,37,38). En la época de Jesús el atrio del templo era iluminado en el primer día de la fiesta (Jn. 8:12), y aun los venerables rabinos ejecutaban allí una danza de antorchas.

A. R. D.

TABITA. →DORCAS.

TABLA, TABLILLA. Superficie plana de piedra, metal o madera en que se escribía con ayuda de cinceles adecuados. Moisés trajo del monte Sinaí el Decálogo escrito en "t. de piedra" (Éx. 31:18). Los profetas escribieron las profecías en tablas (Hab. 2:12) probablemente hechas de madera con una capa de cera en que se escribía con un punzón como los otros pueblos alrededor (desde el siglo VIII a.C.). La t. en Lc. 1:63 probablemente se refiere a una de madera cubierta con cera. En sentido figurado la t. se menciona en pasajes como Pr. 7:3; Jer. 17:1; Job 19:23,24; 2 Co. 3:3.   R. S. R.

TABOR ('altura', 'colina'). Monte situado en Galilea al NE de la llanura de Jezreel en el límite de Isacar con Zabulón y Neftalí (Jos. 19: 17-22). Altitud: 553 m sobre el nivel del mar. El territorio circundante fue escenario de la batalla de Barac contra Sísara (Jue. 4 y 5). El T. era considerado desde la antigüedad como una montaña sagrada (Dt. 33:19; Os. 5:1; Sal. 89:12 combaten este culto).

Estuvo también muy relacionado con la historia intertestamentaria del pueblo judío. En el año 218 a.C. Antíoco II conquistó una ciudad que había en la cumbre y la fortificó. En el año 53 a.C. esta ciudad y sus aledaños fueron escenario de una batalla entre el macabeo Alejandro, hijo de Aristóbulo, y los romanos. Josefo, como general judío, fortificó esa ciudad en el año 66 d.C. Aún pueden verse restos de esa muralla.

En el NT no se menciona expresamente el T. Pero una antigua tradición sitúa en él la →transfiguración de Jesús: "Al instante mi madre, el

Espíritu Santo, me arrebató por los cabellos y me condujo al monte T." (*Evangelio de los Hebreos*). La resonancia de la transfiguración se describe en 2 P. 1:16ss. donde Pedro menciona "el monte santo" como algo muy conocido para los primeros cristianos. Algunos piensan que el T. es el monte de Galilea, donde Jesús citó a sus discípulos después de la resurrección (Mt. 28:16).

Los israelíes han devuelto al T. su nombre bíblico: *har-Tabor*. C.R.-G.

TADEO (probablemente del arameo *tad* = 'pecho femenino', o del heb. *taddai* = 'valiente'). Uno de los doce apóstoles, según las listas de Mt. 10:2ss. y Mr. 3:16-19. El apóstol correspondiente en la lista de Lc. se identifica como → "Judas, hermano de Jacobo" (6:16; cp. Hch. 1:13), pero a la luz de la traición a Jesús por parte de Judas Iscariote, es fácil ver por qué este nombre cayó en desuso. Si seguimos esta identificación, Judas T. será el Judas distinguido por la frase "no el Iscariote", quien tomó parte en las conversaciones del cenáculo (Jn. 14:22). Algunos eruditos intentan atribuirle a T. la paternidad de Jud. (→JUDAS, EPÍSTOLA DE), pero no es muy probable dicha hipótesis.

En Mt. 10:3 los mss vacilan entre la lección "T" y "Lebeo" (del heb. *lev* = 'corazón'), que son casi sinónimos. Acerca de la vida posterior de T. sólo tenemos datos poco seguros, provenientes de las leyendas surgidas en épocas posteriores. E. H. T.

TADMOR ('palma'). Ciudad que edificó Salomón en el desierto de Siria (2 Cr. 8:4), 180 km al NO de Damasco en un oasis por donde pasaban las caravanas del Oriente hacia el Occidente y viceversa.

Era un lugar muy estratégico. La prosperidad de Salomón se debió en parte al control que tenía de esta importante ruta comercial.

Los griegos y romanos llamaban a T. "Palmira" debido a las palmas que había en este oasis. Continuó siendo ciudad importante hasta los tiempos de los romanos que tomaron posesión de ella en 130 d.C. Fue la sede de la famosa reina Zenobia (255-273 d.C.). Fue destruida por el emperador romano Aureliano en 273.

En 1 R. 9:18 de RV encontramos una mención de T. Pero aquí tropezamos con un problema textual. En algunos mss hebreos no aparece la palabra "Tadmor" sino "Tamar". Muchos creen que este nombre debe entenderse Tadmor, pero otros creen que aquí se refiere a un lugar en el SE de Judá. J. E. G.

TAFNES. Ciudad del N de Egipto que se encontraba al O del brazo pelusiano del Nilo. El nombre hebreo T. se deriva del egipcio, que quiere decir "fortaleza de Pineas". La LXX tradujo T. por "Tafnas", y los griegos la llamaron "Dafne". El nombre árabe actual del lugar es "Tel Defne". Al parecer, esta ciudad comenzó a

Israel había sido oprimido con crueldad durante veinte años por los cananeos. Animado por la profetiza Débora, Barac reunió un pequeño ejército en el monte Tabor, y en compañía de Débora logró una resonante victoria sobre las poderosas huestes de Sísara. MPS

cobrar importancia a partir del siglo VII a.C. Los profetas Jeremías (2:16; 43:7,9; 46:14) y Ezequiel (30:18) dan testimonio de que era una ciudad de cierta importancia. Allí fue que se refugió Johanán con el remanente que quedó después de la caída de Jerusalén (Jer. 40:8; 43:7). Puesto que esto había sido hecho en oposición a la voluntad de Dios, Jeremías profetizó contra los judíos que se encontraban en T. y en otros lugares de Egipto (43:8-11; 44:1-30). J. L. G.

TALENTO (heb. *kikkar* = "redondo"; gr. *talanton* = una romana). Medida de peso mayor entre los judíos, griegos y babilonios. Probablemente tomó su nombre heb. de la forma característica que tenían las grandes pesas de metal. Se usaba para pesar oro (2 S. 12:30), plata (1 R. 20:29), hierro (1 Cr. 29:7) y bronce (Éx. 38:29). Fueron incluidos 666 t. de oro en las rentas anuales de Salomón (1 R. 10:14).

Es difícil determinar si el t. de los hebreos tenía un peso uniforme. De Éx. 38:24-29 se deduce que los t. de oro, plata y bronce eran de un mismo peso. Además, los 30 t. de oro pagados por Ezequías (2 R. 18:14) corresponden a la cantidad que → Senaquerib pretende haber recibido, con la implicación de que se usaban t. del mismo peso en Judá y Asiria durante esa época. Puede ser que ese fuera el t. liviano (más o menos 30 kg). Parece que en Babilonia se usaba además otro t. de aproximadamente 60 kg. En el NT la palabra t. no se refiere a dinero acuñado sino a una unidad de referencia general, siempre de valor bastante alto, pero no siempre uniforme.

La palabra t. se usa figuradamente con frecuencia (Mt. 25:14-30; Lc. 19:11-27). En tal caso la palabra no se refiere tanto a las aptitudes naturales que una persona puede tener sino a algo que una persona encomienda a otra (→MAYORDOMO). Así que los t. se deben entender mayormente como dones sobrenaturales conferidos por el Espíritu Santo.

A. T. P.

TALMAI. Nombre de dos personajes del AT:

1. Hijo de Anac, el gigante, nombrado junto con Sesai y Ahimán, a los cuales expulsó Caleb al conquistar Hebrón (Nm. 13:22; Jos. 15:14; Jue. 1:10).

2. Rey de Gesur, pequeño reino arameo al NE del mar de Galilea. Fue padre de Maaca, mujer de David y madre de Absalón (2 S. 3:3; 13:37; 1 Cr. 3:2). Cuando Absalón, después de asesinar a Amnón, se vio obligado a huir de la corte de su padre, se refugió en Gesur, en la corte de su abuelo T., donde estuvo tres años.

J. M. A.

TALMUD (heb. 'enseña'). Tradición judaica que representa casi un milenio de actividad rabínica. Consiste de una enorme masa de interpretación bíblica, explicación de leyes, y de sabiduría práctica que originalmente se transmitía en forma oral y que a través de los siglos paulatinamente adquirió forma escrita antes de 550 d.C.

I. Sus comienzos orales

El proceso de comentar y explicar el texto bíblico siguió inmediatamente a la divulgación de un determinado libro inspirado. Cuando en los días de Esdras el canon del AT estaba casi completo, los eruditos judíos sentían vergüenza de que Dios no hablara como antes a su pueblo. Con el fin de llenar este vacío, se propusieron estudiar los libros bíblicos y crear escuelas de interpretación que dieran actualidad a la antigua *Torá*. Esto daría la impresión de que Dios hablaba todavía. Como no todos los rabinos estaban de acuerdo con el significado de un pasaje dado, el estudiante tenía que aprender de memoria las opiniones, a veces contradictorias, de generaciones de rabinos.

II. Sus bases escritas: Midras y Misná

Con los años, la cantidad de material alcanzó tales proporciones que los eruditos decidieron escribirlo.

El método más antiguo de enseñar oralmente la ley era comentar la Biblia según el orden del texto; esta forma de exponer las Escrituras se denominó *Midras* ('exponer'). Desde la entronización de la Ley por Esdras en 444 y hasta 270 a.C., los escribas prefirieron esta forma de enseñar.

Con la sucesión de cinco "pares" de rabinos, entre quienes los más famosos fueron Samai e Hilel (a fines del siglo I a.C.), surgió un nuevo método: *Misná* ('repetición'). Este método permitía desarrollar un tema sin atenerse al orden bíblico. Ya antes de 50 d.C. se escribieron las primeras compilaciones mísnicas y midrásicas.

Cada erudito matizaba las opiniones ya escritas, glosando el comentario de sus predecesores, y la discusión libre continuaba en las escuelas bíblicas de varias localidades. La *Misná* del rabí Judá (*ca.* 135-217 d.C.) codificó gran parte de la enseñanza corriente de su época. La actividad posterior de los escribas (hasta 550 d.C.) produjo la *Guemara* ('aprender'). La *Misná* y la *Guemara* juntas constituyeron el T.

III. Su contenido

El T. se compone de seis tipos de leyes referentes a (a) la agricultura, (b) el reposo, las fiestas, los ayunos, (c) el matrimonio y el divorcio, (d) los asuntos civiles y delictuosos, (e) la liturgia, y (f) la pureza levítica.

Junto al material legal (*jalacá*) aparece el material ético y religioso (*jagadá*) que incluye homilías, proverbios, leyendas, predicciones, etc. Las docenas de tomos gruesos acusan una enorme variedad de contenido que desafía a toda sistematización. Como producto de dos centros de erudición, aparecieron dos versiones del T., la palestinense (o *Yerusalmi*) y la babilónica, más completa y de más autoridad. Ambas se escribieron parte en hebreo, parte en arameo.

IV. Su utilidad

Algunos de los conceptos del T. estaban presentes en el "clima espiritual" que rodeó al Señor Jesús y a los apóstoles, y que ellos o rechazaron hasta con violencia (p.e. Mt. 23) o aceptaron como consonante con la revelación bíblica (p.e. la fiesta de la dedicación, Jn. 10:22-42).

La evolución posterior del judaísmo, reflejado en el T., tiene asimismo unos aspectos criticables y otros buenos; en todo caso su estudio arroja mucha luz sobre el NT y la historia de la iglesia primitiva. La gran dificultad para el estudiante del desarrollo de las ideas es llegar a fechar la aparición de tal o cual tradición. (→ TRADICIÓN).

R. F. B.

TAMAR. 1. Esposa de Er y luego de → Onán, hijos de Judá. Onán por egoísmo no quiso cumplir con la ley del → levirato (Dt. 25:5-10) y rehusó completar el débito conyugal con T., por lo que Dios le quitó la vida (Gn. 38:8-10). Luego, cuando T. se dio cuenta que Sela, el tercer hijo, había crecido y Judá no se lo daba por esposo, ella, fingiendo ser ramera, tuvo relaciones con su suegro, ya viudo también, y de él tuvo hijos gemelos, Fares y Zara (Gn. 38:27-30). De éstos el primero aparece con ella en las genealogías de David y de Jesús (Rt. 4:12, 18-22; 1 Cr. 2:4; Mt. 1:3 cp. Lc. 3:33).

2. Hija de David y Maaca, y hermana de Absalón. Su hermano de padre, Amnón, se enamoró de ella y la forzó, por lo que Absalón lo aborreció y se vengó matándolo (2 S. 13 cp. 1 Cr. 3:9).

3. Hija de Absalón (2 S. 14:27).

4. Ciudad de la parte sudeste de Judá (Ez. 47:19; 48:28).

J. M. H.

TAMARISCO. Árbol pequeño de ramas muy tupidas. Sus ojas son de color verde azulado y su fruto se asemeja a una cápsula pequeña. La semilla, en la superficie, es muy carnosa. Hay más de doce especies.

Una especie, la *Manna Tamarix*, tiene el tronco y las ramas cubiertas por una substancia resinosa comestible y algunos creen en la posibilidad de que sea el maná del Éxodo. En los tiempos antiguos, el t. era considerado como un árbol sagrado; por ejemplo, en Egipto, el t. fue dedicado al dios Osiris.

Dentro de la literatura bíblica el nombre de t. se menciona tres veces: en Gn. 21:33 nos dice que Abraham plantó un árbol t. en Beerseba. 1 S. 22:6 dice que el rey Saúl estaba debajo de un t. hablando de la conspiración hecha en torno suyo. Y en 1 S. 31:13 (BJ) relata que los huesos de Saúl fueron enterrados debajo de un t. en Jabes.   E. A. T.

TAMBORIL. → PANDERO.

TAMO. Pelusa o paja muy menuda que se desprende del grano en la trilla. En la Biblia casi siempre se utiliza en lenguaje figurado, como símbolo de lo efímero (Sof. 2:2), sin valor (Sal. 1:4), débil (Os. 13:3), sin resistencia contra las pruebas (Is. 48:14) y ruina (Is. 41:15). Con el t. se compara a las muchedumbres enemigas (Is. 29:5), las cuales serán echadas lejos (Is. 17:13). En muchas ocasiones se refiere a los impíos (Job 21:18; Sal. 35:5). En Dn. 2:35 es símbolo de la breve duración de las cosas consideradas muy fuertes, como el hierro y el bronce.

A. P. P.

TAMUZ. Dios de origen babilónico, adorado también en Siria, Asiria, Canaán y Fenicia (en donde se le llamaba Adonis debido a la influencia griega).

Según la leyenda, T. era el dios del sol y la vegetación. La diosa Istar era su amante pero le fue infiel. Murió T. pero Istar descendió a los infiernos y logró resucitarlo en el mes cuarto del calendario hebreo (junio/julio), lo cual explica por qué este mes llevaba el nombre de T. durante la época posexílica.

En el culto de este dios la muerte y la resurrección de T. simbolizaban la muerte anual de la vegetación y su reaparición en la primavera. Había fiestas en el mes cuarto para celebrar estos acontecimientos: primero endechas y plañidos debido a la muerte de T. y después canciones y alegría por su resurrección. Las fiestas culminaban en bacanales y orgías asquerosas.

El nombre de T. aparece sólo una vez en la Biblia, cuando Ezequiel (8:14) relata que entre las "abominaciones mayores" que encontró en el templo de Jerusalén había la de "mujeres que estaban endechando a T." En Jer. 9:17-21; 16:4-6 aparentemente tenemos referencias al mismo culto pagano.

Es posible que la toma de Babilonia por Darío de Media haya ocurrido mientras Belsasar y sus amigos celebraban una fiesta orgiástica en honor de T.   E. G. T.

TAPÚA. 1. Ciudad situada en alguna parte de la → Sefela de Judá (Jos. 15:33,34). Ha sido identificada con Beit Nettif, 19 km al O de Hebrón. Bet-tapúa, "en las montañas", también fue entregada a Judá (Jos. 15:48,53), lugar que se ha identificado con la moderna Taffuh, 9 km al O de Hebrón.

2. Ciudad cananea situada justamente en la frontera de los territorios de Manasés y Efraín (Jos. 16:8; 17:7-9). Su rey fue derrotado por Josué (Jos. 12:17).

3. Uno de los hijos de Hebrón (1 Cr. 2:43).

M. V. F.

TARÉ. Noveno descendiente de Noé; hijo de Nacor, padre de Abraham, Harán y Nacor y de Sara (Gn. 11:24-32). Con toda su familia inmediata emigró de Ur para habitar en Harán. Es notable que el dios de ambas ciudades fuera la luna, *Nanna*, y que T. en Jos. 24:2 sea calificado de idólatra. Sus hijos le nacieron a los 70 años en Ur. T. murió en Harán a los 205 años.

W. G. M.

TÁRGUMES (heb. = 'interpretación', 'traducción').

Paráfrasis en arameo de una porción del AT. Puesto que después del cautiverio babilónico el arameo llegó paulatinamente a reemplazar al hebreo como la lengua materna del pueblo judío, las Escrituras no eran comprensibles en su idioma original. Para que el hombre común tuviera acceso a la Palabra escrita, se inició en la sinagoga (en una fecha difícil de precisar) la costumbre de leer la ley en heb. y dar luego la traducción oral al arameo. Posiblemente el inicio se relata en Neh. 8:8, donde "claramente" puede significar "con la interpretación". Sin duda, la costumbre estaba bien arraigada en las sinagogas antes del nacimiento de Cristo; él y los apóstoles habrán oído siempre en esta forma la lectura bíblica.

De ser netamente orales, para que el asistente al culto pudiera distinguir entre la Escritura misma con su absoluta autoridad y la mera paráfrasis, los t. adquirieron formas tradicionales que aprendía el traductor (llamado *meturgueman*). Finalmente se escribieron extraoficialmente. Por una ironía, sin embargo, el hecho de consignarlas por escrito condujo a su abolición en la sinagoga, ya que el arameo, como el heb. anteriormente, evolucionó tanto que el dialecto targúmico se volvió muchas veces arcaico y difícil.

Algunos t. escritos son de gran antigüedad; se ha descubierto uno de Job en la Cueva XI de → Qumran. Otros datan del siglo II o III d.C. y cubren todo el AT menos Dn., Esd. y Neh. Los más importantes son del Pentateuco, aunque no están completos: el t. Onquelos y dos t. palestinenses (Seudo-Jonatán y Códice Neófiti). Sobre los profetas existe el t. Jonatán ben-Uziel. Hay varios t. anónimos sobre las distintas secciones de los Hagiógrafos. Mientras Onquelos es bastante literal y se atiene al original, Jonatán parafrasea mucho más, y Seudo-Jonatán sólo usa el original como vehículo para los cuentos populares que se aglomeraron alrededor de los personajes y acontecimientos bíblicos (→ TAL-MUD). Todos los t. tienden a: (1) evitar el empleo del nombre inefable de Dios, sustituyéndolo a menudo por el vocablo Memra (el Verbo); (2) evitar en pasajes referentes a Dios los antropomorfismos y antropopatismos del original, para lo que se altera la estructura de la narración; (3) armonizar los relatos paralelos y completar los que parecen escuetos. Son útiles para el estudio de la hermenéutica judía, y del arameo. Es posible, por ejemplo, que Neófiti refleje el dialecto preciso que hablaba el Señor Jesús.   R. F. B.

TARSIS. 1. Hijo de Javán (Gn. 10:4).

2. Hijo de Bilhán (1 Cr. 7:10).

3. Uno de los siete príncipes de Persia y Media que gozaban de privilegios especiales ante el rey Asuero (Est. 1:14).

4. Piedra preciosa difícil de identificar. RV traduce este término unas veces "berilo" (Éx. 28:20; 39:13; Dn. 10:6), otras "crisólito" (Ez. 1:16; 10:9; 28:13), y otras "zafiro" (Cnt. 5:14).

5. Ciudad que resulta imposible identificar a ciencia cierta, y que vino a ser símbolo de tierra distante e ideal. En → Jon. 1:3 se nos dice que el profeta se embarcó hacia T. con el propósito de "huir de la presencia de Jehová". Puesto que embarcó en Jope, es de suponerse que T. era un puerto que se encontraba en el Mediterráneo, a gran distancia de Palestina.

La relación entre T. y Tiro parece haber sido estrecha, según lo indica Is. 23:6. Por tanto, es de suponer que T. era una lejana colonia de Tiro. También sabemos que T. exportaba plata, hierro, estaño y plomo (Jer. 10:9; Ez. 27:12), lo cual nos hace suponer que estaba situada en una región del Mediterráneo.

La LXX la colocaba al norte de África, y en algunos casos traducía T. por "Cartago". En Ez. 27:12, la Vul. sigue la misma traducción. En algunos → Tárgumes también se supone que T. estaba en el N de África. Sin embargo, tal identificación no puede sostenerse.

El antiguo historiador judío Josefo identifica a T. con Tarso, Cilicia. Aunque esta identificación no ha sido totalmente rechazada por los eruditos, otros piensan que T. se encontraba en Italia, y otros en España. Esta última hipótesis parece ser la más adecuada, pues existe en griego el nombre de Tartessos, que se aplica a una vaga región en el S de España. La semejanza entre los nombres de Tartessos y T. es grande. Además, desde muy temprano los fenicios comerciaban con el S de España, de donde importaban metales.

La distancia que separaba a Palestina y Fenicia de T. hacía que se requiriesen para el viaje los mejores barcos disponibles. Por esta razón, se llegó a llamar a las grandes naves mercantes "barcos de T.". Cuando tal expresión se encuentra en el AT no ha de pensarse que se refiere a barcos procedentes de la ciudad de T., sino que se trata más bien de un modo de señalar el tamaño de la nave, cualquiera que sea su procedencia (1 R. 22:48; Is. 60:9; Ez. 27:25).

También se llegó a usar el término T. para referirse a lugares distantes, como en 2 Cr. 9:21; 20:36. Estos dos textos no han de entenderse necesariamente en el sentido de que los barcos iban a T., lo cual no tendría sentido en vista de que todo el resto del AT nos da a entender que T. se encontraba al O de Palestina, y no al S o al E. Este uso de la palabra T. evolucionó a tal punto que en el siglo IV d.C., según el testimonio de Jerónimo, los propios judíos entendían que T. quería decir sencillamente "mar"   J. L. G.

TARSO. Ciudad principal de Cilicia, la parte SE de Asia Menor, sobre ambas riberas del río Tarso (antiguo Cidno) en un fértil valle y a 15 km de la costa del Mediterráneo. Existen varias tradiciones sobre su fundación. Una de ellas afirma que Sardanápalo, rey asirio, la construyó en un día. Una crónica recogida por Eusebio afirma que Senaquerib, rey de Nínive (*ca.* 705-681 a.C.), fue su fundador. También los griegos reclaman un origen heleno para T. Es imposible llegar a una conclusión cierta. La identificación por Josefo de → Tarsis con T., basada en Gn. 10:4 presenta serias dificultades.

La primera población de T. data del período neolítico y durante el tercer milenio a.C. fue un pueblo amurallado. Las excavaciones revelan evidencias de arquitectura propia del Imperio Hitita entre 1400-1200 a.C. La arqueología confirma que hubo un proceso continuo de colonización griega desde el siglo VII hasta el V a.C. Durante este siglo estuvo bajo dominio persa. En el arte del siglo IV Baal, dios de T., aparece como tipo del Zeus greco-persa.

En el 333 a.C. Alejandro salvó a T. de ser destruida por los persas y la influencia griega disminuyó a su muerte. De este período data la formación de una colonia judía en T. El Imperio Romano comenzó a penetrar en Cilicia en el 104 a.C. y cuando fue convertida en provincia romana, T. fue la capital (64-63 a.C.). De este tiempo data la ciudadanía romana de los judíos residentes allí.

Una reseña de la atractiva vida intelectual de T. la da Filostrato en su biografía de Apolonio de Tyana. El filósofo Estrabo, *ca.* 19 a.C., habla del entusiasmo de sus habitantes por la filosofía. Tal era T. cuando Pablo nació: una síntesis de influencias orientales y grecorromanas. Es muy difícil establecer las influencias de T. en la vida y escritos de Pablo pero esta ciudad, amante del estudio, tuvo que ejercer un fuerte impacto sobre quien fue un gran intérprete de la cultura del mundo grecorromano.

J. M. A.

TARTAC. Ídolo introducido en Samaria por los aveos cuando el rey de Asiria, Sargón, los llevó allá en 722 a.C. (2 R. 17:31). Según el → Talmud de Babilonia, T. era representado en la forma de un asno. Se cree que T. es idéntico con el ídolo acadiano Turtak, protector del Tigris. A. P. N.

TARTÁN. Grado del comandante en jefe de una de las secciones del ejército asirio. El cargo se menciona por primera vez en los textos históricos del tiempo de Adad-nirari II (911-891 a.C.); pero por el AT (2 R. 18:17; Is. 20:1) y por los textos asirios, sabemos que este grado militar se usó constantemente durante los reinados de Salmanasar III, Tiglat-pileser III, Sargón II y Senaquerib. A. Ll. B.

TATNAI. Gobernador persa de "Samaria y las demás provincias del otro lado del río" (Esd. 5:3, 6; 6:6,13), e.d., de la satrapía que estaba al O del río Éufrates, durante el tiempo de Darío I (521-485 a.C.) y Zorobabel. Fue sucesor de → Rehum (Esd. 4:8ss.). Su administración se caracterizó por la equidad con que trató a los judíos. R. S. R.

TEA. → ANTORCHA.

TEATRO. Edificio dedicado a representaciones drámaticas: arte literario que, según algunos, es de origen griego. La palabra t. no se encuentra en el AT, pero si tomamos Job y Cantares como obras drámaticas, tenemos que reconocer que este género era conocido entre los hebreos.

Pablo predicó el evangelio en el t. de Éfeso (Hch. 19:28,31). Es posible que haya sido en el t. de Cesarea donde Herodes Agripa murió comido de gusanos después de haber arengado a las multitudes (Hch. 12:21 ss.). Se hace referencia al t. y al estadio en Heb. 10:33; 12:1 y en 1 Co. 4:9.

Los arqueólogos han encontrado numerosos t. en Palestina, construidos bajo la influencia de la cultura grecorromana. Flavio Josefo, historiador judío, los mencionaba en sus escritos. Herodes el Grande construyó varios t. Aprovechando los desniveles del terreno, los t. eran construidos en forma de semicírculo y en declive. A. P. P.

TEBAS. Nombre gr. de la ciudad egipcia que en heb. se llama *No*, o *No-amón*. Antigua ciudad principal del alto (S) Egipto que era centro del culto al dios egipcio Amón y capital de Egipto durante la mayor parte de la época de unidad política de aquella nación desde el Imperio Medio (*ca.* 2050 a.C.) hasta la invasión asiria bajo Asurbanipal (*ca.* 661 a.C.). Aún después conservaba algo de su importancia anterior hasta que fue destruida por los romanos (29-30 d.C.) cuando se rebeló debido a los excesivos impuestos. En el primer milenio a.C., T. fue importante sobre todo en el aspecto religioso.

Estaba ubicada a orillas del Nilo, unos 530 km al S de El Cairo. En las ruinas de T. y

Generalmente los teatros romanos o griegos se construían en forma semicircular, aprovechando la configuración de una montaña. En ellos se acostumbraba reservar los asientos principales para uso de personas importantes, cuyos nombres eran grabados en la butaca, con los símbolos correspondientes a su rango.

MPS

sus alrededores, que cubren una extensión de unos 90 km², se encuentra el mayor conjunto de monumentos arqueológicos de todo Egipto. Entre ellos sobresalen los grandiosos templos de Luxor y Karnak en la orilla oriental, y numerosas tumbas de faraones, como la de Tutankamón, en la ribera occidental. Abundan no solamente templos, sino también palacios destruidos, enormes estatuas, obeliscos, y avenidas de esfinges. Aunque mayormente religiosos en naturaleza, los monumentos contienen también numerosas esculturas e inscripciones en jeroglíficos de mucho valor histórico.

El profeta Nahum mencionó el saqueo de T. hecho por Asurbanipal cuando anunció la destrucción de Nínive (Nah. 3:8-10). Jer. 46:25 y Ez. 30:14-16 contienen también profecías en contra de T. K. B. M.

TEBET (acadio = 'mojado', 'lodoso'). Mes hebreo, el cuarto del año civil y décimo del año eclesiástico. Corresponde a diciembre-enero. Era → mes de invierno, cuando caía lluvia en los llanos y nieve en las altas montañas. Los días 8-10 eran de ayuno (Est. 2:16). G. D. T.

TEBES. Ciudad de Efraín al NE de Siquem, escenario de la muerte del usurpador → Abimelec. Durante el sitio de la ciudad, una mujer le tiró desde la torre fortificada un pedazo de rueda de molino que lo golpeó en la cabeza. Mortalmente herido, Abilemec pidió a su escudero que lo matara (Jue. 9:50-57; 2 S. 11:21).   D. M. H.

TECOA. Pueblo ubicado sobre una pequeña meseta en las alturas áridas de Judea, 16 km al S de Jerusalén. Joab mandó a buscar a una "mujer astuta" de T. para aplacar a David y lograr su anuencia para el regreso de Absalón (2 S. 14:1ss.). Roboam mando reedificar T. (2 Cr. 11:6). El profeta → Amós era de T. (Am. 1:1). En tiempo de Nehemías algunos de sus más humildes habitantes ayudaron a reconstruir los muros de Jerusalén *ca.* 444 a.C. (Neh. 3:5,27). Se encuentran ruinas no excavadas sobre la meseta de T.   J. E. H.

TEJADO. Techo plano construido con ramas, barro arcilloso y piedras. Sobre una enramada tendida en las vigas que unían los muros opuestos, se echaba una espesa mezcla de barro arcilloso y piedras pequeñas, a la que luego se pasaba un rodillo. La hierba (Is. 37:27 BJ; Sal. 129:6) que nacía sobre el t., en la época de las lluvias, contribuía con sus raíces a hacer más compacta la techumbre. Sin embargo, el t. resultaba débil y había que repararlo después de cada invierno. Este probablemente era el tipo de construcción del episodio del paralítico y sus cuatro amigos (Mr. 2:4; Lc. 5:19). El orificio que había para la salida del humo fue ampliado para bajar al paralítico.

Sobre el t. se realizaban diversas tareas domésticas; p.e. se secaba el lino (Jos. 2:6; → CASA). Allí David se paseaba al fresco de la tarde (2 S. 11:12). Desde el t. se notificaba a los vecinos los acontecimientos tristes o alegres (Is. 22:1; Jer. 48:38). Se entablaban las conversaciones serias (1 S. 9:25 y probablemente Jn. 3:2).

Al t. se subía por una escalera exterior o simplemente por una escala de madera. Generalmente estaba rodeada por una baranda (Dt. 22:8). En las casas ricas, la escalera era interior, y el t. una lujosa terraza. Las familias acomodadas construían sobre el t. una habitación lujosa, llamada → "aposento alto" (Lc. 22:19). En uno de ellos celebró Jesús la Cena con sus discípulos.   C. R.-G.

TEJER. Proceso básico en la manufactura de telas para vestir, para tiendas de campaña, cortinaje, etc., siendo una de las artes más antiguas. Los materiales más comúnmente usados para t. en la época bíblica eran la lana de borrego, el pelo de cabra, la fibra de lino, el algodón, el cáñamo, la fibra del ramio y el pelo de camello. Las telas del tabernáculo fueron tejidas por hombres y mujeres (Éx. 26:1-13; 33:35).

En la importante ciudad de → Tiatira, de la cual era oriunda → Lidia (Hch. 16:14), se organizaron verdaderos gremios de tejedores que establecieron centros comerciales de hilados y tejidos. Las excavaciones de Tell Beit Mirsira y Laquesis han proporcionado evidencias del auge de la industria del tejido en Tierra Santa. Sin embargo, esos centros eran pequeños comparados con los de Egipto y Babilonia, donde los hebreos adquirieron adiestramiento para el tejido.

En las Escrituras se habla de la estaca, el enjullo, la lanzadera y el huso del tejedor (Job 7:6; Pr. 31:19; Jue. 16:14; 2 S. 21:19; 1 S. 17:7; Is. 38:12).   M. V. F.

TEL-ABIB. Ciudad de Babilonia, posiblemente pequeña, construida junto al río → Quebar, en la que se estableció un grupo de judíos cautivos. Se menciona sólo en Ez. 3:15. No es posible determinar su ubicación exacta.   J. L. G.

TELAIM. Sitio ubicado al SE de Beer-seba, probablemente llano, donde Saúl reunió a sus ejércitos para presentar batalla a Amalec. Allí mismo Saúl derrotó a los amalecitas (1 S. 15:4). Algunos identifican T. con Telem de Jos. 15:24.
                                                      M. V. F.

TELASAR. Lugar arameo al N de Mesopotamia que Senaquerib cita como uno de los muchos sitios conquistados por sus antecesores (2 R. 19:12; Is. 37:12). Los mensajeros aquí la identifican como la habitación de la gente de Edén.   A. Ll. B.

TELL. Palabra que los árabes modernos usan para designar un montículo formado por ruinas de ciudades antiguas. El vocablo heb. *tel* se traduce "colina" en Jos. 11:13 y "montón de ruinas" en Dt. 13:16. Los antiguos construían las ciudades sobre ruinas de ciudades ya desaparecidas. De esta manera la sucesión de ciudades en un mismo lugar produjo colinas artificiales de una altura considerable.

V. g. Tell el-Husn, que fue el sitio de → Betsán de la época del AT; y Escitópolis, ciudad principal de la → Decápolis de la época del NT. Los arqueólogos han descubierto en este tell 19 capas o estratos de escombros que revelan que un número igual de ciudades se habían levantado una sobre otra. Como resultado hay una colina de 25 m. de altura desde el suelo original hasta la capa superior (→ ARQUEOLOGÍA, KHIRBET).   W. M. N.

TELL-EL-AMARNA. → EL-AMARNA.

TEMA. Hijo de Ismael (Gn. 25:15; 1 Cr. 1:30) y nombre del lugar donde moraban sus descendientes (Job 6:19; Is. 21:14). T. se hallaba en un oasis 300 km al NE de Medina de Arabia, en la ruta de las caravanas entre los golfos de Persia y de Acaba.

Jeremías presenta a T. como objeto de la ira de Dios, la que fue administrada por Nabucodonosor (Jer. 25:23; 49:28-33). Nabonido la conquistó en 552 a.C. y residió allí durante diez años. En 540 a.C. fue tomada por Ciro y pasó a formar parte del Imperio Medo-persa.

J. E. G.

TEMÁN ('el derecho' o 'el sur'). Hijo mayor de Elifaz y nieto de Esaú (Gn. 36:11; 1 Cr. 1:36). Fue príncipe de los edomitas (Gn. 36:15,42) y prestó su nombre a la región ocupada por su tribu (Gn. 36:34). Sus descendientes fueron famosos por su sabiduría (Jer. 49:7; Abd. 8-9). Elifaz, uno de los consoladores de Job, fue temanita (Job 2:11).

D. M. H.

TEMOR. Puede significar terror, miedo, o sencillamente reverencia y respeto. El t. que resulta del antagonismo de los hombres o de algún peligro que se acerca, es una emoción humana que puede tener sus beneficios, p.e. hacer conciencia de lo malo o del peligro, pero puede ser también una fuerza negativa y destructiva. A veces echa fuera el amor sobrenatural de Cristo (1 Jn. 4:18). Asimismo, el hombre que ignora el perdón y el amor que infunde el Espíritu Santo puede llegar a ser completamente dominado y acobardado por el t. La misma conciencia manchada causa miedo aun cuando nadie persigue (Pr. 28:1; cp. Adán y Eva en Gn. 3:10). Gedeón no quiso incluir miedosos entre sus tropas para no poner en peligro la moral y el ánimo de los valientes (Jue. 7:3).

Repetidas veces la Biblia insta a los hijos de Dios a no temer. En Gn. 15:1 Dios le dice a Abraham que no tema porque "soy tu escudo, y tu galardón..." El salmista dice, "no temeré mal alguno porque tú estarás conmigo..." (Sal. 23:4). El NT empieza con el mensaje angelical de no temer (Lc. 1:13). Jesús en múltiples ocasiones invita a sus discípulos a no temer (Mt. 10:31; Lc. 5:10; 12:32).

El "t. de Dios" puede calificarse como reverencia y reconocimiento de la majestad, poder y santidad de Dios; o sea respeto filial. Es este t. el que Dios pide en Sal. 33:8, 34:9, 112:1. En el AT, por la importancia dada a la ley en la vida de los israelitas, a menudo se consideraba la verdadera religión como sinónimo del t. de Dios (cp. Sal. 34:11; Jer. 2:19; etc.).

El énfasis del NT destaca más el amor y el perdón de Dios, basados en la relación filial entre el cristiano y su Padre celestial. Permanece, no obstante, un t. reverente como parte del deber humano. El t. ayuda a andar rectamente (Hch. 9:31; 2 Co. 7:1). El t. a Dios da al creyente el valor de dominar el t. que viene de los contratiempos, inclusive de la muerte misma (Heb. 2:15; Ap. 2:10; cp. 2 Ti. 1:6,7).

Los que temen a Dios son el pueblo de Dios. A los gentiles que adoraban a Dios se les distingue como aquellos que "temen a Dios" (Hch. 10:2, 22,35).

A. C. S.

TEMPLANZA. → Dominio propio.

TEMPLO. Aunque los israelitas no tuvieron un templo fijo hasta el reinado de Salomón, a veces se usa el vocablo para referirse al → tabernáculo situado en Silo (1 S. 1:9; 3:3). Durante el período de los jueces Elí y sus hijos guardaban allí el arca del pacto. Este fue el templo destruido por los filisteos después de la batalla de Ebenezer en la que capturaron el arca. En tiempos de Jeremías era cosa proverbial el que el santuario de Silo había sido destruido debido a la iniquidad del pueblo (Jer. 7:12-14). Cuando el rey David conquistó la ciudad de Jerusalén y recuperó el arca del pacto que había sido capturada por los filisteos, trajo triunfalmente el arca a la ciudad. Así estableció un nuevo lugar de culto y veneración para el pueblo de Israel. Jerusalén quedó consagrada así como ciudad sagrada de Israel y allí, en el mismo lugar, se alzaron sucesivamente tres t. dedicados al culto divino, los cuales se conocen por los nombres de t. de Salomón, t. de Zorobabel y t. de Herodes.

EL ATRIO DE LOS GENTILES

EL ATRIO DE LAS MUJERES

1. LUGAR SANTÍSIMO　2. LUGAR SANTO
3. ALTAR DE LOS HOLOCAUSTOS
4. ATRIO DE LOS SACERDOTES
5. ATRIO DE ISRAEL　6. PUERTA LA HERMOSA

I. EL "PRIMER T." O T. DE SALOMÓN

Según 2 S. 24:16-25 el rey David compró la era de → Arauna el jebuseo y construyó allí un altar. En este lugar consagrado fue donde su hijo Salomón edificó el templo en el año 957 a.C. El sitio preciso ha sido identificado con la extensa explanada que está al NE de Jerusalén y que se conoce como *Haram esh-Sharif* o "noble santuario", y donde hoy se alza la mezquita de Omar o "Cúpula de la Roca", uno de los más importantes centros de veneración musulmana.

El t. se dividía en tres partes. El vestíbulo (*'ulam*) medía 5.5 m de profundidad por 11 m de ancho y 16.5 m de altura. El "lugar santo" (*hekal*) era del mismo ancho y altura, pero era de 22 m de largo. Por último el "lugar santísimo" (*debir*) era un cubo de 11 m por lado.

A lo largo de los costados N, S y O del t., pero sin llegar a las paredes del vestíbulo, había adosada una estructura de tres pisos en la que estaban las habitaciones de los sacerdotes y donde se guardaban los utensilios del culto. Por encima de la tercera planta una serie de ventanas daban luz al vestíbulo y al lugar santo, pero el "santísimo" permanecía en perfecta oscuridad. Las tres secciones del templo estaban revestidas interiormente de madera de cedro con excepción del piso que era de madera de ciprés. Las paredes interiores estaban colmadas de tallados de querubines, flores, palmas y otros motivos decorativos.

→ arca del pacto que los israelitas llevaron consigo a lo largo del peregrinaje a la Tierra Prometida. A cada extremo del arca había sendos → querubines recubiertos de oro, de unos 5 m de altura. Tenían forma de leones alados con cabeza humana (1 R. 6:23-28).

La estructura misma del templo con sus tres salones, así como el simbolismo de los querubines, lirios, granadas, el mar de bronce y las

Reconstrucción del suntuoso templo de mármol blanco que Herodes construyó para congraciarse con los judíos. Se tardó, aproximadamente, unos 80 años en la construcción, terminándose poco tiempo antes de la destrucción de Jerusalén.   MPS

Para llegar al templo había que pasar por un extenso patio exterior donde se alzaba el → altar de los holocaustos, en forma de torre de tres pisos y emplazado sobre la roca sagrada que hoy ocupa el lugar principal en la Mezquita de Omar. En el mismo patio se encontraba el → mar de bronce, enorme vasija de 787 hectolitros de capacidad que descansaba sobre los lomos de doce bueyes de bronce (2 Cr. 4:2-5). A cada lado de la entrada al vestíbulo se alzaban sendas columnas de bronce de 10 m de altura y 2 m de diámetro, cada una de ellas con un capitel adornado de lirios y granadas. La columna S se llamaba → Jaquín y la del N Boaz. Estos nombres son la primera palabra de los oráculos reales que aparecían labradas en las columnas, a saber: "Yahveh establecerá [jaquín] tu trono para siempre", y "En la fortaleza [bo'az] de Yahveh se gozará el rey".

En el "lugar santo" se encontraba el → altar del incienso, hecho de oro, la mesa de los → panes de la proposición, hecha de cedro, y diez candelabros de oro. En el "lugar santísimo", envuelta en misteriosa penumbra, estaba el

columnas, etc., son características de la arquitectura religiosa de Fenicia. Tal cosa era de esperarse ya que el arquitecto del t. de Salomón fue el fenicio Hiram. De hecho, arquitectónicamente, tenemos un t. cananeo dedicado al culto del Dios de Israel.

Originalmente este t. era la capilla real del palacio de Salomón y no estaba dedicado al culto público, sino solamente para uso de la corte. Simultáneamente existían otros templos en los que se adoraba legítimamente al Dios de Israel. (El templo de Arad descubierto por Yohanan Aharoni es el único de estos t. que se ha excavado hasta el presente). En el año 621 a.C. el rey Josías instituyó sus reformas religiosas y como parte de este movimiento unificó el culto en el t. de Salomón, prohibiéndose a partir de entonces que se adorase a Dios en otro lugar que no fuese Jerusalén. Poco después, en el año 587 a.C., con ocasión de la segunda deportación a Babilonia, los ejércitos babilónicos, al mando del mismo emperador Nabucodonosor, destruyeron y arrasaron el t. de Salomón.

II. EL "SEGUNDO T." O T. DE ZOROBABEL

Cuando los exiliados judíos regresaron de Babilonia construyeron, tras muchas dificultades y demoras, un nuevo templo que quedó terminado en el año 516 a.C. La empresa fue dirigida por → Zorobabel, príncipe de la casa real de David, a quien las autoridades persas encomendaron la tarea. La distribución de este segundo t. era fundamentalmente la misma que la del t. de Salomón, con el vestíbulo, el lugar santo y el lugar santísimo, pero no había comparación posible en cuanto al lujo y la calidad arquitectónica.

En este segundo t. el lugar santísimo estaba vacío. El arca del pacto, según nos cuenta el historiador Flavio Josefo, había sido destruida por los ejércitos babilonios. Y en el lugar santo, donde antes el t. de Salomón tenía diez candelabros, tenía solamente un candelabro de oro de siete brazos.

Este t. fue el que el rey seleúcida → Antíoco IV Epífanes saqueó y profanó con la "abominación desoladora", una estatua de Zeus ante la cual ordenó que se ofreciesen sacrificios de cerdos (Dn. 8:12-14; 9:27; 10:31). Fue éste también el t. que los príncipes macabeos reconquistaron de sus opresores sirios y lo reconsagraron al culto del Dios de Israel.

III. EL T. DE HERODES

Según la tradición judía transmitida por Flavio Josefo, no había distinción entre el t. de Zorobabel y el de Herodes, llamándose ambos "el segundo templo". Es cierto que la obra de → Herodes el Grande consistió en un enriquecimiento y embellecimiento del t. de Zorobabel, pero el contraste entre las dos etapas es tan grande que hacemos bien en referirnos a tres t. en lugar de a dos.

Los trabajos ordenados por Herodes comenzaron en el año 19 a.C. y aunque el trabajo principal duró 9 años y medio las obras de terminado y retoque se prolongaron hasta el año 62 d.C. (Jn. 2:20). Ocho años más tarde los ejércitos de Roma, al mando de Tito, despojaron y destruyeron el templo.

Como era de esperarse el t. de Herodes seguía la estructura básica del de Salomón, pero era mucho más grande, además de las explanadas en torno al templo se extendieron de manera que las terrazas del templo incluían tres atrios. El primero, accesible a todos, se llamaba "atrio de los gentiles" y quedaba separado del atrio interior por un borde de piedra en el que aparecían inscripciones en griego y latín que anunciaban la pena de muerte para el gentil incircunciso que se atreviese a traspasar este límite. Al E y al S el atrio de los gentiles contaba con hermosos pórticos que se llamaban "Pórtico de Salomón" y "Pórtico Real" (Jn. 10:23; Hch. 3:11). El atrio interior estaba reservado para los judíos y se dividía en dos partes, el "atrio de las mujeres" y el "atrio de los israelitas". Más adentro quedaba el "atrio de

Estos arcos se levantan en el mismo sitio donde se encontraba el Pórtico de Salomón, en el Templo de Jerusalén. Fue aquí que los judíos en una ocasión quisieron apedrear a Jesús por sus pretensiones de ser el Cristo.   WDR

los sacerdotes" con el altar de los holocaustos. Por fin, en la parte más recóndita de esta inmensa estructura, estaba el templo con las tres partes tradicionales del vestíbulo, el lugar santo y el lugar santísimo.

En la esquina NO de estos recintos sagrados Herodes construyó la famosa fortaleza → Antonia.

IV. EL T. DE EZEQUIEL

Los capítulos 40 al 43 de Ezequiel contienen descripciones detalladas del t. de Jerusalén, pero este t. sólo existió en la visión del profeta. Ezequiel en el exilio, destruido ya el templo de Jerusalén por los babilonios, describe lo que ha de ser el t. restaurado, pero su sueño del futuro guarda reminiscencias del pasado. Ezequiel recuerda el t. de Salomón y su recuerdo influye en su concepción del futuro. De ahí que las descripciones de Ezequiel le sirvan a los eruditos en el trabajo de reconstruir el t. de Salomón.

J. A. G.

Bibliografía
Parrot, André, *El templo de Jerusalén*, Barcelona, 1960.

TENTACIÓN (heb. *masa, bahan*; gr. [*ek*] *peirazo, dokimazo*). En su uso bíblico no sólo significa "inducir a pecar", sino también "someter a prueba" a una persona, que es el sentido básico de los verbos en los idiomas originales. A menudo se expresa con la metáfora de la purificación de metales preciosos en el crisol.

Dios pone a prueba a los hombres, tratándose a menudo de la fe de los suyos. Dios "tentó" (e.d., "probó") a Abraham al mandarle que ofreciera a Isaac en holocausto, y la fe del patriarca salió robustecida (Gn. 22:1; Heb. 11:17), según la norma subrayada en 1 P. 1:6, 7. Hay numerosas referencias a estas t. (pruebas) en la historia del pueblo de Israel (p.e., Is.

48:10; Zac. 13:9; cp. Stg. 1:12). Los creyentes debieran también probarse a sí mismos, especialmente en su estado espiritual al participar en la → Cena del Señor (1 Co. 11:28) y en la calidad de su servicio (Gá. 6:4).

Los hombres rebeldes se atreven a "tentar a Dios". Así los israelitas en el desierto, como recuerda el nombre de *masah* (Éx. 17:2, 7, etc.). Quiere decir, que los hombres, en lugar de "esperar en Dios" con humildad y fe, intentan ver "hasta dónde pueden llegar" frente a él con sus críticas, demandas o atrevimientos, exponiéndose a juicios ejemplares (Mt. 4:7; Sal. 106:14; 1 Co. 10:9; Hch. 5:9 y contexto). Dentro de esta categoría se halla la malicia de los fariseos, que tantas veces "tentaban" al Señor, con el fin de enredarle en sus palabras (Mr. 12:15, etc.), pese a que les manifestaba la gloria de Dios.

Satanás tienta a los hombres. Este aspecto de la t. roza con el misterio del reino providencial de Dios en un mundo de maldad donde permite que el → diablo sea "príncipe" y el "espíritu que ahora opera en los hijos de desobediencia" (Jn. 12:31; Ef. 2:2,3). Dios no puede inducir a nadie a hacer lo malo, sino que el enemigo despierta la concupiscencia, que llega, en quien cede, al pecado y la muerte (Stg. 1:13,14). Sin embargo, el caso de → Job enseña claramente que Dios a veces permite que Satanás someta a prueba a los siervos de Dios para conseguir los efectos benéficos arriba notados en la primera faceta (Job 1:6-12; 2:3-7).

Debido al éxito satánico de la primera t. del hombre, el diablo ahora dispone del → "mundo" y de la → "carne" (en el sentido peyorativo de estos vocablos) como aliados constantes, además de la ayuda de huestes de demonios. Entre otros métodos se vale de los siguientes: (1) Siembra dudas e ideas equivocadas en cuanto a Dios y su obra (Gn. 3:1-5; Mt. 4:3,7); una de sus obras maestras es la idolatría, asociada con las obras de los demonios (Ro. 1:21-32; 1 Co. 10:20). (2) Procura inducir al hombre al orgullo y a la confianza en sí mismo (1 Cr. 21:1; Ef. 4:27; Gá. 6:1). (3) Intenta convertir los deseos naturales del cuerpo y de la mente humanos en concupiscencia y desvaríos (1 Jn. 2:14-17; 1 Co. 7:5). (4) A veces aparece como "ángel de luz", pero otras veces se presenta como "león" que levanta fiera oposición en contra del pueblo de Dios con el objeto de quebrantar su fe (2 Co. 11:14; 1 P. 5:8 y 9).

La t. no se ha de confundir con el → pecado, pues la sugerencia del mal no se convierte en pecado si no se acepta. En la t. de Cristo, su cabal humanidad le permitió apreciar toda la fuerza de los embates del maligno, que pusieron a prueba la perfección de su persona, pero no pecó (Heb. 4:15). El creyente, reconociendo la debilidad de la carne, ha de pedir a su Padre: "No nos metas en t. mas líbranos del mal" (Mt. 6:13); Pero si Dios permite la prueba, el creyente no caerá si se vale de los recursos del Dios

fiel, quien: "no os dejará ser tentados más allá de lo que podéis sufrir... sino que dará la salida..." (1 Co. 10:13).   E. H. T.

TENTACIÓN DE JESÚS. Triple prueba de la que → Jesucristo salió triunfante antes de iniciar su ministerio público (Mt. 4:1-11; Mr. 1:12s.; Lc. 4:1-13). Como → Hijo de Dios y → Mesías, Jesús fue a la vez probado y tentado (→ TENTACIÓN). Lleno del → Espíritu, el cual descendió sobre él en su bautismo, Jesús confrontó y venció a su adversario en el desierto, terreno propio de éste (cp. Lc. 11:24). En las situaciones en que → Adán y el pueblo escogido habían sucumbido, Jesús, como nuevo Adán y primogénito del nuevo pueblo, obtuvo para sí mismo y para los suyos la victoria. Por tanto es capaz de "compadecerse de nuestras debilidades", habiendo sido tentado en todo sentido, pero sin pecado (Heb. 2:18; 4:15).

El Evangelio de Juan omite la t. (pero cp. Jn. 6:70s. y los paralelos de Mr. 8:33 y Mt. 16:23), mientras que los sinópticos afirman cinco veces que Jesús, dirigido por el Espíritu, encaró en el desierto tentaciones de parte del diablo durante 40 días. En su escueto relato, Mr. es el único que menciona la presencia de las fieras (cp. Gn. 1:28; 2:19s.) y omite el ayuno. Mt. y Lc. presentan un diálogo dramático entre Jesús y el → diablo sobre el significado de "Hijo de Dios" en el cual Jesús rechaza decisivamente tres proposiciones razonables mediante citas de Dt. (6:13,16; 8:3):

Primera: que Jesús, hambriento y siendo el hijo de Dios, transforme milagrosamente algunas piedras en pan. La negativa subraya el que Jesús, como hombre, depende de la dirección del Padre para alimentarse.

Segunda (tercera en Lc.): que Jesús se arroje espectacularmente del pináculo del templo, para que Dios le haga flotar en el aire. La negativa insiste en que sería ilícito poner a prueba al Padre.

Tercera (segunda en Lc.): que Jesús se postre ante el tentador, para así recibir la hegemonía del mundo. La negativa, que despacha al diablo temporalmente, recalca que lealtad se le debe únicamente a Dios.   R. F. B.

TEOFANÍA. → ÁNGEL DEL SEÑOR.

TEÓFILO ('amigo de Dios'). Personaje ilustre a quien Lucas dedicó el Evangelio y los Hechos de los Apóstoles (Lc. 1:3, Hch. 1:1). Algunos han pensado que denomina en forma general al lector cristiano, pero el título de "excelentísimo" que se le da en Lc. implica una persona definida y sugiere que era un hombre de elevada posición (funcionario romano) a quien Lucas tenía en alto respeto. Otros intentos de identificarlo con personas conocidas en la historia carecen de base. T. tenía información sobre el cristianismo pero Lucas decidió proporcionarle un relato más ordenado y confiable (Lc. 1:1-4). Probablemente se haya convertido del paganismo por el testimonio de Pablo o de Lucas en Roma.   L. S. O.

TERAFÍN. Transcripción de una palabra hebrea de derivación incierta. El uso dado a la misma hace que se traduzca genéricamente para denominar objetos de culto, de oráculos y amuletos para alejar a los malos espíritus, mayormente de uso doméstico. Había t. grandes y pequeños (Gn. 31:19; 1 S. 19:13-16 BJ); tenían la forma de imágenes, estatuas, animales y formas caprichosas (Ro. 1:23); eran adorados en templos, aunque mayormente los t. eran dioses domésticos (1 R. 16:31-33; Gn. 31:19,30; Zac. 10:2; Ez. 21:21; Ez. 21:26 BJ).

A medida que la raza humana se olvidaba de Jehová, iba substituyéndole por el t. o dioses falsos. Desde Caldea, la cuna del hombre, las hordas de cazadores, de pastores y emigrantes llevaron a otras tierras la costumbre de hacer y adorar t. Los parientes de Abraham adoraban t. (la palabra hebrea *terafim* se traduce "ídolos" en Gn. 31:19 RV y "dioses" en 31:34).

Israel acentuó su idolatría desde su estadía en Egipto; en Canaán intensificó la adoración a los t., pese a las prohibiciones divinas (Jue. 17:5; 18:14-20 cp. Lv. 19:4; 26:1), por lo cual fue llevado en cautiverio (Ez. 8:9-12; 11:17,18).   E. G. T.

TERCIO (lat. = 'tercero'). Amanuense o secretario de origen romano que Pablo empleó al dictar su carta a los romanos. Esto es indicio de que el apóstol usualmente dictaba sus cartas en vez de escribirlas él mismo (cp. Gá. 6:11).

T. aprovecha la oportunidad para mandar saludos a los hermanos en Roma (Ro. 16:22). Nada más conocemos de él.

         E. A. T.

TÉRTULO (lat., diminutivo de Tercio). Orador, posiblemente judío, empleado por el sumo sacerdote para acusar a Pablo ante el gobernador romano en Cesarea. Es probable que los dirigentes judíos lo hayan contratado porque ellos mismos no podían expresarse en latín y por desconocer el procedimiento en los tribunales romanos (Hch. 24:1ss). T. comenzó el discurso con adulaciones y calumnias. En contraste, Pablo hace un relato sencillo y veraz (24:10-21), tal como Lisias en su carta a Félix (23:26-30).   L. S. D.

TERREMOTO. Temblor fuerte de tierra producido por asentamientos de la superficie terrestre. En Tierra Santa es un fenómeno frecuente.

La Biblia en el AT registra t. en el mte. Sinaí (Éx. 19:18) y en los días de Saúl (1 S. 14:15), Elías 1 R. 19:11) y Uzías (Am. 1:1; Zac. 14:5); y en el NT, como manifestaciones milagrosas, con ocasión de la muerte y resurrección del Señor Jesucristo (Mt. 27:51; 28:2) y de la liberación de Pablo y Silas de la cárcel en Filipos (Hch. 16:26).

Probablemente un t. con grietas en la superficie destruyó a Coré y su séquito (Nm. 16:31), y un hecho similar pudo haber terminado con Sodoma y Gomorra (cp. Am. 4:11) al hundir la costa sur del mar Muerto.

Ciertos pasajes proféticos usan la imagen del t. para referirse a la aparición de Dios para juicio (Sal. 18:7; Is. 13:13; 29:6; Ez. 38:19). Además, es uno de los horrores del fin del mundo (Mt. 27:7; Ap. 6:12; 8:5; 11:13 ss.; 16:18).   J. M. R.

TESALÓNICA. Ciudad principal de Macedonia en tiempos del NT, ubicada en la costa del golfo de Salónica y en la vía Ignacia (la carretera que unía Roma con Bizancio). Por haber jugado un papel importante en la política romana, T. ganó los privilegios de una ciudad libre. Era la metrópoli de Macedonia en donde había una base militar y naval de los romanos.

La arqueología no ha logrado descubrir mucho porque una ciudad moderna (Salónica) ocupa el mismo lugar. Algunos críticos creían hallar un error histórico en Hch. 17:6 donde Lucas llama "politarcos" a las autoridades de la ciudad, pero se han descubierto cinco inscripciones en T. que usan esta misma palabra.

Por tener una sinagoga y por ser el centro más importante, la visita a T. concordaba muy bien con la táctica de Pablo. En tres semanas de su segundo viaje misionero logró la conversión de algunos judíos, muchos prosélitos griegos y de "mujeres nobles no pocas" (Hch. 17:4). Luego Pablo fue acusado de revolucionario y tuvo que abandonar la ciudad (Hch. 17:5-10). Pero no olvidó a los cristianos. Mandó a su representante personal y dentro de muy poco tiempo les escribió dos cartas →1 y 2 Tesalonicenses. Pablo admira la constancia ante la persecución de los tesalonicenses y los elogia. Para él los creyentes macedonios (de → Filipos, → Berea y T.) era su corona. Contaba entre sus compañeros de viaje a los tesalonicenses → Aristarco y → Segundo.   W. G. M.

Bibliografía
EBDM VI, col. 966ss.; *SE*, NT II, pp. 872s.

TESALONICENSES 1 y 2
I. TRASFONDO
Cuando Pablo oyó la invitación del varón macedonio (Hch. 16:9), surgió en él un gran deseo de predicar el evangelio en la capital de Macedonia, → Tesalónica. Y cuando se vio obligado a salir prematuramente, dejó un núcleo grande de creyentes judíos, prosélitos griegos y macedonios gentiles (Hch. 17:4; 1 Ts. 1:9; 2:14ss). La novedad de la fe, la oposición de los judíos y la enseñanza acerca de la segunda venida de Cristo se combinaron para agitar a la nueva comunidad. Por lo tanto Pablo envió a Timoteo para confirmarlos en la fe y para conocer más a fondo sus inquietudes.

A raíz del informe de Timoteo, Pablo escribió su primera carta a los t. Pero la situación

en Tesalónica se iba empeorando. Lo que él mismo escribió acerca de la repentina venida de Cristo les inquietó (1 Ts. 4:13-18). Algunos pretendían haber recibido una revelación directa, otros decían haber recibido una carta personal de Pablo o haberle hablado personalmente (2 Ts. 2:2). Por lo cual, sin haber pasado muchos meses, Pablo dictó la segunda carta.

II. AUTOR

No hay duda seria de la paternidad paulina entre los eruditos modernos. La carta cuadra bien con el relato de la fundación de la iglesia en Hch. y con el resto de la literatura paulina.

En cuanto a 2 Ts. sí ha habido dudas, a pesar de que el apoyo extrabíblico es más fuerte para 2 Ts. que para 1 Ts. Algunos críticos hallan dificultades en que, según su parecer, (1) la doctrina de la *parusía* es diferente en las dos cartas, y que (2) el vocabulario y el estilo de 2 Ts. son demasiado parecidos a 1 Ts. Argumentan que un seudo Pablo con mucha artimaña usó expresiones paulinas para dar la impresión de genuidad.

Los muchos que afirman que Pablo escribió las dos cartas muestran que aunque hay diferencia de énfasis en la escatología de las dos cartas, no hay contradicción. En cuanto al estilo, las dificultades desaparecen cuando se entienden las circunstancias que unen estrechamente las dos cartas, la presencia de diferentes grupos étnicos en Tesalónica, y los diferentes secretarios usados por Pablo.

III. FECHA

Stgo., Gá. y 1 Ts. tienen cada una sus partidarios cuando se trata de cuál fue el primer libro del NT que se escribió. Es casi seguro que 1 y 2 Ts. fueron escritos a fines del año 50 y en los primeros meses del 51 porque se sabe que → Galión fue procónsul de Acaya (según Deissmann) a partir de junio del 51 (→ Cronología del NT). En cuanto Galión asumió su puesto, los judíos se quejaron de Pablo. El fallo del procónsul favoreció la predicación del evangelio, y Pablo continuó "aún muchos días" en Corinto antes de viajar a Jerusalén. Ya había trabajado en Corinto 18 meses antes de su cita con Galión y se sabe que sus cartas a los t. se habían redactado en los primeros meses de su visita.

IV. CONTENIDO

Estas epístolas de un padre espiritual a sus hijos en la fe se entienden solamente a la luz de la historia de la llegada del evangelio a Tesalónica (Hch. 17:1-9). Por ser niños en la fe, necesitaban el contacto personal y enseñanzas morales específicas (cps. 2 y 5). La persecución tan inesperada fue amarga hasta que Pablo los consoló contándoles sus pruebas y, explicándoles por qué sufrían. (1 Ts. 1:6; 3:4s; 2 Ts. 1:4ss). Y para salir de la confusión acerca de la pronta venida del Señor hacía falta una enseñanza más detallada (2 Ts. 2). La muerte de sus seres queridos antes de la *parusía* inquietó a algunos. Otros ya no trabajaban porque les parecía inútil, ya que Cristo vendría pronto (1 Ts. 4: 13-16, 2 Ts. 3:6-12). Es necesario, dice Pablo, que primero se manifieste el hombre de pecado, por lo tanto, los santos perezosos deben comenzar a trabajar (2 Ts. 2. 1 Ts. 5:14). A grandes rasgos el contenido es el siguiente:

1 Tesalonicenses

1:1-3:13. Expresión de solidaridad personal. Calurosamente recuerda su ministerio entre ellos, y la acogida que éstos dieron al evangelio

652

y los felicita por su entusiasmo en la prolongación de la nueva fe por todos lados. Les hace
recordar cuánto trabajó cuando estuvo entre
ellos y las tribulaciones actuales. Su deseo es
verles pero, por no poder ir personalmente, se
conforma con escribirles y enviarles a Timoteo.

4:1–5:24. Les insta a la vida santa. Para ello
la pronta venida del Señor es un aliciente; es
más, como su preceptor les amonesta con frases
directas y claras.

5:25-28. Salutación final.

2 Tesalonicenses

1:1-12. Se nota menos calor y más seriedad
en esta carta. Las persecuciones que ellos sufren
son evidencia del juicio de Dios, prueba de la
salvación de ellos y de la perdición de los perse-
guidores.

2:1–3:5. La segunda venida del Señor será
acompañada de ciertas manifestaciones. El efecto de estos conocimientos es confirmar a los
fieles en su fe. Ellos participan en la obra del
apóstol por medio de su interés y sus oraciones.

3:6-15. Es ésta una amonestación especial
para los que usaban la enseñanza escatológica
como excusa para vivir desordenadamente.

3:16-18. Conclusión.   W. G. M.

Bibliografía
EBDM VI, col. 969-973; *INT*, pp. 266-274;
IB II, pp. 368-377; *SE*, NT II, pp. 872-951;
BC VI, pp. 641-675; *VD* IV, pp. 314-325.

TESORO. Puede llamarse t. a cualquier acumulación de riquezas, p.e., t. de granos, de vino, o
de aceite, aunque se refiere generalmente en la
Biblia a almacenamiento de oro o plata. Durante su permanencia en Egipto, los israelitas fueron obligados por los faraones a construir ciudades o almacenes (Éx. 1:11) y más tarde los
reyes de Judá mantuvieron guardias especiales
para sus t. (1 Cr. 27:26; 2 Cr. 32:27), ya que
el t. real se constituía en factor indispensable de
la monarquía. El templo mismo contaba con un
lugar especial para guardar sus t. que eran suficientes como para despertar la codicia de sus
enemigos (1 R. 14:26; 2 R. 24:13, etc.). Había
en el templo unas 13 urnas o cajas para recibir
las ofrendas de los adoradores.

Quizá de mayor importancia es el uso metafórico de la palabra t. en las Escrituras. Dios
llama a su → pueblo su t. (Éx. 19:5), dispensa
las bendiciones de la naturaleza de su t. (Dt.
28:12; 33:19), y almacena como t. el castigo
del impío (Sal. 17:14). Jesucristo llama t. al
galardón que se acumula en los cielos por medio
del servicio rendido en la tierra, y comenta que
donde está el t. del hombre, allí estará también
su corazón (Mt. 6:21; Lc. 12:34). En este sentido Moisés contó el "vituperio de Cristo" como
mayor riqueza que los t. de Egipto (Heb.
11:25). La frase paulina del "t. en vasos de
barro" se refiere a la gloria del evangelio divino
que recibimos y manifestamos en nuestra débil
y humana existencia (2 Co. 4:7).   W. D. R.

TESTAMENTO. En Heb. 9:16s. la RV traduce la
voz griega *diathéke* por t., en vez de → pacto.
Cp. también Gá. 3:15ss.

Como Pablo designaba la ley mosaica como
la antigua *diathéke* (2 Co. 3:14) que, en la Vul.
se traduce *vetus testamentum*, muchos padres
latinos de la iglesia aplicaron esta denominación
(AT) a todos los libros que tratan del antiguo
pacto, y llamaron NT a los libros que tratan del
nuevo pacto.   R. F. B.

TESTIGO, TESTIMONIO. El que ofrece pruebas
para confirmar algún hecho, acontecimiento,
proeza o pacto es testigo; las pruebas constituyen su testimonio y éstas pueden ser concretas u orales. P.e., las siete corderas que recibió
Abimelec de mano de Abraham (Gn. 21:30) sirvieron de testimonio de que el último había
cavado el pozo en Beerseba. Asimismo, las
piedras del majano de Labán (Gn. 31:52), el
altar de Josué (Jos. 22:27), las tablas del decálogo (Éx. 31:18) y el tabernáculo mismo (Nm.
17:7, 8 y Hch. 7:44) son testigos de pactos y
acontecimientos. La palabra escrita de Dios, según el salmista, es Su testimonio, la heredad del
hombre y el gozo de su corazón (Sal. 119:111).

En sentido forense, es más común el testimonio oral. Según la ley mosaica, para condenar a
una persona acusada de un crimen era preciso
tener las declaraciones acordes de dos testigos
(Nm. 35:30; Jn. 8:17; 1 Ti. 5:19). Si el crimi-
nal era apedreado, los testigos estaban obligados
a confirmar su testimonio arrojándole las primeras piedras (Dt. 17:6,7; Hch. 7:58). El testigo falso debía sufrir la misma pena que hubiera correspondido al acusado. Uno de los diez
mandamientos prohíbe el testimonio falso (Éx.
20:16). No obstante, esto era una práctica algo
común, como se nota en el proceso del Señor
Jesucristo (Mt. 26:59ss.), y también en el apóstol
Pablo (Hch. 25:7).

El testimonio va más allá del simple sentido
forense e incluye una aprobación o respaldo
personal. Tal es el testimonio de Dios el Padre
(Jn. 5:36,37) o del Espíritu Santo (1 Jn. 5:6)
acerca del Hijo. Así también el testimonio de
Juan Bautista es una expresión de lealtad y
devoción (Jn. 1:6ss, 19-37). Los discípulos se
convirtieron en testigos no tan sólo de los hechos históricos de la encarnación, muerte y
resurrección de Cristo, sino también de su propia fe en él, de la realidad de su presencia y del
cumplimiento de Sus promesas (Lc. 24:48; Hch.
1:8). Dispuestos a testificar hasta la muerte si
era necesario, los apóstoles aportaron un nuevo
sentido al significado de la palabra testigo (cuyo
equivalente en gr. era *mártys*, de donde viene
nuestra palabra "mártir"). → Esteban fue el primer mártir cristiano que selló con su sangre el
testimonio de su vida y de sus labios, el prototipo de todos los que estiman la verdad de
Cristo por sobre todas las cosas.   W. D. R.

Bibliografía
DTB, col. 1013-1025; *VTB*, pp. 779-782, 448ss.

TETRARCA (gr. = 'uno que reina sobre la cuarta parte de un área'). Felipe de → Macedonia dividió Tesalia en cuatro partes y las llamó "tetrarquías". Pero "t." perdió su sentido original y llegó a significar sencillamente un reyecillo o gobernante inferior, aun inferior a un tetrarca que a su vez era inferior a un rey.

→ Herodes el Grande fue nombrado t. primero por Marco Antonio (Josefo: *Antigüedades* XIV. xiii; *Guerras* I.xii.5), y después rey. Cuando murió, sus dominios fueron divididos entre tres de sus hijos. Arquelao (Mt. 2:22) fue titulado "etnarca", Herodes Antipas y Felipe, t. (Mt. 14:1; Lc. 3:1,19; 9:7; Hch. 13:1). A veces al t. se le llamaba rey también (Mt. 14:9; Mr. 6:14). Por alguna razón Lisanias, jefe del pequeño territorio de → Abilinia. también fue llamado t. por Lucas (3:1).   W. M. N.

TEUDAS. Rebelde, probablemente nacionalista judío, que menciona Gamaliel, junto con el galileo Judas, en Hch. 5:35s. Reunió algunos partidarios, pero perdió la vida y sus seguidores fueron dispersados y aniquilados. No poseemos datos más amplios sobre su persona o su movimiento. En *Antigüedades* Josefo habla de un T. (XX.v.1) que era mago y que durante el gobierno de Cuspio Fado (44-46 d.C.) encabezó una rebelión. Pero ya que de quien habla Gamaliel fue anterior a Judas y al censo (6 a.C.) no puede ser el mismo mencionado por Josefo.

El T. de Hch. 5 probablemente era un nacionalista de avanzada, que por medio de un ejército particular quiso liberar a su pueblo (→ ZELOTE), pero que fue aniquilado por los romanos. El argumento de Gamaliel era que "el consejo de esa obra era de los hombres y se desvaneció" (Hch. 5:38). Así que T. es presentado quizá como un "mesías" cuya falsedad se puso de manifiesto por el fracaso.

T. O. L.

TEXTO Y VERSIONES ANTIGUAS DEL ANTIGUO TESTAMENTO.

El texto hebreo del AT consta de 24 libros agrupados en tres secciones: La Ley, Los Profetas y Los Escritos. Todos ellos fueron escritos en hebreo con excepción de los siguientes pasajes en arameo: Gn. 31:47 (dos palabras); Jer. 10:11; Esd. 4:8–6:18; 7: 12-26; Dn. 2:4b–7:28. Las versiones cristianas varían en el orden de los libros y la manera de contarlos, separando algunos (como Esdras y Nehemías) de donde resulta que nuestro AT tiene 39 libros.

I. EL TEXTO MASORÉTICO

Los originales de todos los libros del AT se han perdido. La crítica textual (→ CRÍTICA BÍBLICA) es una ciencia que trata de reproducir el texto original en todo lo que sea posible. La fuente principal en la restauración del original hebreo es el texto masorético (TM).

El TM se llama así porque se debe a las labores de los masoretas, eruditos judíos que fijaron el texto *ca.* 750-1000 d.C. Éstos establecieron la *Masora* (heb. *massoret* = 'tradición'), complejo sistema de puntos vocálicos, signos diacríticos, conteo de palabras y notas marginales que perpetuaron los detalles de ortografía, acento y pronunciación del texto bíblico. Una vez terminado su trabajo, los masoretas destruyeron las otras copias que tenían para evitar que se reprodujesen variantes que no coincidieran con el TM.

Entre más de un millar de manuscritos del TM se destacan el Códice de El Cairo (895 d.C.), el más antiguo de los manuscritos fechados, que incluye sólo los Profetas; el Códice de Alepo (*ca.* 930 d.C.), actualmente en proceso de publicación por la Universidad Hebrea; y el Códice B 19A, de la biblioteca pública de Leningrado (1008 d.C.), que sirve de base para la *Biblia Hebraica* de Kittel a partir de la tercera edición. N. H. Snaith señaló la importancia de las recensiones españolas del TM y en 1960 publicó una edición del texto hebreo basado en manuscritos ibéricos bajo los auspicios de la Sociedad Bíblica Británica y Extranjera.

II. EL TEXTO PREMASORÉTICO

Como las copias más antiguas del TM datan del siglo IX d.C. se plantea el problema de si los siglos que los separan de los originales han corrompido el texto en el proceso de trasmisión. Por otra parte hay que ver si los masoretas no hicieron más daño que bien al destruir las copias anteriores negándonos así la oportunidad de estudiarlas. De ahí la importancia de los textos premasoréticos.

A. *La historia del texto hebreo.*

Entre la composición de los originales del AT y las copias hechas a fines del siglo I d.C. el texto hebreo sufrió ciertas variaciones textuales. Poco después de la destrucción del Templo (*ca.* 70 d.C.) los judíos hicieron frente a la proliferación de textos y variantes estableciendo un texto único y destruyendo los demás como siglos más tarde lo harían los masoretas. Este texto "oficial" constituye la base del TM. Es por ello que, para remontarnos a un texto verdaderamente premasorético, tenemos que ir a manuscritos anteriores del siglo I d.C.

B. *Los manuscritos del mar Muerto*

La importancia de los → Rollos del mar Muerto para los estudios del AT yace precisamente en su antigüedad. Entre ellos hay un manuscrito de Isaías (I Q Is. *a*) que data del siglo II a.C., es decir, antes de la sistematización del texto que tuvo lugar tres siglos después. Las lecturas de este manuscrito se han incorporado como notas marginales a la *Biblia Hebraica* de Kittel a partir de la séptima edición. Además se han recuperado fragmentos de todos los libros del AT excepto Ester. Con los manuscritos del mar Muerto tenemos acceso, por vez primera, a un texto hebreo verdaderamente premasorético. Al comparar los rollos del mar Muerto con el TM se notan sólo ligeras variaciones que no afectan el sentido del texto que sirvió de base a nuestras versiones de la Biblia. A veces estas variaciones concuerdan con las variaciones de la LXX. Si se considera el cuidado exagerado de los escribas para hacer las copias en el AT, podemos estar seguros que las versiones castellanas directas del hebreo son básicamente fieles a lo escrito originalmente.

III. El Pentateuco samaritano

Entre los → samaritanos de Nablus se conserva un Pentateuco hebreo escrito en caracteres samaritanos semejantes a la antigua escritura hebrea. Aunque el manuscrito data de tiempos mucho más recientes, es de gran valor pues representa una tradición bíblica independiente del TM que se remonta al siglo IV a.C. Pérez Castro logró fotografiar este manuscrito y actualmente prepara su edición para la *Biblia Polyglotta Matritensia*. Es de esperarse que esta edición contribuya grandemente al estudio del texto premasorético, pues las ediciones anteriores del Pentateuco Samaritano se basaron en tardíos.

IV. Las versiones antiguas

Las versiones del AT nos son de sumo valor para tratar de descubrir indirectamente el texto premasorético. Desde este punto de vista la más importante de las versiones es la Septuaginta o versión de los Setenta (LXX), la más antigua de las versiones griegas.

A. *La Septuaginta (LXX)*

El nombre de esta versión proviene de la leyenda de Aristeas, según la cual 72 judíos prepararon la traducción en 72 días. Pero la LXX es resultado de un proceso mucho más lento. El Pentateuco se tradujo *ca.*250 a.C. y poco a poco los demás libros hasta quedar terminada *ca.*150 a.C. El AT de la LXX incluye un número de libros que no son parte del canon hebreo y que hoy llamamos → "apócrifos" o "deuterocanónicos" (→CANON DEL AT). Con el arribo del cristianismo, la LXX pasó a ser la Biblia de la Iglesia. Por lo general, Jesús y los autores del NT citaban el AT de la LXX.

La LXX es versión excelente en el Pentateuco, pero muy defectuosa en Is. y los profetas menores. Difiere en muchos aspectos del TM, pero es muy valiosa porque data de antes de la uniformación del texto hebreo en el siglo I d.C. Para utilizarla en la crítica textual es necesario hacer tres cosas: (1) establecer el texto original de la LXX (hay muchas variantes); (2) determinar la forma del texto hebreo del que se hizo la versión griega; (3) cuando este texto hebreo difiere del TM, determinar cuál de los dos goza de mayor autoridad.

B. *Otras versiones del AT*

Aparte de las versiones de la Biblia completa, tales como la Vulgata, la *Vetus Latina*, la Peshitto y otras (→VERSIONES), se produjeron otras traducciones del AT solamente. Entre ellas las más importantes son las versiones arameas (→ TÁRGUMES).

Las otras versiones hechas después de la unificación del texto hebreo en el siglo I d.C., no alcanzan la importancia de la LXX. Merecen mencionarse las versiones griegas de Aquila, Teodoción y Símaco, de las cuales se conservan sólo fragmentos. Estas versiones fueron preparadas por judíos para contrarrestar el uso de la LXX por los cristianos.

Las versiones coptas, etiópicas y armenias del AT se basan en la LXX y otras versiones y sólo sirven indirectamente para la reconstrucción del original hebreo. Excepción a esta norma es la versión árabe de Saadia Gaon que fue hecha sobre el TM y que hoy se conserva sólo en parte.

C. *El TM y las versiones*

En general muchas de las copias más antiguas de las versiones anteceden en varios siglos al TM. El escriturista que trabaja en asuntos textuales tiene, por lo tanto, que decidir qué es mejor: un ms del TM, en la lengua original, pero separado de éste por varios siglos de trasmisión textual, o un ms hecho seis o siete siglos antes, pero que es traducción. El problema así planteado sólo se puede resolver con referencia a cada caso particular.   J. A. G.

Bibliografía
"Versiones de la Biblia", *DBH;* "Texto de la Biblia", *DBH;* "Masorético, Texto", *EBDM;* "Septuaginta", *EBDM;* Tuya-Salguero, *Introducción a la Biblia* I (Madrid: BAC, 1967), pp. 408-575.

TEXTO DEL NUEVO TESTAMENTO

1. El problema

La finalidad de todo estudio del NT debe ser proporcionarnos un conocimiento cada vez más profundo de la Palabra de Dios y de los métodos que permitan presentar eficazmente su mensaje. Para realizar tal finalidad es imprescindible la tarea de reconstruir, en la forma más exacta posible, el t. del NT. Esta ciencia textual se ha llamado "crítica baja" para distinguirla de la "crítica alta", que tiene que ver más bien con las presuposiciones de los autores bíblicos. (→CRÍTICA BÍBLICA.)

Lamentablemente, las copias originales, o autógrafas, del NT se perdieron en fecha bastante remota, pues estaban hechas en frágil → papiro. De los siglos I al III d.C. sólo conservamos fragmentos, algunos de inmenso valor crítico, del texto del NT. Los mss completos del NT sólo se remontan a la segunda mitad del siglo IV, época en que se comenzó a usar el → pergamino para copiar los textos bíblicos.

Una clasificación hecha en 1963 cuenta 76 papiros, 250 códices mayúsculos o unciales, 2.646 códices minúsculos o cursivos y 1.997 leccionarios o textos empleados en las lecturas de los cultos cristianos durante los primeros siglos. Ninguna otra obra literaria de la antigüedad ha sido copiada tanto como el NT. Es natural entonces que encontremos en esta inmensa masa de mss un número impresionante de variantes, más de 250.000. Además, sólo una pequeña porción de esos miles de mss, por cierto los más antiguos, ha sido cuidadosamente coleccionada y estudiada. Falta mucho para que algunos pasajes textuales inciertos sean totalmente esclarecidos. Éstos sin embargo, constituyen sólo una milésima parte de la totalidad del NT y en ningún caso afecta una doctrina básica.

La crítica textual intenta reconstruir el estado primitivo de un t. del cual sólo se poseen copias que pueden contener variaciones. Las alteraciones del t. se pueden reducir a cuatro categorías: las omisiones, las añadiduras, las alteraciones y las inversiones.

Una omisión puede afectar a una letra, una sílaba, una palabra o todo un grupo de palabras. El problema inverso, la añadidura, puede producirse por la semejanza de una letra, o por la incorporación en el texto de alguna nota marginal, sílaba o palabra con otra. Las inversiones producen cambios en palabras, frases o versículos, (v.g. "Cristo Jesús" por "Jesucristo")

Algunas alteraciones son involuntarias y otras intencionales. Las primeras pueden producirse por defectos visuales, acústicos o de memoria. Un copista, conociendo de memoria un t. determinado, podía sustituir involuntariamente otro pasaje paralelo por el que tenía delante. Los cambios intencionales pueden ser debido a preocupaciones de orden literario-gramatical o de estilo, deseos de armonizar t. paralelos o citas con los del AT, o debido a prejuicios o posiciones doctrinales, ya para evitar alguna dificultad ya para evitar afirmaciones doctrinalmente comprometedoras para el copista, o sus lectores. lectores.

Las dificultades con las que se enfrenta la crítica textual son enormes. No sabemos cuántas copias se hicieron de un texto entre la redacción original y los mss que hoy poseemos; ni qué era lo que pensaban el autor del texto o los copistas. Hay factores históricos y sicológicos que actuaron en el proceso y a los cuales conviene atender.

A veces descubrimos la mano de uno o más correctores que alteraron el ms y reconocemos en algunas correcciones la intención de armonizar un ms con otros. Este proceso aplicado a muchos mss se llama "recensión" y trata de eliminar las divergencias.

Cuando una de estas recensiones llegaba a adquirir cierta autoridad, ya sea por prestigio de quienes la habían realizado o por la oficialización eclesiástica, de ella se derivaba toda una serie de copias sucesivas. Éstas formaban una "familia" de mss con las mismas características. Cada una de las familias que discernimos hoy presupone la existencia de un ms básico, ya desaparecido.

Y para complicar el problema del investigador moderno, un copista pudo haber trabajado con más de un t. Al comparar un ms con otro, tomaba lo que le parecía mejor. Esto dio origen a las "contaminaciones". El siguiente esquema ilustra el proceso: I el proceso de transmisión "ideal"; II el proceso de "contaminado", real.

Se comprende cuán difícil es establecer las interrelaciones entre los diferentes mss. ¿Cómo distinguir los textos de la familia A contaminados por los de la familia B de los que derivan exclusivamente de B? ¿Cómo descubrir el texto básico del cual derivan los demás?

Para hacer frente a este problema es necesario familiarizarse con la crítica textual y con la historia del texto griego del NT. Un mejor conocimiento de las culturas del antiguo Oriente y de sus lenguas nos ha ayudado en tal tarea.

II. HISTORIA DEL TEXTO GRIEGO

La historia del t. del NT puede dividirse en dos períodos: desde el siglo I hasta la invención de la imprenta en el siglo XV; y desde el siglo XV hasta el día de hoy. El primer período se caracterizó por una serie de ensayos de revisión para depurar el texto de las alteraciones que ya en el siglo II habían aparecido. El segundo se caracteriza por la publicación de ediciones cada vez más perfeccionadas en virtud de la aplicación de la ciencia de la crítica textual.

Las principales fuentes del texto se clasifican en:

1. Ostracas: pequeñas piezas de barro cocido usadas como material de escritura (se empleaban frecuentemente para emitir el voto en sentencia de destierro, de aquí la palabra ostracismo). Contienen menos fragmentos del NT y por lo mismo carecen de valor para la reconstrucción del texto.

2. Los papiros: Aunque no son muy numerosos, son de inmenso valor para la historia del texto del NT debido a su gran antigüedad. En conjunto datan del siglo II al VIII, si bien más de la mitad provienen de los siglos III y IV. Los más importantes son:

La colección Chester Beatty, compuesta por los papiros p^{45}, p^{46}, p^{47}. Fueron escritos en el siglo III y contienen respectivamente: epístolas paulinas, fragmentos de los evangelios y Hch. y Ap. 9:10–17:2. El p^{46} tiene la particularidad de colocar a Heb. entre Ro. y 1 Co.

El p^{52}, es un fragmento del evangelio de Juan encontrado en Egipto. Es el papiro más antiguo encontrado hasta la fecha, data de *ca*. 140 d.C., contiene Jn. 18:31ss., 37s. Es propiedad de la Biblioteca John Rylands, de Manchester, Inglaterra, por eso se llama Papiro Rylands.

El p^{66} y p^{67}, llamados también Bodmer II y Bodmer III, datan del año 200 d.C., y aunque es un texto muy corregido por el copista es de suma importancia para el estudio del evangelio de Juan pues lo contiene casi íntegro.

3. Los grandes códices (encuadernados en forma de →libro): Forman la serie más numerosa de testimonios del texto del NT. Son de inmenso valor por ser testimonios directos del texto original al cual reproducen más o menos

fielmente. Se conservaron bien porque están hechos en pergamino.

Los códices se dividen en unciales (escritos en letras mayúsculas gruesas, no ligadas, sin espacios entre las palabras y sin puntuación) y minúsculos (escritos cursivamente en letras minúsculas). Los unciales prevalecían entre los siglos III y VIII; los minúsculos a partir del siglo IX. Hay más de 200 unciales o fragmentos de ellos; esto es significativo si se toma en cuenta que ni de la Ilíada ni de la Odisea de Homero hay ningún uncial, y que el ms más antiguo es un minúsculo del siglo X; de Platón hay dos o tres manuscritos del siglo X. Muchos de los códices reciben el nombre del lugar en que fueron encontrados o del lugar en donde están actualmente. Se designan con una combinación de letras o de números, según sea el sistema que se use para clasificarlos. Los códices más apreciados son:

Vaticano = B: Compuesto en la mitad del siglo IV, probablemente en Alejandría o en Cesarea de Palestina. Contiene ambos Testamentos y los apócrifos excepto Macabeos; lamentablemente perdió las epístolas pastorales, parte de Hebreos y Apocalipsis. Los críticos lo consideran como esencial para la crítica textual. Lleva tal nombre porque fue descubierto en la biblioteca del Vaticano.

Sinaítico = *álef*: De extraordinario valor por contener el NT en su totalidad. Fue escrito a principios del siglo IV probablemente en Alejandría, como el Vaticano, con quien comparte muchas particularidades. La historia de su descubrimiento en Sinaí por Von Tischendorf es fascinante.

Alejandrino = A: Del siglo V, escrito en Egipto. Contiene ambos Testamentos pero con muchas lagunas. Incluye las cartas 1 y 2 de Clemente de Roma. Su texto de los Evangelios es la etapa más antigua del llamado "Texto Koiné", base de la versión RV.

Ephraemi Rescriptus = C: Fue copiado en el siglo V en Egipto. En el siglo XII el pergamino fue borrado para copiar sobre él los escritos de San Efrén (de ahí su nombre). El texto bíblico fue restaurado por Tischendorf mediante métodos químicos. Contiene fragmentos del AT y la mitad del NT.

Beza (también llamado Cantabrigense) = D: Es el códice bilingüe más antiguo que se conoce (siglo VI). Contiene los textos griego y latino de los sinópticos, fragmentos de Jn. y Hch. Su característica bilingüe afecta al texto por la tendencia a armonizar el griego con el latín o viceversa.

En cuanto a los códices cursivos podemos decir que existen más de 2.000 bien catalogados. Los que provienen de una buena copia son de mucho valor para la crítica textual, pues presentan un texto mucho más antiguo y mejor conservado que el de muchos unciales. Unos 50 cursivos contienen el NT íntegramente. En conjunto datan del siglo VIII en adelante.

4. Las versiones o traducciones. Son testigos indirectos del texto original, pero no por ello menos importantes. A veces representan un texto más antiguo que el de los códices; pero para que tengan valor crítico debe haber la seguridad de que conservan el texto tal como salió de las manos del autor; sólo así es fiel reflejo del texto original. Las versiones más importantes son: del siglo II, la Siríaca y la Latina Africana; del siglo III, la Latina Itálica y la Copta Saídica; del siglo IV, la Vulgata y la Gótica; y del siglo V, la Siríaca Peshita, la Etiópica y Armenia.

5. Las citas de los escritores eclesiásticos o Padres de la Iglesia: Actualmente los críticos conceden gran importancia a estas citas que datan de los siglos II y III (de Ireneo, Clemente de Alejandría, Orígenes, Tertuliano y Cipriano), no sólo por la abundancia sino por la antigüedad que presuponen. Sin embargo, su valor crítico disminuye bastante por el hecho de que casi siempre citan el NT de memoria, y esto introduce cierta inseguridad en la transmisión del t.

Uno de los aportes más impresionantes de la moderna crítica textual ha sido la clasificación de la enorme masa de manuscritos del NT en las llamadas "familias" textuales. J. A. Bengel fue el primero en distinguir dos familias de códices: la asiática y la africana. Posteriormente, J. J. Griesbach estableció tres familias distintas: la alejandrina, la occidental y la bizantina. Luego, B. F. Westcott y F. J. A. Hort distinguieron cuatro familias: la alejandrina, la siríaca, la occidental y la neutral. Hoy día, la mayoría de los críticos distinguen las siguientes cuatro familias textuales: Occidental representada por el códice D, Neutral por B, Cesariense por C, Antioqueña por A.

La historia de estas familias puede ser resumida de la siguiente manera: En los siglos II y III estaba muy difundido por todas partes el t. de la familia occidental. Fue usado por Justino Mártir, Ireneo, Clemente de Alejandría; aparece en p[37] y p[38], y sirvió de base para la versión Antigua Latina. Para el siglo IV había ya desaparecido. A comienzos del siglo III apareció en Egipto, posiblemente en Alejandría, la familia Neutral. Los principales códices de esta familia son el Vaticano y el Sinaítico. Al parecer es la que presenta el texto más libre de impurezas y manipulaciones, aunque no está libre de cierta tendencia armonística.

En la lucha por imponerse entre la familia D y la B, apareció en Cesarea de Palestina un texto conciliatorio. La familia Cesariense fue usada por Orígenes en sus últimas obras; sus principales notas derivan de las familias D y B a las cuales trata de armonizar. Por último, a principios del siglo IV apareció en Antioquía, otra forma que desplazó a la Neutral. En esencia era el texto de la familia B pero retocado estilísticamente con el propósito de alcanzar al mundillo literario de la época.

III. Principios elementales de crítica textual

La tarea fundamental de la crítica textual es: (1) coleccionar, clasificar y estudiar los miles de manuscritos griegos, versiones y citas del NT existentes hasta ahora; (2) desarrollar una teoría y métodos de investigación que permita juzgar correctamente entre las múltiples variantes de un determinado t.

Para realizar esta doble tarea no basta el empleo de técnicas aplicables en la investigación de cualquier documento de literatura antigua. El investigador cristiano trabaja con documentos estrechamente ligados a eventos históricos que configuran las grandes expresiones doctrinales del NT. Así, el investigador del NT se convierte, en realidad, en un historiador del pensamiento cristiano. La actitud del crítico hacia la Escritura se condiciona por su formación religiosa, por el lugar y el tiempo en el cual vive, pero a la vez el crítico trata de emplear criterios científicos y objetivos. El crítico textual no debe pedir a la dogmática, por ejemplo, que le oriente en su juicio sobre determinado texto. En consecuencia, ninguna variante podrá ser apoyada o rechazada sólo por razones doctrinales.

La crítica textual aplica a una determinada variante los criterios externos e internos que están en favor o en contra. Por criterios externos se entienden los relacionados con los mss griegos, versiones o citas que apoyen la variante. La variante mejor apoyada debe ser la más fiel al original. Además se debe tomar en cuenta la relación que pudiera existir entre un ms y otro. Los mss deben ser confrontados entre sí para poder reconocer cualquier influencia, ya sea de citas paralelas o del AT. Por último, es importante establecer las relaciones entre las variantes mismas.

Los criterios internos complementan el juicio basado en criterios externos. Por ejemplo, es comprensible que una lección difícil haya sido reemplazada por una más fácil. Por esto, la lección difícil se debe tener por más fiel al original. También, la lección más corta es el original, puesto que un texto originalmente corto es más verosímil que se amplíe y no lo contrario. El contexto es importantísimo como criterio interno. Una determinada variante debe armonizar perfectamente con él; y aún más, las demás variantes deben ser explicadas por la lección escogida como original.

Tenemos que reconocer, pues, que no se podrá nunca tener una solución para todos los problemas de la crítica textual del NT. No obstante, la existencia de tan vasta cantidad de mss, y la seriedad científica que ha habido en su estudio, fortalecen nuestra plena confianza en el texto del NT tal como lo poseemos hoy.

Las versiones castellanas más leídas (con excepción de la RV y, en parte las dos primeras ediciones de la VP) se han aprovechado de estos avances científicos. Los traductores evangélicos de la VM y la HA, y los traductores católicos de las versiones BJ, NC, BC y otras, han transmitido en general los resultados de tal estudio, igualmente las versiones producidas por la cooperación interconfesional (la de Taizé y la tercera edición de VP).   J. M. A.

Bibliografía
H. Zimmerman, *Los métodos histórico-críticos en el NT* (Madrid: BAC, 1969), pp. 20-79; *Int. B.*, I, pp. 431-466, 602-615; *IB*, I, pp. 116-133; S. Neil, *La interpretación del NT* (Barcelona: Península, 1967), pp. 79-103; *INT*, pp. 67-126; *CBSJ* V, par. 69:106-150.

TIARA. Gorro alto de lino fino y forma cónica, usado por los sacerdotes como signo de su dignidad sacerdotal (Éx. 28:40; 29:9; 39:28; Lv. 8:13). En Éx. 21:26 se usa t. para traducir otra palabra que generalmente se refiere a la → mitra del sumo sacerdote. En este caso se usó en un paralelismo con la corona del príncipe de Israel.   W. M. N.

TIATIRA. Ciudad de Asia Menor fundada (siglo IV a.C.) por Seleuco I de Siria. Fue una guarnición fronteriza antes de pasar (133 a.C.) al Imperio Romano, bajo cuyo régimen conservó su importancia en la industria y en la red de carreteras. Se destacaban sus artesanos en la tintorería, la confección de ropa, la alfarería y la fundición de bronce. → Lidia de T., la "vendedora de púrpura" que Pablo conoció en Filipos, debe haber sido agente de un manufacturero de T. Ella "adoraba a Dios", según Hch. 16:14, lo que da a entender que era prosélito hebrea, habiéndose convertido quizá mediante sus relaciones con los judíos en T.

La iglesia de T. era la cuarta de "las siete iglesias de Asia" (Ap. 1:11; 2:18-29); la carta dirigida a ella está repleta de alusiones a las circunstancias de la ciudad. P.e., a Cristo se le describe en términos comprensibles a un obrero del bronce, y los detalles de la promesa (2:26s.) reflejan la larga historia militar de T. Bajo el nombre simbólico de Jezabel, se presenta una mujer, aceptada en la comunión de la iglesia, que pretendía introducir ciertos aspectos de la vida pagana, esenciales quizá para la admisión a los clubes o gremios en que se organizaban los artesanos. Dichos gremios, aunque cumplían ciertas funciones admirables, sin duda incluían en sus reuniones algunos actos de culto pagano y de inmoralidad. La represión de tal libertinaje es tajante (vv. 20-23).   R. F. B.

TIBERIAS. Nombre dado al mar de Galilea, y a una ciudad en la costa de éste, en honor de → Tiberio, el segundo emperador de Roma (14-37 d.C.).

La ciudad de T. fue construida por → Herodes Antipas (*ca.* 20 d.C.) unos ocho km al NO del extremo S del mar de Galilea. Por estar edificada una parte de la ciudad sobre un anti-

Las plácidas aguas del mar de Galilea en un día de verano acarician las ruinas de lo que fuera el puerto de veraneo de Tiberias, construido por Herodes Antipas en honor del Emperador Tiberio. A menudo en los Evangelios el mar en esa parte es denominado mar de Tiberias. IGTO

guo cementerio, los judíos sentían repugnancia hacia la ciudad.

Herodes la convirtió en capital de la tetrarquía de Galilea. Construyó allí su palacio y un estadio de modo que la ciudad llegó a ser un centro grecorromano importante donde confluían varias carreteras. Se menciona sólo una vez en la Biblia (Juan 6:23).

Después de la destrucción de Jerusalén (70 d.C.) y después de ser declarada legalmente pura, T. llegó a ser el centro más importante de la vida nacional, espiritual e intelectual de los judíos. Allí fueron compuestos la *Misná* (siglo III), → el Talmud palestinense (siglo V), y el sistema de puntos vocales del → texto hebreo del AT.

Debido a la importancia de la ciudad su nombre se extendió al mar de Galilea. Se la menciona en este nombre sólo en Jn. 6:1 y 21:1, libro escrito cuando (*ca.* 90 d.C.) el mar ya era muy conocido por este nombre.

A. C. S.

TIBERIO. Segundo emperador de Roma (14-37 d.C.). T. Claudio César fue hijastro e hijo adoptivo de Augusto César, pero ascendió al trono imperial no por preferencia de éste sino por la muerte de los demás herederos. T. siguió la política del gran Augusto pero, debido a su carácter difícil y desconfiado y a su avanzada edad (n. en 42 a.C.), perdió la confianza del pueblo,

renunció al imperio y pasó sus últimos años asilado en Capri.

T. fue emperador durante la última mitad de la vida de Jesús. Lc. 3:1ss. dice que Juan el Bautista empezó a predicar "en el año decimoquinto del imperio de T. César", lo que indica que Jesús inició su ministerio *ca.* 28 d.C. Esta es la única vez que el nombre de T. aparece en la Biblia. Sin embargo el → "César" de los evangelios (menos Lc. 2:1) es él.

F. R. K.

TIDAL. Rey de Goim (heb. = 'naciones'), uno de los cuatro aliados de Quedorlaomer, rey de Elam (Gn. 14:1,9). Su nombre no ha sido identificado con certeza, pero suele identificársele con el rey hitita Tudalía I (*ca.* 1740 a.C.). Sin embargo, puede tratarse de un gobernante anterior (del siglo XIX a.C) de una confederación de pueblos indoeuropeos (posiblemente hititas) en la frontera SE de Asia Menor.

J. M. A.

TIEMPO. Palabra usada para indicar (1) la mera secuencia cronológica (Gn. 4:3), (2) la duración correspondiente a determinado estado de cosas (p.e. el t. del nazareato, el t. del reinado de Ciro, etc.), (3) la época o período común de varios acontecimientos (Dt. 32:7), o bien (4) la ocasión oportuna o momento decisivo histórico en que ha de cumplirse la voluntad de Dios (2 Co. 6:2).

Es notable que la Biblia ponga énfasis no en la continuidad del t. (falta, por cierto, vocablo hebreo para tal concepto) sino en la importancia que presta Dios a determinados momentos de la historia. El t. así considerado es más una oportunidad (gr. *kairós*) que una sucesión de lapsos cronológicos (gr. *'jronos'*), v.g. el poema de los t. de Ec. 3:1-8 (→HORA).

Jesucristo vino predicando que el "t. se ha cumplido" (Mr. 1:15, cp. Gá. 4:4), pues su vida y obra señalan la crisis decisiva en los propósitos de Dios (Ef. 1:10) y marcan tanto el fin de una época como el comienzo de los "postreros →días" (Hch. 2:11; cp. Jl. 2:28; →SIGLO). El hecho de haber pasado a la historia el t. de Jesús es precisamente lo que define la diferencia entre las esperanzas de los judíos y las de los cristianos. El judío aguarda la intervención decisiva de Dios en un futuro, mientras el cristiano tiene una expectativa más segura y gloriosa de la consumación de los t. por cuanto sabe que el momento decisivo ha pasado, de una vez y para siempre. Estamos viviendo ya los últimos t. (Heb. 1:2; 1 Jn. 2:18; 1 P. 1:20; →SEGUNDA VENIDA).

Dios mismo, desde luego, no está limitado por el t. ya que la creación temporal es obra de sus manos (Sal. 90:2). La misma ausencia de límite temporal se aplica a todos sus atributos y a la gracia hacia su pueblo (cp. Jer. 31:3; 32:40; Os. 2:19; etc. →PRINCIPIO).

Sin embargo, no se puede inferir de semejantes proyecciones que la eternidad es una extensión *ad infinitum* del t. lineal, o sea el t. sin principio ni fin. Cuando Dios se llama → "Alfa y Omega" no quiere indicar que su existencia es más larga sino más bien que está por sobre el t. La eternidad es una dimensión distinta, diferente en calidad del t., sin pasado ni futuro; o sea es un eterno presente. Esto explica el nombre con que Dios se revela a Moisés: "Yo soy el que soy" (Éx. 3:14, cp. Jn. 8:58; →JEHOVÁ). Para Dios es lo mismo mil años que un día (2 P. 3:8); es decir, su existen-

cia no se mide por el t. finito. Es el Rey de las edades (1 Ti. 1:17).   W. D. R.

Bibliografía
VTB, pp. 782-789; Cullmann, Oscar, *Cristo y el tiempo,* Barcelona: Estela, 1968; *VB*, pp. 321 ss.

TIENDA. Vivienda propia de los pueblos nómadas o seminómadas y alojamiento de los ejércitos en campaña. En t. vivió normalmente el pueblo hebreo desde Abraham hasta Jacob, y desde el éxodo hasta la conquista de Palestina (→TABERNÁCULO).

Etimológicamente el vocablo heb. significa "ser claro", "brillar", "verse a la distancia". En el desierto desde lejos pueden discernirse los campamentos nómadas. Las pieles de cabra negra o de camellos se destacaban en contraste con la blancura del suelo. Las t. se estiraban por medio de cordeles atados a estacas clavadas en el suelo (Is. 54:2; Jer. 10:20).

Para dar cabida a más de una familia o alojar también animales, la t. se dividía con cortinas de caña o de lana de cabra. El suelo se cubría con mantas de calidad variable según la situación económica de la familia. Las t. se prestaban magníficamente para la vida pastoril (Gn. 13:12; Is. 38:12; Sal. 78:55; Heb. 11:9).

La construcción de t. fue la profesión de Pablo y Aquila (Hch. 18:3).

La t. se usa mucho en el lenguaje figurado religioso y secular. Is. 40:27 nos pinta el cielo como la gran tienda de Dios. En 2 Co. 5:1 Pablo describe nuestra vida corporal como una tienda (tabernáculo) que pasa, se deshace, en contraste con la morada permanente en Dios. En la figura de Is. 54:2 ensanchar la t. es sinónimo de confianza en las promesas de Dios.

En general la tienda es figura del hogar, de la protección. Su desaparición es penosa, equivale a la muerte (Is. 38:12) Es figura del carácter peregrino del pueblo de Dios que busca una

Todavía hoy día el beduino vive en tiendas, la vivienda que ha sido típica de los pueblos nómadas por miles de años.   MPS

morada permanente en los cielos (Heb. 11:9-16).
E. E. C.

TIERRA. Término usado en la Biblia por lo menos en cinco diferentes sentidos.

1. Planeta o mundo físico habitado por el hombre (Gn. 1:1; Dt. 31:28; Sal. 68:8; Mt. 6:10).
La t. en forma figurada era como alfombra que se extiende (Is. 42:5; 44:24), cimentada sobre el océano (Sal. 24:2; 136:6) y colgada de la nada (Job 26:7), sostenida por columnas (Job 9:6; Sal. 75:3), sobre cimientos irremovibles, aunque tiemble (Sal. 104:5; Pr. 8:29; Is. 24:18; Jer. 31:37).
Se habla de los "cuatro confines" o "cuatro extremos" (Is. 11:12; Ez. 7:2), en el sentido que hoy se habla de los "cuatro puntos cardinales".

2. Parte del planeta (gr. *Jerán*) no ocupada por los mares (Gn. 1:10,28; Mt. 23:15).

3. Suelo o superficie cultivable (gr. *ges* de la t. (Gn. 1:29; Gn. 3:23; 27:28; Sal. 104:14; Mt. 13:5,8).

4. Totalidad de los habitantes de la t. (gr. *oikoumene*) o de una parte de ella (Gn. 11:1-9; Sal. 98:9; Lm. 2:15; Lc. 2:1; 4:5; 21:26).

5. Territorio: "la t. de los filisteos" (Gn. 21:32); "la t. de Canaán" (Gn. 23:2); "la t. de Judea" (Jn. 3:22). Hay casos en que no está claro si la palabra se usa en sentido restringido o universal. V.g. en la historia del →diluvio (Gn. 7 y 8).
A. Ll. B.

TIERRA SANTA. →PALESTINA, ISRAEL POST-BÍBLICO.

TIFSA. 1. Ciudad situada en el extremo occidental del Éufrates, donde el río, que baja hacia el S, vira hacia el E (1 R. 4:24). Era el límite NE del reino de Salomón.

2. Ciudad situada cerca de Tirsa en Samaria, unos 48 km al N de Jerusalén (2 R. 15:16). Fue víctima de la despiadada venganza de Manahem, que por encontrar las puertas cerradas abrió las entrañas de las mujeres que estaban encinta.
A. Ll. B.

TIGLAT-PILESER III. Nombre del gran monarca asirio que también aparece en algunas versiones como Teglat-falasar (BJ). También se le conoce como →Pul, rey de Babilonia (1 Cr. 5:26). Fue hijo de Adad-nirari III y padre de Salmanasar V. Su reinado duró solamente 18 años (745-729 a.C.), pero fue de fatales consecuencias para Israel y Judá. Su ascenso al trono puso fin a un período de debilidad política y militar que había comenzado en Asiria durante el reinado de su antecesor.
Con el sistema iniciado por él de trasladar poblaciones de un lugar a otro y al cambiar la táctica de tener reyes tributarios por la de anexarlos al imperio, dotó a Asiria de una sólida fórmula para sostenerse económicamente y para

defenderse y extenderse al mismo tiempo. Venció con facilidad a todos sus enemigos e hizo hábiles alianzas con pueblos importantes que llegaría a dominar totalmente.

Lápida con un relieve de Tiglat-Pileser III, rey de Asiria de 747-727 a.C., en su carroza de guerra.   BM

Al ascender al trono de Babilonia en 729 adoptó el nombre de Pulu con lo cual hacía más aceptable su imposición. En el N penetró hasta tocar con los medos y muy pronto terminó con la influencia que los ururtanos ejercían sobre Siria. Todas estas campañas tuvieron gran alcance y resonancia (2 R. 19:13; Is. 37:13), incluyendo la caída de Damasco en el 732. Las inscripciones asirias de esta época mencionan que recibió tributo del rey Manahem (2 R. 15:19). También mencionan a Tiro, Damasco, Cilicia, Carquemis y aun a Zabibi, reina de los árabes, como tributarios permanentes del imperio. La región de Hamat quedó totalmente pacificada con la deportación de 30,000 de sus habitantes a otras regiones. En una sola campaña se le rindieron las ciudades de Fenicia y conquistó Gaza.

El rey Acaz, de Judá, acudió a T. en busca de ayuda contra la coalición que Peka de Israel y Rezín de Siria habían formado contra él (2 R. 16:7). Peka se rindió a tiempo para salvar a Samaria, aunque ya había perdido gran parte de su territorio (2 R. 15:29). Acaz, protegido de T. en este caso, no iba a quedarse sin pagar un alto precio material y espiritual por sus servicios (2 R. 16:8-16). El rey asirio lo hizo ir a rendirle homenaje a Damasco, y llevarle cuanta plata y oro pudo recoger en el templo de Jerusalén; además, Acaz recibió órdenes de T. de construir un altar al dios de Asiria en el mismo templo de Jerusalén. Acaz acató la orden con tal obediencia que inmediatamente envió el diseño del altar al sacerdote Urías para que procediera a cumplirla. Cuando Acaz regresó a Jerusalén pudo ya adorar en el nuevo altar que T.

le hizo construir. Desde esa fecha hasta el año 612 a.C., en que cayó definitivamente el imperio asirio, Judá pagó con fuertes tributos su precaria libertad.   A. Ll. B.

TIGRIS. →HIDEKEL.

TILDE. →JOTA.

TIMNA. Tres personajes y dos lugares llevan este nombre.

1. Concubina de Elifaz, hijo de Esaú; madre de Amalec (Gn. 36:12).

2. Hija de Seir y hermana de Lotán (Gn. 36:22). Es posible que ésta sea la misma persona de Gn. 36:12.

3. Jefe edomita (Gn. 36:40; 1 Cr. 1:51).

4. Lugar al sur de Hebrón (Jos. 15:57), llamado → "Timnat" en Gn. 38:12.

5. Pueblo en la frontera norte de Judá (Jos. 15:10; 2 Cr. 28:18), llamado → "Timnat" en Jue. 14:1.   D. M. H.

TIMNAT. 1. Pueblo situado al N de Judá, entre → Bet-semes y → Ecrón (Jos. 15:10), en la frontera con → Filistea. Fue asignado a la tribu de Dan. Sin embargo, perteneció alternativamente a Israel y a Filistea (Jue. 19:43; 2 Cr. 28:18).

Fue escenario de las actividades de Sansón. Éste se casó con una mujer de Timnat, pero la dejó cuando ella lo traicionó (Jue. 14:1-20).

2. Aldea asignada a Judá (Jos. 15:57). Allí Judá tomó por ramera a su nuera Tamar (Gn. 38:12-14). Hoy día es Khirbet Tibneh en el camino de Lida a Jerusalén, 14 km al NO de Betel.   J. E. G.

TIMOTEO (gr.= 'temeroso de Dios'). Hijo espiritual (2 Ti. 2:1), compañero y ayudante (Fil. 2:19-22) de Pablo. Nació en Listra de madre judía (→ Eunice) y padre griego (Hch. 16:1; 2 Ti. 1:5). Fue altamente estimado por los hermanos en Listra e Iconio (Hch. 16:2). No se sabe cuándo se convirtió pero se supone que fue durante el primer viaje de Pablo, cuando pudo presenciar los sufrimientos del apóstol (2 Ti. 3:11).

Al separarse Bernabé y Pablo, éste tomó a T. para reemplazar a Juan Marcos (Hch. 15:36ss.). Fue circuncidado por Pablo (Hch. 16:3). Cuando Pablo tuvo problemas en Tesalónica y en → Berea, T. se quedó allí con → Silas mientras Pablo se trasladaba a Atenas (Hch. 17:14). Se reunieron en Corinto (18:5) y siguieron juntos hasta Éfeso, desde donde fue enviado con Erasto a Macedonia (Hch. 19:22). Por último, aparece entre los que acompañaron a Pablo en el viaje a Jerusalén (20:4).

Pablo lo menciona como coautor de varias de sus cartas y le escribió dos cartas personales. Fue enviado a Tesalónica a confirmar a los creyentes (1 Ts. 3:1-5). Pablo lo describe como un siervo de Dios en el evangelio con algún prestigio entre los apóstoles (1 Ts. 2:6; 3:2). Fue emisario personal de Pablo a Corinto con

una misión delicada y lo recomienda cariñosamente (1 Co. 4:17; 16:10). Pablo exhorta a los corintios a enviarlo de regreso en paz. En 2 Co. es Tito el emisario, lo que insinúa que T. dejó algunos problemas sin resolver en Corinto y que no tuvo éxito.

Las cartas de la cautividad de Pablo presentan a T. como fiel compañero y colaborador. Es enviado a fortalecer las iglesias gentiles (Fil. 1; Col. 1; Flm 1). En Fil. 2:19 aparece llevando un informe directo del estado de la iglesia filipense. Fue uno de los que más trabajó para levantar las iglesias gentiles. Pablo destaca el genuino interés que T. tiene por los creyentes (Fil. 2:20-23).

Cuando Pablo salió de la prisión y reanudó la actividad misionera en el E, dejó a T. en Éfeso (1 Ti. 1:3) y le encargó la reorganización de la iglesia. Más tarde, cuando Pablo volvió a caer preso, T. acudió prestamente a Roma, pero es imposible fijar la fecha de su llegada. Sólo sabemos que T. mismo estuvo prisionero en Roma (Heb. 13:23).

Las epístolas pastorales presentan a T. como pastor y dan un cuadro más completo de su personalidad que las vagas referencias de 1 y 2 Co. Era muy afectivo pero tímido (2 Ti. 1:4,7). Necesitaba las amonestaciones personales de Pablo. Ninguno de los compañeros de Pablo fue tan ardientemente elogiado por su lealtad (Fil. 2:21s.); es fácil inferir que Pablo veía en él a su natural sucesor dados sus esfuerzos y virtudes.   J. M. A.

TIMOTEO, EPÍSTOLA A →EPÍSTOLAS PASTORALES.

TINAJA. →CÁNTARO.

TINIEBLAS. La revelación bíblica no acepta el dualismo →luz y t., día y noche, que caracteriza a muchas religiones. Dios hizo la noche y las t. (Is. 45:7) y no hay oscuridad tan profunda como para sobrepujar a Dios (Sal. 139:7-12). Las t. no son meramente ausencia de luz sino la matriz del caos (Gn. 1:2) y la esfera del maligno (Jn. 12:31, Hch. 26:18). Las t. luego representan el pecado (Jer. 32:12) y la muerte (Sal. 107:14). El Seol es un lugar tenebroso (Job 10:21s.). Además las t. simbolizan la aflicción (Sal. 88:6), el peligro (Sal. 23:4) y el horror (Am. 5:18ss.).

Concluimos que en la Biblia hay dos esferas distintas de t.: la ética y la que es dominio de los poderes satánicos. Los rollos del Mar Muerto (→QUMRÁN) hablan de las t. como si fuesen un estilo de vida: los caminos de las t., los hijos de las t. y el espíritu de t. Pablo y Juan enseñan lo mismo (Ef. 5:11; 1 Jn. 2:9).

El poder demoníaco es real (Ef. 6:12). Causa ceguera espiritual (2 Cor. 4:3s.; 1 Jn. 2:11) y si ésta continúa sin rectificarse, resulta en perdición (1 P. 2:17). La pugna es muy dura (Lc.

22:53) pero finalmente las t. seran vencidas por Dios (Ro. 13:12s. 1 Jn. 2:8; Is. 60:18-20).

W. G. M.

TINTA. Para escribir sobre → papiro o cuero (→ PERGAMINO; → ESCRITURA) se diluía hollín en una solución de goma y se licuaba con aceite. Era fácil de borrar (Nm. 5:23). El secretario llevaba el tintero atado a la cintura (Ez. 9:2-11). Baruc escribía con tinta lo que le dictaba Jeremías (Jer. 36:18). Pablo compara la iglesia en Corinto con una carta, escrita no con t. sino con el Espíritu del Dios viviente (2 Co. 3:3). El anciano de 2 Jn. 12 y 3 Jn. 13 prefiere hablar cara a cara, considerando impersonal la comunicación por t. y pluma.

R. O.

La tinta que usaban los antiguos se componía de carbón pulverizado, o humo de pez, o marfil quemado, mezclado con goma y agua.

TIPO, TIPOLOGÍA. Sombra que proyecta una verdad de la historia del AT a la realidad o cumplimiento ("antitipo") en la revelación del NT. Tipología es el estudio de los tipos. Comprende tales términos como "ejemplo" (Ro. 5:14; 1 Co. 10:6,11), "sombra" (Col. 2:17; Heb. 8:5; 10:1), "figura" (Heb. 8:5; 9:23,24), "señal" (Mt. 12:39), "símbolo" (Heb. 9:9; 11:19) y "antitipo" (Heb. 9:24; 1 P. 3:21). Todos éstos están relacionados con la t. bíblica.

Los t. del AT incluyen personas, funcionarios, objetos, acontecimientos, ritos, lugares, e instituciones que, además de su propio valor significativo, prefiguraban a alguien o a algo por venir. P.e. → Adán, → Melquisedec; la función profética y sacerdotal; el → maná; la → serpiente de bronce; la roca herida; el paso del Jordán; la → pascua; el → día de expiación y las ciudades de refugio son todos t. de Cristo. Las siguientes son sus características principales:

1. Están completamente arraigados en la historia veterotestamentaria. La experiencia de → Jonás es tan creíble como el trascendental evento que ilustra (Mt. 12:40). El episodio de la serpiente pertenece a la misma categoría histórica que el evento que tan gráficamente prefigura (Jn. 3:14).

2. Son por naturaleza proféticos: su culminación siempre ocurre en tiempos mesiánicos. Melquisedec, la figura histórica (Gn. 14) viene a ser la prefiguración del sacerdocio eterno de Cristo (Sal. 110; Heb. 7).

3. Todos forman parte intencionada de un todo en la historia de la redención. Los t. no son pensamientos sueltos, leídos cabalísticamente en la historia del AT. Ellos retienen su sentido típico aun después que el antitipo ha aparecido (cp. 1 Co. 10:1-11).

4. Son cristocéntricos. Todos apuntan a Cristo en una u otra manera. Si el AT, como un todo, centra su mensaje en Cristo (Lc. 24:44), ciertamente los t. prefiguran su obra redentora por la raza caída.

5. Son edificantes. Tienen significado espiritual para el pueblo de Dios en todos los tiempos. Los siervos de Dios del AT fueron sin duda edificados por el significado figurativo de tales cosas como la → circuncisión (Dt. 30:6), los → sacrificios (Os. 14:2) y la coronación de Josué (Zac. 6:9-15). Gran parte del AT, p.e. Éx. 25-27, tendría ahora sólo valor como antigüedad si no fuera por los t. que se anidan en el texto.

En cuanto al alcance o extensión de la t. hay una variedad de posiciones por parte de los expositores. Algunos han adornado de tal manera la historia del AT con tantos t. que la historia simple es prácticamente ignorada; al otro extremo se hallan los que del todo rehúsan ver en la historia veterotestamentaria significado tipológico alguno. La interpretación correcta se halla sin duda, entre los dos extremos.

Para salvaguardar al estudiante de la t., debe distinguirse entre el t. respaldado por la autoridad del NT y el t. basado en la especulación del intérprete inescrupuloso. La sobria exégesis debe prevalecer sobre la imaginación fantástica. Asimismo, debe distinguirse el t. que corrobora definitivamente una doctrina de uno que no tiene ninguna contribución para alguna supuesta doctrina. La expulsión de Jonás del vientre del gran pez, p.e., tipifica la resurrección de Cristo (Mt. 12:40); pero la devolución de Jonás a tierra firme no tipifica necesariamente la restauración de Israel a la Tierra Santa.

También hay que distinguir entre lo que en un t. es esencial y lo que es superfluo. Muchos tipologistas se dejan llevar por los detalles a tal grado que la verdad esencial se les escapa entre lo absurdo y lo pueril. Igualmente debe distinguirse entre el t. que es completamente cumplido en el antitipo y el que, aunque parcialmente cumplido, todavía retiene su valor simbólico para el mundo futuro. El libro de Apocalipsis está lleno de este aspecto de la t. (v.g. 14:1).

V. M. R.

TIQUICO (gr. = el que tiene fortuna'). Amigo y compañero de Pablo oriundo del Asia Menor. Se menciona cinco veces en el NT. Acompañó a Pablo a Jerusalén, quizá como delegado de su iglesia a la entrega de la colecta (Hch. 20:4s.). Fue representante personal de Pablo ante los colosenses (Col. 4:7s.) y los efesios (Ef. 6:21s.) Pablo parece haberle considerado como posible relevo de Tito en Creta (Tit. 3:12) y lo envió a Éfeso cuando necesitó a Timoteo (2 Ti. 4:12). El tipo de trabajo que Pablo le encomendaba se refleja en Ef. 6:21, y Col. 4:7. La designación como "ministro" en estos pasajes implica su completa dedicación a la obra. Muestra un carácter lleno de afecto y fe, y digno de la gran confianza depositada en él por Pablo. Aparece como un hombre de mucha habilidad y experiencia en la obra.

J. M. A.

TIRANO (gr. = "señor violento"). Residente de Éfeso en cuya "escuela" Pablo presentó durante dos años las doctrinas del evangelio (Hch. 19:9; el texto occidental añade que el horario se extendía de las 11 am. hasta las 4 pm.). Desde allí como centro, el evangelio fue llevado por sus discípulos a toda la provincia de Asia. Algunos creen que T. fue un sofista griego, maestro de retórica y filosofía que abrió su aula para la discusión de la nueva doctrina y que probablemente se convirtió.

L. S. O.

TIRHACA. Tercer faraón de la vigesimoquinta dinastía de Egipto. Puesto que esa dinastía era oriunda de Etiopía, el AT se refiere a T. como "rey de Etiopía" (2 R. 19:9; Is. 37:9). Fue éste el faraón que salió a hacerle guerra a → Senaquerib cuando se aprestaba a tomar a Jerusalén en tiempos del rey Ezequías. Por una intervención divina, las tropas de Senaquerib fueron diezmadas y se vio obligado a regresar a Nínive (2 R. 19:35-36; Is. 37:36-37). Herodoto menciona una campaña de Senaquerib en la que el ejército se vio atacado por una plaga de ratones que devoraron las cuerdas de los arcos y los arneses de los caballos. Es casi seguro que este historiador se refería a los mismos acontecimientos de la historia bíblica.

El estudio de la vida de T. a partir de los monumentos egipcios plantea una dificultad. Al parecer T. llegó a ser faraón después de la campaña de Senaquerib. Hay dos hipótesis para resolver la dificultad: (1) Aunque T. no era todavía faraón, ya tenía cierta autoridad en Egipto. El título de "rey de Etiopía" que le da el AT era precisamente el que tenía en época de la campaña como título honorífico por ser gobernador de una de las provincias del N de Egipto o general del ejército. (2) Otra posibilidad sería suponer que Senaquerib llevó a cabo dos campañas hacia el O. Sin embargo, ni los

textos asirios, ni los egipcios, ni los veterotestamentarios dan testimonio de dos campañas distintas.

J. L. G.

TIRAS. Hijo de Jafet (Gn. 10:2; 1 Cr. 1:5). No se menciona más en el AT ni en inscripciones fuera de la Biblia. Se le ha comparado con los tursas, mencionados por Ramsés III, que invadieron Egipto desde el norte en el siglo XIII a.C. Los tursas son los tirsenos de las canciones griegas, que a su vez se han identificado con los etruscos.

J. M. A.

TIRO. Ciudad fenicia situada 40 km al S de Sidón y 56 km al N del monte Carmelo. Recibió el nombre de T. por estar construida sobre una isla rocosa a 800 m de tierra firme. Frente a ella en tierra firme se encontraba la ciudad de Uchu, la que en documentos antiguos es conocida como "la vieja T." Uchu estaba fortificada. En ella habitaba buena parte de la población de T., pues en la isla misma no había espacio para la agricultura.

A medida que T. fue ganando importancia marítima y comercial, la agricultura quedó relegada a segundo plano, y la vieja ciudad perdió importancia al mismo tiempo que la ganaba la población de la isla. T. tenía la ventaja de ser casi inexpugnable por estar separada de tierra firme. En tiempos del rey → Hiram, se construyó un rompeolas al S de la isla, con lo cual ésta quedó provista de una magnífica bahía. La isla es actualmente una península, porque → Alejandro el Grande construyó un camino firme desde la costa para conquistarla. Ese camino se ha ensanchado con los sedimentos de la erosión. Al S de T. pueden verse todavía los restos del rompeolas bajo el agua.

Los orígenes de T. se pierden en la penumbra de la prehistoria. Puesto que Isaías (23:12) la llama "hija de Sidón", es de suponerse que fue fundada por esa ciudad. Herodoto da a entender que ese acontecimiento tuvo lugar en el siglo XXVII a.C. Sin embargo, T. aparece en los documentos históricos sólo a mediados del segundo milenio a.C. como una próspera ciudad que competía con Sidón y otras por la hegemonía comercial.

T. fue famosa por sus navegantes. Su comercio unía al oriente con el occidente. T. fue un gran centro comercial y marítimo a través de casi toda la historia del AT. Por esa razón Isaías la llama "emporio de las naciones" (23:3), y Ezequiel se refiere a ella como "la que trafica con los pueblos de muchas costas" (27:3). Milenios antes que Vasco de Gama, los marinos de T. circunnavegaron el continente africano y fundaron la ciudad de Cartago en el N de Africa en el siglo IX a.C.

Aunque T. existía ya en la época de la conquista y de los jueces, sólo aparece en la historia de Israel durante los reinados de David y Salomón. En esa época, el reino de Israel llegaba hasta los confines de T. (2 S. 24:7).

Las relaciones entre T. y David primero, y Salomón después, fueron cordiales y productivas para ambas partes. En esa época gobernaba en T. el rey Hiram, uno de sus más notables soberanos. Luego, la época de máximo esplendor de Israel coincidió con la época semejante de T. Sin embargo en lugar de disputarse la hegemonía de la región, ambos reinos colaboraron, tanto en el comercio interior como en el exterior. En el comercio interior, el rey Hiram ayudó a David en sus construcciones, proveyéndole maderas y artesanos (2 S. 5:11; 1 Cr. 14:1). Para construir su templo, Salomón hizo un pacto con Hiram, según el cual éste le enviaba maderas y artesanos a cambio de trigo, cebada, aceite y vino (1 R. 5:1-11; 2 Cr. 2). Además, después de terminado el templo Salomón dio a Hiram veinte ciudades que Hiram recibió con desagrado (1 R. 9:10-13).

Oriundo también de T. fue Hiram, hijo de una viuda de Neftalí, principal constructor del templo, que no ha de confundirse con el rey de T. En el comercio exterior, T. también colaboró con Salomón cuando éste construyó naves en →Ezión-geber para enviarlas a Ofir, pues en esa ocasión fue Hiram quien le proveyó de marineros para tripularlas (1 R. 9:26-28).

Esta amistad hizo que la idolatría se introdujera en el pueblo hebreo bajo los reinados de →Jezabel y Acab en Israel, y →Atalía y Joram en Judá. La riqueza de T. la hacía una ciudad orgullosa, y por eso los profetas clamaron repetidamente contra ella (p. ej., Is. 23:1-17; Jer. 27:3-6; Ez. 26—29; Jl. 3:4-8). Uno de los peores agravios que T. cometió contra Israel fue vender a algunos de sus ciudadanos como esclavos (Am. 1:9-10).

Durante la época de la hegemonía asiria, Salmanasar intentó tomar a T., y para ello la atacó con 60 naves, pero los habitantes de T., con sólo 12 naves, lo derrotaron. Tras sitiar la ciudad por cinco años, Salmanasar murió. Senaquerib la atacó de nuevo y no obtuvo mejores resultados. Por fin, en el año 664 a.C., Asurbanipal logró conquistarla. Cuando Babilonia sucedió a Asiria, T. volvió a establecer relaciones estrechas con Egipto, pero en el 605 →Nabucodonosor derrotó al faraón →Necao en Carquemis y cercó a T. durante 13 años. Al parecer, Nabucodonosor logró establecer su autoridad, pues a partir de ello T. quedó dentro de la esfera de influencia de Babilonia.

Cuando el imperio de Babilonia pasó a la historia, la condición de T. bajo el dominio persa fue holgada. Durante años T. pudo comerciar en paz, aunque siempre haciendo a los persas partícipes de sus ganancias. Los soberanos persas, sin embargo, fueron haciéndose más exigentes, hasta que por fin las ciudades de Fenicia se rebelaron. En esa ocasión Sidón fue destruida y T., aprendiendo por la experiencia ajena, se rindió a los persas.

Cuando →Alejandro invadió la región se vio obligado a sitiar T. por espacio de varios meses debido a la resistencia opuesta. A fin de evitar las demoras de un sitio prolongado, Alejandro hizo construir una amplia carretera que unía a T. con la tierra firme, y por ella atacó y tomó la ciudad. Ocho mil de sus habitantes fueron muertos, y treinta mil vendidos como esclavos. A pesar de esto, T. no perdió su importancia, y pocos años después de la muerte de Alejandro, cuando sus generales se disputaban los restos de su imperio, T. era ya de nuevo una ciudad fortificada. Tras quedar en manos de los egipcios, pasó al poder de los seleúcidas, luego al de los armenios, luego otra vez a los seleúcidas, para finalmente, en el año 65 a.C., quedar incorporada al Imperio Romano. Este dio a sus habitantes ciertas libertades que les permitieron continuar tranquilamente sus viejas actividades comerciales. Hoy no queda allí más que una pequeña aldea y la isla sigue unida a la tierra firme por el camino que Alejandro construyó para sus falanges.

En el NT se menciona a T. repetidamente. Algunos de sus habitantes pudieron escuchar al Señor (Mr. 3:8; Lc. 6:17). Jesús estuvo en sus territorios (Mt. 15:21; Mr. 7:24), e hizo referencia a ella (Mt. 11:21-22; Lc. 10:13-14). El apóstol Pablo hizo también una breve visita a la ciudad (Hch. 21:3,7).   J. L. G.

TIRSA ('deleite'). **1.** La menor de las cinco hijas de Zelofehad (Nm. 26:33; 27:1; Jos. 17:3).

2. Ciudad cananea (Jos. 12:24), asignada a la tribu de Manasés, famosa por su belleza (Cnt. 6:4). Capital de Israel durante los reinados de Baasa (1 R. 15:21; 33; 16:6), Ela y Zimri (1 R. 16:7-10). Cuando Omri sitió la ciudad, Zimri quemó el palacio y se suicidó (1 R. 16:17,18). Seis años después Omri trasladó la capital a Samaria. T. reaparece en 2 R. 15:14-16 como el lugar en donde Manahem conspiró en contra de Salum. La identificación exacta del sitio no se ha establecido. Roland de Vaux sugiere un montículo unos 11 km al NO de Nablus.   G. D. T.

TISBITA. Natural de Tisbe, pueblo de Neftalí. A Elías se le llama "tisbita" (1 R. 17:1; 21:17,28; 2 R. 1:3,8; 9:36).

Tisbe no se ha podido localizar. Se le ha identificado con Teitaba, 18 km al NO del mar de Galilea; con Listib en la parte oriental de los montes de Galaad, y con otros lugares.
                    J. E. G.

TITO. Hijo espiritual, compañero y colaborador de Pablo (Tit. 1:4; 2 Co. 8:23). Sorprendentemente, no se menciona por nombre en el libro de los Hechos, aunque acompañó a Pablo y Bernabé en su viaje a Jerusalén (Gá. 2:1), viaje que probablemente sea el mismo que se narra en Hch. 15 (→CONCILIO DE JERUSALÉN). Como era griego, no fue obligado a circuncidarse (Gá. 2:3). Se ha conjeturado que T. era hermano de Lucas y que Lucas sea "el hermano" mencionado en 2 Co. 8:18,22; así se explicaría por qué Lucas modestamente calla el nombre de T. en Hch.

Aparentemente sirvió como representante de Pablo en Corinto (2 Co. 8:6; 12:18) y posiblemente llevó la epístola que Pablo escribió a esa iglesia (la segunda de las tres) que no se ha conservado (cp. 2 Co. 2:1-4; 7:6-12). En uno de sus viajes Pablo lo esperaba en Troas para tener noticias de Corinto. Cuando T. no llegó, se llenó de angustia (2 Co. 2:12). Al fin se reunió con Pablo en Macedonia donde le informó acerca del progreso de los → corintios, lo que causó gran gozo y consuelo al apóstol (2 Co. 7:5ss., 13ss.) y motivó la escritura de su tercera carta a los corintios (conocida como 2 Co.), la que mandó con T. (2 Co. 8:16s).

Pablo llevó a T. a la isla de → Creta, donde lo dejó para consolidar la obra y organizar la iglesia (Tit. 1:5). El apóstol le escribió la epístola que lleva su nombre (→ EPÍSTOLAS PASTORALES) con el fin de instruirle y animarle en sus responsabilidades eclesiásticas. Pablo lo llamó a reunirse de nuevo con él en Nicópolis (Tit. 3:12). De acuerdo con 2 Ti. 4:10 es posible que lo mandara en otra gira de evangelización a Dalmacia. Según la tradición posterior T. volvió a Creta y sirvió allí muchos años como obispo, muriendo a una edad avanzada.

D. M. H.

TITO, EPÍSTOLA A → EPÍSTOLAS PASTORALES.

TOALLA. Traducción (RV) de la voz gr. *léntion* que aparece sólo en Jn. 13:4s. y que se refiere a un lienzo usado como "toalla" o delantal que se ponían los sirvientes al entregarse al trabajo.

W. M. N.

TOB. Ciudad y región en el S de Haurán y al NO de Galaad. Jefté se refugió allí al ser desterrado por los hermanastros (Jueces 11:3-5). En 2 S. 10:6-8 se llama Is-tob.

Después del exilio algunos judíos se establecieron en T. Judas Macabeo los libró del ataque de sus vecinos griegos (1 Mac. 5:13; 2 Mac. 12:17).

Es probable que T. haya estado ubicada donde hoy se halla la aldea de Taiyibe, 16 km al S de Gadara, entre Bozra y Edrei.   J. E. G.

TOBÍAS. Enemigo de → Nehemías (Neh. 2:10). En unión de Sanbalat y Gesem, se opuso a la reconstrucción de las murallas de Jerusalén (2:19; 6:16-19). A pesar de ser "siervo amonita" (2:10,19), logró ocupar posiciones de importancia. Se unió por matrimonio a una distinguida familia de Judá (6:17,18) y por causa de su parentesco con el sacerdote Eliasib llegó a disponer de una habitación en los atrios del templo, de donde fue arrojado por Nehemías (13:4-9).

También llevaron este nombre un levita distinguido (2 Cr. 17:7-9), el tronco de una familia que había perdido sus comprobantes de ascendencia israelita (Esd. 2:59,60), y un cautivo escogido para desempeñar una misión importante (Zac. 6:9-15).   A. P. P.

TODOPODEROSO (heb. *Shaddai* = 'Omnipotente'). Palabra usada 48 veces en el AT para caracterizar o nombrar a Dios (especialmente en Job). En el NT sólo se encuentra en Ap. (gr. *pantókrator*) además de una cita del AT en 2 Co. 6:18. La omnipotencia no se refiere a un atributo abstracto, sino más bien a la obra de Dios, "el que obra con todo poder". Si bien la Biblia no utiliza mucho la expresión, afirma claramente el pleno poder de Dios para llevar a cabo su propósito (Sal. 115:3; 135:6). No se trata de una potencia arbitraria sino de su propósito santo en la → creación y la → redención.

Cristo participa en el poder del padre, y aunque su omnipotencia permanece oculta a los incrédulos, se manifiesta en sus obras, y sus discípulos la atestiguan (Mt. 9:6; 11:27; 28:18; Jn. 17:2; Ap. 1:8). Frente a la omnipotencia divina el hombre no ha de sentir sólo temor y temblor (Job 37:23-24; 40:2) sino confianza, seguridad y valor (Gn. 17:1ss.). La humilde súplica y la fe obediente corresponden al encuentro con el Dios t. cuya voluntad y obra son nuestra salvación.   J. M. B.

TOFEL. Lugar en el Arabá cerca del punto donde los israelitas terminaron sus peregrinaciones (Dt. 1:1). Se ha identificado con el moderno Tafile, ubicado 25 km al SE del mar Muerto, identificación dudosa.   D. J.-M.

TOFET ('lugar de fuego'?). Lugar en el valle de → Hinom al S de Jerusalén, cerca de la unión de este valle con el de Cedrón. Aquí, bajo Acaz y Manasés, los israelitas sacrificaron sus hijos a → Moloc pasándolos por fuego (2 R. 16:3; 21:6), hecho que quizás explique el nombre dado a este lugar. Josías lo profanó (2 R. 23:10). Jeremías profetizó que T. se llamaría "Valle de la Matanza" y que se convertiría en un cementerio (Jer. 7:31,32; 19:6,11-14).

K. B. M.

TOGARMA. Hijo de Gomer (Gn. 10:3) que formó uno de los muchos pueblos que habitaban "los confines del Norte" de Ez. 38:6. Sostenía relaciones comerciales con Tiro, a la que vendía caballos y animales de carga (Ez. 27:14). Se ha identificado con Til-garimu o Tegarama, lugar en Asia Menor, entre Carquemis y Harrán. Fue destruida por los asirios en el 695 a.C.

J. M. A.

TOLEMAIDA. Puerto ubicado en la bahía de Acre, 13 km al N del monte Carmelo. Su nombre primitivo fue Aco (Jue. 1:31). Era el único puerto natural al sur de Fenicia. Aser no logró conquistarlo cuando le fue asignado. Durante el AT había varias rutas de Aco a Galilea y al valle del Jordán. Los escritos extrabíblicos hacen muchas referencias a Aco. A fines del siglo III o a principios del II a.C. pasó a llamarse Tolemaida en honor a → Ptolomeo Filadelfo (285-246 a.C.). Tuvo un papel bastante importante en la historia de los judíos en la época de los macabeos (1 Mac. 5:15; 12:45-48). Creció en importancia cuando menguaron → Tiro y → Sidón (a partir del siglo IV a.C.).

Pablo visitó Tolemaida en el viaje a Jerusalén, después de pasar por Tiro. Allí había un grupo de creyentes y Pablo estuvo un día con ellos. Es la única mención de T. en el NT (Hch. 21:7).   A. T. P.

TOLOMEO. → Ptolomeo.

TOMÁS (heb. y aram. = 'mellizo'). Uno de los doce apóstoles. Se le nombra en el segundo grupo de cuatro en todas las listas junto a Mateo en Mt. 10:3 y Lc. 6:15, a Santiago de Alfeo en Mr. 3:18, y a Felipe en Hch. 1:13. T. es un apodo cuyo equivalente gr., Dídimo, aparece sólo en Juan (Jn. 11:16; 20:24; 21:2). No se sabe su verdadero nombre (algunas traducciones siríacas lo identifican como "Judas Tomás"), ni quién era su hermano gemelo.

Sólo Juan proporciona detalles sobre el carácter de T. Se destaca como leal y valiente, dispuesto a morir con el Señor si éste iba a Judea (Jn. 11:16). En Jn. 14:5 su pregunta revela al hombre que quiere aclaraciones, y éste rasgo se confirma en el conocido incidente de Jn. 20:24-29, en el que, por no haber visto personalmente al Señor resucitado en su primera manifestación a los discípulos, rehúsa creer si no recibe pruebas visuales y de tacto. Es verdad que el Señor reprende su incredulidad, pero Juan incluye el incidente para que por boca de T. tengamos la declaración de fe más clara y contundente de todos los discípulos después de la resurrección de Jesús: "¡Señor mío y Dios mío!" Fue uno de los siete pescadores que vieron al Resucitado a orillas del lago de Galilea (Jn. 21:2)

Su nombre se destaca en la literatura apócrifa de carácter → gnóstico del siglo II, donde figura como gemelo del mismo Señor Jesús (!) y como evangelista en la India.   E. H. T.

TOPACIO. Piedra preciosa de color amarillo vinoso o anaranjado con sombras de verde o rojo, parecida al moderno crisólito, que procedía de la costa del mar Rojo. En el pectoral del sumo sacerdote correspondía a la tribu de Simeón (Éx. 28:17; 39:10). Es una piedra de gran precio, sin embargo el t. de Etiopía es de menor valor que la sabiduría (Job 28:19). El rey de Tiro la tenía como adorno y símbolo de riqueza y poder (Ez. 28:13). El t. adornaba la novena base del muro de la nueva Jerusalén (Ap. 21:20).   J. E. D.

TORBELLINO. Las palabras heb. que se traducen t. designan cualquier tipo de ventarrón violento (Job 21:18; Is. 17:13; Nah. 1:3; Cnt. 3:6). De allí que se traduzcan también en forma apropiada como tempestad (Sal. 107:29; Jer. 23:19; Dn. 11:40; Am. 1:14).

Los t. ocurren principalmente cerca de la costa y antes de la estación lluviosa cuando la atmósfera es muy inestable. Aunque tengan una corta trayectoria son muy destructivos (Pr. 10:25; Is. 28:2). Elías subió en un t. (2 R. 2:1,11) semejante a aquellos en que se manifestaba Jehová (Job 38:1; Ez. 1:4 VM).

Se usa t. en sentido figurado para indicar un ataque enemigo repentino (Is. 5:28; Jer. 4:13), una calamidad (Pr. 1:27) o el castigo divino del pecado (Is. 66:15; Pr. 10:25; Os. 8:7).
       J. M. R.

TORO. El heb. no distingue, entre t., semental del ganado vacuno, y → buey, el mismo animal pero emasculado y usado generalmente en la labranza. Hallamos el término en Jue. 6:25-28; Sal. 50:13; 68:30; Is. 34:7; Hch. 14:13; Heb. 9:13. Los t. de → Basán, criados en una región fértil, eran libres, fuertes y feroces, y llegaron a ser un símbolo de los enemigos fieros y numerosos (Sal. 22:12).   F. U.

TÓRTOLA. Ave del orden de las palomas pero más pequeña, de la que hay tres variedades en la Tierra Santa. La t. es ave migratoria (Jer. 8:7). Deja su tierra y hace un viaje corto al sur, regresando al comienzo de la primavera (Cnt. 2:12). La ley permitía que los pobres presentaran t. como holocausto por el pecado (Lv. 1:14; 5:7,11) y en varios ritos de purificación (Lv. 12:6-8; 14:22; 15:14,19; Nm. 6:10). En el acto de la circuncisión de Jesús, el hecho de que María y José presentaran dos t. (Lc. 2:24) es prueba de su pobreza. La primera mención de la t. se encuentra en Gn. 15:9, de donde se puede concluir que era costumbre de presentarla en sacrificio antes de la ley levítica. En una bella imagen se habla del pueblo de Dios como su "tórtola" (Sal. 74:19).   F. U.

TORRE. Edificio más alto que ancho construido de ladrillos o de piedras. La Biblia habla de tres clases de t.

1. La t. militar, desde donde los atalayadores vigilaban la posible presencia de enemigos (2 Cr. 14:7; Is. 32:14) y en donde podía refugiarse la gente en tiempos de ataque. Había t. en los muros de Jerusalén (2 R. 17:9; 2 Cr. 26:9; 32:5) y también en las fronteras. La versión RV traduce la misma palabra hebrea a veces t. y otras veces "fortaleza".

Las torres en la antigüedad se construían generalmente en los ángulos de los muros, dominando las entradas de las ciudades. Así el salmista con frecuencia alude a Jehová como ''refugio y torre fuerte''.

2. La t. religiosa en la que se ofrecían sacrificios en un altar construido encima como símbolo de acercamiento al dios correspondiente. Los zigurat (p.e. la t. de →BABEL) tenían ese propósito (Gn. 11:4).

3. La t. de campo. Los agricultores construían en medio de sus campos t. rústicas para vigilar las cosechas. Eran hechas de piedra con una pieza cerrada en el fondo en la que guardaban las herramientas y donde la familia podía vivir durante la época de la cosecha. La parte superior ofrecía una vista panorámica de los campos (Mt. 21:33; Mr. 12:1; Is. 5:2).

La palabra torre se usa en sentido figurado para referirse a la protección de Dios (Sal. 61:3; 18:2; 2 S. 22:51; Pr. 18:10), a la fuerza humana (Cnt. 4:4) y a la belleza femenina (Cnt. 7:4; 8:10).   R. B. W.

TORRENTE. → ARROYO.

TRABAJO. La Biblia es, en un sentido, el libro que registra la vida de un pueblo trabajador. El t. entre los hebreos parte de una perspectiva teológica. En el Gn. se exalta el t. creativo. Es el mismo Dios que continúa laborando (Sal. 104:22-24; Is. 28:29; 40:28). La obra de Dios en favor del hombre fue fundamento de la dignidad del t.

Los Diez Mandamientos no sólo subrayan el día del → descanso, sino el t. de los otros seis días (Éx. 23:12). Nehemías señala el bien que se recibe del t. hecho y cumplido (Neh. 4:6). El apóstol Pablo exalta por igual el t. (1 Ts. 4:11).

Jesús alaba al hombre laborioso y lamenta la desocupación (Mt. 20:1-16), y habla del salario del trabajador (Lc. 10:7). Él mismo fue trabajador esmerado e infatigable (Jn. 5:17). Los discípulos de Jesús eran hombres industriosos. Cristo los llamó a su servicio estando ocupados en laborioso t.

La Biblia se refiere, entre otros t. comunes entre los hebreos, a cuatro tipos principales: (1) el de pastores y agricultores (Gn. 13:2; 33:17; Rt. 2:3; 1 S. 9:3; 16:11 1 R. 19:19); (2) el obrero artesano; (3) el trabajador asalariado; y (4) el criado o esclavo trabajador. El t. del esclavo fue valiosísimo en las grandes construcciones (Éx. 20:10,17; 21:2-6). Salomón implantó el t. forzado al construir el templo (1 R. 5:13-18).

La mujer hebrea desempeñaba una variedad de t. no sólo domésticos sino también del campo (Pr. 31:10-31), en la cotidiana tarea de moler los granos y elaborar harinas (Éx. 11:5; Mt. 24:41), en amasar y cocer el pan (Gn. 18:6), en la confección de las vestiduras (1 S. 2:19), en el aseo y cuidado de la casa (Lc. 15:8), en la diaria y fatigosa tarea de aprovisionamiento de agua (Gn. 24:15), en el cuidado de las ovejas (Gn. 29:6), en la recolección de las cosechas (Rt. 2:3) y a veces en negocios como el de Lidia (Hch. 16:4).

En las Escrituras la idea del t. tiene un elevado sentido espiritual. Trabajar u obrar son términos comunes para significar todo lo que un hombre hace y la forma como da expresión a la vida. Así Jesús apremia al hombre a trabajar (Jn. 9:4); llama a los "trabajados y cargados" (Mt. 11:28-30); Pablo alude a las "buenas obras" (Ef. 2:10); se habla del reino de los cielos como conquista del que trabaja (Mt. 20:1-16); y se enaltece la justa paga del obrero (Lc. 10:7).   M. V. F.

TRACONITE ('región escabrosa'). Área rocosa y estéril situada al NE de Galilea y al S de Damasco. Formó parte del reino de →Herodes el Grande y después de la tetrarquía de →Herodes Felipe su hijo (Lc. 3:1). Debido al carácter quebrado de sus depósitos de lava basáltica, T. era ideal para los bandoleros. Josefo, escribiendo en el siglo I d.C., habla de la naturaleza rapaz de sus habitantes, a quienes Herodes el Grande puso a raya.   S. C. C.

TRADICIÓN. Traducción de la voz gr. *parádosis*, que significa "cosa entregada". Se refiere a la enseñanza que el maestro transmite oralmente al discípulo. En el NT tiene un sentido bueno

(1 Co. 11:2; 2 Ts. 2:15; 3:6) y un sentido malo (Mt. 15:6; Mr. 7:8; Col. 2:8).

I. TRADICIÓN JUDÍA

Era muy común en el AT la transmisión de un patrimonio religioso a través de una serie de intermediarios. Gran parte del →canon tomó forma escrita sólo tras una larga historia oral, y aun cuando un escrito alcanzó su forma definitiva 'la t. siguió afectándolo, al menos en la comprensión popular. Los sacerdotes y escribas transmitieron a los fieles, como un depósito sagrado, la *Torá* (doctrina y práctica; 1 S. 1:3; Jue. 17:7,13; Dt. 17:18; cp. el caso de →Esdras en Neh. 8:7 ss.). Con los años surgieron t. rabínicas (*Misná*, →TALMUD), repetidas con exactitud casi mecánica, que a veces reflejaban fielmente la intención divina, pero muchas veces no.

Ya en el siglo I d.C. estos comentarios humanos gozaban, en los círculos de enseñanza, de igual respeto que las Escrituras, una aberración criticada por Jesucristo aunque él mismo no desechó toda t. judía (Mr. 1:44; 11:16). Muchos religiosos, aferrándose a "la t. de los ancianos", quebrantaban e invalidaban el mandamiento de Dios (Mt. 15:1-14; Mr. 7:1-13). A tal t., por contradecir las más elementales exigencias morales (→CORBÁN), Jesús la llama "vuestra t. que habéis transmitido" y "mandamientos de hombres" (citando Is. 29:13). En el Sermón del Monte, la frase "oísteis que fue dicho a los antiguos" (Mt. 5:21,23; cp. vv. 27,31,38,43) parece referirse a la mezcla popular de enseñanza veterotestamentaria y t. rabínica a la cual Jesús opone su "pero yo os digo . . ."

II. TRADICIÓN CRISTIANA

Todos los evangelios (→EVANGELIOS SINÓPTICOS, EVANGELIO DE JUAN, CRÍTICA BÍBLICA) dependen de la transmisión oral, e.d., de la t. predicada. Muchas comunidades continuaron la práctica judía de conservar preciosos dichos, relatos e instrucciones, puestos al día y aplicados a sus necesidades locales; pero, para los cristianos, la persona de Jesucristo era el enfoque nuevo y último de la revelación divina.

Pablo, quien conocía los métodos judíos de enseñanza (Hch. 22:1ss.; 26:3ss) entregó a la usanza rabínica, exactamente lo que otros le transmitieron cuando él se convirtió (1 Co. 11:23; 15:3). La expresión "recibí del Señor" se refiere, no a una visión particular, sino a una t. cuyo origen se remonta directamente a Jesucristo. 1 Co. 15:1-12 recalca que la t. cristiana es el evangelio, generalmente predicado, cuya historicidad es garantizada por testigos oculares. Todo este cap. ilustra, sin embargo, que la t. no consta sólo de datos históricos sino también de la interpretación teológica de estos datos. Los verbos empleados para hablar de la recepción de la t. implican "retener firmemente" (v.g., 2 Ts. 2:15; cp. 1 Ti. 6:20; 2 Ti. 1:14). Fil. 4:9 añade el principio de la imitación personal del maestro, pues la t. siempre compromete al re-

ceptor a una nueva cualidad de vida (1 Co. 11:2; 2 Ts. 3:6s.; Ro. 6:17; Jud. 3). Otros escritores del NT se refieren similarmente a la t. (Lc. 1:2; Hch. 7:38; 16:4; Jud. 5, etc.).

En la época apostólica la combinación del testimonio fundado en la observación ocular Lc. 24:48; Hch. 1:8,21-26) y la interpretación que daba el Espíritu Santo, a través de hombres comisionados (Jn. 15:26s.; 16:13; Ef. 4:20s.), produjo una t. verdadera que continuaba la revelación del AT (1 Ti. 5:18; 2 P. 3:16). Sin embargo, el surgimiento paralelo de t. falsas (Col. 2:8) hizo necesario, junto con otros factores, definir la t. autoritativa y ponerla por escrito. Por consiguiente, cualquier t. supuestamente apostólica, pero extracanónica, tiene que medirse e interpretarse por el NT.

R. F. B.

TRANSFIGURACIÓN (del gr. *metamórfosis* = 'cambio de forma'). A diferencia de las metamorfosis paganas (aparición de dioses en figura terrena, o bien, transformación de hombres en seres divinos por tomar forma celestial), Jesucristo es transfigurado ante 3 de sus discípulos, sólo 6 días después del primer anuncio de su pasión (Mr. 9:2-9//). La tradición ha fijado en el →Tabor la ubicación del monte (cp. 2 P. 1:16ss.) en cuya cima se realizó la t.

La clave de la interpretación se halla en la voz divina; ésta se dirige, no a Jesús (cp. la voz del bautismo, Mr. 1:11), sino a Pedro, Jacobo y Juan. Contra el trasfondo de Sal. 2:7, la voz les presenta a Jesús como →Hijo amado de Dios, e.d. como →Mesías, confirmando así la reciente confesión de Pedro (Mr. 8:29; cp. 9:1). Luego, con las palabras "a él oíd" la voz divina alude al →profeta escatológico al que, según la promesa de Dt. 18:15, el pueblo prestará atención y obediencia. En otras palabras, el hecho de emprender Jesús el camino de la pasión (cp. Mr. 8:31s.) en vez del camino dictado por la expectación popular (Mr. 8:32s.) no impide que él sea el Mesías, el →Hijo del hombre glorioso (Dn. 7:13; para el "secreto mesiánico" implicado en Mr. 9:9, →MARCOS, EVANGELIO).

La aparición de Moisés y Elías puede simbolizar el respaldo de la ley y los profetas al mesiazgo de Jesús (cp. Lc. 9:31 "hablaban de su partida [literalmente 'éxodo'] que iba Jesús a cumplir en Jerusalén"), pero más probablemente es como precursores del Mesías que figuran aquí brevemente. Son removidos, dejando solo a Jesús, cuando Pedro urge una prolongación del goce celestial que sugiere la igualdad entre Moisés, Elías y Jesús. La blancura y brillo, que son propios de seres del cielo, afectan a Jesús en su persona y en sus vestidos (cp. Dn. 7:9, 10:5; Hch. 1:10; Ap. 3:4s., etc.); Lc. 9:32 lo identifica como "la →gloria de Jesús". R. F. B.

Bibliografía
DTB, col. 1033-1036; *VTB*, pp. 805s; *VB*, pp. 329s; *EBDM* VI, col. 1082-1088; León-

Dufour, *Estudios de evangelio* (Barcelona: Estela, 1969), pp. 79-117.

TRANSGRESIÓN. Infracción de la Ley o de un mandamiento específico de Dios. El →pecado en este sentido es t. (1 Jn. 3:4, RV 1909). En un caso excepcional la t. se refiere a un delito contra las normas aceptadas de la justicia humana (Gn. 31:36). La imagen sugerida es de una persona que sale del camino para andar donde no le corresponde. Pablo emplea la palabra, sobre todo en Romanos, para señalar toda infracción de los mandamientos de Dios (4:15), ya sea la desobediencia de → Adán (5:12-21), la de Israel (11:15-24), o la de todo el género humano (4:25), por el cual Cristo murió.

K. L. M.

TRES TABERNAS. Estación o lugar de descanso, 49 km al SE de Roma, hasta donde salieron los cristianos al encuentro del apóstol Pablo al saber que se dirigía a Roma. Otro grupo ya se había reunido con él en Foro de Apio, un poco al SE de T.T. (Hch. 28:15).

E. A. T.

TRIBU. Organización social de pueblos primitivos que obedecen a un jefe y tienen un tronco familiar común. Este sistema de gobierno existe todavía entre algunos grupos étnicos indígenas en Asia, África y América.

El pueblo de Israel, desde los días de Jacob, y aun después de comenzar la monarquía, vivió bajo este sistema de gobierno. La nación estaba formada por doce (o trece, véase abajo) t., descendiente cada una de uno de los hijos de →Jacob, y que unidas llegaron a formar una gran nación, especialmente bajo la dirección de Moisés, Josué, los jueces y los reyes Saúl, David y Salomón. Después de la muerte de Salomón el país se dividió en dos reinos: el del Norte (→ISRAEL), formado por diez t. y el del Sur (→JUDÁ) formado por las de Judá y Benjamín (1 R. 12:1-33), quedando Leví fuera. Así permaneció (2 Cr. 36:17-21), y según Esd. y Neh. el reconocimiento de las t. existió hasta el cautiverio en Babilonia

El origen de las doce t. de Israel parte del nacimiento de los hijos de Jacob (Gn. 29:31; 30:23; 35:16-21). En Gn. 49 las t. tienen la siguiente enumeración: Rubén, Simeón, Leví, Judá, Zabulón, Isacar, Dan, Gad, Aser, Neftalí, José y Benjamín. Ya en su lecho de muerte, Jacob adoptó a los dos hijos de → José, Manasés y Efraín, como hijos suyos, lo cual da un número de trece t. (Gn. 48:5). En la división de la Tierra Prometida se asignó a cada una de las t. su porción de tierra, con la única excepción de Leví que, por haber sido consagrada al sacerdocio, tendría que vivir de los diezmos y primicias (Jos. 21:1-40).

Cada t. tenía su propio gobierno, pero de la unión de todas ellas surgía la nación, formando así una especie de gobierno federal muy parecido al de algunas naciones modernas.

A. P. P.

TRIBULACIÓN. Congoja, aflicción o tormento que inquieta y turba el ánimo. La palabra española se deriva del latín *tribulum*, nombre del trillo que se empleaba para separar la paja del grano. El proceso se llamaba t. e ilustra gráficamente la experiencia humana.

En el AT nunca encontramos el mandamiento de que la t. necesariamente pertenezca a la historia de Israel como el pueblo de Dios, pero su sentido teológico deriva de que, especialmente, denota la opresión de este pueblo. Dios atendió la aflicción de su pueblo en Egipto (Éx. 4:31; cp. 3:9), y más tarde en el exilio (Is. 26:16; 33:2). La historia de la salvación bien podría resumirse como la acción de Dios en medio de la t. de la humanidad, si miramos el ejemplo de Israel.

En ocasiones, la t. es el medio que Dios usa para corregir a su pueblo (Neh. 9:26ss.).

RV casi indistintamente traduce "t.", "aflicción", "persecución" y "angustia" la voz gr. *thlípsis* (= 'apretura', 'opresión'). Los seguidores de Cristo experimentan la t. (Mt. 13:21; 24:9; Hch. 11:19; 20:23; Ro. 12:12, etc.), pero ésta no es comparable al →gozo de la gloria de Dios (Ro. 5:3; 2 Co. 4:17s). La t. produce gozo porque en ella el poder divino se hace más real (2 Co. 8:1s.; cp. Ap. 2:9s.). Dios consuela en la t. y, cada cristiano está llamado a consolar a otros (2 Co. 1:3s.).

O. R. M.

TRIBULACIÓN, LA GRAN. Singular período de angustia (→TRIBULACIÓN) al final de los tiempos.

I. NATURALEZA

Hay muchas opiniones sobre este período, pero dos líneas de pensamiento tienen prominencia: los que afirman que la g. t. será la manifestación de la → ira de Dios contra el pueblo judío por el rechazo de Cristo, y los que afirman que será la ira de Satanás contra los santos por el rechazo del anticristo y la adhesión a Cristo. Sin embargo, la Biblia contempla ambos aspectos. La g. t. manifestará la ira de Satanás contra Israel (Ap. 12:12-17) y contra los santos (Ap. 13:7) aun cuando esta manifestación no agota el derramamiento de la ira de este período. La Biblia afirma también que por sobre la ira de los hombres o de Satanás está la ira de Dios (Is. 24:1; Jl. 1:15; Ap. 14:7,19; 16:7; etc.). De ahí que la g. t. será peculiarmente el juicio de Dios sobre la tierra.

Después de prevenir a los discípulos de que huyan prontamente cuando vean "la abominación desoladora en el lugar santo", Jesús describió un período más drástico, aunque breve, de g. t. sin paralelo en la historia. Si no fueran acortados estos días, nadie se salvaría (Mr. 13:19s.).

II. POSICIONES ANTE LA GRAN TRIBULACIÓN

Mt. y Mr. registran las palabras de Jesús como predicción de una conmoción cósmica, que ocurrira "inmediatamente después de la tribulación de aquellos días" (Mt. 24:29; Mr. 13:24s.; cp. Lc. 21:25s.). Entre la g. t. y la venida del Hijo del Hombre aparecerán señales y portentos que podrían identificarse con el derramamiento de las copas de la ira de Dios (cp. Ap. 16:1-21). Este terrible tiempo de angustia pues, debe distinguirse del día de la ira de Dios.

Acerca de la g. t. hay tres posiciones bien definidas:

La posición pretribulacionista sostiene que la Iglesia será arrebatada antes de la g. t., la cual antecederá a la ira de Dios, y la Iglesia no la sufrirá (Ap. 3:10). Es inconcebible para esta posición que Dios permita que los redimidos pasen por la g. t. que culminará con el derramamiento de la ira santa sobre la civilización pecadora (Ap. 15:1).

La segunda posición, medio tribulacionista, enseña que la iglesia será raptada a mediados de la tribulación, exactamente antes de que los vasos de la ira de Dios sean derramados sobre los incrédulos, y que la iglesia sufrirá la ira del hombre, pero no la ira de Dios. Así se explicaría la repetición de los "tres [años] y medio" (Dn. 7:25; 11:9; Ap. 12:14;13:5, etc.) que son la mitad de una semana apocalíptica. Tal punto de vista, no obstante, destruye el conocido punto de la incertidumbre en cuanto a la →*parusía*. El Señor no retornará, según esta interpretación, sino hasta que el →anticristo y la g. t. vengan sobre el mundo y la iglesia, inmediatamente antes del día de la ira de Dios (2 Ts. 2:1-12).

La otra posición clásica es la postribulacionista. Identifica la g. t. con el día de la ira de Dios y afirma que la iglesia continuará en la tierra hasta la *parusía*, exactamente al final de la última era. En ese instante la iglesia será arrebatada en las nubes para encontrar al Señor en el aire. La iglesia sufrirá hasta el final de la aflicción bajo el anticristo y será diezmada. En esta posición no hay distinción entre → Israel y la → iglesia. Además, desaparece también el aspecto sorpresivo de la segunda venida. Cristo no vendrá sino hasta que toda una serie de señales se haya cumplido.

III. EL TIEMPO

La constante tribulación de Israel en el AT sirve de modelo para la necesaria tribulación de la iglesia en el NT. No sólo Jesús habla de la tribulación presente (Jn. 16:33); San Pablo también comprende la brevedad del tiempo y ve la aflicción final irrumpiendo en el presente.

Ap. 1:9, escrito al final del primer siglo, manifiesta la convicción de que la tribulación ya ha comenzado. El sufrimiento del apóstol Juan y de las iglesias, el trabajo de Satanás y el sufrimiento que aun vendrá en breve son pasos hacia la g. t. (Ap. 3:10; 7:14).

La distinción básica entre la comprensión judía y la cristiana de la tribulación escatológica es, entonces, el hecho de que ésta es aún futura para el judaísmo, mientras que ya ha comen-

zado para los cristianos. Esta constante de más de diecinueve siglos irá en aumento, hasta que la tribulación final sea una demostración del "justo juicio de Dios" (2 Ts. 1:5 s.).

IV. PROPÓSITO

Según la mayoría, dos elementos que no deben ser confundidos conforman la g.t.: tribulación de manos del anticristo y la manifestación de la ira de Dios. A la luz de esto, dos propósitos se ponen de relieve: (1) preparar a la nación de Israel para recibir a su Mesías. La profecía de Jeremías 30:7 aclara que la llegada de este tiempo tiene particular referencia a Israel, porque es "el tiempo de angustia para Jacob" (cp. Mal. 4:5s). (2) Derramar →juicio sobre los hombres y naciones incrédulos (Ap. 3:10; 14:8), aunque todavía no es el juicio final. (→ SEGUNDA VENIDA).   O. R. M.

TRIBUNO (gr. *jiliarjos* = 'al mando de 1000'). Jefe militar romano al mando de una cohorte o ejército cuyo tamaño variaba entre 500 y 1000 hombres. La palabra gr. aparece 21 veces en el NT y RV siempre la traduce "t." excepto en Ap. 6:15 y 19:18 donde se traduce "capitán". Varios t. estaban presentes en el cumpleaños de Herodes Antipas. Otro arrestó a Jesús en el jardín (Jn. 18:12). El t. Claudio Lisias rescató a Pablo de la turba judía en Jerusalén (Hch. 21:31; 23:26ss.).   A. C. S.

TRIBUTOS

I. ANTIGUO TESTAMENTO

Desde que surgieron los imperios en Mesopotamia y en Egipto (Gn. 10:10) llegó a ser costumbre que el país dominante exigiera t. de cualquier estado subordinado a su poder. Éstos podían consistir en metales preciosos, o productos característicos del país tributario, y su entrega suponía el reconocimiento de la soberanía del país imperialista.

En cambio, la suspensión de los envíos equivalía al intento de romper el yugo. Es probable que la invasión del valle bajo del Jordán por los reyes de Mesopotamia, según Gn. 14, fuese ocasionada por la falta de pago de los t. de parte de los reyes de Sodoma y Gomorra. Varios descubrimientos arqueológicos dan luz sobre los t., desde el auge del imperio sumeriano en adelante. En la historia del AT tanto el reino de Israel como el de Judá se vieron obligados a pagar t. a los reyes de Asiria y de Babilonia, y es notable la escena grabada en el "obelisco negro" del año 841 a.C. que muestra una embajada que lleva t. de parte del rey Jehú de Israel a Salmanasar III, rey de Asiria.

Ezequías, rey de Judá, en vano quiso alejar el peligro de una invasión asiria por medio de cuantiosos t. (2 R. 18:14ss). Así fue también en el caso de Acaz (2 R. 16:7ss.).

Los t. no deben confundirse con intercambios de regalos reales entre países amigos, como los de Salomón e Hiram de Fenicia (2 R. 5:10s).

II. NUEVO TESTAMENTO

La extensión y organización del Imperio de Roma cambiaron la entrega de t. de variada cuantía por un sistema de impuestos organizados en base al empadronamiento de los súbditos de Roma, tanto en las provincias bajo el gobierno directo de Roma como en los reinos subordinados al senado o al emperador. De ahí el odio engendrado por empadronamientos como el que se describe en Lc. 2:1s. (sobre el cobro de impuestos →CENSO, PUBLICANO).

E. H. T.

TRIFENA Y TRIFOSA (gr. = 'blanda' y 'delicadeza', respectivamente). Discípulas de Pablo, notables por su celo en el servicio a la causa de Cristo, según lo afirma el apóstol cuando les envía saludos y las llama "colaboradoras en el Señor" (Ro. 16:12).

Los nombres de T. y T. vienen de la misma raíz griega. Probablemente eran hermanas, compañeras de catequesis o diaconisas.   E. A. T.

TRIGO. Desde tiempos remotos el hombre ha utilizado el t. como alimento. En los tiempos bíblicos se conocía en Mesopotamia (Gn. 30: 14), Egipto (Gn. 41:5-7,22), y Canaán (Dt. 8:8; Jue. 6:11; Sal. 81:16; 147:14). Seguramente el t. se cultivaba en otros países de la antigüedad, pero de ello no hay referencias en la Biblia.

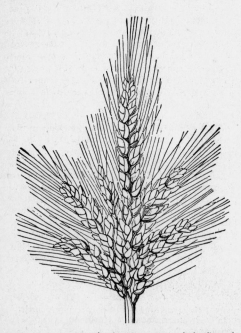

Los cereales componían la mayor parte de la dieta de los pueblos antiguos del Oriente. Del trigo, dibujado aquí, se hacía la harina fina que disfrutaban las personas más acomodadas. La cebada era el alimento común de los pobres.

Después de cortado el t. era trillado en eras especiales donde se separaba la paja del grano, con la ayuda de los vientos (Jue. 6:11; →TRILLO). A menudo se ofrecía a los viajeros como alimento en las jornadas (2 R. 4:42). Moisés permitía a las gentes tomar algunas espigas en los campos ajenos para ir comiendo en el camino, pero nunca permitía que se metiera la hoz (Dt. 23:25; Mt. 12:1). El t. se utilizaba también como ofrenda (Lv. 2:14;23:14).

San Pablo, al explicar la doctrina de la resurrección del cuerpo, emplea el t. como un símil (1 Co. 15:37). (→PAN).   A. P. P.

TRILLO. Instrumento que separa el grano de la paja. Desde antaño, y hasta la mecanización moderna, se han utilizado el pisoteo de las bestias y otros sistemas sencillos para tal propósito. Para trillar una pequeña cantidad de espigas, se utilizaba un palo o incluso se frotaban las espigas con la mano (Mt. 12:1-2). Pero, para mayores cantidades, se esparcía en la era una espesa capa de espigas. Y se pasaba sobre ellas el t., en interminables vueltas. El t. era una sólida plancha de madera, cuya superficie inferior estaba erizada de duras piedras con aristas cortantes o de piezas de metal. Y uno o dos bueyes tiraban pacientemente de aquel artefacto, que giraba lentamente sobre la era, de sol a sol.

Los profetas aluden a la trilla con imágenes cautivadoras (Is. 28:27; 41:15; Am. 1:3; Job 41:22 BJ). En muchas partes se pone bozal a las bestias que tiran del trillo. Pero en las leyes israelitas aparece un detalle humanitario: "No pondrás bozal al buey cuando trillare" (Dt. 25:4, citado por Pablo en 1 Co. 9:9 y 1 Ti. 5:18).   C. R.-G.

TRINIDAD. →ESPÍRITU SANTO, DIOS, JESUCRISTO.

TROAS. Ciudad marítima de Misia en la costa del mar Egeo en la parte NO del Asia Menor, 16 km al S del lugar donde se supone estuvo la antigua Troya. Hallábase frente a la isla de Tenedos. La región circunvecina, incluyendo toda la costa al S del Helesponto, se llamaba también T. o Tróade.

La ciudad era una colonia macedónica y romana que prometía mucho y era llamada la Alejandría Troyana. Gracias a su buen puerto, Julio César, César Augusto y especialmente Constantino pensaron seriamente establecer allí la capital del Imperio. El apóstol Pablo visitó T. el año 52 por primera vez sin hacer aparentemente obra alguna. De allí se embarcó para Macedonia (Hch. 16:8-11). Durante la segunda visita (57) trabajó con buen éxito (2 Co. 2:12s.). En la tercera de las visitas de que tenemos noticia, solamente pasó allí una semana. En esta ocasión obró el milagro de resucitar a Eutico (Hch. 20:5-14). 2 Ti. 4:13 da a entender que Pablo hizo otra visita a T. después de su primer encarcelamiento en Roma.

A. T. P.

TRÓFIMO (gr. ='nutritivo'). Creyente gentil de Éfeso, compañero de Pablo en su tercer viaje misional (Hch. 20:4). Subió a Jerusalén con Pablo donde fue la causa inocente de un motín en el templo. Los judíos acusaron a Pablo injustamente de profanar el templo por haber llevado un gentil al santo lugar. El resultado fue un alboroto en que Pablo fue golpeado y tuvo que ser rescatado por los soldados romanos (Hch. 21:27-32). En un viaje posterior, seguramente cuando era llevado a Roma para su segunda prisión, Pablo dejó a T. enfermo en Mileto (2 Ti. 4:20).   D. M. H.

TROGILIO. Pueblo situado sobre un promontorio que se desprende del mte. Micale en la costa O de Asia Menor, entre Éfeso y Mileto. Está frente a la isla de Samos, a 1.5 km de ella. En su tercer viaje misionero Pablo pernoctó allí según ciertos mss no muy primitivos de Hch. 20:15. Hoy hay allí un ancladero que se llama "Puerto de San Pablo".   A. T. P.

TROMPETA. Las frecuentes menciones a este instrumento musical en el AT constituyen una traducción de dos palabras hebreas: *shofar* y *hatsotserá*. La LXX las traduce uniformemente *sálpinx*, término griego que se utiliza también en el NT. El *shofar*, cuerno con un extremo curvado, era como una enseña patria para los judíos y era tocada en los acontecimientos religiosos y militares para reunir al pueblo (→BOCINA).

La *hatsotserá* aparece nombrada por primera vez en Nm. 10; Dios ordenó a Moisés que hiciera dos t. de plata labrada a martillo para convocar al pueblo a la puerta del tabernáculo, levantar el campamento, anunciar la proximidad de la batalla, y usarse en fiestas y ceremonias religiosas. De acuerdo con las instrucciones divinas, debían ser empleadas únicamente por los sacerdotes. Según el historiador Josefo, era un tubo recto de longitud algo menor que un codo, ensanchado brevemente en el extremo que se aplicaba a la boca, que se expandía hasta terminar en el otro extremo en forma de campana o embudo.

En el relato bíblico la t. ocupa un lugar destacado en momentos significativos de la historia de Israel. En la guerra contra Madián, Finees fue a la batalla con las t. en la mano (Nm. 31:6). Cuando Salomón dedicó el templo, 120 sacerdotes tocaron la t. acompañados por otros instrumentos musicales (2 Cr. 5:12). En la coronación de Joás, resonaron en medio del regocijo del pueblo (2 R. 11:14). Y así también cuando Ezequías restableció el culto del templo (2 Cr. 29:26ss.), en la colocación de los cimientos del segundo templo (Esd. 3:10) y en la dedicación del muro reconstruido de Jerusalén (Neh. 12:35,41).

En el NT la t. aparece citada en relación con la segunda venida de Cristo (Mt. 24:31; 1 Co. 15:52; 1 Ts. 4:16), con el timbre de su voz (Ap. 1:10; 4:1), y con la serie de siete acontecimientos escatológicos (Ap. 8:2–11:19).

                                          V. F. V.

TRONO. Traducción (RV) de la voz hebrea *kisse* que quiere decir "silla cubierta". Se refiere a una silla endoselada donde se sentaban personas honorables, especialmente los reyes (Gn. 41:40; 2 S. 3:10; 1 R. 10:18-20).

La soberanía de Dios se representa por su t. (Sal. 45:6; 47:8; 93:1-2) en el cielo (Sal. 11:4; 103:19; Is. 66:1,2; Mt. 5:34; 23:22), centro de justicia y juicio (Sal. 9:4,7; 97:2) que a la vez es t. de gracia (Heb. 4:16). Esta soberanía estaba representada en la tierra por la teocracia en Israel: el t. de David fue "el t. del reino de Jehová sobre Israel" (1 Cr. 28:5; cp. 29:23). Esto se restablecerá en el juicio en que los doce apóstoles, sentados sobre doce t., tomarán parte (Mt. 19:28; Ap. 20:4). "Llamarán a Jerusalén" t. de Jehová" (Jer. 3:17), cuando "el Hijo del Hombre se siente en el t. de su gloria" (Mt. 19:28; 25:31), "el t. de David su padre" (Lc. 1:32). Al fin de ese reino milenial, el juicio del gran t. blanco (Ap. 20:11ss.) asegurará la manifestación perfecta y final de la soberanía divina.

                                          D. J.-M.

TROPIEZO, PIEDRA DE. Cualquier cosa que constituye un obstáculo para nuestra fidelidad al Señor y a su doctrina y por lo tanto nos hace tropezar o caer en el sentido espiritual. La ley prohibía poner t. delante del ciego (Lv. 19:14), y el amor al hermano nos impide ser t. para otros (1 Jn. 2:10; Ro. 14:15). La alianza con los pueblos idólatras sería t. para el pueblo de Dios, el cual se vería tentado a servir a los dioses falsos (Éx. 23:33; Dt. 7:16). Cristo llamó a Pedro t. por haberle insinuado éste al Señor que no muriera en la cruz (Mt. 16:22-23). Los cristianos no debemos ser t. para nadie (1 Co. 10:32).   A. R. D.

TRUENO. Estruendo producido en las nubes por una descarga eléctrica, fenómeno común en la estación lluviosa, pero raro en el verano en la Tierra Santa (1 S. 12:17). Casi siempre está acompañado de →relámpagos, vientos, lluvia o granizo (Job 38:25; 1 S. 12:18; Éx. 9:33). Aunque era bien conocido, el t. inspiraba miedo y reverencia por estar bajo el control de Dios (Job 28:26), y asociado con la divinidad (1 S. 2:10; 2 S. 22:14; Job 37:4; Sal. 18:13), siendo interpretado como una manifestación del poder y la majestad de Dios (Job 37:1-13; 26:14; Sal. 104:7). Asimismo, con mucha frecuencia, el t. se asocia con la voz de Dios, sea en el sentido literal o metafórico (Dt. 5:22, cp. Éx. 19:16; Sal. 29:3,4; 77:18; Am. 1:2). La voz que venía del cielo confirmando a Cristo en la →transfiguración, fue identificada por los presentes como el ruido de un t. (Jn. 12:28s.; cp. Ap. 6:1; 10:3,4; 14:2; 19:6).

Los t. son parte de la descripción de las →teofanías (Éx. 19:16; 20:18; Sal. 77:18,19;

Is. 29:6) y del trono celestial (Ap. 4:5; cp. Ez. 1:4-28).   J. M. R.

TUBAL. 1. Hijo de Jafet (Gn. 10:2).

2. Nación situada probablemente en el NE del Asia Menor (Is. 66:19). Comerciaba con Tiro, a la que exportaba esclavos y vasos de cobre (Ez. 27:13). Las crónicas de Sargón se refieren a los vasos preciosos de T. Arqueológicamente se ha confirmado que, para la época, la industria metalúrgica estaba bien desarrollada en esa zona. → Gog, enemigo del pueblo de Dios, era príncipe de T. (Ez. 38:2,3; 39:1).

J. M. A.

TUBAL-CAÍN. Hijo de Lamec (Gn. 4:22), primer trabajador metalúrgico mencionado en la Biblia. El texto de Gn. 4:22 presenta la idea que es el tema general de Génesis 1–11: con el avance cultural de la humanidad crecía también el pecado.

J. M. A.

TUMBA. → SEPULCRO.

TUMORES. Plaga con que Jehová hirió a los filisteos en la ciudad de Asdod mientras retenían el arca en su poder (1 S. 5:9–6:5). Es indudable que estos t. eran los bubones de la peste, puesto que el precio de expiación los asocia directamente con los ratones que al mismo tiempo invadieron la ciudad y corrompieron la tierra. Este pasaje bíblico tiene una doble importancia en la historia de la medicina por ser probablemente la primera referencia a las ratas como propagadoras de la peste bubónica y también la primera noticia de la presentación de exvotos para recuperar la salud (Dt. 28:27 y 2 R. 19:35).

L. A. S.

U

UCAL. Nombre de una persona en Pr. 30:1, según RV. Esta traducción, sin embargo, es dudosa. Las letras hebreas de toda la frase pueden entenderse de otra manera. La LXX las traduce: "Así dice el hombre a los que creen en Dios, y yo me detengo." Otros las traducen, "Me he cansado, oh Dios, me he cansado; estoy agotado".   J. M. Br.

UFAZ. Lugar principalmente conocido como productor de oro (Jer. 10:9; Dn. 10:5). Todavía no se sabe su ubicación. Algunos piensan que se trata de una confusión con → Ofir, renombrado también por su oro de alta calidad. Así lo entendieron el Tárgume, la Siríaca y la Hexapla, que en Jer. 10:9 dicen Ofir (→ Versiones). Otros sugieren que no es un lugar, sino el nombre técnico del oro "refinado"   A. Ll. B.

UGARIT (Nombre moderno = Ras Shamra). Importante puerto fenicio de la Edad de Bronce mencionado en varios textos antiguos como los del → El Amarna y → Mari. Queda en la costa de Siria frente a Chipre. Las excavaciones en U. indican que el lugar estuvo ocupado desde el sexto milenio hasta 1200 a.C., cuando los Pueblos del Mar (→FILISTEOS) la destruyeron. Desde antes de 2000 a.C. la población era mayormente semita.

La cultura de U. alcanzó su máximo florecimiento entre los siglos XVI y XIII a.C. Mansiones bien construidas y avanzados sistemas de alcantarillado, entre otros hallazgos, indican la riqueza que U. gozaba gracias a su posición como centro de comercio internacional. El cobre de Chipre pasaba por U. hacia Mesopotamia. Además, U. servía de encrucijada entre la cultura mediterránea y el mundo acádico. En U. había contingentes de hurritas e →hititas (comerciantes) además de la población semita.

El carácter cosmopolita de la cultura se revela en los escritos encontrados. Las lenguas representadas son el ugarítico, el sumerio, el acadio, el egipcio, el hurrita, el chipriota, y el hitita. Las tablillas incluyen léxicos en varios idiomas, cartas (entre ellos correspondencia entre Nikmad,

rey de U. y Suppululiuma, rey hitita), documentos de negocios, tablillas legales, listas de sacrificios, listas de ciudades, inventarios y mitologías.

Los textos ugaríticos (lenguaje semejante al heb.) de leyendas constituyen uno de los hallazgos arqueológicos más importantes para el estudio bíblico. Estas leyendas aportan gran cantidad de conocimientos sobre las costumbres, poesía y religión cananeas. Fueron escritas en el siglo XIV a.C. pero existían mucho antes, por lo menos en forma oral.

Entre las varias epopeyas está la de Baal, dios de la fertilidad. Éste no tenía morada, mientras Yam (el dios marino) sí tenía. Hubo rivalidad entre los dos. Kotar-y-hasis, dios de las artes, ayuda a Baal a ganar la victoria y le construye casa. Después Mot (dios de la muerte, de la aridez y del mundo inferior) disputa la soberanía de Baal y lo derrota, llevándolo al mundo subterráneo. Anat, hermana de Baal, logra traerlo de nuevo a la vida. Se refleja aquí el conflicto constante entre la abundancia y la sequía, entre la fertilidad y la esterilidad, entre la vida y la muerte.

El estudio de los textos ugaríticos ha hecho grandes aportes a los estudios bíblicos y las contribuciones seguirán aumentando. Quizás ha influido más en el estudio de los libros poéticos. Muchas frases de la poesía ugarítica son iguales a ciertas frases de los salmos. Se ve el mismo estilo, el mismo tipo de paralelismo, etc. Se han identificado más de cien pares de palabras usadas paralelamente o en contrastes tanto en la Biblia como en textos ugaríticos. Un resultado de estos estudios es que algunos de los críticos, que daban fechas recientes a los salmos, ahora les dan fechas anteriores al exilio a casi todos.

Los textos de U. nos ayudan a aclarar dificultades en la gramática hebrea. Ahora se reconoce que el afán de enmendar el texto hebreo fue exagerado en el último siglo.

Otra contribución es el entendimiento de ciertas figuras literarias. En la poesía bíblica hallamos figuras y referencias que parecen indicar que la gente conocía bien la literatura cananea. Por ejemplo, el leviatán de Is. 27:1 y Sal. 74:14 es el lotán de U., enemigo de Baal. Asimismo el Daniel mencionado en Ez. 14:14-20; 28:3 es probablemente el Daniel de Ugarit, que representa un personaje justo, sabio y piadoso.

La literatura de U. ayuda a aclarar ciertas expresiones en la Biblia. *Bamot* a menudo significa "lugares altos" en la Biblia. Pero en ugarítico designa el lomo de animales. En Dt. 33:29 este significado cabría bien: "Y tú hollarás sobre sus lomos [espaldas]". En el Cercano Oriente antiguo, al vencedor se le representa con el pie sobre la espalda de la víctima. En los textos de U. Baal "cabalga sobre nubes", frase que se aplica a Yahveh en Sal. 68:5.

La cultura hebrea revela varias influencias de la cultura cananea. En la literatura de U. los nombres de muchos sacrificios son iguales a los de Levítico. Se ve también la similitud de la arquitectura religiosa, la música del templo y el simbolismo del culto. Sin embargo las diferencias son aún más notables. Los hebreos ofrecían sacrificios a un Dios, no a muchos. La moral de los escritos bíblicos es mucho más alta. Además, algunas leyes hebreas se entienden como reacciones contra costumbres cananeas. Una leyenda de U. indica cierto rito de cocer un cabrito en la leche de su madre para procurar lluvia, costumbre prohibida en Éx. 23:1; 34:26; Lev. 23:19. En la epopeya de Baal, Baal tiene cópula con una ternera; sin duda esta costumbre explica por qué la Biblia prohíbe expresamente la bestialidad (Lev. 18:23-24).

La comparación de los textos de U. con la Biblia nos indica: (1) que los autores bíblicos usaban lenguaje contemporáneo, modismos y aun figuras literarias de la mitología cananea para expresar la revelación de Dios, que era tan distinta del pensamiento y la religión politeísta de los cananeos; (2) cómo eran la religión y costumbres de los cananeos que siempre atraían a los israelitas (los profetas constantemente señalaban los peligros de esa religión tan ligada con las ideas contemporáneas de la naturaleza), y (3) la gran importancia del énfasis bíblico en la creación, en el Dios único, todopoderoso, justo, santo que ama e se interesa en el hombre.

J. M. Br.

ULAI. Río de Elam en cuya orilla, cerca de la ciudad de Susa, tuvo Daniel la visión del carnero y el macho cabrío (Dn. 8:2,16). Es posible que en tiempos pasados los actuales río Karún y río Karkhe de Irán hayan sido uno solo y conocidos con este nombre bíblico.   R. S. R.

ÚLCERA. Afección cutánea causada por algunas enfermedades infecciosas o debida a trastornos circulatorios. La sexta plaga enviada a los egipcios se caracterizó por la aparición de ú., indudablemente de carácter infeccioso y contagioso (Éx. 9:10). De análoga inspiración es la primera copa de la ira de Dios, que produce "una ú.

maligna y pestilente" sobre los hombres que llevan la marca satánica (Ap. 16:2,11). Isaías curó al rey Ezequías de ú. mediante una masa preparada con higos (2 R. 20:7).   L. A. S.

UNCIÓN. En el mundo antiguo los aceites de la u. eran considerados artículos de tocador y, debido al clima, se usaban diariamente en Israel (Ec. 9:8), por lo menos después de la conquista (Rt. 3:3; 2 S. 12:20; Am. 6:6; Mi. 6:15). Se ungía a los huéspedes como símbolo de honor (Lc. 7:46; cp. 2 Cr. 28:15). No ungirse era señal de duelo (2 S. 14:2) o de búsqueda espiritual (Dn. 10:3; cp. 2 S. 12:20). Para evitar las tentaciones de la hipocresía, el Señor Jesús enseñó a sus discípulos que no debían dejar de ungirse en tiempos de ayuno (Mt. 6:17).

Desde tiempos muy antiguos se usó la u. con significado espiritual. En Israel esta costumbre se distinguía por el uso de un aceite especial prohibido para otras aplicaciones (Éx. 30:22ss. →UNGÜENTOS). Con este aceite se ungían todos los objetos relacionados con el culto (Éx. 30:26-29; cp. lo hecho por Jacob en Gn. 28:18), a los sacerdotes (Éx. 28:41), a los reyes (1 S. 9:16; en Jue. 9:8,15 "elegir" corresponde a un verbo heb. que quiere decir "ungir") y a los profetas (1 R. 19:16b).

La u. simbolizaba primariamente la consagración del ungido a Dios para una función particular dentro de los propósitos divinos. Esta consagración impartía algo de la santidad de Dios al ungido, condición que afectaba todo lo que él posteriormente tocara (v.g. Éx. 30:29). Se ve esto en la insistencia de David en no extender su mano contra Saúl, el "ungido de Jehová" (1 S. 24:6), aunque el caso de Saúl enseña que los beneficios simbolizados por la u. no existen si la condición espiritual del ungido es mala. Estos beneficios, en el caso de personas ungidas, incluían el investirlas de poder suficiente para el desempeño de sus deberes (Sal. 89:20ss), por medio del Espíritu Santo (1 S. 10:1,6-7; 16:13).

El uso figurado de la palabra u. se desarrolló poco a poco a partir de los días de David (1 Cr. 16:22, donde "mis ungidos" son los patriarcas; Sal. 23:5; 92:10) y a través de los profetas (Is. 10:27; 61:1). En el NT Jesús es el ungido por excelencia (Lc. 4:18; Hch. 4:27; 10:38), el →Mesías, ungido por el Espíritu Santo el día de su bautismo con agua (Mt. 3:16). Desde entonces todo lo hizo en su calidad de Ungido o Cristo (Lc. 4:1,14,18; Mt. 12:28; Heb. 9:14; Hch. 1:2) y no en su calidad de Segunda Persona de la Trinidad. El mismo Espíritu Santo unge a los creyentes (1 Jn. 2:20,27).

Dios también sana físicamente por el poder del Espíritu Santo en respuesta a la oración de fe. Para la ayuda de la fe en tales casos se recomienda la u. con aceite (Stg. 5:14ss; cp. Mr. 6:13).   D. J.-M.

UNGÜENTOS. Esta palabra abarca los perfumes y cosméticos. Los u. son de vital importancia en el estudio del antiguo oriente porque forman parte esencial en la vida de los pueblos mediterráneos en el mismo plano que el agua y la comida.

En la Biblia existen varios términos para referirse a los u., los cuales se traducen también 'óleo', 'aceite', y 'perfume' (Éx. 30:25; 2 R. 20:13; Sal. 133:2; Pr. 27:16; Ec. 7:1; 10:1; Am. 6:6). Estos compuestos se preparaban con diversas sustancias oleosas y aromáticas: aceite de olivo (Dt. 28:40; Mi. 6:15), mirra, nardo (Cnt. 1:12,13), canela aromática, cálamo aromático y acacia (Éx. 30:22-38; Est. 2:12). La mayor parte de estas substancias eran importadas de diferentes países del Oriente por intermedio de los fenicios que las transportaban en pequeños alabastros fabricados especialmente para conservar los u. (Mr. 14:3, //). La fabricación de los u. requería la pericia de personas dedicadas exclusivamente a esa labor (Éx. 30:25,35; Neh. 3:8; 1 S. 5:13; Ec. 10:1). Por esta razón muchos de esos perfumes duraban cientos de años sin perder su aroma.

Se conocen dos tipos de u.: los que sirven para recrear la vista (2 R. 9:30) y los que sirven para recrear el olfato (Cnt. 1:3,12). Los perfumes se usaban sobre todo para la unción y la higiene. En un clima desértico, donde el agua escasea, los u. sirven para evitar los malos olores producidos por la transpiración (2 Cr. 28:15). Los semitas acostumbraban ungirse el cuerpo y la ropa. Se utilizaban para → ungir a los reyes y a los príncipes (1 S. 10:1; 16:12,13) y para la unción de personas consagradas al servicio divino (Éx. 30:30,33; 29:7; 40:15; 1 S. 16:12; Is. 61:1; en estos dos últimos casos se operó al mismo tiempo la unción del Espíritu de Dios). Por costumbre se ungían la cabeza (Sal. 23:5), la barba (Sal. 133:2) y los pies (Lc. 7:38,46). Se ungían también los utensilios consagrados al servicio divino (Éx. 30:22ss; 40:9).

Por sus cualidades curativas, los u. se usaban para la unción de los enfermos (Is. 1:6; 8:22; Stg. 5:14); también se ungían los cadáveres y los vestidos con que se cubrían (2 Cr. 16:14; Mt. 26:12 //s). E. S. C.

UNICORNIO. → BÚFALO.

UNIGÉNITO. Traducción de la voz gr. *monogenés* ('único de su género'), usada comúnmente para designar a un hijo único. En la LXX esta voz a menudo traduce el término hebreo *yahid* (Jue. 11:34), término que otras veces la LXX traduce *agapetós* ('amado': Gn. 22:2,12,16; Jer. 6:26; etc.), porque el hijo único era objeto de especial amor. En Lc. 7:12 tiene este doble matíz de "único" y "amado".

El NT reconoce claramente que Jesús tiene una relación única con el Padre (cp. Mr. 1:11//s., 9:7//s.): es Hijo de Dios y preexistente (Heb. 1:2.). Pero sólo Juan le da expresamente el título de u. (1:14,18; 3:16,18; 1 Jn. 4:9), siempre con el doble sentido de "hijo único" e "hijo amado". Jesús es el único que puede revelar plenamente al Padre. "Nadie ha visto jamás a

Dios, sino el u., que es Dios", tal es la interpretación del texto original de Jn. 1:18 (ver O. Cullman, *Cristología*, p. 354), "que está en el seno del Padre". En los textos en que la misión del Hijo de Dios es puesta en relación con su muerte, el título de u. conserva su sentido fundamental de "único", pero tiene un gran matiz afectivo (Jn. 3:16). El u. ha salido de Dios (1 Jn. 4:9), pero de manera singularísima y distinta de como nacen de Dios los creyentes (Jn. 1:13). Pero Juan no explica en conceptos sino que deja en el misterio esa manera única en que el u. ha procedido del Padre. C. R.-G.

Bibliografía
DBH, col. 1985 a.

UÑA AROMÁTICA. Ingrediente del incienso quemado en el altar de oro (Éx. 30:34). Se preparaba quemando las válvulas de la concha de ciertos moluscos. La LXX lo llama ónice, e.d., u. porque las válvulas tienen la forma de u. de animal; sin embargo no tiene relación con la joya llamada ónice. D. J.-M.

UPARSIN. → MENE.

UR. Antiquísima ciudad de Sumeria. Puede ser la "Ur de los caldeos", cuna de → Taré y Abraham (Gn. 11:28,31; 15:7; Neh. 9:7), aunque ésta puede ser otra Ur en el N de Mesopotamia. Aun siendo así, la cultura de Ur de Sumeria habría influido fuertemente en el ambiente del cual salió Abraham.

Se hallaba a orillas del Éufrates, a unos 260 km del golfo Pérsico. Una serie de excavaciones, a partir de mediados del s. XIX ha arrojado mucha luz sobre la historia, las costumbres y la religión de la ciudad. Fue fundada antes del año 4000 a.C. por una población de la que quedan pocos rastros y a la que los arqueólogos llaman "ubaidiana". Durante buena parte de su historia fue gobernada por reyes hereditarios aunque es probable que tuvieran otra forma de gobierno al principio. Desde *ca.* 300 a.C. se encuentra deshabitada.

La época más importante para Ur fue la de la civilización sumeria (3100-2000 a.C.), durante la cual era puerto y centro de esta civilización. El descubrimiento de las tumbas reales (2500 a.C.) por los arqueólogos revela riquezas asombrosas y una elevada cultura: piedras preciosas, adornos de oro (encontraron uno para la cabeza con una banda de oro que medía 8.5 m), armas y arpas adornadas con oro y plata, y grabados en oro.

Durante la tercera dinastía de Ur. (2070-1960 a.C.) la población pasó de 500,000 habitantes. Su influencia se extendió por toda Mesopotamia y hasta el Líbano. En esta época fue construido el gran ziggurat de Ur-Nammu (→ BABEL, también ABRAHAM, ilustración).

Los habitantes de Ur eran politeístas. Los principales dioses eran el agua, el cielo, la tierra y el aire. Estos cuatro crearon el universo, que

677

Entre las excavaciones de la ciudad de Ur de los Caldeos se encuentran las ruinas de esta pequeña capilla de lo que se presume fue una escuela. Data del tercer milenio a.C. y demuestra el elevado grado de cultura de aquella época.

UMUP

consiste en una vasta expansión formada dentro de las aguas, separando las aguas que están sobre la expansión de las que están debajo de ella. Dentro de este espacio está todo nuestro mundo. Los hombres han sido hechos y colocados aquí sencillamente para servir a los dioses a fin de que éstos puedan dedicarse por entero a los placeres divinos. Es importante notar que la cultura de los habitantes de Ur en particular, y de Sumer en general, influyó en todo el antiguo Cercano Oriente. Por lo mismo se encuentran en el AT muchos paralelos de costumbres culturales, concepciones acerca del mundo y figuras literarias.   J. L. G. y J. M. Br.

URBANO (lat. = 'cortés', 'refinado'; nombre dado en Roma comúnmente a los esclavos). Amigo de Pablo y fiel colaborador en el ministerio de Cristo, a quien el apóstol le manda saludos (Ro. 16:9). Probablemente llegó a ser obispo de Macedonia, donde murió como mártir cristiano.

P. R. P.

URÍAS ('Jehová es mi luz').

1. Heteo, uno de los valientes de David (2 S. 23:39; 1 Cr. 11:41), esposo de Betsabé. Cuando David adulteró con Betsabé, llamó a Urías para esconder el pecado haciendo que éste pasara la noche con su esposa. Sin embargo, U., por disciplina militar, rehusó dormir en su casa mientras sus compañeros estuvieran en la batalla. David ordenó entonces a Joab que lo colocara en la parte más peligrosa de la batalla. Muerto U., David tomó a Betsabé (2 S. 11).

2. Sumo sacerdote contemporáneo de Isaías que sirvió de testigo de la profecía relacionada con Maher-salal-hasbaz (Is. 8:2). Durante el reinado de Acaz, U. construyó un altar según el modelo que el rey había visto en un templo pagano de Damasco (2 R. 16:10-16).

3. Profeta contemporáneo de Jeremías que proclamó fielmente la palabra de Dios durante el reinado de Joacim. Huyó a Egipto pero el rey lo mandó a buscar y lo mató en Jerusalén (Jer. 26:20-23).

4. Sacerdote que despúes de la cautividad sirvió con Esdras (Neh. 8:4). Probablemente sea el mismo mencionado en Esd. 8:33.   D. M. H.

URIEL ('Dios es mi luz'). **1.** Levita, de la familia de Coat (1 Cr. 6:24).

Representación del llamado Estanque de Abraham, en Orfa, considerado en un tiempo como sede de Ur de los caldeos, de donde procedió Abraham.

2. Principal entre los ciento veinte hermanos que, juntamente con otros y por orden del rey David, llevaron el arca de Jehová a su lugar (1 Cr. 15:3,5,11).

3. Padre de la esposa favorita de Roboam, nieta de Absalón (2 Cr. 11:20, "Maaca"), y madre de Abías (2 Cr. 13:2, "Micaías").
                                                         A. R. D.

URIM Y TUMIM. Parte de la indumentaria del sumo sacerdote por medio de la cual averiguaba la voluntad de Dios en casos dudosos. El U. y T. se colocaba en una bolsa dentro o encima del pectoral de juicio (Lv. 8:8) y es probable que el sumo sacerdote se lo pusiera siempre que llevara el efod, por cuanto se usaba encima de éste (Nm. 27:21; 1 S. 14:3; 23:9,11; 30:7,8), y siempre que fueron a pedir la dirección de Dios (Jue. 1:1; 20:18,28; 1 S. 14:18,19). No se menciona desde los primeros días de la monarquía hasta después del exilio. Parece que mientras Dios se valió de la inspiración profética no hubo necesidad del U. y T. Cuando Moisés legisló para el período después de su muerte, mencionó la necesidad de utilizar el U. y T. (Nm. 27:21); y cuando la época de profecía hubo pasado definitivamente, los líderes pidieron otra vez este tipo de dirección (Esd. 2:63; Neh. 7:65).

El U. y T. no era empleado para averiguar la voluntad divina en asuntos privados, sino en asuntos nacionales (Nm. 27:21) y por consiguiente estaba en el pectoral del juicio que tenía las 12 piedras preciosas con los nombres de las 12 tribus de Israel. El sumo sacerdote usaba el U. y T. no tan sólo en el santuario donde estaba el arca, sino en cualquier parte donde estuviera con el efod (Jue. 20:27,28; 1 S. 22:10). En la mayoría de los casos las respuestas eran simplemente "sí" o "no"; pero David lo consultó dos veces (1 S. 23:11,12. Cp. también el caso de Acán en Jos. 7:16-18 donde echaron suertes cuatro veces hasta que el culpable fue aprehendido).

Numerosas descripciones del U. y T. han surgido, aunque en realidad no se sabe de qué material era, ni cuál era su forma, ni de qué manera revelaba el Señor su voluntad por medio de ellos. La teoría más común es que el U. y T. eran dos piedras prendidas de alguna forma al efod y que se empleaba para echar suertes (cp. 1 S. 10:9-22; 14:37-42).   J. B. B.

USURA. En castellano hoy en día u. quiere decir intereses excesivos sobre préstamos, pero en el AT, en relación con Israel, significaba intereses normales. No debían cobrarse de los "hermanos" de la comunidad judía (Éx. 22:25; Lv. 25:35ss; Dt. 23:19ss). Era cosa muy común contraer deudas, y el deudor podía hasta vender su persona con el fin de quitarse el peso de encima (Éx. 21:1-11), pero el acreedor no podía aumentar la carga por medio del logro. Estas limitaciones no se aplicaban al negocio con extranjeros (Dt. 23:20; →PRÉSTAMOS). Pero a juzgar por Ez. 18:8,13,17 y Sal. 15:5, surgieron grandes abusos de estas leyes.

La influencia de los grandes imperios de Persia, Grecia y Roma en Tierra Santa introdujo costumbres comerciales (p.e. el cobro de entre 12 y 50% del capital prestado que estaban vigentes en la época del NT y que antes se desconocían en esa región tan eminentemente agrícola. Las palabras del Señor en Mt. 25:27, Lc. 19:23 no significan condenación, sino más bien aceptación de la costumbre de lograr intereses en operaciones bancarias (→BANCO). Entre las naciones de Mesopotamia el código de Hamurabi fijaba normas para préstamos e intereses, reflejando costumbres anteriores a la vida de Abraham.   E. H. T.

UVAS. Juntamente con el higo y la oliva, uno de los frutos más abundantes en las tierras y tiempos bíblicos. La u., fruto de la →vid, era alimento de primera necesidad. Por lo tanto, en muchas ocasiones se utiliza la figura de la viña para indicar la abundancia y riqueza de todo un país (Is. 5:1-7; Mi. 4:3-4).

La vid se conoce desde el tiempo de →Noé (Gn. 9:20), y probablemente mucho antes. La mayor cosecha de u. en la Tierra Santa alcanzaba su cumbre en agosto y septiembre, aunque algo se cosechaba también en julio y octubre. Gran parte de la cosecha se convertía en vino, aunque había otros productos que se elaboraban a base de la u. Las u. nuevas eran agrias, como indica Jer. 31:29-30. De las maduras los hebreos hacían pasas secas, las comían frescas, y fabricaban una miel de u. Tan importante era la vid y sus productos, que varios artículos de la ley de Moisés controlaban su producción (Dt. 23:24; Lv. 25:5; Dt. 22:9).   P. W.

UZ. 1. Territorio mencionado varias veces en el AT y que adquiere mayor importancia al mencionarse como el lugar de origen del patriarca → Job. Probablemente estaba situado en el desierto sirio al E de Palestina, entre Damasco y Edom. Lm. 4:21 dice que la hija de Edom habita en Uz. En Job 1:1 se habla de "la tierra de Uz" como el lugar de donde el patriarca procedía, expresión que en lugar de definirlo añade vaguedad al lugar.

2. De acuerdo con Gn. 10:23, Uz también era una tribu aramea que, según 22:21, descendía de Nacor. En Job 1:3 se enfatiza su condición oriental; en el v. 19, se establece su conexión con el desierto y en el v. 14 se alude a sus tierras de cultivo, más adelante (Job 29:7), se hace referencia a sus aldeas y ciudades.

3. Hijo de Disán y nieto de Seir, el horita (Gn. 36:28).   A. Ll. B.

UZA, nombre de 5 personas en el AT.

1. Dueño del huerto cerca del palacio real donde fueron sepultados Manasés y Amón, reyes de Judá (2 R. 21:18, 26).

2. Antepasado de una familia de sirvientes del Templo llamados netineos que regresaron de Babilonia con Zorobabel (Esd. 2:49, Neh 7:51).

3. Hijo o descendiente de Aod, de la tribu de Benjamín (1 Cr. 8:7).

4. Levita, descendiente de Merari (1 Cr. 6:29).

5. Levita, descendiente de Merari e hijo de Abinadab (1 S. 7:1). Cuando guiaba el carro que llevaba el arca desde Quiriat-jearim a Jerusalén, la tocó irreverentemente y como consecuencia cayó muerto (2 S. 6:1-7). David, entristecido por su muerte, interrumpió el viaje, dejó el arca en la casa de Obed-edom y llamó el lugar "Pérez-uza" ("quebrantamiento de Uza", 2 S. 6:8).   P. S.

UZAL. Hijo de Joctán y, probablemente, nombre de una población de Arabia (Gn. 10:27; 1 Cr. 1:21). Según la tradición árabe, U. fue el nombre primitivo de Sanoa, capital del Yemen. Ez. 27:19 (BJ), aunque con problemas textuales, afirma que comerciaba con Tiro en hierro y especias. Se ha querido identificarla con la ciudad de Izala, al NE de Siria, en donde se producía excelente vino.   J. M. A.

UZÍAS. → AZARÍAS.

V

VALLE. Traducción de varias palabras hebreas. *Emec* designa valles anchos como el de Ajalón (Jos. 10:12), de Beraca (2 Cr. 20:26) y Jezreel (Jue. 6:33). *Bica* denota una llanura plana y ancha, rodeada de terrenos más elevados (Gn. 11:2; Ez. 37:1; Dt. 34:3). *Gai* denota un valle profundo, v.g. el de Hinom (Jos. 15:8), de Sal (2 S. 8:13) y "el valle de sombra de muerte" (Sal. 23:4). →*Arabá* comúnmente se refiere al gran valle que se halla al S. del mar Muerto.

En Palestina, tierra semiárida, el terreno está surcado por muchos valles angostos, hechos por "arroyos" (o "torrentes", heb. *nahal*, árabe →*wadi*), por los que corre agua sólo en invierno.

J. B. B.

VALLE DE JOSAFAT. →JOSAFAT.

VALLE DE SAL. →SAL, VALLE DE.

VANIDAD. En el AT v. es la traducción de una palabra que da la idea de vacío, insubstancial y transitorio (Sal. 144:4,8,11). Así es la naturaleza del hombre (Ec. 1:2; 12:8). Vanos son también los →ídolos (Is. 41:29; Zac. 10:2); en este caso el sentido de la palabra hebrea es de mal moral, iniquidad (Job 15:35; Sal. 10:7).

Más frecuentemente es traducir "v." la palabra hebrea que denota "lo que no es", lo falso, lo irreal (Sal. 41:6). En Sal. 4:2 y Hab. 2:13 tiene el sentido de lo que ha de acabar en fracaso. Finalmente, en Is. 40:17, 23; 44:9 equivale a confusión, como la que caracteriza a los hacedores de ídolos.

En el NT "vano" (gr. *kenós*) tiene el sentido de "vacío", como en 1 Co. 15:10,14,58, haciendo hincapié en la ausencia de una cualidad esencial, o en que es "sin valor" o "sin resultado" (gr. *mátaios*) como en 1 Co. 3:20; Tit. 3:9; 1 P. 1:18, por lo que las cosas vanas han de ser rechazadas. El adjetivo denota lo que merece el repudio más absoluto.

El sustantivo v. (gr. *mataiotes*) sólo ocurre tres veces en el NT. Ro. 8:20: la creación no ha dado el resultado que se espera a causa del pecado. Ef. 4:17: los gentiles andan en "la v.

de su mente", e.d., sin resultado en sus esfuerzos intelectuales y morales. 2 P. 2:18: no hay resultados en el hablar grandilocuente de los falsos maestros porque son "esclavos de corrupción".

Todo lo que se opone al primer mandamiento es v., ya sean las especulaciones humanas (1 Co. 3:20; Ro. 1:21; Tit. 3:9; →sabiduría), ya los dioses del paganismo, ya la conducta a la que conducen (Hch. 14:15; 1 P. 1:18). Tanto el individuo como la comunidad son vanos en cuanto dejan de adherirse a la revelación de Dios en forma exclusiva. La fe (1 Co. 15:17) y la religión pueden llegar a ser vanas (Stg. 1:26).

J. M. Bl.

VARA. Rama delgada y larga. (Gn. 30:37; Jer. 1:11; Ez. 7:10). Se utilizaba como apoyo en el camino (Gn. 32:10); símbolo de autoridad (Éx. 10:13; Ap. 2:27; Nm. 17:5-6). Era signo de distinción (Nm. 17:1-10), vida (Nm. 17:8; Heb. 9:4) y linaje (Is. 11:1; Jer. 10:16). Además se utilizaba como instrumento de castigo (Job 9:34; Pr. 23:13; Is. 10:5; 14:29), elemento educativo (Pr. 29:15), arma de guerra (Is. 10:24), utensilio para llevar el arca (Éx. 25:13-14) y medida (Ez. 40:3; Ap. 11:1). Los →pastores la usaban para guiar, proteger, estimular y contar sus rebaños (Mi. 7:14; Sal. 23:4; Lv. 27:32); los agricultores la empleaban como instrumento para apalear los cereales (Is. 28:27). Dios utilizó la v. de Moisés, convirtiéndola en serpiente, para convencer a su siervo de su capacidad para llevar a cabo la liberación del pueblo hebreo (Éx. 4:1-5) e hizo florecer la →vara de Aarón (Nm. 17:8).

A. P. P.

VARA DE AARÓN. La →v. de →A., hermano de Moisés, llegó a ser símbolo de autoridad después de convertirse en culebra delante del Faraón de Egipto (Éx. 7:8-13). Cuando las v. de los jefes de las doce tribus fueron colocadas delante de Dios en el Tabernáculo, la v. de A. floreció (Nm. 17:1-11). Esto fue la señal de la elección de A. al sacerdocio.

Después de la muerte de A. su v. fue guardada como cosa sagrada en el arca del Pacto en el Templo según una tradición hebrea (Heb. 9:4; cp. 1 R. 8:9).   R. B. W.

VASIJA. Recipiente de arcilla o de material más noble que los israelitas usaban para líquidos y áridos. Durante su época de nómadas los israelitas utilizaron, como todos los nómadas, recipientes de cuero, ya que las v. de → barro habrían sido demasiado frágiles y pesadas. Después de su entrada a Canaán, utilizaron ampliamente las v. de alfarería. La cerámica es una de las artes más antiguas, por lo que ha sido de mucha utilidad para identificar fechas y culturas de antaño. Casi en todas las excavaciones arqueológicas se recuperan esta clase de objetos, que difieren mucho entre sí por la calidad del barro empleado, por el acierto en el cocimiento del mismo, por la destreza y arte en la forma y decoración de los recipientes (→OLLAS). Entre los israelitas, la profesión de → alfarero se hallaba muy difundida (Jer. 18:2; 19:1). Entre las mismas v. de arcilla había gran variedad, según los fines a que eran destinadas. Pero, además, hubo v. preciosas, hechas de alabastro, bronce, plata y oro.   C. R.-G.

VASO. →COPA.

VÁSTAGO. →RENUEVO.

VASTI. Esposa del rey → Asuero. Fue depuesta cuando rehusó presentarse al banquete del rey para ostentar su belleza. Así fue iniciada la búsqueda de una nueva reina que culminó en la selección de → Ester (Est. 1:1-22).   I. W. F.

VEJEZ. Los judíos, como los orientales en general, tenían en alta estima la v. (Pr. 16:31). Exigían respeto para los ancianos (Lv. 19:32) y la irreverencia para con ellos se 'consideraba como grave impiedad (Dt. 28:50; Lm. 5:12; Is. 3:5). Alcanzar una edad avanzada se conceptuaba como señal del favor divino (Gn. 15:15; Éx. 20:12).

En los tiempos bíblicos se creía que los ancianos tenían más sabiduría que los jóvenes debido a sus años de experiencia (1 R. 12:6-8; Job 12:12; 32:7). Por lo mismo se nombraba a → "ancianos" para dirigir el pueblo de Israel (Éx. 12:21; Lv. 9:1; 1 S. 8:4; Ez. 14:1; Lc. 7:3) y para gobernar la iglesia cristiana (Hch. 14:23; 20:17; 1 Ti. 3:6). El consejo principal en el Imperio Romano era el "senado" (término derivado de la raíz latina, *senex* = 'anciano').

Pero la Biblia no enseña una reverencia ciega o indiscriminada por la v. La ancianidad tiene gloria sólo si se "halla en el camino de justicia" (Pr. 16:31). El "predicador" reconoce que "mejor es el muchacho pobre y sabio que el rey viejo y necio" (Ec. 4:13). Pablo da consejos no sólo a los jóvenes sino también a los viejos (Tit. 2:2,3) y advierte contra "los cuentos de viejas" (1 Ti. 4:7 BJ).

Se reconocen las debilidades de la v. (Ec. 12:6-7). El salmista expresa la ansiedad del anciano (71:9,18) pero Isaías asegura que Dios se preocupa por él (46:4).   W. M. N.

VELO. Prenda de vestir que las mujeres orientales usaban especialmente para salir a la calle o viajar. El v. les cubría el rostro con la excepción de un solo ojo (Cnt. 4:9). En ocasiones cubría todo el cuerpo a manera de manto (Gn. 24:65; Rt. 3:15; Ez. 13:18), y era generalmente de seda negra y lino. El velo no era un simple ornamento, sino que tenía significado ético: la mujer lo usaba para sustraerse a las miradas de los hombres, menos de las del marido o parientes cercano (Gn. 24:65). Era una desgracia que un hombre sorprendiese a una mujer sin el velo sobre el rostro o que alguien intencionalmente se lo levantase (Cnt. 5:7; 1 Co. 11:5,10).

También lo usaban los pastores, los viajeros y los campesinos para proteger la nuca o la espalda del calor del sol (Rt. 3:15).

Pablo pide que las mujeres de Corinto, al orar o profetizar en los cultos públicos, se cubran con un v. En cuanto al hombre, opinaba justamente lo contrario (1 Co. 11:4-16). Se opina que la palabra → "autoridad" en el v. 10 significa "señal de autoridad", o sea, v.

Con todo, parece que no todas las mujeres hebreas usaban habitualmente el v. (Tamar no quiso ser reconocida por su suegro, Gn. 38:14s.). Probablemente se reservaba para alguna circunstancia especial como una boda.

Entre el rico vocabulario hebreo figura la voz *masveh* que describe el v. con que Moisés tapó su rostro de las miradas sensibles del pueblo (Éx. 34:33ss).   M. V. F.

Bibliografía
SE, NT II, pp. 418-422.

VELO DEL TEMPLO. El tabernáculo tenía dos velos o cortinas: uno grueso y hermoso entre el lugar santo y el santísimo (Éx. 26:33) y otro a la entrada del atrio (Éx. 40:33). Aunque con frecuencia se usa la misma palabra para designar a ambos (heb., *masak*; gr. *katapétasma*), sólo el primero tiene valor litúrgico porque demarcaba el lugar más sagrado del →santuario y era rociado con sangre en algunas ceremonias. El templo de Salomón y los demás templos posteriores retuvieron estos v. Los Evangelios cuentan que, a la muerte de Jesús, el v. del t. se rasgó (Mr. 15:38//). Unos suponen que se trata del v. interior (cp. Heb. 6:19; 9:3; 10:20 donde su ruptura es símbolo del acceso del cristiano directamente a Dios mediante el sacrificio de Cristo). Otros aducen que se refiere al v. exterior, ya que el interior no era visible al pueblo.
                                J. A. G.

VENGADOR DE SANGRE (heb. *goel haddam* = 'redentor [vengador] de sangre') Pariente más cercano de un asesinado, única persona que podía vengar su muerte (Nm. 35:11ss). Los miem bros de la familia y de la tribu se consideraban solidarios ante todo →homicidio de un hombre libre. Ya hubiese sido perpetrado voluntaria o involuntariamente, debía ser vengado y exigía represalias contra el culpable y contra los suyos (Gn. 4:14; Jue. 8:18-21; 2 S. 3:27; 14:7; 21:1ss.; 2 R. 9:26; etc.).

Para los israelitas →la venganza era un derecho y un deber sagrado. No ejecutarla era atentado grave contra el honor de la familia. Para regularla se hizo distinción entre homicidio involuntario y asesinato (Éx. 21:12, 13; Dt. 19:4-6; Nm. 35:16ss.), se dio el derecho de ejecución de la venganza únicamente al v. de s. y se establecieron →ciudades de refugio (Dt. 4:41-43; 19:1-4; Nm. 35:22-29; Jos. 20), en que las que el homicida podía permanecer hasta ser convicto de asesinato intencional. Además el Deuteronomio prescribe claramente que la venganza sólo puede alcanzar al culpable, con exclusión de los miembros de su familia (Dt. 24:16; 2 R. 14:6).   C. R.-G.

VENGANZA. La ley del AT refrendó la represalia, la ley del talión (Lv. 24: 17-21). Hay venganzas justas (Jue. 15:7; 16:28; 1 R. 18:25; Jos. 10:13; Pr. 6:34), mientras otras son excesivas e incluso totalmente injustas (Gn. 34:27; 2 R. 3:27; Jer. 20:10; Ez. 25:12; Est. 8:3). Por otra parte, Dios reclama para sí el derecho de v. (Dt. 32:35; Ro. 12:19; Heb. 10:30), y el hombre justo pone en manos de Dios su "causa", y espera y pide la v. divina sobre sus enemigos (Jer. 11:20; →SALMOS VI). Si bien Dios puede dilatar el castigo, el día de la v. del Señor llegará (Is. 34:8; 61:2; 63:4; Jer. 46:10; 51:6), no sólo para los enemigos de su pueblo, sino también para aquellos de entre su pueblo que sean pecadores (→IRA DE DIOS). Los maestros de la ley, basándose en Dt. 32:35, prohibían la v. personal entre israelitas, pero no para con los no israelitas (Lv. 19:18).

En el NT la palabra v. tiene dos sentidos: uno punitivo, como en el AT, con referencia a la →retribución divina (2 Ts. 1:8; Heb. 7:24); y otro judicial (2 Co. 7:11), e. d., el ejercicio jurídico de la →justicia, la acción legal. Este sentido judicial se halla sobre todo en el helenista Lucas. Jesús abolió la ley del talión y mandó a sus discípulos que perdonaran a sus enemigos, que soportaran las injusticias, que no se vengaran (Mt. 5:38-48; Lc. 6:27-36). Los cristianos, por tanto, no sólo deben abstenerse de la v., sino que deben devolver bien por mal (Ro. 12:19ss.). El juicio divino hace las veces de la v. (Lc. 18:7s), si bien se dilata a veces hasta el último día (Ap. 6:10; 19:2).   J. M. Bl.

Bibliografía
VTB, pp. 817ss.; *EBDM* VI, col. 1164ss.

VERBO (gr. *logos* = 'palabra', 'mensaje', etc.). Como revelador y salvador divino, y habiéndose manifestado en muchas formas en el pasado, Dios el Padre ha pronunciado su →palabra final y definitiva en → Jesucristo su Hijo (Heb. 1:1s.). Toda la revelación del AT apuntaba hacia esta palabra (Jn. 5:39) y halló en ella su cumplimiento (Col. 1:25ss.). Pero esta palabra no comienza a oírse solamente con las obras y palabras de Jesús; él mismo habló misteriosamente de su preexistencia (Jn. 8:58; 17:5; cp. Fil. 2:6) y de su acción en el mundo antes de nacer. Más tarde los autores del NT llegan a esta convicción, tras un fiel estudio del AT (Hch. 8:35; 17:2s.,11). Así que inclusive la mención de la palabra o de la →sabiduría divinas delata la acción del V. preexistente. Por el Hijo, resplandor de la gloria de Dios (2 Co. 4:4; Col. 1:15; Heb. 1:3), fue creado el mundo (Heb. 1:2; cp. Sal. 33:6ss.) y en él subsiste el universo (Col. 1:17. Aun en los detalles de la historia de Israel (1 Co. 10:1-4) o en la visión de un profeta (Is. 6:1-13) Cristo estaba activo.

Cuando Juan el evangelista escribe su prólogo a fines del primer siglo, resume esta convicción al usar el título "V." para describir al Hijo (Jn. 1:1s.,14; cp. 1 Jn. 1:1ss. y Ap. 19:13). Lo llama "Dios" (sin artículo en el gr.), tanto en 1:1 como en 1:18 (los mejores textos rezan "[el] único Dios que está en el Seno del Padre"), y subraya su papel en la creación (1:3,10). Insiste en que la paradoja de la →encarnación del V., quien trajo por su entrada a nuestra condición humana la gracia y la verdad (1:14,16s.), constituye una "exégesis" del Padre (1:18). Los hombres, aun frente a este gesto de gracia, se muestran hostiles y rechazan la →luz (1:4s., 9s.), y en esto el pueblo mismo del V. es un ejemplo (1:11). Pero excepcionalmente hay personas que reciben al V., creyendo en su poder regenerador (1:12). Así que el drama que comenzó cuando Dios primero habló a los hombres se cristaliza en el V. encarnado; los que le aceptan reciben →vida, mientras los que le rechazan ya son condenados (Jn. 3:16-21).

Se discute por qué Juan escogió el término V. como título cristológico (→MESÍAS). Quizá fuera porque "la palabra" decribía comúnmente las buenas nuevas predicadas por los apóstoles (Mr. 4:14s.; Hch. 8:25; →EVANGELIO) en una extensión del ministerio de Jesús. Pero, ¿pensaba Juan también en los conceptos helenísticos del *logos:* el principio que establece el orden e el universo, la mente de Dios que lo controla todo o el intermediario (creado) entre Dios y sus criaturas? Más consecuente con el pensamiento juanino sería pensar que fue un ambiente semítico el que produjo el término. Verosímilmente se han sugerido una o más de las siguientes fuentes: el uso veterotestamentario de "la palabra de Yahveh", la personificación de la sabiduría (Pr. 1:20-33; 8:1–9:18), la especulación judía sobre la →ley y el uso en los → targumes de *memra* (arameo = 'palabra').

R. F. B.

Bibliografía
VTB, pp. 559-565. H. Schlier, *Problemas exegéticos fundamentales en el NT* (Madrid: Fax,

1970), pp. 337-348. A. Wikenhauser, *El Evangelio según San Juan* (Barcelona: Herder, 1967), pp. 81-88. M. E. Boismard, *El prólogo de San Juan,* Madrid: Fax, 1970. *CBSJ* IV, 63:39-46; V, 80:21-24.

VERDAD. Término que frecuentemente se halla en la Biblia pero que es difícil de definir (Jn. 18:39). Se usa poco en sentido intelectual, es a saber, la concordancia entre una afirmación y el hecho a que se refiere. En la Biblia se emplea principalmente en sentido existencial y moral, como atributo de una persona. En el AT v. es traducción de varios vocablos hebreos, especialmente de *emet,* derivado del verbo *aman,* de donde viene también la bien conocida palabra → "amén". Significa "sostener", "estar bien fundado, firme y estable". De allí que *emet* es una realidad firme, fiel, segura, digna de confianza.

La v. es una cualidad que se atribuye a Dios (Dt. 32:4; Sal. 31:5; Jer. 10:10; Is. 65:16). La idea tras las afirmaciones bíblicas no es tanto que Jehová es el Dios verdadero (en contraste con las deidades impostoras), sino que es un Dios veraz y fidedigno, en quien puede confiar o apoyarse el creyente. A menudo se une con esta cualidad de Dios la → "misericordia" (Sal. 25:10; 40:11; 57:3).

También la v. es característica de algunos hombres (Gn. 42:16; Pr. 20:6; 28:20). Aquí empieza a destacarse más la idea de veracidad (Sal. 51:6; Is. 59:14,15).

En los salmos la "palabra" de Dios se llama "v.", como asimismo sus "mandamiento" y su "ley" (119:142,151,160). De ahí se ve que la v. puede tener forma escrita.

La LXX generalmente traduce la voz heb. *emet* por la gr. *alétheia,* palabra que se traduce "v." en el NT. Por lo tanto es común encontrar en el NT que v. se usa más en el sentido hebreo que en el griego. Se afirma que Dios es verdadero (Jn. 7:28; 17:3; 1 Jn. 5:20). Asimismo, Jesús osadamente afirma ser la v. (Jn. 14:6). El Espíritu Santo se llama "el Espíritu de v." (Jn. 14:17; 15:13).

Juan, Pablo y Santiago afirman que la v. es a la vez algo que Cristo personifica y algo que trajo. "La gracia y la v. vinieron por medio de Jesucristo", dice Juan (1:17). Pablo habla de la "v. que está en Cristo" (Ef. 4:21; cp. Jn. 8:32,44; 1 Jn. 4:6; 2 Jn. 1; Stg. 1:18). Algunos de los vv. anteriores podrían entenderse como la v. en sentido conceptual, o sea un cuerpo de doctrina entregada. Ef. 1:13; 2 Ti. 2:15,18 (cp. 1:14; 4:3,4) claramente se refieren a la v. en este sentido.

A veces el vocablo se usa también en sentido de veracidad, lo opuesto a afirmaciones falsas hechas conciente y maliciosamente (p.e. Ef. 4:25; Ro. 3:7; 9:1; 1 Co. 5:8; 1 Ti. 2:7).

En Jn. y Heb. a veces la palabra "verdadero" parece emplearse en un sentido platónico, llamando la atención a que cierta cosa es real o auténtica, y no copia o imitación. De Jesús se dice que es "pan verdadero" y "comida verdadera" (Jn. 6:35,55), "la vid verdadera" (15:1) y "la luz verdadera" (1:9). Según Heb. 8:2 y 9:24, el "verdadero tabernáculo" está en los cielos.

Como hijo de Dios el creyente debe reflejar en su vida la v. que caracteriza a Dios el cual, sobre todo, busca "verdaderos adoradores" (Jn. 4:23).   W. M. N.

VERGÜENZA. Perturbación del ánimo que se manifiesta por primera vez en las Escrituras en relación con la desnudez física. En su inocencia Adán y Eva "no se avergonzaban", pese a no estar vestidos; ya pecadores, se escondieron de Dios. "Tuve miedo porque estaba desnudo, y me escondí", se excusó Adán (Gn. 2:25; 3: 10,11). La v. sólo se conoce en el estado de pecado. Los hombres y mujeres se sentían lastimados en su honor o pudor por la falta del vestido que indicaba, especialmente entre los orientales, su posición social de honor. Los ejércitos triunfantes solían despojar a los cautivos de su vestimenta, de modo que la v. del estado físico se sumaba a la de la derrota y la pérdida de su honra (2 S. 10:4,5; Is. 20:4; 47:3).

Delante de Dios lo que avergüenza al hombre es el no estar vestido de → justicia, o sea, el ser pecador en sus múltiples formas. La v. de las naciones consistía principalmente en la locura de la idolatría, bien que las variadas traducciones de la RV ("ignominia", "afrenta", "oprobio", etc.) oscurecen el sentido de los vocablos básicos heb. (Ez. 36:6,7; Jer. 11:13). Cuando Israel iba en pos de los ídolos, participaba en la v. moral que desembocaba en la v. de la derrota (Os. 4:7; 9:10). Toda suerte de malicia, orgullo y locura avergüenza, según los vocablos heb. de Pr. 3:35; 11:2; 13:5.

En el NT continúa el uso figurativo de la v. de la desnudez (Ap. 3:18; 16:16). La pérdida de prestigio social se destaca en Lc. 16:3. El vocablo *aidós* señala la modestia de la mujer virtuosa en 1 Ti. 2:9, mientras que *aisjyne* y sus derivados señalan la v. que surge de una mala conciencia o de la pérdida de dignidad (Jud. 13, Fil. 1:20). Nadie debe avergonzarse de ser cristiano (1 P. 4:16; cp. Ro. 1:16). El peor estado del hombre es el de haber perdido todo sentido de v. a causa de una conciencia cauterizada (Fil. 3:19; 1 Ti. 4:2).   E. H. T.

VERSIONES DE LA BIBLIA.

I. VERSIONES ANTIGUAS

Antigua versión latina. Se le da el nombre de Latina Antigua a la primera versión conocida de toda la Biblia al latín. Parece haber sido hecha en el norte de África durante la segunda mitad del siglo II d.C. Esta versión se basó en el texto griego tanto del AT (LXX) como del NT. De ahí su importancia, pues nos ayuda a determinar el estado del texto de la LXX en esa época. La Latina Antigua circuló profusamente en todo el Imperio y sufrió múltiples revisiones que, en lugar de reflejar el latín literario y pulido de la época, reflejaban más bien las formas de hablar del pueblo común.

La Vulgata Latina. Se conoce con este nombre la Biblia preparada en latín por Jerónimo a fines del siglo IV. Es la versión de la Biblia que más amplia y profunda influencia ha ejercido en el mundo cristiano occidental. Vino a ser la "Versión Autorizada" de la Iglesia Católico-romana, por lo cual su vocabulario ha influido definitivamente en toda la obra teológica de la Edad Media y aun en la de nuestros días. De tal manera dominó también la obra literaria secular hasta el siglo XV, que las lenguas romances no pueden negar su deuda a los giros latinos de la Vul.

El origen de esta Biblia se debe al Papa Dámaso (366-384) quien, ante el descrédito de la llamada Latina Antigua por las muchas revisiones y debido a lo común e iliterario de sus expresiones, designó en el año 382 al más estudioso y capaz de los eruditos bíblicos de su tiempo, a Eusebio Jerónimo, conocido simplemente como Jerónimo, para emprender una revisión completa del texto latino. Cuando Jerónimo entregó a Dámaso la primera parte de su trabajo, los cuatro evangelios, explicada que había cotejado cuidadosamente la versión existente con los mss griegos, cambiando solamente lo que había creído absolutamente necesario, reteniendo de la antigua versión latina toda aquella fraseología que ya se había vuelto muy familiar. Posiblemente este principio general explica la falta de uniformidad al traducir las mismas expresiones del original mediante diferentes expresiones latinas, como en el caso de la palabra gr. *arjieréus,* que en Mateo se traduce *princeps sacerdotum,* mientras en Marcos es *summus sacerdos* y en Juan *pontifex.* Parece ser que este principio general caracterizó la revisión de todo el NT y desde entonces se ha discutido entre los eruditos la participación que realmente tuvo Jerónimo en esta obra, llegando algunos a afirmar que ninguna.

En cuanto al AT, después de intentar la revisión de varios libros con base en la LXX, Jerónimo llegó a la conclusión de que el único camino a seguir era volver al hebreo verdadero. Para este trabajo Jerónimo viajó a la Tierra Santa; se estableció en un monasterio de Belén, estudió el hebreo y consultó con frecuencia a los rabinos judíos, lo cual explica la semejanza entre algunos pasajes de la Vul. con los → Targumes.

Por muchos años la gente rechazó el trabajo de Jerónimo porque no entendían la razón crítica de muchos de los cambios que él había hecho a la Antigua Latina. Aun Agustín criticaba la obra de Jerónimo porque al seleccionar el texto hebreo arrojaba dudas sobre la inspiración de la LXX. No obstante, con el pasar de los siglos vino a ser aceptada sin reservas por el cristianismo occidental, convirtiéndose en la *Vulgata Versio,* es decir la "Versión Común".

Versiones siríacas. El dialecto arameo usado en Edesa y la Mesopotamia occidental se llamaba siríaco, que era similar pero no idéntico al arameo usado en Palestina en tiempos de nuestro Señor. La traducción más antigua del NT al siríaco fue hecha durante el siglo II. De esta versión, aparte de algunas citas en la literatura patrística, sólo quedan dos mss. Ambos son copias fragmentarias de los evangelios. A uno se le designa generalmente con el nombre de Siríaco Sinaítico de *ca.* del siglo IV y el otro es conocido con el nombre de Siríaco Curetoniano de *ca.* siglo V.

El documento conocido con el nombre de "Diatesarón de Taciano" corresponde a una armonía de los cuatro Evangelios arreglada *ca.* 170 d.C. y que circuló ampliamente en el Cercano Oriente hasta que Taciano fue declarado hereje. Las llamas devoraron este valioso documento del cual se conservan muy pequeños fragmentos en griego.

Una traducción árabe del Diatesarón fue posteriormente ajustada a la versión siríaca llamada *Peshita.* La versión *Peshita* (siríaco = 'simple') del NT parece haberse producido en el siglo IV. Para esta fecha las antiguas versiones siríacas necesitaban una revisión y alguien se encargó de unificarlas en una sola versión sencilla que se convirtió en la Versión Común *Peshita* de las iglesias sirias. Esta forma revisada y cotejada con los originales griegos fue aceptada por ambas iglesias sirias, la nestoriana y la jacobita, y ha sido desde entonces trasmitida con mucha fidelidad hasta nuestros días. Como la iglesia siria no aceptaba como canónicos los libros de 2 P., 2 y 3 Jn. Jud. y Ap., la *Peshita* no los incluye.

Entre los jacobitas se hicieron varios intentos de restar popularidad a la *Peshita,* y a comienzos del siglo VI el obispo de Mabburg, llamado Filoxenus, comisionó a su coadjutor Policarpo para preparar una traducción del texto gr. de toda la Biblia al siríaco, en la cual se incluyó por primera vez todas las epístolas de Pedro y de Juan junto con las de Judas y el Ap. De esta versión quedan muy pocos fragmentos.

La versión del NT al siríaco palestino o, para llamarlo con más propiedad, arameo palestino, fue hecha en el siglo IV. Sólo quedan algunas porciones extensas de los evangelios. Esta versión, aunque muestra la influencia de la *Peshita,* refleja una forma especial de texto griego existente en Palestina durante los siglos IV y V (→ TEXTO DEL NT).

Versiones coptas. La última forma que tomó la antigua lengua egipcia se llamó copta y, hasta los comienzos del cristianismo, se escribió en jeroglíficos. Posteriormente se utilizó el alfabeto griego con la ayuda de unos pocos caracteres especiales. Del copto se conocen seis dialectos, y la Biblia entera o el NT se tradujo especialmente a cinco de ellos. Porciones del NT fueron traducidas al sahídico que se hablaba en el alto Nilo, alrededor de Tebas, *ca.* comienzo del siglo III. Un siglo más tarde ya todo el NT estaba traducido.

Hubo numerosas versiones en bohaírico, que se hablaba en el bajo Nilo, alrededor de Menfis, que se conservaron más completas v en mejor estado. Excepto por un importante ms del Evangelio de Juan en subajmímico, dialecto que se hablaba al sur de Asyut, y que data del siglo IV, tan sólo unos pocos fragmentos se conservan en otros dialectos. Todos estos testimonios coptos del NT se hallan hoy en pleno estudio y se consideran de mucha importancia para la crítica textual de los diferentes textos griegos que se usaron en las traducciones.

La versión gótica. Varias razones ha habido para dar importancia a esta versión hecha en el siglo IV por el obispo Ulfilas, apóstol de los godos de las provincias del Danubio: Es la más antigua de cuyo autor tenemos plena identidad y es una de las pocas versiones de esa época para la cual se dice que el autor inventó un alfabeto, constituyendo así el más antiguo documento literario teutónico. Esta versión se conoce hoy, en forma fragmentaria, en seis diferentes manuscritos. El más completo es una lujosa copia que data del siglo V y contiene partes de los Evangelios. Está escrito en letras plateadas sobre vellón púrpura, por lo cual se le conoce con el nombre de *Codex Argenteus:* "códice plateado".

Versión armenia. Durante la primera parte del siglo V, Mesrop, inventor del alfabeto armenio, y Sahak, el Patriarca, comenzaron una traducción de la Biblia a la lengua nacional armenia como reacción a la influencia de las versiones siríacas. Con todo, es probable que el texto base fuera en parte una versión siríaca. En general la versión armenia es de una belleza insuperable por su dicción y precisión. Con razón se le ha llamado "La reina de las versiones".

Versión georgiana. La lengua georgiana era hablada por un pueblo dinámico y fuerte que habitaba en el Cáucaso, entre el mar Negro y el Caspio. Parece no haber tenido relación con otras lenguas. El cristianismo fue llevado a los georgianos en el siglo IV y, de acuerdo con una tradición armenia, Mesrop inventó e introdujo un alfabeto entre los georgianos. No se sabe quién hizo la primera versión de las Escrituras ni en qué base textual se utilizó para la misma, si el griego, el siríaco o el armenio. Lo que sí parece ser cierto es que las primeras porciones traducidas, posiblemente los Evangelios y los Salmos, datan del siglo V. En cuanto a la versión del NT hay bastantes probabilidades de que haya sido basada en el siríaco o en el armenio. Muchas revisiones parecen haberse llevado a cabo antes de que Eutimio hiciera una completa revisión en el siglo X, la cual ha servido de base a varias ediciones impresas.

Versión etiópica. La presencia del cristianismo en Etiopía, según la historia, comienza en el siglo IV con la presencia de Frumentino, a quien Atanasio, Patriarca de Alejandría, consagró obispo de Acsum. Posiblemente Frumentino inició la traducción de las Escrituras al etiópico. Lo cierto es que existe un buen número de versiones en esta lengua que acusan obviamente orígenes variados y que sin duda son copias de versiones muy antiguas.

Versiones arábicas. Es posible que no se hayan producido versiones árabes de las Escrituras antes de la muerte de Mahoma que, con el Corán, hizo del árabe una lengua literaria. Desde entonces y hasta el siglo XIII hubo varias versiones en las cuales se advierte claramente el texto que sirvió de base. Unas se hicieron directamente del griego mientras otras se hicieron del siríaco, del copto y del latín.

II. VERSIONES EN ESPAÑOL

La Biblia alfonsina. Es probable que los valdenses y albigenses, en su celo evangelizador, hicieran llegar a España por lo menos partes de las Sagradas Escrituras a fines del siglo XII y principios del XIII, puesto que en 1233 el rey Jaime de Aragón se vio obligado a publicar un real edicto en el Concilio de Tarragona prohibiendo la lectura de las Sagradas Escrituras en otras lenguas que no fueran las lenguas muertas. Quizás este decreto haya sido eco de un edicto similar del Concilio de Tolosa de 1229. No obstante, en 1260, en la *General Estoria* de Alfonso el Sabio aparecieron los libros de la Biblia, pero en forma resumida y parafraseada. Por el número de mss encontrados en las bibliotecas españolas del texto sagrado en lengua vernácula, se supone que hubo muchos intentos anteriores y posteriores a Alfonso el Sabio de traducir la Biblia o partes de ella al español.

El Nuevo Testamento de Enzinas. La reforma religiosa del siglo XVI logró que todos los pueblos de Europa quisieran tener las Sagradas Escrituras como la fuente única de su fe y práctica religiosa. España no fue una excepción, y pronto aparecieron españoles dedicados a traducirlas directamente de los originales. Debido a la persecución inquisitorial, este trabajo debió hacerse fuera de las fronteras nacionales. A Francisco de Enzinas debemos la traducción y publicación del primer NT completo que se conoció en español (1543).

El Nuevo Testamento de Juan Pérez. Juan Pérez, erudito español, distinguido y honrado por el emperador Carlos V, fue el autor de una nueva publicación del NT al castellano en 1556, al que agregó una traducción de los Salmos. El valiente Julianillo Hernández introdujo y distribuyó profusamente en suelo español este NT a costa de su propia vida.

La Biblia del Oso. La primera Biblia completa en castellano apareció en 1569 en Basilea, traducida por el erudito español Casiodoro de Reina. Hoy, después de una media docena de revisiones, la última de las cuales se hizo en 1960, sigue circulando ampliamente en el mundo de habla hispana bajo el nombre de la Biblia Reina-Valera. La primera edición contó con

2603 ejemplares. La segunda salió en 1602 y la tercera en 1622. Apareció con una "Amonestación", con notas al margen de la pluma del traductor, y con los libros apócrifos dispersos en el AT. Un ejemplar de cada una de las tres primeras ediciones de esta obra monumental se encuentran en la Biblioteca López del Instituto Superior Evangélico de Estudios Teológicos de Buenos Aires.

Agotada la primera edición de la Biblia del Oso, Cipriano de Valera emprendió la tarea de revisarla cuidadosamente, cotejándola con los originales, aunque introdujo muy pocos cambios, como él mismo afirma. Eliminó las notas marginales, actualizó la ortografía y acortó los encabezados y los títulos. Los libros apócrifos, que en la Biblia del Oso aparecían dispersos en el AT, en la revisión de Valera aparecen reunidos y colocados entre los dos testamentos. La revisión (Amsterdam, 1602), apareció con una "Exhortación al cristiano lector" escrita por el mismo Valera al lado de la "Amonestación" de Reina.

Felipe Scío de San Miguel. En 1793, 224 años después de la versión de Reina, apareció la primera traducción católica de la Biblia al castellano hecha directamente de la Vul. Dos ediciones más aparecieron en 1797 y en 1808.

Félix Torres Amat. En 1823 apareció en Barcelona otra versión católica hecha de la Vul. y que se conoce con el nombre de su autor. Con el fin de hacerse más accesible al lector popular, Torres Amat apeló en su traducción a frases y expresiones parafrásticas, que le han acarreado no poca crítica y sí mucho desprestigio.

Rivera. En México, en 1833, se produjo en 25 tomos la primera traducción de la Biblia hecha en la América española. Es obra de un tal Rivera, quien se basó en una traducción al francés de la Vul. que había realizado el Abad Vence, pero se tuvo buen cuidado de cotejarla con los originales.

Nuevo Pacto. En 1858 se publicó en Edimburgo una versión bastante literal del NT firmada con las iniciales G. N. y que, al parecer, corresponde al protestante Guillermo Norton. Se llamó "Escrituras del Nuevo Pacto"; su propósito fue "verter al castellano puro el significado del original griego, de una manera tan aproximada, tan clara, tan completa y tan uniforme como es posible". Se han hecho varias ediciones.

Versión Moderna. En 1893 fue publicada una traducción de toda la Biblia hecha por H. B. Pratt, misionero de la Iglesia Presbiteriana en Colombia. Una revisión apareció en 1923. Aunque al principio esta versión fue aceptada con bastante entusiasmo, posteriormente ha caído en desuso ya que el pueblo evangélico sigue prefiriendo la versión de Casiodoro de Reina.

Juan Robles. En 1906 se imprimió un NT traducido en el siglo XVI por Juan Robles. Esta versión se conoce como la "Traducción clásica

de los evangelios", y había permanecido olvidada en los archivos de El Escorial. El interés y cuidado de publicarla se debió a fray Maximino Llaneza. La ventaja y particularidad de esta traducción fue que no se hizo de la Vul. sino directamente de los originales. Es interesante ver la libertad con que el autor discute en su introducción y notas temas tan controvertidos en aquella época. De haberse conocido entonces hubiera sin duda ido a parar a manos de la Inquisición

Versión Hispanoamericana. En 1916 apareció la primera edición (NT solamente) de la Versión Hispanoamericana, llevada a cabo por una comisión mixta de seis traductores protestantes que incluía personas oriundas de España e Hispanoamérica, así como algunos misioneros anglosajones. La novedad de esta versión es la adopción de los códices alejandrinos representados en la recensión de Eberardo Nestlé, apartándose de los códices bizantinos de que se sirvió Erasmo y el editor del "Texto Recibido" y que sirvieron de base a la traducción de Casiodoro de Reina (→ TEXTO DEL NT).

Pablo Besson. Se debe a Pablo Besson, pastor bautista, una traducción del NT que se publicó en Buenos Aires en 1919. Como crítico y erudito de altos vuelos en materia de NT, Besson produjo una traducción más bien para estudiosos que para el lector común.

Nácar-Colunga. La primera traducción completa de las Sagradas Escrituras al español, hecha directamente de los originales por eruditos católicorromanos, apareció en 1944. Se debe a la erudición de dos profesores de la Universidad de Salamanca: el canónigo Eloíno Nácar Fuster (AT) y Alberto Colunga (NT). Esta Biblia ha recibido una amplia aceptación por la limpieza, claridad y pureza de su estilo y por tanto ha tenido muchas ediciones.

José Straubinger. Para la misma fecha apareció en Argentina la primera Biblia completa traducida en Hispanoamérica directamente de los originales. La tradujo el obispo J. Straubinger, profesor de Sagrada Escritura en el Seminario Mayor de San José de la Plata (Buenos Aires). Esta Biblia ha tenido muy buena acogida entre el pueblo católicorromano.

Bover - Cantera. En 1947 apareció en España una nueva traducción de la Biblia hecha por los sacerdotes J. M. Bover (NT) y F. Cantera (AT). Hecha con un espíritu crítico, se puede decir que hasta la aparición de la llamada "Biblia de Jerusalén" ésta era la única Biblia de estudio que existía en lengua castellana.

Varias versiones hechas entre 1947-67. Los últimos años han sido particularmente fecundos en traducciones católicorromanas hechas directamente de los originales. Aunque han aparecido muchas traducciones de los cuatro evangelios y de otras porciones de la Biblia, mencionamos sólo las traducciones completas del NT, o de la Biblia, salvo la "Sinopsis concordada de los cuatro Evangelios" hecha por Juan Leal, profesor de Sagrada Escritura en la facultad teológica de Granada, y que se publicó en 1954. Esta obra se esfuerza en armonizar el texto de los cuatro Evangelios con un criterio científico. Obras como ésta se conocen varias desde hace muchos años en el campo protestante.

En Toluca, México, apareció en 1962, en una edición de 40.000 ejemplares, una traducción del NT auspiciada por CEBIHA (Centro Bíblico Hispano Americano).

En 1964 apareció en Madrid, España, una Biblia publicada por Ediciones Paulinas y traducida por un equipo dirigido por Evaristo Martín Nieto; que es una verdadera joya por su estilo y por su fidelidad a los originales.

Ese mismo año la Editorial Herder publicó una Biblia que llamó "Edición popular de las Sagradas Escrituras" y que Serafín Ausejo revisó y cotejó cuidadosamente con los originales, añadiendo el propósito: "Hombres doctos en la materia han procurado incorporar a esta edición los mejores resultados de otras versiones nacionales y extranjeras".

En 1964, la Editorial Verbo Divino publicó la traducción del NT hecha por Felipe Fuenterrabía, obra de grandes méritos por su estilo y fidelidad, de la cual se han hecho ya muchas ediciones.

El año de 1967 fue especialmente rico en estas publicaciones. Apareció *El Libro de la Nueva Alianza*, traducción del NT conducida por Alfredo B. Trusso, de Argentina, y dirigida especialmente a la mayoría del pueblo que carece de los conocimientos críticos y de los recursos del idioma para entender traducciones más refinadas.

La Biblia de Jerusalén. También en 1967 se publicó, después de cinco años de ardua labor llevada a cabo por un equipo de competentes traductores, la llamada "Biblia de Jerusalén". Con ese mismo título apareció primero en francés, luego en inglés y finalmente se publicó en castellano simultáneamente en España y Buenos Aires. De ella dijo Germán Arciniegas que es "una obra en español que flotará por sobre todo lo demás que se ha publicado en muchos años". El equipo de traductores españoles estuvo dirigido por Pedro Franquesa y José María Solé, misioneros clarentinos.

Nuevo Testamento "Ecuménico". Todavía en el campo católicorromano pero hecha con "espíritu ecuménico", la Editorial Herder de Barcelona publicó también en 1967 la traducción de un NT. Esta edición fue costeada por la Comunidad Protestante de Taizé, Francia. La traducción misma fue hecha por tres eruditos católicos y revisada por un equipo interconfesional, ya que en algunas de sus sesiones estuvieron presentes algunas personalidades protestantes como Gonzalo Báez-Camargo, de México; Luis Fidel Mercado, de Puerto Rico, e Ignacio Mendoza, de España, los que también tuvieron la oportunidad de revisar y anotar las pruebas de galera antes de su publicación.

Versión Popular: Dios llega al hombre. La primera traducción del NT que se hace al español en el campo protestante desde la aparición de la versión de Besson (1919). El propósito y el alcance de esta versión, que apareció en 1966 y de la cual ya se han vendido muchos millones de ejemplares, están expuestos muy claramente en la introducción del volumen: "Como es una traducción distinta y no una revisión de las otras versiones, su vocabulario y estilo es, por tanto, diferente. Se ha tratado de expresar el significado del original griego en el castellano de hoy día. Se ha dado preferencia a los vocablos y formas gramaticales castizos que son propiedad común del habla popular de todos los niveles de la cultura. Como la Versión Popular evita ciertos giros literarios y algunas expresiones poco usadas, no es tan literal como otras versiones de la Biblia. Su propósito es comunicar el mensaje del original en términos bien conocidos, siguiendo el ejemplo de los autores del propio NT, que escribieron en el lenguaje común y corriente de su época". Han aparecido algunos libros del AT en esta versión.

La Biblia para Latinoamérica. Típica de una nueva serie católica de Biblias cuyas notas y fraseología reflejan una honda preocupación pastoral es "la Biblia en su texto íntegro, traducida, presentada y comentada para las comunidades cristianas de Latinoamérica y para los que buscan a Dios, por un equipo pastoral bajo la dirección de Ramón Ricciardi" (con base en Chile). Vio la luz en 1971 en Madrid, Ediciones Castilla.   A. Ll. B.

VERSIONES EN OTRAS LENGUAS IBÉRICAS.
En España se han hecho varias versiones a idiomas ibéricos como fruto del resurgimiento de los idiomas regionales y del intenso interés por la Biblia.

I. VERSIONES CATALANAS
L'Evangeli segons sant Marc. Fundació bíblica evangèlica, Barcelona 1970. Es parte de una nueva versión evangélica en preparación. El lenguaje es sencillo y digno. Esta traducción incorpora a los evangélicos al movimiento bíblico en lengua catalana.

La Bíblia. Versió dels textos originals i notes pels monjos de Montserrat. Casal i Vall. Andorra 1969-1970. Esta edición erudita es la culminación de cincuenta años de movimiento bíblico en Cataluña. Como traducción se apega a los textos originales, pero se expresa en catalán literario. Las notas ofrecen un comentario extenso, muy útil para los cristianos de todas las tendencias.

Bíblia. Fundació Bíblica Catalana, Alpha, Barcelona 1968. Es la versión preferida actualmente en Cataluña y un modelo de entusiasmo bíblico y trabajo de equipo. La traducción es libre y está expresada en un catalán hermoso. Los comentarios bíblico-teológicos se hallan en la línea más renovadora del catolicismo romano actual.

II. Versión gallega

A Palabra de Deus. Do Adro, Santiago 1965 ss. Esta novísima traducción al gallego cuenta hasta ahora con los Evangelios y los Salmos. La traducción es fiel y dulce. Las notas representan una postura católica romana tradicional.

III. Versiones vascuences

Los evangélicos fueron pioneros en esta tarea, pero en épocas pasadas. El pastor calvinista Juan de Lizárraga publicó ya en el año 1567 su traducción del NT: *Iesus Christ Gure Iaunaren Testamentu Berria.* En nuestros días el jesuita Olabide tradujo toda la Biblia al moderno éuscaro (o vascuence) literario: *Itun Zaŕ eta Beŕia.* Editorial Mensajero, Bilbao 1958. Traducción que trata de superar las grandes diferencias dialectales del vascuence hablado. Es de gran valor lingüístico.   C. R.-G.

VESTIDOS. En el pueblo hebreo la forma y estilo de vestir se conservó igual a través de los siglos desde los tiempos del AT hasta los del NT. Las principales prendas eran: la túnica interior, muy ajustada al cuerpo, y un →manto exterior; los usaban igualmente hombres y mujeres (Job 30:18; Cnt. 5:3; Gn. 37:3). A esas dos prendas a veces se agregaba un →cinto, una capa (para la lluvia) y unas →sandalias (Is. 3:24; Mt. 5:40). Las mujeres usaban, además, un →velo, la prenda que más distinguía a la mujer del hombre en lo referente a vestuario. Era prohibido que la mujer usase prendas de hombre y viceversa (Dt. 22:5).

La túnica era de lino o de algodón, y se llevaba directamente sobre el cuerpo. Tenía agujeros para los brazos, y algunas veces mangas anchas y abiertas, y llegaba hasta abajo de las rodillas. La de las mujeres llegaba hasta los tobillos. La túnica se ataba al cuerpo con un ceñidor. Algunas veces era tejida sin costura alguna, como la de Jesús (Jn. 19:23). La vestidura de encima, o sea el manto, era una pieza de tela más gruesa, de 1.30 × 1.20 m. aproximadamente, con la cual se arropaban el cuerpo. Se ataba sobre los hombros, o se dejaba suelta. El que deseaba tener libres los brazos podía quitársela fácilmente (Mt. 24:18; Hch. 7:58; 22:23). A veces, cuando un hombre no llevaba puesto su manto se decía que estaba "desnudo" (1 S. 19:24; Is. 20:2ss.; Jn. 21:7). Podía arreglarse de manera que fuese fácil llevar algunas cosas en el →seno (Sal. 79:12; Is. 65:6; Lc. 6:38). De noche, los pobres podían usar el manto para cobijarse en la →cama (Éx. 22:26a; Job 22:6).

Otro vestido exterior es el *meil* (traducido igualmente "manto") generalmente de tela fina (1 Cr. 15:27). Lo llevaban los monarcas (1 S. 18:4; 25:12) y otras personas distinguidas (1 S. 2:19; Esd. 9:3, 5; Job 1:20).

La cabeza se llevaba generalmente descubierta. A veces, para resguardarla del sol quemante o de la lluvia, se tapaba con un doblez del manto exterior (2 S. 15:30; 1 R. 19:13; Est. 6:12). Los →sacerdotes usaban una mitra, bonete o turbante sagrado; y después del cautiverio todos los judíos adoptaron hasta cierto punto el turbante. Las mujeres usaban diversas clases de abrigo de cabeza, sencillos o adornados.

La piel de los animales sirvió como primer material para vestir y cubrir el cuerpo de los nómadas. En la Palestina el vestido era similar al usado en el resto del Cercano Oriente. En Egipto la piel de leopardo era usada para el atuendo de los sacerdotes. La →lana fue para los hebreos tanto como para los sirios el material preferido para vestir al pueblo. Los v. de →seda probablemente importados de la Persia o la China, se consideraban de lujo (Ez. 16:10). La ley prohibía la mezcla de lino con lana (Lv. 19:19).

El atuendo de los sacerdotes era tan complicado como simbólico. Éxodo 28 expone detalladamente parte por parte tales vestiduras.

Las vestiduras reales eran igualmente simbólicas, elegantes y artísticas. Es de notarse que el →efod era una prenda de vestir que daba al portador, sacerdote, levita o rey, una dignidad especial. Pero también el efod era visto con superstición o se le relacionaba con algún culto idolátrico (Jue. 8:24-27; 17:5, 18:17).

Un rey como David vestía "de lino fino" incluyendo el efod (1 Cr. 15:27). Los reyes de Judá e Israel, como Acab y Josafat, se ataviaban espléndidamente cada vez que salían a las plazas públicas o cruzaban las puertas de la ciudad donde estaba el trono. Un turbante cónico (→CORONA) y una capa "cubretodo" eran prendas esenciales del rey. (cp. Hch. 12:21). Las princesas reales, como Tamar hija de David, portaban, como característico de virginidad, una "túnica con mangas" (2 S. 13:18, BJ). La misma "túnica con mangas" expresa la parcialidad con que Jacob amó a José (Gn. 37:3, BJ); las mangas largas anunciaban que su portador no tenía que hacer trabajos manuales.

La preferencia de brillante colorido fue característica de los pueblos, como el hebreo, que vivían en regiones áridas y lóbregas. Los términos "resplandecientes" y "espléndido" parecen aludir a este tipo de vestiduras (Stg. 2:2s; Hch. 10:30). Especialmente en las fiestas, la ropa era de telas más caras (Mt. 22:11s.; Lc. 15:21), preferentemente de color →blanco →púrpura, o →escarlata. Las mujeres se adornaban de joyas (→PIEDRAS PRECIOSAS).

No obstante lo monótono y reducido del vestir hebreo de todos los días, debido a lo limitado del material textil, las gentes mostraron siempre mucho interés en su apariencia externa. Un hombre daba más valor a su v. que a la cabalgadura. Cuando pasaba la noche en algún mesón extraño dormía con todas sus prendas puestas, inclusive sandalias, para no exponerlas a un robo. El valor que se daba al v. era casi comparable con el de la moneda. Dar "una muda de v." era pagar un alto precio o dar un premio. Nótese esto en los incidentes relacio-

VESTIDOS DE LA ANTIGUEDAD

Muchas de estas ilustraciones han sido tomadas de monumentos a reyes. Hubo muy poca variación en la ropa de los trabajadores durante todo el tiempo histórico de la Biblia. (1) Soldado sumérico de carroza vistiendo vellón. Ciudadano babilónico (2) época de Abraham. (3) Rey de Babilonia 1050 a.C. (4) Soldado del noroeste de Siria 750 a.C. (5) Noble de Egipto con sencillo vestido de cuello y tonelete. (6,7,8) Un faraón, un príncipe y una mujer noble de Egipto 1150 a.C. (9) Soldados egipcios. (10) Esclavos en Egipto. (11) Guerreros filisteos luciendo yelmos con plumas. (12,13) Gente nómada de la Tierra Santa en la época de los patriarcas. (14) Rey de Siria que viene trayendo su tributo a Egipto. (15,17,18) Judíos cautivos según se presentan en cuadros que conmemoran la toma de Laquís por Senaquerib; la mujer (17) viste manto largo. (16) Portador del tributo del rey de Israel para el rey de Asiria 850 a.C. (19,20) Arqueros asirios: el 19 viste armadura escamada. (21,22) Rey y reina de Asiria con vestidos profusamente bordados. (23) Arquero elamita, con lanza. (24) Darío de Persia. (25,26) Hombre y mujer con mantos del período helénico. (27) Ciudadano romano vistiendo toga sobre la túnica. (28) Militares romanos: uno lleva el estandarte.

nados con Sansón (Jue. 14:14), Naamán y Giezi (2 R. 5:22s., 26), y Sísara (Jue. 5:30). Los soldados romanos repartieron los v. de Jesús y echaron suertes sobre su manto (Jn. 19:23s).

Por medio de v. de luto (→DUELO) y de → arrepentimiento se expresaba visiblemente la pena interior. El desgarrar los v. era una señal especial de luto (Gn. 37:24; 2 S. 3:31; Job 1:20) provocado por una desgracia (2 S. 13: 19) una blasfemia oída (Jer. 36:24; Mr. 14: 63 //), etc. En otros sentidos también el v. participa en las cualidades de la persona que lo lleva; e.g. cortar los v. por la mitad de unos emisarios es una afrenta (1 Cr. 19:4); los v. de Jesús resplandecen en la → Transfiguración (Mr. 9:3). Como parte de las → riquezas que posee el hombre, los v. no han de preocuparle demasiado (Mt. 6:25-34) o usarse para ostentación (Mt. 23:5), sino deben distribuirse equitativamente (Mt. 25:36; Lc. 3:11).

Desde el momento en que se originan los v. en el paraíso (Gn. 3:7), la ropa y la desnudez son signos de la condición espiritual del hombre (Gn. 3:21). La muda de v. simboliza el cambio espiritual (Col. 3:10; Ef. 4:24) y aun la → resurrección se describe como un revestir al hombre de un v. incorruptible (1 Co. 15:37,42; 2 Co. 5:3ss). Tal como el pueblo de Dios actuó en el pasado como una → esposa infiel, vestida de → prostituta (Ez. 16:15ss.; Os. 2:9ss.) el pueblo triunfante lavará sus túnicas y las blanqueará "en la sangre del Cordero" (Ap. 7:14; 22:14), y la esposa se ataviará para las nupcias (Ap. 19:7; 21:2).　　　M. V. F. y R. F. B.

Bibliografía
DBH, cols. 2025-2029; *EBDM* VI, cols. 1169-1177; *VTB*, pp. 827-830.

VÍBORA. Traducción de la voz heb. *efeh* y la gr. *éjidna* que aparentemente designan una clase de culebra muy venenosa. El significado de la voz heb. no es del todo claro, aunque aparece en construcciones paralelas con → "serpiente".

Existen hoy la v. del desierto (*echis colorata*), la de Palestina (*vípera palaestinae*), y una especie cornuda (*cerastes ceraste cornutus*) que son peligrosas. La v. es tipo de todo lo que es malo y destructor (Dt. 32:33; Is. 30:6; 59:5), que no afectará a los justos en los tiempos mesiánicos (Is. 11:8; Sal. 91:13). Jesús y Juan el Bautista describen con el término cierta clase de personas (Mt. 3:7 //; 12:34; 23:33). Pablo salió ileso de la mordedura de una v. en Malta (Hch. 28:3-6) lo que produjo gran admiración entre los nativos.　　　A. J. G.

VID. En la época bíblica, y aún antes de su ocupación por los israelitas, la Tierra Santa era un próspero viñedo (cp. la ofrenda de → Melquisedec en Gn. 14:18, y el informe de los espías en Nm. 13:20, 24). Los principales productos de su suelo eran los cereales y el mosto (Gn. 27:28), y la v. y la higuera su principal y

Las pequeñas torres desde las cuales se vigilaban los viñedos eran cosa común para los israelitas. Por lo tanto, cuando Dios le impone la apremiante responsabilidad al profeta Ezequiel de ser "atalaya a la casa de Israel" el profeta comprendió claramente el mensaje.
MPS

característica vegetación (1 R. 5:5). Se destacaban varias regiones por la alta calidad de sus v., tales como → Escol, → En-gadi (Cnt. 1:14), Sibma (Jer. 48:32), etc., y el sueño dorado del israelita nómada era sentarse bajo su propia v. o bajo su propia higuera (1 R. 4:25).

Es por eso que la v. tiene un papel importante en el lenguaje figurado. Con la v. son comparados el pueblo de Israel (Jer. 2:21; Ez. 15:6; 19:10-14; Os. 10:1; Sal. 80:9-17), el impío (Job 15:32s.), la mujer del justo (Sal. 128:3), Moab (Jer. 48:32) y el rey Sedecías (Ez. 27). El cultivo de la v. demandaba cierta pericia y mucha mano de obra para la siembra, cercado, labranza, cosecha, etc. (cp. Mr. 1:12). Había que podar la v. cada año (Lv. 25:3; Jn. 15:2).

Jesús se llama a sí mismo la v. verdadera (Jn. 15:1-8), cuyos → pámpanos son los discípulos, figura que pone de manifiesto la íntima unión que existe entre Él y ellos.

Lo que Israel no pudo dar a Dios, Jesús se lo da. Él es la v. que produce, la cepa auténtica digna de su nombre. Él es el verdadero Israel. Él fue plantado por su Padre, rodeado de cuidados y podado a fin de que llevara fruto abundante (Mt. 21:22; Jn. 15:1ss.). En efecto, produce fruto dando su vida, derramando su sangre, prueba suprema de amor (Jn. 15:13; 10:11,17); el → vino, fruto de la v. es el signo sacramental de esta sangre derramada para sellar el nuevo pacto; es el medio de participar del amor de Jesús, de permanecer en él (Mt. 26:27ss.; Jn. 6:56; 15:4,9).

Las uvas han sido siempre uno de los principales frutos de las tierras bíblicas. Por ello la vid ha llegado a ser como un símbolo del pueblo hebreo.

Cristo, el auténtico tronco de la v. invita, llama a todos los hombres, por el amor del Padre y del Hijo, a ser miembros de la v. verdadera, aunque Jesús mismo elige a los que han de ser sus miembros; no son ellos los que eligen (15:16). Por esta comunión se convierte el hombre en pámpano de la verdadera cepa. Vivificado por el amor que une a Jesús y a su Padre, lleva fruto, lo cual glorifica al Padre. El creyente así participa en el gozo de Jesús que está en glorificar a Su Padre (15:8-11). Tal es el verdadero misterio de la v.: expresa la unión fecunda de Cristo y la Iglesia, así como su gozo permanente, perfecto y eterno (cp. 17:23).

E. P. C.

VIDA.

I. EN EL ANTIGUO TESTAMENTO

Tres vocablos heb. determinan el concepto de la v.

1. *Khayyim* tiene sentido de movimiento o acción. La v. es un poder que se manifiesta en forma dinámica con el movimiento (Gn. 7:21ss.; 26:19; Job 33:20; Sal. 69:34; 143:3). También es una manifestación de la → luz y la alegría (Sal. 27:1; Job 33:25ss.; Pr. 3:16), en contraste con las tinieblas, la tristeza y el caos que caracterizan lo inanimado (Sal. 135:17).

2. *Néfes*, cuya raíz significa "respirar" o "soplar". Gn. 2:7 dice: "Y Dios formó al hombre del polvo de la tierra, y sopló en su nariz aliento de vida, y fue el hombre un ser [*néfes*] viviente". A menudo se traduce → "alma" en el sentido amplio de lo que vive y se mueve (Gn. 12:13; Nm. 11:6; Dt. 4:19; etc.). Desde cierto punto de vista, esta v. radica en la → sangre (Lv. 12:11).

3. *Ruaj*, es similar en significado a los anteriores términos. Significa → espíritu como principio que distingue a la v. de la → muerte. Es el espíritu vivificador (Job 27:3s.)

En términos generales, v. en el AT tiene significados y referencias concretas; no se da como una noción abstracta. Nunca se habla de la v. del → hombre teóricamente, sino existencialmente en medio de situaciones particulares. Por ejemplo, no existe en el AT referencias independientes a la v. física, intelectual o espiritual; los autores parten del concepto de que la v. del hombre es un todo.

La v. es una unidad que no puede ser dividida. Cada parte del → cuerpo (→ CARNE, → CORAZÓN, SANGRE, etc.) tiene una función total tanto física como espiritual.

Por otro lado, el AT da a entender que la v. no es la mera existencia. Al contrario le da un sentido de plenitud e intensidad vital. Por eso el hombre puede revivir, puede sobrevivir. Quien estaba muerto de hambre puede "vivir" cuando encuentra alimento (Gn. 43:8; 2 R. 7:4; *cf.* 1 S. 30:12). También se da el caso de que el que está enfermo "vive" cuando recupera la salud (Nm. 21:8s.; Is. 38:9).

El AT considera la v. como un don supremo que es signo de felicidad. El que tiene felicidad siente la realidad de la v. (Sal. 34:12,13; Pr. 4:10).

En resumen, la idea central de v. en el AT es que Dios es su fuente única. Aunque la creación entera goza en cierto grado del don de la v., el hombre es en particular su beneficiario (Nm. 14:28; 2 R. 2:2; Ez. 20:31; 33:11). Pero éste no puede vivir sólo de pan sino de toda palabra de Dios (Dt. 8:3). La plenitud de la v. del hombre depende de la actitud que asume hacia esta palabra de su → obediencia o desobediencia (Dt. 30:15-20; Pr. 3:1-10).

II. EN EL NUEVO TESTAMENTO

Tres términos gr. designan el concepto de la v.

1. *Zoé*, que aparece de 151 a 200 veces y es de variado significado. Abarca la v. física (Lc. 16:25; Ro. 8:38) y la sobrenatural, la de Dios y de Cristo (Jn. 5:26), que es comunicada a los creyentes (1 P. 3:7). Se refiere no sólo a la v. futura (a menudo en la expresión "v. eterna", Mr. 10:30) sino a la posesión actual de una gran bienaventuranza e íntima comunión con Dios (Jn. 5:24). Nuestras decisiones diarias afectan esta v.; el hombre puede vivir "según la carne" o "según el espíritu" (Ro. 8:12).

2. *Psyjé*, que por lo general se traduce → "alma". En la LXX traduce el vocablo heb. *néfes* "aliento, principio de la v.". El NT usa el término para indicar el principio de v. física (Hch. 20:10; Ap. 8:9), la v. terrestre en sí (Mt. 2:20; Ro. 11:3), la sede de la v. interior (Lc. 12:19; 1 Ts. 2:8; Stg. 1:21) y el objeto de una decisión esencial (Mr. 8:35, 10:39).

3. *Bíos*, que es menos común y significa existencia terrena (Lc. 8:14; 1 Ti. 2:2; 2 Ti. 2:4) o recursos necesarios para subsistir (1 Jn. 2:16, 3:17).

En ciertos pasajes el NT conceptúa la v. únicamente como la existencia que termina con la muerte (Fil. 1:20), como algo provisional (1 Co. 15:19), pasajera (Stg. 4:14) y limitada (Ro. 7:1ss.). Con todo, Mr. 8:36s. nos recuerda que la v. es uno de los bienes mayores.

Como en el AT, Dios es el origen de la v. (Lc. 5:21). Él posee →inmortalidad (1 Ti. 6:16) y sólo él puede resucitar a los muertos (Ro. 4:12). La novedad neotestamentaria es que recibimos este gran don de Dios por medio de Jesucristo. Habiendo resucitado de entre los muertos él queda como garantía de que en él tendremos v. (Ef. 2:1-7) por medio de nuestra fe (Ro. 1:17; Gá. 3:11; 1 Jn. 5:12).

El acontecimiento de la →resurrección y la consecuente llegada del Espíritu Santo rompieron las limitaciones de la v. Antes "v. eterna" evocaba solamente una realidad escatológica (así en Mt., Mr. y Lc.), pero ahora se comprende que en Cristo la v. tiene una nueva cualidad eterna y que comienza en el momento de creer en él (Jn. 17:3), o sea de renacer (1 Jn. 2:29 cf. Jn. 3:3-8). La literatura juanina enfatiza que la v. libera del dominio del príncipe de este siglo (→SATANÁS) y conduce a la abolición del →pecado (1 Jn. 3:8ss.). Porque Jesucristo es el verdadero Dios, él es también la v. eterna (1 Jn. 5:20).

Por su parte el apóstol Pablo afirma que la v. es un bien no sólo presente, sino también venidero (Ro. 6:1-11, 8:2-10) y que la verdadera v. ya no está sujeta a los límites de "este mundo" (Ro. 7:1-13).   E. A. T.

Bibliografía
DTB, cols. 1048-1054; *VTB*. pp. 832-836; M. García C., *Teología de la Biblia I* (Madrid: BAC, 1970), pp. 406ss., 492-497, 627-630; P. van Imschoot, *Teología del AT* (Madrid: Fax, 1969), pp. 379-383; J. M. Casabó, *La Teología moral en S. Juan* (Madrid: Fax, 1970), pp. 241-246; M. Meinertz, *Teología del NT* (Madrid: Fax, 1963), pp. 44ss. 540-543.

VIDENTE. Dos términos hebreos son traducidos v., términos que se usan también paralelamente con → "profeta" (2 R. 17:13; Is. 29:10) y "adivino" (Mi. 3:7). Parece ser el título más generalmente usado para designar personas que podían interpretar "señales" (acontecimientos extraordinarios, Gn. 25:22s.; u ordinarios pero inquietantes, 1 S. 10:2s.) o sueños (Gn. 40:8) o que tenían ellos mismos sueños significativos (Dt. 13:1ss.). El sacerdote cumplía a veces esta tarea y tal vez por eso no hay más menciones del v. en el AT. 1 S. 9:9 supone al v. como un precursor del profeta, aunque la diferencia entre ambos no es muy clara.   J. M. B.

VIDRIO. Sustancia frágil, dura, de brillo especial, por lo general transparente. Según la tradición griega, la industria del v. tuvo su origen en Fenicia, aunque fue conocida por los egipcios mucho tiempo antes del Éxodo. La muestra más antigua es una botella que lleva grabado el nombre de Sargón II, 700 a.C.

Los hebreos sin duda conocían el arte de elaborar, pulir y cortar el v. aunque en forma rudimentaria. En los tiempos bíblicos se tenía por artículo de lujo (Ap. 4:6; 15:2). Se usaba en copas, botellas, vasos, ornamentos, emblemas sagrados, etc. En Ap. 21:18,21 es usado el v. como expresión simbólica de lisura, brillantez y transparencia (cp. Ez. 1:22).   J. E. D.

VIENTO. La mayor parte del año la Tierra Santa se ve afectada por v. de los cuatro puntos cardinales que pueden ser una fuente de bendición o de maldición según de donde procedan. Se suceden en las diversas estaciones, de ahí que los hebreos creían que el clima era el resultado de éstos (Jer. 49:36; Dn. 8:8; Mt. 24:31; Ap. 7:1).

Los v. del O, húmedos y refrescantes, traen las lluvias en el invierno y el rocío en el verano. Soplan la mayor parte del año y modifican el clima, haciéndolo templado. Los v. del N son fríos y ahuyentan las lluvias (Job 37:9; Pr. 25:23). Los del S pueden ser tempestuosos (Is. 21:1, Zac. 9:14), o benévolos para la navegación (Hch. 27:13) y generalmente están asociados con el calor (Job 37:17; Jer. 4:11; Lc. 12:55). El v. del E o solano está identificado como el "v. de los desiertos" (Job 1:19; Jer. 13:24; Jon. 4:8). Llega en fuertes ráfagas (Éx. 14:21; Sal. 48:7) con polvillo de arena y calor abrasador (Os. 13:15; Am. 4:9) que agosta la vegetación (Gn. 41:6,23,27; Ez. 17:10; 19:12). Los puntos cardinales se combinan a menudo para indicar una gran variedad de v. derivados de estos principales.

Los v. son usados por Dios para propósitos especiales (Gn. 8:1; Sal. 104:3c,4; Ez. 37:9; Am. 4:13). Su fuerza y poder hacían pensar en el soplo de Dios (Is. 40:7) y, con mucha frecuencia, son simbólicamente instrumento de juicio (Jer. 49:36; Ez. 13:13; Os. 13:15). Aparecen en las teofanías (Ez. 1:4).

El v. es símbolo de libertad y soltura (Pr. 27:16; 30:4; Ec. 1:6; Ef. 4:14), de fuerza y poder (Is. 41:16; Jer. 51:1; Dn. 2:35; Stg. 3:4), del vacío y la nada (Is. 41:29; Pr. 11:29), de la transitoriedad de la vida (Job 7:7; Sal. 78:39), etc. En algunos casos, puede ser identificado con el →Espíritu de Dios (1 R. 18:12; 2 R. 2:16; Ez. 8:3; 11:1; Jn. 3:8; Hch. 2:2).
                                                 J. M. R.

VIENTRE. En sentido anatómico es sinónimo de (1) matriz y ésta es la acepción más común y numerosa en la Biblia (Gn. 25:24; Dt. 28:4; Rt. 1:11; Job 19:17; Ec. 11:8; Jer. 1:5; Os. 12:4; Lc. 1:41; Jn. 3:4); (2) abdomen (Jue. 3:21; Cnt. 5:14; Dn. 2:32); y (3) aparato digestivo (Job 20:23; Jon. 2:1-2; Mt. 15:17; Lc. 15:16; 1 Co. 6:13. En sentido figurado es sinónimo de ideas y sentimientos interiores (Job

15:2; 32:18-19 RV 1909; Sal. 17:14; Pr. 18:8; 20:27 RV 1909).   L. A. S.

VIGILIA. 1. Medida hebrea de tiempo para dividir la noche. En el AT se dividía en tres vigilias de 4 horas: la primera se contaba desde la puesta del sol, la segunda se llamaba vigilia de medianoche, y la tercera hasta la salida del sol (Jue. 7:19; Éx. 14:24; 1 S. 11:11). En el NT usaban la división romana de cuatro vigilias de tres horas, las que se enumeran en Mr. 13:35 (cp. Mt. 14:25; Hch. 12:4).

2. En sentido figurado, traducido "guarda" en la RV (Sal. 141:3) y "v". en la RV (1909).
G. D. T.

VINAGRE. Producto agrio que resulta de la segunda fermentación del vino, la sidra u otra bebida alcohólica.

Se usaba como condimento (Rt. 2:14), y también como ingrediente principal de la *posca* de los soldados romanos (mezclado con agua y huevo). La *posca* fue probablemente la bebida ofrecida a nuestro Señor crucificado como refrigerio (Mr. 15:36; Lc. 23:36; Jn. 19:29s.). Era distinta de la droga "v. con hiel" (Mt. 27:34 o "con mirra", Mr. 15:23) que le ofrecieron los soldados y que Jesús rechazó. El v., tanto como el vino, era prohibido para los nazarenos debido al voto voluntario que tomaban (Nm. 6:1-4).
P. W.

VINO. Bebida común en Palestina, producto de la fermentación del jugo de uva. En Palestina la vendimia se hacía en agosto y septiembre. En la vinicultura, se echaban las →uvas en →lagares donde hombres descalzos las pisaban para exprimir el jugo. La primera fase de la fermentación comenzaba unas seis horas después de exprimir las uvas. El zumo se echaba en tinajas (Jer. 13:12) o en odres (Mt. 9:17) para su fermentación y almacenaje.

V. en la Biblia es la traducción de varias palabras gr. y heb. Las más comunes son *yayin* (heb.) y *oinos* (gr.). También se usan *tirosh* y *shekar* (heb. bebida fuerte en general que puede incluir el v. pero que a menudo es contrastada con él, Lv. 10:9), y *síkera* y *gleukos* (gr.).

Algunos comentaristas han procurado sostener la hipótesis de que *tirosh* traducido "mosto" o "v. nuevo", no era una bebida embriagante. Sin embargo, Os. 4:11 afirma que el *tirosh* "quita el juicio." Además, el equivalente griego, *gléukos,* es la palabra que usaron los incrédulos en el día de Pentecostés cuando tildaron de borrachos a los apóstoles (Hch. 2:13). El consenso hoy es que toda referencia al v. en la Biblia indica una bebida fermentada, y cuando se menciona el simple jugo de uva, nunca se usa la palabra v. (Gn. 40:11).

El hecho de que la Biblia apruebe el uso del v. fermentado no debe inquietar a los cristianos. El problema radica en el uso desenfrenado del v. que resulta en la →embriaguez. La Biblia condena rotundamente la borrachera, pero no

ordena la abstinencia total, excepto bajo ciertas circunstancias religiosas y culturales (algunos traen a colación aquí la preocupación por el hermano débil, Ro. 14:21). En fin, la ética escritural reconoce que el v. (como también el sexo, la comida, las emociones, el dinero y otras cosas) se presta tanto para el uso legítimo como el abuso pecaminoso.

Convencidos de que el v. es un don de Dios, los autores sagrados describen la prosperidad en términos de abundancia de "trigo y mosto" (Gn. 27:28), requieren el diezmo del v. (Dt. 12:17), prescriben para ciertas ofrendas una libación de v. (Nm. 15:7), y afirman acerca de la vid alegórica que su "mosto alegra a Dios y a los hombres" (Jue 9:13). El salmista enumera entre las bendiciones de Dios "el v. que alegra el corazón del hombre" (Sal. 104:15). Jesús suministró 120 galones de v. en las bodas de Caná (Jn. 2:9s.) y usó v. en su última cena con los discípulos (→CENA DEL SEÑOR). Pablo recetó a Timoteo "un poco de v. por causa de tu estómago y también de tus frecuentes enfermedades" (1 Ti. 5:23).

Pero los peligros del v. también se señalan en los pasajes que cuentan las vergonzas historias de Noé (Gn. 9:20-27), de Lot (Gn. 19:32-38) y de David (2 S. 11:13); en las advertencias de los Proverbios contra la forma en que el alcohol se burla del bebedor (20:1), prometiendo grandes experiencias pero sin proporcionarlas (23: 29-35); y en las proscripciones del v. y de la sidra para los obreros religiosos (Is. 28:7).

Se practicaba la abstinencia del v. en casos excepcionales como el voto de los →nazareos (Nm. 6:3), la obediencia de los →recabitas (Jer. 35) y el ascetismo de Juan Bautista (Lc. 1:15). Sin embargo, los ejemplos que nos da el NT son de usar libremente el v., pero siempre con la moderación que dicta el →dominio propio (cp. 1 Co. 10:31). Nuestro Señor, lejos de ser un abstemio como Juan Bautista, causó escándalo entre sus opositores, que lo tildaban, con una dosis de hipérbole, de "glotón y bebedor de vino" (Mt. 11:16-19). El principio paulino se enuncia con claridad: nadie ha de imponer la abstinencia a otro ni juzgarla al respecto (Col. 2:16); no obstante, a los oficiales de las iglesias exhorta a ser moderados en el uso del v. y a dar un buen testimonio (1 Ti. 3:3, 8; Tit. 1:7; 2:3).

La Biblia usa el v. en sentido figurado. La ira de Dios se expresa en términos de pisar el lagar (Ap. 14:19s.) y hacer beber a los injustos el v. del furor de Dios (Jer. 25:15). Jesús relaciona sus enseñanzas con el v. nuevo que no se puede echar en odres viejos (Mt. 9:17), indicando que el cristianismo no podría expresarse dentro de los moldes antiguos del judaísmo. El v. simboliza la →sangre de Cristo (Mt. 26:28), elevando la figura a su cumbre. Por otro lado, estar llenos de v. se presenta como opuesto a estar llenos del Espíritu Santo (Ef. 5:18; cp. Hch. 2:13-16).
P. W.

Bibliografía
EBDM VI, cols. 1212-1221; *DBH*, cols. 2040-2043; *DTB*, cols. 1056-1059; *VTB*, pp. 836ss.; *VB*, p. 307.

VIÑA. → VID.

VIOLENCIA. Uno de los resultados del pecado de los hombres. Desde los albores de la humanidad, se manifiesta en el hijo de la primera pareja, →Caín (Gn. 4:8), quien reconoce su culpa (4:13-15). Sin embargo, los descendientes de Caín se glorían de su impía v. (4:23, 24). El →diluvio constituye el castigo de Dios a un mundo que "había corrompido su camino sobre la tierra" y que manifestaba dicha corrupción mediante la v. (6:11-13).

Dios equipara, e identifica a veces, "al malo y al que ama la v." y a ambos aborrece (Sal. 11:15; 71:4; Is. 29:20; Jer. 6:6; Ez. 7:11, 23; Am. 3:9 ss.). La →iniquidad suele expresarse por medio de la v. (Sal. 25:19; 54:3; 58:2; 86:14; 140:1; Ez. 22:7, 10, 12, 29, 34:4; Mal. 3:13).

Dios aconseja no confiar en la v. (Sal. 62:10; Is. 62:10; Is. 3:12 ss.; 33:15). Los justos serán librados de la v. por el Señor mismo (Sal. 72:14; 103:6; 119:134; 2 S. 22:49; Is. 25:4; Ro. 12:19). Por tanto el creyente se guarda de la senda de los violentos (Sal. 17:4) y es guardado de varón violento (18:48). Los impíos, en cambio, "se cubren de vestidos de v." (73:6) y, al igual que →Lamec (cp. Gn. 4:23, 24), se mofan y se vanaglorian de su v. (Sal. 73:8) la cual llena la tierra (74:20; Ec. 4:1). A la larga, no obstante, los violentos mismos serán víctimas de la v. (Pr. 10:6, 11; 19:19). Por otra parte, NT enseña, la fuerza y el valor del amor para vencer con el bien el mal (Ro. 12:14-21).

Sin embargo, Dios usa la v. como una medida de emergencia temporal. El utiliza la v. humana como instrumento de su justo juicio contra el pecado (Hab. 1:2, 3, 9; cp. Is. 10:5ss. →IRA). En el mundo caído la v. a veces parece necesaria, tanto para establecer (→JOSUÉ) como para consumar (Ap. 19:11-21) el →reino de Dios. Así es que Dios corrige a Israel (Is. 10:5ss; Jer. 25:1-9; Ez. 21:8-23; Hab. 1:6) y ejecuta sus juicios divinos, bien sea sobre Israel y sobre otros pueblos durante el A.T. (Is. 10:33; 63:1-6; Jer. 20:8; 51:35,46ss.), o bien en los últimos días antes del fin y del juicio (Ap. 14:20; 19:13-15; cp. Dt. 29:23; Sal. 90:7 Ro. 1:18; 2:5).

Dios no solo corrige sino que protege a Israe —protagonista de la historia de la salvación— de la v. de los impíos a la que responde con su propia v., ordenando el exterminio de ellos (Nm. 31; Dt. 20:13; 31:1-5ss.; Jos. 8). Mas esta orden sólo fue dada cuando la maldad de aquellos pueblos había llegado "a su colmo" (Gn. 15:13, 16). Independientemente del juicio que Dios ejercía sobre aquellas gentes, la destrucción de los →cananeos fue necesaria para salvar la misma existencia del pueblo del Pacto, de quien tenía que nacer el Mesías prometido. La singularidad de esta manifestación especial de v. viene de que no hay, ni hubo jamás, ningún otro pueblo como el Israel de antaño, cuya supervivencia fuera tan vital para la historia de la humanidad y muy particularmente para la historia de la salvación, ya que a los judíos les había sido confiada la Palabra de Dios (Ro. 3:1, 2) y la simiente mesiánica (Gn. 49:8, 10).

No existe ninguna justificación exegética válida para aplicar estos textos a otras situaciones y pueblos. Sólo Dios puede dar esta clase de órdenes (Is. 13:3; cp. Jer. 51:27) y sólo las dio para preservar al pueblo de la promesa en tanto se iba desarrollando la historia de la salvación. Entonces, y sólo en sentido militar estricto, el Señor fue escudo y espada de Israel (Dt. 33:29; 1 Cr. 5:22; 2 Cr. 20:17). De ahí que estas luchas sean guerras de Dios (Éx. 15:3; 17:16; Nm. 21:1ss.; 1 S. 25:28; Jl. 3:9) —porque los enemigos de Israel eran los enemigos de Dios (Jue. 5:23-31)— y el botín no fue considerado simplemente de guerra, sino "anatema" ('consagrado al Señor' Jos. 6:17, 24).

No obstante, el Reino de Dios es ámbito de paz en el que "nunca más se oirá v." (Is. 60:18 ss.; 65:17-25; 66:12) ya que la v. y la rapiña se oponen al juicio y a la justicia (Ez. 45:9). El Mesías prometido se llamará "Príncipe de Paz" (Is. 9:6), mas no podrá inaugurar su reino universalmente sin antes derrotar definitivamente a los enemigos de Dios (Dn. 7:10s.; Sal. 110). El día del juicio será el de "la ira de Dios y el Cordero" (Ap. 6:17). Sin embargo el siervo sufriente de Is. 53:7 se caracteriza por la "no violencia" (Mt. 12:19-21), y la época novotestamentaria es primordialmente el tiempo de proclamar las buenas nuevas, y no de ejecutar venganza divina (Lc. 4:19; cp. Is. 61:1-2; Ro. 12:19-21).

El Reino de Dios no puede ser adelantado por la v. (Mt. 26:52-54; Jn. 18:36). Las batallas que tiene que librar el cristiano son espirituales (2 Co. 10:3,4; Ef. 6:10-20; 1 Ti. 1:18; 2 Ti. 2:3,4; 4:7;) en Cristo hemos vencido ya (Jn. 16:33; 1 Co. 15:57) si bien aún tenemos que esperar la consumación final y universal de la victoria de Cristo.

El dinamismo y el coraje de la fe que salva todos los obstáculos para acercarse a Cristo es descrito metafóricamente en términos de v. espiritual: "Desde los días de Juan el Bautista hasta ahora, el reino de los cielos sufre v. y los violentos lo arrebatan" (Mt. 11:12; cp. Lc. 16:16). El reino es tomado violentamente por publicanos y rameras (Mt. 21:31,32), por cuanto se acogen a la gracia, no resisten a la verdad del Evangelio y se entregan a él sin condiciones (10:34-39).   J. G. B.

VIRGEN. En el AT dos vocablos son traducidos v.: *betulá* (Dt. 22:14) que se aplica a la mujer que no ha conocido varón y *almá* (Gn. 24:

43) que se refiere a una mujer soltera en edad de casarse.

La sociedad hebrea tenía en alto valor a la mujer v. por cuanto estaba destinada a producir hijos que continuarían la línea familiar. El padre protegía a su hija, entonces, para poder entregarla v. al hombre que se casara con ella. Varias leyes se elaboraron para compensar al padre si su hija era violada o difamada, o bien para compensar al novio si la joven que le fue entregada como esposa no era hallada v. (Éx. 22:16s.; Dt. 22:13-21).

En sentido figurado, el término v. puede designar una ciudad o una nación (2 R. 19:21; Jer. 46:11), como también la comunidad creyente (2 Co. 11:2).

La palabra heb. *almá* en Is. 7:14 ("El Señor mismo os dará señal: He aquí que la v. concebirá y dará a luz un hijo") fue traducida en la LXX (250 a.C.) por el vocablo gr. *parthenos*. Puesto que este término griego señala exclusivamente una mujer que no ha conocido varón, y puesto que el "hijo" llevaría el nombre "Dios con nosotros", este texto se ha considerado desde antes del comienzo de la era cristiana como una profecía de la concepción virginal del Salvador (Mt. 1:23; →MARÍA).

En el NT se mencionan varias v.: María (Lc. 1:27) y las 4 hijas de →Felipe (Hch. 21:9). Aunque la sociedad hebrea no consideraba posible ni apetecible la vida de soltero, Pablo la recomienda a los cristianos v. (tanto mujeres como hombres) a causa de la premura del tiempo y para facilitar la dedicación al servicio cristiano (1 Co. 7:24-40). Los 144.000 redimidos que adoran al "Cordero" son varones v. (Ap. 14:1-5). En este contexto cultual los redimidos participan de la pureza del Cordero ofrecido en favor de ellos, congregación "sin mancha" que amerita la expresión figurada de v.

I. W. F.

VIRTUD. Término que esencialmente denota el conjunto de cualidades intrínsecas, tales como la moralidad, la bondad, el valor, que caracterizan a una persona o cosa y por lo cual adquiere renombre, excelencia, o alabanza (Éx. 18:21,25; Fil. 4:8; 1 P. 2:9; 2 P. 1:5). En Fil. y 2 P. la v. parece ser una energía esencial en el ejercicio de la fe. Nótese que en la RV 1909 hay muchos pasajes donde se usa la palabra v. (gr. *dynamis*) que han sido traducidos de otra manera en la RV 1960. El adjetivo "virtuosa" que aparece en Rt. 3:11; Pr. 12:4; 31:10 significa hacendosa, capaz, digna.

El cristiano es llamado a anunciar las v. de Cristo, no las propias (1 P. 2:9). Esto es posible, pues Cristo vive en el creyente y 'le ha dado el Espíritu Santo para que le imparta la capacidad de exhibirlas. 1 Co. 13:13 enumera las 3 v. teologales: fe, esperanza y amor. Ap. 2:19 menciona cuatro v. y 2 Co. 6:4 ss., seis. En 1 Ti. 6:11, 2 P. 1:5ss. y Gá. 5:22s. hay otras listas.

R. L.

VISIÓN. Palabra que comúnmente traduce vocablos hebreos y griegos que se refieren a experiencias extáticas o de trances, principalmente de los profetas. Ezequiel y Daniel descuellan en este sentido, pero parece haber sido un medio normal por el que los profetas recibían los oráculos divinos (Is. 1:1; 21:2; Abd. 1; Nah. 1:1; Am. 1:1; 2 S. 7:4, 17; 2 Cr. 9:29; Nm. 24:4,16; 12:6). Su ausencia deja a la comunidad sin dirección (1 S. 3:1; Pr. 29:18).

En el NT los términos los utiliza principalmente Lucas (1:22; 24:23; Hch. 2:17; 9:10; 10:3, 10ss.; 12:9; 16:9; 18:9). Pablo, aunque es considerado un profeta, no da demasiada importancia a las v. (1 Co. 13:2; 2 Co. 12:1ss.). Las circunstancias son diversas (Dn. 10:7; Hch. 10:3; Gn. 46:12), pero se reciben especialmente en →sueños (Nm. 12:6; Job 4:13). La v. bíblica no es un mero trance místico, sino que va acompañada por la palabra que anuncia la voluntad de Dios, sea para las circunstancias del momento (Gn. 15:1 s.; Hch. 7:7) o su propósito final (Isaías, Juan).

J. M. B.

VIUDA. Mujer a quien se le ha muerto el esposo. Las numerosas referencias a las v. indican que en la época bíblica había muchas mujeres en este estado y que su condición era triste (Rt. 1:20s.; Is. 4:1; 54:4). La v. llevaba un vestido especial (Gn. 38:14,19; *Judit* 10:3s.; 16:7). Podía volverse a casar de acuerdo con la ley del →levirato pero éste era un asunto algo complicado. Las v. de los reyes llegaban a ser propiedad de los sucesores. No es de extrañarse, pues, que la viudez se usaba como figura de tristeza y desolación (Lm. 1:1; Is. 47:8s.; Ap. 18:7).

La legislación hebrea defendía a las v. (Éx. 22:21s.; Dt. 14:29; 16:11,14; 24:17). Los profetas pronunciaban juicio contra los que las oprimían (Job 24:3; Is. 1:23; 10:2). Además el AT presenta a las v. como objeto especial del cuidado y misericordia de Dios (Sal. 68:5; 146:9; Pr. 15:25; Jer. 49:11). El preocuparse por ellas es una característica de la verdadera religión (Job 29:13; Is. 1:17; Jer. 7:6; 22:3; Zac. 7:10; Stg. 1:27).

La iglesia cristiana heredó del judaísmo la misma preocupación por las v. Jesús condenó duramente a los fariseos por abusar de ellas (Mr. 12:40). Una de las primeras obras sociales de la iglesia primitiva fue el hacer provisión para las v. (Hch. 6:1-4) y hacia el fin de la edad apostólica vemos la misma preocupación (1 Ti. 5:9-16).

Respecto a segundas nupcias para las v., en 1 Co. 7:8,9,39 Pablo aconseja en contra de ellas, aunque en 1 Ti. 5:14 exhorta a las v. jóvenes a que vuelvan a casarse.

W. M. N.

VOCACIÓN. →LLAMAMIENTO.

VOTO. Promesa hecha verbalmente a un dios de hacer o dar algo que le complazca, o de abstenerse de algo como señal de devoción. Su aspecto voluntario en Israel se ve en que no era pecado no hacer voto (Dt. 23:22). Lo que se abarcaba bajo las obligaciones de la ley no podía ser objeto de un v., p. e., los primogénitos (Lv. 27:26), aunque se podía hacer voto de no redimir a uno que por la ley gozaba del privilegio de redención (el v. de Ana referente a Samuel es ejemplo de esto).

La Biblia no aprueba los v. hechos con el propósito de comprar el favor de Dios: p. e., Jacob, cuando todavía demostraba una consagración defectuosa (Gn. 28:20ss.), Jefté (Jue. 11:30s.), Saúl (1 S. 14:24), Absalón (2 S. 15:8). En los casos que parecen excepcionales, el deseo de honrar la voluntad divina es superior al propio provecho del que hacía el v. (Nm. 21:2; 1 S. 1:11; Sal. 132:1-5).

La alabanza y la gratitud son el contexto aceptable de los v. (Sal. 22:25; 50:14; 61:8; 65:1; etc.). Por tanto, no pueden ser ocasión para no cumplir con otras obligaciones justas (cp. Mt. 15:3-6; Mr. 7:9-13).

En Israel se desarrollaron muchas leyes referentes a los v. y se juntaron en el tratado de la Misná titulado *Nedarím* (votos). Pero la legislación bíblica se halla principalmente en Lv. 7:16-17; 22:17-25; 27; Nm. 15:1-10,30; Dt. 12:11; 23:18,21-23. Estas leyes ponen énfasis en la justicia de Dios y su santidad, además de su gracia testificada por el sistema de sacrificios. (→ NAZAREO, NAZAREATO).

D. J.-M.

VULGATA. → VERSIONES.

W

WADI (heb. *nakhal*). Voz arábiga usada para designar el cauce de un río que está seco excepto durante la estación lluviosa, fenómeno común en las tierras áridas del Cercano Oriente (Dt. 2:13; 1 S. 17:40; 2 S. 15:23 cp. Jn. 18:1; 1 R. 17:3,7). W. M. N.

En un paraje árido del desierto de Sinaí estas palmeras del wadi de la foto ofrecen una grata sombra y la promesa de agua para el viajero.
MPS

Y

YAHVEH. →Jehová.

YELMO. Casco usado comúnmente en los tiempos bíblicos por los → soldados para proteger la cabeza. Antiguamente se hacían de cuero, pero más tarde de bronce y hierro (1 S. 17:5,38; Jer. 46:4; Ez. 23:23,24; 27:10; 1 *Macabeos* 6:35; Ef. 6:17). Isaías usa el y. en sentido figurado (59:17). Pablo también usa esta figura (Ef. 6:17; 1 Ts. 5:8) al hacer su parangón entre el cristiano y el soldado.   A. C. S.

El yelmo, hecho generalmente de piel correosa o metal, con su ondeante crespón.

YUGO. Madero que une dos animales, generalmente → bueyes, para el desarrollo de faenas especiales. En la Biblia el y. es símbolo de esclavitud (Dt. 28:48; Gn. 27:40; 1 Ti. 6:1) y de sometimiento voluntario y permanente a una disciplina justa (Lm. 3:27).

Moisés prohibió la unión bajo y. de animales de diferentes especies (Lv. 19:19; Dt. 22:10). Pensando en el y. como símbolo de la unión, Pablo aconseja a los creyentes evitar el y. nupcial, y por ende toda unión íntima, con incrédulos (2 Co. 6:14; cp. Dt. 22:10).

Cristo establece que su y. es suave (Mt. 11:28-30), en comparación con el y. de la ley (Gá. 5:1) y el pecado (Ro. 7:23-25), de los cuales él nos hace libres.   A. P. P.

Un simple yugo de madera une a esta yunta de bueyes que realiza su paciente labor para el agricultor.   MPS

Z

ZAANAIM. Valle cerca del cual estaba acampado Heber cuando Sísara, refugiándose en la tienda de éste, fue muerto (Jue. 4:11). Se hallaba cerca de Tabor o Cedes, tal vez en la frontera sur de Neftalí. G. D. T.

ZABULÓN. Patriarca israelita hijo de →Jacob y Lea (Gn. 30:20). Nació en Mesopotamia (Gn. 31:17,18). Su nombre casi siempre aparece junto al de Isacar su hermano (Gn. 25:23; 46:13; Éx. 1:3, etc.). Como hecho cumbre de su vida sólo se registra el de haber sido tronco de la tribu que lleva su nombre (Gn. 46:14; Nm. 1:30).

A la tribu de Z. correspondió un productivo territorio en la región de →Galilea (Jos. 19:10-16). En la bendición de Jacob (Gn. 49:13) y en la de Moisés (Dt. 33:18-19) se dice que la tribu de Z. se extendería hasta los mares y que sus gentes se nutrirían con alimentos extraídos del fondo del mar. Posiblemente esta profecía se refiere al mar de Galilea, o bien a algunos zabulonitas que vivían lejos de la heredad, trabajando en puertos del Mediterráneo.

La tribu de Z. desempeñó un papel muy importante en la historia de Israel (Jue. 4:6, 10). Débora los elogia como capitanes del ejército (Jue. 5:4) y porque expusieron sus vidas en los campos de batalla (Jue. 5:18). En los ejércitos de Gedeón también fue notable el concurso de los hijos de Z. (Jue. 6:35). Entre los caudillos de Israel, de la tribu de Z. se cuenta Elón, juez del pueblo durante diez años (Jue. 12:11-12). En los ejércitos de David hubo 50.000 zabulonitas (1 Cr. 12:33).

Isaías menciona la tribu de Z. al anunciar la venida del Mesías (Is. 9:1,2; Mt. 4:16), pero es curioso que esta importante tribu no figure en las reseñas históricas de 1 Cr. 2–9. A. P. P.

ZACARÍAS ('Jehová se acordó'). Además del rey y del profeta, unas veintiocho personas llevan este nombre en la Biblia y son mencionadas sólo una o dos veces. (→ZACARÍAS, PROFETA; ZACARÍAS, REY.)

1. Abuelo del rey Ezequías (2 R. 18:2; 2 Cr. 29:1).

2. Jefe de una familia de rubenitas (1 Cr. 5:6,7).

3. Hijo de Meselenías. Portero del tabernáculo en tiempo de David, entre doscientos doce del mismo oficio (1 Cr. 9:21; 26:2,4). Se le llama "consejero entendido" (1 Cr. 26:14).

4. Tío abuelo del rey Saúl (1 Cr. 9:37,39); llamado también Zequer (1 Cr. 8:31).

5. Músico, levita en tiempo de David (1 Cr. 15:18,20; 16:5). Tocaba salterio.

6. Sacerdote, músico en tiempo de David (1 Cr. 15:24). Tocaba trompeta y participó en el retorno del arca del pacto a Jerusalén.

7. Levita, descendiente de Uziel e hijo de Isías (1 Cr. 24:24,25).

8. Levita, portero, descendiente de Merari (1 Cr. 26:11).

9. Descendiente de Manasés; padre de Iddo, jefe de su tribu (1 Cr. 27:21).

10. Uno de varios príncipes de Judá, enviado por el rey Josafat para enseñar la ley en su tribu (2 Cr. 17:7).

11. Levita, descendiente de Asaf, en tiempo del rey Josafat. Dios lo usó para dar victoria a la tribu (2 Cr. 20:14).

12. Hijo del rey Josafat, asesinado con sus hermanos por Joram, el hermano mayor (2 Cr. 21:2).

13. Hijo del sacerdote Joiada. Murió apedreado por mandato del rey Joás (2 Cr. 24:20ss.). 24:20ss).

14. Profeta que instruyó al rey Uzías en el temor de Dios y actuó como su consejero (2 Cr. 26:5).

15. Levita, descendiente de Asaf que ayudó en la limpieza del templo en días del rey Ezequías (2 Cr. 29:13).

16. Levita, mayordomo encargado de vigilar los trabajos de reparación del templo en días del rey Josías (2 Cr. 34:12).

17. Sacerdote, oficial del templo en días del rey Josías (2 Cr. 35:8).

18. Sacerdote en tiempo del profeta Isaías (Is. 8:2).

19. Jefe de ciento cincuenta personas que regresaron de Babilonia (Esd. 8:3).

20. "Hombre principal" que regresó de Babilonia con Esdras (Esd. 8:11,16).

21. Uno de los varios hijos de los sacerdotes que se casaron con mujeres extranjeras, en tiempo de Esdras (Esd. 10:26).

22. Uno que ayudó a Esdras en la lectura de la ley (Neh. 8:4).

23. Descendiente de Judá (Neh. 11:4).

24. Otro descendiente de Judá, de la familia de Fares (Neh. 11:5).

25. Sacerdote en tiempo de Nehemías (Neh. 11:12).

26. Sacerdote en tiempo del sumo sacerdote Joiacim (Neh. 12:16).

27. Sacerdote y músico. Ayudó en la dedicación del muro de Jerusalén (Neh. 12:35,41).

28. Padre de Juan el Bautista y esposo de Elisabet. Cuando el ángel Gabriel le anunció el nacimiento de su hijo, vaciló en creer (dada su avanzada edad) y enmudeció. Recobró el habla milagrosamente y entonó un sublime y profético cántico de alabanza (Lc. 1:5ss.).

R. M. S.

ZACARÍAS, PROFETA

I. FONDO HISTÓRICO

El undécimo de los profetas menores. Zac. 1:1 identifica al profeta y señala el tiempo del primer mensaje. Iddo, mencionado como abuelo de Z., puede haber sido un sacerdote del primer contingente que regresó de Babilonia a Jerusalén con Zorobabel en el año 536 a.C. (Neh. 12:4). De ser así, Z. pertenecía a la línea sacerdotal. Si el profeta era de la línea sacerdotal, era también de la tribu de Leví. De no ser así, no se sabe de qué tribu era. De Berequías, que se menciona como padre, nada se sabe.

La primera parte del libro (cap. 1-8) ocupa unos dos años, desde el octavo mes del segundo año (1:1) hasta el cuarto día del noveno mes cuarto año (7:1). El fondo histórico de esta parte se encuentra en Esd. 1-6. En el primer año de Ciro, rey de Persia (536 a.C.), comenzó el regreso de los cautivos a Jerusalén por orden del rey y bajo su protección. Todo iba bien, aun en la reconstrucción del Templo, hasta que los adversarios lograron detener la obra (Esd. 4:4). Durante unos quince años los judíos cayeron en el desaliento y el desinterés (Esd. 4:24). Z. y Hageo, ambos profetas, animaron a Zorobabel y Josué (llamado "Jesúa" en Esd. 2:2 y Neh. 7:7), y a todo el pueblo. Una vez animados, en unos cuatro años (sexto año de Darío, 516 a.C.) fue dedicada la casa de Dios (Esd. 6:15).

El fondo histórico de la segunda parte (cap. 9-14) no se conoce con exactitud, ya que el profeta no da fechas. El contenido menciona condiciones distintas a las de la primera parte. Como existe una marcada diferencia entre las dos partes del libro se han presentado muchas teorías y argumentos en cuanto a fecha o fechas, autor o autores, y sobre la unidad del libro. Bien puede ser que el profeta Zacarías haya profetizado por muchos años y que la diferencia en el contenido revele los cambios en la condición del pueblo.

II. CONTENIDO

A. *Parte primera (caps. 1-8)*

Introducción: Un llamado al arrepentimiento (1:1-6).

1. Visiones (1:7—6:8)

Primera (1:7-17): Jinetes que dan a conocer lo del reposo de Jerusalén y la edificación del Templo.

Segunda (1:18-21): Cuernos y carpinteros. Los cuernos (naciones) destruyen a Judá y por eso después son destruidos por los carpinteros.

Tercera (2:1-13): Jerusalén es medida pero la promesa es de grandeza con Jehová como protector y muro.

Cuarta (3:1-10): Josué, el sumo sacerdote, es acusado por Satanás pero Jehová lo viste de gala y lo reconoce como el varón simbólico de su "siervo el Renuevo".

Quinta (4:1-14): El candelero de oro con dos olivos que lo alimentan. Estos dos son los "ungidos" (4:14): Zorobabel, mencionado por nombre cuatro veces, y Josué, su colaborador. Ellos verían realizada la obra que emprendieron.

Sexta (5:1-4): El rollo volante con la maldición que caerá sobre el pecador personal e individualmente.

Séptima (5:5-11): La mujer, personificación de la maldad, llevada en el efa a la tierra de Sinar, e.d., Babilonia.

Octava (6:1-8): Cuatro carros, cuatro vientos del cielo, cada uno con caballos del color indicado, ejecutan la voluntad de Jehová.

2. Coronación de Josué (6:9-15)

El hecho histórico (6:9-11).

Su significado (6:12-15): El Renuevo edificará el Templo y reinará.

3. El ayuno (7:1—8:23)

El profeta contesta la pregunta sobre si se ha de observar el ayuno que acostumbraba observar el pueblo durante la cautividad. Dios pide que su pueblo juzgue conforme a la verdad, haga misericordia y verdad (7:9b), y que hable verdad cada cual con su prójimo y todo lo conducente a la paz, sin pensar mal contra el prójimo y sin usar juramentos falsos (8:16-17). El cautiverio había sido consecuencia del pecado; pero si se obedecía a Dios, habría día de fiesta con el Templo y Jerusalén restaurados.

B. *Parte segunda (caps. 9-14): dos profecías*

1. La primera 9:1—11:17

Las naciones enemigas serán vencidas y a Israel se le llama a celebrar esta victoria (9:1-17).

Los dirigentes del pueblo son quitados por su maldad y el verdadero Pastor se encargará del rebaño (10:1-12).

El verdadero Pastor es rechazado y al pueblo se le promete un pastor inútil (11:1-17).

2. La segunda 12:1–14:21

"En aquel día" (12:1–13:6), frase usada unas ocho veces, hay promesas de liberación para Jerusalén y un manantial abierto para la purificación de la inmundicia (13:1).

"El día de Jehová" (13:7–14:21) cuando el reino de Jehová se manifieste y Dios diga: "Pueblo mío", y el pueblo responda: "Jehová es mi Dios" (13:9b). De las naciones subirán para adorar al Rey, a Jehová de los ejércitos (14:16). Entonces se verá grabado aun en las campanillas de los caballos: "Santidad a Jehová" (14:20).

P. R. P.

ZACARÍAS, REY. Hijo de Jeroboam II y decimocuarto rey de Israel (*ca.* 745). Reinó seis meses como el cuarto y último rey de la dinastía de Jehú. Tenía una posición de riqueza y poder no solamente entre las diez tribus sino también sobre Damasco, que su padre había dominado. Pero vivió bajo la sombra de la profecía de que la casa de Jehú duraría hasta la cuarta generación (2 R. 10:30; Am. 7:8,9).

W. C. W.

ZAFNAT-PANEA. Transcripción hebrea del nombre egipcio que Faraón le dio a →José al nombrarle primer ministro, luego que José interpretó los sueños (Gn. 41:45). Se han hecho muchos intentos de averiguar el significado del egipcio original. Los más aceptables son: "Dios habla y él [José] vive" y "José, que se llama Ip-Ankh".

J. M. Br.

ZAFIRO. Piedra de valor apreciable (Job 28:6,16), mencionada 11 veces en el AT. Era una de las piedras en el pectoral del sumo sacerdote. Estaba grabada con el nombre de Isacar (Éx. 28:18). El z. adorna el segundo cimiento de la Nueva Jerusalén (Ap. 21:19). El z. de la Biblia no corresponde a la piedra transparente que nosotros conocemos por este nombre; más bien hay que identificarla con el *lapislázuli* moderno, piedra opaca, color azul oscuro, que admite un bello pulimiento (Lm. 4:7).

J. E. D.

ZALMUNA. →Zeba.

ZAMPOÑA (arameo, del gr. *symfonía*). Término que aparece únicamente en la lista de instrumentos que componían la orquesta de Nabucodonosor, rey de Babilonia (Dan. 3:5,7,10,15). Parece ser un instrumento de viento, semejante a la gaita o cornamusa. Algunos creen que los judíos cautivos en Babilonia no lo apreciaron como para adoptarlo. Existió en gran variedad tanto en Asia como en Europa.

V. F. V.

ZANOA ('pantano'). 1. Ciudad de Judá, situada en la Sefela en los linderos de Zora y Jarmut (Jos. 15:34). Los habitantes de Z. cooperaron con Nehemías en los trabajos de reedificación de Jerusalén bajo la dirección de Hanún. Ellos

se encargaron de la reparación del sector del muro llamado "Puerta del valle" (Neh. 3:13).

2. Lugar en los cerros de Judá (Jos. 15:56 cp. 1 Cr. 4:18).   M. V. F.

ZAPATOS. Los z. en tiempo de Moisés eran rústicos, simples piezas de cuero que se ataban a los pies con largas correas del mismo cuero (Gn. 14:23; Mr. 1:7; →SANDALIAS). El z. romano (*calceus*) cubría todo el pie, excepto los dedos.

En lugares considerados sagrados, como la sinagoga o el templo, los asistentes se quitaban los z. (Éx. 3:5; Hch. 7:33; Jos. 5:15).

Amós habla figuradamente del z. al referirse al inhumano comercio que se hacía con los pobres (2:6), Juan el Bautista exalta la grandeza de Cristo confesándose indigno de desatarle la correa de su calzado (Mr. 1:7; Lc. 3:16; Jn. 1:27; Mt. 3:11).

El apóstol Pablo habla también figuradamente llamando a los z. "el apresto del Evangelio de la paz" (Éf. 6:15). Recordaba, sin duda, una antigua frase de Isaías (Is. 52:7).   M. V. F.

La fabricación de las sencillas sandalias que usaban las gentes de tiempos bíblicos era responsabilidad de los hombres, que lo enseñaban a sus hijos.   SP

ZAQUEO (heb. = 'puro'). Forma abreviada de Zacarías. Nombre de un judío rico, jefe de los publicanos o recaudadores de impuestos para Roma en Jericó (Lc. 19:1-10). Por servir a los romanos y por aprovechar su posición para hacerse ricos a costas de sus paisanos, los →publicanos eran objeto del odio de los demás judíos. El interés de Z. en Jesús indica su hambre espiritual. Fue conmovido por la atención que el Salvador le mostró. Se convirtió y la sinceridad de su cambio se manifestó cuando declaró su intención de hacer restitución. Se nota el contraste entre el arrepentimiento del "desechado social" y la crítica hacia Jesús de los judíos que se consideraban justos.

L. S. O.

ZARCILLO. Anillo prendido en la nariz (Gn. 24:47; Pr. 11:22) o en la oreja (Gn. 35:4; Ez. 16:12). Por el relato de Gn. 35:1-4, se infiere que los z. no sólo eran ornamentos, sino primariamente objetos revestidos de poder supersticioso. Jacob pidió a su familia acabar con estos amuletos y con los ídolos.

Los z., juntamente con otras alhajas, fueron entregados como ofrenda para la construcción del Tabernáculo en los días de Moisés (Éx. 35:20-24). Los z. por lo regular, eran elaborados con oro (Jue. 8:24-26).

El primer z. mencionado en el AT fue aquel que obsequió el criado de Abraham a la futura esposa de Isaac (Gn. 24:22).

M. V. F.

ZARED. Arroyo (→WADI) que constituía el límite meridional de la región de Moab (Dt. 2:13), llamado Zered en Nm. 21:12. Sus aguas desembocan en el mar Muerto por el sureste. En ese arroyo terminó la peregrinación de los israelitas.

Z. era la frontera natural entre Moab y Edom. Algunos opinan que en Isaías 15:7,8 se alude a este arroyo cuando se dice "torrente de los sauces".

M. V. F.

ZARZA. →CARDOS.

ZEBA Y ZALMUNA. Reyes de → Madián. → Gedeón, acompañado de 300 hombres, logró vencerlos, y luego les dio muerte porque ellos habían matado a los hermanos de Gedeón. Como Jeter, primogénito de Gedeón, no les quiso matar porque era aún muchacho y sintió temor, Z. y Z. retaron con altivez a Gedeón que él mismo los matara, cosa que hizo, tomando después los adornos que los camellos de esos reyes traían al cuello (Jue. 8:4-21).

A. R. D.

ZEBEDEO. (Del heb. *Zibdí*, 'don de Yahveh'). Padre de los apóstoles → Juan y → Jacobo (Mr. 1:19), y esposo de → Salomé (Mt. 27:56; cp. Mr. 15:40). Era un pescador galileo, probablemente pudiente (Mr. 1:20; 15:41), que vivía en Capernaum, o cerca de allí, donde tenía por socios a Simón y Andrés.

R. F. B.

ZEBOIM. 1. Una de las cuatro ciudades destruidas por su prevaricación contra Jehová. Situada como aquéllas en la llanura del Jordán, también llamada valle de Sidim o mar Salado (Gn. 14:3). Se nombra como ciudad castigada junto a Adma (Dt. 29:23; Os. 11:8) y cuyo rey Semeber fue derrotado por Quedorlaomer, rey de Elam (Gn. 14:8-10).

2. Valle que separaba a Micmas de Jericó. En la actualidad se llama Wadi Abu Daba. Hacia este valle marchó uno de los tres escuadrones

filisteos acampados en Micmas, en sus luchas contra Saúl y su pueblo (1 S. 13:16-18).

3. Pueblo cerca de → Lida donde habitaron algunos hijos de Benjamín a su regreso con Zorobabel (Neh. 11:34).

R. R. L.

ZEBUL. Gobernador de la ciudad de → Siquem en tiempo de los jueces, y subordinado de Abimelec. Cuando los siquemitas, bajo el liderato de Gaal, se rebelaron contra Abimelec, Z. trabajó sagazmente y ayudó a Abimelec a derrotar sus enemigos (Jue. 9:28-41).

D. M. H.

ZEDAD. Lugar en la frontera septentrional de Canaán (Nm. 34:8 y Ez. 47:15). Las referencias a Z. tienen que ver con el establecimiento de los límites de la Tierra Santa. Ha sido identificado por algunos con la Sadad moderna que está entre Palmira y Ribla.

J. E. G.

ZEEB. →OREB.

ZELOFEHAD. Descendiente de José, por la línea de Manasés, que murió sin haber dejado hijos varones (Nm. 27:1; 1 Cr. 7:15). Las cinco hijas de Z. (Nm. 26:33; 27:1-11) pidieron a Moisés que se les permitiese recibir la heredad, costumbre no practicada en aquellos días. Moisés les concedió su petición y ordenó que las hijas cuyos padres muriesen sin haber dejado hijos recibieran la heredad correspondiente (Nm. 27:8,11).

A. P. P.

ZELOTE (gr. = 'celoso', también transcrito 'zelota' o 'celotefa'). Miembro de un movimiento religioso político entre los judíos. En las listas de apóstoles, Lucas (Lc. 6:15; Hch. 1:13) distingue al segundo → Simón con el apelativo de "Z.", mientras que Mateo (10:4) y Marcos (3:18) le llaman "el cananita". Este último término es una voz hebrea o aramea que es sinónima de z. El movimiento, no mencionado como tal en el NT, comenzó cuando → Judas el galileo encabezó una sublevación contra los romanos en el año 6 d.C. (Hch. 5:37), considerándose el sucesor espiritual de los macabeos. Al ser aplastada la sublevación, los z. quedaron como el ala extremista de los fariseos, dispuestos a recurrir a las armas (→SICARIO) antes que pagar tributo. Los z. tomaron parte activísima en la gran rebelión de 66-73 d.C. en contra de los romanos, siendo los últimos en ser reducidos en su fortaleza de Masada, cerca del mar Muerto, recientemente investigada por los arqueólogos. Simón debe de haber sido miembro del partido antes de acudir a Jesús.

E. H. T.

Bibliografía
O. Cullmann, *Jesús y los revolucionarios de su tiempo* Madrid: Studium, 1971.

ZEMARAIM. 1. Antiguo pueblo de Canaán asignado a la tribu de Benjamín (Jos. 18:22). Su sitio es desconocido pero el lugar más probable es el actual Ras al-zaimara ubicado 8 km. al NE de Bet-el.

2. Pequeña montaña entre los "montes de Efraín" (2 Cr. 13:4), quizá relacionada con el pueblo del mismo nombre.   G. D. T.

ZEMAREOS. Pueblo cananeo mencionado en Gn. 10:18 y 1 Cr. 1:16. En ambos pasajes los z. aparecen entre los arvadeos y los hamateos. Parece que habitaban la costa mediterránea, al norte de Trípoli, en el lugar que las tablillas de Tell →el-Amarna denominan Sumur, y que en los textos asirios se llama Simirra.   E. A. N.

ZENAS (forma abreviada de Zenodoro II = 'don de Zeus'). Abogado creyente que viajaba con Apolos por la Isla de Creta donde estaba radicado Tito (1:5). Al escribir a Tito, Pablo le exhorta a "encaminar" a Z. y Apolos en el viaje que hacían. Seguramente Z. era perito en leyes romanas o griegas (Tit. 3:13).   D. M. H.

ZERA, ZERAÍTAS. Nombre de unas seis personas del AT. Dos de ellos originaron grupos tribales israelitas con el nombre de z. Uno de ellos pertenecía a la tribu de Simeón, y otro a la tribu de Judá. Ambos son mencionados en el segundo censo ordenado por Moisés durante el éxodo (Nm. 26:13,20; Jos. 7:1,17; 1 Cr. 27: 11,13).

1. Descendiente de Esaú. Hijo de Reuel y jefe de una tribu edomita (Gn. 36:13,17).

2. Padre de Jobab. Uno de los primeros reyes de Edom (Gn. 36:33).

3. Hijo de Judá y de Tamar, hermano gemelo de Fares (Gn. 38:29,30) y fundador de una de las tribus de los z. (1 Cr. 2:6; 9:6; Nm. 26:20). Un grupo de sus descendientes se estableció en Jerusalén después de la conquista israelita (Neh. 11:24). Antepasado de Acán (Jos. 7:1,17,18,24; 22:20).

4. Hijo de Simeón (Nm. 26:13; 1 Cr. 4:24). Fundador de la otra familia llamada también z. En Gn. 46:10 y Éx. 6:15 es llamado Zohar.

5. Levita, hijo de Iddo, de la familia de Gersón (1 Cr. 6:21,62).

6. Natural de Etiopía (Cus) y jefe de una poderosa fuerza a la cual venció Asa, rey de Judá (2 Cr. 14:8-14).   J. M. A.

ZICRI. Poderoso guerrero de Efraín, quien cuando estuvo peleando bajo el mando de →Peka, "mató a Maasías, hijo del rey, a Azricam su mayordomo y a Elcana, segundo después del rey" (2 Cr. 28:7). Tal vez sea el hombre llamado "hijo de Tabeel" en Is. 7:6, a quien Rezín y Peka intentaban hacer rey de Judá.

Se mencionan otros hombres con este mismo nombre en Éx. 6:21; 1 Cr. 8:19,23,27; 9:15; 26:25; 27:16; 2 Cr. 17:16; 23:1; Neh. 11:9; 12:17.   H. P. C.

ZIF. 1. Segundo →mes del año eclesiástico judío (1 R. 6:1, 37). Corresponde aproximadamente a la segunda quincena de abril y la primera de mayo. En z. comienza el verano.

2. Nombre de un pueblo en la tierra montañosa de Judá (6 km al SE de Hebrón). En sus alrededores, David corrió peligros debido a la persecución de Saúl (1 S. 23:15,19,24). El rey Roboam lo fortificó (2 Cr. 11:8).

3. Descendiente de Caleb (1 Cr. 2:42).

4. Descendiente de Judá (1 Cr. 4:16).

G. D. T.

ZIMRI. Nombre de cuatro personajes y de un pueblo del AT.

1. Príncipe de la tribu de Simeón que Finees, nieto de Aarón, mató en medio de un tiempo de penitencia nacional por seguir a Baalpeor. Z. descaradamente llevó una madianita (prostituta cúltica) a la congregación (Nm. 25: 6-8,14).

2. Nieto de Judá (1 Cr. 2:6).

3. Descendiente de Saúl (1 Cr. 8:36; 9:42).

4. Quinto rey de Israel *ca.* 876. Asesinó al rey Ela y después reinó en Tirsa siete días (1 R. 16:9-20). El general Omri de inmediato puso sitio a la ciudad y, cuando ella cayó, Z. incendió el palacio y pereció en las llamas.

5. Pueblo, cuya ubicación se desconoce, que se menciona entre los que beberán del →vino del furor de Jehová (Jer. 25:25).   W. C. W.

ZIN. Desierto por donde pasaron los israelitas en su peregrinación. Se halla al SO del mar Muerto, al N del desierto de →Parán, en la frontera S de la tierra prometida (Nm. 34:3; Jos. 15:1; cp. Nm. 13:21). Parece que la región llamada Cades-barnea abarcaba parte de estos dos desiertos (cp. Nm. 13:21,26). Allí murió María, y Moisés y Aarón mostraron cierta rebeldía (Nm. 20: 1-13; 27:14). Nm. 34:4 y Jos. 15:3 se refieren a Z. sin la designación "desierto". Es posible, entonces, que Z. fuera un lugar específico, del cual recibió su nombre el desierto. No debe confundirse con el desierto de →Sin.   D. J.-M.

ZOÁN. Nombre hebreo de una ciudad muy antigua en la parte NE de Egipto. Ha tenido varios nombres durante su historia. Los faraones hicsos la hicieron su capital con el nombre de Avaris. Fue capital también durante el reinado de →Ramsés y es probable que el nombre de la ciudad fuera cambiado en su honor y que por lo tanto la ciudad de →Ramesés de Éx. 1:11 sea la misma Z. Las gentes de habla griega la llamaban "Tanis" y este nombre se le da a Z. en la LXX.

Se menciona en la Biblia por primera vez en Nm. 13:22 para fijar la fecha en que se fundó Hebrón. El salmista celebra las maravillas que Dios hizo en los "campos de Z." (78:12,43), es decir, en la tierra de Gosén. Todavía en la época de los profetas Isaías (19:11,13; 30:4) y Ezequiel (30:14) Z. era ciudad importante.

Los arqueólogos han fijado el sitio de Z. en San el-Hagar, cerca del lago Menzaleh.

W. M. N.

ZOAR ('Pequeña'). Conocida en los tiempos de Abraham como Bela. Integraba la Pentápolis del Jordán, junto a → Sodoma, Gomorra, Adma y Zeboim (Gn. 14:2). Tomó este nombre cuando a petición de → Lot fue librada de la lluvia de azufre y fuego, expresión del juicio de Dios, que asolaría a las ciudades de Sodoma y Gomorra, para que Lot y su familia se refugiaran en ella (Gn. 19:17-30).

Estaba situada en la llanura o planicie del Jordán, al sur del mar Muerto, según los descubrimientos arqueológicos. En el relato bíblico encontramos evidencia de ello, pues Lot no fue atraído por el esplendor urbano de la región, sino porque ésta ofrecía condiciones excelentes para cuidar de su ganado. También Moisés, al contemplar la Tierra Prometida, ubicó a Z. separada de Jericó por una extensa llanura (Dt. 34:3).

Cuando en la Biblia se profetiza contra Moab, se menciona a Z. como ciudad de refugio (Is. 15:5) y más usualmente como punto de referencia inmediato de esta vasta zona (Jer. 48:34).   R. R. L.

ZOFAR. Uno de los tres amigos de → Job que fueron a consolarle (2:11) y que entablaron con él un largo diálogo sobre las razones de su desgracia. Z., tercia tan sólo dos veces en el diálogo: (11:1 y 20:1). Es probable que haya procedido de Naama, localidad posiblemente situada al E del río Jordán.   A. Ll. B.

ZOHELET. Nombre de una "peña" cerca de la fuente de → Rogel, ubicada   E de Jerusalén (1 R. 1:9). Se desconoce el significado de este nombre extraño, aunque algunos lo entienden como "la piedra de la serpiente". Aquí Adonías celebró una fiesta para celebrar su autonombramiento como rey de Israel, intento que pronto fue frustrado por Betsabé, la reina y madre de Salomón (1 R. 1:5-53).   J. B. B.

ZOMZOMEOS. → Zuzitas.

ZORA ('Avispón'). Ciudad de la tribu de Dan (Jos. 19:41). Fue residencia de Manoa y por tanto lugar de nacimiento y sepultura de → Sansón (Jue. 13:2,25; 16:31). De Z. salieron los danitas contra Lais en busca de más tierra (Jue. 18:2,8,11). Fue fortificada por el rey Roboam (2 Cr. 11:10). También se menciona como uno de los lugares habitados en el período postexílico (Neh. 11:29).   D. M. H.

ZOROBABEL (acadio = 'Engendrado en Babilonia'). Hijo de Pedaías, nieto del rey Jeconías, y por tanto descendiente de David (1 Cr. 3:18,19). Gobernador de Jerusalén después del exilio. Se llama también "hijo de Salatiel" el hermano de Pedaías. Probablemente Salatiel no tuvo hijos y lo adoptó como heredero legítimo (Esd. 3:2,8; 5:2; Neh. 12:1; Hag. 1:1,12,14; 2:2,23; Mt. 1:12; Lc. 3:27).

Z. fue nombrado jefe del primer grupo de cautivos que regresó de Babilonia. Llevó a Jerusalén los vasos sagrados del templo, valiosos presentes, efectos variados y animales. Acompañábanlo Jesúa el sumo sacerdote, sacerdotes, levitas, y tal vez los profetas → Hageo y → Zacarías (Esd. 1:11; 2:2; 3:2; Neh. 7:7).

Puso los cimientos para la reconstrucción del templo (Esd. 3:8; Zac. 4:9); surgieron problemas y después de varios años de interrupción, en el año segundo del reinado de Darío, hijo de Histaspes, reinició la reconstrucción debido a las fuertes exhortaciones de Hageo y Zacarías (Hag. 1:2ss.; 2:1ss.; Zac. 4:6-10; 8:3-9, 18-23; Esd. 6:14ss.). Restableció los sacrificios y las órdenes, y la manutención de los sacerdotes y levitas de acuerdo con la ley de Moisés (Esd. 6:18; Neh. 12:47). Organizó un registro genealógico de los exiliados que retornaron con él (Neh. 7:5). Restableció la observancia de la pascua en el año séptimo de Darío (Esd. 6:19-22).

R. M. S.

ZORRA. Mamífero carnicero, de cola peluda, hocico puntiagudo y largas orejas erectas. Se alimenta de pequeños animales, insectos y frutos. Los distintos folklores recogen el tema de su gran astucia. Es probable que la z. bíblica pertenezca a la especie *Vulpes niloticus,* común en la Tierra Santa. Sin embargo no todos los autores y traductores coinciden. La misma palabra heb. designa al → chacal (*Canis aureus*), de figura y hábitos similares. Las z. de Jue. 15:4-5 y las de Sal. 63:10 serían chacales.

La Escritura destaca su andar ligero (Neh. 4:3), las madrigueras en que vive (Mt. 8:20; Lc. 9:58), su astucia (Lc. 13:32). En Cnt. 2:15 las z. tipifican los sutiles pecados que destruyen los frutos del Espíritu.   F. U.

ZUZITAS. Pueblo camita que vivía al E del Jordán. Fue conquistado por Quedorlaomer (Gn. 14:5). Algunos identifican a los zuzitas con los zomzomeos de Dt. 2:20. Los → rollos del mar Muerto hacen esta identificación en una exposición de Gn. 14. De acuerdo con Dt. 2:20, los z. fueron exterminados y reemplazados por los amonitas, los cuales ocuparon su tierra hasta la conquista de los israelitas.   J. E. G.

AYUDAS BIBLIOGRÁFICAS PARA EL ESTUDIO DE LA BIBLIA

1. **TEXTOS Y VERSIONES**
   1.1 ANTIGUO TESTAMENTO (en hebreo y griego)
   1.2 NUEVO TESTAMENTO (en griego)
   1.3 VERSIONES EN CASTELLANO
   1.4 APÓCRIFOS (y libros "deuterocanónicos")

2. **DICCIONARIOS, ENCICLOPEDIAS, Y MANUALES DE LA BIBLIA**

3. **GEOGRAFÍA DE LA BIBLIA**

4. **HISTORIA, TRASFONDO GENERAL, JUDAÍSMO**

5. **ARQUEOLOGÍA DE LAS TIERRAS BÍBLICAS**

6. **INTRODUCCIONES**
   6.1 ANTIGUO TESTAMENTO
   6.2 NUEVO TESTAMENTO

7. **COMENTARIOS**
   7.1 SOBRE TODA LA BIBLIA
   7.2 SOBRE EL ANTIGUO TESTAMENTO
   (en general y sobre libros individuales y porciones claves)
   7.3 SOBRE EL NUEVO TESTAMENTO
   (en general y sobre libros individuales y porciones claves)

8. **HERMENÉUTICA BÍBLICA**

9. **TEOLOGÍA BÍBLICA (y religión de Israel)**
   9.1 GENERAL
   9.2 TEOLOGÍA DEL ANTIGUO TESTAMENTO
   9.3 RELIGIÓN DE ISRAEL
   9.4 TEOLOGÍA DEL NUEVO TESTAMENTO

10. **LINGÜÍSTICA BÍBLICA**
    10.1 CONCORDANCIAS
    10.2 LÉXICOS
    10.3 GRAMÁTICAS

11. **GUÍAS AL ESTUDIO INDUCTIVO**

12. **REVISTAS**

NOTAS EXPLICATIVAS

En esta bibliografía anotada hemos tratado de incluir gran parte de los títulos sobre la Biblia existentes en castellano y portugués, tanto para indicar lo débil y caduco como para recomendar lo bueno. Además incluimos varias obras en inglés, y cuando el caso lo amerita, algo en alemán. Para los que prefieren más libros en los idiomas europeos podemos recomendar las excelentes bibliografías en el comentario *La Sagrada Escritura* (Madrid: B.A.C., 1965-1967).

Es un gozo notar que ahora en muchos casos tenemos en castellano o portugués lo mejor de los comentarios o estudios existentes, incluso varios escritos por eruditos de habla hispana —una situación que no existía hace 10 años—. Sin embargo, puesto que ninguna cultura, ni comunidad religiosa, puede pretender tener un monopolio en las ciencias bíblicas, creemos que la inclusión de varios títulos en idiomas extranjeros puede ser útil para todo lector (1) porque tales obras de calidad podrían en el futuro ser traducidas a idiomas al alcance del lector; (2) porque es útil saber, para la evaluación de nuevas obras, si sus autores han aprovechado lo mejor del pasado.

Algunos de nuestros lectores se sorprenderán del buen número de obras católico-romanas citadas en esta bibliografía. La verdad es, por vergonzosa que sea, que mientras los evangélicos en gran parte nos hemos contentado con traducir al castellano una que otra obra del inglés o del alemán, y algunas de estas ya caducas, desde hace algunos años la Iglesia Católica ha experimentado un notable resurgimiento de estudios bíblicos, como también de antigüedades y de arqueología. Hay varias órdenes religiosas en España, por ejemplo, que se dedican principalmente a la investigación bíblica, y varias casas editoras, a publicar el producto de sus estudios. Muchas de estas obras son de excelente calidad, tanto científica como teológica.

En las anotaciones usamos los términos "conservador", "moderno" y "liberal" en el sentido tradicional. Por ejemplo un libro denominado "conservador" generalmente refleja una aceptación de la inerrancia de las escrituras y una aceptación de posturas tradicionales frente a la alta crítica (por ej., la comprensión de Gn. 1-11 como descripción histórica, el rechazo de la hipótesis documentaria en el Pentateuco, etc.). Tales evaluaciones no pretenden ser científicas o finales; necesariamente adolecen de cierta subjetividad. Solamente son un guía a la postura teológica del autor en cuestión, ya que ella afecta mucho su tratamiento y sus conclusiones.

Estamos conscientes de que hay muchas deficiencias y lagunas en las listas que siguen, tanto en los datos bibliográficos como en las anotaciones. Por eso agradeceremos al lector cualquier agregado o corrección que pueda enviarnos, para poder hacer más útiles las posteriores ediciones de esta bibliografía.

Tomás D. Hanks
editor asociado

AYUDAS BIBLIOGRÁFICAS PARA EL ESTUDIO
DE LA BIBLIA

1. TEXTOS Y VERSIONES
(algunos incluyen libros apócrifos y "deutero-canónicos")

1.1 ANTIGUO TESTAMENTO
(en hebreo y griego)

Kittel, R., y Kahle, P., eds. *Biblia Hebraica*. Stuttgart: Wüttembergische Bibelanstalt, [12]1961. Todavía es el libro normativo para el estudio del texto hebreo; muestra las principales variaciones textuales, incluyendo muchos de los rollos del Mar Muerto; también incluye las enmiendas comúnmente sugeridas por varios eruditos.

Elliger, E., y Rudolph, W., eds. *Biblia Hebraica Stuttgartensia*. Stuttgart: Württembergische Bibelanstalt, 1968. Cuando esté cimpleto, tomará el lugar de Kittel como el texto crítico normativo del AT en hebreo.

Snaith, Norman H., ed. *Old Testament in Hebrew*. London: British and Foreign Bible Society, 1958. Una edición económica, clara y manuable del texto hebreo masorético; no incluye las variaciones textuales.

Magil, Joseph. *Magil's Linear School Bible*. Varios tomos. New York: Hebrew Publishing Company. s.f. Muy útil para principiantes; los tomos son económicos y casi tan fáciles de entender como un texto interlinear.

The Interlineary Hebrew and English Psalter. Grand Rapids: Zondervan, [22]1967. Muy útil para principiantes.

The Holy Scripture of the Old Testament in Hebrew and English. London: The British & Foreign Bible Society, 1970. Muy útil; no incluye las variaciones textuales.

Rahlfs, A., ed. *Septuaginta. Vetus Testamentum graece iuxta LXX Interpretes*. 2 tomos. Stuttgart: Württembergische Bibelanstalt, [8]1966. La edición normativa del AT en griego, aunque no incluye todas las variaciones textuales de importancia. Para las ediciones más técnicas de la LXX (además de las ediciones críticas del AT en Latín) véase la bibliografía en *Las Sagradas Escrituras*.

The Septuagint Version of the Old Testament, with an English Translation; and with Various Readings and Critical Notes. Grand Rapids: Zondervan, 1970 (reimpresión) London: Samuel Bagster & Sons. Muy útil para principiantes.

1.2 NUEVO TESTAMENTO
(en griego)

Aland, K., Black, M., Martini, C. M.; Motger, B. M.; y Wikgren, A., eds. *The Greek New Testament*. Nueva York, etc.: Sociedades Bíblicas

Unidas, [2]1968. Texto que resulta de la deliberación de un equipo interconfesional, sólo señala las variantes sobresalientes, pero para éstas se ofrece buena documentación.

Aland, K., ed. *Synopsis Quattuor Evangeliorum*. Stuttgart: Württembergische Bibelanstalt, [3]1964. Magnífica ayuda; incluye el Evangelio de Tomás (traducido del cóptico) y las citas patrísticas pertinentes.

Metzger, Bruce M. *A Textual Commentary on the Greek New Testament*. London/New York: United Bible Societies, 1971. Excelente; indispensable para el estudio de las variantes textuales del NT.

Nestle, E., y Aland, K., eds. *Novum Testamentum Graece*. Stuttgart: Württembergische Bibelanstalt, [25]1963. Texto que resulta de un cotejo de 3 famosas ediciones; aparato de variaciones textuales bastante completo.

1.3 VERSIONES EN CASTELLANO
(→ VERSIONES DE LA BIBLIA)

1.31 *Biblias completas*

Bover, J. M., y Cantera, F. *Sagrada Biblia*. Madrid: B.A.C., [6]1961.

La Biblia para Latinoamérica. Madrid: Editorial Castilla, 1971.

Nácar, E., y Colunga, A. *Sagrada Biblia*. Madrid: B.A.C., [5]1953.

La Santa Biblia. México: Sociedades Bíblicas en América Latina, 1960. La versión de Reina (1569)-Valera (1602), revisada.

La Santa Biblia. Biblia Anotada de Schofield. Miami: Spanish Publications 1966. Texto de RV; revisión de 1960; dispensacionalista.

Santa Biblia, Versión Moderna. Nueva York: Sociedades Bíblicas Americanas, [1]1893, revisada en 1923.

Ubieta, J. A. *et al. Biblia de Jerusalén*. Bilbao: Desclée de Brouwer, 1967.

1.32 *Nuevos Testamentos, porciones, armonías, etc.*

Dios llega al hombre: El Nuevo Testamento de nuestro Señor Jesucristo. Versión Popular. México: Sociedades Bíblicas en América Latina, [2]1970.

El Nuevo Testamento de nuestro Señor Jesucristo, Versión Hispano-Americana. México: Sociedades Bíblicas en América Latina, s.f. (1916).

Nuevo Testamento, Versión ecuménica. Barcelona: Herder, 1968.

Valverde, J. M.ª, y Alonso Schökel, L. *Nuevo Testamento*. Madrid: Ediciones Cristiandad, 1966.

La Buena Noticia de Jesús; los Santos Evangelios. Buenos Aires: Bonum, 1964.

Díaz, J. A., y Sánchez-Ferrero, A., eds. *Evangelio y evangelistas.* Madrid: Taurus, 1966. La mejor sinopsis en castellano; bien dispuesta tipográficamente; levemente comentada; incluye fragmentos de Juan; al día.

Matzigkeit, W. *Un paralelo de los evangelios sinópticos, con referencias a Juan.* Buenos Aires: La Aurora, 1958. Versión Hispanoamericana; bastante útil

Robertson, A. T. *Una armonía de los cuatro evangelios.* El Paso: Casa Bautista, s.f. (1922). Verdadera armonización (pre-formista), con notas históricas y exegéticas todavía útiles; Versión Reina-Valera, 1909.

1.4 APÓCRIFOS (Y LIBROS "DEUTEROCANÓNICOS")

Bonsirven, J., y Rops, D. *La Biblia Apócrifa. Al margen del Antiguo Testamento (textos escogidos).* Barcelona, 1964.

Charles, R. H. *The Apocrypha and Pseudepigrapha of the Old Testament.* 2 tomos. Oxford: Clarendon Press, 1913.

Metzger, Bruce M. *An Introduction to the Apocrypha.* New York: Oxford University Press, 1957.

Ravenna, A. *El hebraísmo postbíblico.* Barcelona: Litúrgica Española, 1969. Resumido pero bien informado; prácticas, ideas y literatura intertestamentarias.

Zeitlin, S. *Jewish Apocryphal Literature.* Varios tomos. New York, 1950.

2. DICCIONARIOS, ENCICLOPEDIAS, Y MANUALES DE LA BIBLIA

Alexander, David *et al. Eerdmans Handbook to the Bible.* Grand Rapids: Eerdmans, 1973. Excelente; bien ilustrado; al día; evangélico-conservador.

Arnaldich, L. *Manual Bíblico.* Madrid, 3 1968.

Ausejo, Serafín de; Haag, Herbert; y Born, A. Van den. *Diccionario de la Biblia.* Barcelona: Herder, 1963. Una adaptación en castellano de una obra católica alemana.

Allmen, Jean-Jacques, von., ed. *Vocabulario Bíblico.* Madrid: Morava, 1968. Idem. *Vocabulario Bíblico* (portugués). Associaçao de Seminários Teológicos Evangélicos, 1963 (original francés, 1954). Conciso; bien escrito; varios artículos de alta calidad.

Bauer, Johannes B., ed. *Diccionario de Teología Bíblica.* Barcelona: Herder, 1967 (original alemán, 1959). Excelente; católico ortodoxo pero abierto; buenas bibliografías incluyendo mucho en castellano.

Bonsirven, José. *Vocabulario Bíblico.* Madrid: Ediciones Paulinas, 1959. Somero; católico.

Boyer, Orlando. *Pequeña Enciclopedia Bíblica.* Pindamonhagaba: Editora O. S. Boyer, 3 1969.

Incluye clave, concordancia, atlas y diccionario bíblico en un tomo grande.

Botterweck, G. J., y Ringgren, H., eds. *Diccionario Teológico del Antiguo Testamento.* 4 tomos proyectados. Madrid: Ediciones Cristiandad, en prensa. Monumental; algo parecido al *Diccionario Teológico del Nuevo Testamento,* iniciado en 1932 por G. Kittel; la obra sólo se vende por suscripción.

Buckland, A. R. *Diccionario Bíblico Universal.* Río de Janeiro: Livros Evangélicos, 2 1957. (Original en inglés.)

Buttrick, George Arthur, *et al,* eds. *The Interpreter's Dictionary of the Bible.* 4 tomos. New York: Abingdon, 1962. Excelente; al día; completo; protestantes liberales y moderados.

Davis, John D. *Dicionário da Bíblia.* Río de Janeiro: Comissão Central de Literatura de Confederação Evangélica do Brasil, 2 1960. Traducido de la sexta edición inglesa; evangélico-conservador.

Díez Macho, Alejandro, y Bartina, Sebastián, eds. *Enciclopedia de la Biblia.* 6 tomos. Barcelona: Garriga, 1963. Excelente; bien ilustrada; especialmente fuerte en la historia y la arqueología; bastante al día; postura católica moderada.

Dheilly, J. *Diccionario Bíblico.* Barcelona: Herder, 1970. Popular, católico moderado; traducido del francés.

Douglas, J. D., ed. *O Nôvo Dicionário da Bíblia.* 3 tomos. São Paulo: Junta Editorial Cristã, 1966. Original inglés, Londres: Inter-Varsity Fellowship, 1962. Excelente, al día; evangélico-conservador.

Flores, José. *Biografías Bíblicas.* Wheaton: Evangelical Literature Overseas, 1959. Somero, popular.

Halley, H. H. *Compendio Manual de la Biblia.* Chicago: Moody Press, s.f. Idem. *Manual Bíblico.* São Luiz: Livraria Editora Evangélica, 1962. Nivel popular; todavía útil para laicos. (Original en inglés.)

Ironside, H. A. *Grandes palabras del Evangelio.* Chicago: Moody Press, s.f. También *Grandes Vocábulos de Evangelho.* São Paulo: Imprensa Batista Regular, 1964. Nivel popular; original inglés; de un líder de los Hermanos Libres ("Plymouth Brethren").

Kittel, Gerhard, y Friedrich, Gerhard, eds. *Theological Dictionary of the New Testament.* 9 tomos. Grand Rapids: Eerdmans, 1964 (original alemán, 1932). Monumental; estudio técnico de todas las palabras griegas de importancia teológica en el NT; protestante, liberal y moderado.

Manley, G. T., ed. *Nuevo Auxiliar Bíblico.* Miami: Editorial Caribe, 1958 (original inglés, 3 1950). Escrito para universitarios, pero en estilo popular; evangélico-conservador; útil.

Nelson, Wilton, ed. *Diccionario ilustrado de la Biblia.* Miami: Editorial Caribe, 1974. Conciso, pero bastante completo; popular y al día.

Rand, W. W. *Diccionario de la Santa Biblia.* Miami: Editorial Caribe, 1890. Popular; evangélico-conservador; ya superado.

Rojas, Juan. *Diccionario Popular de la Biblia.* Miami: Logoi, 1971. Muy Somero.

Ruiz, Luis Alberto. *Diccionario de la Biblia.* 5 tomos. Buenos Aires: Mundi, 1963. En rústica; calidad muy variable; católico.

Sapadafora, Francesco, ed. *Diccionario Bíblico.* Barcelona: Litúrgica Española, 1959 (original italiano, 1957). Breve; no muy completo; de eruditos católicos conservadores.

Vicent, Albert. *Dicionário bíblico.* Belo Horizonte: Paulinas, 1969. (Original en francés.) Católico, popular, para laicos.

3. GEOGRAFÍA DE LA BIBLIA

Aharoni, Yohanan, y Avi-yonah, Michael. *The Macmillan Bible Atlas.* New York: Macmillan, 1968. Excelente; se destaca por su claridad y los muchos mapas que tratan sobre casi todos los detalles de la historia de Israel, incluyendo el tiempo del NT; judío liberal; altamente recomendado.

Aharoni, Yohanan. *The Land of the Bible: A Historical Geography.* Philadelphia: Westminster, 1967 (original en hebreo, 1962). Judío liberal; altamente recomendado.

Allen, Edith. *Album de Mapas Bíblicos.* Río de Janeiro: Casa Publicadora Batista, 1959. Breve, 40 pp.; 19 mapas.

Bartina, Sebastián, S. J. *La geografía de los Salmos.* Barcelona: Garriga.

Buyers, Paul E. *Geografía Histórica de Palestina.* São Paulo: Imprensa Metodista, s.f. Trabajo sencillo.

Delgado, Felipe. *Atlas Bíblico de Láminas Antiguas.* México, D.F.: La Fuente, 1962. Ilustraciones del arca de Noé, la torre de Babel, el Tabernáculo, el Templo, visiones de Zacarías y mapas; católico conservador.

Fernández T., Andrés. *Geografía Bíblica: el país de Jesús.* Barcelona: Vilanala, 1951.

Idem. *Problemas de Topografía Palestinense.* Barcelona: Litúrgica Española, 1936.

Fraines, J. de. *Atlas histórico y cultural de la Biblia.* Madrid: Taurus, 1963 (original francés, 1961).

Grollenberg, Lucas H. *Atlas de la Biblia.* Madrid, 1966. (Original en holandés.) Más de 400 fotos y mapas de alta calidad; católico moderado.

Idem. *Panorama del mundo bíblico.* Ed. Guadarrama, 1966. Sencillo, atractivo y útil; ilustrado con mapas, fotografías y gráficos del contorno físico y humano de la historia bíblica; católico moderado.

Metzger, Henri. *Las rutas de San Pablo en el Oriente griego.* Barcelona: Garriga, 1962.

Money, Netta Kemp de. *La Geografía Histórica del Mundo Bíblico.* Lima: El Inca, 1947. También Miami: Vida. Sencillo; útil.

Motta, Othoniel. *Israel, Sua Terra e Seu Livro.* São Paulo: Eros Graphic Editora, 1930. Sencillo y breve; ya superado.

Pfeiffer, C. F., y Vos, H. F. eds. *The Wycliffe Historical Geography of Bible Lands.* Chicago: Moody Press, 1968. Evangélico-conservador; al día; bastante completo.

Pistonese, José A. *Geografía bíblica de Palestina.* Buenos Aires: Junta Bautista, 1947. Muy útil.

Rolla, Armando. *El ambiente bíblico: Geografía, arqueología y pueblos del Antiguo Medio Oriente.* Barcelona: Litúrgica Española, 1961. (Original en italiano.)

Ronis, Osvaldo. *Geografía bíblica.* Río de Janeiro: Publicadora Batista, 1969.

Rowley, H. H. *Pequeño Atlas Bíblico.* São Paulo: A.S.T.E., 1966. 24 mapas y 26 pp. de texto por un erudito bautista inglés.

Smith, George Adam. *Geografía histórica de la tierra Santa.* México: El Faro, 1960 (original inglés, [25]1931). Obra clásica, detallada; todavía útil; protestante moderado.

Wright, G. Ernest, y Filson, Floyd V. *Mapas históricos de tierras bíblicas.* El Paso: Casa Bautista, 1971 (original inglés, 1945). Muy útil; altamente recomendado; de eruditos presbiterianos moderados.

4. HISTORIA, TRASFONDO GENERAL, JUDAÍSMO

Adams, J. Mckee. *A Biblia e as Civilizacões Antigas.* Río de Janeiro: Editôra Evangélica Dois Irmãos.

Alonso Schökel, Luis. *El País de los Súmeros.* Buenos Aires: EUDEBA, 1965.

Andres, Stefan. *Historia Bíblica para os Nossos Dias* (original alemán, 1968).

Baeck, L. *La esencia del Judaísmo.* Buenos Aires: Paidós, 1964. El carácter, las ideas, y la preservación del judaísmo.

Bailey, Albert E. *La vida cotidiana en los tiempos del Antiguo Testamento.* Buenos Aires: Librería Hachette, 1947.

Bright, John. *La Historia de Israel.* Bilbao: Desclée de Brouwer. También Buenos Aires: La Aurora, [2]1970 (original inglés, 1959). El mejor texto sobre la historia de Israel; altamente recomendado. La edición de Desclée de Brouwer incluye los mapas. Existe una nueva edición (1972) en inglés muy revisada.

Bruce, F. F. *Israel and the Nations.* Grand Rapids: Eerdmans, 1963. Resumen popular de la historia de Israel con mayor énfasis en el período desde el exilio hasta la destrucción del segundo templo; evangélico-conservador.

Idem. *New Testament History.* New York: Doubleday, 1969. Juiciosa; altamente recomendada; comienza con el período intertestamentario; evangélico-conservador.

Idem. *¿Son fidedignos los documentos del Nuevo Testamento?* Miami: Editorial Caribe, 1957 (original inglés, [4]1953). Breve apología para la credibilidad de los datos.

Campos, Cyro de Moraes. *História do Judaísmo Antigo.* São Paulo: Autores Reunidos, 1961.

Contenau, Georges. *Antiguas civilizaciones del Asia anterior.* Buenos Aires, EUDEBA, 1961.

Idem. *La Vida Cotidiana en Babilonia y Asiria.* Barcelona: Mateu, 1962.

Champdor, Albert. *Babilonia.* Barcelona: Aymá, 1963. (Original en inglés.) Buena descripción popular de la historia de Babilonia y Asiria.

Chouraqui, André. *História do Judaísmo.* São Paulo: IBRASA, 1967.

Delaporte, Louis. *Los Hititas.* Tomo 2. *Colección: La Evolución de la Humanidad.* México: Hispano Americana UTEHA, 1957.

Demann, P. *Los judíos: fe y destino.* Andorra: Casal i vall, 1962. Reflexión histórica-teológica.

De Vaux, Roland. *Instituciones del Antiguo Testamento.* 2 tomos. Barcelona: Herder, 1964. (Original en francés.) Católico moderado; la obra clásica sobre el tema; algo técnica.

Drioton, Etienne, y Vandier, Jacques. *Historia de Egipto.* Buenos Aires: EUDEBA, ²1968 (original francés, ³1952). Obra clásica sobre la historia de Egipto; altamente recomendada.

Drioton, E. *Las religiones del antiguo Oriente.* Andorra: Casal i vall, 1958.

Edersheim, Alfredo. *Festas de Israel.* São Paulo: União Cultural Editora, s.f. Conservador, evangélico.

Edwards, I. E. S., *et al.,* eds. *The Cambridge Ancient History.* Varios tomos. Cambridge: University Press, ³1970. Exhaustivo; caro; la obra definitiva sobre la historia antigua.

Ehrlich, Ernst L. *Historia de Israel.* México: UTEHA, 1961. (Original en alemán.) Erudito; breve resumen desde Abraham hasta la destrucción del templo en 70 d.C.

Gordon, Cyrus H. *The Common Background of Greek and Hebrew Civilizations.* New York: Norton & Co., 1965 (1962). Explicación de innumerables paralelos entre estas dos culturas; de gran interés para estudios bíblicos; una de las mejores obras de este erudito judío; altamente recomendado.

Hall, H. R. *História Antiga do Oriente Próximo: aesde os tempos mais remotos até a batalha de Salamina, 480 a.C.* Río de Janeiro: Livraria Editôra da casa do Estudante do Brasil, 1948.

Hayes, A. E. *História Bíblica do Velho Testamento.* Recife: Typografia do C.A.B., 1933.

Heaton, Eric W. *La Vida en Tiempos del Antiguo Testamento.* Buenos Aires: Ser y Tiempo, 1961 (original inglés, 1956). Popular y útil.

Idem. *O Mundo do Antigo Testamento.* Río de Janeiro: Zahar Editôres, 1965.

Hertzberg, Artur. *Judaísmo.* Río de Janeiro: Zahar Editôres, 1964.

Josefo, Flávio. *Guerras de los judíos.* Barcelona: Iberia, 1955.

Idem. *Historia dos Hebreus.* 9 tomos. São Paulo: Editora das Américas, 1956.

Kaufman, Yehezkel. *La Época Bíblica.* Buenos Aires: Paidós, 1964. Explicacion popular de la historia de Israel con un enfoque distinto por un erudito judío.

Idem. *The Religion of Israel.* London: George Allen & Unwin Ltd. 1961 (original hebreo, 8 tomos, 1937-1956). Una contribución valiosa por un gran erudito judío.

Kramer, Samuel Noah. *La Historia Empieza en Sumer.* Barcelona: Aymá, ³1962 (original inglés, 1956). Explicación acerca de la civilización sumeria basada en los más antiguos escritos del mundo; altamente recomendado.

Idem., ed. *Mitologías del mundo antiguo.* Buenos Aires: Plaza y Janés, 1965 (original inglés, 1961). Descripción de las mitologías de varias civilizaciones.

Lods, Adolphe. *De los profetas a Jesús: los profetas de Israel y los comienzos del Judaísmo.* Tomo 42 en *La evolución de la humanidad.* México: UTEHA, 1958. Liberal; ya superado.

Idem. *Israel–Desde los orígenes hasta mediados del siglo VIII.* Tomo 41 en *La evolución de la humanidad.* México: UTEHA, 1956. Liberal; ya superado.

Lohfink, Norberto. *Valores actuales del Antiguo Testamento.* Buenos Aires: Paulinas, 1966. Católico moderado.

Maeso, David Gonzalo. *Historia de la literatura hebrea.* Madrid: Gredos, 1959.

Marston, Charles. *A Biblia Disse a Verdade.* Belo Horizonte: Itatiaia, 1958. (Original en francés.)

Menard, René, y Sauvageot, Claude. *Las instituciones de la antigüedad.* 2 tomos. Madrid: Daniel Jorro, Editor, 1926. Descripción de las instituciones civiles, religiosas y educativas desde el Egipto antiguo hasta Roma.

Mesquita, Antônio Neves de. *Povos e Nacões do Mundo Antigo.* Río de Janeiro: Editora Berena, 1954. 232 pp.

Molina, Manoel. *Panoramas Bíblicos.* São Paulo: Paulinas, 1968. Vol. 1 Antiguo Testamento.

Moscati, Sabatíno. *Las antiguas civilizaciones semíticas.* Barcelona: Garriga, 1960. Muy bueno.

Noth, Martín. *Historia de Israel.* Barcelona: Garriga, 1966 (original alemán, 1958). Importante; erudito; marcado escepticismo frente al valor histórico de las narraciones bíblicas.

Phillips, Wendell. *Exploración en Tierras Bíblicas.* Santiago: Zig-Zag, 1958.

Pritchard, James B., ed. *Ancient Near Eastern Texts Relating to the Old Testament.* Princeton: Princeton University Press, ³1969. Textos (trad. al inglés) de todo el antiguo cercano oriente que tienen relación con el AT; altamente recomendado.

Idem. *La Sabiduría del Antiguo Oriente.* Barcelona: Garriga, 1966. Selección de textos en *Ancient Near Eastern Texts,* traducidos al castellano: altamente recomendado.

Rattey, B. K. *Los Hebreos.* México: Fondo de Cultura Económica, 1956.

Ricciotti, Giuseppe. *Historia de Israel.* 2 tomos. Barcelona: Luis Miracle, 1966. (Original en italiano.) Por un historiador católico; excelente, pero ya no al día.

Saint-Pahlle, Alexandre de. *De Asurbanipal a San Pablo.* Madrid: Castilla, 1962.

Schedl, Claus. *History of the Old Testament.* 5 tomos. New York: Albe House, 1973. Católico, conservador; importante, pero da evidencia de una preocupación excesiva con la numerología en el primer tomo.

Schwegler, Teodoro. *Prehistoria Bíblica, los orígenes del mundo según la Biblia.* Buenos Aires: Paulinas, 1963. (Original en alemán.) Católico; liberal..

Seggiaro, Luis A. *La Medicina en la Biblia.* Córdoba: Ediciones Certeza, 1969.

Wegener, Gunther S. *A Maravillosa História da Biblia.* São Paulo: IBRASA, 1967.

Wight, Fred H. *Usos y costumbres de las tierras Bíblicas.* México: Publicaciones de la Fuente, 1961 (original inglés, 1952). Popular; valioso para entender la vida cotidiana en tiempos bíblicos; evangélico-conservador.

Yates, Kyle M. *Desde Salomón hasta Malaquías.* El Paso: Casa Bautista, 1952. Guía para estudiar la historia de este período; sencillo; evangélico-conservador.

5. ARQUEOLOGÍA DE LAS TIERRAS BÍBLICAS

Albright, William Foxwell. *Arqueología de Palestina.* Barcelona: Garriga, 1962 (trad. de la quinta edición inglesa). Describe cómo excavar y qué han encontrado en Palestina. Excelente introducción; erudito.

Idem. *De la Edad de Piedra al Cristianismo.* 2 tomos. Santander: Sal Terrae, 1959 (trad. de la edición inglesa de 1957). Aportes arqueológicos a nuestro conocimiento de la historia antigua y la historia de Israel.

Idem. *Yahweh and the Gods of Canaan.* Garden City: Doubleday, 1968. Un análisis histórico de la fe de Israel en contraste con la fe de los cananeos. Muchos datos arqueológicos y lingüísticos; excelente; técnico.

Allegro, John Marco. *Os Manuscritos do Mar Morto.* Lisboa: Pub. Europa-América, 1958. Radical.

Allen, Edith, A. *Compêndio de arqueología do Velho Testamento.* Río de Janeiro: Casa Publicadora Batista, 1957.

Bernal, Ignacio. *Introducción a la Arqueología.* México: Fondo de Cultura Económica, 1952. Por un especialista en la arqueología de México.

Burrows, Millars. *Los Rollos del Mar Muerto.* México: Fondo de Cultura Económico, 1958.

Idem. *Os Documentos do Mar Morto.* Pôrto: Pôrto Editôra, 1959.

Calderini, A. *Tratado de papirología.* Barcelona: Garriga, 1963. (Original en italiano.) Estudio erudito del uso antiguo y los hallazgos modernos de los papiros.

Ceram, C. W. *Dioses, Tumbas y Sabios.* Barcelona: Destino, 1959. Narración popular de los descubrimientos arqueológicos en varios países.

Idem. *En Busca del Pasado.* Barcelona: Labor, [2]1965. Historia gráfica de la arqueología.

Idem. *El Misterio de los Hititas.* Barcelona: Destino, [4]1962.

Cleator, P. E. *Los Lenguajes Perdidos.* Barcelona: Ayma, 1963. (Original en inglés.)

Crabtree, A. B. *Arqueología Bíblica.* Río de Janeiro: Casa Publicadora Batista, 1958.

Childe, V. Gordon. *Los orígenes de la civilización.* México: Fondo de Cultura Económico, 1971 (original inglés, 1954).

Idem. *Progreso y Arqueología.* Buenos Aires: Dédalo, 1960. (Original en inglés.)

Danielou, Jean. *Os Manuscritos do Mar Morto e as Origens do Cristianismo.* 1959 (original francés, 1959).

De Buit, M. *Arqueología del Pueblo de Israel.* Andorra: Casal i Vall, 1961.

Frank, Harry Thomas. *Bible, Archeology and Faith.* New York: Abingdon Press, 1971. Aportes arqueológicos al estudio de toda la Biblia; completo; al día; excelente.

Kelle, Werner. *Y La Biblia Tenía Razón.* Barcelona: Omega, 1956. (Original en alemán.) Exposición popular de la luz que la arqueología da sobre las narraciones bíblicas. Aunque se le critica por algunas interpretaciones de los milagros bíblicos, el autor es bastante fidedigno en los datos arqueológicos.

Kenyon, K. M. *Arqueología en Tierra Santa.* Barcelona: Garriga, 1963 (original inglés, 1959). Erudito, técnico; una de las mejores obras en este campo; altamente recomendado.

Idem. *Desenterrando a Jericó.* México: Fondo de Cultura Económico, 1966 (original inglés, 1957). Explicación bastante técnica por una de las máximas autoridades sobre la arqueología de Palestina.

Kitchen, K. A. *Ancient Orient and Old Testament.* London: Tyndale, 1966. Evidencias del cercano oriente que hacen cuestionables varias teorías de la alta crítica; por un erudito evangélico; excelente.

Lamadrid, A. G. *Los descubrimientos de Qumrán.* Madrid: Instituto Español de Estudios Eclesiásticos, 1956. Introducción y traducciones de los rollos; B.A.C. pronto publicará una nueva edición.

La Sor, William S. *The Dead Sea Scrolls and the New Testament.* Grand Rapids: Eerdmans, 1972. Excelente, pero no pudo incluir la hipótesis de José O'Callaghan.

Lange, Kurt. *Pirámides, Esfinges y Faraones.* Barcelona: Destino, 1960. Interesante descripción de hallazgos arqueológicos en Egipto.

Marzal, Angel. *Las Enseñanzas de Amenemope.* Madrid: Marova. Fondo importante para proverbios.

Milik, J. T. *Diez años de Descubrimientos en el Desierto de Judá.* Madrid: Perpetuo Socorro, 1961. (Original en inglés.)

Muir, J. C. *La Arqueología y las Escrituras.* El Paso: Casa Bautista, 1951. Popular; conservador; útil.

Padilla, Bolívar, A. *Atlas de Arqueología.* Barcelona: Jover, 1967. Buena introducción a la técnica y hallazgos prinicpales en todo el mundo.

Parrot, André. *El Diluvio y el Arca de Noé.* Barcelona: Garriga, 1962 (original francés, 1952). Estilo popular; por un gran arqueólogo evangélico francés.

Idem. *El Gólgota y el Santo Sepulcro.* Barcelona: Garriga, 1963.

Idem. *Mundos Sepultados.* Barcelona: Garriga, 1962 (original francés, 1954).

Idem. *Nínive y el Antiguo Testamento.* Barcelona: Garriga, 1962. (Original en francés.)

Idem. *Samaria Capital del Reino de Israel.* Barcelona: Garriga, 1963. (Original en francés.)

Idem. *El Templo de Jerusalén.* Barcelona: Garriga, 1962. (Original en francés.)

Idem. *La Torre de Babel.* Barcelona: Garriga, 1962. (Original en francés.)

Pfeiffer, Charles F., ed. *The Biblical World: A Dictionary of Biblical Archeology.* Grand Rapids: Baker, 1966. Excelente; evangélico-conservador.

Pritchard, James B. *La Arqueología y el Antiguo Testamento.* Buenos Aires: EUDEBA, 1962. De valor pero ya no al día.

Rolla, Armando. *A Biblia e as ultimas Descobertas.* São Paulo, Edicões Paulinas, 1961.

Idem. *La Biblia frente a los últimos descubrimientos.* Buenos Aires: Ediciones Paulinas, 1961.

Schreiber, H. y G. *Ciudades sepultadas.* Barcelona: Luis de Caralt, 1957. (Original en alemán.) Lo que la arqueología muestra acerca de importantes ciudades de Italia, Siro-Palestina, Mesopotamia y África.

Short, A. Rendle. *Biblia y Arqueología: el relato Bíblico y los descubrimientos en el medio oriente.* Córdoba: Certeza, 1963. (Original en inglés.) Evangélico-conservador.

Snyder, Geerto. *Bajo el Polvo de los Siglos.* Buenos Aires: Carlos Lohlé, 1959. (Original en alemán.) Descripción de acontecimientos desde tiempos bíblicos hasta la edad media; estilo popular; más sobre épocas postbíblicas.

Thomas, D. Winton, ed. *Archeology and Old Testament Study.* Oxford: Clarendon Press, 1967. Varios ensayos sobre la arqueología.

Vos, Howard F. *Introducción a la Arqueología Bíblica.* Chicago: Moody Press, s.f. (Original en inglés.) Sencillo; útil, evangélico-conservador.

Woolley, C. Leonard. *Ur, la ciudad de los Caldeos.* México: Fondo de Cultura Económica, 1953. (Original en inglés.) Excelente descripción de los hallazgos que iluminan la gran civilización sumeria.

Wright, G. Ernest. *Biblical Archeology.* Philadelphia: Westminster [2]1962. Excelente; comprensivo; conciso; presbiteriano moderado.

Zehren. Eric. *Las Colinas Bíblicas.* Barcelona: Zeus, 1964. (Original en alemán.) Explicación popular de la arqueología bíblica.

6. INTRODUCCIONES

6.1 ANTIGUO TESTAMENTO Y GENERALES

Alexander, H. E. *Introdução ao Velho Testamento.* São Paulo: Casa da Biblia, s.f.

Alonso Schökel, L. *Estudios de poética hebrea.* Barcelona, 1963. El trabajo más destacado sobre el tema; excelente.

Anderson, Bernhard. *Understanding the Old Testament.* Englewood Cliffs: Prentice-Hall, [2]1957. Estilo popular; protestante; liberal.

Archer, Gleason L. *A Survey of Old Testament Introduction.* Chicago: Moody Press, 1964. Evangélico; muy conservador.

Auzou, Georges. *La tradición Bíblica.* Madrid: FAX.

Ballarini, T., Vagaggini, L., *et al. Introdução á Bíblia com Antologia Exegética.* 1968. (Original en italiano.)

Bentzen, Aage. *Introdução ao Antigo Testamento.* 2 tomos. ASTE, 1969 (original danés, 1948). Protestante; liberal; detallado.

Bettencourt, Dom Estêvão. *Para entender o antigo Testamento.* Río de Janeiro: Livraría Agir Editôra, [2]1959.

Bewer, J. A. *La literatura del Antiguo Testamento.* Buenos Aires: La Aurora, 1938 (original inglés, 1922). Protestante; liberal; superado ya.

Croix, Paul-Marie. *O Antigo Testamento.*

Charlier, Célestin. *La Lectura Cristiana de la Biblia.* Barcelona: Litúrgica Española, 1965.

Charpentier, E. *Juventude Perene do Antigo Testamento.* São Paulo: Paulinas, 1967.

Dinotos, Sábado. *O Hebreu-Libertador de Israel.* São Paulo: São Paulo Editôra, 1959.

Driver, S. R. *An Introduction to the Literature of the Old Testament.* New York: World Publishing Co.: A Meridian Book, 1956 (1897). Da la mejor explicación de la hipótesis documentaria en su forma clásica, con un resumen de la evidencia lingüística.

Eiselen, S. C. *El Cristiano y su Biblia: Manual del Antiguo Testamento.* México: Casa Unida de Publicaciones, 1954.

Eissfeldt, Otto. *The Old Testament: An Introduction.* New York: Harper, 1965 (trad. de alemán, 3.ª edición). Una introducción erudita; detallada; liberal.

Falcao, Silas Alves. *Panorama do Velho Testamento.* 2 tomos. Río de Janeiro: Publicadora Batista, 1964-1965.

Ferreira, Julio Andrade. *Conhesa Sua Biblia.* Piracicaba: Editôra Aloisi, 1962.

Fohrer, Georg. *Introduction to the Old Testament.* Nashville: Abingdon Press, 1968 (original alemán, 1965). Buenas bibliografías; erudito; conciso; al día; liberal.

Francisco, Clyde T. *Introducción al Antiguo Testamento.* El Paso: Casa Bautista, 1964. Evangélico-conservador; popular; bueno.

Galbiati, E., e Piazza, A. *Páginas Dificeis da Bíblia.* São Paulo: Paulinas, [2]1960.

Gillies, Carroll O. *Historia y Literatura de la Biblia: Introducción, bosquejo y notas.* 5 tomos. El Paso: Casa Bautista, 1954-1960. Popular (nivel de la escuela secundaria), conservador.

Grollenberg, Luc. H. *Visión nueva de la Biblia.* Barcelona: Herder, 1972 (original holandés, 1969). Católico; creativo; algunas posturas radicales.

Harrington, Wildrid J. *Iniciación a la Biblia.* Tomo 1: *Introducción general y Antiguo Testamento.* Santander: Sal Terrae, 1967 (original inglés, 1965).

Harrison, R. K. *Introduction to the Old Testament.* Grand Rapids: William B. Eerdmans Publishing Co., 1969. Incluye introducción a los libros apócrifos y resúmenes de arqueología, historia y teología bíblica; utiliza de manera excepcional los conocimientos del antiguo cercano oriente; evangélico-conservador; altamente recomendado.

Hester, H. I. *Livro dos Livros.* Río de Janeiro: Publicadora Batista, 1963.

Kerr, Guilherme. *Alta Crítica-avancos e recuos.* Río de Janeiro: Casa Publicadora Batista, 1955.

Idem. *O Cãnon do Velho Testamento.* São Paulo: Imprensa Metodista, 1952.

Lange, F. *Introducción al Antiguo Testamento.* St. Louis: Concordia, 1962. Excelente explicación de los principales problemas de cada libro; breve; por un luterano conservador.

Levie, Juan. *La Biblia, palabra humana y mensaje de Dios.* Bilbao: Desclée de Brouwer. 1961.

Martín-Achard, Robert. *El Antiguo Testamento, ese gran desconocido.* Santiago: Ediciones Paulinas, s.f. (Original en francés.) Breve explicación de la importancia del AT y cómo la historia y la arqueología nos ayudan a entenderlo; muy bueno.

Idem. *Como ler o Antigo Testamento.* ASTE, 1970.

McNair, S. E. *A Bíblia Explicada (Velho Testamento).* Terezópolis: Casa Editôra Evangélica, [3]1956,

Miles, A. R. *Introducción popular al estudio de las Sagradas Escrituras.* Miami: Editorial Caribe, 1969 (1902). Bueno, sencillo; ya superado.

Muñoz Iglesias, Salvador. *Introducción a la lectura del Antiguo Testamento.* Madrid: Taurus, 1965. Incluye paralelos con otra literatura del cercano oriente; católico, liberal.

Prado, Juan, et al. *Los géneros literarios de la Sagrada Escritura.* Barcelona: Juan Flois, 1957.

Prado, P. Juan. *La monarquía hebrea.* Madrid: Perpetuo Socorro, 1960. Introducción e historia de los libros históricos y proféticos desde Samuel a Jeremías.

Rabanes, R. *Propedéutica Bíblica. Introducción general a la Sagrada Escritura.* Salamanca, 1960.

Rendtorff, Rolf. *A Formação do Antigo Testamento.* Sinodal, 1969.

Richardson, Alan. ed. *La autoridad de la Biblia.* Buenos Aires: La Aurora, 1954.

Riffey, John. *Introdução ao Estudo do Velho Testamento.* Río de Janeiro: Casa Publicadora Batista, 1948.

Robert A., y Feuillet A. *Introducción a la Biblia.* 2 tomos. Barcelona: Herder, 1965 (original francés, 1962).

Idem. *Introdução a Bíblia.* São Paulo: Herder Editôra Livraria, 1967. Católico moderado; excelente.

Rodríguez, José Carlos. *Estudo Histórico e Crítico sôbre au Velho Testamento.* Río de Janeiro: Edição do autor, 1921.

Rhodes, Arnold B. *Los Actos Portentosos de Dios.* Richmond (Virginia): C.L.C. Press, 1964. (Original en inglés.) Tendencia neo-ortodoxa; popular; muy útil.

Smart, James D. *El Antiguo Testamento en diálogo con el mundo moderno.* Buenos Aires: Methopress, 1964.

Steinmann, Jean. *La Crítica ante la Biblia.* Andorra: Casal i Vall, 1958.

Steinmuller, J. E. *Introducción especial al Antiguo Testamento.* Bilbao: Desclée de Brouwer, 1951. (Original en inglés.) Católico, conservador; recomendado.

Idem. *Introducción general a la Sagrada Escritura.* Bilbao: Desclée de Brouwer, 1953.

Tuya, Manuel de y Salguero, José: *Introducción a la Biblia.* 2 tomos. Madrid: B.A.C., 1966. Trata la inspiración bíblica, el canon, texto, versiones, hemenéutica, instituciones de Israel y geografía de Palestina; alta calidad; católico.

Young, E. J. *Introdução ao Antigo Testamento.* São Paulo: Vida Nova, 1964 (original inglés, 1949). Por un gran erudito evangélico-conservador; excelente.

6.2 NUEVO TESTAMENTO

Cullmann, O. *El Nuevo Testamento.* 1966. Pequeño manual por un gran especialista.

Earle, R. *Conozca su Nuevo Testamento.* Kansas City: Nazarena.

Fernández, J. D. *Orígenes del Nuevo Testamento.* Buenos Aires: La Aurora, 1952.

Filson, F. V. *Abriendo el Nuevo Testamento.* Buenos Aires: 1958. Popular, bueno.

Foulkes, R. *Panorama del Nuevo Testamento.* Miami: Editorial Caribe, 1974. Breve, al día.

Goodspeed, E. J. *Introducción al Nuevo Testamento.* Buenos Aires: La Aurora, 1948. Trabajo creativo; ya en parte superado; por un liberal independiente.

Guthrie, D. *New Testament Introduction.* Downers Grove: Inter-Varsity, [3]1970. Voluminosa; excelente; evangélico-conservador.

Kümmel, W. G. *Introduction to the New Testament.* London: S.C.M., 1966. Concentrada; excelente; algunas soluciones escépticas respecto a la tradición.

Mackensie, R. A. F. *Introducción al Nuevo Testamento.* Santander: Sal Terrae, 1965. Muy breve; al día; con preguntas para discutir.

Moule, C. F. D. *El nacimiento del Nuevo Testamento.* Salamanca: Sígueme, anunciado para

1973. El origen de los escritores; la iglesia se auto-explica; excelente.

Robert A., y Feuillet. A. *Introducción a la Biblia.* Tomo II. Barcelona: Herder, 1967. Completa y juiciosa; altamente recomendada; católica moderada.

Steinmuller, J. E. *Introducción especial al Nuevo Testamento.* Bilbao: Desclée de Brouwer, 1951 (1943). Superada pero útil.

Tenney, M. C. *Nuestro Nuevo Testamento.* Chicago: Moody, 1973 (1961). Ambiente histórico y geográfico, combinado con introducción especial; evangélico-conservador.

Wikenhauser, A. *Introducción al Nuevo Testamento.* Barcelona: Herder, 1960. [3]1959. Conservadora; al día casi; recomendada.

Zimmermann, H. *Los métodos históricos-críticos en el Nuevo Testamento.* Madrid: B.A.C., 1969 (1967). Texto técnico, con ejercicios prácticos, sobre la crítica textual y literaria, el formismo y el redaccionismo; indispensable para el estudioso.

7. COMENTARIOS

7.1 SOBRE TODA LA BIBLIA

Albright, W. F., y Freedman, D. N., eds. *Anchor Bible.* 38 tomos. Garden City: Doubleday, 1964. Al día; calidad variable; generalmente alta.

Allen, Clifton, J., ed. *The Broadman Bible Commentary.* 12 tomos. Nashville: Broadman, 1969-1972. Excelente, conciso; bautista; conservador y moderado.

Binney, A. *El Comentario Popular.* 2 tomos. Kansas City: Nazarena, 1962.

Brown, R. E., Fitzmyer, J. A.; y Murphy, R. E. *Comentario bíblico "San Jerónimo".* 5 tomos. Madrid: Ediciones Cristiandad, 1971 (un tomo en inglés, 1968). Excelente síntesis de la erudición católica; altamente recomendado.

Buttrick, G. A., ed. *The Interpreter's Bible.* 12 tomos. New York: Abingdon, 1952. De calidad variable; exégesis y exposición homilética; fuerte en los artículos introductorios y generales; de más valor sobre el AT, p. ej. Éxodo, Levítico, Números, Deuteronomio, Josué, Jueces, Job, Isaías 40-66, Joel, Abdías; orientación algo liberal.

Conocer La Biblia. Santander: Sal Terrae, 1969. (Original en inglés.) Varios tomos con texto y comentario somero; católico, moderado y liberal.

Davidson, F., ed. *Nôvo Comentário da Bíblia.* São Paulo: Ediçoes Vida Nova, 1963 (original inglés, 1953). Evangélico-conservador; excelente; cp. la nueva edición inglesa, 1970, con nuevos editores (Guthrie, D. y Motyer, J. A.).

Driver, S. R.; Plummer, A.; y Briggs, C. A., eds. *International Critical Commentary on the Holy Scriptures.* 35 tomos. Edinburgh: T. & T. Clark, 1896-1951. De gran categoría, sobre todo en el NT.

Eiselen, F. C.; Lewis, E.; y Downey, D. G. *Comentario Bíblico de Abingdon.* 3 tomos. Buenos Aires: La Aurora, 1937. No del todo caduco; orientación un tanto liberal.

Guthrie, D., y Motyer, J. A. *The New Bible Commentary Revised.* 1 tomo. Grand Rapids: Eerdmans, 1970. Excelente; evangélico-conservador.

Jamieson, R., Fausset, A. R.; y Brown, D. *Comentario exegético y explicativo de la Biblia.* 2 tomos. El Paso: Casa Bautista, s.f. (1866-70). De utilidad limitada ahora.

Lange, John Peter, ed. *Commentary on the Holy Scriptures: Critical, Doctrinal and Homiletical.* 24 tomos. Grand Rapids: Zondervan, (1864-74). Detallado; de valor todavía (especialmente sobre el AT) por su perspectiva histórica y doctrinal; evangélico-conservador.

Orchard, B., Sutcliffe, E. F., *et al. Verbum Dei.* 4 tomos. Barcelona: Herder, 1956 (1953). Bastante recomendable; no pudo incorporar información sobre los rollos del Mar Muerto.

Profesores de la Compañía de Jesús. *La Sagrada Escritura.* 9 tomos. Madrid: B.A.C., 1967-1971. Altamente recomendado; al día; buenas bibliografías.

Profesores de Salamanca. *Biblia Comentada.* 7 tomos. Madrid: B.A.C., 1965-1967. Un poco menos técnico y más corto que el anterior, pero también recomendado.

7.2 SOBRE EL ANTIGUO TESTAMENTO

7.21 General

Alonso Schökel, L., *et al. Los Libros Sagrados.* 12 tomos. Madrid: Cristiandad, 1966. Nuevas traducciones con notas breves; católico moderado.

Keil, C. F., y Delitzsch, F. *Biblical Commentary on the Old Testament.* Grand Rapids: Eerdmans, reimpresión 1950 (original alemán, 1852). Aunque ya superado en muchos detalles, todavía de gran valor; detallado; evangélico-conservador.

The Soncino Books of the Bible. 14 tomos. New York: Soncino Press. Con textos paralelos en inglés y hebreo; útil; judío conservador.

7.22 Sobre libros individuales y porciones claves

Pentateuco

Chastain, J. C. *Breve Estudio sobre el Pentateuco.* El Paso: Casa Bautista, [2]1952. Muy conservador.

Pratt, H. B. *Estudios Críticos y Aclaratorios sobre la Santa Escritura.* 3 tomos: Génesis, Éxodo, Levítico. Nueva York: Sociedad Americana de Tratados, nueva edición, 1901-1910. (Ahora Editorial Caribe, Miami.) Detallados, en muchos aspectos ya superados; conservador.

Simpson, A. B. *Génesis y Éxodo: Cristo en la Biblia*. Temuco, Chile: Imprenta Alianza. Estudios devocionales del siglo pasado por el fundador de la Alianza Cristiana y Misionera.

Walker, Rollin H. *Una introducción al estudio del Génesis y del Éxodo*. Santiago, Chile: La Revista Evangélica, 1927.

Génesis

Atkinson, Basil, F. C. *The Book of Genesis*. Chicago: Moody Press, 1957. Devocional y teológico, por un lider de los Hermanos Libres ("Plymouth Brethren"); evangélico-conservador.

Carroll, B. H. *Génesis*. El Paso: Casa Bautista, ²1955. Bastante detallado; contiene muchas preguntas de repaso; énfasis doctrinal; muy conservador.

Deane, Guillermo J. *Abraham: su vida y sus tiempos*. El Paso: Casa Bautista, 1937. Detallado; muy conservador.

Idem. *José: su vida y su tiempo*. El Paso: Casa Bautista, 1937. Conservador.

González, Angel. *Abraham, Padre de los Creyentes*. Madrid: Taurus, 1963. Estudios teológicos de buena calidad; por un erudito católico moderado.

Hauret, Charles. *Los Orígenes* (Génesis 1-3). Buenos Aires: Ediciones Paulinas, ²1963. Católico.

Kidner, Derek. *Génesis*. Buenos Aires: Certeza, 1974 (original inglés, 1967). Excelente; conciso; lo mejor en castellano; evangélico-conservador.

Koch, Roberto. *Teología de la Redención* (Génesis 1-11). Buenos Aires: Ediciones Paulinas, 1966.

Law, Henry. *El Evangelio en Génesis*. Londres: Banner of Truth, 1964 (original inglés, 1864). Sermones textuales evangelísticos.

Leupold, H. C. *Exposition of Genesis*. Grand Rapids: Baker, 1942. Detallado, de un luterano muy conservador.

M[acIntosh], C. H. *Estudios sobre el Libro de Génesis*. Los Angeles: Las Buenas Nuevas, 1964 (original inglés, 1860). Estudios devocionales utilizando una tipología extrema, por uno de los Hermanos Libres ("Plymouth Brethren").

Mesquita, Antônio Neves. *Estudos no Livro da Genesis*. Recife: Oficina Tipográfica do Seminário Teológico Batista de Pernambuco, 1928.

Meyer, F. B. *Abraham y la obediencia de la fe*. El Paso: Casa Bautista, s.f. (original inglés, 1895). Devocional; evangélico-conservador.

Idem. *José el Amado*. El Paso: Casa Bautista, s.f. (original inglés, 1890). Devocional; evangélico-conservador.

Rad, G. von. *Genesis: a Commentary*. Philadelphia: The Westminster Press, 1973, edición revisada. (Original en alemán.) Muy original, de un luterano liberal.

Rawlinson, Jorge. *Isaac y Jacob: su vida y sus tiempos*. El Paso: Casa Bautista, 1938 (original inglés, 1890). Muy conservador.

Richardson, Alan. *Génesis 1-11*. Buenos Aires: La Aurora, 1963 (original inglés, 1953). Comentario conciso; de alta calidad teológica; por un anglicano neo-ortodoxo.

Renckens, H. *Así pensaba Israel: Creación, paraíso y pecado original, según Génesis 1-3*. Madrid: Ediciones Guadarrama, 1960 (original holandés, 1958). Detallado; erudito; católico.

Schwegler, Teodoro. *Prehistoria bíblica*. Buenos Aires: Ediciones Paulinas, 1963 (original alemán, 1960 y 1962). Estudios eruditos en Génesis 1-11; católico liberal.

Éxodo (y Moisés)

Asensio, Nieto Félix. *El Éxodo*. Santander: Sal Terrae, 1963. De alta calidad; católico moderado.

Auzou, Georges. *De la servidumbre al servicio: Estudio del Libro del Éxodo*. Madrid: Fax, ²1969. (Original en francés.) Más teológico que exegético; católico moderado; imaginativo.

Barsotti, Divo. *Espiritualidad el Éxodo*. Salamanca: Sígueme, 1968. Comentario devocional.

Blattner, F. F. *El Tabernáculo*. Miami: Vida, 1953. Breve estudio popular con preguntas de repaso; muy tipológico.

Buber, Martín. *Moisés*. Buenos Aires: Imán, 1949 (original inglés, 1944). Judío erudito, moderado.

Carroll, B. H. *Éxodo y Levítico*. El Paso: Casa Bautista, 1941. Preguntas y respuestas detalladas; muy conservador.

Clark, A. D. *Los Diez Mandamientos*.

Cole, R. Alan. *Exodus: An Introduction and Commentary*. London: The Tyndale Press, 1973. Al día; excelente; evangélico-conservador.

Ford, W. Herschel. *Sencillos Sermones: los 10 Mandamientos*. El Paso: Casa Bautista, 1963.

Hyatt, J. P. *Exodus*. London: Oliphants, 1971. Liberal; detallado; excelente.

M[acIntosh], C. H. *Estudios sobre el Libro de Éxodo*. ³1960-1962. Los Angeles: Grant Publishing House, s.f. (original inglés, 1862). Dispensacionalista; devocional.

Mesquita, Antônio Neves. *Estudos no livro de Exodo*. Río de Janeiro: Editoro Evangélica Dois Irmãos, S. A. ²1953.

Meyer, F. B. *Moisés: Siervo de Dios*. El Paso: Casa Bautista, s.f. (original inglés, 1892). Devocional; evangélico.

Rawlinson, George. *Moisés: su vida y sus tiempos*. El Paso: Casa Bautista, 1887. Muy conservador.

Ritchie, J. *El Tabernáculo en el Desierto*.

Trueblood, Elton. *Bases para la Reconstrucción*. Buenos Aires: La Aurora, 1946 (original inglés, 1946, revisada, 1961). Un filósofo cuáquero de renombre expone en forma popular la pertinencia de los 10 mandamientos para la situación después de la segunda guerra mundial.

Levítico

Bonar, A. A. *An Exposition of Leviticus.* Grand Rapids: The National Foundation for Christian Education, reimpresión, 1970. Clásico; devocional del siglo 19; evangélico-conservador.

M[acIntosh], C. H. *Estudios sobre el libro de Levítico.* Los Angeles: Grant Publishing House, 1956 (original inglés, *ca.* 1860). Dispensacionalista; devocional.

Mesquita, Antônio Neves. *Estudos no Livro de Levíticos.* Río de Janeiro: Tipographia Batista de Souza, 1940.

Snaith, N. H. *Leviticus and Numbers.* London: Thomas Nelson and Sons, 1967. Protestante moderado.

Turnbull, M. Ryerson. *Estudando o Livro de Levíticos e a Epístola aos Hebreus.* São Paulo: Casa Editora Presbiteriana, 1954.

Números

Carroll, B. H. *Numeros hasta Ruth.* El Paso: Casa Bautista, 1941. Estudios con muchas preguntas de repaso; muy conservador.

Gray, G. B. *A Critical and Exegetical Commentary on Numbers.* Edinburgh: T. & T. Clark, 1903. Muy detallado en los aspectos lingüísticos; liberal.

M[acIntosh], C. H. *Estudios sobre el Libro de Números.* Los Angeles: Grant Publishing House, 1953 (original inglés, *ca.* 1869). Dispensacionalista; devocional.

Deuteronomio

Cunliffe-Jones, H. *Deuteronomio.* Buenos Aires: La Aurora, 1960 (original inglés, 1951). Conciso, bueno; protestante neo-ortodoxo.

Driver, S. R. *A Critical and Exegetical Commentary on Deuteronomy.* Edinburgh: T. & T. Clark, 1895. De la serie I.C.C.; muy detallado en los aspectos lingüísticos; liberal.

Kline, M. C. *Treaty of the Great King.* Grand Rapids: Eerdmans, 1963. Conservador; conciso; original; el comentario también aparece en *The Wycliffe Bible Commentary,* F. F. Harrison, ed.

M[acIntosh], C. H. *Estudios sobre el Libro de Deuteronomio.* 2 tomos. Los Angeles: Editorial Las Buenas Nuevas, 1962 (original inglés, 1880?). Dispensacionalista; devocional.

Rad, G. von. *Deuteronomy: A Commentary.* Philadelphia: Westminster Press, 1966 (original alemán, 1964). Liberal.

Josué

Adoul, André. *Notas sobre el Libro de Josué.* El Paso: Casa Bautista, 1965 (original francés, 1950). Popular; conservador.

Argenzio, M. del Socorro. *El Libro de Rut.* Montevideo, 1953. Católico.

Auzou, Georges. *El Don de una Conquista: Estudio del Libro de Josué.* Madrid: Fax, 1967. (Original en francés.) Estudio imaginativo por un católico moderado.

Buxton, B. F. *Ruth: unida con su redentor.* Córdoba, Argentina: El Amanecer, 1959. Devocicnal.

Deane, Guillermo. *Josué: su vida y sus tiempos.* El Paso: Casa Bautista, 1938.

Hals, Ronald M. *The Theology of Ruth.* Philadelphia: Fortress Press, 1969. Importante estudio teológico comparativo, que fecha el libro en la era Salomónica.

McGee, J. V. *In a Barley Field.* Glendale, California: Gospel Light Publications, 1968. Devocional; evangélico-conservador.

Redpath, Alan. *Victorious Christian Living: Studies in the Book of Joshua.* Westwood: Fleming Revell, 1955. Sermones de calidad; evangélico-conservador.

Simpson, A. B. *Josué.* Temuco. Chile, 1958. Devocional; del siglo pasado.

Soggin, J. A. *Joshua.* Philadelphia: Westminster Press, 1972. Excelente; al día; moderado en teología.

Jueces y Rut

Auzou, Georges. *La fuerza del Espíritu: Estudio del Libro de los Jueces.* Madrid: Fax, 1968 (original francés, 1966). Estudio imaginativo por un católico moderado.

Cundall, A. E., y Morris, L. *Judges and Ruth.* London: The Tyndale Press, 1968. Conciso, exegético; versión en castellano en preparación; excelente, especialmente sobre Rut; evangélico-conservador.

Gray, John. *Joshua and Judges and Ruth* en *The New Century Bible.* Moderado.

Lang, J. M. *Gedeón y los Jueces.* El Paso: Casa Bautista, 1937. Muy conservador.

Richter, Wolfgang. *Traditionsgeschichtliche Untersuchungen zum Richterbuch.* Bonn: Peter Hanstein, 1966. Estudios eruditos e importantes sobre Jueces.

Róssier, H. *Meditaciones sobre el Libro de Jueces.* Los Angeles: Las Buenas Nuevas, 1964. Devocional; dispensacionalista.

Samuel

Auzou, Georges. *La danza ante el arca: Estudio de los Libros de Samuel.* Madrid: Fax, 1971. (Original en francés.) Estudio imaginativo por un católico moderado.

Bosch, Juan. *David: Biografía de un Rey.* Santo Domingo: Librería Dominicana, 1963. Biografía popular por un líder político de renombre.

Carlson, R. A. *The Chosen King: A Traditional-Historical Approach to the Second Book of*

Samuel. Stockholm: Almquist & Wiksell, 1964. El mejor comentario sobre 2 Samuel; protestante, moderado.

Crockett, W. D. *Armonía de Samuel, Reyes y Crónicas*. El Paso: Casa Bautista, 1965. (Original en inglés.)

Deane, Guillermo. *David: su vida y sus tiempos*. El Paso: Casa Bautista, s.f.

Idem. *Samuel y Saúl: su vida y sus tiempos*. El Paso: Casa Bautista, 1938. Muy conservador.

Fernández T. Andrés. *1 Samuel 1-15: Crítica textual*. Roma: Pontificio Instituto Bíblico, 1917.

Hertzberg, H. W. *1 and 2 Samuel: a Commentary*. Philadelphia: Westminster Press, 1964. Protestante, moderado o liberal.

McKane, W. *1 & 2 Samuel: Introduction and Commentary*. London: SCM Press, 1963. Conciso; protestante moderado.

Monroe, D. D., y Ashby, L. *La Historia de Samuel*. El Paso: Casa Bautista, 1957.

Reyes

Carroll, B. H. *La monarquía hebrea*. El Paso: Casa Bautista, 1945. Muy conservador.

Ellul, Jacques. *The Politics of God and the Politics of Man*. Grand Rapids: Eerdmans, 1972. (Original en francés.) Aplicaciones políticas, originales por un abogado y teólogo laico brillante; reformado, neo-ortodoxo.

Gray, J. *1 and 2 Kings: A Commentary*. Philadelphia: Westminster, ²1970. Excelente; buen uso de la arqueología; liberal.

Milligen, William. *Elías: su vida y sus tiempos*. El Paso: Casa Bautista, 1939. Muy conservador.

Montgomery, James A., y Gehman, Henry Snyder. *A Critical and Exegetical Commentary on the Books of Kings*. Edinburgh: T. & T. Clark, 1951. Insuperado para detalles lingüísticos; liberal o moderado.

Rawlinson, J. *Los reyes de Israel y Judá*. El Paso: Casa Bautista, 1939 (original inglés, 1889). Muy conservador.

Crónicas

"Crónicas" en *La Biblia paso a paso*. Madrid: Marova.

Myers, Jacob M. *1 Chronicles* y *2 Chronicles* en *The Anchor Bible*. 2 tomos. New York: Doubleday, 1965. De un luterano moderado; excelentes.

Esdras y Nehemías

Anderson, S. E. *Nehemiah the Executive*. Wheaton: Van Kampen Press, 1954. Devocional con buenas aplicaciones.

Fernández, Andrés. *Comentario a los libros de Esdras y Nehemías*. Madrid: 1950. Católico.

Myers, Jacob M. *Ezra, Nehemiah* en *The Anchor Bible*. New York: Doubleday, 1965. Lo mejor.

Rawlinson, Jorge. *Esdras y Nehemías: su vida y su tiempo*. El Paso: Casa Bautista, 1937 (original inglés, 1890). Estudios populares ya superados en muchos aspectos.

Ester

Moore, Carey A. *Esther* en *The Anchor Bible*. Garden City, N. Y., Doubleday, 1971. Moderado; interpreta el libro como novela histórica; al día; completo; lo mejor desde esta perspectiva en inglés.

McGee, J. V. *Exposition in the Book of Ester*. Wheaton: Van Kampen Press, 1951. Devocional. Devocional.

Job

Dhorme, E. *A Commentary on the Book of Job*. New York: Thomas Nelson & Sons, 1967 (original francés, 1926). Muy completo, especialmente en los aspectos lingüísticos y textuales.

Francisco, Clyde T. *Un varón llamado Job*. El Paso: Casa Bautista, 1970. Conferencias dadas en 1963 por un erudito bautista; conservador.

Gregorio el Magno. *Los morales: o comentarios sobre el libro de Job*.

Green, G. H. *Libro de Job*.

Jung, Carl, G. *Respuesta a Job*. México: Fondo de Cultura Económica, 1964.

Leon, L. de. *El Libro de Job* (¿título exacto?). Salamanca, Madrid: ²1951 (1891). Una doble versión directa del hebreo, en prosa y verso; católico.

Lippert, Peter. *E Job disse a Deus*. ASTE, 1958.

Moulton, R. *Job: Drama de la Vida Interna*.

Pope, Marvin H. *Job* en *The Anchor Bible*. Garden City, N.Y.: Doubleday, 1965. Algo controversial en su utilización de los nuevos datos lingüísticos del Ugarítico; por un experto en este campo.

Smith, Ralph. L. *El Libro de Job*. El Paso: Casa Bautista, 1971. Conciso; excelente; evangélico-conservador.

Straubinger, Juan. *Job*. Buenos Aires: Editorial Guadeloupe, 1945.

También recomendable sobre Job son los comentarios por Andrew Blackwood (devocional); Gordis R. (judío); Terrien, S. (moderado), en *Interpreter's Bible*; Rowley H. H. (Protestante moderado), en *The New Century Bible*; y Watts, J. (Bautista moderado), en *Broadman Bible Commentary*. Todos estos son buenos, pero ninguno es sobresaliente.

Salmos

Aycook, Jarrette. *El Ruiseñor de los Salmos*. Kansas City: Casa Nazarena, s.f.

Beaucamp, Evode, y Relles, Jean-Pascal de. *La oración del pueblo de Israel*. Barcelona: Nova Terra, 1969 (original francés, 1964). Estudios imaginativos de los Salmos por católicos moderados.

Capdevila, A. *Los Salmos*.

Currie, Tomas W. *Estudios sobre los Salmos*. México: El Faro, 1949.

Dahood, Mitchell. *Psalms* en *The Anchor Bible*. 3 tomos. Garden City: Doubleday, 1966-1970. Muy original pero controversial; sugiere muchas nuevas interpretaciones basadas en estudios comparativos del Ugarítico.

Drijvers, Pius. *Los Salmos*. Barcelona: Herder, 1962 (original holandés, 1958). Estudios concisos, de un católico moderado.

Fernández, E. F. *El Salterio de David en la cultura·española*. Madrid: 1928. Compila un extenso repertorio de traductores y comentaristas españoles.

Galdos, R. *Salterio davídico*. Roma: 1933.

García Cordero, Maximiliano. *Libro de los Salmos*. Madrid: B.A.C., 1963.

Gelin, Albert. *Oração dos Salmos*. Religiosas da Companhia da Virgem Vozes, 1968.

Gomá Civit, I., y Termes, P. *El nuevo salterio*. Barcelona: 1949.

González, Angel. *El Libro de los Salmos*. Barcelona: Herder, 1966. Conciso, completo; lo mejor sobre los salmos, pero no pudo tomar en cuenta las investigaciones de Dahood; católico moderado.

Guichou, Pierre. *Los Salmos comentados por la Biblia*. Salamanca: Sígueme, 1966. (Original en francés.) No muy técnico; más teológico y devocional que exegético; muy valioso para el pastor; católico moderado.

Hauret, Conego. *O Nosso Saltério*. Paulinas, 1969.

Mandresa, R. M. de. *El Libro de los Salmos 1-2*. Barcelona: 1935.

Menezes, Francisco Gaspar. *Livro dos Salmos: Tradução em versos decassílabos*. Vozes, 1968.

Meyer, F. B. *David: Pastor, Salmista, Rey*. El Paso: Casa Bautista, s.f. (original inglés, 1895). Homilético, evangélico.

Idem. *El Salmo del Pastor*. El Paso: Casa Bautista, s.f. (original inglés, 1889). Estudio devocional del Salmo 23 por un pastor de renombre del siglo pasado.

Idem. *Joyas de los Salmos*. 2 tomos. El Paso: Casa Bautista, 1968. (Original en inglés.) Devocional; evangélico-conservador.

Páramo, S. del. *El Libro de los Salmos*. Santander: 1949.

Quesne, Juan le. *Los Salmos de David*. El Paso: Casa Bautista, reimpreso 1958 (1606). Versión métrica de los Salmos.

Ringgren, Helmer. *La fe de los salmistas*. Buenos Aires: La Aurora, 1970 (original inglés, 1963). Estudios teológicos; protestante moderado.

Saraiva, F. R. Dos Santos. *Harpa d'Israel*. São Paulo: G. W. Chamberlain, 1898.

Simpson, A. B. *Cristo en los Salmos*. New York: Alianza Cristiana y Misionera, 1941. Estudios

devocionales basados en salmos selectos; evangélico-conservador.

Spurgeon, C. H. *The Treasury of David*. Grand Rapids: Zondervan, 1963, reimpresión. Comentario devocional clásico del siglo 19, en 7 tomos, por un evangelista bautista de renombre.

Straubinger, Juan. *El Salterio*. Buenos Aires: Dedebec, 1949. Católico.

Teixeira, Francisco, e Mesters, Carlos. *Rezar os Salmos Hoje*. Duas Cidade, 1969.

Vandernbrouike, François. *Los Salmos y Cristo*. Salamanca: Sígueme, 1965 (original francés, 1955). Estudios teológicos; católico moderado.

Walker, R. H. *Los Salmos en la vida moderna*.

Yates, Kyle M. *Estudios no livros dos Salmos*. Río de Janeiro: Casa Publicadora Batista, 1959.

Literatura sapiencial en general

Dubarle, A. M. *Los sabios de Israel*. Madrid: Escelicer, 1959. (Original en francés.) Estudios temáticos; católico moderado.

Garibay, Angel M ª. *Sabiduría de Israel*. México: Porrua, 1966. Estudio liberal-humanista de Eclesiastés, selecciones del Talmud, etc.

Lacan, M. F., et al. *Mensaje espiritual de los sabios de Israel*. Madrid: Marova, 1968.

Proverbios

Bendrom, Luifel. *Proverbios Antiguos para Tiempos modernos*.

Ellis, E. Percy. *Os Provérbios de Salomão*. Río de Janeiro: Editora Evangélica Dois Irmáos, S. A. ³1961.

Kidner, Derek. *Proverbios* en la serie *Tyndale*. Buenos Aires: Ediciones Certeza, 1974 (original inglés, 1964). Conciso, práctico, excelente; evangélico-conservador.

McKane, William. *Proverbs: a New Approach*. Philadelphia: Westminster, 1970. Excelente comentario exegético; fuerte en materias comparativas de otras culturas; protestante moderado.

Perino, Savaldo Actis. *Proverbios para la Juventud*. Buenos Aires: Junta Bautista, 1960.

"Proverbios" en *La Biblia paso a paso*. Madrid: Marova.

Eclesiastés (heb. *Cohelet*)

Barucq, André. *Eclesiastés: Qoheleth, Texto y Comentario*. Madrid: Fax, 1971 (original francés, 1969). Excelente; de un católico moderado.

Asensio, F. "Eclesiastés" en *In Libros Didacticos*. Roma: 1955.

"Eclesiastés" en *La Biblia paso a paso*. Madrid: Marova.

Gordis, Robert. *Koheleth—the Man and His World*. New York: Bloch, 1955. De un judío erudito y creativo; controversial.

Leupold, H. C. *Exposition of Eclesiastes*. Grand Rapids: Baker, reimpresión, 1966 (1952). De un luterano conservador; detallado.

Cantar de los Cantares

Bileham, Athon. *El Cantar de los Cantares: Interpretación mesiánico-escatológica*. Quito, Ecuador: Víctor M. Mideros, Editorial Fray Jodoco Ricke, 1965. Católico.

Burrowes, George. *The Song of Solomon*. London: The Banner of Truth, reimpresión, 1960 (1853). Presbiteriano, conservador; interpretación alegórica.

Gordis, Robert. *The Song of Songs: A Study, Translation and Commentary*. New York: The Jewish Theological Seminary of America, 1954. Judío, interpreta el libro sencillamente como una antología de poemas.

Huegel, Federico J. *Idilio Celestial: como se Encuentra en el Cantar de los Cantares*. México: Casa Unida, s.f. Devocional.

Leon, L. de. *Cantar de los Cantares*. Madrid: B.A.C., 1944.

Nee, Watchman. *Cantar de Cantares*. Temuco, Chile: Imprenta y Editorial Alianza, 1972. Devocional, por un líder de los Hermanos Libres de la China.

Tournay, R., y Micolay, Miriam. *El Cantar de los Cantares: Texto y Comentario*. Madrid: Fax, 1970 (original francés, 1968). Lo mejor en castellano; por un católico moderado.

Vadell, Natalio Abel. *El Cantar de los Cantares: Paráfrasis Poética*. Buenos Aires: Gadola, 1945. Católico.

Profetas en general

Dheilly, J. *Los Profetas*. Andorra: Casal i Vall, 1961.

Earle, Ralph. *Conozca los Profetas Mayores*. Kansas City: Casa Nazarena, 1959.

Lindbrom, J. *Prophecy in Ancient Israel*. Philadelphia: Muhlenberg Press, 1962. El tratado más importante sobre el profetismo, por un sueco que dedicó 40 años al estudio del tema; protestante, liberal.

Mattuck, Israel I. *El pensamiento de los profetas*. México: Fondo de Cultura Económica, 1962.

Monloubou, Louis. *Profetismo y profetas*. Madrid: Fax, 1971. (Original en francés.) Excelente; católico moderado o liberal.

Monti, Daniel P. *Voces del pasado: Actualidad del mensaje profético*. Buenos Aires: Methopress, 1964.

Payne, H. Barton. *Encyclopedia of Biblical Prophecy*. New York: Harper and Row, 1973. Tratamiento evangélico-conservador del cumplimiento de 1816 predicciones en las escrituras.

Scott, R. B. Y. *A Importância dos Profetas*. São Paulo: A.S.T.E., 1963.

Tresmontant, Claude. *La doctrina moral de los profetas de Israel*. Madrid: Taurus, 1962.

Walter, Rollin H. *Hombres de arrojo: Amós, Oseas, Isaías y Segundo Isaías*, 1925. (Original en inglés.)

White, Elena G. *Profetas y Reyes*. Mountain View: Pacific Press, 1957 (original inglés, siglo 19). Interpretación adventista. terpretación adventista.

Yates, Kyle M. *Predicando de los libros proféticos*. El Paso: Casa Bautista, 1954 (original inglés, 1942).

Isaías

Barros, E. Thenn de. *O Livros de Isaías*. Metodista; texto con notas.

Crabtree, A. R. *A profecia de Isaías–texto exegese, exposição*. 2 tomos. Río de Janeiro: Casa Publicadora Batista, 1967.

Guffin, Gilbert L. *El Evangelio en Isaías*. El Paso: Casa Bautista, 1968. Estudios populares.

Kidner, Derek. "Isaiah" en *The New Bible Commentary, Revised*. Grand Rapids: Eerdmans, 1970. Conciso, conservador; la mejor defensa de la unidad del libro.

Meyer, F. B. *Cristo en Isaías: Exposiciones de Isaías 40-55*. El Paso: Casa Bautista (original inglés, 1895). Sermones devocionales de calidad, por un pastor bautista de renombre.

North, Christopher R. *Isaías, 40-55* en la serie *Antorcha*. Buenos Aires: La Aurora (original inglés, 1952). Conciso; valioso; por un experto en los cánticos del siervo de Yahvéh; moderado.

Simpson, A. B. *Cristo en la Biblia: La profecía de Isaías*. Cali: La Aurora. Devocional; evangélico-conservador.

Steimann, Joseph. *El profeta Isaías*. Madrid: Taurus.

Terry, M. S. *Estudios en Isaías*.

Young, E. J. *The Book of Isaiah*. 3 tomos. Grand Rapids: Eerdmans, 1965-1972. Detallado; fuerte en los aspectos lingüísticos y teológicos; de un erudito presbiteriano conservador.

Westermann, C. *Isaiah 40-66*. Philadelphia: Westminster, 1969 (original alemán, 1966). Creativo; protestante moderado.

Jeremías

Bright, John. *Jeremiah* en *The Anchor Bible*. Garden City: Doubleday, 1965. Por un presbiteriano, discípulo del arqueólogo Albright; demasiado breve, pero lo mejor sobre este libro en inglés; moderado.

Francisco, Clyde, T. *Jeremías*. El Paso: Casa Bautista de 1963. (Original en inglés.) Conciso; útil; conservador.

Gelin, Albert. *Jeremías*. Cartagena: Athenas. (Original en francés.) Católico moderado; sencillo, muy breve.

Meyer, F. B. *Jeremías, Sacerdote y profeta*. El Paso: Casa Bautista, 1931 (original inglés, 1894). Buenos sermones devocionales de un pastor bautista de renombre.

Skinner, J. *Jeremías-profecía e religião*. São Paulo: A.S.T.E., 1966 (original inglés, 1920, 1936). Estudio biográfico muy básico, pero ya superado en ciertos aspectos; protestante liberal.

Westermann, Claus. *Comentario al profeta Jeremías*. Madrid: Fax, 1972. Estudios concisos por un excelente erudito alemán; protestante moderado.

Lamentaciones

Hillers, Delbert. *Lamentations* en *The Anchor Bible*. Garden City: Doubleday, 1972. Por un discípulo del arqueólogo Albright; muy valioso, especialmente aspectos lingüísticos e históricos.

Gottwald, N. K. *Studies in the Book of Lamentations*. London: SCM Press, 1954. Estudio muy creativo de la teología del libro; moderado.

Ezequiel

Auvray, Paul. *Ezequiel*. Cartagena: Athenas, 1960. (Original en francés.) Católico moderado; sencillo; muy breve.

Blackwood, A. W., Jr. *Ezekiel: Prophecy of Hope*. Grand Rapids: Baker, 1965. Homilético; por un presbiteriano conservador.

Eichrodt, Walther. *Ezekiel*. Philadelphia: Westminster, 1970 (original alemán, 1965-66). De un gran teólogo alemán; excelente; moderado.

Ellison, H. L. *Ezekiel: The Man and His Message*. Grand Rapids: Eerdmans, 1956. Conciso; evangélico-conservador.

Ross, Guillermo A. *Estudio de las Sagradas Escrituras (Ezequiel y Daniel)*. México: El Faro, 1950.

Stalker, D. M. G. *Ezekiel*. London: SCM Press, 1968. Conciso y al día; conveniente resumen de ciertas conclusiones de Eichrodt y Zimmerli; moderado en su teología.

Taylor, J. B. *Ezequiel*. Buenos Aires: Certeza, 1974 (original inglés, 1969). Conciso; lo mejor en castellano; evangélico-conservador.

Wevers, John W. *Ezekiel* en *The Century Bible*.

Zimmerli, Walther. *Ezekiel*. 2 tomos. Philadelphia: Fortress Press, 1974. (Original en alemán.) Exégesis muy detallado: moderado o liberal.

Daniel

Ball H. C. *Daniel y Revelación*.

Carroll, B. H. *Daniel y el período intertestamentario*. El Paso: Casa Bautista, 1945. (Original en inglés.) Popular; muy conservador.

Colao, Alberto. *Los profetas Menores, El Libro de Daniel*. Cartagena: Athenas, 1961. Popular; católico.

Deane, G. T. *Daniel: su vida y sus tiempos*. El Paso: Casa Bautista, 1938. Muy conservador.

Gaebelein, A. C. *El Profeta Daniel*. Dispensacionalista.

Hamilton, George. *Breves apuntes sobre el Libro de Daniel*. Rosario de Santa Fe, 1922. Estudios populares ya superados.

Heaton, E. W. *El Libro de Daniel* en la serie *Antorcha*. Buenos Aires: La Aurora, 1961 (original inglés, 1954). Conciso; de alta calidad; por un anglicano moderado o liberal.

Marotta, V. *La última semana de Daniel*.

Porteous, N. *Daniel, A Commentary*. Philadelphia: The Westminster Press, 1965. Con implicaciones políticas importantes; de un presbiteriano, moderado liberal.

Smith, Urías. *Las Profecías de Daniel y el Apocalipsis*. 2 tomos. Mountain View: Pacific Press, 1949. Interpretación adventista.

Sola, P. Juan María, S. J. *La profecía de Daniel: Lecciones Sagradas*. Barcelona: Herederos de Juan Gili, 1919. Muy detallado; católico conservador.

Urquhart, J. *Inspiración y Exactitud de las Santas Escrituras: El Libro del Profeta Daniel*. Buenos Aires: J. H. Kidd, 1905. (Original en inglés.) Estudios apologéticos conservadores; ya superados.

Young, E. J. *The Prophecy of Daniel*. Grand Rapids: Eerdmans, 1949. Excelente; de un presbiteriano conservador, amilenial; detallado.

Wagoner, H. *Las Visiones Proféticas de Daniel*.

Wood, Leon. *A Commentary on Daniel*. Zondervan, 1973. Premilenial; exegético; detallado; evangélico-conservador.

Profetas menores en general

Abadía Benedictina de San Andrés. *Profetas menores*. Madrid: Marova, 1960. Popular, breve; católico moderado.

Earle, Ralph. *Conozca los profetas menores*. Kansas City: Beacon Hill Press, s.f.

Robinson, Joseph. *Los doce profetas menores*. El Paso: Casa Bautista, 1936. (Original en inglés.)

Ross, Guillermo. *Los profetas menores*. Tomo 7 en *Estudios en las Escrituras*, México: El Faro, 1946. Texto introductorio por un presbiteriano conservador.

Oseas

Crabtree, A. R. *O Livro de Oséias*. Río de Janeiro: Casa Publicadora Batista, 1962.

Hubbard, D. *With Bands of Love*. Grand Rapids: Eerdmans, 1967. Homilético; conservador.

Mays, James L. *Hosea, A Commentary*. Philadelphia: Westminster, 1969. Excelente; por un presbiteriano moderado.

Rossier, H. *El Libro del profeta Oseas*. Los Angeles: Las Buenas Nuevas, 1971. Breve, devocional; dispensacionalista.

Ward, J. W. *Hosea: A Theological Commentary.* New York: Harper & Row, 1966. Creativo; detallado; por un metodista liberal.

Joel

Kaperrud, A. *Joel Studies.* Uppsala: Ludequistaska, 1948. Importante; detallado; erudito; moderado o liberal.

Amós

Bowden, Jalmar. *Commetario do Livro de Amós.* São Paulo; Junto Geral de Educacão Cristã da Igreja Metodista do Brasil, 1937.

Crabtree, A. R. *O Livro de Amós.* Río de Janeiro: Casa Publicadora Batista, 1960.

Cripps, R. S. *A Critical and Exegetical Commentary on the Book of Amos.* London: S.P.C.K., ²1955. Excelente; exégesis detallado; moderado.

Izquierdo, C. *Amós, el profeta obrero.*

Mays, J. L. *Amos, A Commentary.* Philadelphia: Westminster, 1969. Excelente; de un presbiteriano moderado.

Murray, Helen Grace. *El profeta Amós.* New York: La Nueva Democracia, 1930. Estudios populares.

Prado, J. *Amós, el profeta pastor.* Madrid, 1950.

Yates, Kyle M. *Estudios sobre el Libro de Amós.* El Paso: Casa Bautista, 1966. (Original en inglés.) Valioso, conciso; contiene preguntas inductivas; conservador.

Abdías

Watts, J. D. *Obadiah: a Critical and Exegetical commentary.* Grand Rapids: Eerdmans, 1967. Lo mejor: detallado; por un bautista conservador o moderado.

Jonás

Alonso Díaz, José. *Jonás, el profeta recalcitrante.* Madrid: Taurus, 1963. Muy valioso; además de ser un comentario, toca los aspectos psicológicos del libro y su lugar en la historia, el arte, el teatro, etc.; católico moderado.

Ellul, Jacques. *Jonah.* Grand Rapids: Eerdmans. Homilético, teológico; por un abogado reformado de renombre.

Martin, Hugh. *The Prophet Jonah.* London: The Banner of Truth Trust, 1958 (1866). Devocional; detallado; de alta calidad; por un presbiteriano del siglo pasado.

Overdun, J. *Adventures of a Deserter.* Grand Rapids: Eerdmans, 1965 (original holandés, 1964). Sermones de alta calidad de un pastor reformado.

Rossier, H. *El Libro del profeta Jonás.* Los Angeles: Las Buenas Nuevas, 1969. Devocional; dispensacionalista.

Miqueas

Copass, B. A., y Carlson, E. L. *A Study of the Prophet Micah.* Grand Rapids: Baker, 1950. Conservador.

Nahum

Maier, W. A. *The Book of Nahum: A commentary.* St. Louis: Concordia, 1959. Exégesis muy detallada; por un predicador luterano conservador.

Habacuc

Urgina, J. Cantera Ortiz de. *El comentario de Habacuc de Qumrán.* Madrid-Barcelona: 1960.

Lloyd-Jones, D. M. *From Fear to Faith: Studies in the Book of Habakkuk.* London: Inter-Varsity Fellowship. Sermones pertinentes por un pastor congregacional conservador.

Zacarías

Baldwin, Joyce. *Haggai, Zachariah and Malachi.* London: Tyndale, 1972. Conciso; buena calidad; evangélico-conservador.

Feinberg, C. L. *God Remembers: A Study of the Book of Zechariah.* American Board of Missions to the Jews, 1965 (1950). Detallado: dispensacionalista.

Leupold, H. C. *Exposition of Zechariah.* Grand Rapids: Baker, 1965 (1956). Exégesis detallado por un luterano conservador; amilenario.

Torio, E. R. *El profeta Zacarías. Su tiempo, sus profecías.* Pamplona, 1913.

Unger, M. F. *Commentary on Zechariah.* Grand Rapids: Zondervan, 1962. Detallado; dispensacionalista.

Malaquías

Bulmerina, Alezander von. *Der Prophet Maleachi.* 2 tomos. Tortu: Dorpat, K. Mattiensen, 1926-1932. Exhaustivo.

7.3 SOBRE EL NUEVO TESTAMENTO

7.31 General

Alford, H. *The Greek Testament.* 2 tomos. Chicago: Moody, 1958 (1860). Gran expositor.

Barclay, W. *El Nuevo Testamento.* 16 tomos. Buenos Aires: La Aurora, 1973. Volúmenes breves, de mucho valor; por un gran divulgador.

Bonnet, L., y Schroeder, A. *Comentario del Nuevo Testamento.* 4 tomos. Buenos Aires: Junta Bautista, 1923-1952. (Original en francés.) Preformista pero útil.

Carroll, B. H. *Los cuatro evangelios.* 2 tomos. El Paso: Bautista, 1943. (Original en inglés.) Armonísticó; devocional; *Los Actos,* 1956; *Gálatas, Romanos, Filipenses, Filemón,* 1954; *Colosenses, Efesios, y Hebreos,* 1942; *Las Epístolas Pastorales,* 1952; *El Libro de la Revelación,* s.f. (1910); de utilidad limitada.

Harrison, E. F., ed. *El comentario bíblico Moody: Nuevo Testamento.* Chicago: Moody, 1971. (Original en inglés.) Evangélico-conservador.

Nicoll, W. R., ed. *The Expositor's Greek Testament.* 5 tomos. London: Hodder & Stoughton, 1901. Buenos exégetas; sobre el texto griego; útil todavía.

Trilling, W., *et al. El Nuevo Testamento y su mensaje.* 15 tomos. Barcelona: Herder, 1969. Tomos breves pero escritos por grandes especialistas alemanes de tradición católica.

7.32 *Sobre libros individuales y porciones claves*

Más de un evangelio

Benoit, P. *Pasión y resurrección del Señor.* Madrid: Fax, 1971. (Original en francés.) Cotejo entre las perícopas finales y comentario sobre las mismas; recomendado.

De Maldonado, J. *Comentarios a los cuatro evangelios.* 3 tomos. Madrid: B.A.C., 1950-1954. (Original en latín.) Católico del siglo XVI; considerado penetrante y todavía útil.

Ryle, J. C. *Los evangelios explicados.* 4 tomos. New York: Sociedad Americana de Tratados (ahora, Editorial Caribe), s.f. (original inglés, 1856-73). Devocional, homilético.

Schiwy, G. *Iniciación al Nuevo Testamento, I: Mateo, Marcos y Lucas.* Salamanca: Sígueme, 1969 (original alemán, 1965). Introducción y comentario resumido; bien informado.

Troadec, H. *Comentario a los Evangelios sinópticos.* Madrid: Fax, 1972. (Original en francés.) 200 pp. de material muy útil sobre cada evangelio.

Mateo

Albright, W. F., y Mann, C. S. *Matthew* en *The Anchor Bible.* Garden City: Doubleday, 1971. Por un gran arqueólogo.

Broadus, J. A. *Comentario sobre el Evangelio según Mateo.* El Paso: Casa Bautista, s.f. (original inglés, 1886). Largo; superado ya; sin introducción al Evangelio.

Gomá Civit, Isidro. *El Evangelio según San Mateo (1-13).* Madrid: Ediciones Marova, 1966. Católico; muy detallado y bien informado.

Hendrikson, William. *The Gospel of Matthew.* Grand Rapids: Baker Book House, 1973. Detallado (1,015 páginas); reformado; conservador.

McNeile, A. H. *The Gospel according to St. Matthew.* London: Macmillan, 1915. Sobre el texto griego; completo pero pre-formista.

Plotzke, U. *El sermón de la montaña.* Madrid: Fax, 1960. Extenso; más homilético que exegético.

Schmid, J. *El Evangelio según San Mateo.* Barcelona: Herder, 1967 (original alemán, [5]1965). Excelente; lo mejor en castellano.

Marcos

Broadus, J. A. *Comentario sobre el Evangelio según Marcos.* El Paso: Casa Bautista, s.f. (original inglés, 1885). Superado.

Carrington, P. *According to Mark.* Cambridge: University Press, 1960. No es técnico, pero es sólido.

Hunter, A. M. *El Evangelio según San Marcos.* Buenos Aires: La Aurora, 1960. (Original en inglés.) Breve, al día.

Lenski, R. C. H. *La interpretación del Evangelio según San Marcos.* México: El Escudo, 1962 (original inglés, 1946). Muy detallado; imaginativo; de un luterano conservador.

Schmid, J. *El Evangelio según San Marcos.* Barcelona: Herder, 1967. Excelente; lo mejor en castellano.

Taylor, V. *El Evangelio según Marcos.* Madrid: Cristiandad, 1974 (original inglés, 1952). Excelente, completo; el primer comentario en castellano sobre el texto original griego.

Lucas

Chastain, J. G. *Comentarios sobre Lucas.* El Paso: Casa Bautista, [2]1955. Popular; anticuado.

Eseverri H., Crisóstomo. *El griego de San Lucas.* Pamplona: Pampilonensia, 1963. Con énfasis en sintaxis y vocabulario.

Leaney, A. R. C. *The Gospel according to St. Luke.* London: Black, 1966. Al día; breve; buenas introducciones.

Lenski, R. C. H. *La interpretación del Evangelio según San Lucas.* México: El Escudo, 1963 (original inglés, 1934). Sumamente detallado, armonístico e imaginativo; de un luterano conservador.

Plummer, A. *A Critical and Exegetical Commentary on the Gospel according to St. Luke.* Edinburgh: T & T Clark, 1922. Todavía muy útil; basado en el texto griego.

Schmid, J. *El Evangelio según San Lucas.* Barcelona: Herder, 1968. Excelente; lo mejor en castellano.

Stöger, A. *El Evangelio según San Lucas.* 2 tomos. Barcelona: Herder, 1970 (original alemán, 1966). Comentario teológico; excelente.

Juan

Boismard, M. E. *El prólogo de San Juan.* Madrid: Fax, [2]1970. (Original en francés.) Detallado; creativo.

Bover, J. M.ª. *Comentario al Sermón de la Cena.* Madrid: B. A. C., ²1955. Orientación católica antigua.

Brown, R. E. *The Gospel according to John.* 2 tomos. Garden City: Doubleday, 1966, 1970. Gigantesco; lo mejor en inglés; aparecerá pronto en castellano, Ediciones Cristiandad.

Bultmann, R. *The Gospel of John.* Oxford: Blackwell, 1971 (original alemán, 1941), con suplemento de 1966. Escéptico históricamente; teorías literarias raras; pero brillante e intuitivo.

Feuillet, A. *El prólogo del cuarto evangelio.* Madrid: Paulinas, 1971. (Original en francés.) Exegético-pastoral; excelente.

Hovey, A. *Comentario sobre el Evangelio de Juan.* El Paso: Casa Bautista, 1937. (Original en inglés.) Completo; devocional.

Morris, Leon. *The Gospel according to John.* Grand Rapids: Eerdmans, 1971. Detallado; independiente; evangélico-conservador.

Schnackenburg, R. *The Gospel according to St. John, I.* New York: Herder & Herder, 1968 (original alemán, 1965). Excelente introducción y comentario teológico de los cap. 1-4.

Wikenhauser, A. *El Evangelio según San Juan.* Barcelona: Herder, 1967 (original alemán, ³1961). Bastante completo y al día; lo mejor en castellano.

Hechos

Allison, R. *Comentario sobre los Hechos de los Apóstoles.* México: El Faro, 1957. (Original en inglés.) Popular.

Bruce, F. F. *The Book of the Acts.* Grand Rapids: Eerdmans, 1954; *The Acts of the Apostles* (sobre el griego). London: Tyndale, ²1952. Por un gran especialista evangélico.

Carroll, B. H. *Los Actos.* El Paso: Casa Bautista, s.f. Popular, con preguntas sobre el texto.

Haenchen, E. *The Acts of the Apostles.* Philadelphia: Westminster, 1971 (¹⁵1968). (Original en Alemán.) Liberal; completo; creativo.

Ricciotti, G. *Los Hechos de los Apóstoles.* Barcelona: Luis Miracles, 1957. (Original en italiano.) Completo; por un historiador católico.

Wikenhauser, A. *Los Hechos de los Apóstoles.* Barcelona: Herder, 1967 (original alemán, 1961). Altamente recomendado.

Simpson, A. B. *Los Hechos.* Buenos Aires: Alianza Cristiana y Misionera, 1952. (Original en inglés.) Muy breve y popular.

Trenchard, E. *Los Hechos de los Apóstoles.* Madrid: Literatura Bíblica, 1962.

Williams, C. S. *A Commentary on the Acts of the Apostles.* London: Black, 1957. Al día; buenas introducciones y apéndices.

Romanos

Allen, C. J. *Romanos, el evangelio según Pablo.* El Paso: Casa Bautista, 1958. (Original en inglés.)

Barbieri, S. U. *La carta fundamental del cristianismo.* Buenos Aires: La Aurora, 1949.

Barrett, C. K. *The Epistle to the Romans.* London: Black, ²1962. Al día; muy perceptivo.

Barth, K. *The Epistle to the Romans.* Oxford: University Press, 1933. *A Shorter Commentary on Romans.* London: SCM, 1959. (Original en alemán.) De importancia histórica; comentario teológico contextualizado.

Brockhaus, R. *Pensamiento sobre la Epístola a los Romanos.* Los Ángeles: Las Buenas Nuevas, 1970. (Original en inglés.) Meditaciones evangélicas.

Calvino, J. *La Epístola del Apóstol Pablo a los Romanos.* México: De la Fuente, 1961 (1539). Clásico; teología fuerte.

Cheavens, J. S. *La Epístola a los Romanos.* El Paso: Casa Bautista, 1928. Sencillo; breve.

Hunter, A. M. *La Epístola a los Romanos.* Buenos Aires: La Aurora, 1959. Juicioso; medianamente completo.

Moule, H. C. G. *Exposición de la Epístola de San Pablo a los Romanos.* Buenos Aires: Juan H. Kidd, 1924 (original inglés, 1893). Gran expositor evangélico-conservador.

Newell, W. R. *La Epístola a los Romanos.* Los Ángeles: Casa Bíblica de los Ángeles, 1949. Detallado; algo anticuado.

Nygren, A. *La Epístola a los Romanos.* Buenos Aires: La Aurora, 1969. Completo; por un profesor sueco.

Sanday, W., y Headlam, A. C. *The Epistle to the* dispensable sobre el texto griego, muy detallado; buenos ensayos anexos.

Stecle, D. N., y Thomas, C. C. *Romanos, un bosquejo explicativo.* Grand Rapids: TELL, 1970.

Trenchard, E. *Una exposición de la Epístola a los Romanos.* Madrid: Literatura Bíblica, 1969. Excelente; completo.

1 y 2 Corintios

Barrett, C. K. *A Commentary on the First Epistle to the Corinthians.* New York: Harper & Row, 1968. Excelente.

Hering, J. *The First Epistle of St. Paul to the Corinthians.* London: Epworth, 1962 (original francés, 1948). Por un especialista que conoce los movimientos pre-gnósticos del primer siglo.

Hodge, Ch. *Comentario sobre la Primera Epístola a los Corintios.* London: The Banner of Truth Trust, 1969.

Hughes, P. E. *Commentary on the Second Epistle to the Corinthians.* Grand Rapids: Eerdmans, 1962. Completo; evangélico-conservador.

Plummer, A. *Second Epistle of St. Paul to the Corinthians.* Edinburgh: T. & T. Clark, 1915. Clásico sobre el texto griego; nunca superado.

Robertson, A., y Plummer, A. *First Epistle of St. Paul to the Corinthians.* Edinburgh: T. & T. Clark, ²1914. Clásico sobre el texto griego; excelente.

Rudd, A. B. *Las Epístolas a los Corintios*. El Paso: Casa Bautista, 1932. Resumido e incompleto.

Schelkle, K. H. *Segunda Carta a los Corintios*. Barcelona: Herder, 1969. Resumido; de alta calidad.

Gálatas

Allan, J. A. *La Epístola a los Gálatas*. Buenos Aires: Methopress, 1963. Breve; al día.

Burton, E. D. *The Epistle to the Galatians*. Edinburgh: T. & T. Clark, 1921. Sobre el texto griego; excelente; completo.

González Ruiz, J. M. *Epístola de San Pablo a los Gálatas*. Madrid: Fax, 1972. Recomendada.

Lacy, G. H. *Comentario sobre la Epístola a los Gálatas*. El Paso: Casa Bautista, s.f. Breve; popular.

Lenkersdorf, C. H. *Comentario sobre la Epístola a los Gálatas*. México: El Escudo, 1960. Excelente.

Lenski, R. C. H. *La Interpretación de las epístolas de San Pablo a los Gálatas, Efesios y Filipenses*. México: El Escudo, 1962 (original inglés, 1937). 775 pp. de exégesis seria y bastante acertada.

Lightfoot, J. B. *The Epistle of St. Paul to the Galatians*. Grand Rapids: Zondervan, 1957 (original inglés, 1865). Indispensable sobre el texto griego.

Lund, E. *Epístola del Apóstol Pablo a los Gálatas*. San Diego: Revista Homilética, s.f. Ayudas para el predicador.

Ramsay, W. M. *A Historical Commentary on St. Paul's Epistle to the Galatians*. Grand Rapids: Baker, 1965 (1900). Investigación histórica; conclusión: la carta se dirige a iglesias en Galacia del sur.

Tenney, M. C. *Gálatas: la carta de la libertad cristiana*. Grand Rapids: TELL, s.f. (original inglés, 1950). Nueve métodos de estudio que iluminan el mensaje.

Efesios

Conzelmann, H., y Friedrich, G. *Epístolas de la cautividad*. Madrid: Fax, 1972 (original alemán, [12]1970). Por dos protestantes; recomendado.

Lacy, G. H. *Comentario sobre la Epístola a los Efesios*. El Paso: Casa Bautista, 1946. Bastante completo.

Lenski → GÁLATAS.

Mackay, J. A. *El orden de Dios y el desorden del hombre*. México: Casa Unida, 1964 (original inglés, 1956). Meditaciones profundas basadas en ciertos textos claves.

Robinson, J. A. *St. Paul's Epistle to the Ephesians*. London: Clarke, *ca.* 1905. Exposición lúcida; comentario juicioso sobre el texto griego.

Filipenses

Conzelmann → EFESIOS.

Beare, F. W. *A Commentary on the Epistle to the Philippians*. London: Black, [2]1969.

Boice, James Montgomery. *Philippians: An Expositional Commentary*. Grand Rapids: Zondervan, 1971. 45 sermones de calidad por un pastor presbiteriano; evangélico-conservador.

Lenski → GÁLATAS.

Lightfoot, J. B. *St. Paul's Epistle to the Philippians*. Grand Rapids: Zondervan, 1965 (1913). Clásico sobre el texto griego; completo.

Lund, E. *Epístola a los Filipenses*. Lima: Librería El Inca, 1946. Muy breve y popular.

Moule, H. C. G. *Lecciones de fe y amor de la Epístola de San Pablo a los Filipenses*. Buenos Aires: Revista "La Reforma", 1925 (*ca.* 1900). Exposición edificante por un erudito evangélico-conservador.

Colosenses y Filemón

Conzelmann → EFESIOS.

Lightfoot, J. B. *St. Paul's Epistle to the Colossians & to Philemon*. London: Macmillan, [3]1879. Clásico sobre el texto griego y sobre la herejía en Colosas.

Lohse, E. *Colossians and Philemon*. Philadelphia: Fortress, 1971 (original alemán, 1968). 200 pp. por un protestante erudito; sostiene la paternidad no paulina.

Lund, E. *Epístola del Apóstol Pablo a los Colosenses*. Muy breve y popular.

Moule, H. C. G. *Lecturas expositorias sobre la Epístola de San Pablo a los Colosenses*. Buenos Aires: Revista "La Reforma", 1928 (original inglés, *ca.* 1900). Exposición edificante; incluye Filemón.

Simpson, E. K., y Bruce, F. F. *Commentary on the Epistle to the Efesians and Colossians*. Grand Rapids: Eerdmans, 1957. Bruce sobre Colosenses es excelente; evangélico-conservador.

Tesalonicenses

Morris, Leon. *Tesalonicenses I y II*. Serie Tyndale. Buenos Aires: Ediciones Certeza, 1974? (original inglés, 1956). Evangélico-conservador; exegético; altamente recomendado.

Idem. *The First and Second Epistles to the Thessalonians*. Grand Rapids: Eerdmans, 1959. Excelente; detallado; evangélico-conservador.

Ockenga, Harold J. *The Church in God: Expository Values in Thessalonians*. Westwood: Fleming H. Revell, 1956. 30 sermones de calidad; evangélico-conservador.

Epístolas pastorales

Calvino, J. *Comentarios a las Epístolas Pastorales de San Pablo*. Grand Rapids: TELL, 1968 (1556).

Evidencia a favor del título merecido de Calvino: "el exégeta de la Reforma".

Guthrie, D. *The Pastoral Epistles*. London: Tyndale, 1957. Dedica 43 pp. a la introducción especial; la mejor defensa de la paternidad paulina.

Jeremías, J. *Epístolas a Timoteo y a Tito*. Madrid: Fax, 1971. Altamente recomendado; comentario no técnico por un gran erudito; sostiene paternidad paulina.

Kelly, J. N. D. *A Commentary on the Pastoral Epistles*. New York: Harper & Row, 1963. Bastante completo; semi-técnico; sostiene paternidad paulina.

Hebreos

Bruce, F. F. *Commentary on the Epistle to the Hebrews*. London: Marshall, Morgan & Scott, 1964. Utiliza la luz reciente que arrojan los rollos del mar Muerto; introducción excelente; evangélico-conservador.

Calvino, J. *La Epístola del Apóstol Pablo a los Hebreos*. México: De la Fuente, 1960 (1560). Un clásico muy rico; superado en pocos aspectos.

Castelvecchi, I. *La homología en la Carta a los Hebreos*. Montevideo: Pontificia Universitas Gregoriana, 1964. Estudio del concepto "confesar".

Cook, F. S. *El retablo de la fe*. Chicago: Editorial Moody, s.f. Breve meditación sobre los héroes del cap. 11.

Erdman, C. R. *La Epístola a los Hebreos*. Guatemala: "El Mensajero", 1946. Breve exposición por un experto.

Gillis, C. O. *Comentario a la Epístola a los Hebreos*. El Paso: Casa Bautista, 1951. Muy completo, aunque no pudo tomar en cuenta los rollos del Mar Muerto.

Lacy, C. H. *Comentario sobre la Epístola a los Hebreos*. El Paso: Casa Bautista, 1946. Breve; bueno.

Meyer, F. B. *El camino hacia el lugar Santísimo*. El Paso: Casa Bautista, s.f. Meditaciones devocionales.

Rudd, A. B. *La Epístola a los Hebreos*. El Paso: Casa Bautista, 1940. Sucinto y popular.

Strathmann, H. *La Epístola a los Hebreos*. Madrid: Fax, 1971 (original alemán, 1963). Excelente; por un hebraísta evangélico.

Trenchard, E. *Exposición de la Epístola a los Hebreos*. Córdoba: El Amanecer, 1958. Recomendado; incluye preguntas e "Índice de temas y personas".

Westcott, B. F. *The Epistle to the Hebrews*. Grand Rapids: Eerdmans, s.f. (²1892). Muy sustancioso; sobre el texto griego.

Wiley, H. O. *La Epístola a los Hebreos*. Kansas City: Nazarena, s.f. Serio pero no técnico; perspectiva arminiana.

Santiago

Allison, R. *Comentario sobre la Epístola Universal de Santiago*. México: El Faro, 1961. Breve; popular.

Harrop, C. *La Epístola de Santiago*. El Paso: Casa Bautista, 1969. Altamente recomendado.

Knoch, O. *Carta de Santiago*. Barcelona: Herder, 1969. Breve; por un gran exegeta católico de Alemania.

Mayor, J. B. *The Epistle of St. James*. Grand Rapids: Zondervan, 1954 (1913). Sobre el texto griego; muy completo; sólo la introducción ocupa 291 pp.

Mitton, C. L. *The Epistle of James*. Grand Rapids: Eerdmans, 1966. Al día; recomendado.

Rudd, A. B. *Las Epístolas Generales*. El Paso: Casa Bautista, ²1952. Resumido, popular.

Simpson, A. B. *La Epístola de Santiago*. Temuco: Alianza, s.f. Meditaciones devocionales.

Pedro, Judas y Juan

Beare, F. W. *The First Epistle of Peter*. Oxford: Blackwell, ³1970. Sobre el texto griego; sostiene que Pedro no es el autor.

Bigg, C. *Epistle of St. Peter and St. Jude*. Edinburgh: T. & T. Clark, 1902. Muy completo sobre el texto griego; sostiene que Pedro es autor de ambas cartas que llevan su nombre.

Bultmann, R. *The Johannine Epistles*. Philadelphia: Fortress Press, 1973 (original alemán, 1967). Breve, brillante.

Dodd, C. H. *The Johannine Epistles*. London: Hodder & Stoughton, 1946. Por un gran exegeta.

Green, Michael. *II Peter and Jude*. London: Tyndale Press, 1968. Excelente defensa de la autenticidad de las epístolas; conservador.

Hendricks, W. L. *Las Epístolas de Juan*. El Paso: Casa Bautista, 1970. Altamente recomendada.

Meyer, F. B. *Exposiciones de la Primera Epístola de Pedro*. El Paso: Casa Bautista, s.f. Meditaciones devocionales.

Selwyn, E. G. *The First Epistle of St. Peter*. London: Macmillan, ²1947. Sobre el texto griego; altamente recomendado.

Stott, John R. W. *Juan I, II y III*. Buenos Aires: Ediciones Certeza, 1974? De un anglicano evangélico-conservador; exegético; excelente.

Westcott, B. F. *The Epistles of St. John*. Grand Rapids: Eerdmans, 1960 (³1892). Altamente recomendado; sobre el texto griego.

Wolff, R. *A Commentary on the Epistle of Jude*. Grand Rapids: Zondervan, 1960. Por un evangélico-conservador, nacido en el judaísmo.

Apocalipsis

Barsotti, D. *El Apocalipsis, una respuesta al tiempo*. Salamanca: Sígueme, 1967. Una excelente teología del libro.

Caird, G. B. *The Revelation of St. John the Divine*. New York: Harper y Row, 1966. El mejor de los comentarios recientes.

Cerfaux, L., y Cambier, J. *El Apocalipsis de San Juan leído a los cristianos*. Madrid: Fax, 1968 (original francés, 1966). Popular, pero escrito por dos especialistas eruditos.

Charles, R. H. *The Revelation of St. John*. 2 tomos. Edinburgh: T. & T. Clark, 1920. Enorme labor sobre el texto griego, por un gran especialista en el género; sostiene ideas raras sobre la paternidad literaria.

Comblin, J. *Cristo en el Apocalipsis*. Barcelona: Herder, 1969 (original francés, 1965). Una excelente cristología del libro.

Evans, G. *El Apocalipsis, análisis e interpretación*. México: Casa Unida, 1951. Breve, informado.

Heidt, W. G. *El libro del Apocalipsis*. Santander: Sal Terrae, 1966. Guía católica de lectura; breve pero muy recomendable.

Hendrikson, William. *Más que vencedores*. Bogotá: Librería Buena Semilla.

Ironside, H. A. *Notas sobre el Apocalipsis*. Guatemala: Librería Centroamericana, ²1948. Conferencias populares, semi-dispensacionalistas.

Ladd, George Eldon. *A Commentary on the Revelation of John*. Grand Rapids: Eerdmans, 1972. Excelente; conciso; evangélico-conservador; premilenial.

Lear, G. M. J. *Discursos sobre el libro del Apocalipsis*. Buenos Aires: Editorial Cristiana, 1954. Reflexiones populares sobre cada capítulo.

Morgan, G. C. *Las cartas de nuestro Señor*. Buenos Aires: Biblioteca Evangélica Argentina, 1956. Capítulos 2 y 3 de Ap. predicados a fondo.

Morris, Leon. *Apocalipsis*. Buenos Aires: Ediciones Certeza, 1947? Evangélico-conservador; exegético; excelente.

Neal, C. L. *Comentario sobre el Apocalipsis*. El Paso: Casa Bautista, ²1952. Bastante bueno.

Summers, R. *Digno es el Cordero*. El Paso: Casa Bautista, 1954. Tras una fuerte introducción (131 pp.), una interpretación breve pero acertada.

Swete, H. B. *The Apocalypse of St. John*. Grand Rapids: Eerdmans, s.f. (²1907). Técnico, sobre el texto griego; equilibrado.

Wikenhauser, A. *El Apocalipsis de San Juan*. Barcelona: Herder, 1969. Un poco breve, pero altamente recomendado.

8. HERMENÉUTICA BÍBLICA

(→ también introducciones y comentarios sobre la Biblia, y sobre los libros particulares)

Alonso Schökel, L. *La Palabra inspirada*. Barcelona: Herder, 1966. Sobresaliente; arroja luz también sobre la interpretación.

Berkhof, L. *Principios de interpretación bíblica*. Tarrasa: CLIE, ²1969 (original inglés, ²1952). Relativamente elemental pero completo; bibliografías inadecuadas.

Coreth, E. *Cuestiones fundamentales de hermenéutica*. Barcelona: Herder, 1972. Texto denso, filosófico, al corriente de movimientos europeos.

Charlier, C. *Lectura cristiana de la Biblia*. Barcelona: Litúrgica Española, ³1965. Guía confiable.

Danielou, Jean. *Tipología Bíblica: sus orígenes*. Buenos Aires: Paulinas, 1966.

Dugmore, C. W. *Corrientes de interpretación de la Biblia*. Buenos Aires: La Aurora, 1951. Recomendado, pero un tanto superado.

Fountain, T. E. *Claves de interpretación bíblica*. México: De la Fuente, 1957. Muy breve.

Grelot, P. *Biblia y teología*. Barcelona: Herder, 1969, pp. 202-269. Breve introducción a los sentidos bíblicos.

Joest, W., et al. *La interpretación de la Biblia*. Barcelona: Herder, 1970. Miscelánea altamente recomendada a los que quieren profundizar sus conocimientos de la problemática actual.

Johnson, D. *El cristiano y su Biblia*. Córdoba, Argentina: Certeza, 1962.

Lund, E. *Hermenéutica*. Springfield: Publicaciones Evangélicas, s.f. Breve, no muy útil.

Marlé, R. *El problema teológico de la hermenéutica*. Madrid: Razón y Fe, 1965. Bultmann y sus reactores, sobre todo católicos; muy útil.

Idem. *La singularidad cristiana*. Bilbao: Mensajero, 1971. Historia de la hermenéutica reciente, con atención especial a la desmitificación.

Mickelsen, A. B. *Interpreting the Bible*. Grand Rapids: Eerdmans, 1963. Excelente texto de orientación evangélica, pero omite la "nueva hermenéutica" alemana.

Niles, D. T. *¿Cómo leer la Biblia en nuestros tiempos?* Buenos Aires: La Aurora, 1959. Pequeño manual, un tanto liberal, por un gran evangelista.

Pontificia Universidad eclesiástica de Salamanca. *Los Géneros literarios de la Sagrada Escritura*. Barcelona: Juan Flors, 1957. Trece ensayos pioneros, algunos en francés o italiano; de gran utilidad todavía.

Ramm, B. *La revelación especial y la Palabra de Dios*. Buenos Aires: La Aurora, 1967. Excelente.

Terry, M. S. *Hermenéutica bíblica*. México: Casa Unida, 1881. Selecciones de una obra clásica; no del todo superada.

Trenchard, E. *Normas para la recta interpretación de las Sagradas Escrituras*. Chicago: Moody, 1960. Sencillo y claro.

9. TEOLOGÍA BÍBLICA Y RELIGIÓN DE ISRAEL

9.1 GENERAL

Artola, A. M. *Naturaleza de la Teología bíblica*. Madrid, 1958.

Blanco, Juan José Ferrero. *Iniciación a la Teología Bíblica*. Barcelona: Herder, 1967. Una buena introducción con enfoque en la historia de la disciplina y el problema de la definición; católico moderado.

Boismard, M. E., Descamps, A., et al. *Grandes Temas Bíblicos*. Madrid: Fax, 1966 (original francés, 1964). Estudios sobre la elección, la alianza, el pueblo de Dios, la santidad, presencia y paternidad divina, los pobres, la fe, el servicio, el pecado, la conversión, la retribución, el Mesías, el éxodo, el reino y el Espíritu de Dios; los autores son católicos moderados.

Croatto, José S. *Alianza y experiencia salvífica en la Biblia.* Buenos Aires: Paulinas, 1964.

Idem. *Historia de la Salvación; experiencias religiosas del pueblo de Dios.* Buenos Aires: Paulinas, 1966.

Danielou, Jean. *Trilogía de la salvación.* Madrid: Guadarrama, 1964.

Leon-Dufour, Xavier. *Vocabulario de Teología Bíblica.* Barcelona: Herder, 1965.

Miranda, José Porfirio. *Marx y la Biblia: crítica a la filosofía de la opresión.* Salamanca: Sígueme, 1972. Estudio detallado de ciertos temas bíblicos de actualidad, v.g.: la propiedad privada, la prohibición de imágenes de Yahvé, el Dios del éxodo, juicio y justicia, la ley, la fe, etc.; católico, de tendencia simpatizante con el análisis marxista; algunas conclusiones exegéticas son cuestionables.

Prado, Juan. *Síntesis bíblica.* Madrid: P. Socorro, 1958.

Schlier, H. "Teología bíblica y teología dogmática", en Klein, L., *Discusión sobre la Biblia.* Barcelona: Herder, 1967, pp. 125-144.

Schoonenberg, Piet. *Alianza y creación.* Buenos Aires: Lohlé, 1969.

Tresmontant, Claude. *Estudios de Metafísica Bíblica.* Madrid: Gredos, 1961.

Vawter, Bruce. *Nuevas Sendas a través de la Biblia.* Santander: Sal Terrae, 1970. (Original en inglés.) Estudios sobre los profetas, Dios, los caminos de Dios, la fe, el pecado, la historia y la palabra; católico moderado.

9.2 TEOLOGÍA DEL ANTIGUO TESTAMENTO

9.21 *Textos*

Copass, B. A. *Manual de Teología do Velho Testamento.* São Paulo: Empresa Batista Editora, 1958.

Crabtree, A. R. *Teología Bíblica do Velho Testamento.* Río de Janeiro: Casa Publicadora Batista, 1960.

Eichrodt, Walther. *Teología del Antiguo Testamento.* 2 tomos. Madrid: Ediciones Cristiandad, 1973 (original alemán, 1933, traducido de la 5.ª edición alemana, 1957, 1964). La obra clásica en el campo; estructurado alrededor del tema del pacto; altamente recomendado; reformada, de tendencia neo-ortodoxa.

García Cordero, Maximiliano. *Teología de la Biblia I: Antiguo Testamento.* Madrid: B.A.C., 1970. Conciso, comprensivo; católico moderado; excelentes bibliografías.

Gelin, Alberto. *La ideas fundamentales del Antiguo Testamento.* Bilbao: Colección Spiritus, Ediciones Desclée de Brouwer, 1958. Breve visión comprensiva de temas prominentes del AT; católico moderado.

Hasel, Gerhard. *Old Testament Theology: Some Contemporary Issues.* Grand Rapids: Eerdmans, 1973. Excelente; conciso.

Grelot, Pierre. *Sentido Cristiano del Antiguo Testamento.* Bilbao: Desclée de Brouwer, 1967. (Original en francés.) Capítulos sobre el AT en el NT y la teología cristiana; en el designio de la salvación; en el misterio de Cristo; considerado como ley, historia, promesa; y la interpretación cristiana del AT; católico moderado.

Imschoot, P. Van. *Teología del Antiguo Testamento.* Madrid: Fax, 1966 (original francés, 1954, 1956). Católico; moderado en la alta crítica; con tendencia conservadora en la teología; altamente recomendado; muy detallado, pero el autor no pudo terminar el tomo final, sobre escatología (juicio y salud). La metodología es temática y de valor particularmente sobre la creación, la verdad y la justicia de Dios; incluye la ética del AT.

Jacob, Edmund. *Teología del Antiguo Testamento.* Madrid: Marova, 1969 (original francés, 1955). Conciso; reformada, de tendencia neo-ortodoxa; de valor particular sobre aspectos lingüísticos; organizada según temas.

Langston, A. B. *Teología Bíblica do Velho Testamento.* Río de Janeiro: Casa Publicadora Batista, 1938.

Miskotte, Kornelis H. *When the Gods are Silent.* New York: Harper and Row, 1967 (original holandés, 1956). En una forma muy original, el autor utiliza el AT para contestar el ateísmo y nihilismo contemporáneos; reformado, neo-ortodoxo.

Payne, J. Barton. *The Theology of the Older Testament.* Grand Rapids: Zondervan, 1962. Texto evangélico-conservador; la metodología sigue a Eichrodt, con énfasis sobre el pacto; de valor particular sobre la revelación, la inspiración y la escatología.

Rad, Gerhard Von. *Teología del Antiguo Testamento.* 2 tomos. Salamanca: Sígueme, 1972 (original alemán, 1957, 1960; traducida de la 5.ª edición alemana, 1966, 1968). Muy creativo; por un luterano alemán; se organiza según las entidades literarias del AT (Jeremías, Salmos, etc.); liberal.

Sampey, John R. *Estudios sobre el Antiguo Testamento.* El Paso: Casa Bautista, 1949. Muy conservador.

Sauer, Erich. *La aurora de la redención mundial.* Madrid: Literatura Bíblica, 1967 (original alemán, 1938?). Evangélico, algo dispensacionalista; devocional; de valor para orientación inicial en el AT, especialmente para laicos; recomendable para cursos de extensión de correspondencia, etc.

Schreiner, Josef, ed. *Palabra y mensaje del Antiguo Testamento: Introducción a su problemática.* Barcelona: Herder, 1972 (original alemán, 1966). Católico liberal; en general sigue las líneas de von Rad tanto en metodología como en perspectiva; de alta calidad científica.

Smart, James D. *El Antiguo Testamento en diálogo con el mundo moderno.* Buenos Aires:

Methopress, 1964. Conferencias para seminaristas; moderado; liberal.

Tresmontant, Claude. *Ensayo sobre el pensamiento hebreo.* Madrid: Taurus, 1962 (original francés, 1956). Estudios sobre la creación, el tiempo y la eternidad, Israel, la encarnación, la antropología bíblica (corazón, pensamiento y acción, fe), etc.; católico moderado con tendencia existencialista.

Vriezen, T. C. *Bosquejo de Teología del Antiguo Testamento.* Buenos Aires: La Aurora, 1973? (original holandés, 1949). Autor reformado; de tendencia neo-ortodoxa.

Wright, G. Ernest. *Inclina tu oído.* Buenos Aires: La Aurora, 1959. Conferencias por un profesor presbiteriano de Harvard; de tendencia neo-ortodoxa; no es de la calidad que se espera de este autor.

9.22 *Monografías*

Asensio, Félix. *El Dios de la luz.* Analecta Gregoriana Vol. XC, Series Facultatis Theologicae, Sectio A (n. 16). Roma: Apud Aedes Universitatis Gregorianae, 1958. Monografía detallada (226 pp.) sobre luz en el AT; católico moderado.

Idem. *Misericordia et veritas, El hesed y 'emet divinos: su influjo religioso-social en la historia de Israel.* Roma, 1949. Monografía detallada.

Idem. *Trayectoria teológica de la vida en el Antiguo Testamento.* Biblioteca Hispana Bíblica, vol. 1. Madrid: Consejo Superior de Investigaciones Científicas Instituto "Francisco Suárez," 1968. Monografía detallada.

Idem. *Yahveh y su pueblo: Contenido teológico en la historia bíblica de la elección.* Roma: Apud Aedes Universitatis Gregorianae, 1953.

Clapp, Mary W. *El Antiguo Testamento y la mujer.* Buenos Aires: La Aurora, 1944.

Congar, Yves. *El Misterio del Templo.* Barcelona: Estela, 1964.

Gardner, E. C. *Fe bíblica e ética social.* São Paulo: A.S.T.E., 1965. Detallado.

González, A. *La oración en la Biblia.* Madrid: Cristiandad, 1968. Detallado; católico.

Maertens, Thierry. *Fiesta en honor de Yahvé.* Madrid: Cristiandad, 1964 (original francés, 1961). Estudio valioso sobre las fiestas del Antiguo Testamento.

Pidoux, Georges. *El hombre en el Antiguo Testamento.* Buenos Aires: Lohlé, 1969.

Pikaza, Javier. *La Biblia y la teología de la historia: Tierra y promesa de Dios.* Madrid: Fax, 1972. Católico moderado; un estudio valioso y detallado de la tierra prometida a Israel; traza la promesa de la tierra a lo largo del AT y el NT.

Westermann, Claus. *El Antiguo Testamento y Jesucristo.* Madrid: Fax, 1972. (Original en alemán.) Recomendado.

9.3 RELIGIÓN DE ISRAEL

Daniélou, Jean. *Los santos paganos del Antiguo Testamento.* Buenos Aires: Lohlé, 1960. Trata de la preocupación divina por los pueblos no israelitas.

Frankfort, Henri. *El pensamiento prefilosófico: los hebreos.* México: Fondo de Cultura Económica, 1954. Altamente recomendado.

Gelin, Alberto. *El alma de Israel en la Biblia.* Andorra: Casal i Vall, 1959.

Lods, Adolphe. *La religión de Israel.* Buenos Aires: Librería Hachette, 1939.

Pederson, John. *Israel: its Life and Culture.* 2 tomos. London: Geoffrey Cumberlege, 1964 (original danés, 1920). Enfoque sico-sociológico; superado en muchos detalles, pero todavía importante.

Penna, Angelo. *La religión de Israel.* Barcelona: Editorial Litúrgica Española, 1961.

Pixley, Jorge. *Pluralismo de tradiciones en la religión bíblica.* Buenos Aires: La Aurora, 1971. Enfoque radical que ve la religión de Israel como un sincretismo.

Renckens, H. *A Religião de Israel.* Vozes, 1969.

Ringgren, Helmer. *Israelite Religion.* Philadelphia: Fortress, 1966 (original alemán, 1963). Recomendado.

Schildenberger, J. *La religión del Antiguo Testamento: Cristo y las religiones de la tierra, III.* Madrid: B.A.C., 1961.

Vaux, Roland de. *Instituciones del Antiguo Testamento.* Barcelona: Herder, 1964. Una obra clásica sobre la sociología del AT; católico moderado.

Vriezen, T. C. *Old Testament Religion.* Philadelphia: Westminster, 1967.

9.4 TEOLOGÍA DEL NUEVO TESTAMENTO

9.41 *Textos generales*

Bernard, T. D. *El Desarrollo doctrinal en el Nuevo Testamento.* México: De la Fuente, 1964 (original inglés, 1864). Observaciones interesantes sobre el orden canónico actual de los libros.

Bonsirven, J. *Teología del Nuevo Testamento.* Barcelona: Litúrgica Española, 1961. 576 pp. de teología notablemente evangélica por un hebraísta destacado.

Bultmann, R. *Theology of the New Testament.* 2 tomos. Nueva York: Scribner's, 1951. Trae sólo 60 pp. sobre el mensaje de Jesús (el autor es escéptico respecto al valor histórico de los relatos) y una reconstrucción hipotética de ciertos sectores de la iglesia primitiva; estudios perceptivos de Pablo y Juan.

Conzelmann, H. *An Outline of the Theology of the New Testament.* London: SCM, 1969 (original alemán, [2]1968). Menos escéptico que Bultmann, pero casi el mismo acercamiento.

Cullmann, O. *La historia de la Salvación.* Barcelona: Península, 1967 (original alemán, 1964). La mejor exposición de la escuela "de la historia salvífica" que ha llamado tanto la atención de evangélicos y católicos.

García Cordero, M. *Teología de la Biblia II y III: Nuevo Testamento.* Madrid: B.A.C., 1972. Completa; bastante buena.

Hoskyns, E., y Davey, N. *El enigma del Nuevo Testamento.* Buenos Aires: La Aurora, 1971 (original inglés, [3]1947). Cómo se hizo la transición del Jesús de la historia al Cristo de la predicación; todavía útil.

Hunter, A. M. *El hecho de Cristo, una introducción a la teología del Nuevo Testamento.* Buenos Aires: La Aurora, 1967 (original inglés, 1957). Excelente obra de divulgación.

Meinertz, M. *Teología del Nuevo Testamento.* Madrid: Fax, [2]1966 (original alemán, 1956). Voluminoso compendio católico de alta calidad.

9.42 *Monografías generales*

Barthes, R., *et al. Análisis estructural y exégesis bíblica.* Buenos Aires: La Aurora, 1973. La última mitad versa sobre Mr. 5:1-20; importante para la hermenéutica.

Bea, A., *et al. Estudios modernos sobre la Biblia.* Santander: Sal Terrae, 1969. Miscelánea de 18 excelentes artículos.

Cullmann, O. *Cristo y el tiempo.* Barcelona: Estela, 1967 (original alemán, 1945). Concepto bíblico-linear del tiempo; libro influyente. Este autor evangélico siempre merece atención.

Idem. *El estado en el Nuevo Testamento.* Madrid: Taurus, 1966 (original inglés, 1955). Escrito por uno que vivió en la época de Hitler y su holocausto; relativamente imparcial; incluye ensayo sobre "las autoridades" de Ro. 13:1.

Idem. *Del evangelio a la formación de la teología cristiana.* Salamanca: Sígueme, 1972 (original francés, 1969). Ensayos de valor, inclusive sobre el bautismo de los infantes y sobre la inmortalidad del alma.

Idem. *Introducción al estudio de la teología.* Madrid: Studium, 1973. (Originales en francés y alemán, 1940-1969.) Ensayos exegéticos, teológicos; recomendado sobre todo "La tradición".

Dana, H. E. *El mundo del Nuevo Testamento.* El Paso: Casa Bautista, 1956 (original inglés, *ca.* 1936). Superado ya, pero útil.

Idem. *El Nuevo Testamento.* El Paso: Casa Bautista, 1953.

De la Potterie, I., y Lyonnet, S. *La vida según el Espíritu.* Salamanca: Sígueme, 1967 (original francés, 1965). Ensayos exegéticos sobre temas paulinos y juaninos; sobresaliente.

Erb, P. *El alfa y la omega; una reafirmación de la esperanza cristiana en la venida de Cristo.* Buenos Aires: La Aurora, 1968 (original inglés, 1955). Conferencias sólidas pero populares sobre la escatología.

Grelot, P. *El ministerio de la nueva alianza.* Barcelona: Herder, 1969 (original francés, 1967). Sacerdotes y ministros; estudio católico; excelente.

Harrington, W. J. *Iniciación a la Biblia: II, La plenitud de la promesa (Nuevo Testamento).* Santander: Sal Terrae, 1968. Casi 500 pp. de juiciosa introducción y resumen de contenido; recomendada.

Jeremías, J. *El mensaje central del Nuevo Testamento.* Salamanca: Sígueme, [2]1972 (original alemán, 1965). Seis ensayos breves pero sustanciosos por un evangélico cuyos escritos siempre son de valor.

Marcel, W. *Abba, Padre: El mensaje del Padre en el Nuevo Testamento.* Barcelona: Herder, 1967 (original alemán, 1963). La paternidad de Dios, según los diferentes autores bíblicos; muy bueno.

Lammers, K. *Oír, ver y creer según el Nuevo Testamento.* Salamanca: Sígueme, 1967. Admirable estudio de los sentidos como puertas a la fe.

McKenzie, J. L. *El poder y la sabiduría, Interpretación del Nuevo Testamento.* Santander: Sal Terrae, 1967 (original inglés, 1965). Excelente resumen del contenido del NT.

Neill, S. *La interpretación del Nuevo Testamento, 1861-1961.* Madrid: Península, 1967 (original inglés, 1964). Indispensable historia de un siglo de investigaciones; de lectura amena.

O'Meara, T., y Weisser, D. M., eds. *Rudolf Bultmann en el pensamiento católico.* Santander: Sal Terrae, 1970. 10 ensayos que reaccionan constructivamente.

Schelkle, K. H. *Palabra y Escritura.* Madrid: Fax, 1972. (Original en alemán.) Ensayos juiciosos sobre hermenéutica, teología bíblica y ética.

Schlier, H. *Problemas exegéticos fundamentales en el Nuevo Testamento.* Madrid: Fax, 1970 (original alemán, [2]1967). 25 artículos de teología bíblica por uno de los escrituristas más respetados en Europa; altamente recomendado.

Sheets, J. *El Espíritu habla en nosotros: la oración personal en el Nuevo Testamento.* Santander: Sal Terrae, 1969. Estudio profundo de cómo Cristo oró y cómo debe orar el cristiano.

Stauffer, E. *Cristo y los césares.* Madrid: Taurus, 1956. El estado en el NT, por un protestante conservador.

9.43 *Cristo y los evangelios, cristología*
(también → 1.32 y 7.32)

Adam, K. *Cristo nuestro Hermano.* Barcelona: Herder, [3]1958 (original alemán, [8]1950). Devocional, católico; enfoca algunos problemas teológicos.

Aron, R. *Los años oscuros de Jesús.* Madrid: Taurus. (Original en francés.) Reconstrucción excelente de la vida diaria de una aldea galilea de primer siglo.

Barbieri, S. U. *Las enseñanzas de Jesús.* Buenos Aires: La Aurora, [2]1949. Todavía útil sobre Dios, la familia, el estado, etc.

Blinzler, J. *El proceso de Jesús.* Barcelona: Litúrgica España, 1959 (original alemán, [2]1958). Libro semi-técnico pero de amena lectura, escrito en respuesta al escepticismo histórico del judío P. Winter.

Idem. *Juan y los sinópticos.* Salamanca: Sígueme, 1968 (original alemán, 1965). Cotejo de las relaciones entre los evangelios; la intención y el valor histórico del cuarto evangelio.

Burton, E. D., y Mathews, S. *Vida de Jesucristo.* Buenos Aires: La Aurora, 1947. (Original inglés.) De la época clásica del liberalismo, pero intuitivo.

Caba, J. *De los evangelios al Jesús histórico: Introducción a la Cristología.* Madrid: B.A.C., 1971. Estudio técnico que toma en cuenta el formismo y la crítica redaccional.

Cerfaux, L. *Los mensajes de las parábolas.* Madrid: Fax, 1969 (original francés, 1967). Ensayos resumidos sobre el contenido en general.

Chopin, D. *El verbo encarnado y redentor.* Barcelona: Herder, 1969. (Original en francés.) Teología católica del hecho-Cristo.

Comblin, J. *La resurrección de Jesucristo.* Buenos Aires: Lohlé, 1962. (Original en francés.) Estudio completo pero no técnico, más teológico que exegético.

Cullmann, O. *Jesús y los revolucionarios de su tiempo.* Madrid: Studium, 1971. Opúsculo oportuno; los zelotes y las ideas políticas de Jesús.

Idem. *La cristología del Nuevo Testamento.* Buenos Aires: La Aurora, 1965 (original alemán, 1957). Excelente estudio de los títulos cristológicos.

Feaver, D. *El mundo en que vivió Jesús.* Miami: Editorial Caribe, 1972. Muy breve; al día; introducción útil a las tres culturas pertinentes por un especialista evangélico-conservador.

Guardini, R. *Imagen de Jesús, el Cristo, en el Nuevo Testamento.* Madrid: Guadarrama, 1967 (original italiano, 1953). Breve, popular.

Idem. *Jesucristo.* Madrid: Guadarrama, [2]1965 (original italiano, 1957). Devocional.

Jeremías, J. *El problema de Jesús histórico.* San José: Centro de Publicaciones Cristianas, 1967 (original alemán, 1960). Ahora incluido en *El mensaje central del Nuevo Testamento* (→ 9.42). Breve respuesta al escepticismo de la escuela bultmanniana.

Idem. *Palabras de Jesús.* Madrid: Fax, 1970 (originales alemanes, 1959 y 1962). Comentarios resumidos sobre el Sermón de la Montaña y el Padre Nuestro; por un autor evangélico que siempre vale la pena leer.

Idem. *Las parábolas de Jesús.* Estella: Verbo Divino, 1970 (original alemán, [7]1965). Estudio técnico indispensable; aunque el autor es generalmente conservador, aquí presupone una actividad redaccional extensa de parte de la iglesia. Otra edición de la misma obra abreviada por el autor: *Interpretación de las parábolas.* Estella: Verbo Divino, 1971.

Idem. *Teología del Nuevo Testamento, 1. La predicación de Jesús.* Salamanca: Sígueme, 1973 (original alemán, 1971). La posibilidad de recuperar algunas palabras textuales del Señor; altamente recomendado.

Kahlefeld, E. *Parábolas y ejemplos del Evangelio.* Estella: Verbo Divino, 1968. (Original en alemán.) Extenso estudio de los discursos figurados del NT.

Kolping, A. *Milagro y resurrección de Cristo.* Madrid: Paulinas, 1971 (1969). Católico liberal.

Läpple, A. *El mensaje de los Evangelios hoy; Manual de lectura y predicación.* Madrid: Paulinas, [2]1967. Exégesis al servicio de la comunicación; recomendado en general.

Leon-Dufour, X. *Estudios de evangelio.* Barcelona: Estela, 1969 (originales franceses, 1960-68). Ensayos exegéticos, a veces muy detallados, de perícopas escogidas; excelente.

Idem. *Los evangelios y la historia de Jesús.* Barcelona: Estella, [2]1967 (original francés, 1963). Estudio esmerado de las tradiciones detrás de los evangelios; deja mucho lugar a la tradición oral; altamente recomendado.

Idem. *Resurrección de Jesús y mensaje pascual.* Salamanca: Sígueme, 1973. (Original en francés.) Tradición y hecho histórico; excelente.

Manson, T. W. *O Ensino de Jesús.* São Paulo: A.S.T.E., 1965 (original inglés, [2]1935). Clásico extenso sobre la forma y el contenido de las enseñanzas.

McQuilkin, Robert C. *Explícanos.* 2 tomos. Miami: Editorial Caribe. (Originales en inglés.) Explicaciones sencillas pero perceptivas de las parábolas de Jesús.

Miegge, G. *La Virgen María.* Buenos Aires: Methopress, 1964 (original italiano, [2]1959). Obra definitiva desde la perspectiva protestante amplia; sobre los dogmas marianos.

Mussner, F. *El mensaje de las parábolas de Jesús.* Estella: Verbo Divino, 1968. (Original en alemán.) Estudio de 112 pp.; bien informado.

Idem. *La resurrección de Cristo.* Estella: Verbo Divino, 1972. (Original en alemán.) Interacción con las hipótesis escépticas de Marxsen y otros protestantes; recomendada.

Idem. *Los milagros de Jesús; una orientación.* Estella: Verbo Divino, 1970 (original alemán, 1967). Breve introducción, bien informada.

Nisin, A. *Historia de Jesús.* Madrid: Península, 1966. Vistazo de 400 pp.; fehaciente y al día; comienza (correctamente) con la resurrección.

Ramsey, M. *La resurrección de Cristo.* (Original inglés, [2]1946.) Breve, por el Arzobispo anglicano de Canterbury.

Ricciotti, G. *Vida de Jesucristo.* Barcelona: Miracle, [7]1960 (original italiano, [4]1941). La mejor de las antiguas "vidas" armonísticas que los católicos publicaron 1900-1950; incorpora mucha información de trasfondo.

Richard, L. *El misterio de la Redención.* Madrid: Península, 1966. Más teológico que exegético.

Schultz, J. H., ed. *Jesús y su tiempo.* Salamanca: Sígueme, 1968 (original alemán, 1966). Ensayos populares por 16 exegetas de renombre, católicos, protestantes y judíos; sobre las condiciones en Palestina durante la vida de Jesús; sobresalientes.

Stalker, J. *Vida de Jesucristo.* Miami: Editorial Caribe, 1973 (original inglés, *ca.* 1910). Breve, clásico.

Steinmann, Jean. *San Juan Bautista y la espiritualidad del desierto.* Madrid: Aguilar, 1959. (Original en francés.) Como los rollos de Qumrán, arrojan luz sobre la carrera de Juan.

Trenchard, E. *Introducción al estudio de los cuatro evangelios.* Madrid: Literatura Bíblica, 1961. Curso bíblico sobre la vida de Cristo.

Trilling, W. *Jesús y los problemas de su historicidad.* Barcelona: Herder, 1970 (original alemán, [2]1967). 215 pp. de estudio serio sobre "la nueva búsqueda del Jesús histórico"; recomendado.

Vawter, B. *Introducción a los cuatro evangelios.* Santander: Sal Terrae, 1969 (original inglés, 1966). 528 pp. de estudio popular sobre Jesús, escrito por un erudito; tendencioso en ciertos puntos como "los hermanos de Jesús".

9.44 *La iglesia primitiva*

Bover, J. M.ª *Teología de San Pablo.* Madrid: B.A.C., [3]1961. Orientación catolicorromana.

Bruce, F. F. *La defensa apostólica del Evangelio.* Córdoba, Argentina: Certeza, 1961. (Original en inglés.) Breve reseña; útil.

Cerfaux, L. *Itinerario espiritual de San Pablo.* Barcelona: Herder, 1967 (original francés, 1966). Excelente estudio histórico-teológico, por un biblicista muy admirado.

Idem. *Jesucristo en San Pablo.* Bilbao: Desclée de Brouwer, 1954. (Original en francés.) Altamente recomendado.

Idem. *La iglesia en San Pablo.* Bilbao: Desclée de Brouwer, 1959. (Original en francés.) Importante; desafortunadamente, el otro título de la trilogía, *El cristiano en San Pablo,* no se ha traducido.

Cullmann, O. *La fe y el culto en la iglesia primitiva.* Madrid: Studium, 1971 (originales franceses y alemanes, 1950-1965). Estudios exegéticos sobre la realeza de Cristo, confesiones de fe, los sacramentos en Juan, etc.

De la Potterie, I., y Lyonnet, S. *Apóstol de Jesucristo.* Salamanca: Sígueme, 1966 (original francés, 1965). Meditaciones profundas pero cortas sobre 19 pasajes, especialmente de Ro.

Dodd, Ch. *¿Qué significa Pablo hoy?* Buenos Aires: La Aurora, 1963. (Original en inglés.)

Ellis, E. E. *Paul and His Recent Interpreters.* Grand Rapids: Eerdmans, 1961. Erudito; evangélico-conservador.

Elphick, R. *El siglo apostólico.* Buenos Aires: La Aurora, 1957.

Foulkes, R. *La iglesia primitiva de Jerusalén, un estudio terminológico.* Córdoba, Argentina: Certeza, 1972. 12 pp. sobre "discípulos", "santos", "pobres", etc.

González, J. L. *Jesucristo es el Señor; El señorío de Jesucristo en la iglesia primitiva.* Miami: Editorial Caribe, 1971. En las esferas de Israel, el imperio, y la filosofía; excelente.

Grau, J. *El fundamento apostólico.* Barcelona: Ediciones Evangélicas Europeas, 1966. Apostolicidad y el canon.

Grossouw, W. K. *Breve introducción a la teología de San Pablo.* Buenos Aires: Lohlé, 1959. Cinco doctrinas claves, tratadas en forma sencilla y clara.

Longnecker, R. N. *Paul, Apostle of Liberty.* Nueva York: Harper & Row, 1964. Erudito; evangélico-conservador.

Meyer, F. B. *Pablo, siervo de Jesucristo.* El Paso: Casa Bautista, 1956.

Paley, G. *Introducción a las Epístolas de Pablo.* El Paso: Casa Bautista, 1938.

Prat, F. *La teología de San Pablo.* 2 tomos. México: Jus, 1947. Completa; perspectiva anticuada.

Rey, B. *"Creados en Cristo Jesús": La nueva creación según San Pablo.* Madrid: Fax, 1968. Recomendado.

Robertson, A. T. *Épocas en la vida del Apóstol Juan.* El Paso: Casa Bautista, 1954.

Idem. *Épocas en la vida de Pablo.* El Paso: Casa Bautista, 1958.

Idem. *Épocas en la vida de Pedro.* El Paso: Casa Bautista, 1959.

Idem. *Pablo, intérprete de Cristo.* El Paso: Casa Bautista, [2]1956.

Robinson, J. A. T. *El cuerpo: Estudio de teología paulina.* Barcelona: Ariel, 1968. Serio, creativo; necesita complementación.

Schelkle, K. *Discipulado y apostolado.*

Schnackenburg, R. *La iglesia en el Nuevo Testamento.* Madrid: Taurus, 1965. De gran calidad exegética.

Schnackenburg, R. *Existencia cristiana según el Nuevo Testamento.* Navarra: Verbo Divino, 1971. (Original en alemán.) Importante a la luz de la escuela bultmanniana.

Soubigou, L. *Cosmovisión de San Pablo.* Buenos Aires: Paulina, 1963. Breve, bueno.

Stalker, J. *Vida de San Pablo.* Miami: Ed. Caribe, 1972 (original inglés, *ca.* 1910). Clásico, breve.

Von Allmen, J. J. *El matrimonio según San Pablo.* Buenos Aires: 1970. (Original en francés.) Recomendado.

10. LINGÜÍSTICA BÍBLICA

10.1 CONCORDANCIAS

10.11 Toda la Biblia

Denyer, C. P. *Concordancias de las Sagradas Escrituras.* Miami: Editorial Caribe, 1969. Muy completo; basado en la revisión de 1960 de la versión Reina-Valera.

Lambert, C. H. *Diccionario de paralelos, concordancias, y analogías bíblicas.* Buenos Aires: La Aurora, 1949 (original inglés, 1871). Superado ya; clasificación de palabras claves y textos donde se encuentran.

Shelby, Santiago O. *Concordancia Manual de las Sagradas Escrituras.* Buenos Aires: La Aurora, 1952. Util, pero no muy completo.

Young, Robert. *Analytical Concordance to the Bible.* Grand Rapids: Wm. B. Eerdmans, s.f. Muy completo; basado en la versión inglesa "King James"; tiene la gran ventaja de poner las citas bajo las palabras hebreas y griegas como subdivisiones de las palabras inglesas.

10.12 Antiguo Testamento

Lisowsky, Gerhard. *Konkordanz zum Hebräischen Alten Testament*. Stuttgart: Privleg. Württ. Bibelanstalt, 1955. Para los que manejan el hebreo; traducción de raíces en alemán, inglés y latín; incluye análisis sintáctico; muy completo.

Mandelkern, Solomon. *Veteris Testamenti: Concordantiae*. Tel Aviv: Sumptibus Schocken Hierosolymis, [8]1969. Muy completo y más legible y sencillo de manejar que Lisowsky.

Hatch, Edwin, y Redpath, Henry A. *A Concordance to the Septuagint*. 2 tomos. Graz, Austria: Akademische Druck-U. Verlegsanstalt, 1897. De gran utilidad para ver el trasfondo de términos usados en el NT.

10.13 Nuevo Testamento

Moulton, W. F., y Geden, A. S., eds. *A Concordance to the Greek Testament*. Edinburgh: T & T. Clark, 1897.

Petter, Hugo M. *Concordancia Greco-Española del Nuevo Testamento*. Londres: The Religious Tract Society, s.f. (1923). Agotado; Casa Bautista d El Paso, Texas, piensa reeditar.

10.2 LÉXICOS

10.21 Antiguo Testamento (hebreo y arameo)

Brown, Francis; Driver, S. R.; y Briggs, Charles A. *A Hebrew and English Lexicon of the Old Testament*. Oxford: Clarendon Press, 1907. Todavía útil.

Dinotos, Sábado. *Diccionario Hebraico-Portugués*. São Paulo: Imprensa Metodista, 1963.

Koehler, Ludwig, y Baumgartner, Walter. *Lexicon in Veteris Testamenti Libros*. Leiden: E. J. Brill, [2]1958. La segunda edición es bilingüe (alemán e inglés); la tercera edición (ahora en proceso de publicación) es solamente alemán, pero incluye datos más al día de las ciencias lingüísticas (especialmente del ugarítico).

Rodríguez, Segundo Miguel. *Manual hebreo-español y arameo bíblico-español*. Madrid: Perpetuo Socorro, [4]1951 (1924). Útil para estudiantes.

Schallman, Lázaro. *Diccionario de hebraísmos y voces afines*. Buenos Aires: Israel, 1952.

Wincour, León. *Nuevo Diccionario completo Hebreo-Español*. Buenos Aires: edición del autor, 1930. xix, 1780 p.

10.22 Nuevo Testamento (griego)

Arndt, William F., y Gingrich, F. Wilbur. *A Greek-English Lexicon of the New Testament and Other Early Christian Literature*. Chicago: University of Chicago Press, 1957. Muy completo; una adaptación del léxico alemán por Walter Bauer.

Gingrich, F. Wilbur. *Shorter Lexicon of the Greek New Testament*. Chicago: University of Chicago Press, 1965. Una condensación de Arndt y Gingrich; muy útil.

Liddell, H. G.; Scott, R.; y Jones, H. S. *A Greek English Lexicon*. Oxford: Clarendon Press, [9]1940. 2 tomos más un suplemento (1968). Trae ricas ilustraciones de los usos extra-bíblicos.

Moulton, J. H., y Milligan, G. *The Vocabulary of the Greek Testament*. London: Hodder & Stoughton, 1930. Ilustraciones de vocablos del NT tomadas de papiros no-literarios.

Mckibben, J. F. *Léxico griego-español del Nuevo Testamento*. El Paso: Casa Bautista, [2]1963. Breve; útil interinamente.

Newman, B., y Tamez, E. *Diccionario Griego-Español del Nuevo Testamento*. Miami: Editorial Caribe, 1974. Conciso; incluye todas las voces y formas irregulares del verbo; lingüísticamente al día.

10.3 GRAMÁTICAS

10.31 Antiguo Testamento (hebreo)

Auvray, P.; Poulain, P.; y Blaise, A. *Las lenguas sagradas*. Andorra: Casal i Vall, 1959. Una buena orientación en hebreo, arameo, latín y griego para principiantes.

Crabtree, A. R. *Sintaxe do Hebraico do Velho Testamento*. Río de Janeiro: Casa Publicadora Batista, 1951.

Dorado, Guillermo G. *Gramática hebrea: libro primero*. Madrid: Perpetuo Socorro, 1951.

Gesenius, W.; Kautzsch, E.; y Cowley, A. E. *Hebrew Grammar*. Oxford: Clarendon Press, 1910. Técnico, detallado; todavía útil.

Beer, G., y Meyer, R. *Hebräische Gramatik*. 2 tomos. Berlín: I, [2]1952; II, [3]1969. El impacto del ugarítico en este campo todavía es muy controversial; para muchas sugerencias nuevas cp. Mitchell, Dahood, *Psalms* III (Anchor Bible), pp. 361-456, bajo Comentarios, Salmos.

Brockelmann, C. *Hebräische Syntax*. Neukirchen, 1956.

Gómez, Pedro. *Gramática hebrea*. Buenos Aires: Albatros, [4]1950 (1886). Detallado (368 pp.).

Goñi, Blas y Labayen, Juan. *Gramática hebrea*. Pamplona: Aramburu, [4]1949 (1919).

Kerr, Guilherme. *Gramática Elementar da Língua Hebraica*. Campinas: edição do autor, 1948. De un profesor presbiteriano.

Rodríguez, Segundo M. *Manual de hebreo y arameo bíblicos*. Madrid: Perpetuo Socorro, 1945.

Yates, Kyle M. *Nociones Esenciales del Hebreo Bíblico*. El Paso: Casa Bautista, 1970. (Original en inglés.) Texto introductorio; útil; la versión en castellano tiene muchos errores de imprenta en el hebreo.

10.32 Nuevo Testamento (griego)

Funk, Robert W. *A Greek Grammar of the New Testament and Other Early Christian Literature*. Chicago: University of Chicago Press, 1961. Muy completa; una traducción y revisión de la obra alemana por F. Blass y A. Debrunner.

Dana, H. F., y Mantey, Julius R. *A Manual Grammar of the Greek New Testament.* New York: Macmillan, 1927. Texto útil para estudiantes intermedios.

Davis, G. H. *Gramática elemental del griego del Nuevo Testamento.* El Paso: Casa Bautista, ²1960. Texto para principiantes.

Hale Clarence B. *Estudiemos Griego.* Miami: Editorial Caribe, 1960. Texto para principiantes.

Eseverri Hualde, Crisóstomo. *El Griego de San Lucas.* Pamplona: Pampilonensia, 1963. Excelente para estudiantes más avanzados.

Foulkes, Irene. *El griego del Nuevo Testamento: texto programado.* Miami: Editorial Caribe, 1973. Gramática básica; texto autodidáctico; el único en castellano que utiliza una metodología lingüística moderna; excelente.

11. GUÍAS AL ESTUDIO INDUCTIVO

Allen, J. P. *El Sermón del Monte.* El Paso: Casa Bautista, 1966. Muy bueno.

David, Vernon. *Guía para el estudio de Romanos.* El Paso: Casa Bautista, 1972. Excelente.

Erb, Margaret. *Fundamentos de la Fe.* Córdoba, Argentina: Certeza. Estudios evangelísticos; recomendado.

Hollingsworth, J. *Contemplando la Vida con el Apóstol Pedro.* Buenos Aires: Biblioteca Evangélica Argentina. Excelente.

Hull, William E. *El Evangelio de Juan.* El Paso: Casa Bautista, 1968. Muy bueno.

Kunz, Marilyn, y Schell, Catherine. *De Jerusalén a Roma.* Buenos Aires: Certeza, 1973 (original inglés, 1961). Un estudio completo de los Hechos de los Apóstoles; excelente.

Idem. *Fe en acción.* Buenos Aires: Certeza, 1972 (original inglés, 1965). 6 estudios prácticos en Santiago; excelente.

Idem. *¿Qué es un Cristiano?* Buenos Aires: Certeza. Estudios en 1 Juan; excelente.

Idem. *El Rey Siervo.* Buenos Aires: Certeza, 1972 (original inglés, 1969). Estudios completos en Marcos; excelente.

Idem. *Vivir por la fe.* Buenos Aires: Certeza, 1973 (original inglés, 1962). Un estudio completo de Romanos; excelente.

Lum, Ada. *Encuentros bíblicos.* Buenos Aires: Certeza. Excelente.

Idem. *Jesús el Forjador de Discípulos.* Buenos Aires: Certeza, 1972 (original inglés, 1969). Excelente.

Idem. *Jesús el Radical.* Buenos Aires: Certeza. Estudios en Juan; útil para la evangelización.

Stibbs, Alan M., *et al. Escudriñad las Escrituras.* Miami: Editorial Caribe, 1974 (original inglés, ⁵1967). Preguntas inductivas sobre toda la Biblia; un curso de 3 años; evangélico-conservador; altamente recomendado.

Taylor, Willard H. *Romanos.* Kansas City: Sociedades de Jóvenes Nazarenos. Arminiano en teología; excelente.

12. REVISTAS

(no todas dedicadas exclusivamente a la exégesis). Precios indicados en $ norteamericanos, pero sujetos a modificación sin aviso previo.

Biblioteca Sacra (Inglés). 3901-31 Swiss Ave., Dallas, Texas, EE. UU.

Certeza (Español). Bernardo de Irigoyen 840, Buenos Aires, Argentina. $ 1.75 al año.

Cuadernos de Teología (Español). Camacúa 282, Buenos Aires, Argentina. $ 2.00 al año.

Cultura Bíblica (Español).

Encuentro con Dios (Español). Unión Bíblica, Tucuman 358, 6.° L, Buenos Aires, Argentina. $ 1.20 al año.

Estudios Bíblicos (Español). Medinaceli 4, Madrid 14, España.

Estudios Eclesiásticos (Español). Ediciones Apostolado de la Prensa, Velázquez 28, Madrid 1. $ 6.90 al año.

The Evangelical Quarterly (Inglés). Paternoster House, 3 Mount Rudford Crescent, Exeter, Devon, Inglaterra. $ 5.00 al año.

Journal of Biblical Literature (Inglés). Society of Biblical Literature, University of Montana, Missoula, Montana, 59801, EE. UU. $ 18 al año.

Interpretation (Inglés). Union Theological Seminary in Virginia, 3401 Brook Ros., Richmond, Virginia, 23227, EE. UU. $ 7.70 al año.

New Testament Abstracts (Inglés). Weston College School of Theology, 1627 Massachusetts Ave., Cambridge, Massachusetts, 02138, EE. UU. $ 10 al año.

New Testament Studies (Inglés). Cambridge University Press, P. O. Box 92, Londres NW1, 2 DB. $ 22.50 al año.

Pensamiento Cristiano (Español). La Aurora, Corrientes 728, Buenos Aires, Argentina. $ 2.00 al año.

Razón y Fe (Español). Pablo Aranda 3, Madrid 6. $ 8.50 al año.

Revista Bíblica (Español). San Martín 3773, Rafael Calzada, Buenos Aires. $ 4.00 al año en América Latina.

Revista Española de Teología (Español). Instituto "Francisco Suárez", Medinaceli 4, Madrid 14.

Revista Teológica (Español). Seminario "Juan Calvino", Aptdo. Postal 21-818, México 21, D.F., $ 1 al año fuera de México.

Selecciones de Teología (Español). Ediciones Mensajero, Aptdo. 73, Bilbao, España. $ 3 al año.

Stromata (Antigua *Ciencia y Fe*) (Español). Facultad de Filosofía y Teología, Universidad de Salvador, San Miguel (Provincia de Buenos Aires) Argentina. $ 5 en Sudamérica.

Testimonio Cristiano (Español). Editorial La Aurora, Doblas 1753, Buenos Aires. Gratuito.

Vetus Testamentum (Varios). E. J. Brill, Leiden, Holanda. $ 30 al año.

Vida y Pensamiento (Español). Seminario Bíblico Latinoamericano, Apdo. 901, San José, Costa Rica.

The Westminster Theological Journal (Inglés). Chestnut Hill, Philadelphia, Pennsylvania, 19118, EE. UU. $ 7.50 al año.

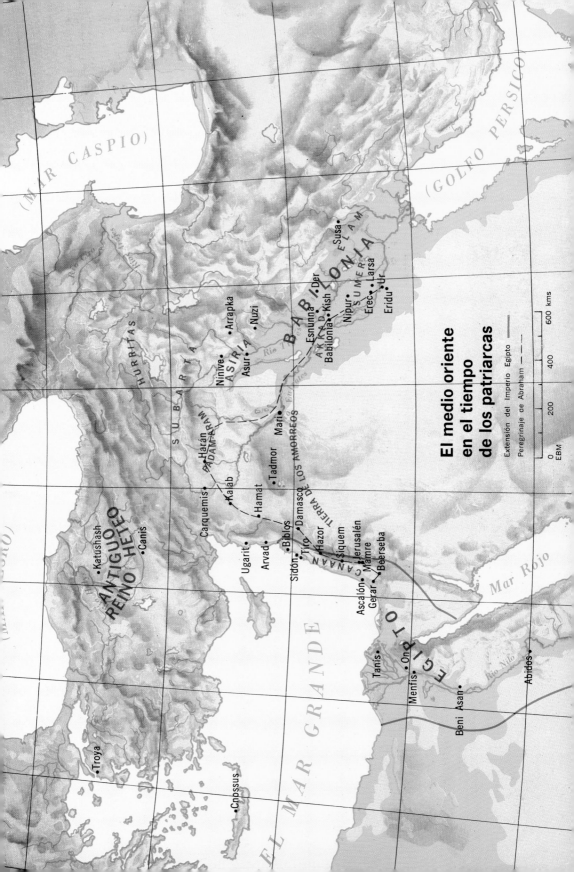

El medio oriente
en el tiempo
de los patriarcas

Extensión del Imperio Egipto
Peregrinaje de Abraham

0   200   400   600 kms
EBM

(MAR CASPIO)

(GOLFO PÉRSICO)

BABILONIA

ELAM

Susa

SUMERIA

Nipur · Erec · Larsa

Kish · Ur

Babilonia · Der Eridu

AKKAD · Esnunna

Arrapka

ASIRIA · Nuzi

Ninive · Asur

SUBARTA

HURRITAS

Harán
ADAM-ARAM

Carquemis

Kalab

Hamat

Tadmor

Mari

TIERRA DE LOS AMORREOS

Damasco

Hazor

Tiro

Siquem

Sidón

Biblos

Arvad

Ugarit

CANAÁN

Jerusalén

Mamre

Beerseba

Gerar

Ascalón

ANTIGUO
REINO HETEO

Katushash

Canis

Troya

Cnossus

EL MAR GRANDE

Mar Rojo

EGIPTO

Tanis

On

Menfis

Beni Asan

Abidos

Río Nilo

Conquista de Canaán

Extensión del dominio Israelita en tiempo de jueces

Campañas israelitas

0   25   50 kms

EBM

UBE
IMPERIO
HITITA

Sidón

Sarepta

Mte. Líbano

Río Litani

Río Farfar

Ahlab

Tiro

Caná

Laís, Dan

Cedes

Mte. Hermón

BASAN (Reino de Og)

Aczib

Hazor

Aco

Bet-anat

Rehob

Acsaf

Cabul

Cineret

Astarot

Helcat

Hanatón

Madón

Mar de Cineret

Gat-hefer

Hamat

Jocneam

Mte. Tabor

Río Yarmuk

Dor

Meguido

Edrei

G A L A A D

Taanac

Bet-sán

Ramot de Galaad

Ibleam

Pella

Ham

Dotán

Jabes de Galaad

Soco

Mte. Ebal

Tirsa?

Mte. Gerizim

Siquem

Sucot

Peniel

Tapua

Adama

Afec

Jope

Ono

SEHON

Lod

Jazer

Rabá

Bet-el

Haí

Beerot?

Gilgal

Gezer

Calita

Gábaón

Jericó

Hesbón

Ecrón?

Quiriat-baal

Jerusalén (Jebús)

Mte. Pisga

Mte. Nebo

Asdod

Libna

Bet-semes

Belén

Medebá

Ascalón

Jarmut

Gat

Hebrón (Quiriat-arba)

Jasa

Gaza

Eglón

Laquis

Debir (Quiriat-sefer)

Dibón

Aroer

Gerar

HETEOS

Río Arnón

Rafia

Saruhén

Arad

Ar?

M O A B

Beerseba

Kir-hareset

Aroer

QUENITAS

Mar Salado (Mar Muerto)

Arroyo de Zered

Desierto de Sin

E D O M

Obot

(MAR MEDITERRANEO)

Mte. Carmelo

Llanura de Sarón

C A N A A N

JIVEOS

JEBUSEOS

REINO DE AMON

AMORREOS

REINO DE AMON

División de Canaán entre las doce tribus

3M

25   50 kms

(MAR MEDITERRÁNEO)

Sidón

Sarepta

Ahlab

Tiro

Caná

Cedes

Aczib • Abdón

Aco • Rehob
Acsaf • Cabul

Helcat

Hanatón • Rimón
Belén
Gat-hefer
Sarid

Dor

Meguido

Taanac

Ibleam

Dotán

Siquem

Tapua

Jope   Bene-berac
Ono

Silo

Timnat-sera

Lod

Bet-el
Beerot   Hai
Jabneel
Gezer   Ajalón
Ecrón   Gabaa
Quiriat-jearim
Elteque   Zora
Asdod   Libna   Azeca
Ascalón
Adulam
Gat   Maresa   Bet-sur
Laquis   Hebrón
Zif   En-gadi
Gaza
En-rimón   Siclag
Carmel
Saruhén
Arad
Beerseba

ASER

NEFTALÍ

Dan

Hazor

Bet-anat

Hucoc • Cineret

ZABULÓN
Hamat
Adami-neceb
Quislot
Endor
Sunem
Jezreel
V. de Jezreel   Bet-sán

MANASES

En-ganim

Mar de Cineret

Golán

Ramot de Galaad

Jabes de Galaad

Sucot

Río Jaboc

Atarot

GAD

AMÓN

Rabá

Bet-nimra

Abel-sitim

Gilgal
Micmas   Jericó

Hesbón

BENJAMÍN

Debir
En-semes
Jerusalén
Jebús   Belén

DAN

JUDÁ

Medeba

Baal-meón

RUBÉN

Quiriataim

Dibón

Aroer

Río Arnón

(MAR Salado (Mar Muerto))

Kir-hareset

MOAB

SIMEÓN

EDOM

Desierto de Sin

ISACAR

Río Jordán

Damasco

Río Abaná

Río Farfar

Río Quesón

Imperio de David y Salomón

| 0 | 25 | 50 kms |

■ Ciudades fortalecidas por Salomón
2 Distritos administrativos de Salomón

EBM

FENICIA

Sidón

Damasco

Río Leontes

Río Abana

Ijón

Río Farfar

Tiro

Abel

Dan

9

MAACA

Hazor

8

Aco

Cabul

Mar de Cineret

GESUR

Astarot

10

Río Yarmuk

6

Dor

4

Edrei

Meguido

5

Ramot de Galaad

Río Sison

A M Ó N

3

Mahanaim

Río Jordán

7

Siquem

Río Jaboc

1

Adama

Jope

Rabá

Bet-horan

Bet-el

2

12

Gezer

11

Hesbón

Baalat

Jerusalén

Medeba

(M A R   M E D I T E R R Á N E O)

Ascalón

FILISTEA

J U D Á

Gat

Dibón

Laquis

Hebrón

Mar Salado (Mar Muerto)

Río Arnón

Gerar

Ar

M O A B

Beerseba

Kir-hareset

Tamar

Arroyo de Zered

E D O M

Reinos de Israel y Judá

25   50 kms

FENICIA

ARAM
SIRIA

Sidón

Sarepta

Tiro
Abel-bet-maaca · Dan
Mte. Líbano
Río Abana
Damasco

Mte. Hermón
Río Farfar

Cedes

Hazor

GALILEA

Cíneret

Mar de
Cíneret

BASAN

Mte. Carmelo

Gat-hefer ·
Mte. Tabor △
Río Sisón
Río Yarmuk

Dor ·
Jocneam ·

Meguido ·
Sunem ·
· Jezreel
Bet-arbel ·

Bet-sán ·
· Ramot-galaad

Taanac ·

· Ibleam

· Dotán
Tisbe ·

Soco ·
Samaria ·
· Tirsa
Mte. Ebal △
△ Siquem
Mte. Gerizim
Sucot ·
· Peniel
Río Jaboc

AMÓN

Tapúa ·
· Silo

Jope ·

ISRAEL

· Efraín

· Rabá

Jabneel ·
Saalabín
Bet-horón
Mizpa ·
Geba ·
· Gilgal
Jericó ·
Eleale ·
· Hesbón

Gibetón ·
Gezer ·
Ajalón ·
Ramá ·
Gibea ·

Ecrón ·
Quiriat-jearim ·
Jerusalén ·
Mte. Nebo △

Zorá ·
Medeba ·

Asdod ·
Belén ·
· Baal-meón

Libna ·
Azeca ·
· Etam

Soco ·
· Adulam

Moreset-gat ·
· Tecoa
· Atarot

Maresa ·
· Bet-sur

Laquis ·
Safir ·
Hebrón ·
· Dibón

Adoraim ·
Río Arnón

· Gaza
En-gadí ·
· Zif

· Gerar

MOAB

Beerseba ·

Mar Salado (Mar Muerto)

· Kir-hareset

(MAR MEDITERRÁNEO)

FILISTEA

JUDÁ

Río Canaá

EDOM

Arroyo de

Río Jordán

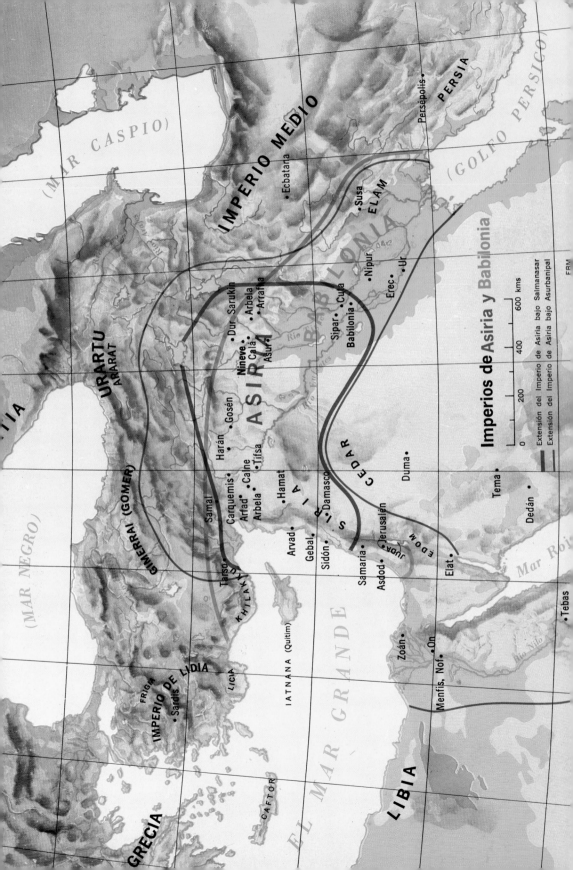

Imperios de Asiria y Babilonia

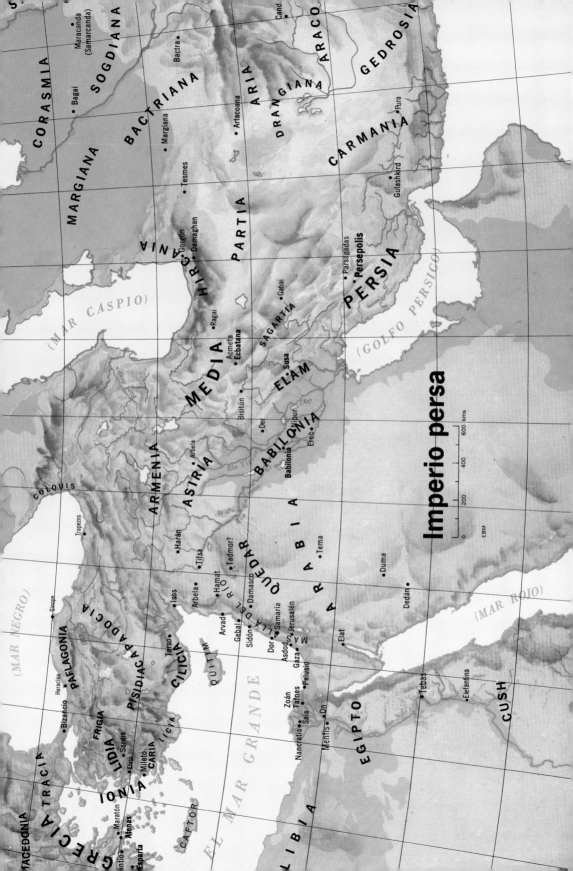

Imperio persa

(MAR CASPIO)

(GOLFO PERSICO)

(MAR ROJO)

(MAR NEGRO)

CORASMIA
SOGDIANA
· Maracanda (Samarcanda)
· Bagai
· Bactra
BACTRIANA
MARGIANA
· Margiana
ARIA
· Artacoana
DRANGIANA
ARACO
GEDROSIA
· Cand
CARMANIA
· Pura
· Gulashkird
PARTIA
· Tesmes
HIRCANIA
· Gorgón
· Damaghan
· Parsagadas
Persepolis
PERSIA
· Ragai
MEDIA
Acmeta
· Echatana
SAGARTIA
· Gabai
· Susa
ELAM
· Bistún
· Der
BABILONIA
Babilonia · Dipun
Erec ·
ARMENIA
· Arbela
ASIRIA
Río Tigris
Río Éufrates
COLQUIS
· Trapezos
· Harán
· Tifsa
QUEDAR
· Tadmor?
ARABIA
· Tema
· Duma
· Dedán
· Sinope
· Heraclea
PAFLAGONIA
CAPADOCIA
· Tarso
· Isos
· Arbela
· Hamat
RÍO
DAMASCO
DEL
LLA
CILICIA
· Arvad
Gabal ·
Sidón ·
Dor ·
Samaria
· Jerusalén
MAS
EL MAR GRANDE
· Elat
BIZANCIO
· Bizancio
FRIGIA
PISIDIA
LIDIA
· Sardis
· Efeso
· Mileto
CARIA
LICIA
QUITIM
Asdod ·
Gaza ·
· Pelusio
Zoán
Tafnes
Sais
· On
Nancratis
Menfis
EGIPTO
· Tebas
· Elefantina
CUSH
Río Nilo
IONIA
· Maratón
· Atenas
· Esparta
GRECIA
TRACIA
MACEDONIA
CAFTOR
LIBIA

600 kms
400
200
0
EBM

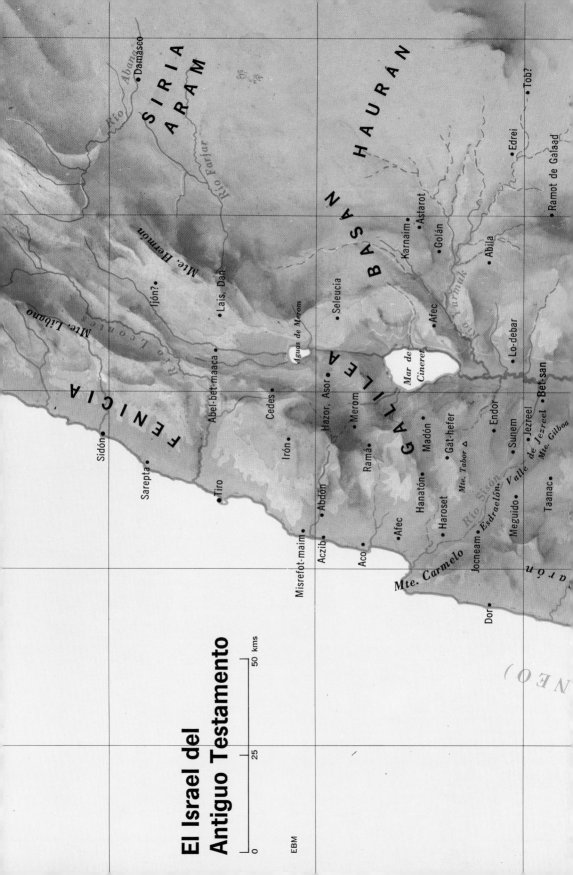

El Israel del
Antiguo Testamento

SIRIA
ARAM

HAURÁN

BASÁN

GALILEA

FENICIA

Río Abana

•Damasco

Río Farfar

Mte. Hermón

•Tob?

•Edrei

•Ramot de Galaad

•Astarot

•Karnaim

•Golán

•Abila

•Afec

•Lo-debar

•Ijón?

•Lais, Dan

•Seleucia

Mte. Líbano

Ríos Leontes

Aguas de Merom

Mar de
Cineret

•Abel-bet-maaca

•Cedes

Hazor, Asor•

•Merom

Bet-san•

•Endor

Valle de Jezreel

Mte. Gilboa

•Sidón

•Irón

•Ramá

Hanatón•

Madón•

•Gat-hefer

Mte. Tabor △

•Sunem

Jezreel•

Sarepta

•Tiro

•Abdón

•Haroset

Río Sisón

Meguido•

Taanac•

Misrefot-maim•

•Aczib

•Aco

•Afec

Jocneam•

Esdraelón, Valle de

Mte. Carmelo

•Dor

arón

Río Yarmuk

N E O)

EBM

0   25   50 kms

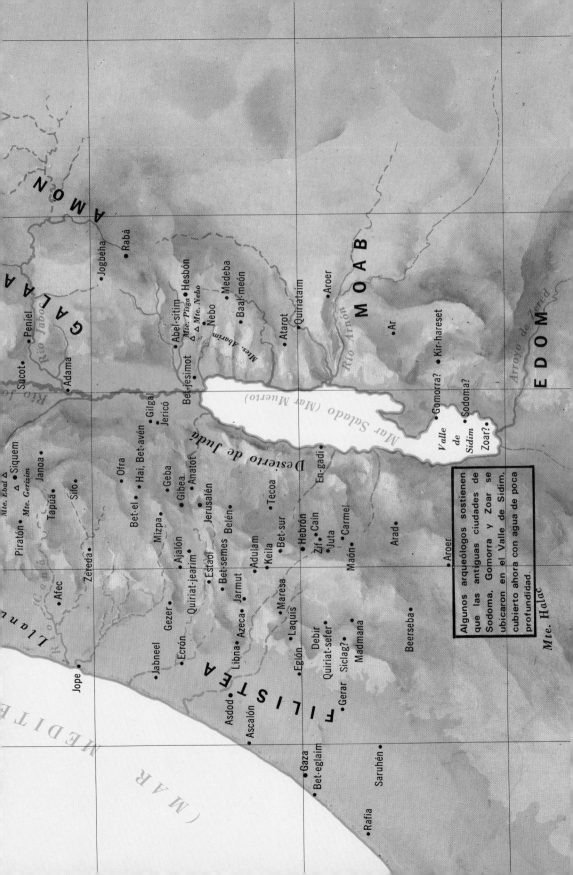

(MAR MEDITE

MAR MEDITE)

AMMON

GALAAD

MOAB

EDOM

FILISTEA

Desierto de Judá

Mar Salado (Mar Muerto)

Río Jaboc

Río Jo

Río Arnón

Arroyo de Zered

Mte. Halac

Rabá

Jogbeha

Peniel

Sucot

Adama

Abel-sitim

Hesbón

Mte. Pisga

Nebo

Mte. Nebo

Medeba

Baal-meón

Quiriataim

Atarot

Aroer

Ar

Kir-hareset

Gomorra?

Sodoma?

Valle
de
Sidim

Zoar?

Bet-jesimot

Mtes. Abarim

Gilgal

Jericó

En-gadi

Mte. Ebal

Siquem

Mte. Gerizim

Janoa

Silo

Tapúa

Ofra

Hai, Bet-avén

Geba

Gibea

Anatot

Jerusalén

Tecoa

Piratón

Bet-el

Mizpa

Belén

Bet-sur

Hebrón

Zif · Caín

Juta

Carmel

Maón

Arad

Aroer

Zereda

Ajalón

Estaol

Adulam

Keila

Bet-semes

Afec

Gezer

Quiriat-jearim

Jarmut

Maresa

Ecrón

Libna

Azeca

Laquis

Jabneel

Debir

Egión

Quiriat-sefer

Madmana

Beerseba

Jope

Asdod

Gerar · Siclag?

Ascalón

Gaza

Bet-eglaim

Saruhén

Rafia

Algunos arqueólogos sostienen
que las antiguas ciudades de
Sodoma, Gomorra y Zoar se
ubicaron en el Valle de Sidim,
cubierto ahora con agua de poca
profundidad.

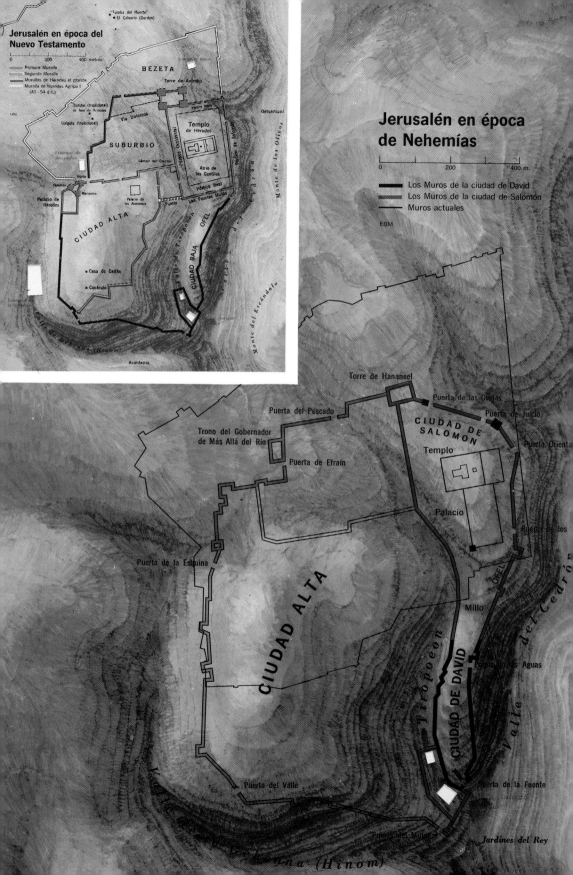

Jerusalén en época del Nuevo Testamento

- Primera Muralla
- Segunda Muralla
- Murallas de Herodes el grande
- Muralla de Herodes Agripa I (41 - 54 d.c.)

"Tumba del Huerto"
El Calvario (Gordon)

0   200   400 metros

BEZETA

Torre de Antonia

Piscina Probática

Getsemaní

Tumba (tradicional) de José de Arimatea

Vía Dolorosa

Templo de Herodes

Golgota (tradicional)

Pórtico Occidental

Monte de los Olivos

SUBURBIO

Estanque de Amígdalon

César del Oeste

Atrio de los Gentiles

Palacio de Herodes

Hipico

Pórtico Real

Mariamne

Palacio de los Asmoneos

Las Puertas Buldas

Puerta

CIUDAD ALTA

OFEL

Valle del Tiropeón

CIUDAD BAJA

Valle del Cedrón

Casa de Caifás

Cenáculo

Monte del Escándalo

Valle de Gehenna (Hinom)

Aceldama

Jerusalén en época de Nehemías

0   200   400 m.

- Los Muros de la ciudad de David
- Los Muros de la ciudad de Salomón
- Muros actuales

EBM

Torre de Hananeel

Puerta de las Ovejas

Puerta del Pescado

Puerta de Juicio

CIUDAD DE SALOMON

Puerta Oriental

Trono del Gobernador de Más Allá del Río

Templo

Puerta de Efraín

Palacio

Puerta de los

Puerta de la Esquina

OFEL

CIUDAD ALTA

Millo

Valle del Cedrón

Tiropeón

Puerta de las Aguas

CIUDAD DE DAVID

Puerta del Valle

Puerta de la Fuente

Puerta del Muladar

Jardines del Rey

Valle de Gehenna (Hinom)

Israel en época de los macabeos

Escala en kilómetros

0   20   40   60

— Judea (166 a. de J.C.)
---- Conquistas de Jonatán (160-42 a. de J.C.)
--- Conquistas de Simón (142-134 a. de J.C.)
— Conquistas de Juan Hircano (134-104 a. de J.C.)
·—·— Conquistas de Aristóbulo I (104-103 a. de J.C.)
- - - Conquistas de Alejandro Janeo (103-76 a. de J.C.)
·—··— Ciudad independiente

EBM

Sidón

Damasco

Río Leontes
Río Abana
Río Farfar

FENICIA

GAULANITIS

Cedes

Asor
Seleucia

Tolemaida

Rafana
Bosor

GALILEA

Asoquis • Caná
Séforis •
Taricaea
Arbela
Carnaim
Gamala?
Hipos
Diium
Filoteria

Mar de Galilea

Río Yarmuc

Dora

Gadara

SAMARIA

Río Sison

Escitópolis
GALAADITIS

Pella

Torre Estrato

Bostra

Samaria
Apolonia
Faratón?
Siquem

Asofón?
Amatus
Ragaba
Gerasa

Antipatris

Río Jordán

Río Jaboc

Jope
Corea
Alexandrium?

PEREA

Lida
Gofna
Modein
Afairema?
Elasa • Berea
Dok

Afairema?
Macmas
Betarán
Jamnia
Cafarsalama
Jericó
Filadelfia

Cedrón?
Gazara
Adasa

Acarón?
Jerusalén
Hircania
Samaga

Azoto
Betbasi
Medeba

Ascalón
Betzacaria

Antedon
Betsura
Marisa
Hebrón
Liba

Gaza
Adora
Adoreus
Macaerus

IDUMEA

Rafia
Mar Salado (Mar Muerto)

MOABITAS
Agala?
Tone?
Oronai?

Alusa
Río Arnón

Zoar
Arroyo

NABATEA

Oriba?

(MAR MEDITERRÁNEO)

Israel del Nuevo Testamento

25   50 kms

Tetrarquía de Felipe
Tetrarquía de Herodes Antipas
Territorio bajo Pilato
Decápolis
Ciudades independientes
Siria

FENICIA

ABILINIA

•Sidón

•Damasco

•Sarepta

Río Abana

Río Farfar

•Tiro

•Cesarea de Filipo

ITUREA

Tella•

GALILEA

Corazín•

•Capernaum

•Rafana

Tolemaida•

Caná•   Magdala

•Hipos

Tiberias•   *Mar de Galilea*

•Dion

Nazaret•

•Abila

•Nain

•Gadara

DECAPOLIS

(MAR MEDITERRÁNEO)

Cesarea•

Escitópolis•

Apolonia

•Pella

Llanura de Sarón

Salim?

•Gerasa

Samaria,
Sebasto•

PEREA

•Sicar
Siquem

SAMARIA

•Antípatris

Río Jordán

Jope•

•Arimatea

•Efraín

Lida•

•Filadelfia

•Jamnia

Jericó•

Emaús•

•Betania más allá del Jordán

Jerusalén•   •Betfagé

Azoto•

Belén•   •Betania   •Qumrán

•Ascalón

JUDEA

•Macaerus

•Gaza

•Hebrón

Mar Salado (Mar Muerto)

Río Arnón

Masada•

Beerseba•

IDUMEA

Arroyo de Zered

N   **A**   **B**   **A**   **T**   **E**   **O**   **S**

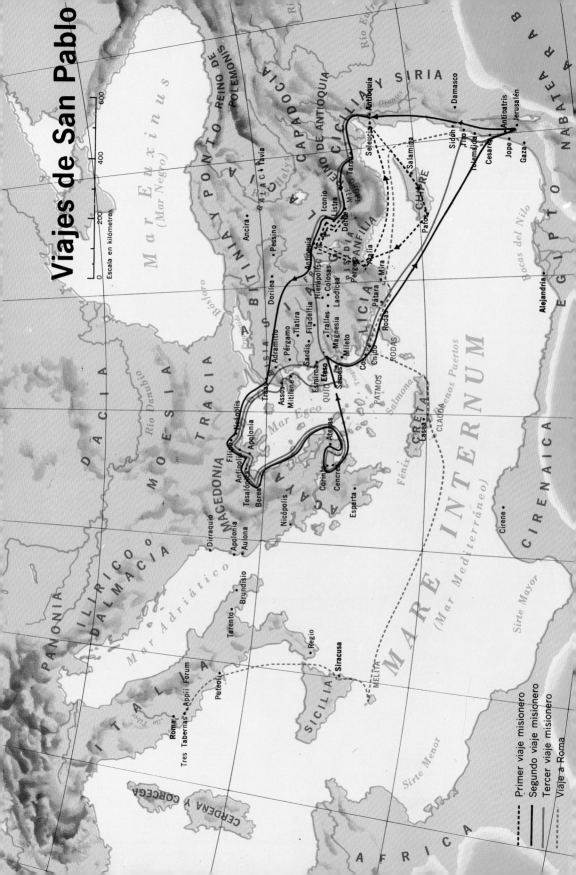

Viajes de San Pablo

Escala en kilómetros

0   200   400   600

- - - - - Primer viaje misionero
━━━━━ Segundo viaje misionero
━━━━━ Tercer viaje misionero
- - - - - Viaje a Roma

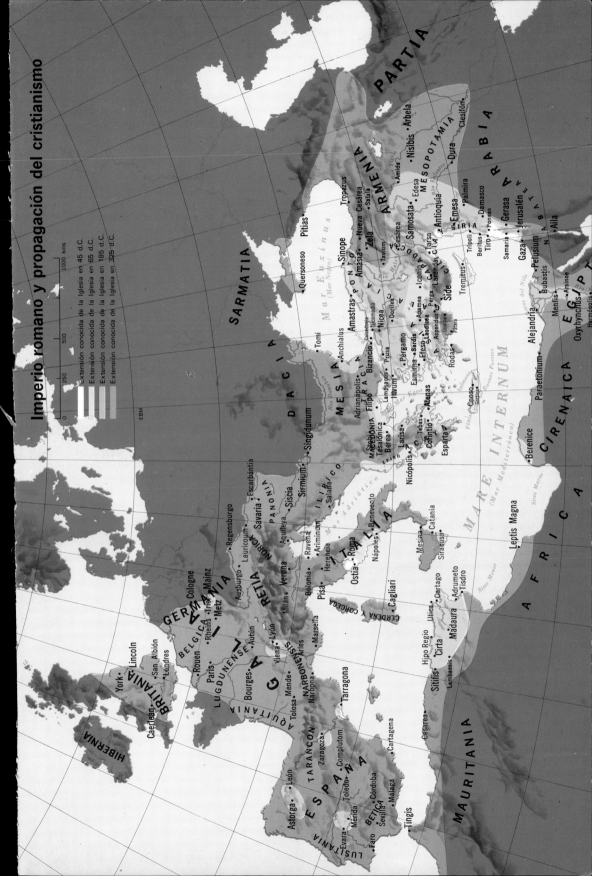

Imperio romano y propagación del cristianismo

Extensión conocida de la Iglesia en 45 d.C.
Extensión conocida de la Iglesia en 65 d.C.
Extensión conocida de la Iglesia en 185 d.C.
Extensión conocida de la Iglesia en 325 d.C.

0   250   500   1000 kms

EBM

PARTIA

SARMATIA

ARMENIA

ARABIA

MESOPOTAMIA

Quersoneso
Pitias

Tropezus
Sinope
Satala
Nueva Cesarea
Amasia
Nisibis
Arbela
Amida
Edesa
Samosata
Palmira
Damasco
Emesa
Gerasa
Jerusalén
Ponteus
Aila

Tomi
Anchialus
Amastras
Nicomedia
Nicea
Tavium
Iconio
Dorilea
Cesarea
Tarso
Antioquia
Beritus
Tiro
Samaria
Gaza
Pelusium

MESIA
DACIA
TRACIA
Adrianápolis
Filipo
Bizancio
Prusa
Pérgamo
Esmirna
Sardis
Efeso
Laodicea
Apamea
Perga
Laranda
Side
Tremitus
Atalia
Olimpo

SIRIA
CAPADOCIA
GALACIA

Lampsaco
Ilium
Rodas

MACEDONIA
Tesalónica
Berea
Larisa
Nicópolis
Corintio
Esparta
Atenas
EPIRO

Mar Egeo

Cnoso
Gortina

Mermitus
Alejandría
Menfis
Oxyrhynchus
Arsinoe
Hermópolis
Bubastis

EGIPTO
CIRENAICA

Berenice
Paraetonium
Leptis Magna

MARE INTERNUM
(Mar Mediterráneo)

Sirte Menor

AFRICA

Hipo Regio
Utica
Cartago
Adrumeto
Tisdro
Mesaia
Catania
Siracusa

Cesarea
Sitifis
Cirta
Mádaura
Lambaesis

MAURITANIA

Tingis

Singidunum
Sirmium
Siscia
Savaria
PANONIA
NORICA
Lauricoum
Aquileya
Verona
Ravena
Ariminum
Benevento
ITALIA
Roma
Ostia
Nápoles
Bolonia
Pisa
Herencia
Milán

RETIA
Ausburgo
Regensburgo

GERMANIA
Cologne
Mainz
Tréveris
Rheins
Metz
BELGICA

Catania
Cagliari
CERDEÑA Y CORCEGA

Marsella
Viena
Lyón
Autún
Bourges
Mende
Narbona
Tolosa
NARBONENSE
LUGDUNENSE
AQUITANIA
GALIA
TARRACON

Rouen
Paris

BRITANIA
York
Lincoln
San Albión
Londres
Caerleon

HIBERNIA

Astorga
León
Zaragoza
Complutom
Toledo
Córdoba
Sevilla
Málaga
Evara
Faro
ESPAÑA
BETICA
LUSITANIA

Cartagena
Tarragona

Mar Euxinus
(Mar Negro)

Río Danubio
Río Po

Mar Adriático
ILIRICO

Salafa
Escarbantia

El Israel moderno

0   25   50   75 kms

Territorio ocupado por
Israel en Junio, 1967

▲ Sitios históricos

EBM

Sidón
Jezzín
Rasheiya
DAMASCO
Qatána

LÍBANO
Tiro
Metulla
Snir
Ramat Shalom
Majdal Shams
Quiriat
Dan
Tibnin
Shmona
Kuneitra

SIRIA

Rosh Hanikra
Hanita
Golán
Nahariya
Sasa
Hazor
Maalot
Aco
Safad
Rosh Pina
Nahal Gesur
Carmelo
Ramat Magshimim
Galilea
Nahal Golan
Haifa
Mar de Cineret
El-Al
Nava
Shefar'am
Tiberias
Jeque Miskin
Tirat Carmel
Quiriat Tivon
Caná
Ein Gev
Ne'ot Golán
Daliyat el Carmel
Mevo Hamma
Nazaret
Zichron Ya'akov
Migdal Ha'emek
Degania
Der'aa
Meguido
Afula
Belvoir
Cesarea
Benyamina
Ein Harod
Bet-seán
Irbid
Pardes Hanna
Umm el-Fahm
Husn
Hadera
Baca
Jenin
Tirat Zvi
Natanya
Kabatiya
Mehola
Samaria
Tulkam
Tubas
Mafrak
Eve Yehuda
Nahal Argaman
Gerash
Ra'anana
Kfar Sava
Nabb (Sequim)
Herzliya
Samaria
Hawara
Tel Aviv
Petah Tikva
Salfit
Nahal Masua
Bat Yam
Holon
Salt
Zarca
Rishon le-Zion
Lod
Bit Zeit
Nahal Hagilgal
AMAN
Rehovot
Ramla
Ramá
Yavneh
Latrun
Jericó
Asdod
Gedera
JERUSALÉN
Nahal Kalya
Quiriat Malachi
Bet-semes
Qumrán
Madaba
Ascalón
Negba
Belén
Judea
Jad Mardoqueo
Quiriat Gat
Kfar Etziyon
Laquis
Halhul
Gaza
Sederot
Dura
Hebrón
Dhiban
Deir el-Balah
Netivot
En-gadi
Mar Muerto
Khan Yunis
Mishmar Hanegev
Dhahiriya
Nirim
Ofakim
Masada
Jeque Zuwaid
Rafá
Beerseba
Nahal Dicla
Arad
El-Arish
Querac
Nahal Sinaí
Bir Lahfan
Dimona
Sodoma
Revivim
Jeroham
Abu Aweigila
Oron
Ne'ot Hakikar
Nitzana
Shivtá
Tafila
Negev
Avdat
Hatzeva
Cades-Barnea
Kusseima
Mitzpeh Ramon
Ein Yahav
Shaubac
r Hasana
Nahal Tzofar
Ma'an
Sinaí
Kuntilla
Grofit
Yotvata
Tamad

Mar Mediterráneo

JORDÁN